DICIONÁRIO
MÍTICO-ETIMOLÓGICO

Dados Internacionais de Catalogação na Publicação (CIP)
(Câmara Brasileira do Livro, SP, Brasil)

Brandão, Junito de Souza
  Dicionário mítico-etimológico / Junito de Souza Brandão. – Petrópolis, RJ : Vozes, 2014.
  Bibliografia.

  7ª reimpressão, 2025.

  ISBN 978-85-326-4501-2

  1. Língua grega – Etimologia – Dicionários 2. Mitologia grega – Dicionários I. Título.

12-15020   CDD-292.0803

Índices para catálogo sistemático:
1. Mitologia grega : Dicionários 292.0803

DICIONÁRIO
MÍTICO-ETIMOLÓGICO

JUNITO DE SOUZA BRANDÃO

EDITORA VOZES
Petrópolis

© 1991, 2014 Editora Vozes Ltda.
Rua Frei Luís, 100
25689-900 Petrópolis, RJ
www.vozes.com.br
Brasil

Todos os direitos reservados. Nenhuma parte desta obra poderá ser reproduzida ou transmitida por qualquer forma e/ou quaisquer meios (eletrônico ou mecânico, incluindo fotocópia e gravação) ou arquivada em qualquer sistema ou banco de dados sem permissão escrita da editora.

Conselho editorial	Produção editorial
Diretor	Aline L.R. de Barros
Volney J. Berkenbrock	Jailson Scota
	Marcelo Telles
Editores	Mirela de Oliveira
Aline dos Santos Carneiro	Natália França
Edrian Josué Pasini	Otaviano M. Cunha
Marilac Loraine Oleniki	Priscilla A.F. Alves
Welder Lancieri Marchini	Rafael de Oliveira
	Samuel Rezende
Conselheiros	Vanessa Luz
Elói Dionísio Piva	Verônica M. Guedes
Francisco Morás	
Gilberto Gonçalves Garcia	
Ludovico Garmus	
Teobaldo Heidemann	

Secretário executivo
Leonardo A.R.T. dos Santos

Diagramação: Sheilandre Desenv. Gráfico
Capa: Omar Santos

ISBN 978-85-326-4501-2

Este livro foi composto e impresso pela Editora Vozes Ltda.

Prefácio à nova edição em volume único

Isabela Fernandes

Os dois volumes do *Dicionário Mítico-Etimológico* do Professor Junito de Souza Brandão, publicados pela Editora Vozes em 1991 e 1992, respectivamente, tiveram uma acolhida impressionante e entusiástica por parte de estudiosos de mito e de cultura grega em todo o Brasil. Esta obra constitui o primeiro tratado completo de mitologia grega com base na etimologia escrito no nosso país. A sua importância é sem precedentes no cenário cultural brasileiro. Os dicionários de Junito Brandão se tornaram uma referência obrigatória e fundamental para todos os amantes de mitologia, de filologia e de cultura clássica. Esta nova edição da obra, que agora reúne em um só livro os dois volumes anteriormente publicados, é, portanto, uma iniciativa da maior utilidade para a área de estudos clássicos, ainda tão pouco desenvolvida no Brasil.

Este início de século conturbado e repleto de desesperanças arrasta consigo uma necessidade premente de mitos. Precisamos, mais do que nunca, de estórias, de enigmas e de fantasias. Esta demanda desesperada pelo lado obscuro da força é a marca de uma ausência que a Modernidade, obsecada pela ciência e pela luz, nos deixou como árida herança. Neste cenário inóspito, a velha mitologia grega recuperou muito de seu antigo vigor. Basta passear os olhos pelas livrarias para perceber a grande oferta de livros sobre mitos e temas afins, alguns de caráter, outros repletos de misturas duvidosas.

Dentro deste contexto, a publicação desta nova edição do *Dicionário Mítico-Etimológico* se torna ainda mais importante por ser um livro totalmente diferenciado neste magma de literaturas indiferenciadas. O Dicionário resgata a riqueza dos mitos gregos ancorado no conhecimento abalizado do mestre Junito Brandão, cuja elevada erudição engloba todas as áreas de conhecimento no campo de estudos greco-latinos. O resultado é uma guirlanda mágica de narrativas solidamente tecidas no terreno conceitual da literatura, da religião, da história e da língua grega. O leitor brasileiro terá o privilégio de viajar pelo reino encantado dos mitos, tendo acesso às fontes originais e profundas da cultura clássica.

Por outro lado, o livro foge inteiramente das expectativas do leitor que pensa nele encontrar a retórica acadêmica e labiríntica dos tradicionais estudos clássicos. Um dos méritos da obra é justamente oferecer ao estudioso um verdadeiro compêndio de erudição sob a forma simples de dicionário, com os tópicos organizados por índice alfabético, o que facilita e dinamiza o acesso do pesquisador ao conteúdo pesquisado. O objetivo é explicar minuciosamente os mitos gregos, nome por nome, fato por fato, segundo o esquema de verbetes de dicionário, tarefa hercúlea nunca antes realizada por um autor brasileiro. Desta forma, uma enorme quantidade de deuses e heróis consagrados, de monstros maiores e menores, de divindades primárias e secundárias, pôde ser contemplada sob a forma didática de extensos verbetes de dicionário. O livro oferece ao leitor, assim, um panorama completo e detalhado da mitologia grega a partir de uma linguagem clara e concisa, acessível tanto a iniciados quanto a não iniciados.

Enfim, através desta obra o leitor vai se deparar com o misterioso brilho da mitologia grega alimentado pelas raízes conceituais e profundas da etimologia. Como diria o próprio Junito Brandão, no prefácio da primeira edição do segundo volume do *Dicionário Mítico-Etimológico*: "*Limitamo-nos, via de regra, ao mundo sagrado dos helenos, sem deixar, no entanto, de fazer incursões no pedregoso terreno indo-europeu, desde que as mesmas pudessem nos iluminar o caminho para uma melhor compreensão do vocábulo grego. Nossos esforços, todavia, convergiram sempre para um ponto central: tentar explicar quanto possível o mito, partindo do étimo*".

O *Dicionário Mítico-Etimológico* de Junito Brandão é uma obra fundamental e impactante, possuidora de um fôlego acadêmico impressionante. As estórias maravilhosas dos mitos se entrecruzam com a análise acadêmica mais refinada, que por sua vez também combina diferentes ângulos de abordagem. O resultado é uma espécie de tapete mágico que nos carrega para longe de nós mesmos, para mais perto do mundo fascinante dos antigos gregos, abastecendo nossa sede de conhecimento e inspirando nossa imaginação. Faço aqui de novo referência às palavras do próprio Junito Brandão que, no prefácio da primeira edição do *Dicionário Mítico-Etimológico*, pôde explicar muito claramente seu objetivo: "*Resolvemos, por isso, completar os nossos três volumes de Mitologia Grega com um Dicionário que não fosse apenas um dicionário a mais de mitologia (são poucos, aliás, os existentes sobre mitos), mas algo diferente e inédito. Não conhecemos glossário algum sobre mitologia que seja, ao mesmo tempo, etimológico, e que aborde assuntos relacionados com a mesma, que interessem ao estudo de tópicos concernentes à religião, história, antropologia e psicologia*".

Sou professora da área de Letras Clássicas da PUC-Rio, e tive o enorme privilégio de ter sido aluna do Professor Junito Brandão. Ele foi meu mestre, meu amigo e meu guia iniciático em minha jornada profissional. Foi ele quem abriu para mim as portas do mundo encantado dos mitos e de minha carreira acadêmica. É, pois, com imensa alegria e emoção que escrevo esta apresentação à edição em volume único do *Dicionário Mítico-Etimológico* como uma forma de homenagear o meu muito querido e saudoso mestre. Em nome de todos aqueles que tiveram o privilégio de conhecer o Professor Junito Brandão, de assistir às suas palestras e às suas aulas, quero deixar o nosso eterno e profundo agradecimento por ter nos deixado o tesouro mágico e inesquecível de seus livros e de seus ensinamentos.

Introdução à 1ª edição

Ao terminar os três volumes de *Mitologia Grega,* estávamos consciente de que faltava algo muito importante para complementá-los. Na obra em pauta havíamos focalizado os grandes mitos, mas que fazer com centenas e centenas de nomes e fatos (todos relevantes), que citamos, e com outros que omitimos por motivos didáticos, ao longo da redação dos três volumes? Deixá-los simplesmente aos cuidados do leitor? Qual o tratado de *Mitologia* que pode explicar minuciosamente nome por nome, fato por fato? Obras formidáveis e imprescindíveis como as de M.P. Nilsson, *Geschichte der griechischen Religion*; de M. Eliade, *Histoire des Croyances et des Idées Religieuses* e *Traité d'Histoire des Religions* ou ainda a "enciclopédia mítica" de J.G. Frazer, *The Golden Bough*, em 12 volumes, para não citar outras, dão relevo ao geral e ao comparativismo e são escritas para "iniciados". O mito em si, sobretudo dos heróis e de "personagens menores", bem como certos aspectos da religião grega, uma vez que nos restringimos à Hélade, são omitidos, ou apenas citados ou ainda suplementados por escritos de menor extensão, como é o caso específico de Mircea Eliade. Claro está que semelhante abordagem não altera, sob nenhum aspecto, o valor da obra maior (ao contrário, a enriquece), mas, de certa forma, desnorteia o leitor comum.

Nos três volumes de *Mitologia Grega*, com os olhos fixos, na realidade cultural brasileira, procuramos sanar em parte esse problema. Buscamos, na medida do possível, colocar uma certa ordem didática na exposição e, sem deixar de lado os especialistas, esforçamo-nos por apresentar o mito também dentro de um enfoque simbólico e realçar múltiplos ângulos históricos, religiosos e sociais que o condicionam e, por vezes, o explicam. Usamos, nessa tentativa de globalização e clareza, seiscentas e vinte e nove notas de rodapé, que procuram orientar o leitor para obras fundamentais mencionadas no *corpus* dos três volumes supracitados e na bibliografia, bem como ampliar ou explicar determinadas citações.

As lacunas, no entanto, persistiam. Uma pletora de divindades, de heróis, heroínas e conceitos indispensáveis para um estudo em profundidade do mito e para leitura de obras clássicas (e modernas!) continuavam a descoberto. Resolvemos, por isso mesmo, completar os nossos três volumes de *Mitologia Grega* com um *Dicionário*, que não fosse apenas *um dicionário a mais* (são poucos, aliás, os existentes sobre mito), mas algo diferente e inédito. Não conhecemos glossário algum sobre mitologia que seja ao mesmo tempo etimológico e que aborde assuntos relacionados com a mesma e que interessem de perto ao estudo de tópicos concernentes à religião, história, antropologia e psicologia.

Pois bem, foi exatamente este novo tipo de enfoque que planejamos para os dois volumes do *Dicionário Mítico-Etimológico da Mitologia Grega.*

Uma coisa, todavia, é elaborar um plano, outra bem diferente é a execução do mesmo. O especialista para se debruçar sobre tarefa tão ingente e séria há que dispor de tempo e de meios para aquisição do material necessário. O tempo, apesar de continuarmos a trabalhar em três universidades, PUC, Uerj e UGF, foi em parte contornado, mercê da visão administrativa e a cultura de nossa muito estimada Diretora do Departamento de Letras da PUC-RJ, Prof² Lilian M.H. de Sá Campos. De nossas trinta e seis horas semanais na Pós-Graduação pudemos dedicar vinte e oito à pesquisa como Coordenador da Sala de Pesquisa Augusto Magne. Com a diminuição de carga horária na UGF foi possível montar um razoável esquema de trabalho. Faltavam "os meios necessários à compra do material indispensável". Conseguimos, graças à mediação da amiga e coordenadora de nossos cursos em S. Paulo, Vera R.L. Lopes, a mais moderna máquina de grego existente no mercado. O diretor editorial da Vozes, Fr. Neylor Tonin, homem "de coração aberto", emprestou-nos uma excelente máquina IBM e no dia 22 de fevereiro de 1988 começamos o *Dicionário*. Tivemos a preciosa colaboração, na parte datilográfica, inicialmente da Prof² Marlene Guedes da Fonseca Pereira e da universitária Elizabete Silva Velloso de Margarido e, depois, em definitivo, da Prof² Mestre Dina Maria Martins Ferreira para o grego, e para o vernáculo, do Dr. Heraldo José Abreu Leitão, da Prof² Léa Bentes Cardozo e de nossa eficiente secretária, Marieta Lucília de Almeida, aos quais muito agradecemos. Faltava apenas a verba para aquisição na Europa e nos Estados Unidos de muitas obras importantes com vistas sobretudo à parte etimológica. Recorremos a um órgão governamental e recebemos, em 1987, *quod pudet dicere*, "a oferta de uma bolsa" de 135.000,00 (cento e trinta e cinco mil cruzados), hoje 135.000,00 (cento e trinta e cinco mil cruzeiros), *para dois anos de trabalho!*" Batêramos em porta errada...

Para que a obra tivesse prosseguimento, contamos com a generosidade da Prof² Doutoranda Carlinda Fragale Pate Nuñez que, por intermédio de uma amiga, fez chegar da Alemanha, em forma xeroquizada, o monumental *Griechisches Etymologisches Wörterbuch*, de Hjalmar Frisk, que até então consultávamos na casa de um colega em S. Paulo.

O admiravelmente culto e íntegro Dr. Eduardo Nélson Corrêa de Azevedo nos presenteou com duas obras que nos têm sido muito úteis: O *English-Greek Dictionary – A Vocabulary of the Attic Language with a Supplement of Proper Names*, de S.C. Woodhouse e dos cinco alentados volumes do excelente *Dicionário Morfológico da Língua Portuguesa*, dos Mestres Evaldo Heckler, S.J., Sebald Back e Egon Massing. Parte do que necessitávamos foi comprada a nossas expensas.

Muito ainda falta por adquirir, mas agora temos a certeza de que a redação do segundo volume será bastante facilitada. Novamente, por sugestão de Vera R.L. Lopes, conseguimos da *Indústria e Comércio de Cosméticos Natura Ltda.*, na pessoa de seu Presidente do Conselho de Administração, Antônio Luiz da Cunha Seabra, homem culto e sensível, uma bolsa mensal equivalente ao que recebíamos numa das universidades em que lecionávamos. Poderemos assim importar, senão tudo, ao menos o essencial para fecharmos o *Dicionário Mítico-Etimológico* e começarmos a pensar na *Mitologia Latina*, que, por sinal, é de abordagem bem mais complexa que a grega.

Se nos estendemos um pouco no penoso itinerário da gestação e parto do *Dicionário Mítico-Etimológico*, a nosso ver, tão útil a tanta gente, foi primeiro para chamar a atenção de muitos, que se dedicam, e de inúmeros, que necessitam da cultura clássica, para o desprestígio em que a mesma se encontra. É mister somarmos forças e pugnarmos sem tréguas em defesa dos valores perenes do humanismo. Em segundo lugar, a batalha que empreendemos e o esforço que estamos despendendo para ajudar um pouco a tão debilitada cultura nacional não devem servir de desalento para os mais jovens, mas de ânimo e incentivo, para que, como nós e tantos outros colegas, aprendam a lutar e vencer a inércia, a má vontade e, não raro, "a ignorância de gabinete".

Só após a flor, que leva tempo para surgir, é que vem o fruto. Há que se ter persistência, porque sempre aparecem as Carlinda, as Lilian, as Vera, os Eduardo Nélson e os Seabra!

Tomamos por modelo, quanto à sequência dos verbetes, os ótimos *Dictionnaire de la Mythologie Grecque et Romaine*, de Pierre Grimal, Paris: PUF, 1951; o sintético, mas seguro *Diccionario de la Mitologia Clasica* (2 vols.) de Constantino Falcón Martinez, Emilio Fernández Galiano e Raquel Lopez Melero, Madrid, Alianza Editoral, S.A., 1986, e sobretudo os nossos três volumes de *Mitologia Grega,* Petrópolis, Vozes, 1986-1989, cujos mitos maiores foram reduzidos a padrões de um dicionário, e cujas divindades menores ou nomes divinos e fenômenos ou fatos ligados ao mito, à religião, à história e à psicologia foram ampliados em verbetes por vezes bem extensos.

De qualquer forma, fomos muito além do material registrado nos dois dicionários supracitados, intercalando verbetes que não se encontram em dicionários de mitologia, tais como *Escatologia, Eidolon, Oniro, Balança, Andrógino, Exéquias, Demônio, Galo, Magia, Mandrágora, Mântica* e dezenas de outros.

Como quer que seja, o *Dicionário Mítico-Etimológico* é um complemento de *Mitologia Grega.* Nesta funcionam o mito e o símbolo; naquele, o étimo e o mito. A conjunção dos dois nos dará uma ampla visão do mundo religioso helênico e de sua paideia.

As *abreviaturas* logo no início do volume estamparão os dicionários etimológicos e especializados consultados e a *Bibliografia Básica* mostrará algumas das obras compulsadas na redação do *Dicionário,* além das citadas no *corpus* do mesmo.

Um agradecimento muito especial a Edgar Orth e Daniel Sant'Anna pela competência e paciência beneditina na implantação dos sinais diacríticos das palavras gregas.

A Augusto Ângelo Zanatta, mais uma vez, um muito obrigado pelas "madrugadas" consagradas aos índices!

Rio de Janeiro, 01 de janeiro de 1990.

Junito Brandão

Breve apresentação à 1ª edição

O volume I do *Dicionário Mítico-Etimológico da Mitologia Grega* teve uma acolhida entusiástica e generosa por parte de nossos intelectuais, universitários e estudiosos do mito e da filologia clássica. Tal fato, somado ao gesto de magnanimidade da *Indústria e Comércio de Cosméticos Natura Ltda.*, na pessoa de seu presidente, Antônio Luiz da Cunha Seabra, amigo e autêntico mecenas e de Lúcia Helena Rios Seabra, foi-nos possível adquirir a bibliografia indispensável para que pudéssemos elaborar este Volume II. *Tempos tamen urgebat*, pressionava-nos o tempo, porquanto, se dispúnhamos do material necessário, carecíamos do imprescindível *otium* para a redação dos verbetes. Estávamos, na realidade, absorvidos por um sem-número de afazeres escolares, cursos e conferências no Rio de Janeiro, São Paulo e em capitais distantes e afastadas de nosso centro de trabalho. A *Uerj* liberou-nos de tão drástica sobrecarga, concedendo-nos, num momento difícil para a universidade, as tão almejadas "quarenta horas semanais", que, descontadas nossas aulas, foram empregadas única e exclusivamente na composição deste Volume II. Contamos, para tanto, com a compreensão do Conselho de Ensino e Pesquisa; da SR2; do diretor e vice-diretor do Instituto de Letras e com a presteza e visão da Reitoria. Nesta luta burocrática, comum a todas as universidades, seria de todo injusto omitir o nome de Therezinha de Jesus Peres de Castro Barbieri, que realizou com proficiência e *tékne* um trabalho digno de Palas Atená: soube reunir linhas e fios dispersos e compor o quadro.

Quanto à parte etimológica de nosso Dicionário, talvez se pudesse repetir, *mutatis mutandis*, o que escreveu meu mestre Augusto Magne S.J., no Volume I do *Dicionário Etimológico da Língua Latina*: não nos moveu a pretensão de desvendar, de maneira definitiva, como se fora um aresto inapelável, os mistérios e as dificuldades que encobrem as origens de inúmeros teônimos, antropônimos e topônimos que povoam o vocabulário grego. Não nos deixamos igualmente seduzir "pela fascinante miragem do ineditismo efêmero e caduco, mas, entregando-nos a mestres abalizados, pareceu-nos oportuno e de maior utilidade para nossos meios culturais arrolar, quando não com ciência, ao menos com consciência", os resultados incontestáveis que a filologia e a linguística podem nos oferecer até o momento em campo ainda pouco explorado. Limitamo-nos, via de regra, ao mundo sagrado dos helenos, sem deixar, no entanto, de fazer incursões "no pedregoso terreno indo-europeu", desde que as mesmas pudessem nos iluminar o caminho para uma melhor compreensão do vocábulo grego. Nossos esforços, todavia, convergiram-se sempre para um ponto central: tentar explicar quanto possível o *mito*, partindo do *étimo*.

Não podemos concluir esta *Breve Apresentação* sem agradecer a quantos nos ajudaram na datilografia e revisão dos originais. Dentre tantos credores de nosso reconhecimento, desejamos ressaltar o amigo e competente Dr. Heraldo José Abreu Leitão, nossa Secretária Marieta Lucília de Almeida, e as profas. Dina M.M. Ferreira, Léa Bentes Cardozo e Elizabete Silva Velloso de Margarido; esta última, também pela aposição dos sinais diacríticos, não apenas do grego, mas ainda do sânscrito e do latim. Gratidão muito especial merecem Edgar Orth, Daniel Sant'Anna e

Augusto Ângelo Zanatta. Os dois primeiros, pelo árduo labor de diagramação e diligente acompanhamento da produção gráfica; a Zanatta pela assistência contínua e dinâmica que vem dando ao Autor, *abouo usque ad mala*, em todas as nossas obras publicadas pela Editora Vozes.

Com idêntico critério com que elaboramos estes dois volumes do *Dicionário Mítico-Etimológico da Mitologia Grega* acalentamos o desejo de organizar o *Dicionário Mítico-Etimológico da Mitologia e Religião Latina*. Estamos consciente das dificuldades de tal empreendimento: primeiro, porque pouco se tem publicado sobre a mitologia e a religião romana; segundo, porque teremos que trabalhar sobre *rito* muito mais que lidar com o *mito*. Se, no entanto, aparecer um novo mecenas que nos financie a bibliografia e a datilografia, estamos prontos para vencer mais este desafio.

Rio de Janeiro, 01 de novembro de 1991

Junito Brandão

Abreviaturas

Os números em algarismos romanos, colocados após o verbete, indicam o Volume de *Mitologia Grega* e os em algarismos arábicos, as páginas em que aquele se encontra.

Um "v." (veja-se), colocado antes ou após o verbete, remete o leitor àquele nome.

Abreviaturas dos Dicionários

CLOD – *The Classical Oxford Dictionary.* Nicholas Scullard, Howard H. Oxford. London, The Clarendon Press, 1970.

CRIDI – *A Critical Dictionary of Jungian Analysis.* A Samuels, Bani Shorter and A. Plaut. London, Routledge and Kegan Paul, 1986.

CRIDIP – *A Critical Dictionary of Psychoanalysis.* Charles Rycroft. London, Thomas Nelson and Sons Ltd., 1968.

DEB – *Dicionário Enciclopédico da Bíblia.* A. Van Den Born et alii. Petrópolis, Editora Vozes, 1977.

DEL – *Dictionnaire Étymologique de la Langue Française.* O. Bloch-W. v. Wartburg. Paris, PUF, 1949.

DELG – *Dictionnaire Étymologique de la Langue Grecque.* P. Chantraine. Paris, Klincksieck, 1983 (2 Vols.).

DELL – *Dicionário Etimológico da Língua Latina.* Augusto Magne S.J. Rio de Janeiro, I.N.L., 1952-1961 (4 Vols. A-CR).

DELP – *Dicionário Etimológico da Língua Portuguesa.* José Pedro Machado. Lisboa, Editorial Confluência, 1952-1956 (3 Vols.).

DEMG – *Dictionnaire Étymologique de la Mythologie Gréco-Romaine.* Albert Carnoy. Louvain, Éditions Universitas, 1976.

DENP – *Dictionnaire Étymologique de Noms Grecs de Plantes.* Albert Carnoy. Louvain, Éditions Universitas, 1979.

DENS – *Dicionário Etimológico de Nomes e Sobrenomes.* Rosário F. Mansur Guérios. S. Paulo, Indústria Gráfica Cruzeiro do Sul, 1949.

DIAG – *Dictionnaire des antiquités grecques et romaines.* Ch. Daremberg et E. Saglio. Paris, Hachette, 1873-1919 (10 Vols.).

DIB – *Dictionnaire de Biographie, Mythologie, Géographie Anciennes.* M.N. Theil. Paris, Firmin Didot, 1865.

DICRA – *Dictionnaire des Racines des Langues Européennes.* R. Grandsaignes d'Hauterive. Paris, Larousse, 1949.

DICRIL –	*Diccionario Crítico Etimológico de la Lengua Castellana* J. Corominas. Madrid, Editorial Gredos, 1954 (4 Vols.).
DIEH –	*Diccionario Etimológico Español e Hispánico.* Vicente Garcia de Diego. Madrid, Editorial Saeta, 1954.
DIELL –	*Dictionnaire Étymologique de la Langue Latine.* Alfred Ernout-Antoine Meillet. Paris, Klincksieck, 1985.
DIEP –	*Dicionário Etimológico da Língua Portuguesa.* Tomos I e II (Nomes Próprios). Antenor Nascentes. Rio de Janeiro, Liv. Francisco Alves, 1932-1952.
DIEVI –	*Dizionario Etimológico dei Vocaboli Italiani derivati dal Greco.* A. Amati e Guarnerio. Milano, F. Vallardi, s/d.
DIF –	*Diccionario de Filosofía.* José Ferreter Mora. Madrid, Alianza Editorial, 1981.
DIFOM –	*Standard Dictionary of Folklore, Mythology and Legend.* Funk and Wagnall's. New York, Maria Leach, 1950.
DIGF –	*Dictionnaire Grec-Français.* A. Bailly. Paris, Hachette, 1950.
DILAC –	*Dictionnaire Latin-Français des Auteurs Chrétiens.* Albert Blaise. Strasbourg, Librairie des Méridiens, 1954.
DIM –	*Dicionário Morfológico da Língua Portuguesa.* Evaldo Heckler, S.J., Sebald Back e Egon Massing. S. Leopoldo, Unisinos, 1984 (5 Vols.).
DIMG –	*Dictionnaire de la Mythologie Grecque et Romaine.* Pierre Grimal. Paris, PUF, 1951.
DIMIL –	*Dizionario di Miti, Leggende, Costumi Greco-Romani.* G. Stano. Torino, Società Editrice Internazionale, 1950.
DIMY –	*Dictionnaire des Mythes Littéraires.* Pierre Brunel et al. Paris, Éditions du Rocher, 1988.
DIS –	*Dictionnaire des Symboles.* J. Chevalier – A. Gheerbrant. Paris, Éditions Robert Laffont et Éditions Jupiter, 1982.
ENG –	*English-Greek Dictionary – A Vocabulary of the Attic Language with a Supplement of Proper Names.* S.C. Woodhouse. London, Routledge and Kegan Paul, 1985.
ETER –	*Études sur les Termes de Couleur dans la Langue Latine.* Jacques André. Paris, Klincksieck, 1949.
GEW –	*Griechisches Etymologisches Wörterbuch.* Hjalmar Frisk. Heidelberg, Carl Winters, 1958 (3 Vols.).
GLOM –	*Glossarium mediae et infimae latinitatis.* Du Cange. Paris, Geuthner, 1942.
GREEL –	*Greek – English Lexicon.* Liddell – Scott – Jones. London, Oxford, The Clarendon Press, 1983.
GREPHI –	*Greek Philosophical Terms.* F.E. Peters. New York, New York University Press, 1974.
IEW –	*Indogermanisches Etymologisches Wörterbuch.* Julius Pokorny. Bern, A. Francke, 1959.
LAG –	*Lexique des Antiquités Grecques.* Pierre Paris – G. Roques. Paris, Albert Fontemoing, 1909.
LEBEL –	*Lexique des Termes de Botanique en Latin.* Jacques André. Paris, Klincksieck, 1956.

LEN –   *Lexicon Nominum Virorum et Mulierum.* Caroli Egger. Romae, Societas Libraria "Studium", MCMLVII.

LEW –   *Lateinisches Etymologisches Wörterbuch.* Alois Walde – J.B. Hofmann. Heidelberg, Carl Winters, 1938 (2 Vols.).

NID –   *The New International Dictionary of New Testament Theology.* G.H. Boobyer et al. Michigan, The Zondervan Corporation, 1978 (4 Vols.).

REW –   *Romanisches Etymologisches Wörterbuch.* W. Meyer – Lübke. Heidelberg, Carl Winters, 1935.

VEOP –   *Vocabulario Etymologico, Orthographico e Prosodico das Palavras Portuguezas derivadas da lingua grega.* Ramiz Galvão. Rio de Janeiro, Francisco Alves, 1909.

VOCAM –   *Le Vocabulaire des Animaux Marins en Latin Classique.* E. Saint Denis. Paris, Klincksieck, 1947.

VOI –   *Le Vocabulaire des Institutions Indo-Européennes.* Émile Benveniste. Paris, Les Éditions de Minuit, 1969 (2 Vols.).

A

ABAS *(III, 74-75).*

Ἄβας *(Ábas), Abas,* rei dos abantes (Il. II, 536sq. e IV, 464), talvez se pudesse aproximar de **awa-went,* "povos que habitam junto às águas", cuja base seria o indo-europeu **awa,* água, *DEMG,* p. 11.

Existem três heróis com este nome, os quais muito se assemelham. O mais antigo deles é *Abas,* epônimo dos Abantes, na Eubeia. Este herói é filho de Posídon e da ninfa Aretusa, titular de uma fonte perto de Cálcis. Os atenienses, todavia, faziam-no descender de Erecteu, avô de Cálcon, pai de Abas. Este foi pai de Calcódon e de Caneto.

O mais célebre dos Abas foi o rei de Argos, filho de Linceu e de Hipermnestra. Neto dos dois irmãos inimigos Dânao e Egito, é o ancestral de Perseu e de sua vasta família. Foi, segundo uma tradição, o fundador da cidade de Abas, na Fócida. Com Aglaia foi pai dos gêmeos Acrísio e Preto e de uma filha, Idômene, que se casou com Amitáon. Seu filho bastardo Lirco foi o herói epônimo de Lirceia, no Peloponeso. O terceiro Abas é filho do adivinho Melampo, neto portanto de Amitáon. A este Abas se atribui a paternidade de Lisímaca, mulher de Tálaos e mãe do herói Adrasto, do adivinho Ídmon e de Cérano.

ACACÁLIS.

Ἀκακαλλίς (Akakallís), *Acacális,* consoante Chantraine, *DELG,* p. 45, *akakallís* é nome de diversas plantas, flores e frutos. Trata-se de um empréstimo oriental, cuja etimologia é desconhecida. É bem possível que se trate de palavra egípcia. A hipótese de Carnoy, *DEMG,* p. 17, segundo a qual o nome da heroína poderia ter sido primeiramente Ἀκακαλλή (Akakallé), alterado sob influência do vocábulo egípcio *akakallís,* tamarindo, não inspira confiança. Se assim fosse, argumenta o filólogo, o elemento ἀκα- (aka-) poderia originar-se de ἑκα- (heka-) por assimilação vocálica e ter o valor de um prefixo aumentativo, podendo-se, quem sabe, traduzir *Acacális* por "muito bela".

Acacális é uma das filhas de Minos, amada sucessivamente por Hermes e Apolo. De seus amores com o primeiro teve um filho, Cídon, e com o segundo, três: Naxos (que deu nome à ilha do mesmo nome), Mileto e Anfítemis, também chamado Garamante.

Grávida do segundo filho de Apolo, Mileto, a jovem princesa, temendo a ira paterna, fugiu do palácio e escondeu-se nas florestas. Tão logo nasceu o menino, foi o mesmo exposto pela mãe, que não podia criá-lo. Apolo, todavia, fez que o recém-nascido fosse alimentado por lobas, até que foi encontrado por pastores, que o recolheram e o criaram.

Ficando Acacális mais uma vez grávida de Apolo, Minos, irritado, a expulsou de Creta e enviou-a para a Líbia, onde nasceu Anfítemis, que, com o nome de Garamante, deu origem aos povos nômades dos garamantes.

ÁCACO.

Ἄκακος (Ákakos), *Ácaco,* é um composto de α- (a-) privativo, "não", e o adjetivo κακός (kakós), "mau, perverso", donde *Ácaco* é o "benfazejo, benevolente". Filho de Licáon e fundador da cidade de Acacésion, na Arcádia, foi o marido da ama de leite de Hermes, que, por isso mesmo, sempre lhe protegeu a família.

ACADEMO *(II, 29).*

Ἀκάδημος (Akádémos), *Academo,* é a forma ática. No beócio a métrica pressupõe a forma Ϝhεκα-δᾱμος (wheka-damos) e, no tessálio, Ϝεκε-δᾱμος (weke-damos). Trata-se, consoante Chantraine, de um composto de ἕκα (héka), proveniente de ἑκάς (hekás), "longe, distante" e de δῆμος (dêmos), povo, donde *Academo* é "o que age independentemente do povo", isto é, livremente, como um todo-poderoso. Academo é um herói ático que revelou aos Dioscuros (Castor e Pólux) o local exato onde Teseu havia escondido Helena, raptada pelo mesmo. O túmulo de Academo ficava num subúrbio de Atenas, além do bairro do Cerâmico. O sítio, onde fora sepultado o herói, estava cercado por um bosque sagrado, imortalizado por Platão, que aí instalou sua escola, a Academia.

ACALÂNTIS.

Ἀκαλανθίς (Akalanthís), *Acalântis,* é um derivado de ἄκανθα (ákantha), "espinho, espinheiro", cuja variante é ἄκανθος (ákanthos), "acanto", que, entre os gregos, designava diferentes espécies de plantas espinhosas. Ἀκαλανθίς (acalanthís), que provém de **ἀκανθαλίς (*acanthalís) designa "o pintassilgo", pelo fato de esta ave preferir arbustos espinhosos, *DELG,* p. 45sq.; Magne, *DELL,* p. 33sq. A etimologia da palavra grega ἄκανθα- (ákantha-) ἄκανθος (ákanthos) é incerta. Talvez se trate de uma criação grega com base em ἄκανος (ákanos), extremidade espinhosa de certas plantas e ἄνθος (ánthos), flor, com uma superposição silábica: **ἄκαν–ἄνθα > ἄκανθα* e *ἄκαν–ἄνθος > ἄκανθος.*

Acalântis era uma das filhas de Píero, rei da Macedônia. As Piérides (v.), que eram nove, por serem hábeis cantoras, ousaram desafiar as Musas. Vencidas, foram transformadas em pássaros. Acalântis o foi em pintassilgo.

ÁCAMAS *(III, 151, 167, 173, 293[225]).*

Ἄκαμας (Ákamas), *Ácamas,* é formado por um α- privativo (a-) *não* e uma forma nominal καμα- (kama-) do verbo κάμνειν *(kámnein), cansar, fatigar-se,* donde *Ácamas* é o "infatigável".

ACÂNTIS

Existem, no mito, três heróis com este nome. O primeiro é um guerreiro troiano, filho de Antenor e de Téano, o qual lutou bravamente no curso do ataque aos acampamentos aqueus, segundo descreve Homero, *Ilíada*, XIV, 476-486. Foi morto pelo cretense Meríone, que lutava ao lado dos gregos. O segundo é o tio de Cízico (v.). Combatia igualmente em defesa de Troia, comandando um contingente trácio. Foi eliminado pelo grande Ájax Telamônio. O terceiro e mais importante dos Ácamas é o filho de Teseu e de Fedra e herói epônimo da tribo ática dos Acamântidas. Este Ácamas não aparece nos poemas homéricos, mas tradições posteriores fazem dele e de seu irmão Demofonte personagens importantes na luta contra os troianos e na tomada da cidadela de Ílion. Ácamas inclusive participou juntamente com Menelau, Ulisses, Palamedes e Diomedes da segunda embaixada a Troia com o fito de resolver pacificamente o problema sério provocado pelo rapto de Helena por Páris. Foi durante a permanência dos embaixadores aqueus em Troia que Laódice, filha de Príamo, se apaixonou por Ácamas. Mordida por Eros, a princesa confiou a Filóbia, esposa de Dárdano, que reinava numa região da Troada, seu amor incontrolável pelo filho de Teseu. Para ajudar a amiga, Filóbia convenceu o marido a convidar Ácamas e Laódice, que passaria por uma concubina de Príamo, para um banquete. Terminado o festim, Laódice já era mulher de Ácamas. Dessa união nasceu Múnito, que foi criado no próprio palácio de Príamo por sua bisavó Etra, mãe de Teseu e cativa de Helena.

Terminada a Guerra de Troia, Múnito e sua bisavó, enfim libertada, se aprestaram em retornar à Ática juntamente com Ácamas. Múnito não chegou a conhecer Atenas, porque morreu em Olinto, cidade da Trácia, mordido por uma serpente, quando caçava. Relata uma variante que, na tomada de Ílion, Ácamas estava no bojo do cavalo de madeira e obteve como presa a lindíssima Clímene. Durante o regresso a Atenas, o filho de Teseu ficou por longo tempo na Trácia, porque se apaixonara por Fílis (v.), filha do rei local. Este amor, aliás, provocará a morte trágica de ambos. Da Trácia, Ácamas navegou para Chipre, onde fundou uma colônia. Relata-se que o herói morreu nesta ilha, tendo caído de um cavalo sobre sua própria espada. Semelhante desventura é atribuída, porém, com mais frequência, a seu irmão Demofonte. Ácamas teria, após a queda de Ílion, retornado a Atenas com sua avó Etra e reinado em paz.

ACÂNTIS.

Ἀκανθίς (Akanthís), Acântis, significa "pintassilgo". *Acanthís* é um derivado de ἄκανθα (ákantha), "espinho, espinheiro": veja-se Acalântis.

De Autônoo e Hipodamia nasceram quatro filhos homens, Anto, Eródio, Esqueneu, Acanto, e uma filha, Acântis. A família era proprietária de uma extensão de terra, mas, como não a cultivava, o solo cobriu-se de cardos e de juncos, de que se originaram os nomes de três filhos: *Esqueneu* provém σχοῖνος (skhoînos), "junco", *Acanto e Acântis*, procedem respectivamente de ἄκανθος (ákanthos) e ἀκανθίς (akanthís), cuja base comum é ἄκανθα (ákantha), "cardo, espinheiro". A ocupação principal da família, dominada pela preguiça, era a criação de cavalos. As éguas habituaram-se a pastar nas beiras dos pântanos e um dia em que Anto saiu para buscá-las, estas se enfureceram e avançaram sobre o cavaleiro. A demora do pai e do preceptor em prestar-lhe socorro resultou na morte trágica do jovem. Anto pagou pela inércia de todos e pela revolta da Terra-Mãe em não ser semeada. A tristeza e o desespero da família foram tão grandes, que Zeus e Apolo, mais por castigo do que por piedade, transformaram pais e filhos em aves: Autônoo em alcaravão; Hipodamia em calhandra; Acanto e Acântis em pintassilgos; Eródio em garça-real; Anto e Esqueneu em aves não bem-identificadas.

ACARNANE.

Ἀκαρνάν, -ᾶνος (Akarnán, -ânos), *Acarnane*, consoante Carnoy, *DEMG*, p. 16, talvez se forme com um α- (a-) copulativo e o elemento κάρν- (kárn-), que designaria "uma terra pedregosa, árida", como no celta, em que *karno-* significa "pedra".

Acarnane é o herói epônimo da Acarnânia, a região mais ocidental da Hélade, confinante com o Epiro. De outro lado, κάρ (kár) e κάρα (kára) expressam "o que está no alto, a cabeça, o pico"; dado que a Acarnânia era extremamente montanhosa, talvez se pudesse partir daí para tentar uma explicação etimológica para *Acarnane*, "o que dá nome à montanha". Trata-se, como é natural, apenas de hipóteses, pois que ainda não se possui etimologia segura para o antropônimo em pauta. De Alcméon (v.) filho do adivinho Anfiarau, e de Calírroe, filha do Rio Aqueloo, nasceram dois heróis: Anfótero e Acarnane. Como Alcméon, no curso de sua peregrinação, por ter assassinado a mãe, tivesse ofendido gravemente a Fegeu, rei de Psófis, este ordenou aos filhos que o eliminassem. Inconformada com a morte do marido, Calírroe pediu a Zeus, que a amava, que fizesse crescer rapidamente os dois filhos que tivera com Alcméon, a fim de que pudessem vingar o pai. Zeus atendeu-lhe a súplica e Acarnane e Anfótero mataram não só aos dois filhos de Fegeu, Prónoo e Agenor, mas também ao próprio rei de Psófis, o responsável maior pelo assassinato de Alcméon. Perseguidos sem tréguas pelos habitantes de Psófis, fugiram para Tegeu, na Arcádia, e aí se refugiaram na corte de Agapenor. Cumprindo ordens de seu avô Aqueloo, dirigiram-se a Delfos, onde ofereceram a Apolo o colar de Harmonia, causa de tanto sangue derramado, principalmente de seu pai Alcméon e de seu avô paterno Anfiarau. Do santuário de Delfos dirigiram-se ao Epiro, onde, após recrutar voluntários, colonizaram a Acarnânia, cujos habitantes, que, até então, se chamavam Curetes, passaram a denominar-se acarnânios. Relata uma tradição que Acarnane pereceu às mãos de Enômao (v.), na tentativa de se casar com Hipodamia (v.).

ACASTO *(III, 39, 178, 187, 189, 204).*

O grego ἄκαστος (ákastos) designa o *acer* ou *bordo* (árvore da família das acerráceas). Talvez o nome próprio *Ákastos*, "Acasto", provenha do nome da planta, como *Dáphnē*, "Dafne", de *dáphnē*, "loureiro". Neste caso seria possível uma aproximação com o latim *acer, aceris*, bordo e com o antigo alemão *ahorn*. Veja-se, a propósito, o alemão atual *Spitz-ahorn*, para designar o *acer platanoides*, Frisk, *GEW*, s.u. *ákastos*. Carnoy, *DEMG*, p. 16, opina que talvez o antropônimo seja formado por um α- copulativo (a-) e uma raiz *καδ (*kad), o que possibilitaria traduzi-lo por "o muito belo".

Acasto era filho de Anaxíbia e de Pélias, rei de Iolco. Foi contra a vontade do pai, cuja expectativa era de que Jasão jamais voltaria da Cólquida, que participou da expedição dos Argonautas. Fez parte igualmente do grupo de heróis que lutaram contra o feroz javali de Cálidon (v. Meléagro). Quando da morte de Pélias (v.), provocada por Medeia, Acasto subiu ao trono de Iolco, de onde expulsou Jasão e Medeia. Há uma variante, segundo a qual Medeia, disfarçada numa sacerdotisa de Ártemis, teria deixado a nau Argo e chegado sozinha ao palácio real de Iolco. Sabedora de que o rei não devolveria o trono a Jasão em troca do Velocino de Ouro, conforme ficara estipulado, convenceu as filhas de Pélias a cozinhar-lhe os membros para rejuvenescê-lo. Fez, em seguida, vir Jasão, que entregou o trono a Acasto, já que este, embora a contragosto do pai, acompanhara o primo na perigosa missão junto a Eetes. Neste caso, o exílio de Jasão e Medeia em Corinto teria sido voluntário. Acasto marca uma presença importante no mito do pai de Aquiles, Peleu. Tendo este, na caçada de Cálidon, provocado acidentalmente a morte de seu sogro Eurítion, recolheu-se à corte de Iolco para ser purificado por Acasto, que, à época, estava casado com Astidamia. Esta, apaixonada pelo belo Peleu, mas contrariada em suas pretensões, enviou uma mensagem à então esposa do herói, Antígona, dizendo-lhe que o marido em breve se casaria com Estérope, filha de Acasto. Não satisfeita, apelou para o *Motivo Putifar* (v.), contando ao marido que Peleu tentara seduzi-la. Não ousando matar um hóspede, que por sinal havia purificado, levou-o a uma caçada no Monte Pélion e lá o abandonou, enquanto o pai de Aquiles dormia. Para ter certeza de que o herói pereceria, escondeu-lhe a espada sob um monte de esterco. Realmente Peleu não escaparia com vida, porque os Centauros já se preparavam para matá-lo. O sábio e pacífico Quirão, que aliás o educara, percebeu a manobra dos inimigos e, despertando o antigo discípulo, emprestou-lhe sua própria espada. Os Centauros fugiram e Peleu retornou a seu reino em Ftia. Unindo-se a Jasão, Castor e Pólux, invadiu Iolco, matando a Acasto e Astidamia, cujo corpo foi dividido em pedaços, que foram espalhados estrategicamente pela cidade, para que seu exército desfilasse entre as postas ensanguentadas da rainha. Outras versões, porém, afiançam que, na ausência de Aquiles, que lutava em Troia, Acasto invadiu Ftia e expulsou Peleu do reino. Antes de Astidamia, Acasto se teria unido a Hipólita Creteis, mãe de Estérope.

ACATES.

Ἀχάτης (Akhátēs), *Acates*. *Akáthes*, que, em grego, significa "pedra preciosa", nos deu, por influência de ἀγαθή (agathé), "boa", ágata, pedra preciosa, com betas brancas. Talvez o nome próprio se origine do nome da pedra. Trata-se, possivelmente, em grego, de um empréstimo, quiçá ao fenício.

Existem dois heróis com este nome. O primeiro é um troiano, que, segundo a tradição, matou o primeiro aqueu, Protesilau, a pisar o solo de Troia. Quando Eneias partiu de Ílion incendiada para fundar o Império Romano, Acates, como nos mostra a *Eneida* de Virgílio, foi seu mais fiel e dedicado companheiro.

O segundo, conforme as *Dionisíacas*, 13, 309; 37, 350, de Nono, foi um dos seguidores do deus do êxtase e do entusiasmo, isto é, Dioniso (v.).

ACÔNCIO.

Ἀκόντιος (Akóntios), *Acôncio*. Para Carnoy, *DEMG*, p. 17, o vocábulo é um epônimo da cidade de Ἀκόντιον (Akóntion), *Acôncion*, na Arcádia, e significaria de "pequena altitude". Talvez se trate, ao revés, de um derivado de ἀκ- (ak-), da raiz *ak em indo-europeu, que expressa a ideia de "ponta". Daí ἄκων, -οντος (ákōn, -ontos), "dardo" e seu derivado ἀκόντιον (akóntion), com o mesmo sentido. *Acôncio* seria, pois, "o que lança (ao longe) o dardo". Esta é, aliás, e curiosamente, a interpretação de Ovídio, *Heroides*, 20, 209-210:

Mirabar quare tibi nomen Acontius esset:
Quod faciat longe uulnus, acumen habes.

– Admirava-me por que teu nome havia de ser Acôncio: É que tens um *dardo que fere de longe*.

Acôncio era filho de uma família abastada da Ilha de Ceos, mas sem nenhum ascendente nobre. Tendo ido à Ilha de Delos, para assistir às festas solenes que ali se celebravam anualmente em honra de Apolo, viu Cidipe, uma jovem de família nobre ateniense, e por ela se apaixonou perdidamente. Seguiu-a até o templo de Ártemis, onde se fazia um sacrifício, e esperou que a jovem se sentasse. Acôncio, astutamente, colheu um marmelo e gravou no mesmo, com a ponta do punhal, a seguinte frase: "Juro, por Ártemis, que me casarei com Acôncio". Jogou-o em seguida na direção da bem-amada. A ama da jovem o pegou e passou-o a Cidipe, que inocentemente leu em voz alta a inscrição. Percebendo-lhe, em seguida, o sentido, arremessou o marmelo para bem longe de si. De qualquer modo estava agora ligada a Acôncio por uma fórmula sagrada, cuja testemunha era Ártemis. Dado o gesto de Cidipe, o pretendente regressou a Ceos, com o coração trespassado por Eros. O pai da jovem ateniense, sem conhecimento do que se passara em Delos, deu-a em casamento a um eupátrida ateniense. Nas vésperas das núpcias, todavia, a noiva caiu gravemente enferma e foi necessário transferi-las para uma nova oportunidade. Mais três tentativas foram feitas e sempre que se aproximava a nova data do himeneu, Cidipe adoecia seriamente. Acôncio, sabedor do acontecido, correu para Atenas e a todo o momento enviava mensageiros para saber da saúde de sua bem-amada. A constância de tão grande amante tornou-se um provérbio na cidade de Palas Atená: *amor, só amando como Acôncio*. Não poucos pensavam que ele havia enfeitiçado a linda ateniense. O pai da jovem, preocupado, mandou consultar o Oráculo de Delfos e este respondeu que Cidipe estava ligada a Acôncio por um juramento e que Ártemis a puniria sempre que tentasse o perjúrio. Ciente da verdade, o eupátrida ateniense concordou que a filha se unisse ao mais astucioso pretendente que a Hélade conhecera. Públio Ovídio Nasão não permitiu que tão grande amor fosse esquecido. Dedicou em suas *Heroides* as cartas 20 e 21 respectivamente a Acôncio, que confessa à amada sua grande paixão, e à resposta de Cidipe, longa, pungente, em que se queixa de haver sido conquistada não por súplicas, mas por uma astúcia, pouco digna de um verdadeiro amante. No fundo, tem-se a impressão de que Cidipe desejaria talvez mais uma carta e certamente a resposta seria outra... Os dois últimos versos, apesar de desligados do contexto, são bastante significativos:

Quid, nisi quod cupio me iam coniungĕre tecum Restat, ut adscribat littera nostra. Vale. (Her. 21, 247-248)

– Que me resta senão dizer que desejo unir-me a ti e que fecho esta carta assim: "Adeus".

ACRÍSIO *(I, 82-83; III, 22, 62, 74-76, 87, 247, 255).*

Ἀκρίσιος (Akrísios), *Acrísio*, é antropônimo sem etimologia definida. A hipótese interrogativa de Carnoy, *DEMG*, p. 17, se *Akrísios* não poderia significar "o indeciso", mercê das lutas intermináveis contra seu irmão Preto, carece de sentido mítico e semântico. O mito de Acrísio e de seu irmão Preto (v.) tem início com o androcídio coletivo praticado por quarenta e nove filhas do Rei Dânao contra seus quarenta e nove primos e maridos, filhos do Rei Egito, irmão do anterior. Eram cinquenta as Danaides (v.), assim chamadas por serem filhas de Dânao, mas uma delas, Hipermnestra, apaixonou-se pelo marido Linceu, que foi o único a escapar do massacre perpetrado contra seus irmãos na primeira noite de núpcias. De Linceu e Hipermnestra nasceu Abas, que, casado com Aglaia, foi pai dos gêmeos Acrísio e Preto, nos quais se reviveu o ódio que mantiveram um contra o outro seus avôs Dânao e Egito. Conta-se mesmo que a luta entre os gêmeos de Aglaia se iniciara no seio materno. Depois, já moços, travaram guerra sangrenta pela posse do trono de Argos, que lhes deixara Abas. Dessa luta cruenta saiu vencedor Acrísio, que expulsou o irmão da Argólida, tendo-se este refugiado na Lícia, onde desposou Anteia, chamada pelos trágicos de Estenebeia, filha do rei local Ióbates. Para vingar a honra de Preto, Ióbates invadiu a Argólida, apossando-se de Tirinto, que foi forticada com muralhas gigantescas, erguidas pelos Ciclopes (v.). Os gêmeos, por fim, chegaram a um acordo: Acrísio reinaria em Argos e Preto em Tirinto, ficando, desse modo, a Argólida dividida em dois reinos. Tendo-se casado com Eurídice, filha de Lacedêmon, herói epônimo da Lacedemônia, o rei de Argos foi pai de uma filha, Dânae, mas, desejando um filho, mandou consultar o Oráculo de Delfos. Apolo limitou-se a responder que Dânae teria um filho e este mataria o avô. Temendo o cumprimento da sentença da Pítia, ordenou a construção de uma câmara subterrânea, toda em bronze, e nela encerrou a filha em companhia da ama. Zeus, todavia, o fecundador por excelência, penetrou na inviolável câmara de bronze de Dânae por uma fenda existente na mesma e, sob a forma de *chuva de ouro*, engravidou a princesa, que se tornou mãe de Perseu (v.). Durante algum tempo, com a cumplicidade da ama, o menino pôde ser conservado secretamente, mas no dia em que o rei teve ciência da existência do neto, não acreditou que o mesmo fosse filho de Zeus e atribuiu-lhe o nascimento a alguma ação criminosa de seu irmão e eterno rival Preto. Após ordenar a execução da ama, encerrou a filha e o neto num cofre de madeira e mandou expô-los no mar. A pequena arca, arrastada pelas ondas, foi dar à Ilha de Sérifos, uma das Cíclades, onde reinava o déspota Polidectes. Um irmão do rei, de nome Díctis, etimologicamente *a rede*, pessoa muito humilde, *os pescou* e conduziu para sua casa modesta na ilha, encarregando-se de sustentá-los. Perseu tornou-se rapidamente um jovem esbelto, alto e destemido, segundo convinha a um herói. Após muitas gestas, sobretudo a vitória sobre Medusa, o casamento com Andrômeda, o castigo de Polidectes, que tentara violentar-lhe a mãe e a entrega do trono de Sérifos a Díctis, Perseu desejou conhecer o avô. Em companhia da esposa, da mãe e dos pacíficos Ciclopes construtores partiu em direção a Argos. Acrísio, sabedor das intenções do neto e com a sentença do Oráculo a perturbar-lhe a paz, fugiu para Larissa, onde reinava seu amigo Tentâmides. Ora, Acrísio assistia como simples espectador aos jogos fúnebres mandados celebrar pelo soberano de Larissa em memória do pai. Perseu participava do certame e lançou o disco com tanta infelicidade, ou, por outra, com o endereço certo fornecido há tantos anos por Apolo, que o mesmo vitimou Acrísio. Cheio de dor com a morte do avô, o herói prestou-lhe as devidas honras fúnebres, fazendo-o sepultar fora de Larissa. Não ousando, por tristeza e contrição, dirigir-se a Argos, foi para Tirinto, onde reinava seu primo Megapentes, filho de Preto e com ele trocou de reino. Assim, Megapentes tornou-se rei em Argos e Perseu reinou em Tirinto. Repetindo apenas muito resumidamente o que se expôs *em Mitologia Grega*, Vol. II, p. 78sqq., vale a pena dizer uma palavra sobre os gêmeos, os quais, na realidade, configuram o estado de ambivalência do universo mítico. Para as culturas primitivas eles surgem carregados de uma força poderosa, protetora ou perigosa. Adorados, mas temidos igualmente, os gêmeos são sempre detentores de um *valor intenso*: na África Ocidental são mágicos, mas entre os bantus são sacrificados. Em todas as tradições os gêmeos, deuses ou heróis, lutam entre si, altercam, mas podem também auxiliar-se, denunciando, dessa forma, a ambivalência de sua situação, símbolo da própria condição de cada ser humano dividido em si mesmo, ou seja, a tensão interna de um estado permanente. O medo e a angústia do primitivo diante do aparecimento de gêmeos configuram o temor da visão exterior de sua ambivalência, o receio da objetivação das analogias e das diferenças, a apreensão de uma tomada de consciência individuante, o medo da ruptura da indiferenciação coletiva. No fundo, os gêmeos traduzem *uma contradição não resolvida*.

ACTÉON *(II, 66-67; III, 26, 59)*.

Ἀκταίων (Aktaíōn), *Actéon*. Carnoy, *DEMG*, p. 17, deriva *Aktaíon* de ἀκτή (akté), "margem, costa abrupta" e acrescenta que talvez se trate primitivamente de um deus aquático.

Filho de Aristeu e de Autônoe, e portanto neto de Apolo e da ninfa Cirene, foi educado pelo centauro Quirão, que, entre outras coisas, lhe ensinou a arte da cinegética, que se tornou a grande paixão do herói. Um dia, quando caçava no Monte Citerão, foi perseguido e morto por seus próprios cães. Existem muitas versões acerca dessa tragédia. Relatam alguns mitógrafos que tudo se deveu aos ciúmes de Zeus por Sêmele, a quem o filho de Aristeu tentou seduzir. A variante mais seguida, porém, é de que Actéon chegou a uma fonte durante uma caçada, no momento exato em que na mesma se banhava nua a deusa Ártemis. A vingativa irmã de Apolo jogou-lhe água no rosto, transformando o herói em veado e excitou contra ele os cinquenta cães que o acompanhavam. Enfurecidos pela deusa, os animais o devoraram. Depois, saíram à procura do caçador, farejando por toda parte, enchendo a floresta com seus latidos. O centauro Quirão, para acalmá-los, esculpiu uma estátua exatamente igual a Actéon.

ACTOR.

Ἄκτωρ (Áktōr), *Actor*, provém do verbo ἄγειν (águein), "impelir, conduzir, levar diante de si, fazer". *Actor* é o que conduz os cães à caça, donde "o caçador". *Ágō* é um antigo verbo temático que possui correspondentes em sânscrito *ájati*, avéstico *azaiti*, armênio *acem*, latim *agō*, antigo irlandês *aik*, tocariano *āk-*, todos com o mesmo sentido de "levar à frente de si, conduzir, fazer", *DELG*, p. 13sqq.

Actor não é personagem importante no mito, a não ser por seus ascendentes e descendentes. Existem várias tradições não apenas acerca dos pais, mas também dos casamentos e filhos deste herói da Tessália. Algumas versões apontam-no ora como filho de Mírmidon e de Pisídice, ora como um Lápita, filho de Forbas e de Hirmine ou ainda desta última e de Hélio, tornando-se, nesta variante, o pai de Augias. Seus filhos seriam Menécio, e, neste caso, Actor figuraria como avô de Pátroclo, ou os Moliônides, isto é, Êurito e Ctéato, o que faria do herói o fundador da dinastia da Élida. Actor reinava em Feres, na Tessália, quando em sua corte se apresentou Peleu, o futuro pai de Aquiles. Tendo assassinado a Foco, seu irmão, foi exilado pelo pai. Peleu foi purificado por Actor, que, ao morrer, lhe deixou o reino. Nesta versão, Actor seria igualmente pai de Eurítion, que participou da caçada ao javali de Cálidon e de uma filha, Filomela.

Há um segundo *Actor*, da cidade beócia de Orcômeno, que passa por ser um dos descendentes de Frixo, que chegou à Cólquida conduzido pelo carneiro de velo de ouro (v. Argonautas).

ADMETA *(III, 105, 108)*.

Ἀδμήτη (Admétē), *Admeta*, tem a mesma etimologia que Admeto, de que serve de feminino. Significa, pois, "a inflexível, a invencível".

Filha de Euristeu e, por conseguinte, bisneta de Perseu, vivia em Argos como sacerdotisa de "Hera argiva". Segundo uma das muitas versões acerca do nono trabalho de Héracles, foi a pedido de Admeta que Euristeu enviou o herói ao fabuloso país das Amazonas, a fim de trazer para a filha o Cinturão da rainha Hipólita (v. Amazonas). Durante cinquenta e oito anos, Admeta serviu à deusa Hera, em Argos. Com a morte do pai, não se sabe com precisão o motivo, fugiu para a Ilha de Samos, levando consigo a estátua da rainha dos deuses e a depositou num antiquíssimo santuário de Hera, construído pelos lélegos, povo da Lócrida, e pelas ninfas. Furiosos com a fuga da sacerdotisa e sobretudo inconsoláveis com o desaparecimento da estátua de sua deusa protetora, os argivos encarregaram os piratas tirrenos de procurá-la e, a qualquer preço, trazê-la de volta a Argos. Na realidade, o que desejavam igualmente os argivos era que, subtraída de Samos a estátua, a sacerdotisa fosse responsabilizada e punida pelos habitantes da ilha. Como o templo não tivesse portas, foi muito fácil aos piratas conduzir a efígie de Hera até seus navios. Quando, no entanto, se fizeram novamente ao mar, o barco em que estava a deusa ficou imobilizado, porque não houve quem pudesse desatar-lhe as amarras. Compreendendo que a esposa de Zeus desejava permanecer em Samos, retirando-a da nau, colocaram-na cuidadosamente na praia, retomando apressadamente o caminho de volta. Tendo percebido o desaparecimento do ícone, Admeta alertou os habitantes de Samos que, de imediato, passaram a vasculhar a ilha inteira. Após intensa busca, localizaram-na à beira da praia e, julgando que a deusa tivesse lá chegado por conta própria, amarraram-na com vime, para que não os abandonasse. Ciente do acontecido, a sacerdotisa dirigiu-se apressadamente à praia e libertou a estátua de seus liames; purificou-a do contato de mãos impuras e reconduziu-a a seu templo. Em lembrança desse feito, comemorava-se anualmente com uma procissão o aparecimento miraculoso da deusa na praia: a estátua era conduzida até o mar e, após ser reconsagrada, recebia sacrifícios e grandes homenagens de seus devotos. Uma variante de Pausânias atribui aos Argonautas e não a Admeta o transporte do ícone de Argos para Samos.

ADMETO *(I, 82, 226; 87, 191-192; III, 38, 104-105, 178, 204, 317).*

Ἄδμητος (Ádmētos) é formado de um α- (a-) privativo, *não* e de uma forma nominal δμητός (dmētós), "flexível, domável", do verbo δαμνέναι (damnénai), "domar, vencer", cujo presente é δάμνημι (dámnēmi), "eu domo, eu venço". Admeto é, pois, "o indomável, o invencível".

Admeto era filho de Feres, que dera seu nome à cidade, capital do reino da Tessália, e de Periclímene. Participou, em sua juventude, de duas perigosas aventuras: a caçada ao javali de Cálidon e a Expedição dos Argonautas, em busca do velocino de ouro. Feres, já muito idoso, entregou-lhe as rédeas do governo. Foi logo no início de seu reinado que Apolo, tendo assassinado os Ciclopes, foi exilado em Feres, na corte de Admeto, a quem serviu como pastor, durante um ano, a fim de purificar-se do sangue que havia derramado. Pretendente de Alceste, filha de Pélias, rei de Iolco, jamais a teria por esposa, não fora o precioso auxílio de Apolo. É que Pélias condicionara a entrega da filha a quem fosse capaz de apresentar-se num carro puxado por uma parelha aparentemente antagônica, um leão, símbolo da valentia e da força, e um javali, tradução do poder espiritual. O deus de Delfos facilmente conseguiu-lhe jungir os dois animais ao carro e Admeto recebeu em núpcias solenes a lindíssima Alceste. O gesto de Apolo é diversamente interpretado: algumas versões atestam que o deus ajudou ao rei de Feres pela extrema deferência com que foi tratado durante o exílio, outras vão mais longe e acenam para uma possível paixão do mesmo por Admeto. Acontece que, na homenagem prestada aos deuses, por ocasião do casamento com Alceste, o soberano se esqueceu de sacrificar a Ártemis. Irritada, a virgem caçadora encheu-lhe a câmara nupcial de serpentes. Mais uma vez Apolo interveio em favor do soberano e, aplacada a cólera da deusa, Admeto pôde ter sua lua de mel. É curioso, diga-se de passagem, que nos sacrifícios feitos ao conjunto dos deuses *pelos homens*, Ártemis, via de regra, é esquecida e sempre se vinga com ferocidade, a não ser que o irmão venha em socorro das vítimas, como no caso em pauta. Parece que o *arquétipo de Ártemis*, como se mostrou *em Mitologia Grega*, Vol. III, p. 354sq., não era muito apreciado pelo masculino... Algo de muito grave, todavia, aconteceu ao rei de Feres. Bem-casado, jovem, rico, pai de três filhos, Eumelo, Perimele e Hípaso, foi sorteado pelas Queres para morrer. Apolo, usando de um subterfúgio, as embriagou e conseguiu da Moira que o soberano fosse poupado até novo sorteio, se alguém se oferecesse para morrer em seu lugar. A empresa não era fácil e até mesmo os pais do soberano, apesar de muito idosos, recusaram-se a fazer tão grande sacrifício pelo filho. Somente Alceste, jovem, bela e feliz, num gesto sobre-humano de altruísmo e de amor, mas também por considerar que a vida do pai era mais importante em relação aos filhos, espontaneamente se ofereceu para dar a vida pelo marido. Quando Admeto se preparava para solenemente celebrar as exéquias da esposa, eis que surge Héracles, seu companheiro na Expedição dos Argonautas, pedindo hospitalidade. Não obstante a tristeza e o luto que pesavam sobre o palácio, o rei, sem nada lhe dizer, acolheu benevolamente o filho de Zeus e de Alcmena. Este, ao ser informado, um pouco mais tarde, enquanto se banqueteava lautamente, do que se passava, sacudiu o torpor do vinho e dirigiu-se ao túmulo da rainha. Lá, após vencer em duro combate a Tânatos, a Morte, arrancou-lhe Alceste das garras e trouxe-a de volta a Admeto, mais jovem e mais bela que nunca. Esta é, em linhas gerais, a versão seguida por Eurípides em sua tragédia *Alceste*, que traduzimos e publicamos, com longa introdução, em Bruno Buccini/Editor, Rio de Janeiro, 1968 e que será dentro em breve reeditada com texto bilíngue pela Editora Artesanal, São Paulo. Segundo uma outra versão, não foi obra de Héracles a "ressurreição" de Alceste. Perséfone, admirando-lhe o amor e o sacrifício, enviou-a de volta aos braços de Admeto.

ADÔNIS *(I, 217-220; II, 41, 124⁴⁴, 143, 222; III, 40).*

Ἄδωνις (Ádōnis) *Adônis*, é provavelmente um empréstimo ao semítico. O hebraico tem a forma 'ādōn, "mestre, senhor", Chantraine, *DELG*, p. 21.

Algumas facetas de Adônis, divindade oriental da vegetação, já eram conhecidas à época de Hesíodo e de Safo (séc. VIII-VII a.C.), mas o mitologema só se propagou como um todo pela Grécia no período helenístico (320-30 a.C.), quando o Oriente foi em grande parte helenizado.

O mito de Adônis está ligado à "deusa oriental" Afrodite, transposição evidente, embora bastante retocada, de *Ishtar-Astarté*, como Adônis o é do babilônico *Tammuz*, o favorito de Ishtar-Astarté.

Adônis há de ser, por isso mesmo, um dos amores maiores de Afrodite. Relata-se que Teias, rei da Síria, tinha uma filha, Mirra ou Esmirna, que, desejando competir em beleza com a deusa do amor, foi por esta terrivelmente castigada, concebendo uma paixão incestuosa pelo próprio pai. Com o auxílio de sua aia, Hipólita, conseguiu enganar Teias, unindo-se com ele durante doze noites consecutivas. Na derradeira noite, o rei percebeu o engodo e perseguiu a filha com a intenção de matá-la. Mirra colocou-se sob a proteção dos deuses, que a transformaram na árvore que tem seu nome. Meses depois, a casca da "mirra" começou a inchar e no décimo mês se abriu, nascendo Adônis. Tocada pela beleza da criança, Afrodite recolheu-a e a confiou secretamente a Perséfone. Esta, encantada com o menino, negou-se a devolvê-lo à esposa de Hefesto. A luta entre as duas deusas foi arbitrada por Zeus e ficou estipulado que Adônis passaria um terço do ano com Perséfone, outro com Afrodite e os restantes quatro meses onde quisesse. Mas, na verdade, o lindíssimo filho de Mirra sempre passou oito meses do ano com a deusa do amor... Mais tarde, não se sabe bem o motivo, a colérica Ártemis lançou contra Adônis adolescente a fúria de um javali, que, no decurso de uma caçada, o matou. A pedido de Afrodite, foi o seu grande amor transformado por Zeus em *anêmona*, flor da primavera, e o mesmo Zeus consentiu que o belo jovem ressurgisse quatro meses por ano e vivesse ao lado de Afrodite. Efetivamente, passados os quatro meses primaveris, a flor anêmona fenece e morre. O mito, evidentemente, prende-se aos ritos simbólicos da vegetação, como demonstra a luta da criança entre Afrodite (a "vida" da planta) e Perséfone (a "morte" da mesma nas entranhas da terra), bem como o sentido ritual dos *Jardins de Adônis*, de que se falará mais abaixo.

Há uma variante do mito que faz de Adônis filho não de Teias, mas do rei de Chipre, o qual era de origem fenícia, Cíniras, casado com Cencreia. Esta ofendera gravemente Afrodite, dizendo que sua filha Mirra era mais bela que a deusa, que despertou na rival uma paixão violenta pelo pai. Apavorada com o caráter incestuoso de sua paixão, Mirra quis enforcar-se, mas a aia Hipólita interveio e facilitou a satisfação do amor criminoso. Consumado o incesto, a filha e amante de Cíniras refugiou-se na floresta, mas Afrodite, compadecida com o sofrimento da jovem princesa, metamorfoseou-a na árvore da mirra. Foi o próprio rei quem abriu a casca da árvore para de lá retirar o filho e neto ou, segundo outros, teria sido um javali que, com seus dentes poderosos, despedaçara a mirra, para fazer nascer a criança. Nesta variante há duas causas para a morte do lindíssimo Adônis: ou a cólera do deus Ares, enciumado com a predileção de Afrodite pelo jovem oriental ou a vingança de Apolo contra a deusa, que lhe teria cegado o filho Erimanto, por tê-la visto nua, enquanto se banhava.

De qualquer forma, a morte de Adônis, deus oriental da vegetação, do ciclo da semente, que morre e ressuscita, daí sua *katábasis* para junto de Perséfone e a consequente *anabasis* em busca de Afrodite, era solenemente comemorada no Ocidente e no Oriente. Na Grécia da época helenística deitava-se Adônis morto num leito de prata, coberto de púrpura. As oferendas sagradas eram frutas, rosas, anêmonas, perfumes e folhagens, apresentados em cestas de prata. Gritavam, soluçavam e descabelavam-se as mulheres. No dia seguinte, atiravam-no ao mar com todas as oferendas. Ecoavam, dessa feita, cantos alegres, uma vez que Adônis, com as chuvas da próxima estação, deveria ressuscitar.

O mitologema da morte prematura de Adônis, quer se deva a Ártemis, Apolo ou Ares, está sempre ligado ao nascimento e à cor de certas flores. A *anêmona* prende-se, como se viu, à metamorfose do deus naquela flor; a *rosa*, de início branca, tornou-se vermelha, porque Afrodite, no afã de salvar o amante das presas do javali, pisou num espinho e seu sangue deu à rosa um novo colorido. O poeta grego da época alexandrina, Bíon (fins do século IV a.C.). relata que de cada gota de sangue de Adônis nascia uma anêmona, de cada lágrima de Afrodite, uma rosa.

Pois bem, foi exatamente para perpetuar a memória de seu grande amor oriental, que Afrodite instituiu na Síria uma festa fúnebre, que as mulheres celebravam anualmente, na entrada da primavera. Para simbolizar "o tão pouco" que viveu Adônis, plantavam-se mudas de roseiras em vasos e caixotes e regavam-nas com água morna, para que crescessem mais depressa. Tal artifício fazia que as roseiras rapidamente se desenvolvessem e dessem flores, as quais, no entanto, feneciam prematuramente. Eram os célebres *Jardins de Adônis*, cuja desventura era solenemente celebrada com grandes procissões e lamentações rituais pelas mulheres da Síria.

ADRASTO *(I, 29; III, 46, 65, 86, 166, 270[212]).*

Ἄδραστος (Ádrāstos), *Adrasto*, é formado por um *α-* (a-) negativo, "não", e um adjetivo verbal δρᾶστος (drâstos), cuja base é δρα- (drā-) do verbo διδράσκειν (didráskein), "fugir". *Adrasto* é, pois, etimologicamente, "aquele que não foge" ou "aquele de que não se pode fugir", como o fem. Ἀδράστεια (Adrásteia), *Adrasteia*, sinônimo *de Nêmesis*, "a inevitável", *DELG*, p. 278-279. A raiz indo-europeia **der-*, **dr-ew*, "fugir", está atestada no sânscrito *drāti, drávati*, "ele foge".

Preto (v.) dividira o reino da Argólida em três: ficou com um deles e entregou os outros dois aos filhos de Amitáon, Bias e Melampo. Não durou muito, porém, a paz sonhada por Preto. Durante uma das constantes disputas entre as três famílias reinantes, Anfiarau (v.), da estirpe de Melampo, assassinou Tálaos, descendente de Bias e pai de Adrasto. Este fugiu para Sicione, onde reinava seu avô materno Pólibo, que, morrendo sem filhos homens, deixou-lhe o trono. Hábil político, conseguiu reconciliar-se com Anfiarau e retornou à Argólida, assumindo o governo do reino deixado vago por seu pai, o prepotente Tálaos. Para selar a amizade, sincera por parte de Anfiarau, e sequiosa de vingança por parte de Adrasto, este deu-lhe por esposa a irmã Erifila. As núpcias da paz estabeleciam, no entanto, como cláusula, a mediação de Erifila, caso houvesse alguma disputa ou desentendimento entre os cunhados. Tal disposição dava de certa forma a Adrasto a esperança de vingar-se do assassino de seu pai. Ora, aconteceu que Polinice, filho de Édipo, na disputa pelo trono de Tebas, foi banido da cidade de Cadmo por seu irmão Etéocles (v. Sete contra Tebas) e que Tideu fora expulso de Cálidon por seu pai e rei Eneu. Ambos buscaram asilo no mesmo dia na corte de Adrasto. Após purificar Tideu, que havia cometido homicídio, e prometer aos dois exilados que os faria reinar respectivamente em Cálidon e Tebas, deu-lhes as duas filhas em casamento.

Polinice desposou a mais velha, Argia, e Tideu, a mais jovem, Dípila. Dando início ao prometido, Adrasto organizou a expedição dos *Sete Chefes*, de que participaram os descendentes de Bias, Melampo e Preto, isto é, das três famílias que reinavam na Argólida. Engrossavam as tropas expedicionárias aliados da Arcádia e da Messênia, vale dizer, contingentes do Peloponeso inteiro, exceto de Micenas, porque os atridas Agamêmnon e Menelau julgavam que a guerra estava fadada ao fracasso. Sob o comando de Adrasto, marcharam contra Tebas os seguintes heróis: Polinice, Tideu, Partenopeu, Capaneu, Mecisteu e Anfiarau, embora este último tenha participado da expedição a contragosto, porque, graças a seus dons divinatórios, previu o desastre da mesma. Procurou de todas as maneiras dissuadir o cunhado do perigo iminente que ameaçava a marcha contra Tebas, mas acabou deixando-se dobrar pela decisão de Erifila a favor da luta, pois era ela a mediadora entre os cunhados... Na realidade, a esposa do herói Anfiarau havia sido subornada por Polinice, que lhe dera de presente o colar de Harmonia (v.), a fim de que votasse a favor da guerra (v. Alcméon). Passando por Nemeia, celebraram jogos fúnebres em honra de Ofeltes, sufocado por uma serpente na presença dos heróis (v. Hipsípila). Este certame fúnebre foi a origem dos *Jogos Nemeus*. Em seguida, retomaram o caminho em direção a Tebas e, após devastarem várias cidades e vilas que a rodeavam, chegaram finalmente à capital dos Labdácidas (v.). Diante das sete portas da cidade de Laio travaram-se sete justas sangrentas. Etéocles e Polinice morreram, como predissera Édipo, lutando um contra o outro. A derrota dos *Sete*, como profetizara Anfiarau, foi total. Apenas Adrasto se salvou, graças à velocidade de seu cavalo Aríon, segundo relata a *Ilíada*, XXIII, 344-347. O rei argivo refugiou-se em Atenas e se colocou sob a proteção de Teseu, que marchou contra Tebas e resgatou os seis cadáveres dos heróis, dando-lhes condigna sepultura em Elêusis. Dez anos depois, os descendentes dos *Sete*, os chamados *Epígonos* (v.), sob o comando de Alcméon (v.), organizaram uma segunda expedição contra Tebas. Venceram aos Tebanos, saquearam-lhes a capital e colocaram no trono o filho de Polinice, Tersandro. Na luta pereceu o filho de Adrasto, Egialeu, morto por Laódamas, filho de Etéocles. Adrasto, já muito envelhecido, morreu de tristeza, em Mégara. Segundo outras versões, lançou-se às chamas, em obediência ao Oráculo de Delfos (v.).

AÉDON *(III, 61).*

Ἀηδών (Aēdṓn) *Aédon*, é um nome próprio, que, por efeito de metamorfose, foi transformado em "rouxinol", em grego ἀηδών (aedṓn), cuja etimologia deve estar relacionada com o v. ἀείδειν (aeídein), "cantar". Na realidade, é o nome próprio que provém do comum, como é de praxe no mito.

Segundo a *Odisseia*, XIX, 518sqq., onde Aédon é retratada como "modulando suaves queixumes, por ter, fora de si, assassinado o próprio filho Ítilo", essa "vítima do ciúme" é tida como filha de Pandaréu, irmão de Anfíon, e esposa do tebano Zeto. Mãe de um único filho, Ítilo, invejava a fecundidade de sua concubina Níobe, esposa de Anfíon. Enlouquecida pela inveja, tentou matar o filho mais velho da sua rival, Amaleu, enquanto este dormia, mas sem o querer, assassinou seu próprio filho Ítilo. Desesperada, pediu aos deuses que a transformassem em rouxinol, a fim de que pudesse chorar, cantando para sempre sua dor. Acerca da metamorfose de Aédon em rouxinol há uma variante bem diferente e bastante mais complexa. Aédon era filha de Pandaréu de Mileto e esposa do grande artista Politecno. O casal residia em Cólofon e possuía igualmente um filho único, Ítis. Enquanto prestaram aos deuses as honras devidas, foram felizes. Envaidecidos com sua união conjugal, proclamavam-na bem mais estável que a de Zeus e Hera. Irritada, esta lançou contra o casal a temível *Éris*, a Discórdia, que provocou grave emulação entre ambos. Politecno pôs-se a construir um carro e a esposa, hábil na arte da tecelagem, a representar uma família. O que terminasse primeiro estaria obrigado a oferecer ao outro uma escrava. Premeditadamente, a cruel deusa Hera fez que Aédon saísse vitoriosa. Ferido em seus brios, Politecno resolveu vingar-se. Dirigiu-se a Éfeso e pediu ao sogro permissão para que Quelídon, irmã de sua esposa, lhe fizesse uma visita. Durante a viagem, estuprou a cunhada, cortou-lhe o cabelo, cobriu-a com uma indumentária grosseira e, após proibi-la, sob pena de morte, de se identificar, entregou-a à esposa como escrava. Durante algum tempo o estratagema surtiu efeito, mas, um dia em que Quelídon se lamentava em altas vozes junto a uma fonte, a irmã compreendeu tudo que se havia passado. Unidas, arquitetaram trágica vindita. Imolaram Ítis e ofereceram-lhe as carnes ao pai, durante um banquete. Com a fuga de ambas para Mileto, o esposo e cunhado foi informado pelos vizinhos do sacrifício do filho e da natureza do repasto que lhe fora servido. Como um louco, Politecno partiu para Mileto no firme propósito de matar as duas criminosas. A par dos tristes acontecimentos, Pandaréu mandou prendê-lo, untá-lo de mel e amarrá-lo a uma árvore, para ser atormentado até a morte pelas moscas. Aédon, todavia, apiedou-se do esposo e afugentou os insetos. Ameaçada de morte pelo pai e irmãos, foi salva por Zeus, que resolveu transformar em aves os componentes de família tão infeliz e marcada pela cólera implacável de Hera. Pandaréu foi metamorfoseado em águia; sua esposa Harmótoe, em alcíone; Politecno, em picanço; Aédon, em rouxinol e Quelídon, em grego Χελιδών (Khelīdṓn), cuja etimologia se desconhece, em *andorinha*, que é o significado de seu nome.

AÉROPE *(I, 78, 84-85; III, 59).*

Ἀερόπη (Aerópē), *Aérope*, é certamente um composto de ἀερ- (aer-), radical de ἀήρ, ἀέρος (aḗr, aéros), "ar, vapor, bruma, sombra" e de ὄψ, ὀπός (óps, opós), "olhar, fisionomia" donde *Aérope* é "a de olhos negros", ou de "rosto moreno", *DEMG*, p. 12.

Catreu, filho de Minos, foi pai de três filhas, Apemósina, Aérope, Clímene e de um filho, Altêmenes. Desejoso de saber como findariam seus dias, Apolo respondeu-lhe que ele pereceria pelas mãos de um de seus filhos. Catreu guardou a sete chaves este segredo, mas o filho varão acabou por tomar conhecimento do mesmo. Por temor ao pai, Altêmenes fugiu com sua irmã Apemósina. Para livrar-se de uma vez por todas dos filhos, que lhe ameaçavam a vida, Catreu entregou Aérope e Clímene ao grande navegador Náuplio, a fim de que as vendesse como escravas. Conduzidas a Argos, Aérope teve a sorte de se casar com o rei local, Plístenes. Dessa união teriam nascido Agamêmnon e Menelau. Segundo uma variante, Catreu teria entregue Aérope ao grande navegador para que este a afogasse, não porque a temesse, mas pelo fato de a filha ter-se deixado envolver amorosamente com um escravo. Levada igualmente para Argos, se casara não com Plístenes, mas com Atreu, que seria, no caso, o pai dos "atridas" Agamêmnon e Menelau. Para conciliar as duas versões, os mitógrafos fizeram de Atreu um filho ou pai de Plístenes, com quem se unira Aérope, mas com a morte deste último, "os atridas" teriam sido criados e educados por Atreu. De qualquer forma, foi durante o casamento com Atreu, segundo a tradição mais seguida, que Aérope se deixou seduzir pelo cunhado Tieste, entregando-lhe secretamente um carneiro de velo de ouro de propriedade de Atreu e cuja posse asseguraria o poder sobre Micenas. Somente a intervenção de Zeus pôde fazer com que Atreu conservasse o trono da cidade "rica em ouro" na expressão de Homero. Descobertos o embuste e o adultério, Aérope foi lançada nas ondas do mar.

Pausânias fala de uma segunda Aérope, filha de Cefeu, e amada por Ares. Tendo morrido de parto, o deus fez que seu rebento continuasse a sugar o seio materno, mesmo estando morta a mãe.

AFRODITE *(I, 72, 107-110, 125, 127, 129, 138-140, 154, 159-160, 168, 187, 192, 198, 206, 210, 215-225, 264, 282, 290, 304, 322, 325, 238; II, 29, 33, 36, 38-42, 45, 55-56, 66, 77, 99, 131, 134, 138, 142-143, 147, 195, 204, 210, 214-215, 217-222, 224, 228, 231-244, 246-249; III, 22, 27, 35[29], 42, 56, 57, 70, 116, 134, 138, 143, 163-164, 167, 174, 217, 294, 257, 310[242], 325, 331, 343[264], 347, 350, 354-355).*

Ἀφροδίτη (Aphrodítē), *Afrodite*, não possui etimologia, até o momento. A hipótese que Carnoy parece defender, *DEMG*, p. 23, de acordo com Hammarström (*Glotta*, XI, 215) de uma procedência do radical etrusco-asiático *e-prthne*, "senhor", através de πρύτανις (prýtanis) "chefe", o que explicaria que Afrodite em etrusco se diz *Turann*, "senhora", da raiz de τύραννος (týrannos), "senhor absoluto", é um quebra-cabeça que não satisfaz nem a gregos nem a troianos. A par do nome ritual *Aphrodítē*, os gregos conheciam um hipocorístico Ἀφρώ (Aphró), *Afró*, o que certamente facilitou na etimologia popular a aproximação com ἀφρός (aphrós) "espuma", do mar, do vinho, porque a deusa, como se verá em uma das versões, nasceu da "espumarada" provocada no mar pelo sangue e esperma de Úrano mutilado por Crono. De qualquer forma, a etimologia popular, isto é, a procedência de *Aphrodítē* de *aphrós* teve a honra de ser mencionada por Platão, *Crátilo*, 406e, διὰ τὴν τοῦ ἀφροῦ γένεσιν (dià tēn tû aphrû guénesin), "pelo fato de haver nascido da espuma". Trata-se, na realidade, de uma deusa de indiscutível procedência oriental, *DELG*, p. 147sq.

Em torno de Afrodite se concentravam mitos vários, sem muita coerência entre si, o que se deve à tentativa de conciliar uma deusa oriental da fertilização com uma deusa grega do amor. Vamos tentar, por isso mesmo, colocar alguma ordem e disciplinar ao menos em parte seus vários mitologemas, já que ordenar o amor é tarefa extremamente difícil...

Afrodite é a forma grega da deusa semítica da fecundidade e das águas fecundantes, Astarté.

Na *Ilíada*, V, 370sqq. e 381, a deusa do amor aparece como filha de Dione, e o pai, já o sabemos, é Zeus, daí seu epíteto de Dioneia. Existe, entretanto, uma Afrodite bem mais antiga, cujo nascimento é descrito por Hesíodo na *Teogonia*, 188-198, consoante o tema de procedência oriental da mutilação de Úrano.

Com o epíteto de *Anadiômene*, a saber, "a que surge" das ondas do mar, de um famoso quadro do grande pintor grego Apeles (séc. IV a.C.), tão logo nasceu, a deusa foi levada pelas ondas ou pelo vento Zéfiro para Citera e, em seguida, para Chipre, daí seus dois outros epítetos de *Citereia* e *Cípris*. Essa origem dupla da deusa do amor não é estranha à diferenciação que se estabeleceu entre Afrodite Urânia e Pandêmia, significando esta última, etimologicamente, a venerada "por todo o povo", Πάνδημος (Pándēmos), e, posteriormente, com discriminação filosófica e moral, "a popular, a vulgar". Platão, no *Banquete*, 180sq, estabelece uma distinção rígida entre a Pandêmia, a inspiradora dos amores comuns, vulgares, carnais, e a *Urânia*, a deusa *que não tem mãe*, ἀμήτωρ (amḗtōr), e que, sendo Urânia, é, *ipso facto, a Celeste*, a inspiradora de um amor etéreo, superior, imaterial, através do qual se atinge o amor supremo, como Diotima revelou a Sócrates. Este "amor urânico", desligando-se da beleza do corpo, eleva-se até a beleza da alma, para atingir a Beleza em si, que é partícipe do eterno.

Voltemos aos primeiros passos de Afrodite. Em Chipre, a deusa foi acolhida pelas Horas, vestida e ornamentada e, em seguida, conduzida à mansão dos Olímpicos.

Apesar dos esforços dos mitógrafos, no sentido de *helenizar* Afrodite, esta sempre traiu sua procedência asiática. Com efeito, Hesíodo não é o único que estampa as origens orientais da deusa. Já na *Ilíada* a coisa é bem perceptível. Sua proteção e predileção pelos troianos e particularmente por Eneias, fruto de seus amores com Anquises (*Il.* V, 311sq.), denotam claramente que Afrodite é o menos grega possível. No *Hino Homérico a Afrodite* (1, 68sq.) o caráter asiático da deusa ainda é mais claro: apaixonada pelo herói troiano Anquises, avança em direção a Troia, em demanda do Monte Ida, acompanhada de ursos, leões e panteras. Pois bem, sua hierofania voluptuosa transtorna até os animais, que se recolhem à sombra dos vales, para se unirem no amor que transborda da deusa. Essa marcha amorosa em direção a Ílion mostra nitidamente que Afrodite é uma Grande Mãe do Monte Ida.

Entre os troianos, seu grande protegido é Páris (*Il.* I, 373sqq.; X, 10-12) e os *Cantos Cíprios* relatam como a deusa, para recompensá-lo por lhe ter outorgado o título de *a mais bela das deusas*, o auxiliou na viagem marítima a Esparta e no rapto de Helena.

Seu amante divino Adônis nos leva igualmente à Ásia, uma vez que Adônis é mera transposição do babilônio *Tammuz*, o favorito de Ishtar-Astarté, de que os gregos modelaram sua Afrodite. Veremos mais adiante que seus filhos Eneias, Hermafrodito e Priapo "nasceram" também no Oriente.

Como se pode observar, desde seu nascimento até suas características e mitos mais importantes, Afrodite nos aponta para a Ásia. Deusa tipicamente oriental, nunca se encaixou bem no mito grego: parece uma estranha no ninho!

Em torno da mãe de Eneias se amalgamaram mitos de origens diversas e que, por isso mesmo, não formam um todo coerente, mas episódios por vezes também desconexos.

O grande casamento "grego" da deusa do amor foi com Hefesto, o *deus dos nós*, o deus ferreiro e coxo da Ilha de Lemnos. Em *Mitologia Grega*, Vol. I, Cap. VII, p. 138sq., vimos a breve narrativa homérica acerca do desastre desse enlace. Vamos completá-la com alguns pormenores e variantes posteriores, uma vez que Hesíodo, na *Teogonia*, só faz breve alusão ao fato.

Ares, nas prolongadas ausências de Hefesto, que tinha suas forjas no Monte Etna, na Sicília, partilhava constantemente o leito de Afrodite. Fazia-o tranquilo, porque sempre deixava à porta dos aposentos da deusa uma sentinela, um jovem chamado Aléctrion, que deveria avisá-lo da aproximação da *luz do dia*, isto é, do nascimento do Sol, conhecedor profundo de todas as mazelas deste mundo... Um dia, porém, o incansável vigia dormiu e Hélio, o Sol, que tudo vê e que não perde a hora, surpreendeu os amantes e avisou Hefesto. Este, deus que *sabe atar e desatar*, preparou uma rede mágica e prendeu o casal ao leito. Convocou os deuses para testemunharem o adultério e estes se divertiram tanto com a picante situação, que a abóbada celeste reboava com as suas gargalhadas. Após insistentes pedidos de Posídon, o deus coxo consentiu em retirar a rede. Envergonhada, Afrodite fugiu para Chipre e Ares para a Trácia. Desses amores nasceram *Fobos* (o medo), *Deimos* (o terror) e *Harmonia*, que foi mais tarde mulher de Cadmo, rei de Tebas.

No que tange à preferência da deusa do amor pelo deus da guerra, o que trai uma *complexio oppositorum*, uma conjugação dos opostos, Hefesto sempre a atribuiu ao fato de ser aleijado e Ares ser belo e de membros perfeitos, como se viu em *Mitologia Grega*, Vol. I, Cap. VII, p. 138sq. Claro está que o deus das forjas não poderia compreender que Afrodite é antes de tudo uma deusa da vegetação, que precisa ser fecundada, seja qual for a origem da semente e a identidade do fecundador. De outro lado, casamento em que os parceiros buscam apenas compensar-se reciprocamente, procurando no outro o que lhes falta, é união fadada ao fracasso. Nem sempre a *coniunctio oppositorum* gera a *coincidentia oppositorum*, a identidade dos opostos...

Quanto ao jovem Aléctrion, sofreu exemplar punição: por haver permitido, com seu sono, que Hélio denunciasse a Hefesto tão flagrante adultério, foi metamorfoseado em *galo* (*alektryón* em grego é *galo*) e obrigado a cantar toda madrugada, antes do nascimento do Sol...

Ares não foi, no entanto, o único amor extraconjugal de Afrodite. Sua paixão por Adônis ficou famosa. O mito, todavia, começa bem mais longe.

Teias, rei da Síria, tinha uma filha, Mirra ou Esmirna, que, desejando competir em beleza com a deusa do amor, foi por esta terrivelmente castigada, concebendo uma paixão incestuosa pelo próprio pai. Com auxílio de sua aia, Hipólita, conseguiu enganar Teias, unindo-se com ele durante doze noites consecutivas. Na derradeira noite, o rei percebeu o engodo e perseguiu a filha com a intenção de matá-la. Mirra colocou-se sob a proteção dos deuses, que a transformaram na árvore que tem seu nome. Meses depois, a casca da "mirra" começou a inchar e no décimo mês se abriu, nascendo Adônis. Tocada pela beleza da criança, Afrodite recolheu-a e a confiou secretamente a Perséfone. Esta, encantada com o menino, negou-se a devolvê-lo à esposa de Hefesto. A luta entre as duas deusas foi arbitrada por Zeus e ficou estipulado que Adônis passaria um terço do ano com Perséfone, outro com Afrodite e os restantes quatro meses onde quisesse. Mas, na verdade, o lindíssimo filho de Mirra sempre passou oito meses com a deusa do amor... Mais tarde, não se sabe bem o motivo, a colérica Ártemis lançou contra Adônis adolescente a fúria de um javali, que, no decurso de uma caçada, o matou. A pedido de Afrodite, foi o seu grande amor transformado por Zeus em *anêmona*, flor da primavera, e o mesmo Zeus consentiu que o belo jovem ressurgisse quatro meses por ano e vivesse ao lado de Afrodite. Efetivamente, passados os quatro meses primaveris, a flor anêmona fenece e morre. O mito, evidentemente, prende-se aos ritos simbólicos da vegetação, como demonstra a luta pela criança entre Afrodite (a "vida" da planta) e Perséfone ("a morte" da mesma nas entranhas da terra), bem como o sentido ritual dos *Jardins de Adônis*, de que se falará mais abaixo. Há uma variante do mito que faz de Adônis filho não de Teias, mas do rei de Chipre, o qual era de origem fenícia, Cíniras, casado com Cencreia. Esta ofendera gravemente Afrodite, dizendo que sua filha Mirra era mais bela que a deusa, que despertou na rival uma paixão violenta pelo pai. Apavorada com o caráter incestuoso desses amores, Mirra quis enforcar-se, mas a aia Hipólita interveio e facilitou a satisfação do amor incestuoso. Consumado o incesto, a filha e amante de Cíniras refugiou-se na floresta, mas Afrodite, compadecida com o sofrimento da jovem princesa, metamorfoseou-a na árvore da mirra. Foi o próprio rei quem abriu a casca da árvore para de lá retirar o filho e neto ou, segundo outros, teria sido um javali que, com seus dentes poderosos, despedaçara a mirra, para fazer nascer a criança. Nesta variante há duas causas para a morte do lindíssimo Adônis: ou a cólera do deus Ares, enciumado com a predileção de Afrodite pelo jovem oriental ou a vingança de Apolo contra a deusa, que lhe teria cegado o filho Erimanto, por tê-la visto nua enquanto se banhava.

De qualquer forma, a morte de Adônis, deus oriental da vegetação, do ciclo da semente, que morre e ressuscita, daí sua *katábasis* para junto de Perséfone e a consequente *anábasis* em busca de Afrodite, era solenemente comemorada no Ocidente e no Oriente. Na Grécia da época helenística deitava-se Adônis morto num leito de prata, coberto de púrpura. As oferendas sagradas eram frutas, rosas, anêmonas, perfumes e folhagens, apresentados em cestas de prata. Gritavam, soluçavam e descabelavam-se as mulheres. No dia seguinte, atiravam-no ao mar com todas as oferendas. Ecoavam, dessa feita, cantos alegres, uma vez que Adônis, com as chuvas da próxima estação, deveria ressuscitar.

O mitologema da morte prematura de Adônis, quer se deva a Ártemis, Apolo ou Ares, está sempre ligado ao nascimento e à cor de determinadas flores. A *anêmona* prende-se, como se viu, à metamorfose do deus naquela flor; a *rosa*, de início branca, tornou-se vermelha, porque Afrodite, no afã de salvar o amante das presas do javali, pisou num espinho e seu sangue deu à rosa um novo colorido. O poeta grego da época alexandrina, Bíon (fins do séc. IV a.C.), relata que de cada gota de sangue de Adônis nascia uma anêmona, de cada lágrima de Afrodite, uma rosa.

Pois bem, foi exatamente para perpetuar a memória de seu grande amor oriental, que Afrodite instituiu na Síria uma festa fúnebre, que as mulheres celebravam anualmente na entrada da primavera. Para simbolizar "o tão pouco" que viveu Adônis, plantavam-se mudas de roseiras em vasos e caixotes e regavam-nas com água morna, para que crescessem mais depressa. Tal artifício fazia que as roseiras rapidamente se desenvolvessem e dessem flores, as quais, no entanto, rapidamente feneciam. Eram os célebres *Jardins de Adônis*, cuja desventura era solenemente celebrada com grandes procissões e lamentações rituais pelas mulheres da Síria. Muitos séculos depois, Ricardo Reis, o gigantesco Fernando Pessoa, perseguido pela brevidade da vida e pela lembrança do *puluis et umbra sumus* (somos pó e sombra) de Horácio, recordou os *Jardins de Adônis*:

As rosas amo dos jardins de Adônis,
Essas volucres amo, Lídia, rosas,
Que em o dia em que nascem,
Em esse dia morrem.
A luz para elas é eterna, porque
Nascem nascido já o sol, e acabam
Antes que Apolo deixe
O seu curso visível.
Assim façamos nossa vida um dia,
Inscientes, Lídia, voluntariamente
Que há noite antes e após
O pouco que duramos.

Os amores de Afrodite não terminam em Adônis. Disfarçada na filha de Atreu, rei da Frígia, amou apaixonadamente o herói troiano Anquises, quando este pastoreava seus rebanhos no Monte Ida de Tróada. Desse enlace nasceu Eneias, que a deusa tanto protegeu durante o cerco de Ílion pelos gregos, como nos atesta a *Ilíada*. Bem mais tarde, do primeiro ao décimo segundo canto da *Eneida* de Virgílio, Eneias a teve novamente por escudo e por bússola. É desse Eneias, diga-se de passagem, que, através de *Iulus*, filho do herói troiano, pretendia descender a *gens iulia*, a família dos *Júlios*, como César e Otaviano, o futuro Imperador Augusto. Falsas aproximações etimológicas geraram muitos deuses, heróis e imperadores...

De sua união com Hermes nasceu *Hermafrodito* (v.), etimologicamente (filho) de *Hermes e Afrodite*. Criado pelas ninfas do Monte Ida, o jovem era de extraordinária beleza. Tão grande como a de Narciso. Aos quinze anos, Hermafrodito resolveu percorrer o mundo. Passando pela Cária, deteve-se junto a uma fonte, habitada pela ninfa Sálmacis, que por ele se perdeu de amores. Repelida pelo jovem, fingiu conformar-se, mas, quando este se despiu e se lançou às águas da fonte, Sálmacis o enlaçou fortemente e pediu aos deuses que jamais a separassem de Hermafrodito. Os dois corpos fundiram-se então num só e assim surgiu um novo ser, de dupla natureza. Também um pedido de Hermafrodito foi atendido pelos imortais: suplicou ele que todo aquele que se banhasse nas águas límpidas da fonte perdesse a virilidade.

Com sua eternamente insatisfeita "enérgeia" erótica, Afrodite amou ainda o deus do êxtase e do entusiasmo. De sua união com Dioniso nasceu a grande divindade da cidade asiática de Lâmpsaco, Priapo. Trata-se de um deus itifálico, guardião das videiras e dos jardins. Seu atributo essencial era "desviar" o mau--olhado e proteger as colheitas contra os sortilégios dos que desejavam destruí-las. Deus dos poderes apotropaicos, sempre foi considerado como um excelente exemplo de *magia simpática*, tanto "homeopática", pela lei da similaridade, quanto pela de "contágio", pela lei do contato, em defesa dos vinhedos, pomares e jardins, em cuja entrada fulgurava sua estátua.

Como deus da fecundidade, era presença obrigatória no cortejo de Dioniso, quando não por sua semelhança com os Sátiros e Silenos.

Existe aliás uma variante importante acerca da filiação e da deformidade do deus de Lâmpsaco. Tão logo Afrodite nasceu, Zeus por ela se apaixonou e a possuiu numa longa noite de amor. Hera enciumada com a gravidez da deusa oriental, e temendo que, se da mesma nascesse um filho com a beleza da mãe e o poder do pai, ele certamente poria em perigo a estabilidade dos Imortais, deu um soco no ventre de Afrodite. O resultado foi que Priapo nasceu com um membro viril descomunal. Com medo de que seu filho e ela própria fossem ridicularizados pelos deuses, abandonou-o numa alta montanha, onde foi encontrado e criado pelos pastores, o que explicaria o caráter rústico de Priapo.

Ficaram também célebres na mitologia as explosões de ódio e as maldições de Afrodite. Quando se tratava de satisfazer a seus caprichos ou vingar-se de uma ofensa, fazia do amor uma arma e um veneno mortal. Pelo simples fato de Eos ter-se enamorado de Ares, a deusa fê-la apaixonar-se violentamente pelo gigante Oríon, a ponto de arrebatá-lo e escondê-lo, com grande desgosto dos deuses, uma vez que o gigante, como Héracles, limpava os campos e as cidades de feras e monstros. O jovem Hipólito, que lhe desprezava o culto, por ter-se dedicado a Ártemis, foi terrivelmente castigado. Inspirou a Fedra, sua madrasta, uma paixão incontrolável pelo enteado. Repelida por este, Fedra se matou, mas deixou uma mensagem mentirosa a Teseu, seu marido, e pai de Hipólito, acusando a este último de tentar violá-la, o que lhe explicava o suicídio. Desconhecendo a inocência do filho, Teseu expulsou-o de casa e invocou contra o mesmo a cólera de Posídon. O deus enviou contra Hipólito um monstro marinho que lhe espantou os cavalos da veloz carruagem e o jovem, tendo caído, foi arrastado e morreu despedaçado.

Querendo proteger a Jasão na conquista do velocino de ouro, fez que Medeia o amasse loucamente. Esta, conhecedora de certos processos mágicos, como um bálsamo que tornava quem o usasse insensível ao fogo e invulnerável, por um dia, deu-o a Jasão, que venceu todas as provas a que foi submetido por Eetes, rei da Cólquida e pai de Medeia. Mas Jasão, que tudo devia à esposa, abandonou-a, para se casar com Creúsa ou Glauce, filha de Creonte, rei de Corinto. Inconformada, porque, *graças a Afrodite*, ainda era apaixonada pelo esposo, Medeia, num acesso de loucura, matou a Creonte, Glauce e os dois filhos que tivera de Jasão.

Tanto as desventuras de *Hipólito* quanto as de *Medeia* foram maravilhosamente bem-retratadas por Eurípides, em duas tragédias imortais, *Hipólito Porta-Coroa* e *Medeia!*

Puniu severamente todas as mulheres da Ilha de Lemnos porque se negaram a prestar-lhe culto. Castigou-as com um odor tão insuportável, que os maridos as abandonaram pelas escravas da Trácia. Para se vingar, mataram todos os maridos e fundaram uma verdadeira república de mulheres, que durou até o dia em que os Argonautas, comandados por Jasão, passaram pela ilha e lhes deram filhos.

A própria Helena, que, por artimanhas da deusa e para premiar Páris, fugiu com ele para Troia, deplorava (*Od*. IV, 261) como se fora uma ἄτη (átē), "uma loucura, uma cegueira da razão", o amor que lhe infundira Afrodite e a fizera abandonar a pátria e os deuses.

Poder-se-iam multiplicar os exemplos das vítimas da cólera ou da proteção da deusa do amor, sobretudo através da tragédia grega.

A esta divindade do prazer pelo prazer, do amor universal, que circula nas veias de todas as criaturas, porque, antes de tudo, Afrodite é a deusa das "sementes", da vegetação, estavam ligadas, à maneira oriental, as célebres *hierodulas* (v.), as impropriamente denominadas *prostitutas sagradas*. Essas verdadeiras sacerdotisas entregavam-se nos templos da deusa aos visitantes, com o fito, primeiro, de promover e provocar a vegetação e, depois, para arrecadar dinheiro para os próprios templos. No riquíssimo (graças às hierodulas) santuário de Afrodite no Monte Érix, na Sicília, e, em Corinto, nos bosques de ciprestes de um famoso Ginásio, chamado Craníon, a deusa era cercada por mais de mil hierodulas, que, à custa dos visitantes, lhe enriqueciam o santuário. Personagens principais das famosas *Afrodísias* de Corinto, todas as noites elas saíam às ruas em alegres cortejos e procissões rituais. Embora alguns poetas cômicos, como Aléxis e Eubulo, ambos do século IV a.C., tivessem escrito a esse respeito alguns versos maliciosos, nos momentos sérios e graves, como nas invasões persas de Dario (490 a.C.) e Xerxes (480 a.C.), pedia-se às hierodulas que dirigissem preces públicas a Afrodite. Píndaros, talvez o mais religioso dos poetas gregos, celebrou com um σκολιον (skólion), isto é, com uma canção convival, um grande número de jovens hierodulas que Xenofonte de Corinto ofertou a Afrodite, em agradecimento por uma dupla vitória nos Jogos Olímpicos.

Em Atenas, um dos epítetos da deusa era Εταιρα (Hetaíra), *hetera*, "companheira, amante, cortesã, concubina", abstração feita de qualquer conotação de prostituta. Tal epíteto certamente se deve a um outro de Afrodite, a *Pandêmia*.

Voltaremos a tratar das hierodulas quando falarmos a respeito de Ártemis, a *dea luna triformis*.

Afrodite é o símbolo das forças irrefreáveis da fecundidade, não propriamente em seus frutos, mas em função do desejo ardente que essas mesmas forças irresistíveis ateiam nas entranhas de todas as criaturas. Eis aí o motivo por que a deusa é frequentemente representada entre animais ferozes, que a escoltam, como no hino homérico a que aludimos. Nesse hino, a deusa do amor mostra todo o seu poderio e força não apenas sobre os animais, mas até mesmo sobre o próprio Zeus:

> *Ela transforma até mesmo o juízo de Zeus, o deus dos raios, o mais poderoso de todos os Imortais; e embora seja tão sábio, a deusa faz dele o que quer... Quando escala o Ida de mil fontes, seguem-na, acariciando-a, lobos cinzentos, fulvos leões, ursos, velozes panteras, ávidas de procriar. Ao vê-los a deusa se enche de alegria e lhes instila o desejo no peito. Então dirigem-se todos, para se acasalar à sombra dos vales.*
> (*Hh. a Afrodite*, 36-38 e 68-74).

Eis aí o amor única e exclusivamente sob forma física, traduzido no desejo e no prazer dos sentidos. Ainda não é o amor elevado a um nível especificamente humano. A esse respeito P. Diel faz o seguinte comentário: "Num plano mais elevado do psiquismo humano, onde o amor se completa no elo com a alma, cujo símbolo é a esposa de Zeus, Hera, o símbolo Afrodite exprimirá a perversão sexual, porque o ato de fecundação é buscado apenas em função da primazia do prazer outorgado pela natureza. A necessidade natural se exerce, portanto, perversamente".

O mito da deusa do amor poderia, assim, permanecer, por um longo tempo ainda, a imagem de uma perversão, a perversão da alegria de viver e das forças vitais, não mais porque o desejo de transmitir a vida estivesse alijado do ato de amor, mas porque o amor em si mesmo não seria humanizado. Permaneceria apenas como satisfação dos instintos, digno de animais ferozes que formavam o cortejo da deusa. Ao término de tal evolução, no entanto, Afrodite poderia reaparecer como a deusa que sublima o amor selvagem, integrando-o numa vida realmente humana.

AGAMEDES *(III, 61)*.

Ἀγαμήδης (Agamédês), *Agamedes*, é um composto, formado pelo prefixo reforçativo ἀγα- (aga-), "muito, grande", mais tarde substituído em composição por μεγα- (mega-), com o mesmo sentido, e pelo radical do verbo ἄγασθαι (ágasthai), cujo presente é ἄγαμαι (ágamai), "admirar, pasmar-se, ser admirado", donde Agamedes é "o que provoca grande admiração", *DELG*, p. 5.

Filho de Estínfalo e bisneto de Arcas, herói epônimo dos arcádios, Agamedes foi um arquiteto célebre. Quando se casou com Epicasta, esta já era mãe do pequeno Trofônio, que ela tivera de seus amores com Apolo. Com Epicasta Agamedes teve igualmente um filho, Cércion. Os três, trabalhando em conjunto ou por vezes em dupla, tornaram-se os arquitetos de maior nomeada na Grécia mítica, sem falar de Dédalo, que estava exilado na Ilha de Creta. A eles se atribuíram famosos edifícios que ornamentaram a Hélade. Além do templo de Apolo, em Delfos; da câmara nupcial de Alcmena, em Tebas; do templo de Posídon, na Arcádia, construíram o tesouro de Hirieu, rei de Híria, na Beócia. No acabamento deste último, Agamedes e Trofônio dispuseram tão habilmente uma das pedras, que lhes era fácil retirá-la e apoderar-se, à noite, do que desejassem do tesouro real. Hirieu, a par do que se passava, aconselhou-se com Dédalo, que armou contra os colegas uma cilada "arquitetônica", de tal ordem engenhosa, que os dois larápios acabaram por não poder sair do edifício. Trofônio cortou a cabeça de Agamedes, seu padrasto, para que ele não revelasse o nome de seu cúmplice, mas a terra se abriu e tragou o filho de Apolo. Num bosque de Lebadia, na Beócia, havia uma caverna e uma esteia com o nome de Agamedes e lá funcionava o oráculo de Trofônio (v.). Uma variante informa que o nome do rei não era Hirieu, mas o célebre Augias da Élida. Cércion, que participava igualmente do roubo, fugiu em companhia de Trofônio até Orcômeno, mas, perseguidos por Dédalo e Augias, Cércion se refugiou em Atenas e Trofônio em Lebadia. Existe outra versão acerca dos arquitetos Agamedes e Trofônio. Convidados por Apolo para construção do Oráculo de Delfos, exigiram do deus, terminada a obra, uma quantia bem elevada. O filho de Zeus prometeu saldá-la em oito dias e os aconselhou que nesse ínterim se divertissem à vontade. Findo o prazo estipulado, os arquitetos morreram suavemente. Era este o maior e melhor salário que Apolo lhes podia conceder...

AGAMÊMNON *(I, 69, 76, 78, 85-95, 110, 117, 119, 123-126, 129, 142-143, 236, 250; II, 65, 146; III, 43, 52, 59, 64, 86, 131, 293[225]-297, 302, 329-338, 340-342, 352-353).*

Carnoy, *DEMG*, p. 12, interpreta o nome do rei de Micenas como *Agamedmon*, isto é, "o que pensa e dirige acertadamente", o que não está muito de acordo, aliás, com as atitudes do herói tanto na epopeia quanto na tragédia. Chantraine, *DELG*, p. 685, parece inclinar-se mais pela hipótese de um composto * Ἀγα-μέν-μων (* Aga-mén-mōn) por Ἀγαμέμνων (Agamémnōn), que traduziria a ideia de "valente, destemido". Ignora-se, na realidade, até o momento, a etimologia do antropônimo.

Agamêmnon surge no mito como o rei por excelência, encarregado na *Ilíada* do comando supremo da armada aqueia. Consoante os nomes de seus ancestrais, é designado como *atrida*, *pelópida* ou *tantálida*, mas estes epítetos merecem uma explicação, o que faremos logo a seguir. Homero o faz ora rei de Argos, que, no *Catálogo das Naus* (*Il.* II, 559-580), é atribuída a Diomedes, quer de Micenas e, em variantes mais tardias, o atrida reina sobre a Lacedemônia, com a capital em Amiclas.

A família dos atridas Agamêmnon e Menelau está profundamente marcada pelas "hamartíai" de seu "guénos", vale dizer, pelas faltas cometidas por seus ascendentes, faltas estas que passam como um miasma de geração para geração. Pois, como é sabido, se *yévos* (guénos) pode ser traduzido, em termos de religião grega, por "descendência, família, grupo familiar" e definido como *personae sanguine coniunctae*, por pessoas unidas por laços consanguíneos, as "hamartíai", os erros, as faltas de um membro maior da família contaminam a todos que a ela estejam vinculados, como expusemos amplamente em *Mitologia Grega*, Vol. I, p. 76sqq. Com mais clareza: à ideia do direito do "guénos" está indissoluvelmente ligada a crença na maldição familiar, a saber, qualquer *hamartía* cometida por um membro do *guénos* recai sobre o *guénos* inteiro. Na Hélade, a responsabilidade era do coletivo e não do individual.

Para a grande maldição dos filhos de Atreu e seus descendentes, tudo começou com Tântalo (daí ser Agamêmnon seu bisneto, um tantálida), que ofereceu um banquete aos deuses, servindo-lhes as carnes de seu próprio filho Pélops. Ressuscitado pelos imortais, Pélops continuou a senda de crimes de seu genitor e, para se casar com Hipodamia, matou-lhe o pai Enômao. De Pélops e Hipodamia nasceram Atreu, Tieste, Plístene e Crisipo. Atreu repetiu com Tieste o gesto do avô de ambos, Tântalo: serviu ao irmão as carnes de seus próprios filhos. Tieste estuprou a filha Pelopia, de quem nasceu o amaldiçoado Egisto. Atreu, numa das versões mais repetidas, casou-se com Aérope, que foi mãe dos *pelópidas* (netos de Pélops) ou *atridas* (filhos de Atreu), Agamêmnon e Menelau. Eis aí, muito resumidamente, o "guénos" do rei de Micenas e sua carga de "hamartíai", as quais acabarão por multiplicar-se com ele e afogá-lo numa poça de seu próprio sangue. O atrida começou muito mal sua vida familiar. Segundo se mostrou em *Mitologia Grega*, Vol. I, p. 112sqq. e no Vol. III, p. 330sq., de Zeus-Cisne e de Leda-Gansa nasceram os Dioscuros, Castor e Pólux, e duas meninas, Helena e Clitemnestra, funcionando, neste caso, Tíndaro, esposo de Leda, como *pai diante dos homens...* Antes mesmo das núpcias solenes de Helena e Menelau, o senhor de Argos passou a cortejar a Clitemnestra que, à época, já estava casada com Tântalo II, filho de Tieste, inimigos mortais dos dois atridas. Agamêmnon traiçoeiramente assassinou Tântalo II e ao filho recém-nascido de Clitemnestra, obrigando-a, em seguida, a aceitá-lo como marido. Perseguido pelos Dioscuros, conseguiu refugiar-se na corte de seu sogro, o conciliador Tíndaro, que, a duras penas, conteve a sede de vingança dos filhos. A contragosto e profundamente magoada, Clitemnestra seguiu para Micenas. Desse enlace, que começou sob maus auspícios, vieram ao mundo Ifianassa e Laódice, mais tarde chamadas, respectivamente, Ifigênia e Electra; Crisótemis e Orestes.

Quando um verdadeiro enxame de pretendentes à mão de Helena assediava a mais bela das gregas, Tíndaro, a conselho do solerte Ulisses, ligou-os por dois juramentos: respeitar a decisão de Helena na escolha do noivo, sem contestar a posse da jovem esposa e se o eleito fosse, de qualquer forma, atacado ou gravemente ofendido, os demais deviam socorrê-lo. Quando o príncipe troiano Páris ou Alexandre raptou Helena, Menelau, a quem ela escolhera por marido, pediu auxílio a seu irmão Agamêmnon, o poderoso rei de Micenas, que também estava ligado a ele por juramento. Agamêmnon foi escolhido comandante supremo da armada aqueia, que deveria vingar o rapto de Helena, seja por seu valor pessoal, seja porque era uma espécie de rei suserano, dada a importância de Micenas no conjunto do mundo aqueu, quer ainda por efeito de hábil campanha política. Convocados os demais reis ligados por juramento a Menelau, formou-se o núcleo da grande armada aqueia, destinada a punir a afronta perpetrada contra o rei de Esparta e destruir Troia, para onde Páris levara a princesa.

Os chefes aqueus reuniram-se em Áulis, cidade e porto da Beócia, em frente à Ilha de Eubeia. De início, os presságios foram favoráveis. Oferecido um sacrifício a Apolo, uma serpente surgiu do altar e, lançando-se sobre um ninho numa árvore vizinha, devorou oito filhotes de pássaros e a mãe, ao todo nove, e, em seguida, transformou-se em pedra. O adivinho Calças disse que Zeus queria significar que Troia seria tomada após dez anos de luta. De acordo com os *Cantos Cíprios*, poemas que narram fatos anteriores à *Ilíada*, os aqueus, ignorando as vias de acesso a Troia, abordaram em Mísia, na Ásia Menor. Depois de alguns combates esparsos reconheceram o erro e reembarcaram, mas foram dispersados por uma grande tempestade, regressando cada um a seu reino. Oito anos mais tarde, reuniram-se novamente em Áulis. O mar, todavia, permaneceu inacessível aos navegantes, mercê de grande calmaria. Consultado mais uma vez, Calças explicou que o fenômeno se devia à cólera de Ártemis, porque o rei de Micenas, matando uma corça sagrada, afirmara que ninguém o faria melhor do que ele. A ira da deusa poderia se dever também a Atreu (v.) que, como se viu, não lhe imolara o carneiro de velo de ouro ou ainda porque Agmêmnon prometera sacrificar-lhe o produto mais belo do ano, que, por fatalidade, havia sido sua filha Ifigênia. O rei, após alguma relutância, terminou por consentir no sacrifício da filha, ou por ambição e vaidade pessoal, ou por visar ao bem comum. De qualquer forma, esse gesto terrível agravou profundamente as queixas já existentes e o desamor de Clitemnestra pelo esposo. Sacrificada a jovem, a frota grega partiu finalmente em direção a Ílion, fazendo escala na Ilha de Tênedos, onde, pela primeira vez, houve séria desavença entre Aquiles e o comandante em chefe dos aqueus. Na Ilha de Lemnos, diga-se de passagem, a conselho de Ulisses, Agamêmnon ordenou que se deixasse Filoctetes (herdeiro das flechas de Héracles, sem as quais Troia não poderia ser tomada), de cuja ferida, provocada pela mordidela de uma serpente em Tênedos, exalava um odor insuportável. Nove anos de lutas diante da cidadela de Príamo de acordo com os presságios já se haviam passado, quando surgiu grave dissenção entre Agamêmnon e Aquiles. É que ambos, tendo participado de diversas expedições de pilhagem contra cidades vizinhas, lograram se apossar de duas belíssimas jovens: Briseida, que se tornou escrava e amante de Aquiles, e Criseida, filha de Crises, sacerdote de Apolo, que foi feita cativa do rei de Micenas. Crises humildemente se dirigiu à tenda de Agamêmnon e tentou resgatar a filha. O rei o expulsou com ameaças. Apolo, movido pelas súplicas de seu sacerdote, enviou uma terrível peste contra os exércitos gregos. É neste ponto que se inicia a narrativa da *Ilíada*. Vendo os aqueus dizimados pela cólera de Apolo, Aquiles convocou uma assembleia. Calcas, mais uma vez consultado, respondeu ser necessário devolver a filha de Crises. Após violenta altercação com Aquiles, o rei de Micenas devolveu Criseida, mas enviou os arautos Taltíbio e Euríbates com a missão de buscar Briseida, a cativa do pelida. Irritado e como fora de si, porque gravemente ferido em sua *timé*, em sua honra pessoal, Aquiles retirou-se do combate. Zeus, a pedido de Tétis, mãe do herói, consentiu em que os troianos saíssem vencedores, até que se lhe fizesse condigna reparação. Para tanto, Zeus enviou um sonho enganador ao comandante em chefe dos aqueus para o empenhar na luta, fazendo-o acreditar que poderia tomar Troia sem o concurso do filho de Tétis. Além do mais, um antigo oráculo havia previsto ao rei que Ílion cairia, quando houvesse uma séria discórdia no acampamento dos aqueus. Sem contar com Aquiles, Agamêmnon interveio pessoalmente no combate, mas além de os helenos serem repelidos, o rei de Micenas acabou sendo ferido em combate. Diante de uma derrota iminente, o filho de Atreu, a conselho do sábio Nestor, dispôs-se a devolver Briseida a seu rival, comprometendo-se ainda a enviar-lhe presentes. Ulisses e Ájax foram procurá-lo, mas o herói não aceitou a reconciliação. Somente com a morte de seu maior amigo, Pátroclo, é que, ferido por uma dor imensa e pelo desejo de vingar-se de Heitor, Aquiles voltou ao combate, após receber todos os desagravos a que fazia jus. Assim, a partir do canto XVIII da *Ilíada*, a figura de Agamêmnon se ofuscou diante da bravura e da devastação provocada nas fileiras troianas pelas armas do maior dos heróis aqueus. Epopeias posteriores enumeram outras gestas do esposo de Clitemnestra, após a morte de Heitor e Aquiles, bem como suas intervenções na querela entre Ájax e Ulisses pela posse das armas do filho de Tétis. Na *Odisseia*, XI, 421sqq., se narra que Agamêmnon, com a destruição de Ílion, tomou como uma de suas cativas e amante a filha de Príamo, a profetisa Cassandra. Versões posteriores atribuem-lhes dois filhos gêmeos, Teledamo e Pélops. O retorno de Tróada do chefe supremo dos aqueus ensejou também outras narrativas épicas. Os *Nóstoi*, ou poemas dos *Retornos*, contam que, no momento da partida, o *eidolon* de Aquiles apareceu ao rei e procurou retê-lo em Tróada, anunciando-lhe todas as desgraças futuras. Exigiu-lhe igualmente o sacrifício de Políxena, uma das filhas de Príamo, cuja esposa Hécuba fazia também parte do quinhão de Agamêmnon,

como está na tragédia de Eurípides, *Hécuba, passim*. Quando o esposo de Clitemnestra chegou aos arredores de Micenas, Egisto (v.), que se tornara amante da mesma, fingindo uma reconciliação com o eterno inimigo, ofereceu ao primo um banquete e, com auxílio de vinte homens, dissimulados na sala do festim, assassinou o rei de Micenas e toda a sua comitiva. Algumas variantes atestam que Clitemenestra participou pessoalmente do massacre e eliminou Cassandra. Píndaro acrescenta que, no ódio contra a raça do esposo, a amante de Egisto tentou matar também seu filho Orestes. Nos trágicos, as circunstâncias variam: ora Agamêmnon, como aparece em Homero, foi assassinado durante o banquete (*Od.* XI, 409sqq.), ora o foi durante o banho, no momento em que, embaraçado na indumentária que lhe oferecera a esposa e cujas mangas ela havia cosido, o rei não pôde se defender. Consoante Higino (séc. I. a.C.), e suas informações devem basear-se em fontes antigas, o instigador do crime foi Éax *(v.)*, irmão de Palamedes, cuja lapidação havia sido ordenada por Agamêmnon. Éax teria contado a Clitemnestra que o esposo pretendia substituí-la por Cassandra. Esta, com afiada machadinha, assassinou não só o marido, quando o mesmo fazia um sacrifício, mas igualmente a profetisa de Troia. A morte de Agamêmnon será vingada por Orestes (v.), segundo a lei do "guénos" e a ordem de Apolo. O caçula dos atridas matará não apenas a Egisto, mas também sua própria mãe Clitemnestra (v.).

AGAPENOR.

Ἀγαπήνωρ (Agapénor), *Agapenor*, é um composto do verbo ἀγαπᾶν (agapân), "acolher com afeição" e de ἄνορ- por ἀνήρ (anor-por anḗr), "herói", donde Agapenor é "o que acolhe cortesmente os heróis", *DELG*, p. 7.

Agapenor figura no Catálogo das Naus, *Il.* II, 603-614, como chefe de um contingente de inexperientes marinheiros da Arcádia, pois também ele fora um dos pretendentes de Helena e estava, por isso mesmo, ligado a Menelau por juramento. Terminada a guerra, em que não teve grande nem brilhante participação, tentou retornar imediatamente à Hélade, mas foi lançado por grande borrasca na Ilha de Chipre, onde fundou a cidade de Pafos e construiu um templo a Afrodite. Foi ainda em Tegeu, na Arcádia, antes de Agapenor partir para Troia, que os filhos de Fegeu, Agenor e Prônoo, encontraram em seu palácio os dois filhos de Alcméon, aos quais mataram, para vingar a morte do pai.

AGAVE *(I, 159; II, 42-43, 120; III, 235-236).*

Ἀγαυή (Agaué), *Agave*, prende-se etimologicamente ao verbo ἄγασθαι (ágasthai), "admirar, ser admirado", através do adjetivo ἀγαυός, -ή, -όν (agauós, -ḗ-ón), "digno de admiração, nobre", donde *Agave* é a "admirável, a nobre".

Filha do fundador de Tebas, Cadmo, e de Harmonia, filha de Ares, teve como irmãs a Ino, Sêmele e

Autônoe. Casada com Equíon, foi mãe do infortunado Penteu (v.). Grávida de Zeus e desejosa de responder, à altura, aos gracejos de suas irmãs, sobretudo de Agave, que não acreditavam estivesse ela esperando um filho do pai dos deuses e dos homens, Sêmele concebeu o projeto louco de pedir ao amante que se lhe apresentasse em todo o esplendor de sua majestade divina. A vaidosa princesa tebana sucumbiu carbonizada, uma vez que um mortal não tem estrutura para suportar a presença epifânica da imortalidade. Agave tinha particularmente difundido o boato de que Sêmele tivera uma aventura amorosa com um mortal e que Zeus a castigara pela pretensão de ter ficado grávida de um deus. Dioniso, que, por ação direta de Zeus, nascera das cinzas de Sêmele, bem mais tarde veio a Tebas, para punir tragicamente a tia caluniadora e desagravar a memória de sua mãe. Tão logo chegou à cidade natal, Dioniso, sob a forma de um jovem muito belo, ordenou que todas as tebanas escalassem o Citerão para celebrar-lhe os mistérios. Penteu que, à época, reinava em Tebas, opôs-se violentamente à introdução do culto do deus do *êxtase* e do *entusiasmo* em Tebas, chegando mesmo ao desvario de acorrentá-lo. O deus, que já havia enlouquecido as mulheres tebanas, fez o mesmo com Penteu e o levou disfarçado em mulher para contemplar nos cumes do "monte de Édipo" as Bacantes (v.) em ação. Vendo-o pendurado em uma árvore, Agave pensou, em seu delírio, tratar-se de uma fera e, com a ajuda das outras "bacantes", o despedaçou. Recuperada a razão, fugiu, aterrorizada, para a Ilíria, onde reinava Licoterses, com quem se casou. Um pouco mais tarde ela o assassinou para entregar o reino a Cadmo, seu pai.

AGDÍSTIS.

O empréstimo grego Ἄγδιστις (Ágdistis), *Agdístis*, não possui etimologia até o momento.

O mito de Agdístis, personagem originária de Pessinunte, berço de Cibele (v.), nos é relatado tardiamente por Pausânias (séc. II p.C.). Zeus teve um sonho, que lhe provocou a ejaculação. O sêmen do deus caiu na terra e gerou o hermafrodito Agdístis. Os demais habitantes do Olimpo se apossaram do filho de Zeus e o emascularam. Do membro decepado do menino nasceu uma amendoeira. Nana, filha do Rio Sangário, colheu uma amêndoa da árvore sagrada e a colocou no seio, o que lhe propiciou a gravidez. Dez meses depois nasceu o lindíssimo Ates ou Átis (v.), que foi de imediato exposto pela própria mãe. Criado por um bode, o irresistível Átis despertou a paixão de Agdístis, que era então uma simples mulher. Para libertá-lo do assédio do rebento de Zeus, os familiares de Átis enviaram-no a Pessinunte, a fim de que desposasse a filha do rei local. Já se entoava o himeneu, quando repentinamente surgiu Agdístis. Ao vê-lo, Átis enlouqueceu e se emasculou, no que foi acompanhado pelo futuro sogro. Morto Átis em consequência dos ferimentos, Agdístis conseguiu dos deuses que o corpo de seu bem-amado ficasse incorruptível.

Existe uma variante muito significativa da paixão de Agdístis por Átis e, dessa feita, com a intervenção de Cibele. Num penhasco deserto, denominado Agdos, na fronteira da Frígia, Cibele era adorada sob a forma de uma pedra negra. Enamorado da Grande Mãe e não podendo conquistá-la, Zeus depositou seu sêmen sobre um rochedo vizinho, de que nasceu o hermafrodito Agdístis. Dioniso se apossou da criança e, após enlouquecê-la, emasculou-a. Do sangue de Agdístis nasceu uma romãzeira, cujo fruto foi colhido por Nana, a filha do Rio Sangário. Tendo-o depositado em seu seio, a jovem ficou grávida de Átis. O rio ordenou expressamente à filha que desposasse o menino, mas este foi recolhido por peregrinos e criado com mel e "leite de bode", o que lhe valeu o nome de *Átis*, interpretado pela etimologia popular como significando "bode", *attagus* em frígio, ou ainda o "belo". Disputado por Cibele, Agdístis e Midas, rei de Pessinunte, que o queria para genro, Agdístis o enlouqueceu, o que levou Átis a se emascular sob um pinheiro e morrer. Cibele enterrou-lhe o membro decepado, mas do sangue provocado pelo ferimento nasceram violetas, que emolduraram o pinheiro. A filha de Midas, desesperada, se matou e de seu sangue nasceram igualmente violetas. Cibele a sepultou e sobre o túmulo cresceu rapidamente uma amendoeira. Atendendo às súplicas de Agdístis, Zeus fez que o corpo de Átis permanecesse incorruptível, que seus cabelos não deixassem de crescer e o dedo mínimo continuasse a movimentar-se. Agdístis transportou-lhe, em seguida, o cadáver para Pessinunte e, após sepultá-lo, fundou em honra de seu grande amor uma confraria de sacerdotes e instituiu uma festa anual em sua memória.

AGENOR *(I, 259; II, 34, 34[5], 42; III, 73, 75, 83, 233[173], 235).*

Ἀγήνωρ (Aguénor), *Agenor*, é palavra composta do tema verbal ἀγε- (ague-) de ἄγειν (águein), "conduzir" e de ἀνήρ (anér), "homem valoroso, herói", donde *Agenor* é "o condutor de homens", o corajoso, mas também "o insolente", como aparece na *Il*. II, 276; IX, 699 e está bem atestado na *Odisseia*, sobretudo quando se fala dos pretendentes, *DELG*, p. 10.

Épafo (v. Io), filho de Zeus e Io, desposou Mênfis, filha do deus-rio Nilo (v.) e foi pai de Líbia, que deu seu nome à região vizinha do Egito. Líbia uniu-se a Posídon e foi mãe dos gêmeos Agenor e Belo. Este reinou no Egito e Agenor, em Tiro ou Sídon. Tendo desposado Telefassa, Agenor teve uma filha, Europa, e três filhos, cujos nomes variam muito, de Eurípides, passando por Heródoto e Pausânias, até Diodoro Sículo. A lista, possivelmente mais canônica, aponta Fênix, Cílix e Cadmo, o ancestral de Édipo. Quando do rapto de Europa (v.) por Zeus, Agenor enviou os filhos à procura da mesma, com ordem expressa de não retornarem sem ela.

Os três jovens partiram, mas quando perceberam que sua tarefa era inútil e como não podiam regressar à pátria, começaram a fundar colônias, fixando-se em algumas delas. Entre essas colônias destacam-se as fundadas na Cilícia; Tebas, Basos; na Trácia; nas ilhas de Tasos, Tera e Rodes. Todos esses mitos de fundações fantásticas são tradições locais que relembram antigas colônias fenícias, cuja expansão esses mesmos mitos procuram demarcar.

AGLAURO ou AGRAULO *(II, 29, 41; III, 28).*

Ἄγλαυρος (Áglauros), *Aglauro*, como ensinam Chantraine, *DELG*, p. 12 e Frisk, *GEW*, s.u., significa "a que fornece água límpida, clara", por ser uma antiga deusa da vegetação. Está, ao que parece, relacionada etimologicamente com ἀγλαός (aglaós), "brilhante, resplandecente".

Há duas personagens míticas e intimamente aparentadas com este nome. A primeira é filha de Acteu, o primeiro rei mítico da Ática e esposa de Cécrops. Foi mãe de Erisícton e de três lindas jovens: Aglauro, Herse e Pândroso. A segunda Aglauro é filha da anterior. De seus amores com Ares nasceu uma menina, Alcipe. Confundida com suas tias, uma versão a transformou em irmã de Herse e Pândroso, e, como tal, figura no mito de Erictônio, que teve um nascimento deveras complicado. Tendo Atená se dirigido à forja de Hefesto, para lhe encomendar armas, o deus, que havia sido abandonado por Afrodite, se inflamou de desejos pela deusa virgem e tentou prendê-la em seus braços. Atená fugiu, mas, embora coxo, Hefesto a alcançou. A filha de Zeus se defendeu, mas, na luta, o sêmen do ourives divino lhe caiu numa das pernas. Atená retirou-o, de imediato, com um floco de algodão e lançou-o na terra, que, fecundada, deu à luz um menino que, recolhido pela deusa, recebeu o nome de Ἐριχθόνιος (Erikhtónios), *lato sensu*, "o filho da Terra". Sem que seus pares o soubessem, a filha querida de Zeus fechou-o num cofre e o confiou secretamente às filhas de Cécrops, antigo rei mítico da Ática e fundador de Atenas. Apesar da severa admoestação de Palas, as jovens princesas Aglauro, Herse e Pândroso abriram o cofre, mas fugiram apavoradas, porque no interior do mesmo havia uma criança, que, da cintura para baixo, era uma serpente, como normalmente acontece com os seres nascidos da Terra-Mãe. Uma variante relata que ao lado de Erictônio rastejava medonha serpente. Avisada por uma gralha da indiscrição das filhas de Cécrops, a deusa as puniu com a loucura e elas se precipitaram do alto do rochedo da Acrópole. Ovídio, embora enfatizando a maior culpabilidade de Aglauro, acrescenta que foi a única a não ser punida pela loucura (*Met.* 2, 559), mas tendo-se oposto por ciúmes à paixão de Hermes por Herse, o deus a transformou numa estátua de pedra (*Met.* 2, 820-832).

ÁGRON.

Ἀγρών (*Agrón*), *Ágron*, possivelmente deriva, ao menos por efeito de etimologia popular, dado o sentido mítico da personagem, de ἀγρός (agrós), "campo, terreno", normalmente não cultivado, como se pode ver pelo sânscrito *ájraḥ* e o latim *ager*, com o mesmo sentido.

Eumelo, filho de Mérops, habitava a Ilha de Cós e era pai de duas filhas, Bissa e Méropis, e de um filho, Ágron. A família inteira era de uma arrogância sem limites. Habitava o campo e como tivesse anualmente uma safra abundante, só cultuava *Geia*, a deusa-Terra, tendo pelos outros imortais um profundo desprezo. Se se convidavam as jovens para uma festa em honra de Atená, o irmão se antecipava, afirmando que não apreciava mulheres com olhos de coruja (cor dos olhos garços da deusa); se o convite fosse para homenagear Hermes, respondia que a família não gostava de deuses ladrões; se o fosse para sacrificar a Ártemis, argumentava que não honrava mulheres que corriam à noite. Irritadas, as três divindades resolveram vingar-se. Ártemis e Atená, disfarçadas em duas belas jovens, e Hermes, travestido de pastor, dirigiram-se para a casa de Eumelo. Bissa e Méropis foram convidadas a dirigir-se ao bosque de Atená e de Ártemis; Ágron e Eumelo a participarem de um banquete que os pastores ofereceriam a Hermes. Só em ouvir o nome de Atená, Méropis começou a insultá-la e foi, de imediato, transformada em coruja; Bissa tomou a forma de gaivota; Eumelo foi metamorfoseado em corvo e Ágron em tarambola ou maçarico.

ÁJAX *(I, 88, 110, 112[76], 116, 125-126, 322; III, 28, 43, 52, 59, 132, 160, 269, 290[221], 297, 299-300).*

Αἴας (Aías), *Ájax*, é o nome de dois grandes heróis homéricos, frequentemente relacionado pelos etimólogos com αἶα (aîa), "terra", "mãe", uma vez que a "terra" é a *grande mãe*. Se o antropônimo é idêntico ou aparentado com o micênico *aiwa*, talvez se trate de um hipocorístico de Αἴολος (Aíolos), Éolo, "vivo, rápido", por ser o senhor dos ventos. No tocante à αἶα (aîa), "terra", que, por motivos métricos, sobretudo em Homero, substitui γαῖα (gaîa), "terra", não parece ser uma forma artificial, mas sim arcaica, *DELG*, p. 29. No que tange à forma *Ájax*, em português, quando era de se esperar *Aias*, em grego Αἴας, Αἴαντος (Aíãs, Aíantos), aquela remonta à transliteração latina Aiāx, Aiācis, "Ájax", que se explica, segundo Ernout Meillet, *DIELL*, p. 18, por influência dos adjetivos em -*ax*, tipo *audax, audācis*, "audacioso, corajoso", por via de etimologia popular, descartando-se um intermediário osco, tipo **Aias, *Aiakeis*.

De saída, há que se fazer uma distinção entre Ájax, filho de Oileu, e Ájax, filho de Télamon, ou o Grande Ájax. Ambos foram heróis destemidos, mas o segundo se notabilizou mais por suas gestas diante de Ílion, suas atitudes, e por seu fim trágico. Vamos enfocá-los separadamente.

Ájax, filho de Oileu, era da Lócrida, na Etólia, e comandou um contingente de bravos, que muito se empenharam na Guerra de Troia. Oileu lutava normalmente ao lado de seu homônimo, mas enquanto Ájax Telamônio era de estatura gigantesca e combatia com armas pesadas, aquele era baixo e usava apenas uma couraça de fibras de linho e um arco. Guerreiro intrépido e lépido, participou de todos os grandes combates descritos na *Ilíada*. Figura na listagem dos que seriam escolhidos pela sorte para travar um duelo com Heitor. Está presente no encarniçado combate que se travou, quando os troianos tentaram incendiar as naus aqueias, bem como na luta feroz pela posse do cadáver de Pátroclo e ainda disputou os jogos fúnebres que Aquiles (v.) organizou em honra de seu maior amigo. Homero, todavia, sem negar-lhe o valor e a coragem, pinta-o como um herói arrogante, cruel, bulhento e sobretudo ímpio. Tais faltas fizeram-no responsável direto pela perda de uma parte apreciável da armada grega. Seu erro, sua *hamartía* maior foi em relação a Atená. Um sacrilégio sério que trará consequências graves para os aqueus, para o próprio herói e, pior, para seus compatriotas da Lócrida. É que, quando Troia caiu, Cassandra se refugiou junto ao altar da deusa. O violento Oileu tentou arrancá-la à força da estátua de Atená que a profetisa abraçava e, como não o conseguiu, arrastou-a com estátua e tudo. Por esse gesto sacrílego, quase foi lapidado pelos aqueus e só conseguiu salvar-se, refugiando-se exatamente junto ao mesmo altar de onde arrancara Cassandra. A deusa, no entanto, jamais lhe perdoou tamanha profanação. Esperou pelo retorno de uma boa parte das naus aqueias e desencadeou terrível borrasca, que as sepultou no seio de Posídon, inclusive a nau de Ájax. O grande naufrágio ocorreu perto da Ilha de Míconos, uma das Cícladas. Posídon, todavia, o salvou. Foi o bastante para que o ímpio se vangloriasse de haver sobrevivido, apesar da cólera da filha predileta de Zeus. Profundamente irritada, a deusa pediu a Posídon que destruísse o mais perverso dos heróis gregos. Com um simples golpe de seu tridente, o deus do mar pulverizou o rochedo onde se refugiara Ájax, que pereceu afogado. Uma variante atesta que foi a própria Atená que o fulminou, usando os raios de seu pai Zeus. O sacrilégio de Ájax, porém, não foi purgado nem extirpado com sua morte. Três anos após a catástrofe de Míconos, epidemias constantes eclodiram na Lócrida e as sementes deixaram de germinar. Consultado o Oráculo de Delfos, a Pítia respondeu que as faltas do herói haviam contaminado todos os lócrios e que a cólera de Atená só se abrandaria se eles, durante mil anos, enviassem a Troia, anualmente, duas jovens escolhidas pela sorte. As duas primeiras, que lá chegaram, foram sacrificadas pelos troianos e suas cinzas lançadas ao mar. As demais foram "bem-acolhidas" e consagradas ao serviço da deusa. Permaneceu, entretanto, o antigo hábito: tão logo pisavam a terra troiana, tiravam as sandálias e corriam em direção ao templo de Atená. O povo, armado de bastão, as perseguia implacavelmente. Se conseguissem escapar com vida, tornavam-se sacerdotisas da deusa Virgem, obrigando-se a manter, por isso mesmo, a virgindade até quase a velhice. Nisto consistia *serem bem-acolhidas*. Trata-se, evidentemente, de um rito iniciático: para se consagrar ao serviço de um deus, todo mortal passava, na Hélade, por uma série de provas. Os deuses sabiam enxergar por dentro e escolhiam os melhores.

ÁJAX TELAMÔNIO.

Αἴας (Aías), *Ájax* Telamônico, o Grande Ájax, reinava em Salamina. Segundo o *Catálogo das Naus*, *Il*. II, 557-558, navegou para Troia com doze navios. Depois de Aquiles, é o mais forte e valente dos heróis aqueus. Alto, belo, destemido, é calmo e senhor de um invejável autodomínio. Pesadamente armado, seu escudo é revestido de sete peles de bois superpostas; a oitava camada é uma grande placa de bronze. É o oposto de seu homônimo: calado, atencioso, respeitador dos deuses. Tem muito de Aquiles, exceto a sensibilidade, o gosto pela música e a ternura. Ájax é, antes do mais, um guerreiro "espartano": bravo, mas rude por vezes. Designado pela sorte para uma justa com Heitor, joga-o logo ao chão com uma pedra descomunal, mas os arautos interrompem a luta. Quando, por desígnio de Zeus, os aqueus são continuamente derrotados nas grandes batalhas, Telamônio é o único que tenta opor-se ao herói troiano Heitor, mas em vão. Ferido em combate, recolheu-se furioso à sua tenda. Participou da embaixada enviada por Agamêmnon a Aquiles e com toda a franqueza criticou o filho de Tétis por seu egoísmo e frieza diante do infortúnio dos aqueus. Quando da tentativa troiana de incendiar as naus gregas, é em torno do grande herói de Salamina que se concentra a resistência aqueia. É a ele que se dirige Posídon, para encorajá-lo e persuadi-lo a redobrar os esforços. Fere Heitor, mas quando este retorna ao combate, cheio de um novo ardor e energia e lhe quebra a lança, Ájax foge, reconhecendo na vitória passageira do inimigo a vontade dos deuses. É neste momento que Pátroclo, revestido com as armas de Aquiles, entra na refrega e obriga os troianos a fugir. Com a morte do amigo fraterno do pelida, o herói de Salamina volta à cruenta seara do deus Ares e seu encontro com Heitor seria fatal para o esposo de Andrômaca, mas Zeus envolve os dois lutadores numa nuvem, já que a Moira reservara para Aquiles a glória de eliminar o baluarte de Troia. Nas narrativas que se seguiram à *Ilíada*, a figura de Ájax foi exaltada até os astros, servindo-lhe de parâmetro as gestas do filho de Tétis. A aproximação foi de tal maneira tendenciosa, que até a genealogia do herói foi alterada. Éaco, avô de Aquiles, passou a ser igualmente o de Ájax. Dizia-se em Atenas que a mãe de Telamônio era Peribeia, uma das jovens que acompanhara Teseu na célebre expedição à Ilha de Creta, quando o herói da Ática matou o Minotauro. Por ocasião dos preparativos de sua campanha contra o rei de Troia, Héracles passou pela ilha de Salamina, a fim de conquistar para a mesma a adesão de Télamon. Num gesto diplomático, coisa rara no filho de Alcmena, estendeu sobre o rei de Salamina a pele do leão de Nemeia e pediu a Zeus que concedesse ao rei um filho tão bravo quanto ele Héracles e tão forte quanto o leão de Nemeia, cuja pele o cobria. O pai ouviu-lhe a súplica e como sinal de assentimento enviou sua águia, em grego *aieiós* (aietós), em que a etimologia popular passou a ver o nome do herói, Aar (Aías). Talvez por analogia com a impiedade de seu homônimo, algumas versões atribuem a Telamônio algo que seria apenas justificável em Oileu. Quando da partida para Troia, o pai, preocupado com o retorno do filho, aconselhou-o a que "lutasse e vencesse, sem dúvida, com a lança, mas também com o auxílio dos deuses", a que Ájax respondeu: "também o covarde vence com o auxílio dos deuses" e arrancou de seu escudo a efígie de Atená, o que excitou a cólera da filha de Zeus, que, numa das variantes, provocará a morte trágica do grande herói.

Quando da convocação dos reis aqueus para a Guerra de Troia, Ájax e seu irmão Teucro foram os primeiros a chegar a Argos. Ájax, Aquiles e Fênix foram designados comandantes da armada. Chegou mesmo a substituir Agamêmnon no comando supremo dos aqueus, em Áulis, quando o atrida, por ter morto a corça sagrada de Ártemis, teve que se afastar até o sacrifício de Ifigênia. Por ocasião da primeira expedição, quando os aqueus erradamente desembarcaram em Mísia, Aquiles e Ájax assumiram o comando das operações. E se Aquiles, na luta que se travou, feriu a Télefo, o rei de Salamina matou-lhe o irmão, o valente Teutrânio. Durante os nove primeiros anos da Guerra, como Agamêmnon e Aquiles, Ájax participa das operações de pilhagem contra as cidades vizinhas de Troia. Numa delas invadiu a cidade do rei frígio Teleutas e raptou-lhe a filha Tecmessa. Devastou igualmente Quersoneso da Trácia, onde reinava Polimnestor, genro de Príamo, e tomou-lhe Polidoro, o caçula do rei de Troia, cuja guarda, com parte da fortuna da família, lhe fora confiada. Após a morte de Aquiles, as gestas do filho de Télamon foram ainda mais ampliadas. Recebeu e tratou como filho a Neoptólemo, filho de Aquiles. Combateu a seu lado, dando-lhe toda a proteção possível. Com o retorno de Filoctetes às fileiras aqueias, postou-se junto dele e ambos realizaram prodígios de bravura. Tomada a fortaleza de Ílion, Ájax exigiu que Helena fosse condenada à morte por adultério, o que provocou contra ele a ira dos atridas. Foi necessária, por isso mesmo, a solércia de Ulisses para que Helena não fosse lapidada, mas devolvida ao pacífico Menelau... Como recompensa de seus trabalhos, o herói de Salamina passou, então, a solicitar lhe fosse entregue o Paládio (v.), a pequena estátua de Atená, dotada de propriedades mágicas. Por instigação novamente do astucioso Ulisses, os atridas não lhe atenderam o pedido. O Telamônio fez-lhes então graves ameaças. Assustados, Agamêmnon e Menelau cercaram-se de guardas, mas, no dia seguinte, pela manhã, Ájax foi encontrado morto, varado com a própria espada. Uma variante acerca do suicídio do herói, muito mais familiar aos trágicos, atribui à *ánoia* (ánoia), a loucura de Ájax, não à recusa dos atridas em entregar-lhe o Paládio, mas as armas de Aquiles. Segundo desejo expresso de Tétis, as armas de seu filho deveriam ficar com *o mais valente dos aqueus depois do pelida*. Ájax disputou-as com Ulisses nos jogos fúnebres em memória do *maior dos heróis que lutaram em Troia*. Face ao embaraço de Agamêmnon, como sempre hesitante, que não sabia a qual dos dois premiar, Nestor, certamente açulado por Ulisses, aconselhou que fossem ouvidos os prisioneiros troianos. Estes, por unanimidade, afirmaram que o rei de Ítaca fora o que mais danos causara a Troia. Inconformado com a derrota, aliás injusta, e ferido em sua *timé*, Ájax, num acesso de loucura, massacrou um pacífico rebanho de carneiros, pois acreditava estar matando os aqueus, particularmente os atridas e seus amigos, que lhe negaram as armas do pelida. Voltando a si, compreendeu ter praticado atos de demência e, envergonhado, retirou-se para um local solitário, e mergulhou a própria espada na garganta. Sófocles, em sua belíssima tragédia *Ájax*, sem inocentar Ulisses e suas perfídias, procura desviar o infortúnio da personagem para sua *hýbris*, seu descomedimento intolerável, particularmente em relação a Atená, que puniu o filho de Télamon com a loucura. Dessa maneira, a filha de Zeus estaria prestando homenagem a seu protegido Ulisses. Este, porém, porta-se com mais dignidade que a deusa da inteligência. Quando a filha de Zeus, para mostrar a extensão da desgraça de Ájax e o poder dos deuses, pergunta a Ulisses se porventura conhecia um herói mais judicioso e valente, a resposta não se fez esperar:

> Não, não conheço nenhum e, embora seja meu inimigo,
> lamento seu infortúnio. Esmaga-o terrível fatalidade.
> Em seu destino entrevejo meu próprio destino.
> Todos quantos vivemos, nada mais somos
> que farrapos de ilusão e sombras vãs
> (Ájax, 121-126).

Por esse passo de Sófocles que se julgue a Ulisses, o mortal, e a cruel e vingativa imortalidade de Palas Atená!

Os mortais não esqueceram o grande herói: anualmente os atenienses prestavam-lhe honras divinas em Salamina.

ALALCÔMENES (I, 280, 280¹⁸⁰).

Ἀλαλκομένης ou Ἀλαλκομενεύς (Alalkoménês ou Alalkomeneús), *Alalcômenes* ou *Alalcomeneu*, é um derivado do verbo ἀλέξειν (aléksein), "repelir um inimigo, afastar o perigo, proteger". O tema *ălek encontra-se representado no sânscrito rakṣ- de rákṣati, "proteger", *DELG*, p. 57-58. Alalcômenes ou Alalcomeneu é, por conseguinte, "o protetor, o que afasta o perigo", aliás tudo bem de acordo com seu mito.

Herói beócio, fundador da cidade que possuía seu nome, era tão estimado pelos deuses, que Zeus lhe confiara a educação de sua filha predileta, Atená. Atribui-se a ele a invenção das hierogamias simbólicas de Zeus e Hera, isto é, de cerimônias religiosas em que *se re-atualizava* o casamento dos dois. Conta-se que Hera, constantemente enganada por Zeus e cansada das infidelidades do esposo, veio até Alalcômenes queixar-se do marido. O herói aconselhou-a a que mandasse executar uma estátua dela mesma, confeccionada porém de carvalho, árvore consagrada a Zeus, e fizesse transportá-la solene e ricamente ornamentada, seguida de grande cortejo, como se fora verdadeira procissão nupcial. A deusa assim o fez, instituindo uma solenidade chamada *Festas Dedáleas* (δαΐς, δαΐδος - daís, daídos, é tocha), isto é, festa das tochas, elemento de cunho religioso e prático nos casamentos, que se realizavam sempre à noitinha. Segundo a crença popular, esse rito "repetido" re-atualizava, *rejuvenescia* a união divina e conferia-lhe eficácia por magia simpática, pondo um freio, ao menos temporário, às infidelidades do marido. Uma lua de mel por ano certamente não enfastiava o pai dos deuses e dos homens...

ALCÁTOO.

Ἀλκάθοος (Alkáthoos), *Alcátoo*, é um composto proveniente de ἀλκ- (alk), primeiro tema do verbo ἀλέξειν (aléksein), "repelir o inimigo, afastar um perigo", donde a forma nominal ἀλκή (alkḗ), "força que permite a alguém defender-se, defesa, vigor" e o adjetivo θοός (thoós), "rápido, vivo", do verbo θεῖν (theîn), "correr". Alcátoo é assim "o que corre em defesa de".

Era filho de Pélops, rei da Élida, e de Harmonia, irmão, por conseguinte, de Atreu e Tieste. Como o filho de Megareu tivesse sido morto por um leão, o rei prometeu a mão de sua filha Evecme a quem eliminasse a fera. Alcátoo realizou a façanha e obteve, além da esposa, o trono de Onquesto, na Beócia. Mais tarde, como os cretenses houvessem destruído a cidade de Mégara, Alcátoo, com auxílio de Apolo, reconstruiu-lhe as muralhas. Mostrava-se ainda, à época histórica, a pedra sobre a qual o deus deixara sua lira, enquanto trabalhava. Essa pedra, se ferida, emitia um som maravilhoso. Um dos filhos do pelópida, Isquépolis, tomou parte na caçada ao javali de Cálidon e pereceu na aventura. Seu irmão Calípolis, na ânsia de dar a triste notícia ao pai, interrompeu o sacrifício que este oferecia a Apolo, prejudicando, inclusive, a disposição ritual do altar sagrado. Por julgar que o filho estivesse querendo ofender os deuses, Alcátoo o matou com um golpe de tição. No que concerne à conquista da esposa por meio de uma gesta heroica, como no caso de Alcátoo e de tantos outros, trata-se de um rito iniciático, conforme se expôs em *Mitologia Grega*, Vol. I, p. 114.

ALCESTE *(I, 29, 29⁹, 82, 82⁶⁵, 226; III, 38, 66, 104-105, 187, 204).*

Ἄλκηστις (Álkēstis), *Alceste*, cuja origem etimológica é também o primeiro tema do verbo ἀλέξειν (aléksein), "repelir, afastar um perigo", donde a forma nominal ἀλκή (alkḗ), "força que permite a alguém se defender, defesa, vigor". Na realidade, *Alcátoo, Alcméon* e *Alceste* atuaram, no mito, como "grandes defensores" até mesmo com perigo ou oferta da própria vida, como no caso desta última.

Alceste era uma das filhas de Pélias, rei de Iolco, e de Anaxíbia. A mais bela e a mais equilibrada de todas, recusou-se a participar do assassínio do próprio pai. É que Medeia (v.), com seus sortilégios, convenceu-as a esquartejar Pélias e colocar-lhe os membros a cozer num caldeirão de bronze, a fim de rejuvenescê-lo. Foi com auxílio de Apolo que Admeto (v.) conseguiu vencer a difícil prova imposta por Pélias ao pretendente à mão de Alceste. O casamento de Admeto, rei de Feres, na Tessália, foi uma união de amor e modelo de ternura conjugal. Sorteado, no entanto, ainda muito jovem, pelas implacáveis Queres, para deixar esta vida, Apolo conseguiu da Moira que Admeto poderia continuar a viver, desde que encontrasse alguém que voluntariamente o substituísse na morte. Como todos amassem em demasia "a luz do sol" e ninguém, nem mesmo os pais já muito idosos do rei, aceitasse tão grande sacrifício, Alceste corajosamente se ofereceu para dar a vida pelo marido, por amor a ele e por considerar que a presença do pai seria bem mais importante para a educação dos dois filhos do casal. Héracles, porém, hóspede de Admeto, ao tomar conhecimento do que se passava, dirigiu-se ao túmulo da rainha e, após uma dura peleja com Θάνατος (Thánatos), Tânato, a Morte, trouxe novamente à vida a rainha de Feres, mais jovem e mais bela que nunca. Relata-se igualmente que foi Perséfone que, impressionada com o amor e devotamento de Alceste, mandou-a de volta à luz do sol.

Homero, *Il*., II, 711-715, fala de Eumelo, filho de Admeto e de uma mulher divina, Alceste, a mais bela das filhas de Pélias.

ALCÍNOE.

Ἀλκινόη (Alkinóē), *Alcínoe*, é um composto do primeiro tema ἀλκ- (alk-) do verbo ἀλέξειν (aléksein), "repelir o inimigo, afastar o perigo, defender, proteger", e de uma forma νόη (nóē) de νόος (nóos), "inteligência, espírito", donde *Alcínoe* é "a defensora da inteligência", o que lhe contradiz o mito, *DELG*, p. 57 e 756, embora Carnoy, *DEMG*, p. 18, traduza mais livremente o antropônimo por "ousada, corajosa".

Mulher originária de Corinto, casou-se com o filho de Drias, Pólibo, com o qual teve vários filhos. Tendo contratado uma fiandeira, negou-se a pagar-lhe a quantia estipulada, uma vez terminada a tarefa. Irritada, a fiandeira lançou várias imprecações contra a esposa de Pólibo. Protetora das tecelãs, Atená puniu Alcínoe com a loucura. Demente, a jovem esposa apaixonou-se por um hóspede de seu marido, chamado Xanto e, abandonando a família, o seguiu para a Ilha de Samos.

Durante a travessia, tendo recuperado a razão, entrou em desespero e, chamando pelo nome do marido e dos filhos, lançou-se às ondas do mar.

ALCÍNOO *(I, 129, 137; III, 184, 313-314).*

Ἀλκίνοος (Alkínoos), *Alcínoo*, como *Alcínoe*, é um composto do primeiro tema ἀλκ- (alk-) do verbo ἀλέξειν (aléksein), "repelir um inimigo, afastar o perigo" e de *νόος* (nóos), "espírito, inteligência", donde Alcínoo é "o defensor da inteligência", *DEMG*, p. 57.

Filho de Nausítoo, era neto de Posídon. Reinava sobre os feaces, segundo Homero, na Ilha de Esquéria, identificada por alguns com Corfu. Era casado com sua sobrinha ʼΑρήτη (Arḗtē), do verbo ἀρᾶσθαι (arâsthai), "suplicar, pedir através de preces", donde o sentido translato de "desejável, cobiçada, estimada", que é o verdadeiro sentido *de Arētḗ*, esposa do rei dos feaces, e nada tem a ver com Ἀρετή (Arétḗ), "Virtude?", como erradamente informa Grimal, *DEMG*, p. 25.

Com Arete o rei teve cinco filhos e uma filha, a inesquecível Nausícaa (v.) da *Odisseia* de Homero. Arete, como se relata na *Odisseia*, VI, 303-315, honrada, venerada e cercada de respeito pelo marido e pelos filhos, vivia feliz num palácio, onde, parece, a Idade de Ouro se perpetuou: o jardim que o cercava produzia frutos e flores ininterruptamente o ano inteiro. O par real, amado por seu povo, era sumamente hospitaleiro e dispensava um cuidado todo especial aos náufragos. Com Ulisses não foi diferente. Os feaces, aparentados com os deuses, levavam uma vida luxuosa e tranquila e, por isso mesmo, Alcínoo, com o beneplácito de Arete, ofereceu ao herói náufrago uma hospitalidade digna de um rei. Foi durante um lauto banquete em sua honra, que o rei de Ítaca, após identificar-se, desfilou para Alcínoo e seus comensais o longo rosário de suas gestas heroicas, andanças e sofrimentos, em terra e no mar, desde Ílion até a ilha paradisíaca de Esquéria. No dia seguinte, o magnânimo rei dos feaces fez que seu ilustre hóspede, que se recusou polidamente tornar-se seu genro, subisse, carregado de presentes, para uma das naus mágicas de sua frota pacífica. Em uma noite os marujos alcançaram Ítaca, onde deixaram o marido de Penélope. *Nas Argonáuticas*, poema épico em quatro cantos de Apolônio de Rodes (séc. III a.C.), relata-se que Medeia, Jasão e os demais argonautas, quando, de seu retorno da Cólquida, chegaram ao palácio de Alcínoo, lá encontraram os enviados de Eetes com ordens expressas de levar Medeia de volta à pátria. Os súditos do rei da Cólquida, sobretudo porque estavam com a vida em jogo, pressionaram Alcínoo para que lhes entregasse a princesa. O soberano, após consultar Arete, respondeu-lhes que devolveria Medeia, desde que ela, uma vez examinada, ainda fosse virgem. Caso contrário, se já fosse mulher de Jasão, deveria permanecer com ele. Arete, secretamente, fez saber a Medeia a decisão real e Jasão se apressou em fazer da noiva sua mulher. Os nautas da Cólquida, não ousando retornar à pátria, radicaram-se em Esquéria. Os Argonautas retomaram os caminhos do mar com todos os presentes de núpcias ofertados por Arete ao novo casal.

ALCÍONE *(II, 191[94]; III, 205).*

ʼΑλκυόνη (Alkyónē), *Alcíone*, não possui etimologia. Talvez se trate de empréstimo a um falar mediterrâneo. A etimologia popular, todavia, em função do mito do ninho dessa ave fabulosa, no mar, decompõe a palavra em ἅλς (háls) "mar" e κύων (kýon), do verbo κύειν (kýein), "estar grávida de um filho ou de filhotes", pelo fato de Alcíone fazer seu ninho à beira-mar.

Alcíone, filha do senhor dos ventos, Éolo, desposou Cêix, filho de "Heósforo", a Estrela d'Alva. Era um casal tão feliz, que ousou comparar-se a Zeus e Hera. Irritados com essa ultrapassagem do *métron*, os deuses transformaram-nos em aves: ele, em mergulhão; ela, em alcíone. Como esta fizesse seu ninho à beira-mar, ou sobre a crista das ondas, como querem outros, as vagas impiedosamente o destruíam. Zeus, por compaixão, ordenou aos ventos que se acalmassem sete dias antes e sete depois do solstício do inverno, período em que a "ave do mar" choca seus ovos. São "os dias de Alcíone", época em que não há tempestade. Ovídio, nas *Metamorfoses*, 410-748, ao relatar a transformação de Cêix e sua esposa, explica o mito de maneira bem diversa. Cêix, casado com Alcíone, resolveu ir a Claros, na Iônia, consultar Apolo. Uma grande borrasca, no entanto, destruiu-lhe o barco e Cêix morreu afogado. Seu corpo veio dar à costa e foi recolhido pela esposa. Esta ficou tão desesperada, que foi transformada numa ave de canto triste e dorido. Os deuses concederam a Cêix idêntica metamorfose. Almeida Garret (1799-1854) recolheu em seu *Camões* os gemidos de Alcíone:

> *Longe, por esse azul dos vastos mares,*
> *Na solidão melancólica das águas*
> *Ouvi gemer a lamentosa Alcíone.*

ALCIONEU (I, *154, 211).*

ʼΑλκυονεύς (Alkyoneús), *Alcioneu*, não possui etimologia até o momento. É bem possível, consoante Chantraine, que se trate de empréstimo a um falar mediterrâneo, *DELG*, p. 62-63.

Há duas personagens no mito com este nome. O primeiro é um monstro dos primórdios teogônicos e o segundo, um jovem de Delfos. Do sangue de Úrano, mutilado por Crono, ou de Geia, por partenogênese, nasceram, além de outros, os Gigantes. Um deles, chamado Alcioneu, era de uma estatura e força prodigiosas. Na luta que se travou nos campos de Flegra, em Palene, na Macedônia, entre os deuses olímpicos e os filhos de Úrano ou Geia, destacou-se Alcioneu, que era invulnerável, quando lutava *na terra onde nascera*. A conselho de Atená, Héracles o atraiu para fora de Palene, sua cidade natal, porque cada vez que o Gigante caía, recobrava as forças, por tocar a terra, de onde havia saído. Enfurecido, porque Alcioneu havia esmagado vinte e quatro de seus companheiros com um só bloco de pedra, Héracles o arrastou para longe da cidade e acabou com ele a flechadas. Inconsoláveis com a morte do pai, os Alciônidas lançaram-se ao mar e foram transformados em alciones.

O segundo Alcioneu é um jovem de Delfos, dotado de grande beleza e de hábitos exemplares. Acontece que nos píncaros do Monte Círfis, bem perto de Delfos, havia uma caverna, onde vivia um monstro, chamado Lâmia ou Síbaris, que deixava continuamente seu esconderijo para devorar seres humanos e seus rebanhos. Consultado o oráculo para saber como livrar-se de Lâmia ou Síbaris, os sacerdotes de Apolo foram informados pelo deus de que era necessário sacrificar um jovem a Lâmia. Tirada a sorte, Alcioneu foi o escolhido. Organizada a procissão ritual, como se fazia com as vítimas, o jovem, coroado, já se encaminhava para o Monte Círfis, quando surgiu Euríbato, filho de Eufemo, moço de ascendência nobre. Posto a par da exigência de Apolo e não podendo libertar pela força a Alcioneu, a quem amava, ofereceu-se para ser sacrificado em seu lugar. Conduzido ao monte, penetrou resolutamente na caverna. Arrastou Lâmia para fora e esmagou-lhe a cabeça contra as pedras. Desaparecido o monstro, brotou uma nascente no local em que Euríbato o venceu. Esta nascente se chamou Síbaris, nome que os lócrios deram à cidade por eles fundada no sul da Itália.

ALCMENA *(I, 159, 162, 243-244, 255, 281, 343; II, 39, 41, 90[31]; III, 52, 57, 59-60, 89-96, 99-100, 102-105, 110, 112, 118-121, 123, 125, 127, 129-130, 132, 151, 171-172, 344).*

'Αλκμήνη (Alkmḗnē), *Alcmena*, provém igualmente do primeiro tema ἀλκ- (alk-) do verbo ἀλέξειν (aléksein), "repelir o inimigo, afastar o perigo, defender", bem de acordo, aliás, com o mito dessa heroína extraordinária, que muito lutou em defesa de sua própria honra.

Do grande herói Perseu e Andrômeda nasceram Alceu e Eléctrion. O primeiro é o pai de Anfitrião (v.) e o segundo o é da lindíssima Alcmena. Anfitrião se casou com sua prima Alcmena, mas esta se recusou a consumar o matrimônio, enquanto o esposo não vingasse a afronta perpetrada contra seu pai Eléctrion e contra ela própria, uma vez que os filhos de Ptérela, rei de Tafos, aliás seus parentes, além de furtarem os rebanhos da família, mataram em sangrento combate vários de seus irmãos. Anfitrião se preparava para a guerra contra Ptérela, quando algo de muito grave aconteceu: sem o querer, feriu mortalmente a seu sogro e tio, Eléctrion. Foi banido, segundo o costume, por seu tio Estênelo, rei suserano de Argos, e de quem dependia Micenas. Acrescente-se que o "matar sem querer", o φόνος ἀκούσιὸ (phónos akúsios), "o homicídio involuntário", segundo se comentou em *Mitologia Grega*, Vol. III, p. 60sq., é um tema comum no mito dos heróis. Expulso de Micenas em companhia da jovem esposa, Anfitrião refugiou-se em Tebas, onde foi purificado pelo Rei Creonte. Como Alcmena persistisse em não consumar o matrimônio, enquanto o marido não lhe vingasse os irmãos e o pai, o herói, obtida a aliança dos tebanos e com contingentes provindos de várias regiões da Hélade, invadiu a Ilha de Tafos, sede do reino de Ptérela. Com a traição de Cometo (v.), filha do rei, a vitória de Anfitrião foi esmagadora. Carregado de despojos, aprestou-se para regressar a Tebas com o objetivo principal de fazer de Alcmena sua mulher. Pois bem, foi durante a ausência de Anfitrião que Zeus, desejando dar ao mundo um herói como jamais houvera outro, escolheu a mais bela das tebanas para ser mãe de criatura tão privilegiada. Sabedor, todavia, da fidelidade absoluta da princesa micênica, travestiu-se de Anfitrião e para que nenhuma dúvida pudesse ainda, porventura, existir, no espírito da "esposa", narrou-lhe longamente os incidentes da campanha e a morte do rei dos teléboas, Ptérela. Foram três noites de um amor ardente, porque, durante três dias, por ordem de Zeus, Apolo deixou de percorrer o céu com seu carro de chamas. Ao regressar, logo após a saída de seu "sósia", Anfitrião ficou perplexo com a acolhida tranquila da esposa e ela também se admirou muito de que o marido houvesse esquecido tão depressa a grande batalha de amor travada até a noite anterior em Tebas... Mais pasmo e, dessa feita, confuso e nervoso ficou o general tebano, quando, ao narrar-lhe os episódios da luta contra os teléboas, verificou que a esposa os conhecia tão bem ou melhor do que ele! Consultado, o adivinho Tirésias revelou a ambos o glorioso adultério físico de Alcmena e o astucioso estratagema de Zeus. Afinal, como se expôs *em Mitologia Grega*, Vol. I, p. 92-94, a primeira noite de núpcias compete ao deus e é por isso que o primogênito nunca pertence aos pais, mas ao seu *Godfather...* Anfitrião, no entanto, que esperara tanto tempo por sua lua de mel, louco de ciúmes, resolveu castigar a esposa, queimando-a viva numa pira. Zeus, porém, não o permitiu e fez descer do céu uma chuva repentina e abundante, que de imediato extinguiu as chamas da fogueira de Anfitrião. Face a tão grande prodígio, o general desistiu de seu intento e acendeu outra fogueira, mas de amor, numa longa noite de ternura com a esposa. Com tantas noites de amor, Alcmena concebeu dois filhos: um de Zeus, Héracles; outro de Anfitrião, Íficles. Acontece que Zeus, imprudentemente, deixara escapar que seu filho nascituro reinaria em Argos. Acendeu-se o ódio de Hera, que jamais deixou em paz as amantes e os filhos adulterinos de seu esposo. Ordenou assim a Ilítia, deusa dos partos e hipóstase da própria rainha dos deuses, que retardasse o mais possível o nascimento de Héracles e apressasse o de Euristeu, primo do herói, uma vez que era filho de Estênelo. Nascendo primeiro, Euristeu seria automaticamente o senhor de Argos e rei de Micenas. Foi assim que Euristeu veio ao mundo com sete meses e Héracles com dez! Com a morte bem mais tarde de Anfitrião, que lutava ao lado do "filho" e herói, Alcmena acompanhou Héracles, Íficles e Iolau, filho deste último, na frustrada tentativa, que fez o grande herói, terminados os Doze Trabalhos, de retomar a posse de Tirinto. Um pouco antes da gloriosa apoteose do filho, no entanto, o mito nos dá conta de que Alcmena com alguns netos (os restantes permaneceram em Corinto e Tráquis) vivia em Tirinto. Mas bastou o desaparecimento de Héracles para que Euristeu não só a expulsasse da grande fortaleza de Argos, mas também convencesse a Cêix, rei de Tráquis, a fazer o mesmo com todos os descendentes do maior de todos os heróis. Atenas, como sempre, abriu seus braços democráticos para acolher os banidos. Euristeu exigiu que os atenienses os expulsassem da cidade de Palas Atená. Face à negativa destes, Euristeu declarou-lhe guerra, mas foi morto em combate. Sua cabeça foi entregue a Alcmena, que lhe furou os olhos com o emprego de fusos. Deixando seu refúgio em Atenas, a mãe de Héracles retornou a Tebas com todos os descendentes do filho. Falecida em idade provecta, foi levada por Hermes para a Ilha dos Bem-Aventurados e aí desposou Radamanto. Outra versão relata que a amante de Zeus escalou o Olimpo para participar das honras divinas de seu filho.

ALCMÉON *(I, 209; III, 61).*

'Ἀλκμαίων (Alkmaíōn), *Alcméon*, é um antropônimo que procede, como Alcátoo (v.), de ἀλκ- (alk-), primeiro tema do verbo 'ἀλέξειν (aléksein), "repelir o inimigo, afastar o perigo", donde a forma nominal 'ἀλκή (alké), "força que permite a alguém defender-se, defesa, vigor". Alcméon é pois "a força, o vigor".

Alcméon era filho de Anfiarau e de Erifila (v. Epígonos). Quando da luta entre Etéocles e Polinice (v. Sete contra Tebas) pelo trono de Tebas, Adrasto, sogro deste último, resolveu ajudá-lo. Como considerasse indispensável o concurso de Anfiarau (v.), convidou-o para a arriscada empresa. A princípio este se recusou, prevendo, como adivinho, o desastre do confronto. Erifila, no entanto, votou pela guerra e pela ida do esposo. É que, ao casar-se com Anfiarau, Adrasto fê-la garante e árbitro da abalada amizade entre ambos e de decisões que envolvessem os dois. O sufrágio de Erifila foi motivado, entretanto, por um outro interesse mais forte: Polinice a subornara, presenteando-a com o colar de Harmonia (v.), sua imortal ascendente mítica. Embora a contragosto, o rei de Argos viu-se coagido a seguir com Polinice, Adrasto e mais cinco grandes heróis. Antes da partida, porém, fez que seus dois filhos jurassem que participariam de uma segunda expedição contra Tebas e que matariam a própria mãe. Dez anos após o fracasso contra Tebas e morte dos *Sete*, os seus filhos resolveram desagravá-los e organizaram a expedição dos Epígonos (v.). Como o oráculo prognosticasse que a participação de Alcméon era indispensável para a vitória, e este se mostrasse indeciso, apesar do juramento feito ao pai, o filho de Polinice, Tersandro, seguindo o expediente paterno, mais uma vez subornou Erifila, ofertando-lhe, dessa feita, um manto deixado por Harmonia. Organizados os Epígonos, *Tersandro, Anfiloco, Egialeu, Diomedes, Prômaco, Estênelo* e *Euríalo*, todos sob o comando de Alcméon, os vingadores dos Setes Chefes obtiveram fácil vitória sobre os tebanos, cujo chefe, filho de Etéocles, Laôdamas, foi morto por Alcméon. Colocado no trono de Tebas o jovem filho de Polinice, Tersandro, o primogênito de Erifila foi consultar o oráculo para saber se deveria ou não assassinar a própria mãe. Apolo respondeu afirmativamente, já que a esposa de Anfiarau, deixando-se corromper duas vezes, fora responsável pela morte do marido e pusera em risco a vida de seus dois filhos. Cumprida a terrível missão, com ou sem o auxílio de seu irmão Anfiloco, Alcméon, como acontecera a Orestes (v.), foi envolvido pelas Erínias, as terríveis vingadoras do sangue parental derramado. Enlouquecido, o herói começou sua peregrinação. Procurou seu avô Ecles e, em seguida, o rei de Psófis, Fegeu, que o purificou do matricídio e o curou, dando-lhe ainda em casamento sua filha Arsínoe, ou, segundo outras fontes, Alfesibeia. Como presente de núpcias, o filho de Anfiarau ofereceu à esposa o colar e o manto de Harmonia, outrora em poder de Erifila. Como uma grande esterilidade grassasse sobre Psófis, o oráculo ordenou que, para eliminá-la, era necessário que o matricida fosse novamente purificado e, dessa feita, pelo Rio Aqueloo. Alcméon recomeçou seu itinerário de sofrimentos, perseguido pelas Erínias. Hospitaleiramente recebido por Eneu, rei de Cálidon, foi todavia expulso do Epiro pelos tesprotos. Tendo atingido finalmente a foz do Rio Aqueloo, este o purificou novamente e fê-lo casar-se com sua filha Calírroe. A jovem esposa, todavia, exigiu como presentes de núpcias o colar e o manto de Harmonia, que estavam em poder de Arsínoe. Alcméon viajou até Psófis e mentiu à ex-esposa, afirmando-lhe que os objetos preciosos, que lhe dera, deveriam, segundo um oráculo, ser consagrados a Apolo, a fim de que fosse liberado em definitivo das Erínias. Fegeu ordenou à filha que devolvesse os presentes, mas informado por um servidor de Alcméon do verdadeiro destino do colar e do manto, indignado, mandou que seus filhos Prônoo e Agenor armassem uma cilada contra o ex-genro e hóspede e o eliminassem. A morte do herói, todavia, foi mais tarde vingada pelos dois filhos que tivera com Calírroe, Anfótero e Acarnane. Uma variante, seguida por Eurípides, dá conta de que Alcméon, por ocasião de sua *avoia* (ánoia), loucura provocada pelos deuses, se unira à filha de Tirésias, Manto, e com ela tivera um casal de filhos, Anfiloco e Tisífone. As crianças foram confiadas ao rei de Corinto, Creonte, para que as criasse. Tisífone, porém, era de uma tal beleza, que a esposa de Creonte, enciumada, exigiu que a mesma fosse vendida como escrava. Comprou-a, sem reconhecê-la, o próprio pai. Mais tarde, indo a Corinto buscar os filhos, o rei só lhe pôde devolver Anfiloco. Após muitas investigações, todavia, ficou esclarecido que a escrava comprada por Alcméon ao rei de Corinto era sua própria filha Tisífone.

ÁLCON *(III, 45)*.

Ἄλκων (Alkōn), *Álcon*, tem a mesma formação etimológica que Alcmena: primeiro tema ʼαλκ- (alk-), do verbo ʼαλέξειν (aléksein), "repelir o inimigo, afastar o perigo, defender", donde Álcon é "o protetor, o defensor".

Álcon é um famoso arqueiro cretense, amigo e companheiro de Héracles. Suas flechas jamais erravam o alvo: era capaz de atravessar uma pequena argola colocada sobre a cabeça de um ser humano ou de um animal e de dividir uma flecha em duas, atirando-a contra uma lâmina colocada como alvo. Certa vez uma gigantesca serpente se enroscou no corpo de seu filho único: o arqueiro alvejou-a sem ferir a criança. Esta mesma proeza é contada a respeito do pai de Falero, um dos Argonautas. O pai de Falero era ateniense, filho de Erecteu e, possuindo igualmente o nome de Álcon, os dois heróis acabaram por confundir-se.

ALÉBION ou IALÉBION *(III, 110-111)*.

Ἀλεβίων (Alebíōn) Ἰαλεβίων (Ialebíōn), *Alébion* ou *Ialébion*, é antropônimo sem etimologia. Alébion e Dercino, filhos de Posídon, eram dois salteadores famosos, que viviam na Ligúria. Quando Héracles, na realização de seu Décimo Trabalho, cruzava a Ligúria como rebanho de Gerião, foi atacado pelos dois bandidos. Após cruenta disputa o herói os matou a pedradas (v. Lígis).

ALÉCTRION *(I, 217-218)*.

Ἀλεκτρυών (Alektryṓn), *Aléctrion.* Do segundo tema ἀλεκ- (alek-), do verbo ἀλέξειν (aléksein), "repelir o inimigo, afastar o perigo, defender", provém Aléctrion, já encontrado no grego micênico como antropônimo e cujo sentido (o que muito convém ao vocábulo) é de "defensor", pelo espírito combativo e valor apotropaico do "galo".

Ares, nas prolongadas ausências de Hefesto (v.), que trabalhava em suas forjas no Monte Etna, partilhava constantemente o leito de Afrodite, esposa do ourives divino. Fazia-o tranquilo, porque sempre deixava à porta dos aposentos da deusa uma sentinela, um jovem chamado Aléctrion, que deveria avisá-lo da aproximação da *luz do dia*, isto é, do nascimento de Hélio, do Sol, conhecedor profundo das mazelas deste mundo. Um dia, porém, o incansável vigia dormiu e Hélio, que tudo vê e não perde a hora, surpreendeu os amantes e avisou Hefesto. O deus, que sabe *atar* e *desatar*, preparou uma rede mágica e prendeu o casal ao leito, convocando todos os deuses para testemunharem a cena. Quanto ao jovem Aléctrion, sofreu exemplar punição: por haver permitido com seu sono que Hélio denunciasse a Hefesto tão flagrante adultério, foi metamorfoseado em *galo, alektryṓn* em grego, e obrigado a cantar, toda madrugada, antes do nascimento do sol. Anunciando a aproximação da Luz, o canto do galo repele e afugenta as influências maléficas da noite e as afasta dos lares, desde que se tenha o cuidado de colocar-lhe a efígie na porta. Símbolo solar, o galo figura no topo das igrejas, para traduzir o Sol, Cristo, que venceu as trevas e a morte.

ALETES *(I, 94)*.

Ἀλεήτης (Alétes), *Aletes*, provém do verbo ἀλᾶσθαι (alâsthai), presente ἀλάομαι (aláomai), "errar, vagar", donde Aletes é "o errante".

Aletes é bisneto de Héracles. Recebeu de seu pai Hípotes o epíteto de *Errante* por ter nascido no momento em que os descendentes do herói iniciaram sua grande migração, devida exatamente a um crime de morte praticado por Hípotes. Já homem feito, Aletes resolveu apossar-se de Corinto, afugentando os jônios e os descendentes de Sísifo que dominavam a cidade. Para tanto consultou o Oráculo de Dodona, que lhe prometeu a vitória, desde que recebesse de alguém "uma porção de terra de Corinto" e atacasse a cidade "no dia em que seus habitantes estivessem coroados". A primeira condição foi logo satisfeita: tendo pedido pão a um habitante de Corinto, recebeu um punhado de terra dura e seca. Para cumprir a segunda condição, atacou a cidade num dia em que os coríntios celebravam seus mortos e todos estavam, consoante o hábito, com a cabeça coroada. Contou, além do mais com a traição da filha de Creonte, com a qual prometeu se casar, se ela lhe abrisse as portas da cidade. Não satisfeito com esta conquista, Aletes organizou uma expedição contra Atenas. Na realidade o mesmo Oráculo de Dodona lhe assegurou a vitória, caso o rei de Atenas não morresse na luta. Tomando conhecimento do oráculo, os atenienses persuadiram a seu Rei Codro, que contava setenta e dois anos, a sacrificar-se por sua cidade. O rei, como escreve Cícero (*Tusc.* 1, 48, 116) *se in medios immisit hostes ueste famulari, ne posset agnosci*, "atirou-se no meio dos inimigos, com indumentária de escravo, para que não pudesse ser reconhecido", e morreu lutando em favor de seu povo. Tamanha generosidade e coragem provocaram a derrota do bisneto de Héracles.

Um segundo Aletes, filho de Egisto, aparece, embora muito pouco significativamente, no mito de Orestes e Electra (v.).

ALFESIBEIA.

Ἀλφεσίβοια (Alphesíboia), *Alfesibeia*, é um composto do verbo ἀλφάνειν (alphánein), "obter, comprar por um preço elevado" e de βοῦς, βοός (bûs, boós), "boi, vaca", donde Alfesibeia é "aquela que vale muitos bois", alusão certamente ao dote exigido pelo pai, como era de hábito.

Alfesibeia era uma ninfa asiática, amada por Dioniso. Como não conseguisse conquistá-la, o deus metamorfoseou-se em tigre. Apavorada, a ninfa fugiu para as margens de um rio que, até então, se chamava Sólax. Alfesibeia concordou em deixar-se transportar por Dioniso-Tigre para a margem oposta do rio. Antes de fazê-lo, o deus a possuiu. Dessa união nasceu Medo, que deu seu nome aos medos e chamou Tigre (outrora Sólax) ao rio em cujas margens foi concebido.

ALFEU *(I, 156, 212, 259, 261; III, 59, 102-103).*

Ἀλφειός (Alpheiós), *Alfeu*, está etimologicamente relacionado com ἀλφός (alphós), "mancha branca na pele". O termo genérico para expressar "branco" é λευκός (leukós): ἀλφός (alphós) deve designar "um branco fosco" e subsiste apenas nos empréstimos técnicos. O latim tem *albus*, o umbro, *alfu*, "branco". De *alphós* é que derivam diversos nomes de rios (graças à coloração de suas águas), como o grego *Alpheiós*, o latim *Albŭla*, nome antigo do Tibre, e *Albis*, de que se origina o alemão *Elbe*, Elba, *DELG*, p. 67. Acrescente-se que a este grupo deve pertencer o antigo nome germânico do cisne, *albiz*.

Alfeu é o nome do deus-rio que corre no Peloponeso, entre a Élida e a Arcádia. Diversos mitos relatam a tentativa de Alfeu para conquistar Ártemis e Aretusa, uma das ninfas que fazia parte do cortejo da deusa da caça. Como a irmã de Apolo lhe resistisse às investidas amorosas, o deus-rio resolveu possuí-la à força. Um dia em que Ártemis e suas ninfas celebravam uma festa junto à foz de Alfeu, este tentou aproximar-se dela, mas a deusa enlameou o rosto e não foi reconhecida. Uma outra versão conta que o rio apaixonado a perseguiu até a Ilha de Ortígia, que se encontra junto ao porto de Siracusa, na Sicília. Tendo fracassado novamente, passou a acossar uma das ninfas caçadoras de Ártemis, Aretusa. Para segui-la, tornou-se também caçador. Aretusa fugiu para Siracusa, refugiando-se em Ortígia. Perseguida mesmo assim pelo impetuoso "caçador", foi metamorfoseada em fonte. Por amor, Alfeu misturou suas águas às da fonte de Aretusa.

ALÓADAS *(I, 325; II, 41, 43, 66, 194).*

Ἀλωάδαι (Alōádai), *Alóadas*, que Carnoy, *DEMG*, p. 18, deriva de ἀλωή (aloé), "terra cultivada". Ἀλωάδαι ou Ἀλωϊάδαι (Aloádai ou Alōïádai) são os descendentes de Ἀλωεύς (Alōeús), *Aloeu*, conforme atesta Homero, *Il.* V, 386, o qual era originário da Tessália, "terra fértil".

Alóadas é um designativo de dois gigantescos filhos de Posídon, *Oto* e *Efialtes*. Etimologicamente, *Oto*, segundo Carnoy, *DEMG*, p. 148, proviria de ὦτος (ōtos), nome da ave noturna "mocho" e Efialtes, Ἐφιάτης (Ephiáltēs), consoante Chantraine, *DELG*, p. 390sq., significa *cauchemar*, isto é, "pesadelo opressor, incubo", mas esse incubo é considerado como um demônio, por confusão com ἠπιάλης (ēpiálēs) "demônio-íncubo". O emprego de um mesmo vocábulo, *ephiáltes*, para designar "incubo e demônio", é normal, já que a etimologia popular o fazia derivar do verbo ἐφάλλεσθαι (ephállesthai) "pular sobre alguém".

Os Alóadas, Oto e Efialtes, nasceram de um grande amor. Com efeito, Ifimedia, embora casada com Aloeu, apaixonou-se perdidamente por Posídon, pai de seu marido. Para mostrar seu *furor eroticus* pelo sogro, ia todos os dias à beira-mar e, enchendo as mãos "com as águas do deus", molhava os próprios seios. Enternecido com tanto amor, Posídon uniu-se a ela e deu-lhe dois filhos, "dois monstros" gigantescos, Oto e Efialtes. Ao completarem nove anos, já estavam com dezessete metros de altura e quatro de "largura". Embriagados de *hýbris*, de descomedimento, resolveram declarar guerra aos imortais. Colocaram o Monte Ossa sobre o Olimpo e o Pélion sobre ambos e ameaçaram escalar o céu. Anunciaram, em seguida, que iriam aterrar os mares com as montanhas e transformariam, em seguida, a terra em mar. Por fim, confessaram-se apaixonados por duas deusas: Efialtes, por Hera e Oto, por Ártemis. Irritados com Ares, que matara Adônis, por ciúmes de Afrodite, prenderam o deus da guerra, amarraram-no e o encerraram num pote de bronze. Ali o deixaram durante treze meses, até que o astucioso Hermes conseguiu libertá-lo num estado de extrema fraqueza. Exasperado com tanta insolência, Zeus os fulminou. Uma variante relata que Ártemis, metamorfoseada em corça, meteu-se entre eles, quando caçavam na Ilha de Naxos. Na ânsia de abatê-la, acabaram por ferir-se mortalmente. No Hades foram amarrados com serpentes a uma coluna e uma coruja grita-lhes aos ouvidos noite e dia. A Oto e Efialtes é atribuída a fundação das cidades de Alôion na Trácia e de Ascra no Hélicon. A presença dos Alóadas em Naxos é explicada por importante missão de que foram encarregados por seu "pai humano" Aloeu, que para lá os enviou à procura da esposa Ifimedia e da irmã Pâncratis, raptadas por Esquélis e Cassâmenos.

ÁLOPE.

Ἀλόπη (Alópē), *Álope*, que Carnoy, *DEMG*, p. 18, faz provir de *-ope*, da raiz indo-europeia **ap*, "água", e *al-*, raiz que se encontra em nomes de "rios", como *Alăbis*, Álabe, rio da Sicília.

Álope é filha do facínora Cércion, rei de Elêusis. Grávida de Posídon, sem que o pai o soubesse, tão logo nasceu o menino, mandou que sua ama o expusesse numa floresta. Aleitado por uma égua, animal consagrado a Posídon, acabou sendo encontrado por um pastor, que o entregou a um colega, mas guardou para si o rico enxoval do exposto. O segundo pastor, indignado, foi queixar-se a Cércion, que, vendo tão requintado vestuário, atinou com o que se passava. Coagiu a ama a revelar quanto acontecera e, após condenar a filha à morte, mandou expor novamente o menino. A égua voltou a aleitá-lo, até que foi encontrado por um terceiro pastor, que lhe deu o nome Ἱπποθόων (Hyppothóōn), *Hipótoon*, herói epônimo da tribo ateniense dos Hipotoôntidas. Quando Teseu, em sua luta contra os "monstros" que infestavam a Ática, liquidou a Cércion, entregou a Hipótoon o reino de Elêusis. Quanto a Álope, foi transformada em fonte por seu amante, o deus Posídon.

ALPO.

Ἄλπος (Álpos), *Alpo*. É bem possível que *Álpos* se relacione com ἀλφός (alphós), "branco fosco", com o latim *albus*, "branco", cuja raiz não indo-europeia seria *alb-* "montanha", como os nomes próprios *Albion*, na Inglaterra; itálico *Alba Longa; Albumus*, monte da *Lucânia; Alpes*, a que os antigos julgavam ter sido dado este nome pela "brancura de suas neves" *a candore niuium*.

Alpo era um gigante que vivia sobre os montes Peloros. O mito de Alpo está restrito às *Dionisíacas* (25, 236sq.; 45, 172sq.; 47, 627sq.), de Nono (séc. VI p.C.). O gigante, segundo o poeta de Panópolis, era dotado de um grande número de braços e sua cabeleira apresentava-se entrelaçada com cem víboras. Os viajantes, que se extraviassem nos montes Peloros, eram impiedosamente esmagados de encontro aos rochedos e, em seguida, devorados, como fez o Ciclope Polifemo com alguns nautas de Ulisses. Todos, inclusive Pã e as ninfas, evitavam percorrer ou até mesmo passar pelos montes de Alpo, até que Dioniso com seu séquito barulhento de Sátiros e Mênades resolveu romper o silêncio que se apossara das montanhas pelórias. Alpo atacou o deus do vinho, lançando contra ele árvores inteiras e protegendo-se, à guisa de escudo, com um enorme bloco de rocha. Dioniso arremessou contra o gigante antropófago o seu tirso, atravessando-lhe a garganta. Alpo caiu morto no mar, perto de uma ilha onde habita Tifão.

ALTEIA *(II, 65)*.

Ἀλθαία (Althaía), *Alteia*, provém do verbo ἀλθαίνειν (althaínein), e na voz médio-passiva ἀλθαίνεσθαι (althaínesthai), "curar, curar-se, ser curado". Alteia é, pois, a que prodigaliza a cura. Ademais, ἀλθαία (althaía), "alteia", é o nome do malvavisco *(althaea officinalis)* ou da malva, obviamente por suas propriedades medicinais e emolientes na cura de feridas, *DELG*, p. 60.

Alteia, filha de Téstio, é a esposa de Eneu, rei de Cálidon, e mãe de Dejanira e Meléagro. Conta-se que, tão logo Meléagro completou sete dias, as Queres predisseram a Alteia que a sorte do menino estava vinculada a um tição que ardia na lareira. Se este se consumisse inteiramente, a criança morreria. A mãe, aflita, retirou de entre as brasas o tição já meio consumido, apagou-o e escondeu-o num cofre. Uma tradição assevera que esse tição era um ramo de oliveira a que Alteia deu à luz juntamente com o filho. Após a caçada vitoriosa ao javali de Cálidon, e quando Meléagro matou os tios maternos, que se opunham obstinadamente à sua decisão de ofertar a pele do animal a Atalante, sua namorada e protegida de Ártemis, a mãe indignada, num gesto impensado, atirou ao fogo o tição e Meléagro morreu. Consumida pela dor, Alteia se enforcou.

Há, quanto à genealogia dos rebentos do rei de Cálidon, uma variante: Meléagro e Dejanira não seriam filhos de Eneu, mas de duas divindades. O primeiro era filho de Ares e a segunda, de Dioniso. O deus do vinho se apaixonara por Alteia, e Eneu, tendo-o percebido, prazerosamente cedeu a esposa ao deus. Como recompensa, Dioniso ofertou-lhe uma plantação de videira e ensinou-lhe como preparar o néctar sagrado, o οἶνος (oînos), vinho de que procede o nome do rei, Οἰνεύς (Oineús), *Eneu*.

AMALTEIA *(I, 71, 201, 261, 263, 332[219], 332[220], 333, 336; II, 66)*.

Ἀμάλθεια (Amáltheia), *Amalteia*. É muito provável que o nome da ama de leite de Zeus esteja relacionado com μαλθακός (malthakós), "suave, doce, terno" e funcione como uma espécie de feminino de *Ἀμαλθεύς (*Ámaltheús), "generoso", donde *Amalteia*, enquanto *cabra* ou *ninfa*, seria "a generosa", *DELG*, p. 70 e 662.

Crono, depois que se tornou senhor do mundo, converteu-se num tirano pior que seu pai Úrano a quem destronara. Não se contentou em lançar no Tártaro a seus irmãos, os Ciclopes e os Hecatonquiros, porque os temia, mas, após a admoestação de Úrano e Geia de que seria destronado por um dos filhos, passou a engoli-los, tão logo nasciam. Escapou somente o caçula, Zeus. Grávida deste último, Reia refugiou-se na Ilha de Creta, no Monte Dicta ou Ida e lá, secretamente, deu à luz o futuro pai dos deuses e dos homens, que foi logo depois escondido por Geia nas profundezas de um antro inacessível e entregue aos cuidados dos Curetes e das ninfas. Sua ama de leite foi a ninfa ou a cabra Amalteia. Esta, nos mitos mais antigos, é a cabra miraculosa que aleitou Zeus. Outras versões consideram-na uma ninfa, que, para esconder o menino de Crono, o suspendera a uma árvore, a fim de que o pai não o encontrasse, nem no céu, nem na terra, nem no mar. Além do mais, para que os gritos do deus infante não lhe revelassem a existência e presença, solicitou aos Curetes que dançassem em torno do menino, entrechocando suas lanças e escudos de bronze. De qualquer forma, esta cabra ou ninfa, tão "generosa" com Zeus, descendia de Hélio, o Sol, e era de aspecto tão medonho, que os Titãs, temendo-a, pediram a Geia que a escondesse numa caverna de Creta. Um dia, brincando com sua ama de leite, o deus quebrou-lhe um dos chifres, mas, para compensá-la, prometeu-lhe que este corno se encheria de todos os frutos, quando ela o desejasse. A *Cornucópia* (corno da abundância) traduz simbolicamente a profusão gratuita dos dons divinos. Uma variante faz da Cornucópia o corno da mesma cabra Amalteia, mas ofertado por Héracles ao Rio Aqueloo (v.), cujo chifre fora quebrado pelo herói na luta pela posse de Dejanira. Quando, mais tarde, a cabra Amalteia morreu, o jovem deus a colocou no número das constelações. De sua pele, que era invulnerável, Zeus fez a *égide*, cujos efeitos extraordinários experimentou logo em seguida na luta contra os Titãs. *Égide*, em grego, diga-se, de passagem, αἰγίς, -ίδος (aiguís, -ídos) significa furacão, tempestade, "pele de cabra". Tratava-se de um escudo coberto com uma pele de cabra e particularmente o escudo de Zeus, coberto com a pele da cabra Amalteia, que lhe servia de arma ofensiva e defensiva. Com esta arma poderosa, eriçada de pelos como um tosão, guarnecida de franjas, debruada de serpentes e com a cabeça da Górgona (v.) no meio, Zeus espalhava o terror, agitando-a nas trevas, no fulgor dos relâmpagos e no ribombar dos trovões. Do ponto de vista etimológico, no entanto, αἰγίς, -ίδος (aiguís, -ídos), égide, nada tem a ver com αἴξ, αἰγός (aiks, aigós), *cabra*. A aproximação é meramente fantasiosa, mítica e dos domínios da etimologia popular.

AMAZONAS *(I, 240, 327-328; II, 42, 67, 231, 232[123]; III, 58, 105-106, 119, 151, 159, 166-167, 181, 210, 297[228]).*

Ἀμαζών (Amadzṓn), *Amazona*, vocábulo usado mais comumente no plural Ἀμαζόνες (Amadzónes), Amazonas, sempre foi interpretado pela etimologia popular como formado por um *a-* (a- privativo), *não*, e μαζός (madzós), *seio*, uma vez que essas guerreiras, dizia-se, amputavam o seio direito para melhor manejar o arco, deixando, as mais das vezes, o seio esquerdo descoberto. Fato, aliás, não confirmado pela iconografia, em que as Amazonas aparecem belas e de seios intactos. Ainda não se possui etimologia segura para a palavra. Uma das hipóteses propostas com bastante fundamento é de que *Amadzónes* proviria do nome de uma tribo iraniana **ha-mazan*, propriamente "guerreiros", *DELG*, p. 69.

As Amazonas eram filhas de Ares, o cruento deus da guerra, e da ninfa Harmonia. Fundaram, sob a inspiração do pai e da deusa Ártemis, um reino belicoso, composto quase que exclusivamente por mulheres, que habitavam os pincaros do Cáucaso ou a Trácia, o Ponto Euxino ou ainda a Cítia ou a Lídia. Os homens, que porventura existissem em seu território, eram empregados em trabalhos servis. Para perpetuar e ampliar a comunidade, mantinham relações sexuais apenas com adventícios. Os filhos homens eram emasculados, mutilados, cegados, e empregados, quando não eliminados, em serviços inferiores. Há vários mitos que relatam duros combates travados por heróis contra as temíveis filhas de Ares. Uma das provas impostas por Ióbates a Belerofonte (v.) foi a de combatê-las, empresa de que se saiu aliás muito bem, causando uma verdadeira devastação nas fileiras das comandadas pela rainha Hipólita. O nono trabalho de Héracles, imposto por Euristeu, foi o de buscar o Cinturão da rainha das Amazonas. Tendo chegado ao Porto de Temiscira, em cujos arredores residiam as guerreiras, a rainha concordou em entregar-lhe o Cinturão, mas a deusa Hera, disfarçada numa Amazona, suscitou grave querela entre os companheiros do herói, entre os quais estava Teseu, e as habitantes de Temiscira. Pensando ter sido traído por Hipólita, Héracles a matou. Foi no decorrer dessa luta, relata uma variante, que Teseu, por seu valor e desempenho, recebeu do herói argivo, como recompensa, a Amazona Antíope. Uma segunda versão relata que Teseu raptou a lindíssima arqueira, o que provocou a invasão de Atenas pelas filhas de Ares. A batalha decisiva foi travada nos sopés da Acrópole e, apesar da vantagem inicial, as guerreiras não resistiram e foram vencidas por Teseu. Antíope, por amor, pereceu lutando ao lado do marido contra as próprias irmãs. Existe ainda uma terceira variante. A invasão da Ática pelas Amazonas não se deveu ao rapto de Antíope, mas ao abandono desta por Teseu, que a repudiara, para se casar com a irmã de Ariadne, Fedra. A própria Antíope comandara a expedição e tentara, à base da força, penetrar na sala do festim, no dia mesmo das novas núpcias do rei de Atenas. Como fora repelida e morta, as Amazonas se retiraram. Conta-se ainda que estas, comandadas por sua então rainha Pentesileia, enviaram a Troia um contingente de guerreiras em auxílio dos troianos. Pentesileia, todavia, caiu sob os golpes de Aquiles e ficou tão bela na morte, que o herói se comoveu até as lágrimas. O deformado e contestador Tersites (v.) ridicularizou-lhe a ternura e ameaçou furar à ponta de lança os olhos da rainha. Aquiles, num acesso de raiva, matou-o a murros.

A deusa protetora das Amazonas era naturalmente Ártemis, a arqueira virgem, com quem as filhas do deus da guerra têm muito em comum, não só por seu desdém pelos homens, mas sobretudo por sua vocação de guerreiras e caçadoras. A elas se atribuía, por isso mesmo, a fundação da cidade de Éfeso e a construção do templo gigantesco e riquíssimo consagrado à irmã de Apolo.

"A existência de mulheres guerreiras, segundo J. Chevalier e A. Gheerbrant, *DIS*, p. 28sq., como as Amazonas e as Valquírias, talvez seja uma sobrevivência ou reminiscência de sociedades matriarcais."

O simbolismo das mesmas, todavia, não está necessariamente ligado a hipóteses sociológicas. "No mito grego, elas traduzem mulheres assassinas de homens. Seu anseio é substituí-los, combatê-los, eliminá-los ao invés de completá-los. Semelhante rivalidade esgota a força essencial própria da mulher, o caráter de amante, de mãe, e o calor do espírito", como judiciosamente observa Paul Diel, *SYMG*, p. 207sq. O amazonismo traduz, em última análise, a situação da mulher que, comportando-se como homem, passa a ser repelida tanto por este como por aquela, não conseguindo destarte realizar-se nem como homem, nem tampouco como mulher. Em síntese, a amazona espelha o repúdio da feminilidade e o mito da impossível substituição de seu ideal viril por sua natureza real.

A missão de Héracles era trazer para Euristeu o *Cinturão* de Hipólita. Esta insígnia, segundo se expôs em *Mitologia Grega*, Vol. Ill, p. 107sq., expressa a ambivalência de ligar e desligar. Materialização de um engajamento, de um juramento, de um voto feito, o *cinto* assume um valor iniciático, sacralizante e, materialmente falando, torna-se um emblema visível, as mais das vezes honroso, que traduz a força e o poder de que está investido seu portador.

Entregando o *Cinturão* a Héracles, Hipólita não apenas renuncia ao poder, mas se despe do amazonismo e se dá ao herói. Daí a dupla reação de Hera: protetora inconteste da feminilidade normal, de um lado não deseja "a conversão" da amazona, mas a morte da mulher viril; de outro, em seu ódio contra Héracles, filho adulterino de Zeus, tudo fez para que o herói não fosse aquinhoado com a dádiva do *cinto* e, por conseguinte, da posse de Hipólita. Johann Jakob Bachofen (1815-1887), em sua obra famosa *Das Mutterrecht*, o Matriarcado, defende a existência de uma ginecocracia, isto é, do poder, do governo da mulher, que teria acontecido em países diversos e em épocas diversas. Supõe o historiador do direito e filólogo suíço que a constituição ginecocrática, como se mostrou em *Mitologia Grega*, Vol. II, p. 230, teria passado por três fases: *heterismo, amazonismo* e *demetrismo*. O *amazonismo* (as duas outras etapas foram explicadas no volume supracitado) é, para Bachofen, o estágio agressivo da mulher, uma espécie de imperialismo feminino. Projeções do *amazonismo* seriam os mitos das *Danaides*, das *Lemníades* e particularmente o império das próprias Amazonas. Diga-se, de passagem, que modernamente os denominados três estágios ginecocráticos de Bachofen vêm sendo interpretados como estratos e fases psíquicas, particularmente a fase urobórica, caracterizada pela relação de identidade e não como um fato histórico ou social. Na realidade, *patriarcado* e *matriarcado, stricto sensu*, jamais existiram nem histórica nem miticamente falando.

ÂMICE.

Ἀμύκη (Amýkē), *Âmice*, segundo Carnoy, *DEMG*, p. 20, talvez funcionasse como uma espécie de feminino *de Âmico* e fosse um composto do prefixo *a-* e de uma forma pelásgica **meug*, "atacar, espreitar".

Filha do rei cipriota Salamino, a corajosa Âmice fundou uma colônia com um pequeno número de seus conterrâneos em Antioquia. Casou-se com o destemido Casos, que igualmente fundara na mesma região uma colônia cretense. Foi tão admirada e respeitada, que, ao morrer, foi sepultada junto à cidade, numa planície que recebeu seu nome.

ÂMICO *(III, 180).*

Ἄμυκος (Âmykos), *Âmico*, segundo se viu em *Âmice*, talvez provenha do prefixo *a-* e de uma forma pelásgica **meug*, "atacar, espreitar", donde Âmico seria "o que espreita para atacar", o que miticamente lhe justifica a hipótese etimológica.

Âmico, filho de Posídon, era um gigante e reinava sobre os bébricos, na Bitínia. Violento e selvagem, é considerado o inventor mítico do pugilato. Espreitava os adventícios que chegavam à Bitínia e os matava a socos. Quando os Argonautas chegaram a seu reino, o brutamontes logo os desafiou. Pólux aceitou a justa, cujo preço era a vida do vencido. Apesar da estatura e da força brutal do filho de Posídon, Pólux, usando de extrema habilidade e astúcia, o venceu. Não lhe tirou a vida, mas fê-lo jurar que doravante respeitaria e acolheria os estrangeiros.

AMIMONE *(I, 325-326).*

Ἀμυμώνη (Amymṓnē), *Amimone*, é uma espécie de feminino de ἀμύμων (amýmōn), que é um epíteto épico e significa "irrepreensível". Trata-se, na realidade, de um título honorífico, de valor social, sem nenhuma conotação de ordem moral. O antropônimo é composto de um ἀ- (a- privativo), "não", e de um tema que se encontra numa glosa de Hesíquio μῦμαρ (mŷmar), "censura, vitupério", com a variante ἄμυμος (ámymos), "perfeito, correto". Claro está que o tema deve ser aproximado etimologicamente de μῶμος (môˆmos), "censura, ignomínia", *DELG*, p. 79.

Amimone é uma das cinquenta Danaides que fugiram da Líbia com seu pai Dânao para Argos. Já reinando na cidade, Dânao se viu numa séria dificuldade. É que Posídon, por ter perdido para a deusa Hera a proteção da capital da Argólida, secara-lhe todas as nascentes. Desesperado, o rei enviou suas cinquenta filhas em busca de água. Já cansada da longa caminhada, Amimone adormeceu no campo, à sombra de frondosa árvore. Foi o bastante para que um Sátiro, com sua lascívia, dela se aproximasse e tentasse violentá-la. A jovem invocou Posídon que, de imediato, a socorreu e, com um golpe de tridente, afugentou o Sátiro. O golpe, todavia, foi tão violento, que feriu um rochedo vizinho, fazendo jorrar três nascentes de água cristalina. Dos amores do deus do tridente e da Danaide nasceu o grande Náuplio (v.). Relata uma variante que Posídon, apaixonado por Amimone, após socorrê-la e amá-la, lhe revelou a existência da fonte de Lerna. Com amor e por amor, as águas voltaram a jorrar na Argólida.

ÂMPELO.

Ἄμπελος (Ámpelos), *Âmpelo*, "videira" é um termo que, por seu sentido, pertence ao substrato mediterrâneo, *DELG*, p. 77-78.

Jovem amado por Dioniso (e vê-se simbolicamente neste "amor" a fusão do deus do vinho com a cepa), Âmpelo era filho de um Sátiro com uma ninfa. O deus fez-lhe presente de uma videira carregada de cachos, que pendia dos ramos de um olmo. Na tentativa de colher as uvas na parte mais alta da árvore, Âmpelo caiu e morreu. Dioniso transformou-o em constelação.

ANANQUE.

Ἀνάγκη (Anánkē), *Ananque*, não possui, até o momento, etimologia convincente. Algumas hipóteses são realmente sedutoras e, por isso mesmo, vamos sintetizá-las, com base em P. Chantraine, *DELG*, p. 82-83. Levando-se em conta que, desde Homero, *anánkē* significa propriamente "coação, violência", procurou-se aproximá-la de palavras célticas como o irlandês *ēcen*, galês *angen*, "necessidade, destino". Schwyzer em sua *Gramática Grega*, I, 734, n. 8, opina que *ananque* seria um deverbal de ἀναγκάζειν (anankádzein), "tomar nos braços, apertar, daí coação, apertura". Nenhuma das etimologias propostas, no entanto, segundo Chantraine, explicaria a dupla noção de *ananque: coação* e *parentesco*.

Ananque traduz a ideia de *coação* e *necessidade*, como aparece na *Ilíada*, XXIV, 667. Com sentido de *fatalidade* tem emprego relativamente excepcional. E mesmo personificada, Ἀνάγκη (Anánkē), a "Fatalidade", aparece só episodicamente na poesia e na filosofia.

Consoante F.E. Peters, *TEFG*, p. 30-31, entre os pré-socráticos *ananque* não é usada de maneira uniforme. Se em Parmênides (frag. 28A37 Diels) ela governa todas as coisas de um modo quase providencial, com os atomistas se penetra no campo da *necessidade mecânica* das causas puramente físicas, que operam sem finalidade. "Para Sócrates e Platão a verdadeira causalidade opera sempre com um fim, enquanto as operações dos elementos físicos são apenas condições ou 'causas acessórias'. *Ananque*, no entanto, possui também o seu papel na formação do cosmo: a razão, νοῦς (nûs) vence a necessidade física e a necessidade, a 'quase causa', só se torna digna de estudar-se pela sua relação com *nûs*, a causa divina. Em Aristóteles a ananque tem significados diversos, mas como em Platão a necessidade física na matéria tem de submeter-se não tanto ao *nûs* mas à 'finalidade' (télos), isto é, deve ser definida como o princípio (arkhé) e a causa (aitía) do movimento e do repouso para as coisas em que está imediatamente presente".

ANAXÁGORAS.

Ἀναξαγόρας (Anaksagóras), Anaxágoras, é um composto de ἄναξ (ánaks), "senhor, mestre, príncipe", e de ἀγορά (agorá), "praça pública, praça da assembleia, assembleia", donde Anaxágoras é "o que domina, comanda a assembleia". No tocante a ἄναξ (ánaks), talvez não fosse fora de propósito lembrar que o digama inicial de Fάναξ (wánaks) é atestado na métrica homérica, em diversas inscrições dialetais e na escrita micênica. Formas como *wanaka* = Fάναξ (wánaks) e o dativo *wanacate* = Fανάκτειν (wanáktei) leem-se em Pilos e Micenas, sempre no singular, e o sentido do vocábulo oscila entre a designação de *um soberano político do Estado* e *um deus*, sem que se possa fazer muitas vezes uma distinção exata entre uma e outra interpretação. A etimologia da palavra em grego é desconhecida, *DELG*, p. 84sq.

Filho de Megapentes e, portanto, neto de Preto (v.), sucedeu no trono de Argos a seu pai. Segundo uma tradição, certamente muito antiga, relatada por Pausânias e Diodoro, foi durante seu reinado e não sob o de seu avô Preto (v.) que as Prétidas (v.) foram enlouquecidas pela deusa Hera ou conforme uma variante mais tardia, por Dioniso e curadas por Melampo (v.). Como recompensa, Anaxágoras dividiu o reino de Argos em três: ficou com um e deu os outros para Melampo e para o irmão deste, Bias. Seus filhos e descendentes, os anaxagóridas, mantiveram a Argólida dividida até que um filho de Estênelo (v.), Cilárabes, reunificou todo o reino de Argos. É que o último rei da estirpe de Melampo, Anfíloco, se exilou, quando do retorno da Guerra de Troia e o derradeiro da descendência de Bias, Cianipo, morreu sem deixar sucessor. Aliás, o próprio Cilárabes, tendo falecido sem filhos, o reino de Argos e o de Esparta passaram para as mãos de Orestes, filho caçula de Agamêmnon.

ANAXÁRETE.

Ἀναξαρέτη (Anaksarété), *Anaxárete*, talvez seja um composto de ἄναξ (ánaks), "senhor, mestre, príncipe", e de ἀρετή (areté), "mérito, coragem, excelência", donde Anaxárete seria "a detentora da bravura, a senhora de coragem".

Era filha de família nobre, pois descendia de Teucro, o fundador de Salamina de Chipre. Apaixonado pela jovem cipriota, o jovem Ífis acabou por enforcar-se junto à entrada da casa de sua bem-amada, dado o desprezo que esta lhe devotava. Em vez de recolher-se, Anaxárete, levada pela curiosidade e indiferença, contemplou friamente o grande cortejo fúnebre que se formara para sepultamento de Ífis, cujo destino trágico era lamentado em altas vozes por toda a cidade. Colérica e furiosa com a insensibilidade de Anaxárete, Afrodite transformou-a em estátua de pedra, mantendo-lhe o gesto de pentear o cabelo, enquanto, sob sua janela, passava o féretro de quem se matara por aquela que lhe menosprezara o amor e humilhara seus sentimentos mais puros, mesmo após a morte.

Esta estátua, que fora colocada num templo de Salamina de Chipre, recebeu dos romanos, já na época da decadência, o epípeto de *Venus Prospiciens*, isto é, "Vênus que olha para a frente".

ANCURO.

Ἄγχουρος (Ánkhūros), *Ancuro*. Trata-se, segundo parece, de um empréstimo ao frígio. Carnoy, *DEMG*, p. 20, pergunta se ἄγχουρος (ánkhūros) não poderia ser interpretado como "o que está perto do fosso ou da vala", uma vez que o elemento οὐρός (ūrós) e não οὖρον (ûron), como diz o filólogo belga, significa "canal, abertura". A etimologia em pauta parece ter sido forjada para atender ao mito e não à ciência.

Filho de Midas, rei da Frígia, Ancuro morreu voluntariamente para salvar sua cidade natal. É que, perto da capital da Frígia, surgira repentinamente um imenso sorvedouro, que avançava diariamente, ameaçando tragar a cidade. Ancuro consultou o oráculo e este respondeu que, para extinguir o abismo, era necessário jogar dentro dele o que houvesse de mais precioso na Frígia. Ouro, prata, joias foram engolidos pelo precipício sem nenhum resultado. Compreendeu então Ancuro que "a coisa mais preciosa" era ele próprio e lançou-se no báratro, que, de imediato, se fechou.

ÂNDROCLO.

Ἄνδροκλος (Ándroklos), *Ândroclo*, é um composto de ἀνήρ, ἀνδρός (anḗr, andrós), "homem viril, corajoso, herói" e κλέος (kléos), "boato, reputação, renome, glória", donde Ândroclo é "o varão glorioso".

Filho de Codro, rei de Atenas, Ândroclo foi um bravo. Condutor dos colonos jônios para a Ásia Menor, expulsou de Éfeso, cidade por ele fundada, os lélegos e os cários, tendo conquistado, em seguida, a Ilha de Samos. A respeito da fundação de Éfeso, conta-se que um oráculo havia anunciado aos colonos jônios que o local, onde deveria ser construída a cidade, lhes seria designado por um peixe e um javali. Ora, quando certa vez os jônios coziam um grande peixe, este saltou do braseiro, arrastando consigo um tição aceso, que acabou por incediar um bosque vizinho. De lá saiu correndo um javali e Ândroclo concluiu ser aquele o local apontado pelo oráculo para a fundação de Éfeso.

ANDROGEU *(I, 61-62; III, 159).*

Ἀνδρόγεως (Andrógueōs), *Androgeu*, deve ser um composto de ἀνήρ, ἀνδρός (anḗr, andrós), "homem viril, corajoso, herói" γῆ (guê), "terra, país", sob a forma jônico-ática -γεω- (-gueō-), tendo havido na língua grega hesitação nos compostos entre -γεω- (-gueō-), -γεο- (-gueō-), -γειο- (-gueiō-) e -γαιο- (-gaiō-), *DELG*, p. 219, significando o antropônimo "o que pertence a um país de homens fortes", *DEMG*, p. 20.

Androgeu é um dos filhos de Minos e Pasífae. Excelente atleta, compareceu aos jogos solenes que Egeu organizou em Atenas, e venceu todas as provas. Enciumado com os triunfos do campeão cretense, o rei enviou-o para combater o touro de Maratona, onde pereceu. Uma variante atribui a morte do herói a uma emboscada de seus competidores, quando, após suas retumbantes vitórias em Atenas, resolveu participar dos jogos de Tebas. Seja como for, quando Minos, que no momento participava de um sacrifício na Ilha de Paros, foi posto a par da morte do filho, ficou desesperado. Não interrompeu o holocausto, que era oferecido às Cárites, mas, para manifestar sua dor e revolta, arrancou a coroa de flores que lhe cobria a cabeça e ordenou que os flautistas interrompessem a música ritual, como era de praxe em tais cerimônias. Tal atitude explica o rito especial de Paros que excluía dos sacrifícios oferecidos às Cárites as flores e a música. Terminada a festa, Minos navegou contra o reino de Egeu. No caminho apossou-se de Mégara, que, situada no Golfo de Salamina, era o trampolim estratégico para invadir a Ática. Diga-se, de passagem, que a queda de Mégara foi facilitada pela traição da jovem Cila (v.) a seu próprio pai e rei da cidade, Niso. Partindo da Ilha de Salamina, o senhor de Creta marchou contra Atenas. Como a luta se prolongasse além do esperado e uma peste (pedido de Minos a seu pai Zeus) assolasse Atenas, Egeu mandou consultar o Oráculo de Delfos. A Pítia respondeu que a peste cessaria, desde que o soberano ateniense concedesse a Minos o que ele exigisse. Tomando conhecimento da mensagem de Apolo, o rei de Creta concordou em retirar-se, desde que, de sete em sete anos, lhe fossem enviados sete rapazes e sete moças que seriam lançados no Labirinto, para servirem de pasto ao Minotauro. Uma tradição, certamente bem tardia, afirma que Androgeu foi ressuscitado por Asclépio (v.), fato que talvez se deva a uma confusão com Glauco. Androgeu foi pai de Alceu e Estênelo, que se estabeleceram na Ilha de Paros.

ANDRÓGINO *(II, 75, 205; III, 33-41, 53, 55).*

Andrógino em grego é um adjetivo, cuja forma masculina e feminina é ἀνδρόγυνος (andróguynos), palavra composta de ἀνήρ (anḗr), ἀνδρός (andrós), *aquele que fecunda, o macho, o homem viril* e γυνή (guynḗ), γυναικός (guynaikós), *mulher, fêmea*, donde *andrógino* é o comum aos dois sexos, o que participa de ambos (v. *Rebis* e *Hermafrodito*).

Platão, no *Banquete*, 189e, 193d, pelos lábios do criativo e imaginoso poeta cômico Aristófanes, faz ampla dissertação acerca do ἀνδρόγυνος (andróguynos). Consoante o filósofo ateniense, "outrora nossa natureza era diferente da que vemos hoje. De início, havia três sexos humanos, e não apenas dois, como no presente, o masculino e o feminino, mas a estes acrescentava-se um terceiro, composto dos dois anteriores, e que desapareceu, ficando-lhe tão somente o nome. O *andrógino* era um gênero distinto, que, pela forma e pelo nome, participava dos dois outros, simultaneamente do masculino e do feminino, mas hoje lhe resta apenas o nome, um epíteto insultuoso" (*Banquete*, 189e). Este ser especial formava uma só peça, com dorso e flancos circulares: possuía quatro mãos e quatro pernas; duas faces idênticas sobre um pescoço redondo; uma só cabeça para estas duas faces coladas opostamente; era dotado de quatro orelhas, de dois órgãos dos dois sexos e o restante na mesma proporção. Para Platão, os três sexos se justificam pelo fato de o masculino proceder de *Hélio* (Sol); o feminino de *Geia* (Terra) e o que provém dos dois origina-se de *Selene* (Lua), "a qual participa de ambos". Esses seres, esféricos em sua forma e em sua movimentação, tornaram-se robustos e audaciosos, chegando até mesmo a ameaçar os deuses, com sua tentativa de escalar o Olimpo. Face ao perigo iminente, Zeus resolveu cortar o *andrógino* em duas partes, encarregando seu filho Apolo de curar as feridas e virar o rosto e o pescoço dos operados para o lado em que a separação havia sido feita, para que o homem, contemplando a marca do corte, o *umbigo*, se tornasse mais humilde, e, em consequência, menos perigoso. Desse modo, o senhor dos imortais não só enfraqueceu o ser humano, fazendo-o caminhar sobre duas pernas apenas, mas também fê-lo *carente*, porque cada uma das metades pôs-se a buscar a outra contrária, numa ânsia e num desejo insopitáveis de se "re-unir" para sempre. Eis aí, consoante Platão, a origem do amor, que as criaturas sentem umas pelas outras: o amor tenta recompor a natureza primitiva, fazendo de dois um só, e, desse modo, restaurar a antiga perfeição. É conveniente, porém, acrescentar que não havia tão somente o *andrógino*, mas também duas outras fusões, igualmente separadas por Zeus, a saber, de "mulher" com "mulher" e de "homem" com "homem", o que explica, no discurso de Aristófanes, o homossexualismo masculino e feminino. *Andrógino* para Platão é, pois, a dicotomia do homem primordial, que possuía os dois sexos, em grego ἀρσενόθηλυς (arsenóthēlys), adjetivo composto de ἄρσην, -ην, -εν (ársēn, -ēn, -ēn), masculino, macho e de θῆλυς, εια, ν (thēlys, -eia, -y), *feminino, fêmea*. Se o *arsenóthēlys* existe virtualmente em cada ser humano, a perfeição espiritual consiste em reencontrar cada um sua própria androginia. Esta, cosmicamente, é o momento grandioso de um processo de totalização. O filósofo da Academia, no *Banquete* (189e-193d), como se mostrou, descreve o homem primitivo como um ser bissexuado, mas de forma esférica, de que se pode deduzir um sentido profundamente simbólico: a σφαῖρα (sphaîra), a *esfera*, traduz a perfeição e a totalidade.

Na especulação metafísica platônica, como deixa claro Mircea Eliade, *Méphistophélès et Androgyne*, Paris, Gallimard, 1968, p. 14sqq., obra que estamos seguindo de perto, tanto quanto na teologia de Fílon de Alexandrina (séc. I p.C.), nos teósofos neoplatônicos, neopitagóricos, nos herméticos e nos gnósticos, a perfeição humana é representada como uma unidade total, o que provoca uma reflexão acerca da perfeição divina, do Todo-Um. No "Discurso Perfeito" (*Corpus Hermeticum*, 2, 20, 21) Hermes Trismegisto (v.) revela a Asclépio (v.) que "Deus não tem nome, ou melhor, ele os possui todos, uma vez que é simultaneamente Um e Tudo. Completo, mercê da fecundidade dos dois sexos, engendra tudo quanto intenta procriar". E Trismegisto acrescenta que não somente "Deus é detentor dos dois sexos, mas igualmente os possuem os animais e os vegetais". A conclusão é clara: o *Ser* consiste na soma de uma unidade-totalidade. O que *é*, por excelência, deve ser total, comportando a *coincidentia oppositorum* (a simultaneidade dos opostos) em todos os níveis. Tal fato é detectado não apenas na bissexualidade dos deuses, nos ritos de androginia simbólica, mas igualmente nas cosmogonias que explicam a criação do mundo a partir de um Ovo cosmogônico ou de uma totalidade primordial em forma de esfera. Alguns exemplos esclarecerão melhor esse fenômeno religioso. Nas teogonias helênicas antigas os seres primordiais, mais especificamente os *neutros* e os *femininos*, procriavam sozinhos. Semelhante partenogênese pressupõe a androginia. Segundo Hesíodo, *Teogonia* (v.), 123sqq., de τὸ Χάος (tò kháos), do Caos (v.), que é neutro, nasceram τὸ Ἔρεβος (tò Érebos), o Érebo (v.), as trevas do mundo subterrâneo, também neutro, e ἡ Νύξ (he Nýks), Nix (v.), a Noite, que é feminino. Ἡ Γαῖα (He Gaîa), Geia (v.), feminino, gerou, sem concurso de macho, a ὁ Οὐρανός (ho Uranós), Urano (v.), o céu estrelado, masculino. Trata-se, segundo se pode observar, de fórmulas míticas da totalidade primordial, congregando duplas opostas, trevas e luz, macho e fêmea. Além do mais, como expressão exemplar do poder criador, a bissexualidade confere ainda prestígio a certas divindades. Hera (v.) deu à luz a Hefesto e, de acordo com uma variante, também a Tifão (v.). Aliás, a deusa Hera, protetora inconteste do casamento, aparece em mitos arcaicos como andrógina. Em Labranda, na Cária, cultuava-se um Zeus (v.) barbudo com seis mamas dispostas em triângulo sobre o peito, consoante Marie Delcourt, *Hermaphrodite et rites de la bisexualité dans l'antiquité classique*. Paris, "Les Belles Lettres", 1958, p. 29. Héracles (v.), o forte, trocou de indumentária com a rainha Ônfale (v.) e nos Mistérios de *Hercules Victor*, Hércules, O Vencedor, na Itália, o herói-deus e seus iniciados travestiam-se de mulher. Esse rito, ainda segundo a autora supracitada, visava promover a saúde, a juventude, o vigor, a longevidade, e acrescentaríamos: a individuação, a harmonia interior. Na Ilha de Chipre venerava-se uma Afrodite (v.) barbuda, com o epíteto de Afrodito. Na Itália, após a invasão dos gauleses, cultuava-se *Venus Calua*, uma Vênus Calva. Dioniso, o andrógino por excelência, provoca tal estupefação no *Frag. 61* de Ésquilo, que chega mesmo a ser interpelado:

Donde vens, homem-mulher, qual a tua pátria? Que indumentária é esta?

Imaginado e representado primitivamente como um deus robusto e barbudo, mercê de sua dupla natureza, só à época helenística, meados do século IV a.C., é que os artistas começaram a esculpi-lo como efeminado. Conforme acentua M. Delcourt, despojaram-no de atavios e trajes, que lhe simbolizavam a bissexualidade e o vigor, tais como o véu amarelo, o cinto e a mitra de ouro. Despiram-no, em seguida, por completo, não a ponto de lhe suprimirem a virilidade, mas de representaremna muito pouco eficiente. Ovídio, nas *Metamorfoses*, 4, 20, empresta-lhe um "aspecto de virgem" e Sêneca, num Coro de seu *Édipo*, em que o deus é invocado a conselho de Tirésias, emprega três vezes o adjetivo *mollis*, delicado, efeminado: *mollia...bracchia* (v.

404), "braços delicados"; *mollem... frontem* (v. 414), "fronte amaricada"; *molles cultus* (v. 422), "indumentária efeminada", não faltando para etiquetá-lo *uirgineum caput*, "aspecto virginal". No que diz respeito a Hermafrodito (v.), é conveniente ressaltar que este deus secundário é recente e só se projetou a partir do séc. IV a.C. Omitindo outros deuses gregos e orientais bissexuados, acrescentemos, de passagem, que a maior parte das divindades da vegetação e da fertilidade é andrógina, tais como Dioniso, Cibele, Átis, Adônis. *Siue deus sis, siue dea*, "quer sejas deus ou deusa", era a súplica mais comum dos romanos às suas divindades campestres, e a fórmula ritual *siue mas siue femina*, "quer seja macho ou fêmea", era muito frequente nas invocações. Em certas culturas, como entre os Estônios, as divindades agrícolas alternavam seu sexo periodicamente: eram machos num ano e fêmeas no outro. Do exposto se infere que, se são andróginos preferencialmente o neutro e o feminino, além, claro está, do masculino, o fato se explica pela concepção primitiva, segundo a qual não se pode ser excelente em algo sem se tornar ao mesmo tempo o oposto. Zervan, o deus iraniano do tempo ilimitado, andrógino, deu à luz os gêmeos antagônicos Ohrmazd e Ahriman, O Bem e O Mal. Na mitologia escandinava, grandes deuses conservam traços muito acentuados de androginia: Odin, Loki, Nerthus, Tuisto ou Tuisco, passando este último por ter sido o primeiro homem da mitologia germânica e cujo nome se explicaria pelo antigo norueguês *tvistr* (bipartido), védico *dvis* e latim *bis* (duas vezes). Entre os semitas a deusa Tanit era chamada "a filha de Baal", e Astarté, "o nome de Baal", o que elucida serem muitas divindades qualificadas com o nome de *pai* e *mãe*. Acreditava-se que de sua própria substância, sem qualquer intervenção, nasciam os mundos, os seres e os homens. É que a androginia patenteia a *autogenia* e a *monogenia*, isto é, o fato de a divindade gerar-se e gerar sem concurso de um parceiro do sexo oposto. Semelhante poder traduz a ideia de que a deusa ou o deus basta a si mesmo plenamente. No que tange à cronologia, opinam alguns que a androginia divina só é claramente atestada a partir das culturas megalíticas (3500-1500 a.C.). Tal hipótese não exclui a possibilidade de a mesma ter sido necessariamente desconhecida em épocas bem mais afastadas. É importante acrescentar outrossim que para as culturas primitivas a "totalidade" não se reduzia à junção de dois seres, mas a qualquer par de opostos: Céu-Terra, masculino-feminino, luz-trevas e, em linguagem junguiana, *animus-anima*. Todos os mitos concernentes à androginia divina e à do homem primordial, do ancestral mítico da humanidade, estampam modelos arquetípicos para o comportamento humano. Desse modo, a androginia passa a ser simbolicamente reatualizada pelos ritos. Em muitas culturas antigas, por isso mesmo, a iniciação da puberdade implicava a androginização prévia do neófito. Em certas tribos australianas praticavam-se a subincisão e a circuncisão dos iniciados com o fito de transformar ritual e simbolicamente o jovem e a jovem em andróginos, emprestando-se àquele um órgão genital feminino e a esta um pênis. Ora, se entre os australianos como em outras culturas os não iniciados eram tidos como assexuados e o acesso à sexualidade era uma das consequências da iniciação, poder-se-ia talvez concluir que ninguém poderia tornar-se macho ou fêmea sexualmente adulto, sem passar pela androginia. É possível até mesmo que as práticas homossexuais atestadas nas iniciações de culturas diversas se expliquem pelo acúmulo dos dois sexos pelos neófitos durante o período iniciático. É claro que a bissexualidade iniciática nem sempre dependia de uma "operação" como entre os australianos. Poderia ser sugerida, como já se mostrou e se há de ver mais profundamente, pelo *travestismo*. De qualquer forma, não se pode atingir a androginia sem μετάνοια (metánoia), sem "conversão", sem uma transformação profunda. É bem verdade que, já à época de Platão, o *andrógino* converteu-se num "epíteto insultuoso" (*Banquete*, 189e), mas isto se passava na teoria, porque, na prática, as cerimônias de travestismo continuavam a atestar a *coniunctio oppositorum*, a conjunção dos opostos, que provocava a *coincidentia oppositorum*, a identidade desses mesmos opostos. Basta, aliás, um exame superficial na evolução da *arte* na Hélade (projeção de seus vários momentos culturais), para se observar como de "feminina" ela passou a ser "andrógina", antes e depois de Platão. Com efeito, no Neolítico II, mais ou menos entre 3000-2600 a.C., a divindade soberana que imperava nas terras da futura Hélade era a *Terra-Mãe*, a *Grande Mãe*, cujas *estatuetas* representam deusas de formas volumosas e esteatopígicas. A função dessas divindades, hipóstases da Terra-Mãe, era fertilizar o solo e tornar fecundos os rebanhos e os homens. Na virada do Neolítico II para o Bronze Antigo ou Heládico Antigo, entre 2600-1950 a.C., chegam à Hélade os anatólios, mas sua divindade tutelar continua a ser a Grande Mãe, dispensadora, como sempre, da fertilidade e da fecundidade. As estatuetas, que a retratavam, igualmente com formas opulentas e esteatopígicas, adotam, por vezes, nas Ilhas Cíclades, uma configuração estilizada de violino, segundo se mencionou em *Mitologia Grega*, Vol. I, p. 43sqq. A partir da civilização cretense, que se estende, *lato sensu*, de 2800-1450 a.C., sendo ela uma civilização de cunho matrilinear, só poderia ter como divindade uma *Grande Mãe*, simbolizada, como é sabido, pela *deusa das serpentes*. Via de regra, essa deusa se apresenta com os braços abertos, seios nus e proeminentes, flancos largos, esteatopígica, com uma indumentária longa, normalmente em forma de sino. Tais ícones são desprovidos de qualquer particularidade ou atrativo sexual. Quando o sexo (feminino) é assinalado, ele se mostra com uma tal brutalidade, que dá a impressão de caricatural. Tudo nessas primeiras "obras de arte" é convencional: traduzem a fecundidade. Os primeiros artistas do mundo mediterrâneo pré-helênico buscam "significar", daí serem expressionistas, como bem os caracteriza Marie Delcourt, Hermaphrodite et rites..., p. 84. A *arte grega*, no entanto, desde seu período arcaico, fins do século VII a.C., caminha em outra direção: busca estruturar o corpo humano numa unidade masculino-feminina, com predominância do masculino, mercê da mudança social da linha matrilinear para a patrilinear. Alguns críticos, diz M. Delcourt, Hermaphrodite et rites..., p. 84sq., chegam mesmo a afirmar que os escultores estudaram somente a anatomia viril: "os autores das Κόραι (Kórai), *as jovens*, colocaram cabeças femininas sobre corpos masculinos vestidos"; as deusas do Partenón em nada se distinguem essencialmente dos deuses... Charles Picard, citado por Delcourt, vai um pouco mais longe: os escultores clássicos tudo fizeram para fundir o feminino no masculino. Os Κοῦροι (Kûroi), *os jovens*, por exemplo, possuem nádegas salientes e tórax bem-assinalado; as Κόραι (Kórai), *as jovens*, têm quadris estreitos, seios pequenos e bem-afastados um do outro. Os olhos são de tal maneira parecidos, que diante de um corpo sem a cabeça os melhores observadores ficariam na dúvida se a estátua era de homem ou de mulher. A partir do século IV a.C. a anatomia tornou-se feminina: sobre corpos extremamente efeminados se colocaram cabeças masculinas. As estátuas mutiladas da época de Escopas deixam muitas vezes o especialista hesitante sobre o sexo que o artista quis imprimir em sua obra. Os modernos têm-se deixado enganar com frequência: restauram um efebo como se fora uma Κόρη (Kórē), *uma jovem*, e nas pinturas sobre vasos colocam barba em figuras femininas... Em síntese, os artistas gregos, desde o período arcaico até o período da decadência, isto é, do século VII a.C. ao II p.C. tiveram por ideal um tipo humano (sobretudo quando se trata de efebos e de *kórai*) muito pouco demarcado pelo dimorfismo sexual. É como se o andrógino estivesse brincando de esconder em seu inconsciente!

ANDRÔMACA *(I, 100, 127; III, 38, 67, 300).*

Ἀνδρομάχη (Andromákhē), *Andrômaca*, é um composto de ἀνήρ, ἀνδρός (anḗr, andrós), "homem viril, corajoso, herói", e de μάχη (mákhē), "combate, luta," isto é, Andrômaca é "a que luta contra os homens ou como se fora um homem". Esta interpretação etimológica foi certamente favorecida pela tradição que nos apresenta a terna esposa de Heitor como uma mulher alta, morena, de singular personalidade, talvez um tipo meio dominador.

Era filha de Eécion, rei de Tebas na Mísia, que foi destruída por Aquiles no decurso do nono ano da Guerra de Troia. O filho de Tétis nessa verdadeira operação de pilhagem matou o pai e os sete irmãos da heroína. Esposa de Heitor (v.), o autêntico herói da *Ilíada*, Andrômaca é retratada por Homero como o símbolo do amor conjugal, da esposa terna e da mãe dedicada. A célebre despedida (*Il.* 407-502) entre o baluarte de Troia e a filha de Eécion mostra toda a dedicação, carinho, afeto e amor de Andrômaca pelo esposo querido que *ela sabe* não mais regressaria vivo a Ílion, ele que a um só tempo representava para ela "o pai, a mãe veneranda, o irmão, o esposo adorado e o único sustentáculo". Vale a pena repetir-lhe uma pontinha do longo suspiro e desespero pela previsão da morte próxima do marido:

– Quanto a mim, seria preferível, se tenho de perder-te, que se abrisse a terra para tragar-me. Nenhuma esperança, dores somente me restarão, quando se cumprir teu destino.

(*Il. VI, 410-413*).

O casal teve um filho único, Astíanax. Após a morte do herói e a queda de Troia, o filho de Aquiles, Neoptólemo, matou covardemente o menino e fez de Andrômaca uma de suas presas de guerra, levando-a para o Epiro, onde reinava. Com ela foi pai de três filhos: Molosso, Píelo e Pérgamo. Assassinado em Delfos, aonde fora consultar o oráculo, Neoptólemo legou, embora agonizante, o trono e Andrômaca ao irmão de Heitor, Heleno, que também havia sido conduzido para o Epiro. Virgílio, na *Eneida*, 3, 294-462, muitos séculos decorridos, nos proporciona um encontro emocionante com Heleno e Andrômaca, que reinavam tranquilamente numa região da Hélade! A esposa de Heitor, todavia, relata Eneias, continuava a cultuar a memória do marido inesquecível e para tanto lhe erguera um cenotáfio:

Progredior portu classis et litora linquens,
solemnis cum forte dapes et tristia dona
ante urbem in luco falsi Simoentis ad undam
libabat cineri Andromache manisque uocabat
Hectoreum ad tumulum, uiridi quem caespite inanem
et geminas, causam lacrimis, sacrauerat aras.
   (*En. 300-305*).

– Deixando as naus e a praia, avancei além do porto.
Num bosque, à entrada da cidade, junto às águas
   de um falso Símois,
Andrômaca, por acaso, oferecia um sacrifício e
   dons fúnebres
às cinzas de Heitor, evocando-lhe os manes diante
   de um cenotáfio
coberto de verde relva. Consagrara-lhe dois altares,
   que lhe recordavam a dor.

Com a morte de Heleno, Andrômaca seguiu seu filho Pérgamo até a Mísia, onde este fundara a cidade que recebeu seu nome.

ANDRÔMEDA *(III; 83, 87-88, 90, 172).*

Ἀνδρομέδη (Andromédē), *Andrômeda*, é um composto de ἀνήρ, ἀνδρός (anḗr, andrós), "homem viril, corajoso, herói", e do verbo μέδειν (médein), "cuidar de, comandar, reinar sobre", donde o antropônimo significaria "a que cuida ou reina sobre os homens", *DEMG*, p. 21.

Filha de Cefeu, rei da Etiópia, e de Cassiopeia, Andrômeda foi vítima da *hýbris*, do descomedimento de sua mãe. E que Cassiopeia pretendia ser mais bela que todas as nereidas ou que a própria deusa Hera, segundo outras versões. Estas, inconformadas e sobretudo enciumadas com a presunção da rainha, solicitaram a Posídon que as vingasse de tão grave afronta. O deus do mar enviou contra o reino de Cefeu um monstro marinho que o devastava por inteiro. Consultado o Oráculo de Amon, o deus declarou que a Etiópia só se libertaria do flagelo se Andrômeda fosse agrilhoada a um rochedo, à beira-mar, como vítima expiatória ao monstro, que a devoraria. Pressionado pelo povo, o rei consentiu em que a filha fosse exposta, como Psiqué, "às núpcias da morte". Foi exatamente nestas tristes circunstâncias que Perseu, retornando de sua vitoriosa missão contra Medusa, chegou ao reino de Cefeu. Como acontecera, em outras circunstâncias, a Eros em relação a Psiqué, o herói argivo se apaixonou por Andrômeda e prometeu ao rei que a salvaria, caso este lhe desse a filha em casamento. Concluído o pacto, Perseu, usando suas armas mágicas, libertou a noiva e a devolveu aos pais, aguardando as prometidas núpcias. Estas, porém, ofereciam certas dificuldades, porque a jovem já havia sido prometida em casamento a seu tio Fineu, irmão de Cefeu, que planejou eliminar o vencedor do monstro marinho. Descoberta a conspiração, Perseu mostrou a cabeça de Medusa a Fineu e a seus cúmplices, transformando-os em estátuas de pedra. Há uma variante que mostra o herói em luta não contra Fineu, mas contra Agenor, irmão gêmeo de Belo. É que Agenor, instigado por Cefeu e Cassiopeia, que se haviam arrependido da promessa de dar a filha em casamento ao herói argivo, avançou contra este com duzentos homens em armas. Após matar vários inimigos, já cansado de lutar, Perseu petrificou os demais com a cabeça de Medusa, inclusive o casal real. Partindo da Etiópia com sua noiva, o vencedor das Górgonas foi finalmente para Tirinto, seu novo reino. Com Andrômeda teve vários filhos e uma filha, conforme se expôs em *Mitologia Grega*, Vol. III, p. 88.

O mitógrafo Cônon (séc. I a.C.) deixou do mito uma interpretação francamente evemerista. Cefeu não seria rei da Etiópia, mas de Iope, nome antigo da Fenícia. O rei era pai de uma jovem muito bela, chamada Andrômeda, cortejada por Fênix, epônimo da Fenícia, e pelo tio Fineu. Após muitas tergiversações, o soberano de Iope decidiu dá-la em casamento a Fênix, mas, não querendo desagradar ao irmão, simulou um rapto de Andrômeda. Este se consumaria numa ilhota, onde a jovem costumava sacrificar a Afrodite. Em sua célebre e rápida nau *Baleia*, Fênix raptou a noiva, que ignorando tratar-se apenas de uma encenação destinada a enganar o tio, também pretendente, gritou por socorro. Perseu, que por ali passava de regresso à Hélade, ao ver a jovem, apaixonou-se de pronto por ela. Penetrou na *Baleia*, petrificou os marinheiros e levou consigo Andrômeda, que se tornou rainha de Tirinto.

ANFIARAU *(III, 28, 44, 46, 48-50, 61, 66, 166, 178).*

Ἀνφιάραος (Amphiáraos), Anfiarau, é, possivelmente, um composto de ἀμφί (amphí), "em torno de, de um lado e do outro, por todos os lados" e de ἀρά (ará), "prece com que se imploram os deuses", donde Anfiarau seria "o grande suplicante". Para Carnoy, *DEMG*, p. 19, Anfiarau significa aquele que, como adivinho, se consagrou às fórmulas mágicas.

Anfiarau era filho de Ecles e Hipermnestra. A par de adivinho famoso, inspirado por Zeus e Apolo, era um guerreiro destemido, mas honesto e moderado, predicados próprios de um detentor da *manteia*. Logo no início de seu reinado em Argos, viu-se coagido a lutar e matar o prepotente Tálaos, pai de Adrasto, que foi banido do reino. Reconciliaram-se mais tarde, agindo Anfiarau com sinceridade, mas o filho de Tálaos aguardava pacientemente o momento da desforra. Para selar a amizade, Adrasto fez que sua irmã Erifila se casasse com o antigo adversário. Dessa união nasceram Alcméon e Anfíloco (v. Epígonos). As núpcias da paz estabeleciam, no entanto, como cláusula, a mediação de Erifila, caso houvesse novas disputas ou desentendimentos entre os cunhados. Como Adrasto havia prometido ajudar Polinice na luta contra Etéocles pelo trono de Tebas, pediu a Anfiarau que participasse da expedição dos *Sete contra Tebas* (v.). Prevendo, graças a seus dons divinatórios, o desastre da empresa, procurou dissuadir o cunhado de participarem ambos da mesma. Polinice, posto a par dos fatos, subornou Erifila, presenteando-a com o colar de Harmonia, valendo-se para tanto do antigo compromisso de mediadora da irmã de Adrasto, caso surgisse algum dia controvérsia entre este e o marido. Erifila pronunciou-se a favor da guerra e, embora contra a vontade, Anfiarau se dispôs a participar da mesma. Sabendo, todavia, que iria perecer na campanha, fez os dois filhos jurar que matariam a própria mãe e participariam de uma segunda expedição contra a capital da Beócia. Logo na saída, quando se encaminhavam para Tebas, aconteceu algo de mau augúrio. Ao atingirem Nemeia, como estivessem sedentos, os heróis pediram a Hipsípila (v.) que lhes indicasse uma fonte. A jovem, que, no momento, tinha nos braços a Ofeltes, filho de Licurgo (v.), deixou por instantes a criança no chão contra a proibição de um oráculo que ordenara que o menino só deveria ter contato com a terra quando fosse capaz de caminhar sozinho. Para indicar com precisão o local onde os Sete Chefes poderiam dessedentar-se, depôs o filho de Licurgo bem junto à fonte. De imediato, uma serpente, que a guardava, enroscou-se no futuro rei de Nemeia e o sufocou. Anfiarau viu no prodígio sinais claros de que a marcha contra Etéocles fracassaria com a morte dos heróis. Após celebrarem *jogos fúnebres* em memória de Ofeltes, jogos estes que se denominaram posteriormente *Nemeus*, e obterem junto a Licurgo o perdão para Hipsípila, os Sete avançaram em direção a Tebas. O combate se travou diante das sete portas da cidade. Anfiarau se notabilizou por sua coragem e destemor. Como Tideu houvesse sido ferido no ventre por Melanipo, Anfiarau vingou o amigo e aliado: matou a Melanipo, cortou-lhe a cabeça e ofereceu-a a Tideu. Este a abriu e, cheio de ódio, devorou-lhe os miolos. Atená, que pretendia imortalizar Tideu, desistiu da ideia, horrorizada com este gesto de canibalismo. Derrotados pelos chefes tebanos, cinco dos Sete pereceram às portas da cidade de Édipo. Adrasto conseguiu salvar-se. Anfiarau fugiu e, no momento em que estava para ser alcançado por Teoclímeno, junto ao Rio Ismeno, Zeus abriu a terra com seus raios e o herói-adivinho mergulhou vivo no seio da Grande Mãe. O pai dos deuses e dos homens concedera-lhe a imortalidade. Numa caverna profunda de Oropo, na fronteira da Ática, Anfiarau continuou a profetizar em nome de Zeus e de Apolo.

ANFÍCTION *(III, 156).*

Ἀμφιπτύων (Amphiktýōn), *Anfiction*, é um nome composto de ἀμφί (amphí), "de um e de outro lado, em torno de" e de κτύων (ktyōn), forma participial do verbo κτίζειν (ktídzein), "fundar, construir", uma vez que *Anfiction* é considerado como fundador da *Anfictionia* das Termópilas, isto é, de uma confederação ou associação religiosa, que se reunia periodicamente com delegados enviados de todas as cidades gregas. Donde, etimologicamente, Anfiction é o *fundador* de uma associação formada por povos vindos *de todos os lados* da Hélade.

No tocante à ἀμφί (amphí), diga-se, de passagem, remonta ao indo-europeu *ṃbhi, latim *ambi-*, albanês *mbi*, sânscrito *abhl*, "de um e de outro lado, duplo". Quanto ao verbo κτίζειν (ktídzein), as formas do presente atemático estão bem-atestadas no grego κτίμενος (ktímenos), micênico *kitimeno*, "fundado, decifrado", sânscrito *kṣéti*, "ele habita", plural *kṣyánti*.

Anfiction era filho de Deucalião e Pirra. Casou-se com a filha de Crânao, rei de Atenas, mas acabou por destroná-lo e ocupar-lhe o lugar. Foi ele quem deu à cidade o nome de Atenas e a consagrou à deusa Atená, abrindo igualmente as portas da *polis* a Dioniso. Antes de reinar sobre os atenienses, Anfiction governou Termópilas, onde fundou uma Anfictionia (a outra funcionava em Delfos). Foi pai de Itono, cujos filhos estão presentes nos mitos beócios. Uma de suas filhas é a mãe de Cércion. Após reinar dez anos na cidade de Palas Atená, foi banido, ao que parece, para a Beócia.

ANFÍLOCO *(III, 48).*

Ἀμφίλοχος (Amphílokhos), *Anfiloco*, não possui etimologia segura. Carnoy, *DEMG*, p. 19, opina que era de se esperar a forma * Ἀμφίλοξος (*Amphíloksos), **Anfiloxo*, isto é ἀμφί (amphí), "de um e de outro lado, duplo" e λοξός (loksós), "oblíquo, ambíguo", já que sobretudo "o primeiro Anfiloco" foi adivinho e as respostas oraculares eram normalmente formuladas com duplo sentido. A forma *Anfiloco* poderia ser analógica de nomes como *Arquíloco*.

Há dois heróis, tio e sobrinho, com o nome de Anfiloco. O primeiro era o filho mais jovem de Anfiarau e irmão de Alcméon. Menino ainda, quando seu pai partiu para a luta dos *Sete Chefes contra Tebas*, é bem possível que não tenha participado do assassinato de sua mãe Erifila, o que explica não ter sido perseguido pelas Erínias. Como um dos pretendentes à mão de Helena, participou da Guerra de Troia, após retornar da vitoriosa expedição dos Epígonos contra Tebas. Dotado de dons proféticos como seu pai, auxiliou o adivinho Calcas e com ele fundou vários centros oraculares nas costas da Ásia Menor. O segundo Anfíloco, sobrinho do anterior, é filho de Alcméon e de Manto, cujo pai era Tirésias, o mais famoso *mántis* da Hélade. Anfíloco, o jovem, foi o fundador de Argos da Etólia (diferente de Argos da Argólida). Também ele esteve em Troia e com o adivinho Mopso fundou na Cilícia a cidade de Malos. Desejoso de rever Argos, deixou o poder nas mãos de Mopso e partiu para a Etólia. Descontente, no entanto, com o estado de agitação em que encontrou sua cidade, retornou a Malos e tentou pacificamente dividir o poder com seu antigo colega. Diante da intransigência deste, recorreu às armas. Pereceram, todavia, ambos em combate singular.

ANFÍON ou ANFIÃO *(I, 80, 84; II, 195; III, 38, 61, 236, 236[174], 237, 240).*

Ἀνφιων (Amphíō), *Anfion ou Anfião*, como preferem alguns, é formado com base em ἀμφί (amphí), "de um e de outro lado, duplo", talvez por ser irmão gêmeo de Zeto.

De Zeus e Antíope, filha do tebano Nicteu, nasceram os gêmeos Anfíon e Zeto. Grávida e porque temia a cólera paterna, fugiu de casa e refugiou-se em Sicione, na corte do Rei Epopeu. Desesperado com o desaparecimento da filha, Nicteu, após encarregar seu irmão de vingá-lo, matou-se. Lico, seu irmão mais jovem, marchou contra Sicione, assassinou Epopeu e levou Antíope de volta a Tebas. Foi no percurso de Sicione a Tebas, em Elêuteras, que nasceram os meninos. Regente de Tebas, Lico mandou expô-los numa elevada montanha, mas os pastores locais os recolheram e criaram. Em Tebas, Antíope foi acorrentada e tratada como escrava. Certa noite, entretanto, por intervenção de Zeus, as correntes caíram-lhe das mãos e a princesa foi em busca dos filhos. Encontrou-os numa cabana, mas não a tendo reconhecido, levaram-na a Dirce, esposa de Lico, a qual lhe fora ao encalço. Um dos pastores, que havia recolhido, revelou-lhes a identidade de Antíope e os gêmeos, após libertarem a mãe, mataram a Lico e a Dirce, apossando-se do reino de Tebas. Por causa da morte de Dirce, Dioniso enlouqueceu a Antíope, que, ferida da *manía* báquica, percorreu a Grécia inteira, até que foi curada e desposada por Foco, herói epônimo da Fócida. Os gêmeos eram de temperamento oposto, como de hábito. Zeto era violento e empregava seu tempo em lutas e trabalhos pesados; Anfíon era sensível e, com a lira que recebera de Hermes, dedicou-se à música. As provocações de

Zeto a esse respeito eram constantes e o irmão, de índole pacífica, para evitar discórdia, sempre cedia. Quando reinaram em Tebas, resolveram murar a cidade. Zeto transportava enormes pedras nos ombros e Anfíon, ao som da lira, as arrastava e encaixava-as no lugar exato. Mais tarde, Anfíon se casou com Níobe (v.), filha de Tântalo, e foi morto por Apolo e Ártemis juntamente com a esposa e filhos. Outras versões asseguram que o rei de Tebas, tendo enlouquecido, tentou destruir um templo de Apolo, que o liquidou a flechadas.

ANFÍSTENES.

Ἀμφισθένης (Amphisthénēs), Anfistenes, é um composto de ἀμφί (amphí), "de um e de outro lado, duplo" e de σθένος (sthénos), "força física", sob a forma -σθενής (-sthenēs), donde Anfístenes é "o dotado de grande força física e espiritual". Filho de Ânficles e neto de Ágis, Anfístenes era um herói lacedemônio. Seu filho Irbo, por sua vez, foi pai de Astrábaco e Alópeco, que tiveram a ventura de encontrar a estátua de Ártemis Órtia, mas, por terem-na olhado fixamente, enlouqueceram. Este ícone de Ártemis, que há longo tempo estava desaparecido, foi o mesmo que Orestes (v.) trouxe da Táurida por ordem de Apolo. Era diante desta estátua sagrada que os efebos espartanos passavam pela prova de "resistência", a desumana διαμαστίγωσις (diamastígōsis), isto é, "flagelação prolongada" até o sangue escorrer, rito iniciático, em que não raro morriam em holocausto à deusa. Antiga divindade da vegetação, um de seus epítetos era κεδρεᾶτις (kedreâtis), vale dizer, "senhora do cedro". O ato bárbaro de flagelação dos efebos esparciatas é interpretado por alguns não apenas como símbolo de antigos sacrifícios humanos, mas ainda como um rito purificador e de incorporação nos jovens da substância e das energias da árvore sagrada.

ANFITRIÃO *(I, 82; III, 22, 46, 59, 62, 89-95, 111, 124).*

Ἀμφιτρύων (Amphitrýōn), Anfitrião, que é derivado por Carnoy, *DEMG*, p. 20, de τρύειν (trýein), "fatigar, esgotar, maltratar", mas o filólogo omite ἀμφί (amphí), "de um e de outro lado, em torno de", donde se poderia concluir que o antropônimo significaria "o que provoca devastação por toda a parte", o que poderia estar de acordo com a ruína causada por Anfitrião aos teléboas.

Filho de Alceu e de Astidamia, filha de Pélops, Anfitrião se casou com a prima Alcmena, filha de Eléctrion, rei de Micenas. Tendo involuntariamente assassinado seu tio e sogro, foi, segundo o costume, banido por seu tio Estênelo, rei suserano de Argos e de quem dependia Micenas, a qual, a partir de então, para gáudio do soberano, ficaria anexada a seu reino. Em companhia da esposa, o filho de Alceu refugiou-se em Tebas, onde foi purificado pelo Rei Creonte. Alcmena, porém, se recusava a consumar o matrimônio, enquanto o marido não lhe vingasse os irmãos, mortos pelos filhos de Ptérela. É que esse Ptérela, que reinava sobre os teléboas, na Ilha de Tafos, era um dos muitos descendentes de Perseu, pai de Alceu. Durante o reinado de Eléctrion, em Micenas, os filhos do rei de Tafos foram reclamar aquele reino, ao qual diziam ter direito, uma vez que ali reinara um seu bisavô, Mestor, irmão de Eléctrion. Este repeliu indignado as pretensões dos príncipes, que, por vingança, lhe roubaram os rebanhos. Desafiados pelos filhos de Eléctrion para um combate, houve grande morticínio, tendo escapado apenas dois contendores, um de cada lado. Para satisfazer à vontade de Alcmena e fazer dela sua mulher, Anfitrião, obtida a aliança dos tebanos e com contingentes provindos de várias regiões da Hélade, invadiu a Ilha de Tafos. Havia, no entanto, um oráculo segundo o qual, em vida de Ptérela, a ilha jamais poderia ser tomada. É que a vida do rei estava ligada a um fio de cabelo de ouro que Posídon lhe implantara na cabeça. Aconteceu, no entanto, que Cometo, filha de Ptérela, se apaixonara por Anfitrião e, enquanto o pai dormia, arrancou o fio de cabelo mágico, provocando-lhe assim a morte e a ruína de Tafos. Após matar Cometo e apoderar-se de rico espólio, o esposo de Alcmena apressou-se em retornar a Tebas. Pois bem, foi durante a ausência de Anfitrião que Zeus, desejando dar ao mundo um herói como jamais houvera outro e que libertasse os homens de tantos monstros, escolheu a mais bela das habitantes de Tebas para ser a mãe de criatura tão privilegiada. Sabedor, todavia, da fidelidade absoluta da princesa micênica, travestiu-se de Anfitrião, dando-lhe inclusive de presente a taça de ouro por onde bebia o Rei Ptérela. Para que nenhuma dúvida pudesse ainda, porventura, existir no espírito da "esposa", narrou-lhe longamente os incidentes da campanha. Foram setenta e duas horas de um amor ardente, porque, durante três dias, por ordem de Zeus, Apolo deixou de percorrer o céu com seu carro de chamas. Ao regressar, logo após a partida de Zeus, Anfitrião ficou surpreso com a acolhida tranquila da esposa e ela também muito se admirou de que o marido já houvesse esquecido a grande batalha de amor travada em Tebas, até a noite anterior. Mais espantado, confuso e nervoso se tornou ainda o general, quando, ao narrar-lhe os episódios da luta contra Ptérela, verificou que a esposa os conhecia muito bem e até melhor do que ele. Consultado, o adivinho Tirésias revelou a ambos o glorioso adultério físico de Alcmena e o astucioso estratagema de Zeus. Louco de raiva e de ciúmes, Anfitrião tentou queimar viva a esposa (v. Alcmena), mas o amante divino não o permitiu e o vencedor dos teléboas pôde iniciar sua lua de mel. Com tantas noites de amor com maridos diferentes, Alcmena concebeu dois filhos: um de Zeus, Héracles; outro de Anfitrião, Íficles. Relata uma variante que Anfitrião, desejoso de saber qual dos dois meninos era seu filho, introduziu-lhes no quarto duas grandes serpentes. Íficles começou logo a gritar e chorar, mas Héracles, com apenas dez meses, levantou-se do berço e as sufocou, identificando-se logo como filho de Zeus. Uma outra tradição, entretanto, atribui a introdução das serpentes à ciumenta deusa Hera, cujo objetivo era liquidar mais um filho adulterino de seu esposo. De início, Anfitrião participou ativamente da educação do seu filho adotivo, ensinando-lhe inclusive a conduzir um carro de guerra. Entregou-o depois aos cuidados de Lino, professor de música e de letras, mas o jovem herói era de natural tão violento, que, um dia, num assomo de raiva, pegou um tamborete, outros dizem que uma lira, e deu-lhe uma pancada tão violenta, que o mestre foi acordar no Hades. Para evitar que a *hýbris*, o descomedimento do herói enviasse outras vítimas para o reino de Plutão, o esposo de Alcmena o mandou para o campo, a fim de guardar-lhe os rebanhos.

Foi durante sua permanência como pastor fora de Tebas, que Héracles praticou sua primeira grande façanha, a caça e morte do terrível leão do Monte Citerão. Este animal, de porte gigantesco, estava causando grandes estragos nos rebanhos de Anfitrião e do Rei Téspio, cujas terras eram vizinhas das de Tebas.

Anfitrião pereceu heroicamente, lutando ao lado do filho contra os mínios, comandados por Ergino, rei de Orcômeno, cidade vizinha de Tebas.

ANFITRITE *(I, 155, 159, 234, 297[189], 322, 325; II, 19; III, 163).*

Ἀμφιτρίτη (Amphitrítē), *Anfitrite*, consoante Chantraine, *DELG*, p. 1.138, está relacionado com Τρίτων (Tritōn), *Tritão;* o prefixo *amphí* de Anfitrite é um arranjo da etimologia popular. Para o autor citado Tritão e Anfitrite não possuem etimologia comprovada. Carnoy, todavia, *DEMG*, p. 19sq, acha também que *Amphitrite* é da mesma raiz que *Tríton*, deus marinho, mas que remonta a τριτώ (tritố), atestado em Hesíquio e que significaria "água corrente" e ambos, *Tritão* e *Anfitrite*, estariam aparentados com o antigo irlandês *triath*, "mar". A etimologia defendida por Carnoy pode ser de cunho popular, mas, de qualquer forma, Anfitrite miticamente é "a que circula a terra".

Rainha e personificação feminina do mar, a esposa de Posídon, sendo ela própria a água, rodeia o mundo. O rei dos mares, Posídon, amava-a, há muito tempo, mas, por um excessivo pudor, Anfitrite fugia-lhe, escondendo-se nas profundezas do Oceano. Um dia, quando na Ilha de Naxos, conduzia o coro das nereidas, suas irmãs, foi vista e raptada pelos delfins. Conduzida a Posídon, este a desposou. Desde então a rainha dos mares senta-se ao lado do marido num carro divino, que rola macio pelas ondas verdes de todos os mares. O séquito do casal é formado pelas nereidas de seios nus, por Nereu, Proteu, hipocampos, ninfas, golfinhos e delfins. De sua união com o detentor do tridente nasceu, segundo algumas fontes, Tritão, o benfazejo deus marinho, metade homem, metade peixe, que sempre está disposto a serenar as vagas.

ÂNIO *(III, 298).*

Ἄνιος (Ánios), *Ânio*, é certamente a personificação do adjetivo ἄνιος (ánios), "que causa pena, sofredor", pelo fato de sua mãe grávida ter sido exposta no mar. A hipótese de Carnoy, *DEMG*, p. 21, que o faz provir de οἶνος (oînos), "vinho", dada sua descendência de Dioniso, é menos provável. Com efeito, o substantivo ἀνία (anía), que parece estar relacionado com *ánios*, significa "pena, tristeza, aflição", *DELG*, p. 91.

Ânio é filho de Apolo e de Reá, "a Romã", a qual por seu pai Estáfilo, o "Cacho de Uvas", descende de Dioniso. Tão logo Estáfilo tomou conhecimento da gravidez da filha Reá, não acreditando que o nascituro fosse filho de Apolo, mandou trancar a filha num cofre e jogá-lo ao mar. Tendo atingido as costas da Eubeia, Reá foi recolhida por pescadores e logo depois nasceu Ânio. Apolo transportou mãe e filho para a Ilha de Delos, conferindo mais tarde ao menino o poder real e divinatório. Com Doripe, Ânio foi pai de três filhas, chamadas οἰνοτροφοί (oinotrophoí), isto é, as Vinhateiras: *Elaís, Espermo* e *Eno*, cujos nomes lembram, respectivamente, óleo, trigo e vinho. Como houvessem recebido de seu ancestral Dioniso o poder de fazer surgir do solo esses três produtos indispensáveis, o pai ofereceu-lhes os serviços aos aqueus, quando estes partiram para Troia, já que, por seus dons divinatórios, ele sabia que a guerra se estenderia por dez anos. A princípio, os gregos recusaram a oferta, mas como a luta na Tróada se prolongasse além do esperado, Agamêmnon enviou Ulisses e Menelau a Delos, a fim de buscá-las. De bom grado as Vinhateiras acompanharam os embaixadores aqueus, mas, já cansadas de uma tarefa incessante, fugiram. Perseguidas pelos helenos, pediram proteção a Dioniso, que as metamorfoseou em pombas. Por isso mesmo, na Ilha de Delos, era proibido matar pombas. O mito das filhas de Ânio não figura em Homero, mas nos *Poemas Cíclicos* e tiveram seu pleno desenvolvimento na época helenística.

ANQUISES *(I, 160, 216, 220, 321-322; III, 22, 24, 46, 56-57).*

Ἀγχίσης (Ankhísēs), *Anquises*, não possui etimologia conhecida. A aproximação que Carnoy, *DEMG*, p. 20, tenta fazer com o indo-europeu **ank*, "curvar", porque Zeus aleijara o herói, e com o latim *ancus*, "de braço curvo, paralisado", não é convincente.

Filho de Cápis, que aparece na *Ilíada*, XX, 239, como ancestral de Eneias e da troiana Temiste, Anquises se teria casado com uma simples mortal, Eriópis, de quem tivera várias filhas, dentre as quais Hipodamia (v. Eneias). Um dia em que o herói pastoreava seus rebanhos sobre o Monte Ida, Afrodite o viu e desejou amá-lo. Para tanto apresentou-se a Anquises disfarçada na filha de Otreu, rei da Frígia, simulando ter sido raptada por Hermes e transportada até onde se encontrava o pastor. Mais tarde a deusa se identificou e disse que lhe daria um filho, mas proibiu-lhe terminantemente de revelar, fosse a quem fosse, que o nascituro era filho de uma deusa, sob pena de ser fulminado por Zeus. Um dia, porém, bêbado, Anquises vangloriou-se de seus amores com Afrodite, cujo fruto era Eneias. Zeus, de imediato, lançou contra o indiscreto um raio, cegando-o, segundo o frag. 344 de Sófocles, além de torná-lo coxo e paralisar-lhe um dos braços. Quando Zeus, para compensar o rapto de Ganimedes, presenteou a Trós com vários garanhões de sangue divino, Anquises fez secretamente que suas éguas fossem cobertas por eles, obtendo assim seis cavalos, dois dos quais foram oferecidos a Eneias. Após a queda de Troia, a custo Eneias retirou seu velho pai da cidade em ruínas, salvando-o do incêndio e do massacre nas mãos dos aqueus, levando-o como seu companheiro e verdadeira bússola na longa viagem em direção à Itália. O local onde morreu Anquises, que, ao sair de Troia, já contava oitenta anos de idade, varia muito segundo os autores. Para Virgílio, na *Eneida*, o herói faleceu na Sicília, e no canto quinto do poema, quando pela segunda vez Eneias chegou àquela ilha, fez celebrar jogos fúnebres em memória de seu pai, *En.* 5, 104 sqq. Outras versões apontam-lhe o túmulo ora no próprio Monte Ida, ora em Palene, na Macedônia, ou ainda na Arcádia, na Magna Grécia e até na própria Itália, aonde afinal o destino levara Eneias para erguer a nova Troia "latina". Quanto aos jogos, celebrados em honra do herói na Sicília, eles se repetiram historicamente em Roma até a época imperial com o nome de Jogos Troianos.

O grande encontro de Eneias com seu pai, *post mortem*, não foram os prodígios vistos durante as celebrações dos jogos fúnebres na Sicília, mas quando o filho de Vênus desceu aos Infernos no sexto canto da *Eneida*. Após mostrar ao filho os futuros heróis de Roma (que aguardavam nos Campos Elísios o momento de retornar a esta vida), Anquises traça para Eneias a missão suprema da futura Roma, cotejando-a com a Grécia:

Excudent alii spirantia mollius aera
(credo equidem), uiuos ducent de marmore uoltus,
Orabunt causas melius, caelique meatus
describent radio et surgentia sidera dicent:
tu regere imperio populos, Romane, memento
(hae tibi erunt artes), pacisque imponere morem,
parcere subiectis et debellare superbos.
(*En.* 6, 847-853).

– Outros, eu o creio, saberão com mais arte dar
 vida ao bronze
ou fazer surgir do mármore figuras vivas:
 pleitearão melhor as causas
e calcularão os movimentos do céu e o surgir dos
 astros.
Tu, romano, lembra-te de que nasceste para
 governar o mundo.
Estas serão tuas artes: impor a paz, poupar os
 vencidos e esmagar os soberbos.

ANTEIA *(v. ESTENEBEIA).*

ANTENOR *(I, 109; III, 296).*

Ἀντήνωρ (Antēnōr), *Antenor*, é composto de ἀντί (antí), "em face de, contra", que, desde a época micênica, aparece nos antropônimos, como, por exemplo, a forma *atano* = Ἀντήνωρ (Antēnōr), e de ἀνήρ (anēr), "homem viril, corajoso, herói", donde Antenor é "o que se opõe aos heróis".

Antenor é um ancião troiano, companheiro, amigo e conselheiro do rei de Ílion, Príamo. Antes da Guerra de Troia estava ligado por laços de amizade a vários chefes aqueus, tendo até mesmo acolhido como hóspedes a alguns deles. Antes do início das hostilidades, recebeu em sua casa a Menelau e Ulisses que foram a Troia em busca de uma solução pacífica para o rapto de Helena.

Tudo fez para que os embaixadores gregos tivessem êxito em sua missão, mas face à intransigência de Páris e à guerra inevitável, portou-se com grande moderação. Partidário das soluções pacíficas, procurou evitar o derramamento de sangue de tantos heróis e sugeriu que o conflito se resolvesse mediante um combate singular entre Páris e Menelau, embora na *Ilíada*, III, 67sqq, tal proposta tenha sido feita por Páris. Quando da tomada de Ílion, Ulisses salvou-lhe dois filhos da morte certa: Licáon, que já estava ferido, e Glauco, tendo-os colocado em local seguro.

Por ocasião do incêndio e saque da cidade, uma pele de leopardo foi pendurada à porta de entrada de sua casa como sinal de que a mesma deveria ser poupada. Com a evolução e aproveitamento do ciclo troiano na literatura, a imagem do velho Antenor foi muito transformada e denegrida. De amigo de alguns chefes gregos passou a ser tratado como traidor da pátria, que teria não só facilitado ou mesmo ajudado os aqueus no roubo do paládio (ícone de Palas Atená, que protegia Troia), mas ainda tivera a ousadia de abrir as portas do imenso cavalo de madeira, para que os gregos nele escondidos dessem início ao incêndio da cidade e massacre de seus defensores e habitantes. Uma tradição dá conta de que, com a destruição de Ílion, Antenor teria partido da Tróada e, após breve escala em portos da Trácia, atingira o norte da Itália, convertendo-se no ancestral dos vênetos que habitavam o vale inferior do Rio Pó.

ANTESTÉRIAS *(I, 230, 288, 341; II, 126, 133-138).*

Ἀνθεστήρια (Anthēstéria), *Antestérias*, é um derivado de ἄνθος (ánthos), "flor" e designa em Atenas e nas cidades jônicas festas solenes em honra de Dioniso e dos mortos, *DELG*, p. 89.

A mais antiga das comemorações em homenagem a Dioniso (v.), segundo o historiador Tucídides (460-395 a.C.), eram as Antestérias, isto é, "festas das flores", que se celebravam nos dias 11, 12 e 13 do mês Antestérion, fins de fevereiro, inícios de março. Trata-se de uma festa primaveril, em que se aguardava, portanto, a nova brotação, o rejuvenescimento da natureza.

Embora nessas festas Dioniso imperasse inteiro, havendo, por conseguinte, a quebra de todos os interditos, o Estado sempre as tolerou, uma vez que toda ruptura com tabus de ordem política, social e sexual visava não apenas à imprescindível fecundidade e à fertilidade, mas era algo que atingia tão somente o mundo da sensibilidade, sem chegar à reflexão, como na tragédia.

O primeiro dia das Antestérias denominava-se Πιθοιγία (Pithoiguía), vocábulo proveniente de *píthos*, "tonel", *eoignýnai*, "abrir": abriam-se os tonéis de terracota, em que se guardava o vinho da colheita do outono, e transportavam-nos até um Santuário de Dioniso no Lénaion, que só se abria por ocasião dessas festas da primavera. Dessacralizava-se o vinho novo, quer dizer, levantava-se o tabu que ainda pesava sobre a colheita anterior e, após uma libação a Dioniso pela boa safra, dava-se início à bebedeira sagrada. Possivelmente os escravos participavam dessa confraternização, porque uma das características fundamentais de Dioniso, "deus do povo", é sua universalidade social.

O segundo dia chamava-se Χόες (Khóes), de Χόος (Khóos), cântaro, cuja fonte é o verbo χέειν (khéein), "derramar". Era o dia consagrado ao concurso dos beberrões. Vencedor era aquele que esvaziasse o cântaro (três litros e um quarto) mais rapidamente. O prêmio era uma coroa de folhagens e um odre de vinho. Nesse mesmo dia, em que se celebravam as *Khóes*, organizava-se uma solene e ruidosa procissão para comemorar a chegada do deus à pólis. Mas, como Dioniso está ligado, já se comentou, ao elemento úmido, por ser uma divindade da vegetação, supunha-se que ele houvesse chegado a Atenas, vindo do mar. É, por esse motivo, que integrava o cortejo uma embarcação, que deslizava sobre quatro rodas de uma carroça, puxada por dois Sátiros. Na embarcação via-se o deus do êxtase, empunhando uma videira, ladeado por dois Sátiros nus, tocando flauta. Um touro, destinado ao sacrifício, acompanhava o barulhento cortejo, cujos componentes, provavelmente disfarçados em Sátiros e usando máscaras, cantavam e dançavam ao som da flauta. Quando a procissão chegava ao santuário do deus, no Lénaion, havia cerimônias várias, de que participavam a Βασίλιννα (Basílinna), isto é, a esposa do Arconte Rei e catorze damas de honra. A partir desse momento, a *Basílinna*, a rainha, herdeira da antiga rainha dos primeiros tempos da cidade, era considerada esposa de Dioniso, certamente representado por um sacerdote com máscara. Subia para junto dele na embarcação e novo cortejo, agora de caráter nupcial, conduzia o casal para o Βουκολεῖον (Būkoleîon), etimologicamente, "estábulo de bois", mas, na realidade, uma antiga residência real na parte baixa da cidade. Ali se consumava o *hieròs gámos*, o casamento sagrado entre o "deus" e a rainha, conforme atesta Aristóteles, *Constituição de Atenas*, L3, c5. Observe-se que o local escolhido,

o *Bucolíon*, atesta que a hierofania taurina de Dioniso era ainda um fato comum. De outro lado, sendo a união consumada na residência real e apresentando-se Dioniso como rei, o deus estava exatamente exercendo a função sagrada da fecundação. Essa hierogamia era, na realidade, o símbolo do casamento, da união do deus com a pólis inteira, com todas as consequências que daí poderiam advir.

O terceiro dia intitulava-se Χύτροι (Khýtroi), "vasos de terracota, marmitas", cuja fonte é ainda o verbo χέειν (khéein), "derramar".

Os *khýtroi* são consagrados aos mortos e às Κῆρες (Kêres) (v.). Configuravam, portanto, um dia nefasto, uma vez que as Queres (Aleto, Tisífone e Megera), "deusas dos mortos", são portadoras de influências maléficas do mundo ctônio. Por isso mesmo, logo pela manhã, se colhiam ramos com espinhos, cujo valor apotropaico é bem conhecido, e com eles todos se enfeitavam; as portas das casas eram pintadas com uma resina preta e todos os templos, exceto o Santuário do Lénaion, eram fechados. Orava-se pelos mortos, que, juntamente com as Queres, vagavam pela cidade e, à tarde, oferecia-se a Hermes, deus psicopompo, uma πανοπερμία (panspermía), palavra composta de πᾶν (pân), "todo, total" e σπενρμα (spérma), "semente", quer dizer, um tipo de sopa com mistura de todas as espécies de sementes. Da panspermia a pólis inteira participava em homenagem a seus mortos.

Chegada a noite, todos gritavam: "Retirai-vos, Queres, as Antestérias terminaram".

Soa estranho que, em meio ao regozijo da festa do vinho novo, surjam os mortos e as Queres, veículos de terríveis miasmas. É bom, todavia, não nos esquecermos de que Dioniso, sendo um deus da vegetação, como Deméter e Perséfone, dele depende também a próxima colheita. *O hieròs gámos com a Basílinna*, no dia anterior, e a panspermia têm toda uma conotação de fertilidade. Além do mais, os mortos (já que as sementes são sepultadas no seio da terra) e as forças ctônias governam a fertilidade e as riquezas, de que, aliás, são os distribuidores. Não é por metáfora que o senhor do reino dos mortos se chamava Plutão (v.), o rico por excelência, o qual, como se mostrou, é uma deformação de Pluto, a "própria riqueza". Num tratado, atribuído ao grande médico Hipócrates, lê-se: "É dos mortos que nos vêm os alimentos, os crescimentos e os germes". Os mortos sobem a este mundo em busca dos agradecimentos e dos sacrifícios (frutos, cereais, animais...) daquilo que eles mesmos proporcionaram aos vivos.

Para uma boa safra futura, um *hieròs gámos*, em que a semente (spérma) de Dioniso é colocada no seio da *Basílinna*, hipóstase da Terra-Mãe e, logo a seguir, uma panspermia pesavam muito no mundo dos vivos e dos mortos.

De qualquer forma, as Antestérias eram a festa sagrada do vinho, quando, então, os participantes dos festejos, sagradamente embriagados, começavam a cantar e a dançar freneticamente, não raro à noite, à luz dos archotes, ao som das flautas e dos címbalos, até cair semidesfalecidos. É nesse estado, que algo de sério e grave acontecia, porque a embriaguez e a euforia, pondo-os em comunhão com o deus, antecipavam uma vida do além muito diversa daquela que, desde Homero até os grandes e patriarcais deuses olímpicos, lhes era oferecida. É que, através desse estado de semi-inconsciência, os adeptos de Dioniso acreditavam sair de si pelo processo do *ékstasis*, o êxtase. Esse sair de si significava uma superação da condição humana, uma ultrapassagem do *métron*, a descoberta de uma liberação total, a conquista de uma liberdade e de uma espontaneidade que os demais seres humanos não podiam experimentar. Evidentemente, essa superação da condição humana e essa liberdade, adquiridas através do *ékstasis*, constituíam, *ipso facto*, uma libertação de interditos, de tabus, de regulamentos e de convenções de ordem ética, política e social, o que explica, consoante Mircea Eliade, a adesão maciça das mulheres às festas de Dioniso. E, em Atenas, as coisas eram claras: nada mais reprimido e humilhado que a mulher. Dioniso e suas Antestérias simbolizam a sua libertação. Não era em vão que, unindo-se à *Basilinna*, ele contraía núpcias com todas as mulheres da pólis de Atenas.

O *ékstasis*, todavia, era apenas a primeira parte da grande integração com o deus: o sair de si implicava um mergulho em Dioniso e deste no seu adorador pelo processo do ἐνθουσιασμός (enthūsiasmós), de ἔνθεος (éntheos), isto é, "animado de um transporte divino", de ἐν (en), "dentro, no âmago" e θεός (theós), "deus", quer dizer, o entusiasmo é ter um deus dentro de si, identificar-se com ele, coparticipando da divindade. E se das Mênades ou Bacantes, e ambos os termos significam a mesma coisa, as possuídas, quer dizer, em êxtase e entusiasmo, delas, como dos adoradores de Dioniso, se apossavam a μανία (mania), "a loucura sagrada, a possessão divina" e as ὄργια (órguia), "posse do divino na celebração dos mistérios, orgia, agitação incontrolável", estava concretizada a comunhão com o deus.

A mania e a orgia provocavam uma como que explosão de liberdade e, seguramente, uma transformação, uma liberação, uma distensão, uma identificação, uma *kátharsis*, uma purificação.

É necessário, no entanto, não confundir essa explosão das Mênades dionisíacas ou humanas (como acontece na gigantesca tragédia euripidiana, *As Bacantes*) com "crises psicopáticas", porque a mania, loucura sagrada e orgia, agitação incontrolável, inflação anímica, possuíam indubitavelmente o valor de uma experiência religiosa.

Viu-se que, no segundo dia das Antestérias, as *Khóes*, um touro, que acompanhava o alegre cortejo, era destinado ao sacrifício. Ao que tudo indica, esse sacrifício se realizava por *diasparagmós* e omofagia, ou seja, por desmembramento violento do animal vivo e consumação de seu sangue ainda quente e de suas carnes cruas e palpitantes.

Diasparagmós, em grego διασπαραγμός do verbo διασπαράσσειν (diasparássein), "despedaçar", era, pois, em termos de religião, o rito do dilaceramento da vítima sacrifical (touro, bode, corça, enho...) viva ou ainda palpitante e a consumação imediata do sangue e da carne crua da mesma, isto é, a omofagia, ὀμοφαγία (omofaguía), de ὠμός (ōmós), "cru" e o verbo φαγεῖν (phagueîn), "comer".

Dioniso, como observa o erudito Ateneu, *Dipnosofistas*, 11, 51, 476a, é frequentemente qualificado de touro pelos poetas, donde seus epítetos de Taurófago, "devorador de touros", que se encontra num fragmento de Sófocles e num gracejo de Aristófanes (*As Rãs*, 357), bem como de *Omádio* e *Omeste*, quer dizer, "o que come carne crua". O despedaçamento do touro, símbolo da força e da fecundidade, se de um lado representava os sofrimentos de Dioniso, dilacerado pelos Titãs, de outro, o fato de os e as Bacantes lhe beberem o sangue e lhe comerem as carnes, pelo rito da omofagia, inseparável do transe orgiástico, configurava a integração total e a comunhão com o deus. É que os animais, que se devoravam, eram a hierofania, a encarnação do próprio Dioniso. De outro lado, despedaçando animais e devorando-os, os devotos de Dioniso integram-se nele e o recompõem simbolicamente, o que, consoante Jung, configura a conscientização de conteúdos divididos.

Uma divindade assim tão próxima e integrada no próprio homem, um deus tão libertário e "politicamente" independente, não poderia mesmo ser aceita pela pólis de homens e de deuses tão apolineamente patriarcais e tão religiosamente repressivos.

Eis aí por que o deus do êxtase e do entusiasmo e suas Mênades levaram tantos séculos para penetrar e ser "tolerados" por Atenas. Mas, no dia em que transpuseram as muralhas da pólis, orientadas pela bússola da democracia, o grande deus acendeu na tímele, seu altar bem no meio do Teatro de "Dioniso", dois archotes: um ele o consagrou ao êxtase, o outro, ao entusiasmo. Era a distensão. Ao menos uma vez por ano...

Antes de Dioniso, costumava-se dizer, havia dois mundos: o mundo dos homens e o inacessível mundo dos deuses. *Ametamórphosis* foi exatamente a escada que permitiu ao homem penetrar no mundo dos deuses. Os mortais, através do êxtase e do entusiasmo, aceitaram de bom grado "alienar-se" na esperança de uma transfiguração.

De um ponto de vista simbólico, o deus da mania e da orgia configura a ruptura das inibições, das repressões e dos recalques. Na feliz expressão de Defradas, Dioniso "simboliza as forças obscuras que emergem do inconsciente, pois que se trata de uma divindade que preside à liberação provocada pela embriaguez, por todas as formas de embriaguez, a que se apossa dos que bebem, a que se apodera das multidões arrastadas pelo fascínio da dança e da música e até mesmo a embriaguez da loucura com que o deus pune aqueles que lhe desprezam o culto". Desse modo, Dioniso retrataria as forças da dissolução da personalidade: a regressão às forças caóticas e primordiais da vida, provocadas pela orgia e a submersão da consciência no magma do inconsciente.

1 – ANTEU *(I, 186; III, 47, 115).*

Dada a simplificação ortográfica em nossa língua, há que se fazer distinção entre os dois heróis *1-Anteu*, de Ἀνταῖος (Antaîos) e *2-Anteu*, de Ἀνθεύς (Antheús). Ἀντταῖος (Antaîos), *1-Anteu*, é a personificação de *ἀνταῖος (antaîos)*, "que se opõe, hostil, adversário", cuja origem é o advérbio e preposição ἄντα (ánta), "em face de, contra", donde *1-Anteu* é "o adversário, o inimigo".

Anteu é um gigante, filho de Posídon e de Geia. De uma força prodigiosa, obrigava a todos os que passavam pelo deserto da Líbia, onde residia, a lutarem com ele e invariavelmente os vencia e matava. Héracles, ao passar pela Líbia, em busca dos pomos de ouro dos Jardins das Hespérides, aceitou o desafio do gigante. Percebendo que seu competidor, quando estava prestes a ser vencido, apoiava firmemente *os pés na Terra (Geia), sua mãe*, e dela recebia *energias redobradas*, o herói segurou-o no ar e o sufocou. Anteu se casara com Tinge, que lhe deu um filho, Sófax, fundador da cidade de Tíngis em honra de sua mãe. Tíngis, depois Tânger, ficava na Mauritânia.

2 – ANTEU.

Ἀνθεύς (Antheús), *2-Anteu*, consoante Carnoy, provém de ἄνθος (ánthos), "flor", uma vez que Anteu foi assassinado na "flor da idade", personificando destarte a primavera florida e luxuriosa, mas efêmera, *DEMG*, p. 22. Anteu era um belo jovem nascido em Halicarnasso. Apesar de ser de origem nobre, vivia como refém na corte de Fóbio, tirano de Mileto, cuja esposa Cleobeia ou também chamada Filecme por ele se apaixonara. Anteu, não querendo ceder aos arroubos amorosos da rainha, procurou ganhar tempo, ora dizendo-se assustado com a possibilidade de o adultério ser descoberto, ora invocando o respeito à hospitalidade que o ligava ao rei. Cleobeia, percebendo-lhe a manobra, resolveu eliminá-lo. Lançou um copo de ouro num poço e implorou-lhe que lá descesse para pegá-lo. Tão logo viu que o jovem havia atingido o fundo do poço, lançou uma grande pedra sobre sua cabeça, matando-o instantaneamente. Arrependida e atormentada com o crime que havia cometido, e sem conseguir esquecer Anteu, se enforcou.

ANTICLEIA *(I, 130; III, 59, 153, 208, 289-290, 222, 314).*

Ἀντίκλεια (Antíkleia), *Anticleia*, é considerada como um feminino de Ἀντικλῆς (Antiklḗs), vale dizer, um composto de ἀντί (antí), "face a", e de κλέος (kléos), "reputação, renome, glória", *donde Anticleia* seria "a voltada para a glória, a nobre".

Mãe de Ulisses, desposou Laerte. Consoante a mais seguida das versões, Anticleia era filha de Autólico, considerado o maior e o mais bem-sucedido *larápio* da Antiguidade. Pois bem, tendo ele furtado uma parte do rebanho do mais inescrupuloso e astuto dos mortais, Sísifo (*Il.* VI, 153), veio este reclamá-lo. Foi durante a permanência de Sísifo na corte de Autólico que Anticleia secretamente se entregou ao hóspede de seu pai, ficando grávida de Ulisses, antes de se casar com Laerte. Tal fato explica não só por que o grande herói da Guerra de Troia é por vezes chamado filho de Sísifo, como no *Ciclope* de Eurípedes, 104, mas também tido e havido como detentor de uma solércia requintada, proveniente de uma dupla herança. Anticleia, cansada de esperar pelo retorno de Ulisses, que partira para Troia, morreu ou se matou de tristeza e saudade, segundo sua própria confissão ao filho (*Od.* XI, 202-203), quando este fez a célebre evocação das almas na *Odisseia*, XI, 34sqq.

ANTÍGONA *(I, 64, 84; III, 22, 63, 66, 75, 85[75], 132[98], 233[153], 234, 254[195], 255, 264, 269-270, 285, 334).*

Ἀντιγόνη (Antigónē), *Antígona*. A etimologia do antropônimo é interpretada por Carnoy, *DEMG*, p. 22, como "a distinta por seu nascimento, a nobre". Neste caso, a palavra seria formada por ἀντί (antí), "face a", e γονή (gonḗ), "nascimento", provindo este último do verbo γίγνεσθαι (guígnestai), "tornar-se, nascer". Caroli Egger, ao contrário, opina que *Antígona* significa "a que se opõe à sua família", *LEN*, p. 15.

Antígona é filha de Édipo e teve como irmãos Ismene, Etéocles e Polinice. Nas tradições mais antigas sua mãe chama-se Euricleia, filha do rei dos flégios, na Beócia. A partir dos trágicos, no entanto, sobretudo de Sófocles com duas peças monumentais, *Antígona* e *Édipo Rei*, a heroína e os outros irmãos passaram a ser o produto incestuoso de Édipo e de sua mãe Jocasta. O desventurado Édipo, ao descobrir, pela revelação do adivinho Tirésias, que estava casado com sua própria mãe, vazou os olhos e fez-se exilar de Tebas. Antígona, a filha e "irmã" predileta, converteu-se, como guia, na luz dos passos do herói em sua longa e dolorosa peregrinação pela Hélade. Ao chegar a Colono, na Ática, Édipo morreu, ou melhor, desceu suavemente ao seio da Grande Mãe. Antígona regressou a Tebas, mas nova desgraça assolava os descendentes de Laio. Senhores do reino, Etéocles e Polinice decidiram governar alternadamente: cada um ocuparia o trono por um ano. Etéocles, todavia, uma vez no poder, se recusou a entregá-lo ao irmão. Expulso de Tebas, Polinice chegou a Argos e refugiou-se na corte de Adrasto. O rei lhe deu a filha Argia em casamento e com ele e mais cinco heróis organizou a expedição dos *Sete contra Tebas* para obrigar Etéocles a cumprir a palavra empenhada com o irmão. Mas, como predissera Édipo, seus dois filhos morreram lutando um contra o outro diante de uma das sete portas de Tebas. Mortos os herdeiros diretos, Creonte, irmão de Jocasta e tio dos quatro filhos de Édipo, assumiu as rédeas do governo. Decretou funerais suntuosíssimos para Etéocles e proibiu, sob pena de morte, se desse sepultura a Polinice por considerá-lo traidor, uma vez que marchara com "estrangeiros" contra sua própria cidade, embora o mesmo postulasse apenas um direito que o irmão teimara em negar-lhe. Antígona ergueu-se gigantesca contra o edito injusto e sacrílego do tirano: afinal a lei religiosa, não escrita, mas inscrita na consciência de cada um, obrigava que se sepultassem os mortos, ainda mais em se tratando de um irmão. Embora soubesse que pagaria com a vida, resolveu, às escondidas, derramar terra sobre o corpo de Polinice, gesto ritual suficiente para cumprir a obrigação religiosa. Descoberta, foi condenada a ser encerrada viva no túmulo dos labdácidas, ou, segundo outros, numa gruta profunda. A jovem, antes de morrer de sede e de fome, enforcou-se. Hêmon, seu noivo e filho de Creonte, apunhalou-se sobre o corpo de sua futura esposa, unindo, na morte, seu sangue ao sangue daquela a quem deveria ter-se unido em vida. A esposa de Creonte, Eurídice, ao tomar conhecimento do suicídio do filho, matou-se também. A tragédia *Antígona*, quiçá a obra-prima das sete tragédias que nos ficaram de Sófocles, foi por nós analisada em *Teatro grego: Tragédia e comédia*. Petrópolis, Vozes, 5. ed., 1988, p. 50-56. Talvez valesse a pena transcrever uma pontinha do diálogo entre a prepotência de Creonte e a destemida feminilidade de Antígona, que procurou justificar a tentativa de sepultamento de seu irmão Polinice:

> *Antígona* – Não era um escravo: era igual, era irmão.
>
> *Creonte* – Vinha contra a terra que o outro defendia.
>
> *Antígona* – Pouco importa: a lei da morte iguala a todos.
>
> *Creonte* – Mas não diz que o mau tenha o prêmio do justo.
>
> *Antígona* – Não será talvez piedade isso entre os mortos?
>
> *Creonte* – Embora morto, nunca é amigo um inimigo.
>
> *Antígona* – Não nasci para o ódio; apenas para o amor.
>
> *Creonte* – Se amar é o que desejas, vai amar os mortos! Enquanto eu viver, mulheres não governam" (*Ant.* 517-525).

O mito nos fala de *uma outra Antígona*, filha de Príamo e dotada de grande beleza. Orgulhosa de sua cabeleira, dizia-a mais bela que a de Hera. A deusa, furiosa, transformou-lhe a linda cabeleira em serpentes. Compadecidos (os "deuses" gregos sempre se condoíam com a desgraça imposta pelas "deusas" a mulheres bonitas), transformaram-na em cegonha, inimiga das serpentes.

ANTÍLOCO *(I, 324)*.

Ἀντίλοχος (Antílokhos), Antíloco, provém certamente de ἀντί (antí), "contra", e λόχος (lókhos), que já se encontra em Homero (*Il.* VIII, 522) com o sentido de "emboscada", donde Antíloco "é o que resiste às insídias", uma vez que morreu resistindo aos que lhe atacavam o pai, *DEMG*, p. 22.

Filho de Nestor, acompanhou ao pai, já idoso, na Guerra de Troia. Alto, bonito, valente, grande corredor, era, depois de Pátroclo, o amigo mais estimado por Aquiles. Foi ele quem anunciou ao filho de Tétis a morte de Pátroclo e foram os primeiros a entoar as lamentações fúnebres em honra do amigo comum. Uma intervenção muito importante de Antíloco no mito, mas pouco ventilada pelos estudiosos, é a disputa com Menelau nos jogos fúnebres em honra de Pátroclo. O certame consistia numa corrida de carros e o prêmio ao vencedor era uma *égua* vistosa. Antíloco, usando de fraude, conforme relata a *Ilíada*, XXIII, 570-611, ultrapassou o atrida. Menelau, inconformado, convidou o filho de Nestor "a revelar a verdade", segundo era de praxe na época: aproximar-se do carro e dos *cavalos*, segurar o chicote na mão *direita*, tocar nos *cavalos* e jurar pelo deus *Posídon* que não havia cometido conscientemente qualquer espécie de dolo. Antíloco, sem prestar juramento algum, pediu desculpas a Menelau e cedeu-lhe o prêmio. O filho de Nestor havia realmente trapaceado na corrida, ultrapassando irregularmente ao atrida. Menelau, após exortá-lo a não repetir o gesto, fruto com certeza da juventude irrefletida, deu-lhe a vistosa égua. Esse tipo de descoberta da verdade é, segundo Michel Foucault (*A verdade e as formas jurídicas*, Rio de Janeiro, Cadernos da PUC, 16, 1974, p. 25), "o primeiro testemunho que temos da pesquisa da verdade no procedimento judiciário grego". É pena que o saudoso mestre francês se tenha esquecido de dizer que essa modalidade de juramento era feita em nome de Posídon, "o deus-cavalo" e, por isso mesmo, se jurava "tocando os cavalos", isto é, o próprio deus. E perjurar em nome de Posídon significava habitar mais cedo o Hades, para onde se poderia ir *a cavalo*, já que este animal é psicopompo. Observe-se que na tradução que se fez da conferência de Foucault se diz que o chicote se segurava com a mão *esquerda*, o que é um absurdo mítico (do autor ou do tradutor): jura-se, segurando um objeto com a mão direita (o lado da vida) ou impondo-a sobre o objeto pelo qual se pronuncia o juramento. As Queres, porém, não tardaram muito a fiar igualmente a morte do filho de Nestor. Pereceu em combate, seja às mãos de Mêmnon, filho de Eos, a Aurora, seja pela lança certeira de Heitor, ou ainda, ao mesmo tempo que Aquiles, pelas flechas de Páris, guiadas por Apolo. Uma variante mostra Antíloco lutando em defesa de seu pai, cercado por um magote de troianos. Servindo de muralha com seu corpo ao alquebrado Nestor, acabou sendo morto. Suas cinzas repousam ao lado das de Pátroclo e Aquiles, mas os três, inseparáveis em vida, continuam após a morte a exercitar-se militarmente, mas por lazer, na Ilha dos Bem-Aventurados.

ANTÍNOE.

Ἀντινόν (Antinóē), *Antínoe*, é uma espécie de feminino de Ἀντίνοος (Antínoos), Antínoo. Trata-se de um composto de ἀντί (antí), "contra, em oposição a", e de νόος (nóos), "espírito, inteligência", donde Antínoe é "a que resiste à inteligência ou age inadvertidamente". São duas as personagens com este nome, ambas sem muita importância no mito. A primeira era filha de Cefeu, de Mantineia. Orientada por um oráculo, seguiu uma serpente e levou os habitantes de Mantineia até um local, onde fundaram uma nova cidade, às margens de um regato serpeante. A cidade chamou-se *Ófis* uma vez que em grego *serpente* é ὄφις (óphis).

A segunda *Antínoe* é uma das filhas de Pélias. Tendo participado, por artimanhas de Medeia, da morte de seu próprio pai, fugiu horrorizada para a Arcádia. Seu túmulo era mostrado e venerado nos arredores de Mantineia.

ANTÍNOO *(I, 131; III, 316-318)*.

Ἀντίνοος (Antínoos), *Antínoo*, como se mostrou em *Antínoe*, é um composto de ἀντί (antí), "contra, em oposição a", e νόος (nóos), "espírito, inteligência", significando o antropônimo "o que resiste à inteligência, o que age inadvertidamente".

Antínoo era o chefe dos pretendentes à mão de Penélope, os quais, na ausência de Ulisses, invadiram-lhe o palácio, consumindo-lhe os bens em lautos banquetes. Orgulhoso e violento, tentou eliminar Telêmaco, considerado como obstáculo principal para a indecisão da rainha em escolher um novo esposo, já que Ulisses era tido por morto. Insultou o fiel porcariço Eumeu, quando este levou o esposo de Penélope, disfarçado em mendigo, a visitar o palácio de "Ulisses". Ultrajou gravemente o herói, fazendo-o lutar com o mendicante Iro, para divertimento seu e dos demais pretendentes. Ulisses não lhe perdoou os insultos e afrontas e, na cena de reconhecimento, Antínoo foi o primeiro a tombar com uma flechada certeira disparada pelo senhor e rei da Ilha de Ítaca, exatamente no momento que o pretendente levava aos lábios uma taça de vinho:

Tendo marcado bem o alvo, Ulisses o atingiu na garganta:
a ponta da flecha atravessou-lhe o pescoço macio e saiu pela nuca.
Ferido de morte, caiu de costas e a taça escapou-lhe das mãos.
De imediato, um jorro espesso de sangue negro lhe escorreu do nariz.

(*Od.* XXII, 15-19).

ANTÍOCO *(III, 146)*.

Ἀντίοχος (Antíokhos), Antíoco, filho de Héracles (v. Filas).

ANTÍOPE *(III, 52, 62, 159, 166, 236[174])*.

Ἀντιόπη (Antiopē), *Antíope*. O antropônimo talvez possa ser interpretado como um composto de ἀντί (antí), "em face, voltado para", e ὀπή (opḗ), em sentido lato "vista, rosto, face", uma vez que *opé* é da mesma família etimológica que ὄψ, ὀπός (óps, opós), "olho, vista, rosto", todos provenientes da raiz *okw*, "ver", *DELG*, p. 808, 811sqq., donde *Antíope* seria "a inigualável por seu rosto, a belíssima".

Filha do deus-rio Asopo ou do tebano Nicteu, foi amada por Zeus, que a ela se uniu sob a forma de um Sátiro. Dessa *coniunctio* nasceram os gêmeos Anfíon (v.) e Zeto. Temendo a cólera paterna, antes mesmo do nascimento dos meninos, a jovem princesa fugiu e se abrigou em Sicione, na corte do Rei Epopeu. Inconformado com a atitude da filha, Nicteu se matou, mas antes fez seu irmão Lico jurar que lhe vingaria a honra ofendida. Lico, sem delongas, invadiu Sicione, matou a Epopeu e levou para Tebas a sobrinha como prisioneira. Na rota de Sicione a Tebas, entretanto, precisamente em Elêuteras, Antíope deu à luz os filhos. Lico mandou expô-los num monte e conduziu a sobrinha para Tebas, onde a amante de Zeus passou a ser alvo dos insultos e ultrajes do rei e da Rainha Dirce. Uma noite, porém, as correntes que lhe prendiam as mãos caíram misteriosamente. Sabedora do paradeiro dos filhos, que haviam sido recolhidos por um pastor, dirigiu-se imediatamente para a choupana onde residiam. Não a tendo reconhecido de pronto, entregaram-na a Dirce, que lhe viera ao encalço. Postos logo a par dos fatos pelo pastor que os havia recolhido e criado, foram em busca da mãe. Libertaram-na e castigaram com a morte os reis de Tebas. Mas, logo depois, Antíope foi enlouquecida por Dioniso, como punição pelo assassinato de Dirce. Após percorrer a Hélade inteira, foi purificada e curada pelo rei da Fócida, Foco, que a desposou. Vê-se pelo mito que também a mulher, a heroína, para se casar, passava pelo rito iniciático. A ἄνοια (ánoia) de Antíope e seu peregrinar pela Grécia são uma busca do resgate do *animus*.

APATÚRIAS *(II, 26, 20[2], 47; III, 29)*.

O neutro plural ἀπατούρια (apatúria), *Apatúrias*, já foi interpretado como "sem pai", segundo se mencionou em *Mitologia Grega*, Vol. II, p. 26, nota 2. Apoiando-se em dados mais recentes, P. Chantraine julga que certamente o vocábulo procede de um α- (a-) copulativo e de um tema πατήρ (patḗr), "pai", através de uma forma jônica *ἀπάτουρος (*apátūros), de que derivaria ἀπατούρια (apatúria), cujo sentido último seria "do mesmo pai".

As Apatúrias eram uma festa jônica e ática, celebrada anualmente, no mês de outubro, durante três dias. Nos dois primeiros faziam-se sacrifícios e banquetes e no terceiro *os pais* apresentavam aos membros de sua *Fratria* (agremiação de cidadãos ligados por laços consanguíneos, sacrifícios e repastos religiosos comuns) seus filhos legítimos, para que fossem regularmente inscritos na mesma. Só após esse "registro religioso e civil" é que a criança passava política e religiosamente a ter um pai, isto é, "tais e tais crianças eram filhos de um mesmo pai". Diga-se, de passagem, que a *Fratria* se constituía numa divisão política em Atenas. Após Sólon (séc. VI a.C.), uma *Fratria* era composta de trinta famílias e cada *Tribo* de três *Fratrias*. Desse modo, como Atenas estava dividida em quatro *Tribos*, havia *doze Fratrias* e trezentas e sessenta famílias.

ÁPIS *(I, 63)*.

ϒAπις (Ápis), *Ápis*, é um nome importado do Egito. A etimologia é discutida. Nascentes, *DIELP*, p. 21, interpreta como proveniente de *Hapi*, "o escondido", e, apoiando-se em Artur Ramos, aventa a hipótese de o nome se originar de *ap' apis*, "alto, elevado", isto é, "pai, chefe, mestre".

Consoante Apolodoro, 1, 7, 6, Ápis era um filho de Foroneu e, portanto, neto de Ínaco. Sua mãe era a ninfa Teledíce. Como tivesse herdado do pai o poder sobre o Peloponeso inteiro, mudou-lhe o nome para Ápia. Convertendo-se, a pouco e pouco, num tirano sanguinário, foi assassinado por Etolo, herói epônimo da Etólia ou, segundo uma tradição mais recente, por Télxion e Télquis. Foi, após a morte, adorado com o nome de Sarápis. Numa versão de Ésquilo, Ápis é um profeta e médico, filho de Apolo, e vindo de Naupacto com o objetivo de purificar o Peloponeso. Uma variante faz de Ápis filho de Télquis de Sicione e pai de Télxion, mas, como no mito anterior, foi rei do Peloponeso, tendo sido assassinado e vingado por Argos.

APOLO *(I, 71-72, 80, 86-87, 91-92, 102, 104, 108-109, 111, 122, 124-125, 127, 134, 136, 143, 147, 149, 159, 162, 201, 203-204, 206, 209, 211-212, 219, 230-231, 240, 260, 261[171], 276, 281, 312, 322, 326, 335, 343, 348; II, 19, 31, 33, 39, 41, 50, 57-61, 63-65, 69, 79, 81, 83-90, 94-98, 100-105, 108-109, 111, 117, 124-125, 132, 141, 150-151, 154, 181, 191-193, 202, 222, 231[121]; III, 11, 22, 34-35[29], 45, 45[34], 48, 48[37]-50[40], 60, 62, 65, 67, 70, 74, 92, 95-96, 98, 100, 104, 106, 121-122, 124-125, 130, 136, 139, 151, 151[126], 153, 164, 183, 205, 228, 231, 237, 241-242, 245, 265-266, 273, 286-288, 295-297, 302, 302[231], 322, 331, 334, 337, 339-341, 343[204], 347-349)*.

Ἀπόλλων (Apóllōn), *Apolo*, deus tipicamente oriental, que nem sequer aparece no grego micênico, não possui até agora etimologia que satisfaça. A relação com o dórico ἄπελλα (apélla) ou ἀπέλλαι (apéllai), "assembleias do povo", onde Apolo, inspirador por excelência, seria "o guia" do povo ou o "deus pastor", não tem muito sentido. Como se trata de um deus asiático, buscou-se uma aproximação com o hitita *Appaliuna* ou com o mesmo hitita hieroglífico *Apulunas*, mas, consoante Chantraine, nenhuma das formas é convincente, *DELG*, p. 98. A forma lídia *Pλdâns*, tão invocada nos últimos decênios é pouco segura, uma vez que até a leitura da palavra é posta em dúvida.

Apolo é um deus que pertence à segunda geração dos Olímpicos. É filho de Zeus e da "divindade" oriental Leto. Conta-se que, grávida de Zeus, e sentindo aproximar-se a hora do parto, Leto percorreu o mundo inteiro em busca de um local onde pudesse dar à luz os gêmeos Apolo e Ártemis. Hera, todavia, enciumada com este novo amor do marido, proibiu a Terra de acolher a parturiente. Temendo a cólera da rainha dos deuses, nenhuma região ousou recebê-la. Foi então que a estéril e flutuante Ilha de Ortígia (v. Astéria), por não estar fixada em parte alguma, não pertencia à Terra e não tendo, por isso mesmo, o que temer da parte de Hera, abrigou a amante de Zeus. Agradecido, Apolo mais tarde a fixou no Centro do mundo grego, mudando-lhe o nome para Delos, a "luminosa, a brilhante", pois ali nasceram a luz do dia (Apolo, o Sol) e a luz da noite (Ártemis, a Lua). Foi em Ortígia que, abraçada a uma palmeira, Leto, contorcendo-se em dores, esperou nove dias pelo nascimento dos gêmeos. É que Hera, mordida de ciúmes, retivera no Olimpo a Ilítia, a deusa dos partos. Esta, *tendo cruzado a perna esquerda sobre a direita, fechara o caminho* da parturiente. Todas as demais deusas, tendo à frente Atená, puseram-se ao lado de Leto, mas nada podiam fazer sem a anuência de Hera. Assim, decidiram enviar Íris ao Olimpo com um presente irrecusável para Hera, outros dizem que para Ilítia (o que significa a mesma coisa, uma vez que esta é hipóstase daquela): um colar de fios de ouro entrelaçados e de âmbar com mais de três metros de comprimento. Comovida, Hera liberou Ilítia. De joelhos, junto à palmeira, Leto deu à luz primeiro Ártemis e depois, com o auxílio desta, Apolo. Vendo os sofrimentos por que passara sua mãe, Ártemis jurou jamais casar-se. Narra-se também que, para escapar à ira da esposa de Zeus, Leto se transformara em *Loba* e refugiou-se no país dos Hiperbóreos, onde habitualmente residia e lá teriam nascido os filhos. Tal fato explicaria um dos múltiplos epítetos de Apolo, *Licógenes*, "nascido da Loba". Hera, que ainda não perdoara à rival, lançou contra ela a monstruosa serpente Píton. Apertando nos braços os recém-nascidos, Leto fugiu para a Lícia, igualmente "terra dos lobos", e lá parou junto a um lago ou fonte para lavar os filhos. Alguns camponeses que lá estavam ocupados em arrancar uns caniços não o permitiram e expulsaram-na brutalmente. A deusa, possuída de grande cólera, transformou-os em rãs. Apolo nasceu no dia *sete* do mês délfico Bísio, que corresponde no calendário ático ao mês Elafebólion, ou seja, segunda metade de março e primeira de abril, nos inícios da primavera. Tão logo veio à luz, cisnes de uma brancura imaculada deram *sete* voltas em torno de Delos. Suas festas principais celebravam-se no dia *sete* do mês. As consultas ao Oráculo de Delfos se faziam primitivamente no dia *sete* do mês Bísio, aniversário do deus. Sua lira possuía *sete* cordas. Sua doutrina se resumia em *sete* máximas, atribuídas aos *sete* Sábios. Eis aí por que o pai da tragédia, Ésquilo, o chamou *augusto deus sétimo, o deus da sétima porta* (*Set.* 800). Sete é, pois, o número de Apolo. Zeus enviou ao filho recém--nascido uma mitra de ouro, uma lira e um carro, onde se atrelavam alvos cisnes. Ordenou-lhes que levassem Apolo para Delfos, mas os cisnes conduziram-no para o país dos hiperbóreos, que viviam sob um céu puro e eternamente azul. Ali permaneceu o deus durante um ano, na verdade uma longa fase iniciática. Decorrido esse período, retornou à Hélade e, no verão, chegou a Delfos, entre festas e cantos. Até a natureza se endomingou para recebê-lo: rouxinóis e cigarras cantaram em sua honra; as nascentes tornaram-se mais frescas e cristalinas. Anualmente, por isso mesmo, celebrava-se em Delfos, com hecatombes, a chegada do deus.

O filho de Zeus estava pronto e preparado para a luta contra o dragão Píton (v.), também cognominado *Delfine*, que guardava um antigo oráculo de Têmis ou de Geia, mas que igualmente devastava a região, matando rebanhos e pastores, assolando a fértil planície de Crissa, apavorando as ninfas e que movera, por ordem de Hera, tenaz perseguição a Leto. O deus, com suas flechas certeiras, facilmente o eliminou. Tirou-lhe a pele e com ela cobriu a trípode em que passou a sentar-se sua sacerdotisa, a Pítia (v.) ou Pitonisa. Para comemorar a vitória ou talvez para apaziguar a cólera do monstro, filho de Geia, o deus instituiu em sua honra os *Jogos Píticos*, que se celebravam em Delfos de quatro em quatro anos (v. Jogos). De qualquer forma, como já se explicou (v. Mântica e Pítia), Apolo substituiu o velho oráculo de Têmis ou Geia, que se realizava por incubação, pelo famoso Oráculo de Delfos, cuja tônica era a mântica dinâmica. Os habitantes do local celebraram com grandes festas, danças e coros, a vitória de seu novo deus e a posse do santuário. Foi a primeira vez que se entoou o *Peã*, isto é, um hino de louvor e agradecimentos ao filho de Leto. Antes, porém, de reinar soberano em Delfos, o deus teve que passar um ano no Vale de Tempe, na Tessália, para purificar-se da morte de Píton. Seu retorno foi um novo triunfo e a cada oito anos celebravam-se no Parnasso a eliminação de Píton e a catarse do filho de Zeus. Apolo, todavia, um pouco mais tarde, foi obrigado a defender seu oráculo. Tendo Héracles se dirigido a Delfos para perguntar à Pítia como poderia purificar-se da morte de Ífito, a sacerdotisa se recusou a responder-lhe. Num acesso de ódio, o filho de Alcmena apossou-se da trípode sagrada e disse-lhe que iria fundar em outro local um oráculo novo, a ele próprio consagrado. Apolo veio em defesa de sua servidora e travou-se uma luta perigosa entre ambos. Zeus interveio e os separou com seu raio. Héracles devolveu a trípode, mas a sacerdotisa viu-se coagida a dar-lhe a "penitência" pela morte de Ífito.

Este deus que se está apresentado em roupas de gala, paramentado e etiquetado, não corresponde ao que foi nos primórdios o senhor de Delfos. Já se mostrou em *Mitologia Grega*, Vol. I, p. 136-137, que Apolo homérico ainda se comporta como um deus de santuário, provinciano e sobretudo orientalizado. O Apolo grego, o detentor do Oráculo de Delfos, o "exegeta nacional", como lhe chamou Platão, é, na realidade, resultante de um vasto sincretismo e de uma bem-elaborada depuração mítica. *Na Ilíada, I, passim*, aparentando a noite, *o deus do arco de prata*, Febo Apolo, brilha (e, por isso, é *Febo*, o brilhante) como a Lua. É mister levar em conta uma longa evolução da cultura e do espírito grego e mais particularmente da interpretação dos mitos, para se reconhecer nele, bem mais tarde, um *deus solar*, um deus da luz, de sorte que seu arco e suas flechas pudessem ser comparados ao sol e a seus raios. No primeiro canto da *Ilíada* apresenta-se como um deus vingador, de flechas mortíferas: *o Senhor Arqueiro, o toxóforo; o que porta um arco de prata, o argirótoxo*. Violento e implacável, o Apolo pós-homérido vai progressivamente reunindo elementos diversos de origem nórdica, asiática, egeia e sobretudo helênica e, sob este último aspecto, conseguiu suplantar por completo a Hélio (v.), o "Sol" propriamente dito. Fundindo numa só pessoa e em seu mito influências e funções tão diversificadas, o deus de Delfos tornou-se uma figura mítica deveras heterogênea. São tantos seus atributos, que se tem a impressão de que Apolo é um amálgama de várias divindades, sintetizando num só deus um vasto complexo de oposições. Tal fato possivelmente explica, em terras gregas, como o futuro deus dos oráculos substituiu e, às vezes, de maneira brutal, divindades pré-helênicas: na Beócia suplantou *Ptóos*, que depois se tornou seu filho ou neto; em Tebas, particularmente, sepultou no olvido o culto do deus *Ismênio*, e, em Delfos, levou de vencida a *Píton* ou *Delfine*. O novo deus-sol, todavia, iluminado pelo espírito grego, conseguiu, se não superar, ao menos harmonizar tantas polaridades, canalizando-as para um ideal de cultura e sabedoria. Realizador do equilíbrio e da harmonia dos desejos, não visava a suprimir as pulsões humanas, mas orientá-las no sentido de uma espiritualização progressiva, mercê do desenvolvimento da consciência.

Tão vastos sincretismos explicam certamente por que o deus é saudado na literatura com mais de duzentos epítetos e atributos, que variam desde um deus protetor da vegetação, dos pastores, dos rebanhos, da família, dos lares, dos marinheiros, da música, dos poetas até transformar-se na grande divindade da purificação, dos oráculos e da medicina, segundo se expôs em *Mitologia Grega*, Vol. II, p. 85sqq. Deus da luz, vencedor das forças ctônias, o filho de Leto é o *Brilhante*, o Sol.

Alto, bonito e majestoso, o deus da música e da poesia se fazia notar por suas mechas negras, com reflexos azulados, "como as pétalas do pensamento". Muitas foram, por isso mesmo, suas ligações com ninfas e simples mortais, mas Apolo jamais conseguiu encontrar-se ou encontrar segurança em suas múltiplas relações amorosas.

Amou a ninfa náiade Dafne, filha do deus-rio Peneu, na Tessália. Esse amor lhe fora instilado por Eros, de quem o deus gracejava. É que Apolo, julgando que o arco e a flecha eram atributos seus, certamente considerava que as flechas do filho de Afrodite não passavam de brincadeira. Acontece que Eros possuía na aljava a flecha que inspira amor e a que provoca aversão. Para se vingar do filho de Zeus, feriu-lhe o coração com a flecha do amor e a Dafne com a da repulsa e indiferença. Foi assim que, apesar da beleza de Apolo, a ninfa não lhe correspondeu aos desejos, mas, ao revés, fugiu para as montanhas. O deus a perseguiu e, quando viu que ia ser alcançada por ele, pediu a seu pai Peneu que a metamorfoseasse. O deus-rio atendeu-lhe a súplica e transformou-a em *loureiro*, em grego δάφνη (dáphnē), a árvore predileta de Apolo.

Com a ninfa Cirene teve o semideus Aristeu, o grande apicultor, personagem do mito de Orfeu.

Também as Musas não escaparam a seus encantos. Com Talia foi pai dos Coribantes, demônios do cortejo de Dioniso; com Urânia gerou o músico Lino e com Calíope teve o músico, poeta e cantor insuperável, Orfeu. Seus amores com a ninfa Corônis, de que nascerá Asclépio, terminaram tragicamente para ambos, como se viu (v. Asclépio): a ninfa será assassinada e o deus do sol, por ter morto os Ciclopes, cujos raios eliminaram Asclépio, foi exilado em Feres, na corte do Rei Admeto, a quem serviu como pastor durante um ano. Com Marpessa, filha de Eveno e noiva do grande herói Idas, o deus igualmente não foi feliz. Apolo a desejava, mas o noivo a raptou num carro alado, presente de Posídon, levando-a para Messena, sua pátria. Lá, o deus e o mais forte e corajoso dos homens se defrontaram. Zeus interveio, separou os dois contendores e concedeu à filha de Eveno o privilégio de escolher aquele que desejasse. Marpessa, temendo que Apolo, eternamente jovem, a abandonasse na velhice, preferiu o mortal Idas. Com a filha de Príamo, Cassandra, o fracasso ainda foi mais acentuado. Enamorado da jovem troiana, concedeu-lhe o dom da *manteia*, da profecia, desde que a linda jovem se entregasse a ele. Recebido o poder de profetizar, Cassandra se negou a satisfazer-lhe os desejos. Não lhe podendo tirar o dom divinatório, Apolo cuspiu-lhe na boca e tirou-lhe a credibilidade: tudo que Cassandra dizia era verídico, mas ninguém dava crédito às suas palavras.

Em Cólofon, o deus amou a adivinha Manto e fê-la mãe do grande adivinho Mopso, neto de Tirésias. Mopso, quando profeta do Oráculo de Apolo em Claros, competiu com outro grande *mántis*, o Profeta Calcas. Saiu vencedor, e Calcas, envergonhado, e, por despeito, se matou. Pela bela ateniense Creúsa, filha de Erecteu, teve uma paixão violenta: violou-a numa gruta da Acrópole e tornou-a mãe de *Íon*, ancestral dos *Jônios*. Creúsa colocou o menino num cesto e o abandonou no mesmo local em que fora amada pelo deus. Íon foi levado a Delfos por Hermes e criado no Templo de Apolo. Creúsa, em seguida, desposou Xuto, mas, como não concebesse, visitou Delfos e tendo reencontrado o filho, foi mãe, um pouco mais tarde, de dois belos rebentos: Diomedes e Aqueu. Com Evadne teve Íamo, ancestral da célebre família sacerdotal dos Iâmidas de Olímpia. Castália, filha do Rio Aqueloo, também lhe fugiu: perseguida por Apolo junto ao santuário de Delfos, atirou-se à fonte, que depois recebeu seu nome e que foi consagrada ao deus dos Oráculos. As águas de Castália davam inspiração poética e serviam para as purificações no templo de Delfos. Era dessa água que bebia a Pítia.

Muitas foram, como se vê, as vitórias e os fracassos amorosos do deus Sol e a lista poderia ser ainda grandemente ampliada. Quanto aos amores de Apolo por Jacinto e Ciparisso devem ser interpretados não como um episódio de homossexualismo, mas antes como a substituição de antigas divindades agrárias pré-helênicas, como seus próprios nomes de origem mediterrânea o indicam, por um deus solar.

Jacinto, em grego Ὑάκινθος (Hyákinthos), talvez com base na raiz **weg, estar úmido*, configure a primavera mediterrânea, estação úmida e fértil, após a sequidão do estio, símbolo da morte prematura do belo jovem. Esta hipótese de Carnoy, *DEMG*, p. 74, é contestada por Chantraine e Frisk, s.u., que julgam tratar-se de um empréstimo, sem etimologia definida. Filho do Rei Amiclas e de Diomedes, era um adolescente de rara beleza, que foi amado por Apolo. Divertia-se este em arremessar discos, quando um deles, desviado pelo ciumento vento Zéfiro, ou Bóreas, segundo outros, foi decepar a cabeça do amigo. O deus, desesperado, transformou-o na flor jacinto, cujas pétalas trazem a marca, que relembra quer o grito de dor do deus (AI), quer a inicial do nome do morto (Y). Quanto a *Ciparisso* (v.), em grego Κυπάρισσος (Kypárissos), não possui etimologia segura, relacionando-se talvez com o semítico *gofer*, "cipreste". Este, como todas as árvores de folhas resistentes, era objeto de um respeito especial, como "árvore da vida ou árvore da tristeza". Filho de Télefo, era um dos favoritos de Apolo. Tinha por companheiro inseparável um veado domesticado. Ciparisso, um dia, o matou acidentalmente e, louco de dor, pediu aos deuses que fizessem suas lágrimas correr eternamente. Foi, por isso, transformado em cipreste.

Das três provas por que passou Apolo com os três consequentes exílios (em Tempe, Feres e Troia), a terceira foi a mais penosa. Tendo tomado parte com Posídon na conspiração urdida contra Zeus por Hera e que fracassou, graças à denúncia de Tétis, o pai dos deuses e dos homens condenou ambos a se porem ao serviço de Laomedonte, rei de Troia. Enquanto Posídon trabalhava na construção das muralhas de Ílion, Apolo apascentava o rebanho real. Findo o ano de exílio e do fatigante trabalho, Laomedonte se recusou a pagar-lhes o salário combinado e ainda ameaçou de lhes mandar cortar as orelhas. Apolo fez grassar sobre toda a região de Tróada uma peste avassaladora e Posídon ordenou que um gigantesco monstro marinho surgisse das águas e matasse os homens no campo.

Não raro, Apolo aparece como pastor, mas por conta própria e por prazer. Certa feita, Hermes embora ainda envolto em fraldas, lhe furtou o rebanho, o que atesta a precocidade incrível do filho de Maia. Apolo conseguiu reaver seus animais, mas Hermes acabava de inventar a lira e o filho de Leto ficou tão encantado com os sons do novo instrumento, que trocou por ele todo o seu rebanho. Como também tivesse Hermes inventado a flauta, Apolo a obteve imediatamente, dando em troca ao astuto deus psicopompo o caduceu.

Um dia em que o deus tocava sua flauta no Monte Tmolo, na Lídia, foi desafiado pelo sátiro Mársias, que, tendo recolhido uma flauta atirada fora por Atená, adquiriu, à força de tocá-la, extrema habilidade e vituosidade.

Os juízes de tão magna contenda foram as Musas e Midas, o rei da Frígia. O deus foi declarado vencedor, mas o Rei Midas se pronunciou por Mársias. Apolo o puniu, fazendo que nascessem nele orelhas de burro. No tocante ao vencido, foi o mesmo amarrado a um tronco e escorchado vivo.

A grande aventura de Apolo e que há de fazer dele o senhor do *Oráculo de Delfos* foi a morte do *Dragão Píton*. Miticamente, a partida do deus para Delfos teve como objetivo primeiro matar o monstruoso filho de Geia, com suas *flechas*, disparadas de seu arco divino. Seria importante não nos esquecermos do que representam *arco e flecha* num plano simbólico: na flecha se *viaja* e o arco configura o domínio da distância, o desapego da "viscosidade" do concreto e do imediato, comunicado pelo transe, que distancia e libera.

Quanto à guardiã do oráculo de geia pré-apolíneo, era, ao que parece, a princípio, uma δράκαινα (drákaina), um dragão fêmea, nascida igualmente da Terra, chamada *Delfine*.

Mas, ao menos a partir do século VIII a.C., o vigilante do Oráculo primitivo e o verdadeiro senhor de Delfos era o dragão Píton, que outros atestam tratar-se de uma gigantesca serpente. Seja como for, o dragão, que simboliza a *autoctonia* e a "soberania primordial das potências telúricas" e que, por isso mesmo, protegia o Oráculo de *Geia*, a Terra Primordial, foi morto por Apolo, um deus patrilinear, solar, que levou de vencida uma potência matrilinear, telúrica, ligada às trevas. Morto Píton, Apolo teve primeiramente que purificar-se, permanecendo um ano no Vale de Tempe, segundo se mencionou páginas atrás, tornando-se, desse modo, o deus *Kathársios*, "o purificador", por excelência. É que, e já se fez referência ao fato em *Mitologia Grega*, Vol. I, p. 76-77, todo μίασμα (míasma), toda "mancha" produzida por um crime de morte era como que uma "nódoa maléfica, quase física", que contaminava o *génos* inteiro. Matando e purificando-se, substituindo a morte do homicida pelo exílio ou por julgamentos e longos ritos catárticos, como foi o sucedido com Orestes, assassino de sua própria mãe, Apolo contribuiu muito para humanizar os hábitos antigos concernentes aos homicídios.

As cinzas do dragão foram colocadas num sarcófago e enterradas sob o ὀμφαλός (omphalós), o *umbigo*, o *Centro* de Delfos, aliás o *Centro* do Mundo, porque, segundo o mito, Zeus, tendo soltado duas águias nas duas extremidades da terra, elas se encontraram sobre o *omphalós*. A pele de *Píton* cobria a trípode sobre que se sentava a sacerdotisa de Apolo, denominada, por essa razão, *Pítia* ou *Pitonisa*.

Embora ainda se ignore a etimologia de *Delfos*, os gregos sempre o relacionaram com δελφύς *(delphýs), útero*, a cavidade misteriosa, para onde descia a Pítia, para tocar o *omphalós*, antes de responder às perguntas dos consulentes. Cavidade se diz em grego στόμιον (stómion), que significa tanto *cavidade* quanto *vagina*, daí ser o *omphalós* tão "carregado de sentido genital". A descida ao útero de Delfos, à "cavidade", onde profetizava a Pítia e o fato de a mesma tocar o *omphalós*, ali representado por uma pedra, configuravam, de per si, uma "união física" da sacerdotisa com Apolo. Para perpetuar a memória do triunfo de Apolo sobre *Píton* e para se ter o dragão *in bono animo* (e este é o sentido dos *jogos fúnebres*), celebravam-se lá nas alturas do Parnasso, de quatro em quatro anos, os *Jogos Píticos*.

Do ponto de vista histórico, é possível ter-se ao menos uma ideia aproximada do que foi Delfos arqueológica, religiosa e politicamente.

Múltiplas escavações, realizadas no local do Oráculo, demonstraram que, à época micênica (séc. XIV-XI a.C.), Delfos era um pobre vilarejo, cujos habitantes veneravam uma deusa muito antiga, que lá possuía um Oráculo por "incubação", cujo *omphalós* certamente era da época pré-helênica. Trata-se, como se sabe, de *Geia*, a Mãe-Terra, associada a Píton, que lhe guardava o Oráculo. Foi na Época Geométrica (séc. XI-IX a.C.), que Apolo chegou a seu *habitat* definitivo e, nos fins do século VIII a.C., a "apolonização" de Delfos estava terminada: a *manteia* por "incubação", ligada a potências telúricas e ctônias, cedeu lugar à *manteia* por "inspiração", embora Apolo jamais tenha abandonado, de todo, algumas "práticas" ctônias, como se observa no sacrifício de uma porca feito por Orestes em Delfos, após sua absolvição pelo Areópago. Tal sacrifício em homenagem às Erínias se constitui num rito tipicamente ctônio. A própria descida da Pitonisa ao *ádyton*, ao "impenetrável", localizado, ao que tudo indica, nas entranhas do Templo de Apolo, atesta uma ligação com as potências de baixo.

De qualquer forma, a presença do deus patrilinear no Parnasso, a partir da Época Geométrica, é confirmada pela substituição de estatuetas femininas em terracota por estatuetas masculinas em bronze.

O novo senhor do Oráculo do Monte Parnasso trouxe ideias novas, ideias e conceitos que haveriam de exercer, durante séculos, influência marcante sobre a vida religiosa, política e social da Hélade. Mais que em qualquer outra parte, o culto de Apolo testemunha, em Delfos, o caráter pacificador e ético do deus que tudo fez para conciliar as tensões que sempre existiram entre as *póleis* gregas. Outro mérito não menos importante do deus foi contribuir com sua autoridade para erradicar a velha lei do talião, isto é, a vingança de sangue pessoal, substituindo-a pela justiça dos tribunais, como se comentou em *Mitologia Grega*, Vol. I, p. 91.

Buscando "desbarbarizar" velhos hábitos, as máximas do grandioso Templo Délfico pregam a sabedoria, o meio-termo, o equilíbrio, a moderação. O γνῶθι ὁαὐτόν (gnôthi s'autón), "conhece-te a ti mesmo" e o μηδὲν ἄγαν (mēdèn ágan), "o nada em demasia" são um atestado bem nítido da influência ética e moderadora do deus Sol.

E como Heráclito de Éfeso (séc. V a.C.) já afirmara (fr. 51) que "a harmonia é resultante da tensão entre contrários, como a do arco e da lira", Apolo foi o grande harmonizador dos contrários, por ele assumidos e integrados num aspecto novo. "A sua reconciliação com Dioniso", salienta M. Eliade, "faz parte do mesmo processo de integração que o promovera a padroeiro das purificações depois do assassinato de Píton. Apolo revela aos seres humanos a trilha que conduz da visão divinatória ao pensamento. O elemento demoníaco, implicado em todo conhecimento do oculto, é exorcizado. A lição apolínea por excelência é expressa na famosa fórmula de Delfos: 'Conhece-te a ti mesmo'. A inteligência, a ciência, a sabedoria são consideradas modelos divinos, concedidos pelos deuses, em primeiro lugar por Apolo. A serenidade apolínea torna-se, para o homem grego, o emblema da perfeição espiritual. Mas é significativo que a descoberta do espírito conclua uma longa série de conflitos seguidos de reconciliação e o domínio das técnicas extáticas e oraculares".

Deus das artes, da música e da poesia, é bom que se repita, as Musas jamais o abandonaram. Note-se, a esse respeito, que os Jogos Píticos, ao contrário dos Olímpicos, cuja tônica eram os concursos atléticos, deviam seu esplendor sobretudo às disputas musicais e poéticas. Em Olímpia imperavam os músculos; em Delfos, as Musas.

Em síntese, temos de um lado *Geia* e o dragão *Píton;* de outro, o *omphalós*, Apolo e sua Pitonisa. Ora, se examinarmos as coisas mais de perto, como já esboçamos linhas acima, vamos encontrar em Delfos o seguinte fato incontestável: Apolo com seu culto implantou-se no Monte Parnasso, porque substituiu a *mântica ctônia*, por incubação, pela *mântica por inspiração*, embora se deva observar que se trata tão somente de substituição de um *interior* por outro *interior*: do interior da Terra pelo interior do homem, através do *"êxtase e do entusiasmo"* da Pitonisa. Ademais disso, convém repetir, os gregos sempre ligaram Delfos a *delphys*, útero, e a descida da sacerdotisa ao *ádyton* é um símbolo claro de *uma descida ritual às regiões subterrâneas*.

Eram muitas as festas e os locais em que se prestava culto a Apolo, sob múltiplos epítetos, consoante a expressão de Calímaco, 2, 70: πάντῃ δέ τοι οὔνομα πουλύ (pántē dé toi únoma pulý) – Por toda parte és invocado com muitos nomes. Vamos nos restringir aos principais. O mais antigo deles na Grécia europeia deve ter sido a Ilha de Delos, pois que Leto, antes mesmo do nascimento do filho, prometera que Apolo ergueria na ilha um templo magnífico, onde funcionaria um oráculo para atender a todos os homens (*Hh. Ap.* 1, 79sqq.). O "magnífico" Oráculo de Delos, na realidade, foi logo suplantado pelo de Delfos e até mesmo pelos de Claros e Dídimos, ambos da Ásia Menor.

O berço de Apolo, contudo, continuou a ser o ponto de reencontro dos jônios, que para lá afluíam anualmente, nas célebres *Panegírias* (reuniões solenes e festivas) para celebrar Apolo com jogos e coros (*Hh. Ap.* 1, 146sqq.). A delegação mais pomposa nas *Panegírias* era a de Atenas, cujos Θεωροί (Theōroí), "Teoros" (legados, embaixadores), em número quase sempre de três, presidiam, em nome da Cidade de Atená, à Anfictionia da Ilha de Apolo. Nessa ocasião, Atenas enviava a Delos um navio, que se dizia ser o mesmo em que Teseu conduzira a Creta as quatorze vítimas do Minotauro e as livrou do monstro. Enquanto duravam as festividades de Apolo Délfico e a viagem da "nau de Teseu" nenhum condenado podia ser executado em Atenas, como aconteceu com Sócrates. Estendendo à ilha sagrada essa ânsia de pureza absoluta, os atenienses, em 426 a.C., proibiram que "se nascesse e morresse" em Delos e até mesmo os restos mortais de antigos habitantes, que lá descansavam, foram transferidos. Somente não se tocou nos sepulcros das Virgens Hiperbóreas, considerados locais de culto.

Além de Delos, o deus possuía dois santuários em Atenas, o de Apolo Delfínio e o de Apolo Pítio, tendo sido esse último inaugurado solenemente por Pisístrato. Igualmente na Beócia eram dois os seus santuários: o de Apolo Ismênio, em Tebas, um dos mais antigos da Hélade e, perto do Lago Copaide, o de Apolo Ptóos. Em Argos era cultuado com o nome de Apolo Lício e, em Esparta, com o de Apolo Carnio. Na Ásia Menor ficaram célebres seus templos de Dídimos, perto de Mileto, e particularmente o de Claros, onde o deus foi associado à sua irmã e vizinha, a Ártemis de Éfeso. Na Grécia Setentrional, na costa do Epiro, ou, mais precisamente, na Ilha Leucádia, Apolo era titular de um templo famoso no píncaro do penhasco branco de Lêucade, Λευκὰς πέτρη (Leukàs pétrē), "o rochedo de Lêucade", como já o denominava Homero, *Od.* XXIV, 11. Era nesse rochedo fatídico que se praticava em tempos recuados o rito ancestral do καταποντισμός (katapontismós), isto é, "lançamento ao mar", hábito esse que foi amenizado e suavizado na época clássica. A precipitação "histórica" nas ondas do mar, em Lêucade, de uma vítima humana, o conhecido φαρμακός (pharmakós), quer dizer, "o que é imolado pelas faltas dos outros", o *bode expiatório*, era um sacrifício que se fazia em benefício da coletividade. Assegurava-se, desse modo, a salvação do todo pela imolação de um só ou de um número muito reduzido de pessoas.

A partir de uma data difícil de se determinar, talvez lá pelo século VIII a.C., o *katapontismós* compulsório foi substituído pelo voluntário. Só se lançavam ao mar, do rochedo de Lêucade, os que desejavam uma purificação pessoal, um meio, além do mais, seguro, para se libertar de uma paixão amorosa incontrolável.

Em Roma, onde, pelo menos desde os inícios do século IV a.C., já se cultuava o filho de Leto, Apolo acabou por tornar-se o protetor pessoal de Augusto, o primeiro imperador romano, que lhe mandou construir um templo no Monte Palatino, bem ao lado do palácio imperial. Quando, no ano 17 a.C., se celebraram os *Jogos Seculares*, o hino que se cantou, o *Carmen Saeculare*, Canto Secular, composto por Quinto Horácio Flaco, foi, em grande parte, uma homenagem a Apolo e à sua irmã gêmea Ártemis. A abertura solene do hino não deixa dúvidas a esse respeito:

> *Phoebe siluarumque potens Diana,*
> *lucidum caeli decus, o colendi*
> *semper et culti, date quae precamur*
> *tempore sacro*
>
> (Carm. Saec. 1-4)

Febo, e tu, senhora das florestas, Diana,
ornamento luminoso do céu, vós sempre adoráveis
e sempre adorados, concedei-nos o que deprecamos
na data sagrada.

APRÍATE

Ἀπριάτη (Apriátê), *Apríate*, se origina de um α-privativo (a-), *não*, e do verbo πρίασθαι (príasthai), "comprar", como se pode ver pelo sânscrito *krīṇati*, "ele compra", e o particípio *krītá*, "comprado", donde Apríate é "a que não tem preço, sem resgate".

Heroína de Lesbos, foi amada por Trambelo, filho de Télamon, mas Apríate não lhe correspondeu aos anseios. Inconformado, o jovem apaixonado tentou raptá-la durante um passeio que a mesma fazia com suas amigas pelo campo. Apríate resistiu e Trambelo, envergonhado com o fracasso de seus amores e sobretudo do rapto, que para um herói não podia falhar, lançou-a ao mar. Uma tradição mais tardia relata que foi a própria jovem, que, para não se casar com o filho de Télamon, resolveu matar-se, atirando-se nas ondas de Posídon. Trambelo, um pouco mais tarde, foi castigado pelos deuses, perecendo às mãos de Aquiles, quando este regressava de uma de suas operações de pilhagem nas vizinhanças de Troia.

APSIRTO *(I, 20; III, 63-64, 183-184, 194, 201).*

Ἄψυρτος (Ápsyrtos), *Apsirto*. Como o antropônimo possui a variante *Axirto*, Carnoy emite a hipótese de que, se o herói foi cortado em pedaços por Medeia e Jasão, poderia originar-se de um α- copulativo (a-) e de ξυρόν ou ξυρός (ksyrón ou ksyrós), "faca, navalha", donde Apsirto seria "o que foi esquartejado a faca ou navalha". A hipótese de Carnoy, *DEMG*, p. 23-24, parece muito pouco provável (Para o mito v. Argonautas).

AQUELOO *(I, 256, 259-261, 263; II, 154; III, 38, 47, 112, 123, 310).*

Ἀχελῶος (Akhelôos) *Aqueloo*, nome de vários rios. A hipótese de Carnoy, *DEMG*, p. 11 que faz *Akhelôos* provir da raiz indo-europeia **aqwã*, "água" é muito pouco provável.

Rio que corria entre a Etólia e a Acarnânia era dos mais célebres e mais venerados da Grécia Antiga. Personificado como deus-rio, foi considerado como o mais velho dos filhos de Oceano e Tétis. A princípio, segundo a tradição, chamava-se Forbas, em grego θόρβαζ (Phórbas), "o que alimenta", cuja origem é o verbo φέρβειν (phérbein), "alimentar", nome por sinal de um herói tessálio, da raça dos Lápitas (v.), mas um jovem, Aqueloo, ao atravessá-lo, foi ferido por uma flecha, caindo morto no rio, que recebeu seu nome. Aqueloo, como todo e qualquer deus, era vingativo. Certa feita, quatro ninfas sacrificavam aos deuses em suas margens e se esqueceram de colocá-lo entre as divindades invocadas; o deus-rio inflou suas águas, transbordou e arrastou as quatro ingratas para o mar, transformando-as nas Ilhas Equínades. A quinta ilha do arquipélago, Perimele, era uma jovem que o rio havia amado e estava grávida do mesmo. Irritado com a filha, seu pai Hipódamas, já prestes a nascer o filho de Aqueloo, lançou-a no rio. Este pediu a Posídon para transformá-la em ilha, surgindo a quinta Equínade. O deus-rio teve muitos amores: com Melpômene foi pai das Sereias e depois, de outros amores seus, nasceram várias fontes, como Pirene em Corinto, Castália em Delfos, Dirce em Tebas, Calírroe, que se casou com Alcméon. Aqueloo está ligado também ao ciclo dos trabalhos de Héracles. Vizinho de Eneu, rei de Cálidon, pediu-lhe a mão da filha Dejanira. Mas como o pretendente podia metamorfosear-se sobretudo em dragão e touro, a jovem princesa preferiu Héracles que também a desejava por esposa. O deus-rio não quis abrir mão de Dejanira, tendo-se, pois, travado um grande combate entre os dois pretendentes. Usando de seus poderes, o rio transformou-se em touro, mas o herói quebrou-lhe um dos chifres. O deus-rio deu-se por vencido e cedeu ao filho de Zeus o direito sobre a filha de Eneu, mas exigiu o chifre de volta. Foi-lhe então oferecido o corno da cabra Amalteia, que despejava em abundância flores e frutos. No momento em que Héracles lhe quebrou um dos *chifres*, Aqueloo, perdendo grande parte de sua *força* e *vigor*, deu-se por vencido. O chifre, o corno, tem o sentido de grandeza, de superioridade, de elevação. Simboliza, por isso mesmo, o poder, a autoridade, características básicas de quem o possui, como os deuses Dioniso, Apolo Carnio e o Rei Alexandre Magno, que tomou o emblema de Amon, o deus-carneiro, chamado no *Livro dos Mortos* "o senhor dos dois cornos". Reis e guerreiros de culturas diversas, nomeadamente os gauleses, tinham chifres em seus capacetes. É mister levar em conta, entretanto, que o poder atribuído aos cornos não é apenas de ordem temporal. Os chifres do *carneiro* são de caráter *solar* e os do *touro* de caráter *lunar*, dado o poder de fecundar do astro e do satélite e de ambos os animais que os representam. A associação da lua e do touro é bem-atestada entre os sumérios e os hindus. Onde quer que apareçam, seja nas culturas neolíticas, na iconografia ou ornamentando os ídolos de forma divina, os cornos marcam a presença da Grande Mãe da fertilidade. Evocam os sortilégios da força vital, da criação periódica, da vida inexaurível e da fecundidade, vindo assim a traduzir, analogicamente, a majestade e os obséquios do poder real. A exemplo de Dioniso, os chifres de Alexandre Magno retratam-lhe a autoridade e o gênio, que são de origem divina, e que deverão assegurar a prosperidade de seu império, como se explicou *em Mitologia Grega*, Vol. I, p. 261sqq.

AQUEMÊNIDES.

Etimologicamente, Ἀχαιμενίδης (Akhaimenídēs), *Aquemênides*, significa descendente de Ἀχαιμένης (Akhaiménēs), de Aquêmenes, ancestral da casa real persa, segundo Heródoto. Trata-se, pois, de um empréstimo ao persa antigo *Haxamaniš DELG*, p. 149.

Quando Ulisses com seus companheiros fugiu apressadamente do antro do antropófago Ciclope Polifemo, deixou para trás, sem o querer, a Aquemênides. Este conseguiu viver escondido dos Ciclopes durante anos, até que Eneias, em suas peregrinações em busca da Itália, o recolheu, segundo relata Virgílio na *Eneida*, 3, 613-639, passo em que Aquemênides, após identificar-se, relata toda a crueldade do Ciclope contra os aqueus e a vingança de Ulisses, cegando a Polifemo.

AQUERONTE *(I, 266, 318; II, 32⁴; III, 113)*.

Ἀχέρων (Akhérōn), *Aqueronte*, nome de rios diversos, principalmente um rio do Epiro e, após a *Odisseia*, designa igualmente um dos rios do Hades. Costuma-se derivar *Akhéron* de um tema em -*ντ* (-nt-), do substantivo **ἄχερος* (*ákheros), "lago, pântano" e cotejá-lo, entre outros, com o persa antigo *assaran*, antigo eslavo *jezero*, "lago", mas tal aproximação é duvidosa, *DELG*, p. 150. Carnoy deriva o vocábulo do indo-europeu **eghero*, "lago", mas semelhante etimologia é suspeita, *DEMG*, p. 11.

Só a partir da *Odisseia*, X, 513-515, é que pela primeira vez surge o Aqueronte ao lado do Piriflegetonte e do Cocito. O Aqueronte é um dos rios pelos quais atravessam as almas, na barca de Caronte, para chegar ao Hades. Suas águas são paradas e as margens cobertas de caniços. Filho de Geia, segundo uma tradição, foi condenado a permanecer para sempre nas entranhas profundas da terra, porque, na luta entre os deuses olímpicos e os Gigantes, o rio consentiu em que estes, sedentos, bebessem de suas águas. De seus amores com Orfene, "a ninfa das trevas" ou, segundo outros, com Gorgira, "a prisão subterrânea", nasceu Ascálafo (v.), transformado em coruja por Deméter, porque denunciara a quebra do jejum por Core, no Hades, após ser raptada por Plutão. No Epiro existia um rio com o mesmo nome. O Aqueronte epirota, após atravessar uma região selvagem e deserta, desaparecia nas entranhas da terra e, quando ressurgia, já perto de sua foz, formava um pântano insalubre numa paisagem solitária. Associando-lhe o nome, por etimologia popular, à dor, em grego ἄχος (ákhos), e as peculiaridades de aparecer e sumir sob a terra e sobretudo a estagnação de suas águas num paul ermo e estéril, o povo o relacionou com o Hades e transferiu para o Aqueronte infernal as características do Aqueronte do Epiro.

AQUILES *(I, 80⁶², 83, 87-88, 90, 92, 100, 106, 109-111, 123-127, 130, 133-135, 137-138, 140-143, 145-146, 166, 175, 228-231, 237, 264, 282, 316, 322; III, 14, 22, 26-27, 31, 36, 43, 49, 51-54, 58, 62-64, 66-67, 70, 86, 129, 131, 134, 189, 273, 287-288, 293, 295, 295²²⁶-300, 322, 331-334, 341, 347)*.

Ἀχιλλεύς (Akhilleús), *Aquiles*, aparece na epopeia, por abreviação métrica, igualmente sob a forma de Ἀχιλεύς (Akhileús), embora alguns filólogos vejam em Ἀχιλ(λ)εύς (Akhil(l)eús) duas formas hipocorísticas de um antropônimo comum. Na *Linear B* já se encontra *Akireu* = Ἀχιλλεύς (Akhilleús). A etimologia é desconhecida. Talvez se trate de um termo pré-helênico. Krestschmer, *Glotta*, 4, 305-308, concorda com a aproximação já feita pelos antigos com ἄχος (ákhos), "dor, aflição", com um intermediário **ἀχίλος* (*akhílos), mas Palmer, *Interpretation*, 79, pensa num hipocorístico de *Ἀχι-λᾶϜος* (Akhi-lāwos), cujo primeiro elemento estaria também relacionado com *ákhos*. Em ambas as hipóteses, o nome de um dos maiores heróis gregos significaria "o doloroso, o sofredor", *DELG*, p. 150.

O mito de Aquiles é um dos mais ricos, antigos e complexos da Antiguidade Clássica. Foi sobretudo graças à *Ilíada*, em que o filho de Tétis é citado *duzentas e noventa e duas vezes*, que se popularizaram suas gestas. Poetas posteriores a Homero e o inconsciente popular apoderaram-se da personagem e multiplicaram-lhe as variantes do mito, a ponto de se formar um autêntico *ciclo de Aquiles*, carregado de incidentes e episódios nem sempre coerentes. Desse rico banquete de iguarias tão díspares alimentaram-se os trágicos e os poetas épicos bem posteriores a Homero, até à época romana.

Tétis (v.), a nereida, que é mister não confundir com Tétis (v.), a titânida, era a mais bela das filhas do "velho do mar", Nereu, e de Dóris. Cortejavam-na Zeus e Posídon, mas um oráculo de Têmis revelou que o filho que poderia nascer do enlace da nereida com um dos dois seria mais poderoso que o pai. De imediato, os dois imortais desistiram de seu intento e, para afastar qualquer ameaça, apressaram-se em conseguir para ela um marido mortal. Outros mitógrafos atribuem a predição a Prometeu que havia vaticinado que o filho de Zeus e Tétis se tornaria o senhor do mundo, após destronar o pai. O Centauro Quirão, sem perda de tempo, começou a orientar seu discípulo Peleu (aliás descendente de Zeus por ser filho de Éaco e Endeis) no sentido de conquistar a filha imortal de Nereu. Apesar das sucessivas metamorfoses de Tétis, o que é próprio das divindades do mar, em fogo, água, vento, árvore, pássaro, tigre, leão, serpente e, por fim, em verga, o pretendente, orientado pelo Centauro, a segurou firmemente e a nereida, embora a contragosto, deu-se por vencida. Às bodas solenes de Tétis e Peleu, no Monte Pélion, compareceram todos os deuses. As Musas cantaram o epitalâmio e todos os imortais ofereceram lembranças aos noivos. Entre as mais apreciadas destacam-se uma lança de carvalho, dádiva de Quirão, e o presente de Posídon, dois cavalos imortais, Bálio e Xanto, os mesmos que na Guerra de Troia serão atrelados ao carro do pelida. O casamento do discípulo de Quirão com a filha de Nereu foi, todavia, um fracasso. Mortal e imortal nunca "se casam bem". As diferenças de nível são muito acentuadas... De qualquer forma, foi durante estas núpcias que Éris, a Discórdia, certamente "convidada a não comparecer", deixou cair entre os deuses a maçã de ouro, o Pomo da Discórdia, destinado *à mais bela* das três deusas, entre muitas outras ali presentes, Hera, Atená e Afrodite. *Incontinenti* se levantou perigosa disputa entre as três. Não se atrevendo nenhum dos deuses a assumir a responsabilidade da escolha, Zeus encarregou Hermes de conduzi-las ao Monte Ida, na Ásia Menor, onde seriam julgadas pelo pastor Páris ou Alexandre. O julgamento de Páris provocará a Guerra de Troia.

Tétis e Peleu já haviam tido seis filhos, mas, na ânsia de imortalizá-los, a deusa, temperando-os ao fogo, para despi-los do "invólucro mortal", fizera perecer os seis. Assim foi, até que Peleu lhe tomou das mãos o sétimo, o caçula Aquiles, no momento em que a esposa tentava repetir com ele as experiências anteriores. Mesmo assim, o menino ficou com parte dos lábios chamuscados e o osso do calcanhar do pé direito queimado. Há uma variante segundo a qual Tétis, segurando-o pelo calcanhar do mesmo pé, mergulhava-o nas perigosas águas do Rio Estige, que tinham o dom de tornar invulnerável tudo que nelas fosse introduzido. Na realidade, Aquiles era invulnerável, menos no local por onde a mãe o segurou. Face à intervenção do marido, a quem, aliás, não amava, abandonou-o. Deixou-lhe o filho, que, segundo uma versão, foi entregue aos cuidados do preceptor Fênix, o mesmo que o acompanharia como conselheiro na Guerra de Troia. A tradição mais constante, porém, é de que Peleu confiou o futuro herói à solicitude de Quirão, não só para que o sábio Centauro lhe sanasse os problemas físicos, provocados pelo desastroso experimento de Tétis, mas sobretudo para que o educasse. Hábil na arte da medicina, Quirão exumou a ossada do gigante Dâmiso, que fora imbatível em corridas; tirou-lhe o osso do tornozelo e operou Aquiles. Tal fato explica a velocidade do herói, o agílimo guerreiro de pernas versáteis e rápidas, tendo-se tornado merecedor na *Ilíada* do epíteto de πόδας ὠκύς (pódas okýs), "de pés ligeiros". No aprazível Monte Pélion, o menino recebeu o prestimoso desvelo de Fílira e da ninfa Cáriclo, respectivamente mãe e esposa do Centauro. Quando atingiu seus dozes anos, Quirão começou a adestrá-lo na caça, equitação e na medicina. Aprendeu igualmente a tanger a lira e a cantar. Não descuidou o mestre de incutir-lhe o apego aos hábitos antigos: a defesa da τιμή (timé), da honra pessoal, o desprezo dos bens deste mundo, o amor à verdade, a moderação, a resistência estoica à dor e às paixões desregradas, "virtudes", diga-se de relance, que todo herói, exceto com frequência a primeira, tende quase sempre a transgredir, segundo se mostrou em *Mitologia Grega*, Vol. III, p. 15-71. Alimentava-se de entranhas de leões e javali e de moelas de ursos, a fim de adquirir a coragem, a força, a destreza e a ἐνέργεια (enérgueia), a "energia" destes animais. O mel comunicava-lhe a doçura e a persuasão. Foi o Centauro quem lhe deu o nome de *Aquiles*, pois anteriormente era chamado *Líguiron*, cujo significado talvez seja "o de voz clara, aguda e potente", como, de resto, o qualifica Homero na *Ilíada*, como se fora um derivado do adjetivo λιγυρός, -ά, -όν (liguyrós, -á, -ón), "agudo, melodioso, sibilante". Quando se iniciou a convocação dos reis aqueus para a Guerra de Troia, uma embaixada, composta por Ulisses, Nestor e Pátroclo, dirigiu-se a Ftia, na Tessália, reino de Peleu, para convidar Aquiles a participar da expedição vingadora. O herói aceitou de pronto e equipou, segundo a *Ilíada*, II, 685, cinquenta naus, que transportavam em seus bojos os valentes mirmidões. Além de seu preceptor Fênix, levou também a Pátroclo em sua nau capitânia. No momento da partida, Peleu jurou que sacrificaria ao Rio Esperquio, que banhava a Tessália, os cavalos do filho, caso este regressasse de Ílion. Tétis, por sua vez, conhecedora do futuro, preveniu Aquiles do destino que lhe teceram as Queres: se fosse a Troia, teria um renome imortal, mas pereceria muito jovem; caso contrário, viveria longamente, mas num silencioso anonimato. Aquiles preferiu morrer jovem, mas gloriosamente. Esta é a tradição homérica. Os poetas posteriores, todavia, sobretudo os trágicos, enriqueceram o esquema inicial da partida do herói com inúmeras variantes. Segundo a principal, Tétis, tendo conhecimento da profecia do adivinho Calcas de que Troia não poderia ser tomada sem o concurso de Aquiles e sabedora igualmente de que o fim de Ílion coincidiria com a morte do filho, procurou escondê-lo da Moira. Para tanto, vestiu-o com hábitos femininos e o levou para a corte do Rei Licomedes, na Ilha de Ciros, onde o herói passou a viver disfarçado no meio das filhas do soberano, com o nome *de Pirra*, isto é, *ruiva*, porque o herói tinha os cabelos louro-avermelhados. Sob esse disfarce feminino, Aquiles uniu-se a uma das filhas de Licomedes, Deidamia, e foi pai de Pirro, o ruivo, que se chamará mais tarde Neoptólemo. Tendo conhecimento do esconderijo do filho de Tétis e Peleu, Calcas o revelou aos atridas Agamêmnon e Menelau, que despacharam para a Ilha de Ciros o astuto Ulisses com a missão de conduzi-lo o mais rapidamente possível para a armada aqueia. O solerte rei de Ítaca, disfarçado em mercador, conseguiu penetrar no gineceu do palácio de Licomedes e as princesas logo se interessaram pelos tecidos e adornos, mas *Pirra* voltou sua atenção exclusivamente para as armas. Com isso Ulisses pôde facilmente identificá-lo e encaminhá-lo à armada aqueia. Conta uma outra versão que o filho de Tétis se deu a conhecer porque, ouvindo os sons bélicos de uma trombeta, se emocionou e quis logo pegar em armas. Quando o herói partiu com os aqueus para Troia, recebeu de sua mãe, além de uma armadura divina, outrora oferecida a Peleu por Hefesto, os cavalos presenteados por Posídon, quando das núpcias do casal, bem como um escravo que deveria ficar dia e noite ao lado de Aquiles, para impedir a qualquer preço que este assassinasse um filho de Apolo. É que um oráculo havia predito que o herói teria morte violenta se viesse a assassinar um filho do deus de Delfos, mas Apolo se recusara a fornecer a identidade de seu rebento. No relato homérico, a frota aqueia reuniu-se em Áulis, porto da Beócia, e de lá velejou diretamente para Troia. Variantes posteriores, no entanto, afiançam que, a primeira vez que os aqueus deixaram Áulis, houve um engano lamentável no que se referia à rota a seguir, e em vez de aportar em Tróada, a frota grega desembarcou mais ao sul, na Mísia. Pensando tratar-se do reino de Príamo, o exército aqueu começou a devastar a região. Corajosamente, o rei local, Télefo, filho de Héracles, saiu ao encontro do inimigo e numa cruenta batalha foi ferido pela lança de Aquiles. Reconhecendo o erro, os aqueus reembarcaram e tomaram a direção de Troia. Uma grande tempestade, entretanto, dispersou as naus e cada rei retornou a seu país, exceto as naus de Aquiles que aportaram em Ciros, onde estavam sua mulher Deidamia e seu filho Pirro. Após algum tempo, os aqueus novamente se congregaram, mas desta feita, em Argos, para onde se dirigiu Télefo, a fim de suplicar a Aquiles que o curasse do ferimento grave que lhe havia provocado. É que o oráculo anunciara que somente *a lança* do herói poderia curar ferimentos por ela causados. Há uma variante: quando novamente a armada helênica chegou a Áulis, lá foi ter o rei da Mísia, em busca de Aquiles. Preso como espião, Télefo agarrou o pequeno Orestes que lá estava com sua mãe Clitemnestra, e ver-se-á por que, e ameaçou matá-lo se o maltratassem. Conseguiu, assim, ser ouvido e curado pelo discípulo de Quirão, que, a conselho de Ulisses, colocou sobre a ferida de Télefo a ferrugem "da lança que o ferira". De Argos a frota aqueia navegou novamente para Áulis, onde algo de muito grave aconteceu, imobilizando todo o exército helênico: o mar repentinamente se tornou inacessível aos aqueus, mercê de estranha calmaria. Consultado o adivinho Calcas, este explicou que o fenômeno se devia à cólera da irascível Ártemis,

porque Agamêmnon, numa caçada, tendo matado uma corça, afirmara que nem a deusa o faria melhor que ele ou, segundo uma variante, a corça morta era propriedade da irmã de Apolo. O único meio de apaziguar a deusa e ter ventos favoráveis, prognosticara o *mântis*, era sacrificar-lhe a filha mais velha dos reis de Micenas. Após muita relutância, o hesitante Agamêmnon acabou por consentir no sacrifício da inocente Ifigênia. Uma mensagem mentirosa foi enviada a Clitemnestra: que se enviasse a primogênita a Áulis, para desposar Aquiles. Este, que tudo ignorava, só foi posto a par dos fatos quando Clitemnestra chegou a Áulis com a primogênita e o pequenino Orestes, que Télefo tomara como refém, para ser ouvido e curado por Aquiles. O filho de Peleu ensaiou defender Ifigênia com seus mirmidões, mas já era tarde demais. Instigada por Ulisses, a soldadesca ameaçava apedrejá-lo. Consumado o sacrifício, os ventos voltaram a soprar e a armada grega, agora orientada por Télefo – preço de sua cura por Aquiles – chegou à Ilha de Tênedos, *bem em frente à cidade de Troia*, como diz Virgílio *na Eneida*, 2, 21-22. Nesta pequena ilha, o filho de Tétis teve sua primeira rixa com Agamêmnon e foi igualmente ali que Aquiles matou *um filho de Apolo*, Tenes (v.), cuja irmã o herói tentava raptar. Lembrando-se, logo após, que havia cumprido o oráculo para cuja gravidade Tétis lhe chamara a atenção, organizou suntuosos funerais em honra de Tenes e matou o escravo, cuja missão era preveni-lo deste crime. Durante nove anos os aqueus permaneceram sitiando Ílion, até que surgiram os graves acontecimentos que se constituem na temática da *Ilíada*. Todos aqueles anos, no entanto, foram marcados por façanhas e escaramuças importantes, algumas conhecidas de Homero, outras elaboradas e acrescentadas posteriormente ao repositório mítico da Guerra de Troia. O poema relata uma série de operações de pirataria e de pilhagens contra ilhas e cidades vizinhas de Tróada, fato, diga-se de passagem, comum no mito dos heróis. Aquiles tomou Tebas da Mísia, matou o Rei Eécion, pai de Andrômaca, bem como os sete filhos do monarca e ainda levou como escrava a rainha. Agamêmnon aproveitou-se do saque da cidade e apropriou-se de Criseida, filha de Crises, sacerdote de Apolo. Mais uma vez Aquiles, em outra oportunidade, devastou Lirnesso, cidade da Tróada, e apoderou-se da linda Briseida. Criseida e Briseida, por sinal, serão a causa indireta da *ira de Aquiles e de suas consequências funestas*, núcleo temático da primeira grande epopeia homérica. O mesmo herói, em companhia de Pátroclo, furtou uma parte dos bois que Eneias apascentava no Monte Ida. Relatam ainda os mitólogos e poetas posteriores a Homero que, no desembarque dos aqueus, os troianos opuseram-lhes forte resistência e chegaram mesmo a repeli-los, até que Aquiles os pôs em fuga, matando a Cicno filho de Posídon. Conta-se ainda que o filho de Tétis e Peleu, não tendo participado da disputa pela mão de Helena (e não poderia mesmo fazê-lo, conforme demonstramos em livro recente, *Helena, o eterno femini-*

no. Petrópolis, Vozes, 1989), desejou ao menos conhecê-la. Com a cumplicidade de Tétis e Afrodite, foi acertado um encontro entre os dois, mas nada se acrescenta acerca de qualquer paixão entre ambos, o que realmente seria impossível, a não ser na Ilha dos Bem-Aventurados... Foi no decorrer do nono ano da Guerra de Troia que a narrativa homérica enfocará os problemas relativos à luta e à disputa por Briseida. Nove anos de lutas sangrentas diante da fortaleza de Príamo já se haviam escoado, de acordo com os presságios, quando surgiu grave dissensão entre Agamêmnon e Aquiles. É que, conforme se viu, tendo ambos participado de diversas pilhagens, lograram apossar-se de duas belíssimas jovens: Briseida, que se tornou escrava e amante de Aquiles, e Criseida, filha do sacerdote de Apolo, Crises, que foi feita cativa do rei de Micenas. Crises, humildemente, dirigiu-se à tenda de Agamêmnon e tentou resgatar a filha. O "pastor de povos" o expulsou com ameaças. Apolo, movido pelas súplicas de seu servidor, enviou uma peste terrível contra os exércitos aqueus. Vendo os soldados assolados pela epidemia, o pelida convocou uma assembleia. Consultado, Calcas respondeu ser necessário devolver Criseida ao pai. Após violenta altercação com Aquiles, Agamêmnon resolveu entregar a filha de Crises, mas, em compensação, mandou buscar a cativa do filho de Tétis, Briseida. Irritado e como fora de si, porque gravemente ferido em sua *timé*, em sua honra pessoal, coisa que um herói grego prezava acima de tudo, retirou-se do combate: é a célebre μῆνις Ἀχιλῆος οὐλομένη (mênis Akhilêos ūloméně), "a ira funesta de Aquiles", de que fala Homero logo na proposição do poema, *Ilíada*, I, 1-2. Zeus, a pedido de Tétis, consentiu que os troianos saíssem vitoriosos, até que se fizesse condigna reparação a Aquiles. Para isso Zeus enviou a Agamêmnon um sonho enganador para o empenhar na luta, fazendo-o acreditar que poderia tomar Ílion sem o concurso do filho de Peleu. Além do mais, um antigo oráculo havia predito ao comandante em chefe dos aqueus que a cidadela de Príamo cairia quando houvesse uma discórdia séria no acampamento grego. Sem o pelida, o rei de Micenas interveio pessoalmente no combate e muitos foram seus feitos gloriosos, mas os aqueus, após duas grandes batalhas, foram sempre repelidos. Diante de uma derrota iminente, o atrida, a conselho do prudente e sábio Nestor, dispôs-se a devolver Briseida, a quem havia respeitado, e comprometeu-se ainda a enviar presentes a Aquiles, como vinte das mais belas jovens de Troia e dar-lhe em casamento uma de suas filhas. Ájax e o eloquente e solerte Ulisses foram procurá-lo, mas o herói permaneceu inflexível e não aceitou a reconciliação. Face à audácia dos troianos, comandados por Heitor, os quais chegaram até mesmo junto às naus aqueias, tentando incendiá-las, Aquiles permitiu que seu fraternal amigo Pátroclo se revestisse de suas armas. A missão do herói, todavia, segundo recomendação do pelida, era tão somente repelir e afugentar os inimigos. Pátroclo, no entanto, foi além dos limites e, como é de praxe no herói, ultrapassou o *métron*: quis escalar as muralhas de Troia e foi morto por Heitor, que lhe tomou inclusive as armas do filho de Peleu. Os gritos de dor de Aquiles despertam a atenção da vigilante deusa Tétis, que, além de tentar consolar o filho, dirige-se às forjas de Hefesto, a fim de que este fabrique novas armas para o herói. A morte de Pátroclo selará o destino de Heitor. O gigante de Ftia ergueu-se com um ronco sinistro. Após receber de Agamêmnon condignas satisfações à sua *timé* ofendida, inclusive Briseida, Aquiles despeja-se como um furacão pela planície troiana. De saída, vinte jovens troianos são aprisionados para um sacrifício cruento sobre o túmulo de Pátroclo. Foi grande a carnificina. Até o Rio Escamandro ou Xanto, entumescido de cadáveres, transbordou e ameaçou submergir o herói. Foi necessário o sopro ígneo de Hefesto para fazê-lo voltar a seu leito. Os troianos, espavoridos, buscam desordenadamente refúgio na fortaleza de Ílion. Somente Eneias, sob o impulso de Apolo, ousou opor-se a Aquiles, que, com sua lança ensanguentada, furou-lhe o escudo, mas o filho de Afrodite, erguendo uma pedra imensa, ameaçou lançá-la contra o adversário. Posídon os afastou, cobrindo-lhes a visão com uma nuvem negra. O pelida avança em direção às muralhas com o fito de cortar a retirada dos troianos, mas Apolo o desvia de sua rota, procurando, ao menos, prolongar a vida de seu favorito Heitor. Era demasiadamente tarde. Quando o filho de Tétis retomou o itinerário certo, o baluarte de Troia o aguardava sozinho diante das portas Ceias. Ao vê-lo aproximar-se, o filho de Príamo foi tomado pelo terror e fugiu. O aqueu, como um louco, o perseguiu três vezes em torno de Ílion. Zeus pôs termo à caçada, erguendo a balança da Moira, para pesar o destino dos dois heróis. O prato de Heitor inclina-se em direção ao Hades. Apolo, então, o abandonou. Atená, tomando a forma de Deífobo, irmão do herói troiano, incute-lhe coragem. Julgando que este viera em seu auxílio, inicia a luta contra o pelida. Era mais uma cilada dos deuses e rapidamente Aquiles o liquidou, atravessando-lhe a garganta, única parte descoberta do corpo, com a lança de cabo de freixo. Já agonizante, o troiano suplicou ao filho de Tétis que não lhe entregasse o corpo aos cães e às aves de rapina, mas à solicitude dos seus. Aquiles respondeu-lhe, atravessando-lhe mais uma vez o pescoço de lado a lado:

– *Não me venhas, ó cão, implorar pelos joelhos meus, nem de meus pais. Oxalá a ira e a coragem me levassem até picar, eu mesmo, tua carne crua para devorá-la* (*Il. XXII*, 345-347).

Disse, e erguendo-o pelos pés, furou as pernas de Heitor entre o calcanhar e a vergadura do joelho, puxando para fora os tendões. Meteu pelos buracos umas correias e as atou a seu carro. E a loura cabeleira de Heitor varria o chão, negra e ensanguentada. A vingança do filho mortal da imortal Tétis, porém, não parou aí. Enquanto duraram os suntuosos funerais de Pátroclo, o corpo inerte do filho de Príamo ficou exposto, nu, mutilado e ensanguentado. O cruel Aquiles, após os ritos fúnebres em honra do amigo, engendrou em sua mágoa e raiva incontidas um meio de ultrajar ainda mais seu grande adversário: atrelou seus cavalos imortais, atou ao carro o cadáver e deu três voltas ao túmulo de Pátroclo. O tenebroso espetáculo repetia-se diariamente, até que os deuses, já irritados à vista de tamanho sacrilégio, condoeram-se do herói troiano. Foi mister, no entanto, a intervenção de Zeus, para que o pelida devolvesse a Príamo, após receber condigno resgate, o corpo de Heitor, empastado de sangue e de pó. Até aqui a *Ilíada*. Na *Odisseia* Aquiles aparece de maneira muito expressiva por duas vezes, ambas na outra vida. Na primeira, *XI*, 467sqq., em que, apesar de cercado por alguns heróis, como Ájax Telamônio, Pátroclo, Atíloco e Agamêmnon, que com ele lutaram em Troia e de ter, nas palavras de Ulisses, o comando sobre os *eídola* no Hades, o herói nos transmite uma imagem melancólica do reino de Plutão. O filho de Peleu preferia, diz ele a Ulisses, servir no campo a um homem sem recursos a reinar sobre os mortos. Na segunda, *XXIV*, 36sqq., Agamêmnon, num diálogo no Hades com o próprio Aquiles, narra-lhe a morte, sem mencionar, todavia, quem o matou. Ocupa-se mais em narrar-lhe os funerais, as lamentações de Tétis, o treno entoado pelas nove Musas e os jogos fúnebres organizados por sua mãe, sem contudo aludir à disputa das armas do herói entre Ulisses e Ájax Telamônio, como erradamente informa Pierre Grimal, *DIMG*, p. 8. Aliás, na mesma página, o excelente helenista labora em equívoco, ao dizer que foi a Ulisses que Agamêmnon narrou a morte de Aquiles. O rei de Micenas o fez ao próprio filho de Peleu. Narrativas posteriores complementaram-lhe o ciclo. A primeira delas foi a luta contra a rainha das Amazonas, Pentesileia, que, após a morte de Heitor, viera com um contingente de suas guerreiras em socorro de Príamo. Aquiles a feriu mortalmente, mas, ao contemplá-la tão bela na morte, se comoveu até as lágrimas. O incorrigível Tersites (v.) ridicularizou-lhe a ternura e ameaçou furar à ponta de lança os olhos da rainha. Aquiles, num acesso de raiva, matou-o a murros, tendo depois que purificar-se na Ilha de Lesbos. Outro episódio foi a luta contra Mêmnon, combate gigantesco a que assistiram as mães dos dois heróis: Tétis e Eos. Sua paixão repentina por Políxena, filha do rei de Troia, ficou célebre. Quando do resgate do corpo de Heitor, o herói a viu e por ela se teria apaixonado de tal maneira, que prometeu a Príamo trair os aqueus, se o soberano lhe desse a filha em casamento. O rei concordou de imediato e marcou-se um encontro no templo de Apolo Timbreu para os juramentos de praxe. Aquiles compareceu desarmado e Páris, escondido atrás da estátua do deus, o matou. Os troianos apoderaram-se do corpo do herói e exigiram, para devolvê-lo, o mesmo resgate pago pelo cadáver de Heitor. Ao que tudo indica, a paixão do pelida, a promessa de trair os helenos e sua morte inglória são variantes romanescas e tardias. Aquiles, segundo versões bem anteriores, teria morrido no campo de batalha. Quando mais uma vez atacava os troianos e procurava empurrá-los para dentro de suas muralhas, Apolo postou-se diante dele e exigiu que se retirasse da pugna, ao menos naquele momento. Como o herói se recusasse a obedecer-lhe, o deus o matou com uma flechada. Outros asseveram que a flecha foi atirada por Páris, mas guiada por Apolo para o único ponto vulnerável do corpo do filho de Tétis, o calcanhar. Travou-se, como de hábito, um grande combate em torno do cadáver, mas Ájax e Ulisses lograram salvá-lo. Atená ungiu o corpo com ambrosia, para evitar putrefação, e Tétis, com o concurso das Musas ou das Ninfas, entoou os cânticos e as lamentações fúnebres. Ergueu-se-lhe depois um túmulo monumental à beira-mar. Relata-se ainda que Tétis se apoderou do corpo do filho e o transportou para a Ilha dos Bem-Aventurados, onde Aquiles continua a viver feliz, divertindo-se com suas armas e participando de um eterno banquete. Violento, mas presa fácil de Eros, o pelida se aproveitou na Ilha Branca, nas embocaduras do Danúbio, para casar-se com Medeia, outros dizem que com Ifigênia ou com Políxena ou ainda, o que é mais provável, com Helena. Neste último caso, o indeciso e manso Menelau, nem mesmo promovido também à ilha da imortalidade, pôde ser feliz com Helena. Não havendo guerras neste rincão de prazeres, e Menelau jamais foi um bravo e nem tampouco um grande herói, deve ter-se conformado em permanecer mais uma vez *solitarius*. Certamente deu os parabéns a Aquiles e Helena, quando não por terem sido os autênticos heróis da *Ilíada*... Conta uma versão, divulgada sobretudo pela *Hécuba* de Eurípides, que, ao término da Guerra de Troia, ouviu-se do túmulo de Aquiles uma voz que reclamava o sacrifício de Políxena em memória do herói.

A bravura do mais destemido dos aqueus perpetuou-se na lembrança dos helenos e seu culto difundiu-se do Oriente ao Ocidente. O retrato de Aquiles, legado por Homero, estampa o guerreiro ideal de então: é alto, forte, louro, o mais belo dos helenos. É destemido, bravo e de uma violência que, por vezes, atinge a ferocidade. De outro lado, é sensível: capaz de emocionar-se com a beleza dos olhos agonizantes de Pentesileia e chorar copiosamente, tocado pelo discurso de Príamo, quando este lhe foi pedir o corpo de Heitor. Cultiva a amizade por Pátroclo, Antíloco e Fênix em grau superlativo. Ama profundamente os pais e ao filho Neoptólemo. Só se tranquiliza na outra vida, quando, após pedir a Ulisses notícias do pai e do filho, tem a certeza de que Peleu não está sendo humilhado e desprezado na velhice e de que Neoptólemo é um bravo como o pai (*Od.* XI, 492sqq.). Como se mostrou na Introdução ao Mito dos Heróis (*Mitologia Grega*, Vol. III, p. 15-71), esse paladino que nasceu "para servir" é capaz de todas as oscilações: é um ser carregado de παθος (páthos), dominado pela *paixão*. Aquiles, que defende violenta e ferozmente sua *timé* e *areté*, vale dizer, "a honorabilidade pessoal e a excelência", dois valores muito cultuados pelo herói, também ele, no entanto, chora e soluça, ao recordar-se do pai e de Pátroclo, até "fartar-se de gemidos". Os Estoicos, julgando-o "com valores seus" do século IV-III a.C., caracterizam-no como símbolo da violência e das paixões desregradas, contrapondo-lhe Ulisses, para eles modelo de prudência e de sabedoria. Aquiles é figura indispensável em muitas obras literárias: da *Ilíada* de Homero, passando pela *Ifigênia em Áulis* de Eurípides, chegou ao século I p.C. com a *Aquileida* de Públio Papíneo Estácio. O maior encômio de Aquiles está sintetizado em apenas dois versos da *Odisseia*, XXIV, 93-94, recitados por Agamêmnon. Traduzem exatamente o que mais desejava um grego após a morte, isto é, a perpetuidade do nome e da memória, o que lhe garantia a perpetuidade da psiqué:

Ὣς σὺ μὲν οὐδὲ θανὼν ὄνομ᾽ ὤλεσας, ἀλλά τοι αἰεὶ
πάντας ἐπ᾽ ἀνθρώπους κλέος ἔσσεται, ἐσθλὸν,
Ἀχιλλεῦ.

– Com tua morte, Aquiles, não se apagou teu
    nome: hás de fruir
para sempre, entre todos os mortais, de um renome
    glorioso.

ARACNE *(II, 27).*

Ἀράχνη (Arákhnē), *Aracne*, talvez proceda do indo-europeu *arak-sn, que exprime a ideia geral de "tecer". Diga-se, de passagem, que ἀράχνη (arákhnē) designa propriamente "teia de aranha", o animal diz-se de preferência ἀράχνης (arákhnês), "aranha". O latim possui *arãněa*, "teia de aranha", que passou a desligar o animal só a partir de Catulo (séc. I a.C.), em poesia, e de Frontão (séc. II p.C.), em prosa, *DIELL*, p. 42.

Filha de Ídmon, um rico tintureiro de Cólofon, Aracne era uma bela jovem da Lídia, onde o pai exercia sua profissão. Bordava e tecia com tal esmero, que até as ninfas dos bosques vizinhos vinham contemplar e admirar-lhe a arte. A perícia de Aracne lhe valeu a reputação de discípula de Atená, mas entre os dotes da fiandeira lídia não se contava a modéstia, a ponto de desafiar a deusa para um concurso público. Atená aceitou a provocação, mas apareceu-lhe antes sob a forma de uma anciã, aconselhando-a a que depusesse sua *hýbris*, sua *démesure*, seu descomedimento, que não ultrapassasse o *métron*, que fosse mais comedida, porquanto os deuses não admitiam competição por parte dos mortais. A jovem, em resposta, insultou a anciã. Indignada, a deusa identificou-se e declarou aceitar o desafio. Depuseram-se as linhas e deu-se início ao magno certame. A filha das meninges de Zeus representou em lindos coloridos, sobre uma tapeçaria, os doze deuses do Olimpo em toda a sua majestade. Aracne, maliciosamente, desenhou certas histórias pouco decorosas dos amores dos imortais, principalmente as aventuras de Zeus. Atená examinou atentamente o trabalho: nenhum deslize, nenhuma irregularidade. Estava uma perfeição. Vendo-se vencida ou ao menos igualada em sua arte por uma simples mortal e furiosa com as cenas criadas pela artista, a deusa fez em pedaços o lindíssimo trabalho de sua antagonista e ainda a feriu com a naveta. Insultada e humilhada, Aracne tentou enforcar-se, mas a rival divina não o permitiu, sustentando-a no ar. Em seguida transformou-a em *aranha*, para que tecesse pelo resto da vida. Esse labor incessante de *Aracne-Aranha* configura uma terrível punição. A *Bíblia* e o *Corão* acentuam a fragilidade da teia de Aracne:

*Construiu sua casa como a da aranha
e, como guarda, fez sua choupana.
Rico, ele se deita pela última vez;
quando abrir os olhos, nada encontrará.*

(Jó 27, 18-19)

*Mas a habitação da aranha
é a mais frágil das habitações.*

(Corão 29-40)

Semelhante fragilidade evoca uma realidade de aparências fictícias e efêmeras. A aranha torna-se, nesse enfoque, uma artífice de teias de ilusões.

ARCAS *(III, 46, 53, 55).*

A tentativa de Carnoy, *DEMG*, p. 26, de aproximar Ἀρκάς (Arkás), *Arcas*, de ἄρκτος (árktos), "urso", pelo fato de sua mãe ter sido metamorfoseada em "ursa" e ele, em seu guardião, é meramente fantasiosa, segundo Chantraine, *DELG*, p. 110. Trata-se, no caso, de etimologia popular. O nome do fundador dos arcádios não possui ainda etimologia segura.

Arcas era filho de Zeus e da ninfa Calisto, embora uma variante o faça descender de Pã. Com a morte de Calisto (v.) ou sua metamorfose em ursa, Zeus entregou o menino a Maia, mãe de Hermes. Pelo lado materno, Arcas era neto de Licáon, que reinou sobre uma região que, mais tarde, foi chamada Arcádia. Para testar a divindade do pai dos deuses e dos homens, o rei tentou servir-lhe as carnes do menino Arcas. Zeus, porém, não se deixou enganar e, após fulminar-lhe o palácio, transformou-o em lobo. Os membros de Arcas foram reunidos novamente pelo próprio Zeus, que o ressuscitou. Ao atingir a adolescência, segundo Ovídio, *Met.* 2, 496sqq., o filho de Calisto se tornou um grande caçador e, certo dia, em plena floresta, deparou com a própria mãe, que havia sido transformada em ursa. Perseguida, a ursa-Calisto refugiou-se no templo de Zeus *Lício*.

O caçador, embora fosse proibido, sob pena de morte, penetrar no recinto sagrado, desafiou a lei e foi ao encalço da presa. Para evitar que ambos perecessem, Zeus os transformou em constelações: a *Ursa* e seu guardião, Ἀρκτοῦρος (Arktûros), Arcturo, "a estrela alfa do Boieiro Arcturus". Arcas reinou sobre os pelasgos do Peloponeso, os quais passaram a chamar-se arcádios. Ensinou a seu povo o que aprendera com Triptólemo: preparar o pão e tecer a lã. De seu casamento com Leanira, filha de Amiclas, nasceram dois filhos: Élato e Afidas. Com a ninfa Érato foi pai de Azan. Foi entre os três filhos que a Arcádia foi dividida.

ARES *(I. 48, 71, 81, 109, 125, 127, 129, 136, 138-139, 159, 174, 187, 217-219, 221, 233, 238, 290, 335, 343, 348; II, 19, 25, 39-45, 48-49, 55-56, 122, 124, 194, 231[121]; III, 42, 63, 104-105, 114, 121, 132, 177, 183, 204, 208, 210, 235, 259, 297, 343[264])*.

Ἄρης (Árēs), *Ares*, certamente está relacionado com ἀρή (arḗ), "desgraça, infortúnio", pois a divindade em pauta, desde o panteão homérico, era o deus da guerra e da violência, *DELG*, p. 108, podendo-se talvez, por isso mesmo, fazer uma aproximação com o sânscrito *irasyati*, "ele se enfurece".

Ares é filho do ἱερὸς γάμος (hieròs gámos), do "casamento sagrado", das justas núpcias de Zeus e Hera. Desde a *Ilíada* já se mencionou o fato, Ares aparece como o deus da guerra por excelência. Dotado de coragem cega e brutal, é o espírito da batalha, que se rejubila com a carnificina e o sangue. O próprio Zeus o chama de *o mais odioso de todos os imortais que habitam o Olimpo* (*Il.* V, 890). Nem mesmo entre seus pares encontra simpatia: Hera se irrita com ele e Atená o qualifica de μαινομενος (mainómenos), "louco e encarnação do mal". Na *Il.*, V, 830sqq., a deusa da inteligência dirigiu contra ele a lança de Diomedes e mais tarde ela própria o feriu com uma pedra enorme (*Il.*, XXI, 403sqq.). Somente Afrodite, sua amante, o denomina "bom irmão" (*Il.*, V, 359sqq.), quando foi igualmente atingida pela lança de Diomedes. Na Guerra de Troia pôs-se ao lado dos troianos, talvez por causa de Afrodite, mas tal opção não importa muito, uma vez que o deus não está preocupado com a justiça da causa que defende. Seu prazer, seja de que lado combata, é participar da violência e do sangue. De estatura gigantesca, coberto com pesada armadura de bronze, com um capacete coruscante, armado de lança e escudo, combatia normalmente a pé, lançando gritos medonhos. Seus acólitos nos cruentos campos de batalha eram *Éris*, a Discórdia, insaciável em sua fúria; *Quere*, com a indumentária cheia de sangue; os dois filhos que tivera com Afrodite, cruéis e sanguinários, *Deîmos*, o Terror, e *Phóbos*, o Medo, e a poderosa Enio, a devastadora. Seus demais filhos foram quase todos cruéis, ímpios ou devotados a uma sorte funesta, como Flégias, pai de Ixíon e Corônis, a mãe de Asclépio. Amante de Apolo, Corônis o traiu, embora grávida do deus da medicina. Como Apolo ou sua irmã Ártemis a tivesse matado, Flégias tentou incendiar o templo de Delfos. O deus o liquidou a flechadas e lançou-lhe a psiqué no Tártaro. Ixíon (v.), por sua audácia, foi condenado por Zeus a terrível suplício.

Com Pirene Ares foi pai de três filhos: Cicno, Diomedes Trácio e Licáon. O primeiro, violento e sanguinário, assaltava os peregrinos que se dirigiam ao Oráculo de Delfos. A pedido de Apolo, foi eliminado por Héracles (v.). *Diomedes Trácio* alimentava suas éguas com carne humana e foi igualmente liquidado pelo mesmo herói. *Licáon*, rei dos crestônios, tentou barrar o caminho ao mesmo Héracles, quando este se dirigia ao país das Hespérides, aonde ia buscar os *Pomos de Ouro*. Interpelado e depois atacado por *Licáon*, este foi morto pelo filho de Alcmena. *Tereu*, o trácio, foi um outro de seus rebentos e seu mito prende-se às filhas de Pandíon, Procne (v.) e Filomela (v.). Casado com Procne, o casal teve um filho, Ítis. Apaixonado pela cunhada, o trácio a violou. Para que Filomela não pudesse dizer o que lhe acontecera, cortou-lhe a língua. A jovem, todavia, bordando numa tapeçaria o próprio infortúnio, conseguiu transmitir à irmã o que lhe acontecera. Procne, para castigar o marido, matou o próprio filho Ítis e serviu-lhe as carnes ao pai. Inteirado do crime, Tereu, armado com um machado, saiu em perseguição às duas irmãs, tendo-as alcançado em Dáulis, na Fócida. As jovens imploraram o auxílio dos deuses e estes, compadecidos com o destino funesto das mesmas, transformaram Procne em rouxinol e Filomela em andorinha. Tereu foi metamorfoseado em mocho. Com a filha de Cécrops, Aglauro, o deus da guerra teve Alcipe. Tendo Ares assassinado o filho de Posídon, Halirrótio, que lhe tentara violar a filha, foi arrastado por Posídon a um tribunal formado por doze grandes deuses, que se reuniram numa *colina*, junto à qual o homicídio fora cometido, situada em frente à Acrópole de Atenas. Foi absolvido, mas a *colina*, a partir de então, passou a *chamar-se* Ἄρειος πάγος (Áreios págos), isto é, *Areópago*, "colina de Ares ou colina do homicídio", uma vez que esse histórico tribunal ateniense tinha a seu encargo julgar crimes de sangue. Movido por fortes ciúmes, Ares assassinou Adônis (v.), seu rival na preferência de Afrodite. Os Alóadas, Oto e Efialtes, para vingar Adônis, encerraram o deus da guerra num pote de bronze e ali o deixaram por treze meses. Somente o astucioso Hermes conseguiu libertá-lo num estado de extrema fraqueza. Atribuem-se a Ares muitas aventuras amorosas, dentre as quais a mais séria e célebre foi a que teve com Afrodite, que estava, no momento, casada com Hefesto. Este surpreendeu o casal de amantes em flagrante adultério e o envolveu numa rede invisível (v. Aléctrion, Afrodite, Hefesto). Seu *habitat* preferido era a Trácia, país selvagem, de clima rude, rico em cavalos e percorrido frequentemente por povos sanguinários. A Trácia era tida como uma das habitações das *terríveis Amazonas*, que passavam igualmente por filhas do amante de Afrodite. Seu culto, relativamente pobre em relação aos outros deuses, era sobretudo parcimonioso em Atenas, onde era venerado num pequeno e modesto santuário, ao qual estava associada Afrodite. No Peloponeso, por força do militarismo espartano, Ares possuía realmente um grande número de simpatizantes. Em Esparta, os efebos faziam-lhe constantes sacrifícios no suntuoso templo que lhe era consagrado. Na Beócia, particularmente em Tebas, "o belicoso" recebia também um culto especial, uma vez que era considerado ancestral dos descendentes de Cadmo, que, graças à intermediação de Zeus, se casara com Harmonia, filha do deus da guerra e de Afrodite. Três pontos nos chamam a atenção no mito de Ares: o pouquíssimo apreço em que era tido por parte de seus irmãos olímpicos; a pobreza de seu culto na Hélade e, apesar de ser um deus da guerra, suas constantes derrotas para imortais, heróis e até mesmo para simples mortais. Pública e solenemente desprezado pelos próprios pais, era ridicularizado por seus pares e até pelos poetas que se regozijavam em chamá-lo, entre outros epítetos deprimentes, de *bebedor de sangue, flagelo dos homens, deus das lágrimas*... Epítetos, aliás, que não condizem com as atitudes bélicas do deus: derrotado constantemente por Atená; vencido várias vezes por Héracles; ferido por Diomedes; aprisionado pelos Alóadas... Um deus olímpico, com tais características, convida a uma reflexão. Há os que solucionam o problema de maneira muito simples: os aqueus, desde a época homérica, se comprazíam em mostrar a força cega e bruta de Ares debelada e burlada pelo vigor mais inteligente de Héracles e sobretudo pela coragem lúcida, viril e refletida de Atená. A vitória da inteligência sobre a força descontrolada refletiria a essência do pensamento grego.

É verdade que tudo isto está correto, mas não satisfaz inteiramente. Talvez se pudesse defender a hipótese de que Ares não fosse um deus, mas um *demônio* popular, que se encaixou na epopeia, mesmo assim, ou por isso mesmo, desprezado pelas outras divindades. É possível igualmente, como querem outros, que se trate de um herdeiro pouco afortunado de alguma divindade pré-helênica, como já se pensou de sua companheira inseparável, Enio (v.). Sua afinidade com a Trácia e suas ausências constantes do Olimpo nos inclinam a ver no deus da guerra um estranho mal-adaptado à religião grega, em cujo seio seu caráter sangrento e funesto lhe valeu um sério descrédito. Assim como a *Erínia*, a devastadora, foi qualificada por Ésquilo (*Set*. 721) de *deusa tão pouco semelhante aos deuses*, igualmente Ares, por força e total ausência, em sua personalidade, de uma característica essencial a um deus, a virtude da beneficência, foi cognominado pelo escoliasta de *Édipo Rei*, 185sq., de θεὸς ἄθεος (theòs átheos), de um *deus que não é um verdadeiro deus*. Seja como for, Ares jamais se adaptou ao espírito helênico, tornando-se um antípoda do equilíbrio apolíneo.

ARGENO ou ARGINO.

Ἄργεννος ου Ἄργυννος (Árguennos ou Árguynnos), Argeno *ou* Argino, era o nome de um jovem tebano. O primeiro provém de ἀργεννός (arguennós), que se prende a ἀργός (argós) "de um branco cintilante", como se pode ver pelo sânscrito *ŗj-rá*, "brilhante". O radical ἀργ- (arg-) ampliado em ἀργυ- (arguy-) é a origem de Ἄργυννος (Árguynnos), Argino, "branco brilhante". Ao radical ἀργ- (arg-) correspondem o latim *argentum*, "prata"; tocariano *ārki*, *arkwi*, "branco"; hitita *ḫarkiš*, "claro, brilhante", *DELG*, p. 103-105.

Argeno ou Argino, filho de Pisídice, era de extraordinária beleza. Residia na Beócia, às margens do Lago Copaide. Um dia em que o jovem Argeno se banhava no Rio Cefiso, foi visto por Agamêmnon, que estava, na ocasião, em Áulis. Apaixonado pelo filho de Pisídice, o rei de Micenas pôs-se a persegui-lo. Argeno fugiu, mas vendo que fatalmente seria alcançado pelo esposo de Clitemnestra, já sem forças, lançou-se na águas turbulentas do Cefiso e morreu afogado. Agamêmnon homenageou-o com funerais suntuosíssimos e em sua honra mandou erigir um templo a Ártemis Argene.

ÁRGIRA.

Ἀργυρᾶ (Arguyrâ), *Árgira*, é um antropônimo formado do radical ampliado ἀργυ- (arguy), de ἀργός (argós), "branco, brilhante" (v. Argeno), donde Árgira significa a que tem uma "brancura cintilante".

Ninfa de uma fonte da Arcádia, Árgira amava apaixonadamente um belo pastor chamado Selemno. A paixão de Árgira, todavia, durou apenas enquanto o pastor foi jovem e robusto. Vendo-o envelhecer, ela o abandonou. Selemno morreu de desgosto e Afrodite o transformou num regato. Percebendo, porém, que o ribeiro não conseguia libertar-se de seu grande amor, a deusa concedeu-lhe o dom de olvidar todo e qualquer sofrimento causado por um Eros impossível. Este é o motivo pelo qual homens e mulheres, que se banhassem nas águas límpidas de Selemno, esqueceriam todas as aflições e amarguras provocadas por um grande e inesquecível amor.

ARGO *(I, 282; II, 28; III, 178, 178[146], 191-192, 194-195, 197, 203)*.

Ἀργώ (Argṓ), *Argo*, procede do adjetivo ἀργός (argós), "branco cintilante, rápido, ligeiro", que é resultante de uma dissimilação de (*argrós), "branco cintilante". Ao tema ἀργ- (arg-) correspondem o latim *argentum*, "prata", tocariano *arwi* e *arwi*, "branco", hitita *ḫarkiš*, "claro, brilhante".

Argo, a nau dos Argonautas, foi construída no Porto de Págasas, na Tessália, pelo filho de Frixo, Argos (v.), auxiliado por Atená. O madeirame procedia do Monte Pélion, mas, para fabricar a proa, Atená trouxera uma peça inteira, tirada do carvalho sagrado de Dodona, à qual a deusa concedera o dom da palavra e até da mântica, mas que deveria ser usada uma única vez.

ARGONAUTAS *(I, 237; II, 90, 141-142; III, 37-38, 175, 177, 178[145])*.

Ἀργοναῦται (Argonaûtai), *Argonautas*, é um composto de Ἀργώ (Argṓ), "a rápida, a brilhante" e de ναύτης (naútes), "marinheiro", isto é, "os marinheiros da nau Argo".

Argonautas são "os heroicos" parceiros de Jasão (v.) que, lotando a nau Argo, partiram para a Cólquida em busca do Velocino de Ouro. Esta aventura famosa foi celebrada pelo poeta da época alexandrina, Apolônio de Rodes (295-215 a.C.), no poema épico em quatro cantos, *Argonáuticas*.

Convocados por um arauto através da Grécia inteira, apresentaram-se mais de cinquenta heróis para participar da arriscada missão. Diferentes *Catálogos*, que, na realidade, diferem muito uns dos outros, conservam os nomes dos valorosos componentes da expedição. Dois dentre eles são muito importantes, o de Apolônio de Rodes (*Arg.* 1, 23-233) e o de Apolodoro, não só porque fixam o número dos heróis entre cinquenta e cinquenta e cinco, mas sobretudo porque, além de serem independentes entre si, arrolam um número apreciável de nomes, o que refletiria o fundo mais estável e possivelmente mais antigo do mitologema. Além do mais, o *Catálogo* de Apolônio apresenta uma característica significativa: é uma espécie de περιήγησις (périeguésis), isto é, de périplo da Grécia heroica. Aliás, tanto o *Catálogo* dos heróis quanto as *Argonáuticas* possuem uma estrutura circular.

Além de Jasão, que comandava a expedição, aparecem Argos, filho de Frixo, ou de Arestor, segundo outros, como construtor do navio, e Tífis, como piloto. Este último recebeu tão honrosa função por ordem de Atená, que lhe ensinou a arte da navegação, até então desconhecida. Com a morte do piloto nas terras dos mariandinos, na Bitínia, seu posto foi ocupado por Ergino, filho de Posídon. Vinha, em seguida, o músico e cantor da Trácia, Orfeu, cuja função não era apenas a de dar cadência aos remadores, mas ainda, e principalmente, a de evitar, com sua voz divina, a sedução do canto das Sereias. Dentre tão célebres protagonistas destacam-se também os adivinhos Ídmon, Anfiarau e, no Catálogo de Apolodoro, o lápita Mopso. Desejosos e preparados para quaisquer *agônes*, a nau Argo levava ainda a bordo muitos outros heróis destemidos como Zetes e Cálais, Castor e Pólux, Idas e Linceu e o arauto da expedição, Etálides, um dos filhos de Hermes. Dentre os heróis de "menor porte" é bastante citar Admeto, Acasto, filho de Pélias, Periclímeno, Astério, o lápita Polifemo, Ceneu, Êurito, Augias, Cefeu... em ambos os Catálogos figura Héracles, mas ligado apenas a um episódio da viagem, o rapto de seu jovem companheiro Hilas pelas ninfas, na Mísia, o que acarretou o desespero do herói, que não mais prosseguiu na expedição.

O navio Argo foi lançado ao mar, na praia de Págasas, na Tessália, em cerimônia solene e concorrida. Após um sacrifício a Apolo, Jasão içou a vela e Argo singrou em direção à Cólquida. Os auspícios eram favoráveis, pressagiava Ídmon, segundo quem apenas ele dentre os grandes heróis pereceria no trajeto, retornando todos os demais.

A primeira escala foi na Ilha de Lemnos, onde se uniram às Lemníades, dando-lhes filhos, uma vez que estas haviam assassinado todos os maridos, conforme se comentou em *Mitologia Grega*, Vol. I, p. 222. Navegaram, em seguida, em direção à Ilha de Samotrácia, e aí, a conselho de Orfeu, todos se iniciaram nos *Mistérios dos Cabiros*. Penetrando no Helesponto, chegaram à cidade de Cízico, na terra dos doliones. O rei, homônimo da cidade, os recebeu hospitaleiramente, oferecendo-lhes, além de muitos presentes, um grande banquete. Na noite seguinte, os argonautas partiram, mas uma grande tempestade fê-los retornar a Cízico (v.). Os doliones, não tendo reconhecido os seus hóspedes da véspera e julgando tratar-se de piratas pelasgos, que frequentemente lhes pilhavam a cidade, atacaram-nos com todos os seus homens disponíveis. Travou-se uma grande batalha. Cízico, tendo corrido em defesa dos seus, foi morto por Jasão, que lhe atravessou o peito com a lança. A carnificina continuou, até que, com o nascer do dia, ficou esclarecido o terrível equívoco.

Jasão mandou organizar funerais suntuosíssimos em memória de Cízico e, durante três dias, os Argonautas entoaram lamentações fúnebres e fizeram jogos em sua honra. Tendo a jovem rainha Clite se enforcado, por causa da morte do esposo, as ninfas a choraram tão intensamente, que de suas lágrimas se formou a fonte Clite. Como nova borrasca os impedisse de partir, os marinheiros de Argo (tal é a etimologia de *argonauta*, de Ἀργώ (Argṓ), *Argo*, e ναύτης (naútēs), *marinheiro*) ergueram sobre o Monte Díndimon, a cavaleiro de Cízico, uma estátua de Cibele, a Grande Mãe oriental, mãe dos deuses, a fim de que esta lhes propiciasse um bom tempo. Navegando mais para leste, chegaram às costas da Mísia. Enquanto recebiam presentes de hospitalidade da acolhedora população e preparavam o almoço, Héracles, que havia quebrado o remo, tal a força com que feria as águas, dirigiu-se a uma floresta vizinha, a fim de preparar um outro. O lindíssimo Hilas, que o acompanhava na expedição, se afastou igualmente com a finalidade de procurar água doce para preparar os alimentos e não mais retornou. É que tendo se aproximado de uma fonte, as ninfas náiades, extasiadas com a beleza do jovem, o arrastaram para as profundezas das águas, talvez para imortalizá-lo. Polifemo, tendo-lhe ouvido o grito, correu em seu auxílio. Encontrando a Héracles, que retornava da floresta, ambos se puseram a procurar Hilas. Durante a noite inteira erraram nos bosques e nas florestas e, pela manhã, quando Argo partiu, os dois não estavam a bordo. O destino não permitiu que os dois heróis participassem da conquista do velocino de ouro. Polifemo fundou nas vizinhanças a cidade de Cios e Héracles retornou sozinho às suas grandes tarefas.

Argo, após uma longa travessia, aportou na terra dos bébricos, cujo Rei Âmico, um gigante, filho de Posídon, era miticamente o inventor do pugilato. Atacava os adventícios que passassem pela Bitínia e os matava a socos. Tão logo chegaram os Argonautas, o brutamontes os desafiou. Pólux aceitou a justa, cujo preço era a vida do vencido. Apesar da estatura e da força brutal de Âmico, Pólux, usando de extrema habilidade e astúcia, o venceu. Não lhe tirou a vida, mas fê-lo prometer, sob juramento, que doravante respeitaria os estrangeiros. Consoante outras versões, houve uma batalha geral entre os Argonautas e os bébricos, que, derrotados, fugiram em todas as direções.

Na manhã seguinte, Argo retomou seu caminho, mas impelida por grande borrasca, antes de penetrar no Bósforo, a nau ancorou nas costas da Trácia, isto é, na margem europeia do Helesponto, onde reinava Fineu, o mântico cego, filho de Posídon, e cujo mito foi narrado em *Mitologia Grega*, Vol. I, p. 236-237. Os Argonautas, após a vitória de Cálais e Zetes sobre as Harpias, foram bem-instruídos por Fineu acerca do perigo que para eles representavam as temíveis Ciâneas, os Rochedos Azuis, também denominados *Sindrômades* ou *Simplégades*, vale dizer, "que se entrechocam". Tratava-se, disse-lhes Fineu, de dois recifes móveis, que, à passagem de qualquer coisa entre ambos, fechavam-se violentamente, esmagando fosse o que fosse.

Era necessário, aconselhou-lhes o mântico, fazer-se preceder por uma pomba: se esta cruzasse os terríveis Rochedos Azuis, era sinal de que a *Moîra* lhes permitiria igualmente transpô-los; caso contrário, que desistissem da empresa.

Seguindo à risca a advertência de Fineu, ao se aproximarem das Simplégades, soltaram uma pomba, que conseguiu ultrapassá-las, mas, assim mesmo, ao se fecharem, as Ciâneas cortaram as pontas das penas maiores da cauda da ave. Os Argonautas esperaram que os rochedos novamente se abrissem e remaram com todas as forças, logrando atravessá-los. Apenas a popa de Argo, como a cauda da pomba, foi ligeiramente atingida. Após essa passagem vitoriosa, as Simplégades se imobilizaram, porquanto a *Moîra* havia determinado que, no dia em que um navio lograsse passar entre elas, as Sindrômades jamais se fechariam.

Penetrando, desse modo, no Ponto Euxino, no Mar Negro, os heróis da nau Argo chegaram à região dos mariandinos e foram muito bem-recebidos pelo Rei Lico. Foi lá que, numa caçada, morreu o adivinho *Ídmon*, ferido por um javali. Faleceu também, entre os mariandinos, o piloto Tífis, sendo, de imediato, substituído, como já se mencionou, por Ergino.

Prosseguindo em sua viagem, os Argonautas atingiram a foz do Termodonte, junto ao qual, dizia-se, residiam as Amazonas. Contornando o Cáucaso, navegaram diretamente para a Cólquida, na embocadura do Rio Fásis, que marcava o fim de sua viagem de ida...

Antes de se passar às gestas de Jasão na Cólquida, uma palavra sobre a *pomba*, que logrou primeiro transpor o que até então nada havia conseguido ultrapassar e um ligeiro comentário sobre os Rochedos Azuis.

Consoante G. Chevalier e A. Gheerbrant, a *pomba* é fundamentalmente um símbolo de pureza, de simplicidade e, quando se torna portadora do ramo de oliveira a Noé, configura igualmente a paz, a harmonia, a esperança, o reencontro da felicidade. Como a maioria das representações de animais alados na mesma área cultural, pode-se afirmar que a pomba traduz a sublimação do instinto e especificamente de *Eros*.

Numa acepção pagã, que valoriza diferentemente a noção de pureza, ela não se opõe ao amor carnal, pois que, como ave de Afrodite, representa a plenitude amorosa de tudo quanto o amante oferece ao objeto de seu desejo.

Todas essas significações, diferentes apenas na aparência, fazem que a pomba acabe por traduzir o que existe de imortal no homem, o sopro vital, a *psiqué*, a *alma*. Em alguns vasos funerários gregos a ave de Afrodite é representada bebendo num pequeno recipiente, que simboliza a fonte da memória. Na iconografia cristã, além da simplicidade, da doçura e da pureza, a pomba simboliza igualmente a alma. O inesquecível Cardeal Jean Danniélou, citando São Gregório de Nissa, diz que "na medida em que a alma se aproxima da luz, torna-se mais bela e toma a forma de uma pomba".

Logrando transpor o vão mortal das Simplégades, a pomba traduz o aprimoramento de um outro nível, a vitória sobre a morte, se bem que algo ainda falte, porquanto as penas maiores foram "queimadas" pelo entrechoque ígneo dos rochedos. A popa de Argo também danificada, embora levemente, pelas Sindrômades, atesta que os heróis ainda não atingiram o nível iniciático desejável.

Quanto às Simplégades, recifes móveis, que se entrechocam, configuram um perigo mortal: ultrapassá-las é fixá-las, vencê-las para sempre, embora, nessa ultrapassagem, sempre se deixe um "pouco do pelo". Mas a ameaça mortal, configurada pelas Ciâneas, e cuja transposição é incerta e irregular, traduz algo fortemente ansiógeno. "O rochedo, o túnel, estão na categoria do terrificante, como o relâmpago, o trovão e a tempestade". A imagem desses rochedos móveis, frequentes nos sonhos, traduz o medo de um fracasso, de uma agressão, de uma dificuldade, e expressa uma angústia. Esta, no entanto, como prova o mito dos Argonautas, pode ser debelada por uma inteligência justa e precavida, pela descoberta da solução e pela aceitação prévia de que se corre um risco, ao menos de deixar "alguns pelos" pelo caminho... A consciência refletida pode, destarte, vencer o terror inconsciente. Cumprida a operação, a causa da angústia se dissipa.

As Simplégades simbolizam, pois, as dificuldades que podem ser dominadas por uma decisão e uma coragem inteligentes. Símbolo paradoxal, como o túnel e tantos outros, mostra simultaneamente a dificuldade e a solução, a travessia pelo interior de um obstáculo e ilustra a dialética simbólica, tão frequentemente evocada por Mircea Eliade, da coincidência dos opostos.

Atingida a Cólquida, os Argonautas puderam, finalmente, respirar por alguns dias em paz. A grande tarefa, a conquista do velocino de ouro, cabia ao herói Jasão. Este, de imediato, dirigiu-se à corte de Eetes, irmão de Circe e Pasífae, e pai de Calcíope, Medeia e Apsirto, dando-lhe ciência da missão que o trazia à Ásia. O rei, para livrar-se de um importuno, prontificou-se a devolver-lhe o precioso velocino, desde que o pretendente ao trono de Iolco executasse quatro tarefas, que, diga-se logo, nenhum mortal poderia sequer iniciar, a não ser que a grande faísca de eternidade, o *amor*, que transmuta impossíveis em possíveis, aparecesse! As provas impossíveis para qualquer ser humano eram as seguintes: pôr o jugo em dois touros bravios, presentes de Hefesto a Eetes, touros de pés e cornos de bronze, que lançavam chamas pelas narinas e atrelá-los a uma charrua de diamante; lavrar com eles uma vasta área e nela semear os dentes do dragão morto por Cadmo na Beócia, presentes de Atená ao rei; matar os gigantes que nasceriam desses dentes; eliminar o dragão que montava guarda ao velocino, no bosque sagrado do deus Ares.

Perplexo face às tarefas impostas, que teriam que ser realizadas num só dia, de sol a sol, o herói estava pronto para retornar a Iolco, quando surgiu Medeia, mágica consumada, que, apaixonada por ele, talvez por artimanhas da deusa Hera, comprometeu-se a ajudá-lo a vencer todas as provas. Sob juramento solene de casamento e de levá-la para a Grécia, repetindo-se, desse modo, o episódio de Ariadne e Teseu, Jasão recebeu de Medeia todos os recursos necessários para uma vitória completa. Deu-lhe a filha de Eetes um bálsamo maravilhoso com que o herói untou o corpo e as armas, tornando-os invulneráveis ao ferro e ao fogo. Recomendou-lhe ainda que, tão logo nascessem os gigantes dos dentes do dragão, atirasse, de longe, uma pedra no meio deles. Os monstros começariam a se acusar mutuamente do lançamento da pedra, o que os levaria a lutar uns contra os outros, até se exterminarem por completo.

Tudo aconteceu conforme desejava a paixão de Medeia. Restava apenas vencer o dragão no bosque dos Ares. A mágica fê-lo adormecer com seus sortilégios e Jasão atravessou-o com sua lança, apossando-se do velocino de ouro. Face à recusa de Eetes, que se negou a cumprir a promessa feita, e ainda ameaçou incendiar a nau Argo, Jasão fugiu com Medeia, que levara seu jovem irmão Apsirto como refém.

Quando o rei descobriu a fuga de Jasão e Medeia com o velocino, pôs-se imediatamente ao encalço da nau Argo. Medeia, que previra essa perseguição, esquartejou Apsirto, espalhando-lhe os membros em direções várias. Eetes perdeu muito tempo em recolhê-los e, quando terminou a dolorosa tarefa, era tarde demais para perseguir a "ligeira" nau Argo. Assim, com os membros ensanguentados do filho, Eetes velejou até o porto mais próximo, o de Tomos, na foz do Rio Íster, e ali os enterrou. Antes de regressar à Cólquida, porém, enviou vários navios em perseguição dos Argonautas, advertindo seus tripulantes de que, se regressassem sem Medeia, pagariam com a vida em lugar dela.

Segundo uma outra versão, Eetes enviara Apsirto com um exército em perseguição dos fugitivos, mas tendo-se este adiantado muito, deixando o exército para trás, Jasão o teria assassinado traiçoeiramente, com auxílio de Medeia, no templo de Ártemis, na embocadura do Íster, isto é, do Danúbio inferior.

Seja como for, os Argonautas navegaram em direção ao Danúbio e, subindo o majestoso rio, chegaram ao Adriático, pois, à época da elaboração dessa variante do mito, o Íster era considerado como uma artéria fluvial, que ligava o Ponto Euxino ao Adriático. Zeus, irritado com a morte de Apsirto, enviou uma grande tempestade, que desviou a nau Argo de sua rota. Foi então que Argo começou a falar e revelou a cólera do deus, acrescentando que esta perseguiria os Argonautas, até que fossem purificados por Circe. Foi assim que a nau subiu o Rio Erídano (Pó) e o Ródano, através da região dos lígures e dos celtas. De lá, retomou o Mediterrâneo e, costeando a Sardenha, chegou à Ilha de Eeia, reino de Circe. A mágica e tia de Medeia purificou os Argonautas e manteve uma longa entrevista com a sobrinha, mas se recusou peremptoriamente a hospedar Jasão em seu palácio. Da Ilha de Circe, Argo retomou seu curso errante, mas a partir de então, guiada por Tétis, a pedido de Hera, atravessou sem incidentes maiores o Mar das Sereias. É que Orfeu entoou ao som de sua lira uma canção tão bela, que os Argonautas não lhes deram a menor atenção ao canto mavioso e mortal. Apenas Butes se deixou "encantar" e a nado chegou aos rochedos dessas mágicas antropófagas. Afrodite, todavia, o salvou e transportou para Lilibau, na costa ocidental da Sicília. Passando por Cila e Caribdes, chegaram à Ilha de Corcira, hodiernamente Corfu, reino dos feaces, governado por Alcínoo e sua esposa Arete. Lá, algo de sério e grave aguardava os Argonautas. Uma nau, enviada por Eetes, em perseguição aos fugitivos, chegara antes de Argo à Ilha de Alcínoo. Os súditos de Eetes, sobretudo porque estavam com a vida em jogo, pressionaram violentamente o rei, para que lhes entregasse Medeia. O soberano, após consultar Arete (ao que parece, como se pode observar "mais tarde" na *Odisseia*, o regime vigente em Corcira era bem matriarcal), respondeu-lhes que entregaria a filha de Eetes, desde que ela, uma vez examinada, ainda fosse virgem. Mas, sea mesma já fosse mulher de Jasão, deveria permanecer com ele.

Arete, secretamente, fez saber a Medeia a decisão do casal real e Jasão se apressou em fazer da noiva sua mulher. Desse modo, Medeia permaneceu com o esposo. Os nautas da Cólquida, não ousando retornar à pátria, radicaram-se em Corcira e os Argonautas retomaram os caminhos do mar. Tão logo deixaram a ilha dos feaces, violenta borrasca os lançou contra Sirtes, dois perigosos recifes na costa norte da África. Tiveram, com isso, que transportar sobre os ombros a nau Argo até o Lago Tritônis. Graças ao deus do Lago, Tritão, os destemidos marinheiros encontraram uma saída pelo mar e navegaram em direção a Creta. Na Ilha de Minos, os nautas de Argo foram, a princípio, impedidos de desembarcar pelo monstruoso gigante Talos, de que se falou em *Mitologia Grega*, Vol. I, p. 175, só o conseguindo graças aos sortilégios de Medeia, que, tendo descoberto o ponto vulnerável do corpo do monstro, provocou-lhe a morte. Para agradecer a vitória sobre Talos, ergueram um santuário a Atená Minoica e, ainda pela manhã, voltaram ao bojo macio do mar. Repentinamente, porém, foram envolvidos por uma noite escura e misteriosa e ninguém mais tinha noção de onde estava. Jasão implorou Febo Apolo para que lhes mostrasse a rota em meio à total escuridão. O deus ouviu-lhe a súplica e lançou uma fresta de luz que, como um farol, guiou a nau Argo até uma das Ilhas Espórades, onde lançaram âncora.

A essa ilha deram o nome de Ἀνάφη (Anáphé), nome interpretado em etimologia popular como ilha da "Revelação". A derradeira escala de Argo foi na Ilha de Egina. Daí, contornando a Ilha de Eubeia, chegaram finalmente a Iolco, completando um périplo de quatro meses.

De imediato, Jasão levou a nau Argo para Corinto e a consagrou a Posídon, como ex-voto.

O mitologema de Jasão e dos *Argonautas*, cuja redação é anterior à da *Odisseia*, como se depreende das palavras de Circe a Ulisses, ao descrever-lhe o perigo que representavam as Πλαγκταί (Planktaí), as *Planctas* (*Od.* XII, 59-61), os ameaçadores recifes *errantes*, que só a altaneira *nau Argo, que todos celebram, conseguiu atravessar, em seu regresso do reino de Eetes* (*Od.* XII, 69-70), acabou por tornar-se muito popular, formando um vasto *ciclo*.

Como os poemas homéricos, as gestas dos bravos Argonautas serviram de matéria-prima a poemas épicos como as *Argonáuticas*, em quatro cantos, do poeta da época alexandrina Apolônio de Rodes (295-215 a.C.) e *Argonáutica*, igualmente poema épico, em oito cantos, do vate latino da época imperial, século I, p.C., Caio Valério Flaco Setino Balbo; a poemas de cunho lírico, como as cartas 6 e 12 das *Heroides* de Ovídio, e a tragédias, como a portentosa *Medeia* de Eurípides (séc. V. a.C.).

ARGOS *(131, 259, 282, 282[181]; III, 53-55, 178, 178[146]).*

Em grego, a par de Ἄργος, ου (Árgos, u), *Argos*, do gênero masculino, existe Ἄργος, ους (Árgos, us), neutro. O primeiro é um antropônimo, além de ser o nome do cão de Ulisses, e o segundo é topônimo, isto é, uma cidade do Peloponeso, capital da Argólia. Uma outra forma é Ἀργώ (Argṓ), feminino, nome da nau dos Argonautas. Segundo Chantraine, *DELG*, p. 103sq., todos estes termos provêm certamente do adjetivo ἀργός, -ή, -όν (argós, -ḗ, -ón), "brilhante, rápido". O tema ἀργ- (arg-) encontra-se ampliado em ἀργυ- (arguy-), como por exemplo em ἄργυρος (árguyros), "prata, metal branco"; latim *argentum*, "prata"; tocariano *ārki* e *arkwi* e hitita *ḫarkiš*, estes dois últimos com sentido de "claro, branco". Como existem vários *Argos* e uma *Argo* (v. Jasão), vamos separar cuidadosamente o mito de cada um.

O primeiro *Argos* é filho de Zeus e de Níobe, a primeira amante mortal do pai dos deuses e dos homens. Tendo obtido como herança uma parte do Peloponeso, denominou-a *Argólida*, onde fundou a cidade de *Argos*. Desposou Evadne e com ela teve quatro filhos: Écbaso, Piras, Epidauro e Críaso. Seu mérito maior, segundo o mito, foi o de haver introduzido na Hélade a arte de preparar a terra para receber a semente do trigo. O segundo *Argos* é filho de Frixo e de Calcíope, irmã de Medeia. Nascido e criado na Cólquida, abandonou-a para reclamar, em Orcômeno, na Beócia, o direito ao trono deixado por seu avô Átamas. Um naufrágio, porém, lançou-o na Ilha de Ária, onde foi recolhido pelos Argonautas. Uma variante do mito relata que Jasão, ao chegar à Cólquida, encontrou Argos na corte de Eetes e foi graças ao mesmo, com intervenção de sua mãe Calcíope, que Jasão teve seu primeiro encontro com Medeia. Temendo a cólera de seu avô Eetes, regressou à Hélade com os Argonautas. Desposou a filha de Admeto, Perimele, e foi pai de Magnes. Uma terceira personagem é *Argos*, construtor da nau Argo, o qual era filho de Arestor. No mito, este Argos é comumente confundido com o filho de Frixo e Calcíope. O mais importante dos Argos, todavia, é o bisneto de *Argos*, filho de Zeus e Níobe. Consoante algumas versões, possuía apenas um olho, segundo outras, quatro: dois voltados para frente e dois para trás. A tradição mais seguida, todavia, é a de que Argos era um verdadeiro gigante, dotado de cem olhos. De um vigor físico espantoso, após livrar a Arcádia de um touro que devastava o país e revestir-se de seu couro, investiu contra um Sátiro que causava grandes prejuízos aos árcades, furtando-lhes os rebanhos, e o eliminou. Aproveitando-se do sono de Équidna (v.), a terrível filha de Geia e de Tártaro ou de Fórcis e Ceto, a matou, uma vez que o monstro devorava a quantos lhe cruzassem o caminho. Hera o encarregou de vigiar a *Vaca Io* (v.) de quem estava enciumada. Conforme algumas versões, o Cem-Olhos a seguia por onde quer que andasse, segundo outras, o gigante amarrou-a numa oliveira de um bosque sagrado de Micenas. Graças a seus cem olhos podia vigiar a amante de Zeus com grande eficiência, pois, ao dormir, fechava apenas cinquenta. Hermes, entretanto, recebeu ordem expressa de Zeus de libertar Io. A maneira como o fez varia muito no mito. O filho de Maia teria liquidado Argos com uma pedra, lançada de longe; tê-lo-ia adormecido, batendo-lhe com o caduceu ou tocando a flauta mágica de Pã (v.). Uma vez mergulhado em sono profundo com os cem olhos, Hermes cortou-lhe a cabeça. Para imortalizar o leal guardião, Hera lhe arrancou os cem olhos e colocou-os na cauda do pavão, sua ave predileta. Um derradeiro *Argos* é o fiel cão de Ulisses. Quando o herói partiu para Troia, o animal ainda era muito novo e mesmo assim reconheceu seu dono, ao retornar este a Ítaca. Abandonado na longa ausência de seu senhor, como se expressa Homero na *Odisseia*, XVII, 291-304, *rolava diante do portal sobre o estrume das mulas e dos bois. Vendo aproximar-se Ulisses, agitou a cauda e baixou a cabeça. Faltaram-lhe forças para chegar até onde estava seu senhor...* E um pouco mais abaixo, pelas palavras de Eumeu, o fiel porcariço do herói de Ítaca, fica-se a par do que aconteceu a Argos, que esperou também vinte anos pelo regresso de Ulisses. Queria apenas revê-lo:

> Pelo destino da negra morte foi Argos colhido, tão logo reviu Ulisses, decorridos vinte anos de ausência.
>
> (Od. 326-327).

ARIADNE *(I, 55, 61, 64, 159; II, 139; III, 27, 58, 163-165, 167-168, 172-174, 183, 198).*

Ἀριάδνη (Ariádnē), *Ariadne*: é bem possível, explica Chantraine, *DELG*, p. 20, que se tenha inventado um termo fictício ἁδνός (hadnós), "casto, puro, luminoso" para se explicar Ἀρίαδνη (Ariádnē), uma vez que, em grego, "puro, casto, sagrado" se diz ἁγνός, ή, όν (hagnós, ḗ, ón), embora, e talvez por isso mesmo, se tenha criado uma outra forma *para Ariádne*, Ἀρίαγνη (Ariágnē). Para Carnoy, *DEMG*, p. 25, Ἀρίαδνη (Ariádnē) significaria "a muito bela" e a forma alternada Ἀριάγνη (Ariágnē), "a muito honrada". O próprio filólogo, entretanto, acredita tratar-se de uma etimologia popular. Veja-se ainda Frisk, *GEW*, p. 21. De qualquer forma, "a muito luminosa ou muito honrada", e Ariadne foi ambas as coisas, pois era filha de Minos, rei de Creta, e de Pasífae, filha de Hélio.

Quando Teseu chegou a Creta para lutar ou ser devorado pelo Minotauro, no intrincado Labirinto, Ariadne se apaixonou pelo herói ateniense. Para que pudesse, após liquidar o monstro, encontrar o caminho de volta, façanha quase impossível, deu-lhe, a conselho de Dédalo, um novelo de fios. Teseu deveria desenrolá-lo, à medida que penetrasse no Labirinto, o que lhe facilitaria a saída. Conta uma outra versão que o presente salvador da princesa fora não um novelo, mas uma coroa luminosa, que Dioniso lhe oferecera como presente de núpcias:

Uma terceira variante atesta que a coroa luminosa, que orientou e guiou o herói nas trevas, lhe havia sido oferecida por Afrodite, quando o príncipe ateniense desceu ao palácio de Anfitrite (v.) para buscar o anel de Minos (v.). Talvez a junção de fio e coroa luminosa, "o fio condutor e luz", seja realmente o farol ideal para espancar trevas interiores! Ariadne havia condicionado, porém, seus préstimos e auxílios a Teseu: livre do monstro e do Labirinto, ele a desposaria e levaria para Atenas. Derrotado e morto o Minotauro, o herói escapou das trevas com seus treze acompanhantes e, após inutilizar os navios cretenses, para impedir qualquer perseguição, velejou de retorno à Grécia, levando consigo a princesa cretense. O navio fez escala na Ilha de Naxos. Na manhã seguinte, Ariadne, quando acordou, estava só. Longe, no horizonte, o navio de velas pretas desaparecia. Teseu a havia abandonado. Esta é a versão mais conhecida e seguida inclusive pelo poeta latino Públio Ovídio Nasão (43 a.C.-18 p.C.), nas *Heroides*, 10, 3-6, onde ecoam os primeiros lamentos de Ariadne:

> *Quae legis ex illo, Theseu, tibi litore mitto,*
> *unde tuam me uela tulere ratem; in quo me*
> *omnusque meus male prodidit, et tu,*
> *per facinus somnis insidiate meis.*

– O que lês, Teseu, envio-te daquela praia,
donde, sem mim, as velas levaram teu barco;
onde o sono perverso me traiu,
de que perversamente tu te aproveitaste.

Há variantes: uns afirmam que Teseu abandonou a princesa minoica, porque amava outra mulher, Egle, filha de Panopleu. Outros acham que o herói foi forçado a deixá-la em Naxos, porque Dioniso se apaixonara por ela ou até mesmo a teria raptado durante a noite e, após desposá-la, a teria levado para o Olimpo. Como presente de núpcias, o deus lhe teria dado um diadema de ouro, cinzelado por Hefesto. Tal diadema foi mais tarde transformado em constelação. Com Dioniso, Ariadne teria tido quatro filhos: Toas, Estáfilo, Enópion e Pepareto. A paixão e o rapto de Ariadne por Dioniso podem ser vistos sob o enfoque do que denominaríamos *dessacralização*. Ariadne é uma antiga deusa egeia da vegetação, que foi suplantada em Naxos e demais ilhas do Mediterrâneo por Dioniso, o deus da vegetação por excelência. O *hieròs gámos* (o casamento sagrado) do deus com a filha de Minos, isto é, a união de duas divindades protetoras da "semente" pertence a um velho fundo de costumes religiosos, além de possibilitar que uma antiga deusa "decaída", suplantada em suas funções e transformada em princesa e heroína, tivesse direito à apoteose, como entre muitas outras, aconteceu com Helena. A figura mítica de Ariadne, suas desventuras e amores mereceram atenção de romancistas, poetas e músicos. Além do romance de Anton Tchekhov (1860-1904), *Ariadne*, a poesia de Hugo von Hofmannsthal (1874-1929), conjugada à música de Richard Strauss (1864-1949), para citar apenas o que é mais conhecido, produziram o ato lírico-burlesco, uma superposição do cômico ao dramático, denominado *Ariadne auf Naxons*, Ariadne em Naxos.

ARÍON *(I, 284, 324; III, 345).*

Ἀρείων (Areíōn), *Aríon*, é o comparativo ἀγαθός *(agathós)*, bom: ἀρείων (areíēn) é "o melhor, mais forte, mais bravo", englobando todas as qualidades e méritos do corpo, do berço e da fortuna, *DELG*, p. 106.

Desejando escapar de Posídon, que a perseguia, segundo se expôs em *Mitologia Grega*, Vol. I, p. 284, Deméter disfarçou-se em égua, mas o deus, tomando a forma de um garanhão, fê-la mãe de Aríon, o cavalo de crinas azuis e dotado de espantosa velocidade. Este animal de sangue divino pertenceu primeiramente a Onco, depois a Héracles e, por fim, a Adrasto. Aliás, este rei foi o único a escapar com vida, quando da expedição dos *Sete contra Tebas* (v.), graças à velocidade de Aríon, que o levou até Colono, em Atenas. Tal rapidez e fôlego do filho de Posídon e Deméter já haviam sido postos à prova por ocasião dos jogos fúnebres em memória e honra de Ofeltes, também *cognominado Arquêmoro*, "o começo do destino", fato relacionado ainda com a expedição supracitada (v. Anfiarau).

ARISTEU *(II, 85, 87, 142; III, 52).*

Ἀρισταῖος (Aristaîos), *Aristeu*, se origina do superlativo ἄριστος (áristos), "ótimo, excelente".

Apolo raptou Cirene, filha do rei dos lápitas Hipseu, e a levou para a Líbia, onde nasceu Aristeu, que foi inicialmente entregue aos cuidados de Geia e das Horas (v.). Segundo uma versão diferente, o filho de Apolo foi educado pelo Centauro Quirão e pelas Musas, que lhe transmitiram sólidos conhecimentos de medicina e da arte divinatória. As Musas entregaram-lhe seus rebanhos de carneiros, que pastavam nas planícies de Ftia, na Fócida. As ninfas ensinaram-lhe a fabricar o queijo e a apicultura. Aristeu transmitiu aos homens tudo quanto aprendera com seus mestres.

Casou-se com Autônoe, filha de Cadmo, e gerou Actéon (v.), que, como o pai, se tornou um grande caçador, talento, por sinal, que lhe provocará o infortúnio. Públio Virgílio Marão (*Geórg.* 4, 453-527) narra como o apicultor Aristeu tentou violentar a esposa de Orfeu, Eurídice. Esta, ao fugir de seu perseguidor, pisou numa serpente, que a picou, causando-lhe a morte. Tão séria *hamartía* provocou a cólera dos deuses contra o filho de Apolo, atingindo-lhe sobretudo as colmeias. Desesperado, o grande apicultor pediu auxílio à sua mãe Cirene, que habitava as profundezas do Rio Peneu, num palácio de cristal. A mãe respondeu-lhe que somente o deus marinho Proteu, que guardava o rebanho de focas de Posídon, poderia revelar-lhe a causa da epidemia que lhe arruinava as colmeias. O apicultor aguardou pacientemente que o deus marinho (que sempre fugia dos que o procuravam) se deitasse sobre um grande rochedo, onde sempre dormia, e o acorrentou, obrigando-o a revelar a causa da morte de suas abelhas. Proteu revelou que os deuses o castigavam pela morte de Eurídice e aconselhou-o a formar novos enxames. Comandando uma armada de arcádios, Aristeu participou ao lado de Dioniso da conquista da Índia. Como uma verdadeira onda de calor devastasse as Cíclades, os habitantes dessas ilhas pediram auxílio a Aristeu. Com anuência de seu pai Apolo, o discípulo de Quirão foi em socorro dos flagelados pela estrela Sirius, que, no verão, assolava as Cíclades. Estabelecendo-se na Ilha de Ceos, mandou erguer um grande altar a Zeus e todos os dias escalava uma montanha e oferecia sacrifícios ao pai dos deuses e a *Sirius*. Comovido com tanta piedade, Zeus enviou os ventos etésios (que sopram uma vez por ano) que purificam e refrescam a atmosfera, afastando as pestilências. É por isso que os esperados ventos etésios anualmente, no verão, purificam as Cíclades. Aristeu era honrado na Arcádia, por haver introduzido lá a apicultura e em Cirene, na Líbia, para onde seguiu com sua mãe e ensinou a cultivar uma planta preciosa, o σίλφιον (sílphion), *silphium*, que se usa como remédio e condimento.

ARISTODEMO.

Ἀριστόδημος (Aristódēmos), *Aristodemo*, é um composto de ἄριστος (áristos), "excelente" e δῆμος (dêmos), "povo", significando "de povo, de raça excelente ou excelente para seu povo". Com efeito, Aristodemo é filho de Aristômaco, bisneto de Héracles. Quando em Naupacto preparava com seus irmãos Têmenos e Cresfonte a grande armada, que deveria conquistar o Peloponeso, foi fulminado por Zeus a pedido de Apolo, por ter-se Aristodemo esquecido de consultar o Oráculo de Delfos. Uma outra versão assevera que o herói foi assassinado pelos dois filhos de Pílades e Electra, Médon e Estrófio. Os lacônios, no entanto, garantiam que Aristodemo participou da conquista do Peloponeso com seus irmãos e obteve o reino da Lacônia, legando-o posteriormente a seus dois filhos, Eurístenes e Procles, os quais tivera com Argia, filha de Autésion.

ARQUELAU.

Ἀρχέλαος (Arkhélaos), *Arquelau*, é composto de um elemento ἀρχε- (ar-khe-), do verbo ἄρχειν (árkhein), "tomar a iniciativa, começar, comandar" e de λαός (laós), "povo", donde Arquelau é "o chefe do povo", *DELG*, p. 120.

Filho de Têmenos, e portanto um dos descendentes de Héracles, foi banido por seus irmãos da cidade de Argos. Refugiou-se na corte do Rei Cisseu, que, ameaçado de todos os lados por seus inimigos, prometeu a seu hóspede o reino e a filha em casamento, caso o filho de Têmenos o salvasse. Neto e herdeiro da coragem de Héracles, Arquelau facilmente venceu todos os adversários do rei. Mal-assessorado por conselheiros inescrupulosos, Cisseu não só se negou a cumprir a promessa, mas também mandou preparar um grande fosso com carvões ardentes e o camuflou com folhagens. Sua intenção era liquidar traiçoeiramente com o destemido salvador de seu reino e de sua família. Avisado por um escravo, Arquelau solicitou uma entrevista secreta com o rei e o lançou na fornalha. Em seguida, orientado pelo Oráculo de Delfos, deixou o reino do ingrato Cisseu e seguiu uma cabra que encontrou no caminho. Esta o conduziu até a localidade de Ege, na Macedônia, onde o herói fundou uma cidade a que deu o nome de *Ege*, em honra da *cabra*, em grego αἴξ, αἰγός (aíks, aigós), que o guiara. Arquelau é miticamente o ancestral direto de Alexandre Magno.

ÁRTEMIS *(1, 57, 59, 71-72, 80, 84, 86, 92, 94, 109-110, 127, 159, 188, 212-213, 218-219, 222-223, 260, 281, 284, 288, 290, 343, 348; II, 19, 50, 57-58, 59[17], 61, 63, 64-70, 75, 78-79, 81, 83, 90, 104, 160, 180; III, 29, 36, 55, 58, 70, 100-101, 139, 167-168, 184, 187, 209[157], 237, 294-295, 331-332, 341, 343, 343[264], 346-355).*

Ἄρτεμις (Ártemis), *Ártemis*, já está documentada em micênio, em forma de gen. Atemito = Ἀρτέμιτος (Artémitos) e de dat. Atimiti = Ἀρτεμίτει (Artemítei), mas, etimologicamente, a aproximação com ἄρτος (ártos), "urso", apresenta dificuldades e a que se faz com ἄρταμος (ártamos), "sanguinária", isto é, "a que massacra", mercê de suas flechas certeiras, deve ser de cunho popular. É possível que o antropônimo, que é seguramente de origem asiática, ilíria ou lídia, talvez provenha ou tenha dado origem a ἀρτεμής (artemés) "são e salvo", dada a proteção oferecida pela deusa aos que a cultuavam, *DELG*, p. 116-117. Neste caso a irmã de Apolo (v.) significaria "a protetora"?

Tendo nascido antes do irmão e ajudado a mãe nos trabalhos de parto, ficou tão horrorizada com o que sofreu Leto, que pediu a seu pai Zeus o privilégio de permanecer para sempre virgem.

Iconograficamente é representada com vestes curtas, pregueadas, com os joelhos descobertos, à maneira das jovens espartanas. Semelhantemente a seu irmão, a quem está muitas vezes associada no mito e no culto, carrega o arco e a aljava cheia de setas temíveis e certeiras. Como Apolo, aprecia muito o país dos Hiperbóreos, cujas virgens mensageiras, as quais fazem parte de seu séquito, foram por ela conduzidas até Delos. Ao lado de Apolo participou do massacre dos filhos de Níobe (v.) e o assistiu na luta e extermínio da serpente Píton, na morte de Títio (v.) e da ninfa Corônis. Na Gigantomaquia (v. Zeus) lutou bravamente em favor de seu pai e matou, com auxílio de Héracles, ao gigante Grátion. Arqueira como o arqueiro Apolo, "a sagitária de arco de ouro" usa das mesmas armas que ele para combater ou castigar, mas "leoa para com as mulheres" (*Il.* XXI, 483), causa-lhes mortes súbitas, sem dores e, não raro, rouba-lhes a vida no momento do parto. Mas nem sempre a jovem arqueira conta em suas vinganças com o auxílio de Apolo. Foi sozinha que puniu a negligência de Eneu de Cálidon e a impiedade de Agamêmnon, exigindo-lhe o sacrifício de sua primogênita Ifigênia, episódio já por nós comentado em *Mitologia Grega*, Vol. I, p. 86-87. Quanto à negligência de Eneu de Cálidon, a vingança da deusa foi terrível. Este rei, pai de Meléagro, Tireu e Dejanira, era casado com Alteia. Relata o mito que, após a boa colheita do ano, Eneu ofereceu um sacrifício a todos os deuses, mas se esqueceu inteiramente de Ártemis. Sentindo-se ultrajada, a deusa enviou contra a região um javali de grande porte e ferocíssimo, que devastou todo o reino. Para liquidá-lo, Meléagro, jovem e destemido príncipe, convocou os melhores caçadores da Etólia, região onde ficava Cálidon, conseguindo matar o monstro. Ártemis, todavia, suscitou uma grave querela entre os caçadores etólios e os Curetes, que haviam também participado da caçada, a respeito da posse *da pele e da cabeça do javali*. Enquanto o príncipe lutou ao lado dos etólios, a vitória lhes sorriu, mas tendo havido uma séria dissensão entre Meléagro e seus tios, irmãos de Alteia, pela posse dos mesmos preciosos despojos, o jovem caçador assassinou os tios. Alteia, inconformada com o fato, com as mais violentas imprecações, invocou contra o filho as divindades infernais. Este, então, se retirou do combate e Cálidon foi sitiada e queimada. Atendendo às súplicas dos sacerdotes, dos pais, irmãs e dos amigos mais chegados, o herói pegou em armas novamente e rapidamente levou os seus à vitória, mas pereceu em combate. O mito do herói de Cálidon, no entanto, se enriqueceu mais tarde com vários incidentes dramáticos, em que a guerra contra os Curetes perdeu quase toda a importância, avultando na imaginação do povo a caça ao javali. Uma dentre as muitas variantes conta que, tão logo nasceu Meléagro, as Moiras predisseram a Alteia que a sorte do menino estava vinculada a um tição, que ardia na lareira. Se este se consumisse inteiramente, a criança morreria. A mãe aflita, de imediato, retirou de entre as brasas o tição já meio consumido, apagou-o e o escondeu num cofre. Após a caçada vitoriosa ao javali de Cálidon, e quando Meléagro matou os tios, que se opunham obstinadamente à sua vontade de ofertar a pele do animal a Atalanta, sua namorada e protegida de Ártemis, a mãe indignada, num gesto impensado, atirou ao fogo o tição tão ciosamente guardado e Meléagro morreu.

Tão rebelde quanto Héstia e Atená às leis de Afrodite, Ártemis sempre foi a virgem indomável, que punia à altura os atentados à sua pessoa, como fez com Oríon, segundo se mostrou em *Mitologia Grega*, Vol. I, p. 269, e com Oto, um dos Alóadas. O imprudente caçador Actéon foi outra de suas vítimas. Viu-a o jovem caçador numa noite de estio, nas encostas do Monte Citéron e, tendo-a seguido, surpreendeu-a banhando-se nas águas frescas de uma fonte. A deusa atirou-lhe um punhado de água no rosto e Actéon foi metamorfoseado em veado e despedaçado pelos próprios cães, que não o reconheceram. Castigou com a morte a ninfa Calisto, que não guardava a virgindade, segundo prometera, conforme está em *Mitologia Grega*, Vol. I, p. 281. Ao contrário, como se há de ver no mito de Teseu, premiou com sua amizade a pureza de Hipólito e de Britomártis-Dictina, que é, aliás, mera hipóstase de uma antiga Ártemis cretense. Sempre distante da vida e das coisas da cidade, Ártemis foi definida como uma "divindade do exterior", que vive a natureza, percorrendo campos e florestas, no meio dos animais que neles habitam. Era tida como protetora das Amazonas, também guerreiras e caçadoras, e independentes do jugo do homem. Era a única dentre os deuses, exceto Dioniso, que sempre foi acompanhada por um cortejo alvoroçado e buliçoso. Com esse séquito de ninfas, às quais ela ultrapassa de muito em altura e beleza, percorre bosques e florestas, excitando os cães em busca da presa. A *Ilíada* denomina-a πότνια θηρῶν (pótnia thērōn), "senhora das feras", o que lhe atesta o caráter de uma Grande Mãe asiática e sublinha sua afinidade com a natureza e com o mundo animal. Afinidade, aliás, de um duplo aspecto: de um lado, como se mostrou, a *Caçadora* e, de outro, a Ἐλαφηβόλος (Elaphēbólos), *a que massacra veados e corças*, daí seu epíteto de *Elafieia* em Élis e Olímpia, bem como o grande festival das *Elafebólia* (caça ao veado), que se celebrava em Atenas no mês

Elafebólion (março). Embora a corça seja o seu animal predileto e sempre a acompanhe, porque a deusa lhe protege o crescimento e depois as crias, bem como as dos outros animais (Xen. *Cyn.* 6, 13), isto não impedia que, no culto, os animais, indistintamente, lhe fossem sacrificados. Basta lembrar que, após a vitória de Maratona sobre os persas, em 490 a.C., foram sacrificadas quinhentas cabras, como atesta o mesmo Xenofonte (An. 3, 2, 12). É que a *Sagitária*, era, além de Caçadora, uma guerreira ardente e ousada. Em Hiâmpolis, na Fócida, e em Patras, se lhe sacrificavam animais vivos, selvagens e domésticos, que eram lançados sobre um braseiro. Semelhante crueldade trai o "caráter oriental" de uma Grande Mãe, bem como sua inconteste ligação com o rito do *diasparagnós* (o despedaçamento da vítima viva ou ainda palpitante) e da *omophagia* (a consumação imediata da carne e do sangue do animal). Acrescente-se que, sob um simbolismo alusivo, eram meninas de cinco a sete anos, chamadas *ursinhas*, que cercavam e serviam a Ártemis no Santuário de Bráuron, na Ática. Lembremo-nos de que a ninfa Calisto, antes de ser morta pela deusa, foi metamorfoseada em ursa; Actéon o foi em veado, e logo devorado pelos próprios cães; Ifigênia foi exigida como vítima e transformada em corça. Em Esparta, junto ao altar *de Ártemis Órtia*, efebos passavam pela prova de "resistência", a desumana διαμαστίγωσις (diamastígōsis), isto é, literalmente, "flagelação prolongada", em que, não raro, morriam, em holocausto a Ártemis... Consoante uma variante do mito de Ifigênia, que Eurípides retrata em duas de suas tragédias *(Ifigênia em Áulis e Ifigênia em Táuris*), a desditosa filha de Agamêmnon, no momento de ser imolada em Áulis, foi substituída por uma corça e transportada para Táuris, na Crimeia, onde se tornou sacerdotisa da deusa, com a função de imolar todos os estrangeiros que naufragassem junto à costa.

Do que se acabou de expor, pode-se concluir que houve, na realidade, duas *Ártemis*: uma *asiática*, cruel, bárbara, sanguinária, bem dentro dos padrões da mentalidade religiosa de uma Grande Mãe oriental; outra, europeia, *cretense*, ocidental, voltada, como se há de ver em seguida, para a fertilidade do solo e da fecundidade humana, o que denuncia uma Grande Mãe creto-micênica, quer dizer, minoica e helênica.

A Ártemis ocidental estava, pois, estreitamente vinculada ao mundo vegetal e à fertilidade da terra. Se a deusa lançou contra o reino de Eneu um javali monstruoso e devastador, foi exatamente porque o rei se esqueceu de dedicar-lhe uma oferenda das primícias do ano, de que ela era também responsável, como deusa da vegetação. O piedoso Xenofonte, durante seu exílio em Ciunte, perto de Olímpia, instituiu-lhe um culto tipicamente rural, como ele próprio nos informa em sua *Anábase*, 5, 3, 7sq. Foi, aliás, sobretudo no Peloponeso que Ártemis aparece com todas as suas antigas características de deusa da vegetação. Na Arcádia, denominava-se "Senhora da árvore" e, com a designação de *Kedreâtis*, a "senhora do cedro". Nos confins da Lacônia e da Arcádia, em *Kárias*, a Καρυᾶτις (Karyâtis), a "senhora da nogueira", era celebrada com danças muito animadas pelas Cariátides. O ato bárbaro de flagelação por que passavam os efebos, em Esparta, junto ao altar de Ártemis Órtia, como se mostrou, é interpretado por alguns não apenas como símbolo de antigos sacrifícios humanos, mas ainda como um rito purificador e de incorporação nos efebos da substância sagrada da árvore. Num dos concursos das festas de Ártemis Órtia, o prêmio conferido ao vencedor era uma foice de bronze, o que mostra ser ela uma deusa da fertilidade e das colheitas. Protetora dos mananciais e dos córregos, denominava-se *Potâmia*. Sua influência estendia-se igualmente sobre o mar: protegia particularmente os pescadores e suas redes, com o nome de *Dictina*, isto é, "a Caçadora com redes". No mês de abril, por ocasião da Lua Cheia, que, segundo Plutarco (*Mor.* 350a), ajudara os Atenienses na Batalha de Salamina (480 a.C.), celebrava-se no Pireu a festa de Ártemis Muníquia.

O caráter virginal da deusa não a impedia de velar também sobre a fecundidade feminina. Deusa dos partos, eram-lhe consagradas, em Bráuron, as vestes das que faleciam ao dar à luz. Com o título de παιδοτρόφος (paidotróphos), "a que alimenta, a que educa", acompanhava particularmente as meninas em sua fase de crescimento. As noivas, à véspera de seu casamento, ofereciam-lhe uma mecha de cabelo e uma peça do enxoval para implorar-lhe proteção e fertilidade. Por estar ligada ao matrimônio, Ártemis é, por isso mesmo, uma portadora das tochas, atributo duplamente seu, porque a deusa será identificada com Hécate, com o epíteto de *phosphóros*, "a que transporta a luz", tornando-se como aquela uma divindade infernal. Com o título de *selasphóros*, "que leva a luz", será igualmente identificada com Σελήνη (Selénḗ), a lua, a Φοίβη (Phoíbē), *Febe*, "a brilhante", como seu irmão Apolo é Φοῖβος (Phoîbos), Febo, "o brilhante".

Ártemis era cultuada em todo o mundo grego, de Atenas a Éfeso. Na Grécia Continental, a deusa da natureza, a senhora dos animais era venerada não só nas cidades, mas também e sobretudo nas regiões selvagens e montanhosas, na Arcádia, em Esparta, na Lacônia, nas montanhas do Taígeto e na Élida. O mais célebre e grandioso de seus santuários era o de Éfeso, onde o culto de Ártemis-Diana se confundia com o de uma antiga deusa asiática da fecundidade. Seus animais prediletos eram a corça, o javali, o urso e o cão e, entre as plantas preferidas, estavam o loureiro, o mirto, o cedro e a oliveira.

Grande Mãe, de caráter mais feroz e cruel na Ásia; *Grande Mãe*, de feição bem mais humana e protetora na civilização minoica, a Ártemis grega resulta, e já se mencionou o fato, de um sincretismo creto-oriental.

Calímaco de Cirene (fins do séc. IV a.C.), gramático, historiador e poeta, em *seu Hino a Ártemis*, 174, congratula-se com a deusa pelo fato de a mesma, pisando solo grego, ter deixado para trás seus hábitos bárbaros e cruéis, o que não parece ser de todo verídico; a prática do templo de Halas Arafênides, vizinho do Santuário de Bráuron, na Ática, onde se picava até o sangue o pescoço de um escravo, talvez seja índice de assassinatos rituais nos mais antigos cultos de Ártemis na Hélade.

Ártemis estava estreitamente ligada a Hécate e a Selene, personificação antiga da *Lua*, cujo culto a filha de Leto suplantou inteiramente, tanto quanto Apolo fez esquecer a Hélio, a personificação do Sol. Pois bem, desde muito cedo, Ártemis foi identificada com a Lua e, dado o caráter ambivalente de nosso satélite, mercê de suas fases, segundo se verá mais abaixo, a Lua-Ártemis surge na mitologia com um tríplice desdobramento, o que se poderia denominar a *dea triformis*, deusa triforme. De início, ao menos na Grécia, a Lua era representada por Σελήνη (Seléne), "Lua". Mas, dada a índole pouco determinada de Selene e as fases diversas da lua, foi a Deusa-Lua desdobrada em Selene, que corresponderia mais ou menos à *Lua Cheia*; Ártemis, ao *Quarto Crescente*; e Hécate, ao *Quarto Minguante* e à *Lua Nova*, ou seja, à *Lua Negra*. Cada uma age de acordo com as circunstâncias, favorável ou desfavoralmente. Assim, a Lua, por seu próprio cunho cambiante, é dispensadora, *à noite*, de fertilidade e de energia vital, mas, ao mesmo tempo, é senhora de poderes terríveis e destruidores. Percorrendo várias fases, manifesta as qualidades próprias de cada uma delas. No Quarto Crescente e Lua Cheia é normalmente boa, dadivosa e propícia; no Quarto Minguante e Lua Nova é cruel, destruidora e malévola. Plutarco nos lembra que a Lua "no Quarto Crescente é cheia de boas intenções, mas no Minguante traz a doença e a morte".

Dada a extensão do assunto, vamos sintetizá-lo, abordando primeiramente a Lua, seus poderes e efeitos, em geral, e depois focalizaremos brevemente a Lua Negra, Hécate.

Os raios da Lua, a qual sempre se identificou com a mulher, via de regra foram tidos como elementos grandemente fertilizantes e fecundantes. Em muitas culturas primitivas, o papel do homem, por isso mesmo, era secundário: quem trabalhava o campo era a mulher, mercê da proteção da Lua sobre ela e as sementes. O homem apenas arroteava, preparava o terreno: plantar, cultivar e colher eram tarefas femininas. Nós sabemos que o gérmen da vida se encontra na semente e que o papel do sol é tão somente fazê-la desenvolver-se. Para os primitivos, todavia, as coisas eram bem diferentes: a semente não passava de massa inerte, absolutamente desprovida do poder de germinar. Esse poder lhe era conferido por uma potência fertilizante, isto é, por uma divindade da fecundação, que era sempre a Lua, como descreve Briffault em sua obra monumental sobre o mito de Selene (BRIFFAULT, R. *The Mothers*, 3 vols., Nova York, Macmillan, 1927). Somente as mulheres podiam fazer prosperar as colheitas, porque somente elas estavam sob a proteção direta da Lua, que lhes delegava a faculdade de fazer crescer e amadurecer. Os povos primitivos acreditavam que as mulheres eram dotadas de uma natureza semelheante à da Lua, não apenas porque elas "incham" como esta, mas porque têm um ciclo mensal com a mesma duração que o do astro noturno. O fato de que o ciclo mensal feminino depende da Lua era para os antigos prova evidente de sua semelhença com o corpo celeste. A palavra menstruação e a palavra lua são semelhantes ou, por vezes, estreitamente aparentadas em várias línguas. Em grego, só para citar uma delas, μήν, μηνός (mḗn, mēnós) é *mês* e ἔμμηνον (émmēnon) é "o que volta todos os meses", cujo plural ἔμμηνα (émmēna) significa particularmente menstruação, ao passo que μήνη (mḗnē) e μηνάς (mēnás) designam a lua, como astro e como divindade. Ao que ficou dito poder-se-ia acrescentar o grego καταμήνια (kataménia), que, em Hipócrates e Aristóteles, tem o mesmo sentido que possui em português, isto é, mênstruo. Diga-se de passagem que em nossa linguagem popular mênstruo se diz também lua. Os camponeses alemães chamam simplesmente o período menstrual de *der Mond*, "a lua" e, em francês, é comum denominá-lo por *le moment de la lune*, "o período da lua".

O sol, fonte constante de calor e luz, brilha enquanto dura o trabalho; é o macho, o homem; a lua, inconstante e mutável, é fonte de umidade e brilha à noite: sua luz é doce e terna, é a fêmea, a mulher. O sol, princípio masculino, reina sobre o *dia*, a luz; a lua, princípio feminino, reina sobre a *noite*, as trevas. O sol é *lógos*, a razão; a lua é *éros*, o amor. E só o amor faz germinar! Não foi em vão que Deus criou duas luzes: a mais forte, para preponderar durante o dia, a mais frágil e terna, para governar a noite:

Fez Deus pois dois grandes luzeiros, um maior, que presidisse ao dia, outro menor, que presidisse à noite.

(Gn 1,16)

E mais uma vez ouçamos Plutarco: "A Lua, por sua luz úmida e geradora, é favorável à propagação dos animais e das plantas".

No Antigo Testamento, as *lunulas* (pequenas luas) faziam parte dos enfeites femininos (*Is* 3,18) ou eram penduradas no pescoço dos animais (*Jz* 8,21): em ambos os casos configuravam a fertilidade. A lua, aliás, sempre teve um poder especial de umedecer, por isso era chamada a *dispensadora da água*. Tal epíteto honroso não lhe cabe apenas porque ela exerce controle sobre as chuvas, mas ainda porque o nosso satélite "provoca" o orvalho. Este era símbolo da fertilidade e na Alta Idade Média prescrevia-se um banho de orvalho como "magia amorosa".

A lua estava de tal modo ligada à mulher, e, portanto, à fertilidade, que, em muitas culturas primitivas, se acreditava piamente que o homem não desempenhava papel algum na reprodução. A função do homem era tão somente romper o hímen, para que os raios da lua pudessem penetrar, uma vez que ela era o único agente fertilizante. Os meninos gerados pela lua estavam, além do mais, destinados a ser reis ou a desempenhar uma função de grande relevância, como convém a um rebento divino. Ora, como os "raios da lua" tinham o poder de fecundar, a própria *Lua*, não raro, era considerada como um "homem", o *Homem-Lua*, que, por vezes, se encarnava, sobre a terra, num rei muito poderoso. Partindo dessa crença os reis de certas linhagens ou dinastias foram considerados como encarnações desse homen-Lua. Muitos desses reis e soberanos antigos tinham uma cabeleira ornamentada com chifres, emblema da *luna cornuta* (lua cornuda), no quarto crescente, e, por uma transição natural, o rei portador de semelhante adorno tornava-se não somente a *lua*, mas também o *touro*, uma vez que os animais corníferos, como o *touro* e a *vaca*, estão entre aqueles associados à lua. Em determinadas cerimômias, por isso mesmo, reis celtas, egípcios e assírios usavam cornos, uma vez que seus súditos os tinham na conta de encarnações de uma divindade lunar. Mais tarde se passou a dizer que o rei não era a lua, mas um seu representante ou certamente um ilustre descendente. *Gengis-Khan*, o poderoso imperador mongol, em pleno século XIII de nossa era, fazia remontar seus ancestrais a um rei, cuja mãe havia sido fecundada por um raio da lua...

Os raios da lua eram tão poderosos, que bastava a mulher se deitar sob os raios da mesma no quarto crescente para ficar grávida. A criança, no tempo devido, seria trazida pelo Pássaro-Lua. A nossa cegonha tem raízes milenares... Ao contrário, aquela que não desejava ser fecundada, era bastante não olhar para a lua e friccionar o ventre com *saliva*, poderoso elemento apotropaico, e certamente o primeiro anticoncepcional que o homem conheceu.

A lua, que está sempre em mutação, assemelha-se ao que se passa na terra com os seres humanos. Desse modo, teve ela também direito a uma antropomorfização. Assim, no Quarto Crescente e no Minguante, a lua se torna, por antropomorfismo, o *homem-lua*, uma espécie de herói que vive na lua e é a própria lua. Esse homem-lua inicia suas atividades no Crescente, em luta contra o demônio das trevas, uma espécie de dragão, que devorou *seu pai*, a *lua velha*, isto é, a *lua nova*. O homem-lua vence o dragão na *lua cheia* e reina, triunfante, sobre a terra. Trata-se de um rei sábio e justo. Traz a paz e a ordem para as tribos e organiza a agricultura. Mas o reinado do herói dura pouco: o velho inimigo, terminado o plenilúnio, volta ao combate. Vencido no novilúnio, o homem-lua é tragado pelo dragão. A lua se apaga e julga-se que o herói morreu de maneira estranha: despedaçado, como a lua que veio decrescendo até desaparecer. Esse mesmo tema pode ser observado no mito de Osíris, o deus-lua egípcio, que, como a Lua, pereceu despedaçado, para logo ser recomposto. O homem-lua, que desceu às trevas do inferno, lá permanece durante o novilúnio e depois a luta recomeça... O herói consegue nova vitória e a lua cheia descansa, porque, nessa fase, ela não cresce nem decresce. Parece ter sido essa a origem do *sábado* e sobretudo dos tabus que incidiam sobre o mesmo. É que em culturas primitivas e até "avançadas" como na hindu antiga e na babilônica, para não citar outras, se fazia estreita analogia entre a menstruação e a lua cheia. Na Índia antiga via-se no catamênio uma prova de que a mulher estava particularmente sob a influência da lua e mesmo possuída pela divindade lunar. Diz um texto védico: "O sangue da mulher é uma das formas de Agni, portanto não deve ser o mesmo desprezado". Tem-se aí uma relação entre a menstruação e fogo, já que *Agni*, deus do fogo, está inteiramente vinculado à luz da lua. Na Babilônia acreditava-se de modo idêntico que *Ístar*, a deusa lua, ficava indisposta durante o plenilúnio, quando então se observava o *sabattu*, ou melhor, *sapattu*, donde o hebraico *šabbat*, que se poderia interpretar, ao menos poeticamente, como "repouso do coração". Durante a "indisposição" de Ístar, no período da lua cheia, guardava-se, pois, o *sábado*, que era, nesse caso, *mensal*, tornando-se depois *semanal*, de acordo com as quatro fases da lua. Esse dia era considerado nefasto, não se podendo executar qualquer trabalho, viajar ou comer alimentos cozidos. Ora, nesses mesmos interditos, incorriam as mulheres menstruadas. No dia da menstruação da lua, todos, homens e mulheres, estavam sujeitos a idênticas restrições, porque o tabu da mulher indisposta pesava sobre todos.

No judaísmo, *šabbat* era normalmente o nome do sétimo dia da semana, embora pudesse ser aplicado a festas que não caíam necessariamente no sétimo dia da mesma, como o dia da expiação (*Lv* 16,31; 23,32), a festa das trombetas (23,24) e o primeiro e oitavo dias da festa dos tabernáculos (23,29). De qualquer forma, o sábado judaico, que na Bíblia é usado para indicar somente uma obrigação religiosa e social, estava também cercado de tabus, cuja origem talvez remonte à época em que "os semitas ainda eram pastores nômades, cujas andanças eram determinadas pelas fases da lua. Esses dados parecem justificar a conclusão de que o sábado, como modo concreto de satisfazer à necessidade humana de descanso periódico, deve sua origem ao fato de que se começou a dar um valor absoluto ao caráter periódico da celebração das quatro fases da lua, à custa da coincidência do dia da celebração com as fases da mesma. Ao se sedentarizarem, as tribos semitas de nômades estenderam os seus tabus, originariamente ligados à celebração das fases da lua, às suas novas ocupações agrícolas", *DEB*, p. 1.340sqq.

Entre esses tabus "herdados" certamente se devem inserir aqueles que cercam como impura a mulher menstruada (*Gn* 31,35; *2Sm* 11,4; *Lv* 20,18 e certas determinações em *Lv* 15,19-24.25-30).

Voltando a Selene, Ártemis e Hécate, ou melhor, à deusa triforme, vamos ver mais de perto o seu androginismo, cifrado nos raios fecundantes da lua e no homem-lua, que é a *própria lua*.

A lua é, portanto, andrógina. Plutarco está novamente conosco: "Chama-se a Lua (Ártemis) a mãe do universo cósmico; ela possui uma natureza andrógina". Na Babilônia, o deus-lua Sin é andrógino e, quando foi substituído por Ístar, esta conservou seu caráter de androginismo. Igualmente no Egito, Ísis é denominada Ísis-Neit, enquanto andrógina.

Pelo fato mesmo de a lua ser andrógina, o homem-lua, cujo representante na terra era o rei ou chefe tribal, passava a primeira noite de núpcias com a noiva, a fim de provocar a fertilização dela, da tribo e da terra. Tal hábito permaneceu na França até a Idade Média com o nome de *Le Droit du cuissage du Seigneur*.

O fato de todos dependerem dos préstimos da lua para a propagação da espécie, da fertilização dos animais e das plantas, enfim, da boa colheita anual, em todos os sentidos, é que provocou, desde a mais remota Antiguidade, um tipo especial de *hieròs gámos*, de casamento sagrado, uma união sagrada, de caráter impessoal. Trata-se das chamadas *hierodulas*, literalmente, "escravas sagradas", porque adjudicadas, em princípio, a um templo, ou ainda denominadas "prostitutas sagradas", mas sem nenhum sentido pejorativo.

Em determinadas épocas do ano, sacerdotisas e mulheres de todas as classes sociais uniam-se sexualmente a reis, sacerdotes ou a estranhos, todos simbolizando o homem-lua, com o único fito de provocar a fertilização das mulheres e da terra, bem como de angariar bens materiais para o templo da deusa (Lua) a que serviam, segundo se mostrou em Afrodite (v.).

ASCÁLABO.

Ἀσκάλαβος (Askálabos), *Ascálabo*, consoante Chantraine, *DELG*, p. 123, não possui etimologia comprovada até o momento. Carnoy, *DEMG*, p. 27, julga que a raiz é o indo-europeu *skhal*, "andar de través, oscilar", como o "lagarto".

Quando Deméter percorria a terra em busca de Core, passou pela Ática. Sedenta, pediu água a uma mulher chamada Misme. A deusa bebeu quase toda a água de uma vez só, o que provocou o riso no filho de Misme, Ascálabo. Irritada, a deusa jogou o restinho que sobrara sobre o menino, transformando-o imediatamente num lagarto pintado.

ASCÁLAFO *(II, 32, 32⁴; III, 113).*

Ἀσκάλαφος (Askálaphos), *Ascálafo*, não possui etimologia até o momento. Observe-se, todavia, que o sufixo -φος (-phos) é frequente num grande número de animais, *DELG*, p. 123.

Ascálafo é filho de uma ninfa e do Rio Aqueronte. Estava presente no Hades, quando Perséfone, coagida por Hades, comeu um grão de romã, o que lhe impedia a saída do mundo ctônio. Tendo-a denunciado, o filho de Aqueronte foi castigado por Deméter, que o transformou em coruja. Existe uma variante: a fim de punir a indiscrição de Ascálafo, a senhora de Elêusis colocara sobre ele um imenso rochedo. Foi desse tormento que Héracles, quando desceu ao mundo de Plutão, o libertou, embora a deusa tenha, em contrapartida, substituído um castigo por outro, metamorfoseando-o em coruja.

ASCLÉPIO *(I, 204, 206, 298; II, 40, 86-87, 90, 90³¹, 91-93; III, 22, 26, 28, 50, 64,121, 129, 140, 167, 288).*

Ἀσκληπιός (Asclepiós), *Asclépio*. A etimologia do herói-deus da medicina é desconhecida, embora a hipótese de traduzir o antropônimo por "toupeira" e aproximando-o de σκάλοψ (skálops), ἀσπάλαξ (aspálaks), "toupeira", seja tentadora, sobretudo quando se leva em consideração que a estrutura do θόλος (thólos), "edifício abobadado" de Epidauro é semelhante às galerias daquele mamífero. A hipótese, todavia, não é demonstrável, *DELG*, p. 124.

A mais séria aventura de amor de Apolo foi com a ninfa Corônis, episódio que vai nos conduzir, se bem que de maneira sintética, a um estudo sobre Asclépio e sua "cidade médica" de *Epidauro,* cuja etimologia se desconhece. Segundo o mito mais conhecido, porque existem variantes, Asclépio era filho do deus Apolo e da mortal Corônis, filha de Flégias, rei dos lápitas. Temendo que o deus, eternamente jovem, por ser imortal, a abandonasse na velhice, uniu-se, embora grávida, a Ísquis, que foi morto por Apolo. Corônis foi liquidada a flechadas por Ártemis, a pedido do irmão. Mas, como acontecera a Dioniso, o rebento, certamente através de uma "cesariana umbilical", foi extraído do seio de Corônis e recebeu o nome de Asclépio. Educado pelo Centauro Quirão, fez tais progressos na medicina, que chegou mesmo a ressuscitar vários mortos, entre eles Capaneu, Licurgo, Glauco, filho de Minos, Hipólito, filho de Teseu. Para semelhante e inédita operação, o filho de Apolo utilizava o sangue que correra das veias do lado direito de Medusa (v.). Tão milagrosa poção lhe fora doada pela deusa Atená. Temendo que a ordem do mundo fosse transtornada e que o Hades ficasse vazio, a pedido de Plutão, Zeus fulminou o filho de Apolo, mas, como Héracles, Asclépio foi divinizado. Não podendo vingar-se de Zeus, Apolo (v.) matou os Ciclopes, que haviam fabricado os raios com que o pai dos deuses e dos homens lhe eliminara o filho. Algumas versões tardias mostram o grande médico como participante da caça ao javali de Cálidon e da expedição dos Argonautas, mas, na realidade, ele jamais participou de ciclos míticos. Possuía, em princípio, apenas dois filhos, os médicos Podalírio e Macáon, que já se encontram na *Ilíada* (II, 732-733, XI, 833...). Em variantes posteriores de seu casamento com Epíone nasceram ao menos quatro filhas, Áceso (a que cuida de), Iaso (a cura), Panaceia (a que socorre a todos) e Higia (a Saúde). Asclépio é um herói-deus muito antigo e deve ter "vivido" na Hélade bem antes do século XIII a.C. e, portanto, anterior a Apolo, que não é atestado na época micênica. Herói médico originário de Trica, na Tessália, Asclépio acabou por fixar-se em Epidauro. "O bom, o simples, o filantropíssimo", como lhe chamavam os gregos, o filho de Apolo desenvolveu naquele recanto tranquilo da Hélade uma verdadeira escola de Medicina, cujos métodos, de início, eram sobretudo mágicos, mas cujo desenvolvimento (em alguns ângulos, como se verá, espantoso para a época) preparou o caminho para uma medicina bem mais científica nas mãos dos chamados Asclepíades ou descendentes de Asclépio, cuja figura máxima foi o grande Hipócrates.

Como herói, que foi deificado, Asclépio participa da natureza humana e da natureza divina, simbolizando a unidade indissolúvel que existe entre ambas, assim como o caminho que conduz de uma para outra.

Mesmo na época histórica, a natureza do deus da medicina permaneceu ambivalente, ambígua, entre herói e deus: assim as oferendas lhe eram outorgadas como deus e os "enaguísmata" (os sacrifícios) lhe eram ofertados como herói.

É precisamente esse culto secreto ao herói Asclépio, que era "escondido" pelo *Thólos* (edifício abobadado, rotunda) de Epidauro, famoso por sua luxuosa ornamentação e seu misterioso Labirinto. Neste, provavelmente, era "guardada" a *serpente*, réptil que tinha para os antigos o dom da adivinhação, por ser ctônia, e que simbolizava a vida que renasce e se renova ininterruptamente, pois, como é sabido, a serpente enrolada num bastão era o atributo do deus da medicina. Assim os dois monumentos mais famosos de Epidauro se encontravam lado a lado: o Templo para o deus e o *Thólos* para o herói. Historicamente, Asclépio "residiu" em Epidauro, dos fins do século VI a.C. até os fins do século V p.C. Onze séculos de glórias e de curas incríveis!

À entrada do recinto sagrado do antigo Hierón do deus da "nooterapia", isto é, da cura pela mente, sobre a arquitrave de majestosos Propileus, que formavam como um arco de triunfo, com duas fileiras de colunas de mármore, estava gravada a mensagem que sintetizava o grande segredo das "curas incríveis" e incrivelmente modernas da medicina de Asclépio:

Puro deve ser aquele que entra no Templo perfumado. E pureza significa ter pensamentos sadios.

A conclusão é simples: certamente em épocas mais recuadas só havia cura total do corpo em Epidauro, quando primeiro se *curava a mente*. Em outros termos, só existia cura, quando havia *metánoia*, ou seja, transformação de sentimentos. Será que os Sacerdotes de Epidauro julgavam que as *hamartíai* (as faltas, os erros, as *démesures*) provocavam problemas que levavam ao "encucamento" e este agente mórbido, esta incubação "detonava" as doenças? De qualquer forma, a missão de cura em Epidauro era uma das missões, porque, basicamente, a cidade do deus-herói Asclépio era um Centro espiritual e cultural. Dado que as causas das doenças eram principalmente mentais, o método terapêutico era essencialmente espiritual, daí a importância atribuída à *nooterapia*, que purifica e reforma psíquica e fisicamente o homem inteiro. Procurava-se, a todo custo, através do *gnôthi s'autón* (conhece-te a ti mesmo) que o homem "acordasse" para sua identidade real.

A julgar pelas *estelas* (espécie de coluna destinada a ter uma inscrição) do Museu de Epidauro, que, durante todo o grande período de esplendor da história do Santuário de Asclépio, isto é, até fins do século IV a.C., data das supracitadas estelas, as curas não eram efetuadas com medicamentos, mas tão somente com o juízo e a intervenção divina, bem como com a insubstituível *metánoia*. Essas técnicas, os Sacerdotes de Asclépio, muito mais pensadores profundos que médicos, as conheciam muito bem, porque haviam feito um grande progresso no que tange à psicossomática e à nooterapia. Ao que parece, partiam eles do princípio de que a *Harmonia* e a *Ordem* divina exercem influência sobre a saúde psíquica e corporal. Recomendavam sempre aos doentes que "pensassem santamente", por isso estavam convencidos de que, quando nossa consciência se mantém em estado de pureza e harmonia, o físico torna-se, necessariamente, são e equilibrado. Não é outra coisa, aliás, o que prega Platão em seu *Banquete* (186 d.) pelos lábios do médico-filósofo Erixímaco. Era, portanto, o equilíbrio biopsíquico o fator básico, o medicamento de uma cura irreversível!

Daí também, para os sacerdotes, a importância dos "sonhos" por parte dos pacientes que dormiam (era a célebre *Enkoímesis*, ação de deitar-se, de dormir) no *Ábaton* (Santuário) de Epidauro. Esses sonhos, essas manifestações do divino, essa "hierofania", porque Asclépio vinha visitar os pacientes e *tocava* as partes enfermas do organismo, eram interpretados pelos Sacerdotes que, em seguida, "aviavam a receita". Era o que se denomina mântica por incubação.

Com o correr do tempo e a experiência adquirida, as curas, por meio de ervas, e a cirurgia fizeram também seus milagres. Uma coisa, porém, é certa: só existia cura total quando havia *metánoia*.

Epidauro, já o dissemos, era além do mais um centro cultural e de lazer. Lá encontramos um *Odéon*, pequeno teatro fechado, onde se ouvia música e se ouviam poetas; um *Estádio* para as competições esportivas, que se realizavam de quatro em quatro anos; um *Ginásio* para exercícios físicos; um *Teatro*, o mais bem conservado do mundo grego e que foi construído, no século IV a.C., pelo grande arquiteto Policleto, o Jovem; uma *Biblioteca* e numerosas obras de arte.

Havia, pois, em Epidauro, uma real *metusía*, uma *communio*, um *consortium*, uma comunhão, um elo infrangível entre as cerimônias culturais e cultuais, as doxologias (hinos laudatórios) com que os Sacerdotes reforçavam o sentimento religioso dos peregrinos e o ritmo e a harmonia da música, da poesia e da dança, que eram utilizados por seu alto valor tranquilizante e seu efeito terapêutico imediato sobre a alma e o corpo.

A tragédia e a comédia, bem como a poesia épica e lírica contribuíam para aumentar a espiritualidade e purificar a alma de certas paixões desastrosas. A ginástica e as disputas atléticas disciplinavam os movimentos e o ritmo interior do corpo, multiplicando as possibilidades físicas e psíquicas do ser humano. A contemplação artística e o fruir da beleza de tantas obras de arte, que ornamentavam o Ábaton, tinham por escopo a elevação, a espiritualização e humanização do pensamento. Todo esse conjunto, espiritual e cultural, visava, em última análise, a catarse.

Mesmo à época da dominação romana (séc. II a.C.), quando o emprego de medicamentos se generalizou, assim como a utilização de meios mais modernos de higiene, dietética, cirurgia, hidroterapia, purgantes... Asclépio e sua *nooterapia* jamais desapareceram: *purifica tua mente e teu corpo estará curado*.

O tão citado verso do poeta latino dos séculos I-II p.C., Décimo Júnio Juvenal, não seria um eco da nooterapia asclepiana?

Orandum est ut sit mens sana in corpore sano (*Sat.* 10, 356).

– O que se deve pedir é que haja uma mente sã num corpo são.

ÁSIA *(I, 108, 119, 123, 127, 228, 236, 279, 304; II, 19, 69, 174; III, 115, 183)*.

Ἀσία (Asía), *Ásia*. Para Carnoy, *DEMG*, p. 27, talvez *Asía* proceda de fonte idêntica à de ἄσις (ásis), "lodo, lama" e, neste caso, Ásia designaria primitivamente os pântanos da costa jônica, estendendo-se o nome depois a todo o continente. A hipótese de Carnoy é discutível.

Mitologicamente, Ásia é filha de Oceano e Tétis, e emprestou seu nome, não se sabe por que, ao continente asiático. Unida ao titã Jápeto, foi mãe de Atlas, Prometeu, Epimeteu e Menécio.

ASOPO *(I, 81, 226; III, 209[157])*.

Ἄσωπος (Ásōpos), *Asopo*, que seria, consoante Carnoy, *DEMG*, p. 27, um composto de ἄσις (ásis), "limo, lodo, lama" e de uma forma *-opo-*, do indo-europeu **ap*, "água", donde Asopo seria o rio que contém muito lodo.

Filho de Posídon e de Pero ou de Zeus e de Eurínome ou ainda de Oceano e Tétis, pais de todos os rios, Asopo teve como esposa Metope, filha do riacho Ládon.

Com ela foi pai de dois filhos, Ismeno e Pelagon, e de vinte filhas, mas Diodoro reduz esse número para doze, dentre elas Corcira, Egina, Pirene, Tanagra e Cálcis. Atribui-se igualmente a ele a paternidade de Antíope (v.), mãe de Zeto, Anfíon e de Plateia, epônimo da cidade de Plateias. Quando Zeus raptou Egina, foi Sísifo que, em troca de uma fonte, contou ao deus-rio a identidade do raptor.

ÁSPALIS.

Ἀσπαλίς (Aspalís), *Áspalis*, possivelmente faz parte da família etimológica do termo técnico σφαλός (sphalós), cujo sentido originariamente seria "madeira rachada", estando ligado ao verbo σφάλλειν (sphállein), cujo sentido técnico seria "abrir, rachar", como se pode ver através do indo-europeu **sp(h)el*, "abrir, cortar". *Áspalis*, etimologicamente, significaria um "pedaço de madeira", aliás bem de acordo com seu mito.

Meliteu, filho de Zeus e da ninfa Ótris, foi exposto por esta num matagal, logo ao nascer. Miraculosamente salvo e criado por um enxame de abelhas, partiu mais tarde para a Tessália, onde fundou a cidade de Meliteia. Governando ditatorialmente sua cidade e, dominado pelas paixões, apossava-se de toda e qualquer jovem que lhe agradasse. Tendo visto Áspalis, resolveu igualmente possuí-la. Esta, porém, antes da chegada dos soldados que vinham buscá-la, enforcou-se em defesa de sua honra. Seu irmão, Astígites, inconformado, cobriu-se com a indumentária da irmã e, tendo escondido um punhal sob as vestes, deixou-se levar como se fosse Áspalis. Tão logo se aproximou do tirano, o matou com certeira punhalada. O povo se amotinou e, após lançar o cadáver de Meliteu no rio, proclamou Astígites seu novo governante. Quando procuraram o cadáver de Áspalis, este havia desaparecido, mas os deuses deixaram em seu lugar uma *estátua de madeira*, que passou a receber um culto.

ASSÁON.

Ἀσσάων (Assáōn), *Assáon*, provavelmente faz parte do mesmo grupo etimológico a que pertence o infinitivo aoristo ἄσαι (âsai), "fartar-se, saciar-se", donde Assáon é interpretado como "o que provoca desgostos", *DEMG*, p. 28.

Pai de Níobe, na versão lídia do mito, deu a filha em casamento a Filoto. Tendo este perecido numa caçada no Monte Sípilo, Assáon tentou se unir criminosamente à sua própria filha. Como esta se recusasse, o rei convidou os vinte filhos de Níobe para um banquete e os fez perecer pelo fogo. Desesperada, a infeliz mãe se jogou do alto de um rochedo e Assáon, tendo enlouquecido, se matou.

ASTÉRIA *(I, 272-273; II, 19, 21)*.

Ἀστερί (Asterí), *Astéria*, prende-se etimologicamente a ἀστήρ (astér), "estrela, estrela cadente, meteoro", em latim *stella*, com igual sentido. O elemento **ster-* ou **stel-* encontra-se em outras línguas indo-europeias como o céltico, o germânico e o tocariano.

Amada por Zeus, Astéria, para fugir do pai dos deuses e dos homens, transformou-se em codorniz. Perseguida mesmo assim, lançou-se ao mar, onde se tornou uma ilha com o nome de *Ortígia*, a *ilha das codornizes*, uma vez que ὄρτυξ (órtyks) é o nome desta ave. Mais tarde a ilha se chamou *Delos*, topônimo que se prende a δῆλος (dêlos), "claro, brilhante", porque lá nasceram Apolo, o Sol, e Ártemis, a Lua.

Astéria se uniu a Perses e foram pais de Hécate.

Existe uma segunda *Astéria* ou *Asteropia*, filha de Dêion e Diomeda. Desposou Foco e foi mãe de Panopeu e Criso.

ASTÉRION *(I, 61, 280; II, 34; III, 178)*.

Ἀστερίων (Asterion), *Astérion* ou Ἀστέριος (Astérios), *Astério*, é o adjetivo substantivado ἀστέριος (astérios), ἀστέριον (astérion), "estrelado", cuja origem é ἀστήρ (astếr), nome antigo de "astro" (cf. Astreia). Talvez o nome do herói se deva a um dos epítetos com que Ζεὺς ἀστέριος (Dzeùs astérios), "Zeus celeste", era cultuado na Ilha de Minos. Astérion, filho de Téctamo ou de Doro, era rei de Creta. Como não tivesse filhos, casou-se, por vontade de Zeus, com Europa (v.), adotando os três filhos que esta tivera com o pai dos deuses e dos homens: Minos, Sarpédon e Radamanto.

ASTÍANAX *(III, 146, 300)*.

Ἀστυάναξ (Astyánaks), *Astíanax*, é um antropônimo composto de ἄστυ (ásty), "cidade, aglomeração urbana" e ἄναξ (ánaks), "senhor, rei": donde *Astíanax* é o príncipe da cidade (de Troia), epíteto com que se exaltava, através do filho, a Heitor, o grande herói de Ílion.

Filho de Heitor e Andrômaca, era chamado pelo pai de Escamândrio, em homenagem ao Rio *Escamandro*, que corria impetuoso pela planície de Troia. Diga-se de passagem que *Escamandro* tem possivelmente por base etimológica a raiz *(s)qamb*, "curvar-se, arquear, ondular", presente no grego σκαμβός (skambós), "tortuoso, arqueado", *DEMG*, p. 186.

Criança ainda de colo, Astíanax testemunhou e "participou" de uma das cenas mais emocionantes da *Ilíada*, VI, 407-496, a despedida de Heitor e Andrômaca. Foi junto às portas Ceias (portas de maus presságios) que, após tentar consolar a esposa desolada e em prantos, Heitor tentou abraçar o filho que se encontrava no colo da ama. O menino, cheio de medo pelo aspecto paterno, escondeu o rostinho no seio da ama. Espantavam-no o bronze das armas e particularmente o penacho de crinas que palpitavam terríveis no cone do alto capacete paterno. Heitor retirou o refulgente elmo e, tomando Astíanax em seus braços, suplicou a Zeus e a todos os deuses que o "príncipe de Troia" fosse um bravo como o pai e alegrasse a alma de sua mãe... Após a queda de Troia, sobretudo por instigação de Ulisses, Astíanax foi lançado do alto de uma torre. Era preciso que em Ílion não permanecesse um "senhor, um Rei", um ἄναξ (ánaks), principalmente por ser filho de Heitor!

ASTIMEDUSA.

Ἀστυμέδουσα (Astymédūsa), *Astimedusa*, é um composto de ἄστυ (ásty), "cidade, aglomeração urbana" e do verbo μέδειν (médein), "comandar, reinar sobre" e na voz média μέδεσθαι (médesthai), "vigiar, tomar medidas em favor d*e*". *Astimedusa* é, por conseguinte, "a que mantém vigilância em favor da cidade. " No que se refere à importância da raiz **med*, veja-se Medusa.

Filha de Estênelo e Nicipe, casou-se com Édipo, após a morte de Jocasta, numa versão tardia do mito. Temendo que depois da morte do esposo fosse maltratada pelos enteados Etéocles e Polinice, arquitetou sórdidas calúnias contra ambos, afirmando, entre outras coisas, que os príncipes tebanos planejavam depor Édipo do trono.

O rei, cego e inseguro, amaldiçoou os dois filhos, o que mais tarde gerou a luta entre ambos pelo trono de Tebas.

ASTREIA *(I, 202; II, 33)*.

Ἀστρία (Astráia), *Astreia*, é o adjetivo feminino substantivado ἀστραῖος, -α, -ον (astraîos, -a, -on), derivado de ἀστήρ (astếr) nome antigo de "astro". O plural com valor coletivo mais comum é ἄστρα (ástra), "astros, constelações". O singular ἄστρον (ástron), "astro", é desconhecido de Homero e raro no grego clássico. O elemento radical **ster* é atestado em céltico, germânico e tocariano e o elemento **stel* o é em avéstico, sânscrito e latim, como *stella*, "estrela" e muitas vezes "estrela cadente", *DELG*, p. 128sq.

Filha de Zeus e de Têmis, a Justiça, Astreia é o nome da *Virgem* (a constelação) e viveu neste mundo à época da Idade de Ouro, difundindo entre os homens os sentimentos de paz, justiça e bondade. Mas, tendo os mortais se degenerado, Astreia retirou-se para o Céu, onde foi transformada na Constelação da Virgem. Públio Virgílio Marão (70-19 a.C.), na *Écloga IV*, sonha com o retorno da Idade de Ouro, com o regresso de Saturno, cujo reinado na Ausônia (Itália) teria coincidido com essa época paradisíaca. Pois bem, esse retorno de Saturno seria precedido pela Virgem Astreia:

Iam redit et Virgo, redeunt Saturnia regna (*Ec.* 4, 6).

– Eis que retorna também a Virgem; está de volta o reino de Saturno.

A Virgem Astreia, a mulher, será a anunciadora dessa idade feliz, uma vez que ela, na sua *fertilidade*, é uma hipóstase da *abundância da terra*, característica básica da Idade de Ouro, como diz Ovídio:

Ipsa quoque immunis rastroque intacta, nec ullis Saucia uomeribus per se dabat omnia tellus (*Met.* 1, 101-102)

– A própria terra, sem ter sido tocada pela enxada nem rasgada pelo arado, espontaneamente produzia tudo.

ATALANTE *(II, 65; III, 47, 55, 77).*

Ἀταλάντη (Atalántē), *Atalante*, nome próprio, formado por um α- (a-) copulativo e o radical τάλα- (tala-), "levar, suportar", o mesmo radical que aparece em τάλαντον (tálanton), *balança*; no plural τάλαντα (tálanta), os pratos da balança "que suportam o peso". *Atalante* significa, pois, "a sofredora", *DELG*, p. 1.088sq.

A genealogia desta heroína é sumamente confusa e contraditória, uma vez que, de Eurípides a Ovídio, e fechando em Apolodoro, a destemida "sofredora" passou por filha de muitos pais e de outras tantas mães, o que, no mito, assegura a importância da personagem. Por vezes tem como genitores Íaso ou Iásio, filho de Licurgo (v.), rei da Arcádia, e de Clímene, filha de Mínias, rei de Orcômeno. Como se vê, os mitógrafos procuraram conciliar duas dinastias: a árcade e a beócia. Eurípides seguiu outra fonte e deu-lhe por pai a Mênalo. A versão mais seguida é aquela que faz de Atalante filha de Esqueneu, um dos filhos do Rei Átamas, e de Temisto. Como o pai só desejasse filhos homens, tão logo nasceu a menina, mandou expô-la no Monte Partênion, na Arcádia. Aleitada por uma ursa, foi posteriormente recolhida e criada por caçadores. Transposta a fase da puberdade, Atalante se recusou a casar, consagrando-se a Ártemis, a grande senhora dos bosques, das florestas e dos animais selvagens. Alta e bela, era naturalmente cortejada onde quer que aparecesse. Certa feita, quando vagava pela floresta, os Centauros (v.) Reco e Hileu tentaram violentá-la. Duas flechas, disparadas por mãos seguras, prostraram-nos mortalmente feridos. O "orgulho dos bosques da Arcádia", como era chamada, participou – fato inédito para uma mulher – da célebre caçada ao javali de Cálidon. Esta fera havia sido enviada por Ártemis, para devastar toda a região de Cálidon, como castigo ao Rei Eneu, que se esquecera da irmã de Apolo, quando da oferta das primícias da colheita aos deuses, segundo se comentou em *Mitologia Grega*, Vol. II, p. 56. E foi em meio a tantos heróis, que se reuniram em torno de Meléagro (v.), filho de Eneu, para dar caça ao javali, que surgiu imponente a jovem Atalante. Foi ela precisamente que feriu "o flagelo" do reino de Eneu, cabendo a Meléagro liquidar com certeira punhalada o animal já bastante alquebrado. O filho de Eneu, todavia, apaixonado pela jovem da Arcádia, concedeu-lhe as honras da caçada e insistiu que lhe fosse entregue o espólio mais cobiçado: a pele do javali. Este gesto do herói foi a causa de sua desdita. Após a morte de Meléagro, Atalante só reaparece nos jogos fúnebres em honra de Pélias, morto por artimanhas de Medeia, quando venceu na luta ou na corrida, sua especialidade, ao jovem herói Peleu, pai de Aquiles. Conta-se que Atalante se recusava a casar ou por fidelidade a Ártemis ou porque um oráculo predissera que, se ela contraísse núpcias, seria metamorfoseada em animal. Para livrar-se dos pretendentes, optou por uma solução muito simples: declarou que se casaria com aquele que conseguisse vencê-la na corrida, pois sabia ser impossível tal façanha. Ficava, todavia, estabelecido que se o competidor fosse derrotado, pagaria com a vida. Seu método era preciso: dava ao adversário uma certa dianteira e, depois, armada com uma lança, partia veloz e fatalmente eliminava o pretendente. Muitos já haviam perecido, quando surgiu o astuto Hipômenes (outras fontes dizem que foi Melânion). Afrodite, que não admitia rebeldes ao amor, ofereceu ao novo pretendente três maçãs de ouro, provindas de seu santuário em Chipre ou do próprio Jardim das Hespérides. Quem quer que as visse ficava alucinado por possuí-las. Iniciada a corrida, Hipômenes, quando sentiu que iria ser alcançado (e morto), lançou diante de sua belíssima antagonista um a um os pomos de ouro. Fascinada pela beleza dos mesmos, parou três vezes, embora rapidamente, para colhê-los, o que propiciou a vitória de Hipômenes. A partir daquele momento ela pertencia-lhe. Haviam terminado seus dias de vitórias atléticas, de liberdade e de solidão nas florestas. Mais tarde, no curso de uma caçada, o casal, ardendo em paixão, se uniu no interior de um santuário de Zeus ou Cibele. Para castigar tamanha afronta, o pai dos deuses e dos homens transformou marido e mulher em leões. De sua união legítima com Hipômenes ou secreta com Ares ou ainda com Meléagro, Atalante foi mãe de Partenopeu, um dos Sete Chefes da expedição contra Tebas.

ÁTAMAS *(I, 281; II, 120, 195; III, 35, 52, 177, 205, 313[246]).*

Ἀθάμας (Athámas), *Átamas*, não possui etimologia segura. A hipótese de Carnoy, *DEMG*, p. 29, é duvidosa. Apoiando-se num jônico *Tammas*, propõe o indo-europeu *temes, "obscuridade".

Éolo, filho de Helen e da ninfa Orseis e, por conseguinte, neto de Deucalião e Pirra, tinha doze filhos, um dos quais Átamas, segundo se pode constatar no quadro genealógico em *Mitologia Grega*, Vol. III, p. 205.

Átamas era rei de Orcômeno ou mesmo de Tebas. Seu mito se tornou matéria-prima de várias tragédias, enriquecendo-as, desse modo, com episódios complexos, não raro contraditórios. Casou-se três vezes e é a história desses casamentos que serviu de pretexto para desdobramentos romanescos de um mito mais antigo. Na versão mais conhecida e que certamente remonta à tragédia *Frixo* de Eurípides, hoje perdida, o rei beócio uniu-se em primeiras núpcias a Néfele, que lhe deu um casal de filhos, Frixo e Hele. Tendo repudiado a primeira esposa, casou-se com Ino, filha de Cadmo, lendário fundador de Tebas. Ino foi mãe igualmente de dois filhos, Learco e Melicertes. Enciumada com os filhos do primeiro matrimônio de Átamas, concebeu o projeto de eliminá-los. Para tanto convenceu as mulheres tebanas que, às escondidas dos maridos, grelhassem todos os grãos de trigo existentes. Semeados estes, não houve brotação. Face a semelhante prodígio, o rei mandou consultar o Oráculo de Delfos. Ino subornou os mensageiros, para que dissessem que a Pítia, para fazer cessar tão grande castigo, exigia o sacrifício de Frixo e, segundo outras fontes, deste e de Hele. Já os dois se encaminhavam para o altar, quando Zeus, ou, conforme outras fontes, Néfele, lhes enviou um carneiro voador de velo de ouro, filho de Posídon e presente de Hermes, que conduziu Frixo até a Cólquida, porque Hele, por causa de uma vertigem, caiu no mar, no estreito chamado, por isso mesmo, *Helesponto*, isto é, Mar de Hele, fato imortalizado por Ovídio, *Fastos*, 3, 857sq. Tendo chegado à corte de Eetes, na Cólquida, Ásia Menor, foi muito bem-recebido pelo soberano, que lhe deu a filha Calcíope em casamento. Antes de retornar à Hélade, Frixo sacrificou o carneiro a Zeus e ofereceu o velo de ouro ao rei, que o consagrou ao deus Ares, cravando-o num carvalho, no bosque sagrado do deus da guerra. Uma outra versão, devida a Higino, conta que Eetes matou a Frixo, seja em função da *auri sacra fames*, seja porque um oráculo lhe havia predito a morte nas mãos de um descendente de Éolo.

Uma variante relata que os mensageiros, subornados por Ino, compadecidos da sorte que aguardava a Frixo e Hele, acabaram relatando ao rei a verdade dos fatos. Átamas, como fora de si, ordenou que, em lugar de seus dois filhos do primeiro matrimônio, se sacrificassem a própria Ino e o filho caçula, Melicertes. Quando ambos já se encaminhavam para o altar, Dioniso, por gratidão àquela que o criara, envolveu mãe e filho numa nuvem, permitindo-lhes escapar. Não satisfeito, o deus do êxtase e do entusiasmo enlouqueceu o rei, que sacrificou o filho mais velho que tivera com Ino, Learco, lançando-o num caldeirão de água fervente. Ino e Melicertes, por sua vez, se mataram, mas as divindades marinhas transformaram a mãe desventurada numa nereida com o nome de Leucoteia (v.) e Melicertes se tornou o "deus" Palêmon (v.). Esta versão é uma tentativa dos poetas trágicos de conciliar numa só narrativa dois episódios do mito, a princípio independentes: o ódio e ciúme de Ino contra os filhos de Néfele (Frixo e Hele) e a morte da mesma e de Melicertes, seguida de duas metamorfoses.

Na segunda tragédia de Eurípides, *Ino*, que retrata, *mutatis mutandis*, o mesmo tema, o poeta enfoca o terceiro casamento de Átamas com a filha de Hipseu, Temisto. No relato euripidiano, Ino, após o frustrado sacrifício de Frixo e Hele, fugiu para a montanha e pôs-se com as Bacantes ao serviço de Dioniso. Átamas, crendo-a morta, uniu-se a Temisto com a qual teve igualmente dois filhos, Orcômeno e Esfíngio. Ino, porém, retornou secretamente à corte e, tendo-se dado a conhecer a Átamas, foi admitida como serva. Temisto soube que sua rival não morrera, mas ignorava-lhe o paradeiro. Tendo concebido a ideia de eliminar os filhos de Ino (Learco e Melicertes), confidenciou o projeto à nova serva do palácio. Esta, imediatamente, aconselhou a rainha que vestisse de preto os filhos de "Ino" e de branco os que a soberana tivera com Átamas, a fim de que, no momento de eliminá-los, pudessem ser distinguidos na escuridão. A "serva", no entanto, usando de refinada astúcia, trocou a indumentária das crianças e a rainha acabou por matar os próprios filhos. Tomando conhecimento do trágico equívoco, a terceira esposa de Átamas se matou. Ao que tudo faz crer, esta versão do mito foi criada pelo próprio Eurípides.

A variante mais comum e mais repetida do mito diz respeito à cólera de Hera, que jamais perdoara aos reis de Orcômeno, Átamas e Ino, a acolhida a Dioniso infante, filho adulterino de Zeus e de Sêmele, irmã da rainha. Irritada, a esposa do senhor do Olimpo enlouquecera o casal. Ino lançou Melicertes num caldeirão de água fervente, enquanto Átamas, com um venábulo, matara o mais velho, Learco, tendo-o confundido com um veado. Ino, em seguida, atirou-se ao mar com o cadáver do filho caçula e Átamas foi banido da Beócia e começou um longo itinerário através da Hélade, sempre perseguido por Hera. Tendo recorrido ao Oráculo de Delfos, este lhe respondeu que só encontraria paz e repouso quando chegasse a um local onde animais selvagens lhe fornecessem alimentação. Ao atingir a Tessália, deparou com um bando de lobos começando a devorar um carneiro. Ao vê-lo, os animais fugiram e o antigo rei da Beócia concluiu que o Oráculo se cumprira. Fundou ali mesmo a cidade de Alos ou Halos e deu ao país o nome de Atamância. Foi só então que se teria casado com a filha de Hipseu, Temisto, e foi pai de quatro filhos: Lêucon, Erítrio, Esqueneu e Ptóos. Bem mais tarde, tendo infringido grave interdição religiosa, já caminhava para o altar do sacrifício, quando foi salvo por seu neto Citissoro (v.), filho de Frixo, ou por Héracles, segundo outras fontes. Este derradeiro episódio da vida do atormentado Átamas foi encenado por Sófocles numa tragédia perdida, *Átamas Coroado*, e, segundo a tradição mais seguida, tal sacrifício teria sido maquinado pela vingativa Néfele, por ter sido repudiada pelo antigo rei de Orcômeno.

ATE *(III, 336-337)*.

Ἄτη (Átē), *Ate*, não possui etimologia segura. A aproximação feita por Frisk com o antigo alemão *suntea*, *sunta*, alemão atual *Sünde*, "falta grave", é possível. Mas aproximá-la, como o fez *Benveniste, Melanges Pedersen*, 498, que lhe dá o sentido de "desvario, alucinação", do verbo ἀτύζειν (atýdzein), "perturbar-se", não parece muito feliz em função do sentido de Ate. Personificada, *Ate* significa precisamente "flagelo enviado pelos deuses como castigo de uma falta grave", daí "cegueira da razão, loucura".

Ate é uma divindade muito rápida, que pousa, sem que o homem o perceba, sobre a cabeça dos mortais para induzi-los ao erro, perturbando-lhes a razão. Quando Zeus jurou que daria o poder do mundo ao primeiro descendente de Perseu que nascesse e que Héracles (o destinatário do juramento) acabou sendo submetido a Euristeu, foi Ate quem o enganou. Enfurecido, o pai dos deuses e dos homens lançou-a Olimpo abaixo. Ate caiu numa colina que passou a chamar-se *Colina do Erro*. Foi exatamente neste local que Ilo fundou Ílion, Troia. Lançando Ate do Olimpo e proibindo-a de lá permanecer, a humanidade recebeu o *Erro* como a pior das heranças.

ATENÁ *(I, 71-73, 91, 107-110, 122, 125, 127-131, 133, 136, 138-139, 158, 162, 206, 209, 211-212, 238-240, 282, 290, 296, 298, 311, 322, 324, 326, 335, 340, 343, 348; II, 23-24, 26-32, 40-44, 46-48, 55, 58, 66, 89, 119, 122, 124, 156, 195, 231[121]; III, 54, 62, 70, 81-82, 87, 93, 121, 128, 132, 134, 150, 152, 178, 178[146], 183, 210, 228, 235, 301[229], 312-313, 315-317, 319-321, 330, 331, 337, 340-341, 343, 343[264], 346-347, 351, 354-355.*

Ἀθήνη (Athḗnē), Ἀθανα (Athánuā), *Ateneu*, atestado no grego micênico sob a forma *atanapotinija*, ou ainda o homérico Ἀθηναίη (Athēnaíē), atestado oitenta e oito vezes e finalmente o ático Ἀθηναία (Athēnaía) e por contração Ἀθηνᾶ (Athēnâ), *Atená*, que já aparece em inscrições do século VI a.C., é um antropônimo sem etimologia, segundo Chantraine e Frisk, s.u. Carnoy, todavia, *DEMG*, p. 29, aventa a hipótese de que o primeiro elemento da palavra *Ath* poderia estar aparentado com o indo-europeu *attā, "mãe" e o segundo seria uma forma grega *awaiā com o sentido igualmente de "mãe", donde *Atená* seria uma "Grande Mãe", certamente originária de Creta.

Zeus travava uma dura batalha contra os Gigantes, quando sua primeira esposa, Métis, ficou grávida. A conselho de Úrano e Geia, o futuro senhor do Olimpo a engoliu, pois, segundo a predição do primeiro casal primordial, se Métis tivesse uma filha e esta um filho, o neto arrebataria o poder supremo ao avô.

Completada a gestação normal de Atená, Zeus começou a ter uma dor de cabeça que por pouco não o enlouquecia. Não sabendo de que se tratava, ordenou a Hefesto, o deus das forjas, que lhe abrisse o crânio com um machado. Executada a operação, saltou da cabeça do deus, vestida e armada com uma lança e a égide, dançando a pírrica (dança de guerra, por excelência), a grande deusa *Atená*.

O local de nascimento da deusa foi às margens do Lago Tritônio, na Líbia, o que explicaria um dos múltiplos epítetos da filha querida de Zeus: Τριτογένεια (Tritoguéneia) que é interpretado modernamente como *nascida no mar* ou *na água*.

Tão logo saiu da cabeça do pai, soltou um grito de guerra e se engajou ao lado do mesmo na luta contra os Gigantes, matando a Palas e Encélado. O primeiro foi por ela escorchado e da pele do mesmo foi feita uma couraça; quanto ao segundo, a deusa o esmagou, lançando-lhe em cima a Ilha de Sicília, como está em *Mitologia Grega*, Vol. I, p. 211-212. O epíteto ritual, *Palas* (Atená), não se deve ao nome do Gigante, mas a uma jovem amiga da deusa, sua companheira na juventude e que foi morta acidentalmente pela mesma. Daí por diante, Atená adotou o epíteto de *Palas* e fabricou,

consoante uma variante tardia, em nome da morta, o *Paládio*, cuja lenda é deveras complicada, porque se enriqueceu com elementos diversos, desde as Epopeias Cíclicas até a época romana. Homero o desconhece. Na *Ilíada* só se faz menção de uma estátua cultual da deusa, honrada em Troia, mas sentada, enquanto o *Paládio* é uma pequena estátua, mas de pé, com a rigidez de um *xóanon*, isto é, de um ídolo arcaico de madeira. Seja como for, o importante é que se saiba ser o *Paládio* grandemente *apotropaico*, pois tinha a virtude de garantir a integridade da cidade que o possuísse e que lhe prestasse um culto. Desse modo, toda e qualquer *pólis* se vangloriava de possuir um *Paládio*, sobre cuja origem miraculosa se teciam as mais variadas e incríveis histórias. O de Troia, conta-se, caíra do céu e era tão poderoso que, durante dez anos, defendeu a cidadela contra as investidas dos gregos. Foi preciso que Ulisses e Diomedes o subtraíssem, com a cumplicidade do silêncio de Helena, que os vira penetrar na fortaleza. Troia, sem sua defesa mágica, foi facilmente vencida e destruída.

O mais famoso e sacrossanto dos Paládios, porém, era o de Atenas, que, noite e dia, lá do alto da Acrópole, o lar de Atená, vigiava Atenas, a cidade querida da "deusa de olhos garços".

Preterida por Páris no célebre concurso de beleza no Monte Ida, pôs-se inteira, na Guerra de Troia, ao lado dos aqueus, entre os quais seus favoritos foram Aquiles, Diomedes e Ulisses. Na *Odisseia*, diga-se de passagem, a deusa augusta se transformará na bússola do *nóstos*, do retorno de Ulisses a Ítaca, e, quando o herói finalmente chegou à pátria, Palas Atená esteve a seu lado até o massacre total dos Pretendentes e a decretação da paz, por inspiração sua, no seio das famílias da Ilha de Ítaca. Sua valentia e coragem comparam-se às de Ares, mas a filha de Zeus detestava a sede de sangue e a volúpia da carnificina de seu irmão, ao qual, aliás, enfrentou vitoriosamente (*Il.*, XXI, 391sq).

Sua bravura, como a de Ulisses, é calma e refletida: Atená é, antes de tudo, a guardiã das Acrópoles das cidades, onde ela reina e cujo espaço físico defende, merecendo ser chamada *Poliás*, a "Protetora", como ilustra o mito do Paládio. É sobretudo por essa proteção que é ainda cognominada *Nike*, a vitoriosa. Uma tabuinha da Linear B, datando de mais ou menos 1500 a.C., faz menção de uma *A-ta-na po-ti-ni-ja*, antecipando-se, assim, de sete séculos à πότνια Ἀθηναίη (pótnia Athēnaíē) de Homero e demonstrando que a "Atená Soberana" era realmente a senhora das cidades, em cuja Acrópole figurasse o seu Paládio.

Sem se esquecer de suas antigas funções de Grande Mãe, deixando inteiramente de lado seu denodo bélico, *Atená Apatúria*, além de presidir nas Apatúrias (v.) à inscrição das crianças atenienses em sua respectiva *fratria*, favorecia, enquanto Ὑγίεια (Hyguíeia), Higiia, enquanto deusa das "boas condições de saúde", a fertilidade dos campos, em benefício de uma população a princípio sobretudo agrícola. É com esse epíteto que a protetora de Atenas se associava a Deméter e a Core numa festa denominada Προχαριστήρια (Prokharistḗria), que se poderia traduzir por "agradecimentos antecipados", porque tais solenidades se celebravam nos fins do inverno, quando recomeçavam a brotar os grãos do trigo. Estava também ligada a Dioniso nas Ὠσχοφόρια (Oskhophória), quando solenemente se levavam a Atená ramos de videira carregados de uvas. Uma longa procissão dirigia-se, cantando, de um antigo santuário do deus do vinho, em Atenas, até Falero (nome de um porto da cidade), onde havia um nicho da deusa.

Dois jovens, com longas vestes femininas, o que trai um rito de passagem, encabeçavam a procissão, transportando um ramo de videira com as melhores uvas da safra.

É bom não esquecer ainda que na disputa com Posídon pelo domínio da Ática e, particularmente, de Atenas, Atená fez brotar da terra a oliveira, sendo, por isso mesmo, considerada como a inventora do "óleo sagrado da azeitona".

Deusa guerreira, na medida em que defende "suas Acrópoles", deusa da fertilidade do solo, enquanto Grande Mãe, Atená é antes do mais a deusa da inteligência, da razão, do equilíbrio apolíneo, do espírito criativo e, como tal, preside às artes, à literatura e à filosofia de modo particular, à música e a toda e qualquer atividade do espírito. Deusa da paz, é a boa conselheira do povo e de seus dirigentes e, como Têmis, é a garante da justiça, tendo-lhe sido mesmo atribuída a instituição do Areópago. Mentora do Estado, ela é também no domínio das atividades práticas a guia das artes e da vida especulativa. E é como deusa dessas atividades, com o título de Ἐργάνη (Ergánē), "Obreira", que ela preside aos trabalhos femininos da fiação, tecelagem e bordado. E foi precisamente a arte da tecelagem e do bordado que pôs a perder uma vaidosa rival de Atená, Aracne (v.).

Ainda como Ἐργάνη (Ergánê), "Obreira", a grande deusa presidia aos trabalhos das mulheres na confecção de suas próprias indumentárias, pois que ela própria dera o exemplo, tecendo sua *túnica flexível e bordada* (*Il.* V, 734). E na festa das Χαλκεῖα (Khalkeîa), festas dos "trabalhadores em metais", duas ou quatro meninas, denominadas Arréforas, com o auxílio das "Obreiras" de Atená, iniciavam a confecção do *peplo* sagrado, que, nove meses depois, nas Panateneias, deveria cobrir a estátua da deusa, substituindo o do ano anterior. Associada ainda a Hefesto e Prometeu, no Cerâmico de Atenas, ainda por ocasião das Χαλκεῖα (Khalkeîa), era invocada como a protetora dos artesãos. Foi seu espírito inventivo que ideou o carro de guerra e a quadriga, bem como a construção da nau *Argo*, em que velejaram os heróis em busca do *Velocino de Ouro*. A maior e a mais solene das festas de Atená eram as *Panateneias*, em grego α Παναθήναια (Panathḗnaia), solenidade de que participava *Atenas inteira*, e cuja instituição se fazia remontar a um dos três maiores heróis míticos de Atenas: Erictônio, Erecteu ou Teseu, este último realizador mítico do sinecismo. A comemoração era primitivamente anual, mas, a partir de 566-565 a.C., as *Panateneias* tornaram-se um festival pentetérico, a saber, que se realizava de cinco em cinco anos e que congregava a cidade inteira. Um banquete público, que "reunia" e unia todos os membros da *pólis*, dava início à grande festa. Seguiam-se jogos agonísticos, cujos vencedores recebiam como prêmio ânforas cheias de azeite, proveniente das oliveiras sagradas de Atená. Havia ainda corrida de quadrigas e um grande concurso de *pírricas*, danças guerreiras, cuja introdução em Atenas passava por ter sido da filha querida de Zeus. Precedendo a solenidade maior, realizava-se a Λαμπαδηδρομία (Lampadēdromía), "corrida com fachos acesos", uma verdadeira *course aux flambeaux*, quando se transportava o fogo sagrado de Atená, dos jardins de Academo até um altar na Acrópole. As dez tribos atenienses participavam com seus atletas.

O episódio capital das Panateneias, no entanto, era a πομπή (pompḗ), a gigantesca procissão, imortalizada por Fídias no friso do Partenón. A cidade toda participava dessa solenidade, inclusive homens com suas armas de guerra e, à época de Fídias, a cavalaria, que acabava de ser reorganizada. A monumental procissão saía das ruas centrais da cidade e chegava à Acrópole, onde se faziam múltiplos sacrifícios sobre os vários altares da deusa ali existentens: Atená Higiia, Nique, Poliás...

O rito final era a entrega solene, no interior do santuário, do novo peplo, que representava a vitória dos deuses olímpicos sobre os filhos da Terra. A deusa, durante toda essa solenidade, cercada de uma guarda de honra, figurava sobre seu carro de triunfo, uma vez que fora ela, juntamente com seu pai Zeus, a principal artífice da magna vitória que marcou a instituição de uma ordem definitiva e a supremacia da *pólis* dos homens sobre o Caos primordial.

Atená é a *deusa virgem* de Atenas e é, por isso mesmo, que seu templo gigantesco da Acrópole se denomina até hoje Παρθενών (Parthenṓn), o *Partenón*, já que, em grego, *virgem* se diz παρθένος (parthénos).

É bem verdade que a deusa chamava a Erictônio, *o filho da Terra*, de *seu* filho, mas a concepção desse "filho da Terra" foi muito estranha. Tendo Atená se dirigido à forja de Hefesto, para lhe encomendar armas, o deus, que havia sido abandonado por Afrodite, se inflamou de desejo pela deusa virgem e tentou prendê-la em seus braços. Esta fugiu, mas, embora coxo, Hefesto a alcançou. A filha de Zeus se defendeu, mas, na luta, o sêmen do deus lhe caiu numa das pernas. Atená retirou-o com um floco de algodão, que foi lançado na terra que, fecundada, deu à luz um menino que aquela recolheu, chamando-o Erictônio, quer dizer, "filho da Terra". Sem que os deuses o soubessem, a deusa fechou-o num cofre e o confiou secretamente às filhas de Cécrops, antigo rei mítico da Ática e fundador de Atenas. Apesar da proibição de Palas, as jovens princesas, Aglauro, Herse e Pândroso, abriram o cofre, mas fugiram apavoradas, porque dentro do mesmo havia uma criança, que, da cintura para baixo, era uma serpente, como normalmente acontece com os seres nascidos da Terra. Uma outra versão relata que ao lado de Erictônio rastejava medonha serpente. Diz-se que, como punição, as três princesas enlouqueceram e precipitaram-se do alto do rochedo da Acrópole. A partir de então, Atená se encarregou de educar *seu* filho no recinto sagrado de seu templo na Acrópole. Quando Erictônio atingiu a maioridade, Cécrops entregou-lhe o poder. Casado com uma ninfa náiade, Praxítea, foi pai de Pandíon, que o sucedeu no poder. Ao Rei Erictônio se atribui a introdução na Ática do uso do dinheiro e a organização das Panateneias. Algumas de suas inovações são igualmente atribuídas a seu neto Erecteu.

Além de haver dirigido os trabalhos de seus colegas, Ictino e Calícrates, na construção do Partenón, Fídias (séc. V a.C.), o gênio da escultura ateniense, foi o autor das duas mais célebres estátuas da deusa da inteligência, a *Parthénos* Criselefantina no interior do Partenón e, ao ar livre, o bronze colossal de Atená *Prómakhos*.

A ave predileta da deusa nascida do crânio de Zeus era a *coruja* (v.), símbolo da reflexão que domina as trevas; sua árvore favorita, a *oliveira*.

Alta, de traços calmos, mais solene e majestosa que bela, Atená era a deusa de *olhos garços*...

Palas Atená, Atená *Poliás*, era a defensora e a garante de Atenas. Lá de cima da Acrópole, contemplando sua Cidade, transmitiu-lhe, pelos lábios de Ésquilo, seu discurso de paz, de liberdade, de justiça e de democracia. Era o fecho do julgamento de Orestes, perseguido pelas Erínias. Vencendo-as, Atená, mais uma vez, dessa feita com o escudo da razão, restabeleceu o domínio da ordem sobre o Caos, da luz sobre as trevas, do primado do *iusfori* (do direito do homem) sobre o *iuspoli* (o direito das trevas).

Eis a mensagem de Atená a *seus cidadãos*:

Ouvi, agora, o que estabeleço, cidadãos de Atenas, que julgais a primeira causa de sangue. Doravante o povo de Egeu conservará este Conselho de Juízes, sempre renovado, nesta Colina de Ares.
Nem anarquia, nem despotismo, esta é a norma que a meus cidadãos aconselho observarem com respeito.

Se respeitardes, como convém, esta augusta Instituição, tereis nela baluarte para o país, salvação para a Cidade.
Incorruptível, venerável, inflexível, tal é o Tribunal, que aqui instituo para vigiar, sempre acordado, sobre a Cidade que dorme.

(*Eum.* 681-706)

O perfil de Atená, como o de Zeus e o de Apolo, evoluiu consideravelmente no mito, de maneira constante e progressiva, no sentido de uma espiritualização.

Dois de seus atributos configuram os termos dessa evolução, a *serpente* e a *ave* (a coruja). Antiga Grande Mãe minoica, proveniente de cultos ctônios, domínios da *serpente*, elevou-se, com o sincretismo creto-micênico, a uma posição dominante nos cultos urânios e olímpicos, domínios da *ave*, como deusa da fecundidade e da sabedoria: virgem, protetora das crianças; guerreira, inspiradora das artes e da paz.

Seu nascimento foi como um jorro de luz sobre o cosmo, aurora de um mundo novo, atmosfera luminosa, semelhante à hierofania de uma divindade emergindo de uma montanha sagrada. Sua aparição marca um transtorno na história do mundo e da humanidade. Uma chuva de *neve de ouro* caiu sobre Atenas, quando de seu nascimento: *neve e ouro*, pureza e riqueza, tombando do céu com a dupla função de fecundar, como a chuva, e de iluminar, como o sol. E é, por isso mesmo, que em certas festas de Atená se ofereciam bolos em forma de *serpente* e de *falo*, símbolos da fertilidade e da fecundidade.

Para relembrar o nascimento de Erictônio, o instituidor das Panateneias, e que Atená escondera num cofre em companhia e sob a proteção de uma serpente, se oferecia aos recém-nascidos atenienses um amuleto representanto uma pequena serpente, símbolo da sabedoria intuitiva e da vigilância protetora. Como "Palas Atená", ela é defensora, no sentido físico e espiritual, das alturas, das Acrópoles, em que se estabelece. A cabeça de Medusa colocada no centro de seu escudo é como um espelho da *verdade*, para combater seus adversários, petrificando-os de horror, ao contemplarem *sua própria imagem*. Foi graças a tal escudo que Perseu levou de vencida a terrível Górgona, mostrando assim que Atená é a deusa vitoriosa pela sabedoria, pelo engenho e pela verdade. Sua lança é uma arma de luz: separa, corta e fere, como o relâmpago rasga as nuvens. A proteção concedida a heróis como Aquiles, Héracles, Perseu e Ulisses simboliza a injeção do espírito na força bruta, com a consequente transformação da personalidade do herói.

Deusa da fecundidade, deusa da vitória e deusa da sabedoria, Atená simboliza mais que tudo a criação psíquica, a síntese por reflexão, a inteligência socializada.

ÁTIS *(III, 231).*

Para Carnoy, *DEMG*, p. 29sq. Ἄττης (Áttēs) ou Ἄττις (Âttis), *Átis*, com reduplicação expressiva, é um nome familiar, de cunho afetuoso, e acrescenta que, por vezes, o amante de Cibele é chamado de πάππος (páppos), "avô, vovô". Diga-se de passagem, que em grego há também a forma expressiva πάππας (páppas), a que corresponde o latim *pappa*, "papai". Ἄττις (Áttis) é, por conseguinte, segundo o filólogo supracitado, uma forma da palavra da linguagem infantil ἄττα (átta), em latim igualmente *atta*, "avô, avozinho", mas também "papai", por oposição a πατήρ (patér) e a *pater*, "pai", que têm sentido religioso e político.

Foi durante a época helenística, mais ou menos entre 320-30 a.C., bem como no período da decadência de Roma, que mais se intensificaram as relações do mito de Átis com Cibele.

Há duas versões a este respeito, uma tipicamente greco-oriental e outra, mais tardia (ao menos na literatura), do poeta latino Ovídio (séc. I a.C.).

Átis é um deus anatólio da vegetação e, como tal, um companheiro, servidor e amante de Cibele, a Terra-Mãe. Como o mitologema se desdobrou muito com o culto a esse casal divino, vamos sintetizá-lo. Em princípio, o deus da vegetação é considerado como filho de Agdístis (v.) e Nana, ninfa ou filha do Rio Sángaris ou Sangário, cujas águas emasculavam aqueles que nas mesmas se banhassem.

Amado pelo hermafrodito Agdístis, foi enlouquecido pelo mesmo, tendo-se emasculado por ocasião de uma grande festividade orgiástica, arrastando os espectadores, certamente iniciados, para o mesmo gesto ritual. O fato de ser filho de um hermafrodito e de uma filha do Rio Sángaris já é um sinal de que Átis é um emasculado. As solenidades rituais em que ele se desvirilizou são uma projeção do que realmente acontecia no culto asiático e romano de Cibele, que funciona no mito como mãe castradora.

O feito de Átis levou-o à morte "ritual": como a semente que morre no seio da terra (Cibele), ele ressuscita sob a forma de flores que brotam de seu túmulo.

Ovídio inspirou-se em outras variantes, mas apenas trocou a paixão de Agdístis pela da *Bona Dea*, a Boa Deusa.

No relato do poeta de Sulmona, Átis, sob a forma de um jovem de beleza irresistível, que vivia nas montanhas e florestas, mereceu as honras da paixão de Cibele. A deusa, tendo resolvido unir-se para sempre a ele, fê-lo sacerdote de seu templo, mas exigiu-lhe castidade matrimonial absoluta. Átis, porém, não resistiu aos apelos da ninfa Sagarítis (e voltamos ao rio, cujas águas tinham o poder de emascular).

Profundamente amargurada, triste e exasperada, a Grande Mãe cortou a árvore a que estava ligada a ninfa "dríada" (v. *Mitologia Grega*, Vol. I, p. 214) Sagarítis, matando-a em consequência. Não satisfeita, enlouqueceu Átis, que, tomado pelo "furor de Cibele", se emasculou, tornando-se submisso e dócil servidor da deusa, em cuja carruagem percorre as montanhas da Frígia. Na qualidade de mãe castradora, Cibele exige a desvirilização do filho ou amante (como postulava a de seus sacerdotes): castrado, o filho ou amante retorna a ela e a ela somente pertence, não lhe permitindo tornar-se "adulto".

Átis é o deus que morre e ressuscita periodicamente num tipo de culto orgiástico, dominado pelas paixões estranhas e violentas de Cibele, pelos ritos de castração e sangrentos sacrifícios do *tauróbolo*, isto é, da iniciação por um batismo de sangue, como se explicou em *Mitologia Grega*, Vol. II, p. 37. Sob forma delirante, a deusa da Anatólia simboliza os ritmos da morte e da fecundidade, vale dizer, *da fecundidade pela morte*.

ATLÂNTIDA *(I, 326-329; II, 144; III, 313)*.

Ἀτλαντίς (Atlantís), *Atlântida*, prende-se *a Atlas*, em grego Ἄτλας (Átlas), "que sustém a abóbada celeste", vocábulo formado, ao que tudo indica, de um prefixo intensivo *a-* e de *tla*, em grego τλῆναι (tlênai), "suportar".

Em dois de seus diálogos, *Timeu* e *Crítias*, conta Platão que Sólon, quando de sua viagem ao Egito, interrogara alguns sacerdotes e um deles, que vivia em Saís, no Delta do Nilo, lhe relatou tradições muito antigas relativas a uma guerra entre Atenas e os habitantes da Atlântida. Esse relato do filósofo ateniense se inicia no *Timeu* e é retomado e ampliado num fragmento que nos chegou do *Crítias*. Os atlantes, segundo o sacerdote de Saís, habitavam uma ilha, que se estendia diante das Colunas de Héracles, quando se deixa o Mediterrâneo e se penetra no Oceano. Quando da disputa, já conhecida por nós, entre Atená e Posídon pelo domínio de Atenas, o deus do mar, tendo-a perdido, recebeu como prêmio de consolação a Atlântida. Lá vivia Clito, uma jovem de extrema beleza, que havia perdido os pais, chamados, respectivamente, Evenor e Leucipe.

Por ela, que habitava uma montanha central da Ilha, se apaixonou o deus, que, de imediato, lhe cercou a residência com altas muralhas e fossos cheios de água.

Dos amores de Posídon com Clito nasceram cinco vezes gêmeos. O mais velho deles chamava-se Atlas. A ele o deus concedeu a supremacia, tornando-se o mesmo o rei suserano, uma vez que a Ilha fora dividida em dez pequenos reinos, cujo centro era ocupado por Atlas. A Atlântida era riquíssima por sua flora, fauna e por seus inesgotáveis tesouros minerais: ouro, cobre, ferro e sobretudo *oricalco*, um metal que brilhava como fogo. A Ilha foi embelezada com cidades magníficas, cheias de pontes, canais, passagens subterrâneas e verdadeiros labirintos, tudo com o objetivo de lhe facilitar a defesa e incrementar o comércio. Anualmente, os dez reis se reuniam e o primeiro ato que praticavam em comum era a caçada ritual ao touro. Essa caçada e captura do animal sagrado se faziam no próprio *témenos* do deus, isto é, porção de território com um altar ou templo consagrado à divindade. Após garrotearem o animal, decapitavam-no, o que faz lembrar o *tauróbolo* da Creta minoica, cerimônia em que a perseguição precede à oblação final da vítima. O sangue do touro era cuidadosamente recolhido e com ele os dez reis se aspergiam, porque o animal é identificado com a divindade (Plat. *Crít.* 119 d-120 c). Após esse rito inicial, os reis, revestidos de uma túnica azul-escuro, sentavam-se sobre as cinzas ainda quentes do sacrifício e davam início à segunda parte da reunião sagrada. Apagados todos os archotes, mergulhados em trevas profundas, os reis faziam sua autocrítica e julgavam-se reciprocamente durante uma noite inteira. Aqui, infelizmente, termina o relato do filósofo. Sabe-se, ainda, que, tentando subjugar o mundo, os atlantes foram vencidos pelos atenienses, e isto nove mil anos antes de Platão. Os atlantes e sua ilha, consoante ainda o Autor de *Crítias*, desapareceram completamente, tragados por um cataclismo.

Existe, no entanto, uma variante muito significativa de Diodoro Sículo (século I a.C.), acerca da Atlântida e seus habitantes.

Segundo o Autor da *Biblioteca Histórica*, a Amazona Mirina declarou guerra aos atlantes que habitavam um país vizinho da Líbia, à beira do Oceano, onde os deuses, dizia-se, haviam nascido. À frente de uma cavalaria de vinte mil Amazonas e de uma infantaria de três mil, conquistou primeiro o território de um dos dez reinos da Atlântida, cuja capital se chamava Cerne. Em seguida, avançou sobre a capital, destruiu-a e passou todos os homens válidos a fio de espada, levando em cativeiro as mulheres e as crianças. Os outros nove reinos da Atlântida, apavorados, capitularam imediatamente. Mirina os tratou generosamente e fez aliança com eles. Construiu uma cidade, a que deu o nome de Mirina, em lugar da que havia destruído, e franqueou-a a todos os prisioneiros e a quantos desejassem habitá-la. Os atlantes pediram então à denodada Amazona que os ajudasse na luta contra as Górgonas. Depois de sangrenta batalha, Mirina conseguiu brilhante vitória, mas muitas das inimigas conseguiram escapar. Certa noite, porém, as Górgonas prisioneiras no acampamento das vencedoras lograram apoderar-se das armas das sentinelas e mataram grande número de Amazonas. Recompondo-se logo, as comandadas de Mirina massacraram as rebeldes. Às mortas foram prestadas honras de heroínas e, para perpetuar-lhes a memória, foi erguido um túmulo suntuoso, que, à época histórica, ainda era conhecido com o nome de *Túmulo das Amazonas*.

As gestas atribuídas a Mirina, todavia, não se esgotam com estas duas guerras. Mais tarde, após conquistar, talvez com auxílio dos atlantes, grande parte da Líbia, dirigiu-se para o Egito, onde reinava Hórus, filho de Ísis, e com ele concluiu um tratado de paz. Organizou, em seguida, uma gigantesca expedição contra a Arábia; devastou a Síria e, subindo para o norte, encontrou uma delegação de cilícios, que, voluntariamente, se renderam. Atravessou, sempre lutando, o maciço do Tauro e atingiu a região do Caíque, término de sua longa expedição. Já bem mais idosa, Mirina foi assassinada pelo Rei Mopso, um trácio expulso de sua pátria pelo Rei Licurgo.

A lenda desta Amazona é mais uma "construção histórica" e não constitui propriamente um mito, mas uma interpretação de elementos míticos combinados de modo a formar uma narrativa mais ou menos coerente, nos moldes das interpretações "racionalistas" dos mitógrafos evemeristas.

Mirina, rainha das Amazonas, é seu nome na *Ilíada*, mas este é seu nome "junto aos deuses"; entre os homens ela é chamada Batiia.

A Atlântida, o continente submerso, seja qual for a origem do mito, permanece no espírito de todos, à luz dos textos inspirados a Platão pelos sacerdotes egípcios, como o símbolo de uma espécie de paraíso perdido ou de cidade ideal. Domínio de Posídon, aí instalou ele os dez filhos que tivera de uma simples mortal. O próprio deus organizou e adornou sua ilha, fazendo dela um reino de sonhos:

"Seus habitantes se enriqueciam de tal maneira, que jamais se ouviu dizer que um palácio real possuísse ou viesse algum dia a possuir tantos bens. Tinham duas colheitas por ano: no inverno utilizavam as águas do céu; no verão, aquelas que lhes dava a terra, com a técnica da irrigação" (*Crit.* 114 d, 118 e).

Quer se trate de reminiscências de antigas tradições, quer a narrativa platônica não passe de uma utopia, o fato é que, tudo leva a crer, Platão projetou na Atlântida seus sonhos de uma perfeita organização político-social: "Quando as trevas desciam e as chamas dos sacrifícios se extinguiam, os reis, cobertos com lindas indumentárias de um azul-cinza, sentavam-se por terra, nas cinzas do holocausto sacramental. Então, em plena escuridão da noite, apagados todos os archotes em torno do santuário, os reis julgam e são julgados, se houver sido cometida por qualquer deles alguma falta. Terminado o julgamento, as sentenças são gravadas, já em pleno dia, sobre uma mesa de ouro, que era consagrada como recordação do feito" (*Crit.* 120 b c).

Mas quando neles se "enfraquecia o elemento divino e o humano passava a dominar", eram alvo do castigo de Zeus.

A Atlântida reúne, assim, o tema do Paraíso e da Idade do Ouro, que se encontra em todas as culturas, seja no início da humanidade, seja no seu término. A originalidade simbólica da Atlântida está na ideia de que o Paraíso reside na predominância em cada um de nós de um elemento divino.

ATLAS *(I, 157-159, 166, 190, 326-327; II, 19, 191[94]; III, 48[38], 114, 116).*

Ἄτλας (Atlas), *Atlas*, "que sustém a abóbada celeste", é um composto de um α- (a-) copulativo e de um tema τλα- (tla-), que aparece no verbo τλῆναι (tlênai), "suportar", donde Atlas é "o que sustém, suporta" o peso do céu.

Filho do titã Jápeto e da oceânida Clímene, teve como irmãos a Prometeu, Epimeteu e Menécio, pertencendo, desse modo, à geração de seres monstruosos e descomedidos, anterior aos deuses olímpicos. Participou ativamente da luta dos Titãs contra Zeus. Vencidos, o novo senhor do Olimpo lançou-os no Tártaro, mas infligiu ao irmão de Prometeu um castigo original:

sustentar em seus ombros para todo o sempre a abóbada celeste. Seu domicílio habitual é o extremo ocidente, junto ao país das Hespérides ou mais raramente na região dos Hiperbóreos. Geograficamente, Atlas seria um nome do Monte Cilene na Arcádia e, em seguida, com Heródoto (4, 183), passou a designar uma cadeia de montanhas situadas na África do Norte. Teria sido Perseu, que, em seu retorno do Ocidente, aonde fora matar Medusa, transformara o Titã em rochedo, mostrando-lhe a cabeça da Górgona. Atlas foi pai de vários filhos: com Plêione foi pai das Plêiades, que eram sete irmãs (Taígeta, Electra, Alcíone, Astérope, Celene, Mérope e Maia) e das Híades (v.); com Hésperis teve as Hespérides. Seus filhos homens chamavam-se Hias e Héspero. Uma versão evemerista considera Atlas como astrônomo, que instruiu os homens acerca das leis que governam os astros e, por isso, foi divinizado. Especulações igualmente tardias fazem menção de três Atlas: o Titã ou o que reside na África, sustentando a abóbada celeste, um Atlas italiano e um arcádio, que seria pai de Maia, donde avô de Hermes.

ATREU *(I, 75, 78, 84-86, 89-90, 106; III, 59, 86, 333, 336).*

Ἀτρεύς (Atreús), *Atreu*, não possui etimologia confiável até o momento. A hipótese de Carnoy, fazendo o antropônimo originar-se de um α- (a-) intensivo anteposto ao verbo τρύειν (trýein), "esmagar, atormentar" ou ligando-o ao radical *atr- que estaria representado por ἔθρειρα (étheira) "velocino", ὄθρις (óthris), "carneiro", é sem fundamento, *DEMG*, p. 29.

De Pélops e Hipodamia, um casal marcado pela maldição familiar, nasceram Atreu, Tieste e Plístene, uma vez que Crisipo, o quarto filho, nascera dos amores de Pélops com a ninfa Axíoque. Os dois primeiros, em consequência das faltas graves de seus antepassados próximos e remotos, provocarão novos horrores e farão correr muito sangue pelo ódio que nutriam entre si. Consoante o mito, os Persidas (filhos ou descendentes de Perseu) foram os primeiros a reinar sobre a Argólida em geral e sobre Micenas e Tirinto em particular. Micenas, fundada por Perseu, foi governada depois por seu filho Estênelo e seu neto Euristeu. Em seguida passou para os Pelópidas, também cognominados Atridas. É que a maldição paterna empurrara Atreu e Tieste para Micenas, onde se refugiaram. Tal maldição se deve ao fato de terem eles assassinado a seu irmão por parte de pai, Crisipo. Morto Euristeu, sem deixar descendentes, os micênicos, dando crédito a um oráculo, resolveram entregar o trono a um deles. Foi pela disputa do reino de Micenas entre os dois irmãos que nasceu o ódio mais terrível, alimentado por traições, adultério, incesto, canibalismo, violência e morte. Atreu, que havia encontrado um carneiro de velo de ouro, prometera sacrificá-lo a Ártemis, mas guardou para si o velocino e escondeu-o num cofre, em vez de depositá-lo no templo da deusa. Aérope, mulher de Atreu, mas amante de Tieste, entregara a este secretamente o precioso talismã. No debate entre os dois irmãos diante dos micênicos, Tieste propôs que ocuparia o trono aquele que mostrasse à assembleia um tosão de ouro. Atreu aceitou de imediato a proposta, pois desconhecia a traição da esposa e a perfídia do irmão. Tieste seria fatalmente o vencedor, não fora a intervenção de Zeus que, por meio de Hermes, aconselhou Atreu fazer uma nova proposta: o rei seria designado por um prodígio. Se o sol seguisse seu curso normal, Tieste seria o rei; se regressasse para leste, Atreu ocuparia o trono. Aceito o desafio, todos passaram a observar o céu. O sol voltou para o nascente e Atreu, por proteção divina, passou a reinar em Micenas, expulsando Tieste de seu reino. Sabedor um pouco mais tarde da traição de Aérope, após mandar lançá-la no mar, fingiu uma reconciliação com o irmão; convidou-o a participar de um banquete e serviu-lhe como repasto as carnes dos três filhos que Tieste tivera com uma náiade: Áglao, Calíleon e Orcômeno. Após o banquete, mostrou-lhe as cabeças dos filhos e, mais uma vez, o baniu. Tieste refugiou-se em Sicione, onde, a conselho de um oráculo, uniu-se à própria filha Pelopia e dela teve um filho, Egisto. Pelopia, após o nascimento do filho, seguiu para Micenas e lá se casou com o tio Atreu. Egisto foi, pois, criado na corte de Atreu e, como ignorasse que Tieste era seu pai, recebeu do padrasto a ordem de matá-lo. Egisto, porém, descobriu a tempo quem era seu verdadeiro pai e, retornando a Micenas, assassinou Atreu e entregou o trono a Tieste. De Atreu e Aérope nasceram Agamêmnon e Menelau, condenados e marcados por tanto sangue e miséria. A máquina infernal ainda teria muito combustível para funcionar...

AUGE *(III, 59, 146, 295[226]).*

Αὐγή (Auguế), *Auge*, é "a brilhante, a luz do sol".

Filha de Áleo, rei de Tégea, na Arcádia, e de Neera, seu mito está vinculado simultaneamente às aventuras de Héracles e, através de seu filho Télefo, ao ciclo troiano. Uma das versões mais antigas acerca de Auge mostra a heroína vivendo na corte do Rei Laomedonte. Héracles por ela se apaixonara, quando avançou contra Troia, a cidadela de Laomedonte, com quem o filho de Zeus tinha velhas contas a acertar. De Troia, não se sabe o motivo, Auge transferiu-se para a corte do Rei Teutras, na Mísia. A versão mais corrente, porém, a respeito da filha de Áleo é a que remonta às tragédias perdidas *Auge* de Eurípides e *Mísios* e *Aléadas* de Sófocles.

Áleo, advertido por um oráculo de que se Auge tivesse um filho, este mataria os tios, os aléadas, e reinaria em seu lugar, de imediato consagrou-o à deusa Atená e proibiu-lhe casar, sob pena de morte. Mas Héracles, passando por Tégea, a caminho do reino de Augias, embebedou-se num banquete que lhe fora oferecido por Áleo e violentou Auge no próprio templo da deusa. Quando o rei soube da gravidez da filha, temendo a realização do oráculo, mandou que Náuplio, o grande navegante e pai de Palamedes, a expusesse no mar. Na viagem para Náuplia, porém, a princesa deu à luz um menino, Télefo. Compadecido de Auge e do recém-nascido, Náuplio vendeu-a a um mercador de escravos, que os levou para Mísia. O rei local, Teutras, que não tinha filhos, desposou Auge e adotou Télefo. Segundo uma variante, somente Auge fora vendida, e Télefo, exposto num monte da Arcádia, conseguiu sobreviver, aleitado por uma corça, tendo mais tarde reencontrado sua mãe na Mísia, por indicação do Oráculo de Delfos.

AUGIAS *(II, 20; III, 62, 102-103, 118, 178, 295[226])*.

Αὐγείας (Augueías), *Augias*, provém de αὐγή (auguḗ), "luz do sol", donde o significado de "brilhante" que possui o antropônimo, certamente por ser, segundo a tradição mais seguida, filho de Hélio, o sol. Outras versões atribuem-lhe como pai o lápita Forbas, ou Posídon ou até mesmo Elio, o herói epônimo de Élis. Sua mãe é Hirmine, filha de Neleu.

Participou da expedição dos Argonautas, sobretudo porque desejava conhecer seu irmão por parte de pai, o célebre Eetes. Augias possuía um imenso rebanho, mas, tendo deixado de limpar seus estábulos durante trinta anos, provocou a esterilidade nas terras da Élida, por falta de estrume. Para humilhar a Héracles, Euristeu ordenou ao herói que os limpasse, como cumprimento de seu Sexto Trabalho. O filho de Alcmena, antes de iniciar sua tarefa, pediu a Augias, como recompensa, um décimo do rebanho, comprometendo-se a remover a montanha de estrume num só dia. Julgando impossível a empresa, o rei concordou com a exigência feita. Tendo desviado para dentro do estábulo o curso de dois rios, Alfeu e Peneu, o trabalho foi executado com precisão e espantosa rapidez. Augias, no entanto, se recusou a cumprir o prometido, alegando mentirosamente que a obra havia sido feita com auxílio de Iolau. Como Héracles tomara por testemunha o filho do próprio rei, o jovem Fileu, o tirano expulsou a ambos de seu reino. Para se vingar, Héracles reuniu um exército de voluntários e marchou contra Élis. Augias colocou à frente das tropas seus dois sobrinhos, Ctéato e Êurito, os moliônides, filhos de Actor, que se aproveitando de uma súbita enfermidade do herói, derrotaram-lhe os voluntários e ainda lhe feriram gravemente o irmão Íficles.

Mais tarde, todavia, quando da celebração dos terceiros Jogos Ístmicos, como os habitantes de Élis tivessem enviado os moliônides para representá-los nos *Agônes*, o herói os matou numa emboscada. Não satisfeito, organizou uma segunda expedição contra a Élida: tomou a cidade de Élis, matou Augias e entregou o trono a Fileu, que anteriormente testemunhara a seu favor. Foi após essa vitoriosa campanha contra Augias que Héracles fundou em agradecimento a seu pai Zeus os *Jogos Olímpicos*, como recorda Píndaro, *Olímpicas*, 10, 25sq. Segundo Paul Diel. Le *Symbolisme dans la Mythologie Grecque*, Paris, Payot, 1952, p. 207sq., os estábulos do Rei Augias "configuram o inconsciente. A estrumeira representa a deformação banal. O herói faz passar as águas do Alfeu e do Peneu através dos estábulos imundos, o que simboliza a purificação. Sendo o rio a imagem da vida que se escoa, seus acidentes sinuosos refletem os acontecimentos da vida "corrente"... Irrigar o estábulo com as águas de um rio significa purificar a alma, o inconsciente da estagnação banal, graças a uma atividade vivificante e sensata".

AURA

Αὔρα (Aúra), *Aura*, não possui etimologia confiável, até o momento. A aproximação com ἀήρ (aḗr), *ar*, que significa propriamente "névoa, nevoeiro, cerração", não explica a estrutura nem tampouco a semântica de αυρα (aúra), cujo sentido exato é "brisa fresca e ligeira", *DELG*, p. 142. Augusto Magne, todavia, *DELL*, p. 115, julga que *Aura* "é derivado e talvez coletivo de ἀήρ (aḗr), que, em Homero, significa sempre – vinte e oito vezes – "cerração". O primeiro a dar-lhe o sentido de "vento", especialmente de "vento favorável à navegação", foi Hesíodo, *Trab.* 670, provavelmente por influência de οὖρος (ûros), que significa isto mesmo. A etimologia, ao menos semântica, proposta por Magne, se deve ao fato de *aura* na *Odisseia*, V, 469 e, com evidente reminiscência homérica, em Heródoto, 2, 19 e 27, ter o sentido de "cerração que se desprende do solo", como por exemplo por sobre o curso de um rio.

Aura, "a brisa", era filha da frígia Peribeia e do titã Lelanto. Rápida como o vento, participava do cortejo de Ártemis e era habilíssima caçadora. Amada por Dioniso, o deus jamais conseguiu aproximar-se dela, que sempre o vencia correndo. A pedido do deus do vinho, Afrodite a enlouqueceu e Aura se deixou possuir pelo filho de Zeus e deu-lhe gêmeos, um dos quais foi Ínaco (v.). A loucura, no entanto, se agravou e, após despedaçar os filhos, precipitou-se no Rio Sangário. Foi transformada em fonte por Zeus.

AURORA *(I, 156, 201; II, 85[30]; III, 115, 128, 222, 224, 312, 319)*.

v. Eos.

AUSON *(III, 289)*.

Αὔσων (Aúsōn), *Auson*, que talvez signifique "o claro, o brilhante", possivelmente se origine da raiz **awes*, "brilhar", sânscrito *usas*, "aurora"; o grego eólico tem a forma αὔ(σ)ως (aú(s)os), latim *aur*-ora, alemão *Ost*, "leste", onde nasce a luz.

Auson é um filho de Ulisses com Circe ou Calipso, fruto de suas longas viagens de retorno a Ítaca. Este rebento do herói da Odisseia seria irmão de Latino e pai de Líparo. Auson seria o epônimo dos ausônios, os primeiros habitantes da *Ausônia*, antigo nome da Itália. Foi o primeiro, consoante o mito, a reinar no país.

AUTÓLEON.

Αὐτολέων (Autoléōn), *Autóleon*, é um composto de αὐτός (autós), "ele mesmo, ele próprio" e de λέων (léōn), "leão", e significa "ele próprio é um leão".

Todas as vezes em que os lócrios entravam em combate, deixavam um espaço vazio em suas fileiras, em honra de seu compatriota, Ájax Oileu. Acreditavam que o herói sempre o preenchia, quando a luta se acirrava. Certa feita, quando pelejavam encarniçadamente contra os habitantes de Crotona, Autóleon, um dos chefes inimigos, quis penetrar nas linhas do lócrios por essa abertura, mas foi gravemente ferido na coxa por um ειδωλον (eídolon), "um fantasma". Como o ferimento não sarasse, consultou o Oráculo de Delfos, que lhe ordenou fosse à Ilha Branca ou Ilha dos Bem-Aventurados e oferecesse sacrifícios expiatórios aos heróis e, particularmente, a Ájax. Foi durante essa visita que Autóleon viu Helena, que o encarregou de levar uma mensagem ao poeta Estesícoro. Este havia ficado cego, porque insultara a honra da rainha de Esparta, por ter fugido com o príncipe troiano Páris. Para recuperar a visão, o poeta teria que fazer uma retratação, isto é, cantar-lhe uma *palinódia*. O poeta se esmerou no poema e voltou a ver a luz do sol.

AUTÓLICO *(III, 46, 48, 51, 59, 62, 124, 175[144], 208, 289-291).*

Αὐτόλυκος (Autólykos), *Autólico*, é um composto de αυτος (autós), "ele mesmo, ele próprio" e de λύκος (lýkos), "lobo", significando, pois, "que ele próprio é um lobo".

Autólico, um dos mais astutos larápios e perjuros da antiguidade mítica, era filho de Hermes e de Quíone ou Estilbe, filha de Heósforo. Através de sua filha Anticleia, foi avô de outro sorelte consumado, Ulisses, que, por sinal, segundo muitas fontes, era filho de Sísifo, que chegou até mesmo a enganar a Tânato, a Morte...

Já na *Odisseia*, XIX, 395sqq. se relata que Autólico fora instruído por Hermes na arte do perjúrio e do furto. Na realidade, o avô de Ulisses possuía o dom de roubar sem ser percebido. Ficaram célebres seus inúmeros furtos. Roubou de Amintor o capacete de couro, de que fez presente ao neto. Ulisses usou-o em sua sortida noturna em companhia de Diomedes contra Troia. Furtou o rebanho inteiro do belicoso Êurito. Apossou-se, mas, dessa feita, sem grande sucesso, de uma parte do rebanho de Sísifo. Sua tática, para que os animais não fossem identificados, era pintá-los com outra cor ou com várias... Segundo algumas versões, ele próprio tinha o dom de transformar-se. Foi ele quem ensinou a Héracles a arte do pugilato. O roubo de uma parte do rebanho de Sísifo não foi grandemente rentável, como se mencionou acima, porque este veio pessoalmente reclamar seus animais. E foi durante a permanência de Sísifo no palácio de Autólico que este fez com que sua filha Anticleia, já prometida em casamento a Laerte, se entregasse ao ilustre hóspede. Dessa noite de amor nasceria Ulisses. Naturalmente Autólico quis somar astúcias para ter um neto astuciosamente perfeito, e o teve!

Autólico participou da expedição dos Argonautas, já que, tendo uma filha, Polímede, casada com Esão, Jasão era seu neto.

AUTOMEDONTE

Αὐτομέδων (Automédōn), *Automedonte*, é um composto de αὐτότ (autós), "ele mesmo, ele próprio" e do verbo μέδεσθαι (médesthai), "velar sobre, pensar em", donde Automedonte é "o que pensa por si mesmo", *DELG*, p. 144.

Apesar de haver participado da Guerra de Troia com dez naus, comandando um contingente da Ilha de Ciros, Automedonte foi o grande condutor do carro de Aquiles e tomou parte ativa nos combates. Após a morte do herói, continuou a guiar o carro de Pirro ou Neoptólemo, filho de Aquiles. Teve a honra de participar da tomada e destruição da cidadela de Príamo.

AUXÉSIA.

Αὐξησία (Auksesía), *Auxésia*, provém do verbo αὔξειν (aúksein), "aumentar, fazer crescer", donde Auxésia é "a deusa do crescimento" (*Her.* 5, 82), *DELG*, p. 141.

Auxésia e sua amiga Dâmia eram duas jovens cretenses que vieram a Trezena e lá, surpreendidas por uma grande revolta, foram lapidadas pela multidão. Em sinal de reparação celebrava-se anualmente uma festa em sua honra. Com o correr do tempo, Auxésia e Dâmia foram identificadas com Deméter e Perséfone.

B

BÁBIS.

Βάβυς (Bábys), *Bábis*, consoante Carnoy, *DEMG*, p. 31, provém do verbo βαβάζειν (babádzein), onomatopeia que se poderia traduzir por "balbuciar, falar defeituosamente", como o latim *babiger*, "tolo, estulto". Bábis era irmão do grande flautista, o sátiro Mársias (v.), que, julgando-se um músico insuperável, desafiou a lira de Apolo. O deus o venceu e o escorchou. Bábis usava a flauta de um só tubo e, idiota que era, a executava tão mal, que o deus da música não lhe perdoou a ofensa à mais bela das artes.

BACO *(I, 263, 294-295[188], 299, 299[190]; II, 99, 113-114, 123, 128-129, 168, 181; III, 118, 190, 302).*

Βάκχος (Bákkhos) é nome recente de Dioniso sobretudo em poesia, como aparece (e pela vez primeira) em Sófocles, *Édipo Rei*, 211. Sobre o tema βακχευ- (bakkheu-) se construiu o denominativo βακχεύειν (bakkheúein), "ser tomado por um transporte divino". A etimologia é desconhecida. Talvez se trate de um empréstimo ao trácio. Quanto ao mito, veja-se Dioniso.

BAIO.

Βαῖος (Baîos) procede talvez de βαιός (baiós), "pequeno, sem grande importância". Baio é o piloto de Ulisses. Embora não apareça na *Odisseia*, o timoneiro foi lembrado nos desenvolvimentos posteriores do mito e emprestou seu nome para qualificar uma cadeia de montanhas da Ilha de Cefalênia, no Mar Jônio, e a cidade de Baias, na Campânia. Faleceu quando Ulisses percorria as costas da Trácia.

BALANÇA.

Balança é uma palavra de origem latina, cujo segundo elemento é *lanx, -cis*, que significa *prato circular* ou *retangular* e, em especial, *prato da balança*, donde *bilanx* (que acabou suplantando *libra*) formada de *bi*, por *bis*, "duas vezes", e *lanx*, "prato", *que tem dois pratos*. Da forma latina posterior *bilancia* provém, através do espanhol *balanza*, o português *balança*. Em grego, *balança* se diz τάλαντον (tálanton) e, mais comumente, no plural, τάλαντα (tálanta), *os pratos da balança*, a própria *balança* e significa, etimologicamente, o peso indeterminado, a soma pesada em ouro ou prata. É bem possível que τάλαντον (tálanton) se relacione com o verbo τλῆναι (tlênai), "tomar sobre si, suportar o peso de". Do grego τάλαντον (tálanton) origina-se o lat. *talentum*, "talento, o peso, a capacidade de uma inteligência excepcional". A *balança* é mais um empréstimo feito pelos gregos à religião egípcia, na qual se pesavam os atos e atitudes praticados pelo morto, quando de sua existência. Num prato da balança colocava-se o coração do extinto (sede da consciência) e noutro uma pena de Ma'at, a Verdade, a Justiça. Do resultado dessa pesagem dependia o destino da alma. Na Hélade, os primeiros pratos da balança fúnebre surgiram nos inícios da época micênica (séc. XVI a.C.), nas *Tumbas em forma de Poço* e no Heládico Recente (séc. XV a.C.), quando, aliás, o contato com o Egito ainda era esporádico. Com isto torna-se difícil concluir se a *borboleta*, φάλαινα (phálaina) ou ψυχή (psykhé) em grego, que se encontra estampada em alguns pratos da balança das *Tumbas em Poço*, poderia representar a alma, como realmente aconteceu em épocas posteriores. A *psicostasia* (v.) grega clássica, calcada nos modelos poéticos da morte do príncipe oriental Mêmnon (v.), como se vê na *Etiópida*, poema épico em cinco cantos de Arctino de Mileto (séc. VIII a.C.) e da de Heitor na *Ilíada*, XXII, 208sqq., utiliza a convenção da pesagem dos *eídola* (projeção em miniatura ou de corpo inteiro dos mortos) e o processo poético *da querostasia* (v.), isto é, da pesagem das *Queres* (v.) dos antagonistas. O prato, que se inclinasse, indicava a morte iminente da personagem, cujo *eidolon* ou *Quere* figurasse no mesmo. Não se trata propriamente de um juízo, de um julgamento, mas de uma afirmação externa da Moira, do destino cego. Na psicostasia egípcia, diga-se de passagem, o que se buscava não era a inclinação de um dos pratos, mas o *equilíbrio* dos mesmos. Os juízes gregos dos mortos, Minos e mais tarde seus colegas Éaco e Radamanto, estavam ainda ausentes entre Homero e Platão e, quando surgiram como árbitros, não julgavam com balanças, mas com o cetro e a autoridade de um rei terreno, que deve tomar decisões rápidas, acertadas e justas. A balança pertence a Zeus e, como diz Teógnis, poeta lírico do século VI a.C., *Zeus faz inclinar o prato da balança ora para um, ora para o outro lado* (*Eleg.* 1, 157). Ao que parece, *a balança da justiça* surgiu pela primeira vez no *Hh a Hermes*, 324, isto é, no século VI a.C:

Lá os esperavam (a Apolo e Hermes que litigavam)
os pratos da balança da justiça.

Na Grécia, o método de pesagem das almas se afastou muito do modelo egípcio em que se pesavam atos e atitudes idos e vividos. Na Hélade, ou se pesavam simbolicamente as *Queres* e os *eídola*, ou se colocavam nos pratos da balança os próprios litigantes, como no caso de Apolo e Hermes, que disputavam uma parte do rebanho de Admeto, guardado pelo primeiro e furtado pelo segundo. De qualquer forma, a balança egípcia foi tomada de empréstimo pelos gregos, com intervalos, entre os séculos XVI e V a.C. Do ponto de vista simbólico, consoante J. Chevalier e A. Gheerbrant, *DIS*, p. 99sqq., a *balança (tálanton/tálanta, libra, bilanx)* é símbolo da justiça, da medida, da prudência, do equilíbrio, já que sua função corresponde exatamente à pesagem dos atos. Associada à espada, a balança traduz igualmente a Justiça, mas como duplicação da Verdade. No plano social, trata-se de insígnias da função administrativa e da função militar, que exprimem o poder real. Como símbolo de julgamento, a balança é tão somente uma extensão da acepção anterior da justiça divina e humana. Se no Egito, sob a presidência de Osíris, se pesavam as almas, na iconografia cristã é São Miguel, o Arcanjo do Julgamento, quem segura a balança. Já se viu como na Grécia se realizava essa pesagem, mas é mister acrescentar que entre os helenos o *tálanton* é representado pela deusa Têmis, que governa os mundos segundo uma lei universal, garantia do equilíbrio, da ordem e da justiça. Estando a noção de destino intimamente vinculada à duração da vida, compreende-se que a balança seja também um atributo de Crono, o Saturno dos latinos. Este deus, a um tempo juiz e executor, avalia a vida dos homens e empunha a balança, indicativa da igualdade ou desigualdade entre os anos, as estações, os dias e as noites. Observe-se que o signo zodiacal da *Balança* principia no equinócio do outono, e que o equinócio da primavera marca o início do signo de Áries. Nestas datas, o dia e a noite se equilibram, têm a mesma duração. Assim, os movimentos do prato da balança, tal como o do Sol em seu ciclo celeste anual, correspondem ao peso relativo de *Yin* e de *Yang*, das trevas e da luz, o que, sem grande variação simbólica, nos transporta da Grécia clássica para a antiga China. O fiel da balança, quando os pratos se equilibram (nos equinócios), ou a espada, ao mesmo identificado, é o símbolo do *Meio Invariável*. E este, traduzido pelo Eixo do Mundo, nos conduz à Ursa Maior ou, como a chamavam os antigos chineses, à *Balança de Jade*. Por vezes, todavia, os dois pratos da Balança celeste eram configurados um pela Ursa Maior e outro pela Ursa Menor. O texto do ritual das sociedades secretas nos informa que a Balança da *Cidade dos Salgueiros* (árvore sagrada, traço de união entre o céu e a terra) *é linda e cintilante como as estrelas e as constelações* de que ela é efetivamente o reflexo na base do *axis mundi*, do eixo cósmico. De mais, o nome sânscrito da balança (*tûla*) é idêntico ao da *Terra Sagrada* primordial, situada no hiperbóreo, isto é, no polo. Diga-se de passagem que o sânscrito *tûla* tem a mesma origem que o latim *Thule*, "Tule", ilha de localização imprecisa, que formava o limite setentrional do mundo antigo até então conhecido e, por isso mesmo, recebia o epíteto de *ultima*, derradeira. "Descoberta" pelo geógrafo Píteas (séc. IV a.C.) na região onde se situam a Islândia e as Ilhas Shetland, passou a ser, como o país dos hiperbóreos, uma região fabulosa com dias intermináveis no solstício do verão e noites sem fim no solstício do inverno. Demarcando o limite provisório do mundo, Tule simbolizaria a consciência, o desejo e o limite derradeiro, não apenas no espaço, mas também na duração e no amor. Em síntese, o desejo e a consciência do extremo naquilo que é, por sua própria natureza, limitado. Se na psicostasia egípcia *Mekhât*, a Balança, traduz a justiça, o equilíbrio, o peso comparado dos atos e das obrigações, é com este mesmo sentido que ela aparece nas sepulturas cristãs. Autores bíblicos correlacionam a balança com a noção do bem e da verdade, como o faz Jó: *pese-me Deus em sua balança justa, e conheça a minha simplicidade* (Jó 31,6).

BÁLIO *(I, 106, 237, 324)*.

Βαλίος (Balíos), *Bálio*, com deslocamento de acento, provém, de βαλιός (baliós), literalmente "mosqueado, malhado". Poetas posteriores e tardios, sobretudo a partir do século II p.C., empregaram o vocábulo com sentido de "rápido", talvez por analogia com ἀργός (argós), v. *Argos*. A etimologia de βαλίος (Balíos), Bálio, é duvidosa. O sufixo poderia ser -IFOS (-iwos) como em outros nomes que designam cores, tipo πολιό (poliós), "grisalho". Em razão, porém, da inicial -β (-b) há suspeita de um empréstimo ao frígio ou ilírio. A hipótese de um empréstimo a uma língua em que o *bh-* indo-europeu é representado por *b-* permitiria uma aproximação com o termo grego propriamente dito φάλιος (phálios), preto-branco, *DELG*, p. 160.

Bálio, filho do vento Zéfiro e da Harpia Podarge, é um dos cavalos de Aquiles. Por ocasião das núpcias de Tétis e Peleu, Posídon ofereceu Xanto e Bálio ao futuro pai de Aquiles. Com a morte do herói na Guerra de Troia, o deus do mar recebeu de volta a Bálio, já que o corcel era imortal.

Bálio é igualmente o nome atribuído a um dos cães de Actéon.

BASILIA.

Βασίλεια (Basileia), *Basilia*, significa "rainha" e é o feminino de βασιλεύς (basileús), que já aparece no grego micênico sob a forma *qasireu* com o derivado feminino *qasirewija* = βασίλεια (basíleia). Diga-se de passagem que em Homero *basileús* significa "rei", mas aplica-se a todos os chefes e heróis aqueus e não apenas a Agamêmnon. De outro lado, diferentemente de ἄναξ (ánaks), "senhor, mestre, protetor, salvador", *basileús* não se emprega em relação aos deuses. A etimologia de *basileús* tanto quanto a de *ánaks* e τύραννος (týrannos), "senhor absoluto, tirano" são desconhecidas. Talvez se trate de empréstimos, *DELG*, p. 106-107.

Certamente por uma tradição aberrante e tardia, Basilia se converteu na filha mais velha de Úrano e de Titeia, que, por sua prudência, foi encarregada de educar seus irmãos mais jovens, os Titãs e Reia. Casou-se com seu irmão Hiperíon e foi mãe de Selene (Lua) e de Hélio (Sol). Por despeito, os demais Titãs mataram-lhe o marido e lançaram Hélio no Rio Erídano, ou seja, o Rio Pó. Selene, inconformada com a perda do irmão, precipitou-se do teto de sua casa. Os deuses transformaram ambos em astros. Quando Basilia foi cientificada de tão tristes acontecimentos, enlouqueceu e saiu pelos campos batendo num tamborim e entrechocando címbalos. Por piedade um camponês a prendeu, mas Basilia desapareceu em meio a uma grande borrasca. Prestava-se-lhe um culto com o nome de Grande Mãe, o que acabou por identificá-la com Cibele.

O nome de Basilia é igualmente o da *Realeza*, personificada e divinizada.

BATO *(III, 55, 59)*.

Βάττος (Báttos), *Bato* e o verbo βατταρίζειν (battarídzein), "gaguejar, balbuciar" são formas onomatopaicas, como patenteiam além do mais as geminadas. Outras línguas indo-europeias possuem formas diferentes e independentes, mas que podem ser cotejadas com as gregas, como o latim *balbus*, "gago", *buttubatta*, "bacatelas, ninharias". A forma em lambda βάτταλος (Báttalos), *Bátalo* é, a par de nome próprio, uma alcunha de Demóstenes, que trocava os *rr* por *ll*.

Aproveitando-se disso, Ésquines, o figadal inimigo do maior orador grego, alterou Βάτταλος (Báttalos), "Bátalo" em βάταλος (bátalos), "bátalo, traseiro, homossexual". A etimologia através do aramaico *baṭṭal*, "vão, inútil", não é comprovada, *DELG*, p. 170.

Existem duas personagens com o nome de Bato. A primeira é um velho que desempenhou o papel de infidelidade e traição quando do roubo por Hermes de uma parte do rebanho de Apolo. Como este último estivesse muito preocupado e ocupado com sua paixão por Magnes, filho de Himeneu, Hermes se aproveitou da negligência do pegureiro e, furtando-lhe uma parte do rebanho, o conduziu até as proximidades do Monte Mênalo, no Peloponeso. Lá encontrou o ancião Bato e, temendo que o roubo viesse a ser denunciado, comprou o silêncio do velho, prometendo-lhe uma novilha. Mas, solerte e desconfiado, Hermes, após deixar o rebanho em segurança, se disfarçou e, retornando, apresentou-se como vítima do furto e, após perguntar a Bato se ele não tinha visto um rebanho passar por ali, prometeu-lhe uma boa recompensa, caso o ajudasse a encontrá-lo. O ancião imediatamente denunciou a ação praticada por Hermes. O deus, furioso, o transformou em rochedo.

A segunda personagem é o nome do fundador mítico ou histórico, não se sabe com precisão, da colônia grega de Cirene, nas costas da Líbia. Este Bato era de família importante. Seu pai chamava-se Polimnesto, que descendia do argonauta Eufemo (v.). Fazia parte, por conseguinte, dos mínios (v.) que, tendo deixado a Ilha de Lemnos, emigraram para a Lacedemônia e dali para a Ilha de Tera. Sua mãe era Frônime (v.), originária da Ilha de Creta.

A tradição insiste em que Bato é apenas um apelido, uma vez que o fundador de Cirene era gago, mas Heródoto (4, 145sq.), afiança que tal antropônimo significa "rei" na língua líbia. O verdadeiro nome do herói seria Aristóteles ou Aristeu, certamente por confusão com um outro Aristeu, filho da ninfa Cirene. Segundo Pausânias, após a fundação da colônia, Bato se curou da gagueira. Segundo algumas fontes, o fundador de Cirene era impotente, se é que não se trata de uma analogia com a calúnia contra Demóstenes ventilada por Ésquines.

BÁTON.

Βάτων (Bátōn), *Báton*, segundo Carnoy, *DEMG*, p. 32, talvez provenha de βάτος (bátos), "espinheiro", mas o próprio filólogo se pergunta por que este nome é aplicado a semelhante personagem.

Báton, que descendia de Melampo, como Anfiarau (v.), foi o condutor do carro deste último na luta dos *Sete contra Tebas* (v.). Com a derrota, Anfiarau tentou fugir, mas, quando ia ser alcançado pelo inimigo, a terra se abriu para tragá-lo juntamente com Báton. Foram-lhe tributadas honras divinas por sua coragem e devotamento a Anfiarau. Uma variante relata que, com o desaparecimento do herói tebano, Báton se retirou para uma cidade da Ilíria chamada Harpia.

BAUBO.

Βαυβώ (Baubō), *Baubo*, é um derivado do verbo βαυβᾶν (baubân) "dormir, fazer dormir", ofício da "babá", da ama-seca. Baubo é um dublê Ἰάμβη (Iámbē), *Iambe*, no mito de Deméter e evoca a função de ama e de mulher. É bem possível que βαυβᾶν (baubân), "fazer dormir, embalar", seja originariamente um *Lallwort*, isto é, uma palavra infantil de harmonia imitativa. Em síntese, Baubo é "a ama", *DELG*, p. 170.

Casada com Disaules, habitava Elêusis, quando Deméter, acompanhada do pequeno Iaco, procurava Core pela terra inteira. Tendo chegado a Elêusis, foi muito bem-acolhida pelo humilde casal.

Para reconfortar Deméter, Baubo ofereceu-lhe uma bebida, mas a mãe de Core recusou-a. Para demonstrar seu descontentamento ou, segundo outros, para distrair e alegrar a deusa, a esposa de Disaules levantou a indumentária e mostrou-lhe o traseiro. Iaco aplaudiu o gesto grotesco e Deméter começou a rir e aceitou a bebida. Disaules e Baubo foram pais de quatro filhos: Triptólemo (v.), (que na tradição mais seguida sempre aparece como filho de Céleo e Metanira), Eubuleu, Protônoe e Nisa.

BÁUCIS.

Βαῦκις (Baûkis), *Báucis*, é um derivado de βαυκός (baukós), "delicado, afetado, meigo, terno". Trata-se, em grego, de um termo popular, cuja etimologia não se pode precisar, *DELG*, p. 170-171.

Báucis era uma frígia, casada com Filêmon, um camponês paupérrimo. Um dia acolheram em sua choupana a Zeus e Hermes que percorriam a Frígia disfarçados em viajantes. Como os outros habitantes do país se tivessem recusado a recebê-los, os dois deuses enviaram um dilúvio sobre toda a Frígia, ficando a salvo tão somente a tapera do casal que, apesar da miséria, os recebera tão bem. A choupana, terminado o aguaceiro, foi transformada em templo.

Como Báucis e Filêmon haviam implorado aos dois deuses amigos terminarem sua vida bem idosos, mas num mesmo dia, sua solicitação foi atendida: ambos foram transformados em duas árvores sempre verdes, que ficam à entrada do templo, onde outrora se erguera seu tugúrio.

BELEROFONTE *(I, 240-241, 244, 324; III, 38-39, 42, 45, 56, 207-218, 263).*

Βελλεροφόντης (Bellerophóntēs), *Belerofonte*, é interpretado, embora com certa reserva, como um composto de Βέλλερος (Bélleros), Bélero, tirano de Corinto, e de -φόντης (-phóntēs), "assassino, matador", proveniente do verbo θείνειν (theínein), "ferir, matar", cujo aoristo é ἔπεφνον (épephnon), com influência de φόνος (phónos), "assassínio, morte". A base desse segundo elemento é o indo-europeu *gh^{w}en, "ferir, abater", sânscrito *hánti*=avéstico; *jainti*=hitita *kuenzi*, "ele fere, abate", latim *fendĕre*, "impelir, empurrar". Donde, Belerofonte significaria "o matador de Bélero".

Em Mitologia Grega, Vol. III, p. 207, havíamos nos apoiado em Carnoy para a parte etimológica do nome deste herói, mas estamos agora convencidos de que a hipótese de P. Chantraine, alicerçada em Kretschmer, a qual acabamos de expor, é bem mais lógica.

Proveniente da casa real de Corinto, o herói é filho de Posídon, seu *godfather*, mas tem por "pai humano" a Glauco, filho de Sísifo. Sua mãe, quer se chame Eurímede ou Eurínome, é uma das filhas de Niso, rei de Mégara.

Após os ritos iniciáticos de praxe, o herói iniciou suas aventuras, mas a primeira delas foi trágica. Matou, sem o querer – é o tema do famoso φόνος ἀκούσιος (phónos akúsios), de que se falou mais de uma vez – a seu próprio irmão, cujo nome varia muito nas tradições: uns chamam-no Delíades, outros Píren, epíteto que estaria etimologicamente relacionado com a fonte de Pirene, e ainda Alcímenes ou Bélero. Este último serve de base para a etimologia popular de *Belerofonte*, o assassino (*phóntes*) de *Bélero*, que, neste caso, seria um tirano de Corinto, segundo se viu.

Exilado, segundo o costume, dirigiu-se a Tirinto, onde foi purificado pelo rei local, Preto. Foi durante sua permanência na corte de Tirinto que lhe aconteceu terrível desventura. A esposa do rei, Anteia, como lhe chama Homero, *Il.*, VI, 160, ou Estenebeia, consoante os trágicos, se apaixonou perdidamente pelo hóspede. No relato homérico, Il., VI, 160-180, bastante dramático por sinal, a rainha "deixou-se dominar por uma paixão furiosa" ἐπεμήνατο (epeménato) por Belerofonte. Repelida por este, Estenebeia acusou falsamente o filho de Glauco de tentar violentá-la (outro exemplo do *motivo Putifar* (v.). Tal era *o furor eroticus* da rainha, que chegou mesmo a ameaçar a Preto, caso o rei não matasse o "sedutor". Embora enfurecido com o hóspede, o soberano de Tirinto teve escrúpulo em eliminar aquele a quem havia purificado.

Enviou-o, pois, a seu sogro Ióbates, rei da Lícia, com uma carta em que solicitava desse morte ao portador. Não desejando violar a sagrada hospitalidade e porque também já havia sentado à mesa para comer com ele, o que estabelecia para os antigos uma profunda identidade, submeteu-o às já conhecidas tarefas, cuja finalidade é a purificação e a consequente individuação do efebo. Pouco importa se as "provas iniciáticas" são apresentadas de maneiras diversas, no mito, como fez Euristeu com Héracles, Pélias com Jasão e tantos outros exemplos: a finalidade dos Trabalhos impostos é sempre a catarse, "a sujeição do invólucro carnal", como diria Plotino.

Para não manchar suas mãos e, ao mesmo tempo, desejando satisfazer e cumprir a mensagem do genro, Ióbates ordenou a Belerofonte que matasse Quimera. Em grego, Χίμαιρα (Khímaira) significa, ao que parece, cabra, mas uma *cabra* que teve apenas um "inverno", χεῖμα (khêima), isto é, cabritinha.

Como se mostrou em *Mitologia Grega*, Vol. I, p. 241, Tifão e Équidna, além do cão Ortro, de Cérbero, Hidra de Lerna, Fix e Leão de Neméia, geraram também a *Quimera*. Trata-se de um monstro híbrido, com cabeça de leão, corpo de cabra e cauda de serpente e, segundo outros, de três cabeças: uma de leão, a segunda de cabra e a terceira de serpente e que lançava chamas pelas narinas. Criada por Amisódaro, rei da Cária, vivia em Patera, devastando o país e sobretudo devorando os rebanhos.

Certo de que o herói jamais retornaria de tão perigosa missão, Ióbates ficou tranquilo em relação, principalmente, ao pedido de seu genro Preto.

Os deuses, no entanto, vieram em auxílio do inocente filho de Glauco. Segundo a versão mais seguida, Atená entregara-lhe, já selado, o cavalo Pégaso, a cujo respeito já se falou *em Mitologia Grega*, Vol. I, p. 241. Outras tradições, porém, relatam que o cavalo alado fora um presente de Posídon ao herói, ou ainda que este encontrara o animal bebendo na fonte de Pirene.

De qualquer forma, foi cavalgando Pégaso que Belerofonte obteve sua primeira grande vitória: o cavalo divino elevou-se no ar e, de um só golpe, o jovem paladino matou Quimera. Ióbates enviou-o então contra os sólimos, como narra Homero, *Il.* VI, 184sq. Estes sólimos habitavam nas vizinhanças da Lícia e, como filhos de Ares, eram ferozes e belicosos. Facilmente o herói os venceu. O rei, dessa feita, deu-lhe incumbência bem mais séria e arriscada: defrontar-se com as temíveis Amazonas. Montando Pégaso, o filho de Glauco dirigiu-se para o país das perigosas guerreiras e fez um grande massacre. Face a tão retumbantes vitórias, o soberano da Lícia reuniu um numeroso grupo dos mais bravos de seus guerreiros e ordenou-lhes que fizessem uma emboscada e liquidassem o aguerrido cavaleiro. Nenhum dos soldados regressou à corte: Belerofonte matou-os a todos.

Reconhecendo, afinal, que seu hóspede era de origem divina e admirando-lhe as gestas, mostrou ao herói a carta de Preto, solicitando-lhe, ao mesmo tempo, que permanecesse em seu reino. Deu-lhe a filha Filônoe em casamento e, ao morrer, legou-lhe o trono.

Um herói, quando caluniado ou injustamente punido, jamais deixa de vingar-se, pois que a represália faz parte intrínseca de sua natureza, de sua *timé* aviltada. Não podia ser diferente com Belerofonte. Assim que terminou as quatro tarefas impostas por Ióbate, voou com Pégaso para Tirinto. Preto procurou ganhar tempo, a fim de que sua esposa Estenebeia pudesse fugir, furtando o cavalo alado. A rainha cavalgou pouco tempo, porque Pégaso a lançou fora do arnês, atirando-a no mar. Seu corpo, recolhido por pescadores, não muito distante da Ilha de Melos, foi trasladado para Tirinto. Uma outra tradição narra que, ciente do retorno do herói, a esposa de Preto se fez matar.

É lamentável que se tenha perdido a tragédia de Eurípides, *Estenebeia*, que dramatizava precisamente esse fecho das aventuras de Belerofonte, após suas retumbantes vitórias na Lícia.

Com Filônoe o herói teve três filhos: Isandro, Hipóloco e Laodamia. Esta, unindo-se a Zeus, foi mãe do grande Sarpédon (v.).

O mais cruel e terrível infortúnio do herói não foram as provas, as tarefas, os trabalhos com que foi sobrecarregado. Afinal, "as provas" visavam a temperá-lo para a vida, mas, por uma espécie de fatalidade, essas mesmas tarefas, uma vez concluídas vitoriosamente, despertam-lhe o monstro latente adormecido em seu interior, a *hýbris*, que o levou inexoravelmente à ultrapassagem do *métron*, ao descomedimento. E a pior das *hýbris* é aquela em que o *herói*, sob o impulso da sua *timé* e *areté*, que afinal são outorga de um *deus*, seu *godfather*, seu ancestral, se lança na competição com o *divino* ou até mesmo na loucura de desejar ultrapassá-lo! O "conhece-te a ti mesmo" e o "ser o sonho de uma sombra" da poesia pindárica não foram gravados ou escritos para os heróis, para os *ándres*, mas para os simples mortais, os *thnetoí*, que não conhecerão a Ilha dos Bem-Aventurados, mas as "trevas e lama" do Hades, onde patinarão como *eídola*, como fantasmas abúlicos!

Belerofonte sonhou alto demais. Cavalgando seu corcel alado, o herói ferido de orgulho, após tantas vitórias memoráveis, conquistadas com o respaldo divino, tentou nada mais nada menos que escalar o Olimpo. Zeus, que vela pela ordem cósmica, fulminou-o, lançando-o por terra, fazendo-o *regredir ao telúrico*, à "banalização". Se, ao revés, enquanto herói, Belerofonte guardasse a moderação, estaria munido da bússola que o guiaria para a Ilha de Avalon, donde, tranquilamente, poderia escalar qualquer Olimpo...

Ainda bem que a Lícia e Corinto honraram-no como *herói*, como *dáimon*, como intermediário entre os homens e os deuses. Apesar do silêncio do mito, é bem possível que Belerofonte, "recuperando os sentidos", tenha escalado, como Héracles, um monte bem mais acessível, um Eta e, extinta a chama da *hýbris* na chama da *dor*, tenha sido convidado por *seu godfather* a ocupar alguma outra Ilha Branca, onde a dor e os sofrimentos não se justificam mais.

Quanto a Pégaso, por ser um cavalo alado, símbolo, portanto, do desnivelamento, da "imaginação criativa e de sua elevação sublime", foi arrebatado aos céus e metamorfoseado em constelação.

BELO *(I, 259; II, 34^5; III, 73, 75, 83).*

Βῆλος (Bêlos), *Belo*, consoante Carnoy, *DEMG*, p. 33, é um nome semítico de deuses como *Bel, Baal*. Diga-se de passagem que "nas regiões siro-palestinenses muitas divindades estavam relacionadas com determinados lugares. O povo as imaginava como habitando árvores sagradas, fontes, cumes de montanhas, rochedos. Dava-se-lhes o nome "genérico" de *Baal* (hebraico *ba'al*), i. é, dono, senhor do respectivo lugar", *DELG*, p. 148. Diga-se o mesmo de *Bel* (hebraico *bel*, acádico *belu*, "senhor"), divindade babilônica, mencionada entre outros em Is 46,1; Jr 50,2; 51,44. Belo e Agenor (v.) são os gêmeos que a ninfa Líbia teve de sua união com Posídon.

Enquanto o primeiro permaneceu no Egito, o segundo reinou na Síria, mais precisamente em Tiro ou Sídon. Do enlace sagrado do Rei Belo com Aquínoe, filha do deus-rio Nilo (v.), nasceram os também gêmeos Egito e Dânao (v. Danaides), aos quais se somam, por vezes, Cefeu e Fineu. Os mitógragos mencionam diversos heróis assírios e babilônios com o nome de *Belo*. Um deles figura na genealogia de Dido, rainha de Cartago.

BIA *(I, 156-157; II, 21).*

Βία (Bía), *Bia*, é uma raiz antiga, que encontra correspondência exata no sânscrito; *j(i)yá*, "predominância, dominação". Em grego, Bia significa precisamente "força física, violência", *DELG*, p. 174-175.

Bia, como personificação da violência, é filha do gigante Palas e de Estige. Tem como irmã a Nique, a Vitória, e como irmãos a Zelo, o Ardor, e Crato, o Poder. Na Gigantomaquia lutou ao lado de Zeus e novamente a encontramos ao lado de Crato no encadeamento de Prometeu, como se pode ver na peça de Ésquilo, *Prometeu acorrentado*, 1, 87.

BIANA.

Βίαννα (Bíanna), *Biana*, cuja etimologia se desconhece, era uma jovem cretense, que, com outros companheiros, emigrou da Ilha de Minos, devastada por uma grande fome. Durante uma festa, enquanto dançava, Biana foi tragada por um sorvedouro que se abriu repentinamente na terra. Os emigrantes, em sua honra, deram-lhe o nome à cidade que haviam fundado, Viena.

BIAS *(III, 11, 204).*

Βίας (Bías), *Bias*, para Carnoy, *DEMG*, p. 33, é abreviatura de um nome começando por βία (bía), "violência", donde Bias seria "alguém que usa de violência. " Filho de Amitáon e Idômene, filha do Rei Feres, Bias é irmão do adivinho Melampo, que muito o ajudou em suas aventuras. Desejando unir-se a Pero, filha de Neleu, este impôs-lhe como condição furtar os rebanhos de Fílaco, fato, aliás, comum no mito, a fim de que o pretendente possa demonstrar sua coragem e perícia. Trata-se, no fundo, de um rito iniciático, que antecede as núpcias. Acontece que os rebanhos eram guardados por um cão feroz e Bias ainda não estava preparado para executar tarefa tão difícil. Melampo a levou a bom termo e, após conseguir a mão de Pero, entregou-a ao irmão. Em seguida, depois de curar a loucura das filhas do Rei Preto, as Prétidas (v.), obteve deste último um terço do reino e o entregou a Bias. Da união com Pero nasceram Tálao, pai de Adrasto (v.), Perialce, Laódoco, Ario e Alfesibeu. Tendo-se instalado mais tarde em Argos, no reino de Preto, desposou-lhe a filha Lisipe, de quem teve Anaxíbia, que viria a casar-se com Pélias.

BÍBLIS.

Βυβλίς (Byblís), *Bíblis*, é um diminutivo de βύβλος (býblos) ou βίβλος (bíblos), que designa o papiro egípcio *Cyperus papyrus*, donde "as fibras de papiro utilizadas para escrever", daí "rolo, livro". No tocante à variação ortográfica entre Βυ-(by-) e βι- (bi-), o testemunho dos textos deixa claro que a ortografia original é βύβλος (býblos). O derivado βυβλίον (byblíon) gerou certamente por assimilação vocálica a forma βιβλίον (biblíon), que aparece nas mais antigas inscrições, e acabou impondo a forma βίβλος (bíblos).

Do ponto de vista etimológico, tem-se repetido que βύβλος (býblos) é pura e simplesmente o nome da cidade fenícia *Býblos*, "Biblos", donde se importava o papiro. A principal dificuldade, porém, consiste em explicar *býblos* partindo-se do fenício *Gbl*, acádico *Gublu*, hebraico *Gebal*. É bem possível que tenha existido um nome *býblos*, "planta do papiro", de origem aliás obscura, independente do nome da cidade ou que o nome desta provenha do nome da planta, *DELG*, p. 200-201; *GEW*, s.u.

Bíblis é, através de seu pai Mileto, uma bisneta do Rei Minos ou, conforme outra versão, sua neta. O nome da mãe da heroína varia muito: teria sido Cianeia, filha do Rei Meandro, ou Tragásia, filha de Celeno ou ainda Idoteia, filha do valente Êurito. Apaixonada por seu irmão gêmeo Cauno, fez que este, horrorizado, abandonasse sua cidade, Mileto, e fugisse para a Cária, onde fundou a cidade que lhe herdou o nome. Enlouquecida pela dor, saudade e desejo pelo irmão, Bíblis vivia errante, percorrendo toda a Ásia Menor. Por fim, em seu desvario, resolveu precipitar-se do alto de um rochedo, mas as ninfas apiedaram-se da infeliz e transformaram-na numa fonte inexaurível como as lágrimas alimentadas pelo amor impossível da jovem milésia. Uma variante altera os dados do mito: foi Cauno que se perdeu de desejos pela irmã e, por isso mesmo, abandonou Mileto, e Bíblis, envergonhada, se enforcou. Em memória de Bíblis, seu nome foi dado a duas cidades: Bíblis, na Cária, e Biblos, na Fenícia.

BIZAS.

Βύζας (Býdzas), *Bizas*, é o nome do suposto fundador de Bizâncio. Carnoy, *DEMG*, p. 35, coteja-o com o grego βυζός (bydzós) de Hesíquio, "grande, compacto" e emite a hipótese de que o antropônimo poderia provir do indo-europeu **bud-io-*, "inchado, tumefacto", devendo ser aplicado tanto "ao burburinho das águas quanto às ondas" e chama a atenção para o sânscrito *budbuda*, "bolha d'água", *DEMG*, p. 35. É possível que o nome do herói provenha do da cidade, "a compacta", que foi fundada sobre uma elevação.

Bizas é filho de Posídon e de Ceressa, filha de Zeus e de Io. Após erguer a cidade, fortificou-a com auxílio de Apolo e Posídon. O tirano da Trácia, Hemo, mesmo assim a atacou, mas desafiado pelo rei de Bizâncio para um combate singular, foi vencido. Na ausência de Bizas, que perseguia os comandados de Hemo até o interior da Trácia, o rei da Cítia, Ódrises, aproveitou a oportunidade para sitiá-la. A esposa do fundador, no entanto, a destemida Fidalia, reuniu um verdadeiro exército de mulheres e salvou a cidade, jogando no campo do inimigo um enxame de serpentes. A brava Fidalia defendeu Bizâncio uma segunda vez, quando seu cunhado, Estrombo, ousou igualmente assaltá-la.

BORÉADAS.

Βορεάδαι (Boreádai), *Boréadas* (para a etimologia v. Bóreas), são, *stricto sensu*, os filhos de Bóreas, o Vento Norte, mais precisamente os gêmeos Cálais e Zetes, que Bóreas tivera com a filha de Erecteu, Oritia, a qual fora raptada por ele. Alados são, como seu pai, gênios dos ventos, cujos nomes se relacionam por etimologia popular com o verbo βορεύειν (boreúein), "soprar do norte", que é um denominativo de Βορέας (Boréas): Cálais é o que sopra docemente, e Zetes, o que o faz com impetuosidade. Participaram ambos da expedição dos Argonautas e, quando Argo chegou à Trácia ou mais exatamente ao reino de Fineu, os gêmeos desempenharam um papel importante. É que sobre o rei pesava terrível maldição. Tudo que se colocava diante dele as Harpias (v.) o arrebatavam, principalmente se se tratasse de iguarias: o que não podiam carregar poluíam-no com seus excrementos. Quando os Argonautas fizeram escala na Trácia, Fineu pediu-lhes que o libertassem dos monstros. Zetes e Cálais perseguiram-nas, obrigando-as a levantar voo. O destino, todavia, determinara que as Harpias só morreriam se fossem agarradas pelos filhos de Bóreas, mas, de outro lado, estes pagariam com a vida se não as alcançassem. Perseguida sem tréguas pelos gêmeos, a primeira Harpia, Aelo, caiu num riacho do Peloponeso. A segunda, Ocípite, conseguiu chegar às Ilhas Equínades. Íris, outros dizem que Hermes, se postou diante dos perseguidores e proibiu-lhes matar as Harpias, porque eram "servidoras de Zeus". Em troca da vida, elas prometeram não mais atormentar Fineu, refugiando-se numa caverna da Ilha de Creta. Há duas variantes nessa intervenção dos filhos de Bóreas. Contam alguns mitógrafos que Cálais e Zetes mataram realmente duas das três Harpias e outros que os gêmeos alados e velozes como o Vento Norte puniram severamente a Fineu, porque este cegara os filhos que tivera com Cleópatra, que era também filha de Bóreas e portanto irmã dos vencedores das Harpias. Sobre o fim dos Boréadas as tradições divergem. Segundo uma versão, como não tivessem agarrado as Harpias, pereceram, ao retornar à nau Argo; consoante um relato mais seguido, participaram da vitoriosa expedição dos Argonautas e até mesmo dos jogos fúnebres em honra de Pélias, morto por artimanhas de Medeia, quando venceram na corrida. Logo depois, no entanto, foram assassinados por Héracles na Ilha de Tenos. O herói jamais lhes perdoara o terem aconselhado a Jasão prosseguir viagem, deixando-o na Mísia, enquanto como um louco andava à procura de Hilas. Héracles ergueu-lhe duas esteias que vibravam e se inclinavam sempre que o Vento Norte soprava sobre a ilha. Bóreas foi igualmente pai de duas filhas: Cleópatra, já se mencionou, casada com Fineu, e Quíone.

BÓREAS *(I, 113, 156-157, 237; II, 20, 88; III, 150).*

Βορέας (Boréas), *Bóreas*, cuja forma ática é Βορρᾶς (Borrâs), não possui etimologia segura. Costuma-se aproximar o vocábulo do sânscrito *giri* = avéstico *gain*, "montanha", lituano *gire*, "floresta", mas trata-se de mera hipótese.

Bóreas é o deus do Vento Norte. Habita preferencialmente a Trácia, país frio por excelência. Iconograficamente é representado como um demônio alado, barbudo, coberto com uma túnica muito curta e plissada, e dotado de uma força física descomunal. Filho de Eos, a Aurora, e de Astreu, é irmão dos ventos Zéfiro e Noto. Os ventos pertencem à geração dos Titãs, seres descontrolados e indomáveis, já que personificam as forças elementares da natureza. Entre outras violências de Bóreas está o rapto de Oritia, filha do rei de Atenas Erecteu, quando a jovem se divertia com suas amigas às margens do Rio Ilisso. Levada para a Trácia, Oritia foi mãe de Cálais e Zetes (v. Boréadas). Uma variante conta que o rapto se consumou durante uma procissão que se dirigia para a Acrópole, a fim de homenagear Atená Poliás. Atribuiu-se também ao impiedoso Vento Norte a punição do Rei Fineu (v.). Tomando a forma de um garanhão, uniu-se às éguas de Erictônio e foi pai de doze potros tão velozes, que, ao atravessarem um trigal, não lhe quebravam as espigas ou quando corriam sobre a superfície do mar não lhe encrespavam as ondas. Uma das Erínias e uma das Harpias deram-lhe igualmente como filhos cavalos rapidíssimos.

BORMO.

Βῶρμος (Bôrmos), *Bormo*, segundo Carnoy, *DEMG*, p. 34, está relacionado com a raiz indo-europeia **bher*, "borbulhar".

Bormo, filho de Títias ou Títios, herói dos mariandinos na Bitínia, era um jovem de rara beleza. Certa feita, quando retirava água para os ceifeiros numa fonte profunda, foi raptado pelas ninfas. Outra versão relata que o jovem pereceu numa caçada. Anualmente, por ocasião da colheita, Bormo era celebrado com grandes lamentações ao som da flauta. Como Adônis, Bormo é um gênio da vegetação.

BOTRES.

Βότρης (Bótrēs), *Botres*, é um antropônimo sem etimologia definida. Botres era um tebano, filho de Eumelo, grande devoto de Apolo. Um dia em que Eumelo sacrificava a seu deus predileto, Brotes dividiu os miolos da vítima, um carneiro, sem primeiro consagrá-los, colocando-os sobre o altar. Eumelo, irritado, avançou sobre o filho com um tição aceso e o matou. Tão desesperado ficou com seu gesto impensado, que Apolo, para consolá-lo, transformou Brotes numa ave chamada *aéropo*, isto é, de "olhar sombrio", que faz seu ninho no interior da terra e adeja sem parar.

BRANCOS.

Βράγχος (Bránkhos), *Brancos*, significa precisamente "rouquidão", donde Brancos seria "o que tem voz rouca". Brancos, consoante Chantraine, *DELG*, p. 192, é um termo expressivo (veja-se a nasal interna) e técnico, sem etimologia definida em grego. A aproximação com o antigo irlandês *brong(a)ide*, "rouquidão", é válida.

Brancos é filho de um herói originário de Delfos, chamado Esmicro, o qual se mudou para Mileto e aí se casou. Antes do nascimento de Brancos, a esposa de Esmicro teve uma visão: viu o sol descer através de sua boca, penetrar-lhe por todo o corpo e sair pelo ventre. Os adivinhos interpretaram a visão como um presságio favorável. O menino, ao nascer, chamou-se "Brancos", porque foi pelos brônquios que o sol entrou e banhou o corpo inteiro de sua mãe.

Um dia em que, já adolescente, Brancos guardava o rebanho paterno nas montanhas, foi visto e amado por Apolo. Após erguer um altar ao deus, o jovem recebeu do amante o dom da adivinhação e, inspirado pelo senhor de Delfos, fundou um oráculo em Dídimos, ao sul de Mileto. Este oráculo foi muito consultado e, até a época histórica, representou uma espécie de Delfos da Ásia Menor. Seus servidores eram os Brânquidas ou descendentes de Brancos. Entre os ancestrais paternos do fundador do Oráculo Oriental de Apolo estava Macareu, que assassinou a Neoptólemo em Delfos.

BRANGAS.

Βράγγας (Brángas), *Brangas*, consoante Carnoy, *DEMG*, p. 34, significa "o que troa, o que ribomba" e coteja com o sânscrito *bhrnga*, "som forte" e com o lituano *brangsti*, "ressoar, retumbar".

Brangas é filho do deus-rio Estrímon e irmão de Olinto. Como este fora morto por um leão durante uma caçada, Brangas sepultou-o no local onde perecera e, em sua honra, fundou nas vizinhanças uma cidade a que deu o nome de Olinto.

BRISEIDA *(I, 87-88, 125, 143)*.

Βρισηίς (Brisēís), *Briseida*, é interpretado por Carnoy, *DEMG*, p. 34, como uma abreviatura de βρισίμαχος (brisímakhos), "que esmaga o inimigo no combate", fazendo derivar βρι- (bri-) do verbo βρίθειν (bríthein), "prevalecer, vencer pelo peso".

Briseida, cujo nome verdadeiro era Hipodamia, é assim chamada por ser filha de Briseu, rei dos lélegos, na Cária, ou segundo a tradição mais seguida, um sacerdote de Apolo em Lirnesso, como seu irmão Crises.

Quando Aquiles tomou e destruiu Lirnesso, matou o esposo de Briseida, Mines, e levou-a para Troia como sua escrava e amante. Para consolá-la, Pátroclo vivia lhe prometendo que faria com que Aquiles se casasse com ela. De qualquer forma, Briseida se tornou a favorita do filho de Peleu e, ao que parece, amada por ele. Na célebre assembleia, *Il.* I, 53sqq., convocada por Aquiles, Agamêmnon foi coagido a devolver Criseida a Crises, sacerdote de Apolo, que devastava os aqueus com uma peste. Isto bastou para que despoticamente o atrida se apossasse de Briseida, o que levou o filho de Tétis, ferido em sua *timé* e *areté*, e porque não desejava perder a amante, a afastar-se da luta, *Il.* I, 182sqq.

Quando o rei de Micenas chegou à conclusão de que, sem o concurso do maior dos heróis aqueus, Troia não poderia ser tomada, enviou-lhe uma embaixada, *Il.* IX, 119sqq., e entre os riquíssimos presentes que oferecia ao pelida, para que ele voltasse ao combate, o mais precioso era a devolução de Briseida, a cujo leito jurava jamais ter subido. E, no momento da reconciliação com Agamêmnon, foi ela a dádiva mais apreciada pelo ínclito guerreiro. Tradições posteriores a Homero apresentam a filha de Briseu como extremamente bela, alta, morena e terna. Coube-lhe, segundo uma variante, prestar a Aquiles as derradeiras honras fúnebres.

BRISEU.

Βρισεύς (Briseús), *Briseu*, seria como Briseida (v.), "o que esmaga o inimigo no combate". Briseu, o pai de Briseida, era, segundo a tradição mais seguida, sacerdote de Apolo em Lirnesso e portanto irmão de Crises (v.), pai de Criseida; consoante outros, seria o rei dos lélegos, na Cária. Teve sua cidade destruída por Aquiles e viu Hipodamia ou Briseida ser levada como escrava para Ílion. Além desta, tinha um filho chamado Eécion, personagem distinta do herói homônimo, pai de Andrômaca. Quando Aquiles lhe destruiu e incendiou a casa, Briseu se enforcou.

BRITE.

Βρύτη (Brýtē), *Brite*, segundo Carnoy, *DEMG*, p. 34, é um dublê de Βριτόμαρτις (Britómartis), *Britómartis*, e significaria "doce, suave".

O mito de Brite, filha de Ares, e seguidora da deusa Ártemis, em Creta, é, na realidade, uma repetição bastante reduzida do mito de Britomártis. Amada e perseguida por Minos, Brite lançou-se ao mar e seu corpo foi recolhido numa rede de pesca. Uma grande peste, logo depois, assolou a Ilha de Creta. Consultado, o Oráculo respondeu que, para afastá-la, era necessário se atribuíssem honras divinas a Ártemis-Dictina, "a Ártemis da Rede".

BRITOMÁRTIS *(I, 59, 65, 72; II, 67)*.

Βριτόμαρτις (Britómartis), *Britomártis*, é o nome de Ártemis, em Creta. A forma epigráfica antiga é Βριτόμαρπις (Britómarpis), sendo talvez *Britómartis* uma grafia secundária. Em se tratando de um termo cretense, é inútil tentar descobrir-lhe uma etimologia indo-europeia. Consoante Solinus, 11, 18, o nome significaria *dulcis uirgo*, "a doce virgem", interpretação que encontraria apoio numa glosa de Hesíquio: βριτύγλυκύ, Κρῆτες (brity: glyký, Krêtes), isto é, "Brito (mártis), doce, de Creta", mas é possível que a fórmula tenha sido inventada por algum gramático para explicar o nome da deusa, *DELG*, p. 197.

Filha de Zeus e de Carme, "a doce virgem" era uma ninfa do cortejo de Ártemis de Gortina, em Creta. Amada por Minos, este a perseguiu por nove meses pelas montanhas e vales da ilha. Percebendo, por fim, que cairia nas mãos do rei, lançou-se ao mar do alto de um penhasco. Foi, todavia, salva por pescadores que a recolheram em suas redes. Daí seu epíteto de "Dictina", em grego Δίκτυννα (Díktynna), "A Jovem da Rede", uma vez que δίκτυον (díktyon) é "rede", mas a relação etimológica entre *Díktynna edíktyon* é popular e fantasiosa. Uma outra versão menos romanesca explica o epíteto de "Dictina" fazendo remontar a Britomártis a invenção da rede de caça. Dizia-se ainda que Britomártis, durante uma caçada, enredou-se acidentalmente numa rede e, salva por Ártemis, recebeu honras divinas

BÚCOLO (III, 146).

sob o nome de Dictina. Como Ártemis, Britomártis é representada como caçadora, cercada de cães, sempre fugindo aos homens e buscando a solidão.

Em termos de história das religiões, trata-se de um sincretismo: Ártemis, tendo sobrepujado a grande mãe cretense Britomártis, assumiu-lhe as funções e herdou-lhe o epíteto.

BÚCOLO (III, 146).

Βουκόλος (Bukólos), *Búcolo*, é um composto de βοῦς (bûs), "boi, vaca" e de πέλεσθαι (pélesthai), da raiz indo-europeia *q^wel, "movimentar-se, ser, existir, circular, ocupar-se de", donde *bukólos* é "o que se ocupa ou cuida dos bois", isto é, "o boieiro".

Búcolo era filho de Colono, de Tanagra, na Beócia. Tinha dois irmãos: Óquemo e Léon, e uma irmã, Ocna. Esta se apaixonara por Eunosto, mas, repelida, acusou-o falsamente junto aos irmãos de tentar violentá-la. Sob o comando de Búcolo, Óquemo e Léon mataram Eunosto a pauladas. Arrependida, Ocna se enforcou e os três irmãos fugiram sob a ameaça de vingança do pai da vítima inocente.

BÚFAGO.

Βουφάγος (Buphágos), *Búfago*, é um composto de βοῦς (bûs), "boi, vaca" e de -φάγος (-phágos), do infinitivo aoristo φαγεῖν (phagueîn), "comer", donde Búfago é "o devorador de bois".

Filho de Jápeto e de Tórnax, Búfago é um herói da Arcádia que juntamente com sua mulher Promne recolheu Ífícles, gravemente ferido na primeira luta de Héracles contra Augias e cuidou dele até a morte. Mais tarde Búfago cometeu um erro grave: apaixonado por Ártemis, começou e persegui-la sobre o Monte Fóloe, na Arcádia. A deusa virgem o matou a flechadas.

BUNO.

Βοῦνος (Bûnos), *Buno*, provém certamente, com mudança de acento, de βουνός (bunós), "montanha, colina". Trata-se, segundo Chantraine, *DELG*, p. 190, de um vocábulo de origem dialetal, dórica. O epíteto lhe teria sido dado porque Buno mandou construir um santuário à Ἥρα βουναῖα (Héra bunaîa), "Hera da montanha", na "colina" de Acrocorinto. Buno é um herói coríntio, filho de Hermes e de Alcidamia. Quando Eetes deixou o trono de Corinto pelo da Cólquida, entregou-o a Buno com a condição de devolvê-lo ou ao próprio Eetes, se porventura resolvesse regressar a Corinto, ou a um dos descendentes do rei da Cólquida. Após a morte de Buno, o trono foi entregue a Epopeu, de Sicione.

BUSÍRIS (III, 115).

Βούσιρις (Búsiris), *Busíris*, é formado, segundo Carnoy, *DEMG*, p. 35, sob o modelo de Osíris. Busíris, no mito helênico, é um rei do Egito, mas seu nome não aparece em nenhuma das dinastias faraônicas. Seria *Busíris* uma corruptela de Osíris? Tirano e cruel, já havia obrigado Proteu (v.) a fugir do Egito. Dominado pela megalomania, concebeu a ideia louca de enviar uma expedição de facínoras aos confins da terra para raptar as Hespérides (v.), porque ouvira dizer serem elas muito atraentes. Héracles, no entanto, quando se dirigia para o mesmo local, em busca dos *Pomos de Ouro*, os encontrou e matou, como fizera pouco antes com Busíris.

Com efeito, como uma grande fome ameaçasse o Egito, pelas más colheitas consecutivas, um adivinho de Chipre, Frásio, aconselhou o rei a sacrificar anualmente um estrangeiro a Zeus, para apaziguar-lhe a cólera e fazer que retornasse a prosperidade ao país. A primeira vítima foi exatamente Frásio. Héracles, logo que chegou ao Egito, de passagem para o país das Hespérides, Busíris o prendeu, enfaixou-o, coroou-o de flores (como se fazia com as vítimas) e o levou para o altar dos sacrifícios. O herói, todavia, desfez os laços, matou o tirano, seu filho Ifídamas ou Anfídamas, bem como seus assistentes e sacerdotes.

Busíris era filho de Posídon e de Lisianassa e foi colocado no trono do Egito pelo Rei Osíris, quando este partiu para sua grande expedição em torno da terra.

BUTES (III, 150, 184).

Βούτης (Bútēs), *Butes*, segundo Carnoy, *DEMG*, p. 35, é igualmente formado à base de βοῦς (bûs), "boi, vaca" significaria "o boieiro ou o matador de bois".

Há três heróis com este nome. O primeiro era filho de Bóreas e irmão de Licurgo por parte de pai, uma vez que tanto este último quanto Butes possuíam mães diferentes e nenhum deles nascera de Oritia. Inimigo do irmão, Butes tentou matá-lo, mas tendo fracassado em suas pretensões, fugiu com seus partidários para a Ilha de Naxos, onde passou a viver de assaltos e pirataria. Certa feita, tendo atacado a Ftiótida, na Tessália, com o fito de raptar mulheres, encontrou várias adoradoras de Dioniso. A maioria delas escapou, mas a ama do deus, Corônis, foi levada para Naxos e tornou-se contra a vontade amante do filho de Bóreas. Dioniso, porém, ouviu as súplicas de sua servidora e enlouqueceu Butes, que se precipitou num poço.

O segundo é um filho do rei de Atenas Pandíon e de Zeuxipe e tinha como irmãos a Erecteu, Filomela e Procne. Com a morte de Pandíon, Erecteu assumiu o governo e Butes o sacerdócio de Atená e de Posídon. Casou-se com sua sobrinha Ctônia, filha de Erecteu. De Butes procedia a família sacerdotal dos Eteobútades de Atenas. Diga-se, de passagem que Ἐτεοβουτάδαι (Eteobutádai), *Eteobútades*, procede de ἐτεός (eteós), "real, verdadeiro" e de Βούτης (Bútēs), "Butes", significando, pois, "os verdadeiros descendentes de Butes".

O terceiro herói com o nome de Butes participou da expedição dos Argonautas. Para livrar seus companheiros das perigosas Sereias, Orfeu entoou ao som de sua lira uma melodia tão bela, que os Argonautas não lhes deram a menor atenção e passaram incólumes por elas. Somente Butes se deixou "encantar" e a nado chegou aos rochedos fatídicos dessas magas antropófagas. Afrodite, porém, o salvou e transportou para Libibeu, na costa ocidental da Sicília.

BÚZIGES.

Βουζύγης (Budzýguēs), *Búziges*, é um composto βοῦς (bûs), "boi", e do verbo ζευγνύναι (dzeugnúnai), "colocar sob o jugo, atrelar, unir aos pares, jungir". A ideia de "unir, jungir" está bem-representada no sânscrito *yunákti*, "ele une", no lituano *jungiù*, "união" e no latim *iungĕre*, "atrelar, jungir", *DELG*, p. 397-399.

Búziges, "o que atrela os bois ao jugo", é o inventor mítico do jugo, da canga, o qual, pela vez primeira, atrelou bois ao jugo e arou as terras para o plantio. Foi igualmente um dos primeiros legisladores. Atribuiu-se a ele a proibição de sacrificar bois ou touros de canga em função dos serviços prestados por eles à agricultura.

C

CAANTO.

Κάανθος (Káanthos), *Caanto*, não possui etimologia segura. Talvez o antropônimo signifique "cardo, espinho" e, em sentido translato, "o que dificulta".

Como sua irmã Mélia tivesse sido raptada por Apolo, perto de Tebas, Caanto foi enviado por seu pai Oceano com ordens de procurá-la e trazê-la de volta a casa. A jovem foi localizada sem muito trabalho, mas o deus se negou a devolvê-la. Não podendo cumprir o mandado paterno, Caanto, num acesso de cólera, incendiou o santuário de Apolo, o que lhe custou a vida, porque o deus o matou com uma flechada. O túmulo do herói era mostrado em Tebas, junto à fonte de Ares.

CABARNO.

Κάβαρνος (Kábarnos), *Cabarno*, não possui etimologia até o momento. Segundo Chantraine, *DELG*, p. 477, a final -ρνος, -ρνοι (-rnos, -rnoi) deve indicar um termo de origem egeia. Quando Deméter procurava Core ou Perséfone, raptada por Hades, um cidadão de Paros, Cabarno, revelou-lhe o autor do sequestro. A deusa, como recompensa, concedeu-lhe, bem como a seus descendentes, os Cabarnos, o cargo honroso de assegurar e propagar-lhe o culto.

CABÍRIDES.

Καβειρίδες (Kabeirídes), *Cabírides*, as três ninfas Cabírides, filhas ou irmãs dos Cabiros (v.).

CABIRO.

Καβειρώ (Kabeirố), *Cabiro*, era filha de Proteu e de Anquínoe. Originária da Ilha de Lemnos, cujo deus era Hefesto, foi amada por este, que lhe deu como filhos os Cabiros (v.) e as Cabírides (v.).

CABIROS *(I, 295; III, 179, 179[174]).*

Κάβειροι (Kábeiroi), *Cabiros*, não possui etimologia segura. Trata-se, provavelmente, de palavra da Ásia Menor, *DELG*, p. 477.

Carnoy, todavia, *DEMG*, p. 87, considera os Cabiros como χθόνιοι (khthónioi), "subterrâneos", propulsores da fertilidade e das riquezas. Seu nome corresponderia ao do deus indiano *Kubera-*, desde que se leve em conta o derivado Kuberaka-. Etimologicamente, segundo o filólogo em pauta, talvez se deva partir do indo-europeu **kóbeiro-* e examinar se o radical **kob-* não é o mesmo que se encontra, com outro sufixo, no grego κόβαλος (kóbalos), "pequeno demônio", que, de certa forma, estaria aparentado com o alemão *kobold*, "gnomo, espírito subterrâneo", donde o francês *gobelin* "duende". De outro lado, quanto à raiz, o nome estaria ligado ao indo-europeu **kob-* "boa fortuna, bom gênio", eslavo antigo *kobi*, "espírito protetor".

Os Cabiros eram divindades misteriosas, cujo santuário mais famoso se localizava na Samotrácia, se bem que seu culto se ramificasse por várias regiões, chegando até mesmo à cidade de Mênfis, consoante Heródoto, 3, 37. Embora a origem e a natureza dessas divindades menores sejam interpretadas de maneiras diversas pelos mitógrafos antigos, os Cabiros, segundo a tradição mais comum, eram quatro. Passavam por filhos de Hefesto e Cabiro ou, segundo outras versões, Hefesto, unindo-se a Cabiro, foi pai de Cadmilo, tendo este gerado os outros três: Axiero, Axioquersa e Axioquerso, identificados respectivamente com Hermes, Deméter, Perséfone e Hades. Seus locais de culto, além da Samotrácia, de que já se fez menção, encontravam-se em Lemnos, Imbros, e nas vizinhanças de Tebas. Divindades de "mistérios", não podiam ser invocadas impunemente, a não ser por iniciados. Integravam normalmente o cortejo de Hera, a protetora dos amores legítimos, já que o *ápice de uma iniciação, τέλος ὁ γάμος* (télos ho gámos), é exatamente o *casamento*. Após a época clássica, os Cabiros se tornaram, como os Dioscuros, Castor e Pólux, protetores da navegação, daí o conselho de Orfeu para que os Argonautas se iniciassem nos Mistérios da Samotrácia.

Algumas variantes, porém, atestam que essas divindades não possuem genealogia, não passando *Cabiros* de um nome de caráter místico, funcional, das divindades invocadas. Desse modo, os Cabiros são identificados frequentemente com Iásion (v.) e Dárdano (v.). Segundo Acusilau (séc. VI a.C.) os três Cabiros, Axiero, Axioquersa e Axioquerso eram pais das ninfas Cabírides, mas consoante Ferecides de Siros (séc. VII a.C.), estas eram tão somente irmãs das divindades supracitadas. Outros autores aumentam o número dos Cabiros para sete, incluindo o próprio Asclépio como seu irmão e, neste caso, eram todos filhos do fenício Sidique.

Os Cabiros não possuem propriamente um mito. Conta-se apenas que assistiram ao nascimento de Zeus sobre a acrópole de Pérgamo, o que corresponde à sua natureza de "demônios" integrantes do séquito de Reia. São os servidores da deusa e, como tal, confundidos muitas vezes com os Coribantes (v.) e Curetes (v.).

CADMO *(I, 64, 159, 217; II, 34[5], 42-43, 120; III, 37, 53, 58, 117, 183, 197, 233[173]-237, 259).*

Κάδμος (Kádmos), *Cadmo*, é muitas vezes relacionado com o nome da divindade secundária Κάδμιλος (Kádmilos), Cadmilo, notoriamente associado aos Cabiros (v.). Do ponto de vista etimológico, a aproximação muitas vezes repetida com o perfeito κέκασμαι (kékasmai) do verbo καίνυσθαι (kaínysthai), "brilhar, sobrepujar, levar de vencida" é duvidosa e a hipótese de um empréstimo não está comprovada, *DELG*, p. 478.

Carnoy, *DEMG*, p. 87, apoiando-se em Hesíquio, que fornece para o nome comum κάδμος (kádmos), três significados, "lança, colina e escudo", julga que se pode partir da raiz *kadh*, "proteger", que se aplica às armas protetoras "lança e escudo", e à proteção natural das "colinas e acrópoles". De **kadh* procederiam o latim *cassis*, "capacete de metal", o antigo alemão *huota*, "proteção, arma" fonte de *hüten*, "proteger", *Hut*, "chapéu".

Cadmo é um herói tebano, mas seu mito se estendeu pelo mundo mediterrâneo, pela Ásia Menor, sobretudo na Ilíria e pela África, particularmente na Líbia.

Épafo, filho de Io e de Zeus, tinha uma filha, Líbia, que deu seu nome à região vizinha do Egito. Unindo-se a Posídon, Líbia foi mãe de Agenor e Belo. Este reinou no Egito e Agenor em Tiro ou Sídon. Tendo-se casado com Telefassa, Agenor foi pai de uma filha, Europa, e três filhos, cujos nomes variam muito de autor para autor. A lista, possivelmente mais canônica, aponta Fênix, Cílix e Cadmo, o ancestral de Édipo.

Tendo Zeus raptado Europa (v.), Agenor enviou os filhos à procura da princesa, com ordem expressa de não retornarem sem ela. Os três jovens partiram acompanhados de sua mãe Telefassa, mas quando perceberam que sua tarefa era inútil e como não podiam regressar à pátria, dispersaram-se e começaram a fundar colônias: na Cilícia, em Tebas, em Basos, na Trácia... Diga-se, de passagem, que todos esses mitos de fundações fantásticas são tradições locais que relembram colônias fenícias, cuja expansão esses mitos procuram demarcar.

Cadmo se estabeleceu com sua mãe primeiramente na Trácia, onde foi muito bem-acolhido pelos habitantes. Morta Telefassa, Cadmo consultou o Oráculo de Delfos, que lhe ordenou abandonasse a procura de Europa e fundasse uma cidade. Para escolher o local, deveria seguir uma vaca prenhe até onde ela caísse de cansaço. Cadmo pôs-se a caminho e, tendo atravessado a Fócida, viu uma vaca, que possuía nos flancos um disco branco, sinal da lua. Seguiu-a por toda a Beócia e, quando o animal se deitou e pariu, compreendeu que o Oráculo se cumprira e quis sacrificá-la a Atená. Para tanto mandou os companheiros a uma fonte vizinha, consagrada a Ares, em busca de água, mas um dragão, que guardava a nascente, matou a maioria deles. Cadmo conseguiu liquidar o monstro e, a conselho de Atená, semeou-lhe os dentes. Logo surgiram da terra homens armados e ameaçadores, aos quais se deu o nome de Σπαρτοί (Spartoí), "Os Semeados". Cadmo atirou pedras no meio deles e os "Semeados" ignorando quem os provocara, acusaram-se mutuamente e começaram a lutar entre si. Sobreviveram apenas cinco: Equíon, Udeu, Ctônio, Hiperenor e Peloro. A morte do dragão, todavia, teve que ser expiada e durante oito anos Cadmo serviu ao deus Ares como escravo. Terminado o longo "rito iniciático", mercê da proteção de Atená, o herói tornou-se rei de Tebas e Zeus deu-lhe por esposa Harmonia, filha de Ares e Afrodite. Essas núpcias foram celebradas com grande pompa. Até os deuses compareceram e as Musas entoaram o himeneu. Muitos e valiosos foram os presentes recebidos pelos noivos. Harmonia foi a mais bem-aquinhoada: foram-lhe oferecidos um manto riquíssimo, tecido pelos Cárites (v.) e um colar de ouro, obra de Hefesto. Estes dois objetos preciosos terão grande importância quando da expedição dos *Sete contra Tebas* (v. Anfiarau-Erifila e Alcméon). Dessa fecunda união nasceram Ino (Leucoteia), Agave, Sêmele e Polidoro. Já idosos, Cadmo e a esposa abandonaram Tebas em condições misteriosas. Deixaram o trono ao neto Penteu, filho de Agave e Equíon, e foram para a Ilíria. Conta-se que um oráculo prometera a vitória aos ilírios contra inimigos internos, se fossem comandados por Cadmo. O presságio cumpriu-se e o antigo rei de Tebas reinou ainda sobre toda a Ilíria pacificada e ainda teve com Harmonia um último filho, Ilírio, epônimo do país. Por fim, Cadmo e a filha de Ares foram transformados em serpentes e levados para os Campos Elísios.

Uma versão do mito de Lábdaco, divulgada por Nono (séc. VI p.C.), *Dionisíacas*, 1, 140sq.; 350sq., aproximando o fundador de Tebas de Zeus e fazendo-o compartilhar das lutas do pai dos deuses e dos homens contra o monstro Tifão, não possui o menor valor para a mitologia. Trata-se de uma história anacrônica, criada pelo próprio poeta.

CAFAURO.

Κάφαυρος (Káphauros), *Cafauro*, é antropônimo sem etimologia. Filho de uma ninfa do Lago Tritônis e de Anfítemis, também cognominado Garamante, o líbio Cafauro era, portanto, neto de Apolo e de Acacális (v.). Enquanto pastoreava seu rebanho de ovelhas perto do Lago Tritônis, o argonauta Canto tentou furtar-lhe uma parte do armento para alimentar seus companheiros famintos. Cafauro reagiu e assassinou o larápio, mas acabou sendo dominado e morto pelos Argonautas.

CÁFENE.

Καφένη (Kaphénē), *Cáfene*, Carnoy, *DEMG*, p. 90, deriva o antropônimo de κωφός (kōphós), "mudo, calado", que, por sua vez, deve relacionar-se com κηφήν (kēphén), "zangão, que explora o trabalho alheio". Para o filólogo em pauta, *kāphénē* poderá originar-se de uma raiz **ghabh* ou **ghebh*, cujo desenvolvimento é obscuro.

Cáfene era uma jovem muito bela da cidade de Criasso, na Cária. Ora, como um grupo de gregos provindos da Ilha de Melos, sob o comando de Ninfeu, se houvesse estabelecido não muito distante de Criasso, os cários desta grande cidade sentiram-se ameaçados. De início, nada fizeram, mas, como o empório helênico tomou um impulso extraordinário e as famílias se multiplicaram, começaram a temê-los e resolveram eliminar "os invasores" numa cilada, durante um banquete. Cáfene, todavia, apaixonada por Ninfeu, denunciou-lhe os planos dos cários. Quando a delegação dos habitantes de Criasso levou aos emigrados o convite para o banquete, este foi prontamente aceito, mas com a condição de as mulheres gregas também comparecerem, pois alegavam ser este um hábito de sua ilha de origem. Os homens chegaram à cidade de Cária desarmados, mas cada mulher grega levava uma espada escondida sob as vestes. Durante o jantar, quando os conjurados de Criasso, a um sinal, começaram a levantar-se para a matança, os gregos, mais rápidos, se anteciparam e após liquidar todos os conspiradores que participavam do banquete, destruíram-lhes a cidade e sobre suas ruínas ergueram a Nova Criasso. Ninfeu desposou Cáfene, que foi cumulada de honras.

CAFIRA.

Κάφειρα (Kápheira), *Cafira*, segundo a hipótese de Carnoy, *DEMG*, p. 90, poderia ser um dublê de Καβειρώ (Kabeirṓ), "a mãe dos Cabiros" e, talvez com mais precisão, de καβείρια (kabeíria), "os mistérios dos Cabiros", donde "a protetora"?

Cafira é uma das filhas de Oceano. Com a ajuda dos demônios Telquines protegeu e cuidou de Posídon na Ilha de Rodes, a pedido de Reia.

CAÍRA.

Κάειρα (Káeira), *Caíra*, provém de Καρ (Kár), "cário", originário da Cária. Caíra é filha de um oleiro de Mileto e participa, se bem que secundariamente, do mito de Neleu, filho de Codro (v.). Tendo resolvido deixar Atenas, Neleu consultou o Oráculo de Delfos para saber o paradeiro que deveria tomar. Apolo respondeu-lhe que o jovem ateniense encontraria uma outra pátria, onde uma jovem lhe desse um punhado de terra molhada.

Tendo chegado a Mileto, pediu a Caíra que lhe fornecesse argila amolecida na qual pudesse gravar a marca de um anel. Caíra prontamente lhe satisfez ao pedido. Vendo que o oráculo se cumpria, Neleu apossou-se do poder em Mileto e fundou várias cidades nas vizinhanças.

CAÍSTRO.

Κάυστρος (Káÿstros), *Caístro*, consoante Carnoy, *DEMG*, p. 93, é um nome pelásgico e significaria "curvo, sinuoso" e cuja raiz seria o indo-europeu *geu*, atestada no adjetivo grego γαυσός (gausós), "curvo, recurvo", a qual significaria "voltear".

Caístro é o deus do rio homônimo na Lídia. Passava por filho de Aquiles e da Amazona Pentesileia. Foi pai de Éfeso, que fundou a cidade do mesmo nome. Com a deusa síria Décerto foi pai da famosa Semíramis (v.).

CÁLAMO.

Κάλαμος (Kálamos), *Cálamo*, "caniço, haste, caule" é um termo bem-representado nas línguas indo-europeias: latim *culmus*, "colmo, haste"; sânscrito *kaláma*, espécie de arroz, cana de escrever; antigo alemão *halam, Halm*, haste, colmo; antigo eslavo *slama*, russo *soloma*, "palha". Daí "cana, caneta de escrever, flauta". Cálamo, filho do deus-rio Meandro, na Frígia, uniu-se a outro jovem de grande beleza, Carpo, filho do deus Zéfiro e de uma das Horas. Ambos banhavam-se um dia no Rio Meandro e Cálamo desafiou o amigo para um concurso de natação, mas este morreu afogado. Cálamo, de tristeza, dessecou, transformando-se num caniço. Carpo, que significa "fruto", tornou-se "o fruto dos campos", que morre e renasce a cada ano.

CALCAS (I, 86-87, 93, 109-110, 124, 332; II, 88; III, 28, 48-50, 178, 180, 287[219], 293-294, 331).

Κάλχας (Kálkhas), *Calcas*, talvez provenha do v. καλχαίνειν (kalkhaínein), "ter a cor de púrpura", mas cujo sentido anteriormente é "estar agitado, inquietar-se", como pode ser atestado em Eurípides, *Heraclidas*, 40, que se explicaria pela etimologia popular que relacionou erroneamene o v. πορφύρει (porphýrein), "ser agitado, estar inquieto", com πορφύρα (porphýra), "púrpura", *DELG*, p. 488. Ora, "o agitar-se" é próprio do μάντις (mántis), do adivinho, por estar possuído de Apolo. Calcas é um adivinho de Micenas ou de Mégara e o mais hábil e famoso de sua época em interpretar o voo das aves (eonomancia, v. mântica) e o que melhor conhecia o presente, o passado e o futuro. Apolo concedera-lhe o dom da profecia, porque, como filho de Testor, era neto do deus. Foi o adivinho oficial dos aqueus na Guerra de Troia e, segundo uma versão, o próprio Agamêmnon o convidou para a grande expedição contra Ílion. A cada momento difícil ou importante não só de preparação, mas igualmente da expedição em si, Calcas era sempre consultado e mau grado o ódio que muitas vezes provocava com suas profecias e respostas infalíveis, era ouvido e acatado. Foi o que aconteceu logo no canto I, 101sqq., da *Ilíada*, quando ao revelar a verdade sobre a peste que dizimava os aqueus, provocou os insultos, a ira e as ameaças de Agamêmnon. Durante os preparativos para a guerra, quando Aquiles ainda não completara dez anos, foi ele quem anunciou que Troia não poderia ser tomada sem o concurso do filho de Peleu, o que levou Tétis a escondê-lo entre as filhas do rei da Ilha de Ciros, Licomedes (v. Aquiles). Em Áulis, quando da primeira tentativa da armada grega, projeto aliás fracassado de seguir para Troia, o grande *mántis* interpretou o presságio fornecido por uma serpente, que devorou oito filhotes de uma ave sobre o altar dos sacrifícios, declarando que Troia somente seria tomada no décimo ano da guerra (v. Agamêmnon). Logo depois, ainda em Áulis, apareceu uma lebre prenhe perseguida por duas águias, que se lançaram sobre ela e despedaçaram-na. Calcas afirmou que os dois atridas tomariam a cidadela de Príamo, mas que Ártemis lutaria em favor dos troianos. Fracassada a primeira expedição, por erro do roteiro seguido pela frota helênica, os aqueus, oito anos depois, reuniram-se novamente em Áulis, onde algo de grave aconteceu, imobilizando todo o exército grego: o mar repentinamente se tornou inacessível aos vingadores do rapto de Helena, mercê de estranha calmaria. Consultado mais uma vez, Calcas respondeu que o fenômeno se devia à cólera de Ártemis, porque Agamêmnon, numa caçada, lhe matara a corça favorita. O único meio de apaziguar a deusa e ter ventos favoráveis, disse ele, era sacrificar-lhe a jovem Ifigênia, filha dos reis de Micenas.

Após a morte de Aquiles e o suicídio de Ájax Telamônio, o neto de Apolo anunciou aos helenos que a cidadela de Príamo não poderia ser tomada sem o arco e as flechas de Héracles, que estavam em poder de Filoctetes (v.) e que motivou a missão de Ulisses junto àquele herói, que acabou retornando às fileiras aqueias. Aconselhou os gregos, tão logo pereceu Páris, aprisionarem-lhe o irmão Heleno, que se retirara para as florestas do Ida, porque somente ele, que também era *mántis*, poderia revelar em que condições Ílion poderia ser tomada (v. Heleno). Quando fracassaram todas as tentativas de tomar a cidadela de Príamo e percebendo que a força deveria ser substituída pela astúcia, sugeriu a construção do cavalo de madeira e ele próprio se meteu com outros heróis no bojo do monstro, que afinal deu aos helenos a vitória.

Por fim, terminada a luta, prognosticou que o retorno dos aqueus ao lar seria extremamente penoso por causa da cólera de Atená, irritada com as injustiças praticadas contra um de seus protegidos, Ájax Telamônio. Em razão desse fato, se recusou a regressar com os helenos. Preferiu seguir em outra direção, acompanhado do adivinho Anfíloco, irmão de Anfiarau (v.) e dos heróis Leonteu, Podalírio e Polipetes. A nau em que velejavam (há uma versão que afirma ter sido o percurso feito a pé) chegou a Cólofon, nas costas da Ásia Menor. Ora, um oráculo ou uma profecia de Heleno anunciara que Calcas morreria, quando encontrasse um *mántis* mais hábil do que ele. Pois bem, em Cólofon encontrou o adivinho Mopso, junto a cuja residência havia uma figueira. Calcas, para desafiá-lo, perguntou-lhe: "Quantos figos produz esta árvore?" Mopso respondeu de pronto: "Dez mil, trinta e seis litros e mais um figo de sobra". Feita a colheita, verificou-se que o número era exato. Mopso possuía uma porca que estava prenhe e perguntou a Calcas: "Quantos leitões ela produzirá e quando parirá?" A resposta do neto de Apolo foi dada pela metade e errada, pois afirmou que nasceriam oito bacorinhos. O rival mostrou-lhe o engano, prognosticando que na manhã seguinte a porca produziria nove leitões machos, o que realmente aconteceu. Vencido e envergonhado, Calcas morreu ou, segundo outros, se apunhalou. Foi sepultado em Nócion, nos arredores de Cólofon.

A respeito da rivalidade entre os dois famosos adivinhos existe uma variante devida a Cônon (séc. I a.C.). O rei da Lícia preparava uma grande expedição militar e Mopso desaconselhou a empresa, dizendo que o rei seria vencido. Calcas, ao contrário, o incentivou, vaticinando-lhe uma grande vitória. O soberano foi vencido, o que aumentou ainda mais a credibilidade de Mopso. Calcas, desesperado, se matou. Aliás, no tocante à morte do *mántis* dos aqueus, existe uma terceira versão. Calcas havia plantado extenso vinhedo num bosque sagrado de Apolo, em Mirina, na Eólida. A safra era promissora, mas um adivinho local predisse que daquele vinho o colega jamais beberia. Para comemorar tão abundante colheita e provar do vinho novo, o neto de Apolo convidou os amigos e particularmente *o mántis* que lhe prognosticara a morte. No momento em que o anfitrião erguia o corpo, seu adversário repetiu a profecia fatídica. Calcas começou a rir tão descontroladamente, que ficou sufocado e morreu.

Um mito do sul da Itália grega fala de um outro Calcas, também adivinho, cujo túmulo era mostrado em Síris, junto ao Golfo de Tarento. Este Calcas de Síris teria sido morto por um soco de Héracles.

No Adriático, mais precisamente no Monte Gárganon, um terceiro Calcas possuía um santuário, em cujo interior, como em Epidauro, as pessoas dormiam com a finalidade de conhecer o futuro por meio dos sonhos.

Diga-se de passagem que todas estas versões, aparentemente divergentes, convergem, no fundo, para uma só personagem: o Calcas da *Ilíada* de Homero.

CALCÍOPE *(II, 20; III, 37, 146, 177, 183).*

Χαλκιόπη (Khalkiópē), *Calcíope*, é um composto de χαλκός (khalkós), "bronze", sob a forma χαλκί- (khalkí-) e de ὄψ, -ὀπός (óps, -opós), "rosto, fisionomia". Já conhecido no micênico, como o nominativo plural *kakodeta*, "rodas de bronze", o grego *khalkós* deve ser um empréstimo antigo a uma língua e a uma civilização ainda não determinadas. Calcíope é, pois, "a que tem a face bronzeada".

Existem três heroínas com este nome. A primeira é filha de Eurípilo, rei da Ilha de Cós. De sua união com Héracles nasceu Téssalo. A segunda é filha de Eetes, rei da Cólquida. Dada em casamento a Frixo, foi mãe de quatro filhos: Argos, Melas, Frôntis e Citissor. A terceira, e mais importante, é a filha de Rexenor ou de Calcódon.

Após romper sua união com Meta, filha de Hoples, Egeu (v.) se casou com Calcíope. Como esta não lhe dera filhos, o rei de Atenas saiu para consultar o Oráculo de Delfos e, de lá retornando, passou por Trezena, onde "se uniu" a Etra, tornando-se pai de Teseu (v.)

CALCÓDON.

Χαλκώδων (Khalkṓdōn), *Calcódon*, é também um composto de χαλκός (khalkós), sob a forma χαλκ-

(khalk-), "bronze" e de ὀδούς, ὀδόντος (odús, odóntos) "dente", isto é, ao menos em etimologia popular, "o que possui dentes de bronze".

Há cinco personagens com este nome no mito. O primeiro é um herói da Eubeia. É filho de Abas, epônimo dos abantíadas, e pai do grande Elefenor, que participou da Guerra de Troia. Calcódon pereceu lutando contra Anfitrião, que comandava os tebanos na luta contra os euboicos, para livrar aqueles de um tributo que estes haviam imposto.

Seu túmulo ficava, segundo os mitógrafos, perto de Cálcis. Além de Elefenor, Calcódon era pai de Calcíope, a segunda esposa de Egeu.

Um segundo herói com este nome foi um companheiro de Héracles na expedição contra Augias, rei de Élis. O terceiro foi um dos pretendentes à mão de Hipodamia, assassinado por Enômao. O quarto foi um dos bravos defensores da Ilha de Cós, quando da investida de Héracles contra Eurípilo (v.). Calcódon feriu seriamente ao herói, que escapou da morte por intervenção de Zeus, que o retirou do campo de batalha. O quinto, finalmente, era um filho de Egito, o qual pereceu às mãos da danaide Ródia, na primeira noite de núpcias (v. Danaides).

CÁLCON.

Χάλκων (Khálkōn), Cálcon, provém de χαλκός (khalkós), "bronze", "o que é de bronze ou a ele se assemelha".

Cálcon era um herói de Ciparisso, cidade do Monte Parnasso. Um Oráculo havia aconselhado a Nestor de empregá-lo na Guerra de Troia como conselheiro e escudeiro de seu filho Antíloco, a quem, aliás, Cálcon permaneceu sempre fiel. Quando do combate singular entre Aquiles e Pentesileia, o herói de Ciparisso cometeu o desatino de tentar lutar em defesa de sua amada. Morto por Aquiles, os aqueus crucificaram-lhe o cadáver como castigo de sua traição.

CALCOS.

Κάλχος (Kálkhos), Calcos, possui a mesma etimologia que Calcas (v.). Rei dos dáunios, povo muito antigo do sul da Itália, Calcos alimentava um amor incontrolável por Circe e começou a assediá-la exatamente no momento em que a maga hospedara Ulisses e por ele igualmente se apaixonara. Para livrar-se do importuno, ofereceu-lhe um banquete e transformou-o em porco. Os dáulios, com a longa ausência de seu rei, desconfiaram de que algo lhe havia acontecido e dirigiram-se em armas à ilha da feiticeira. Esta, ameaçada, consentiu em dar novamente forma humana a Calcos, desde que este jamais a procurasse.

CALÍDICE (III, 289, 325).

Καλλιδίκη (Kallidíkē), Calídice, é composto de um elemento καλλ- (kall-), de καλός (kalós), "belo" e de δίκη (díkē), com o sentido de "hábito, maneira de agir e de pensar", donde "a que pensa e age retamente", DEMG, p. 88.

Quando Ulisses, na Odisseia, XI, 121-131, na evocação aos mortos, dialoga com Tirésias, este lhe ordena que, após a morte dos pretendentes, deixe temporariamente Ítaca e viaje até a região de um povo que jamais viu o mar e lá ofereça um sacrifício a Posídon. Foi exatamente neste país, o reino dos Tesprotos, que o herói se uniu à rainha desses povos bárbaros, Calídice, e com ela teve um filho chamado Polipetes, que reinou sobre seu povo, após a morte da soberana. A permanência de Ulisses entre os Tesprotos não foi longa, pois de acordo com as instruções de Tirésias, desagravado o deus do mar, o esposo de Penélope deveria retornar a Ítaca.

CALIDNO.

Κάλυδνος (Kálydnos), Calidno seria, segundo Carnoy, DEMG, p. 89, um antropônimo formado pela raiz *kel- "sussurrar, soar" e por um elemento udno- "água", lat. unda, "onda, água", daí "água sussurrante" seria o significado do vocábulo.

Filho de Úrano, Calidno seria o primeiro rei de Tebas, figurando, assim, como predecessor de Ógigo. A ele se atribuem as muralhas e as torres da capital dos beócios, embora a tradição mais seguida as considere obra de Anfião (v.) e Zeto (v.).

CÁLIDON (I, 260, 288; II, 65-66; III, 86, 123).

Καλυδών (Kalydṓn), Cálidon, possui, consoante Walde-Pokorny (I, 253), a mesma etimologia que Calidno, isto é, "água sussurrante".

Cálidon é o herói epônimo da cidade homônima na Etólia, às margens do Rio Euripo, a qual Homero, Il. II, 640, qualifica de Καλυδῶνά τε πετρήεσσαν (Kalydōná te petrḗessan), "a pedrosa Cálidon". Filho de Etolo e Prônoe, desposou Eólia, filha de Amitáon, com quem teve duas filhas: Epicasta e Protogenia. Outras tradições fazem-no filho de Téstio. Ao retornar de Sicione, onde permanecera por um longo tempo, encontrou Cálidon deitado ao lado da própria mãe. Julgando tratar-se de um incesto, matou a ambos. Mais tarde, reconhecendo que cometera um erro grave, lançou-se nas águas de um riacho até então chamado Áxeno, mas que passou, por isso mesmo, a denominar-se Téstio, até receber o nome definitivo de Aqueloo (v.). Uma variante talvez mais recente dá-lhe uma genealogia diversa: Cálidon teria como pais a Ares e Astínome. Por ter visto a Ártemis banhando-se nua, foi metamorfoseado em rochedo, a montanha de Cálidon, perto do Rio Aqueloo.

CALÍOPE (I, 203; II, 86-87, 141, 143, 150-151; III, 35[29]).

Καλλιόπη (Kalliópē), Calíope, é composto de um elemento καλλ- (kall-) de καλός (kalós), "belo" e de ὄψ, ὀπός (óps, opós), "voz", donde Calíope é a que tem "uma bela voz".

Calíope era uma das musas, normalmente aquela que as comandava e dirigia. De início, as Musas não possuíam uma função específica, mas, a partir da época alexandrina (séc. IV a.C.), cada uma das filhas de Zeus passou a presidir a uma criação do espírito humano. Calíope é apontada tanto como inspiradora da poesia lírica quanto da épica. Em muitas versões, unida ao deus-rio Eagro, foi mãe de Orfeu, Iálemo e do cantor Lino. Alguns mitógrafos asseguram que gerou igualmente as Sereias. Ensinou o canto a Aquiles e funcionou como árbitro na disputa por Adônis entre Afrodite e Perséfone.

CALÍPOLIS.

Καλλίπολις (Kallípolis), *Calípolis*, é igualmente um composto de καλλι- (kalli-), de καλός (kalós) "belo" e de πόλις (pólis), "cidade", isto é, "o que habita ou governa uma bela cidade".

Filho de Alcátoo (v.), foi morto pelo próprio pai, porque interrompeu o sacrifício que este oferecia a Apolo, prejudicando, inclusive, a disposição ritual do altar sagrado.

CALIPSO *(129, 156-157, 160, 248, 259; II, 195; III, 289, 312).*

Καλυψώ (Kalypsṓ), *Calipso*, origina-se do v. καλύπτειν (kalýptein), "cobrir, esconder". O verbo em pauta deve ter sofrido influência de κρύπτειν (krýptein), "cobrir para proteger". Pressupõe-se para *kalýptein* a raiz **kel-*, que se encontra no antigo irlandês *celim*, latim **celo, ĕre* em *occulĕre*, "esconder, ocultar" e em *cēlāre*, "esconder", DELG, p. 487-488. Talvez se pudesse acrescentar o inglês *hel*, "o inferno, o subterrâneo", propriamente "o escondido", que proviria da raiz **kel*. Calipso é, pois, "a oculta" ou "a que esconde".

Calipso é uma ninfa, filha de Atlas e de Plêione. Segundo outras tradições, seus pais eram Hélio e Perseis, o que a fazia irmã de Eetes e de Circe. Vivia na Ilha de Ogígia, em grego Ὠγυγία (Ōguyguía), cuja etimologia é desconhecida até o momento, embora Carnoy, *DEMG*, p. 141, acene com a raiz indo-europeia **ghugh*, "esconder". Neste caso "a gruta de Calipso" simbolizaria o Hades, "o mundo onde se escondem os mortos". Esta ilha, localizada pelos antigos no Mediterrâneo ocidental, é identificada por alguns com a Península de Ceuta, em frente a Gibraltar. A ninfa recolheu o náufrago Ulisses e, durante sete anos, o manteve em Ogígia, já que por ele se apaixonara. Depois que seus insensatos companheiros devoraram as vacas do deus Hélio Hiperíon, vagalhões terríveis e os raios de Zeus sepultaram nas ondas a nau do herói e seus nautas (*Od.* XII, 407-446).

Somente Ulisses se salvou e foi abrigado pela filha de Atlas. – Vaguei durante nove dias; na décima noite, os deuses fizeram-me chegar à Ilha de Ogígia, onde mora Calipso, de belas tranças, a terrível deusa, dotada de voz humana.
(*Odiss.* XII, 447-449).

A loura Calipso que habitava uma gruta profunda, com inúmeras salas que se abriam sobre jardins naturais, com um bosque sagrado e nascentes borbulhantes, tudo fez para que o herói aceitasse a imortalidade. Desejava, com isto, arrancar-lhe do coração o desejo de retornar a Ítaca e afogar-lhe as saudades de Penélope. Não o conseguindo, contentou-se em retê-lo a seu lado. Passava o dia a fiar em companhia de suas serviçais, ninfas igualmente, que cantavam com a voz suave, enquanto trabalhavam. Foi a pedido de Atená que Zeus enviou Hermes a Ogígia com ordens a Calipso para que permitisse a partida do herói. Embora a contragosto, a ninfa obedeceu, fornecendo ao rei de Ítaca madeira para construção de uma jangada, provisões para a viagem e orientando-o sobre o curso dos astros.

Versões posteriores à *Odisseia* falam de um ou mais filhos de Ulisses com Calipso. Quer seja um e neste caso se chamaria Latino (igualmente considerado como filho do herói com Circe), quer sejam dois, Nausítoo e Nausínoo ou ainda Auson, epônimo da Ausônia, nome poético de uma parte da Itália ou da própria Itália, o fato é que essas informações se devem a mitógrafos bem posteriores a Homero.

CALÍRROE *(I, 155-156, 159, 241; II, 21, 217[III]).*

Καλλιρρόη (Kallirróē) é também um composto de καλλι- (kalli-), de καλός (kalós), "belo, bonito" e de ῥοή (rhoḗ), "corrente de água", donde Calírroe é a "bela corrente, o lindo riacho".

Existem, ao menos, cinco heroínas com este nome. A *primeira* é uma das filhas de Oceano e Tétis. De sua união com Crisaor, filho de Posídon e Medusa, nasceram os monstros Gerião e Équidna. Com o deus-rio Nilo foi mãe de Quíone (v.).

A segunda é filha do deus-rio Escamandro, e tendo-se casado com Trós, foi mãe de Cleópatra, Ilo, Assáraco e Ganimedes. Havia na Tróada uma outra Calírroe, aliás uma ninfa oréada, certamente idêntica à anterior. Foi amante de Páris, quando este ainda era um simples pastor no Monte Ida. Ao perdê-lo mais tarde para Helena, caiu numa depressão de tal maneira violenta, que perdeu a voz.

A *terceira* é uma filha de Lico, rei da Líbia. No retorno de Troia, uma tempestade lançou a nau de Diomedes nas costas do reino da Líbia. Lico o aprisionou e resolveu sacrificá-lo ao deus Ares. Calírroe, apaixonada pelo herói aqueu, o salvou. Abandonada, mais tarde, pelo ingrato Diomedes, a heroína se enforcou.

A *quarta* teve como pai o deus-rio Aqueloo. Uniu-se a Alcméon e deu-lhe dois filhos: Anfótero e Acarnane. Tendo convencido o marido a buscar o véu e o colar de

Harmonia, presentes amaldiçoados, que Alcméon ofertara à sua primeira esposa Arsínoe, provocou a morte do parceiro nas mãos dos filhos de Fegeu (v.), irmãos de Arsíone. Logo depois, como amante de Zeus, Calírroe suplicou ao deus que fizesse seus filhos crescerem subitamente, a fim de vingarem o assassinato do pai. Zeus atendeu-lhe aos rogos e a desagravou. Fê-la, no entanto, compreender que seus sofrimentos se deviam ao desejo da posse de dois objetos carregados de maldição.

A *quinta* era uma jovem lindíssima, que repeliu o grande amor que lhe devotava Coreso, sacerdote de Dioniso. Tendo-se queixado ao deus, este castigou toda a região de Cálidon com uma epidemia de loucura. Consultado o Oráculo de Dodona, este respondeu que a peste só teria fim com o sacrifício da jovem, que deveria ser degolada pelo próprio sacerdote. Quando a viu junto ao altar, Coreso sentiu renascer sua paixão e preferiu matar-se a imolar a bem-amada. Calírroe, envergonhada, suicidou-se perto de uma fonte, que recebeu seu nome.

CALISTO *(I, 281; II, 67; III, 55-289).*

Καλλιστώ (Kallistố), *Calisto*, provém de κάλλιστος (kállistos), superlativo de καλός (kalós), *belo*, donde *a belíssima*.

Calisto é, as mais das vezes, considerada como uma ninfa oréada, mas existem versões que fazem dela uma filha de Licáon ou de Nicteu. Tendo optado pela virgindade, passou a fazer parte do cortejo de Ártemis, vivendo nas montanhas. Zeus, percebendo-lhe a beleza singular, a ela se uniu, sob a forma da própria Ártemis ou de Apolo. Dessa sizígia nasceu Arcas (v.), herói epônimo dos arcádios. Calisto, ainda grávida, banhava-se um dia, com Ártemis e suas companheiras, numa fonte. Tendo-se despido, a deusa notou-lhe a gravidez e imediatamente a transformou em ursa. Uma outra versão atesta que a metamorfose se deveu à cólera e aos ciúmes de Hera ou a uma precaução de Zeus, para evitar exatamente a vingança da esposa. O fato, porém, não passou despercebido aos olhos argutos e vigilantes de Hera, que solicitou a Ártemis a morte da amante de Zeus com uma flechada ou a própria irmã de Apolo a teria assassinado, por não admitir a violação do voto de castidade. Zeus, todavia, transformou Calisto numa constelação, a Ursa Maior. Segundo uma variante mais tardia, de Zeus e da lindíssima ninfa Oréada teria nascido um segundo filho, Pã, gêmeo de Arcas.

CAMBLES.

Κάμβλης (Kámblēs), *Cambles*, é vocábulo ainda sem etimologia. Rei da Lídia, Cambles ou Cambes era tão guloso, que acabou por devorar a própria esposa. Arrependido com este último gesto, se matou.

CAMPE.

` Κάμπη (Kámpē), *Campe*, significa, literalmente, "lagarta, larva, inseto que se dobra, se enrosca" por sua flexibilidade. Tem sido aproximado do sânscrito *kapaná*, "lagarta", letão *hâpe*, "larva", mas, do ponto de vista grego, Kámpe se relaciona, por etimologia popular ou não, com o v. κάμπτειν (kámptein), "dobrar, curvar, enroscar". *Kámpē* designa igualmente na Líbia um monstro marinho fabuloso, *DELG*, p. 490-491.

Campe é um monstro, dragão ou serpente fêmea, a quem Crono confiou a guarda dos Ciclopes e dos Hecatonquiros por ele lançados no Tártaro. Quando um oráculo condicionou a vitória de Zeus sobre Crono e os Titãs, se ele contasse com a ajuda dos Ciclopes, o futuro senhor do Olimpo os libertou, após matar a Campe.

CÂNACE. (III, *59, 205).*

Κανάκη (Kanákē), *Cânace*, para Carnoy, *DEMG*, p. 89, o antropônimo em pauta é uma variante de κάνακις (kánakis), "espada", uma vez que Éolo enviou à heroína esse tipo de arma, para que ela se matasse. Uma das filhas de Éolo e de Enárete, foi violentada ou deixou-se possuir pelo irmão Macareu e dele teve um filho. Ovídio, *Heroides, 11, passim*, certamente inspirado em Eurípides, "transcreve a carta dramática escrita por Cânace a Macareu, antes de cumprir a ordem fatal de Éolo": matar-se. Suas palavras ao irmão e esposo são dolorosas e refletem a fatalidade:

Cur unquamplus me, frater, quam frater amasti?
Et tibi non debet quod soror esse fui?
       (*Her.* 11, 23-24).

– Por que, meu irmão, me amaste um dia com amor diferente
   de um irmão e eu fui para ti o que não deve ser uma irmã?

A gravidez manifestou-se e tudo fez a ama para o aborto salvador, mas inutilmente. A criança nasceu. Era necessário escondê-la de Éolo, mas não se conseguiu, apesar da habilidade da criada. O menino chorou e o avô, tendo ouvido, armou o escândalo. A resolução foi drástica: o recém-nascido foi lançado aos cães e Cânace recebeu por um escravo a espada fatídica. Ela sabia o que deveria fazer com a arma. Em outras versões, a desditosa filha de Éolo se uniu a Posídon e foi mãe de vários filhos.

CANOPO.

Κάνωπος (Kánōpos), *Canopo* ou *Canobo* é palavra sem etimologia, segundo Chantraine, *DELG*, p. 493. Carnoy, *DEMG*, p. 63, diz acertadamente que κάνωπον (kánōpon), "flor ou casca de sabugueiro", de efeito muito purgativo, parece originar-se de *Kánōpos*, cidade do Baixo Egito e tenta explicar o motivo. *Kánōpon* poderia eventualmente provir da raiz **kan-*, "cantar, fazer barulho", latim *canĕre*, com o mesmo sentido. Talvez se empregue semelhante denominação para certas plantas purgativas que provocam borborigmos, isto é, ruídos produzidos no abdome pelo deslocamento de gases. Seja como for, o fato é que o mito de Canopo vai provocar a espécie e o nome de uma planta medicinal.

Canopo ou Canobo é o herói que emprestou seu nome à cidade homônima do Baixo Egito e a um braço da embocadura do Rio Nilo perto de Alexandria. Originário da cidade lacônia de Amiclas, foi o piloto de Menelau, quando este, após a destruição de Troia, chegou ao Egito com Helena (v.). Jovem de extraordinária beleza, foi amado por Teônoe, filha de Proteu, rei, à época, do país dos faraós. Não tendo sido correspondida, amaldiçoou o cobiçado piloto, que, um dia, ao descer à terra, foi picado por uma serpente venenosa e morreu instantaneamene. Menelau ergueu-lhe um túmulo suntuoso na Ilha de Canopo. Helena chorou tanto, que de suas lágrimas nasceu a planta ἐλένιον (helénion), *helénion*, vale dizer, a *inula Helenium*, "certa planta da família das compostas", de efeito medicinal para os antigos, a *ênula vampana*, de que fala Quinto Horácio Flaco, *Sat.* 2, 2, 44.

Uma outra versão bem mais tardia faz de Canopo piloto do deus Osíris e até da nau Argo. Ambos, aliás, Argo e Canopo, foram transformados em constelação.

CÁON.

Κάων (kháōn), *Cáon*, não possui etimologia conhecida.

Herói epônimo da Caônia, no Epiro, Cáon, após a destruição de Troia, seguiu com Heleno, seu irmão ou parente, para o reino de Neóptelemo (v.). Com o assassinato deste último por Orestes, Heleno (v.) assumiu o poder. Cáon, tendo sido morto acidentalmente durante uma caçada, Heleno deu a uma parte de seu reino o nome de Caônia, em homenagem ao irmão ou amigo inseparável.

Segundo uma outra versão, Cáon se sacrificara voluntariamente aos deuses por seus concidadãos para eliminar uma epidemia que grassava no Epiro.

CAOS *(I, 16, 153-154, 161, 178, 183-185, 187, 189-190, 225, 338-339; II, 29-30, 59, 156-158, 206).*

Χάος (Kháos), *Caos*, está evidentemente relacionado com o v. χαίνειν (khaínein), "abrir-se, entreabrir-se", donde *Kháos* é "o vazio, a profundidade insondável", veja-se Frisk, s.u. O grupo Χάος (Kháos) com o adjetivo χαῦνος (khaûnos) pode ser comparado com o alemão atual *Gaumen*, "palato, céu da boca" e o antigo alemão *goumo*, uma vez que Χάος (Kháos) pressupõe *ΧάF-ος (*Kha-wos).

"Caos é a personificação do vazio primordial, anterior à criação, quando a ordem ainda não havia sido imposta aos elementos do mundo". Ovídio, *Met.* 1, 7, chama-o *rudis indigestaque moles*, "massa informe e confusa".

Na cosmogonia egípcia o Caos é uma energia poderosa do mundo informe e não ordenado, que cinge a criação ordenada, como o oceano circula a terra. Existia antes da criação e coexiste com o mundo formal, envolvendo-o como uma imensa e inexaurível reserva de energias, nas quais se dissolverão as formas nos fins dos tempos.

Do Caos grego, dotado de grande energia prolífica, saíram, segundo Hesíodo, Geia, Tártaro e Eros, que depois geraram Érebo, Nix e Urano e os dois primeiros, Érebo e Nix, deram origem a Éter e Hêmera, segundo se expôs *em Mitologia Grega*, Vol. I, p. 154.

Uma versão mais tardia faz de Caos um filho de Crono e irmão de Éter.

CAPANEU *(III, 64, 166).*

Καπανεύς (Kapaneús), *Capaneu*, talvez por etimologia popular (porque foneticamente existem problemas) poderia estar relacionado com κάπᾱν, (kapánā), nome tessálio do carro de quatro rodas. O conceito é reforçado pelo fato de o pai do herói se chamar Ἱππόνοος (Hippónoos), Hipônoo, "o que cuida de cavalos".

Capaneu é um dos heróis de Argos que marcharam contra a capital dos beócios, quando da célebre expedição dos *Sete contra Tebas* (v.). De altura descomunal, violento e muito pouco afeiçoado ao culto dos deuses, foi o primeiro a escalar uma das torres da cidade e tentar incendiá-la. Zeus, para punir-lhe a *hýbris*, o fulminou. O cadáver do herói, como os dos outros chefes, resgatados por Teseu (v.), foi incinerado em Argos. Sua esposa Evadne, inconsolável, lançou-se nas chamas que devoravam o corpo do marido. Seu filho Estênelo participou da luta dos Epígonos (v.) pela conquista de Tebas, bem como da Guerra de Troia.

Segundo uma versão, Capaneu, Licurgo, Tíndaro e Hipólito foram alguns dos heróis ressuscitados por Asclépio.

CÁPIS *(I, 322).*

A *Ilíada*, XX, 239, menciona um Κάπυς (Kápys) entre os ancestrais de Eneias. Do ponto de vista etimológico, o antropônimo significaria "falcão" e seria de origem etrusca. Admitindo-se tal hipótese, o vocábulo estaria relacionado com o alemão *Habicht* e o russo *kóbec*, "falcão". Virgílio, na *Eneida*, 1, 183; 10, 145, não lhe atribui importância, mas afirma que o herói "deu seu nome a uma cidade da Campânia":

et Capys: hinc nomen Campanae ducĭtur urbi
  (*En.* 10, 145)

Filho de Assáraco e de Temiste, foi pai de Ilo e Anquises.

Tradições posteriores fazem de Cápis um dos companheiros de Eneias, o qual teria fundado a cidade de Cápua, no sul da Itália, mas afirmava-se igualmente que esta cidade não fora obra de Cápis e sim de Romo, filho de Eneias. O companheiro deste último teria fundado outra cidade, Cáfias, na Arcádia.

CÁRCABO.

Καρκάβος (Karkábos), *Cárcabo*, segundo Carnoy, *DEMG*, p. 90, poderia ser uma variante de καρκίνος (karkínos), "caranguejo", com o sufixo *-bho-* designativo de animais.

Era filho de Tríopas, que reinava sobre o norte da Hélade, entre a Trácia e a Macedônia. Sanguinário e cruel, foi assassinado pelo próprio filho. Exilando-se voluntariamente, Cárcabo foi purificado por Trós, rei de Tróada, onde, aliás, permaneceu, fundando, com anuência de Trós, a cidade de Zelia.

Seu descendente Pândaro lutou bravamente ao lado dos troianos contra os aqueus.

CÁRCINO.

Καρκίνος (Karkínos), *Cárcino*, é um vocábulo antigo aparentado com o latim *cancer*, sânscrito *karkata-*, "caranguejo". Todos estes termos devem estar relacionados com κάρκαρος (kárkaros), "duro", *DELG*, p. 498-499. Cárcino, o caranguejo, vivia no pântano de Lerna. Durante a luta de Héracles contra a Hidra, mordeu, a pedido de Hera, o calcanhar do herói. Este, furioso, o esmagou. Para compensar-lhe a ajuda, a deusa o colocou entre as constelações, transformando-o no signo de Câncer.

Na interpretação evemerista do mito de Lerna, relata-se que Cárcino era um herói que veio em socorro do Rei Lerno, atacado por Héracles, mas que morreu às mãos do herói.

CÁRIA *(II, 68²⁰)*.

Καρύα (Karýa), Cária, "nogueira" provém de κάρυον (káryon), "noz". A etimologia não é conhecida em grego. Tentou-se partir da raiz **qar*, designação de "uma casca bem dura", conforme se pode ver pelo sânscrito *karakah*, "noz de coqueiro".

O latim possui *carīna* "as duas partes ocas que formam a casca da noz, daí quilha do navio, fundo ou casco do mesmo até a linha de água, navio", mas *carina* pode ser um empréstimo ao grego καρύινος (karýinos), "que se assemelha a uma noz", *DELG*, p. 501; *DELL*, p. 142.

Cária é uma jovem da Lacônia que foi metamorfoseada em nogueira por Dioniso, que a amava (v. Díon). Uma variante faz de Cária uma Hamadríada (v.), nascida do incesto de Oxilo, filho de Orio, com sua irmã Hamádria.

CARIÁTIDES *(II, 68, 68²⁰)*.

Καρυάτιδες (Karyátides), *Cariátides*, tanto quanto Καρυᾶτις (Karyâtis), *Cariátis*, epíteto de Ártemis, enquanto senhora de um templo célebre na cidade de Καρύαι (Karýai), Cárias, isto é, "Nogueiras", na Lacônia. Todos estes termos provêm de κάρυον (káryon), "nogueira", que talvez se origine da raiz **qar*, "duro, sólido". O latim possui *carīna*, "as duas partes ocas que formam a casca da noz; quilha de navio, navio". *DELG*, p. 501.

Cariátides é um epíteto das jovens que dançavam em homenagem a Ártemis Cariátis, "a protetora das nogueiras", uma vez que a deusa, como já se assinalou, possuía um templo num bosque de nogueiras, em Cárias, na Lacônia. Segundo o escritor e arquiteto latino Marco Vitrúvio Polião (séc. I p.C.), *De Architectura* (Acerca da Arquitetura), 1, 1, 5, o termo de arquitetura *Cariátides*, isto é, moradoras de Cárias, se deve ao fato de terem os habitantes desta cidade, no decurso das guerras greco-pérsicas, abraçado o partido dos persas. Por isso, derrotados os invasores, suas mulheres foram escravizadas, de que é símbolo a finalidade arquitetônica das "cariátides", isto é, servirem de colunas (como castigo) a uma cornija ou arquitrave.

CARIBDES *(I, 130, 282; III, 184, 197, 309, 311, 311²⁴⁵, 328)*.

Χάρυβδις (Khárybdes), *Caribdes*, não possui etimologia até o momento.

Carnoy, *DEMG*, p. 39, todavia, emite duas hipóteses: o antropônimo proviria χαροπός (kharopós) "de olho brilhante" como "os de uma cadela", epíteto de sua irmã Cila (v.) ou Χάρυβδις (Khárybdes) seria um derivado da raiz **qar*, "duro", porque tanto ela quanto Cila foram metamorfoseadas em monstros, que viviam sobre rochedos, ladeando o Estreito de Messina.

Filha de Geia e de Posídon, Caribdes era uma jovem de uma voracidade insaciável. Quando Héracles passou pelo estreito, que separa a Itália da Sicília, com o rebanho que tomara de Gerião, Caribdes lhe roubou várias reses e as devorou. Zeus, como punição, após fulminá-la, lançou-a no mar, transformando-a num monstro, que habitava sob uma figueira brava junto a um penhasco. Três vezes por dia Caribdes absorvia grande quantidade de água, engolindo tudo que estivesse ou flutuasse nela e outras tantas vezes vomitava apenas a água.

Quando Ulisses atravessou pela primeira vez o estreito fatídico, ladeado por Caribdes e Cila (quem escapasse de uma, fatalmente seria tragado pela outra), a conselho de Circe, o herói preferiu passar mais perto de Cila. Mesmo assim, perdeu seis de seus melhores nautas. (*Odiss*., XII, 244-250). Um pouco mais tarde, após a morte de todos os seus companheiros, que haviam sacrificado as vacas do deus Hélio (v. Ulisses), o herói sozinho enfrentou, dessa feita, a Caribdes. Como uma grande borrasca lhe houvesse destruído a nau, Ulisses salvou-se, agarrado ao mastro e à quilha da mesma. Caribdes, no entanto, absorveu tudo de uma golfada, mas o solerte esposo de Penélope agarrou-se ao tronco da grande figueira, sob a qual se escondia o monstro e aguardou pacientemente que a filha de Geia e Posídon expelisse o mastro e a quilha. E, usando as mãos como remos, reiniciou sua longa viagem de retorno à Ilha de Ítaca... (*Odiss.*, XII, 431-444).

CÁRICLO.

Χαρικλώ (Kariklố), *Cáriclo*, é um composto de χάρις (kháris), "graça exterior, encanto, beleza" (v. Cárites) e de κλέος (kléos), "reputação, renome, glória", donde Cáriclo é "a dotada de graça e renome".

Existem três heroínas com esta denominação. A primeira, filha de Apolo ou de Oceano, casou-se com Quirão, a quem muito ajudou na criação e educação de Aquiles e Jasão. A segunda era filha de Cicreu, rei da Salamina. Casada com Esquíron, rei de Mégara, foi mãe de Endeis, que se uniu a Éaco (v.). A terceira era uma ninfa, mãe do adivinho Tirésias. Fazia parte do cortejo de Atená. Certa feita, quando ambas se banhavam nuas na fonte de Hipocrene, no Monte Hélicon, Tirésias, que por ali passava, viu Atená despida. Esta, de imediato, o cegou. Cáriclo condenou tanta crueldade por parte de uma deusa, mas a filha de Zeus ponderou que todo mortal que visse uma divindade sem a permissão desta perderia a visão. Para consolar sua acompanhante, no entanto, concedeu a Tirésias dons maravilhosos. Deu-lhe, de saída, um bordão mágico, que o guiava como se tivesse olhos. Purificou-lhe, em seguida, os ouvidos, para que ele pudesse compreender e interpretar o canto dos pássaros. Assim se explica, em uma das versões, o poder mântico do filho de Cáriclo. Prometeu por fim a Tirésias que, após a morte, ele conservaria não apenas suas faculdades intelectuais, mas também seus dons divinatórios.

CÁRILA.

Χαρίλα (Kharíla), *Cárila*, ao menos em etimologia popular, proviria de χάρις (kháris), "graça, encanto" e significaria "a graciosa".

Cárila era uma pobre órfã que vivia em Delfos. Tendo havido uma grande seca em toda a região e faltando alimentos, Cárila pediu ao rei, como esmola, um pouco de trigo. O soberano tratou-a brutalmente, despedindo-a com um pontapé no rosto.

Esfaimada e, agora, envergonhada, a órfã se enforcou. Semelhante atitude não só recrudesceu a estiagem, mas trouxe epidemias terríveis sobre todo o reino de Delfos. Consultado o Oráculo, Apolo respondeu que a peste não cessaria enquanto não fosse devidamente expiada a morte brutal de uma inocente.

Foi por isso que se passou anualmente a celebrar em Delfos uma festa expiatória, durante a qual se realizava farta distribuição de trigo e se levava em procissão uma boneca chamada Cárila, com uma corda no pescoço. "Cárila" era inumada, a cada ano, num sepulcro novo, cavado na montanha.

CÁRITES (*I, 158-159, 343; II, 45, 55*).

Χάριτες (Khárites), *Cárites*, provém de χάρις (kháris), "graça exterior, encanto, beleza, reconhecimento, gratidão". Vocábulo antigo, pode ser relacionado com o antigo armênio **gher-i>jir*, moderno *jirk*', "graça, dom", Frisk, *GEW*, s.u.

De início, deusas da vegetação, tornaram-se igualmente divindades da beleza, responsáveis pela alegria que alimenta o coração dos deuses e dos homens. Filhas de Zeus e Eurínome ou de Hera, as três Cárites ou Graças, Aglaia, Talia e Eufrósina, habitam o Olimpo em companhia das Musas, às quais se reúnem para formar o harmonioso coro divino. Na iconografia clássica aparecem normalmente despidas, formando um conjunto, segurando-se pelos ombros. Fazem parte do cortejo de Apolo, o deus músico. Às Cárites se atribuem todas as influências benéficas sobre a atividade intelectual e as obras de arte. Quando não estão ao lado de Apolo, acompanham alegremente ora Atená, a protetora dos trabalhos femininos e da atividade intelectual, ora Afrodite, Eros e Dioniso.

CARMANOR.

Καρμάνωρ (Karmánōr), *Carmanor*, era um sacerdote cretense que purificou os matadores do dragão ou serpente Píton. O rito, ao que parece, consistia no corte dos cabelos dos que deveriam ser purificados, conforme atesta Heródoto, 2, 35. Daí deduzir Carnoy, *DEMG*, p. 91, que talvez *Karmánōr* possa representar um composto de *κάρμα (*kárma), "corte, tonsura" e ἀνήρ (aner), "homem", isto é, Carmanor seria "aquele que preside ao corte dos cabelos para efeito de purificação".

Carmanor é um sacerdote de Creta, pai de Eubulo e Crisótemis. Teria sido ele o encarregado de purificar Apolo e Ártemis após a morte de Píton, bem como proteger em sua própria casa os amores de Apolo e Acacális.

CARME.

Κάρμη (Kármê), *Carme*, segundo Carnoy, *DEMG*, p. 91, poderia estar relacionado com *κάρμος (* kármos), derivado da raiz *kar, "humilhar, desprezar", donde Carme seria "aquela que foi humilhada".

Filha de Eubulo e, portanto, neta de Carmanor, foi amante de Zeus, de quem teve a cretense Britomártis. Conforme outras versões, no entanto, Carme era filha de Fênix e neta, por conseguinte, de Agenor. Sua mãe seria Cassiopeia. Já idosa, foi feita prisioneira e levada para Mégara, onde se tornou ama de Cila, filha do Rei Niso.

CÁRNABON.

Καρναβῶν (Karnabôn), *Cárnabon*, é vocábulo sem etimologia até o momento. Rei dos Getas, acolheu hospitaleiramente, de início, o enviado de Deméter, Triptólemo, cuja missão era ensinar aos homens a cultura do trigo. Depois, sem que se saiba o motivo, atacou o mensageiro da deusa de Elêusis e matou um dos dragões que lhe arrastavam o carro por todos os continentes. Deméter veio em socorro de Triptólemo no momento em que o rei se preparava para matá-lo. Transportou Cárnabon para a abóboda celeste e o arremessou entre os astros, segurando um dragão, que o soberano está prestes a matar.

CARNO *(I, 102)*.

Κάρνος (Kárnos), *Carno*, sacerdote de Apolo, entre outros sentidos possui o de "carneiro, rebanho", por ser este deus também um protetor dos rebanhos e das colheitas. Anualmente lhe era sacrificado um κάρνος (kárnos), um carneiro bem gordo. *De kárnos* procede Καρνειος (Kárneios), *Carnio*, um dos epítetos de Apolo (v.), em Esparta e Cirene, enquanto deus dos pastores e do armamento em geral.

Carno, originário da Acarnânia, era consagrado ao senhor de Delfos. Tendo se aproximado da armada dos heraclidas, que se preparavam, em Naupacto, para invadir o Peloponeso, foi tomado como espião e morto por Hípotes, um dos descendentes do filho de Alcmena. Como grande peste houvesse dizimado a armada, os heraclidas consultaram o Oráculo de Delfos. Apolo respondeu que as calamidades se deviam à morte de Carno e que a vitória sobre o Peloponeso dependia, entre outras coisas, do banimento do homicida por dez anos. Hípotes foi exilado e os heraclidas organizaram um culto em honra de Apolo Carnio.

Uma tradição fala igualmente de outro herói chamado Carno ou Carnio, filho de Zeus e Europa, e amado por Apolo.

CARONTE *(I, 316-317, 317[210]-318[210]; II, 142, 212, 218, 243-244)*.

Χάρων (Khárōn), *Caronte* e seu duplo poético Χαρωνεύς (Kharōneús), Caroneu, devem ter certa relação com o epíteto χάρων (khárōn), forma resumida de χαροπός (kharopós), "de olhos cintilantes", aplicado, por exemplo, ao Leão de Nemeia, à águia, aos Ciclopes.

Para o barqueiro infernal, Wilamowitz, *Freude*, 41, n. 37, sugeria um "finsterblickender Charon", um Caronte de olhar tenebroso.

É bem possível que o antropônimo, por eufemismo, faça parte, como já assinalavam os antigos, do grupo do verbo χαίρειν (khaírein), "alegrar-se". Chamando-o de "alegre e feliz", talvez se possa conjurar ou quem sabe adiar o tabu da viagem inevitável. Assinale-se ainda que não se devem descartar, em relação ao barqueiro da morte, um empréstimo, quiçá oriental, e a hipótese de uma aproximação com Ἀχέρων (Akhérōn), *Aqueronte*, o principal rio dos mortos, o rio de "álamos brancos", *DELG*, p. 1.249.

Caronte é um gênio do mundo infernal, cuja função era transportar almas, cujos corpos houvessem recebido sepultura, para além dos rios do Hades, mediante o pagamento de um óbolo. Em vida ninguém penetrava em sua barca, a não ser que levasse, como Eneias, um ramo de ouro, colhido na árvore sagrada de Core ou Perséfone. Héracles, quando desceu à outra vida, para buscar o cão Cérbero, forçou-o, à base de bordoadas, a deixá-lo passar. Como castigo, por "haver permitido" a um ser vivo atravessar os rios, o barqueiro ficou um ano inteiro encadeado.

Parece que Caronte apenas dirige a barca, mas não rema. São as almas que o fazem. Representam-no, iconograficamente, como um velho feio, magro, mas extremamente vigoroso, de barba hirsuta e grisalha, coberto com um manto sujo e roto e com chapéu redondo. Nas pinturas tumulares etruscas, o vigoroso barqueiro aparece como um demônio alado, a cabeleira eriçada de serpentes, segurando um martelo. Isto dá a entender que o Caronte etrusco é "um demônio da morte", aquele que mata o moribundo e o arrasta para o Hades.

Diga-se de passagem, como se mostrou em Escatologia (v.), que Caronte apareceu tardiamente no mito grego (só a partir do séc. V a.C.), e que o célebre óbolo que se colocava na boca dos mortos só pode ser detectado em época ainda mais recente, isto é, no século IV a.C.

CÁROPS.

Κάροψ (Károps), *Cárops*, é um composto χαίρειν (khaírein), "alegrar-se, regozijar-se com" e ὤψ (ōps), "semblante, vista", donde Cárops é "o que estampa nos olhos o desejo de combater".

Cárops é um herói trácio que pôs Dioniso a par das armadilhas que lhe preparava Licurgo. Após vingar-se cruelmente deste último, o filho de Sêmele, depois de iniciar Cárops em seus mistérios, recompensou-o generosamente, entregando-lhe o trono da Trácia. Pai de Eagro e, portanto, avô de Orfeu, Cárops foi o responsável pela difusão da religião dionisíaca entre seus súditos e descendentes.

CASSANDRA *(I, 88-89, 107-108; II, 87-88, 176; III, 48[38], 59, 62, 287[219], 301[229], 334-336)*.

Κασσάνδρα (Kassándra) ou Κασάνδρα (Kasándra), Κατάνδρα (Katándra) e muito raramente Κεσάνδρα (Kesándra) são variantes gráficas bem-atestadas. O micênico *kesadara*, todavia, mostra que a forma mais antiga é Κεο(ο)άνδρα (Kes(s)ándra).

É bem possível que o antropônimo provenha de um radical κασ- (kas-) que se encontraria no perfeito κέκασμαι (kékasmai) do verbo καίνυσθαι (kaínysthai), "brilhar" e de uma forma de ἀνήρ, ἀνδρός (anér, andrós), "homem", donde Cassandra seria "aquela que brilha entre os homens", *DELG*, p. 503; *DEMG*, p. 91.

Filha dos reis de Troia, Cassandra era gêmea de Heleno. Para comemorar tão feliz acontecimento, Príamo e Hécuba fizeram uma grande festa no templo de Apolo Timbreu, situado fora das muralhas da cidade. À tarde, quando retornaram a Ílion, esqueceram as crianças, que passaram a noite no santuário do deus. No dia seguinte, pela manhã, quando voltaram para procurá-las encontraram-nas dormindo, e duas serpentes, com o fito de purificá-las, lambiam-lhes sobretudo os ouvidos e as bocas. Assustados, os pais começaram a gritar e as serpentes rapidamente se esconderam nos loureiros sagrados lá existentes. A partir daquele momento os gêmeos troianos eram detentores do dom da mântica (v.) graças "à catarse" operada pelas serpentes.

Uma variante relata, no entanto, que Cassandra recebera diretamente de Apolo a inspiração profética, mas, apaixonado por ela, o deus exigiu que a filha de Príamo se entregasse a ele. A jovem concordou, mas, recebido o poder de profetizar, se recusou a cumprir a promessa. Apolo, furioso, cuspiu-lhe na boca: não podendo cassar-lhe a concessão divinatória, tirou-lhe a credibilidade. Semelhante gesto do deus fez de Cassandra uma personagem angustiada, que lutava inutilmente para que se confiasse em suas palavras. Tudo quanto anunciava era verídico, mas ninguém lhe dava crédito.

De qualquer forma, Cassandra era uma profetisa inspirada, como a Pítia ou a Sibila, detentoras do *êxtase* e do *entusiasmo* (v. Dioniso), enquanto Heleno previa o futuro através de sinais externos, como o voo das aves. Quer dizer: a primeira praticava a *mântica dinâmica* e o segundo, a *mântica por indução*. Ficaram célebres, mas inúteis as profecias da "Sibila de Troia", antes e durante a guerra sangrenta que destruiu a cidadela de Príamo. Anunciou que Páris (v.), que ainda não havia sido reconhecido como filho dos reis de Troia, arruinaria a cidade. Preso, estava para ser condenado à morte, quando ela reconheceu que o pastor do Monte Ida era filho legítimo dos reis de Ílion. Salvou-lhe a vida, mas somente após minuciosa investigação e reconstituição de fatos passados, uma vez que as palavras da adivinha jamais eram levadas a sério. Quando Páris retornou de Esparta, com Helena, novamente se fizeram ouvir suas terríveis previsões, mas ninguém lhes deu atenção. Opôs-se com todas as suas forças, coadjuvada, dessa feita, por Laocoonte, à entrada do cavalo de madeira na cidade, mas como sempre seus delírios proféticos caíram no vazio. Antecipou o que aconteceria às troianas aprisionadas pelos aqueus e o destino futuro dos descendentes de Eneias.

Ela própria, durante o saque de Troia, refugiou-se no templo de Atená. Foi, porém, arrastada de lá pelo sacrílego Ájax Oileu, que, ameaçado de lapidação, salvou-se exatamente buscando asilo junto ao altar da deusa que tanto ofendera. Terminada a guerra, Cassandra coube em partilha a Agamêmnon que por ela se apaixonou. Até então a profetisa permanecera virgem, embora Príamo a houvesse prometido em casamento a Otrioneu, o qual prometera ao rei libertar Troia do cerco dos helenos. Otrioneu, no entanto, que confiara em demasia em seu próprio valor, foi morto por Idomeneu. Com Agamêmnon a princesa troiana não teve escolha e deu-lhe dois filhos: Teledamo e Pélops.

Ao retornar a Micenas, em companhia de Cassandra, Agamêmnon foi assassinado por sua esposa Clitemnestra, e um dos motivos, segundo algumas versões, parece ter sido exatamente a filha de Príamo, cuja juventude e beleza despertaram os ciúmes da esposa do chefe supremo dos aqueus.

Também a pitonisa de Troia pereceu sob os golpes certeiros da machadinha assassina da rainha de Micenas.

Ésquilo na primeira tragédia (Agamêmnon) de sua gigantesca trilogia *Oréstia* descreve em estilo de gala o delírio profético de Cassandra. Da carruagem em que viera com o amante, antecipa para os espectadores não só a morte violenta de Agamêmnon, mas também vaticina seu próprio massacre às mãos da enfurecida Clitemnestra:

– Ai! Ai! Que fogo é este que avança sobre mim?
Ototoi! Ó Apolo Lício, ai de mim, ai de mim!
É ela a leoa de dois pés que dormia com o lobo
na ausência do nobre leão. Ela vai me matar.
Infeliz de mim! Na taça em que prepara o veneno
mistura igualmente meu salário à sua vingança.
Aguça o punhal contra o esposo e vangloria-se
de puni-lo por me ter trazido até aqui.
                                  (*Agam.* 1256-1263)

Cassandra, em versões da época tardia da cultura grega, foi igualmente chamada Ἀλεξάνδρα (Aleksándra), *Alexandra*, sobretudo por causa da tragédia homônima de Lícofron de Cálcis, na Eubeia (séc. III a.C.). Trata-se da narrativa de uma longa profecia feita por Cassandra exatamente no momento em que os romanos com sua "diplomacia bélica" começavam a intervir no mundo helenístico. O obscuro poeta de Cálcis imagina que Príamo, desgostoso e ao mesmo tempo assustado com as profecias da filha e temendo de outro lado os escárnios dos troianos, mandou escondê-la numa espécie de prisão domiciliar. Colocou junto dela, porém, um informante que lhe transmitia todos os vaticínios da vidente. Na tragédia de Lícofron, que, aliás, tem muito pouco de poesia, todas as predições de Cassandra são narradas por um escravo.

CASSÍFONE *(II, 20; III, 289)*.

Κασσιφόνη (Kassiphónē), *Cassifone*, não tem etimologia conhecida. Trata-se de uma irmã de Telégono, filho de Ulisses (v.) e de Circe. Depois que Telégono, sem o saber, matou o herói, Circe o ressuscitou, e Cassífone se casou com Telêmaco, seu irmão por parte de pai. Mas, com o assassinato de Circe por Telêmaco, Cassífone o matou igualmente, para vingar sua mãe.

Esta versão do mitologema é bem tardia, pois remonta a Lícofron (séc. III a.C.) e foi retomada na Idade Média pelo medíocre escritor grego da época bizantina, João Tzetzes (1120).

CASSIOPEIA *(III, 83).*

Κασσιόπη (Kassiópē) ou Κασσιέπεια (Kassiépeia), *Cassíope* ou Cassiopeia, é interpretado por Carnoy, *DEMG*, p. 91-92, como "a que possui bela voz" ou "um belo rosto". Tratar-se-ia de um composto do radical do verbo κασσίζειν (kassídzein), "ter o gosto ou o odor de canela" e de ὄψ, ὀπός (óps, opós), "voz, rosto, olhar" ou ainda do mesmo radical em composição com ἔπος (épos), "palavra, *voz*".

A genealogia de Cassiopeia é deveras complexa: ora está relacionada com a família síria de Agenor (v.) e neste caso ela seria esposa de Fênix e mãe de Fineu, ora aparece como filha de Árabo, filho de Hermes, o qual emprestara seu nome à Arábia. Por vezes seu marido não é Fênix, mas Épafo, com o qual teria gerado Líbia, a mãe de Agenor. Por fim, e é a tradição mais seguida, ela seria esposa de Cefeu, rei da Etiópia. Todas essas tradições genealógicas visam a fixar o mito de Cassiopeia nos países do extremo sul, Arábia, Etiópia, Fenícia ou sul do Egito.

A esposa de Cefeu e mãe de Andrômeda incidiu numa *hýbris* muito séria: pretendia ser mais bela que todas as nereidas ou que a própria deusa Hera. Aquelas, inconformadas e enciumadas com a presunção de Cassiopeia, solicitaram a Posídon que as vingasse de tão grave afronta. O deus do mar enviou contra o reino de Cefeu um monstro marinho que o devastava por inteiro. Consultado o Oráculo de Amon, este revelou que a Etiópia só se livraria de tão grande calamidade se Andrômeda fosse agrilhoada a um rochedo, à beira-mar, como vítima expiatória ao monstro, que a devoraria. Pressionado pelo povo, o rei consentiu em que a filha fosse exposta como Psiqué às núpcias da morte. Foi nesse momento que lá chegou Perseu. Vendo a jovem exposta, o herói como acontecera a Eros em relação a Psiqué, por ela se apaixonou e prometeu ao rei que a salvaria, caso este lhe desse a filha em casamento. Perseu de fato a libertou e, após vários incidentes (v. Perseu), a levou consigo para a Hélade.

Quanto a Cassiopeia, talvez por causa de sua beleza, foi transformada em constelação.

CASTÁLIA *(I, 260; II, 88).*

Κασταλία (Kastalía), *Castália*, pode originar-se do radical **kad*, por **kas*, que se encontra no perfeito κέκασμαι (kékasmai) do verbo καίνυσθαι (kaínysthai), "brilhar": Castália seria, pois, "a que brilha".

Castália era uma linda jovem de Delfos. Perseguida por Apolo e não o amando, lançou-se numa fonte, que recebeu seu nome e foi consagrada ao deus. Uma variante faz de Castália uma das filhas do Rio Aqueloo, a qual se casou com o rei de Delfos, de quem teve um filho, Castálio, que, com a morte do pai, reinou em Delfos.

CASTOR *(I, 85, 108, 112-113, 343; II, 23, 80, 90; III, 22, 44, 46, 58, 94, 170, 178, 330).*

Κάστωρ (Kástōr), *Castor*, já está, ao que parece, atestado como antropônimo em micênico. O nome do herói, filho de Zeus e de Leda, gerou o apelativo κάστωρ (kástōr), "castor", que designa o animal e uma substância resinosa segregada pelo mesmo, "o castóreo", utilizada como remédio nas afecções da placenta, o que faz de Castor um protetor das mulheres. *Kástōr* tem o sufixo do nome de agente -τωρ (-tōr) e o radical do perfeito κέκασμαι (kékasmai), do verbo καίνυσθαι (kaínysthai), "brilhar, assinalar-se, avantajar-se", significando Castor "o que se distingue".

Para o mito, veja-se o verbete Dioscuros.

CATREU *(I, 108; II, 61).*

Κατρεύς (Katreús), *Catreu*, designaria, segundo Chantraine, *DELG*, p. 505, um pássaro da Índia, uma variedade de faisão. A etimologia é desconhecida: trata-se, possivelmente, de um empréstimo. Carnoy, *DEMG*, p. 92, pergunta se o antropônimo não proviria de κατρός (katrós) que, em Hesíquio, significaria κακός (kakós), *infeliz*.

Catreu é um dos quatro filhos que Minos tivera com Pasífae e seu sucessor no trono de Creta. Catreu, por sua vez, foi pai igualmente de três filhas e de um filho: Apemósina, Aérope (v.), Clímene e Altêmenes. Advertido pelo Oráculo de Delfos de que seria assassinado por um dos filhos, Catreu guardou a sete chaves este segredo, mas o filho varão acabou por tomar conhecimento do mesmo. Temendo atitudes futuras do pai, Altêmenes fugiu de Creta com sua irmã Apemósina. Fixando-se em Rodes, fundou a cidade de Cretênia, nome derivado da sua terra natal, Creta.

Já envelhecido, Catreu, com vários de seus servidores, velejou para Rodes, com a intenção de entregar o reino da Ilha de Minos ao filho. Pensando tratar-se de piratas, os pastores locais avançaram sobre o rei e sua comitiva. Catreu tentou identificar-se, mas os latidos dos cães abafaram-lhe as palavras e acabou sendo lapidado. Já agonizante, foi transpassado pelo dardo de Altêmenes, que viera em socorro de seus pegureiros. Tomando conhecimento de que acabara de matar o próprio pai, o fundador de Cretênia pediu à mãe-terra que se abrisse para tragá-lo. Foi para celebrar os funerais de seu avô Catreu que Menelau se ausentou de Esparta, fato de que se aproveitou Páris para raptar Helena. Os arcádios afirmavam que Catreu não era filho de Minos, mas de Tegeates, e, portanto, neto do Rei Licáon.

CÁUCASO *(I, 45, 305; II, 115³⁹; III, 115, 181).*

Καύκασος (Kaúkasos), *Cáucaso*, ao que parece, segundo Carnoy, *DEMG*, p. 92, proviria da raiz **geug*, "corpo esférico, píncaro arredondado", como aparece no lituano *gaûgaras*, "píncaro de montanha".

Cáucaso foi um pastor assassinado por Crono. Em sua memória Zeus deu à cordilheira euroasiática, outrora chamada "Montanha de Bóreas", o nome de Cáucaso.

CÁUCON.

Καύκων (Kaúkōn), *Cáucon*, para Carnoy, *DEMG*, p. 92, era o epônimo da tribo pelásgica dos καύκωνες (kaúkōnes), Caucones, habitantes da Arcádia. Talvez o nome signifique "os montanheses".

Cáucon era um dos filhos de Licáon, rei da Arcádia. O herói emprestou seu nome aos Caucones, que habitavam o oeste do Peloponeso. Cáucon teve um desfecho trágico: por causa da impiedade de Licáon, foi fulminado por Zeus juntamente com o pai e demais irmãos.

CÁULON.

Καυλών (Kaulṓn), *Cáulon*, é vocábulo sem etimologia.

Filho da Amazona Clite, emigrou para a Itália Meridional em companhia de sua mãe e fundou a cidade de Caulônia nas vizinhanças de Locros.

CAUNO.

Καῦνος (Kaûnos), *Cauno*, segundo Carnoy, *DEMG*, p. 92, talvez provenha do pelásgico * gauno, "abóbada, cume arredondado". Irmão gêmeo de Bíblis, Cauno era filho de Mileto, epônimo da cidade homônima, e de Idoteia ou Ciânea. Fugindo da irmã, que o amava loucamente, emigrou para a Cária, onde fundou a cidade de Cauno. Ovídio faz desse amor alucinado uma longa descrição nas *Metamorfoses*, 9, 455-573. Uma variante atesta, ao contrário, que a fuga do jovem se deveu a uma paixão cega pela irmã. Neste caso, Cauno teria se exilado na Lícia, onde se casara com a ninfa Prônoe, que lhe deu um filho chamado Egíalo, que fundou, em memória do pai, a cidade de Cauno.

CÉCROPS *(I, 62, 326; II, 29-30, 41; III, 28, 35, 53-54, 85).*

Κέκροψ (Kékrops), *Cécrops*, é um composto de κέρκος (kérkos), "cauda" e de -ὄψ (-óps), "aspecto", donde "o que possui uma cauda com aspecto de serpente". Trata-se, ao que tudo indica, de uma etimologia popular, embora Kretschmer, *Glotta*, 4, 1913, 309, tente explicar o antropônimo através de uma metátese da primeira sílaba de *Κέρκοψ (*Kérkops). Talvez se trate de um empréstimo, *DELG*, p. 511.

Cécrops foi o primeiro rei mítico da Ática e o fundador de Atenas. Nasceu do próprio solo da Ática, que passou, desde então, a chamar-se Cecrópia em substituição ao antigo nome de Acte. O herói possuía uma natureza dupla: da cintura para cima era um homem, e a parte inferior assemelhava-se a uma serpente, mostrando, desse modo, que o fundador de Atenas nascera da própria terra. Casou-se com Aglauro, filha de Acteu, considerado igualmente como o primeiro rei da Ática. Desse enlace nasceu um filho, Erisícton, e três filhas, Aglauro (v.), Herse e Pândroso. Foi durante o seu governo que os deuses decidiram escolher uma ou várias cidades onde seriam particularmente honrados. Acontecia, frequentemente, no entanto, que duas ou três divindades escolhiam a mesma cidade, o que provocava sérios conflitos, que eram submetidos à arbitragem de seus pares ou ao juízo de simples mortais. Nesses julgamentos Posídon quase sempre teve suas pretensões vencidas, como aconteceu com Atená pela disputa de Atenas. Numa demonstração de força, o deus foi logo se apossando da capital da Cecrópia e fez brotar da terra, com um golpe de tridente, um *mar*, outros dizem que foi um cavalo. Atená, meio assustada, tendo convocado Cécrops, tomou-o por testemunha de sua ação: plantou simplesmente um pé de *oliveira*, símbolo da paz e da fecundidade.

A magna querela foi arbitrada, segundo uns, por Cécrops e Crânao, também rei de Atenas, segundo outros pelos deuses. Tendo o monarca-serpente afirmado que a deusa de olhos garços plantara primeiro o pé de *oliveira*, foi-lhe dada a vitória e a proteção de Atenas. Irritado, o deus inundou a planície de Elêusis, fertilíssima em oliveiras.

No decurso do reinado de Cécrops, príncipe criativo e pacífico, é que a civilização surgiu na Ática. Ensinou aos homens a construir cidades e a enterrar os mortos. Atribui-se também a ele a invenção da escrita e do censo.

A listagem mítica dos reis da cidade de Palas Atená faz menção de um segundo Cécrops, filho de Erecteu (v.).

CEDÁLION.

Κηδαλίων (Kēdalíōn), *Cedálion*, possivelmente se origina do verbo κήδειν (kḗdein), "cuidar de, preocupar-se com", donde o significado do antropônimo: "aquele que se preocupa e ajuda a outrem".

Tão logo nasceu Hefesto, em Lemnos, Hera o entregou aos cuidados de Cedálion, que lhe transmitiu a arte de lidar com as forjas e trabalhar os metais. Ajudou também o gigante Orion (v.), cegado por Enópion, a recuperar a visão. O gigante o colocou sobre os ombros e pediu que lhe voltasse o rosto para o sol nascente, o que bastou para que ficasse imediatamente curado.

CEFÁLION.

Κεφαλίων (Kephalíōn), *Cefálion*, é certamente uma variante de Κεφάλων (Kephálōn), formado à base do diminutivo κεφάλιον (kephálion) "cabecinha". Talvez o hiporístico se explique pelo fato de Cefálion haver "decapitado" dois companheiros de Jasão.

Cefálion, com efeito, era um pastor líbio, filho de Anfítemis e de uma ninfa do Lago Tritônis, que decapitou dois argonautas, Eribotes e Canto, por tentarem roubar-lhe uma parte do rebanho.

CÉFALO *(I, 159; III, 26, 61, 150, 289).*

Κέφαλος (Képhalos), *Céfalo*, provém de κεφαλή (kephalḗ), cujo sentido inicial era de "crânio", veja-se o latim *testa*, passando depois ao de "cabeça". O antigo e médio alemão possuem *gebal egebel*, "crânio", o tocariano, *spal*, "cabeça", *DELG*, p. 522.

Talvez por ter sido pai de Faetonte, em uma das versões do mito, Céfalo poderia ter sido imaginado como "uma cabeça volumosa no meio das estrelas".

Pelo fato de o mito apresentar muitas variantes, a genealogia de Céfalo é extremamente complexa. A tradição mais seguida é a de que o herói é filho de Dêion, donde um descendente de Deucalião, através de Éolo. Sua mãe Diomeda é filha de Xuto e de Creúsa, que têm em suas veias igualmente sangue do grande sobrevivente do dilúvio. Outras versões, todavia, fazem dele um príncipe ateniense, filho de Herse (v. Cécrops) e de Hermes. Enfim, o herói seria filho de Pandíon, rei de Atenas. Sua segunda esposa teria sido Prócris, filha do rei ateniense Erecteu, porque, antes de se unir a ela, fora raptado por Eos, a Aurora, que o levou para a Síria, onde nasceu Faetonte. Tendo-a abandonado, Céfalo regressou a Atenas e se casou com Prócris, que o presenteou com um cão, a quem Zeus outorgara o dom de agarrar na caça a todo e qualquer animal. Foi este galgo famoso que ajudou Anfitrião a capturar a raposa do Monte Teumesso, na Beócia. Apesar de se amarem muito, o ciúme acabou por transformar em tragédia uma grande paixão. Primeiro foi Céfalo, que, desconfiado da esposa, simulou uma viagem e, disfarçado, se apresentou a ela, prometendo-lhe presentes riquíssimos caso se entregasse a ele. Prócris resistiu a princípio, mas, tentada pelas joias, cedeu. O marido então se identificou. Envergonhada e irritada com a atitude do herói, a jovem esposa fugiu para as montanhas. Cheio de remorsos, Céfalo vasculhou todos os montes da Beócia até encontrá-la e, admitindo cada qual seus erros, se reconciliaram. A paz, no entanto, não durou muito. Dadas as ausências constantes do caçador, Prócris passou a vigiá-lo, julgando que o esposo certamente se apaixonara por alguma oréada, vale dizer, por uma ninfa das montanhas. Tendo interrogado habilmente um dos servidores do marido, o escravo respondeu que seu senhor após a caça sempre invocava uma misteriosa "Brisa". Certa da traição, Prócris seguiu-o, escondendo-se atrás de uma moita fechada. Tendo ouvido ruídos, o caçador arremessou seu dardo, que jamais errava o alvo. Mortalmente ferida, Prócris afinal compreendeu, antes de morrer, que a "Brisa" invocada era apenas o vento. Condenado pelo Areópago, Céfalo foi exilado para Tebas. Foi na capital da Beócia que conheceu Anfitrião (v.) e o seguiu na guerra contra Ptérela, rei dos táfios. Sua atuação na luta foi tão brilhante, que se deu à Ilha de Tafos o nome de Cefalênia. Permanecendo na ilha, o herói desposou Lisipe e foi pai dos quatro heróis epônimos das tribos cefalênias. Desejando mais um filho varão, consultou o Oráculo de Delfos. Este lhe respondeu que se unisse à primeira fêmea que encontrasse. De retorno à Cefalênia, deparou com uma ursa. Em obediência a Pítia, uniu-se a ela, mas o animal repentinamente se transformou numa linda mulher, que se tornou mãe de Arcísio, pai de Laerte e, portanto, avô de Ulisses.

CEFEU *(III, 83, 121, 178).*

Κηφεύς (Kēpheús), *Cefeu*, provém certamente de κηφήν (kēphḗn), literalmente "abelha macho, zangão" e, em sentido figurado, "o que explora o trabalho alheio".

Há dois heróis com este nome. O primeiro era rei de Tégea, na Arcádia. Filho de Áleo, participou com seu irmão Anfídamas da expedição dos Argonautas.

Segundo a versão mais seguida, era pai de vinte filhos. Quando Héracles (v.) resolveu vingar a injustiça perpetrada contra Icário e Tíndaro pelo Rei Hipocoonte e seus vinte filhos, os hipocoôntidas, que se apossaram da Lacedemônia, convidou Cefeu para a empresa. O rei de Tégea, embora desejasse fazer justiça a Icário e Tíndaro e punir os hipocoôntidas pela morte covarde de Eono, sobrinho de Héracles, temeu pela segurança de seu próprio reino. Receava que, em sua ausência, os argivos lhe invadissem as terras. O herói o tranquilizou, emprestando-lhe um vaso de bronze em cujo interior estava uma mecha de cabeleira de Medusa. Era um presente que lhe fizera Atená. Bastaria que Estérope, filha de Cefeu, agitasse a mecha três vezes por sobre as muralhas, à aproximação dos inimigos, para pô-los em fuga. A condição única, para que o sortilégio tivesse efeito positivo, era a filha do rei não olhar para trás. Ainda que um pouco hesitante, Cefeu acompanhou o filho de Alcmena e ao irmão deste, Íficles, na luta contra os usurpadores e assassinos hipocoôntidas. Foi grande e definitiva a vitória de Héracles e seus aliados, mas pereceram na refrega Íficles e Cefeu com todos os filhos.

Uma versão mais tardia afiança que Cefeu era filho não de Áleo, mas de Licurgo, e que o rei de Tégea participara da caça de Cálidon.

O segundo herói com o nome de Cefeu, por sinal bem mais conhecido no mito, era o rei da Etiópia. De seu casamento com a vaidosa Cassiopeia (v.) nasceu Andrômeda (v.), que, por culpa da *hýbris* materna, fora exposta a um monstro, mas salva por Perseu (v.), com quem se casou. Morto Cefeu sem deixar filho homem, o trono da Etiópia foi ocupado por Perses, filho de Perseu e Andrômeda.

CÊIX *(I, 101; III, 124).*

Κήυξ (Kéÿks), *Cêix*, deve ser uma onomatopeia como καύαξ (kaúaks) para designar uma espécie de "gaivota ou andorinha do mar", sendo mesmo possível aproximá-lo de nomes de aves diversas, como o latim *cauannus*, "mocho", *DELG*, p. 505.

Existem dois heróis com este nome. O mais importante é um sobrinho de Anfitrião e portanto primo de Héracles. Cêixera rei de Tráquis e foi em sua corte que o herói encontrou asilo, após assassinar, sem o querer, ao jovem Êunomo. Após a morte de Héracles, seus filhos, perseguidos por Euristeu, refugiaram-se igualmente na corte de Tráquis. A filha de Cêix, Temistônoe era casada com o assaltante sanguinário Cicno, morto pelo filho de Alcmena, cabendo ao rei de Tráquis prestar-lhe as últimas honras fúnebres. As tradições mais seguidas fazem de Cêix pai de dois filhos: Hípaso, que acompanhou Héracles na expedição contra Ecália, perecendo na luta, e Hilas (v.) companheiro e favorito do herói na expedição dos Argonautas.

Um segundo Cêix, filho de Heósforo, esposo de Alcíone (v.), tornou-se um pássaro.

CÉLBIDAS.

Κελβίδας (Kelbídas), *Célbidas*, segundo a hipótese de Carnoy, *DEMG*, p. 93, seria um patronímico de *Kélbis* por *Kélmis* com a variante *Skélmis* e designaria o que trabalha "o ferro e nele foi transformado", o que postularia o verbo σκέλλειν (skéllein), "tornar seco, duro". Célbidas era um cidadão de Cumas, na Itália Meridional, que emigrou para a Grécia, onde fundou a cidade de Triteia na Acaia. Segundo outra versão, esta cidade teria sido erguida por Melanipo, filho de Ares e de Triteia, sacerdotisa de Atená.

CELENO *(I, 155, 236; II, 19).*

Κελαινώ (Kelainṓ), *Celeno*, provém de κελαινός (kelainós), "negro, sombrio". Em micênico *kerano* designa um boi "trigueiro". O "sombrio e o manchado de sangue" no caso de Celeno prende-se ao fato de a mesma designar igualmente uma das Harpias (v.).

Existem três personagens com este nome: uma filha de Dânao (v.), a qual gerou com Posídon o herói Celeno; a filha de Atlas e de Plêione, uma das Plêiades. Também esta heroína se uniu a Posídon e foi mãe de Lico, Eurípilo e Tritão. A terceira é o nome de uma das Harpias.

CÉLEO *(I, 285, 291; III, 54).*

Κελεός (Keleós), *Céleo*, é o próprio substantivo κελεός (keleós), "picanço, pica-pau", da raiz *kel-*, "ferir", uma vez que o rei de Elêusis foi metamorfoseado nesse pássaro, como explicamos em *Mitologia Grega*, Vol. III, p. 54-55.

Há dois antropônimos com este nome. O mais célebre é o filho de Elêusis, herói epônimo do centro sagrado que lhe herdou o nome.

Céleo foi o primeiro rei de Elêusis. Casou-se com Metanira e dela teve vários filhos, dentre os quais Demofonte (v.) e Triptólemo (v.).

Foi durante o reinado de Céleo em Elêusis que Deméter (v.) teve sua filha Core ou Perséfone raptada por Hades ou Plutão, segundo se expôs exaustivamente em *Mitologia Grega*, Vol. I, p. 283sqq. Durante nove dias e nove noites a deusa percorreu a terra inteira com um archote aceso em cada uma das mãos, até que chegou, sob o disfarce de uma velha, junto a uma fonte, em Elêusis. As filhas dos reis locais conduziram-na ao palácio, onde foi admitida como ama do recém-nascido Demofonte. Após a fracassada tentativa de imortalizar o menino, a deusa revelou sua natureza divina, mas, antes de regressar ao Olimpo, ensinou a Céleo todos os segredos de seu culto e ajudou a construir o próprio templo. Algumas tradições mais tardias fazem do esposo de Metanira não o rei de Elêusis, mas um simples camponês da região.

Céleo é também o nome de um cretense que, em companhia de três amigos, chamados Laio, Cérbero e Ególio, ousou penetrar na gruta sagrada do Monte Ida, onde nascera Zeus, para roubar mel. O acesso a esse local era vedado até mesmo aos imortais. Anualmente, no aniversário do deus, brotavam chamas da caverna, que iluminavam todo o Monte Ida. Para se protegerem das abelhas, que forneceram o mel com que se alimentou o menino divino, os ladrões cobriam-se com placas de bronze. Ao chegarem, porém, junto ao berço do pai dos deuses e dos homens, estas caíram sozinhas. Zeus fez ouvir o ribombar dos trovões e estava pronto para fulminá-los, sendo, todavia, impedido pela Moira e por Têmis, porque local tão sagrado não podia ser poluído pela morte. Não podendo eliminá-los, o filho de Reia os transformou em pássaros, que eram aliás de bom augúrio, por terem saído da gruta sagrada. Céleo foi metamorfoseado em gralha, Laio, em tordo; Ególio, em coruja e Cérbero numa ave não identificada.

CELEUTOR.

Κελεύτωρ (Keleútōr), *Celeutor*, é um derivado do verbo κελεύειν (keleúein), "dirigir, comandar", donde o antropônimo significar "aquele que comanda", *DELG*, p. 512-513.

Celeutor é um dos filhos de Ágrio. Com a ajuda de seus irmãos Onquesto, Melanipo, Prótoo e Tersites destronou a Eneu, rei de Cálidon, e entregou-lhe o trono ao pai. Diomedes, todavia, neto de Eneu, e grande herói da *Ilíada*, recuperou o reino, matando os usurpadores, exceto a Onquesto e Tersites, que, no momento, não se encontravam em Cálidon. Diga-se, a título de orientação, que este verbete está completamente trancado no excelente *Dicionário de Mitologia Grega e Romana* de Pierre Grimal, p. 84.

CÉLMIS.

Κέλμις (Kélmis), *Célmis*, com sua variante Σκέλμις (Skélmis), estaria relacionado, segundo Carnoy, com o verbo σκέλλειν (skéllein) "secar, tornar seco, duro", *DEMG*, p. 93.

Célmis é uma personagem divina que figura no cortejo de Zeus-menino, enquanto este permaneceu na Ilha de Creta. Embora fiel a Zeus, Célmis ofendeu Reia e foi transformada pelo deus num bloco de diamante ou de ferro.

CELTO.

Κελτός (Keltós), *Celto*, é um antropônimo que para Carnoy, *DEMG*, p. 84, significaria "grande, elevado", e coteja com o latim *celsus*, "alto, elevado".

Celto, herói epônimo dos celtas, é filho de Héracles e de Celtina, filha do rei da Grã-Bretanha. Conta-se que Héracles, no retorno do seu décimo trabalho, a busca do rebanho de Gerião, passou pelo reino do pai de Celtina. Esta, apaixonada pelo herói, escondeu-lhe uma parte das reses e condicionou a devolução das mesmas a uma noite de amor. O filho de Alcmena aceitou de bom grado a proposta, já que a jovem era de grande beleza. Dessa união nasceu Celto. Uma variante, porém, faz do herói epônimo dos celtas um filho de Héracles e da Plêiade Estérope.

CENEU *(I, 175)*.

O antropônimo Καινεύς (Kaineús), *Ceneu*, provém do adj. καινός (kainós), "novo, recentemente inventado, inesperado", diferente de νέος (néos), jovem, como atesta o sânscrito *kanīnam*, "das moças", de que se fez o nom. sing, *kanyā*, "moça" e o adj. *kanīna*, "jovem", *DELG*, p. 479sqq. Ceneu era filho do lápita Élato (v. Quirão). Transformado em mulher com o nome de *Cênis*, foi amada por Posídon, a quem suplicou que a transformasse num homem invulnerável. O deus atendeu-lhe o pedido e foi sob essa nova forma que Ceneu lutou contra os Centauros. Estes, não conseguindo eliminá-lo, sepultaram-no vivo sob um monte de pedras ou de troncos de abeto. Após a morte, o lápida invulnerável voltou a ser mulher ou foi transformado numa ave de penas brilhantes, o flamingo. Narra uma variante que Cênis, após ser transformada num guerreiro invulnerável, ficou tão orgulhoso, que fincava sua lança em praça pública, rendia-lhe um culto e obrigava a todos que por ali passassem a tributar-lhe honras divinas. Zeus, irritado com tamanha *hýbris*, lançou contra ele os Centauros, que o mataram sob um monte de pedras, como se mostrou na primeira versão do mito. Acrescente-se, todavia, que a iniciação guerreira implica real ou aparentemente mudança de sexo, como aconteceu com Aquiles, Héracles e Ceneu. A *lança* é um atributo militar tanto quanto o *cetro* é a insígnia real da justiça e da paz, existindo entre ambos uma diferença acentuada de valor e de nível. A lança há que submeter-se ao cetro. Quando isto não acontece, quando essa hierarquia é quebrada, a lança confunde-se com a *hýbris*, com o descomedimento e a violência.

CENTAUROS *(I, 175[129], 241, 282; II, 90; III, 26-27, 51, 117-118, 123, 128, 169[140])*.

Κένταυροι (Kéntauroi), *Centauros*, é um termo de etimologia ignorada. Segundo Chantraine, *DELG*, p. 514sqq., a tentativa de G. Dumézil de aproximar *Kéntauroi* do sânscrito *Gandharvá-*, deve ser abandonada apesar da insistência de Carnoy, *DEMG*, p. 94. Como os Centauros são *nubigenae*, "filhos da nuvem" (v. Ixíon), tentou-se decompor a palavra em κεντ- (kent-) do verbo κεντεῖν (kenteîn), "picar, furar, ferir" e αὖρα (aúra), "ar", o que se constitui numa etimologia meramente hipotética. O ingrato Ixíon (v.) tentou violentar a deusa Hera. Zeus, para puni-lhe o sacrilégio, confeccionou um *eídolon* da esposa sob forma de nuvem, que, imediatamente, o rei dos lápitas envolveu em seus braços. Dessa estranha *coniunctio*, consoante Píndaro, *Píticas*, 2, 44sqq., nasceu um monstro, o *Centauro*. Este, na versão do condor de Tebas, unindo-se a éguas da Magnésia, nos sopés do Monte Pélion, deu origem aos Centauros. Segundo outras fontes, talvez mais antigas, todos os centauros, exceto Folo e Quirão (v.), eram filhos de Ixíon e do *eídolon* de Hera. Concebidos como seres monstruosos, selvagens e bestiais, tinham o busto de homem e, por vezes, braços e pernas humanas, mas do busto para baixo eram cavalos perfeitos. Na época clássica eram representados com quatro patas equinas e dois braços humanos. Violentos, sanguinários e luxuriosos, habitavam montanhas e florestas, alimentando-se com carne crua. Os filhos de Ixíon participam de vários mitos, mais dois dentre eles nos parecem significativos. Quando das núpcias de Hipodamia com Pirítoo (v.), este convidou seus meios-irmãos, os Centauros, desde que se adotem as variantes segundo as quais Pirítoo era tido igualmente como filho de Dia e Ixíon e este último como pai dos Centauros. Presentes às núpcias e excitados pelo vinho, a que não estavam habituados, tentaram raptar e violentar Hipodamia. A pronta reação dos lápitas, comandados por Pirítoo, que contou com o auxílio de Teseu, desencadeou uma grande carnificina. Vencidos, os Centauros fugiram apressadamente da Tessália. O segundo mitologema prende-se a um dos Doze Trabalhos de Héracles, a caçada ao Javali de Erimanto. Quando o herói se dirigia para a Arcádia, passou pela região de Fóloe, onde vivia o pacífico Centauro Folo, filho de Sileno (v.) com uma ninfa Melíade (v. Ninfa). Dioniso o presenteara com uma jarra de vinho hermeticamente fechada, recomendando-lhe que não a abrisse enquanto Héracles não lhe viesse pedir hospitalidade. Segundo uma variante, o vinho era propriedade de todos os Centauros. De qualquer forma, acolheu hospitaleiramente ao filho de Alcmena, mas, tendo este, após a refeição, pedido vinho, Folo se excusou, argumentando que o único vinho que possuía só poderia ser consumido em comum pelos filhos de Ixíon. Héracles lhe replicou que não tivesse medo de abrir a jarra e o hospedeiro, lembrando-se da recomendação de Baco, o atendeu. Os Centauros, sentindo o odor do vinho, armados de pedras enormes e troncos de árvores, avançaram como loucos contra Folo e seu hóspede ilustre. Na refrega, Héracles matou dez dentre os monstros e perseguiu os demais até o Cabo Mália, onde o Centauro Élato, tendo-se refugiado junto a Quirão, foi ferido por uma flecha envenenada de Héracles, que, sem o desejar, atingiu igualmente o grande educador dos heróis, provocando-lhe uma ferida incurável (v. Quirão). Quando se ocupava em sepultar os Centauros mortos, Folo, ao retirar uma flecha do corpo de um deles, deixou-a cair no próprio pé e, mortalmente ferido, sucumbiu logo depois. Após fazer-lhe magníficos funerais, o herói prosseguiu em direção ao Monte Erimanto.

Um ou outro Centauro aparece ainda isoladamente no mito, mas sempre com a mesma atitude: raptar ou violentar noivas e mulheres alheias... Assim é que, convidado para o banquete de núpcias de Hipólita ou Mnesímaca, filha de Dexâmeno, rei de Óleno, na Acaia, em cujo palácio Héracles estava hospedado, Eurítion tentou estuprá-la. Conta-se que o rei dera a filha em casamento ao arcádio Azane e o Centauro, aproveitando-se da ausência momentânea do filho de Alcmena, investiu sobre os noivos com o fito de violentar-lhe a esposa. Héracles chegou a tempo e o matou a flechadas. Na realidade, os Centauros sobreviventes do massacre de Fóloe jamais perdoaram a Héracles e sempre buscaram uma oportunidade para vingar-se. Quando o herói, em companhia de sua esposa Dejanira e do filho Hilo, ainda muito novinho, procurou asilo em Tráquis (v. Héracles), algo de grave aconteceu. Na travessia do Rio Eveno teve como barqueiro, certamente por uma fatalidade, o Centauro Nesso, lascivo e descomedido, aliás como todos os Centauros. Primeiramente o violento Caronte do Rio Eveno conduziu o herói para a outra margem e, em seguida, voltou para buscar Dejanira. No meio do trajeto, aproveitou-se para desagravar o morticínio de seus irmãos e tudo fez para violar a esposa do filho de Alcmena. O herói esperou tranquilamente que o Centauro alcançasse a terra firme e varou-lhe o coração com uma de suas flechas envenenadas com o sangue da Hidra de Lerna. Nesso tombou e, já expirando, entregou a Dejanira sua túnica, manchada com o seu sangue envenenado pela flecha e com o esperma que ejaculara quando da tentativa de violação. Explicou-lhe que a túnica seria para ela um precioso talismã, um filtro poderoso, com a força e a virtude de restituir-lhe o esposo, caso este, algum dia, tentasse abandoná-la. A túnica de Nesso será a causa da morte do grande herói do Peloponeso. Também os Centauros Hileu e Reco foram mortos pela fiel servidora de Ártemis, Atalante (v.) por terem tentado deflorá-la. O mito nos fala ainda das *Centauras*, esposas dos Centauros, as quais viviam com eles nas montanhas. Consoante J. Chevalier e Alain Gheerbrant, *DIS*, p. 188sq., os Centauros simbolizam, em grau superlativo, a concupiscência, que pode rebaixar o ser humano ao nível mais animalesco, quando não controlada pela força do espírito. Projeção nítida da dupla natureza humana, uma bestial, outra divina, os Centauros traduzem os incontroláveis instintos selvagens, transformando-se em imagens do inconsciente, que se apodera da pessoa, entregando-a aos impulsos e eliminando toda e qualquer luta interior.

CEOS *(I, 154, 157, 196, 198, 203, 317; II, 19, 57).*

Κοῖος (Koîos), *Ceos*, é igualmente um antropônimo sem etimologia definida. A hipótese de Carnoy, *DEMG*, p. 99, fazendo-o derivar de *κοιϝος (*koiwos), "oco, côncavo", eventualmente variante de κοῖλος (koîlos), com o mesmo sentido, não é segura.

Ceos é um gigante da família dos Titãs, filho de Úrano e Geia. Unindo-se à sua própria irmã Febe, foi pai de Astéria e de Leto, mãe de Apolo e Ártemis.

CERAMBO.

Κέραμβος (Kérambos), *Cerambo*, talvez com mudança de sufixo se relacione com κέραμβυξ (kérambyks), "espécie de escaravelho dotado de um longo chifre", cuja origem é o radical de κέρας (kéras), "chifre", *DEMG*, p. 95.

Cerambo era um pastor de Ótris, na Tessália. Quando o dilúvio, à época de Deucalião, começou a afogar a terra inteira, Cerambo fugiu para as montanhas, para escapar do aguaceiro. As ninfas, como relata Ovídio, *Met.* 7, 353-356, deram-lhe asas e transformaram-no num escaravelho chamado Κέραμβυξ (Kérambyks), Cerâmbix.

CÉRAMO.

Κέραμος (Kéramos), "argila, terra de oleiro, objeto fabricado em terracota, é, em grego, um termo técnico, ainda sem etimologia definida. Herói ático, filho de Dioniso e Ariadne, é considerado o inventor da arte de fabricar objetos em terracota, o oleiro, o ceramista por excelência. Deu seu nome ao Cerâmico, subúrbio e cemitério de Atenas, onde se sepultavam os que tombaram pela pátria.

CÉRANO.

Κοίρανος (Koíranos), *Cérano*, é "o comandante, o chefe, o rei na paz e na guerra", como está na *Odisseia*, XVIII, 106. Frisk, *GEW*, s.u. aproxima o vocábulo do norueguês *herjann*, epíteto de Odin, o que não permitiria uma derivação do indo-europeu. Chantraine, *DELG*, p. 553, prefere fazê-lo provir do indo-europeu *koryo-* "exército, tropa", bem atestado no gótico *harjis*, "exército"; lituano *kãrias*, com o mesmo sentido; irlandês *cuire*, "tropa". Diga-se, de passagem, que o sufixo de *Koíranos* como o do norueguês *herjann* indica soberania, como no latim *dominus*, senhor.

Cérano é o nome de três heróis. O principal deles é um milésio, protagonista de um relato mítico muito curioso. Certa feita, vendo um delfim nas mãos de um pescador, libertou-o à força e o devolveu às águas do mar. Mais tarde, tendo naufragado, foi o único passageiro salvo por uma verdadeira multidão de delfins. Ao morrer, quando o esquife passou à beira-mar, os mesmos cetáceos, em bando, participaram das lamentações fúnebres.

O segundo Cérano é o neto do célebre adivinho Melampo (v. Clito).

O terceiro se celebrizou por ter sido o condutor do carro de Mérion, morto por Heitor na Guerra de Troia.

CÉRBERO *(I, 155, 242-243, 312, 316, 318; II, 21, 218, 243; III, 24, 98, 112-113, 123, 130, 170, 210).*

Κέρβερος (Kérberos), *Cérbero*, segundo Chantraine, *DELG*, p. 519, apesar de várias hipóteses formuladas, não possui etimologia segura. A aproximação com o sânscrito *karbará-, śárvara-* "pintado, marchetado" tem sido posta em dúvida. O caráter monstruoso do animal e o fato de aparecer a partir de Hesíodo levam a pensar num empréstimo oriental.

Filho de Équidna e de Tifão, tinha por irmãos a outros monstros como a Hidra de Lerna, o Leão de Nemeia e Ortro, o cão de Gerião.

Cérbero é o cão do Hades, um dos monstros que guardava o império dos mortos e lhe interditava a entrada dos vivos, mas, acima de tudo, se entrassem, impedia-lhes a saída. Segundo Hesíodo, o espantoso animal possuía cinquenta cabeças e voz de bronze. A imagem clássica, porém, o apresenta como dotado de três cabeças, cauda de dragão, pescoço e dorso eriçados de serpentes. Um dos trabalhos impostos por Euristeu a Héracles foi o de ir ao Hades e de lá trazer o monstro. Após iniciar-se nos Mistérios de Elêusis, o herói desceu à outra vida. Plutão permitiu-lhe cumprir a tarefa, desde que dominasse Cérbero sem usar de armas. Numa luta corpo a corpo o filho de Alcmena o venceu e o trouxe meio sufocado até o palácio de Euristeu, que, apavorado, ordenou a Héracles que o levasse de volta ao Hades.

O cão do Hades representa o *terror da morte*, simboliza o próprio Hades e o *inferno interior de cada um*. É de se observar que Héracles o levou de vencida, usando apenas a força de seus braços e que Orfeu, "por uma ação espiritual", com os sons irresistíveis de sua lira mágica o adormeceu por instantes. Estes dois índices militam em favor da interpretação dos neoplatônicos que viam em Cérbero o próprio gênio do demônio interior, o espírito do mal. O guardião dos mortos só pode ser dominado *sobre a terra*, quer dizer, por uma violenta mudança de nível e pelas forças pessoais de natureza espiritual. Para vencê-lo, cada um só pode contar consigo mesmo.

CÉRCAFO.

Κέρκαφος (Kérkaphos), *Cércafo*, representaria, segundo Carnoy, *DEMG*, p. 95, o pelasgo *gerg-ap*, "água sinuosa" e seria, por isso mesmo, pai do Rio Meandro, o sinuoso por excelência. Talvez se pudesse cotejá-lo com Γαργα-φία (Gargaphía), Gargáfia, fonte existente no Monte Citerão.

Cércafo era um dos helíadas, isto é, um dos sete filhos de Hélio e de Rode, filha do deus das águas Posídon e de Anfitrite. Casou-se com Cidipe, filha de seu irmão Óquimo, ao qual sucedeu no trono da Ilha de Rodes. Foi pai de três filhos, Iáliso, Lindos e Camiro, que dividiram a ilha entre si e fundaram três cidades, às quais deram seus nomes.

CÉRCION *(I, 325; III, 156).*

Κερκυών (Kerkyṓn), *Cércion*, possivelmente se origina de κέρκος (kérkos), cujo sentido inicial é "vara, bordão" e depois "cauda", *DEMG*, p. 95.

Cércion é um herói de Elêusis, filho de Posídon ou de Hefesto e de uma filha de Anfíction (v.) ou ainda de Brancos e da ninfa Árgio. Escondia-se na rota entre Mégara e Elêusis e obrigava os transeuntes a lutarem com ele, eliminando-os facilmente. Em seu roteiro de Trezena para Atenas, Teseu se defrontou com o gigante e a luta foi inevitável. Levantando o monstro homicida no ar, o herói da Ática lançou-o violentamente ao solo, esmagando-o.

Dizem alguns mitógrafos que a meio caminho entre Mégara e Elêusis havia um local denominado "palestra de Cércion", onde o filho de Posídon atacava e matava suas vítimas.

O mito fala de um segundo Cércion, filho de Agamedes (v.).

CERCIRA OU CORCIRA *(III, 184-185).*

Κέρκυρα (Kérkȳra), *Cercira*, ou Κόρκυρα (Kórkȳra), *Corcira*, talvez esteja relacionado com formas ilíricas Κέρκυρ (Kérkyr) e Κέρκυρες (Kérkyres) e significaria "a ilha dos carvalhos", latim *quercus*, "carvalho" *DELG*, p. 520.

Carnoy, *DEMG*, p. 95, prefere fazê-lo provir de κέρκος (kérkos), "cauda" e pergunta se a Ilha de Corcira possuía uma forma de cauda ou o vocábulo significaria "ilha sinuosa"?

A hipótese de Chantraine é mais clara e lógica. Cercira ou Corcira era uma das filhas do Rio Asopo com a arcádia Metope. Raptada pelo deus Posídon, uniu-se a ele na Ilha de Corcira. Desses amores nasceu Feax, epônimo dos feaces.

Corcira recebeu mais tarde o nome de Corfu.

CERCOPES *(III, 125-126).*

Κέρκωπες (Kérkōpes), *Cercopes*, é um composto de κέρκος (kérkos), "cauda" e de ὤψ (óps), "aspecto", cujo plural é ὦπες (ôpes), isto é, "os que se apresentam com uma cauda, os que possuem uma cauda".

Os Cercopes, filhos de Teia, uma das filhas de Oceano, eram dois irmãos, chamados ora Euríbates e Frinondas, ora Silo e Tribalo, mas sempre foram mais conhecidos como Cercopes, "homens-macacos", por causa de suas momices e de sua metamorfose, como se verá.

Trata-se de dois facínoras, que empestavam a Lídia. De uma altura e de uma força descomunais, assaltavam os viajantes e impiedosamente os matavam. Teia, aliás, que lhes apoiava o banditismo, mais de uma vez os pôs de sobreaviso contra um certo herói chamado Μελαμπῦγος (Melampŷgos), *Melampígio*, isto é, de "nádegas escuras", quer dizer, com as nádegas cobertas de pelos negros, que, para os gregos, era um sinal de força e destreza. Um dia em que Héracles, que, à época, servia à Rainha Ônfale, na Lídia, dormia à beira do caminho, os Cercopes tentaram acometê-lo. O herói, porém, despertou e, após dominá-los, amarrou-os de pés e mãos, prendendo cada um deles na ponta de um longo varal. Colocou o pesado fardo sobre os ombros, como se fazia com os animais que se levavam ao mercado, e se encaminhou para o palácio de Ônfale. Foi nessa posição que os Cercopes, vendo as nádegas cabeludas do herói, compreenderam a profecia de sua mãe e pensaram num meio de libertar-se. Descarregaram sobre Héracles uma saraivada de chistes e graçolas tão picantes, que o filho de Alcmena, coisa que há muito não experimentava, foi tomado de um incrível bom humor e resolveu soltá-los, sob a promessa de não mais assaltarem e matarem os transeuntes.

O juramento, entretanto, não durou muito e os dois bandidos voltaram à sua vida de pilhagem e assassinatos. Irritado, Zeus os transformou em macacos e levou-os para duas ilhas que fecham a Baía de Nápoles, Próscia e Ísquia. Seus descendentes aí permaneceram e, por isso, na Antiguidade, essas ilhas eram denominadas Πιθηκοῦσσαι (Pithēkûssai), *Pitecusas*, isto é, ilhas dos macacos.

CERÉBIA.

Κηρεβία (Kērebía), *Cerébia*, segundo Carnoy, *DEMG*, p. 95, seria o gênio feminino do Rio Κηρεύς (Kēreús), Cereu, na Eubeia.

O antropônimo teria origem no pelasgo *ger-wo* e significaria a "ruidosa". O cotejo com o grego γῆρυς (guếrys), "voz, clamor" parece fora de propósito.

Cerébia era mãe de Díctis e Polidectes, que viviam na Ilha de Sérifo, e cujo papel no mito de Perseu (v.) é muito significativo. Os irmãos, um rei, o outro, humilde pescador, eram filhos de Posídon ou ainda de Magnes, conforme uma variante.

CERESSA.

Κερόεσσα (Keróessa), *Ceressa*, é a forma feminina do adjetivo κερόεις, -όεσ -οα, -όεν (keróeis, -óessa, -óen), "que possui cornos, cornífero", cuja base é o substantivo κέρας (kéras), "chifre", latim *cornu*, alemão *Horn*, com o mesmo sentido.

Ceressa é filha de Zeus e de Io, "a cornífera"; nasceu perto de Bizâncio, junto à Cornucópia, daí seu nome. Uniu-se a Posídon e deu-lhe um filho, Bizas (v.), fundador e primeiro rei de Bizâncio. Seu segundo filho, Estrombo, fez guerra contra o irmão e os bizantinos.

CÉRIX.

Κῆρυξ (Kḗrȳks) é um antropônimo, cujo significado é o mesmo do substantivo comum κῆρυξ (kḗryks), "arauto, o que convoca as assembleias e faz proclamações". Já está representado no dativo micênico *karuke*, "ao arauto". O sânscrito tem *kārú*, "cantor, poeta", forma que corresponde exatamente ao grego kḗrȳks, eólio *káryks*.

Cérix, o arauto, é filho de Eumolpo, de Elêusis, ou de Hermes e Aglauro.

Morto Eumolpo, assumiu o cargo de zelar pelo culto de Deméter. Dele procedem "os arautos", os *Cerices* ou *Querices*, que participam do ritual dos Mistérios de Elêusis, conforme se mostrou em *Mitologia Grega*, Vol. I, p. 297sqq.

CETES.

Κέτης (Kétēs), *Cetes*, não tem etimologia até o momento. Trata-se de um rei do Egito, que possuía a faculdade de metamorfosear-se em seres humanos, animais, vegetais e até em elementos, como o fogo, a água, o ar. O conhecimento "da ciência da respiração", dizia-se, foi a origem de seu poder mágico.

CETO *(I 155-156, 229, 233-234, 237; II, 21).*

Κῆτος (Kêtos), *Ceto*, "monstro marinho" que é preciso não confundir com Κητώ (Kētṓ), *Ceto*, "deusa marinha", como o faz o seguro Pierre Grimal, *DIMG*, p. 87.

Ceto é "um monstro marinho", baleia, crocodilo, hipopótamo. É filha de Pontos, o mar, e de Geia, a terra, e tem por irmãos as divindades marinhas Nereu, Fórcis, Taumas e Euríbia. Unindo-se a Fórcis, seu irmão, foi mãe de monstros maiores, como as Greias, as Górgonas e do dragão Ládon, que guardava os pomos de ouro do Jardim das Hespérides e certamente a estas últimas também. Ceto designa igualmente a constelação da Baleia.

Diga-se, de passagem, que o latim *cetus* é mera transliteração do grego κῆτος (kêtos), "ceto" e, através de seus derivados, as formas vernáculas "cetáceo, cetodonte, cetogênio, cetografia, cetologia, cetina".

CÍANE.

Κυάνη (Kyánē), *Cíane*, provém certamente de κύανος (kýanos), "azul, azul-escuro", cuja relação etimológica com o hitita *kuwanna* parece clara. Trata-se, segundo Chantraine, *DELG*, p. 593-594, de um empréstimo. De qualquer forma, o vocábulo deve provir da bacia do Mediterrâneo.

Cíane é assim chamada, consoante o filólogo Carnoy, *DEMG*, p. 103, por causa das ondas azuis que cercam as Ilhas Lipari.

Há três personagens com este nome. A primeira é uma filha de Líparo, antiquíssimo rei dos ausônios, os ancestrais dos italianos. Banido da Ausônia (Itália), Líparo foi residir nas Ilhas Lipari, que receberam seu nome. Quando Éolo chegou a seu reino, Líparo deu-lhe Cíana em casamento e dividiu com ele o poder.

A segunda era uma ninfa de Siracusa, que ousou opor-se ao rapto de Core por Plutão. O deus, furioso, transformou-a numa fonte de cor azul-escuro, semelhante ao mar.

A terceira é uma jovem também de Siracusa que foi violentada pelo pai, que estava bêbado. Cianipo esperava não ser reconhecido por Cíane, porque a violara durante a noite. Na luta que travou, porém, em defesa de sua honra, conseguiu tomar um anel do pai e, ao amanhecer, descobriu o autor do atentado. Como uma grande peste começasse a devastar Siracusa, consultou-se o Oráculo. Este respondeu que o flagelo só teria fim quando fosse oferecida, como expiação, uma vítima humana, um ser que havia cometido incesto. Cianipo e Cíane se mataram: o primeiro pelo crime monstruoso praticado e por exigência do Oráculo; a segunda por humilhação e vergonha.

CIANIPO

Κυάνιππος (Kyánippos), *Cianipo*, é um composto de κύανος (kýanos), "Azul" (v. Cíane) e de ἵππος (híppos), "cavalo", donde "o que possui cavalos de cor azul-escuro".

Existem dois heróis com este nome. O primeiro é filho de Egialeu, e, portanto, neto de Adrasto. Reinou na Argólida, então dividida em três estados. Uma variante relata ser ele filho do próprio Adrasto. Foi educado por Diomedes e Euríale. Participou da Guerra de Troia, e figura entre os heróis que estavam no bojo do cavalo de madeira. Morreu sem deixar descendentes.

O segundo é um tessálio, filho de Fárax. Casou-se, por amor, com uma nobre, chamada Lêucone, que era de grande beleza.

Apaixonado pela caça, Cianipo saía todas as manhãs e só regressava à tardinha, mas tão extenuado, que ia imediatamente dormir.

Carente de amor e de afeto, desconfiada também do marido, Lêucone resolveu segui-lo secretamente, para saber o que se passava nas florestas. Estava escondida numa moita, quando foi descoberta pelos ferozes cães de caça, que a fizeram em pedaços. Desesperado, Cianipo ergueu uma fogueira, matou todos os cães e os queimou juntamente com o que sobrou da esposa. Em seguida suicidou-se.

CIBELE *(I, 45, 58-59, 201, 348; II, 37, 77-78; III, 40, 180).*

O empréstimo grego Κυβέλη (Kybélē), *Cibele*, na opinião de Carnoy, *DEMG*, p. 103, proviria de seu homônimo κυβέλη (kybélē) que significaria *gruta*, uma vez que a deusa, na Frígia, era cultuada nas montanhas e grutas. Chantraine, *DELG*, p. 594, sem tocar em etimologia, afirma apenas que *Cibele* é uma deusa provinda da Anatólia e que existe uma segunda forma, Κυβήβη (Kybḗbē), que faz lembrar a deusa oriental *Kubaba*, com a qual Cibele acabou por confundir-se sob muitos aspectos.

Acrescente-se que, por ser breve a vogal da penúltima sílaba de Κυβέλη (Kybélē), em português deveríamos ter uma palavra proparoxítona, *Cíbele*, mas o uso, que é a norma e a bitola da liguagem, como diz Horácio (*Ars Poet.*, 71-72), já consagrou a forma paroxítona *Cibele*.

Esta deusa, muitas vezes cognominada Mãe dos deuses, é, na realidade, uma Grande Mãe oriental, cujo domínio é a natureza inteira, de que ela personifica a força da vegetação.

Senhora das montanhas e das grutas da Ásia Menor, seu culto se expandiu por todo mundo grego a partir do século VI a.C., e pelo Império Romano, como se mostrará mais abaixo.

Otto Von Eissfeldt *et al.*, numa coletânea preciosa, intitulada *Éléments Orientaux dans la Religion Grecque Ancienne*, Paris, PUF, 1960, particularmente nos caps. VII e VIII, p. 95-128, nos apresentam dois alentados estudos acerca de *Kubaba e Cibele*.

Em síntese, a respeito de *Cibele*, poder-se-ia dizer o seguinte: se em Creta a hipóstase da Grande mãe é

Reia; se esta na Grécia, com o sincretismo creto-micênico, perdeu quase por completo aquele predicado, por ter-se convertido em "atriz de um drama mitológico", casando-se com o titã Crono e salvando a seu filho caçula Zeus; e se a *Geia* de Hesíodo é, em última análise, a *Terra cosmogônica*, enquanto *Deméter* é a *Terra cultivada*, onde estaria a Grande Mãe helênica? Estaria num *arquétipo*, acima de nomes, de hipóstases e de sincretismos, mas para cuja composição muito concorreu a Grande Mãe antólia *Cibele*, que acabou por suplantar a Reia. Mas certamente por influência de Deméter, a deusa veneranda, que fazia germinar os *grãos de trigo* nos Mistérios de Elêusis, a grande deusa oriental da vegetação teve pouca influência no mito grego, exceto quando conjugada ao mito de Agdístis (v.) e Átis (v.), aparecendo este último como seu amante ou companheiro. É bem possível que a personalidade de Cibele, neste caso, esteja camuflada pelo mito do hermafrodito Agdístis, amante de Átis, após a emasculação deste último.

Se na Hélade, todavia, a Grande Mãe da Anatólia não teve a projeção que era de se esperar, seu triunfo se consolidou no Ocidente com o culto que lhe prestou no mundo romano.

Foi durante a segunda Guerra Púnica que, por um decreto do Senado, Roma mandou buscar, entre 205-204 a.C., em Pessinunte, cidade da Frígia, a *pedra negra* que simbolizava a deusa, construindo-lhe um templo no Palatino. Seu culto orgiástico sobreviveu até uma época tardia no Império Romano.

Identificada com a Lua, seus sacerdotes, chamados Coribantes (v.) Curetes (v.) ou Galos (v.) e muitos de seus adoradores, durante os solenes festejos da *Magna Mater* ou *Bona Mater*, Grande Mãe ou Boa Mãe, como era chamada em Roma, se emasculavam e cobriam-se de indumentária feminina, passando a servir à deusa-lua Cibele.

Iconograficamente a deusa é representada com a cabeça coroada de torres, de uma estrela de sete pontas ou de um crescente lunar e seu carro era puxado por leões.

De um ponto de vista simbólico, segundo Jean Chevalier e A. Gheerbrant, *DIS*, p. 330, Cibele configura *a energia latente no seio da terra*: ela é a fonte primordial e ctônia de toda fecundidade. Seu carro, arrastado por leões, denota que ela governa, comanda e dirige as forças vitais. Sua cabeça coroada traduz seu poder sobre os ciclos da evolução biológica e terrestre.

CICLOPES *(I, 116, 129, 154, 158, 186, 195-196, 200, 204-206, 275, 311, 332, 334; II, 46, 63, 87, 130; III, 54, 57[47], 74, 289, 290[221], 304[234], 313).*

Κύκλωψ (Kýklōps), *Ciclope*, é um composto de κύκλος (kýklos) "círculo, o que é redondo" e de ὄψ (óps), acus. ὦπα (ôpa), "olho", donde "o que tem um grande olho redondo", *DELG*, p. 597-598.

A palavra, que é expressiva, nos chegou através do acusativo latino Cyclōpe(m) > Ciclope. O latim, aliás, com intermediário etrusco, cunhou o empréstimo *Cocles*, sobrenome do lendário Horácio, que, sozinho, defendeu a ponte do Rio Tibre, resistindo ao exército de Porsena.

Os poetas e mitógrafos distinguem três espécies de Ciclopes: os *Urânios*, filhos de Úrano e Geia; os *Sicilianos*, companheiros do gigantesco e antropófago Polifemo (v.) como aparece na *Odisseia*, IX, 106-542 e os *Construtores*.

Os primeiros, *Brontes*, *Estérope* ou *Astérope* e *Arges*, cujos nomes lembram respectivamente o *trovão*, o *relâmpago* e o *raio*, são os urânios. Encadeados pelo pai, foram, a pedido de Geia, libertados por Crono (v.), mas por pouco tempo. Temendo-os, o mutilador de Úrano lançou-os novamente no Tártaro, até que, advertido por um Oráculo de Geia de que não poderia vencer os Titãs sem o concurso dos Ciclopes, Zeus os libertou definitivamente. Estes, agradecidos, deram-lhe o trovão, o relâmpago e o raio.

A Hades ou Plutão ofereceram um capacete, que o tornava invisível, e a Posídon, o tridente. Armas tão poderosas foram definitivas na grande vitória de Zeus sobre os Titãs. A partir de então tornaram-se os artífices dos raios de Zeus.

Como o médico Asclépio, filho de Apolo, fizesse tais progressos em sua arte, que chegou mesmo a ressuscitar vários mortos, Zeus, temendo que a ordem do mundo fosse transtornada e que o Hades se empobrecesse por falta de novas almas, fulminou-o para grande regozijo de Plutão.

Não podendo vingar-se do pai dos deuses e dos homens, Apolo matou os Ciclopes a flechadas, os quais, nesta versão do mito, aparecem como seres mortais e não como deuses.

O segundo grupo de Ciclopes, impropriamente denominados Sicilianos, tendem a confundir-se com aqueles de que fala Homero na *Odisseia*, na passagem supracitada. Estes eram selvagens, de altura desmedida e antropófagos. Viviam perto de Nápoles, nos denominados campos de Flegra. Moravam em cavernas e os únicos bens que possuíam eram rebanhos. Dentre esses monstros "mais altos que os píncaros das árvores que se divisam ao longe", como diz Homero, destaca-se Polifemo, imortalizado pelo bardo de Quios, no canto supracitado da *Odisseia*, retomado, na época clássica (séc. V a.C.), pelo drama satírico de Eurípides, o *Ciclope*. O único no gênero, aliás, que chegou completo até nós e de que nos ocupamos em longa introdução e tradução, publicada juntamente com duas comédias de Aristófanes, sob o título de *Teatro grego. Eurípides-Aristófanes*, Rio de Janeiro, Espaço e Tempo, 1988. Virgílio (séc. I a.C.), ressuscitou meio palidamente a Polifemo na monumental *Eneida*, 3, 613-680.

Na poesia da época alexandrina (fins do séc. IV-I a.C.), os Ciclopes homéricos transmutaram-se em demônios subalternos, ferreiros e artífices de todas as armas dos deuses, de raios a flechas, mas sempre sob a direção de Hefesto, o deus das forjas por excelência. Habitavam a Sicília, onde possuíam uma oficina subterrânea, por vezes localizada nas entranhas do Etna. De antropófagos, transformaram-se na erudita poesia alexandrina em frágeis seres humanos, mordidos por Eros.

No Idílio VI de Teócrito, Polifemo extravasa sua paixão incontida pela branca Galateia. O rude Gigante Adamastor camoneano, perdido de amores por Tétis, é uma volta às raízes...

A terceira leva de Ciclopes proviria da Lícia. A eles era atribuída a construção de grandes monumentos da época pré-histórica, formados por gigantescos blocos de pedra, cujo transporte desafiava as forças humanas. Ciclopes pacíficos colocaram-se a serviço de grandes heróis, como Preto, na fortificação de Tirinto e Perseu, no soerguimento da inexpugnável fortaleza de Micenas.

CICNO (II, 40-41; III, 39, 114, 204).

Κύκνος (Kýknos), *Cicno*, é um nome comum, elevado à categoria de antropônimo. *Kýknos*, transliterado em latim *cycnus*, "cisne", significa "claro, branco", como aparece no sânscrito *śócati*, "ele brilha", *śukrá*, "claro, luminoso, branco", *DELG*, p. 598.

Cicno é nome de cinco heróis. O primeiro é filho de Posídon e de Cálice. Apesar de estar ligado miticamente ao ciclo troiano, só aparece em poemas posteriores a Homero. Tomou parte nos jogos fúnebres em memória de Páris, considerado morto. Declarada a Guerra de Troia, veio em socorro de Príamo com uma frota e tudo fez para impedir o desembarque dos aqueus, até que se defrontou com Aquiles.

De origem divina, Cicno era invulnerável. Para vencê-lo, o pelida começou a bater-lhe no rosto com o punho da espada e repeli-lo com violentos golpes de escudo. O filho de Cálice foi-se afastando até que, pisando numa pedra, caiu. Aquiles, então, tentou sufocá-lo, mas Posídon interveio e transformou-o em cisne.

O segundo é também filho do mesmo deus. Reinava em Colonas, cidade vizinha de Troia, bem em frente da ilha então denominada Lêucofris, que mais tarde recebeu o nome de Tênedos. Sua mãe, Escamandródice, o expôs, recém-nascido, à beira-mar, mas um cisne cuidou da criança. Casou-se, anos depois, com Procleia, filha de Laomedonte. Foi pai de um casal, Tenes e Hemítea. Falecida a primeira esposa, uniu-se a Filônome, filha de Trágaso. Esta última se apaixonou pelo enteado e, como Tenes a repelisse, Filônome acusou-o falsamente de tentar violentá-la. O rei acreditou na calúnia e, prendendo o casal de filhos num cofre, mandou jogá-los no mar.

Tenes e Hemítea chegaram sãos e salvos à Ilha de Lêucofris, que passsou a chamar-se Tênedos. A calúnia de Filônome teve o respaldo do flautista Eumolpo, que prestou falso testemunho contra o jovem inocente. Mais tarde, sabedor da verdade, mandou enterrar viva a esposa e lapidar Eumolpo. Cicno dirigiu-se apressadamente à Ilha de Tênedos e tentou reconciliar-se com Tenes, mas este, irredutível, cortou as amarras que prendiam o barco paterno à praia e fê-lo regressar a Colonas.

A partir de então todos os flautistas foram banidos de Tênedos.

Versões outras recolhidas pelo escritor grego do período bizantino do século XII, Tzetzes, relatam que Cicno se reconciliou com o filho e viveu na Ilha de Tênedos, onde foi morto por Aquiles. Este segundo Cicno nunca se separou muito no mito do primeiro, o que certamente ensejou a variante narrada pelo medíocre escritor bizantino supracitado.

O mais célebre Cicno é o filho de Ares e Pelopia, filha de Pélias. Violento e sanguinário, matava sobretudo os peregrinos que se dirigiam ao Oráculo de Delfos. Após assassiná-los, oferecia-lhes os despojos a seu pai Ares, provocando com isto a ira de Apolo, que incitou contra o bandido o grande Héracles. Em rápido combate singular o herói o liquidou, mas teve que defrontar-se com o próprio deus da guerra, que pretendia vingar o filho. Atená, porém, desviou-lhe o dardo mortal e o herói, então, o feriu na coxa, obrigando Ares a fugir para o Olimpo.

Apolodoro fala de um outro Cicno, filho igualmente de Ares, que foi morto em Itono pelo filho de Alcmena, mas nada acrescenta a respeito da intervenção dos dois deuses no combate.

Uma variante devida aos poetas Estesícoro e Píndaro tenta harmonizar as duas tradições. Numa primeira tentativa de matar Cicno, Héracles recuou por causa da presença de Ares ao lado do filho. Mais tarde, tendo encontrado o assassino sozinho, o matou, mas nada se diz do ferimento na coxa do deus provocado pelo herói.

Um quarto Cicno é um herói da Ligúria, na Península Itálica. Amigo de Faetonte, fulminado por Zeus, chorou-lhe tanto a morte trágica, que foi metamorfoseado em cisne. Apolo concedeu-lhe uma voz melodiosa, o que explica o canto do cisne ao morrer.

O derradeiro Cicno é filho de Apolo e de Tíria. Residia entre as cidades de Plêuron e Cálidon, na Etólia. Muito bonito, mas volúvel e cruel com seus namorados e amigos, afastava a todos. Apenas Fílio persistiu na tentativa de conquistar o efebo da Etólia. Para testar-lhe a constância, Cicno submeteu-o a uma série de provas, cada qual mais difícil e perigosa que a outra. Ajudado por Héracles, executou a todas. O caprichoso Cicno, todavia, sempre imaginava outras. Cansado, Fílio abandonou publicamente o amante. Envergonhado e desprezado por todos, o jovem, em companhia da mãe, se lançou num lago e pereceram ambos. Apolo, compadecido, transformou mãe e filho em cisnes.

CÍCONES *(I, 129; III, 302, 302²³¹).*

Κίκονες (Kíkones), *Cícones*, provém de κῖκυς, -ύος (kîkys, -ýos), "força, energia", donde "os dotados de grande força, os violentos", *DELG*, p. 531.

Os Cícones eram uma tribo da Trácia que surgem na *Ilíada*, XVII, 73 como aliados de Príamo. São chefiados por Mentes, que, na realidade, nenhum papel importante desempenha na guerra. A presença marcante dos Cícones encontra-se na *Odisseia*, 39-66. É que, partindo de Troia, os ventos levaram Ulisses à terra dos Cícones, onde o herói e sua tripulação saquearam a cidade de Ísmaro, passando a fio de espada toda a população. Somente pouparam a um sacerdote de Apolo, Marão, que, além de muitos presentes, deu ao rei de Ítaca doze ânforas de um vinho delicioso, doce e forte. Com este precioso licor de Baco será embriagado o monstruoso Ciclope Polifemo. Após o saque da cidade, o herói pediu a seus companheiros que se retirassem rapidamente, mas estes não lhe deram ouvido. Num contra-ataque rápido, os Cícones, vindos das vizinhanças, investiram contra os aqueus, que perderam seis homens de cada uma das naus. Ulisses manobrou com perícia e conseguiu evitar um desastre mais sério, fugindo com seus nautas para novas aventuras.

Os belicosos Cícones tinham por herói epônimo a Κίκων (Kíkōn), *Cícon*, filho de Apolo e de Ródope. Consoante o mito, foi entre eles que Orfeu se iniciou nos mistérios de Apolo e foi igualmente, mais tarde, despedaçado por suas mulheres, "as Mênades da Trácia".

CICREU.

Κυκρεύς (Kykreús), *Cicreu*, segundo Carnoy, *DEMG*, p. 103, o antropônimo deve estar relacionado com κύχραμος (kýkhramos), "ave pernalta da água, ou codorniz". A base seria o indo-europeu **ghugh*- "esconder-se".

Filho de Posídon e de Sálamis, filha do Rio Asopo, Cicreu matou uma gigantesca serpente, que assolava a Ilha de Salamina. Em sinal de gratidão foi proclamado rei.

Há uma variante relatada por Hesíodo num fragmento conservado por Estrabão, que apresenta o mito de forma bem diversa. A serpente monstruosa teria sido criada pelo próprio Cicreu, mas Euríloco, após tenaz perseguição, afugentou-a da ilha. O réptil conseguiu refugiar-se em Elêusis, junto ao altar de Deméter, que fez dela uma de suas servidoras.

Em Salamina rendia-se um culto a Cicreu e na grande batalha entra gregos e persas junto à mesma ilha, em 480 a.C., apareceu uma enorme serpente entre os navios helênicos. O Oráculo de Delfos revelou que se tratava de uma encarnação do próprio herói que vinha ajudar os helenos e predizer-lhes a vitória.

Cicreu era pai de Cáriclo, que foi mãe de Endeis e sogra de Éaco.

Tendo morrido sem deixar descendentes masculinos, o reino de Salamina foi entregue a seu bisneto Télamon. Segundo outra versão do mito, a filha de Cicreu chamava-se Glauce. Foi esposa de Acteu e mãe de Télamon, que, de qualquer forma, é neto de Cicreu.

CIDNO.

Κύδνος (Kýdnos), *Cidno*, talvez seja idêntico a κυδνός (kydnós), "força mágica, cheio de força e de altivez", cuja base é κῦδος (kŷdos) "força mágica, força que brilha", *DELG*, p. 595-596.

Filho da ninfa Anquíale, é neto de Jápeto. Deu nome a um rio homônimo da Sicília. Um de seus filhos, Patêrnio, emprestou seu nome a uma cidade de Tarso, Partênia, localizada junto a esse rio. Um mito da Sicília narrava os amores de Cidno, metade homem metade rio, com a jovem Cometo, que acabou por desposá-lo.

CÍDON.

Κύδων (Kýdōn), *Cídon*, talvez provenha de κυδώνια (kidóna), que é um neutro plural e significa "marmelos". Do empréstimo latino *cydōneum* e *cotoneum*, provêm deste último o italiano *cotogno*, o francês *coing*, donde o inglês *quince*, alemão antigo *guiten*, *DELG*, p. 596.

Filho de Hermes e de Acacális, Cídon é o herói epônimo da cidade cretense de Cidônia. Os habitantes de Tégea, na Arcádia, sempre defenderam que Cídon era filho de seu herói epônimo Tegeates. Em vez de Hermes, em algumas versões, o pai do herói é Apolo.

1 – CILA *(I, 130, 282; III, 284, 309, 311, 311²⁴⁴, 312, 328).*

Σκύλλα (Skýllā), *Cila*, sem dúvida, pertence à mesma família etimológica que σκύλαξ (skýlaks), "cão novo, cãozinho". Σκύλλα (Skýlla), jônico Σκύλλη (Skýllē), Cila, é "a cadela". Trata-se, consoante Chantraine, *DELG*, p. 1.023, de termos expressivos, mas que podem ser cotejados com o lituano *skalikas*, "cão de caça" e, embora com sentido diverso, com o armênio *çul*, gen. *çlu*, "garrote, novilho".

Há duas heroínas diferentes com este nome e, ainda que os mitógrafos por vezes as confundam, a tradição sempre as separou.

A primeira é um monstro marinho, que ladeava com Caribdes (v.) o Estreito de Messina. Era uma mulher monstruosa de seis cabeças, com três fileiras de dentes cada uma, doze pés e com seis cães medonhos em torno da cintura. Habitava uma caverna tenebrosa sob um altíssimo rochedo e devorava a quantos lhe passassem ao alcance. Quando a nau de Ulisses, a conselho de Circe, passou junto à gruta, onde se emboscava "a cadela", os cães se precipitaram e estraçalharam seis nautas aqueus: Estésio, Ormênio, Ânquimo, Anfínomo, Órnito e Sinopo.

Homero, em sete versos, retrata a catástrofe:

Enquanto olhávamos para Caribdes, temerosos da morte,
Cila arrancou-me seis companheiros da côncava nave,
os mais notáveis em força e no braço. Quando voltei a cabeça para a célere nau e para os companheiros, percebi
então os pés e os braços dos que tinham sido levantados no ar,
os quais, na angústia de seu coração, pela última vez gritavam meu nome (Odiss., XII, 244-250).

Na *Odisseia*, XII, 124, Cila é filha da deusa Crateis e do deus marinho Fórcis. Tradições outras dão-lhe por pais Forbas e Hécate ou ainda Tifão e Équidna ou Lâmia.

Pela belíssima Cila se apaixonou o feio Glauco. Como não fosse correspondido, solicitou a Circe, que por ele estava apaixonada, um filtro de amor. A maga aproveitou a oportunidade para se vingar da rival: atirou ervas mágicas na fonte em que se banhava a jovem e esta foi transformada no monstro acima descrito. Duas variantes apresentam a metamorfose da filha de Crateis de maneira um pouco diversa.

Dizia-se que Posídon se apaixonara por Cila e que Anfitrite, cheia de ciúmes, pediu à mesma Circe que a convertesse numa mulher horrenda e devoradora ou que a punição se deveu a Posídon que lhe castigara o amor por Glauco.

A morte de Cila é atribuída a Héracles, que a punira por lhe ter esta devorado várias reses, quando o herói passou pelo Estreito de Messina (v. Caribdes). Fórcis, todavia, com auxílio de tochas ardentes e de operações mágicas, restituiu-lhe a vida.

A segunda heroína com o nome de Cila era filha de Niso, rei de Mégara.

Quando o Rei Minos, para vingar a morte de seu filho Androgeu, invadiu a Ática e Mégara, Cila se apaixonou perdidamente pelo soberano de Creta. Para demonstrar-lhe toda a loucura de seu amor, prometeu trair o próprio pai, desde que o senhor do labirinto a desposasse. É que Niso era invencível, porque possuía um poderoso talismã: um fio de cabelo de ouro ou púrpura que lhe caía sobre a fronte. O rei de Creta aceitou a proposta e, cortado o fio mágico, Niso foi facilmente batido e Mégara saqueada. Minos, no entanto, refletindo depois sobre o horror da traição de uma filha ao próprio pai, amarrou-a à popa de seu navio e fê-la perecer afogada. Os deuses, porém, compadecidos de Cila, transformaram-na em garça.

2 – CILA.

Κίλλα (Kílla), *Cila*, que, por força da simplificação ortográfica, se tornou homógrafa das duas heroínas anteriores, nenhuma relação mítica possui com as mesmas.

Etimologicamente, o antropônimo prende-se a κιλλός (killós), "cinzento, grisalho, russo", donde Cila poderá significar talvez "a de tez verde-escuro", *DELG*, p. 531; *DEMG*, p. 96.

Cila era uma troiana, irmã de Príamo e, portanto, filha de Laomedonte. Casada com Timetes, foi mãe de Munipo, precisamente na ocasião em que Hécuba estava grávida de Páris. Tendo esta última sonhado que daria à luz um archote, que incendiaria Troia, Príamo astutamente interpretou a seu modo a mensagem divina e mandou matar a irmã e o recém-nascido Munipo. Timetes (v.) jamais perdoou ao cunhado e foi um dos primeiros a introduzir em Ílion o fatal cavalo de madeira.

Em outras versões, Cila é irmã de Hécuba e Munipo seria filho de Príamo.

CILABRAS.

Κυλάβρας (Kylábras), *Cilabras*, é palavra sem etimologia até o momento.

Cilabras era um pastor da Lícia, que vendeu, em troca de peixes salgados, um terreno a Lácio, que nele construiu a cidade de Fasélis. Os habitantes desta ergueram um santuário a Cilabras e ofereciam-lhe peixes salgados.

CILACEU.

Σκυλακεύς (Skilakeús), *Cilaceu*, é um termo poético por σκύλαξ (skýlaks), "cãozinho", v. 1-Cila.

Cilaceu é um lídio que lutou ao lado de Glauco contra os aqueus na Guerra de Troia. Embora ferido pelo valente Ájax da Lócrida, foi o único dos lídios a regressar com vida à pátria. Assediado pelas esposas que lhe pediram notícias de seus maridos, Cilaceu lhes revelou a verdade: todos haviam perecido. Inconformadas e iradas contra o sobrevivente, mataram-no a pedradas, não muito distante do local em que ficava o santuário de Belerofonte.

Mais tarde, por ordem de Apolo, Cilaceu tornou-se merecedor de honras divinas.

CÍLARO.

Κύλλαρος (Kýllaros), *Cílaro*, provém de κυλλός (kyllós), "encarquilhado, recurvado, coxo"; é nome também de um crustáceo, segundo Aristóteles, *H.A.*, 530a. Talvez a raiz seja o indo-europeu *(s)qel, "curvar, encarquilhar", sânscrito *kuṇi*, "paralisado de um braço", *kundá* "panela, pote, bilha".

Cílaro era um jovem centauro de rara beleza. Por ele se apaixonou a centaura Hilônome e os dois começaram a viver um grande amor, mas que durou pouco. Quando da luta entre Centauros e lápitas, por ocasião do casamento de Pirítoo, Cílaro foi morto. Não podendo viver sem ele, Hilônome se suicidou.

CILAS.

Κίλλας (Kíllas), *Cilas*, prende-se como 2-Cila, a κιλλός (killós) "cinzento, grisalho, russo", podendo o antropônimo significar o de "tez verde-escuro", *DELG*, p. 531.

Cilas era o condutor do carro de Pelos. Reinava sobre uma parte da Tróada, perto da cidade de Cila à qual deu seu nome. Pereceu afogado, quando, em companhia de Pélops, partira da Lícia para o Peloponeso, onde Pélops deveria disputar uma corrida de carro com Enômao pela mão de Hipodamia.

CILENE *(I, 290; II, 191-192, 196-197, 206)*.

Κιλλήνη (Kyllḗnē), *Cilene*. Consoante Carnoy, *DEMG*, p. 104, o antropônimo talvez se origina de κυλλός (kyllós) "encarquilhado, recurvado" ou γυλλός (guyllós), "pedra sagrada" e, neste caso, estaria relacionado com o sânscrito *gola* "grande corpo esférico".

Cilene é uma ninfa da Arcádia, esposa ou mãe de Licáon. Na segunda hipótese a ninfa se casara com Pelasgo, epônimo dos pelasgos. Foi ela quem deu nome ao Monte Cilene, onde teria nascido Hermes. Uma variante atesta que Cilene ajudou a criar o deus psicopompo.

CÍLIX *(II, 34^5; III, 235)*.

Κίλιξ (Kíliks), *Cílix*, é antropônimo mítico sem etimologia definida. O plural κίλικες (kílikes), designa os "cilícios", isto é, "os habitantes ou originários da Cilícia". Diga-se, de passagem, que em grego tardio κιλίκιον (kilíkion), fonte do latim *cilicium*, designa um pano grosseiro de pele de cabra, vestido de pele de cabra, "cicílio", penitência.

No português antigo temos *celiço*, sendo, pois, *cilício* uma forma culta.

Épafo, filho de Io e de Zeus, tinha uma filha, Líbia, que emprestou seu nome à região vizinha do Egito. Unida a Posídon, foi mãe dos gêmeos Agenor e Belo. Este reinou no Egito, e Agenor em Tiro ou Sídon. Tendo-se casado com Telefassa, Agenor teve uma filha, Europa, e três filhos, cujos nomes variam muito, mas a lista, possivelmente mais canônica, aponta Fênix, Cílix e Cadmo.

Com o rapto de Europa (v.) por Zeus, Agenor ordenou aos três filhos que a procurassem por todo o mundo conhecido e que só regressassem após tê-la encontrado. Os três príncipes partiram, mas decorrido algum tempo, percebendo que sua tarefa era inútil, e como não pudessem regressar à corte paterna, começaram a fundar colônias, onde se estabeleceram. Cílix permaneceu na Cilícia, à qual deu seu nome.

Outras variantes fazem de Cílix um filho de Cassiopeia e Fênix, figurando este na genealogia anterior como seu irmão. O fundador da Cilícia teria sido, além do mais, pai de Taso e de Tebe.

Numa aliança com Sarpédon (v.) Cílix marchou contra seus vizinhos, os lícios, e, após retumbante vitória, concedeu a Sarpédon uma parte da Lícia.

CIMÉRIOS *(I, 130, 228; III, 308-309)*.

Κιμμέριοι (Kimmérioi), *Cimérios*, significariam "os que habitam nas trevas", segundo as glosas de Hesíquio, κάμμερος (kámmeros): ἀχλύς (akhlús), isto é, "treva, obscuridade", as quais poderiam refletir o hitita *kammara-*, com o mesmo sentido. É possível que o termo grego seja um empréstimo a uma língua da Ásia Menor, *DELG*, p. 531.

Os cimérios habitavam miticamente os confins do Oceano, num sítio onde jamais aparecia a luz do sol, conforme relata Homero, na *Odisseia*, XI, 14-16:

*Ali está a terra e a cidade dos Cimérios,
coberta pela bruma e pelas nuvens:
jamais recebem um único raio do sol brilhante.*

Até lá chegou Ulisses para evocar os *eídola* dos mortos e interrogar o adivinho Tirésias.

Existem mitógrafos que preferem brincar de esconder com a geografia fantástica de Homero e situam os Cimérios *num extremo ocidente* ou nas planícies que se estendem ao norte do Mar Negro. Assim é que, ora esse povo fabuloso é tido como ancestral dos celtas, ora dos citas da Rússia Meridional. Há os que os localizam até mesmo em Cumas, no sul da Itália, porque, segundo se acreditava, nesta cidade grega havia uma entrada para o Hades e os Cimérios habitariam perto do mundo dos mortos.

Outros julgam ainda que se trata de um povo de mineiros, que vivia em galerias subterrâneas e que somente à noite saía para sua cidade, localizada quer na Europa Central, quer na Grã-Bretanha. Talvez tenha concorrido para esta última hipótese o fato de, segundo consta, os gregos receberem estanho e cobre da Inglaterra, naturalmente por meio de numerosos intermediários. Ora, todas as rotas antigas, como as da *Odisseia*, eram povoadas de monstros e mistérios e, desse modo, um encontro com os Cimérios era sempre aguardado e sobretudo temido.

CINCO RAÇAS *(I, 164, 168, 170, 178-179)*.

Hesíodo, nos *Trabalhos e Dias*, 109-201, narra o mito relativo às cinco "raças" que se sucederam na face da terra desde o começo da humanidade. Estas raças ou idades – de *Ouro, Prata, Bronze, Heróis* e *Ferro* – foram longamente comentadas e analisadas em *Mitologia Grega*, Vol. I, p. 169sqq. e no verbete Escatologia (v.), de sorte que só se fará aqui uma síntese da *Idade de Ouro*.

De início, diz o poeta, *Trabalhos e Dias*, 109-126, existia a χρύσεον γένος (khrýseon guénos), "a raça de ouro", criada pelos imortais que habitam o Olimpo.

Do ponto de vista etimológico, χρύσεον (khrýseon) é um adjetivo neutro proveniente de χρυσός (khrysós), "ouro", cuja origem, consoante Chantraine, *DELG*, p. 1.278-1.279, é o semítico: acádico hurāsu; ugarítico hrs; hebraico ḫārus; fenício hrs. Quanto a γένος (guénos), provém ele do verbo γίγνεσθαι (guígnesthai), "nascer, tornar-se, ser", donde guénos é "o nascimento, origem, descendência, família, raça", representado no sanscrito por *jánas-*, latim *genus*, com o mesmo sentido.

A raça de ouro remonta à época do reinado de Crono.

CÍNIRAS *(I, 218-219; III, 294).*

Κινύρας (Kinýras), *Cíniras*, é, segundo Carnoy, *DEMG*, p. 97, proveniente de κινύρα (kinýra), "cítara", que, por sua vez, é um empréstimo do hebraico *kinnōr*, com o mesmo sentido. O antropônimo significaria "o citaredo, o músico". Apesar de ter vindo de Biblos, na Fenícia, Cíniras foi o primeiro rei mítico de Chipre. A respeito de seus pais, as tradições variam muito: ora é filho de Apolo e de Pafos ou de Eurímedon e de uma ninfa da região de Pafos, ora de Sândaco e de Fárnace.

Contraditórias também são as tradições que tentam explicar-lhe a vinda para Chipre. O herói teria chegado à ilha como colonizador e, após casar-se com Metarme, filha de Pigmalião, também rei de Chipre, fundou a cidade de Pafos. Com Metarme teria sido pai de dois filhos, Adônis e Oxíporo, e de três filhas, Orsédice, Laógore e Brésia, as quais, vítimas da cólera de Afrodite, se prostituíram e terminaram seus dias no Egito. Uma variante, no entanto, relata que Cíniras fugira para Chipre após um incesto involuntário com sua filha Mirra ou Esmirna, que, transformada na árvore da mirra, deu à luz Adônis (v.).

De qualquer forma, o herói passa por ser o introdutor do culto da deusa do amor na ilha. Possuidor de dom profético e grande músico, como lhe atesta o nome, ousou rivalizar com Apolo e teria tido a mesma sorte que Mársias: vencido pelo deus, foi escorchado. Atribui-se-lhe a introdução na Ilha de Afrodite, cognominada Cípris, a descoberta de grandes minas de cobre e do fabrico do bronze. Amado pela deusa, esta concedeu-lhe grande prosperidade e riquezas, permitindo-lhe usufruí-las por cento e sessenta anos de vida.

Convidado pelos aqueus, que lhe enviaram como embaixadores Ulisses e Taltíbio, a participar da Guerra de Troia, o que equivaleria a lutar contra os protegidos de Afrodite, usou de um estratagema tipicamente grego. Prometeu enviar cinquenta naus e o cumpriu, mas somente uma chegou a Áulis, onde estavam reunidos os helenos, porque as outras quarenta e nove, sendo confeccionadas de barro, jamais atingiriam seu destino.

Após a guerra, Teucro, banido de Salamina da Ática, refugiou-se na corte de Cíniras, que lhe deu a fiha Eune em casamento e permitiu-lhe fundar Salamina de Chipre. Tal fato explica as boas relações mantidas na época histórica entre atenienses e cipriotas.

CINORTAS.

Κυνόρτας (Kynórtas), *Cinortas*, conforme Carnoy, *DEMG*, p. 104-105, é possível que se trate de um composto de κύων (kýōn), "cão" e do verbo ὀρίνειν (orínein), "excitar", isto é, "um gênio que excita os cães para a caça".

Cinortas é um herói lacônio, filho de Amiclas e, por conseguinte, neto de Lacedêmon. Foi o fundador da cidade de Amiclas. Era o irmão mais velho de Jacinto, valido de Apolo.

Após a morte de Amiclas, Árgalo, seu filho mais velho, sucedeu-lhe no trono de Esparta. Tendo este último falecido sem descendentes, Cinortas assumiu o poder. Foi, segundo algumas tradições, pai de Perieres ou Ébalo, mas, conforme outras, Perieres era filho de Éolo. Há uma versão que atesta ser Tíndaro um dos filhos de Cinortas.

CINOSURA.

Κυνόσουρα (Kynósura), *Cinosura*, é, segundo Carnoy, *DEMG*, p. 105, um composto de κύων, κυνός, (kýōn, kynós), "cão" e de οὐρά (urá), "cauda", uma vez que a ninfa Cinosura "foi transformada na constelação que pode ser considerada como a cauda do Grande Cão, isto é, "Constelação *Syrius*".

Cinosura é uma ninfa do Monte Ida de Creta que, auxiliada por uma companheira, Hélice, criou o menino Zeus. Perseguidas por Crono, foram transformadas pelo futuro pai dos deuses e dos homens em duas constelações: a pequena e a grande Ursa, enquanto o próprio Zeus se disfarçou na constelação do Dragão.

Cinosura deu nome a um local de Creta, perto da cidade de Histos.

CIPARISSA.

Κιπάρισσα (Kypárīssa), *Ciparissa*, é uma forma feminina de Κυπάρισσος (Kypárīssos), *Ciparisso*, já atestado pelo micênico no adjetivo neutro plural *kupari-seja*, rodas "confeccionadas com madeira de cipreste".

Kypárissos, "cipreste", aparece igualmente como topônimo na Fócida, representado igualmente pelo micênico *kuparisijo*. Trata-se de termo mediterrâneo de origem desconhecida. O empréstimo latino *cupressus*, "cipreste", deve ter sofrido influência etrusca.

Ciparissa, o Cipreste, colocado no feminino, é nome de uma filha do rei celta Bóreas, homônimo do vento Bóreas da Trácia.

Tendo Ciparissa falecido prematuramente, Bóreas, que muito a chorou, ergueu-lhe um túmulo suntuoso e nele plantou um cipreste, espécie desconhecida até o momento. A partir da morte de Ciparissa, que deu o nome à árvore, o "cipreste" passou a ser o símbolo da dor e da tristeza, sendo consagrado aos mortos.

CIPARISSAS.

Κυπάρισσοι (Kypárissoi), *Ciparissas*, "os Ciprestes", eram as filhas de Etéocles, rei de Orcômeno, na Beócia. Durante uma festa em honra de Deméter e Core, elas, dançando, caíram numa fonte e morreram afogadas. Geia transformou-as em ciprestes.

Para a etimologia, v. Ciparissa.

CIPARISSO *(II, 88-89).*

Κυπάρισσος (Kypárissos), *Ciparisso*, cuja etimologia se explicou em Ciparissa, é nome de dois heróis.

O primeiro, filho de Mínias e irmão de Orcômeno, deu seu nome à cidade de Ciparisso no Parnasso, entre Dáulis e Delfos.

O segundo é um filho de Télefo. Habitava a Ilha de Ceos e por causa de sua extraordinária beleza era objeto dos amores de Apolo e do deus Zéfiro. Tinha por companheiro inseparável um veado domesticado. Tendo acidentalmente matado o animal, Ciparisso, louco de dor, pediu aos deuses que fizessem suas lágrimas correrem eternamente. Os imortais transformaram-no em cipreste, a árvore da tristeza.

CÍPRIS *(I, 216).*

Κύπρις (Kýpris), *Cípris*, é um epíteto de Afrodite, enquanto deusa nascida ou levada após o nascimento para a Ilha de Chipre, em grego Κύπρος (Kýpros), isto é, "cobre", por causa da abundância desse metal na ilha. Em latim se diz *aes cyprium* e *cŭprum*, donde o vernáculo "cobre". Diz Augusto Magne, *Revista de Philologia e de História*, Rio de Janeiro, Livraria J. Leite, 1931, T. I, p. 389sq., que os colonos jônios de Cumas e os dórios davam ao -υ- (-u-) grego o valor de *u* e não de *y*. Explica-se, desse modo, que Κύπρος (Kýpros), Chipre, passasse para o latim com a forma de *Cuprus*, donde *cuprum* (aes), bronze cíprio", que é o nosso *cobre*.

Ignora-se a etimologia da palavra grega, que é antiga, pois *Kýprios* já aparece no micênico *Kupirijo* e Κύπρις (Kýpris) em Homero, *Il*. V, 330, 422.

CÍPSELO *(I, 152; III, 38, 240-241, 264²⁰⁶).*

Κύψελος (Kýpselos), *Cípselo*, provém de κυψέλη (kypsélē), "cofre, caixa" e foi num "cofre" que Cípselo foi escondido pela mãe. É bem possível que o antropônimo, que já aparece no micênico *Kupesero*, esteja, etimologicamente, relacionado com κύπελλον (kýpellon), "objeto de forma arredondada e côncava", *DELG*, p. 604.

Há dois heróis com este nome. O primeiro, filho de Épito, reinava na Arcádia, quando os Heraclidas invadiram o Peloponeso pela segunda vez. Cípselo, astuto e conciliador, soube conquistar os invasores, dando a um deles, Cresfonte, sua filha Mérope em casamento, conseguindo, destarte, conservar o trono.

Educou o primogênito de Cresfonte e Mérope, chamado Épito, como seu bisavô, permitindo, mais tarde, ao neto vingar a morte de Épito.

Cípselo habitava a cidade de Básilis, por ele mesmo fundada. Ergueu em sua capital um grande templo e um altar a Deméter eleusina e, anualmente, por ocasião das festas solenes da deusa, havia um concurso de beleza (e deve ter sido o primeiro do gênero) entre as mulheres da região. A primeira a vencê-lo foi a própria esposa de Cípselo, a Rainha Heródica.

O segundo herói, bem menos importante que o primeiro, é Cípselo de Corinto, filho de Eécion e pai de Periandro, um dos Sete Sábios. Cípselo oscila entre a história e o mito, mas quase todos os fatos relativos à sua vida são inspirados em dados folclóricos. É assim que, entre as ricas oferendas consagradas a Zeus, no santuário de Olímpia, havia uma κυψέλη (kypsélē), "cofre cilíndrico", de cedro, presente de Cípselo ao deus maior. Neste cofre o futuro rei de Corinto teria sido escondido ao nascer, pela mãe, a fim de subtraí-lo aos descendentes de Báquis, os baquíadas, célebre família de Corinto. Esses baquíadas, que reinaram em Corinto durante cinquenta gerações, foram mais tarde vencidos por Cípselo,

Como em Corinto "cofre" se dizia *kypsélē*, o herói herdou-lhe o nome. Este cofre foi longamente descrito por Pausânias, 1, 23, 1; 2, 4, 4; 28, 8; 5, 2, 3; 17, 2-9, 10, 24, 1.

CÍQUIRO.

Κίχυρος (Kíkhyros), *Cíquiro*, segundo Carnoy, *DEMG*, p. 96, poderia provir de κίχορα (kíkhora), "chicória" como tantos outros nomes próprios gregos que se originam da denominação de plantas.

Antipe era uma jovem nobre da Caônia, que amava e era correspondida em sua paixão por um moço de família modesta. Certos da oposição paterna ao casamento, encontravam-se, às escondidas, num bosque sagrado, onde se erguera o túmulo de Epiro (v.), filha de Equíon. Cíquiro, filho do rei da Caônia, perseguia, certa feita, uma pantera, que se escondera exatamente no bosque de Epiro e, percebendo o movimento de folhas, atirou o dardo, que feriu mortalmente a Antipe. Inconsolável com o falecimento trágico da jovem, enlouqueceu e lançou o cavalo contra os rochedos, perecendo instantaneamente.

Os habitantes de Caônia cercaram de muralhas o local do triste acidente e fundaram uma cidade em seu interior a que deram o nome de Cíquiro.

CIRÃO *(I, 325; III, 45, 155).*

Σκίρων (Skírōn), *Cirão*, ao que parece, procede de σκῖρος (skîros), que, em sentido translato, poderia significar, "duro, terra calcária", provindo o nome próprio das "rochas calcárias", onde se abrigava o bandido, *DEMG*, p. 186

Cirão era um coríntio, filho de Pélops ou de Posídon, que se instalara estrategicamente à beira-mar, nas terras de Mégara, nos denominados Rochedos Cirônicos, por onde passava a estrada, ladeando a costa. Obrigava os transeuntes a lavarem-lhe os pés e depois os precipitava no mar, onde eram devorados por uma tartaruga gigante.

Quando saiu de Trezena em direção a Atenas, Teseu (v.) passou pelas Rochas Cirônicas, mas, em vez de lavar-lhe os pés, o enfrentou vitoriosamente e jogou-lhe o cadáver nas ondas, para ser devorado pelo monstruoso quelônio.

Existe uma variante, segundo a qual o assassino de Mégara era filho não de Pélops ou Posídon, mas de Caneto e Heníoque, filha de Piteu. Nesse caso, Cirão e Teseu eram primos. Supunha-se, por isso mesmo, que, para expiar a morte de um seu parente, o herói da Ática fundara os Jogos Ístmicos não em honra de Sínis (v.), mas em memória do primo.

Os mitógrafos e "historiadores" de Mégara, no entanto, sustentavam ardorosamente que esse relato acerca da crueldade de Cirão não passava de calúnias. O coríntio era, segundo eles, um herói benfazejo e descendente das melhores famílias. Ter-se-ia casado com Cáriclo, filha de Cincreu, que, por sua vez, era filho de Posídon e de Sálamis. Do consórcio de Cirão e Cáriclo teria nascido uma filha, Endeis, que, casada com Éaco, fora mãe de Télamon e de Peleu.

Teseu não o teria assassinado, quando viajava para Atenas, mas, após tornar-se rei da cidade de Palas Atená, no curso de sua expedição contra Elêusis.

Uma outra versão apresenta-o como filho do rei de Mégara, Pilas. Teria se casado com uma filha do soberano de Atenas, Pandíon, quando este foi exilado da Ática pelos filhos de Mécion.

Após a morte de Pandíon, entrou em litígio com um de seus cunhados, Niso, porque este obtivera o reino de Mégara. Para não haver derramamento de sangue, submeteram o caso à decisão de Éaco. Este dividiu o poder entre ambos: Niso seria o rei e Cirão o comandante em chefe das forças armadas.

CIRCE *(I, 130, 144, 159-160, 248-249, 291[183]; II, 20, 85[30], 146, 195, 195[97]; III, 183-185, 187, 192-193, 222, 289, 305, 305[236], 308-309, 311[244]-312, 325-326, 328).*

Κίρκη (Kírkē), *Circe*, provém certamente de κίρκος (kírkos), que é uma variedade de "falcão", como aparece em Homero, Ésquilo e Aristóteles.

O falcão é um símbolo solar e do conhecimento esotérico, da saída das trevas para a luz. Não é em vão que os editores do Renascimento escolheram muitas vezes como emblema um falcão encapuchado com a divisa: *Post tenebras spero lucem*, após as trevas aguardo a luz.

Circe é a maga que "descobre a luz", como fez com Ulisses, predizendo-lhe as dificuldades e perigos que o aguardavam em seu ainda longo itinerário até Itaca.

Do casamento de Hélio, o Sol, e de Perseis, filha de Oceano e Tétis ou de Hécate, nasceram Eetes, rei da Cólquida e guardião do Velocino de Ouro; Pasífae, mulher do Rei Minos e mãe do Minotauro; Perses, que destronou a Eetes, mas foi morto por Medeia e a maga Circe, que figura na *Odisseia* de Homero, X, 135sqq. e no mito dos Argonautas.

Habitava a Ilha de Eeia, cuja localização é difícil precisar, mas, no poema homérico supracitado, é bem possível que a maga residisse na Itália, mais precisamente no Promontório de Gaeta.

Deixando para trás os antropófagos Lestrigões, que se espalhavam pela região de Fórmias, ao sul do Lácio, Ulisses (v.), já agora com um único navio, velejou em direção à Ilha de Eeia. O herói, lá chegando, enviou vinte e três nautas, sob o comando de Euríloco, para explorarem o lugar. Logo se aproximaram do palácio deslumbrante de Circe, que os acolheu cordialmente; fê-los sentar-se e serviu-lhes, além do lauto banquete, uma poção.

Depois, tocando-os com uma varinha mágica, transformou-os em animais "semelhantes a porcos", certamente de acordo com o instinto de cada um. Em seguida, encaminhou-os para amplos chiqueiros, cheios "de outros animais". Escapou do encantamento apenas Euríloco, que, prudentemente, não penetrara no palácio da bruxa. Sabedor por este do que acontecera a seus nautas, o rei de Ítaca pôs-se imediatamente a caminho em busca dos companheiros. Quando já se aproximava do palácio, apareceu-lhe Hermes, sob a forma de belo adolescente, e ensinou-lhe o segredo para escapar de Circe. Deu-lhe a planta *móli* (v.) – de cuja etimologia, simbologia e cristianização já se falou *em Mitologia Grega*, Vol. II, p. 194-195 – que deveria ser colocada na beberagem venenosa que lhe seria apresentada.

Penetrando no palácio, a bruxa ofereceu-lhe de imediato a poção e tocou-o com a varinha. Assim, quando a mesma lhe disse toda confiante, como está na *Odisseia*, X, 320:

Vai agora deitar com os outros companheiros na pocilga,

grande foi sua surpresa, ao ver que a magia não surtira efeito.

De espada em punho, como lhe aconselhara Hermes, o herói exigiu a devolução dos nautas aqueus e acabou ainda usufruindo por um ano ou, segundo outros, por um mês, da hospitalidade e do amor da mágica. Desses amores, segundo a tradição mais seguida, nasceram Telégono e Nausítoo. Variantes posteriores aumentaram o número desses filhos para seis: além dos dois citados, o casal de amantes tivera ainda Latino, epônimo dos latinos; Romo, Âncias e Árdeas.

No mito dos Argonautas (v.), *Argonáuticas*, 4, 576-591, Circe intervém apenas no retorno dos heróis que foram em busca do Velocino de Ouro. Quando a nau Argo chegou ao Porto de Eeia, a bruxa recebeu sua sobrinha Medeia e Jasão. Purificou-os da morte de Apsirto e manteve uma longa conversa com Medeia, mas se recusou peremptoriamente a receber Jasão em seu palácio.

Atribui-se-lhe ainda a metamorfose de Cila (v.), sua rival na afeição do deus marinho Glauco (v.).

CIRENE *(I, 98, 112⁷⁶; II, 87; III, 59, 158).*

Κυρήνη (Kyrḗnē), *Cirene*, segundo hipótese de Carnoy, *DEMG*, p. 105, proviria de uma palavra grega arcaica *κυρός (*kyrós), "forte", aparentada com κῦρος (kyros), "força", que procede de κύριος (kýrios), "senhor, autoridade", sânscrito çūra- "homem forte", donde Cirene seria "a forte, a destemida".

Cirene é uma ninfa da Tessália, filha do rei dos lápitas Hipseu, neto de Oceano e Geia. Cirene levava uma vida rude e selvagem nas montanhas, vigiando o rebanho paterno. Certa feita, embora inerme, avançou contra um leão e o dominou. Apolo, que contemplara a luta, apaixonou-se pela filha de Hipseu. Procurou Quirão e, após informar-se da identidade da pastora, raptou-a em seu carro de ouro e levou-a para a Líbia. Unindo-se a ela num palácio também de ouro, presenteou-a com o reino de Cirene e fê-la mãe de Aristeu (v.), que foi criado pelas Horas e Geia.

Esta versão é a que foi transmitida por Píndaro (*Píticas*, 9 passim), baseada num poema perdido de Hesíodo.

Na época helenística (séc. IV-I a.C.) se introduziram no mito algumas variantes. Uma vez na Líbia, Cirene recebeu o reino homônimo não de Apolo, mas do soberano local, Eurípilo, filho de Posídon. Como um leão devastasse a Líbia, Eurípilo prometeu uma parte de seus domínios a quem abatesse a fera. A heroína o conseguiu e foi assim que ela própria fundara a cidade a que deu seu nome. Além do mais, tivera dois filhos de Apolo: Aristeu e Antuco e não apenas o primeiro.

Outras versões apresentam o mitologema da filha de Hipseu de maneira um pouco diferente. Segundo uma tradição mais recente, a corajosa pastora, raptada na Tessália, não teria sido levada imediatamente para a África, mas para a Ilha de Creta. Na Líbia, Apolo a ela se unira sob a forma de lobo, o que justificaria em Cirene um culto a Apolo Lício.

Virgílio, nas *Geórgicas*, 4, 317sqq., ao relatar o episódio de Aristeu, retrata Cirene como uma ninfa náiade (v.) que habitava no Rio Peneu, numa gruta subterrânea, onde se reuniam todos os rios, antes de se espalharem pela terra. O poeta latino atenua o caráter de pastora e caçadora da heroína e insiste sobre sua origem fluvial, como neta de um rio e bisneta do maior deles, o Rio Oceano. Nenhuma alusão se faz a seu rapto por Apolo e sua ida para a Líbia.

CIRO.

Σκίρος (Skíros), *Ciro*, como se mostrou em Cirão (v.), significa "duro, resistente, endurecido".

Ciro é o nome de dois heróis. O primeiro é um adivinho que foi a Elêusis durante as hostilidades entre esta cidade e Atenas, à época de Erecteu (v.). Foi morto e sepultado na rota sagrada de Elêusis e Atenas, num local que se chamou Σκίρων (Skírōn), *Círon*.

O segundo é um herói de Salamina, que emprestou a Teseu nautas experimentados, notadamente o piloto Nausítoo, quando o herói ateniense seguiu para Creta com o objetivo de enfrentar o Minotauro. Este Ciro confunde-se, por vezes, no mito, com Cirão de Mégara.

CITERÃO *(II, 121, 175; III, 35, 94, 242, 244-245, 267, 270-271, 273).*

Κιταιρών (Kitairṓn), *Citerão*, segundo Carnoy, *DEMG*, p. 97, poderia relacionar-se com o albanês *gith*, "pequena elevação", irlandês *cit*, "carneiro", inglês *kid*, "cabrito", termos familiares por *ghaido, latim *haedus*, "bode", donde Citerão significaria "o monte das cabras, dos rebanhos".

Citerão era um rei de Plateias, na Beócia, que emprestou seu nome à montanha vizinha. Esta se tornou famosa por causa da exposição de Édipo. Foi o predecessor de Asopo, epônimo do rio, no trono da cidade, que, na época histórica (séc. V a.C.), se converteu no palco da grande vitória de Pausânias sobre os invasores persas.

Logo no início do seu reinado houve grave divergência entre Zeus e Hera, que, irritada, abandonou o Olimpo e refugiou-se na Eubeia. Zeus, inconsolável, retirou-se para Plateias e confidenciou o fato ao rei. Citerão, sábio e astuto, deu ao senhor dos deuses uma sugestão muito grega. Aconselhou-o a mandar fabricar uma estátua de madeira, em tudo semelhante à esposa, paramentá-la e postar-se ao lado da mesma sobre uma carruagem, como se fora uma procissão nupcial. Hera imediatamente mandou saber o que realmente se passava.

Informada, em função de falsos boatos disseminados por Citerão, de que o marido havia raptado Plateia, filha de Asopo, e com ela iria se casar, dirigiu-se apressadamente a Plateias. Subiu à carruagem e arrancou a indumentária que cobria a falsa noiva e, vendo tratar-se de uma simples estátua, começou a rir e fez as pazes com o esposo divino.

Para comemorar o fato, realizava-se, anualmente, em Plateias, uma "reciclagem nupcial" do *hieròs gamos*, do casamento sagrado, de Zeus e Hera. Este mito é relatado de maneira um pouco diferente no episódio da visita de Hera a Alalcômenes (v.).

Há duas variantes significativas no mito do conselheiro de Zeus. A primeira relata que Citerão era um efebo de grande beleza, por quem se apaixonara Tisífone, uma das Erínias. Repelida em suas pretensões, o monstro transformou-lhe um fio de cabelo em serpente. Picado por esta, o jovem morreu instantaneamente, dando seu nome ao Monte Citerão, outrora chamado Astérion. A segunda versão conta que Citerão e Hélicon eram irmãos: o primeiro, violento e brutal; o segundo, pacífico, calmo e amável. Num acesso de raiva, Citerão, após matar ao pai e lançar o irmão do alto de um penhasco, acabou perecendo de uma queda. Os dois montes vizinhos receberam, por isso mesmo, os nomes dos dois irmãos. O primeiro, por ser o "habitat" das sanguinárias Erínias, chamou-se Citerão, e o segundo, residência das Musas, pacíficas e acolhedoras, denominou-se Hélicon.

CITES.

Σκύθης (Skýthēs), *Cites*, consoante Carnoy, *DEMG*, p. 187, talvez esteja relacionado com a raiz indo-europeia **skeu-*, **keu-*, "prestar atenção, cuidar de, guardar", uma vez que os citas eram um povo de pastores, donde Cites seria "o que cuida de".

Cites é o herói epônimo dos Citas. Considerado, por vezes, como filho de Héracles e de um monstro feminino com o corpo de serpente, identificado com Equidna, o herói possuía dois irmãos, Agatirso e Gelono. Quando Héracles deixou a Cítia, Équidna, preocupada, perguntou-lhe o que deveria fazer com os filhos, ao atingirem a idade adulta. O herói entregou-lhe um dos dois arcos que sempre carregava e seu boldrié, ao qual estava preso uma taça de ouro. Acrescentou que, dos três filhos, aquele que fosse capaz de armar o arco e colocar o boldrié como ele o fazia, deveria assumir o poder. Os dois restantes seriam exilados.

Cites foi o único que conseguiu preencher as condições exigidas pelo filho de Alcmena. Équidna entregou-lhe o governo dos citas; os dois outros se exilaram.

Diodoro alude a uma tradição que faz de Cites filho de Zeus e não de Héracles.

CITISSORO.

Κυτίσωρος (Kytíssōros), *Citissoro*, provém, ao que tudo indica, mas sem que se saiba o motivo mítico-etimológico, de κύτισος (kýtisos), "luzerna, alfafa", a *Medicago arbórea*, isto é, o "citiso". O vocábulo micênico *kuteso* possivelmente já o atesta. O latim *cytisus*, *cutisus*, é mera transliteração de κύτισος (kýtisos), representado pelo português *codesso*, espanhol *codeso*, toscano *citiso*.

Citissoro é filho de Frixo com uma das filhas do Rei Eetes da Cólquida, Calcíope ou Iofassa. Seus irmãos foram Argos, Melas e Frôntis.

Ao completar sua efebia, retornou à Hélade, mais precisamente à Tessália, onde residia seu avô paterno, o Rei Átamas. Chegou exatamente no dia em que os habitantes de Alos, na Tessália, se preparavam para sacrificar o rei a Zeus. Citissoro o libertou da multidão e o recolocou no trono (v. Átamas). Tal gesto provocou contra ele e seus descendentes a cólera de Zeus. A cada geração, como sinal de castigo, o mais velho de seus descendentes estava proibido de entrar no Pritaneu, isto é, edifício público das cidades gregas, onde se conservava a lareira comum e se alimentavam embaixadores estrangeiros e beneméritos da *pólis*. Os que tentassem fazê-lo eram sacrificados.

CÍZICO *(III, 179-180)*.

Κύζικος (Kýdzicos), *Cízico*, talvez seja da mesma família etimológica que κυδνός (kydnós), "força mágica, cheio de força e de altivez", cuja base é κῦδος (kŷdos), "força mágica, força que brilha", v. Cidno.

Cízico é um herói da Propôntida, na costa asiática. Originário da Grécia Setentrional, era filho de Eneu e de Enete, filha de Eusoro, rei da Trácia. Um filho deste último, Ácamas, comandou um contingente trácio que lutou ao lado dos troianos contra os aqueus.

Cízico reinava sobre os dolíones, descendentes de Posídon. Casara-se, ainda há pouco, com Clite, filha do adivinho Mérops, quando em seu reino chegaram os Argonautas em sua terceira escala em demanda da Cólquida. O rei os recebeu hospitaleiramente, oferecendo-lhes, além de muitos presentes, um grande banquete. Na noite seguinte os Argonautas partiram, mas uma grande tempestade fê-los retornar ao reino de Cízico. Os dolíones, não tendo reconhecido os hóspedes da véspera e julgando tratar-se de piratas pelasgos, que frequentemente lhes pilhavam a cidade, atacaram-nos com todos os seus homens disponíveis. Travou-se uma grande batalha. Cízico, tendo corrido em defesa dos seus, foi morto por Jasão. A carnificina continuou, até que, com o nascer do dia, ficou esclarecido o terrível equívoco.

Jasão mandou organizar funerais suntuosíssimos em memória do rei, e, durante três dias, os Argonautas entoaram lamentações fúnebres e fizeram jogos em sua honra. Tendo a jovem rainha Clite se enforcado, por causa da morte do marido, as ninfas a choraram tanto, que de suas lágrimas se formou a fonte Clite.

A cidade, sobre que reinava Cízico, recebeu-lhe o nome.

CLEOMEDES *(III, 45)*.

Κλεομήδης (Kleomḗdēs), *Cleomedes*, é um composto de κλέος (kléos), "renome, glória" e do verbo μήδεσθαι (médesthai), "arquitetar um plano, preparar, cuidar de", daí alguns compostos em -μηδής (-mēdḗs), com o sentido genérico de "audacioso". Cleomedes é, pois, "o que adquiriu renome através da audácia".

Herói de Astipaleia, venceu e matou nos Jogos Olímpicos o seu adversário, Ico de Epidauro, na disputa do cesto. Os juízes, todavia, recusaram-se a proclamá-lo vencedor, porque, alegavam, o atleta usara de deslealdade. Enlouquecido, Cleomedes retornou a Astiafaleia e derrubou a coluna de uma escola, matando sessenta crianças.

Perseguido pelos habitantes da cidade, refugiou-se no templo de Atená. Desrespeitando a lei sagrada do refúgio no templo de uma divindade, a multidão invadiu-o, mas, miraculosamente, não o encontrou. Consultado o Oráculo, este respondeu que Cleomedes era o derradeiro herói e que era necessário tributar-lhe um culto.

CLEÓPATRA *(III, 150)*.

Κλεοπάτρα (Kleopátra), *Cleópatra*, é um composto de κλέος (kléos), "renome, reputação, glória" e de πάτρα (pátra), derivado de πατήρ (patér), "pai", mas com valor social; é o pai como chefe de família, representante, por extensão, de gerações, daí o fato de πατέρες (patéres), "os pais", designar "os ancestrais", *DELG*, p. 863. Zeus é, desse modo, "o pai dos deuses e dos homens". O antropônimo em pauta significa, por conseguinte, "a famosa, a célebre por seus ancestrais".

Existem três heroínas míticas com este nome. A primeira e a mais importante delas é a filha de Bóreas e de Oritia, irmã de Cálais, Zetes e Quíone (v. Boréadas). Casada com o Rei Fineu, foi mãe de Plexipo e Pandíon. Unindo-se a Ideia, filha de Dárdano, o rei lançou Cleópatra na prisão e cegou os dois filhos. Numa das variantes do mito, os Argonautas, ao chegarem ao reino de Fineu, libertaram Cleópatra e mataram o cruel soberano.

A segunda heroína é filha de Idas e esposa de Meléagro. Somente ela pôde convencer o marido a retornar ao combate contra os Curetes. Sentindo-se culpada pela morte do esposo na luta, Cleópatra, inconsolável, se enforcou.

A terceira, de certa importância no mito, foi uma das jovens enviadas a Ílion pelos lócrios, a fim de apaziguar a cólera de Atená, gravemente ofendida por Ájax Oileu (v. Ájax Oileu e Peribeia).

CLEÓSTRATO.

Κλεόστρατος (Kleóstratos), *Cleóstrato*, é um composto de κλέος (kléos, "renome, reputação, glória" e de στρατός (stratós), "armada, exército", donde "o célebre por sua armada".

Cleóstrato era um jovem herói de Téspias, que livrou seu país de um terrível dragão que, anualmente, recebia um efebo como vítima expiatória. Tendo sido sorteado para servir de pasto ao monstro, revestiu-se de uma couraça metálica, guarnecida de ganchos de ferro, confeccionada por seu amigo Menéstrato. Assim indumentado, deixou-se devorar. O dragão, em consequência, pereceu.

CLEOTERA.

Κλεοθήρα (Kleothḗra), *Cleotera*, é igualmente um composto de κλέος (kléos), "renome, reputação, glória" e de θήρα (thḗra), "caça", donde a renomada na caça", epíteto que deve ser um hipocorístico, uma vez que o mito da heroína nenhuma relação possui com sua etimologia.

Cleotera, Aédon e Mérope eram filhas de Pandáreo e de Harmótoe. Órfãs, ainda meninas, foram criadas respectivamente por Afrodite, Hera e Atená, como está na *Odisseia*, XX, 66sqq. Somente Aédon, certamente por ter sido educada por Hera, se casou com Zeto. Cleotera e Mérope foram raptadas pelas Erínias (v.) que delas fizeram suas servidoras (v. Pandáreo).

CLESÔNIMO.

Κλησώνυμος (Klēsṓnymos), *Clesônimo*, é ainda um composto de κλέος (kléos) "renome, reputação, glória" e de ὄνυμα/ὤνομα (ónyma/ṓnoma), "nome", donde "o de nome glorioso".

Clesônimo é filho de Anfídamas de Opunte. Ainda menino, brincava com Pátroclo, igualmente muito jovem, quando acidentalmente foi morto por este. Obrigado a deixar Opunte, Pátroclo foi enviado para a corte de Peleu, em Ftia. O esposo de Tétis o educou como filho ao lado de Aquiles, o que explica a fraterna amizade entre ambos.

CLETE.

Κλήτη (Klḗtē), *Clete*, é o feminino de κλητός (klētós), do verbo καλεῖν (kaleîn), "chamar, convocar, convidar", donde Clete é a "convocada", a bem-vinda".

Clete, embora Amazona, serviu como ama a Pentesileia, rainha dessas guerreiras indomáveis. Após a morte da sua soberana em Troia, Clete tentou regressar à pátria, mas uma tempestade arremessou-a no litoral da Itália Meridional. Vendo no fato a vontade da Moira, ergueu ali a cidade de Clete, vizinha da de Caulônia, fundada por seu filho Cáulon (v.). Pereceu bem mais tarde, lutando contra a poderosa Crotona, que lhe anexou a cidade.

CLÍMENE *(I, 156-158, 166; II, 19-28; III, 222-224, 228, 293[225])*.

Κλυμένη (Klymḗnē), *Clímene*, tem origem no verbo κλύειν (klýein) "ouvir, perceber ouvindo, ouvir favoravelmente, atender", donde Clímene é "a que ouve favoravelmente". O verbo grego em pauta é antigo e pode ser cotejado entre outras línguas com o latim *cluēre e cluēre*, "ouvir-se chamar de, ser nomeado, tornar-se famoso", daí *in-clŭtus*, "ilustre". De qualquer forma, como deixa claro o particípio indo-europeu **klu-to*, "ouvido, famoso", a base de toda a família etimológica é o grego κλέος (kléos), "renome, reputação, glória", *DELG*, p. 540-541.

Existem várias heroínas com este nome. A mais famosa é originária da primeira geração divina, a dos Titãs: Clímene é filha de Oceano e Tétis. Casada com Jápeto, foi mãe de Prometeu, Epimeteu, Atlas e Menécio. Outras versões apresentam-na unida a Prometeu, tornando-se, no caso, mãe de Deucalião e de Hélen, ancestral de todos os helenos ou ainda como mulher de Hélio e mãe de Faetonte e de várias filhas, chamadas Helíadas.

Uma segunda Clímene, igualmente de origem marinha, é filha de Nereu e de Dóris.

Uma outra personagem homônima é uma das filhas de Mínias, rei de Orcômeno. Unida a Fílaco, foi mãe de Íficlo e de Alcímede. Variantes fazem-na esposa de Céfalo ou de Íaso, filho de Licurgo, e mãe de Atalante.

Uma quarta heroína, chamada Clímene, é filha de Creteu, da Ilha de Creta. Unida a Náuplio, teve com ele três filhos: Palamedes, Éax e Nausímedon.

CLÍMENO.

Κλύμενος (Klymenos), *Clímeno*, "o que ouve favoravelmente, o ouvido, o renomado", tem a mesma etimologia que Clímene (v.). Existem três heróis principais com este epíteto. O primeiro é um cretense da cidade de Cidônia. Filho de Cárdis, era, em consequência, um descendente de Héracles, denominado em Creta o Héracles do Ida.

Cinquenta anos após o dilúvio, Clímeno emigrou para Olímpia, onde instituiu os Jogos Olímpicos, segundo uma variante. Após construir um altar aos Curetes e a seu ancestral Héracles, reinou por alguns anos na região, até que foi destronado por Endímion. Forte e destemido, este último herói acrescentou às provas já existentes nos Jogos Olímpicos a corrida a pé. Quando já idoso, fez que os filhos lhe disputassem a sucessão com a vitória nesta última modalidade, por ele criada.

O segundo herói com o mesmo nome é um beócio, filho de Présbon, e rei de Orcômeno, após a morte do homônimo fundador desta cidade. Lapidado pelos tebanos no bosque sagrado de Posídon, seu filho Ergino fez guerra contra Tebas. Vencedor, impôs-lhe pesado tributo anual até que Héracles os libertou do fardo tão humilhante. Clímeno foi pai de vários filhos, dentre eles Ergino, Azeu, Árron, Píleo, Estrácio, e de uma filha, Eurídice, casada com Nestor.

O terceiro Clímeno era filho de Esqueneu ou de Teleu, e rei da Arcádia. Apaixonado pela própria filha Harpálice, uniu-se a ela com a cumplicidade da ama.

Deu-a, depois, em casamento a Alastor, mas, arrependido, raptou-a, passando a viver abertamente com ela. Envergonhada e revoltada, matou seus irmãos menores ou os filhos que tivera com o pai e serviu-os ao rei como iguaria num banquete. Ciente logo depois de crime tão hediondo, Clímeno matou Harpálice e suicidou-se em seguida. Segundo uma versão, a desditosa Harpálice (v.) foi transformada numa ave noturna χαλκίς (khalkís), na língua dos deuses.

CLÍNIS.

Κλείνης (Kleínēs), *Clínis*, segundo Carnoy, *DEMG*, p. 97, é uma forma abreviada hipocorística de um nome que começaria por κλεινο- (kleino-), "glorioso", donde Clínis seria "o renomado, o glorioso".

Clínis era um babilônio, amado por Apolo e por Ártemis. Rico e piedoso, era casado com Harpe, que lhe deu três filhos: Lício, Ortígio e Hárpaso, e uma filha, Artêmique. Frequentemente o rico babilônio acompanhava Apolo até o país dos Hiperbóreos (v.) e viu que lá se sacrificavam asnos ao deus. Clínis quis fazê-lo também na Babilônia, mas Apolo o proibiu sob pena de morte e solicitou-lhe que se imolassem as vítimas comuns, bois, ovelhas e carneiros. Lício e Hárpaso, no entanto, resolveram, apesar das ameaças do filho de Leto, oferecer-lhe um asno. Quando este já se aproximava do altar, o deus o enfureceu e não só os dois obstinados, mas também toda a sua família, que acorrera para defendê-los, foram despedaçados pelo animal enlouquecido.

Apolo e os outros imortais, porém, compadecidos com tantas mortes trágicas, transformaram-nos em pássaros: Clínis em águia; Harpe e Hárpaso em falcão; Lício em corvo; Ortígio em melharuco e Artêmique em calhandra.

CLISITERA.

Κλεισιθήρα (Kleisithḗrā), *Clisitera*, significaria, como Cleotera (v.) "a renomada na caça"?

Clisitera era filha de Idomeneu e de Meda. Idomeneu fê-la casar-se com seu filho adotivo Leuco. Mas, na ausência do herói, que partira para a Guerra de Troia, Leuco matou a esposa e a sogra, por sinal sua mãe adotiva.

CLITE *(III, 179)*.

Κλείτη (Kleítē), *Clite*, como Clete (v.), é o feminino de κλειτός (kleitós), proveniente de κλέος (kléos), "renome, reputação, glória", donde Clite é "a renomada, a célebre, a gloriosa".

Filha do adivinho Mérops, da Mísia, Clite era casada com Cízico, rei da cidade homônima. Quando os Argonautas, por terrível equívoco, o mataram, Clite, desesperada, se enforcou. As ninfas a choraram tão intensamente, que de suas lágrimas se formou a fonte Clite.

CLITEMNESTRA *(I, 85, 87-92, 94, 102, 112-113, 250-251, 343; II, 23, 86, 146; III, 22, 59, 62, 64, 86, 132[98], 294-295, 295[226], 301, 329, 329[257], 330-343, 352-353).*

Κλυταιμνήστρα (Klytaimnḗstra) ou Κλυταιμήσρα (Clytaimḗstra) é um composto de κλυτός (klytós), "célebre, ilustre", proveniente de κλύειν (klýein), "ouvir, perceber ouvindo, atender favoravelmente", mas cuja fonte primeira é κλέος (kléos), "renome, reputação, glória", e de um segundo elemento -μνήστωρ (-mnḗstōr), "que pensa em, que se recorda de", donde Clitemnestra é "a que se celebrizou por não se esquecer" e, na realidade, a heroína teria muito do que se lembrar..., *DELG*, p. 540-541.

Filha de Tíndaro e de Leda, essa grande figura trágica teve como irmãs a Timandra e Filônoe e como irmão a Castor, uma vez que Helena e Pólux são filhos de Zeus-cisne e de Leda-gansa, também seus irmãos, mas só por parte de mãe. Explicando mais claramente os fatos, como aliás já se fez com outros pormenores importantes em *Mitologia Grega*, Vol. III, p. 330sqq.; para escapar às investidas de Zeus, Leda se transformou em gansa, mas o senhor do Olimpo, sob a forma de cisne, a ela se uniu. Como já estivesse grávida de Tíndaro, Leda pôs dois ovos: do formado pela semente de Zeus nasceram Helena e Pólux, imortais, e do de Tíndaro, Castor e Clitemnestra, mortais. Assim, como é de praxe no mito, os chamados Διοσκουροι (Dióskuroi), Dioscuros, isto é, "filhos de Zeus", Castor e Pólux, bem como Helena e Clitemnestra teriam por pai a Tíndaro e por *godfather* a Zeus.

Antes mesmo das núpcias solenes de Menelau e Helena, Agamêmnon passou a cortejar Clitemnestra, à época já casada com Tântalo II, filho de Tieste, ambos inimigos mortais dos dois atridas Menelau e Agamêmnon, rei de Micenas. Este, traiçoeiramente, assassinou a Tântalo II e ao filho recém-nascido de Clitemnestra, coagindo-a, em seguida, a aceitá-lo como marido. Perseguido pelo Dioscuros, o despótico senhor de Argos, conseguiu refugiar-se na corte do conciliador Tíndaro que, a custo, conteve a sede de vingança dos filhos. Desse enlace, que começou sob maus auspícios, vieram ao mundo Ifianassa e Laódice, mais tarde chamadas respectivamente Ifigênia e Electra; Crisótemis e Orestes. Quando, pela segunda vez, a frota aqueia estava reunida em Áulis e o adivinho Calcas (v.) declarou necessário o sacrifício de Ifigênia, a fim de que cessasse a calmaria, Agamêmnon arquitetou um plano mentiroso. Mandou uma mensagem à esposa, que permanecera em Argos, solicitando-lhe que viesse imediatamente a Áulis em companhia de Ifigênia, que deveria casar-se com Aquiles. As núpcias de Ifigênia foram um banho de sangue. Para ter ventos favoráveis, o comandante em chefe dos aqueus imolou a própria filha a Ártemis. O sacrifício da inocente Ifigênia reacendeu o rancor e o desprezo da filha de Tíndaro por seu real consorte.

Egisto, filho de Tieste, buscava há muito uma oportunidade para vingar-se dos filhos de Atreu, isto é, dos atridas Agamêmnon e Menelau, seus inimigos figadais. Também Náuplio (v.), pai de Palamedes, inconsolável e profundamente ferido com a morte do filho por ordem de Agamêmnon, tudo maquinava para vingar-lhe a inocência.

Um de seus estratagemas era fazer que as esposas dos heróis que lutavam em Troia, sobretudo aqueles que ele mais odiasse, se ligassem amorosamente a outros príncipes, e eram muitos e antigos os pretendentes! Ajudado por Náuplio, direta ou indiretamente, Egisto acabou conquistando Clitemnestra.

É bem verdade que a rainha de Micenas, já há algum tempo, ainda em Áulis, dera mostras de haver iniciado um plano meticuloso de desforra contra o marido. Como o Oráculo declarasse a Télefo (v.), atormentado por um ferimento provocado por Aquiles, que só a espada do filho de Tétis poderia curá-lo, o rei da Mísia aguardou que os aqueus se reunissem novamente em Áulis e para lá se dirigiu.

Preso como espião, conseguiu, orientado por Clitemnestra, tomar como refém o pequenino Orestes e ameaçou matá-lo, caso Agamêmnon não mandasse libertá-lo imediatamente e não convocasse o conselho para ouvi-lo. Foi libertado, ouvido e curado pela ferrugem da espada de Aquiles.

Conta-se ainda que a decisão de unir-se a Egisto se deveu ao fato de Clitemnestra ter sido informada de que o esposo estava de tal modo apaixonado por Criseida, que provocara a ira de Apolo e o afastamento de Aquiles da luta contra Ílion. Uma outra variante fala da grande afeição do rei de Micenas por Cassandra.

Ambas as versões podem ter influenciado a rainha, mas a decisão final eclodiu de um ódio amadurecido e profundo desprezo da amante de Egisto pelo legítimo esposo. Ela jamais perdoou o assassinato de Tântalo, o massacre covarde de seu filho recém-nascido, um casamento despótico e violento, e, mais que tudo, o sacrifício de Ifigênia.

Aceitou, por isso mesmo, o apoio do atormentado e vingativo Egisto, que odiava Agamêmnon tanto quanto ela.

Até mesmo Electra e Orestes correram risco de vida. Aquela porque se opôs abertamente à união da mãe com Egisto (e por essa razão foi humilhada e transformada numa espécie de escrava) e este pela obrigação religiosa de vingar a morte do pai, já nos planos dos novos reis de Argos. Conta-se que o pequeno Orestes, com a vida em perigo, foi salvo por Electra ou pelo velho preceptor da família, o qual o levou para bem longe de Micenas.

Nas tradições mais antigas, foi Egisto quem planejou e executou o assassinato de Agamêmnon, mas com o respaldo e ajuda da amante, como está na *Odisseia*, XI, 409-411.

Nos trágicos a morte do rei é de responsabilidade de Clitemnestra, evidentemente com o apoio incondicional de Egisto

Preparou-lhe uma indumentária com as mangas e a gola cosidas, o que o embaraçou e tolheu ao tentar vestir-se após o banho. Impedido de defender-se, foi facilmente morto pela esposa. Empunhou a seguir uma machadinha e abateu Cassandra, como se fora um animal.

Em *Agamêmnon*, primeira peça da trilogia Oréstia, Ésquilo pinta em cores vivas o fim trágico do poderoso rei de Micenas. Clitemnestra envolveu-o numa rede e vibrou-lhe dois golpes certeiros. O terceiro, com a vítima já abatida, ofereceu-o ironicamente a Zeus salvador:

> *Descarreguei-lhe dois golpes. Com dois gemidos ele caiu por terra. Apliquei-lhe então um terceiro, oferenda votiva a Zeus salvador dos mortos, o Zeus ctônio.*
>
> (*Ag.* 1384-1387)

Os problemas psíquicos da filha de Tíndaro não durariam muito. Sete meses depois, cumprindo ordens de Apolo, o deus "patriarcal" por excelência, Orestes vingará a morte do pai, assassinando Egisto e a própria mãe, dessa feita com o respaldo e o encorajamento de Electra, segundo se expôs amplamente *em Mitologia Grega*, Vol. III, p. 338sqq.

CLÍTIA.

Κλυτία (Klytía), *Clítia*, é possivelmente um feminino personificado do adjetivo κλυτός (klytós), "célebre, renomado, ilustre", cuja fonte é κλέος (kléos), "renome, reputação, glória", donde Clítia seria "a renomada, a ilustre".

Amada por Hélio, Clítia acabou sendo abandonada, uma vez que o deus Sol se apaixonara por Leucótoe. Inconformada, Clítia contou ao pai de Leucótoe as aventuras amorosas de sua rival. Hélio vingou-se, encerrando a antiga namorada num fosso profundo, onde pereceu.

Também Leucótoe foi inexplicavelmente punida, porque o deus jamais retornou para vê-la. Consumida pelas chamas do amor, a jovem deixou-se definhar, transformando-se em heliotrópio, a flor que sempre se volta para o sol, como se buscasse o calor do antigo amante. Dos amores de Hélio e Leucótoe nasceu Tersanor, que figura em alguns catálogos dos Argonautas.

CLITO.

Κλεῖτος (Kleîtos), *Clito*, que a simplificação ortográfica torna em português homógrafo de Κλειτοώ (Kleitố), Clito (v. Atlântida), provém do adjetivo masculino κλειτός (kleitós), "celebrado, ilustre, renomado", cuja fonte é κλέος (kléos), "renome, reputação, glória".

Neto de Melampo, Clito era de grande beleza, o que lhe valeu ser raptado por Eos (v.), a Aurora. Tal era a paixão da núncia da luz pelo jovem, que Clito foi colocado entre os imortais, a fim de que pudesse ser amado para sempre. Segundo uma versão, o amante de Eos foi pai de Cérano e avô de Poliído.

Um segundo Clito desposou Palene, filha de Síton, rei de Quersoneso da Trácia.

CLITOR.

Κλείτωρ (Kleítōr), *Clitor*, segundo Chantraine, *DELG*, p. 54, significaria "colina, pequena elevação" e estaria ligado ao verbo κλίνειν (klínein), "pender, inclinar", porque o herói teria fundado numa colina a cidade que teve seu nome.

Filho de Azane e neto de Arcas, Clitor foi o primeiro rei da Arcádia. Após a morte do pai, fundou, numa colina, a cidade que recebeu seu nome, tornando-se o príncipe mais poderoso de toda a Arcádia. Morreu sem filho e, por isso, seu sobrinho Épito, filho de Élato, herdou-lhe o reino.

Um certo Clitor, talvez idêntico ao precedente, figura entre os cinquenta filhos de Licáon.

CNAGEU.

Κναγεύς (Knageús), *Cnageu*, segundo Carnoy, *DEMG*, p. 99, talvez esteja relacionado com a raiz *gnegh*, *gneg* cujo sentido seria "montículo, pequena colina" ou se trataria simplesmente de um derivado do dórico κνάκων (knákōn), cabra?

Cnageu era um lacônico, que lutou ao lado dos Dioscuros contra os atenienses na batalha de Afidna. Preso, foi vendido como escravo na Ilha de Creta, onde passou a servir à deusa Ártemis. Conseguiu, no entanto, fugir de volta à pátria, levando consigo a sacerdotisa e a estátua da deusa. Não foi castigado, porque instalou numa colina da Lacônia um culto a Ártemis Cnágia.

CÓCALO *(I, 63)*.

Κώκαλος (Kốkalos), *Cócalo*, provém de κώκαλον (kốkalon), que, segundo uma glosa de Hesíquio, é um antigo nome do "galo". Trata-se de uma forma expressiva e onomatopaica, relacionada com um conjunto onomástico como o supracitado Κώκαλος (Kốkalos), Κῶκος (Kôkos), Κωκᾶς (Kōkâs), Κωκώ (Kōkố). Em latim existe a onomatopeia coco, coco (Petrônio, *Sat.*, 59, 2), para imitar o grito do galo. Em português temos "cocó, cocoricó". Cócalo é, pois, "o galo ou o senhor do galo", *DELG*, p. 605.

Cócalo era rei de Camicos, a futura Agrigento, na Sicília. Fugitivo de Creta, o astuto Dédalo (v.) refugiou-se na corte de Cócalo, mas o Rei Minos foi-lhe ao encalço. Não desejando trair a hospitalidade concedida e nem tampouco perder tão hábil inventor, o soberano de Camicos negou a presença do pai de Ícaro em seu palácio e tudo fez para ocultá-lo e ganhar tempo.

O rei de Creta, astutamente, porém, usou de um embuste; prometeu uma generosa recompensa a quem fosse capaz de fazer passar um fio pelas espirais de uma concha de caracol. Cócalo, tentado pelo dinheiro cretense, levou o problema a Dédalo, que facilmente o resolveu: amarrou o fio nas patas de uma formiga e fê-la percorrer "o novo labirinto". Quando o rei, triunfante, mostrou a Minos a solução de tão intrincada dificuldade, este, de imediato, concluiu que seu antigo engenheiro estava escondido em Camicos e pressionou fortemente o colega para que o entregasse. Cócalo prometeu fazê-lo, mas, secretamente, encarregou as filhas de matarem o perseguidor de Dédalo com água fervendo, durante o banho. Segundo uma variante, o rei de Camicos mandou substituir a água por pez fervente, talvez por instigação do próprio Dédalo, que havia imaginado um sistema de tubos em que a água era repentinamente trocada por uma substância incandescente.

Foi este, no mito, o fim trágico do grande rei de Creta.

COCITO *(I, 266, 318; II, 217, 239).*

Κώκυτος (Kṓkytos), *Cocito*, é um derivado do verbo κωκύειν (kōkýein), "lançar um grito agudo e dorido". O substantivo comum κωκυτός (kōkytós) é "grito agudo", mas, sob a forma Κώκυτος (Kṓkytos), Cocito, designa um dos rios do Hades (*Odiss.* X, 514), "o rio dos gemidos", porquanto as almas, ao atravessarem o Estige, o Cocito, o Piriflegetonte e o Aqueronte, começavam, de imediato, a sua catarse, sobretudo nas religiões de mistérios.

Trata-se, ao que parece, de uma palavra indo-europeia, representada no sânscrito por *háuti*, "ele grita, com o intensivo *kokūyate*, "gritar", no lituano por *kaûkti*, "ele urra" e no armênio por *kuk*, "gemido", *DELG*, p. 605.

Cocito, aqui na terra, é um afluente do Aqueronte (v.), mas, no mito, é um dos rios do mundo ctônio, que deveria, como os demais, ser atravessado pelas almas na barca do torvo Caronte (v.).

É conveniente repetir (v. Escatologia) que tanto o barqueiro como os rios supracitados só se fixaram miticamente a partir dos inícios do século V a.C.

CODRO *(III, 55).*

Κόδρος (Kódros), *Codro*, não possui etimologia. A hipótese citada por Carnoy, *DEMG*, p. 99, segundo a qual o substantivo comum κόδρος (kódros) poderia significar "o amolecido pela idade", parece improvável.

Filho de Melanto e tendo como ancestral a Neleu, Codro é descendente de Posídon. Quando os Heraclidas invadiram o Peloponeso, Melanto foi expulso de Pilos da Messênia e emigrou para Atenas, onde reinava o último descendente de Teseu, Timetes. Como Melanto lhe houvesse outrora ajudado na luta contra Xanto, rei da Beócia, Timetes, ao morrer, deixou ao antigo rei de Pilos o governo da Ática. Com o falecimento deste último, Codro subiu ao trono.

Foi durante seu reinado que os lacedemônios fizeram guerra contra Atenas. O Oráculo de Delfos lhes havia prometido a vitória, caso não matassem o soberano da Ática.

Um habitante de Delfos, Cleomântis, revelou secretamente o conteúdo da mensagem de Apolo aos atenienses. Codro, disposto a dar a vida pela pátria e salvá-la, cobriu-se de andrajos, para não ser reconhecido, e afastou-se um pouco da cidade. Encontrou logo dois inimigos com os quais começou a lutar. Matou a um deles, mas pereceu às mãos do outro. Como os atenienses reclamassem o corpo de seu rei para dar-lhe sepultura condigna, os lacedemônios compreenderam que não mais poderiam vencer a guerra e retiraram-se para a Lacônia.

Mostrava-se o túmulo de Codro em Atenas, erguido exatamente no local onde perecera, isto é, à margem direita do Rio Ilisso, bem junto a uma das portas da cidade.

Com a morte de Codro, a Ática passou a ser governada por seu filho mais velho, Médon, enquanto o caçula, Neleu, se exilava em Mileto (v. Neleu).

Marco Túlio Cícero (séc. I a.C.), muito mais tarde, recordou a façanha heroica do rei de Atenas:

– *Codrus, Atheniensium rex, se in medios immisit hostes ueste famulari, ne posset agnosci, si esset ornatu regio, quod oraculum erat datum, si rex interfectus esset, uictrices Athenas fore* (*Tusc.* 1, 48, 116).

– Codro, rei de Atenas, atirou-se no meio dos inimigos em traje de escravo, a fim de que não pudesse ser reconhecido; se estivesse com as insígnias reais (o seria), porque o Oráculo predissera que os atenienses venceriam se o rei fosse morto.

COLENO.

Κόλαινος (Kólainos), *Coleno*, provém talvez de κολαινίς (kolainís), epíteto de Ártemis no demo Mírrino, na Ática, conforme pode ser atestado em Aristófanes, *As Aves*, 875, mas se desconhece a etimologia da palavra grega.

Coleno, descendente de Hermes, foi, segundo uma versão, o primeiro rei da Ática. Expulso de Atenas por seu cunhado Anfíction, passou a residir no demo de Mírrino, onde ergueu um santuário a Ártemis Colênis.

COMATAS *(III, 78, 78[62]).*

Κομάτας (Komátas), *Comatas*, é a forma dórica por Κομήτης (komḗtēs), "cabeludo, que possui uma longa cabeleira". Trata-se de um derivado de κόμη (kómē), "cabeleira". O antropônimo é antigo, pois já está documentado no micênico *komata, komawe*, de igual sentido.

Comatas era um pastor de Túrio, na Itália do Sul, que fazia constantes sacrifícios às Musas com vítimas escolhidas no rebanho de seu senhor. Este o encerrou num sarcófago, dizendo-lhe ironicamente que suas deusas favoritas descobririam um meio de salvá-lo. Três meses depois, aberto o esquife, Comatas estava vivo e sadio: as Musas enviaram-lhe abelhas que o alimentavam diariamente com seu mel.

COMBE.

Κόμβη (Kómbē), *Combe*, está relacionado certamente com os termos κόμβα (kómba) e κύμβη (kýmbē), que designam muitas espécies de aves. Trata-se de um nome expressivo, consoante Frisk, *GEW*, s.u., talvez de origem cretense, para designar "a gralha ou a pomba".

Combe é filha do deus-rio Asopo, mas por vezes se confunde no mito com o epônimo da cidade de Cálcis, na Eubeia, a ninfa Cálcis. Em algumas tradições a heroína aparece como mãe de até cem filhos. De modo geral, todavia, atribuem-se a ela somente sete, os sete Coribantes da Eubeia: Primneu, Mimas, Ácmon, Damneu, Ocítoo, Ideu e Melisseu.

Desposou o deus Soco ou Saoco, violento e cruel, mas, após alguns anos de sofrimento e terror, conseguiu fugir e buscou asilo em Cnossos, na Ilha de Creta. De lá emigrou para a Frígia, sempre em companhia dos filhos, e finalmente se refugiou em Atenas, junto ao rei Cécrops.

Com a morte de Soco, apesar de ser um deus, retornou a Eubeia, onde, em circunstâncias não muito claras, foi transformada em pomba, possivelmente para não ser assassinada pelos filhos.

COMETES.

Κομήτης (Komḗtēs) é mera variante dialetal de Comatas (v.) e significa "cabeludo, que possui uma longa cabeleira".

Cometes é filho de Estênelo. Ao partir para a Guerra de Troia, o grande e bravo Diomedes confiou-lhe a casa e a família. Cometes, porém, traiu a confiança do amigo e cometeu adultério com Egialeia, esposa do herói. Segundo a versão mais seguida, o filho de Estênelo serviu apenas de instrumento a Afrodite, profundamente irritada por ter sido ferida pelo mais corajoso dos helenos depois de Aquiles.

Ao retornar de Ílion, Diomedes (v.) foi vítima das intrigas da esposa e do amante, sendo obrigado a fugir e emigrar.

COMETO *(III, 91⁷⁷-92)*.

Κομαιθώ (Komaithṓ), *Cometo*, segundo Carnoy, *DEMG*, p. 100, é um composto de κόμη (kómē), "cabeleira, cabelo" e do verbo αἴθειν (aíthein) "queimar, fazer queimar, ser brilhante, ter a cor do fogo ou do ouro", donde, etimologicamente, Cometo seria "aquela que possui uma cabeleira ruiva".

Há duas heroínas com este nome. A primeira é filha de Ptérela, rei dos teléboas, na Ilha de Tafos, contra os quais lutou Anfitrião (v.).

Havia um oráculo segundo o qual em vida de Ptérela a ilha jamais poderia ser tomada. É que a existência do rei estava ligada a um fio de cabelo de ouro que Posídon lhe implantara na cabeça. Aconteceu, todavia, que Cometo, filha do rei dos teléboas, se apaixonara por Anfitrião ou por seu aliado Céfalo e, enquanto o pai dormia, arrancou o fio de cabelo mágico, provocando-lhe assim a morte e a ruína de Tafos.

Para não incentivar traidores, Anfitrião repeliu as pretensões amorosas da princesa e mandou matá-la.

A segunda Cometo era uma sacerdotisa de Ártemis, em Patras. Amada por Melanipo, entregou-se a ele, no templo da deusa, uma vez que os pais se opunham ao casamento. Irritada com a profanação de seu santuário, a irmã de Apolo assolou toda a região de Patras com uma grande peste. Consultado o Oráculo de Delfos, a Pítia respondeu que a única maneira de conjurar o mal era sacrificar os culpados. O casal foi de fato oferecido em holocausto à deusa e o hábito se prolongou por muitos séculos. Desse modo, anualmente, se ofereciam a Ártemis o mais belo e a mais bela jovem da cidade, até que Eurípilo resolveu acabar com esse tributo macabro.

CONDILEÁTIS.

Κονδυλεᾶτις (Kondyleâtis), *Condileátis*, segundo Carnoy, *DEMG*, p. 100, é um epíteto de Ártemis, enquanto "deusa de Condílea", na Arcádia, mas já que a estátua da irmã de Apolo foi estrangulada, deve existir uma aproximação, devida à etimologia popular, entre *Kondyleátis* e o verbo κονδυλίζειν (kondylídzein), que significaria também "maltratar, oprimir".

Condileátis é um epíteto de Ártemis em Cáfias, na Arcádia, onde havia uma estátua da deusa num bosque sagrado. Certa feita, vários meninos, enquanto brincavam no bosque, encontraram uma corda e resolveram colocá-la no pescoço da deusa e fingir que iriam enforcá-la. Alguns habitantes de Cáfias, que por lá passavam, transidos de horror pelo sacrilégio, lapidaram as crianças.

A partir daquele dia, mulher alguma da cidade conseguiu dar à luz um filho vivo. Consultado, o Oráculo de Delfos respondeu que a deusa se irritara com a lapidação dos inocentes e ordenava sepultá-los decentemente, segundo o rito, tributando-lhes honras devidas a heróis.

A esta Ártemis deu-se o nome de Ártemis Ἀπαγχομένη (Apankhoménē), vale dizer, "Estrangulada".

COPREU *(III, 96, 244¹⁸³)*.

Κοπρεύς (Kopreús), *Copreu*, é um derivado de κόπρος (kópros), "excremento, estrume, estábulo".

Em português, a lembrança de Copreu ficou, entre vários outros termos, em "coprolalia", impulso mórbido que leva as pessoas a proferirem obscenidades; "coprologia", emprego, em literatura, de expressões obscenas, imundas. A fonte é o indo-europeu $kek^w r/n/kof^w r/n$, "imundície", conservado no sânscrito *śákṛt/śakn-áḥ*, no lituano *šikti*, no latim "cacāre", evacuar.

Copreu é, pois, "o abjecto, vil, infame, ordinário, bem de acordo, aliás, com o procedimento e caráter desse herói sórdido", a ponto de Homero dizer na *Ilíada*, XV, 641sq., que o filho Perifetes era muitíssimo superior a um pai destituído de qualquer importância.

Filho de Pélops, rei da Élida, foi obrigado a exilar-se após matar a Ífito. Recolheu-se à corte do covarde Euristeu, que impôs a Héracles (v.) os Doze Trabalhos. O rei de Micenas fez de Copreu o arauto oficial do palácio e era ele quem transmitia ao filho de Alcmena as ordens do soberano, que jamais teve a coragem de dialogar com sua vítima.

O mito traça do filho de Pélops um perfil etimologicamente adequado: vil, bajulador e arrogante, era o arauto ideal para um covarde. Um contraste com o filho Perifetes, "um rebento de grandes méritos, rico em valor", como o descreve Homero na passagem supracitada.

Foi esse Copreu que Euristeu enviou como arauto aos atenienses, para exigir a expulsão dos Heraclidas, refugiados na cidade de Palas Atená. Comportou-se tão insolentemente como embaixador, que acabou sendo assassinado, o que, na realidade, se constituía num sacrilégio. Para reparar essa falta, os efebos atenienses, em determinadas festas, cobriam-se com uma túnica escura.

CORE *(I, 73-74, 285, 287-290, 298-299, 304, 311, 315, 318²¹⁰, 343, 348; II, 19, 26, 181, 222; III, 171, 330, 344-346).*

Κόρη (Kórē), épico Κούρη (Kúrē), dórico Κώρα (Kōra), *Core*, é o feminino de κόρος (kóros), épico κοῦρος (kûros), "jovem", já atestados no micênico *kowo, kowa*, "o jovem, a jovem".

Core é pois "a Jovem". Ao contrário de *kóros*, bastante raro em grego, por causa da concorrência de νεανίας (neanías), "jovem" e παῖς (país), "menino", *kóre* é usual em jônico-ático, com sentido de "filha, jovem", aparecendo muitas vezes como equivalente de θυγάτηρ (thygáter), "filha", mas raramente de παρθένος (parthénos), "virgem". Em sentido lato, o termo é empregado para traduzir "boneca, pupila do olho", porque nela se vê uma "pequena imagem" e, em arquitetura, "estátua feminina", particularmente as Cariátides, *DELG*, p. 567-568.

Para o mito de *Core*, a jovem, v. Deméter.

COREBO *(III, 46³⁵).*

Κόροιβος (Kóroibos), *Corebo*, fora, segundo Hesíquio, "um louco", mas etimologicamente, conforme Carnoy, *DEMG*, p. 100, o antropônimo seria um composto de κόρος (kóros), "jovem" e de ἤβη (hébē), "a juventude", donde "o muito jovem", cujo protótipo poderia ser representado pela forma **koro-igʷo*.

Durante o reinado de Cótropo em Argos, sua filha Psâmate deu à luz a Lino, filho de Apolo, que a amava às escondidas. A criança foi exposta, mas, a par dos fatos, o rei matou a filha e lançou o recém-nascido aos cães.

Apolo, enfurecido, enviou um monstro, Ποινή (Poiné), "Expiação, Castigo", que passou a devorar todas as crianças de Argos. O argivo Corebo, jovem e destemido, matou *Poiné*, mas novo flagelo caiu sobre o reino. Vendo no fato um novo castigo do filho de Zeus pela morte do monstro, Corebo dirigiu-se ao Oráculo de Delfos e prontificou-se a reparar sua falta. A Pítia ordenou-lhe não mais retornar a Argos, mas colocar sobre os ombros uma pesada trípode e caminhar em direção ao nascente. No local em que o fardo lhe caísse dos ombros, deveria parar e fundar uma cidade.

A queda do objeto sagrado se deu em Mégara, onde foi erguida a cidade homônima.

Um segundo herói com este nome era um frígio, filho de Mígdon.

Ofereceu seus préstimos a Príamo na luta contra os aqueus em troca da mão de Cassandra, mas foi morto durante o saque de Troia.

CORIBANTES *(II, 77, 87).*

Κορύβαντες (Korýbantes), *Coribantes*, são os sacerdotes de Cibele na Frígia. A etimologia da palavra é duvidosa. Carnoy, *DEMG*, p. 101, apoiado em V. Windekens, julga que, sendo Κύρβαντες (Kýrbantes) uma forma alternada de Κορύβαντες (Korýbantes), *Coribantes* significariam *os que executavam danças circulares* como as Κύρβεις (Kýrbeis), "as placas giratórias de Atenas", isto é, placas triangulares em forma de pirâmides de três faces, que giravam em torno de um eixo: nelas se gravavam as leis, particularmente as de Sólon. Chantraine, *DELG*, p. 568, acena para uma origem frígia do vocábulo, mas, partindo igualmente de Κύρβαντες (Kýrbantes), pergunta se Κορύβαντες (Korýbantes) não seria uma forma refeita sobre κόρυς (kórys), *capacete*, possivelmente porque esses fiéis acompanhantes de Cibele usavam "capacetes de bronze".

Os Coribantes não têm um mito próprio: eram os autênticos sacerdotes de Cibele. Adoravam-na, dançando como alucinados, ao som dos címbalos e dos tamborins em torno de sua protetora. Com eles, mais tarde, se confundiram os Curetes e os Galos, nomes que passaram historicamente aos sacerdotes da Grande Mãe frígia na Grécia e no Império Romano. Aristófanes nos fala dos Coribantes em sua comédia *As Vespas*, 119-120, peça que traduzimos para a Editora Espaço e

Tempo: *Teatro Grego – Eurípides – Aristófanes*. Rio de Janeiro, 1978. Na página 173, em nota de rodapé, explicamos que, na cerimônia de iniciação dos Coribantes, os futuros iniciados, após o rito de purificação, sentavam-se numa espécie de cadeira. Depois tomados pelo delírio sagrado, batendo vertiginosamente em tambores, *dançavam circularmente* em torno da mesma. Daí deduzir-se que Κορύβαντες (Korýbantes) possivelmente significam *os que executam danças circulares*. Também Quinto Horácio Flaco (séc. I a.C.), *Odes*, 1; 16, 8, faz referência aos *Coribantes que redobram seus golpes sobre o bronze sonoro*, numa alusão clara aos címbalos, instrumentos igualmente indispensáveis no culto orgiástico de Cibele.

Era ao som dos tambores e dos címbalos que os "iniciados" dançavam freneticamente até que, tomados pelo delírio sagrado, se emasculavam numa homenagem suprema à Grande Mãe.

CÓRICO.

Χόρικος? (Khórikos?), *Córico*, segundo Carnoy, *DEMG*, p. 39, proviria de χόριον (khórion), "couro", uma vez que o herói foi esfolado por Zeus.

Córico era rei da Arcádia e pai de dois jovens vigorosos, Plexipo e Êneto, tidos como inventores do pugilato. Certo dia, fizeram uma demonstração em homenagem ao pai, mas Palestra, sua irmã, apaixonada por Hermes, contou-lhe a descoberta. O deus, de imediato, após havê-la aperfeiçoado, ensinou-a aos homens, proclamando-se o seu criador. Os dois lutadores relataram ao pai a indiscrição da irmã e Córico estranhou que os filhos ainda não se tivessem vingado de Hermes. Com respaldo tão importante, os dois lutadores partiram para o Monte Cilene e lá, encontrando o deus em sono profundo, cortaram-lhe as mãos. Mutilado por simples mortais, Hermes queixou-se amargamente a Zeus, que escorchou Córico e fez um odre com a pele do rei.

Hermes deu à nova arte o nome de sua amada, Παλαίστρα (Palaístra), *Palestra*, isto é, na Grécia Antiga, local onde se treinava para lutar, ginásio.

CORINO.

Κόριννος (Kórinnos), *Corino*, segundo Carnoy, *DEMG*, p. 100, seria um hipocorístico de κόρος (kóros), "o jovenzinho".

Trata-se de um poeta lendário, que, antes de Homero, e durante a Guerra de Troia, teria composto *a Ilíada*. Foi discípulo de Palamedes, que lhe ensinou a escrita. Atribui-se igualmente a Corino a composição de uma epopeia sobre a luta entre Dárdano, rei da Dardânia, na Tróada, e os paflagônios. A ele deveria Homero o melhor de seus poemas.

CORINTO *(I, 44[31], 81, 222-223, 226, 252, 260; II, 60; III, 23, 45, 62, 151, 166, 185-187, 189-191, 194, 207, 209, 209[157], 212, 240-246, 264[206], 267-268, 271, 274).*

Κόρινθος (Kórinthos), *Corinto*, talvez proceda de κόρυς (kórys), "capacete de bronze", já presente no micênico, gen. sing, *koruto* e o instrumental plural *korupi*. Corinto seria assim chamado em função de seu espírito belicoso.

Corinto, epônimo da cidade do mesmo nome, era, segundo os coríntios, filho de Zeus. Tal filiação, todavia, se tornou motivo de escárnio para os outros gregos. A expressão "Corinto, filho de Zeus", acabou por converter-se num designativo de algo monótono e repetitivo, como frisa ironicamente Aristófanes em *As Rãs*, 439.

Segundo as versões mais antigas, Corinto era filho de Máraton. Quando da unificação de Sicione e Corinto, Epopeu subiu ao trono do novo reino, obrigando Corinto e o pai, que detinha o poder até então, a fugirem para Atenas. Regressaram ambos, porém, à sua cidade, logo após a morte de Epopeu e, com o falecimento de Máraton, Corinto foi proclamado rei. Tendo morrido sem deixar sucessor, os coríntios chamaram Medeia e entregaram-lhe o poder, uma vez que Eetes era originário de Corinto.

Segundo uma tradição, o rei Corinto teria sido assassinado por seus concidadãos e vingado por Sísifo, que lhe sucedeu no poder.

CÓRITO *(II, 22).*

Κόρυθος (Kórythos), *Córito*, provém de κόρυς, -υθος (kórys, -ythos), "capacete, capacete de bronze", já presente no micênico, no genitivo singular *koruto* e no instrumental plural *korupi*, segundo se mencionou em Corinto (v.). Κόρυ(ν)θος (Kóry(n)thos) e Κορυθαλία (Korythalía) são epítetos respectivamente de Apolo e de Ártemis, em Esparta. Na epopeia, o verbo κορύσσεσθαι (koryssesthai), derivado de κόρυς (kórys), tornou-se corrente para designar "o que está armado", que é, na realidade, o sentido de Córito, *DELG*, p. 569.

Existem três heróis com este nome. O primeiro é filho de Zeus e de Electra, filha de Atlas, e pai de Iásion e Dárdano. Uma variante, porém, faz de Iásion e Dárdano filhos diretamente de Zeus e Electra. Córito reinava na Itália do Sul sobre os tirrenos, ancestrais dos etruscos. Fundou a cidade de Crotona, de onde emigraram seus dois filhos Iásion e Dárdano: o primeiro para a Samotrácia e o segundo para Tróada, tendo aí construído a cidade de Dardânia (v. Dárdano).

O segundo Córito é o nome de um rei de Tégea, na Arcádia, que recolheu e criou Télefo, exposto por sua mãe Auge sobre o Monte Partênion.

O terceiro herói é filho de Páris e da ninfa Enone (v.). Quando esta descobriu que Páris a abandonara por

Helena, enviou Córito para guiar os aqueus até a Tróada. Conta-se que o herói, que era mais bonito e atraente que o pai, foi amante de Helena. Páris não lhe perdoou a ofensa e o matou.

CORÔNIDES.

Κορωνίδες (Korōnídes), *Corônides*, provém de *Corônis* (v.) e significam etimologicamente "as aduncas, as curvas".

Metíoque e Menipe eram duas moças, filhas de Oríon, de Orcômeno, na Beócia. Como uma grande epidemia estivesse dizimando os habitantes da cidade, as duas jovens foram sacrificadas como vítimas expiatórias. Seus corpos foram engolidos pela terra, mas Hades e Perséfone, compadecidos, transformaram-nas em dois cometas de cauda recurvada.

CORÔNIS *(II, 40, 64, 87, 89; III, 22, 140).*

Κορωνίς (Korōnís), *Corônis*, é um derivado de κορώνη (korōne) "adunca, recurvada", isto é, "a gralha". O bico e os pés recurvos da ave levaram a numerosos empregos figurados, uns dentro da mesma família etimológica, como o próprio grego κόραξ (kóraks), corvo; latim *coruus*, "corvo"; *cornix*, "gralha"; *cervus*, "cervo, veado", que tem os chifres recurvos; umbro *curnaco*, "gralha"; irlandês *crū*, "corvo"; inglês *crow*, "corvo".

O epíteto *Korōnís*, "recurvada, adunca", como o bico da gralha, diz-se igualmente dos navios, dos bovinos por causa de seus cornos, da "coroa" e de um sinal "recurvado" de pontuação, *corônis*, que marca o fecho de uma estrofe, de uma tríade, de um capítulo, de um livro, ou uma crase, donde metaforicamente "fim, fecho", como está em Plutarco, *Mor.*, 334c: ἀπὸ τῆς ἀρχῆς μέχρι τῆς κορωνίδος (apò tês arkhês mékhri tês korōnídos), "desde o início até o sinal do recurvado", isto é, até o fim, *DELG*, p. 570. O *finis coronat opus*, o fim coroa a obra, do latim, soa até como pleonasmo...

Há três heroínas com este nome. A mais célebre é a filha de Flégias, rei dos lápitas. Amada por Apolo, ficou grávida de Asclépio (v.). Temendo que o deus, eternamente jovem, por ser imortal, a abandonasse na velhice, uniu-se a Ísquis, que foi morto pelo filho de Leto.

Quanto a Corônis, foi liquidada a flechadas por Ártemis, a pedido do irmão. Asclépio, através de uma "cesariana umbilical", foi extraído do seio materno de Corônis.

Consoante uma tradição sagrada, atestada por um peã (canto em honra de Apolo) de Isilo, conservado numa inscrição de Epidauro, o verdadeiro nome da mãe de Asclépio era Egla, apelidada Corônis por causa de sua beleza. Flégias, nesta versão, não seria um rei tessálio, mas um habitante de Epidauro, que teria se casado com uma tessália, Cleômene, filha de um certo Malos.

A segunda heroína com o mesmo nome atesta apenas a relação de Corônis, "a adunca", com a gralha.

Perseguida pela paixão incontrolável de Posídon, Corônis pediu auxílio a Atená, que a transformou em gralha, livrando-a, desse modo, do assédio do deus do mar.

A terceira é o nome de uma das ninfas que ajudou a criar Dioniso. Raptada por Butes, recorreu ao deus do vinho, que enlouqueceu o raptor. Em seu desvario, Butes acabou por suicidar-se, lançando-se num poço.

CORONO *(III, 122, 208).*

Κόρωνος (Kórōnos), *Corono*, que está *na Ilíada*, II, 746, significa etimologicamente "o adunco", por ser um derivado de Corônis (v.).

Filho de Ceneu, Corono reinava sobre os lápitas, à época em que Héracles realizava seus Doze Trabalhos. Ameaçado por aqueles povos belicosos e violentos, a cuja frente estava seu Rei Corono, Egímio, rei dos dórios, apelou para Héracles. O herói venceu facilmente os lápitas e matou-lhes o rei.

Segundo uma versão, Corono participou da Expedição dos Argonautas e foi pai de Leonteu, que lutou bravamente ao lado dos aqueus na Guerra de Troia.

CORUJA *(II, 30-32).*

Γλαύξ (Glaúks), que significa *coruja, Athene noctua*, "ave de Atená e de Atenas, já era derivado pelos antigos de γλαυκός (glaukós), "azul-claro" mas também "brilhante, cintilante" e, por extensão, "terrível, ameaçador", o que justificaria o epíteto de Atená, γλαυκῶπις (glaukôpis), "a de olhos de coruja, a de olhos garços, cintilantes, terríveis", *DELG*, p. 226.

A coruja, *glaúks*, "a brilhante", porque enxerga nas trevas, em latim *noctua (auis)*, "a ave da noite", era, como se viu, consagrada a Atená (v.). Ave *noturna*, relacionada, pois, com a lua, a coruja não suporta a luz do sol, opondo-se, desse modo, à águia, que a recebe de olhos abertos.

Deduz-se, daí, como se explicou em *Mitologia Grega*, Vol. II, p. 32, que o mocho, em relação a Atená, é o símbolo do conhecimento racional com a percepção da luz lunar por reflexo, opondo-se, destarte, ao conhecimento intuitivo com a percepção direta da luz solar.

Explica-se talvez, assim, o fato de ser a coruja um atributo tradicional dos *mánteis*, dos adivinhos, simbolizando-lhes o dom da clarividência, mas através dos sinais que os mesmos interpretam. *Noctua*, ave das trevas, octônia, portanto, a coruja é uma excelente conhecedora dos segredos da noite. Enquanto os homens dormem, ela fica de olhos abertos, bebendo os raios da lua, sua inspiradora. Vigiando os cemitérios ou atenta aos cochichos da noite, essa núncia das trevas sabe tudo o que se passa, tendo-se convertido em muitas culturas numa poderosa auxiliar da *manteia*, da mântica, da arte de adivinhar. Daí a tradição, segundo a qual quem come carne de coruja participa de seus poderes divinatórios, de seus dons de previsão e presciência.

Eis aí por que, no *Antigo Testamento*, Javé, certamente com o fito de banir a superstição, proibia comer carne de mocho:

e (não comais) todo o gênero de corvos, e o avestruz, e a coruja... (Dt 14,14-15).

No mito grego a coruja é representada por Ascálafo (v.), que, tendo denunciado a Perséfone (v. Deméter), foi transformado em mocho.

CRAGALEU.

Κραγαλένς (Kragaleús), *Cragaleu*, segundo Carnoy, *DEMG*, p. 101, proviria da raiz *ak> *akr-g, "pontiagudo", e κράγος (krágos) seria, na Grécia, o nome de diferentes montanhas rochosas, o que daria para o herói o sentido de "rochoso, petrificado".

Cragaleu, filho de Dríops, era um pastor dotado de muita cultura e de um grande senso de equidade. Um dia em que conduzia seus rebanhos ao pastoreio, Ártemis, Apolo e Héracles interromperam-lhe a caminhada e fizeram-no árbitro de uma questão de honra que os dividia. Tratava-se de saber qual dos três reinaria sobre a cidade de Ambrácia, no Epiro. Cada um expôs suas razões e o pastor decidiu que a cidade pertencia, sem a menor dúvida, a Héracles. Apolo, furioso, o transformou em rochedo, exatamente no local em que fora proferida a sentença.

Anualmente, os habitantes de Ambrácia ofereciam-lhe um sacrifício, por ocasião das festas dedicadas a Héracles.

CRÂNAO *(I, 326)*.

Κραναός (Kranaós), *Crânao*, é uma substantivação do adjetivo κραναός (kranaós), "pedregoso, escarpado", *DELG*, p. 577.

Já idoso, Cécrops legou o reino da Ática a seu filho Eresícton, mas, tendo este falecido sem deixar descendentes, Crânao assumiu o poder. Como filho de Hélio, era o mais poderoso e respeitado dos cidadãos e foi sob seu governo que os habitantes do país receberam o nome de crânaos e Atenas o de Crânae.

Casou-se com a lacônia Pédias e foi pai de três filhas: Crânae, Cranecme e Átis. Tendo esta última falecido antes de casar, o país dos crânaos passou a chamar-se Ática em honra da mesma.

Casado com uma das filhas de Crânao, o ambicioso Anfíction baniu seu sogro e se apossou do reino da Ática.

CRÂNON.

Κράνων (Kránōn), *Crânon*, provém certamente de κράνον (kránon), "pilriteiro". Partindo-se do indo-europeu *kr̥non-os, *kránon* corresponde exatamente ao latim *cornum, cornus*, "pilriteiro".

É válida e significativa a aproximação com o lituano *Kirnis*, nome de um deus que protege as cerejeiras, *DELG*, p. 577.

Crânon era filho de Pelasgo que deu o nome do filho à cidade de Crânon, na Tessália. Esta cidade chamava-se outrora Éfira, mas com a morte de Crânon, que tentou disputar com Enômao (v.) a mão de Hipodamia, os habitantes de Éfira mudaram-lhe o nome para Crânon.

CRANTOR.

Κράντωρ (Krántōr), *Crantor*, deriva, segundo Carnoy, *DEMG*, p. 181, de κραντήρ (krantḗr), "o que realiza, o que conclui".

Após uma derrota, Amintor, rei dos dólopes, deu a Peleu como refém o jovem Crantor. Corajoso e forte, tornou-se o escudeiro predileto do pai de Aquiles. Na luta dos lápitas contra os Centauros, Crantor, que combatia ao lado de seu senhor, foi ferido e morto por uma árvore enorme lançada pelos Centauros contra Peleu e seus aliados. O esposo de Tétis, mais tarde, vingou-lhe a morte.

CREONTE *(I, 64, 222, 252; II, 60; III, 91, 95, 146, 151, 187-188, 234, 254-255, 257, 259, 264-266, 268, 270)*.

Κρέων, -οντος (Kréōn, -ontos), *Creonte*, procede do comparativo κρέων (kréōn), cuja forma épica é κρείων (kreíōn), "o mais forte, o senhor, o chefe, o soberano, aquele cujo poder se estende ao longe".

A ideia de que Κρέων, Κρέουσα (Kréōn, Kréusa), Creonte, Creúsa, fosse um particípio tem sido abandonada em favor do comparativo, que se pode aproximar do comparativo indo-europeu: avéstico *srayah-*, sânscrito *śréyas-*, "mais forte". Trata-se, a princípio, ao que parece, de um substantivo, avéstico *srī-*, sânscrito *śrī*, "soberania, riqueza, esplendor," *DELG*, p. 580.

Existem duas personagens míticas muito importantes com este nome. O primeiro é filho de Liceto e rei de Corinto. Foi a ele que Alcméon confiou o casal de filhos que tivera com Manto, filha de Tirésias. A grande intervenção, todavia, de Creonte no mito foi no dramático episódio de Jasão (v.) e Medeia (v.).

Expulsos de Iolco, após a morte de Pélias, o casal se refugiou na corte de Corinto com dois filhos menores. Aí viveram alguns anos em paz, quando o rei cometeu grave equívoco: ofereceu sua filha Creúsa (v.) ou Glauce em casamento a Jasão. Este, de maneira impensada, aceitou tão inesperada proposta e repudiou a Medeia. Inconformada com a ingratidão do marido, pelo qual tudo fizera, arquitetou um plano macabro de vingança contra o rei, a filha e o marido. Enviou à noiva de Jasão um sinistro presente de núpcias. Tratava-se de um manto ou um véu e de uma coroa de ouro impregnados de poções mágicas e fatais. Vaidosa, Glauce ou Creúsa aceitou os presentes, mas teve apenas tempo de se ornamentar com eles. De imediato, um fogo misterioso começou a devorar-lhe as carnes e os ossos. O rei, que correra em socorro da filha, foi envolvido também pelas chamas inextinguíveis, que os transformaram rapidamente num monte de cinzas.

Outras versões relatam que Medeia teria incendiado o palácio real, matando carbonizados a Creonte e a filha.

O segundo Creonte é o tebano, filho de Meneceu e irmão de Jocasta. Após a morte de Laio por Édipo (v.), seu próprio filho, Creonte assumiu as rédeas do governo de Tebas, que, mesmo antes da morte de Laio, estava sitiada por um monstro, a Esfinge (v.). Esta propunha sempre o mesmo enigma – *Qual o animal que, possuindo voz, anda, pela manhã, em quatro pés, ao meio-dia, com dois e, à tarde, com três?* – e devorava a todos quantos não lhe dessem a resposta correta. Vários tebanos, inclusive Hêmon, filho de Creonte, já haviam servido de pasto para o monstro. Face a tão grande flagelo, o novo soberano de Tebas propôs a mão de Jocasta e, por conseguinte, o reino da Beócia, a quem livrasse a cidade de semelhante calamidade. Édipo enfrentou "a cruel cantora", como era designada a devoradora de jovens e resolveu o enigma, respondendo-lhe que era *o homem*, que iniciava a vida, servindo-se, para caminhar, dos pés e das mãos, depois apenas dos dois pés e na velhice apoiava-se num bordão.

Creonte, cumprindo a promessa, cedeu-lhe o trono e fê-lo esposar Jocasta, mãe do herói libertador de Tebas. Desse enlace incestuoso nasceram quatro filhos: Etéocles, Polinice, Antígona e Ismene. Mais tarde, como nova desgraça devastasse o reino, Creonte, por ordem de Édipo, consultou o Oráculo de Delfos e descoberto que a calamidade pública se devia ao incesto do filho com a própria mãe, Jocasta se enforcou e Édipo partiu para o exílio, deixando o poder nas mãos de Creonte.

Na séria e grave disputa pelo trono de Tebas entre Etéocles (v.) e Polinice (v.), este acabou se exilando, mas retornou com a expedição dos Sete contra Tebas (v.), tendo perecido em luta singular ambos os filhos de Édipo. Nesta ocasião, para salvar a cidade dos invasores, Creonte, a conselho de Tirésias (v.), ofereceu seu próprio filho Megareu como vítima expiatória ao deus Ares. Decretou, em seguida, funerais suntuosíssimos em honra de Etéocles e proibiu, sob pena de morte, se desse sepultura a Polinice, que se unira a estrangeiros e marchara contra a pátria. Antígona (v.), vendo no gesto do tio um sacrilégio, tentou sepultar o irmão, cobrindo-lhe ritualmente o cadáver com um pouco de terra. Presa, foi condenada a ser sepultada viva, tendo sido encerrada no túmulo dos labdácidas. Hêmon, seu noivo, e filho de Creonte, segundo uma variante de *Édipo Rei* de Sófocles, apunhalou-se sobre o cadáver de Antígona, que se enforcara no túmulo em que fora enclausurada. Eurídice, esposa do rei de Tebas, matou-se igualmente ao ter conhecimento do suicídio de Hêmon.

Como Édipo se exilara em Colono, bairro de Atenas (tema da última tragédia de Sófocles, *Édipo em Colono*) e como um oráculo houvesse predito que a segurança e a prosperidade de Tebas estavam condicionadas ao retorno de Édipo, Creonte tentou fazê-lo voltar à pátria. Diante da peremptória recusa do pai de Antígona, o rei ensaiou reconduzi-lo à força. Foi necessária a firme intervenção de Teseu (v.), rei de Atenas, para que o despótico rei dos beócios desistisse de seu intento. Foi ainda Teseu quem obrigou Creonte a devolver os cadáveres dos heróis que pereceram na malograda expedição dos Sete contra Tebas. Segundo uma versão, o rei de Atenas foi obrigado a matá-lo, para trazer para Argos os corpos dos heróis que haviam perecido diante das sete portas de Tebas.

Dois outros episódios estão ainda ligados ao governo de Creonte. O primeiro é a presença de Anfitrião em Tebas. Purificado por Creonte, este impôs-lhe a caça à raposa de Teumesso, antes de Anfitrião empreender sua vitoriosa campanha contra Ptérela, rei dos teléboas. O segundo é o nascimento de Héracles, que, um pouco mais tarde, libertou Tebas do pesado tributo anual que esta pagava a Ergino, rei de Orcômeno. Creonte deu-lhe como recompensa a filha mais velha, Mégara, em casamento, e ao irmão gêmeo do herói, Íficles, a filha mais jovem.

CREONTÍADES *(III, 146)*.

Κρεοντιάδης (Kreontiádēs), *Creontíades*, significa descendente de Creonte (v.). Trata-se de um dos filhos de Héracles e de Mégara, filha do tebano Creonte. Foi morto com seus irmãos pelo próprio pai, quando este enlouqueceu. Normalmente se atribuem a Héracles com Mégara apenas três filhos: Creontíades, Terímaco e Dêicoon. Outras versões, porém, relatam que eram sete, sem nomear os três citados: Polidoro, Aniceto, Mecistófono, Patrocleu, Toxóclito, Menebrontes e Quersíbio.

CRÉS.

Κρής (Krḗs), *Crés*, para Carnoy *DEMG*, p. 101, talvez o antropônimo esteja relacionado com a raiz indo-europeia *gret-/gred-*, "vivaz, esperto".

Filho de Zeus e de uma ninfa do Monte Ida de Creta ou de um Hélio da mesma ilha, Crés é o herói epônimo dos cretenses. Reinou sobre a primeira população da ilha, os "eteocretenses", isto é, "os cretenses autênticos". Foi ele quem providenciou numa gruta do Monte Ida um asilo seguro para Zeus, o qual estava ameaçado de ser devorado por Crono. Foi, antes de Minos, o grande legislador dos cretenses.

Atribui-se-lhe, por vezes, a paternidade de Talos (v.), o monstro de bronze, que guardava dia e noite a Ilha de Minos, até que foi morto por Medeia (v.).

CRESFONTE.

Κρεσφόντης (Kresphóntēs), *Cresfonte*, para Carnoy, *DEMG*, p. 101, significaria o "cheio de força", enquanto proveniente de Κρε(τ)s (kre(t)s), por κράτος (krátos), "força" e de -φόντης (-phóntēs), da raiz *$gh^w en$-, "matar, abater".

Cresfonte é um dos Heraclidas, vale dizer, um dos descendentes de Héracles. Filho de Aristômaco, possuía dois irmãos, Têmeno e Aristodemo. Com eles ou apenas com Têmeno e os filhos de Aristodemo, já falecido, Cresfonte, comandando os dórios, conquistou o Peloponeso. Após a grande vitória, o território foi dividido em três reinos, distribuídos pela sorte: Argos, Lacedemônia e Messênia. Cresfonte, usando de astúcia, acabou ficando com este último, que era o mais rico. Têmeno herdou Argos e Aristodemo ou um de seus filhos, a Lacedemônia. Em cada reino foi erguido um altar a Zeus e sobre cada um dos altares apareceu um sinal, símbolo do caráter do povo que o habitaria. Assim, no de Argos surgiu um sapo; no de Lacedemônia, uma serpente, e, no de Messênia, uma raposa.

O rei de Messênia distribuiu o território, que lhe foi atribuído, em cinco regiões administrativas, designando um vice-rei para cada uma e escolheu Esteniclero como capital. Concedeu direitos iguais a toda a população, fato que desagradou os dórios. Diante da reação, estabeleceu que a capital só poderia ser habitada por estes. Os ricos proprietários rurais também reagiram e, sublevados, assassinaram Cresfonte e dois de seus filhos.

O rei da Messênia era casado com Mérope, filha de Cípselo (v.).

CRETEU *(III, 174[144], 204-205).*

Κρηθεύς (Krētheús), *Creteu*, segundo Carnoy, *DEMG*, p. 101, talvez seja uma outra forma de Krḗs (v.), "o animado, o esperto".

Filho de Éolo e de Enárete, uniu-se a Tiro, sua sobrinha, e foi pai de Esão, Feres e Amitáon. Adotou os filhos que a esposa tivera antes com Posídon, Neleu e Pélias. São-lhe atribuídos ainda outros filhos: Tálao, pai de Adrasto, Hipólita, chamada também Creteis, que desposou Acasto e Mirina, esposa de Toas, rei de Lemnos.

Creteu foi fundador de Iolco, a cidade de Esão, Jasão e Pélias.

CREÚSA *(I, 222; II, 62, 88; III, 150-151, 187, 190, 205, 301[229]).*

Κρέουσα (Kréūsa), *Creúsa*, é o feminino de Κρέων (Kréōn) Creonte (v.), cuja etimologia já se explicou, é "a mais forte, a soberana, a senhora, aquela cujo poder se estende ao longe" (v. Creonte).

Há quatro heroínas com este nome. A primeira é uma ninfa (v.) náiade da Tessália, filha de Geia. Amada pelo Rio Peneu, foi mãe de dois filhos, Hipseu, rei dos lápitas, e Estilbe, aos quais se acrescenta por vezes Andreu.

Outra heroína é a filha de Erecteu, rei de Atenas, e de Praxítea. Por ser muito jovem, escapou do destino que se abateu sobre suas irmãs, quando estas se ofereceram como vítimas expiatórias pela pátria na guerra contra Eumolpo, rei de Elêusis. Foi mais tarde violada por Apolo numa gruta da Acrópole de Atenas. Dessa união nasceu Íon, que foi exposto numa cesta no mesmo local em que o deus a possuíra. Mais tarde o menino foi levado para Delfos por Hermes e criado no templo de Apolo.

Creúsa se casou com Xuto, mas como não tivesse filhos, empreendeu uma viagem a Delfos e lá, tendo encontrado Íon, tornou-se fértil, e deu a Xuto dois filhos, Diomedes e Aqueu.

A terceira Creúsa é filha do rei de Corinto, Creonte (v.), também chamada Glauce. Foi morta por Medeia juntamente com o pai.

A quarta personagem com o mesmo nome é a filha de Príamo e Hécuba, que se casou com Eneias. O destino de Creúsa após a queda de Troia é contraditório. No Λέσχη (Léskhē), "pórtico com pinturas" de Polignoto, em Delfos, a esposa de Eneias aparece entre as mulheres troianas, cativas dos aqueus. Em outras tradições ela surge ao lado de Eneias e do filho Iulo ou Ascânio, como tendo escapado da fúria dos invasores de Troia. Na versão da *Eneida* de Virgílio, quando da fuga de Eneias de Troia incendiada, em companhia da esposa, de Anquises e de Iulo, Creúsa voltou a casa e pereceu incendiada ou foi arrebatada por Cibele ou por Vênus. Eneias, ao retornar para procurá-la, o εἴδωλον (eídolōn), a *umbra*, a sombra de Creúsa lhe aparece e, como todo morto é *mántis*, antecipa-lhe o longo caminho a percorrer, a chegada afinal à Hespéria (Itália), a fundação de um reino e um novo casamento.

A despedida da esposa é solene, mas carinhosa:

sed me magna deum genetrix his detinet oris.
Iamque uale et nati serua communis amarem.
                                                          (*En.* 2, 788-789).

– A grande mãe dos deuses (Cibele) me detém nestas plagas:
agora adeus e conserva o amor de nosso filho comum.

CRIMISO.

Κριμισός (Krimisós), *Crimiso*, segundo Carnoy *DEMG*, p. 102, talvez seja um antropônimo pelásgico, que postularia a forma *gremithio- >Krimiso-* e significaria "lamacento, lodoso".

Crimiso era um deus-rio da Sicília. Sob forma de urso ou de cão se uniu à troiana Egesta ou Segesta e foi pai de Acestes, o fundador da cidade de Segesta. Virgílio (*En.* 5, 38) e Higino dão-lhe o nome de Criniso.

CRÍNIS.

Κρῖνις (Krînis), *Crínis*, talvez, consoante Carnoy, *DEMG*, p. 102, seja eventualmente uma forma abreviada, hipocorístico de um nome que começaria por *Krin-*, e remontaria ao verbo κρίνειν (krínein), "julgar, decidir", donde Crínis seria "o juiz, o que decide."

Crinis é o fundador do templo de Apolo Esminteu em Crisa, na Mísia.

Como os campos pertencentes ao santuário do deus estivessem cheios de ratos, Crínis os incendiou, o que provocou a ira do filho de Leto. Em visita às suas propriedades sagradas, o deus foi muito bem-acolhido por Ordes, chefe dos pastores de Crínis. Semelhante hospitalidade desarmou a cólera de Apolo. Para livrar a região do flagelo, o filho de Zeus matou os ratos com suas flechas certeiras, mas pediu a Ordes que determinasse a Crínis a construção de um santuário com o nome de Apolo Esminteu, isto é, de Apolo dos Ratos.

CRÍSAMIS.

Κρίσαμις (Krísamis), *Crísamis*, não possui etimologia conhecida. A hipótese interrogativa de Carnoy, *DEMG*, p. 102, não satisfaz. Como Crísamis possuísse grandes rebanhos, pergunta o filólogo se o antropônimo não estaria de certa forma relacionado com κριός (kriós), "carneiro"?

Crísamis era rei de Cós e proprietário de muitos rebanhos. Certa feita, um monstro marinho, sob forma de um congro, arrebatou-lhe a mais bela das ovelhas. Crísamis conseguiu alcançá-lo e o matou.

Admoestado em sonhos, na noite seguinte, que enterrasse o monstro, o rei, ainda muito irritado com a perda da ovelha, negligenciou a mensagem divina e pereceu.

CRISÂNTIS.

Χρυσανθίς (Khrysanthís), *Crisântis*, é um composto de χρυσός (khrysós), "ouro" e de ἄνθος (ánthos), "flor", donde "a flor de ouro".

Crisântis era uma mulher da Argólida, a qual, numa das versões do mito de Deméter, revelou à deusa, que chegara a Argos, o local exato do rapto de Perséfone. A seguir tal variante, Plutão teria arrebatado Core não na planície de Ena, no centro da Ilha de Sicília, mas no Peloponeso, não distante de Lerna.

CRISAOR *(I, 155-156, 159, 239, 241, 325; II, 21; III, 82, 109).*

Χρυσάωρ (Khrysáōr), *Crisaor*, é um composto de χρυσος (khrysós), "ouro" e de ἄορ (áor), "espada", "o que possui ou agita uma espada de ouro". Como epíteto e como antropônimo Crisaor já é atestado na *Ilíada*, V, 509; XV, 256, entre outros passos.

Tanto quanto Pégaso, Crisaor é filho de Posídon e de Medusa (v. Górgonas). Nascido do pescoço ensanguentado da Górgona, decapitada por Perseu, o gigante, desde o nascimento, brandia uma espada de ouro.

Unido a Calírroe, filha de Oceano, foi pai de Gerião (v.), vencido e morto por Héracles, e de Équidna (v.).

CRISEIDA *(I, 87, 124; III, 297, 334).*

Χρυσηίς (Khrysēís), *Criseida*, é possivelmente, consoante Carnoy, *DEMG*, p. 40, um antropônimo derivado da cidade de Crise, na Tróada.

Crise significaria "a cidade de ouro"? Neste caso, Criseida, ao menos em etimologia popular, poderia provir de χρυσῆ (krhysê), "de ouro", adjetivo contrato, derivado *de* χρυσός (khrysós), "ouro".

Criseida, que, na realidade, se chamava Astínome, era filha do sacerdote de Apolo, Crises, originário da cidade de Crise, na Tróada. A filha de Crises se encontrava em Tebas da Mísia, em visita a Ifínoe, irmã do Rei Eécion, quando os aqueus, numa operação de pilhagem, saquearam Tebas. Presa, foi oferecida a Agamêmnon como parte do espólio do comandante em chefe da armada grega. Crises, como relata a *Ilíada*, I, 9-32, veio reclamá-la, mas insultado por Agamêmnon, pediu a Apolo que castigasse os exércitos gregos com uma peste. Foi em consequência desta que Aquiles convocou a célebre assembleia (*Il*. I, 53sqq.), em que o atrida foi coagido a devolver Criseida ao sacerdote de Apolo, mas, como vingança e compensação, se apossou de Briseida, cativa de Aquiles. Tal fato provocara "a ira ingente" do pelida (v. Aquiles e Briseida).

Uma variante relata que, mais tarde, Crises espontaneamente devolveu a filha ao despótico rei de Micenas e com ele Criseida tivera dois filhos: Ifigênia e Crises, assim chamado em homenagem ao avô. Tradições posteriores insistem em retratar Criseida como loura, baixa, franzina e extremamente delicada, ao contrário de Briseida, que era alta, morena, bonita e muito terna. É possível que as primas Briseida e Criseida ou Hipodamia e Astínome sintetizassem o tipo de beleza feminina para os helenos.

CRISES *(I, 87, 124; III, 105, 208, 296-297).*

Κρύσης (Khrýsēs), *Crises*, seria assim denominado porque, como sua filha Criseida, nascera na Tróada, na cidade de Crise, a qual, por etimologia popular, significaria "cidade do ouro", como derivada *de* χρυσός (khrysós), "ouro".

Há dois heróis com este nome. O primeiro, conforme se assinalou, era o sacerdote de Apolo (v. Criseida), que, em algumas tradições, é tido como irmão de Briseu (v.) e o segundo se apresenta como filho de Criseida e Agamêmnon, neto, por conseguinte, do primeiro.

Quando Agamêmnon devolveu Criseida ao pai, a jovem afirmou que estava grávida, mas não do rei de

Micenas. Assim, ao nascer Crises, ela revelou que o menino era filho de Apolo.

Após a queda de Troia e os assassinatos de Agamêmnon e Clitemnestra, Orestes dirigiu-se a Táurida, de onde trouxe sua irmã Ifigênia, que lá funcionava, sob as ordens do Rei Toas, como sacerdotisa de Ártemis. Perseguidos pelo soberano da Táurida, buscaram refúgio na casa de Crises. O sacerdote, para se vingar das antigas ofensas do comandante dos aqueus, já se preparava para entregá-los ao tirânico Toas, quando Criseida resolveu dizer a verdade ou a mentira salvadora. Seu filho Crises era, na realidade, fruto de seus amores com Agamêmnon, havendo, por conseguinte, laços consanguíneos que impediam semelhante atitude por parte de seu pai Crises. Salvos por Criseida, Orestes, com auxílio de Crises neto, matou a Toas e tranquilamente retornou à Hélade com sua irmã Ifigênia.

CRISIPO *(I, 78, 84, 245; III, 60, 237, 242, 259).*

Χρύσιππος (Khrýsippos), *Crisipo*, é um composto de χρυσ- (khrys-), radical de χρυσός (khrysós), "ouro" e de ἵππος (híppos), "cavalo", donde "o que possui cavalos de ouro ou ornados com este metal", uma vez que o herói foi raptado por Laio, que usou seu carro puxado por uma quadriga de freios de ouro.

Segundo a versão mais comum, Crisipo era filho de Pélops e da ninfa Axíoque.

Quando Laio, ainda muito jovem, se viu obrigado a fugir de Tebas, porque Zeto e Anfião se lhe haviam apoderado violentamente do trono, refugiou-se na corte de Pélops, rei da Élida.

Esquecendo-se dos laços sagrados da hospitalidade, o futuro rei de Tebas deixou-se dominar por uma paixão louca por Crisipo e o raptou, inaugurando, assim, na Hélade, ao menos miticamente, a pederastia. Pélops amaldiçoou publicamente a Laio, e Hera, a protetora dos amores legítimos, anatematizou a ambos. Crisipo, envergonhado, se matou, e Laio arrastaria mais essa *hýbris* para a família dos labdácidas.

Uma variante relata que Crisipo foi assassinado por seus irmãos por parte de pai, Atreu e Tieste. Hipodamia, mãe destes dois últimos e madrasta daquele, instigou os filhos a matarem o enteado, temendo que um intruso se apoderasse do trono da Élida.

CRISO.

Κρίσος (Krísos), *Criso*, é palavra sem etimologia conhecida. Carnoy, *DEMG*, p. 102, todavia, pergunta se o vocábulo não está relacionado com Κρῖσα ou Κρίσσα (Krîsa ou Kríssa), cidade da Fócida.

Criso é o fundador da cidade de Crisa, no Parnasso. Filho de Foco e de Astéria, o herói é um descendente de Deucalião. Irmão gêmeo de Panopeu, os dois, no entanto, jamais se deram bem, porque, segundo o mito, vinham brigando desde o seio materno. Uma tradição, porém, atribui filiação diferente aos dois heróis: o primeiro seria filho de Tirrano e de Asterodia e o segundo, de Foco.

Casado com Antifátia, foi pai de Estrófio, que, com Anaxíbia, irmã de Agamêmnon, gerou Pílades, primo, amigo e companheiro inseparável de Orestes.

CRISOPELIA.

Χρυσοπέλεια (Chrysopéleia), *Crisopelia*, não possui etimologia segura até o momento. O primeiro elemento do composto é claramente χρυσός (khrysós), "ouro", mas o segundo oferece dificuldade.

Carnoy, *DEMG*, p. 40, pergunta se este não poderia ser πτελέα (pteléa), que aparece nas inscrições de Epidauro sob a forma πελέα (peléa), "olmo". Neste caso, o antropônimo significaria "olmo áureo".

Crisopelia era uma ninfa (v.) hamadríada, isto é, "que vivia num carvalho", na Arcádia. Certa feita, quando caçava, o Rei Arcas viu o carvalho na iminência de ser arrastado por uma correnteza. A ninfa, que o habitava, implorou ao rei caçador que a salvasse. Arcas, sem perda de tempo, mandou erguer uma muralha de pedras para cercar a água e preservou a árvore sagrada e sua ninfa. Como recompensa, Crisopelia uniu-se a ele e deu-lhe dois filhos: Élato e Afidas, ancestrais dos arcádios.

CRISÓTEMIS *(I, 78, 85; III, 331, 334, 352).*

Χρυσόθεμις (Khrysóthemis), *Crisótemis*, segundo Carnoy, *DEMG*, p. 40, talvez seja um epíteto laudatório com o sentido de "a que emite decisões de ouro, isto é, justas", uma vez que se trataria de um composto de χρυσός (khrysós), "ouro, metal precioso" e de θέμις (thémis), "justiça, decisão, juízo".

São três as personagens míticas com este nome. A primeira é uma cretense, filha de Carmanor. Inventora dos concursos musicais, foi a primeira vencedora no gênero. É considerada mãe do músico Filâmon. A segunda é filha de Agamêmnon e Clitemnestra. Personagem da tragédia de Sófocles, *Electra*, Crisótemis é fiel à sua irmã, mas comporta-se de maneira muito semelhante a Ismene da tragédia *Antígona* do mesmo poeta. Ambas têm a mesma filosofia de vida: para se viver em paz é necessário curvar-se diante dos poderosos. A terceira é uma filha de Dioniso e Ariadne. Casada com Estáfilo, foi mãe de Párteno, Reo e Hermítea.

CRITEIS.

Κριθηίς (Krithēís), *Criteis*, não possui etimologia até o momento. Filha de uma ninfa da Ásia Menor, uniu-se ao Rio Meles e foi mãe do poeta Homero. Outra versão diz ser ela uma das filhas de Apeles, da cidade de Cime. Perto de falecer, o pai confiou-a ao irmão Méon. Criteis, todavia, se liberou da tutela do tio e se entregou a um habitante de Esmirna, chamado Fêmio. Um dia em que lavava roupa à margens do Rio Meles, deu à luz um menino, que veio a ser o poeta Homero. Tal variante objetiva explicar o epíteto de poeta, *Melesígene*, isto é, nascido junto ao Rio Meles.

Uma terceira versão relata que Criteis era uma jovem de Ios, que foi amada por um gênio secundário do cortejo das Musas. Raptada por piratas, foi conduzida a Esmirna, onde Méon, rei da Lídia, a desposou. Quando deu à luz Homero, junto ao Rio Meles, morreu de parto.

CROCO.

Κρόκος (Krókos), *Croco* (v. Crócon), que significa "açafrão", foi um jovem infeliz. Depois de um grande e malogrado amor pela ninfa Esmílax, foi transformado em açafrão.

CRÓCON.

Κρόκων (Krókōn), *Crócon*, tanto quanto Κρόκος (Krókos), *Crocos* (v.), provém de κρόκος (krókos), "açafrão", o *crocus sativus*. A palavra grega é certamente um empréstimo a uma língua semítica: acádico *kurkānū*, hebraico *karkōm*, "açafrão".

Crócon, filho de Triptólemo, casou-se com Saisara, filha de Céleo, rei de Elêusis. Rei igualmente de uma região do mesmo local, seu palácio ficava exatamente no limite de Elêusis e da Ática.

Crócon e seu irmão Cóero eram os antepassados das famílias sacerdotais dos Crocônidas e dos Coerônidas, que atuavam no culto de Deméter. Uma das filhas de Crócon, Meganira, se casou com Arcas (v.).

CRONO *(I, 54, 71, 136, 154, 157-158, 162, 167, 172, 175, 191-192, 195-196, 198-201, 204, 206, 275, 280-281, 290, 334-335, 340, 342-344, 348; II, 19, 90³¹, 156-157, 182; III, 47, 66, 350).*

Κρόνος (Krónos), *Crono*, não possui etimologia segura até o momento, Frisk, *GEW*, s.u. A aproximação com o verbo κραίνειν (kraínein), "concluir, vibrar o último golpe" é, foneticamente, difícil de comprovar.

A etimologia popular relacionou *Krónos* com Χρόνος (Khrónos), "Tempo" personificado, Arist. *MU.* 401a, mas semelhante aproximação é destituída de qualquer valor linguístico, *DELG*, p. 586; *GEW*, s.u.

Crono é o mais jovem filho de Úrano e Geia na linhagem dos Titãs. Pertence, por conseguinte, à primeira geração divina, anterior a Zeus e aos restantes deuses olímpicos.

Úrano, tão logo nasciam os filhos, devolvia-os ao seio materno, temendo, certamente, ser destronado por um deles. Geia, então, resolveu libertá-los e pediu aos filhos que a vingassem e afastassem do esposo. Todos, Titãs, Ciclopes, Hecatonquiros, se recusaram, exceto o caçula, Crono, que odiava o pai. Entregou-lhe Geia uma *foice* (instrumento sagrado que corta *as sementes*) e quando Úrano, "ávido de amor", se deitou, à noite, sobre a esposa, Crono cortou-lhe os testículos (v. Úrano). Senhor do mundo, se casou com a irmã Reia e converteu-se num déspota pior do que o pai. Temendo os Ciclopes que Úrano lançara no Tártaro e que ele havia libertado, a pedido da mãe, novamente os aprisionou nas trevas inferiores e desta vez lhes deu por companhia os Hecatonquiros.

Como Úrano e Geia, depositários da *mântica*, vale dizer, do conhecimento do futuro, lhe houvessem predito que seria destronado por um dos filhos, que teria de Reia, passou a engoli-los, à medida que iam nascendo: Héstia, Deméter, Hera, Hades ou Plutão e Posídon. Escapou somente Zeus. Grávida deste último, Reia fugiu para a Ilha de Creta e lá, secretamente, no Monte Ida ou Dicta, deu à luz o caçula. Envolvendo em panos de linho uma pedra, deu-a ao marido, como se fosse a criança, e o deus, de imediato, a engoliu.

Uma vez crescido, Zeus, ajudado por Métis ou pela própria Geia, fez que Crono ingerisse uma poção mágica que o forçou a devolver todos os filhos anteriormente devorados. Comandados por Zeus, os deuses olímpicos iniciaram uma luta de dez anos contra os Titãs. Por fim venceu o caçula de Reia. Os Titãs, expulsos do céu, foram lançados no Tártaro. Para obter tão retumbante triunfo, o futuro pai dos deuses e dos homens, a conselho de Geia, libertou das trevas os Ciclopes e os Hecatonquiros. Estes últimos tornaram-se, desde então, os guardiães dos inimigos derrotados.

Além dos filhos que tivera com Reia, algumas tradições atribuem à união de Crono com Fílira a paternidade sobre Quirão (v.), o grande pacífico Centauro. Outros mitógrafos dão-lhe ainda como filhos Hefesto e Afrodite.

Na tradição religiosa órfica, Zeus, tão logo sentiu consolidado seu poder, libertou o pai Crono da prisão subterrânea, recompôs-se com ele e o enviou para a Ilha dos Bem-aventurados. Esta reconciliação do senhor do Olimpo com o pai, considerado como um príncipe *justo e bom*, o primeiro a reinar no céu e na terra, é que gerou o mito da Idade de Ouro (v. Cinco Raças).

Na Hélade, sobretudo entre os Órficos, se dizia que em priscas eras o deus pacífico e generoso teria reinado em Olímpia.

Diga-se de passagem que essa ideia de o deus ter reinado em "priscas eras" fez de Crono sinônimo de um passado incomensurável. Assim é que o derivado κρονεῖον (kroneîon) significa "no tempo de Crono", *illo tempŏre...*

Dizia-se igualmente que o rei *bom e justo* teria reinado na África, na Sicília e em todo o ocidente mediterrâneo.

Na Itália, quando houve, sobretudo a partir do séc. III a.C., um vasto sincretismo religioso e cultural greco-latino, Crono foi identificado com Saturno, dando origem à Idade de Ouro. Etimologicamente, *Saturnus* provém por etimologia popular do particípio *satus*, do verbo *serere*, "semear, plantar". Teria sido, segundo o mito, o primeiro rei do *Latium*, tornando-se o deus das sementeiras, esposo de *Ops Consiua*, isto é, da "abundância que protege e prodigaliza os bens da terra". Foi, pois, à época de Saturno, que se instalou na Ausônia (Itália) a *aetas aurea*, a idade de ouro, quando a terra tudo produzia abundantemente, sem trabalho e sem fadiga, como atesta o poeta Públio Ovídio Nasão em suas *Metamorfoses*, 89sqq.

Reinavam a paz, a liberdade, a igualdade e a concórdia. Saturno é, assim, o herói civilizador, o que ensina a cultura da terra, a paz e a justiça. Públio Virgílio Marão sonhou com o retorno, no século de Augusto, dessa paz e dessa justiça, *Écloga* 4, 6:

Iam redit et Virgo, redeunt Saturnia regna
– Eis que a Justiça está de volta; retorna o reino de Saturno.

Pois bem, para comemorar esse antigo estado paradisíaco e obter as boas graças e a proteção do deus sobre a vegetação e as sementes lançadas no seio da terra, celebravam-se anualmente as *Saturnalia*, "festas em honra de Saturno", como se explicou com minúcia em *Mitologia Grega*, Vol. I, p. 340sqq.

CROTO.

Κρότος (Krótos), *Croto*, não possui etimologia até o momento.

Filho de Pã e Eufeme, Croto habitava o Monte Hélicon, em companhia das Musas, uma vez que sua mãe fora ama de leite dessas filhas de Zeus. Viveu tão feliz entre elas que, para agradá-las, quando cantavam, inventou "os aplausos". As Musas conseguiram de Zeus que Croto fosse transformado em constelação.

CRÓTON.

Κρότων (Krótōn), *Cróton*, possivelmente se origina de κροτών (krotôn), "carrapato (de carneiro)", donde "a planta rícino com sua semente", uma vez que a semente do rícino tem a forma de inseto.

Cróton é o herói mítico ao qual se atribui a fundação da cidade de Crotona, no sul da Itália. Quando Héracles retornava de sua grande tarefa, a busca do rebanho de Gerião, foi acolhido por Cróton, que acabava de colocar os alicerces da futura cidade. Licínio, todavia, personagem violento, vizinho de Crotona, tentou roubar-lhe as reses. Héracles, no combate travado com o bandido, o matou, mas acidentalmente feriu também a Cróton, que veio a falecer. Como expiação, o herói construiu-lhe um grande túmulo, predizendo que uma cidade famosa se ergueria ao lado e cujo nome seria Crotona.

Algumas tradições fazem de Cróton irmão de Alcínoo, rei dos Feaces.

CROTOPO.

Κρότωπος (Krótopōs), *Crotopo*, é antropônimo sem etimologia conhecida. Filho do rei de Argos, Agenor, teve duas filhas, Estênela e Psâmate. Amada por Apolo, esta última foi mãe de Lino, exposto logo ao nascer. Recolhido por pastores, foi, no entanto, um pouco mais tarde, devorado pelos cães. Não podendo esconder sua dor, Psâmate relatou a tragédia ao pai. Não acreditando na filha, sobretudo na paternidade de Apolo, condenou-a à morte. O deus, furioso com o destino do filho e da amante, castigou os argivos com uma grande fome. Consultado o Oráculo, a Pítia respondeu que era necessário prestar um culto a Lino e a Psâmate. Além do mais, Apolo exigiu o exílio de Crotopo, que, após muito peregrinar, fundou uma cidade na Megárida, bem perto da Ática. Ovídio, *Ibis*, 574sq., conta que, ao morrer, Crotoco foi lançado no Tártaro por Apolo.

CTÉATO *(III, 62, 102)*.

Κτέατος (Ktéatos), *Ctéato*, não possui etimologia conhecida.

Ctéato e Êurito são dois dos filhos de Actor (v.) e de Molíone, conhecidos como Moliônides. Foram mortos por Héracles (v. Moliônides e Héracles).

CTÍMENE.

Κτιμένη (Ktiménē), *Ctímene*, deve ser o particípio feminino do verbo κτίζειν (ktídzein), "construir, fundar", donde Ctímene seria "a edificadora, a construtora". As formas participais κτίμενος, κτιμένη (ktímenos, ktiménē), "arroteado, plantado, cultivado" já estão presentes no micênico *kitimeno, kitimena* e no sânscrito *kṣé-ti*, "ele habita", pl. *ks-y-ánti*, "eles habitam". O sentido de "fundar" de *ktídzein* é uma inovação do grego, *DELG*, p. 592.

Ctímene é filha de Laerte e Anticleia e, por conseguinte, irmã de Ulisses. Casou-se com Euríloco, companheiro do herói. O esposo de Ctímene desempenhou papel importante no episódio de Circe (v.) e no sacrifício das vacas do deus Hélio (v.).

CTÔNIA *(III, 48[37], 150)*.

Χθονία (Khthonía), *Ctônia*, é um adjetivo feminino substantivado de χθών, χθονός (khthōn, khthonós), "a que está sob a terra, subterrânea".

Khthón é um antigo nome da "terra", oposta ao céu, mas acentue-se com Chantraine, *DELG*, p. 1.258, que *khthónios* é antes sinônimo de ὑποχθόνιος (hypokhthónios) e καταχθόνιος (katakhthónios), isto é, "sob a terra, subterrâneo" do que de ἐπιχθόνιος (epikhthónios)", "sobre a terra", porque, como magistralmente argumenta o helenista supracitado, não existe em grego, ao contrário de várias línguas indo-europeias, nenhuma designação para "o homem" enquanto "terrestre, telúrico". A *khthónios* correspondem o *sânscrito* kṣámyaḥ, "terrestre", o antigo irlandês *duine* e o galês *dyn*, "homem".

Existem duas personagens míticas com este nome. A primeira é filha de Foroneu, o primeiro dos mortais a nascer. Com ajuda de um dos irmãos construiu na cidade de Hermíona um templo a Deméter.

Uma variante argiva faz de Ctônia filha de Colontas, que se recusou a acolher a deusa da vegetação, quando esta vagava pela terra em busca de Core. Ctônia acusou frontalmente o pai de impiedade e Deméter, após incendiar-lhe a casa, levou a jovem para a cidade de Hermíona. Ali Ctônia ergueu um santuário à deusa, que passou a ser cultuada com o nome de Deméter Ctônia, vale dizer, Deméter subterrânea.

Uma segunda Ctônia aparece no mito como uma das filhas do rei de Atenas, Erecteu. Casada com seu tio Butes, foi, todavia, oferecida como vítima expiatória, quando da luta de Atenas contra Eumolpo e os habitantes de Elêusis. Atesta uma outra versão que Ctônia e suas irmãs se mataram, após o sacrifício da mais velha, Protogenia.

CURETES *(I, 281, 332-333; II, 65-66, 77, 117).*

O grego Κουρῆτες (Kurêtes) é, segundo Chantraine, *DELG*, p. 566sq., um derivado de κόρος (kóros), jônico κοῦρος (kûros), forma atestada no micênico *kowo*, "jovem, moço", donde Curetes, *"jovens guerreiros"*.

A etimologia mais provável é a que liga *κόρϜος (*kórwos) a κορε- (kore-) com o sentido de "alimentar, fazer crescer". Curetes são seres divinos que executaram diante de Zeus-menino, em Creta, uma dança guerreira.

O mito dos Curetes é assaz complicado, em função das inúmeras variantes que a ele se acrescentaram.

De saída, o mito nos conduz até a Etólia, onde um povo, com o nome de Curetes, desde uma época muito antiga, ocupava aquela região, de onde foram expulsos pelo Rei Etolo, vindo da Élida, no Peloponeso.

Mais comumente o nome *Curetes* é atribuído aos seres demoníacos que faziam parte do cortejo de Zeus-menino, enquanto este permaneceu em Creta. As tradições mais arcaicas e mesmo as recentes, todavia, diferem consideravelmente acerca da origem desses jovens guerreiros. Por vezes são identificados com os Curetes da Etólia, ou então, o que é frequente, são tidos como originários da Eubeia, de onde foram igualmente expulsos juntamente com sua mãe Combe pelo pai, o violento Rei Socos. Após errarem pelo mundo grego, estabeleceram-se temporariamente na Frígia, daí sua confusão mais tarde com os Coribantes. Sua grande missão na terra de Cibele, no entanto, foi o terem criado a Dioniso. Da Frígia emigraram para a Ática e, com auxílio de Cécrops, vingaram-se de Socos, retornando à Eubeia. Sua mãe Combe era igualmente chamada *Cálcis*, porque lhe é atribuída a invenção das armas de *bronze*, em grego χαλκος (khalkós), "bronze", e seus filhos, os Curetes, dançavam entrechocando as lanças de bronze contra os escudos, provocando um ruído ensurdecedor.

No mito grego os Curetes passam também por filhos de Zeus e Hera, ora de Apolo e da ninfa Dânais, e a função mais honrosa que exerceram foi a prestimosa ajuda que dispensaram a Reia para salvar Zeus do apetite devorador de Crono. Como é sabido, Reia, grávida de Zeus, refugiou-se na Ilha de Creta e lá, secretamente, deu à luz o futuro pai dos deuses e dos homens. Escondido por Geia nas profundezas de uma caverna inacessível, foi alimentado pela cabra Amalteia. Para que os gritos do deus-infante não revelassem sua existência e presença a Crono, que desejava devorá-lo, Amalteia solicitou aos Curetes que dançassem em torno do menino, entrechocando suas lanças e escudos de bronze, a fim de abafar-lhe o choro.

O entrechocar das armas de bronze dos Curetes é uma projeção mítica de grupos iniciáticos de jovens que celebravam a dança armada, uma das formas da *dokimasía* (rito iniciático grego).

A dança ruidosa desses demônios (e Zeus é cognominado "o maior dos Curetes") é um rito de *fertilidade* bem-atestado. É bom não esquecer que a etimologia de Κουρῆτες (Kurêtes) nos remete à ideia de *alimentar, fazer crescer*.

Variantes bem mais tardias e obscuras relatam que os Curetes possuíam o dom da adivinhação e teriam revelado a Minos como ressuscitar Glauco (v.). Conta-se ainda que, a pedido de Hera, teriam feito desaparecer Épafo (v.), filho de Io (v.), amante de Zeus. Este, profundamente irritado, teria fulminado os Curetes.

D

DADA.

Δάδα (Dáda), *Dada*, é palavra expressiva, onomatopaica, da linguagem infantil, como ainda em grego τήθη, τηθή, τίθν (téthē, tēthé, títhē), "avó", vovó; eslavo antigo *dĕdŭ*, russo *ded*, "avô", vêneto *deda*, "tia", ilírio *dada*, "ama".

Dada era a esposa do herói cretense Sâmon, que ajudou Escamandro (v.) a se apoderar da Tróada. Tendo perdido o marido num combate, a viúva contratou um arauto para conduzi-la a uma cidade vizinha, onde deveria contrair segundas núpcias. Durante a viagem, porém, o acompanhante a violentou. Envergonhada, Dada se matou com a espada do primeiro marido, arma que ela trazia sempre consigo. Sabedores do fato, os cretenses lapidaram o arauto no mesmo local onde se praticara o estupro. Tal localidade passou a chamar-se *Campo do Impudor*.

DAFNE *(II, 87; III, 48)*.

Δάφνη (Dáphnē), *Dafne*, é o nome do "loureiro" (*laurus nobīlis*), que se tornou muito importante na Hélade por seu valor apotropaico e em função de seu papel no culto a Apolo. É palavra certamente de origem mediterrânea, como demonstram tantas variações em sua grafia. A relação com o também empréstimo latino *laurus*, "loureiro", cujas folhas coroavam os generais triunfadores, é esclarecida, de um lado, pela glosa λάφνη (láphnē), de outro, por certas oscilações entre λ (l) e δ (d) em vocábulos tomados de empréstimo, como a grafia micênica *dapu ritojo* por λαβυρίνθοιο (labyrínthoio), "do labirinto". Filha do Rio Ládon ou Peneu, e de Geia, Dafne era uma ninfa amada por Apolo. Perseguida pelo deus, a jovem fugiu, mas, quando percebeu que ia ser alcançada, suplicou ao pai que a transformasse. O deus-rio Ládon ou Peneu a metamorfoseou em *loureiro*, a árvore predileta de Apolo. O amor tão intenso do deus pela ninfa, segundo uma tradição bem antiga, fora provocado por Eros. É que Apolo gracejou do filho de Afrodite. Julgando que o arco e a flecha eram atributos seus, o filho de Leto disse a Eros que as flechas por este usadas não passavam de uma brincadeira de menino travesso. Acontece que "o deus do amor" possuía na aljava a flecha que inspira amor e a que provoca aversão. Para se vingar, feriu o coração de Apolo com a flecha do amor e a Dafne com a da repulsa e aversão. Foi assim que, apesar da beleza do deus de Delfos, a ninfa não lhe correspondeu aos desejos, mas, ao revés, fugiu para as montanhas. Existe uma variante lacônia do mito, segundo a qual Dafne era filha de Amiclas, rei da Lacedemônia. Independente, esquiva e amante da caça, trocou a cidade pelas montanhas e passou a fazer parte do cortejo de Ártemis. Ocorre que Leucipo, filho de Enômao, rei da Élida, se apaixonou pela jovem caçadora. Para ter acesso a ela, travestiu-se de mulher e juntou-se às companheiras de Dafne. Estabeleceu-se logo uma grande afeição entre "as duas jovens". Apolo, enciumado, e vendo que a astúcia de Leucipo poderia levá-lo a conquistar Dafne, despertou nesta e em suas amigas o desejo de se banharem nuas numa fonte. Como Leucipo se recusasse a despir-se, as companheiras o forçaram e o artifício foi descoberto. Como Mênades, lançaram-se sobre ele com suas lanças, mas os deuses tornaram-no invisível. Apolo se aproveitou do tumulto e tentou apoderar-se de Dafne, mas esta fugiu e, à custa de súplicas a Zeus, o deus a transformou em *dáphne*, "loureiro".

DÁFNIS *(II, 146-147; III, 127)*.

Δάφνις (Dáphnis), *Dáfhis*, é um derivado de δάφνη (dáphnē), "loureiro". Para a etimologia v. Dafne. Dáfnis é uma espécie de semideus siciliano, que faz parte do ciclo dos pastores e do bucolismo. Filho de Hermes e de uma ninfa, nasceu num vale da Sicília, junto a um "bosque de loureiros", daí seu nome. Criado pelas ninfas, estas lhe ensinaram a arte do pastoreio. Dotado de extraordinária beleza, foi amado não só por ninfas e mortais, mas ainda por imortais, sobretudo pelo deus Pã, que lhe ensinou música. Habilíssimo flautista, era imbatível quando tocava a σῦριγξ (sŷrinks), a siringe, "a flauta de Pã". Inventor da canção bucólica, era mestre no gênero. Mas, ainda muito jovem, faleceu. A causa da morte do pastor-músico foi o grande amor que o uniu a uma pastora, Nômia. Dáfnis lhe havia jurado fidelidade, até um dia em que, bêbado, tornou-se presa fácil da paixão da filha de um rei da Sicília. Nômia, enlouquecida pelo ciúme, o cegou, e depois, segundo outros, o matou. A versão mais seguida é de que o pastor cego entoava ininterruptamente cantos fúnebres e, na sua dor e desespero, acabou por lançar-se do alto de um penhasco ou foi transformado em rochedo ou ainda arrebatado por seu pai Hermes, que o levou para o Olimpo. Consoante uma tradição mais tardia, Dáfnis amava uma ninfa chamada Pimpleia ou Talia, que foi raptada por piratas. Tendo partido à procura da mesma, encontrou-a na Frígia como escrava do cruel Rei Litierses (v.). Tentou libertá-la, mas, preso, seria fatalmente morto pelo soberano local, não fora a pronta intervenção de Héracles, que, à época, estava a serviço da Rainha Ônfale, segundo se expôs em *Mitologia Grega*, Vol. III, p. 126-127. O herói matou a Litierses e entregou-lhe todos os bens a Dáfnis e Pimpleia. Na oitava *Écogla*, 8, 64-109 de Públio Virgílio Marão, Dáfnis transformou-se no símbolo do amor, que é invocado em refrão por uma pastora, através do canto mágico de Alfesibeu. Desesperada com a perda de seu amante, ela o quer trazer de volta através de encantações mágicas. O infiel é configurado por Dáfnis. O refrão encantatório repete-se nove vezes, até que, por fim, no último verso do poema, se anuncia o retorno do amante.

Vamos transcrever o refrão e o fecho da Écogla com a volta do bem-amado:

> *Ducĭte ab urbe domum, mea carmina, ducite Daphnim.* (8, 68)

– Reconduzi da cidade para junto de mim, ó meus encantamentos, reconduzi a Dáfnis.

> *Parcĭte, ab urbe uenit, iam parcĭte, carmĭna, Daphnis.* (8, 109)

– Cessai, cessai, por agora, meus encantamentos, Dáfnis retorna da cidade.

DAMASCO.

Δαμασκός (Damaskós), *Damasco*, talvez signifique "ameixa", *DELG*, p. 250. Damasco é o herói que deu seu nome à cidade homônima da Síria. Filho de Hermes e da ninfa Halimede, teria emigrado da Arcádia para a Síria, onde fundou a cidade em pauta. Outra versão o apresenta como companheiro de Dioniso em sua triunfal excursão à Índia. Mas, tendo chegado à Síria, Damasco destruiu a machadadas todo um vinhedo plantado pelo deus. Este o escorchou no local em que mais tarde se ergueu Damasco. Conta-se também que o nome da cidade proviria do herói Δαμᾶ (Damâ), *Damá*, que, tendo acompanhado Dioniso à Índia, ergueu uma tenda, em grego σκηνή (skēnḗ), no local da futura capital e ali colocara a estátua do deus. Neste caso, *Damasco* proviria de Δαμᾶ σκηνή (Damâ skēnḗ), "a tenda de Damá", etimologia, evidentemente de cunho popular, sem o menor valor científico.

DAMASSENO.

Δαμασήν, -ῆνος (Damasḗn, -ēnos), *Damasseno*, segundo Carnoy, *DEMG*, p. 42, é um derivado do verbo δαμᾶν (damân) ou δαμάζειν (damádzein), "dominar pela força, submeter". O nome próprio *Damasḗn* seria uma forma reduzida de δαμασήνωρ (damasḗnōr), "o que domina os homens". Damasseno é um gigante, nascido de Geia e criado por Éris, a Discórdia. Já veio à luz barbudo e desde a infância a deusa Ilítia o carregou de armas. De altura e força prodigiosas, matou, a pedido da ninfa Mória, o dragão que lhe roubara a vida do irmão, chamado Tilo.

DAMASTES *(III, 156).*

Δαμάστης (Damástēs), *Damastes*, provém do verbo δαμάζειν (damádzein), "dominar pela força, submeter", cuja raiz é bem-atestada em várias línguas indo-europeias, embora com algumas alternâncias, mas sempre com a ideia de "dominar, sujeitar", como o irlandês *damnaim*, sânscrito *-dama-*, antigo alemão *zamōn*, védico *damāyáti*, "ele domina", latim *domāre*, "domar, subjugar", *DELG*, p. 250-251. Damastes é um gigante, comumente designado com os epítetos de Polipêmon (v.) e Procrusto (v.).

DAMETO.

Δάμαιθος (Dámaithos), *Dameto*, não possui etimologia segura. A aproximação com o verbo δαμάζειν (damádzein), "sujeitar, dominar pela força", donde Dameto seria "o dominador, o déspota", não parece convincente.

Dameto era um rei da Cária, a cujas terras chegou o filho de Asclépio, o médico Podalírio, após um naufrágio, quando do retorno da Guerra de Troia. Conduzido à corte por um pastor, o médico famoso recebeu toda a atenção do soberano. Como Sirna, a filha do rei, estivesse muito doente, Podalírio (v.) a salvou. Como recompensa foi agraciado com a mão de Sirna e recebeu ainda uma península, onde construiu duas cidades.

DÂMISO *(III, 56).*

Δάμυσος (Dámysos), *Dâmiso*, não possui etimologia conhecida. Dâmiso era o mais rápido dos gigantes na corrida. Ao falecer, foi enterrado em Palene. Quando Aquiles foi confiado a Quirão, este exumou Dâmiso e tirou-lhe o osso do calcanhar para substituir o do herói, queimado na malograda tentativa feita por Tétis para imortalizar o filho (v. Aquiles). Isto explica a velocidade de Aquiles na corrida e seu famoso epíteto homérico, "o de pés ligeiros". Uma das tradições, certamente tardia, relativa à morte de Aquiles, explica que, ao fugir de Apolo, que o perseguia, o osso colocado em seu calcanhar por Quirão se deslocou e o herói caiu, possibilitando que o deus o ferisse.

DÂNAE *(I, 239, 343; III, 73, 75-76, 80-81, 87-88, 344).*

Δανάη (Danáē), *Dânae*, segundo Carnoy, *DEMG*, p. 42, estaria relacionada com a raiz indo-europeia **dānu*, "água", pelo fato de a heroína ter sido lançada ao mar com o filho Perseu. Dânae é filha do rei de Argos, Acrísio (v.) e de Eurídice, esta, filha de Lacedêmon e de Esparto. Desejando, além de Dânae, um filho homem, o rei mandou consultar o Oráculo de Delfos. Apolo limitou-se a responder que Dânae teria um filho e este mataria o avô. Temendo o cumprimento da sentença, Acrísio enclausurou a filha, em companhia da ama, numa câmara de bronze subterrânea. Zeus, todavia, sob a forma de chuva de ouro, penetrou no "inviolável" compartimento por uma fenda nele existente e engravidou a princesa, que se tornou mãe de Perseu. No dia em que o rei tomou conhecimento da existência do neto, encerrou-o juntamente com a mãe num cofre e mandou expô-los ao mar. O cofre, por proteção de Zeus, foi dar na Ilha de Sérifo ou, consoante outra interpretação, foi recolhido por Díctis, irmão de Polidectes, tirano da ilha. Apaixonado por Dânae, o soberano resolveu livrar-se de Perseu, cuja presença contrariava seus planos, e mandou-o buscar a cabeça de Medusa, missão de que o herói jamais regressaria, segundo pensava o tirano. Uma variante atesta que foi Díctis quem levou a princesa à corte de Polidectes, que a ela se uniu e cuidou da educação do menino. A seguir a primeira versão, a mais difundida por sinal, o rei, na ausência de Perseu, tentou violentar-lhe a mãe. Em seu retorno glorioso, o herói encontrou Dânae e Díctis abraçados à lareira do palácio, tentando escapar das ameaças violentas do tirano. Perseu mostrou-lhe a cabeça de Medusa e o petrificou, bem como a seus cortesãos. Entregou, em seguida, o trono de Sérifo a Díctis e deixou a ilha em companhia de Dânae, que voltou a Argos para viver em companhia de sua mãe Eurídice. Perseu, no entanto, seguiu à procura de Acrísio. Este, sabedor de que o neto desejava conhecê-lo, e com a sentença do Oráculo a perturbar-lhe a paz, fugiu para Larissa, onde reinava seu amigo Tentâmides. Mas Apolo não se engana e o Oráculo se cumpriria (v. Acrísio e Perseu).

DANAIDES *(II, 142, 166[82], 223, 226, 231[121], 238, 244[136]; III, 47, 61, 66, 74, 74[59]).*

Δαναΐδες (Danaídes), *Danaides*, são as filhas de Δαναός (Danaós), *Dânao*, antropônimo sem etimologia ainda bem-definida. Carnoy, *DEMG*, p. 42, dá como origem de *Danaós* o indo-europeu *$d\bar{a}nu$-, "água", acrescentando que os "Dânaos" são "povos da água, do mar" e finaliza argumentando que *$danu$-, "água", é um elemento que se encontra em nomes de rios como *Danúbio, Don, Dniester, Dnieper*. A hipótese é sedutora, mas pouco provável.

Para uma abordagem do mito das Danaides há que se iniciar pelo Egito. Com efeito, de Zeus e Io, que fugira para o país dos Faraós, nasceu Épafo, cuja filha Líbia, unida a Posídon, engendrou os gêmeos Agenor e Belo. Enquanto o primeiro reinou na Síria (v. Europa), o segundo permaneceu no Egito. Do enlace sagrado de Belo com Anquínoe, filha do Rio Nilo, nasceram os também gêmeos Egito e Dânao (v.). Temendo o irmão, pois que gêmeos, sobretudo quando do mesmo sexo, entram normalmente em conflito (v. Acrísio), Dânao fugiu para a Argólida, onde reinava Gelanor, levando as cinquenta filhas que tivera de várias mulheres. Conta-se que, ao chegar à Argólida, Gelanor cedeu-lhe pacificamente o poder. Uma variante, todavia, narra que se travou entre ambos um longo torneio retórico e que, logo após o mesmo, ocorreu um prodígio: surgiu da floresta vizinha um lobo que, precipitando-se sobre o rebanho de Gelanor, matou o touro. O povo viu no fato um indício divino do forasteiro para governar o país. Dânao, então, fundou Argos, onde, aliás, mais tarde, se localizou seu túmulo, e mandou erguer um santuário a Apolo Lício, ou seja, Apolo, deus-Lobo. Os cinquenta sobrinhos de Dânao, filhos de Egito, inconformados com a fuga das primas, navegaram para a Hélade. Chegando a Argos, suplicaram ao tio que esquecesse a inimizade com Egito e lhes desse as Danaides em casamento. O rei fingiu concordar e ofereceu um grande banquete para comemorar as núpcias sangrentas dos cinquenta filhos de seu irmão e inimigo com suas cinquenta filhas. A cada uma destas, no entanto, presenteou com um punhal e fê-las prometer que matariam os maridos na primeira noite da lua de mel. Todas cumpriram a ordem paterna, exceto Hipermnestra, que poupou a Linceu, ou porque se apaixonara por ele, ou porque este "a respeitara" na primeira noite de núpcias. Segundo algumas versões, Hipermnestra fugira com o marido, consoante outras, o pai a mandara prender e guardar sob forte escolta. Todas as Danaides agiram de igual maneira: cortaram as cabeças de seus maridos. Os corpos dos filhos de Egito foram enterrados perto de Argos e receberam as homenagens rituais; as cabeças dos mesmos, todavia, foram levadas para Lerna e aí inumadas. Hermes e Atená, cumprindo ordens de Zeus, purificaram as assassinas do androcídio. Mais tarde, Dânao confirmou a união de Hipermnestra com Linceu e procurou casar as filhas, mas pouquíssimos pretendentes ousaram apresentar-se... Face a tão grande carência de candidatos, o rei resolveu organizar jogos solenes e colocar as filhas a prêmio, dispensando os presentes habituais. Desse modo todas se casaram, dando origem à vasta família dos Dânaos. Linceu, porém, não perdoou às cunhadas e nem ao rei, assassinando-os a todos. As *Danaides* foram condenadas no Hades a encher de água para todo o sempre um tonel sem fundo. Esta imagem concernente a encher um tonel sem fundo ou carregar água numa peneira, configurada no suplício das Danaides, é interpretada por Platão como uma entrega insaciável a paixões eternamente insatisfeitas. No Orfismo, talvez simbolize a punição dos que, não tendo praticado as abluções catárticas, devem transportar para sempre, mas em vão, a água do banho purificador. Ésquilo reviveu em sua tragédia *As Suplicantes*, a primeira de que se compõe a trilogia *As Danaides*, o mito das filhas de Dânao. Em se tratando de obra literária, o enfoque esquiliano, claro está, diverge bastante do mitologema.

DÂNAO *(I, 64, 287, 325-326; III, 73-74).*

Δαναός (Danaós), *Dânao*, é um antropônimo sem etimologia bem-definida. Carnoy, *DEMG*, p. 42, dá como origem do vocábulo indo-europeu *$d\bar{a}nu$-, "água", acrescentando que os *Dânaos*, que provêm de Dânao, são "povos da água, do mar" e finaliza argumentando que *$d\bar{a}nu$-, "água", é um elemento que se encontra em nomes de rios como *Danúbio, Dniester, Dnieper*. A hipótese é sedutora mas pouco provável (v. Danaides). Para se compreender com clareza o mito de Dânao, há que se começar pelo Egito. Com efeito, de Zeus e sua amante Io, que fugira para o país dos faraós, nasceu Épafo, cuja filha Líbia, unida a Posídon, engendrou os gêmeos Agenor e Belo. Enquanto o primeiro reinou na Síria, o segundo permaneceu no Egito. Do enlace de Belo com Anquínoe, filha do Rio Nilo, nasceram os também gêmeos Egito e Dânao. Este último recebeu como reino a Líbia. Advertido, todavia, por um Oráculo ou por temor aos cinquenta filhos de

Egito, violentos e agressivos, mandou construir, a conselho de Atená, um barco com cinquenta fileiras de remos, e velejou para a Hélade com as cinquentas filhas que tivera com mulheres diversas. Após uma pequena escala na Ilha de Rodes, onde as Danaides (assim chamadas do nome do pai) construíram um templo a Atená de Lindo, chegou à Argólida, onde reinava Gelanor (v.). Conta-se que este cedeu pacificamente o reino ao adventício. Uma variante, porém, narra que se travou entre ambos um longo torneio retórico e que, após o mesmo, ocorreu um prodígio: surgiu da floresta vizinha um lobo que, precipitando-se sobre o rebanho de Gelanor, matou o touro. O povo viu no fato um indício divino do forasteiro para governar o país. Dânao, então, fundou Argos, onde, mais tarde, se localizou seu túmulo, e mandou erguer um santuário a Apolo Lício, ou seja, Apolo deus-lobo. Os cinquenta sobrinhos de Dânao, todavia, filhos de Egito, inconformados com a fuga das primas, navegaram para a Grécia. Chegando a Argos, suplicaram ao tio que esquecesse a inimizade com Egito e antigas divergências e lhes desse as filhas em casamento. O rei fingiu concordar e ofereceu um grande banquete para comemorar "as núpcias sangrentas". A cada uma das filhas, porém, presenteou com um punhal e fê-las jurar que matariam os maridos na primeira noite da lua de mel. Todas cumpriram a ordem paterna (v. Danaides), exceto Hipermnestra (v.), que poupou a Linceu, ou porque se apaixonara por ele, ou porque este "a respeitara" na primeira noite de núpcias. Acerca da cólera de Posídon, que secara as nascentes da Argólida, v. Amimone.

DÁRDANO.

Δάρδανος (Dárdanos), *Dárdano*, é, segundo carnoy, *DEMG*, p. 43, uma forma expressiva com reduplicação, que postularia δαρ-δ-αίνω (dar-d-aínō), da raiz **der*, "ser audacioso", donde Dárdano seria "o destemido, o corajoso", v. Frisk, *GEW*, s.u. Filho de Zeus e de Electra, filha de Atlas, Dárdano seria originário da Samotrácia, onde vivia tranquilo com seu irmão Iásion (v.). Após um dilúvio e, com o falecimento do irmão, o herói partiu e, sobre uma jangada, chegou às margens da costa asiática, onde reinava Teucro, não muito distante da Samotrácia. O rei, filho por sinal do Rio Escamandro e da ninfa Ideia, deu-lhe a filha Batiia em casamento, bem como uma parte de seu reino. Dárdano fundou a cidade que recebeu seu nome e, com a morte de Teucro, deu à região inteira o nome de Dardânia. De sua mulher Batiia, o filho de Zeus teve dois filhos, Ilo e Erictônio, aos quais por vezes se acrescentam Zacinto e Ideia, uma homenagem ao nome da avó materna. Foi só então que Dárdano construiu a cidade de Troia e reinou sobre a Tróada. Segundo algumas fontes, foi ele quem iniciou os troianos nos mistérios de Cabiros (v.), sendo até mesmo considerado um deles, e introduziu na Frígia o culto da Grande Mãe Cibele. Teria sido ele ainda quem furtou da Arcádia a estátua de Atená, denominada Παλλάδιον (Palládion), Paládio (v.), entronizando-a em Troia, como guardiã da cidade. Segundo uma variante latina, Dárdano seria originário da cidade etrusca de Cortona, fundada por ele na Itália Central, após grande vitória sobre os aborígenes. Em seguida, emigrara para a Frígia, criando assim laços indissolúveis entre a Itália e Troia. Foi, pois, em memória das origens primeiras de sua raça e ancestrais, que Eneias teria velejado para a Itália, onde soergueria "a nova Troia romana". Uma tradição, tardia sem dúvida, liga Dárdano a Evandro e a Palas (v.), filhos de Licáon (v.).

DARES.

Δάρης (Dárēs), *Dares*, segundo Carnoy, *DEMG*, p. 43, estaria, como Dárdano (v.), relacionado com a raiz **der*, "ser audacioso", donde o antropônimo significaria " o corajoso, o destemido". Dares é um frígio que tomou parte na Guerra de Troia. Por inspiração de Apolo Timbreu, deus de Ílion, Dares aconselhou Heitor a não lutar contra Pátroclo, uma vez que a Moira determinara a morte do herói troiano às mãos de Aquiles, se aquele eliminasse a Pátroclo. O frígio, todavia, não se conhece bem o motivo, talvez depois que Heitor eliminou a Pátroclo, fugiu para o acampamento dos aqueus, mas foi morto por Ulisses. Os heróis não admitem traições.

DÁTILOS.

Δάκτυλοι (Dáktyloi), *Dátilos*.

Embora a etimologia popular tente explicar o significado mítico de Dátilos, fazendo-os provir de δάκτυλος (dáktylos), "dedo, medida da grossura de um dedo, a menor entre os gregos, isto é, cerca de dois centímetros, medida métrica", *Dáktyloi*, "gênios ou demônios benfazejos", nenhuma relação etimológica possuem, ao que parece, com *dáktylos*, "dedo", *DELG*, p. 249-250. Quanto à etimologia grega de *dáktylos*, há nas línguas indo-europeias palavras semelhantes, mas de aproximação difícil, como o gótico *tekan*, "tocar", antigo islandês *taka*, "pegar, agarrar", latim *digĭtus*, "dedo".

Os dátilos do Monte Ida, na Ilha de Minos, eram gênios ou demônios benfazejos, cretenses ou frígios, que faziam parte do cortejo de Reia ou de Cibele (v.). Seu nome, *Os Dedos*, era explicado por sua habilidade manual, sobretudo com metais, ou por alguma narrativa etiológica, isto é, que procura esclarecer a causa, a origem de um fenômeno qualquer. No caso em pauta, os Dátilos eram explicados por seu parto difícil. No momento em que Reia ou uma ninfa do Ida os deu à luz, as parturientes mergulharam no solo *as mãos* crispadas pela dor, originando-se daí o nome das crianças. Uma outra versão relata que eles nasceram da terra que as amas de Zeus lançaram para trás por entre *os dedos*.

Esses demônios eram necromantes e se lhes atribuem a invenção e difusão dos Mistérios.

Aparentados com os Curetes (v.), deram igualmente assistência a Zeus menino. As diversas tradições nunca estiveram de acordo quanto ao número dos Dátilos. Umas apontam cinco, outras dez e não poucas elevam este número para cem. Uma variante da Élida nomeia tão somente cinco: o mais velho Héracles (diferente do herói nascido em Tebas), Epímedes, Idas ou Acésidas, Peoneu e Íaso. Foi para divertir e distrair Zeus que eles organizaram os primeiros Jogos Olímpicos.

Conta-se ainda que os Dátilos ensinaram música a Páris, quando este ainda era um simples pastor no Monte Ida da Tróada.

DÉCELO.

Δέκελος (Dékelos), *Décelo*, é antropônimo sem etimologia conhecida Décelo é o nome do herói epônimo da cidade de Decelia. Quando os Dioscuros Castor e Pólux procuravam Helena, raptada por Teseu, foi ele quem lhes indicou o local onde a princesa espartana se encontrava prisioneira. Segundo outra versão, foi o herói ateniense Academo, e não Décelo, quem revelou aos Dioscuros o esconderijo de Helena.

DEDÁLION.

Δαιδάλιον (Daidálion), *Dedálion*, é, segundo Carnoy, *DEMG*, p. 41, um patronímico de Δαίδαλος (Daídalos), Dédalo, "o que talha, o que executa com arte". Para a etimologia completa, v. Dédalo.

Dedálion é um irmão do Rei Cêix (v.), ambos filhos de Heósforo (v.). Cruel, violento, amante da caça e dos combates, conquistou várias cidades. Era pai de apenas uma filha, Quíone (v.). Dotada de grande beleza, possuía vários pretendentes, mas acabou se entregando a Hermes e a Apolo, que por ela também se haviam apaixonado. Dessas uniões nasceram dois filhos: o de Hermes se chamou Autólico (v.) e o de Apolo, o músico Filâmon.

Quíone, todavia, não soube guardar o *métron*, a medida necessária a um ser mortal, e por julgar-se mais bela que Ártemis, acabou sendo morta por esta a flechadas. Inconformado com o desaparecimento da filha, Dedálion, em sua dor, foi transformado por Apolo em gavião, que guarda os mesmos instintos de violência que marcaram a vida do pai da desventurada Quíone.

DÉDALO (I, *61-64; II, 211; III, 161-162*).

Δαίδαλος (Daídalos), *Dédalo*, provém do verbo δαιδάλλειν (daidállein), cujo sentido exato é "confeccionar com arte" um leito, um escudo, como está em Homero, *Il*. XVIII, 479, *Odiss*. XXIII, 200. Dédalo é, pois, o artista mítico por excelência, que passa por haver criado as primeiras estátuas e construído o labirinto (*Il*. XVIII, 592).

Δαίδαλος (Daídalos), segundo Chantraine, *DELG*, p. 246sq., é um deverbal de δαιδάλλειν (daidállein) com uma reduplicação e dissimilação de δαλ- (dal) em δαι- (dai-), cuja raiz talvez seja *del-, "talhar", latim *dolāre*, "talhar, aparelhar, lavrar, aperfeiçoar", sânscrito *dár-dar(i)-ti*, "fender, rachar", M. Leumann, *Homerische Wörter*, Bâle, 1950, p. 131sq., julga tratar-se de um termo mediterrâneo, δαίδαλον (daídalon), "obra de arte", o que, de certa forma, reforçaria a relação de Dédalo com o Labirinto. Tal hipótese, consoante Chantraine, não se pode demonstrar e nem tampouco refutar.

Dédalo, o grande arquiteto mítico, era ateniense, da família real de Cécrops, e foi o mais famoso artista universal: além de arquiteto, era escultor e inventor consumado. Era a ele que se atribuíam as mais notáveis obras de arte da época arcaica, mesmo aquelas de caráter mítico, como as estátuas animadas de que fala Platão no *Mênon*, 97-98. Mestre de seu sobrinho Talos, começou a invejar-lhe o talento e no dia em que este, inspirando-se na queixada de uma serpente, criou a serra, Dédalo o lançou do alto da Acrópole. A morte do sobrinho provocou o exílio do tio na Ilha de Creta. Acolhido por Minos (v.), tornou-se o arquiteto oficial do rei e, a pedido deste, construiu o célebre *Labirinto*, o gigantesco palácio de Cnossos, com um emaranhado tal de quartos, salas e corredores, que somente Dédalo seria capaz, lá entrando, de encontrar a saída. Pois bem, foi nesse Labirinto que Minos colocou o horrendo Minotauro (v.), produto da monstruosa união de Pasífae (v.), esposa do rei, com um Touro, que Posídon fizera sair do mar, para que lhe fosse sacrificado, conforme promessa de Minos. Como este não cumprira o juramento, o deus fez que a esposa do rei concebesse uma paixão irresistível pelo animal. Sem saber como entregar-se ao touro, Pasífae recorreu às artes de Dédalo, que fabricou uma novilha de bronze tão perfeita, que conseguiu enganar o animal. A rainha colocou-se dentro do simulacro e concebeu do touro um ser monstruoso, metade homem, metade touro, o *Minotauro*. Ora, se o rei já estava profundamente agastado com seu arquiteto por haver construído o simulacro da novilha, estratagema através do qual sua mulher fora possuída pelo touro de Posídon, ficou colérico ao saber do conselho ardiloso, que o astuto arquiteto dera à sua filha Ariadne (v.) no episódio de Teseu, que viera a Creta para combater o monstro. Apaixonada pelo príncipe ateniense e não desejando vê-lo despedaçado pelo Minotauro, pediu a Dédalo que o ajudasse. Este imaginou um estratagema para salvá-lo. Aconselhou a princesa não só que ensinasse a Teseu como aproximar-se do monstro e feri-lo, mas também que lhe entregasse *um fio condutor*, para que, após a vitória sobre o Minotauro, pudesse escapar da formidável teia de caminhos tortuosos de que era constituído o Labirinto. Livre deste e do monstro antropófago, Teseu fugiu com seus companheiros, levando consigo Ariadne. Louco de ódio pelo acontecido, Minos descarregou sua ira sobre Dédalo e o prendeu no Labirinto com o filho Ícaro (v.), que tivera de uma escrava do palácio, chamada Náucrates. Dédalo, todavia, facilmente encontrou o caminho da saída e tendo engenhosamente fabricado para si e para o filho dois pares de asas de penas, presas aos ombros com cera, viajou pelo vasto céu, em companhia de Ícaro, a quem recomendou que não voasse muito alto, porque o sol derreteria a cera, nem muito baixo, porque a umidade tornaria as penas assaz pesadas. O menino, todavia, não resistindo ao impulso de aproximar-se do céu, subiu demasiadamente alto. Ao chegar perto do sol, a cera fundiu-se, destacaram-se as penas e Ícaro caiu no Mar Egeu, que, dali por diante, passou a denominar-se Mar de Ícaro. Este episódio tão significativo e trágico foi narrado vibrante e poeticamente pelo grande vate latino Públio Ovídio Nasão (43 a.C. -18 p.C.) em suas *Metamorfoses*, 8, 183-235. Dédalo chegou são e salvo a Cumas, cidade grega do sul da Itália. Perseguido por Minos, fugiu para a Ilha de Sicília, onde o Rei Cócalo o recebeu. O soberano de Creta, mais uma vez, foi-lhe ao encalço. Pressionado, Cócalo prometeu entregar-lhe o genial arquiteto, mas, secretamente, encarregou as filhas de matarem o perseguidor de Dédalo, durante o banho, com água fervendo. Segundo uma variante, Cócalo trocou a água do banho por pez fervente, talvez por instigação do próprio Dédalo, que havia criado um sistema de tubos em que a água era repentinamente substituída por uma substância incandescente.

DEÍFOBO *(I, 107, 111; III, 287²¹⁹, 299-300, 301²²⁹)*.

Δηίφαβος (Dēíphobos), *Deífobo*, é um composto do adjetivo δήϊυος (déïos), "hostil, inimigo, animado de um furor terrível e funesto", e de φόβος (phóbos), "medo, terror", donde Deífobo é "o que infunde medo, terror aos inimigos", *DEMG*, p. 271. Filho de Príamo e de Hécuba, Deífobo é o irmão preferido de Heitor. É sob a forma hierofânica de Deífobo que Atená vem infundir coragem a Heitor, quando do combate final entre este e Aquiles. A intenção perversa da deusa é enganar o herói troiano, incitá-lo a resistir e provocar-lhe a morte, como de fato aconteceu, segundo narra a *Ilíada, XXII*, 226sqq. Foi Deífobo quem reconheceu Páris ou Alexandre, por ocasião dos jogos fúnebres em que este venceu a todos os seus irmãos, já que, até o momento, o raptor de Helena era tido como um simples pastor do Monte Ida da Tróada. Após a morte de Páris por Filoctetes, Deífobo, apesar de mais jovem, disputou com seu irmão Heleno (v.) a mão de Helena e a ganhou. Quando da queda de Troia, Ulisses e Menelau atacaram a casa do herói e dela se apoderaram. Menelau, além de matar a Deífobo, ainda o golpeou com a selvageria de um bárbaro. Virgílio, no canto 6, 494-497, da *Eneida*, nos descreve pelos lábios de Eneias o espectro horrivelmente mutilado do grande herói troiano:

Atque hic Priamiden laniatum corpore toto
Deiphobum uidit, lacerum crudeliter ora,
Ora manusque ambas, populataque tempora raptis
auribus et truncas inhonesto uolnere naris.

– Eneias viu ao filho de Príamo, Deífobo, com o corpo inteiro mutilado,
cruelmente golpeado no rosto, ambas as mãos decepadas, as têmporas com as orelhas cortadas e o nariz amputado por horrível ferimento.

DEIFONTE.

Δηιφόντης (Dēiphóntēs), *Deifonte*, é igualmente um composto do adjetivo δήϊος (déïos), "hostil, inimigo, animado por um furor terrível e funesto" e de -φόντης (-phóntēs), proveniente do radical do aoristo ἔ-πε-φν-ον (é-pe-phn-on) do verbo θείνειν (theínein), "ferir, matar", com influência de φόνος (phónos), "homicídio", significando, pois, -φόντης (-phóntēs), "assassino". A base desse segundo elemento é o indo-europeu *gh ͫ en, "ferir, abater", sânscrito *hánti* = avéstico *jainti* = hitita *kuenzi*, "ele fere, abate", latim *fendĕre*, "impelir, empurrar" v. Belerofonte. Donde, Deifonte significa "cheio de ardor no combate, o terrível matador". *DELG*, p. 425-426. Através de seu pai Antímaco, Deifonte é um dos descendentes de Héracles. Casou-se com Hirneto, filha do igualmente heraclida Têmenos. Quando da tomada do Peloponeso pelos descendentes de Héracles, Têmenos obteve o reino de Argos, para onde levou Deifonte, associando-o ao poder. A aliança e a amizade dos dois eram tão sólidas, que os filhos do detentor de Argos temeram ser deserdados em favor do cunhado. Com exceção do mais jovem, os filhos de Têmenos, por isso mesmo, tentaram assassinar o próprio pai, quando este se banhava num regato. Dado o alarme, os patricidas fugiram, mas os sérios ferimentos provocaram, dias depois, a morte do rei, que, no entanto, ainda teve tempo de legar o reino de Argos ao genro e de denunciar o crime dos filhos, que foram banidos. Não desistiram, porém, os assassinos do pai e rei e, com auxílio de aliados externos, tomaram Argos. Deifonte, em companhia de sua esposa Hirneto e de seu cunhado Agreu, o filho mais jovem de Têmenos e que nunca lhe fora hostil, fugiu para Epidauro. O rei local, Pitireu, descendente de Íon (v.), entregou-lhe pacífica e espontaneamente o trono. Foi durante o governo de Deifonte em Epidauro que seus dois vingativos cunhados, Cérines e Falces, raptaram-lhe a esposa, lançando-a por sobre os muros da cidade e tentaram levá-la em sua carruagem. Deifonte os perseguiu e logrou matar a Cérines, mas Falces, após assassinar a rainha, fugiu. Hirneto foi sepultada junto a um bosque de oliveiras, e a ela se prestaram honras divinas.

DÊIPILO.

Δηίπυλος (Dēípylos), *Dêipilo*, é, como Deífobo, um composto de δήϊος (déios), sob a forma *δήϊς (déïs), "inimigo, combatente" e de πύλη (pylē), "porta, porta das torres, das fortificações, entrada da cidade", donde "o que repele os inimigos à entrada da pólis"

Dêipilo era filho do rei da Trácia, o cruel Polimnestor (v.) e de Ilíone, filha mais velha de Príamo. Tendo recebido de seu pai a incumbência de criar e educar Polidoro (v.), caçula dos priâmidas, Ilíone, astutamente, fê-lo passar por seu filho e a Dêipilo por irmão. Assim, se algo de grave acontecesse a seus pais e irmãos, que lutavam contra os aqueus, ou a Polidoro (agora Dêipilo), Troia não ficaria sem sua linhagem real.

E foi realmente o que aconteceu Destruída Ílion e mortos todos os descendentes da família real, Agamêmnon, desejando eliminar a raça de Príamo, procurou Polimnestor e prometeu-lhe a filha Electra em casamento, desde que o rei da Trácia lhe entregasse ou matasse Polidoro. Polimnestor aceitou de bom grado a transação e matou Dêipilo, julgando ter eliminado o filho de Príamo. Tendo Polidoro, certa feita, consultado o Oráculo de Delfos, Apolo lhe revelou que "seus pais haviam perecido e sua cidade transformada em cinzas". Sem compreender a resposta da Pítia, consultou "sua mãe", que lhe disse toda a verdade. A conselho de Polidoro, Ilíone cegou e matou o marido. Eurípides em sua tragédia *Hécuba* (v.) segue uma outra versão: o rei da Trácia, que assassinara o verdadeiro Polidoro, teria sido morto pela própria rainha de Troia, quando, cativa de Agamêmnon, passara pelo reino de Polimnestor.

Virgílio, na *Eneida*, 1, 653-654, alude ao "cetro", que outrora pertencera a Ilíone, a mais velha das filhas de Príamo.

DEJANIRA *(I, 102, 260, 263; II, 65, 174; III, 38, 47, 64, 112-113, 122-125, 127-128, 132, 146, 310).*

Δηιάνειρα (Dēiáneira), *Dejanira*, é igualmente um composto de δήιος (déios), sob a forma *δήïs (déis), "inimigo, combatente, assassino", e de ἀνήρ, ἀνδρός (anḗr, andrós), "herói, varão, marido", donde Dejanira é "a que mata o esposo".

Filha de Eneu, rei de Cálidon e de Alteia, era, por conseguinte, irmã de Meléagro (v.). Segundo uma variante, porém, a heroína teria como pai a Dioniso, que se unira a Alteia, quando hóspede de Eneu. Hábil condutora de carro, era uma guerreira destemida. Com a morte de Meléagro, ela e suas irmãs (não se sabe o motivo) foram transformadas em galinhas d'Angola, mas, a pedido de Dioniso, Zeus restituiu a forma humana a Dejanira e a Gorge, esta última talvez filha igualmente do deus do vinho. Quando Héracles (v.), no seu décimo primeiro trabalho, desceu ao Hades para buscar o cão Cérbero, como se relatou em *Mitologia Grega*, Vol. III, p. 112sqq., os mortos fugiram espavoridos, mantendo-se onde estavam apenas Medusa e Meléagro. Contra este último o herói retesou seu arco, mas o desventurado filho de Eneu contou-lhe de maneira tão comovente seus derradeiros momentos na terra, que o filho de Alcmena se emocionou até as lágrimas: poupou-lhe o *eídolon* e ainda prometeu que, no retorno, lhe desposaria a irmã Dejanira. Tão logo regressou do mundo dos mortos, Héracles se apressou em dirigir-se a Cálidon e pediu a Eneu a mão de Dejanira. Havia, no entanto, uma séria dificuldade pela frente: a princesa já fora prometida em casamento ao Rio Aqueloo (v.) com o qual Héracles teve que lutar e vencer, segundo se expôs em *Mitologia Grega*, Vol. I, p. 260-261. Após as núpcias, o herói permaneceu por algum tempo na corte do sogro, uma vez que a esposa dera à luz a um filho, Hilo. Tendo, porém, sem o querer, assassinado o copeiro real, Êunomo, partiu com a mulher e o filho em direção a Tráquis, na Tessália, onde reinava seu primo Cêix. Na travessia do Rio Eveno, o centauro Nesso, que exercia o ofício de barqueiro, tentou violentar Dejanira, já que Héracles atravessara o rio a nado. O herói aguardou tranquilamente que o Centauro alcançasse terra firme e varou-lhe o coração com uma das flechas envenenadas com o sangue da Hidra de Lerna. Nesso tombou e, já expirando, entregou a Dejanira sua túnica manchada com o sangue envenenado da flecha, explicando-lhe que essa peça de sua indumentária seria para ela um precioso talismã, um filtro poderoso, com a força e a virtude de restituir-lhe o esposo, caso este algum dia tentasse abandoná-la.

Bem-acolhido por Cêix, Héracles juntou-se a ele e, contando igualmente com o denodo e a combatividade da esposa, levou de vencida os Dríopes. Tendo igualmente derrotado a Êurito, rei de Ecália, na prova do arco, obteve como prêmio a princesa Íole. Tendo sido informada de que o herói se apaixonara pela filha de Êurito e pretendia abandoná-la, a jovem esposa, enciumada, e na tentativa de reconquistar o marido, enviou-lhe a túnica de Nesso. Ao vesti-la, a peçonha infiltrou-se-lhe no corpo. Não mais podendo resistir a tão cruciantes sofrimentos, o filho de Zeus fez-se transportar de barco para Tráquis e lançou-se, já agonizante, sobre uma pira que mandou erguer no Monte Eta.

Conscientizando-se da verdadeira natureza do filtro amoroso com que Nesso a enganara, Dejanira se matou com um punhal, tipo de suicídio muito raro no mito, em se tratando de mulheres. Como se acentuou em *Mitologia Grega*, Vol. III, p. 132, citando-se a tragédia de Sófocles, *Traquínias*, 930sq., 1.062sq., 1.071-1.075, Dejanira se mata como se fora um herói, um Ájax, em vez de enforcar-se, morte tipicamente feminina, como já o fizeram, entre outras, Fedra, Antígona, Jocasta...

Em princípio, como agudamente observou Nicole Loraux, *Façons Tragiques de tuer une femme*, Paris, Hachette, 1985, não existe em grego uma palavra específica para designar o suicídio. As que se empregam, como mostraremos, confundem-se com o ato ignominioso de derramar o sangue parental. Assim, αὐτοφόνος (autophónos), o que se mata ou principalmente o que assassina pais ou consanguíneos e αὐτόχειρ (autókheir), o que faz algo com suas próprias mãos e, por extensão, o que mata ou é morto pelas mãos de um parente, remetem sempre à ideia de crime em que se derrama direta ou indiretamente o sangue parental. Sófocles, referindo-se aos irmãos Etéocles e Polinice, que se mataram em combate singular, deixa bem clara a conotação que acabamos de expor, *Antígona*, 171-172:

ὤλοντο παίσαντές τε καὶ
πληγέντες αὐτόχειρι σὺν μιάσματι
– pereceram, ferindo-se
e sendo feridos por suas próprias mãos criminosas.

Acentua-se, além do mais, que o suicídio na Hélade jamais foi considerado como um ato heroico. Platão, nas *Leis*, 9, 873 c-d, considera-o ignomínia e carência de virilidade, devendo o suicida possuir sepultura em local solitário, sem nome que a identifique. Esse anonimato na morte, como vimos em Escatologia (v.), já é uma condenação prévia da psiqué. O próprio filósofo, no entanto, sem justificar o suicídio, introduz-lhe uma atenuante, *Leis*, 9, 873 c 5-6: é o chamado estado de aporia, o beco sem saída, o "sofrimento descomedido de um infortúnio sem escapatória", isto é, quando o herói ou a heroína não tem mais como defender sua *timé*, sua honorabilidade pessoal e sua areté, sua excelência e dignidade como ser humano, conforme aconteceu a Jocasta, Fedra, Ájax... E quanto ao suicídio por enforcamento os trágicos consideram-no hediondez, mácula, desonra e vergonha: Eurípides, *Helena*, 134-136, 200-202, 298-302, 686-687; Sófocles, *Antígona*, 54; Ésquilo, *Suplicantes*, 473. Como quer que seja, o herói usa para matar-se seu enfeite bélico, o gládio, a espada; a mulher, como diz Ésquilo, lançará mão de uma μηχανὴ καλή (mēkhané kalé), de "uma bela astúcia", dos adornos de seu sexo, uma parcela de seu poder de sedução: véu, faixa, cinto, lenço, instrumentos de atração e virtuais armadilhas da morte, como dizem as Danaides em diálogo com o Rei Pelasgo (Ésquilo, *Suplicantes*, 457-465).

Desse modo, o herói, enquanto combatente, derrama o sangue, e a mulher, enquanto guardiã do lar, enforca-se, podendo substituir a corda, símbolo fálico, por atavios que lhe marcam a feminilidade e que ela própria confeccionou, havendo, no caso, uma espécie de analogia entre suicídio e casamento. O herói rasga o peito ou o fígado; a mulher prende no nó da corda ou do véu a sua garganta, o ponto alto da beleza feminina, como "a garganta esplêndida de Afrodite" (*Ilíada*, III, 396); "a garganta delicada" (Safo, frag. 216 Page), que Safo se compraz em enfeitar de rosas; o pescoço resplendente de alvura" (Eurípides, *Medeia*, 30-31) de Medeia... E nos momentos de grande dor é este o local ferido pelas unhas nervosas das mulheres (Eurípides, *Medeia*, 30-31; *Electra*, 146-147). Talvez incidindo sobre este ponto de sedução feminina, local tão belo e simultaneamente tão frágil, a morte é de certa maneira dissimulada. É bem possível que se possa avançar um pouco mais com Nicole Loraux: consoante esta, a reflexão ginecológica helênica imagina a mulher situada entre duas bocas, entre dois colos (é bom lembrar que, em grego, αὐχήν (aukhén) significa tanto pescoço quanto colo do útero, conforme está em Hipócrates, 3, 230). Assim, uma perturbação séria "na matriz" reflete-se na garganta, como relata Freud no "Caso Dora", acerca da tosse sintomática de sua paciente e da observação do pai da psicanálise a respeito "desse deslocamento de baixo para cima", que bloqueia a garganta, porquanto "essa região do corpo conservou em grau muito elevado, na moça, o papel de zona erógena" (Freud, *Cinq Psychanalyses*, p. 61).

A morte "pelo pescoço" não poderia então ser interpretada como um ajuste de contas, uma vingança da mulher contra a repressão masculina, particularmente o desprezo do homem grego pela sexualidade feminina?

No tocante ao suicídio de Dejanira através do punhal, o fato poderia ser explicado, partindo-se da própria etimologia do nome da heroína: afinal *Dejanira* é uma mulher de espírito viril.

DELFINE *(I, 336; II, 94).*

Δελφύνη (Delphynē) ou Δελφίνη (Delphínē) pertence à mesma família etimológica de δελφύς (delphýs), vagina, útero, pelo fato de Delfine habitar sempre numa "cavidade".

Há dois dragões fêmeas com este nome. O primeiro foi encarregado pelo monstruoso Tifão, quando da vitória sobre Zeus, de guardar os nervos e os músculos do deus na gruta Corícia, situada na Cilícia. Mas o deus Pã com seus gritos que provocam o *pânico* e Hermes, com sua astúcia costumeira, assustaram Delfine e apossaram-se dos tendões do pai dos deuses e dos homens. O segundo é o dragão que montava guarda ao Oráculo de Geia, de que se apossou o deus Apolo. Observe-se que Delfine é distinto da serpente ou dragão Píton, vencido e morto pelo futuro senhor de Delfos. Ao que parece, trata-se de dois estágios do mito, em que Delfine precede a Píton.

DELFOS *(I, 66, 92, 102, 104, 149, 240, 260, 326, 340; II, 40-41, 60, 84-85, 88, 94-101, 103, 119, 131, 151, 153, 167, 192, 202; III, 43, 45, 48, 48[37]-49, 65, 114, 125, 135, 140, 143, 151-152, 205, 241, 245-246, 265, 267, 272, 274, 340).*

Δελφός (Delphós), *Delfos*, é um adjetivo substantivado. Trata-se de um herói que emprestou miticamente seu nome à cidade de Delfos, mas, do ponto de vista etimológico, Δελφός (Delphós) provém de Δελφοί (Delphoí), Delfos, cidade da Fócida, célebre por seus templos e sobretudo pelo Oráculo de Apolo (v.) ali instalado.

Pelo fato mesmo de a Pitonisa emitir seus oráculos de dentro de um antro encravado nas *entranhas do Templo de Apolo*, o ἄδυτον (ádyton), "o impenetrável, o inacessível", os antigos sempre relacionaram Δελφοί (Delphoí) com δελφύς (delphýs), vagina, útero, sânscrito *gárbha-*, avéstico *garəwa-*, com o mesmo sentido.

Delfos foi, pois, um herói que deu seu nome à cidade sagrada de Apolo, Delfos, localizada no Monte Parnasso. Lá reinava ele, quando o deus, após matar a serpente Píton, se apossou do célebre Oráculo. Era considerado ora como filho de Posídon, que, sob a forma de um delfim (daí a confusão, em etimologia popular, entre delphis, *delfim*, e Delphoí) se unira a Melanto, filha de Deucalião, ora como filho do próprio Apolo (que possuía, entre outros, o epíteto de *Delphínios*) e de Celeno, Tiia ou ainda de Melena. Foi por causa de um dos filhos de Delfos, o Rei Pites, ou de sua filha Pítis, que Delfos primitivamente se chamava Pito.

DEMÉTER *(I, 48, 59, 65, 71, 73-74, 79, 157, 159, 162, 185, 200, 275, 283-293, 295-305, 312, 322-324, 342-343, 348; II, 10, 19, 23, 26, 32⁴, 114, 119, 135, 157, 173, 181, 215, 231¹²¹, 234, 243, 247; III, 35²⁹, 52, 113, 155, 179¹⁴⁷, 236, 255, 310, 343²⁶⁵-346, 351, 354-355).*

Δημήτηρ (Dēmétēr), *Deméter*, não possui, até o momento, etimologia definida. A mais ventilada é a que faz do nome da deusa-mãe um composto de Δᾶ(Dâ)>Γᾶ (Gâ)> Γῆ (Guê), "Terra" e de Μήτηρ (Métēr), "Mãe", significando, pois, Deméter a mãe da terra ou a Terra-Mãe. Nada prova, todavia, segundo Chantraine, *DELG*, p. 245, que tenha existido no dialeto dórico um termo Γᾶ (Gâ) com sentido de "terra".

Filha de Crono e de Reia, a deusa maternal da Terra pertence à segunda geração divina dos deuses olímpicos.

Distinta de Geia, a Terra concebida como elemento cosmogônico, Deméter é a divindade da terra cultivada. Deusa essencialmente do trigo, seu culto era levado muito a sério por todos os helenos, da Grécia Continental à Magna Grécia e desta à Grécia Asiática, segundo se mostrou amplamente em *Mitologia Grega*, Vol. I, p. 283sqq.

Consoante o historiador Heródoto, *História*, 2, 171, os cultos mais antigos da deusa do trigo foram afogados pelas invasões dórias a partir do séc. XII a.C. Ficaram, no entanto, alguns vestígios dessa fase antiga, particularmente na Sicília, na Arcádia, onde a deusa estava associada ao Posídon primitivo, o deus-cavalo, bem como em Elêusis, sede dos augustos Mistérios de Elêusis (v.).

Foi nos arredores de Telpusa que, desejando escapar de Posídon, que a perseguia, disfarçou-se em égua, mas aquele, tomando a forma de um garanhão, fê-la mãe do cavalo Aríon e de uma filha, cujo nome só os iniciados nos Mistérios de Elêusis conheciam. Chamavam-na simplesmente Δέσποινα (Déspoina), a Senhora.

Um mito cretense, recolhido por Hesíodo, *Teog.* 969sqq., atesta que a grande mãe se uniu a Iásion sobre um terreno lavrado três vezes e que dessa ligação nasceu Πλοῦτος (Plûtos), o deus da riqueza. Existem algumas reminiscências de uma hierogamia à época das semeaduras e a ideia desse tipo de união rústica se encontra talvez na Deméter de Olímpia, denominada *Camineia*, isto é, "que está na terra". Sob esse epíteto se viu uma divindade oracular, mas que acabou sendo relacionada com o antigo hábito segundo o qual o camponês e sua esposa dormiam sobre a terra nua que deveria ser cultivada, a fim de provocar a vegetação. Homero, na *Odisseia*, V, 125, sem mencionar Pluto, refere-se à mesma tradição, ao dizer que o herói Iásion foi fulminado por Zeus, cujo mito olímpico, mais tarde codificado pelo mesmo Hesíodo, *Teog.*, 912sqq., faz do pai dos deuses e dos homens esposo de Deméter, que dele teve Κόρη (Kórē), a Jovem, também chamada Perséfone. Os sofrimentos por que passou a deusa, quando a filha, com o respaldo de Zeus, foi raptada por Hades ou Plutão, são relatados no importantíssimo *Hino homérico a Deméter*, composto lá pelos fins do séc. VII a.C., e que, salvo um ou outro pormenor, pode e deve ser considerado como o ἱερὸς λόγος (hieròs lógos), "o discurso sagrado" do Santuário de Elêusis. Nele a deusa da terra é proclamada *a maior fonte de riquezas e alegrias*. Com efeito, quando Deméter recuperou, por dois terços do ano a companhia de Core, devolveu καρὸν φερέσβιον (karpòn pherésbion) "o grão da vida" que ela própria, em sua cólera dolorosa, havia escondido. Confiou-o, em seguida, a Triptólemo, que o *Hino* menciona apenas acidentalmente entre os chefes de Elêusis. Mais tarde, este herói se tornará filho de Céleo e Metanira, reis daquela cidade sagrada. Triptólemo recebeu a missão de levar *o grão de vida* a todos os povos e ensinar-lhes a prática do trabalho. A esses dons a deusa acrescentou uma recompensa suprema: no templo que Céleo lhe mandou construir, exatamente no local em que se asilou, Deméter instituiu para sempre ὄργια καλά, σεμνά (órguia kalá, semná), *belos e augustos ritos*, penhor de felicidade na vida e para além da morte. Ademais, as duas deusas, mãe e filha, a todos os homens piedosos que as cultuam, enviam-lhes Pluto, o deus da riqueza agrária. Deméter é, pois, a Terra-Mãe, a matriz universal e mais especificamente a mãe do grão, e sua filha Core, o grão mesmo do trigo, alimento e semente, que, escondida por certo tempo no seio da Terra, dela novamente brota em novos rebentos, o que, em Elêusis, fará da espiga o símbolo da imortalidade. Pluto é a projeção dessa semente. Se, na realidade, o deus da riqueza agrária ficou eclipsado no *Hino homérico a Deméter* pela evocação patética de Core perdida e depois "reencontrada", uma estreita relação sempre existiu, desde tempos imemoriais, entre os cultos agrários e a religião dos mortos, e é assim que o *Rico em trigo*, Pluto, acabou por confundir-se com outro rico, *o Rico em hóspedes*, πολυδέγμων (polydégmōn), que se comprimem na mansão dos mortos.

Pois bem, esse rico em trigo, com uma desinência inédita, se transmutou sob o vocábulo Πλούτων (Plútōn), Plutão, num duplo eufemístico e cultural de Ἅιδης (Hádês).

Fundamentalmente agrário, o culto de Deméter está vinculado ao ritmo das estações e ao ciclo da semeadura e colheita para produção do mais precioso dos cereais, o trigo.

O mitologema das "duas deusas" como eram denominadas Deméter-Core (Perséfone) é resultante de uma longa elaboração: de Homero a Pausânias multiplicam-se as variantes. Deusa maternal da Terra, a personalidade de Deméter é simultaneamente religiosa e mítica, bem diferente, já se salientou, da deusa Geia, concebida como elemento cosmogônico. Divindade da terra cultivada, a filha de Crono e Reia é essencialmente a deusa do trigo, tendo ensinado aos homens a arte de semeá-lo, colhê-lo e fabricar o pão.

Tanto no mito quanto no culto, Deméter está indissoluvelmente ligada à sua filha Core, formando uma dupla quase sempre denominada *As Deusas*. As aventuras e sofrimentos das duas deusas constituem o mito central, cuja significação profunda somente era revelada aos Iniciados nos Mistérios de Elêusis (v.).

Core (v.) crescia tranquila e feliz entre as ninfas e em companhia de Ártemis e Atená, quando, um dia, seu tio Hades ou Plutão, que a desejava, raptou-a com auxílio de Zeus. O local varia muito, segundo as tradições: o mais correto seria a pradaria de Ena, na Sicília, mas *o Hino homérico a Deméter* fala vagamente da planície de Misa, nome de cunho mítico, desprovido de sentido geográfico. Outras variantes colocam-no em Elêusis, às margens do Rio Cefiso, ora na Arcádia, no sopé do Monte Cilene, onde se mostrava uma gruta que dava acesso ao mundo dos mortos, ora em Creta, bem perto de Cnossos.

Core colhia flores e Zeus, para atraí-la, colocou um narciso ou um lírio às bordas de um abismo. Ao aproximar-se da flor, a Terra se abriu, Hades ou Plutão apareceu e a conduziu para o mundo ctônio.

Desde então começou para a deusa a dolorosa tarefa de procurar a filha, levando-a a percorrer o mundo inteiro, com um archote aceso em cada uma das mãos. No momento em que estava sendo arrastada para o abismo, Core dera um grito agudo e Deméter acorreu, mas não conseguiu vê-la, e nem tampouco perceber o que havia acontecido. Simplesmente a filha desaparecera. Durante nove dias e nove noites, sem comer, sem beber, sem se banhar, a deusa errou pelo mundo. No décimo dia encontrou Hécate, que também ouvira o grito e viu que a jovem estava sendo arrastada para algum lugar, mas não lhe foi possível reconhecer o raptor, cuja cabeça estava cingida com as sombras da noite. Somente Hélio, que tudo vê, e que já, certa feita, denunciara os amores secretos de Ares e Afrodite, cientificou-a da verdade. Irritada contra Hades e Zeus, decidiu não mais retornar ao Olimpo, mas permanecer na terra, abdicando de suas funções divinas, até que lhe devolvessem a filha.

Sob o aspecto de uma velha, dirigiu-se a Elêusis, e primeiro sentou-se sobre uma pedra, que passou, desde então, a chamar-se *Pedra sem Alegria*. Interrogada pelas filhas do rei local, Céleo, declarou chamar-se Doso e que escapara, há pouco, das mãos de piratas que a levaram, à força, da Ilha de Creta. Convidada para cuidar de Demofonte, filho recém-nascido da Rainha Metanira, a deusa aceitou a incumbência. Ao penetrar no palácio, todavia, sentou-se num tamborete e, durante longo tempo, permaneceu em silêncio, com o rosto coberto por um véu, até que uma criada, Iambe, fê-la rir, com seus chistes maliciosos e gestos obscenos. Deméter não aceitou o vinho que lhe ofereceu Metanira, mas pediu que lhe preparassem uma bebida com sêmola de cevada, água e poejo, denominada κυκεών (kykeṓn) cuja fonte é o verbo κυκᾶν (kykân), "agitar de modo a misturar, perturbar agitando", donde *cíceon*, além de "mistura", significa também "agitação, perturbação". Trata-se, ao que parece, de uma bebida mágica, cujos efeitos não se conhecem bem.

Encarregada de cuidar do caçula Demofonte, "o rico em povos ou o que brilha entre o povo", a deusa não lhe dava leite, mas, após esfregá-lo com ambrosia, o escondia, durante a noite, no fogo, "como se fora um tição". A cada dia o menino se tornava mais belo e parecido com um deus. Deméter realmente desejava torná-lo imortal e eternamente jovem. Uma noite, porém, Metanira descobriu o filho entre as chamas e começou a gritar desesperada. A deusa interrompeu o grande rito iniciático e exclamou pesarosa: "Homens ignorantes, insensatos, que não sabeis discernir o que há de bom ou de mau em vosso destino. Eis que tua loucura te levou à mais grave das faltas! Juro pela água implacável do Estige, pela qual juram também os deuses: eu teria feito de teu filho um ser eternamente jovem e isento da morte, outorgando-lhe um privilégio imorredouro. A partir de agora, no entanto, ele não poderá escapar do destino da morte" (*Hh. D.* 256-262). Surgindo em todo seu esplendor, com uma luz ofuscante a emanar-lhe do corpo, solicitou, antes de deixar o palácio, que se lhe erguesse um grande templo, com um altar, onde ela pessoalmente ensinaria seus ritos aos seres humanos. Encarregou, em seguida, Triptólemo, irmão mais velho de Demofonte, de difundir pelo mundo inteiro a cultura do trigo.

Construído o santuário, Deméter recolheu-se ao interior do mesmo, consumida pela saudade de Perséfone. Provocada por ela, uma seca terrível se abateu sobre a terra. Em vão Zeus lhe mandou mensageiros, pedindo que regressasse ao Olimpo. A deusa respondeu com firmeza que não voltaria ao convívio dos imortais e nem tampouco permitiria que a vegetação crescesse, enquanto não lhe entregassem a filha. Como a ordem do mundo estivesse em perigo, Zeus pediu a Plutão que devolvesse Perséfone. O rei dos Infernos curvou-se à vontade soberana do irmão, mas habilmente fez que a esposa colocasse na boca uma semente de romã e obrigou-a a engoli-la, o que a impedia de deixar a *outra vida*. Finalmente, chegou-se a um consenso: Perséfone passaria quatro meses com o esposo e oito com a mãe.

Reencontrada a filha, Deméter retornou ao Olimpo e a terra cobriu-se, instantaneamente, de verde.

Antes de seu regresso, porém, a grande deusa ensinou todos os seus mistérios ao Rei Céleo, a seu filho Triptólemo, a Díocles e a Eumolpo "os belos ritos, os ritos augustos que é impossível transgredir, penetrar ou divulgar: o respeito pelas deusas é tão forte, que embarga a voz" (*Hh. D.* 476-479).

A instituição dos Mistérios de Elêusis explica-se, pois, pelo reencontro das duas deusas e como consequência do fracasso da imortalização de Demofonte. A esse respeito comenta agudamente Mircea Eliade:

"Pode-se comparar a história de Demofonte com os velhos ritos que relatam o trágico erro que, em certo momento da história primordial, anulou a possibilidade de imortalização do homem. Mas, nesse caso, não se trata do erro ou do 'pecado' de um antepassado mítico que perde para si e para seus descendentes a condição primeira de imortal. Demofonte não era uma personagem primordial; era o filho caçula de um rei. E pode-se interpretar a decisão de Deméter de imortalizá-lo como o desejo de 'adotar' um filho (que a consolaria da perda de Perséfone) e, ao mesmo tempo, como uma vingança contra Zeus e os Olímpicos. Deméter estava transformando um homem em deus. As deusas possuíam esse poder de outorgar a imortalidade aos humanos, e o fogo ou a cocção do neófito figuravam entre os meios mais reputados. Surpreendida por Metanira, Deméter não escondeu sua decepção diante da estupidez dos homens. Mas o hino não faz qualquer referência à eventual generalização dessa técnica de imortalização, isto é, a fundação de uma instituição suscetível de transformar os homens em deuses por intermédio do fogo".

Na realidade, Deméter só se identificou e pediu que se lhe erguesse um templo após o fracasso da imortalização de Demofonte, mas somente transmitiu seus ritos secretos depois de seu reencontro com a filha. Não existe, pois, objetivamente, nenhuma relação entre a iniciação nos Mistérios e a cocção de Demofonte, interrompida por Metanira. O iniciado nos Mistérios não conseguia e nem pretendia a imortalidade. É bem verdade que, ao fim das cerimônias nos Mistérios, o templo inteiro era iluminado por milhares de archotes, mas esse clarão, "esse fogo", simbolizava, tudo leva a crer, a iluminação interior dos iniciados e a certeza das luzes da outra vida. O pouco que se conhece das cerimônias secretas deixa claro que o mistério central envolvia a presença das duas deusas e que sua fundamentação era a morte simbólica, a descida de Perséfone e seu retorno triunfante, como a semente que morre no seio da terra e se transmuta em novos rebentos. E se através da iniciação a condição humana era modificada, isso se fazia num sentido bem diferente do da fracassada imortalização de Demofonte. O que os Mistérios prometiam era a bem-aventurança após a morte. Os textos a esse respeito são muito escassos, mas expressivos.

O próprio *Hino a Deméter* promete a felicidade para os Iniciados e indiretamente o castigo para aqueles que ignoraram os Mistérios:

Feliz aquele que possui, entre os homens da terra, a visão destes Mistérios. Ao contrário, aquele que não foi iniciado
e aquele que não participou dos santos ritos não terão,
após a morte, nas trevas úmidas, a mesma felicidade do iniciado.

(Hh. D. 480-482)

Em um dos seus *Trenos*, fr. 6 (e não 10, como erradamente consta em Mircea Eliade) exclama o maior dos líricos da Hélade:

Feliz aquele que, antes de baixar à terra, contemplou este espetáculo. Ele conhece qual é o fim da vida e também o começo, outorgado por Zeus.

Sófocles, fr. 753, o trágico maior, trouxe também a sua contribuição:

Bem-aventurados os mortais que, após terem contemplado os Mistérios, vão descer à outra vida.
Ali, somente eles viverão; os outros só terão sofrimentos.

Seja como for, como diz Mircea Eliade, o rapto, quer dizer, a "morte" simbólica de Perséfone, trouxe para os homens benefícios incalculáveis. Uma deusa olímpica, que passa a habitar apenas uma terça parte do ano o mundo dos mortos, encurta a distância entre os dois reinos: o Hades e o Olimpo. Como ponte entre os dois "mundos divinos", podia intervir no destino dos homens mortais.

Os Mistérios de Elêusis vão ter exatamente por essência essa *morte simbólica*, projetada na morte e na ressurreição da semente, como se pode observar no verbete *Mistérios de Elêusis* (v.).

DEMIFONTE.

Δημιφῶν (Dēmiphôn), *Demifonte*, talvez seja um composto de δήμιο- (démio-), "que concerne ao povo" e de uma final **phont-*, variante de -**phóntēs*, "rico, opulento", donde, Demifonte seria "o rico em povos", *DEMG*, p. 44.

Demifonte é uma personagem bastante desconhecida no mito, citada apenas por *Higino, Ast. Poét.*, 2, 40.

Rei de Eleonte, no Quersoneso da Trácia, mandava sacrificar, anualmente, por ordem de um oráculo, uma jovem escolhida entre as famílias mais ricas e nobres da cidade, a fim de conjurar uma epidemia. A vítima era escolhida por sorteio, mas o rei jamais colocava na urna os nomes de suas próprias filhas. Mastúsio, um dos nobres de Eleonte, não permitiu que se pusessem na urna os nomes de suas filhas, a não ser que Demifonte agisse de igual maneira. O tirano, porém, usando da força, vingou-se do atrevimento de seu súdito e mandou sacrificar-lhe uma das filhas sem sorteio algum.

Mastúsio deixou que o tempo se encarregasse de apagar da memória do rei o crime hediondo e convidou-o juntamente com as filhas para um sacrifício. Tendo estas se antecipado ao pai, Mastúsio matou-as e misturando-lhes numa taça parte do sangue ao vinho, ofereceu-a a Demifonte. Quando este descobriu o tipo de bebida que lhe havia sido servida, mandou amarrar a taça no pescoço de Mastúsio e lançou-o ao mar, que passou a chamar-se Mar Mastusiano e o porto recebeu o nome de Porto da Cratera.

Conta-se que essa taça se transformou numa constelação, conhecida com o nome de *A Cratera*.

DEMIURGO *(II, 200).*

Etimologicamente, δημιουργός (dēmiurgós) é um composto de δήμιο- (dḗmio-) "que concerne ao povo ou ao público" e -*Fοργός* (-worgós), "que diz respeito ao *trabalho*", donde, em princípio, *demiurgo* significa em Homero "o artesão, o especialista" que trabalha para a comunidade, como os carpinteiros, os adivinhos, os aedos, os médicos, os arautos. Mas, desde o momento em que o *artesão*, em grego βάναυσος (bánausos), passou a ser depreciado, *demiurgo* começou a traduzir especificamente o *médico*, o *artista* e, posteriormente, o *criador, DELG*, p. 273. Foi, ao que tudo indica, a partir de Platão, que *Demiurgo* se tornou o *Criador* dos deuses menores, da alma do mundo e da parte imortal da alma humana (*Timeu*, 29 d-30c), mas para tanto, usa os εἴδη (eíde), "as formas, as ideias preexistentes" como modelo. *O artesão divino modela o universo à semelhança do Modelo* (*Timeu*, 30c). Não se trata, no entanto, de um ser onipotente: cria o *cosmo* tão bom quanto possível, competindo com os efeitos contrários da'Ἀνάγκη (Anánquē), *a Necessidade* (*Timeu*, 47e-48a). Mais tarde se fez uma dicotomia: o *Demiurgo* é tão somente um *ordenador* do mundo, ἐξ ὄντων (eks óntōn), *do que é*, por oposição ao *Criador, ἐξ οὐκ ὄντων* (eks uk óntōn) *do que ainda não é*.

DEMÓDICE.

Δημοδίκη (Dēmodíkē), *Demódice*, é um composto de δῆμος (dêmos), "povo" e δίκη (díkē), "justiça", isto é, "a que faz justiça ao povo".

Demódice é a sogra de Frixo (v.) numa das variantes do mito de Átamas (v.) e Néfele. Era casada com Creteu, irmão de Átamas. Como Frixo, por quem se apaixonara, não lhe correspondesse aos anseios, caluniou-o, contando ao marido que o genro tentara violentá-la. Creteu queixou-se ao irmão e pediu-lhe que mandasse matar o filho. Néfele, todavia, mãe de Frixo, salvou-o, enviando-lhe um carneiro voador, uma adaptação óbvia, no mito, do carneiro de velo de ouro, que, em outras circunstâncias, salvou da morte certa a Frixo e Hele (v. Argonautas).

DEMÓDOCO *(I, 111, 117[85], 129; III, 56, 313).*

Δημόδοκος (Dēmódokos), *Demódoco*, é um composto de δῆμος (dêmos), "povo" e do verbo δέκεσθαι (dékesthai), ático δέχεσθαι (dékhesthai), "acolher, ajudar", donde "o que ajuda ou socorre o povo".

Existem dois aedos com este nome. O mais célebre é o que alegrava os feaces, na corte de Alcínoo e Arete. Cantou as aventuras de Ulisses no banquete que foi oferecido ao herói, como está na *Odisseia*, VIII, 44sqq.

As Musas, que o amavam, privaram-no da visão, mas concederam-lhe o dom do "canto divino", *Odiss*. VIII, 63-64.

O segundo é também um aedo que Agamêmnon, ao partir para a Guerra de Troia, deixou ao lado de Clitemnestra para servir-lhe e ajudá-la em qualquer dificuldade. Demódoco, porém, não conseguiu com suas admoestações e conselhos que a esposa do senhor de Micenas resistisse às seduções de Egisto.

DEMOFONTE *(I, 291-293; II, 119; III, 129, 167, 208).*

Δημοφῶς (Dēmophṓn), *Demofonte*, é um composto de δῆμος (dêmos), "povo" e de uma final *phōnt-*, variante de *-phóntēs*, "rico", donde Demofonte seria "o rico em povos", *DEMG*, p. 44.

Há dois heróis com este nome. O primeiro é o filho de Céleo e Metanira e irmão mais novo de Triptólemo. Quando chegou disfarçada a Elêusis, Deméter (v.) foi encarregada de educar a Demofonte. Desejando torná-lo imortal, para compensar a perda de Core e desafiar a Zeus, a deusa da terra cultivada não lhe dava leite, mas, após esfregá-lo com ambrosia, escondia-o durante a noite, no fogo, como se fora um tição, a fim de despi-lo dos elementos carnais. A cada dia o menino se tornava mais belo e parecido com um deus. Uma noite, porém, Metanira ou Praxítea (v.) descobriu o filho entre as chamas e começou a gritar desesperada. Deméter retirou a criança do braseiro e, lamentando a ignorância e insensatez dos homens, revelou sua verdadeira identidade. Segundo a tradição mais seguida, Demofonte sobreviveu como mortal, guardando para sempre a glória de ter sido cuidado por uma deusa imortal, mas uma variante atesta que o menino pereceu. Em outras versões, a tentativa de imortalizar o filho de Céleo coube a Triptólemo e não a Demofonte.

Um segundo herói com o mesmo nome é irmão de Ácamas e portanto um filho de Teseu e de Fedra ou, segundo outros, de Ariadne.

Com a intenção de libertar sua avó Etra, que Helena levara para Ílion, participou com o irmão da Guerra de Troia. Quando Teseu (v.), em companhia de Pirítoo, desceu ao mundo dos mortos para raptar Perséfone, os Dioscuros (v.) invadiram Atenas e, após expulsarem do trono os dois filhos de Teseu e entregarem o governo ao pretendente Menesteu, Ácamas e Demofonte fugiram para a Ilha de Ciros, onde se reencontraram com o pai, que regressava do Hades. Foi de Ciros, que, juntamente com Elefenor, filho de Calcódon, navegaram para a Tróada, onde tomaram parte ativa na luta, figurando inclusive entre os heróis que ocupavam o bojo do cavalo de madeira. Quando do retorno de Troia, Demofonte ou Ácamas, segundo uma variante, teve uma aventura amorosa com Fílis, filha de Síton, rei de Anfípolis. Tendo-a desposado, o filho de Teseu teve como dote a sucessão ao trono da grande cidade Trácia.

Desejando, no entanto, retornar a Atenas, prometeu à mulher que regressaria dentro de um tempo determinado. Fílis o acompanhou até um local denominado as Nove Rotas e, na despedida, entregou-lhe uma caixinha com objetos consagrados à deusa Reia, pedindo-lhe que só a abrisse quando perdesse toda e qualquer esperança de retorno.

Decorrido o tempo fixado para o regresso do marido, Fílis amaldiçoou-o e se matou. Demofonte, que se fixara na Ilha de Chipre, não mais desejando voltar a Anfípolis, abriu a caixa e ficou aterrorizado com o que viu. Procurando fugir, montou em seu cavalo, mas o animal o lançou por terra. Caindo sobre a ponta da espada, o herói pereceu.

Os atenienses atribuíam a Demofonte a posse do Paládio, a pequena estátua de madeira de origem troiana, que retratava Palas Atená. Segundo algumas versões, o herói, por sua bravura, a teria recebido de Ulisses e Diomedes, segundo outras ele o conquistara, quando alguns argivos, no retorno de Troia, perdidos no mar, desembarcaram erradamente no Porto de Falero, perto de Atenas. Tomando-os por piratas, o filho de Teseu os atacou e lhes tomou o ξόανον (ksóanon), a estatueta sagrada de Atená.

Foi durante o reinado de Demofonte que Orestes, perseguido pelas Erínias, chegou a Atenas para ser julgado no Areópago. Na mesma época vieram também à cidade de Palas Atená os Heraclidas que solicitaram o auxílio de Demofonte contra o tirano Euristeu, que impusera a seu ancestral Héracles os Doze Trabalhos.

DEMÔNIO *(I, 169, 171, 187, 187[135]; II, 43, 74-75[26]; III, 16).*

A palavra grega δαίμων, -ονος (daímōn, -õnos), que, através do latim eclesiástico *daemoniu(m)*, nos deu *demônio*, procede do verbo δαίεσθαι (daíesthai), "repartir, dividir". Em sentido estrito, *daímon* significa "uma força, uma potestade que exerce algo", donde "divindade, destino", como atesta o sânscrito *bhága*, "parte, destino, senhor". Em Homero, *demônio* é um poder que não se quer ou não se pode nomear: daí seu duplo sentido de *divindade* e *destino*, sem nenhum direito a sacrifícios. Em Hesíodo, δαίμων (daímōn) designa um "semideus, um demônio", *DELG*, p. 246sqq. Já na literatura grega se fazia distinção entre κακοδαιμονία (kakodaimonía), "posse ou perseguição desencadeada por um mau demônio" e ευδαιμονία (eudaimonía), "felicidade, isto é, posse de um bom demônio". Só a partir do latim cristão é que *daemonium*, "demônio", mero decalque do derivado grego δαιμόνιον (daimónion), passou a significar "espírito maligno, diabo, satanás", *DILAC*, p. 237. Consoante F.E. Peters, *TEFG*, p. 47sq., "a crença em espíritos sobrenaturais um pouco menos antropomorfizados do que os Olímpicos é uma característica muito antiga da religião popular grega; um certo *daímon* está ligado a uma pessoa ao nascer e determina, para o bem ou para o mal, o seu destino". Para Empédocles (frag. 119), *daímon* é um outro nome com que se designa *psiqué*, o que provavelmente reflete a origem divina e os poderes de que eram dotados os "demônios". Sócrates atesta a antiga tradição religiosa, quando fala *na Apologia*, 31d, de um *certo demônio, de algo divino*, δαιμόνιόν τι (daimónión ti) que o aconselha a evitar certas ações. Segundo ainda o autor supracitado, talvez seja um engano pensar que Sócrates ou seus contemporâneos fizessem uma distinção muito acentuada entre *daímon* e *theîon*, entre "demônio e divino", uma vez que "a defesa socrática contra o ateísmo na *Apologia*, 27d, assenta num argumento de que acreditar nos *daímones* é acreditar nos deuses".

Na *República*, 620d, o *daímon* aparece como uma espécie de anjo da guarda, mas se aquele está ou não dentro de nós foi algo que muito se discutiu na filosofia posterior. No *Banquete*, 202d-203a, Platão, pelos lábios de Diotima, identifica Eros com um *daímon*, que funciona como intermediário entre os deuses e os homens. Os neopitagóricos e neoplatônicos agasalharam esta noção: os deuses olímpicos habitavam o *éter*, enquanto os *daímones*, divindades menores, ocupavam o *ar* inferior e exerciam influência e providência diretas sobre as ações dos mortais.

Victor Goldschmidt, *Theologia* (Révue des Études Grecques, Paris, Les Belles Lettres, 1950, t. LXIII, p. 33sqq.) vai um pouco mais longe na busca da origem e da conceituação desses intermediários. Ao comentar as cinco idades hesiódicas, de que falamos amplamente em *Mitologia Grega*, Vol. I, p. 169-178, o autor define e traça dois destinos diferentes para os seres humanos que viveram na *idade de ouro* e para os que decaíram e formaram a *idade de prata*. Os que nasceram sob a égide do ouro e da prata têm realmente uma promoção *post mortem*: convertem-se em *daímones*, mas agem diferentemente sobre os mortais, tanto quanto se diversificaram na vida terrestre. Os da idade de ouro são os *daímones epictônios*, quer dizer, *continuam a viver e agir na terra*; os segundos (da idade de prata) são os *daímones hipoctônios*, isto é, *vivem e agem sob a terra*, na outra vida, mas sempre como mediadores e intermediários entre os deuses e os homens.

Para E.R. Dodds, *The Greeks and the Irrational*, Boston, Beacon Paperbacks, 1957, p. 2sqq., a "intervenção psíquica" na épica de Homero era atribuída a uma psiqué oculta, vale dizer, a um *daímon*, que desencadeava uma transformação repentina no padrão de comportamento. O *daímon*, segundo a crença da época de Homero, estava localizado ou agia no θυμός (thymós), situado no peito ou diafragma, sede da *consciência emocional*.

DENDRÍTIS.

Δενδρῖτις (Dendrîtis), *Dendrítis*, é um derivado de δένδρεον (déndreon), ático δένδρον (déndron), "árvore", donde Dendrítis é "a que pertence à árvore".

Dendrítis é um epíteto de Helena na Ilha de Rodes. Um mito local relata que, após a morte de Menelau, a esposa com os dois filhos ilegítimos do rei de Esparta, Nicóstrato e Megapentes, emigrou para Rodes, fixando residência na corte de Políxo, viúva do argivo Tlepólemo, que perecera na Guerra de Troia. Políxo, que exercia a regência na menoridade do filho, recebeu-a muito bem, mas, lembrando-se da morte do esposo em Ílion, buscava o momento propício para vingar-se de Helena, a causadora do grande conflito entre aqueus e troianos. Certa feita, quando a viúva de Menelau se banhava, a rainha disfarçou suas criadas em Erínias e ordenou-lhes que se apoderassem da amante de Páris e a suspendessem numa árvore.

Sob essa "árvore de Helena" nascia de contínuo uma planta que recebeu o nome de ἑλένιον (helénion), cuja propriedade era curar picadelas de serpentes.

DERCINO *(III, 110-111)*.

Δέδκυνος (Dérkynos), *Dercino*, consoante Carnoy, *DEMG*, p. 45, talvez seja uma helenização do etrusco *tarkhu-* "senhorial, real", daí *Tarquinii*, os Tarquínios e o hitita *tarh*, "ser mestre, ser senhor de". Dercino e Ialébion, filhos de Posídon, tentaram, na Ligúria, roubar parte do rebanho de Gerião, que Herácles (v.) trazia dos confins do Ocidente, aonde fora por ordem de Euristeu. Após cruenta disputa, o herói incansável matou a ambos.

DETAS.

Δαίτας (Daítas), *Detas*, possivelmente se origina do verbo δαίεσθαι (daíesthai), "dividir, distribuir", donde Detas seria "o que distribui, o que divide", v. os verbos δαινύναι (dainýnai) e δαίζειν (daídzein), "celebrar, festejar com um jantar, dividir, separar as partes para cada um". *Daíesthai* pode ser aproximado do sânscrito *dáyate*, "dividir, destruir", *dāti*, "ele corta", *dití-*, "divisão", *DELG*, p. 247-248.

Em Lesbos havia dois irmãos, Detas e Tieste, que procriaram, a partir de um ovo, um menino chamado Enorque, em grego Ἐνόρχης (Enórkhēs), de ἐν (en), "em, no", e ὄρχις (órkhis), "testículo", donde *Enorque* é o macho completo, porque "provido de testículos", como está em Aristófanes, *Cavaleiros*, 1385. Enorque construiu um templo para Dioniso, no qual o deus era adorado com o nome de seu fiel devoto.

DEUCALIÃO *(II, 19, 195; III, 55, 177, 205)*.

Δευκαλίων (Deukalíōn), *Deucalião*, segundo Carnoy, *DEMG*, p. 45, talvez pudesse relacionar-se com a raiz indo-europeia **dheug*, "mergulhar", uma vez que o herói se salvou do dilúvio num barquinho ou cofre lançado nas águas. A raiz citada estaria ainda aparentada com o neerlandês *duiken*, alemão *tauchen*, "mergulhar".

Deucalião era filho de Prometeu e Clímene ou Celeno. Casou-se com a prima Pirra, filha de Epimeteu e Pandora (v.).

Quando Zeus chegou à conclusão de que os heróis da Idade de Bronze (v. Cinco Idades) haviam mergulhado no crime e nos vícios, resolveu afogar a humanidade num grande dilúvio universal, para purificar a terra.

Poupou tão somente um casal, considerado justo e respeitador dos deuses, Deucalião e Pirra. A conselho de Prometeu (v.), o previdente, o casal construiu uma arca sob forma de cofre e colocou-se no seu interior. Era tempo, porque Zeus, profundamente irritado com os desmandos e impiedade dos homens, em lugar de fulminá-los, tomou uma providência mais adequada: decidiu, segundo Ovídio, *Met*. 1, 253sqq., castigá-los de maneira diferente:

> *Poena placet diuersa, genus mortale sub undis perdere et ex omni nimbos demittere caelo* (Met. 1, 260-261).

– Apraz-lhe um castigo diferente: desabar a tempestade de todos os pontos do céu e afogar nas águas a raça dos mortais.

Durante nove dias e nove noites Deucalião e Pirra flutuaram sobre o aguaceiro do dilúvio, até que a arca tocou nos picos das montanhas da Tessália. Desembarcaram e, quando as águas baixaram, o pai dos deuses e dos homens enviou-lhes Hermes para anunciar-lhes que atenderia a um só pedido que lhe fizessem, fosse ele qual fosse. Deucalião, de imediato, solicitou o repovoamento do mundo. Ordenou-lhes, então, Zeus (outros dizem que foi Têmis que falou de dentro de seu templo oracular):

> .... *Discedite templo et uelate caput cinctasque resoluite uestes ossaque post tergum magnae lactate parentis*
> (Met. 1, 381-383).

– Afastai-vos do templo, cobri vossa cabeça, desatai os cintos de vossa indumentária e lançai para trás os ossos de vossa mãe.

Pirra ficou perplexa com tamanha impiedade e estava pronta para recusar a ordem divina, quando Deucalião compreendeu que se tratava "das pedras", ossos da Terra, mãe universal. Assim, das pedras lançadas para trás por Deucalião nasceram homens e das de Pirra, mulheres, ficando a terra repovoada.

Homero certamente já conhecia o mito do dilúvio e de Deucalião, uma vez que, na *Ilíada*, XIII, 307, refere-se ao "deucaliônida" Idomeneu, filho do herói que sobreviveu ao dilúvio.

Existe no mito um segundo Deucalião, filho de Minos e Pasífae, e irmão de Catreu, Glauco e Androgeu. Amigo de Teseu, o Deucalião cretense participou da caçada de Cálidon.

DEXÂMENO *(III, 118)*.

Δεξαμενός (Deksamenós), *Dexâmeno*, é um derivado do verbo δέχεσθαι (dékhesthai), "receber, acolher", donde Dexâmeno é "o acolhedor".

Trata-se de um rei da cidade de Óleno, na Acaia, em cuja corte se refugiou Héracles, quando foi vencido e expulso da Élida por Augias (v.). O rei de Óleno prometeu-lhe a filha Mnesímaca em casamento. O herói aceitou de bom grado a oferta do soberano, mas, tendo que se ausentar para uma tarefa urgente, comprometeu-se a casar tão logo regressasse. Na ausência do filho de Alcmena, o violento centauro Eurítion obrigou Dexâmeno a dar-lhe a filha em casamento.

Ao retornar, Héracles matou o centauro e contraiu núpcias com Mnesímaca. Uma variante do mito identifica esta última com Dejanira e coloca a cena em Cálidon, na corte de Eneu, cuja filha Héracles desposou, após uma luta violenta com o Rio Aqueloo (v.).

DEXICREONTE.

Δεξικρέων (Deksikréōn), *Dexicreonte*, é um composto do verbo δέχεσθαι (dékhesthai), "receber, acolher" e da forma comparativa κρέων (kréōn) ou κρείων (kreíōn), "nobre, real", donde "o que acolhe cortesmente". Dexicreonte era um comerciante de Samos. Tendo feito escala na Ilha de Chipre, recebeu de Afrodite o conselho de carregar o navio tão somente com odres de água doce e de velejar o mais rapidamente possível. Tão logo ganhou o alto-mar, fez-se uma grande calmaria e o navegante obteve uma grande fortuna, vendendo a água armazenada aos outros navios retidos no bojo macio de Posídon.

Como agradecimento à deusa, Dexicreonte ergueu-lhe em Samos uma estátua magnífica.

DIAS *(III, 169[140])*.

Δίας (Días), *Dias*, Consoante Carnoy, *DEMG*, p. 45, o antropônimo talvez se origine do verbo δίεσθαι (díesthai), "correr, fugir, ser rápido", donde Dias seria "o veloz, o ardente".

Nas complexas variantes do mito dos atridas, Dias é um dos filhos de Pélops e Hipodamia, irmão, neste caso, de Atreu e Tieste. De sua filha Cleola, que se casara com Atreu, teria nascido Plístene. Este último teria sido o pai de Agamêmnon, Menelau e Anaxíbia. Segundo uma tradição diferente, Cleola, filha de Dias, se unira a Plístene, filho de Atreu, e do casal nasceram Agamêmnon, Menelau e Anaxíbia.

DICTA *(I, 54, 71, 200, 332)*.

Δίκτη (Díktē), *Dicta*, é possivelmente uma palavra de origem mediterrânea, de etimologia ainda desconhecida. Trata-se do nome de uma montanha da Ilha de Creta e de um epíteto de Britomártis (v.), ninfa igualmente da Ilha do Minotauro. Amada e perseguida por Minos, lançou-se ao mar, mas pescadores recolheram-na em suas redes.

DÍCTIS *(III, 87)*.

Δίκτυς (Díktys), *Díctis*, é vocábulo pré-helênico e está relacionado com o verbo δικεῖν (dikeîn), "lançar, arremessar", donde Díctis é "o que lança a rede", o pescador. O micênico *dekutuwoko* talvez signifique "o fabricante de redes".

Díctis era um humilde pescador, irmão de Polidectes, tirano da Ilha de Sérifo. Quando Acrísio lançou ao mar o cofre com sua filha Dânae (v.) e o recém-nascido Perseu (v.), a pequena arca, arrastada pelas ondas, foi dar à Ilha de Sérifo, uma das Cíclades. Díctis os "pescou" e conduziu mãe e filho para sua casa modesta na ilha, encarregando-se de sustentá-los.

Mais tarde, depois que Perseu matou a Medusa e petrificou com a cabeça da Górgona a Polidectes e seus vassalos, o reino da ilha foi entregue a Díctis pelo herói, como recompensa pelos benefícios prestados a ele e à sua mãe.

DIMETES.

Διμοίτης (Dimoítēs), *Dimetes*, é, ao que tudo faz crer, um composto de δι- (di-) por δις-(dis-), "duas vezes" e μοῖτος (moîtos), "serviço prestado, favor", donde Dimetes seria "o que se une duas vezes, o que presta favores duplos". Diga-se, de passagem, que μοῖτος (moîtos), ao que parece, pressupõe um itálico **moitos*, latim *mutare*, "trocar, permutar", *mutuus*, "mútuo" e neste caso o vocábulo grego seria um empréstimo ao itálico, *DELG*, p. 708.

Dimetes era irmão de Trézen com cuja filha Euópis se casara. Esta, todavia, amava o próprio pai. Dimetes, para evitar qualquer problema futuro, revelou o fato ao irmão. Envergonhada e temerosa, Euópis, após invocar todas as espécies de maldição contra o marido, se enforcou. Mais tarde, Dimetes encontrou na praia um cadáver de mulher de extraordinária beleza. Apaixonou-se por ela e se uniu à mesma. O cadáver, porém, entrou logo em decomposição e "o amante" ergueu-lhe um túmulo suntuoso. Não podendo, todavia, suportar sua paixão incontrolável, apunhalou-se sobre o sepulcro.

DIOMEDES *(I, 110, 125-126, 139, 143; II, 25, 40, 43, 88, 115; III, 43, 52, 54, 64, 86, 104-105, 130, 150, 205, 288, 290, 293²²⁵, 296, 298, 333).*

Διομήδης (Diomédēs), *Diomedes*, é um composto de Διός (Diós), gen. de Ζεύς (Dzeús), e do verbo μήδεσθαι (médesthai), "preparar, meditar um projeto, ter algo em mente, aconselhar, inspirar", donde Diomedes é "o inspirado por Zeus".

Há dois heróis com este nome. O primeiro, conhecido como Diomedes trácio, era filho de Ares e de Pirene. Possuía quatro éguas, Podargo, Lâmpon, Xanto e Dino, que eram alimentadas com as carnes dos estrangeiros que as tempestades lançavam às costas da Trácia. Euristeu ordenou a Héracles de pôr termo a essa prática bárbara e trazer os animais para Argos. O herói foi obrigado a lutar com Diomedes, que, vencido, foi lançado às suas próprias bestas antropófagas. Após devorarem o rei, as éguas estranhamente se acalmaram e foram, sem dificuldade alguma, conduzidas a Micenas. Euristeu as deixou em liberdade e as mesmas acabaram sendo devoradas pelas feras do Monte Olimpo.

Há uma variante, segundo a qual Héracles se fez acompanhar na expedição à Trácia por voluntários, entre os quais estava seu amigo íntimo, um filho de Hermes, Abdero, que pereceu arrastado pelas éguas selvagens. Após matar Diomedes, o herói fundou em honra do amigo, nas costas da Trácia, a cidade de Abdera. De outro lado, as bestas ferozes de Diomedes não teriam sido devoradas no Monte Olimpo, mas consagradas por Euristeu à deusa Hera.

O segundo Diomedes é o grande herói da Etólia, que participou brilhantemente da Guerra de Troia. Como filho de Tideu e de Dêipila, uma das filhas de Adrasto, tomou parte igualmente na expedição dos Epígonos (v.) contra Tebas. O primeiro ato heroico que lhe atribui a tradição foi a vingança contra os filhos de Ágrio, os quais haviam destronado a seu avô Eneu, que reinava em Cálidon. Partindo secretamente de Argos, sua pátria de adoção, em companhia de Alcméon, matou todos os filhos do usurpador Ágrio, exceto Onquesto e Tersites, que haviam fugido antecipadamente para o Peloponeso. Dada a idade avançada de Eneu, o reino de Cálidon foi entregue a Andrêmon, casado com Gorge, filha do idoso monarca. Eneu, tendo-se retirado para o Peloponeso, foi assassinado numa emboscada pelos dois filhos de Ágrio, já citados. Diomedes fez-lhe funerais magníficos e sepultou-lhe as cinzas no local, onde em sua memória foi fundada a cidade de Ênoe. Casou-se, em seguida, com sua própria tia Egialeia, que, segundo alguns autores, era apenas sua prima, uma vez que Egialeia, neste caso, era filha não de Adrasto, mas de Egialeu.

Partiu para a Guerra de Troia como pretendente à mão de Helena e uma vez na Tróada e nos grandes episódios ligados à luta, o filho de Tideu aparece quase sempre ao lado de Ulisses, numa união perfeita da astúcia e da bravura. Com o solerte esposo de Penélope velejou para a Ilha de Ciros, a fim de conseguir o concurso de Aquiles na luta contra os troianos. Em Áulis põe-se ao lado de Ulisses para forçar Agamêmnon a sacrificar Ifigênia. Acompanha-o igualmente na célebre embaixada a Aquiles para convencê-lo a retornar ao combate.

Participa igualmente da *Dolonia*, isto é, a sortida noturna dos dois heróis aqueus, que surpreendem o troiano Dólon (v.). Matam-no, depois de saberem dele o lugar exato onde acampava Reso, rei da Trácia, que viera em socorro dos troianos. Assassinam igualmente a Reso e apossam-se de seus cavalos, como está no canto X da *Ilíada*.

Diomedes participou dos jogos fúnebres em honra de Pátroclo.

Nos ciclos épicos que se formaram após a *Ilíada*, o herói ainda é encontrado em companhia de Ulisses. Acompanha-o até a Ilha de Lemnos com o fito de convencer Filoctetes a segui-los para Troia, pois a fortaleza de Príamo não poderia ser tomada sem o concurso das flechas certeiras do herói, que, ferido, fora, a conselho do próprio Ulisses, abandonado na ilha supracitada.

Símbolo da impetuosidade fogosa, o filho de Tideu foi um dos mais valentes, destemidos e vigorosos heróis da Guerra de Troia, chegando até a ferir Afrodite, provocando para sempre o ódio da deusa contra ele e sua família. Bom orador, figura muitas vezes nos diferentes conselhos dos chefes aqueus. Sujeito como qualquer herói à ira e à *hýbris*, protestou violentamente quando Aquiles, por compaixão e amor por Pentesileia, por ele próprio liquidada em combate, matou a socos o feio Tersites, que zombara e ironizara a ternura do filho de Tétis por uma inimiga morta em combate.

Diomedes investe contra Aquiles, lembrando ser ele consanguíneo de Tersites e pede que se lance o corpo de Pentesileia no Rio Escamandro.

Se os diversos "retornos" de Troia foram em sua maioria cheios de percalços e até de mortos, o de Diomedes foi tranquilo. Afrodite é uma deusa que sabe preparar suas armadilhas. É bom repetir que a deusa jamais lhe perdoou o ter sido por ele ferida no campo de batalha. Pois bem, se o retorno por mar foi pacífico, a tempestade o aguardava em seu reino. Sua esposa Egialeia (v.) não lhe havia sido fiel e, quando o herói chegou a Argos, por muito pouco escapou da emboscada que ela lhe prepara, certamente por inspiração da deusa do amor. Diomedes, para escapar com vida, refugiou-se como suplicante junto ao altar de Hera e de lá conseguiu fugir para a Itália e se asilou na corte do Rei Dauno. Ajudou o soberano a combater seus inimigos, mas logo depois lançou contra o reino do amigo italiota imprecações tão sérias, que a terra se tornava estéril, sempre que não cultivada por mãos etólias. Não satisfeito, apossou-se do reino, mas Dauno se recompôs militarmente e o matou. Os etólios, que com ele vieram, foram metamorfoseados em pássaros, pacíficos com os gregos, mas ferozes e violentos contra qualquer outro ser humano. A Diomedes é atribuída uma série de fundações na Itália do Sul.

Este é o destino comum dos grandes heróis, segundo se mostrou no Vol. III de *Mitologia Grega*: presas fáceis da *hýbris*, vivem ultrapassando o *métron* e acabam morrendo solitária, inglória ou violentamente, sobretudo quando têm por trás dos fios das Queres uma Afrodite ferida física ou moralmente...

DÍOMO.

Δίομος (Díomos), *Díomo*, não possui etimologia conhecida. A hipótese interrogativa de Carnoy, *DEMG*, p. 46, tentando relacioná-lo com o verbo δίεσθαι (díesthai), "perseguir", não parece provável.

Díomo é um herói ático que emprestou seu nome ao "demo" homônimo. Filho de Colito, tornou-se amigo íntimo de Héracles, quando este se hospedou na casa do seu pai. Após a apoteose do herói, Díomo, enquanto lhe sacrificava uma ovelha, surgiu um cão, que arrastou um quarto da vítima até um local, onde o sacrificante construiu o santuário de Héracles Cinosargo.

DÍON.

Δίων (Díōn), *Díon*, é formado à base de Διός (Diós), gen. sing, de Ζεύς (Dzeús) *Zeus, de Zeus*, donde Díon é "o brilhante, o luminoso", *DELG*, p. 399, já que Zeus significa "luz, claridade, brilho".

Rei da Lacônia, e casado com Anfítea, era pai de três filhas: Orfe, Lico e Cária. Apolo, que viajava pela Lacônia, recebeu de Anfítea as maiores atenções. Como recompensa, o deus de Delfos concedeu às três filhas do casal o poder divinatório, condicionado apenas a que não traíssem os deuses e jamais procurassem saber o que não lhes dizia respeito.

Tendo Dioniso passado pela corte de Díon, apaixonou-se por Cária e a jovem não ficou indiferente aos amores do deus. No retorno de sua longa viagem até a Índia, o filho de Sêmele, ainda cheio de desejos pela Princesa Lacônia, hospedou-se novamente na corte de Díon. Orfe e Lico, negligenciando as promessas feitas ao deus dos Oráculos, puseram-se a vigiar o casal de namorados. Apesar das admoestações sérias e enérgicas de Apolo e Dioniso, a espionagem amorosa continuou. Vendo que seus conselhos eram inúteis, Apolo transformou as duas indiscretas em rochedos.

Somente Cária foi metamorfoseada em nogueira – καρύα (karýa) é nogueira – com frutos abundantes, tendo ainda direito a um culto com o nome de Ártemis Cariátis.

DIONE *(I, 78, 156, 187, 215; III, 350)*.

Διώνη (Diṓnē), *Dione*, é igualmente formado com base em Διός (Diós), gen. sing, de Ζεύς (Dzeús), *Zeus, de Zeus*, donde Dione é "a brilhante, a luminosa", já que Zeus significa "luz, claridade, brilho".

Dione é uma das divindades da primeira geração divina. Sua genealogia, porém, se diversifica segundo as tradições. Ora aparece como filha de Úrano e Geia, ora é uma das Oceânidas, filha, portanto, de Oceano e Tétis. Em variantes mais recentes surge ainda como filha de Atlas. Unida a Zeus teria sido mãe de Afrodite e de seus amores com Tântalo teriam nascido Níobe e Pélops.

DIONEU.

Δηϊονεύς (Dēïoneús), *Dioneu*, origina-se certamente do adjetivo δήϊος (dḗïos), "hostil, animado de um ardor terrível e funesto", *DEMG*, p. 43; *DELG*, p. 271. Dioneu é o pai de Dia e sogro de Ixíon. Ao pedir a mão de Dia, o pretendente prometeu ao futuro sogro ricos presentes. Tão logo se realizaram as núpcias, Dioneu reclamou do genro o cumprimento das promessas. Ixíon (v.), perversamente, lançou a Dioneu numa fossa de carvões ardentes e o matou.

DIONISO *(I, 33, 62, 71-72, 123, 159, 162, 193, 211-212, 221, 261, 281, 289, 294-295[188], 296-297, 299, 309, 323, 326, 334-335, 343; II, 10, 26, 34-35, 45, 63, 67, 90, 96, 99-100, 113-130, 132-140, 142, 148, 150-151, 153, 158-159, 168, 186, 193, 195, 238; III, 32, 35, 40, 51-52, 57, 87-88, 118, 163-164, 190, 236, 259, 298, 306, 310[242], 313[246], 343[264])*.

Διόνῡσος (Diónȳsos), *Dioniso*, possui algumas variantes dialetais. Em Homero usa-se de preferência Διώνυσος (Diṓnysos); no tessálio, Διόννυσος (Diónnysos); no lésbico, Ζόννυσος (Dzónnysos), Δεύννσος (Deúnysos), Διέννσος (Diénysos). O hipocorístico no voc. é Διονῦ (Diony) e, como antropônimo na Ilha de Tasos, Δεονῦς (Deonys).

Διονύσιος (Dionýsios), "que se refere a Dioniso", raro como adjetivo, aparece como antropônimo, Dionísio, mas só a partir do séc. V a.C., e apenas para designar seres humanos e não o deus, cujo nome sempre foi Διόνῡσος (Diónȳsos), *Dioniso*.

Dioniso é um deus "novo" na pólis. Deus dos campônios, veio possivelmente da Trácia. Aparece muito pouco nos poemas homéricos (poemas da elite) séculos IX-VIII a.C., onde não se lhe dá a menor importância: *Ilíada*, VI, 132, XIV, 325; *Odisseia*, XI, 325, XXIV, 74, mas o deus já estava na Hélade desde pelo menos o século XIV a.C., como demonstram as tábulas micênicas de Pilos.

Do ponto de vista etimológico, o assunto ainda não está totalmente resolvido. Διόνῡσος (Diónȳsos), *Dioniso*, talvez seja um composto do genitivo Διο(σ)-

(Dio(s)- nome *do céu* em trácio, o que parece confirmado por certas formas dialetais como Διόννῦσος (Diónnȳsos) e pelo micênico *diwo-*. O segundo elemento é bem mais obscuro: Kretschmer opina que *filho* em trácio é Nῦσα (Nysa) – monte onde cresceu o deus – que estaria relacionado com os nomes de ninfas Nῦσαι (Nysai) e Nυσίαι (Nysíai), donde, Dioniso seria "o filho do céu", *DELG*, p. 285; Kretschmer, *Einleitung*, p. 241sq.; Nilsson, *Geschichte der griechischen Religion*, I, p. 564sqq.

Dioniso, também chamado Βάκχος (Bákkhos), *Baco* (v.) tornou-se, a partir do século VI a.C., um deus essencialmente da videira, do vinho, do delírio místico e do teatro. Seu mito é complexo, porque é formado de elementos por vezes díspares, provindos de locais diversos, sobretudo da Ásia Menor. O todo apresenta-se, não raro, como uma soma de episódios mal-alinhavados em torno de um núcleo central.

Um deus importado não penetra na Hélade sem um batismo de ordem mítica. Consoante o sincretismo órfico-dionisíaco, dos amores de Zeus e Perséfone nasceu o primeiro Dioniso, chamado mais comumente Zagreu. Preferido do pai dos deuses e dos homens, estava destinado a sucedê-lo no governo do mundo, mas a Moîra decidiu o contrário. Para proteger o filho dos ciúmes de sua esposa Hera, Zeus confiou-o aos cuidados de Apolo e dos Curetes, que o esconderam nas florestas do Monte Parnasso. Hera, mesmo assim, descobriu o esconderijo do jovem deus e encarregou os Titãs de raptá-lo e matá-lo. Com o *rosto polvilhado de gesso*, para não se darem a conhecer, os Titãs atraíram o pequenino Zagreu com brinquedos místicos: ossinhos, pião, carrapeta, *crepundia* (chocalhos, argolas, amuletos) e espelho. De posse do filho de Zeus, os enviados de Hera fizeram-no em pedaços; cozinharam-lhe as carnes num caldeirão e as devoraram. Zeus fulminou os Titãs e de suas cinzas nasceram os homens, o que explica no ser humano os dois lados: o bem e o mal. A nossa parte titânica é a matriz do mal, mas, como os Titãs haviam devorado a Dioniso, a este se deve o que existe de bom em cada um de nós. Na "atração, morte e cozimento" de Zagreu há vários indícios de ritos iniciáticos. Diga-se logo que, sendo um deus, Dioniso propriamente não morre, pois que o mesmo renasce do próprio coração. A morte, desse modo, não afeta a imortalidade do filho de Zeus, donde provém, certamente, sua identificação com Osíris o "morto imortal" (Heród. 2, 42; Plut. *Ísis e Osíris*, 35, 364 F) e com o imortal deus da morte, Plutão (Heráclito, frag. 15). Destarte, a "morte" de Dioniso nada mais é que uma *catábase* seguida, de imediato, de uma *anábase*.

De saída, cobrir o rosto com pó de gesso ou com cinzas é um rito arcaico de iniciação: os neófitos, como assinala Mircea Eliade, cobriam as faces com pó de gesso ou cinza para se assemelharem aos *eídola*, aos fantasmas, o que traduz a morte ritual. Em Atenas, durante os mistérios de Sabázio, "este outro Dioniso", um dos ritos iniciáticos consistia em aspergir os neófitos com pó ou com gesso. Demóstenes (384-322 a.C.), o maior orador da Hélade, em seu universalmente famoso discurso *A Oração da Coroa*, 259, desdenha de seu adversário Ésquines, afirmando que o mesmo, para ajudar a mãe, que se ocupava de magia, ungia os iniciados com argila e farelo. Diga-se, de passagem, que, por etimologia popular, se associou τίτανος (títanos), "gesso", com Τιτᾶνες (Titânes), "Titãs", o que de qualquer forma patenteia o complexo místico-ritual.

Quanto aos brinquedos, que são verdadeiros símbolos de iniciação, demarcando a idade infantil, por oposição aos sofrimentos da adolescência, que àquela se seguem, são atestados em muitas culturas. As *crepundia*, quer dizer, argolas de marfim ou pequenos chocalhos, que se colocavam no pescoço das crianças, os *ossinhos* e o *pião* tinham um sentido preciso: não existe *teleté*, isto é, cerimônia de iniciação, sem "determinados ruídos". Um deus se atraía e se atrai com flauta e tambores... Acrescente-se também que *crepundia* e *ossinhos* possuíam um decisivo poder apotropaico, pois repeliam influências malignas e demoníacas. Lúcio Apuleio, nascido por volta de 125 p.C., que foi um verdadeiro colecionador de iniciações no segundo século de nossa era e que se vangloriava de ser iniciado nos mistérios de Dioniso, fala de objetos misteriosos, usados por iniciados: a esses objetos o escritor dá o nome de *crepundia*. O espelho, a partir do qual, *especulando*, vemos o que somos e o que não somos, objeto muito comum em ritos iniciáticos, tem, entre muitas finalidades que se lhe atribuem, a de captar com a imagem, que nele se reflete, a alma do refletido. Olhando-se no espelho, Zagreu tornou-se presa fácil dos Titãs...

O dado central do mito foram o desmembramento do menino divino e seu cozimento num caldeirão. Trata-se de um assunto mítico com muitas versões e inúmeras variantes, mas, ao menos na Grécia, todas convergem para um tema comum. Jeanmaire, em sua obra monumental *Dionysos, Histoire du Culte de Bacchus*, Paris, Payothèque, 1978, p. 386sqq., lembra que a cocção, sobretudo num caldeirão, ou a passagem pelas chamas constitui uma operação mágica, um rito iniciático, que visam a conferir um rejuvenescimento; especialmente, em se tratando de uma criança, o rito tem por objetivo outorgar virtudes diversas, a começar pela imortalidade. Viu-se, a esse respeito, em *Mitologia Grega*, Vol. I, p. 291-293, a tentativa de Deméter de imortalizar Demofonte. Tétis submeteu Aquiles a idêntica cerimônia. As filhas de Pélias, a conselho da mágica Medeia, cortam o pai em pedaços e põem-no a cozer num caldeirão, com o fito de rejuvenescê-lo.

Acentua Mircea Eliade que "os dois ritos – desmembramento e cocção ou passagem pelo fogo – caracterizam as iniciações xamânicas. De fato, os Titãs comportam-se como Mestres de iniciação, no sentido de que matam o neófito, a fim de fazê-lo "renascer" numa forma superior de existência". Plutarco (*De Iside et Osiride* – Acerca de Ísis e Osíris, 35), falando do caráter iniciático dos ritos dionisíacos em Delfos, quando as mulheres celebravam o renascimento do filho de Sêmele, afirma que o cesto délfico "continha um Dioniso desmembrado e prestes a renascer, um Zagreu" e esse Dioniso "que renascia como Zagreu era ao mesmo tempo o Dioniso tebano, filho de Zeus e de Sêmele".

É que, de fato, Zagreu voltou à vida. Atená, outros dizem que Deméter, salvou-lhe o coração que ainda palpitava. Engolindo-o, a princesa tebana Sêmele tornou-se grávida do segundo Dioniso. O mito possui muitas variantes, principalmente aquela segundo a qual fora Zeus quem engolira o coração do filho, antes de fecundar Sêmele. A respeito de Sêmele diga-se logo que se trata de uma avatar de uma Grande Mãe, que, *decaída*, porque substituída em função de grandes sincretismos operados no seio da religião grega, se tornou uma simples princesa tebana, irmã de Agave, Ino e Autônoe, todas filhas do legendário herói do ciclo tebano, Cadmo, e de Harmonia.

A etimologia de Σεμέλη (Semélē), *Semelô*, frígio ζεμελῶ (dzemelô), postulada por P. Kretschmer, como oriunda do traco-frígio, com o significado de "terra", é hoje normalmente aceita.

Tendo, pois, engolido o coração de Zagreu ou fecundada por Zeus, Sêmele ficou grávida do segundo Dioniso. Hera, no entanto, estava vigilante. Ao ter conhecimento das relações amorosas da princesa tebana com o esposo, resolveu eliminá-la. Transformando-se na ama da mesma, aconselhou-a a pedir ao amante que se lhe apresentasse em todo o seu esplendor. O deus advertiu a amante que semelhante pedido lhe seria funesto, uma vez que um mortal, revestido da matéria, não tem estrutura para suportar a *epifania* de um deus imortal. Mas, como havia jurado pelas águas do Rio Estige jamais contrariar-lhe os desejos, Zeus apresentou-se-lhe com seus raios e trovões. O palácio de Sêmele se incendiou e esta morreu carbonizada. O feto, o futuro Dioniso, foi salvo por gesto dramático do pai dos deuses e dos homens: Zeus recolheu apressadamente do ventre da amante o fruto inacabado de seus amores e colocou-o em sua coxa, até que se completasse a gestação normal. Tão logo nasceu o filho de Zeus, Hermes o recolheu e levou-o, às escondidas, para a corte de Átamas, rei beócio de Queroneia, casado com a irmã de Sêmele, Ino, a quem o menino foi entregue. Irritada com a acolhida ao filho adulterino do esposo, Hera enlouqueceu o casal. Ino lançou seu filho caçula, Melicertes, num caldeirão de água fervendo, enquanto Átamas, com um venábulo, matava o mais velho, Learco, tendo-o confundido com um veado. Ino, em seguida, atirou-se ao mar com o cadáver de Melicertes e Átamas foi banido da Beócia. Temendo novo estratagema de Hera, Zeus transformou o filho em *bode* e mandou que Hermes o levasse, dessa feita, para o Monte Nisa, onde foi confiado aos cuidados das Ninfas e dos Sátiros, que lá habitavam numa gruta profunda.

Dois fatos aqui expostos chamam logo a nossa atenção. O primeiro deles é a tenaz perseguição da ciumenta Hera contra o filho de Sêmele e o segundo, a morte de Sêmele pelo fogo e a coxa de Zeus como segundo ventre de Dioniso. Quanto ao primeiro, é suficiente lembrar que a inimizade entre o deus do êxtase e do entusiasmo e a rainha dos deuses era um fato consumado no mito grego. Através de um fragmento de Plutarco, concernente às antigas festas beócias das Δαίδαλα (Daídala), "Dédalas", em honra de Hera, ficamos sabendo que, em Atenas, e possivelmente na Beócia, se evitava cuidadosamente todo e qualquer contato entre os objetos que pertenciam ao culto de Hera e aqueles pertencentes ao de Dioniso. Até mesmo as sacerdotisas das duas divindades não se cumprimentavam. A verdadeira muralha que separava os dois cultos era certamente consequência das características muito diferentes desse par antitético: de um lado, Hera, a *teleia*, a saber, a protetora dos casamentos, de outro, Dioniso, o deus das *orgias*, dos "desregramentos". O mais sério é que tanto as orgias báquicas como as práticas coletivas das mulheres de Plateias, em homenagem a *Hera Teleia*, tinham por cenário o Monte Citerão, o que inevitavelmente contribuía para açular os ânimos dos adeptos de uma e de outra divindade e aumentar a tradicional rivalidade entre os dois imortais do Olimpo. O segundo fato é a morte trágica de Sêmele e o nascimento de Dioniso, da coxa de Zeus. Até mesmo à época tardia, Dioniso ainda era chamado *Pyriguenés, Pyrísporos*, quer dizer, "nascido ou concebido do fogo", a saber, do raio. O próprio nome do deus parece estar ligado ao genitivo Διός (Diós), designativo de *céu* em trácio, que apareceria no primeiro elemento do composto *Dioniso*. Reunindo estas simples indicações, pode-se tentar reconstruir um mito naturalista elementar: a Terra-Mãe (Sêmele), fecundada pelo *raio celeste* do deus do Céu, gerou uma divindade, cuja essência se confunde com a vida que brota das entranhas da terra. Acontece, no entanto, que, no mito tradicional, Sêmele não é mais uma Grande Mãe, e sim uma princesa tebana, uma simples mortal. O raio de Zeus, que fulminou a mãe de Dioniso, embora possa ser interpretado como um sinal de um *hieròs gámos*, que liga duas entidades míticas, o deus Céu e a deusa Terra, no caso em pauta perde todo o seu conteúdo, porque se trata da união, clandestina por sinal, do deus supremo com uma virgem mortal. O mito, por isso mesmo, foi inteiramente refundido: enganada pela astúcia da ciumenta Hera e desejosa de responder, à altura, aos gracejos de suas irmãs, que não acreditavam estivesse ela grávida de um deus, Sêmele concebeu o projeto louco de pedir a Zeus que se lhe apresentasse em todo o esplendor de sua majestade divina. A vaidosa princesa tebana sucumbiu fulminada e fez que o filho nascesse precocemente. Esse nascimento prematuro da criança teve por finalidade conferir a Dioniso uma *divindade* que a simples ascendência paterna não lhe poderia outorgar. No mito grego é de regra que a união de deuses e de mulheres mortais gere normalmente um varão, dotado de qualidades extraordinárias, de *areté* e *timé*, mas partícipe da natureza humana, donde um mero ser mortal. Salvo por Zeus e completada a gestação na coxa divina, Dioniso será uma emanação direta do pai, donde um *imortal*, figurando a *coxa* do deus como o segundo ventre de Dioniso, tal qual o foi a cabeça do mesmo Zeus em relação a Atená.

Esse tipo de nascimento talvez se reporte ao simbolismo de adoção paterna, à reminiscência de um rito de "choco" ou à persistência de lembrança de algum mito fundamentado num ancestral andrógino.

No tocante ao simbolismo geral da *coxa*, é bastante lembrar que, por sua função no corpo como suporte móvel, ela traduz igualmente a força, que a Cabala compara com a firmeza de uma coluna. A *coxa* de Zeus, em cujo interior Dioniso operou uma segunda gestação, tem um significado evidentemente sexual e matriarcal. Consoante o esquema clássico dos ritos iniciáticos, o mito quer significar que o detentor de um dos mais célebres cultos da Antiguidade grega recebeu sua educação iniciática ou "segunda gestação" na coxa de um deus supremo, que pode, no caso em pauta, ser considerado como um andrógino inicial. *Coxa*, no duplo nascimento de Dioniso, seria um mero eufemismo para designar o ventre materno.

De qualquer forma, esse deus nascido *duas vezes* foi uma divindade muito poderosa, talvez porque compartilhasse do *úmido* e do *ígneo*. Com efeito, participante, por natureza, do elemento úmido, o filho de Zeus sempre manteve íntima convivência com o elemento ígneo. Sófocles, em *Édipo Rei*, 209-215, pede-lhe que venha com suas tochas ardentes pôr cobro à peste lançada por Ares contra Tebas:

Invoco ainda o deus da tiara de ouro,
epônimo deste país,
Baco dos evoés, de rosto tinto de vinhaço,
para que, sem seu cortejo das Mênades,
avance em nosso socorro, com sua tocha ardente,
contra o deus que entre os deuses ninguém adora.

Nas Bacantes, 145-150, Eurípides, através do Coro, o invoca como deus das tochas de chama ardente. Na realidade, é ao clarão das tochas que se celebram suas orgias noturnas e só quando se via o tremeluzir dos fachos sobre as montanhas é que se acreditava na presença de Dioniso à frente de seu tíaso. Já na *Ilíada* e *Odisseia* se diz que o corisco possuía um odor *sulfuroso* e a palavra pela qual se designa *enxofre*, ϑεῖον (theîon), é a mesma que expressa o *divino*, isto é, ϑεῖον (theîon), em sua essência mais geral. O local, onde caía um raio, era posse do divino.

Nascido da *coxa* de Zeus, Dioniso se tornou tão poderoso, que desceu até o fundo do Hades para de lá arrancar sua mãe Sêmele, conferir-lhe a imortalidade (o que mostra ter sido Sêmele um dos avatares da deusa terra), mudar-lhe o nome para Θυώνη (Thyóonē), Tione, e com ela escalar o Olimpo.

Viu-se que o filho de Zeus foi levado para o Monte Nisa e entregue aos cuidados das Ninfas e dos Sátiros. Pois bem, lá, em sombria gruta, cercada de frondosa vegetação e em cujas paredes se entrelaçavam galhos de viçosas vides, donde pendiam maduros cachos de uva, vivia feliz o jovem deus. Certa vez, este colheu alguns desses cachos, espremendo-lhes as frutinhas em taças de ouro e bebeu o suco em companhia de sua corte. Todos ficaram então conhecendo o novo néctar: o vinho acabava de nascer. Bebendo-o repetidas vezes, Sátiros, Ninfas e o próprio filho de Sêmele começaram a dançar vertiginosamente ao som dos címbalos, tendo a Dioniso por centro. Embriagados do delírio báquico, todos caíram por terra semidesfalecidos.

Historicamente, por ocasião da vindima, celebrava-se, a cada ano, em Atenas e por toda a Ática, a festa do vinho novo, em que os participantes, como outrora os companheiros de Baco, se embriagavam e começavam a cantar e a dançar freneticamente, à luz dos archotes e ao som dos címbalos, até caírem desfalecidos. Esse desfalecimento se devia não só ao novo néctar, mas ao fato de os "devotos do vinho" e do deus se embriagarem de *êxtase* e de *entusiasmo*, cujo sentido bem como cujas consequências se podem ver em *Mitologia Grega*, Vol. II, p. 123sqq. e no verbete *Antestérias* (v.).

A descoberta do vinho, todavia, provocou a ira e o ciúme de Hera, que enlouqueceu o mais jovem deus do Olimpo. Dominado pelo delírio, Dioniso penetrou no Egito e na Síria e, tendo chegado à Frígia, foi purificado pela deusa Cibele, que o iniciou nos ritos de seu culto orgiástico. Livre da *ánoia*, Dioniso chegou à Trácia, onde o Rei Licurgo lhe moveu tenaz perseguição, bem como às suas Mênades (v.) ou Bacantes, eternas companheiras do deus, feridas de êxtase e entusiasmo. Estas abandonaram seus tirsos e fugiram. O deus, ainda adolescente, apavorado com as ameaças do rei, lançou-se ao mar, sendo acolhido por Tétis.

Zeus castigou a Licurgo, enlouquecendo-o. Possuído pela *ánoia*, este julgando cortar as videiras, plantas sagradas do deus do vinho, decepou braços e pernas de seu próprio filho. A esta punição seguiu-se outra: a Trácia inteira tornou-se estéril. Consultado o Oráculo, Apolo respondeu que a peste só teria fim se o rei fosse morto. Licurgo foi amarrado a quatro cavalos e pereceu esquartejado.

Da Trácia o filho de Zeus penetrou na Índia e conquistou o país com a força das armas e sobretudo com seus encantamentos e poderes místicos. O retorno à Hélade foi um triunfo: seu carro tirado por panteras e ornamentado com heras e pâmpanos, era acompanhado pelos Sátiros, Bacantes e por outras divindades menores, como Priapo, o deus de Lâmpsaco.

Tendo chegado à Beócia, onde nascera sua mãe Sêmele, o rei local, Penteu, opôs-se com violência à introdução do culto dionisíaco em seu reino. O deus o puniu de maneira terrível: enlouqueceu as mulheres beócias entre as quais sua tia Agave, irmã de Sêmele e mãe de

Penteu. Agave e "outras Bacantes" acabaram por despedaçar o próprio rei, julgando que estavam abatendo uma fera. Em Argos, o deus manifestou seu poder de maneira análoga, enlouquecendo as Prétidas, filhas do Rei Preto, curadas mais tarde por Melampo (v.).

Desejando viajar até a Ilha de Naxos, contratou os serviços de piratas etruscos, que tentaram levar o deus para a Ásia e vendê-lo como escravo. Dioniso transformou os remos em serpentes, encheu o barco de heras e de sons agudos de flautas invisíveis. Tomados pelo desvario, os marinheiros precipitaram-se no mar e foram metamorfoseados em delfins, o que explica serem estes amigos dos náufragos, numa confissão tácita de seu arrependimento.

Tendo difundido seu culto orgiástico por toda a terra, o deus, antes de escalar definitivamente o Olimpo, desceu ao mundo dos mortos para de lá arrancar o *eídolon* de sua mãe. Plutão o consentiu, mas pediu-lhe algo em troca. Dioniso deu-lhe uma de suas plantas favoritas, o mirto, que cobria a fronte dos iniciados nos mistérios orgiásticos do filho de Sêmele. Esta, aliás, arrancada do Hades, subiu aos céus como deusa em companhia do filho.

As perseguições a Dioniso, diga-se de passagem, quer sejam por parte de Hera, Licurgo, Penteu ou por piratas etruscos inserem-se e sintetizam, de um lado um rito catártico e iniciático, de outro a perseguição à vítima sacrifical, em que o deus se apresenta, por vezes, sob forma de touro ou de bode. Do ponto de vista *político*, no entanto, elas traduzem uma séria e longa oposição à penetração do culto orgiástico do deus do êxtase e do entusiasmo na pólis aristocrática da Grécia Antiga, como se comentou em *Mitologia Grega*, Vol. II, p. 115sqq.

Já como deus do Olimpo foi que Dioniso raptou Ariadne (v.) em Naxos e tomou parte ao lado de Zeus e de outros imortais na luta contra os Gigantes, tendo inclusive matado a Êurito com um golpe de tirso.

Deus das orgias, do êxtase e do entusiasmo e deus da liberação, Dioniso era festejado com procissões ruidosas, que, na realidade, nunca deixaram de existir, mas que acabaram também por dar origem ao ditirambo, ao drama satírico, à tragédia e à comédia.

Com a helenização de Roma, a partir do século III a.C., os mistérios dionisíacos com a sua licenciosidade e características orgiásticas, aliás malcompreendidas e interpretadas pelos descendentes de Rômulo, penetraram particularmente na Itália Central e Meridional. O Senado romano, por um decreto do ano 186 a.C. (*Senatus consultum de Bacchanalibus*), "também por motivos políticos", proibiu sob pena de morte (o que a bem da verdade jamais foi levado muito a sério) as chamadas *Bacchanalia*, "Bacanais".

As seitas místicas, por isso mesmo, sempre mantiveram a tradição dionisíaca e o deus das orgias chegou inteiro à época imperial.

O austero Décimo Júnio Juvenal (98-117 p.C.) desejava sair da Roma corrupta, quando via que aqueles que criticavam os costumes, como outrora fizera o íntegro M. Cúrio Dentato, "viviam" as Bacanais:

Ultra Sauromatas fugere hinc libet et glacialem Oceanum, quotiens aliquid de moribus audent qui Curios simulant et Bacchanalia uiuunt

(*Sat.* 2, 1-3).

– Tenho vontade de fugir daqui, para além dos sármatas
e do Oceano glacial, sempre que ouço dissertarem sobre os costumes
aqueles que fingem ser como Cúrio e vivem as Bacanais.

DIOSCUROS (*I 85, 102, 108, 112-113, 237; II, 80, 90, 110; III, 44, 46, 52, 58, 173, 179[147], 189, 330-331*).

Διόσκουροι (Dióskuroi), *Dioscuros*, é um composto do gen. Διός (Diós), "de Zeus" e do nom. pl. κοῦροι (kûroi), "filhos", donde "os filhos de Zeus", isto é, Castor e Pólux.

Os Dioscuros bem como Helena e Clitemnestra nasceram de Leda, mas, enquanto Pólux e Helena são filhos de Zeus, Castor e Clitemnestra o são de Tíndaro, rei da Lacedemônia. Casada com este último, Leda, para escapar às investidas amorosas de Zeus, metamorfoseou-se em gansa, mas o pai dos deuses e dos homens, tomando a forma de cisne, fê-la mãe de Pólux e Helena, que eram, por isso mesmo, imortais. Acontece, no entanto, que, na mesma noite em que o deus a possuiu, Leda, sob forma humana, se uniu ao marido, nascendo dessa conjunção amorosa Castor e Clitemnestra, ambos mortais. Há uma tradição, como se expôs em *Mitologia Grega*, Vol. III, p. 330sqq., que relata esses nascimentos de maneira um pouco diferente. Como Leda já estivesse grávida de Tíndaro, ao unir-se a Zeus sob forma de gansa, ela pôs dois ovos: do fecundado pela semente do deus nasceram Pólux e Helena, imortais, e do de Tíndaro vieram ao mundo os mortais Castor e Clitemnestra.

Os Dioscuros Castor e Pólux são os dois heróis mais célebres de Esparta, o que explica certas variantes "de cunho político", que os colocam em confronto com Teseu, o herói padrão de Atenas. Como sempre as duas grandes rivais nem mesmo no mito conseguiram se entender!

Quando Teseu e Pirítoo desceram ao Hades, a fim de conquistar para o segundo a mão de Perséfone, os Dioscuros organizaram uma expedição contra a Ática, porque Teseu havia, com auxílio de Pirítoo, raptado Helena, escondendo-a na fortaleza de Afidna, um dos demos da Ática. Castor e Pólux, após libertarem a irmã, levaram para Esparta como escrava a mãe do herói ateniense, Etra. Aproveitando a oportunidade, expulsaram do trono da cidade de Palas Atená o filho de Teseu, Demofonte (v.) e entregaram-no ao pretendente Menesteu (v.).

Castor e Pólux participaram da expedição dos Argonautas e quando estes chegaram à Bitínia, o rei local, um gigante cruel, desafiou um dos integrantes da nau Argo para um pugilato, de que era, aliás, o inventor (v. Âmico). Pólux aceitou a justa, cujo preço era a vida do vencido. Apesar da estatura e da força brutal de Âmico, o filho de Zeus, usando de extrema habilidade, o venceu.

Os gêmeos de Leda tomaram parte igualmente na caçada de Cálidon e ajudaram mais tarde a Jasão a destruir Iolco. Se não estiveram presentes na Guerra de Troia, embora fossem irmãos de Helena, é porque já haviam sido divinizados anteriormente. As variantes que antecedem a essa "imortalidade alternada" dos Dioscuros são complexas, havendo, por isso mesmo, necessidade de reduzi-las ao mínimo necessário com uma possível clareza. Tíndaro possuía dois irmãos: Afareu e Leucipo. O primeiro era pai de dois jovens muito belos, Idas e Linceu, que se casaram com suas primas, filhas de Leucipo, chamadas respectivamente Febe e Hilera. Convidados para as núpcias, Castor e Pólux raptaram as recém-casadas. Os noivos reagiram e, na luta que se seguiu, Castor e Linceu pereceram. Os mitógrafos insistem numa outra versão. Febe e Hilera foram realmente raptadas e tiveram filhos com os Dioscuros, tendo os legítimos esposos se conformado com o fato. Inclusive, por algum tempo, os quatro primos se tornaram amigos e organizaram juntos uma expedição à Arcádia, com a finalidade de roubar um grande rebanho. No retorno é que houve grave discórdia entre eles pela divisão do rebanho e Idas matou a Castor, enquanto Pólux, embora ferido, liquidou a socos a Linceu. Zeus fulminou a Idas e levou o filho Pólux para os céus. Não querendo este a imortalidade, enquanto seu irmão Castor estivesse no Hades, Zeus concedeu que cada um morresse alternadamente por um dia, assim um deles estaria sempre entre os deuses.

Castor e Pólux, como esparciatas, são dois guerreiros: o primeiro foi um soldado destemido e o segundo se notabilizou pelo pugilato.

No mito romano os Dioscuros lutaram ao lado do cônsul e depois ditador Aulo Postúmio Albo (séc. V a.C.) contra os latinos na batalha do Lago Regilo e foram eles que vieram a Roma anunciar a grande vitória. Fizeram que seus cavalos bebessem das águas da fonte Juturna, consagrada à ninfa do mesmo nome, tida como prima dos dois heróis espartanos. Possuíam um templo junto a essa fonte, não muito distante do templo de Vesta.

Chamavam-se *Dioscuros* os fogos de santelmo (chama azulada que aparece nos mastros dos navios durante as tempestades) e que os marinheiros consideram como excelente presságio.

DIRCE *(I, 260; III, 236[174]).*

Δίρκη (Dírkē), *Dirce*, segundo Carnoy, *DEMG*, p. 47, talvez se explique partindo-se do indo-europeu *dherg-* "manchar, macular", porque, numa fonte perto de Tebas, foi lançado o cadáver da ninfa Dirce, tendo a fonte recebido o nome da morta.

Chantraine, *DELG*, p. 286, emite a hipótese de um possível parentesco etimológico entre δικαία (dirkaía), *Vincetoxicum nigrum*, um antídoto, κικαία (kirkaía), "planta mágica, apropriada para filtros", e a mágica Κίρκη (Kírkē), Circe (v.). Neste caso, Dirce significaria tanto "veneno" quanto "antídoto".

Dirce era a mulher do rei tebano Lico, que atormentou com a cooperação da esposa a inocente Antíope, que de Zeus tivera os gêmeos Anfíon e Zeto. Tendo descoberto bem mais tarde a identidade de sua mãe, porque haviam sido expostos, os gêmeos a libertaram e mataram a Lico e sua esposa Dirce (v. Anfíon).

DODONA *(I, 104, 339; III, 178[146]).*

Δωδώνη (Dōdṓnē), *Dodona*, é uma palavra sem etimologia, até o momento. Consoante Antenor Nascentes, *DIELP*, II, p. 91, "Dodona proviria de (Dodón), filho de Zeus e Europa, herói epônimo da cidade". As fontes do filólogo em pauta devem ter-se equivocado, porque *Dōdón*, que é feminino, é uma forma mais antiga de *Dodona* e não o nome de um herói epônimo. *Dodona* é uma cidade da Caônia, no Epiro, e se tornou célebre pelo templo e oráculo de Zeus lá existentes. Trata-se de um dos mais antigos oráculos da Grécia, possivelmente pré-helênico. Encontramo-lo citado pela primeira vez na *Ilíada*, II, 750, onde a cidade sagrada é descrita como "região de inverno muito áspero". No canto XVI, 233sqq., a mesma já aparece como sede do Oráculo de Zeus, numa invocação de Aquiles:

> Senhor Zeus de Dodona, pelasgo, que habitas em local distante, e tens o domínio de Dodona gelada, onde os Selos, que dormem no chão e que não lavam os pés, te servem de intérpretes.

Também na *Odisseia*, XIV, 327sqq., se relata que Ulisses, em suas andanças, visitara Dodona:

> *Acrescentou ele* (o próprio Ulisses disfarçado) *que Ulisses fora a Dodona, a fim de consultar o Oráculo de Zeus que fala do alto de um folhudo carvalho.*

Sabemos, pois, que os *mánteis*, os intérpretes do Oráculo de Zeus, em Dodona, eram os *Selos*, sacerdotes que dormiam no *chão*. Isto nos leva a crer que em Dodona funcionava primitivamente, antes talvez da chegada dos gregos, um oráculo por incubação, por certo consagrado a alguma grande mãe, quiçá à própria deusa Geia. Esta era servida por sacerdotes e sacerdotisas (Sibilas). Mais tarde, como aconteceu em Delfos (v.), a mântica dinâmica suplantou a ctônia, mas permaneceram as marcas de um estado bem mais arcaico: em Delfos, a Pítia *descia* ao *ádyton*; em Dodona, os sacerdotes dormiam no *chão*, além de se conservarem as sacerdotisas. No que tange aos Σελλοί (Selloí), os *Selos*, profetas de Zeus, é bem possível que a forma

Σελλοί (Selloí) seja uma variante de Ἕλλοι (Hélloi) e, neste caso, Ἕλληνες (Héellēnes), os *helenos* e Ἑλλάς (Hellás), *a Hélade*, proviriam de *Selloí*, o que, de toda forma, postula um empréstimo antigo, talvez ao ilírio. De qualquer maneira, conforme ensina Aristóteles (*Mete.* 352 c), *Dodona e Aqueloo* seriam "a primeira pátria dos Helenos", ἀρχαία Ἑλλάς (arkhaía Hellás), *a Hélade antiga*, *DELG*, p. 341.

O Oráculo de Dodona funcionava de maneira muito simplória, o que lhe atesta a arcaicidade: os sacerdotes interpretavam como vontade de Zeus e respondiam às perguntas formuladas pelo farfalhar das folhas de um carvalho gigante (árvore consagrada a Zeus por seu poder de "atrair os raios"), de cujas raízes brotava uma fonte. Outro meio de conhecer os desígnios do deus era através dos sons produzidos por uma espécie de caldeirão de bronze, que era ferido, quando ventava, por um badalo, empunhado por um menino também de bronze, cuja estátua ficava ao lado do caldeirão. Conhecer a vontade do divino ou atraí-lo por meio de um ruído, particularmente de um tambor, é um artifício ritual que se perde na noite dos tempos e que perdura até hoje.

Sem cair de todo no olvido, o Oráculo de Zeus perdeu muito de sua importância, já bem antes da época clássica, quando "o centro da vida política e da civilização grega se deslocou para o sul". Dodona passou, desde então, a ser considerada uma região distante, selvagem e semibárbara e aonde se ia tão somente por motivos prementes de ordem religiosa, como nos ensina Thassilo de Scheffer, *Mystères et Oracles Helléniques*, Paris, Payot, 1943, p. 124sq. As construções de que se compunha o oráculo, no entanto, só desapareceram definitivamente no século I a.C., quando os trácios tomaram Dodona de assalto, no curso da guerra de Mitridates contra Roma.

DÓLIO.

Δόλιος (Dólios), *Dólio*, é um derivado de δόλος (dólos), "embuste, engano, dolo", donde o antropônimo significa "embusteiro, caviloso, astuto". A identidade entre o grego δόλος (dólos) e o latim *dolus* é evidente, mas o itálico *dolus* pode ser um empréstimo ao grego, *DELG*, p. 292.

Dólio era um fiel escravo de Penélope (*Odiss.* IV, 735-737; XXIV, 222), que cuidava dos pomares de Ulisses. Participou como pôde da morte dos pretendentes à mão de Penélope.

DÓLON *(I, 126; III, 298).*

Δόλων (Dólōn), *Dólon*, é também um derivado de δόλος (dólos), "embuste, engano, dolo", mas com sentido translato de "punhal, estilete, arma escondida" e na linguagem técnica "mastro de navio", dada a semelhança deste com um estilete ou punhal, *DELG*, p. 292, significando, pois, o antropônimo "o embusteiro, o astuto, o que procura armar ciladas".

Dólon é um troiano, único filho varão do arauto Eumedes. Não possuía a tradicional estatura de um herói, mas era um corredor emérito. Quando Heitor propôs aos troianos enviar um espião para examinar os acampamentos dos aqueus e sondar-lhes as intenções, Dólon aceitou a missão. É que Heitor havia prometido a quem executasse com êxito tão arriscada tarefa o carro de Aquiles com os dois cavalos divinos que o puxavam.

Coberto com uma pele de lobo, o espião seguiu durante a noite em direção às tendas dos helenos, mas foi surpreendido por Ulisses e Diomedes, que faziam uma sortida noturna com a finalidade de encontrar o acampamento de Reso, rei trácio, que viera ajudar Príamo na luta contra os aqueus. Preso pelos dois heróis helenos, foi assassinado por Diomedes, após revelar a disposição dos acampamentos troianos e o local exato onde se localizava a tenda de Reso, que foi morto igualmente. O episódio de Dólon, denominado Dolonia, e suas consequências encontram-se na *Ilíada*, X, 314-464.

DÓRIS *(I, 106, 155-156, 213, 234; II, 19, 21).*

Δωρίς (Dōrís), *Dóris*, talvez signifique "árvore, carvalho", havendo, no caso, uma aproximação com δόρυ (dóry), "pedaço de madeira, cabo da lança, a própria lança", Frisk, *GEW*, s.u. Para Carnoy, o antropônimo poderia provir do indo-europeu **dhu-ro*, "rio, água".

Dóris era filha de Oceano, senhor do Rio Oceano, o rio imenso que circulava a terra, e mulher de Nereu, "o velho do mar" (o Mediterrâneo), um deus tranquilo e bondoso em quem se pode confiar, segundo a expressão de Hesíodo. De Nereu e Dóris nasceram cinquenta filhas, as Nereidas, todas elas encantadoras. Dentre elas destacam-se, no mito, Tétis, mãe de Aquiles, e Anfitrite, mulher de Posídon.

DORO *(III, 121, 205).*

Δῶρος (Dôros), *Doro*, talvez esteja, como Dóris, relacionado com δόρυ (dóry), "pedaço de madeira, cabo de lança, lança, punhal", que seria a arma predileta dos "dórios".

Doro era o ancestral mítico e epônimo dos dórios, um dos ramos da raça helênica. Há duas versões que tentam explicar a genealogia do herói. A primeira afirma que o epônimo dos dórios era filho de Hélen e da ninfa Orseis, neto portanto de Deucalião e Pirra.

Teria por irmão a Éolo, epônimo dos eólios, outra divisão do grupo heleno. Doro e seus descendentes, após habitarem a Ftiótida, na Tessália, emigraram para a região do Pindo, jundo dos montes Olimpo e Ossa. Dali partiram para a região do Monte Eta, entre a Tessália e a Dória, fixando-se finalmente no Peloponeso.

A segunda versão faz de Doro um filho de Apolo e de Ftia e irmão de Laódoco e Polipetes. Os três irmãos teriam sido assassinados por Etolo, filho de Endímion que lhes teria arrebatado o reino da Etólia ao norte do Golfo de Corinto.

DRIAS *(II, 115)*.

Δρύας (Drýas), *Drias*, talvez seja uma alteração quanto ao acento e ao gênero de Δρυάς (Dryás), "ninfa de uma árvore, particularmente de um carvalho". Drias seria "o forte como um carvalho".

Filho do deus Ares, o herói já aparece na caçada de Cálidon.

É bem possível que este Drias seja o mesmo que surge no mito como filho igualmente de Ares, mas irmão de Tereu.

Quando este último, por meio de certos prodígios, teve conhecimento de que seu filho Ítis seria sacrificado por um de seus parentes próximos, concluiu apressadamente que Drias lhe mataria o filho, para assegurar-se a posse do trono.

Cego pelo ódio, matou o irmão. Drias era todavia inocente e quem matou a Ítis foi sua própria mãe Procne (v.).

DRÍMACO.

Δρίμαχος (Drímakhos), *Drímaco*, é um composto de δριμύς (drimýs), "áspero, feroz" e μάχη (mákhē), "luta, combate", donde "o que luta bravamente".

Os habitantes da Ilha de Quios, segundo o mito, foram os primeiros a possuir escravos, o que provocou contra eles a cólera dos imortais. Aconteceu, talvez por isso mesmo, que um grande número de escravos conseguiu fugir para as montanhas, de onde desciam, sob o comando de Drímaco, para devastar e saquear as terras e os bens de seus antigos senhores. Após lutas sangrentas, os habitantes de Quios fizeram um pacto com o chefe dos revoltosos: estes receberiam um tributo anual e não mais atacariam a ilha. A paz, embora intranquila, durou enquanto viveu Drímaco. Este, todavia, já cansado de viver, pediu a um jovem amigo que lhe cortasse a cabeça, assumisse o comando de seus companheiros e fosse à cidade buscar o tributo. Os escravos, certamente inconformados com a morte de seu chefe, voltaram a pilhar e a matar. Os habitantes da ilha, já desesperados, ergueram-lhe um santuário, onde lhe prestavam um culto. Assim, todas as vezes em que os escravos planejavam atacar seus antigos senhores, Drímaco lhes aparecia em sonhos e lhes continha os ânimos.

DRÍOPE.

Δρυόπη (Dryópē), *Dríope*, é um composto, segundo Carnoy, *DEMG*, p. 48, de δρῦς (drŷs), "árvore, carvalho" e da raiz ὀπ- (op-) que expressa a ideia de "ver", donde o antropônimo significar "a que tem aspecto de uma árvore".

Dríope era a filha única do Rei Dríops e pastoreava o rebanho paterno junto ao Monte Eta. Tornou-se amiga das Hamadríadas que a tomaram como companheira de seus divertimentos. Dríope aprendeu logo os hinos e as danças preferidas dos deuses. Apolo a viu e por ela se apaixonou. Para se aproximar da jovem, tomou a forma de uma tartaruga. As Hamadríadas começaram a brincar com o animal, como se fora uma bola e Dríope a colocou sobre seus joelhos. O deus-tartaruga imediatamente se transformou em serpente e se uniu à filha de Dríops. Aterrorizada, a jovem regressou ao palácio, mas nada contou a seus pais, apressando apenas seu casamento com Andrêmon, filho de Óxilo. Em breve teve um filho chamado Anfisso, que mais tarde fundou uma cidade no sopé do Eta, dando-lhe o nome da montanha.

Um dia em que Dríope fazia sacrifícios às suas antigas companheiras num templo de Apolo, que seu filho havia mandado construir, as Hamadríadas, por amizade, a raptaram, transformando-a também em Hamadríada.

Ovídio, *Met.* 9, 331, narra o episódio de maneira um pouco diferente.

Quando Anfisso era ainda criança, Dríope foi até o Monte Eta, onde havia uma fonte de água cristalina. Preparava-se para oferecer um sacrifício às ninfas, quando viu uma árvore de flores brilhantes. Colheu algumas para divertir o filho. Ela ignorava que essa árvore era o corpo metamorfoseado da ninfa Lótis. Dos galhos começou a escorrer sangue e Lótis, enfurecida, transformou Dríope numa árvore da mesma espécie. Outras jovens, que haviam acompanhado Dríope, relataram imprudentemente a metamorfose da amiga e foram, por isso mesmo, transformadas em pinheiros, árvores tristes e negras.

DRÍOPS *(III, 52)*.

Δρύοψ (Drýops), *Dríops*, é a forma masculina de Dríope, isto é, "o que tem aspecto de árvore".

Dríops é o epônimo dos Dríopes, considerados como um dos primeiros ocupantes da Hélade. Aparece no mito ora como filho do Rio Esperquio e de Polidora, filha de Dânao, ora como de Apolo e Dia, filha de Licáon.

Seus descendentes, que habitavam inicialmente o Parnasso, foram expulsos pelos dórios. Uns estabeleceram-se na Eubeia, outros na Tessália, no Peloponeso e até mesmo na Ilha de Chipre.

Numa variante arcádica, que o faz descender de Licáon, Dríops era pai de uma jovem muito bela, que foi amada pelo deus Hermes e tornou-se mãe de Pã. Na versão tessália, a filha de Dríops uniu-se a Apolo e gerou Anfisso.

E

ÉACO *(I, 160, 234-235, 318, 322; II, 236[127]; III, 59, 86).*

Αἰακός (Aiakós), *Éaco*, segundo Carnoy, *DEMG*, p. 12, proviria de αἰάζειν (aiádzein), "lamentar", donde Éaco seria "o poderoso por suas lamentações aos deuses", mas o próprio filólogo belga julga tratar-se de uma etimologia popular e *Aiakós* poderia estar ligado à raiz indo-europeia *aiu - akos,* "o homem forte".

O mais piedoso dos helenos era filho de Zeus e da ninfa Egina. Como a Ilha Enone (mais tarde chamada Egina), onde nascera, era inteiramente despovoada, Éaco pediu ao pai divino que transformasse em homens as numerosas formigas ali existentes. O deus concordou e o povo *nascido da tetra,* quer dizer, das formigas, que lhe habitavam as entranhas, recebeu o nome de *mirmidões,* em grego μυρμιδόνες (myrmidónes), e *formiga* se diz μύρμηξ (mýrmēks), que é, por sinal, do gênero masculino.

Casado com Endeis, filha de Cirão, foi pai de Télamon e de Peleu. Um estágio mais antigo do mito, no entanto, não estabelece relação alguma de parentesco entre Télamon e Peleu, figurando apenas este último como filho de Éaco.

Em seguida, o filho de Zeus e Egina uniu-se à filha de Nereu, Psâmate (v.), que foi mãe de Foco. Como a princípio não desejasse submeter-se aos desejos de Éaco, metamorfoseou-se, como toda divindade marinha, em vários seres. Sua derradeira transformação foi em *foca,* mas nada impediu que o futuro juiz do Hades dela se apossasse. Como os dois filhos do primeiro matrimônio, Télamon e Peleu, por inveja de Foco, que os excedia nas disputas atléticas, o tivessem assassinado e enterrado o cadáver num bosque, Psâmate enviou contra os rebanhos dos enteados um lobo monstruoso. Tomando conhecimento da crueldade dos filhos, o pai os exilou.

A reputação de piedade para com os deuses e o espírito de justiça, evidenciados no castigo imposto a Peleu e Télamon, lhe valeram ser escolhido por todos os helenos para suplicar a Zeus que pusesse cobro a uma grande seca e esterilidade que se abatiam sobre todo o país. Aaridez reinante se devia à cólera do senhor do Olimpo, irritado contra Pélops, que havia esquartejado seu inimigo Estinfalo, rei da Arcádia, e espalhado os membros do infeliz por vários recantos da Hélade. Éaco conseguiu debelar a ira de seu pai divino e, após a morte, foi guindado a juiz das almas dos mortos.

É necessário acentuar, todavia, como já se falou em *Escatologia* (v.) que essa promoção de Éaco a magistrado no mundo dos mortos é "recente": Homero fala apenas de Radamanto como juiz do Hades. Platão, certamente, foi o responsável pela investidura de Éaco ao lado de Minos e Radamanto como auxiliares diretos de Plutão no julgamento das almas.

Uma variante do mito coloca Éaco ao lado de Apolo e Posídon como construtores das muralhas de Troia. Quando o muro ficou pronto, três serpentes avançaram sobre ele. Duas, ao se aproximarem das partes construídas pelos dois deuses, caíram mortas, mas a terceira logrou transpor a que fora erguida pelo herói. Apolo, deus mântico por excelência, interpretou o prodígio: Troia seria tomada duas vezes. A primeira por um filho de Éaco (trata-se da invasão de Ílion por Héracles respaldado por Télamon e Peleu) e a segunda, três gerações mais tarde, por Neoptólemo, filho de Aquiles e, por conseguinte, bisneto de Éaco.

EAGRO *(II, 141,143).*

Οἴαγρος (Oíagros), *Eagro,* é vocábulo sem uma etimologia definida. A hipótese de Carnoy, *DEMG*, p. 141sq., fazendo-o originar-se de οἶς (oîs), "ovelha, rebanho", e de uma forma provinda do verbo ἀγρεύειν (agreúein), "caçar, perseguir, pilhar", donde *Oíagros,* Eagro, seria "o que caça as ovelhas, o que pilha o rebanho", é plausível. Eagro talvez fosse um antigo deus-rio. Sua genealogia é complexa. Teria tido por pai sucessivamente a Ares, Píero (v.) ou Cáropo. Sua esposa teria sido a musa Calíope, mãe de Orfeu ou ainda as musas Clio ou Polímnia. Mitógrafos tardios fizeram-no igualmente pai de Mársias (v.), Lino (v.) e Címoton.

ÉAX *(I, 89).*

Οἴαξ (Oíaks), *Éax,* significa "timão, leme, cana do leme", donde Éax é o "remador", *DEMG*, p. 142. Éax e seus dois irmãos Palamedes e Nausimedonte eram filhos de Náuplio (v.) e de Clímene, filha de Catreu. Éax acompanhou Palamedes à Guerra de Troia e, quando este foi injustamente lapidado pelos aqueus ou morto por Ulisses e Diomedes, o irmão fez que uma mensagem chegasse ao pai. Sabedor de que Náuplio vivia navegando, escreveu o relato do triste acontecimento sobre um remo e lançou-o ao mar. Quer uma tradição que foi Éax o instigador da morte de Agamêmnon, uma vez que este ordenara a lapidação de Palamedes. Desejando vingar-se do atrida, contara a Clitemnestra que o marido pretendia substituí-la por Cassandra, segundo se mostrou em *Mitologia Grega,* Vol. I, p. 89. A seguir esta versão, Éax teria sido assassinado por Orestes ou Pílades.

ÉBALO.

Οἴβαλος (Oíbalos), *Ébalo,* é interpretado por Carnoy, *DEMG*, p. 142, como um derivado de οὶFα > οἴᾱ > οἴη (oiwa > oiā > oiē), "aldeia", donde "o protetor dos lugares habitados", pois o segundo elemento do que seria um composto talvez fosse o dórico -βαλός (-balós), ático -βηλός (-bēlós), "limiar, soleira de uma casa".

Há dois heróis com este nome. O primeiro, cuja genealogia é extremamente complexa, foi um rei de Esparta, descendente de Lélex e de Lacedêmon. Na tradição dórica, transmitida por Pausânias, Ébalo é filho de Cinortas, filho de Amiclas. Mas, na variante relatada por Apolodoro, o filho de Cinortas é Perieres, e Ébalo teria sido apenas o pai de Arene, esposa de Afareu, um dos filhos de Perieres. A seguir tal versão, o herói dórico seria o avô de Linceu, Idas e Piso, enquanto na sequência de Pausânias ele seria o avô de Afareu, ao passo que Linceu, Idas e Piso surgiriam como descendentes apenas de Gorgófone, sua esposa. Os mitógrafos tentaram conciliar as duas confusas tradições anteriores. A mais simples consiste em fazer de Perieres um filho de Cinortas e de Ébalo o filho de Perieres. Mas alguns autores distinguem dois Perieres: o filho de Cinortas e o de Éolo. Assim, o violento Hipocoonte, rei de Esparta, torna-se um bastardo de Ébalo que o teria tido com uma ninfa chamada Estratonice. Os seus filhos legítimos seriam tão somente Icário, Arne e Tíndaro. A segunda personagem com o mesmo nome era um herói dos teléboas, filho de Télon e da ninfa Sebétis. Télon emigrou para a Ilha de Capri, onde se casou com Sebétis, filha do deus-rio Sebeto, que rolava manso bem perto de Nápoles. Ébalo achando o território de Capri muito pequeno para suas ambições, invadiu uma parte da Campânia e fundou um reino entre o Rio Sarno e a cidade de Nola. Quando Eneias chegou com seus Penates à Itália, Ébalo uniu-se a Turno, a fim de impedir a fundação da "Nova Troia" em terras da Hespéria. Virgílio, na *Eneida*, 7, 733-749, descreve as conquistas de Ébalo e sua aliança com o grande Turno, rei dos rútulos.

ECLES *(III, 119).*

Οἰκλῆς (Oiklés), *Ecles*, talvez seja um composto de οἶκος (oîkos), "casa, lar" e de κλέος (kléos), "reputação, renome, glória", donde Ecles seria o "guardião do lar". Descendente de Melampo (v.), o herói é da raça de Creteu (v.) e Tiro. Filho de Antífates ou de Mântio, casou-se com Hipermnestra, uma das filhas de Téspio. Dessa união nasceram vários filhos, entre os quais Ifianira, Polibeia e o célebre Anfiarau (v.). Quando Héracles organizou sua famosa expedição contra Troia, para punir o Rei Laomedonte, deixou Ecles com uma guarnição para cuidar das dezoito naus em que o filho de Alcmena transportara seus aliados, provindos da Hélade. Laomedonte, estrategicamente, atacou os navios e Ecles foi o primeiro a perecer. Relata uma tradição que foi Ecles quem deu asilo, no Peloponeso, a seu neto Alcméon (v.), depois que este, para vingar o pai, matou a própria mãe Erifila. É inútil afirmar que os dois episódios são "cronologicamente" contraditórios, porque o mito não está atrelado ao tempo.

ECMÁGORAS.

Αἰχμαγόρας (Aikhmagóras), *Ecmágoras*. O antropônimo em pauta costuma ser explicado como um nome composto de αἰχμή (aikhmḗ), originariamente "ponta, ponta aguda", e ἀγορά (agorá), em princípio "coleção, reunião, assembleia do povo, local da assembleia, discurso, mercado". Dada a "exposição" de Ecmágoras num monte e seus "gritos agudos", o nome costuma ser interpretado como "o que grita agudamente no local em que foi exposto", etimologia meio platônica, diga-se de passagem, e fantasiosa.

Dos amores secretos de Héracles e de Fíalo, filha do arcádico Alcimedonte, nasceu Ecmágoras. Mãe e filho foram expostos sobre uma montanha pelo pai e avô. Um gaio, que se encontrava por perto, começou a imitar os gritos agudos do recém-nascido. Héracles ouviu-os e compreendeu logo o que se passara. Escalou rapidamente o monte e, libertando Fíalo dos laços com que estava amarrada, fê-la aleitar o menino, salvando a ambos. Uma fonte vizinha do local da exposição recebeu o nome de κίσσα (Kíssa), fonte do Gaio ou da Pega. A narrativa do mito de Ecmágoras e seus acidentes encontram-se relatados em Pausânias, 8, 12, 3-4.

ECO *(I, 80; II, 177-179, 181; III, 35²⁹).*

Paralelamente a ἠχή (ēkhḗ), "barulho, ruído, som de instrumentos", existem nomes com o sufixo -oi -, atestados sobretudo em nome de mulheres, como Ἠχώ (Ēkhṓ), *Eco*, aliás personificada como ninfa (v.) ou deusa desde a época pré-clássica. Como substantivo comum, ἠχώ (ēkhṓ) designa o *eco*. Já que se trata de um grupo expressivo (ēkhḗ e ēkhṓ), não existem correspondentes exatos em outras línguas indo-europeias, mas palavras que "se assemelham", como o latim *uagère*, "vagir, retumbar", lituano *svagiù, -éti*, "ressoar", anglo-saxão *swōgan*, "reboar, retumbar", *DELG*, p. 418.

Eco é uma ninfa dos bosques e das fontes, em torno da qual se organizou uma pletora de mitos que visam a explicar a origem do *eco*. Perseguida pelo lascivo Pã, a quem não amava, mas apaixonada por um Sátiro (v.), que a evitava, acabou sendo despedaçada por pastores como punição à afronta perpetrada contra seu protetor, o deus Pã. O grande amor de Eco, todavia, foi o mais belo dos efebos, Narciso. Eco o seguia aonde quer que se dirigisse o jovem filho da ninfa Liríope. Um dia, Narciso a viu e repeliu tão friamente, que Eco se isolou, fechando-se numa dolorosa solidão. Por fim, deixou de se alimentar e definhou, transformando-se num rochedo, capaz tão somente de repetir os derradeiros sons do que se diz. Conforme se mostrou em *Mitologia Grega*, Vol. II, p. 179, Narciso e Eco são dois caminhos provenientes de uma raiz comum, do sofrimento cultural, e que buscam através de suas peripécias, se encontrar e se resolver. Acontece que, como se encontram e não se resolvem, e, mais ainda, se separam, nos fica desse encontro-desencontro a marca de uma discórdia e de uma tragédia, que muito nos elucida sobre a realidade do homem e da mulher: a realidade do desenvolvimento psicológico da personalidade individual e da cultura. De outro lado, tem-se no mito um caso de *imobilização*: segundo se viu, Eco foi transformada em pedra. A hermenêutica concernente à imobilização da jovem ninfa grega pode ser concentrada no símbolo da regressão e da passividade, que não representam necessariamente um estado permanente, mas algo que pode ser passageiro, precursor de uma transformação. Eco evocaria assim a noção de *duplo*, de *sombra*. Acrescente-se, por fim, que a impermanência da transformação em pedra baseia-se no fato de que a *pedra* e o *homem* exprimem um duplo movimento de subida e de descida. O homem nasce de Deus e a Ele regressa; a pedra bruta desce do céu e, transmutada, a ele retorna.

ÉDIPO *(I, 29, 82-84, 245-247, 252, 342; II, 14, 34⁵, 44, 114, 122, 146, 184-185; III, 22-23, 37, 57, 59-61, 64, 77, 111, 166, 218, 231, 233[173], 234-251, 253-258, 260-261, 263-265, 267-286, 342).*

Οἰδίπους (Oidípus), Édipo, segundo o mito é assim chamado porque tivera "os pés furados e atados", o que provocara "a tumefação dos mesmos, derivando-se, pois, o antropônimo do verbo οἰδεῖν (oideîn), "inchar" e de πούς, ποδός (pús, podós), "pé", donde "o de pés inchados", conforme etimologiza Sófocles no diálogo entre o *Mensageiro e Édipo* (*Édipo Rei*, 1030-1036), cuja tradução estampamos em *Mitologia Grega*, Vol. III, p. 243.

Homero, *Odiss.* XI, 271-280, em dez versos hexâmetros relata "o mito de Édipo". Vale a pena transcrevê-los:

Vi também a mãe de Édipo, a bela Epicasta. Ela, sem o saber, cometeu um grande crime,
casando-se com o filho, que a desposou após matar e despojar o pai.
Os deuses rapidamente fizeram que a notícia circulasse entre os homens.
Édipo, todavia, apesar de tantos sofrimentos por funestos desígnios dos deuses,
continuou a reinar sobre os Cadmeus, na muito amada Tebas.
Ela, porém, desceu à mansão de Hades, de sólidas portas,
depois de atar, dominada pela dor, um laço a uma alta viga,
deixando ao filho, como herança, inúmeros sofrimentos
com que as Erínias punem os delitos cometidos contra uma mãe.

Na *Ilíada*, XXIII, 680, por sua vez, o poeta maior apenas alude aos jogos fúnebres realizados em Tebas em memória do herói, o que mostra sua permanência, após a morte de Epicasta, na capital dos labdácidas.

Desse modo, se Homero, a fonte primeira, muito pouco nos deixou sobre o infortunado filho de Laio, há de se lamentar, de outro lado, não terem chegado até nós "os poemas épicos" do ciclo tebano. Assim, para se ter uma visão mais ampla de mito tão fundamental, é mister recorrer aos trágicos, sobretudo ao *Édipo Rei, Édipo em Colono e Antígona* de Sófocles, bem como aos *Sete contra Tebas* de Ésquilo, às *Fenícias* de Eurípides e a poetas e escritores gregos que ouviram os ecos da tradição, tais como Píndaro, Heródoto, Apolodoro, Pausânias...

Édipo está ligado aos célebres labdácidas, que reinaram ininterruptamente em Tebas até a morte de Laio, tendo havido apenas breves interregnos, marcados tanto pelas regências de Nicteu e Lico quanto pela usurpação do trono pelos aventureiros Anfião e Zeto, exatamente durante a menoridade de Laio.

Diga-se logo que labdácidas é um termo genérico para designar os descendentes de Lábdaco, mas para se chegar a este e a seu desditoso neto Edipo, é necessário recuar um pouco no tempo e no espaço. Como em *Mitologia Grega*, Vol. II, p. 34sqq., já se falou do rapto de Europa por Zeus e da procura desta por seus irmãos, o que levaria à fundação de Tebas, vamos realçar aqui somente os dados principais, a fim de que se compreenda com mais clareza a genealogia do vencedor da Esfinge.

Com o rapto de Europa por Zeus-Touro, Agenor, rei da Fenícia, ignorando a identidade de quem lhe arrebatara a filha, ordenou a seus três filhos mais velhos, Fênix, Cílix e Cadmo que a procurassem por todo o mundo conhecido e que não regressassem sem ela. Os três príncipes iniciaram imediatamente a busca, mas, decorrido algum tempo, percebendo que sua tarefa era inútil e como não pudessem regressar à corte paterna, em Tiro ou Sídon, começaram a fundar colônias, onde se estabeleceram.

Cadmo fixou-se na Trácia com sua mãe Telefassa. Morta esta, o herói consultou o oráculo e este lhe ordenou que abandonasse em definitivo a procura da irmã e fundasse uma cidade. Para tanto deveria seguir uma vaca até onde ela caísse de cansaço. Pondo-se a caminho, Cadmo, após atravessar a região da Fócida, encontrou uma vaca, marcada nos flancos com um disco branco, configuração da Lua. Seguiu-a por toda a Beócia e, quando o animal se deitou de fadiga, compreendeu que se cumpria o oráculo. Mandou os companheiros a uma fonte vizinha, consagrada a Ares, em busca de água para as abluções, mas um dragão os matou. O filho de Agenor conseguiu liquidar o monstro e, a conselho de Atená, semeou-lhe os dentes, de que nasceram gigantes ameaçadores, aos quais deu o nome de *Spartoí*, os "Semeados" (v.).

Cadmo atirou pedras no meio deles e os gigantes, ignorando quem os provocava, acusaram-se mutuamente e se mataram. Sobreviveram apenas cinco: Equíon (que mais tarde se casou com Agave, filha de Cadmo), Udeu, Ctônio, Hiperenor e Peloro, os quais, juntamente com Cadmo, formarão o núcleo ancestral da aristocracia tebana.

A morte do Dragão, símbolo do próprio deus Ares, tinha que ser expiada: Cadmo, futuro rei de Tebas, durante oito anos serviu ao deus como escravo. Terminado o rito iniciático, Zeus lhe deu como esposa Harmonia, filha do mesmo Ares. Desse enlace nasceram Ino (Leucoteia), Agave, Sêmele e Polidoro. Já idosos, Cadmo e Harmonia abandonaram Tebas em condições misteriosas. O trono teria sido ocupado por Polidoro, mas, consoante a tradição mais seguida, Cadmo deixara o reino a seu neto Penteu, filho de Agave e do *Spartós* Equíon. De qualquer forma, é do casamento de Polidoro e Nicteis (ou Antíope) que nasce Lábdaco, pai de Laio e avô de Édipo.

Lábdaco é, através de sua mãe Nicteis ou Antíope, filha de Nicteu, neto de Ctônio, um dos *Spartoí*. Como o futuro rei de Tebas tivesse apenas um ano, quando lhe falaceu o pai Polidoro, o trono foi ocupado interinamente por Nicteu. Este, tendo-se matado, seu irmão Lico assumiu o poder, até a maioridade do filho de Nicteis.

O reinado de Lábdaco foi marcado por uma guerra sangrenta contra o rei de Atenas, o célebre Pandíon I, pai de Procne e Filomela, em cujo governo Dioniso e Deméter tiveram permissão para ingressar "miticamente" na Ática. Na luta contra Lábdaco, por uma questão de fronteiras, Pandíon, com o precioso auxílio do rei da Trácia, Tereu, desbaratou as tropas tebanas. Como recompensa, Tereu obteve por esposa a filha do rei de Tebas, Procne, cujas desventuras já se narraram em *Mitologia Grega*, Vol. II, p. 41. Consoante uma tradição conservada por Apolodoro, Lábdaco foi, como Penteu, despedaçado pelas Bacantes, por se ter também oposto à introdução do culto de Dioniso em Tebas.

Com a morte prematura de Lábdaco, seu filho Laio, por ser ainda muito jovem, não pôde assumir as rédeas do governo e, mais uma vez, Lico tornou-se regente; mas, dessa feita, por pouco tempo, porque foi assassinado por seus sobrinhos Anfião e Zeto.

Laio, com a morte violenta do tio, fugiu precipitadamente de Tebas e buscou asilo na corte de Pélops, o amaldiçoado filho de Tântalo, consoante se mostrou em *Mitologia Grega*, Vol. I, p. 84.

Laio, todavia, herdeiro não apenas do trono de Tebas, mas sobretudo de algumas mazelas de "caráter religioso" de seus antepassados, particularmente de Cadmo, que matou o Dragão de Ares, e de Lábdaco, que se opôs ao deus do êxtase e do entusiasmo, cometeu grave *hamartía* na corte de Pélops. Desrespeitando a sagrada hospitalidade, cujo protetor era Zeus, e ofendendo gravemente Hera, guardiã severa dos amores legítimos, raptou o jovem Crisipo, filho de seu hospedeiro. Agindo contrariamente ao κατὰ τὸ ὀρθόν (katà tò orthón), ao que é "justo e legítimo", para empregar a expressão de Heródoto (1, 96), o futuro rei dos tebanos acabou ferindo os deuses e praticando um amor *contra naturam*. Miticamente, a pederastia se iniciava na Hélade. Segundo uma variante, Édipo matara conscientemente a seu pai Laio, porque ambos disputavam a preferência do belo filho de Pélops. Este execrou solenemente a Laio, o que, juntamente com a cólera incontida de Hera, teria gerado a maldição dos labdácidas. Crisipo, envergonhado, matou-se.

O reinado de Anfião e Zeto foi um desastre, em função especificamente da *hýbris* de ambos. Tendo desposado Níobe, filha de Tântalo, Anfião terminou seus dias nas mãos de Apolo, que o liquidou juntamente com os filhos. Conforme uma variante, com a morte dos filhos por Apolo e Ártemis, Anfião enlouquecera e tentara incendiar um templo de Apolo. O deus o atravessou com uma flecha.

Quanto a Zeto, por seu vigor físico e violência, causas comuns da ultrapassagem do *métron* e da *hýbris*, teve certamente um fim tão ou mais trágico que seu irmão gêmeo, pois que, segundo o mito, morreu de "desgosto pungente" ao saber que seu filho único perecera igualmente às mãos de Apolo.

Com o desaparecimento dos usurpadores Anfião e Zeto, Laio finalmente subiu ao trono de Tebas. Segundo a tradição, o novo soberano se teria casado com Epicasta, nome que já aparece na *Odisseia*, XI, 271sqq., como mãe e desditosa esposa de Édipo.

O nome Jocasta, filha de Meneceu, aparece a partir de Sófocles, *Edipo Rei*, 950sqq. Segundo algumas variantes, Epicasta ou Jocasta não foi a primeira esposa de Laio. Este se teria casado, em primeiras núpcias, com Euricleia, filha de Ecfas e *dela tivera* Édipo. Na tradição épica do ciclo tebano, a mãe do herói se chamaria Eurigania ou Eurianassa ou ainda Astimedusa, filha de Estênelo (v.). Esta última versão do casamento de Laio visaria a colocar Édipo na genealogia de Héracles.

Laio é, pois, o rei de Tebas e, após a morte da primeira esposa, quer se chamasse Euricleia, Eurigania ou Astimedusa, uniu-se a Epicasta. Na versão sofocleana, todavia, encontramo-lo casado em primeiras núpcias com Jocasta. A partir deste momento o mito de Laio e Jocasta confunde-se com o de Édipo, que, na versão de Sófocles, logo ao nascer, já carregava consigo terrível maldição. Com efeito, um oráculo havia predito que a criança de que estava grávida Jocasta "mataria o próprio pai".

Na tradição seguida por Ésquilo e Eurípides, ao revés, o oráculo interveio antes da concepção, declarando que, se o casal tivesse um filho, este não apenas mataria o pai, mas causaria a ruína dos labdácidas.

Embora ameaçado pelo Oráculo de Delfos, Laio assim mesmo resolveu ter um filho com Jocasta.

Nascido o menino, o rei, lembrando-se do veto de Apolo, apressou-se em livrar-se do mesmo. Há duas versões bem diferentes na exposição de Édipo. Na primeira, o futuro rei de Tebas é colocado num *cofre* e lançado ao mar, mas salva-se porque o λάρναξ (lárnaks) chegou a Corinto ou Sicione. Parece ser esta uma das tradições mais antigas, de resto bem-atestada na cerâmica, num escólio aos versos 26 e 28 das *Fenícias* de Eurípides e na Fábula 66 de Higino. Acrescente-se, além do mais, como faz notar agudamente Delcourt, que a exposição na água deve ser a mais antiga das duas, primeiro porque não é mencionada pelos poetas trágicos; segundo, ela não se presta para explicar o nome do exposto. A exposição sobre um monte, no caso específico de Édipo, tornou-se a preferida, já que, através da mesma, se passou a ter um sinal específico (os pés inchados ou os calcanhares perfurados) para um reconhecimento futuro e um *aítion*, um motivo, que lhe explicasse o nome. Na segunda, ele é simplesmente abandonado no Monte Citerão.

Na versão de Sófocles, *Édipo Rei*, 718sq., Laio ligou os pés do menino e mandou expô-lo num monte deserto, que sabemos pela própria tragédia ter sido o Citerão.

Curioso é que Sófocles não menciona o motivo da exposição, mas Ésquilo e Eurípides o explicitam. O autor de *Os Sete contra Tebas*, 742sq., fala da falta antiga e Eurípides diz ainda com mais clareza que se trata do amor criminoso de Laio por Crisipo. Em Sófocles, *Édipo Rei*, 718, Laio amarrou o menino pelos tornozelos antes de mandar expô-lo. Em outras versões a criança tem os calcanhares perfurados por um gancho e os pés atados por uma correia. De qualquer forma, seguindo ainda o raciocínio de Marie Delcourt, "os pés inchados se constituem num absurdo, qualquer que seja o ângulo de análise. Um recém-nascido abandonado no mar ou num monte está sujeito à morte, com os pés amarrados ou livres. Vários gramáticos antigos pressentiram o problema e tentaram solucioná-lo: um escólio ao v. 26 das *Fenícias* explica que os pais de Édipo o mutilaram, a fim de que o menino não fosse recolhido e educado. Com efeito, na época histórica, pessoas às quais não se podia atribuir qualquer intenção filantrópica recolhiam entre os meninos abandonados os que lhe pareciam perfeitos e robustos, e entre as meninas as que prometiam ser belas".

Os "pés inchados" ou "furados" até Sófocles jamais serviram de sinal de identificação. Na *Odisseia*, como se viu, os deuses revelam a Epicasta a identidade do marido, mas não se fala em sinais que levassem a semelhante reconhecimento.

A verdade é que somente a partir de Sófocles (*Édipo Rei*, 1030-1036) é que surgem as cicatrizes como sinal de reconhecimento e justificativa etimológica. Em versões tardias da tragédia atribui-se o nome de Forbas ao Mensageiro, o pastor de Corinto, que recolhe o filho de Jocasta e mais tarde lhe vai revelar o significado das cicatrizes que trazia nos calcanhares. Vale a pena lembrar uma ponta do diálogo entre o Mensageiro e Édipo:

Mensageiro ("Forbas") – *Naquele dia, meu filho, eu fui teu salvador.*

Édipo – *De que desgraça era vítima, quando me recolheste?*

Mensageiro – *As junturas de teus pés poderiam testemunhá-lo.*

Édipo – *Ai de mim! Para que relembrar tão antiga ignomínia?*

Mensageiro – *Fui eu quem soltou os ferros que atravessavam teus pés.*

Édipo – *Certamente carrego desde a infância tão vergonhosa afronta.*

Mensageiro – *A semelhante circunstância deves o nome que tens.*

(*Édipo Rei,* 1030-1036).

Criado pelo pastor de Corinto, segundo uma variante, o qual o recebera do pastor de Laio no Monte Citerão, ou encontrado por Peribeia junto às praias do mar em Corinto e levado para a corte de seu marido e rei local Pólibo, ou ainda conduzido para a mesma corte pelo pegureiro Forbas, o fato é que Édipo, na maioria das versões, foi criado e educado na corte de Corinto como filho de Pólibo e Mérope (nome de Peribeia na versão de Sófocles, *Édipo Rei*, 775, 990), que não tinham descendentes. Observe-se, de passagem, que Pólibo em outras versões aparece como rei, ora de Corinto, ora de Sicione ou Antédon e ainda de Plateias.

Uma infância e adolescência tranquilas prenderam o "futuro" sucessor de Pólibo à corte de Corinto; mas tão logo atingiu a maioridade o jovem príncipe, por motivos que variam muito, abandonou seus pais adotivos.

A tradição mais antiga é a de que Édipo saíra de Corinto em busca de uns cavalos que haviam sido furtados do reino de seu pai. Mais tarde os trágicos introduziram motivos psicologicamente mais complicados. A mais conhecida é a de *Édipo Rei*, 779sqq.; num banquete, um dos convivas, após ingerir muito vinho, chamou-lhe πλαστος (plastós), vale dizer, um filho postiço. Apesar da indignação dos "pais" pelo insulto, Édipo não se conformou e, às escondidas, partiu para Delfos. Em vez de receber da Pítia uma resposta à pergunta que lhe fizera, a sacerdotisa de Apolo o expulsou do templo sagrado, vaticinando-lhe algo terrível: ele estava condenado a matar o pai e unir-se à própria mãe. Não mais regressando a Corinto, por terror de que o oráculo se cumprisse, dirigiu-se, guiado pelos astros, para algum lugar da terra onde jamais se cumprissem as tremendas profecias de Apolo... Foi exatamente nesse percurso *para algum lugar*, ao atingir um trívio (*Édipo Rei*, 1398sq.) na encruzilhada de Pótnias, marco de separação entre Delfos e Dáulis, que Édipo se encontrou com uma carruagem que lhe vinha em sentido contrário.

Tratava-se de Laio com sua comitiva. Ao todo, de acordo com o texto de *Édipo Rei*, 752, cinco pessoas: o rei, o arauto, um cocheiro e dois escravos. O cocheiro e o próprio rei, no relato de Édipo, quiseram afastá-lo do caminho, *com o emprego de violência*, πρὸς βίαν (pròs bían), diz o texto, *Édipo Rei*, 805. Como se estivesse fora de si, tomado pela cólera, δι' ὀργῆς (di'orguês), *Edipo Rei*, 807, Édipo, usando seu *terceiro pé*, o bastão, o que permitia a um deformado ficar "em pé", feriu mortalmente o cocheiro; o rei, que estava à espreita, golpeou-o duas vezes na cabeça com o aguilhão. A reação foi instantânea: com um só golpe de bastão o herói prostrou a Laio. Em seguida liquidou os demais componentes da comitiva real... Isto ele pensava! Um dos escravos, exatamente aquele que outrora o conduziria ao Citerão, salvou-se com a fuga. Jocasta recebeu por ele a notícia da morte do esposo, mas recebeu-a totalmente incorreta e mentirosa: o rei e três de seus acompanhantes haviam sido mortos por salteadores. O escravo que fugiu, permitindo que um forasteiro matasse a todos os outros da comitiva, mentiu por vergonha, adulterando o acidente; e, para ocultar sua covardia, afirmou que a carruagem fora atacada por bandoleiros.

Seus recalques pesaram-lhe tanto, que suplicou à rainha que o mandasse para o campo, a cuidar do rebanho. Existe uma variante veiculada por Nicolau de Damasco, talvez no Frag. 15, segundo a qual Laio partira para Delfos em companhia de Epicasta e encontrou casualmente em Orcômeno a Édipo, que vinha de Corinto, de onde partira ἐπὶ ζήτησιν ἵππων (epì dzētēsin híppōn), a fim de recuperar os cavalos furtados a Pólibo. Os dois viajantes disputaram a passagem. O "filho de Pólibo" matou o arauto e a Laio, que veio em socorro de seu servidor, mas poupou a Epicasta. Em seguida, o príncipe se escondeu nas montanhas. A rainha enterrou ali mesmo os mortos e retornou a Tebas. Édipo, após algum tempo, seguiu de Orcômeno para Corinto, entregando a "seu pai" a carruagem e os animais pertencentes a Laio. O restante do mito segue a versão tradicional.

Uma parte do Oráculo de Delfos estava cumprida. Faltava a segunda para formar o σύμβολον (sýmbolon), o "encaixe".

Antes, porém, de se prosseguir com Édipo em sua busca, voltemos a Tebas. Lá deixamos o casal Laio-Jocasta. O rei já recebeu seu quinhão, mas vamos ver por que se dirigia ao Oráculo de Delfos e pela quarta vez.

Tudo parecia tranquilo em Tebas, após a "morte" de Édipo, quando repentinamente a cidade é assolada por um monstro, a Esfinge, que se postara no Monte Fíquion, às portas de Tebas, e devorava a quantos não lhe decifrassem o enigma, ou, segundo outros, dois enigmas. Como a flor da juventude tebana estivesse sendo destruída diariamente pelo flagelo, Laio resolveu ir a Delfos para saber como livrar a cidade de tamanha desgraça. Foi essa viagem que ensejou o encontro mortal com o filho outrora exposto.

Já é tempo, entretanto, de retomarmos com Édipo a sua (ou nossa?) caminhada fatídica.

Temendo que a previsão da Pítia se cumprisse, horrorizado com a ideia de "matar o pai" e se unir à própria mãe, por via das dúvidas, "o filho de Pólibo e Peribeia" (Mérope, segundo Sófocles) resolveu não mais regressar a Corinto e tomou resolutamente o caminho de Tebas. Esta, no momento, como se frisou, estava assolada por um grande flagelo. Um monstro, a *Esfinge*, postada no Monte Fíquion, às portas da cidade, devorava a quantos não lhe decifrassem o enigma, que mais tarde se transformou em dois, embora só um tenha sido proposto a Édipo. Muitos jovens tebanos, inclusive Hêmon, filho de Creonte, irmão de Jocasta e regente do trono desde a morte de Laio, já haviam servido de pasto à "cruel cantora", assim chamada não propriamente porque formulasse os enigmas em versos hexâmetros, mas por ser uma alma-pássaro, segundo se mostrou em *Mitologia Grega*, Vol. I, p. 247, ela cantava para encantar.

A respeito da Esfinge já se disse o suficiente em *Mitologia Grega*, no Vol. I, p. 245-252. Ampliaremos um ou outro aspecto e enfatizaremos unicamente alguns dados, para que se possa dar unidade ao mitema.

Como se viu em *Mitologia Grega*, Vol. I, p. 247; houve uma aproximação devida à etimologia popular entre a *Fix* hesiódica e "tebana" e a *Esfinge*. É que, a par de Φίξ (Phíks), *Fix*, parece ter existido uma forma Σφίξ (Sphíks), *Sfix*, que, muito cedo, por etimologia popular, à base da simples sonoridade, passou a fazer parte da família de σφίγγειν (sphíngein), "envolver, apertar, comprimir, sufocar", donde o substantivo Σφίγξ (Sphínks), *Esfinge*. Esta aproximação "etimológica" contribuiu muito para fazer da Esfinge um monstro opressor, um *pesadelo*, um íncubo, função que complementa sua atribuição primitiva que era de *alma penada*. Consoante Marie Delcourt, o ser mítico (monstro feminino com rosto e, por vezes, seios de mulher, peito, patas e cauda de leão e dotado de asas) que os gregos denominaram Esfinge, foi por eles criado com base em duas determinações superpostas: a realidade fisiológica, isto é, o pesadelo opressor, e o espírito religioso, quer dizer, a crença nas almas dos mortos representadas com asas. Estas duas concepções acabaram por fundir-se, uma vez que possuíam e ainda possuem certos aspectos comuns, principalmente o caráter erótico e a ideia de que, quando se dominam os pesadelos, os íncubos e fantasmas, o vencedor recebe, como dádivas dos mesmos, tesouros, talismãs, reinos e uma consorte real.

A Esfinge é, pois, a junção de dois aspectos: o pesadelo opressor e o terror infundido pelas almas dos mortos.

A presença hostil da Esfinge às portas de Tebas é diversamente explicada. Consoante Eurípides, nas *Fenícias*, 810, foi o deus Hades ou Plutão quem a colocou ali, fato que lhe marcaria apenas o funesto aspecto da morte; talvez o responsável tenha sido o violento Ares, ainda irritado com a morte do Dragão por Cadmo; outros dizem, segundo dois escólios das *Fenícias*, 934 e 1031, que foi Dioniso, que jamais perdoou a oposição de Penteu e dos Cadmeus, "seus irmãos", à penetração do culto do "êxtase e do entusiasmo" em Tebas... A explicação mais aceita, entretanto, e é a adotada por Apolodoro, *Biblioteca*, 3, 5, 8 e pelo "Resumo de Pisandro", é de que o flagelo fora enviado pela deusa Hera, a fim de punir o amor *contra naturam*, a paixão de Laio por Crisipo. Desse modo a protetora dos amores legítimos teria imposto aos *Tebanos* um παράνομος ἔρως (paránomos érōs), a saber, um outro "amor criminoso", um íncubo-papão, que só *comia jovens, desde que fossem belos*, como foi o caso de Hêmon, filho de Creonte.

De qualquer forma, a *Esfinge* devorava a quantos não lhe respondessem ao *enigma* proposto, ao menos a partir do séc. V a.C.

Com respeito a *enigma* (v.) em grego αἴνιγμα (aínigma), do verbo αἰνίσσεσθαι (ainíssesthai), "falar por meios-termos, dizer veladamente, dar a entender", significa, etimologicamente, "o que é obscuro ou equívoco". Consoante Delcourt, o que é uma realidade, os gregos tinham verdadeira fascinação por enigmas, cuja decifração se transformava nas reuniões sociais numa demonstração de habilidade e talento. Ateneu (séc. I-III p.C.) consagrou todo o livro X *do Dipnosofistas* (Banquete de sábios) à interpretação de adivinhas.

Recordemos o enigma: "Existe um bípede sobre a terra e quadrúpede, com uma só voz, e um trípede, e de quantos viventes que vagueiam sobre a terra, no ar e no mar, é o único que contraria a natureza; quando, todavia, se apoia em maior número de pés, a rapidez se enfraquece em seus membros". A segunda versão, bem mais simples, é a seguinte: "Qual o animal que, possuindo voz, anda, pela manhã, em quatro pés, ao meio-dia, com dois e, à tarde, com três?" Respondendo corretamente que era o *homem*, Édipo está muito sutilmente fornecendo não o seu nome individual, mas o de sua *espécie*. Que significaria essa resposta? Marie Delcourt chama a atenção para o fato de que na palavra *Oidípus* um grego compreenderia *dípus*, "dois pés" e, desse modo, o nome próprio do iniciando expressaria o nome comum da espécie. Existe igualmente uma tradição segundo a qual Édipo decifrara o enigma sem pronunciar a resposta: à pergunta da Esfinge ele tocou a *fronte* e o monstro compreendeu que o jovem se designava a si próprio para responder à questão proposta. Nos versos 533-535 dos *Trabalhos e Dias*, Hesíodo compara o *homem* idoso e portanto arqueado a uma *trípode*, θρίπους (trípus), de três pés, que é o *homem* no seu entardecer:

*Então os mortais, semelhantes a um tripé,
com o dorso arqueado e os olhos fincados na terra,
vagueiam curvados para escapar à branca neve.*

É bem possível que a adivinha acerca de que são *dois, três, quatro* tenha circulado por longo tempo antes de penetrar no mito de Édipo, em função da assonância Οἰδίπους (Oidípus), δίπους (dípus), τρίπους (trípus), τετράπους (tetrápus), isto é, Édipo, de dois, três, quatro pés. É bom relembrar que Οἰδίπους (Oidípus), "o de pés inchados", o deformado, já é um homem τρίπους (trípus), "de três pés", por apoiar-se num bordão. Jogando com seu próprio nome, Édipo conseguiu vencer a Esfinge. Para outras formas do enigma proposto veja-se *Mitologia Grega*, Vol. III, p. 261.

Derrotada, a "cruel cantora" precipitou-se no abismo. Outras versões dão-lhe um fim diferente: no *lécito* (vaso pequeno) chamado de Boston, Édipo liquida o monstro a golpes de clava ou talvez com seu bordão; num *aríbalo* (vaso pequeno semelhante a uma bolsa), encontrado na Ilha de Chipre, a Esfinge, caída aos pés do herói, recebe o golpe de misericórdia; em Apolodoro, 3, 5, 7, 8 e Diodoro, 4, 6, ela se mata de desespero.

Com a morte trágica de Laio, já que o trono não poderia ser ocupado por mulher, no caso Jocasta, Creonte, irmão da rainha, assumiu o poder. Mas, como a luta e a vitória sobre um monstro são coroadas com a conquista de um reino e o casamento com a princesa ou rainha, "o povo tebano" exigiu que o destruidor da Esfinge, como salvador de Tebas, ocupasse o trono dos labdácidas. Creonte facilmente abriu mão do sólio tebano, ou porque se sentisse mais à vontade e exercesse de igual maneira o poder juntamente com Édipo e Jocasta, sem as preocupações e apreensões impostas pelo cetro, como ele próprio confessa em *Édipo Rei*, 581 e 584sqq., ou por gratidão ao vencedor da "cruel cantora", que lhe devorara o filho Hêmon. Ao trono se seguiu o casamento com a rainha... Nas *Fenícias* de Eurípides, 47sqq., Jocasta narra como *seu irmão Creonte lhe prometera a mão àquele que decifrasse o enigma da virgem engenhosa e como, por acaso, fora Édipo quem compreendera os cantos da Esfinge.*

Durante anos Édipo e Jocasta viveram felizes. Se no relato homérico o casal não possuía filhos, em *Édipo Rei* tem quatro: Etéocles, Polinice, Antígona e Ismene. Uma família tranquila, se as Erínias o tivessem permitido... Foi então que novo e terrível flagelo se abateu sobre a pólis dos labdácidas.

E as *Erínias* de Laio, as terríveis punidoras do sangue parental derramado, por que demoraram tanto a manifestar-se? Como agudamente observa Marie Delcourt, se nas versões mais antigas do mito deve ter havido uma luta encarniçada entre Laio e Édipo, como se explica que este último não tenha sido perseguido pelas Erínias de seu pai, como o foi Fênix (*Il.*, IX, 454sqq.), pelo simples fato de haver, a pedido de sua mãe enciumada, possuído a amante do pai? Em Homero, segundo se mostrou, só funcionam as Erínias maternas, mas Píndaro, nas *Olímpicas*, 2, 3, 45sqq. (o que parece ser uma crítica ao bardo da *Ilíada* e da *Odisseia*) faz que as *Vingadoras* liquidem para sempre os descendentes masculinos dos labdácidas:

*A terrível Erínia viu o parricídio
e fez perecer uma raça destemida:
os filhos de Édipo reciprocamente se deram a morte.*

"É que entre Homero e Píndaro a concepção das Erínias evoluiu: no primeiro elas parecem perseguir apenas aqueles contra os quais são invocadas; no segundo converteram-se em potências morais", que punem o sangue parental derramado. Desse modo, "o tema da cólera do morto, a qual não aparece em Homero, mas que é formalmente sugerida por Píndaro, ocupa todo o início de *Édipo Rei*. Por que Tebas novamente é assolada por uma peste? Simplesmente porque o assassino de Laio não foi punido. Mas quem é o criminoso? A temática da peça é precisamente a busca do parricida. O incesto é descoberto por acréscimo. Religiosamente falando, o mesmo não desempenha papel algum importante na tragédia".

No auge de sua realeza e poder, Édipo é convocado pelo povo para novamente salvar a cidade. O soberano, cônscio de suas responsabilidades, já enviara seu cunhado Creonte a consultar o Oráculo de Delfos. A resposta de Apolo foi direta e incisiva: a nódoa que mancha Tebas é o assassino de Laio, cuja busca e captura são energicamente ordenadas pelo rei com imprecações aterradoras. Afinal, o assassino do antigo rei de Tebas é igualmente séria ameaça à pessoa do rei atual e portanto ao *poder*. Aliás, no áspero diálogo que Édipo mantém com o adivinho cego Tirésias, *o que sabe*, e com seu cunhado Creonte, a ideia fixa do vencedor da Esfinge é de que Tirésias serve de instrumento a Creonte: ambos desejam tomar-lhe o *poder*! É que, não tendo como descobrir quem matou a Laio, Édipo, a conselho de seu cunhado, mandou vir o *mántis*, o adivinho de Tebas, que, mergulhado na escuridão de sua cegueira, tudo sabia por dádiva de Zeus, embora Sófocles a atribua a Apolo. Tirésias procura esquivar-se do cerrado interrogatório do marido de Jocasta e só à custa dos insultos recebidos, acusado que foi de mentor da morte de Laio e de aspirar ao *poder* juntamente com Creonte, é que acabou revelando a dolorosa verdade: Édipo matara o próprio pai e vive em sórdida comunhão com os seres que lhe são mais caros. Em outros termos, está casado com a própria mãe e é pai de seus irmãos... O diálogo com Creonte ainda é mais violento. A tônica é sempre a mesma: a ambição, o mando, a sede do *poder* cegaram o irmão de Jocasta! Como judiciosamente enfatiza Foucault "somente *em Édipo em Colono* se verá um Édipo cego e miserável gemer ao longo da peça, dizendo: 'Eu nada sabia, os deuses me pegaram em uma armadilha que eu desconhecia'. Em *Édipo Rei* ele não se defende de maneira alguma ao nível de sua inocência. Seu problema é apenas o *poder*. Poderá guardar o *poder*? É este *poder* que está em jogo do começo ao fim da peça". Guindado ao trono, sem direito "consanguíneo" ao mesmo, mas com respaldo do povo, por causa de alguma façanha memorável, o *tyrannos*, detentor do *saber*, não admite ser despojado do *poder*, que acaba por cegá-lo, extirpando-lhe o *saber*.

Foi necessária a intervenção enérgica da rainha para que o marido e o irmão interrompessem o violento duelo verbal em que se empenhavam "acerca do poder", o ponto nevrálgico da *insegurança* de Édipo. Procurando tranquilizar o marido, Jocasta põe em dúvida o *saber* de Tirésias: afinal o Oráculo não predissera que Laio seria assassinado pelo próprio filho? Se este, tão logo nasceu, foi exposto, e se o rei foi morto num trívio por bandoleiros, onde está a veracidade dos adivinhos, porta-vozes do Oráculo? E acrescenta enfática: "Dessa feita Apolo não realizou a predição: nem o menino matou o pai, nem Laio foi assassinado pelo filho, algo terrível que tanto temia" (*Édipo Rei*, 720-722). A fala da rainha, no entanto, em vez de aquietar, incendiou a alma do esposo: o rei fora assassinado num *trívio*... E mais adiante outros pormenores fornecidos por Jocasta levam Édipo a um quase desespero: a chacina tivera por cenário a Fócida, na encruzilhada de Delfos e Dáulis; Laio estava, na ocasião do crime, com uma idade equivalente à de Édipo no momento. Era alto, muito parecido com o rei atual; viajava numa carruagem com uma escolta de cinco homens e tudo se passara pouco antes de o herói ter sido proclamado rei: as coincidências eram muito claras. O pavor transtornou a fisionomia do vencedor da Esfinge! Só lhe restava uma saída, uma *derradeira esperança*, como ele próprio confessa (*Édipo Rei*, 771): o fato fora narrado à rainha e aos tebanos por um servo que fugira ao massacre e ele afirmara que o rei e o restante de sua comitiva haviam sido mortos por salteadores estrangeiros. Se o escravo confirmasse a versão, o rei de Tebas estaria fora de quaisquer suspeitas. O rei, porém, não se tranquiliza: quer ver de imediato e interrogar pessoalmente o escravo de Laio, que estava longe, no campo, pastoreando os rebanhos.

A partir da concisa, mas clara narrativa de Jocasta, Édipo não mais buscou o *assassino de Laio*, mas passou a buscar-se *a si próprio*. Mordido pela inquietação e o remorso, desfilou para a rainha um longo *flash-back*, desde sua infância feliz na corte de Pólibo, em Corinto, até o dia em que, chamado de filho postiço por um bêbado, decidiu buscar a verdade no Oráculo de Delfos, que lhe vaticinou o assassinato do pai e o casamento com a própria mãe... Afastando-se o mais possível de Corinto, matou no trívio a pessoa descrita pela esposa, bem como a seus acompanhantes... Se o escravo não confirmasse que o rei de Tebas fora morto por vários assaltantes, estaria condenado a matar *seu pai Pólibo* e a se casar com *sua mãe* Mérope!

Por instantes o negro céu de Tebas tornou-se azul. Um mensageiro de Corinto (o mesmo que o recolhera no Citerão) vem anunciar a morte de Pólibo e dizer que o Istmo inteiro fizera do rei de Tebas o seu rei. E os Oráculos, para que serviam? Pólibo está morto e não foi pelas mãos do rei dos tebanos! O júbilo de Édipo é incontido, mas persiste uma certa preocupação: Mérope, sua mãe, ainda vive! Jocasta o reanima:

Quanto a ti, não deves temer o conúbio com tua mãe:
quantos mortais já não compartilharam
em sonhos o leito materno.

(*Édipo Rei*, 980-982)

Édipo, todavia, não precisava temer uma possível união com Mérope, pois que esta, segundo o mensageiro de Corinto, não era a mãe do herói... Jocasta se retirou. Tudo estava demasiado claro para ela: enforcou-se no palácio. Édipo foi até o fim. Só depois de *achar-se* nos pungentes diálogos com os dois pastores, o de Tebas, que o expusera, e o de Corinto, que o recolhera, é que se deu por vencido:

Ai de mim! Tudo se desvendou.
O luz, oxalá possa contemplar-te pela última vez!
Ficou bem claro que eu não deveria ter nascido de quem nasci.
Não deveria viver com quem vivo e matei
a quem não deveria matar!
(*Édipo Rei*, 1182-1185)

Como um louco, penetrando no palácio, onde pendia o corpo de sua mãe e esposa e, arrancando-lhe das vestes os alfinetes de ouro com que a rainha se adornava, com eles rasgou os próprios olhos.

Sua súplica derradeira a Creonte foi que este o exilasse imediatamente.

Eis em síntese a lindíssima versão poética de Sófocles.

É oportuno acrescentar que em outras variantes do mito Jocasta não reconhece o filho-esposo através da narrativa do escravo de Corinto, mas, segundo o "Resumo de Pisandro", pelo boldrié e pela espada de Laio, que estavam em poder do mesmo. É sabido que o vencedor se apossava das armas do vencido, não pelo valor que estas possuem, mas pelo *mana* que das mesmas irradia. O infortunado filho de Jocasta, no relato homérico, segundo se viu, "despojou" a Laio. Outras variantes insistem em que o reconhecimento se fizera através das cicatrizes dos pés inchados e deformados de Édipo. No que tange à morte trágica da rainha, Marie Delcourt defende uma hipótese sumamente interessante: o suicídio da filha de Meneceu teria sido um *ato de vingança* contra Édipo. Para a Autora, com efeito, "Epicasta parece ter-se matado para vingar-se do filho e não por desespero, como a Jocasta trágica. Como se explicaria tal fato? Um ódio tão grande implica uma mitopeia diferente da que é relatada pelos trágicos. A Jocasta de Sófocles é antes mulher de Édipo que viúva de Laio; Epicasta, ao revés, fica ao lado de Laio contra o filho. Quando se examina mais atentamente o texto homérico, observa-se que Epicasta desposou o filho sem conhecê-lo, mas nada se diz a respeito da ignorância de Édipo". Este, na *Odisseia*, é caracterizado como "vencedor maldito", que reina sobre Tebas "pela vontade funesta dos deuses", mas cujo destino é "sofrer muitos males".

O suicídio de heróis e particularmente de heroínas por ódio e vingança é fato comum no mito: *Ájax*, que se matara por vergonha e ódio, se recusa, por rancor a Ulisses, a dirigir-lhe a palavra, quando da invocação dos mortos (*Odisseia*, XI, 563sqq.); igualmente Dido, em Virgílio, *Eneida*, 6, 469sqq., faz ouvidos moucos às ternas palavras e desculpas de Eneias, cena que parece ser uma imitação da narrativa homérica citada; também *Fedra*, por ódio, vergonha e vingança contra Hipólito, se mata, arrastando o jovem e inocente filho de Teseu a um fim trágico (Eurípides, *Hipólito*, 1286sqq.).

Embora, no relato homérico, Édipo não se cegue e continue a reinar sobre os tebanos, em Sófocles, além do exílio solicitado a Creonte e imposto pelas próprias imprecações do herói no início da tragédia, o filho de Jocasta (*Édipo Rei*, 1270sqq.) vazou os próprios olhos, a fim de que os mesmos *não mais lhe testemunhassem as misérias e crimes e nem pudessem contemplar os pais no Hades*.

Do ponto de vista simbólico, todavia, a cegueira que Édipo se infligiu possui um sentido mais profundo. As trevas externas geram a luz interna. A ἀναγνώρισις (anagnórisis), "a ação de reconhecer" e de reconhecer-se começa efetivamente a existir quando se deixa de olhar de fora para dentro e se adquire a visão de dentro para fora. Mergulhado externamente nas trevas, o herói se encontrou. Se Édipo, porque *sabia*, conquistou o *poder*, a hipertrofia desse mesmo *poder* sufocou-lhe o *saber*. Sua cegueira estabeleceu em definitivo a ruptura entre o *saber* e o *poder*: cego, o herói agora *sabe*, mas não *pode*. Não mais, como deixa claro Foucault, estamos na época dos *týrannoi*, dos *tiranos*, mas pa era de Péricles, no século da democracia, que não *sabe*, mas *pode*. Tanto que em *Édipo Rei* os únicos a *saber*, além dos deuses e os adivinhos, são os humildes, os pastores, que não *podem*, mas *sabem*. Por isso mesmo, em sua tragédia *Antígona*, que é um confronto entre a consciência individual e o despotismo sofistico, Sófocles mostrou com muita clareza que a característica básica de sua personagem central, *Antígona*, é o direito de opor uma verdade sem poder a um poder sem verdade.

Voltemos, porém, a Édipo. Cego e condenado ao exílio, mercê de suas próprias imprecações lançadas contra o "assassino de Laio", o príncipe permaneceu ainda em Tebas por algum tempo. O poder passou a ser exercido por Etéocles e Polinice, que, por duas vezes, o tendo desacatado e injuriado, acabaram por ser amaldiçoados pelo pai. Este, além do mais, vaticinou que ambos morreriam violentamente, lutando um contra o outro, assunto já tratado na *Tebaida* e que Ésquilo retomará em sua tragédia *Os Sete contra Tebas*. Expulso da cidade pelos filhos, Édipo, guiado por Antígona, errou por longo tempo através da Grécia, até que um dia, na lindíssima tragédia imaginada por Sófocles, *Édipo em Colono*, chegou ao demo de Colono, onde nascera o grande dramaturgo ateniense. Como nesse "bairro" de Atenas houvesse um bosque consagrado às Eumênides, o peregrino reconheceu que era este o local apontado pelo Oráculo como o término de seus sofrimentos e humilhações. Inteligentemente Sófocles fez coincidir a chegada de Édipo ao demo ático de Colono com o início da famosa expedição dos *Sete contra Tebas*. Como a presença do herói decidiria, consoante o Oráculo, o êxito da luta, Creonte, em nome dos tebanos, e Polinice, vêm pedir o auxílio de Édipo. Ao primeiro o filho de Jocasta repele, tendo a Teseu por protetor, e ao segundo rechaça e amaldiçoa mais uma vez.

Após prometer a Teseu, que lhe concedera asilo, a proteção de Atenas contra toda e qualquer invasão tebana (*Édipo em Colono*, 605-623 e 1533-1536), uma vez que possuir o sepulcro do herói significava ter uma muralha inexpugnável contra os inimigos externos, Édipo se prepara para o grande mergulho.

"Troveja Zeus ctônio". Após trocar a indumentária, fazer as abluções rituais e recomendar as filhas a Teseu, encaminhou-se, acompanhado apenas pelo rei de Atenas, para seu leito de morte: a terra se abriu suavemente e Édipo *retornou ao seio materno*. A uma pergunta do corifeu, o Mensageiro dá a seguinte resposta (*Édipo em Colono*, 1583-1584):

Corifeu – *Morreu o infortunato?*
Mensageiro – *Saiba que Édipo conquistou uma vida que não tem fim.*
Sofrer para compreender, diria Ésquilo. O Citerão foi redimido por Colono.

É difícil "coordenar" o mito de Édipo, por ser ele um daqueles que chegaram até nós em "transposições literárias". Claude Lévi-Strauss viu bem e assim expressou o problema: "O mito de Édipo chegou-nos em redações fragmentárias e tardias, que são todas transposições literárias, inspiradas mais por um cuidado estético ou moral do que pela tradição religiosa ou o uso ritual, se é que tais preocupações tenham alguma vez existido a seu respeito". De qualquer forma, o mito continua!

Édipo é o herói que se encontrou na fuga. Perfazendo uma longa caminhada, o filho de Laio e Jocasta fechou o mandala: de Tebas ao Citerão, deste a Corinto, da corte de Pólibo a Delfos, do Oráculo de Apolo ao trívio, da morte de Laio ao Monte Fíquion, da vitória sobre a Esfinge ao casamento com Jocasta e do reencontro com o saber ao mergulho final no seio da Grande Mãe, Édipo completou o *círculo urobórico*.

EÉCION *(III, 240).*

Ἠετίον (Ēetíon), *Eécion*, conforme Carnoy, *DEMG*, p. 49, é uma forma jônico-ática de ἀετός (aetós), "águia", donde o antropônimo significaria "filho da águia, forte como a águia".

Rei da cidade de Tebas, na Mísia, Eécion era pai de Andrômaca, esposa de Heitor. No nono ano da Guerra de Troia, Aquiles destruiu Tebas e matou o rei e todos os filhos que estavam na corte. O herói aqueu apreciou tanto a valentia de Eécion, que não lhe tomou as armas, mas o sepultou com elas. Sobre o túmulo magnífico que Aquiles mandou erguer a seu bravo adversário, as ninfas plantaram um olmeiro. A esposa do monarca foi libertada mediante resgate, mas a deusa Ártemis a matou a flechadas.

EETES *(I, 159, 222; II, 20, 38, 85[30]; III, 157[134], 176-177, 183-189, 192-193, 197-198, 201, 222, 305).*

Carnoy, *DEMG*, p. 13, deriva Αἰήτης (Aiếtēs), *Eetes*, de Αἶα (Aîa), "Terra". Eetes seria o rei de *Aîa* (a Cólquida), tomando-se *Aîa* em sentido genérico para designar "quaisquer terras", sobretudo míticas.

De Hélio, o Sol, e da oceânida Perseis ou Perseida nasceram três filhos que marcaram uma grande presença no mito: Circe, Pasífae e Eetes, além de Perses, que não teve muita importância. Eetes herdou do pai o reino de Corinto, mas cedo o trocou *por Aîa*, "Eia", isto é, a Cólquida, situada nos sopés do Cáucaso e cuja capital se chamava Fásis, localizada às margens do rio do mesmo nome. Casado com Eurilite ou com a nereida Neera ou ainda com a oceânida Idíia ou finalmente com sua sobrinha Hécate, Eetes foi pai de Calcíope, Apsirto e Medeia. Quando Frixo, fugindo de sua madrasta Ino, chegou à Cólquida conduzido por um carneiro voador de velo de ouro, foi muito bem-recebido por Eetes, segundo algumas versões. Este lhe deu a filha Calcíope em casamento e, antes de retornar à Hélade, Frixo sacrificou o carneiro a Zeus e ofereceu o velo de ouro ao sogro, que o consagrou ao deus Ares, cravando-o num carvalho, no bosque do deus da guerra. Tendo Jasão recebido de seu tio Pélias a incumbência de trazer de volta à Grécia o velocino de ouro, organizou a célebre Expedição dos Argonautas (v.). Após aventuras memoráveis, os heróis da nau Argo chegaram à Cólquida. Jasão, de imediato, dirigiu-se à corte de Eetes, dando-lhe ciência da missão que o trazia a Eia. O rei, para livrar-se de um importuno, prontificou-se a devolver-lhe o precioso velocino, desde que o pretendente ao trono de Iolco executasse, num só dia, quatro tarefas, que, diga-se de passagem, nenhum mortal poderia sequer iniciar. Perplexo face aos trabalhos impostos, o herói estava pronto para retornar a Iolco, quando surgiu Medeia, mágica consumada, que, apaixonada por ele, talvez por artimanhas da deusa Hera, fê-lo vencer todas as provas. Face à recusa do monarca em cumprir a promessa feita, somada à ameaça de incendiar a nau Argo, Jasão, após apossar-se do velocino de ouro, ainda graças à namorada, fugiu com ela, levando esta seu irmão Apsirto como refém. Quando o rei soube da fuga de Jasão e Medeia, pôs-se imediatamente ao encalço dos Argonautas. Medeia, que previra a perseguição, esquartejou Apsirto, espalhando-lhe os membros em direções várias. Eetes perdeu muito tempo em recolhê-los e, quando terminou a dolorosa tarefa, era tarde demais para perseguir a "ligeira" nau Argo. Assim, com os membros ensanguentados do filho, velejou até o porto mais próximo, o de Tomos, na foz do Rio íster, e ali os enterrou. Antes de regressar a Eia, porém, enviou várias naus em perseguição dos Argonautas, advertindo seus tripulantes de que, se regressassem sem Medeia, pagariam com a vida em lugar dela. Os marinheiros da Cólquida jamais voltaram à pátria. Só Medeia, após ser expulsa de Atenas por Egeu (v.), regressou disfarçada a Eia, e sabedora de que o pai havia sido destronado pelo irmão Perses, devolveu-lhe o cetro, após assassinar o tio.

EFIALTES *(1, 154, 184, 211-212, 246, 246[157], 325; II, 41, 124; III, 258).*

Ἐφιάλτης (Ephiáltēs), *Efialtes*, significa "pesadelo, demônio" e o antropônimo talvez já se encontre no micênico sob a forma *Epijata*.

Desde a Antiguidade, *Ephiáltes* era relacionado etimologicamente com o verbo ἐφάλλεσθαι (ephállesthai) "saltar sobre", o que designa a função do *cauchemar*. Segundo Chantraine, *DELG*, p. 390, ou a aproximação é correta, o que é possível, embora se tenha que admitir um tratamento fonético especial na derivação do verbo para o antropônimo, ou se trata de etimologia popular.

Efialtes é o nome de dois gigantes monstruosos. O primeiro deles é um dos Alóadas (v.), que, embriagados de *hýbris*, ameaçaram escalar o Olimpo e atacar os imortais. O segundo aparece na Gigantomaquia (a luta dos Gigantes contra Zeus) e acabou sendo morto por uma flecha de Apolo no olho esquerdo e por uma outra de Héracles no direito.

EGÉON.

Egéon é o nome humano de um Hecatonquiro ao qual os deuses chamavam Briaréu. Segundo Carnoy, *DEMG*, p. 13, o substantivo próprio Αἰγαίων (Aigaíōn), *Egéon* estaria relacionado com αἶγες (aîgues), "ondas, vagas" e, em sentido figurado, "força, violência, impetuosidade". Αἶγες (aîgues) com o sentido mencionado de "ondas, vagas" é atestado em Hesíquio. A aproximação do impetuoso Αἰγαίων (Aigaíōn), *Egéon* com Αἶγες (aîgues) possivelmente se deve à etimologia popular. Quanto a Βριάρεως (Briáreōs), *Briaréu*, é tido etimologicamente como um composto de Βρι (Bri), "pesado, sólido", e ἀρή (aré), "desgraça, infelicidade", donde *Briaréu* seria "o que provoca grandes danos", *DELG*, p. 196.

Após a mutilação de Úrano, Crono, o caçula dos Titãs (v.), apossou-se do governo do mundo, convertendo-se num déspota pior que o pai. Temendo os Ciclopes, que ele havia libertado do Tártaro, a pedido de Geia, lançou novamente nas trevas não apenas estes últimos, mas também os Hecatonquiros (v.). Na luta entre os Titãs e os Olímpicos, comandados por Zeus, que libertara do Hades os Ciclopes e os Hecatonquiros, Egéon ou Briaréu, como todo *hecatonquiro*, dotado de *cem braços*, muito cooperou para a vitória dos imortais do Olimpo. Os Titãs foram encarcerados no Tártaro e guardados pelos três Hecatonquiros, Coto, Gias ou Giges e Egéon ou Briaréu. Relata uma variante que, como prêmio por seu destemor, Briaréu foi trazido à luz e recebeu em casamento a filha de Posídon, Cimopoleia. Quando Hera, Posídon e Atená se revoltaram contra Zeus e ameaçaram encadeá-lo, bastou a presença de Briaréu, convocado por Tétis, para que desistissem de seu louco intento. Existe uma tradição assaz curiosa que faz do fidelíssimo aliado de Zeus um partidário dos Titãs na luta contra os deuses olímpicos. Esta variante explica certamente o fato de Virgílio, na *Eneida*, 6, 285sqq., tê-lo colocado entre outros *eídola* monstruosos que estão no vestíbulo dos infernos.

EGESTES.

Αἰγέστης (Aiguéstēs), *Egestes*, talvez esteja relacionado etimologicamente com αἶγες (aîgues), "ondas, vagas", uma vez que o herói é filho de um deus fluvial siciliano.

Egestes ou Acestes é filho do deus-rio da Sicília Crimiso e de uma troiana Egesta ou Segesta, que acolheu hospitaleiramente a Eneias e os troianos, quando estes, fugitivos de Troia, passaram pela Sicília. A vinda da heroína, de Ílion para a Sicília, apresenta versões diferentes.

Segundo uma delas, quando Laomedonte se recusou a pagar a Posídon e a Apolo o preço estipulado para construção da muralha da futura cidade de Príamo, os dois deuses castigaram-na impiedosamente: Posídon lançou contra ela um monstro marinho e Apolo a assolou com uma epidemia. Interrogado o Oráculo, o próprio Apolo respondeu que as desgraças que afligiam a cidade não cessariam enquanto não sacrificassem a Posídon moços e moças de famílias nobres. Temendo por seus filhos, muitas famílias ilustres enviaram-nos para bem longe de Troia. Foi o caso de Hípotes ou Hipóstrato que mandou sua filha Egesta ou Segesta para a Sicília. Lá, o deus-rio Crimiso, sob a forma de urso ou de cão, se uniu a ela, fazendo-a mãe de Egestes ou Acestes, fundador da cidade de Egesta ou Segesta.

Segundo uma variante do poeta de Cálcis, Lícofron (séc. III a.C.), na tragédia *Alexandra*, 951-977, Egesta era filha de Fenôdamas, um troiano que aconselhara a seus concidadãos lançarem ao monstro a própria filha de Laomedonte, Hesíona. Para vingar-se, o rei entregou a seus marinheiros as três filhas de Fenôdamas, para que fossem expostos às feras na Sicília. Afrodite, porém, salvou as jovens, e uma delas, Egesta, se uniu ao deus-rio Crimiso. O filho desses amores, Segestes, fundou mais tarde três cidades na ilha: Segesta, Érix e Entela. Uma tradição relata que a filha de Hípotes, Segesta, retornou a Troia e, casando-se com Cápis, foi mãe de Anquises, pai de Eneias.

Dionísio de Halicarnasso (séc. I a.C.) relata o mito de maneira diferente. Um ancestral de Egestes, tendo sublevado os troianos contra Laomedonte, foi condenado à morte com todos os seus descendentes masculinos. Não querendo sacrificar-lhe as filhas, o rei entregou-as a comerciantes ou piratas. Com elas embarcou um jovem troiano que as seguiu até a Sicília. Casou-se na ilha com uma delas, que lhe deu um filho, Egestes.

Quando Troia foi atacada pelos aqueus, o troiano, com a permissão de Príamo, retornou à Ílion e tomou parte na guerra. Destruída a cidadela, voltou à Sicília, trazendo em sua companhia um filho bastardo de Príamo, Élimo e três navios. Conta, por fim, Estrabão (séc. I a.C.) que, na fundação de Segesta, Egestes foi ajudado pelos companheiros de Filoctetes.

EGEU *(I, 52, 62-63, 82-83, 119, 163, 236, 325; II, 30, 103, 139; III, 22-23, 54, 63, 150-154, 157, 157[134]-160, 164-165, 169, 188, 202, 294).*

Αἰγεύς (Aigueús), *Egeu*, conforme Carnoy, *DEMG*, p. 13, tem a mesma etimologia que Egéon (v.), vale dizer, estaria relacionado com αἶγες (aîgues), "vagas, ondas", tanto mais que Egeu se teria lançado nas "ondas" do mar que recebeu seu nome. De outro lado, Egeu é representado sob forma *egimórfica*, isto é, de *cabra*, dada a confusão etimológica por homofonia entre αἴξ (aíks), αἰγός (aigós), "cabra" e αἶγες (aîges), "ondas, vagas". Egeu é filho de Pandíon, o segundo rei mítico de Atenas, consoante algumas versões. Expulso de seu reino pelos filhos de Metíon, após sangrenta rebelião, Pandíon fugiu para Mégara, onde foi muito bem-recebido pelo Rei Pilas, que lhe deu a filha Pília em casamento. Com a morte deste último, o exilado rei ateniense subiu ao trono de Mégara, onde lhe nasceram quatro filhos: Egeu, Palas, Niso e Lico. Morto Pandíon, os filhos marcharam contra Atenas e retomaram o poder que, de direito, lhes pertencia. Egeu, por ser o mais velho, ficou com a parte maior do reino, isto é, a Ática, cuja capital era Atenas. Uma variante faz de Egeu filho legítimo de Círio e apenas adotivo de Pandíon, o que levou os filhos de Palas, os palântidas, a contestar-lhe a legitimidade do poder e a ameaçá-lo constantemente, sobretudo porque Egeu não tinha um filho homem para sucedê-lo no reino da Ática. Sua primeira esposa foi Meta, filha de Hoples, e a segunda, Calcíope, filha de Rexenor, mas ambas foram repudiadas por não lhe terem dado filhos. Atribuindo o fato à cólera de Afrodite, Urânia, por alguma falta cometida, introduziu-lhe o culto em Atenas e foi pessoalmente a Delfos consultar Apolo. A Pítia deu-lhe uma resposta deveras enigmática: "Não desates, ó mais excelente dos homens, a boca do odre, antes de atingires o ponto mais alto da cidade de Atenas". Não tendo conseguido decifrar o enigma (que para alguns intérpretes significava que Apolo proibia ao rei qualquer contato sexual fosse com que mulher fosse, antes de retornar à sua cidade), o soberano resolveu passar por Trezena, onde reinava o sábio Piteu. Este, ouvida a recomendação da Pítia, compreendeu-lhe a mensagem. Embriagou o hóspede e, mandando levá-lo para o leito, pôs junto dele sua filha Etra. Acontece, todavia, que na véspera ou na mesma noite em que passara ao lado do rei de Atenas, a princesa tivera um sonho: apareceu-lhe Atená, ordenando-lhe que fosse a uma ilha bem próxima do palácio real, a fim de oferecer um sacrifício ao herói Esfero.

Ali lhe surgiu pela frente o deus Posídon, que fez dela sua mulher. Foi desse encontro que Etra ficou grávida de Teseu, que o rei de Atenas sempre pensou tratar-se de um filho seu. Temendo os sobrinhos, os palântidas, que lhe disputavam a sucessão, o rei, logo após o nascimento de Teseu, regressou à pátria. Antes de partir, porém, escondeu ritualmente, sob enorme rochedo, sua espada e sandálias, recomendando a Etra que, tão logo o menino alcançasse a adolescência, se fosse suficientemente forte para erguer a rocha, retirasse os objetos escondidos e o procurasse em Atenas. O regresso do rei coincidiu com a chegada de Medeia (v.) à cidade de Palas Atená, após cometer grave delito em Corinto. A maga da Cólquida prometeu livrar o soberano da esterilidade, se ele a desposasse. De fato, dessa união, segundo algumas versões, nasceu um menino, Medo. Teseu, após cumprir o rito iniciático de posse da espada e das sandálias, tomou o caminho de Atenas, realizando gestas memoráveis em seu itinerário. Percebendo logo de quem se tratava, Medeia, sem dar conhecimento a Egeu de quanto sabia, convenceu-o a eliminar "o perigoso estrangeiro" durante um banquete que lhe foi oferecido. Fracassado o estratagema e descoberto o plano diabólico de Medeia, esta foi repudiada publicamente e exilada novamente, desta feita para a Cólquida. Aproveitando-se da confusão reinante, os palântidas se amotinaram, mas foram vencidos e mortos pelo jovem herói. Tudo parecia correr bem, quando Egeu, por ciúmes e inveja, se tornou indiretamente culpado da morte de Androgeu, filho de Minos. O rei de Creta marchou contra a Ática e só concordou em retirar-se após receber a promessa de que Egeu enviaria anualmente sete rapazes e sete moças para serem devorados pelo Minotauro. A terceira expedição, que transportava as vítimas para o monstro do Labirinto, contou com a presença de Teseu e, embora o herói saísse vitorioso, matando o Minotauro, essa gesta custou a vida de Egeu. É que, na partida, o rei entregou ao filho dois jogos de velas para o navio, um preto, outro branco, pedindo-lhe que, se porventura triunfasse do monstro antropófago, içasse as velas brancas; se o barco voltasse com as pretas, era sinal de que todos haviam perecido. Triste com a perda de Ariadne (v.), o herói se esquecera de trocar as velas negras da nau, sinal de luto, pelas brancas, sinal de vitória. Egeu, que ansiosamente aguardava na praia a chegada do navio, ao ver as velas negras julgou que o filho houvesse perecido em Creta e lançou-se nas ondas do mar, que recebeu seu nome.

EGIALEIA.

Αἰγιάλεια (Aiguiáleia), *Egialeia*, como Egéon e Egeu, proviria igualmente de αἶγες (aîgues), "ondas, vagas". Egialeia é a quarta filha de Adrasto e, segundo a tradição mais seguida, se casou com Diomedes, filho de Tideu e rei de Argos. Logo após as núpcias o marido a deixou para participar da expedição dos Epígonos (v.) contra Tebas e, em seguida, partiu para Troia, onde se destacou como um dos mais destemidos guerreiros. Por longo tempo a esposa permaneceu-lhe fiel, mas repentinamente começou a traí-lo com vários heróis. Tal mudança de conduta é atribuída por alguns mitógrafos à vingança de Afrodite que foi ferida pelo herói durante um combate nas planícies de Troia (*Il.*, V, 330sqq.). A mãe de Eros inspirou em Egialeia paixões tão violentas, que esta não mais pôde se controlar. Outros julgam que as traições da esposa do filho de Tideu se deveram às calúnias de Náuplio. Pai de Palamedes (v.), executado covardemente pelos gregos, Náuplio tudo fez para vingar-lhe a inocência: maquinou para que as mulheres dos principais chefes aqueus se ligassem a amantes, argumentando que os mesmos regressariam de Ílion unidos a concubinas que tomariam o lugar das legítimas esposas. Quando Diomedes retornou a seu reino, encontrou Egialeia ligada a Cometes, filho de Estênelo, e por pouco não foi assassinado, como aconteceu com Agamêmnon. O grande herói fugiu para a corte do Rei Dauno, na Hespéria, a região ocidental, isto é, a Itália.

EGIALEU (v. SÍCION).

EGÍMIO *(III, 121-122)*.

Αἰγιμιός (Aiguimiós), *Egímio*, deve estar também relacionado com o elemento αἰγι -(aigui-), αἶγες (aîgues), "ondas, vagas". Filho de Doro, ancestral mítico e epônimo dos dórios, Egímio passou a ser ameaçado em seu reino, no Peloponeso, pelos violentos lápitas, à cuja frente estava Corono. Prestes a ser derrotado e expulso pelos invasores, apelou para Héracles, já a esse tempo casado com Dejanira. Prometeu ao herói, em caso de vitória, um terço de seu reino. Facilmente o filho de Zeus livrou Egímio dos lápitas, mas recusou pessoalmente a recompensa, pedindo-lhe tão somente que a reservasse para os Heraclidas (v.), o que aliás foi cumprido à risca por Egímio. Este adotou Hilo, filho de Héracles com Dejanira, e dividiu seu reino em três partes iguais: seus filhos Dimas e Panfilo ocuparam as duas primeiras e Hilo, a terceira. Estes três heróis são os epônimos das três tribos dórias: Hileis, Dimanes e Panfílios.

EGINA *(I, 49-50, 69, 226, 326; II, 236[127]; III, 43, 86, 185, 209[157])*.

Αἴγινα (Aíguina), *Egina*, poderia, segundo Chantraine, *DELG*, p. 29, relacionar-se com αἴγειρος (aígueiros), "álamo negro". A aproximação com αἴξ (aíks), "cabra", é, segundo o Autor, devida à etimologia popular. É provável que se trate de uma palavra *indigena*, não indo-europeia. Carnoy, *DEMG*, p. 13, por ser a heroína filha de um deus-rio, julga que o antropônimo provém de αἶγες (aîgues), "ondas, vagas".

Egina é filha do deus-rio Asopo. Amada por Zeus, foi por ele raptada. Asopo percorreu a Grécia inteira em busca da filha e só a encontrou graças à denúncia de Sísifo, que revelou a identidade do sequestrador. Em recompensa, o deus-rio fez brotar na acrópole de Corinto a fonte de Pirene. Zeus castigou a Sísifo, como se mostrou em *Mitologia Grega*, Vol. I, p. 226, e fulminou o Rio Asopo, que ousou penetrar no leito do deus para recuperar a filha. Tal fato explica a presença de carvão no leito do rio.

Zeus levou a amante para a Ilha de Enone, onde nasceu Éaco (v.) e mudou o nome da ilha para Egina. Mais tarde, Egina transferiu-se para a Tessália e, tendo-se casado com Actor, foi mãe de Menécio, pai de Pátroclo.

EGÍPIO.

Αἰγυπιός (Aiguypiós), *Egípio*, é "o abutre", talvez o *Gypaetus barbatus*, muito empregado nas comparações, *DELG*, p. 31.

Filho de Anteu e de Búlis, Egípio se casou com uma viúva, Timandra. O filho desta, Néofron, enciumado com a união de sua mãe, tudo dispôs para que Egípio, enganado, dormisse com sua própria mãe Búlis, julgando estar ao lado de Timandra. Búlis consumou o incesto com o filho, mas, reconhecendo-o logo depois, quis arrancar-lhe os olhos. Zeus, porém, interveio e transformou quase todos os membros das duas famílias em aves: Egípio e Néofron, em abutres; Búlis, em mergulhão, que, segundo o mito, se alimenta apenas dos olhos dos peixes, das serpentes ou das aves, e Timandra foi metamorfoseada em melharuco.

EGISTO *(I, 78, 85, 88-91, 94; III, 22-23, 59, 77, 333-339, 341-342, 352-353)*.

Αἴγισθος (Aíguisthos), *Egisto*, segundo Chantraine, *DELG*, p. 40, o antropônimo poderia estar ligado, embora seja uma hipótese remota, a αἶσχος (aîskhos), "vergonha, ignomínia", através, quem sabe, do superlativo αἴσχιστος (aískhistos), "vergonhosíssimo". Como quer que seja, Ésquilo, *Coéforas*, 990, emprega αἰσχυντήρ (aiskhyntēr), "homem adúltero" para designar Egisto, que seria então "o ignominioso".

Egisto é filho do amaldiçoado Tieste e da própria filha deste, Pelopia, conforme se expôs em *Mitologia Grega*, Vol. I, p. 84sqq. Banido de Micenas por seu irmão Atreu (v.), Tieste vivia em Sicione, mas buscava sem tréguas um meio de vingar-se do irmão. Este lhe havia massacrado os filhos e cozido-lhes as carnes, que lhe haviam sido oferecidas como iguarias saborosas num monstruoso banquete. Consultado o Oráculo, este lhe respondeu que o grande vingador das afrontas recebidas só poderia ser um filho que ele tivesse com a própria filha Pelopia.

Certa noite, em que esta fazia um sacrifício, Tieste a estuprou, mas a jovem conseguiu arrancar-lhe a espada e a escondeu, na esperança de um dia identificar o criminoso. Após a monstruosidade cometida com a própria filha, Tieste desapareceu da cidade. Sem o saber, Atreu se casou com a própria sobrinha e mandou procurar por Sicione inteira a criança, que, ao nascer, Pelopia havia exposto. O menino foi encontrado entre pastores que o haviam recolhido e alimentado com leite de cabra, daí, segundo a etimologia popular, o nome Egisto, em grego Αἴγισθος (Aíguisthos), uma vez que αἴξ, αιγός (aíks, aigós) é *cabra*.

Criado como filho por Atreu, este, um pouco mais tarde, mandou-o procurar Tieste, prendê-lo e trazê-lo à sua presença. Diga-se de passagem que uma variante trágica atribui a busca e prisão do pai de Pelopia a Agamêmnon e Menelau, filhos do primeiro matrimônio de Atreu, mas a que estamos relatando é a mais antiga.

Egisto cumpriu a missão e Atreu ordenou-lhe que matasse a Tieste. Ao ver a espada com que deveria ser morto, reconheceu-a de imediato. Perguntou a Egisto onde ele a obtivera. Respondeu-lhe o jovem que havia sido um presente de sua mãe Pelopia. Tieste mandou chamar a filha e lhe revelou o segredo do nascimento de Egisto. Tomando a espada, Pelopia se transpassou com ela. Vendo a lâmina toda ensanguentada, Atreu, que oferecia um sacrifício à beira-mar, se rejubilou com "a morte do irmão". Egisto, então, de um só golpe, o prostrou. Em seguida, Tieste e Egisto reinaram em Micenas.

Enquanto Agamêmnon e Menelau estavam em Troia, Egisto, que permanecera no Peloponeso, tudo fez para conquistar Clitemnestra. A presença do aedo Demódoco (v.), no entanto, que Agamêmnon deixara como conselheiro da esposa, impedia-lhe uma aproximação maior com a mulher do atrida. Habilmente afastado o velho aedo, Clitemnestra se tornou presa fácil do filho de Tieste. A partir desse momento o casal começou a maquinar o assassinato do rei de Micenas.

Tomando conhecimento de que Agamêmnon já se aproximava de Argos, o amante da rainha de Micenas postou estrategicamente vigias ao longo do litoral e, quando o rei desembarcou, Egisto o recebeu fingidamente com manifestações de júbilo e amizade. Ofereceu-lhe um banquete em cujo decurso, com auxílio de Clitemnestra, segundo as melhores tradições, o matou a punhaladas (v. Agamêmnon).

Reinou, em seguida, em Micenas, ao lado da esposa do atrida, durante sete anos, até que chegou "o vingador", Orestes (v.), que, a mando de Apolo, assassinou Egisto e, em seguida, sua própria mãe (v. Clitemnestra).

Repisam alguns mitógrafos que Egisto deixou dois filhos: Áletes e Erígone.

EGITO *(I, 51-52, 66, 75, 89, 91, 99-100, 112, 196, 253-254, 256, 259-260, 277[177], 326, 328, 335, 337; II, 34[5], 36, 75, 77-78, 108, 110, 115[39], 141, 149, 238; III, 25, 32-33, 73-75, 115, 302[232], 335).*

Αἴγυπτος (Aíguyptos), *Egito*, segundo Augusto Magne, *DELL*, p. 120, talvez seja mera transliteração, com as devidas alterações fonéticas, do egípcio *Ha-Ka Phtah*, "templo do deus Ptá", designação religiosa do Vale de Mênfis. Outra hipótese, consoante nosso saudoso filólogo, relaciona este nome com o egípcio *Ageb ou Akeb*, "inundação" (do Rio Nilo).

Egito é o herói epônimo do país homônimo. Filho de Belo e de Anquínoe, descende, por seu pai, diretamente de Posídon e, por sua mãe, do Rio Nilo. Tinha um irmão, Dânao.

Belo, que reinava sobre quase todos os povos "africanos", resolveu atribuir duas partes de seu império aos filhos: Dânao governaria a Líbia, e Egito, a Arábia. Este último, todavia, decidiu conquistar por conta própria as terras dos Μελάμποδες (Melámpodes), *Melâmpodes*, isto é, o país dos "pés-negros", como era chamado o Egito, segundo o nome de seu dominador.

Egito era pai de cinquenta filhos de diversas mulheres e Dânao o era de cinquenta filhas, ardentemente desejadas pelos primos (v. Danaides).

Tendo havido sério conflito entre os dois filhos de Belo, Dânao fugiu para a Argólida em companhia das filhas. Os primos vieram-lhes ao encalço e pediram as primas em casamento. Dânao fingiu concordar, mas entregou a cada uma delas um punhal, pedindo-lhes que matassem os maridos na primeira noite de núpcias. Exceto Hipermnestra, que poupou a Linceu, todas as demais satisfizeram ao desejo paterno.

Com a morte brutal dos filhos, temendo nova desforra do irmão e profundamente desgostoso, Egito retirou-se para Ároe, onde faleceu.

Ésquilo, em sua tragédia *As Suplicantes*, nos dá uma bela visão literária e religiosa do mito das Danaides.

ÊIDOLON *(I, 88, 145-146, 226; II, 185, 188; III, 338, 340-341).*

O vocábulo grego εἴδωλον (eídōlon) é derivado de εἶδος (eîdos), "aspecto, forma", donde εἴδωλον (eídōlon) *stricto sensu*, significa "imagem, reflexo". De *eídolon* procede o latim *idolum*, que foi difundido pela língua da Igreja com o sentido de "estátua de deus falso", *ídolo*, DIELL, p. 306.

Εἶδος (Eîdos) e, por conseguinte, seu derivado ἔδωλον (eídōlon) pressupõem o indo-europeu *weid*, que exprime a ideia de *ver*, como atesta o grego da mesma família etimológica ἰδεῖν (idêin) e de *saber*, como nos mostra o perfeito grego οἶδα (oîda), *eu sei*, DELG, p. 317. Não há que se estranhar no caso o *ver* e o *saber*: é que, sendo o *eídōlon* uma réplica do morto, ele é uma *imagem* que se vê e, por conservar um resíduo latente de *consciência*, é algo que *sabe*.

Em termos de mito e religião grega, *êidolon* é uma espécie de "corpo astral, insubstancial", um simulacro que reproduz os traços exatos do falecido em seus derradeiros momentos. A confusão entre a *representação iconográfica* e a *ideia* que se fazia da *psique* (v.) tem provocado nos historiadores da religião grega certa dificuldade para se distinguir esta última de *eídōlon*. Na realidade, a diferença é apenas de forma: a psiqué aparece como uma reduplicação alada do morto, mas em miniatura; o *eídōlon* é também uma réplica, mas normalmente de corpo inteiro. Algo mais "palpável", menos esquematizado que a psiqué, como nos fala aos olhos a arte figurada.

A forma iconográfica depende da necessidade artística do pintor, escultor, do poeta ou do νεκρόμαντις (nekrómantis), do necromante, do que adivinha, invocando os mortos.

Como a diferença é apenas iconográfica, esta, por vezes, pode ser alterada e a *psiqué* surgir como um autêntico *eídōlon*, segundo se verifica no canto XXIII, 65-67 da *Ilíada*, quando a psiqué-êidolon de Pátroclo se mostra em sonhos a Aquiles:

E eis que aparece a psiqué do infortunado Pátroclo, em tudo semelhante a ele: pela estatura, pelos belos olhos, pela voz; o corpo está coberto com a mesma indumentária.

A metamorfose da psiqué em êidolon é uma simples questão de conveniência poética, didática ou de intelecção.

Para os filósofos gregos, êidolon, apesar dos vários enfoques que abriga, jamais deixou de ser imagem, como se pode observar nesta síntese final.

Consoante Peters, *TEFG...* p. 62, "na teoria atomista da percepção visual, imagens com a mesma forma que o corpo destacam-se do objeto percebido e penetram nos poros daquele que vê". Para os epicuristas estas imagens entram nos sentidos dos homens também durante o sono e aqueles pensam que elas são deuses. Platão, no *Sofista*, usa "imagem", mas posteriormente divide-a em εἰκών (eikṓn), "reflexo" e φάντασμα (phántasma), "aparência". Plotino usa geralmente *eídōlon* no sentido de "reflexo". Para ele ὕλη (hýlē), a matéria, é um *eídōlon* da alma e a matéria sensível é um *eídōlon* da matéria inteligível.

ÉLATO *(III, 118)*.

Ἔλατος (Élatos), *Élato*, segundo Carnoy, *DEMG*, p. 49, provém de ἐλάτη (ēláte), "abeto", por ser o herói o epônimo de Elateia, "a cidade dos abetos".

Há três heróis com este nome. O primeiro é o filho mais velho de Arcas, herói epônimo da Arcádia. Na divisão do reino, o pai entregou-lhe a região do Monte Cilene. Élato, não satisfeito, partiu para a Fócida, onde ajudou os fócios na guerra contra os flégias e acabou fundando a cidade de Elateia.

Como vários heróis arcádios, Élato possui um homônimo tessálio. Com este Élato de Larissa se confunde no mito o terrível Ceneu (v.).

Um terceiro Élato é o nome de um Centauro, perseguido e morto por Héracles, cuja flecha envenenada acabou ferindo casualmente também o filantropo Centauro Quirão, provocando-lhe uma ferida incurável, segundo se relatou em *Mitologia Grega*, Vol. III, p. 118.

ELECTRA *(I, 78, 86, 90-91, 94-95, 155-156, 235; II, 19, 21, 146, 191[94]; III, 29, 329[257] 331, 334-335, 337-339, 341, 343, 352-353).*

Ἠλέκτρα (Éléktra), *Electra*, é um derivado de ἠλέκτωρ (ēléktōr), "brilhante", que é uma denominação solar (*Il*. VI, 513). Electra é, pois, "a brilhante, a luminosa".

Existem três personagens míticas com este nome. A mais antiga é uma das filhas de Oceano e Tétis. Casada com Taumas, filho de Pontos e Geia, foi mãe de Íris, a mensageira dos deuses, e das duas primeiras Harpias (v.), Aelo, "a borrasca, a impetuosa" e Ocípite, "a rápida no voo", às quais se acrescentou mais tarde uma terceira, Celeno, "a negra, a obscura". Electra estava entre as companheiras de diversão de Core (v.), quando esta foi raptada por Plutão.

A segunda é uma das sete filhas de Atlas e Plêione, as denominadas Plêiades (v.), que habitavam a Ilha de Samotrácia. Unindo-se a Zeus, foi mãe de Dárdano (v.), que, passando de Samotrácia para Tróada, fundou a dinastia real de Troia. Seu segundo filho, Iásion (v.), tem seu mito profundamente ligado às duas grandes deusas Cibele e Deméter. Atribui-se-lhe ainda um terceiro filho, Emátion, que teria reinado na Samotrácia. Com mais frequência, todavia, o mito lhe dá como filha de sua união com Zeus a tebana Harmonia, que se casou com Cadmo, embora muitas tradições apontem como pais desta última os imortais Ares e Afrodite (v.).

Nas impropriamente denominadas versões "italiotas" do mito, Electra aparece como esposa do rei etrusco Córito (v.), com quem teria tido Dárdano e Iásion. Foi também no Sul da Itália que surgiu a variante do mito do Paládio (v.), a pequena estátua de madeira da deusa Palas Atená, penhor de inviolabilidade para qualquer pólis que a possuísse.

Segundo a tradição "italiota", Zeus, que amava a Electra, tentou violentá-la. A filha de Atlas se refugiou junto ao Paládio, mas inutilmente, porque o deus em seu *furor eroticus* lançou a estátua do alto do Olimpo. O precioso talismã teria caído na Tróada e era conservado num templo de Troia. Outros afirmam que foi a própria heroína quem trouxe do Olimpo o Paládio e o deu ao filho Dárdano como protetor de Ílion.

Mais tarde, Electra e suas irmãs foram transformadas na constelação das Plêiades.

A terceira e mais célebre das heroínas com o nome de Electra é a filha de Agamêmnon e Clitemnestra. Desconhecida das epopeias homéricas, Electra, sobretudo a partir dos trágicos, aparece como substituta de Laódice, uma das filhas dos reis de Micenas.

Após a morte de Agamêmnon por Egisto e Clitemnestra, Electra, com seu temperamento forte, rebelou-se contra a mãe por ter-se unido ao maior inimigo da família, e, fato grave, ainda em vida de Agamêmnon. Egisto, que dominava a angustiada Clitemnestra, transformou-lhe a filha numa verdadeira escrava do palácio e, não fora a intervenção da rainha, a princesa teria perecido às mãos do novo despótico e, por isso mesmo, inseguro senhor de Micenas. Segundo algumas versões, também Orestes, embora muito menino ainda, correra igualmente perigo de vida: a irmã, para salvá-lo, entregou-o ao velho preceptor da família, que o levou para bem longe do fatídico palácio dos atridas.

Na tragédia *Electra* de Eurípides, para evitar que a jovem tivesse um filho, que poderia mais tarde vingar a morte de Agamêmnon, Egisto fê-la casar-se com um humilde camponês, que a levou para bem distante de Micenas, mas prudentemente soube respeitar-lhe a virgindade.

Segundo outros mitógrafos, a rebelde Electra fora desposada por Pólux.

Com a apoteose deste, a jovem "viúva" fora prometida em casamento a Polimnestor (v.), mas as núpcias jamais se realizaram, porque Egisto a aprisionara no palácio.

Com o retorno de Orestes (v.), Electra, que, por ordem da mãe deveria fazer uma libação sobre o túmulo paterno, reconheceu o irmão e ambos passaram a planejar o assassinato dos reis de Micenas.

Foi ela que, com suas palavras repassadas de ódio, deu forças a Orestes para matar Egisto e guiou-lhe o punhal contra o seio da própria mãe. Quando o irmão, após o matricídio, foi envolvido pelas Erínias, ela se postou a seu lado para orientá-lo e guiá-lo no que fosse possível.

Os trágicos fizeram muitas vezes que o mito de Electra se conjugasse ao de seu irmão, dando a impressão de que os dois sempre funcionavam como personagens centrais de um único mitologema. Assim, na tragédia euripidiana *Orestes*, ela permanece e participa corajosamente das duras provas por que passa o irmão, que o povo queria condenar à morte pelo assassinato de Clitemnestra. Na tragédia de Sófocles, intitulada *Aletes* (que era filho de Egisto), hoje infelizmente perdida, a princesa micênica desempenha o papel principal na caracterização de protagonista. Como Orestes e Pílades houvessem partido para a Táurida em busca da estátua de Ártemis, segundo determinação do Oráculo de Delfos, anunciou-se em Micenas que ambos haviam perecido às mãos de Ifigênia. De imediato, Aletes apossou-se do trono da cidade de Agamêmnon. Como louca, Electra partiu para Delfos e lá, encontrando Ifigênia, que retornara com Orestes e Pílades, arrancou do altar de Apolo um tição ardente e quase cegou a irmã, não fora a pronta intervenção de Orestes. Voltando a Micenas com ele, mais uma vez cooperou no assassinato do segundo usurpador do trono dos atridas.

Após as núpcias de Orestes com Hermíona, filha de Menelau e Helena, Electra se casou com Pílades. Deste último enlace nasceram Médon e Estrófio.

ELÉCTRION *(I, 82; III, 61, 88-91, 91[77], 111).*

Ἠλεκτρύων (Ēlektiōn), *Eléctrion*, provém, como Electra, ἠλέκτωρ (ēléktōr), "brilhante", donde o antropônimo significar "o brilhante, o luminoso".

Eléctrion é um dos filhos do herói Perseu, o vencedor de Medusa, e de Andrômeda. É o pai de Alcmena, esposa de Anfitrião, e amante, sem o querer, de Zeus, tornando-se mãe de Íficles (filho de Anfitrião) e de Héracles, que nasceu da semente do pai dos deuses e dos homens. Uma tradição tebana, entretanto, faz de Eléctrion um dos filhos de Itono. Eléctrion teria sido pai do herói Leito, que lutou na Guerra de Troia (*Il.* II, 494; VI, 35).

ELEFENOR *(III, 173).*

Ἐλεφήνωρ (Elephḗnōr), *Elefenor*, é um derivado do verbo ἐλεφαίρεσθαι (elephaíresthai), "destruir, devastar, enganar com promessas vãs", donde Elefenor é "o devastador, o destruidor".

Através de Calcódon, Elefenor é neto de Abas, herói epônimo dos abantes e rei da Eubeia. Já muito idoso, Abas cedeu-lhe o trono. Vendo seu avô maltratado por um dos servidores da corte, tentou socorrê-lo, mas com tanta infelicidade, que, ao tentar golpear o escravo, matou a Abas. Por causa desse crime involuntário, foi obrigado, segundo a praxe, a exilar-se. Como pretendente à mão de Helena, participou da Guerra de Troia, comandando os abantes, que chegaram à Tróada em quarenta navios. Não podendo entrar na Eubeia, convocou seus conterrâneos para a luta, do alto de um rochedo à beira-mar. Durante toda a campanha teve por companheiros mais chegados os dois filhos de Teseu, Ácamas e Demofonte.

Diferem as tradições sobre o destino ulterior do herói da Eubeia.

Segundo Homero, *Il.* IV, 467-469, foi morto por Agenor no decurso da luta diante de Troia; segundo outras versões, o herói sobreviveu à guerra e se estabeleceu na Ilha de Otrono, perto da Sicília, de onde foi expulso por uma serpente. Velejou para o Epiro e passou a residir na região de Amância. A tradição que o faz perecer na Guerra de Troia acrescenta que seus companheiros se instalaram no Epiro, onde fundaram a cidade de Apolônia.

ELÊUSIS *(I, 66, 123, 186, 284-289, 291, 295-299[191], 303-305, 312, 326; II, 116, 127; III, 28, 35[29], 50, 52[41], 80, 113, 156, 166).*

Ἐλευσίς (Eleusís), *Elêusis*, segundo Chantraine, *DELG*, p. 337, é provavelmente um topônimo de origem mediterrânea, sem etimologia definida. A aproximação com o verbo ἐλεύσεσθαι (eleúsesthai), "vir, chegar", daí ἔλευσις (éleusis), "vinda" (de Jesus Cristo), AT 7,52, é tardia e etimologicamente de caráter popular.

Do ponto de vista geográfico Elêusis é uma localidade com o famoso templo de Deméter, situada a pouco mais de vinte quilômetros de Atenas.

Independente até o século VII a.C., foi, por essa época, incorporada à cidade de Palas Atená.

Miticamente, Elêusis é o herói epônimo da cidade do mesmo nome.

Segundo a tradição, o herói era filho de Hermes e de Deira. Desposou Cotone e foi pai de Triptólemo. Quando Deméter, com seus encantamentos, tentou imortalizar-lhe o filho, colocando-o, à noite, sobre um braseiro, Elêusis viu a cena e deu um grito. Irritada, Deméter (v.) o matou. Segundo outras versões, possivelmente mais antigas, quem se espantou com a operação mágica da deusa e gritou foi Metanira, que assim interrompeu a imortalização de Triptólemo.

ÉLIMO.

Ἔλυμος (Élymos), *Élimo*, significa "grão, milho miúdo".

Élimo é um filho bastardo de Príamo e que acompanhou Egestes até a Ilha de Sicília, e com ele fundou várias cidades. Deu seu nome à colônia de emigrantes troianos, núcleo do povo élimo.

ÉLIS *(II, 67; III, 102-103).*

Ἦλις (Élis), *Élis*, é palavra sem etimologia, até o momento. Élis era filho de Eurípila e do deus Posídon. Com a morte de seu avô Endímion, ocupou o trono da Elida e fundou Élis, que recebeu seu nome.

ELPENOR.

Ἐλπήνωρ (Elpḗnōr), *Elpenor*, é um composto do verbo ἔλπεσθαι (élpesthai) "aguardar, esperar" e de ἀνήρ, ἀνδρός (anér, andrós), "varão, herói", donde Elpenor é "o herói esperançoso".

Elpenor era um dos companheiros de Ulisses. Foi transformado por Circe, como outros nautas aqueus, em animais semelhantes a porcos. Recuperada a forma humana, quando seus companheiros se reuniram no terraço do palácio da maga, Elpenor dormiu, cozendo o vinho da noite anterior (*Odiss. X*, 555). Chamado pelos colegas e, ignorando onde estava, caiu e quebrou o pescoço. Ulisses viu-lhe a sombra no Hades e atendeu ao pedido de seu nauta de fazer-lhe funerais condignos. O túmulo de Elpenor era mostrado no Latium.

EMPUSA *(I, 247, 249[161], 251, 309).*

O grego Ἔμπουσα (Émpusa), *Empusa*, não possui, até o momento, etimologia segura. Uma aproximação com a raiz indo-europeia *wēbh, *wēp, "adejar, esvoaçar, voltear", donde o latim *uappo, -ōnis*, "ser, animal alado", grego ἠπίολος (hēpíolos), *"pirilampo"* (que, na crença popular, é um portador de febres e pesadelos), ἠπιάλης (ēpiálēs), *"íncubo"*, atende, em parte, *ao sentido e função de Empusa* (que é *alma penada* e *íncubo*), mas oferece dificuldades fonéticas.

Seja como for, "irmã" das *Sereias* (v.), *de Lâmia* (v.) e da *Esfinge* (v.), Empusa é uma *Giftmadchen*, uma donzela venenosa, um *cauchemar*, um demônio opressor, um *íncubo*, um pesadelo.

Como espectro, faz parte do cortejo de Hécate (v.), servindo-lhe igualmente de projeção. Pertence ao mundo infernal e vagueia à noite por lá e por aqui, enchendo as noites de terror. Aparece sobretudo às mulheres e às crianças. Era, em princípio, um ser monstruoso, com um pé de bronze. Alimentava-se, não raro, de carne humana e tinha a faculdade de metamorfosear-se de mil maneiras para conquistar suas vítimas. Iconograficamente tanto *Empusa* quanto *Lâmia* (v.) e *Mormo* (v.) talvez procedam do Egito, onde já se encontravam bem-delineados. Sua transformação mais comum, quando se tratava de atrair homens, era em linda mulher, segundo nos mostra comicamente Aristófanes (o maior dos cômicos gregos, séc. V a.C.) na peça *As Rãs*, 289-294, em que Baco, em companhia de seu escravo Xântias, desejando marcar sua descida ao Hades com uma façanha digna de sua "covardia", tem um encontro com *Empusa*, como se pode ver na tradução que fizemos da peça em pauta *(Teatro Grego*: Eurípides – Aristófanes – *O Ciclope, As Rãs, As Vespas*. Rio de Janeiro, Edit. Espaço e Tempo, 1987, p. 103).

Vale a pena transcrever uma pontinha do diálogo entre Xântias e Baco:

XÂNTIAS – Por Zeus, eis que vejo um grande monstro.

BACO – Como é?

XÂNTIAS – Horrendo! Metamorfoseia-se todo, ora em burro, às vezes em linda mulher.

BACO – Onde está ela? Vamos, vou-lhe ao encontro.

XÂNTIAS – Mas já não é mulher; agora é um cão.

BACO – Bem, nesse caso é Empusa.

Como as sereias (v.), *Empusa* simboliza criações do inconsciente, sonhos alucinantes e aterradores em que se projetam as pulsões obscuras e primitivas do ser humano.

ENARÓFORO.

Ἐναροφόρος (Enarophóros), *Enaróforo*, é um composto de ἔναρα (énara) "despojos, espólios" e do verbo φέρειν (phérein) "levar, carregar", donde "o que leva os despojos, os espólios".

Enaróforo era um dos filhos de Hipocoonte (v.), espartano violento e sanguinário. Como desejasse apossar-se pela violência de Helena, Tíndaro confiou-a a Teseu.

ENDÍMION *(I, 228; II, 70²¹; III, 47).*

Ἐνδυμίων (Endymíōn), *Endímion*, é interpretado por alguns mitógrafos como o "sol poente, aquele que mergulha no mar", relacionando, destarte, o antropônimo com o verbo ἐνδύειν (endýein), que realmente significa "fazer entrar, entrar com, mergulhar", o que explicaria o "sono profundo" em que mergulhou o amante de Selene (v.). A etimologia, tudo indica, é de caráter popular. Carnoy, *DEMG*, p. 51, opina que *Endymíon*, o condenado a um sono eterno, encontra talvez sua explicação no indo-europeu **dheu*, "tornar-se insensível". Na realidade, ainda não se possui uma etimologia segura para o vocábulo.

A genealogia de Endímion é bastante confusa. Consoante alguns autores, o rei ou pastor do Peloponeso ou da Cária, não muito distante de Mileto, é filho de Étlio, rei mítico da Élida, e de Cálice. Outros dão-lhe como pais o próprio Zeus e Selene. Jovem destemido, conduziu os eólios da Tessália para a Élida, onde reinou. Casou-se (mas o nome da esposa varia segundo os autores) e foi pai de três filhos homens e de uma filha: Péon, Epeu, Etolo e Eurícide. É-lhe atribuída igualmente uma segunda filha, Pisa, epônima da cidade homônima da Élida. O mito mais conhecido de Endímion, apresentado como um pastor de extraordinária beleza, é a paixão que inspirou à deusa-Lua Selene. Zeus, a pedido desta, concedeu ao jovem o que ele tanto desejava: um sono eterno, a fim de que pudesse manter para sempre a juventude. Placidamente adormecido na encosta de um monte, recebia todas as noites a visita de Selene que, após cobri-lo de beijos, a ele se unia. Dessa paixão incontrolável nasceram cinquenta meninas, todas muito belas. Há duas variantes a respeito do "sono de Endímion". A primeira é que esse sono mágico teria sido provocado pela própria Selene. Adormeceu-o, cantando, para que pudesse encontrá-lo, acariciá-lo e amá-lo sempre que lhe apetecesse. A segunda prende-se ao mito de Hipno (v.): conta-se que, apaixonado por Endímion, o deus do Sono concedeu-lhe o dom de dormir com os olhos abertos, para poder olhar nos olhos do amante adormecido.

ENEIAS *(I, 108, 125, 139, 160, 210, 216-217, 220, 313²⁰⁸, 318²¹⁰-319, 319²¹¹, 321-322; III, 22, 24, 43, 46, 51, 56, 88, 93, 98⁹⁷, 110, 269, 288, 298, 300-301²²⁹, 340, 352).*

Αἰνείας (Aineías), *Eneias*, não possui etimologia segura até o momento. A tentativa de Carnoy, *DEMG*, p. 14, de aproximar o antropônimo de αἰνός (ainós), "terrível, temível, amedrontador" não parece satisfatória.

Filho de Anquises e de Afrodite, o herói troiano é um descendente do pai dos deuses e dos homens, uma vez que Anquises, tendo por pai a Cápis, é neto de Dárdano e este é filho de Zeus.

Acerca da paixão da deusa do amor por Anquises e do nascimento do herói v. Anquises e Afrodite. Até os quatro anos Eneias permaneceu no Monte Ida da Tróada e, logo depois, conduzido a Ílion, foi entregue a seu cunhado Alcátoo, esposo de Hipodamia, o qual lhe deu sólida educação.

Considerado como o mais valente dos troianos após Heitor e, apesar de não pertencer à família real de Troia, guardava na memória as palavras de sua mãe divina a Anquises, por este mesmo transmitidas ao filho: "Terás um filho que reinará sobre os troianos e outros filhos nascerão de seus filhos para um império sem fim".

O primeiro encontro de Eneias com Aquiles foi no Monte Ida, quando o filho de Tétis o escalou, para se apoderar do rebanho do rebento de Afrodite. Em vão o herói tentou lutar contra o mais bravo dos aqueus. Vendo-se derrotado, fugiu para Lirnesso e foi salvo por Zeus, por ocasião do saque desta cidade pelo mesmo Aquiles.

Na *Ilíada*, o filho de Anquises sempre se comportou como um bravo, participando de grandes combates. Seu primeiro ato de coragem e destemor foi a justa com o indomável Diomedes. Ferido seriamente por este, salvou-se graças a Afrodite, que acabou sendo igualmente atingida pelo herói aqueu. Apolo levou-o para longe do campo de batalha, cobrindo-o com uma nuvem. Logo depois, todavia, Eneias retorna à cruenta seara de Ares e mata Créton e Orsíloco. Brilha novamente no ataque ao acampamento aqueu e enfrenta o destemido Idomeneu, mas sem resultado algum positivo. Vemo-lo, em seguida, ao lado de Heitor, e após mandar para o Hades muitos helenos e ser um dos principais guerreiros que ajudou a pôr em fuga os comandados de Agamêmnon, luta bravamente em torno do cadáver de Pátroclo.

Pela segunda vez defrontou-se com Aquiles e fatalmente o herói aqueu (e era o único que poderia fazê-lo) o teria liquidado, mas Posídon o afasta, colocando uma nuvem como barreira intransponível entre os dois combatentes. Posídon funciona nesse episódio como garante das palavras de Afrodite: Eneias, seus filhos e os filhos de seus filhos estavam predestinados a reinar para sempre em uma "nova Troia". Desse modo, desde a *Ilíada* de Homero o herói aparece como protegido dos deuses, aos quais obedece sem jamais ultrapassar o *métron*. Nele repousava o futuro da raça troiana.

Todos esses elementos serão retomados por Virgílio na *Eneida* e reinterpretados oito séculos depois de acordo com os fatos sociais e religiosos que norteavam a política do "segundo fundador" de Roma, o Imperador Augusto.

Mitógrafos e poetas posteriores a Homero mostram-no como o substituto de Heitor, morto por Aquiles, nos derradeiros combates em defesa de Ílion. A importância do herói, todavia, cresceu muito exatamente com a destruição da cidadela de Príamo pelos aqueus.

Após a morte de Laocoonte (v.) e seus filhos por serpentes vindas da Ilha de Tênedos, Eneias compreendeu que o fim de Troia era iminente. A conselho de Anquises e das indicações de Afrodite, o herói refugiou-se no Monte Ida com seu pai, a esposa Creúsa e o filho Ascânio ou Iulo. Uma variante um tanto romanceada relata que o filho de Afrodite depois de convencer o alquebrado Anquises a sair de Troia em chamas, fugiu para o monte onde passara seus primeiros anos de vida, levando o pai nos ombros, e segurando com uma das mãos o pequeno Iulo. Creúsa, que se atrasara, acabou perecendo nas chamas. Tendo-se reunido em seu esconderijo com os troianos restantes, que escaparam do massacre dos helenos, esperou que estes se retirassem e preparou vários navios para ir em busca da "nova Troia", predita por sua mãe divina.

Virgílio em seu poema épico *Eneida*, em doze cantos, composto no século I a.C., traça o roteiro completo dessa peregrinação, na realidade um longo rito iniciático do herói, que parte de Troia para alcançar a Hespéria, isto é, a Itália.

Guiado pela bússola do destino, *fato profugus (En.* 1, 2) as naus troianas deixam para trás as cinzas de Ílion e, depois de uma escala na Ilha de Samotrácia, chegam à Trácia e à Macedônia. Após uma rápida passagem pelas ilhas de Creta, Delos e Citera, o herói alcança a Lacônia e a Arcádia, passando, em seguida, por Lêucade e Zacinto.

Subindo as costas do Epiro, atinge Brutoto, onde Eneias tem um encontro inesperado e emocionante com Heleno, irmão de Heitor, e com a viúva deste último, Andrômaca, que, de escravos dos aqueus, agora casados, reinam nessa região da Hélade. De Brutoto as naus troianas singram para a Itália do Sul, mas as diversas cidades gregas ali estabelecidas opõem-se aguerridamente aos vencidos inimigos asiáticos, não lhes permitindo o desembarque. Contornando a Sicília, para evitar no Estreito de Messina os monstros Cila e Caribdes, o herói chega a Drépano, e ali morre seu pai Anquises.

Retomando o itinerário, ainda esmagado pela dor, uma imensa borrasca lança-o nas costas da Líbia, vale dizer, nos litorais de Cartago, onde, aquecido pela paixão da Rainha Elissa ou Dido, o filho de Afrodite parece ter-se esquecido de sua missão. Os deuses, porém, não desejando que os troianos se fixassem numa cidade que seria a maior rival e inimiga de Roma, fazem-nos voltar aos domínios salgados de Posídon. Depois de tantas provações, Eneias pisa finalmente terras da Hespéria, ancorando suas naus fatigadas perto de Cumas. Mal sabia ele que agora se iniciariam as lutas sangrentas contra os diversos reinos que dominavam a Itália. Era a segunda etapa da catarse do herói: primeiro, a peregrinação pelo mar, em que o herói troiano se identifica com o Ulisses da *Odisseia*; a seguir, os sofrimentos em terra, com a guerra que se vai iniciar e o filho de Afrodite, retratará, embora palidamente, o Aquiles da *Ilíada*. É que Eneias, portador dos *Penates*, dos ancestrais da raça latina, apresenta-se na *Eneida* como *pius*, um herói muito mais voltado para Palas Atená do que para o cruento Ares.

Um grande herói, todavia, só se afirma quando faz a grande *catábase*, a descida, simbólica ou "real": como Héracles, Eneias, uma vez em Cumas, descerá ao Hades em companhia da Sibila (v.), com a finalidade de rever e consultar seu pai Anquises. Na realidade, "fora das amarras do tempo", o filho de Afrodite visa a preparar-se para ser o grande ancestral do *genus latinum*, da raça latina, de que provirá a *gens iulia*, "a família júlia", a que pertenceriam César e Augusto. Retornando à luz, o *pius Aeneas*, o piedoso Eneias, deixa Cumas e demanda Gaeta, onde presta as derradeiras homenagens fúnebres à sua ama Caieta. Fugindo de Eeia, a Ilha de Circe, atinge a foz do Rio Tibre, onde o aguardam encarniçados combates contra os rútulos. Tendo deixado a maioria de seus companheiros acampados às margens do Rio Tibre, retoma-o e aporta não longe da cidade de Palanteu, no Monte Palatino, berço da futura Roma. A viagem do herói tinha por objetivo visitar o Rei Evandro, que, apesar de ser grego da Arcádia, fora outrora hóspede de Príamo e era simpático aos troianos. O idoso monarca acolhe hospitaleiramente o filho de Afrodite, concede-lhe sua aliança e envia um contingente militar comandado por seu próprio filho Palante. A conselho de Evandro, Eneias se dirige à cidade de Agila, na Etrúria, e excita-lhe o povo já revoltado contra seu rei, o déspota Mezêncio, visando com semelhante estratagema a destronar o tirano e obter mais aliados.

Na ausência de Eneias, todavia, as tropas de Turno, rei dos rútulos e principal adversário dos troianos, atacam-lhe os acampamentos e ameaçam incendiar-lhe as naus. Com o retorno do herói e seus aliados os inimigos são repelidos. Muitos outros combates se travaram e mortes heroicas de ambos os lados, como a de Palante e Camila, aliada dos rútulos, perpetuaram-se na memória dos pósteros. A derradeira luta para implantação dos Penates na Itália foi a justa entre Eneias e Turno, o verdadeiro Heitor da *Eneida*. Apesar das hesitações do troiano, que é na epopeia virgiliana sobretudo um herói-sacerdote, um *pius*, este acabou por ferir mortalmente o rei dos rútulos, o verdadeiro herói "militar" do poema.

As palavras finais de Turno traduzem a entrega total da Hespéria a Eneias, que se casará com Lavínia (noiva do herói rútulo) e símbolo do domínio sobre todos os povos que habitavam a Itália:

... Vicisti et uictum tendere palmas
Ausonii uidere; tua est Lauinia coniux
ulterius ne tende odiis... (En. 12, 936-938).

... Venceste. Viram-me os ausônios estender vencido as mãos. Lavínia é tua esposa. Não leves avante o ódio.

Se o poema virgiliano se fecha com a morte de Turno, os mitógrafos e poetas posteriores falam da fundação de Roma pelo próprio Eneias, mas a versão mítica do poeta de Mântua se impôs a partir do séc. I p.C. e as muralhas da altaneira Roma serão erguidas por um descendente do filho de Afrodite, Rômulo, enquanto a metrópole, Alba Longa, será fundada por Ascânio ou Iulo.

Eneias não sofreu o destino comum dos mortais, mas teria sido arrebatado pelos deuses durante uma tempestade.

Como quer que seja, o mito de Eneias teve o mérito de conferir títulos de nobreza às mais antigas famílias romanas, cujos ancestrais se diziam descender de Zeus e de Afrodite.

ENEU *(I, 260, 288; II, 65, 68; III, 59-60, 123).*

Οἰνεύς (Oineús), *Eneu*, provém de οἶνος (oînos), "vinho". Rei de Cálidon, seu nome está ligado mítica e etimologicamente ao do vinho, porque foi a ele que Dioniso ofereceu o primeiro pé de videira plantado na Hélade. Uma variante atesta que um pastor de Eneu, chamado Orista ou Estáfilo, começou a observar que um dos bodes do rebanho se afastava constantemente para mastigar os frutos de uma planta até o momento desconhecida. Orista resolveu colher alguns desses frutos e, após espremer-lhes o suco, misturou-o às águas do Rio Aqueloo, que, semelhantemente ao bode, foi tomado de uma grande excitação. O rei de Cálidon deu ao novo líquido um nome derivado do seu. Embora alguns mitógrafos apresentem Eneu como descendente de Deucalião e Pirra, a tradição mais antiga faz dele e de seus irmãos Ágrio, Alcátoo, Melas, Leucopeu e Estérope filhos de Eudímion e Prônoe e, por conseguinte, bisneto de Plêuron, que, por sua vez, era neto de Agenor (v.). Eneu era rei de Cálidon, na Etólia, cujo nome se origina de seu antepassado Etolo, pai de Plêuron. Sua primeira esposa foi Alteia (v.), que lhe deu vários filhos: Toxeu (assassinado pelo pai, porque, apesar da proibição do rei, ousou transpor um fosso, que demarcava um local sagrado), Tireu, Clímeno, Meléagro (v.), Gorge, Dejanira (v.), Eurímede e Melanipe, aos quais se acrescentam, por vezes, Fereu, Agéleo e Perifas. Com o suicídio de Alteia, que, num momento de cólera, foi a responsável direta pela morte do filho Meléagro, Eneu se casou em segundas núpcias com Peribeia, filha de Hipônoo, rei de Óleno. Acerca das circunstâncias que envolveram este segundo casamento do herói, há muitas variantes. A princesa teria feito parte do espólio de guerra do rei de Cálidon, quando este venceu a Hipônoo. Outra versão esclarece que Peribeia, tendo sido seduzida por um certo Hipóstrato ou pelo deus Ares, foi espontaneamente enviada a Eneu pelo pai. Uma variante acrescenta que o sedutor fora o próprio rei de Cálidon e, como Hipônoo a houvesse entregue a porcariços, aquele facilmente a raptou. De Peribeia o rei teve o herói Tideu, pai do grande Diomedes (v.). Três episódios principais marcaram a vida do senhor da Etólia. Foi ele o responsável pelo flagelo que, por pouco, não lhe dizimara o reino: é que o rei, após a colheita do ano, ofereceu um solene sacrifício aos deuses, mas se esqueceu inteiramente de Ártemis. Sentindo-se ultrajada, a irmã de Apolo enviou contra a região um javali de grande porte e ferocíssimo que quase devastou o país (v. Meléagro). Participou também de uma parte do mito de Héracles, quando lhe deu em casamento a filha Dejanira, cujo ciúme levará o herói a lançar-se sobre uma fogueira no Monte Eta. Foi ainda na corte do sogro que, sem o querer, Héracles matou o pequenino copeiro real, sendo obrigado em consciência a exilar-se (v. Héracles). O soberano da Etólia figura ainda numa parcela do mito de seu neto Diomedes. Já idoso, Eneu foi destronado por seus sobrinhos, os filhos de Ágrio. Diomedes, com a ajuda de Alcméon, matou quase todos os usurpadores e entregou o trono de Cálidon a Andrêmon, esposo de Gorge e, por conseguinte, genro de Eneu. Por estar em idade muito avançada, o rei foi levado por Diomedes e Alcméon para o Peloponeso, mas, quando atravessava a Arcádia, foi assassinado por dois filhos sobreviventes de Ágrio. Foi Eneu quem deu asilo aos atridas Agamêmnon e Menelau, quando estes foram expulsos de Micenas. Tal fato explica a presença e a dedicação de Diomedes na Guerra de Troia. Na *Ilíada*, II, 638-644, os etólios são comandados por Toas, filho de Andrêmon e portanto um neto de Eneu.

ENIGMA *(I, 245; III, 259-262).*

O vocábulo grego αἴνιγμα (áinigma), *enigma*, procede do verbo αἰνίσσεσθαι (ainíssesthai), *falar por meios-termos, dizer veladamente, dar a entender*, significando, em consequência "o que é obscuro ou equívoco". Consoante Augusto Magne, *DELL*, I, p. 122, αἴνιγμα (áinigma), *enigma* prende-se ao substantivo αἶνος (aînos), "palavra significativa, alegoria". Para Marie Delcourt, *Oedipe ou la Legende du Conquérant*, Paris, Les Belles Lettres, 1981, p. 141sqq., os gregos, o que é uma realidade, tinham verdadeira fascinação por enigmas, cuja decifração se transformava nas reuniões sociais numa demonstração de habilidade e talento. Ateneu (séc. II-III p.C.) consagrou todo o livro X do *Dipnosofistas* (Banquete dos Sábios) à interpretação de adivinhas. No tocante à origem, admite-se que o enigma seja um tema antigo, que possivelmente estava relacionado com um *casamento*, já que existem numerosos contos em que o herói conquista a princesa com resposta precisa a uma questão difícil: normalmente era uma perífrase formulada ao questionado, que deveria responder com um *substantivo*, um *nome*, camuflado pela mesma. De qualquer forma, o enigma representaria a terceira etapa, já depurada, de algo mais violento. A primeira seria um *corpo a corpo* com um monstro; a segunda, a *posse sexual*, e a terceira, o *enigma*. Qualquer das três "provas", todavia, vencido o monstro, dava ao herói a posse de tesouros, de um reino e a mão da princesa. Para a Autora supracitada tal interrogatório "faz parte da mitopeia primitiva, que era bem mais rica do que aquela a que os poetas deram colorido e beleza. Igualmente o tema do corpo a corpo não é, como eu havia pensado, mais recente do que o amplexo aplicado ao jovem pelo íncubo e mais antigo que o enigma. As velhas tradições ofereciam certamente as três variantes. Os poetas escolhiam aquela que melhor satisfizesse a seus desígnios. " E, mais adiante, pondera que o adversário monstruoso é uma soma de significados superpostos e no caso específico da Esfinge (v.) por exemplo, essas significações são claras: quer se trate de um íncubo ou de uma inquiridora, a Esfinge é uma alma penada. Em geral, os monstros questionam mais a memória do que a inteligência de seu interlocutor. Perguntam, as mais das vezes, determinados *nomes* ou *segredos* e, não raro, o herói ou adversário, para não morrer, deve conhecer "o nome esotérico de certos seres ou coisas". Frequentemente o questionado deve saber o *nome* do questionador. Aquele, porém, dificilmente pode ser retido na memória e é necessário que se tenha muita sorte ou a intervenção de seres sobrenaturais, para que as sílabas mágicas possam ser lembradas. Mas se o nome for corretamente pronunciado, o monstro desaparece ou é reduzido à impotência. É bem possível que o enigma seja uma reminiscência de provas iniciáticas por que passavam os adolescentes, reservando-se os questionamentos mais difíceis e terríveis para os futuros reis ou chefes.

ENIO *(I, 155-156, 237-238; II, 40, 43; III, 81)*.

Ἐννώ (Enyố), *Enio*, é possivelmente um hipocorístico feminino de Ἐννάλιος (Enyálios), *Eniálio*, nome de um deus da guerra, muitas vezes associado ao grito de guerra. Este último já aparece no micênico sob a forma *Enuwarijo*. Trata-se, provavelmente, de divindade pré-helênica, *DELG*, p. 352.

Deusa da guerra que faz parte do sangrento cortejo de Ares, Enio é, em algumas tradições, considerada como filha, irmã e até mãe do deus das carnificinas. É representada coberta de sangue e sempre em atitude de violência. Foi identificada em Roma com Belona, a deusa da guerra *(En.*, 8, 703).

ENIPEU.

Ἐνιπεύς (Enipeús), *Enipeu*, procede, ao que tudo indica, de ἐνιπή (enipḗ), "ameaça, murmúrio, ribombo", donde Enipeu seria "o sussurrante, o ruidoso", *DELG*, p. 349.

Enipeu é um deus-rio da Tessália, "o mais belo de quantos deslizam no dorso da terra", segundo a *Odisseia*, XI, 238-239. Por ele se apaixonara Tiro, filha de Salmoneu e de Alcídice. Posídon, todavia, que amava a jovem princesa, tomou a forma de Enipeu e com ela teve os gêmeos Pélias e Neleu.

ÉNOCLO.

Οἴνοκλος (Oínoklos), *Énoclo*, é um composto de οἶνος (oînos), "vinho" e de κλέος (kléos), "glória", donde "o célebre por suas videiras". Rei dos enianos, na Tessália, Énoclo levou seus súditos para Cirra, na Fócida, mas foi estranhamente lapidado. Apolo consultado, revelou que o sacrifício era necessário para debelar a fome que devastava a região.

ENÔMAO *(I, 81-83, 324; III, 36, 38, 47, 63, 86)*.

Οἰνόμαος (Oinómaos), *Enômao*. Talvez Οἰνόμαος (Oinómaos) esteja por Ἰνόμαος (Inómaos), tendo o -O- inicial força prefixal, ou seja, transcrição de um *F*. Neste caso, o antropônimo seria um composto de Fίς, Fινός (wís, winós), "força" e do verbo μαίεσθαι (maíesthai), "procurar, perseguir, arrastar", donde poderia ser interpretado como "o que vai ao combate com força e energia", *DEMG*, p. 143; *DELG*, p. 659; *GEW*, s.u.

Enômao é o rei de Pisa, na Élida. Era filho de Ares e de uma das filhas do deus-rio Asopo, chamada Harpina ou Eurítoe ou ainda da plêiade Estérope. Casado com Estérope ou com Evárete, filha de Acrísio (v.), era pai de uma filha única, Hipodamia. Assediada por inúmeros pretendentes, o rei se negava peremptoriamente a permitir-lhe a escolha de um deles e nem ele próprio o fazia, ou por estar apaixonado por ela ou por lhe ter revelado um oráculo que seria assassinado pelo genro. E assim, para se livrar dos importunos, arquitetou um plano diabólico: a condição para que algum herói se casasse com a filha era ultrapassá-lo numa corrida de carros. Enquanto sacrificava um carneiro a Zeus, deixava que o competidor tomasse a dianteira. Como os cavalos de Enômao fossem de sangue divino, por serem um presente de seu pai Ares, facilmente o soberano de Pisa levava de vencida "o pretendente" e o matava, antes que atingisse a meta final, que era o altar de Posídon, em Corinto. O rei já havia liquidado doze ou treze pretendentes, quando Pélops se apresentou e certamente se assustou com os doze ou treze crânios dos competidores mortos, espetados na entrada do palácio de Élis, capital do reino. Apaixonada por ele, Hipodamia ajudou-o a corromper o cocheiro real, Mírtilo, que concordou em serrar o eixo do carro de Enômao. Aos primeiros arrancos dos animais, a peça partiu-se e o rei foi lançado ao solo e pereceu despedaçado ou, segundo uma variante, o soberano ficou preso nas rédeas e foi arrastado pelos cavalos ou ainda assassinado por Pélops. Este se casou com Hipodamia e, para silenciar Mírtilo, o vencedor de Enômao o matou e lançou-lhe o cadáver no mar. Os mitógrafos catalogaram os doze ou treze pretendentes assassinados por Enômao: Mermno, Hipótoo, Euríloco, Automedonte, Pélops de Opunte, Acarnane, Eurímaco, Lásio, Cálcon, Tricorono, Alcátoo, Aristômaco e Crótalo.

ENONE *(I, 108, 111)*.

Οἰνώνη (Oinṓnḗ), *Enone*, é interpretado por Carnoy, *DEMG*, p. 143, como um derivado de οἶνος (oînos), "vinho", donde "a terra das videiras". Enone era uma ninfa, filha do deus-rio Cebren. Paris, que havia sido exposto, ainda recém-nascido, foi criado por pastores na montanha em que vivia também a ninfa. Entre ambos nasceu na juventude um grande amor e tiveram um filho chamado Córito (v.). Quando do fatídico julgamento da mais bela das três deusas, Hera, Atená e Afrodite, Páris, eleito juiz por ordem de Zeus, deu o pomo da discórdia a Afrodite e dela recebeu como recompensa o poder de conquistar Helena, a mais bela das mulheres. A partir daí o relacionamento entre os amantes entrou em grave crise. Páris, o mais belo dos mortais, resolveu deixar Enone e partir para Esparta, a fim de raptar Helena. Conhecedora do futuro e hábil curandeira, dons que lhe outorgara Apolo em troca da virgindade da bela ninfa, tudo fez Enone para que o herói, filho de Príamo, não a abandonasse. Ao ver que suas previsões e súplicas eram inúteis, disse-lhe, na despedida, que, se fosse ferido, voltasse, pois somente ela poderia curá-lo. Tempos depois, no último ano do cerco de Troia, o herói foi gravemente ferido por uma flecha de Filoctetes. Já desesperado da cura e alucinado de dor, lembrou-se das palavras da antiga amante e mandou procurá-la ou foi levado pessoalmente até ela. Enone, a princípio, se recusou a atendê-lo, ainda amargurada com a ingratidão, indiferença e infidelidade do raptor de Helena. Quando, por fim, resolveu socorrê-lo, era tarde em demasia: o filho de Príamo havia morrido. Enlouquecida por uma aflição profunda e culpando-se pela morte do único homem a quem realmente amara, se enforcou, ou, segundo uma variante, lançou-se na pira funerária de Páris. Públio Ovídio Nasão (43 a.C.-17 p.C.) tentou ecoar no séc. I a.C., em suas *Heroides*, os gemidos do amor desprezado de Enone. O fecho da carta é um apelo e uma confissão: volte Páris e encontrará ardendo a chama que Eros acendeu no coração da amante:

... *Dignae miserere puellae:*
Non ego cum Danais arma cruenta fero;
Sed tua sum, tecumque fui puerilibus annis,
Et tua, quod superest temporis, esse precor
(*Her.* 5, 157-160).

... Tem piedade desta mulher que se conserva digna de ti.
Não trago como os helenos armas sangrentas;
Sou tua e tua fui nos anos de minha mocidade,
E rogo ser tua no tempo que ainda me resta de vida.

Enone, com outra máscara, extrapolou o mundo greco-latino e continuou sua carreira às voltas com Eros, terminando por matar-se, mais uma vez, na gigantesca tragédia de Jean Racine, *Phèdre*.

ENÓPION *(III, 56, 58, 164)*.

Οἰνοπίων (Oinopíon), *Enópion*, é um composto de οἶνος (oînos), "vinho" e do verbo πίνειν (pínein) "beber", donde "o que bebe muito vinho". Filho de Dioniso e Ariadne ou de Teseu com a mesma Ariadne, emigrou de Creta, de Lemnos ou de Naxos para a Ilha de Quios, onde reinou e introduziu o uso do vinho tinto. Pai de Evantes, Estáfilo, Marão, Talos e Mérope, teve sérios problemas com Oríon, quando este veio caçar na Ilha de Quios. Não desejando dar-lhe a filha Mérope em casamento, fê-lo beber grande quantidade de vinho tinto e, quando o gigante adormeceu, vazou-lhe os olhos.

ENOTRO.

Οἴνωτρος (Oínōtros), *Enotro*, segundo Carnoy, *DEMG*, p. 143, é a personificação do οἴνωτρον (oínōtron), isto é, "do apoio, da estaca que sustenta as cepas da videira". Enotro é um dos filhos de Licáon (v.) e Cilene. Descontente com a parte que lhe coube na divisão do Peloponeso, emigrou para a Itália com seu irmão Peucécio. O primeiro deu nome aos enótrios e o segundo, aos peucécios, na Apúlia. Uma tradição mais recente, devida a Virgílio, faz de Enotro um rei sabino, irmão de Ítalo, *En.* 7, 178sqq.

EÓLIA *(III, 304)*.

Αἰολία (Aiolía), *Eólia*, procede como Αἴολος (Aíolos), Éolo, de αἰόλος (aiólos), "rápido, veloz", e significaria "a ilha dos ventos rápidos".

Como aparece na *Odisseia*, X, 1-76, Eólia é a sede do reino do senhor dos Ventos. Trata-se de uma ilha rochosa, mas flutuante, cercada por uma muralha de bronze (v. Éolo). Mais tarde foi identificada ora com a Ilha Estrônguila, hodiernamente *Stromboli*, ora com Lípari, ambas pertencentes ao grupo das ilhas eólias.

Eólia é igualmente o nome de uma heroína, filha de Amitáon e esposa de Cálidon.

ÉOLO *(I, 226; III, 177, 193, 205, 208, 304, 328)*.

Αἴολος (Aíolos), *Éolo*, ao que parece, procede de αἰόλος (aiólos) com mudança de acento e significaria "o rápido, veloz, vivo, ágil". O nome de boi *aiworo* em micênico significaria igualmente "vivo, rápido", *DELG*, p. 37.

Existem, entre outras, três personagens míticas com este nome e que não raro se confundem. O primeiro deles tinha por pais a Hélen e Perseis e por irmãos a Doro e Xuto. Era, por conseguinte, neto de Deucalião e Pirra.

Rei da Magnésia, na Tessália, foi o ancestral dos eólios. Casado com Enárete, teve com ela sete filhos varões e cinco filhas: Creteu, Sísifo, Átamas, Salmoneu, Dêion, Magnes, Perieres; Cânace, Alcíone, Pisídice, Cálice, Perimede. Algumas tradições acrescentam aos sete filhos Macareu, Étlio e Mimas e às cinco filhas, Tanagra e Arne.

O filho de Hélen não raro é confundido com Éolo, o rei dos Ventos, enquanto outros mitógrafos dão este título ao neto do primeiro, o qual seria filho de Posídon e Arne. De qualquer forma, é Éolo, filho de Hélen, que aparece nos amores trágicos de Cánace (v.) e Macareu.

O segundo herói com o mesmo nome é o neto de Éolo, filho de Hélen. Segundo as duas tragédias perdidas de Eurípides com o título de *Melanipe*, a mãe deste segundo Éolo se chamava não Arne, mas Melanipe, a qual, tendo-se unido a Posídon, foi mãe dos gêmeos Éolo e Beoto. O pai da heroína, todavia, após cegar a filha e prendê-la num calabouço, mandou expor-lhe os filhos numa montanha. Alimentados, a princípio, por uma vaca, foram recolhidos por pastores. Como Metaponto, rei de Icária (ou da Itália) não tivesse filhos com Teano e ameaçasse abandoná-la, esta pediu aos pastores que lhe entregassem os meninos que ela faria passar por seus próprios filhos. Algum tempo depois, no entanto, Teano concebeu e teve igualmente gêmeos. Desejando livrar-se dos "intrusos" Éolo e Beoto, que, aliás, eram os favoritos do rei, contou a seus filhos legítimos a verdadeira origem de "seus irmãos mais velhos" e pediu-lhes que os eliminassem no decurso de uma caçada.

Acontece, porém, que sendo filhos de um deus, Éolo e Beoto venceram e mataram os gêmeos de Metaponto. Tendo regressado para junto dos pastores, que outrora os recolheram, Posídon lhes revelou sua verdadeira origem e ordenou-lhes libertar Melanipe, à qual o deus concedera novamente a visão. Conduzida pelos filhos a Metaponto, capital do reino do soberano homônimo, os rebentos de Posídon relataram ao pai adotivo os crimes e as mentiras de Teano, que foi condenada à morte, enquanto Melanipe se casava com o rei.

Com as núpcias de Melanipe, os dois heróis deixaram Metaponto e fundaram respectivamente Beócia, na Trácia, e Eólia, na Propôntida.

Uma variante do mito atesta que Melanipe não foi encarcerada pelo pai, mas entregue a um habitante de Metaponto, que adotou os gêmeos Éolo e Beoto a conselho de um Oráculo. Mais tarde, no curso de uma revolução, os gêmeos se apossaram do governo de Metaponto, mas tendo assassinado a Autólite ou Siris, legítima esposa de seu pai adotivo, a qual lhes maltratava a mãe, tiveram que fugir. Éolo refugiou-se nas ilhas do Mar Eólio e fundou a cidade de Lípara e Beoto se exilou na Eólia, mais tarde denominada Tessália.

Conta-se ainda que Éolo, ao fugir de Metaponto, foi muito bem-recebido nas Ilhas Eólias pelo Rei Líparo, filho de Áuson. Tendo-lhe dado a filha Cíane em casamento, entregou-lhe igualmente o reino, retirando-se para Sorrento. Com Cíane Éolo teve seis filhos: Astíoco, Xuto, Ândocles, Ferêmon, Jocasto e Agatirno.

O terceiro herói com o nome de Éolo é o filho de Posídon, identificado com o rei dos Ventos, de que fala Homero na *Odisseia*, X, 1-76. Salvo do bronco Polifemo, Ulisses navegou em direção ao reino do senhor dos Ventos, a Ilha *Eólia*, possívelmente Lípari, na costa oeste da Itália Meridional. Éolo acolheu os nautas aqueus com toda a fidalguia e durante um mês os hospedou. Na partida, deu ao rei de Ítaca um odre que continha o curso de ululantes ventos. Em liberdade ficara apenas o Zéfiro que, com seu hálito suave, fazia deslizar as naus no bojo macio de Posídon. O herói, exausto, dormiu. Julgando tratar-se de ouro ou de vinho, os aqueus abriram o odre e imediatamente terrível lufada empurrou os frágeis batéis de Ulisses de volta à Ilha Eólia. O senhor dos Ventos o expulsou de sua ilha cercada de bronze como amaldiçoado dos deuses.

EONO *(III, 121)*.

Οἰωνός (Oiōnós), *Eono*, siginifica "grande pássaro, águia (*Il.* XXIV, 293), ave de rapina". Filho de Licímnio e sobrinho de Alcmena, Eono é, portanto, primo de Héracles. Acompanhou o herói em suas expedições ao Peloponeso e foi o vencedor na corrida por ocasião dos Jogos Olímpicos, fundados pelo primo. Certa feita, quando passeava por Esparta, ao passar diante do palácio real, foi atacado por um cão, de que se defendeu, atirando-lhe pedras. Os filhos do Rei Hipocoonte, os hipocoôntidas, inimigos do filho de Alcmena, avançaram contra o jovem e espancaram-no até a morte. Héracles (v.) para vingar tamanha afronta, invadiu Esparta e eliminou o rei e os filhos, devolvendo o trono da Lacônia a Tíndaro, que o havia perdido para o sanguinário Hipocoonte (v.).

EOS *(I, 156-157, 159, 201, 211, 221, 268-269, 271; II, 19-21, 85[30]; III, 115, 222)*.

O grego'Hώς (Ēós), *Aurora*, provém da raiz **awes*, brilhar, sânscrito *uṣās*, "aurora"; o grego eólico tem a forma αὔ(σ)ως (aú(s)ōs), lat. *aur-ōra*, alemão *Ost*, leste, onde nasce a luz.

Aurora personificada, adorada pelos povos indo-europeus, pertence à primeira geração divina, a dos Titãs, como filha de Hiperíon e de Teia, irmã, por conseguinte, de Hélio (Sol) e de Selene (Lua). Com seus dedos *cor-de-rosa, ῥοδοδάκτυλος* (rhododáktylos), como lhe chama Homero, é ela que abre todas as manhãs as portas do céu para o carro do Sol.

Segundo uma variante, Eos seria filha do Titã ou Gigante Palas, e com Astreu, irmão de Palas, teria sido mãe dos ventos Zéfiro, Bóreas e Noto, bem como dos Astros e de ʿEωσφόρος (Heōsphóros), isto é, da Estrela da Manhã, a que "traz a Aurora". A versão hesiódica, todavia, é a mais seguida.

Eos foi uma grande amante, mas sempre insatisfeita, por castigo de Afrodite. É que tendo Aurora se enamorado de Ares, a deusa do amor não lhe perdoou a "ofensa" e fê-la apaixonar-se seguidamente por várias personagens, que jamais lhe completaram o apetite amoroso. Por obra e graça de Afrodite, raptou o Gigante Oríon, filho de Euríale e Posídon, e o transportou para a Ilha de Delos. Oríon, porém, foi morto por Ártemis, porque tentara violentar a virgem hiperbórea Ópis, que fazia parte do cortejo da deusa da caça. Arrebatou, em seguida, o jovem Céfalo, filho de Herse e Hermes e o levou para a Síria: desses amores teria nascido Faetonte, que é mais conhecido como filho de Hélio, o Sol. Por fim, raptou o belo Titono, de raça troiana, filho de Laomedonte e de Leucipe ou de Estrimo, filha esta última do Rio Escamandro. De qualquer forma, Titono é o irmão mais velho de Príamo. Fugiu com o amado para a Etiópia e lhe deu dois filhos: Emátion e Mêmnon (v.), que se tornou rei dos Etíopes e morreu lutando contra Aquiles em Troia. Apaixonada pelo marido, suplicou a Zeus que o tornasse imortal, mas se esqueceu de pedir para o mesmo a juventude eterna. Desse modo, Titono envelheceu de tal maneira, que perdeu a aparência de homem, transformando-se numa cigarra dessecada.

Todos esses raptos praticados por Eos atestam uma característica bem mais arcaica da deusa de dedos cor-de-rosa. Eos faz parte de um grupo de raptores consumados: Bóreas, o vento do norte, Zéfiro, Hipno, Tânatos, as Harpias, as Esfinges, Zeus e sua Águia, e Apolo, entre outros.

A deusa que precede e anuncia a luz, todavia, não é apenas uma raptora de belos mancebos, mas igualmente dos *eídola* dos mortos, pois que Eos, a Aurora, é o marco de um sono completo e normal e em vários mitos assinala não só o início de um novo dia, mas o começo de uma vida nova junto aos deuses.

Na Grécia, esta ideia é invocada quando do falecimento de um rei ou herói, logo após o longo ritual do sepultamento (v.). Quando Eos, a recém-nascida, arauto da luz e do sol, se alça renovada das correntes do Oceano, espargindo sua túnica açafroada pela terra inteira, acompanhada logo depois pelo dia sagrado, trata-se de algo mais do que uma bússola apontando para o oriente: demarca o limite que pode ser alcançado pela reputação de um mortal. Lamentando que os aqueus estivessem construindo um muro em torno de seus navios, lançando com isso no esquecimento a poderosa muralha de Troia que ele Posídon e Apolo haviam penosamente erguido, o deus do mar coteja a extensão da fama desse muro com o abraço matutino com que Eos abarca todo o orbe terrestre:

– *a glória deste muro estender-se-á tão longe quanto a Aurora* (*Il.* VII, 451).

Zeus tranquiliza Posídon, usando o mesmo símile:

– *tua glória chegará até onde se estende a Aurora* (*Il.* VII, 458).

Além de Eos e do Oceano, existe o limite da vaidade, mas os que permanecerem com a Aurora não se perderão.

Na épica, a deusa da manhã marca o termo de um funeral. Quando ela se ergueu sobre a pira enegrecida de Pátroclo em Troia, os ventos que alimentavam as chamas, cruzando o mar, recolheram-se a seus antros e Aquiles foi liberado do pranto, caindo em doce sono (*Il.* XXIII, 226-232). Nos funerais de Heitor igualmente seu manto açafroado apagou as chamas e extinguiu as lamentações (*Il.* XXIV, 788-803).

Observe-se que na Atenas clássica as exéquias (v.) eram realizadas à noite. Havia uma relutância ancestral em não macular o dia, a luz e os vivos, mas sobretudo para confirmar a liberação da psique à chegada de Eos. Em termos mitológicos, a constância dessa prática estava assentada na crença de que a deusa transportou o morto "nas asas da manhã" e o fazia por amor ou atração sexual. Quando falecia um jovem belo e sobretudo aristocrata, descrevia-se-lhe o *arrebatamento, ἁρπαγή* (harpagué) do *eídolon* pelo Dia, Ἡμέρα (Heméra) em função de um desejo erótico deste último. O mito grego, estampando muitos de seus deuses dominados por forte compulsão sexual, deixa entrever que só havia duas maneiras de comunicação efetiva das divindades com os homens: matando-os ou raptando-os, ou melhor, amando-os. Esses raptos eróticos não eram executados tão somente por deuses genuinamente gregos. Com frequência o mito os deslocava para personagens e divindades "vindas de fora", embora já helenizadas em sua maioria, tais como Afrodite, Adônis, Andrômeda, Dioniso, Medeia, Fedra. Os príncipes troianos Ganimedes e Titono foram recebidos no Olimpo com todo o afeto, sem nenhuma discriminação pela gênese de seus mitos. Zeus escolheu a Ganimedes unicamente *pela beleza do mesmo e afim de que ele vivesse com os imortais, Il.* XX, 235: κάλλεος εἵνεκα οἷο, ἵν'ἀθανάτοισι μετείη (kálleos heíneka hôio, hin'athanátoisi metéiē).

Titono e Ganimedes, eximidos da morte, jamais adquiriram, por isso mesmo, a força da personalidade conferida pelos gregos aos heróis que enfrentaram a Tânatos. A imortalidade que depende de acidentes externos como a beleza era menos cortejada que a mortalidade vivida com dignidade. Acrescente-se que a extrema juventude dos amantes de Eos deve constituir o núcleo mais antigo do mito. A criança morta, desvalida, é assistida e mimada por uma afável *Quere*, como se vê nos berços que ladeiam os túmulos micênicos. "Corpos" leves em demasia para que Tânatos e Hipno os transportassem para a outra vida. Eos encarrega-se dessa tarefa e o morto se abraça com ela no ar, já que não tem outra mãe a quem agarrar-se. Impressão ainda mais sutil, relativa ao erotismo dos raptos de Eos é quando esta nos sepultamentos de adolescentes assume o papel de principal entoadora das lamentações fúnebres. Sua emoção é *Póthos* (v.) que, logo a seguir, transforma-se em *Eros*. Por amor, Eos encarrega-se do transporte do amante...

ÉPAFO *(I, 259, 281, 343; II, 34, 34ᵉ; III, 73, 75).*

Ἔπαφος (Épaphos), *Epafo*, está relacionado pelos antigos (Ésquilo, *Suplicantes*, 17, 45; *Prom. Acor.*, 849sqq.) com ἐπαφή (epaphḗ), "leve toque", mas possivelmente se trata de etimologia popular, *DELG*, p. 356.

Io (v.), sacerdotisa de Hera, foi amada por Zeus. Apesar de transformada em vaca, a cólera da legítima esposa do senhor do Olimpo a perseguiu implacavelmente, lançando contra ela um tavão, que a fez percorrer alucinada todos os quadrantes da terra. A "vaca Io" só teve paz depois que atravessou o *Bósforo* (passagem da vaca) e ganhou o Egito. Tendo recuperado a forma humana, foi "tocada" por Zeus e deu à luz "Épafo".

Hera, inconformada, solicitou aos Curetes (v.) que raptassem o menino. Estes o esconderam tão bem, que Io, apesar de todos os esforços e fadigas, não conseguiu encontrá-lo. Zeus, enfurecido, matou os raptores e ordenou à amante que voltasse a procurar o filho.

Tendo sido informada de que este estava sendo criado pela esposa do rei de Biblos, para lá se dirigiu e tendo-se apossado do filho, com o auxílio de Zeus, retornou com ele ao Egito.

Criado e educado como um rebento divino, Épafo sucedeu no trono a seu pai adotivo Telégono. Desposou, em seguida, Mênfis, filha do deus-rio Nilo. A mais velha de suas três filhas, Líbia, deu nome ao país vizinho do Egito. As duas outras chamavam-se Lisianassa e Tebe.

Uma variante do mito dá-lhe por esposa não Mênfis, mas Cassiopeia (v.).

EPEU *(I, 110).*

Ἐπειός (Epeiós), *Epeu*, segundo Carnoy, *DEMG*, p. 51, como seu pai *Pan-op-eús* pode estar relacionado com a raiz do latim *opus*, "trabalho", sânscrito *ápah*, com o mesmo sentido, tendo havido contaminação com o grego ἔπειν (hépein), "trabalhar, dedicar-se a". A influência de ἐπί (epí) explicaria o espírito fraco de Ἐπειός (Epeiós).

Epeu significaria assim "o laborioso, o trabalhador".

Existem dois heróis com este nome. O primeiro era um dos filhos de Endímion, rei da Elida, e tinha por irmãos a Péon e Etolo (v.). Foi ele quem sucedeu no trono ao pai mediante a disputa de uma corrida em Olímpia, ordenada por Endímion (v.).

O segundo, muito mais importante, era filho de Panopeu (v.). Participou da Guerra de Troia, comandando um contingente de trinta naus. Embora corajoso, não era um bom guerreiro, como ele próprio confessa na *Ilíada*, XXIII, 670, distinguindo-se, no entanto, no pugilato, como demonstrou nos jogos fúnebres em honra de Pátroclo, em que venceu brilhantemente ao forte e destemido Euríalo, *Ilíada*, XXIII, 685-699.

Seu principal galardão na luta sangrenta entre aqueus e troianos foi o de ter sido o construtor do célebre Cavalo de Madeira, a máquina fatal, que destruiu pela astúcia a fortaleza de Ílion. Durante "o retorno" de Troia, Epeu separou-se casualmente da nau capitânea de Nestor e aportou na Itália meridional, fundando ali a cidade de Metaponto ou sua vizinha, a cidade de Lagária, onde consagrou à deusa Atená todos os instrumentos usados na construção do Cavalo de Troia.

Uma tradição antiga relata que as naus de Epeu foram lançadas por uma tempestade nas costas da Itália. Os marinheiros aqueus, já cansados de tantas intempéries e perigos no mar, incendiaram os navios. Tal gesto obrigou Epeu, embora contra a vontade, a permanecer na Hespéria e fundar a cidade de Pisa, assim chamada em homenagem à cidade homônima da Elida.

Atribui-se a Epeu a confecção de uma estátua monumental de Hermes, tragada pelo Rio Escamandro, quando este transbordou para lutar contra Aquiles. Arrastada pela correnteza, chegou às margens do Rio Eno, mas foi salva por pescadores, que a levaram para a cidade homônima, na Trácia.

Uma variante, encontrada num poema do vate da época alexandrina Calímaco (séc. III a.C.) conta que, sendo a estátua de madeira, os pescadores tudo fizeram para transformá-la em lenha, mas vendo que todas as tentativas eram inúteis, concluíram que se tratava de uma imagem divina e ergueram-lhe um santuário.

EPIGEU.

Ἐπειγεύς (Epeigueús), *Epigeu*, provém do verbo ἐπείγειν (epeíguein), "apressar, impelir, fugir".

Epigeu era filho de Ágacles, rei de Budíon, na Tessália. Tendo assassinado um primo, fugiu para a corte de Peleu. Iniciada a Guerra de Troia, acompanhou Aquiles e lutou bravamente até ser morto por Heitor (*Il.* XVI, 570sq), irritado com o desaparecimento do grande Sarpédon, aliado dos troianos.

EPÍGONOS *(III, 52).*

O grego Ἐπίγονοι (Epígonoi) se origina de ἐπί (epí), "sobre, depois" e do verbo γίγνεσθαι (guígnesthai), "nascer", vale dizer, *Epígonos* são "os que nasceram depois", "os descendentes" dos sete chefes heroicos, que tombaram diante de Tebas, e que "depois" os vingaram. Ἐπί (epí) é um antigo elemento indo-europeu atestado no indo-iraniano e no armênio: sânscrito *ápi*, avéstico *aipi*, persa antigo *apiy*, com o mesmo sentido de *sobre, depois*. Quanto ao verbo γίγνεσθαι (guígnesthai), que forma uma vasta família etimológica, tem por raiz o indo-europeu **gen (ə)*, que expressa a ideia geral de nascer, *DELG*, p. 222sq.; *GEW*, s.u. *Epígonos* são os descendentes diretos dos *Sete Chefes* (v.) que participaram da primeira expedição contra Tebas, isto é, a luta fratricida entre Etéocles e Polinice pelo trono deixado por seu "irmão e pai" Édipo. A primeira investida de Polinice, respaldado por mais seis heróis, terminou tragicamente com a morte de seis dos *Sete Chefes*. Dez anos após este desastre, os filhos dos heróis, que tombaram diante das sete portas da cidade de Édipo, resolveram vingar os pais. Consultado o oráculo, este lhes respondeu que obteriam uma grande vitória, desde que fossem comandados por Alcméon (v.), filho mais velho de Anfiarau (v.). Embora a contragosto, o jovem aceitou a empresa, sobretudo por causa da insistência de sua mãe Erifila, subornada pelos presentes de Tersandro, filho de Polinice, que, na primeira expedição, a comprara igualmente com o colar de Harmonia (v.), para ter a seu lado o grande Anfiarau. Sob o comando de *Alcméon* participaram da luta: *Anfíloco*, irmão deste último; o filho de Adrasto, *Egialeu; Diomedes*, filho de Tideu; o filho de Partenopeu, *Prômaco; Estênelo*, filho de Capaneu; o filho de Polinice, *Tersandro* e o filho de Mecisteu, *Euríalo*. Destruídas as cidades e vilas que cercavam Tebas, os Epígonos se preparavam para a invasão da capital, quando os tebanos, comandados pelo filho de Etéocles, Laôdamas, transpuseram as sete portas e avançaram contra os Epígonos. Travou-se então a grande batalha de Glissas. Apesar de algumas vitórias iniciais, os descendentes de Cadmo, quando viram que seu comandante Laôdamas perecera às mãos de Alcméon, tentaram fugir, mas foram massacrados pelos vingadores dos Sete Chefes. A conselho de Tirésias, Tebas foi abandonada à noite por seus habitantes. Na manhã seguinte, sem nenhuma resistência, os Epígonos invadiram a cidade, pilharam-na e consagraram ao Oráculo de Delfos os despojos mais valiosos.

EPIMÉLIDES.

'Επιμηλίδες (Epimēlídes), *Epimélides*, é um composto de ἐπί (epí) "sobre" e 2 μῆλον (2mêlon), "rebanho" e designa as ninfas "protetoras dos rebanhos", sobretudo de carneiros e cabras.

Certa feita, quando essas ninfas dançavam perto de seu santuário, pastores da Messápia, ignorando tratar-se de divindades, começaram a escarnecê-las, dizendo-se melhores dançarinos que elas. As Epimélides aceitaram o desafio, mas os pastores executaram passos tão ridículos, que foram transformados em árvores de raízes profundas, para nunca mais profanarem a arte de Terpsícore.

Os messápios diziam que, à noite, ouviam-se gemidos dos pastores metamorfoseados em grossas árvores.

EPIMETEU *(I, 157-158, 165-166, 168; II, 19).*

'Επιμηθεύς (Epimētheús), *Epimeteu*, é um composto de ἐπί (epí), "sobre, depois", e de um elemento μηθ-ευς (mēth-eús), do verbo μανθάνειν (manthánein), cujo sentido mais antigo é de "aprender praticamente, aprender através da experiência, aprender a conhecer, aprender, compreender". Epimeteu é, pois, "o que pensa e compreende depois", como personagem antitética de *Prometeu* (v.), o que pensa e reflete antes", *DELG*, p. 940.

Um dos quatro filhos de Jápeto e Clímene ou Ásia, Epimeteu pertence, como seus três irmãos Atlas, Menécio e Prometeu, à raça dos Titãs, os eternos inimigos de Zeus. Foi através de Epimeteu que o pai dos deuses e dos homens se vingou do filantropo Prometeu. Tendo, com sua astúcia, enganado o novo senhor do Olimpo por duas vezes, sempre em favor dos homens, Prometeu (v.) pediu ao irmão que não aceitasse presente algum enviado por Zeus. Aquele, no entanto, porque "pensava depois", não resistiu a oferta de Pandora (v.), trazida dos céus por Hermes, para perdição dos mortais.

Esta, tendo aberto "a jarra de larga tampa" que trouxera do mundo dos deuses, dela evolaram todas as calamidades e desgraças que até hoje atormentam os mortais. Epimeteu é, por conseguinte, o responsável pelas misérias que afligem a humanidade.

Do enlace de Epimeteu e Pandora veio ao mundo Pirra (v.), esposa de Deucalião (v.).

EPÍONE.

'Ηπιόνη (Ēpiónē), *Epíone*, é derivado por Carnoy, *DEMG*, p. 52, de ἤπιος (Ēpios), "benéfico, beneficente", donde Epíone seria "a benéfica" enquanto companheira de Asclépio (v.).

Companheira e mais comumente considerada como esposa do deus da medicina, teria sido mãe de quatro filhas: Íaso, Panaceia, Egle e Áceso. Em Epidauro sua estátua figurava ao lado da de Asclépio. Na Ilha de Cós era tida não como esposa, mas como filha do herói-deus.

EPIRO *(I, 100, 339; II, 102; III, 86, 125, 171, 325).*

"Ηπειρος (Ēpeiros), *Epiro*, etimologicamente, designa "a costa, a margem, a terra firme por oposição ao mar", bem como "o continente por oposição às ilhas", *DELG*, p. 415.

Filha de Equíon, um dos *Spartói* (v. *Mitologia Grega*, Vol. III, p. 235sq.), acompanhou Cadmo e Harmonia, levando as cinzas de Penteu, quando o rei e a rainha deixaram Tebas. Faleceu em Caônia e foi sepultada num bosque sagrado, que acabou por entrar no mito de Antipe e Cíquiro (v.). Foi ela quem deu seu nome ao Epiro.

ÉPITO *(III, 64).*

Αἴπυτος (Aípytos), *Épito*, Carnoy, *DEMG*, p. 14, faz provir *Aípytos* do adjetivo αἰπύς (aipýs), "alto, elevado", por ser Épito o nome de alguns heróis ou reis da Arcádia, região "muito alta". De fato, seu derivado αἶπος (aîpos) significa "montanha, lugar escarpado".

O mito conhece três heróis com o nome de Épito. O primeiro deles, sem grande importância, é da Arcádia, filho de Hipótoo e pai de Cípselo. Violento, tentou certa feita entrar à força no templo de Posídon, em Mantineia. O deus o cegou, levando-o à morte. O segundo, bisneto do anterior, era filho de Cresfonte, rei da Messênia, e de Mérope, filha de Cípselo, tirano de Corinto. Com o assassinato de seu pai e irmãos durante uma sedição, Épito, ainda muito jovem, logrou fugir para a corte de seu avô Cípselo. Homem feito, uniu-se aos arcádios e aos príncipes dórios, filhos de Aristodemo e de Ístmio, e vingou sangrentamente seus parentes mortos. Matou em luta singular a Polifonte, cabeça do motim, e que se apoderara à força de sua mãe Mérope, com quem passou a viver. Libertada a Messênia, Épito assumiu o poder e governou com tal espírito de justiça e sabedoria, que seus descendentes, até então chamados Heraclidas, receberam o epíteto honroso de Epítidas. Sucedeu-lhe no trono o igualmente sábio e justo Rei Glauco. Um terceiro Épito, filho de Élato, reinou sobre toda a Arcádia. Picado por uma serpente, durante uma caçada, teve morte instantânea. Educou, como sua, a filha de Posídon, Evadne, que, unida a Apolo, foi mãe de Íamo (v.).

EPOPEU *(III, 236[174]).*

Ἐπωπεύς (Epōpeús), *Epopeu,* é um derivado de ὄπωπα (ópōpa) proveniente do radical ὀπ- (op-), que significa "ver". Epopeu é, por conseguinte, "o que cuida de, o zeloso, o que vela por alguém", *DELG,* p. 811sqq.

Herói de Sicione, sua genealogia varia de acordo com as tradições e os mitógrafos. Mais comumente Epopeu é tido ora como filho de Áloe e portanto um neto de Cânace e Posídon, ora como filho do próprio deus do mar. Como herdeiro de Córax, o herói reinava em Sicione, mas, com a morte de Buno (v.), que herdara o trono de Corinto, após a emigração voluntária de Eetes para a Cólquida, Epopeu reuniu Sicione e Corinto num só reino.

Foi durante seu governo que Antíope (v.), grávida de Zeus, se refugiou em Sicione. Lico, tio da princesa tebana, invadiu a cidade e Epopeu foi morto, defendendo sua hóspede e uma das capitais de seu duplo reino. Lico se apossou de Antíope, mandou expor-lhe os gêmeos Anfíon (v.) e Zeto, filhos de Zeus, e levou a sobrinha de volta a Tebas, onde foi encarcerada.

Epopeu tinha um filho chamado Máraton, que, por problemas internos de família, se refugiara na Ática. Com a morte de Epopeu, no entanto, o herói regressou a Corinto e assumiu o governo.

Existe um segundo Epopeu, rei de Lesbos, que se apaixonou pela própria filha (v. Nictímene).

ÉQUEMO.

Ἔχεμος (Ékhemos), *Équemo,* consoante Carnoy, *DEMG,* p. 48, talvez seja uma forma abreviada de ἐχέμακος (ekhémakos), "o que suporta o combate".

Équemo era filho do rei de Tégea, Aéropo. Casou-se com Timandra, filha de Tíndaro, e irmã, por conseguinte, de Pólux, Castor, Helena e Clitemnestra. Sucessor de Licurgo no trono da Arcádia, defendeu bravamente o Peloponeso de uma tentativa de ocupação por parte dos Heraclidas. Tendo vencido a Hilo, comandante dos invasores, numa justa previamente combinada, ficou estabelecido que os Heraclidas durante cem, outros dizem que cento e cinquenta anos, não poderiam tentar nova investida contra o Peloponeso. Por causa dessa vitória de Équemo, os tegeatas, seus concidadãos, tinham a honra de ocupar a ala direita das tropas confederadas da Lacedemônia. Vencido e vencedor foram curiosamente sepultados lado a lado em Mégara.

Segundo uma tradição, Équemo participou da expedição dos Dioscuros (v.) contra a Ática, quando da libertação de Helena, raptada por Teseu (v.).

ÉQUETLO *(III, 42).*

Ἔχετλος (Ekhetlos), *Équetlo,* provavelmente se origina de ἐχ-(ekh-), do verbo ἔχειν (ékhein), "ter, possuir, segurar (o cabo da charrua)", donde o "trabalhador", *DELG,* p. 392sqq; *DEMG,* p. 48.

Équetlo é um herói ático, que, estranhamente, só apareceu uma vez, e o foi durante a batalha de Maratona contra os persas de Dario, em 490 a.C. Disfarçado em camponês e rasgando as tropas persas com sua charrua, abriu um claro nas fileiras bárbaras, enviando centenas deles para as sombras do Hades.

Após a grande vitória ateniense, o herói desapareceu, mas um oráculo revelou a natureza divina do misterioso combatente e mandou que se lhe erguesse um santuário.

ÉQUETO.

Ἔχετος (Ékhetos), *Equeto,* segundo Carnoy, *DEMG,* p. 48, talvez possua alguma relação etimológica com ἐχετός (ekhetós), "o que se deve conservar à distância".

Équeto é um rei mítico do Epiro, que se notabilizou pela crueldade. Na *Odisseia,* XVIII, 85, ele é denominado βροτῶν δηλήμονα πάντων (brotṓn dēlḗmona pántōn), "o terror de todos os mortais", e no mesmo poema, XXI, 308, Antínoo, o mais orgulhoso e violento dos pretendentes, ameaça entregar o mendigo Iro ao perverso rei do Epiro, o qual, após cortar-lhe o nariz e as orelhas, o entregaria aos cães para ser devorado.

Pai de uma filha única, esta se deixou seduzir pelo amante. Équeto não vacilou: mutilou o futuro genro e cegou a filha, furando-lhe os olhos com agulhas de bronze. Não satisfeito, prendeu-a numa torre e deu-lhe a moer grãos de cevada de bronze e prometeu que ela recuperaria a visão quando os transformasse em farinha.

ÉQUIDNA *(I, 155-156, 229, 241-242; III, 98, 98⁸⁰, 109, 114, 154, 210, 311²⁴⁴).*

Para Chantraine, *DELG*, p. 392, Ἔχιδνα (Ékhidna) é um derivado de ἔχις (ékhis), "víbora, serpente", que, etimologicamente, está bem próximo de ὄφις (óphis), "serpente", como atestam o sânscrito *áhi*, avéstico *aži-*, armênio *iz*, com o mesmo sentido. Talvez os vocábulos que designam *serpente* estejam sujeitos a múltiplas variações por tabu linguístico. Veja-se Frisk, *GEW*, s.u.

Équidna, segundo Hesíodo, era filha de Crisaor e Calírroe. Em outras variantes, seus pais são Fórcis e Ceto ou ainda Tártaro e Geia. Équidna, a víbora, era concebida como mulher até a cintura e daí para baixo como serpente. Seu habitat era uma caverna da Cilícia ou o Peloponeso, onde foi morta por Argos de Cem-Olhos, pelo fato de o monstro devorar os transeuntes. Extremamente fértil, uniu-se a Tifão, monstro horrendo, e foi mãe de outros tantos: Ortro, Cérbero, Hidra de Lerna, Quimera, Fix e Leão de Nemeia. Uma variante atribui-lhe igualmente como filhos o dragão da Cólquida, que, no bosque de Ares, guardava o Velocino de Ouro, bem como aquele outro temível que vigiava os pomos de ouro do Jardim das Hespérides. Segundo ainda uma versão muito antiga, Équidna, tendo-se unido incestuosamente a seu filho Ortro, foi mãe da Fix, isto é, da Esfinge. Na perspectiva analítica do incesto, CG. Jung (*Metamorphoses et Tendances de la Libido*, Paris, Payot, 1927, p. 174 e 205) retratou Équidna como imagem da mãe: "Bela e jovem mulher até a cintura, mas a partir daí uma serpente horrenda. Este ser duplo corresponde à imagem da mãe: na parte superior, a metade humana, bela e sedutora; na inferior, a metade animal, medonha, que a defesa incestuosa transforma em animal angustiante. Seus filhos são monstros, como Ortro, o cão de Gerião, aos quais Héracles matou. Foi com este Cão, seu filho, que em união incestuosa, Équidna gerou a Esfinge. Este material é suficiente para caracterizar a soma de Libido que produziu o símbolo da Esfinge". Équidna traduz a *prostituta apocalíptica*, a libido que queima a carne e a devora. Mãe do abutre que roeu as entranhas de Prometeu, é ainda o fogo do inferno, o desejo excitado e sempre insaciável. É a Sereia devoradora, de cuja sedução Ulisses soube fugir.

EQUÍON *(II, 42-43; III, 235-236).*

Ἐχίων (Ekhíōn), *Equíon*, segundo Carnoy, *DEMG*, p. 49, provém de ἔχις (ékhis), "víbora, serpente".

Equíon é um dos cinco sobreviventes dos que nasceram dos dentes do dragão semeados por Cadmo (v.), quando da fundação de Tebas (v. Semeados). Desposou Agave (v.), uma das filhas de Cadmo, a qual foi mãe do célebre Penteu. Quando assumiu o poder em Tebas, Penteu se opôs obstinadamente à introdução do culto de Dioniso (v.) na Beócia, sendo, por isso mesmo, exemplarmente castigado.

Uma segunda personagem com o mesmo nome é um dos Argonautas, irmão gêmeo de Êurito, filhos de Hermes e de Antianira.

ÉRATO *(I, 203).*

Ἐρατώ (Erató), *Érato*, provém do verbo ἔρασθαι (érasthai), "amar apaixonadamente, desejar", *DELG*, p. 363sq.

Érato é uma das nove Musas (v.) e, como todas as suas irmãs, era filha de Zeus e de Mnemósina. Preside de modo particular à poesia lírica e amorosa.

Existe, no mito, uma segunda personagem com o nome de Érato. Trata-se de uma ninfa (v.) dríada da Arcádia, que, unida a Arcas (v.), foi mãe de Azan. Érato da Arcádia era uma profetisa, inspirada pelo deus Pã.

ÉREBO *(I, 153-154, 186, 190, 209-210, 311, 313-315, 318-320; II, 163).*

Ἔρεβος (Érebos), *Érebo*, é "a obscuridade do mundo subterrâneo, o inferno".

Trata-se, segundo Chantraine, *DELG*, p. 366, de um vocábulo antigo, cuja raiz indo-europeia é *regw-os*, "cobrir de trevas, escurecer", presente no sânscrito *rájas-* "região obscura do ar, vapor, poeira", no armênio *erek, -oy*, "tarde" e no gótico *riqiz*, "obscuridade, crepúsculo".

Símbolo das trevas inferiores, mas, uma vez personificado, tornou-se filho do Caos e irmão de Nix, a Noite. Bem mais tarde, isto é, a partir dos fins do séc. VI a.C., quando o Hades, o mundo infernal, foi "geograficamente" dividido em três compartimentos, Érebo ocupou o centro, à igual distância entre os Campos Elísios e o Tártaro.

ERECTEU *(I, 297¹⁸⁹; II, 28, 30, 47, 88; III, 29, 59, 64, 150, 170).*

Ἐρεχθεύς (Erekhtheús), segundo Chantraine, *DELG*, p. 372, foi aproximado, por etimologia popular, do verbo ἐρέχθειν (erékhthein), "quebrar, destruir, despedaçar", donde Erecteu é "o que provoca ruínas", que é igualmente um epíteto de Posídon. Trata-se, ao que tudo indica, como no caso de Erictônio, de um nome egeu.

Herói tipicamente ateniense, está ligado às origens de Atenas e ao menos nas tradições mais antigas é inseparável de Erictônio (v.).

Filho primeiramente de Hefesto e de Geia (v. Atená), passou mais tarde, na cronologia mítica dos primeiros reis de Atenas, a ter como pais a Pandíon I e Zeuxipe, tia materna de Pandíon. Tinha um irmão, Butes (v.) e duas irmãs, Filomela (v.) e Procne, que foram transformadas em pássaros. Com a morte de Pandíon, Erecteu dividiu o poder com o irmão: ficou com o cetro e entregou a Butes o sacerdócio de Atená e Posídon, as duas divindades que protegiam Atenas.

Uma variante tardia faz vir do Egito o soberano da cidade de Palas Atená, durante uma epidemia que castigava a Ática. Erecteu importou grande quantidade de trigo e teria introduzido na Hélade a cultura desse precioso cereal. Em reconhecimento por tamanho benefício, foi proclamado rei de Atenas.

Casado com Praxítea, foi pai de um grande número de filhos. Entre os homens, os mais citados são Cécrops II, Pandoro, Mécion, Álcon, Orneu, Téspio e Eupálamo e entre as filhas, Protogenia, Pandora, Prócris, Creúsa, Ctônia, Oritia e Mérope.

No decurso de uma guerra sangrenta entre Atenas e Elêusis, o rei desta última conseguiu a aliança de Eumolpo, soberano da Trácia, o qual, por ser filho de Posídon e Quíone e esta, de Bóreas e Oritia, era bisneto de Erecteu. Não sabendo como vencer tão poderosos aliados, consultou o Oráculo de Delfos. Este lhe respondeu que a vitória só poderia ser alcançada se o rei de Atenas imolasse uma das filhas. A vítima escolhida foi Ctônia ou, segundo outras fontes, Protogenia. As irmãs que haviam jurado não sobreviver àquela que fosse sacrificada, suicidaram-se de uma só vez. Uma variante, porém, afiança que elas se mataram pelo triunfo de sua cidade.

Irritado com a morte de seu filho Eumolpo pelo rei de Atenas, Posídon pediu a Zeus que o fulminasse.

Atribui-se a Erecteu a introdução da maior das festas helênicas em honra de Atená, as Panateneias, bem como, sob a inspiração da deusa protetora, a invenção do carro.

ERGINO *(III, 95, 120, 178, 181).*

’Εργῖνος (Erguînos), *Ergino*, segundo Carnoy, *DEMG*, p. 53, poderia ser relacionado com o indo-europeu *uerĝh* e *uerg*, "cingir, cercar", daí ἔρχατος (érkhatos), "murado, cercado". Neste caso, o nome antigo de ’Ορχομενός (Orkhomenós) Orcômeno, cidade da Beócia, teria sido ’Ερχομενός (Erkhomenós) "Ercômeno", e Ergino seria um antigo adjetivo étnico para designar um habitante de Orcômeno, "a cidade murada".

Rei dos mínios de Orcômeno, era filho de Clímeno e de Búzige.

Com o assassinato do pai por um tebano chamado Perieres, condutor do carro de Meneceu, durante uma festa de Posídon em Onquesto, Ergino reuniu apressadamente um exército e marchou contra Tebas.

Vitorioso, após um verdadeiro massacre de tebanos, impôs ao rei da cidade um pesado tributo: durante vinte anos Tebas teria que enviar cem bois para Orcômeno.

Héracles, embora muito jovem, mas já iniciando sua carreira de glória, quando regressava do reino de Téspio, aonde fora para matar o leão do Monte Citerão, encontrou os delegados de Ergino. Vinham cobrar o tributo anual dos cem bois. Após ultrajá-los, o herói cortou-lhe as orelhas e o nariz e, pendurando-os ao pescoço de cada um, os enviou de volta, dizendo-lhes ser este o pagamento da dívida de Tebas.

Indignado, o rei de Orcômeno, com um grande exército, marchou contra Tebas. Héracles desviou o curso de um rio e afogou na planície a cavalaria inimiga. Perseguiu, em seguida, a Ergino e o matou a flechadas. Antes de retirar-se com os soldados tebanos impôs aos mínios de Orcômeno o dobro do tributo que lhes era pago até então por Tebas.

Foi nesta guerra que morreu Anfitrião, lutando bravamente ao lado do filho.

O Rei Creonte, grato por tudo quanto Héracles fizera pela cidade, deu-lhe em casamento sua filha primogênita Mégara.

Segundo uma variante, Ergino não perecera na luta. Concluiu um tratado de paz com o herói, prometendo pagar o dobro do tributo anual recebido até o momento por Orcômeno. Reconstruiu sua cidade e, a conselho de um oráculo, desposou uma jovem que lhe deu dois filhos famosos, os arquitetos Agamedes e Trofônio (v.).

Existe, no mito, um segundo Ergino, filho de Posídon, que participou da expedição dos Argonautas. Esta personagem confunde-se, por vezes, com o rei de Orcômeno. Após a morte do piloto Tífis, foi Ergino quem o substituiu no comando da nau Argo.

ERICTÔNIO *(II, 28-31, 47-48: 111, 78, 150).*

’Εριχθόνιος (Erikhthónios), *Erictônio*, como Erecteu (v.), foi aproximado, por etimologia popular, do verbo ἐρέχθειν (erékhthein), "quebrar, despedaçar, destruir", donde Erictônio é "o que provoca ruínas". Trata-se, possivelmente, de um nome egeu, *DELG*, p. 372.

Erictônio foi um dos primeiros reis míticos de Atenas. As tradições não são unânimes quanto à sua genealogia: ora o herói aparece como filho de Átis, filha de Crânao, ora como tendo nascido de um desejo violento e incontrolável de Hefesto por Atená, que passou a chamá-lo "filho da Terra", mas a concepção desse "filho de Atená" foi muito estranha. Tendo a deusa se dirigido à forja de Hefesto, para lhe encomendar armas, o deus, que havia sido abandonado por Afrodite, se inflamou de desejo pela deusa virgem e tentou prendê-la em seus braços. Atená fugiu; o deus todavia, embora coxo, a alcançou. A filha de Zeus se defendeu, mas, na luta, o sêmen do senhor das forjas lhe caiu numa das pernas. Atená retirou-o com um floco de lã, que foi lançado na *terra*. Esta, fecundada, deu à luz um menino que, tendo sido recolhido pela protetora de Atenas, recebeu o nome de *Erictônio*, isto é, popularmente "o filho da Terra". Sem que os demais deuses o soubessem, ela o fechou num cofre e o confiou secretamente às filhas de Cécrops, antigo rei mítico da Ática e fundador de Atenas. Apesar da proibição, as jovens princesas Aglauro,

Herse e Pândroso abriram o cofre, mas fugiram apavoradas, porque dentro do mesmo havia uma criança, que, da cintura para baixo era uma serpente, como normalmente acontece com os seres nascidos da Terra. Uma variante relata que ao lado do menino rastejava medonho réptil.

Diz-se que, como punição, as três indiscretas enlouqueceram e precipitaram-se do alto do rochedo de Ácrópole. A partir de então, a deusa se encarregou de educar "o filho" em seu recinto sagrado na Acrópole. Quando Erictônio atingiu a maioridade, Cécrops entregou-lhe o poder ou, segundo uma versão, "o filho" de Atená apossou-se do trono após expulsar de Atenas o intruso Anfictião. Casado com uma ninfa (v.) náiade, Praxítea, homônima da esposa de Erecteu, foi pai de Pádion que o sucedeu no governo de Atenas. Ao filho de Atená se atribui a invenção da quadriga, a introdução na Ática do uso do dinheiro e a organização das Panateneias em honra de sua mãe.

Algumas dessas inovações são debitadas a seu neto Erecteu (v.).

ERÍDANO *(I, 156; III, 114, 184, 226)*.

Ἐριδανός (Eridanós), *Erídano*, não possui etimologia segura.

Chantraine, *DELG*, p. 417, não acha plausível a hipótese de Kretschmer, *Mélanges van Ginneken*, p. 207sqq., que relaciona o vocábulo com ἠρίον (ēríon), "outeiro, colina, túmulo".

Um dos inúmeros filhos de Oceano e de Tétis, Erídano é o nome de um rio mítico, cuja localização mais comum era no Ocidente. Figura no mito de Héracles. Em seu derradeiro trabalho, a busca dos Pomos de Ouro do Jardim das Hespérides, o herói chegou às margens do Erídano, onde encontrou algumas ninfas, filhas de Zeus e de Têmis.

Interrogadas pelo filho de Alcmena, elas lhe responderam que somente Nereu seria capaz de informar com precisão como chegar ao misterioso jardim. Após dominar Nereu, que se metamorfoseou de todas as maneiras, Héracles obrigou-o a revelar o local exato onde se encontrava a Árvore da Maçã de Ouro. Erídano aparece igualmente na expedição dos Argonautas: sulcando-o, a nau Argo chegou ao Adriático.

Só mais tarde, com "os progressos da geografia" é que o Erídano foi identificado com o Rio Pó e, por vezes, com o Ródano.

ERIFILA *(III, 61)*.

Ἐριφύλη (Eriphylē), *Erifila*, ao que parece, é um composto do tema ἐρι- (eri-) de ἔρις (éris), "luta, discórdia", e φυλή (phylḗ), "tribo, grupo de famílias de uma mesma raça", donde o antropônimo significaria "a que dissemina a discórdia entre seus familiares".

Erifila é filha do rei de Argos Tálao e irmã de Adrasto (v.). Este, ao reconciliar-se com o primo Anfiarau (v.) deu-lhe a irmã em casamento. Dessa união nasceram dois filhos varões e duas mulheres: Alcméon e Anfíloco, Eurídice e Demonassa. As núpcias da paz estabeleciam, no entanto, como cláusula, a mediação de Erifila, caso houvesse novas disputas ou desentendimentos entre os primos e agora cunhados. Como Adrasto havia prometido ajudar Polinice (v.) na luta contra Etéocles pelo trono de Tebas, pediu a Anfiarau que participasse da expedição dos *Sete contra Tebas* (v.). Prevendo, graças a seus dons proféticos, o desastre da empresa, procurou dissuadir o cunhado de participarem ambos da mesma. Polinice, posto a par dos fatos, subornou Erifila, presenteando-a com o colar de Harmonia (v.), valendo-se para tanto do antigo compromisso de mediadora da irmã de Adrasto, caso surgisse algum dia controvérsia entre este e o marido. A esposa de Anfiarau pronunciou-se a favor da guerra e, embora a contragosto, o herói se dispôs a participar da luta. Sabendo que não voltaria a seu reino, fez os dois filhos jurarem que o vingariam. Derrotados os *Sete*, fez-se uma segunda expedição contra Tebas, a dos *Epígonos*, e novamente Erifila forçou seu filho Alcméon a assumir o comando dos vingadores dos *Sete*. Dessa feita, foi Tersandro, filho de Polinice, quem a corrompeu, oferecendo-lhe o manto da mesma Harmonia. Alcméon, porém, ao retornar da vitoriosa campanha, assassinou a mãe e consagrou o colar e o manto a Apolo no santuário de Delfos.

ERÍGONE.

Ἠριγόνη (Erigónē), *Erígone*, seria uma variante de ἠριγένεια (eriguéneia), "a que nasce cedo", isto é, a aurora, *DEMG*, p. 53.

Há duas heroínas com este nome. A primeira é a filha do ateniense Icário, que hospedou Dioniso, quando este desceu ao mundo dos vivos para transmitir-lhes a cultura da vinha e a arte de fabricar o vinho. O deus se apaixonou por Erígone e teve com ela o herói Estáfilo, "o cacho de uva". Ao partir, o deus ofereceu a Icário um odre de vinho, recomendando-lhe que repartisse com os vizinhos "a bebida sagrada". O ateniense atendeu à solicitação do deus e dividiu o vinho com alguns pastores, que, embriagando-se, acreditaram ter sido envenenados. Em consequência, mataram a Icário e abandonaram-lhe o cadáver. Mera, o cão pertencente ao morto, revelou a Erígone, com seus latidos, o local onde se encontrava o corpo. Vendo o pai morto, a jovem, desesperada, enforcou-se numa árvore junto à qual se encontrava o cadáver. Dioniso vingou-se e fez que as jovens atenienses, tomadas de loucura, se enforcassem em massa. Consultado o Oráculo de Delfos, este respondeu que o deus do vinho punia a morte de Icário e de Erígone, que até o momento permanecia impune. Os atenienses castigaram severamente os pastores e, em honra de Erígone, instituíram uma festa em que moças eram penduradas em árvores. Mais tarde, as jovens foram substituídas por discos em que se gravavam fisionomias humanas. Esta é a origem do rito das *Oscilla*, isto é, "figurinhas". Trata-se de uma festa de Baco, denominada *Liberalia*, celebrada em Roma e por toda a Itália, em honra de *Liber Pater*, o pai *Liber*, deus itálico suplantado por Dioniso ou Baco. Suspendiam-se em árvores "figurinhas" de Baco, sob forma de máscaras, que eram ritualmente festejadas, enquanto em tom jocoso se invocava o deus da vegetação, como descreve magistralmente Virgílio nas *Geórgicas*, 2, 385-389:

> Nec non Ausonii, Troiã gens missa, coloni
> uersibus incomptis ludunt risuque soluto,
> oraque corticibus sumunt horrenda cauatis
> et te, Bacche, uocant per carmina laeta tibique
> oscilla ex alta suspendunt mollia pinu.
>
> – Igualmente os campônios da Ausônia, oriundos de Troia,
> se divertem com versos grosseiros e desenfreadas gargalhadas,
> a fazer esgares, com máscaras de cortiça, invocando-te, Baco,
> com cantos alegres e, em tua honra, suspendem nos cimos
> dos pinheiros figurinhas tuas, modeladas em argila.

Diga-se de passagem, que *oscillum* é um diminutivo de *os, oris, osculum,* -i, "cavidade, boca, fisionomia" e daí "pequena máscara", particularmente de Baco, que se suspendia subretudo nas videiras, para que fosse agitada pelo vento. Os vinhedos, para os quais essas máscaras se virassem com maior frequência, prosperavam e proporcionavam colheita mais abundante.

Trata-se, como é óbvio, de um rito de vegetação.

Acrescente-se que de *oscillum* provém o verbo *oscillare*, "balançar, oscilar" como as máscaras de Baco, DIELL, p. 470.

Uma segunda Erígone é a irmã de Aletes, ambos filhos de Egisto e de Clitemnestra. Foi por instigação de Erígone que Orestes foi levado ao tribunal do Areópago para ser julgado por seu duplo homicídio. Com a absolvição do herói, a jovem se teria enforcado.

Segundo uma variante, Orestes tentou matá-la, logo após o assassinato da mãe e do amante, mas Ártemis a teria raptado e conduzido para Atenas, onde a princesa se tornou sacerdotisa da irmã de Apolo. Uma tradição, possivelmente tardia, relata que Orestes se casara com a filha de Egisto e dela tivera um filho, chamado Pêntilo. Uma das duas Erígone, certamente a primeira, foi transformada na Constelação da Virgem.

ERIMANTO *(I, 219; III, 56, 99, 118).*

Ἐρύμανθος (Erýmanthos), *Erimanto*, não possui etimologia segura. Carnoy, *DEMG*, p. 53sq. tenta aproximá-lo do indo-europeu **ereu, reu-* "arrastar, ser violento", mas trata-se apenas de uma hipótese.

Há três Herimanto. O primeiro é um filho de Apolo. Foi punido de cegueira por Afrodite, por tê-la visto nua, quando a deusa se banhava, após ter-se unido a Adônis. Para vingar o filho, Apolo transformou-se em javali e matou o amante da deusa do amor a dentadas. O segundo Erimanto é um deus do rio homônimo em Psófis, cidade da Arcádia. O terceiro é o Monte Erimanto na divisa da Arcádia, Acaia e Élida. O terceiro trabalho de Héracles foi a busca do javali de Erimanto, uma vez que a fera se escondia neste monte.

ERÍNIAS *(I, 77, 91-92, 94, 142, 154, 198, 206-207, 210-211, 229-230, 233, 237, 246, 246[157], 250, 318, 339, 341, 348; II, 30, 44, 95, 173, 231[121]; III, 54, 203, 237[175], 258, 264-265, 285-286, 336-341, 347).*

ERÍNIA, em grego Ἐρινύς (Erinýs), não possui ainda etimologia convincente. Carnoy tenta fazer uma aproximação com o verbo ὀρίνειν (orínein), *perseguir com furor*, arcádico ἐρινύειν (erinýein), *estar furioso*. O seguríssimo Frisk, de uma só penada, destrói todas as hipóteses até o momento apresentadas com um seco *Nicht überzeugend erklärt*, nada de positivamente convincente...

Consoante a *Teogonia* de Hesíodo, as Erínias nasceram do sangue caído sobre Geia, quando da mutilação de Úrano (v.) por Crono que lhe cortara os testículos.

As Erínias eram deusas violentas, com as quais os romanos identificaram suas *Furiae*, Fúrias. Titulares muito antigas do panteão helênico, encarnam forças primitivas, que não reconhecem nem tampouco obedecem aos "Olímpicos". Esta nova geração é a encabeçada pelo *deus nouus* Zeus, como se pode observar na trilogia, de Ésquilo, *Oréstia*, particularmente nas duas últimas tragédias, *Coéforas* e *Eumênides*, por nós analisadas em *Teatro Grego: Tragédia e Comédia*, Petrópolis, Vozes, 5. ed., 1988, p. 22sqq.

Já estão presentes nos poemas homéricos (*Il.* IX, 541, XIX, 87, XXI, 412; *Odiss.* XI, 280, XV, 234...), mas ainda timidamente, não apenas como punidoras dos crimes cometidos por pessoas contra seus consanguíneos, mas ainda como perturbadoras da razão, como delas se queixa Agamêmnon na *Ilíada*, XIX, 87. Diga-se de passagem que, no poeta maior da *Hélade*, *Erínia* aparece quase sempre no singular, mas com sentido coletivo, embora o plural possa ser detectado na *Ilíada*, IX, 454. Em Hesíodo (séc. VIII a.C.) são *várias* as Erínias, mas, a partir de Ésquilo (séc. VI-V a.C.) reduziram-se a três e, mais tarde, cada uma recebeu um nome: Ἀληκτώ (Alēktṓ), *Aleto*, que significaria ao menos em etimologia popular (como as outras duas), *a que não para, a incessante, a implacável*; Τισιφόνη (Tisiphónē), *Tisífone, a que avalia o homicídio, a vingadora do crime*; Μέγαιρα (Mégaira), *Megera, a que inveja, a que tem aversão por*.

Apresentam-se como verdadeiros monstros alados, com os cabelos entremeados de serpentes, com chicotes e tochas acesas nas mãos, prontas para castigar na terra e nos infernos, sua residência habitual, os infratores de determinados preceitos morais.

De início eram sobretudo guardiãs das leis da natureza e da ordem das coisas, no sentido físico e moral, o que as levava a punir todos que ultrapassassem seus direitos em prejuízo dos outros, tanto entre os deuses quanto entre os homens. Tornaram-se depois especificamente as vingadoras do crime, em particular do *sangue parental* derramado.

Para que se possa compreender bem a função das Erínias como punidoras do sangue derramado, talvez fosse oportuno relembrar, embora sumariamente, o conceito γένος (guénos). *Guénos* pode ser definido na religião e no direito grego como *personae sanguine coniunctae*, quer dizer, pessoas ligadas por laços consanguíneos. Assim qualquer ἁμαρτία (hamartía), *falta, erro, crime,* cometidos por um *guénos* contra o outro tinham que ser religiosa e obrigatoriamente vingados. Se o assassínio for dentro do próprio *guénos*, o parente mais próximo terá obrigatoriamente que punir o infrator que derramou o sangue, o "seu sangue": afinal, no sangue derramado está uma parcela do sangue e, por conseguinte, da *alma* do *guénos* inteiro. Desse modo, historicamente falando, até a reforma jurídica de Drácon ou de Sólon, famílias inteiras se exterminaram na Hélade.

Eis aí a tarefa primordial das Erínias, conquanto sejam igualmente protetoras da ordem social. Punem todos os crimes e faltas suscetíveis de perturbá-la, como a ὕβρις (hýbris), a "démesure", o descometimento, através do qual o *homo*, o homem, se esquece de que é *húmus*, barro, argila, um simples mortal. Eis por que as Erínias não permitem que os adivinhos revelem com precisão o futuro, a fim de que o homem, permanecendo na incerteza, não se torne por demais semelhante aos deuses.

Em síntese: a função dessas temíveis divindades não é apenas a de castigar uma *hamartía* grave ou o homicídio parental voluntário ou involuntário, mas o homicídio em si, porquanto o assassínio é um μίασμα (míasma), um *miasma*, uma terrível mancha religiosa que põe em perigo todo o grupo social em cujo seio é praticado.

De modo geral, o criminoso é banido da *pólis* e erra de cidade em cidade até que alguém se disponha a purificá-lo. Orestes, que matara a própria mãe Clitemnestra, com o voto de Atená, o conhecido *Voto de Minerva*, foi absolvido da *pena*, mas não da *culpa*. Para libertar-se de *suas* Erínias, foi mister que Apolo o purificasse. De resto, quem derrama o sangue parental pode ser acometido de ἄνοια (ánoia), *loucura*, como Orestes e Alcméon.

De outro lado, como divindades ctônias, cuja residência são as trevas do Érebo, e portanto ligadas às entranhas da Terra-Mãe, não podem permitir que esta mesma Terra seja impunemente maculada. É que, sendo a Terra a mãe universal, o sangue derramado é o sangue da própria Terra-Mãe, que clama por vingança.

O Corifeu das *Coéforas*, a segunda tragédia da trilogia esquiliana, a *Oréstia*, é muito explícito a esse respeito:

> *É uma lei que as gotas de sangue derramado na Terra exigem outro sangue, pois o assassínio clama pela Erínia,*
> *para que, em nome das primeiras vítimas,*
> *ela traga nova vingança sobre a vingança.*
>
> (*Coéf.* 400-404).

Uma visão mais popular dessas *Vingadoras* atribuía a cada uma determinada função específica. *Tisífone* açoita os culpados; *Aleto* os persegue ininterruptamente com fachos acesos; *Megera* grita-lhes, dia e noite, no ouvido, as faltas cometidas. Aliás, *Megera* acabou permanecendo entre nós para designar certos tipos de *sogra*, o que certamente é de todo injusto...

Simbolicamente, as Erínias são os instrumentos da vingança divina em função da *hýbris*, o descometimento dos homens, que elas castigam, semeando o pavor em seu coração. Já na Antiguidade Clássica eram identificadas com a *consciência*. Interiorizadas, traduzem o remorso, o sentimento de culpabilidade, a autodestruição de todo aquele que se entrega à obsessão de uma falta considerada inexpiável.

De qualquer forma, podem transformar-se em Εὐμενίδες (Eumenídes), *Eumênides, as Benevolentes, as Benfazejas* (o que denuncia um eufemismo), como na terceira tragédia da *Oréstia* de Ésquilo, quando a razão, simbolizada por Atená, reconduz a "consciência mórbida" tranquilizada a uma apreciação mais equilibrada dos atos humanos.

Depois que se estabeleceu uma crença mais firme na reencarnação e na outra vida e que esta foi dividida em compartimentos (dois impermanentes, *Érebo* e *Campos Elísios*) e um permanente, para os condenados a suplícios eternos (*Tártaro*), as Erínias foram concebidas como divindades da expiação e do remorso, encarregadas de punir, no Tártaro, todos os grandes criminosos. Esta função das filhas do sangue de Urano já aparece com bastante nitidez a partir de Ésquilo, mas só se firmou em definitivo cinco séculos depois, na *Eneida* de Virgílio (séc. I a.C.). No canto 6, 625-627, a Sibila de Cumas, em cuja companhia Eneias descera à outra vida, pinta para o herói troiano um quadro assustador dos tormentos infligidos aos réprobos pelas Erínias. A Sibila, todavia, tem pressa de chegar aos Campos Elísios e diz ao filho de Vênus que, se tivesse cem bocas, cem línguas e uma voz de ferro, tudo isto não lhe bastaria para narrar os crimes dos supliciados e as espécies de castigos a que são submetidos:

> *Non, mihi si linguae centum sint oraque centum,*
> *férrea uox, omnis scelerum comprendere formas,*
> *omnia poenarum percurrere nomina possim.* (*En.* 6, 625-627).

– Se eu tivesse cem bocas, cem línguas
e voz de ferro, nem assim poderia relatar
todos os gêneros de culpas e todas as espécies de
castigos.

ÉRIS *(107-108, 154, 164, 182, 225, 233; II, 40, 157, 195).*

Ἔρις (Eris), *Eris*, é, em princípio, "o ardor no combate, a luta, a disputa, a querela, a rivalidade, a discórdia". Aparece já personificada em Homero e Hesíodo. Este, no entanto, distingue uma Ἔρις (Éris) benéfica, ligada ao ζῆλος (dzêlos), à emulação e outra perversa, atrelada ao νεῖκος (neîkos), à discórdia e à contestação, como se mostrou amplamente *em Mitologia Grega*, Vol. I, p. 164, 182, 233. Do ponto de vista etimológico, o problema ainda não está resolvido. Chantraine, *DELG*, p. 372, fala de uma possível aproximação de Éris com a base do verbo ἐρέθειν (eréthein), "provocar, excitar, irritar" sânscrito *ári-, arí*, "inimigo"? Carnoy, *DEMG*, p. 53, alude ao indo-europeu **erei*, "perseguir, acossar" e, neste caso, Éris seria da mesma família etimológica que Erínia, a perseguidora por excelência. Personificação da *Discórdia*, Éris é mais comumente, após Hesíodo, considerada como irmã e companheira de Ares. A *Teogonia*, no entanto, coloca-a entre as forças primordiais, na geração de Nix, a Noite, dando-lhe como filhos *Pónos* (Fadiga), *Léthe* (Esquecimento), *Limos* (Fome), *Algos* (Dor) e *Hórkos* (Juramento). Nos *Trabalhos e Dias*, o poeta de Ascra distingue duas Éris: uma, perniciosa, filha de Nix; outra, útil, salutar, que desperta o espírito de competição e que Zeus colocou no mundo como inspiradora da emulação entre os homens. Éris é normalmente representada como um gênio feminino alado, semelhante às Erínias e à Íris. Foi Éris quem lançou "o pomo da discórdia" destinado à mais bela das deusas presentes nas núpcias de Tétis e Peleu e que irá provocar, por causa do julgamento de Paris, a Guerra de Troia.

ERISÍCTON.

Ἐρυσίχθων (Erysíkhthōn), *Erisícton*, é um composto do verbo ἐρύειν (erýein) ou ἔρυσθαι (érysthai), "salvar, proteger" e de χθών (khthṓn), "terra", donde o que "salva, protege sua terra", *DELG*, p. 376.

Há dois heróis com este nome. O primeiro é um tessálio, filho ou irmão do Rei Tríopas, fundador de Cnido, na Cária. Ímpio e sacrílego, alimentava um profundo desprezo pelos deuses. Certa feita, apesar de admoestado pelos imortais, resolveu cortar todas as árvores de um bosque sagrado de Deméter. Profundamente irritada a deusa o castigou com uma fome insaciável. Em poucos dias Erisícton consumiu todos os seus bens em alimentos. A filha, Mnestra, para obter meios que sustentassem o apetite devorador do pai, imaginou vender-se como escrava. Para tanto se metamorfoseou, dom que recebera de seu amante Posídon. Tão logo obteve o produto da venda, transformou-se novamente e fez-se negociar uma segunda vez, mas acabou sendo devorada pelo próprio pai, que enlouquecera de fome. Uma segunda personagem com o mesmo nome é um herói ateniense, filho de Cécrops I e de Aglauro e que morreu jovem, sem deixar descendentes. Conta-se que tendo ido à Ilha de Delos em busca de uma estátua de Ilítia, faleceu de maneira um tanto misteriosa, quando regressava a Atenas.

ÉRITO.

Ἔρυτος (Érytos), *Érito* ou Εὔρυτος (Eúrytos), *Êurito*, é o nome de um herói. Se a primeira forma *Érito* não possui etimologia conhecida, a segunda, *Êurito*, proviria de εὖ (eû), "bem, agradável" e do verbo ῥεῖν (rheîn), "correr, escoar" e o antropônimo significaria "o que possui água em abundância ou águas salutares". Carnoy, *DEMG*, p. 57, deriva-o do verbo ἐρύειν (erýein), "distender o arco", donde Êurito seria "o excelente arqueiro".

Érito é o irmão gêmeo de Equíon 2 (v.), um dos Argonautas. Os gêmeos eram filhos de Hermes e de Antianira.

ÉRIX *(I, 223; III, 47, 110-111).*

Ἔρυξ (Éryks), *Érix*, não possui etimologia, até o momento. A hipótese interrogativa de Carnoy, *DEMG*, p. 54, que pergunta se *Érix* não poderia provir do verbo ἐρύκειν (erýkein), "repelir, fazer parar", é pouco provável.

Érix é um herói que emprestou seu nome a um monte da Sicília, em cujo pico havia um templo de Afrodite, que recebia o epíteto de Ericina. Érix é filho da própria Afrodite e do argonauta Butes (v.), que foi salvo pela deusa, quando se deixava encantar pelas Sereias, durante o retorno da nau Argo. Segundo outras fontes, Érix é filho de Afrodite e de Posídon e Butes não seria argonauta, mas um rei indígena. De qualquer forma, foi Érix quem mandou construir o templo da deusa do amor. O filho de Butes ou de Posídon teve um fim trágico. Quando Héracles tangia o rebanho de Gerião para a Hélade, Érix foi-lhe ao encontro e desafiou-o para uma luta: o prêmio seria o rebanho ou o próprio reino do filho de Afrodite. O imbatível filho de Alcmena aceitou o desafio e facilmente o venceu, esmagando-lhe o crânio. Héracles entregou o reino aos indígenas, dizendo-lhes que o guardassem até que um de seus descendentes viesse ocupá-lo. Tal prognóstico se realizou, quando, à época histórica, o lacedemônio Dorieu fundou uma colônia na Sicília.

EROS *(I, 16, 153-154, 185-190, 205, 348; II, 72, 156-157, 169, 175, 180, 183, 195, 209-212, 218-222, 225-251; III, 13, 83, 306, 350-351).*

Eros, em grego Ἔρως (Érōs), do verbo ἔρασθαι (érasthai), estar *inflamado de amor*, significa, *stric-*

to sensu, desejo incoercível dos sentidos. Consoante Carnoy, *DEMG*, p. 53, talvez se possa fazer uma aproximação com o indo-europeu **(e)rem, comprazer-se, deleitar-se*.

Personificado, Eros é o deus do amor. O mais belo entre os deuses imortais, segundo Hesíodo. Dilacera os membros e transtorna o juízo dos deuses e dos homens. Dotado, como não poderia deixar de ser, de uma natureza vária e mutável, o mito do deus do amor evoluiu muito, desde a era arcaica até à época alexandrina e romana, isto é, do século IX. a.C. ao século VI p.C. Nas mais antigas teogonias, como se vê em Hesíodo, Eros nasceu do Caos, ao mesmo tempo que Geia e Tártaro. Numa variante da cosmogonia órfica, o Caos e Nix (a Noite) estão na origem do mundo: Nix põe um *ovo*, de que nasce Eros, enquanto Úrano e Geia se formam das duas metades da casca partida. Eros, no entanto, apesar de suas múltiplas genealogias, permanecerá sempre, mesmo à época de seus disfarces e novas indumentárias da época alexandrina, a força fundamental do mundo. Garante não apenas a continuidade das espécies, mas a coesão interna do cosmo. Foi exatamente sobre este tema que se desenvolveram inúmeras especulações de poetas, filósofos e mitólogos. Para Platão, no *Banquete*, pelos lábios da sacerdotisa Diotima, Eros é um *demônio*, quer dizer, um intermediário entre os deuses e os homens e, como o deus do Amor está a meia distância entre uns e outros, ele preenche o vazio, tornando-se, assim, o elo que une o Todo a si mesmo. Foi contra a tendência generalizada de considerar Eros como um grande deus que o filósofo da Academia lhe atribuiu nova genealogia. Consoante Diotima, Eros foi concebido da união de *Poros* (Expediente) e de *Penía* (Pobreza), no Jardim dos Deuses, após um grande banquete, em que se celebrava o nascimento de Afrodite. Em face desse parentesco tão díspar, Eros tem caracteres bem-definidos e significativos: sempre em busca de seu *objeto*, como Pobreza e "carência", sabe, todavia, arquitetar um plano, como Expediente, para atingir o objetivo, "a plenitude". Assim, longe de ser um deus todo-poderoso, Eros é uma força, uma ἐνέργεια (enérgueia), uma "energia", perpetuamente insatisfeito e inquieto: uma *carência* sempre em busca de uma *plenitude*. Um *sujeito* em busca do *objeto*.

Com o tempo surgiram várias outras genealogias: umas afirmam ser o deus do Amor filho de Hermes e Ártemis ctônia ou de Hermes e Afrodite urânia, a Afrodite dos amores etéreos; outras dão-lhe como pais Ares e Afrodite, enquanto filha de Zeus e Dione e, nesse caso, Eros se chamaria *Ânteros*, quer dizer o *Amor Contrário* ou *Recíproco*. As duas genealogias, porém, que mais se impuseram, fazem de Eros ora filho de Afrodite Pandêmia, isto é, da Afrodite vulgar, da Afrodite dos desejos incontroláveis, e de Hermes, ora filho de Ártemis, enquanto filha de Zeus e Perséfone, e de Hermes. Este último Eros, que era alado, foi o preferido dos poetas e escultores.

Aos poucos, todavia, sob a influência dos poetas, Eros se fixou e tomou sua fisionomia tradicional. Passou a ser apresentado como um garotinho louro, normalmente com asas. Sob a máscara de um menino inocente e travesso, que jamais cresceu (afinal a idade da razão, o *lógos*, é incompatível com o amor), esconde-se um deus perigoso, sempre pronto a trespassar com suas flechas certeiras, envenenadas de amor e paixão, o fígado e o coração de suas vítimas...

O fato de Eros ser uma criança simboliza, sem dúvida, a eterna juventude de um amor profundo, mas também uma certa irresponsabilidade. Em todas as culturas, a aljava, o arco, as flechas, a tocha, os olhos vendados significam que *o Amor* se diverte com as pessoas de que se apossa e domina, mesmo sem vê-las (o amor, não raro, é cego), ferindo-as e inflamando-lhes o coração. O globo que ele, por vezes, tem nas mãos, exprime sua universalidade e seu poder.

Eros, de outro lado, traduz ainda a *complexio oppositorum*, a união dos opostos. O Amor é a pulsão fundamental do ser, a *libido*, que impele toda existência a se realizar na ação. É ele que atualiza as virtualidades do ser, mas essa passagem ao ato só se concretiza mediante o contato com o *outro*, através de uma série de trocas materiais, espirituais, sensíveis, o que fatalmente provoca choques e comoções. Eros procura superar esses antagonismos, assimilando forças diferentes e contrárias, integrando-as numa só e mesma unidade. Nessa acepção, ele é simbolizado pela cruz, síntese de correntes horizontais e verticais e pelos binômios *animus-anima* e *Yang-Yin*. Do ponto de vista cósmico, após a explosão do ser em múltiplos seres, *o Amor* é a δύναμις (dýnamis), a força, a alavanca que canaliza o retorno à unidade; é a reintegração do universo, marcada pela passagem da unidade inconsciente do Caos primitivo à unidade consciente da ordem definitiva. A libido então se ilumina na consciência, onde poderá tornar-se uma força espiritual de progresso moral e místico. O *ego* segue uma evolução análoga à do universo: o amor é a busca de um centro unificador, que permite a realização da síntese dinâmica de suas potencialidades. Dois seres que se dão e reciprocamente se entregam, encontram-se um no outro, desde que tenha havido uma elevação ao nível de ser superior e o dom tenha sido total, sem as costumeiras limitações ao nível de cada um, normalmente apenas sexual. O amor é uma fonte de progresso, na medida em que ele é efetivamente *união* e não *apropriação*. Pervertido, Eros, em vez de se tornar o centro unificador, converte-se em princípio de divisão e morte. Essa *perversão* consiste sobretudo em destruir o *valor do outro*, na tentativa de servir-se do mesmo egoisticamente, ao invés de enriquecer-se a si próprio e ao parceiro com uma entrega total, um dom recíproco e generoso, que fará com que cada um seja *mais*, ao mesmo tempo em que ambos se tornam *eles* mesmos. O erro capital do amor se consuma quando uma das partes se considera o todo.

Relativamente a *Tânatos e Hipno*, Eros é acentuadamente mágico e o mais flexível dos três, com um papel mais definido na cosmogonia e fertilidade. Tem, por sua própria natureza, uma capacidade bem maior de cooperar com os mortais dia e noite nas conquistas e no amor. Promotor de uniões e despedidas, recebido sempre com mais simpatia que Hipno e Tânatos, possui um público muito mais entusiasta na poesia e na arte. Nos poemas homéricos, ainda não antropomorfizado, o substantivo *Eros* compartilha efetivamente os poderes das duas divindades anteriores: derrama uma caligem sobre a cabeça dos homens, apodera-se dos corações, como fez com Páris em relação a Helena (*Il*. III, 442); relaxa os membros, domina as criaturas humanas como se fossem corcéis ou mulheres, convertendo-se num déspota e é difícil combatê-lo, quanto mais vencê-lo.

Era companheiro e solidário de Hipno, mas por vezes se tornava inimigo do mesmo. Quando o Sono atrai Potos ou Eros, este pode desencadear aparições de pessoas amadas ou um sono agitado com riscos e despedidas. A mente pode viajar para longe, perturba-se a identidade e a psique se afasta para além dos limites da experiência em vigília. Portador, como Hermes, de uma varinha mágica para seguir as pistas de Hipno, tem o poder de encantar, fechando ou despertando os olhos adormecidos dos mortais. Se a ϑέλξις (thélksis), o *encantamento*, é um elemento perigoso na magia e no canto, Eros com frequência se identifica como cantor e músico. É o Eros da lira, capaz de transtornar inteligência e coração. Apresenta-se igualmente como depredador que captura veados e lebres. Era o caçador clássico com o arco, ἀμήχανος (amēkhanos), *difícil de combater*, ἀνίκατος μάχαν (aníkatos mákhan), *invencível numa batalha*, como se expressa Sófocles na *Antígona*, 781, sublinhando a antiga associação entre τόξα (tóksa) "as armas" e τοξικόν (toksikón), "a flecha envenenada".

Existe, no entanto, um Eros bem mais arcaico, adolescente musculoso, de asas poderosas, um convite falaz para o sexo. Participa, como tal, de um grupo tradicional de violadores alados, que transportam suas vítimas à força para locais inacessíveis, como Bóreas, o vento do norte, Hipno, Tânatos, as Harpias, a Esfinge. É o Eros de que nos fala o poeta Íbico (séc. VI a.C.), um Eros atrevido e sombrio, que se manifesta entre relâmpagos e loucuras desenfreadas, como o vento do norte flamejante com seus raios, o qual *enlouquece nossas mentes da cabeça aos pés*, na arrojada imagem poética do vate supracitado, frag. 286, Page.

ÉSACO *(I, 107)*.

Αἴσακος (Aísakos), *Ésaco*, cuja etimologia se desconhece (talvez se trate de um empréstimo a uma língua oriental, *DELG*, p. 39), é o nome de um pássaro, "pintarroxo", em que foi transformado esse adivinho. Ésaco era filho de Príamo, rei de Troia, e de uma de suas concubinas, Arisbe. Possuía, como herança atávica, o dom da oniromancia, ou seja, de interpretar os sonhos. Ora, aconteceu que Hécuba, legítima esposa de Príamo, estando nos últimos dias de gravidez de Páris, sonhou que dava à luz uma tocha inflamada, que incendiava Troia inteira. Consultado, o adivinho respondeu que o nascituro seria a ruína de Ílion e aconselhou se eliminasse a criança tão logo nascesse. Logo depois a esposa do *mántis* morreu picada por uma serpente e Ésaco se lançou no mar. Compadecida, Tétis o transformou em *aísakos*, o pintarroxo.

ESÃO *(III, 175, 175¹⁴⁴-176, 186-187, 190, 198, 200, 204)*.

Αἴσων (Aísōn), *Esão*, prende-se etimologicamente a αἶσα (aîsa), "parte, quinhão", donde o adjetivo αἴσιος (aísios), "favorável, de bom augúrio", que é, em última análise, o significado de Esão, nome que já se encontra no grego micênico, *DELG*, p. 38-39.

Como Amitáon e Feres, Esão era filho de Creteu e de Tiro. Casado com Polímede, filha de Autólico, era tio-avô de Ulisses. Outras versões, porém, dão-lhe como esposa Alcímede, filha de Fílaco. Tinha como irmão por parte de mãe a Pélias, uma vez que este é filho de Tiro e de Posídon. De seu casamento com Polímede ou Alcímede nasceu Jasão. Deposto traiçoeiramente por Pélias do trono de Iolco, que lhe havia legado Creteu, Esão entregou o filho único, ainda menino, aos cuidados do Centauro Quirão. Quando, mais tarde, Jasão reclamou o trono, que de direito lhe pertencia, Pélias enviou-o à Cólquida para trazer de volta à Hélade o Velocino de Ouro. O herói organizou a formidável Expedição dos Argonautas e partiu para a Ásia Menor. Ouvindo dizer que os Argonautas haviam perecido, o que era aliás falso, Pélias, livre de Jasão, tentou eliminar-lhe o pai. Este pediu ao rei para escolher seu próprio gênero de morte e envenenou-se com o sangue de um boi. Uma variante, atestada sobretudo em Ovídio (*Met.* 7, 159-296), narra que Esão reviu, prestes a morrer, o retorno do filho, e foi rejuvenescido pelos encantamentos de Medeia.

ESCAMÂNDRIO.

Σκαμάνδριος (Skamándrios), *Escamândrio*, segundo Carnoy, *DEMG*, p. 186, possui a mesma etimologia que *Escamandro* (v.).

Há duas personagens com este nome. A primeira é um epíteto do filho de Heitor, conhecido com mais frequência por Astíanax (*Il.* VI, 402-403). A segunda é o nome igualmente de um troiano, filho de Estrófio (v.), o qual pereceu na Guerra de Troia, lutando contra Menelau.

ESCAMANDRO *(I, 127, 133, 156, 159, 264; II, 46; III, 298)*.

Σκάμανδρος (Skámandros), *Escamandro*, é derivado por Carnoy, *DEMG*, p. 186, da raiz indo-europeia *(s)qamb, "ondular, arquear", donde "o ondulante, o sinuoso".

Escamandro é igualmente denominado Xanto (v.) e, por vezes, confundido com seu afluente Símois (v.). É, sem dúvida, o mais importante deus-rio da planície troiana. Seu epíteto Xanto, "ouro, avermelhado", é devido à cor de suas águas, ou, segundo uma variante, ao fato de as mesmas tingirem de vermelho o velo das ovelhas que nelas se banhavam. Conta-se ainda que Afrodite, antes de submeter-se ao julgamento de Páris, mergulhou seus cabelos no rio para dar-lhes reflexos dourados. O nome e a origem do Rio Escamandro são explicados popularmente da seguinte maneira: Héracles, estando em Troia, teve sede e pediu a seu pai Zeus que lhe indicasse uma fonte. O pai do herói fez brotar da terra uma pequena corrente, mas o filho de Alcmena julgou-a insuficiente para mitigar-lhe a sede e, por isso mesmo, *cavou* a terra (*cavar* em grego é σκάπτειν) e encontrou um lençol de água, que se denominou fonte do *Escamandro*. Na *Ilíada*, XXI, 136sqq., farto de receber tantos cadáveres em suas águas, o deus-rio se irritou e quis lutar com Aquiles. Transbordou e ameaçou seriamente afogar o filho de Tétis. Foi necessário a intervenção de Hefesto que, com seu sopro ígneo, obrigou-o a voltar a seu leito. Unido à ninfa Ideia, foi pai de Teucro, o primeiro rei da Tróada, figurando pois Escamandro como o ancestral da família real de Troia. (Para a simbologia dos rios, *cheia, escoamento, descida*, v. *Mitologia Grega*, Vol. I, p. 265).

ESCATOLOGIA *(I, 140-146, 179; II, 162, 162[76]; III, 65-66)*.

1 – Escatologia é palavra de formação recente, que nos chegou por via culta, no séc. XIX. Trata-se de um composto de ἔσχατος (éskhatos), que certamente deriva do advérbio e preposição ἔξ (éks), "fora de", acoplado a um sufixo obscuro -κα-τος (-ka-tos), donde "o que está na extremidade, extremo, último"; de λόγος (lógos), "doutrina" e do sufixo -ια (-ia). No tocante à aspiração, o tratamento fonético é normal: ἔσχατος (éskhatos) está por *ἔξκατος (*ekskatos). Assim, escatologia é o tratado sobre os "novíssimos", quer dizer, a respeito do fim do homem e da humanidade. Com referência à extensão do vocábulo não existe unanimidade: muitos julgam que tanto as ideias sobre o destino definitivo do indivíduo como aquelas sobre o fim do mundo pertencem à escatologia bíblica. Outros limitam o termo ao complexo de ideias em torno do fim e da renovação do mundo. A primeira opinião, todavia, justifica-se pelo fato de que a Bíblia, em inúmeras passagens (Nm 23, 10; Sl 49,14; 73,17; Jó 8,7; Jr 17,11 etc.), emprega o termo novíssimo (hebraico *'aḥărīt* nos *Septuaginta* muitas vezes traduzido por ἔσχατα (éskhata), "as coisas finais, os novíssimos") também para o destino final de toda a humanidade, *DEB*, p. 464. Em teologia faz-se a clássica e correta distinção entre escatologia individual (morte, juízo particular, purgatório, céu ou inferno), escatologia coletiva, universal (segunda vinda de Cristo ou *parusia*, ressurreição dos mortos, juízo final) e o que se denomina escatologia intermediária, vale dizer, a consideração do estado que medeia entre a morte de cada ser humano e a consumação dos tempos ou a παρουσία (parusía), isto é, a segunda vinda de Cristo glorioso no fim dos tempos para julgar os vivos e os mortos como ensina o *Credo*. Ao mito grego interessa apenas o sentido estrito da palavra: o que aguarda o homem após a morte, os seus novíssimos. O obstáculo maior, em falar a respeito dos "novíssimos" no mito e na religião grega, é que houve na Hélade tantas modalidades escatológicas quantos os momentos e movimentos culturais e "ideológicos" que se desenvolveram através dos séculos na pátria de Homero.

De outro lado, é necessário enfatizar, os gregos tiveram grande dificuldade, exceto nas religiões de mistério, no platonismo e neoplatonismo, em conceber a alma separada do corpo. Não que considerassem o homem como um todo monolítico, em que o corpo e alma fossem duas facetas da mesma e única realidade, porquanto tiveram ideia de uma nítida distinção entre *soma* e *psykhé*, entre corpo e alma. Semelhante distinção pode-se ver através do culto e da iconografia muito antes de Homero (séc. IX-VIII a.C.) e terá seu ponto alto no séc. IV a.C. com Aristóteles. Com efeito, diz, em síntese, o estagirita: "A alma é de certa maneira princípio da vida animal" (*De anima* II, 1, 402 a 6) na medida em que ela é vida que se move espontaneamente. O corpo é a matéria; a alma é uma certa forma. "A alma é a primeira ετελεχεια (entelékheia), *entelequia*, isto é, forma substancial, energia agente e eficaz do corpo orgânico" (*De anima* II, 1, 412 b, 25sq.). "É a primeira entelequia do corpo físico que possui vida em potência" (*Ibid.* II, 412 a, 27sqq.). A alma é, pois, como diz José Ferrater Mora, *DIF.* Vol. I, p. 104sq., citando Aristóteles, uma substância; é o *quid* essencial do corpo, a causa ou fonte do corpo vivo (*De anima*, II, 4, 415 b 9). E muito antes de Homero, até mesmo na Idade do Bronze (lá por 1950 a.C.) já se encontram imagens da psiqué, sob forma de φάλαινα (phálaina), mariposa ou alma-ave e ainda sob configuração alada com aspecto antropomórfico, retornando a alma-ave a reaparecer por completo no século VII a.C. No decorrer do século V a.C. houve um verdadeiro entrelaçamento de figuras anímicas, envolvendo a psiqué alada (miniatura do morto), sob forma antropomórfica ou de ave, o *eídōlon* (representação as mais das vezes do corpo inteiro do extinto) alado ou não, a σκία (skiá), a "sombra", que possui menos substância ou consistência que o *eídōlon* (v.) e a figura do "sonho", ὄναρ (ónar), ὄνειρος (óneiros) (v. Oniro) ou ὄψις (ópsis), "aparência, imagem, visão". Mas, lá pelos fins do mesmo séc. V a.C., as diferenças verbais e semânticas tendem a desaparecer e tudo se torna "psique", alma, sob forma e com o nome genérico de *eídōlon*, como se vê pelo frag. 12 de Sófocles:

ἀνθρωπός ἐστι πνεῦμα καὶ σκιὰ μόνον, εἴδωλον
ἄλλως

(ánthrōpós esti pneûma kaì skià mónon, *eídōlon* állōs)

– um homem é somente um sopro e uma sombra, nada mais que um *eídōlon*.

O que se pretendeu demonstrar, até aqui, embora muito sumariamente, é que para os helenos a *psiqué*, desde épocas recuadas, e não apenas a partir dos Órficos, de Platão e de Aristóteles, era algo de "real" e de "pessoal", após separar-se do corpo. Falou-se mais acima que os gregos tiveram grande dificuldade em conceber a alma inteiramente separada do corpo. Tal fato se explica pela excepcional intuição antropológica desse povo extraordinário. Já em Homero (e o fenômeno se prolongará na religião oficial), o problema é colocado com toda a clareza: ao sair do *sôma* pela boca ou por uma ferida, a psiqué se encaminha para a outra vida extremamente enfraquecida, uma vez que deixou no corpo dois "órgãos" vitais: ϑυμός (thymós), "o espírito", que reside no diafragma e cujos estímulos impelem o homem à atividade e φρένος (phrénes), "inteligência", por onde o ser humano pensa e sente. Desse modo, a psiqué (v.), meio inconscientemente, descia para uma outra forma de vida. Esta catábase, todavia, não era o fim do sopro vital. A alma, que guardava uma "consciência" latente, podia ser "ativada", desde que se lhe "guardasse a memória" por meio do culto, de sacrifícios e de invocações. Na νέκυια (nékyia) ou invocação das almas dos mortos, no canto XI da *Odisseia*, 23-629, Ulisses, a conselho de Circe, vai ao país dos Cimérios, às bordas do Hades, para, em princípio, consultar a alma do adivinho cego Tirésias. Abriu um fosso e fez em torno do mesmo três libações a todos os mortos com mel, vinho e água, espalhando por cima farinha de cevada. Após evocar as almas, degolou em cima da abertura duas vítimas pretas, um carneiro e uma ovelha. Tão logo o sangue das vítimas penetrou no orifício, "os corpos astrais", os εἴδωλα (eídōla), recompostos temporariamente, vieram à tona:

... *o sangue negro corria e logo as almas dos mortos subindo do Hades se ajuntaram* (Odiss. XI, 36-37).

O herói pôde, assim, ver e dialogar com muitas "sombras"...

Vê-se, por aí, que a psiqué, se bem que seriamente prejudicada em suas faculdades de inteligência, memória e fala, mantinha-as em estado de latência: se corretamente estimulada pelos vivos, podia ao menos temporariamente recuperá-las e manter um diálogo com os que ainda contemplavam a luz do sol. Daí a importância conferida pelos gregos *às exéquias* (v.): o correto sepultamento do corpo ou de suas cinzas, as lamentações, as esteias funerárias onde se gravava o nome do morto (era necessário que nem este e nem seus parentes perdessem a *memória* do nome, a fim de não se perder a memória do morto), as evocações e os sacrifícios na época oportuna. Se a morte consiste na perda da memória, um morto sem culto converte-se num morto anônimo, o que se constituía para os helenos numa espécie de morte da alma. E se na realidade os gregos sentiram uma acentuada repulsa, pelos motivos citados, em conceber a dicotomia corpo-alma, buscaram inteligentemente contornar o problema com a criação do εἴδωλον (eídōlon), uma espécie de *corpo insubstancial*, retrato perfeito do extinto, mas que, de certa forma, continuava o *todo* na outra vida. Era mister que, a qualquer preço, o morto não perdesse sua individualidade. Dessa forma, o *sôma*, o corpo, era visualizado como se fora um duplo: um permanecia no túmulo, onde conservava certos poderes peculiares; o outro, sob a forma de *eídōlon*, descia ao Hades, mas continuava para a família como um traço de união, um liame (se devidamente cultuado) entre esta e a outra vida. Com Héracles, segundo se relata na *Odisseia*, XI, 601sqq., acontece algo aparentemente estranho: Ulisses vê nas sombras do Hades o *eídōlon* do grande herói, mas *ele próprio*, αὐτός (autós), está no Olimpo em companhia de Hebe, com quem se casara *post mortem*, após subida triunfal ao mundo dos deuses... O irônico Luciano de Samósata (séc. II p.C.), no *Diálogo dos mortos*, II (420), entre o cínico Diógenes e *Héracles*, permite a este último tentar explicar ao primeiro essa dualidade-unidade:

Héracles – Não achas, porventura, que cada um de nós é um composto de dois elementos, de alma e de corpo?

Que impede que a alma (psiqué) que procede de Zeus esteja no Olimpo, e que o *eu* (o eídōlon) esteja entre os mortos?

E essa duplicidade e interdependência do *todo* era tão arraigada, que o *eídōlon* podia ser castigado "fisicamente" por faltas cometidas nesta vida. Assim, Tântalo sofre o suplício da sede e da fome, apetites naturalmente alheios à psiqué; Títio tem o fígado roído por serpentes; Ixíon gira numa esfera em chamas e Sísifo exaspera-se, rolando uma pedra montanha acima... Na pintura de Polignoto (séc. V a.C.), os mortos (*eídōla*) são medicados ou envenenados e nas visões apocalípticas gregas posteriores os *eídōla* têm a língua cortada, são flagelados, enforcados, mergulhados em lodaçais imundos, como ainda em pleno século V a.C. nos mostra Aristófanes em sua obra-prima, a comédia *As Rãs*, 145sqq. Tais enfoques acentuam uma antiga intuição de que o corpo, mesmo após a morte, possuía uma existência real e de que, se esta continuava no Hades, haveria de ser, de certa forma, "física", através do *eídōlon*, que permanecia no Hades, como um alter-ego do falecido. Tal concepção explica por que uma larga parcela de poesia e da arte grega que trata da morte centra-se, não na escatologia, mas, como é natural, no sepultamento e nos γόοι (góoi), nas "lamentações". Na *Ilíada* se lutava por vezes mais heroicamente para salvar o corpo de um herói morto do que contra um adversário vivo: a conservação do *sôma*, do corpo, e um digno sepultamento dos ossos e das cinzas dos heróis eram as maiores homenagens que se lhes podiam tributar *em função desta e da outra vida*. Um cadáver despedaçado, mutilado ou devorado pelos cães e aves de rapina teria um *eídōlon* incompleto e truncado, uma vez que o *sôma* nessas condições não permitia que se lhe fizessem corretamente os funerais, que se constituíam num rito sagrado. Estavam, de outro lado, gravemente prejudicadas a τιμή (timé), "a honrabilidade pessoal" e a ἀρετή (areté), "a excelência" do herói, que para sempre lhe garantiriam a perpetuidade do *nome*. Sem funerais não existe *nome*, sem nome não existe vida!

Após estas ligeiras explicações acerca do conceito de escatologia e do *sôma-psykhê-eídōlon*, vamos fazer uma visita ao *Hades* (v.), ao reino dos mortos, e detectar o que lá existe de *antigo*, isto é, uma visão de outra vida, do século XV ao VIII a.C., e as muitas inovações que se lhe introduziram no decorrer do século V a.C., e só então iniciaremos o estudo da escatologia, de Homero (séc. IX-VIII a.C.) a Plotino (séc. III p.C.).

O *Hades* ou reino dos mortos, que preferíamos chamar *de reino dos vivos* em outra dimensão, não é descrito com muita nitidez pelos poetas gregos antes do século V a.C. O Hades está muito distante, nas entranhas da terra, mas inteiramente independente desta. É o reino que coube a Plutão. Segundo os textos mais antigos, as almas e as divindades, que o habitavam, cobriam uma porção do mundo tão vasta quanto as duas outras em que residiam respectivamente os vivos e os deuses imortais. É que, após a vitória final sobre os Titãs e o gigantesco Tifão, Zeus, embora mantivesse o poder em suas mãos, como deus cosmocrata e suserano, dividiu o *cosmo*, o "todo", para efeito de governo, em três grandes níveis ou impérios: regia os imortais no Olimpo (nível olímpico) e os mortais na terra (nível telúrico), entregando os mares a Posídon e o mundo das sombras ou Hades (nível ctônio) a Hades ou Plutão. O mundo das figuras ctônias e tenebrosas, Erínias, Oniro, Hipno, noite, serpentes e gigantes, não se localiza propriamente no reino do Hades, exceto na medida em que Geia e Nix são projeções dominadoras que monopolizam o trânsito das almas para lá e para cá, segundo se pode ver em Ésquilo, *Persas*, 629, 640, e *Coéforas*, 489. Embora se trate de um domínio ermo, estéril e carente de geração, o Hades, por ser uma comunidade com um rei e uma rainha, com portas e palácio, é considerado igualmente como um reino independente, de dimensões suficientemente amplas para corresponder ao papel senhorial de Plutão. O Hades é como uma cidade fortificada da época micênica. Cercada de muralhas e um vasto palácio na acrópole com um grande vestíbulo As portas são difíceis de transpor, quer na entrada, quer na saída, porque Cérbero as guarda noite e dia. Seria de todo impossível compartimentá-lo e traçar-lhe um esquema, apesar das extensas, mas vagas descrições de Homero, Hesíodo, Polignoto e Platão. O que realmente se sabe é que o reino dos "mortos" localiza-se nas entranhas da terra, inclinando-se em direção ao Ocaso, a Oeste, portanto. Lá não se chega em navio negro, exceto a viagem fantástica de Ulisses, cuja nave negra foi conduzida pelos sopros do vento Bóreas (*Odiss*. X, 501-508). Embora esteja cercado por rios, como se mostrará, e o Oceano lhe sirva de barreira protetora ou de caminho de acesso, a psiqué em Homero não tem a menor dificuldade em atingi-lo; penetra a crosta terrestre e voando, como se fora uma pomba mensageira, chega a seu destino sozinha e mais raramente guiada por Hermes (*Odiss*. XXIV, 1sqq.). O principal requisito para que se realizasse a catábase era o sepultamento (*Il*. XXIII, 71-74).

É bem verdade que os quatro rios infernais, Aqueronte, Piriflegetonte, Cocito e Estige já estão presentes em Homero (*Odiss*. X, 513-514), mas curiosamente não exercem até Ésquilo (séc. Vl-V a.C.) quase importância alguma na fantasia grega sobre o Hades. O autor da *Ilíada*, XXIII, 73-74, diz pelos lábios de Pátroclo, ainda insepulto, que as almas, os *eídōla*, o enxotam, não lhe permitindo atravessar o rio para juntar-se a elas. Este "rio" é possivelmente o Aqueronte (já que ἀχερωΐς (akherōís), "álamo", que, por etimologia popular, foi aproximado de 'Αχέρων, -οντος (Akhérōn, -ontos), "Aqueronte", talvez fosse o único rio original junto a uma alameda de "álamos", o qual os mortos deveriam cruzar.) Em todo caso, Homero na *Ilíada*, VIII, 369, só fala do Estige e as duas Νέκυιαι (Nékyiai), as invocações aos mortos, na *Odisseia*, não os mencionam. Hesíodo igualmente só conhece o Estige (*Teog*. 383, 776) e omite os demais em seu catálogo dos rios (*Teog*. 337sqq.). Safo e Alceu fazem alusão ao Aqueronte; Píndaro (*Pit*. 11,21; *Nem*. 4,85, *Fraq*. 131,3) fala do Aqueronte e *no Peã*, 10,14, cita o Estige. Só a partir de Ésquilo, *Agam*., 1160-1161, é que os rios do mundo ctônio começam a exercer realmente importância na viagem da psiqué para a outra vida. Nas visões mais antigas da morte há que se cruzar água para atingir o Hades, mas nossa impressão dos grandes rios e seus nomes baseiam-se em documentação pouco anterior ao século V a.C. Os gregos, a princípio, visitam o Hades apenas literariamente, não lhes interessando a geografia lá debaixo. Na realidade, desde Homero, o reino das almas foi comandado mais pela ficção poética do que por Plutão.

A pouca frequência com que se fala da travessia dos rios até fins do século VI a.C. talvez se relacione com a ausência do "barqueiro dos infernos". Com efeito, Caronte e sua barca somente aparecem na segunda metade do século V a.C. e o óbolo com que se pagava a travessia surge pela vez primeira na comédia de Aristófanes *As Rãs*, 140,270, e com sentido diverso na peça do mesmo autor, *As Aves*, 503, encenadas respectivamente em 405 e 414 a.C. Quanto "ao preço da passagem", o óbolo colocado na boca dos mortos, só é possível detectá-lo, arqueologicamente, a partir do século IV a.C. e com mais frequência na época helenística (320-30 a.C.).

O "Hades completo", com a menção de Hades ou Plutão, Caronte, rios, Cérbero, juízes (Minos, Éaco e

Radamanto), as Erínias punidoras, só se fixa a partir de Eurípides e da pintura de Polignoto, isto é, no decurso do século V a.C.

O quadro mitológico que se montou da outra vida no século V a.C. é, no entanto, uma espécie de escapismo. Povoando o mundo ctônio e extraindo dele visões e sensações, era possível estabelecer um relacionamento com os mortos e matar reciprocamente as saudades. A criatividade e o fazer poético sempre agiram para os gregos como uma "droga mágica", um φάρμακον (phármakon) contra a morte e o esquecimento.

Muito mais abaixo do Hades ainda, *no último extremo do mar imenso e da terra* (*Il.* VIII, 478, 481), *tão distante do Hades sombrio quanto há de permeio entre a terra e o céu imenso* (*Il.* VIII, 16), está o gélido e tenebroso Tártaro, onde eram lançados principalmente os inimigos imortais do imortal que detinha o poder, como os Ciclopes e os Hecatonquiros no reinado de Crono e, no de Zeus, o próprio Crono e seus irmãos, os Titãs...

Se à época de Homero era quase impossível atingir o mundo das almas em "navio negro" e normalmente a psiqué, com suas asas ligeiras, símbolo de estar além da morte, lá chegava facilmente através da "crosta de Geia", havia também a rota por terra, com entradas secretas que Homero denomina *vias de lôbrego aspecto* (*Odiss.* XXIV, 10). Só mais tarde se criaram entradas fixas através de cavernas, bosques, lagos, como o Averno e Lerna, e cabos, como o Tênero. Eram estas as misteriosas veredas descendentes a que deuses, heróis e iniciados recorriam para chegar ao Hades e de lá regressar ocasionalmente com um troféu, como Héracles, que, viajando "por terra", trouxe Cérbero, e Dioniso, sua mãe Semele.

Delineada em termos genéricos "a geografia" fantástica do reino de Plutão, estamparemos a partir de agora, de maneira evidentemente sumária, por tratar-se de um verbete, *as diversas escatologias* que medraram no solo fértil do mito helênico. Com efeito, segundo se expôs em *Mitologia Grega*, Vol. Ill, p. 65sq., uma das singularidades da religião grega face a muitas outras na Antiguidade é que aquela não possui uma teologia organizada. Esse fato ajuda a explicar as tremendas oscilações escatológicas que surgiram, do século IX a.C. ao III p.C. Nosso verbete restringir-se-á às escatologias em Homero; Hesíodo; na religião oficial; no Orfismo e Pitagoricismo; em Platão e se fechará no neoplatônico Plotino.

2 – De saída, seria conveniente lembrar que o estilo homérico é somático: o que importa é o corpo e, por motivos que se hão de ver, a psiqué não mereceu a importância devida. A visão escatológica, que se encontra nos poemas homéricos, oferece algumas dificuldades mais ou menos sérias, como se tentou mostrar em *Mitologia Grega*, Vol. I, p. 140sqq. É que o poeta usa uma terminologia não muito precisa e, não raro, cambiante. Vamos, assim, fazer primeiro um levantamento dos termos, observando-lhes a maior incidência em seu respectivo campo semântico e, em seguida, se procurará estabelecer a doutrina, mostrando simultaneamente o apego e a dignidade que se atribuíam a esta vida. De início, defrontamo-nos com *moîra ou aîsa*, a verdadeira condicionadora da vida. Μοῖρα (Moîra), Moira (v.), como se explicou, provém do verbo μείρεσθαι (meíresthai), "obter em partilha, obter por sorte, repartir", donde Moîra é *a parte, o lote, o quinhão*, aquilo que a cada um coube por sorte, o destino. Αἶσα (Aîsa), velho termo aqueu, significa igualmente "parte, destino". Observe-se logo o gênero feminino de ambos os vocábulos, o que remete à ideia de "fiar", ocupação própria da mulher: o destino simbolicamente é "fiado" para cada um dos mortais, o que explica serem as Queres (v.), isto é, Cloto, Láquesis e Átropos, mera projeção da Moira, enquanto "fiandeiras" do que esta predeterminara. Θάνατος (Thánatos), Tânatos (v.), que, etimologicamente, significa "extinguir-se, tornar-se sombra", a Morte, que jamais foi "agente da morte", mas uma simples executora, comparecia para exercer sua missão e por vezes transportar o extinto, como no caso de Sarpédon (*Il.* XVI, 671sqq.), e, bem mais tarde, na tragédia de Eurípides, *Alceste*. Em contraste com os conceitos anteriores de Moîra-Aisa-Queres e Tânatos estão a *aretê* e a *timê*, dois valores imensos, que muito concorrem para elucidar a importância que o *herói homérico* atribuía a esta vida. Sim, frizemos bem, o herói, porque os demais seres humanos não se contam no poeta da *Ilíada*. Ἀρετή (aretê), "aretê", pertence à mesma família etimológica que o superlativo *áristos*, "o mais notável, o mais valente, o melhor", e que o verbo *aristeúein*, "comportar-se como o primeiro", e significa "superioridade, excelência", que se revelam particularmente no campo de batalha e nas assembleias, através da arte da palavra. Consequência lógica da *aretê* é a τιμή (timê), *timé*, a honrabilidade pessoal, a honra que se autopresta o herói e que lhe é outorgada como a mais alta compensação por sua bravura e nobreza. Aquiles, no canto primeiro da *Ilíada*, afasta-se da guerra exatamente porque Agamêmnon o despojou do público reconhecimento da superioridade de grande herói, tomando-lhe Briseida. Neste sentido, como afirma Paul Mazon, a *Ilíada* é "o primeiro ensaio de uma moral de honra". Os gregos homéricos, sabedores de que o além que se lhes propunha não correspondia às suas aspirações de honra e de dignidade, fizeram desta vida *a sua vida*, buscando prolongá-la através da glória que a seguiria. O supracitado Paul Mazon (*Introduction à L'Iliade*, Paris, Les Belles Lettres, p. 299) sintetizou bem esse ideal heroico: "O amor à vida torna-se, por isso mesmo, o princípio e a razão do heroísmo: aprende-se a colocar a vida num plano muito alto para sacrificá-la à glória, que há de perpetuá-la. Aquiles é a imagem de uma humanidade condenada à morte e que apressa essa morte para engrandecer sua vida no presente e perpetuar-lhe a memória no futuro". Dada essa noção das ceifadoras da vida e do apego do herói à dignidade da existência como condição de per-

petuidade da memória no futuro (de um herói os vivos jamais "se esqueciam"), vamos seguir com o *anér* para a outra vida. Teremos novamente que lidar com uma terminologia bastante complicada. Consoante E.R. Dodds, *The Greeks and the Irrational*, Los Angeles, University of California Press, 1963, p. 15sqq., a primeira peculiaridade na conceituação do homem nos poemas homéricos é a carência de uma concepção unitária de personalidade. Falta a noção de vontade e, por isso, não existe obviamente livre-arbítrio, já que este se origina daquela. Não se encontra ainda a distinção entre somático e psíquico, mas uma interpenetração de ambos e, assim, "qualquer função intelectual é considerada um órgão". Decorrem daí certos vocábulos que tentam explicar as ações e reações do ser humano e seu destino após a morte. O primeiro deles é ϑυμός (thymós), que designa "o ardor, o apetite, o alento, o órgão do sentir (feeling)", que reside no diafragma e cujos impulsos impelem o homem à atividade. O vocábulo νόος (nóos) é mais preciso: designa "o espírito, o entendimento". Quando Circe transformou em animais semelhantes a porcos os companheiros de Ulisses, eles, não obstante, conservaram seu *nóos* (*Odiss.* X, 239-240):

Eles verdadeiramente tinham as cabeças, a voz, corpo e pelos de porcos, mas conservavam como antes o espírito (nóos) perfeito.

Muito vizinho do campo semântico de *nós* está φρήν (phrḗn), mais comumente no plural, φρένες (phrénes), que se pode traduzir, ao menos, as mais das vezes, "por inteligência, razão", *órgão* por onde o ser humano pensa, ψυχή (psykhḗ), *psiqué*, que se perpetuou universalmente com o sentido de *alma* nas línguas cultas e em tantos compostos, provém do verbo 2 φύχειν (2 psýkhein), "soprar, respirar" (v. psiquê), donde *psiqué*, do ponto de vista etimológico, significa respiração, *sopro vital, vida*. Curiosa e penetrante é a observação de Dodds: "a única função da psiqué mencionada em relação ao homem vivo é a de abandoná-lo" (Odiss. X, p. 15).

Com a morte do corpo, a psiqué converte-se em εἴδωλον (eídōlon), uma imagem, um simulacro, que reproduz "como um corpo astral", um corpo insubstancial, os traços exatos do falecido em seus derradeiros momentos, como o *eídōlon* de Pátroclo que aparece em sonhos a Aquiles (*Il.* XXIII, 65-67):

*E eis que aparece a psiqué do infortunado Pátroclo, em tudo semelhante a ele: pela estatura, pelos belos olhos,
pela voz; o corpo está coberto com a mesma indumentária.*

E o *eídōlon* do herói pede a Aquiles que lhe sepulte o corpo, ou melhor, as cinzas e os ossos, sem o que não poderá sua psiqué penetrar no Hades (*Il.* XXIII, 71):

Sepulta-me o mais rapidamente possível, para que eu cruze as portas do Hades.

Mas, depois que as chamas lhe consumirem o cadáver, sua psiqué jamais sairá lá debaixo. A reencarnação na Hélade viria mais tarde (*Il.* XXIII, 75-76):

Dá-me tua mão, eu te suplico, jamais sairei do Hades, depois que as chamas me consumirem.

Aquiles tenta abraçá-lo, mas o *eídōlon* do amigo esvai-se como vapor e, com um pequeno grito, baixa ao mundo de Plutão. Quer dizer, na outra vida, a psiqué, o *eídōlon*, é uma sombra, uma imagem pálida e inconsistente, destituída de entendimento, sem prêmio nem castigo. É que com o corpo morreram o *thymós* e o *phrḗn*. Essa sombra pálida e abúlica, no entanto, pode, como já se frisou, recuperar ao menos por instantes a razão, mediante aquele complicado ritual de que se falou na citação do canto XI da *Odisseia*. A memória e o entendimento latentes no *eídōlon* podem igualmente ser reavivados por intermédio do culto, de sacrifícios e de invocações. É assim que se nos apresenta a escatologia do autor da *Ilíada* e da *Odisseia*. Carente de uma concepção unitária de personalidade, com o *thymós, o phrḗn* e o *nóos* morrendo com o corpo, que sobra no herói para a outra vida? Apenas a *psiqué*, uma sombra inconsistente, um *eídōlon* trôpego e abúlico. Acrescente-se como fecho, que, mesmo assim, o Hades homérico é elitizante. Lá estão os *heróis aqueus* que tombaram na Guerra de Troia e as *mulheres* que o habitam *são filhas e esposas ilustres de heróis da mais nobre linhagem*. (Odiss. XI, 225-227). O poeta grego não se pergunta onde estão os "bárbaros" mortos, Príamo, Heitor, Antenor, Sarpédon, Mêmnon, Pentesileia e tantos outros. Que houve com os Centauros ou com monstros como Gerião e a Hidra de Lerna? Em teoria, pode-se afirmar que para Homero os bárbaros e monstros, que pereceram semelhantemente aos escravos, crianças e animais, carecem de alma e, portanto, de vida futura. Sendo a psique a imagem persistente de um herói recordado pela comunidade grega, os troianos, amazonas e monstros, que foram uns intrusos neste mundo, continuam a ser indesejáveis no mundo de baixo. Somente a partir do século V a.C., quando, através da tragédia, a memória do passado foi resgatada, com a introdução do ciclo troiano no teatro, é que os heróis de Ílion e os "bárbaros passam a ter direito também a povoar o tribal Hades helênico, como Dario, que na tragédia de Ésquilo *Os Persas*, 739-752 e 800-828, é arrancado pelo poeta de Elêusis das entranhas do mundo dos mortos para transmitir aos espectadores atenienses uma profunda lição de comedimento. É bem verdade que na *Ilíada*, XXII, 362, a psiqué de Heitor baixa ao Hades, mas trata-se de uma fórmula poética e ritual, porque o *eídōlon* do herói não aparece no reino de Plutão.

3 – Hesíodo, bem mais racionalista que Homero, construiu uma escatologia diferente: a felicidade ou desgraça de seus heróis depende da "Idade" em que viveram e do espírito de justiça que praticaram nesta vida. Além do mais, para o poeta de Ascra, como se verá, nem sempre *o mundo dos mortos é o Hades tra-*

dicional nas entranhas de Geia. Em Hesíodo, os que praticam a δίκη (díkē), *a justiça*, têm um destino bem diferente do que espera aqueles que se deixaram embriagar pela ὕβρις (hýbris), *pela violência* perpetrada contra os deuses e os homens. Uma ligeira introdução ao pensamento hesiódico nos levará à intelecção dos diversos "Hades", alguns "paradisíacos", que aguardavam os que deixavam esta vida, ao menos à época do grande poeta da Beócia. Um estudo bem mais extenso e em profundidade do autor da *Teogonia* e dos *Trabalhos e Dias*, seu século e suas ideias podem ser vistos em *Mitologia Grega*, Vol. I, p. 147-182.

Na *Teogonia*, que, etimologicamente, significa "nascimento ou origem dos deuses", o poeta procura não apenas estabelecer a genealogia dos *imortais*, mas vai além e antes da *Teogonia*, coloca os fundamentos da *cosmogonia*, quer dizer, as origens do cosmo, do mundo. O que Hesíodo deseja ressaltar, e isto é óbvio, é "a progressão do divino" na busca da δίκη (díkē), da justiça. Albin Lesky (*Geschichte der Griechischen Literatur*, Bern, Francke Verlag, 1963, p. 116) sintetizou maravilhosamente, como se era de esperar, o ideal hesiódico no poema em pauta: na *Teogonia* "não se trata apenas de uma sucessão violenta de vários reis e soberanos dos céus, mas existe um caminho ascendente para a ordem estabelecida por Zeus, que é o triunfo da justiça. " Quer dizer, se os deuses são projeções nossas, estabelecendo-se a justiça lá em cima, cujo garante é Zeus, o poeta, que vivia no século (VIII a.C.) em que "a justiça" dos eupátridas (dos nobres) se transformara em arma de violenta opressão e repressão contra os pobres, sonha com uma justiça aqui embaixo. Quem sabe se os oprimidos "do século VIII a.C." não acabariam por encontrar um *Zeus* na terra dos homens?

O segundo poema, *Trabalhos e Dias*, é uma espécie de consequência lógica do primeiro, uma vez que o tema central da obra é o valor e a dignidade do *trabalho e da justiça*, que, em Hesíodo, contraíram núpcias indissolúveis. A "carência" do trabalho bem como o trabalho sem justiça geram a injustiça e a violência. A necessidade do trabalho, respaldado, porém, na justiça, foi um castigo imposto ao homem por Zeus: o mito de Prometeu e o de Pandora explicam a origem do "desígnio do pai dos deuses e dos homens a que ninguém escapa" e a punição dos mortais. Prometeu (v.), que, etimologicamente, significa o *previdente*, o *precavido*, o *prudente*, era filho do titã Jápeto e da oceânida Clímene, por conseguinte um primo de Zeus. Teve como irmãos a *Epimeteu*, Atlas e Menécio. Prometeu passa por haver criado os homens do limo da terra, mas tal versão não é atestada em Hesíodo. De qualquer forma, o filho de Jápeto, bem antes da vitória final de Zeus contra os Titãs, já era um benfeitor da humanidade. Foi em favor dos homens que o herói filantropo enganou a seu primo Zeus por duas vezes. Numa primeira, em Mecone, quando lá "se resolvia a querela dos deuses e dos homens mortais" (*Teog* 535-536). Essa disputa se devia certamente à desconfiança dos deuses em relação aos homens, protegidos pelo filho de um dos *Titãs*, que acabavam de ser vencidos por Zeus. Pois bem, foi em Mecone que o solerte Prometeu, que sacrificara um boi, e o dividira em duas porções, induziu o chefe supremo dos imortais a escolher a pior parte, isto é, os ossos do animal cobertos astutamente com a gordura branca do mesmo, ficando a outra com as carnes e entranhas para os mortais. Vendo-se ludibriado, "a cólera encheu sua alma, enquanto o ódio lhe subia ao coração". O terrível castigo não se fez esperar: o novo senhor do Olimpo privou os homens do *fogo*, quer dizer, simbolicamente da νοῦς (nûs), da *inteligência*, tornando a humanidade ἀνόητος (anóētos), isto é, imbecilizou-a (*Trab.* 47-50). Novamente o filho de Jápeto entrou em ação: escalou o céu e roubou uma centelha do fogo celeste, privilégio de Zeus, e a trouxe à terra, "reanimando" os homens. O Olímpico, dessa feita, resolveu punir exemplarmente os homens e seu benfeitor. Prometeu, segundo a *Teogonia*, 521-534, foi acorrentado com grilhões inextricáveis no meio de uma coluna, tema por sinal da tragédia de Ésquilo *Prometeu Acorrentado*, e contra os mortais enviou a terrível *Pandora* (v.), assim chamada porque são *todos* os habitantes do Olimpo que, com este *presente*, "presenteiam" os mortais com a desgraça! Satisfeito com a cilada armada contra os homens, o pai dos deuses enviou Hermes com a "dádiva" a *Epimeteu*, etimologicamente, "o que aprende, o que vê depois"... Este se esquecera da recomendação "do que vê antes", seu irmão Prometeu, de jamais receber um *presente* de Zeus, se desejasse preservar os homens de uma desgraça. Epimeteu, porém, aceitou-a, por ser ela irresistível, mas quando o infortúnio o atingiu, foi que ele compreendeu... (*Trab.* 60-89).

A raça humana vivia tranquila, ao abrigo do mal, da fadiga e das doenças, mas quando Pandora, por curiosidade, abriu a jarra de larga tampa, que trouxera do Olimpo, como presente de núpcias a Epimeteu, dela evolaram todas as calamidades e desgraças que até hoje atormentam os homens. Só a *esperança, ἡ ἐλπίς* (hē elpís) permaneceu presa junto às bordas da jarra, porque Pandora recolocara rapidamente a tampa. É assim que, silenciosamente, porque Zeus lhes negou o dom da palavra, as calamidades, dia e noite, visitam os mortais. Foi com Pandora, por conseguinte, que se iniciou a degradação da humanidade. Para explicá-la Hesíodo introduz o mito das *Cinco Idades*. Neste mito das Idades as raças humanas se sucedem segundo uma ordem de decadência progressiva e regular. De início, a humanidade gozava de uma vida paradisíaca, muito próxima da dos deuses, mas se foi degenerando e decaindo até atingir a *Idade do ferro*, em que o poeta lamenta viver, pois nesta tudo é maldade e corrupção: até a vergonha e a justiça "envergonhadas" abandonaram a terra. Cada uma das Idades está aparentada com um metal, cujo nome toma e cuja hierarquia se ordena do mais ao menos precioso, do superior ao inferior: *ouro, prata, bronze, ferro*, mas entre as duas últimas o poeta intercalou a *Idade dos heróis* (v. Cinco Raças).

Pois bem, sintetizando cada uma dessas idades, ter-se-á inteira a *escatologia hesiódica* ou melhor, chegar-se-á à conclusão de que o poeta apresenta *várias escatologias*, uma vez que os que viveram em cada uma das idades terão destinos diferentes. Os homens *mortais* da *Idade de Ouro* foram criados pelos próprios imortais do Olimpo durante o reinado de Crono. Viviam como deuses e como reis, tranquilos e em paz. O trabalho não existia, porque a terra espontaneamente produzia tudo para eles. Sua raça denomina-se *ouro*, porque o *ouro*, sendo ígneo, solar e real, é o símbolo da perfeição primordial. Entre os egípcios era a *carne do sol* e, por extensão, o era igualmente dos deuses e dos faraós. Jamais envelheciam e sua morte, após longos anos de vida, assemelhava-se a um sono profundo. Após deixarem esta vida, praticantes que eram da *Dikē*, da Justiça, recebiam o βασίλειον γέρας (basíleion guéras), quer dizer, "o privilégio real", convertendo-se em δαίμονες ἐπιχθόνιοι (daímones epikhthónioi), isto é, intermediários aqui mesmo *sobre a terra* entre os deuses e seus irmãos viventes.

O *basíleion guéras* tem uma conotação toda especial, quando se leva em conta que os *daímones epikhthónioi*, esses grandes intermediários, assumem as duas funções que, segundo a concepção mágico-religiosa da realeza, definem a virtude benéfica de um grande soberano: como φύλακες (phýlakes), como guardiães dos homens, velam pela observância da justiça e, como πλουτοδόται (plutodótai), como dispensadores de riquezas, favorecem a fecundidade do solo, das mulheres e dos rebanhos. Os mortais da *Idade de prata* foram igualmente criados pelos deuses. Também a prata, "que pertence ao esquema ou cadeia simbólica lua-água-princípio feminino", passivo, portanto, aquoso e frio, é um metal precioso, mas inferior ao ouro. À piedade dos homens da *Idade de ouro*, fundamentada na *Dike*, aqueles opõem uma *Hýbris*, "um descomedimento louco". Não se trata, porém, da *hýbris* guerreira, porquanto os mortais da *Idade de prata* mantêm-se afastados tanto da guerra quanto dos labores campestres. Esse descomedimento é uma ἀσέβεια (asébeia), uma impiedade, uma ἀδικία (adikía), uma injustiça de caráter puramente religioso e teológico, uma vez que eles se negavam a oferecer sacrifícios aos deuses e a reconhecer a soberania de Zeus. Como castigo, permaneciam durante *cem anos* como crianças ao lado da mãe e, tão logo atingiam a adolescência, tinham poucos anos de vida e sofriam, por causa de sua *hýbris*, "mil castigos" (*Trab*. 130-134), que o poeta não explicita quais fossem. Exterminados por Zeus, recebiam, no entanto, certamente após mil castigos no Hades, honras menores, é verdade, mas de certa forma análogas às tributadas aos felizes componentes da *Idade de ouro*: tornavam-se δαίμονες ὑποχθόνιοι (daímones hypokhthónioi), intermediários entre os deuses (do Hades?) e os homens, mas agindo *de baixo para cima*, na outra vida. De qualquer forma, *os mortais chamavam-nos os bem-aventurados do Hades* (*Trab*. 141).

Os terríveis mortais da *Idade de bronze* foram também criados por Zeus, mas sua matriz são os *freixos*, μελίαι (melíai), símbolo da guerra, como diz o poeta (*Trab*. 144-146):

Filha dos freixos, era terrível e poderosa,
bem diferente da raça de prata:
aspirava tão só aos trabalhos de Ares,
fontes de dor, e ao descomedimento.

Trata-se, no caso em pauta, da *hýbris*, da violência militar, que caracteriza o comportamento do homem na guerra. Assim, no plano religioso e jurídico se passou às manifestações da força bruta e do terror. Já não mais se cogita de justiça, do justo ou do injusto e nem tampouco do culto dos deuses. Os homens da *Idade de bronze* pertencem a uma raça "que não come pão" (*Trab*. 146-147), isto é, que não se ocupa com o trabalho da terra. Não são diretamente aniquilados por Zeus, pois sucumbem na guerra, uns sob os golpes dos outros, domados "por seus próprios braços", a saber, pela brutalidade de sua própria força física. O mesmo epíteto da Idade em que pertencem esses homens violentos tem um sentido simbólico: Ares, o deus da guerra, é chamado na *Ilíada*, VII, 146, de χάλκεος (khálkeos), isto é, de *bronze*. Com efeito, no pensamento grego, o *bronze*, pelas virtudes que lhe são atribuídas, sobretudo por sua eficácia *apotropaica*, vale dizer, "defensiva", está vinculado ao poder que ocultam as armas *defensivas*: couraça, escudo, capacete. Se o brilho metálico do bronze reluzente infunde terror ao inimigo, o som do bronze entrechocado revela a natureza de um metal animado e vivente, que rechaça os sortilégios dos adversários. A par das armas defensivas, existe também uma ofensiva, estreitamente ligada à índole e à origem dos guerreiros da *Idade de bronze*. Trata-se da *lança* ou *dardo* confeccionado de madeira especial, a dura e resistente μελία (melía), "o freixo". E não foi do *freixo* que nasceu, segundo Hesíodo, esta terceira raça? Filhos da lança, belicosos e sanguinários, indiferentes à *Díke* e aos deuses, os homens da Idade de bronze, após a morte, eram por Zeus lançados no Hades, onde se dissipavam no *anonimato da morte*, que é a pior das mortes, porquanto seu nome e sua memória se apagavam na memória dos homens.

Zeus criou então a quarta raça, que forma a *Idade dos heróis*, "uma raça mais justa e mais brava, raça divina dos heróis, que se denominam semideuses" (*Trab*. 158-160). Lendo-se com atenção o que diz o poeta acerca dos heróis, nota-se logo que os mesmos formam dois escalões: os que, como os mortais da raça de bronze, se deixaram embriagar pela *hýbris*, pela violência e pelo desprezo aos deuses olímpicos e os que, como guerreiros justos, reconhecendo seus limites, aceitaram submeter-se à ordem superior da *Díke*. Um exemplo bem claro desses dois escalões antitéticos se encontra na tragédia de Ésquilo *Sete contra Tebas* (v.): em cada uma das sete portas ergue-se um herói mordido pela *hýbris*, que, como um Gigante, profere contra os imortais e contra Zeus terríveis impropérios; a este se opõe um outro herói "mais justo e mais bravo" que, temperado pela σωφροσύνη (sōphrosýnē), pela prudência, respeita tudo quanto representa um valor sagrado. O primeiro escalão, os heróis da *hýbris*, após a morte, são como os mortais da *Idade de Bronze*, lançados no Hades, onde se tornam igualmente νώνυμοι (nōnymoi), "mortos anônimos", mortos esquecidos, mortos mais que mortos... Hesíodo não fala em castigos, em tormentos, mas só pelo fato de se transformarem em *mortos anônimos*, sem nenhum direito ao culto dos vivos, fica subentendido que esses *eídōla*, essas sombras, nada mais são que fumaça esquiva, o que se constitui para o pensamento grego no maior dos castigos: *o deixar de ser*. O segundo, formado pelos heróis da *Díke*, recebem como prêmio a *Ilha dos Bem-Aventurados*, onde viverão para sempre ώς θεοί (hōs theoí), como se fossem deuses imortais.

A mais terrível de todas é a *Idade de ferro*. Ouçamos as palavras do poeta (*Trab*. 174-176):

Oxalá não tivesse eu que viver entre os homens da quinta idade:
melhor teria sido morrer mais cedo ou ter nascido mais tarde,
porque agora é a Idade de ferro...

Logo na introdução com a narrativa das duas Ἔριδες (Érides), das duas *Lutas* (*as guerras e as discórdias funestas* a que se contrapõe *a emulação que leva ao trabalho*), a partir do v. 11 de *Trabalhos e Dias* e no fecho do mito de *Prometeu e Pandora*, v. 106 do mesmo poema, Hesíodo nos dá um panorama da quinta idade: doenças, a velhice precoce e a morte; a ignorância do amanhã e as incertezas do futuro; a existência de Pandora, a mulher fatal e a necessidade premente do trabalho. A causa de tudo foi, já se mencionou, o desafio de Zeus por parte de Prometeu e o envio de Pandora. Desse modo, o mito de Prometeu e o de Pandora formam as duas faces de uma só moeda: a miséria humana na *Idade de ferro*. A necessidade de sofrer e batalhar na terra para obter o alimento é igualmente para o homem a necessidade de gerar através da mulher: nascer e morrer, suportar diariamente a angústia e a esperança de um amanhã incerto. É que a *Idade de ferro* tem uma existência ambivalente e ambígua em que o bem e o mal não estão somente amalgamados, mas ainda são solidários e indissolúveis. Eis por que o homem, rico de misérias nesta vida, não obstante, se agarra a Pandora, "o mal amável", que os deuses ironicamente lhe enviaram. Se este "mal tão belo" não houvesse retirado a tampa da jarra, em que estavam encerrados todos os males, os homens continuariam a viver como antes, "livres de sofrimentos, do trabalho penoso e das enfermidades dolorosas que trazem a morte" (*Trab*. 90-92). As desgraças, porém, despejaram-se pelo mundo; resta, todavia, a esperança, pois afinal a vida não é apenas infortúnio: compete ao homem escolher entre o bem e o mal. Pandora é, pois, o símbolo dessa ambiguidade em que vivemos. Em seu duplo aspecto de mulher e de terra, ela expressa a função da fecundidade, tal qual se manifesta na *Idade de ferro* na produção de alimentos e na reprodução da vida. Já não mais existe a abundância espontânea da *Idade de ouro*; de agora em diante é o homem quem deposita a sua semente, σπέρμα (sperma), no seio da mulher como o agricultor a introduz penosamente nas entranhas da terra. Toda riqueza adquirida tem, em contrapartida, seu preço. Para a *Idade de ferro* a *terra* e a *mulher* são simultaneamente princípios de fecundidade e potências de destruição: consomem a energia do homem, destruindo-lhe, em consequência, os esforços; "esgotam-no, por mais vigoroso que seja" (*Trab*. 704-705), entregando-o à velhice e à morte, "ao depositar no ventre de ambas" (*Teog*. 599) o fruto de sua fadiga. Diante de um quadro tão doloroso e de seres tão miseráveis, qual será o fim que os aguarda? Curiosamente, o poeta diz apenas que *Zeus destruirá igualmente esta raça de homens mortais* (*Trab*. 180), mas se cala a respeito do além. Tem-se a impressão, salvo engano, de que o paraíso e o Hades dos homens da *Idade de ferro*, que será, além do mais, prolongada por criaturas ainda muito piores, estão aqui mesmo: os que se dedicarem ao trabalho, à justiça e ao respeito aos deuses terão seus celeiros cheios e uma vida farta e tranquila. Sua Ilha dos Bem-Aventurados é uma tríplice colheita anual. Os que, porém, se deixarem embriagar pela *hýbris*, pelo descomedimento, pela injustiça e ociosidade serão escravos da fome e da miséria.

Estamos, de qualquer forma, frente a duas escatologias inteiramente diversas: em Homero, o *eídōlon*, meio inconscientemente, mergulha nas trevas do Hades, sem prêmio nem castigo; em Hesíodo, em dependência da *Idade* em que o homem viveu e como viveu, a psiqué poderá tomar direções várias, desde a permanência aqui mesmo como *daímon epikhthónios*; ser levada para a Ilha dos Bem-Aventurados; tornar-se, após ser castigada, *um daímon hypokhthónios*; sofrer o pior dos tormentos, dissipando-se nas sombras do reino de Plutão no anonimato da morte. Além do mais, o poeta de Ascra já fala em *mil castigos* para os que se rebelaram contra a *Díke* e contra seu grande arquétipo, Zeus. É pena que não os defina e explique.

4 – A escatologia da religião oficial da pólis, sob a tutela de Apolo, πάτριος ἐξηγητής (pátrios eksēguētḗs), "o exegeta nacional", como lhe chama Platão, muito se assemelha à homérica no que tange ao essencial: com a morte, a psiqué, sob a forma de *eídōlon*, desce ao Hades com sua memória e entendimento latentes. Somente através do culto dos vivos, de ritos invocatórios peculiares e em circunstâncias especiais é que se poderia fazê-la recuperar por instantes a consciência e até mesmo retornar a esta vida para dialogar com os vivos. É o caso entre outros da já supracitada anábase de Dario na tragédia *Os Persas*, 739-752 e 800-828, e o aparecimento de Aquiles sobre seu próprio túmulo para exigir de Agamêmnon o sacrifício de Políxena, conforme se pode ver em Eurípides, *Hécuba*, 36-41.

O que separa inteiramente Homero da escatologia da pólis é a riqueza de pormenores que se introduziu na *catábase*, isto é, na descida, no trânsito complicado da psiqué desta para a outra vida. Em Homero, conforme se viu, era simples: guiada por Hermes e, não raro, sozinha, a alma vazava a crosta terrestre e rapidamente (desde que o corpo tivesse recebido sepultura) chegava ao Hades.

A partir dos fins do século VI e no decorrer do século V e IV a.C. muitas novidades se introduziram sobretudo através dos trágicos e da arte figurada. Assim, após cerimônias fúnebres suntuosas, evidentemente para as famílias que pudessem custeá-las, o corpo era cremado. As cinzas e os ossos, cuidadosamente recolhidos, eram depositados numa urna e esta num túmulo. Como as exéquias se realizavam à noite, a psiqué, já sob a forma de *eídolon*, partia na manhã seguinte para o Hades, acompanhada por Hermes, mas somente até a barca de Caronte (v.). A descida para a outra vida poderia ser feita através de *vias de lôbrego aspecto*, segundo já se mencionou em Homero, *Odiss*. XXIV, 10, isto é, de rotas secretas, como cavernas, bosques, o Lago Averno no sul da Itália, o de Lerna, na Argólida, e a mais conhecida, através do Cabo Tênaro, no sul do Peloponeso.

O aparentemente envelhecido, mas forte e musculoso Caronte, aguardava as almas com sua barca, pronto para atravessá-las para além dos quatro rios, onde se localizava o Hades propriamente dito. A partir do século IV a.C. encontrou-se em túmulos o chamado *óbolo de Caronte*: era, na realidade, o óbolo, a moeda que se colocava na boca do morto, antes da cremação, para pagar a passagem. Aristófanes já menciona o *óbolo*; aliás, por ironia, fala em *dois óbolos*, na supracitada comédia *As Rãs*, 140-270 (Veja-se nossa introdução e tradução da peça em pauta em *Teatro Grego: Eurípides-Aristófanes*. Rio de Janeiro, Ed. Espaço e Tempo, 1987, p. 81 e 96.). Possivelmente o óbolo para os gregos era algo de mais sério: um símbolo. É conveniente, por isso mesmo, acentuar que essa ideia de pagamento da passagem não é um simples mecanismo da imaginação popular. Toda moeda é simbólica: representa o valor pelo qual o objeto é trocado. Mas, além de seu valor próprio de dinheiro, de símbolo de troca, as moedas desde a Antiguidade tiveram certo sentido talismânico, uma vez que nelas a conjugação do quadrado e do círculo não é incomum. Além do mais, a moeda, em grego νόμισμα (nómisma), "aquilo a que se atribui valor e credibilidade", é o símbolo da imagem da *alma*, porque esta traz impressa a marca de Deus, como a moeda estampa a imagem do soberano, segundo opina Angelus Silesius. A moeda chinesa, chamada "sapeca", é um círculo com um furo quadrado no centro: vê-se aí claramente a *coniunctio oppositorum*: a conjunção do *Céu* (redondo) e da *Terra* (quadrada), a *anima* e o *animus*, formando uma totalidade. O chamado *óbolo de Caronte* é, pois, um símbolo talismânico e quiçá apotropaico. Seja como for, Caronte sempre foi considerado um avarento, como aparece no *Diálogo dos Mortos* de Luciano, também já mencionado. Os quatro rios que davam acesso ao reino de Plutão e que só começaram a ter importância a partir do século V a.C. chamavam-se sintomaticamente *Estige* (v.), "o glacial, o odiado"; *Cocito* (v.), "o rio dos gemidos"; *Piriflegetonte* (v.), "o rio que rola chamas" e *Aqueronte* (v.), "o rio dos álamos brancos". Todos estes significados terão grande importância para as almas dos iniciados nas religiões de mistérios, conforme se verá, pois que, para estas a própria travessia já era uma catarse. Já no Hades, o *eídōlon* passava por um julgamento, aliás inócuo e inútil, porque na religião da pólis não se fala em prêmio nem castigo na outra vida, a não ser para grandes criminosos, como Tântalo, Ixíon, Sísifo, Danaides... De outro lado, não parece que o Hades do século V a.C. fosse compartimentado, dirigindo-se as almas para locais de tormentos gradativos ou de refrigério, a não ser a velha tradição do Tártaro onde ficavam alguns antigos condenados, há pouco citados. Quando Aristófanes, *em As Rãs*, 145-150, fala em castigos terríveis no reino de Plutão para certos malfeitores ou, ao revés, faz o *Coro* (324sqq.) celebrar com danças e cânticos a felicidade e a alegria da outra vida, o poeta refere-se aos iniciados nos Mistérios de Elêusis e não às almas dos que em vida cultuaram os deuses tradicionais. Os três juízes eram integérrimos: *Éaco* julgava os europeus; *Radamanto*, os asiáticos e africanos e, só em caso de dúvidas, havia a intervenção do presidente do tribunal do Hades, *Minos*, de cuja decisão não se podia apelar. Em que consistia tal julgamento e com que finalidade fora instituído, nada se sabe. Uma vez no Hades, a não ser em casos excepcionais, segundo se mostrou, os *eídōla* jamais sairiam de lá. Se tentassem, teriam pela frente o monstruoso guardião da porta de saída, Cérbero, o cão de três cabeças, cauda de dragão, pescoço e dorso eriçadas de serpentes. Foi certamente refletindo sobre a religiosidade oficial da pólis que alguém, com muita lucidez, chegou à conclusão de que "os gregos não tiveram os deuses que mereciam".

5 – O Orfismo dará uma outra dimensão escatológica ao mito e à religião da Hélade. Se Orfeu é uma personagem integralmente lendária, o Orfismo é rigorosamente histórico. Enquanto Homero e Hesíodo iam dando forma poética às concepções religiosas do povo, havia no mundo grego, ao menos desde o século VI a.C., uma escola de poetas místicos que se autodenominavam órficos e à doutrina que professavam davam-lhe o nome de Orfismo. Seu patrono e mestre era Orfeu. Organizavam-se, ao que tudo indica, em comunidades, para ouvir "a doutrina", efetuar iniciações e celebrar seu grande deus, o primeiro Dioniso, chamado Zagreu (v.). Abstendo-se de comer *carne* e *ovos*, princípios da vida, praticando a *ascese*, devoção, mortificação e uma *catarse* rigorosa, purificação do corpo e sobretudo da vontade por meio de cantos, hinos e litanias, defendendo arraigadamente a *metempsicose*, a transmigração das almas, e negando os *postulados básicos* da religião estatal, a doutrina órfica provocou

sérias dúvidas e até transformações no espírito da religião oficial e popular da Grécia.

Dos três pontos altos do orfismo, cosmogonia, antropogonia e *escatologia*, já por sinal amplamente expostos em *Mitologia Grega*, Vol. II, p. 156sqq., vamos nos ocupar, se bem que sumariamente, dos dois últimos, uma vez que a *escatologia* depende intrinsecamente da antropogonia. Esta é uma consequência do crime dos Titãs contra Zagreu, o primeiro Dioniso. Segundo se disse *em Mitologia Grega*, Vol. II, p. 117sq., após raptarem Zagreu-menino, por ordem de Hera, os Titãs fizeram-no em pedaços cozinharam-lhe as carnes num caldeirão e as devoraram. Zeus, irritado, fulminou-os, transformando-os em cinzas e *destas nasceram os homens*, o que explica participar o ser humano simultaneamente da natureza titânica (*o mal*) e da natureza divina (*o bem*), já que as cinzas dos Titãs, por terem devorado a Dioniso Zagreu, continham igualmente o corpo do menino Dioniso. Platão (*Leis*, 3, 701 b) refere-se à antropogonia órfica, ao dizer que todos aqueles que não querem obedecer à autoridade constituída, aos pais e aos deuses, patenteiam *sua natureza titânica*, herança do mal. Mas, cada ser humano, diz o filósofo ateniense, carrega dentro de si *uma faísca de eternidade, uma chispa do divino*, uma parcela de Dioniso, ou seja, uma alma imortal, sinônimo do bem. Em outra passagem (*Crátilo*, 400 c), alude à doutrina, segundo a qual o corpo é uma sepultura da alma durante a vida e acrescenta que os órficos chamam assim ao corpo, porque a alma está encerrada nele como num cárcere, até que pague as penas pelas culpas cometidas. A *psiqué* é a parte divina do homem; o corpo, sua prisão.

Apagava-se, destarte, no mapa religioso órfico, a tradicional concepção homérica que considerava o corpo como o *homem mesmo* e a psiqué como uma sombra pálida e abúlica, segundo se mostrou linhas atrás.

O homem, pois, tendo saído das cinzas dos Titãs, carrega, desde suas origens, um elemento do *mal*, ao mesmo tempo que um elemento divino, do *bem*. Em suma, uma natureza divina original e uma falta original e, a um só tempo, um dualismo e um conflito interior radical. Assim, a morte não põe termo às tribulações, uma vez que, pela doutrina órfica da *metempsicose*, o elemento divino terá obrigatoriamente que se "reunir" a seu antagonismo titânico, para recomeçar nova existência sob uma outra forma, que poderá ser até mesmo a de um animal. Assim, em um ciclo, cujo término se ignora, cada existência é uma morte, cada corpo é um túmulo. Tem-se aí a célebre doutrina do $\sigma\tilde{\omega}\mu\alpha$-$\sigma\tilde{\eta}\mu\alpha$ (sôma-sêma), do corpo (sôma) como cárcere (sêma) da alma. Assim, em punição de um crime primordial, a psiqué é encerrada no corpo tal como num túmulo. A existência aqui neste mundo assemelha-se antes à morte, mas esta pode se constituir no começo de uma verdadeira vida, que é *liberação final da alma do cárcere do corpo*. Esta, por sinal, não é automática, uma vez que, numa só existência e numa só morte dificilmente se conseguem quitar a falta original e as cometidas aqui e lá. Talvez, e assim mesmo o fato é passível de discussão, só os grandes iniciados órficos conseguiriam desvincular-se da "estranha túnica da carne", após uma só existência. A alma é julgada e, consoante suas faltas e méritos, depois de uma permanência no além, retorna ao cárcere de um novo corpo humano, animal ou até mesmo pode mergulhar num vegetal.

Sendo o Orfismo, no entanto, uma doutrina essencialmente soteriológica, oferece a seus seguidores meios eficazes para que essa liberação se faça de um modo mais rápido possível, com os menores sofrimentos possíveis, porquanto as maiores dores neste vale de lágrimas são tão somente um pálido reflexo dos tormentos no além...

Para um sério preparo com vistas a libertar-se do ciclo das existências, o Orfismo, além da parte inciática, mística e ritualística, que nos escapa, dava uma ênfase particular à instrução religiosa, através dos "hieroì lógoi", "dos livros sagrados", bem como obrigava seus adeptos à prática do ascetismo, do vegetarianismo e de rigorosa catarse.

Não bastam, no entanto, ascetismo e vegetarianismo para libertar a alma do cárcere da matéria. Se a salvação era obtida sobretudo através da iniciação, quer dizer, de revelações de cunho cósmico e teosófico, a *catarse*, a purificação desempenhava um papel decisivo em todo o processo soteriológico do Orfismo. É bem verdade que nas $\check{o}\rho\gamma\iota\alpha$ (órguia), nos orgiasmos dionisíacos, provocados pelo êxtase e entusiasmo, se realizava uma comunhão entre o divino e o humano, mas essa união era efêmera e "obtida pelo aviltamento da consciência". Os órficos aceitaram o processo dionisíaco e dele não só arrancaram uma conclusão óbvia, a *imortalidade*, donde a *divindade* da alma, mas ainda o enriqueceram com a $\kappa\acute{\alpha}\vartheta\alpha\rho\sigma\iota\varsigma$ (kátharsis), a *catarse*, que, embora de origem apolínea, foi empregada em outro sentido pelos seguidores de Orfeu.

O terceiro e último ato do drama gigantesco da existência e da morte é precisamente a sorte que aguardava a alma no além e o caminho perigoso que a conduzia até lá e a trazia de volta ao mundo dos vivos, para recomeçar uma nova tragédia. Estamos nos domínios da *Escatologia*.

Se em Homero o Hades é um imenso abismo, onde, após a morte, todas as almas são lançadas, sem prêmio nem castigo, e para todo o sempre, e, se em Hesíodo, já existe uma nítida mudança escatológica, se não na topografia infernal, mas no destino de algumas almas privilegiadas, o Orfismo fixará normas topográficas definidas e reestruturará tudo quanto diz respeito ao destino último das almas.

No tocante à topografia, o Hades foi dividido orficamente em três regiões distintas: a parte mais profunda, abissal e trevosa denomina-se *Tártaro*; a medial, *Érebo*, e a mais alta e nobre, *Elision ou* $\text{H}\lambda\dot{\upsilon}\sigma\iota\alpha$ $\Pi\epsilon\delta\acute{\iota}\alpha$ (Elýsia Pedía), os *Campos Elísios*. Ao que tudo indica, os dois primeiros eram destinados aos tormentos que se infligiam às almas, que lá embaixo purgavam suas penas, havendo, parece, uma gradação nos suplícios aplicados: os do Tártaro eram muito mais violentos e cruéis que os do Érebo. Os Campos Elísios seriam destinados aos que, havendo passado pelos horrores dos dois outros compartimentos, aguardavam o retorno. Isto significa que a estada no Hades era *impermanente* para todos. Duas observações se impõem: será que também os órficos desciam ao Hades e estavam sujeitos aos castigos e à metempsicose ou à "ensomatose" e, em segundo lugar, depois de quitadas todas as penas, onde estaria localizado o "paraíso"? Quanto às almas dos órficos, houve sempre uma certa hesitação a respeito de elas também passarem pelo processo da transmigração ou reencarnação. Talvez, pelo próprio exame das fontes órficas que se possuem, se possa afirmar que o problema estaria na dependência de ser ou não um iniciado perfeito (o que seria muito difícil) nos Mistérios de Orfeu... No que diz respeito à localização do "paraíso", existem, igualmente, algumas hesitações e contradições, mas, depois dos ensinamentos de Pitágoras, de algumas descobertas astronômicas e das especulações cosmológicas dos filósofos Leucipo e Demócrito, respectivamente dos fins do século VI e fins do V a.C., se chegou à conclusão de que a terra era uma esfera e, em consequência, o Hades subterrâneo e a localização da Ilha dos Bem-Aventurados no extremo Ocidente deixaram "cientificamente" de ter sentido. O próprio Pitágoras, numa sentença, afirma que a "Ilha dos Bem-Aventurados eram o Sol e a Lua", ainda que a própria catábase do grande místico e matemático, porque também ele teria visitado o reino dos mortos, pressupunha um Hades localizado nas entranhas da Terra. A ideia de se colocar o "céu" lá no alto, na Lua, no Éter, no Sol ou nas Estrelas, tinha sua lógica, uma vez que, ao menos desde o século V a.C., se considerava que a substância da alma era aparentada com o Éter ou com a substância das estrelas. A localização homérica do Hades nas entranhas da Terra, entretanto, era tradicional e forte demais para que o povo lhe alterasse a geografia...

Feita esta ligeira introdução ao velho e novo Hades, vamos finalmente acompanhar "um órfico" até lá embaixo e observar o que lhe acontece. Nossa primeira fonte será Platão, que, desprezando a tradição mitológica clássica e "estatal", fundamentada em Homero e Hesíodo, organizou uma mitologia da alma, com base na doutrina órfico-pitagórica e em certas fontes orientais.

A segunda serão as importantíssimas *lamelas*, pequenas lâminas ou placas de ouro, descobertas na Itália meridional e na Ilha de Creta, segundo se comentou em *Mitologia Grega*, Vol. II, p. 164.

Essas lamelas foram encontradas em túmulos órficos, nas cidades de Túrio e Petélia, na Magna Graecia, e datam dos séculos IV e III a.C., bem como em Eleuterna, na Ilha de Creta, séculos II-I a.C., e possivelmente em Roma, século II p.C.

Apesar das diferenças de época e de procedência, as fórmulas nelas gravadas têm, com diferenças mínimas, conteúdo idêntico. É quase certo que procedem de um mesmo texto poético, que deveria ser familiar a todos os órficos, como uma espécie de norma de sua dogmática escatológica, o que os distinguia do comum dos homens e traduzia sua fé na salvação final, a salvação da alma. A obsessão dos iniciados órficos pela salvação os teria levado a depositar nos túmulos de seus mortos não o texto inteiro, mas ao menos fragmentos escolhidos, certas mensagens e preceitos que lhes pareciam mais importantes do cânon escatológico. Tais fórmulas serviam-lhes certamente de bússola, de "guia para sair à luz", como o impropriamente chamado *Livro dos Mortos* dos antigos egípcios, como o *Bardo Thödol* tibetano e o Livro Maia dos Mortos.

Voltemos, porém, à "viagem" órfica.

O ritual "separatista" se iniciava pelo sepultamento: um órfico não se podia inumar com indumentária de lã, porque não se deviam sacrificar os animais. Realizada a cerimônia fúnebre, com simplicidade e alegria, afinal "as lágrimas se reservavam no Orfismo para os nascimentos", a alma iniciava seu longo e perigoso itinerário em busca do "seio de Perséfone". No *Fédon* (108a) e no *Górgias* (524a) de Platão se diz que o caminho não é um só nem simples, porque vários são os desvios e muitos os obstáculos: "A mim, todavia, quer me parecer que ele não é simples, nem um só, pois, se houvesse uma só rota para se ir ao Hades, não era necessária a existência de guias, já que ninguém poderia errar a direção. Mas é evidente que esse caminho contém muitas encruzilhadas e voltas: a prova disso são os cultos e costumes religiosos que temos" (*Fédon*, 108a). *A República* (614b) deixa claro que os justos tomam a entrada da direita, enquanto os maus são enviados para a esquerda. As *lamelas* contêm indicações análogas: "Sejas bem-vindo, tu que caminhas pela estrada da direita em direção às campinas sagradas e ao bosque de Perséfone". A alma é bem-orientada em seu trajeto: "À esquerda da mansão do Hades, depararás com uma fonte a cujo lado se ergue um cipreste branco. Não te aproximes muito dessa fonte. Encontrarás, a seguir, outra fonte: a água fresca jorra da fonte da Memória e lá existem guardas de sentinela". Dize-lhes: "Sou filho de Geia e de Úrano estrelado, bem o sabeis. Estou, todavia, sedento e sinto que vou morrer. Dai-me, rapidamente, da água fresca que jorra da fonte da Memória. Os guardas prontamente te darão água da fonte sagrada e, em seguida, reinarás entre os outros heróis". As almas que se dirigiam ao Hades bebiam das águas do Rio Lete, a fim de esquecer suas existências terrenas. Os órficos, todavia, na esperança de escapar da reencarnação, evitavam o Lete e buscavam a fonte da Memória. Uma das *lamelas* deixa claro esse fato: "Saltei do ciclo dos pesados sofrimentos e das dores e lancei-me com pé ligeiro em direção à coroa almejada. Encontrei refúgio no seio da Senhora, a rainha do Hades". Perséfone respondeu-lhe: "Ó feliz e bem-aventurado! Eras homem e te tornaste deus". No início da lamela há uma passagem significativa. Dirigindo-se aos deuses ctônios, diz o iniciado: "Venho de uma comunidade de puros, ó pura senhora do Hades, Eucles, Eubuleu e vós outros, deuses ctônios. Orgulho-me de pertencer à vossa raça bem-aventurada".

A *sede* da alma, comum a tantas culturas, configura não apenas *refrigério*, pelo longo caminhar da mesma direção à outra vida, mas sobretudo simboliza a ressurreição, no sentido da passagem definitiva para um mundo melhor. Nós conhecemos bem esta sede de água fresca, da água viva, através dos escritos neotestamentários de países de cultura grega (Jo 7,37; Ap 22,17). Evitando beber das águas do Rio Lete, o rio do esquecimento, penhor de reencarnação, a alma estava apressando e forçando sua entrada definitiva no "seio de Perséfone". Mas, se a alma tiver que regressar a novo corpo, terá forçosamente que tomar das águas do Rio Lete, para apagar as lembranças do além. Se para os gregos "os mortos são aqueles que perderam a memória", o esquecimento para os órficos não mais configura a morte, mas o retorno à vida. Desse modo, na doutrina de Orfeu, o Rio Lete teve parte de suas funções prejudicadas. Bebendo na fonte da Memória, a alma órfica desejava apenas lembrar-se da bem-aventurança. O encontro de uma árvore, no caso o *cipreste branco*, símbolo da luz e da pureza, junto a uma fonte, a fonte da Memória, é uma imagem comum do Paraíso em muitas culturas primitivas. Na Mesopotâmia, o rei, representante dos deuses na Terra, vivera junto aos imortais, num jardim fabuloso onde se localizava a Árvore da Vida e a Água da Vida. Seria conveniente não nos esquecermos de que em grego, παράδεισος (parádeisos), fonte primeira de *paraíso*, significava também *jardim*. E ao que consta, o *Jardim do Éden* estava cheio de árvores e de fontes... Esse Jardim do Éden (Gn 13,10; Jl 2,3) simbolizando o máximo de felicidade e sendo equiparado ao *Jardim de Deus* (Is 51,3; Ez 31,8-9). Semelhante jardim concretiza os ideais da futura restauração (Ez 36,35), da felicidade escatológica, que era considerada como um retorno à bem-aventurança perdida dos tempos primordiais. Passemos, agora, a acompanhar outra alma, que talvez tenha tomado a entrada da esquerda ou tenha vindo muito "carregada" do mundo dos vivos. Os sofrimentos que pesavam sobre aqueles que haviam partido desta vida com muitas faltas são vivamente desenhados por Platão, por uma passagem de Aristófanes, pelo neoplatônico Plotino e até mesmo pela arte figurada. "Mergulhados no lodaçal imundo, ser-lhes-á infligido um suplício apropriado à sua poluição moral" (*República*, 1, 363d; *Fédon*, 69c); "esvair-se-ão em inúteis esforços para encher um barril sem fundo ou para carregar água numa peneira" (*Gordas*, 493b; *República*, 363e); "como porcos agrada-lhes chafurdar na imundície" (*Enéadas*, 1, 6, 6). Aristófanes, num passo da comédia *As Rãs*, 145sqq., descreve, pelos lábios de Héracles, o que aguarda certos criminosos na outra vida: "Verás, depois, um lodaçal imundo e submersos nele todos os que faltaram ao dever da hospitalidade [...]; os que espancaram a própria mãe; os que esbofetearam o próprio pai ou proferiram um falso juramento". Um exemplo famoso dos tormentos aplicados no Hades é a pintura do inferno com que o grande artista do século V a.C., Polignoto, decorou a Λέσχη (Léskhē), a "galeria, pórtico", de Delfos: nela se via, entre outras coisas, um parricida estrangulado pelo próprio pai; um ladrão sacrílego sendo obrigado a beber veneno e Eurínomo (uma espécie de "demônio", segundo Pausânias, metade negro e metade azul, como um moscardo) está sentado num abutre, mostrando seus dentes enormes em sarcástica gargalhada e roendo "as carnes dos ossos" dos mortos.

Todos esses criminosos e sacrílegos estavam condenados a passar por penosas metempsicoses. Diga-se, logo, que é, até o momento, muito difícil detectar a origem e a fonte de tal crença. Na Grécia, o primeiro a sustentá-la e, possivelmente, a defendê-la foi o mitógrafo e teogonista Ferecides de Siros (séc. VI a.C.), que não deve ser confundido com seus homônimos, o genealogista Ferecides de Atenas (séc. V a.C.) e Ferecides de Leros, posterior e muito menos famoso que os dois anteriores. Apoiando-se em crenças orientais, o mitógrafo de Siros afirmava que a alma era imortal e que retornava sucessivamente à terra para encarnar-se. No século de Ferecides, somente na Índia a crença da metempsicose estava claramente definida. É bem verdade que os egípcios consideravam, desde tempos imemoriais, a alma imortal e suscetível de assumir formas várias de animais vários, mas não se encontra na terra dos faraós uma teoria geral da metempsicose. Caso contrário, por que e para que a mumificação? De qualquer forma, as teorias de Ferecides não surtiram muito efeito no mundo grego. Os verdadeiros defensores, divulgadores e sistematizadores da "ensomatose" e da metempsicose foram o Orfismo, Pitágoras e seus discípulos, e o filósofo Empédocles. A alma, pois, não quite com suas culpas, regressava para reencarnar-se. O homem comum percorria o ciclo reencarnatório *dez vezes* e o intervalo entre um e outro renascimento era de *mil anos*, cifras que, no caso em pauta, são meros símbolos, que expressam não *quantidades*, mas sim *ideias* e *qualidades*, o que, aliás, se constitui na essência do número.

Finda a breve ou longa jornada, a alma podia finalmente dizer, como está gravado em uma das lamelas: "Sofri o castigo que mereciam as minhas ações injustas [...] Venho, agora, como suplicante, para junto da resplandescente Perséfone, para que, em sua complacência, me envie para a mansão dos bem-aventurados". A deusa acolhe o suplicante justificado com benevolência: "Bem-vindo sejas, ó tu que sofreste o que nunca havias sofrido anteriormente [...]. Bem-vindo, bem-vindo sejas tu! Segue pela estrada da direita, em direção às campinas sagradas e aos bosques de Perséfone".

Um fragmento da tragédia euripidiana, *Os Cretenses* (*Frag.* 472), atesta a presença na Ilha de Minos, terra das iniciações, da religião de Zagreu e, portanto, do Orfismo. O poeta nos apresenta um coro de adeptos de Zagreu, numa palavra, de iniciados órficos, que "erra na noite" e se alegra "por haver abandonado os repastos cruentos: "absolutamente puro em minha indumentária branca, fugi da geração dos mortais; evito os sepulcros e me abstenho de alimentos animais; santificado, recebi o nome de *bákkhos*". Este nome, que é, ao mesmo tempo, o nome do deus, exprime a comunhão mística com a divindade, isto é, o núcleo e a essência da fé órfica. *Bákkhos*, Baco, é, como se sabe, um dos nomes de Dioniso, que era, exatamente, sob seu aspecto orgiástico, a divindade mais importante dos órficos. Nome esotérico e sagrado, *bákkhos*, "baco", servirá para distinguir o verdadeiro místico, o verdadeiro órfico, o órfico que conseguiu libertar-se de uma vez dos liames do cárcere do corpo.

O Orfismo tudo fez para impor-se ao espírito grego. De saída, tentou romper com um princípio básico da religião estatal, a secular maldição familiar, segundo o qual, como já se comentou em *Mitologia Grega*, Vol. I, p. 76-81, cada membro do *génos* era corresponsável e herdeiro das *hamartíai*, das faltas cometidas por qualquer um de seus membros. Os órficos solucionaram o problema de modo original: a culpa é sempre de responsabilidade individual e por ela (e foi a primeira vez que a ideia surgiu na Grécia) se paga aqui; quem não conseguir purgar-se nesta vida, pagará por suas faltas no além e nas outras reencarnações, até a catarse final. Mas, diante do citaredo trácio erguia-se a *pólis* com sua religião tradicional, com suas criações artísticas de beleza inexcedível e, mais que tudo, com seu sacerdote e poeta divino, Homero. E bem verdade que, desde o início, o Orfismo pediu socorro às Musas e Orfeu tentou modelar-se sobre a personagem do criador da epopeia, tornando-se também, em suas *rapsódias* e *hinos*, poeta e cantor, mas a distância entre Homero e Orfeu é aquela mesma estabelecida por Hesíodo entre o Olimpo e o Tártaro... E mais uma vez a Ásia curvou-se diante da Hélade! Foi, não há dúvida, mais uma vitória da cultura que da religião, mas, com isso, o Orfismo jamais passaria, na Grécia, de uma "seita", de uma confraria.

De qualquer forma, quão distante se está de Homero, Hesíodo e sobretudo de Apolo! Se a religião da pólis estribava-se no bem-viver, a órfica tem por essência o bem-morrer. Fundamentando-se em nova antropogonia e em singular escatologia, o Orfismo aprendeu "a reservar suas lágrimas para os que nasciam e seu sorriso para os que morriam".

6 – Afirma Leonel Franca (*Noções de História da Filosofia*, Rio de Janeiro, Livraria Agir Editora, 1952, 13ª ed., p. 36sqq.) que coube a Pitágoras (séc. VI a.C.), natural da Ilha de Samos, "a iniciativa de ter orientado a filosofia para os problemas ético-religiosos, encarando-a não só como explicação da natureza, senão ainda como regra de vida, como meio de atingir a perfeição e a felicidade. Sua moral, porém, apresenta-se a nós mais como uma tradição religiosa do que como resultado de uma investigação racional coerente com o resto do sistema filosófico". Pois bem, é exatamente essa *tradição religiosa*, com vistas à escatologia, que nos interessa no momento. Se os órficos atribuíam capital importância à *antropogonia*, os pitagóricos valorizaram enormemente a *cosmologia*. Para Pitágoras ou seus discípulos (porque é meramente impossível distinguir entre os ensinamentos primitivos do mestre, que nada deixou por escrito, e a contribuição posterior de seus seguidores) "o universo é constituído por um corpo ígneo, situado no centro e móvel em torno do próprio eixo e ao redor do qual se dispõem a terra, o sol, os planetas (e a antiterra), o corpo que se acrescentava aos *sete planetas* então conhecidos para perfazer o número de *dez*". Desse corpo ígneo procede a psique, que, por motivos não explicados, encravou-se na matéria, no corpo. Da crença na origem divina da alma, e portanto, de sua imortalidade, decorre a exigência de conservá-la pura no seu estado terreno de união com o corpo, a fim de que, após a morte, ela possa regressar a seu mundo, o mundo dos astros. Se o corpo é o cárcere imundo, é necessário preservá-lo através da *pureza religiosa*. Se o fim último da vida e a felicidade suprema do "sábio" são a semelhança com a divindade nesse retorno do *puro* ao *puríssimo*, o meio indispensável de atingi-la é a prática da ἀρετή (aretḗ), de determinados valores éticos. Com isto há de se atingir a *harmonia* que resulta da subordinação do σῶμα (sôma), do corpo, da "parte inferior" à ψυξή (psikhḗ), à alma. No intuito de alcançar esta vitória suprema e libertar a alma da matéria, para um retorno feliz a seu mundo de origem, os pitagóricos entregavam-se aos rigores de práticas ascéticas. Organizavam-se em seitas fechadas, de tipo esotérico. Viviam vida comum, praticavam o celibato, o exame de consciência e a abstinência de certos alimentos. Movimento religioso de elite, talvez não fosse impertinente lembrar a obrigatoriedade pitagórica do silêncio e da abdicação, por parte de seus adeptos, da própria razão em favor da autoridade do mestre. Consideravam a sentença de seu fundador como a última palavra e expressão indiscutível da verdade. Depois do αὐτὸς ἔφη (autòs éphē), *ipse dixit*, "ele falou", não havia mais o que discutir. Mas, apesar de tanto rigor e ascetismo, os pitagóricos julgavam extremamente difícil libertar a alma do cárcere do corpo em um só nascimento. Desse modo, a ἐνσωμάτωσις (ensōmátōsis), a *ensomatose*, isto é, a reassunção pela alma de um novo corpo humano, e a μετεμψύχωσις (metempsýkōsis), a *metempsicose*, transmigração da psiqué para um outro corpo, humano, animal ou até mesmo para um vegetal, faziam parte intrínseca do "dogma" pitagórico. Até o próprio Pitágoras, em uma de suas metempsicoses, retornou como galo... Diga-se, de passagem, que tradições posteriores, de cunho aliás duvidoso, asseveram que o filósofo e matemático de Samos recordou quatro das suas próprias reencarnações. Seria inútil continuar a expor as ideias e postulados pitagóricos, porque voltaríamos ao que se disse a respeito do Orfismo. Entre ambos os movimentos de cunho soteriológico existem,

do ponto de vista religioso, semelhanças muito acentuadas: o dualismo corpo-alma; a crença na "ensomatose" e na metempsicose; punição no Hades e glorificação final no *Elision* (pouco importa a localização do mesmo, se nos astros ou na Ilha dos Bem-Aventurados); vegetarianismo, ascetismo, catarse... Tantas analogias levaram muitos a etiquetar erradamente o Orfismo como um simples apêndice do Pitagoricismo, mas tantos pontos em comum não provam, como acentua Mircea Eliade, "a inexistência do Orfismo como um movimento autônomo". Os dois sistemas certamente se desenvolveram paralela e independentemente. Mas, se as semelhanças são grandes, múltiplas igualmente são as diferenças, sobretudo no que tange ao social, à política, ao *modus vivendi* e ao aspecto cultural. Começando pelo último, é bom lembrar que os pitagóricos eram homens cultos e dedicavam-se a um sistema de "educação integral": complementavam suas normas éticas, morais e ascéticas com o estudo em profundidade da música, da matemática e da astronomia, embora todas essas disciplinas e normas visassem, em última análise, a um postulado místico. Em suma, "a ciência total", de estrutura holística, como agudamente sintetizou Mircea Eliade, tinha uma função ao mesmo tempo gnosiológica, existencial e soteriológica.

O Pitagorismo estava, de outro lado, voltado para a política. Sábios pitagóricos, como é relatado pela história, detiveram o poder, durante algum tempo, em várias cidades do sul da Itália, a *Magna Graecia*. O Orfismo, ao revés, era apenas um movimento religioso: jamais se imiscuiu em política e tampouco se fechou em conventículos de tipo esotérico. Em suas fileiras militavam fraternalmente cultos e iletrados.

O que mais importa, no entanto, é que ambos sofreram e lutaram, desde o século VII-VI a.C., em busca da felicidade da psiqué.

7 – Platão foi o grande caudatário, sob o enfoque mítico-religioso da teoria dicotômica *sôma-psykhễ* dos órficos e pitagóricos, mas o que estes construíram como tapera, o filósofo ateniense soergueu como luxuoso edifício, mercê de sua genialidade, estro poético e com o brilho incomparável e elegância inimitável de seu estilo.

Sócrates, assinala Leonel Franca, *Noções de História da Filosofia*, Rio de Janeiro, Agir, 1952, 13ª ed., p. 49sqq., já havia mostrado no conceito o verdadeiro objetivo da ciência. Seu discípulo Platão (séc. V-IV a.C.) aprofundou-lhe a teoria e procurou determinar a relação entre conceito e realidade, construindo sobre este problema o ponto de partida de seu edifício filosófico. A ciência é objetiva e, desse modo, ao conhecimento certo deve corresponder a realidade. Ora, se de um lado os nossos conceitos são universais, necessários, imutáveis e eternos no dizer de Sócrates, de outro, tudo no mundo é individual, contingente e transitório, como quer Heráclito. Deve, pois, existir, além do fenomenal, um outro mundo de realidades, objetivamente dotadas dos mesmos atributos dos conceitos subjetivos que as representam. Tais realidades, na nomenclatura de Platão, denominam-se Ἰδέαι (Idéai), *Ideias*. Estas não são, no sentido do filósofo da Academia, representações intelectuais, formas abstratas do pensamento. Ao revés, são realidades objetivas, modelos e arquétipos eternos de que as coisas visíveis são cópias imperfeitas e transitórias. Todas as ideias existem num mundo à parte, *o mundo dos inteligíveis, ὁ τόπος νοητός* (ho tópos noētós), situado na esfera celeste. Pois bem, dessas *ideias* ou *formas* é que provêm nossas almas imortais. Preexistindo ao corpo, "túmulo que arrastamos conosco como o caracol arrasta a concha que o envolve" (*Fedro*, 250c), a ele se uniram violentamente em punição de algum delito cometido, aliás não explicitado. Observe-se, neste particular, a repetição do tema órfico-pitagórico: "o corpo é o túmulo da alma", cuja síntese é o σῶμα-σῆμα (soma-sema), "corpo-túmulo", (*Crátilo*, 400c; *Fédon*, 62b). Essa dívida de Platão à teoria órfico-pitagórica acerca da psiqué "é nitidamente acentuada nos primeiros diálogos" (*Cármides*, 156d, 157a; *Fédon*, 70c; *Mênon*, 81a), segundo nos informa acertadamente F.E. Peters, *Termos Filosóficos Gregos*, tradução de Beatriz Rodrigues Barbosa, Lisboa, Fundação Calouste Gulbenkian, 2ª ed., 1983, p. 202sq. Nestes diálogos a psiqué aparece como se fora uma unidade, imortal, sujeita a um renascimento cíclico num corpo que é a fonte de todos os seus males. Daí a necessidade da *catarse*, da purificação, para que, liberta da matéria, a alma possa retornar a seu mundo primeiro, o *Mundo das Ideias*. Associada a este complexo de juízos está a teoria da ἀνάμνησις (anámnēsis), da anamnese, vale dizer, da reminiscência. É que, em virtude da união da alma com a matéria, aquela passa a ter dois tipos de conhecimento: o dos fenômenos ou sensível, provável e conjectural e o das ideias ou racional, certo e científico. Entre um e outro a relação é meramente extrínseca, servindo a percepção dos fenômenos apenas de ocasião para despertar ou evocar a lembrança das ideias contempladas na vida anterior. O verdadeiro conhecimento é, pois, reminiscência: *scire est reminisci*, saber é recordar. No próprio *Fédon*, todavia, a anamnese resvala repentinamente para o nível da ἐπιστήμη (epistḗmē), de "conhecimento verdadeiro", e aquilo que é recordado não são minúcias de uma outra vida, mas um conhecimento das Εἴδη (Eídē), das formas, das ideias. A psiqué é a faculdade na qual conhecemos as Formas (*Fédon*, 65a, 67b) e isto porque a alma procede das mesmas, caracterizando-se, por isso mesmo, como imaterial, imortal e invisível. De maneira gradual, porém, o filósofo da Academia altera os aspectos mais radicais da diferença entre corpo e alma. Sob muitos ângulos tal fato implica um regresso às categorias tradicionais pelo fato de reconhecer que várias funções somáticas pertencem igualmente à psiqué, a qual no *Fédon* se esforça para operar somente na esfera noética e separada dos sentidos. Esta acomodação é realizada pela tripartição da alma (*República*, 4, 435 e 444e): τὸ λογιστικόν (tò loguistikón), a *racional*, localizada na cabeça; τὸ θυμοειδές (tò thymoeidés), a *irascível*, a *dotada de espírito*, alojada no peito e τὸ ἐπιθυμητικόν (tò epithymētikón), a *apetitiva*, com sede nas entranhas.

Como as funções da psiqué são ampliadas a partir da *República*, a alma *racional* se reveste das características da psiqué unitária do *Fédon*. É divina, criada pelo demiurgo (v.) e reside na cabeça. Teve uma visão pré-natal das ideias e está sujeita a παλιγγενεσία (palinguenesía), isto é, à ensomatose ou metempsicose. É, além do mais, imortal, enquanto as duas outras, a *irascível* e a *apetitiva* são mortais e criadas por deuses inferiores.

Seja como for, a grande missão do homem nesta vida é a busca infatigável da catarse dialética, quer dizer, dos diferentes processos intelectuais e morais pelos quais o espírito humano pode elevar-se das coisas corpóreas e efêmeras ao conhecimento do mundo superior e invisível das Ideias. Se o corpo arrasta a alma para baixo, é necessário encontrar a alavanca da verdade para empurrá-la para cima, para seu mundo de origem, o *Mundo das Ideias*.

É verdade que toda queda, como foi a da psiqué no corpo, grava o futuro, mas com raras exceções não pode comprometê-lo irremediavelmente. Uma vez sofrido seu castigo, a alma sempre pode refazer-se, visto que a eternidade do tempo lhe é oferecida para assimilar-se à verdade. Várias *palingenesias*, no entanto, são necessárias, porque as almas não se emendam a não ser no curso de inúmeras existências. Estas, porém, após uma série de renascimentos podem ser negadas aos "irrecuperáveis", que, no além, não são mais admitidos a reencarnar-se, mas servirão de exemplo a delinquentes, cuja recuperação continua possível (*Górgias*, 525c; *República*, 10, 619 d5; *Leis*, 9, 862 d-c). É que o castigo a que estão sujeitos esses "recuperáveis" apresenta a maldade à psiqué como um espelho e provoca-lhes a reflexão e a correção.

Mas, se existe um inferno platônico "no além", onde estaria o paraíso? Talvez na Via Láctea, certamente na Ilha dos Bem-Aventurados (*Górgias*, 526 c), locais mais ou menos utópicos, que traduzem para a psiqué o retorno à contemplação do *Belo* e do *Bom*.

Plotino (205-270 p.C.), filósofo de origem egípcia, mas de língua grega, foi de longe o mais brilhante dos *neoplatônicos* e o que mais se aferrou à dicotomia corpo-alma, envergonhando-se ele próprio do seu invólucro carnal. Sua obra consta de cinquenta e quatro dissertações, agrupadas por seu discípulo Porfírio em *seis* séries de *nove* e, por isso, intituladas Ἐννεάδες (Enneádes), *Enéadas*, cujo sistema místico é o desenvolvimento de um panteísmo de emanação. Diga-se, logo, que *emanação* é palavra formada à base do verbo latino *emanare*, "manar, provir, originar-se de"; em grego dir-se-ia ἀπόρροια (apórrhoia), "ação de escorrer, de provir de".

Como doutrina, a emanação para Plotino pode sintetizar-se da seguinte maneira: acima de todos os seres eleva-se o *Uno*, Ἡ Μονάς (He Monás), "a Grande Mônada, a Unidade Absoluta", ser supremo e incognoscível (sem inteligência nem vontade, já que estes atributos implicam a dualidade de sujeito e objeto), unidade simplicíssima e suficientíssima, plenamente identificada consigo mesma na contemplação e amor de si mesma. Do *UNO* não se pode dizer o que ele é, apenas que é *uno* e bom, o que o leva a "emanar-se", a expandir-se para fora de si. Desse *Uno*, por emanação, degradação e dissemelhança, provém a Inteligência, Λόγος (Lógos), Νοῦς (Nûs), que contém em si todas as coisas, o mundo dos inteligíveis. Da *Inteligência*, como princípio dinâmico, emana a *Alma do Mundo*, caracterizada pela tendência essencial a realizar as ideias eternas no mundo sensível. Como emanações hierárquicas do *Uno*, *Inteligência* e *Alma do Mundo* constituem com ele a trindade neoplatônica. Da *Alma do Mundo* originam-se as almas individuais ou forças plásticas que geram a matéria e a elas se unem, constituindo os seres corpóreos e sensíveis. É, pois, a matéria a derradeira emanação em que se esgota o *Uno*, a essência suprema.

É desse vínculo com a matéria que é necessário libertar a psiqué, e Plotino clama por essa liberação, pois que a alma se tornou prisioneira do cárcere do corpo: "As almas dos homens, vendo suas imagens no espelho de Dioniso, como se fossem elas próprias, entraram neste domínio (da matéria), dando um salto para baixo do Supremo" (*Enéad.* 4, 2: 12). E mais adiante ensina como desvincular-se da matéria: "após sua queda, a alma foi *capturada*, ela está *agrilhoada*... Está, como se diz, num túmulo e numa caverna, mas, voltando-se para a reflexão, ela se liberta de seus liames" (*Enéad.* 4, 8, 4) e arremata: "a marcha para a inteligência é, para a alma, a libertação de seus nós" (*Enéad.* 4, 8, 1). Faz-se mister, por conseguinte, o "retorno" da psiqué a seu *habitat* verdadeiro. Trata-se de algo penoso, mas é preciso realizá-lo. Como fazê-lo? Plotino fala por nós.

Ao processo objetivo de degradação do *Uno* em emanações sucessivas corresponde um processo subjetivo de reintegração dos seres na Grande Mônada, na unidade absoluta. Nessa "reabsorção" a psiqué passa por três estágios ou caminhadas: κάθαρσις (kátharsis), *catarse*, purificação, através da qual se desliga de tudo o que é sensível e se "re-liga" à *Alma do Mundo*; διαλεκτική (dialektiké), *dialética* diálogo), pela qual se eleva à contemplação das ideias e se "re-une" à *Inteligência*; ἔκστασις (ékstasis), *êxtase*, contemplação, em função da qual a psiqué se despoja do sentimento da própria personalidade para abismar-se inconscientemente na Unidade Suprema. Toda a finalidade da doutrina é, como se vê, a "reunião" extática, o retorno místico da alma à Grande Mônada: nisto consiste a felicidade suprema do homem, o seu paraíso.

Como nosso estudo é do *mito*, não caberia aqui um estudo evolutivo do conceito de psiqué na filosofia grega. Se abordamos, embora de passagem, a visão de Pitágoras, Platão e Plotino, o fizemos tão somente de um ponto de vista da psiqué como fenômeno religioso. Gostaríamos, todavia, de encerrar este longo verbete, mostrando, se bem que sumariamente, como o gênio de Homero foi complementado pelo de Aristóteles. Quando Platão afirma na *República*, 10, 606e, que Homero foi o *educador da Grécia*, τὴν Ἑλλάδα πεπαίδευκεν (tên Helláda pepaídeuken), não laborou em equívoco. O pensamento grego deu voltas e contravoltas, mas sempre buscou as sementes no poeta maior, pouco importa se foi para plantá-las em terreno fértil ou lançá-las entre os espinheiros.

Repetir-se-á, pois, brevemente, o conceito homérico de psiqué, de modo particular no que se refere ao *movimento* e encaixar-se-á depois a definição aristotélica. Ver-se-á que o autor da *Ilíada* e da *Odisseia*, compostas provavelmente entre os séculos IX e VIII a.C., não estava tão distante do século IV a.C.

Analisando-se com certo cuidado o conceito homérico de psiqué, conclui-se que a conexão entre a vida e o movimento por um lado e a consciência por um outro já estão bastante claras no poeta, que estampa duas entidades diferentes para explicar a vida e a consciência. Com efeito, para o cantor de Aquiles existe a psiqué, "o sopro, a respiração de vida", que, após a morte, torna-se εἴδωλον (eídōlon), um corpo astral individualizado, e continua a viver no Hades de forma atenuada, após escapar pela boca do herói moribundo. Esta ligação com a cabeça, aliás, é significativa: pode ser o início da teoria posterior que localizou a sede da psiqué no cérebro. Em contraste há o θυμός (thymós), "o espírito", que reside no diafragma, e φρένες (phrénes), por onde o ser humano pensa e sente. A psiqué homérica estava, além do mais, intimamente ligada ao movimento, uma vez que sua partida transformava o agregado de membros, que era o corpo do herói, num σῶμα (sôma), vale dizer, num cadáver inerte. Igualmente o *thymós*, o espírito, participa do movimento num sentido posteriormente explorado por Aristóteles: são os impulsos do *thymós* que impelem o herói à atividade. Vejamos agora o estagirita. Para Aristóteles a psiqué se identifica como κίνησις (kínēsis), princípio do movimento e αἴσθησις (aísthēsis), princípio da percepção. Assim sendo, a *psiqué* para ele é um princípio motor, não no sentido mecanicista de Demócrito ou como ele compreendeu as afirmações de Platão e Xenócrates, mas como a causa final. Ela move pelo pensamento e desejo, mas não é automovida, a não ser acidentalmente, visto que o que move os outros não tem necessidade de estar em movimento em si próprio.

ESFERO.

Σφαῖρος (Sphaîros), *Esfero*, é um derivado de σφαῖρα (sphaîra), "bola, globo, esfera". Σφαῖρος (Sphaîros), *Esfero*, é uma forma artificial criada por Empédodes para designar a divindade ou o mundo na sua unidade, *DELG*, p. 1.073-1.074.

Como antropônimo, "o esférico" é o epíteto que recebeu, após a morte e heroificação, o corajoso Cilas, condutor do carro de Pélops. Tornou-se, no mito, o herói epônimo da Ilha Esfera, perto de Trezena. Foi nessa ilha que Etra, oferecendo um sacrifício noturno, foi possuída pelo deus Posídon e tornou-se mãe de Teseu (v.).

ESFINGE *(I, 155, 242, 245-254, 309; III, 98, 246, 256-261, 263-264, 266, 272, 275-283, 310).*

O monstro Tifão, unindo-se à medonha Équidna, foi pai de Φίξ (Phíks), *Fix*, a Esfinge. Como se viu em *Mitologia Grega*, Vol. I, p. 245, houve uma aproximação devida à etimologia popular entre a Fix hesiódica e "tebana" e *a Esfinge*. É que, a par de Φίξ (Phíks), Fix, parece ter existido uma forma Σφίξ (Sphíks), *Sfiks*, que, à base de simples sonoridade, passou a fazer parte da família do verbo σφίγγειν (sphínguein), *envolver, apertar, comprimir, sufocar*, donde o substantivo Σφίγξ (Sphínks), *Esfinge*. Esta aproximação etimológica contribuiu muito para fazer da Esfinge um monstro opressor, um pesadelo, um *íncubo*, função que complementa sua atribuição primitiva de *alma penada*. Consoante Marie Delcourt, em sua obra clássica e bastante polêmica sobre Édipo, *Oedipe ou la Legende du Conquérant*, Chap. III, p. 104sqq., o ser mítico (monstro feminino com rosto e, por vezes, seios de mulher, peito, patas e cauda de leão e dotado de asas) que os gregos denominaram Esfinge, foi por eles concebido com apoio em duas determinações superpostas: a realidade fisiológica, isto é, o pesadelo opressor, o *íncubo*, e o espírito religioso, quer dizer, a crença nas almas dos mortos, representadas com asas. Estas duas concepções acabaram por fundir-se, uma vez que possuíam e ainda possuem certos aspectos comuns, principalmente o *caráter erótico* e a ideia de que, quando se derrotam os pesadelos e fantasmas, o vencedor recebe, como dádiva dos mesmos, tesouros, talismãs e reinos. A "cruel cantora" é, pois, a junção de duas acepções: pesadelo opressor, *íncubo*, e o terror infundido pelas almas dos mortos. Na realidade, a Esfinge pertence simultaneamente a duas categorias de seres, que correspondem a dois enfoques diferentes: "irmã" de Efialtes, o monstro é pesadelo, um *demônio opressor*; "irmã" das Sereias, simboliza uma *alma penada*. Com efeito, Sereias, Queres, Harpias, Erínias, As Aves do Lago de Estinfalo... são em princípio *almas dos mortos*.

Observe-se que, quando se chama a Esfinge de "irmã" de Efialtes e das Sereias, estamos nos referindo a "princípios", a "ideias" e não a genealogias. É que, nas mais antigas concepções míticas, os "monstros" nasciam nas profundezas do seio de Geia, ou mais claramente, do *inconsciente*. Só mais tarde, quando se organizaram as famílias divinas, se lhes atribuíram pai e mãe, nos moldes das gerações humanas.

Voltando "à cruel cantora": assim como existiam várias Sereias, teria havido igualmente mais de uma Esfinge. O mito de Édipo, no entanto, privilegiou *de tal forma uma delas, que as demais caíram no esquecimento*. E, por isso mesmo, graças à literatura e à arte figurada, todas as imagens mais ou menos diferentes, relativas à Esfinge, cristalizaram-se em torno da mulher-leão alada, que a arte grega recebeu do sul do Mediterrâneo com marcante influência egípcia, como se verá mais abaixo. Pois bem, todos esses seres possuem um traço comum: são ávidos de *sangue* e de *prazer erótico*. Na *Odisseia*, XI, 36-37, para evocar as almas dos mortos, os *eídola*, Ulisses, além de fazer três libações sobre um fosso, com mel, vinho e água (as almas dos mortos estão sempre sedentas), degolou sobre o mesmo duas vítimas negras: um carneiro e uma ovelha. O resultado foi imediato:

O negro sangue correu,
E logo as almas dos mortos, subindo do Hades, se ajuntaram.

Isto quer dizer que as almas, por efeito de determinados líquidos, recuperam, ao menos por instantes, sua *consciência*. Esses líquidos, como o vinho, o mel, a água, mas sobretudo o *sangue*, o *esperma* (*spérma* em grego é *semente*), porque em ambos "está a vida", são vitais para os *eídola*, a fim de que possam reanimar seu vigor sempre languescente. Na chamada ânfora de Berlim, de n. 684, do século VI a.C., vê-se um homem deixando cair sua "semente" sobre uma borboleta, que simboliza a alma e esta, diga-se de passagem, parece ser a mais antiga representação conhecida na Hélade da alma-borboleta. Uma passagem de Filóstrato (sofista e biógrafo dos inícios do séc. III p.C.), *Vida de Apolodoro*, 4, 25, falando das Empusas, Lâmias e Mormólices, "irmãs" das Sereias e Esfinges, afirma que elas *amam o prazer erótico e mais ainda a carne humana e, por isso mesmo, seduzem os jovens que desejam devorar.* Além de Filóstrato, uma nota da *Suda*, uma referência de Ésquilo e uma afirmação de Pausânias confirmam alguns vestígios do antigo monstro opressor e erótico: na *Suda*, s.u. Μεγαρικαὶ σφῖγγες (Megarikaì sphînges), "Esfinges Megáricas", lê-se: *Esfinges megáricas: é assim que são chamados os prostituídos. Daí talvez o nome de esfinctes com que são designados os efeminados.* Na tragédia de Ésquilo, *Sete Contra Tebas*, 541-543, assim é descrito o escudo de Partenopeu (um dos sete chefes) que estampava uma *Esfinge*:

A Esfinge devoradora de carne crua, cuja imagem, cinzelada em relevo e fixada por pregos, brilha intensamente;
a Fix tem sob ela um dos Cadmeus.

Devoradora e sob ela definem perfeitamente o caráter antigo do monstro: *devorador e íncubo*.

Pausânias, na *Descrição da Grécia*, 5, 11, 2, comentando uma composição que decorava os pés do trono de Zeus em Olímpia, assim se expressa: *sob cada um dos pés dianteiros* (do trono de Zeus) *jazem crianças tebanas arrebatadas pelas Esfinges*. No que tange à data em que a *Esfinge* penetrou na Hélade, sua origem e "evolução" na arte e na literatura grega são fatos difíceis de se determinarem, mas alguns pontos parecem já esclarecidos, ao menos em parte.

A *Esfinge* já era conhecida formalmente pelos minoicos e micênicos, mas só a partir do século XIII a.C. é que tomou impulso definitivo como um ser capaz não apenas de reproduzir e amamentar, mas igualmente de marcar presença de corpo inteiro nos túmulos, onde se apresenta como protótipo da *Quere* da morte: guardiã do cadáver e possivelmente sua devoradora. Dada, porém, a limitação da técnica artística micênica, a Esfinge não havia assumido ainda, a essa época, ao menos aparentemente, seu grande papel de amante demoníaca, de "cauchemar", de espírito ávido de sangue e de prazer erótico, patenteado na Grécia arcaica com o arrebatamento de mortos e a implacável perseguição aos jovens de físico privilegiado. Surge, outrossim, como um remoto agente sobrenatural, ao tocar o pilar central do sepulcro. Como é sabido, a coluna truncada micênica, que aparece nos túmulos, unia o morto a seu antigo lar, que agora perdera seu apoio, como diz Ésquilo a respeito da morte de Agamêmnon, cognominado *coluna, sustentáculo do alto teto* (*Agam.* 897sq.). A Esfinge que "acompanhará" o finado, proteger-lhe-á igualmente a casa, como pode ser vista em outro ataúde: guarda-o, sentada sobre o mesmo, na posição clássica da Esfinge funerária arcaica.

A influência egípcia é evidente, guardadas as devidas proporções, particularmente no que se refere ao aspecto iconográfico e funcional, segundo se expôs longamente em *Mitologia Grega*, Vol. I, p. 252sqq. A Esfinge egípcia, *Shesepuankh*, "a estátua viva ou a estátua da vida", é assim chamada por estar voltada para o nascente, a fim de receber os primeiros ósculos dos raios de *Re-Herakheti*, isto é, o Sol vivo. Símbolo solar e essencialmente masculino, *Shesepuankh* é realmente guardião dos túmulos dos faraós, mas nunca possuiu função de raptor, devorador dos mortos e muito menos caráter erótico.

Os gregos assinalaram o que lhes interessava. E, se desde a época de Ramsés II (séc. XIV-XIII a.C.), a presença de visitantes, comerciantes e soldados mercenários gregos no Egito é fato comprovado, a Esfinge deve ter chegado à Hélade por esta época, mas a influência egípcia na pátria de Sólon só se intensificou a partir do século VII a.C. O caráter erótico da Esfinge é um fato grego, que certamente se explica pela semelhança e até uma certa identificação funcional com outros raptores e amantes irresistíveis do mito helênico: *Harpias, Eros, Potos, Sereias, Aurora, Queres...* De todos os amantes alados, todavia, a Esfinge é a mais musculosa, forte e erótica. De guardiã e raptora dos mortos nos túmulos micênicos, sua transição para o mundo clássico da guerra e dos funerais já estava assegurada desde os inícios do século VII a.C., quando a detectamos iconograficamente num desfile de soldados; acompanhando as ἐκφοράς (ekphorás), vale dizer, os préstitos fúnebres, ou mesclada com os cães e aves de rapina com as quais se assemelha. Juntamente com o cavalo, que transporta o esquife e as *carpideiras*, isto é, as θρηνήτριαι (thrēnḗtriai), figura ainda na indumentária das atenienses que entoavam as lamentações. Mostra-se ainda nos dados do *jogo da morte*, na tiragem da sorte entre duas pessoas para se saber qual delas desceria primeiro ao Hades. Segundo a crença, a quem tocasse a face do dado com a Esfinge teria em breve a visita de Tânatos...

Ao lado das Harpias, aguarda nos campos de batalha o trespasse do herói. Como as Sereias, vigiava o túmulo, mas sua função específica na Antiguidade Clássica era de atuar como cão de guarda sobre uma estela funerária, para punir os que molestassem "seus" mortos. Estes eram simultaneamente, por conseguinte, seus protegidos, suas vítimas e amantes.

Excepcionalmente, a Esfinge torna-se atrativa e inteligente e, mais que isto, *cantora.* Sófocles no *Édipo Rei*, 391, chama-a de ἡ ῥαψωδὸς κύων (hè rhapsōdòs kýon), "a cadela cantora", que obrigava suas vítimas a cantarem ou cantava para "encantá-las".

Numa versão de seu mito é estampada sem asas, seguindo prazerosamente a Héracles, como se fora uma cadela no cio.

Os artistas gregos exaltaram-lhe a feminilidade, modelando-a com tórax humano, tetas volumosas e tumefactas como se acabasse de parir ou ardesse em desejos de uma união sexual. Outra empreitada em que se empenhava particularmente, desde o século V a.C., era a de instruir os jovens até então inexperientes, propondo-lhes enigmas acerca da virilidade e do amor. Outras vezes, inflamada de desejo erótico, os perseguia até agarrar um que lhe satisfizesse os instintos. Harmonizando o corpo com asas de uma raptora, com garras de uma "devoradora" de jovens, desde que fossem belos, e um rosto "produzido" para o amor, a Esfinge grega era mestra, antes do mais, da sensualidade.

Foi a literatura, sem dúvida alguma, que reduziu as funções da Fix a uma proponente de enigmas, sem tirar-lhe, todavia, o apetite... Seja como for, a *communis opinio* é de que o tema da Esfinge inquiridora só *se ampliou a partir do mito tebano de Édipo* e sua vulgarização se deveu à literatura, particularmente à grandiosa tragédia de Sófocles, *Édipo Rei*. A presença hostil da Esfinge às portas de Tebas é diversamente explicada. Consoante Eurípides, *Fenícias*, 810, foi o deus Hades ou Plutão quem a colocou ali, fato que lhe marcaria tão somente o funesto aspecto da morte; talvez o responsável tenha sido o violento deus Ares, ainda irritado com a morte do Dragão por Cadmo, quando da fundação da cidade de Tebas; outros afiançam, conforme dois escólios das *Fenícias*, 934 e 1031, que foi Dioniso, que jamais perdoou a oposição de Penteu e dos Cadmeus,

"seus irmãos", à penetração do culto do "êxtase e do entusiasmo" em Tebas. A explicação mais aceita, entretanto, adotada por Apolodoro, *Biblioteca*, 3, 5, 8 e pelo "Resumo de Pisandro" é a de que o flagelo fora enviado pela deusa Hera, a fim de punir o amor *contra naturam*, a paixão e rapto de Crisipo por Laio. Desse modo, Hera, a protetora dos amores legítimos, teria imposto aos tebanos um παράνομος ἔρως (paránomos érōs), a saber, "um amor criminoso", um íncubo-papão, que só *comia jovens*, desde que fossem belos, como aconteceu com Hêmon, filho de Creonte.

Foi então que surgiu Édipo e a "cruel cantora" (a Esfinge propunha o enigma cantando) lhe fez a clássica pergunta: "Qual o ser que anda de manhã com quatro patas, ao meio-dia com duas e, à tarde, com três e que, contrariamente à lei geral, é mais fraco quando tem mais pernas?" Édipo respondeu de pronto: "É o homem, porque, quando pequeno, engatinha sobre quatro membros; quando adulto, usa as duas pernas e, na velhice, caminha apoiado num bastão". Vencido, o monstro precipitou-se no abismo. De qualquer forma, a Esfinge devorava a quantos não lhe respondessem ao *enigma* proposto, ao menos a partir do século V a.C., sendo, todavia, como se mostrou, derrotada por Édipo, como está em Sófocles, *Édipo Rei*, 396sqq.

Quando se disse que a Esfinge era cantora a, "a cruel cantora" não é propriamente porque o enigma fosse proposto em verso hexâmetro (que nunca foi apto para o canto), mas porque, sendo "alma-pássaro" e, portanto, ávida de atrair para destruir, cantava para encantar. Não é para efeitos metafóricos que esses monstruosos devoradores aparecem nos monumentos artísticos com instrumentos musicais em suas mãos. É que se tornaram temíveis sedutores de jovens.

O interrogatório da Esfinge, bem como seu corpo a corpo com os moços fazem parte, na interpretação de Marie Delcourt, de uma reminiscência de *provas iniciáticas* por que passava todo adolescente, reservando-se as mais duras e difíceis para os futuros chefes.

Paul Diel, em sua obra *Le Symbolisme dans la Mythologie Grecque*, Paris, Payot, 1952, p. 156, sintetiza com argúcia um dos ângulos do simbolismo do flagelo de Tebas. Na Grécia, diz ele, a Esfinge era uma leoa alada com cabeça humana, enigmática e cruel, tipo de monstro terrível, "em que se pode ver o símbolo da feminilidade pervertida. A Esfinge de Tebas que propunha enigmas aos transeuntes e devorava os que a eles não respondessem, figuraria a intemperança e a dominação perversa e, como peste que devasta o país, simbolizaria as sequências destrutivas do reino de um rei perverso (Laio). Todos os atributos da Esfinge são índices de banalização: o monstro só pode ser vencido pelo intelecto, pela sagacidade, antídoto do embrutecimento banal. Presa à terra, está como que cravada na mesma, símbolo da ausência de elevação". Possui asas, mas estas, como as de Ícaro, não podem levá-la muito longe. O destino da "cruel cantora" é ser tragada pelo abismo.

ESMÁRAGO.

Σμάραγος (Smáragos), *Esmárago*, provém do verbo σμαραγεῖν (smaraguein), "retumbar, reboar", donde "o que faz ecoar, retumbar, o que provoca estrépito", *DELG*, p. 1.026.

Esmárago era uma divindade ctônia, que, em companhia de outros três demônios, Ásbeto, Sabactes e Omódamo, se comprazia em provocar grandes estragos nos vasos de cerâmica dos oleiros, fazendo-os cair estrepitosamente. Os ceramistas dirigiam-lhe preces fervorosas antes de colocarem no forno suas obras de arte.

ESMÉRDIO.

Σμέρδιος (Smérdios), *Esmérdio*, talvez se pudesse aproximar do adjetivo σμερδαλέος (smerdaléos) ou σμερδνός (smerdnós), "terrível, apavorante, forte, poderoso", donde "o que amedronta por seu poder". Poder-se-ia, neste caso, relacionar o antropônimo com o antigo alemão *smerzan*, "provocar dor, fazer mal", anglo-saxão *smeortan, smeart*, "causar prejuízo, fazer mal" e inglês atual *smart*, "severo, vivo, hábil", v. *DELG*, p. 1.026-1.027.

Esmérdio, filho de Leucipo e neto de Naxos, foi o terceiro rei da dinastia cária a instalar-se na ilha, após a saída dos trácios, que a colonizaram. Foi durante o reinado de Esmérdio que Teseu, ao retornar de Creta, abandonou Ariadne em Naxos, por imposição de Dioniso.

ESMICRO.

Σμῖκρος (Smîkros), *Esmicro*, é um dublê de σμικρός (smikrós), que, por sua vez, o é de μικρός (mikrós), "pequeno, em pequena quantidade, de pouca importância". *Smikros* ou *Smikrós* é um hipocorístico, *DELG*, p. 701.

Esmicro é filho de Dêmoclo, de Delfos. Tendo ido a Mileto, Dêmoclo levou em sua companhia o filho, de apenas treze anos. No regresso a Delfos, no entanto, esqueceu o menino na Ásia. Recolhido por um pastor, que guardava o rebanho paterno bem longe da cidade, foi conduzido à casa de Eritarses, que interrogou o adolescente. Como lhe apreciasse a beleza e o caráter, passou a tratá-lo como filho. Certa feita, Esmicro e seu irmão adotivo encontraram no campo um cisne e começaram a disputar com outros jovens da redondeza a posse da ave. Foi então que lhes surgiu pela frente a deusa Leucoteia, que lhes ordenou cessar a luta e pedir aos milésios que instituíssem em sua honra concursos anuais de ginástica, cujos atletas fossem apenas meninos e jovens. Esmicro acabou por casar com a filha de um nobre milésio e foi pai de Brancos (v.), o fundador do Oráculo de Dídimo em honra de Apolo.

Relata uma variante que Leucoteia solicitou ao pai adotivo de Esmicro que desse ao menino toda a atenção possível. Eritarses fê-lo casar-se com a filha e desse enlace nasceu Brancos.

ESMINTEU *(I, 133)*.

Σμινθεύς (Smintheús), *Esminteu*, é um derivado de σμίνθος (smínthos), "rato". *Smintheús* já aparece como antropônimo no micênico, sob a forma *simiteu*. Trata-se de uma epiclese de Apolo, que em Tróada e nas ilhas era adorado como "destruidor de ratos", *DELG*, p. 1.028.

Como antropônimo, Esminteu é um dos companheiros do filho de Pêntilo (v.), Équelas, o primeiro colonizador da Ilha de Lesbos.

Tendo um oráculo exigido que a filha do primeiro senhor de Lesbos fosse afogada no mar, o noivo da jovem, Ênalo, precipitou-se nas ondas com ela. Tocados por tão grande amor, os deuses salvaram a ambos.

ESMIRNA *(I, 218)*.

Σμύρνα (Smýrna), *Esmirna*, em grego helenístico é a "mirra".

Há duas heroínas com este nome. A primeira é uma Amazona, que fundou várias cidades na Ásia Menor, entre elas Éfeso e Esmirna. A segunda, também chamada Mirra, é filha de Teias ou, segundo outros, de Cíniras. Foi mãe de Adônis (v.).

ESPARTA *(I, 69, 92, 104, 108-109, 111-113, 117, 128-129, 139, 216, 282; II, 42, 68-69, 83, 101-102; III, 26-27, 29-30, 43, 45, 56[45], 65, 76, 86, 121, 170, 292, 297, 300, 326-327, 330-331)*.

Σπάρτη (Spártē), *Esparta*, possui etimologia controvertida. Já se tentou aproximar o topônimo do verbo σπείρειν (speírein), "semear", já que Σπαρτοί (Spartoí), "os Semeados" (v.), os espartanos, nasceram dos dentes "semeados" do Dragão de Ares, morto por Cadmo. É bem possível que a fonte mais segura seja o nome da planta σπάρτος (spártos), σπάρτον (spárton), "corda, cordame, cabo", isto é, nomes de plantas utilizadas para trançar "cordas, cestos", donde "junco-bravo", *spartium junceum*, *DELG*, p. 1.033.

Esparta é o nome da heroína epônima da cidade do mesmo nome. Filha de Eurotas e de Cleta, casou-se com Lacedêmon. Foi mãe de Amiclas e de Eurídice, mas Himero e Ásina aparecem igualmente no mito como filhos seus.

ESPERQUIO.

Σπερχειός (Sperkheiós), *Esperquio*, é um derivado do verbo σπέρχεσθαι (spérkhesthai), "arremessar-se impetuosamente, agitar-se com violência". O sânscrito possui uma forma com vocalismo zero *spṛhayati*, "ele se enfurece, deseja ardentemente".

Filho de Oceano e Tétis, Esperquio, o impetuoso, é o deus do rio homônimo. É a este deus-rio que Peleu consagrou a cabeleira de Aquiles, a fim de que o filho retornasse incólume da Guerra de Troia. Semelhante oferta é explicada pelo fato de Esperquio ser cunhado do herói, uma vez que se casara com Polidora, filha de Peleu. Atribui-se a Esperquio a paternidade de Dríops (v.), ancestral dos dríopes e, por vezes, das ninfas do Monte Ótris.

ESQUÉDIO.

Σξέδιος (Skhédios), *Esquédio*, talvez provenha de σχδόν (skhedón), "junto de, perto de", significando pois o antropônimo "o que luta de perto, o que combate o inimigo de perto".

Trata-se de um dos pretendentes de Helena. Partiu para a Guerra de Troia, juntamente com seu irmão Epístrofo, tendo sob seu comando um contingente de fócios (*Il.* II, 517-518). Segundo este passo da *Ilíada*, os dois eram filhos de Ífito. Esquédio foi morto por Heitor e no retorno de Troia os fócios foram lançados por uma tempestade nas costas da Itália, onde os sobreviventes fundaram a cidade de Têmesa ou Tempsa.

ESQUENEU.

Σχοινεύς (Skhoineús), *Esqueneu*, se origina de σχοῖνος (skhoînos), "caniço, junco", donde *Esqueno* é o nome de uma cidade da Beócia e de seu epônimo, Esqueneu, "o fundador da cidade dos caniços".

Pai de Atalante (v.) e de Clímeno, era originário da Beócia, mas emigrou para a Arcádia. Tanto na primeira quanto na segunda o herói fundou uma cidade com o nome de Esqueno.

Um segundo Esqueneu, filho de Autônoo, foi transformado em pássaro. Um terceiro herói com nome idêntico era filho de Átamas e de Temisto (v. Atalante).

ESQUIÁPODES.

Σκίαποδες (Skiápodes), *Esquiápodes*, é um composto de σκιά (skiá), "sombra" e de πούς, ποδός (pús, podós), "pé", donde "pés que produzem sombra".

Esquiápodes eram um povo da Índia ou da Etiópia. Possuíam pés tão grandes e grossos, que, no verão, após deitar-se por terra, erguiam as pernas e os pés lhes serviam de defesa contra os raios do sol.

ESQUÍFIO *(I, 324).*

Σκύφιος (Skýphios), *Esquífio*, talvez em função do estranho nascimento do herói, pudesse aproximar-se de σκύφος (skýphos), "copo, taça, recipiente", cujo derivado é σκυφίον (skyphíon), "crânio", v. *DELG*, p. 1.025.

Esquífio é o nome do primeiro cavalo, gerado na Tessália, pelo deus Posídon. O deus-cavalo por excelência (v. *Mitologia Grega*, Vol. I, p. 284), encharcou uma pedra (que teria a forma de um recipiente ou crânio) com seu sêmen e enterrou-a. Meses depois nasceu Esquífio.

ESTÁFILO *(III, 50, 164).*

Στάφυλος (Stáphylos), *Estáfilo*, é um derivado de σταφυλή (staphylé), "cacho de uva", *DELG*, p. 1.045.

Existem várias personagens com este nome, todas, aliás, pertencentes ao ciclo do deus Dioniso ou Baco.

O primeiro Estáfilo é um pastor do Rei Eneu de Cálidon. Como levasse diariamente bodes e cabras ao pastoreio, observou que um dos bodes se afastava do rebanho e sempre regressava mais tarde, extremamente agitado. Seguiu-o e viu que o animal comia uns frutos até então desconhecidos. O pastor contou o fato a Eneu, que, tendo recolhido muitos desses frutos, espremeu-os num grande vaso: era o vinho que nascia em Cálidon. O novo líquido, que foi misturado à água do Rio Aqueloo, recebeu o nome de οἶνος (oînos), "vinho", derivado do nome do rei, Οἰνεύς (Oineús), Eneu. O fruto, "o cacho de uva", passou a denominar-se στάφυλος (stáphylos), "estáfilo".

Uma variante faz de Estáfilo um filho de Sileno, companheiro inseparável de Baco. Atribui-se a Sileno a ideia de misturar o vinho com água.

Um terceiro Estáfilo é considerado como filho dos amores de Dioniso e Ariadne (v.), quando esta foi abandonada por Teseu na Ilha de Naxos. Outras tradições, porém, fazem-no filho do próprio Teseu com a princesa cretense. Seus irmãos chamavam-se Toas, Enópion, Pepareto, aos quais se acrescentam, muitas vezes, Látramis, Evantes e Taurópolis. Estáfilo se casou com Crisótemis e foi pai de quatro filhas: Reo (v.), Párteno, Molpádia e Hemítea. O herói Estáfilo participou da expedição dos Argonautas.

O poeta épico Nono (séc. VI p.C.) introduziu em suas *Dionisíacas* o herói Estáfilo, bastante diferente, por sinal, da personagem que figura nos mitos anteriores.

ESTENEBEIA *(III, 74-76, 209, 211).*

Σθενέβοια (Sthenéboia), *Estenebeia*, segundo Carnoy, *DEMG*, p. 189, é um composto de σθένος (sthénos), "força" e de βοῦς (bûs), "boi", donde "a que dá força aos rebanhos".

Filha do rei da Lícia Ióbate (v.), casou-se com Preto (v.), quando este, expulso por Acrísio (v.), emigrou para a Ásia Menor. Tradições outras fazem da heroína uma das filhas do rei lício Anfíanax ou do arcádio Afidas. Na *Ilíada*, VI, 160, a filha de Ióbate é chamada Anteia, mas trata-se da mesma heroína; apenas o nome Estenebeia prevaleceu entre os trágicos.

Esposa de Preto, rei de Tirinto, foi mãe de várias filhas, as Prétidas, e de um filho, Megapentes.

Tendo Belerofonte assassinado, sem o querer, ao próprio irmão, exilou-se na corte de Tirinto e foi purificado pelo rei local, Preto. Foi durante sua permanência em Tirinto que lhe aconteceu terrível desventura. Estenebeia apaixonou-se perdidamente pelo hóspede. Repelida por este, a rainha acusou-o falsamente de tentar violentá-la. Embora enfurecido com o hóspede, Preto teve escrúpulo em eliminar aquele a quem havia purificado e enviou-o a seu sogroIóbate com uma carta em que solicitava desse morte ao portador. *A Ilíada*, VI, 163-170, sintetiza magistralmente todo esse drama de amor e de mentiras.

Não desejando violar a sagrada hospitalidade e nem tampouco manchar as mãos, mas querendo igualmente satisfazer e cumprir a mensagem do genro, Ióbate agiu com prudência e astúcia. Fez que o herói partisse para executar tarefas de tal monta perigosas, que delas, pensava ele, jamais voltaria com vida.

Belerofonte cumpriu-as a todas. Reconhecendo afinal que seu hóspede era de origem divina, mostrou-lhe a carta de Preto, solicitando-lhe que permanecesse em seu reino. Deu-lhe a filha Filônoe em casamento e, ao morrer, legou-lhe o trono.

O herói, no entanto, resolveu vingar-se de Estenebeia. Dirigiu-se a Tirinto, cavalgando Pégaso, seu cavalo alado. O rei procurou ganhar tempo, a fim de que a esposa fugisse, furtando Pégaso. A rainha cavalgou pouco tempo, porque o cavalo divino a lançou fora do arnês, atirando-a no mar. Seu corpo foi recolhido por pescadores e transladado para Tirinto. Uma variante narra que, ciente do retorno de Belerofonte, Estenebeia se fez matar.

As aventuras e gestas de Belerofonte foram minuciosamente narradas em *Mitologia Grega*, Vol. Ill, p. 210-212.

ESTÊNELAS.

Σθενέλας (Sthenélas), *Estênelas*, é uma outra forma de Σθενέλαος (Sthenélaos), *Estenélao*, isto é, um composto de σθένος (sthénos), "força" e de λαός (laós), "povo", donde "o que fortalece seu povo".

Filho de Crotopo, o herói pertence à grande e importante família de Forbas. Sucedeu ao pai no trono de Argos. Quando seu filho Gelanor assumiu o governo dos argivos, teve que defrontar-se com Dânao (v.), que fugira do Egito para Argos e reclamou o trono, que, aliás, acabou ocupando.

ESTÊNELO *(I, 84; III, 45, 88, 91, 93, 105).*

Σθένελος (Sthénelos), *Estênelo*, é igualmente um dublê hipocorístico de Σθενέλας (Sthenélas) ou Σθενέλαος (Sthenélaos), e, como estes, um composto de σθένος (sthénos), "força" e de λαός (laós), "povo", donde "o que fortalece seu povo", *DELG*, p. 1.000.

Existem quatro heróis com este nome. O primeiro deles é filho de Actor (v.). Acompanhou Héracles na expedição contra as Amazonas. Ferido gravemente, morreu na Paflagônia, quando retornava à Hélade. Foi sepultado perto da costa. Quando os Argonautas passaram pelas vizinhanças de seu túmulo, Perséfone permitiu que o *eídolon* de Estênelo regressasse brevemente ao mundo dos vivos para rever seus antigos companheiros. Os Argonautas, comovidos, ofereceram-lhe um sacrifício, como se fora a um herói.

A segunda personagem com o mesmo nome pertence igualmente ao ciclo das gestas de Héracles. Filho de Androgeu, Estênelo era, por conseguinte, neto de Minos. Quando o filho de Alcmena partiu para o país das Amazonas em busca do *Cinturão da Rainha Hipólita*, passou pela Ilha de Paros e dois de seus companheiros foram assassinados por quatro filhos de Minos que lá se encontravam. Irritado, o herói ameaçou exterminar com todos os habitantes da ilha. Estes mandaram-lhe uma embaixada, implorando-lhe que escolhesse dois cidadãos quaisquer de Paros em substituição a seus dois companheiros mortos. Héracles aceitou a proposta e, tendo tomado consigo dois netos de Minos, os irmãos Alceu e Estênelo, prosseguiu viagem. No regresso da pátria das Amazonas, o herói tomou a Ilha de Tasos e, após expulsar os trácios, entregou-a aos dois descendentes do rei de Creta.

Um terceiro Estênelo é o filho de Capaneu e de Evadne. Recebeu de Ífis (v.), seu tio ou avô, um terço do reino de Argos. Mais tarde, seu filho Cilárabes reuniu os três reinos sob um único cetro.

Estênelo participou da vitoriosa expedição dos *Epígonos* (v.). Por ter sido pretendente à mão de Helena, partiu para Troia em companhia de seu amigo Diomedes e comandou um contingente de vinte e cinco naus (*Il.*, II, 559-569). Como houvesse recebido grave ferimento num pé, certamente na expedição dos Epígonos, só podia combater de carro, permanecendo, por sinal, quase sempre ao lado do amigo. Após o retorno de Ílion, acompanhou-o mais uma vez: dessa feita à Etólia, para recuperar e restaurar o reino de Eneu (v.). É bem possível que este Estênelo seja o pai de Cometes, que, na ausência de Diomedes, lhe conquistou a esposa Egialeia.

O derradeiro herói com este nome é um filho de Perseu e de Andrômeda. Casado com Nicipe, filha de Pélops, ou com Artíbia (ou Antíbia), filha de Anfídamas, foi pai de vários filhos: Alcínoe ou Alcíone, Medusa, Euristeu (v.), Ífis ou Ífito. Foi rei de Micenas, cidade fundada por Perseu, segundo uma tradição.

ESTENTOR.

Στέντωρ (Sténtōr), *Estentor*, é derivado do verbo στένειν (sténein), "gemer profunda e ruidosamente", donde Estentor é "o que possui voz forte e ruidosa". O sânscrito tem um correspondente exato, *stanati*, "ele emite um ruído surdo, retumba, troveja", *DELG*, p. 1.052.

Na *Ilíada*, *V*, 784-786, Hera, tomando a forma de Estentor, cuja voz é de bronze e mais alta que a de cinquenta guerreiros, dá um grito terrível, excitando o furor e a coragem dos aqueus.

Estentor, cujo nome se tornou famoso, por gritar mais alto que cinquenta homens juntos, era um trácio, que ousou competir, "em gritos" com Hermes, o arauto dos deuses. Vencido, foi morto pelo deus psicopompo.

ESTÉROPE *(III, 204, 310)*.

Στεροπή (Steropḗ), *Estérope*, é um derivado de ἀστεροπή (asteropḗ), "brilhante, clarão, relâmpago", cuja fonte primeira é ἀστήρ (astḗr), "astro, o que brilha", donde Estérope é "a brilhante".

São várias as heroínas com este nome. A primeira delas é uma filha de Atlas e de Plêione, isto é, uma das Plêiades. De seus amores com Ares nasceu Enômao (v.), mas uma variante afiança que a filha de Atlas, na realidade, se unira não a Ares, mas ao próprio Enômao. Uma outra tradição relata que Estérope se casara com Hipéroco e fora mãe de Enômao. Uma segunda heroína com o mesmo nome figura entre as filhas de Plêuron. Uma terceira, que nenhuma relação possui com a mãe das Sereias (v.), é uma etólia igualmente, mas filha de Pórtaon e de Êurite. Foi esposa do deus-rio Aqueloo. Uma outra Estérope, segundo o relato de Apolodoro, aparece na aliança concluída entre Héracles e Cefeu (v.), rei de Tégea. A quinta e última heroína é uma filha de Acasto, rei de Iolco. Quando Peleu se refugiou na corte de Iolco, Astidamia, esposa de Pélops, apaixonada pelo exilado, enviou uma mensagem à esposa do pai de Aquiles, Antígona, informando-lhe mentirosamente que Peleu se comprometera a casar com Estérope. Tal estratagema provocou o suicídio de Antígona.

ESTÉROPES *(I, 154, 196, 204)*.

Στερόπης (Steropēs), *Estéropes*, é um dublê de *Estérope* e possui a mesma etimologia, isto é, Estéropes é "o brilhante como um relâmpago".

Trata-se, como se mostrou em *Mitologia Grega*, Vol. I, p. 204, de um dos Ciclopes, denominados urânios, porque eram filhos de Urano e Geia.

ESTIGE *(I, 106-107, 156[109], 156-157, 266, 291, 318, 339; II, 120, 182; III, 113)*.

Στύξ, Στυγός (Stýks, Stygós), *Estige*, é um derivado do verbo στυγεῖν (stygueîn), "ter horror de, abominar, odiar", donde "o que provoca horror por causa de sua frialdade". É inteiramente válida a aproximação com o russo *stýgnutĭ, stúgnutĭ, stúda*, isto é, "esfriar, gelar, frio". *DELG*, p. 1.065-1.066. Em português deveria *ser Éstige*, mas o uso consagrou a forma Estige.

Estige, em princípio, é o nome de uma nascente ou fonte da Arcádia, não distante da cidade de Nonácris. As águas dessa fonte desciam de um rochedo escarpado e perdiam-se nas entranhas da terra. Tinham propriedades altamente nocivas: envenenavam seres humanos e rebanhos; destruíam ferros, metais e qualquer tipo de cerâmica que nelas se mergulhassem. O único material que resistia a tamanho poder de corrosão era o casco de cavalo. Relata Pausânias que Alexandre Magno se teria envenenado com as águas dessa nascente.

Como o Estige mergulhava nas entranhas da terra, desde Homero, *Il.* VIII, 369, *Odiss.* X, 514, *as águas revoltas do Estige* rolam no mundo dos mortos, formando um dos rios do reino de Plutão (v. Escatologia). Muito cedo, por isso mesmo, se criou uma genealogia para "a fonte da Arcádia", a qual, por analogia, se converteu no gélido rio do Hades.

Segundo Hesíodo, *Teogonia*, 361sq., Estige é a mais velha dentre os numerosos filhos e filhas de Oceano e Tétis. Higino, porém, seguindo uma tradição certamente antiga, dá-lhe como pais Érebo e Nix. No *Hino Homérico a Deméter*, a filha de Oceano e Tétis aparece como uma das companheiras de diversão de Perséfone, o que possivelmente levou Apolodoro, *Biblioteca Histórica*, 1, 2, 1; 3, 1 a convertê-la em mãe da futura rainha do Hades.

É frequente no mito encontrá-la como esposa de Palas e mãe de Zelos, Nique, Cratos e Bia, quer dizer, do Ciúme, Vitória, Poder e Violência. Quando da luta de Zeus contra os Gigantes, Estige com os filhos muito cooperou para a vitória. Recebeu do pai dos deuses e dos homens, por seu gesto de amizade e inestimável ajuda, o privilégio do ὅρκος (hórkos), isto é, era em seu nome que os deuses proferiam os mais terríveis *juramentos*.

As águas gélidas desse rio infernal possuíam igualmente efeitos mágicos.

Tétis, na ânsia de imortalizar seu filho Aquiles, segurando-o pelo calcanhar, mergulhou-o nas águas do Estige, que possuíam, entre outros, o dom de tornar invulnerável tudo que nelas fosse introduzido. Na realidade, o herói era invulnerável, menos no local por onde a mãe o segurou.

Sem dúvida, porém, o maior galardão desse rio ctônio, dom de Zeus, como já se acentuou, eram as promessas irreversíveis que se faziam em seu nome.

Quando um deus desejava fazer um juramento solene, Zeus enviava Íris ao Hades para buscar um jarro de água do Estige para servir de testemunha ao ὅρκος (hórkos), "ao tremendo juramento". Seo deus, emseguida, perjurasse, era vítima do pior dos castigos: cortava-se-lhe a respiração, a πνοή (pnoḗ), bem como o néctar e ambrosia. A essa punição seguia-se imediatamente uma outra: durante nove anos o culpado ficava afastado do convívio de seus irmãos imortais, sem participar de seus conselhos e festins.

Numa passagem comprovadamente interpolada da *Teogonia*, Estige é um braço do Rio Oceano, exatamente a décima parte do rio primordial, cujas outras nove espirais circulam o disco terrestre.

Virgílio, na *Eneida*, 6, 438-439, faz alusão aos nove circuitos do rio do mundo dos mortos.

ESTILBE.

Στίλβη (Stílbē), *Estilbe*, provém do verbo στίλβειν (stílbein), "brilhar intensamente, cintilar", donde "a cintilante", *DELG*, p. 1.056-1.057.

Filha do deus-rio Peneu e da ninfa Creúsa, uniu-se a Apolo e foi mãe de Centauro e Lápita, epônimo dos lápitas, na Tessália. Atribui-se-lhe ainda um terceiro filho, Eneu, pai do herói Cízico.

Uma segunda Estilbe, filha de Eósforo, é considerada, por vezes, a mãe de Autólico.

ESTINFALO *(I, 246; III, 61, 101-102, 258).*

Στύμφαλος (Stýmphalos), *Estinfalo*, segundo Carnoy, *DEMG*, p. 190, poderia relacionar-se com a raiz indo-europeia **stup*, "bloco" presente também no grego στύμος (stýmos) e στύπος (stýpos), "tronco", pelo fato de Estinfalo designar uma "montanha" no Peloponeso, além de uma cidade e de um lago famoso, situados no sopé da mesma.

Um dos cinco filhos de Élato (v.) e de Laódice, Estinfalo é o herói epônimo da cidade homônima e do lago que igualmente lhe herdou o nome. Foi pai de Agamedes, Górtis, Agelau e de uma filha, Parténope, que, tendo-se unido a Héracles, deu à luz Everes.

Quando Pélops invadiu a Arcádia, Estinfalo defendeu-a com todas as suas energias. Vendo, todavia, que era impossível vencer pelas armas, fingiu uma reconciliação com o invasor e o matou durante um banquete. Cortou-o depois em postas e mandou espalhar-lhe os membros ensanguentados.

Segundo uma tradição, sem dúvida tardia, Estinfalo ter-se-ia unido a Órnis, tornando-se pai das Estinfálidas, assassinadas por Héracles, porque acolheram os Moliônides (v.), inimigos figadais do herói.

ÉSTRIGE.

Στρίγξ, Στριγγός (Strínks, Stringós), *Éstrige*, designa "a coruja, o pássaro da noite que causa pavor por seus gritos estridentes".

A palavra chegou ao português através do empréstimo latino *strix, strigis*, "coruja que chupa o sangue das crianças".

Etimologicamente, στρίγξ (strínks) talvez se pudesse aproximar do verbo τρίζειν (trídzein) "dar gritos agudos", latim *stridēre*, "fazer um barulho estridente".

No plural, *Éstriges* designam demônios femininos, alados e com as garras semelhantes às das aves de rapina. Alimentavam-se com o sangue e as entranhas das crianças.

Petrônio, no *Satíricon*, 63, relata, pelos lábios de Trimalquião, uma história deveras macabra da ação das Éstriges, que devoraram sangue e entranhas de um menino.

Também Ovídio, *Fastos*, 5, 137-140, fala das *Éstriges*, que têm a garganta cheia de sangue das vísceras das crianças e aproxima-as etimologicamente do verbo *stridēre*, "emitir gritos estridentes".

ESTRIMO.

Στρυμώ (Strȳmṓ), *Estrimo*, consoante Carnoy, *DEMG*, p. 190, significaria em trácio e frígio "rio" e teria como base etimológica **sreu*, "correr, escoar", com epêntese de um *t*, como o alemão *Strom*, "rio, corrente, correnteza".

Filha do deus-rio Escamandro (v.), foi a esposa de Laomedonte (v.) e, por conseguinte, a mãe de Podarces, depois chamado Príamo (v.). Tradições outras, no entanto, fazem do rei de Troia, Príamo, filho de Plácia ou Leucipe (v.).

ESTRÍMON *(I, 156; III, 110).*

Στρυμών (Strȳmṓn), *Estrímon*, possui a mesma etimologia hipotética de Estrimo (v.).

Estrímon, filho de Ares, é o deus do rio homônimo na Trácia. Foi pai de Reso (v.), que lhe herdou o trono, bem como de Brangas, Olinto, Terina e Evadne (v.). Quando soube da morte de Reso nas mãos de Ulisses e Diomedes, ficou tão desesperado, que se precipitou nas águas caudalosas do Rio Palestino, que passou desde então a chamar-se Estrímon.

Uma tradição fala de um combate entre o deus-rio e Héracles. Quando este regressava à Hélade com os bois de Gerião, parte do rebanho se dispersou e o Rio Estrímon procurou de todas as maneiras dificultar a penosa caçada aos animais. O herói, após vencê-lo em feroz luta corporal, o amaldiçoou, e é por isso que seu leito está coberto de rochedos, tornando-o impraticável à navegação. Uma variante atribui o castigo infligido ao deus-rio ao fato de o mesmo, por ser demasiadamente profundo, ter impedido a passagem do rebanho por suas águas.

ESTRO.

Οἶστρος (Oîstros), *Estro*, é "o tavão, o moscardo, o *tabanus bouīnus*", como aparece na *Odisseia*, XXII, 299-301, quando Homero fala da agitação dos pretendentes que tombavam um a um sob as flechas de Ulisses e a lança de Telêmaco:

– Os pretendentes corriam por toda a sala como
bois de manada,
quando perseguidos pelo implacável moscardo,
que os pica incessantemente
na primavera, quando os dias se tornam mais longos.

Estro é, pois, o que pica, o que aferroa (v. Io), provocando "a inspiração e a paixão", *DELG*, p. 787. Trata-se, claro está, de uma abstração sem mito próprio.

ESTRÓFIO

Estro, em lituano, *aistrà*, "paixão violenta", surge, por vezes, como personificação da excitação amorosa, servindo como epíteto de Afrodite ou de alguma seguidora sua. Aliás, o maior e o mais eficiente Estro é Eros, cujas flechas podem provocar feridas incuráveis!

ESTRÓFIO *(I, 91; III, 335, 338).*

Στρόφιος (Stróphios), *Estrófio*, talvez se relacione com o verbo στρέφειν (stréphein), "voltar, dar volta, desviar", donde "versátil, astuto".

O primeiro herói com este nome é um descendente de Foco (v.) e, portanto, de Éaco (v.). Filho de Antifátia, reinava em Crisa, na Fócida. Casou-se com Anaxíbia, irmã de Agamêmnon e foi pai de Pílades, em cuja companhia cresceu Orestes, que Electra enviara para a corte de Estrófio, uma vez que Egisto (v.) ameaçava matar o menino (v. *Oréstia*, de Ésquilo). Entre Pílades e Orestes nasceu uma das mais sólidas amizades do mito helênico.

Uma segunda personagem com o mesmo nome é o neto do precedente, filho de Pílades e de Electra, irmã de Orestes.

ETÁLIDES *(III, 178).*

Αἰθαλίδης (Aithalídēs), *Etálides*, provém, em última análise, do verbo αἴθειν (aíthein), "queimar", mas o verbo grego comporta várias conotações, como "queimado pelo sol", "ficar com o rosto trigueiro", donde Etálides é "o de cor morena". Quanto ao verbo grego *aíthein*, "queimar, fazer brilhar, tornar escuro como a fuligem", é possível uma aproximação com o sânscrito *i-n-ddhé*, "ele inflama", *édha-*, "floresta incendiada" e com o latim *aedes*, "lareira", *aestas*, "verão, estio", *aestus*, "ardor, calor ardente". Filho de Hermes e de Eupolemia, tomou parte na Expedição dos Argonautas à qual serviu de arauto. Tendo herdado do pai uma memória prodigiosa, guardou-a mesmo após a morte. Esse dom, certamente, foi o responsável pelas vindas contínuas de Etálides ao mundo dos vivos, embora aqui permanecesse por um curto período.

ETÊMEA.

Ἐθεμέα (Etheméa), *Etêmea*, não possui etimologia conhecida. Esposa de Cécrops, rei da Ilha de Cós, Etêmea pertencia a um grupo de ninfas consagradas à virgem Ártemis. A deusa não lhe perdoou o casamento e estava prestes a varar-lhe o peito com suas flechas certeiras, quando Perséfone a arrastou viva para o Hades. Cécrops, privado da mulher, tentou matar-se, mas a deusa Hera, protetora do casamento, transformou-o em águia e colocou-o depois entre os astros, a fim de que, metamorfoseado, aprendesse a esquecer as dores humanas.

ETÉOCLES *(I, 84; II, 82; III, 22, 46, 61, 166, 234, 254, 264, 269, 270[212]).*

Ἐτεοκλῆς (Eteoklễs), *Etéocles*, é um composto de ἐτεο- (eteo-), tema de ἐτεός (eteós), "verdadeiro, autêntico" e de κλέος (kléos), "boato que circula, reputação, renome, glória", donde Etéocles é "o autenticamente glorioso".

Um dos heróis do ciclo tebano, Etéocles é filho de Édipo e Jocasta e irmão de Polinice, Antígona e Ismene. Tradições antigas dão-lhe por mãe não Jocasta, mas Eurigania (v.). Descoberto o incesto de Édipo (v.), os dois filhos varões Etéocles e Polinice, segundo uma variante, expulsaram de Tebas "o pai e irmão". Édipo os amaldiçoou e, além do mais, vaticinou (todo cego é *mantis*) que ambos morreriam violentamente, lutando um contra o outro, assunto já tratado na *Tebaida* e que Ésquilo retomará em sua tragédia *Os Sete contra Tebas*. Para fugir à maldição paterna, os dois príncipes resolveram governar Tebas alternadamente, reinando cada qual um ano. Etéocles foi o primeiro a assumir o poder. Polinice afastou-se de Tebas, ou espontaneamente ou, conforme a tradição mais seguida, banido pelo irmão. Como quer que seja, findo o prazo estipulado de um ano, Polinice retornou a Tebas e exigiu o cumprimento do que anteriormente ficara estipulado entre ambos. O rei, todavia, negou-se peremptoriamente a entregar-lhe o trono. Face à recusa tão absurda, Polinice dirigiu-se ao reino de Adrasto (v.) e com auxílio direto do rei de Argos e agora seu sogro, organizou a trágica expedição dos *Sete contra Tebas*. Antes, porém, de atacar sua cidade natal, o herói enviou Tideu como embaixador à corte tebana, a fim de convencer o irmão a cumprir a palavra empenhada e o juramento feito. Cego pelo ódio ao irmão ou, segundo uma tradição, a conselho de Creonte, e pelo fascínio do poder, mais uma vez o sucessor de Édipo não quis ouvir a voz da razão e da justiça. Esgotados todos os meios de persuasão, os *Sete* marcharam contra Tebas. Foi um desastre sangrento: Etéocles e Polinice, como predissera Édipo, morreram em luta singular e dos demais heróis, que encabeçaram a tentativa de invasão, escapou somente Adrasto. Tal malogro será vingado um pouco mais tarde por uma segunda investida contra a capital da Beócia, a não menos célebre expedição dos *Epígonos* (v.). Creonte, irmão de Jocasta, e regente até a maioridade de Laódamas, filho de Etéocles, mandou se organizassem funerais suntuosíssimos para este último e proibiu, sob pena de morte, que se desse sepultura a Polinice "invasor da terra natal". Inconformada com a injustiça, prepotência e sacrilégio do tio, Antígona (v.) resolveu, embora soubesse que iria morrer, enterrar ao menos ritualmente a Polinice. Afinal, diz ela, "a morte iguala a todos".

ÉTER *(I, 153-154, 190-191, 199, 225; II, 156-157, 163).*

Αἰθήρ (Aithḗr), *Éter*, provém do verbo αἴθειν (aíthein), "queimar, fazer brilhar" (v. Etálides). Do ponto de vista da língua grega, *aithér* é uma criação semiartificial para servir de contraponto a ἀήρ (aḗr), "ar".

Éter é a camada superior do cosmo, posicionado entre Úrano (Céu) e o ar e, por isso mesmo, personifica o céu superior, onde a luz é mais pura que na camada mais próxima da Terra, dominada pelo *ar*. Personificado, na *Teogonia* de Hesíodo (116-132), segundo se expôs em *Mitologia Grega*, Vol. I, p. 153-154, Éter é filho de Nix, a Noite, e irmão de Hêmera, o Dia.

ÉTIAS.

Ἠτίας (Ētías), *Étias*, não possui etimologia conhecida. Numa tradição recente de Pausânias, 3, 22, 11, Étias seria uma filha de Eneias, a qual deu seu nome à cidade de Étis, nas costas da Lacônia, bem em frente à Ilha de Citera, consagrada a Afrodite.

ETILA.

Αἴθιλλα (Aíthilla), *Etila*, está ligada igualmente ao verbo αἴθειν (aíthein), "queimar" (v. Etálides), aliás bem de acordo com as atitudes dessa heroína troiana, que significa etimologicamente "a incendiária".

Filha de Laomedonte, um dos primeiros reis de Ílion, foi entregue, após a destruição de Troia, como cativa, juntamente com outras mulheres, aos companheiros de Protesilau. No retorno da cidade de Príamo, as naus dos comandados do primeiro aqueu a perecer na guerra foram empurradas por grande tempestade em direção à Trácia e acabaram fazendo uma longa escala em Palene. Etila aproveitou a oportunidade para incitar suas companheiras à revolta, argumentando que seus sofrimentos de agora seriam muito mais graves, quando chegassem à Hélade. Percebendo que suas palavras haviam surtido o efeito desejado, convidou-as para que juntas incendiassem todas as naus. Os aqueus, tendo perdido seus barcos, foram coagidos a permanecer na Trácia, onde fundaram a cidade de Cione.

ETNA *(I, 336; II, 46)*.

Carnoy, *DEMG*, p. 15, deriva Αἴτνη (Aítnē), *Etna*, do verbo αἴθειν (aíthein), "brilhar como uma luz, inflamar, abrasar", mas pressupõe uma influência etrusca ou pré-helênica, em face da transformação de ϑ > τ (th > t).

Etna, que emprestou seu nome ao célebre vulcão da Sicília, era filha de Úrano e Geia ou do hecatonquiro Briaréu. Quando Hefesto e Deméter disputaram a posse da Sicília, terra dos vulcões e do trigo, Etna interveio, funcionando como árbitro entre as duas divindades. De seus amores com Hefesto teriam nascido os terríveis gêmeos, chamados Palicos (v.), as mais das vezes considerados, todavia, como filhos de Zeus e da nereida Talia.

ETOLO.

Αἰτωλός (Aitōlós), *Etolo* é o epônimo da Αἰτωλία (Aitōlía), *Etólia*, de que deve provir o antropônimo. *Talvez Etólia* signifique, segundo Carnoy, *DEMG*, p. 15, "região dos salgueiros".

Filho de Endímion, rei de Élis, e de uma ninfa, Etolo possuía dois irmãos e três irmãs: Péon, Epeu, Eurídice ou Eurípile, Naxos e Piso. Para decidir quem assumiria as rédeas do poder, após sua morte, Endímion organizou uma competição em Olímpia: o vencedor na corrida seria o futuro rei. Epeu foi o ganhador. Temendo o irmão, que era violento, Péon refugiou-se na Macedônia, mas Etolo permaneceu corajosamente no Peloponeso e com a morte prematura de Epeu, assumiu o poder. Tendo, porém, assassinado o tirano Ápis, que dominava o Peloponeso, foi obrigado a exilar-se, iniciando uma penosa peregrinação através de várias regiões da Hélade. Na *Odisseia*, XIV, 379sq, já se fala do errante e criminoso Etolo. Finalmente, tendo chegado ao norte do Golfo de Corinto, foi muito bem-acolhido por Doro, Laódoco e Polipetes, filhos de Ftia e de Apolo. Violando, todavia, a lei sagrada da hospitalidade, os matou e, expulsos os Curetes (v.), apossou-se do governo, dando à região o nome de Etólia. Casou-se com Prônoe, filha de Forbas, e foi pai de dois filhos, Plêuron e Cálidon.

ETRA *(III, 151-154, 170, 173)*.

Αἴθρα (Aíthra), *Etra*, é também um derivado do verbo αἴθειν (aíthein), "queimar, fazer brilhar" (v. Etálides) e significa, segundo Chantraine, *DELG*, p. 32sq., "o céu claro, o bom tempo".

O mito é inteiramente antropomorfizado, mas a união de Posídon com *Etra* pode simbolizar a sizígia do céu no verão com o mar, segundo opina judiciosamente Carnoy, *DEMG*, p. 15. Etra, filha de Piteu, rei de Trezena, é a mãe do herói ático Teseu. Seu principal pretendente era Belerofonte, mas algo aconteceu que lhe impediu o casamento com o vencedor da Quimera. É que Egeu (v.), ao regressar de Delfos, aonde fora consultar Apolo, passou por Trezena, a fim de que o sábio Piteu interpretasse a resposta enigmática que lhe dera a Pítia. O pai de Etra, ouvida a mensagem do oráculo, apreendeu-lhe, de imediato, o sentido. Embriagou o rei de Atenas, e mandando carregá-lo para o leito, pôs junto dele a filha. Acontece, no entanto, que na véspera ou na mesma noite em que passara ao lado de Egeu, a princesa tivera um sonho: apareceu-lhe Atená, ordenando-lhe que fosse a uma ilha próxima do palácio real para oferecer um sacrifício ao herói Esfero. Ali lhe surgiu pela frente o deus Posídon, que fez dela sua mulher. Desse encontro amoroso, Etra ficou grávida de Teseu, que o rei da Ática sempre pensou tratar-se de um filho seu. Nascido o menino, Egeu retornou a Atenas, enquanto Etra permaneceu em Trezena, cuidando do futuro herói. Mais tarde, já rei de Atenas, quando Teseu em companhia de Pirítoo (v.) desceu ao Hades, confiou à sua mãe a menina Helena que ele havia raptado. Castor e Pólux, todavia, irmãos da princesa espartana, na ausência de Teseu, recuperaram a irmã e levaram Etra como escrava. Por ocasião do rapto de Helena por Páris, a mãe de Teseu seguiu para Troia como escrava. Dizem algumas fontes que ela agiu voluntariamente e que inclusive teria aconselhado a rainha de Esparta a abandonar Menelau e fugir com o filho de Príamo. Em Ílion, ela cuidou de seu bisneto Múnito (v.), nascido dos amores clandestinos de Laódice, a mais bela das filhas de Príamo, e de Ácamas, filho de Teseu. Após a queda de Troia, ela foi reconhecida e salva das mãos dos aqueus por seus netos Demofonte e Ácamas. Relata-se que, depois da morte trágica de Teseu, Etra se matou de tristeza.

EUBULEU *(I, 287; II, 165, 165[81]; III, 52).*

Εὐβουλεύς (Eubuleús), *Eubuleu*, é um composto de εὖ (eû), "bem, bom" e de βουλή (bulḗ), "conselho", derivado do verbo βουλεύειν (buleúein), "consultar, deliberar, reunir, aconselhar", donde Eubuleu é "o bom conselheiro" ou "o benevolente".

Há dois heróis com este nome, ambos ligados aos Mistérios de Elêusis. O primeiro aparece, por vezes, como irmão de Triptólemo, um filho portanto de Tróquilo, sacerdote de Deméter. Eubuleu teria fugido de Argos para a Ática. Tradições outras fazem de Triptólemo e de Eubuleu filhos de Disaules, esposo de Baubo (v.). O segundo era um porcariço que guardava seu rebanho no local em que Hades raptou Core ou Perséfone. Uma parte dos porcos, quando a terra se abriu, caiu no abismo de Hades, juntamente com as duas divindades. Desse fato, considerado miraculoso, nasceu o hábito de se sacrificarem leitões a Eubuleu numa sala subterrânea, durante a festa das Tesmofórias. Observe-se que *Eubuleu*, o "Benevolente", é um eufemismo para designar o próprio Hades ou Plutão. Surgiu, assim, com o decorrer do tempo, uma divindade com o *epíteto* de Eubuleu, "filho de Zeus e de Perséfone", invocada em Atenas, juntamente com Dioniso e Tritopatreu.

EUDORO.

Εὔδωρος (Eúdōros), *Eudoro*, é um composto de εὖ (eû), "bom, bem" e de δῶρον (dỗron), donde "o generoso".

Filho de Hermes e de Polimela, foi educado pelo avô, Filas. Quando eclodiu a Guerra de Troia, seguiu Aquiles, que lhe entregou o comando do segundo esquadrão dos mirmidões, conforme narra a *Ilíada*, XVI, 179sqq. Com a "ira de Aquiles" e o longo afastamento do herói do campo de batalha, Eudoro sempre ficou ao lado de Pátroclo nos momentos mais difíceis da luta contra os troianos.

EUFEMO.

Εὔφημος (Eúphēmos), *Eufemo*, é formado de εὖ (eû), "bom, bem" e de -φημος (-phēmos), do verbo φάναι (phánai), infinitivo de φημί (phēmí), "declarar, afirmar, dizer", donde Eufemo é "o que faz bons presságios".

Filho de Posídon e Europa, filha de Títio, possuía do pai o dom de caminhar sobre as águas. Como um dos Argonautas, teve participação na perigosa aventura. Na difícil e decisiva passagem pelas Simplégades (v. Argonautas), foi Eufemo quem soltou a pomba, símbolo do destino que aguardava os heróis da nau Argo. No episódio do Lago Tritônis, na África, o deus Tritão ou Eurípilo (v.) deu a Eufemo um pedaço de terra compacta e mágica, querendo traduzir com este gesto e dádiva que a Cirenaica um dia seria habitada pelos descendentes do filho de Posídon. Eufemo lançou no mar o torrão sagrado de que nasceu imediatamente a Ilha de Tera. Com Malaque, uma das Lemníades (v. Argonautas), foi pai de Leucófanes, avô de Bato, da Ilha de Tera, fundador de Cirene, grande colônia grega da África do Norte, pátria do poeta Calímaco e do filósofo Aristipo, entre outros. Eufemo teve por esposa a Laônome, irmã de Héracles.

EUFORBO.

Εὔφορβος (Eúphorbos), *Euforbo*, é composto de εὖ (eû), "bom, bem" e de -φορβος (-phorbos), do verbo φέρβειν (phérbein), "nutrir, nutrir-se", donde o antropônimo significar "o bem-nutrido, o forte". *DELG*, p. 55.

Filho de Pântoo, Euforbo é um herói troiano que provocou o primeiro ferimento em Pátroclo, conforme está na *Ilíada*, XVI, 807-809. Morto por Menelau, o escudo do troiano, tomado pelo atrida, foi guardado no templo de Hera, em Argos. O filósofo Pitágoras, não se sabe o motivo, pretendia ter sido Euforbo em reencarnações anteriores.

EUFÓRION *(II, 22).*

Εὐφορίων (Euphoríōn), *Eufórion*, é, na hipótese de Carnoy, *DEMG*, p. 55, formada por εὖ (eû), "bom, bem" e pelo verbo φέρειν (phérein), "levar, transportar", donde "o que se desloca facilmente, o rápido".

Filho de Aquiles e Helena, quando ambos se encontravam na Ilha dos Bem-Aventurados, Eufórion era uma espécie de semideus e, por isso mesmo, usava asas. Para escapar dos assédios amorosos de Zeus, o filho de Helena fugiu, mas o pai dos deuses e dos homens o alcançou na Ilha de Melos e o matou com seus raios certeiros. As ninfas da ilha o sepultaram, mas Zeus, em seu ressentimento, as transformou em rãs.

EUFRATES.

Εὐφράτης (Euphrátēs), *Eufrates*, não possui, até o momento, etimologia segura. A. Nascentes, *DIEL*,

II, p. 105, emite várias hipóteses, sem chegar a conclusão alguma. Diz o filólogo em pauta: "na inscrição cuneiforme de Bisutum se acha *u-frâtus*, que quer dizer "muito largo". Egli dá ainda dois étimos: *u-frâta*, "bom vau" e o arameu *ephrat*, "água doce".

O nome do rio para os antigos resulta de um mito. Um homem, chamado Eufrates, tinha um filho, Axurtas. Certa feita, encontrando-o deitado ao lado da mãe, pensou tratar-se de um estranho e o matou. Tendo reconhecido o trágico erro, lançou-se no Rio Medo, que passou desde então a denominar-se Eufrates.

EULÍMENE.

Εὐλιμένη (Eulimḗnē), *Eulímene*, é interpretado por Carnoy, *DEMG*, p. 54, como um composto de εὖ (eû), "bom, bem", λιμήν, -ένος (limén, énos), "porto", donde "a que conduz bem ao porto".

Filha de Cídon, rei de Creta, Eulímene, apesar de amar apaixonadamente a Licarto, de quem aliás estava grávida, foi obrigada pelo pai a ficar noiva de Áptero, um rico aristocrata cretense. Acontece que várias cidades da ilha rebelaram-se contra Cídon e este consultou o Oráculo para saber como agir em tais circunstâncias. A Pítia respondeu que a revolta só teria fim quando o rei sacrificasse uma virgem aos heróis locais. Feito o sorteio, como era de praxe, a escolhida foi exatamente Eulímene. Licarto, para salvar a amante, contou ao rei as relações íntimas que mantinha com a princesa, mas o povo exigiu que se cumprisse "a vontade dos deuses" e a jovem foi sacrificada. O rei mandou abrir-lhe o ventre e se convenceu de que realmente a filha estava grávida. Temendo represálias de Licarto, Áptero o matou, exilando-se, em seguida, na cidade de Xanto, na Lícia.

EUMELO.

Εὔμηλος (Eúmēlos), *Eumelo*, provém de εὖ (eû), "bom, bem" e de 2 μῆλον (2 mêlon), "rebanho", donde "o rico em rebanhos", *DELG*, p. 695. Há mais de um herói com este nome.

O primeiro e principal deles é o filho primogênito de Admeto e Alceste, que figura como personagem, apesar de menino ainda, na tragédia de Eurípides *Alceste*, por nós traduzida. Segundo mostra a *Ilíada*, II, 714, 763; XXIII, 376, Eumelo participou ativamente da Guerra de Troia, levando consigo as éguas velozes, que receberam os cuidados de Apolo, quando, punido por Zeus, foi obrigado a servir como escravo ao Rei Admeto, durante um ano. Esses animais, tratados pelo filho de Leto, só não levaram Eumelo à vitória nos jogos fúnebres em honra de Pátroclo porque a deusa Atená, desejando proteger o grande herói aqueu Diomedes, fez que se rompesse o jugo que prendia a parelha conduzida pelo filho de Admeto. Nessa belíssima corrida, narrada pelo gênio de Homero (*Il*., XXIII, 372-400) fica bem patente o antagonismo entre os dois filhos de Zeus, não apenas na guerra, mas numa segunda disputa entre mortais. Um segundo Eumelo é um herói da Ilha de Cós, o qual foi transformado em corvo por causa de sua impiedade (v. Ágron). O terceiro é o pai de Botres, de Corinto, metamorfoseado em pássaro pelo deus Apolo.

EUMEU *(I, 130-131; III, 316)*.

Εὔμαιος (Eúmaios), *Eumeu*, poderia, talvez, provir de εὖ (eû), "bom, bem" e do verbo μαίεσθαι (maíesthai), "buscar, procurar com todo o empenho, executar", donde Eumeu seria "o que leva a sério e bem suas funções", Frisk, *GEW*, s.u.

Eumeu, "o divino porcariço" (*Odiss. XIV*, 48), era filho do Rei Ctésio, que governava a Ilha de Síria, uma das Cícladas. Ainda muito menino foi, graças à traição de sua ama, raptado por piratas fenícios e vendido a Laerte. Foi o mais fiel dos servos de Ulisses, procurando defender-lhe os bens a todo custo e risco, sobretudo o rebanho de porcos, de que era o guardião. Quando de seu retorno a Ítaca, foi na humilde choupana do porcariço que Ulisses, a conselho de Atená, se refugiou, sem se dar a conhecer. Através de Eumeu, Ulisses soube o que se passara em sua longa ausência. Foi ainda o leal escravo quem introduziu o herói, disfarçado como mendigo, entre os orgulhosos pretendentes. Na luta final contra estes últimos lá estava "o divino Eumeu" ao lado de seu senhor.

EUMOLPO *(I, 292, 297[189]; III, 26, 28, 52, 94, 150)*.

Εὔμολπος (Eúmolpos), *Eumolpo*, é um composto de εὖ (eû), "bom, bem" e do verbo μέλπειν (mélpein), propriamente "cantar e dançar" e depois "cantar ao som da lira", *DELG*, p. 683-684.

Filho de Posídon e de Quíone, segundo as tradições mais antigas, foi lançado ao mar pela mãe, que temia a violência paterna. O deus do mar, todavia, salvou o filho e o levou para a Etiópia, confiando-o aos cuidados de Bentesícima, uma das filhas que lhe dera Anfitrite. Quando Eumolpo atingiu a idade núbil, o esposo da mãe adotiva do herói casou-o com uma das filhas que tivera com Bentesícima. Como tivesse tentado violentar uma cunhada, foi banido. Levando em sua companhia o filho Ísmaro, refugiou-se na corte do rei da Trácia, Tegírio, que deu a Ísmaro uma filha em casamento. O irrequieto Eumolpo, todavia, tomou parte numa conjuração contra o monarca trácio e novamente foi obrigado a exilar-se. Dessa feita, o local escolhido foi Elêusis, onde, por sinal, foi muito bem-acolhido pelo povo. Com a morte prematura de Ísmaro, Eumolpo fez as pazes com Tegírio, que, ao falecer, deixou-lhe o trono. Foi logo no início de seu governo na Trácia que Eumolpo foi chamado pelos habitantes de Elêusis que estava sendo atacada por Erecteu, rei de Atenas. À testa de um grande exército, o rei partiu em socorro do futuro centro sagrado de Deméter, mas pereceu em combate singular contra o monarca ateniense. Posídon vingou-se, conseguindo que Zeus fulminasse o vencedor. Algumas tradições, certamente não muito antigas, atribuem ao novo rei da Trácia a instituição dos Mistérios de Elêusis e a purificação de Héracles, após haver este assassinado os Centauros. Como quer que seja, a família sacerdotal dos eumólpidas considerava-o como seu grande ancestral. Seu filho Quérix (o arauto), após a morte do rei, exerceu função religiosa importante nos Mistérios. Quérix é o antepassado mítico dos Querices (os arautos), que presidiam às iniciações em Elêusis. Alguns mitógrafos põem em dúvida a genealogia de Eumolpo e chegam até mesmo a fazê-lo pai, ou não raro, filho de Museu. Outros desvinculam-no inteiramente dos Mistérios de Elêusis, dando-lhe por mãe não Quíone, mas Dêiope, e, portanto, transformando-o num simples neto de Triptólemo.

ÊUNEO *(III, 204)*.

Εὔνεως (Eúneōs), *Êuneo*, é um composto de εὖ (eû), "bom, bem" e de νεώς (neós), genitivo ático de ναῦς (naûs), "navio, nau", donde Êuneo é "o que navega bem, o bom piloto".

O grande navegante era filho de Jasão e Hipsípila, rainha de Lemnos. Quando os Argonautas (v.) passaram pela ilha, as Lemníades haviam assassinado os maridos. Para ter filhos e repovoar Lemnos, uniram-se aos heróis da nau Argo, tendo Jasão, por ser o chefe da expedição, tomado por amante a linda Hipsípila (v.). Embora não tenha participado da Guerra de Troia, o filho de Jasão sempre manteve uma cordial amizade com os aqueus, fornecendo-lhes vinho. Quando Pátroclo se apossou de um filho de Príamo, chamado Licáon, Êuneo o comprou ao herói em troca de uma cratera ricamente cinzelada. Mais tarde, tendo sido a rainha raptada por piratas e vendida a Licurgo, rei de Nemeia, Êuneo a libertou e reconduziu à Ilha de Lemnos. Da generosidade de Êuneo para com os aqueus, enviando-lhes "o rútilo vinho", fala Homero na *Ilíada*, VII, 467-475.

ÊUNOMO *(III, 60, 123)*.

Εὔνομος (Eúnomos), *Êunomo*, é formado de εὖ (eû), "bom, bem" e de νόμος (nómos), "divisão, atribuição segundo o costume", uma vez que *nómos* procede de νέμειν (némein), cujo sentido primeiro é "atribuir, repartir segundo o costume ou a conveniência", *DELG*, p. 742, donde Êunomo é "o que distribui ou serve bem".

Após o casamento com Dejanira, Héracles permaneceu por algum tempo na corte de seu sogro Eneu. Perseguido, todavia, pela fatalidade, acabou por matar, sem o querer, ao jovem copeiro real, Êunomo, filho de Arquíteles, parente de Eneu. Como Êunomo derramasse água morna para que o herói lavasse os pés, Héracles, em sinal de agradecimento, bateu-lhe "delicadamente" no rosto, mas a mão do gigante pesava tanto, que o copeiro caiu morto. Embora Arquíteles tivesse perdoado ao esposo de Dejanira a morte involuntária do filho, Héracles não quis permanecer por mais tempo em Cálidon e partiu com Dejanira e com o filho Hilo, ainda muito novinho, para Tráquis. No mito, Êunomo é, por vezes, chamado Ciato, isto é, κυαθος (kýathos), "vaso, copo", objetos que caracterizam a função do copeiro.

EUNOSTO *(III, 38)*.

Εὔνοστος (Eúnostos), *Eunosto*, é formado de εὖ (eû), "bom, bem" e de νόστος (nóstos), "retorno", este último do verbo νεῖσθαι (neîsthai), "voltar, retornar", donde "o que proporciona bom retorno".

Eunosto é um herói de Tanagra, na Beócia. Filho de Elieu e de Cias, foi, no entanto, criado pela ninfa Eunosta. Amado por Ocna, filha de Colono, também de Tanagra, o herói não correspondeu aos desejos da jovem, que mentirosamente o acusou junto aos irmãos de tentar violentá-la. Búcolo (v.), Óquemo e Léon, irmãos de Ocna, mataram o inocente Eunosto a pauladas.

EUQUENOR.

Εὐχήνωρ (Eukhḗnōr), *Euquenor*, procede do verbo εὔχεσθαι (eúkhesthai), "rogar, vangloriar-se" e ἀνήρ (anḗr), "homem, herói", donde Euquenor é "o que se deixa dominar pelo orgulho", *DELG*, p. 389.

Filho de Poliído, adivinho de Corinto, o pai muitas vezes o advertiu da sorte que o aguardava: ser vitimado por grave doença no lar ou perecer violentamente, se fosse combater em Ílion ao lado de Aquiles. Um herói sempre prefere um fim sangrento a uma existência inglória e Euquenor seguiu para Troia com os atridas, sendo morto por uma flecha de Páris. Homero, *Ilíada*, XIII, 663-672 narra o mito inteiro do herói Euquenor.

EURÍALO.

Εὐρύαλος (Eurýalos), *Euríalo*, é um composto de εὐρύς (eurýs), "amplo, extenso" e de ἀλωή (alōḗ), "terra trabalhada, vinha, campo", donde Euríalo é "o que possui vastos domínios", *DELG*, p. 387.

Existem ao menos três personagens com este nome. A primeira é um argivo, filho de Mecisteu, que participou de três grandes expedições: a dos Argonautas (v.), a dos Epígonos (v.) e a da Guerra de Troia, tendo, nesta última, acompanhado a Diomedes. A segunda é um filho de Ulisses com Evipe, filha do rei do Epiro Tirimas, em cuja corte viveu algum tempo o herói. Mais tarde, tendo Euríalo vindo a Ítaca, Penélope, enciumada, usou de astúcia e de mentira, convencendo o esposo a matar o próprio filho (v. Evipe). O terceiro herói é um companheiro de Eneias. Era um jovem de grande beleza, cuja amizade com Niso constituiu-se num dos grandes episódios da *Eneida*, 9, 314-445. Tombou, lutando contra os rútulos, tendo sobre o seu o corpo do amigo e só assim, escreve Virgílio no fecho da gesta heroica dos amigos, Niso encontrou a paz:

*Tumn super exanimum sese proiēcit amicum
confossus placidaque ibi demum morte quieuit*
(*En.* 9, 444-445)

— Ferido de morte, Niso atira-se sobre o cadáver do amigo
e junto dele dorme finalmente o plácido sono da morte.

EURICLEIA *(III, 56, 238, 316).*

Εὐρύκλεια (Eurýkleia), *Euricleia*, é um composto de εὐρύς (eurýs), "amplo, extenso" e de κλέος (kléos), "glória", donde "a muito célebre", *DELG*, p. 387.

Existem duas personagens com este nome. A primeira é a mãe de Édipo na versão mais antiga que ignora o incesto de Édipo com Jocasta. Euricleia é, com efeito, a primeira esposa de Laio. O rei de Tebas, em seguida, desposou Epicasta (a Jocasta de Sófocles) e foi com esta que se uniu Édipo, não tendo havido, por conseguinte, incesto algum (v. Édipo). A segunda personagem é a ama fidelíssima de Ulisses, que, ao lavar-lhe os pés, numa cena impressionante da *Odisseia*, XIX, 467-470, reconheceu o herói por uma cicatriz na perna (v. Ulisses).

EURÍDICE *(I, 315; II, 141-144, 147, 154, 170-171, 194, 247; III, 64, 75-76, 254).*

Εὐρυδίκη (Eurydíkē), *Eurídice*, é um composto de εὐρύς (eurýs), "amplo, extenso" e de δίκη (díkē), "justiça", donde "a grandemente justa".

Há várias heroínas com este nome. A mais célebre delas é uma dríada (v. Ninfa), esposa de Orfeu (v.), o cantor incomparável. Ao regressar da expedição dos Argonautas, Orfeu se casou com Eurídice, a quem amava profundamente. Acontece que um dia em que ela passeava pelo campo com as Náiades (v. Ninfas) foi picada por uma serpente e morreu. Públio Virgílio Marão nos dá, no canto II, 453-527, de seu maravilhoso poema *As Geórgicas*, uma versão um pouco diferente do mito. Na realidade, o poeta latino uniu o que acima se narrou com o mitologema de Aristeu. Este apicultor, apaixonado pela esposa de Orfeu, perseguiu-a pelos campos da Trácia com a intenção de violentá-la. Ao fugir de Aristeu, Eurídice pisou numa serpente, cuja mordida custou a vida da belíssima dríada. Inconformado com a morte da esposa, Orfeu decidiu descer ao Hades para trazê-la de volta. O poeta e cantor, com sua cítara e voz divina, encantou de tal forma o mundo dos mortos, que Plutão e Perséfone, comovidos com tanta prova de amor, concordaram em devolver-lhe Eurídice. Impuseram-lhe, todavia, uma condição: ele seguiria à frente e ela lhe acompanharia os passos, mas, enquanto caminhassem pelas trevas, o poeta e cantor não poderia olhar para trás. O vate aceitou a difícil imposição, mas atormentado pela incerteza e mordido pela saudade, não se conteve e transgrediu a ordem dos soberanos do Hades. Ao voltar-se, viu Eurídice, que se esvaiu para sempre numa sombra. Uma segunda Eurídice é a filha de Lacedêmon e de Esparta, a qual se casou com Acrísio e foi mãe de Dânae (v.). A terceira, segundo aparece na tragédia perdida de Eurípides, *Hipsípila*, é a esposa do rei da Nemeia Licurgo e foi mãe de Arquêmoro. Outra Eurídice é a filha de Anfiarau e de Erifila, possivelmente idêntica à anterior. A última personagem com este nome é a esposa de Creonte (v.), rei de Tebas, que, não suportando a notícia do suicídio do filho Hêmon sobre o cadáver de Antígona (v.), se enforcou.

EURIGANIA.

Εὐρυγάινεια (Eurygáneia), *Eurigania*, ou Εὐρυγάνη (Eurygánē), *Eurígane*, é um composto de εὐρύς (eurýs), "amplo, extenso" e de γάνος (gános), "aspecto sorridente, alegre", do verbo γάννσθαι (gánysthai), "rejubilar-se, estar feliz", donde o antropônimo significa "a que está amplamente feliz" ou "que transmite muita alegria e alívio", *DELG*, p. 210.

Após a morte de Epicasta ou Jocasta, com quem não teve filhos nas versões mais antigas do mito, Édipo se casou com Eurigania ou Eurígane e foi pai de Etéocles, Polinice, Antígona e Ismene. Segundo uma variante, muito próxima aliás do mito anterior, Eurigania é filha de Hiperfas e foi com ela que Édipo teve seus quatro filhos. O herói realmente se casou com a própria mãe Epicasta, mas o casal não teve descendentes.

EURÍLOCO *(III, 305).*

Εὐρύλοχος (Eurýlokhos), *Euríloco*, é um composto de εὐρύς (eurýs), "amplo, extenso" e de λόχος (lókhos), "tropa", donde "o que comanda muitos soldados".

Euríloco é não apenas um dos companheiros de Ulisses na *Odisseia*, mas seu imediato em várias missões. Era casado com Ctímene, irmã do herói. Quando o rei de Ítaca chegou à Ilha de Circe, Euríloco foi o escolhido pela sorte para explorar com um grupo de aqueus o local onde haviam chegado. Astutamente, não penetrou no palácio da maga e regressou logo depois para relatar ao cunhado a transformação operada por ela nos nautas aqueus. Mais tarde, foi ele quem aconselhou se fizesse uma escala na ilha onde pastavam as vacas do deus Hélio. Sobre Euríloco principalmente pesou a maldição que se seguiu ao sacrilégio cometido por todos os companheiros de Ulisses, os quais, sem hesitar, não obstante a proibição, degolaram e comeram as gordas vacas de Hélio. O castigo não se fez esperar: Euríloco e seus companheiros foram fulminados por Zeus. E Ulisses, sobre uma quilha, chegou sozinho à Ilha de Ogígia, onde habitava a loura Calipso...

EURÍMACO.

Εὐρύμαχος (Eurýmakhos), *Eurímaco*, é um composto de εὐρύς (eurýs), "amplo, extenso" e de -μαχος (-makhos), do verbo μάχεσθαι (mákhesthai), "lutar, combater", donde Eurímaco é "o que combate contra muitos, o que luta corajosamente".

Eurímaco é um dos principais pretendentes à mão de Penélope, na *Odisseia*. Arrogante e violento como Antínoo, insulta o "mendigo Ulisses", quando este visita seu palácio, arremessando inclusive contra ele o escabelo (*Odiss.* XVIII, 394). Quando o adivinho Teoclímeno prevê o fim que aguardava os pretendentes, o soberbo Eurímaco ironiza-o, dizendo-lhe que perdera a razão e o bom-senso. No episódio da prova do arco (*Odiss.* XXI, 245-255), sente-se profundamente envergonhado por não ter podido sequer retesá-lo. Na cena final, após a morte de Antínoo, o pretendente, sentindo a morte próxima, tenta reconciliar-se com Ulisses, comprometendo-se até mesmo a indenizá-lo de todos os prejuízos e danos causados a seus bens e procura culpar Antínoo, o verdadeiro mentor de tantas desgraças. Face à resposta dura e incisiva do herói, Eurímaco arranca a espada e com um grande urro avança contra o esposo de Penélope. Ulisses atravessa-lhe o fígado com uma flecha certeira e "as trevas cobriram-lhe os olhos" (*Odiss.* XXII, 79-88).

EURIMEDONTE *(III, 105).*

Εὐρυμέδων (Eurymédōn), *Eurimedonte*, é um composto de εὐρύς (eurýs), "amplo, extenso" e do verbo μήδεσθαι (médesthai), "meditar, pensar em, maquinar, cuidar de", donde Eurimedonte é "o que cuida com empenho de seu reino".

São três os principais heróis com este nome. O primeiro é um dos Gigantes que reinava sobre seus irmãos na extremidade da terra. Sua violência e descomedimento arruinaram-lhe o reino e os súditos. Tradições certamente mais recentes relatam que o Gigante estuprou a deusa Hera, ainda menina, e com ela teve Prometeu, o que provocou a cólera de Zeus contra o pai e o filho. Zeus teria fulminado Eurimedonte e agrilhoado Prometeu. Esta variante do mito do herói filantropo parece muito recente e suspeita. Um segundo Eurimedonte é um filho de Minos e da ninfa Pária. Tinha como irmãos a Nefálion, Crises e Filolau. Quando de seu "nono trabalho", a busca do Cinturão da Rainha Hipólita (v. *Mitologia Grega*, Vol. III, p. 105sqq.), Héracles passou pela Ilha de Paros e teve dois de seus companheiros assassinados pelos filhos de Minos, que habitavam essa ilha. O herói vingou de imediato seus amigos: matou os filhos do rei de Creta e ameaçou exterminar com todos os habitantes de Paros. Estes mandaram-lhe uma embaixada, implorando-lhe que escolhesse dois cidadãos quaisquer da ilha em substituição aos dois companheiros assassinados. O filho de Alcmena aceitou-lhes a proposta e tomou consigo Alceu e Estênelo, filhos de Androgeu e, portanto, netos de Minos. O mito fala de um terceiro Eurimedonte, condutor do carro de Agamêmnon. Foi morto por Egisto, quando do retorno do atrida a Micenas.

ÊURIMO.

Εὔρυμος (Eúrymos), *Êurimo*, segundo Carnoy, *DEMG*, p. 56, é uma forma abreviada de Εὐρύμαχος (Eurýmakhos), Eurímaco, "o que combate contra muitos, o que luta corajosamente".

Herói possivelmente originário de Óleno, na Etólia, tentou separar com calúnias os Dioscuros Castor e Pólux. Castor levou de imediato a Pólux as maquinações de Êurimo e o filho de Zeus liquidou a socos o maledicente. Outras versões atestam que Pólux não aguardou qualquer relato do irmão e espontaneamente matou o difamador.

EURÍNOME *(I, 156, 158, 162, 259, 343; II, 19, 23, 45; III, 207-208).*

Εὐρυνόμη (Eurynómē), *Eurínome*, é um composto de εὐρύς (eurýs), "amplo, extenso" e νόμος (nómos), "lei", do verbo νέμειν (némein), "dirigir, administrar", donde "a que administra um grande domínio".

Eurínome é uma deusa da primeira geração divina, isto é, a dos Titãs. Filha de Oceano e Tétis, administrava com seu esposo Ófion o cume nevoso do Olimpo. Crono, vitorioso de Úrano, expulsou o casal e lá se instalou com Reia. Segundo uma versão, talvez órfica, os destronados foram precipitados no Tártaro, mas a tradição mais comum é de que se refugiaram no mar. O fato é que, quando Zeus ou Hera lançou Hefesto do Olimpo, o deus dos ourives teria caído nos domínios de Oceano e foi recolhido por Eurínome e Tétis. Amada por Zeus, foi mãe das Cárites (Graças): Aglaia, Eufrósina, Talia, e do deus-rio Asopo. Nos arredores de Figalia, na Tessália, Eurínome possuía um templo muito antigo no meio de um bosque de cipreste, onde sua estátua representava uma mulher da cintura para cima e dos quadris para baixo estampava um enorme peixe.

ÊURÍNOMO *(II, 167).*

Εὐρύμονος (Eurýnomos), *Eurínomo*, é uma espécie de masculino eufemístico de Eurínome. Compõe-se igualmente de εὐρύς (eurýs), "amplo, extenso" e de νόμος (nómos), "lei", do verbo νέμειν (némein), "dirigir, administrar" donde "o que administra um amplo domínio", daí "o forte, o poderoso".

Eurínomo, segundo Pausânias, 10, 28, 4, figurava no Λέσχη (Léskhē), "Pórtico" de Delfos, pintado por Polignoto (séc. V a.C.). Tratava-se de um monstro, uma espécie de demônio, metade negro, metade azul, como um moscardo. Sentava-se num abutre, mostrando seus dentes enormes em sarcástica gargalhada. Sua função era devorar as carnes dos cadáveres inumados, deixando-lhes apenas os ossos.

EURÍPILO *(III, 37, 51, 120, 146).*

Εὐρύπυλος (Eurýpylos), *Eurípilo*, é um composto de εὐρύς (eurýs), "amplo, extenso" e πύλη (pýlē), "porta, entrada", donde Eurípilo é "o de largas portas ou de amplos domínios".

Há cinco heróis com este nome. O primeiro é um chefe tessálio, filho de Evêmon. Participou ativamente da Guerra de Troia. Matou sucessivamente a Hipsenor, Melântio e Apisáon. Ferido por Páris, foi salvo por Pátroclo (*Il.* XI, 806-848). O segundo é um herói de Patras, no Golfo de Corinto, confundido muitas vezes com o guerreiro anterior. Conta-se que os habitantes de Patras deviam sacrificar anualmente a Ártemis o mais belo casal de jovens da cidade, como punição de um sacrilégio cometido no interior do templo da deusa por Melampo e a sacerdotisa Cometo. Tudo se fez para que a irada Ártemis renunciasse a castigo tão cruel, mas em vão. Ora, terminada a Guerra de Troia, Eurípilo abriu um cofre misterioso que recebera como espólio e enlouqueceu. Consultado o Oráculo, este respondeu que o herói poderia ficar curado se encontrasse em seu retorno à Hélade um local onde se fizesse um sacrifício insólito. Uma vez sarado, porém, o herói deveria permanecer na cidade onde recuperara a razão. Tendo chegado a Patras e tomado conhecimento do que ali se realizava anualmente, compreendeu que o Oráculo se cumprira. Também os habitantes de Patras, advertidos de que a cólera de Ártemis teria fim no dia em que o sacrifício dos jovens fosse presenciado por um adventício, concluíram que a presença de Eurípilo apaziguara a irmã de Apolo. Eurípilo fixou residência em Patras e ali faleceu. Seu túmulo era mostrado na acrópole da cidade. O terceiro herói é um rei da Ilha de Cós, filho de Posídon e Astipaleia. Quando Héracles, voltando de Troia, chegou à ilha, Eurípilo e seus filhos tentaram expulsá-lo, usando da força. Héracles penetrou na capital da ilha e os matou a flechadas. O quarto herói com o mesmo nome é um filho de Télefo, que lutou ao lado dos troianos contra os aqueus. Quando foi curado por Aquiles, Télefo prometeu que nem ele nem descendente seu combateria contra os helenos. Astíoque, no entanto, irmã de Príamo e esposa de Télefo, resolveu enviar seu filho Eurípilo para lutar em defesa de Ílion. Uma tradição relata que Astíoque se deixou corromper, recebendo como presente o plano da videira de ouro, que Zeus outrora oferecera a Ganimedes. O pai dos deuses e dos homens castigou-a, fazendo que Eurípilo perecesse às mãos de Neoptólemo, filho de Aquiles. Eurípilo é o pai de Grino (v.). O quinto Eurípilo é o filho de Posídon que reinou em Cirene, na Líbia. Foi ele quem ofereceu a Eufemo (v.) um pedaço de terra compacta e mágica como presente de hospitalidade, quando da passagem dos Argonautas pelo Lago Tritônis. Consoante Píndaro (*Nem.* 4, 25), Eurípilo é mero avatar do deus Tritão, que deu nome ao célebre lago. Segundo alguns mitógrafos, o herói é irmão de Tritão e, neste caso, sua mãe seria Celeno, filha de Atlas. Casado com Estérope, filha de Hélio, foi pai de Licáon e Leucipo. Foi durante o reinado de Eurípilo que Apolo levou a ninfa Cirene para a Líbia.

EURÍSAQUES.

Εὐρυσάκης (Eurysákēs), *Eurísaques*, é um composto de εὐρύς (eurýs), "amplo, extenso" e de σάκος (sákos), "grande escudo coberto de couro", donde significar o antropônimo (certamente por causa de seu pai Ájax) "o que leva um grande escudo coberto de couro".

Ájax, filho de Télamon, se unira em Troia a uma cativa chamada Tecmessa, filha do Rei Frígio Teleutas (v. Ájax). Dela o herói aqueu tivera um filho, Eurísaques. Antes de matar-se, Ájax confiara o menino a seu irmão Teucro. Após a queda de Troia, o jovem herói navegou para Salamina da Ática, terra de seu pai. Tendo, porém, viajado em nau diferente da de Teucro, certamente por imposição deste último, o Rei Télamon criticou acerbamente o filho. Com o exílio de Teucro pelo pai, foi Eurísaques quem assumiu, após a morte de Télamon, o reino de Salamina. Teucro tentou retornar à ilha quando soube da morte do pai, mas o filho de Ájax o impediu. Seu reinado durou pouco, uma vez que, tendo-se aconselhado com o irmão Fileu, entregou Salamina aos atenienses, que deram a ambos o direito de cidadãos da cidade de Palas Atená. Segundo uma variante, Fileu não era irmão, mas filho de Eurísaques, e foi ele o responsável pela entrega da ilha a Atenas. Como quer que seja, a família de Eurísaques se estabeleceu em Atenas. Entre seus muitos descendentes contam-se Milcíades, Címon, Alcibíades e o grande historiador Tucídides.

EURISTEU *(I, 61, 84, 101, 242, 255; III, 93, 96-97, 100, 102-105, 109, 112-113, 115-116, 122, 132, 209).*

Εὐρυσθεύς (Eurystheús), *Euristeu*, é uma forma abreviada do composto Εὐρυ-σθνής (Eury-sthenḗs), isto é, εὐρύς (eurýs), "vasto, extenso" e σθενής (sthenḗs), "força, poder", donde Euristeu é "o que possui um grande poder", *DELG*, p. 388.

Euristeu é filho de Estênelo e, por conseguinte, um neto de Perseu. Sua mãe Nicipe era filha de Pélops. Primo de Anfitrião e de Alcmena, era rei de Micenas, Tirinto e de Mideia, na Argólida. Essa tríplice coroa do neto de Perseu se deve a uma predição de Zeus, a qual a ciumenta Hera reverteu em favor do medíocre e covarde Euristeu. É que Zeus, a quem faltava por vezes a imprescindível continência verbal, imprudentemente proclamara que de seus amores com Alcmena (v.) nasceria um filho que, sendo da raça dos persidas, reinaria em Argos. De imediato, eclodiram a ira e o ciúme de Hera. Ordenou, por isso mesmo, a Ilítia, sobre quem se falou em *Mitologia Grega*, Vol. II, p. 58, e que, diga-se de passagem, é uma hipóstase da própria rainha dos deuses, que retardasse o mais possível o nascimento de Héracles e apressasse o de Euristeu. Este, nascendo primeiro e sendo um persida, seria automaticamente o herdeiro do poder na Argólida. Foi assim que Euristeu veio ao mundo com sete meses e Héracles com dez! Tal acontecimento, manipulado pela astúcia da esposa de Zeus, é narrado *na Ilíada*, XIX, 97-134. Ao retornar da sangrenta expedição contra os mínios de Orcômeno, em que vencera e matara o Rei Ergino (v.), Hera lançou contra Héracles, que iniciava sua carreira de glórias, a terrível ἄνοια (ánoia), a demência e o enlouqueceu por completo. O herói, num acesso de insânia, matou a flechadas ou lançou ao fogo os filhos que tivera com Mégara, filha de Creonte, e que recebera como recompensa por ter livrado Tebas do tributo anual que lhe haviam imposto os mínios. Recuperada a razão, após repudiar Mégara e entregá-la a seu sobrinho Iolau, filho de Íficles, dirigiu-se ao Oráculo de Delfos e pediu a Apolo que lhe indicasse os meios de purificar-se desse ἀκούσιος φόνος (akúsios phónos), desse morticínio involuntário. A Pítia ordenou-lhe colocar-se a serviço de seu primo Euristeu durante doze anos, o qual lhe impôs os Doze Trabalhos (v. Héracles). Existem, portanto, variantes que explicam de outra maneira a submissão de Héracles ao rei de Tirinto, que, aliás, no mito, é tido como um poltrão, um covarde, um deformado física e moralmente. Incapaz até mesmo de encarar o herói frente a frente, enviava-lhe ordens através de outro pusilânime, o arauto Copreu (v.), filho de Pélops. Proibiu, por medo, que o filho de Alcmena penetrasse no recinto da cidade, quando lá chegasse após a realização de cada Trabalho. Não satisfeito, mandou fabricar um enorme jarro de bronze para esconder-se em caso de necessidade. Mais de uma vez o soberano da Argólida "usou o vaso", só à vista das presas e monstros que eram trazidos pelo herói. Fez-se, porém, linhas acima referência a variantes que procuram explicar diversamente a submissão do filho de Anfitrião ao primo. Uma delas relata que Héracles, desejando retornar a Argos, dirigiu-se ao rei e este concordou, desde que aquele libertasse o Peloponeso e o mundo de determinados monstros. Uma outra, retomada tardiamente pelo poeta da época alexandrina, Diotimo, apresenta o herói como amante de Euristeu. Teria sido por mera complacência amorosa que o filho de Zeus se submetera aos caprichos do amado, o que parece uma ressonância tardia do discurso de Fedro no *Banquete* de Platão. Terminados os Doze Trabalhos, reza uma tradição, o rei de Micenas ofereceu um grande sacrifício a Hera e convidou o herói; mas como os filhos de Euristeu ofereceram-lhe uma porção menor de carne, sentindo-se ofendido, matou a três deles. Em seguida, tentou fixar-se em Tirinto, mas foi impedido pelo primo, que, mesmo após a morte apoteótica de Héracles, continuou a perseguir-lhe os descendentes, tentando arrancá-los do reino de Cêix (v.). Os Heraclidas, todavia, refugiaram-se na Ática. Euristeu marchou contra Atenas, mas pereceu em combate. Sua cabeça foi levada a Alcmena, que lhe arrancou os olhos.

EURÍTION *(I, 241; III, 61, 109, 118).*

Εὐρυτίων (Eurytíōn), *Eurítion*, talvez se origine de εὖ (eû), "bom, bem" e do verbo ἐρύειν (erýein), "puxar, esticar", donde "o que atira bem com o arco". *DEMG*, p. 57.

Há quatro personagens com este nome. A primeira é um Centauro violento e lascivo que tentou raptar a noiva de Pirítoo, provocando a luta sangrenta entre Centauros (v.) e Lápitas (v.). A segunda é o nome de um outro Centauro, que, na ausência de Héracles, casou-se à força com a noiva do herói, Mnesímaca, filha de Dexâmeno, rei de Óleno. Ao retornar, o filho de Alcmena matou a flechadas o atrevido Eurítion. O terceiro é um filho de Actor. Trata-se de um herói da Ftia, que participou da perigosa caçada de Cálidon. Na corte de Eurítion refugiou-se Peleu, após o assassinato de Foco (v.). Eurítion o purificou e deu-lhe, além da filha Antígona em casamento, um terço do reino de Ftia. No decurso da memorável caçada, Peleu, sem o querer, matou ao sogro e teve que abandonar Ftia e buscar asilo na corte de Acasto (v.). Existe um quarto Eurítion, que guardava o rebanho de Gerião (v.). Foi morto por Héracles, quando da realização de seu Décimo Trabalho, a busca do *Rebanho de Gerião*.

ÊURITO *(I, 211; III, 46, 52, 62, 94, 102, 124, 127, 178, 291, 322).*

Εὔρυτος (Eúrytos), *Êurito*, segundo Carnoy, *DEMG*, p. 57, teria a mesma formação que *Eurítion*, isto é, talvez provenha de εὖ (eû), "bom, bem" e do verbo ἐρύειν (erýein), "puxar, esticar", donde "o que atira bem com o arco".

Há três heróis principais com este nome. O primeiro é um dos Gigantes que participou da luta contra Zeus. Foi morto por Dioniso (v.) com um golpe de tirso. O mais célebre deles, todavia, é o rei da Ecália, localizada ora na Tessália, ora na Messênia e, por vezes, até na Eubeia. Era pai de Íole, que acabou por desempenhar papel de relevância no mito de Héracles. Seu pai chamava-se Melaneu, arqueiro famoso, que a tradição faz passar por filho de Apolo, o arqueiro divino. Sua mãe era Estratonice. Casado com Antíoque, filha de Pílon, era pai de Dêion ou Molíon, Clício, Toxeu, Ífito e da linda Íole. Herdara do avô divino e do pai o talento de arqueiro consumado. Segundo a versão da *Odisseia*, VIII, 226-228, o herói, orgulhoso com o dom que recebera de Apolo, ousou desafiá-lo e acabou sendo morto. O filho de Zeus, como os outros imortais, não admitia desafio da parte de pobres mortais, sobretudo quando ultrapassavam demasiadamente o *métron*. O texto homérico é claro a esse respeito:

– *O grande Êurito morreu cedo; não atingiu a velhice em seu lar;*
Apolo, indignado, o matou, porque Êurito o desafiara para a prova do arco.

Mestre de Héracles, ensinou-lhe o manejo preciso da arma predileta de Apolo. Mais tarde, o célebre arco de Êurito passará às mãos de seu filho Ífito, que o ofertou a Ulisses como presente de hospitalidade, recebendo em troca uma lança e uma espada. Com este arco o esposo de Penélope liquidará os pretendentes. O mito mais conhecido de Êurito é sua inimizade e litígio com seu antigo discípulo Héracles. Como o prepotente rei de Ecália, "o mais hábil dos mortais no manejo do arco", tivesse desafiado a Grécia inteira, prometendo a mão de sua filha Íole a quem o vencesse na disputa do arco (veja-se na luta um rito iniciático que visa à conquista da esposa), o filho de Alcmena resolveu competir com seu antigo mestre e o venceu. Não tendo o rei cumprido a promessa, porque, ou pessoalmente, ou a conselho de todos os filhos, exceto Ífito, temesse que o herói viesse novamente a enlouquecer e matasse a Íole e os filhos que dela tivesse, Héracles, como sempre, partiu para a vingança. A respeito da guerra do herói contra o rei, há mais de uma versão e algumas variantes. Vamos seguir aquela que nos parece mais coerente com o mito. Face, pois, à recusa do soberano de Ecália em entregar-lhe a princesa, o imbatível filho de Zeus invadiu-lhe o reino e, após incendiar a capital, matou o rei e os filhos, com exclusão de Ífito e de Íole, de quem fez sua concubina. Ífito, que herdara o famoso arco paterno, partira para Messena. Quando Héracles lá o encontrou, o filho de Êurito andava à procura de um rebanho de éguas ou de bois que o herói havia furtado ou, segundo outra versão, que o avô de Ulisses, Autólico, o mais astuto de todos os ladrões da mitologia clássica, havia roubado e confiado a Héracles. Este, interrogado por Ífito, não só se negou a entregar-lhe o rebanho, mas ainda o assassinou. Relata uma variante que o vencedor de Êurito era apenas suspeito do roubo e que Ífito o procurara para pedir-lhe ajuda na procura do armento. Aquele prometeu auxiliá-lo, mas, tendo enlouquecido pela segunda vez, o lançara do alto das muralhas de Tirinto. Como expiação deste crime, o herói sofredor foi vendido como escravo à Rainha Ônfale. Um terceiro Êurito é o filho de Hermes. Era irmão gêmeo de Equíon 2 e participou da expedição dos Argonautas (v. Érito).

EURO.

Εὖρος (Eûros), *Euro*, talvez provenha de *εὖσ-ρος (*heus-ros), de εὕειν (heúein), "secar, endurecer, empedernir, tornar frio". O espírito fraco talvez se deva à analogia com αὔρα (aúra), "sopro, brisa", *DELG*, p. 387.

Euro é o vento do sudeste. É filho de Eos, a Aurora, e de Astreu, ou ainda de Tifão. Em Homero, *Il*., II, 145; XVI, 765; *Odiss*., V, 332; XIX, 206, Euro sempre se apresenta como um vento impetuoso.

EUROPA *(I, 45, 60-61, 113, 119, 121-123, 156, 228, 248, 342-343; II, 23-24, 34, 34⁵, 42; III, 22, 58, 109, 211[158], 226[170], 235, 309, 344).*

Εὐρώπη (Eurṓpē) não possui etimologia segura, até o momento, apesar das várias hipóteses de Frisk, *GEW*, s.u. Carnoy, *DEMG*, p. 56, traduz simplesmente a palavra como a de *rosto largo*, pressupondo evidentemente que Europa se origina de um composto: εὐρύς (eurýs), "largo, amplo", e ὤψ (óps), cujo ac. sing, é ὦπα (ôpa), "rosto, face, aspecto". A hipótese de Carnoy nada mais é que uma etimologia popular. Chantraine, *DELG*, p. 388, pergunta se o nome da heroína não poderia ser independente do epíteto do continente, o qual proviria, neste caso, do adjetivo εὐρωπός (eurōpós), "largo, amplo".

Filha de Fênix ou Agenor e de Telefassa, foi raptada por Zeus sob a forma de *touro* e levada para a Ilha de Creta. O nome geográfico procederia, segundo o poeta bucólico do séc. III a.C., Mosco, 2, 14-15, e Ésquilo (séc. VI-V a.C.), Fr. 322, do nome da princesa fenícia. É bem possível que o nome geográfico *Europa* designasse, a princípio, o continente por oposição ao Peloponeso (Ilha de Pélops) e as demais ilhas gregas e posteriormente uma parte do mundo em contraste com a Ásia Menor e a Líbia (África). Existem pelo menos quatro heroínas com o nome de Europa, mas a que se celebrizou no mito foi a filha de Agenor e Telefassa. Zeus viu a Princesa Europa, quando se divertia com suas amigas perto de Sídon ou de Tiro, onde reinava Agenor. Inflamado pela beleza da jovem, o deus se metamorfoseou num touro de cintilante brancura e de cornos semelhantes ao crescente lunar. Sob esse disfarce, deitou-se aos pés da jovem fenícia. Foi um susto rápido. Recompondo-se, a filha de Telefassa começou a acariciar o touro e sentou-se sobre seu dorso. De imediato, o animal se levantou e se lançou com ela no mar. Apesar do sobressalto e dos gritos aterrorizados de Europa, que mal conseguia equilibrar-se, o touro penetrou rapidamente mar a dentro e se afastou da terra. Tendo atingido a Ilha de Creta, uniram-se junto a uma fonte, em Gortina, sob plátanos, que, em memória desses amores, receberam o privilégio de jamais perder as folhas. Europa deu três filhos a Zeus: Minos, Sarpédon e Radamanto. Como recompensa, o deus ofereceu-lhe três presentes: um cão, que não deixava escapar presa alguma; um venábulo, que jamais errava o alvo e Talos (v.), "o robô de bronze", o infatigável vigilante e guardião da Ilha de Minos. Mais tarde, fez que Europa desposasse o rei de Creta, Astérion, que, não tendo filhos, adotou os de Zeus. Após sua morte, a princesa recebeu honras divinas e o *Touro* em que o pai dos deuses e dos homens se transformara, tornou-se uma constelação e foi colocado entre os signos do Zodíaco. Simbolicamente o *touro* configura o poder e o arrebatamento irresistível. É o macho impetuoso, como o terrível Minotauro, guardião do Labirinto de Creta. É o Rudra feroz e mugidor do Rig Veda, cuja semente abundante fertiliza a terra. É o Enlil celeste do mito babilônico. Símbolo da força criadora, o touro representou o deus El, sob a forma de uma estatueta de bronze, que se fixava na extremidade de um bastão ou de uma haste. Conservam-se protótipos desses emblemas religiosos que remontam ao terceiro milenário antes de Cristo. O culto de El, praticado pelos patriarcas hebraicos, imigrados na Palestina, foram rigorosamente proscritos por Moisés. Na tradição grega os touros indomáveis e ferozes, como os que Jasão atrelou, traduzem o ímpeto desenfreado da violência. Trata-se de animais consagrados a Posídon, deus dos oceanos e das tempestades, bem como a Dioniso, deus da virilidade fecunda e inesgotável. São igualmente símbolos dos deuses celestes nas várias religiões indo-europeias, por força de sua fecundidade infatigável e anárquica como a de Úrano. Encarnação de forças ctônias, o touro, em muitas culturas, suporta o peso da terra sobre seu dorso ou sobre seus cornos. O simbolismo do touro está ligado ao da tempestade, da chuva e da lua. O touro e o raio, desde o terceiro milênio a.C., eram a configuração de divindades atmosféricas. O mugido do animal era assimilado, nas culturas arcaicas, à borrasca e ao trovão, uma vez que ambos traduziam a hierofania da força fecundante. As divindades lunares mediterrâneo-orientais eram representadas sob a forma de touro e investidas de tributos taurinos. No Egito, o mesmo deus lunar era "o touro das estrelas". *Osíris*, deus lunar, foi representado por um touro. *Sin*, deus lunar da Mesopotâmia, tinha igualmente forma bovina. Afrodite (Vênus) tem seu domicílio noturno no *Signo do Touro* e a Lua exerce, nessa fase, sua maior influência. No persa antigo a lua era chamada *Gaocithra*, conservadora da semente do touro, porque, consoante um velho mito, o touro primordial depositara seu sêmen no astro da noite. Em hebraico, a primeira letra do alfabeto, *aleph*, que designa *touro*, é o símbolo da lua em sua primeira semana e, ao mesmo tempo, o nome do signo zodiacal por onde se inicia a série das casas lunares. Muitas letras, hieróglifos e sinais têm relação simultânea com as fases da lua e com os cornos do touro, não raro comparados ao crescente lunar. Um rito asiático de iniciação, introduzido na Itália lá pelo século II p.C., enriqueceu o culto de Cibele (v.) com uma cerimônia até então desconhecida em Roma, o *tauróbolo*, o sacrifício de um touro. Tratava-se de uma iniciação por um batismo de sangue. O neófito descia a uma cova, aberta para essa finalidade, recoberta com um teto cheio de buracos. Sobre o fosso degolava-se um touro e o sangue quente do animal, fluindo pelos orifícios da cobertura, caía sobre todo o corpo do iniciado. Aquele que se submetia a esse tipo de aspersão sangrenta tornava-se *renatus in aeternum*, um renascido para sempre, isto é, para uma vida nova. É que o sangue do touro comunicava-lhe não só o poder biológico do animal, mas sobretudo a aquisição de uma vida nova, espiritual e imortal. Na simbólica analítica de Jung o sacrifício do touro representa o desejo de uma vida espiritual, que permite ao homem triunfar de suas paixões animais primitivas e que, após uma cerimônia de iniciação, lhe outorga a paz. O touro é a força descontrolada sobre a qual uma pessoa evoluída tende a exercer seu domínio. O entusiasmo e a paixão pelas touradas talvez se pudessem explicar pelo desejo secreto de matar a besta interior, mas tudo se passaria como se se fizesse uma substituição: o animal sacrificado publicamente dispensaria o sacrifício interior ou daria a ilusão, pela mediação do toureiro, de uma vitória pessoal do espectador. Há, todavia, os que interpretam as touradas, com a consequente morte do animal, como uma reminiscência do culto mitraico: a vitória de Ormadz, *o bem*, "o sol", simbolizado pelo toureiro com seu traje brilhante, sobre Ahriman, *o mal*, "as trevas", o touro negro. Tudo isto, no entanto, é bem diferente do que se passa numa faixa do litoral do Estado de Santa Catarina, na tristemente denominada *Farra do Boi*. É claro que também lá funciona inconscientemente o desejo de matar a besta interior, mas, pela crueldade com que é executado "o cerimonial", a besta interior parece, ao revés, adquirir novas forças...

EUTIMO *(III, 45)*.

Εὔθυμος (Eúthymos), *Eutimo*, é formado de εὖ (eû), "bem, bom" e de θυμός (thymós), "alma, coração, ardor, coragem", donde "o generoso, o ardoroso, o corajoso".

Eutimo de Locros é um herói da Magna Grécia, que libertou a cidade de Têmesa de um tributo cruel que os cidadãos ofereciam anualmente ao demônio Álibas. Esse monstro não era outro senão Polites, companheiro de Ulisses. Tendo-se embriagado, o nauta aqueu estuprou uma jovem de Têmesa. Enfurecidos, os habitantes da cidade o lapidaram. A partir de então, o *eídolon* de Polites não mais os deixou em paz: exigiu que se lhe erguesse um santuário e que anualmente lhe fosse sacrificada a mais bela jovem da região. Eutimo de Locros, pugilista famoso, venceu a Álibas e obrigou-o a abandonar o sul da Itália. Eutimo se casou com a moça que deveria naquele ano ser sacrificada ao demônio e com ela viveu por muitos anos. Já extremamente idoso, o pugilista desapareceu misteriosamente.

EVADNE *(I, 319; II, 88)*.

Εὐάδνη (Euádnē), *Evadne*, segundo Carnoy, *DEMG*, p. 54, é um composto de εὖ (eû), "bom, bem" e o verbo ἁνδάνειν (handánein), "agradar, ser agradável, donde Evadne é "a encantadora".

Há duas personagens com este nome. A primeira é filha de Posídon e de Pítane. Criada por Épito (v.), foi amada por Apolo. Dessa união nasceu Íamo (v.), ancestral da família sacerdotal dos iâmidas de Olímpia. Uma segunda Evadne, filha de Ífis, desposou Capaneu (v.). Com a morte do marido, a heroína se lançou nas chamas da pira funerária do esposo.

EVANDRO *(III, 110, 211[158])*.

Εὔανδρος (Eúandros), *Evandro*, é formado de εὖ (eû), "bom, bem" e de uma forma -ανδρος (-andros) de ἀνήρ, ἀνδρός (anḗr, andrós), "homem, herói", donde Evandro é "o excelente herói ou varão".

Há três heróis com este nome. O primeiro é originário da Lícia, filho de Sarpédon (v.), grande aliado de Príamo e que pereceu na Guerra de Troia, morto por

Pátroclo, *Il.* XVI, 558-559. O segundo é um filho de Príamo. O mais célebre dentre os três, porém, é o fundador de Palanteu, no Monte Palatino, antes do soerguimento de Roma por Rômulo (Verg. *En.*, 8, 51-54). Evandro é um arcádio da cidade de Palanteu. A genealogia do herói não é muito clara. Algumas tradições fazem-no filho de Hermes e da ninfa Telpusa, filha do Rio Ládon, a qual, com o nome de Carmenta, recebia um culto em Roma. Telpusa ou Carmenta é também chamada Têmis, Nicóstrata ou Tibúrtis, lembrando este último o nome do Rio Tibre. Outras versões e variantes dão-lhe como pais Équemo de Tégea e Timandra, filha de Tíndaro e Leda, aparecendo o herói como descendente da família dos Dioscuros, Clitemnestra e Helena. A vinda de Evandro, da Arcádia para a Itália, é diversamente explicada. O herói teria emigrado por vontade própria ou teria sido exilado após matar a seu pai Équemo ou a sua mãe Timandra. Instalando-se na margem esquerda do Rio Tibre, fixou-se na colina do Monte Palatino. Bem-acolhido pelo Rei Fauno, teve, no entanto, que lutar contra o gigante Érilo, que foi morto em combate singular (Verg. *En.*, 8, 563sq.). Reinou com equidade e transmitiu aos aborígenes o conhecimento da escrita, da música e de várias técnicas agrícolas. Atribuiu-se-lhe igualmente a introdução no Lácio do culto de várias "divindades arcádias", como Deméter, Posídon e de Pã lício, em cuja honra instituiu as *Lupercalia*, Lupercais, isto é, festas em honra de *Lupercus* ou *Faunus*, mais tarde assimilados pelo deus Pã. Tratava-se de provocar a fecundidade através de ritos mágicos para se defenderem os apriscos contra os lobos. Mais tarde, os sacerdotes de Lupercus (Pã) percorriam as ruas de Roma, surrando com correias de couro de bode homens e mulheres que desejavam ter filhos, aumentar o rebanho ou provocar uma colheita abundante. Quando Héracles passou por Palanteu, foi Evandro que o purificou da morte de *Cacus* (v. Héracles). Reconheceu a origem divina do herói e fundou em sua honra o culto da *Ara Maxima* (O Altar Máximo) entre os montes Palatino e Aventino. Evandro chegou ao Lácio sessenta anos antes da Guerra de Troia, o que explica estar o herói muito idoso, quando Eneias o procurou para solicitar-lhe aliança e ajuda militar contra os rútulos. Não lhe sendo mais possível pegar em armas, enviou um contingente de cavalaria sob o comando do filho Palante, que foi morto em combate por Turno. A aliança e a cooperação militar do fundador de Palanteu se deviam ao fato de outrora ter sido hóspede de Anquises, pai de Eneias. Além de Palante, Evandro era pai de duas jovens, Rome e Dine ou Dauna. Ao morrer, foi-lhe consagrado um altar no sopé do Monte Aventino.

EVENO *(II, 87, 177; III, 56, 123).*

Εὔηνος (Eúēnos), *Eveno*, ao que parece, é formado de εὖ (eû), "bom, bem" e de ἥνιαι (héniai), "rédeas, freios", donde Eveno seria "o bom cavaleiro".

Rei da Etólia, o herói era filho de Ares e de Demonice. Pai de uma filha única, Marpessa (v.), tinha por hábito matar os pretendentes à mão da princesa e decorar com os crânios das vítimas o templo de Posídon. Marpessa acabou sendo raptada por Idas, que, para mantê-la, teve que entrar em luta com Apolo, uma vez que o deus também a amava. O rei perseguiu o raptor, mas Posídon o salvou, tendo-lhe oferecido um carro alado. Não podendo reaver a filha, Eveno matou os próprios cavalos e lançou-se no Rio Licormas, que recebeu daí por diante o nome do pai de Marpessa.

EVIPE *(III, 289).*

Εὐίππη (Euíppē), *Evipe*, é formado de εὖ (eû), "bom, bem" e "um feminino" ἵππη (híppē), de ἵππος (híppos), "cavalo", donde Evipe é "a renomada por seus cavalos".

Após a morte dos pretendentes, Ulisses dirigiu-se ao Epiro para consultar o oráculo e hospedou-se na corte do Rei Tirimas, cuja filha Evipe seduziu. Desses amores nasceu Euríalo. Quando este atingiu os dezoito anos, a mãe enviou-o a Ítaca com uma mensagem escrita, a fim de que fosse reconhecido pelo pai. O jovem chegou à ilha na ausência de Ulisses e Penélope, enciumada, convenceu o marido a matar Euríalo, argumentando que o filho de Evipe pretendia assassiná-lo. Sem refletir, o que era, na realidade, contrário a seus hábitos, Ulisses matou ao filho. Segundo outras versões o filho do herói com Evipe chamava-se Leôntrofon. Existe, no mito, uma segunda Evipe, neta de Átamas.

EXÉQUIAS.

Κῆδος (Kêdos), plural κήδη (kédē), *exéquias*, provém do verbo κήδειν (kédein), "ferir, perturbar, inquietar-se, preocupar-se com, cuidar de", donde "preocupação, cuidado em prestar honras fúnebres a alguém".

Diga-se logo que o verbo denominativo κηδεύειν (kēdeúein), derivado de κῆδος (kêdos), significa não apenas "cuidar de, prestar honras fúnebres", mas também "contratar casamento", o que mostra ser este "um rito de morte", por isso que é "uma separação", *DELG*, p. 522-523.

Neste verbete só se cuidará dos funerais e assim mesmo resumidamente, pois o destino da psiqué e tudo quanto diz respeito à sua essência, viagem e destino na outra vida já foram amplamente explicitados em Escatologia (v.).

As exéquias na Hélade, desde tempos imemoriais, não se distanciavam muito das que se atestam em outras culturas. Se os gregos foram menos complicados em suas cerimônias fúnebres e bem menos otimistas em suas crenças que os egípcios com vistas à outra vida, e certamente menos criativos que os hititas no tocante ao ritual, jamais descuidaram de proporcionar a seus mortos um correto sepultamento. A épica e a tragédia testemunham-lhes os sentimentos religiosos mais sinceros a esse respeito. Uma parte significativa de sua energia artística, por isso mesmo, concentra-se em temas funerários e no enterro como solução parcial do grave problema da morte.

Muitos estudiosos tentaram estabelecer uma diferença de essência entre inumação e cremação, com base num conceito evolutivo de σῶμα (sôma), corpo, e ψυχή (psykhḗ), alma, mas semelhante distinção não tinha escatologicamente, na Grécia, importância alguma. Vestir um cadáver, colocá-lo num túmulo ou cremá-lo, sepultando-lhe as cinzas e os ossos, não possuem diferença quanto ao destino da psiqué. Em certos casos, como fez Antígona com o corpo de Polinice, bastava cobrir o morto com uma leve poeira e a eficácia ritual surtia os efeitos necessários, como assinala Sófocles na tragédia *Antígona*, 245-256. É preciso levar em conta que na Hélade as técnicas físicas de sepultamento são suplantadas pelo ritual. Toda e qualquer forma de enterro marca a ação da família ou da comunidade; o corpo é encaminhado para "uma nova jurisdição" e o elemento ausente da individualidade, denominado psiqué, é transferido para algum outro local.

A morte, como assinala agudamente Emily Vermeule, em *Aspects of Death in Early Greek Art and Poetry*, Berkeley, University of California Press, 1979, p. 23sqq., não se completa num instante. Na Grécia, os que deixavam esta vida dirigiam-se para uma nova esfera, mediante um longo percurso de transição, demarcado por fases muito nítidas.

O corpo, destituído de seu elemento essencial, a psiqué, está inerte e manchado pela impureza. A morte, de per si, é um μίασμα (míasma), uma contaminação. É necessário, destarte, que a família e os parentes reunidos lhe deem um banho, cujo efeito é catártico, preparem-no e indumentem-no adequadamente. A dor e o pesar pelo que partiu devem ser igualmente assinalados e aliviados por manifestações públicas. O acompanhamento à pira funerária e ao túmulo atesta a separação permanente do grupo familiar e do cadáver ainda visível, que vai ser escondido no seio da terra e substituído, de certa forma, por uma tumba ou estela. As exéquias realizadas com o rigor de praxe traduziam a gratidão da família pelos esforços feitos em vida pelo morto, dispensando-o, de alguma forma, de qualquer outra preocupação ou fadiga. Era mister, por isso mesmo, jamais esquecê-lo: os parentes ofereciam-lhe, de quando em quando, o apoio de que, a seu ver, estava necessitando. Na prática, essa assistência se traduzia por invocações, libações e ofertas de comida e bebida. O mais importante, no entanto, como se frisou em Escatologia (v.), é que os vivos não se esquecessem do falecido e este não perdesse a memória.

A fonte básica para conhecimento dos sentimentos individuais em relação a um morto são as invocações fúnebres, monumentos artísticos e a poesia. Esta, porém, nos engana frequentemente com suas metáforas ornamentais e não raro com um tipo de humor negro formal, que constitui uma bem-conhecida defesa contra a morte. O cantor de *Thánatos* joga com um sentido irônico de sua própria deficiência, como o célebre epigrama 13, 3-4, do sarcástico poeta alexandrino Calímaco (310-240 a.C.):

– *Cáridas, como é o Hades? – Muito escuro. – E os caminhos de retorno?*

– *Um engodo. – E Plutão? – Um gracejo. – Matas-me.*

Também o nosso extraordinário Manuel Bandeira (1886-1968), com um humor e temor extremamente finos e sutis, brincou no poema *Consoada* com a iniludível *Thánatos*. Lendo-o com atenção, vê-se que a disponibilidade do poeta para o encontro não passa de um exorcismo e de uma "legítima defesa":

Quando a Indesejada das gentes chegar
(não sei se dura ou caroável),
Talvez eu tenha medo.
Talvez sorria ou diga:
Alô, iniludível!
O meu dia foi bom, pode a noite descer.
(A noite com os seus sortilégios).
Encontrará lavrado o campo, a casa limpa,
A mesa posta,
Com cada coisa em seu lugar.

(BANDEIRA, Manuel. *Estrela da Vida Inteira*. Poesias reunidas. Rio de Janeiro, Edit. José Olympio, 1982, 9. ed., p. 202).

De qualquer forma, o interesse do poeta grego pela morte era simultaneamente prático e mítico, daí a necessidade de uma poesia que orientasse o *eídolon* (v.) na perigosa catábase para o Hades, aliviasse os vivos e exaltasse as qualidades do desaparecido. Esse tipo de melopeia que acabou se transformando num "canto coral familiar", num autêntico epicédio, denominava-se θρῆνος (thrênos), *trenó, γόος* (góos), *lamentação seguida de lágrimas* ou ἰαλεμος (iálemos), *canto fúnebre*. Tais lamentos, é bom que se repita, objetivavam consolar os vivos, celebrar as virtudes do morto, prometendo perpetuar-lhe a memória, enquanto sua família e parentes estivessem neste mundo.

Feita esta ligeira introdução, vamos retomar o assunto e acentuar-lhe algumas facetas que nos parecem mais significativas.

Desde a época protogeométrica antiga (1000-850 a.C.), geométrica média e recente (800-700 a.C.), a pintura grega primeiro e depois a poesia épica jônica no Oriente nos transmitem alguns subsídios importantes para a compreensão de uma parcela considerável dos temas referentes à morte e do cerimonial fúnebre. O ideal seria falecer no lar, ao lado dos entes queridos, mas o código de honra dos heróis exaltava-lhes, se necessário, a morte longe da família, no campo de batalha, com bravura e destemor. Um herói, afinal, não morre no leito ou em acidentes! Dada a importância do sepultamento, a recuperação do cadáver para ser chorado era imprescindível. Na *Ilíada*, muitas vezes, se luta mais destemidamente pela posse do cadáver de um herói do que contra um inimigo vivo. Observe-se de passagem que a linguagem neste gigantesco poema é sobretudo somática, atribuindo-se mais importância ao corpo do que à psiqué. A sorte desta última, o poeta o sabe, depende dos ritos fúnebres e de um correto sepultamento. Na *Odisseia*, XXIV, 417-419, após o assassinato dos pretendentes por Ulisses, cada família levou seu morto para condignamente "entregá-lo ao frio sepulcro" e os que habitavam longe de Ítaca tiveram os cadáveres transportados para sua cidade natal por barcos de pescadores.

A pior das desgraças era permanecer insepulto ou ter o corpo lançado aos cães, às aves de rapina (como Aquiles ameaçou fazer com o de Heitor e Creonte o fez com o de Polinice) ou ser devorado pelos peixes nas águas frias do mar.

Um herói, caído aos pés do vencedor, não suplica pela vida, mas implora para que seu corpo seja entregue aos cuidados de seus familiares. Veja-se o único pedido de Heitor, já agonizante com a lança de Aquiles cravada no pescoço:

– *Suplico-te por tua vida, teus joelhos, por teus pais, não consintas que eu seja lançado aos cães junto às naus aqueias.*
....
Restitui ao menos o meu cadáver, a fim de que os troianos
e suas esposas possam entregá-lo à pira funerária
(*Il.* XXII, 338-343).

Derrotado por Eneias, o herói rútulo ainda é mais contundente:

– *Turno, súplice, ergue humildemente os olhos e, estendendo a mão,*
exclama: mereci morrer, não te peço a vida. Usa tua sorte.
Mas, se te pode tocar a compaixão de um pai (tal foi para ti Anquises),
compadece-te da velhice de Dauno e entrega-me aos meus,
ou se preferes, devolve-lhes meu cadáver espoliado
(*En.* 12, 930-935).

Quando, porém, um corpo desaparecia no mar, a família enlutada mandava-lhe construir um κενοτάφιον (kenotáphion), literalmente, "sepulcro vazio", e, por extensão, "simulacro", à cuja frente se colocava um σῆμα (sêma), "um sinal, uma marca, uma coluna funerária", que, simbolicamente, substituía o desaparecido. Não era incomum que o morto figurasse sob a forma de κολοσσός (kolossós), isto é, de "estátua de pé". O conjunto, "cenotáfio, coluna funerária e colosso" tinha por finalidade evocar a alma do finado, transmitir-lhe paz e aguçar-lhe a memória, para que não se convertesse num morto anônimo. As cerimônias religiosas dos *góoi*, das lamentações, eram muito simples e talvez representem a faceta mais antiga e estável da religião grega.

Sólon (séc. VII-VI a.C.) proibiu em sua legislação que os eupátridas continuassem a promover cerimônias fúnebres prolongadas e luxuosas, limitando até mesmo o número de consanguíneos que podiam participar das mesmas. As disposições soloninas estabeleciam providências de ordem prática que a família deveria tomar e as etapas do lento processo de transição entre o estado do corpo inanimado e a estabilização da psiqué na outra vida. A saída da alma do invólucro carnal demarcava apenas o começo da morte, tanto na realidade quanto na poesia.

A incorporação com dignidade plena nas κλυτὰ ἔθνεα νεκρῶν (klytà éthnea nekrôn), "nas ínclitas tribos dos mortos", como se expressa Homero, *Odiss.*, X, 526, pressupunha três etapas indispensáveis: a limpeza e preparação do cadáver e da casa; a πρόθεσις (próthesis), quer dizer, o velório, durante o qual se expressavam os *góoi*, as lamentações mais comoventes e a ἐκφορά (ekphorá), o cortejo fúnebre, a condução processional ao cemitério em carro de guerra, carreta ou a pé.

Em primeiro lugar se lavava o corpo, de preferência com água quente, θερμὰ λοετρά (thermà loetrá), como está na *Ilíada*, XXII, 444, a fim de limpar o sangue e purificar o morto, com o intuito, acreditavam os gregos, de evitar infecção e contágio. Tais precauções se tomavam também por ocasião do casamento, o que mais uma vez demonstra ser este um rito de morte. Ungido com azeite, o cadáver era envolvido num tipo de lençol e sobre este estendia-se um outro. Em seguida, era transferido para um leito ou ataúde, com os pés voltados para a porta de saída, ao contrário de como entrou na vida. O féretro era disposto em forma de cama, com colchão, almofadas e mantas, o que exprime a antiga associação entre o sono e a morte.

A casa era ornamentada com ramos e grinaldas, manjerona, aipo, folhas de loureiro e murta, que cobriam igualmente o morto, com uma finalidade evidentemente apotropaica. Quem toca ou talvez até mesmo contemple um cadáver está sujeito à contaminação. Colocava-se, por isso mesmo, à entrada da casa, um vaso com água lustral, apanhada numa fonte exterior à residência da família enlutada, para que parentes e visitas se purificassem do "miasma", como atesta Eurípides, *Alceste*, 98-100. Todas estas providências iniciais estavam a cargo das mulheres da casa mais chegadas ao finado. Afinal, o morto, como uma criança, é um desvalido; precisa de quem lhe feche os olhos, a boca e estique os membros.

O Rei Agamêmnon, *Odiss.*, XI, 424-426, queixa-se duramente, no Hades, a Ulisses, da frieza e crueldade de Clitemnestra, após assassiná-lo:

....*Afastou-se a cadela de minha mulher,*

*sem mesmo preocupar-se em fechar-me a boca e
os olhos,
no momento em que eu descia à mansão de Hades.*

Uma correta apresentação do corpo que, em conjunto com a psiqué, se transformava em *eídolon* (v.), era motivada pela convicção e sentimento de que deveria aparecer no reino de Plutão tal qual deixara esta vida. Daí o uso de lenço, de barbicacho de ouro ou de couro, que se veem com frequência nas pinturas fúnebres, com a finalidade de prender o queixo e manter a estética do morto. Na cratera de *Nékyia*, o falecido desceu à outra vida com barbicacho de ouro numa confusão natural do corpo com a alma. Pode, todavia, ocorrer o inverso: Édipo (*Édipo Rei*, 1210-1274) vazou os olhos, a fim de que os mesmos *não mais lhe testemunhassem as misérias e crimes e no sombrio Hades não pudessem ver aqueles que seus olhos jamais deveriam ter visto.*

Já que o morto, segundo a crença que se estendia do Oriente ao Egito e deste ao mundo micênico e depois à Grécia inteira, podia ouvir as lamentações fúnebres e talvez perceber os gestos rituais de dor, como cobrir a cabeça de terra ou cinza, golpeá-la ou batê-la contra o solo, arrancar os cabelos, ferir o peito e o rosto até o sangue, os trenós e *góoi* tornaram-se o centro das cerimônias fúnebres. Diga-se de passagem que tais ritos tão causticamente ridicularizados por Luciano de Samósata (*Acerca dos Funerais*, 12), eram celebrados sobretudo pelas mulheres, como já se mencionou, uma vez que a essência dos mesmos era o amor. Via de regra, a ϑρηνήτρια (thrēnētria), a carpideira, para transmitir "as energias da memória" ao falecido e expressar a dor, segurava-lhe a cabeça com as duas mãos e agitava-a lentamente de um lado para outro, como fez Tétis com seu filho Aquiles, que chorava a morte de Pátroclo, antevendo na mesma a do próprio herói, conforme narra a *Ilíada*, XVIII, 70-71:

*A mãe divina aproximou-se de Aquiles, que gemia profundamente,
e segurou-lhe a cabeça, dando gritos agudos de dor.*

Existem, segundo se expôs, várias modalidades de lamentações fúnebres, *epicédio, treno, iálemo, góos*, mas esta última é a mais intensamente pesarosa e pessoal, uma vez que recorda a vida em comum e a tristeza da separação. A *Ilíada*, XXIV, 725-745, nos transmite o longo e sofrido *góos* de Andrômaca diante do cadáver do magnânimo Heitor. Vamos transcrever-lhe uma parte. Sustentando com ambas as mãos a cabeça do esposo, Andrômaca dá início aos lamentos:

Cedo da vida apartado, esposo querido, me abandonas viúva no palácio, com o filho ainda criança, que geramos em nosso destino infeliz [...] Não te foi permitido, no leito de morte, estender-me as mãos, nem me deixaste um conselho prudente, que eu pudesse recordar para sempre, mergulhada dia e noite em meu pranto...

Em nossa literatura possuímos alguns epicédios ou trenós de grande beleza. Foram cultivados sobretudo a partir do século XVIII pelos árcades, mas com o artificialismo próprio da época. Os mais pungentes e sinceros remontam ao romantismo e ao simbolismo, respectivamente com Fagundes Varela (1841-1875) e Vicente de Carvalho (1866-1924) que "dedicaram ao filho morto alguns dos melhores momentos de sua inspiração".

Por estarmos nos domínios da morte e do mito, vamos recordar a *Oração Fúnebre* de Fagundes Varela, inspirada no *Rig-Veda*, 8, 14, atualizando-lhe apenas a ortografia:

Segue o caminho antigo onde passaram
Outr'ora nossos pais. Vai ver os deuses
    Indra, Iamá e Varuna.
Livre dos vícios, livre dos pecados,
Sobe à eterna morada, revestido
    De formas luminosas.
Volte o olhar ao sol, o sopro aos ares,
A palavra à amplidão, e os membros todos
    Às plantas se misturem.
Mas a essência imortal, aquece-a, oh! Agnis,
E leva-a docemente à clara estância
    Onde os justos habitam,
Para que aí receba um novo corpo,
E banhada em teu hálito celeste
    Outra vida comece...
Desce à terra materna, tão fecunda.
Tão meiga para os bons que a fronte encostam
    Em seu úmido seio.
Ela te acolherá terna e amorosa,
Como em seus braços uma mãe querida
    Acolhe o filho amado.
(VARELA, Fagundes. Obras Completas, Vol. II, p. 322-323. Rio de Janeiro, Livraria Garnier, s/d.)

A *ekphorá*, a procissão fúnebre, pode ser descrita, embora sucintamente, através da arte figurada. A célebre carreta mortuária em terracota (séc. VII a.C.), proveniente de Vari, na Ática, mostra um cortejo tranquilo. As lamentações, em tese, chegaram ao fim. É o momento de transportar o cadáver para o seio aconchegante da terra-mãe. Acompanhantes encapuchados, uma criança chorando sobre o sudário, a alma-pássaro, símbolo da psiqué, pousada sobre o esquife, aguardando o sepultamento, para que possa descer ao Hades, eis aí um quadro completo de uma procissão fúnebre arcaica.

Numa placa igualmente ática dos fins do século VII a.C. repete-se a cena, apenas com mais riqueza de pormenores. Carpideiras (sempre a mulher, tradução do amor) entoam mais uma vez os *góoi*; à direita voa um bando de cegonhas, sinal de bom augúrio e, sob o féretro, a alma-pássaro com pés humanos aguarda o enterro para mergulhar nas trevas em busca do mundo ctônio.

O sepultamento se fazia normalmente à noite, a fim de não se contaminar a luz do sol. O corpo era transportado nos ombros por carpidores ou sobre uma carreta, mas a presença de mulheres, que seguem o féretro, entoando os *góoi*, é indispensável, como atesta o cântaro ático do século VI a.C. À luz das tochas, o corpo ou suas cinzas desciam ao sepulcro, mas o lento processo da morte só se completava quando, finalmente, ao raiar da aurora, a psiqué se encaminhava para o seio de Perséfone, como nos funerais de Pátroclo (*Il.* XXIII, 226sqq.) e de Heitor (*Il.* XXIV, 788sq.). Não paravam por aí, todavia, o cuidado e desvelo dos vivos com seus mortos. Levar-lhes água e comida, de quando em quando, não era suficiente. Ao que parece, a preocupação maior era "alimentar e aguçar-lhes a memória", para não se converterem em mortos anônimos, conforme se acentuou. Para tanto erguia-se sobre ou junto ao túmulo uma esteia funerária, um verdadeiro σῆμα μνῆμα (sêma mnêma), "uma lápide-recordação", adornada por vezes com um epigrama. A finalidade era manter acesa a memória do morto, bem como traduzir o amor dos parentes pelo que se foi e testemunhar-lhe para sempre as virtudes. Tratava-se, no fundo, de um *góos* permanente, cifrado num cipo de saudades. E a saudade é o depósito da memória!

Lá pelos fins do século VI e inícios do V a.C. se fabricou uma autêntica ponte de reminiscências entre o passado longínquo e o presente. Antepassados ilustres, heróis que já haviam passado pela experiência da morte foram ressuscitados e começaram a figurar artisticamente nas exéquias da época, como se personagens da poesia antiga conferissem estatura heroica ao falecido.

Simônides de Ceos (séc. VI-V a.C.) recordou esse estratagema como um conforto para a morte inevitável, como se pode ver no fragmento 18, Page:

> Pois nem mesmo aqueles que viveram em tempos passados
> e foram filhos semideuses de nossos deuses atingiram a velhice
> sem as atribulações da vida, a presença de perigos e a iminência da morte.

Antepassados ilustres e heróis, cumprida sua missão nesta vida, serviam de parâmetro para iluminar a experiência incompleta de seus descendentes.

Como quer que seja, as lamentações fúnebres, sob a forma de ϑρῆνος (thrênos), cuja família etimológica exprime a ideia geral de "murmúrio", como o sânscrito *dhráṇati*, "ele ressoa", o antigo saxão *dreno* e o alemão *Drohne*, "zangão", com o verbo *dröhnen*, "retumbar, ressoar", converteram-se, a partir do século VI a.C., numa composição literária. Os dois mais destacados representantes do gênero foram o supracitado Simônides de Ceos e Píndaro (séc. V a.C.). No primeiro, o *trenó*, que expressa um vivo sentimento de dor pelos mortos e de consolo para os vivos, converge para o patético, mas em Píndaro abre-se uma janela de esperança para uma outra vida em que os bons e os justos, certamente "os iniciados", teriam alguma recompensa. Essas ideias do lírico maior da Hélade resultam, tudo faz crer, de influências órfico-pitagóricas muito em voga no século V a.C. O fragmento 2 (Pindare, *Isthmiques et Fragments*, tome IV, p. 196-197, Paris, "Les Belles Lettres", 1952), pode nos dar uma ideia da mensagem pindárica:

> Todos (os justos), por um destino feliz, chegam ao término da vida,
> que nos libera dos sofrimentos. O corpo sucumbe à morte todo-poderosa,
> mas permanece viva a imagem de nosso ser.
> Somente ela procede dos deuses.
> Dorme, enquanto os membros se agitam, mas quando estes
> adormecem, ela se nos apresenta numa multiplicidade de sonhos
> e desvenda o juízo de nossas recompensas e castigos.

Os helenos ainda teriam que esperar bastante para ouvir e repetir a pergunta imperativa do Apóstolo: *Ubi est, mors, uictoria tua?* (1Cor 15,55)

Onde está, ó morte, a tua vitória?

F

FAETONTE *(I, 159; II, 20; III, 221-222, 222^(166)-230).*

Φαέθων (Phaétōn), *Faetonte*, é um derivado de φάε (pháe), "luz, claridade, brilho", cuja base etimológica é φαF- (phaw-), "luz" sânscrito *bhā-ti*, com o mesmo sentido. Em Homero, na *Ilíada*, já aparece o particípio presente φαέθων (phaéthōn), "brilhante", para designar Hélio (v.), e depois como nome próprio na *Odisseia*.

Há duas versões para o nascimento deste herói. Em uma delas é filho de Céfalo e Eos, a Aurora, e na outra, a que se impôs, seus pais são Hélio, o Sol, e Clímene. Educado pela mãe, em total desconhecimento da identidade paterna, somente se inteirou da mesma, através de Clímene, nos inícios da adolescência. Querendo certificar-se da revelação materna, dar uma resposta condigna aos que dele escarneciam, por dizer-se filho de Hélio e sobretudo desejoso de conhecer o pai, resolveu procurá-lo.

Ovídio, em suas *Metamorfoses, 2*, 1-328, nos deixou em tom majestoso e dramático o relato dessa busca, do juramento temerário de Hélio e sobretudo do descomedimento e morte trágica do herói.

Hélio habitava o Extremo Oriente num palácio fulgurante, em que brilhava o ouro, cintilava o marfim, reluziam as portas de prata. "Por dentro e por fora tudo dardejava luz, resplandecia e tremeluzia. Muitos poucos mortais poderiam resistir durante algum tempo àquele brilho imutável de luz, mas também apenas poucos teriam conseguido descobrir o caminho que levava até lá". O mortal Faetonte, na ânsia de conhecer o pai, o conseguiu. Escalando árduas e longas encostas, viu-se repentinamente mergulhado na luz. Hélio, que tudo vê, divisou na intensa claridade o próprio filho. Abraçou-o ternamente e para arrancar-lhe de uma vez por todas as dúvidas acerca de sua filiação paterna, jurou pelo Estige atender-lhe qualquer solicitação. O jovem, sem hesitar, pediu para reger, por um dia, o Carro do Sol, que voava pelo vasto céu, arrastado por quatro indômitos corcéis. Arrependeu-se o pai do juramento, mas sem que pudesse voltar atrás, mostrou ao filho os perigos a que estaria sujeito. Se a taça do Sol se erguesse muito alto, se chocaria com os astros; se muito baixo, com a terra. Poderia, com isso, abrasar o céu ou incendiar o planeta. Que ao menos corresse no *meio*, entre céu e terra. Ícaro perecera por querer voar alto demais!

Todas as sensatas ponderações de Hélio de nada valeram. Faetonte ardia em aspirações e perspectivas arrojadas: guiaria em triunfo ginetes fogosos que nem Zeus seria capaz de controlar.

Pela madrugadinha, quando a Aurora de dedos cor-de-rosa abriu as portas purpurinas do rútilo Oriente, o herói subiu à taça imensa, empunhou as rédeas e partiu, rasgando as névoas e ferindo o ar. A quadriga percebendo que não a guiava a mão firme e segura de um deus, deixou a rota costumeira e precipitou-se desordenada para cima e para baixo, para a direita e para a esquerda. De repente, operou-se uma alteração, a taça gigantesca começou a guinar fortemente para um lado e para o outro. A velocidade cada vez era maior e Faetonte perdeu o controle. Deixou tombar as rédeas das mãos. Os corcéis dispararam. Abalroaram as estrelas e atropelaram os montes. Alastrou-se um vasto incêndio. Inflamaram-se as nuvens e fenderam-se as terras. Arderam cidades, rios, montes e florestas. Como se se encontrasse no bojo de uma fornalha voraz, o herói foi envolvido dentro da taça por um calor insuportável. Cobriu-o um manto negro de fumo e de cinzas.

A terra, no entanto, a mãe de tudo, pávida e convulsa, pediu a Zeus o fim de tão grande catástrofe. O pai dos deuses e dos homens, que vela pela estabilidade da ordem cósmica, subiu ao pincaro do Olimpo e de lá desferiu seu raio certeiro contra o insolente auriga, lançando-o morto no espaço em cataclismo. Como um rastro de estrela cadente, o herói desceu em roldão pelo ar. Longe da terra natal, tombou em chamas no caudaloso Erídano, que lhe extinguiu as labaredas e arrefeceu-lhe o corpo mutilado.

As náiades da Hespéria recolheram-lhe o cadáver e condignamente o sepultaram. No túmulo colocaram a seguinte inscrição:

Hic situs est Phaeton, currus auriga paterni
Quem si non tenuit, magnis tamen excidit ausis.

– Aqui repousa Faetonte, condutor do carro paterno, ao qual se não pôde guiar, ao menos pereceu em gesta gloriosa.

Por um dia, mergulhado na dor, Hélio teria deixado a terra mergulhada em trevas, não fora o clarão das labaredas que ainda crepitavam. As irmãs de Faetonte, as Helíades, choraram-no tanto, que nesse mesmo local, às margens do Erídano, foram metamorfoseadas em choupos,

Onde, embora árvores, continuam a chorá-lo,
e cada lágrima, ao cair, enrijecida pelo sol,
transforma-se em âmbar.

O mito de Faetonte talvez possa servir de parâmetro para as terríveis consequências da *hýbris* inteiramente descontrolada, da suprema *démesure*, da perigosa ultrapassagem do *métron* por esse auriga embriagado de descomedimento, segundo se mostrou amplamente em *Mitologia Grega*, Vol. III, p. 227sqq.

FALANTO.

Φάλανθος (Phálanthos), *Falanto*, é formado de φαλός (phalós), "branco" e de ἄνθος (ánthos), que, a par de "flor", significa igualmente "de cor brilhante", donde Falanto, em micênico *parato*, é "o de cabelos brancos, ou de crânio brilhante, calvo", *DELG*, p. 1.174.

Durante a guerra de Esparta contra Messênia, os lacedemônios, que se recusaram a participar da luta, foram escravizados e tornaram-se hilotas. Todos os seus filhos que nasceram, enquanto durou a guerra, tiveram os direitos políticos cassados e receberam o epíteto de partênios. Inconformados com o castigo, partênios e hilotas sob o comando de Falanto, tramaram uma rebelião, que deveria eclodir durante a festa esparciata das Jacíntias, em honra do herói Jacinto (v.), morto acidentalmente por Apolo. O sinal da revolta seria dado por Falanto, que cobriria a cabeça com um gorro. Os esparciatas, todavia, descobriram o estratagema e proibiram o comandante dos rebeldes de cobrir a cabeça. Denunciada a conjuração, os partênios fugiram sob as ordens de Falanto e, a conselho do Oráculo de Delfos, dirigiram-se para a Magna Grécia, onde fundaram a cidade de Tarento. Relata-se ainda que a Pitonisa predisse que os partênios conseguiriam livrar-se dos esparciatas, se por acaso chovesse, estando o céu azul. Tal fato se realizou quando a esposa de Falanto, Etra, que significa "céu claro", chorou ao ter conhecimento de uma primeira derrota do esposo e de seus comandados.

FÁLANX.

Φάλαγξ (Phálanks), *Fálanx*, é um antropônimo do substantivo comum φάλαγξ, φάλαγγος (phálanks, phálangos). "falange", isto é, "ordem de batalha em linha", por oposição a κέρας (kéras), "coluna", donde Fálanx é "o que está em posição de batalha", *DELG*, p. 1.173-1.174.

Fálanx era um jovem ateniense, irmão de Aracne (v.). Enquanto Atená adestrava esta última na arte da tecelagem, o primeiro exercitava-se no manejo das armas. Os irmãos, todavia, cometeram incesto e Atená, enfurecida, transformou ambos em animais.

FALCES.

Φάλκης (Phálkēs), *Falces*, é um termo náutico como substantivo comum e significa "contrarroda de proa". Em se tratando de vocábulo técnico, dificilmente se pode estabelecer a etimologia do mesmo. A aproximação com o latim *falx*, "foice", *flectĕre*, "curvar, dobrar", não é segura, *DELG*, p. 1.174-1.175.

Um dos filhos de Têmeno, Falces é, portanto, um dos Heraclidas. Apoderou-se, durante a noite, da cidade de Sicione, mas acabou por repartir o poder com o rei deposto Lacéstades, que era igualmente um Heraclida. Falces participou com seus irmãos da morte do próprio pai Têmeno.

FALECO.

Φάλαικος (Phálaikos), *Faleco*, consoante Carnoy, *DEMG*, p. 160, proviria de φαλός (phalós), "branco, por designar uma parte metálica do capacete", donde "o que usaria um capacete com placas metálicas brancas".

Faleco é um protegido de Ártemis, a qual, tendo libertado a Ambrácia, entregou-a ao herói. Convidado pela deusa para uma caçada, esta mostrou-lhe um leãozinho. Faleco o capturou, mas a leoa, que vigiava o filhote, avançou sobre o rei e o despedaçou. Os habitantes de Ambrácia ergueram uma estátua em homenagem à irmã de Apolo e cultuaram-na com o nome de Ártemis-Guia.

FALERO *(II, 26)*.

Φάληρος (Phálēros), *Falero*, provém do adjetivo φαληρός (phalērós), "branco", como *phalós* e *phaliós*. O neutro Φάληρον (Phálēron) designa um porto da Ática, no Pireu.

Falero é um herói ateniense, epônimo do porto ático homônimo. Participou, segundo alguns mitógrafos, da expedição dos Argonautas e lutou ao lado de Teseu e Pirítoo contra os Centauros. Na infância fora atacado por uma serpente, mas seu pai Álcon matou-a com uma flecha certeira.

FAMA *(II, 211, 211[110])*.

O grego Φήμη (Phémê), dórico Φάμα (Phámā), *Fama*, do verbo φάναι (phánai), *dizer, propalar*, significa, inicialmente, "o que é exposto, revelado", daí *divulgação, revelação através da palavra ou de um sinal*, isto é, *advertência dos deuses, augúrio, presságio*, e neste sentido já está na *Odisseia*, XX, 100-101; 111. Como reputação personificada encontra-se em Plutarco, *Cam.* 30, mas como divindade agente e operante, *Fama* só se afirmará no mito latino com Ovídio e sobretudo com Virgílio, segundo se pode ver na *Eneida*, 4, 173-188, no episódio de Dido e Eneias.

Filha de Geia, nasceu logo após os gigantes Ceos e Encélado. Habitava no centro do mundo, nos confins da Terra, do Céu e do Mar. Seu palácio sonoro, construído de bronze, com milhares de orifícios, captava tudo que se falava, por mais baixo que fosse e, amplificando-o, propalava-o de imediato. Cercada pela Credulidade, o Erro, a Falsa Alegria, o Terror, a Sedição e os Falsos Boatos, Fama supervisionava o mundo inteiro. Era possuidora de uma multiplicidade de olhos e ouvidos, que tudo viam e ouviam e de outras tantas bocas para o divulgar. Dotada de asas (o que denota uma divindade ctônia, ligada aos mortos) deslocava-se rapidamente, quando necessário, para qualquer parte do Cosmo, com o fito de averiguar a veracidade dos fatos ou propagá-los pessoalmente.

FÁON *(II, 103)*.

Φάων (Pháōn), segundo Carnoy, *DEMG*, p. 160, proviria de φαιός (phaiós), "cinza-escuro", cor por vezes da indumentária confeccionada de lã não tingida, usada por pessoas pobres.

Fáon é um herói da Ilha de Lesbos. Tratava-se a princípio de um barqueiro, velho, pobre e feio. Tendo, certa feita, atravessado Afrodite, disfarçada numa pobre anciã, nada lhe cobrou. Para compensá-lo a deusa presenteou-o com um frasco de bálsamo e recomendou-lhe que o usasse diariamente. O velho barqueiro repentinamente se transformou num jovem de grande beleza. Por ele se apaixonaram as moças de Lesbos e inclusive Safo. A beleza que Afrodite outorgou a Fáon ardeu nas entranhas da mais inspirada das poetisas; o herói, todavia, não lhe correspondeu à paixão. Após uma breve e tumultuada ligação amorosa, abandonou-a. Desesperada, a musa de Lesbos precipitou-se do rochedo de Lêucade. Ovídio, nas *Heroides*, carta 15, de *Safo a Fáon*, descreve em cores vivas a extensão desse incêndio provocado por Eros. Um dístico apenas pode nos dar uma ideia do *furor eroticus* que a consumia:

Uror, ut, indomitis ignem exercentibus Euris
Fertilis accensis messibus ardet ager. (*Her.* 15, 9-10)

– Inflamo-me como o campo feraz, que arde com as colheitas em chama, chama que se avoluma insuflada pelo Euro indômito.

FAROS.

Φάρος (Pháros), *Faros*, significa etimologicamente "torre de fogo, farol".

Faros, numa variante do mito, era o piloto que levava Menelau e Helena de volta a Esparta, após a Guerra de Troia. A nau real, tendo sido desviada por uma tempestade para o Egito, o piloto foi mordido por uma serpente e pereceu numa ilha, perto de Alexandria. Nesta ilha, que recebeu o nome de Faros, Ptolomeu muito mais tarde construiu o famoso farol. Helena fez-lhe suntuosos funerais (v. Helena e nosso livro recente, *Helena, o eterno feminino*, Petrópolis, Vozes, 1989).

FÁSIS *(I, 156; III, 181, 187)*.

Φᾶσις (Phâsis), *Fásis*, rio da Cólquida, tem como derivado φᾱσιᾱνός (phāsiānós), "ribeirinho de Fásis". Do latim *phāsiānus*, empréstimo feito ao grego *phāsiānós*, nos vem "faisão", isto é, φᾱσιᾱνὸς ὄρνις (phāsiánòs órnis), "ave do Fasis", *DELG*, p. 1.181.

Fásis é o nome de um deus-rio da Cólquida. Segundo alguns mitógrafos, era filho de Hélio e da oceânida Ocírroe. Tendo surpreendido a mãe em flagrante adultério, ele a matou. Perseguido pelas Erínias (v.), vingadoras do sangue parental derramado, lançou-se no rio, que, chamado até então Arcturo, passou a denominar-se Fásis.

FEACES *(I, 129, 137; III, 46, 184, 313-314, 328)*.

Φαίᾱκες (Phaíākes), *Feaces*, o vocábulo, possivelmente, se prende a φαιός (phaiós), "cinza-escuro", que seria a cor da indumentária dos habitantes da Ilha de Corcira.

Marinheiros excelentes, tinham por epônimo a Féax (v.). Expulsos da Hespéria pelos Ciclopes, foram conduzidos por seu herói epônimo para a Ilha de Esquéria, identificada desde a Antiguidade com Corcira, depois Corfu, no Mar Jônico. Dedicavam-se à navegação e ao comércio, e eram governados por Alcínoo (v.) e Arete, rainha de grande prestígio e personalidade, como focaliza a *Odisseia*. Povo mítico, os feaces habitavam a Esquéria, uma como que ilha de sonhos, uma espécie de Atlântida de Platão. Quando Ulisses, que partira da Ilha de Ogígia, teve seu frágil batel destruído pelo rancor de Posídon, recolheu-se à corte de Alcínoo, onde foi tratado com todas as honras devidas a um rei e a um herói, segundo nos mostra a *Odisseia*, VIII, *passim*. Cumulado de honras e de presentes, Ulisses é levado finalmente a Ítaca pelos hábeis marinheiros de Alcínoo. Posídon, no entanto, não esquecera ainda que o herói lhe cegara o filho, o Ciclope Polifemo, e solicitou a Zeus permissão para punir os nautas que transportaram o esposo de Penélope de volta à pátria. Após transformar em rochedo o navio que o conduzira, cercou a Ilha de Corcira com gigantesca muralha de montanhas. Também os Argonautas (v.), em seu retorno da Cólquida, hospedaram-se na corte de Alcínoo e foi lá que Jasão, graças à sagacidade de Arete, fez de Medeia sua esposa, a fim de que os enviados de Eetes não a levassem de volta para a Cólquida.

FÉAX.

Φαίαξ (Phaíaks), *Féax*, procede, ao que parece, de φαιός (phaiós), "cinza-escuro", cor possivelmente do manto dos Φαίᾱκες (Phaíākes), "feaces", que tão cortesmente acolheram o náufrago Ulisses e o levaram em suas naus velozes para Ítaca, *DELG*, p. 1.172.

Herói epônimo dos feaces, Féax era filho de Posídon e de Corcira, filha do Rio Asopo, raptada pelo deus. Reinava na Ilha de Corcira, chamada, em seguida, Corfu, no Mar Jônico. Foi pai de dois heróis, Alcínoo, que o sucedeu no trono de Corcira e Locro. Este, após emigrar para a Itália meridional, deu seu nome aos lócrios. Atribui-se-lhe ainda a paternidade de Cróton, epônimo da cidade de Crotona, igualmente na Itália do Sul.

Um segundo herói com o mesmo nome, mas da Ilha de Salamina, é o piloto que conduziu o navio de Teseu até a Ilha de Creta, quando da morte do Minotauro.

FEBE *(I, 154, 156-157, 196, 203; II, 19, 57, 69; III, 222[165])*.

Φοίβη (Phoíbē), *Febe*, provém do feminino personificado do adjetivo φοῖβος, -η, -ον (phoîbos, -ē, -on), "puro, brilhante", donde "a brilhante, a luminosa".

Há três personagens míticas com este nome. A primeira é uma das Titânidas, filha de Urano e Geia. Casou-se com Ceos e foi mãe de Leto e Astéria. Atribui-se a ela, enquanto acólita de Têmis, a fundação do Oráculo de Delfos, mais tarde oferecido a Apolo como presente de aniversário. É que o deus, sendo filho de Leto, é neto de Febe. A segunda é uma das Leucípides (v.), isto é, as filhas de Leucipo, irmão de Tíndaro, Icário e Afareu. Casou-se com Pólux, enquanto sua irmã Hilera se uniu a Castor. A terceira Febe é uma das Helíades (v.), quer dizer, filhas do deus Hélio. Para Febe-Lua (v. Ártemis).

FEBO *(I, 231, 241, 348; II, 69, 84, 85³⁰, 104, 108; III, 185, 222-223).*

Φοῖβος (Phoîbos), *Febo*, é o masculino personificado do adjetivo φοῖβος, -η, -ον (phoîbos, -ē, -on), "o brilhante, o puro" (v. Febe). Febo, O Brilhante, é um epíteto e muitas vezes o nome de Apolo, como aparece isoladamente nove vezes em Homero, *DELG*, p. 1.217. Em latim o mais comum é encontrar-se a transliteração *Phoebus* sem a junção de *Apollo*, Apolo.

FEDRA *(I, 29, 61, 222, 319; II, 131⁵³; III, 39, 63, 132⁹⁸, 159, 165, 167-169, 172-173, 269).*

Φαίδρα (Phaídra), *Fedra*, provém, com mudança de acento, do adjetivo φαιδρός, -ά, -όs (phaidrós, -á, -ón), "brilhante, luminosa, resplandecente", donde Fedra é "a luminosa", *DELG*, p. 1.170.

Filha de Minos, rei de Creta, e de Pasífae, a mãe do Minotauro, tinha por irmãos a Ariadne e Deucalião. Após a morte da Amazona Antíope, Melanipe ou Hipólita, que pereceu lutando ao lado de seu esposo Teseu (v.) contra suas próprias irmãs, que invadiram Atenas, Deucalião fez que Fedra desposasse Teseu. Desse enlace nasceram dois filhos, Ácamas e Demofonte. O casamento do rei de Atenas com a filha de Minos foi, no entanto, uma fatalidade. Hipólito, filho da Amazona Antíope, Hipólita ou Melanipe, consagrara-se a Ártemis, a deusa virgem, irritando profundamente a Afrodite. Sentindo-se desprezada, a deusa do amor fez que Fedra concebesse pelo enteado uma paixão irresistível. Repudiada violentamente por Hipólito e, temendo que este a denunciasse ao marido, rasgou as próprias vestes e quebrou a porta da câmara nupcial, simulando uma tentativa de violação por parte do enteado. Louco de raiva, mas não querendo matar o próprio filho, o rei apelou para "seu pai divino", Posídon, que prometera atender-lhe a três pedidos. O deus, quando Hipólito passava com sua carruagem à beira-mar, em Trezena, enviou das ondas um monstro que espantou os cavalos, derrubando o príncipe. Este, ao cair, prendeu os pés nas rédeas e, arrastado na carreira pelos animais, se esfacelou contra os rochedos. Presa de remorsos, Fedra se enforcou. Eurípides compôs duas peças acerca da paixão de Fedra. Na primeira, *Hipólito* (v.), da qual possuímos apenas cerca de cinquenta versos, a rainha de Atenas, num verdadeiro rito do "motivo Putifar" (v.), entrega-se inteira à sua paixão desenfreada, declarando-a ela própria ao enteado. Repelida por este, caluniou-o perante o esposo, como se disse linhas atrás e só se enforcou após a morte trágica de seu grande amor. Na segunda versão, *Hipólito Porta-Coroa*, Fedra confidencia à ama sua paixão fatal e esta, sem que a rainha pedisse "explicitamente", narra-a a Hipólito, sob juramento. Envergonhada com a recusa do jovem príncipe e temendo que ele tudo revelasse ao pai, enforca-se, mas deixa um bilhete ao marido, em que mentirosamente acusa Hipólito de tentar seduzi-la. A imprudente maldição de Teseu provoca a terrível desdita do filho, acima descrita.

FEGEU.

Φηγεύς (Phēgueús), *Fegeu*, provém de φηγός (phēgós), "carvalho", da espécie *Quercus Aegilops*. O nome indo-europeu de "faia" era *bāgó, latim *fagus*, gaulês *bāgo-, sobretudo presente na toponímia, como *Bag-ācum*, "Bavai". Árvore de país frio e úmido e, por isso, rara na Hélade, φᾱγός (phāgós) designava uma "espécie de carvalho", passando "faia" a chamar-se ὀξύα (oksýa), *DELG*, p. 1.194.

Fegeu é, na realidade, uma alcunha do rei que fundou a cidade de Fegeia na Arcádia. Irmão de Foroneu e, portanto, filho de Ínaco, recebeu em sua corte o fugitivo Alcméon (v.), que matara a própria mãe. Fegeu foi pai de Arsínoe, também chamada Alfesibeia, e de dois filhos, Prônoo e Agenor ou, segundo Pausânias, Têmenos e Áxion.

FEIA *(III, 154).*

Φαῖα (Phaîa), *Feia*, talvez proceda de φαιά (phaiá) feminino do adjetivo φαιός (phaiós), "cinza-escuro", com mudança de acento, *DEMG*, p. 159.

Quando Teseu (v.) viajava de Trezena para Atenas, enfrentou por todo o percurso monstros e bandidos como provas iniciáticas impostas a um herói. Após liquidar a Sínis (v.), o filho de Posídon e Etra encontrou pela frente a porca antropófaga de Crômion, filha de Tífão e Équidna, e que se chamava Feia, nome de uma velha bruxa que a criara. O jovem herói a eliminou com um golpe de espada.

FEMÔNOE.

Φημονόη (Phēmonóē), *Femônoe*, é um composto de φήμη (Phḗmē), "boato que circula, presságio, oráculo, palavra divina" e νόος (nóos), "mente, espírito", donde "a que tem o espírito voltado para os oráculos", *DEMG*, p. 160. Femônoe é uma filha de Apolo e foi a primeira pitonisa de Delfos. Atribui-se a ela a invenção do verso hexâmetro para exprimir suas profecias. A Femônoe é devida miticamente a máxima délfica γνῶθι σ'αὐτόν (gnôthi s'autón), "conhece-te a ti mesmo".

FÊNIX *(I, 125, 277^{177}; II, 34^5, 201; III, 26, 38-39, 56, 265, 297-298).*

Φοῖνιζ (Phoîniks), *Fênix*. Φοῖνιξ (Phoîniks) possui em grego cinco sentidos diferentes, mas, sem dúvida alguma, existe semanticamente uma estreita relação entre eles. 5 Φοῖνιξ (5 Phoîniks), "fênix", não tem, até o momento, etimologia segura. A origem egípcia, partindo-se do nome da ave **benu*, egípcio *bnu*, espécie de "garça real", mesmo supondo-se em grego uma pronúncia **boin-*, **boine-*, não é evidente, *DELG*, p. 1.217-1.219.

O primeiro escritor da Hélade a falar dessa ave foi Heródoto, 2, 73, que afirma não tê-la visto, a não ser em pintura, mas acrescenta que a mesma visitava o Egito somente a cada quinhentos anos, segundo os habitantes de Heliópolis. Trata-se de uma ave fabulosa, originária da Etiópia, mas cujo mito está relacionado, no país dos faraós, com o culto de Ra-Herakheti, isto é, o Sol vivo. Após Heródoto, poetas, mitógrafos e astrólogos apoderaram-se de fênix, cuja plumagem era uma combinação de vermelho, azul-claro, púrpura e ouro, embora o historiador grego, na passagem supracitada, só mencione as asas que possuíam a cor do ouro e adianta que as outras penas refletiam um vermelho muito intenso. De porte imponente como a águia, era a única ave existente de sua espécie, não podendo, assim, reproduzir como as demais. O mito, por isso, concentrou-se em sua morte e renascimento. Sentindo que o fim era iminente, fênix reunia plantas aromáticas, incenso, amomo e formava uma espécie de ninho. Os mitógrafos introduziram duas versões a partir desse ponto. Uns asseveram que ela mesma põe fogo em sua pira perfumada ou a incendeia com seu próprio calor, renascendo das cinzas uma nova fênix. Outros são um pouco mais prolixos. Deitando-se no ninho, deixa cair sobre ele seu sêmen e morre. Da semente depositada nasce a nova fênix. Esta recolhe o cadáver paterno e guarda-o num tronco oco de mirra. Transporta-o, em seguida, para Heliópolis, onde é cremado sobre o altar de Ra, o Sol. Era a única oportunidade em que ela visitava o Egito, o que acontecia a cada quinhentos anos, como se frisou. Sua chegada a Heliópolis era triunfal. Sobrevoava majestosamente a cidade, escoltada por um bando de aves, que lhe prestavam homenagem. Pairava sobre o altar do deus Ra e aguardava a aproximação de um sacerdote, que a comparava com a pintura existente nos livros sagrados e só então o tronco de mirra era solenemente cremado. Terminada a cerimônia, a nova fênix retornava à Etiópia, onde se alimentava de pérolas de incenso até o cumprimento de um novo ciclo de morte e renascimento. Os astrólogos relacionaram o ciclo cronológico de fênix com a grande revolução sideral, que se repetia a cada renascimento da ave aurirrubra da Etiópia. Símbolo de regeneração e da vida, fênix é a montaria dos imortais. Tradução de um desejo inconteste de sobrevivência e de ressurreição, a mais bela das aves é o triunfo da vida sobre a morte.

2 FÊNIX.

2 Φοῖνιξ (2 Phoîniks), *2 Fênix*, significa "ruivo, fulvo, vermelho-escuro". Fênix, filho de Amintor e preceptor de Aquiles, não é "o fenício", mas "o homem de cabelos ruivos". Quanto à φοῖνιξ (phoîniks), "púrpura", deve ser uma especialização secundária de φοῖνιξ (phoîniks), "vermelho, ruivo", *DELG*, p. 1.217-1.218.

Existem dois heróis com este nome. O primeiro é um filho de Agenor na versão mais conhecida do mito de Europa (v.) e de Cadmo. Quando do rapto de Europa por Zeus, Agenor enviou Fênix em companhia dos irmãos para procurá-la, proibindo-lhes retornar à pátria sem ela. Cansado de errar pelo mundo e impedido de regressar a Tiro, onde reinava Agenor, estabeleceu-se no local em que se ergueria Sídon, na Fenícia, a qual herdou o nome do herói, já que Fenícia se diz em grego Φοινίκη (Phoiníkē). Esta genealogia, no entanto, não é aceita por alguns mitógrafos. Fênix aparece por vezes como filho de Ógigo, "autóctone" que reinou sobre os beócios em tempos recuados, antes mesmo do dilúvio. É apontado não raro como pai e não irmão de Europa e desempenha, neste caso, o papel atribuído a Agenor.

O segundo herói é um filho de Amintor, rei de Éleon, na Beócia, e de Hipodamia ou de Cleobula ou ainda de Alcímede. Amintor possuía, além da esposa legítima, possivelmente Hipodamia, uma concubina chamada Ftia ou Clícia. Enciumada, Hipodamia pediu a Fênix que conquistasse a concubina paterna. Tomando conhecimento do fato, Amintor cegou o filho. Outra versão relata que Ftia, após tentar inutilmente seduzir a Fênix, caluniou-o junto ao rei, tendo sido igualmente o jovem punido com a cegueira. Fênix fugiu da Beócia e refugiou-se na corte de Peleu. Conduzido por este a Quirão, o Centauro o curou. Peleu confiou então a Fênix seu filho Aquiles e, além do mais, fê-lo rei dos dólopes, na Tessália. Iniciada a Guerra de Troia, Fênix seguiu Aquiles como conselheiro. Quando da embaixada dos aqueus, que tentaram convencer o filho de Tétis e Peleu a retornar ao combate, Fênix tudo fez para dobrar-lhe o ânimo. Sempre ao lado do principal herói heleno, deu-lhe toda a assistência por ocasião da morte de Pátroclo e nos jogos fúnebres em honra deste último supervisionou a corrida de carros. Após a morte de Aquiles, o fiel conselheiro foi levado por Ulisses para junto de Neoptólemo, filho do grande e insuperável herói da *Ilíada*. Quando do retorno dos aqueus, Fênix seguiu Neoptólemo, que preferiu a rota terrestre, mas faleceu no caminho. O filho de Aquiles fez-lhe suntuosos funerais.

FEREBEIA.

Φερέβοια (Pheréboia), *Ferebeia*, não possui etimologia segura. Se *Pheréboia* for o mesmo que Περίβοια (Períboia), *Peribeia*, cuja origem é o verbo περιβοᾶν (periboân), "gritar, propalar por todos os lados, difamar", Ferebeia seria "a difamadora".

Ferebeia é uma jovem ateniense. Seguiu para Creta com Teseu, a quem amava, a fim de ser devorada com os demais pelo Minotauro. Foi salva pelo herói ateniense, graças ao auxílio de Ariadne (v. Teseu).

FÉRECLO.

Φέρεκλος (Phéreklos), *Féreclo*, é um composto de φέρειν (phérein), "levar, trazer" e κλέος (kléos), "glória", donde "o glorioso".

Diga-se passagem que Φέρεκλος (Phéreklos), *Féreclo*, é um hipocorístico de Φερεκλῆς (Phereklês), *Férecles*, e possui o mesmo sentido, *DELG*, p. 1.189.

O habilidoso herói já aparece na *Ilíada*, V, 59-61, como estimado por Atená, mercê de seus dotes manuais. Filho do flautista Harmônides, Féreclo se notabilizou por ter construído a nau que transportou Páris à Hélade, quando do rapto de Helena.

Ovídio, *Heroides*, 16, 21-22, relembra o fato na carta de Páris a Helena:

Hac duce, Sigeo dubias a litore feci
  Longa phereclea per freta puppe uias.

– Sob a proteção de Citereia, desde o litoral de Sigeu, fiz perigosas viagens, através de longos mares, no navio construído por Féreclo.

FEREIA.

Φεραία (Pheraía), *Fereia*, provém do verbo φέρειν (phérein), "levar, trazer, suportar", talvez "a que provoca desgraças".

Fereia é, em princípio, um epíteto de Hécate, transformada, porém, pelo mito em filha de Éolo. Unida a Zeus, Fereia tornou-se mãe de Hécate. Exposta num trívio, foi recolhida por um pastor da cidade de Feres, que a criou.

FERES *(I, 82, 226; II, 87, 89; III, 104, 175[144], 186-189, 204).*

Φέρης (Phérēs), *Feres*, procede do verbo φέρειν (phérein), "levar, trazer, suportar", donde "o que suporta ou sofre".

Há dois heróis com este nome. O primeiro e mais importante deles é o filho de Creteu e Tiro, fundador e epônimo da cidade de Feres, na Tessália. Foi pai de Admeto (v.), casado com Alceste (v.); de Licurgo, rei de Nemeia; de Idômene, que se uniu a Amitáon e de Periópis, que, segundo uma variante, foi a mãe de Pátroclo, o maior amigo de Aquiles.

Na tragédia *Alceste* de Eurípides, 615sqq., por nós traduzida, trava-se um dos diálogos mais violentos do teatro grego, quando Feres, apesar de muito idoso, se recusa a morrer pelo filho, embora as Queres o tenham consentido (v. Admeto).

Um segundo herói homônimo é filho de Jasão e Medeia, assassinado por esta juntamente com o irmão Mérmero.

FESTO *(I, 52, 54, 61, 68; III, 36).*

Φαῖστος (Phaîstos), *Festo*, em micênico *paito*, não possui etimologia segura. Trata-se, provavelmente, de um topônimo pré-helênico. A aproximação com τὸ φά(F)ος (tò phá(w)os), "luz, claridade", é difícil de explicar-se, dada a ausência do F no micênico *paito*, *DELG*, p. 1.172.

Filho de Héracles, Festo reinou em Sicione, após a morte de Ianisco (v.), mas em obediência a um oráculo, seguiu para Creta, onde fundou a cidade que recebeu seu nome. Foi pai de Rópalo (v.), que ocupou igualmente o trono de Sicione.

FIDIPO.

Φειδίππος (Pheidíppos), *Fidipo*, é um composto do verbo φείδεσθαι (pheídesthai), "poupar, não fatigar" e de ἵππος (híppos), "cavalo", donde "o que não fatiga inutilmente a montaria".

Filho de Téssalo e, por conseguinte, neto de Héracles, Fidipo, segundo a *Ilíada*, II, 676sqq., como pretendente de Helena, participou da Guerra de Troia, comandando juntamente com seu irmão Ântifo um contingente de trinta navios, fornecidos pelas ilhas de Nisiro, Cós, Cárpato e Casos. Quando da fracassada primeira expedição aqueia contra Ílion, Fidipo foi enviado como embaixador a Télefo (v.), de quem era parente, já que a frota grega, por engano, se desviara para Mísia, onde reinava este último. Foi um dos heróis que se esconderam no bojo do cavalo de madeira, tomando parte, assim, no ataque final a Troia. Após a guerra, instalou-se com os soldados de Cós, que estavam sob seu comando, na Ilha de Andros. Seu irmão Ântifo navegou para a Hélade continental, dando à região, que passou a habitar, o nome de Tessália, em homenagem ao pai.

FÍLACO *(III, 43, 59, 111, 175[144]).*

Φύλακος (Phýlakos), *Fílaco*, provém de φυλαξ (phýlaks), "guarda, sentinela, protetor". O parentesco com o segundo elemento das palavras latinas *bubulcus*, "boieiro, vaqueiro" e *su-bulcus*, "porqueiro", é apenas possível.

Há dois heróis com este nome. O primeiro é um tessálio, descendente de Éolo. Filho de Dêion ou Dioneu e de Diomeda, o herói tessálio remonta à estirpe de Deucalião. Foi pai de Íficlo e de Alcímede, mãe de Jasão. Segundo uma versão antiga, Fílaco foi o fundador e herói epônimo da cidade de Fílace, junto ao Monte Ótris, na Tessália. Possuiu um dos maiores rebanhos da antiguidade mítica (v. Melampo).

O segundo é um herói de Delfos. Sob a forma de um gigante armado, Fílaco se associou a Autônoo, outro monstro, e, no meio de relâmpagos e diversas manifestações sobrenaturais, ambos puseram em fuga os persas, que tentavam destruir o santuário de Apolo.

FILÂMON.

Φιλάμμων (Philámmōn), *Filâmon*, não possui etimologia. A hipótese, aliás interrogativa de Carnoy, *DEMG*, p. 161, que pergunta se o antropônimo não poderia ser um composto de φίλος (phílos), "amigo" e de ἅμμα (hámma), "corda", donde "o amigo das cordas da lira", não é convincente.

Poeta e adivinho, Filâmon é filho de Apolo e de Quíone ou de Filônis, embora alguns mitógrafos deem-lhe também por mãe ora Heósforo, ora Crisótemis e ainda Cleobeia. No mesmo dia em que se uniu a Apolo, Quíone ou Filônis amou igualmente a Hermes. Dessa dupla conjunção nasceram os gêmeos Autólico e Filâmon: o primeiro do sêmen de Hermes e o segundo do de Apolo. Músico e dotado de grande beleza, o filho de Apolo foi cortejado pela ninfa Argíope de quem se tornou amante. Grávida e face à recusa de Filâmon em se casar com ela, Argíope fugiu para a Calcídica. Ali deu à luz Tâmiris, que já aparece na *Ilíada*, II, 595sqq., passo em que, tendo desafiado as Musas (era também músico como seu pai), estas, após vencê-lo, fizeram do mesmo um impotente, πηρόν (pērón) no grego homérico.

Atribui-se a Filâmon a organização dos coros femininos e a introdução dos mistérios de Deméter em Lerna.

Filâmon morreu, quando, à frente de um exército argivo, combatia em favor dos habitantes de Delfos contra os flégias.

FILANDRO.

Φιλάδρος (Phílandros), *Filandro*, é um composto de φίλος (phílos), "amigo" e de ἀνήρ, ἀνδρός (anér, andrós), "homem viril, herói", donde "o amigo dos homens ou o que gosta de hábitos viris".

Filandro e seu irmão Filácides eram filhos de Apolo e de Acacális (v.).

Os habitantes da cidade de Éliro, em Creta, consagraram em Delfos um ex-voto que representava os dois meninos sendo alimentados por uma cabra.

FILAS.

Φύλας (Phýlas), *Filas*, provém de φῦλον (phŷlon) ou φυλή (phylḗ), "raça, tribo", donde Filas é "o guardião da tribo".

Dos quatro heróis com este nome, três estão ligados ao mito e às gestas de Héracles.

O primeiro deles é um rei de Éfira, terra dos tesprotos, no Epiro. Juntando-se aos habitantes de Cálidon, Héracles fez-lhe guerra e o matou. Tomou-lhe como cativa a filha Astíoque e com ela teve o herói Tlepólemo (v.).

Um segundo herói é o pai de Polimela que, unida a Hermes, foi mãe de Eudoro (v.), companheiro de Ulisses e Pátroclo, na Guerra de Troia.

O terceiro é rei dos dríopes, que, comandando seus cidadãos, atacou o santuário de Delfos. Héracles saiu em defesa de Apolo. Matou a Filas, expulsou os dríopes deseu reino junto ao Monte Eta e entregou-o aos málios. O herói levou como cativa a lindíssima filha de Filas com a qual teve Antíoco.

O quarto herói é filho deste Antíoco. Filas foi pai de Hípotes, e, por conseguinte, o avô de Aletes, companheiro dos heraclidas.

Filas se casou com Lipéfila, filha de Iolau. Com ela teve, além de Hípotes, uma filha, Tero, que, unida a Apolo, foi mãe de Quéron, herói epônimo de Queroneia.

FILÉCIO *(I, 131)*.

Φιλοίτιος (Philoítios), *Filécio*, consoante Carnoy, *DEMG*, p. 161, talvez seja um composto de φίλος (phílos), "amigo" e οἶτος (oîtos), "sorte, destino", donde "o que está satisfeito com sua sorte".

Eumeu, Melâncio e Filécio eram os encarregados do grande rebanho de Ulisses. O primeiro cuidava dos porcos; o segundo, das cabras e ovelhas, e o terceiro, do rebanho maior, bois e cavalos. Enquanto Melâncio, traindo seu senhor ausente, se pusera ao lado dos pretendentes, Eumeu e Filécio mantiveram-se fiéis a seu rei. Filécio acolheu a Ulisses ainda disfarçado em mendigo, lamenta-lhe a sorte e suspira por seu retorno para perdição dos pretendentes (*Odiss.* XX, 199-225). Mais tarde, na luta que se travou contra estes, Filécio participa do sangrento combate ao lado de seu rei e mata a Pisandro e Ctesipo. Ulisses, após a vitória, encarrega Filécio e Eumeu da exemplar e violenta punição imposta a Melâncio.

FILEU *(III, 102-103)*.

Φυλεύς (Phyleús), *Fileu*, provém, como Filas (v.), φῦλον (phŷlon) ou φυλή (phylḗ), "raça, tribo", donde Fileu é "o guardião da tribo".

Fileu é um dos filhos de Augias, cujos estábulos foram limpos por Héracles. Como Augias se recusasse a pagar ao herói o salário combinado, Fileu testemunhou contra o pai. Expulso por este, o jovem príncipe refugiou-se na Ilha de Dulíquio. Quando Héracles organizou a segunda expedição contra a Élida e matou Augias, entregou o trono a Fileu. Mais tarde, no entanto, este renunciou ao poder e voltou a viver em Dulíquio. Casou-se com Timandra (v.) ou Ctímene e foi pai de Meges e de uma filha, chamada Euridamia, que se uniu a Políido (v.).

Fileu foi um dos heróis da caçada de Cálidon.

FÍLIO.

Φύλιος (Phýlios), *Fílio*, é um adjetivo derivado de φῦλό (phŷlon) ou φυλή (phylé), "raça, tribo" e significa, pois, " o que diz respeito à raça ou à tribo".

Fílio é personagem de um romance de amor com Cicno (v.). Apaixonado por este, o efebo lhe fugia, escondendo-se nos bosques existentes entre Plêuron e Cálidon, na Etólia. Volúvel e cruel com seus namorados e amigos, Cicno afastava a quantos conseguissem aproximar-se dele. Fílio, todavia, persistiu na tentativa de conquistar o mais belo jovem da Etólia. Para testar-lhe a constância, Cicno submeteu-o a uma série de provas, cada qual mais difícil e perigosa que a outra. Ajudado por Héracles, o amante executou-as a todas. O capricho de Cicno, porém, sempre arquitetava outras. Cansado, Fílio abandonou publicamente o amante. Envergonhado e desprezado por todos, o jovem, em companhia da mãe (o que não é surpresa em tais casos), lançou-se num lago e pereceu ao lado da mesma. Apolo, compadecido, transformou mãe e filho em cisnes.

FÍLIRA *(II, 19, 90³¹)*.

Φιλύρα (Philýra), *Fílira*, não possui em grego uma origem segura. Chantraine, *DELG*, p. 1.206, comenta a hipótese, "engenhosa" de Strömberg, *Pflanzennamen*, 119 (Nomes relativos à botânica), que faz *philýra* provir de φίλος (phílos), "amigo" e de ὕρον (hýron), "enxame", donde "a árvore cujas flores atraem as abelhas", sem dar-lhe muito crédito. Tudo que se sabe é que *philýra* significa "tília".

Fílira é mãe do Centauro Quirão. Conta-se que, temendo a cólera de Reia, Crono se uniu a Fílira sob a forma de cavalo, o que justificaria ser Quirão metade cavalo, metade homem. Há uma segunda versão, segundo a qual, a futura mãe do Centauro, por excesso de pudor, procurou fugir de Crono, transformando-se em égua, mas o deus, por sua vez, metamorfoseou-se em cavalo e a ela se uniu.

Nascido numa gruta do Monte Pélion, na Tessália, Quirão aí permaneceu ao lado da mãe, que muito o ajudou na educação de grandes heróis, como Jasão e Aquiles.

FÍLIS.

Φυλλίς (Phyllís), *Fílis*, é um derivado de φύλλον (phýllon), "folha", pétala, planta". *Phýllon* é um nome antigo da "folha", ao lado do latim *folium*, "folha", possivelmente originário do tema **bhel-*, enquanto o grego proviria de **bhᵘlyo-*. Em diversas línguas indo-europeias, como o germânico, céltico e tocariano, existem formas diversas com alongamento em dental, como o alemão *Blatt*, "folha", *DELG*, p. 1.232-1.233. O antropônimo significa, pois, "a que produz folhas e frutos".

Fílis é personagem de uma história de amor, cujo herói é um dos filhos de Teseu, Ácamas ou Demofonte, que participaram da Guerra de Troia. Quando do retorno, Demofonte ou Ácamas teve suas naus lançadas por uma tempestade nas costas da Trácia, onde reinava Síton ou Fileu; Cíaso ou ainda Licurgo, filho de Drias, ou Telos.

Acolhido pelo rei local, nasceu um grande amor entre a filha do soberano, chamada Fílis, e o príncipe ateniense.

Tendo-a desposado, o filho de Teseu teve como dote a sucessão ao trono da grande cidade Trácia de Anfípolis. Desejando, no entanto, regressar a Atenas, para regularizar seus negócios, Ácamas ou Demofonte prometeu à mulher que voltaria dentro de um tempo determinado. Fílis concordou, mas entregou-lhe uma caixinha com objetos consagrados à deusa Reia, dizia ela. Pediu-lhe que só a abrisse, quando perdesse toda e qualquer esperança de retorno.

Chegado o dia aprazado para o regresso, o esposo não apareceu.

A jovem rainha fez nove caminhadas da cidade ao porto, na esperança de ver a nau do marido surgir no horizonte, mas em vão. Como reminiscência dessas nove caminhadas da princesa de Anfípolis, o local passou a ser denominado "as Nove Rotas".

Desesperada, Fílis se enforcou.

No mesmo dia, em Chipre ou Creta, onde se fixara e contraíra novas núpcias, Demofonte ou Ácamas abriu a caixa e ficou aterrorizado com o que viu. Procurou fugir, mas o espectro que saíra da caixa espantou-lhe o cavalo, que lançou por terra o desditoso rei de Anfípolis. Caindo sobre a ponta da espada, pereceu.

Relata uma variante que Fílis foi transformada numa amendoeira sem folha alguma. Demofonte ou Ácamas, que retornara à Trácia, abraçou, chorando, a árvore estéril, e esta, imediatamente, se cobriu de folhas e de frutos. Daí, segundo se dizia, a mudança de nome de "folhas", de πέταλα (pétala), "folhas", para φύλλα (phýlla), "folhas".

Uma outra versão atesta que as árvores plantadas sobre o túmulo da rainha perdiam todas as folhas na data de sua morte.

Dos amores de Fílis e Demofonte ou Ácamas teriam nascido Anfípolis e Ácamas.

FILOCTETES *(I, 87, 110-111; II, 46; III, 55-56, 128, 128⁹⁴, 131, 287²¹⁹, 287-288, 290²²¹, 296, 298)*.

Φιλοκτήτης (Philoktḗtēs), *Filoctetes*, é um composto de φίλος (phílos), "amigo" e de uma forma -χτήτης (-ktḗtēs), do verbo κτᾶσθαι (ktâsthai), "possuir, adquirir, angariar", donde "o amigo, o desejoso de muitos bens".

Dos grandes heróis aqueus que lutaram em Troia, Filoctetes foi um dos mais sofridos. Participou da guerra somente após a morte de Aquiles e assim mesmo porque suas flechas mortais eram indispensáveis para a vitória final. As fontes mais importantes para um levantamento das atribulações por que passou o herdeiro das flechas de Héracles encontram-se na *Ilíada* e na Tragédia de Sófocles *Filoctetes*.

Filho de Peias ou Peante e de Demonassa ou, segundo outros, de Metone, Filoctetes, tanto no mito quanto na epopeia homérica, é o depositário do arco e das flechas do filho de Alcmena. Alguns mitógrafos asseveram que ele obteve armas tão preciosas de seu próprio pai, que as herdara de Héracles. A maioria, no entanto, opina que o filho de Peante, embora a contragosto, acendeu, num gesto de compaixão, a fogueira em que se deitara no Monte Eta o maior dos heróis da Hélade (v. Héracles). Deste, como presente por sua coragem, Filoctetes recebera o arco e as flechas, sob a condição de jamais revelar o local da pira, já que havia sido a única testemunha dos derradeiros momentos do filho de Zeus. Interrogado, sempre se manteve firme e fiel ao pedido do amigo. Um dia, porém, tendo escalado o Monte Eta, sob uma saraivada de perguntas, feriu significativamente a terra com o pé: estava descoberto o segredo. Bem mais tarde (é uma das versões), Filoctetes foi punido com uma ferida incurável no mesmo pé.

Como um dos pretendentes de Helena, foi convocado para a Guerra de Troia. Comandava, segundo a *Ilíada*, II, 716-720, sete naves com cinquenta remeiros cada uma. O arqueiro imbatível, todavia, não alcançou Troia com os demais chefes aqueus. Picado por uma serpente na Ilha de Tênedos, do ferimento exalava um odor tão insuportável, que Ulisses facilmente convenceu ao Rei Agamêmnon abandonar o comandante dos tessálios na Ilha de Lemnos (*Il.* II, 721-725). Os aqueus haviam de lembrar-se muito do herói nos nove anos de luta diante de Troia (*Il.* II, 724-725); sem suas flechas, Ílion não poderia ser tomada, como profetizara Heleno, filho de Príamo.

Durante nove anos o desditoso filho de Peias permaneceu sozinho na calcinada Ilha de Lemnos, alimentando-se com carne de aves, abatidas por suas flechas certeiras.

Acerca da ferida de Filoctetes e de seu abandono numa ilha deserta as tradições variam muito. Na tragédia de Sófocles, *Filoctetes*, o próprio herói afirma ter sido mordido por uma serpente não em Tênedos, mas na minúscula Ilha de Crisa, quando limpava das ervas daninhas o altar de Crise, divindade que dera nome à ilha. Em Crisa, que, por sinal, desapareceu engolida pelas águas no século segundo de nossa era, havia um altar consagrado a Filoctetes com a efígie de uma serpente em bronze e um arco. Uma versão, certamente tardia, atesta que o ferimento do herói fora provocado por uma das flechas recebidas de Héracles e que acidentalmente lhe caíra da aljava. Por estar envenenada pelo sangue da Hidra de Lerna, o ferimento, por ela provocado, tornou-se incurável. Tal fato traduziria uma vingança do filho de Alcmena, a quem Filoctetes desobedecera, identificando-lhe o local da pira funerária.

No tocante ao confinamento do grande arqueiro na Ilha de Lemnos, o motivo teriam sido os gritos de dor do herói, o que prejudicava a boa ordem e o silêncio ritual necessários aos sacrifícios, e não o mau cheiro proveniente da mordida da serpente. Acrescentam outros que o afastamento do herdeiro das flechas de Hércules seria provisório. É que, na Ilha de Lemnos, havia um culto muito intenso a Hefesto, cujos sacerdotes eram peritos em curar mordidelas de serpentes. Com efeito, atestam alguns mitógrafos, o ferido foi curado por um dos sacerdotes do deus das forjas, chamado Pílio, e pôde assim participar do último e decisivo ano da Guerra de Troia.

De qualquer forma, o responsável pelo doloroso retiro do chefe tessálio foi Ulisses, com total anuência de Agamêmnon.

Já se iniciava o décimo ano da luta sangrenta pela posse de Helena e Ílion continuava de pé. Páris fora morto e Heleno (v.), seu irmão, que pretendia unir-se à esposa de Menelau, foi preterido e, furioso, abandonou Ílion, refugiando-se nas montanhas. Capturado pelos aqueus, revelou sob ameaças, ou espontaneamente, segundo outros, já que era renomado adivinho, que Troia só seria vencida, entre outras condições, se os helenos contassem com a presença de Filoctetes.

De imediato, Ulisses partiu para a Ilha de Lemnos, ou sozinho ou acompanhado do filho de Aquiles, Neoptólemo, na versão da tragédia supracitada de Sófocles. Eurípides, que escreveu uma tragédia com o mesmo título que a de Sófocles, mas infelizmente perdida, dá-lhe por companheiro o forte e destemido Diomedes. O herói, magoado com os aqueus e particularmente com o rei da Ítaca, não se deixou convencer com facilidade. Em Sófocles o retorno do chefe dos tessálios, após um estratagema de Ulisses, de resto desfeito por Neoptólemo, é conseguido graças à intervenção do *deus ex machina* Héracles. No *Filoctetes* de Eurípides o regresso do herói se deveu quer à astúcia de Ulisses e Diomedes, que, em lhe tomando o arco e as flechas, obrigaram-no a segui-los, quer apelando para o patriotismo e o dever ou ainda prometendo-lhe a cura total em Troia. Com efeito, dois grandes médicos, Macáon e Podalírio, filhos de Asclépio, haviam acompanhado a armada grega. Segundo uma variante, logo que o herói chegou a Troia, Apolo, médico igualmente e pai de Asclépio, prostrou-o em sono profundo (a primeira anestesia que se conhece no mundo clássico), enquanto Macáon realizava a cirurgia. Após examinar cuidadosamente a ferida e retirar as carnes mortas com um punhal, lavou-a com vinho e aplicou-lhe um bálsamo extraído de uma planta, cujo segredo Asclépio havia recebido do Centauro Quirão.

A cura, como haviam afiançado Ulisses e Diomedes, foi rápida e completa.

O grande arqueiro entrou logo em ação e sua primeira vítima foi Páris, também chamado Alexandre. Tal episódio, porém, contraditava a profecia de Heleno, que fora capturado após a morte do irmão. Para debelar tão séria dificuldade, relatava-se que o vaticínio, segundo o qual Troia só poderia ser tomada com as flechas do filho de Peias, era de Calcas e não de Heleno. Desse modo, a volta do herói fora anterior à morte do raptor de Helena.

Tomada e incendiada a fortaleza de Príamo, Filoctetes, conforme a *Odisseia*, III, 190-192, retornou tranquilamente à Tessália. Consoante algumas variantes, porém, certamente tardias, dirigira as naus sob seu comando para a Itália Meridional. Fundou aí várias cidades nos arredores de Crotona. Entre elas Petélia e Macala, onde o arqueiro consagrou a Apolo as flechas recebidas de Héracles.

Filoctetes, como todo grande herói, pereceu lutando em defesa de um grupo de ródios que, tendo emigrado para a Itália, sob o comando de Tlepólemo, foram atacados pelos indígenas locais.

FILOLAU *(III, 105)*.

Φιλόλαος (Philólaos), *Filolau*, é um composto de φίλος (phílos), amigo e de λαός (laós), "povo", donde " o amigo, o querido do povo".

Filolau, como se comentou em *Mitologia Grega*, Vol. III., p. 105 (v. Héracles), era um dos quatro filhos de Minos com a ninfa Pária. Quando Héracles, que se dirigia ao país das Amazonas, passou pela Ilha de Paros, teve dois de seus companheiros mortos por Filolau e seus três irmãos. O herói vingou-se, assassinando os quatro filhos do rei cretense e fazendo ainda outras exigências aos habitantes de Paros.

FILOMELA *(II, 41; III, 150, 236)*.

Φιλομήλα (Philoméla), *Filomela*, é interpretado por Carnoy, *DEMG*, p. 161, como um composto de φίλος (phílos), "amigo" e de 2 μῆλον (2 mêlon), "rebanho", donde "a que gosta de fazer seu ninho nos estábulos", uma vez que Filomela foi metamorfoseada em andorinha.

Filomela e Procne são filhas de Pandíon, rei de Atenas.

Tendo havido guerra, por questões de fronteira, entre Atenas e Tebas, comandada esta última por Lábdaco, Pandíon solicitou o auxílio do rei da Trácia Tereu, graças a cujos préstimos obteve retumbante vitória. O soberano ateniense deu ao aliado sua filha Procne em casamento e logo o casal teve um filho, Ítis. Mas o trácio se apaixonou pela cunhada Filomela e a violou. Para que ela não pudesse dizer o que lhe acontecera, cortou-lhe a língua. A jovem, todavia, bordando numa tapeçaria o próprio infortúnio, conseguiu transmitir à irmã a violência de que fora vítima. Procne, enfurecida, resolveu castigar o marido: matou o filho Ítis e serviu-lhe as carnes ao pai. Em seguida, fugiu com a irmã. Inteirado do crime, Tereu, armado com um machado, saiu em perseguição das filhas de Pandíon, tendo-as alcançado em Dáulis, na Fócida. As jovens imploraram o auxílio dos deuses e estes, apiedados, transformaram Procne em rouxinol e Filomela em andorinha. Tereu foi metamorfoseado em mocho.

Há variantes no mito. A principal delas é aquela que faz de Filomela esposa de Tereu, invertendo os papéis com Procne. Neste caso, a primeira foi transformada em rouxinol e a segunda em andorinha.

FILOMELIDES *(III, 296)*.

Φιλομηλείδης (Philomēleídes), *Filomelides*, teria a mesma etimologia que Filomela (v.), isto é, seria um composto de φίλος (phílos), "amigo" e de 2 μῆλον (2 mêlon), "rebanho", donde "o amigo, o que gosta dos rebanhos".

Rei de Lesbos, Filomelides obrigava os que aportavam em sua ilha a lutar com ele e invariavelmente matava os vencidos. Quando a frota aqueia, que demandava Troia, fez escala em Lesbos, Ulisses, outros dizem que Ulisses e Diomedes, após vencer Filomelides, o mataram. Este episódio, recordado pela *Odisseia*, IV, 341-343, foi reinterpretado posteriormente como um verdadeiro assassinato, cometido por Ulisses e seu parceiro inseparável em tais casos, o violento Diomedes.

FILOMELO.

Φιλόμηλος (Philómēlos), *Filomelo*, segundo Carnoy, *DEMG*, p. 161, possui a mesma etimologia que Filomela e Filomelides (v.), quer dizer, é um composto de φίλος (phílos), "amigo" e de 2 μῆλον (2 mêlon), "rebanho", donde o "amigo dos rebanhos".

Filho de Iásion (v.) e de Deméter, irmão, por conseguinte, de Pluto, introduziu o uso de atrelar uma junta de bois à charrua para virar a terra. Como recompensa, Deméter transformou-o na constelação do Boieiro. Filomelo foi pai de Párias, herói epônimo de Pário, na Mísia.

FÍLOTES.

Φιλότης (Philótēs), *Fílotes*, provém de φίλος (phílos), "amigo, caro, querido", donde Fílotes é a personificação da "Ternura".

Em Hesíodo, *Teogonia*, 223-225, *Nýks*, a Noite perniciosa, gerou, além de Nêmesis, flagelo dos mortais, o Engano, a Ternura, a Velhice maldita e a Discórdia de coração violento.

FINEU *(III, 83, 150, 180-181)*.

Φινεύς (Phineús), *Fineu*, está por Φηνεύς (Phēneús) e provém de φήνη (phḗnē), "ave de rapina de grande porte", uma espécie de águia ou de abutre, donde "o que é atormentado por aves de rapina", *DELG*, p. 1.196.

Fineu é o nome de três heróis. O menos importante deles é um dos filhos de Licáon (v.), o qual, por sua impiedade, foi fulminado por Zeus juntamente com os filhos.

O segundo é o irmão de Cefeu (v.) e, em consequência, tio de Andrômeda (v. Perseu e Andrômeda). Desejando casar-se com a sobrinha, Fineu fomentou uma conspiração contra Perseu, que a salvara do monstro a que havia sido exposta, e estava prestes a desposá-la. Na luta que se travou no palácio real de Cefeu entre os partidários de Fineu e Perseu, este transformou em pedra o pretendente à mão de Andrômeda, mostrando-lhe a cabeça de Medusa. Semelhante desfecho, todavia, entrava em contradição com a presença de Fineu na expedição dos Argonautas. Para torná-la possível, os mitógrafos tardios afirmavam que Fineu havia sido apenas privado da visão pela cabeça de Medusa e não metamorfoseado em pedra.

O terceiro herói e o mais célebre dos três é um rei da Trácia. O mito deste rei é assaz complicado e são muitas as variantes. Vamos tentar reduzi-las e tornar o mitologema ao menos compreensível. Possuidor de dons divinatórios, o herói preferiu viver longo tempo a manter a visão. Apolo, indignado, não lhe podendo arrancar a *manteía* e nem tampouco extirpar-lhe a cegueira, enviou contra ele as terríveis Harpias (v.), demônios alados, que arrebatavam ou poluíam com excrementos toda e qualquer refeição servida ao rei e adivinho. Uma tradição relata que a punição se deveu ao fato de Fineu abusar de seus dons divinatórios, revelando aos homens as intenções dos deuses ou ainda porque indicara a Frixo (v.) como chegar à Cólquida e mais tarde apontara aos filhos do mesmo o caminho de retorno à Hélade.

Quando os Argonautas passaram pela Trácia, Fineu pediu-lhes que o libertassem das Harpias. Zetes e Cálais, filhos do vento Bóreas, perseguiram-nas. O destino, na verdade, determinara que os monstros só pereceriam se agarradas pelos filhos de Bóreas, mas, de outro lado, estes perderiam a vida, se não as alcançassem. Cálais e Zetes conseguiram seu intento, mas foram proibidos por Hermes de matar as Harpias porque eram "servidoras de Zeus". Em troca da vida, elas prometeram não mais atormentar o adivinho da Trácia, refugiando-se numa caverna da Ilha de Creta.

Uma versão diferente da anterior atesta que Fineu, tendo-se casado em primeiras núpcias com Cleópatra, filha de Bóreas, teve com ela dois filhos, Plexipo e Pandíon. Algum tempo depois, repudiou Cleópatra e se casou com Ideia, filha de Dárdano. Enciumada com os filhos do primeiro matrimônio do rei, ela os acusou mentirosamente de tentar violentá-la. O rei, sem prova alguma, louvando-se apenas nas palavras de Ideia, cegou ambos os filhos.

Zeus, por isso mesmo, o privou da visão e lançou contra ele as Harpias. De qualquer forma, seja qual for a variante, o rei da Trácia deve a Cálais e Zetes o terem-no livrado desses monstros horripilantes.

FÍTALO *(III, 156)*.

Φύταλος (Phýtalos), *Fítalo*, provém do verbo φύειν (phýein) ou do médio-passivo φύεσθαι (phýesthai), "fazer nascer, fazer brotar, produzir, crescer", *DELG*, p. 1.233-1.234.

Diga-se, de passagem que o verbo acima está relacionado com a raiz **bhu-*, "crescer, desenvolver-se, produzir", sânscrito *bhūmi*, "terra, solo". Em vários grupos o sentido evoluiu para "tornar-se, existir, ser", donde o grego εἰμί (eimí), "sou", sânscrito *ásti*, "ele é", latim *est, fuit*, "é, foi..."

Fítalo é, por conseguinte, "o que planta, o que faz crescer".

Herói ático, Fítalo vivia perto do Rio Ilisso. Quando Deméter chegou à Ática, em busca de sua filha Core, o herói a acolheu em sua casa. Como recompensa, a deusa agraciou-o com mudas de figueira. Seus descendentes, os Fitálidas, tiveram por longo tempo o privilégio da cultura dessa árvore. Mais tarde, estes hospedaram a Teseu, quando o herói regressava de Corinto, e o purificaram do sangue que derramara em suas primeiras provas iniciáticas (v. Teseu). Para lembrar tal fato, os descendentes de Fítalo possuíam certas prerrogativas em Atenas, quando da celebração das grandes festas em honra de Teseu.

FIX *(I, 155-156, 242, 245, 248; II, 21; III, 257-259, 260[200])*.

Φίξ (Phíks), *Fix* (v. Esfinge).

FLEGETONTE.

Φλεγέθων (Phlegéthōn), *Flegetonte*, provém do verbo φλεγέθειν (phleguéthein), "brilhar, inflamar", donde "o que inflama". Trata-se de uma forma reduzida e tardia (mais usada pelos poetas latinos, *Eneida*, 6, 265) em vez de Piriflegetonte (v.).

FLÉGIAS *(II, 40, 90; III, 208)*.

Φλεγύας (Phleguýas), *Flégias*, provém do verbo φλέγειν (phléguein), "brilhar, inflamar", donde "o que se inflama, o ardente, o violento", dada a belicosidade dos flégias, *DELG*, p. 1.208-1.209.

Flégias é o herói epônimo dos flégias de que fala a *Ilíada*, XIII, 301-302. Filho de Ares e de Dótis ou de Ares e Crisa, é considerado normalmente como originário da Tessália, embora os flégias ora apareçam na Beócia, ora na Fócida, ou ainda na Arcádia. A tradição atribui-lhe muitos filhos, mas dois, Ixíon (v.) e Corônis (v.), celebrizaram-se no mito. Foi o sucessor de Etéocles no trono de Orcômeno, na Beócia, onde fundou a cidade de Flégia, reunindo em torno de si os mais belicosos e violentos de todos os helenos. Tendo morrido sem sucessor, seu sobrinho Crises, filho de Posídon e de Crisogenia, ocupou o trono de Orcômeno. Relata uma variante que Flégias visitou secretamente o Peloponeso com o intuito de desencadear uma expedição de pilhagem contra a região. Foi no curso dessa viagem que Apolo seduziu Corônis, explicando-se, destarte, o nascimento de Asclépio em Epidauro. Os amores do deus com a linda Corônis (v.), porém, não duraram muito. Temendo a eterna juventude de Apolo, que certamente a abandonaria na velhice, a mãe de Asclépio uniu-se ao mortal Ítis. O casal foi morto a flechadas pelo deus e sua irmã Ártemis. Flégias, num gesto impensado, para vingar a morte da filha, tentou incendiar o Oráculo de Delfos. Morto pelo filho de Zeus, foi lançado no Tártaro. Apolodoro, todavia, afirma que o rei de Orcômeno e Flégia foi assassinado na Eubeia (nome certamente de uma cidade da Beócia) por Lico e Nicteu, que, por isso mesmo, se exilaram em Tebas.

FLIAS.

Φλίας (Phlías), *Flias*, é antropônimo sem etimologia definida.

Filho de Dioniso e de Arétira, é um ancestral dos reis de Sicione, através de Andrôdamas, filho que tivera com Ctonofila. Flias participou da expedição dos Argonautas e é considerado como herói epônimo da cidade de Fliunte, situada entre a Acaia e a Argólida.

FLÓGIO.

Φλόγιος (Phlóguios), *Flógio*, é um derivado do verbo φλέγειν (phléguein), "iluminar, inflamar", donde "o inflamado, o abrasador".

Filho do tessálio Demarco, era irmão de Autólico e Díleon. Os três acompanharam Héracles na expedição ao país das Amazonas, mas separaram-se do herói em Sinope. Quando os Argonautas passaram por lá, engajaram-se na perigosa busca do Velocino de Ouro.

FOBOS *(I, 217; II, 40)*.

Φόβος (Phóbos), *Fobos*, é um derivado do verbo φέβεσθαι (phébesthai), "fugir espavoridamente", donde "o que provoca a fuga através do pânico".

Fobos é a personificação do Medo e do Terror. Filho de Ares, era irmão de Deimos, o Pavor personificado. Não possui um mito próprio, mas, como um demônio, acompanha o pai para onde quer que haja batalha e derramamento de sangue.

FOCO *(I, 160, 234; III, 51, 61, 63, 86[75], 208, 236[174])*.

Φῶκος (Phôkos), *Foco*, é um derivado de φώκη (phókē), "foca". Trata-se de uma alcunha, uma vez que Foco era filho de Psâmate, divindade marinha (Hesíodo, *Teogonia*, 1004), que se transformou em foca, daí "Fócida", região da Grécia entre a Beócia e a Etólia, cujo herói epônimo era Foco.

Existem dois heróis com este nome. O primeiro procedia de Glisas, na Beócia. Era pai de Calírroe, que foi assediada por trinta pretendentes. Foco sempre adiava a escolha. Um dia, porém, declarou que, a conselho do Oráculo de Delfos, a luta entre os pretendentes apontaria o noivo da filha. Percebendo a mentira, os jovens o mataram. Calírroe fugiu, mas perseguida pelos trinta pretendentes, foi escondida por camponeses sob uma grande mó de trigo. Logo depois, durante uma festa solene em Tebas, Calírroe aproximou-se como suplicante do altar de Atená Itônia e acusou seus perseguidores do assassinato de Foco. Estes fugiram para Orcômeno e, em seguida, para Hípotas. Presos pelos beócios, foram lapidados.

O segundo Foco, bem mais importante que o primeiro, era o herói epônimo da Fócida, mas são muitas as variantes acerca de seu mito. Segundo uma delas, tratava-se de um coríntio, filho de Órnito, consanguíneo de Sísifo e portanto um descendente do deus Posídon. Fixando-se nas encostas do Parnasso, a região recebeu o nome de Fócida, mas uma tradição atribui a Órnito a conquista da região, após vencer os lócrios, e só depois da retirada do pai é que o herói assumiu as rédeas do governo. Foco se casou com Antíope (v.), que, tendo sido enlouquecida por Dioniso, por causa da morte de Dirce (v.), foi curada pelo herói. Uma outra tradição relata que o epônimo da Fócida era filho não de Órnito, mas de Éaco e Psâmate. Seu nome relembrava a metamorfose de sua mãe em *foca*. É que, para escapar às investidas de Éaco, Psâmate, filha de Nereu, se transformou em foca. Semelhante disfarce não impediu que a ela se unisse o futuro juiz do Hades. Desses amores nasceu Foco, que, tão logo atingiu a maioridade, abandonou a Ilha de Egina, onde reinava seu pai, e conquistou a região a que deu o nome de Fócida. Aliou-se a um indígena, chamado Iaseu e, consolidado o poder, se casou com Astéria, neta de Xuto, da estirpe de Deucalião. Com ela teve dois filhos gêmeos, Criso e Panopeu. Mais tarde, regressando ao reino paterno, foi assassinado por Télamon e Peleu, por instigação de Endeis, legítima esposa de Éaco. Psâmate vingou a morte do filho, enviando um lobo que dizimou o rebanho de Peleu, na Tessália, onde o genitor de Aquiles se refugiara após a morte de seu irmão por parte de pai. A pedido de Tétis, no entanto, Psâmate transformou o lobo em pedra.

FOLO *(III, 118)*.

Φόλος (Phólos), *Folo*, segundo Carnoy, *DEMG*, p. 162, talvez o antropônimo se relacione com φελλεύς (phelleús), "região pedregosa", mas a hipótese não é segura.

Filho de Sileno e de uma ninfa Melíade (o que contraria a genealogia dos Centauros, que descendiam do criminoso Ixíon), Folo era um Centauro pacífico. Quando Héracles caminhava em direção à Arcadia, para a caça ao *Javali de Erimanto*, passou pela região de Fóloe, onde vivia Folo, epônimo do lugar. Dioniso o presenteara com uma jarra de vinho hermeticamente fechada, recomendando-lhe, todavia, que não a abrisse, enquanto o filho de Alcmena não lhe viesse pedir hospitalidade. Segundo outra versão, a grande jarra era propriedade de todos os Centauros. De qualquer forma, acolheu hospitaleiramente o herói, mas tendo este, após a refeição, pedido vinho, Folo se excusou, argumentando que o único vinho que possuía só podia ser consumido em comum pelos Centauros. Héracles lhe respondeu que não tivesse receio de abrir a jarra. O filho de Sileno, lembrando-se da recomendação de Dioniso, o atendeu. Os Centauros, sentindo o odor do néctar de Baco, armados de rochedos, árvores e troncos, avançaram contra Folo e seu hóspede. Na refrega, Héracles matou dez dos filhos de Ixíon e perseguiu os demais até o Cabo Mália. Quando se ocupava em sepultar seus companheiros mortos, Folo, ao retirar uma flecha envenenada com o sangue da Hidra de Lerna do corpo de um Centauro, deixou-a cair acidentalmente no pé e, mortalmente ferido, sucumbiu logo depois. Héracles organizou em sua honra funerais magníficos.

FOME *(I, 233).*

Λιμός (Limós), *Fome*, talvez possa etimologicamente ser aproximado de λοιμός (loimós), "peste", como de resto já faziam os gregos, embora haja dificuldade em explicar a alternância *-oi-/-i-*. Fora do grego é possível citar, como pertencentes à mesma família etimológica, o lituano *líesas*, "magro, seco, franzino" e o antigo eslavo *liběvŭ, libivŭ*, com o mesmo sentido, *DELG*, p. 641.

Na *Teogonia* de Hesíodo, 226-227, *Limos*, a Fome personificada, é filha de Éris, a Discórdia. Na *Eneida*, 6, 276, Virgílio coloca-a no vestíbulo do inferno ao lado da Velhice, do Medo e da Pobreza. Ovídio vai um pouco mais longe e a desloca para a Cítia, uma região desolada, onde a Fome busca como louca alimentar-se de uma vegetação seca e rara, que jamais poderá satisfazê-la. Foi exatamente na Cítia que Deméter lhe foi ao encontro para que ela castigasse Erisícton (v.) com uma fome insaciável.

FORBAS *(I, 260; III, 26, 243-244, 311[244]).*

Φόρβας (Phórbas), *Forbas*, provém possivelmente do verbo φέρβειν (phérbein), "alimentar, alimentar-se, apascentar o rebanho", donde "o que conduz ao pasto, o pastor", *DEMG*, p. 162.

Dentre muitos heróis com este nome, quatro se destacam no mito. O mais importante deles é um tessálio de estirpe dos lápitas. Filho de Lápites ou de Tríopas e Orsínome, habitava a Tessália, de onde emigrou com o irmão Periergo para Cnido ou para a Ilha de Rodes. Fixou-se na região de Iáliso, enquanto Periergo se estabeleceu em Camiro. Uma versão diferente relata que o herói tessálio, na realidade, trocou sua terra natal por Óleno, na Elida. Como o rei local, Alector, temesse o poderio de Pélops, uniu-se a Forbas, dividindo com ele o reino. Esta aliança foi selada com dois casamentos. Alector e Forbas contraíram núpcias um com a filha do outro. Ao morrer, o lápita da Tessália deixou a Élida para os dois filhos, Augias e Actor, que a dividiram em dois reinos.

Distinto do primeiro é Forbas, filho de Argos. Casado com Eubeia, foi pai de um certo Tríopas, mal conhecido no mito, e de Messene, que, por vezes, é considerada como sua neta.

Um terceiro Forbas, filho de Flégias (v.), que vivia em Pânope, na Fócida, era um bandido. Atacava os peregrinos que se dirigiam a Delfos, obrigando-os a lutar com ele e, após vencê-los, matava-os. Irritado, Apolo, sob a forma de um menino, o desafiou e venceu. A morte foi o preço da derrota.

O quarto Forbas é um herói muito estimado na Ática, por ter ensinado o jovem Teseu a conduzir um carro. Atribui-se a ele a invenção da luta, que será uma das armas mais poderosas do herói ateniense.

FÓRCIS *(I, 155, 229, 233-234, 237; II, 21; III, 81, 311[244]).*

Φόρκυς (Phórkys), *Fórcis*, é um derivado do adjetivo φορκόν (phorkón), "branco", no sentido de "encanecido", por tratar-se de um "velho do mar", *DELG*, p. 1.222.

Filho de Geia e Pontos, era irmão de Nereu, Taumas, Euríbia e Ceto (Hesíodo, *Teogonia*, 237 e 270). Trata-se, pois, de uma das inúmeras divindades marinhas pertencentes à primeira geração divina. Uniu-se à sua própria irmã Ceto e foi pai das Greias (v.), as "Velhas", também chamadas Fórcidas, que aparecem no mito de Perseu (v.), bem como do monstro Cila (v.), de Équidna e das Hespérides, segundo alguns mitógrafos. Há os que o fazem até mesmo avô das Erínias, as Eumênides, por eufemismo. Fórcis residia em Arímnion, nas costas da Acaia, ou ainda na Ilha de Cefalênia ou em Ítaca.

FÓRMION.

Φορμίων (Phormíōn), *Fórmion*, é um derivado de φορμός (phormós), "cesto, canastra, indumentária de marinheiro confeccionada com um tecido grosseiro", donde "o que se cobre com uma vestimenta grosseira".

Fórmion é um esparciata que se tornou proprietário da casa em que residiu Tíndaro, pai de Helena, Clitemnestra, Castor e Pólux. Certa feita, os Dioscuros (Castor e Pólux), já divinizados, mas sob o disfarce de viajantes, provenientes de Cirene, apresentaram-se a ele e pediram hospitalidade. Insistiram, porém, em dormir em determinado quarto (o mesmo que usaram até a adolescência). Fórmion deu-lhes hospitalidade, mas se excusou de lhes conceder o quarto solicitado, alegando que lá dormia sua filha. Na manhã seguinte, a jovem, suas criadas e os Dioscuros haviam desaparecido. Sobre a cama havia uma pintura com as efígies dos dois hóspedes divinos e sobre uma mesa estava artisticamente colocado um pé de *silphium*, planta aromática de Cirene, cujo suco servia para condimento e remédio.

FORONEU *(I, 326)*.

Φορωνεύς (Phorōneús), *Foroneu*, é interpretado, aliás interrogativamente, por Carnoy, *DEMG*, p. 162, como um possível derivado do indo-europeu **pûr*, "fogo", "o que trouxe o fogo"?

No mito do Peloponeso, Foroneu foi o primeiro homem. Era filho do deus-rio Ínaco e da ninfa Mélia. Tinha dois irmãos: Egialeu e Fegeu. Funcionou como árbitro na disputa pela proteção do Peloponeso entre Hera e Posídon. O herói não apenas decidiu em favor da esposa de Zeus, mas ainda introduziu-lhe o culto no Peloponeso. Foi o primeiro a reunir os homens em cidades e ensinar-lhes o uso do fogo. Acerca da esposa e dos filhos de Foroneu as tradições variam muito. Ora está casado com Cerdo, ora com Teládice ou ainda com Pito. Entre seus filhos os mais citados são Car, o primeiro rei de Mégara, Níobe argiva (v. Níobe), Íaso, Lirco, Pelasgo e Agenor.

FÓSFORO.

Φωσφόρος (Phōsphóros), *Fósforo*, é um composto de φῶς (phôs), "luz" e do verbo φέρειν (phérein), "trazer, levar", donde "a que traz a luz".

Fósforo é o nome que se dá à estrela-d'alva, também denominada Heósforo (v.). Fósforo é comumente personificada em poesia como astro que anuncia a Aurora e traz a luz do Dia. Em latim, a forma exata para traduzir *Phosphóros* é *Lucifer*, nome do planeta Vênus que traz a luz matutina. Só muito mais tarde (séc. V p.C.) é que Lúcifer passou a designar o arcanjo decaído, chefe dos demônios, como se pode aquilatar através da tradução latina da passagem de Is 14,12, dirigindo-se ao rei da Babilônia: *quomodo cecidisti de caelo, Lucifer?* (Rufino, *Orig. princ.* 1, 5, 5, c. 163 C.) – Como caíste do céu, Lúcifer?

FRÁSIO *(III, 115)*.

Φράσιος (Phrásios), *Frásio*, provém do verbo φράζειν (phrádzein), "fazer compreender, indicar por um sinal ou pela palavra", daí "esclarecer pela adivinhação", *DELG*, p. 1.224-1.225.

Frásio era um adivinho de Chipre, que chegou ao Egito no momento em que a fome ameaçava seriamente o país pelas más colheitas consecutivas. O *mántis* aconselhou o Rei Busíris a sacrificar anualmente um estrangeiro a Zeus, para apaziguar-lhe a cólera e fazer que retornasse a prosperidade ao Egito. Busíris seguiu-lhe à risca a predição, e a primeira vítima foi exatamente Frásio (v. Héracles).

FRÍGIO.

Φρύγιος (Phrýguios), *Frígio*, é um derivado de Φρυγία (Phryguía), Frígia. Os frígios, segundo Heródoto, 7, 73, são originários da Europa e eram vizinhos dos macedônios, com o nome de Βρύγες (Brigues) ou Βρύγες (Brýgues) e ainda Βρύγοι (Brýgoi), *DELG*, p. 1.229-1.230.

Rei de Mileto, Frígio subiu ao trono após a renúncia de Fóbio, que deixara a cidade com a morte de Cleobeia. Tendo Piéria, filha de Fites, rei de Miunte, vindo a Mileto, por ocasião de uma festa de Ártemis, Frígio se apaixonou por ela. O casamento pôs fim a uma guerra interminável entre Mileto e Miunte.

FRIXO *(III, 177-178, 178[146])*.

Φρίξος (Phríksos), *Frixo*, tem por base o substantivo φρίξ, -ῑκός (phríks, -ikós), "estremecimento, tremor, agitação, frêmito", donde "o que provoca arrepios", *DELG*, p. 1.228-1.229.

Éolo, filho de Hélen e da ninfa Orseis e, por conseguinte, neto de Deucalião e Pirra, tinha doze filhos, entre os quais Átamas, rei de Orcômeno, na Beócia. O soberano casou-se três vezes e é a história desses enlaces que serviu de pretexto para desdobramentos romanescos de um mito mais antigo. Na versão mais conhecida e que certamente remonta à tragédia *Frixo* de Eurípides, hoje perdida, o rei beócio uniu-se em primeiras núpcias a Néfele, que lhe deu um casal de filhos, Frixo e Hele. Tendo repudiado a primeira esposa, casou-se com Ino, filha de Cadmo, a qual foi mãe igualmente de dois filhos, Learco e Melicertes.

Enciumada com os filhos do primeiro matrimônio do rei, concebeu o projeto de eliminá-los. Para tanto, convenceu as mulheres beócias que, às escondidas dos maridos, grelhassem todos os grãos de trigo existentes. Semeados estes, não houve brotação. Face a semelhante prodígio, Átamas mandou consultar o Oráculo de Delfos. Ino subornou os mensageiros, para que dissessem que a Pítia, para fazer cessar tão grande castigo, exigia o sacrifício de Frixo e Hele a Zeus Lafístio, isto é, o devorador. Já o casal se encaminhava para o altar, quando o próprio senhor do Olimpo ou, conforme outras fontes, Néfele, lhes enviou um carneiro voador de velo de ouro, filho de Posídon e presente de Hermes. O animal fabuloso conduziu Frixo até a Cólquida, porque Hele, tomada de uma vertigem, caiu no mar, no estreito, chamado, por isso mesmo, *Helesponto*, quer dizer, Mar de Hele. Tendo chegado à corte de Eetes, na Cólquida, foi muito bem-recebido pelo soberano, que lhe deu a filha Calcíope em casamento. Antes de retornar à Hélade, Frixo sacrificou o carneiro a Zeus e ofereceu o velo de ouro ao sogro, que o consagrou a Ares, cravando-o num carvalho, no bosque sagrado do deus da guerra. Uma outra versão, devida a Higino, conta que Eetes matou a Frixo, seja em função da ganância, para ficar com o velo de ouro, seja porque um oráculo lhe havia predito a morte nas mãos de um descendente de Éolo. A mesma variante acrescenta que Frixo e Hele, salvos do sacrifício, foram enlouquecidos por Dioniso, porque planejavam vingar-se de Ino, que ajudara a criar o deus do vinho (v. Dioniso). Foi durante esse período de demência, enquanto percorriam os bosques, que Néfele lhes deu o carneiro voador de velo de ouro.

De qualquer forma, é esse velocino de ouro que vai dar origem à famosa expedição dos Argonautas (v.).

FRÔNIME.

Φρονίμη (Phronímē), *Frônime*, é um feminino do adjetivo φρόνιμος (phrónimos), "sensato, previdente, sábio", que, por sua vez, remonta ao substantivo φρήν (phrḗn), "diafragma", sede dos sentimentos, das paixões, mas igualmente do "bom-senso, da prudência, da sabedoria", donde "a prudente, a sensata", *DELG*, p. 1.227-1.228.

Frônime é a mãe de Bato, o fundador da colônia de Cirene. Era filha do nobre cretense Etearco, que reinava em Axo, uma das cidades da Ilha de Minos.

Tendo repudiado a primeira esposa, mãe de Frônime, e casado com uma jovem ciumenta e invejosa, esta acusou mentirosamente a enteada de viver desregradamente, provocando escândalos na cidade. O rei deu crédito às calúnias da mulher e fez que seu hóspede Temísion, um comerciante da Ilha de Tera, jurasse atender-lhe um pedido. O hóspede jurou e Etearco solicitou-lhe que conduzisse Frônime em seu barco e a lançasse nas ondas do mar. Preso pelo juramento, Temísion levou consigo a inocente princesa e, não desejando matá-la, contentou-se em jogá-la no mar e retirá-la em seguida. Chegando à Ilha de Tera, deu-a em casamento a um nobre da ilha, chamado Polimnesto. Foi dessa união que nasceu Bato.

FTIO.

Φφῖος (Phthîos), *Ftio*, é um adjetivo derivado de Φθία (Phthía) ou Φθύη (Phtíē), Ftia, região da Tessália. Com base em Platão, *Críton*, 44 a-b, que aproximava *Phthía* do verbo φθίνειν (phthínein), "consumar, perecer", Kretschmer, *Gl.* 4, 1913, p. 307sq., tenta, através de extrapolações, reviver a etimologia platônica: os mirmidões, que habitavam a Ftia, seriam apenas "fantasmas aterradores" e esta, na origem, "uma região imaginária, um verdadeiro país dos mortos". Tais ginásticas etimológicas nada esclarecem a respeito do desconhecido significado de Ftia, *DELG*, p. 1.200. Ftio é tão somente um habitante da Ftia.

A genealogia do herói epônimo da Ftiótida é deveras complicada. Filho de Licáon, rei da Arcádia ou de Posídon com a ninfa da tessália Larissa, Ftio seria neste caso irmão de Pelasgo e Aqueu. Em outras versões, em lugar de irmão, é filho de Aqueu. Casado com Crisipe, filha de Iro, foi pai de Hélen, que fundou a cidade de Helas, na Tessália. Outras genealogias relacionam diferentemente Ftio com os epônimos das grandes raças helênicas.

FTONO.

Φθόνος (Phthónos), *Ftono*, é "a inveja, o ciúme, a mágoa provocada pela felicidade merecida de outrem".

Ftono é a personificação da Inveja. Como a maioria dos "demônios", cuja personalidade está associada ao próprio nome, Ftono não possui um mito próprio.

G

GÁLATA.

Γαλάτης (Galátēs), *Gálata*, é interpretado por Carnoy, *DEMG*, p. 60, como provindo do céltico **gallos*, "valente, forte", donde o antigo bretão *gal*, "poder", irlandês *gal*, "bravura". O antropônimo significaria, pois, "o bravo, o destemido".

Héracles, ao retornar de seu décimo trabalho, a busca dos Bois de Gerião, passou pela Gália e fundou a cidade de Alésia. Amado pela filha de um príncipe local, teve com ela o corajoso Gálata. O filho gaulês de Héracles apossou-se, por sua bravura, da Gália inteira e, em seguida, tornou-se herói epônimo dos gálatas, habitantes da Galácia, na Frígia.

GALATEIA *(I, 205)*.

Γαλατεία (Galateía), *Galateia*, é aproximada por Carnoy, *DEMG*, p. 60, da raiz indo-europeia **gel* ou **ĝhel*, que expressa a ideia geral de "clareza, brancura" e sobretudo a transparência das águas claras do mar, quando faz bom tempo. Galateia seria pois "a clara, branca, transparente". Talvez tenha concorrido para essa conotação de "brancura" a analogia popular com γάλα (gála), "leite".

Existem duas heroínas com este nome. A primeira é filha de Nereu e de uma divindade marinha, cujo nome não é citado no mito. Galateia, a jovem clara e branca como o leite, habitava as regiões tranquilas do mar, quando foi vista pelo bronco e disforme Ciclope Polifemo (v.). Estamos distantes da *Odisseia* de Homero. No tradicionalmente chamado período helenístico (320-30 a.C.), os Ciclopes "homéricos" transformaram-se em demônios subalternos, ferreiros e artífices das armas dos deuses. Habitavam a Sicília, onde possuíam uma oficina subterrânea. De antropófagos transmutaram-se, na erudita poesia alexandrina, em frágeis seres humanos, mordidos por Eros. Polifemo já em Filóxeno de Citera (439-380 a.C.) se perdera de amores num ditirambo pela filha de Nereu, mas é no *Idílio* XI de Teócrito (cerca de 275 a.C.), intitulado o *Ciclope*, que realmente Polifemo extravasa sua paixão incontida pela branca Galateia. Repelido por esta, o amante, em Teócrito, consola-se, dedicando-se às artes das Musas, mas no mito o apaixonado retornou a seus instintos brutais. Um dia em que Galateia repousava na praia com a cabeça apoiada no tórax de seu bem-amado Ácis, filho de Pã, Polifemo, num acesso de ódio e ciúme, lançou sobre ele um pesado fragmento de rochedo e o esmagou. Galateia metamorfoseou seu amante num rio de águas muito claras e nele se banhava diariamente.

Alguns mitógrafos atribuem aos amores de Polifemo por Galateia o nascimento de três filhos: Galas, Celto e Ilírio, heróis epônimos respectivamente dos gálatas, celtas e ilírios.

A segunda heroína é a Galateia cretense, filha de Eurítio, casada com Lampro, homem simples, mas de excelente família, da cidade de Festo. Grávida, a jovem esposa foi advertida pelo marido de que, se nascesse uma menina, a mesma deveria ser exposta. Um dia em que Lampro pastoreava seus rebanhos longe de casa, Galateia deu à luz uma menina. Recusando-se a expô-la, mas, temendo a reação do esposo, cobriu-a com indumentáriaw masculina e deu-lhe o nome de Leucipo. A criança, com o tempo, porém, se tornou tão bela, que foi impossível manter-lhe o disfarce. Desesperada, Galateia dirigiu-se ao Santuário de Leto e suplicou-lhe que mudasse o sexo da filha. A mãe de Apolo atendeu-lhe a prece e "Leucipe" tornou-se realmente Leucipo. Algumas tradições acentuam que a metamorfose só se consumou no dia do casamento da jovem. Na cidade de Festo, onde nascera e residia Lampro, Leucipe possuía um culto com festa própria, denominada Ἐκδύσια (Ekdýsia), do verbo ἐκδύειν (ekdýein), "ação de despir-se", e os noivos passavam a primeira noite de núpcias sob sua estátua sagrada. Acerca do simbolismo do *travestismo* vejam-se os verbetes Andrógino, Hermafrodito e *Mitologia Grega*, Vol. III, p. 33sqq.

Virgílio, na *Écloga* 1, 30-31, fala de Galateia, mas sem relacioná-la com o Ciclope Polifemo e nem tampouco faz qualquer alusão à heroína cretense, mãe de Leucipe-Leucipo.

GALEOTES.

Γαλεώτης (Galeótēs), *Galeotes*, ancestral de uma família de adivinhos sicilianos, é um derivado γαλέη (galéē) ou γαλεός (galeós), "nomes de pequenos animais", como a doninha. *Galeotes* é uma espécie de "lagarto mosqueado", que, para os antigos, era dotado de dons divinatórios. O sufixo -έη (-éē) indica que o termo designava primitivamente "a pele do animal". A aproximação com o latim *glis*, "arganaz" (espécie de rato), sânscrito *giri-*, *girikā-*, "rato" é válida, *DELG*, p. 207.

Filho de Apolo e de Temisto, Galeotes possuía, por dádiva de seu pai, o dom divinatório. Em companhia do hiperbóreo Telmisso consultou o Oráculo de Dodona, que lhes ordenou percorrer caminhos contrários: o filho de Apolo deveria marchar em direção ao leste e Telmisso caminharia para o oeste, "até que uma águia lhes arrebatasse as carnes destinadas a um sacrifício". Neste local deveriam erguer um altar. Foi assim que Galeotes permaneceu na Sicília e Telmisso na Cária.

GALÍNTIA.

Γαλινθίας (Galinthías), *Galíntia*, segundo Carnoy, *DEMG*, p. 60, é igualmente (v. Galeotes) um derivado de γαλέη (galéē), "doninha". O sufixo *-inth-* denuncia um termo provavelmente de origem mediterrânea. Filha do tebano Preto, Galíntia era amiga íntima de Alcmena. Estando para dar à luz Héracles, Alcmena se contorcia em dores, porque as Queres (v.) e Ilítia (v.), deusas do parto, por ordem da ciumenta Hera, esposa de Zeus, haviam cruzado pernas e braços e, sentadas à porta do quarto da amante do pai dos deuses e dos homens, impediam-lhe o parto. Diga-se de passagem, como se comentou em *Mitologia Grega*, Vol. II, p. 61sqq., que cruzar pernas e braços é fechar o *mana* (v.), isto é, "a energia circulante", o que impede a realização de qualquer empreendimento, como, neste caso, o parto da princesa tebana.

Compadecida da amiga e temendo que o sofrimento prolongado a enlouquecesse, Galíntia usou de um eficaz estratagema: correu para junto das Queres e de Ilítia e anunciou-lhes que Alcmena, por vontade e ordem de Zeus, dera à luz um menino, vencendo-lhes os sortilégios. Indignadas, as deusas se levantaram e desfizeram o "nó" (cruzamento de pernas e braços) que "ligava" Alcmena. Esta, imediatamente, deu ao mundo o maior dos heróis, Héracles.

Descoberta a fraude, as divindades que "atam e desatam" castigaram Galíntia, transformando-a em doninha e, como sua boca dissera a mentira que as enganara, condenaram-na a parir pela boca. Hécate, compadecida de Galíntia, fez da doninha sua serviçal e seu animal sagrado.

Héracles, mais tarde, quando soube da atitude corajosa da amiga de sua mãe, ergueu-lhe um santuário e os tebanos, por ocasião das festas do herói, faziam oferendas também a Galíntia.

GALO *(I, 60, 217-218).*

Galo, em grego ἀλεκτρυών (alektryṓn), que Carnoy faz provir do verbo ἀλέξειν (aléksein), *afastar, repelir, defender-se*, dado o espírito combativo deste galináceo. Frisk, mais prudente, aponta ἀλέξειν (aléksein) como base etimológica de ἀλέκτωρ (aléktōr), "galo", sinônimo do precedente. Seja como for, *alektrión* ou *aléktor* se explicam miticamente por força de uma metamorfose.

Tanto no Vol. I, caps. VII, p. 138; X, p. 217 quanto no Vol. II, cap. I, p. 415 de *Mitologia Grega*, se falou a respeito do casamento de Hefesto com Afrodite e do adultério desta com Ares. Este deus, nas prolongadas ausências de Hefesto, que trabalhava longe do Olimpo em suas forjas, partilhava constantemente o leito de Afrodite. Fazia-o tranquilo, porque sempre deixava à porta dos aposentos da deusa do amor uma sentinela, um jovem belo e decidido, chamado Aléctrion, que deveria avisá-lo da aproximação da *luz do dia*, vale dizer, do nascimento de Hélio, o Sol, conhecedor profundo de todas as mazelas deste mundo. Um dia, porém, o incansável vigia dormiu e Hélio, que tudo vê, avisou Hefesto, que surpreendeu os amantes e aplicou-lhes exemplar e vergonhoso castigo, segundo se mostrou nos mitos de Afrodite e Hefesto. Aléctrion, por se ter deixado vencer por Hipno, o Sono, foi metamorfoseado em *galo* e obrigado a cantar várias vezes toda madrugada para anunciar a próxima chegada do Sol.

O *galo*, todavia, representa algo bem mais sério do que esta engenhosa tessitura do mito grego em torno de um dos muitos adultérios de Afrodite. Universalmente, como acentuam Jean Chevalier e Alain Gheerbrant, o *galo* é um símbolo solar, pois que anuncia o raiar de um novo dia e é nesse sentido que a ave de Apolo tem um grande poder apotropaico: espancando as trevas, com o anúncio da luz, afasta as influências maléficas da noite, desde que se tenha o cuidado de colocar-lhe a efígie sobre a porta de entrada das habitações. Como *Velcano*, o deus-galo cretense (cujas funções ainda se ignoram) foi assimilado a Zeus e, por isso mesmo, o *galo* permaneceu ao lado de Leto no difícil parto de Ártemis e Apolo. Por este gesto heroico, o *galo* foi consagrado simultaneamente a Zeus, Apolo, Leto e Ártemis, isto é, a dois deuses solares e a duas deusas lunares. Daí a recomendação atribuída a Pitágoras: *cria o galo e não o sacrifiques: ele é consagrado ao sol e à lua*.

Exatamente o oposto da recomendação dos *Versos Dourados* de Pitágoras, o *galo* era ritualmente sacrificado a Asclépio, o herói-deus da medicina em Epidauro. Sócrates, antes de morrer, lembra a Críton que sacrificasse um *galo* ao filho de Apolo. Talvez o pedido do grande filósofo possa traduzir a crença de que a ave de Zeus fosse psicopompo: anunciava no Hades a morte e para lá conduzia a alma, abrindo-lhe os olhos para uma nova luz, o que equivaleria a um renascimento. Ora, Asclépio foi fulminado por Zeus, porque, com sua arte médica, operou várias ressurreições neste mundo, o que prefigura os renascimentos celestes. Nos ritos funerários dos antigos germanos, *alekaión* aparece ao lado do cavalo e do cão entre os animais psicopompos oferecidos aos mortos como seus guias para a outra vida. No mundo grego, o *galo* é comumente encontrado sobre os túmulos: atua certamente como vigilante do morto, como psicopompo e também amante, uma vez que Eros alado é o senhor do *galo*, o presente de amor favorito dos atenienses, tanto quanto o *aro*, κύκλος (kýklos), antecessor do anel, símbolo da sizígia *anĭmus-anĭma*. Como outros raptores, o *galo* é uma ave fálica, dada sua disponibilidade e potência para cobrir indiscriminadamente as galinhas.

No cristianismo o *galo* é também, como a águia e o cordeiro, um emblema de Cristo, realçando particularmente seu simbolismo solar: luz e ressurreição. Como o Messias, anuncia o dia que sucede à noite. É nesse sentido que o galo aparece sobre igrejas e catedrais.

Como símbolo maçônico é a um só tempo o signo da vigilância e da aquisição da luz iniciática. Traduz, nesse enfoque, o mercúrio alquímico.

Luciano de Samósata (séc. II p.C.), um dos últimos grandes escritores gregos, compôs um opúsculo saboroso, intitulado *O Sonho ou o Galo*: trata-se de um diálogo entre Mícilo, um pobre sapateiro, de cujo sonho de futuras riquezas foi despertado pelo canto da ave de Zeus e o próprio *Galo*, que não é outro senão o filósofo Pitágoras, que, por efeito de metempsicose, se reencarnara num galináceo. O Galo-Pitágoras critica com veemência as fantasias megalomaníacas de Mícilo e aproveita a oportunidade para disparar seus dardos envenenados contra as ilusões das riquezas, os caçadores de testamentos e certos filósofos, vítimas prediletas da sátira de Luciano.

GALOS *(II, 77)*.

Galo, ou mais comumente no plural *Galos*, procede do grego Γάλλος (Gállos), plural Γάλλοι (Gálloi), e designa os sacerdotes emasculados de Cibele (v.), os eunucos da "Boa Mãe", originária da Frígia. A forma latina *Gallus, Galo*, plural *Galli*, os *Galos*, é mera transliteração do grego Γάλλος (Gállos), nome de um rio da Frígia, tributário do Ságaris ou Sángaris, cujas águas, segundo se acreditava, provocavam nos que delas bebiam um estado de excitação tal, que os mesmos acabavam por emascular-se, segundo nos informa Paulo Diácono (séc. VIII p.C.), que compendiou a obra do gramático latino Sexto Pompeu Festo (séc. III-IV p.C.), *De significatione uerborum*, "Acerca do significado das palavras". O texto de Festo é significativo e vale a pena citá-lo: *quia qui ex eo biberint in hoc furĕre incipiant ui se priuent uirilitatis parte* (S.P. Festus, 84, 25), "os que beberem das águas deste rio entrarão num estado de delírio tal, que acabarão por emascular-se".

O culto orgiástico de Cibele, violento e sanguinário, varou séculos, tendo sobrevivido até uma época muito tardia no Império Romano. Seus sacerdotes "históricos", os *Galos*, também denominados "miticamente" *Coribantes* (v.), *Curetes* (v.), bem como muitos de seus adoradores, "tomados do delírio sagrado", realmente se mutilavam, cobriam-se com indumentária feminina e passavam a servir à deusa oriental.

GANGES *(I, 265-266)*.

Γάλλης (Gánguēs), *Ganges*, talvez resulte de uma deformação por etimologia popular de γαγάτης (gagátēs), "azeviche, gagata", de que procedem o latim *gagātēs*, "pedra negra" (donde o francês *jais*) e o alemão *Gagat, DELG*, p. 205.

Ganges é o deus do rio homônimo na Índia. Era filho de Indo e da ninfa Calauria. Bêbado, uniu-se, sem o querer, à sua própria mãe. Tomando consciência depois de seu ato abominável, lançou-se, desesperado, no rio até então chamado Clíaro, que a partir daí passou a denominar-se Ganges.

GANIMEDES *(I, 81, 313[208]; II, 39, 217, 240-241; III, 60, 66, 106)*.

Ganimedes, em grego Γανυμήδης (Ganymḗdēs), talvez provenha de γάνος (gános), "líquido brilhante" (vinho) e de μήδεσθαι (mḗdesthai), "ocupar-se de", designando assim a honrosa tarefa de escanção de Zeus no Olimpo. Há, todavia, os que tentem interpretar o nome do jovem troiano como aquele que *faz brilhar*, γάννυσθαι (gánysthai) os *órgãos sexuais*, μήδεα (mḗdea) de Zeus, já que este é o todo-poderoso também no que se refere ao sexo e Ganimedes teria sido levado ao Olimpo como amante passivo do pai dos deuses e dos homens. Pode não ter sido este o sentido inicial que os gregos atribuíram ao rapto e ao nome, mas o erotismo do século V a.C. não o subestimou, como atesta o frag. 320 Nauck, das *Cólquidas* de Sófocles: μηροῖς ὑπαίθων τὴν Διὸς τυραννίδα (mēroîs hypaíthōn tḗn Diòs tyrannída), "o que inflama com as coxas o poder soberano de Zeus". A genealogia do príncipe troiano é complicada e muitas são as variantes; a mais canônica, no entanto, atribui-lhe como pais a Trós, herói epônimo da raça troiana, e Calírroe, filha do Rio Escamandro.

Jovem de extraordinária beleza, inflamou o coração do esposo de Hera. Um dia em que pastoreava o rebanho paterno nas montanhas que cercam a fortaleza de Ílion, possivelmente no Monte Ida, foi raptado por Zeus ou por sua ave favorita, a Águia, ou pelo próprio Zeus em forma de Águia. Mais uma vez o deus poderoso toma a forma de uma ave como outras tantas se travestira para satisfazer às suas paixões incontroláveis. Para empreender esse rapto, que teria sido planejado pelo astucioso Tântalo e por Eros, o amante divino ofereceu a Trós cavalos divinos, nascidos do sêmen do vento Zéfiro com uma das Harpias.

Nas representações áticas em que o mito servia de parâmetro para a pederastia, Zeus ofertou a Ganimedes os dois usuais presentes de amor, um *aro*, símbolo da sizígia e da completude e um *galo* (v.), ave-falo, guardião das tumbas, espancador das trevas e dos monstros noturnos, que perturbam o amor, e anunciante, com seu canto, da Aurora e da luz que se aproxima. Deu-lhe também *asas*, que muitos deuses não possuem, para justificar-lhe o súbito desaparecimento para além da morte. Alado, imortalizado, pôde desempenhar seu novo papel como escanção e Eros privativo de Zeus.

GARMATONE.

Γαρμαθώνη (Garmathṓnē), *Garmatone*, é vocábulo sem etimologia conhecida. Trata-se do nome da esposa do rei egípcio Nilo. Profundamente abatida e inconsolável com a morte do filho Crisócoas, mesmo assim hospedou a deusa Ísis. Esta, como recompensa, ressuscitou-lhe o filho.

GAVANES.

Γαυάνης (Gauánēs), *Gavanes*, que aparece em Heródoto, 8, 137, talvez proceda, consoante Carnoy, *DEMG*, p. 61, do trácio *gau* e signifique "o honrado, o benquisto". Gavanes, Pérdicas e Aéropo eram irmãos e descendiam do rei argivo Têmeno. Tendo imigrado para a Ilíria e a Macedônia, puseram-se a serviço do rei de Lebeia como pastores, mas cada vez que a rainha cozia pão para os três, o de Perdicas triplicava de tamanho. O rei, impressionado e assustado com o prodígio, expulsou-os da cidade. Recusando-se a pagar-lhes o salário combinado, disse-lhes que "apanhassem a nesga de sol que, no momento, atravessava a chaminé". Sem se perturbar, Perdicas "cortou" a mancha de sol projetada no chão e, tendo-a colocada no alforje, deixou Lebeia em companhia dos irmãos. O rei, julgando tratar-se de bruxos perigosos, ordenou a seus soldados que os perseguissem e matassem, mas um riacho transbordou repentinamente e se interpôs entre os militares e os fugitivos, impossibilitando qualquer ação da cavalaria. Sãos e salvos, os três argivos chegaram à Macedônia e Perdicas se tornou o ancestral dos reis do país.

GEIA *(I, 58[45], 104, 153-155, 187, 191-192, 195-196, 198-200, 203-204, 206, 211, 213, 225, 229, 233-235, 246[157], 280, 290, 324, 332, 333[219], 333-336, 339, 348; II, 24, 84, 94-96, 157, 165; III, 34, 114-115, 150, 311[245]).*

Γαῖα (Gaîa), *Geia*, "Terra", não possui, até o momento, etimologia convincente. A forma γῆ (guê) tem o mesmo sentido que Γαῖα (Gaîa), "Terra", por oposição a Céu. Esta última, no mito, é a *Terra*, concebida como elemento primordial e deusa cósmica, diferenciando-se, assim, teoricamente, de *Deméter* (v.), a terra cultivada. Embora de sentido idêntico (se bem que Homero prefira *Geia*, que é usada mais de trezentas vezes, enquanto de *guê* só se conhecem dez exemplos no poeta maior), os dois vocábulos não possuem relação etimológica alguma entre si. Já se tentou mostrar que γαῖα (gaîa) era uma contaminação de γῆ (guê) com αἶα (aîa), "grande mãe", donde *Gaîa* significaria a *Terra-Mãe*, mas trata-se de uma simples hipótese, *DELG*, p. 218-219.

Consoante Hesíodo, *Teogonia*, 116-122, Geia surgiu após o Caos e antes de Eros, que escraviza os membros dos deuses e dos homens.

Sem concurso de macho, isto é, por partenogênese, Geia deu à luz Úrano (o Céu), Montes e Pontos, personificação do mar.

Unindo-se, em seguida, a Úrano, foi mãe dos Titãs, denominados Oceano, Ceos, Crio, Hiperíon, Jápeto e Crono; das Titânidas, Teia, Reia, Têmis, Mnemósina, Febe e Tétis. Ainda com Úrano gerou os Ciclopes (v.), Arges, Estérope e Brontes, divindades ligadas aos raios, relâmpagos e trovões. Finalmente, também de seus amores com Úrano, nasceram os Hecatonquiros, monstros de cem braços, chamados Coto, Briaréu e Giges.

Úrano, porém, temendo ser destronado por um dos filhos, devolvia-os ao seio materno. Geia, pesada e cansada, resolveu libertá-los e pediu o concurso dos filhos. Todos se recusaram, exceto o caçula, Crono, que odiava ao pai. Entregou-lhe aTerra-Mãe uma *foice* (instrumento sagrado que corta *as sementes*) e quando Úrano, à noite, se deitou "ávido de amor" sobre a esposa, o caçula cortou-lhe os testículos. O sangue do ferimento do Céu, todavia, caiu sobre a Terra, concebendo esta, no tempo devido, as Erínias (v.), os Gigantes e as Ninfas Mélias ou Ninfas dos Freixos, símbolo da guerra e do sangue, uma vez que o cabo das lanças era confeccionado com esta madeira. Os testículos, lançados ao mar, formaram uma espumarada, ἀφρός (aphrós), de que nasceu Afrodite (v.).

Com a mutilação de Úrano, Geia uniu-se novamente a um de seus filhos, Pontos, e com ele teve cinco divindades marinhas: Nereu, Taumas, Fórcis, Ceto e Euríbia.

Tendo assumido o poder, Crono se uniu à irmã Reia e transformou-se num tirano mais despótico que o pai. De saída, porque temia os Ciclopes, seus irmãos, que ele havia libertado do Tártaro a pedido de Geia, lançou-os novamente nas trevas, bem como aos Hecatonquiros. Como Úrano e Geia, depositários da *mântica* (v.), isto é, do conhecimento do futuro, lhe houvessem predito que seria destronado por um dos filhos, passou a engoli-los, à medida que iam nascendo: Héstia, Deméter, Hera, Hades ou Plutão e Posídon. Escapou apenas o caçula, Zeus. Grávida deste último, Reia fugiu para a Ilha de Creta a conselho de Úrano e Geia, que lhe ensinaram como enganar a Crono. Nascido o menino no Monte Dicta, a mãe escondeu-o numa gruta profunda e, envolvendo em panos de linho uma pedra, deu-a ao marido, que imediatamente a engoliu.

Atingida a idade adulta, Zeus iniciou, ajudado pelos irmãos, que haviam sido devolvidos à luz por Crono (v.), uma terrível refrega contra este e os outros Titãs. O futuro pai dos deuses e dos homens obteve retumbante vitória, graças sobretudo às advertências e predições de Geia, que lhe sugerira a libertação dos Ciclopes e dos Hecatonquiros, presos no Tártaro por Crono, segundo se viu. Os Ciclopes, agradecidos, deram ao senhor do Olimpo os raios, relâmpagos e trovões e os Hecatonquiros, com seus cem braços, muito cooperaram para o triunfo. Geia, porém, descontente com Zeus, que lançara no Tártaro os Titãs, excitou contra ele os terríveis Gigantes, nascidos do sangue de Úrano. Derrotados também estes, a Terra-Mãe, num derradeiro esforço, uniu-se a Tártaro e gerou o mais horrendo dos monstros, Tifão ou Tifeu (v.), que só foi derrotado após longos e indecisos combates.

Com o mesmo Tártaro foi mãe da disforme e cruel Équidna (v.). Outras tradições e teogonias atribuem-lhe igualmente a maternidade de Triptólemo, de sua união com Oceano. De sua ligação com Posídon teria nascido Anteu (v.), adversário de Héracles.

Na realidade, quase todos os monstros, como as Harpias, Píton, Caribdes, bem como o dragão, que vigiava o velocino de ouro a pedido de Eetes (v.), e até mesmo Fama (v.) são considerados filhos de Geia.

A pouco e pouco, no entanto, com a antropomorfização dos deuses e sua personificação, a Terra, reserva inesgotável de fecundidade, transmutou-se em mãe universal e mãe dos deuses. Tendo como hipóstases Cibele e Deméter, Geia foi se afastando da mitologia para entrar nos domínios da filosofia.

Era detentora e inspiradora de vários oráculos, bem mais antigos e tidos por alguns mitólogos como mais confiáveis que os de Apolo.

"Rasteja para a terra, tua mãe" (*Rig Veda*, 10, 18, 10), diz o poeta védico ao morto. Assimilada à mãe, a Terra é símbolo de fecundidade e de regeneração, como diz Ésquilo nas *Coéforas*, 127-128:

A própria Terra, que sozinha gera todos os seres, alimenta-os e depois recebe deles novamente o germen fecundo.

Como origem e matriz da vida, Geia recebeu o epíteto de *Magna Mater*, a Grande Mãe. Guardiã da semente e da vida, em todas as culturas sempre houve "enterros" simbólicos, análogos às imersões batismais, seja com a finalidade de fortalecer as energias ou curar, seja como rito de iniciação. De toda forma, esse *regressus ad uterum*, essa descida ao útero da terra, tem sempre a mesma conotação religiosa: a regeneração pelo contato com as energias telúricas; morrer para uma forma de vida, a fim de renascer para uma vida nova e fecunda.

GELANOR *(III, 74).*

Γελάνωρ (Guelánōr), *Gelanor*, segundo Carnoy, *DEMG*, p. 61, é um composto do verbo γελᾶν (guelân), "rir, estar alegre, rejubilar-se" e de ἀνήρ, ἀνδρός (anḗr, andrós), "homem viril, corajoso", donde o antropônimo significaria "o forte o bravo que se regozija".

Na genealogia dos reis argivos relatada por Pausânias (2, 16, 1 e 19, 3sqq.), Gelanor foi o último soberano da linhagem de Foroneu. Filho de Estênelo, foi destronado por Dânao, quando este fugiu do Egito para Argos com suas cinquenta filhas. Segundo tradições diferentes, Gelanor lhe teria cedido voluntariamente o cetro. Uma variante muito repetida narra que se travou entre os dois reis um longo torneio retórico e que, após o mesmo, ocorreu um prodígio: surgiu da floresta vizinha um lobo que, precipitando-se sobre o rebanho de Gelanor, matou o touro. O povo viu no fenômeno um índice divino de o forasteiro ser o indicado para governar o país.

GELO.

Em grego Γελώ (Guelṓ), *Gelo* é um espectro da Ilha de Lesbos. Etimologicamente, Γελώ (Guelṓ) talvez tenha por base o indo-europeu **gel*, cujo sentido geral é *devorar*. Trata-se da alma penada de uma moça de Lesbos, que, por haver falecido muito jovem, retornava constantemente ao mundo dos vivos para raptar crianças com a finalidade de devorá-las e sem dúvida usufruir sexualmente das mesmas.

GÉRANA.

Γέρανα (Guérana), *Gérana*, é uma espécie de feminino de γερανος (guéranos), "grou, grua", que aparece no armênio *krunk*, galés *garan*, e com uma formação em *u* no latim *grus*, antigo alemão *kranuh* e inglês antigo *cranoc*, alemão atual *Krahnich*. Gérana era uma mulher da raça dos pigmeus à qual o povo tributava honras divinas. Como tivesse profundo desprezo pelos deuses, Hera transformou-a em grua. Mãe de um filho chamado Mopso, tentou, após ser metamorfoseada, levá-lo para junto de sua nova família alada. Hera, para impedi-lo, fez que uma guerra eclodisse entre os grous e os pigmeus (v. Pigmeus).

GERIÃO *(I, 155-156, 159, 241-242; II, 21; III, 47-55, 108-112, 120, 130, 311[244]).*

Γηρυών (Guēryṓn), *Gerião*, segundo Carnoy, *DEMG*, p. 62, é um derivado do verbo γηρύειν (guērýein), "gritar, fazer ressoar, entoar", donde "o que faz ouvir sua voz", ou por ter sido Gerião um *pastor* ou porque o nome designava primitivamente o *cão* que lhe guardava os rebanhos.

Gerião, filho de Crisaor (v.) e de Calírroe, era um monstro de três cabeças e de torso tríplice. Habitava a Ilha de Eritia, "a vermelha", situada nas brumas do Ocidente, além do imenso Oceano. Seus rebanhos eram guardados pelo pastor Eurítion e pelo cão Ortro, pouco distante do local onde Menécio pastoreava os rebanhos de Hades ou Plutão. Um dos trabalhos de Héracles, impostos por Euristeu, consistia em roubar os bois do gigante. O herói enfrentou primeiro o cão Ortro e o liquidou; eliminou, em seguida, o pastor Eurítion e, por fim, lutou com o monstruoso Gerião e o matou a flechadas ou a golpes de clava. A Ilha de Eritia estava localizada possivelmente na Espanha, nos arredores de Cádis. O epônimo Erícia designaria uma das Hespérides, cujo "Jardim" estava próximo da ilha. O próprio nome do *local, país vermelho*, aponta para uma terra situada a oeste, o local do *sol poente*.

GIAS.

Γύας (Guýas), *Gias*, segundo Carnoy, *DEMG*, p. 64, talvez provinha de γυῖον (guyîon), "membro", significando o antropônimo "o de membros bem-conformados".

Virgílio, na *Eneida*, 5, 118, menciona o herói como companheiro e amigo de Eneias, quando dos jogos fúnebres em honra de Anquises.

Numa segunda citação, *En.* 10, 317-318, o Gias que aparece é um adversário morto pelo herói troiano juntamente com o irmão Cisseu.

Este segundo Gias era latino, filho de um certo Melampo, que acompanhou Héracles em sua perigosa missão de furtar os bois de Gerião (v.). Quando o filho de Alcmena retornou de sua empresa e passou pela Itália, Melampo permaneceu no Lácio.

GIGANTES

GIGANTES *(I, 154, 175¹³⁰-176, 196, 198, 201, 205-206, 211-212, 215, 246¹⁵⁷, 282, 334, 336, 338; III, 53⁴², 120, 131).*

Γίγας (Guígas) e mais comumente no plural Γίγαντες (Guígantes), *Gigantes*, possivelmente, segundo Chantraine, *DELG*, p. 221, é um termo de substrato, sem etimologia definida.

Os Gigantes nasceram de Geia (v.), fecundada pelo sangue de Úrano, mutilado por Crono. Embora de origem divina, são mortais ou pelo menos podem ser mortos, desde que o sejam por um deus e um mortal, atuando em conjunto. Além do mais, Geia produzira uma planta mágica que poderia subtraí-los aos golpes de qualquer mortal. Zeus, que lhe conhecia a existência, proibiu a Hélio, Selene e Heos de brilharem, a fim de que ninguém a encontrasse antes que ele próprio dela se apossasse. Outras tradições relatam que alguns dentre esses filhos do sangue de Úrano, como Alcioneu e Porfírion, eram realmente imortais, desde que estivessem *sobre o espaço da Terra* em que haviam nascido. Os Gigantes (dentre os quais se projetaram *Alcioneu, Porfírion, Efialtes, Êurito, Clício, Mimas, Encélado, Palas, Polibotes, Hipólito, Grátion, Ágrio e Toas*) foram gerados por Geia, na Península de Palene, na Trácia, perto de Flegra, para vingar os Titãs que Zeus havia lançado no Tártaro. Eram seres imensos, prodigiosamente fortes, de espessa cabeleira e barba hirsuta, o corpo horrendo, cujas pernas tinham a forma de serpente. Tão logo vieram à luz, começaram a lançar contra o Olimpo árvores inflamadas e rochedos enormes. Os imortais prepararam-se para o combate. A princípio lutavam somente Zeus e sua filha Palas Atená, armados com a égide, o raio e a lança. Já que os monstros só podiam ser eliminados por um deus com auxílio de um mortal, Héracles passou a tomar parte na batalha. Apareceu também Dioniso, armado com tirso e tochas e secundado pelos Sátiros. Aos poucos o mito se enriqueceu e surgiram outros deuses que vieram em socorro de Zeus, como Ares, Apolo, Hécate, Hermes, Ártemis, Queres, Hefesto, Posídon e até mesmo Afrodite e Eros. Os mitógrafos destacam nessa contenda treze Gigantes, embora seu número tenha sido muito maior. Alcioneu foi eliminado por Héracles, auxiliado por Atená, que aconselhou o herói arrastá-lo para longe de Palene, seu berço natal, porque, cada vez que o Gigante caía, recobrava as forças, por tocar a Terra, de que havia nascido. Porfírion atacou a Héracles e Hera, mas Zeus inspirou-lhe um desejo ardente por esta e enquanto o monstro tentava arrancar-lhe as vestes, Zeus o fulminou com um raio e Héracles acabou com ele a flechadas. Efialtes foi morto por uma flecha de Apolo no olho esquerdo e por uma outra de Héracles no direito. Êurito foi eliminado por Dioniso, com um golpe de tirso; Hécate acabou com Clício a golpes de tocha; Mimas foi liquidado por Hefesto com ferro em brasa. Encélado fugiu, mas Atená jogou em cima dele a Ilha de Sicília, esmagando-o. A mesma Atená escorchou a Palas e serviu-se da pele do mesmo, como uma couraça, até o fim da luta. Polibotes foi perseguido por Posídon através das ondas do mar até a Ilha de Cós. O deus, enfurecido, quebrou um pedaço da Ilha de Nisiro e sepultou com ele o Gigante. Hermes, usando o capacete de Hades, que o tornava invisível, matou Hipólito, enquanto Ártemis aniquilava Grátion. As Queres sepultaram no Tártaro a Ágrio e Toas. Zeus com seus raios fulminou os restantes e Héracles terminou a tarefa, liquidando-os a flechadas. Algumas tradições citam ainda diversos Gigantes, mas trata-se, as mais das vezes, de Titãs ou de monstros diferentes, como Tifão e Briaréu, os quais, apesar de seu corpo descomunal e força prodigiosa, pertencem à outra categoria de seres (v. Geia). A *Gigantomaquia*, quer dizer, a luta dos Gigantes, foi muito aproveitada na arte grega, sobretudo para ornamentar os frontões dos templos. Seres ctônios, os Gigantes simbolizam o predomínio das forças nascidas da Terra, por seu gigantismo material e indigência espiritual. Imagens da *hybris*, do descomedimento, em proveito dos instintos físicos e brutais, renovam a luta dos Titãs. A evolução da vida para uma espiritualização crescente e progressiva é o verdadeiro combate dos "gigantes". Esta evidência implica, todavia, num esforço próprio do homem, que não pode contar apenas com as forças do alto, para triunfar das tendências involutivas e regressivas que lhe são imanentes. O mito dos Gigantes é um apelo ao heroísmo humano. O Gigante representa tudo quanto o homem terá que vencer para liberar e fazer desabrochar sua personalidade.

GIGES *(206, 154, 196, 206).*

Γύγης (Guíguês), *Giges*, ou ainda *Gies* ou *Gias*, é um dos Hecatonquiros. Segundo Carnoy, *DEMG*, p. 64, é mister levar em conta duas etimologias diversas. Se o nome é *Gies* ou *Gias*, é possível que provenha de γυῖον (guyîon), "membro" e, neste caso, o significado seria "o de membros bem-conformados"; se, ao revés, o nome é *Giges*, talvez se trate de um termo lídio, que designava os reis da Lídia e que é traduzido por Hesíquio como πάππος (páppos), "velho, ancestral, um ser dos primórdios".

Briaréu, Giges (Gies, Gias) e Coto são os Hecatonquiros (v.), gigantes de "cem braços", gerados por Geia (v.) e Úrano (v.). Por terem participado da luta contra os imortais do Olimpo, Giges (Gies, Gias) e Coto, após a vitória dos "deuses novos", foram lançados no Tártaro por Zeus e guardados por seu próprio irmão Briaréu, que combatera ao lado dos Olímpicos.

O rei da Lídia, Giges, cuja "lenda" é relatada por Heródoto, 1, 8sqq., está repleta de elementos folclóricos (anel que torna invisível, a descoberta de um tesouro, a fortuna fantástica, a conquista do amor de uma rainha) que não pertencem aos domínios do mito, mas da lenda.

GÍRTON.

Γύρτων (Guýrtōn), *Gírton*, segundo Carnoy, *DEMG*, p. 64, proviria da raiz indo-europeia *ghr̥d-*, "cidade fortificada, fortaleza".

Gírton é o irmão de Flégias (v.) e, portanto, em certas tradições, o tio de Ixíon (v.). Fundou a cidade de Gírton, na Tessália.

GLAUCE *(I, 222; II, 62; III, 187-189, 191).*

Γλαύκη (Glaúkē), *Glauce*, é um adjetivo feminino com mudança de acento, γλαυκός, -ή, -όν (glaukós, -ḗ, -ón), "brilhante, cintilante, resplandecente", mas em Homero, *Il.* XVI, 34, como epíteto do mar, γλαυκή (glaukḗ) pode significar azul-claro, donde o antropônimo tem o sentido de "a que possui a cor azul-claro do mar".

Há duas personagens com este nome. A primeira é uma Nereida, isto é, uma ninfa do alto-mar, bem como uma ninfa da Arcádia. A segunda é a filha do rei de Tebas Creonte (v.), também chamada Creúsa (v.) e que foi morta juntamente com o pai por Medeia (v.), quando estava para se casar com Jasão.

GLÁUCIA.

Γλαυκία (Glaukía), *Gláucia*, possui a mesma etimologia que Glauce (v.), isto é, provém do adjetivo γλαυκός, -ή, -όν (glaukós, -ḗ, -ón), "brilhante, cintilante, resplandecente", donde "a que tem a cor azul-claro do mar".

Gláucia é filha do Rio Escamandro da Tróada. Quando Héracles, para vingar-se de Laomedonte, organizou uma grande expedição contra Ílion, levou em sua companhia, entre muitos outros heróis, o beócio Dêimaco, filho de Éleon. Gláucia e Dêimaco viveram uma grande paixão. A filha de Escamandro já estava nos últimos dias de gravidez, quando o amante pereceu lutando contra os troianos. Nascido um menino, Gláucia chamou-o com o nome do avô materno, Escamandro. Ao regressar à Hélade, Héracles trouxe consigo mãe e filho, confiando-os a Éleon. Escamandro, mais tarde, deu seu nome a um riacho perto de Tanagra, na Beócia; deu o nome de sua mãe a um outro ribeiro e o de sua esposa Acidusa a uma fonte não muito distante do "riacho Escamandro". Com Acidusa o filho de Gláucia foi pai de três lindas jovens, às quais o povo prestava um culto sob a denominação de As Três Virgens.

GLAUCO *(I, 323; II, 177; III, 48, 64, 207-210, 214, 311[244]).*

Γλαῦκος (Glaûkos), *Glauco*, é igualmente um derivado do adjetivo γλαυκός, -ή, -όν (glaukós, -ḗ, -ón), "brilhante, cintilante, resplandecente", donde "o que possui a cor azul-claro do mar". Glauco já aparece como antropônimo em Homero (*Il.* II, 76) e no micênico.

Existem quatro heróis e uma divindade marinha com este nome. O primeiro é um troiano, filho de Antenor e de Teano e que ajudou Páris a raptar Helena. Foi, por isso, expulso de casa pelo pai. Lutou bravamente contra os aqueus, mas teria sido morto por Agamêmnon. Segundo uma versão muito repetida, foi salvo por Ulisses e Menelau, por ser filho de Antenor (v.), que outrora hospedara a ambos e tudo fizera para evitar a Guerra de Troia.

Um segundo Glauco, filho de Hipóloco, comandou um contingente lício ao lado de seu primo Sarpédon. Renomado por sua astúcia e coragem, viu-se repentinamente diante do gigantesco Diomedes, mas ambos, tendo reconhecido que suas respectivas famílias estavam ligadas por laços de hospitalidade, nem sequer iniciaram a luta. É que, por seu pai Hipóloco, Glauco era bisneto de Belerofonte, que outrora fora acolhido como hóspede por Eneu, avô de Diomedes. À época, os dois haviam trocado presentes: Belerofonte ofertara ao rei de Cálidon um copo de ouro e este dera a seu hóspede um boldrié de púrpura. Diante de Troia, em pleno horror da guerra – tal era o respeito sagrado pela hospitalidade – seus descendentes abstiveram-se de combater um contra o outro. Simplesmente ratificaram a amizade que ligava seus ancestrais. Diomedes entregou a Glauco suas armas de bronze e dele recebeu armas de ouro, conforme narra Homero, *Il.* VI, 119-236. Em seguida, cada um voltou à triste e cruenta seara do deus Ares. Muitas gestas heroicas praticou Glauco ao lado de Sarpédon, até que este acabou sendo morto. O filho de Hipóloco lutou heroicamente em defesa do corpo do primo e amigo. Ferido por Teucro, foi prontamente curado por Apolo e voltou ao combate, tendo ajudado a salvar o cadáver do comandante em chefe dos lícios, mas não pôde impedir que os aqueus o despojassem, o que era grande humilhação para o vencido. Ao lado de Heitor lutou pela posse do cadáver de Pátroclo, ocasião em que foi morto por Ájax Telamônio. O corpo do herói foi transportado para a Lícia por ordem de Apolo. A dinastia dos reis lícios se acreditava descendente de Glauco, neto de Belerofonte.

O terceiro Glauco é o nome do bisavô do precedente. Filho de Sísifo, sucedeu-lhe no trono de Éfira, a futura Corinto, fundada pelo mais astuto e inescrupuloso dos mortais. Quando dos jogos fúnebres em homenagem a Pélias (v.), esquartejado por artimanhas de Medeia (v. Argonautas), Glauco participou da corrida de quadrigas, mas foi vencido por Iolau (v.), filho de Íficles. Estranhamente, as rapidíssimas éguas, que o levaram ao segundo lugar na competição, devoraram o hábil cavaleiro. Relata uma tradição que os animais haviam sido enlouquecidos pelas águas de uma fonte aonde as conduzira Glauco. Uma variante, no entanto, atribui o fato à deusa Afrodite, que desejava castigar o herói, porque este, na ânsia de tornar suas éguas mais velozes, impedia-lhes qualquer contato com os garanhões. Uma outra versão, inteiramente diversa, conta que Glauco bebera das águas de uma fonte, que conferiam a imortalidade. Como ninguém acreditasse no prodígio, o filho de Sísifo lançou-se às ondas do mar e se tornou um deus marinho, que percorria ininterruptamente os domínios de Posídon. Marinheiro que o visse, estaria com os dias contados...

O quarto herói com o mesmo nome era um filho de Minos e de Pasífae. Ainda menino, quando perseguia um rato, caiu numa ânfora cheia de mel e se afogou. Minos procurou por longo tempo o filho, até que os adivinhos ou o próprio Apolo lhe revelaram a tragédia. Os Curetes, vendo o desespero do senhor de Creta, revelaram-lhe que um homem poderia ressuscitar a Glauco. Tal personagem deveria saber explicar por que uma vaca do rebanho real mudava de cor três vezes por dia. De branca, passava a vermelha e depois a preta, recomeçando o ciclo no dia seguinte. Minos reuniu sábios e magos da ilha e da Hélade e pediu-lhes que explicassem as cores em constante mutação da vaca maravilhosa. Somente um, Políido, filho de Cérano, desvendou o mistério: a vaca em questão era como a amoreira, cujo fruto, de branco passa a vermelho e, quando maduro, fica inteiramente preto. O rei, feliz com a resposta, ordenou-lhe que reanimasse o filho. Políido trancou-se num quarto com o cadáver e ficou surpreso, quando viu uma serpente aproximar-se do morto. Temendo que ela o devorasse, matou-a. Horas depois surgiu nova serpente, que, ao ver a companheira morta, retirou-se, regressando, porém, logo depois com uma erva na boca. Fazendo uso da planta, trouxe novamente à vida o réptil eliminado por Políido. Este, de imediato, apossou-se da erva mágica e, esfregando-a no corpo de Glauco, o ressuscitou. Minos, não satisfeito, obrigou o mago, que se retirava para Argos ou Corinto, sua pátria, a ensinar a Glauco arte tão prodigiosa. Políido o fez, mas, no momento de deixar Creta, cuspiu na boca do discípulo, tirando-lhe todo e qualquer poder mágico. Versões outras atribuem a ressureição de Glauco a Asclépio.

O quinto e último Glauco é o filho de Antédon, fundador da cidade homônima na Beócia, e de Halcione ou, segundo outros, de Posídon e de uma ninfa náiade. Nasceu mortal, mas tendo provado, por acaso, uma erva mágica, tornou-se um deus marinho. As deusas do mar despiram-no de tudo quanto era mortal, tomando Glauco uma nova forma. Suas espáduas se desenvolveram; o corpo da cintura para baixo converteu-se numa longa e grossa cauda de peixe; seu rosto cobriu-se de uma barba espessa, de reflexos verdes como a patina do bronze. Recebeu, além do mais, dons divinatórios, mas só os empregava, quando o desejava, e de maneira muito caprichosa. Menelau, no retorno de Troia, ao dobrar o Cabo Maleia, o viu e ficou extremamente satisfeito e esperançoso. Glauco seguiu mar afora a nau Argo (de que passava por um dos construtores) e lutou ao lado dos Argonautas. Virgílio faz dessa divindade marinha o pai de Deífobe, isto é, da Sibila de Cumas (*En.* 6, 36). Amante contumaz, cortejou de todos os modos a lindíssima 1 Cila (v.). Como não fosse correspondido, solicitou a Circe, que, por sua vez, o amava, um filtro amoroso. A maga aproveitou a oportunidade para vingar-se da inocente rival: atirou ervas mágicas na fonte em que se banhava a jovem e esta foi transformada num monstro devorador. Tentou igualmente conquistar Ariadne, abandonada por Teseu na Ilha de Naxos. Não o tendo conseguido, passou a fazer parte do cortejo de Dioniso, quando este arrebatou a fascinante filha de Minos.

GLÍFIO.

Γλύφιος (Glýphios), *Glífio*, é um derivado do verbo γλύφειν (glýphein), "entalhar, gravar", donde o antropônimo significar o "entalhador". A raiz indo-europeia é **gleubh-*, **glaub-*, "furar, brocar", latim *glūbĕre*, "descascar, esfolar", como diz ironicamente Catulo (58, 5) a respeito de sua ex-amante Lésbia (Clódia).

Glífio, quando Tirésias (v.), mercê de um sério castigo, fora transformado em mulher, tentou violentá-lo em Trezena. O adivinho, bem mais forte do que seu requestador, o matou. Posídon, que amava a Glífio, pediu às Queres que fizessem de Tirésias novamente um homem e lhe tirassem o dom divinatório.

Trata-se, evidentemente, de uma variante tardia do mito, uma vez que Tirésias só conseguiu ser profeta, por outorga de Zeus, após passar por dois travestismos (v. Andrógino) e não consta ter perdido dádiva tão preciosa.

GÓRDIAS.

Γορδίας (Gordías), *Górdias*, segundo Carnoy, *DEMG*, p. 62 seria uma forma frígia, cuja base estaria no indo-europeu **ghrdho*, "recinto, fortaleza, cidade".

Rei da Frígia, nos tempos míticos, Górdias deu seu nome à cidade de Górdion. Nesta fortaleza o soberano guardava seu carro, cujo timão estava atado com um nó quase impossível de ser desfeito. O império da Ásia pertenceria àquele que lograsse desatá-lo. Sabedor do fato, Alexandre Magno puxou a espada e o cortou, querendo demonstrar que a Ásia não seria conquistada por magia, mas pela força das armas.

Com a deusa Cibele Górdias foi pai de Midas.

GORGE *(III, 59)*.

Γοργή (Gorgué), *Gorge*, consoante Carnoy, *DEMG*, p. 62, seria derivado do nome do Lago Γοργωπίς (Gorgōpís), "o de águas ruidosas e torrenciais". Talvez se pudesse aproximar o antropônimo do feminino do adjetivo γοργός, -ή, -όν (gorgós, -ḗ, -ón), "veemente, impetuosa, ardente".

Existem duas personagens com este nome. A primeira é filha de Eneu, rei de Cálidon e, por conseguinte, irmã de Dejanira (v.) e de Meléagro. De um incesto com o pai teria dado à luz a Tideu (v.). Com Andrêmon foi mãe de Toas (v.), que aparece na *Ilíada*, II, 638, como comandante de um contingente de etolos. Somente Gorge e Dejanira escaparam da metamorfose em perdizes que sofreram as filhas de Eneu.

Uma segunda Gorge é o nome de uma filha de Megareu. Casou-se com o herói Corinto, que fundou a cidade homônima. Horrorizada com o massacre dos filhos, lançou-se num lago que recebeu o nome de Lago Gorgópis.

GORGÓFONE *(III, 88, 289).*

Γοργοφόνη (Gorgophónē), *Gorgófone*, é um composto de γοργός (gorgós), "terrível, feroz", alcunha que designa Γοργώ (Gorgṓ), a Górgona ou Medusa" e de *φόνη *(phónē), proveniente de *-φόνος* (-phónos), formado à base do aoristo segundo ἔπεφνον (épephnon) do verbo θείνειν (theínein), "matar, assassinar", donde Gorgófone, por ser filha de Perseu, "que matou Medusa", mereceu o epíteto honroso de "a matadora da Górgona ou Medusa".

Filha de Perseu e Andrômeda, Gorgófone se casou com Perieres e foi mãe de Afareu e Leucipo. Dois outros filhos seus, Icário e Tíndaro, são considerados ora como nascidos do matrimônio com Perieres, ora de suas segundas núpcias com Ébalo, após o falecimento do primeiro marido. Neste caso, Gorgófone teria sido a primeira mulher grega a se casar uma segunda vez, já que, até então, a viúva não poderia unir-se a outro homem.

GORGÓFONO.

Γοργοφόνος (Gorgophónos), *Gorgófono*, possui a mesma etimologia que Gorgófone (v.), isto é, trata-se de um composto de Γοργώ (Gorgṓ), "Górgona, Medusa" e de *-φόνος* (-phónos), formado à base do aoristo segundo ἔπεφνον (épephnon), do verbo θείνειν (theínein), "matar, assassinar", donde Gorgófono é "o matador da Górgona", que é um epíteto de Perseu (v.).

Gorgófono é igualmente o nome de um soberano de Epidauro. Expulso de seu reino, recebeu ordens do Oráculo de Delfos de fundar uma cidade no local onde encontrasse "a bainha" de uma espada, em grego μύκης (mýkēs). A bainha foi encontrada pelo herói no Peloponeso. É que Perseu, ao regressar de sua missão imposta por Polidectes "de trazer a cabeça de Medusa", a deixara cair em seu voo no cavalo Pégaso. No local, onde fora achado o precioso objeto, Gorgófono colocou os fundamentos da cidade de Μυκῆναι (Mykênai), *Mícenas*, que por etimologia popular foi relacionada com μύκης (mýkēs), "bainha".

GÓRGONAS *(I, 237-241, 311, 328, 332[220]; II, 21; III, 77, 81, 81[68], 82-83, 172, 263).*

Em grego a mais antiga forma atestada é Γοργώ (Gorgṓ), *Gorgo*, nome de um demônio-feminino de olhar terrível, que petrificava. Como a *Górgona* inicialmente possuía três cabeças, criou-se após Hesíodo, um plural diferente Γοργόνες (Gorgónes), *Górgonas*, depois o acusativo singular Γοργόνα (Gorgóna), *Górgona*, e, por fim, o nominativo singular Γοργών (Gorgṓn), *Górgon*. A qualificação é expressa pelo adjetivo γοργός (gorgós), "impetuoso, terrível, apavorante". Γοργώ (Gorgṓ), *Gorgo*, bem como Μορμώ (Mormṓ), *Mormo*, é um vocábulo expressivo com reduplicação, sem etimologia, *DELG*, p. 233sq. *Lato sensu*, denominam-se Górgonas as três filhas de duas divindades marinhas, Fórcis e Ceto: *Medusa, Esteno e Euríale*. Em tese, só a primeira é Górgona. Em grego Μέδουσα (Médusa), *Medusa*, é um particípio presente feminino do v. μέδειν (médein), "comandar, reinar sobre", donde *Medusa* é "a que comanda, a que reina". Etimologicamente, *Medusa* está presa à raiz indo-europeia *med-, que, em outras línguas aparece com significações diversas: latim *modus*, "medida, moderação", *meditari*, "refletir, meditar". No irlandês antigo *midiur* é "eu penso, eu julgo". Esta noção de um pensamento que "regula, modera" está presente no osco *mediss*, "aquele que julga", umbro *mĕrs*, "direito". Por vezes, o radical *med- forneceu termos relativos à medicina, "o médico que regula, domina a doença", daí o latim *medēri*, "cuidar de", *medicus*, "o que cuida de", avéstico *vīmad-*, "médico". No germânico a raiz se especializou no sentido de "medir, avaliar", gótico *mitan*, anglo-saxão *metan*, antigo alemão *messen*. Em síntese, o sentido geral da raiz *med-, que originou o grego *Medusa*, Medusa, "é assumir com autoridade as medidas apropriadas", *DELG*, p. 675. As duas outras, *Ésteno* e *Euríale* só em sentido lato é que podem ser chamadas Górgonas. Ésteno, em grego Σθένος (Sthénos), "força, vigor físico", significa particularmente a *Violência*. Não se conhece a etimologia do grego *sthénos*. Vejam-se as hipóteses em Frisk, s.u. *Euríale* é o grego εὐρυάλη (Euriálē), "ampla, larga", cuja origem é o adjetivo εὐρύς (eurýs), "largo, amplo". A etimologia de *eurys* oferece dificuldades. O sânscrito *urú-*, avéstico *vourú-*, "largo, amplo", bem como o substantivo sigmático sânscrito *varas-*, "largura", devem ser descartados porque o vocalismo da sílaba inicial em grego é diferente. Talvez, εὐρύς (eurýs) se explique através de *ἐ-Ϝρύς (*e-wrýs) com uma prótese ou metátese de um adjetivo com vocalismo *e*, donde *Ϝερύς (*werýs), que aparece no comparativo sânscrito *várīyas*, "mais largo", *DELG*, p. 387sq.

Das três Górgonas só Medusa era mortal. Habitava com suas irmãs o Extremo Ocidente, junto ao país das Hespérides. Estes monstros tinham a cabeça enrolada de serpentes, presas pontiagudas como as do javali, mãos de bronze e asas de ouro, que lhes permitiam voar. Seus olhos eram flamejantes e o olhar tão penetrante, que transformavam em pedra quem as fixasse. Eram espantosas e temidas não só pelos homens, mas também pelos deuses. Apenas Posídon ousou aproximar-se de Medusa e fazê-la Mãe de Crisaor e de Pégaso (v.). Encarregado por Polidectes (v. Acrísio) de lhe trazer a cabeça da Górgona, Perseu viajou para o Ocidente. Utilizando determinados objetos mágicos, emprestados pelos deuses, e sobretudo seu escudo de bronze, o filho de Dânae pairou acima dos três monstros, graças a sandálias aladas. As Górgonas dormiam profundamente. Sem poder olhar diretamente para Medusa, o herói refletiu-lhe a cabeça no escudo e, com a espada que lhe dera Hermes, decapitou-a. Do pescoço ensanguentado da Górgona saíram os dois seres engendrados pelo deus Posídon. A cabeça de Medusa foi colocada por Atená em seu escudo ou no centro da égide. Assim os inimigos da deusa eram transformados em pedra, se olhassem para ela. O sangue que escorreu do pescoço do monstro foi recolhido por Perseu, uma vez que este sangue era detentor de propriedades mágicas: o que fluiu da veia esquerda era um veneno mortal, instantâneo; o da veia direita era um remédio salutar, capaz até mesmo de ressuscitar os mortos. Além do mais, uma só mecha da outrora lindíssima cabeleira da Górgona apresentada a um exército invasor era bastante para pô-lo em fuga. O mitologema de Medusa evoluiu muito desde suas origens até a época helenística. De início, a Górgona, apesar de monstro, não obstante ser Γοργώ (Gorgṓ), é uma das divindades primordiais, pertencente à geração pré-olímpica. Depois foi tida como vítima de uma metamorfose. Conta-se que Medusa era uma jovem lindíssima e muito orgulhosa de sua cabeleira. Tendo, porém, ousado competir em beleza com Atená, esta eriçou-lhe a cabeça de serpentes e transformou-a em Górgona. Há uma variante: a deusa da inteligência puniu a adversária, porque Posídon tendo-a raptado, violou-a dentro de um templo da própria Atená. As outras duas Górgonas, Ésteno e Euríale, surgiram certamente das duas outras cabeças de Gorgo, que, como se viu, era tricéfala. Três irmãs, três monstros, as cabeças aureoladas de serpentes venenosas, presas de javali, mãos de bronze, asas de ouro, Medusa, Ésteno e Euríale, são o símbolo do inimigo que se tem que combater. As deformações monstruosas da psique, segundo Chevalier et Gheerbrant, DIS., p. 482, se devem às forças pervertidas de três pulsões: sociabilidade, sexualidade, espiritualidade. Ésteno seria a perversão social, Euríale, a sexual, e Medusa, a principal dessas pulsões, a pulsão espiritual e evolutiva, mas pervertida em frívola estagnação. Só se pode combater a culpabilidade oriunda da exaltação frívola dos desejos pelo esforço em realizara harmonia, a justa *medida*, que é, em última análise, exatamente a etimologia de *Medusa*. Quem olha para a cabeça da *Gorgo* se petrifica. Não seria por que ela reflete a autoimagem de uma culpabilidade pessoal? O reconhecimento da falta, porém, baseado num justo conhecimento de si mesmo pode se perverter em exasperação doentia, em consciência escrupulosa e paralisante. Em síntese, Medusa simboliza a imagem deformada, que petrifica pelo horror, em lugar de esclarecer com equidade.

GORGÓPIS.

Γοργῶπις (Gorgôpis), *Gorgópis*, é um composto γοργός (gorgós), "terrível, feroz" e de ὄψ (óps), "vista, rosto, face", donde "a que tem um olhar ou um rosto amedrontador".

Gorgópis, numa tradição recente e um tanto obscura do mito, é o epíteto da esposa de Átamas (v.), madrasta de Hele e Frixo, mais comumente denominada Ino (v.).

GRANICO.

Γράνικος (Gránikos), *Granico*, é interpretado por Carnoy, *DEMG*, p. 63, como um termo frígio, proveniente do indo-europeu **ghren*, "esgravatar o solo, arrancar-lhe os cascalhos e areia", donde, "o que fura a terra e a esburaca".

Granico é o herói fundador da cidade frígia de Adrâmita, não distante de Troia. Quando Héracles passou por aquela região, Granico deu-lhe a filha Tebe em casamento e o herói fundou em honra da esposa a cidade de Tebas da Mísia.

GREIAS *(I, 156, 237-238; II, 21; III, 81, 81⁶⁸).*

Γραῖαι (Graîai), *Greias*, procede de γραῦς (graûs), "mulher velha, velha", donde Greias são as *Velhas*. Aliás, as "Velhas" por excelência, porque, na realidade, já nasceram "Velhas".

Irmãs mais velhas das Górgonas (v.), a princípio eram duas: Enio e Pefredo, a que depois se acrescentou uma terceira, Dino. Só possuíam um olho e um dente em comum e de ambos se serviam alternadamente. Viviam no Extremo Ocidente, na região da Noite, onde jamais chegava o sol.

O único mito em que as Greias desempenham um papel de relevância é no de Perseu (v.), cuja grande missão era chegar ao esconderijo das Górgonas e cortar a cabeça de Medusa (v.). Para tanto era obrigado a passar primeiramente pelas Greias, que barravam o caminho a quantos buscassem surpreender-lhes as irmãs. Tendo apenas um olho, a guarda era feita em turnos: uma vigiava, enquanto as outras duas dormiam.

Perseu conseguiu subtrair-lhes o olho único e, lançando as três em sono profundo, logrou atingir o esconderijo das Górgonas.

·Uma variante do mito relata que as Velhas eram depositárias de um Oráculo, segundo o qual só conseguiria cortar a cabeça de Medusa aquele que obtivesse um par de sandálias aladas, um alforje, chamado κίβισις (kíbisis), e o capacete de Hades que deixava invisível quem o usasse. Todos esses objetos estariam em poder de determinadas Ninfas, cujo paradeiro só as Greias conheciam. Instruído por Atená e Hermes, Perseu arrebatou "o olho e o dente" das irmãs das Górgonas e obrigou-as a lhe revelar onde se encontravam as Ninfas misteriosas. Estas, uma vez descobertas, fizeram-lhe cordatamente a entrega dos objetos mágicos, o que lhe permitiu chegar ao antro das Górgonas e cortar a cabeça de Medusa.

GRIFO.

Γρύψ (Grýps), *Grifo*, sempre esteve associado pelos gregos ao adjetivo γρυπός (grypós), "curvo, recurvo, arqueado". Em princípio, *grypós* aplica-se a um "nariz aquilino", mas também a unhas em forma de garras e a bicos "recurvados", donde Grifo é "o que apresenta bico adunco e garras como as do leão". Como os Grifos tinham papel saliente na decoração (possivelmente de procedência oriental), desde a época micênica, postula-se para o termo grego um empréstimo talvez ao acádico *karūbu*, "grifo, querubim". Uma aproximação com o anglo-saxão *crumb* e com o antigo alemão *krump*, "curvo" é perfeitamente viável, *DELG*, p. 239. O alemão atual, para designar "torto, encurvado, dobrado", emprega a forma *krumm*.

Os Grifos são pássaros fabulosos, de bico adunco, asas enormes e corpo de leão. Consagrados a Apolo, guardavam-lhe os tesouros contra as investidas dos arimaspos, no deserto da Cítia. Alguns mitógrafos fazem-nos provir da Etiópia ou mesmo da Índia. Estavam associados também a Dioniso, por lhe vigiarem dia e noite a cratera cheia de vinho.

Tradições mais recentes dão conta da feroz oposição dos Grifos aos garimpeiros que buscavam ouro nos desertos do norte da índia. A luta dos violentos "pássaros de Apolo" se explica diversamente: ou porque estavam encarregados por algum deus da guarda do metal ou porque, fazendo seus ninhos nas montanhas, de onde era extraído o ouro, queriam proteger os filhotes contra todo e qualquer depredador.

Ésquilo, em sua tragédia *Prometeu acorrentado*, 803sq., pelos lábios de Prometeu, faz a Io várias advertências, entre as quais o perigo que representam esses pássaros, cuja missão mais importante é "guardar o ouro":

– Cuidado com os Grifos, esses cães de Zeus, que não ladram. Em lugar de focinhos, possuem bicos alongados.

GRINO.

Γρῦνος (Grŷnos), *Grino*, provavelmente, consoante Chantraine, *DELG*, p. 239, provém de γρυνός (grynós), "madeira seca, feixe de lenha". Julius Pokorny, *Indogermanisches Etymologisches Wõrterbuch*, 406, opina que talvez se trate de um nome frígio, cuja raiz seria **ghrud-no-* "cidade do cascalho ou cidade construída numa encosta pedregosa". Neste caso, o antropônimo significaria "o construtor de uma cidade num solo rochoso".

Grino era filho de Eurípilo que foi morto por Neoptólemo na Guerra de Troia. Com o desaparecimento do pai, o herói subiu ao trono da Mísia, mas, atacado pelos reis vizinhos, que desejavam tomar-lhe o cetro, chamou em seu auxílio a Pérgamo, filho de Neoptólemo e de Andrômaca. Socorrido pelo neto de Aquiles, derrotou os inimigos e, para perpetuar tão grande acontecimento, fundou duas cidades: Pérgamo e Griníon.

GUNEU.

Γουνεύς (Guneýs), *Guneu*, talvez proceda de γουνός (gunós), "colina, local elevado", segundo, aliás, a explicação que já lhe davam os antigos, definindo-o como ὑψηλὸς τόπος (hypsēlòs topos), "local elevado", o que, segundo Chantraine, *DELG*, p. 234, permitiria uma aproximação com γόνυ (góny), "joelho".

Filho de Ócito, Guneu já aparece na *Ilíada*, II, 748, comandando um contingente de perrebos e de enianos provindos da Tessália. No retorno de Troia, tendo naufragado nas costas da Líbia, fundou uma cidade às margens do Rio Cínips e ali permaneceu.

H

HADES *(I, 66, 73, 75, 113, 124, 130-131, 145-146, 156-157, 171, 176, 179, 186, 191-192, 200, 204, 212, 226, 230-231, 234, 238, 243, 247, 266, 275, 285, 290, 294, 300, 304-305, 311-317²¹⁰, 318, 318²¹⁰, 322, 334, 339, 348; II, 19, 115, 123, 140-144, 146, 148, 154, 162, 164-165, 167, 181-182, 194-195, 217-218, 222, 231¹²¹, 243-244¹³⁶, 245, 247; III, 16, 27-28, 36, 42, 58, 66, 74, 81, 94, 98, 104, 112-114, 130-132, 169-174, 179, 189, 212, 259, 288, 308, 320, 336-337, 343²⁶⁴, 345-346, 354).*

Ἅιδης (Hádēs), *Hades*, não possui etimologia segura até o momento. Frisk, *GEW*, s.u., formula várias hipóteses, mas não chega a uma conclusão satisfatória. Carnoy, *DEMG*, p. 64, entre as diversas hipóteses apresentadas prefere aproximar o nome do "deus das trevas" de αιανής (aianés), que estaria por σαιϝανής (saiwanés), "terrível, medonho", o que permitiria relacioná-lo com o latim *saeuus*, "cruel, terrível, violento". A interpretação antiga, com base na etimologia popular, que explicava Ἅιδης (Hádēs) como proveniente de ἀ-ϝιδης (a-widēs), "invisível, tenebroso", o que teria a vantagem de aproximá-lo do alemão *Hölle* e do inglês *hell*, "mundo subterrâneo, inferno", é simplesmente absurda.

De Crono e Reia, como se viu *em Mitologia Grega*, Vol. I, p. 275, nasceram Héstia, Hera, Deméter, Hades, Posídon e Zeus. Como todos os seus irmãos, exceto Zeus, foi "devorado" pelo pai. Uma vez em liberdade, graças ao mesmo Zeus (v.), tomou parte ativa na luta desencadeada pelos Titãs, sob o comando de Crono (v.) e, em seguida, por Geia (v.) contra os Olímpicos.

Nessa refrega os Ciclopes armaram o futuro rei das trevas com um capacete, que o tornava *Invisível*, daí a falsa etimologia que lhe foi dada, fazendo-o provir de ἀ-(a⁻) *não* e do infinitivo aoristo segundo ἰδεῖν (ideîn), *ver*. Tal capacete, por sinal, muito semelhante ao de Siegfried na mitologia germânica, foi usado por outras divindades, como Atená, e até por heróis, como Perseu (v.). Terminada a luta contra os Titãs, os Gigantes e o monstruoso Tifão, o *Cosmo*, o Universo, foi dividido em três grandes impérios, cabendo a Zeus o Olimpo, a Posídon o Mar e a Hades o imenso império localizado no "seio das trevas brumosas", isto é, nas entranhas da Terra e, por isso mesmo, denominado etimologicamente Inferno, abstração feita de "local de sofrimento" (v. Escatologia).

Por significar, em etimologia popular, o *Invisível*, o nome Hades (que também lhe significa o reino) é raramente proferido: o deus era tão temido, que não o nomeavam por medo de lhe excitar a cólera. Normalmente é invocado por meio de eufemismos, sendo os mais comuns Edoneu e Plutão, em grego Γλούτων (Plútōn), "o rico", que, com um sufixo inédito, procede de πλοῦτος (plûtos), "riqueza, abundância", ou do nome do próprio deus dispensador da "abundância de bens", Γλοῦτος (Plûtos), Pluto (v.), confundido ao depois com Hades.

Plutão é, pois, "o rico", com referência não apenas a "seus hóspedes inumeráveis", mas também às riquezas inexauríveis das entranhas da terra, sendo estas mesmas a fonte profunda de toda produção vegetal e mineral. Isto explica o *Corno de Abundância* com que é frequentemente representado.

Violento e poderoso, receia tão somente que Posídon, "o sacudidor da terra", faça o solo se abrir e mostre a todos suas horripilantes moradas, como diz Homero (*Il.*, XX, 61-65):

Edoneu, senhor dos mortos, teve medo e, angustiado, gritou,
saltando do trono, receoso de que Posídon, o sacudidor da terra,
a rasgasse e franqueasse a mortais e Imortais
suas tenebrosas e horripilantes mansões, odiadas
até pelos deuses.

Tranquilo em sua majestade de "Zeus subterrâneo", permanece confinado no sombrio Hades, de onde saiu apenas duas vezes. A primeira foi para raptar, com o respaldo de Zeus, a Core ou Perséfone, quando esta se divertia em companhia de algumas deusas e ninfas na pradaria de Ena, na Sicília. Tal rapto há de provocar o retiro de Deméter e a esterilidade da terra, que só foi debelada com o retorno de Perséfone (v.) a esta vida, embora por apenas seis meses, como patenteiam os augustos Mistérios de Elêusis (v. Deméter). A segunda viagem de Plutão foi para curar-se no Olimpo de um grave ferimento, como se verá.

Exceto essas duas fugidas rápidas, o rei dos mortos ocupa sua eveternidade em castigar ou repelir os intrusos que teimam em não lhe respeitar os domínios. Foi o que aconteceu com o audacioso Pirítoo, que, acompanhado de Teseu, penetrou no mundo ctônio, na louca esperança de raptar Perséfone. Se este último escapou, mercê da amizade de Héracles, Pirítoo lá está, por astúcia de Plutão, sentado para sempre numa cadeira (v. Teseu). Hades lutou bravamente com Héracles que, a mando de Euristeu, desceu aos Infernos para capturar o cão Cérbero (v.). Foi no decurso deste combate que o herói o feriu seriamente no ombro direito com uma flechada. Tão grande era a dor, que o senhor dos mortos teve que subir ao Olimpo e solicitar os bons serviços de Peã, epíteto de Apolo como deus-médico. Este lhe aplicou sobre a chaga um bálsamo maravilhoso e o curou instantaneamente.

Hades era tão estreitamente ligado a Zeus ctônio, que Hesíodo prescreve ao camponês invocá-lo associado a Deméter, antes de meter mãos à charrua. Derivado de *Pluto*, tão benéfico no *Hino homérico a Deméter*, *Plutão* possuía, já se disse, um valor puramente eufemístico. Tal epíteto permitia que se encobrisse o verdadeiro caráter de *Hades*, o cruel, implacável, inflexível, que odiado de todos, mortais e Imortais (*Il.*, IX, 158-159), não poderia, com este nome, receber as honras devidas a um deus.

As inscrições mostram que mesmo assim *Plutão* era muito pouco cultuado na Terra, possuindo com certeza apenas um templo em Elêusis e outro menor em Élis, que era aberto somente uma vez por ano e por um único sacerdote.

Como quer que seja, foi sob o influxo dos Mistérios de Elêusis que o temido Hades, como genro de Deméter, se transmutou em Plutão, prodigalizador da riqueza agrícola.

HAGNO.

Ἁγνός (Hagnós), *Hagno*, é um derivado do verbo ἄζεσθαι (hádzesthai), "respeitar, venerar com um sentimento de temor", donde o sentido de "respeitado, puro, sagrado" do adjetivo ἁγνός (hagnós), que, à época da decadência, apareceu como antropônimo, *DELG*, p. 25.

Uma tradição vigente na Arcádia relatava que Zeus nascera no Monte Liceu, num local denominado Crétea, o que permitia aos arcádios a afirmação de que se havia confundido este último nome com Creta, fazendo-se erradamente desta ilha o berço do filho de Reia.

No monte, onde viera à luz, o deus foi criado por três ninfas: Hagno, Tísoa e Neda. A primeira presidia a uma fonte, cujas águas jamais secavam, fosse qual fosse a estação. Como toda a Arcádia estivesse assolada por uma grande seca, o sacerdote de Zeus Liceu ofereceu-lhe um solene sacrifício e encerrou-o molhando uma folha de carvalho nas águas de Hagno. Estas, de imediato, se puseram em movimento e delas se formou uma grande nuvem que derramou chuva abundante sobre toda a região.

HÁLIA *(I, 325)*.

Ἁλία (Halía), *Hália*, provém de ἅλς, ἁλός (háls, halós), "sal"e, por extensão, "o mar". Trata-se de um termo antigo para designar *sal*, como o latim *sal*, irlandês antigo *sail*-, antigo eslavo *solĭ*, *DELG*, p. 65. Hália significava, pois, "a que procede do mar, a marinha".

Trata-se de uma heroína da Ilha de Rodes, irmã dos Telquines (v.). Unida a Posídon, foi mãe de seis filhos e de uma filha, Rodos, que deu nome à ilha que lhe serviu de berço.

Enlouquecidos por Afrodite, os filhos de Hália tentaram violentá-la. Posídon, com um só golpe de tridente, sepultou-os nas entranhas da terra. Desesperada, Hália lançou-se ao mar e, com o nome de Leucoteia (v.), passou a receber um culto dos ródios como se fora uma divindade marinha.

Uma segunda Hália, que deve ser uma projeção da primeira, é uma nereida (v. Ninfas).

HALIÁCMON.

Ἁλιάκμων (Haliákmōn), *Haliácmon*, parece um composto de ἅλς, ἁλός (háls, halós), "mar" e ἄκμων (ákmōn), "pedra, rochedo", donde talvez "o que é construído de pedras ou o que vive sobre as pedras do mar", *DEMG*, p. 65.

Há dois heróis com este nome. O primeiro é um deus-rio da Macedônia, que pretendia ser filho de Oceano e Tétis.

Um segundo Haliácmon é um habitante de Corinto, que, tendo enlouquecido, lançou-se nas águas de um rio até então chamado Carmanor, e que recebeu, em seguida, o nome do suicida. Não demorou muito, no entanto, e o mesmo rio passou a denominar-se Ínaco (v.).

HALIARTO *(III, 208)*.

Ἁλίαρτος (Halíartos), *Haliarto*, é palavra sem etimologia até o momento.

Os irmãos Haliarto e Corono eram filhos de Tersandro e netos de Sísifo. Como Átamas (v.), rei de Orcômeno, houvesse perdido os filhos, legou seu reino aos irmãos Haliarto e Corono. Mais tarde, quando Presbon, filho de Frixo e, por conseguinte, neto de Átamas, voltou da Cólquida e reclamou o trono que pertencera a seu avô, os filhos de Tersandro retiraram-se pacificamente de Orcômeno e fundaram as cidades de Haliarto e Queroneia.

HÁLIAS.

Ἁλίαι (Halíai), *Hálias*, é feminino plural do adjetivo ἅλιος, -α, -ον (hálios, -a, -on), "marinho, do mar", proveniente de ἅλς, ἁλός (háls, halós), "sal, mar" (v. Hália).

Hálias são " as mulheres do mar", cujo túmulo se encontrava em Argos.

Conta-se que, tendo vindo das ilhas do Mar Egeu com Dioniso, a fim de ajudar o deus na luta contra Perseu e os argivos, pereceram em combate.

HALIRRÓTIO *(II, 41)*.

Ἁλιρρόθιος (Halirhóthios), *Halirrótio*, é um composto de ἅλς, ἁλός (háls, halós), "sal, mar, onda" e ῥόθιος (rhóthios), "ruidoso, estrepitoso, estridente", donde Halirrótio é "o ruidoso como as ondas".

Filho de Posídon e da ninfa Êurite, tentou violentar Alcipe, filha de Ares, junto à fonte de Asclépio, em Atenas. Ares o matou, mas o deus dos mares não lhe perdoou a violência e o levou a um tribunal formado por doze grandes deuses, que se reuniram numa *colina*, situada em frente à Acrópole de Atenas. Foi absolvido, mas o local, desde então, passou a chamar-se Ἄρειος πάγος (Áreios pagos), isto é, *Areópago*, "colina de Ares".

Uma outra versão atesta que Halirrótio, indignado com a derrota de seu pai Posídon para Atená, quando da disputa pela proteção da Ática, resolveu cortar a oliveira sagrada, presente da deusa aos atenienses. O machado, porém, escapou-lhe miraculosamente das mãos e feriu-o mortalmente na cabeça.

HALMO *(III, 208)*.

Ἅλμος (Hálmos), *Halmo*, é uma espécie de masculino de ἄλμη (hálmē), "água salgada", ambos derivados de ἅλς, ἁλός (háls, halós), "sal, mar, vaga", donde Halmo é "o que procede do mar", *DEMG*, p. 65.

Sísifo era pai de quatro heróis: Glauco, Ornícion, Tersandro e Halmo. Etéocles, rei de Orcômeno, deu a este último uma parte do território de seu reino, onde o filho caçula de Sísifo fundou a vila de Hálmones. O herói teve duas filhas, Crisógone e Crise. A primeira uniu-se a Posídon e foi mãe de Crises e dos amores da segunda com o deus Ares nasceu Flégias.

HALS.

Ἅλς (Háls), *Hals*, é o próprio Mar, para cuja etimologia v. Hália. Hals, como antropônimo, designa uma *bruxa*, companheira e ajudante de Circe. Relata uma tradição que a feiticeira era de origem etrusca e dera seu nome a uma cidade chamada Ἁλὸς Πύργος (Halòs Pýrgos), "Torre de Hals", localizada na Etrúria.

Quando da segunda viagem de Ulisses à Ilha de Circe, nos mitos que dão sequência à *Odisseia*, Hals transformou o esposo de Penélope em cavalo. A bruxa conservou junto de si o animal (Ulisses-Cavalo) até a morte do mesmo por velhice.

Esta variante do mito procura explicar uma previsão misteriosa da *Odisseia*, segundo a qual a morte do herói viria "do Mar" (*Odiss.*, XI, 134-136):

..........–Tua morte, na verdade, virá do próprio mar. Surgirá doce e suave, quando, enfraquecido, atingires a frágil velhice.

HAMADRÍADAS *(I, 214; III, 59)*.

Ἁμαδρυάδες (Hamadryádes), *Hamadríadas*, é um composto de ἅμα (háma) "ao mesmo tempo, simultaneamente" e de δρῦς, δρυός (drŷs, dryós), "árvore" e principalmente "carvalho", donde Hamadríadas são "ninfas que nascem ao mesmo tempo que as árvores (carvalho) e cuja vida está ligada à da própria árvore".

Como se mostrou em *Mitologia Grega*, Vol. I, p. 214, as ninfas dividem-se em doze categorias principais, de acordo com o local que habitam ou que protegem.

Hamadríadas são as ninfas que "fazem corpo com o carvalho", isto é, estão incorporadas a esta árvore sagrada; nascem com ela e participam do destino da mesma.

O grande poeta Calímaco de Cirene (310-240 a.C.) no *Hino a Delos*, 79-81, descreve a palidez e a angústia da ninfa hamadríada Mélia, quando um raio fulminou o carvalho à cuja existência estava ligada sua própria vida.

As Hamadríadas estão em festa, quando as chuvas enviadas por Zeus tombam e encharcam os carvalhos e entram numa profunda depressão, quando, por falta das "águas do céu", suas árvores invioláveis perdem as folhas e ameaçam secar, o que põe em perigo a existência dessas divindades menores.

Consideradas pelos antigos como intermediárias entre o homem e os deuses, "as filhas dos carvalhos" vivem "dez vidas de uma palmeira", quer dizer, nove mil setecentos e vinte anos!

Implacáveis com os que lhes cortavam as árvores sagradas (v. Erisícton), frequentemente se veem no mito as Hamadríadas pedindo a determinados heróis que lhes salvem as árvores que são sua própria vida (v. Crisopelia e Reco).

HARMONIA *(I, 159, 203, 217; II, 42-43, 120; III, 37, 235, 342)*.

Ἁρμονία (Harmonía), *Harmonia*, "junção, harmonia", faz parte de um vasto e complicado elenco de palavras, que evoluíram muito semanticamente. Ter-se-á, pois, que reduzir e resumir os fatos. Consoante Chantraine, *DELG*, p. 110sq., do radical do verbo ἀραρίσκειν (ararískein), "ajustar, adaptar", criaram-se derivados com sufixos em -*m*- e outros com aspiração inicial que se explicam com base em **smā, *smo-, *smn(t)*, cujo sentido geral é "ajustar". O sufixo **mn*, que se pressupõe para ἁρμα (hárma), geralmente empregado no plural com o sentido de *carro*, em particular *carro* de combate ou de corrida com cavalos *atrelados, jungidos*, é o mesmo que serve de base para o vocábulo ἁρμονία (harmonía), "cavilha" (peça de madeira ou metal para *juntar* ou segurar madeiras) e já em Homero, *Il.*, XXII, 255, "acordo, contrato". Em música, as *cordas* da lira, donde "escala musical, modo". Curioso é o correspondente latino *arma, -ōrum*, de início "armas defensivas que se *adaptam* ou se armam ao corpo, em oposição a *tela, -ōrum*, armas ofensivas". O armênio tem *y-armar*, "que se adapta, que convém". Em síntese, *harmonia* significa etimologicamente "o acordo, a junção das partes", não raro antagônicas, mas que, "unidas", passam a formar um *todo harmônico*. É o caso da jovem *Harmonia*, que, filha de pais antagônicos, Ares e Afrodite, em se casando com Cadmo, de origem *bárbara*, realizará, ela que é *grega*, na *coniunctio oppositorum*, "na conjunção dos opostos", a *coincidentia oppositorum*, "a harmonia dos opostos".

Quando Zeus raptou a princesa fenícia Europa, filha de Telefassa e do Rei Agenor (v.), este enviou os filhos à procura da irmã, com ordem expressa de não retornarem sem ela. Fênix, Cílix e Cadmo (v.) partiram, mas quando perceberam que sua tarefa era inútil e como não podiam regressar à Fenícia, começaram a fundar colônias, onde se fixaram: na Cilícia, na Beócia, na Trácia... Cadmo primeiramente se estabeleceu na Trácia, mas um oráculo guiou-o até a Beócia. Cansado da longa viagem e sedento, mandou os companheiros a uma fonte vizinha, consagrada a Ares, em busca de água, mas um dragão, que guardava a nascente, os matou. Cadmo conseguiu liquidar o monstro e, a conselho de Atená, semeou-lhes os dentes de que nasceram os Σπαρτοί (Spartoí), os "semeados", núcleo mítico da aristocracia tebana. A morte do dragão teve que ser expiada e, durante oito anos, o fundador da dinastia tebana serviu ao deus como escravo. Terminado "o rito iniciático", Zeus lhe deu como esposa Harmonia, filha de Ares e Afrodite. Às núpcias tão solenes compareceram todos os deuses, como mais tarde o fariam nas bodas de Tétis e Peleu. Dois presentes muito significativos foram oferecidos aos nubentes: um colar e um manto. O manto, confeccionado pelas Cárites, foi uma lembrança de Atená ou de Afrodite e o colar uma dádiva de Hefesto, o ourives divino. Relata-se que Atená e Hefesto haviam impregnado os dois lindos presentes com um filtro, que haveria de envenenar a descendência de Harmonia, odiada pelos dois deuses olímpicos, por ser filha de Ares, detestado por Atená, e de Afrodite, legítima esposa de Hefesto. Estes dois presentes divinos desempenharão papel importante no conjunto do mitologema dos Sete contra Tebas (v.) e, portanto, de Anfiarau, Erifila e Alcméon. Mais tarde, o manto e o colar foram oferecidos como ex-voto a Apolo Pítio e furtados à época de Filipe da Macedônia... Há uma variante, oriunda particularmente da Ilha de Samotrácia, segundo a qual Harmonia seria filha de Zeus e Electra, uma das filhas de Atlas, figurando, nesse caso, como irmã de Dárdano e Iásion. Cadmo teria encontrado sua futura esposa nessa ilha, quando andava à procura de Europa. E foi na Samotrácia que se celebraram as núpcias solenes de Cadmo e Harmonia nas mesmas condições relatadas na tradição tebana. Muitos foram os filhos que embelezaram e arruinaram depois o palácio real do fundador de Tebas e da filha de Ares e Afrodite (v. Édipo). Conta-se ainda que Cadmo raptara Harmonia com o beneplácito e auxílio de Atená. Já muito idosos, os reis de Tebas abandonaram a cidade em condições misteriosas e emigraram para a Ilíria, onde foram transformados em serpentes. Diga-se, de passagem, que o antropônimo Harmonia está ligado a uma abstração que simboliza a *harmonia*, a concórdia, o consenso e o equilíbrio. Essa Harmonia não possui um mito próprio. Figura no séquito das Cárites e de Afrodite. Só bem mais tarde é que a abstração *harmonia* foi confundida com a Harmonia de Cadmo.

HARMÔNIDES.

Ἁρμονίδης (Harmonídēs), *Harmônides*. Do radical do verbo ἀραρίσκειν (ararískein), "adaptar, ajustar, jungir", criaram-se derivados com sufixos em -*m*- e outros com aspiração inicial que se explicam com base em *sma, *smo-, **smn(t)*, cujo sentido geral é "ajustar". O sufixo *mn, que se pressupõe para ἄρμα (hárma), geralmente no plural com o sentido de *carro*, em particular *carro* de combate ou de corrida com cavalos *atrelados, jungidos*, é o mesmo que serve de base para o vocábulo ἁρμονία (harmonía), "cavilha" (peça de madeira ou metal para *unir* ou *prender* madeiras) e já em Homero, *Il.*, XXII, 255, "acordo, contrato". Em música, as *cordas* da lira, donde "escala musical, modo" (v. Harmonia). É pois, de ἄρμα (hárma), "atrelagem, junção" que provém o patronímico *Harmonídēs*, Harmônides (*Il.*, V, 60), "o que sabe organizar, adaptar, harmonizar", *DELG*, p. 110sq.

Na *Ilíada*, V, 59-61, o herói, considerado um artífice, era querido de Atená:

– *Meríones matou a Féreclo, filho do artífice Harmônides, exímio em todas as artes manuais, a quem muito estimava Palas Atená.*

Harmônides foi o construtor do navio que levou Páris de Troia à Lacedemônia para raptar Helena.

HARPÁLICE.

Ἁρπαλύκη (Harpalýkē), *Harpálice*, é interpretado por Carnoy, *DEMG*, p. 65, como o feminino, com contração, de ἁρπαλό-λυκος (harpaló-lykos), isto é, "aquela que acomete os estábulos como um lobo" ou "a loba devoradora".

Há três heroínas com este nome. A primeira é a filha única de Harpálico, rei da Trácia. Tendo perdido a esposa, quando a menina estava apenas com dias de nascida, o rei a alimentou com leite de vaca e de égua, para que crescesse forte e sadia e o substituísse no trono.

Atingida a puberdade, a jovem foi adestrada no manejo das armas, tendo-se convertido numa respeitável guerreira. Quando os getas das planícies do Danúbio, ou, segundo outros, os companheiros de Neoptólemo, em seu retorno de Troia, atacaram a Trácia, o rei foi gravemente ferido, mas, apesar de cercado pelos inimigos, Harpálice o salvou da morte certa.

Expulso do trono por causa de sua crueldade, Harpálico refugiou-se nas florestas e passou a viver da caça e das pilhagens da filha que, à noite, assaltava os apriscos da vizinhança. Capturada numa rede, armada pelos pastores, como se fora para pegar um animal selvagem, Harpálice foi morta. O fim da heroína, todavia, acabou provocando um banho de sangue: é que os pastores, na disputa de um bode, que a princesa havia roubado, entraram em luta e muitos pereceram.

Os trácios ergueram um túmulo à destemida guerreira e cultuavam-na como heroína nacional. Durante as festas em sua honra, os participantes simulavam combates, que relembravam os que, na realidade, se seguiram entre os pastores, quando da morte da filha de Harpálico.

Uma segunda Harpálice é uma jovem muito bela, que, embora a contragosto, praticou incesto com o próprio pai, Clímeno. Segundo uma tradição, os deuses a puniram, transformando-a num pássaro noturno chamado χαλκίς (khalkís). Outros afiançam que Harpálice se enforcou ou foi assassinada por Clímeno (v.), antes de ser ele (e não a filha) metamorfoseado no pássaro de que se falou.

A terceira heroína homônima é uma vítima de um amor contrariado. Apaixonada pelo irmão de Héracles, Íficles, foi por este repelida. Inconsolável, Harpálice se enforcou. Havia, na Grécia Antiga, certamente para conjurar "repulsas por parte dos homens" as chamadas *lamentações de Harpálice*, entoadas pelas jovens núbeis.

HARPÁLICO.

Ἁρπάλυκος (Harpálykos), *Harpálico*, segundo se viu em Harpálice, seria resultante, conforme Carnoy, *DEMG*, p. 65, da contração de ἁρπαλό-λυκος (harpaló-lykos), isto é, "o que ataca os estábulos como se fora um lobo".

Além do pai de Harpálice (v.), o mito fala de Harpálico, filho de Licáon; de um companheiro de Eneias, morto por Camila, consoante o relato de Virgílio (*En.*, 11, 673-677) e, por fim, o mestre de esgrima e de ginástica de Héracles, segundo Teócrito (24, 109sq).

HARPÁLION.

Ἁρπαλίων (Hàrpalíōn), *Harpálion*, prende-se ao grupo ἄλπνιστος, ἔπαλπνος, ἁρπαλέος (álpnistos, épalpnos, harpaléos), com o sentido de "amável, cobiçado, atraente, sedutor", que é o significado do antropônimo, tendo havido, claro está, influência do verbo ἁρπάζειν (harpádzein), "raptar, apoderar-se de", *DELG*, p. 64-65.

Existem dois heróis com este nome. O primeiro já aparece na *Ilíada*, XIII, 643-655, passo em que se lhe descreve a morte.

Filho do rei da Paflagônia, Pilêmenes, Harpálion lutava ao lado dos troianos, mas foi morto por Meríones.

O segundo herói participou igualmente da Guerra de Troia, mas combatia nas fileiras aqueias. Originário da Beócia, era filho de Arizelo e de Anfínome. Morreu às mãos de Eneias.

HARPIAS *(I, 155, 230, 235-237, 246, 309; II, 21; III, 180, 258).*

Etimologicamente *Harpia*, em grego Ἅρπυια (Hárpyia), talvez se relacione com o verbo ἁρπάζειν (harpádzein), *arrebatar* e com o latim *rapĕre*, "arrebatar, tomar à força", significando pois Harpia "a arrebatadora". Na tradição hesiódica as *Harpias* eram filhas de Taumas e Electra, bem anteriores portanto à geração dos Olímpicos. A princípio duas, *Aelo* (a borrasca, a impetuosa), *Ocípite* (a rápida no voo) tiveram mais tarde seu número aumentado para três com *Celeno* (a negra, a obscura).

Ávidas de sangue e de sexo, aguardam o momento de beber o sangue do herói que tombou na refrega. Outras vezes as vemos na iconografia como sedutoras mulheres aladas, transportando carinhosamente o corpo de uma criança, não necessariamente para o Hades, mas para alguma espécie de paraíso, onde possam mais tarde usufruir do amor do raptado. Sua presença na chamada *Tumba de Xanto* na Lícia é prova de que as Harpias, sob a forma de ave com cabeça de mulher, estão "guardando" o túmulo para arrebatar o morto. Isto explica a constância com que são encontradas esculpidas sobre os sepulcros com a finalidade de raptar particularmente os mortos mais jovens. Não é fácil, por vezes, a não ser nas intenções, distingui-las das Sereias (v.), enquanto estas não surgiram nas pinturas com os pés palmitiformes. Como os demais deuses alados e raptores, as três damas-aves aladas têm por objetivo a união íntima com aqueles que arrebatavam.

Mais tarde, sobretudo à época clássica, as Harpias transformaram-se em monstros horríveis: possuíam o rosto de mulher idosa, corpo semelhante ao do abutre, garras aduncas e seios pendentes. Pousavam nas iguarias dos banquetes e espalhavam um cheiro tão infecto, que ninguém mais podia comer.

Dizia-se que habitavam nas Ilhas Estrófades, no Mar Egeu. Muito mais tarde, o poeta latino Virgílio, em sua *Eneida*, 6, 289, colocou-as no vestíbulo do Inferno, com outros monstros.

O mito principal dessas arrebatadoras está relacionado com Fineu, o mântico, rei da Trácia. Sobre ele pesava terrível maldição. Tudo quanto se colocasse à frente do mesmo as Harpias o carregavam, principalmente em se tratando de iguarias: o que não podiam subtrair, poluíam com seus excrementos. Quando os Argonautas passaram pela Trácia, o soberano pediu-lhes que o liberassem dos monstros. Zetes e Calais, filhos do vento Bóreas, perseguiram-nas. O destino, porém, determinara que as Harpias só pereceriam se agarradas pelos filhos de Bóreas, mas, de outro lado, estes perderiam a vida, se não as alcançassem. Perseguidas sem trégua, a primeira delas, Aelo, caiu num riacho do Peloponeso. A segunda, Ocípite, conseguiu chegar às Ilhas Equínades. Íris, outros dizem que Hermes, postou-se diante dos perseguidores e proibiu-lhes matar as Harpias, porque eram "servidoras de Zeus". Em troca da vida, prometeram não mais atormentar Fineu, refugiando-se numa caverna da Ilha de Creta. Consoante algumas fontes mais tardias, uniram-se ao vento Zéfiro e geraram quatro cavalos: os dois de Aquiles (v.), Xanto e Bálio, "mais rápidos que o vento" e os dois ardentes corcéis dos Dioscuros (Castor e Pólux), Flógeo e Hárpago.

Para Jean Chevalier e A. Gheerbrant, as Harpias são parcelas diabólicas das energias cósmicas, as abastecedoras do Hades com mortes súbitas. Traduzem as paixões desregradas; as torturas obsedantes, carreadas pelos desejos e o remorso que se segue à satisfação das mesmas. Diferem das Erínias na medida em que estas representam a punição e aquelas figuram o agenciamento dos vícios e as provocações da maldade. O único *vento*, o único *pneuma* que poderá afugentá-las é o *sopro do espírito*.

HARPINA *(I, 81)*.

Ἅρπιννα (Hárpinna), *Harpina*, talvez provenha de ἅρπη (hárpē), "foice", latim *serpĕre*, "andar, rastejar sinuosamente", como os "sinuosos Escamandro e Símois", *DEMG*, p. 66.

Filha do deus-rio Asopo, era irmã de Egina. De seus amores com o deus Ares nasceu Enômao (v.), na cidade de Pisa, na Élida. Emprestou seu nome à cidade de Harpina.

HARPIRIA.

Ἁρπύρεια (Harpýreia), *Harpiria*, talvez proceda como Ἅρπυια (Hárpyia), *Harpia*, do verbo ἁρπάζειν (harpádzein), "arrebatar", latim *rapĕre*, "arrebatar, tomar à força", donde *Harpiria* seria "a arrebatadora".

Além do problema com as Harpias (v.), Fineu (v.) o tinha igualmente com as filhas Harpiria e Erásia, que viviam desregradamente, esbanjando a fortuna paterna. Foram ambas arrebatadas pelos Boréadas, Cálais e Zetes, que liberaram o velho adivinho e rei de mais uma preocupação.

Trata-se, no fundo, como se pode observar, de uma interpretação evemerista do mito de Fineu.

HEBE *(I, 159, 343, 348; II, 19, 39, 217[111]; III, 66, 91, 117, 123, 129, 146)*.

Ἥβη (Hébē), *Hebe*, significa, *stricto sensu*, "puberdade, vigor, juventude", daí o derivado ἐφήβαιον (ephḗbaion), "pubis"; em sentido figurado, *hebe* é o "ardor, o prazer", *DELG*, p. 404.

Filha de Zeus e de Hera e, por conseguinte, irmã de Ares e Ilítia, Hebe é a personificação da Juventude. No Olimpo, estava encarregada da mansão dos deuses. Servia o néctar aos imortais, antes do rapto de Ganimedes (v.). Preparava o banho de Ares e ajudava Hera a atrelar seu carro divino. Divertia-se, dançando com as Musas e as Horas, ao som da lira de Apolo.

Quando da apoteose de Héracles e de sua reconciliação com Hera, Hebe se casou com o herói, simbolizando assim o acesso do filho de Alcmena à juventude eterna.

HÉCALE *(III, 158)*.

Ἑκάλη (Hekálē), *Hécale*, segundo Carnoy, *DEMG*, p. 66, talvez (mas a hipótese do filólogo é interrogativa), pudesse originar-se de um composto ἕκα- (héka-), "de longe" e de λήιον, λαῖον (léion, laîon), "frutos da terra"?, o que justificaria o epíteto de Zeus *Hekáleios*, isto é, "o que prodigaliza frutos abundantes". É possível que o mito tenha sido criado para justificar este epíteto de Zeus.

Hécale era uma anciã que habitava o campo, nas fronteiras da Ática, e teve a honra de hospedar o herói ateniense Teseu na noite que precedeu a caçada ao Touro de Maratona. Havia prometido oferecer (ou de fato ofereceu) um sacrifício a Zeus, se o herói regressasse vitorioso de tão arrojada empresa. Ao retornar, tendo-a encontrado morta, o filho de Egeu fundou em sua honra um santuário a Zeus Hecalio ou Hecalésio e instituiu um culto em homenagem à fiel e bondosa anciã.

Assunto tão simples serviu de inspiração para a "epopeia familiar" *Hécale*, do poeta Calímaco de Cirene (310-240 a.C.), da época alexandrina.

HECAMEDE *(III, 192)*.

Ἑκαμήδη (Hekamḗdê), *Hecamede*, provavelmente é um composto de ἕκα-(héka), "de longe, muito" e do verbo μήδεσθαι (médĕsthai), "arquitetar um projeto, preparar, ter em mente", donde o antropônimo poderia significar "a que muito reflete", *DEMG*, p. 66; *DELG*, p. 693.

Quando Aquiles, na ida para Troia, passou pela Ilha de Tênedos, apossou-se de Hecamede, filha de Arsínoo. Mais tarde a cativa de Tênedos foi oferecida a Nestor. *A Ilíada*, XI, 624-627 e XIV, 5-7, refere-se à filha do "magnânimo Arsínoo", elogiando-lhe sempre a presteza e a linda cabeleira.

HÉCATE *(I, 156-157, 211, 259, 273, 290, 339, 348; II, 20-21, 64, 69-70, 70[22], 75, 78; III, 187, 193-194, 198, 311[244])*.

Ἑκάτη (Hekátē), *Hécate*, consoante Chantraine, *DELG*, p. 328 e Frisk, *GEW*, s.u., é um feminino de ἕκατος (hékatos) "que fere ao longe, à distância", enquanto epíteto de Apolo. Ἑκάτη (Hekátē), *Hécate*, deve ser uma forma abreviada de Ἑκατηβόλος (Hekatēbólos), sendo -βόλος (-bólos) proveniente do verbo βάλλειν (bállein), "o que arremessa à distância", também epíteto de Apolo. Donde *Hécate* pode ser interpretada como "a que fere à vontade, a seu bel-prazer".

Deusa aparentada a Ártemis, não possui um mito próprio. Profundamente misteriosa, age mais em função de seus atributos. Embora descenda dos Titãs e seja portanto independente dos deuses olímpicos, Zeus, todavia, lhe conservou os antigos privilégios e até mesmo os aumentou. Em princípio, uma deusa benéfica, que derrama sobre os homens os seus favores, concedendo-lhes a prosperidade material, o dom da eloquência nas assembleias, a vitória nas batalhas e nos jogos, a abundância de peixes aos pescadores. Faz prosperar o rebanho ou o aniquila, a seu bel-prazer. É a deusa nutriz da juventude, em pé de igualdade com Apolo e Ártemis. Eis aí um retrato de Hécate na época mais antiga, que, aos poucos, todavia, foi adquirindo características, atributos e especialização bem diferentes. Deusa ctônia, passou a ser considerada como divindade que preside à magia e aos encantamentos. Ligada ao mundo das Sombras, aparece aos feiticeiros e às bruxas com uma tocha em cada mão ou ainda em forma de diferentes animais, como égua, loba, cadela. Tida e havida como a inventora da magia, o mito acabou por fazê-la penetrar na família da bruxaria por excelência: Eetes, Circe e Medeia são projeções suas. É assim que tradições tardias fizeram-na mãe de Circe e, por conseguinte, tia de Medeia. Como mágica, Hécate preside às encruzilhadas, local consagrado aos sortilégios. Não raro suas estátuas representam-na sob a forma de mulher com três corpos e três cabeças.

Hécate é a deusa dos mortos, não como Perséfone, mas como divindade que preside às aparições de fantasmas e senhora dos malefícios. Empunhando duas tochas e seguida de éguas, lobas e cadelas é a deusa todo-poderosa invocada pelas bruxas. Seu poder terrível manifesta-se particularmente à noite, à luz bruxuleante da Lua, com a qual se identifica. Deusa lunar e ctônia, está ligada aos ritos da fertilidade. Sua polaridade, no entanto, já foi acentuada: divindade benfazeja, preside à germinação e ao parto, protege a navegação, prodigaliza prosperidade, concede a eloquência, a vitória e guia para os caminhos órficos da purificação; em contrapartida, possui um aspecto terrível e infernal: é a deusa dos espectros e dos terrores noturnos, dos fantasmas e dos monstros apavorantes. Mágica por excelência, é a senhora da bruxaria. Só se pode esconjurá-la por meio de encantamentos, filtros de amor ou de morte. Sua representação com três corpos e três cabeças presta-se a interpretações simbólicas de diferentes níveis. Deusa da Lua pode representar três fases da evolução lunar: crescente, minguante e lua nova, em correlação com as três fases da evolução vital. Deusa ctônia, ela reúne os três níveis: o infernal, o telúrico e o celeste e, por isso mesmo, é cultuada nas encruzilhadas, porque cada decisão a se tomar num trívio postula não apenas uma direção horizontal na superfície da terra, mas antes e especialmente uma direção vertical para um ou para outro dos níveis de vida escolhidos.

A grande mágica das manifestações noturnas simbolizaria ainda o inconsciente, onde se agitam monstros, espectros e fantasmas. De um lado, o inferno vivo do psiquismo, de outro uma imensa reserva de energias que se devem ordenar, como o caos se ordenou em cosmo pela força do espírito.

HECÁTERO.

Ἑκάτερος (Hekáteros), *Hecátero*, que provém de Ϝέκαστος > ἕκαστος (wékastos > hékastos), "cada, cada um", é um comparativo deste último, analisado como ἕκα-στος (héka-stos), "cada um dos dois, dos dois lados", o que parece traduzir uma característica de Apolo, "o que fere de ambos os lados", dado o poderio de suas flechas, v. Chantraine, *DELG*, p. 328.

Hecátero é personagem mais ou menos desconhecida do mito. Aparece em Estrabão, que se vale de uma passagem perdida de Hesíodo. Segundo o poeta de Ascra, Hecátero, unido à filha de Foroneu, talvez Níobe, teria sido pai de algumas divindades menores como os Sátiros, os Curetes e as Ninfas das montanhas, genealogia, aliás, bastante estranha na mitologia grega.

HECATONQUIRO *(I, 154, 158, 176, 195-196, 198, 200, 206, 275, 332, 334)*.

Ἑκατόγχειρος (Hekatónkheiros), *Hecatonquiro*, é um composto de ἑκατόν (hekatón), "cem", cuja raiz é o indo-europeu *dkmt-om*, que seria um coletivo proveniente de *dekmt-* "dez", donde o sânscrito *satám*, avéstico *satǝm*, tocariano *känte*, latim *centum* e de χείρ, χειρός (kheír, kheirós), "mão", donde Hecatonquiro é o que possui "cem mãos", *DELG*, p. 329.

Os Hecatonquiros eram gigantes fortíssimos e monstruosos com cem braços e cinquenta cabeças. Chamavam-se Coto, Gias (Gies) ou Giges e Egéon ou Briaréu. Lançados no Tártaro por Crono, foram, por força de um oráculo de Úrano e Geia, libertados por Zeus, de quem se tornaram aliados na luta contra os Titãs. Alimentados por este com néctar e ambrosia, os Hecatonquiros criaram uma nova *enérgeia*, centuplicaram suas forças e tornaram-se um fator decisivo para a vitória de Zeus. Segundo uma variante, só Briaréu combateu ao lado dos deuses olímpicos, ficando os outros dois a favor dos Titãs, sendo, por isso mesmo, após a derrota de Crono, arremessados por Zeus novamente no Tártaro.

A interpretação evemerista do mito é simplesmente infantil: os Hecatonquiros não eram gigantes monstruosos, mas corajosos habitantes da cidade de Hecatonquíria, na Macedônia. Cooperaram com a população de Olímpia, "os olímpicos", na luta, vitória e expulsão dos "Titãs" da cidade sagrada.

HECERGO.

Ἑκάεργος (Hekáergos), *Hecergo*, é um epíteto de Apolo, como atesta Homero (*Il.*, 1, 147, 474; V, 439), entre outros passos. Para os pitagóricos, ἑκάεργος (hekáergos) é o nome místico do número *nove*. Etimologicamente, o vocábulo é um composto de Ϝέκα (wéka)- "longe, de longe" e de Ϝέργον (wérgon), "ação, obra, trabalho", donde "o que age livremente, o todo-poderoso, o preservador, *DELG*, p. 327.

Hecergo e Ópis foram os dois primeiros hiperbóreos, que se tendo dirigido a Delos, transportando os objetos sagrados, ofereceram um sacrifício a Apolo e a Ártemis. Encarregados de cuidar dos gêmeos de Leto, deram-lhes os epítetos rituais de Hecergo (Apolo) e de Ópis (Ártemis).

HÉCUBA *(I, 88, 107, 111, 127; II, 177; III, 22, 55, 132⁹⁸, 189, 287²¹⁹, 290²²¹, 299-301, 301²²⁹).*

Ἑκάβη (Hekábē), *Hécuba*, talvez seja uma forma abreviada de *Ἑκαβόλος (*Hekabólos), que, por sua vez, seria um composto de ἑκάς (hekás), "ao longe", e do verbo βάλλειν (bállein), "lançar, arremessar, donde "a que arremessa ao longe, a seu bel-prazer, à vontade, à farta, a que atinge seu objetivo", *DELG*, p. 327. Carnoy, *DEMG*, p. 66, pergunta se o antropônimo não poderia ser um composto de ἕκα-(héka-), "em profusão" e de βοῦς (bûs), "vaca" e na linguagem familiar também "mulher, mãe", donde "a que tem crias em abundância", uma vez que o vocábulo Hécuba é empregado por metonímia em lugar de "porca", dada a fecundidade desta e da rainha de Troia.

Hécuba, a segunda esposa de Príamo, é filha da ninfa Êunoe e de Dimas, rei da Frígia, mas em Eurípides, que gostava muito de inovar igualmente em matéria de genealogia, tornou-se filha de Cisseu, rei da Trácia, e de Teleclia (v.), permanecendo esta variante como a preferida dos trágicos.

Em Homero, a figura da esposa de Príamo é apagada e secundária. Interveio certa feita para moderar o ímpeto bélico de Heitor, chorar sobre seu cadáver, mas sobretudo para suplicar à deusa Atená que afastasse a desgraça iminente que ameaçava Troia (*Il.*, VI, 293-310). A partir das *Epopeias Cíclicas*, porém, e particularmente dos trágicos, Hécuba se agigantou, aparecendo como o símbolo da majestade e da dor.

Célebre por sua fecundidade, conta-se que teve dezenove filhos, número que Eurípides ampliou para cinquenta, mas o prudente Apolodoro o reduziu para dezesseis. Entre eles os mais célebres e conhecidos são: Heitor, o primogênito; Páris ou Alexandre; Deífobo; Heleno; Pâmon; Polidoro; Polites; Ântifo; Hipônoo; Troilo; Creúsa; Laódice; Políxena e Cassandra.

Heitor (v.) se notabilizou por ter sido o maior herói troiano; Páris (v.), pelo rapto de Helena e a consequente Guerra de Troia; Heleno e Cassandra (v.), por seus dons divinatórios, e Polidoro (v.) por sua morte trágica e covarde às mãos de Polimnestor, segundo se verá.

Relata-se que Hécuba, grávida de Páris, sonhou que estava dando à luz uma tocha que incendiava Troia. Príamo consultou a seu filho bastardo Ésaco, detentor, como Heleno e Cassandra, de dons proféticos, e obteve como resposta que o nascituro seria a ruína de Troia. O rei ordenou que se matasse a criança tão logo nascesse, mas Hécuba o entregou ao pastor Agesilau para que o expusesse no Monte Ida. O servo assim o fez, mas, regressando cinco dias depois, encontrou uma ursa amamentando o menino. Impressionado, Agesilau o recolheu e criou ou, segundo uma variante, entregou o recém-nascido aos pastores do Ida, para que o fizessem.

Páris cresceu forte e belo, tornando-se um pastor corajoso, que defendia o rebanho contra os ladrões e os animais selvagens, recebendo, por isso mesmo, o epíteto de Alexandre (v. Páris), isto é, "o protetor dos homens" e, numa interpretação mais popular e mítica, "o que protege" o rebanho, ou "o homem protegido", por não ter perecido no Monte Ida.

Certo dia, os servidores de Príamo foram buscar no rebanho, que Alexandre guardava, um touro pelo qual o pastor nutria particular estima. Inconformado com o fato de que o animal seria o prêmio do vencedor nos jogos fúnebres em memória do filho de Príamo, quer dizer, em honra do próprio Páris, que os pais reputavam morto, o valente zagal seguiu os servidores do rei, resolvido a tomar parte nos jogos e recuperar seu animal favorito. De fato, Alexandre participou das provas e venceu-as a todas, competindo contra seus próprios irmãos que não sabiam quem era ele. Deífobo, irritado com tantas vitórias, quis matá-lo, mas o campeão refugiou-se no altar de Zeus. Sua irmã, a profetisa Cassandra, o reconheceu e Príamo, feliz por ter reencontrado o filho, que julgava morto, acolheu-o e deu-lhe o lugar que lhe cabia no palácio real.

Pois bem, foi a este Páris, quando ainda era pastor no Monte Ida, que Zeus enviou Hermes com as três deusas Atená, Hera e Afrodite, que disputavam a maçã de ouro, a grande provocação de Éris (v.), a Discórdia.

O prêmio concedido "à beleza de Afrodite" pelo filho de Hécuba haveria de provocar o rapto de Helena (v.), a Guerra e a destruição de Troia, como predissera Ésaco.

Vendo que a queda de Ílion estava próxima e tendo perdido na Guerra quase todos os filhos, Príamo enviou um dos que restavam, Polidoro, com grande parcela do tesouro da cidade para a corte de Polimnestor, rei de Quersoneso da Trácia.

Com a destruição da cidade de Troia e morte de seu rei, Polimnestor não tendo mais a quem temer, matou friamente a Polidoro, lançou-lhe o cadáver nas ondas do mar e apossou-se da gigantesca fortuna dos priâmidas. O corpo da vítima, porém, foi devolvido pelas vagas às praias da Tróada, no momento em que Hécuba, que coubera por sorte a Ulisses na partilha dos escravos troianos, embarcava em direção a Ítaca.

Tendo reconhecido o corpo do filho, a alquebrada rainha decidiu vingar-se. Mandou um dos servidores chamar urgentemente a Polimnestor sob o falso pretexto de que sabia onde se escondia um tesouro nas ruínas de Troia, o qual escapara à pilhagem dos conquistadores. Movido pela ganância, o rei acorreu inerme, acompanhado de dois filhos. A esposa de Príamo, auxiliada pelas cativas troianas, arrancou-lhe os olhos, enquanto aquelas lhe matavam os filhos. Para punir a rainha, os aqueus lapidaram-na. Conta-se que Ulisses, apesar de certa vez ter sido salvo por ela, atirou-lhe a primeira pedra.

Mais tarde, sob o monte de pedras, em lugar dos ossos de Hécuba, encontrou-se uma cadela com olhos de fogo. Reza uma outra versão que a desventurada mãe de Heitor foi transformada em cadela, quando fugia dos companheiros e guardas de Polimnestor que tentavam matá-la ou ainda que a metamorfose se operou na nau de Ulisses, quando da viagem para Ítaca, tendo a cadela Hécuba se precipitado no mar.

Na tragédia de Eurípides, *Hécuba*, por nós traduzida, Polimnestor prediz apenas a transformação de Hécuba, que é escrava de Agamêmnon e não de Ulisses.

HEFESTO *(I, 72, 124, 126-127, 138-139, 159, 168, 205, 211, 217-218, 264, 335, 343, 348; II, 19, 28-29, 38-39, 44-48, 55-56, 139, 211; III, 13, 98, 102, 149-150, 153, 156, 164, 179[147], 183, 315[247], 322, 343[264]).*

Ἥφαιστος (Héphaistos), dórico Ἄφαιστος (Háphaistos), eólio Ἄφαιστος (Áphaistos), *Hefesto*, segundo Chantraine, *DELG*, p. 418, é um nome "particularmente obscuro". Carnoy, *DEMG*, p. 69, opina que talvez se pudesse, partindo da forma eólia (embora o Autor diga "forma dórica") Ἄφαιστος (Áphaistos), decompor-lhe o nome em **ap* > **aph*, "água" e **aidh* > **aistos*, "acender, pôr fogo em". Coxo, mutilado como o relâmpago, precipitado, como ele, do céu para a terra ou para a água, Hefesto seria "o fogo nascido nas águas celestes".

Filho de Zeus e de Hera, consoante Homero (*Il.*, 1, 573sqq; *Odiss.*, VIII, 312) ou vindo ao mundo *sem união de amor*, conforme Hesíodo (*Teog.*, 927), o deus das forjas teve um nascimento bastante complicado. Hera, continua Hesíodo, *por cólera e desafio lançado ao esposo* (*Teog.*, 928), gerou sozinha o filho. A cólera da deusa e o desafio ao esposo se deveram ao nascimento de Atená, que saiu da cabeça de Zeus, sem o concurso de Hera.

Para o defeito físico de Hefesto há duas versões. A primeira está na *Ilíada*, I, 590sqq: Hera discutia violentamente com o marido a propósito de Héracles e Hefesto ousou tomar a defesa da mãe. Zeus, enfurecido, agarrou-o por um dos pés e o lançou para fora do Olimpo. Hefesto rolou pelo espaço o dia todo e somente ao pôr do sol caiu na Ilha de Lemnos, onde foi recolhido pelos síntios, considerados os primeiros habitantes da ilha. Com o tombo, o deus ficou aleijado e manquitolava de ambas as pernas, o que sempre lhe trouxe muitos problemas de ordem psíquica, segundo se tentou mostrar em *Mitologia Grega*, Vol. I, p. 124 e 138-139. A segunda versão está ainda na *Ilíada*, XVIII, 394sqq. e *Hh. Ap.* 1, 316: Hefesto já teria nascido coxo e deformado. Humilhada com a fealdade e deformação do filho, Hera o lançou do alto do Olimpo. Após rolar pelo vazio durante um dia inteiro, o infeliz caiu no mar, onde foi recolhido por Tétis e Eurínome, que o "guardaram" durante nove anos numa gruta submarina, o que mostra com clareza o longo período iniciático do deus coxo. Foi nesta gruta que Hefesto fez sua longa aprendizagem: trabalhava o ferro, o bronze e os metais preciosos, tornando-se "o mais engenhoso de todos os filhos do céu". Em sua longa carreira de ferreiro e ourives divino, Hefesto multiplicou suas criações, forjando e confeccionando os mais preciosos, belos e "surpreendentes" objetos de arte que já se viram. Para vingar-se da mãe, fabricou e enviou-lhe um presente magnífico: um trono de ouro, delicado e artisticamente cinzelado. Ao recebê-lo, Hera ficou estupefacta: jamais vira coisa tão rica e tão bela, mas, ao sentar-se nele, ficou presa, sem que nenhum dos deuses pudesse libertá-la, porque só o ourives divino conhecia o segredo do *atar* e *desatar*, segundo se comentará mais abaixo. Foi necessário enviar Dioniso, para levá-lo de volta ao Olimpo. O deus do êxtase e do entusiasmo embriagou Hefesto e, assim, foi possível guiá-lo, montado num burro, até a mansão divina. Para Tétis, a quem era imensamente grato, fabricou joias preciosíssimas e forjou, a pedido desta, novas armas para Aquiles (*Il.*, XVIII, 468sqq.). Já se viu no mito de Afrodite, *Mitologia Grega*, Vol. I, p. 217, como o engenhoso filho de Hera, tendo envolvido seu próprio leito numa rede invisível, surpreendeu sua esposa Afrodite em flagrante adultério com Ares (*Odiss.*, VIII, 266sqq.).

A obra-prima do coxo genial, porém, foi a "criação" da primeira mulher. Por solicitação de Zeus, Hefesto modelou em argila uma mulher ideal, fascinante, irresistível, Pandora. Não a modelou apenas, foi além do artista: animou-a com um sopro divino. Se Pandora, de um lado, patenteia a genialidade e o poder de que estava investido o deus dos *nós*, de outro, demonstra que os gregos tinham noção perfeita de que o *limo da terra*, o *homo-humus* é animado por uma centelha de eternidade.

Hefesto, fisicamente *an odd number*, um mutilado, só teve por mulheres a grandes belezas. Já na *Ilíada*, XVIII, 382, está unido a Cáris, a Graça por excelência; Hesíodo, *Teog.*, 945sq., lhe atribui *Aglaia*, a mais jovem das Cárites; Zeus, por fim, para "compensar tudo", deu-lhe em casamento a própria Beleza, a deusa do amor, Afrodite. Para alguns intérpretes, essa ânsia de beleza por parte de Hefesto traduziria menos o sentimento de um doloroso contraste físico do que a ideia profunda que o incomparável artista possuía da suprema beleza. É bem possível que essa visão "com olhos da alma" preencha o ângulo estético do problema, mas, ao que parece, há outras causas, que sintetizaríamos como a busca de uma completude: o coxo e deformado tenta completar-se na beleza de Afrodite e esta, vazia por dentro, procura a genialidade do artista. Cada um está buscando no outro aquilo que lhe falta, o que em casamento é um índice de fracasso.

A mutilação de Hefesto, todavia, não o impedia de ser valente, destemido e de tomar parte ativa nos combates. Senhor do elemento ígneo, na *Gigantomaquia* luta bravamente com o gigante Clício e o mata, golpeando-o com barras de ferro em brasa. Em Troia toma o partido dos aqueus (*Il.*, XX, 36) e combate agitando labaredas. Quando o Rio Escamandro ameaçou submergir Aquiles, o deus coxo, por solicitação de Hera, avançou com suas *chamas* e seu *sopro ígneo* sobre as *águas* do rio e o obrigou a retornar a seu leito. Nessa luta de elementos, maravilhosamente descrita por Homero (*Il.*, XXI, 324sqq.), a água é vencida pelo fogo: καίετο δ᾽ ἲς ποταμοῖο (kaíeto d'ìs potamoîo), *a força do rio está em chamas*, diz significativamente o cantor de Aquiles (*Il.*, XXI, 356). Afinal, a etimologia proposta para Hefesto, o que incendeia a água, parece, ao menos semanticamente, não andar muito longe da verdade. Os antigos já reconheciam no coxear do deus o movimento vacilante da chama ou o ziguezague do raio, pois que o ourives divino personifica o fogo, não o celeste, mas o telúrico, cujo principal centro estava localizado na Ilha de Lemnos; trata-se do histórico Vulcão de Lemnos, de que fala Sófocles na tragédia *Filoctetes*, 800, 986, que se manteve muito ativo até a época de Alexandre Magno. Acreditava-se que foi perto desse vulcão que o deus caiu, quando tombou do céu, no sopé do Mosiclo, onde se ergueu, mais tarde, seu templo. Nas profundezas da ilha se localizavam primitivamente suas forjas e bigornas, antes de serem as mesmas transferidas para o Monte Etna e para o Olimpo... Na costa norte de Lemnos estava a cidade de Hefestia, epônimo do deus, onde se celebrava em sua honra, exatamente como nas Hefestias de Atenas, "a corrida com fachos acesos", a mesma *Lampadedromía*, com que se homenageava também Atená. Diga-se logo que essas "corridas dos fachos" têm sua origem num rito muito antigo da *renovação do fogo*.

A Campânia do sul, mais precisamente as Ilhas Lípari, bem como a região do Etna foram outros dois grandes centros de seu culto; ali o deus tinha respectivamente os epítetos de *Liparaios eAitnaios*, Lipareu e Etneu. É que no Etna foram localizadas mais tarde suas forjas, onde o deus trabalhava com o auxílio dos Ciclopes, segundo um tema característico da poesia alexandrina. E é bom não esquecer que é sob a massa fumegante do Etna que Tífon, "demônio dos vulcões", expia, no calor insuportável e no barulho infernal das bigornas de Hefesto, sua revolta contra Zeus.

O mito de Erictônio une estreitamente Hefesto a Atená e à Ática, onde *Hefestias* foi o nome de uma das quatro tribos primitivas.

No *Hino Homérico*, onde é exaltado por sua "engenhosa habilidade", o deus coxo está associado à deusa da inteligência como inspirador de "nobres trabalhos", fonte da civilização e da cultura humana. Seu altar no *Erékhtheion*, Erecteu (templo de Atená Poliás na Acrópole) e a estátua de Atená no templo do deus, na Ágora, demonstram que suas núpcias intelectuais e artísticas eram para sempre...

Platão se aproveitou dessa sizígia e num passo do *Protágoras* (321 d-e) coloca o "casal" num mesmo ateliê e, depois, mais especificamente no Crítias (109 c-d), faz que Atená e Hefesto partilhem o domínio, a suserania de uma Atenas utópica, que seria seu *quinhão comum e único*. O filósofo ateniense insiste na identidade natural das duas divindades e de seu *amor comum pela ciência e pela arte*, pois que ambos conjugam φιλοσοφία (philosophía) φιλοτεχνία (philotekhnía), um duplo amor que caracteriza igualmente a cidade entregue à sua vigilância e a seu desvelo.

Foi sobretudo sua *philotekhnía*, seu amor à arte, que fez de ambos os protetores incontestes dos artesãos. No bairro de Cerâmico, berço principal das Χαλκεῖα (Khalkeîa), "Calquias", da grande festa dos "metalúrgicos", Atená e Hefesto reinavam soberanos.

Nas Ἑφαίστεια (Hephaísteia), "Hefestias", festividades em honra de Hefesto, quando se realizava uma *Lampadedromía*, uma corrida com fachos acesos, nos mesmos moldes daquelas das *Panateneias*, a convidada de honra era Atená. Nas Προμήθεια (Prométheia), "Prometias", solenidades em honra de Prometeu, "espécie de deus irmão", em quem Ésquilo vê também um promotor de todas as artes, lá estavam, ladeando o homenageado, Hefesto e Atená. Tem-se a impressão de que a sensibilidade, a cultura e o espírito artístico ateniense se alicerçavam no triângulo Atená-Hefesto-Prometeu.

Um derradeiro encontro com Hefesto se fazia nas *Apatúrias* (v.), sempre com a presença do *fogo*, mas do *fogo* numa acepção menos material. Nessa festa, tão importante para a comunidade ateniense, Hefesto era homenageado com *Atená Fratria e Zeus Frátrios*, uma comunhão fraterna, em que o deus do fogo era aclamado como protetor da lareira e da família.

A tradição atribui a Hefesto vários filhos: o argonauta Palêmon, o escultor Árdalo, o famoso salteador Perifetes, que foi morto por Teseu, e Erictônio, nascido de um desejo do deus das forjas por Atená (v.).

O sentido simbólico da mutilação, e Hefesto foi o grande mutilado a ponto de tornar-se o mais perito e astuto xamã do Olimpo, já se comentou em *Mitologia Grega*, Vol. I, p. 335-338. Há, não obstante, uma faceta muito importante do deus que merece algumas ponderações. Trata-se de seu poder de *atar* e *desatar*. E o xamã dos *nós*, o deus-enfaixador. E graças a seus trabalhos artísticos e *mágicos*, como *tronos, redes, correntes*, é capaz não só de *atar* deuses e deusas e até o Titã Prometeu, como está no *Prometeu acorrentado*, de Ésquilo, mas ainda sabe, quando solicitado, *desatar* com maestria, conforme demonstrou, assistindo Zeus como *parteiro*, por ocasião do nascimento de Atená, e libertando sua mãe do trono e sua esposa e o amante Ares da corrente invisível. "Em parte alguma, aliás, a equivalência da magia e da perfeição tecnológica é mais bem valorizada do que na mitologia de Hefesto [...]. Os nós, as redes, os cordões, as cordas, os barbantes alinham-se entre as expressões ilustradas da força mágico-religiosa indispensável para poder comandar, governar, punir, paralisar, ferir mortalmente; em suma, expressões 'sutis' paradoxalmente delicadas, de um poder terrível, desmedido, sobrenatural", diz com mestria Mircea Eliade.

E todo esse poder maravilhoso e terrível, construtivo e destrutivo, Hefesto o deve ao *domínio do fogo*, apanágio dos xamãs e dos mágicos, antes de se tornar um grande segredo dos ferreiros, metalúrgicos e oleiros.

Como demonstrou Dumézil, completado e ampliado com mais riqueza de informações por M. Eliade, a soberania de um deus está no seu saber e poder *ligar* e *desligar*, mas todo esse poder lhe é comunicado pela *magia*. É assim que deuses *mágicos* como *Varuna, Úrano, Zeus, Odin, Rômulo* (Quirino), *Hefesto*... têm em suas mãos uma arma fatal, a *magia*, cuja manifestação exterior são os *nós*, os *laços*, as *cordas*, as *redes*, os *anéis*, as *cadeias*... sob forma material ou figurada. Um poder assim extraordinário lhes permite governar, administrar e equilibrar o mundo. São normalmente deuses que, antes ou excepcionalmente após a conquista do poder, não mais participam de guerras ou combates. Manipulando a *magia*, esses deuses sobera-nos dispõem de outros meios mais eficazes: o dom da ubiquidade ou, quando não, do transporte imediato, a arte e a astúcia de metamorfoses ilimitadas, a capacidade de cegar, ensurdecer, paralisar os adversários e arrebatar toda e qualquer eficácia de suas armas. Daí a oposição entre deuses soberanos e deuses guerreiros: Varuna se opõe ao guerreiro Indra; Zeus, desde as epopeias homéricas, opõe-se a Ares; Júpiter a Marte... A tão comentada passividade dos deuses soberanos do céu corresponde a seu poder mágico: esses entes supremos *agem sem agir*, porque operam diretamente com a potência do espírito.

A exteriorização desse poder mágico, segundo se disse, são as cordas, as redes, os anéis, os laços, os nós... Vejamos, na prática, alguns exemplos. *Varuna*, o que liga, é apresentado com uma corda nas mãos; o uso do anel era privativo dos *sacerdotes* e de determinados dignitários, porque somente eles estavam *ligados ao divino* e tinham, por conseguinte, o poder de *ligar* e *desligar*. Quando falece o Papa, quebra-se-lhe *o Anel de Pescador*, porque seu *liame* com o poder, que lhe outorgara Cristo, foi rompido pela morte. Prometeu, libertado por Héracles, com anuência de Zeus, foi obrigado a usar um *anel*, confeccionado com fragmentos das correntes que o prendiam, como símbolo de vassalagem e obediência ao deus soberano. É necessário esclarecer de uma vez que *ligar* e *desligar* agem positiva ou negativamente. Trata-se de algo *phármakon*, como diriam os gregos: uma droga salutar ou venenosa. É assim que Varuna punia, ligando pela doença, pela impotência, pela morte os que transgrediam as leis. No domínio do mito germânico, alguns ritos são elucidativos a respeito do poder e do simbolismo dos nós. O severo historiador latino C. Cornélio Tácito (séc. I-II p.C.) em sua obra *Germania*, 39, informa que na festa religiosa anual dos Sêmnones, todos os participantes compareciam *atados: nemo nisi uinculo ligatus ingreditur*, "ninguém entra a não ser atado". O mesmo historiador, no cap. 31 da obra supracitada, acrescenta que os Catos, um outro povo germânico, usavam um anel de ferro, "como se fora uma cadeia", até matarem o primeiro adversário. Tanto o nó como o *anel* demonstram que nesses ritos estava impressa a marca da vassalagem, em que o homem se apresenta face ao deus soberano como cativo ou escravo, tendo certamente, no caso dos Catos, estabelecido um pacto com o divino até eliminarem o primeiro inimigo. Para um soldado romano, a suprema humilhação era fazê-lo passar sob o jugo, *sub iugum mittere*, o que significava um desprezo total pelo soldado ou sua sujeição absoluta ao vencedor.

Eliade classifica a "função" dos *nós* e dos *liames*, em geral, na magia prática, em duas categorias: *laços mágicos* contra os adversários humanos (na guerra, na bruxaria), com a operação inversa do "corte dos nós" e *nós* e *laços benéficos*, como meio poderoso de defesa contra animais selvagens, doenças, sortilégios, contra a morte e os demônios.

Laços mágicos contra inimigos ou adversários são de uso de todas as culturas: sobre o caminho, por onde deveriam passar as tropas inimigas, jogavam-se cordas com nós; enterrar uma corda perto da casa de um adversário é imobilizá-lo; esconder a corda na embarcação de um opositor é fazê-la sossobrar. O corte do nó é um meio de defesa preventiva: em determinados períodos críticos (casamento, parto, morte...), todos os nós (se é que existem) devem ser desatados, nas vítimas e nos circunstantes... *Ilítida*, a deusa dos partos (voltaremos a encontrá-la no nascimento de Apolo e Ártemis, bem como no de Héracles), cruzando a perna esquerda sobre a direita, fechava qualquer caminho, e o nascimento era impossível! Aliás, cruzar pernas, cruzar braços, eram considerados em muitas culturas como "atitudes" perigosas, porque tal cruzamento fecha o caminho do "mana": é que a energia universal, não podendo circular livremente, acumula-se na pessoa, pondo-a em perigo. Eis por que os Rosa-Cruzes proíbem que se cruzem os braços, a não ser em oração, porque, nesse caso, pode-se e deve-se acumular energia divina, uma vez que a pessoa está protegida pela prece.

Na segunda categoria alinham-se todas as práticas que atribuem aos laços e nós uma função de cura, de defesa contra os demônios ou de conservação da força mágico-vital. *Amarrar* a parte afetada por uma doença, com o fito de curá-la, é prática universalmente conhecida. Mais difundido ainda é o uso de nós, cordões, barbantes, fitas, como defesa mágica contra as doenças e os demônios, daí o hábito de se atarem e enfaixarem os cadáveres e as múmias.

Observe-se, todavia, que esse emprego mágico-religioso de nós, fitas e laços tem caráter ambivalente. Os nós provocam as doenças e igualmente as afastam ou curam o enfermo; os laços, as fitas e os nós embruxam e enfeitiçam, mas também protegem contra a bruxaria; ajudam os partos e os impedem; podem trazer a morte ou repeli-la. Em síntese, o essencial no rito mágico é a orientação que se imprime à energia latente num laço, numa fita, num nó... Essa orientação obviamente pode ser positiva ou negativa, benéfica ou maléfica, pode ser de defesa ou de ataque.

É verdade que as crenças e ritos sobre a ação de *ligar* e *desligar* nos remetem ao domínio da mentalidade mágica, mas é preciso que não nos enganemos: o simbolismo geral da ação de *atar* e *desatar* não é uma criação exclusiva dessa mentalidade. Há farta documentação sobre *nós, liames, cordas, redes, fitas...* que exprimem não apenas uma autêntica experiência religiosa, mas também uma concepção geral do homem e do mundo, uma concepção verdadeiramente religiosa e não mágica.

No *Novo Testamento*, Cristo, para se fazer compreender, usa a linguagem corrente e as imagens tradicionais. O *atar* e o *desatar* estão presentes. Quando quis dar a Pedro o poder supremo na Igreja, disse o Mestre:

Et ego dico tibi quia tu es Petrus, et super hanc petram aedificabo ecclesiam meam, et portae inferi non praeualebunt aduersus eam. Et tibi dabo claues regni caelorum. Et quodcumque ligaueris super terram, erit ligatum et in caelis, et quodcumque solueris super terram, erit solutum et in caelis.

– E eu te digo que tu és Pedro e sobre esta pedra edificarei a minha Igreja e as portas do inferno não prevalecerão contra ela. E eu te darei as chaves do Reino dos Céus e tudo o que *ligares* sobre a terra, será *ligado* também nos céus e tudo o que *desatares* sobre a terra, será *desatado* também nos céus (Mt 16,18-19).

HEGÉLEO.

Ἡγέλεως (Heguéleōs), *Hegéleo*, segundo Carnoy, *DEMG*, p. 66, é um composto do verbo ἡεῖσθαι (hēgueîsthai), "levar à frente, conduzir" e *de λαός* (laós), "povo", donde "o condutor do povo".

Filho de Tirseno, era, em consequência, neto de Héracles e de Ônfale. Como Tirseno inventara a trombeta, Hegéleo a introduziu como instrumento militar entre os heraclidas e os dórios, tendo mandado construir em Argos um templo a' Ἀθηνᾶ Σάλπιγξ (Athēnâ Sálpinks), Atená Trombeta.

HEITOR *(I, 87-88, 98, 100, 110, 116-117, 125-127, 137, 145, 230-231, 322; III, 38, 43, 50, 52, 63, 67, 288, 301[229]).*

Ἕκτωρ (Héktōr), *Heitor*, já aparece atestado no micênico *Ekoto* com um derivado *ekotorijo*, isto é, *Ἑκτόριος* (*hektórios), "que concerne a Heitor". Ao que tudo indica, Ἕκτωρ (Héktōr), *Heitor*, é um derivado do verbo ἔχειϖ (ékhein), "ter, possuir" e do sufixo -τωρ (-tōr), a saber, o antropônimo significa "o que resiste e contém o inimigo".

Heitor é citado na *Ilíada* trezentas e cinquenta e cinco vezes, o que mostra a importância do herói troiano para Homero.

Alguns mitógrafos, apoiados em Estesícoro (séc. VII-VI a.C.), fazem de Heitor um filho de Apolo, confundindo a proteção dispensada por este deus, essencialmente asiático, e troiano em particular, ao baluarte de Ílion.

No mito "canônico", Heitor é o filho mais velho de Príamo e Hécuba, reis de Troia. Apesar de Príamo ser o soberano, o detentor do cetro, sua função é mais presidir ao conselho dos anciãos, porquanto o verdadeiro governo da pólis, cujo símbolo é Heitor, é por este exercido: convoca e dirige as assembleias em que todas as grandes resoluções são tomadas e, mais que isto, encarrega-se pessoalmente de todos os problemas relativos à guerra.

Embora seja "governo" e comandante em chefe do exército, nenhum sinal de despotismo, como acontece com Agamêmnon, se observa na conduta deste herói viril, destemido, reto, equilibrado e terno, modelo de coragem, mas igualmente de esposo e pai.

Idolatrado pelo povo, amigos e inimigos reconhecem nele o baluarte de Ílion e, por isso mesmo, o astuto Agamêmnon procura a qualquer preço eliminá-lo, pois sabe que, enquanto o filho de Príamo estiver à frente dos troianos e seus aliados, a cidadela asiática não poderá ser tomada.

O grande herói, ao contrário dos demais, e é pena, só nos é conhecido através da *Ilíada*, porque acerca do mesmo quase nada chegou até nós nas epopeias cíclicas e os trágicos preferem silenciá-lo, certamente para não ofuscar os indecisos atridas, o arrojo de Aquiles, Ájax e Diomedes e a astúcia consumada de Ulisses. Ou talvez porque "a muralha de Ílion" fosse um "bárbaro".

Casado com Andrômaca (v.), filha de Eécion, rei de Tebas na Mísia, o casal teve um filho único, chamado pelos pais Escamândrio, mas que os troianos denominavam Astíanax (v.), "o príncipe da cidade (de Troia)", epíteto com que se exaltava, através do filho, o magnânimo Heitor.

Tradições posteriores e aberrantes atribuem-lhe dois outros filhos: Laódamas e Óximo.

Enquanto Aquiles (v.), nos oito primeiros anos da Guerra, lutava entre os aqueus, o esposo de Andrômaca evitou prudentemente o combate em campo aberto, tendo inclusive uma vez fugido precipitadamente para dentro das muralhas da cidade, para não ter um confronto com o filho de Tétis. Com a retirada, porém, do herói aqueu da cruenta peleja, Heitor mostrou prodígios de bravura e tenacidade. Protegido por Apolo e Ares, enquanto este último não foi ferido por Diomedes, matou em justas sangrentas, entre outros, a Mnestes, Anquíalo, Teutras, Orestes, Treco, Enômao, Heleno e Orésbio.

No canto sexto do insuperável poema homérico, o herói, antes de retornar mais uma vez ao combate, despede-se da esposa. Essa despedida de Heitor e Andrômaca ficou célebre, porque nela se mostra toda a dedicação, carinho, afeto e amor da filha de Eécion pelo esposo querido que *ela sabe* não mais regressaria vivo a Ílion. Estampa também, de outro lado, a ternura e a preocupação do marido pela mulher e o filho, mas o amor, no momento, teria que esperar pelo cumprimento do dever do soldado.

Vale a pena repetir uma pontinha desse doloroso e comovente adeus.

Andrômaca, cujos pais e irmãos haviam sido assassinados e para quem o herói passou a representar a um só tempo "o pai, a mãe veneranda, o irmão, o esposo adorado e o único sustentáculo", chora, antevendo-lhe a morte próxima:

– Quanto a mim, seria preferível, se tenho de perder-te, que se abrisse a terra para tragar-me. Nenhuma esperança, dores somente me restarão, quando se cumprir teu destino
(*Il.*, VI, 410-413).

Heitor é esposo e pai, mas, como herói, carrega sobre os ombros o fardo sangrento da guerra e seu lugar é entre os troianos, na peleja cruenta.

– ..... O esposo, pensativo, comove-se; acariciava-a com as mãos e chamava-a pelo nome, dizendo: coitada! não te aflijas assim por minha causa. Nenhum mortal me lançará no Hades antes da hora fixada.
....
Isto dizendo, o esplêndido Heitor recolocou o capacete de crinas.
A esposa muito amada regressou ao palácio, mas voltava a cabeça repetidas vezes e de seus olhos rolava copioso pranto.
(*Il.*, VI, 484-496).

Acompanhado de Páris, o herói regressou ao campo de batalha, desafiando qualquer um dos aqueus para a luta. Menelau quis fazer-lhe frente, mas Agamêmnon o impediu. Ájax aceitou o desafio e a justa durou até o anoitecer. Como não houvesse vencedor, os grandes paladinos, cortesmente, trocaram presentes: Ájax ofereceu-lhe seu boldrié e Heitor ofertou sua espada ao destemido adversário.

O esposo de Andrômaca, no entanto, mais se agigantou a partir do canto treze da *Ilíada*, quando tenta chegar (e o conseguiu em parte no canto dezesseis) até os navios gregos para incendiá-los e cortar qualquer tentativa de fuga por parte dos comandados de Agamêmnon. Foi mister a intervenção dos deuses para que as flechas do baluarte de Troia não atingissem heróis como Diomedes e Nestor. Por seu lado, Heitor recebe a proteção de Apolo, que desvia as flechas certeiras de Teucro arremessadas contra ele. Zeus, conforme promessa feita a Tétis, ordena aos Imortais que permitam as vitórias de Heitor, enquanto Aquiles não regressar à peleja.

Face à audácia dos troianos, que chegaram até mesmo a incendiar uma nau aqueia, Aquiles permitiu que seu fraternal amigo Pátroclo se revestisse de suas armas. A missão do herói, todavia, segundo recomendação do pelida, era tão somente repelir e afugentar os inimigos. Pátroclo, no entanto, foi além dos limites e, tentando escalar as muralhas de Troia, foi morto por Heitor, que lhe tomou inclusive as armas do filho de Peleu. A morte de Pátroclo selara o destino de Heitor. O gigante de Ftia (v. Aquiles) ergueu-se com um ronco sinistro. Após receber novas armas fabricadas por Hefesto e condignas satisfações de Agamêmnon, Aquiles despejou-se como um furacão pela planície de Troia. Foi grande a carnificina. Os troianos, espavoridos, buscam desordenadamente abrigo na fortaleza de Ílion. O pelida avança em direção às muralhas com o fito de cortar-lhes a retirada, mas Apolo o desvia de sua rota, procurando, ao menos, prolongar a vida de seu favorito. Era demasiadamente tarde. Quando Aquiles retomou o itinerário certo, Heitor, apesar dos apelos de Príamo e Hécuba, o aguardava sozinho diante das portas Ceias. Ao vê-lo aproximar-se, o esposo de Andrômaca foi tomado pelo terror e fugiu. O aqueu, como um louco, o perseguiu três vezes em torno de Ílion. Zeus pôs fim à caçada, erguendo no Olimpo a balança da Moira, para pesar o destino dos dois heróis. O prato de Heitor inclina-se em direção ao Hades. Apolo, então, o abandonou. Atená, para enganá-lo, tomando a forma de Deífobo, irmão do gigante troiano, incute-lhe coragem. Julgando que o "irmão" viera em seu auxílio, inicia a luta contra o pelida.

Era mais uma cilada dos deuses e rapidamente Aquiles liquidou o inimigo, atravessando-lhe a garganta, única parte descoberta do corpo, com a lança de cabo de freixo. Já agonizante, o troiano suplicou ao filho de Tétis que não lhe entregasse o corpo aos cães e às aves de rapina, mas à solicitude dos seus. Aquiles, rompendo-lhe mais uma vez a garganta, respondeu que lamentava não ter "a ira e a coragem necessárias para picar-lhe as carnes e devorá-las cruas" (*Il.*, XXII, 345-347). Disse, e erguendo-o pelos pés, furou-lhe as pernas entre o calcanhar e a vergadura do joelho, puxando para fora os tendões. Meteu pelos buracos umas correias e as atou a seu carro. E a loura cabeleira de Heitor varria o chão, negra e ensanguentada, tantas eram as voltas dadas pelo carro do cruel vencedor em torno de Troia. A vingança do filho mortal de Tétis, porém, não parou aí. Enquanto duraram os suntuosos funerais de Pátroclo, o corpo inerte do filho de Príamo ficou exposto, nu, mutilado e ensanguentado diante da tenda do aqueu. Após os ritos fúnebres em honra do amigo, o pelida engendrou um meio de ultrajar ainda mais seu bravo adversário: atou ao carro o cadáver e deu três voltas em torno do túmulo de Pátroclo. O tenebroso espetáculo repetia-se diariamente, até que os deuses, já irritados à vista de tamanho sacrilégio, condoeram-se do herói troiano. Foi preciso, todavia, a intervenção de Zeus, para que o filho de Peleu devolvesse a Príamo, após receber condigno resgate, o corpo do filho, empastado de sangue e de pó. Heitor, chorado por todos os troianos, recebeu pomposos funerais.

O último verso da *Ilíada*, XXIV, 804, é, na sua aparente simplicidade, uma homenagem ao mais humano dos heróis homéricos:

– Assim se fizeram os funerais de Heitor, domador de cavalos.

HELE *(III, 177).*

Ἕλλη (Héllē), *Hele*, é interpretado por Carnoy, *DEMG*, p. 68, como uma forma reduzida de νεφέλη (nephélē), "nuvem, névoa, neblina matinal", cujo correspondente latino é *nebula*, "névoa, nevoeiro". Como o dórico possui a forma ἕλλα (hélla), já se aventou a hipótese paralela de o antropônimo provir do verbo ἕζεσθαι (hédzesthai), "sentar, pousar" como a neblina matinal. Leve-se em conta que alguns derivados do verbo citado possuem um tema em *l*, como **sed-la*, daí o lacônio ἕλλα (hélla), latim *sella*, "assento, cadeira", *DELG*, p. 313-314, donde teria se originado Ἕλλη (Héllē).

Átamas, rei de Orcômeno ou mesmo de Tebas, casou-se com Néfele, que lhe deu um casal de filhos, Frixo e Hele. Tendo repudiado a primeira esposa, contraiu núpcias com Ino e foi pai de Learco e Melicertes.

Enciumada com os filhos do primeiro matrimônio de Átamas (v.), concebeu o projeto de eliminá-los. Zeus ou a própria Néfele, no entanto, enviou-lhes um carneiro voador, de velo de ouro, que os conduziria até a Cólquida. De fato, o carneiro levou Frixo até o reino de Eetes (v.), mas Hele, por causa de uma vertigem, caiu no mar, no estreito chamado, por isso mesmo, *Helesponto*, isto é, Mar de Hele.

Uma variante assegura que a jovem não se afogou, porque foi salva por Posídon. O deus a ela se uniu, fazendo-a mãe de três filhos: Péon, Edono e Álmops.

HÉLEN *(III, 177, 205).*

Ἕλλην (Héllēn), *Helen*, é o singular de Ἕλληνες (Hellēnes), "os helenos", cujo herói epônimo teria sido exatamente Hélen. Em princípio, os *helenos* eram uma tribo da Tessália (*Il.*, II, 684) e que acabou por designar todos os *gregos* por oposição aos bárbaros e, mais tarde, os pagãos por oposição aos judeus. O nome "em grego" não tem etimologia segura.

Como quer que seja, Aristóteles *(Mete.* 35e) ensina que a região de Dodona e do Aqueloo, ao norte da Grécia, foi a primeira pátria dos helenos, a ἀρχαία Ἑλλάς (arkhaía Hellás), "a Hélade antiga".

Há os que veem em Ἑλλήες (Héllenes), *helenos* e Ἕλλας (Hellás), *Hélade*, um derivado de Ἑλλοί (Helloí), tomando-se este último vocábulo como proveniente de Σελλοί (Selloí), os *Selos*, que seriam o nome dos sacerdotes e habitantes de Dodona (*Il.*, XVI, 234), tendo desaparecido, no caso, o sigma inicial (origem do espírito forte), o que denotaria um empréstimo muito antigo, *DELG*, p. 340-341.

Hélen foi, pois, o herói mítico que emprestou seu nome a todos os helenos, bem mais tarde chamados gregos.

Trata-se de um filho de Deucalião e Pirra, irmão, por conseguinte, de Anfiction e de Protogenia, embora alguns o façam filho de Prometeu.

Unido à ninfa Oréada (v. Ninfas) Orseis, foi pai de Doro, Éolo e Xuto, de que procedem os três principais ramos da raça helênica: dórios, eólios e jônios-aqueus.

Hélen teria reinado na Ftia, Tessália, entre os rios Peneu e Asopo, local onde Deucalião e Pirra se estabeleceram, após o dilúvio.

Desaparecido Hélen, sucedeu-lhe no trono Éolo, tendo os dois filhos restantes emigrado para duas outras regiões da Hélade.

HELENA *(I, 14, 78, 85-86, 92, 95, 102, 106, 108-113, 125, 139, 216, 222, 228, 282, 343; II, 22-23, 25; III, 22, 51, 56[45], 58, 66, 86, 169-171, 173, 189, 287[219], 288, 292-293, 293[225], 296-297, 299-301, 315, 326, 330-331, 333, 341).*

Ἑλένη (Helénē), *Helena*, consoante Carnoy, *DEMG*, p. 67, proviria da raiz indo-europeia *suel*, "brilhar", como se poderia ver pelo grego σέλας (sélas), "brilho, luz". Helena teria sido, a princípio, "uma deusa luminosa", irmã dos Dioscuros Castor e Pólux, acompanhantes de Aurora, tendo-se convertido depois em deusa da vegetação. Nenhuma relação etimológica existe, pois, entre a heroína Ἕλλην (Héllēn), genitivo Ἕλληνος (Héllēnos), *Hélen*, filho de Deucalião e Pirra, ancestral e herói epônimo de toda a raça dos *helenos*. Há os que tentam explicar Ἑλένη (Helénē) como uma dissimilação de *Ϝενένη (*Wenénē), que estaria atestado pelo latim *uenenum*, cujo sentido primeiro é "filtro". Pretendeu-se ainda ligar-lhe o nome a ἑλενίον (helénion), planta que a filha de Zeus manipulava não apenas como anestésico e amnéstico, mas ainda como antiofídico. Todas essas tentativas etimológicas, não raro de origem popular e resultantes de assonância, como se expôs em nosso livro mais recente, *Helena, o eterno feminino*, Petrópolis, Editora Vozes, 1989, não possuem, segundo Chantraine, *DELG*, p. 335, o menor valor científico. Na realidade, não se conhece a etimologia do nome da esposa de Menelau.

Diga-se apenas de passagem, que Ἑλένη (Helénē), em português, deveria ter gerado *Helena*, mas, por influência de Ἕλληνες (Héllēnes), *helenos*, o uso falou mais alto que longas e breves e se generalizou a forma *Helena*.

Na epopeia homérica Helena é filha de Zeus e de Leda, tendo por pai "humano" a Tíndaro, por irmãos os Dioscuros Castor e Pólux e por irmã a Clitemnestra. Segundo o início dos Κύπρια (Kýpria), dos *Cantos Cíprios*, no entanto, Zeus apaixonara-se por Nêmesis. Esta, para fugir-lhe à tenaz perseguição, percorreu terras, mares e céus, assumindo todas as formas possíveis, inclusive a de peixe. Já cansada, metamorfoseou-se em gansa, ave do mundo palustre primordial. Zeus, transformado em cisne, uniu-se a ela, em Ramnunte, perto de Maratona, na Ática. Por força dessa conjunção sagrada, Nêmesis pôs um *ovo*, que, encontrado por um pastor, foi entregue a Leda. A esposa de Tíndaro o guardou num cesto e no devido tempo nasceu Helena.

A tradição que faz de Leda mãe de Helena, metamorfoseada também em gansa, acrescenta que Zeus, igualmente sob a forma de cisne, fê-la pôr um *ovo*, do qual nasceu a causadora da Guerra de Troia. Segundo outra versão, foram dois ovos (um formado pelo sêmen de Tíndaro e o outro pelo de Zeus), nascendo, em consequência, do primeiro, Castor e Clitemnestra, mortais; do segundo, Pólux e Helena, imortais. Mitógrafos de épocas mais tardias fazem-na filha de Oceano ou ainda de Afrodite e dão-lhe por irmãs, além de Clitemnestra, a Timandra e Filônoe.

Com a morte de sua segunda esposa Fedra, Teseu associou-se a Pirítoo, igualmente viúvo de Hipodamia. Os dois heróis, filhos respectivamente de Posídon e Zeus, resolveram que só se casariam dali em diante com filhas do pai dos deuses e dos homens e, para tanto, decidiram raptar *Perséfone*, esposa de Plutão ou Hades, e *Helena*. Dirigiram-se primeiramente a Esparta, quando então se apoderaram à força de Helena, que executava uma dança ritual no templo de Ártemis Órtia. Os irmãos da menina, Castor e Pólux, saíram-lhes ao encalço, mas detiveram-se em Tegeia. Uma vez em segurança, Teseu e Pirítoo tiraram a sorte para ver quem ficaria com a princesa espartana, comprometendo-se o vencedor a ajudar o outro no rapto de Perséfone. A sorte favoreceu o herói ateniense, mas como Helena fosse ainda impúbere, Teseu a levou secretamente para Afidna, demo da Ática, e colocou-a sob a proteção e guarda de sua mãe Etra (v.). Isto feito, desceram ao Hades para conquistar Perséfone.

Durante a prolongada ausência do rei ateniense, Castor e Pólux invadiram a Ática e souberam por um certo Academo (v.) onde a irmã havia sido escondida. Imediatamente os dois heróis de Esparta marcharam contra Afidna, recuperaram a jovem princesa e levaram Etra, mãe de Teseu, como escrava, segundo se comentou em *Mitologia Grega*, Vol. I, p. 113.

Algumas tradições, certamente tardias, insistem em que Helena, por ocasião do rapto, já era núbil e teve com Teseu uma filha chamada Ifigênia (v.). Como quer que seja, tão logo a princesa retornou a Esparta, Tíndaro achou melhor dá-la em casamento. A "mais bela das mulheres" foi logo cercada por um verdadeiro enxame de pretendentes. Os mitógrafos conservaram-lhes os nomes e seu número varia de vinte e nove a noventa e nove. Dos mais famosos heróis da Hélade só não consta, por óbvio, Aquiles, que é afinal, como se mostrou em *Helena, o eterno feminino*, o outro lado de Helena. Tíndaro, não sabendo como proceder, ouviu o conselho do solerte Ulisses, exigindo dos pretendentes dois juramentos: que respeitassem a decisão de Helena na escolha do noivo e que socorressem o eleito, se este fosse atacado ou sofresse afronta grave.

Este juramento será invocado por Menelau algum tempo depois e obrigará todos os grandes heróis gregos a participarem da Guerra de Troia.

Tíndaro, para compensar o conselho salutar de Ulisses, conseguiu-lhe junto ao irmão Icário a mão de Penélope, prima, por conseguinte, de seus filhos Castor, Pólux, Helena e Clitemnestra.

Helena escolheu a Menelau e dessa união nasceu logo uma menina, Hermíona, mas os mitógrafos acrescentam que Helena deu à luz também um menino, Nicóstrato, após ter o casal retornado de Troia. Uma variante dá à criança o nome de Megapentes, que teria nascido, com pleno assentimento de Helena, da união de Menelau com uma escrava, a fim de que o reino de Esparta tivesse um sucessor e o culto familiar não fosse interrompido.

Sendo a rainha espartana a mulher mais bela do mundo, Afrodite, para ganhar "o pomo da discórdia" (v. Éris e Páris), que lhe outorgava o título de "a mais linda entre as deusas", prometeu-a a Páris. Foi assim que Páris e Eneias, guiados pela bússola de Afrodite, vão ter ao Peloponeso, onde os tindáridas Castor e Pólux os acolhem com todas as honras devidas. Após alguns dias em Amiclas, foram conduzidos a Esparta. O rei Menelau os recebeu segundo as normas da sagrada hospitalidade e lhes apresentou Helena. Dias depois, tendo sido chamado, às pressas, à Ilha de Creta, para assistir aos funerais de seu padrasto Catreu, deixou os príncipes troianos entregues à solicitude de Helena. Bem mais rápido do que se esperava, a rainha cedeu aos reclamos de Alexandre: era jovem, formoso, cercava-o fausto oriental e tinha a indispensável ajuda da invencível Afrodite. Apaixonada, a *vítima da deusa do amor* reuniu todos os tesouros que pôde e fugiu com o amante, levando vários escravos, inclusive a cativa Etra, mãe de Teseu, a qual fora feita prisioneira pelos Dioscuros, quando do resgate de Helena, raptada por Teseu e Pirítoo. Em Esparta, porém, ficou Hermíona, que então contava apenas nove anos.

Recebendo de Íris, a mensageira dos imortais, a notícia de tão grande desgraça, voltou o rei apressadamente a Esparta. Por duas vezes, sem desprezar a companhia do sagaz Ulisses, Menelau visitou em embaixada a fortaleza de Troia, buscando resolver pacificamente o grave problema. Por isso mesmo, apenas pleiteou Helena, os tesouros e os escravos levados pelo casal. Páris, além de se recusar a entregar a amante e os tesouros, tentou secretamente convencer os troianos a matarem o rei de Esparta. Com a negativa de Alexandre e a traição a Menelau, a luta se tornou inevitável: era a guerra, planejada por Zeus a conselho de Têmis-Momo, pelo equilíbrio demográfico da terra, uma carnificina para purgar tantas e tantas misérias dos homens, uma catástrofe em que tantos pereceriam *por causa de Helena*.

Embora a maioria dos autores concorde em que a rainha espartana seguiu espontaneamente o príncipe troiano, porque se apaixonara por ele, outros julgam que ela foi levada à força ou que Afrodite travestira Páris de Menelau, para facilitar-lhe o rapto.

Acerca da viagem do casal de amantes para a Troada, as tradições variam muito. A versão mais antiga e certamente a mais singela narra que a nau de Alexandre chegou a seu destino em três dias. Uma variante, no entanto, dá conta de que uma tempestade, desencadeada por Hera (v.), protetora dos amores legítimos e inimiga de Afrodite, por causa da escolha de Páris no célebre concurso de beleza, lançou o barco troiano nas costas da Fenícia ou, mais precisamente, em Sídon. Apesar da fidalga acolhida que lhe foi dada, Páris, usando de astúcia, saqueou o palácio real e fugiu com seus companheiros. Perseguido pelos fenícios, vence-os em sangrenta batalha e navegou em direção à pátria. Uma outra versão relata que, temendo ser seguido por Menelau, o herói troiano fez demoradas escalas na Fenícia e na Ilha de Chipre e, só quando se certificou de que não estava sendo perseguido, se fez novamente ao mar. Uma tradição meio estranha e narrada minuciosamente em *Helena, o eterno feminino*, conta que a deusa Hera, magoada e irritada com ter sido preterida por Afrodite no concurso de beleza arbitrado por Páris, resolveu arrancar Helena dos braços do raptor. Confeccionou em nuvens um *eídolon* (um corpo insubstancial) da esposa de Menelau e mandou que Hermes conduzisse para a corte do Rei Proteu, no Egito, a verdadeira Helena.

Heródoto (*Histórias*, 2, 113-115) racionaliza a tradição e, em resumo, diz o seguinte: Páris, tendo raptado Helena, navegou célere em direção a Troia, mas ventos contrários fizeram-no aportar no Egito. Acusado por seus próprios servidores de haver injuriado Menelau, raptando-lhe a esposa e muitos tesouros, o Rei Proteu reteve Helena no Egito, para devolvê-la posteriormente a seu legítimo consorte. A Páris foram concedidos três dias para que deixasse o país, sob pena de ser considerado inimigo. Desse modo, Alexandre chegou sozinho a Ílion e fez-se uma guerra de dez anos, com seu cortejo de morte e destruição, por uma mulher que jamais pisara em Troia...

Acrescentam alguns mitógrafos posteriores que Proteu, para que o príncipe troiano não viajasse sozinho, engendrou igualmente um *eídolon* de Helena, com quem viveu Páris durante dez anos, julgando tratar-se da amante.

Todas essas digressões míticas têm por objetivo inocentar a princesa espartana e mostrar que ela foi vítima e instrumento de um destino que lhe ultrapassava a vontade. Tais relatos remontam certamente à tão decantada "palinódia" de Estesícoro. Com efeito, o poeta Estesícoro (séc. VII-VI a.C.), tendo injuriado Helena, em um poema homônimo, ficara cego. Mas um certo Leônimo de Crotona, no sul da Itália, tendo visitado a Ilha Branca, no Ponto Euxino, onde Helena vivia feliz ao lado de Aquiles, ouviu umas vozes estranhas. Estas lhe ordenavam navegar até Hímera, na Sicília, cidade do "poeta caluniador" e dizer-lhe que a cegueira se devia à cólera de Helena e que sua cura dependia de uma retratação. O poeta, de imediato, compôs uma palinódia, afirmando que Páris levara para Troia apenas um *eídolon*, um espectro, e não a verdadeira esposa de Menelau, e recuperou imediatamente a visão.

Nos poemas homéricos, todavia, a rainha de Esparta viveu realmente em Troia como esposa de Alexandre e depois de Deífobo, enquanto durou a Guerra. Era execrada por quase todos, menos por Príamo e Heitor, que viam na amante de Páris uma vítima de Afrodite. O rei de Troia chama-a de filha e a exime de qualquer responsabilidade pela invasão aqueia (*Il.*, III, 162-165) e Heitor a tem em alta consideração. Os outros membros da família real e o povo, entretanto, detestavam-na, julgando-a culpada pela catástrofe que ameaçava Ílion. A linda espartana tem plena consciência desse ódio e o deixa extravasar nos lamentos fúnebres em honra de Heitor, *Ilíada*, XXIV, 762-775:

– *Dentre todos os meus cunhados, Heitor, eras o*
que sem dúvida eu mais prezava, desde que Páris,
meu marido, semelhante a um deus,
me trouxe para Ílion. Oxalá eu tivesse perecido antes!
Já são decorridos vinte anos desde que aqui cheguei,
após ter abandonado minha pátria.
De ti jamais ouvi um termo grosseiro ou um vitupério.
Se no palácio um dos meus cunhados, cunhadas ou elegantes concunhadas
ou mesmo minha sogra (porque meu sogro sempre me foi como um pai carinhoso) me insultava, tu lhes acalmavas a irritação,
com tuas admoestações, tua bondade e tuas palavras afáveis.
Choro, por isso mesmo, com o coração angustiado, a tua e a minha desdita.
Ninguém mais na vasta cidade de Troia me tem afeição ou amizade.
Todos verdadeiramente me abominam.

Os troianos, na realidade, estavam cobertos de razão, quando desconfiavam da fidelidade da lindíssima espartana à causa de Ílion.

Se no canto terceiro Helena aparece nas muralhas de Troia, e a pedido de Príamo aponta os heróis aqueus, nomeando a cada um (*Il.*, III, 171-242) e a saudade da pátria provoca-lhe as lágrimas, bem mais tarde ela se aproxima do cavalo de madeira e imita as vozes das esposas dos guerreiros que se encontravam no bojo da máquina fatal. O objetivo era incentivá-los e encorajá-los para que destruíssem o mais depressa possível a cidadela asiática e pudessem retornar ao lar.

Uma versão posterior a Homero insiste numa rápida entrevista entre Aquiles e Helena, negociada por Tétis e Afrodite. O herói aqueu ficou muito impressionado com a beleza de Helena, mas teria que esperar ainda um pouco até um novo e definitivo encontro na Ilha dos Bem-Aventurados...

Com a morte de Páris, três filhos de Príamo, Idomeneu, Heleno e Deífobo, disputaram a mais bela das mulheres. O rei prometeu-a ao que fosse mais bravo na luta contra os aqueus e Deífobo teve a honra de recebê-la como esposa. Heleno (v.), magoado, refugiou-se no Monte Ida. Preso pelos helenos, fez-lhes uma grande revelação: Ílion não poderia ser tomada, enquanto lá estivesse o *Paládio*, a pequena estátua de madeira de Atená, guardiã dos acrópoles.

Helena, realmente, já arrependida de haver seguido a Páris, era a grande combatente aqueia dentro das muralhas de Troia. Por duas vezes salvou a vida de Ulisses e ainda o ajudou a furtar o Paládio.

Desejando penetrar como espião em Ílion, Ulisses, para não ser reconhecido, fez-se chicotear até o sangue por Toas. Ensanguentado e coberto de andrajos, apresentou-se na cidadela como trânsfuga. Conseguiu furtivamente chegar até Helena e a teria convencido a trair efetivamente os troianos. Relata-se igualmente (o que deve fazer parte do romanesco euripidiano) que a esposa de Deífobo denunciara a Hécuba a presença do herói aqueu, mas este, com suas lágrimas, suas manhas e palavras artificiosas, teria convencido a rainha a prometer que guardaria segredo a seu respeito. Desse modo foi-lhe possível retirar-se ileso, matando antes as sentinelas que guardavam a entrada da fortaleza.

Mais tarde, o mesmo herói, igualmente disfarçado, mas agora acompanhado de Diomedes, penetrou de novo em Ílion. Dessa feita, Helena não apenas se calou, mas cooperou para o furto do precioso Paládio e concertou com o esposo de Penélope a tática final para a entrega de Ílion aos aqueus.

Foi ela, por isso mesmo, quem agitou os fachos acesos, sinal combinado para que as naus gregas, escondidas na Ilha de Tênedos, regressassem e os helenos, sem perda de tempo, pudessem invadir Ílion, que dormia tranquila, após arrastar o cavalo de madeira, com o bojo cheio de heróis gregos, para dentro de seus muros.

Agindo com presteza e astúcia, escondeu todas as armas de Deífobo, para que o marido não pudesse defender-se. Com tantos serviços prestados a seus compatriotas, aguardou despreocupada o reencontro com o primeiro esposo.

Tão logo penetrou em Ílion, Menelau dirigiu-se ao palácio real e matou o derradeiro amante da esposa. Quando ergueu a espada para golpeá-la também, esta se lhe mostrou seminua, fazendo que a arma lhe tombasse das mãos. Conta-se ainda que, temendo a ira de Menelau, ela se teria refugiado no templo de Afrodite e de lá, após muitas súplicas e explicações, conseguira reconciliar-se com ele. Há, porém, mitógrafos que insistem na tentativa de lapidação da filha de Tíndaro pelos aqueus, inconformados com a sobrevivência de uma *adúltera consumada*. Salvou-a mais uma vez a beleza: no confronto com Helena, as pedras caíram das mãos dos amontinados.

Outra versão, talvez mais antiga, atesta que, após a destruição da fortaleza dos priâmidas, Ájax pediu a morte de Helena como pena de seu adultério. Tal proposta provocou a ira dos atridas Agamêmnon e Menelau. Ulisses, com sua solércia, salvou a rainha de Esparta e devolveu-a a Menelau.

O retorno do rei e da rainha de Esparta, agora reconciliados, foi uma odisseia. Vamos tentar reduzir esse longo percurso às suas linhas essenciais. Os grandes heróis, como Héracles, Perseu, Jasão, Teseu e Ulisses passam sempre por uma purgação, qualquer que seja sua idade, no sal de Posídon.

Foi assim que os reis de Esparta, após dois anos de peregrinação pelo Mediterrâneo oriental, foram lançados por um naufrágio nas costas do Egito. A longa permanência de cinco anos no país dos "grandes sacerdotes" parece obedecer igualmente a um rito iniciático, porquanto, ao longo da evolução do mito de Helena, a presença da heroína no Egito é uma constante, quer sozinha, quer em companhia de Páris e mais tarde do esposo.

Sendo múltiplas e por vezes desconexas as aventuras do casal no Egito, passemos em revista somente as mais importantes para o mito. Canobo ou Canopo, piloto da nau do rei espartano, morrera picado por uma serpente. Após os solenes funerais do fiel servidor, tornado herói epônimo da cidade de Canopo, Helena matou o réptil e extraiu-lhe o veneno. Hospitaleiramente recebidos pelo faraó Ton ou Tônis, não durou muito a cortesia. Numa curta ausência do marido, Helena passa a ser cortejada pelo soberano, que acaba por tentar violentá-la. Menelau, ao retornar, mata-o. Uma outra versão atesta que o rei de Esparta, tendo partido para a Etiopia, confiou a Tônis a esposa; mas Polidamna, mulher do rei egípcio, percebendo o assédio do rei a Helena, enviou-a para a Ilha de Faros, fornecendo-lhe, porém, uma erva maravilhosa que a protegeria das inúmeras serpentes que infestavam a ilha. Tal erva, por causa de Helena, teria recebido o nome de ἑλένιον (helénion).

A passagem dos reis lacônios pelo Egito explica-se ainda por uma outra versão; saudosa de Menelau, Helena teria convencido o piloto Faros a conduzi-la de Troia para a Lacedemônia, mas uma grande tempestade a faz desviar-se para o Egito, onde o piloto perece, picado por uma serpente. Helena, após sepultá-lo, deu-lhe o nome à Ilha de Faros, na embocadura do Rio Nilo.

Mais tarde, terminada a Guerra de Troia, Menelau encontrou-a no Egito.

Segundo o relato de Eurípides na tragédia *Orestes*, Menelau e Helena, antes de chegar a Esparta, passam por Argos, no exato dia em que Orestes matara sua mãe Clitemnestra. Ao ver Helena em meio a um fausto oriental, investiu contra ela, acusando-a de responsável por todas as calamidades acontecidas. A rainha foi salva, pela intervenção de Apolo, que lhe antecipa a apoteose e a imortalidade, como filha de Zeus. Ao cabo de oito anos de padecimentos, em terra e mar, lograram chegar a Esparta, onde Helena se tornou exemplo de todas as virtudes domésticas.

Uma variante, igualmente mencionada, mostra-a não sentada nas serenas camadas do Éter, como preconizara Apolo na tragédia supracitada, mas casada com Aquiles e vivendo eternamente ditosa na Ilha Branca, na foz do Danúbio, muito embora o gênio de Goethe celebre esse enlace em termos de puras sombras que se unem:

HELENA – *Eu, como sombra, vinculei-me a ele, outra sombra, um sonho foi, dizem-no as próprias palavras; Desmaio, e sombra torno-me eu, para mim mesma.*

(*Fausto*, Terceiro Ato)

Uma versão tardia, talvez oriunda da Ilha de Rodes, atribui à vida de Helena um fecho integralmente diverso do relatado linhas acima. Com a morte de Menelau, conta Pausânias, seus dois filhos Nicóstrato e Megapentes resolveram banir a mãe e madrasta como punição por seus "inúmeros adultérios". Helena se refugiara na Ilha de Rodes, na casa de sua grande amiga Pólixo, cujo marido perecera em Troia, lutando ao lado dos aqueus. Pólixo, que culpava a rainha de Esparta pela morte do esposo, fingiu recebê-la hospitaleiramente, a fim de ganhar tempo para a vingança planejada. Após exercitar bem três de suas escravas, disfarçou-as em Erínias e ordenou-lhes apavorar e castigar fisicamente Helena, enquanto esta estivesse no banho. O plano foi tão bem-executado, que a hóspede se enforcou.

Tradições ainda recentes asseveram que Helena fora sacrificada por Ifigênia, que servia como sacerdotisa de Ártemis, em Táurida, o que traduziria uma "vingança poética" pelo sacrifício a Ártemis de Ifigênia, em Áulis.

Outros mitógrafos asseguram que Tétis, inconformada e inconsolável com a morte de Aquiles "por causa de Helena", a teria assassinado, quando do tumultuado retorno da tindárida a Esparta.

Helena, consoante poetas e mitógrafos gregos e latinos, teria sido mãe de nove filhos: três mulheres e seis homens. Com Menelau tivera Hermíona e Nicóstrato; com Teseu, Ifigênia; com Alexandre ou Páris dera à luz Helena, Búnico, Córito, Ágano, Ideu; e finalmente com Aquiles deu ao mundo o herói Eufórion.

Dos filhos que tivera com Páris nenhum sobreviveu: Helena foi assassinada por Hécuba e os quatro jovens morreram soterrados por um teto que desabou durante o saque e incêndio de Troia pelos aqueus.

HELENO *(I, 108, 125; II, 176).*

Ἕλενος (Hélenos), *Heleno*, tanto quanto Ἑλένη (Helénē), Helena (v.) não possui etimologia confiável até o momento. Em se tratando de uma forma masculina de Helena, Carnoy, *DEMG*, p. 67, o faz derivar da raiz indo-europeia *'suel*, "brilhar", como se poderia ver pelo grego σέλας (sélas), "brilho, luz", donde Heleno seria o "luminoso, o inspirado de Apolo", deus do sol. Tanto quanto *Helena*, que deveria ser *Héléna*, em português, *Heleno* deveria ser *Héleno*, mas por influência ou analogia com Ἕλληες (Héllēnes), *helenos*, o uso consagrou a forma Heleno.

Um dentre muitos filhos de Príamo e Hécuba (v. Helena) era irmão gêmeo de Cassandra. Tendo passado uma noite em companhia da irmã no templo de Apolo Timbreu, o deus concedeu a ambos o dom da profecia: a Cassandra (v.) o fez por amor, e a Heleno por ser o seu favorito.

Se à primeira Apolo tirou a credibilidade, porque se recusara entregar-se a ele, premiou o segundo com um arco de marfim, com o qual, aliás, o filho de Príamo feriu Aquiles na mão direita.

Competiu com seus irmãos nos jogos fúnebres mandados celebrar por Príamo em torno do cenotáfio de Páris (v.) que todos acreditavam morto. O prêmio ao vencedor era um touro pelo qual "o pastor Páris" (v. Hécuba) nutria particular estima e, por esse motivo, tendo participado dos jogos "em sua própria memória" e vencido todas as provas, acabou sendo reconhecido como filho (outrora exposto) dos reis de Ílion.

Páris, ainda pastor no Monte Ida, fora o juiz no concurso de beleza entre as deusas Hera, Atená e Afrodite e tendo concedido a esta última "o pomo da discórdia", recebeu da mesma, como recompensa, a glória de conquistar Helena (v.), a mais bela das mulheres. Quando se preparava para a viagem a Esparta, a fim de raptar a esposa de Menelau, o profeta Heleno tudo fez para dissuadi-lo de uma empresa que resultaria na ruína de Ílion.

Uma vez, porém, deflagrada a guerra, Heleno participou ativamente da mesma com seus braços (*Il.*, XIII, 576-592) e suas palavras inspiradas e inspiradoras de coragem (*Il.*, VI, 77-85). Morto Heitor, o favorito de Apolo assume o comando dos troianos, apesar de já ter sido ferido por Menelau (*Il.*, XIII, 593-600).

Morto Páris, a atitude do adivinho se alterou por completo, porque sendo um dos pretendentes à mão de Helena, Príamo por julgar Deífobo mais destemido e mais jovem, entregou-lhe a rainha de Esparta. Sentindo-se injustamente preterido, o herói não mais participou da luta, retirando-se para o Monte Ida.

Como o adivinho da armada aqueia, Calcas, houvesse predito que só Heleno sabia em que circunstâncias Troia poderia ser tomada, Ulisses escalou apressadamente o Ida e aprisionou o profeta troiano. À força de violência e de acentuada corrupção, Heleno revelou as três condições básicas que permitiriam aos aqueus a destruição de Ílion: a participação na guerra de Neoptólemo, filho de Aquiles; a posse dos ossos de Pélops (v.) e o rapto do Paládio (v.), a pequena estátua de madeira de Atená, que protegia a cidadela.

A estas três condições a tradição acrescenta mais duas: a presença no combate do grande Filoctetes (v.), que deveria utilizar na luta o arco e as flechas de Héracles e a introdução no recinto de Troia de um cavalo de madeira cheio de heróis aqueus.

Por seus esforços em dissuadir Páris do rapto de Helena; por suas atuais revelações e por não ter permitido que os troianos deixassem o cadáver de Aquiles entregue às aves de rapina e aos cães, Heleno, terminada a guerra, recebeu dos helenos completa e total liberdade.

Diferem muito, a partir desse momento, as informações acerca do adivinho de Troia. A tradição, talvez mais antiga, relata que Heleno, acompanhado de sua mãe Hécuba, da irmã Cassandra, da cunhada Andrômaca e de um grupo de troianos, partiu para o Quersoneso da Trácia, onde se estabeleceu. Profundamente triste com a metamorfose de sua mãe em cadela, seguida de morte imediata, o herói, após sepultá-la num local que passou a denominar-se "Túmulo da Cadela", teria emigrado para uma região desconhecida. Uma variante atesta que Heleno e Andrômaca faziam parte do grupo de escravos recebidos por Neoptólemo, que os conduziu para a Hélade. Graças, porém, aos dons divinatórios do troiano, o filho de Aquiles, em lugar de regressar por mar e perecer como tantos outros heróis aqueus na passagem pelo Cabo Cafareu, seguiu-lhe à risca os conselhos e voltou à pátria por terra.

Com o assassinato de Neoptólemo, em Delfos, por Orestes, Heleno se casou com Andrômaca, que até então estava unida ao filho de Aquiles, e ao qual dera um filho chamado Molosso. Reinou em lugar do neto de Tétis, e apesar de ter tido um filho com Andrômaca, Cestrino, deixou, ao morrer, o trono a Molosso.

O herói e adivinho de Troia teria fundado no Epiro as cidades de Butroto e Ílion, além de ter dado nome a Caônia.

Com a visível intenção de justificar as traições de Heleno a Troia, relatando aos aqueus como deveriam agir para destruí-la, mitógrafos de época tardia construíram uma variante totalmente infundada.

Descontente e magoado com a decisão de Príamo de dar Helena em casamento a Deífobo, o adivinho, com a permissão paterna, reunira um grupo de voluntários e partiu para a Hélade. Apossou-se pelas armas de uma parte do Epiro e reinou sobre os molossos.

Virgílio, na *Eneida*, 3, 294-462, promove um reencontro emocionante, no Epiro, primeiro entre Eneias e Andrômaca, que fazia um sacrifício junto ao cenotáfio de seu inesquecível Heitor, e depois entre o filho de Afrodite e Heleno, o príncipe "troiano" que reinava na "Grécia".

Foi a pedido de Eneias que Heleno, após apontar as dificuldades e perigos por que deveria passar ainda o herói, arremata seus vaticínios com votos de que seja logo erguida, em terras da Itália, a nova Troia:

Vade age et ingentem factis fer ad aethera Troiam
(*En.*, 3, 462)

– Vai, agora, e, com teus feitos, ergue até os astros a glória de Troia.

HELÍADES *(II, 20; III, 222[165]).*

Ἡλιάδες (Heliádes) e Ἡιάδαι (Heliádai), *Helíades*, são respectivamente *as filhas* e *os filhos de Hélio* e não o contrário, como está em Pierre Grimal, *DIMG*, p. 183. Para a etimologia, v. Hélio.

Já que o mito de umas e de outros seguem caminhos diferentes, vamos separá-los.

As Helíades, isto é, Mérope, Hélie, Febe, Etéria, Dioxipe ou Lapécia, são filhas de Hélio (o Sol) e da Oceânida Clímene. Quando seu irmão Faetonte (v.), fulminado por Zeus, tombou em chamas no caudaloso Erídano, as Helíades choraram-no tanto, que, nesse mesmo local, às margens do rio, foram transformadas em choupos. Suas lágrimas tornaram-se gotas de âmbar.

Relata uma variante que a metamorfose das Helíades se deveu ao fato de terem elas, sem a permissão paterna, emprestado ao irmão o carro do Sol e os fogosos corcéis que o conduziam pela abóbada celeste. Tal aventura quase provocou uma catástrofe cósmica, conforme se narrou em *Mitologia Grega*, Vol. III, p. 221sqq.

Os Helíades, chamados Óquimo, Cércafo, Macareu ou Macar, Áctis, Tênages, Tríopas e Cândalo, eram filhos do mesmo deus Hélio e da ninfa Rodos, epônimo da Ilha de Rodes.

Excelentes e renomados astrólogos, excediam a quantos se dedicavam a essa arte. Mas, com o tempo, Tênages se tornou de tal maneira famoso, que seus irmãos Macareu, Áctis, Tríopas e Cândalo, enciumados, o assassinaram, fugindo, em seguida, respectivamente para Lesbos, Egito, Cária e Cós.

Óquimo e Cércafo permaneceram em Rodes. Sendo o mais velho, Óquimo assumiu o poder e se casou com a ninfa Hegetória de quem teve uma filha, Cidipe. Morto o pai, Cidipe se uniu ao tio Cércafo, que tomou as rédeas do governo. Desse casamento nasceram três filhos, Lindos, Iáliso e Camiro, que, mais tarde, dividiram a Ilha de Rodes em três reinos, cujas capitais receberam seus nomes.

HELICÁON.

Ἑλικάων (Helikáōn), *Helicáon*, talvez se origine de Ἕλιξ, Ἕλικος (héliks, hélikos), "espiral, tudo aquilo que se enrola, como as mechas de cabelo", donde Helicáon poderia significar "o que tem o cabelo encaracolado", *DEMG*, p. 67.

Helicáon aparece na *Ilíada*, III, 123, como um dos filhos do troiano Antenor (v.) e marido de Laódice, filha de Príamo. Graças à amizade que ligava Menelau e Ulisses ao prudente e cordato Antenor, este juntamente com Helicáon e os demais filhos foram salvos pelo rei de Ítaca, quando da tomada e incêndio de Troia. Em companhia do pai e de um dos mais valentes defensores de Ílion, Polídamas, Helicáon emigrou para a Itália do Norte. Mostrava-se, em Delfos, o punhal que o filho de Antenor consagrara a Apolo como ex-voto.

HÉLICE.

Ἑλίκη (Helíkē), *Hélice*, é um derivado de ἕλιξ, ἕλικος (héliks, hélikos), "espiral, que gira, volteia, como a Ursa Maior" em que foi metamorfoseada a heroína, já que aquela para os antigos girava na abóbada celeste.

Ἕλιξ (Héliks) provém da raiz Ϝελ- (*wel-*) que aparece no verbo εἰλεῖν (heileîn) ou εἰλεῖν (eileîn), "rolar, fazer andar girando", daí a raiz *wel-, que se alterna com *swel-. O sufixo -ικ- (-ik-), que aparece no vocábulo, é usado particularmente em termos técnicos, *DELG*, p. 339.

Hélice, "a que gira", é nome de duas personagens míticas. A primeira é filha de Selino (v.). Atacado por Íon (v.), Selino deu-lhe a filha em casamento e a paz reinou na Acaia. Dessa união nasceu uma menina, Bura.

A segunda é nome de uma das duas ninfas que ajudaram a criar Zeus no Monte Dicta, em Creta. Perseguidas por Crono, Zeus as transformou em duas constelações: Ursa Maior e Ursa Menor. Hélice, por vezes, é confundida com a ninfa Calisto, que foi igualmente metamorfoseada pelo mesmo deus na Ursa Maior.

HELIO.

Ἕλειος (Héleios), *Helio*, consoante Carnoy, *DEMG*, p. 67, provém de ἕλος (hélos), "pântano, paul, local úmido", já no micênico *ereeu*, sânscrito *saras-*, *sarasiya-*, "pantanoso".

Filho caçula de Perseu e Andrômeda, Helio acompanhou Anfitrião (v.) na grande expedição contra Ptérela, rei dos teléboas na Ilha de Tafos. Após a vitória, Anfitrião dividiu o reino da ilha entre Helio e Céfalo. Ainda não satisfeito, o filho de Perseu fundou a cidade de Helo na Lacônia, de que se tornou herói epônimo.

HÉLIO *(I, 61, 128, 130, 133-134, 156-157, 159, 201, 211, 217-218, 290, 325, 348; II, 70, 85, 85³⁰; III, 34, 88, 102, 109, 151, 187-188, 221-222, 222¹⁶⁵, 222¹⁶⁶, 223-226, 228-231, 291, 305, 309, 312).*

Ἥλιος (Hélios), *Hélio*, cuja forma épica com psilose e sem contração é ἠέλιος (ēélios); eólio ἀέλιος (aélios); dórico ἀέλιος (aélios) e, por vezes, ἅλιος (hálios); cretense, segundo uma glosa de Hesíquio, ἀβέλιος (abélios). Partindo-se da forma cretense ou panfílica ἀβέλιος (abélios), é possível chegar a *ἁϜέλιος (*hawélios), de *σαϜέλιος (*sawélios), cujo sentido é "luminoso, sol, o disco solar". O sânscrito tem a forma *súra-* e *súrya-* "sol"; o latim *sol* postula a raiz *swol-*, "sol".

Filho do titã Hiperíon e da titânida Teia, Hélio era, portanto, um deus anterior aos Olímpicos, vale dizer, pertencia à odiada geração dos Titãs. Não tendo, porém, feito oposição a Zeus, escapou de ser lançado no Tártaro como o foram muitos de seus tios. Tinha por irmãos a Eos (Aurora) e Selene (Lua). De seu casamento com Perseis, filha de Oceano e Tétis, nasceram a mágica Circe; Eetes, rei da Cólquida; Pasífae, mulher de Minos, e Perses, que destronou a Eetes, mas acabou sendo morto pela sobrinha Medeia, quando esta retornou à Cólquida.

Além de Perseis, o primitivo deus-Sol uniu-se a várias divindades menores. Com a ninfa Rodos (v. Helíades) teve os sete Helíades: Óquimo, Cércafo, Macareu ou Macar, Áctis, Tânages, Tríopas e Cândalo; com sua cunhada Clímene foi pai das cinco Helíades: Mérope, Hélie, Febe, Etéria, Dioxipe ou Lapécia e do herói Faetonte (v.).

Hélio era representado como um jovem de grande beleza, com a cabeça cercada de raios, como se fora uma cabeleira de ouro. Percorria o cosmo num carro de fogo ou numa taça gigantesca de incrível velocidade, porque tirada por quatro fogosos corcéis: Pírois, Eóo, Éton e Flégon, nomes que traduzem fogo, luz, chama e brilho. Cada manhã, precedido pelo carro de Eos (Aurora), avançava impetuosamente, derramando a luz sobre o mundo dos vivos. Chegava, à tardinha, ao Oceano, "ao poente", onde banhava seus fatigados cavalos. Repousava num palácio de ouro e, pela manhã, recomeçava seu trajeto diário. O itinerário de Hélio, porém, sob a terra ou sobre o Oceano, que a cercava, foi substituído, com os progressos da astronomia grega, pelo roteiro de Apolo, bem mais longo, através da abóbada celeste, mas bem mais correto. Tendo perdido "o caminho", o deus-Sol tornou-se uma divindade secundária, um demônio, como querem alguns, mero intermediário entre os deuses e os homens. Aliás, desde Homero, já se observa essa decadência de Hélio, mas foi, rigorosamente falando, a partir de Ésquilo (séc. VI-V a.C.), que Febo Apolo (v.) o substituiu no carro do Sol.

Trata-se, pois, de uma divindade muito antiga, mas sem grande projeção no mito, talvez mesmo por ser um titã. Já na *Odisseia*, XII, 127sqq., o filho de Hiperíon aparece tão somente como senhor, na Ilha Trinácria, de rebanhos de vacas e ovelhas, que, de tão gordas, nem mais se reproduziam. Tendo os companheiros de Ulisses, apesar da proibição do herói, devorado algumas dessas vacas, Hélio não teve forças para puni-los e, por isso mesmo, pediu a Zeus que o fizesse (*Odiss.*, XII, 377sqq.), ameaçando, sem muita convicção, deixar de ser "o serviçal e a luminária" dos deuses e de espargir sua luz sobre os homens.

Considerado, no mito grego, como o olho do mundo, aquele que tudo vê, tinha o poder, quando emergia do Oceano, de curar a cegueira, como o fez com Oríon (v.), mas sobretudo de observar "lá de cima" tudo quanto se passava na terra e no Olimpo.

Usando de tão importante prerrogativa, denunciou a Hefesto (v.), num cochilo de Aléctrion, o adultério de Afrodite, esposa do senhor das forjas, com o deus Ares (v.).

HÊMERA *(I, 153-154, 190-191, 225).*

Ἡμέρα (Hēmérā), *Hêmera*, procede de ἦμαρ (êmar), árcado-cipriota ἆμαρ, ἄματος (âmar, āmatos), "dia". O armênio tem *awr*, cuja base é **āmōr*, "dia", *DELG*, p. 412.

Hêmera, filha ("Dia" em grego é feminino) de Nix e Érebo, tem por irmão o Éter. Personificação do Dia, é a divindade feminina que a ele preside.

HEMÍCINES.

Ἡμίκυνες (Hēmíkynes), *Hemícines* ou os "Semicães", é um composto de ἡμι- (hēmi-), "semi-, meio, metade", sânscrito *sāmi*, latim *sēmi*, com o mesmo sentido e de κύων, κυνός (kyōn. kynós), "cão, cadela", donde Hemícines são os "Semicães", isto é, um povo mítico que habitava as margens do Ponto Euxino, não muito distante da região dos Hiperbóreos. Segundo se acredita, eles possuíam cabeça de cão e latiam como este animal.

Trata-se, talvez, de um povo que protegia seus rebanhos com o uso de cães.

HEMÍTEA *(III, 22, 50)*.

Ἡμιθέα (Hēmithéa), *Hemítea*, é um composto de ἡμι- (hēmi-), "meio, metade, semi- (v. Hemícines) e de θεά (theá), "deusa", feminino de θεός (theós), "deus", cuja etimologia ainda é desconhecida. A aproximação com o latim *deus* e o sânscrito *devá-* não tem o menor sentido, porque se teria que admitir a queda de um F (digama) intervocálico em θεός (theós), o que contraria o micênico *teo* e o cretense θιός (thiós). Talvez a hipótese mais sedutora seja fazê-lo originar-se da raiz **dhē*, de τίθημι (tithēmi), "eu coloco", o que sugere que *deus* seria, na origem, "um cipo, uma esteia de pedra que se levanta", *DELG*, p. 429-430. Hemítea é, pois, etimologicamente, a *semideusa*, talvez por seus dotes de curandeira.

Há, no mito, duas personagens com este nome. A primeira, filha de Estáfilo e de Crisótemis, era honrada e venerada no Quersoneso da Trácia, como detentora do dom de curar, segundo se explicou em *Mitologia Grega*, Vol. III, p. 49sqq.

A segunda era filha do rei da Tróada Cicno e irmã de Tenes, herói epônimo da Ilha de Tênedos. Quando os aqueus desembarcaram na ilha, Aquiles a perseguiu com a intenção de violentá-la. A Terra, porém, se abriu e a recebeu em seu seio, livrando-a da brutalidade e descontrole do herói grego.

HEMO.

Αἷμος (Haîmos), *Hemo*, procede, com mudança de acento, de αἱμός (haimós), "coberto de urzes, de abrolhos", enquanto epônimo de uma montanha da Trácia, *DEMG*, p. 65. A aproximação com o latim *saepes*, "sebe, cerca", está longe de ser comprovada, *DELG*, p. 35.

Filho de Bóreas e de Oritia, Hemo é, por conseguinte, irmão dos boréadas Calais e Zetes. Uniu-se a Ródope, filha do deus-rio Estrímon. Reinou na Trácia e foi pai de Hebro, herói epônimo do rio que lhe conservou o nome.

Dominados pelo descomedimento, Bóreas e Oritia fizeram que lhes tributasse um culto e tomaram respectivamente o nome de Zeus e de Hera. O pai dos deuses e dos homens puniu tamanho sacrilégio, metamorfoseando-os nas montanhas de Hemo e de Ródope, cobertas ambas de cardos e espinhos.

Relata uma segunda versão que Hemo era um tirano da Trácia, que atacou a cidade de Bizâncio, tão logo fora fundada pelo herói Bizas. Este, porém, o matou em combate singular sobre a montanha de "Hemo".

Um outro herói homônimo é um dos companheiros de Télefo por ocasião da Guerra de Troia, da qual, aliás, este não participou, restringindo-se a ensinar aos aqueus como chegar ao reino de Príamo. Como Télefo, Hemo era originário da Mísia e acreditava-se filho de Ares.

HÊMON *(I, 252, 336; III, 63, 234, 254-255, 257, 259, 264)*.

Αἵμων (Haímōn), *Hêmon*, é certamente um derivado de αἷμα (haîma), "sangue", daí significar o antropônimo "o sanguinolento, o que provoca efusão de sangue", atestado de resto como adjetivo em Eurípides, *Hécuba*, 90.

Hêmon é o nome de vários heróis, avultando como principal dentre eles o filho de Creonte (v.) e de Eurídice, o qual desponta em Sófocles, *Antígona*, 688-745, marcado por forte personalidade e coragem, apesar de ainda ser muito jovem. Numa primeira versão do mito, Hêmon teria sido devorado pela Esfinge (v.) e foi por este motivo que Creonte prometeu a mão de Jocasta, sua irmã, e viúva de Laio (v.), a quem decifrasse o enigma do monstro alado, que vigiava as portas de Tebas.

Uma variante, no entanto, muito bem-aproveitada por Sófocles, apresenta o jovem e destemido herói como noivo de Antígona (v.), filha de Édipo, a qual, por haver tentado sepultar Polinice contra as ordens de Creonte, foi condenada a ser sepultada viva no túmulo dos labdácidas. Rebelando-se contra o despotismo do pai, Hêmon tentou matá-lo, mas, tendo fracassado, apunhalou-se sobre o cadáver da noiva, que se enforcara.

Eurípides, em *sua Antígona*, lamentavelmente perdida, segue uma tradição inteiramente diversa, chegando mesmo a atribuir um filho, Méon, aos amores de Hêmon e Antígona.

Um segundo Hêmon era o herói epônimo de Hemônia, antiga designação da Tessália. Filho de Pelasgo e pai de Téssalo, este substituiu o nome Hemônia por Tessália. Num segundo catálogo genealógico Hêmon aparece como um dos cinquenta filhos de Licáon, sendo por isso mesmo considerado não como epônimo de Hemônia, mas como fundador de uma cidade homônima na Arcádia.

Tradições mais recentes falam de um terceiro herói com o mesmo nome. Filho de Polidoro e, por conseguinte, neto de Cadmo, Hêmon assassinara, sem o querer, um de seus companheiros durante uma caçada. Como de praxe, foi obrigado a exilar-se, refugiando-se em Atenas. Seus descendentes emigraram primeiramente para a Ilha de Rodes e, em seguida, para a Sicília. Deles pretendia descender Terão, tirano de Siracusa.

HEÓSFORO *(II, 20-21).*

Ἑωσφόρος (Heōsphóros), *Heósforo*, ou *Eósforo*, que se encontra na *Ilíada*, XXIII, 226, é um composto de ἕως (héōs) "aurora, manhã", que se explica partindo-se do radical *āusōs, latim *aurora*, sânscrito *usās*, de *usōs, "alva, luz da manhã", e de -φορος (-phoros), do verbo φέρειν (phérein), "levar, trazer, suportar", sânscrito *bhárati*, "ele leva", latim *flerre*, "levar, trazer", donde Heósforo, que é masculino, é "a estrela da manhã", que anuncia a luz.

Heósforo, filho de Eos ou Heos (a Aurora) e de Astreu, é o nome da estrela-d'alva, o archote anunciador da Aurora. Foi pai de Telauge e de sua união com Cleobleia nasceu Filônis.

HERA *(I, 14, 59, 71-73, 84, 107-109, 122, 124-127, 134-136, 139, 141, 157, 159, 162, 200, 204, 211-212, 221, 224, 229, 235, 243, 245, 255, 259, 275, 279, 280, 280[180], 281-282, 282[181], 283, 304, 322, 326, 335, 343, 348; II, 19, 23-24, 33, 39-40, 44-46, 56, 58, 59[17], 60, 63, 84, 89, 117-118, 120-121, 158, 176-178, 195, 215, 234, 236, 241, 243; III, 13, 23, 31, 42, 51, 59, 83, 88-90, 92-93, 95, 100-101, 103, 105, 108, 110, 114, 116, 119, 121, 129-130, 132, 134, 169[140], 176, 179[147], 183-184, 188, 192, 194, 313[246], 331, 343, 343[264], 344-346, 350-351, 353-355).*

Ἥρα (Hḗra), *Hera*, jônico Ἥρη (Hḗrē), micênico *Era*. A forma *ἩρϜα (*Hērwa) apresenta dificuldades fonéticas e não explicaria o micênico *Era*.

A hipótese mais provável seria talvez considerá-la como da mesma família etimológica que ἥρως (hḗrōs), *herói*, como designativo dos mortos divinizados, "os protetores" e, nesse caso, Hera significaria a *Protetora*, a *Guardiã*. A base seria o indo-europeu 'serua da raiz 'ser-', "guardar, proteger", donde o latim *seruare*, "conservar, velar sobre, ser útil". É bem possível que tanto ἥρως (hḗrōs) quanto Ἥρα (Hḗra) tenham origem pré-helênica.

A mais importante e poderosa de todas as deusas olímpicas, Hera era a filha mais velha de Crono e Reia.

Como todas as suas irmãs e irmãos, exceto Zeus, foi engolida por Crono, mas salva pelo embuste de Métis (v.) e as lutas vitoriosas de seu futuro esposo.

Durante todo o tempo em que Zeus lutava contra os Titãs, Reia entregou-a aos cuidados de Oceano e Tétis, que a criaram nas extremidades do mundo, o que irá provocar para sempre a gratidão da filha de Crono.

Existem outras tradições que lhe atribuem a educação às Horas, ao herói Têmeno, filho de Pelasgo, ou ainda às filhas de Astérion, rei de Creta. Após seu triunfo definitivo, Zeus a desposou, em núpcias soleníssimas. Era, na expressão de Hesíodo, a terceira esposa (a primeira foi Métis e a segunda, Têmis), à qual o deus se uniu em "justas núpcias". Conta-se, todavia, que Zeus e Hera se amavam há muito tempo e que se haviam unido secretamente, quando o deus Crono ainda reinava sobre os Titãs. O local, onde se realizaram essas "justas núpcias", varia muito, consoante as tradições. A mais antiga e a mais "canônica" dessas variantes coloca-as no Jardim das Hespérides, que é, em si mesmo, o símbolo mítico da fecundidade, no seio de uma eterna primavera. Os mitógrafos sempre acentuaram, aliás, que os pomos de ouro do Jardim das Hespérides foram o presente de núpcias que Geia ofereceu a Hera e esta os achou tão belos, que os plantou em "seu Jardim", nas extremidades do Oceano. Homero, na *Ilíada*, desloca o casamento divino do Jardim das Hespérides para os píncaros do Monte Ida, na Frígia. Outras tradições fazem-no realizar-se na Eubeia, por onde o casal passou, quando veio de Creta. Em diversas regiões da Grécia, além disso, celebravam-se festas para comemorar as bodas sagradas do par divino do Olimpo. Ornamentava-se a estátua da deusa com a indumentária de uma jovem noiva e conduziam-na em procissão pela cidade até um santuário, onde era preparado um leito nupcial. O idealizador de tal cerimônia teria sido o herói beócio Alalcômenes (v.). A finalidade era *reatualizar, rejuvenescer* a união divina e conferir-lhe eficácia por magia simpática, pondo um freio, ao menos temporário, às infidelidades do marido.

Como legítima esposa do pai dos deuses e dos homens, Hera é a protetora das esposas, do amor legítimo. A deusa, no entanto, sempre foi retratada como ciumenta, vingativa e violenta. Continuamente irritada contra o marido, por suas infidelidades, moveu perseguição tenaz contra suas amantes e filhos adulterinos. Héracles foi uma de suas vítimas prediletas. Foi ela a responsável pela imposição ao herói dos célebres *Doze Trabalhos*. Perseguiu-o, sem tréguas, até a apoteose final do filho de Alcmena. Por causa de Héracles, aliás, Zeus certa vez a puniu exemplarmente. Quando o herói regressava de Troia, após tomá-la, Hera suscitou contra seu navio uma violenta tempestade. Irritado, Zeus suspendeu-a de uma nuvem, de cabeça para baixo, amarrada com uma corrente de ouro e uma bigorna em cada pé. Foi por tentar libertar a mãe de tão incômoda posição, que Hefesto teria sido lançado no vazio pelo pai. Perseguiu implacavelmente Io, mesmo metamorfoseada em vaca, lançando contra ela um moscardo, que a deixava como louca. Mandou que os Curetes, demônios do cortejo de Zeus, fizessem desaparecer Épafo, filho de sua rival Io. Provocou a morte trágica de Sêmele, que estava grávida de Zeus. Tentou quanto pôde impedir o nascimento de Apolo e Ártemis, filhos de seu esposo com Leto. Enlouqueceu Átamas e Ino, por terem criado a Dioniso, filho de Sêmele. Aconselhou Ártemis a matar a ninfa Calisto, que Zeus seduzira, disfarçando-se na própria Ártemis ou em Apolo, segundo outros, porque a Ninfa, por ser do cortejo de Ártemis, tinha que guardar a todo custo sua virgindade. Zeus, depois, a transformou na constelação da Ursa Maior, porque, conforme algumas fontes, Ártemis, ao vê-la grávida, a metamorfoseou em ursa e a liquidou a flechadas. Outros afirmam que tal metamorfose se deveu à cólera de Hera ou a uma precaução do próprio Zeus, para subtraí-la à vingança da esposa.

Para escapar da vigilância atenta de Hera, Zeus não só se transformava de todas as maneiras em cisne, em touro, em chuva de ouro, no marido da mulher amada, mas ainda disfarçava a quem desejava poupar da ira da mulher: Io o foi em vaca; Dioniso, em touro ou bode... De resto, o relacionamento entre os esposos celestes jamais foi muito normal e a cólera e vingança da filha de Crono se apoiavam em outros motivos. Certa vez, como se há de ver em Narciso, Hera discutia com o marido para saber quem conseguia usufruir de maior prazer no amor, se o homem ou a mulher. Como não conseguissem chegar a uma conclusão, porque Zeus dizia ser a mulher a favorecida, enquanto Hera achava que era o homem, resolveram consultar Tirésias, que tivera sucessivamente a experiência dos dois sexos. Este respondeu que o prazer da mulher estava na proporção de dez para um relativamente ao do homem. Furiosa com a verdade, Hera prontamente o cegou.

Tomou parte, como se sabe, no célebre concurso de beleza e teve por rivais a Atená e Afrodite, e cujo juiz era o troiano Páris. Tentou, para vencer, subornar o filho de Príamo, oferecendo-lhe riquezas e a realeza universal. Como Páris houvesse outorgado a maçã de ouro a Afrodite, que lhe ofereceu amor, Hera fez pesar sua cólera contra Ílion, tendo tomado decisivamente o partido dos gregos. Seu ódio, por sinal, se manifestou desde o rapto de Helena por Páris. Quando da fuga do casal, de Esparta para Troia, a magoada esposa de Zeus suscitou contra os amantes uma grande borrasca, que os lançou em Sídon, nas costas da Síria.

Uma variante atesta que, para subtrair Helena a Páris, enviou-a para o Egito e deixou com o herói troiano apenas um "êidolon", um corpo insubstancial da esposa de Menelau.

Tornou-se, além do mais, a protetora natural do herói grego Aquiles, cuja mãe Tétis fora por ela criada. Conta-se, além do mais, que era grata a Tétis, porque esta sempre repeliu as investidas amorosas de Zeus. Mais tarde, estendeu sua proteção a Menelau, tornando-o imortal. Participou da luta contra os Gigantes, tendo repelido as pretensões pouco decorosas de Porfírio.

Ixíon, rei dos Lápitas, tentou seduzi-la, mas acabou envolvendo em seus braços uma nuvem, que Zeus confeccionara à semelhança da esposa. Dessa "união" nasceram os Centauros. Para castigá-lo, Zeus fê-lo alimentar-se de ambrosia, o manjar da imortalidade, e depois lançou-o no Tártaro. Lá está ele girando para sempre numa roda de fogo. Protegeu o navio Argo, fazendo-o transpor as perigosas Rochas Ciâneas, as Rochas Azuis, e guiou-o no estreito fatídico entre Cila e Caribdes (v. Argonautas).

Sua ave predileta era o pavão, cuja plumagem passava por ter os cem olhos com que o vigilante Argos (v.) guardava sua rival, a "vaca" Io. Eram-lhe também consagrados o lírio e a romã: o primeiro, além de símbolo da pureza, o é também da fecundidade, como a romã.

Pelo fato de ser esposa de Zeus, Hera possui alguns atributos soberanos, que a distinguem das outras imortais, suas irmãs. Como seu divino esposo, exerce uma ação poderosa sobre os fenômenos celestes. Honrada como ele nas alturas, onde se formam as borrascas e se amontoam as nuvens, que derramam as chuvas benfazejas, ela pode desencadear as tempestades e comandar os astros que adornam a abóbada celeste. A união de Zeus e Hera é como símbolo da natureza inteira. É por intermédio de ambos, do calor dos raios do sol e das chuvas, que penetram o solo, que a terra é fecundada e se reveste de luxuriante vegetação. Ainda como Zeus, Hera personifica certos atributos morais, como o poder, a justiça, a bondade. Protetora inconteste dos amores legítimos, é o símbolo da fidelidade conjugal. Associada à soberania do pai dos deuses e dos homens, é respeitada pelo Olimpo inteiro, que a saúda como sua rainha e senhora. É verdade que, por vezes, uma rainha irascível e altiva, mas que jamais deixou de ser, em seus rompantes ou em sua majestade serena, a grande divindade feminina do Olimpo grego, cujo grande deus masculino era Zeus.

HÉRACLES *(I, 61, 81, 87, 101, 103, 159, 162, 167, 175^{129,} 186, 211-212, 221, 226, 229, 233-234, 241-244, 255, 260-261, 263-264, 277, 281, 312, 318^{210,} 326, 343, 348; II, 24, 31, 39, 41, 43-44, 49-50, 64, 66, 90, 91^{31}, 144, 167, 174, 195, 216, 217^{111}, 236; III, 22-23, 28-29, 31, 36-38, 42, 44-48, 50, 52, 52^{41}, 54, 54^{43}, 56-62, 64, 66, 73, 88-97, 99-100, 102-107, 109-128, 128^{94}, 129-136, 138-139, 144, 146-147, 149, 151, 157, 166, 171-172, 178, 180, 194, 209, 211-212, 217, 222, 263, 287, 287^{219}, 288, 295^{226}, 310, 311^{245}, 317, 322, 343^{264}).*

Ἡρακλῆς (Hēraklês), *Héracles*, é tido como um composto de Ἥρα (Héra), "a Protetora, a Guardiã" (v. Hera) e de -κλέης (-kléēs) ou κλῆς (klês), donde Ἡρακλέης (Herakléēs) ou o contrato Ἡρακλῆς (Heraklês). O segundo elemento do composto κλέης (kléēs) ou κλῆς (klês) provém de κλέος (kléos), "glória", sânscrito *sravas-*, "glória", avéstico *sravah-*, "palavra", donde Héracles significaria "o que fez a glória de Hera" através dos *Doze Trabalhos* que a deusa lhe impôs, *DELG*, p. 416 e 540-541; *DEMG*, p. 69.

Acrescente-se de passagem, que o latim *Hercules*, Hércules, é, ao que tudo faz crer, o grego *Heraklês* com o intermediário etrusco *hercle*, que aliás aparece no próprio latim precedido de *me, mehercle* ao lado de *meherculès*, "por Hércules", uma forma de juramento familiar, própria do homem, *DIELL*, p. 292.

Muito embora seja Zeus, no mito, e não Anfitrião, o pai de Héracles, este vem a ser bisneto de Perseu pelo lado materno, pois Alcmena, sua mãe, é filha de Eléctrion e neta de Perseu. O quadro a seguir torna mais clara a genealogia do maior dos heróis gregos.

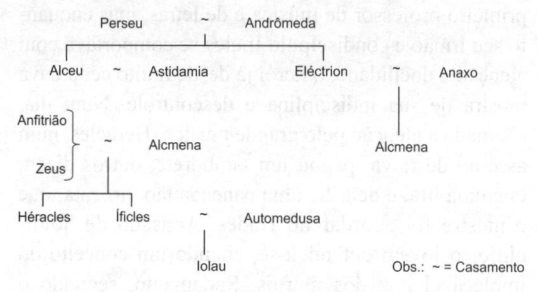

```
              Perseu  ~  Andrômeda
         ┌───────────────┴───────────────┐
    Alceu  ~  Astidamia     Eléctrion  ~  Anaxo
      │                          │
  Anfitrião                      │
      ├──  ~  Alcmena         Alcmena
    Zeus
      │
  Héracles  Íficles  ~  Automedusa
                  │
                Iolau           Obs.: ~ = Casamento
```

Enquanto neto de Alceu, o filho de Alcmena é, chamado igualmente Ἀλκείδης (Alkeídēs), *Alcides*, nome proveniente de ἀλκή (alkḗ), "força em ação, vigor" e do sufixo *-ιδ-* (-id-) ampliado em *-ιδας>-ιδης* (-idās>idēs), que expressa patronímicos masculinos. Em tese, até a realização completa dos Doze Trabalhos, o herói deveria ser chamado tão somente de *Alcides*, pois só se torna a "glória de Hera", *Héracles*, após o término de todas as *provas iniciáticas* impostas pela deusa. É assim, aliás, que lhe chama Píndaro, *Olímpicas*, 6, 68: "o rebento ilustre da raça de Alceu".

É extremamente difícil tentar expor, já não diria em ordem racional, mas até mesmo com *certa ordem*, o vasto mitologema de Héracles, uma vez que os mitos, que lhe compõem a figura, evoluíram ininterruptamente, desde a época pré-helênica até o fim da antiguidade greco-latina.

Variantes, adições e interpolações várias de épocas diversas, algumas até mesmo de cunho político, enriqueceram de tal modo o mitologema, que é totalmente impraticável separar-lhe os mitemas. O único método válido, a nosso ver, para que se tenha uma visão de conjunto desse extenso conglomerado, é dividir o todo em ciclos, fazendo-os preceder dos mitos concernentes ao nascimento, infância e educação do herói. Vamos, assim, tentar estabelecer uma divisão mais ou menos didática nesse longo mitologema, a fim de que se possa ter uma ideia das partes e, quanto possível, do todo.

Nosso esquema "artificial" funcionará, pois, da seguinte maneira:

1 – nascimento, infância e educação de Héracles;
2 – o ciclo dos Doze Trabalhos;
3 – aventuras secundárias, praticadas no curso dos Doze Trabalhos;
4 – gestas independentes do ciclo anterior; e
5 – ciclo da morte e da apoteose do herói.

O *Hino homérico a Héracles*, 1-8, em apenas nove versos, nos traça o destino completo do herói incomparável:

É a Héracles, filho de Zeus, que vou cantar, ele que é de longe o maior dentre os que habitam a terra. Aquele a quem Alcmena, na Tebas de belos coros, deu à luz, após unir-se ao Crônida de sombrias nuvens. Errou e sofreu, primeiro, sobre a terra e no mar imensos; em seguida triunfou, graças à sua bravura, e, sozinho, executou tarefas audaciosas e inimitáveis. Agora, habita feliz a bela mansão do Olimpo nevoso e tem por esposa a Hebe de lindos tornozelos.

Anfitrião, filho de Alceu, casara-se com sua prima Alcmena, filha de Eléctrion, rei de Micenas, mas tendo-lhe involuntariamente causado a morte, foi banido por seu tio Estênelo, rei suserano de Argos, e de quem dependia o reino de Micenas. Expulso, pois, de Micenas, Anfitrião, em companhia da esposa, refugiou-se em Tebas, onde foi purificado pelo Rei Creonte. Como Alcmena se recusasse a consumar o matrimônio, enquanto o marido não lhe vingasse os irmãos, mortos pelos filhos de Ptérela (v.), Anfitrião, obtida a aliança dos tebanos e com contingentes provindos de várias regiões da Grécia, invadiu a Ilha de Tafos, onde reinava Ptérela. Com a traição de Cometo (v.), a vitória de Anfitrião foi esmagadora. Carregado de despojos, o filho de Alceu se aprestou para regressar a Tebas, com o objetivo de fazer Alcmena sua mulher.

Pois bem, foi durante a ausência de Anfitrião que Zeus, desejando dar ao mundo um herói como jamais houvera outro e que libertasse os homens de tantos monstros, escolheu a mais bela das habitantes de Tebas para ser mãe de criatura tão privilegiada. Sabedor, porém, da fidelidade absoluta da princesa micênica, travestiu-se de Anfitrião, trazendo-lhe inclusive de presente a taça de ouro por onde bebia o Rei Ptérela e, para que nenhuma desconfiança pudesse ainda, porventura, existir no espírito da "esposa", narrou-lhe longamente os incidentes da campanha. Foram três noites de um amor ardente, porque, durante três dias, Apolo, por ordem do pai dos deuses e dos homens, deixou de percorrer o céu com seu carro de chamas.

Ao regressar, logo após a partida de Zeus, Anfitrião ficou muito surpreso com a acolhida tranquila e serena da esposa e ela também muito se admirou de que o marido houvesse esquecido tão depressa a grande batalha de amor travada até a noite anterior em Tebas... Um duelo que fora mais longo que a batalha na Ilha de Tafos! Mais espantado e, dessa feita, confuso e nervoso ficou o general tebano, quando, ao narrar-lhe os episódios da luta contra Ptérela, verificou que a esposa os conhecia tão bem ou melhor que ele. Consultado, o adivinho Tirésias revelou a ambos o glorioso adultério físico de Alcmena e o astucioso estratagema de Zeus. Afinal, a primeira noite de núpcias compete ao deus e é, por isso, que o primogênito nunca pertence aos pais, mas a seu *Godfather*... Mas Anfitrião, que esperara tanto tempo por sua lua de mel, se esquecera de tudo isto e, louco de raiva e ciúmes, resolveu castigar Alcmena, queimando-a viva numa pira. Zeus, todavia, não o permitiu e fez descer do céu uma chuva repentina e abundante, que, de imediato, extinguiu as chamas da fogueira de Anfitrião. Diante de tão grande prodígio, o general desistiu de seu intento e acendeu outra fogueira, mas de amor, numa longa noite de ternura com a esposa.

Com tantas noites de amor, Alcmena concebeu dois filhos: um de Zeus, Héracles; outro de Anfitrião, Íficles. Acontece que Zeus, imprudentemente, deixara escapar que seu filho nascituro da linhagem dos persidas reinaria em Argos. De imediato, a ira e o ciúme de Hera, que jamais deixou em paz os amantes e os filhos adulterinos de seu esposo Zeus, começaram a manifestar-se. Ordenou a Ilítia, deusa dos partos, sobre quem já se falou em *Mitologia Grega*, Vol. II, p. 58, e que, diga-se mais uma vez, é uma hipóstase da própria rainha dos deuses, que retardasse o mais possível o nascimento de Héracles e apressasse o de Euristeu, primo de Alcides, porquanto era filho de Estênelo. Nascendo primeiro, o primo do filho de Alcmena seria automaticamente o herdeiro de Micenas. Foi assim que Euristeu veio ao mundo com sete meses e Héracles com dez! Este acontecimento é narrado minuciosamente na *Ilíada*, XIX, 97-134.

Fazia-se necessário, todavia, iniciar urgentemente a imortalidade do herói. Zeus arquitetou um estratagema, cuja execução, como sempre, ficou aos cuidados de Hermes: era preciso fazer o herói sugar, mesmo que fosse por instantes, o seio divino de Hera. O famoso Trismegisto conseguiu mais uma vez realizar uma façanha impossível: quando a deusa adormeceu, Hermes colocou o menino sobre os seios divinos da imortal esposa de Zeus. Hera despertou sobressaltada e repeliu a Héracles com um gesto tão brusco, que o leite divino espirrou no céu e formou a *Via Láctea!* Existe uma variante que narra o episódio de maneira diversa. Temerosa da "ira sempre lembrada da cruel Juno", como diria muito mais tarde Virgílio, *Eneida*, 1, 4, com respeito ao ressentimento da deusa contra Eneias, Alcmena mandou expor o menino nos arredores de Argos, num local que, depois, se chamou "Planície de Héracles". Por ali passavam Hera e Atená, e a deusa da inteligência, vendo o exposto, admirou-lhe a beleza e o vigor. Pegou a criança e entregou-a Hera, solicitando-lhe desse o seio ao faminto. Héracles sugou o leite divino com tanta força, que feriu a deusa. Esta lançou com violência para longe de si. Atená o recolheu e levou de volta a Alcmena, garantindo-lhe que podia criar o filho sem temor algum. De qualquer forma, o vírus da imortalidade se inoculara no filho de Zeus com a princesa tebana.

Mas o ódio de Hera sempre teve pernas compridas. Quando o herói contava apenas oito meses, a deusa enviou contra ele duas gigantescas serpentes. Íficles, apavorado, começou a gritar, mas Héracles, tranquilamente, se levantou do berço em que dormia, agarrou as duas víboras, uma em cada mão, e as matou por estrangulamento. Píndaro, nas *Nemeias*, 1, 33-63, disserta poética e longamente sobre a primeira grande gesta de Héracles. Anfitrião, que acorrera de espada em punho, ao ver o prodígio, acreditou, finalmente, na origem divina do "filho". E o velho Tirésias, mais uma vez, explicou o destino que aguardava o herói.

A educação de Héracles, projeção da que recebiam jovens gregos da época clássica, começou em casa. Seu primeiro grande mestre foi o general Anfitrião, que o adestrou na difícil arte de conduzir bigas. Lino foi seu primeiro professor de música e de letras, mas enquanto seu irmão e condiscípulo Íficles se comportava com atenção e docilidade, o herói já desde muito cedo dava mostra de sua indisciplina e descontrole. Num dia, chamado à atenção pelo grande músico, Héracles, num assomo de raiva, pegou um tamborete, outros dizem que uma lira, e deu-lhe uma pancada tão violenta, que o mestre foi acordar no Hades. Acusado de homicídio, o jovem defendeu-se, citando um conceito do implacável juiz dos mortos, Radamanto, segundo o qual tinha-se o direito de matar o adversário, em caso de legítima defesa. Apesar da quando muito legítima defesa cerebrinamente putativa, Héracles foi absolvido. Em seguida, vieram outros preceptores: Eumolpo prosseguiu com o ensino da música, Êurito, rei de Ecália, que bem mais tarde terá um problema muito sério com o herói, ensinou-lhe o manejo do arco, arte em que teve igualmente por instrutor ao cita Têutaro e, por fim, Castor o exercitou no uso das demais armas. Héracles, porém, sempre se portou como um indisciplinado e temperamental incorrigível, a ponto de, temendo pela vida dos mestres, Anfitrião o mandar para o campo, com a missão de cuidar do rebanho.

Enquanto isso o herói crescia desproporcionalmente. Aos dezoito anos, sua altura chegava a três metros! E foi exatamente aos dezoito anos que Héracles realizou sua primeira grande façanha, a caça e morte do leão do Monte Citerão. Este animal, de porte fora do comum e de tanta ferocidade, estava causando grandes estragos nos rebanhos de Anfitrião e do Rei Téspio, cujas terras eram vizinhas das de Tebas. Como nenhum caçador se atrevesse a enfrentar o monstro, Héracles se dispôs a fazê-lo, transferindo-se, temporariamente, para o reino de Téspio. A caçada ao leão durou cinquenta dias, porque, quando o sol se punha, o caçador retornava, para dormir no palácio. Exatamente no quinquagésimo dia, o herói conseguiu sua primeira grande vitória. Acontece, porém, que Téspio, pai de cinquenta filhas, e desejando que cada uma tivesse um filho de Héracles, entregava-lhe uma por noite e foi assim que, durante cinquenta dias, o herói fecundou as cinquenta jovens, de que nasceram as tespíades. A respeito da divergência do tempo que durou essa proeza sexual do filho de Alcmena já se falou em *Mitologia Grega*, Vol. III, capítulo I, onde se mostrou, igualmente, que a potência sexual de Héracles não teve competidor, ao menos no mito. É possível que nos civilizados tempos modernos o *Surmâle* de Jarry lhe possa servir de parâmetro...

Ao retornar do reino de Téspio, Héracles encontrou nas vizinhanças de Tebas os delegados do rei de Orcômeno, Ergino (v.), que vinham cobrar o tributo anual de cem bois, que Tebas pagava a Orcômeno, como indenização de guerra. Após ultrajá-los, o herói cortou-lhes as orelhas e o nariz e, pendurando-os ao pescoço de cada um, enviou-os de volta, dizendo-lhes ser este o pagamento do tributo.

Indignado, Ergino, com um grande exército, marchou contra Tebas. Héracles desviou o curso de um rio e afogou na planície a cavalaria inimiga. Perseguiu, em seguida, a Ergino e o matou a flechadas. Antes de retirar-se com os soldados tebanos, impôs aos mínios de Orcômeno o dobro do tributo que lhes era pago por Tebas. Foi nesta guerra que morreu Anfitrião, lutando bravamente ao lado do filho.

O Rei Creonte, grato por tudo quanto o filho de Alcmena fizera por Tebas, deu-lhe em casamento sua filha primogênita Mégara, enquanto a caçula se casava com Íficles, tendo este, para tanto, repudiado sua primeira esposa Automedusa, que lhe dera um filho, Iolau. De Héracles e Mégara nasceram oito filhos, segundo Píndaro; três, conforme Apolodoro; sete ou cinco, consoante outras versões. Não importa o número. Talvez o que faça pensar é a reflexão de Apolodoro de que Héracles somente foi pai de filhos homens, como se de um *macho* quiçá só pudessem nascer *machos...* (*Apol.*, 2, 7, 8).

Hera, porém, preparou tranquilamente a grande vingança. Como protetora dos amores legítimos, não poderia perdoar ao marido seu derradeiro adultério, ao menos no mito, sobretudo quando Zeus tentou dar a essa união ilegítima com Alcmena o signo da legitimidade (*Diod.* 4, 9, 3; *Apol.* 2, 4, 8), fazendo o menino sugar o leite imortal da esposa.

Foi assim que a deusa lançou contra Héracles a terrível Λύσσα (Lýssa), *a raiva, o furor*, que, de mãos dadas com a ἄνοια (ánoia), *a demência*, enlouqueceu por completo o herói. Num acesso de insânia, ei-lo matando a flechadas ou lançando ao fogo os próprios filhos. Terminado o morticínio dos seus, investiu contra os de Íficles, massacrando a dois. Sobraram dessa loucura apenas Mégara e Iolau, salvos pela ação rápida de Íficles.

Recuperada a razão, o herói, após repudiar Mégara e entregá-la a seu sobrinho Iolau, dirigiu-se ao Oráculo de Delfos e pediu a Apolo que lhe indicasse os meios de purificar-se desse ἀκούσιος φόνος (akúsios phónos), desse "morticínio involuntário", mas, mesmo assim considerado "crime hediondo", na mentalidade grega. A Pítia ordenou-lhe colocar-se ao serviço de seu primo Euristeu durante doze anos, ao que Apolo e Atená teriam acrescentado que, como prêmio de tamanha punição, o herói obteria a imortalidade.

Existem variantes acerca dessa submissão de Héracles a Euristeu, que, aliás, no mito é universalmente tido e havido como um poltrão, um covarde, um deformado física e moralmente. Incapaz, até mesmo, de encarar o herói frente a frente, mandava-lhe ordens através do arauto Copreu (v.), filho de Pélops, refugiado em Micenas. Proibiu, por medo, que Héracles penetrasse no recinto da cidade e, por precaução, mandou fabricar um enorme jarro de bronze como supremo refúgio. E não foi preciso que o herói o atacasse, para que Euristeu "usasse o vaso". Mais de uma vez, como se verá, o rei de Micenas se serviu do esconderijo, só à vista das presas e monstros que lhe eram trazidos pelo filho de Alcmena. Numa palavra: Euristeu, incapaz de realizar mesmo o possível, impôs ao herói o impossível, vale dizer, a execução dos célebres Doze Trabalhos.

Dizíamos, porém, que existem variantes, que explicam de outra maneira a submissão de Héracles ao rei de Micenas. Uma delas relata que o herói, desejando retornar a Argos, dirigiu-se ao primo e este concordou, mas desde que aquele libertasse primeiro o Peloponeso e o mundo de determinados monstros. Uma outra, retomada pelo poeta da época alexandrina, Diotimo, apresenta-o como amante de Euristeu. Teria sido por mera complacência amorosa que o herói se submetera aos caprichos do amado, o que parece, aliás, uma ressonância tardia do discurso de Fedro no *Banquete* de Platão, 179.

As variantes apontadas e outras de que não vale a pena falar, bem como a "condição de imortalidade", sugerida ou imposta por Apolo e Atená, provêm simplesmente da reflexão do pensamento grego sobre o mito: a necessidade de justificar tantas provações por parte de um herói idealizado como o justo por excelência. Para as religiões de mistérios, na Hélade, os sofrimentos de Héracles configuram as provas por que tem que passar a psiqué, que se libera paulatina, mas progressivamente, dos liames do cárcere do corpo.

Os *Doze Trabalhos* são, pois, as provas a que o rei de Argos, o covarde Euristeu, submeteu seu primo Héracles. Num plano simbólico, as dozes provas configuram um vasto labirinto, cujos meandros, mergulhados nas trevas, o herói terá que percorrer até chegar à luz, onde, despindo a mortalidade, se revestirá do homem novo, recoberto com a indumentária da imortalidade.

Os mitógrafos da época helenística montaram um catálogo dos Doze Trabalhos em duas séries de seis. Os seis primeiros tiveram por palco o Peloponeso e os seis outros se realizaram em partes diversas do mundo então conhecido, de Creta ao Hades. Advirta-se, porém, que há muitas variantes, não apenas em relação à ordem dos trabalhos, mas igualmente no que tange ao número dos mesmos. Apolodoro, por exemplo, só admitia dez.

Exceto a clava, que o próprio herói cortou e preparou de um tronco de oliveira selvagem, todas as suas demais armas foram presentes divinos: Hermes lhe deu a espada; Apolo, o arco e as flechas; Hefesto, uma couraça de bronze; Atená um peplo e Posídon ofereceu-lhe os cavalos.

Seguindo a tradição mais comum, vamos sintetizar os *Trabalhos*, levando em conta que foram *Doze*.

LEÃO DE NEMEIA

Nemeia, nome de uma cidade e de um bosque na Argólida, foi o cenário do primeiro trabalho do herói. O Leão de Nemeia era um monstro de pele invulnerável, filho de Ortro, e este, filho de Tifão e de Équidna, um outro monstro, sob forma de mulher-serpente. Esse Leão possuía uns irmãos célebres e terríveis: Cérbero, Hidra de Lerna, Quimera, Esfinge de Tebas... Criado pela deusa Hera ou à mesma emprestado pela deusa-Lua "Selene", para provar Héracles, era uma temeridade dar-lhe caça. O monstro passava parte do dia escondido num bosque, perto de Nemeia. Quando deixava o esconderijo, o fazia para devastar toda a região, devorando-lhe os habitantes e os rebanhos. Entocado numa caverna, com duas saídas, era quase impossível aproximar-se dele. O herói atacou-o a flechadas, mas em vão, pois o couro do leão era invulnerável. Astutamente, fechando uma das saídas, o filho de Zeus o tonteou a golpes de clava e, agarrando-o com seus braços possantes, o sufocou. Com o couro do monstro o herói cobriu os próprios ombros e da cabeça do mesmo fez um capacete.

Não insistimos em outros pormenores acerca desta primeira tarefa de Héracles, porque todos os episódios relativos ao *Leão de Nemeia*, inclusive a parte simbólica, foram estudados em *Mitologia Grega*, Vol. I, p. 255. Igualmente se mostrou no Vol. II, p. 148-150, a importância da posse do crânio do inimigo abatido. Quanto à pele, com que o herói cobriu os ombros, além da invulnerabilidade, possuía como toda pele de determinados animais um mana, uma *enérgeia* muito forte, simbolizando, desse modo, a "insígnia da combatividade vitoriosa" do filho de Alcmena.

HIDRA DE LERNA

A Hidra de Lerna é um monstro gerado pela deusa Hera, para "provar" o grande Héracles. Criada sobre um plátano, junto da fonte Amimone, perto do pântano de Lerna, na Argólida, a Hidra é figurada como uma serpente descomunal, de muitas cabeças, variando estas, segundo os autores, de cinco ou seis, até cem, e cujo hálito pestilento a tudo destruía: homens, colheitas e rebanhos. Para conseguir exterminar mais esse monstro, o herói contou com a ajuda preciosa de seu sobrinho Iolau, porque, à medida em que Héracles ia cortando as cabeças da Hidra, onde houvera uma, renasciam duas. Iolau pôs fogo a uma floresta vizinha, e com grandes tições ia cauterizando as feridas, impedindo, assim, o renascimento das cabeças cortadas. A cabeça do meio era imortal, mas o filho de Alcmena a cortou assim mesmo: enterrou-a e colocou-lhe por cima um enorme rochedo. Antes de partir, Héracles embebeu suas flechas no veneno ou, segundo outros, no sangue da Hidra, envenenando-as.

A interpretação evemerista do mito é de que se trata de um rito aquático. A *Hidra*, com as cabeças, que renasciam, seria na realidade o pântano de Lerna, drenado pelo herói. As cabeças seriam as nascentes, que, enquanto não fossem estancadas, tornariam inútil qualquer drenagem. A monstruosa serpente aquática, dotada de muitas cabeças, é frequentemente comparada com os deltas dos rios, com seus inúmeros braços, cheias e baixas.

Consoante Paul Diel, a Hidra simboliza os vícios múltiplos, "tanto sob forma de aspiração imaginativamente exaltada, como de ambição banalmente ativa. Vivendo no pântano, a Hidra é mais especificamente caracterizada como símbolo dos vícios banais. Enquanto o monstro vive, enquanto a vaidade não é dominada, as cabeças, configuração dos vícios, renascem, mesmo que, por uma vitória passageira, se consiga cortar uma ou outra".

O sangue da Hidra é um veneno e nele o herói mergulhou suas flechas. Quando a peçonha se mistura às águas dos rios, os peixes não podem ser consumidos, o que confirma a interpretação simbólica: tudo quanto tem contato com os vícios, ou deles procede, se *corrompe* e *corrompe*.

JAVALI DE ERIMANTO

Erimanto é uma escura montanha da Arcádia, onde se escondia um monstruoso javali, que Héracles deveria trazer vivo ao rei de Argos. Com gritos poderosos, o herói fê-lo sair do covil e, atraindo a besta-fera para uma caverna coberta de neve, o fatigou até que lhe foi possível segurá-lo pelo dorso e conduzi-lo ao primo. Ao ver o monstro, Euristeu, apavorado, escondeu-se no jarro de bronze, de que se falou mais acima.

O simbolismo do javali está diretamente relacionado com a tradição hiperbórea, com aquele nostálgico paraíso perdido, onde se localizaria a Ilha dos Bem-Aventurados. Nesse enfoque, segundo comentam J. Chevalier e Alain Gheerbrant, o javali configuraria o poder espiritual, em contraposição ao urso, símbolo do poder temporal. Assim concebida, a simbólica do javali estaria relacionada com o retiro solitário do druida nas florestas: nutre-se da glande do carvalho, árvore sagrada, e a javalina com seus nove filhotes escava a terra em torno da macieira, a árvore da imortalidade. A respeito de toda a simbólica do *javali* já se falou em *Mitologia Grega*, Vol. II, p. 65-66.

Héracles, apoderando-se do símbolo do poder espiritual, escala mais um degrau no rito iniciático.

CORÇA DE CERÍNIA

Essa corça de Cerínia, segundo Calímaco, *Hino a Ártemis*, 98sqq., era uma das cinco que Ártemis encontrou no Monte Liceu. Quatro a deusa as atrelou em seu carro e a quinta a poderosa Hera a conduziu para o Monte Cerínia, com o fito de servir a seus intentos contra Héracles. Consagrada à irmã gêmea de Apolo, esse animal, cujos pés eram de bronze e os cornos de ouro, trazia a marca do sagrado e, portanto, não podia ser morta. Mais pesada que um touro, se bem que rapidíssima, o herói, que deveria trazê-la viva a Euristeu, perseguiu-a durante um ano. Já exausto, o animal buscou refúgio no Monte Artemísion, mas, sem lhe dar tréguas, Héracles continuou na caçada e, quando a corça tentou atravessar o Rio Ládon, na Arcádia, ferindo-a levemente, Alcides logrou apoderar-se dela. Quando já se dirigia a Micenas, encontrou-se com Apolo e Ártemis. Estes tentaram tirar-lhe o animal, mas, afirmando cumprir ordens de Euristeu, o filho de Alcmena conseguiu, por fim, prosseguir seu caminho.

Píndaro apresenta uma versão acentuadamente mística dessa longa perseguição. Consoante o poeta tebano, *Olímpicas*, 3, 29sqq., Héracles teria seguido a corça em direção ao norte, através da Ístria, chegando ao país dos Hiperbóreos, onde, na Ilha dos Bem-Aventurados, foi benevolamente acolhido por Ártemis.

A interpretação pindárica é como que uma antecipação da única tarefa realmente importante do herói, sua liberação interior. Sua estupenda vitória, após um ano de tenaz perseguição, apossando-se da corça de cornos de ouro e pés de bronze, tendo chegado ao *norte* e ao céu eternamente azul dos *Hiperbóreos*, configura a busca da *sabedoria*, tão difícil de se conseguir. A simbólica dos pés de bronze há que ser interpretada a partir do próprio metal. Enquanto *sagrado*, o bronze isola o animal do mundo profano, mas, enquanto *pesado*, o escraviza à terra.

Têm-se aí os dois aspectos fundamentais da interpretação: o diurno e o noturno dessa corça. Seu lado puro e virginal é bem-acentuado, mas o "peso do metal" poderá pervertê-la, fazendo-a apegar-se a desejos grosseiros, que lhe impedem qualquer voo mais alto.

De outro lado, embora consagrada a Ártemis, a corça, no mito grego, é propriedade de Hera, deusa protetora do amor legítimo e do himeneu. Símbolo essencialmente feminino, o brilho de seus olhos é, muitas vezes, cotejado com a limpidez do olhar de uma jovem. O *Cântico dos Cânticos* usa o nome da corça numa fórmula de esconjuro, para preservar a tranquilidade do amor:

"Eu vos conjuro, filhas de Jerusalém, pelas gazelas e corças do campo, que não perturbeis nem acordeis a minha amada, até que ela queira (2, 7)".

AVES DO LAGO DE ESTINFALO

Numa espessa e escura floresta, às margens do lago de Estinfalo, na Arcádia, viviam centenas de aves de porte gigantesco, que devoravam os frutos da terra, em toda aquela região. Segundo outras fontes, eram antropófagas e liquidavam os passantes com suas penas aceradas, de que se serviam como de dardos mortíferos. A dificuldade consistia em fazê-las sair de seus escuros abrigos na floresta. Hefesto, a pedido de Atená, fabricou para o herói umas castanholas de bronze. Com o barulho ensurdecedor desses instrumentos, as aves levantaram voo e foram mortas com flechas envenenadas com o sangue de Hidra de Lerna.

Uma interpretação evemerista do mito faz dessas aves filhas de um certo herói Estinfalo. Héracles as matou, porque lhe negaram hospitalidade, concedendo-a, logo depois, a seus inimigos, os moliônides, isto é, Ctéato e Êurito.

Com suas flechas certeiras, símbolo da espiritualização, Héracles liquidou *as Aves do Lago de Estinfalo*, cujo voo obscurecia o sol. Como o pântano, o lago reflete a estagnação. As aves que dele levantam voo simbolizam o impulso de desejos múltiplos e perversos. Saídos do inconsciente, onde se haviam estagnado, põem-se a esvoaçar e sua afetividade perversa acaba por ofuscar o espírito.

A vitória do filho de Alcmena é mais um triunfo sobre as "trevas".

ESTÁBULOS DE AUGIAS

Rei de Élis, no Peloponeso, Augias, filho de Hélio, era dono de um imenso rebanho. Mas, tendo deixado de limpar seus estábulos durante trinta anos, provocou a esterilidade nas terras da Élida, por falta de estrume. Para humilhar o primo, Euristeu lhe ordenou que fosse limpá-los.

O herói, antes de iniciar sua tarefa, pediu a Augias, como salário, um décimo do rebanho, comprometendo-se a remover a montanha de estrume num só dia. Julgando impossível a empresa, o rei concordou com a exigência feita. Tendo desviado para dentro dos estábulos o curso de dois rios, Alfeu e Peneu, a tarefa foi executada com precisão e espantosa rapidez. Augias, no entanto, deixou de cumprir a promessa e como o herói tomara por testemunha o jovem Fileu, o rei expulsou de seu reino ao filho de Alcmena.

Para se vingar, o herói reuniu um exército de voluntários da Arcádia e marchou contra Élis. Augias, tendo colocado à frente das tropas seus dois sobrinhos, Ctéato e Êurito, os moliônides, conseguiu repelir o ataque de Héracles, que, além do mais, quase perdeu seu irmão Íficles, que foi gravemente ferido em combate. Mais tarde, todavia, quando da celebração dos terceiros Jogos Ístmicos, como os habitantes de Élis tivessem enviado os moliônides para representá-los nos *Agônes*, o herói os matou numa emboscada. Não satisfeito, organizou uma segunda expedição contra a Élida: tomou a cidade de Élis, matou Augias e entregou o trono a Fileu, que anteriormente testemunhara a seu favor. Foi após essa vitoriosa campanha contra Augias que Héracles fundou os *Jogos Olímpicos*, como recorda Píndaro, *Olímpicas*, 10, 25sq.

Segundo Diel, os estábulos do Rei Augias "configuram o inconsciente. A estrumeira representa a deformação banal. O herói faz passar as águas do Alfeu e Peneu através dos estábulos imundos, o que simboliza a purificação. Sendo o rio a imagem da vida que se escoa, seus acidentes sinuosos refletem os acontecimentos da vida 'corrente' [...]. Irrigar o estábulo com as águas de um rio significa purificar a alma, o inconsciente da estagnação banal, graças a uma atividade vivificante e sensata".

Estes seis primeiros trabalhos de Héracles têm por cenário, já se mencionou linhas acima, a própria Hélade; os seis últimos, mais difíceis e penosos – afinal a iniciação é um progresso na dor – levarão o filho de Alcmena para outras paragens. Trata-se, no fundo, de um caminhar em direção a *Thánatos*, conforme se há de mostrar.

TOURO DE CRETA

Minos, rei de Creta, prometera sacrificar a Posídon tudo quanto de especial saísse do mar. O deus fez surgir das espumas um touro maravilhoso. Encantado com a beleza do animal, o rei mandou levá-lo para junto de seu rebanho e sacrificou a Posídon um outro. Irritado, o deus enfureceu o touro, que saiu pela ilha, fazendo terríveis devastações. Foi este animal feroz, que lançava chamas pelas narinas, que Euristeu ordenou a Héracles trazer vivo para Micenas. Não podendo contar com o auxílio de Minos, que se recusou a ajudá-lo, o herói, segurando o monstro pelos chifres, conseguiu dominá-lo e, sobre o dorso do mesmo, regressou à Hélade. Euristeu o ofertou à deusa Hera, mas esta, nada querendo que proviesse de Héracles, o soltou. O animal percorreu a Argólida, atravessou o Istmo de Corinto e ganhou a Ática, refugiando-se em Maratona, onde Teseu (v.), mais tarde, o capturou e sacrificou a Apolo Delfínio.

ÉGUAS DE DIOMEDES

Filho de Ares e Pirene, Diomedes, o cruel rei da Trácia, possuía quatro éguas, Podargo, Lâmpon, Xanto e Dino, que eram alimentadas com as carnes dos estrangeiros que as tempestades lançavam às costas da Trácia. Euristeu ordenou a Héracles de pôr termo a essa prática selvagem e trazer as éguas para Argos. O herói foi obrigado a lutar com Diomedes, que, vencido, foi lançado às suas próprias bestas antropófagas. Após devorarem o rei, as éguas estranhamente se acalmaram e foram, sem dificuldade alguma, conduzidas a Micenas. Euristeu as deixou em liberdade e as mesmas acabaram sendo devoradas pelas feras do Monte Olimpo.

Foi durante a caminhada do herói em direção à Trácia que se passou o episódio da ressurreição de *Alceste*, tema de que se aproveitou Eurípides em sua tragédia homônima, que traduzimos para Bruno Buccini Editor, Rio de Janeiro, 1968. Quando Héracles passou pela Tessália, mais precisamente por sua capital, Feres, o luto se apossara do palácio real. É que o Rei Admeto, tendo sido sorteado pelas Queres para baixar ao Hades, conseguira, por intervenção de Apolo, que as Moiras o poupassem, até novo sorteio, se alguém se oferecesse para morrer em seu lugar. Acontece que a empresa não era fácil e até mesmo os pais de Admeto, já idosos, recusaram-se a fazer tão grande sacrifício pelo filho. Somente *Alceste*, sua esposa, apesar de jovem e bela, num gesto heroico, espontaneamente se prontificou a dar a vida pelo marido. Quando Admeto se preparava para solenemente celebrar as exéquias da esposa, eis que surge Héracles, pedindo-lhe hospitalidade. Não obstante a tristeza e o luto que pesavam sobre o palácio real, o rei de Feres acolheu dignamente o filho de Alcmena. Ao ser informado, um pouco mais tarde, do que se passava, Héracles, apelando para seus braços possantes, dirigiu-se apressadamente para o túmulo da rainha. E foi num combate gigantesco que o grande herói levou de vencida a *Thánatos*, a Morte, arrancando de suas garras a esposa de Admeto, Alceste, mais jovem e mais bela que nunca.

CINTURÃO DA RAINHA HIPÓLITA

Foi a pedido de Admeta, filha de Euristeu e sacerdotisa de Hera argiva, que Héracles, acompanhado por alguns voluntários, inclusive Teseu, seguiu para o fabuloso país das Amazonas, a fim de trazer para a princesa o famoso Cinturão de Hipólita, rainha dessas guerreiras indomáveis. Tal Cinturão havia sido dado a Hipólita pelo deus Ares, como símbolo do poder temporal que a Amazona exerce sobre seu povo. A viagem do herói teve um incidente mais ou menos sério. Tendo feito escala na Ilha de Paros, dois de seus companheiros foram assassinados pelos filhos de Minos. É que Nefálion, um dos filhos do rei cretense com a ninfa Pária, havia se estabelecido na ilha supracitada com seus irmãos Eurimedonte, Crises e Filolau e com dois sobrinhos, Alceu e Estênelo. Pois bem, foram esses filhos de Minos que, com seu gesto impensado, provocaram a ira de Héracles, que, após matar os quatro irmãos, ameaçou exterminar com todos os habitantes de Paros. Estes mandaram-lhe uma embaixada, implorando-lhe que escolhesse dois cidadãos quaisquer da ilha em substituição aos dois companheiros mortos. O herói aceitou e, tendo tomado consigo Alceu e Estênelo, prosseguiu viagem, chegando ao porto de Temiscira, pátria das Amazonas. Hipólita concordou em entregar-lhe o Cinturão, mas Hera, disfarçada numa Amazona, suscitou grave querela entre os companheiros do herói e as habitantes de Temiscira. Pensando ter sido traído pela rainha, Héracles a matou. Uma variante relata que as hostilidades se iniciaram, quando da chegada de Alcides. Tendo sido feita prisioneira uma das amigas ou irmã de Hipólita, Melanipe, a rainha das Amazonas concluiu tréguas com o filho de Alcmena e concordou em entregar-lhe o Cinturão em troca da liberdade de sua companheira.

Foi no decorrer dessa luta, relata uma variante, que Teseu, por seu valor e desempenho, recebeu de Héracles, como recompensa, a Amazona Antíope.

No retorno dessa longa expedição, o herói e seus companheiros passaram por Troia, que, no momento, estava assolada por uma grande peste. O motivo do flagelo, já relatado em *Mitologia Grega*, Vol. II, p. 89, foi a recusa do Rei Laomedonte em pagar a Apolo e a Posídon os serviços prestados por ambos na construção das muralhas de Ílion. Enquanto Apolo lançara a peste contra Tróada, Posídon fizera surgir do mar um monstro que lhe dizimava a população. Consultado o oráculo, este revelou que a peste só teria fim, se o rei expusesse sua filha Hesíona para ser devorada pelo monstro. A jovem, presa a um rochedo, estava prestes a ser estraçalhada pelo dragão, quando Héracles chegou. O herói prometeu a Laomedonte salvar-lhe a filha, se recebesse em troca as éguas que Zeus lhe ofertara por ocasião do rapto de Ganimedes. O rei aceitou, feliz, a proposta do herói e este, de fato, matou o monstro e salvou Hesíona. Ao reclamar, todavia, a recompensa prometida, Laomedonte se recusou a cumpri-la. Ao partir de Troia, Héracles jurou que um dia voltaria e tomaria a cidade. E o cumpriu, segundo se verá.

BOIS DE GERIÃO

Quinto Horácio Flaco, numa *Ode.*, 2, 14, 7sq., deveras melancólica, nos fala do *tríplice Gerião*, retido para sempre na água sinistra, que será, um dia, transposta por todos nós... Gerião, filho de Crisaor e, portanto, neto de Medusa, era um gigante monstruoso de três cabeças, que se localizavam num corpo tríplice, mas somente até os quadris. Habitava a Ilha de Eritia, situada nas brumas do Ocidente, muito além do fabuloso Oceano. Seu imenso rebanho de bois vermelhos era guardado pelo pastor Eurítion e pelo monstruoso cão Ortro, filho de Tifão e Équidna, não muito longe do local onde também Menetes pastoreava o rebanho de Plutão, o deus dos mortos. Foi por ordem de Euristeu que Héracles deveria se apossar do rebanho do Gigante e trazê-lo até Micenas. A primeira dificuldade séria era atravessar o Oceano. Para isso tomou por empréstimo a *Taça do Sol*. Tratava-se, na realidade, de uma *Taça* gigantesca, em que Hélio, o Sol, todos os dias, à noitinha, após mergulhar nas entranhas catárticas do Oceano, regressava a seu palácio, no Oriente. Acessão da Taça por parte de Hélio não foi, entretanto, espontânea. O herói já caminhava, havia longo tempo, pelo extenso deserto da Líbia, e os raios do Sol eram tão quentes e o calor tão violento, que Héracles ameaçou varar o astro com suas flechas. Hélio, aterrorizado, emprestou-lhe sua *Taça*. Chegando à Ilha de Eritia, defrontou-se, de saída, com o cão Ortro, que foi morto a golpes de clava.

Em seguida, foi a vez do pastor Eurítion. Gerião, posto a par do acontecido pelo pastor Menetes, entrou em luta com o herói, às margens do Rio Ântemo, mas foi liquidado a flechadas. Terminadas as justas, embarcou o rebanho na *Taça do Sol* e reiniciou a longa e penosa viagem de volta, chegando primeiramente a Tartesso, cidade da Hispânia Bética, localizada na foz do Rio Bétis. Foi durante todo esse tumultuado retorno à Grécia, que se passou a maioria das gestas extraordinárias, que são atribuídas ao filho de Zeus no Mediterrâneo ocidental. Já em sua viagem de ida libertara a Líbia de um sem-número de monstros e, em seguida, para lembrar sua passagem por Tartesso, ergueu duas colunas, de uma e de outra parte, que separa a Líbia da Europa, as chamadas *Colunas de Héracles*, isto é, o Rochedo de Gibraltar e o de Ceuta.

Em seu caminho de volta, foi diversas vezes atacado por bandidos, que lhe cobiçavam o rebanho. Tendo partido pelo Sul e pelas costas da Líbia, Héracles regressou pelo Norte, seguindo as costas da Espanha, e depois as da Gália, passando pela Itália e a Sicília, antes de penetrar na Hélade. Todo esse complicado itinerário do herói estava, outrora, juncado de Santuários a ele consagrados. A todos estavam vinculadas lendas e mitos locais, que mantinham, de certa forma, alguma relação com o episódio do Rebanho de Gerião. Na Ligúria, foi atacado por um bando de aborígenes belicosos. Após grande carnificina, o herói, percebendo que não havia mais flechas em sua aljava e, como estivesse em grande perigo, invocou a seu pai Zeus, que fez chover pedras do céu e com estas pôs em fuga os inimigos. Ainda na Ligúria, dois filhos de Posídon, Ialébion e Dercino, tentaram tomar-lhe os bois, mas foram mortos após cruenta disputa.

Continuando seu caminho através da Etrúria, atingiu o Lácio, em cuja travessia, exatamente no local onde se ergueria a futura Roma, foi obrigado a matar o monstruoso e hediondo Caco, cujo mito é relatado pormenorizadamente por Evandro a Eneias (*Eneida*, 8, 193-267). Após ser hospedado pelo Rei Evandro, o herói prosseguiu viagem, mas em Régio, na Calábria, fugiu-lhe um touro, que atravessou a nado o estreito que separa a Itália da Sicília e foi, desse modo, que miticamente a *Itália* recebeu seu nome, pois que, em latim, *uitŭlus* significa "vitelo, vitela, bezerro". Héracles foi ao encalço do animal e, para reavê-lo, teve que lutar e matar o Rei Érix, deixando-lhe o reino entregue aos nativos, mas profetizando que, um dia, um seu descendente se apoderaria do mesmo. Isto realmente aconteceu, na época histórica, quando um "descendente" de Héracles, o lacedemônio Dorieu, fundou uma colônia, na Sicília, na região dos Élimos.

Finalmente, o herói, com todas as cabeças de gado, encaminhou-se para a Grécia; mas ao tocar a margem helênica do Mar Jônio, o rebanho inteiro foi atacado por moscardos, enviados por Hera. Enlouquecidos, os animais se dispersaram pelos contrafortes das montanhas da Trácia. O herói os perseguiu e cercou por todos os lados, mas só conseguiu reunir uma parte. O Rio Estrímon, que, por todos os meios, procurara dificultar essa penosa caçada ao rebanho disperso, foi amaldiçoado e é por isso que seu leito está coberto de rochedos, tornando-o impraticável à navegação.

Ao termo dessa acidentada "peregrinação iniciática", o infatigável filho de Alcmena entregou ao rei de Micenas o que sobrara do rebanho, que foi sacrificado a Hera.

BUSCA DO CÃO CÉRBERO

O décimo primeiro trabalho imposto por Euristeu ao primo foi a κατάβασις (katábasis), a "catábase" ao mundo dos mortos, para de lá trazer Cérbero, cão de três cabeças, cauda de dragão, pescoço e dorso eriçados de serpente, guardião inexorável do reino de Hades e Perséfone. Impedia que lá penetrassem os vivos e, quando isto acontecia, não lhes permitia a saída, a não ser com ordem expressa de Plutão.

Jamais Héracles, como Psiqué, teria podido realizar semelhante proeza, se não tivesse contado, por ordem de Zeus, com o auxílio de Hermes e Atená, quer dizer, com o concurso do que não erra o caminho e da que ilumina as trevas. Pessoalmente, o herói se preparou, fazendo-se iniciar nos Mistérios de Elêusis, que, entre outras coisas, ensinavam como se chegar com segurança à outra vida.

Segundo a tradição mais seguida, o herói desceu pelo Cabo Tênaro, na Lacônia, uma das entradas clássicas que dava acesso direto ao mundo dos mortos.

Vendo-o chegar ao Hades, os mortos fugiram espavoridos, permanecendo onde estavam apenas Medusa e Meléagro. Contra a primeira o herói puxou a espada, mas Hermes o advertiu de que se tratava apenas de um *eídolon*, de uma sombra vã; contra o segundo, Héracles retesou seu arco, mas o desventurado Meléagro contou-lhe de maneira tão comovente seus derradeiros momentos na terra, que o filho de Alcmena se emocionou até as lágrimas: poupou-lhe o *eídolon* e ainda prometeu que, no retorno, lhe desposaria a irmã Dejanira. O mito de Meléagro, cuja vida dependia do tempo em que ficasse aceso um tição, e a luta de Héracles com o Rio Aqueloo pela mão de Dejanira, já foram relatados, em *Mitologia Grega*, respectivamente nos Vols. I, p. 260, e II, p. 174.

Mais adiante, encontrou Pirítoo e Teseu, vivos, mas presos às cadeiras, em que se haviam sentado no banquete fatal, que lhes foi oferecido por Plutão (v. Teseu). Um pouco mais à frente deparou com Ascáfalo e resolveu libertá-lo. Esse Ascáfalo, filho de uma ninfa do Rio Estige e de Aqueronte, estava presente no jardim do Hades, quando Perséfone, coagida por Hades, comeu um grão de romã, o que lhe impedia a saída do mundo ctônio. Tendo-a denunciado, o filho de Aqueronte foi castigado por Deméter, que o transformou em coruja, segundo se viu em *Mitologia Grega*, Vol. II, p. 32. Existe, porém, uma variante: para castigar a indiscrição de Ascáfalo, a senhora de Elêusis colocara sobre ele um imenso rochedo. Foi desse tormento que o herói o libertou, embora a deusa tenha, em contrapartida, substituído um castigo por outro, transformando-o em coruja.

Héracles não foi só o maior dos heróis, mas igualmente o mais humano de todos eles. Mais uma vez o encontramos penalizado com a sorte alheia: vendo que no Hades os mortos eram apenas *eídola*, fantasmas abúlicos, resolveu "reanimá-los", mesmo que fosse por alguns instantes. Para tanto, tendo que fazer libações sangrentas aos mortos, imaginou sacrificar algumas reses do rebanho de Hades. Como o pastor Menetes quisesse impedi-lo até mesmo de se aproximar dos animais, o herói o apertou em seus braços possantes, quebrando-lhe várias costelas. Não fora a pronta intervenção de Perséfone, Menetes iria aumentar, mais cedo, o número dos abúlicos do Hades...

Finalmente Héracles chegou diante de Plutão e, sem mais, pediu-lhe para levar Cérbero para Micenas. Hades concordou, desde que o herói não usasse contra o monstro de suas armas convencionais, mas o capturasse sem feri-lo, revestido apenas de sua couraça e da pele do Leão de Nemeia. Héracles agarrou-se com Cérbero e, quase sufocado, o guardião do reino dos mortos perdeu as forças e aquietou-se. Subindo com sua presa, passou por Trezena e dirigiu-se rapidamente para Micenas. Vendo Cérbero, Euristeu refugiou-se em sua indefectível talha de bronze.

Não sabendo o que fazer com o monstro infernal, Héracles o levou de volta a Plutão.

A respeito da κατάβασις (katábasis), da "descida" de Héracles ao Hades, sabe-se que esta configura o supremo rito iniciático: a *catábase*, a morte simbólica, é a condição indispensável para uma *anábase*, uma "subida", uma escalada definitiva na busca da ἀναγνώρισις (anagnórisis), do autoconhecimento, da transformação do que resta do homem velho no homem novo. A esse respeito escreveu acertadamente Luc Benoist: "A viagem subterrânea, durante a qual os encontros com os monstros míticos configuram as provações de um processo iniciático, era, na realidade, um reconhecimento de si mesmo, uma rejeição dos resíduos psíquicos inibidores, um 'despojamento dos metais', uma 'dissolução das cascas', consoante a inscrição gravada no pórtico do templo de Delfos: 'Conhece-te a ti mesmo'".

POMOS DE OURO DO JARDIM DAS HESPÉRIDES

Quando do *hierós gámos*, do casamento sagrado de Zeus e Hera (v.), esta recebeu de Geia, como presente de núpcias, algumas maçãs de ouro. A esposa de Zeus as achou tão belas, que as fez guardar em seu jardim, no extremo Ocidente. E, como as filhas de Atlas, que ali perto sustentava em seus ombros a abóbada celeste, costumavam pilhar o Jardim, a deusa colocou os pomos e a árvore em que estavam engastados, sob severa vigilância. Um dragão imortal, de cem cabeças, filho de Tifão e Équidna, e as três ninfas do Poente, as *Hespérides*, Egle, Eritia e Hesperaretusa, isto é, a "brilhante, a vermelha e a Aretusa do poente", exatamente o que acontece com as três colorações do céu, quando o sol vai desaparecendo no ocidente, guardavam, dia e noite, a árvore e seus pomos de ouro. A derradeira tarefa do herói incansável consistia, exatamente, em trazê-los a Euristeu. O primeiro cuidado de Alcides foi pôr-se a par do caminho a seguir para chegar ao Jardim das Hespérides e, para tanto, tomou a direção do Norte.

Atravessando a Macedônia, foi desafiado por Cicno, filho de Ares e Pelopia, uma das filhas de Pélias. Violento e sanguinário, assaltava sobretudo os peregrinos, que se dirigiam ao Oráculo de Delfos. Após assassiná-los, oferecia-lhes os despojos a seu pai Ares. Em rápido combate o herói o matou, mas teve que defrontar-se com o próprio deus, que pretendia vingar o filho. Atená desviou-lhe o dardo mortal, e o herói, então, o feriu na coxa, obrigando Ares a fugir para o Olimpo.

Depois, através da Ilíria, alcançou as margens do Erídano (Rio Pó) e aí encontrou as ninfas do rio, filhas de Zeus e Têmis, as quais viviam numa gruta. Interrogadas por Héracles, elas lhe revelaram que somente Nereu era capaz de informar com precisão como chegar ao Jardim das Hespérides. Nereu, para não indicar o itinerário, transformou-se de todas as maneiras, mas o filho de Zeus o segurou com tanta força, que o deus das metamorfoses acabou por revelar a localização da *Árvore das Maçãs de Ouro*. Das ondas do mar, residência de Nereu, o herói chegou à Líbia, onde lutou com o gigante Anteu, filho de Posídon e de Geia. De uma força prodigiosa, obrigava a todos os que passavam pelo deserto líbico a lutarem com ele e invariavelmente os vencia e matava. Héracles, percebendo que seu competidor, quando estava prestes a ser vencido, apoiava firmemente *os pés na Terra, sua mãe*, e dela recebia *energias redobradas*, deteve-o no ar e o sufocou. Tomou por esposa, em segui-da, a mulher da vítima, Ifínoe, e deu-lhe um filho, chamado Palêmon.

Para vingar seu amigo Anteu, os Pigmeus, que habitavam os confins da Líbia e não tinham mais que um palmo de altura, tentaram matar Héracles, enquanto este dormia. O herói, tendo acordado, pôs-se a rir. Pegou os "inimigos" com uma só das mãos e os levou para Euristeu.

Atravessando o Egito, Héracles quase foi sacrificado por Busíris, tido na mitologia grega como rei do Egito, mas seu nome não aparece em nenhuma das dinastias faraônicas. Seria Busíris uma corruptela de *Osíris*?

Acontece que a fome ameaçava o Egito, pelas más colheitas consecutivas e um adivinho de Chipre, Frásio (v.), aconselhou o rei a sacrificar anualmente um estrangeiro a Zeus, para apaziguar-lhe a cólera e fazer que retornasse a prosperidade ao país. A primeira vítima foi exatamente Frásio. Héracles, logo que lá chegou, o rei o prendeu, enfaixou-o, o coroou de flores (como se fazia com as vítimas) e o levou para o altar dos sacrifícios. O herói, todavia, desfez os laços, matou Busíris e a todos os seus assistentes e sacerdotes. Do Egito passou à Ásia e na travessia da Arábia viu-se forçado a lutar com Emátion, filho de Eos ou Heos (v.) (Aurora) e de Titono e, portanto, um irmão de Mêmnon. Emátion quis barrar-lhe o caminho que levava ao Jardim das Hespérides, porque não desejava que Héracles colhesse os Pomos de Ouro. Após matá-lo, o herói entregou o reino a Mêmnon e atravessou, em seguida, a Líbia até o "Mar Exterior"; embarcou na *Taça do Sol*

e chegou à margem oposta, junto ao Cáucaso. Escalando-o, libertou Prometeu. Como sinal de gratidão, o "deus filantropo" aconselhou-o a não colher ele próprio as *Maçãs*, mas que o fizesse por intermédio de Atlas. Continuando o roteiro, Héracles chegou ao extremo ocidente e, de imediato, procurou Atlas, que segurava a abóbada celeste sobre os ombros. Héracles ofereceu-se para sustentar o Céu, enquanto aquele fosse buscar As *Maçãs*. O gigante concordou prazerosamente, mas, ao retornar, disse ao filho de Zeus que iria pessoalmente levar os frutos preciosos a Euristeu. Héracles fingiu concordar e pediu-lhe apenas que o substituísse por um momento, para que pudesse colocar uma almofada sobre os ombros. Atlas nem sequer desconfiou. O herói, então, tranquilamente, pegou as *Maçãs de Ouro* e retornou a Micenas. De posse das Maçãs, Euristeu ficou sem saber o que fazer com elas e as devolveu a Héracles. Este as deu de presente a *Atená, a deusa da Sabedoria*. A deusa repôs as *Maçãs de Ouro* no Jardim das Hespérides, porque a lei divina proibia que esses frutos permanecessem em outro lugar, a não ser no *Jardim dos Deuses*.

Fechara-se o Ciclo. A *gnôsis* estava adquirida. E Héracles quase pronto para morrer. Agora sim, já podia chamar-se *Héracles*, isto é, *Hera + kléos*, "a glória de Hera"...

Para Chevalier e Gheerbrant, a *maçã* é realmente apreciada sob vários enfoques diferentes, "mas todos eles acabam convergindo para um ponto comum, quer se trate do *Pomo da Discórdia*, outorgado a Afrodite por Páris; dos *Pomos de Ouro do Jardim das Hespérides*, frutos da imortalidade; quer do Pomo consumido por Adão e Eva ou do *Pomo do Cântico dos Cânticos*, que traduz, ensina Orígenes, a fecundidade do Verbo Divino, seu sabor e seu odor. Trata-se, em quaisquer circunstâncias, da *maçã* como símbolo ou meio de conhecimento, mas que pode ser tanto o fruto da Árvore da Vida quanto o fruto da árvore da Ciência do bem e do mal: conhecimento unitivo, que confere a imortalidade, ou conhecimento distintivo, que provoca a queda".

As aventuras secundárias, os πάρεργα (párerga), "as gestas acessórias", praticadas no curso dos Doze Trabalhos, foram quase todas comentadas neste verbete, mas teremos que completá-las.

Uma delas, certamente das mais importantes, foi a morte dos *Centauros*, seres monstruosos, metade homens, metade cavalos. Esse episódio da vida tumultuada do herói está ligado ao Terceiro Trabalho, a caçada ao *Javali de Erimanto*.

Quando o filho de Alcmena se dirigia para a Arcádia, passou pela região de Fóloe, onde vivia o Centauro Folo, epônimo do lugar. Dioniso o presenteara com uma jarra de vinho hermeticamente fechada, recomendando-lhe, todavia, que não a abrisse, enquanto Héracles não lhe viesse pedir hospitalidade. Segundo outra versão, a jarra era propriedade comum de todos os Centauros. De qualquer forma, acolheu hospitaleiramente o herói, mas tendo este, após a refeição, pedido vinho, Folo se excusou, argumentando que o único vinho que possuía só podia ser consumido em comum pelos Centauros. Héracles lhe respondeu que não tivesse medo de abrir a jarra e Folo, lembrando-se da recomendação de Dioniso, o atendeu. Os Centauros, sentindo o odor do licor de Baco, armados de rochedos, árvores e troncos avançaram contra Folo e seu hóspede. Na refrega, Héracles matou dez dos irmãos de seu hospedeiro e perseguiu os demais até o Cabo Mália, onde o Centauro Élato, tendo se refugiado junto a Quirão, foi ferido por uma flecha envenenada de Héracles, que, sem o desejar, atingiu igualmente o grande educador dos heróis, provocando-lhe um ferimento incurável, conforme se comentou, em *Mitologia Grega*, Vol. II, p. 90. Quando se ocupava em sepultar seus companheiros mortos, Folo, ao retirar uma flecha do corpo de um Centauro, deixou-a cair no pé e, mortalmente ferido, sucumbiu logo depois. Após fazer-lhe magníficos funerais, o herói prosseguiu em direção ao Monte Erimanto.

Uma outra aventura de "estrada" está vinculada ao Sexto Trabalho, a limpeza dos *Estábulos de Augias*. Banido da Élida pelo rei, Héracles refugiou-se em Óleno, na corte de Dexâmeno. As versões diferem muito, mas todas convergem para um ponto comum: a tentativa do Centauro Eurítion de violar Hipólita ou Mnesímaca, filha de Dexâmeno. Conta-se que o rei dera a filha em casamento ao arcádio Azane. Eurítion, convidado para o banquete das núpcias, tentou raptar a noiva, mas Héracles, chegando a tempo, o matou.

Uma outra versão dá conta de que o herói seduzira Hipólita, mas prometera que, após executar sua tarefa junto a Augias, voltaria para desposá-la. Na ausência de Héracles, Eurítion resolveu cortejar a moça. Dexâmeno, por medo do violento Centauro, não ousou contrariar-lhe a vontade e marcou o casamento. Foi então que o herói chegou e matou a Eurítion, casando-se com Hipólita.

Algumas gestas de Héracles são praticamente independentes do grande ciclo dos *Doze Trabalhos*. Uma delas já havia sido anunciada pelo próprio herói, que prometera regressar a Troia, para vingar-se de Laomedonte, que não lhe dera a recompensa prometida pela libertação de Hesíona, segundo se viu mais acima, por ocasião do retorno de Héracles do país das Amazonas.

Tendo reunido um respeitável exército de voluntários, partiu o filho de Alcmena com dezoito naves de cinquenta remadores cada uma. Uma vez no porto de Ílion, deixou os navios sob os cuidados de uma guarnição, comandada por Ecles, e dirigiu-se para as muralhas de Troia com o grosso de seus soldados.

Laomedonte, estrategicamente, atacou os navios e matou Ecles, mas o herói, voltando rapidamente sobre seus passos, obrigou o rei, como aconteceria "mais tarde" com os troianos, a refugiar-se por trás das muralhas de Ílion. Isso feito, começou o cerco da cidade, que, aliás, não durou muito, porquanto um dos bravos voluntários da expedição, Télamon, transpôs, por primeiro, as muralhas de Troia. Furioso e já possuído da *hýbris*, por ter sido ultrapassado em valor, o herói investiu sobre o companheiro para matá-lo. Télamon, num gesto rápido, abaixou-se e começou a ajuntar pedras. Intrigado, o filho de Zeus e Alcmena perguntou-lhe o motivo de comportamento tão estranho. Télamon respondeu-lhe, atenienmente, que reunia pedras para levantar um altar a *Héracles Vitorioso*. Satisfeito e comovido, o herói lhe perdoou a audácia... Tomada a cidade, o *Vitorioso* matou a flechadas a Laomedonte e a todos os seus filhos homens, exceto *Podarces*, ainda muito jovem. Casou Hesíona com Télamon e pôs à disposição da princesa o escravo que a mesma desejasse. Hesíona escolheu seu irmão Podarces e como Héracles argumentasse que aquele deveria primeiro tornar-se escravo e, em seguida, ser comprado por ela, a princesa retirou o véu com que se casara e o ofereceu como resgate do menino. Esse fato explica a mudança de nome de *Podarces* para *Príamo*, o futuro rei de Troia, nome que "miticamente" significaria o "comprado", o "resgatado".

No retorno, o herói se envolveu, melhor dizendo, foi envolvido em duas novas aventuras. Uma, graças a Hera, que, com o indispensável auxílio de Hipno, pôs o esposo Zeus a dormir profundamente e, aproveitando-se disso, levantou uma grande tempestade, que lançou o navio do herói nas costas da Ilha de Cós. Os habitantes, pensando tratar-se de piratas, receberam os vencedores de Troia com flechas e pedras. Tal atitude hostil não impediu o desembarque do herói e seus comandados, que, em ação rápida, tomaram a ilha e mataram o Rei Eurípilo. Héracles uniu-se, em seguida, à filha do rei assassinado, Calciopeia, e fê-la mãe de Téssalo, cujos filhos, Fidipo e Ântifo, tomarão parte mais tarde na Guerra de Troia. Destruída Ílion, Fidipo e Ântifo estabeleceram-se na Tessália, assim chamada em homenagem a seu pai Téssalo.

Há uma variante que narra o desembarque em Cós de maneira diversa. Na tempestade todos os navios foram tragados pelas ondas, exceto o do herói. Tendo este desembarcado na ilha, encontrou o filho de Eurípilo, Antágoras, que guardava o rebanho paterno. Héracles, com fome, pediu-lhe um carneiro, mas Antágoras propôs o animal como prêmio ao vencedor de uma justa entre os dois. Como a população da ilha julgasse que Antágoras estivesse sendo atacado, avançou furiosa contra o herói. Afogado pela multidão, Héracles refugiou-se na cabana de uma mulher e, travestido, conseguiu fugir, dirigindo-se para a planície de Flegra, onde tomaria parte, ao lado dos deuses, na luta contra os Gigantes, segundo se comentou em *Mitologia Grega*, Vol. I, p. 211.

Outra vitoriosa expedição de Héracles foi contra Pilos, cujo Rei Neleu tinha onze filhos, sendo o mais velho Periclímeno e o caçula, Nestor.

Héracles se havia irritado com Neleu, que se recusara a purificá-lo, quando do assassinato de Ífito, cuja desdita se verá mais abaixo. Periclímeno tivera mesmo a audácia de expulsar o herói da cidade de Pilos, tendo-se a isto oposto unicamente o caçula, Nestor. Diga-se de passagem, que a vingança de Héracles contra o rei de Pilos vinha-se amadurecendo há muito tempo, porquanto, na guerra contra Orcômeno, Neleu lutara contra Héracles e os tebanos, por ser genro de Ergino, ou ainda porque o rei de Pilos tentara apoderar-se de uma parte do rebanho de Gerião. Seja como for, o herói tinha motivos de sobra para invadir Pilos e o fez. O episódio principal da guerra foi a luta entre Héracles e Periclímeno. Este possuía por pai "divino" a Posídon, que dera ao filho o dom de transformar-se no que desejasse: águia, serpente, dragão, abelha... Para atacar o filho de Alcmena, Periclímeno metamorfoseou-se em abelha e pousou na correia que lhe prendia os cavalos. Atená, vigilante, advertiu a Héracles da proximidade do inimigo, que foi morto por uma flecha ou esmagado entre os dedos do herói. Durante a batalha, Héracles causou ferimentos em várias divindades: feriu a deusa Hera, no seio, com uma flecha; Ares, na coxa, com a lança, bem como a Posídon e Apolo com a espada.

Tomada Pilos, o filho de Zeus matou a Neleu e a todos os seus filhos, exceto Nestor, que outrora lhe advogara a purificação. Ao filho caçula de Neleu, aliás, consoante uma tradição conservada por Pausânias, foi entregue o reino de Pilos.

Uma terceira expedição do herói foi dirigida contra Esparta, onde reinavam Hipocoonte e seus vinte filhos, os hipocoôntidas, que haviam exilado os herdeiros legítimos do poder, Icário e Tíndaro. O motivo alegado para essa guerra foi de repor no trono de Esparta os dois príncipes injustamente afastados do mesmo, mas havia uma motivação especial por parte de Héracles: vingar a morte violenta de seu sobrinho Eono. Este passeava por Esparta, quando repentinamente, ao passar diante do palácio real, foi atacado por um cão, de que se defendeu, atirando-lhe pedras. Os hipocoôntidas, que certamente já buscavam um pretexto para eliminá-lo, avançaram sobre Eono e espancaram-no até a morte. Existe ainda uma versão que atesta terem sido os hipocoôntidas aliados de Neleu na guerra precedente.

Héracles reuniu seus companheiros na Arcádia e pediu o auxílio do Rei Cefeu e de seus vinte filhos. Embora hesitante, o rei com seus filhos seguiu o herói. Foi uma luta sangrenta, mas coroada por grande vitória, embora o herói fosse obrigado a lamentar não apenas a morte de seu aliado o Rei Cefeu e de seus filhos, mas igualmente a de seu irmão Íficles. Esmagados os hipocoôntidas e entregue o trono a Tíndaro, Héracles dirigiu-se para o Monte Taígeto, onde, no templo de Deméter Eleusínia, foi curado por Asclépio de um ferimento na mão, provocado por um dos hipocoôntidas.

Para comemorar vitória tão importante, mandou erguer em Esparta dois templos, um em honra de Atená e outro em homenagem a Hera, que nenhuma atitude hostil tomara contra ele nesta campanha.

A derradeira expedição do herói se deveu à chamada *aliança com Egímio*, rei dos dórios.

Este rei era filho de Doro, ancestral mítico e epônimo dos dórios. Ameaçado em seu reino pelos violentos Lápitas, a cuja frente estava Corono, Egímio apelou para Héracles, já, a essa época, casado com Dejanira e a quem prometeu um terço de seu reino, em caso de vitória. Com grande facilidade o herói livrou Egímio dos Lápitas, mas recusou pessoalmente a recompensa, pedindo-lhe tão somente que a reservasse para os heraclidas, o que, aliás, foi cumprido à risca por Egímio; este, tendo adotado Hilo, filho de Héracles com Dejanira, dividiu seu reino em três partes iguais: seus filhos Dimas e Panfilo ocuparam as duas primeiras e Hilo, a terceira.

Após essa vitória, Héracles retomou uma velha disputa com um povo vizinho de Egímio, os dríopes, que habitavam o maciço do Parnasso. É que, expulso de Cálidon, por motivos que veremos mais abaixo, Héracles, ao atravessar o território dos dríopes em companhia de Dejanira e de Hilo, o menino teve fome. O herói, tendo visto o rei local Teiódamas preparando-se para arar a terra com uma junta de bois, solicitou-lhe comida para Hilo. Face à recusa descortês e desumana do rei, Héracles desatrelou um dos bois, preso ao arado, e o comeu com a esposa e o filho. Teiódamas correu à cidade e retornou com uma pequena tropa. Apesar da disparidade, Héracles, com o auxílio de Dejanira, que foi ferida em combate, conseguiu repelir os dríopes, matando-lhes o rei. Como estes tivessem igualmente se aliado aos Lápitas contra Egímio, o herói resolveu ampliar a campanha, sobretudo para vingar também o deus Apolo, cujo santuário havia sido profanado por Laógoras, novo rei dos dríopes.

Foi uma guerra muito rápida. Com a morte de seu novo soberano e a invasão de Héracles, os dríopes abandonaram em definitivo o maciço do Parnasso, fugindo em três grupos: o primeiro para a Eubeia, onde fundaram a cidade de Caristo; o segundo para Chipre e o terceiro foi prazerosamente acolhido por Euristeu, o eterno inimigo, que lhes permitiu fundar três cidades em seu território.

Após a vitória sobre Teiódamas, Héracles seguiu para a cidade de Ormínion, no sopé do Monte Pélion, para vingar-se de Amintor, que, certa feita, proibira ao herói atravessar-lhe o reino. Héracles matou o rei e apoderou-se de Ormínion. Diodoro expõe uma variante: Héracles pedira em casamento Astidamia, filha de Amintor. Este, por estar o herói unido a Dejanira, não consentiu nas núpcias. Louco de ódio, Héracles tomou a cidade e levou consigo Astidamia, com quem teve um filho, chamado Ctesipo.

Expostas as aventuras principais de Héracles, vinculadas ou não aos *Doze Trabalhos*, vamos agora acompanhá-lo no denominado ciclo da morte e da apoteose.

Até o momento, como se pôde observar, apesar de nossos esforços em imprimir uma certa ordem na vida atribulada e nas gestas, por vezes, bastante desconexas do herói, tivemos que fazer concessão ao "mito", e à sua intemporalidade, antecipando aventuras e adiando outras. Felizmente, a partir do *ciclo da morte* e da *apoteose*, o mitologema do filho de Alcmena segue em linha mais ou menos reta, partindo de Dejanira, passando por Íole e Ônfale, e terminando nos braços da divina Hebe. É esse itinerário de liberação do inconsciente castrador materno e do encontro da *anima* que vamos perseguir. Diga-se, a bem da verdade, que esse cosimento do mito e de suas inúmeras variantes se deve, antes do mais, aos poetas trágicos que, coagidos a imitar "uma ação séria e completa, dotada de extensão" e com duração de "um período do sol" (Arist. *Poética*, 1449b), souberam dar unidade ao extenso drama final do herói. Pois bem, o fio condutor desse drama é Dejanira e a tragédia, que elaborou a síntese, foi escrita por Sófocles, *Traquínias*, infelizmente pouco citada pelos que se dedicam ao Teatro Grego.

O casamento com Dejanira, viu-se na catábase do herói em *busca do Cão Cérbero*, foi acertado entre Héracles e Meléagro. A séria dificuldade para obter a mão da princesa, isto é, a luta com o Rio Aqueloo, já foi por nós exposta em *Mitologia Grega*, Vol. I, p. 260-261. Após as núpcias, Héracles permaneceu com a esposa por algum tempo na corte de seu sogro Eneu. Perseguido, todavia, pela fatalidade, matou involuntariamente ao pequeno copeiro real, Êunomo, filho de Arquíteles, parente de Eneu. Embora aquele tivesse perdoado ao herói a morte do filho, Héracles não mais quis ficar em Cálidon e partiu com Dejanira e com o filho Hilo, ainda muito novinho. Foi durante essa viagem em direção ao exílio em Tráquis, porque, segundo uma variante, o filho de Zeus fora expulso do reino de Eneu, que o herói travou uma terceira e derradeira luta com Nesso. Esse Centauro habitava as margens do Rio Eveno e exercia o ofício de barqueiro.

Apresentando-se Héracles com a família, primeiramente o lascivo Centauro o conduziu para a outra margem, e, em seguida, voltou para buscar Dejanira. No meio do trajeto, como se recordasse de uma grave injúria de Héracles, tentou, para vingar-se, violar Dejanira que, desesperada, gritou por socorro. O herói aguardou tranquilamente que o barqueiro alcançasse terra firme e varou-lhe o coração com uma de suas flechas envenenadas com o sangue da Hidra de Lerna. Nesso tombou e, já expirando, entregou a Dejanira sua túnica manchada com o sangue envenenado da flecha e com o esperma que ejaculara durante a tentativa de violação. Explicando-lhe que a túnica seria para ela um precioso talismã, um filtro poderoso, com a força e a virtude de restituir-lhe o esposo, caso este, algum dia, tentasse abandoná-la.

Com a esposa e o filho chegou finalmente a Tráquis, na Tessália, onde reinava Cêix, sobrinho de Anfitrião. Foi durante sua permanência na corte de seu "primo" Cêix que o herói teve que enfrentar um sério dissabor. Como Êurito, rei de Ecália, "o mais hábil dos mortais no arco", tivesse desafiado a Grécia inteira, prometendo a mão de sua filha Íole a quem o vencesse (veja-se nisso a disputa da mão da princesa), Héracles resolveu competir com seu ex-mestre no manejo do arco e o venceu. Não tendo o rei cumprido a promessa, porque, pessoalmente, ou por conselho de todos os filhos, exceto Ífito, temesse que o herói viesse novamente a enlouquecer e matasse a Íole e os filhos que dela tivesse, Héracles resolveu, como sempre, vingar-se.

A respeito dessa guerra de Héracles contra Êurito há várias versões e variantes. Vamos seguir aquela que nos parece mais "lógica". Face, pois, à recusa do rei de Ecália, o herói invadiu a cidade e incendiou-a, após matar Êurito e seus filhos, com exclusão de Ífito e Íole, de quem fez sua concubina. Ífito, que herdara o famoso arco paterno, presente de Apolo a seu pai, partira para Messena, onde, na corte do Rei Orsíloco, tendo se encontrado com Ulisses, resolveram ambos, como penhor de amizade, trocar as armas: o esposo de Penélope presenteou Ífito com sua espada e lança e este deu a Ulisses o arco divino com o qual, diga-se logo, o herói da *Odisseia* matará, "bem mais tarde", os pretendentes.

Quando Ulisses encontrou Ífito na cidade de Messena, este andava à procura de um rebanho de éguas ou de bois, que Héracles havia furtado ou, segundo outra versão, que o avô de Ulisses, Autólico, o maior de todos os ladrões da mitologia heroica, havia roubado e confiado a Héracles. Este, interrogado por Ífito, não só se recusou a entregar o rebanho, mas ainda o assassinou. Relata uma outra variante que Héracles era apenas suspeito do roubo e que Ífito o procurara para pedir-lhe ajuda na busca do armento. O herói prometeu auxiliá-lo, mas, tendo enlouquecido pela segunda vez, o lançara do alto das muralhas de Tirinto.

Recuperada a razão, o herói dirigiu-se a Delfos e perguntou à Pítia como poderia, dessa feita, purificar-se. Esta simplesmente se recusou a responder-lhe. Ferido em sua *timé*, o filho de Alcmena ameaçou saquear o santuário e, para provar que não estava gracejando, apossou-se da trípode sagrada, sobre que se sentava a Pitonisa, e disse-lhe que iria fundar em outro local um oráculo novo, a ele pertencente. Apolo veio imediatamente em defesa de sua sacerdotisa e travou-se uma luta perigosa entre os dois. Zeus interveio e os separou com seu raio. Héracles devolveu a trípode, mas a Pítia viu-se coagida a dar-lhe a "penitência" pela morte de Ífito e outras "faltas" ainda não purgadas. Para ser definitivamente purificado, deveria vender-se como escravo e servir a seu senhor por três anos; o dinheiro apurado com a transação seria entregue à família de Ífito como preço de sangue. Comprou-o a rainha da Lídia, Ônfale, por três talentos de ouro.

Durante todo esse tempo, Dejanira permaneceu em Tráquis e o herói levou Íole como sua concubina.

A respeito da nova senhora de Héracles existem duas versões. Originalmente, o mito de Ônfale parece localizar-se na Grécia, mais precisamente no Epiro, onde ela aparece como epônima da cidade de Onfálion.

HÉRACLES

Muito cedo, porém, o mito foi deslocado para a Lídia, onde se revestiu de opulenta e pitoresca indumentária oriental, ampla e sofregamente explorada pelos poetas e artistas da época helenística. Com deslocamento igualmente de um nome próprio grego, a lindíssima Ônfale passou a ser filha de Iárdano, rei da Lídia. Segundo outros autores, a princesa seria filha ou viúva do Rei Tmolo, que lhe deixara o reino. Sabedora das proezas de seu escravo, impôs-lhe, basicamente, quatro trabalhos, que consistiam em limpar-lhe o reino de malfeitores e de monstros. O primeiro deles foi contra os *Cercopes*, coletivo para designar dois facínoras que impestavam a Lídia, Euríbates e Frinondas, também chamados Silo e Tribalo, filhos de Teia, uma das filhas de Oceano. Teia, aliás, que lhes apoiava o banditismo, mais de uma vez, os pôs de sobreaviso contra um certo herói, chamado Μελαμπῦγος (Melampŷgos), "Melampigo", isto é, "de nádegas escuras", vale dizer, com as nádegas cobertas de pelos negros, que, para os antigos gregos, era um sinal de robustez. Altíssimos e de uma força descomunal, assaltavam os viajantes e, em seguida, os matavam. Um dia em que Héracles dormia à beira de uma estrada, os Cercopes tentaram acometê-lo, mas o herói despertou e após dominar os filhos de Teia, os amarrou de pés e mãos e prendeu cada um deles na ponta de um longo varal. Colocou o pesado fardo sobre os ombros, como se fazia com os animais que se levavam ao mercado e encaminhou-se para o palácio de Ônfale. Foi, nessa posição, que Silo e Tribalo, vendo as nádegas de Héracles, compreenderam a profecia de sua mãe e pensaram num meio de libertar-se. Descarregaram sobre o herói uma saravaida tão grande de chistes e graçolas apimentadas, que Héracles, coisa que há muito não experimentava, foi tomado de um incrível bom humor e resolveu soltá-los, sob a promessa de não mais assaltarem e matarem os transeuntes.

O juramento, entretanto, não durou muito e os Cercopes voltaram à sua vida de pilhagem e assassinatos. Irritado, Zeus os transformou em macacos e levou-os para duas ilhas que fecham a baía de Nápoles, Próscia e Ísquia. Seus descendentes aí permaneceram e, por isso, na Antiguidade essas duas ilhas eram denominadas *Pithecüsae*, "Ilhas dos Macacos".

A segunda tarefa consistia em libertar a Lídia do cruel Sileu, filho de Posídon. Sileu era um vinhateiro, que obrigava os transeuntes a trabalhar de sol a sol em suas videiras e, como pagamento, os matava. Héracles colocou-se a seu serviço, mas, em vez de cultivar as videiras, arrancou-as a todas e se entregou a todos os excessos. Terminada a faina, matou Sileu com um golpe de enxada.

Segundo a tradição, Sileu possuía um irmão, chamado Diceu, o Justo, cujo caráter correspondia ao significado de seu nome. Após a morte do vinhateiro, o herói hospedou-se na casa de Diceu, que criara e educara uma sobrinha muito bonita, filha de Sileu. Enfeitiçado pela beleza da moça, o herói a desposou. Tendo se ausentado por algum tempo, a jovem esposa, não suportando as saudades do marido e, julgando que ele não mais voltaria, morreu de amor.

Regressando, o herói, desesperado, quis atirar-se a qualquer custo na pira funerária da mulher, sendo necessário um esforço sobre-humano para dissuadi-lo de tão tresloucado gesto.

O terceiro trabalho imposto pela soberana da Lídia tinha por alvo a Litierses, filho de Midas, e denominado o *Ceifeiro maldito*. Hospedava gentilmente todo e qualquer estrangeiro que passasse por suas terras e, no dia seguinte, convidava-o a segar o trigo em sua companhia. Se recusasse, cortava-lhe a cabeça; se aceitasse, tinha que competir com ele, que saía sempre vencedor e igualmente decapitava o parceiro, escondendo-lhe o corpo numa paveia.

Héracles aceitou-lhe o desafio e, tendo-o vencido e mitigado com uma canção, o matou. Uma variante ensina que o herói resolveu matar Litierses, porque este mantinha por escravo a Dáfnis, que percorria o mundo em busca de sua amante Pimpleia, raptada pelos piratas. Ora, como Litierses a houvesse comprado, iria fatalmente matar ao pastor Dáfnis, não fora a intervenção do herói, que, além do mais, após a morte do *Ceifador maldito*, entregou-lhe todos os bens a Dáfnis e Pimpleia.

A quarta e última tarefa consistia em livrar a Lídia dos itoneus, que constantemente saqueavam o reino. Héracles moveu-lhes guerra sangrenta. Apoderou-se de Itona, a cidade que lhes servia de refúgio; após destruí-la, trouxe todos os sobreviventes como escravos.

Face a tanta coragem, pasma com gestas tão gloriosas e vitórias tão contundentes, Ônfale mandou investigar as origens do herói. Ciente de que era filho de Zeus e da princesa Alcmena, de imediato o libertou e se casou com ele, tendo-lhe dado um filho, chamado Lâmon ou, segundo outras fontes, seriam dois os filhos de Héracles com Ônfale: Áqueles (Agelau) e Tirseno. A partir desse momento, terminaram os trabalhos do filho de Zeus e Alcmena. Todo o tempo restante do exílio, agora doce escravatura, Héracles o passou no ócio, nos banquetes e na *luxúria*. *Apaixonada* pelo maior de todos os heróis, Ônfale se divertia revestida da pele do Leão de Nemeia, brandindo a pesada clava de seu amante, enquanto este, indumentado com os longos e luxuosos vestidos orientais da rainha, fiava o linho a seus pés (v. Andrógino e Hermafrodito).

Mas essa modalidade de exílio, ao menos para os heróis, costuma terminar rapidamente e, por isso mesmo, o amante de Ônfale preparou-se para a partida.

Desejando, após a vitória sobre Êurito e o fim do exílio, erguer um altar em agradecimento a seu pai Zeus, mandou um seu servidor, Licas, pedir a Dejanira que lhe enviasse uma túnica que ainda não tivesse sido usada, conforme era de praxe em consagração e sacrifícios solenes. Admoestada pelo indiscreto Licas de que o herói certamente a esqueceria, por estar apaixonado por Íole, Dejanira lembrou-se do "filtro amoroso" ensinado e deixado por Nesso, e enviou-lhe a túnica envenenada com o sangue da Hidra de Lerna e com o esperma do Centauro. Ao vesti-la, a peçonha infiltrou-se-lhe no corpo. Alucinado de dor, pegou Licas por um dos pés e o lançou ao mar. Tentou arrancar a túnica, mas esta se achava de tal modo aderente às suas carnes, que estas lhe saíam aos pedaços. Não mais podendo resistir a tão cruciantes sofrimentos, fez-se transportar de barco para Tráquis. Dejanira, ao vê-lo, compreendendo o que havia feito, se matou. O retorno de Héracles assemelha-se, pois, a uma espécie de *Odisseia* ao contrário. Ulisses, remoçado por Atená, recebe o beijo de sua Penélope, sob os primeiros sorrisos da Aurora de dedos cor-de-rosa; Héracles, com as carnes aos pedaços, contempla, já agonizante, o suicídio de sua Dejanira, sob as maldições silenciosas do monstruoso Centauro Nesso.

Após entregar Íole a Hilo, pedindo que com ela se casasse, tão logo tivesse idade legal, escalou, cambaleando, o Monte Eta, perto de Tráquis. No píncaro do monte mandou erguer uma pira e deitou-se sobre ela. Tudo pronto, ordenou que se pusesse fogo na madeira, mas nenhum de seus servidores ousou fazê-lo. Somente Filoctetes, se bem que relutante e a contragosto, acedeu, tendo recebido, por seu gesto de coragem e compaixão, um grande presente do herói agonizante: seu arco e suas flechas. Conta-se que, antes de morrer, Héracles solicitou a Filoctetes, única testemunha de seus derradeiros momentos, que jamais revelasse o local da pira. Interrogado, sempre se manteve firme e fiel ao pedido do herói. Um dia, porém, tendo escalado o Monte Eta, sob uma saraivada de perguntas, feriu significativamente a terra com o pé: estava descoberto o segredo. Bem mais tarde (é uma das versões) Filoctetes (v.) foi punido com uma ferida incurável no mesmo pé.

Tão logo as línguas do fogo começaram a serpear no espaço, fez-se ouvir o ribombar do trovão. Era Zeus que arrebatava o filho para o Olimpo.

Acerca dos momentos derradeiros de Héracles neste vale de lágrimas existe uma variante. O herói não teria morrido torturado pela túnica impregnada do sangue da Hidra e do sêmen de Nesso, mas se teria abrasado ao sol e se teria lançado num regato caudaloso, perto de Tráquis, para extinguir as chamas, morrendo afogado. O ribeiro, em que se precipitara, teve, a partir daí, suas águas sempre quentes. Esta seria a origem das *Termópilas* (águas termais), entre a Tessália e a Fócida, onde existia e existe até hoje uma fonte de água quente.

A morte de Héracles, em ambas as versões, teve por causa eficiente *o fogo*: era preciso, simbolicamente, que o herói se purificasse por inteiro, despindo-se dos elementos mortais devidos à sua mãe mortal Alcmena. Também Deméter tentou imortalizar nas chamas a Demofonte e Tétis a Aquiles, expondo-os ao calor de uma lareira, esquecendo-se esta última apenas de que o segurava pelo calcanhar!

Admitido entre os imortais, Hera se reconciliou com o herói: simulou-se, para tanto, um novo nascimento de Héracles, como se ele saísse das entranhas da deusa, sua nova mãe imortal. Sófocles, nas *Traquínias*, 1105, compreendeu bem essa mensagem, ao escrever que, na hora da morte, o herói dissera que "se chamava assim (Héracles, 'a glória de Hera') por causa da mais perfeita das mães".

Seu casamento com *Hebe*, deusa da juventude eterna, é apenas uma ratificação da imortalidade do novo imortal. Se Hebe, até então, servia aos imortais o *néctar* e a *ambrosia*, penhores da imortalidade, a partir de agora ela *se servirá* a Héracles como garantia dessa mesma imortalidade. Uma imortalidade conseguida por seus trabalhos, sua *timé* e sua *areté*, mas sobretudo por seus sofrimentos: τω πάθει μάθος (tôi páthei máthos), "sofrer para compreender", escreveu Ésquilo na Oréstia (*Agam.*, 177).

"O mais popular de todos os heróis gregos, como atestam a constância e a frequência de seus aparecimentos na tragédia e particularmente na comédia, foi o único celebrado por todos os helenos". Seu culto abrangeu uma universalidade tal, que até mesmo uma cidade como Atenas, tão cônscia de suas peculiaridades, não só se vangloriava de haver precedido a todo mundo grego em prestar honras divinas ao herói (Did. 4, 39, 1), mas também de lhe haver consagrado mais santuários do que ao herói ateniense Teseu (Eur. *Héracles*, 1324-1333; Plut. *Teseu*, 35, 2).

Cabe, por conseguinte, a indagação: será Héracles um *herói* ou um *deus*? Desde que Sófocles (*Traquínias*, 811) o chamou de "o mais destemido dos homens", ἄριστος ἀνδρῶν (áristos andrôn), ou como o apodaram, com ligeiras alterações sinonímicas, Eurípides (*Héracles*, 183), Aristófanes (*Nuvens*, 1049 e *Hino a Héracles*, já citado), a qualidade de herói atribuída a Héracles não sofreu qualquer solução de continuidade. Afinal, não era o herói definido pelos gregos como um ser à parte, ferido de *hýbris*, excepcional, sobre-humano, consagrado pela morte?

Mas, entre o homem, o *ánthropos*, e o herói, o *anér*, a diferença se mede pela *timé* e a *areté*; entre o herói e o deus existe aquele abismo insondável, lembrado por Apolo ao fogoso Diomedes na *Ilíada*, V, 441-442: *haverá sempre duas raças distintas, a dos deuses imortais e a dos homens mortais que marcham sobre a terra*. Eis aí, portanto, o grande paradoxo de Héracles: enquanto filho de Zeus e de Alcmena, apesar de tantas gestas gloriosas, teve que escalar o Monte Eta para purgar tantos descomedimentos, inerentes "à sua condição de herói" e desvincular-se, nas chamas, do invólucro carnal; enquanto "iniciado", escala apoteoticamente o Monte Olimpo e como renascido de Zeus e Hera, torna-se imortal entre os Imortais, no júbilo dos festins (*Odiss.*, XI, 601-608).

Ἥρως θεός (Hḗrōs theós), herói-deus, como diz Píndaro, *Nemeias*, 3, 22, Héracles se eternizou nos braços de Hebe, a *Juventude* eterna.

Tomados em conjunto, os *Doze Trabalhos* se constituem na escada por que sobe o herói até os pincaros do Monte Eta, onde realiza o *décimo terceiro*, a vitória sobre a morte. Observe-se, aliás, que as três últimas tarefas do herói configuram um namoro com *Thánatos*. Em Gerião, o grande pastor, "em seus campos brumosos, muito além do ilustre Oceano", está retratado um segundo Hades; seu cão Ortro, de duas cabeças, é irmão de Cérbero, o guardião do reino das sombras, aonde desce Héracles e de onde retorna vitorioso, com o pastor da morte em seus braços; para colher os pomos de ouro, mais uma vez o filho de Alcmena terá que transpor os limites do imenso Oceano (Eurípides, *Hipólito*, 742sqq.) e penetrar no jardim encantado das Hespérides cantoras (Hesíodo, *Teog.*, 215, 275, 517), sedutoras filhas de Nix (Noite) e irmãs das Queres e das Moiras...

Este derradeiro trabalho, diga-se de passagem, "numa versão mais antiga, como atesta Bonnefoy, era suficiente para abrir a Héracles o caminho do Olimpo. Sem conflitos. Sem sofrimentos. E talvez, sem que lhe fosse necessário morrer a morte de um mortal".

Desse modo, tendo arrostado o Além, Héracles venceu a morte e a tradição multiplicou indefinidamente essa vitória, relembrando como o herói feriu ao deus Hades (*Il.*, V, 395sqq.) ou prendeu *Thánatos* na cadeia de seus braços (Eurípides, *Alceste*, 846sq.).

Vencer a morte é um sonho do ideal heroico, que concentra todo o valor da vida na "esfuziante juventude", a $\dot{\alpha}\gamma\lambda\alpha\dot{\eta}\ \ddot{\eta}\beta\eta$ (aglaḗ hḗbē): vencer a velha idade, flagelo terrível, que aniquila os nervos e os músculos dos braços e das pernas do guerreiro. Héracles, o Forte, triunfou portanto da velhice, desposando a eterna juventude.

A época clássica, no entanto, já impregnada de Orfismo, fez que o herói escalasse o Eta, onde se encerra sua carreira mortal sobre uma pira, "como se, para penetrar no Olimpo, o herói tivesse necessidade de conhecer a morte; como se a morte de Héracles negasse nele a mortalidade: morrer, morrer, porém, através do fogo purificador, sobre o Monte Eta, onde reina Zeus" (Sófocles, *Traquínias*, 200, 436, 1191; *Filoctetes*, 728sq.).

De qualquer forma, só o aniquilamento do Héracles humano permitiu a apoteose do filho de Zeus; mas ainda não se deu a devida importância à tensão que constantemente reenvia Héracles da morte dos mortais para a morte que imortaliza.

Na *Introdução ao Mito dos Heróis, Mitologia Grega*, Vol. III, p. 15-71, já se fez menção de um fato curioso: muitos e grandes heróis, que tantas vezes contemplaram a morte de perto e de frente, e a desafiaram, pereceram de maneira pouco mais que infantil. Parece que, em dado momento, quando Láquesis sorteia o fio da vida, o herói, por mais astuto que seja, perde o itinerário da luz, como Agamêmnon, Aquiles, Ulisses, Teseu... Héracles, o Forte, não escapou a essa armadilha da *Moira*. Sófocles pôs majestosamente em cena a queda, o desabamento do "mais nobre de todos os homens" convertido num objeto de pena e de ignomínia. O maior exterminador de monstros e de *Gigantes* (Píndaro, *Nemeias*, 7, 90; Sófocles, *Traquínias*, 1058sq.; Eurípides, *Héracles*, 177sqq.) transforma-se num monstro urrante, vítima da crueldade e traição que ele tantas vezes combateu e venceu.

Fica patente no mito de Héracles que a força física é ambivalente, na medida em que ela se apoia apenas na *hýbris*, no excesso, na "démesure". Assim o herói oscila entre o *ánthropos* e o *anér*, entre o homem ou sub-homem, e o herói, o super-homem, sacudido constantemente, de um lado para outro, por uma força que o ultrapassa, sem jamais conhecer o *métron*, a medida humana de um Ulisses, que soube escapar a todas as emboscadas do excesso. Talvez se pudesse ver nesses dois comportamentos antagônicos a polaridade Ares-Atená, em que a força bruta do primeiro é ultrapassada ou "compensada" pela inteligência astuta da segunda.

Desse modo, antes de ser arrebatado para junto dos Imortais, o filho de Alcmena conheceu, mais e melhor que todos os mortais, a humilhação e o aviltamento. Vistos do Olimpo ou do Hades, seus *Trabalhos* são tidos por *gestas ignominiosas e destino miserável* (*Il.*, XIX, 133; *Odiss.*, XI, 618sq.): o flagelo dos monstros conheceu a escravidão às ordens de Euristeu ou de Ônfale; por duas vezes *Ánoia* ou *Lýssa* dele se apossaram, levando-o a matar os próprios filhos e essa demência não o abandonou a não ser para reduzi-lo à fragilidade de uma criança ou de uma mulher (Eurípides, *Héracles*, 1424).

O grande momento de sua queda, todavia, se inscreve no episódio do ato final em que Dejanira se transmuta em homem e Héracles em mulher. Na tragédia de Sófocles, Dejanira (v.), se apunhala, como um herói, como Ájax, em vez de se enforcar, morte tipicamente feminina, segundo a tradição (Sófocles, *Traquínias*, 930sq.), enquanto o herói *grita e chora como uma mulher*, ele, o forte, o másculo, que, no *infortúnio, se revela uma simples mulher* (Sófocles, *Traquínias*, 1071-1075). E *é uma mulher com um físico de mulher, sem nenhum traço de um macho*, que o destrói, *sem mesmo dispor de um punhal* (Sófocles, *Traquínias*, 1062sq.). Como $\Delta\eta\iota\acute{a}\nu\epsilon\iota\rho\alpha$ (Deïáneira), etimologicamente, talvez provenha do verbo $\delta\eta\iota o\tilde{\nu}\nu$ (deïûn), "matar, destruir" e $\dot{\alpha}\nu\acute{\eta}\rho$ (anér), "homem, marido", significa "a que mata o marido", viu-se em Héracles o símbolo de uma vigorosa denegação da fraqueza face à hostilidade materna de Hera, figurando Dejanira como a mãe perversa.

Para fechar este verbete, um derradeiro paradoxo do mais jovem imortal do Olimpo. É deveras impressionante a multiplicidade de facetas que o herói assumiu no *lógos* filosófico e a propensão de sábios e intelectuais, desde os Órficos e Pitagóricos, passando pelos Sofistas, em anexar-lhe a figura como modelo exemplar, como *exemplar uirtutis*. "Desse modo, a força bruta passou a ser um terreno inexplorado para o desenvolvimento desse *exemplar uirtutis* e já que o herói escravizado e humilhado pelos prepotentes se tornou um deus, os moralistas viram no seu destino um símbolo da própria condição humana: a encarnação mesma da eficácia do sofrimento". "Sofrer para compreender", já adiantara o religiosíssimo Ésquilo. Um herói, voltado eminentemente para a φύσις (phýsis), para a "natureza", de repente passa a ser dotado de extraordinária capacidade deliberativa, capaz mesmo de "escolher os Trabalhos" e os sofrimentos como norma de vida, tornando-se um campeão do νόμος (nómos), da lei e dos costumes. E o herói se desdobrou, como se fora executar um décimo quarto Trabalho, que seria a busca da ἀρετή (aretḗ), da "virtude estoica".

Antes que os Sofistas se apoderassem desse novo Héracles, todo reflexão, sentado meditativamente em locais solitários ou nas encruzilhadas, o amante da música, o herói da ação energética da força moral, o justo fatigado e sofredor, a hagiografia órfico-pitagórica já transformara o mito em paradigma significativamente edificante.

Coube, todavia, ao sofista Pródico, século V a.C., autor de um apólogo denominado na tradição latina *Hercules in biuio*, "Héracles na encruzilhada", mostrar um herói novo, que, com uma constância invencível, sobrepujou todos os obstáculos, para tornar-se digno de uma glória imperecível. Pois bem, foi desse apólogo que se aproveitou Xenofonte para nos dar em seus Ἀπομνημονεύματα (Apomnemonaúmata), que o escritor latino Aulo Gélio traduziu por *Commentarii*, "Memórias", "Memoráveis", como querem outros, um retrato de corpo inteiro do *novo Héracles*, inteiramente retocado pelo pincel órfico-pitagórico. A alegoria se encontra no livro segundo, capítulo I, 21-33 dos *Memoráveis*, quando do diálogo sobre a temperança entre Sócrates e Aristipo.

Sentado num local solitário, Héracles adolescente pesa as vantagens e os inconvenientes, respectivamente, do caminho da "virtude", ἀρετή (aretḗ) e daquele do "vício", κακία (kakía). Dele se aproximam duas mulheres, que, pela estatura e porte, são hipóstases de duas deusas, cujos nomes são *Areté* e *Kakía*. Como no *Discurso Justo* e no *Discurso Injusto* das *Nuvens*, 889-1114, de Aristófanes, comédia por nós traduzida, cada uma defende sua causa diante do jovem em busca de uma diretriz para sua vida, que está começando. *Kakía*, ricamente indumentada e com olhares gulosos, fala contra todo e qualquer esforço e contenção, e faz uma bela apologia do ócio e do prazer; *Areté*, vestida de branco, de olhar modesto e pudico, disserta com absoluta precisão acerca da felicidade e do bem, mas estes só se alcançam, diz ela, através do trabalho e da fadiga, com o sacrifício e submissão do corpo à inteligência.

É bem verdade que o prólogo se encerra com a luminosa peroração de *Areté*, mas o público de Pródico, ou melhor, o público ateniense sabia perfeitamente que o jovem Héracles, em nome da εὐδαιμονία (Eudaimonía), da *Felicidade*, elegera o caminho estreito dos *Doze Trabalhos*.

Não há dúvida, acentua Bonnefoy, de que este apólogo evidencia temas estranhos àquilo que se constitui até o século V a.C. no núcleo do mitologema de Héracles. Na referência à escolha dos dois caminhos tem-se reconhecido uma alusão a Hesíodo que, nos *Trabalhos e Dias*, 287-292, já opõe a via do κακότης (kakótēs), do vício, da miséria à da ἀρετή (aretḗ), do mérito e do trabalho; a alegoria, igualmente, parece ecoar, no concurso de eloquência entre *Areté* e *Kakía*, uma versão sofística do julgamento de Páris ou Alexandre, para outorga do *Pomo da Discórdia*: apenas um julgamento sem Hera, um julgamento ao contrário, em que o herói prefere *Areté-Atená* a *Afrodite-Kakía*. Um dilema evidentemente desconhecido pelo Héracles do mito, cuja virilidade e descomedimento se ajustam perfeitamente ao auxílio meio à distância de Atená e à presença integral dos prazeres de Afrodite! Por fim, a opção de Héracles está certamente relacionada com a escolha de Aquiles, morrer jovem, mas gloriosamente, ou morrer idoso, como qualquer mortal, tema favorito das escolas atenienses do século V a.C., em que a *Areté* e *Kakía* se dava o sentido tradicional de "bravura" e "covardia".

Uma coisa, todavia, é definitiva: como núcleo do apólogo, bem distante dos Órfico-Pitagóricos e dos Sofistas, baloiçando, como convinha a um herói de seu porte, entre dois polos antagônicos, o herói fez sua escolha e preferiu o que o mito lhe oferecia, uma vida de trabalhos e de dores, mas também de prazeres e desregramentos, quando os *Trabalhos* o permitiam...

Reinterpretando, porém, à maneira órfico-pitagórica, as façanhas do herói numa perspectiva moralizante, que superlativava o esforço, Pródico construiu um Héracles edificante, fazendo esquecer as representações amorais do herói.

No fecho desse longo percurso, triturado pela máquina moralizante órfico-pitagórico-prodiciana, eis um novo Héracles: casto, sábio, modelo de virtude!

Héracles, realmente, se tornara por fim o que ele sempre foi, desde o *Hino Homérico* aos Estoicos, um ἄριστος ἀνδρῶν (áristos andrôn), "o melhor dos homens". É que, e aqui está a diferença, a expressão *áristos andrôn*, "o maior, o melhor dos heróis", adquiriu, no decorrer dos séculos, a conotação de "o melhor dos homens". Também ἀρετή (aretḗ), que é da mesma família etimológica que ἄριστος (áristos), e que designava originalmente "o valor guerreiro" se enriqueceu paulatinamente com uma carga de interioridade, até tornar-se algo semelhante a que se poderia chamar "virtude".

A história do destino de Héracles acabou por contrair núpcias indissolúveis com a *areté*, adquirindo o herói um perfil de urbanidade e civilidade que Homero e Hesíodo estavam longe de imaginar...

Acerca do longo apêndice que acrescentamos ao mito de Héracles, focalizando o *umbigo*, seu simbolismo e a relação *umbigo-sexo*, v. *Mitologia Grega*, Vol. III, p. 135-147.

HERACLIDAS *(I, 101-103)*.

Ἡρακλεῖδαι (Herakleîdai), *Heraclidas*, é o plural Ἡρακλείδης (Herakleídēs), Heraclida ou Heraclidas, isto é, "o descendente ou os descendentes de Héracles". Trata-se (v. Hera e Héracles) de uma palavra composta de Ἥρα (Héra), "Hera" e de -κλέης (kléēs) ou κλῆς (klēs), proveniente de κλέος (kléos), "glória" e do sufixo -ιδ- (id) ampliado em -ιδᾶς > -ιδης (-idãs > -idēs), que expressa patronímicos masculinos.

Heraclidas são, *lato sensu*, todos os filhos e descendentes de Héracles até a geração mais remota. No mito, entretanto, possuem esta denominação principalmente os filhos do herói com Dejanira e os descendentes destes que colonizaram o Peloponeso, conforme o quadro genealógico que se segue:

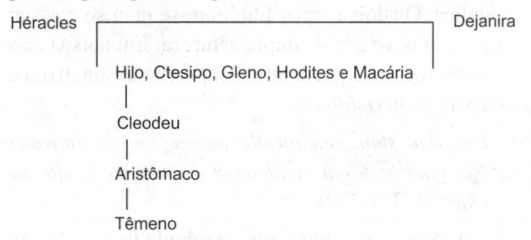

```
Héracles ─────────────────────────── Dejanira
         │
         Hilo, Ctesipo, Gleno, Hodites e Macária
         │
         Cleodeu
         │
         Aristômaco
         │
         Têmeno
```

Após a morte trágica de Héracles (v.) no Monte Eta e sua apoteose, os filhos fugiram do Peloponeso, temendo a cólera e crueldade de seu primo Euristeu, que impusera ao herói, sob a ordem e inspiração da deusa Hera, os célebres *Doze Trabalhos*. Emigraram primeiramente para a Tessália ou mais precisamente para Tráquis, onde reinava Cêix, que sempre se mostrou um grande amigo do filho de Alcmena. Euristeu, no entanto, exigiu que o rei traquínio os expulsasse da Tessália. Temendo o poderio do senhor de Micenas, Cêix, sob a alegação de que não lhes podia dar proteção, solicitou-lhes abandonassem Tráquis. Os filhos do herói refugiaram-se então em Atenas, onde Teseu, sem recear a pressão e as ameaças do tirano micênico, lhes deu hospitalidade. O carrasco de Héracles, sem perda de tempo, marchou contra a cidade de Palas Atená, mas perdeu na batalha os cinco filhos, Alexandre, Ifimedon, Euríbio, Mentor e Perimedes. Perseguido por Hilo, o déspota foi morto perto dos Rochedos Cirônicos (v. Teseu), no Istmo de Corinto. A vitória, segundo a previsão do Oráculo de Delfos, se deveu ao sacrifício de Macária, que se ofereceu voluntariamente para morrer pelo bom êxito de Atenas e dos Heraclidas na luta contra Euristeu.

Com o desaparecimento deste e dos filhos, Hilo com seus irmãos e descendentes apoderou-se do Peloponeso. Ao cabo de um ano, todavia, uma grande peste se abateu sobre toda a região e o Oráculo revelou que a mesma se devia à cólera divina, porquanto os Heraclidas haviam regressado antes do tempo fixado pela Moira. Obedientes, retornaram à Ática, fixando-se na planície de Maratona. Desejoso porém de voltar à sua verdadeira pátria em companhia dos irmãos, Hilo, a essa época, já casado com Íole, outrora concubina de seu pai, e ao qual os irmãos consideravam como o herdeiro da tradição paterna, renovou a consulta ao Oráculo de Delfos. A Pítia respondeu-lhe que a aspiração dos Heraclidas só poderia ser alcançada após "a terceira colheita". À frente dos descendentes de Héracles, após "a terceira safra", Hilo avançou contra o Peloponeso, mas se chocou com as tropas de Équemo, rei de Tégea e cunhado dos Dioscuros (v.). Tendo-o desafiado para um combate singular, Hilo foi vencido e morto. Seu neto Aristômaco voltou a consultar Apolo e a Pítia lhe disse simplesmente: "os deuses te darão a vitória, se atacares pela via estreita". Aristômaco interpretou que "a via estreita" era o Istmo de Corinto e investiu mais uma vez contra Équemo, mas foi morto e novamente os Heraclidas foram vencidos. Têmeno, filho de Aristômaco e bisneto de Hilo, fez outra tentativa junto a Apolo. Este se limitou a ratificar as respostas anteriores. Têmeno observou à Pítia que seu pai e bisavô, tendo seguido escrupulosamente as determinações do Oráculo, haviam sido vencidos e mortos. Replicou-lhe o deus de Delfos que a culpa só podia ser atribuída a eles, que não souberam interpretar corretamente o presságio: "por terceira colheita" se deveria entender "terceira geração" e, "por via estreita", "a via do mar e os estreitos entre a Costa da Grécia Continental e a do Peloponeso".

Têmeno formava com seus irmãos *a terceira geração* após Hilo e, tendo compreendido agora o Oráculo, pôs-se a construir uma frota em Naupacto, na Costa da Lócrida, mas o assassinato do adivinho Carno por um dos descendentes de Héracles, Hípotes, fez que uma grande tempestade dispersasse as naus e houve uma fome tão grande, que todos debandaram. Mais uma consulta ao deus de Delfos, cuja resposta foi, em parte, como sempre, enigmática: as calamidades se deviam à morte de Carno e a vitória dependia do banimento do homicida por dez anos e de "um guia de três olhos". O assassino foi expulso e de repente apareceu no acampamento de Têmeno "um ser de três olhos": um caolho montado num cavalo. Esse caolho era Óxilo, rei da Élida, de onde fora exilado por um ano, por causa de um homicídio involuntário. O rei se dispôs a guiá-lo, desde que tivesse o apoio dele para recuperar o trono. Travada a batalha, a vitória, dessa feita, foi da "terceira geração". O rei do Peloponeso, Tisâmeno, filho de Orestes, foi morto e seu exército destroçado. O Peloponeso foi, a partir de então, dividido em três reinos: Argólida, Lacônia e Messênia. A Élida teve seu Rei Óxilo de volta e a Arcádia, que foi objeto de grande controvérsia (v. Cípselo), permaneceu nas mãos de seus primitivos habitantes.

Um século após a morte e a apoteose de Héracles, os Heraclidas voltaram à pátria.

HERCINA.

Ἑρκύννα ou Ἑρκύνα (Herkýnna ou Herkýna), *Hercina*, procede de ἔρκος (hérkos), que talvez possa relacionar-se com o latim *sarcire*, "coser, remendar, fechar o que está aberto", daí *sarcīna*, "pacote, embrulho". Ἕρκος (Hérkos) significa "cinto de muralhas", espaço fechado", donde Hercina é "a que surge numa caverna", *DELG*, p. 372-373.

Hercina é a ninfa de uma fonte em Lebadia, na Beócia. Amiga e companheira de Core (v. Deméter), antes do rapto da filha de Deméter por Plutão, divertia-se com ela um dia perto de Tebas. Aconteceu que, enquanto brincavam com uma gansa, a ave escapou e escondeu-se sob uma pedra e, de imediato, brotou no local uma fonte, que recebeu o nome de Hercina. Nesta fonte banhavam-se quantos desejassem consultar o Oráculo de Trofônio, que ficava num antro próximo às águas de Hercina.

HERMAFRODITO *(I, 217, 220-221; II, 204-205; III, 35)*.

Ἑρμαφρόδιτος (Hermaphrodītos), *Hermafrodito* (e não "Hermafrodita", que é um absurdo filológico e mítico) é um composto de Ἑρμῆς (Hermēs), *Hermes*, e de ἀφρόδιτος (aphródītos), forma derivada de Ἀφροδίτη (Aphroditē), *Afrodite*, deusa do amor, donde Hermafrodito, etimologicamente, é o que participa de Hermes e de Afrodite, isto é, "o dotado de ambos os sexos". A transliteração latina *Hermaphrodītus*, ac. sg. *Hermaphrodite* (m), *Hermafrodito*, não deixa dúvida quanto à forma e à acentuação da palavra em português.

A abordagem da conceituação de Hermafrodito oferece grande dificuldade, não quanto ao mito, mas no que diz respeito à sua natureza e funcionalidade, dada a fácil confusão que se pode fazer entre *Andrógino* e *Hermafrodito*. Para que o *problema* (palavra que significa o obstáculo a ultrapassar) fique mais ou menos claro, é mister começar pelo *mito*. Diga-se de passagem, que se a concepção simbólica do Hermafrodito se perde na Grécia na noite dos tempos, o mito e o culto a seu respeito são recentes: aparecem lá pelos fins do séc. V a.C., quando no Oriente, tanto o conceito quanto a forma do bissexuado eram de há muito plenamente aceitos. Acrescente-se, além do mais, que o mito que faz de Hermafrodito filho de duas divindades foi inventado tardiamente com o fito de explicar-lhe o nome. Com efeito, o jovem deus ambíguo, irmão de Eros, se de um lado se parece com a mãe Afrodite, de outro está muito distante da figura robusta, barbuda e máscula com que os pintores e escultores representam o deus Hermes. Miticamente, por conseguinte, Hermafrodito é filho de Hermes e de Afrodite. Criado pelas ninfas do Monte Ida, o jovem era de extraordinária beleza. Tão grande quanto a de Narciso. Aos quinze anos, quando todo adolescente se despega da família para a necessária δοκιμασία (dokimasía), isto é, para seu rito iniciático, buscando tornar-se δόκιμος (dókimos), quer dizer, "provado e aprovado", Hermafrodito resolveu percorrer o mundo. Passou pela Lícia, depois pela Cária e chegou junto à fonte de Sálmacis, perto de Halicarnasso. A ninfa creneia Sálmacis, homônima da fonte, ao vê-lo, perdeu-se de amores por ele. Não sabendo o que dizer, porquanto seu coração jamais fora visitado por Eros, ele a manteve à distância, repelindo-lhe as pretensões. A ninfa simulou conformar-se, mas escondeu-se num bosque vizinho. Tão logo Hermafrodito se despiu e se lançou nas águas límpidas e frescas da fonte, Sálmacis, como descreve Ovídio em suas *Metamorfoses*, 4, 285-388, num instante já estava junto dele. Apesar da resistência do filho de Afrodite, a ninfa cobriu-o de beijos e, "como a hera que se enrosca no tronco das grandes árvores", o enlaçou tão fortemente, que lhe tirou qualquer possibilidade de resistência. Pediu, em seguida, aos deuses que jamais a separassem de Hermafrodito. Os imortais ouviram-lhe a súplica. Os dois corpos fundiram-se num só e assim surgiu um novo ser, de dupla natureza. Em dois versos famosos o grande poeta latino supracitado sintetizou a essência do *hermafrodito*:

*Nec duo sunt, sed forma duplex, nec femina dici
Nec puer ut possit; neutrumque et utrumque uidetur*
(*Met.*, 4, 378-379)

– Não mais são dois: sob uma dupla forma não são nem homem nem mulher. Parece não terem sexo algum e possuírem a ambos.

Percebendo que, ao *descer às águas*, se tornara *semimarem*, metade macho, metade fêmea, tendo seus membros perdido todo o vigor, com a voz sem o antigo timbre viril, Hermafrodito implorou a seus pais que todo aquele que se banhasse nas águas límpidas da fonte de Sálmacis se tornasse *semiuir*, "homem pela metade", isto é, "perdesse o vigor", *mollescat*, convertendo-se num *impotente*. Também sua prece foi ouvida. Já se disse linhas acima que o mito e o culto de Hermafrodito foram introduzidos na Hélade lá pelos fins da Guerra do Peloponeso, fecho do séc. V a.C., possivelmente por negociantes cipriotas, embora "a concepção simbólica" seja antiquíssima não só na Hélade, mas em todas as culturas. A respeito do culto poucas palavras serão suficientes para mostrar-lhe a pobreza em terras da Grécia europeia. Uma inscrição dos inícios do séc. IV a.C., encontrada nos arredores de Atenas, menciona uma dedicatória de um certo Fano a Hermafrodito. Trata-se possivelmente, segundo a opinião de Marie Delcourt (*Hermaphrodite – Mythes et rites de la Bissexualité dans l'Antiquité Classique*. Paris, PUF, 1958, p. 73sqq.) de um modesto santuário. Teofrasto, em seus *Caracteres*, escritos lá pelo ano 300 a.C., falando do *Supersticioso*, 16, 10-11, faz uma alusão ao culto de Hermafrodito, aliás dos "Hermafroditos" que este possuía em casa, cujas estátuas, em determinadas épocas, são coroadas o dia inteiro: "No quarto e sétimo dia do mês, o Supersticioso manda toda a família cozer o vinho, depois se dirige ao mercado para comprar mirto, incenso, gravuras em madeira (de Hermafroditos?) e, regressando a casa, sacrifica e coroa os Hermafroditos pelo resto do dia". Teofrasto não diz com que finalidade, mas pressupõe-se que seja para não se tornar impotente, pois a homenagem a Hermafrodito é extensiva a seus pais, Hermes e Afrodite, que jamais foram protetores do casamento, mas sim da união sexual. O Hermafrodito é, pois, um διφυής (diphyés), um deus (embora menor) de dupla natureza, um bissexuado, donde para os antigos um assexuado, já que para eles a equação *bissexuado = assexuado* era uma verdade indiscutível, o que, na realidade, segundo se verá, é correto em relação ao filho de Hermes e de Afrodite, desde que se faça, como faremos, a necessária distinção entre *Hermafrodito* e *Andrógino*. Antes, porém, de se estabelecer essa diferença, uma observação preliminar. O espírito grego, curiosamente, quando está muito próximo de atingir a representação precisa e material de uma ideia, recria, retrocede e satisfaz-se com alusões e símbolos, entrincheirando-se nos arquétipos. Desse modo, uma coisa é o hermafroditismo simbólico, o deus Hermafrodito, cujo culto assim mesmo na Hélade foi quase nulo, segundo se mostrou, outra, *um ser hermafrodito*, objeto de horror, de repugnância e de mau presságio. Desse modo, a polaridade do sagrado em setor algum se revela com mais nitidez do que no domínio da bissexualidade. Uma conformação anormal dos órgãos sexuais era para os antigos helenos a monstruosidade por excelência. Quando nascia uma criança com sinais reais ou aparentes de hermafroditismo, a comunidade inteira se julgava ameaçada pela cólera divina. Para conjurar-lhe o efeito, expunha-se o recém-nascido para que morresse, em vez de matá-lo. Isto em Atenas, porque em Esparta qualquer sinal de "anormalidade" ou defeito físico acarretava para a criança ser impiedosamente lançada na ἀπόθεσις (apóthesis), isto é, "no depósito de recém-nascidos". Diga-se de passagem que o "hermafroditismo verdadeiro" é raríssimo. É real, quando o indivíduo possui os dois órgãos sexuais (masculino e feminino) completos, e é chamado hermafroditismo aparente, quando se possui um órgão masculino ou feminino completo, mas acrescido de características do sexo oposto. A isto os antigos gregos denominavam ὑποσπαδίας (hypospadías), palavra composta de ὑπό (hypó), "sob, embaixo" e de uma forma nominal *σπαδίας (*spadías), do verbo σπᾶν (spân), "tirar, arrancar". Acrescente-se logo que na linguagem médica, *hipospadia*, como a define Ramiz Galvão, *VEOP*, p. 340, que, aliás, laborou em equívoco, escrevendo "hypospádias", quando o *iota* é longo, é um 'Vício de conformação do pênis, em geral rudimentar, que não tem a abertura da uretra na glande, mas embaixo e a alguma distância dela". Há que se frizar, todavia, que semelhante anormalidade só atinge os órgãos externos. Pois bem, um jovem hipospado poderia ser inscrito na fratria como se fora mulher; o engano se manifestava na puberdade. Ao revés, existem meninas cujos órgãos genitais externos se assemelham àqueles dos meninos. Uma tal conformação das *genitalia* cria dificuldade em distinguir uma menina de um menino hipospado. Os dois fenômenos, ambiguidade sexual e evolução de uma aparência à outra, provocavam um mesmo efeito e consideravam-se tão maléficos, que seus portadores eram expulsos da pólis, quando não afogados ou queimados vivos. Isto em Atenas, infinitamente menos conservadora que Esparta... Para evitar que *hipospados* se registrassem em seus respectivos *demos*, isto é, em suas comunidades consanguíneas, como *homens*, os jovens atenienses, ao completarem 18 anos, passavam por um exame *(dokimasía)* perante um Conselho. Os "dicastas", os juízes inspecionavam-lhes os órgãos. Para comprovar o sexo, os examinandos ficavam nus. Aristófanes, em sua comédia *As Vespas*, 578, por nós traduzida, faz alusão ao fato. Na supersticiosa Roma, as coisas não se passavam diferentemente. Plínio, o Velho (séc. I p.C.), em sua *História Natural*, 7, 15-16 e 35-36, fala de uma jovem da cidade de Casino que, enquanto ainda vivia com seus pais, se tornou um rapaz. Os arúspices fizeram-na deportar para uma ilha deserta. Tito Lívio (59 a.C.-17 p.C.), *Ab Urb. Cond.*, 31, 12 e 27, 37, relata que mal a Itália conseguira respirar com a retirada dos cartagineses, lá pelo ano 200 a.C., começaram a nascer animais disformes. Na Sabina veio à luz um menino hermafrodito, enquanto em outro local se descobriu um adolescente, já com dezesseis anos, com a mesma deformidade. "Todos estes fenômenos", diz ele, "se devem à natureza que parece ter confundido e misturado os germes. Os hermafroditos provocaram sobretudo horror e foram lançados ao mar". A exposição nas águas evitava que se manchassem as mãos com sangue humano. Diodoro Sículo (séc. I p.C.), no fragmento 32, 12, conservado por Fócio, afiança que, no início da guerra social, mais ou menos no ano 90 a.C., uma jovem esposa se transformou em homem. O marido expôs o caso ao Senado. Consultados os arúspices, a pobre mulher (homem) foi queimada viva. Observe-se que no mito, segundo se mostrou ao longo dos três volumes de *Mitologia Grega*, as mudanças de sexo são fato comum.

Até agora se deu uma ideia do hermafrodito, mas já que tanto os mitólogos quanto os lexicógrafos e até médicos confundem *hermafrodito* com *andrógino*, vamos tentar estabelecer, embora sumariamente, a diferença entre ambos. *Aparentemente*, na realidade, andrógino (v.) e hermafrodito podem se confundir. Do primeiro fala Platão no *Banquete*, 189e, 193d, resumidamente o seguinte: de início havia três sexos humanos e não apenas dois, como no presente, o masculino e o feminino, mas a estes se acrescentava um terceiro, composto dos dois anteriores, e que desapareceu, ficando-lhe apenas o nome: o *andrógino* era um gênero distinto, que, pela forma e pelo nome, participava dos dois outros, simultaneamente do masculino e do feminino, mas hoje lhe resta tão somente o nome, "um epíteto insultuoso". Este ser especial formava uma só peça, com dorso e flancos circulares: possuía quatro mãos e quatro pernas; duas faces idênticas sobre um pescoço redondo; uma só cabeça para estas duas faces colocadas opostamente; era dotado de quatro orelhas, de dois órgãos dos dois sexos e o restante na mesma proporção. Tem-se aí pormenorizadamente descrito o que se denomina ἀνδρόγυνος (andróguynos), palavra composta de ἀνήρ, ἀνδρός (anér, andrós), *homem viril* e γυνή, μυναικός (guyné, guynaikós), *mulher*, a saber, um homem em fusão com a mulher, formando os dois "uma só peça". Ora, também o hermafrodito é uma fusão de um *homem* (Hermafrodito) com a *mulher* (Sálmacis), donde, sob o aspecto físico, *andrógino* e *hermafrodito* são formalmente iguais e tal identidade vai mais longe: enquanto reunidos, enlaçados, ambos são estéreis, porque são simbióticos. Mas, é exatamente aí que reside a grande diferença entre os dois pares: o hermafrodito jamais poderia ser dividido, desagregado, separado, este foi o pedido de Sálmacis aos deuses, que lhe atenderam a súplica. E mesmo que o fosse, sexualmente falando, não haveria fecundação, uma vez que Hermafrodito sofre de *impotentia coeundi et generandi*, uma impotência para o coito e para a fecundação. Quando Hermafrodito pede a seus pais, e sua solicitação foi aceita, que torne impotente todo aquele que se banhar nas águas de Sálmacis, ele está apenas querendo expressar seu próprio gesto: a descida à *água*, símbolo do inconsciente, é um regresso ao líquido amniótico, ao seio materno, do qual ele não se desvinculara e toda simbiose é esterilizante. Nestas circunstâncias há uma regressão da libido para o inconsciente. Donde, todo hermafrodito é simultaneamente impotente e estéril: nem fecunda, nem concebe. O andrógino é também uma συνάφεια (synápheia), uma *coniunctio*, uma "conjunção", mas inteiramente diversa daquela do hermafrodito, porquanto nos opostos que a constituem a sexualidade está apenas latente. Bastou que Zeus, como escreve Platão, os separasse, para que cada uma das metades, tornando-se *carente*, se pusesse a buscar a outra contrária, numa ânsia e num desejo insopitáveis de se "re-unir" para sempre. Mas como os órgãos sexuais de ambos estivessem voltados para a parte posterior, não havia possibilidade de geração nem de procriação. Zeus, então, imaginou um expediente: colocou esses órgãos na frente. Voltadas as *genitalia* de cada componente do que antes fora *synápheia* para o local adequado, o pai dos deuses e dos homens, diz o filósofo da Academia, "estabeleceu a procriação pelo homem na mulher e, quando no amplexo, o homem encontrava uma mulher, havia concepção e o gênero humano aumentava" (*Banquete*, 191). O andrógino é, pois, cinético; o hermafrodito é estático. No primeiro há *uma* κίνησις (kínesis), um movimento de 1 para 2; no segundo, de 2 para 1. O androginismo expressa a fecundidade inerente aos dois sexos; o hermafroditismo, ao revés, a esterilidade de ambos. O hermafrodito é aparentemente *duplo*, essencialmente *uno*, ao contrário do andrógino, que é aparentemente *uno*, essencialmente *duplo*. A diferença entre "os dois estados" talvez pudesse avançar mais um passo. O androginismo explícito, atenuado, alusivo, simbólico, não importa o nome ou o grau, está, como se mostrou em *Mitologia Grega*, Vol. III, p. 39sqq. intimamente correlacionado com o *travestismo* e o *hieròs gámos*, o casamento sagrado. O menino (com mais frequência, pela importância atribuída ao homem) se traveste de menina e esta de menino na passagem da infância para a adolescência e voltam a travestir-se por ocasião do matrimônio. Trata-se, como é óbvio, de um rito de passagem, uma típica situação iniciática, em que o menino e a menina transcendem a adolescência e se completam no casamento. Vale dizer, o primeiro resgata sua *anima* e a segunda, o seu *animus*.

Na Grécia, como em outras culturas, τὸ τέλος (tò télos), "o fecho", a realização do matrimônio está estreitamente vinculada ao *télos* da consecução da idade adulta e da iniciação que o sanciona. Na Grécia atual, como lembra Kerényi, ainda se chama *o casal* de τὸ ἀνδρόγυνον (tò andróguynon), *o andrógino*. Ora, quando é que se mencionou no mito ou na literatura grega que o *hermafrodito* poderia se expressar através de travestismo? Nem se poderia encontrar tal absurdo: o travestismo intersexual é a busca de uma completude, o que pressupõe separação. O hermafrodito é uma *sizígia* inseparável e inútil, porque estéril. Não se ignora que, já à época de Platão, o *andrógino* converteu-se num "epíteto insultuoso" (*Banquete*, 189e), mas isto se passava na teoria, porque, na prática, as cerimônias de travestismo continuavam a atestar a *coniunctio oppositorum*, a conjunção dos opostos, que provocava a *coincidentia oppositorum*, a identidade desses mesmos opostos. Basta, aliás, um exame superficial na evolução da arte na Hélade (projeção de seus vários "momentos culturais") para se observar como "de feminina" ela passou a ser "andrógina", antes e depois de Platão (v. Andrógino).

HERMES *(I, 71-73, 85, 108, 129, 131, 159, 162, 168, 187-188, 212, 220, 235, 237-239, 282[181], 317, 335-336, 343, 348; II, 14, 41, 88-89, 100, 120, 135, 191-192, 192[95]-195[97], 196-197, 200-201, 203-207, 215, 219, 249; III, 45, 62, 81-82, 87, 93, 98, 112, 177-179[147], 289-291, 305-306, 312-313[246], 320-321, 327, 343[264]).*

Ἑρμῆς (Hermês), jônico Ἑρμέης (Herméēs), dórico e beócio Ἑρμᾶς (Hermâs), micênico (no dativo) *Emaa, Hermes* e também *herma*, "cipo, pilastra, esteia com uma cabeça de Hermes", não possui etimologia confiável. As hipóteses engenhosas de Wilamowitz, *Glaube*, 1, p. 159, 285 e de Nilsson, *Geschichte der griechischen Religion*, 1, p. 503, que derivam o nome do deus de ἕρμα (hérma), "cipo, pilar, esteia" que o representa ou do "monte de pedras" que o configuram, não procedem, uma vez que o nome do deus é anterior à "herma que o simboliza". Alguns julgam que o nome do filho de Zeus seja de origem mediterrânea, *DELG*, p. 373-374. Na realidade, até o momento, não se tem uma etimologia segura para Hermes.

HERMES

Filho de Zeus e de Maia, a mais jovem das Pleiades, Hermes nasceu num dia quatro (número que lhe era consagrado), numa caverna do Monte Cilene, ao sul da Arcádia. Apesar de enfaixado e colocado no *vão de um salgueiro*, árvore sagrada, símbolo da fecundidade e da imortalidade, o que traduz, de saída, um rito iniciático, o menino revelou-se de uma precocidade extraordinária. No mesmo dia em que veio à luz, *desligou-se* das faixas, demonstração clara de seu poder de ligar e desligar, viajou até a Tessália, onde furtou uma parte do rebanho de Admeto, guardado por Apolo, que cumpria grave punição (v. Apolo). Percorreu com os animais quase toda a Hélade, tendo amarrado folhudos ramos na cauda dos mesmos, para que, enquanto andassem, fossem apagando os próprios rastros. Numa gruta de Pilos sacrificou duas novilhas aos deuses, dividindo-as em doze porções, embora os imortais fossem apenas onze: é que o menino-prodígio acabava de promover-se a décimo segundo. Após esconder o grosso do rebanho, regressou a Cilene. Tendo encontrado uma tartaruga à entrada da caverna, matou-a, arrancando-lhe a carapaça e, com as tripas das novilhas sacrificadas, fabricou a primeira lira.

Apolo, o deus mântico por excelência, descobriu o paradeiro do ladrão e o acusou formalmente perante Maia, que negou pudesse o menino, nascido há poucos dias e completamente enfaixado, ter praticado semelhante roubo. Vendo o couro dos animais sacrificados, Apolo não teve mais dúvidas e apelou para Zeus. Este interrogou habilmente ao filho, que persistiu na negativa. Convencido de mentira pelo pai e obrigado a prometer que nunca mais faltaria com a verdade, Hermes concordou, acrescentando, porém, que não estaria obrigado a dizer a verdade por inteiro. Encantado com os sons que o menino arrancava da lira, o deus de Delfos trocou o rebanho furtado pelo novo instrumento de som divino. Um pouco mais tarde, enquanto pastoreava seu gado, inventou a σῦριγξ (syrinks), "flauta de Pã". Apolo desejou também a flauta e ofereceu em troca o cajado de ouro de que se servia para guardar o armento do Rei Admeto. Hermes aceitou o negócio, mas pediu ainda lições de adivinhação. Apolo assentiu e, desse modo, o *caduceu* de ouro passou a figurar entre os atributos principais de Hermes, que, de resto, ainda aperfeiçoou a arte divinatória, auxiliando a leitura do futuro por meio de pequenos seixos.

Divindade complexa, com múltiplos atributos e funções, Hermes parece ter sido, de início, um deus agrário, protetor dos pastores nômades indo-europeus e dos rebanhos, daí seu epíteto de *Crióforo*, por ser muitas vezes representado com um carneiro sobre os ombros. Pausânias (2, 3, 4) deixa bem claro essa atribuição primária do filho de Maia: "Não existe outro deus que demonstre tanta solicitude para com os rebanhos e seu crescimento".

Os gregos, no entanto, ampliaram-lhe grandemente as funções, e Hermes, por ter furtado o rebanho de Apolo, se tornou o símbolo de tudo quanto implica astúcia, ardil e trapaça: é um verdadeiro *trickster*, um trapaceiro, um velhaco, companheiro, amigo e protetor dos comerciantes e dos ladrões... Na tragédia *Reso*, 216sq., erradamente atribuída a Eurípides, o deus é chamado "Senhor dos que realizam seus negócios durante a noite".

Ampliando-lhe o mito, os escritores e poetas igualmente lhe dignificaram as prerrogativas. Na *Ilíada*, XXIV, 334sq., vendo o alquebrado Príamo ser conduzido pelo filho de Maia através do acampamento aqueu, Zeus exclama comovido:

*Hermes, tua mais agradável tarefa é ser
o companheiro do homem; ouves a quem estimas.*

Nesse sentido, como está na *Odisseia*, VIII, 335, Hermes, mensageiro, filho de Zeus, é o dispensador de bens.

Além do mais, se qualquer oportunidade é uma dádiva do deus, é porque ele gosta de misturar-se aos homens, tornando-se, destarte, juntamente com Dioniso, o menos olímpico dos imortais.

Protetor dos viajantes, é o deus das estradas. Guardião dos caminhos, cada transeunte lançava uma pedra, formando um ἕρμαιον (hérmaion), isto é, literalmente, "lucro inesperado, descoberta feliz" proporcionados por Hermes: assim, para se agradecerem ou para se obterem bons lucros, formavam-se, em honra do deus, verdadeiros montes de pedra à beira da estrada. Diga-se logo que uma pedra lançada sobre um monte de outras pedras simboliza a união do crente com o deus ao qual as mesmas são consagradas, pois que na pedra está a força, a perpetuidade e a presença do divino. Também entre os judeus, para não citar outras culturas, um acontecimento feliz se comemorava com um monte de pedras, não raro um sinal de aliança entre Israel e Javé, como em Js 4, 6-7: *Para que seja sinal entre vós e, quando amanhã vos perguntarem vossos filhos, dizendo: "Que significam estas pedras?", vós lhes respondereis: as águas do Jordão desapareceram diante da arca da aliança do Senhor, quando passava por ele, e, por isso, se puseram estas pedras, para servirem aos filhos de Israel de um eterno monumento.*

Para os gregos, todavia, Hermes regia as estradas porque andava com incrível velocidade, pelo fato de usar sandálias de ouro, e, se não se perdia na noite, era porque, "dominando as trevas", conhecia perfeitamente o roteiro. Com a rapidez que lhe emprestavam suas sandálias divinas e com o domínio dos três níveis, tornou-se o mensageiro predileto dos deuses, sobretudo de seu pai Zeus e do casal ctônio, Hades e Perséfone. De outro lado, conhecedor dos caminhos e de suas encruzilhadas, não se perdendo nas trevas e sobretudo podendo circular livremente nos três níveis, o filho de Maia acabou por ser um *deus psicopompo*, quer dizer, um condutor de almas, tanto do nível telúrico para o ctônio quanto deste para aquele: numa variante do mito, foi ele quem trouxe do Hades para a luz a Perséfone e Eurídice; na tragédia de Ésquilo, *Os Persas*, 629, guiou, para curtos instantes na terra, a alma do Rei Dario.

Para Mircea Eliade são as faculdades "espirituais" do deus psicopompo que lhe explicam as relações com as almas: "Pois a sua astúcia e a sua inteligência prática, a sua inventibilidade [...], o seu poder de tornar-se invisível e de viajar por toda parte em um piscar de olhos, já anunciam os prestígios da sabedoria, principalmente o domínio das ciências ocultas, que se tornarão mais tarde, na época helenística, as qualidades específicas desse deus".

Está com a razão o sábio romeno, pois aquele que domina as trevas e os três níveis, guiando as almas dos mortos, não opera apenas com a astúcia e a inteligência, mas antes com a gnose e a magia.

Embora, como frisa Walter Otto, "o mundo de Hermes não seja um mundo heroico", a esse deus psicopompo não apenas os deuses, mas igualmente os homens ficaram devendo algumas ações memoráveis, levadas a efeito mais com a solércia e a magia do que com a força.

Na Gigantomaquia, usando o capacete de Hades, que tornava invisível o seu portador, lutou ao lado dos deuses, matando o gigante Hipólito. Recompôs fisicamente a seu pai Zeus, roubando os tendões, que lhe arrancara o monstruoso Tifão. Libertou a seu irmão Ares, que os Alóadas haviam encerrado num pote de bronze (v. Ares). Salvou a Ulisses e a seus companheiros, estes já transformados em animais semelhantes a porcos, oferecendo-lhe como defesa uma planta fabulosa, de caráter apotropaico, denominada *moli* (v.), cujos efeitos neutralizaram por completo a beberagem peçonhenta que lhe preparara a feiticeira Circe, conforme nos conta Homero na *Odisseia*, X, 281-329.

A grande tarefa de Hermes, no entanto, consistia em ser o intérprete da vontade dos deuses. Após o dilúvio, foi o portador da palavra divina a Deucalião, para anunciar que Zeus estava pronto a conceder-lhe a satisfação de um desejo. Por intermédio dele, o consumado músico Anfião recebeu a lira, Héracles a espada, Perseu o capacete de Hades. Após insistente súplica de Atená a seu pai Zeus, foi ele o enviado à bela Calipso, com ordens para que permitisse a partida de Ulisses, há sete anos prisioneiro da paixão da ninfa da Ilha Ogígia. Foi quem adormeceu e matou Argos, o gigante de cem olhos, colocado pela ciumenta Hera como guardião da vaca Io (v.). Levou ao Monte Ida, na Frígia, as três deusas, Hera, Atená e Afrodite para que o pastor Páris fosse o árbitro na magna querela provocada por Éris acerca da mais bela das imortais. Por ordem expressa de Zeus, cumpriu a ingrata missão de levar a Prometeu, aguilhoado a uma penedia, o *ultimatum*, para que revelasse o grande segredo que tanto preocupava o pai dos deuses e dos homens. Conduziu o pequeno Dioniso de asilo em asilo, primeiro para a corte de Átamas e depois para o Monte Nisa. A ele coube, igualmente, a gratíssima tarefa de conduzir Psiqué para o Olimpo, a fim de que se casasse com Eros.

Poder-se-iam multiplicar as missões e as comissões de Hermes, mas o que interessa mais de perto nesse deus tão longevo, que *só faleceu*, se é que faleceu, no século XVII, "são suas relações com o mundo dos homens, um mundo por definição 'aberto', que está em permanente construção, isto é, sendo melhorado e superado. Os seus atributos primordiais – astúcia e inventividade, domínio sobre as trevas, interesse pela atividade dos homens, psicopompia – serão continuamente reinterpretados e acabarão por fazer de Hermes uma figura cada vez mais complexa, tornando-o, ao mesmo tempo, civilizador, patrono da ciência e imagem exemplar das gnoses ocultas". *Agilis Cyllenius*, o deus rápido de Cilene, como lhe chama Ovídio nas *Metamorfoses*, 2, 720, 818, o filho de Maia para os helenos, era o λόγιος (lóguios), o sábio, o judicioso, o tipo inteligente do grego refletido, o próprio *Lógos*. Hermes é o que sabe e, por isso mesmo, aquele que transmite toda ciência secreta. Não sendo apenas um olímpico, mas igualmente ou sobretudo um "companheiro do homem", tem o poder de lutar contra as forças ctônias, porque as conhece, como demostrou Kerényi em sua obra capital sobre Hermes (*Hermes der Seelenführer*. Zurich, Klein Verlag, 1944). Todo aquele que recebeu deste deus o conhecimento das fórmulas mágicas tornou-se invulnerável a toda e qualquer obscuridade. No Papiro de Paris, o deus de Cilene é chamado, por esse motivo, "o guia de todos os magos", πάντων μάγων ἀρχηγέτης (pánton mágon arkhēguétēs). Através do livro de Lúcio Apuleio sobre a bruxaria (*De Magia*, 31), ficamos sabendo que o feiticeiro o invoca nas cerimônias como aquele que transmite conhecimentos mágicos: *Solebat aduocari ad magorum cerimonias Mercurius carminum uector* – "Mercúrio (nome latino de Hermes) costumava ser invocado nas cerimônias dos magos como transmissor de fórmulas mágicas".

Inventor de práticas mágicas, conhecedor profundo da magia da Tessália, possuidor de um caduceu com que tangia as almas *na luz* e *nas trevas*, foi com esses atributos que Hermes mereceu estes versos lindíssimos do maior poeta ocidental da Antiguidade Cristã, Aurélio Clemente Prudêncio (cerca de 348 p.C.):

Nec non thessalicae doctissimus ille magiae
traditur extinctas sumptae moderamine uirgae
in lucem reuocasse animas [...]
ast alias damnasse neci penitusque latenti
inmersisse Chao. Facit hoc ad utrumque peritus.

"Mercúrio conhece profundamente a magia da Tessália
e conta-se que seu caduceu conduzia as almas dos mortos
para as alturas da luz [...]
mas que condenava outras à morte e as precipitava nas profundezas do abismo entreaberto.
Ele é perito em executar ambas as operações".

Ad utrumque peritus, "hábil em ambas as funções", isto é, versado em conduzir para a *luz* ou para as *trevas*: eis aí o grande título de Hermes, o vencedor mágico da obscuridade, porque *sabe* tudo e, por esse motivo, *pode* tudo.

Aquele que é iniciado pelo luminoso Hermes é capaz de resistir a todas as atrações das trevas, porque se tornou igualmente um "perito".

Mesmo após a grande crise por que passou a religião grega, com o martelamento dos templos de seus deuses pelo Imperador Flávio Teodósio, Hermes continuou vitorioso, através, claro está, de mil vicissitudes.

Assimilado ao deus egípcio Tot, mestre da escritura e, por consequência, da palavra e da inteligência, mago terrível e patrono dos magos, que já no século V a.C., era identificado a Hermes, como ensina Heródoto (2, 152), bem como ao inventivo e solerte Mercúrio romano, o deus de Cilene, com o nome de *Hermes Trismegisto*, isto é, "Hermes três vezes Máximo", sobreviveu através do *hermetismo* e da *alquimia*, até o século XVII.

No mundo greco-latino, sobretudo em Roma, com os gnósticos e neoplatônicos, *Hermes Trismegisto* se converteu num deus muito importante, cujo poder varou séculos. Na realidade, *Hermes Trismegisto* resultou de um sincretismo, como já se assinalou, com o Mercúrio latino e com o deus "ctônio" egípcio Tot, o escrivão da psicostasia no julgamento dos mortos no Paraíso de Osíris e patrono, na Época Helenística, de todas as ciências, sobretudo porque teria criado o mundo por meio do *logos*, da palavra.

Hermes teve muitos amores e vários filhos. O mais importante de todos, porém, foi *Hermafrodito* (v.).

HERMÍONA *(I, 78, 92, 95, 108; II, 22)*.

Ἑρμιόνη (Hermiónē), *Hermíona*, segundo Carnoy, *DEMG*, p. 70, talvez se pudesse relacionar com ἕρμα (hérma), no sentido de "escolho, recife, rochedo localizado na costa", uma vez que o nome da heroína designa também uma cidade na costa pedregosa da Argólida. Filha única de Menelau e Helena, esta a deixou em Esparta, com apenas nove anos, quando seguiu com Páris para Troia.

Na *Odisseia*, IV, 4-6, conta-se que Menelau, ainda em Ílion, obrigou-se a dá-la em casamento a Neoptólemo, filho de Aquiles, mas as núpcias só se realizaram quando o rei de Esparta e Helena retornaram à pátria. Os trágicos adotaram uma variante, que parece igualmente antiga. Hermíona teria sido prometida primeiramente a Orestes, antes da Guerra de Troia, ficando o casamento para depois, uma vez que ela era impúbere. No decorrer da luta em Tróada, no entanto, Menelau, na sua proverbial insegurança, e porque necessitava da presença de Neoptólemo no campo de batalha, prometeu a filha em casamento ao bravo filho de Aquiles. Terminada a luta, Orestes foi obrigado a ceder "seus direitos", que eram de caráter sagrado, a Neoptólemo. As coisas se teriam agravado, porque, consoante alguns mitógrafos, Hermíona já estava casada com Orestes. Menelau teria se inocentado, alegando que as núpcias se realizaram em sua ausência, sem consentimento expresso de sua parte e que a culpa cabia unicamente à precipitação de Tíndaro, "pai humano" de Helena e, por conseguinte, avô de Hermíona. Como quer que seja, criou-se entre Orestes e Neoptólemo uma situação perigosa. Como a união permanecesse estéril, o filho de Aquiles dirigiu-se ao Oráculo de Delfos para saber das razões de semelhante castigo divino. Orestes (v.), que lá se encontrava, assassinou o rival e se casou (quiçá pela segunda vez) com a filha de Helena. Dessa união nasceu Tisâmeno (v.), que se notabilizou na luta contra os Heraclidas (v.).

HERMO.

Ἕρμος (Hérmos), *Hermo*, procede, segundo Carnoy, *DEMG*, p. 70, da raiz indo-europeia, *ser*, "correr, escoar", daí o sânscrito sarma-, "corrente", grego ὁρμή (hormé), "impulso, movimento", ὅρμος (hórmos), "porto", donde Hermo poderia ser interpretado como "o impetuoso, o destemido".

Hermo foi um dos atenienses que acompanharam Teseu na expedição contra as Amazonas. Ao retornar a Atenas, Teseu fundou a cidade de Pitópolis, na região de Niceia (Tessália) e lá deixou Hermo e mais dois atenienses para que elaborassem leis democráticas para a nova cidade.

HERMÓCARES.

Ἑρμοχάρης (Hermokhárēs), *Hermócares*, consoante Carnoy, *DEMG*, p. 70, talvez se pudesse aproximar de *ἕρμοι (*hérmoi), "o que profere palavras misteriosas"; esta forma hipotética seria a base do verbo ἑρμηνεύειν (hermēneúein), "interpretar".

Jovem ateniense de rara beleza, apaixonou-se, quando de uma visita à Ilha de Cós, por Ctesila, filha de Alcídamas, a qual dançava em torno do altar de Apolo Pítio. Repetindo a astúcia de Acôncio (v.), escreveu sobre uma maçã um juramento através do qual a jovem se comprometia, perante a estátua de Ártemis, a se casar com ele. Ctesila leu a mensagem em voz alta, ficando, assim, presa ao pretendente. Muito orgulhosa, todavia, jogou a maçã para bem longe de si. Inconformado, Hermócares procurou Alcídamas e pediu-lhe a filha em casamento. O pai comprometeu-se com o jovem ateniense em conceder-lhe a mão de Ctesila, jurando por Apolo e tocando-lhe, como de hábito, o loureiro sagrado, a árvore do deus de Delfos.

Muito cedo, todavia, Alcídamas se esqueceu da promessa solene e prometeu a mão da filha a um outro. Hermócares dirigiu-se apressadamente a Cós e encontrou sua ex-noiva sacrificando a Ártemis, como era de hábito, às vésperas das núpcias. Ao ver o jovem ateniense, enamorou-se perdidamente por ele, mercê da intervenção da deusa, que não admitia quebra de juramento, sobretudo em nome de seu irmão Apolo. Ctesila, com o respaldo de sua ama, fugiu com Hermócares para Atenas, onde o casal se uniu sob as bênçãos de Apolo e de Ártemis. Ctesila, porém, ao dar à luz seu primeiro filho, morreu, para expiar a falta grave cometida por Alcídamas contra o deus de Delfos. Durante os funerais, as pessoas presentes viram uma pomba voar do leito fúnebre. O corpo da jovem esposa desaparecera. Temendo o prodígio, Alcídamas mandou consultar Apolo e a Pítia ordenou que se prestasse na Ilha de Cós um culto a Afrodite-Ctesila, nome por que seria chamada doravante a esposa de Hermócares.

HERO.

Ἡρώ (Herṓ), *Hero*, talvez se relacione com Ἥρα (Héra), "Hera" e ἥρως (hḗrōs), "herói", latim *seruare*, "conservar, proteger" (v. Hera), donde Hero seria "a guardiã, a protetora".

Hero é uma jovem sacerdotisa de Afrodite, amada por Leandro, de Ábidos. O apaixonado atravessava a nado todas as manhãs ou todas as noites o estreito que separava sua cidade natal de Sestos, onde residia Hero. Esta o guiava do alto de uma torre com um facho aceso. Tendo este se apagado numa noite de tempestade, Leandro se afogou. Não mais desejando viver sem ele, Hero precipitou-se no mar do alto da torre.

HERÓFILA.

Ἡροφίλη (Herophílē), *Herófila*, parece um composto de Ἥρα (Héra), "Hera" ou ἥρως (hḗrōs), "herói", e do adjetivo feminino φίλη (phílē), "amiga", donde, possivelmente o antropônimo significaria "a amiga ou protegida de Hera ou dos heróis".

O mundo antigo conheceu várias Sibilas (v.). Segundo a tradição mais seguida, a primeira foi uma jovem chamada *Sibila,* filha do troiano Dárdano e de Neso, esta, filha de Teucro, o primeiro rei da Tróada.

A segunda teria sido Herófila, originária de Marpesso, na mesma Tróada. Era filha de uma ninfa e de um pastor do Monte Ida, cognominado Teodoro. Como nascera antes da Guerra de Troia, predisse que Ílion seria destruída pela falta de uma mulher de Esparta (Helena). Em Delos teria existido um hino composto por ela em honra de Apolo, em que a pitonisa se dizia *esposa legítima* e *filha* do deus. Herófila foi uma autêntica profetisa ambulante, pois, de Troia, passou por Claros, Samos, Delos e Delfos. Emitia seus oráculos, de pé, sobre uma pedra, que ela própria transportava. Faleceu em Troia e seu túmulo ficava no bosque de Apolo Esminteu.

HERSE *(II, 29).*

Ἕρση (Hérsē), *Herse*, remonta a *Ϝέρσα (*wérsā) e com vogal protética a ἐ(Ϝ)έρση (e(w)érse) ou a ἀ(Ϝ)έρσα (a(w)érsa), cujo sentido geral é de "chuva", sânscrito *varsa-, vársati*, "chove", irlandês *frass*, "chuva", donde Herse é a personificação do "rocio, do orvalho", *DELG*, p. 375.

Aglauro, Pândroso e Herse são filhas dos reis de Atenas, Cécrops e Aglauro. Atená confiou às três irmãs o recém-nascido Erictônio (v.), escondido num cofre. Apesar da proibição, as indiscretas cecrópidas abriram-no, mas fugiram apavoradas, porque dentro do mesmo havia uma criança, que, da cintura para baixo, era uma serpente. Como punição as três princesas enlouqueceram e precipitaram-se do alto do rochedo da Acrópole. Uma variante atribui a culpa somente a Aglauro, que teria sido a única a ser castigada. Herse, todavia, foi seduzida por Hermes e teve um filho chamado Céfalo (v.).

HESÍONA *(III, 106, 119).*

Ἡσιόνη (Hesiónē), *Hesíona*, segundo Chantraine, *DELG*, p. 417, seria um composto de ἠσι- (hēsi-), "que lança, que prodigaliza, que envia", v. o verbo ἱέαι (hiénai), "enviar, mandar" e de um elemento ὀνή (onḗ), "auxílio, ajuda", donde "a que auxilia".

São três as heroínas com este nome. A primeira, segundo Ésquilo (*Prometeu acorrentado*, 560) é uma das Oceânidas e que desposou Prometeu, apesar de não constar da listagem das filhas de Oceano mencionadas por Hesíodo.

A segunda é a mulher de Náuplio, o grande navegador, pai de Palamedes (v.), Éax e Nausímedon.

A mais importante de todas no mito, porém, é a filha do rei troiano Laomedonte.

No retorno de sua difícil expedição contra as Amazonas, Héracles passou por Troia, que, no momento, estava assolada por uma grande peste. O motivo do flagelo foi a recusa de Laomedonte em pagar a Apolo e Posídon os serviços prestados por ambos na construção das muralhas de Ílion. Enquanto Apolo lançara a peste contra a Tróada, Posídon fizera surgir do mar um monstro que lhe dizimava a população. Consultado o Oráculo, este revelou que a praga só teria fim se o rei expusesse sua filha Hesíona para ser devorada pelo monstro. A jovem, presa a um rochedo, estava prestes a ser estraçalhada pelo dragão, quando Héracles chegou. O herói prometeu a Laomedonte salvar-lhe a filha, se recebesse em troca as éguas que Zeus lhe ofertara por ocasião do rapto de Ganimedes (v.). O rei aceitou, feliz, a proposta do filho de Alcmena e este matou o dragão e libertou a vítima. Ao reclamar, todavia, a recompensa prometida, o rei se recusou a cumpri-la. Para vingar a afronta, o herói organizou, anos mais tarde, uma vasta expedição contra a cidadela de Troia. Tomou a fortaleza, matou Laomedonte, e escravizou-lhe os habitantes. Como Télamon foi o primeiro a transpor as muralhas de Ílion, Héracles deu-lhe Hesíona como esposa, mas pôs à disposição desta o escravo que a mesma desejasse. Hesíona escolheu seu irmão Podarces e como o herói argumentasse que aquele deveria primeiro tornar-se escravo e, em seguida, ser comprado por ela, a princesa retirou o véu com que se casara e o ofereceu como resgate do irmão. Este fato explica a mudança de nome de *Podarces* para *Príamo*, o futuro rei de Troia, nome que miticamente significaria o "comprado", o "resgatado", como se explicou em *Mitologia Grega*, Vol. III, p. 119.

Relata uma variante que Hesíona, grávida de Télamon, fugiu de Troia para Mileto, onde foi muito bem-acolhida pelo Rei Aríon. Foi em Mileto que nasceu seu filho Trambelo.

HESPÉRIDES *(I, 154-155, 204, 225, 228-229, 233, 238, 242, 280; II, 41, 105; III, 114, 130).*

Ἑσπερίδες (Hesperídes), *Hespérides*. Como ἑσπέρα (hespéra), "a tarde, o ocidente", as Ἑσπερίδες (Hesperídes), as Hespérides, "ninfas do poente", provêm de ἕσπερος (hésperos), "tarde, estrela da tarde". *Hésperos* está evidentemente relacionado com o latim *uesper*, "tarde, estrela da tarde, ocidente, poente", *DELG*, p. 378.

Ninfas do poente, as Hespérides em Hesíodo são filhas de Nix, a Noite. Mais tarde, sobretudo à época clássica, tornaram-se filhas sucessivamente de Zeus e Têmis, de Fórcis e Ceto e, por fim, de Atlas. Não existe igualmente entre os mitógrafos acordo acerca de seu número, embora as mais das vezes sejam três e se chamem Egle, Eritia e Hesperaretusa, quer dizer, respectivamente "a brilhante, a vermelha, a do poente", designando assim o princípio, o meio e o fim do percurso solar. Esta última, todavia, costuma ser desdobrada em duas: Hespéria e Aretusa, aumentando-lhes o número para quatro. As Hespérides habitavam o extremo Ocidente, não muito distante da Ilha dos Bem-Aventurados, bem junto ao Oceano. Quando os conhecimentos do mundo ocidental se ampliaram, a região das Ninfas do Poente foi localizada nas faldas do Monte Atlas. Sua função precípua era vigiar, com auxílio de um dragão, filho de Fórcis e Ceto ou de Tifão e Équidna, *as maçãs de ouro*, presente de núpcias que Geia deu a Hera por ocasião de seu casamento com Zeus. Em seu jardim maravilhoso elas cantam e dançam em coro, junto a fontes, cujos repuxos têm o perfume da ambrosia. As Hespérides estão ligadas ao ciclo dos *Doze Trabalhos* de Héracles. Buscando junto a elas as *maçãs de ouro*, os frutos da imortalidade, o herói já estava muito próximo de sua apoteose.

A interpretação evemerista do mito tenta remeter o leitor para um fato hipoteticamente real. As Hespérides eram sete jovens, filhas de Atlas e de Hésperis. Possuíam elas um grande rebanho de ovelhas – observe-se que em grego μῆλα (mela) designa tanto *rebanhos* quanto *maçãs* – muito cobiçado por seu vizinho, o rei do Egito Busíris. Este enviou salteadores e facínoras contra as filhas de Atlas com ordens severas de roubar ou destruir o rebanho e raptar as Hespérides. Quando Héracles (v.) passou pelo Egito, matou os bandidos, tomou-lhes todas as ovelhas furtadas e libertou as Hespérides, devolvendo-as a Atlas. Este, num gesto de gratidão, entregou ao herói "o que ele viera buscar (não se sabe se "o rebanho ou as maçãs") e ainda lhe ensinou astronomia, já que na variante evemerista Atlas é considerado como o primeiro astrônomo.

HÉSPERO.

Ἕσπερος (Hésperos), *Héspero* (v. Hespérides), "tarde, estrela da tarde", é filho ou irmão de Atlas. Foi o primeiro a escalar a montanha de Atlas para observar as estrelas. Certa feita, quando no pico do monte, estava extasiado em sua habitual contemplação, foi arrebatado por uma tempestade e desapareceu. Os homens, que lhe estimavam a bondade e a concórdia, julgaram que o filho de Atlas havia sido transformado em estrela e deram-lhe o nome de Héspero, o astro benfazejo que, a cada tarde, traz para todos o repouso da noite. À época helenística Héspero foi identificado com Φωσφόρος (Phōsphóros), Fósforo, personificação da Estrela d'Alva, o *Lucifer* (o que traz a luz) dos latinos.

HÉSTIA *(I, 157, 200, 275-276, 348; II, 19, 66; III, 343, 343[264], 346-348, 350-351, 354-355).*

Ἑστία (Hestía), *Héstia*, consoante Chantraine, *DELG*, p. 379, poderá ser um derivado do tema *ἑστο- (*hesto-) ou *ἑστα- (*hesta-). O iota inicial da forma ἱστία (histía) poderia explicar-se por assimilação. O sentido preciso do vocábulo é "lareira doméstica", "altar com fogo". A aproximação com o latim *Vesta*, deusa do fogo, da lareira doméstica, é viável, pois que o nome latino deve originar-se de *wes*, "queimar", antigo alemão *wasal*, "fogo", grego εὕειν (heúein) "passar pelo fogo, consumir".

Filha de Crono e de Reia, Héstia é a *lareira* em sentido estritamente religioso, ou, mais precisamente, é a personificação da *lareira*, colocada no centro do altar; depois, sucessivamente, da lareira localizada no meio da habitação, da lareira da cidade, da lareira da Grécia; da lareira como fogo central da terra; enfim, da lareira do universo. Embora Homero lhe ignore o nome, a Héstia helênica certamente é o prolongamento de um culto pré-helênico do lar.

Se bem que muito cortejada por Apolo e Posídon, obteve de Zeus a prerrogativa de guardar para sempre a virgindade. Foi ininterruptamente cumulada de honras excepcionais, não só por parte de Zeus, seu irmão caçula e senhor do Olimpo, mas de todas as divindades, tornando-se a única deusa a receber um culto em todos os lares e nos templos de todos os deuses.

Enquanto os outros imortais viviam num vaivém constante, Héstia manteve-se sedentária, imóvel no vasto Olimpo. Assim como o fogo doméstico é o centro religioso do lar dos homens, Héstia é o centro religioso do lar dos deuses. Essa imobilidade, todavia, fez que a deusa não desempenhasse papel algum no mito, permanecendo sempre mais como um princípio abstrato, a *Ideia da Lareira*, do que como uma divindade pessoal. Tal fato explica não ser a grande deusa necessariamente representada por imagem, já que o fogo era suficiente para simbolizá-la.

Personificação do fogo sagrado, a filha de Crono preside à conclusão de qualquer ato ou acontecimento. Ávida de pureza, ela assegura a vida nutriente, sem ser ela própria fecundante. Héstia, como a Vesta dos latinos e suas dez Vestais, talvez traduzam o sacrifício permanente, através do qual uma perpétua inocência serve de elemento substitutivo ou até mesmo de defesa contra as faltas perpétuas dos homens, granjeando-lhes êxito e proteção.

HÍADES.

'Υάδες (Hyádes), *Híades*, nome de uma constelação (*Il*, XVIII, 486), cuja aproximação etimológica com o verbo ὕειν (hýein), "chover", geralmente empregado na terceira pessoa do singular, ὕει (hýei), "chove", é de cunho popular. A aproximação, segundo Chantraine, *DELG*, p. 1149, deve ser feita com o vocábulo ὗς (hýs), "porca", uma vez que a luminosa estrela Aldébaran, que se cerca de estrelas menores e de brilho menos intenso, dá ideia de uma "porca rodeada por seus bacorinhos". Igualmente o latim *Suculae*, "as Híades" (no singular *sucula*, "porca nova") deve ser um empréstimo semântico ao grego συάδες (syádes) > 'Υάδες (Hyádes), Híades.

As Híades são estrelas que estão muito próximas das Plêiades e cujo aparecimento coincide com a estação das chuvas da primavera, donde a etimologia popular que as faz provir do verbo *hýein*, "chover".

Relata-se que as Híades eram ninfas, filhas de Atlas e de uma Oceânida, Etra ou Plêione. Algumas versões dão-lhes por pai, em vez de Atlas, o rei de Creta Melisseu, Hias ou ainda Erecteu e até mesmo Cadmo. Ora são duas, ora sete, mas seus nomes variam muito segundo os mitógrafos. De modo geral são chamadas Ambrosia, Eudora, Ésile ou Fésile, Corônis, Dione, Pólixo e Féio. Antes de sua metamorfose em constelação foram amas de Dioniso, sendo por isso mesmo denominadas Ninfas do Monte Nisa. Por temor à vingativa Hera, no entanto, confiaram o deus a Ino e refugiaram-se junto a Tétis, sua avó. Zeus, para compensar-lhes os serviços prestados a seu filho Dioniso, fê-las rejuvenescer por Medeia e as transformou em constelação.

Narra uma variante que a metamorfose se operou após terem elas se suicidado, inconsoláveis com a morte de seu irmão Hias (v.).

HÍAMO *(III, 205)*.

Ύαμος (Hýamos), *Híamo*, é antropônimo recente sem etimologia definida.

Filho de Licoro ou Licoreu, casou-se com Melanteia, filha de Deucalião. Desse enlace nasceu Melênis ou Celeno, mãe de Delfos, herói epônimo da região homônima. Segundo uma tradição, Híamo fundou a cidade de Hia.

HIAS.

Ύας (Hýas), *Hias*, pai ou irmão das Híades (v.), tem a mesma etimologia que elas.

Filho de Atlas e de Plêione, segundo a versão mais corrente, era irmão das Híades. Durante uma caçada na Líbia foi picado por uma serpente venenosa e faleceu instantaneamente. Uma variante atribui tamanha fatalidade à mordidela de um leão ou de um javali. Suas irmãs, inconsoláveis, morreram de tristeza ou se suicidaram, sendo metamorfoseadas em estrelas.

HÍBRIS *(I, 6, 84, 134, 143, 164, 169, 173, 210; II, 27, 132-133, 175, 180, 222; III, 81, 158, 194, 211-212, 217, 227, 295, 341)*.

O substantivo feminino Ὕβρις (Hýbris), *Híbris*, cuja raiz parece estar contida no indo-europeu **ut+qweri*, "força, peso excessivo, força exagerada", significa "tudo quanto ultrapassa a medida, o excesso, o descomedimento, a démesure" e, em termos religiosos, onde a palavra é abundantemente usada, *híbris* é uma *violência*, uma *insolência*, uma *ultrapassagem do métron* (na medida em que o homem quer competir com o divino, daí o sentido translato de "orgulho, arrebatamento, exaltação de si mesmo". Neste enfoque, *hýbris* é antônimo de σωφροσύνη (sophrosýnē), literalmente, "um estado, uma disposição sadia do espírito, moderação, prudência", e aproxima-se de ἀσέβεια (asébeia), "impiedade, injustiça em relação aos deuses".

Apesar de ser uma abstração e de não possuir, por isso mesmo, um mito próprio, passa por ser a *mãe*, ou, graças ao jogo de símbolos, a filha de Κόρος (Kóros), a *Saciedade* personificada, donde "o desprezo, o orgulho, a insolência".

Desse modo, por temor a esse raio certeiro dos deuses, os escritores gregos, sobretudo os poetas mais imbuídos dos princípios religiosos vigentes desde a *Ilíada* e a *Odisseia* de Homero, não pouparam esforços com suas constantes admoestações em tentar desviá-lo da cabeça dos mortais.

Já o Oráculo de Delfos trazia gravado em seu pórtico uma advertência muito séria aos ὑβρισταί (hybristaí), aos *violentos e descomedidos*: γνῶθι ὁ ἑαυτόν (gnôthi s'eautón), literalmente *aprende a conhecer a ti mesmo*, como está em Aristóteles, *Retórica*, 2, 21, um como que *memento, homo, quia puluis es... lembra-te, homem, de que és pó...*

O poeta lírico Teógnis (séc. VI a.C.) adverte com seriedade a seu amigo Cirno:

Μηδὲν ἄγαν σπεύδειν πάντων μέσ' ἄριστα
(*Eleg.*, 1, 335)
(Medèn ágan speúdein: pánton més'árista)

– Nada persigas em demasia: um meio-termo é a melhor de todas as soluções.

O grande trágico Ésquilo (séc. VI-V a.C.) com seu estro condoreiro é mais agressivo em relação aos que ultrapassam o μέτρον (métron), a medida de cada um, e tentam, como Ícaro, ir além dos limites. Na tragédia *Os Persas*, 818-822, o *eídolon* de Dario, deixando por instantes as trevas do Hades, transmite aos espectadores do Teatro de Dioniso em Atenas sua mensagem de moderação, mostrando-lhes os destroços provocados pela *híbris*:

E os cadáveres amontoados, na sua linguagem muda, revelarão aos olhos dos mortais, até a terceira geração, que o homem não deve ter sentimentos orgulhosos, pois a híbris, ao amadurecer, produz espigas de erro e a seara ceifada será tão somente de lágrimas.

Píndaro (séc. VI-V a.C.), o condor de Tebas, define com precisão o que é o ἄνθρωπος (ánthrōpos), o *homo-humus*, o homem plasmado na argila, que somente pode erguer-se de sua limitação, quando sobre ele descansa o calor salutar do olhar divino. Até lá, que se evite a *híbris*...

Seres efêmeros! Que é cada um de nós?
Que não é cada um de nós?
O homem é o sonho de uma sombra (*Píticas*, 8, 95-97).

Os poucos exemplos citados podem nos dar uma ideia do perigo que representava para os gregos (e para nós) o arroubo provocado pela híbris.

HIDNE.

Ὕδνη (Hýdnē), *Hidne*, é antropônimo ligado a ὕδωρ (hýdōr), "água", donde a interpretação do nome como "a que está presa à água". *Hýdor* é um antigo nome neutro da *água* com uma flexão *r/n*. A correspondência mais direta se observa no umbro *utur*, "água", também do gênero neutro. Em sânscrito, com o vocalismo radical zero, aparecem o gen. sing., *ud-n-ás*, "da água", o locativo *udán(-i)*, "na água", que serviu de base ao nom. sing. *ud-a-ká*, "a água" e o verbo *udanyáti*, "banhar". Com um outro vocalismo radical tem-se o hitita *wadar* e *wedar*, "água", bem como o antigo saxão *watar* e o alemão *Wasser*, com o mesmo sentido, *DELG*, p. 1152sq.

Hidne é filha de Esquílis, originário de Palene, na Ática. Quando a frota de Xerxes ancorou perto de Atenas, Esquílis e Hidne, hábeis mergulhadores, cortaram os cabos das âncoras de vários navios que, soltos e desgovernados, se despedaçaram contra os rochedos. Como lembrança e recompensa à coragem de pai e filha, os Anfictiões mandaram erigir-lhes em Delfos duas estátuas. Relata-se ainda que Hidne foi um dos amores do deus marinho Glauco.

HIDRA DE LERNA *(I, 155-156, 242-244; II, 21; III, 98-99, 102, 124, 128, 210)*.

Ὕδρα Λερναία (Hýdra Lernaía), *Hidra de Lerna*, como lhe chama Sófocles, *Traquínias*, 574, 836, 1094, é um composto, cuja etimologia tem que ser apontada separadamente.

Ὕδρα (Hýdra), *Hidra*, é um derivado de ὕδωρ, ατος (hýdōr, atos), "água", em geral dos rios e da chuva e muito raramente do mar. Do radical ὕδρ- (hýdr-) é que procede ὕδρα (hýdra), sobretudo a Hidra de Lerna, "a serpente da água", a *coluber nutrix*. A *hydra* corresponde o sânscrito *udrá*, nome de um animal aquático, avestico *udra-* "lontra", antigo alemão *ottar*, alemão atual *Otter*, "víbora, lontra", latim *lutra* ou *lytra*, "lontra". Quanto a Λέρνη (Lérnē), *Lerna*, não se conhece a etimologia até o momento: trata-se de um lago ou pântano da Argólida, com um rio e aldeia do mesmo nome.

Filha de Tifão e de Équidna, a Hidra, morta por Héracles, é figurada como uma serpente descomunal, de muitas cabeças, variando estas, segundo os autores, de cinco a seis e até mesmo a cem, e cujo hálito pestilento a tudo destruía: homens, colheitas e rebanhos.

Criada sobre um plátano, junto da fonte Amimone, perto do pântano de Lerna, na Argólida, foi ali colocada para provar o filho de Alcmena, que deveria eliminá-la. Para conseguir exterminar mais esse monstro, o herói contou com a ajuda de seu sobrinho Iolau, porque, à medida que Héracles ia cortando as cabeças da Hidra, onde houvera uma, renasciam duas. Iolau pôs fogo numa floresta vizinha e com grandes tições ia cauterizando as feridas, impedindo assim o reaparecimento das cabeças cortadas. A do meio era imortal, mas o herói a cortou assim mesmo: enterrou-a e colocou-lhe por cima um enorme rochedo. Antes de regressar, embebeu suas flechas na peçonha ou, conforme outros, no sangue da Hidra, envenenando-as.

HÍERA.

Ἱέρα (Híera), *Híera*, é o feminino do adjetivo ἱερός, ἱερά, ἱερόν (hierós, hierá, hierón) e cujo sentido preciso é "sagrado" ou tudo quanto pertence aos deuses ou deles provém e é nessa acepção que *hierós* pode significar "forte, destemido" como valores prodigalizados pelos imortais. O vocábulo já aparece no micênico *ijero*, "sagrado". O sânscrito possui *isirá-*, "forte". Híera significa, pois, "a que tem uma força religiosa sagrada", emanada dos deuses, *DELG*, p. 457-458.

Híera é a esposa do Rei Télefo. Quando os aqueus, na sua primeira tentativa de chegar a Troia, desembarcaram por engano na Mísia, Híera, considerada mais bela que Helena, empunhou armas e juntamente com o esposo enfrentou os invasores. Na refrega foi morta por Nireu. Com Télefo Híera teve dois filhos: Tárcon e Tirseno.

HÍERAX.

Ἱέραξ (Hiérāks), *Híerax,* "o falcão", talvez provenha do verbo ἵεσθαι (híesthai), "apressar-se, arremessar-se impetuosamente", donde Híerax é "o impetuoso, o rápido", *DELG,* p. 456-457.

Há dois heróis com este nome. O primeiro, além de indiscreto, era um tagarela contumaz. Com isto Híerax impediu Hermes de libertar Io (v.) que estava sob a vigilância de Argos (v.), obrigando o deus a matar o guardião da amante de Zeus. Como punição, o tagarela foi transformado em falcão.

O segundo era um rico proprietário entre os mariandinos (v. Argonautas), que habitavam a Costa Setentrional da Ásia Menor. Grande devoto de Deméter, a deusa o recompensou com safras miraculosas. Quando Posídon, para vingar-se de Laomedonte (v.), devastou a Tróada com uma grande fome, os troianos apelaram para Híerax, que prontamente os atendeu. O deus, todavia, não perdoou a generosidade do rico fazendeiro e o transformou em falcão, ave detestada pelas demais.

HIERODULAS *(I, 223; II, 76-77).*

Hierodula é uma palavra composta de ἱερός (hierós), cujo sentido geral é "sagrado" e δοῦλος (dûlos), "escravo", "serviçal" ou no feminino δούλη (dúlē), "escrava", donde, etimologicamente, *hierodulo* ou *hierodula* era o escravo agregado a um templo ou uma mulher "escrava" que se consagrava ao serviço de uma divindade. Essa agregação e consagração a uma divindade tinham um caráter bastante complexo e, como o assunto já foi exposto com certa minúcia em *Mitologia Grega,* nos Vol. I, p. 223 e II, p. 76-77, vamos resumi-lo.

A Lua, quer se chame Ártemis, Selene ou Hécate, sempre foi considerada andrógina. Plutarco (séc. I p.C.) é taxativo a esse respeito: "Chama-se a Lua a mãe do universo cósmico; ela possui uma natureza andrógina". Na Babilônia, o deus Lua, *Sin,* é andrógino e, quando foi substituído por Ístar, esta conservou-lhe o caráter de androginismo. Pelo fato mesmo de a Lua ser andrógina, o homem-Lua, cujo representante na terra era o rei ou o chefe tribal, passava a primeira noite de núpcias com a noiva, a fim de provocar a fertilização da mesma, da tribo e da própria terra. Assim, o fato de todos dependerem dos préstimos da Lua para a propagação da espécie, da fertilização dos animais e das plantas, enfim, da boa colheita anual é que provocou, desde a mais remota Antiguidade, um tipo muito especial de *hierós gámos,* de união sagrada, efêmera e impessoal. Trata-se das *hierodulas,* das "escravas sagradas", muito impropriamente denominadas "prostitutas sagradas". Em determinadas épocas do ano, particularmente no Oriente, sacerdotisas e mulheres de todas as classes sociais, como enfatiza a Dr.ª Esther Harding, *Woman's Mysteries,* Nova York, Longmans, Green and C, 1953, p. 32sqq., uniam-se sexualmente a reis, sacerdotes ou a estranhos, todos simbolizando o homem-Lua, com o único fito de provocar a fertilização das mulheres e da terra, bem como angariar fundos para o templo da deusa-Lua a quem serviam. Não eram, todavia, apenas mulheres que "trabalhavam" para a deusa-Lua. Homens, igualmente, embora fosse mais raro, entregavam-se ao serviço da deusa. Na Índia, segundo W.H. Keating, citado pela Dr.ª Harding, os homens de Winnipeck, se sonhassem com a lua, sentiam-se no dever de tornar-se κίναιδοι (kínaidoi), *cinaedi,* isto é, homossexuais. Vestiam-se imediatamente de mulher e consagravam-se ao serviço da lua. Em 2Reis 23,7, Josias mandou derrubar os aposentos dos efeminados, consagrados à deusa oriental Astarté. Cibele (v.), a grande mãe frígia, exigia que seus sacerdotes, chamados Coribantes (v.), Curetes (v.) ou Gaios (v.) e muitos de seus servidores se emasculassem durante as festas orgiásticas da *Bona Mater,* Boa Mãe, como era chamada em Roma. Cobriam-se aqueles com indumentária feminina e passavam a servir à deusa-Lua Cibele. No judaísmo, as *hierodulas* causaram problemas sérios. Em homenagem a Astarté, deusa-Lua semítica da vegetação e do amor, as *hierodulas,* sobretudo em Canaã, operavam, quer ao longo das estradas (Gn 38,15-21; Jr 3,2), quer nos próprios santuários da deusa (Os 4,14). O dinheiro arrecadado, a que se dava o nome de "salário de meretriz" ou "de cachorro", era entregue aos templos. Sob influência cananeia, o abuso penetrou também no culto israelítico (Nm 25,1-16), embora a Lei se opusesse energicamente a isso e proibisse que o dinheiro fosse aceito pelo Templo (Dt 23,18).

Sob Manassés e Amon (séc. VII a.C.), as escravas sagradas e os hierodulos instalaram-se no próprio Templo de Jerusalém. Foi necessário que Josias mandasse demolir suas habitações, como já se assinalou. Mais tarde, à época dos Macabeus (séc. II a.C.) e da desordem total, provocada por guerras contínuas, até pagãos as procuravam no Templo da Cidade Santa (2Mc 8). No Egito e na Mesopotâmia as deusas-Lua Ísis e Ístar eram senhoras de um grande número de *hierodulas* que, para obterem a fertilidade da terra e dinheiro para os templos, para elas trabalhavam infatigavelmente.

Na Hélade, as *hierodulas,* com o mesmo objetivo das escravas sagradas orientais, entregavam-se nos templos de Afrodite, a deusa do amor, provinda do Oriente, aos visitantes e frequentadores dos mesmos. No riquíssimo templo da deusa no Monte Érix, na Sicília, e em Corinto, nos bosques de ciprestes de um famoso Ginásio, chamado Craníon, a mãe de Eros era cercada por mais de mil *hierodulas* que, à custa dos visitantes, lhe enriqueceram o santuário. Personagens principais das célebres *Afrodísias* de Corinto, todas as noites elas saíam às ruas em alegres cortejos e procissões rituais. Embora alguns poetas cômicos, como Aléxis e Eubulo (séc. IV a.C.), tivessem escrito a esse respeito alguns versos maliciosos, nos momentos sérios e graves, como nas invasões persas de Dario (490 a.C.) e Xerxes (480 a.C.), pedia-se às *hierodulas* que dirigissem preces públicas a Afrodite. Píndaro (séc.

VI-V a.C.), talvez o mais religioso dos poetas gregos, celebrou com um *σκόλιον* (skólion), isto é, com uma canção convival, a oferta de cinquenta *hierodulas* feita por Xenofonte de Corinto a Afrodite, em agradecimento por uma dupla vitória nos Jogos Olímpicos (Pínd. *Encômios*, 3, 1-17).

Acrescente-se, todavia, que, à época histórica, ao menos em algumas regiões da Hélade, em lugar de oferecer sua virgindade e seu corpo à deusa-Lua, as mulheres ofertavam-lhe a cabeleira.

HIETO *(III, 50)*.

Ὕηττος (Hyéttos), *Hieto*, segundo Carnoy, *DEMG*, p. 75, o antropônimo talvez possa relacionar-se com Ὑέτιος (Hyétios), Hiécio, "que provoca a chuva", que é um epíteto de Zeus. Neste caso, *Hyéttos* estaria etimologicamente ligado ao verbo ὕειν (hýein), "chover" (v. Híades) e significaria "o que traz a chuva".

Originário de Argos, Hieto teria sido o primeiro mortal a punir um adultério. Tendo surpreendido a esposa nos braços de Moluro, filho de Arisbas, o matou. Obrigado a exilar-se, encontrou refúgio na corte do filho de Mínias, Orcômeno, que reinava na cidade homônima. Nesta região da Beócia Hieto fundou uma aldeia a que deu seu nome.

HIGIIA *(II, 26, 29)*.

Ὑγίεια (Hyguíeia), *Higiia*, procede do adjetivo ὑγιής (hyguiḗs), "são, em bom estado de saúde". Etimologicamente o adjetivo em pauta é considerado um composto de **su-* > ὑ (hy), "bem", e da raiz que significa "viver", isto é, **gʷiye* > ζῆν (dzēn), βίος (bíos), "vida", donde o hipotético *sugʷiy-es-* > ὑγιής (hyguiḗs). Higiia é, por conseguinte, "a personificação da Saúde".

Considerada como uma das filhas do deus da medicina Asclépio, não possui um mito próprio, figurando tão somente no cortejo de seu pai.

HILAS *(III, 178, 180)*.

Ὕλαι (Hýlai), *Hilas*, segundo Carnoy, *DEMG*, p. 75, provém de ὕλη (hýlē), "bosque, floresta", donde "o que vive nos bosques, nas florestas". Para a etimologia v. Hileu.

Após a vitória sobre Teiódamas, rei dos dríopes, conforme se narrou em *Mitologia Grega*, Vol. III, p. 122, Héracles raptou-lhe o filho Hilas, que era de grande beleza.

Quando os Argonautas (entre os quais figuravam Héracles e Hilas) fizeram uma escala na Mísia, o herói, que havia quebrado o remo, tal a força com que feria as águas, dirigiu-se a uma floresta vizinha, a fim de preparar um outro. O lindíssimo Hilas se afastou igualmente com a finalidade de procurar água doce para preparar o almoço e não mais retornou. É que, tendo-se aproximado de uma fonte, as ninfas (v.) náiades, extasiadas com a beleza do jovem, arrastaram-no para as profundezas das águas, talvez para imortalizá-lo. Polifemo, um dos Argonautas, tendo-lhe ouvido os gritos, correu em seu auxílio. Encontrando a Héracles, que retornava da floresta, ambos se puseram a procurar o filho de Teiódamas. Durante a noite inteira erraram nos bosques e nas selvas e, pela manhã, quando a nau Argo partiu, os dois não estavam a bordo. O destino não permitiu que os dois heróis participassem da conquista do Velocino de Ouro.

Polifemo fundou nas vizinhanças a cidade de Cios e Héracles, antes de retornar às suas grandes tarefas, permaneceu alguns dias no local. É que, desconfiado de que os mísios haviam-lhe raptado o companheiro, exigiu-lhes reféns e obrigou-os a procurá-lo. Tal fato explica, na Mísia, a procissão anual em que os sacerdotes, escalando as montanhas vizinhas, gritavam três vezes o nome de Hilas.

HILÉBIA.

Εἰλεβίη (Heilebíē), *Hilébia*, é, segundo Carnoy, *DEMG*, p. 66, um composto do verbo εἵλειν (heílein) [= εἴλειν (eílein)], "reter, impedir" e de βίος (bíos), "vida", donde Hilébia seria "a mulher estéril".

Lirco, filho de Foroneu, era um dos pretendentes de Io, que fora raptada por Zeus. Ínaco, pai da jovem, ordenou ao pretendente que a procurasse e trouxesse de volta ao lar. Não a tendo encontrado e temendo regressar a Argos sem ela, estabeleceu-se em Cauno, na Cária e se casou com Hilébia, filha do rei local. Como a união permanecesse estéril, Lirco (v.) resolveu consultar o Oráculo, mas a longa permanência fora do lar levou-o à infidelidade conjugal. O rei, tomando conhecimento do fato, tentou bani-lo da Cária. Hilébia, porém, que amava o esposo, perdoou-lhe a falta e conseguiu apaziguar a cólera paterna.

HILEU.

Ὑλαῖος (Hylaîos), *Hileu*, procede ὕλη (hýlē) com o sufixo *-αῖος* (-aîos), e significa "o que se encontra nos bosques, nas florestas". A etimologia em grego é desconhecida, Frisk, *GEW*, s.u. A aproximação com o latim *silua*, que tomou o sentido de *hyle*, é fantasiosa.

Hileu é um dos Centauros da Arcádia que tentou raptar Atalante. Feriu gravemente a Melânion (v. Hipômenes), um dos pretendentes da jovem guerreira, mas acabou sendo morto a flechadas por esta.

Uma outra versão relata que Hileu participou da luta entre os Centauros e os Lápitas (v.) e foi morto em combate por Teseu ou ainda por Héracles (v.), quando o herói, que se hospedara na casa de Folo, foi obrigado a lutar contra os Centauros.

HILO *(I, 101-102; III, 122-123, 128, 146)*.

Ὕλλος (Hýllos), *Hilo*, não possui etimologia segura. Tem-se procurado uma aproximação com ὕδωρ (hýdōr), "água", partindo-se de **ud-lo-* e admitindo-se igualmente uma correspondência com Ὑλλεῖς (Hylleîs), "hileus, de Hilo", e Ἰλλύριοι (Illýrioi), "Ilírios", *DELG*, p. 1155. Carnoy, *DEMG*, p. 75, partindo de **ud-lo-*, afirma ser Hilo um deus fluvial da Lídia e nome de uma serpente aquática.

Na tradição mais seguida Hilo é filho de Héracles e Dejanira. O pai o teria chamado assim por causa de um riacho da Lídia, afluente do Hermo. Este regato devia seu nome a um gigante, cuja ossada aparecera durante uma inundação. Héracles teria conhecido esse ribeiro à época em que serviu como escravo à rainha Ônfale e, a partir do nome do mesmo, teria chamado o filho de Hilo. Semelhante tradição é inteiramente falha, porquanto o filho do herói com Dejanira é anterior "à venda por um ano" do filho de Alcmena à soberana da Lídia, v. *Mitologia Grega*, Vol. III, p. 123sqq.

Alguns mitógrafos chegam mesmo ao disparate de fazer de Hilo filho de Héracles e de Ônfale ou pior ainda da ninfa Mélite, que vivia na ilha dos feaces, quando ali esteve exilado o herói, após assassinar os próprios filhos. Semelhante versão é recente, além de absurda, uma vez que não consta ter sido o filho de Zeus vivido entre os feaces. Da ilha do Rei Alcínoo Hilo teria partido com um grupo de companheiros para fundar uma colônia na Ilíria, onde acabou sendo morto pela disputa de um rebanho com os habitantes do país. Hilo teria dado seu nome aos hileus do Epiro.

O relato mítico mais antigo conta que Hilo nasceu em Cálidon, pouco tempo após o casamento de Dejanira com o herói. Na corte de Cêix, onde se exilara, após matar o pequeno copeiro Êunomo, deixou a esposa e filho, quando seguiu para a Lídia. Ao morrer, Héracles pediu-lhe que se casasse com Íole (v. Héracles). Quando os Heraclidas (v.), para escapar de Euristeu, se refugiaram na Ática, foi em torno de Hilo que eles se agruparam e reza uma tradição que foi o próprio filho de Héracles quem matou o tirano de Micenas, quando da guerra feita por este contra Atenas, por ter acolhido os descendentes de Héracles. Em seguida, deixando a Ática, partiu sozinho para junto de sua avó Alcmena em Tebas.

Pouco tempo depois tentou realizar "o retorno dos Heraclidas (v.)" ao Peloponeso, mas tendo interpretado erradamente um oráculo, morreu em combate singular com Équemo, rei da Lacônia.

Após a morte de Héracles, Hilo havia sido adotado por Egímio (v.), rei dos dórios e, por isso mesmo, é ele o epônimo de uma das três tribos em que se dividiam os belicosos ocupantes da Lacedemônia.

HILÔNOME.

Ὑλονόμη (Hylonómē), *Hilônome*, é um composto de ὕλη (hýlē), "bosque, floresta" e do verbo νέμειν (némein), cujo sentido preciso é "atribuir, repartir" e, por extensão, "habitar" (o que foi atribuído), donde Hilônome é "a que habita bosques ou florestas". A raiz do verbo é **nem-*, gótico *niman*, alemão *nehmen*, "tomar, agarrar" (o que foi concedido), *DELG*, p. 742-744.

O centauro Cílaro, com quem era casada, morreu com uma flechada na luta entre seus irmãos e os Lápitas nas núpcias de Pirítoo (v.). Não desejando mais viver sem o marido, Hilônome matou-se com a mesma flecha com que pereceu o esposo.

HIMÁLIA.

Ἱμαλιά (Himaliá), *Himália*, significa precisamente "abundância de farinha". Para explicar-lhe a etimologia, talvez se devesse, como faz Frisk, *GEW*, s.u., partir do radical **sēi-/*sī-*, que significaria "passar pelo crivo", como se faz com o trigo.

Himália, "a Moleira", a que trabalha em moinho, era uma ninfa da Ilha de Rodes. Após a vitória sobre os Titãs, Zeus, sob a forma de uma chuva abundante, uniu-se a ela, dando-lhe três filhos, cujos nomes lembram a evolução da semente de trigo depositada no seio da terra. O primeiro chamava-se Esparteu (o semeador), o segundo, Crônio (o que provoca a maturação) e o terceiro, Cito, (o padeiro).

Quando do dilúvio, que sepultou nas águas toda a Ilha de Rodes, os três rebentos de Zeus foram os únicos sobreviventes, por se terem refugiado nos pincaros das montanhas.

HIMENEU *(III, 35, 35[29])*.

Ainda não se chegou a uma conclusão definitiva acerca da etimologia de ὑμέναιος (hyménaios), *himeneu*. Existem em grego duas palavras homógrafas: 1 ὑ,ήν (1 hy̆mḗn) com hipsilo breve e que significa *membrana, película, hímen*, e 2 ὑμήν (2 hȳmḗn) com hipsilo longo ou breve e que se traduz por *grito ritual por ocasião das núpcias*. O primeiro, 1 hy̆mḗn, é um termo técnico muito antigo, que certamente se correlaciona com o sânscrito *sȳ́uman*, "laço, correia, costura". O segundo, 2 hȳmḗn, deu origem a ὑμέναιος (hyménaios) com o sentido de *himeneu, casamento* e o deus que o protege, *Himeneu*. Apesar de se discutir muito a etimologia da *Hyménaios*, Frisk, *GEW*, s.u., insiste em que 1 *hymén* e 2 *hymén* são uma só palavra, cujo significado primeiro é o de "himeneu, casamento" e que o "grito ou o hino" entoado nas núpcias seria um *gracejo ritual*, *DELG*, p. 1156. Neste caso, segundo se comentou em *Mitologia Grega*, Vol. I, p. 308sq., o deus Himeneu era invocado como apotropaico e como mais um auxiliar do noivo na perigosa tarefa de defloramento da jovem esposa. Teria havido, assim, uma espécie de cruzamento semântico: *a membrana, o hímen*, para ser rompido no dia do *casamento*, teria em *Himeneu*, cuja presença era invocada *aos gritos*, um assistente indispensável.

De qualquer forma, Himeneu é o deus que conduzia o cortejo nupcial. Era filho de Apolo com uma das três Musas, Calíope, Clio ou Urânia ou, segundo uma variante, de Dioniso e Afrodite, o que estaria bem mais de acordo com o ritual das núpcias e sua procissão jocosa.

Vários mitos tentam explicar a invocação do nome de Himeneu nas festas nupciais. O que passamos a resumir parece ser o mais corrente. Conta-se que Himeneu era um jovem ateniense de tamanha beleza, que comumente era confundido com uma lindíssima adolescente. Embora de condições modestas, apaixonou-se por uma jovem eupátrida e, desesperado por não poder desposá-la, seguia-a, de longe, aonde quer que ela fosse, como Eco, se bem que esta, em condições diversas, buscava sempre a Narciso. Certa feita, moças atenienses nobres foram a Elêusis oferecer sacrifícios a Deméter, mas uma súbita irrupção de piratas raptou a todas, incluindo-se Himeneu, mais uma vez identificado como uma simples e linda mulher. Após longa travessia, os piratas chegaram a uma costa deserta e extenuados, adormeceram. Himeneu, com grande ousadia, matou a todos e, tendo deixado as jovens em lugar seguro, voltou só a Atenas e se prontificou a devolvê-las, desde que se lhe desse em casamento aquela que ele amava. Concluído o pacto, as atenienses voltaram para junto de suas famílias. Em memória desse feito o nome de Himeneu era invocado, como de bom augúrio, em todos os casamentos.

Segundo o gramático latino Sérgio M. Honorato, *Eneida*, 4, 99 e 127, Himeneu era "reconhecido" em Pompeia como *andrógino*, não no sentido que lhe empresta Platão no *Banquete*, 189-190, mas no de γύνανδρος (guýnandros), *ginandro*, ou seja, de um *hermafrodito*, um ser bissexuado, e, portanto, *assexuado* (v. Hermafrodito).

HÍMERO.

Ἵμερος (Hímeros), *Hímero*, é a "personificação do desejo amoroso". Segundo Chantraine, *DELG*, p. 464, a etimologia do vocábulo é obscura, constituindo-se na melhor hipótese aquela que o faz provir do verbo ἱμείρειν (himeírein), "desejar, apetecer".

Hímero é uma espécie de δαιμόνιον (daimónion), um gênio intermediário entre os deuses e os homens. Acompanha sempre a Eros (v.) no cortejo de Afrodite. No Olimpo vive ao lado das Cárites e das Musas. Simples abstração, não possui um mito próprio.

Acerca de Hímero, filho de Lacedêmon, v. este último verbete.

HINO.

Ὕμνος (Hýmnos), *Hino*, pode originar-se tanto de 1 ὑμήν (1 hўmḗn), "membrana, pele fina", cujo rompimento atesta "o casamento", quanto de 2 υ&μήν (2 hўmḗn), "união, casamento, himeneu". É que o substantivo ὕμνος (hýmnos), "canto, hino, poema", sobretudo em honra dos deuses, que é possivelmente derivado de *hymén*, tem igualmente sentido de "laço, união", na medida em que é "um canto coletivo, unindo as pessoas que o entoam". Hino é, pois, "o que canta".

Hino era um pastor da Frígia, que amava a Niceia, uma das ninfas do cortejo de Ártemis, que se recusava a aceitar o amor.

Hino atreveu-se a revelar à bem-amada sua paixão. A ninfa não só o repeliu, mas também o matou a flechadas. A natureza cobriu-se de luto para chorar o infeliz pastor e até Ártemis, apesar da repulsa a Eros, o lamentou.

HIPE.

Ἵππη (Híppē), *Hipe*, é uma espécie de feminino de ἵππος (hippos), "cavalo, égua". A forma indo-europeia é **ekwo-*, atestada no sânscrito *ásva-*, latim *equus*, "cavalo".

Filha do Centauro Quirão, foi seduzida e raptada por Éolo, filho de Hélen. Quando chegou o momento do parto, Hipe fugiu para junto do pai, no Monte Pélion. Quirão a perseguiu e a jovem esposa pediu aos deuses que lhe permitissem dar à luz secretamente. Os imortais transformaram-na em constelação, que tem a forma de um cavalo.

HIPERBÓREOS *(I, 58, 63-64, 84, 97, 99, 108; III, 100-101)*.

Ὑπερβόρεοι (Hyperbóreoi), *Hiperbóreos*, não possui etimologia conhecida. Heródoto (*Hist.*, 4, 32) opina que esse povo fabuloso é assim chamado porque habita *além* [ὑπέρ (hypér)] *do Vento Norte*, isto é, do Bορέας (Boréas), Bóreas, mas trata-se de simples hipótese, *DELG*, p. 1.157-1.158.

Os Hiperbóreos são um povo fabuloso que, segundo os antigos, habitava o extremo norte, além do local onde soprava o Vento Norte, o Bóreas.

Tão logo nasceu Apolo, Zeus enviou ao filho uma mitra de ouro, uma lira e um carro, onde se atrelavam alvos cisnes. Ordenou-lhes o pai dos deuses e dos homens que se dirigissem todos para Delfos, mas os cisnes conduziram o filho de Leto para o país dos Hiperbóreos, que viviam sob um céu puro e eternamente azul e que sempre prestaram ao deus um culto muito intenso. Ali permaneceu ele um ano: na realidade, uma longa fase iniciática, talvez para purificar-se do "trauma e do miasma do nascimento". Decorrido esse período, retornou à Grécia e só então se apossou de Delfos, após matar a serpente Píton (v.).

De dezenove em dezenove anos, todavia, quando os astros perfazem uma revolução completa, ele visita os Hiperbóreos e todas as noites, entre o equinóxio da primavera e o surgir das Plêiades (v.), tangendo a lira, o filho de Zeus canta seus próprios hinos.

A flecha com que matou os Ciclopes, artífices do raio que fulminou Asclépio (v.), ele a guardava no templo que possuía entre seus amigos do além-Bóreas. Esta flecha enorme acabou por voar para a abóbada celeste e formar a Constelação do Sagitário. Foi transportando-a através do mundo que o hiperbóreo Ábasis percorreu a terra inteira sem se preocupar com alimentos: a arma de Apolo fornecia-lhe tudo no momento exato.

Uma variante do mito atribui aos Hiperbóreos certos ângulos do culto apolíneo. Leto, a mãe do deus, seria uma hiperbórea, que veio do extremo Norte para a Ilha de Delos, a fim de dar à luz Apolo e Ártemis, mas "os objetos sagrados apolíneos" eram originários da ilha. Heródoto, no entanto, relata que os mesmos, cuidadosamente envoltos em palha de trigo, teriam chegado a Delos por intermédio de duas hiperbóreas, Hipéroque e Laódice (Her. *Hist.* 4, 33, 35), que, após a morte, receberam na ilha um culto divino.

O mesmo historiador nos legou ainda uma outra versão, diferente da exposta. Os Hiperbóreos entregaram "os objetos sagrados" aos citas, seus vizinhos.

De cidade em cidade os portadores de carga tão preciosa penetraram na Hélade pelo Norte, alcançando Dodona. Tendo atravessado a Grécia Continental, atingiram a Eubeia e de lá, de ilha em ilha, chegaram a Delos.

Conta-se também que duas jovens hiperbóreas, Arges e Ópis, acompanharam Ilítia e Leto até a Ilha de Delos, trazendo presentes para a primeira, a fim de que permitisse o nascimento de Ártemis e Apolo. Relata-se que até mesmo o primeiro de todos os oráculos foi fundado na ilha pelo profeta de Apolo, o hiperbóreo Ólen, que teria introduzido na redação dos mesmos o verso hexâmetro.

Quando da tentativa dos gálatas de invadir Delfos, outro domínio sagrado do deus dos oráculos, entre outros fatos miraculosos, que terrificaram os inimigos, registrou-se o aparecimento de dois fantasmas armados, sendo ambos reconhecidos como os heróis hiperbóreos Hipéroco e Laódoco, versão masculina das duas heroínas também hiperbóreas, que haviam falecido em Delos, Hipéroque e Laódice.

Os Hiperbóreos estão ainda presentes no mito de Perseu (v.) e sobretudo no de Héracles (v.), ao menos na versão que localiza no extremo Norte o Jardim das Hespérides.

Na época clássica o país dos grandes amigos de Apolo passou a ser concebido como um paraíso ideal, de clima doce e suave, de céu eternamente azul. Com duas colheitas anuais, essa região de sonhos era habitada por cidadãos pacíficos e afáveis, que viviam ao ar livre, nos bosques sagrados e campos ferazes. Eram longevos, mas quando se cansavam de uma vida tão pródiga e feliz, lançavam-se, com a cabeça coroada de flores, do alto de um penhasco e morriam tranquilos nas ondas do mar.

Conhecedores profundos da magia, deslocavam-se no ar e tinham a faculdade de descobrir tesouros.

Dizia-se que Pitágoras era uma encarnação de Apolo hiperbóreo.

HIPERÍON *(I, 154, 156-157, 196, 198, 201; II, 10-20, 70[21], 85[30]; III, 221, 312).*

Ὑπερίων (Hyperíōn), *Hiperíon*, é formado com base na preposição ὑπέρ (hypér), "de cima, sobre", donde, segundo Carnoy, p. 76, Hiperíon é "o que contempla de cima, do alto como Hélio (o Sol), seu filho". No tocante à ὑπέρ (hypér), a base é o indo-europeu *upér (i)*, donde o sânscrito *upári*, "de cima, sobre", latim *s-uper*, com o mesmo sentido, *DELG*, p. 1.157.

Filho de Úrano e Geia, Hiperíon é um dos Titãs. Unido à sua irmã Teia, foi pai de Hélio (o Sol), Selene (a Lua) e de Eos' (a Aurora).

Não raro o nome Hiperíon é atribuído ao próprio Sol (Hélio), "que olha do alto".

HIPERMNESTRA ou HIPERMESTRA *(III, 74-75).*

Ὑπερμνήστρα (Hypermnḗstra) ou Ὑπερμήστρα (Hypermḗstra), *Hipermnestra* ou *Hipermestra*, é formado de ὑπέρ (hypér), "sobre, além" (v. Hiperíon) e da forma -μηστρα- (-mēstra), alterada em -μνηστρα (-mnēstra), do verbo μήδεσθαι (méde-sthai), "arquitetar um projeto, meditar, refletir", donde Hipermnestra é "a que reflete além, mais que as outras", *DELG*, p. 693. Quanto ao verbo em pauta, a raiz é **med*, "pensamento", antigo alemão *Maz*, alemão atual *Mass*, "medida, moderação".

Os cinquenta filhos de Egito foram ao encalço de suas primas, as cinquenta Danaides, filhas de Dânao (v.), que, para não se unirem a eles, fugiram com o pai para a Argólida. Acossado pelos sobrinhos, Dânao fingiu concordar com o casamento, mas deu a cada uma das filhas um punhal, recomendando-lhes que matassem os maridos na primeira noite de núpcias. Todas as Danaides cumpriram a ordem paterna, menos Hipermnestra, que fugiu com seu noivo Linceu.

Dânao, enfurecido com a atitude da filha, mandou prendê-la e fê-la julgar por um tribunal de argivos, mas estes a absolveram.

Nas *Heroides*, 14, passim, Ovídio introduz uma belíssima variante no mito: presa e condenada à morte, Hipermnestra escreve a Linceu, que escapara, uma carta repassada de amor, de ternura e de nobreza.

A heroína, supliciada por pesados grilhões, está encarcerada e prestes a ser executada, mas não tem de que arrepender-se. As irmãs assassinas que se arrependam; arrependa-se seu pai, o Rei Dânao. Ela não fez por merecer esta dor:

Paenitet sceleris Danaum saeuasque sorores; hic solet euentus facta nefanda sequi (*Her.*, 14, 16-17).

– Arrependam-se de seu crime Dânao e minhas irmãs cruéis;
pois este é o sentimento que se segue aos atos ignóbeis.

A Linceu pede somente que lhe perpetue a lembrança perene da nobreza e coragem através de um epitáfio:

Exul Hypermnestra, pretium pietatis iniquum,
quam mortem fratri depulit, ipsa tulit
(*Her.*, 14, 129-130).

– Pelo exílio, prêmio iníquo de sua dedicação, Hipermnestra sofreu a morte da qual libertou seu irmão.

Ésquilo reviveu em sua tragédia *As Suplicantes*, a primeira de que se compõe a trilogia *Danaides*, o mito das filhas de Dânao. É lamentável que se tenham perdido as duas outras, particularmente o julgamento de Hipermnestra.

Segundo uma tradição, absolvida no julgamento, deixou a Argólida com o marido de que teve um filho, Abas, que perpetuou a descendência de Dânao.

Existem ainda no mito duas outras heroínas homônimas. A primeira é uma filha de Téstio e de Eurítemis, irmã de Alteu e de Leda. A segunda, filha de Téspio ou Téstio (v.), foi mãe de Anfiarau (v.).

HIPÉROCO *(III, 43).*

Ὑπέροχος (Hypérokhos), *Hipéroco*, é formado de ὑπέρ (hypér), "sobre, além" (v. Hiperíon) e do verbo εχειν (ékhein), "ter, manter-se", donde "o que se mantém distante, longe, além", uma vez que se trata de um hiperbóreo, que residia além do Bóreas, do Vento Norte. Quanto ao verbo ἔχειν (ékhein), observe-se de passagem, que o mesmo já aparece no micênico eke = ἔχει (ékhei), "ele tem". A raiz é **segh*, sânscrito *sáhate*, "resistir, vencer, ter nas mãos", *sáhas-*, "força, vitória".

Como se comentou em *Mitologia Grega*, Vol. III, p. 42sq., um dos motivos principais do culto do herói é a proteção que o mesmo dispensa à sua pólis ou à terra de um grande amigo. Pois bem, foi essa exatamente a atitude dos hiperbóreos Hipéroco e Laódoco, que, sob a forma de fantasmas, defenderam Delfos, o habitat de Apolo, contra os invasores gálatas, v. Hiperbóreos.

Este mesmo nome possuía-o, entre outros heróis, o pai de Enômao (v.).

HIPNO *(I, 154-155, 225, 227-228; III, 119).*

Irmão gêmeo de *Tânatos*, a Morte, nasceu partenogenesicamente de Nix, a Noite. Em grego Ὕπνος (Hýpnos) procede da raiz indo-europeia **swep*, "aquietar-se, dormir". O grego ὕπνος (hýpnos) está por **supnos*, donde o latim *somnus*, "sono", sânscrito *svapiti* ou *svapati*, ele "dorme" e o inglês antigo *swebban*, "fazer adormecer, matar".

Nos poemas homéricos habita a Ilha de Lemnos, mas Virgílio o deslocou para os Infernos e Ovídio para o país dos Cimérios, às bordas do reino dos mortos. Alado, percorre rapidamente o mundo e adormece todos os seres, inclusive os deuses. Conta-se que, apaixonado pelo lindíssimo pastor Endímion, concedeu-lhe o dom de dormir de olhos abertos, para poder olhar, dormindo, nos olhos do amante.

Como parte da vasta família de Nix traduz, por isso mesmo, aspectos atrativos, mas não raro muito perigosos. Personificado nos poemas homéricos de forma bem mais acentuada que Tânatos, possui um mito mais rico e sedutor. Duas cenas importantes que se referem à morte e ao sexo marcam-lhe a presença na *Ilíada*. Juntamente com Tânatos foi encarregado de retirar do campo de batalha, em Troia, o corpo ensanguentado de Sarpédon e transportá-lo para a Lícia. O segundo episódio é o famoso Διὸς ἀπάτη (Diòs apátē), "o engano de Zeus". Como os aqueus estivessem em grande desvantagem na luta contra os troianos e Zeus houvesse proibido os deuses de participarem da refrega, Hera arquitetou uma comédia de amor, para fugir à severa proibição do esposo e ajudar os aqueus. Atraiu-o femininamente para o Monte Ida e lá, num ato de amor mais violento e quente que as batalhas nas planícies de Troia, prostrou, com o indispensável auxílio de Hipno, o pai dos deuses e dos homens num *sono profundo*. Nesta passagem homérica há que se ressaltar o temor que se apossou de Hipno, quando solicitado por Hera a adormecer o poderoso e violento Zeus. É que em outra oportunidade, por haver atendido a mesma deusa, fazendo-lhe adormecer o real consorte, a fim de que a rainha dos deuses pudesse vingar-se de Héracles, que retornava de Troia, por pouco não foi eliminado. Ao despertar, vendo em perigo iminente de sossobrar a nau de seu filho, Zeus percebeu a manobra da esposa e castigou-a severamente. Quanto a Hipno, foi necessária a intervenção de Nix, para que o senhor do Olimpo não o lançasse do éter às ondas do mar. Ameaça, por sinal, inútil, mais poética que efetiva, porque também os deuses se encontram na mesma alternância de dias e noites que os homens. Sem Hipno, mortais e imortais morreriam de insônia...

Hera procurou tranquilizá-lo, mas não conseguindo dobrá-lo com a oferta de um trono de ouro, tocou-lhe o ponto fraco: prometeu-lhe a mão da mais jovem das Graças, Pasítea. Vencido pela paixão, há longo tempo alimentada, Hipno concordou em adormecer o temível filho de Crono, a fim de que Posídon pudesse socorrer os aqueus, duramente castigados pelos troianos (*Il.*, XIV, 352sqq.).

Hipno é miúdo, alado, trêmulo quando se oculta sob a forma de um pássaro, semelhante a um azulão, com os pseudônimos de *Cálcis*, na linguagem dos deuses e de *Cimíndis* na dos mortais. No Monte Ida, onde adormeceria Zeus, escondeu-se entre as ramagens de um gigantesco abeto, cuja copada, perfurando o ar, atingia o éter, unindo assim os dois mundos.

Já que os deuses também dormem, podiam como os mortais passar pela experiência de algo semelhante à morte. Na realidade, é bom acentuar, desde os inícios da poesia grega, Hipno e Tânatos são duas facetas de uma só realidade. Hipno é doce, jovial, "de coração de mel", suave, imortal como Nix, mas, em certas circunstâncias, pode tornar-se perigoso e fazer, por exemplo, com que um piloto ou uma sentinela caia nos braços de Tânatos. Tem um aspecto relaxante e cego ao mesmo tempo, o que mais ainda o associa à morte, quando se derrama qual líquido suave sobre as pálpebras dos deuses e dos homens, como se fora as brumas da morte. É nesse sentido que para os gregos Hipno é uma liberação. Poderoso e temido como as trevas, é o penhor da tranquilidade, mas também da paralisação, convertendo-se no *senhor de todos os deuses e de todos os homens*, na expressão de Homero na *Ilíada*, XIV, 233: ἄναξ πάντων τε θεῶν πάντων τ'ἀνθρώπων (ánaks pántōn te theôn pántōn t'anthrṓpōn), como no famoso sono de Ulisses em seu regresso à Ilha de Ítaca (*Odiss.*, XIII, 79sq.):

E em suas pálpebras caiu um sono suave, profundo, dulcíssimo, muito semelhante à morte.

Aristóteles em suas *Parua Naturalia*, na versão latina, *Pequenos Tratados de História Natural*, na parte relativa ao *Sono* e à *Vigília*, 5, 1, 778b, 20sq., deixa claro que o sono "é uma terra fronteiriça entre o viver e o não viver". Traço de união entre a morte e o amor, Hipno chega sem ser convidado e se apossa dos olhos de todas as criaturas: Menelau (*Il.*, X, 25sqq.) estava temeroso, porque o *Sono* não mais lhe pousava sobre as pálpebras, enquanto a deusa Hera (*Il.*, XIV, 165sqq.) estava feliz porque Hipno prostrara *em sono profundo a seu esposo Zeus de sagaz pensamento*. Ariadne, todavia, dominada por Hipno, só acordou quando a nau de seu bem-amado Teseu já ia bem longe...

Uma vez instalado sobre as pálpebras de alguém, tudo pode acontecer: liberação, viagens, novas experiências, sonhos, visões, ódio e amor... Trata-se de uma transição com possibilidade de transformar profundamente os acontecimentos e a vida.

Artisticamente, Hipno foi simbolizado por um pequeno *eídolon* alado que pousa suavemente sobre a cabeça ou coração dos mortais. Doce e terno, mas igualmente perigoso e enganador, é o símbolo natural do amor e da morte. Hesíodo, na *Teogonia*, 755sqq., o expressou poeticamente: a Noite penetra em sua trevosa morada *com o Sono em seus braços*.

HIPO.

Ἱππώ (Hippṓ), *Hipo*, consoante Carnoy, *DEMG*, p. 72, deve ser uma forma abreviada de muitos nomes que se iniciam por ἱππο- (hippo-), como Hipodamia, Hipólito, Hipocoonte e tantos outros. Para a etimologia v. Hipe. Talvez Hipo signifique "a que cavalga".

Cédaso, de Leuctras, na Beócia, era pai de duas jovens muito belas: Hipo e Mólpia. Ambas foram violentadas pelos espartanos Frurarquidas e Partênio. Envergonhadas, se enforcaram. Cédaso não tendo conseguido convencer os lacônios a punir os criminosos, matou-se, após amaldiçoar Esparta. Tal fato explica a peste que devastou a cidade de Licurgo à época de Epaminondas.

HIPOCOONTE *(III, 45, 121, 170)*.

Ἱπποκόων (Hippokóōn), *Hipocoonte*, é um composto de ἵππος (híppos), "cavalo" (v. Hipe) e do verbo κοεῖν (koeîn), "velar sobre, cuidar de, compreender, demarcar", donde Hipocoonte é "o que zela pelos cavalos". Quanto ao verbo κοεῖν (koeîn), é necessário acrescentar que o mesmo já é atestado no micênico sob as formas nominais -*kowo, epikowoi*, "vigilantes". O radical verbal é -κοϜ- (-kow-), que aparece no verbo latino *cauēre*, "velar por, cuidar de". Em sânscrito há um presente radical *ā-kuvate* "ter a intenção de", *DELG*, p. 551.

Hipocoonte é um espartano, filho ilegítimo de Ébalo e da ninfa Batia. Tem como irmãos por parte de pai a Tíndaro e Icário. Sendo o mais velho, tão logo Ébalo faleceu, apoderou-se do trono de Esparta e baniu seus irmãos mais jovens, por sinal, legítimos herdeiros do reino.

Hipocoonte era pai de doze filhos, os hipocoôntidas, cruéis e violentos, que muito ajudaram na espoliação de Tíndaro e Icário.

Por terem assassinado covardemente a Eono, sobrinho de Héracles, este se uniu ao Rei Cefeu e marchou contra Esparta. Foi uma luta sangrenta, mas coroada por grande vitória, embora o filho de Alcmena fosse obrigado a lamentar não só a morte de seu aliado o Rei Cefeu e de seus filhos, mas igualmente a de seu irmão Íficles. Esmagados os hipocoôntidas, o trono de Esparta foi entregue a Tíndaro. Uma tradição, certamente tardia, atesta que Icário, que odiava a Tíndaro, ajudou Hipocoonte a expulsá-lo da Lacônia e apoderar-se de seus bens.

HIPOCRENE *(I, 203, 240-241, 324)*.

Ἱπποκρήνη (Hippokrḗnē), *Hipocrene*, é um composto de ἵππος (híppos), "cavalo" (v. Hipe) e κρήνη (krḗnē), dórico κράνα (kránā), eólio κράννα (kránna), "fonte", diferente de πηγή (pēguḗ), "água corrente". Hipocrene é, por conseguinte, "a fonte do cavalo".

No grande concurso de cantos entre as Piérides e as Musas no Monte Hélicon, este se envaideceu tanto com servir de palco ao certame, que se enfunou de prazer e ameaçou atingir o Olimpo. Posídon ordenou ao cavalo Pégaso que desse uma patada no monte, a fim de que ele voltasse às dimensões normais e guardasse "seus limites".

Hélicon obedeceu, mas, no local atingido por Pégaso, brotou uma fonte, *Hipocrene*, "a fonte do cavalo", imortalizada em nossa língua pelo gênio incomparável de Camões (*Lus.*, 1, 4).

Era em torno dessa fonte, cujas águas favoreciam a inspiração poética, que as Musas se reuniam para cantar e dançar.

Segundo Pausânias havia igualmente em Trezena uma segunda Hipocrene, cuja origem se devia também a Pégaso.

HIPODAMIA *(I, 78, 81, 84; III, 36, 38, 47, 52, 86, 169, 169[140]).*

Ἱπποδάμεια (Hippodámeia), *Hipodamia*, é um composto de ἵππος (híppos), "cavalo" (v. Hipe) e do verbo δαμνέναι (damnénai), "domar, domesticar, amansar", donde Hipodamia é "a que doma os cavalos", *DELG*, p. 250 e 467-468. O verbo δάμνημι (dámnêmi), "eu amanso, domo", tem por base o indo-europeu *d°mn-ā e possui um correspondente exato no irlandês *damnaim*, "domar". O latim *domare*, "domar, domesticar" e o antigo alemão *Zamōn* fazem parte da mesma família etimológica, *DELG*, p. 251.

Hipodamia era filha do rei de Pisa, na Élida, Enômao, mas o nome da mãe da heroína varia segundo as tradições: ora se fala da plêiade Estérope, ora da danaide Eurítoe ou ainda de Evárete, irmã de Leucipo. Dotada de uma beleza singular, muitos eram os pretendentes à mão da jovem da Élida, mas Enômao sempre lhes resistiu ao assédio. É que, segundo um oráculo, o rei seria assassinado pelo genro ou, consoante outros, o senhor de Pisa amava a própria filha.

Como quer que seja, o soberano de Pisa arquitetou um estratagema mortal contra os importunos: para casar-se com a linda princesa, o pretendente deveria vencê-lo numa corrida de carros.

Cada concorrente deveria levar Hipodamia em seu próprio carro. A finalidade era perturbá-lo ou distraí-lo com a presença da bem-amada. A meta final era o altar de Posídon em Corinto. A derrota significava a decapitação do vencido. Doze cabeças de heróis, espetadas numa colunata, já guarneciam a entrada do palácio real, como aviso prévio a outros possíveis candidatos.

Sabedor de que Enômao só daria a filha em casamento a quem o vencesse numa corrida de carros, Pélops, um dos mais velozes e astutos cocheiros da antiguidade mítica, aceitou o perigoso desafio, como tantos outros já o haviam feito.

Quando viu o grande herói, Hipodamia apaixonou-se por ele e o ajudou a corromper o cocheiro real Mírtilo, que também a amava. Este concordou em serrar o eixo do carro do rei, ou, segundo uma variante, em substituir as cavilhas de ferro ou madeira que prendiam as rodas do carro por outras de cera, o que, em ambas as hipóteses, provocaria um acidente fatal. Para obter o concurso do cocheiro, Pélops lhe teria prometido uma noite de amor com a futura esposa ou, conforme outros mitógrafos, a proposta teria partido da própria filha do rei.

Seguindo à risca o que fizera com os outros competidores, Enômao, enquanto sacrificava um carneiro a Zeus, deixou que Pélops tomasse a dianteira, porque, como os cavalos que lhe puxavam o carro fossem de sangue divino, facilmente o desafiante seria alcançado e morto.

Aos primeiros arrancos dos fogosos corcéis, no entanto, as rodas do carro real se desprenderam e o sanguinário monarca foi arremessado ao solo e pereceu despedaçado.

Pélops se casou com Hipodamia e, para silenciar o cocheiro real, o vencedor de Enômao o matou e lançou-lhe o cadáver nas ondas do mar. Variantes, todavia, relatam esta morte de maneira diferente.

Logo após as núpcias, Pélops, Hipodamia e Mírtilo viajavam de carro e numa breve ausência do herói, que fora procurar água potável, Mírtilo tentara violentar-lhe a esposa, fato que lhe provocara a morte. Relatam outros que a iniciativa partira de Hipodamia, que, durante o afastamento do marido, quis seduzir o cocheiro. Como este se recusara, a filha de Enômao acusou-o de tentar estuprá-la. E se repete mais uma vez o *Motivo Putifar* (v.). De qualquer forma, antes de morrer, Mírtilo amaldiçoou Pélops e sua descendência, o que irá continuar o fatalismo que pesava sobre o "guénos" de Tântalo e de seus consanguíneos, segundo se expôs em *Mitologia Grega*, Vol. I, p. 76-82.

Em homenagem à esposa "fiel", o herói instituiu em Olímpia uma festa em honra da deusa Hera, a protetora dos amores legítimos... Tal solenidade celebrava-se de cinco em cinco anos.

Acerca do número e dos nomes dos filhos de Pélops e Hipodamia a tradição difere muito. A mais seguida os reduz a seis: Atreu, Tieste, Piteu, Alcátoo, Plístene e Crisipo. Uma outra aumenta o número para dezesseis: Atreu, Tieste, Dias, Cinosuro, Corinto, Hipalmo, Hípaso, Cleão, Argio, Alcátoo, Hélio, Piteu, Trézen e três filhas, Nicipe, Lisídice e Astidamia, as quais se casaram com os filhos de Perseu.

Crisipo, nesta listagem, é tido como enteado de Hipodamia, a cujo pedido foi assassinado por Atreu e Tieste. Para vingar a morte do filho, Pélops teria eliminado a própria esposa.

O assassinato de Crisipo, todavia, é relatado, por vezes, de maneira diversa. Como Atreu e Tieste se haviam recusado a matar o irmão por parte de pai, a madrasta resolveu fazê-lo. Usou para tanto da espada que Laio, hóspede de Pélops, havia deixado por esquecimento no palácio. Após o crime, deixou a arma cravada no corpo da vítima para inculpar a Laio. Antes de falecer, porém, Crisipo ainda teve forças para revelar a verdade. Hipodamia, em consequência, foi banida da Élida, refugiando-se na Argólida, onde morreu.

Mais tarde, por ordem do Oráculo de Delfos, Pélops mandou recolher as cinzas da esposa e as sepultou em Olímpia, onde Hipodamia, realmente, possuía um pequeno santuário no recinto sagrado da cidade-berço dos Jogos Olímpicos. Estes, por sinal, conforme uma tradição, teriam sido instituídos por Pélops em memória de Enômao (v. Jogos).

Uma segunda heroína com o mesmo nome é uma filha de Adrasto (v.) ou de Butes (v.) que se teria casado com Pirítoo. Foi durante essas núpcias que se travou o combate sangrento entre os Centauros (v.) e os Lápitas (v.).

HIPÓLITA *(I, 218-219; III, 58, 105, 107-108, 118, 140).*

Ἱππολύτη (Hippolýtē), *Hipólita*, é um composto de ἵππος (híppos) "cavalo" (v. Hipe) e do verbo λύειν (lýein), "desatar, dissolver, destruir, pagar", donde a heroína significa "aquela que solta ou deixa ir os cavalos", alusão provável à morte de Hipólito (v.), arrastado por seus próprios corcéis. Etimologicamente, λύω (lýō), "eu desato" está representado em latim pelos verbos *luo*, "eu pago" e *soluo* (de *se-luo) "eu desligo". Veja-se ainda o particípio *solutus*, "livre, solto, desligado". O sânscrito tem o verbo *lu-nā-ti, lu-nó-ti*, "ele corta, reparte, destrói" e *lūna*-"cortado".

Filha de Ares e de Otrere, Hipólita era a rainha das Amazonas. O nono trabalho de Héracles consistia exatamente em buscar-lhe o Cinturão, símbolo do poder "de ligar e desligar", segundo se expôs em *Mitologia Grega*, Vol. III, p. 107-108. Atribui-se a Hipólita a invasão de Atenas para vingar o repúdio à Amazona Antíope por parte de Teseu (v.).

Uma variante faz de Hipólita a mãe de Hipólito (v.), mas a tradição mais seguida é a de que ela fora morta por Héracles (v.), quando da célebre expedição do herói à região dessas temíveis guerreiras com o objetivo de trazer para Euristeu o *Cinturão de Hipólita*.

HIPÓLITO *(I, 212, 221-222, 325; II, 67, 131[53], 156[71], 180, 194; III, 30, 38-39, 45, 52, 64, 70, 77[61], 130, 149[125], 159, 166-168, 269).*

Ἱππόλυτος (Hippólytos), *Hipólito*, etimologicamente é "aquele que solta ou deixa ir os cavalos" (v. Hipólita).

Filho de Teseu e da Amazona Antíope ou Melanipe ou ainda Hipólita, foi um herói marcado pelo fatalismo, como nos mostra Eurípides em sua tragédia *Hipólito Porta-Coroa*, imitada entre outros autores por Lúcio Aneu Sêneca (4 a.C.-65 p.C.), em *Fedra*, e por Jean Racine, em sua *Phèdre*.

Teseu, rei de Atenas, era casado com Antíope, uma das Amazonas, que fora por ele raptada, segundo uma variante, quando da expedição de Héracles (v.) contra aquelas temíveis guerreiras. Com a morte de Antíope, que tombou lutando ao lado do marido contra suas próprias irmãs, que invadiram Atenas ou, conforme outros, com o repúdio de sua primeira esposa, que lhe dera um filho, Hipólito, Teseu se casou com Fedra, filha de Minos.

Este casamento terminou numa grave tragédia de amor. Hipólito, amante da caça e dos exercícios violentos, consagrara-se a Ártemis, a deusa virgem e senhora dos animais, irritando profundamente Afrodite, a deusa que respirava amor. Sentindo-se desprezada, a mãe de Eros fez que Fedra, na ausência de Teseu, concebesse pelo enteado uma paixão irresistível. Repelida violentamente por Hipólito e temendo que este viesse a denunciá-la a Teseu, rasgou as próprias vestes e quebrou a porta da câmara nupcial, simulando uma tentativa de violação por parte do enteado. Em seguida se enforcou, mas deixou ao marido, que já estava retornando de sua longa catábase ao Hades (v. Teseu), uma mensagem mentirosa, acusando Hipólito de tentar violentá-la.

Desconhecendo a inocência do filho, não só o expulsou de casa, mas ainda invocou contra o mesmo a cólera de "seu pai" Posídon, que prometera atender-lhe a três pedidos.

O deus, quando Hipólito expulso de Trezena, passava com sua carruagem à beira-mar, enviou das ondas um monstro, que espantou os cavalos, derrubando o príncipe. Este, ao cair, prendeu os pés nas rédeas e, arrastado na carreira pelos animais, se esfacelou contra os rochedos.

Uma variante atesta que só então Fedra, presa de remorsos, se matou.

Há uma antiga tradição segundo a qual Asclépio, a pedido de Ártemis, ressuscitara Hipólito, que foi transportado para o santuário de "Diana" em Arícia, na Itália. Ali, o filho de Teseu fundiu-se com o deus local Vírbio, conforme se pode ver em Ovídio, *Metamorfoses*, 15, 544.

Hipólito é igualmente o nome de um gigante que, na Gigantomaquia, lutou contra Hermes. Este o matou, armado com o capacete de Hades, que o tornara invisível, uma vez que o filho de Maia é "o companheiro do homem" e não uma divindade de guerra e de sangue.

HIPÓLOCO *(III, 208, 211).*

Ἱππόλοχος (Hippólokhos), *Hipóloco*, é um composto de ἵππος (híppos), "cavalo" (v. Hipe) e de λόχος (lókhos), que se prende à forma verbal λέχεται (lékhetai), "ele ou ela se deita", donde λόχος (lókhos) é, em princípio, "o lugar onde se deita" ou "ação de deitar-se", mas já em Homero, *Il.*, VIII, 522, o vocábulo significa "cilada, emboscada". A respeito de λόχος (lókhos) como "local onde se deita", veja-se o latim *lectus*, "leito". Hipóloco é, pois, etimologicamente, "o que combate a cavalo em emboscadas".

Há dois heróis com este nome. O primeiro é filho de Belerofonte (v.) e Filônoe. Foi pai do herói Glauco, que lutou em Troia, comandando um contingente de lícios.

O segundo é filho do troiano Antenor e irmão de Glauco e de Ácamas. Após a Guerra de Troia, Hipóloco com o pai e irmão emigrou para Cirene.

HIPOMEDONTE.

'Ιππομέδων (Hippomédōn), *Hipomedonte*, é um composto de ἵππος (híppos), "cavalo" (v. Hipe) e do verbo μέδειν (médein), "comandar, reinar sobre" e na voz média μέδεσθαι (médesthai), "velar, cuidar de". A raiz indo-europeia *med, além do grego, está presente no latim *modus*, medida, limite, termo, conduta", *meditari*, "exercitar, aplicar-se, refletir, meditar"; no osco *mediss*, "o que aplica a lei", umbro *mers*, "direito" e ainda, em latim, em termos relativos à medicina, como *mederi*, "cuidar de, tratar"; *medĭcus*, "o que cuida de, médico", *DELG*, p. 675. Hipomedonte é, pois, "o que cuida, o que trata dos cavalos".

Filho de Aristômaco e, por conseguinte, sobrinho de Adrasto, Hipomedonte, herói de altura descomunal, foi um dos Sete Chefes (v.) que, ao lado de Adrasto, atacaram Tebas, para destronar Etéocles e entregar o reino a Polinice. Como todos os *Chefes*, exceto Adrasto, pereceu às portas da cidade de Édipo, em luta singular contra Ismário.

Hipomedonte habitava uma autêntica fortaleza perto de Lerna, cujas ruínas o crédulo Pausânias afirma ter visto.

Polidoro, filho do herói, participou da expedição dos Epígonos (v.), que, sob o comando de Alcméon, vingaram a derrota dos *Sete* e se apossaram de Tebas.

HIPÔMENES *(III, 55)*.

'Ιππομένης (Hippoménēs), *Hipômenes*, é um composto de ἵππος (híppos), "cavalo" (v. Hipe) e de uma forma de μένος (ménos), "alma, força, vigor", donde Hipômenes seria "o que possui o vigor, a força de um cavalo".

Filho de Megareu e de Mérope, Hipômenes figura num relato mítico, que se confunde com o de Melânion. Apaixonado por Atalante (v.), esbarrou na firme decisão da jovem de jamais casar-se, a não ser que fosse vencida na corrida (empresa quase impossível) por seu pretendente. A derrota do competidor significava a morte do mesmo. Hipômenes, com o respaldo de Afrodite, apresentou-se para a disputa do amor ou da morte. A mãe de Eros deu-lhe três maçãs de ouro e à medida que a corrida se desenvolvia, o astuto Hipômenes deixava cair uma das maçãs. Fascinada pelo brilho do ouro, Atalante, ao se atrasar, para colher cada um dos frutos, acabou derrotada. Mas, como a jovem pertencesse ao cortejo de Ártemis, a deusa virgem transformou o casal em leões. Cibele, penalizada com a sorte dos dois jovens, agora leões, atrelou-os a seu carro.

HÍPOTES *(III, 304)*.

'Ιππότης (Hippótēs), *Hípotes*, é um derivado de ἵππος (híppos), "cavalo" (v. Hipe) e significa, consoante Carnoy, *DEMG*, p. 73, "o condutor de cavalos".

Hípotes é um dos Heraclidas (v.), pois, pelo lado paterno, descende de Héracles e, pelo materno, de Iolau. Com efeito, o herói era filho de Filas, neto de Héracles, e de Lipéfila, sobrinha ou neta de Iolau.

Sob o comando de Têmenos participou de uma das expedições contra o Peloponeso. Estando em Naupacto, quando se faziam novos preparativos para uma outra tentativa de retorno dos Heraclidas ao Peloponeso, Hípotes, por engano, matou um adivinho, pensando tratar-se de um espião. O assassínio provocou, de imediato, a cólera de Apolo, que dizimou a armada dos descendentes de Héracles. Como punição, o deus de Delfos exigiu que Hípotes fosse banido por dez anos. Isto feito, a peste desapareceu.

Hípotes é igualmente o nome de um filho do rei de Corinto, Creonte, que acolheu Jasão e Medeia, fugitivos de Iolco, após a morte de Pélias (v.).

Quando do assassinato de Creonte e Creúsa por Medeia, Hípotes fez que esta comparecesse perante um tribunal ateniense, mas a filha de Eetes (v.) foi absolvida.

HIPÓTOE.

'Ιπποθόη (Hippothóē), *Hipótoe*, é um composto ἵππος (híppos), "cavalo" (v. Hipe) e de θοός (thoós), "rápido", do verbo θέειν, θεῖν (théein, theîn), "correr", sânscrito *dhāvati*, "escorre", donde Hipótoe é "a rápida como um cavalo", *DELG*, p. 433.

Hipótoe é filha de Mestor, filho de Perseu, e de Lisídice, filha de Pélops.

Raptada por Posídon, foi levada para as Ilhas Equínades. Da união com o deus veio ao mundo Táfio, pai de Ptérela, rei dos teléboas, o qual foi derrotado e morto por Anfitrião (v.).

HIPSICREONTE.

Ὑψικρέων (Hypsikréōn), *Hipsicreonte*, é formado de ὕψι (hýpsi), "no alto, para o alto, acima de", partícula adverbial que aparece no eslavo *upso-, "alto" e no latim *sus-tinere*, "segurar no alto, suster" e de κρέων (kréōn), redução de κρείων (kreíōn), que é um comparativo (v. Creonte), "mais elevado, senhor, soberano, mestre", donde significar o antropônimo "o que se mostra superior, sobranceiro", *DELG*, p. 580 e 1.164.

Relata Teofrasto que o milésio Hipsicreonte, tendo hospedado a um grande amigo de Naxos, Promedonte, a esposa do primeiro, Neera, se apaixonara pelo hóspede. Enquanto o marido esteve presente, ela se conteve, mas por ocasião de uma segunda visita do amigo a Mileto, na ausência do esposo, Neera declarou-lhe abertamente seu amor. Promedonte, alegando os deveres sagrados da hospitalidade, pensou ter-se furtado aos anseios da esposa do amigo, mas esta escondeu-se no quarto do hóspede e conseguiu tudo quanto sua paixão exigia. Na manhã seguinte, angustiado com o que acontecera, regressou a Naxos, mas Neera o seguiu.

A par dos acontecimentos, Hipsicreonte foi ao encalço da esposa, mas esta, tendo-se refugiado no altar do Pritaneu da ilha, se recusou a regressar a Mileto. Os habitantes de Naxos aconselharam o marido ofendido a tentar persuadir a fugitiva por meios pacíficos, proibindo-lhe qualquer violência para arrancá-la do altar onde buscara asilo. Considerando-se insultado, Hipsicreonte convenceu os milésios a declararem guerra a Naxos.

HIPSÍPILA *(III, 189, 190, 204).*

Ὑψιπύλη (Hypsipýlē) é um hipocorístico. O antropônimo é um composto, formado pelo advérbio ὕψι (hýpsi), "no alto, para o alto" e pelo substantivo πύλη (pýlē), "porta", donde Hipsípila significaria "a de portas elevadas". O nome traduziria uma referência a alguma cidade que teria servido de berço à heroína ou da qual ela fosse um epônimo? Não se sabe, sobretudo, porque é muito difícil etimologizar os hipocorísticos.

Hipsípila é uma heroína, filha de Toas, rei da Ilha de Lemnos, e de Mirina. Trata-se, por conseguinte, de uma neta de Dioniso e de Ariadne (v.) pelo lado paterno e de uma descendente de Éolo, pelo lado materno. Como as mulheres de Lemnos se negassem a prestar-lhe culto, Afrodite castigou-as com um odor tão insuportável, que os maridos as abandonaram pelas escravas da Trácia. Para se vingar, as Lemníades mataram todos os homens da ilha e fundaram uma verdadeira república de mulheres, que durou até o dia em que os Argonautas, comandados por Jasão, passaram pela ilha e lhes deram filhos. Foi em consequência da morte não só dos maridos, mas igualmente de todos os homens de Lemnos, que surgiu o mito de Hipsípila. Horrorizada com a ideia de sacrificar seu próprio pai e rei, a heroína o escondeu num cofre ou segundo outras fontes ela o revestiu com a indumentária da estátua de Dioniso e, pela manhã, o conduziu ao mar, como se se tratasse do próprio deus a quem desejava purificar, após o massacre da noite anterior. De qualquer forma, foi num cofre ou numa arca que pôs o pai a flutuar nas ondas do mar, o qual, protegido certamente por Dioniso, alcançou terra firme. Filha de rei, as Lemníades escolheram-na como sua rainha. Foi logo no início de seu governo que os Argonautas passaram pela ilha e se uniram a todas as mulheres púberes de Lemnos. Jasão teve por amante a própria rainha, que por ele aliás se apaixonou. Muitos séculos depois Públio Ovídio Nasão recolheu-lhe os suspiros em suas *Heroides*:

Lemnias Hypsipyle, Bacchi genus, Aesone nato
Dicit et in uerbis pars quota mentis erat

– Hipsípila de Lemnos, descendente de Baco, dirige-se ao filho de Esão e em cada palavra põe um pedaço de sua alma.

Com Jasão a rainha das Lemníades teve dois filhos: Êuneo, que já aparece *na Ilíada*, XXIII, 747, e Nebrófono ou Nefrônio ou ainda Toas. Um pouco mais tarde, quando a rainha ainda amargurava as saudades de Jasão, foi descoberto o episódio do ocultamento e fuga de Toas. Ameaçada de morte, a neta de Baco fugiu, mas aprisionada por piratas foi vendida como escrava ao rei de Nemeia, Licurgo (v.). Encarregada de cuidar do pequenino Ofeltes, filho de Licurgo e da rainha Eurídice, Hipsípila cometeu um descuido fatal: ao passarem por Nemeia os *Sete* heróis, que iriam lutar em Tebas contra Etéocles, pediram à ama de Ofeltes que lhes indicasse uma fonte, onde pudessem dessedentar-se. Para mostrar com precisão aos *Sete Chefes* (v.) uma nascente de águas límpidas, deixou por instantes a criança no chão. De imediato, uma serpente ou dragão, que guardava a nascente, se enroscou no herdeiro de Licurgo e o sufocou. O rei, inconformado, condenou Hipsípila à morte, mas, nesse ínterim, chegaram a Nemeia, em busca da mãe, os dois filhos que tivera de Jasão, Êuneo e Toas, que se identificaram através de um ramo de videira em ouro, presente que Toas, pai de Hipsípila, recebera de Dioniso. Com a intervenção de Anfiarau (v.), Licurgo e Eurídice perdoaram a exilada rainha das Lemníades e permitiram-lhe regressar com os filhos à pátria. Este fecho romanesco se deve à tragédia de Eurípides, *Hipsípila*, de que nos restam fragmentos.

HIRIEU.

Ὑριεύς (Hyrieús), *Hirieu*, segundo Carnoy, *DEMG*, p. 76, é um epônimo de Híria, na Beócia, cidade costeira, cujo nome parece significar "que está sobre a água", uma vez que a raiz *ur,*wer, sânscrito vār, vāri, é "água". A mesma raiz poderia ser relacionada com οὖρον (ûron), "urina".

Filho de Posídon e da plêiade Alcíone, Hirieu uniu-se a Clônia e foi pai de Nicteu, de Lico e, segundo algumas versões, de Oríon. Foi rei de Híria, cidade por ele fundada.

Versões mais recentes fazem de Hirieu um velho lavrador que teria acolhido em sua humilde choupana a Zeus, Posídon e Hermes.

Como recompensa, os imortais prometeram atender-lhe um pedido.

Hirieu suplicou-lhes um filho. Urinando sobre a pele de um boi, que lhes havia sido sacrificado, os deuses engendraram-lhe o tão almejado herdeiro. A criança teria sido chamada Oríon (v.).

Consoante uma tradição, foi por causa do tesouro de Hirieu que os célebres arquitetos Trofônio e Agamedes (v.) perderam a vida.

HIRNETO.

Ὑρνηθώ (Hyrnēthṓ), *Hirneto*, é antropônimo sem etimologia até o momento. Filha de Têmenos e mulher de Deifonte, Hirneto era a heroína da tragédia perdida de Eurípides, intitulada *Temênides*, isto é, as descendentes de Têmenos.

HÍSTORIS.

'Ιστορίς (Historís), *Hístoris*, do ponto de vista da etimologia, deve ser uma alteração de ἱστορία (historía), "pesquisa, informação", donde "resultado de uma pesquisa, história". A fonte primeira é o perfeito arcaico οἶδα (oîda), "eu sei", que apresenta um vocalismo *o* que se alterna com *zero* no plural ἴδμεν (ídmen), daí o derivado ἴστωρ (ístōr), "aquele que sabe". (F)οἶδα [(w)oîda] é um antigo perfeito indo-europeu que possui correspondentes óbvios, como o sânscrito *veda*, "eu sei" e ao plural ἴδμεν (ídmen), "nós sabemos", corresponde o sânscrito *vidmá*. Observe-se ainda o latim *uidēre*, "ver", saber por ter visto ou aprendido, *DELG*, p. 779-780. Hístoris, por conseguinte, significa "aquela que sabe, a astuta".

Foi através da solércia de Hístoris que a filha de Tirésias, Galíntia, conseguiu, por força de um estratagema, "libertar Alcmena" de Ilítia. É que, para impedir o parto de Alcmena (que daria à luz Héracles e Íficles), Hera ordenou a Ilítia, deusa dos partos, que se sentasse à porta do quarto da esposa de Anfitrião e "amante" de Zeus e, "cruzando pernas e braços", retardasse o mais possível o nascimento de Héracles. Galíntia, orientada por Hístoris, saiu repentinamente do quarto, onde se contorcia em dores a rainha, e começou a gritar que esta afinal conseguira dar ao mundo o maior dos heróis, filho de Zeus... Ilítia, tomada de surpresa, descruzou pernas e braços e furiosa afastou-se do palácio. Desfeito "o nó", o filho de Zeus, Héracles, e o de Anfitrião, Íficles, nasceram sem maiores problemas.

A respeito da força e do simbolismo dos nós v. *Mitologia Grega*, Vol. II, p. 48-55.

HOMOLOEU.

'Ομολωεύς (Homolōeús), *Homoloeu*, segundo Carnoy, *DEMG*, p. 73, talvez provenha de ὁμολώιος (homolṓios), possivelmente um derivado do eólio ὅμολος (hómolos), "justo, pacífico".

Filho de Anfíon e Níobe, Homoloeu ajudou o pai a construir as muralhas de Tebas e deu o próprio nome a uma das portas da cidade dos cadmeus.

HOMONEIA.

'Ομόνοια (Homónoia), *Homoneia*, é um derivado de ὁμός (homós), "um, o mesmo, comum, unido, concorde". A base é o indo-europeu *somo-, sânscrito *samá-*, "um, o mesmo, igual", *DELG*, p. 799-800.

Homoneia é uma abstração que personifica a "Concórdia", detentora, por isso mesmo, de um altar em Olímpia, onde se reuniam fraternalmente todos os helenos para celebrar os Jogos Olímpicos (v. Jogos).

Em Roma, com o nome de *Concordia*, vocábulo derivado de *cor, cordis*, "coração", donde "acordo, concerto", esta abstração traduzia o fim de qualquer sedição ou guerra civil. Camilo ergueu-lhe um templo nos sopés do Capitólio para celebrar o "acordo" entre patrícios e plebeus.

HOPLÁDAMO.

'Οπλάδαμος (Hopládamos), *Hopládamo*, segundo Carnoy, *DEMG*, p. 73, o vocábulo é um composto de ὅπλον (hóplon), "arma, armadura", derivado, em última análise, do verbo ἕπειν (hépein), "cuidar de, ocupar-se sobretudo com as armas", a cuja raiz indo-europeia *sep-* corresponde o sânscrito *sápati*, "ele cuida de, aplica-se a" e do verbo δαμνέναι (damnénai), "domar" (v. Hipodamia), donde Hopládamo significaria "o que é mais forte que as armas".

Hopládamo é um dos Gigantes, que, segundo uma variante arcádia, ficou ao lado de Reia, grávida de Zeus, a fim de protegê-la contra qualquer investida de Crono.

HORAS *(I, 201-202, 216, 280, 343; II, 24, 33-34, 39; III, 224).*

Ὧραι (Hôrai), *Horas*, é um vocábulo de origem indo-europeia, com correspondentes em muitas línguas para designar quer o *ano*, quer a *estação*. A base do termo é o indo-europeu *yōr-ā*, latim *hornus* < *hŏ-yōr-(i)-nos*, "deste ano", gótico *jer*, antigo alemão *jār*, "ano", alemão atual *Jahr*, com o mesmo sentido.

As Horas eram filhas de Zeus e de Têmis. Personificavam, como se viu, o *ano* e as *estações*. Foi por um abuso de tradução do latim *Horae* que as *estações* se tornaram *horas*. Só muito mais tarde é que as Horas passaram a personificar as *horas* do dia. Eram três as Horas: *Eunômia*, a Disciplina; *Dique*, a Justiça, e *Irene*, a Paz. Os atenienses, não obstante, chamavam-nas, com mais frequência, respectivamente *Talo*, a que faz brotar; *Auxo*, a que provoca o crescimento e *Carpo*, a que prodigaliza o fruto. No mito, elas se apresentam sob duplo aspecto: como divindades da natureza presidem ao ciclo da vegetação; como deusas da ordem asseguram o equilíbrio da vida em sociedade.

No Olimpo, sua função específica é guardar as portas de entrada da mansão dos deuses, além de servirem particularmente a Hera e a Apolo. Acompanham com frequência Afrodite e juntamente com as Cárites (v.) fazem parte do cortejo de Dioniso e se divertem como companheiras de Core e de Pã. Iconograficamente são representadas como três jovens graciosas, com uma flor ou planta nas mãos. Dado seu caráter um tanto ou quanto abstrato, as Horas não desempenham papel importante no mito. Numa alegoria tardia uma das Horas, Carpo ou Irene, aparece casada com Zéfiro, o vento da primavera. Dessa união nasceu *Carpo*, "o Fruto".

I

IACO *(I, 299, 299¹⁹⁰; II, 114, 127).*

Ἴακχος (Íakkhos), *Iaco*, com geminação expressiva, provém de ἰαχή (iakhḗ), "grito, particularmente de combate ou de alegria", *DELG*, p. 454.

Iaco é o nome místico de Baco nos Mistérios de Elêusis. Trata-se do "grito ritual" dos iniciados: *Iaco, ó Iaco*, e este *grito sagrado* acabou por tornar-se *um deus*. Talvez Iaco seja um *daimónion*, um intermediário entre Dioniso e Deméter, segundo se comentou em *Mitologia Grega*, Vol. II, cap. IV, p. 113sqq. Na comédia *As Rãs*, 314-414, Aristófanes faz uma belíssima paródia de cunho político-religioso do *Coro dos Iniciados* na grandiosa procissão que se dirigia para Elêusis. Pois bem, o tempo todo o deus invocado "aos gritos" é Iaco, "o condutor místico dos Iniciados".

A genealogia mítica do deus é complicada. Ora apresenta-se como filho de Deméter, que a teria acompanhado na procura de Perséfone. Foi graças, aliás, às gargalhadas do filho, ao ver os gestos indecorosos de Baubo (v.), que a mãe de Perséfone se descontraiu e começou a rir também. Ora Iaco é considerado como filho de Perséfone e de Zeus, figurando, assim, como a reencarnação de Zagreu (v. Dioniso), filho da rainha do Hades e de Zeus. Com efeito, segundo o sincretismo órfico-dionisíaco e as "religiões de mistérios", dos amores de Zeus e Perséfone nasceu Zagreu. Hera, enciumada com este novo adultério do esposo, encarregou os Titãs de raptar e matar o rebento de Perséfone. Apesar das várias metamorfoses que tentou, os enviados de Hera apossaram-se dele, quando Zagreu se transformou em touro. Fizeram-no em pedaços e começaram a cozinhar-lhe as carnes num grande caldeirão. Zeus veio em socorro do filho, mas era tarde em demasia. Restou-lhe o prazer de fulminar os Titãs com seus raios certeiros. Encarregou Apolo de recolher os membros ensanguentados do deus e como Atená lhe salvara o coração, que ainda palpitava, Zeus o engoliu e recompôs Zagreu, que passou a chamar-se Iaco.

Tradições outras fazem de Iaco o marido de Deméter ou ainda filho de Dioniso e da ninfa Aura, que dele teve gêmeos, mas um deles foi devorado pela própria mãe. Sobrou o pequeno Iaco, salvo por uma outra ninfa que amava Dioniso e entregue às Bacantes de Elêusis, que o criaram. A própria Atená o aleitou. Aura lançou-se no Rio Sangário e foi transformada em fonte.

Iaco finalmente se confundiu com Baco e dizia-se que semelhante dualidade era um mistério.

Iconograficamente o deus é retratado como um adolescente, empunhando uma tocha e guiando, ao ritmo da dança, a procissão dos Iniciados nos Mistérios de Elêusis.

IÁLEMO.

Ἰάλεμος (Iálemos), *Iálemo*, "lamentação, canto fúnebre", é um vocábulo oriundo da interjeição ἰή (iḗ), ἰα (iá), ai!, de que se formou o substantivo ἰή, (iḗ), ἰά (iá), "grito". É bem possível, como já o percebiam os antigos, que *iê, iá* esteja relacionado com o verbo ἰέναι (hiénai), "lançar (um grito de dor)".

Filho de Apolo e de Calíope, tinha por irmão a Himeneu e, numa variante do mito, também a Orfeu.

Assim como Himeneu (v.) personifica o canto nupcial, "o himeneu", Iálemo traduz o canto fúnebre, o trenó (v. Exéquias), a lamentação sobretudo por aqueles que faleceram jovens. O próprio Iálemo é tido como inventor do gênero. Por vezes se identifica com o desditoso Lino (v.), que, tendo morrido jovem e de maneira trágica, mereceu o primeiro trenó.

IALISSO.

Ἰαλῡσός (Ialȳsós), *Ialisso*, é topônimo e antropônimo sem etimologia definida.

Por seu pai Cércafo (v.), Ialisso descende de Hélio (o Sol) e da ninfa Rode.

É o herói epônimo da cidade de Ialisso na Ilha de Rodes.

Casou-se com Dótis e foi pai de Sime, heroína epônima da ilha homônima entre Rodes e Cnido.

IÁLMENO.

Ἰάλμρνος (Iálmenos), *Iálmeno*, é um derivado do verbo ἰάλλειν (iállein), "arremessar, lançar (um dardo, uma flecha)". O verbo em pauta, consoante Frisk, *GEW*, s.u., está relacionado com o sânscrito *iy-ar-ti*, "ele movimenta, agita".

Filho de Ares e de Astíoque, Iálmeno e seu irmão Ascálafo reinaram em Orcômeno, na Beócia. Como pretendente de Helena, Iálmeno juntamente com o irmão participou da Guerra de Troia. Ambos chefiaram os mínios com um contingente de trinta naus, conforme nos informa a *Ilíada*, II, 511-516.

Terminada a guerra, Iálmeno resolveu não retornar a Orcômeno. Fundou nas costas do Ponto Euxino uma colônia aqueia, denominada até muito tarde *Os aqueus do Ponto*, permanecendo, porém, ligada a Orcômeno como sua metrópole, o que era de praxe, quando se fundavam colônias.

Iálmeno e Ascálafo participaram igualmente da Expedição dos Argonautas.

IAMBE *(I, 289, 291).*

Ἰάμβη (Iámbē), *Iambe*, ao que tudo faz crer, procede de ἴαμβος (íambos), "iambo", tipo de pé métrico (unidade rítmica e melódica), com três tempos: uma breve e uma longa (U–). O verso iâmbico compõe-

-se de seis pés métricos (senário iâmbico) e é muito usado na sátira. É bem possível que o vocábulo seja um empréstimo, embora alguns julguem que o mesmo proceda de ἴα (ía), feminino de ἴος (íos), "um só, uma só parte".

Filha de Pã e da ninfa Eco, Iambe trabalhava no palácio real de Céleo e Metanira, em Elêusis. Quando Deméter, que andava à procura de Perséfone, passou pela futura cidade dos Mistérios, Iambe a acolheu e com seus gracejos e chistes maliciosos fê-la rir. Semelhante papel é atribuído também a Baubo (v.).

ÍAMO *(II, 88; III, 49).*

Ἴαμος (Íamos), *Íamo.* Carnoy, *DEMG*, p. 77, opina que, face ao mito do herói, talvez o antropônimo pudesse originar-se de ἴον (íon), "violeta", por etimologia popular.

Herói epônimo de Olímpia, Íamo é o ancestral mítico da família sacerdotal dos iâmidas. Sua ascendência divina inicia-se com Pítane, filha do deus-rio Eurotas. Unida a Posídon, foi mãe de Evadne, que foi criada por "seu pai humano" Épito. Seduzida por Apolo, a jovem, envergonhada e irritada com o deus, expôs Íamo, que, no entanto, foi alimentado com mel por duas serpentes. Um dia Evadne, visitando o local onde havia deixado o filho, encontrou-o deitado num verdadeiro leito de violetas em flor. Foi então que ela lhe deu o nome de Íamo, relacionando-o, como se mostrou, com *íon*, "violeta".

Épito consultou o Oráculo de Delfos e a Pítia lhe respondeu que o menino seria um adivinho famoso e ancestral de numerosa família de sacerdotes e mânticos.

Já moço, Íamo, uma noite, aproximou-se do Rio Alfeu e invocou seu pai Apolo e seu avô Posídon. O pai ordenou-lhe seguir a voz que ele passaria de imediato a ouvir e o conduziu até Olímpia. Mandou em seguida que ali permanecesse, porque Héracles viria para fundar os Jogos que se tornariam célebres.

Transmitiu-lhe depois os segredos da ornitomancia e da hepatoscopia.

IANISCO.

Ἰάνισκος (Iániskos), *Ianisco*, segundo Carnoy, *DEMG*, p. 77, é um derivado do verbo ιαινειν (iaínein), cujo sentido é "aquecer, amolecer pelo calor", daí "reanimar" e, por analogia com o verbo ἰᾶσθαι (iâsthai), "curar". Ianisco é, por conseguinte, "o que cura". Os etimologistas aproximam o verbo *iaínein* do sânscrito *isanyati*, "ele põe em movimento", partindo do raciocínio de que o movimento reaparece quando se é "reanimado, curado". Talvez, segundo Chantraine, *DELG*, p. 452, se possa relacioná-lo com ἱερός (hierós), "sagrado", na medida em que "a saúde e a cura são dons dos deuses". Etimologicamente, porém, a aproximação com o verbo ἰᾶσθαι (iâsthai), "curar", é duvidosa.

Existem dois heróis com este nome. O primeiro, originário da Tessália, é um médico, filho de Asclépio e irmão, em consequência, dos grandes médicos Macáon e Podalírio.

O segundo é um descendente do ateniense Clício, que dera sua filha Feno em casamento a Laomedonte, rei de Sicione. Quando Adrasto, sucessor deste último, abandonou o trono, Ianisco foi convidado a ocupá-lo. Quando morreu, o poder passou às mãos de Festo (v.).

IANTE.

Ἰάνθη (Iánthē), *Iante*, ao menos em etimologia popular, talvez proceda de ἴον (íon), "violeta". Iante, "a jovem coroada de violetas", é, segundo Hesíodo, *Teogonia*, 349, uma das Oceânidas.

Iante é igualmente uma heroína cretense que se casou com Ífis (v.).

IÁPIX ou IÁPIGE *(III, 51).*

Ἰᾶπυξ (Iâpyks), *Iápix* ou *Iápige.* Segundo Carnoy, *DEMG*, p. 78, ἰᾶπυξ (iâpyks), "vento do noroeste", provém da raiz *wāp* e significa propriamente "o ruidoso, o estrepitoso". O latim apresenta a forma *uapulāre*, propriamente "gritar sob os golpes, ser açoitado", inglês *weep*, "chorar".

Iápix é o herói que deu seu nome aos iápiges na Itália Meridional.

Filho de Dédalo e de uma cretense, viajou até a Sicília, fixando-se depois na Itália do Sul, quando dos acontecimentos que provocaram a morte do Rei Minos na Sicília (v. Dédalo e Minos). Uma variante, porém, apresenta-o como filho de Licáon e irmão, portanto, de Dáunio ou Dauno e de Peucécio.

A tradição mais seguida, todavia, faz do herói um cretense que chefiou seus compatriotas que seguiram Minos até a Sicília. Após a morte do rei, Iápix e seus companheiros tentaram regressar a Creta, mas, empurrados por uma tempestade, desembarcaram na região de Tarento, onde se fixaram.

Uma outra versão, certamente tardia, atesta que o cretense Iápix, irmão de Icádio, emigrou para a Magna Grécia, enquanto o irmão, transportado por um delfim, chegou ao Parnasso, onde fundou Delfos.

IÁRDANO *(III, 125, 125[93]).*

Ἰάρδανος (Iárdanos), *Iárdano*, é possivelmente um nome semítico. Mesmo assim, Carnoy, *DEMG*, p. 78, aventa a hipótese, aliás interrogativa, de uma espécie de composto de *is³r*, que se encontra em muitos nomes de rios e de *danó-*, do indo-europeu *dānu-*, "rio", como *Danúbio, Donetz* e outros. Iárdano seria assim o que tem a força de um rio.

Iárdano ou Iárdanas era rei da Lídia, pai de Ônfale. Algumas tradições fazem dele um mágico. Tal era seu poder, que provocou em seu inimigo, o Rei Camblites ou Cambies, uma fome insaciável, levando-o a devorar a própria mulher.

IÁSION *(I, 284-285).*

'Ιασίων (Iasíōn), *Iásion*, segundo a hipótese de Carnoy, *DEMG*, p. 78, poderia originar-se da raiz **eis, is*, que significa muitas vezes "molhar, refrescar", sânscrito *is-na-ti*, "ele esguicha", daí o emprego de **is* em nomes de rios. Iásion seria "o que molha, fecunda".

Filho de Zeus e de Electra, filha de Atlas, habitava a Samotrácia com seu irmão Dárdano, embora a tradição mais seguida atribua-lhe origem cretense.

Como quer que seja, Iásion sempre aparece ligado a Deméter, "a terra cultivada". O amor do herói pela deusa, não sendo por vezes correspondido, ele ameaça usar de violência contra ela ou contra um *eídolon*, um simulacro da mesma. Zeus não lhe perdoa a arbitrariedade e o fulmina. Por vezes o casal está em lua de mel e se une terna e amorosamente sobre "um terreno arado três vezes" e nasce Πλοῦτος (Plûtos), *Pluto*, a Riqueza, que percorre a terra inteira distribuindo a abundância. Apolodoro (*Bibl. Hist.*, 3, 12) relata que Iásion, na Samotrácia, era irmão não apenas de Dárdano, mas igualmente de Harmonia. Iniciado por Zeus nos Mistérios dos Cabiros, converteu-se no iniciador de vários heróis. Quando das núpcias de sua irmã Harmonia, o herói reencontrou Deméter, que, enamorada do ex-amante, presenteou-o com a semente do trigo.

Mais tarde Iásion se uniu à Grande Mãe Cibele. Desse enlace nasceu Córibas, epônimo dos Coribantes (v.).

IASO ou IÁSIO *(III, 46).*

Ἴασος (Íasos), *Íaso* ou Ἰάσιος (Iásios), *Iásio*, confunde-se em etimologia popular com Iásion (v.) e significaria "o que molha, fecunda", *DEMG*, p. 79.

São três os heróis com este nome. O primeiro é filho de Tríopas ou de Argos, rei da cidade homônima. Foi o pai de Io, amante de Zeus. Na tradição que o faz filho de Tríopas, Íaso dividiu com seus irmãos Pelasgo e Agenor o reino do Peloponeso, tendo recebido a região oeste, cuja capital era a Élida. Pelasgo ficou com a parte leste, onde fundou Larissa, e Agenor, tendo herdado a cavalaria paterna, rapidamente destronou os irmãos e se apossou de toda a região.

O segundo é filho do Rei Licurgo e pertence à dinastia da Arcádia, como neto de Arcas (v.). Unido a Clímene, foi pai da brava Atalante (v.).

O terceiro herói homônimo é um beócio, pai de Anfíon, rei de Orcômeno e casado com Perséfone, filha de Mínias.

IASO.

Ἰασώ (Iāsṓ), *Iaso*, provém do verbo ἰᾶσθαι (iâsthai), cujo sentido inicial é "aquecer, reanimar" e daí "cuidar de, curar" (v. Ianisco), donde Íaso é "a que cura".

Segundo algumas versões, a heroína era filha de Asclépio, o herói-deus da medicina, irmã, por conseguinte, de Higiia (v.), personificação da Saúde, e dos médicos Macáon e Podalírio.

ICÁDIO.

Ἰκάδιος (Ikádios), *Icádio*, segundo Carnoy, *DEMG*, p. 80, talvez proceda da raiz **weik*, "virar-se, voltar-se", sânscrito *abhi-vij-*, "naufragar", *vici*, "vaga, onda", donde Icádio seria "o náufrago".

O herói era filho de Apolo e da ninfa Lícia. Tendo nascido na Ásia, deu ao local onde veio ao mundo o nome de sua mãe. Fundou a cidade de Pátara e instituiu na mesma o oráculo de seu pai Apolo, conforme nos informa Tito Lívio, 33, 41, 5.

Em viagem para a Itália naufragou, mas um delfim o salvou e transportou até o Monte Parnasso, onde Icádio fundou a cidade de Delfos, em homenagem ao "delfim", em grego δελφίς (delphís), que, em etimologia popular, era aproximado de Δελφοί (Delphoí), "Delfos", o lar de Apolo.

Uma tradição mais recente faz de Icádio um cretense, irmão de Iápix (v.).

ICÁRIO *(III, 292, 326).*

Ἰκάριος (Ikários), *Icário*, segundo Carnoy, *DEMG*, p. 80, o antropônimo significaria "balançar, oscilar", desde que provenha da raiz **weik* ou **weig*. A raiz **weik* estaria ainda representada no alemão *Wiege*, "berço", que balança, que oscila.

Existem dois heróis com este nome. O primeiro é um ateniense, pai de Erígone e que é tido como introdutor do vinho na Hélade, quando do reinado de Pandíon em Atenas (v. Satiriase).

O segundo é filho de Perieres e, em consequência, um descendente do herói Lacedêmon. Em outra versão, é filho de Ébalo e neto de Perieres. Icário, além de Tíndaro, era irmão por parte de pai de Hipocoonte, fruto dos amores de Perieres ou de Ébalo com a ninfa Bácia.

Expulsos do Peloponeso pelo violento Hipocoonte e seus filhos, os hipocoôntidas, Icário e Tíndaro refugiaram-se em Plêuron, na corte do Rei Téstio. Quando Héracles (v.), aliado a Cefeu (v.), invadiu Esparta para vingar a morte de seu sobrinho Eono e matou Hipocoonte e seus filhos, as portas do Peloponeso estavam novamente abertas para o retorno dos filhos de Perieres. Tíndaro imediatamente voltou a Esparta e retomou as rédeas do governo, mas Icário permaneceu na Acarnânia. Casou-se com Policasta, filha de Ligeu, e foi pai de uma filha, Penélope, e de dois filhos, Alizeu e Leucádio, epônimo da Ilha de Leucádia.

Uma variante, porém, atesta que Icário retornou também a Esparta e tendo-se casado com a náiade Peribeia, teve cinco filhos: Toas, Damasipo, Imêusimo, Aletes, Períleo e uma filha, Penélope.

Como eram muitos os pretendentes à mão de Penélope, Icário prometeu-a àquele que fosse o vencedor numa corrida de carros. Ulisses facilmente deixou para trás seus competidores e obteve a mão da princesa. Relata uma versão que o casamento do herói com a filha de Icário foi um gesto de gratidão de Tíndaro para com o rei de Ítaca. É que, sendo muito grande o número de pretendentes à mão de Helena, prima de Penélope, Ulisses sugeriu a Tíndaro que os ligasse por dois juramentos: respeitar a decisão de Helena quanto à escolha do noivo, ajudando-o a conservá-la e se o eleito fosse, de alguma forma, atacado ou gravemente ofendido, os demais deviam socorrê-lo. Agradecido a Ulisses por conselho tão sábio, o pai de Helena conseguiu-lhe junto a Icário a mão de Penélope. Pressionado pelo sogro a permanecer em Esparta, Ulisses se esquivou cortesmente. Como aquele insistisse, o herói pediu a Penélope que escolhesse entre o pai e o marido. A jovem esposa nada respondeu, mas, tendo enrubescido, cobriu o rosto com um véu. Icário compreendeu a preferência da filha e mandou erguer um santuário à deusa Αἰδώς (Aidős), isto é, ao Pudor.

Conta uma tradição lacedemônia que Icário ficara ao lado de Hipocoonte, para que este expulsasse o irmão do Peloponeso, tendo até mesmo fomentado uma revolução. Tíndaro, desamparado, se refugiara em Pelene, cidade da Acaia.

ÍCARO (*I, 63-65, 254; III, 278, 289*).

Ἴκαρος (Íkaros), *Ícaro*. Para Carnoy, *DEMG*, p. 80, o antropônimo significaria "balançar-se no ar", desde que provenha da raiz **weik* ou **weig*. Segundo o autor, uma confirmação desta etimologia é a transliteração etrusca *viincare*, com a conservação do *v* (n) que o grego perdeu. A raiz * *weik* estaria ainda representada no alemão *Wiege*, "berço", que balança, que oscila.

Ícaro é filho de Dédalo e de Náucrates, uma escrava do palácio de Minos, onde o mais famoso dos arquitetos se recolhera, após ser exilado de Atenas. Dédalo, que havia edificado para o rei de Creta o gigantesco palácio de Cnossos com seu complicado labirinto, gozava de todas as regalias, até que dois fatos graves transformaram-lhe o destino. O primeiro deles foi a construção de um simulacro de uma novilha de bronze, para que Pasífae, esposa de Minos, pudesse ser possuída pelo touro de Posídon, união monstruosa, de que nasceu o Minotauro, e o segundo foi a ajuda que Dédalo prestou a Ariadne, para que seu bem-amado Teseu conseguisse matar o monstro antropófago e escapasse do intrincado palácio (v. Dédalo). Irritado, o rei lançou a pai e filho no labirinto. Dédalo, todavia, conseguiu facilmente evadir-se. Com seu engenho inigualável fabricou para si e para o filho dois pares de asas de penas, presas aos ombros com cera, e viajou pelo vasto céu em companhia de Ícaro. Afinal, como dizia Dédalo, Minos é senhor da terra e do mar, mas o céu nos está aberto...

Ovídio, nas *Metamorfoses*, 8, 185-187, imortalizou as palavras do pioneiro do espaço:

*"Terras licet", inquit, "et undas
Obstruat, at caelum certe patet. Ibimus illac;
Omnia possideat, non possidet aera Minōs".*

– Embora Minos nos feche a terra e o mar,
ao menos o céu está aberto: iremos por lá.
Senhor de todas as coisas, ele não tem domínio sobre o ar.

Ao menino recomendou que não voasse muito alto, porque o sol derreteria a cera, nem muito baixo, porque a umidade tornaria as penas muito pesadas. Ícaro, todavia, não resistindo ao impulso de aproximar-se do céu, subiu demasiadamente alto. Ao chegar perto do sol, a cera fundiu-se, soltaram-se as penas e o filho de Dédalo precipitou-se no Mar Egeu, que passou a denominar-se Mar de Ícaro. Este episódio, tão tragicamente belo, foi narrado vibrante e poeticamente pelo grande vate latino Públio Ovídio Nasão (43 a.C.-18 p.C.) em suas *Metamorfoses*, 8, 183-235. Uma variante do mito relata que, após o assassinato de Talos, Dédalo fugiu de Atenas, lá deixando seu filho Ícaro, que, como Telêmaco, saiu em busca do pai. Sem uma Atená, que lhe servisse de piloto, Ícaro naufragou perto da Ilha de Samos, dando seu nome ao mar, como na versão anterior. Seu corpo, lançado à praia pelas ondas, foi sepultado por Héracles. Uma segunda tradição nos informa que Dédalo e Ícaro fugiram de Creta em dois barcos a vela, modalidade nova criada pelo gênio de Dédalo. Ícaro, no entanto, não soube conduzir bem o seu e naufragou ou ainda, após levá-lo até a Ilha de Icária, ao saltar do mesmo, caiu no mar e morreu afogado. O túmulo do infortunado piloto era mostrado na Antiguidade num dos cabos do Mar Egeu. Relata-se igualmente que Dédalo ergueu duas esteias funerárias, uma em honra de seu filho e outra com a inscrição de seu próprio nome. Além do mais, para perpetuar-lhe ainda a memória, representou nas portas do templo que dedicara a Apolo, em Cumas, as desventuras de Ícaro. O mito conhece um outro Ícaro, rei da Cária, que teve como amante Teônoe (v.) filha de Testor e irmã do adivinho Calcas (v.). Simbolicamente, o mito de *Dédalo* e *Ícaro* representa algo de muito significativo. Dédalo é a engenhosidade, o talento, a sutileza. Construiu tanto o *labirinto*, onde a pessoa se perde, quanto as asas artificiais de Ícaro, que lhe permitiram escapar e voar, mas que lhe causaram a ruína e a morte. Talvez se deva concordar com Paul Diel em que Dédalo, construtor do labirinto, símbolo do inconsciente, representaria, "em estilo moderno, o tecnocrata abusivo, o intelecto pervertido, o pensamento afetivamente cego, o qual, ao perder a sua lucidez, torna-se imaginação exaltada e prisioneiro de sua própria construção, o inconsciente". Quanto a Ícaro, ele é o próprio símbolo da *hýbris*, da *démesure*, do descomedimento. Apesar da admoestação paterna, para que guardasse um meio-termo – *inter utrumque uola* (*Met*., 8, 206), "voa entre ambos" – isto é, busca o "centro", entre as ondas do mar e os raios do sol, o menino insensato ultrapassou o *métron*, quis ir além de si mesmo e se destruiu. Ícaro traduz a temeridade, a volúpia "das alturas", em síntese: a personificação da *megalomania*. Se, na verdade, *as asas* são o símbolo do deslocamento, da libertação, da desmaterialização, é preciso ter em mente que *asas* não se colocam apenas, mas se adquirem ao preço de longa e não raro perigosa educação iniciática e catártica. O grave erro de Ícaro foi a ultrapassagem, – *altius egit iter* (*Met.*, 8, 225). "quis voar alto demais" – sem o indispensável *gnôthi s'auton*, o necessário "conhece-te a ti mesmo".

ICMÁLIO.

Ἰκμάλιος (Ikmálios), *Icmálio*, segundo Chantraine, *DELG*, p. 460, provém de ἰκμάς (ikmás), "umidade, suor, mofo, bolor", sânscrito *siñcáti*, "ele derrama", antigo alemão *sīhan*, "filtrar".

Icmálio é um artista de Ítaca que fabricou a cadeira de Penélope, incrustando-lhe ouro e marfim.

ICTIOCENTAUROS.

Ἰχθυοκένταυροι (Ikhthyokéntauroi), *Ictiocentauros*, é um composto de ἰχθύς (ikhthýs), "peixe" e de Κένταυροι (Kéntauroi), "Centauros", donde "os Centauros-peixes". Quanto a ἰξθύς (ikhthýs), "peixe", além do grego, é encontrado no armênio *ju-kh*, letônio *zuvs*. Todas estas formas têm por base a raiz **ghu*. Centauro (v.) talvez possa ser relacionado com o verbo κεντεῖν (kenteîn), "ferir, picar com aguilhão" e αὖρα (aúra), "ar" ou **αὖρα* (aúra), "água", donde "os que ferem as águas com suas patas".

Os Ictiocentauros são animais marinhos que não possuem um mito próprio, mas figuram com muita frequência na arte plástica da época helenística e romana. Iconograficamente se apresentam com um corpo humano até a cintura e o restante em forma de peixe, mas com patas semelhantes às do leão. Participam do cortejo de divindades marinhas ao lado sobretudo dos hipocampos, delfins e cavalos-marinhos.

IDA *(I, 71-72, 107-108, 111, 126, 135, 137, 193, 216, 220, 223, 280, 332-333, 340).*

Ἴδη (Ídē), dórico Ἴδα (ídā), "bosque, floresta", donde o topônimo Ἴδη (ídē), maciço montanhoso na Mísia ocidental, na Frígia e em Creta. Trata-se possivelmente de um termo indígena pré-helênico, sem etimologia definida, *DELG*, p. 455.

Ida é o nome de uma das filhas de Melisseu, a qual juntamente com sua irmã Adrasteia cuidou de Zeus- -menino em Creta, quando lá foi escondido por Reia. Ida designa ainda o nome da montanha cretense, onde o deus supracitado passou sua infância (v. Zeus).

Uma segunda personagem com este nome é uma filha de Córibas. Tendo-se casado com Licasto, rei de Creta, Ida foi mãe de Minos, o Jovem.

IDADE DE OURO *(I, 16, 178, 184, 187[135], 202, 329, 342).*

V. ESCATOLOGIA

IDAS *(II, 87; III, 47, 57, 64, 170, 178).*

Ἴδας (Ídas), *Idas*, segundo Carnoy, *DEMG*, p. 79, talvez proceda do infinitivo aoristo segundo ἰδεῖν (ideîn), "ver", donde Idas poderia significar "o que vê". No tocante a ἰδεῖν (ideîn), trata-se de um antigo aoristo temático de **wid*, armênio *egit*, sânscrito *ávidat*, latim *uidēre*, "ver", *DELG*, p. 455.

Homero, na *Ilíada*, IX, 558-560, chama-o de "o mais forte de quantos heróis viveram na terra" e que teve até mesmo a ousadia de competir com Apolo por causa da noiva que o deus lhe quisera arrebatar. Filho de Afareu e de Arene, possuía dois outros irmãos, Linceu e Piso. Nas veias destes três heróis corria o sangue de alguns primos célebres, como os Dioscuros Castor e Pólux, Penélope e as Leucípides Hilera e Febe.

Linceu e Idas participaram da expedição dos Argonautas e "o mais forte dos heróis" se notabilizou em duas ocasiões. Na escala da nau Argo na terra dos mariandinos, onde reinava Lico, morreu numa caçada o adivinho Ídmon, ferido por um javali. Idas não se tranquilizou, enquanto não matou a fera. Em seguida, tentou destronar a Teutras, rei da Mísia, mas foi vencido pelo mais bravo dos filhos de Héracles, Télefo, após uma luta sangrenta.

Por destemor e na qualidade de sogro de Meléagro, que lhe desposara a filha Cleópatra, brilhou entre os bravos caçadores do feroz javali de Cálidon.

Tendo recebido de Posídon um carro alado, raptou Marpessa, neta do deus Ares e filha de Eveno (v.). Este moveu-lhe uma longa perseguição, mas não conseguindo alcançá-lo, se matou. Idas, todavia, não permaneceu muito tempo em paz com a esposa. Apolo, que também a amava, tentou apossar-se da filha de Eveno, em Messena, no Peloponeso, onde residia o casal. O herói saiu em defesa da mulher e ameaçou o deus. Zeus, porém, interveio e, após separar os litigantes, deixou a Marpessa a liberdade de escolher com qual dos dois desejava viver. A jovem esposa escolheu Idas. Uma variante assegura que Apolo, sem nenhum protesto por parte da heroína, realmente a raptou, mas que, algum tempo depois, o esposo conseguiu reconquistá-la.

O rapto da neta de Ares por Idas é substituído por alguns mitógrafos pela disputa da mão da princesa numa corrida de carros, como fazia o pai de Hipodamia (v.). Eveno matava a quantos pretendentes conseguisse derrotar no torneio, mas acabou sendo vencido pelo senhor da Messênia.

Ficou célebre também no mito a luta que travou com seus primos Castor e Pólux, quando de um grande furto de rebanhos. Associaram-se nessa empresa os Dioscuros, Linceu e Idas, a quem foi entregue a divisão da presa. Este, após matar um touro, dividiu-o em quatro partes e propôs que aquele que comesse mais rapidamente a sua porção ficaria com a metade do armento; o segundo seria o dono da outra. Glutão, consumado, devorou logo a sua e, em seguida, a do irmão, apossando-se destarte do rebanho inteiro. Os Dioscuros irritaram-se e, apesar do que fora combinado, invadiram a Messênia, onde reinavam os parceiros, e levaram não apenas o armento, objeto da disputa, mas também uma parcela dos bois pertencentes aos primos.

Não satisfeitos, emboscaram-se com a intenção de eliminar Idas. Linceu, Λυγκεύς (Lynkeús), "o de olho penetrante como o lince", viu Castor escondido na fenda de um antigo carvalho, e avisou o irmão, que eliminou o adversário com um só golpe de lança. Pólux os perseguiu e matou a Linceu, mas Idas, arrancando uma pedra do túmulo de seu pai Afareu, lançou-a contra o inimigo e o prostrou sem sentidos. Zeus interferiu em defesa do filho: fulminou Idas e levou Pólux para o Olimpo, já que era imortal (v. Pólux).

Um segundo episódio da rivalidade entre os quatro primos desloca a grave discórdia para um ato de violência praticado pelos "filhos de Zeus". Linceu e Idas eram casados com as filhas de Leucipo, as Leucípides Hilera (v.) e Febe, que foram brutalmente raptadas pelos Dioscuros.

Os filhos de Afareu, como é próprio da *timé* de um herói, reagiram imediatamente. Castor é assassinado por Linceu, que, por sua vez, é morto por Pólux. Idas avança contra o adversário e está prestes a eliminá-lo, quando Zeus acorre em auxílio do filho e a contenda se finaliza como no episódio anterior. Uma variante, no entanto, relata que Castor e Linceu resolveram a querela numa justa. Vencido, Castor é perseguido por Idas, mas Zeus o fulmina. Pólux, neste caso, não teria participado da contenda.

Higino (*Fábulas*, 14, 80, 100), altera a tradição e conta que, morto Linceu, Idas tentou sepultá-lo, mas foi impedido por Castor. Este argumentou que seu adversário não merecia as honras da sepultura, porque pereceu lutando "como se fora uma mulher". Indignado, Idas arrancou a espada da cintura do próprio Castor e feriu-lhe a virilha, sinal de profundo desprezo pelo antagonista. Em outra versão, "o mais forte dos heróis" matou-o com a estela do túmulo de Linceu. Pólux, sem perda de tempo, o eliminou com um golpe de lança.

IDEIA *(I, 156)*.

Ἰδαία (Idaía), *Ideia*, é, *stricto sensu*, a deusa do Monte Ida asiático, isto é, Cibele. Etimologicamente é "a que pertence, vem do Ida ou o habita". Trata-se de um derivado de *Ídē*, Ida (v.).

São duas as principais heroínas com este nome. A primeira é uma ninfa oréada que, unida ao deus-rio Escamandro, foi mãe de Teucro, o troiano, rei dos teucros, cujo *habitat* era a Costa da Ásia, perto da Samotrácia.

A segunda é uma das filhas do fundador mítico de Troia, Dárdano, donde uma bisneta da anterior. Ideia se casou com Fineu, que havia repudiado sua primeira esposa Cleópatra, tornando-se aquela a responsável pelas desgraças que se abateram sobre o rei, mercê das calúnias tramadas contra os filhos de Cleópatra (v. Fineu).

IDEU.

Ἰδαῖος (Idaîos), *Ideu*, é um adjetivo substantivado, derivado de Ἴδη (Ídē), Ἰδᾶ, Ída (v.) e significa "o que pertence ao Monte Ida", quer ao da Ásia (Mísia e Frígia), quer ao de Creta.

São muitos os heróis com este nome: um filho de Príamo, rei de Troia; o filho de Helena com Páris ou Alexandre; o condutor do carro de Príamo; um filho do herói troiano Dares; um Coribante e o filho de Dárdano, o único que desempenha um papel de alguma relevância no mito.

Segundo uma tradição, por certo antiga, Dárdano (v.), unindo-se a Crise, foi pai de Dimas e Ideu. Este último se teria estabelecido na Costa da Frígia, junto ao monte que recebeu o nome de Ida. Teria sido ele o introdutor entre os frígios do culto da Grande Mãe Cibele (v.).

IDÍIA *(I, 159; II, 22; III, 187)*.

Ἰδυῖα (Idyîa), *Idíia*, é a forma feminina do particípio ático do verbo οἶδα (oîda) "eu sei" (v. Hístoris e Ídmon), isto é, ἰδυῖος, ἰδυῖα (idyîos, idyîa), cuja forma primeira é Ϝιδυῖος, Ϝιδυῖα (widyîos, widyîa), donde Idíia é "a que sabe, a esperta, a sagaz".

Idíia era uma Oceânida com quem Eetes, rei da Cólquida, se casou em segundas núpcias. Foi a mãe de Medeia. Apsirto teria nascido do primeiro matrimônio do rei. Algumas versões consideram Idíia como a primeira esposa do soberano da Cólquida e neste caso a Oceânida seria a mãe dos dois filhos do rei (v. Eetes).

ÍDMON *(II, 27; III, 178-179, 181)*.

Ἴδμων (Ídmōn), *Ídmon*, procede do perfeito arcaico οἶδα (oîda), "eu sei", que apresenta um vocalismo *o* que se alterna com *zero* no plural ἴδμεν (ídmen), daí os inúmeros derivados, entre os quais ἴστωρ (ístōr), "aquele que sabe, ἱστορία (historía), o saber como resultado de uma pesquisa, história (v. Hístoris) e Ἴδμων (Ídmōn), o que conhece, o vidente". Observe-se que (Ϝ)οἶδα [(w)oîda] é um antigo perfeito indo-europeu que possui correspondentes óbvios, como o sânscrito *véda*, "eu sei" e ao plural ἴδμεν (ídmen), "nós sabemos" corresponde o sânscrito *vidmá*. Veja-se ainda o latim *uidēre*, "ver, saber por ter visto ou aprendido", *DELG*, p. 779-780.

Filho de Apolo (mas tendo "por pai humano" a Abas), e de Astéria ou Cirene, ou ainda identificado com Testor, filho de Apolo e de Laótoe e pai de Calcas, "o vidente", pertence a uma linhagem de mânticos célebres, Apolo, Melampo e Calcas.

Ídmon é um dos Argonautas, encarregado de interpretar, como profeta, os presságios durante a expedição em busca do Velocino de Ouro.

Duas são as versões acerca do destino do herói. Em uma delas o vidente chegou à Cólquida, mas em outra, e é a mais seguida, pereceu entre os mariandinos (v. Argonautas e Idas), quando da caçada a um javali.

Ídmon havia previsto a própria morte durante a viagem para o reino de Eetes, mas, como herói, não hesitou em participar da expedição.

IDOMENEU *(I, 322; III, 43, 204).*

Ἰδομενεύς (Idomeneús), *Idomeneu*, segundo Carnoy, *DEMG*, p. 80, seria um composto de Ἴδα (Idã), "Ida" e de μένος (ménos), "força, violência bélica, ardor". Proveniente do perfeito arcaico μέμονα (mémona), "penso ardentemente em, estou cheio de ardor", μένος (ménos) se diz "do espírito que anima o corpo", daí "intenção, vontade, ardor no combate". Μέμονα (mémona) corresponde pela forma exatamente ao latim *memini*, "eu me lembro", gótico *man*, "pensar, crer". Μένος (ménos) corresponde ao sânscrito *mánas-*, "ardor", avéstico *manah-*, com o mesmo sentido, *DELG*, p. 685; Frisk, *GEW*, s.u. Idomeneu significaria assim "o que cheio de ardor provém do Monte Ida".

Filho de Deucalião e neto de Minos, Idomeneu era rei de Creta. Da união de Deucalião com uma concubina veio ao mundo Molo, que se tornou o pai de Mérion, companheiro de armas do grande herói.

Pretendente à mão de Helena (v.), teve que participar da Guerra de Troia, em que se distinguiu como um dos mais destemidos heróis. Comandou um contingente de bravos cretenses com oitenta naus, que representavam as cidades de Cnossos, Gortina ou Gortínia, Licto, Mileto, Licasto, Festo e Rícion (*Il.*, II, 645-652).

Foi um dos nove bravos aqueus que se apresentaram para a luta singular contra Heitor, para que, através de uma justa, se resolvesse a sorte da guerra: o vencedor simbolizaria o triunfo dos helenos ou dos troianos (*Il.*, VII, 161-169). Sua bravura e gestas nas planícies da Tróada foram inúmeras. Dentre elas cabe salientar seu ardor na defesa das naus aqueias atacadas pelos troianos. Seu grande adversário foi Deífobo e, em seguida, Eneias. Durante a luta cruenta em torno do cadáver de Pátroclo, tinha em mente liquidar Heitor, mas foi obrigado a fugir, quando o baluarte de Ílion, avançando sobre ele, matou a Cérano, o condutor do carro de Mérion.

Após os acontecimentos narrados na *Ilíada*, Idomeneu continuou sua carreira de glórias. Foi o vencedor em uma das provas nos jogos fúnebres em honra de Aquiles; penetrou em Ílion no bojo do Cavalo de Troia e foi um dos juízes encarregados de distribuir aos mais destemidos na guerra e aos vencedores nos jogos as armas do filho de Tétis.

Segundo a *Odisseia*, III, 191-193, o retorno de Idomeneu a Creta, após a guerra, foi um dos mais felizes: regressou à pátria sem perder um só companheiro nas ondas do mar.

Embora seu túmulo figurasse na ilha de seu avô Minos, não é certo, segundo outras versões, que o herói tenha falecido em sua terra natal. Terríveis acontecimentos teriam marcado o fim de sua vida.

Uma tradição relata que, sob a instigação de Náuplio (v.), o vingador de Palamedes, a esposa do herói, Meda, teria se unido ao ingrato e traidor Leuco. Esta personagem malquista e cruel, filho do gigante Talos (v.), fora outrora uma criança exposta, que foi recolhida e criada por Idomeneu. Ao partir para Troia, o condutor dos cretenses confiou-lhe a esposa, os filhos e o reino. A união com Meda, no entanto, não durou muito. O sanguinário filho adotivo matou a rainha e amante e três filhos de Idomeneu com ela: Clisitera, Íficlo e Lico.

Ao retornar a Creta, o herói cegou o usurpador e recuperou seu reino, mas, segundo uma outra versão, foi Leuco quem o expulsou da ilha, obrigando o destemido soldado de Troia a exilar-se.

Uma tradição mais recente conta que no retorno da Ásia a frota de Idomeneu foi vergastada por uma grande tempestade. Para salvar os companheiros e a si próprio, o rei de Creta prometera a Posídon sacrificar-lhe o primeiro ser humano que encontrasse em seu reino, caso lá chegasse são e salvo. O deus ouviu-lhe o pedido. Acontece que o primeiro ser humano a ser visto, quando pisou o solo pátrio, foi um de seus filhos. Fiel a seu voto, sacrificou-o ao deus do mar. Os demais deuses irritados com tamanha crueldade assolaram a ilha inteira com uma peste. Para apaziguar a ira divina e fazer cessar a calamidade, os cretenses exilaram seu rei. Idomeneu dirigiu-se para a Itália Meridional e se fixou em Salento, onde mandou erguer um templo à deusa Atená.

Relata-se ainda que por ser um juiz imparcial, Tétis e Medeia, que disputavam o prêmio de beleza, escolheram-no como árbitro. O herói deu a vitória a Tétis. Furiosa, Medeia declarou que todos os cretenses eram mentirosos e amaldiçoou a raça de Idomeneu, condenando-a a jamais dizer a verdade. Daí nasceu o provérbio: todo cretense é mentiroso.

IDOTEIA.

Εἰδοθέα (Eidothéa), *Idoteia*, é, segundo Carnoy, *DEMG*, p. 49, um composto de εἶδος (eîdos), "forma, aspecto", que deriva do verbo ἰδεῖν (ideîn), "ver" (v. Hístoris e Ídmon) e de θοός (thoós), "brilhante", que, por sua vez, procede de 2 θεεῖν (2 theeîn), "brilhar", donde Idoteia é "a de aspecto brilhante".

Há três heroínas com este nome. A primeira é filha do Rei Proteu. Foi ela quem aconselhou Menelau (v.), que chegara ao Egito, a interrogar-lhe o pai, o sábio e íntegro Proteu (v. Helena).

A segunda é filha de Êurito, rei da Cária. Idoteia se casou com Mileto, o fundador da cidade homônima. Foi mãe de Cauno (v.) e de Bíblis (v.).

A terceira, filha de Cadmo, é a esposa do rei cego Fineu. Acerca de seu ódio contra os enteados e do castigo que recebeu, v. Fineu. Em algumas versões, todavia, em lugar de Idoteia, a segunda esposa de Fineu chama-se Eurítia ou Ideia.

IERA.

Ἴαιρα (Íaira), *Iera*, segundo Carnoy, *DEMG*, p. 76, talvez provenha de *is-*dr-ia*, sânscrito *isira*, "animada, excitada", mas a hipótese é pouco provável.

Iera é o nome de uma Nereida, conforme está na Ilíada, XVIII, 42. Para Virgílio, *Eneida*, 9, 672-673, trata-se de uma Dríada da Frígia que teve de Alcanor os gêmeos Pândaro e Bícias, que lutaram ao lado de Eneias pela conquista da Itália, mas pereceram heroicamente no combate contra os rútulos.

IEUD.

Ἰεούδ (Ieúd), *Ieud*, cuja etimologia se desconhece, é o filho mais velho de Crono, na versão fenícia do mito. Casado com Anobret, o rei Crono viu-se em graves dificuldades com uma invasão inimiga na Fenícia. Para vencer os inimigos, o rei indumentou o primogênito como se fora ele o rei e o sacrificou aos deuses para salvar o país.

IFIANASSA *(I, 78, 85-86; III, 75-76, 331)*.

Ἰφιάνασσα (Iphiánassa), *Ifianassa*, é explicado por Carnoy, *DEMG*, p. 84, simplesmente como "a que dirige com força". A etimologia é correta, mas falta a explicação. Na realidade, *Ifianassa*, que é uma forma bem mais antiga que *Ifigênia*, aparece em Homero, *Il.*, IX, 145, 287 e em Sófocles, *Electra*, 157, sendo depois substituída por Ifigênia. Trata-se, etimologicamente, de um composto de ἴς (is), "força, vigor", sob a forma instrumental ἴφι (îphi), "com força, vigorosamente", cf. latim *uis*, "força, violência" e de ἄναξ (ánaks), "senhor, mestre, protetor, salvador, príncipe", sob a forma feminina (F)άνασσα [(w)ánassa], "deusa" (*Odiss.*, VI, 149) e no cipriota "princesa, rainha". O micênio tem *wanasa* e no dual *wanasoi* "às duas soberanas", isto é, "as duas deusas associadas". Quanto à origem da palavra grega, é bem possível que se trate de um empréstimo, Frisk, *GEW*, s.u.

Ifianassa é, pois, "a princesa que age com força, destemor, resolutamente".

São três as heroínas com este nome (v. Ifigênia). A primeira é uma filha de Preto (v. Ióbates). Ifianassa e sua irmã Lisipe (v. Prétidas) foram enlouquecidas pela deusa Hera e curadas por Melampo.

A segunda é a primogênita de Agamêmnon (v. Ésquilo, *Oréstia*; Sófocles, *Electra*; Eurípides, *Ifigênia em Áulis* e *Ifigênia em Táurida*). Distinta, a princípio, de Ifigênia, confundiu-se ao depois com a mesma.

Ifianassa é igualmente o nome da esposa de Endímion e mãe de Etolo (v.).

ÍFICLES *(III, 23, 59, 90, 92-95, 103, 121)*.

Ἰφικλῆς (Iphiklês), *Íficles*, é um composto de ἴς (ís), "força, vigor", sob a forma instrumental ἴφι (îphi), "com força, vigorosamente" (v. Ifianassa) e de κλέος (kléos), "reputação, renome, glória" (v. Etéocles). O antropônimo significa, por conseguinte, "célebre, renomado por sua força".

Filho de Anfitrião e de Alcmena, o herói de "descendência puramente humana" é irmão gêmeo de Héracles (v.), filho de Zeus com a mesma Alcmena.

Semelhante diferença de origem se evidenciará logo na primeira prova a que foi submetido o filho de Zeus. Quando o menino contava apenas oito meses, Hera, cujo ódio contra as amantes e filhos adulterinos do marido sempre teve pernas compridas, enviou contra ele duas gigantescas serpentes. Íficles começou logo a gritar, mas Héracles, tranquilamente, se levantou do berço em que dormia, agarrou as duas víboras e as matou por estrangulamento.

Já moço, Íficles acompanhou o irmão em algumas de suas gestas sempre perigosas. Tomou parte com ele na luta contra Ergino (v.), rei de Orcômeno, e combateu com tamanha bravura, que Creonte, rei de Tebas, deu-lhe em casamento a filha caçula, enquanto Héracles se unia à primogênita, Mégara.

Para desposar a filha de Creonte, Íficles abandonou sua primeira esposa, Automedusa, que lhe dera um filho, aliás destemido, Iolau, o sobrinho querido do herói. Quando de sua primeira loucura, Héracles matou não apenas os filhos que tivera com a primogênita do rei de Tebas, mas ainda dois de Íficles, que a muito custo conseguiu salvar do massacre a Iolau e Mégara.

Obrigado também a servir a Euristeu, quando dos Doze Trabalhos impostos ao irmão, conta-se que Íficles se compôs com o déspota e foi por ele muito bem-tratado. Uma tradição relata inclusive que, para agradar o tirano, o filho de Anfitrião abandonou o herói. Iolau, no entanto, sempre permaneceu absolutamente fiel ao tio.

De qualquer forma, além de haver participado da caçada ao javali de Cálidon, seguiu voluntariamente com Héracles na expedição a Troia e morreu a seu lado na peleja sangrenta contra Hipocoonte (v.).

Uma versão diferente atesta que a morte de Íficles se deveu a um ferimento recebido na contenda contra os moliônides (v.), quando na ausência de Héracles, enfrentou intimoratamente esses defensores de Augias (v.). Íficles teria sido levado para Feneu, na Arcádia, onde faleceu e foi sepultado com honras devidas a um herói.

ÍFICLO (III, 59, 111).

Ἴφικλος (Íphiklos), *Íficlo*, como Íficles (v.) é um composto de ἴς (ís), "força, vigor", sob a forma instrumental ἴφι (îphi), "com força, vigorosamente" (v. Ifianassa) e de κλέος (kléos) "reputação, renome, glória" (v. Etéocles), donde significar o antropônimo "o célebre, o renomado por sua força".

São quatro os heróis com este nome, mas apenas o primeiro desempenhou um papel importante no mito.

Filho do Rei Fílaco, governante de Fílace, na Tessália, Íficlo é, pelo lado paterno, um descendente de Deucalião e Pirra.

Já moço, tornou-se impotente. O pai, cheio de angústia, sobretudo porque o filho era seu sucessor no trono de Fílace, consultou o adivinho Melampo. Este, após sacrificar dois touros, partiu-os em pedaços e os lançou às aves, mas ficou por perto para ouvir "o que diziam" os abutres. As aves de rapina relataram a causa da desgraça do príncipe da Tessália. Contaram elas que Fílaco, certa feita, enquanto castrava os carneiros, deixou o punhal ensanguentado ao lado do filho. Íficlo, assustado com tanto sangue, furtou a arma e a fincou até o cabo num carvalho sagrado, advindo da comoção a impotência. As cascas da árvore acabaram por cobri-la inteiramente. Acrescentaram, todavia, que se alguém encontrasse o punhal e preparasse uma poção com a ferrugem extraída da lâmina do mesmo e a desse ao jovem, este se curaria, desde que a tomasse durante dez dias seguidos. Melampo conseguiu descobrir a arma e, seguindo à risca as instruções dos abutres, logrou debelar a impotência do filho de Fílaco.

Íficlo se casou com Astíoque e foi pai de Podarces e Protesilau.

Corredor emérito, era capaz de atravessar um trigal sem tocar-lhe as espigas. Graças a tamanha rapidez, foi o vencedor nos jogos fúnebres em honra de Pélias.

Participou da expedição dos Argonautas ao lado de seu sobrinho Jasão.

Na *Odisseia*, XI, 290sqq., Íficlo é apresentado como o símbolo da força física.

A respeito de uma variante na causa que teria provocado a impotência de Íficlo, v. *Mitologia Grega*, Vol. III, p. 59.

O segundo herói com este nome é um filho de Téstio e irmão de Alteia. Participou da caçada ao javali de Cálidon e da expedição dos Argonautas.

O terceiro é filho do rei de Creta, Idomeneu, em cuja ausência foi assassinado por Leuco.

O quarto e último Íficlo é um herói dório que expulsou os fenícios de Rodes. Os invasores já haviam perdido quase toda a ilha, mas conseguiram manter uma guarnição na fortaleza de Ialisso, sob o comando do príncipe fenício Falanto. Um oráculo lhe havia anunciado que ninguém conseguiria derrotá-lo, enquanto os corvos continuassem a ser pretos e não houvesse peixe nas águas da cisterna que lhe dessedentavam os soldados. Tomando conhecimento de tais augúrios, Íficlo resolveu minar a confiança do chefe inimigo. Subornou-lhe um servidor (outros dizem que o estratagema foi executado pela filha de Falanto, Dórcia, que se apaixonara pelo herói dório) e fez que corvos com as asas pintadas de gesso fossem colocados no interior da cidadela e peixes na cisterna. Vendo tais prodígios, o príncipe fenício capitulou e Rodes reconquistou a liberdade total.

IFÍDAMAS (III, 11).

Ἰφιδάμας (Iphidámas), *Ifídamas*, é um composto de ἴς (ís), "força, vigor", sob a forma instrumental ἴφι (îphi), "com força, vigorosamente" (v. Ifianassa) e do tema δαμα- (dama-) do verbo δαμνῆναι ou δαμάζειν (damnênai ou damádzein), "domar, submeter, ferir, abater", donde significar o antropônimo "o que domina amplamente".

Filho do cordato troiano Antenor (v.) e de Teano, filha do rei trácio Cisseu, foi educado pelo avô e se casou com uma tia, irmã de Teano.

Logo após as núpcias seguiu para Troia com doze naus, mas foi logo morto por Agamemnon. Em vão, Cóon, seu irmão mais velho, tentou vingá-lo, mas conseguiu apenas ferir o atrida, que se retirou por uns dias do combate, não sem antes matar a Cóon, que tombou sobre o cadáver de Ifidamas.

A *Ilíada*, XI, 221-263 narra com pormenores a luta dos dois filhos de Antenor contra Agamêmnon e a morte trágica de ambos.

Um segundo herói homônimo é um filho do rei egípcio Busíris. Ambos foram assassinados por Héracles (v.) sobre o altar de Zeus.

IFIGÊNIA (I, 78, 86-87, 92-95, 294[187]; II, 65, 68; III, 189, 294-295, 300, 331-334, 337, 341, 352).

Ἰφιμένεια (Iphiguéneia), *Ifigênia*. Em português deveria ser *Ifigenia*, como o é em latim *Iphigenía*, mas por analogia com outros nomes próprios, tipo Εὐγενία (Eugenía), *Eugênia*, latim *Eugěnĭa*, acabou predominando a primeira forma supracitada.

Ἰφιγένεια (Iphiguéneia) é um composto de ἴς (ís) "força, vigor", sob a forma instrumental ἴφι (îphi), "com força, vigorosamente" (v. Ifianassa) e da raiz *gend, que aparece no tema em s γένος (guénos), sânscrito *jánas*, latim *genus*, "raça, família, notadamente a grande família patriarcal", cuja representação verbal no grego é γίγνεσθαι (guígnesthai), "nascer", donde Ifigênia é "a nascida de uma raça forte, de uma família patriarcal".

Como se mostrou em *Mitologia Grega*, Vol. I, p. 78, de Agamêmnon e Clitemnestra nasceram Ifianassa (Ifigênia), Laódice (Electra), Crisótemis e Orestes.

Na realidade, Ifianassa (v.) é uma forma bem mais antiga, que já aparece em Homero, *Il.*, IX, 145, 287 e em Sófocles, *Electra*, 157, sendo depois, sobretudo a partir dos trágicos, substituída por Ifigênia.

Como é sabido, Agamêmnon (v.), tendo ofendido gravemente a Ártemis (v.), a deusa provocou uma calmaria que reteve a frota grega em Áulis.

Consultado, o adivinho Calcas explicou que o fato se devia à cólera da irmã de Apolo, porque o chefe da expedição aqueia, matando uma corça, afirmara que nem a deusa dos animais e da caça o faria melhor que ele.

Para que os ventos voltassem a soprar, a irascível flecheira exigia o sacrifício de Ifigênia, que, no momento, se encontrava em Micenas em companhia da mãe e dos irmãos. O comandante em chefe dos helenos, a princípio, se recusou a imolar a primogênita, mas fortemente pressionado pela opinião pública e sobretudo por Menelau e Ulisses, acabou cedendo.

Uma mensagem mentirosa foi mandada a Clitemnestra (v.): que se enviasse Ifigênia a Áulis para desposar Aquiles. Aguardavam-na, todavia, as núpcias da morte. A jovem foi conduzida ao altar dos sacrifícios, mas quando Calcas ou o próprio Agamêmnon descarregou-lhe o último golpe, a deusa a substituiu por uma corça e a princesa micênica foi levada para a Táurida, na Ásia Menor, onde se tornou sacerdotisa de Ártemis.

O mito de Ifigênia, todavia, contém uma série de variantes, acréscimos e alterações tão profundas, que, por vezes, dá a impressão de se ter desviado de seu núcleo original.

De saída, o local onde foi imolada a primogênita de Micenas não é mais o porto de Áulis, na Beócia, mas a localidade de Bráuron, na Ática, e o animal que substituiu a vítima humana teria sido um urso e não uma corça. A própria Ifigênia, no momento do sacrifício, teria sido metamorfoseada em ursa, touro ou ainda numa velha e sob essa forma fora transportada para a Táurida. O desaparecimento da princesa se explica de maneira muito simples: no momento em que ia ser degolada, todos os presentes fecharam os olhos, a fim de não testemunhar tão monstruoso homicídio. Uma interpretação evemerista do mitologema acrescenta que o sacrifício fora interrompido pelo súbito aparecimento de um touro, novilha, ursa ou de uma senhora muito idosa. Face a tão grande prodígio, o sacerdote declarou que os deuses dispensavam a vítima humana e que Ifigênia estava liberada.

Na Táurida, a filha de Agamêmnon exerce as funções de sacerdotisa de Ártemis e deveria sacrificar todos os estrangeiros náufragos que lá chegassem. Um dia, quando já se encaminhavam para o altar dois adventícios, Ifigênia os reconheceu como seu irmão Orestes e seu primo Pílades, que Apolo enviara à Táurida com a missão de buscar a estátua de Ártemis, a fim de que Orestes (v.) se libertasse de "suas Erínias internas". Em vez de sacrificá-los, como era de praxe, a sacerdotisa, por meio de um estratagema, fugiu da Ásia e com eles regressou à Hélade.

Durante o longo retorno, algo de sério lhes aconteceu, o que é narrado, segundo a tradição, na tragédia *Crises*, de Sófocles, peça que infelizmente se perdeu.

Quando os três fugitivos chegaram à cidade de Esmíntion, encontraram Crises, o mesmo que aparece na *Ilíada*, 1, 11sqq., e fora o grande sacerdote de Apolo. Este Crises tinha um neto homônimo, filho de Criseida e Agamêmnon, mas que se acreditava filho de Apolo e que, em lugar do avô, exercia as funções de sacerdote do deus de Delfos. Quando soube que em Esmíntion haviam chegado estrangeiros, que estavam sendo perseguidos por Toas, rei da Táurida, mandou prendê-los e estava prestes a entregá-los ao tirano asiático, quando seu avô Crises lhe revelou o segredo de seu nascimento. Crises neto, sem perda de tempo, assassinou Toas e seguiu com seus irmãos para Micenas.

Duas versões aberrantes dão a Ifigênia uma genealogia diferente. Ela seria filha de Criseida e não de Clitemnestra. Quando do retorno de Agamêmnon a Micenas, a menina teria sido raptada por piratas citas e Crises, o jovem, teria falecido na Bitínia, mais exatamente na cidade de Crisópolis, assim chamada em sua homenagem.

A segunda versão afiança que Ifigênia seria filha de Teseu e Helena, por ele raptada, antes de a mesma se casar com Menelau. Salva por seus irmãos, os Dioscuros (v.) Castor e Pólux, jurou-lhes que permanecia virgem. É que tendo dado à luz secretamente Ifigênia, entregou-a a Clitemnestra que criara a sobrinha como filha.

Relata-se ainda que ora Ifigênia falecera em Mégara, onde possuía um santuário, ora, imortalizada por Ártemis e identificada com a deusa Hécate (v.), fora levada para a Ilha dos Bem-Aventurados ou Ilha Branca, onde se casara finalmente com Aquiles, seu noivo, sem o saber, na versão da *Ifigênia em Aulis*, de Eurípides.

IFIMEDIA *(l, 325).*

Ἰφιμέδεια (Iphiméideia), *Ifimedia*, é um composto de ἴς (ís), "força, vigor", sob a forma instrumental ἴφι (îphi), "com força, vigorosamente" e do verbo μέδεσθαι ou μήδεσθαι (médesthai ou mḗdesthai), "arquitetar um plano, meditar, desejar, refletir" (v. Hipermnestra). Quanto ao verbo em pauta, a raiz é *med/ mēd, "pensamento", apresentando em outras línguas significações diversas: latim *modus*, "medida, moderação", *meditari*, "refletir, meditar, maquinar"; antigo alemão *Maz*, alemão atual *Mass*, "medida, moderação", *DELG*, p. 675 e 693. Ifimedia é, pois, "a que reflete ou se aplica ardorosamente".

Filha de Tríopas (v.), Ifimedia se casou com o tio Aloeu e foi mãe de três filhos: dois homens, os alóadas Efialtes e Oto, e uma mulher, Pâncratis. Apaixonada por Posídon, ia constantemente à praia apenas para encharcar os seios de água. O deus atendeu-lhe os anseios e de seus amores nasceram os alóadas, embora tivessem por pai humano a Aloeu. Segundo outra versão, Efialtes e Oto teriam nascido de Geia, como a maioria dos gigantes, e Ifimedia somente os criara.

Um dia em que Pâncratis e sua mãe participavam do culto a Dioniso sobre o Monte Drio, foram raptadas por dois piratas da Ilha de Naxos, mas de origem trácia, Célis e Cassâmeno ou também chamados Sícelo e Hegétoro. Na disputa pelo amor das duas mulheres, os dois raptores se mataram. O rei de Naxos, Agassâmeno, aproveitando-se da desdita de seus concidadãos, tomou para si Pâncratis e deu Ifimedia em casamento a um amigo.

Aloeu enviou apressadamente os filhos com ordens de libertar a esposa e a filha. Os dois gigantes atacaram a Ilha de Naxos, libertaram-na dos trácios e reinaram sobre seus habitantes de origem grega.

1 ÍFIS *(III, 36)*.

Ἶφις (Îphis), *Ífis*, provém de ἴς (ís), "força, vigor", sob a forma instrumental ἶφι (îphi), "com força, vigorosamente", ampliada em nominativo singular, "a força, o vigor, o destemido".

Trata-se de um herói argivo, filho de Alector, pai de Etéocles, um dos *Sete Chefes* (v.), que atacaram Tebas, e de Evadne, mulher de Capaneu (v.).

Pausânias, todavia, dá-lhe outra genealogia: o herói seria filho de Alector, mas irmão de Capaneu. Ambos, Ífis e Capaneu tiveram um fim trágico. O primeiro pereceu quando atacava Tebas; Capaneu tombou fulminado por Zeus, quando tentava escalar a muralha da mesma cidade.

Evadne, inconsolável com a morte do marido, lançou-se numa fogueira.

Os deuses teriam castigado Ífis, através dos filhos, porque ele teria aconselhado Polinice (v.) a subornar Erifila, mulher de Anfiarau (v.) com o colar de Harmonia. Não possuindo sucessor, entregou o trono, antes de morrer, ao neto Estênelo, filho de Capaneu.

Um segundo Ífis é o nome igualmente de um herói argivo, filho de um outro Estênelo. Este último era filho de Perseu e irmão de Euristeu, que participou da expedição dos Argonautas.

Um terceiro herói homônimo é o amante de Anaxárete, uma jovem de Salamina de Chipre, a qual foi transformada em pedra por Afrodite.

2 ÍFIS.

Ἶφις (Îphis), *Ífis*, "a vigorosa" (v. 1 Ífis), como personagem feminina, é o nome de três heroínas.

A primeira é uma das filhas de Téspio, a qual se uniu a Héracles (v.).

A segunda, de que fala a *Ilíada*, IX, 666-668, é uma bela moça, filha de Enieu. Quando Aquiles saqueou Ciros, levou-a para Troia e deu-a de presente a Pátroclo como escrava e amante.

A terceira, finalmente, é filha de um casal cretense de Festo, Ligdo e Teletusa. Não querendo filha, Ligdo pediu à mulher que, se porventura tivesse uma menina, esta deveria ser imediatamente exposta.

Nos últimos dias de gravidez, Teletusa recebeu em sonhos a visita de Ísis. A deusa ordenou-lhe criar o nascituro, não importando o sexo. Pouco depois, nascendo uma menina, a jovem esposa deu-lhe o nome ambíguo de Ífis, vestiu-a de menino e começou a criá-la como se fora um homem. Atingida a puberdade, "o jovem" passou a ser cortejado por Iante, que julgava igualmente tratar-se de um homem. Alegando sempre pretextos diferentes, Teletusa adiou várias vezes o casamento, até que, não sendo mais possível fazê-lo, apelou para Ísis, que transformou Ífis em um belo jovem. A metamorfose do filho de Ligdo foi exposta por Ovídio em suas *Metamorfoses*, 9, 666sqq.

O fenômeno do travestismo foi amplamente discutido e analisado em *Mitologia Grega*, Vol. III, p. 33sqq., e no verbete Andrógino (v.).

ÍFITO *(III, 62, 120, 124-125, 292)*.

Ἴφιτος (Íphitos), *Ífito*, provém igualmente de ἴς (ís), "força, vigor", sob a forma instrumental ἶφι (îphi), "com força, vigorosamente", ampliada em substantivo, cujo significado é "o forte, o vigoroso".

Existem quatro heróis com este nome. O primeiro é filho de Náubolo, um nobre da Fócida, pai de Esquédio e Epístrofo, que comandaram o contingente de seu país enviado a Troia, conforme atesta a *Ilíada*, II, 517-526. Ífito participou da expedição dos Argonautas.

O mais conhecido e notável dos heróis com o nome de Ífito é o filho de Êurito (v.), rei de Ecália. Participou de uma parte das gestas de Héracles, mas seu mito é uma verdadeira colcha de retalhos. Figura, por vezes, entre os Argonautas ao lado de Clício. Excelente arqueiro como o pai, herdou-lhe o arco divino, presente de Apolo, com quem Êurito ousou competir e foi morto, segundo a *Odisseia*, VIII, 223-228. Esta arma famosa acabou nas mãos de Ulisses e foi com ela que o esposo de Penélope liquidou os pretendentes. Conta-se que, a mando de Laerte, Ulisses dirigiu-se a Messena, para reclamar uma parte do rebanho paterno, que lhe havia sido furtada. Na corte do Rei Orsíloco, tendo-se encontrado com Ífito, os dois heróis resolveram, como penhor de amizade, trocar de armas. O futuro rei de Ítaca presenteou Ífito com sua espada e lança e este deu a Ulisses o arco divino. Nesta versão do mito, Êurito morreu antes do filho, por ter querido, como se assinalou, competir com Apolo. A morte do rei de Ecália, todavia, é mais comumente atribuída a Héracles na disputa pela mão da belíssima Íole (v. Êurito e Íole). Relata uma tradição que Héracles, ao massacrar os filhos de Êurito, poupou somente a Ífito, que ficou a favor do herói, quando da disputa por Íole, insistindo em que a irmã deveria ser entregue ao vencedor na competição do arco e flecha.

Tal fato não impediu que Ífito viesse um pouco mais tarde a ser morto pelo filho de Alcmena. Quando Ulisses encontrou Ífito em Messena, este andava à procura de um rebanho de éguas ou de bois que Héracles havia furtado ou que havia sido confiado ao herói por Autólico, o maior de todos os ladrões da mitologia clássica. Interrogado pelo filho de Êurito, Héracles não só se negou a devolver o rebanho, mas ainda o assassinou. Relata uma variante que o herói era apenas suspeito do roubo e que Ífito o procurara para pedir-lhe ajuda na busca dos animais. Este prometeu auxiliá-lo, mas, tendo enlouquecido pela segunda vez, o lançara do alto das muralhas de Tirinto.

Para purgar-se de semelhante violência, o filho de Zeus, por ordem do Oráculo de Delfos, foi obrigado a vender-se como escravo e servir a seu senhor por três anos. Foi comprado por Ônfale (v.), rainha da Lídia.

Um terceiro Ífito foi assassinado pelo covarde Copreu (v.), arauto de Euristeu.

O derradeiro herói com este nome, que aliás surge tardiamente no mito, é um rei da Élida, contemporâneo de Licurgo, o grande legislador de Esparta. Ífito fez reviver os Jogos Olímpicos, instituídos por Héracles, mas completamente abandonados e desprestigiados após a morte do Rei Óxilo (v.). Ífito, tendo solicitado ao Oráculo de Delfos uma solução, um remédio que pusesse fim aos flagelos, epidemias e divisões políticas que grassavam por toda a Hélade, Apolo deu-lhe a entender que reorganizasse os Jogos Olímpicos. Persuadiu igualmente a seus subordinados que prestassem um culto a Héracles, considerado como o maior inimigo da Élida. Com o respaldo de Licurgo, Ífito tentou unificar política e religiosamente a Grécia, na solene πανήγυρις (panéguyris), isto é, "na reunião de todos" os gregos na reabertura dos Jogos Olímpicos, atitude aliás pioneira para congregar e recompor os membros dispersos e doentes de uma sonhada unidade política da Hélade.

IINX.

Ἴυγξ (Íynks), *Iinx*, consoante Chantraine, *DELG*, p. 473, é uma palavra de formação expressiva ou talvez se prenda ao v. ἰύζειν (iýdzein), "gritar".

Do ponto de vista mítico, a "ave" Iinx é filha do deus Pã e da ninfa Eco. Foi ela a responsável pela paixão de Zeus por Io, oferecendo ao deus uma poção mágica. Hera, para castigá-la, metamorfoseou-a numa estátua de pedra ou numa ave chamada *iinx*, muito utilizada em simpatias amorosas. Na realidade, *Iinx*, em grego, é o nome da *alvéola*, ave que popularmente se denomina "torcicolo" em função dos movimentos constantes de seu pescoço. Por força dessas "torções", desse volver constante sobre si mesmo do pescoço da alvéola, esta ave era muito utilizada nas magias amorosas. Amarravam-na a uma roda e faziam-na girar: os pios, os "gritos" da ave retinham ou faziam "voltar" a pessoa amada. Teócrito, no *Idílio*, 2, 17, possivelmente sua obra-prima, faz que a apaixonada Simeta invoque Iinx, a fim de que esta obrigue seu grande amor, o jovem e belo Délfis, a voltar a seus braços: *Iinx, faze este homem, meu amor, voltar a meu lar.*

ILÍONE.

Ἰλιόνη (Ilióne), *Ilíone*, segundo Carnoy, *DEMG*, p. 81, talvez se pudesse aproximar do indo-europeu *īlu, "lama, lodo" e daí "escuro". Trata-se de um derivado de Ἴλιος ou Ἴλιον (Ílios ou Ílion), "Ílion, Troia". Aplicado às pessoas, talvez se pudesse interpretar por "aquela que tem o rosto e os cabelos escuros, morena".

Filha mais velha de Príamo e de Hécuba, casou-se com Polimnestor, o cruel rei da Trácia, que matou a Polidoro para apoderar-se das riquezas de Troia (v. Hécuba).

ILIONEU.

Ἰλιονεύς (Ilioneús), *Ilioneu*, nome de vários troianos, é "o de cabelos escuros, o moreno" (v. Ilíone).

Ilioneu designa quatro personagens sem grande projeção no mito. O primeiro é o nome do filho caçula de Níobe e Anfíon. O segundo, de que fala a *Ilíada*, XIV, 489-499, é um troiano, filho de Forbas, e morto tragicamente pelo herói aqueu Penéleo, comandante do contingente beócio. O terceiro é um companheiro de Eneias, que, com sua fala persuasiva, pede à Rainha Dido que proteja e acolha os troianos arrastados pelos ventos em direção às praias da Líbia (*Eneida*, 1, 520sqq.). O quarto é um ancião troiano massacrado por Diomedes por ocasião do saque de Troia.

ILÍRIO *(II, 43).*

Ἰλλύριος (Illýrios), *Ilírio*, segundo Carnoy, *DEMG*, p. 81, citando a Pokorny, *INEW*, s.u., julga que o antropônimo provenha da raiz *is-lo, "animado, agitado, destemido".

Ilírio é o filho caçula de Cadmo e Harmonia, nascido quando da expedição do fundador de Tebas contra os ilírios. De Ilírio provém miticamente Ilíria.

ILÍTIA *(I, 54, 59, 65, 72, 159, 232, 343; II, 19, 39, 50, 58, 61, 63; III, 13, 93).*

Εἰλείθυια (Eileíthyia), *Ilítia*, que apresenta em grego muitas variações ortográficas, entre elas Ἐλεύθια, Εἰλήθυια, Ἐλεύθυια, Ἐλευσία, Ἐλείθεια (Eleíthyia, Eiléthyia, Eléthyia, Eleusía, Eileítheia). Como demonstra o micênico *Ereutija*, a forma certamente mais antiga é Ἐλεύθυια (Eleúthyia).

É quase certo que o nome da deusa dos partos provenha do tema ἐλευθ-(eleuth-) de ἐλεύσεσθαι (eleúsesthai) "a que faz vir (à luz)", *DELG*, p. 318, daí "a que acode, a que intervém".

Filha de Zeus e de Hera, Ilítia é o gênio feminino que preside aos partos. Fiel servidora de sua mãe Hera (a protetora dos amores legítimos), de quem é mera hipóstase, cumpria-lhe cegamente as ordens, perseguindo implacavelmente "as amantes" de Zeus, retardando-lhes o mais possível o parto, como aconteceu com Leto (v.) e Alcmena (v.).

Os poetas empregam muitas vezes o plural as *Ilítias* (*Il.*, XI, 270sqq.), concebidas, neste caso, como uma multiplicidade de gênios. Agamêmnon, na passagem citada, "como se fosse mulher em trabalho de parto", sente os dardos das Ilítias, que lhe ferem o peito.

ILO *(I, 81)*.

Ἶλος (Ílos), *Ilo*, epônimo de Ἴλιος ou Ἴλιον (Ílios ou Ílion), provém, conforme Carnoy, *DEMG*, p. 81, da raiz indo-europeia *īlu-*, "lodo, lama" e daí "o que tem cabelos escuros, o moreno" (v. Ilíone).

Há três heróis com este nome, dois dos quais pertencentes à família real de Troia.

O primeiro, sem nenhuma projeção no mito, é irmão de Erictônio, Zacinto e Ideia, todos filhos de Dárdano (v.) e de Batiia ou Arisbe. Morreu sem deixar filhos.

Duas gerações depois, como está na *Ilíada*, XX, 231sqq., reaparece o mesmo nome como um dos quatro filhos de Trós, herói epônimo da raça troiana, e de Calírroe: Cleópatra, Ilio, Assáraco e Ganimedes.

Casado com Eurídice, filha de Adrasto, foi pai de Laomedonte e Temiste, que, unida a Cápis, foi mãe de Anquises, o pai de Eneias.

Laomedonte, por sua vez, foi pai de cinco filhos, entre eles Podarces, mais tarde chamado Príamo (v.) e três filhas, sendo Hesíona (v.) a mais célebre. Foi este Ilo que se tornou o ancestral comum das famílias de Príamo e Eneias, as quais herdariam o trono de Troia, se a mesma tivesse continuado a existir.

Tendo ido à Frígia, a fim de tomar parte nos jogos anuais que se realizavam neste país, foi o campeão absoluto e recebeu como prêmio cem jovens escravos, cinquenta de cada sexo. Vendo no atleta um protegido dos deuses, o rei frígio aconselhou-o a seguir uma vaca pintada (v. Cadmo) e fundar uma cidade onde o animal parasse. A vaca andou em direção ao Norte e deitou-se de cansaço num local denominado Colina de Ate da Frígia. Com efeito, foi neste sítio que tombou Ate (v.), "a perturbadora da razão", quando Zeus, num acesso de cólera, por ter sido enganado por ela, a lançou do Olimpo na terra.

Foi aí, na planície do Escamandro, que o herói fundou Ílion ou Troia, não muito distante de Dárdano, a cidade do Monte Ida, construída por Dárdano (v.).

Algum tempo depois, Zeus ouviu as súplicas de Ilio e enviou-lhe um sinal sensível que demonstrava estar o pai dos deuses e dos homens satisfeito com a piedade e a justiça do rei.

Um dia, pela manhã, Ilo encontrou diante de sua tenda um ξόανον (ksóanon), uma pequena estátua de madeira, um autêntico *eídolon* da deusa Palas Atená. Tratava-se do Παλλάδιον (Palládion), *Paládio* (v.), com dois côvados de altura, com os pés juntos, tendo na mão direita uma lança e na esquerda uma roca e um fuso, símbolos da guerra (o herói) e da paz do lar (a mulher).

Ilo, de imediato, construiu o grande templo de Atená, onde guardou o Paládio.

Relata uma outra versão que a estatueta sagrada entrou pelo teto do templo ainda em construção e sozinha ocupou ritualmente seu lugar. Conta-se ainda que durante um incêndio no templo o fundador de Ílion salvou o Paládio, retirando-o corajosamente das chamas, mas ficou cego, porque não era permitido ver a estátua divina. Atená, todavia, atendeu os rogos de Ilo e restituiu-lhe a visão, já que o sacrilégio havia sido justificado.

O herói faleceu muito idoso, tendo, já no fim da vida, combatido vitoriosamente contra Tântalo (v.) e Pélops, responsáveis indiretos pelo rapto de Ganimedes (v.).

O terceiro herói homônimo, citado na *Odisseia*, 1, 259, o "Ilo mermérida", é um bisneto de Jasão, pois que era filho de Mérmero e este o era de Feres II, filho de Jasão e Medeia. Nesta versão do mito, Mérmero e Feres não são ambos filhos de Medeia, assassinados por ela ou pelos coríntios, quando da morte de Creonte e de Creúsa ou Glauce (v. Jasão e Medeia).

Este Ilo reinou em Éfira, na Élida, e conhecia como sua bisavó ou mãe Medeia o segredo de venenos infalíveis. O próprio Ulisses, antes de partir para a Guerra de Troia, pediu-lhe uma poção venenosa, a fim de mergulhar na mesma suas flechas e torná-las mortais como as de Héracles. O piedoso Ilo, no entanto, por temor aos deuses, negou-lhe semelhante favor.

ÍMBRASO.

Ἴμβρασος (Ímbrasos), *Ímbraso*, segundo Carnoy, *DEMG*, p. 81, origina-se da raiz *enebh* > *embh*, "estar úmido", grego ὄμβρος (ómbros), "chuva, água, inundação", latim *imber*, "chuva, aguaceiro" e no céltico como nome de rios, galês *Amir*, antigo alemão *Amper*. Ímbraso seria então "um deus-rio" de Samos.

Filho de Apolo e da ninfa Ocírroe, Ímbraso é um deus-rio da Ilha de Samos. É igualmente o nome de um chefe trácio, cujo filho Píroo desempenhou um certo papel na *Ilíada*, IV, 519-531, até que foi morto em combate por Toas.

IMORTALIDADE.

Os deuses gregos não são eternos, porque tiveram princípio, mas *imortais*. Assim mesmo, essa *imortali-*

dade, se de um lado só se afirma "negativamente", de outro, parece estar condicionada a determinado tipo de alimentação, segundo se verá.

Imortal se diz ἀϑάνατος (athánatos) e *imortalidade*, ἀϑανασία (athanasía). Como se observa, ambos os termos, da mesma família etimológica, são formados por um α- (a-) negativo, "não", e ϑάνατος (thánatos), "morte", ou a forma -ϑανασία (-thanasía), "morte", que aparece nos compostos. Donde os deuses são ἀϑάνατοι (athánatoi), "não mortais, não sujeitos à morte". Pode-se igualmente usar uma perífrase para atestar essa imortalidade, como faz Homero, *Il.*, I, 290: ϑεοὶ αἰὲν ἐόντες (theoì aièn eóntes), "os deuses que sempre são" (e não foram), isto é, "imortais".

Do ponto de vista etimológico, o α(ν)στερητικόν (a(n)sterētikón), o *a* negativo, remonta ao indo-europeu *n̥, como atestam além do grego, o sânscrito a(n)-, latim *in*-, gótico *un*, "não".

Quanto a ϑάνατος (thánatos), "morte", a base é *dhw-, como aparece no aoristo sânscrito *á-dhvani-t*, "ele se extinguiu, dissipou-se", e no particípio *dhvan-tá*, "o que se tornou sombra, escuridão" (v. Tânatos). O sentido de "morrer" talvez seja um eufemismo, por ser bem mais cômodo que "extinguir-se"... *DELG*, p. 422.

O privilégio da imortalidade reservada aos deuses, no entanto, ao que tudo indica, dependia de um tipo especial de alimentação: a ingestão do *néctar* e da *ambrosia*.

Νέκταρ (néktar), *néctar*, "a bebida dos deuses", não possui, até o momento, etimologia definida. Existem apenas hipóteses. A mais difundida é aquela que vê no vocábulo um composto de νε- (ne-), "não", e -κταρ (-ktar), que estaria relacionado com κτέρες (ktéres), "mortais", donde *néctar* seria "a bebida que mantém a imortalidade". Ἀμβροσία (ambrosia), *ambrosia*, tem etimologia bem clara: a palavra procede de α (a) negativo, "não", e βροτός (brotós), que está por *mbrotós, "mortal, "a comida da imortalidade". A raiz indo-europeia é *mer, "morrer", que aparece, entre outros, no sânscrito *mriyáte*, "morrer", e *mr̥tá*, "morto"; latim *mori* e *mortuus*, "morrer, morto", *DELG*, p. 197-198.

O mito deixa entrever que a imortalidade dos deuses dependia realmente do alimento e da bebida divina como se fossem seu pão e seu vinho quotidianos. Garantia de imortalidade, são apresentados como substâncias que conferem às divindades a virtude para resistir ao tempo e desafiar a morte.

A carência do néctar e da ambrosia é terrível, como relata Hesíodo na *Teogonia*, 793-804, a respeito dos deuses que cometeram perjúrio, ao jurar pelas águas do rio infernal Estige. Privado por um ano dos nutrientes divinos, o imortal languesce, estirado sem alento e sem voz sobre um leito de alcatifa, envolvido por cruel torpor. Se o castigo perdurasse, certamente o deus se transformaria em *eídolon* (v.).

O belicoso e robusto deus Ares, encerrado pelos Alóadas, Oto e Efialtes, num pote de bronze, durante treze meses, foi libertado por Hermes, mas, por falta de "alimento divino", estava num estado de extrema fraqueza.

Além de assegurar a imortalidade dos deuses, o néctar e a ambrosia podem proporcioná-la a um simples mortal. No *Hino homérico a Deméter*, 1, 233-239, conta-se como a deusa de Elêusis tentou imortalizar a Demofonte (v.), friccionando-lhe o corpo com ambrosia. O menino, sem nenhuma outra alimentação, crescia como se fora um deus.

As Horas, segundo Píndaro, *Píticas*, 9, 62-63, destilavam néctar e ambrosia entre os lábios de Euristeu, filho de Apolo e da mortal Cirene, para subtraí-lo da morte.

ÍNACO.

Ἴναχος (Ínakhos), *Ínaco*, para Carnoy, *DEMG*, p. 81, é um composto, cujo primeiro elemento seria o indo-europeu *weno, sânscrito *vana*, "corrente" ou ainda *weino-, *wino-, sânscrito *venu*, "caniço" (planta aquática) e o segundo, aq^wa, "água", donde Ínaco significaria "água corrente".

Filho de Oceano e de Tétis, Ínaco, deus-rio da Argólida, reinou outrora em Argos. Casado com sua irmã Mélia, foi pai de Foroneu e Egialeu.

Tendo vivido antes do aparecimento da raça humana, Foroneu tornou-se o primeiro ser humano. Segundo uma variante, foi contemporâneo de Erictônio e de Eumolpo, reis respectivamente de Atenas e Elêusis. Uma versão, talvez antiga, relata que Ínaco, tendo reunido os homens após o dilúvio, levou-os para a planície do rio homônimo, que recebera tal denominação por causa de sua filantropia.

Quando Hera e Posídon disputaram a supremacia sobre a Argólida, Ínaco, Cefiso e Astérion foram eleitos árbitros da magna querela. O primeiro decidiu em favor da deusa. Cheio de cólera, Posídon o amaldiçoou, secando-lhe o leito e só permitindo que tivesse um pouco de água à época das chuvas.

O templo de Hera em Argos é atribuído ao deus-rio ou a seu primogênito.

Além de Foroneu e Egialeu, os mitógrafos apontam outros filhos seus, entre os quais Micena, heroína epônima da cidade de Micenas, Argos, Pelasgo e Casos.

Os trágicos dão-lhe ainda por filha a desventurada Io (considerada igualmente como filha de Íaso). As aventuras amorosas de Io causaram-lhe tanta amargura, que o deus-rio resolveu perseguir-lhe o raptor, que no caso era o próprio Zeus. Este enviou contra o atrevido a Erínia Tisífone, que o atormentou tanto, que Ínaco se lançou num rio até então chamado Haliácmon. Este rio passou a chamar-se, por isso mesmo, Ínaco.

Conta uma outra versão que Zeus o fulminou, secando-lhe para sempre o leito.

INDO.

'Ινδός (Indós), *Indo*, consoante Carnoy, *DEMG*, p. 82, provém do iraniano *hindu*, relacionado com o sânscrito *sindhu*, "rio", cuja raiz seria o indo-europeu **sei*, "correr".

Há três heróis com este nome. O primeiro é o herói epônimo da Índia. Filho de Geia, numa versão tardia, teria sido morto por Zeus. Uma tradição recente e artificial relata igualmente que Indo, tendo se casado com a ninfa Caláuria, foi pai do Rio Ganges.

Um segundo herói homônimo era um jovem hindu de rara beleza.

Tendo violentado a filha do Rei Oxialces, não esperou pelo castigo: lançou-se nas águas do Rio Mausolo, que passou, desde então, a chamar-se Indo.

Higino, na *Fábula* 274, atribui a um rei da Cítia, chamado Indo, a invenção do dinheiro, cujo uso teria sido levado à Hélade por Erecteu (v.).

INO *(I, 159, 249[162], 281; II, 42, 120; III, 48, 52, 61, 117, 235, 313[246]).*

'Ινώ (Inố), *Ino*, não possui etimologia definida. Talvez, como opina Carnoy, *DEMG*, p. 82, poderia originar-se de **weno-* "água" (v. Ínaco). Para o mito de Ino v. Leucoteia.

IO *(I, 259, 281-282, 282[181], 343; II, 34, 34[5], 195; III, 55, 73, 75).*

'Ιώ (Ió), *Io*, não possui etimologia. Ésquilo, no *Prometeu acorrentado*, 840, procurou uma aproximação "etimológica" entre 'Ιώ (Ió) e 'Ιόνιος (Iónios), *Jônio*, porque Io, sob a forma de vaca, atravessara a nado o Mar Jônio, mas uma coisa nada tem a ver com a outra. É a velha etimologia "pelo som".

Io surge no mito com três pais: Ínaco, Íaso ou Píren, irmão de Belerofonte. O que não se discute é que ela seja uma princesa argiva, cuja mãe seria Mélia, esposa de Ínaco ou Lêucane, enquanto mulher de Íaso. A versão mais seguida todavia dá-lhe como pais Ínaco e Mélia. O amor de Zeus pela filha de Ínaco ou se deve à beleza estonteante da jovem ou a um filtro amoroso preparado por Iinx (v.). Além do mais, conta-se que o deus se serviu dos préstimos de Oniro (v.), que obrigou Io a dirigir-se a Lerna, onde se entregou à paixão incontida do esposo de Hera. A princesa relatara anteriormente o sonho ao pai. Este mandou consultar os Oráculos de Dodona (v.) e de Delfos (v.) e as respostas foram idênticas: ou a jovem se submeteria ao *furor eroticus* de Zeus ou arderia com toda a família, fulminada pelos raios certeiros do deus... Hera, porém, desconfiou de mais esta aventura do marido. Este, agindo rápido, transformou a amante em novilha, para fazê-la escapar aos terríveis ciúmes da esposa e jurou-lhe que jamais tivera qualquer contato amoroso com semelhante animal. Desconfiada, Hera exigiu que "a vaca Io" lhe fosse entregue e de imediato a consagrou como sua sacerdotisa, colocando-a sob a severa vigilância de Argos de Cem-Olhos (v.). Foi então que se iniciaram as grandes provações de Io. Após percorrer todo o reino de Micenas e Eubeia, afinal o apaixonado Zeus, que continuou a unir-se a ela sob forma de touro, se apiedou da amante e ordenou a Hermes que a livrasse de Argos, que dormia, apagando cinquenta olhos, e a guardava com outros tantos. Hermes fez que se apagassem os cinquenta olhos vigilantes de Argos, adormecendo-os ao som da flauta mágica de Pã, ou lançando contra ele uma grande pedra ou ainda, e é a versão mais seguida, bateu levemente em Argos com o caduceu. Uma vez dominado por Hipno (v.), o obediente filho de Zeus cortou a cabeça do Cem-Olhos. Para imortalizar seu vigilante, a deusa tirou-lhe os cem olhos e colocou-os na cauda do pavão. A morte de Argos, todavia, não libertou a vaca Io, contra a qual a rancorosa Hera lançou um tavão, um moscardo, que com suas picadelas quase ininterruptas, acabou por enlouquecer a filha de Ínaco, a qual reiniciou sua caminhada errante pela Hélade inteira. Ao passar junto a um golfo, este, por causa do nome Io recebeu o nome de Golfo *Jônico*. Atravessou, em seguida, o estreito que separa a Europa da Ásia, recebendo este o nome de Βόσπορος (Bósporos), de *Βοόσπορος (*Boós-poros), *Bósforo*, interpretado, desde a Antiguidade, como "passagem do boi ou da vaca". Após vagar longamente pela Ásia, chegou ao Egito, onde a um "toque" de Zeus, deu à luz a Ἔπαφος (Épaphos), do verbo ἐπαφᾶν (epaphân), "tocar", o que parece ser uma etimologia popular. Antes do parto já havia recuperado sua forma de bela mulher, mas ainda lhe restava uma prova derradeira: a procura de Épafo, raptado pelos Curetes, a pedido de Hera. Mais tarde reinou no Egito, recebendo honras divinas com o nome de Ísis. Épafo casou-se com Mênfis, filha do deus-rio Nilo. Dessa união nasceram três filhas: Líbia, que deu nome ao país vizinho do Egito, Lisianassa e Tebe. Em sua grandiosa tragédia *Prometeu acorrentado*, 561-886, Ésquilo faz que se encontrem para um longo e doloroso diálogo duas vítimas do *complexo de Zeus*, de que se falou em *Mitologia Grega*, Vol. I, p. 344. *Prometeu*, agrilhoado a uma penedia, vítima da prepotência, e *Io*, perseguida sem tréguas por um moscardo, é vítima da luxúria do pai dos deuses e dos homens. O ponto alto da fala do herói é quando este, porque é Προμηθεύς (Promētheús), isto é, o *pré-vidente*, o profeta, traça para a vaca Io todo o longo percurso de dores e sofrimentos por que terá ela que passar até a liberação final. E por ironia ou por força da Moira, Prometeu lhe anuncia que um dia também ele será libertado e por um descendente da própria Io!

IÓBATES *(I, 240, 244; III, 74, 208-212, 214).*

*Ἰοβάτης (Iobátēs), *Ióbates*. A glosa de Hesíquio βαίνειν φιλεῖν (baínen phileîn), "lançar: amar, gostar de" poderia ser, como parece demonstrar Carnoy,

DEMG, p. 83, uma pista para a etimologia do antropônimo, que significaria "o que gosta de lançar flechas". Tratar-se-ia de um composto de 2 ἰός (2 iós), "dardo, flecha" e do verbo βαίνειν (baínein), que, *lato sensu*, poderia ser traduzido por "arremessar".

Ióbates é um rei da Lícia que tem um papel importante no mito de seu genro Preto (v.) e no de Belerofonte (v.). Tendo Acrísio banido de Argos a seu irmão gêmeo Preto, este se refugiou na corte de Ióbates. O rei da Lícia não só lhe deu a filha Anteia, também chamada Estenebeia, em casamento, mas ainda organizou uma expedição militar para devolver-lhe o trono. Foi assim que Acrísio (v.) reinou em Argos e Preto, em Tirinto.

Acontece que o herói coríntio Belerofonte (v.), tendo assassinado, sem o querer, o próprio irmão, exilou-se, como era de praxe, na corte de Preto. Estenebeia por ele se apaixonou. Repelida, mentiu ao marido, dizendo-lhe que o hóspede tentara violentá-la. Preto, porque o purificara e lhe concedera hospitalidade, não quis manchar as mãos com sangue e o enviou a seu sogro Ióbates com uma mensagem escrita em que pedia desse morte ao herói de Corinto. O rei da Lícia, após submetê-lo a uma série de provas extremamente perigosas, chegou à conclusão de que o jovem era de origem divina. Mostrou-lhe a mensagem de Preto e, reconhecendo-lhe a inocência, fê-lo casar-se com sua filha Filônoe ou Cassandra, ou ainda Alcímene ou Antíclia. Ao morrer, Ióbates deixou-lhe o trono. Antes de assumi-lo, porém, Belerofonte vingou-se à altura da caluniadora Estenebeia.

ÍOBES *(I, 146)*.

Ἰόβης (Ióbēs), *Íobes*, segundo Carnoy, *DEMG*, p. 83, poderia ser um derivado da forma pelásgica **ub-*, **ubh-*, "curvado".

Íobes é um dos inúmeros filhos de Héracles com Certe, uma das filhas de Téspio, conforme se expôs em *Mitologia Grega*, Vol. III, p. 146.

IÓDAMA.

Ἰοδάμα (Iodáma), *Iódama*, para Carnoy, *DEMG*, p. 83, é um composto de 2 ἰός (2 iós), "dardo, flecha" e do tema δαμα- (dama-) do verbo δαμνῆναι ou δαμάζειν (damnênai ou damádzein), "domar, submeter, ferir, abater", porque segundo uma variante, a heroína fora morta por uma flecha de Atená.

Filha de Itono e, em consequência, neta de Anfictião, Iódama era sacerdotisa de Atená Itônia, em Queroneia, na Beócia.

Certa vez a deusa lhe apareceu, à noite, empunhando a égide e a heroína, ao vê-la, foi transformada em pedra. Iódama possuía um altar no templo de Atená e diariamente uma mulher, que se acercava do altar, para avivar o fogo ritual, gritava três vezes: "Iódama está viva e pede fogo".

Amada por Zeus, a sacerdotisa foi mãe de Tebe, que se casou com Ógigo.

Uma tradição, por certo recente, transmitida pelo erudito Tzetzes, faz da sacerdotisa uma irmã de Atená, que, sem o querer, a matou, quando se exercitava, atirando flechas.

IOLAU *(I, 243; III, 46, 90, 95)*.

Ἰόλαος (Iólaos), *Iolau*. A glosa de Hesíquio ἰον.-μέλαν (íon: mélan) "violeta: escura", mostra que o antropônimo é um composto de ἴον (íon), "violeta" e de λαός (laós), "povo", donde "o que possui uma tez morena", uma vez que o herói é epônimo dos *Iólaioi* da Sardenha, "que eram morenos", *DEMG*, p. 83.

Filho de Ificles e de Automedusa, Iolau é sobrinho de Héracles (v.). Foi, enquanto viveu, o companheiro inseparável do herói, cujo carro sempre conduzia. Interveio na luta contra a Hidra de Lerna e contra Cicno, o violento filho de Ares. Acompanhou-o no roubo do rebanho de Gerião e no assalto à cidadela de Troia. Mesmo quando a literatura não o menciona em algumas das perigosas gestas do filho de Alcmena, a arte figurada mostra-o ao lado do herói, entre outras aventuras, na busca dos Pomos de Ouro do Jardim das Hespérides, na catábase ao Hades e no combate contra o gigante Anteu. Tomou parte com o tio na expedição dos Argonautas e figura entre os destemidos caçadores do Javali de Cálidon. Guiando o carro de Héracles, obteve a primeira vitória registrada nos Jogos Olímpicos, instituídos aliás pelo próprio filho de Alcmena em honra de Zeus. Voltou logo depois a vencer nos jogos fúnebres em honra de Pélias.

Após sua primeira loucura, Héracles entregou-lhe a esposa Mégara, com quem Iolau teve uma filha, chamada *Lipéfila*, ou seja, etimologicamente, o *Amor da Abandonada*, alusão clara ao repúdio de Mégara pelo primeiro marido.

O filho de Ificles não esteve ao lado do tio apenas nos grandes triunfos, mas igualmente nos momentos difíceis e trágicos. Com ele seguiu para o exílio na Arcádia, quando o covarde Euristeu (v.) expulsou o primo da cidade de Tirinto. Acompanhou-o na escalada do Monte Eta, quando o herói, enlouquecido pela dor, se lançou numa fogueira e, despido de seus restos mortais, escalou apoteoticamente o Olimpo.

Com o desaparecimento de Héracles, Iolau partiu em auxílio dos Heraclidas (v.) e tudo fez para conseguir-lhes um local, onde pudessem finalmente estabelecer-se. Conduziu um grande número deles, particularmente os netos de Téspio (v. *Mitologia Grega*, Vol. III, p. 146) e vários atenienses para a Ilha de Sardenha, onde fundou várias cidades, entre elas Ólbia. Mandou buscar o genial Dédalo, que construiu na ilha inúmeros e suntuosos edifícios.

Teria morrido na Sardenha, mas uma tradição relata que, tendo se transferido para a Sicília, fundou na ilha vários santuários em honra de Héracles divinizado. Ele próprio, após a morte, passou a receber um culto na Sardenha.

Já idoso ou após a morte – porque ressuscitara para cumprir um dever inadiável – vingou-se de Euristeu, que perseguia os Heraclidas, e o matou.

Zeus e Hebe, esposa de Héracles, lhe haviam concedido por um dia a juventude e a força necessárias para realizar tão almejada tarefa.

Embora ofuscado no mito pela figura gigantesca e inimitável de Héracles, Iolau mereceu de Hesíodo, *Teogonia*, 317, o epíteto de *belicoso Iolau*.

ÍOLE *(I, 102; III, 123-125, 127-128)*.

'Ιόλη (Iólē), *Íole*, se for um derivado de ἴον (íon), "violeta", seria "a morena", *DEMG*, p. 83.

Filha do destemido rei de Ecália, Êurito, foi oferecida como prêmio àquele que o vencesse no manejo do arco (veja-se nisso a disputa da mão da princesa). Héracles, que jamais recusou um desafio, resolveu competir com seu ex-mestre (v. Êurito e Héracles) na difícil arte do arremesso da flecha, e o venceu.

O rei, no entanto, recusou-se a cumprir a promessa, porque, ou pessoalmente, ou por conselho de todos os filhos, exceto Ífito, temesse que o herói viesse novamente a enlouquecer e matasse a princesa e os filhos que dela tivesse. Héracles, sem hesitar, partiu para a vingança. Invadiu Ecália e incendiou-a. Após matar a Êurito e os filhos, exceto Ífito, fez de Íole sua concubina.

Licas, servidor do herói, mentiu a Dejanira, dizendo-lhe que o marido certamente a deixaria por estar apaixonado pela concubina. A esposa, para não perdê-lo, enviou-lhe a túnica de Nesso (v.), envenenada com o sangue da Hidra de Lerna. Ao vesti-la, a peçonha infiltrou-se-lhe no corpo. Louco de dor, com as carnes aos pedaços, escalou o Eta e terminou seus dias nesta vida sobre uma fogueira. Sem o desejar, a filha de Êurito foi a causa indireta da morte do herói. Antes de falecer, porém, entregou Íole a Hilo, o único filho que tivera com Dejanira.

Algumas versões afiançam que a jovem resistiu em seguir a Héracles, após a destruição de Ecália e teria chegado inclusive a tentar o suicídio, lançando-se do alto da muralha do palácio em chamas. Suas vestes largas, todavia, impediram-lhe a morte, fazendo-a cair suavemente.

O herói a teria conduzido à esposa como escrava, mas a ciumenta Dejanira, ao ver uma moça tão bela, começou a preparar o filtro amoroso, cujo uso lhe ensinara o Centauro Nesso.

ÍON *(II, 88; III, 150, 205)*.

Ἴων (Íōn), *Íon*, ancestral mítico dos Ἴωνες (Íōnes), *Jônios*, uma das quatro grandes tribos helênicas (*Il.*, XIII, 685), já é atestado no micênico sob a forma *iawone*. O egípcio *jwn(n)*', o hebraico *jawan*, o persa *yauna*, que são empréstimos ao grego, levam à forma *Ἰᾱϝονες (*Iāwones), o que, aliás, é confirmado pelo micênico supracitado, *DELG*, p. 475. Carnoy, *DEMG*, p. 83, interpreta o patronímico *Jônios* como "os animados, os vigorosos", mas, na realidade, não se conhece a etimologia da palavra grega.

Filho de Xuto e de Creúsa, sobrinho de Doro e de Éolo, Íon é da linhagem de Deucalião.

Xuto, expulso da Tessália por seus irmãos Doro e Éolo, emigrou para Atenas e casou com Creúsa, filha do Rei Erecteu. Com a morte do sogro, foi novamente banido e desta feita se refugiou na região de Egíalo, mais tarde chamada Acaia. Com o falecimento de Xuto, seus dois filhos, Aqueu e Íon, tomaram rumos diferentes. Aqueu retornou à Tessália, enquanto Íon se preparava para atacar os povos que habitavam Egíalo. O novo rei local, Selino, no entanto, para evitar a guerra, deu-lhe em casamento sua filha única Hélice e nomeou-o seu sucessor. Morto o sogro, Íon assumiu o poder e fundou uma cidade a que deu o nome de sua esposa Hélice e chamou de *jônios* a todos os habitantes de seu reino.

Por estarem em guerra com Elêusis, os atenienses chamaram Íon em seu auxílio. O herói atendeu-lhes o pedido, mas logo depois faleceu na Ática.

Os habitantes de Egíalo mantiveram o poder em suas mãos até o dia em que os descendentes de Aqueu, retornando da Tessália, expulsaram os "jônios" e deram à região o nome de Acaia.

O historiador e geógrafo Estrabão (63 a.C.-19 p.C.) dá uma versão diferente aos fatos que explicam as diversas migrações das chamadas impropriamente raças helênicas.

Xuto, relata o historiador, após casar-se com Creúsa, fundou na Ática o que se denominou Tetrápole, isto é, uma divisão do estado em quatro "demos" ou regiões: Ênoe, Maratona, Probalinto e Tricorinto. Tendo, porém, Aqueu, um de seus filhos, assassinado, sem o querer, a um amigo, foi obrigado a exilar-se na Lacedemônia, dando a todos os habitantes da região o nome de aqueus. Íon, após a vitória sobre os trácios, que lutavam ao lado de Eumolpo, recebeu como prêmio o cetro de Atenas. Dividiu a Ática em quatro tribos e organizou politicamente o estado. Quando morreu, a Ática recebeu-lhe o nome. Mais tarde os atenienses enviaram colonos a Egíalo, que passou a chamar-se igualmente Jônia.

À época dos Heraclidas, porém, os aqueus expulsaram os jônios de lá e mudaram-lhe o nome para Acaia.

O grande dramaturgo Eurípides escreveu uma tragédia denominada *Íon*, mas, como é de praxe nos trágicos, alterou os dados supracitados.

Íon não é filho de Xuto, mas de Apolo com Creúsa, a filha caçula de Erecteu. O deus uniu-se à princesa ateniense numa gruta da Acrópole, onde, por sinal, nasceu o menino. Não desejando criá-lo, a mãe o colocou num pequeno cesto e o expôs numa cavidade existente na gruta. Apolo, todavia, salvou o recém-nascido, que foi levado a Delfos por Hermes e entregue a uma sacerdotisa do deus dos oráculos.

Mais tarde, Creúsa se casou com Xuto, como forma de agradecimento pelo auxílio que o herói prestara à sua família na guerra contra os descendentes de Calcódon. Como o casal permanecesse estéril, marido e mulher dirigiram-se a Delfos em busca de um conselho de Apolo. A Pítia respondeu-lhes que adotassem como filho a primeira criança que vissem entrar no templo. O menino por eles visto era exatamente o filho de Creúsa, outrora exposto. Embora a esposa não o quisesse e tivesse inclusive a intenção de envenenar "o desconhecido", Xuto, em obediência ao oráculo, o adotou. Mas, graças ao cesto em que fora colocado e que a sacerdotisa cuidadosamente conservara, Creúsa acabou por reconhecer o filho. Estava salva a linhagem dos erectidas.

ÍOPE.

Ἰόπη (Iópē), *Íope*, para Carnoy, *DEMG*, p. 84, seria um composto de ἴον (íon), "violeta" e de ὄψ, ὀπός (óps, opós), "vista, olhar", donde "a que tem um olhar cintilante (ou sombrio?)".

Há duas heroínas com este nome. A primeira seria uma filha de Íficles, irmão de Héracles, e que teria se casado com Teseu. O mito parece muito recente e objetivaria reunir os dois heróis caçadores de monstros.

A segunda é filha de Éolo, casada com Cefeu, pai de Andrômeda. Trata-se evidentemente de uma variante, uma vez que a esposa de Cefeu é Cassiopeia. Para justificar "a deriva", os mitógrafos afirmam que Cefeu, neste caso, não seria rei da Etiópia, mas da Fenícia.

Íope é a heroína epônima da cidade de Íope.

IOXO *(III, 154)*.

Ἴωξος (Ióksos), *Ioxo*, segundo Carnoy, *DEMG*, p. 84, talvez se pudesse explicar de duas maneiras: como um derivado de ἰωκή (iōkḗ) "perseguição", ou através do composto ἴον (íon), "violeta" e ἄξος (áksos), "local coberto de mato espesso, local sombrio". Na realidade, apesar de ser uma hipótese, ambas as etimologias estão de acordo com o mito.

Filho de Melanipo e de Perigune, Ioxo é neto de Teseu, pelo lado paterno, e do bandido Sínis (v. Teseu) pelo materno.

É que o perigoso "arqueador de pinheiros", como é chamado Sínis por Aristófanes, *Rãs*, 966, tinha uma filha, Perigune, que se escondera numa densa plantação de aspargo, enquanto Teseu perseguia e lutava com o criminoso filho de Posídon. Após matá-lo, o herói ateniense, unindo-se a Perigune, foi pai de Melanipo que, por sua vez, o foi de Ioxo, cujos descendentes consideravam o aspargo como sagrado, ao qual, afirmavam, deviam a vida (v. *Mitologia Grega*, Vol. III, p. 154).

ÍRIS *(I, 108, 125, 137, 155, 158, 233, 235, 237; II, 21, 58)*.

Ἶρις (Îris), *Íris*, provém certamente da raiz *wi*, "curvar, dobrar", atestada no anglo-saxão *wir*, "fio de ferro" e no norueguês *vīrr*, "espiral", Frisk, *GEW*, s.u.; Chantraine, *DELG*, p. 468-469.

Filha de Taumas e da oceânida Electra, Íris é a personificação do arco-íris. É a ponte, o traço de união entre o Céu e a Terra, entre os deuses e os homens. Iconograficamente é representada com asas e coberta com um véu ligeiro que, ao contato com os raios de sol, toma as cores do arco-íris.

Aparece por vezes no mito como casada com o vento Zéfiro e mãe de Eros. Sua grande missão, como Hermes, é de ser a portadora das ordens, mensagens e conselhos dos deuses aos homens. Serve a Zeus, mas particularmente à deusa Hera.

Em todas as culturas, como se mostrou *em Mitologia Grega*, Vol. I, p. 235sq., o arco-íris é o símbolo do caminho e da mediação entre este mundo e o outro; a ponte de que deuses e heróis se utilizam no seu constante vaivém entre o céu e a terra. Traduz a aliança entre Deus e o homem, como está em *Gênesis*, 9, 12-17.

IRO *(III, 316)*.

Ἶρος (Îros), *Iro*, é um derivado de Íris (v.), "o que se dobra, o que se arqueia", por designar talvez um mendigo que aparece na *Odisseia*, XVIII, 1-109, onde se descreve a luta de Ulisses, embora a contragosto, contra um adversário a quem o herói chama de "velho alquebrado" (*Odiss.*, XVIII, 52).

São duas as personagens com este nome. O primeiro é um filho de Actor, rei de Opunte, e pai dos argonautas Eurídamas e Eurítion.

Quando Peleu matou acidentalmente Eurítion, cuja filha havia desposado, o herói ofereceu a Iro como compensação ovelhas e bois. Este não aceitou "o resgate" e um oráculo aconselhou Peleu a deixar o rebanho em liberdade. Um lobo o atacou e devorou. Este lobo, por intervenção divina, foi transformado em pedra, que passou a servir de divisa entre a Lócrida e a Fócida, símbolo de uma divergência para sempre entre os dois heróis.

O segundo Iro é o mendigo desaforado contra o qual Ulisses foi obrigado a lutar para divertimento dos pretendentes à mão de Penélope, como se mencionou.

ISMENE *(III, 22, 234, 264, 334)*.

Ἰσμήνη (Ismḗnē), *Ismene*, segundo Carnoy, *DEMG*, p. 85, talvez proceda da raiz *eis*, *is* com um sufixo -*men* e, neste caso, a heroína significaria "a impetuosa, a vigorosa", o que, diga-se de passagem, destoa por completo da atitude de Ismene na *Antígona* de Sófocles.

Existem duas heroínas com este nome. A primeira é uma filha do deus-rio Asopo e mãe de Íaso (v.) na genealogia que faz deste último um filho de Argos.

A segunda é a filha de Édipo e Jocasta, irmã, por conseguinte, de Antígona, Etéocles e Políníce. Segundo uma versão tardia, Ismene se tornara amante do jovem tebano Teoclímeno. Num dia em que se encontrara com ele foi assassinada por Tideu (v.), por instigação de Atená.

Como se mostrou em *Teatro Grego – Tragédia e Comédia*, Petrópolis, Editora Vozes, 5. ed. 1988, p. 51sqq., Ismene comporta-se ao lado da gigantesca Antígona, decidida e intimorata, na tragédia homônima de Sófocles, como o símbolo da insegurança e da perplexidade. Não tem força e nem coragem para ajudar e nem mesmo para ajudar-se.

ISMENO.

Ἰσμηνός (Ismēnós), *Ismeno*, segundo Carnoy, *DEMG*, p. 85 (que aliás transcreve erradamente o verbete por *Ismênio*), possui a mesma etimologia que Ismene (v.) e seria portanto "o corajoso, o impetuoso".

Há três heróis com este nome. O primeiro é um deus-rio da Beócia e, como tal, é filho de Oceano e de Tétis. Uma tradição diferente aponta-lhe como pais Asopo e Metope.

O segundo é filho de Apolo e da ninfa Mélia. Tebano igualmente, foi pai de Dirce e Estrófia, duas fontes da Beócia.

O terceiro herói é o primogênito de Anfíon e Níobe. Foi morto com os demais nióbidas (descendentes de Níobe) pelas flechas de Apolo e de Ártemis. Já agonizante, conseguiu lançar-se no rio que lhe recebeu o nome.

ÍSQUENO.

Ἴσχενος (Ískhenos), *Ísqueno*, é interpretado por Carnoy, *DEMG*, p. 85, como um derivado do adjetivo ἰσχνός (iskhnós), "seco, ressecado", pois o herói se teria oferecido como vítima expiatória para debelar uma seca prolongada. Se a hipótese está correta, pode-se etimologicamente aproximar o adjetivo supracitado do avéstico *hisku*, "seco", céltico *sesc*, com o mesmo sentido.

Ísqueno é um habitante da cidade de Olímpia. Era filho de Gias, donde um neto de Hermes. Como uma grande seca e fome assolassem a região, o oráculo aconselhou que se sacrificasse um nobre da cidade para debelar a cólera divina, responsável pela calamidade. Ísqueno se ofereceu como vítima expiatória, gesto que lhe acarretou grandes honras e homenagens, inclusive jogos fúnebres.

Os habitantes de Olímpia deram-lhe, após a morte, o epíteto de Ταράξιππος (Taráksippos), "o espanta-cavalos", porque o túmulo do herói era a meta, o ponto final nas corridas realizadas no estádio de Olímpia.

Explica-se ainda a alcunha pela influência oculta do herói sobre os animais ou ainda porque ao lado do túmulo crescera um loureiro, cujos ramos, agitando-se à chegada dos cavalos, os espantava.

ÍSQUIS *(II, 90)*.

Ἴσχυς (Ískhys), *Ísquis*, origina-se de ἰσχύς (iskhýs), "força física, força", mas se lhe desconhece a etimologia, *DELG*, p. 472. Trata-se de um lápita (v. lápitas), filho de Élato (v. Quirão). Consoante a versão mais antiga, Asclépio era filho de Apolo e de uma mortal, Corônis, filha de Flégias, rei dos lápitas. Temendo que Apolo, eternamente jovem, por ser imortal, a abandonasse na velhice, uniu-se, embora grávida, a Ísquis. Apolo, que jamais acertara com mulher alguma, deixou-se, dessa feita, transtornar pelo ódio e pela humilhação. Sem perda de tempo, liquidou o casal a flechadas, embora uma variante ateste que o deus matou apenas a Ísquis e Ártemis se encarregou de eliminar a Corônis, a pedido do irmão. Mas, como Dioniso, o rebento foi extraído do seio materno e recebeu o nome de Asclépio, que foi entregue ao Centauro Quirão (v.).

ISSA.

Ἴσσα (Íssa), *Issa*, é vocábulo sem etimologia até o momento.

Há "duas heroínas" com este nome. A primeira, filha de Macareu, é uma jovem da Ilha de Lesbos, que deu seu nome à cidade homônima. Cortejada por Apolo e Hermes, foi amante de ambos. Com o segundo foi mãe de Prílis, adivinho renomado da Ilha de Safo.

A respeito dos amores de Apolo e Issa, Ovídio fala de raspão em suas *Metamorfoses*, 6, 124, onde afirma que o deus "seduziu a Issa, filha de Macareu, sob a forma de um pastor" – *ut pastor Macareida luserit Issen*.

Issa é igualmente um dos nomes que tomou Aquiles (v.), quando, travestido de uma bela jovem, vivia na Ilha de Ciros, entre as filhas do Rei Licomedes. Além de Issa, o herói era chamado também de Pirra e Cercísera. Semelhante disfarce foi engendrado por Tétis, para que o filho não participasse da Guerra de Troia, pois que, se tomasse parte na luta, morreria glorioso, mas jovem (v. Ulisses).

ISTMÍADES.

Ἰσθμιάδης (Isthmiádēs), *Istmíades*, é um derivado de ἰσθμός (isthmós), à letra, "pescoço, garganta" daí "passagem estreita, istmo", particularmente como topônimo, "o istmo de Corinto". Em micênico já aparece a forma *witimijo*. A etimologia da palavra em grego ainda não está bem-esclarecida, mas uma aproximação com o verbo ἰέναι (iénai), "ir, atravessar", presente εἶμι (eîmi), "eu vou", não é despicienda, *DELG*, p. 321-322 e 469-470; Frisk, *GEW*, s.u. Istmíades pode ser interpretado como "o que atravessa passagens estreitas, o audacioso".

Istmíades era casado com Pelarge, filha de Potneu. Com a expedição dos Sete contra Tebas (v.), o culto dos Cabiros propriamente desapareceu. Istmíades e sua mulher corajosamente o reorganizaram na Beócia. Morto o herói, o Oráculo de Dodona mandou que se lhe tributassem honras divinas, mercê de seu trabalho e zelo pelo culto dos deuses.

ISTRO *(I, 156)*.

Ἴστρος (Ístros), *Istro*, é interpretado por Carnoy, *DEMG*, p. 85, como proveniente da raiz **is-ro-*, "impetuoso", como o *Isère* francês e o *Yser* belga.

Filho de Oceano e de Tétis, como todos os rios, Istro é a personificação do rio homônimo, o gênio do "danúbio", como é chamado hodiernamente. Dois de seus filhos, Heloro e Acteu, lutaram ao lado de Télefo (v.), quando os aqueus, por engano, desembarcaram na Mísia, pensando tratar-se da Tróada.

Hesíodo, na *Teogonia*, 339, chama o Istro de o rio de "belas águas correntes", Ἴστρον καλλιρέεθρον (Ístron kalliréethron).

ÍTACO.

Ἴθακος (Íthakos), *Ítaco*, segundo Carnoy, *DEMG*, p. 85, talvez pudesse relacionar-se com Ἴθαξ (Ithaks), epíteto de Prometeu, enquanto deus do fogo. Neste caso *Íthakos* procederia do verbo αἴθειν (aíthein), "queimar" e Ítaco significaria "o brilhante, o claro, o luminoso".

Epônimo da Ilha de Ítaca, "a clara, a brilhante", Ítaco era filho de Ptérela e de Anfímedes, um descendente portanto de Zeus.

Em companhia de seus dois irmãos, Nérito e Políctor, emigrou de Corfu e fundou Ítaca na ilha homônima. Aos três irmãos deviam os habitantes da "terra de Ulisses" a consagração de uma fonte sagrada. Homero na *Odisseia*, XVII, 204-207, fala a respeito da límpida fonte dos três irmãos.

ÍTALO.

Ἰταλός (Ítalos), *Ítalo*, significa ταῦρος (taûros), "touro", segundo Díon Cássio, *História Romana*, 4, 2. A glosa de Hesíquio é bem clara: Ἰταλός Ῥωμαῖος, ταῦρος (Ítalos: Rhōmaîos, taûros), "Ítalo, nome romano, touro".

Herói epônimo da Itália, as tradições divergem muito acerca de suas origens e pátria. Enquanto rei do extremo sul de Brútio, na Calábria, Ítalo seria de origem enótria, isto é, italiana. Desempenhou seu cargo com tanta sabedoria, espírito de justiça, promulgando leis e educando o povo, que, em sinal de reconhecimento, se deu a seu reino o nome de Itália. Aos poucos esta denominação passou a designar toda a parte meridional da península, chamada até então Ausônia e, por fim, a península inteira.

Segundo outras versões, Ítalo seria de origem siciliana, quiçá lucana, ou lígure, ou ainda corcireia. Talvez fosse filho de Minos ou seu neto e, neste caso, teria por mãe a Satíria, filha do rei cretense. Não se tendo chegado a um acordo, alguns mitógrafos foram muito além e ligaram-no ao ciclo de Ulisses e de Circe e fizeram-no filho de Penélope e Telégono, que era filho do herói da *Odisseia* com a feiticeira da Ilha de Eeia (v. Circe e Ulisses).

ÍTILO.

Ἴτυλος (Ítylos), *Ítilo*, consoante Chantraine, *DELG*, p. 473, é um derivado de Ἴτυς (Ítys), *Ítis* (v.), sendo este último talvez uma onomatopeia que traduz os apelos do rouxinol.

Num estágio mais antigo do mito, Ítilo é filho do tebano Zeto e de Aédon. Esta, mãe de um filho único (ou de dois, segundo uma variante), enciumada com a fecundidade de sua cunhada ou concunhada Níobe, tentou matar-lhe o filho mais velho, Amaleu, mas, por uma fatalidade, assassinou seu próprio filho Ítilo.

ÍTIS *(II 41; III, 50)*.

Ἴτυς (Ítys), *Ítis*, segundo Chantraine, *DELG*, p. 473, é provavelmente uma onomatopeia que traduz "os queixumes do rouxinol".

A partir principalmente dos trágicos, Ítis é o filho único de Procne, filha do rei ateniense Pandíon, e do poderoso Tereu, rei trácio, que tentou violentar Filomela (v.), irmã de sua esposa. Para vingar-se do marido, Procne matou a Ítis e serviu-lhe as carnes ao incontinente e irascível Tereu. Perseguidas pelo tirano da Trácia, os deuses transformaram Procne em rouxinol, Filomena em andorinha e Tereu em mocho.

Numa versão milésia, talvez mais antiga, a heroína é Aédon, que foi transformada em rouxinol (em grego *aēdón*), enquanto Ítis nada sofreu.

ITOME.

Ἰθώμη (Ithṓmē), *Itome*, segundo Carnoy, *DEMG*, p. 86, talvez se origine do pelásgico **witwōmā*, "monte dos salgueiros". Trata-se de uma ninfa da montanha homônima. Itome e uma amiga, chamada Neda, ajudaram a criar Zeus, na Messênia, onde havia uma fonte denominada Clepsidra. Nesta se banhavam as duas ninfas. Os habitantes da Messênia construíram junto a Clepsidra um santuário de Zeus Itomas e bebiam diariamente das águas do manancial sagrado, as quais outorgavam o dom da profecia.

ITONO *(III, 205)*.

'Ιτωνος (Ítōnos), *Itono*, para Carnoy, *DEMG*, p. 86, está possivelmente relacionado com 'Ιτωνία (Itōnía), "Itônia", epíteto de Atená na Tessália. Talvez o antropônimo signifique "região dos salgueiros".

Filho de Anfiction e, por conseguinte, um descendente de Deucalião, uniu-se à ninfa Melanipe e foi pai de três filhos: Beoto, Crômia e Iódama. A Itono se atribui, por vezes, a fundação do culto de Atená Itônia.

IXÍON *(I, 282; II, 40; III, 59-60, 66, 169[140], 212, 212[159,] 213, 217-218)*.

'Ιξίων (Iksíōn), *Ixíon*, cuja etimologia para Carnoy, *DEMG*, p. 86sq., poderia provir da raiz indo-europeia **weik + s*, "rolar", donde o latim *uix*, "em torno de", alemão *wechs-eln*, "trocar, mudar". Chantraine, bem mais cauteloso, pergunta se o termo não poderia relacionar-se com ἰσχίον (iskhíon), "anca, quadril" e com ἰσχύς (iskhýs), "força física, força". Pelo visto, o herói tessálio continua até o momento sem etimologia satisfatória.

Filho de Flégias e, em consequência, irmão de Corônis, amante de Apolo, ou nascido da união de Ares, Áeton ou Ancion com Perimele, Ixíon era o rei dos lápitas (v.), na Tessália. Para obter a mão da jovem Dia, fez grandes promessas ao futuro sogro Dioneu. Quando este, após as núpcias, reclamou os presentes, o genro criminoso lançou-o traiçoeiramente numa fossa cheia de carvões ardentes, introduzindo, assim, o homicídio parental no mito. A morte de Dioneu teve um caráter singular: além do perjúrio, Ixíon eliminou o sogro, cometendo grave sacrilégio, uma vez que, unindo-se a Dia, o herói passava a cultuar também as divindades protetoras da família da esposa. A *hýbris* do rei dos lápitas foi tão grave, que nenhum outro soberano ou herói atreveu-se a purificá-lo e aplicar-lhe a penitência devida, conforme era de praxe. Zeus, no entanto, condoeu-se do neto (afinal passava por ser filho de Ares) e o purificou. Ixíon, porém, mordido pela *hýbris* praticada contra Dioneu, ousou um sacrilégio maior: apaixonou-se por Hera e tentou violentá-la. Zeus, outros afirmam que foi a própria rainha dos deuses, confeccionou em nuvens um *eídolon* de Hera, que o ingrato rei da Tessália envolveu imediatamente em seus braços. Dessa união nasceu *Centauro*, o pai dos Centauros, ou ainda todos os Centauros (v.). Para castigar tamanha afronta, Zeus fê-lo alimentar-se de ambrosia e depois o amarrou com serpentes, à guisa de corda, a uma roda de fogo e lançou-o nos ares ou no Tártaro, onde para sempre o pai de Pirítoo há de girar dentro de um arco incandescente. Píndaro, *Píticas*, 2, 21-41, ao narrar os dois crimes de Ixíon, acrescenta que o herói, atormentado pelo fogo inextinguível, adverte aos gritos os mortais: *honrai vosso benfeitor pelo doce tributo da gratidão* (*Pít.*, 2, 23sq.). A reincidência culposa do herói da Tessália está condensada na perversão do espírito, no orgulho desmedido (pretender usurpar o posto de Zeus) e na depravação sexual, pela tentativa de seduzir a deusa Hera, *DIS*, p. 525.

J

JACÍNTIDAS.

Ὑακινθίδες (Hyakinthídes), *Jacíntidas*, é um derivado de Ὑάκινθος (Hyákinthos), "Jacinto" (v.), acrescido do sufixo *-ιδ-* (-id-), ampliado em *-ιδας-* (idās) > *ιδης* (-idēs), que expressa o patronímico, a descendência, donde *Jacíntidas* são, em princípio, "as descendentes de Jacinto".

Em Atenas denominavam-se Jacíntidas as jovens que ofereceram sua vida para salvar a Ática da fome e da peste.

A respeito dessas heroínas há duas versões. Anteis, Egleis, Liteia e Orteia, filhas do espartano Jacinto, morto acidentalmente por Apolo (v.), haviam se estabelecido em Atenas. Na guerra contra Minos, por causa da morte de Androgeu (v.), uma grande peste, a pedido do rei de Creta a Zeus, começou a devastar a Ática e sobretudo sua capital, Atenas. Seguindo as predições de um antigo oráculo, os atenienses sacrificaram as quatro jovens, mas sem resultado algum, sendo obrigados a aceitar as pesadas condições de paz impostas por Minos.

Uma outra tradição identifica as Jacíntidas com as filhas do rei ateniense Erecteu, Protogenia e Pandora, que igualmente se ofereceram como vítimas expiatórias, quando o Rei Eumolpo, de Elêusis, em guerra contra a Ática, já se aproximava de Atenas.

Chamavam-se elas Jacíntidas, porque foram sacrificadas numa colina denominada Jacinto.

JACINTO *(I, 44[31], 104; II, 88; III, 45[34], 60)*.

Ὑάκινθος (Hyákinthos), *Jacinto*. Além do nome de uma flor de corola azul, branca ou rósea, muito perfumada, Jacinto, como antropônimo, é o nome de um jovem espartano morto acidentalmente por Apolo, como se verá. É provável que se trate de uma divindade pré-helênica, que, vencida pelo prestígio maior de Apolo (fato comum no mito), tornou-se um herói, permanecendo, todavia, associada ao deus solar na fórmula Ἀπόλλων Ὑάκινθος ou Ὑακίνθιος (Apóllōn Hyákinthos ou Hyakínthios), Apolo Jacinto ou Jacíntio. A forma original da palavra é Fάκινθος (Wákinthos) transcrita em jônico Ὑάκινθος (Hyákinthos), segundo afiança o seguríssimo E. Schwyzer, *Griechische Grammatik*, Vol. I, p. 224. As etimologias apresentadas até o momento são inaceitáveis, v. Chantraine, *DELG*, p. 1.149sq. e Frisk, *GEW*, s.u. Carnoy, *DEMG*, p. 74, tenta explicar *Hyákinthos* através de uma raiz indo-europeia *weg*, "estar úmido", o que configuraria a primavera mediterrânea, estação úmida e fértil. É mais uma hipótese.

Filho do Rei Amiclas e de Diomedes ou ainda de Ébalo e, numa variante isolada, de Píero e da musa Clio, Jacinto teve seu mito mais ou menos restrito ao Peloponeso. Foi por uma incontrolável paixão pelo filho do Rei Amiclas que o cantor da Trácia, Tâmiris (v.), inventou a pederastia, ou mais precisamente o homossexualismo masculino. Adolescente de rara beleza foi igualmente amado pelo deus Apolo. Divertia-se este em arremessar discos, quando um deles, desviado pelo ciúme do vento Zéfiro, ou segundo outros, Bóreas, foi decepar a cabeça do amigo. O deus, desesperado, transformou-o na flor jacinto, cujas pétalas trazem a marca que relembra quer o grito de dor de Apolo (AI), quer a inicial do nome do morto (Y).

JÁPETO *(I, 154, 157-158, 166-167, 196; II, 19)*.

Ἰαπετός (Iapetós), *Jápeto*, provém do verbo ἰάπτειν (iáptein), "lançar, arremessar, perseguir, ferir", donde Jápeto significa "o que é projetado", *DELG*, p. 453-454. Não se conhece, até o momento, a etimologia grega da palavra. A aproximação do verbo *iáptein* com o latim *iacĕre*, "lançar, arremessar" é fantasiosa e foneticamente absurda, v. *DIELL*, p. 303-304.

Um dos Titãs, Jápeto é filho de Úrano e Geia. Pertence, desse modo, à primeira geração divina e é um dos irmãos mais velhos de Prometeu. Consoante Hesíodo, como se expôs em *Mitologia Grega*, Vol. I, p. 154sqq., Jápeto se uniu a Clímene, filha de Oceano e Tétis, e foi pai de Atlas, Menécio, Epimeteu e do filantropo Prometeu, cujo filho Deucalião há de ser o genitor da "nova raça humana" após o dilúvio universal.

Algumas variantes apontam-lhe como esposa uma outra filha de Oceano, Ásia, ou Asópis, filha do deus-rio Asopo, ou ainda Líbia.

Após a derrota dos Titãs, Zeus o lançou no Tártaro juntamente com seus outros irmãos.

JASÃO *(I, 159, 222; II, 35, 38, 62, 90, 90[31]; III, 24, 26, 31, 38, 40, 52, 63, 150-151, 157[134], 175[143], 175-176, 178-179, 181, 183-189, 191-203, 209, 217, 273)*.

Ἰάσων (Iásōn), *Jasão*, pode estar relacionado com Ἰασώ (Iasó), nome de uma divindade da medicina, que é um derivado do verbo ἰᾶσθαι (iâsthai), "tratar, cuidar de, curar", *DELG*, p. 453. Consoante Carnoy, *DEMG*, p. 79, o antropônimo teria sido formado à base da raiz **eis-is-* "curar"; com efeito, ἴασις (íasis) é *cura*. Como discípulo de Quirão, sejam quais forem as aventuras posteriores do herói, ele estaria, ao menos do ponto de vista etimológico, ligado à medicina.

Originário da Tessália, o futuro condutor dos Argonautas descende de Éolo. Era filho de Esão, rei de Iolco, e de Alcímene, filha de Fílaco, ou Polimede, filha de Autólico e, neste caso, uma tia de Ulisses.

Muito jovem ainda, Jasão sofreu as amarguras do exílio. É que seu pai, legítimo herdeiro do trono de Iolco, fora destronado e, conforme algumas tradições, condenado à morte ou coagido a suicidar-se por seu irmão uterino, o usurpador Pélias, filho de Tiro e Posídon. Narra uma outra versão que Esão, já muito idoso, havia confiado o reino a Pélias, até que o filho atingisse a maioridade. De qualquer forma, Jasão foi levado, ao que parece, às escondidas, para junto do Centauro Quirão, que o instruiu, entre outras artes, na iátrica. Completada a *iniciação* – por que passava todo grande herói – no aprazível Monte Pélion, onde residia numa gruta o pacífico Centauro, o herdeiro do trono de Iolco, já com vinte anos, deixou o mestre. Desceu o monte e retornou à cidade natal. Sua indumentária era estranha: coberto com uma pele de pantera, levava uma lança em cada uma das mãos e tinha apenas o pé direito calçado. Pélias, que se preparava para oferecer um sacrifício, o viu e, embora não o tivesse reconhecido, ficou muito assustado, porque se lembrou de um oráculo segundo o qual "deveria desconfiar do homem que tivesse apenas uma sandália", isto é, de um μονοσάνδαλος (monosándalos), como diz Apolodoro.

Jasão permaneceu cinco dias com o pai e no sexto apresentou-se ao tio e reclamou o trono, que, de direito, lhe pertencia. O rei concordou, desde que o filho de Esão lhe trouxesse da Cólquida o *Velocino de Ouro*, arrancado do carneiro que transportara Frixo. O precioso velo estava em poder de Eetes, rei da Cólquida, mas havia sido consagrado a Ares e guardado num bosque sagrado do deus, sob a vigilância de um monstruoso dragão. Pélias julgou e, com razão, que o sobrinho jamais retornaria com vida de empresa tão arriscada. Afirma uma variante que o próprio herói foi responsável por tão difícil e perigosa missão, como se verá linhas abaixo.

Outros mitógrafos acrescentam que a tarefa que lhe foi imposta obedeceria a outras razões. Quando o príncipe herdeiro se apresentou ao tio para reclamar o trono, o soberano, observando que o sobrinho usava tão somente uma sandália, compreendeu ser iminente o perigo anunciado pelo oráculo. Mandou Jasão aproximar-se e perguntou-lhe que castigo infligiria, se fosse rei, à pessoa que o ameaçasse. Respondeu-lhe o jovem que o mandaria conquistar o velocino de ouro. Pélias, de imediato, o despachou para realizar tamanho empreendimento, pois era ele próprio quem punha em risco a vida do monarca.

Alguns autores, mas sobretudo poetas, julgam ter sido a ideia da busca do velo de ouro inspirada ao herói pela deusa Hera, profundamente irritada com Pélias, porque este não lhe prestava as honras devidas. A expedição dos Argonautas seria um meio de trazer da Ásia a terrível Medeia, que eliminaria o senhor de Iolco.

Seja qual for o móvel da expedição, o discípulo de Quirão, com o respaldo e ajuda de Atená, pediu a Argos, filho de Frixo, que construísse a nau Argo. Ordenou, em seguida, a um arauto que convocasse príncipes e heróis da Hélade para a magna empresa. Apresentaram-se mais de cinquenta paladinos (os *Catálogos* diferem muito uns dos outros quanto ao número e nomes dos destemidos nautas de Argo) e o barco se fez ao mar. Após muitas e perigosas aventuras em terra e nos domínios de Posídon, Jasão retornou com Medeia e o precioso velo de ouro. (v. Descrição completa e a parte simbólica do Mito dos Argonautas em *Mitologia Grega*, Vol. III, p. 175-206 e no verbete Argonautas.)

O velo foi entregue a Pélias, mas a partir de então as tradições variam consideravelmente. Ora o príncipe assume o poder em substituição ao tio usurpador, ora vive tranquilamente em sua terra natal, tendo dado um filho a Medeia, Medeio, quer a maga da Cólquida, por seus encantamentos, provoca a morte de Pélias, convencendo-lhe as filhas, exceto Alceste (v.), a cozinharem o pai num caldeirão de bronze, a fim de rejuvenescê-lo.

A morte violenta de Pélias é interpretada como dupla vingança: de Hera, por não ser cultuada, e de Jasão, cujo pai teria sido obrigado a suicidar-se e pela usurpação ilegal do trono de Iolco.

Expulsos da cidade por Acasto, filho de Pélias, o casal exilou-se em Corinto, na corte do velho e alquebrado Rei Creonte. Tudo correu bem durante dez anos, até que Jasão resolveu abandonar a esposa, a quem perante os deuses havia jurado fidelidade, e à qual devia todas as suas vitórias, para se casar com Creúsa ou Glauce, filha do rei de Corinto. Medeia, enlouquecida de ódio, pôs em prática suas magias: enviou à noiva do marido um manto, um diadema e um colar. Ao enfeitar-se com eles, Glauce transformou-se numa tocha inextinguível. O pai, ao tentar socorrê-la, morreu carbonizado, tendo-se o incêndio alastrado por todo o palácio real de Corinto. Não satisfeita, a filha de Eetes, sobrinha da bruxa Circe, matou dois filhos que tivera com o ingrato Jasão e desapareceu nos ares conduzida por um carro misterioso, presente de seu ancestral, o deus Hélio, o Sol.

Não desejando mais permanecer em Corinto, Jasão uniu-se a Peleu (v.), que há muito desejava vingar-se de Acasto, que reinava em lugar de Pélias, e contando igualmente com o poderoso auxílio dos Dioscuros Castor e Pólux, invadiu Iolco, devastou a cidade e assumiu o poder.

Segundo uma versão, não o exerceu por muito tempo, passando-o logo às mãos de seu filho Téssalo (v.), que teria escapado da loucura assassina de Medeia.

Uma variante, porém, relata que o herói permaneceu em Corinto e teria morrido quando descansava sob a nau Argo, que havia sido retirada do mar para conserto. Esmagou-o uma viga caída do próprio barco, que deveria tê-lo conduzido a uma vida heroica.

O mito doloroso de Jasão e Medeia foi reinterpretado particularmente por Eurípides (séc. V a.C.), na tragédia *Medeia*; por Lúcio Aneu Sêneca (séc. I a.C.) numa violenta tragédia homônima e nos tempos atuais por Chico Buarque e Paulo Pontes, na tragédia de cunho fortemente político-social, *Gota d'Água*.

Nas três (sem entrar em análise) temos um Jasão diferente. Em Eurípides prevalece o egoísta, ingrato e acovardado, dominado pela síndrome do poder; em Sêneca, o hábil retor, que busca inutilmente manipular Medeia com a força de um verbo vazio e oportunista; em *Gota d'Água*, Jasão, "prestamista de um bicheiro" inculto, mas astuto, dono de uma vila de casas, cujo saldo devedor para os que as compraram, sempre se multiplicava na medida em que se pagavam as prestações, é presa fácil da vaidade pessoal. Excelente compositor, mas sem meios de divulgar suas músicas, cai nas malhas de Creonte, que faz de *Gota d'Água* a canção-chave da tragédia, um sucesso nacional. A traição à companheira e a seus amigos da "vila", no entanto, lhe saiu muito cara, não só com a morte dos filhos por Joana (a Medeia da peça), que se suicida, mas também pela maldição lançada por ela sobre as musas inspiradoras do poeta popular. Fora "de seu ambiente", estancaria o estro de Jasão, como lhe profetiza Joana:

Porque vai tentar e sai samba brocha,
samba escroto, essa é a minha maldição
"Gota d'Água", nunca mais, seu Jasão
Samba, aqui, ó...

(*Gota d'Água*, Rio de Janeiro, Ed. Círculo do Livro, 1975, p. 167).

JOCASTA *(I, 84, 246; III, 22, 63, 132[98], 187, 234, 238-239, 241-245, 253-257, 264-271, 273-274, 279-281, 284).*

'Ιοκάστη (Iokástē), *Jocasta*, para Carnoy, *DEMG*, p. 83, seria um composto de ἴον (íon), "violeta" e do verbo καίειν (kaíein), "queimar, brilhar", donde o antropônimo significaria "a que tem um brilho sombrio".

Homero, na *Odisseia*, XI, 271-280, fala da "bela Epicasta, que cometeu um grande crime, casando-se com o próprio filho", donde só a partir dos trágicos é que se vulgarizou a forma *Jocasta*, sobretudo no *Édipo Rei* de Sófocles. Filha do tebano Meneceu, tinha dois irmãos: Hipônome e Creonte.

De sua união com Laio, rei de Tebas, nasceu Édipo, apesar das ameaças do Oráculo de Delfos. O menino foi exposto (v. Édipo), mas, salvo, veio mais tarde, por uma fatalidade, a casar-se com a própria mãe. Desse tenebroso incesto nasceram quatro filhos: Etéocles, Polinice, Antígona e Ismene. Descoberto o incesto, a desditosa rainha de Tebas se enforcou. Uma tradição, talvez mais recente, relata que a filha de Meneceu teve com Édipo apenas dois filhos, Frastor e Laônito, que pereceram lutando por Tebas contra Orcômeno (v. Ergino e Héracles). Após a morte de Jocasta, Édipo se casou com Eurigania e "continuou a reinar sobre os cadmeus, na muito amada Tebas", como diz Homero na *Odisseia*, XI, 275-276. Desse último enlace é que teriam nascido os quatro filhos supracitados. O exílio voluntário do herói em Colono, demo de Atenas, é, ao que parece, criação de Sófocles em sua belíssima tragédia *Édipo em Colono*.

JOCASTO.

'Ιόκαστος (Iókastos), *Jocasto*, para Carnoy, *DEMG*, p. 83, seria um composto ἴον (íon), "violeta" e de uma forma do verbo κέκασθαι (kékasthai), "brilhar", donde o antropônimo significaria "o que tem uma cor sombria, violácea".

Jocasto é filho de Éolo, quer seja este o rei dos Ventos, quer se trate do filho de Arne (v. Éolo). O herói é tido como fundador e rei da cidade de Régio, na Calábria. Uma versão antiga, porém, atesta que a cidade em pauta foi fundada por emigrantes vindos de Cálcis, na ilha de Eubeia. Tangidos da ilha pela fome "instalaram-se perto do túmulo de Jocasto", que falecera picado por uma serpente. Mais exatamente: estabeleceram-se, como lhes indicara um oráculo, num local de onde vissem "uma fêmea estreitando um macho", quer dizer, uma videira "enroscando-se num carvalho verde", local onde fora sepultado o herói.

JOGOS *(I, 81,107, 223, 255; III, 44-45, 47, 103, 154-155, 166).*

Jogo em grego se diz ἀγών (agṓn), plural ἀγῶνες (agônes), *jogos*, mas o vocábulo merece uma reflexão etimológica. *Agṓn* provém do verbo ἄγειν (águein), cujo sentido primeiro é "levar diante de si, tanger", em se tratando do "rebanho" ou de "seres humanos, escravos ou prisioneiros". Na voz média a expressão ἄγεσθαι γυναῖκα (águesthai guynaîka) é, literalmente, "conduzir a mulher para si", levá-la para casa, *casar*, como o latim *ducĕre uxorem* é (o homem) "que conduz a mulher", casa-se com ela. Em sentido absoluto, *águein* passou a significar "dirigir-se para, reunir-se em assembleia" para finalidades diversas, inclusive "para os jogos". *Agṓn* é, pois, o resultado de um *águein*, isto é, "reunião, assembleia", como já está na *Ilíada*, VII, 298, a respeito da "assembleia dos deuses" e depois reunião para celebrar os jogos e, por extensão, "as disputas, os jogos". Derivado de *agṓn*, diga-se, de passagem, é ἀγωνία (agōnía), "luta, exercício" e, a partir de Demóstenes e Aristóteles, a própria *agonia*, que o latim eclesiástico tomou do grego com a mesma forma, *agonía*, como está em São Lucas 22,43: *et factus in agonía prolixius orabat*, (Cristo) posto em agonia, orava mais instantemente.

Como se mostrou em Escatologia (v.), a psiqué, ao descer para a outra vida em forma de *eídolon* (v.), de um corpo insubstancial, estava seriamente prejudicada em suas faculdades de inteligência, memória e fala. Mantinha-as, no entanto, em estado de latência: se corretamente estimulada e "tonificada" pelos vivos, sobretudo parentes e amigos, poderia ao menos temporariamente recuperá-las e manter até mesmo um curto diálogo com os que ainda contemplavam a luz do sol. Daí a importância das exéquias (v.): o correto sepultamento do corpo ou de suas cinzas, as lamentações, as estelas funerárias onde se gravava o nome do morto (era imprescindível que nem este e nem seus parentes perdessem a *memória do nome*, a fim de não se perder a *memória do morto*), as evocações e os sacrifícios na época oportuna. Se a morte consiste para os gregos na perda da memória, um morto sem culto converte-se num morto anônimo, o que se constituía para aqueles numa espécie de morte da alma, da psiqué, do *eídolon*. Sem funerais não existe *nome*, sem nome não existe *vida*. O morto, que é, em essência, um desvalido, precisa da assistência dos vivos e esta não se traduzia apenas na colocação no túmulo de uma estela, nas invocações, libações e ofertas de comida e bebida, como se frisou, mas igualmente nos ἀγῶνες (agônes), nos *jogos fúnebres* (tão esquecidos pelos mitólogos) *in memoriam honoremque mortuorum* – em memória e honra dos mortos – exatamente para que nem os vivos perdessem a memória deles e nem eles perdessem a memória de si mesmos. Donde se conclui que os *agônes* faziam parte intrínseca do culto dos mortos.

Os jogos em memória e honra do extinto são no fundo igualmente uma exaltação de suas virtudes, de sua *timé* e de sua *areté*. E já que o falecido, segundo a crença que se estendia do Egito à Hélade (v. Exéquias), podia ouvir as lamentações dos vivos e perceber os gestos rituais de dor, era-lhe dado também "contemplar" as disputas atléticas nas quais se reviviam seu vigor, bravura e vitórias nesta vida, reavivando-se a memória na outra.

Os *agônes* fúnebres na Hélade, enquanto disputas atléticas, remontam certamente à época micênica, dada a desenvoltura com que os descreve o insuperável Homero. Na *Ilíada*, XXIII, 12-58 e 109-256, Aquiles, após cumprir todos os ritos, já bem conhecidos do poeta maior, inclusive o banquete fúnebre, manda celebrar jogos soleníssimos em memória de Pátroclo, seu amigo inesquecível (*Il.*, XXIII, 257-897). Em cerca de seiscentos e quarenta versos o bardo de Quios nos descreve um número de competições talvez mais elevado do que as celebradas mais tarde nas grandes disputas atléticas da Hélade clássica: corridas de carros; pugilato; pancrácio; corrida a pé; esgrima; lançamento do globo de ferro; tiro de flecha ao alvo e lançamento de dardo. Na *Odisseia*, VIII, 100-193, nos jogos oferecidos por Alcínoo, rei dos feaces, acrescenta-se outra modalidade, o salto à distância.

Ἀγωνιστική (Agōnistiké), a *agonística*, isto é, "assembleia, reunião" e, em seguida, "reunião dos helenos para os grandes jogos nacionais", os próprios jogos, as disputas, é como um prolongamento das lutas dos heróis nos campos de batalha. É que também nos *agônes* os contendores usam de vários recursos bélicos e, em dependência do certame, expõem, por vezes, a vida, embora a agonística não vise eliminar o adversário.

Seja como for, o *agón* é uma das formas mais distintivas e acentuadas do culto heroico, e só mais tarde é que os deuses se tornaram titulares dos jogos atléticos. E num paradoxo aparente, quando passaram para a esfera do divino, perderam muito de seu caráter fúnebre, como é natural, se bem que a marca do litúrgico sempre se mantivesse indelével, ao menos como reminiscência. De certa forma caíram nos domínios do profano, "politizaram-se". É como se celebrassem a morte sem o morto.

Entre as disputas de caráter religioso avultam os quatro grandes *Jogos Pan-Helênicos*, que anteriormente à sua consagração aos imortais, foram, em suas origens, dedicados a heróis, em cuja memória foram celebrados.

Bem antes de pertencer a Zeus, o culto agonístico de Olímpia, os famosos Jogos Olímpicos foram instituídos por Pélops em memória de Enômao, seu sogro, a quem matara, numa corrida de carros, na disputa pela mão de Hipodamia. Como houvessem com o tempo caído no esquecimento, Héracles os ressuscitou em honra de seu fundador, mas alguns mitógrafos jamais perderam de vista que as competições olímpicas eram ainda realizadas *in memoriam* de Enômao. Há, todavia, uma variante. Só após a luta contra Augias e a morte deste último, depois de seu sexto trabalho (v. *Mitologia Grega*, Vol. III, p. 102-103), é que Héracles (e não Pélops) teria fundado os *Jogos Olímpicos*, dedicando-os a seu pai Zeus, como recorda Píndaro, *Olímpicas*, 10, 25sq. O poeta, no entanto, atribui o gesto de Héracles não à morte de Augias, mas ao assassinato do irrepreensível Ctéato (v.). Os *Neméios* ou *Nemeus*, cujo berço foi a cidade de Nemeia, na Argólida, mais tarde igualmente dedicados a Zeus, foram inaugurados pelos *Sete contra Tebas* (v. Anfiarau) em honra de um menino, morto por uma serpente, Ofeltes-Arquêmoro. Os *ístmicos*, no Istmo de Corinto, tiveram por fundador a Teseu (v.), depois que o herói ateniense eliminou a Cirão ou a Sínis. Esses jogos caíram, em seguida, sob os domínios de Posídon, "pai divino" de Teseu. *Os Píticos*, que se realizavam em Delfos, eram consagrados a Apolo, mas haviam sido instituídos para honrar e "aplacar" a serpente-dragão Píton, vítima do próprio deus.

A conexão entre culto agonístico e culto heroico era tão séria, que os mais célebres atletas foram heroicizados, como é o caso, entre outros, de Cleomedes de Astipaleia, Eutimo de Locros e Teógenes de Tasos. Acrescente-se, além do mais, que o povo grego considerava os quatro grandes Jogos *Pan-Helênicos* (cada um se realizava de quatro em quatro anos, havendo, portanto, jogos todos os anos) como os acontecimentos cívico-religiosos centrais da vida nacional. Pausânias, 1,10,1, coloca num mesmo plano os Mistérios de Elêusis (v.) e os Jogos Olímpicos. A assertiva do geógrafo e historiador em pauta é um tanto ou quanto enfática, a não ser que se leve em conta um passado bastante remoto. Com o tempo, o culto dos heróis e dos deuses, sobretudo a partir dos fins do séc. V a.C., perdeu muito de sua simplicidade e religiosidade primitivas, transformando-se as competições olímpicas num festival esportivo e cultural, e, não raro, político, mais que espiritual. O sentido religioso e o amadorismo acabaram paulatinamente sendo substituídos pelo espírito de competição entre as Cidades-Estados helênicas e pelo profissionalismo.

Para se ter uma ideia e indicação de fontes de informação sobre os vencedores míticos nos *agônes* supracitados v. *Mitologia Grega*, Vol. III, p. 46-47.

Em Roma, os jogos, *ludi*, eram *também* celebrados em memória dos mortos, como o demonstrou Virgílio, na *Eneida*, 5,104-603, nos jogos mandados celebrar por Eneias em memória de seu pai Anquises, mas, com o tempo, embora continuassem a existir jogos fúnebres, os *ludi*, obliterado em grande parte o sentido religioso, tornaram-se uma sangrenta paixão nacional, como a luta de gladiadores.

Na Hélade, como se mostrou, eram quatro os jogos, mas o que realmente atraía os helenos de todos os quadrantes, do oriente ao ocidente, eram Τὰ’Ολύμπια (Tà Olýmpia), *Os Jogos Olímpicos*, realizados na Élida, de quatro em quatro anos.

Do ponto de vista *etimológico* Ὀλύμπια (Olýmpia), neutro plural, "Jogos Olímpicos", é um derivado Ὄλυμπος (Ólympos), "Olimpo", nome de diversas montanhas da Grécia, principalmente um monte da Tessália, onde residiam os deuses. De "Ólympos" procede igualmente o topônimo Ὀλυμπία (Olympía), "Olímpia", cidade da Élida, onde se celebravam Τὰ’Ολύμπια (Tà Olýmpia), "Os Jogos Olímpicos". *Ólympos*, o Monte "Olimpo", talvez seja um termo de substrato, que significaria "montanha" em pelásgico, *DELG*, p. 795; *GEW*, s.u.

Historicamente falando, os Jogos Olímpicos, ao que parece, tiveram início em 776 a.C. e serviram para marcar a cronologia grega a partir desta data.

Diga-se de passagem que os Jogos, sendo o signo da comunidade de origem e de crenças, somente gregos podiam participar dos mesmos. Constituíam-se num marco tão importante para todos os helenos, que se as eternas inimigas Cidades-Estados estivessem em guerra, eram decretadas tréguas, possivelmente por um período de quarenta dias.

Como os Jogos Olímpicos representaram o ápice dos festivais pan-helênicos, vamos mencionar tão somente as diversas modalidades esportivas, que, com o correr do tempo, os enriqueceram. Os demais três jogos supracitados eram mais locais e, em tese, moldaram-se pelos festivais de Olímpia.

A primeira competição e única, em 776 a.C. foi a corrida de 192,27 metros, sagrando-se vencedor Corebo de Eleia, personagem histórica, diferente do Corebo (v.) mítico, mas, a partir de 520 a.C., introduziu-se uma novidade, denominada ὁπλίτης (hoplítēs), homem "armado", em que os atletas corriam levando o capacete, escudo e grevas. Em 708 a.C., surgiu o πένταθλον (péntathlon), a mais apreciada modalidade esportiva dos espectadores da cidade de Zeus. Tratava-se de *cinco provas* combinadas, sendo cada uma, de per si, eliminatória. Da primeira, o *salto*, podia participar um número ilimitado de atletas, carregando halteres, os quais soltavam ao saltar. A marca mínima a ser atingida era de 1,70 metros. Os que conseguissem atingir a distância prescrita passavam para o *lançamento do dardo*. Os quatro mais bem classificados empenhavam-se na célebre *corrida* de 192,27 metros. Eliminava-se nesta apenas um e os três restantes partiam para o *lançamento do disco* e, finalmente, os dois melhores disputavam a πάλη (pálē), a *luta*: vencedor era o que lançava por terra três vezes o adversário.

Em 648 a.C., mais três competições apareceram: πυγμή (pygmḗ), o pugilato; as corridas hípicas, nas quais os cavaleiros montavam sem selas e sem estribos e a distância a ser percorrida era de 768 metros e as corridas de carros com bigas ou quadrigas. Finalmente, nos inícios do séc. VI a.C., surgiu o παγκράτιον (pankrátion) ou "força total": era uma fusão da *luta* e do *pugilato*, e só era proclamado vencedor o atleta que lançasse ao solo seu competidor e o obrigasse a confessar-se vencido.

Todos os concorrentes deveriam ser homens livres (as mulheres não participavam dos jogos) e jamais ter incorrido nas penas da lei. Observe-se que, exceto nas corridas de carros, os atletas participavam dos jogos completamente despidos.

Após cada disputa o vencedor recebia uma *palma*, mas no último dia (os jogos duravam sete), durante as cerimônias oficiais de encerramento, todos os campeões eram premiados e coroados com um ramo de *oliveira*, de alta significação religiosa, já que a árvore fora plantada, como acreditavam, por Héracles, e estava localizada no recinto do templo de Zeus. E, afinal, a ἐλαία (elaía), "a oliveira", era o símbolo da paz. O grande prêmio da vitória para os atletas campeões eram sobretudo os aplausos e as honrarias que lhes tributavam gregos e estrangeiros presentes em Olímpia. De retorno às suas cidades derrubavam-se até muros, para que fossem recebidos em triunfo.

Além do mais, um grande vencedor sempre recebia uma *Ode*, por isso mesmo denominada ἐπινίκιον (epiníkion), *epinício* (hino triunfal *após a vitória*) por parte de um grande poeta. As musas do maior dos líricos da Hélade, Píndaro (cujas "odes corais" foram denominadas *olímpicas*, *píticas*, *ístmicas* e *nemeias*) não fizeram outra coisa... E as de Baquílides também!

Diga-se, aliás, de passagem, que a afluência de gregos e estrangeiros à cidade sagrada de Zeus era uma oportunidade única, para que pintores, escultores, atores, poetas, músicos e escritores exibissem seu engenho. Foi precisamente a partir do século V a.C. que talentos como os de Píndaro, Heródoto e Platão se consagraram "internacionalmente".

O que importa é que os Jogos Olímpicos não existiram sozinhos. Foram uma parcela de um grande festival sagrado em honra primeiramente dos mortos e depois dos deuses. Simbolizavam o esplendor da força humana, das qualidades do corpo conjugadas aos valores do espírito.

Se Epidauro e Olímpia, geograficamente, estão um pouco distantes, espiritualmente estão muito próximas. Afinal algo muito importante as unia: *Orandum est ut sit mens sana in corpore sano* (Juvenal, *Sat.* 10,356): – O que se deve pedir é que haja uma mente sã num corpo são.

A aliança da força e da beleza física contraiu na Grécia núpcias indissolúveis com as qualidades do espírito. O bom e o belo, eis aí a síntese de uma visão humanística que só a Hélade possuiu.

Os Jogos Olímpicos foram disputados cerca de duzentas e noventa vezes, de 776 a.C. a 393 p.C., mas de 394 p.C. a 1896 dormiram um sono profundo de mil quinhentos e dois anos, até que o idealismo do Barão Pierre de Coubertin, em nome da confraternização "dos povos civilizados", acendeu novamente a tocha olímpica. E não obstante tantas diferenças de espírito e das condições de ontem e de hoje, Olímpia continua como símbolo da confraternização e símbolo da paz.

Se por vezes são boicotados e "ideologizados", a culpa não cabe aos gregos, mas ao "civilizadíssimo" homem moderno!

JÔNIO *(III, 110)*.

'Ιώνιος (Iônios), *Jônio* (v. Íon), é o epônimo do Mar Jônio, cuja designação é atribuída por Ésquilo à passagem da "vaca" Io (v. *Prometeu Acorrentado*, de Ésquilo).

Outrora o golfo jônico se chamaria "mar de Crono e de Reia". Segundo uma versão, provavelmente tardia, Jônio era filho do rei da Ilíria, Ádrias, que emprestou seu nome ao Mar Adriático.

Um segundo Jônio é considerado filho do Rei Dírraco, epônimo de Dirráquio. Atacado por seus próprios irmãos, o rei foi salvo por Héracles, quando passou pela Ilíria. O herói, todavia, no calor da batalha, matou acidentalmente o filho de Dírraco. O cadáver foi lançado no mar, que, desde então, foi cognominado Mar Jônio.

L

LÁBDACO *(II, 41; III, 233¹⁵³, 233-237, 239-241).*

Λάβδακος (Lábdakos), *Lábdaco*, possivelmente se origina de λάβδα (lábda), que é uma forma bem mais antiga que λάμβδα (lámbda), "lambda", cuja fonte é o fenício, cf. hebraico *lāmedh*, *DELG*, p. 610. A respeito da etimologia do antropônimo, temos uma pista no *Etymologicum Magnum*, s.u. βλαισός (blaisós), "com os pés voltados para fora". *Labda*, cambaio, paralisado: aquele que tem os pés voltados para fora, semelhantemente à letra *lambda*. É por isso que a mulher de Eécion, mãe de Cípselo, rei de Corinto, era chamada *Labda* ou *Lambda*. Na realidade, *Labda* e *Lábdaco* eram certamente alcunhas que, pela própria forma, atestam não apenas sua origem popular, mas também designam uma anomalia. *Labda* e *Lábdaco* são, pois, respectivamente, a mãe e o avô de dois recém-nascidos, considerados maléficos mesmo antes do nascimento, Cípselo e Édipo (v.), que eram cambaios.

Lábdaco, filho de Polidoro e neto de Cadmo, fundador de Tebas, era, através de sua mãe Nicteis, neto de Ctônio, um dos *Spartoí* (v. Cadmo).

Como Lábdaco tivesse apenas um ano, quando lhe faleceu o pai, o trono de Tebas foi ocupado interinamente por seu avô Nicteu. Tendo este se matado, seu irmão Lico assumiu o poder, até a maioridade do filho de Nicteis. Este subiu ao trono ainda muito jovem e reinou em Tebas por longos anos. Foi pai de Laio, que, por sua vez, o foi de Édipo (v.).

O reinado de Lábdaco foi marcado por uma guerra sangrenta contra o rei de Atenas, o célebre Pandíon I, pai de Procne e Filomela, em cujo governo Dioniso e Deméter tiveram permissão para ingressar "miticamente" na Ática. Na luta contra Lábdaco, por uma questão de fronteira, Pandíon, com o inestimável auxílio do rei da Trácia, Tereu, desbaratou as tropas tebanas. Como recompensa, Tereu obteve como esposa a filha do rei de Atenas, Procne (v.), cujas desventuras se narraram em *Mitologia Grega*, Vol. II, p. 41.

Consoante uma tradição bastante recente, conservada por Apolodoro, Lábdaco foi, como Penteu (v.), despedaçado pelas Bacantes (v.), por se ter oposto também à introdução do culto de Dioniso em Tebas.

LABRANDO.

Λάβρανδος (Lábrandos), *Labrando*, é aproximado por Carnoy, *DEMG*, p. 105-106, de λαβύρινθος (labýrinthos), que seria interpretado como "casa de pedra", onde se guardava a λάβρυς (lábrys), "machadinha de pedra".

Trata-se de um dos Curetes (v.), os seres demoníacos que faziam parte do cortejo de Zeus-menino. Em companhia de dois de seus irmãos, Panâmoro e Palaxo, emigrou para a Cária, onde passou a primeira noite às margens de um rio, que, por isso mesmo, recebeu a denominação de Hêudono, do verbo εὔδειν (heúdein), "dormir, repousar, aquietar-se".

LACEDÊMON *(III, 76).*

Λακεδαίμων (Lakedaímōn), *Lacedêmon*, é provavelmente um nome indígena pré-helênico, embora a aproximação com Λάκων (Lákōn), "lacônio", seja evidente, *DELG*, p. 614-615.

Filho de Zeus e de Taígeta, Lacedêmon se casou com Esparta, filha do Rio Eurotas, que, falecendo sem filho homem, deixou-lhe o trono. Lacedêmon deu seu nome aos lacedêmonios e o nome da esposa, Esparta, à capital do reino. Foi pai de Amiclas, que lhe sucedeu no governo da Lacedemônia, e de Eurídice, mulher de Acrísio. Uma variante atribui-lhe dois outros filhos, Ásine e Hímero. Este, após violentar a irmã, cheio de remorsos, lançou-se no Rio Máraton, que passou a chamar-se Hímero, antes de receber em definitivo o nome de Eurotas.

LACÉSTADES.

Λακεστάδης (Lakestádēs), *Lacéstades*, é palavra sem etimologia e personagem sem importância alguma no mito.

Sicione, onde reinava Lacéstades, durante muitos anos, esteve sob o domínio de Argos, até que Falces, filho de Têmenos (v.), apoderou-se da mesma e uniu-se a Lacéstades no governo do reino, agora independente de Argos.

LACÍNIO.

Λακίνιος (Lakínios), *Lacínio*, talvez seja um empréstimo ao latim *Lacinium*, "promontório na entrada do Golfo de Tarento". *Lacinium* proviria de *lacinia*, "franja, aba, orla, ponta".

Trata-se do herói epônimo do Cabo Lacínio, na colônia grega de Crotona, na Itália Meridional. Há duas explicações para a presença de Lacínio na Itália. Segundo alguns mitógrafos, o herói proviria da Ilha de Corcira, que havia acolhido a Cróton, quando este errava pelas ilhas gregas em busca de asilo; segundo outros, Lacínio era um facínora, filho da ninfa Cirene, o qual atacou Héracles, quando este passou pela Magna Grécia com o rebanho de Gerião. Após matá-lo, o maior dos heróis dedicou um templo à deusa Hera, chamando-o *Hera Lacínia*, no promontório homônimo.

Segundo uma variante, o templo teria sido construído pelo próprio Lacínio com o objetivo de insultar Héracles, honrando-lhe a maior inimiga.

LÁCIO.

Λάκιος (Lákios), *Lácio*, não possui etimologia até o momento.

Lácio e seu irmão Antifemo receberam ordem do Oráculo de Delfos de emigrar um para o oriente e outro para o ocidente, onde cada qual fundaria uma cidade. Antifemo fundou Gela na Sicília e Lácio, Fasélis, na fronteira da Lícia com a Panfília. O herói teria comprado o terreno para construção da cidade com peixe salgado (v. Cilabras).

LÁCON.

Λάκων (Lákōn), *Lácon*, como Λακεδαίμων (Lakedaímōn), *Lacedêmon* (v.), talvez seja um nome indígena, pré-helênico, *DELG*, p. 614-615.

O Rei Lápato, antes de morrer, dividiu seu reino entre os dois filhos, Lácon e Aqueu. O primeiro chamou a seu território de Lacônia e o segundo, de Acaia. Após algumas gerações, Lácon teve como descendente o Rei Téspio.

LÁDON *(I, 284; III, 110)*.

Λάδων (Ládōn), *Ládon*, consoante Carnoy, *DEMG*, p. 106, talvez pudesse originar-se, através do pelasgo, do indo-europeu **lat-*, "úmido, lago, lodo". Designação do deus-rio homônimo na Arcádia, Ládon é filho de Oceano e de Tétis. Casado com Estínfales, foi pai de Dafne (v.) e Metope, que se uniu ao deus-rio Asopo (v.). Segundo uma tradição, Dafne era filha não de Estínfales, mas de Geia.

Existe no mito um outro Ládon, um dragão, que guardava os pomos de ouro do Jardim das Hespérides. Filho de Fórcis e Ceto, segundo uns, ou de Tifão e Équidna, segundo outros, ou ainda de Geia, o monstro possuía cem cabeças. Após ser morto por Héracles, a deusa Hera o transformou em constelação.

LAERTE *(I, 131, 206; III, 289-293, 302, 314-315, 318, 320)*.

Λαέρτης (Laértēs), *Laerte*, é possivelmente um composto de λαός (laós), "povo" e de um radical verbal que se encontra em ἔρετο (éreto), do verbo ἐρέσσειν (eréssein) ou ἐρέττειν (eréttein), "remar, movimentar com remos, agitar". A raiz deste verbo é o indo-europeu **erə*, latim *rēmus*, remo. Donde Laerte é "o que movimenta, agita o povo". Pode-se chegar a uma formação diferente, mas com o mesmo sentido, partindo-se do micênico *etirawo*, de Ερτι-λαϝος (Ertilawos), *DELG*, p. 612-613.

Filho de Acrísio e de Calcomedusa, o herói descende de Deucalião, através de seu ancestral Dêion. Natural da Ilha de Cefalênia, era neto de Céfalo, epônimo da ilha. A importância de Laerte consiste apenas em ter sido pai, talvez "de adoção", de Ulisses, uma vez que Anticleia, filha de Autólico, ao se casar com o cefalênio, já estava grávida de Sísifo, o mais astuto dos mortais (v. Ulisses).

Durante a ausência do filho, que lutava em Troia, Laerte caiu numa profunda depressão e começou a envelhecer precocemente. Sem coragem para intervir nos graves problemas que afligiam o palácio de Ítaca, com "a invasão dos pretendentes à mão de Penélope", retirou-se para uma propriedade sua no campo, onde passou a viver em companhia apenas de um servo, Dólio, da esposa deste e dos filhos do casal. Foi lá que Ulisses o reencontrou, ao retornar a Ítaca e após matar os pretendentes, como está na *Odisseia*, XXIV, 345-382. Atená, no entanto, por meio de um banho mágico o rejuvenesceu e Laerte, recuperando as energias, lutou ao lado do filho e do neto Telêmaco contra os pais dos pretendentes, revoltados com o massacre dos filhos. Foi ele que brandindo o dardo, arremessou-o e matou a Eupites, pai do orgulhoso pretendente Antínoo (*Odiss.*, XXIV, 522-525).

Segundo uma versão, além de "Ulisses", Laerte e Anticleia foram pais de uma filha, Ctímene (v.), que se casou com Euríloco, companheiro do herói na Guerra de Troia.

LAETUSA.

Λαέθουσα (Laéthūsa), *Laetusa* ou Λαθοῦσα (Lathûsa), *Latusa*, é antropônimo sem etimologia até o momento.

Na *Fábula* 45, Higino, ao narrar o mito de Tereu e de Procne (v.), faz de Latusa a esposa do rei da Trácia, Linceu, a quem Tereu confiara a cunhada Filomela. Latusa, amiga de Procne, contou-lhe que Filomela havia sido violentada por Tereu, originando-se daí a vingança cruenta de Procne.

LAIO *(I, 82-84, 245-246, 252; III, 48, 60-61, 234, 236-239, 241-242, 244-248, 254-255, 257, 259-260, 264-268, 271-279, 281-284)*.

Λάιος (Láïos), *Laio*, segundo Carnoy, *DEMG*, p. 106, o antropônimo poderia ter duas interpretações: seria uma forma abreviada de Λαομέδων (Laomédōn), *Laomedonte* e, neste caso, significaria "o que reina sobre o povo, o que o protege" ou, em função da presença e morte de Laio numa encruzilhada, onde havia *montes de pedras* consagradas a Hermes (v.), em grego λαιαί (laiaí), o vocábulo poderia ser uma personificação das mesmas. Filho de Lábdaco (v.) e bisneto do fundador de Tebas, Cadmo, Laio é o pai de Édipo (v.).

Com a morte prematura de Lábdaco, Laio, por ser ainda muito jovem, não pôde assumir as rédeas do governo da Beócia. Assim, mais uma vez (v. Lábdaco), Lico tornou-se regente, mas, desta feita, por pouco tempo, porque foi assassinado pelos sobrinhos Zeto e Anfião, que vingavam no regente os sofrimentos e humilhações de Antíope (v.), mãe de ambos. Com a morte violenta do tio, o futuro rei de Tebas fugiu da cidade e buscou asilo na corte de Pélops, o amaldiçoado filho de Tântalo, como se mostrou em *Mitologia Grega*, Vol. I, p. 84.

Laio, herdeiro não apenas do trono de Tebas, mas de alguns *miasmas* e mazelas "de caráter religioso" de seus antepassados, sobretudo de Cadmo, que matara o dragão de Ares, e de Lábdaco, que se opusera ao culto de Dioniso, cometeu, por acréscimo, grave *hamartía*, uma falta muito séria, na corte de Pélops. Desrespeitando a sagrada hospitalidade e ofendendo gravemente a deusa Hera, protetora dos amores legítimos, raptou o jovem Crisipo, filho de seu hospedeiro. Agindo contrariamente "ao justo e legítimo", como diz Heródoto (1,96), o futuro rei dos tebanos acabou ferindo os deuses e praticando um amor *contra naturam*. Miticamente, a pederastia se iniciava na Hélade. Segundo uma variante, Édipo matara conscientemente a seu pai Laio, porque ambos disputavam a preferência do belo filho de Pélops. Este execrou a Laio, o que, juntamente com a cólera de Hera, teria gerado a maldição dos Labdácidas. Crisipo, envergonhado, suicidou-se.

Com a morte de Anfião (v.) e de seus filhos, os nióbidas, às mãos de Apolo e Ártemis, e de Zeto, "de desgosto pungente" pelo desaparecimento do filho, liquidado a flechadas pelo mesmo deus, Laio finalmente foi proclamado rei de Tebas. Segundo tradições diversas, o novo soberano se teria casado em primeiras núpcias com Euricleia, filha de Ecfas, e dela tivera Édipo, mas desde Homero (*Odiss.*, XI, 271sqq.) a primeira esposa de Laio foi Epicasta (depois chamada pelos trágicos Jocasta), mãe e desditosa esposa de Édipo.

As variantes, no entanto, se sucedem: são citadas ainda como mãe de Édipo ora Eurigania (v.) ou Eurianassa, ambas filhas de Hiperfas, ora Astimedusa, filha de Estênelo.

Acerca dos episódios relativos à concepção, nascimento e exposição do filho do rei de Tebas, v. Édipo. De qualquer forma, o esposo de Jocasta não escapou das predições do Oráculo de Delfos que lhe antecipara a morte às mãos do próprio filho. Com efeito, Laio, que se fizera acompanhar de seu confidente Náubolo, quando de uma segunda consulta ao mesmo Oráculo, foi assassinado por Édipo juntamente com o amigo, bem perto de Delfos, na encruzilhada de Pótnias, marco de separação entre Delfos e Dáulis.

LAMEDONTE.

Λαμέδων (Lamédōn), *Lamedonte*, é um composto de λαός (laós), "povo" e do verbo μέδεσθαι (médesthai), "velar sobre, cuidar de, preocupar-se com", donde o antropônimo significar "o que se preocupa com o povo" (v. Laomedonte).

Descendentes de Egialeu, Lamedonte e Córax eram filhos de Corono.

Mortos o pai e o irmão, que não deixou sucessor, o tessálio Epopeu assumiu o reino de Sicione. Mas este último tendo sido ferido mortalmente na luta contra Nicteu por causa de Antíope (v.), Lamedonte tornou-se rei, terminando, assim, a linhagem de Egialeu em Sicione.

Deu sua filha Zeuxipe em casamento a Sícion, que o socorrera na luta contra os aqueus. Tendo-se casado em segundas núpcias com Feno, uma ateniense, filha de Clício, abriu caminho para que, mais tarde, o ateniense Ianisco (v.) reinasse em Sicione.

LÂMIA *(I, 247, 309)*.

O grego Λάμια (Lâmia) procede, ao que parece, da raiz **lem*, "sugar, tragar, devorar". A relação etimológica com o grego λαμυρός (lamyrós), "voraz, ávido", e com o latim *Lemūres*, "espectros noturnos e almas dos mortos" é bem plausível.

"Irmã funcional" das Queres, Erínias, Esfinge, Sereias e Empusa, *Lâmia* é filha de Posídon ou de Belos e Líbia, tendo-se transformado em vampiro, que se alimentava com o sangue dos jovens e igualmente um bicho-papão, que raptava e devorava crianças. Dotada inicialmente de grande beleza, foi amada por Zeus. Transtornada, no entanto, pelo ciúme, Hera eliminava todos os filhos aos quais a amante do esposo dava a luz. Desesperada, Lâmia recolheu-se numa caverna solitária e passou a odiar todas as mães, raptando e devorando-lhes os filhos.

Para fazê-la sofrer ainda mais, Hera tirou-lhe o sono. Zeus, no entanto, apiedado da amante, concedeu-lhe o privilégio de arrancar e recolocar os olhos, quando bem o desejasse. Somente embriagada ou arrancando os olhos é que conseguia dormir. Louca de ódio, Lâmia raramente fazia as pazes com Hipno (v.): preferia vagar à noite em busca de crianças que lhe nutrissem o furor. Era gorda, de membros grossos, torpe, imunda e sexualmente insaciável.

Mais tarde se chamaram igualmente *Lâmias* os monstros femininos que se comportavam como vampiros, sobretudo em relação aos adolescentes. Aristófanes, em *As Vespas*, 1.034-5, fustigando mais uma vez o demagogo Cleão, atribuiu-lhe características nada recomendáveis de alguns animais, mas, ao falar de *Lâmia*, outorga a esta última predicados masculinos, o que vem reforçar a ideia de ter-se tornado a mesma um monstro também fálico:

– *a besta* (Cleão) *possuía uma voz de torrente devastadora,*
o fedor de uma foca, os testículos imundos de Lâmia e o
traseiro de um camelo.

Pelo que nos diz o mito, a filha de Posídon é um incubo e um monstro devorador. Quinto Horácio Flaco (séc. I a.C.) aconselha em *sua Arte Poética*, 340, ao falar da verossimilhança, que não se queira arrancar uma criança viva do ventre de Lâmia:

Neu pransae Lamiae uiuum puĕrum extrahat aluo.

– Não pretenda o poeta arrancar do ventre de Lâmia uma criança ainda viva por ela devorada.

Lâmia simboliza, em grau superlativo, a inveja, o ódio e o ciúme da mulher que não teve filhos. Imagem cruel desse rancor inexaurível é exatamente o fato de só conseguir conciliar o sono quando fora de si pela bebida ou quando mergulhada nas trevas.

LAMO *(I, 325; III, 304).*

Λάμος (Lámos), *Lamo*, possivelmente é formado com base em *Lâmia*, em grego Λάμια (Lámia), cuja origem deve ser λαμυρός (lamyrós), "voraz, ávido", latim *lamĭa*, "vampiro, bicho-papão", neutro *lamium*, "urtiga morta, lâmio"; *Lemŭres*, "espectros noturnos, almas dos mortos".

Lamo era o rei dos antropófagos lestrigões (v.), segundo a *Odisseia*, X, 80-129, povo fabuloso que habitava a costa italiana, nos arredores de Fórmias. A família latina *dos Aelü Lamia* fazia remontar ao Rei Lamo a sua origem nobre.

Lamo é igualmente o nome de um filho de Héracles com Ônfale, o qual se tornou herói epônimo da cidade grega de Lâmia.

LAMPÉCIA *(II, 20).*

Λαμπετίη (Lampetíē), *Lampécia*, é um derivado do verbo λάμπειν (lámpein), "brilhar, iluminar", hitita *lap-zi*, "queimar, brilhar", *lappaš*, "brilhante", letão *lāpa*, "tocha", *DELG*, p. 616-617. Lampécia é pois "a que brilha, a que ilumina".

Há três heroínas com este nome. De Hélio (o Sol) e da ninfa Neera nasceram duas filhas, Lampécia e Faetusa, que guardavam o rebanho paterno na Ilha de Trinácria. Foram elas que contaram a Hélio que os companheiros de Ulisses haviam devorado as vacas mais gordas do armento (*Odiss.*, *XII*, 127-141).

Uma tradição isolada faz de Lampécia a esposa de Asclépio e mãe de Macáon, Podalírio, Iaso, Panaceia e Egle.

Lampécia é igualmente o nome de uma das Helíades (v.).

LÂMPETO.

Λάμπετος (Lámpetos), *Lâmpeto*, parece um derivado λάμπειν (lámpein), "brilhar, iluminar", donde "o brilhante" (v. Lampécia).

Herói de Lesbos, Lâmpeto era filho de Iro. Foi morto por Aquiles juntamente com Hicetáon e Hipsípilo, filho de Lepetimno, quando da tomada e saque de Metimna, uma das mais importantes cidades da Ilha de Lesbos, célebre por seu vinho.

LAMPO.

Λάμπος (Lámpos), *Lampo*, é um derivado do verbo λάμπειν (lámpein), "brilhar, iluminar" (v. Lampécia), donde "o brilhante".

Filho do rei troiano Laomedonte (v.), Lampo foi o pai de Dólops. Foi o herói epônimo da cidade de Lamponeia, na Tróada. Na *Ilíada*, XV, 526-527, Lampo é chamado de guerreiro excelente.

LÂMPSAQUE.

Λαμψάκη (Lampsákē), *Lâmpsaque*, é igualmente um derivado do verbo λάμπειν (lámpein), "brilhar, iluminar" (v. Lampécia), donde "a brilhante".

Lâmpsaque era filha do rei dos bébricos Mândron, que reinava em Pitiusa, na Ásia Menor. Na ausência do rei, colonos fócios, ali instalados, organizaram uma vasta conspiração e ameaçaram massacrar os bébricos. Lâmpsaque, corajosamente, preveniu todos os habitantes da cidade, embora não pudesse evitar a morte de centenas de camponeses e a queda de Pitiusa. Morta durante a revolta dos fócios, os bébricos, após repelir os revoltosos, atribuíram-lhe honras divinas e mudaram o nome de sua capital para Lâmpsaque.

LAOCOONTE.

Λαοκόων (Laokóōn), *Laocoonte*, é um derivado de λαός (laós), "povo", e do verbo κοεῖν (koeîn), "perceber, entender, compreender". O verbo em pauta está relacionado com o radical *-kof-* (-kow-), representado no latim *cauēre*, "tomar cuidado, velar por, cuidar de"; no sânscrito existe um presente radical com vocalismo zero *ā-kuvate*, "ter a intenção de", além de *kavi-*, "sábio, poeta", *DELG*, p. 551. Laocoonte é, pois, "o que cuida, protege o povo".

Filho de Cápis ou de Antenor, Laocoonte era o sacerdote de Apolo Timbreu em Troia. Casado com Antíope, foi pai de Étron e Melanto ou ainda de Ântifas e Timbreu. Apolo, todavia, por haver Laocoonte se unido à esposa junto à sua estátua sagrada, o que era um sacrilégio, estava profundamente irritado com o sacerdote e aguardava apenas o momento oportuno para puni-lo.

Como o sacerdote de Posídon havia sido lapidado pelos troianos, porque não soubera com seus sacrifícios impedir o desembarque dos aqueus, resolveram recorrer a Laocoonte e solicitar-lhe os bons serviços. É que os gregos astutamente haviam fingido uma retirada e deixado um enorme cavalo de madeira no local onde se acampavam. Os troianos desejavam que, por meio de sacrifícios a Posídon, o sacerdote multiplicasse as dificuldades no retorno dos inimigos à pátria, levantando tempestades e fazendo que naufragasse o maior número possível de naus aqueias.

No momento em que iam pedir-lhe semelhante favor, encontraram-no sacrificando um touro a Posídon e foram testemunhas de um prodígio horrível. Duas serpentes se haviam enroscado nos filhos do sacerdote e, quando este acorreu para salvá-los, foi também enlaçado pelos répteis, e pai e filhos pereceram sufocados. Os troianos de imediato atribuíram o fato à oposição de Laocoonte à entrada do cavalo de madeira na cidade de Troia. O servidor de Apolo, com efeito, não só aconselhara queimá-lo, mas ainda lançara um dardo contra o bojo do mesmo. A morte do sacerdote e de seus filhos foi imediatamente traduzida como castigo divino, tanto mais que as serpentes haviam se refugiado junto à estátua da deusa Atená. A punição, todavia, fora de Apolo e isto os troianos ignoravam. O castigo de Laocoonte erradamente interpretado fez que, por fatalidade, a máquina infernal, deixada pelos aqueus e que haveria de provocar a ruína de Ílion, fosse consagrada à deusa Atená.

A tradição nos legou o nome das duas serpentes que serviram de instrumento à ira de Apolo: Porce e Caribeia.

Virgílio, na *Eneida*, 2, 201-249, nos deixou uma magnífica descrição da *machĭna fatālis*, síntese da astúcia helênica, e da morte de Laocoonte e seus filhos.

Existe, no mito, um segundo Laocoonte. Trata-se de um filho de Pórtaon, irmão, por conseguinte, de Eneu, rei de Cálidon. Laocoonte acompanhou Meléagro na expedição dos Argonautas.

LAÓDAMAS.

Λαοδάμας (Laodámas), *Laódamas*, é um composto de λαός (laós), "povo" e do verbo δαμνέναι (damnénai), "domar, vencer", cujo presente é δάμνημι (dámnēmi), "eu venço, eu domo" (v. Admeto). O antropônimo significa, pois, "o que domina o povo".

Filho de Etéocles, o herói pertence à geração dos Epígonos (v.). Após a morte do pai na luta contra os Sete Chefes (v.) e a regência de Creonte, Laódamas subiu ao amaldiçoado trono de Tebas e teve que dar combate aos Epígonos, comandados por Alcméon (v.). Relata uma tradição que o rei de Tebas foi morto por Alcméon na batalha de Glissas, após ter eliminado Egialeu, filho de Adrasto. Uma versão diferente atesta que o herói escapou com uma parte do exército tebano e refugiou-se na Ilíria.

LAODAMIA *(III, 208, 211, 211[158])*.

Λαοδάμεια (Laodámeia), *Laodomia*. Quanto à etimologia, vejam-se Laódamas e Admeto.

Há três heroínas com este nome. A primeira é uma filha de Belerofonte (*Il.*, VI, 197). Na tradição homérica, Laodamia foi mãe de Sarpédon, mas o grande herói que tanto ajudou os troianos na luta contra os aqueus é considerado com mais frequência como filho de Zeus e de Europa. A heroína faleceu jovem, vitimada por uma flecha de Ártemis (v.).

A segunda personagem homônima e bem mais importante no mito é a filha de Acasto e a esposa apaixonada de Protesilau, o primeiro herói aqueu a morrer em Troia. Em plena lua de mel o valente Protesilau foi convocado para a Guerra de Troia. A mulher o amava apaixonadamente. Tomando conhecimento da morte do marido, inconsolável e desesperada, pediu aos deuses que o devolvessem à vida por três horas apenas. Os imortais atenderam-lhe a súplica e chegado o momento do retorno do herói ao Hades, a jovem esposa suicidou-se nos braços de seu amor inesquecível. Uma variante relata que Hipodamia, não podendo viver sem o marido, mandou-lhe confeccionar uma estátua de cera e a ela se unia secretamente. Acasto, tendo descoberto esse amor incontrolável da filha, ordenou que se derretesse a estátua numa pira. Laodamia lançou-se às chamas e pereceu abraçada à imagem de Protesilau.

Laodamia é ainda o nome de uma filha de Alcméon (v.).

Ovídio, nas *Heroides*, carta 13, de *Laodamia a Protesilau*, relembra esse amor que nunca poderá terminar e cuja eclosão se converte em solene juramento nos lábios de uma mulher profundamente apaixonada, *Her.*, 13,159-163:

Per reditus corpusque tuum, mea numina, iuro,
  Perque pares animi coniungiique faces,
Perque, quod ut uideam canis albere capillis,
  Quod tecum possis ipse referre, caput,
Me tibi uenturam comĭtem, quodcumque uocaris...

– Por teu retorno e por ti, que és meu deus,
  pelas chamas do amor e pelas tochas nupciais,
por tua cabeça, mesmo que eu a veja encanecida
  em teu regresso, juro que estarei a teu lado
como companheira, onde quer que me chames...

LAÓDICE *(I, 78, 85-86, 94; III, 301[229], 331)*.

Λαοδίκη (Laodíkē), *Laódice*, é um composto de λαός (laós), "povo" e de δίκη (díkē), "justiça", donde "a justa para com o povo, a que lhe faz justiça".

Quanto à *díkē*, "regra, uso, norma, justiça", existe em latim uma forma atemática *dicis causā*, "por causa da fórmula, segundo o rito"; sânscrito *diś* – "direção, região do céu, maneira" e *diśā*, "direção, região do céu", onde se estabelecem as normas e de onde provém a justiça, *DELG*, p. 283-284.

Há quatro heroínas com este nome. A primeira é a filha do rei de Chipre Cíniras, e esposa de Élato (v.).

A segunda está igualmente ligada à mesma ilha, mas por motivos outros. É que seu pai, o arcádio Agapenor, no retorno da Guerra de Troia, foi lançado por uma tempestade em Chipre e aí fundou a cidade de Pafos. Laódice, em sinal de agradecimento, enviou de Pafos a Tegeia, sua terra natal, um peplo a Atená e mandou construir no mesmo local um templo a Afrodite de Pafos.

A terceira é uma das filhas de Agamêmnon e Clitemnestra. A partir sobretudo dos trágicos, a heroína passou a chamar-se Electra.

Laódice é também, como diz Homero, *Ilíada*, III, 124, "a mais bela das filhas de Príamo". Era a esposa do herói Helicáon. Tradições posteriores a Homero relatam que Laódice se apaixonara pelo filho de Teseu, Ácamas, quando este participou da segunda embaixada aquéia a Troia, com o fito de resolver pacificamente o problema do rapto de Helena. Dos amores da lindíssima troiana com o príncipe ateniense nasceu Múnito (v.).

Após a queda de Troia, Laódice, ao fugir de seus perseguidores, foi tragada pela terra, certamente por obra e graça de Afrodite, que muito lhe apreciava a beleza e a luxúria.

LAÓDOCO.

Λαόδοκος (Laódokos), *Laódoco*, é um composto de λαός (laós), "povo" e de δίκη (díkē), "uso, norma, justiça", donde "o que é julgado pelo povo" (v. Laódice).

O mais célebre dos heróis com este nome é um dos três filhos de Apolo e Ftia.

Seus irmãos chamavam-se Doro e Polipetes. Os três reinavam ao norte do Golfo de Corinto, onde residiam os Curetes (v.). Etolo (v.), tendo sido expulso da Élida, foi muito bem-acolhido pelos filhos de Apolo. Em recompensa da hospitalidade, o sanguinário Etolo matou os três e apossou-se de seu reino. Expulsou os Curetes e deu ao novo estado o nome de Etólia.

LAOMEDONTE *(I, 322; II, 89; III, 106,119,146)*.

Λαομέδων (Laomédōn), *Laomedonte*, é um composto de λαός (laós), "povo" e do verbo μέδειν (médein), ou na voz média μέδεσθαι (médesthai), "comandar, reinar sobre, preocupar-se com, zelar por", donde o antropônimo significar "o que zela, preocupa-se com seu povo". Quanto ao verbo em pauta, a raiz é *med- "medir, regulamentar, zelar por, refletir acerca de, reinar, comandar". Em outras línguas a raiz tomou significações diversas, mas próximas semanticamente. Assim, em latim *modus*, "medida, moderação", *meditari*, "meditar, refletir"; osco *meddiss*, "o que profere a sentença"; umbro *mers*, "direito". A raiz *med- é ainda a base de termos relativos à *medicina*, uma vez que o médico "regulamenta, dominando" a doença, daí *medēri*, "curar", *medicus*, "médico"; avéstico *vīmad,-* "medicina", *DELG*, p. 675.

Filho de Ilo e Eurídice, Laomedonte foi pai de vários filhos, entre os quais Podarces, depois chamado Príamo, e Hesíona (v.). O nome de sua esposa varia muito no mito: ora é Estrimo ou Estrímon, Reio, Plácia, Toosa, Leucipe ou Zeuxipe.

Um dos primeiros reis de Troia, pois foi ele quem sucedeu a Ílo no trono e mandou construir as inexpugnáveis muralhas de Ílion. Ergueram-nas Apolo e Posídon, que tiveram como ajudante o mortal Éaco.

O mito trágico do rei de Troia, no entanto, resume-se na história de seus perjúrios.

Os três hábeis e infatigáveis obreiros trabalharam durante um ano. Terminada a fatigante tarefa, o rei se recusou a pagar-lhes o salário estipulado e ainda ameaçou cortar-lhes as orelhas. Apolo fez grassar sobre toda a região da Tróada uma peste avassaladora e Posídon ordenou que um gigantesco monstro marinho surgisse das águas e matasse os rebanhos e os homens no campo.

Consultado o oráculo, este revelou que a peste só teria fim se o rei expusesse sua filha Hesíona (v.) para ser devorada pelo monstro. A princesa, agrilhoada a um rochedo, estava prestes a ser estraçalhada pelo dragão, quando Héracles chegou a Troia, em seu retorno do país das Amazonas. O herói prometeu ao monarca salvar-lhe a filha, se recebesse em troca as éguas que Zeus lhe ofertara por ocasião do rapto de Ganimedes (v.). O rei aceitou feliz a proposta. O incansável filho de Alcmena matou o monstro e salvou Hesíona. Ao reclamar, todavia, a recompensa prometida, o velhaco Laomedonte se recusou a cumpri-la. Ao partir de Troia, Héracles jurou que um dia voltaria e tomaria a cidade. E o cumpriu um pouco mais tarde. Reunida uma armada, e contando com o auxílio de Télamon, invadiu a cidadela, matou a Laomedonte e a todos os filhos, exceto Podarces (v.) ou Príamo e Hesíona, que se casou com Télamon (v. Héracles).

Uma versão bem mais recente e bastante suspeita do mito é relatada por Diodoro Sículo (*Bibl.*, 2,6,4 e 3,12,3,8). Héracles enviou Télamon e Íficlo como embaixadores a Troia com o objetivo de reclamar as éguas prometidas. Laomedonte lançou os dois no cárcere e ainda ameaçou matar os Argonautas estacionados em Troia, entre os quais se encontrava o próprio Héracles. Todos os filhos do tirano concordaram com as atitudes do pai, exceto Podarces (Príamo), que defendeu a integridade dos hóspedes. Como não fosse ouvido, enviou duas espadas aos prisioneiros e pô-los a par das intenções do rei. Armados, Télamon e Íficlo mataram os guardas e fugiram para junto dos Argonautas. Héracles, num acesso de raiva, tomou Ílion, matou o monarca e seus filhos, e colocou Príamo no trono de Troia.

O relato de Diodoro é absurdo, uma vez que a queda da cidadela às mãos de Héracles e a expedição dos Argonautas são dois mitos independentes.

O túmulo de Laomedonte estava localizado junto às portas Ceias e, segundo um oráculo, Ílion jamais seria tomada, enquanto o sepulcro do rei estivesse intacto.

O episódio da construção dos muros de Troia por Apolo e Posídon e a negativa do soberano em pagar os obreiros divinos encontram-se relatadas na *Ilíada*, XXI, 441-457.

LAÔNITO.

Λαόνυτος (Laónytos), *Laônito*, ainda não possui etimologia definida. Carnoy, *DEMG*, p. 107, pergunta se não poderia tratar de um composto de λαός (laós), "povo" e do importante verbo νεύειν (neúein), "inclinar-se, fazer um sinal com a cabeça", donde Laônito seria "o que se deixa dirigir pelo povo". Quanto ao verbo em tela, encontra ele um correspondente no latim *newo*, em *abnuĕre*, "fazer sinal que não" e *annuĕre*, "fazer sinal que sim, anuir", daí *nutus*, "sinal de cabeça". O latim *numen*, que teve um desenvolvimento semântico importante, significa literalmente "movimento de cabeça, assentimento, vontade dos deuses".

Segundo uma variante do mito, de Édipo e Jocasta teriam nascido dois filhos, Laônito e Frastor, e ambos teriam perecido na luta dos tebanos contra os mínios e seu Rei Ergino (v.). A seguir tal versão (v. Jocasta), Etéocles, Polinice, Antígona e Ismene seriam filhos de Édipo e Eurigania.

LAÔNOME.

Λαονόμη (Laonómē), *Laônome*, é um composto de λαός (laós), "povo" e de uma forma feminina de νόμος (nómos), "lei", do verbo νέμειν (némein), cujo sentido primeiro é "atribuir, repartir segundo o costume ou a conveniência", daí "habitar, dirigir, administrar" (v. Eurínome), donde significar o antropônimo "a que dirige, a que rege o povo". Diga-se de passagem, que a raiz *nem-em némein* com alternância *nom-* em *nómos* está relacionada com o germânico, gótico *niman*, alemão *nehmen*, "tomar, pegar, aceitar".

Segundo uma versão tardia, Anfitrião e Alcmena, além de "Héracles" e Íficles, teriam sido pais de Laônome, que se casou com o argonauta Eufemo ou Polifemo.

Por vezes, Laônome é considerada filha de Guneu e mãe de Anfitrião.

LÁPITAS *(I, 260, 282; II, 90; III, 121-122)*.

O termo Λαπίθαι (Lapíthai), *Lápitas*, tem certamente uma etimologia de origem popular: a raiz indo-europeia *lep*, "tagarelar", serviria de base ao verbo λαπίζειν (lapízein), "vangloriar-se, falar alto, comportar-se insolentemente", o que estaria corroborado pelo sânscrito *lápati*, "falar em demasia".

A dificuldade em se falar sobre os lápitas reside no fato de os mesmos terem sido em seus primórdios, ao que tudo indica, um povo histórico, que, por suas origens, acabou sob os domínios do mito. Selvagens e violentos, habitavam os maciços dos Montes Pindo, Pélion e Ossa. O ramo mais importante da família julgava-se descendente do deus-rio da Tessália, Peneu, e da ninfa Creúsa ou Fílira. A partir desta filiação, a genealogia dos lápitas estaria organizada da seguinte maneira: Peneu fora pai de dois filhos, Hipseu e Andreu e de uma filha, que unida a Apolo, deu à luz a Lápites, epônimo dos lápitas. Lápites foi pai de Forbas, Perifas, Tríopas e Lesbos. De Perifas procederia Ixíon (v.), mas uma variante dá-lhe como pai o Rei Flégias, um outro lápita bem mais importante. À vasta família dos lápitas pertencem igualmente Ceneu (v.) e seu irmão Ísquis (v.), bem como Pirítoo (v.), o amigo inseparável de Teseu. Alguns lápitas aparecem na expedição dos Argonautas, tais como Ceneu, Corono, Mopso, Pirítoo, Astérion, Leonteu, Falero e Polipetes (v.).

O principal episódio em que se envolveram os lápitas foi a luta cruenta contra os Centauros (v.). Também Héracles foi obrigado a combatê-los, para defender Egímio. Este rei era filho de Doro, ancestral mítico e epônimo dos dórios. Ameaçado constantemente em seu reino pelos violentos lápitas, à cuja frente estava Corono, apelou para Héracles, a quem prometeu um terço de seu reino, em caso de vitória. Com grande facilidade o herói livrou Egímio dos lápitas, mas recusou a recompensa, pedindo-lhe tão somente que a reservasse para os Heraclidas, o que foi cumprido à risca pelo rei. Tendo adotado Hilo, filho de Héracles com Dejanira, dividiu o reino em três partes iguais: seus filhos Dimas e Panfilo ocuparam as duas primeiras e Hilo, a terceira. A *Ilíada*, XII, 128sqq., já conhece os "soberbos e fortes lápitas" e menciona o heroísmo e destemor de Polipetes e Leonteu e volta a falar deles no mesmo canto, 181sqq. Igualmente a *Odisseia*, XXI, 295sqq., faz alusão à luta entre os Centauros e os lápitas.

LARINO.

Λάρινος (Lárinos), *Larino*, talvez seja, com mudança de acento, um epíteto popular, uma vez que λαρινός (lārīnós), que é um adjetivo, significa "gordo, cevado".

Pastor do Epiro, Larino recebeu de presente de Héracles, quando retornava do Ocidente com o rebanho de Gerião, algumas reses. Esta raça de engorda conservou-se famosa até a época clássica. A etimologia acima apontada parece comprovar-se pela glosa do lexicógrafo e compilador Fócio, que chama o rebanho (gordo) de Larino de Λαρινοὶ Βόες (Larinoì Bóes), "bois (gordos) de Larino".

Diga-se de passagem que *larinós* relembra o latim *laridum* ou *lardum*, "toucinho", como está em Horácio, *Sátiras*, 2,6,64.

LARISSA *(III, 87)*.

Λάρισσα (Lárissa), *Larissa*, é derivado por Carnoy, *DEMG*, p. 109, de λαϝαρ (lawar), "pedra" com um sufixo pelásgico e o antropônimo significaria "fortaleza confeccionada com pedras ciclópicas".

Heroína argiva ou tessália, seu nome explica a homonímia de cidades tessálias chamadas Larissa e da cidade de Argos. De sua união com Zeus ou Posídon nasceram Pelasgo, Aqueu e Ftio, que emigraram da Argólida para a Tessália. Em algumas versões, Pelasgo é tido como pai da heroína.

LÁS.

Λᾶς (Lâs) é forma contrata de λάας (láas), *Lás*, e cujo sentido é de "pedra lançada por um guerreiro" ou pedra em geral. Distinto, a princípio, de πέτρα (pétra), "rochedo", foi depois suplantado no uso por esta. Em ático, a forma preferida é λίθος (líthos), com o mesmo sentido.

Lás é um herói muito antigo da Península do Taígeto, no Peloponeso. Relata uma tradição que Lás fora morto por Aquiles ou Pátroclo, quando veio a Esparta pedir a Tíndaro a mão de Helena. A versão é recente e destituída de sentido, uma vez que Aquiles não figura e nem poderia figurar entre os grandes heróis pretendentes de Helena (v. *Helena, o eterno feminino*. Petrópolis, Vozes, 1989).

LEAGRO.

Λέαγρος (Léagros), *Leagro*, segundo Carnoy, *DEMG*, p. 109, talvez seja um composto de λεία (leía), "presa" e de ἄγρα (ágra), "ação de se apoderar de", donde Leagro seria "o que se apodera da presa".

Aliado do heraclida Têmenos, Leagro, com a ajuda de Ergieu, e instigado por Têmenos, apoderou-se do *Paládio* (v.), que guarnecia a cidadela de Argos. Algum tempo depois, tendo-se inimizado com o heraclida, Leagro ofereceu a preciosa estatueta aos reis de Esparta que, jubilosos, a receberam, uma vez que o Paládio representava a segurança e a inviolabilidade da pólis que o possuísse. Guardaram-no cuidadosamente no interior da cidade, bem perto do santuário das Leucípides (v.). Como o Oráculo de Delfos aconselhara que se desse por guardião do Paládio um dos que o tivessem subtraído, os reis lacedemônios ergueram ao lado do local em que se colocara a preciosa relíquia um templo a Ulisses. É que o rei de Ítaca não só arrancara o Paládio de Troia, mas também era considerado pelos lacônios uma espécie de herói nacional, dadas as origens de Penélope (v.).

LEANDRO.

Λέανδρος (Léandros), *Leandro*, talvez seja, segundo Carnoy, *DEMG*, p. 109, um composto λαός (laós), "povo" e de ἀνήρ, ἀνδρός (anḗr, andrós), "herói, homem viril", donde Leandro seria "o viril entre o povo".

Leandro era um jovem de Ábidos, que amava apaixonadamente a Hero (v.), sacerdotisa de Afrodite, a qual vivia em Sesto, do outro lado do estreito do Helesponto, marco de separação entre as duas cidades. Todas as noites o corajoso Leandro atravessava o estreito a nado, guiado por uma tocha que a amante segurava no teto da casa em que morava. Certa feita, porém, durante uma tempestade, a tocha se apagou e o amante pereceu afogado. Na manhã seguinte, vendo o cadáver boiar bem junto à sua residência, Hero lançou-se ao mar, desesperada por não poder viver sem seu grande amor.

LEARCO *(II, 120; III, 177, 313[246])*.

Λέαρχος (Léarkhos), *Learco*, segundo Carnoy, *DEMG*, p. 109, se estiver por ληαρχός (lēarkhós), será um composto de λαός (laós), "povo" e de uma forma do verbo ἄρχειν (árkhein), "tomar a iniciativa, ir à frente, começar, comandar", donde Learco seria "o que comanda o povo".

De Átamas (v.) e Ino nasceram dois filhos, Learco e Melicertes. Enlouquecido pela deusa Hera, por ter criado secretamente a Dioniso (v.), Átamas, armado com um venáculo, matou a Learco, confundindo-o com um veado.

Segundo uma variante, Átamas, tomando conhecimento do crime de Ino (v.), contra seus filhos do primeiro casamento, Frixo e Hele, que tivera com Néfele, desejando eliminar a esposa, matou por engano a Learco.

LEBÉADO.

Λεβέαδος (Lebéados), *Lebéado*, segundo Carnoy, *DEMG*, p. 109-110, proviria da hipotética raiz *leb*- e significaria "pedra".

Licáon (v.), desejando testar a divindade e clarividência de Zeus, ofereceu-lhe, num banquete, as carnes de um de seus filhos, Nictimo, ou de seu neto Arcas.

Dois de seus filhos (eram muitos e ímpios como o pai), Lebéado e Eleuter, resolveram não participar do sacrilégio paterno. Após o nefando banquete, fugiram para a Beócia, onde fundaram as cidades de Lebadia e Eleutero.

Tal fato explica a amizade e aliança que sempre existiram entre os habitantes da Arcádia (de onde provieram os fundadores) e as duas cidades da Beócia.

LEDA *(I, 85, 112-113, 343; II, 22-23, 109-110; III, 22, 28, 330, 344)*.

Λήδα (Lḗda), *Leda*, ao que parece, é um empréstimo ao lício *lada*, "mulher, esposa", *DELG*, p. 636.

Os reis da Etólia Téstio e Eurítemis eram pais de Alteia, mãe de Meléagro, Hipermnestra e Leda. Tradições outras, porém, afiançam que as irmãs da heroína eram Clícia e Melanipe. Conta-se ainda que o grande herói Glauco, filho de Sísifo, tendo passado pela Lacedemônia em busca de seus cavalos, sumidos ou roubados, uniu-se a Pantidiia. Esta, em seguida, se casara com Téstio, que passava por ser o pai de Leda. Tal versão parece construída à base do nascimento de Ulisses (v.), considerado filho de Sísifo.

Tíndaro, expulso da Lacônia pelo violento Hipocoonte (v.) e seus filhos, os hipocoôntidas, refugiou-se na corte de Téstio, que lhe deu a filha Leda em casamento. Quando Héracles repôs Tíndaro no trono de Esparta, a esposa o seguiu, mas, segundo dizem, a contragosto.

Leda, consoante a tradição mais comum, foi mãe de Timandra, que se casou com Équemo; de Clitemnestra, raptada por Agamêmnon (v.); de Helena, esposa de Menelau, às quais os trágicos acrescentam Febe, e dos Dioscuros (v.), Castor e Pólux. Nem todos, porém, tiveram por pai a Téstio, mas a Zeus, que, sob a forma de cisne, se uniu à rainha espartana e gerou Pólux e Helena. Uma variante, entretanto, afirma que Helena era filha de Nêmesis.

Esta, para fugir à tenaz perseguição do pai dos deuses e dos homens, percorreu o mundo inteiro, tomando todas as formas possíveis, até que, cansada, se metamorfoseou em gansa. O deus se transformou em cisne e a possuiu.

Em consequência dessa conjunção, Nêmesis pôs um ovo, que, encontrado por um pastor, foi entregue a Leda. A esposa de Tíndaro o guardou num cesto e, no tempo devido, nasceu Helena que foi criada como filha dos reis de Esparta.

A partir sobretudo de Eurípides, a perseguida por Zeus, sob a forma de cisne, foi a própria Leda, que teria posto dois ovos de que nasceram Castor e Clitemnestra, mortais, e Pólux e Helena, imortalizados pelo senhor do Olimpo.

No templo das Leucípides, em Esparta, mostravam-se as cascas de um ovo gigante de que teriam nascido Pólux e Helena.

Homero, na *Odisseia*, XI, 298-300, fala de Leda, que gerou dois ilustres rebentos: Castor, domador de cavalos, e Pólux, habilíssimo no pugilato.

LÊIMON.

Λειμών (Leimón), *Lêimon*, "pradaria úmida, superfície florida", talvez se possa aproximar do latim *Līmus*, "lodo, lama, limo" e do antigo alemão *slīm*.

Após um nascimento difícil, Apolo e Ártemis resolveram percorrer o mundo para vingar-se de quantos haviam se recusado a acolher sua mãe Leto (v.), que se contorcia em dores, perseguida por Hera.

Tendo chegado ao Peloponeso, dirigiram-se para a corte de Tegéates, onde foram recebidos por Cefro, um dos filhos do rei. Lêimon, irmão de Cefro, percebendo que este conversava com Apolo à parte, pensou que estivesse sendo caluniado e o matou. Ártemis, de imediato, liquidou o assassino com suas flechas certeiras. Apesar dos sacrifícios oferecidos aos gêmeos de Leto por Tegéates e sua esposa Mera, os deuses não abrandaram sua cólera e lançaram uma grande peste sobre toda a Lacônia. Consultado o Oráculo de Delfos, a Pítia respondeu que a epidemia só teria fim quando se prestassem solenes honras fúnebres a Cefro. Em homenagem à vítima inocente da insensatez brutal de Lêimon, se instituiu, por isso mesmo, em Tégea, uma grande festa anual em que se mimava a perseguição e morte de Lêimon por uma sacerdotisa de Ártemis.

LEIMONE.

Λειμώνη (Leimónē), *Leimone*, é uma espécie de feminino de Lêimon, e significa "pradaria úmida."

Nobre ateniense, era filha de Hipômenes, possivelmente um rei da cidade de Palas Atená. Sabedor de que a filha não conservara a virgindade, o cruel Hipômenes a prendeu com um cavalo numa casa isolada, sem lhe fornecer alimentação e água. O animal furioso e esfaimado a devorou.

LEITO.

Λήιτος (Léïtos), *Leito*, é um derivado de λαός (laós), "povo" e interpretado como "chefe do povo, comandante de tropas", *DEMG*, p. 110. Como argumenta Frisk, *GEW*, s.u., λαFός (lawós) "povo", pode ter sido um coletivo como atesta o antigo alemão *liut*; anglo-saxão *leod*, mas se lhe desconhece a etimologia em grego.

Leito era chefe de um destacamento beócio na Guerra de Troia (*Il.*, II, 49). Filho de Aléctrion ou de Alector, foi um bravo, segundo Homero, na luta contra a cidadela de Ílion. Matou o troiano Fílaco, mas foi ferido por Heitor.

Foi ele o encarregado de trazer de Troia as cinzas de Arcesilau, comandante em chefe dos beócios.

LÉLEX.

Λέλεξ (Léleks), *Lélex*, consoante Carnoy, *DEMG*, p. 110, não possui etimologia segura. Se procede do pelasgo, talvez se possa tentar uma aproximação com o indo-europeu *leg^w, "ligeiro, rápido, vivo".

Nascido da *terra*, foi o herói epônimo dos lélegos e quiçá o primeiro rei da Lacedemônia. Foi pai de Miles e Policáon. O primeiro, com a morte de Lélex, assumiu o governo da Lacônia, que legou, por sua vez, ao filho, o deus-rio Eurotas. O mais jovem, Policáon, se casou com Messena, filha de Tríopas, rei de Argos. Governou a Messênia, nome que deu a seu reino em homenagem à esposa.

Segundo uma tradição, Lélex era pai e não avô do deus-rio Eurotas. Considerado também como herói de Leucádia, seria avô de Teléboas, epônimo do povo homônimo.

Lélex aparece ainda como filho de Posídon e de Líbia. Viera do Egito para reinar em Mégara. Seu filho Cléson teria sido pai de duas jovens, Cleso e Taurópolis, responsáveis pelo recolhimento de Ino (v.), que se matara, enlouquecida por Hera (v. Leucoteia).

Segundo uma outra versão, o herói foi pai igualmente de Bias, morto por Pilas (v.).

LEO.

Λέως (Léōs), *Leo*, talvez seja a forma ática com mudança de acento, λεώς (leós), de λαός (lãós), "povo", e neste caso o antropônimo significaria o "popular, o amigo do povo".

Filho de Orfeu, Leo era o herói epônimo da tribo ática Leôntida. Foi pai de um filho, Clianto, e de três filhas, Fasítea, Téope e Eubuleu. Quando de uma peste em Atenas, Leo ofereceu suas filhas como vítimas expiatórias, uma vez que o Oráculo de Delfos ordenara se imolassem seres humanos para debelar a fome e fazer retornar a prosperidade.

Os atenienses ergueram no Cerâmico um santuário às três heroínas, que foram sacrificadas pela salvação de Atenas.

LEONASSA.

Λεώνασσα (Leónassá), *Leonassa*, que nenhuma relação etimológica possui com *leoa* ou *leão*, em grego λέων (léōn), é composto do ático λεώς (leós), "povo" e de ἄνασσα (ánassa), "rainha, princesa, senhora", donde "a senhora do povo". *Ánassa* é o feminino de *ánaks* (v. Astíanax).

Neta de Hilo, numa versão recente do mito, ter-se-ia casado com Neoptólemo, de quem teve vários filhos: Argos, Pérgamo, Pândaro, Dorieu, Gênoo, Euríloco e Dânae, heróis e heroínas que, de ordinário, possuem outros ancestrais inteiramente diversos.

LEONTEU.

Λεοντεύς (Leonteús), *Leonteu*, é um derivado de λέων, λέοντος (léōn, léontos), *leão*, donde "bravo como um leão". A origem do vocábulo *léōn* é desconhecida. A aproximação com o sânscrito *ráuti, ruváti*, "ele ruge", já foi abandonada. Nem tampouco se pode fazê-lo provir do nome do animal em acádico *lābu*, ugarítico *lb'*, hebraico *lābī*, *DELG*, p. 635.

Leonteu aparece em vários passos da *Ilíada*, II, 745sq; XII, 130sq., XXIII, 837, como guerreiro destemido. Filho de Corono e neto de Ceneu, era o comandante dos lápitas na Guerra de Troia, onde lutou ao lado de outro lápita, Polipetes, filho de Pirítoo. Figura entre os heróis que ocuparam o bojo do cavalo de madeira, construído por Epeu. Foi um dos pretendentes de Helena. Após a guerra, seguiu por terra em companhia do adivinho Calcas (v.), mas, com a morte do inspirado de Apolo, voltou a Troia e de lá, pelo mar, regressou à pátria.

Andrêmon, irmão de Leonteu, segundo alguns mitógrafos, se casou com Anfínome, uma das filhas de Pélias.

LEÔNTICO.

Λεόντιχος (Leóntikhos), *Leôntico*, consoante Carnoy, *DEMG*, p. 111, talvez possa explicar-se através de ἴχνιον (íkhnion), "pegada, rastro", daí ἰχνευτής (ikhneutés), "cão de caça" λέων, λέοντος (léōn, léontos), "leão", donde o antropônimo poderia significar "o que caça o leão".

A história de amor de Leôntico e Hádine é relatada pelo poeta Estesícoro (séc. VII-VI a.C.), no Frag. 44. Hádine, originária de Samos de Trifília, na Élida, era noiva de um tirano de Corinto, mas seu grande e inesquecível amor era Leôntico. Quando a jovem partiu para Corinto, a fim de se casar, Leôntico a seguiu, mas ambos foram mortos pelo tirano, que colocou os dois cadáveres num carro para mandá-los de volta à terra natal de ambos. Arrependido, no entanto, sepultou-os juntos num único túmulo, que passou a ser o local de peregrinação dos amantes, que vinham pedir-lhes ajuda.

LEONTÓFONO.

Λεοντοφόνος (Leontophónos), *Leontófono*, é um composto de λέων, λέοντος (léōn, léontos), "leão" e de φόνος (phónos), "morticínio, morte", do verbo φονεύειν (phoneúein), "ferir, matar", mas a raiz de todo o sistema é *ghʷen-, v. o verbo θείνειν (theínein), "ferir, bater", cujo aoristo segundo ἔπεφνον (épephnon),"eu matei" (v. Belerofonte). O antropônimo em pauta significa, assim, "o matador de leões".

Após o massacre dos pretendentes, Ulisses, veementemente acusado pelos pais dos mortos, submeteu o caso à decisão de Neoptólemo, que, cobiçando-lhe os bens, condenou-o ao exílio. Refugiando-se na Etólia, na corte do Rei Toas, desposou-lhe a filha. Desse enlace nasceu Leontófono, "o matador de leões", mas o epíteto enfeita-lhe apenas o nome, porque nada de importante se conhece a respeito desse herói.

LEPREU *(III, 57)*.

Λέπρεος (Lépreos), *Lepreu*, consoante Carnoy, *DEMG*, p. 111, talvez se aproxime etimologicamente de λεπρός (leprós), que, além de outras significações, designa também "um local sujo, imundo", donde Lepreu seria "o sórdido".

O herói, filho de Cáucon e de Astidamia, figura no ciclo das aventuras de Héracles, sobretudo no sexto trabalho, a limpeza dos estábulos de Augias (v. *Mitologia Grega*, Vol. III, p. 102-103). Lepreu teria aconselhado ao rei da Élida que não pagasse ao herói o salário combinado pela limpeza dos estábulos, mas de carregá-lo de ferro e lançá-lo na prisão.

Quando Héracles retornou à Élida para vingar-se de Augias, foi até o palácio de Cáucon e exigiu que Lepreu lhe fosse entregue para ser punido. Comovido, no entanto, pelas lágrimas de Astidamia, transformou o castigo em três provas que "o sórdido" deveria disputar com ele: concurso de comida, de bebida e de lançamento de disco. Vencido em todas as modalidades, Lepreu foi obrigado a pegar em armas e defender-se, mas Héracles facilmente o matou.

LESBOS.

Λέδβος (Lésbos), *Lesbos*, segundo Carnoy, *DEMG*, p. 111, talvez provenha do pelasgo *lēswā*, "pradaria, campina". Lesbos é o herói epônimo da ilha homônima. Casou-se com Metimna, filha de Macareu ou Mácar, rei da ilha.

LESTRIGÕES *(I, 130, 325; III, 328).*

Λαιστρυγόνες (Laistrygónes), *Lestrigões*, não possui etimologia segura até o momento. Carnoy, *DEMG*, p. 106, aventa a hipótese de um composto de λᾶς (lâs), "pedra" e do verbo στρεύγεσθαι (streúguesthai), "maltratar, esgotar", donde o nome dos gigantes significaria "os que provocam desgraças com pedras ou a pedradas".

Expulso da Ilha de Éolo, rei dos Ventos, como almadiçoado dos deuses, Ulisses (v.) retornou às ondas do mar e chegou no sétimo dia a Lamos, cidade da Lestrigônia, terra dos gigantes e antropófagos *lestrigões*, povos, que, segundo uma tradição, habitavam as vizinhanças de Fórmias, ao sul do Lácio ou o porto siciliano de Leontinos. O herói enviou dois de seus nautas para explorar o local. Tendo eles encontrado uma jovem, que tirava água de um poço, perguntaram-lhe quem era o rei daquela região. A moça os conduziu à casa de seu pai, o antropófago Antífates, que degolou de imediato um dos aqueus. Depois, convocando seus subordinados, partiu com eles em direção ao porto. Os lestrigões, arremessando enormes blocos de pedra sobre a frota ancorada, destruíram todas as naus, exceto a de Ulisses, que ficara um pouco mais distante.

Homero, na *Odisseia*, X, 121-124, descreveu o infortúnio da maioria absoluta dos nautas aqueus:

Depois, de cima dos rochedos, lançaram sobre nós pedras imensas.
Levantou-se logo das naus o grito medonho dos que morriam
e o estrépito dos barcos que se partiam. E os lestrigões,
cortando os homens como se fossem peixes, levavam-nos para um triste banquete.

LETE *(I, 266, 320²¹³; II, 165-166).*

Λήϑη (Léthē), *Lete*, provém do verbo λανθάνειν (lanthánein), "esquecer, esconder", daí ἀληθής (alēthés), "não omitido, verdadeiro" e ἀλήθεια (alētheia), "o que não está escondido, a verdade". A aproximação com o latim *latēre*, "estar escondido", desde que se leve em conta uma formação diferente, é inteiramente válida, *DELG*, p. 618-619.

Lete, o *Esquecimento*, é filha de Éris, a Discórdia, e, consoante uma tradição, foi mãe das Cárites (v.), que traduzem a alegria de viver, talvez quando se esquecem das mazelas da vida. Emprestou seu nome a uma fonte, a Fonte do Esquecimento, depois transformada num rio, o Lete, situado no mundo ctônio.

De suas águas bebiam os mortos para esquecer a vida terrestre. Depois, sobretudo a partir dos Órficos, e bem mais tarde, de Platão, as almas que retornavam a esta vida e se revestiam de um novo corpo, bebiam das mesmas águas, a fim de não se lembrarem do que viram no mundo das sombras.

Em Lebadia, na Beócia, junto ao Oráculo de Trofônio, havia duas fontes, de cujas águas bebiam obrigatoriamente os consulentes: Λήϑη (Léthē), a Fonte do Esquecimento, e Μνημοσύνη (Mnēmosýnē), a Fonte da Memória. Esquecer o *profano*, para guardar o *sagrado*, transmitido pelo oráculo.

Lete acabou por transformar-se numa alegoria, irmã da Morte e do Sono.

LETEIA.

Ληϑαία (Lēthaía), *Leteia*, é o feminino do adjetivo ληϑαῖος (lēthaîos), "que faz esquecer, que torna insensível".

Ovídio, nas *Metamorfoses*, 10,68-72, narra o triste episódio de Leteia e de seu marido Óleno. Tendo pretendido rivalizar em beleza com uma das imortais, Leteia, após seu descomedimento, procurou fugir à cólera divina, escondendo-se no interior de sua casa. Óleno tudo fez para que o castigo dos deuses não caísse sobre a esposa, assumindo até mesmo a culpa pelo erro da mulher. Os imortais, todavia, não costumam perdoar a falta tão grave e metamorfosearam ambos em estátuas de pedra.

LETO *(I, 80, 156-157, 159, 162, 203, 206, 281, 343, 348; II, 19, 39, 57-59¹⁷, 60, 63-64, 70, 84-86, 89, 97, 99, 103-104; III, 30, 36, 59, 344, 348).*

Λητώ (Lētó), *Leto*, cuja etimologia é obscura. Em se tratando, todavia, de uma deusa-mãe originária da Ásia Menor, talvez se possa aproximá-la do lício *lada*, "senhora, mulher", como Leda (v.). Por etimologia popular, os antigos relacionavam-na com o verbo λανθάνειν (lanthánein), "esquecer" e com o latim *latēre*, "esconder", já que a consideravam como uma divindade da noite, das trevas, *DELG*, p. 638.

Filha do titã Ceos e da titânida Febe, a deusa pertence à primeira geração divina. Suas irmãs chamavam-se Astreia e Ortígia.

Grávida de Zeus e sentindo estar perto a hora do parto, Leto percorreu o mundo inteiro em busca de um local onde pudessem nascer os gêmeos Apolo e Ártemis. Hera, enciumada com este novo amor do esposo, proibiu a terra de acolher a parturiente. Temendo a cólera da irritadiça esposa do pai dos deuses e dos homens, nenhuma região ousou recebê-la. Foi então que a flutuante e estéril Ilha de Ortígia, por não estar fixada em parte alguma, não pertencia à Terra e não tendo, por isso mesmo, o que temer, abrigou a amante do senhor do Olimpo. Agradecido e comovido, Apolo a fixou no *Centro* do mundo grego e mudou-lhe o nome para *Delos*, "a brilhante, a luminosa". Foi em Delos que, abraçada a uma palmeira, a deusa, contorcendo-se em dores, esperou nove dias e nove noites pelo nascimento dos filhos. É que Hera, ainda mais encolerizada, retivera no Olimpo a *Ilítia* (v.), a deusa dos partos, hipóstase, por sinal, da própria rainha das deusas. Ilítia, *tendo cruzado a perna esquerda sobre a direita, fechou o caminho* da parturiente. Todas as demais deusas, tendo à frente Atená, puseram-se ao lado de Leto, mas nada podiam fazer, sem o consentimento de Hera e a presença de Ilítia. Assim, decidiram enviar Íris (v.) ao Olimpo com um presente irrecusável para Hera, outros dizem que para Ilítia: um colar de fios de ouro entrelaçados e de âmbar com mais de três metros de comprimento. "Comovida", a deusa consentiu que Ilítia descesse até a Ilha de Delos. De joelhos, junto à palmeira, Leto deu à luz primeiro a Ártemis e depois, com a ajuda desta, a Apolo. Vendo os sofrimentos por que passara sua mãe, Ártemis jurou jamais casar-se.

Narra-se ainda que para escapar às perseguições da esposa de Zeus, Leto se transformou em *loba* e refugiou-se no país dos Hiperbóreos e lá teriam nascido os gêmeos. Tal fato explicaria um dos epítetos de Apolo, *Licógenes*, "nascido da loba".

Uma variante assegura que Hera jurara que Leto não daria à luz em lugar algum iluminado pelos raios do sol. Zeus mandou que Bóreas levasse a amante até Posídon. O deus do mar levantou as ondas por sobre a Ilha de Delos e formou uma espécie de abóboda líquida. Abrigada do sol, a deusa pôde tranquilamente dar ao mundo o sol do dia (Apolo) e o brilho da noite (Ártemis).

Hera, que ainda não perdoara à rival, lançou contra ela a monstruosa serpente Píton. Apertando os filhos nos braços, a deusa fugiu para a *Lícia*, igualmente "terra dos lobos", e lá parou para lavar os recém-nascidos. Alguns camponeses, que estavam ocupados em arrancar uns caniços, não o permitiram e expulsaram-na brutalmente. Tomada de cólera, a amante de Zeus os transformou em rãs.

Leto sempre foi muito querida dos filhos, que jamais pouparam esforços em defendê-la e vingar-lhe as injúrias sofridas. Foi por ela que mataram todos os filhos de Níobe, que se vangloriou de ter tido uma prole muito mais numerosa. Liquidaram igualmente a flechadas o gigante Tício, que tentara violentá-la. Foi ainda para desagravá-la que Apolo matou a serpente Píton, apossando-se destarte do Oráculo de Geia em Delfos (v. Apolo).

LEUCÁDIO.

Λευκάδιος (Leukádios), *Leucádio*, é um derivado de λευκάς, -άδος (leukás, -ádos), que é propriamente um feminino do adjetivo λευκός (leukós), "branco, alvo", cuja raiz é o indo-europeu *leuq-*louq-*, "brilhante". O sânscrito *loká* significa "espaço livre"; o latim possui *lucus*, cujo sentido primitivo é "clareira", além de *lux, -cis*, "luz", *DELG*, p. 632-633. Leucádio é, pois, "o brilhante".

De Icário e Policasta nasceram Leucádio, Alizeu e Penélope (v.). Expulso da Lacônia juntamente com seu irmão Tíndaro pela violência de Hipocoonte e seus filhos, permaneceu na Acarnânia, enquanto Tíndaro, após a vitória de Héracles sobre os hipocoôntidas, retornou a Esparta. Na Acarnânia, Icário organizou um pequeno estado, cujas duas cidades principais receberam os nomes de seus dois filhos: Leucádia e Alízia.

LEUCÁRIA.

Λευκαρία (Leukaría), *Leucária*, com um sufixo claramente de origem latina, provém da raiz **leuq-*, "brilhante, clara" (v. Leucádio), *DEMG*, p. 112.

Esposa do Rei Ítalo e mãe de Áuson, epônimo da Ausônia (nome antigo da Itália), ou ainda mãe de Romo, epônimo de Roma, Leucária seria filha do Rei Latino. Identificada com Lavínia, teria se casado com Eneias (v. Áuson).

LÊUCASPIS.

Λεύκασπις (Leúkaspis), *Lêucaspis*, é um composto de λευκάς, -άδος (leukás, -ádos), que é propriamente um feminino do adjetivo λευκός (leukós), "branco, brilhante" (v. Leucádio) e de ἀσπίς,-ίδος (aspís,-ídos), "escudo", donde significar o antropônimo "o que carrega um escudo brilhante".

Quando Héracles retornava com o rebanho de Gerião (v. *Mitologia Grega*, Vol. III, p. 108sqq.), passou pela Sicília e foi coagido a lutar contra um bando de salteadores, todos nobres, chefiados por Lêucaspis. O herói os liquidou a flechadas.

LÊUCATAS.

Λευκάτας (Leukátas), *Lêucatas*, provém de λευκάς, -άδος (leukás,-ádos), que é propriamente um feminino do adjetivo λευκός (leukós), "branco, brilhante" (v. Leucádio).

Amado por Apolo, o jovem Lêucatas, não mais podendo fugir à perseguição implacável do deus, lançou-se ao mar do penhasco da Ilha de Leucádia, dando seu nome à região. A pedra, de onde se lançavam ao mar sobretudo os apaixonados não correspondidos, chamava-se Λευκὰς Πέτρη (Leukàs Pétrē), *penhasco deLêucade* ou *Pedra Branca* (v. *Mitologia Grega*, Vol. II, p. 102-103). Os que não perecessem, conquistariam para sempre o seu amor renitente, como lembra Ovídio nas *Heroides*, 15, 171-172:

*Hanc legem locus ille tenet. Pete protĭnus altam
Leucada; nec saxo desiluisse time.*

– Este lugar possui esse condão. Corre logo para o alto penhasco
de Lêucade e não tenhas medo de lançar-te da rocha.

LEUCE.

Λευκή (Leukḗ), *Leuce*, provém de λευκή (leukḗ), feminino do adjetivo λευκός (leukós), "branco", donde Leuce é "a branca, a alva" (v. Leucádio).

Leuce é primeiramente uma ninfa, filha de Oceano e Tétis. Plutão, que a amava, raptou-a e levou-a para o Hades. A ninfa, todavia, não era imortal e, fixado o prazo concedido pelas Moiras, faleceu. Para imortalizá-la, o deus ctônio transformou-a em um álamo muito branco, em grego λεύκη (leúkē), *leuce*, o mesmo nome da ninfa. Trata-se do *popŭlus alba*. Este álamo enfeitava os Campos Elísios. Foi com as folhas sagradas desta árvore imortal que Héracles se coroou, ao regressar do mundo dos mortos.

Leuce designa também a Ilha Branca, no Ponto Euxino, na embocadura do Danúbio. Nesta ilha paradisíaca Aquiles (v.), com um grupo de heróis, desfruta de uma vida de prazeres, amando Helena, Ifigênia ou Medeia, e adestrando-se em combates fictícios.

LEUCIPE *(I, 326; II, 116[40]; III, 36).*

Λευκίππη (Leukíppē), *Leucipe*, é um composto do adjetivo λευκός, -ή, -όν (leukós, -ḗ, ón), "branco, alvo" e de ἵππος (híppos), "cavalo", donde "a que possui ou monta cavalos brancos" (v. Leucádio).

Leucipe é o nome de quatro heroínas. A primeira é a mulher de Laomedonte (v.), e mãe de Príamo, rei de Troia. A segunda é esposa do Rei Téstio (v.), e mãe de Íficlo (v.). A terceira é filha de Testor, e irmã de Calcas e Teônoe. A quarta, finalmente, é a mãe de Euristeu.

LEUCÍPIDES.

Λευκιππίδες (Leukippídes), *Leucípides*, é um composto do adjetivo λευκός, -ή, -όν (leukós,-ḗ,-ón), "branco" e de ἵππος (híppos), "cavalo", donde "as que possuem ou montam cavalos brancos" (v. Leucádio).

De Ébalo ou Perieres e Gorgófone nasceram Tíndaro, Icário, Afareu e Leucipo. Este último, casado com Filódice, foi pai de três filhas, Hilera, Febe e Arsínoe. Só as duas primeiras, Hilera e Febe, são chamadas Leucípides, as quais se casaram respectivamente com Castor e Pólux, seus primos irmãos, já que os dois heróis eram filhos de Tíndaro. O mito das Leucípides resume-se nas lutas sangrentas que, por causa delas, colocaram frente a frente os Dioscuros e seus igualmente primos irmãos, Idas (v.) e Linceu, filhos de Afareu.

O mito é extremamente complexo, mercê de tradições várias. Vamos tentar sintetizá-lo, abordando-lhe primeiramente um estágio mais antigo.

Quando do banquete que os Dioscuros ofereceram aos hóspedes Páris e Eneias, que haviam chegado a Esparta com o objetivo secreto de raptar Helena, os dois filhos de Afareu, Idas e Linceu, embriagados, acusaram frontalmente a Castor e Pólux de se terem casado com as filhas de Leucipo sem que lhe tivessem pago o dote costumeiro. A discussão acabou por degenerar-se numa luta violenta em que pereceram Castor e os dois filhos de Afareu, Idas e Linceu. Acerca dos episódios que marcaram esta batalha entre os primos, inclusive o esconderijo de um dos Dioscuros no oco de um carvalho v. Dioscuros e Idas.

Numa versão mais recente, seguida por Teócrito em seu Idílio 22,137sqq., sobre os *Dioscuros*, as Leucípides eram casadas com Idas e Linceu, mas foram raptadas pelos filhos de Tíndaro. O rapto foi grave, uma vez que se processou durante a celebração das núpcias das Leucípides com os filhos de Afareu, violando assim Castor e Pólux as leis sagradas da hospitalidade.

Pausânias relata numa variante que as Leucípides eram filhas de Apolo e Filódice, figurando Leucipo como "seu pai humano". Arsínoe a caçula de Leucipo, diga-se de passagem, foi amante do deus dos oráculos, de cuja união teria nascido Asclépio, e, por causa de Marpessa, esposa de Idas, este entrou em luta com Apolo (v. Idas).

LEUCIPO *(II, 163; III, 36, 58,146).*

Λεύκιππος (Leúkippos), *Leucipo*, é um composto do adjetivo λευκός, -ή, -όν (leukós,-ḗ,-ón), "branco" e de ἵππος (híppos), "cavalo", donde "o que possui ou monta cavalos brancos" (v. Leucádio).

São cinco os heróis com este nome. O mais importante dentre eles é o pai das Leucípides (v.) Hilera e Febe, casadas com os Dioscuros ou com Idas (v.) e Linceu. Leucipo era filho de Ébalo ou Perieres e de Gorgófone, uma das filhas de Perseu (v.). Casou-se com Filódice, filha de Ínaco e, além das Leucípides, foi pai de Arsínoe, amante de Apolo. Dessa união teria nascido Asclépio (v. Corônis). Leucipo era rei da Messênia, no Peloponeso.

O segundo herói homônimo é filho do terrível rei de Pisa, Enômao (v.). Apaixonado por Dafne, travestiu-se de mulher para conquistá-la ou raptá-la, mas seu estratagema provocou para sempre a perda da mulher amada.

O terceiro é filho do rei de Sicione Turímaco. O herói foi pai de Calcínia, que, unida a Posídon, foi mãe de Pérato, adotado por Leucipo, que, não tendo filho homem, fê-lo seu sucessor no trono de Sicione.

O quarto Leucipo é filho de Naxos, epônimo da ilha homônima. Foi pai de Esmérdio, sob cujo reinado em Naxos Teseu abandonou Ariadne (v. Teseu e Ariadne).

O quinto herói homônimo, finalmente, é personagem central de um doloroso romance de amor, relatado por Partênio de Niceia (séc. I p.C.), em seus Περὶ ἐρωτικῶν παθημάτων (Perì erōtikôn pathēmáton), *Infortúnios Amorosos*, também denominados *Eróticas*.

Este Leucipo era filho de Xântio, descendente de Belerofonte. Belo, vigoroso, excelente guerreiro, tornou-se logo famoso na Lícia inteira. Afrodite, não se conhece o motivo, o odiava e, por isso mesmo, fê-lo apaixonar-se pela própria irmã. Percebendo que o fogo que o devorava era inextinguível, confiou à mãe seu infortúnio e pediu-lhe que o ajudasse, caso contrário se lançaria sobre a própria espada. A mãe concordou e convenceu a filha, sob o pretexto de que no Egito o faraó se casava com as irmãs, a se unir a Leucipo. Os amores incestuosos duraram apenas alguns meses, porque alguém os denunciou ao noivo da jovem. Este procurou Xântio e relatou-lhe os fatos, sem contudo mencionar o amante. Xântio, encolerizado, jurou que puniria com a morte o culpado, desde que tivesse provas concretas dos amores clandestinos da filha. Nada mais fácil, responderam-lhe, e conduziram-no ao quarto da jovem. Ao vê-lo, esta se escondeu. Julgando tratar-se do culpado, a feriu sem reconhecê-la. Com os gritos da amante, Leucipo acorreu e, na confusão estabelecida, matou o pai, sem saber de quem se tratava.

Após tamanha desventura, Leucipo abandonou a pátria e, à frente de colonos da Tessália, instalou-se na Ilha de Creta. Mais tarde, expulso pelos próprios companheiros, retornou à Ásia Menor e fundou a cidade de Cretinéon, perto de Mileto.

Conta-se que foi por amor a Leucipo que Leucófrine, filha de Mandrólito, traiu sua própria cidade, Magnésia do Meandro, permitindo ao filho de Xântio estabelecer-se na Ásia Menor e fundar Cretinéon.

LEUCO.

Λεῦκος (Leûkos), *Leuco*, com retração do acento, é um derivado do adjetivo λευκός, -ή, -όν (leukós, -ḗ, -ón), "branco, alvo" (v. Leucádio).

Filho do gigante Talos da Ilha de Creta, Leuco foi exposto ao nascer. Idomeneu o recolheu e criou como se fora seu filho. Ao partir para a Guerra de Troia, o príncipe minoico confiou a Leuco o reino e sua família, prometendo-lhe, ao regressar, a mão de sua filha Clisitera. O bastardo, no entanto, deixou-se enganar por Náuplio (v.), que percorria todos os reinos dos heróis aqueus, procurando vingar-se através de calúnias da morte injusta de seu filho Palamedes (v.). Ambicioso e cruel, Leuco seduziu a esposa de Idomeneu, Meda. Não satisfeito, após assassiná-la, bem como a todos os filhos do pai adotivo, apossou-se do trono de Creta. Quando voltou de Ílion, Idomeneu, para não morrer, foi obrigado a exilar-se.

LEUCÓFANES.

Λευκοφάνης (Leukophánēs), é um composto do adjetivo λευκός, -ή, -όν (leukós, -ḗ, -ón), "branco, alvo" e do verbo φαίνειν (phaínein), "mostrar, fazer, conhecer, aparecer, surgir, vir à luz", donde "o que tem uma aparência branca".

Filho do argonauta Eufemo, Leucófanes é o ancestral dos batíades de Cirene (v. Eufemo).

LÊUCON.

Λεύκων (Leúkōn), *Lêucon*, com retração do acento, é um derivado do adjetivo λευκός, -ή, -όν (leukós, -ḗ, -ón), "branco, alvo, brilhante" (v. Leucádio).

Do terceiro casamento de Átamas (v.) com Temisto nasceram Erítrio, Esqueneu, Ptoo e Lêucon, que foi pai de Éritras, fundador da cidade homônima na Beócia. Das duas filhas do herói, Evipe casou-se com Andreu, e Pisídice foi mãe de Argino.

LEUCÓSIA *(III, 310)*.

Λευκωσία (Leukōsía), *Leucósia*, procede do verbo λευκοῦν (leukûn), "tornar branco", que, por sua vez, é um derivado do adjetivo λευκός, -ή, -όν (leukós, -ḗ, -ón), "branco", donde significar o antropônimo "a branca (ilha)".

Leucósia é uma das Sereias, que deu seu nome a uma ilha localizada em frente ao Golfo de Pesto.

LEUCOTEIA *(I, 325; II, 42; III, 235, 313, 313[246])*.

Λευκοθέα (Leukothéa), *Leucoteia*, é um composto do adjetivo λευκός, -ή, -όν (leukós, -ḗ, -ón), "branco" (v. Leucádio) e de θεά (theá), "deusa", donde "a deusa branca".

Leucoteia é o nome de Ino após ser transformada em deusa marinha. Com efeito, Átamas (v.), rei de Orcômeno ou de Tebas, se casou em primeiras núpcias com Néfele e foi pai de Frixo e Hele. Tendo repudiado a esposa, uniu-se a Ino, filha de Cadmo.

A princesa tebana foi mãe também de dois filhos, Learco e Melicertes. Enciumada com os filhos do primeiro matrimônio de Átamas, procurou eliminá-los, mas ambos foram salvos pelo aparecimento de um carneiro voador, de velo de ouro, presente de Zeus ou de Néfele, que conduziu Frixo até a Cólquida, porque Hele, por causa de uma vertigem, caiu no mar, no estreito chamado, por isso mesmo, Helesponto, isto é, *Mar de Hele* (v. Argonautas).

Mais tarde, após a morte trágica de Semele (v. Dioniso), irmã de Ino, esta convenceu Átamas a receber das mãos de Hermes o recém-nascido Dioniso e criá-lo com os filhos do casal, Learco e Melicertes. Irritada com a acolhida ao filho adulterino do esposo, Hera enlouqueceu os reis de Orcômeno. Ino lançou seu filho caçula, Melicertes, num caldeirão de água fervente, enquanto Átamas, com um venábulo, matava o mais velho, Learco, tendo-o confundido com um veado. Ino, em seguida, atirou-se ao mar com o cadáver de Melicertes e Átamas foi banido da Beócia.

As divindades marinhas, compadecidas do infortúnio da rainha, transformaram-na numa nereida com o nome de Leucoteia e Melicertes se tornou o "deus" Palêmon (v.). Mãe e filho tornaram-se os protetores dos marinheiros, sobretudo durante as grandes tempestades.

Na *Odisseia*, V, 333-353, Leucoteia aparece ao náufrago Ulisses e o salva da morte certa, dando-lhe conselhos e orientação e empresta-lhe um véu imortal, que, colocado sob o peito do herói, o salvaria das ondas.

Conta-se que Sísifo instituiu os Jogos Ístmicos (v. Jogos) em memória de Melicertes.

Na segunda tragédia de Eurípides, *Ino*, que retrata, *mutatis mutandis*, o mesmo tema, o poeta introduz uma variante, enfocando o terceiro casamento de Átamas com Temisto, filha de Hipseu. No relato euripidiano, Ino, após a frustrada tentativa de eliminar Frixo e Hele, fugiu para a montanha e consagrou-se com as Bacantes ao serviço de Dioniso.

Átamas, crendo-a morta, uniu-se a Temisto, com a qual teve igualmente dois filhos, Orcômeno e Esfíngio. Ino, porém, retornou secretamente à corte e tendo-se dado a conhecer a Átamas, foi admitida como serva. Temisto soube que sua rival não morrera, mas ignorava-lhe o paradeiro. Tendo concebido a ideia de eliminar os filhos de Ino (Learco e Melicertes), confidenciou o projeto à nova serva do palácio. Esta, imediatamente, aconselhou a rainha que vestisse de preto os filhos de "Ino" e de branco os que a soberana tivera com Átamas, a fim de que, no momento de eliminá-los, pudessem ser distinguidos na escuridão. A "serva", todavia, usando de refinada astúcia, trocou-lhes a indumentária e a rainha acabou por matar os próprios filhos. Tomando conhecimento do trágico equívoco, a terceira esposa de Átamas se enforcou.

Uma segunda Leucoteia, também deusa marinha, é originária da Ilha de Rodes (v. Hália).

LEUCÓTOE.

Λευκοθόη (Leukothóē), *Leucótoe*, ao que parece é um composto do adjetivo λευκός, -ή, -όν (leukós, -é, -ón) "branco" (v. Leucádio) e de Θόη (Thóē), que é uma nereida, filha de Oceano. Neste caso, o antropônimo se identificaria (como de fato acontece no mito) com Leucoteia (v.) e significaria "a branca nereida".

Confundida não raro com Leucoteia, ao menos na nomenclatura, Leucótoe é a grande rival de Clítia (v.) no amor de Hélio (o Sol). Consumida de paixão, porque Hélio a abandonara, Leucótoe deixou-se definhar, transformando-se em heliotrópio, a flor que sempre se volta para o sol, como se buscasse o calor do antigo amante.

LÍBIA *(I, 259, 327-328; II, 34⁵, 115³⁹)*.

Λιβύη (Libýē), Líbia, é um empréstimo semítico. Segundo o *DEB*, p. 892, *Líbia* tem a mesma raiz que o egito *rbw*, denominação geral dos povos que, junto com os Povos do Mar, tentaram apoderar-se do Egito, a partir do séc. XIII a.C.

Filha de Épafo (v.), Líbia é neta de Io (v.), amante de Zeus, e heroína epônima da África do Norte, sobretudo da Cirenaica.

Unida a Posídon, foi mãe de Agenor e Belo, os dois heróis míticos e inimigos figadais que reinaram respectivamente na Fenícia e no Egito. A ela, por intermédio de Agenor, prende-se Cadmo, o lendário fundador de Tebas.

Algumas variantes modificam-lhe a genealogia e descendência, fazendo-a filha da própria Io e não sua neta. Conta-se ainda que de sua união com o deus do mar, além de Agenor e Belo, teriam nascido Eniálio, epíteto de Ares; Busíris, tirano egípcio (v. Héracles); Lélex; Fênix e até mesmo o gigante Atlas, que suportava a abóbada celeste sobre os ombros.

Uma tradição recente, por certo devida a Tzetzes, diz ser Líbia uma das filhas de Oceano, irmã, por conseguinte, de Ásia, Europa e Trácia.

LICÁON *(I, 141; II, 40-41; III, 64)*.

Λυκάων (Lykáōn), *Licáon*, segundo Carnoy, *DEMG*, p. 115, poderia ser uma redução de λυκάνθρωπος (lykánthrōpos), "licantropo, lobisomem". Ter-se-ia, no caso, um composto de λύκος (lýkos), "lobo" e ἄνθρωπος (ánthrōpos), "homem". Quanto a *lýkos*, "lobo", a hipótese mais provável é de que procede do indo-europeu *luqʷ-* > λύκος (lýkos), latim *lupus*, sânscrito *vŕka* -, gótico *wulfs*, *DELG*, p. 650.

Há três heróis com este nome. O primeiro é um filho que Príamo tivera com Laótoe. Aprisionado por Aquiles numa surtida noturna, quando cortava galhos no jardim paterno, foi vendido como escravo em Lemnos. Eécion de Imbros o comprou e fê-lo retornar secretamente a Troia. Doze dias depois Aquiles o encontrou no campo de batalha e, apesar das súplicas do troiano, que ofereceu ao filho de Tétis um grande resgate, o herói aqueu o matou impiedosamente. O relato homérico do mito do desventurado filho de Príamo está na *Ilíada*, XXI, 34-121.

O segundo herói, bem mais importante que o primeiro, é um arcádio, filho de Pelasgo e da oceânida Melibeia ou da ninfa Cilene. Tendo sucedido ao pai no trono da Arcádia, teve de várias mulheres cerca de cinquenta filhos. Os mitógrafos jamais chegaram a um acordo a respeito dos nomes, do número e até da ordem de nascimento dessa ninhada de heróis. Pausânias e Apolodoro, por exemplo, apresentam catálogos sensivelmente diferentes. Como quer que seja, a listagem de Apolodoro foi a que maior número de personagens ilustres forneceu ao mito. Ei-la na ordem do autor: Mênalo, Tesproto, Hélix, Nictimo, Peucécio, Cáucon, Mecisteu, Hopleu, Macareu, Macedno, Horos, Pólico, Acontes, Evêmon, Ancior, Arquébates, Cárteron, Egéon, Palas, Caneto, Prótoo, Lino, Córeton, Teléboa, Físio, Fassos, Ftio, Lício, Halífero, Genetor, Bucólion, Socleu, Fineu, Eumetes, Harpaleu, Porteu, Platão, Hêmon, Cineto, Léon, Harpálico, Hereeu, Titanas, Mantínoo, Cleitor, Estinfalo, Orcômeno.

Os filhos de Licáon são, de outro lado, os heróis epônimos da maioria das cidades do Peloponeso, como

Mênalo, Nictimo, Macareu, Palas, Lício, Alífero, Hereeu, Orcômeno, Mantineu, entre outros.

Dionísio de Halicarnasso acrescenta que Peucécio e seu irmão Enotro emigraram para a Itália, onde deram seus nomes aos peucécios e enótrios. O autor citado, aliás, distingue dois Licáon: o primeiro era filho de Ezeio e pai de Dejanira. Esta se teria unido a Pelasgo e fora mãe do segundo Licáon, pai dos cinquenta heróis do mito. Como toda e qualquer genealogia, a do rei da Arcádia é extremamente complexa e difere segundo a época e as cidades, conforme os mitógrafos e os interesses locais.

Consoante algumas tradições, por sinal muito poucas, Licáon era tão piedoso quanto seu pai Pelasgo, recebendo inclusive a visita dos deuses. Perversos teriam sido alguns de seus filhos, que desejando comprovar a divindade dos imortais, que apareciam de quando em quando no palácio real, mataram uma criança e misturaram-lhe as carnes às das vítimas oferecidas aos senhores do Olimpo. Indignados, os deuses provocaram uma grande tormenta e liquidaram os culpados.

As versões mais seguidas, todavia, apresentam pai e filhos como ímpios consumados. O próprio Zeus, certa feita, resolveu comprovar a piedade de Licáon e, apresentando-se como um simples camponês, pediu-lhe hospitalidade. O rei o acolheu, mas, para se certificar da identidade do peregrino, ofereceu-lhe um banquete com as carnes de um refém ou de seu próprio filho Nictimo ou pior ainda de seu neto Arcas, filho de Zeus e Calisto. Louco de raiva, o deus derrubou a mesa com as iguarias sacrílegas e fulminou o rei e seus filhos, um por um. Geia interveio a tempo de segurar o braço do pai dos deuses e dos homens e salvar o caçula Nictimo. Este ocupou o trono da Arcádia e perpetuou a memória da família.

Segundo uma versão, Licáon foi metamorfoseado em lobo. Esta variante, por sinal, serve de respaldo ao hábito mítico de se sacrificarem vítimas humanas a Zeus Lício na Arcádia. Conta-se que os arcádios imolavam a Zeus um ser humano e devoravam-lhes as entranhas. Eram, logo após, transformados em lobos por oito anos e se nesse período, não comessem carne humana, recuperavam sua forma primitiva. Trata-se, como é patente, de esconjurar os lobos, a fim de que não atacassem os homens.

Há um terceiro Licáon, filho de Ares e de Frene, que foi morto por Héracles (v.).

LICAS *(III, 127-128).*

Λίχας (Líkhas), *Licas*, segundo Carnoy, *DEMG*, p. 113 o antropônimo poderia originar-se de λιχάδες (likhádes), vocábulo, que, no dizer de Hesíquio, designa "ostras e conchas", além das Ilhas *Licades*, de que Licas é o herói epônimo.

Fiel companheiro de Héracles até a morte do herói na fogueira do Monte Eta, segundo a versão mais antiga, Licas foi o arauto do filho de Zeus na guerra contra Êurito, rei de Ecália. Desejando, após a vitória, erguer um altar a seu pai divino, Héracles mandou Licas pedir a Dejanira que lhe enviasse uma túnica que ainda não tivesse sido usada, como era de praxe em consagrações e sacrifícios solenes.

Uma variante, porém, sem dúvida mais recente, acrescenta que o servidor levou em sua companhia a Íole, filha de Êurito, e admoestou Dejanira de que o herói certamente a abandonaria, por estar apaixonado pela princesa de Ecália. Enciumada, a esposa do herói lembrou-se do "filtro amoroso", ensinado e deixado pelo Centauro Nesso (v.) e enviou-lhe a túnica envenenada com o sangue da Hidra de Lerna. Ao vesti-la, a peçonha infiltrou-se-lhe no corpo. Alucinado de dor, Héracles pegou Licas por um dos pés e o lançou nos ares ou no mar. O antigo arauto foi transformado em pedra, convertendo-se nas Ilhas Licades, isto é, ilhas das ostras e das conchas, denominadas Caresa, Focária e Escárfia.

LICASTO.

Λυκαστος (Lýkastos), *Licasto*, talvez signifique "claro, brilhante", porque estaria relacionado com a raiz **leuk-*, "brilhar", com o sânscrito *ruc*, "luz" e o hitita *lukzi*, "amanhece", *DELG*, p. 649; *DEMG*, p. 116.

Há dois heróis principais com este nome, o primeiro é um cretense, que, unido a Ida, foi pai de Minos II, enquanto o primeiro Minos era filho de Zeus e Europa. Segundo Diodoro, Licasto era filho de Minos I com Itone.

O segundo herói homônimo era filho de Ares e de Filônome, filha de Nictimo. Grávida do deus da guerra e temendo a cólera paterna, deu à luz secretamente os gêmeos Licasto e Parrásio. Expostos no Monte Erimanto, foram criados por pastores e acabaram reinando na Arcádia.

LICÍMNIO.

Λικύμνιος (Likýmnios), *Licímnio*, consoante Carnoy, *DEMG*, p. 113, poderia estar relacionado com Λίκυννα (Líkmyna), cujo significado seria de "píncaro arredondado", uma vez que Licímnio figuraria como epônimo da fortaleza de Tirinto.

Filho de Eléctrion e de uma escrava frígia, chamada Média, o herói é irmão por parte de pai de Alcmena e, por conseguinte, tio de Héracles, de cujas aventuras participou.

Licímnio ainda era um menino, quando da luta dos táfios contra Eléctrion (v.), e foi o único a escapar do massacre. Com a morte acidental de seu pai por Anfitrião, acompanhou este último no exílio em Tebas juntamente com sua irmã Alcmena. Casou-se na cidade dos labdácidas com uma irmã de Anfitrião, Perimede, de quem teve vários filhos: Eono (v.), cuja morte pelos Hipocoôntidas provocou a intervenção de Héracles em

Esparta; Argio e Melas, que tombaram ao lado do herói máximo na luta contra Êurito, rei de Ecália. Héracles que havia jurado a Licímnio trazer-lhe de volta o filho Argio, após queimar-lhe o cadáver, depositou-lhe as cinzas numa urna e entregou-a ao tio.

Com a morte do filho de Alcmena, Licímnio seguiu o destino dos demais heraclidas. Refugiou-se primeiro em Tráquis e participou da refrega contra Euristeu (v.). Em seguida, juntou-se a Hilo (v.) e tomou parte na desastrosa expedição dos Heraclidas (v.) contra o Peloponeso. Convidado juntamente com o filho de Héracles, Tlepólemo, a residir em Argos, aceitou o convite, mas durante uma acalorada discussão foi assassinado pelo filho do herói com um golpe de bastão na cabeça. Outros afiançam que a pancada foi acidental, porque havia sido dirigida contra um escravo ou um boi. Neste caso, a arma do crime teria sido um pesado ramo de oliveira.

Homero, na *Ilíada*, II, 661-663, adota a primeira versão:

Tlepólemo, após ter crescido numa casa bem-construída,
matou a Licímnio, tio materno de Héracles e por ele estimado.
Licímnio, discípulo de Ares, já estava atingindo a velhice.

LICIO *(II, 86,102; III, 74).*

Λύκειος (Lýkeios), Licio, é um epíteto de Apolo, enquanto deus que mata ou afugenta os lobos. Λύκειος (Lýkeios), Licio, é um adjetivo proveniente de λύκος (lýkos), "lobo", para cuja etimologia v. Licáon.

Filho do babilônio Clínis, Licio contrariou flagrantemente a vontade e as ordens de Apolo, sacrificando um asno sobre o altar do deus, como era de hábito entre os hiperbóreos. O filho de Leto não lhe perdoou a ofensa e metamorfoseou-o em corvo. Esta ave, que até então era branca, tornou-se negra (v. Clínis).

1 – LICO *(II, 19; III, 150,181, 236[114], 236, 244[183]).*

Λύκος (Lýkos), Lico, "lobo", donde o antropônimo significar o próprio animal (v. Licáon).

Existem oito heróis com este nome. O primeiro é filho de Posídon e Celeno. O deus do mar o levou para a Ilha dos Bem-Aventurados.

O segundo, numa tradição diferente, é filho de Prometeu e Celeno, irmão, por conseguinte, de Quimareu. Menelau se tornou hóspede de Páris exatamente quando levava uma oferenda ao túmulo de Lico e Quimareu.

O terceiro e mais notável dentre os que têm este nome é o neto da plêiade Alcíone e de Posídon. A tradição mais antiga faz de Lico um filho de Hirieu e da ninfa Clônia e portanto um tio de Antíope (v.). Uma variante, porém, apresenta Lico e Nicteu como filhos de Ctônio, um dos "Spartoí" isto é, dos "Semeados", os guerreiros que nasceram dos dentes do dragão morto por Cadmo (v.). De outro lado, Antíope é considerada como filha de Lico e não sua sobrinha. Foi para vingar o rapto desta última ou a morte de seu irmão Nicteu que o herói tomou Sicione.

Segundo Diodoro, Lico e Nicteu foram obrigados a fugir de Eubeia, sua terra natal, por terem assassinado Flégias, filho de Ares e de Dótis. Refugiaram-se primeiramente na cidade de Híria, na Beócia, e mais tarde em Tebas, onde foram muito bem-acolhidos pelo Rei Penteu. Com a morte deste, Lico assumira o poder. Outros dizem que foi apenas a regência, por ocasião do falecimento de Lábdaco, uma vez que Laio (v.) ainda não possuía idade legal para subir ao trono de Tebas.

Uma curiosa versão de Higino (*Fábulas*, 7,8) aponta o herói como marido de Antíope, a qual fora repudiada, porque se tornara amante de Épafo e, em seguida, se unira a Zeus, de quem ficara grávida. Lico, por seu turno, casara-se com Dirce, que, enciumada, tudo fez para que a rival fosse encarcerada. Zeus, no entanto, a libertou miraculosamente dos grilhões e Antíope fugiu para o Monte Citerão, onde deu à luz os dois filhos de Zeus, Anfião (v.) e Zeto (v.). Uma vez crescidos, os gêmeos vingaram-se das ofensas feitas à sua mãe e mataram a Lico e Dirce. Uma variante, porém, dá conta de que apenas expulsaram o rei e a rainha e assumiram o poder.

O quarto herói homônimo é uma personagem da tragédia *Héracles* de Eurípides. Na ausência do filho de Alcmena, Lico, que viera da Eubeia e era um descendente do filho de Nicteu, apoderou-se do trono de Tebas e estava prestes a expulsar Mégara da Beócia, quando Héracles retornou e o matou.

O quinto Lico é um dos Telquines (v.), os primitivos habitantes da Ilha de Rodes. Pressentindo a catástrofe do dilúvio, à época de Deucalião, fugiu com os irmãos para a Lícia, onde introduziu o culto de Apolo Lício, no vale do Rio Xanto.

O sexto é o nome de um dos quatro filhos de Pandíon II, rei de Atenas: Lico, Egeu, Palas e Niso. Quando do retorno de Pandíon a Atenas, porque o príncipe estava exilado em Mégara, Lico obteve uma parte da Ática, mas foi logo banido por Egeu e se refugiou na Messênia. Tratava-se de um sacerdote e adivinho de grande nomeada. Atribui-se a ele a introdução do culto de Apolo Lício na Hélade. Foi o iniciador de Afareu nos mistérios dos grandes deuses. Uma outra versão atesta que, expulso da Ática, emigrou para a Lícia, que deve seu nome ao adivinho ateniense.

O sétimo herói com o mesmo nome é o rei dos mariandinos, que habitavam a costa ocidental da Ásia Menor. Lico era filho de Dáscilo, donde um neto de Tântalo, o que explica sua simpatia pelos gregos e a acolhida calorosa aos Argonautas, quando estes chegaram a seu reino. Seu primeiro gesto de amizade foi mandar organizar funerais suntuosos em homenagem a dois Argonautas mortos entre os mariandinos: o adivinho Ídmon e o piloto Tífis. Para guiar a nau Argo dali até a Cólquida ofereceu a Jasão os préstimos de seu filho Dáscilo. Lico possuía outras razões para ser grato aos Argonautas. É que Pólux matara o grande inimigo dos mariandinos, o rei dos bébricos, Âmico, que inclusive assassinara Otreu, irmão de Lico. Este estava pronto para marchar contra os bébricos, quando os Argonautas o livraram de seu principal adversário. Além do mais, Héracles, quando retornava de sua expedição contra as Amazonas, ajudou Lico na guerra contra os bébricos, matando inclusive a Migdon, irmão de Âmico e dando ao rei dos mariandinos uma parte do território inimigo.

O último herói homônimo era o símbolo do despotismo e da crueldade. Filho do deus Ares, Lico, senhor da Líbia, imolava a seu pai não vítimas animais, mas todo e qualquer estrangeiro preso em seu reino. No retorno de Troia, Diomedes (v.) naufragou nas costas da Líbia. Lico o aprisionou e condenou-o a ser sacrificado a Ares. A filha do rei, todavia, Calírroe, apaixonada pelo herói aqueu, o salvou, libertando-o à noite. Diomedes, no entanto, não lhe correspondeu ao amor e fugiu, abandonando-a. Calírroe (v.) de saudades e de paixão, se enforcou.

2 – LICO.

Λυκώ (Lykṓ), *Lico*, talvez tenha se formado à base de λύκος (lýkos), "lobo", v. Licáon.

Lico é uma das irmãs de Cária, filha do rei lacônio Díon. Recebeu de Apolo, como suas irmãs, o dom da profecia, mas o filho de Zeus condicionou tão grande dádiva a não traírem elas os deuses e a jamais procurarem saber o que não lhes dizia respeito. Lico, porém, apesar das admoestações de Apolo e Dioniso, tentou espionar e até mesmo contrariar os amores deste último com sua irmã Cária. O deus não lhe perdoou a desobediência e transformou-a em rochedo, (v. Díon).

Dada a simplificação ortográfica, é preciso não confundir Lico, a filha de Díon, com Lico, filho de Pandíon II e Pília e sobrinho de Teseu com o homônimo, rei dos mariandinos, e outros como o célebre Lico, duas vezes regente de Tebas em lugar de Lábdaco e Laio, segundo está em *Mitologia Grega*, Vol. III, respectivamente às páginas 150,181,236 e nota 147 (v. Lico).

LÍCOFRON.

Λυκόφρων (Lykóphrōn), *Lícofron*, é um composto de λύκος (lýkos), "lobo" (v. Licáon) e de -φρων (-phrōn), proveniente de φρήν (phrḗn), "diafragma, coração, espírito, vontade", donde "o que possui a disposição de um lobo".

Lícofron era filho de Mestor. Tendo cometido um assassinato, foi obrigado a deixar a Ilha de Citera, sua terra natal. Seguiu a Ájax Telamônio na Guerra de Troia, mas pereceu às mãos de Heitor, segundo narra a *Ilíada*, XV, 429-439.

LICOMEDES *(I, 109; III, 36,173, 294)*.

Λυκομήδης (Lykomḗdēs), *Licomedes*, é um composto de λύκος (lýkos), "lobo" (v. Licáon) e do verbo μήδεσθαι (mḗdesthai), "preparar, meditar um projeto, ter algo em mente" (v. Diomedes), donde significar o antropônimo "o que age como um lobo".

Rei dos dólopes, na Ilha de Ciros, Licomedes governava tranquilamente seu povo, quando se iniciou a Guerra de Troia.

Não foi fácil, todavia, convocar alguns dos chefes e heróis indispensáveis para a vitória dos aqueus. É o caso, entre outros, de Aquiles, sem cuja presença, consoante a profecia de Calcas, Ílion não poderia ser conquistada. Tendo ciência de que o fim de Troia coincidiria com a morte de seu filho Aquiles, Tétis vestiu-o com roupas femininas e o conduziu para a corte do Rei Licomedes. Misturado às filhas do soberano da Ilha de Ciros, o herói passou a viver disfarçado com o nome de Pirra, a *ruiva*, ou Issa ou ainda Cercísera. Sob esse travestismo feminino, o filho de Tétis se uniu a uma das filhas do rei, Deidamia, que lhe deu um filho, Neoptólemo, o mesmo que mais tarde receberá o nome de Pirro, o *ruivo*.

Tomando conhecimento do esconderijo de Aquiles, Calcas o revelou aos atridas, que enviaram Ulisses e Diomedes para buscá-lo (v. Aquiles).

Licomedes está igualmente ligado a uma parte do mito de Teseu. Fazendo jus a seu nome, traiu covardemente o rei de Atenas.

Após a morte dos palântidas ou de Hipólito, ou segundo outras fontes, depois de regressar do Hades, Teseu (v.), inconformado com sua Atenas, dilacerada por lutas internas e facções políticas, retirou-se da Ática. Tendo enviado secretamente os filhos para Eubeia, onde reinava Elefenor, navegou para a Ilha de Ciros. Licomedes, aliás parente do herói ateniense, temendo que Teseu reivindicasse a posse da ilha, onde possuía muitos bens, levou-o ao cume de um penhasco, à beira-mar, sob o pretexto de mostrar-lhe o panorama da ilha, e o precipitou, pelas costas, no abismo.

Este, aliás, é o fim de todo grande herói: morte pela violência ou em absoluta solidão.

LICOPEU.

Λυκωπεύς (Lykōpeús), *Licopeu*, é um composto de λύκος (lýkos), "lobo" (v. Licáon) e de ὄπωπα (ópōpa), proveniente do radical ὀπ- (op-) "ver, contemplar, ter o aspecto de" (v. Epopeu), donde significar o antropônimo "o que tem um aspecto de lobo".

Licopeu, Tersites, Onquesto, Prótoo, Celeutor e Melanipo são filhos de Ágrio, "o selvagem". Muito unidos, pai e filhos participaram da expedição contra Eneu e tomaram-lhe o reino de Cálidon. Licopeu, todavia, foi mais tarde assassinado por Diomedes, que partiu de Argos em auxílio de Eneu.

Segundo uma variante, Licopeu foi assassinado juntamente com seu tio Alcátoo por Tideu, que foi obrigado a fugir da Etólia para Argos.

LICOREU.

Λυκωρεύς (Lykōreús), *Licoreu*, é um composto de λύκος (lýkos), "lobo" (v. Licáon) e talvez de ὄρος (óros), "píncaro, montanha". Frisk, s.u. julga que ὄρος (óros), "elevação, montanha", provém de ὄρνυμαι, ὀρέσθαι (órnymai, orésthai), "elevar-se", sânscrito *rsva*, "alto", donde o antropônimo significar "o lobo montanhês".

Licoreu é filho de Apolo e da ninfa Corícia, titular de uma gruta no Monte Parnasso, acima de Delfos. Fundador e herói epônimo de Licoria, foi igualmente o rei desta cidade, localizada no cume do Parnasso.

Licoreu foi pai de Híamo, cuja filha Celeno, unida a Apolo, foi mãe de Delfos.

LICURGO *(I, 328; II, 115-117; III, 45, 57,146)*.

Λυκοῦργος (Lykûrgos), *Licurgo*, é um composto, formado de λύκος (lýkos), "lobo" e de (F)έργω (w) érgo, "eu repilo, afasto", donde *Licurgo* é "o que rechaça os lobos", *DELG*, p. 650. Com referência particularmente a λύκος (lýkos), *lobo*, a etimologia mais provável é a aventada por Chantraine, *DELG*, p. 651: a parde *vlk^wo-*, o indo-europeu teria a forma *$lupo$-*, representada pelo latim *lupus*; aceitando-se esta hipótese, o grego *lýkos* resultaria de um cruzamento dos dois temas supracitados.

Há três heróis míticos com o nome de Licurgo. O primeiro é um descendente de Arcas. Seguindo esta versão, o herói era filho de Áleo e de Neera. Morto o pai, o longevo Licurgo tornou-se rei da Arcádia. Através de seu filho Íaso é o avô de Atalante (v.) e de Melânion, que, numa das variantes do mito, acabou por desposar esta última.

Um homônimo do precedente e muito mais importante que ele é o filho de Drias e rei dos edônios na Trácia, o qual desempenha papel de realce no mito de Dioniso. A *Ilíada*, VI, 130-140, nos conta pelos lábios de Diomedes, como Licurgo, possuído pela *hýbris*, perseguiu o deus do vinho e suas Mênades sobre o Monte Nisa. Estas lançaram por terra seus tirsos e fugiram. O deus, ainda adolescente, mas já detentor da *mania*, da loucura sagrada, apavorado com as ameaças do rei, lançou-se ao mar, onde foi acolhido por Tétis. Os deuses, todavia, encarregaram-se da vingança e Zeus cegou ao rei dos edônios. Entre os trágicos e sobretudo em Ésquilo, que compôs um tetralogia, infelizmente perdida, acerca das discórdias entre Licurgo e o deus do vinho, este já aparece adulto ese encarrega de vingar as afrontas do rei trácio. Quando Dioniso empreendeu sua viagem triunfal à Índia, Licurgo não só lhe impediu a passagem pela Trácia, mas ainda lhe capturou as Bacantes e os Sátiros. O deus fugiu e mergulhou no seio de Tétis. Libertados miraculosamenteos Sátiros e as Mênades, Licurgo enlouqueceu. Acreditando que seu filho Drias fosse um pé de videira, cortou-o a foiçadas, provocando-lhe a morte. Cometido este crime, recuperou a razão, mas a Trácia inteira foi assolada pela esterilidade. Consultado o oráculo, este respondeu que a peste não cessaria, enquanto o rei não fosse eliminado. Conduzido por seus concidadãos ao Monte Pangeu, foi amarrado a quatro cavalos e pereceu despedaçado. Higino segue outra versão. Licurgo expulsou Dioniso de seu reino, porque não acreditava na divindade do filho de Zeus e Sêmele. Certa feita, tendo-se embriagado com o licor de Baco, tentou violentar a própria mãe. Para impedir que o "veneno" do deus o levasse novamente à tentativa tão vergonhosa, mandou arrancar todos os pés de videira existentes em seu reino. Dioniso, antes que tamanha afronta se consumasse, o enlouqueceu. Licurgo, possuído da ἄνοια (ánoia), da loucura provocada por um deus, matou sua esposa e filho. O deus, ainda não satisfeito, abandonou-o no Monte Ródope, onde foi devorado pelas feras. O poeta Nono de Panópolis, século VI p.C., em suas *Dionisíacas*, mostra Licurgo em luta contra as Bacantes, sobretudo com uma, chamada Ambrósia, que se transformou em videira, para enlaçar e sufocar o rei dos edônios. Foi mister a intervenção de Hera, que odiava Dioniso, para que Licurgo se libertasse dos abraços mortais dos ramos da videira.

Um terceiro Licurgo, por vezes também denominado Lico, era rei de Nemeia. De sua esposa Eurídice ou Anfiteia tivera um filho, Ofeltes, que foi confiado aos cuidados de Hipsípila (v.), outrora soberana das Lemníades e agora escrava de Licurgo. Por descuido, a ama deixara o menino no chão, enquanto mostrava uma fonte aos Sete Chefes (v.) comandados por Adrasto (v.). Uma serpente se enrascou no menino e o sufocou. Só a intervenção de Anfiarau (v.) pôde salvar a vida de Hipsípila, que o rei condenara à morte.

As constantes perseguições de Licurgo, rei dos edônios, a Dioniso, fazem parte de um rito iniciático e catártico: a purificação pela água. Este é um dos temas mais bem-atestados em quase todas as culturas primitivas. O episódio da perseguição aparece em determinados momentos das festas e cerimônias a que o deus do vinho presidia. Plutarco, falando das *Agriônias*, festas "selvagens e cruéis" em honra de Dioniso, em Orcômeno, na Beócia, informa que, durante as mesmas, uma das *Miníades* (as primeiras Mênades (v.) ou Bacantes da tradição local) era sacrificada simbolicamente, ao menos na época histórica, pelo sacerdote do deus. Dioniso e seu séquito corriam, perseguidos pelo sacerdote do deus, em direção a um rio. Trata-se, como é óbvio, de uma alusão a uma prática de banho ritual, como preliminar ou conclusão de uma cerimônia religiosa. Um mito da cidade tebana de Tanagra, conservado por Pausânias, atesta que as mulheres tinham por hábito purificar-se no mar, antes de se entregarem às orgias báquicas. A perseguição de Dioniso por Licurgo insere-se e sintetiza, de outro lado, a perseguição à vítima sacrifical, rito em que o deus se apresenta, por vezes, em forma de touro ou de bode. Foi assim que Penteu (v.), vítima da ἄνοια (ánoia), da loucura sagrada, desejando acorrentar o deus, o vê sob a forma de touro, que não é outra coisa senão o próprio Dioniso dissimulado pela máscara. Se, porém, se analisarem as perseguições de Licurgo e de Penteu sob um ângulo *mais político*, poder-se-á ver em ambas uma séria e longa oposição à penetração do culto do deus do êxtase e do entusiasmo na *polis aristocrática* da Grécia antiga.

LIDO.

Λυδός (Lydós), *Lido*, epônimo dos lídios, poderia ser, consoante Carnoy, *DEMG*, p. 115, um derivado da raiz '(e)*leudh*, como designativa da progenitura de "homens livres", grego ἐλεύθεροι (eleútheroi), "livres", latim *libĕri*, "livres", alemão *Leute*, "gente, pessoas".

Filho de Átis e neto de Manes, Lido é o herói epônimo dos lídios da Ásia Menor, segundo a versão de Heródoto (*Hist.*, 1,7 e 94). Dionísio de Halicarnasso atribui-lhe, todavia, uma genealogia bem mais complexa. Zeus e Geia teriam gerado Manes; este, unido à oceânida Calírroe, foi pai de Cótis, que, em se casando com Hália, teve dois filhos Adies e Átis. De Átis e Calítea teriam nascido Lido e Tirreno. Lido foi o rei dos lídios até a chegada dos Heraclidas, enquanto seu irmão Tirreno se tornou o herói epônimo dos tirrenos, isto é, dos etruscos.

Consoante uma tradição, Lido passou a fazer parte da dinastia dos Heraclidas, isto é, dos descendentes de Héracles com uma escrava de Ônfale. Esses Heraclidas "especiais" assumiram o poder na Lídia, após a morte do Rei Manes.

LÍGIS.

Λίγυς (Líguys), *Lígis*. Carnoy, *DEMG*, p. 113, emite a hipótese de que talvez se pudesse aproximar o antropônimo da raiz **leig*, "ser frágil, baixo, franzino" e coteja-a com ὀλίγος (olígos), "pouco". O antropônimo significaria "o fraco".

Irmão de Alébion (v.), Lígis é o herói epônimo dos ligúrios. Quando Héracles regressava do Ocidente com o rebanho de Gerião, foi atacado no sul da Gália por Lígis e os ligúrios, que desejavam tomar-lhes as reses. Após uma grande carnificina, o herói, percebendo que não havia mais flechas em sua aljava e, como estivesse em grande perigo, invocou a seu pai Zeus, que fez chover pedras do céu e com elas o herói imbatível pôs em fuga os inimigos.

LILEU.

Λίλαιος (Lílaios), *Lileu*, é antropônimo sem etimologia definida. Pastor da Índia, Lileu somente cultuava Selene, a Lua, tendo pelas demais divindades um profundo desprezo. Irritadas, as outras deusas lançaram contra ele dois leões, que o despedaçaram.

Selene, todavia, transformou-o em montanha, o Monte Liléon.

LIMÓS *(I, 233)*.

Λιμός (Limós), *Limós*, sempre foi identificada etimologicamente pelos antigos gregos com λοιμός (loimós), "peste" e a tendência moderna é aceitar a aproximação, embora haja dificuldade em explicar a alternância *-oi-/-i-*. O lituano possui a forma *Iíesas*, "magro" e o eslavo antigo *libĕvŭ*, *libivŭ*, "delgado, franzino".

Segundo Hesíodo, Limós é uma força primordial, por ser filha de Éris, a Discórdia. Personificação da Fome, é uma simples abstração, sem um mito próprio. Virgílio, *Eneida*, 6, 276, coloca *Fames malesuada*, "a Fome, má conselheira", no vestíbulo dos infernos.

LINCEU *(III, 57, 74-75, 170, 178)*.

Λυγκεύς (Lynkeús), *Linceu*, é um derivado de λύγξ, λυγκός (lýnks, lynkós), "lince, de olhos vivos e penetrantes". O vocábulo remonta ao indo-europeu **luk-o*, sueco *lō*, armênio *lusanunk'*, antigo alemão *luhs*, anglo-saxão *lox*, *DELG*, p. 648.

Há dois heróis com este nome. O primeiro é um dos cinquenta filhos de Egito que se casaram com as primas, as cinquenta filhas de Dânao, chamadas no mito as Danaides (v.).

Linceu se uniu a Hipermnestra e foi o único que escapou da sangrenta noite de núpcias, uma vez que as outras quarenta e nove Danaides, seguindo a orientação paterna, assassinaram seus respectivos maridos na noite do casamento. Os mitógrafos reduzem a três as causas de tamanha clemência: Hipermnestra ficou horrorizada com um crime tão brutal; a filha de Dânao se apaixonara pelo marido; a jovem danaide teve sua virgindade respeitada pelo esposo.

Dânao, porém, não lhe perdoou a desobediência e fê-la julgar por um severo tribunal. Graças ao auxílio e apoio decididos de Afrodite, a jovem recalcitrante foi absolvida. Como agradecimento, Hipermnestra mandou erguer uma estátua à deusa do amor.

Linceu conseguiu fugir e escondeu-se numa colina a cavaleiro de Argos, aguardando de lá que a mulher lhe pudesse garantir um retorno seguro. Hipermnestra, acalmados os ânimos, fez-lhe sinal com um facho aceso e Linceu voltou para junto da esposa.

Os argivos comemoravam tão auspicioso acontecimento com uma festa em que os participantes desfilavam montanha abaixo com tochas. O local passou a chamar-se Lircia, em homenagem a Lirco, o filho primogênito do casal. Mais tarde o herói se reconciliou com o sogro e sucedeu-lhe no trono de Argos.

Além de Lirco, Linceu e Hipermnestra tiveram um segundo filho, Abas, pai dos gêmeos Acrísio (v.) e Preto.

Uma tradição, talvez mais recente, atesta que Dânao foi assassinado pelo genro.

O segundo herói homônimo é filho de Afareu e irmão de Idas (v.). Através de sua avó Gorgófone, Linceu é da raça dos persidas. Participou, ao lado de Meléagro (v.) da caçada ao javali de Cálidon. Na expedição dos Argonautas prestou-lhes grandes serviços durante toda a viagem, graças a seu olhar penetrante, capaz até mesmo de atravessar uma prancha de carvalho. As mais célebres aventuras do "olhar de lince", todavia, foram as lutas sangrentas contra os Dioscuros por causa das Leucípides (v. Idas e Dioscuros).

Alguns mitógrafos tentaram apresentar uma interpretação evemerista do mito do herói. O filho de Afareu teria sido o primeiro minerador. Tendo cavado um túnel, penetrou nas entranhas do solo com uma tocha e com seu olho agudo ia seguindo os filões de ouro. Extraía o metal e trazia-o para os homens. Tal faculdade lhe valeu o epíteto de "aquele que enxerga até mesmo nas entranhas da terra".

LINCO.

Λύγκος (Lýnkos), *Linco*, quanto à etimologia, é mera variante de Linceu (v.).

Rei da Cítia, Linco tentou ofender gravemente a Deméter. É que a deusa de Elêusis enviara Triptólemo para ensinar aos homens a cultura do trigo e o herói se hospedou no palácio real. Linco, enciumado com o privilégio concedido a Triptólemo, planejou matá-lo durante a noite. Deméter salvou seu mensageiro e transformou o rei da Cítia em lince.

LINDOS.

Λίνδος (Líndos), *Lindos*, é uma cidade da Ilha de Rodes, e *líndos* é o nome de uma planta aromática, provindo daquela, *DELG*, p. 641.

Lindos é o herói epônimo da cidade homônima (v. Cércafo).

LINO *(II, 87; III, 26, 46, 94)*.

Λίνος (Línos), *Lino*. O substantivo comum λίνος (línos) é, segundo Homero, *Il.*, XVIII, 570sqq. e Heródoto, 2, 79, o nome de um *canto*, entoado particularmente na Fenícia e em Chipre. Desse nome comum é que teria saído o antropônimo *Línos*, Lino. Trata-se, ao que parece, de um termo de origem oriental. Consoante Chantraine, *DELG*, p. 642, há duas hipóteses básicas para a etimologia da palavra: há os que julgam que αἴλινος (aílinos), "canção triste e melancólica" origina-se de *línos* e os que pensam inversamente, isto é, que o nome próprio *Línos* provém de *aílinos*, descartando-se, todavia, um étimo egípcio para o vocábulo. Algo para Chantraine parece indiscutível: *línos*, *aílinos* e *Línos* estão estreitamente relacionados e a hipótese de um empréstimo oriental é plausível. A hipótese de James G. Frazer, *The Golden Bough*, 7, 210, que pretende derivar a exclamação (aliás não atestada) αἲ Λίνον (aî Línon), *ai, Lino!*, com que se lamentava a morte prematura do cantor, fazendo-o provir do fenício *ai lanu*, "infeliz de nós!", não merece comentário...

Existem vários mitos acerca de Lino, mas todos convergem para um ponto comum: tentam explicar como o herói se tornou cantor ou se converteu em objeto de uma canção. Numa das versões do mitologema, Lino é filho de Apolo e de Psâmate, filha de Crotopo, rei de Argos. A princesa expôs a criança, que foi recolhida por pastores, mas acabou sendo dilacerada pelos cães que acompanhavam os pegureiros. Não podendo mais esconder sua dor, Psâmate relatou ao pai as aventuras amorosas com Apolo e a desdita de Lino. Não acreditando fosse o exposto filho de um deus, o rei de Argos a condenou à morte. Irritado com os desaparecimentos trágicos da amante e do filho, Apolo devastou o reino de Crotopo com uma grande fome. Consultado o oráculo, este ordenou um culto a Psâmate e a Lino. Crotopo foi exilado e, após a morte, foi lançado pelo senhor de Delfos nas profundezas do Tártaro. Para cultuar a memória de Lino e Psâmate, entoava-se anualmente, em Argos, um θρῆνος (thrênos), quer dizer, um canto fúnebre, durante o qual se sacrificavam todos os cães que se encontrassem nas ruas e nas praças da cidade. Numa variante beócia do mito, Lino é filho de Anfímero e de uma das musas, Urânia, Calíope ou Terpsícore. Cantor excelente, desafiou Apolo para um certame. O deus, irritado, o matou a flechadas. A Lino se atribuiu a invenção do ritmo e da melodia. Tendo recebido de Cadmo o alfabeto fenício, deu-lhe o traçado definitivo e a cada letra o seu nome. Lino foi o primeiro professor de letras e de música de Héracles, mas, enquanto Íficles, irmão e condiscípulo do filho de Zeus e Alcmena, se comportava com atenção, o herói já desde muito cedo dava mostra de sua indisciplina e descontrole. Um dia, chamado à atenção pelo grande músico e poeta, Héracles, num assomo de raiva, pegou uma pedra enorme, outros dizem um tamborete ou lira, e deu-lhe uma pancada tão violenta, que o mestre foi acordar no Hades! À época clássica foram atribuídos ao músico e poeta vários tratados filosóficos e místicos. Na medida em que o mito de Lino foi se depurando e sua personalidade evoluindo, atribuiu-lhe-se uma nova genealogia: o herói argivo ou tebano passou a ser filho de Hermes, o deus da ciência, sobretudo das ciências ocultas, ou ainda de Eagro, tornando-se, destarte, irmão de Orfeu, ao qual foi assimilado. Virgílio, na *Quarta Écloga*, 55-57, reúne os dois grandes poetas, músicos e místicos:

Non me carminibus uincat nec Thracius Orpheus,
nec Linus, huic mater quamuis atque huic pater adsit,
Orphei Calliopea, Lino formōsus Apollo.

– Ninguém me há de sobrepujar com seus cantos, nem Orfeu da Trácia, nem tampouco Lino, embora assistidos
um por sua mãe, outro pelo pai: Orfeu por Calíope, Lino pelo formoso Apolo.

LÍPARO.

Λίπαρος (Líparos), *Líparo*, é um derivado do verbo λίπτειν (líptein) ou λιπαρεῖν (lipareîn), "desejar, persistir", donde o antropônimo significar "o perseverante, o obstinado", *DELG*, p. 642-643.

Filho de Áuson, rei mítico da Itália, Líparo foi expulso por seus irmãos da terra natal. Com alguns guerreiros e amigos emigrou para o largo da Sicília, onde se estabeleceu numa ilha a que deu o nome de Lípara.

Tendo mais tarde hospedado a Éolo, deu-lhe em casamento sua filha Cíane. O genro, em compensação, satisfez-lhe o maior desejo, ajudando-o a regressar à Itália. Chefiando um grupo de bravos e destemidos companheiros, o herói ocupou a Costa de Sorrento e foi proclamado rei pela população local.

Ao morrer, foram-lhe conferidas honras divinas por seus novos súditos.

LIPÉFILA.

Λειπεφίλη (Leipephílē), *Lipéfila*, é antropônimo sem etimologia até o momento.

Lipéfila era filha de Iolau, sobrinho de Héracles. Tendo se casado com Filas, filho de Antíoco e portanto neto de Héracles, a heroína reuniu em seu filho Hípotes uma dupla descendência do maior dos heróis.

LIRCO.

Λύρκος (Lýrkos), *Lirco*, é antropônimo sem etimologia até o momento. A hipótese de Carnoy, *DEMG*, p. 117, que tenta uma aproximação com o pelasgo *lerg-, "cimo, píncaro", por ser o herói um epônimo de *Lircia*, na Argólida, é pouco provável.

Há dois heróis com este nome. O primeiro é filho de Foroneu. Juntamente com outros paladinos foi enviado por Ínaco à procura de Io (v.), raptada por Zeus. Não a tendo encontrado e receoso de retornar a Argos, instalou-se em Cauno, onde o Rei Egíalo lhe deu a filha Hilébia em casamento e uma parte do reino.

Como o matrimônio permanecesse estéril, Lirco consultou o Oráculo de Dodona, que lhe ordenou unir-se à primeira mulher que encontrasse e teria um filho. Jubiloso, o herói retornou, pensando tratar-se de Hilébia. Na viagem de volta, no entanto, fez escala em Bibasto e hospedou-se na corte de Estáfilo, filho de Dioniso. Tomando conhecimento da predição do oráculo, o esperto monarca, que desejava um descendente masculino, embriagou o hóspede durante um banquete noturno e fez que sua filha Hemítea (que disputou com a irmã Reo tal privilégio) se deitasse ao lado de Lirco. Pela manhã, o herói, percebendo o que acontecera, acusou violentamente a Estáfilo de tê-lo enganado e pressuroso retornou a seu reino. Sabedor do acontecido, Egíalo criticou de tal maneira a atitude involuntária do genro, que da discussão se passou a uma sangrenta guerra civil. Hilébia ficou ao lado do marido, que acabou derrotando os partidários do sogro. Mais tarde, o filho de Hemítea, chamado Básilo, procurou o pai em Cauno, e tendo-lhe mostrado o cinturão que deixara com Hemítea como sinal de reconhecimento, foi acolhido como filho e herdeiro do trono.

O segundo herói homônimo é um filho de Linceu (v.) e de Hipermnestra (v.). Feitas as pazes com seu sogro Dânao, Linceu passou a residir em Lincia, perto de Argos, mas mudou-lhe depois o nome para Lircia, em homenagem a Lirco.

Segundo uma versão mais recente, Lirco não era filho de Linceu, mas um bastardo do Rei Abas (v.).

LISÍDICE.

Λυσιδίκη (Lysidíkē), *Lisídice*, é um composto do verbo λύειν (lýein), "desatar, dissolver, liberar" e de δίκη (díkē), "uso, maneira, regra, o que se estabelece como norma, direito, justiça". O verbo grego *lýein* está obviamente aparentado como latim *luĕre*, "pagar, satisfazer, resgatar, remir" e com *soluĕre*, de *se-luĕre*, "desligar, soltar", daí *solūtus*, "desligado, livre, solto". O sânscrito *lūna-* "cortado" e *lu-nā-ti*, *lu-nó-ti*, "ele corta, divide", embora divergente quanto ao sentido, é da mesma família etimológica. O segundo elemento do composto é δίκη (díkē), "justiça", donde o antropônimo significar "a que dissolve a ordem" ou segundo outros "a que livra da punição" (v. Laódice).

Filha de Pélops, Lisídice se casou com Mestor e foi mãe de Hipótoe (v.). Uma versão faz da heroína esposa de Alceu e mãe de Anfitrião, embora a tradição aponte como mulher de Alceu a Astidamia ou Laônome. Outros mitógrafos dão-lhe por marido Eléctrion e por filha Alcmena.

LISIPE *(III, 75-76).*

Λυσίππη (Lysíppē), *Lisipe*, é um composto do verbo λύειν (lýein), "desatar, dissolver, liberar" (v. Lisídice) e de um feminino ἵππη (híppē), de ἵππος (híppos), "cavalo", donde "aquela que solta os cavalos ou dá rédeas soltas a eles".

Lisipe é uma das Prétidas (v.), quer dizer, uma das filhas de Preto (v.), enlouquecidas pela deusa Hera, mas curadas por Melampo (v.).

É igualmente o nome da esposa de Céfalo (v.), na Ilha de Cefalênia.

LITIERSES (III, 126-127).

Λιτυέρσης (Lityérsēs), *Litierses*, talvez seja um empréstimo ao frígio e designe tanto o nome do bandido como um canto dos ceifeiros, *DELG*, p. 644.

Litierses, cognominado o ceifeiro maldito, era filho do Rei Midas. O maior dos segadores hospedava gentilmente a todo e qualquer estrangeiro que passasse por suas terras e, no dia seguinte, convidava-o a segar o trigo em sua companhia. Se recusasse, cortava-lhe a cabeça. Se aceitasse, tinha que competir com ele, que saía sempre vencedor e igualmente decapitava o parceiro, escondendo-lhe o corpo numa paveia.

Héracles, que estava a serviço da rainha Ônfale, recebeu a tarefa de eliminar o bandido. O herói hospedou-se no palácio de Litierses e aceitou-lhe o desafio. Tendo-o mitigado com uma canção, facilmente o venceu e matou.

Uma variante atesta que o herói, vencido o segador maldito, resolveu eliminá-lo, porque o assassino mantinha como escravo a Dáfnis, que percorria o mundo em busca de sua amante Pimpleia, raptada pelos piratas. Ora, como Litierses a houvesse comprado, iria fatalmente decapitar o pastor Dáfnis, não fora a pronta intervenção de Héracles, que, após liquidar o filho de Midas, entregou ao amigo e a Pimpleia todos os bens do criminoso.

Os ceifadores da Frígia, para se encorajarem no trabalho, entoavam uma canção chamada *litierse*, em homenagem ao maior dos segadores, que a teria criado e cantado pela primeira vez.

LOCRO (III, 205).

Λοκρός (Lokrós), *Locro*, segundo Carnoy, *DEMG*, p. 114, talvez seja um derivado pelásgico de *luk, *lug, forma reduzida de *leuk-, "brilhar", donde o antropônimo significaria "o brilhante". Na realidade, Hesíquio afirma que λόκος (lókos), λοκρός (lokrós) designa "uma cabeça calva e brilhante".

Existem dois heróis com este nome. O primeiro seria um filho de Zeus com Mera, filha do rei de Argos, Preto, e de Anteia. Mas, como a amante do pai dos deuses e dos homens fosse do cortejo de Ártemis, esta não lhe perdoou a maternidade e a matou a flechadas.

Locro, segundo a tradição, foi um dos ajudantes de Anfião e Zeto na construção da muralha de Tebas.

O segundo, epônimo dos lócrios, possui uma genealogia bastante complicada. Na versão mais antiga era tido como filho de Fisco, neto de Etolo e bisneto, em consequência, de Anfictião. Uma variante, porém, aponta-o como filho deste último e, por conseguinte, neto de Deucalião. Reinou sobre os lélegos e deu-lhes o nome de lócrios. Sua mulher teria sido a belíssima Cíbie, filha de Ópus, senhor da Élida. Raptada por Zeus, o deus a levou para o Monte Mênalo. Já grávida, o amante divino transportou-a para o palácio de Locro, que não tendo filho, se casou com ela. O rei criou o menino, que nasceu logo depois, e deu-lhe o nome do avô, Ópus. Por vezes, a esposa do herói era Protogenia, filha de Deucalião. Como esta, tendo-se unido a Zeus, tivesse dado à luz o herói Étlio, Locro figurava como "pai humano" deste último.

Tendo entrado em luta com seu enteado Ópus, por causa do poder, abandonou sua terra natal e, com um grupo de súditos fiéis, partiu sem rumo certo. Consultado, no entanto, o Oráculo de Delfos a respeito do itinerário a seguir, este lhe respondeu simplesmente que interrompesse sua peregrinação "onde fosse mordido por uma cadela do bosque".

Ora, ao atingir a parte oeste do Parnasso, pisou, por descuido, "num espinho de roseira silvestre", em grego κυνόροδον (kynórodon), "espinho de cadela". Compreendendo que o oráculo se cumprira, fixou-se naquele local, que recebeu o nome de Lócrida. Tal denominação procura explicar a existência de duas Lócridas, uma a leste e outra a oeste do Monte Parnasso.

LÓTIS.

Λωτίς (Lōtís), *Lótis*, ao que parece, é um derivado de λωτός (lōtós), "loto", nome de diversos vegetais, como o *Lotus corniculatus* (*Il.*, XIV, 348; *Odiss.*, IV, 603); nome de plantas da África, o loto aquático do Egito, o *Nymphaea Lotus*; árvores outras, como a jujubeira selvagem, *ZiziphusLotus*, que é o loto dos Lotófagos (v.) na *Odisseia*, IX, 84-102, e também a planta de que se faziam as flautas. Trata-se de um termo mediterrâneo de origem obscura. Há os que o aproximam do hebraico *lōt*, traduzido nos *Septuaginta*, Ge 7, 25; 43, 11, por στακτή (stakté), o que designaria possivelmente uma árvore que destilaria um tipo de óleo, como o lódão, *DELG*, p. 654.

Lótis é uma ninfa amada pelo deus Priapo, que não a deixava em paz, apesar das recusas e fugas constantes da preferida do deus itifálico. Certa noite, enquanto ela dormia junto às Mênades, as inseparáveis companheiras de Dioniso, Priapo tentou violentá-la e estava a ponto de consegui-lo, quando o asno de Sileno pôs-se a zurrar com tanta força, que despertou todo o acampamento. Lótis escapou dos braços de Priapo, que, em meio às gargalhadas das Mênades, ficou extremamente envergonhado.

Mais tarde, Lótis pediu para ser transformada em planta e os deuses, atendendo-lhe o desejo, metamorfosearam-na num arbusto de flores vermelhas, chamado *loto*.

LOTÓFAGOS (I, 129; III, 302[232], 302-303, 328).

Λωτοφάγοι (Lōtophágoi), *Lotófagos*, é um composto do λωτός (lōtós), "loto ou jujuba" e do verbo φαγεῖν (phagueîn), "comer", donde lotófagos são "os que se alimentam de loto". Quanto à etimologia, v. Lótis.

LOTÓFAGOS

Quando Ulisses e seus companheiros, no longo retorno de Troia a Ítaca, já avistavam o Cabo Mália, um vento extremamente violento, vindo do norte, lançou-os ao largo da Ilha de Citera. Durante nove dias erraram no mar piscoso, até que, no décimo, chegaram à região dos *lotófagos*, que se alimentavam de "flores vermelhas", *Odiss.*, IX, 82-84. Três marujos aqueus provaram do *loto*, "o fruto saboroso, mágico e amnéstico", que lhes tirou qualquer desejo de regressar à pátria, como diz a *Odiss.*, IX, 94-97:

E aquele que saboreava o doce fruto do loto,
não mais queria trazer notícias, nem voltar,
mas preferia permanecer ali entre os lotófagos,
comendo loto, esquecido do regresso.

A custo o herói conseguiu trazê-los de volta e prendê-los no navio.

É bem possível que os lotófagos habitassem a Costa da Cirenaica, ao norte da África.

M

MACÁON *(II, 90; III, 50, 288).*

Μαχάων (Makháōn), *Macáon*, provém do verbo μάχεσθαι (mákhesthai), "lutar, combater", donde significar o antropônimo "o combatente" ou em etimologia popular o que "usa o punhal" (mákhaira), para fazer suas cirurgias. A etimologia do vocábulo grego ainda não está clara, pois a aproximação com o suposto iraniano **hamazan-*, "guerreiro", de que procederia igualmente 'Αμαζών (Amadzṓn), "Amazona", não foi comprovada, *DELG*, p. 673-674.

Macáon e Podalírio eram filhos de Asclépio e de Epíone, mas tradições diversas atribuem-lhes outras mães, como Arsínoe, Xante, Lampécia (v.) e até mesmo Corônis (v.).

Os dois filhos de Asclépio reinavam nas cidades tessálicas de Trica, Itome e Ecália. Candidato à mão de Helena, seguiu com Podalírio para Troia, comandando um contingente de trinta naus, segundo informa a *Ilíada*, II, 729-733, passo em que já se acentua a característica "de médicos famosos dos filhos de Asclépio". Cirurgião, enquanto Podalírio era mais um clínico, Macáon se tornou de tal modo útil aos aqueus, que foi dispensado de tomar parte na luta, ocupando quase sempre a retaguarda, para não ser exposto às setas inimigas. Curou a Télefo (v.), segundo uma versão antiga, e ao atrida Menelau, ferido por Pândaro, *Il.*, IV, 193sqq.

Tendo sido ele próprio atingido na espádua por um dardo lançado por Páris, XI, 504sqq., foi levado às pressas para a tenda de Nestor, onde ficou aos cuidados de Hecamede (v.), jovem aprisionada por Aquiles na Ilha de Tênedos e depois outorgada a Nestor, *Il.*, XIV, 3sqq.

A façanha mais notável, porém realizada pelo herói-médico foi a cura operada no grave ferimento de Filoctetes (v.) provocado por uma flecha envenenada de Héracles ou pela mordidela de uma serpente na Ilha de Tênedos (v. Podalírio).

O herói acompanhou os paladinos que ocuparam o bojo do cavalo de madeira. O filho de Asclépio, todavia, não retornou à pátria. Foi morto pela Amazona Pentesileia (v.) ou por Eurípilo, filho de Télefo (v.). Nestor transportou-lhe as cinzas até Gerênia. Em Trica se ergueu um cenotáfio (v. Exéquias) aos dois filhos de Asclépio.

Casado com Anticleia, filha de Díocles, foi pai de Nicômaco e Górgaso, mas a tradição atribui-lhe ainda outros quatro filhos: Alexanor, Polemócrates, Ésfiro e Álcon.

MÁCAR.

Μάκαρ (Mákar), *Mácar*, ao que parece, é um antigo nome neutro transformado em adjetivo com o sentido de "feliz, bem-aventurado", que se aplica tanto aos deuses quanto aos homens. Não possui etimologia em grego. A hipótese de um empréstimo ao egípcio é inaceitável, *DELG*, p. 659.

Na *Ilíada*, XXIV, 544, o herói é tido como rei de Lesbos. A genealogia de Mácar, chamado, por tantas vezes, Macareu, é contraditória. Ora considerado como um dos filhos de Hélio (o Sol) e de Rodo (v. Helíades) e neste caso teria fugido de Rodes, após assassinar o irmão e se refugiado em Lesbos; ora é tido como filho de Crínaco e originário de Óleno, na Acaia.

Após o dilúvio de Deucalião, reuniu um grupo de jônios e de colonos de locais diversos e se apossou da Ilha de Lesbos. A colônia prosperou rapidamente e o ousado paladino começou a ocupar as ilhas vizinhas, formando um reino bem extenso.

Alguns anos mais tarde, no entanto, Lesbos, filho de Lápites, em obediência ao Oráculo de Delfos, instalou-se no reino de Mácar, cuja filha Metimna desposou. O casamento evitou qualquer tipo de guerra e os colonizadores jônios se fundiram com os recém-chegados tessálios, recebendo até mesmo a ilha o nome do herói Lesbos.

Além de Metimna, Mácar foi pai igualmente de Mitilene. Cada uma delas deu nome a uma cidade da ilha.

Uma tradição mais recente aponta Éolo como pai de Mácar, cuja filha Anfissa, amada por Apolo, foi a heroína epônima da cidade homônima, na Lócrida.

MACAREU *(III, 59).*

Μακαρεύς (Makareús), *Macareu*, é um derivado do adjetivo μάκαρ, μάκαιρα, μάκαρ (mákar, mákaira, mákar) ou simplesmente μάκαρ (mákar); "feliz, bem-aventurado" (v. Mácar), o que parece ser um eufemismo ou tabu em relação ao herói em pauta.

Macareu, confundido, por vezes, com Mácar (v.), rei de Lesbos, é um filho de Éolo. Tendo-se unido incestuosamente à própria irmã Cânace (v.), suicidou-se, quando sua paixão foi descoberta. Ovídio, nas *Heroides*, Carta *II*, *passim*, perpetuou esse amor criminoso entre os dois filhos de Éolo (v. Cânace).

Um segundo herói homônimo é um sacerdote de Dioniso em Mitilene, que foi severamente punido por uma série de sacrilégios cometidos. Um adventício confiara a Baco uma fortuna em ouro e a depositou no templo do deus em Mitilene. Macareu furtou o tesouro e, para silenciar o proprietário, que o reclamava, matou-o dentro do próprio santuário do filho de Sêmele. Dias depois, os dois filhos do sacerdote, logo após as festas Trietéridas (solenidades trienais em honra de Dioniso em Mitilene), brincavam, mimando o sacrifício que o pai acabava de fazer. O deus do vinho, para punir seu servidor, fez que o irmão mais velho degolasse o caçula, e o colocasse sobre o altar ainda fumegante, como se fora a vítima oferecida. Dada a intervenção da esposa de Macareu, este a assassinou a golpes de tirso, completando assim o castigo iniciado com a morte do filho.

MACÁRIA *(I, 101; III, 146).*

Μακαρία (Makaría), *Macária*, provém de μακαρία (makaría), "feliz, bem-aventurada, favorita dos deuses", feminino de μακάριος (makários), "feliz, bem-aventurado", que, por sua vez, procede de μάκαρ (mákar), "feliz" (v. Mácar).

Maçaria é a única filha mulher de Héracles e Dejanira. Foi ela quem apagou no Monte Eta a fogueira em que se consumiram os restos mortais de seu pai.

Com a morte trágica de Héracles e sua gloriosa apoteose, os filhos fugiram do Peloponeso, temendo a cólera de seu primo Euristeu. Após uma curta permanência na corte do Rei Cêix, em Tráquis, refugiaram-se em Atenas, onde Teseu, sem recear a pressão e as ameaças de Euristeu, lhes deu hospitalidade. O tirano de Micenas declarou guerra aos atenienses, mas além de haver perdido os cinco filhos na batalha, ainda acabou sendo morto por Hilo (v.), no Istmo de Corinto.

A vitória, de acordo com a previsão do Oráculo, se deveu ao sacrifício de Macária, que se ofereceu voluntariamente para morrer pelo bom êxito de Atenas e dos Heraclidas contra o despotismo de Euristeu.

Em homenagem à heroína, havia, em Maratona, perto da Ática, uma fonte com o nome de Macária.

Eurípides, em sua tragédia *Heraclidas*, 474sqq., nos deixou um retrato belíssimo da heroica filha de Héracles.

MÁCEDON.

Μακεδών (Makedṓn), *Mácedon*, é habitualmente relacionado com μακεδνός (makednós), "alto, elevado, esguio", donde o antropônimo significaria "o que reside em terras ou locais elevados". À mesma família etimológica pertencem, neste caso, o plural Μακεδόνες (Makedónes), "macedônios" e Μακεδονία (Makedonía), "Macedônia". Segundo outros, como Krahe, *Glotta*, 17, 1929, 159, talvez Μακεδών (Makedṓn), "Mácedon, macedônio" não seja palavra de origem grega, *DELG*, p. 659-660.

Herói epônimo da Macedônia, a genealogia de Mácedon é bastante complicada. Por vezes o herói é tido como autóctone, mas há os que o consideram irmão de Magnes, filho de Zeus e Tiia, ou um dos filhos de Éolo ou ainda de Licáon. Outros vão mais longe e defendem que o epônimo da Macedônia é um filho e companheiro inseparável do deus Osíris, que o colocou no trono da Macedônia, à época em que o grande deus egípcio conquistou o mundo. A seguir semelhante genealogia, Mácedon é irmão de Anúbis. O herói aparece neste caso coberto com uma pele de urso e usa a cabeça do animal como máscara.

MACELO.

Μακελλώ (Makellṓ), *Macelo*, provém, ao que parece, de μάκελλον (mákellon), "grade, clausura, reclusão", donde "a reclusa", possivelmente por habitar uma ilha. Sobre a origem da palavra grega ainda não se chegou a uma conclusão. Opinam alguns que se trata de um empréstimo ao semítico, hebraico *miklā*, "parque, clausura"; outros julgam que a origem é o semítico, mas a base seria a raiz, *mkr*, "comerciar, negociar" (num recinto fechado, num mercado), *DELG*, p. 660.

O mito da heroína procede, tudo faz crer, da Ilha de Rodes. Macelo e sua mãe ou irmã Dexítea teriam recebido a Zeus, Apolo e Posídon em sua mesa e, por isso, foram poupadas da morte, quando um dos três imortais destruiu os Telquines (demônios ródios) que haviam esterilizado a ilha, encharcando-a com as águas do Rio Estige (v.). Macelo e Dexítea eram filhas de Dâmon. A segunda se casou com Minos e deu-lhe um filho, Euxântio. Este fundou no local, onde Macelo e sua irmã ou mãe receberam os deuses, a cidade de Coreso, isto é, "cidade das moças".

MACEREU.

Μαχαιρεύς (Makhaireús), *Macereu*, provém de μάχαιρα (mákhaira), "punhal, espada", donde "o sacrificador", Frisk, *GEW*, s.u.

A aproximação da palavra grega *mákhaira* com o verbo μάχεσθαι (mákhesthai), "lutar, combater", é de cunho popular. Na realidade, ainda não se conhece a origem do vocábulo, *DELG*, p. 673.

Macereu, filho de Detas, era um sacerdote de Delfos. Matou a Neoptólemo, porque criticara o hábito de os sacerdotes de Apolo receberem uma parte das carnes das vítimas oferecidas ao deus (v. Neoptólemo e Orestes).

MACISTO.

Μάκιστος (Mákistos), *Macisto*, é um superlativo de μακρός (makrós), "grande", donde "o que governa uma cidade muito extensa".

Makrós provém do radical mak̂-/mək̂, bem-atestado no indo-europeu: latim *macies*, "magreza", *macer*, "magro"; antigo alemão *magar*, "franzino"; hitita *mak--l-ant-*, "magro", *DELG*, 660-661.

Macisto, irmão de Frixo, era filho de Átamas. Foi o herói epônimo da cidade de Macisto na Élida de Trifília.

MÁCRIS.

Μάκρις (Mákris), *Mácris* é, sem dúvida, um derivado de μακρός (makrós), "grande, comprido" (v. Macisto), *DEMG*, p. 120, donde "a comprida".

Filha de Aristeu, Mácris e seu pai criaram na Eubeia o pequeno Dioniso, que lhes foi confiado por Hermes.

Quando Hera, que dominava a ilha, expulsou de lá o deus, este emigrou para a Ilha de Corcira, isto é, Corfu, que até então se chamava *Mácris*, "comprida e estreita".

Em Corfu, Dioniso vivia numa gruta de entrada dupla, a mesma em que Jasão e Medeia consumaram seu matrimônio (v. Argonautas).

MAGIA *(II, 48, 51-53, 79, 196; III, 192-194).*

Μάγος (Mágos) e sobretudo no plural Μάγοι (Mágoi), os *magos*, constituíam, de um lado, *uma das tribos dos medos* e, de outro, *sacerdotes que interpretavam os sonhos*. De *mágos* procede μαγεία (magueía), *magia*, "teoria dos magos". Trata-se, etimologicamente, de um empréstimo ao iraniano, como se pode aquilatar pelo persa antigo *Maguš*, nome de uma tribo meda, *DELG*, p. 656.

Com o declínio dos oráculos institucionalizados, como o de Delfos e Dodona, a partir do século II p.C., o papel da Pítia (v.) como intermediária entre Apolo e os homens, bem como a função dos *mánteis* (adivinhos) e *profetas*, como intérpretes da vontade divina, sofreram um duro golpe. Se bem que tanto os oráculos quanto as pitonisas e *mánteis* continuassem a existir, seu campo de ação foi sensivelmente delimitado e sua sobrevivência converteu-se num símbolo da tradição. Com isto surgiram os Προφῆται (Prophêtai), os intérpretes individuais "que traficavam com uma grande variedade de fenômenos psíquicos e que frequentemente proclamavam poderes miraculosos", como acertadamente assevera F.E. Peters, *TEFG*, p. 139. Essa θεουργία (theurguía), *teurgia*, esse "trabalho sobre os deuses", consistia sobretudo, segundo o autor citado, "na manipulação de certos objetos para provocar a presença divina quer numa estátua quer num médium humano". Estava aberto o caminho para a *magia*, que durante o período clássico andou meio cabisbaixa, porque é importante deixar claro que a *magia* sempre existiu desde os albores das primeiras culturas, ditas primitivas. A *magia* da época da decadência da cultura helênica, todavia, foi algo diferente, uma vez que passou a ter, sob muitos ângulos, um sólido respaldo filosófico. Desde os milésios, o Κόσμος (Kósmos), o mundo, era considerado como "ordem", como sendo vivo e os pitagóricos o viam como um todo ordenado. Platão, no *Timeu*, 30d, descreve-o como ser vivo e visível, que contém dentro de si todas as coisas que são naturalmente "aparentadas". Os estoicos vão mais longe: se Deus como *lógos* impregna o universo como a alma impregna o corpo e a *phýsis* vitaliza o todo, segue-se que o cosmo é uma unidade, um organismo, um ser vivo racional. Se o cosmo, como queria igualmente Plotino, é um ser vivo em que todas as coisas estão impregnadas da alma universal, as partes atuam entre si não pelo fato de estarem em contato, mas em função de sua semelhança. Da inter-relação natural tanto das coisas orgânicas como das inorgânicas resulta a teoria da συμπάθεια (sympátheia), de uma "simpatia", de uma interação mútua, de uma confraternização universal, tornando-se possível tanto a atuação do "teocosmo", do deus-mundo, sobre o homem (do sol, da lua, dos astros) quanto do homem sobre aquele. Desse modo é estabelecida uma base teorética para a adivinhação (mantiké) e para a manipulação e uso de poderes "simpatéticos" sobre as coisas por meio da *magia*.

Em termos mais simples: para Van de Born, *DEB*, p. 923sq., *magia* significa originariamente a atividade ou a arte do mago, depois também a arte ou a atividade ocultas do feiticeiro, geralmente em sentido pejorativo. Por magia (feitiço) entendemos ideias e práticas que se baseiam na crença de que certas pessoas, objetos ou ritos seriam capazes de provocar um efeito anormal, fatal, infalível, através de determinados meios que não estão em nenhuma proporção com o fim desejado. Característico da magia é que esses magos, aplicando meios poderosos por eles mesmos inventados, se sentem independentes da soberania divina e da lei moral.

Já que estamos com a mão na massa, acrescente-se, de passagem, que, no *Antigo Testamento*, certamente por influência de povos vizinhos, a *magia* também aparece, como em Mq 5,11; Jr 27,9; Ez 13,18-20; Ml 3,5: Gn 30,14 e 30,27sq., e em outras passagens. As ideias e práticas, bem como outras instituições, ritos e concepções, que existiam entre os povos primitivos, sendo, não raro, pura magia, foram adotadas por Israel, mas interpretadas no espírito da religião de Javé. A *magia*, como tal, é completamente alheia ao javismo, segundo o qual é Deus quem, na natureza e no homem, cria, governa e domina tudo de acordo com a sua própria vontade, diante do qual o homem é cinza (Gn 18,27) e do qual ele depende inteiramente (Nm 16,22; 27,16; Is 42,5; Jó 23,14sq.). "De fato, os israelitas conheciam a diferença entre o que era operado pelos magos e o que vinha de Deus", *DEB*, p. 224. No *Novo Testamento*, a magia ainda continuou a operar. Em Éfeso, muitos convertidos, quer do paganismo quer do judaísmo, praticavam a magia. Só após a pregação de São Paulo, numerosos *livros mágicos*, os Ἐφεσία γράμματα (Ephesía grámmata) foram queimados (At 19,18sq.). Fechado o parêntese, voltemos ao que vínhamos expondo.

Para Monique Augras (*A dimensão simbólica*, Petrópolis: Vozes, 1980, p.25sqq.), há uma distinção muito apropriada entre a magia de culturas primitivas e a que se conhece e se pratica hodiernamente. "A magia, com efeito, é por assim dizer o animismo (doutrina segundo a qual a alma espiritual é o primeiro princípio simultaneamente da vida vegetativa e sensível, bem como do pensamento) utilizado no sentido instrumental. Agindo-se sobre os símbolos, atua-se sobre o mundo. Devemos distinguir entre a magia dos povos ditos 'primitivos', que é o aspecto da aplicação do sistema animista e a magia tal como a conhecemos hoje, que se apresenta como um conjunto de práticas. Neste último caso, não é mais o universo todo que é símbolo do mundo real, mas alguns objetos desse mundo. [...] O fundamento da magia é que o homem é homólogo do universo. O microcosmo contém o macrocosmo. [...] Se o mundo maior é homólogo do menor e vice-versa, a magia pode deter-se em dois tipos principais de ação: prever os acontecimentos terrenos pelo estudo das modificações celestes e modificar o cosmo pela modificação dos símbolos terrestres. A adivinhação é a forma mais passiva, mais contemplativa da magia." Como exemplo de magia passiva, com finalidade divinatória, Monique cita as combinações dos naipes do tarô, "que refletem a posição do universo em torno da pessoa que os distribui" e a astrologia, que, baseando-se no estudo dos movimentos das esferas celestes, em relação a determinado indivíduo ou a certo acontecimento, deduz todas as informações possíveis a respeito de seu passado, presente e, de modo particular, de seu futuro". Nesta linha de raciocínio, distingue-se, consoante a autora, *magia passiva*, cujo instrumento mais atuante é a mântica, e *magia ativa*, aquela cujo escopo é recriar o cosmo. Dos exemplos citados por ela a respeito desta última, dois nos pareceram muito significativos. O troglodita, que, nas paredes de seu *habitat*, desenha a caça correndo, em seguida ferida e, por fim, morta, visa propiciar "sucesso e êxito ao caçador". O curandeiro (embora o curandeirismo e a feitiçaria sejam "aspectos menores da magia") que fabrica uma boneca, contendo "substâncias do inimigo", fragmentos de roupa, de unhas, de cabelos, isto é, que lhe capta uma parte da energia, do mana, e a espanca e tortura, deseja que o adversário sofra tudo quanto se efetua com o símbolo. A vítima terá morte certa, "se o curandeiro apunhalar a boneca". Não sendo por vezes muito fácil estabelecer uma distinção entre magia passiva e magia ativa, "os mágicos se apoiam no conhecimento do cosmo e do destino".

MAGNES *(III, 205).*

Μάγνης (Mágnēs), *Magnes*, é segundo Chantraine, *DELG*, p. 656, "o cidadão das cidades de Μαγνησία (Magnēsía), *Magnésia*, na Tessália e na Ásia Menor. De μάγνης, μάγνητος (mágnēs, mágnētos), "magneto", provém a expressão Μαγνῆτις (λίθος) [Magnêtis(líthos)], "pedra magnética", ímã, magneto (óxido de ferro natural), mas se desconhece a origem da palavra grega. O antropônimo significaria assim "o que exerce a atração, o que atrai".

Conforme a versão mais antiga, o herói era filho de Éolo e Enárete. Unido a uma náiade, foi pai de Polidectes e Díctis, que tiveram participação ativa no mito de Perseu (v.). Alguns mitógrafos atribuem-lhe quatro outros filhos: Ineu, Alector, Eurínomo e Píero.

MAIA *(I, 162, 282[181], 343; II, 191-193, 196, 206).*

Μαῖα (Maîa), *Maia*, "mãezinha, ama, avó, parteira", o vocábulo é normalmente usado para indicar "uma senhora idosa". Trata-se de hipocorístico familiar constituído pelo sufixo -να (-ya) sobre um radical μα (ma), tipo μήτηρ (métēr), μάμμη (mámmē), "mãe, mama, mamãe". Maia é, pois, a Mãe, *DELG*, p. 657-658; Frisk, *GEW*, s.u.

Filha de Atlas e de Plêione ou Estérope, Maia era uma ninfa do Monte Cilene, na Arcádia. Unida a Zeus, foi mãe de Hermes. Maia não possui um mito próprio, exceto enquanto partícipe da genealogia de Hermes (v.) e ama de Arcas (v.) após a morte de Calisto.

Também em Roma existia uma antiga divindade itálica, chamada *Maia*, filha de Fauno e mulher de Vulcano, que nada tem a ver com a *Maia* grega. A identificação de ambas só se deu muito mais tarde, a partir do século III a.C., isto é, com a helenização de Roma, traduzida no sincretismo greco-latino.

Foi *a Maia* latina quem deu nome ao *mês de maio*, *osco Maís, Mais*, "maio": *Maium mensem Romani a Maiia, Mercurii matre... uocauērunt* (Plac. *CGL* v 82, 83; Varr. L.L. 6,33): – Os romanos chamaram o mês de *maio* de Maia, mãe de Mercúrio.

MALCANDRO.

Μάλκανδρος (Málkandros), *Malcandro*, provém, consoante Carnoy, *DEMG*, p. 120, do semítico *malika*, *molok*, "rei" a que se aglutinou uma final frequente em nomes da Ásia Menor.

Plutarco, em *Ísis e Osíris*, 15, relata que a grande deusa egípcia, quando andava pelo mundo à procura de Osíris, foi feita prisioneira e escrava do rei de Biblos, Malcandro, que a entregou à sua esposa Astarté, Saósis ou Nemânus.

MÂNDILAS.

Μανδύλας (Mandýlas), *Mândilas*, provoca duas hipóteses, assim mesmo muito vacilantes de Carnoy, *DEMG*, p. 120. Segundo o filólogo belga, o vocábulo tanto poderia originar-se de μάνδρα (mándra), "estábulo, aprisco, redil", quanto de μάδαλος (mándalos), que poderia ser empregado por βάλανος (bálanos), "glande", porque, na realidade, "aprisco e glande" estão presentes no mito do herói.

Pastor de Dodona, Mândilas furtou o carneiro mais gordo de um seu vizinho, colega de profissão, e escondeu-o no aprisco. O pastor prejudicado procurou o lanígero por toda parte e, não o encontrando, consultou o oráculo de Zeus em Dodona (v.). O carvalho sagrado falou pela primeira vez, revelando que o ladrão era o mais jovem pastor da região. Descoberto, Mândilas devolveu o cordeiro, mas, cheio de raiva, ameaçou cortar a árvore sagrada através da qual Zeus manifestava sua vontade. Uma pomba, todavia, símbolo da paz, voou do carvalho e fez que Mândilas desistisse de seu projeto louco e criminoso.

MANDRÁGORA.

Μανδραγόρας (mandragóras), *mandrágora*. Trata-se de termo médico e mágico, sem etimologia definida. Como o nome da planta existe na onomástica jônica, opinam alguns que *Mandragóras* seria o nome de um médico. Outros procuram explicá-lo através do nome persa *merdum gijã*, "planta do homem". Curiosamente, a raiz desta planta é chamada por L. Júnio Moderato Columela (séc. I p.C.) de *semihomo*, "metade homem, metade animal ou animal com cabeça de homem", *DELG*, p. 664.

Em língua grega, *mandrágora* aparece, entre outros, em Hipócrates, 420,19; Xenofonte, *Banquete*, 2,24; Platão, *República*, 488c, com o sentido de *planta estupefaciente e soporífera*. O raio de ação da mandrágora, todavia, é bem mais extenso. Com suas flores brancas e avermelhadas e frutos amarelos, de cheiro suave (*Cânt* 7,14), a mandrágora, além de ser afrodisíaca, aumenta a fertilidade, combate a esterilidade e ajuda nos partos. Não é em vão, que Raquel, por ser estéril, a apreciava muito (*Gn* 30,14-16). Empregada com grande frequência na feitiçaria, magia e bruxaria, a planta estupefaciente recebeu em nosso país, nas classes menos letradas, o nome de *mandraca* e funciona eficientemente como filtro amoroso, sobretudo quando misturada à aguardente... Algumas receitas certamente esclarecerão os interessados no emprego da *mandraca*. Para atrair um homem: moer a mandrágora (folhas, frutos e raiz) e servir com leite de mulher; para tirar o marido da outra: moer raiz, fruto, flor e folhas e dar "a ele" para beber com vinho branco; para debelar a esterilidade: friccionar o ventre com óleo extraído dos frutos; para evitar mau-olhado: moer os frutos e a raiz, misturar com vinagre e aplicar na testa e no peito... Foi com o engodo de uma poção de mandrágora que o astuto Calímaco conquistou a bela e "virtuosíssima" Lucrécia, esposa do pateta Nícia, na engraçada comédia *La Mandragola*, de Niccolò Machiavelli.

MANES.

Μάνης (Mánēs), *Manes*, é um antropônimo frígio, que, em Atenas, designava escravos, donde o sentido de "escravo ou de estúpido, ignorante". Chantraine, *DELG*, p. 664, pergunta se *Mánēs* não estaria relacionado com μάνης (manēs), "taça, copo" e daí uma jogada infeliz no jogo de dados.

Filho de Zeus e Geia, Manes era um rei mítico da Frígia. Unido a Calírroe, foi pai de Átis, Cótis e Ácmon.

MANIA *(I, 92; II, 99-100, 115-116, 136-138, 140; III, 340-341).*

Μανία (Manía), *Mania*, personificação da *Loucura*, provém do verbo μαίνεσθαι (maínesthai), "ser possuído de um ardor violento, de um delírio incontrolável". O sânscrito *mányate* e o avéstico *mainyeite* significam "pensar", o que demonstra ter o grego se desligado da ideia de "pensar", para a de "ser tomado por um delírio alucinado".

Na *Ilíada*, XXII, 460, Andrômaca, enlouquecida pela dor com a morte de Heitor, é comparada a uma Mênade, μαινάδι ἴσῃ (mainádi ísē), isto é, uma possuída pela *mania*.

A deusa Mania possui o mesmo poder que as Erínias, os gênios ctônios e as demais abstrações, como Ate, o Erro, a Fome, a Miséria.

Sua missão essencial é ser um agente da cólera dos deuses contra os que desdenham dos ritos. Enlouquece-os, precipitando-os em catástrofes e morticínios, a fim de que a vítima sirva de exemplo aos que não pautam sua vida de acordo com a vontade e o respeito devidos aos imortais.

MÂNTICA *(I, 108, 161, 200; II, 52, 92, 95-96, 100, 176-177, 202-203; III, 26, 28, 41, 47-50, 48³⁷).*

Tanto μάντις (mántis), "adivinho, profeta:, quanto μαντική [τέχνη], (mantikḗ [tékhnē]) "arte da adivinhação, mântica", e μαντεία (manteía), "dom profético, profecia, oráculo" remontam ao verbo μαίνεσθαι (maínesthai), "ser tomado por grande furor, por um delírio sagrado, ser possuído pela divindade". É que, na realidade, a *mântica* só se concretiza quando o *mántis*, o adivinho, entra em estado de μανία (manía), "de loucura sagrada", provocada pelo *êxtase e entusiasmo*, isto é, pela posse do divino. Talvez, para a etimologia desta vasta família se pudesse pensar na raiz **men*, "pensar, ter coragem".

Na Hélade, embora a terminologia permanecesse ordinariamente muito fluida, a *mântica*, grosso modo, englobava várias técnicas. Podia ser *dinâmica* ou por inspiração direta, cuja variante era a aparição de *Oniro* (v.) a uma pessoa durante o sono; *indutiva* (piromancia, eonomancia, hepatoscopia, quiromancia, oniromancia, cleromancia...) e *ctônia* ou por *incubação*.

A mântica dinâmica ou por inspiração direta era sobretudo a de Delfos, em que Apolo (v.) falava "diretamente" aos consulentes por intermédio de sua Pitonisa (v.) ou Sibila (v.). Também o *daímon* Oniro (v.), o sonho, pertence a essa categoria, segundo se expôs, uma vez que, normalmente travestido em um ser humano, transmitia aos mortais, durante o sono, mensagens verdadeiras ou falsas enviadas pelos deuses. Platão, consoante F.E. Peters, *TEFG*, p. 138sq., associa a mântica dinâmica da Pítia, da Sibila, dos προφῆται (prophêtai), isto é, dos sacerdotes de Dodona e Delfos, intérpretes dos oráculos dos deuses, com a μανία (manía), a "loucura sagrada", divinamente inspirada (*Fedro*, 244 bc). Neste rol, o filósofo coloca também o *poeta* que para ele é um ἔνθεος (éntheos), "um possesso, um inspirado dos deuses". Já mostramos em *Mitologia Grega*, Vol. I, p. 161, que *o poietés*, o poeta, é igualmente um *mántis*, um *adivinho*. E é este o significado, em latim, de *uates*, cujo sentido primeiro é o de "profeta, adivinho", donde o latim *uaticinium*, vaticínio, "previsão". Na realidade, todo e qualquer detentor da *manteía* é um ferido de ἔκστασις (ékstasis), de *êxtase*, desse "sair de si" por uma transformação interna, que implicava o ἐνθουσιασμός (enthusiasmós), o mergulho do divino no seu intérprete. A *mântica indutiva* é aquela em que o *mántis* procede por conclusão, examinando determinados fenômenos, tais como *o fogo* (piromancia), o *voo das aves* (eonomancia), o *fígado das vítimas sacrificadas* (hepatoscopia), a *leitura da palma da mão* (quiromancia), o *processo dos sonhos* (oniromancia), a *tiragem da sorte* (cleromancia)... Seria conveniente salientar que, para a oniromancia, existem dois tipos de intérpretes de sonhos: o ὀνειροκρίτης (oneirokrítēs), o que explica o sonho alheio e o ὀνειροπόλος (oneiropólos), o que interroga os deuses no exame de seus próprios sonhos.

Finalmente, a *mântica ctônia* ou *por incubação* (em latim *incubâre* é "estar deitado em ou sobre"), em grego ἐγκοίμησις (enkoímēsis), ação de "deitar-se, de dormir", era a manifestação do divino durante o sono, geralmente de um deus-médico, como Asclépio. É que a incubação tem por objetivo essencial, as mais das vezes, a cura. O deus-médico, conforme se falou no verbete *Oniro*, tocava, em sonhos, as partes afetadas dos doentes e transmitia-lhes determinadas mensagens, que eram interpretadas pelos sacerdotes. Existe, pois, uma íntima correlação entre ἰατρική [τεχνή], (iatriké [tékhnē]), "a arte de curar" e a mântica ctônia. Apolo, deus mântico por excelência, era, ao menos a princípio, um deus-médico. Não é para efeitos retóricos que Ésquilo lhe empresta o epíteto de ἰατρόμαντις (iatrómantis), quer dizer, o *médico-mântico* (*Eum.*, 62). Conquanto os poderes oraculares estivessem concentrados nas mãos de Apolo, segundo se assinalou em *Mitologia Grega*, Vol. III, p. 48, outros deuses e muitos heróis, sem o prestígio, claro está, do deus pítico, exerceram-nos em vida e *post mortem*. Entre muitos outros podem citar-se *Tirésias*, *Calcas*, *Anfiarau*, *Anfíloco*, *Mopso* e, em grau menor, *Ulisses*, *Protesilau*, *Sarpédon*, *Menesteu*, *Autólico*, *Pasífae* (diferente de sua homônima cretense), *Ino*, *Héracles* em Bura, *Glauco* em Delos, *Aristômenes* na Messênia, *Orfeu* e até *Laio*...

MANTO *(II, 88).*

Μαντώ (Mantṓ), *Manto*, é um derivado de μάντις (mántis), "adivinho, profeta", que remonta ao verbo μαίνεσθαι (maínesthai), "ser tomado por um grande furor, por um delírio sagrado" ou também "ser possuído pela divindade", em se tratando do *mántis* (v. Mania). É que a mântica (v.), vale dizer, "a arte da adivinhação, a profecia" só se concretiza quando o *mántis*, o adivinho, entra em estado de *manía*, de loucura sagrada, provocada pelo *êxtase* e *entusiasmo*, a saber, pela posse do divino, *DELG*, 658 e 665.

Filha de Tirésias (v.), possuía, como o pai, o dom divinatório, outorgado por Apolo. Alquebrado e carente da visão, o *mántis* máximo da Hélade foi retirado das cinzas de Tebas, destruída pelos Epígonos (v.), e conduzido pela filha em direção a Delfos. Tirésias, porém, faleceu em Haliarto, na Beócia, antes de chegar à cidade sagrada do filho de Leto.

Os argivos, antes da vitória final sobre os tebanos, haviam prometido a Apolo "o que houvesse de mais belo no espólio", e Manto foi a escolhida como "oferta ao deus". A adivinha permaneceu longo tempo em Delfos, aperfeiçoando-se na arte divinatória e exercendo o ofício de Pitonisa (v.).

O deus mântico, por excelência, enviou-a em seguida para a Ásia Menor, onde a filha de Tirésias fundou a cidade de Claros e inaugurou um novo oráculo de Apolo.

Casou-se em Claros com o cretense Rácio e deu-lhe um filho, tido por alguns como de Apolo. Chamou-se ele Mopso, cuja rivalidade com o grande adivinho Calcas se tornou famosa (v. Calcas e Mopso).

Uma variante faz de Manto esposa de Alcméon, de quem tivera um filho, Anfíloco, o Jovem, homônimo do tio (v. Anfíloco). Alguns mitógrafos, todavia, julgam tratar-se de uma outra Manto e não da filha de Tirésias, mas de Poliido.

Virgílio, na *Eneida*, 10,199-201, fala de uma terceira heroína homônima, epônima da cidade de Mântua.

MARÃO *(III, 302-303).*

Μάρων (Márōn), *Marão*, provém, ao que parece, de μάρων (márōn), "cinzento, grisalho, russo", *DELG*, p. 669; Carnoy, *DEMG*, p. 121, sem indicar a fonte grega, traduz o vocábulo por "cintilante, brilhante", dizendo-o "um epíteto do vinho".

Filho de Evantes, o herói era neto de Dioniso. Na *Odisseia*, IX, 195-211, Homero fala de Marão e de um vinho puro e forte que esse sacerdote de Apolo guardava com todo o cuidado.

Tendo chegado à região dos cícones, tribo belicosa da Trácia, que participaram da Guerra de Troia como aliados de Príamo, Ulisses penetrou com seus companheiros em uma de suas cidades, Ísmaro. Numa incursão rápida e mais digna de piratas do que de vingadores de inimigos de ontem, os aqueus saquearam a cidade dos cícones e passaram-lhe os habitantes a fio de espada. Somente pouparam Marão, que além de muitos presentes, deu ao rei de Ítaca doze ânforas de um vinho delicioso, doce e forte. Com esse precioso licor de Baco será embriagado o monstruoso Ciclope Polifemo (*Odiss.*, IX, 347-373).

Eurípides, no único drama satírico completo que chegou até nós, *O ciclope*, 141sqq., peça por nós traduzida, faz de Marão um filho de Baco e companheiro de Sileno. Nono, poeta épico do século V p.C., em suas *Dionisíacas*, 15,141sqq., assimila-o inteiramente ao ciclo de Dioniso. No poeta de Panópolis, Marão é filho de Sileno e companheiro do deus do vinho em sua excursão triunfal à Índia. Tipo consumado do bêbado, surge no poema de Nono como ancião alquebrado e que só encontra forças para beber, exaltar a Dioniso e entoar louvores ao vinho, o néctar do filho de Sêmele e Zeus.

MÁRATO.

Μάραθος (Márathos), *Márato*, é mera variante gráfica de Máraton (v.).

Trata-se de um herói arcádio, que acompanhou Equedemo na expedição dos Dioscuros (v.) contra a Ática.

Como o oráculo exigisse o sacrifício de uma vítima humana para assegurar a vitória dos invasores, Márato se ofereceu voluntariamente para morrer pelo triunfo dos Dioscuros.

O nome do herói foi dado ao demo de Maratona (v. Máraton), tendo havido certamente confusão entre Máraton e Márato.

MÁRATON.

Μαραθών (Marathṓn), *Máraton*, é um derivado de μάραθον (márathon), já presente no micênico sob a forma *maratuwo* numa lista de condimentos. Na realidade, o vocábulo grego significa "funcho", planta aromática e ramosa, *o foeniculum vulgare*. A etimologia de Μαραθών (Marathṓn) é desconhecida, talvez se trate de empréstimo. De qualquer forma, o antropônimo pode ser interpretado como "campo do funcho".

Herói epônimo do demo (povoação, burgo) ático de Maratona, Máraton era filho de Epopeu, rei de Sicione. Expulso da terra natal pelo despotismo, crueldade e injustiça do próprio pai, o herói se refugiou na Ática, onde criou as primeiras leis. Com a morte de Epopeu, retornou a Sicione, reunindo sob um único cetro sua cidade natal e Corinto. Foi pai de dois filhos, Sícion e Corinto, que se tornaram heróis epônimos das duas cidades.

MARIANDINO *(III, 181)*.

Μαριανδυνός (Mariandȳnós), *Mariandino*, é um adjetivo substantivado, cuja etimologia se desconhece.

Foi herói epônimo e rei dos mariandinos, povo que se localizava na Bitínia. Filho de Fineu e Ideia, Mariandino era, por conseguinte, de origem eólia. Tal descendência explica a acolhida generosa que deu aos Argonautas (v. Jasão). Uma versão diferente dá-lhe como pai a Frixo ou Cimério e até mesmo Zeus.

Reinou também sobre uma parte da Paflagônia e, com auxílio de Herácles (v.), anexou uma porção do território dos bébricos, segundo uma variante.

MÁRMAX.

Μάρμαξ (Mármaks), *Mármax* é, sem dúvida, um derivado do verbo μαρμαίρειν (marmaírein), com reduplicação expressiva no presente, "luzir, brilhar, cintilar" donde "o brilhante" (v. Mera).

Um dentre os muitos pretendentes de Hipodamia (v.), foi morto pelo cruel Enômao (v.) e enterrado com os próprios cavalos Partênias e Érifas.

MARPESSA *(II, 87; III, 47)*.

Μάρπησσα (Marpēssa), *Marpessa*, é derivado por Carnoy, *DEMG*, p. 121 do verbo μάρπτειν (márptein)," apoderar-se de, agarrar" e o nome de agente μάρπτις (márptis) é "o ladrão, raptor".

Filha de Eveno e de Demonice e, neste caso, neta de Ares, ou de Enômao e Alcipe, casou-se com Idas (v.). Amada por Apolo, este tentou raptá-la. O herói saiu em defesa da esposa e ameaçou o deus. Zeus, porém, interveio e, após separar os litigantes, deixou a Marpessa a liberdade de escolher com qual dos dois desejava viver. A heroína elegeu Idas, por medo de que, envelhecendo, o deus a abandonasse. Uma variante assegura que Apolo a raptou, mas que, algum tempo depois, o esposo conseguiu reconquistá-la.

De Idas e da neta de Ares nasceu uma filha, Cleópatra, que os pais chamavam de Alcíone em memória do rapto de Marpessa.

MÁRSIAS *(II, 89)*.

Μαρσύας (Marsýas), *Mársias*, Carnoy, *DEMG*, p. 121, propõe como etimologia do vocábulo a raiz indo-europeia **merĝ*, com assibilação da gutural. O sentido de **merĝ* seria "esfolar, despojar". A etimologia parece fabricada para atender ao mito do esfolamento de Mársias por Apolo.

Filho de Hiágnis ou de Olimpo ou ainda de Eagro, Mársias é um Sileno, originário da Frígia. É considerado como o inventor da flauta de dois tubos por oposição à sírinx ou flauta de Pã. Como flautista, o Sileno, segundo uma tradição, participava do cortejo de Cibele, em cujo culto a flauta e o tamborim desempenhavam um papel de grande relevância. Uma versão ateniense, no entanto, atribuía a invenção da flauta à deusa Atená, mas, quando pela primeira vez a tocou, teve a curiosidade de ver-se no espelho das águas de uma fonte e horrorizada jogou imediatamente fora seu invento. É que, ao tocá-la, sua face divina se inflava, o que lhe desfigurava o rosto. Uma variante relata que a deusa confeccionou a primeira flauta com os ossos de um veado, durante um banquete dos deuses e pôs-se imediatamente a tocá-la, o que provocou comentários chistosos de Hera e Afrodite pela deformação facial da deusa. A filha de Zeus, contrariada, dirigiu-se à Frígia e lá contemplou-se no espelho das águas de uma fonte cristalina e concluiu que suas irmãs imortais tinham razão. Lançou bem longe o diaulo e ameaçou castigar exemplarmente quem o recolhesse. Mársias não teve dúvidas em se apossar do instrumento amaldiçoado e, orgulhoso com os sons emitidos pela flauta, reptou Apolo para uma competição entre o diaulo e a lira. O deus da lira aceitou o duelo musical, com a condição de o vencedor fazer do vencido o que bem lhe aprouvesse. No primeiro tentame, as Musas e Midas (v.), que julgavam a contenda, ficaram na dúvida, mas o deus desafiou Mársias a executar com a flauta o que era possível realizar-se com a lira: tocá-la às avessas, como ele fazia com seu instrumento. Face a tão extraordinária perfeição da lira, Apolo foi declarado vencedor, embora o Rei Midas se tivesse pronunciado por Mársias. O deus o puniu, fazendo que nascessem no rei orelhas de burro. No tocante ao vencido, foi o mesmo amarrado a um pinheiro ou plátano e escorchado vivo. Mais tarde, Apolo se arrependeu de castigo tão violento e transformou o antigo adversário num rio.

MEANDRO.

Μαίανδρος (Maíandros), *Meandro*, segundo Carnoy, *DEMG*, p. 119, o antropônimo proviria da raiz indo-europeia **mai-* "manchar, macular", por ser Meandro "o rio dos pantanais".

Filho de Oceano e Tétis, Meandro é o deus do rio homônimo na Ásia Menor. Foi pai de várias filhas, entre as quais Sâmia, epônimo da Ilha de Samos; Cianeia, mãe de Cauno e de Bíblis (v.); Calírroe, e de dois filhos, Mársias (v.) e Bábis (v.).

MÉCION.

Μητίων (Metíon), *Mécion*, segundo Carnoy, *DEMG*, p. 128, é um derivado de μῆτις (mêtis), e significaria, no caso, "o cauteloso, o prudente" (v. Métis).

Mécion é um herói ático, mas cuja genealogia é extremamente confusa. A tradição mais seguida aponta-o como um dos filhos de Erecteu e de Praxítea. Os filhos que tivera com Alcipe baniram do trono de Atenas a Pandíon II, filho de Cécrops, o Jovem, sobrinho, por conseguinte, do próprio Mécion. O herói, nesta genealogia, é o pai de Eupálamo e o avô de Dédalo.

Numa outra versão, Mécion figura como filho de Eupálamo e neto de Erecteu. Casado com Ifínoe, foi pai de Dédalo e, segundo outros, também de Museu. Uma variante mais tardia assegura ser ele o pai do herói Sícion, que foi chamado por Laomedonte para assumir as rédeas do governo de Sicione.

MECISTEU.

Μηκιστεύς (Mēkisteús), *Mecisteu*, é um derivado da forma μῆκος (mêkos), dório μᾶκος (mâkos), superlativo μήκιστος (mékistos), de μακρός (makrós), "grande, longo, comprido" (v. Macisto), *DELG*, p. 660-661, donde "o muito grande, o destemido".

Filho de Tálao e de Lisímaca, era irmão de Adrasto. Foi pai de Euríalo (v.).

Participou da luta dos Sete Chefes (v.) contra Tebas, mas foi morto por Melanipo. Seu filho Euríalo figurou entre os Epígonos (v.).

MÉCON.

Μήκων (Mḗkōn), *Mécon*, procede de μήκων (mḗcōn), μάκων (mákōn), "papoula", que aparece no antigo alemão *mahen*, *man*, alemão atual *Mohn*; eslavo antigo *makŭ*, com o mesmo sentido, mas trata-se de empréstimos independentes a uma língua não indo-europeia, uma vez que a *papoula* é uma planta mediterrânea, Frisk, *GEW*, s.u.

MEDEIA *(I, 159, 175, 222; III, 37-38, 51-52, 63, 132[98], 151, 157, 157[174], 168, 176, 183-184, 198-203, 222, 273, 353).*

Μήδεια (Médeia), *Medeia*, provém do verbo μήδεσθαι (médesthai), "arquitetar um projeto, ter em mente uma ideia, planejar", donde Medeia é "a hábil em planejar" o mal, a desgraça alheia. O antropônimo já aparece no micênico sob a forma *Medejo*. Quanto à etimologia do verbo grego, tem o mesmo; por base a raiz **mēd/měd*, sendo inútil separar μήδεσθαι (médesthai) e μέδεσθαι (médesthai), "pensar, medir, projetar", como o armênio *mit-kʿ* "pensamento", antigo alemão *maz*, alemão atual *Mass*, "medida, moderação".

Filha do rei da Cólquida Eetes e da Oceânida Idíia, a heroína é, por conseguinte, neta de Hélio (Sol) e sobrinha de Circe. Diodoro, todavia, dá-lhe por mãe a protetora e inspiradora de todas as magas, Hécate (v.), que seria no caso a esposa de Eetes e mãe não apenas de Medeia, mas igualmente da bruxa Circe (v.). Hesíodo, *Teogonia*, 956sqq., segue a primeira versão.

Desde o mito dos Argonautas (v.) e da tragédia ática, como a *Medeia* (v.) de Eurípides, atravessando a literatura alexandrina e fechando em Roma, a filha de Eetes converteu-se no protótipo das magas.

O objetivo da expedição dos Argonautas (v.), chefiada por Jasão (v.), era trazer da Cólquida, governada por Eetes, o velocino de ouro.

Não fora, todavia, Medeia, o herói grego jamais o teria conquistado. Foi ela, quem, sob a promessa de casamento feita por Jasão, lhe deu um bálsamo maravilhoso com que o herói untou o corpo e as armas, tornando-os invulneráveis ao ferro e ao fogo. Com isto pôde ele dominar os terríveis touros de Hefesto e eliminar todos os monstros nascidos dos dentes do dragão de Cadmo (v.). Foi ela quem adormeceu o dragão, que montava guarda ao velocino no bosque de Ares, permitindo ao chefe dos Argonautas cortar-lhe o pescoço, apossar-se do precioso tesouro, e escapar em direção à nau Argo, levando a própria Medeia em sua companhia. Foi ela quem tomou como refém o próprio irmão Apsirto e o despedaçou, espalhando-lhe os membros em direções várias, para retardar a tenaz perseguição de Eetes ao casal fugitivo.

Há contudo uma tradição, indubitavelmente tardia, transmitida por Diodoro Sículo (*Biblioteca Histórica*, 4,45sqq.), segundo a qual Medeia era uma princesa civilizada, humanitária, que se opunha à barbárie do pai, que mandava sacrificar todos os estrangeiros que chegassem à Cólquida. Irritado com a filha, mandou prendê-la. Com a chegada dos Argonautas, porém, a jovem rebelde conseguiu evadir-se da prisão e uniu-se a eles. Sob a promessa de casamento de Jasão, prontificou-se a ajudá-lo a vencer todas as provas que lhe seriam impostas pelo pai e apossar-se do velocino de ouro, objetivo da expedição. Jasão aceitou a condição única de Medeia, o amor. Enquanto os Argonautas atacavam os soldados, que mantinham guarda ao velocino, ela abriu o templo, onde o mesmo fora depositado e permitiu ao herói apoderar-se do precioso troféu.

Trata-se, no fundo, de uma versão evemerista da busca carregada de símbolos do velocino de ouro. Assim é que, os touros de Hefesto, que lançavam chamas pelo nariz, e que Jasão deveria atrelar a uma charrua, são interpretados como "soldados valentes e violentos, originários da Táurida"; a lã (o velo) de ouro do carneiro é traduzida como "o espólio de um certo Carneiro", que foi preceptor de Frixo, o filho de Átamas e Néfele, o qual, vindo da Hélade, se perdera na Cólquida...

Como se pode observar, "o racionalismo" do século I p.C. explica tão canhestramente o mito, que este com toda a sua carga simbólica se torna mais leve, simples e linear que as lucubrações evemeristas.

Como quer que seja, conquistado o velo de ouro, Medeia fugiu com os Argonautas e todas as versões são acordes num ponto: Jasão prometeu casar-se com ela. Assim, todos os crimes posteriores da maga da Cólquida devem-se às traições e perjuros do marido, que se comprometeu a amá-la para sempre.

O casamento do herói grego com a princesa da Cólquida se realizou, e em circunstâncias excepcionais, em Corfu, na ilha dos feaces, onde reinavam Alcínoo e sua esposa, a prudente Arete. Lá, algo de sério e grave aguardava os Argonautas. Uma nau, enviada por Eetes, em perseguição aos fugitivos, chegara antes de Argo à ilha de Alcínoo. Os súditos do rei da Cólquida, sobretudo porque estavam com a vida em jogo, pressionaram o senhor de Corfu para que lhes entregasse Medeia. O soberano, após consultar Arete, respondeu-lhes que o faria, desde que ela, uma vez examinada, ainda fosse virgem, mas, se a princesa já fosse mulher de Jasão, deveria permanecer com ele.

Arete, secretamente, fez saber a Medeia a decisão real e Jasão se apressou em unir-se a Medeia na gruta de Mácris (v.).

Uma variante de feição recente afiança que Jasão se casara com a princesa na própria Cólquida, onde permanecera quatro anos, antes de realizar suas gestas heroicas e apossar-se do velo de ouro. É que Medeia, como Ifigênia em Táurida, era sacerdotisa de Ártemis e sacrificava todos os estrangeiros que chegassem ao reino paterno. Vendo, porém, a Jasão, apaixonou-se por ele, certamente por artimanhas de Afrodite ou de Hera, e a cena do sacrifício converteu-se em cerimônia nupcial. Tal arranjo mítico é obviamente inspirado na *Ifigênia em Táurida* de Eurípides e repete, *mutatis mutandis*, o episódio de Orestes com sua irmã Ifigênia (v.). Hesíodo, *Teogonia*, 1.000sq., atribui ao casal um filho chamado Medeio (v.).

Chegando a Iolco, ponto final da grande expedição dos Argonautas, ou por inspiração de Hera (v.), que odiava a Pélias, ou simplesmente para vingar o marido a quem o soberano não devolvera o trono, como prometera, em troca do velo de ouro, Medeia fez perecer o rei. Começou por persuadir as filhas do usurpador do trono de Iolco (v. Esão e Jasão) de que era capaz de rejuvenescer qualquer ser vivo, fazendo-o cozinhar numa composição mágica, cujo segredo somente ela conhecia. Despedaçou um velho carneiro sob o olhar curioso das princesas de Iolco, jogou-lhe as postas num caldeirão de bronze e momentos depois apresentou-lhes o animal inteiramente recomposto e novo.

As Pelíades, quer dizer, as filhas de Pélias, sem hesitar, despedaçaram o pai, já idoso, e cozinharam-lhe os membros, conforme a receita de Medeia.

Como Pélias não ressuscitasse, transidas de horror, fugiram para a Arcádia, exceto Alceste, que, ainda muito menina, não participara da trágica façanha. Com a morte do rei, Jasão e Medeia, com os filhos do casal, Feres e Mérmero, foram banidos de Iolco por Acasto, filho de Pélias e herdeiro do trono.

Existe uma variante, segundo a qual, Medeia, disfarçada numa sacerdotisa de Ártemis, deixou sozinha a nau Argo e dirigiu-se a Iolco. Tendo convencido as filhas de Pélias a cozinhar-lhe os membros, fez vir a Jasão, que entregou o trono a Acasto, que o acompanhara, contra a vontade paterna, na perigosa expedição dos Argonautas. A seguir tal versão, o exílio em Corinto foi voluntário.

Diga-se, de passagem, que Corinto é a terra natal de Eetes e lá existia "um culto aos filhos de Medeia", o que deve ter facilitado a localização na cidade do Istmo da dolorosa tragédia em que se envolveu a filha do rei da Cólquida.

Jasão e Medeia, expulsos de Iolco, viviam em paz em Corinto, quando o rei local, Creonte, concebeu a ideia de casar sua filha Glauce ou Creúsa com o herói dos Argonautas. Jasão, sem tergiversar, aceitou o enlace real e repudiou Medeia, que foi banida da cidade pelo próprio soberano.

Implorando-lhe o prazo de um só dia, sob o pretexto de se despedir dos filhos, a feiticeira da Cólquida teve tempo suficiente para preparar a mortal represália. Enlouquecida pelo ódio, pela dor e pela ingratidão do esposo, resolveu vingar-se tragicamente, enviando a Creúsa, por intermédio de seus filhos Feres e Mérmero, um sinistro presente de núpcias. Tratava-se de um manto ou de um véu e de uma coroa de ouro, impregnados de poções mágicas e fatais. A própria Medeia, na tragédia homônima de Eurípides, deixa bem claro o poder terrível de semelhantes adornos:

> – Se ela aceitar estes atavios e com eles se engalanar, perecerá horrivelmente e, com ela, quem a tocar: tal o poder dos venenos com que ungirei meus presentes.
>
> (Eur. *Medeia*, 787-789)

Vaidosa, Glauce, sem hesitar, não apenas aceitou, mas se ataviou de imediato com o lindíssimo véu e a coroa de ouro. A princesa teve apenas tempo de se ornamentar. Um fogo misterioso começou a devorar-lhe as carnes e os ossos. O rei, que correra em socorro da filha, foi envolvido também por esse incêndio inextinguível, que os transformou rapidamente num monte de cinzas.

Não parou por aí a vindita louca da maga. Mortos Creonte e Creúsa e incendiado o palácio real, Medeia assassinou os próprios filhos.

Existe uma tradição segundo a qual a morte de Feres e Mérmero pela própria mãe teria sido uma "criação" de Eurípides. Na realidade, a interpretação mais seguida é a de que os meninos teriam sido lapidados pelos habitantes de Corinto pelo fato de terem levado a Glauce os presentes fatídicos de Medeia.

De qualquer forma, consumada a tragédia em Corinto, Medeia, num carro alado, presente de seu avô Hélio, o Sol, puxado por dois dragões ou serpentes monstruosas, voou para Atenas. Este exílio, prodigalizado por Egeu, rei da cidade de Palas Atená, acabou igualmente de maneira dolorosa para ele e para a princesa da Cólquida.

A fuga para Atenas e o exílio concedido pelo rei foram combinados em Corinto, antes de Medeia cometer os crimes acima narrados. A maga havia prometido a Egeu, cuja esposa era estéril, fazê-la conceber ou de se casar com o soberano e dar-lhe filhos.

Como nada do que prometera aconteceu, e Medeia ainda tentara matar a Teseu, "filho de Egeu (v.)" – na realidade o era de Posídon – com Etra, segundo se expôs em *Mitologia Grega*, Vol. III, p. 157, mais uma vez a princesa e maga foi banida. Saiu de Atenas acompanhada do filho Medo (epônimo dos medos), que, segundo uma versão tardia, tivera com Egeu, e regressou à Cólquida. Em sua terra natal a situação política estava sumamente confusa. Seu tio Perses havia destronado a Eetes e assumira o governo. Medeia, como se fora uma satisfação a seu pai, matou a Perses e restituiu o cetro ao velho Eetes.

Existe uma tradição segundo a qual Medeia não morrera, mas fora transportada para a Ilha dos Bem-Aventurados, onde se teria unido a Aquiles (v.).

MEDEIO *(III, 186, 204)*.

Μήδειος (Médeios), *Medeio*, provém do verbo μήδεσθαι (médesthai), "arquitetar um plano, preparar, ter algo em mente" (v. Medeia), donde significar o antropônimo "o planejador".

Acerca de Medeio sabe-se apenas que era filho de Jasão e Medeia e que foi educado, como o pai, pelo Centauro Quirão e assim, como diz Hesíodo na *Teogonia*, 1.000-1.002, "se cumpriu o plano do grande Zeus".

MEDO.

Μῆδος (Mêdos), *Medo*, provém da raiz *mēd, do verbo μήδεσθαι (médesthai), "arquitetar um projeto, ter em mente uma ideia, planejar", donde Medo é "o que planeja, o astuto, previdente" (v. Medeia).

Medo seria um filho de Medeia com Egeu, mas uma versão diferente dá-lhe por pai um rei do interior da Ásia Menor, ao qual se teria unido Medeia, quando, expulsa de Atenas, retornou à Cólquida.

Seja como for, o herói é o epônimo dos medos.

Os trágicos e a literatura em geral complicaram-lhe o mito com a introdução de vários pormenores por vezes confusos e disparatados. No geral, todos seguem, a princípio, a primeira genealogia. O herói teria saído de Atenas com Medeia, mas uma tempestade, separando-o da mãe, fê-lo aportar nas praias do reino de seu tio-avô Perses, que havia sido advertido por um oráculo do perigo que representavam os descendentes de Eetes. Medo conhecia o vaticínio e ao ser levado preso ao rei, seu tio, escondeu-lhe sua verdadeira identidade. Disse-lhe chamar-se Hípotes, filho de Creonte, senhor de Tebas. Acrescentou que viajava à procura de Medeia para puni-la da morte de Creonte, rei de Corinto e da princesa Creúsa ou Glauce. Perses não lhe deu crédito imediato às palavras e, enquanto mandava investigar a verdade, meteu-o na prisão. Nesse ínterim, Medeia em seu carro puxado por dragões chegou à corte de Perses, cujo reino estava sendo assolado por uma grande fome. A maga apresentou-se ao tio como sacerdotisa de Ártemis, cuja missão era debelar a peste. O rei contou-lhe que mantinha preso o filho do rei de Tebas. Medeia ordenou-lhe soltar o herói.

Quando ela o viu, reconheceu de imediato tratar-se de Medo. Chamou-o à parte e deu-lhe um punhal, com que o herói matou ao tio-avô e apossou-se de seu trono.

Existe um outro Medo, filho da ninfa Alfesibeia (v.) e de Dioniso, que passa igualmente por ser herói epônimo dos medos.

MÉDON *(III, 55)*.

Μέδων (Médōn), *Médon*, provém da raiz *mĕd, do verbo μέδειν (médein), "comandar, zelar por, reinar sobre", e na voz média μέδεσθαι (médesthai), "velar, tomar medidas por" (v. Laomedonte), donde significar o antropônimo "o que se preocupa com, o que zela por alguém ou pelo governo".

Há três heróis com este nome. O primeiro, filho natural de Ájax Oileu e de Rene, é originário de Ftiótida, mas foi obrigado a exilar-se, após assassinar um consaguíneo de sua avó Eriópis. Quando o grande Filoctetes (v.), por causa de uma ferida incurável, foi abandonado na Ilha de Lemnos, Médon, segundo a *Ilíada*, II, 716-728, assumiu o comando dos contingentes de Metone, Taumáquia, Ólizon e Melibeia. O herói pereceu às mãos de Eneias, conforme nos informa a *Ilíada*, XV, 332.

O segundo Médon era o arauto dos pretendentes em Ítaca. Quando estes planejavam armar uma cilada contra Telêmaco (v.) em seu regresso à ilha, Médon revelou os planos dos inimigos a Penélope. Por este gesto de fidelidade, foi poupado por Ulisses, quando do morticínio dos orgulhosos pretendentes. Julgam os mitógrafos que o herói era um dos que desejavam casar-se com Penélope.

Um terceiro herói homônimo, sem nenhuma projeção no mito, é o filho de Pílades e Electra, irmão de Estrófio II.

MÉGACLO.

Μεγακλώ (Megaklṓ), *Mégaclo*, é um composto do adjetivo μέγας, μεγάλη, μέγα (mégas, megálē, méga), "grande, vasto, importante, poderoso" e de κλέος (kléos), "boato que circula, reputação, renome, glória" (v. Héracles), donde significar o antropônimo "a que possui grande glória ou renome". Quanto a *mégas*, "grande", corresponde ao armênio *mec*, "grande", sânscrito *mahā-*, "grande, extenso" (como primeiro elemento de compostos), latim *magis*, "mais", *magnus*, "grande".

Mégaclo era filha de Mácar (v.), rei de Lesbos. Como o pai fosse violento e espancasse a esposa, a heroína resolveu apaziguar-lhe a cólera, a ferocidade e a opressão. Chamou para junto de si as Sete Virgens, as Sete Musas de Lesbos, às quais ensinou a tanger a lira. Rapidamente as lindas jovens da Ilha de Safo se tornaram músicas e cantoras tão exímias, que transformaram a tirania familiar de Mácar em compreensão e ternura para com a esposa e os filhos.

MEGAPENTES *(II, 22).*

Μεγαπένθης (Megapénthēs), *Megapentes*, é um composto do adjetivo μέγας, μεγάλη, μέγα (mégas, megálē, méga) "grande, vasto, importante, poderoso" (v. Mégaclo) e do verbo πάσχειν (páskhein), "experimentar tal ou qual emoção, sensação ou sentimento, sofrer", donde Megapentes é "o que muito sofreu". Quanto ao verbo πάσχειν (páskhein) tem o mesmo por base παϑ-σκω (páth-skō) e talvez possa ser aproximado do lituano *kenčiù*, "sofrer, suportar" e do irlandês *cēss(a)im*, com o mesmo sentido, *DELG*, p. 861-862; Frisk, *GEW*, s.u.

Menelau e Helena eram pais somente de uma menina, Hermíona. Desejando, porém, um filho, que pudesse assumir, no futuro, o cetro da Lacônia e perpetuar o culto familiar, o rei uniu-se, com pleno assentimento de Helena, a uma escrava chamada Píeris ou Terídae. Dela teve um filho, o sonhado herdeiro, Megapentes. No mesmo dia das núpcias de Orestes com Hermíona, Menelau fê-lo casar-se com uma espartana, filha de Alector, segundo comenta Homero, *Odisseia*, IV, 10-14.

Os lacedemônios, no entanto, por ser ele bastardo, excluíram-no do trono de Esparta, o que provocou no jovem *um grande pesar*, fazendo-o *sofrer muito*, como indica seu nome. Para assumir as rédeas do governo, após a promoção do marido de Helena à Ilha dos Bem-Aventurados, foi convocado Orestes.

Reza uma tradição que após "a partida" de Menelau, enquanto Orestes errava pela Hélade, perseguido pelas Erínias, Megapentes e Nicóstrato, este último filho legítimo dos reis de Esparta, perseguiram Helena, responsável talvez pela indicação do filho de Agamêmnon para ocupar o trono da Lacônia. Helena (v.) teria fugido para a Ilha de Rodes e se refugiado junto a Políxo.

Um segundo herói homônimo é o filho de Preto (v.), nascido à época da loucura das Prétidas (v.). Megapentes foi pai de Anaxágoras e de Ifianira. Com o falecimento de Preto, o herói assumiu o governo de Tirinto, mas Perseu (v.), após matar, sem o querer, a seu avô Acrísio, trocou com Megapentes o reino de Argos ou Micenas pelo de Tirinto.

MÉGARA *(III, 44, 61, 95, 146, 155, 159-160,166, 207).*

Μεγάρα (Megára), *Mégara*, que é preciso não confundir com Μέγαρα (Mégara), *Mégara*, famosa cidade da Hélade, como o faz o seguro Pierre Grimal, *DIMG*, p. 280. Μέγαρα (Mégara) é um plural neutro e traduz nas Tesmóforias (festas em honra de Deméter, v. *Mitologia Grega*, Vol. II, p. 287-288), uma espécie de cripta ou gruta onde se lançavam porcos vivos.

O antropônimo *Megára*, Mégara, que já aparece na *Odisseia*, XI, 269, sob forma jônica, estaria relacionado, segundo Carnoy, *DEMG*, p. 122-123, com o verbo μεγαίρειν (megaírein) "considerar, olhar como excessivo" e com o armênio *mecarem*, "eu estimo", donde a heroína significaria "a elevada, a nobre, a apreciada", independentemente do mito em que aparece.

Há duas heroínas com este nome. A mais célebre, porém, é a filha do rei de Tebas Creonte, a qual foi dada em casamento a Héracles como recompensa de sua retumbante vitória sobre os mínios de Orcômeno (v. Héracles).

Essas núpcias, todavia, terminaram em tragédia. Enlouquecido pela deusa Hera, o filho de Alcmena matou todos os filhos que tivera com a filha do rei de Tebas.

Eurípides, na tragédia *Héracles*, retomada pelo polígrafo latino Lúcio Aneu Sêneca, em seu *Hércules furioso*, interpreta o mito de maneira mais ampla e prolixa e a versão euripidiana acabou por tornar-se a preferida dos mitólogos.

Relata o grande trágico ateniense que durante a ausência de Héracles, que descera ao Hades para buscar Cérbero, por ordem de Euristeu, um déspota, chamado Lico, vindo da Ilha de Eubeia, destronou a Creonte e o matou. Não satisfeito, investiu contra Mégara e seus filhos e estava prestes a liquidá-los, quando o herói chegou. Matou Lico, mas, enlouquecido por Hera, traspassou com suas flechas a esposa e os filhos. Anfitrião teria sofrido o mesmo destino, se Atená não se interpusesse entre ambos, tendo lançado a vítima de Hera num sono profundo.

Uma variante, porém, atesta que Mégara não morreu no massacre dos filhos, mas fora repudiada por Héracles, que, de imediato, a fez casar-se com seu sobrinho Iolau (v.), filho de Íficles (v.). Conta-se ainda que, após o assassínio dos filhos, o herói foi exilado por um ano. Terminada a punição, apesar da insistência de Íficles e Licímnio, ele se recusou a voltar a Tebas. Numa segunda tentativa os dois heróis citados se fizeram acompanhar de Mégara e o herói concordou em que todos, inclusive ele, passariam a residir em Tirinto.

Existe uma versão inteiramente aberrante, segundo a qual Lico seria pai de Mégara, mas enlouquecido por Hera, por ter dado a filha em casamento ao rebento de Zeus e Alcmena, matou os netos.

Mostrava-se em Tebas o túmulo dos filhos de Héracles aos quais se prestava um culto. Estes variam, em dependência dos mitógrafos, de três a doze, com alteração até mesmo nos nomes. São eles: Terímaco, Dêicoon e Creontíades ou ainda Onites, Oxeu, Aristodemo, Clímeno, Gleno, Polidoro, Aniceto, Mecistófano, Pátrocles, Toxóclito, Menebrontes e Quersíbio.

Teria existido, conforme relatos tardios, uma segunda Mégara, mãe do criminoso Ixíon. Esta heroína, por ter-se negado a aceitar propostas indecorosas de Forbas e Polimelo, foi por eles assassinada. Ixíon vingou-lhe a morte, eliminando os dois celerados.

MEGAREU.

Μεγαρεύς (Megareús), *Megareu*. É bem possível que o antropônimo se origine do topônimo Μέγαρα (Mégara), neutro plural, designativo da famosa "Mégara", cidade da Hélade (v. Mégara), dado o composto ἀρχι-μαγαρεύς (arkhi-magareús), "grande gruta ou cripta", onde se lançavam porcos vivos nas Tesmofórias, festas solenes em honra de Deméter. *Mégara* é aproximado por alguns filólogos do hebraico mᵉ‛ārā, "gruta, caverna", *DELG*, p. 674.

Megareu, "o que habita grutas ou cavernas", epônimo da cidade de Mégara, era filho de Posídon e Énope, embora surja, por vezes, como filho de Apolo ou de Egeu. De qualquer forma, o herói era originário de Onquesto, na Beócia.

Casado com Mérope, foi pai de três filhos: Timalco, Evipo, Hipômenes (v.) e de uma filha, Evecme. O primeiro foi morto por Teseu, quando os Dioscuros (v.) invadiram a Ática. O segundo o foi pelo leão do Monte Citerão. Megareu, desesperado, ofereceu a mão de Evecme e a sucessão no trono de Onquesto a quem liquidasse a fera.

Alcátoo realizou a grande façanha e se casou, em seguida, com Evecme.

O terceiro, Hipômenes, com o indispensável auxílio de Afrodite, foi o vencedor de Atalante (v.) e se casou com ela.

Quando Minos, senhor de Creta, sitiou a cidade de Nisa, o rei local Niso, apelou para o auxílio de Megareu. Este lutou bravamente, mas acabou perecendo na batalha. Mais tarde, seu sucessor, Alcátoo, reconstruiu a cidade de Nisa e, em homenagem ao sogro, mudou-lhe o nome para Mégara.

Uma tradição de origem megárica nega que a cidade de "Nisa", depois Mégara, tenha sido algum dia tomada e destruída. Assim, Megareu ocupara o trono após a morte de Niso, porque se teria casado com a filha do rei, chamada Ifínoe. Alcátoo sucedera naturalmente a Megareu, porque era seu genro e tinha, além do mais, a palavra empenhada do soberano, quando da morte da fera do Monte Citerão.

MEGES.

Μέγης (Méguēs), *Meges*, procede do adjetivo μέγας, μεγάλη, μέγα (mégas, megálē, méga), "grande, vasto, importante, poderoso" (v. Mégaclo), donde o antropônimo significar "o grande, o famoso".

Filho de Fileu e de Clímene, filha de Laerte, o herói é, por conseguinte, sobrinho de Ulisses. Outros mitógrafos, todavia, fazem-no filho de Timandra, irmã de Helena e de Clitemnestra. Como pretendente à mão de Helena, participou da Guerra de Troia e, segundo a *Ilíada*, II, 625-630, capitaneou quarenta naus procedentes de Dulíquio e das Ilhas Equínades.

Guerreiro "semelhante a Ares", como lhe chama Homero (*Il.*, II, 627), matou em três combates a Pedeu, Cresmo e Ânficlo (*Il.*,V, 69-75; XV, 523; XVI, 313).

Meges teria morrido na batalha pela conquista de Ílion, mas os poemas homéricos não mencionam o fato. A tradição seguida por Polignoto no seu λέσχη (léskhē), pórtico pintado de Delfos, coloca o herói entre os que conseguiram retornar de Troia, mas os mitógrafos insistem em que Meges, ferido na luta, faleceu durante o regresso à pátria.

MELAMPIGO.

Μελαμπῡγος (Melampýgos), *Melampigo*, é um composto do adjetivo μέλας, μέλαινα, μέλαν (mélas, mélaina, mélan), "negro, preto, sombrio" (v. Melampo) e de πυγή (piguē), "nádega, traseiro", donde "o que possui nádegas escuras", isto é, com as nádegas cobertas de pelos negros, símbolo para os gregos de força e virilidade (v. *Mitologia Grega*, Vol. III, p. 125-126). Do ponto de vista etimológico, em grego, talvez se possa fazer uma aproximação de πυγή (pyguḗ) com πυ-́ννος (pýnnos), "ânus". Trata-se de um termo popular com geminação expressiva. Sânscrito *putau*, "as duas nádegas", lituano *putà*, "bolha", Frisk, *GEW*, s.u.

Melampigo era o nome de um homem misterioso contra o qual Teia, a mãe dos Cercopes (v.), os alertara. Este herói misterioso era Héracles (v.), que acabou por vencê-los.

MELAMPO *(I, 176; III, 11, 204)*.

Μελάμπους (Melámpus), *Melampo*, é um composto do adjetivo μέλας, μέλαινα, μέλαν (mélas, mélaina, mélan), "preto, negro, sombrio" e de πούς, ποδός (pús, podós), "pé", donde "o de pés negros", pelos relacionamentos do adivinho com Dioniso, cuja inspiração brotava "das trevas da Noite", ou porque os profetas eram mordidos nos pés por uma serpente, réptil cujo poder divinatório emanava das entranhas da terra, segundo Carnoy, *DEMG*, p. 123.

Quanto ao adjetivo μέλας (mélas), é possível uma aproximação com o báltico *mēlna-, "negro", lituano mḗlas, mḗlynas, "azul". No que tange a πούς, ποδός (pús, podós), trata-se do indo-europeu *podes; norueguês *fōtr*, "pé"; anglo-saxão, neutro plural, *fēt*, "pés"; latim *pes, pedis*, "pé"; sânscrito *pāt*, "pé"; hitita *pada*, "pé"; lituano *pãdas*, "planta do pé"; russo *pód*, "chão, solo", *DELG*, p. 932-933.

Do ponto de vista mítico, "os pés negros" de Melampo se explicam por uma inadvertência materna: ao nascer, o menino foi colocado numa sombra, mas seus pés ficaram expostos ao sol.

Filho de Amitáon e de Idômene, casou-se com uma das filhas de Preto e foi pai de três heróis, Mântio, Antífates, Abas e de duas filhas, Prônoe e Manto. Diodoro (*Bibl. Hist.*, 4,68), no entanto, dá-lhe por esposa a Ifianira, filha de Megapentes e neta de Preto. Tendo cremado uma serpente fêmea, que encontrara morta, os filhotes agradecidos purificaram-lhe a língua e os ouvidos, lambendo-os. O herói tornou-se *mántis* tão extraordinário, que era capaz igualmente de traduzir os sons emitidos pelas aves e pelos animais. Conhecedor, além do mais, de ervas mágicas e medicinais, foi médico famoso: purificava os doentes e restituía-lhes a saúde.

Melampo e seu irmão Bias emigraram da Tessália para Messênia, mais precisamente para a grande cidade de Pilos, onde reinava seu tio Neleu.

Bias pediu-lhe a mão da filha Pero, mas o rei, como era de praxe no casamento de um herói (cuja purificação pré-nupcial se realizava por meio de provas) impôs-lhe uma condição: o pretendente deveria furtar e trazer-lhe o rebanho de Fílaco. A variante, que substitui este último por Íficlo, não tem sentido, porquanto, embora filho de Fílaco, Íficlo (v.) desempenha papel inteiramente diverso no mito.

O armento, porém, que estava nos arredores da cidade de Fílace, na Tessália, era cuidadosamente vigiado noite e dia por cão feroz, que impedia a qualquer um, homem ou fera, de se aproximar das reses e ovelhas.

Julgando-se incapaz de executar sozinho tarefa tão ingente, Bias solicitou a ajuda do irmão. Melampo concordou, mas predisse que seria preso e só após permanecer um ano no cárcere conseguiria a posse dos animais. Como profetizara, tão logo chegou a Fílace, foi encarcerado numa choupana. Decorrido um ano, o adivinho ouviu um diálogo entre os cupins. Estes discutiam o tempo aproximado de duração da viga, que sustentava o tugúrio. Um deles foi categórico: a madeira já estava corroída e podre e em breve a cabana ruiria. De imediato, Melampo pediu que o transferissem de prisão e, realmente, pouco tempo depois, o teto da cabana desabou. Fílaco viu logo que o prisioneiro era extraordinário vidente e pediu-lhe para curar a impotência de seu filho Íficlo (v.). Como recompensa recebeu o tão almejado rebanho e o conduziu para o reino de Neleu que, cumprindo a palavra empenhada, casou a filha Pero com Bias.

Bem mais tarde, o profeta da Tessália foi chamado pelo rei de Argos, Preto, para curar-lhe as filhas, as Prétidas (v.), presas de uma loucura coletiva. Acreditando-se transformadas em novilhas, erravam pelas campinas e não havia quem pudesse convencê-las a retornar à casa paterna. Melampo comprometeu-se a curá-las mediante um terço do reino de Tirinto. O rei achou o preço muito elevado, mas como a loucura das filhas se intensificasse, resolveu aceitar a proposta do adivinho. Este, porém, fez uma nova exigência: queria um terço do reino para si e outro terço para seu irmão Bias. Temendo pela sorte das Prétidas, que haviam ampliado sua correria louca pelas montanhas e por todo o Peloponeso, o soberano, embora a contragosto, acabou por concordar com o alto preço exigido pelo médico-vidente.

Melampo, tomando consigo o mais vigoroso dos efebos de Argos, partiu para as montanhas e campinas em perseguição às Prétidas. Com gritos e danças frenéticas procurou atraí-las. Uma delas, Ifinoe, morreu de cansaço, mas as duas outras foram purificadas com ervas mágicas misturadas às águas de uma fonte onde "as novilhas" costumavam matar a sede. Recuperada a forma humana e a razão, foram dadas em casamento a Melampo e Bias, ficando o território de Tirinto fracionado em três pequenos reinos.

Foi desse modo que os descendentes de Amitáon reinaram sobre a Argólida.

MELÂNCIO.

Μελάνθιος (Melánthios), *Melâncio*, é um composto do adjetivo μέλας, μέλαινα, μέλαν (mélas, mélaina, mélan) "preto, negro, escuro, sombrio" (v. Melampo) e de ἄνθος (ánthos), "flor", donde "o que se parece com uma flor negra" ou "o de tez escura", como interpreta Carnoy, *DEMG*, p. 124. Trata-se, consoante Chantraine, *DELG*, p. 680, de um hipocorístico. No tocante a ἄνθος (ánthos), "flor", é possível uma aproximação com o sânscrito *ándhas-*, "erva, planta".

Melâncio, filho de Dólio e irmão de Melanto, serva de Penélope, é um pastor de Ítaca, que cuidava do rebanho de cabras de Ulisses.

Tanto Melâncio quanto a irmã traíram seus senhores, passando-se para o partido dos pretendentes. Quando Ulisses, disfarçado em mendigo, visitou seu palácio, foi tratado insolentemente por seu antigo servidor. Durante o massacre dos príncipes de Ítaca, candidatos à mão de Penélope, Melâncio conseguiu levar-lhes algumas armas, com que tentaram vencer e liquidar a Ulisses, mas, numa segunda tentativa, foi trancafiado exatamente no compartimento onde se guardavam essas armas.

Após o enforcamento das escravas, que se haviam transformado em amantes dos pretendentes e traído a confiança de Penélope, Melâncio foi terrivelmente punido. Cortaram-se-lhe o nariz, as orelhas e genitália, que foram lançadas aos cães e, em seguida, decepando-lhe as mãos e os pés, deixaram-no morrer.

A adesão de Melâncio aos pretendentes e suas trágicas consequências estão registradas na *Odisseia*, XVII, 211-234; XX, 173-182; XXII, 135-199 e 474-477.

Ovídio, nas *Heroides*, 1, 95-96, na carta de *Penélope a Ulisses*, que andava errante por terra e por mar, a esposa não se esquece de reclamar também do mendigo Iro e de Melâncio, como ignomínias do palácio de Ítaca:

Irus egens, pecorisque Melanthius actor edendi, ultimus accedunt in tua damna pudor.

– O mendigo Iro e o pastor Melâncio se projetam como a derradeira ignomínia para tua desgraça.

MELANCRERA.

Μελάγκραιρα (Melánkraira), *Melancrera*, é um composto do adjetivo μέλας, μέλαινα, μέλαν (mélas, mélaina, mélan), "negro, preto, escuro, sombrio" (v. Melampo) e de κραῖρα (kraîra), "extremidade, cabeça", donde "a que possui a cabeça escura". Etimologicamente *kraîra* está relacionado tanto com κέρας (kéras), "corno, chifre" quanto κάρα (kára), "cabeça", o que explica o parentesco entre estes dois últimos vocábulos, *DELG*, p. 576-577.

Melancrera é o epíteto da Sibila (v.) de Cumas, segundo uns porque a profetisa emitia oráculos obscuros, conforme outros pelo fato de a inspirada de Apolo ser profundamente melancólica, ou ainda, o que é mais plausível, porque a Sibila possuía realmente cabelos pretos ou a pele enegrecida e enrijecida pela extrema velhice.

MELANEU.

Μελανεύς (Melaneús), *Melaneu*, derivado do adjetivo μέλας, μέλαινα, μέλαν (mélas, mélaina, mélan), "preto, negro, sombrio" é, segundo Chantraine, *DELG*, p. 680, um hipocorístico, "o negro, o sombrio" (v. Melampo).

Habilíssimo arqueiro, Melaneu era filho de Apolo. Casado com Ecália, foi pai do não menos célebre Êurito (v.), mestre de Héracles (v.).

Perieres (v.) concedeu-lhe um terreno, onde o herói fundou uma cidade, na Messênia, a que deu o nome de sua esposa, Ecália. Na Eubeia, todavia, "o negro" era filho de Arcesilau e fundador da cidade de Erétria, mais tarde cognominada Melaneis.

Uma tradição recente fala de um Melaneu, filho de Apolo e pai de Êurito e Ambrácia, epônimo da cidade homônima no Epiro. Este Melaneu teria sido o rei dos dríopes (v. Dríops).

MELANIPE *(III, 105, 205)*.

Μελανίππη (Melaníppē), *Melanipe*, é um composto do adjetivo μέλας, μέλαινα, μέλαν (mélas, mélaina, mélan), "preto, negro, escuro" (v. Melampo) e de ἵππη (híppē), uma espécie de feminino de ἵππος (híppos), "cavalo" (v. Hipe), donde "a de cavalos negros ou a que os possui", *DELG*, p. 680.

Há duas personagens míticas com este nome. A mais célebre é a filha de Quirão e Hipe, a qual foi seduzida por Éolo, no Monte Pélion. Nesta genealogia, Melanipe é neta de Hélen (v.). Na versão seguida por Pausânias, todavia, a heroína não é filha de Éolo, mas uma neta de Anfictião.

Unida a Posídon, foi mãe de Beoto e Éolo II. Eurípides escreveu duas tragédias, hoje perdidas, cujo protagonista é exatamente Melanipe: *Melanipe Acorrentada* e *Melanipe a Filósofa*.

Uma versão diferente das duas anteriores faz da heroína uma ninfa, que se casou com Itono, filho de Anfictião. Desse enlace nasceu Beoto.

A segunda Melanipe é filha de Ares, irmã, em consequência, de Hipólita, rainha das Amazonas. Capturada por Héracles, foi libertada por Hipólita, que aceitou todas as condições impostas pelo vencedor. Na luta que, por equívoco, se seguiu, entre o herói e as Amazonas, Hipólita foi assassinada pelo filho de Alcmena, enquanto Melanipe tombou sob os golpes de Ájax Telamônio.

MELANIPO *(III, 154)*.

Μελάνιππος (Melaníppos), *Melanipo*, é um composto do adjetivo μέλας, μέλαινα, μέλαν (mélas, mélaina, mélan), "preto, negro, escuro" (v. Melampo) e de ἵππος (híppos), "cavalo" (v. Hipe), donde "o de cavalos negros ou o que os possui", *DELG*, p. 680.

Há muitos heróis com este nome. O primeiro é o filho de Ares e de Tritéia, filha do deus marinho Tritão. Melanipo fundou na Acaia uma cidade com o nome de sua mãe, Tritéia.

O segundo é um tebano, filho de Ástaco, um dos *Spartoí* (v. Cadmo).

Ao lado de seus compatriotas, Melanipo enfrentou os Sete contra Tebas (v.), matando a Mecisteu e ferindo gravemente a Tideu, antes de ser prostrado por Anfiarau (v.). Este cortou a cabeça do inimigo e ofereceu-a a Tideu. Embora agonizante, o herói, cheio de ódio, a abriu e devorou-lhe os miolos. Atená, que pretendia imortalizá-lo, desistiu da ideia, horrorizada com este gesto de canibalismo.

A atitude de Anfiarau foi um estratagema. Como odiasse a Tideu, que o obrigou a participar de uma expedição, que o adivinho sabia condenada ao malogro, ofereceu-lhe a cabeça de Melanipo, por conhecer bem a selvageria do herói. Com isto Anfiarau vingou-se, impedindo-lhe a imortalidade.

Mostrava-se em Tebas o túmulo de Melanipo, mas à época histórica, por motivos de ordem política, Clístenes, tirano de Sicione, mandou transportar-lhe "os restos mortais", de Tebas para seu reino, de onde foram retirados os de Adrasto (v.).

O terceiro herói homônimo é um dos filhos de Ágrio, que destronaram Eneu, rei de Cálidon (v. Diomedes).

O quarto é filho de Teseu (v.) e Perigune, filha do bandido Sínis (v.). Esse Melanipo foi um dos vencedores nos Jogos Nemeus (v.); no tempo dos Epígonos.

Existem ainda muitos outros heróis troianos, chamados Melanipo, que morreram em defesa de Ílion.

1 – MELANTO.

Μελανθώ (Melanthṓ), *Melanto*, é um composto do adjetivo μέλας, μέλαινα, μέλαν (mélas, mélaina, mélan), "preto, negro, escuro" (v. Melampo) e de ἄνθος (ánthos), "flor" (v. Melâncio), donde "a flor negra", o que é um hipocorístico, *DELG*, p. 680.

Irmã de Melâncio (v.), Melanto que fora criada com todo o carinho por Penélope, desde a mais tenra infância, segundo informa a *Odisseia*, XVIII, 321-325, se passou também para o lado dos pretendentes, tornando-se inclusive amante de Eurímaco. Não satisfeita, foi dentre as servas a que mais insultou "o mendigo" Ulisses (*Odiss.*, XVIII, 327-335).

Como as outras servas impudentes foi enforcada, após a morte dos pretendentes.

Uma segunda personagem com este nome foi uma das filhas de Deucalião. Posídon, sob a forma de delfim, uniu-se a ela e fê-la mãe de Delfos, herói epônimo da cidade homônima, santuário de Apolo.

Uma variante muda o nome da heroína para Melanteia, que seria não a mãe, mas a avó de Delfos. Unida ao deus-rio Cefiso ou a Híamo, deu à luz Melena, também chamada Melênis ou ainda Celeno, que seria a mãe de Delfos.

Uma terceira Melanto era a esposa de Críaso, com quem teve dois filhos, Forbas e Cleobeia.

2 – MELANTO.

Μέλανθος (Mélanthos), *Melanto*, mera variante gráfica de Μελάνθιος (Melánthios), Melâncio, e de Μελανθώ (Melanthṓ), Melanto, é um composto do adjetivo μέλας, μέλαινα, μέλαν (mélas, mélaina, mélan), "preto, negro, escuro" e de ἄνθος (ánthos), "flor" (v. Melâncio), donde "a flor negra", o que é um hipocorístico, *DELG*, p. 680.

Através de seu pai Andropompo, Melanto é um descendente de Neleu, rei da Messênia. Expulso de sua terra natal com a chegada dos Heraclidas (v.), refugiou-se na Ática, a conselho do Oráculo de Delfos.

Conseguida a cidadania, participou normalmente de todas as magistraturas.

À época, reinava na Ática um descendente de Teseu, Timetes. Estando Atenas em guerra contra Tebas pela disputa da cidade de Ênoe, decidiu-se resolver o conflito insolúvel através de um combate singular entre os reis das duas cidades rivais. O rei de Atenas, no entanto, com medo de medir-se com Xanto, rei de Tebas, prometeu entregar o cetro àquele que lograsse vencer o senhor da Beócia. O herói Melanto aceitou a proposta, mas, no momento em que ia se iniciar a justa, surgiu atrás de Xanto um guerreiro armado com uma égide negra. Tratava-se de Dioniso Melanégis, isto é, de "Dioniso do escudo negro", o eterno inimigo dos beócios por lhe repudiarem o culto. O herói da Ática, pensando tratar-se de um combatente, que viera em socorro do rei de Tebas, reclamou da violação das condições ancestrais que regulamentavam um duelo. Surpreso, Xanto se voltou para certificar-se da afirmação do adversário e Melanto se aproveitou para matá-lo, atravessando-o a lança. Vencido e morto o inimigo, Melanto foi proclamado rei da Ática. Os atenienses, gratos a Dioniso, pelo inestimável auxílio, ergueram-lhe um santuário.

Uma variante, porém, atesta que Melanto, expulso de Pilos, recebeu da Pítia o conselho de se estabelecer onde lhe oferecessem, para comer, uma cabeça e dois pés. Como o herói tivesse chegado a Elêusis, os sacerdotes apresentaram-lhe como refeição o que restara da vítima sacrificada: a cabeça e os dois pés. Vendo que o oráculo se cumprira, o herói permaneceu para sempre na cidade sagrada de Deméter.

Melanto aparece ainda no mito como herói epônimo de um demo ático e como pai ou irmão do rei ateniense Codro.

MELAS.

Μήλας (Mḗlās), *Melas*, ou Μήλης (Mḗlēs), *Meles*, deus-rio, que se dizia pai de Homero. Assim, segundo

Carnoy, *DEMG*, p. 124, talvez por etimologia popular, se tenha relacionado o antropônimo com o adjetivo μέλας, μέλαινα, μέλαν (mélas, mélaina, mélan), "preto, negro, escuro" (v. Melampo), donde o rio de águas escuras" e só depois se fez a associação com Homero, como se *Mélēs* procedesse de μέλος (mélos), "canto", embora no mito o vocábulo esteja bem mais próximo da ideia de "música, canto, melodia" do que de "água".

Filho de Héracles e Ônfale (v.), o antropônimo é um duplo de Hegéleo (v.). Como Tirseno inventara a trombeta, Meles ou Hegéleo a introduziu como instrumento militar, quando da expedição dos Heraclidas contra o Peloponeso.

Há, no mito, um segundo Meles, filho de Frixo e Calcíope.

MELEÁGRIDAS.

Μελεαγρίδες (Meleagrídes), *Meleágridas*, provém de μελεαγρίς, μελεαγρίδος (meleagrís, meleagrídos), isto é, "as pintadas, as galinhas-d'angola" (v. Meléagro).

Meleágridas, a saber, Gorge, Eurímede, Dejanira e Melanipe são as irmãs de Meléagro. Choraram tanto a morte do herói, que Ártemis, compadecida, transformou duas delas em aves, "as pintadas" porque, a pedido de Dioniso, Gorge e Dejanira mantiveram-se como mulheres. Há uma variante. As quatro foram metamorfoseadas, mas o deus do vinho, com aquiescência da irmã de Apolo, fez que as duas últimas citadas recuperassem a forma humana. Ártemis transportou as novas aves para a Ilha de Leros.

Os mitógrafos acrescentaram às quatro Meleágridas outras seis: Febe, Eurídice, Menesto, Érato, Antíope e Hipodamia.

Segundo uma tradição, conservada na *Suda*, s.u., as Meleâgridas, na Ilha de Leros, eram consideradas como companheiras de Iocális, divindade indígena, muito semelhante à filha de Leto. De qualquer forma, as pintadas eram criadas como aves sagradas em torno do templo de Ártemis, em Leros.

As lágrimas das irmãs de Meléagro transformaram-se, como as das Helíades (v.), em gotas de âmbar.

MELÉAGRO *(II, 65-66; III, 52, 112, 123).*

Μελέαγρος (Meléagros), *Meléagro*, consoante Chantraine, *DELG*, p. 681, significa, "pintada, galinha-d'angola"; é a *Numida meleagris* ou *Numida ptilorhyncha*. Na realidade, existe em grego, a par de μελέαγρος (meléagros), a forma μελεαγρίς (meleagrís) com o mesmo sentido. Quanto à etimologia, em grego, é desconhecida. Trata-se provavelmente de um empréstimo. O epíteto do herói provém de terem sido suas irmãs transformadas em "galinhas d'angolas", segundo algumas versões.

O mito do desventurado herói está amplamente narrado na *Ilíada*, IX, 524-559, pelo velho Fênix, que tentou convencer Aquiles a retornar ao combate como o fizera o paladino de Cálidon, tão injustiçado quanto o filho de Tétis.

Filho de Eneu, rei dos etólios de Cálidon, e de Alteia, irmã de Leda, Meléagro se notabilizou na gesta denominada *Caçada de Cálidon*, em que pontificaram também muitos outros heróis.

Eneu e Alteia eram pais de três filhos, Meléagro, Tireu e Dejanira, ao menos na fase inicial do mito. Após uma excelente colheita anual, o rei de Cálidon ofereceu um sacrifício a todos os deuses, mas se esqueceu de incluir (ou o fez voluntariamente) a deusa Ártemis. Sentindo-se ultrajada, a irmã de Apolo enviou contra a região um javali de grande porte e ferocíssimo, que começou a devastar todo o reino.

Para liquidá-lo, Meléagro convocou os melhores caçadores da Etólia, região onde ficava a cidade de Cálidon, e, à frente dos mesmos, iniciou a caçada à fera. Muitos jovens foram mortos pelo monstro, mas o bravo filho de Eneu conseguiu matá-lo.

Ártemis, todavia, cuja ira ainda não se abrandara, suscitou grave querela entre os caçadores etólios e os Curetes (v.), que haviam igualmente participado da caçada, pela posse da *pele e da cabeça do javali*, cujo rico simbolismo se comentou longamente em *Mitologia Grega*, Vol. II, p. 65-66 e 148-150.

Enquanto o herói lutou ao lado de seus compatriotas, a vitória lhes sorriu, mas tendo havido uma séria dissenção entre Meléagro e seus tios, irmãos de Alteia, pela posse dos mesmos preciosos despojos, o jovem caçador assassinou os tios. Alteia, inconformada com o fato, com as mais violentas imprecações, invocou contra o filho as divindades infernais. Este, então, temendo os efeitos da maldição e receoso de que as Erínias o fizessem perecer na luta, retirou-se do combate, como fizera Aquiles (v.) por outros motivos, e trancou-se no palácio real.

Rapidamente os Curetes levaram de vencida os adversários e sitiaram Cálidon. Inúteis foram as súplicas de seus pais, dos sacerdotes, irmãos e amigos mais chegados para que o vitorioso caçador voltasse ao combate. Só quando os Curetes, já de posse da cidade, começaram a incendiá-la, é que Meléagro, atendendo aos apelos patéticos de sua esposa Cleópatra Alcíone, filha de Idas e Marpessa, reiniciou a luta e, em rápidos contra-ataques, repeliu os inimigos, mas acabou perecendo na refrega. As Erínias haviam atendido às maldições de Alteia.

O mito do herói de Cálidon, todavia, se enriqueceu mais tarde com vários incidentes e episódios dramáticos, em que a guerra contra os Curetes perdeu quase toda a importância, avultando na imaginação popular a caça ao javali. Uma dentre as muitas variantes relata que o herói era filho não de Eneu, mas do deus Ares. Tão logo Meléagro completou sete dias, as Moiras predisseram a Alteia que a sorte do menino estava vinculada a um tição que ardia na lareira. Se este se consumisse inteiramente, a criança morreria. A mãe aflita, de imediato, retirou de entre as brasas o tição já meio consumido, apagou-o e o escondeu num cofre.

Já moço, quando Ártemis enviou contra o reino de Eneu, "pai humano do herói", o terrível javali, Meléagro sentiu-se no dever de reunir companheiros destemidos para caçar a fera. Alguns mitógrafos conservaram os nomes dos principais paladinos que participaram da famosa caçada. A lista mais canônica parece ser a seguinte: Drias, filho de Ares; Idas e Linceu, filhos de Afareu, vindos de Messena, no Peloponeso; os Dioscuros Castor e Pólux, primos de Meléagro, provenientes de Esparta; Teseu, de Atenas; Admeto, de Feres, na Tessália; Anceu e Cefeu, filhos de Licurgo, vieram da Arcádia; Jasão, de Iolco; Íficles, irmão de Héracles, originário de Tebas; Pirítoo, filho de Ixíon, e companheiro inseparável de Teseu, procedia de Larissa, na Tessália; Télamon, filho de Éaco, viera da Ilha de Salamina; Peleu, irmão de Télamon, vindo de Ftia e que, acidentalmente, durante a caçada, matou a seu sogro Eurítion; Anfiarau, filho de Ecles, veio de Argos, bem como os filhos de Téstio, Íficlo, Evipo, Plexipo e Eurípilo, irmãos de Alteia e, portanto, tios de Meléagro, e outros de menor projeção. Havia também uma heroína, caçadora emérita, Atalante (v.), filha de Esqueneu, rei da Arcádia. Houve muita resistência por parte dos heróis à presença de uma mulher na caçada ao javali, mas Meléagro que a amava e, embora casado, desejava ter um filho com ela, acabou impondo sua paixão e autoridade e Atalante participou de mais esta aventura.

Durante nove dias os caçadores divertiram-se no palácio de Eneu, e no décimo partiram para os bosques à procura do monstro enviado por Ártemis. Quando a fera se sentiu encurralada, avançou sobre Hileu e Anceu e os despedaçou. Peleu, procurando atingi-la com um dardo, feriu mortalmente a seu sogro Eurítion, segundo se comentou linhas acima. Coube à lindíssima Atalante o grande mérito de ter ferido o animal com uma flecha certeira; Anfiarau lançou-lhe uma outra no olho esquerdo, e Meléagro o liquidou com uma punhalada, merecendo, destarte os espólios do javali, símbolo do poder espiritual. O filho de Eneu, no entanto, apaixonado pela jovem da Arcádia, protegida de Ártemis, concedeu-lhe as honras da caçada e insistiu, e com certa razão, para que lhe fosse entregue o que mais se cobiçava: a pele do animal.

Este gesto do herói foi a causa de sua desdita.

Os filhos de Téstio, porém, tios do herói, contestaram com veemência a dádiva de amor e de reconhecimento do sobrinho. Argumentavam que, se Meléagro abrisse mão do preciosíssimo despojo, este, de direito e de fato, pertenceria a eles, por serem seus parentes mais próximos entre os caçadores.

Num acesso de ódio, o herói os matou. Indignada com o assassínio dos irmãos, Alteia, num gesto impensado, atirou ao fogo o tição ciosamente guardado até então e Meléagro morreu.

Tomando consciência do que fizera num momento de raiva, a infeliz rainha de Cálidon se enforcou, seguida, aliás, por Cleópatra, esposa do herói.

Com base na *Ilíada*, aventou-se a hipótese, numa versão talvez mais recente, de que Meléagro era invulnerável e que só foi morto porque Apolo, que lutava ao lado dos Curetes, o eliminara com sua flecha divina.

Entre outras aventuras atribuídas ao campeão dos etólios destaca-se sua atuação ao lado dos Argonautas na Cólquida, quando matou a Eetes e a grande vitória que obteve nos jogos fúnebres em honra de Pélias (v.).

Acerca do encontro de Meléagro e Héracles no Hades, v. Héracles e Dejanira.

MELES.

Μέλης (Mélēs), *Meles*, possivelmente procede do verbo μέλειν (mélein), "interessar-se por, preocupar-se com, ser objeto de cuidado e preocupação", donde o antropônimo poderia significar "o que causa inquietação, desassossego".

Jovem ateniense, de extraordinária beleza, era amado pelo meteco Timágoras. Fingindo-se indiferente, mostrava-se arrogante e cruel para com o amante, chegando mesmo a desafiá-lo a lançar-se do alto do penhasco da Acrópole. Sem hesitar, Timágoras saltou para a morte.

Arrependido, Meles acompanhou-o no gesto trágico, e caiu morto ao lado do cadáver do amigo. Ergueu-se no local um altar a Ἀντέρως (Antérōs), Ânteros, o deus que vinga o amor desprezado. Os metecos celebravam no sopé da Acrópole um culto a Timágoras.

A *Suda*, s.u. inverte os papéis: Timágoras é o amado, e Mélito, em vez de Meles, é o amante, repelido pelo objeto de sua paixão. Desesperado, Mélito se jogou do rochedo da Acrópole, no que foi seguido por Timágoras.

MÉLIA.

Μελία (Meliā), *Mélia*, é o substitutivo comum μελία (meliā́), "freixo, lança com o cabo confeccionado dessa madeira, dura e resistente". A única aproximação etimológica, até o momento, é com o lituano dialetal *smélùs*, "de cor cinza", que retrata bem a coloração do freixo, *DELG*, p. 682.

Há duas heroínas com este nome. A primeira é filha de Oceano e irmã de Ismeno. Unida a Apolo, foi mãe de Ismênio e Tênaro.

Mélia, que deu nome a uma fonte de Tebas, era cultuada no templo de Apolo Ismênio, perto da capital dos beócios.

A segunda é igualmente uma filha de Oceano, que se casou com Ínaco. Dessa união nasceram três filhos: Egialeu, Fegeu e Foroneu.

MELÍADES *(I, 154, 175, 198, 206, 212, 224).*

Μελίαδες (Melíades), é um derivado de *meliã*, "freixo" e designa as "ninfas dos freixos" (v. Mélia), nascidas do sangue de Úrano, que caiu na terra, quando da mutilação do deus pelo filho Crono.

Hesíodo, na *Teogonia*, 187, denomina-as Μελίαι (Melíai), Mélias.

Como recordação do nascimento das Melíades do sangue de Úrano, os cabos das lanças eram feitos de freixo, árvore por elas habitadas. Homero, na *Ilíada*, XVI, 143, chama a lança de Aquiles (presente de Quirão a Peleu) de Πηλιάδα μελίην (Pēliáda melíēn), "o freixo do pelida", cujo cabo fora confeccionado com um tronco de freixo do Monte Pélion.

Igualmente foi dos freixos que nasceu a raça de bronze, violenta e belicosa, conforme se comentou em *Mitologia Grega*, Vol. I, p. 174-176.

MELIBEIA.

Μελίβοια (Melíboia), *Melibeia*, segundo Carnoy, *DEMG*, p. 124, como "filha de Oceano" significaria "a de voz doce e suave" como o murmúrio das ondas do mar e, neste caso, seria um composto de μέλι (méli), "mel", e do verbo βοᾶν (boân), "gritar, cantar". Quanto a μέλι (méli), "mel", já está atestado no micênico como os derivados *meritijo*, *meriteu*; hitita *milit* = *melit*; irlandês *mil*; gótico *milip*, todos com o mesmo sentido. No que tange ao verbo βοᾶν (boân), gritar, cantar", Chantraine, *DELG*, p. 183, acha mais prudente buscar-lhe a origem num tema com *b* – inicial, com valor imitativo.

Existem, no mito, três heroínas com este nome. A primeira é filha de Oceano. Uniu-se a Pelasgo e foi mãe de Licáon.

A segunda é uma das filhas de Níobe (v.). Tendo escapado com seu irmão Amiclas, por intervenção de Leto, do massacre das Nióbidas, isto é, das filhas de Níobe, refugiou-se em Argos. Em sinal de gratidão à mãe de Apolo e Ártemis, responsáveis pelo assassínio de seus irmãos, ergueu-lhe um templo, com auxílio de Amiclas. Como Melibeia, durante a morte trágica dos irmãos tivesse empalidecido, recebeu pelo resto da vida o epíteto de Clóris, "a verde".

A terceira é personagem de uma história de amor. Apaixonada por Aléxis e por ele igualmente amada, comprometeu-se a desposá-lo. Os pais, no entanto, deram-na em casamento a um outro pretendente. Aléxis, inconformado, exilou-se. No dia das núpcias, Melibeia jogou-se do alto do teto de sua residência, mas, estranhamente, nada lhe aconteceu. Como uma alucinada, fugiu em direção ao porto e entrou no primeiro barco que encontrou. As velas espontaneamente se inflaram e conduziram-na até um local onde se encontrava o grande amor de sua vida. Aléxis preparava, no momento, um banquete com seus amigos. Casaram-se, de imediato, e, cheios de gratidão para com os deuses, ergueram em Éfeso um santuário a Ártemis, denominada *Autômato*, porque a nau se pusera em movimento sozinha, e *Epidieta*, por que Melibeia chegou no momento exato de pôr-se à mesa para o banquete, que se transformou numa festa nupcial.

MELIBEU.

Μελίβοιος (Melíboios), *Melibeu*, é, como Melibeia (v.), um composto de μέλι (méli), "mel", e do verbo βοᾶν (boân), "gritar, cantar", donde "o que tem voz doce e suave", sobretudo porque os pastores, na Hélade, eram tidos como bons cantores e flautistas. Aliás, pelos lábios de um pastor homônimo, dirá Virgílio, imitando o poeta grego Teócrito (*Buc*, 1,1-2):

Meliboeus
Tityre, tu patulae recubans sub tegmine fagi
siluestrem tenui musam meditaris auena.

Melibeu
– Tu, Títiro, estirado à sombra de uma copada faia, modulas uma ária pastoril em tosca flauta.

Melibeu, segundo uma versão talvez recente, é o nome do pastor que encontrou a Édipo exposto no Monte Citerão. Recolheu-o e o criou.

MELICERTES *(II, 120; III, 35, 45, 45[34], 52, 177, 313[246]).*

Μελικέρτης (Melikértēs), *Melicertes*, não possui ainda etimologia definida. Há os que emitem a hipótese, como Carnoy, *DEMG*, p. 124, de que se trata de uma adaptação do nome do deus de Tiro, *Melgart*, protetor dos navegantes fenícios, como Melicertes que, com o epíteto de Palêmon (v.), se tornou o guardião dos navios gregos.

Tão logo nasceu Dioniso (v.), Hermes o recolheu e levou-o, às escondidas, para a corte de Átamas, rei beócio de Queroneia, casado com a irmã de Sêmele, Ino, a quem o recém-nascido foi entregue.

Furiosa com a acolhida ao filho adulterino do esposo, Hera enlouqueceu o casal. Ino lançou seu filho caçula Melicertes num caldeirão de água fervendo, enquanto Átamas, com um venábulo, matava o mais velho, Learco, tendo-o confundido com um veado. Ino, em seguida, atirou-se ao mar com o cadáver de Melicertes.

Relata-se que no local, onde Ino se lançou nas ondas com o cadáver do filho, entre Mégara e Corinto, o corpo do menino foi recolhido por um delfim, que o prendeu ao tronco de um pinheiro.

Sísifo, que reinava em Corinto e era irmão de Átamas, encontrou o morto e mandou enterrá-lo. Uma Nereida ordenou ao rei que prestasse ao sobrinho, com o nome de Palêmon, um culto especial. Sísifo não apenas mandou cultuar o novo deus, mas ainda instituiu em honra do mesmo os Jogos Ístmicos (v. Jogos).

Quanto a Ino, foi a mesma transformada na deusa Leucoteia (v.), esperança de salvação para os náufragos (v. *Mitologia Grega*, Vol. III, p. 313).

MELISSA.

Μέλισσα (Mélissa), *Melissa*, é um derivado de μέλι (méli), "mel", "abelha" (v. Melibeia). O vocábulo designa igualmente certas sacerdotisas e, em sentido figurado, "poeta". Trata-se, em grego, de uma superposição silábica, em que μέλισσα (mélissa) pressupõe *μελιλιχυα (*melilikhya), "a que lambe o mel", como o sânscrito *madhu-lih-*, "lambedor de mel"; em seguida *μελιτυα > μέλισσα ou μέλιττα (*melitya > *mélissa* ou *mélitta*), *DELG*, p. 682.

Há duas heroínas principais com este nome. A primeira é uma irmã de Amalteia que alimentou a Zeus recém-nascido no Monte Ida de Creta.

A segunda é uma velha sacerdotisa que Déméter iniciou nos mistérios. As vizinhas quiseram forçá-la a revelar o que contemplara em sua iniciação. Face ao silêncio de Melissa, as amigas invejosas e indiscretas fizeram-na em pedaços. Deméter enviou uma peste contra toda a região da Ática e fez nascerem abelhas do corpo da sacerdotisa.

MELISSEU.

Μελισσεύς (Melisseús), *Melisseu*, é um derivado de Μέλισσα (Mélissa), "abelha" (v. Melibeia e Melissa) e significa "o apicultor".

Existem, no mito, três heróis com este nome. O primeiro é um rei de Creta, quando do nascimento de Zeus. Reia confiou o deus recém-nascido, que estava escondido no fundo de uma caverna, às duas filhas do soberano, Amalteia e Melissa. Melisseu foi o primeiro homem a oferecer sacrifícios aos deuses, além de ter feito de sua filha Melissa a primeira sacerdotisa de Reia.

Melisseu é igualmente um dos Curetes (v.), demônios que montavam guarda ao berço de Zeus infante.

O terceiro herói homônimo é filho de um rei do Quersoneso da Cária, que acolheu Tríopas, filho de Hélio e o purificou do assassinato de seu irmão Tênages.

MELISSO.

Μέλισσος (Mélissos), *Melisso*, é um derivado de μέλι (méli), "mel" (v. Melibeia) e significa "o protetor das abelhas".

Melisso era de Argos, mas fugiu para Corinto, por causa da violenta tirania de Fídon. Pai de Actéon, entrou em sério litígio com o heraclida Árquias, que tentou arrebatar-lhe o filho à força. Na disputa que se seguiu, Actéon pereceu e Melisso, antes de matar-se, amaldiçoou o responsável pela desgraça do filho, invocando contra Árquias e sua pátria a punição das divindades ctônias.

Fome e epidemias diversas abateram-se sobre Corinto. Tendo-se dirigido ao Oráculo de Delfos, o heraclida tomou conhecimento de que a peste se devia ao assassinato de Actéon e ao suicídio de Melisso.

Para libertar a cidade do flagelo e do miasma, Árquias voluntariamente se exilou e fundou a cidade de Siracusa.

MÉLITE.

Μελίτη (Melitē), *Mélite*, é um derivado μέλι (méli), "mel", donde "a doce, a suave" (v. Melibeia e Melissa).

São muitas as heroínas com este nome. A principal era uma ninfa da Ilha de Corcira. Quando Héracles, após matar os filhos, se exilou na ilha, uniu-se a Mélite e com ela teve um filho chamado Hilo (v.).

MELITEU.

Μελιτεύς (Meliteús), *Meliteu*, é um derivado μέλι (méli), "mel", donde "o que foi alimentado pelas abelhas" (v. Melibeia e Melissa).

Filho de Zeus e da ninfa Otreis, foi exposto num bosque pela própria mãe, por temor à cólera da deusa Hera. Zeus, todavia, fê-lo alimentar por abelhas e, através de um oráculo, ordenou ao pastor Fagro, filho de Apolo e da mesma ninfa, que recolhesse a primeira criança que encontrasse alimentada por abelhas. Fagro cumpriu as ordens divinas e Meliteu se tornou um jovem belo, vigoroso e destemido. Submeteu os povos vizinhos e fundou, na Tessália, a cidade de Melitéia.

MELOS.

Μῆλος (Mêlos), *Melos*, segundo Chantraine, *DELG*, p. 694, está possivelmente relacionado com μῆλον (mêlon), "maçã", pelo fato de o herói ter-se enforcado numa macieira. *Mêlon* é uma palavra de origem mediterrânea, que se substitui ao nome da maçã em indo-europeu, como ensinam Ernout-Meillet, *DIELL*, s.u. *Abella*. O latim tomou-o de empréstimo ao grego sob a forma *mālum*, depois *melum*.

Jovem da Ilha de Delos, Melos deixou sua terra natal para estabelecer-se em Chipre, onde reinava Cíniras, pai de Adônis. O rei, que muito apreciava o caráter de Melos, deu-lhe por companheiro o filho e fê-lo casar-se com uma princesa real, Pélia. Dessa união nasceu um menino que recebeu o nome paterno, Melos. Afrodite, por amor a Adônis, amigo de Melos, tomou a criança sob sua proteção, educando-o em seu templo.

Acontece, no entanto, que tendo sido Adônis morto por um javali, Melos se enforcou juntamente com a esposa numa árvore que recebeu o nome de μῆλον (mêlon), macieira.

Afrodite, emocionada com tamanha amizade, transformou Melos em maçã e Pélia em pomba, ave consagrada à deusa do amor.

Quando Melos, o filho, atingiu a efebia, e sendo ele o único sobrevivente da família real de Cíniras, Afrodite ordenou-lhe retornar a Delos, terra de seu pai.

Com a indispensável ajuda da deusa, o jovem apoderou-se do poder e fundou, em memória do pai, a cidade de Melos.

Foi ele o primeiro a ensinar a tosquiar a lã dos carneiros para confecção de indumentária. Foi, por isso, segundo a etimologia popular evidentemente, que o carneiro ou rebanho passou também a denominar-se em grego μῆλον (mêlon), que nenhuma relação etimológica possui com μῆλον (mêlon), "maçã, macieira".

MELPÔMENE *(I, 203, 260; III, 310).*

Μελπομένη (Melpoménē), *Melpômene*, procede do verbo μέλπειν (mélpein), propriamente "cantar e dançar sobretudo em coro" *(Il.*, XVI, 182) e, por extensão, "cantar acompanhado de cítara" ou simplesmente "cantar". Melpômene é, pois, "a que canta e dança". Vocábulo possivelmente de origem indo-europeia, é atestado, além do grego, no irlandês -*molor*, "louvar, aplaudir", hitita *mald-*, "recitar", Frisk, *GEW*, s.u.; Chantraine, *DELG*, p. 684.

Quanto ao mito, veja-se o verbete Musas.

MEMBLÍARO.

Μεμβλίαρος (Memblíaros), *Memblíaro*, é palavra sem etimologia até o momento.

Quando Cadmo saiu à procura de sua irmã Europa (v.), raptada por Zeus, levou em sua companhia o fenício Memblíaro. Tendo fundado uma colônia na Ilha de Tera, chamada até então *Kallístē*, "a belíssima", Cadmo deixou o amigo no governo da ilha. Ánafe, ilha vizinha da de Tera, recebe, por vezes o nome de Memblíaro, uma vez que o herói fenício a teria igualmente colonizado.

MÊMNON *(I, 159; II, 20; III, 115).*

Μέμνων (Mémnōn), *Mêmnon*, é uma forma com reduplicação expressiva, provinda da raiz do verbo μένειν (ménein), "permanecer, manter-se destemido, resistir", donde significar o antropônimo "o que resiste bravamente". Trata-se de um verbo radical de estrutura arcaica: sânscrito, imperativo *mamandhi*, "mantém-te firme"; persa antigo *man-*, "permanecer"; avéstico *mānayeiti*, "ele obriga a permanecer"; latim *manēre*, "permanecer". Μέμνων (Mémnōn) é igualmente o nome de um pássaro, *philomăchus pugnax*, "o cavaleiro combatente", porque, segundo a crença dos antigos, esses pássaros vinham da Etiópia para Troia, onde brigavam até a morte em torno do túmulo de Mêmnon. O que se discute é se o nome do herói precede ao do pássaro, *DELG*, p. 685-686.

Filho de Eos (Aurora) e de Titono, um dos filhos de Laomedonte, que era irmão de Príamo, o herói é, por conseguinte, sobrinho do rei de Troia.

Quando se iniciou a luta entre aqueus e troianos, Mêmnon, que reinava na Etiópia, veio em socorro de seu tio Príamo.

Homero, na *Odisseia*, IV, 187-188, refere-se ao rei da Etiópia apenas de passagem, lembrando que Antíloco fora morto por ele nas planícies de Troia. Na realidade, o mito e as gestas do filho de Eos são relatados em dois poemas do ciclo troiano, isto é, poemas que se seguiram à *Ilíada* e à *Odisseia*, como a *Etiópida*, de Arctino de Mileto (séc. VIII a.C.), que é uma continuação da *Ilíada* até o suicídio de Ájax, e a *Pequena Ilíada*, de Lesques de Mitilene (séc. VII a.C.), que é igualmente um prolongamento do poema homérico supracitado (v. *Mitologia Grega*, Vol. I, p. 112, nota 76).

O primeiro grande encontro do herói etíope foi com o imbatível Ájax, mas, como na justa entre este último e Heitor, a luta permaneceu indecisa, sem vencido nem vencedor. Mais tarde, Mêmnon fatalmente mataria o velho Nestor, se este não apelasse para o filho Antíloco (v.). O jovem nestórida, servindo de muralha com seu corpo ao alquebrado senhor de Pilos, seu pai, acabou sendo morto pelo sobrinho de Príamo. Aquiles acorreu para vingar o bravo Antíloco e travou um grande e sangrento combate com Mêmnon. As mães dos respectivos heróis, Tétis e Eos, inquietas com a sorte de ambos, pressionaram Zeus, cada uma pedindo a vitória de seu filho. O prudente Zeus, sabendo que não podia se colocar acima da Moira (v.), repete o ritual da *Ilíada*, XXII, 208-213 e pesa "o destino" dos dois contendores. O prato da balança em que se encontra Mêmnon inclina-se para o Hades e logo Aquiles o liquida. Eos, todavia, obtém do pai dos deuses e dos homens a imortalidade do filho. Em voo rápido, coadjuvada por Hipno (v.) e Tânatos (v.), recolhe o corpo do herói e o transporta para a Etiópia. Eos lamentou tanto a morte do filho, que suas lágrimas transformaram-se no orvalho matutino.

Uma versão diferente desloca o túmulo de Mêmnon, da Etiópia para a foz do Rio Esepo, às margens do Helesponto. Anualmente determinados pássaros se aglomeravam junto ao sepulcro para chorar a morte do rei etíope. Essas aves belicosas, denominadas Memnônides, eram tidas ora como os companheiros do herói, metamorfoseados em pássaros, após a morte de seu chefe, ora como as cinzas imortalizadas do próprio rei.

De qualquer forma, as Memnônides, findas as lamentações, dividiam-se em dois grupos e lutavam entre si até que a metade caísse morta.

Mitógrafos posteriores discutiram muito o local de nascimento de Mêmnon. Uns colocavam-no na Síria ou até na região de Susa ou Bactriana; outros deslocavam-no para o interior da Ásia ou ainda para o Egito, bem próximo de Tebas. Esta última identificação fez que se desse a uma das estátuas gigantescas, mandadas erigir por Amenófis III, o nome de "Colosso de Mêmnon".

Acreditava-se que, quando os primeiros raios matutinos incidiam sobre o Colosso, a estátua emitia um som melodiosíssimo, para saudar a luz da Aurora, sua mãe.

MÊNADES *(II, 100, 116, 124, 136-139, 142, 144, 148, 154; III, 87, 233).*

Μαινάδες (Mainádes), *Mênades*, provém do verbo μαίνεσθαι (maínesthai), "ser possuído de um ardor louco, entrar em delírio", donde μανία (manía), "loucura, furor, paixão, entusiasmo inspirado pela divindade". Μαίνομαι (maínomai) é um presente com vocalismo zero, que corresponde ao sânscrito *mányate*, avéstico *mainyeite*, "pensar"; irlandês (*do*) *muiniur*, "crer, pensar". O verbo grego se desvinculou da noção geral de "pensar" para a de "ardor louco e furioso", *DELG*, p. 658.

Mênades são as Bacantes divinas, "as possuídas", quer dizer, em *êxtase* e *entusiasmo*, porque delas, como dos adoradores de Dioniso se apoderavam a μανία (manía), "a loucura sagrada, a possessão divina" e as ὄργια (órguia), "posse do divino na celebração dos mistérios, agitação incontrolável, orgia", segundo se expôs em *Mitologia Grega*, Vol. II, p. 136sqq.

A iconografia estampa-as normalmente nuas ou cobertas com uma leve indumentária transparente, que lhes acentua ainda mais as formas. Coroadas de hera, seguram um tirso ou um cântaro.

Por vezes tocam flauta ou ferem o tamborim, entregando-se a uma dança louca e frenética. É o orgiasmo ou menadismo.

De um ponto de vista simbólico, as Bacantes personificam o espírito orgiástico da natureza, a embriaguez do amor e o desejo de ser penetradas pelo deus. Esse delírio coletivo que as domina e subjuga pode ser bem-atestado na tragédia de Eurípides, *As Bacantes*, e na descrição trágica do historiador latino Tito Lívio, *Ab urbe condita*, 29,8-19.

No mito, as primeiras Mênades eram ninfas que cuidaram do recém-nascido Dioniso. Possuídas pelo êxtase e entusiasmo provocados pelo deus, num estado de *mania e orgia* místicas, percorriam alucinadas montanhas e campinas. Para elas as águas das fontes em que bebiam eram leite e mel.

Do ponto de vista histórico, as Bacantes humanas, tomadas pelo delírio sagrado, imitavam as Mênades dionisíacas, percorrendo montes e campos, despedaçando animais e comendo-lhes as carnes cruas ainda palpitantes.

As Mênades exerceram no mito funções de grande tragicidade, como a morte de Licurgo, Orfeu, Penteu e Miníades (v. estes verbetes).

MÊNALO.

Μαίναλος (Maínalos), *Mênalo*, procede, como Mênades (v.), do verbo μαίνεσθαι (maínesthai), "ser possuído de um ardor louco, entrar em delírio", donde significar o antropônimo "o enlouquecido".

Filho mais velho de Licáon, Mênalo é o herói epônimo de uma montanha homônima da Arcádia e da cidade de Mênalon.

Segundo uma tradição, foi Mênalo quem aconselhou a seu pai Licáon oferecer a Zeus, num banquete, os membros de uma criança, a fim de comprovar a onisciência do deus. O pai dos deuses e dos homens fulminou a ambos.

Uma genealogia diferente faz do herói um filho de Arcas, rei da Arcádia, e irmão de Atalante (v.).

MENECEU *(III, 191, 234, 238, 268).*

Μενοικεύς (Menoikeús), *Meneceu*, segundo Carnoy, *DEMG*, p. 126, talvez pudesse ser interpretado como uma forma dialetal de μενοεικής (menoeikḗs) "o que se deixa arrastar por seus desejos".

Há dois heróis com este nome. O primeiro, filho de Oclaso, é neto de Penteu. Foi o pai de Jocasta e Creonte (v. Édipo).

O segundo, filho de Creonte, é neto do anterior, e personagem bem mais importante no mito. Quando da expedição dos *Sete contra Tebas* (v.), Tirésias prognosticou que a vitória de Tebas dependia do sacrifício de Meneceu.

Creonte, oscilando entre o amor paterno e o dever para com a pátria, aconselhou ao filho fugir, sem mencionar, todavia, o motivo da advertência. Tendo descoberto, no entanto, a causa do conselho paterno, o herói se ofereceu espontaneamente para morrer por Tebas. Esta é, aliás, a versão da tragédia de Eurípides, *As Fenícias*. Segundo a tradição, Menesteu teria sido devorado pela Esfinge (v.) ou sacrificado pelo próprio Creonte. Foi junto a seu túmulo que Etéocles e Polinice, seus primos, lutaram até a morte, tendo, por isso mesmo, crescido sobre o mesmo uma romãzeira, cujos frutos passaram a ter uma coloração sanguínea.

MENÉCIO *(I, 157-158, 166; III, 244[183]).*

Μενοίτιος (Menoítios), *Menécio*, é um derivado do verbo μένειν (ménein), "esperar, aguardar, manter-se firme, resistir" (v. Menelau), donde significar o antropônimo "o denodado, o que resiste", *DELG*, p. 686.

Filho de Jápeto e da oceânida Clímene ou de Ásia, Menécio é irmão de Prometeu, Epimeteu e Atlas. Violento e arbitrário, Zeus, após fulminá-lo, lançou-o nas profundezas do Tártaro.

Um segundo herói homônimo e bem mais importante que o primeiro é o pai de Pátroclo. Menécio era filho de Actor e de Egina. Acontece que esta se unira antes a Zeus e dera-lhe um filho, Éaco, ancestral de Aquiles. Nessa linha genealógica, Pátroclo e Aquiles eram primos.

Como Pátroclo, no jogo de dados, houvesse assassinado, sem o querer, a seu amigo Clitônimo, o pai o enviou, a fim de cumprir o exílio obrigatório, para a corte de Peleu. Os mitógrafos, aliás, discutem muito acerca da mãe de Pátroclo e esposa de Menécio. Uns (e é a maioria) chamam-na Estênele, filha de Acasto, outros acham que era Periópis, filha de Feres, e ainda há os que acreditam ter o herói nascido de Polimela, filha de Peleu, o que faria de Pátroclo um sobrinho de Aquiles.

Embora tenha participado da expedição dos Argonautas, não aparece no mito nenhuma gesta praticada pelo herói. Foi ele, no entanto, o introdutor do culto de Héracles em Opunte. Conta-se até mesmo que uma filha de Menécio, Mirto, unira-se ao herói máximo e que desses amores teria nascido uma menina, Euclia, mais tarde cultuada pelos beócios e lócrios com o epíteto de Ártemis Euclia.

MENELAU *(I, 78,85, 86, 92, 106, 108, 112, 125-126, 128, 139, 282, 293, 324; III, 14, 43, 63, 66, 86, 189, 292, 293²²⁵, 293-301, 315, 317, 330-333).*

Μενέλαος (Menélaos), *Menelau*, é um composto do verbo μένειν (ménein), "permanecer, manter-se firme, resistir" e λαός (laós), "povo" (por oposição aos chefes) e no plural "simples soldados, tropa", donde o antropônimo pode ser interpretado como "o que resiste ao choque das tropas", como se fora sinônimo de μενέμαχος (menémakhos), "firme, destemido no combate", *DELG*, p. 686; *DEMG*, p. 125. Quanto à etimologia do verbo *ménein*, (v. Mêmnon) e de *laós* (v. Leito).

A família dos atridas Menelau e Agamêmnon está marcada pelas "hamartíai", as faltas graves de seu μένος (guénos), isto é, de seu grupo consanguíneo. Do delinquente Tântalo, passando por Pélops, Tieste e Atreu, até chegar a Agamêmnon e Menelau, como se mostrou em *Mitologia Grega*, Vol. I, p. 76sqq., correram muito sangue, lágrimas e misérias.

Agamêmnon e Menelau eram filhos de Atreu e Aérope (v.), princesa criminosa, tangida de Creta por seu pai Catreu, porque se entregara a um escravo. Náuplio (v.), o grande navegador, recebera ordens de matá-la, mas acabou levando-a para Micenas, onde ela se casou com o Rei Atreu.

Uma tradição mais recente faz dos atridas filhos de Plístene, que, por sua vez, era irmão ou filho do rei de Micenas, mas tendo aquele falecido muito cedo, Agamêmnon e Menelau teriam sido criados como filhos por Atreu.

Quando atingiram a efebia, os atridas foram enviados pelo pai à procura de Tieste (irmão de Atreu), cujos filhos haviam sido sacrificados por este último e servidos como iguarias ao próprio pai... Encontraram o tio em Delfos e trouxeram-no para Micenas, onde foi preso. Atreu, segundo uma variante, ordenou a Egisto (v.) – filho de Tieste, mas que não o conhecia – que o matasse, mas o herói acabou por reconhecer o pai e assassinou a Atreu. Expulsos de Micenas pelo primo Egisto, os atridas refugiaram-se em Esparta, na corte de Tíndaro, pai dos Dioscuros Castor e Pólux e de Helena e Clitemnestra. Agamêmnon (v.), através de um crime hediondo e de um ato de violência, se casou com Clitemnestra, e Menelau se uniu em justas núpcias a Helena, seja por livre-escolha desta (v. *Helena, o eterno feminino*. Petrópolis: Vozes, 1989) ou por eleição de Tíndaro.

Conta-se ainda, a esse respeito, que, sendo Helena assediada por um enxame de pretendentes, Tíndaro, a conselho do solerte Ulisses, ligou-os por dois juramentos: respeitar a decisão da princesa na escolha do noivo, sem contestar a posse da jovem esposa e se o eleito fosse, de alguma forma, atacado ou gravemente ofendido, os demais deveriam socorrê-lo. Helena escolheu a Menelau. Com a morte ou apoteose dos Dioscuros, Tíndaro legou seu reino ao esposo de Helena. Tal fato explica que o rapto da rainha por Páris se tenha realizado quando Menelau reinava em Esparta.

Da união de Menelau e Helena, consoante a *Ilíada* e *Odisseia*, teria nascido apenas uma menina, Hermíona, mas outros creditam aos reis de Esparta igualmente um filho, Nicóstrato (v.), que teria vindo ao mundo após o retorno do casal da Guerra de Troia. Durante a longa ausência de Helena (outros afirmam que com plena aquiescência da esposa) Menelau, para ter um sucessor, se teria ligado a uma escrava e dela teve Megapentes (v.), "o filho da dor" (pela fuga de Helena) ou "o que muito sofreu ou o grande desgosto".

Mitógrafos posteriores aumentaram grandemente a família dos reis de Esparta, atribuindo-lhes vários outros filhos: Etíolas, Trônio, Morráfio, Plístene, o jovem, e uma filha, Mélite. De todos estes filhos apenas Etíolas e Nicóstrato eram cultuados à época histórica, em Esparta. De uma segunda escrava, Cnóssia, de origem cretense, cujo nome se deve a Cnossos, o rei de Esparta teria tido um outro filho, Xenodamo.

Alguns mitógrafos consideram Nicóstrato, Megapentes e Xenodamo não como filhos de Helena, mas bastardos, o que explicaria o exílio da rainha de Esparta após a morte ou "transferência" de Menelau para a Ilha dos Bem-Aventurados (v. Helena e Megapentes).

Durante alguns anos, pois que Hermíona contava sete ou nove quando a mãe foi raptada, o casal real vivia tranquilo e feliz na rica e hospitaleira corte de Esparta. Toda essa felicidade foi repentinamente destruída. É que Páris, por ter outorgado a Afrodite o pomo da discórdia, o que dava à deusa o título de a mais bela dentre as imortais, recebeu como prêmio o poder de conquistar a mulher que desejasse (v. Éris e Páris). Segundo uma versão, sendo Helena a mulher mais linda e cativante do mundo, Afrodite, para ganhar o pomo da discórdia, prometeu-a ao filho de Príamo. Foi assim que Páris e Eneias dirigiram-se para o Peloponeso, onde foram recebidos por Menelau segundo as normas sagradas da hospitalidade. Dias depois, tendo sido chamado, às pressas, à Ilha de Creta, para assistir aos funerais de seu padrasto Catreu, deixou os príncipes troianos entregues à solicitude de Helena. Bem mais rápido do que se esperava, a rainha cedeu aos reclamos de Páris ou Alexandre: era jovem, elegante, extremamente belo e tinha a indispensável ajuda de Afrodite. Apaixonada, a vítima da deusa do amor reuniu todos os tesouros que pôde e fugiu com o amante, levando vários escravos, inclusive a cativa Etra, mãe de Teseu, a qual fora feita prisioneira pelos Dioscuros, quando do resgate de Helena (v.), raptada por Teseu e Pirítoo. Em Esparta, porém, ficou Hermíona, que então contava apenas sete ou nove anos.

Uma versão inteiramente diversa incrimina Menelau, que, sem o querer, provocou a ruína de seu próprio lar. Como uma grande epidemia e esterilidade se abatessem sobre toda a Lacônia, o rei, a conselho do Oráculo de Delfos, dirigiu-se a Troia para oferecer um sacrifício sobre os túmulos dos heróis Lico (v.) e Quimareu, filhos de Prometeu. Na cidade de Príamo o rei de Esparta fora hóspede de Páris. Este, logo depois, tendo cometido um homicídio involuntário, foi obrigado a deixar sua terra natal e refugiou-se em Esparta, onde foi purificado por Menelau e dele recebeu, segundo a praxe, a hospitalidade. E foi durante a ausência do rei lacônio, por motivos acima expostos, que o hóspede, já purificado e cumprido um ano de exílio, fugiu com Helena.

Seja qual for a causa do rapto ou da fuga, Menelau recebeu a notícia de tão grave infortúnio por meio de Íris, a mensageira dos imortais.

Por duas vezes, sem desprezar a companhia do sagaz Ulisses, Menelau visitou em embaixada a fortaleza de Ílion, buscando resolver pacificamente o grave problema. Por isso mesmo, apenas pleiteou Helena, os tesouros e os escravos levados pelo casal. Páris, além de se recusar a devolver a amante e os tesouros, apesar dos apelos feitos à assembleia dos troianos pelo pacífico Antenor, ainda tentou, por meio de seu amigo Antímaco, excitar a multidão contra Menelau. Usando de grande habilidade, Antenor salvou-lhe a vida e fê-lo deixar Troia. Face a tamanha intransigência, a guerra se tornou inevitável.

A primeira preocupação do rei de Esparta foi a de convocar todos os pretendentes à mão de Helena, os quais haviam jurado socorrer o eleito em caso de injúria grave.

O primeiro a ser chamado foi o poderoso senhor de Micenas, Agamêmnon. Em seguida, o rei de Esparta solicitou o concurso de Nestor, Palamedes, Ulisses (v.) e Diomedes. Estes dois últimos, orientados por Calcas, foram em busca de Aquiles (v.), ainda muito jovem, escondido por sua mãe Tétis entre as filhas de Licomedes, rei da Ilha de Ciros. Embora não tivesse sido pretendente à mão da filha de Tíndaro, sem Aquiles, profetizara o oráculo, Troia jamais seria vencida. Convocados os heróis principais, Menelau e Ulisses dirigiram-se ao Oráculo de Delfos e perguntaram à Pítia se era oportuno desencadear a guerra contra Troia. Apolo ordenou-lhes oferecer primeiramente a Atená "Prónoia", isto é, presciente e previdente, o colar que Afrodite dera outrora a Helena. A partir desse momento, com o respaldo da deusa de olhos garços, Hera se colocou inteira ao lado do rei de Esparta e não houve mais dificuldade alguma em convocar os mais destemidos heróis da Hélade para a grande expedição contra Ílion e contra Páris, inimigo figadal das deusas Hera e Atená, preteridas no julgamento do filho de Príamo e raptor de uma mulher casada. É oportuno recordar que a rainha dos deuses era a protetora dos amores legítimos.

Segundo a *Ilíada*, II, 581-590, Menelau chefiava um contingente de sessenta naus. O comando supremo da expedição coube a seu irmão Agamêmnon (v.), ou por ser o rei suserano ou por sua vaidade pessoal e habilidade política.

Menelau, na realidade, embora fosse um guerreiro valente e capaz de fazer frente ao inimigo, segundo expressa a etimologia de seu nome, era tímido e irresoluto, como bem o demonstrou Eurípides na tragédia *Ifigênia em Áulis*, 305-503. Os inimigos criticavam-lhe a brandura, confundindo-a com a covardia, bem como a capacidade de perdoar, conforme agiu não apenas com Helena, mas igualmente no episódio de Antíloco (*Il.*, XIII, 573-611), em que ludibriado pelo filho de Nestor na corrida de carros, nos jogos fúnebres em honra de Pátroclo, soube ser magnânimo com aquele cuja "razão fora nublada pela idade muito verde" (*Il.*, XXIII, 604).

Logo no início da *Ilíada*, III, 369-380, o rei de Esparta trava uma luta singular com Páris, de cujo resultado dependeria para cada um dos exércitos a vitória e a posse de Helena. Facilmente o atrida o teria liquidado, não fora a pronta intervenção de Afrodite que, envolvendo-o em nuvens, o transportou para os braços de Helena. Esta, diga-se de passagem, já enojada e farta do pusilânime Alexandre, enfrentou corajosamente a Afrodite, que desejava vê-la na cama com o amante (*Il.*, III, 390-420) e mais tarde se desabafou com Heitor: se cometera a loucura de abandonar a filha e o esposo, por que ao menos não fugira com um homem?... (*Il.*, VI, 349-353). Essa "catarse" de Helena a demonstramos amplamente em *Helena, o eterno feminino*. Petrópolis: Vozes, 1989, p. 82sqq.

Agamêmnon exigiu, todavia, que o irmão fosse proclamado vencedor e se cumprissem as cláusulas estipuladas antes da justa com o raptor de Helena. Face à hesitação dos troianos, Pândaro lançou uma flecha contra o rei de Esparta e o feriu levemente. Com o rompimento abrupto das tréguas concertadas entre troianos e aqueus, a luta recomeçou encarniçadamente. Menelau mata a Escamândrio e se mede com Eneias, mas sem um resultado positivo.

À tarde, Heitor desafiou a qualquer um dentre os heróis helênicos para um combate singular. O esposo de Helena se dispôs a enfrentá-lo, mas Agamêmnon o proibiu.

Durante a luta cruenta em torno dos navios aqueus, que os troianos ousadamente procuravam incendiar, o rei de Esparta mata a Pisandro, Hiperenor, Dólops, Toas e ainda fere a Heleno.

Após a morte de Pátroclo, foi ele o primeiro a empenhar-se na refrega pela posse do cadáver do amigo de Aquiles, eliminando a Euforbo e Podes.

Conseguindo salvar heroicamente o corpo do bravo soldado aqueu, enviou Antíloco para comunicar a Aquiles a morte do companheiro inseparável. A partir dessa gesta, Menelau propriamente se apaga na *Ilíada*, reaparecendo somente no canto XXIII, por ocasião dos jogos fúnebres em honra de Pátroclo, quando participa da corrida de carros, segundo se comentou linhas acima.

Nos acontecimentos e episódios que se seguiram à *Ilíada*, o herói ressurge. Quando da morte do covarde Páris por uma flecha de Filoctetes, o marido de Helena ultrajou rancorosamente o cadáver do raptor de sua esposa. Fez parte dos heróis que invadiram Troia, camuflados no bojo do cavalo de madeira. Tomada Ílion, o marido ofendido se precipitou para a casa de Deífobo (v.), com quem fora obrigada unir-se Helena, depois da morte de Alexandre. Enfrentou valentemente o novo marido da esposa e, após matá-lo, penetrou como um raio casa a dentro. A respeito do reencontro entre marido e mulher são muitas as versões. Segundo Virgílio, *Eneida*, 6,494-529, foi a própria Helena quem, após esconder todas as armas de seu amante troiano, atraiu Ulisses e Menelau à sua casa, abrindo-lhes as portas. Estes mataram a Deífobo e mutilaram-lhe o cadáver. Conta-se igualmente que, depois de eliminar o rival, o rei espartano arrastou a esposa pelos cabelos e levou-a para os navios aqueus. A multidão entregou-a ao marido como parte de seu espólio, sem sorteio algum, como era praxe, mas impondo-lhe a condição de matá-la. Ulisses interveio com sua solércia costumeira e a filha de Zeus foi salva. Uma tradição bem mais dramática, seguida por Eurípides, *Andrômaca*, 627-631, afiança que, com a morte de Deífobo, Helena, temerosa, refugiou-se no altar doméstico. O marido precipitou-se sobre ela com a espada erguida, mas Helena desnudou o seio e o gládio caiu das mãos do vingador e Eros se encarregou de fazer as pazes entre marido e mulher...

Com a vitória e o saque de Ílion, Menelau se apressou em retornar à pátria, embora Agamêmnon ainda permanecesse em Troia para oferecer sacrifícios a Atená, irritada com o brutal defloramento de Cassandra pelo rei de Micenas.

Separando-se, pois, do irmão, o rei de Esparta, em companhia da esposa, dirigiu-se para Tênedos. De lá, navegando para Lesbos, chegou, através de Eubeia, ao cabo Súnio, na Ática. Com a morte de seu piloto Frôntis, ferido por Apolo, o rei interrompeu por uns dias o regresso, a fim de prestar honras fúnebres a seu excelente timoneiro. Diomedes e Nestor, que o seguiam, continuaram a viagem.

Retomando o trajeto no bojo macio de Posídon, chegou ao Cabo Maleia, mas, surpreendido por grande tempestade, foi arrastado pelos ventos até a Ilha de Creta, onde perdeu a maioria de suas naus. Da Ilha de Minos, o atrida com apenas cinco naus chegou ao Egito. No país dos faraós o filho de Atreu, segundo a *Odisseia*, III, 299-302, permaneceu cinco anos e adquiriu uma grande riqueza.

Fazendo-se novamente ao mar, foi retido por estranha calmaria na Ilha de Faros, na foz do Nilo. Vinte dias se passaram e a fome começou a rondar as naus aqueias. Apareceu-lhe, no entanto, a divindade marinha Idoteia (v.) e aconselhou-o a procurar e consultar-lhe o pai Proteu. O poderoso deus do mar, encarregado de guardar sobretudo o rebanho de focas de Posídon, sugeriu-lhe retornar ao Egito e oferecer sacrifícios aos deuses.

Apaziguada a cólera e certamente o apetite dos Olímpicos, o casal pôde, finalmente, depois de oito anos de viagem e dezoito após o início da Guerra de Troia, retornar a Esparta.

Uma variante, por sinal muito repetida, até mesmo em nosso século, como é o caso do poeta neogrego Giorgios Seféris (1900-1971), em seu poema "Heléni" (Diário de Bordo III), é a "duplicidade de Helena"

Hera, a protetora dos amores legítimos, ferida em sua majestade e orgulho com o julgamento de Páris, em favor de Afrodite, fez que este levasse para Troia não a verdadeira Helena, mas seu *eídolon*, seu corpo astral, um simulacro agente e pensante em cuja companhia viveu apaixonado durante os dez longos anos da Guerra de Troia. A verdadeira Helena, a esposa fidelíssima de Menelau, fora conduzida por Hermes, a mando de Zeus, para o Egito, onde Proteu, que era, como se viu, uma divindade marinha, se tornara rei e se converteu em protetor da rainha de Esparta. Quando o soberano morreu ou retornou ao seio de Posídon, o novo monarca, Teoclímeno, passou a assediar Helena. A filha de Zeus buscou então refúgio no túmulo do honrado Proteu. Essa probidade da princesa espartana, aliás, era alimentada pela adivinha Teônoe, irmã do rei. A profetisa lhe predissera o retorno de Menelau, que havia sete anos peregrinava qual Ulisses, no caminho de Troia para o lar, trazendo o *eídolon* que julgava ser a verdadeira Helena. Mas, eis que, escapando com o "espectro" da esposa e com vários de seus companheiros de terrível naufrágio perto da Ilha de Creta, o rei de Esparta chega ao Egito. Após esconder o *eídolon* e seus nautas numa profunda caverna, dirige-se, sem o saber, para o palácio de Teoclímeno e, junto do sepulcro de Proteu, deparou com a verdadeira Helena. Um mensageiro salvou o difícil e áspero diálogo entre os consortes, ao anunciar a seu senhor que, tão logo ele se afastara da caverna, "Helena" se revelou um simples *eídolon* e se desvaneceu no éter.

Esta versão, muito bem-aproveitada por Eurípides em sua tragédia *Helena*, é certamente inspirada no poeta Estesícoro (séc. VII a.C.), que, tendo injuriado Helena em um poema homônimo, ficara cego. Para curar-se, compôs uma *retractatio*, uma palinódia, uma retratação, segundo se expôs em *Helena, o eterno feminino*, p. 107-108.

De posse, agora, de sua verdadeira Helena, Menelau retornou tranquilamente a seu reino, na Lacônia.

Após longos anos ainda em Esparta, Menelau foi transportado em vida para os Campos Elísios ou para a Ilha dos Bem-Aventurados, como prêmio por ter lutado pela esposa, que era uma deusa, mas sobretudo porque era genro de Zeus.

Uma referência mítica tardia, que procura reunir mitemas esparsos, atesta que Menelau e Helena navegaram até a Táurida, na Ásia Menor, à procura de Orestes, e lá teriam sido sacrificados por Ifigênia no altar de Ártemis.

À época de Pâusanias (séc. II p.C.), ainda se mostrava em Esparta o palácio de Menelau, a quem se prestava um culto como se fora um deus. Os esparciatas vinham solicitar-lhe energia e destemor na guerra e as jovens solicitavam a Helena graça e beleza.

MENESTEU (*III, 48,170,173*).

Μενεσθεύς (Menestheús), *Menesteu*, talvez seja um hipocorístico, um derivado de μένος (ménos), "coragem, vivacidade", empregado como radical verbal, cuja origem seria o verbo μενεαίνειν (meneaínein), "desejar ardentemente, ser dominado pelo furor e coragem", donde o antropônimo poderia significar "o destemido", *DEMG*, p. 125-126 ou que possui "grande força e coragem", uma vez que o segundo elemento do composto é σθένος (sthénos), "força física, poder", *DELG*, p. 1.000.

O herói era filho de Péteo e, por conseguinte, neto de Erecteu, rei de Atenas.

Quando os Dioscuros invadiram a Ática para resgatar Helena (v.), na ausência de Teseu, que descera ao Hades em companhia de Pirítoo, Menesteu estava no exílio. Castor e Pólux, libertada a irmã, trouxeram-no de volta e entregaram-lhe o trono de Atenas. O reinado, todavia, foi curto, pois, com o regresso de Teseu, o monarca fugiu para a Ilha de Ciros.

Existem, porém, tradições diferentes. Na *Ilíada*, II, 546-556, Menesteu comanda o contingente de Atenas, com cinquenta navios, na luta contra a cidadela de Troia. Estava com os outros heróis no bojo do cavalo de madeira. Com a queda de Ílion, navegou para a Ilha de Melos, cujo trono assumiu com a morte do Rei Políanax.

Teria sido o fundador de Esquilécion, entre Crotona e Caulônia, na Costa de Brútio. Estrabão cita igualmente um "Porto de Menesteu", na costa da Bética, não muito distante da atual Cádis.

MENÉSTIO.

Μενέσθιος (Menésthios), *Menéstio*, tanto quanto Menesteu (v.) talvez seja um hipocorístico, derivado de μένος (ménos), "coragem, vivacidade", empregado como radical verbal, cuja origem seria o verbo μενεαίνειν (meneaínein), "desejar ardentemente, ser dominado pelo furor e coragem", donde significar o antropônimo "o destemido", *DEMG*, p. 125-126.

Filho do deus-rio Esperquio e de Polidora, filha de Peleu, Menéstio era sobrinho de Aquiles, a cujo lado combateu na Guerra de Troia, conforme está na *Ilíada*, XVI, 173-178. Consoante uma outra versão, Polidora era esposa de Peleu, que passava por ser "o pai humano" do herói, porquanto o verdadeiro era o Rio Esperquio, embora alguns mitógrafos substituam Peleu por Boro, filho de Perieres.

MENETES (*I, 241; III, 109,113, 244, 244[183]*).

Μενοίτης (Menoítēs), *Menetes*, é, sem dúvida alguma, uma variante gráfica de Μενοίτιος (Menoítios), Menécio (v.). Trata-se de um derivado do verbo μένειν (ménein), "esperar, aguardar, manter-se firme, resistir" (v. Menelau), donde significar o antropônimo "o que resiste".

Menetes é o nome de alguns heróis da epopeia troiana, bem como a designação de dois pastores. O primeiro figura no mito de Édipo. Foi ele o encarregado de expor o filho recém-nascido de Laio e Jocasta no Monte Citerão. Higmo, na *Fábula 67*, é claro a esse respeito: "O velho Menetes, que havia exposto Édipo, reconheceu-o (mais tarde) como filho de Laio pelas cicatrizes nos tornozelos".

O segundo pastoreava o rebanho de Hades na Ilha de Eritia, quando Héracles foi encarregado por Euristeu de furtar todo o armento de Gerião e trazê-lo para Micenas. Menetes, como forma de resistência ao herói, denunciou-lhe a presença e as intensões a Gerião (v. Héracles).

Quando Héracles desceu ao Hades, em busca do cão Cérbero, voltou a encontrar-se com Menetes. Como o herói verificasse que no mundo ctônio os mortos eram apenas *eídola*, fantasmas abúlicos, resolveu "reanimá-los", mesmo que fosse por alguns instantes. Para tanto, tendo que fazer libações sangrentas aos mortos, imaginou sacrificar algumas reses do rebanho de Plutão. Menetes se postou diante de Héracles e tentou impedi-lo até mesmo de se aproximar dos animais.

O herói o agarrou e apertou em seus braços possantes com tanta força, que lhe quebrou várias costelas. Não fora a pronta intervenção do rei dos mortos, o pastor iria aumentar, mais cedo, o número dos abúlicos do Hades.

MÊNFIS *(I, 63, 259).*

Μέμφις (Mémphis), *Mênfis*, consoante A. Van Den Born, *DEB*, p. 972, é uma grecização do egípcio *mn-nfr*, que aparece no hebraico *mōf* ou *nōf*, acádico *mempi, mimpi*.

De início, Mênfis foi o nome da pirâmide e da cidade adjacente de Pepi I (cerca de 2400 a.C.) em Sacara; de fato, o nome significa "(Pepi é) *sempre belo*".

Mênfis é a filha do deus-rio Nilo. Casada com Épafo (v.), foi mãe de Líbia (v.). Mênfis será, por isso mesmo, a ancestral da família de Cadmo. A cidade egípcia é assim chamada em homenagem à heroína.

MENTOR *(I, 128, 134; III, 146, 314).*

Μέντωρ (Méntōr), *Mentor*, é derivado por Carnoy, *DEMG*, p. 126, da raiz de μένος- (ménos-) "espírito, mente, decisão, vontade", donde "o que pensa, reflete, o prudente".

Filho de Alcimo, habitante de Ítaca, Mentor é o amigo fiel de Ulisses. Quando partiu para a Guerra de Troia, o herói entregou-lhe a administração de seus bens, em cuja defesa fala corajosamente nas assembleias, por ver que os pretendentes consumiam a pouco e pouco a fazenda de seu senhor (*Odiss.*, II, 224-241). É sob a forma do velho Mentor que Atená aconselha Telêmaco (*Odiss.*, III, 13-28), socorre a Ulisses e orienta-o na luta contra os pretendentes.

MÉON.

Μαίων (Maíōn), *Méon*, segundo Carnoy, *DEMG*, p. 119, poderia provir do indo-europeu *məi-, "manchar, macular", por ser um epíteto da Meônia (Lídia), "país pantanoso".

Há dois heróis com este nome. O primeiro é um tebano, filho de Hêmon e de Antígona, segundo uma versão relembrada por Eurípides já que, tradicionalmente, o filho de Creonte não chegou a unir-se à filha de Édipo (v. Antígona). Homero, no entanto, (*Il.*, IV, 391-400), ao narrar a emboscada contra Tideu, chama-o de filho de Hêmon.

Na luta contra os Sete Chefes (v.), Méon participou com Licofonte e outros heróis da emboscada contra Tideu. Todos pereceram na luta, exceto Méon, que foi poupado por Tideu. Quando este tombou diante de Tebas, Méon o sepultou.

O segundo paladino é o epônimo da família a que pertenceria Homero, que é designado em poesia com o epíteto de Meônides. O parentesco do herói com o poeta maior da Antiguidade Clássica varia segundo os autores e as tradições. Ora casado com Criteis, foi pai do bardo de Quios, enquanto seu irmão Dios o foi de Hesíodo; ora Méon foi apenas tutor de Criteis e avô do poeta ou ainda seu pai adotivo, porquanto Homero teria sido filho de um δαίμων (daímōn), demônio (v.).

MERA.

Μαῖρα (Maîra), *Mera*, provém do verbo μαρμαίρειν (marmaírein), com reduplicação no presente, "luzir, brilhar, cintilar", donde "a cintilante, a estrela *Sirius*". Presente com reduplicação expressiva, o radical de μαρμαίρω (marmaíro) é μαρ- (mar-), "luzir", cujo melhor correspondente fora do grego é o sânscrito *márici-*, "raio de luz", Frisk, *GEW*, s.u.; *DELG*, p. 667.

Existem três heroínas com este nome. A primeira é a mãe de Locro (v.), a qual fora amante de Zeus.

A segunda seria uma heroína arcádia, filha de Atlas e esposa do Rei Tegéates, um dos filhos de Licáon (v.), e epônimo da cidade de Tégea. De Mera e Tegéates nasceram Lêimon (v.), Cefro, Cídon, Arquédio e Górtis. Os reis de Tégea foram sepultados com todas as honras devidas a heróis na ágora de sua cidade.

A terceira é o nome da cadela ou do cão do herói Icário, introdutor na Ática da cultura da videira. Despedaçado por camponeses bêbados, Mera, com seus latidos, conduziu Erígone, filha de Icário, até o local onde haviam sido sepultados os restos mortais do pai. Após o suicídio da jovem, a cadela ou cão morreu de desespero sobre o túmulo de Erígone ou, segundo outros, se matou, lançando-se na fonte Onigro. Dioniso transformou a fiel Mera na constelação do Pequeno Cão, *Canicula*, ou na estrela *Sirius*, "a cintilante" (v. Satiriase).

Julgam alguns mitógrafos ter sido Mera tão somente um cão de Oríon.

MERÍONES *(III, 43).*

Μεριόνης (Meriónēs), *Meríones*, nome de um herói cretense, não possui etimologia definida. Talvez se trate de um substrato mediterrâneo. A aproximação com μηρός (mērós), "coxa", é mero gracejo para designar "o sexo da mulher" ou por ter sido o guerreiro um excelente dançarino, *DELG*, p. 697.

Filho do cretense Molo, bastardo de Deucalião, foi, na Guerra de Troia, o companheiro mais fiel de Idomeneu. Com ele comandou o contingente cretense de oitenta naus (*Il.*, II, 645-652).

Na luta contra os troianos esse intimorato pretendente de Helena notabilizou-se por gestas memoráveis. Participou do conselho noturno dos chefes aqueus e feriu em combate a Deífobo; matou a Adamas, Ácamas, Harpálion, Móris, Hipócion e Laógono, conseguindo escapar dos golpes desferidos por Eneias (*Il.*, XIII, 566sqq). Luta pelo cadáver de Pátroclo ao lado de Menelau e foi o encarregado de reunir a lenha necessária para a pira funerária do herói. Participou dos jogos fúnebres mandados celebrar por Aquiles em honra do amigo, competindo na corrida de carros, lançamento de dardo e sendo o vencedor na modalidade de arco e flecha, o que não foi surpresa, porque os cretenses eram considerados habilíssimos flecheiros.

Após a destruição de Ílion, Meríones retornou a Creta com Idomeneu (v.). Encontramo-lo mais tarde na

Sicília, onde foi muito bem-acolhido pela colônia cretense estabelecida em Heracleia Minoa e em Enguíion ou Êngio, rendendo-lhe esta última um culto fervoroso.

Atribui-se a Meríones a fundação de Cressa, na Paflagônia.

MÉRMERO *(III, 186-189, 204)*.

Μέρμερος (Mérmeros), *Mérmero*, "o que causa preocupação, dor, sofrimento", é uma forma com reduplicação intensiva, aparentado a μέριμνα (mérimna), "preocupação, inquietação". O vocábulo pode e deve ser aproximado de outras formas nominais reduplicadas: armênio *mormok'* avéstico *mimara-*, "inquietação, dor"; latim *memor*, "o que se lembra, o que se recorda".

Feres e Mérmero eram os dois filhos de Jasão e Medeia (v.), assassinados pela própria mãe como vingança pela infidelidade e ingratidão do marido, que a abandonou para casar-se com Glauce ou Creúsa, filha de Creonte (v.), rei de Corinto.

Uma tradição diferente atesta que os meninos, por terem levado a Creúsa os presentes envenenados por Medeia, foram apedrejados pelos coríntios.

Uma variante, porém, afiança que Mérmero, o filho mais velho, seguiu com Jasão, exilado após a morte de Pélias, para a Ilha de Corcira, onde foi morto por uma leoa durante uma caçada.

MÉROPE *(II, 191[94]; III, 23, 208, 222[165], 244, 257, 267)*.

Μερόπη (Merópē), *Mérope*, é um feminino de Μέροψ (Mérops), "nascido do solo", donde Mérope é "a que saiu da terra". Observe-se que, como o herói Méropes nasceu da terra, a ave μέροψ (mérops), da mesma família etimológica que Mérope, põe seus ovos na terra, Frisk, *GEW*, s.u.

Há duas heroínas principais com este nome. A primeira é uma plêiade, filha de Atlas e de Plêione. De sua união com Sísifo, rei de Corinto, nasceu Glauco. Dentre todas as Plêiades foi ela a única a se casar com um mortal, daí a estrela em que foi metamorfoseada brilhar menos intensamente do que aquelas em que foram transformadas suas irmãs.

Bem mais importante no mito é Mérope, filha do rei da Arcádia Cípselo. Para assegurar a aliança com os Heraclidas, o astuto monarca fê-la casar-se com Cresfonte. Na divisão do Peloponeso, o genro de Cípselo, como já era esperado, obteve a Messênia. Tudo parecia correr bem, quando Mérope se tornou personagem importante de um sangrento drama de ódio e amor. Segundo uma tradição antiga, Cresfonte fora assassinado por uma sublevação popular, mas Eurípides, seguindo certamente uma outra versão do mito, modificou-lhe a estrutura. Com efeito, em sua tragédia *Cresfonte*, hoje perdida, mas cujo enredo é possível reconstituir-se com base em *Hino, Fábula 137*, o heraclida Polifonte assassinou a seu consanguíneo Cresfonte, bem como os dois filhos mais velhos do rei da Messênia. Não satisfeito, apoderou-se à força de Mérope, com quem se casou. A rainha, todavia, conseguiu salvar o filho caçula, Épito, e o enviou para a Etólia, mas conseguia mantê-lo a par de tudo que acontecia na Messênia por intermédio de um mensageiro de confiança, um velho e fiel servidor.

Polifonte sabia que Épito estava vivo e, temeroso da vingança por parte do filho de Cresfonte, mandou procurá-lo por toda parte, pondo-lhe a cabeça a prêmio. Quem provasse tê-lo assassinado seria muito bem-recompensado. Tão logo atingiu a efebia, Épito resolveu fazer o que o tirano de Messênia já previra: vingar a morte do pai, de seus irmãos e a verdadeira escravidão conjugal de sua mãe. Disfarçou-se quanto lhe foi possível e apresentou-se com o nome de Telefonte ao rei, reclamando a recompensa prometida pela morte de Épito. O rei não acreditou, de imediato, no estrangeiro. Hospedou-o, mas solicitou-lhe um tempo para averiguar se realmente seu perigoso enteado havia sido eliminado.

Nesse ínterim, o fiel servidor da rainha a procura e afirma-lhe que o filho havia desaparecido. Mérope não teve mais dúvidas: o hóspede de seu marido lhe havia realmente assassinado o filho. Desesperada, penetrou no quarto em que dormia o pseudo-Telefonte e, quando levantou o punhal para liquidá-lo, o velho servidor segurou-lhe o braço, e ela reconheceu no hóspede adormecido o verdadeiro Épito. Mãe e filho concertaram então como deveriam agir para se vingar do tirano.

Mérope astutamente se cobriu de luto e ela, que até então se mostrara distante e hostil ao marido, aproximou-se dele com ternura, como se o rei representasse doravante o seu único apoio.

Feliz, o monarca resolveu fazer um sacrifício aos deuses e convidou a "Telefonte", seu hóspede de honra e salvador, para imolar a vítima. No altar, entretanto, em lugar de matar o animal ofertado aos Imortais, num gesto rápido degolou o tirano Polifonte. Os messênios, reconhecendo nele o legítimo herdeiro de Cresfonte, proclamaram-no rei.

MESOPOTÂMIA *(II, 36, 77, 166)*.

Μεσοποταμία (Mesopotamía), *Mesopotâmia*, é um composto do adjetivo μέσος, -η, -ον (mésos,-ē, -on), "situado no meio" e de ποταμός (potamós), "rio", donde "a que está localizada entre dois rios". Quanto ao adjetivo *mésos*, tem ele correspondente exato no sânscrito *mádhya-*; avéstico *maidya*; gótico *midjis*; antigo alemão *mitti*; irlandês *mid-*. A forma primeira é o indo-europeu **medh-yo-*, latim *medius*, "meio". No que tange a *potamós*, sempre foi relacionado com o verbo πίπτειν (píptein), "cair, tombar", aoristo ἔπετον ou ἔπεσον (épeton ou épeson), como "corrente de água que cai". *DELG*, p. 688-689 e 931; Frisk, *GEW*, s.u.

Filha de uma sacerdotisa de Afrodite e irmã de Tigre e Eufrates, Mesopotâmia é a heroína epônima do país homônimo. Dotada de extraordinária beleza, passou a ser cortejada por três pretendentes. Para decidir entre eles, submeteu-se à decisão de um árbitro chamado Bócoro, renomado por sua probidade e espírito de justiça.

A heroína presenteou os três enamorados: ao primeiro deu uma taça; ao segundo ofertou a coroa que trazia na cabeça e abraçou o terceiro. Bócoro julgou ser o abraço o maior presente de amor e decidiu em favor do terceiro. Inconformados com o julgamento, os dois preteridos entraram em luta com o escolhido e na refrega pereceram os três. Mesopotâmia permaneceu para sempre solteira.

MESSAPO.

Μέσσαπος (Méssāpos), *Messapo*, é formado do adjetivo μέσσος (méssos), forma eólia por μέσος (mésos), "situado no meio" (v. Mesopotâmia) e por um elemento *ap, "água", donde "o ou a que está localizado(a) no meio da água".

Herói beócio, emprestou seu nome à montanha Messápion, na Costa da Beócia em frente à Ilha de Eubeia. Viajou pela Itália e tornou-se o herói epônimo dos messápios.

Um segundo Messapo ou Messápio era um herói da Ilíria e teria sido o verdadeiro epônimo dos messápios, na Itália.

MESSENA *(II, 87; III, 45, 124, 291).*

Μεσσήνη (Messḗnē), *Messena*, segundo Carnoy, *DEMG*, p. 127, talvez se pudesse interpretar como um derivado de μέσσος (méssos), "situado(a) no meio" (v. Mesopotâmia e Messapo) e significaria "terra do meio".

Filha do rei argivo Tríopas e neta ou ainda filha de Forbas, casou-se com Policáon, filho caçula de Lélex, rei da Lacedemônia.

Como Miles, o irmão mais velho, tivesse subido ao trono da Lacônia, após a morte de Lélex, Policáon, a conselho da esposa, resolveu fundar um reino em outra parte do Peloponeso. Com auxílio de soldados argivos e lacedemônios, conquistou uma região a que deu o nome de sua mulher. A capital da nova Cidade-Estado foi fixada em Andânia, onde o rei estabeleceu o culto de Deméter e Perséfone, trazido de Elêusis por Cáucon.

Após a morte, Policáon e a esposa foram cultuados como deuses em Messena.

MESTRA.

Μήστρα (Mḗstra), *Mestra*, segundo Carnoy, *DEMG*., p. 128, seria um feminino de Μήστωρ (Mḗstōr) e, neste caso, significaria "a conselheira". Mas, consoante o mesmo filólogo, existe a forma paralela Μήτρα (Mḗtra), *Metra*, que é um derivado de μήτηρ (mḗtēr), "mãe" e significa precisamente "matriz, útero", pelo fato de a heroína prostituir-se para salvar o pai, tendo, por isso mesmo, recebido o epíteto de μετάβλητος (metáblētos), "transformável", como severa no mito. Acontece igualmente que a personagem possui ainda o nome de Μνήστρα (Mnḗstra), *Mnestra*, e assim o antropônimo significaria "a que pensa, a que se recorda de" (v. Erisícton e Clitemnestra).

Mestra, Metra ou Mnestra é filha do tessálio Erisícton (v.), filho ou irmão do Rei Tríopas, fundador de Cnido, na Cária. ímpio e sacrílego, alimentava um profundo desprezo pelos deuses, esbanjando todos os seus bens em festas e banquetes. Certa feita, apesar de admoestado pelos Imortais, resolveu cortar todas as árvores de um bosque sagrado de Deméter. Profundamente irada, a deusa o castigou com uma fome insaciável. Em poucos dias Erisícton consumiu todo o seu patrimônio em alimentos. A filha Mestra, Metra ou Mnestra, para obter meios que sustentassem o apetite devorador do pai, imaginou vender-se como escrava. Para tanto se metamorfoseou, dom que recebera de seu amante Posídon. Tão logo obtinha o produto da venda, transformava-se novamente e se fazia negociar uma segunda vez, mas acabou sendo devorada pelo próprio pai, que enlouquecera de fome.

Uma interpretação evemerista do mito relata que a heroína, dotada de extraordinária beleza, não se metamorfoseava, mas se prostituíra para salvar o pai, um preguiçoso e pródigo consumado, que passava dias e noites em banquetes. Não havendo dinheiro à época, a jovem entregava-se em troca de bois, ovelhas e aves. Criou-se, a esse respeito, o provérbio "Mestra torna-se" boi, ovelha, galinha e foi isto que teria dado origem ao mito das metamorfoses da filha de Erisícton.

O mito de Erisícton e de Mnestra foi relatado ampla e prolixamente por Ovídio, nas *Metamorfoses*, 9, 725-884.

META.

Μήτα (Mḗta), *Meta*, não possui etimologia até o momento.

Filha de Hoples e, portanto, neta de Íon (v.), Meta foi a primeira esposa de Teseu, rei de Atenas. Como não pôde lhe dar filhos, foi repudiada.

MÉTABO.

Μέταβος (Métăbos), *Métabo*, é vocábulo sem etimologia até o momento.

Trata-se, no mito grego, de um rei bárbaro, epônimo da cidade de Metaponto, na Magna Grécia. Em Virgílio, *Eneida*, 11,539-543 e 564sqq., narra-se o mito de Métabo, que seria um herói de origem etrusca. Senhor da cidade de Priverno e rei dos volscos, foi exilado por causa de sua violência. Salvou na fuga a filha recém-nascida, Casmila, a quem chamou depois Camila, que foi criada nas montanhas, mas que reaparece na *Eneida* como rainha dos mesmos volscos. Virgílio, *Eneida*,

7,803-817, traça-lhe o perfil guerreiro e a admiração que despertava em todos.

METANIRA *(I, 285, 289, 291-293).*

Μετάνειρα (Metáneira), *Metanira*, é interpretado interrogativamente por Carnoy, *DEMG*, p. 128, como "a que está no meio dos homens".

Metanira é a esposa de Céleo, rei de Elêusis. Acolheu Deméter, que andava disfarçada por toda a terra, em busca de Perséfone, e fê-la ama de Demofonte, conforme se relatou em *Mitologia Grega*, Vol. I, p. 290sqq.

Uma versão diferente faz de Metanira a esposa de Hipótoon, herói ático, filho de Posídon e Álope, e epônimo da tribo ateniense dos Hipotoôntidas.

METAPONTO.

Μετάποντος (Metápontos), *Metaponto*, é um composto de μετά (metá), "no meio de" e de πόντος (pontos), "mar", donde "a que está localizada no meio do mar". Quanto a *metá*, sua etimologia é obscura. Uma aproximação com preposições do grupo germânico talvez possa ser tentada. *Póntos* é "o mar", por vezes "o alto-mar, um caminho difícil de se atravessar". *Póntos* faz parte de uma vasta família etimológica de formas variadas e sentidos diversos: sânscrito *pánthāh*; avéstico *panta*, "caminho, via cheia de obstáculos"; prussiano *pintis*, "caminho"; latim *pons, pontis*, "ponte".

Filho de Sísifo, era, por conseguinte, neto de Éolo, mas aparece mais comumente no mito como pai adotivo de Éolo, o Jovem, e de Beoto.

É o herói epônimo da cidade de Metaponto, na Magna Grécia. Sob a forma bárbara, seu nome é Métabo (v.), fundador de Métabon, nome antigo de Metaponto. Acolheu a Arne, filha do primeiro Éolo, a qual, por estar grávida, fora exilada pelo pai. Apaixonado por ela, repudiou sua esposa Síris, que foi levada para a cidade homônima, perto de Metaponto.

Éolo, o Jovem, e Beoto, a pedido de Arne, assassinaram a Síris, fugindo, em seguida. O primeiro para as ilhas eólias e o segundo para a Beócia, à qual deu seu nome.

METIMNA.

Μήθυμνα (Méthymna), *Metimna*, segundo Carnoy, *DEMG*, p. 128, poderia provir da raiz pelásgica *met-* "segar, ceifar" donde "prado, campina", ou simplesmente originar-se de μέθυ (méthy), "vinho", donde "a cidade dos vinhedos".

Metimna é a heroína epônimo da cidade homônima na Ilha de Lesbos. Filha de Mácar, casou-se com Lesbos ou segundo outros com Lepetimno. Dessa união nasceram Hicetáon e Helicáon, mortos por Aquiles, quando este invadiu a Ilha de Lesbos.

METÍOCO *(III, 310[242]).*

Μητίοχος (Mētíokhos), *Metíoco*, é um composto de μῆτις (métis), "plano, plano hábil, sabedoria, solércia, habilidade, prudência" (v. Métis) e do verbo ἔχειν (ékhein), "ter, possuir", cuja raiz é **segh-*, sânscrito *sáhate*, "vencer, resistir; *sáhas-*, "força, vitória", *DELG*, p. 394. Donde o antropônimo significa "o que tem sabedoria, o prudente".

Metíoco é um jovem frígio, que se apaixonara por Partênope. Esta, embora o amasse, havia feito voto de castidade. Não desejando rompê-lo, para se punir cortou os cabelos e se exilou na Campânia, consagrando-se a Dioniso. Ofendida, a deusa Afrodite transformou-a em sereia. A ela deve Nápoles seu antigo nome de Partênope (Virg. *Geórg.*, 4,564). Partênope é um composto, cujo primeiro elemento é μαρθένος (parthénos), "virgem". Para uma variante do mito, v. Partênope.

MÉTIS *(I, 156, 158, 162, 201, 259, 280, 332, 339, 343; II, 19, 23-24, 156; III, 193).*

Μῆτις (Mêtis), *Métis*, "plano, plano hábil, sabedoria, solércia, habilidade, prudência". Métis é a inteligência prática, por vezes a astúcia. Provém de uma raiz verbal que significa "medir", o que pressupõe "cálculo, conhecimento exato". Este sentido se conservou em μέτρον (métron), "medida" e μήτρα (métra), "medida agrária". A raiz é **mē*, sânscrito *mimāti*, "ele mede", *mitá-*, "medido, calculado"; anglo-saxão *moed*, "medida"; latim *mētiri*, "medir", *DELG*, p. 699.

Filha de Oceano e Tétis, Métis é uma divindade da primeira geração divina (v. *Mitologia Grega*, Vol. I, p. 259sqq.). Foi a primeira esposa ou amante de Zeus e foi ela quem lhe deu uma droga, graças à qual Crono foi compelido a devolver todos os filhos que havia engolido. Tendo ficado grávida, Úrano e Geia revelaram a Zeus que Métis teria uma filha e mais tarde um filho, que o destronaria, como ele próprio fizera com o pai Crono. A conselho de Geia ou da própria esposa, Zeus a engoliu e no tempo devido nasceu Atená (v.) das meninges do deus, tendo-se esta, por sinal, permanecido virgem.

MICENEU.

Μυκηπευς (Mykēneús), *Miceneu*, é um derivado de Μυκῆναι (Mykênai), "Micenas". Assim como Ἀθῆναι (Athênai), "Atenas", provém de Ἀθήνη (Athḗnē) Μυκῆναι (Mykênai), "Micenas" poderia originar-se do nome da ninfa Μυκήνη (Mykḗnē), "Micene" e ter-se-ia no caso um nome de substrato. O antropônimo em pauta significaria pura e simplesmente "o micênico", *DELG*, p. 720.

Miceneu é o herói que fundou a cidade-fortaleza de Micenas e deu-lhe seu nome. Era, segundo algumas tradições, filho de Espárton e neto de Foroneu (v.), o primeiro homem a nascer.

MIDAS *(II, 89; III, 126)*

Μίδας (Mídas), *Midas*, consoante Carnoy, *DEMG*, p. 128, talvez provenha de uma forma *mēi*, com o sentido de "fonte ou de um espírito das águas fecundantes".

Famoso rei da Frígia, Midas se tornou o herói de vários mitos de cunho popular. Certa feita, o poderoso monarca encontrou o velho Sileno em sono profundo, após encharcar-se, como de hábito, com o doce licor de Baco. Esperou pacientemente que o pai dos Sátiros acordasse e pediu-lhe que lhe falasse acerca da sabedoria. O velho não se fez de rogado e narrou-lhe ironicamente uma espécie de parábola. Havia duas cidades, disse o ancião, situadas bem longe, nas extremidades do mundo. A primeira chamava-se Εὐσέβεια (Eusébeia), *Eusébia*, "respeitadora dos deuses, piedosa" e a segunda Μάχιμος (Mákhimos), *Máquimo*, "a belicosa, a sanguinária". Eram dois reinos, ambos poderosos e ricos. Possuíam tanto ouro e prata, que esses metais preciosos tinham para eles o mesmo valor que o ferro. Os habitantes da primeira viviam felizes como os homens da Idade de Ouro. Sua morte assemelhava-se a um sono tranquilo; deixavam esta vida sorrindo. Os residentes na segunda passavam a vida, que, por sinal, lhes era sempre curta, em lutas cruentas, matando-se uns aos outros.

Certa feita, tanto "eusébeios" quanto "máquimos" resolveram fazer uma visita a nosso mundo. Cruzaram o Oceano imenso e chegaram à região dos Hiperbóreos, considerados os mais afortunados dos mortais. Ficaram tão impressionados com a miséria lá reinante, sobretudo entre o povo, que resolveram encurtar a viagem e regressaram a seus reinos.

O rei da Frígia, despótico e cruel, cuja corte nadava em ouro, mas cuja população vegetava na miséria, certamente compreendeu a mensagem de Sileno.

Há uma outra versão do encontro entre o imortal sequaz de Dioniso e o rico e poderoso senhor dos frígios. Sileno, que se embebedara, afastou-se do cortejo de Baco e dormiu numa das montanhas da Frígia. Encontrado por pastores, que não o reconheceram, prenderam-no e conduziram-no ao rei. Midas, que outrora se iniciara nos mistérios dionisíacos, viu logo de quem se tratava. Mandou libertá-lo e deu-lhe uma acolhida digna de um deus. Depois, partiu em companhia do sátiro em busca do deus do vinho. Dioniso, agradecido pelas gentilezas e honrarias prestadas a seu servidor inseparável, prometeu a Midas atender-lhe prontamente a um pedido, fosse ele qual fosse. O rei solicitou que se transformasse em ouro tudo quanto tocasse. O deus satisfez-lhe o desejo e as coisas correram maravilhosamente bem até a hora do almoço, porquanto o pão que o rei levara à boca tornou-se um pedaço de ouro e o vinho transmutou-se em metal. Esfaimado e arrependido de sua insaciável cobiça, suplicou ao filho de Zeus que lhe retirasse um dom tão funesto. Dioniso ordenou-lhe lavar a cabeça e as mãos na fonte de Pactolo. Isto feito, o poder transformador de Midas desapareceu, mas as águas da fonte ficaram para sempre cheias de filetes de ouro.

Plutarco relata uma segunda versão do mito, semelhante, em parte, a esta última. O rei visitava com grande comitiva uma província distante de seu reino, quando se perdeu no deserto. Não se tendo encontrado um único oásis, onde houvesse água, Midas e seus companheiros estariam condenados a morrer de sede, não fora a pronta intervenção de Geia, que fez brotar no deserto uma fonte aparentemente de água cristalina. Todos correram para o manancial, mas, em lugar de líquido, a nascente emanava torrentes de ouro. Midas apelou para Dioniso, que transformou o metal em água pura e fresca. O monarca deu-lhe o nome de Fonte de Midas.

O rei da Frígia está ligado ainda a um ângulo do mito de Apolo. Um dia em que o deus tocava flauta no Monte Tmolo, na Lídia, foi desafiado pelo presunçoso Mársias. É que o sátiro, tendo recolhido uma flauta atirada fora por Atená, adquiriu, à força de exercícios ininterruptos, extrema habilidade e virtuosidade. Os juizes de tão magna contenda foram o próprio Monte Tmolo, as Musas e Midas. O deus foi declarado vencedor, mas o rei se pronunciou por Mársias. Apolo o puniu, fazendo que nascessem nele orelhas de burro. No tocante ao vencido, foi o mesmo amarrado a um tronco e escorchado vivo.

Midas, envergonhado, camuflava as orelhas com a tiara e somente seu cabeleireiro estava a par do segredo. Se o revelasse, seria fatalmente morto. Não podendo mais suportar o peso de tamanha responsabilidade e as ameaças constantes do rei, abriu um buraco no solo, junto a um charco, e confiou à mãe Terra que o soberano da Frígia possuía orelhas anormais. Caniços que vegetavam à margem do brejo, quando agitados pelos ventos, murmuravam em coro: "Midas, o Rei Midas, possui orelhas de burro".

MÍDIAS.

Μειδίας (Meidías), *Mídias*, é um derivado do verbo μειδᾶν (meidân), "sorrir, alegrar-se", donde "o sorridente". O radical do verbo é **smeid*-, sânscrito *smáyate*, "sorrir", *smáyati*, "ele sorri"; tocariano *smi-mām*, "sorridente", *DELG*, p. 677.

Mídias, "o sorridente", o que parece ser um hipocorístico, era um tessálio, pai de Euridamas, que, brutalmente, assassinara a Trasilo. Símon, o irmão deste último, vingou-se, matando a Euridamas e arrastando-lhe o cadáver em torno do sepulcro de Trasilo. Semelhante atitude teria dado origem ao hábito de se arrastar o cadáver do inimigo em torno do sepulcro de sua vítima. A tarefa ficava normalmente a cargo do melhor amigo ou do parente mais próximo do morto.

Foi exatamente isto que fez o "tessálio" Aquiles, que arrastou, por três vezes, o corpo de Heitor em torno do sepulcro de Pátroclo (*Il.*, XXIV, 16-18).

MIENO.

Μύηνος (Mýēnos), *Mieno*, é vocábulo sem etimologia até o momento.

Filho de Telestor e de Alfesibeia, é o epônimo do monte homônimo. Caluniado pela madrasta (v. Motivo Putifar) que, contrariada em sua paixão pelo herói, o acusou de tentar violentá-la, Mieno se retirou para as montanhas. Perseguido sem tréguas pelo pai, lançou-se do alto de um penhasco.

MÍGDON.

Μύγδων (Mýgdōn), *Mígdon*, segundo Carnoy, *DEMG*, p. 133, talvez pudesse ser interpretado como "o espreitador, o que arma ciladas".

Existem dois heróis com este nome. O primeiro, conforme está *na Ilíada*, III, 184-189, era rei de uma parte da Frígia, nas margens do Rio Sangário. Socorrido por Príamo, quando de um ataque das Amazonas, retribuiu o gesto do rei de Troia em sua luta contra os aqueus, tendo vindo pessoalmente combater em defesa de Ílion. Segundo uma tradição, Mígdon é o pai do herói Corebo (v.), que morreu lutando em Troia.

O segundo herói homônimo é o irmão do rei dos bébricos, Âmico (v.), que foi substituído no trono por Mígdon. Héracles, aliado de Lico, o venceu numa luta sangrenta. Foi no reino do inimigo derrotado que Héracles fundou a cidade de Heracleia do Ponto.

MILAS.

Μύλας (Mýlas), *Milas*, é possivelmente um derivado de μυλη (mýlē), "moinho" principalmente para triturar o grão de trigo. O radical verbal com a ideia geral de "moer" está no indo-europeu **mel-∂*, **mol-∂*, representado no latim pelo verbo *molĕre*, "moer, triturar o grão sobre a mó do moinho". Em grego há traços de um radical **mel-* no micênico *mereuro*, "farinha", e *meretirija*, "mulheres que giram a mó."

Milas é o nome de um dos telquines, que, por vezes, é considerado como inventor do moinho para triturar o grão de trigo.

Emprestou, além do mais, seu nome a um monte da Ilha de Rodes.

MILES.

Μύλης (Mýlēs), *Miles*, é mera variante gráfica de Μύλας (Mýlas), Milas (v.) e significa, portanto, "o moedor, o triturador".

Herói lacônio, inventor do moinho (v. Milas), era filho do Rei Lélex e dé Peridia e tinha por irmãos a Policáon, Bumolco e Terapne. Foi pai de Eurotas, mas, em outras versões, este último é apontado como filho de Lélex.

MILETO *(I, 99,101; II, 102, 210; III, 211[158])*.

Μίλητος (Mílētos), *Mileto*, é aproximado por Carnoy, *DEMG*, p. 128, do lituano *mylos*, "agradável" e do antigo eslavo *milŭ*, "hospitaleiro".

Herói epônimo e fundador da cidade de Mileto, na Ásia Menor, Mileto possui uma genealogia complexa. Ovídio, nas *Metamorfoses*, 9, 441-446, seguindo talvez uma versão mais antiga, dá-lhe como pais Apolo e Deione. Por temor ao herói, Minos o expulsou da Ilha de Creta. Mileto seguiu para a Ásia Menor, onde fundou a cidade homônima e se casou com a filha do Rio Meandro, Cíane, que lhe deu dois filhos, Cauno e Bíblis (v.).

Numa tradição diferente, o herói figura como filho de Apolo e de Acacális (v.), filha de Minos. Grávida de Mileto, a jovem princesa, temendo a ira paterna, fugiu do palácio e escondeu-se nas florestas. Tão logo nasceu o menino, foi o mesmo exposto pela mãe, que não podia criá-lo. Apolo, todavia, fez que o recém-nascido fosse alimentado por lobas, até que foi encontrado por pastores, que o recolheram e criaram.

Minos, que lhe ignorava a origem, tentou violentá-lo, por ser o jovem muito belo. Aconselhado por Sarpédon (v.), o filho de Acacális fugiu para a Cária, onde fundou a cidade que recebeu seu nome. Casou-se com Idoteia, filha de Êurito, e foi pai de Cauno e Bíblis. Numa variante desta segunda versão, o herói é filho de Apolo e de Ária, filha de Cléoco. Exposto, ao nascer, foi recolhido pelo avô, que o criou. Minos, que lhe admirava a beleza e a juventude, quis violentá-lo. O herói fugiu primeiramente para a Ilha de Samos, onde construiu a primeira Mileto e, em seguida, emigrando para a Cária, fundou uma segunda cidade homônima.

MIMAS *(I, 211)*.

Μίμας (Mímas), *Mimas*, não possui etimologia, até o momento.

Mimas foi um dos gigantes que lutaram contra os Olímpicos. Zeus o fulminou ou, segundo outros, Hefesto o liquidou com ferro em brasa.

MINÍADES *(II, 116, 116[40], 238)*.

Μινυάδες (Minyádes), *Miníades*, segundo Carnoy, *DEMG*, p. 130, procederia da raiz **mei*, "correr, errar", donde o significado hipotético do antropônimo de "as errantes".

As Miníades, isto é, Leucipe, Arsipe, Alcítoe ou Alcátoe, eram as três filhas de Mínias, rei de Orcômeno. Seu mito é de ordem didática: tem por escopo mostrar como Dioniso castiga os que lhe desprezam o culto. Conta-se que, durante uma festa em honra do deus, enquanto quase todas as mulheres de Orcômeno percorriam as montanhas, no rito denominado ὀρειβάσια (oreibásia), vale dizer, "ação de percorrer montanhas em procissão", dançando freneticamente, as três irmãs permaneceram em casa, fiando e bordando. Subitamente, porém, uma parreira começou a crescer em torno dos tamboretes em que elas se sentavam e do teto corriam leite e mel. Clarões misteriosos surgiram por toda a casa e feras invisíveis rugiam, ao mesmo tempo em que se ouviam sons agudos de flautas e a cadência surda dos tambores. Transtornadas, as Miníades foram atacadas de loucura e tendo agarrado o pequeno Hípaso, filho de Leucipe, o despedaçaram, tomando-o por um veadinho.

Em seguida, coroando-se de heras, juntaram-se às outras mulheres nas montanhas. Em versões talvez mais antigas foram metamorfoseadas em morcegos, símbolo da evolução espiritual obstruída.

Uma variante relata que, antes de puni-las, Dioniso visitou-as sob a forma de uma jovem e criticou-lhes acerbamente a indiferença pelo culto orgiástico das Bacantes. As Miníades riram-se do deus, que, de imediato, se transformou diante delas sucessivamente em touro, pantera e leão. Leite e mel começaram a escorrer dos tamboretes em que elas estavam sentadas. Enlouquecidas, despedaçaram o inocente Hípaso e seguiram para as montanhas.

MÍNIAS *(II, 116⁴⁰; III, 54, 208).*

Μινύας (Minýas), *Mínias*, consoante Carnoy, *DEMG*, p. 130, proviria da raiz **mei*, "correr, errar", donde significar o antropônimo "o errante" (v. Miníades), certamente um hipocorístico por ser pai das Miníades (v.).

Rei de Orcômeno, na Beócia, é o epônimo dos mínios, nome que já aparece na *Ilíada*, II, 511-516, tendo participado da Guerra de Troia, com um contingente de trinta naus. Era filho ou neto de Posídon. Se neto do deus do mar, tinha por pai a Crises. Muito rico, foi o primeiro dos helenos a possuir um $\vartheta\eta\sigma\alpha\nu\rho\acute{o}\varsigma$ (thēsaurós), isto é, um cofre para guardar sua imensa fortuna. Unido à filha de Hiperfas, Eurianassa, foi pai de um grande número de filhos: Orcômeno, que o substituiu no trono da cidade homônima; Ciparisso, Leucipe, Arsipe, Alcátoe (v. Miníades); Élara, mãe de Títio; Arétire, mãe de Flias, e Clímene, esposa de Fílaco e avó de Jasão (v.).

MINOS *(I, 51³⁸, 51-52, 59, 64, 66, 74, 76, 175, 318, 325, 343; II, 20, 23, 34, 85³⁰, 114, 139; III, 22, 103, 105, 159-165, 168-169, 172-173, 211¹⁵⁸).*

Μίνως (Mínōs), *Minos*, segundo Chantraine, *DELG*, p. 705, é um termo de substrato, sem etimologia definida. Brandenstein, porém, *Jahrb. Kleinas Forschung*, 2, p. 13sqq., citado por Chantraine, julga que o antropônimo significa "rei".

Filho de Zeus e Europa (v.), foi criado pelo rei cretense Astérion ou Astério, que, às vezes, figura como seu pai. Tinha dois irmãos, Sarpédon e Radamanto.

Após a morte de Astérion, assumiu o governo da Ilha de Creta e tal fato se deu, segundo o mito, três gerações antes da Guerra de Troia.

Minos, todavia, não assumiu pacificamente o trono cretense. Teve que disputá-lo com seus irmãos, eco evidente de lutas reais pela supremacia de Cnossos, centro principal da ilha, sobre Festo e Mália.

O futuro soberano alegou que, de direito e de fato, Creta lhe pertencia por vontade dos deuses e, para prová-lo, declarou que estes lhe concederiam o que bem desejasse. Um dia, quando sacrificava a Posídon, solicitou ao deus que fizesse sair um touro do mar, comprometendo-se a imolar-lhe o animal logo em seguida. O grande deus do mar atendeu-lhe o pedido, o que lhe valeu o poder supremo, sem mais contestação por parte de Sarpédon e Radamanto. Minos, todavia, dada a beleza extraordinária da rês, e desejando conservar-lhe a raça, enviou-a para junto de seu rebanho, não cumprindo o prometido ao imortal do Olimpo. O deus, irritado, enfureceu o touro, o mesmo que Héracles matou ou trouxe para Micenas, a pedido de Minos ou a mando de Euristeu. O castigo divino, todavia, não parou aí, como se verá em Minotauro. Minos se casou com Pasífae, filha de Hélio, o Sol (ou segundo outra versão com Crete, filha de Astérion) e foi pai dos seguintes filhos legítimos: Catreu, Deucalião, Glauco, Androgeu, Acacális, Xenódice, Ariadne e Fedra. Entre os denominados bastardos apontam-se os que teve com a ninfa Pária: Eurimedonte, Crises, Nefálion e Filolau. Com a ninfa Dexíteia foi pai de Euxântio. Muitos outros filhos e aventuras amorosas ainda lhe são atribuídos, normalmente em versões tardias, algumas, por sinal, aberrantes, como a que afirma ter sido ele o introdutor da pederastia em Creta, raptando a Ganimedes (fato que é imputado a Zeus) e tornando-se amante de Teseu, após a vitória do herói ateniense sobre o Minotauro.

Entre seus grandes (e alguns malogrados) amores femininos cita-se Britomártis (v.), que preferiu lançar-se ao mar do alto de um penhasco a entregar-se ao rei. Peribeia, que fazia parte da primeira leva de reféns que recebia anualmente de Atenas, após a morte do filho Androgeu (v.), foi outra de suas vítimas.

Seriam tantas as amantes do senhor do Cnossos, que a ciumentíssima Pasífae (v.), detentora de poderes mágicos tão grandes quanto os de sua irmã Circe e de sua sobrinha Medeia, lançou contra o marido terrível maldição. Exceto ela, toda e qualquer mulher, que se unisse ao rei, morria devorada por um batalhão de serpentes que saíam por todos os poros de Minos. Foi necessário a intervenção de Prócris (v.), hábil em enganar o marido, e conhecedora de uma erva mágica, denominada "raiz de Circe", para que o rei de Creta se livrasse de "suas próprias serpentes" e conseguisse amar um pouco mais além da maga Pasífae.

Civilizador dos cretenses, reinou com equidade e brandura. Suas leis eram tão notáveis, que todos as consideravam como inspiradas diretamente por Zeus.

Aliás, de nove em nove anos, o rei se recolhia no mais temível e intrincado dos labirintos no Monte Ida de Creta, onde Zeus foi criado, ou no Monte Iucta, para uma entrevista secreta com seu pai divino. A ele prestava contas de seus atos e de seu governo. Se descontente com o monarca, o deus o deixava por algum tempo no labirinto, para uma "reiniciação"; se satisfeito, o reinvestia no poder para mais um período de nove anos.

A legislação minoica é, por vezes, atribuída a seu irmão Radamanto, que teria sido expulso de Creta por ciúmes. De qualquer forma, os dois, *post uitam*, foram promovidos juntamente com Éaco (v.) à categoria de juizes dos mortos (v. Escatologia).

Com o nome de Minos foi personificada a famosa talassocracia cretense, que, desde o segundo milenário a.C., dominou todo o Mar Egeu e, acrescentam os mitógrafos, um grande número de ilhas que rodeavam Creta, estendendo-se o Império Minoico até a Caria, na Ásia Menor.

Tão grande poderio acabou por empenhar o monarca em vários confrontos e conflitos militares. O mais sério deles, não por motivos políticos, mas familiares, foi com Atenas. A causa da guerra foi a morte, por ciúmes de Egeu, do filho de Minos, Androgeu (v.), vencedor em todas as modalidades nos jogos solenes mandados celebrar pelo rei de Atenas.

Minos, no comando de poderosa frota, navegou em direção à Ática. Apossou-se de Mégara e avançou contra Atenas. Como a luta se prolongasse além do esperado e uma peste (pedido de Minos a Zeus) assolasse a cidade de Palas Atená, Egeu mandou consultar o Oráculo de Delfos. A Pítia respondeu que a peste cessaria, se o soberano ateniense atendesse a todas as exigências do rei de Creta. Tomando conhecimento da mensagem de Apolo, Minos concordou em retirar-se, desde que, de sete em sete anos, outros dizem que de nove em nove anos, lhe fossem enviados sete rapazes e sete moças, que seriam lançados no labirinto de Cnossos, para servirem de pasto ao Minotauro.

Mais tarde o príncipe minoico, à frente de uma armada, dirigiu-se à Sicília, à procura de Dédalo (v.), que para lá fugira. É que o grande arquiteto e artista, para satisfazer à paixão de Pasífae (castigo de Posídon) pelo célebre touro, que o rei não sacrificara ao deus, fabricara uma novilha tão perfeita, que logrou enganar o reprodutor. Colocando-se dentro do simulacro, a rainha consumou seus desejos alucinados.

A expedição do rei, todavia, foi um fracasso. Dédalo, na realidade, estava escondido na Sicília, na corte do Rei Cócalo (v.), que, pressionado por seu colega de Creta, prometeu entregar-lhe o construtor do Labirinto.

Secretamente, porém, encarregou as filhas de matarem o perseguidor de Dédalo, durante o banho, com água fervendo. Segundo uma tradição, Cócalo trocou a água do banho por pez fervente, talvez por instigação do próprio Dédalo, que havia criado um sistema de tubos, em que a água era repentinamente substituída por uma substância incandescente.

Os soldados cretenses, que haviam acompanhado seu rei, fundaram na Sicília a cidade de Heracleia Minoa. Mais tarde, os cretenses organizaram uma expedição punitiva contra a Ilha de Cócalo, mas foram derrotados e obrigados a retirar-se. Uma grande tempestade, possivelmente levantada por Posídon, que jamais perdoara o perjuro de Minos, os lançou na região dos iápiges, na Apúlia, onde passaram a residir. Discórdias internas, no entanto, empurraram uma parte deles para a Macedônia. O Oráculo de Delfos ordenou-lhes que se instalassem onde lhes dessem como alimento terra e água. Tendo chegado a Bótia, na Macedônia, encontraram crianças que brincavam, fazendo pastéis de lama. Com muita seriedade os meninos ofereceram-lhes seus petiscos.

Os imigrantes compreenderam que a mensagem oracular se havia cumprido e, com a anuência do rei local, fundaram em Bótia uma colônia.

Em Heracleia Minoa existia um "túmulo de Minos", que se dizia ter sido construído por seus companheiros na primeira expedição do soberano ao reino de Cócalo. No primeiro compartimento estavam as cinzas do filho de Zeus e, no segundo, um santuário consagrado a Afrodite.

Conta-se que esse famoso monumento funerário foi destruído pelo tirano Terão, quando fundou a célebre Agrigento. As cinzas do monarca, todavia, foram transportadas para a Ilha de Creta.

MINOTAURO *(I, 56-57, 60-64; II, 35, 102, 139; III, 27, 64, 159-165, 168-169, 172, 174).*

Μινώταυρος (Minṓtauros), *Minotauro*, é aparentemente um composto de Μίνως (Mínōs), *Minos* (v.) e de ταῦρος (taûros), *touro*, donde "o touro de Minos", mas A. von Blumental, *Zeitschrift für Namenforschung*, 16, p. 155sqq., citado por Chantraine, julga que o nome significaria "homem-touro", *Stier-Mensch*, *DELG*, p. 705.

Se, na realidade, Pasífae (v.) é a "lua cheia", o Minotauro, filho da rainha de Creta, é um avatar da lua, cujo crescente se assemelha aos cornos do touro.

Como se viu (v. Minos), para que Pasífae pudesse satisfazer a seus desejos incontroláveis pelo touro, que Posídon fizera nascer do mar, Dédalo construiu uma novilha de bronze. A rainha colocou-se dentro do simulacro e concebeu o Minotauro. O rei, assustado e envergonhado com o nascimento do monstro, filho da paixão de sua esposa, encarregou Dédalo de construir, no palácio de Cnossos, o famoso Labirinto, com um emaranhado tal de quartos, salas e corredores, com tantas voltas e ziguezagues, que somente o genial arquiteto seria capaz, lá entrando, de encontrar o caminho de volta. Pois bem, foi nesse "labirinto" que Minos colocou o horrendo Minotauro, que era, por sinal, alimentado com carne humana. Anualmente, outros dizem que de três em três ou ainda de sete em sete anos, sete moças e sete rapazes, tributo que Minos (v.), impusera a Atenas, eram enviados a Creta, para matar-lhe a fome. Foi então que Teseu (v.), filho do rei ateniense Egeu, se prontificou a seguir para a Ilha das Grandes Mães com as outras treze vítimas.

Uma vez no reino de Minos, o príncipe ateniense e seus companheiros foram imediatamente lançados no Labirinto. Ariadne (v.), todavia, a mais bela das filhas do rei, apaixonara-se por Teseu. Para que o herói pudesse, uma vez no intricado covil, encontrar o caminho de volta, deu-lhe um novelo de fios, que ele ia desenrolando, à medida que penetrava no Labirinto. Ofereceu-lhe ainda uma coroa luminosa, a fim de que pudesse orientar-se nas trevas e não ser surpreendido pelo horripilante filho de Pasífae.

Teseu conseguiu, desse modo, matar o monstro antropófago. Escapou das trevas com os outros treze jovens e, após inutilizar os navios cretenses, para dificultar qualquer perseguição, velejou de retorno a Atenas, levando consigo Ariadne (v. Teseu).

O mito do Minotauro conserva a lembrança de uma nesga da gigantesca civilização minoica, que, a par do culto às Grandes Mães, mantinha igualmente o do touro, símbolo da fecundação, por causa de seu sêmen abundante. Nas escavações realizadas em Cnossos e em outras partes de Creta pelo arqueólogo inglês Arthur Evans, a presença do touro é uma constante (v. *Mitologia Grega*, Vol. I, p. 54sqq.).

Quanto a Λαβύρινϑος (Labýrinthos), *Labirinto*, que parece existir no micênico sob as formas *dapuritojo e dapurito*, provém, segundo parece, λάβρυς (lábrys) e do sufixo pré-helênico -ινϑος (-inthos), e significaria "bipene". Labirinto seria, pois, "a casa da bipene", insígnia da autoridade. Tratar-se-ia de um vocábulo lídio, *DELG*, p. 610-611; Frisk, *GEW*, s.u.

MINTE.

Μίνϑη (Mínthē), *Minte*, ou *Mente* provém de μίνϑη (mínthē), jônio-ático μίνϑα (míntha), atestada desde a época micênica como planta aromática. Como o latim *menta*, "hortelã", *mínthē* é um empréstimo a uma língua de substrato, *DELG*, p. 704. O antropônimo significa, pois, "a perfumada, a refrescante".

Ninfa do Hades, Minte era amada por Plutão. Perséfone descobriu o romance e, enciumada, começou a maltratar a ninfa. Não desejando perdê-la, Plutão a levou para o Monte Trifilo, na Bitínia, e metamorfoseou-a em "menta", hortelã, perfumada e refrescante.

MÍRICE.

Μυρίκη (Myríkē), *Mírice*, é certamente um empréstimo de procedência desconhecida, *DELG*, p. 722. Filha de Cíniras (v.), rei da Ilha de Chipre, foi metamorfoseada em tamarga ou tamarindo (v. Mirra e Adônis).

MIRINA *(I, 327-328; III, 204).*

Μύρινα (Mýrīha), *Mirina*, é antropônimo sem etimologia.

Homero, na *Ilíada*, II, 814, fala do túmulo da "ágil Mirina", que, na realidade, era uma Amazona destemida, sob cujo comando suas guerreiras obtiveram grandes triunfos.

Diodoro Sículo (*Biblioteca Histórica*, 3, 54sqq.) relata que Mirina declarou guerra aos atlantes (v. Atlântida), que habitavam uma região vizinha da Líbia, à beira do Oceano, onde os deuses, dizia-se, haviam nascido.

À frente de uma cavalaria de vinte mil Amazonas e de uma infantaria de três mil, conquistou primeiro o território de um dos dez reinos da Atlântida, cuja capital era Cerne. Em seguida, avançou fulminante sobre a própria capital. Destruiu-a por completo e passou todos os homens válidos a fio de espada, levando em cativeiro as mulheres e as crianças. Os outros nove reinos da Atlântida, apavorados, capitularam imediatamente. A heroína os tratou generosamente e fez aliança com eles. Construiu uma cidade em substituição à que havia destruído e franqueou-a a todos os prisioneiros e a quantos desejassem habitá-la.

Os atlantes solicitaram à denodada Amazona que os ajudasse na luta contra as Górgonas (v.). Depois de sangrenta batalha, Mirina obteve uma brilhante vitória, mas muitas inimigas lograram escapar.

Certa noite, as Górgonas prisioneiras no acampamento das vencedoras conseguiram apoderar-se das armas das sentinelas e mataram grande número de Amazonas. Recompondo-se logo, as comandadas de Mirina massacraram as rebeldes. Às mortas pelas Górgonas foram prestadas honras de heroínas e, para perpetuar-lhes a memória, foi erguido um túmulo suntuoso, que, à época histórica, ainda era conhecido com o nome de Túmulo das Amazonas.

Apesar de derrotadas, as Górgonas mais tarde se levantaram novamente em armas e foi necessária a intervenção de Teseu ou Héracles para derrotá-las de uma vez por todas.

As gestas atribuídas a essa Amazona imbatível não se esgotaram com essas duas guerras. Mais tarde, talvez com o auxílio dos atlantes, conquistou grande parte da Líbia. Dirigiu-se, em seguida, para o Egito onde reinava Hórus, filho de Íris, e com ele concluiu um tratado de paz. Organizou logo depois uma gigantesca expedição contra a Arábia; devastou a Síria e, subindo para o norte, encontrou uma delegação de cilícios que, voluntariamente, se renderam. Cruzou, sempre lutando, o maciço do Tauro, atravessou a Frígia e atingiu a região do Rio Caíco, término de sua longa e vitoriosa expedição.

Já bem idosa, Mirina foi assassinada pelo Rei Mopso, um trácio expulso de sua pátria pelo tirano Licurgo.

A lenda desta Amazona é mais "uma construção histórica" e não constitui propriamente uma sequência mítica, mas uma elaboração de elementos míticos combinados, de modo a formar uma narrativa mais ou menos coerente nos moldes das interpretações "racionalistas" de mitógrafos evemeristas.

Como relata a *Ilíada*, II, 813-814, Mirina é o nome que os deuses imortais deram à maior das heroínas, os homens chamavam-na simplesmente Batiia.

MÍRMEX.

Μύρμηξ (Mýrmēks), *Mírmex*, é "formiga". Como ensina Chantraine, *DELG*, p. 723, os nomes de insetos, que não constituem "o fundo nobre" do vocabulário indo-europeu, estão sujeitos a muitas variações, onde facilmente penetra o tabu linguístico. Para *mýrmeks* são muitas as formas aparentadas, mas não é possível reduzi-las à unidade, propondo-lhes uma raiz única. Assim, para o avéstico *maoiri-* "formiga", pressupõe-se *morw-i*; no antigo irlandês a forma é *moirb*; no antigo russo *morovij*, sânscrito *vamrá*, a par de *valmīka*, "formigueiro"; latim *formīca* que resulta de uma dissimilação de *mormīca*, "formiga".

Mírmex era uma jovem ateniense, que, por sua piedade e habilidade manual, mereceu a estima e proteção de Atená. Mírmex, no entanto, deixou-se dominar pelo descomedimento e proclamou-se inventora da charrua, instrumento que, na realidade, havia sido criado por Atená. A deusa não lhe perdoou a ofensa grave e transformou-a em formiga, laboriosa, mas prejudicial à lavoura.

Zeus, todavia, bem mais tarde, converteu novamente em ser humano não apenas a Mírmex, mas a todas as formigas, inseto que, por sinal, passou em grego a ser "gramaticalmente" do gênero masculino.

MÍRMIDON.

Μυρμιδών (Myrmĭdṓn), *Mírmidon*, por etimologia popular, foi relacionado com Mírmex (v.), "formiga", uma vez que, segundo o mito, Zeus fez que das *formigas* que habitam as *entranhas da terra* viessem à luz os homens, isto é, os mirmidões, "os nascidos da terra" (v. Chantraine, *DELG*, p. 723; Frisk, *GEW*, s.u. e *Mitologia Grega*, Vol. II, p. 236).

Na realidade, não se conhece a etimologia do antropônimo. Era o ancestral e herói epônimo dos mirmidões, povo tessálio, cujo rei era Aquiles. Mírmidon é filho de Zeus e de Eurimedusa. De sua união com uma das filhas de Éolo, Pisídice, foi pai de Actor e de Ântifo.

Uma variante aponta-o como filho de Diopletes e neto de Perieres.

Através de sua esposa Polidora, Mírmidon era genro de Peleu.

MIRRA *(I, 218; II, 143; III, 294)*.

Μύρρα (Mýrra), *Mirra*, é um empréstimo ao semítico ocidental *murru*, de que procedem o ugarítico *mr*; cananeu *muura*; hebraico *mor* ou *mōr*; aramaico *mūrā*. A raiz talvez seja *mrr*, "ser amargo", *DELG*, p. 724. O latim *myrr(h)a* ou *murra* é um empréstimo ao grego.

Filha do rei de Chipre Cíniras, com quem praticou incesto por castigo de Afrodite, Mirra ou Esmirna foi transformada na árvore da mirra. Acerca de seu mito e amores incestuosos v. Adônis e Afrodite.

MIRSO.

Μύρσος (Mýrsos), *Mirso*, significa "cesta com duas alças". A etimologia grega é ignorada. Trata-se de empréstimo a uma língua desconhecida, *DELG*, p. 724.

Nono (séc. V p.C.), em seu poema *Dionisíacas*, 26,250sqq., é o único a falar dessa personagem desconhecida no mito clássico grego.

Era filho de Areto e de Laóbia e tinha vários irmãos: Lico, Glauco, Perifas e Melaneu, todos mudos. No dia do casamento dos pais, quando Laóbia, segundo o rito, sacrificava a Afrodite, uma porca, contorcendo-se em dores e com terríveis grunhidos, pariu não leitões, mas cinco peixes. Um adivinho, consultado secretamente, afirmou que Laóbia daria à luz igual número de filhos, mas todos mudos.

Tempos depois, Areto, embora a contragosto, fez guerra a Dioniso. O deus, porém, após retumbante vitória, concedeu o dom da palavra aos cinco jovens.

MÍRTILO *(I, 81; III, 63)*.

Μύρτιλος (Mýrtĭlos), *Mírtilo*, procede de μύρτος (mýrtos), "mirto, ramo de mirto". Já no micênico aparecem as formas *mutiri*, *mutiriko* e talvez *mutona*. Não se trata de empréstimo semítico, porque a existência de Μύρσιλος (Mýrsĭlos) em Lesbos e de *Muršilis* no hitita faz supor que o vocábulo provenha da Ásia Menor. Quanto ao antropônimo em si, deve tratar-se de um hipocorístico, *DELG*, p. 724.

Filho de Hermes e de Faetusa, uma das filhas de Dânao, ou, segundo outras versões, de Clímene, Mírtilo é um herói de certa importância dentro do mito.

Sabedor de que Enômao, rei de Pisa, na Élida, só daria a filha Hipodamia em casamento a quem o vencesse numa corrida de carros, Pélops, herói que era, aceitou, como tantos outros já o haviam feito, o desafio do rei. O pretendente conhecia a estratégia do monarca: deixava que o competidor tomasse a dianteira, mas, como os cavalos de Enômao fossem de sangue divino, facilmente o senhor da Élida levava de vencida o adversário e o matava, antes que atingisse a meta final, que era o altar de Posídon, em Corinto.

Acontece, no entanto, que Hipodamia (v.) se apaixonou por Pélops e ajudou-o a corromper o cocheiro real Mírtilo, que concordou em serrar o eixo do carro de Enômao ou, segundo uma variante, em substituir as cavilhas de ferro ou madeira que prendiam as rodas por outras de cera. Aos primeiros arrancos dos fogosos corcéis, as rodas do carro de Enômao se desprenderam e o sanguinário monarca foi arremessado ao solo e pereceu despedaçado.

Pélops se casou com a princesa e, para silenciar o cocheiro real, o vencedor de Enômao o matou e lançou-lhe o cadáver nas ondas do Mar de Mirto, cujo epônimo passou a ser Míρtilo.

Variantes, todavia, relatam esta morte de maneira diferente. Logo após as núpcias, Pélops, Hipodamia e Míρtilo viajavam de carro e numa breve ausência do herói, que fora procurar água potável, Míρtilo, que também amava a filha de Enômao, tentara violentar a jovem esposa, fato que lhe provocara a morte. Relatam outras versões bem mais tardias que a iniciativa partira da princesa, que, durante o afastamento do marido, quis seduzir o cocheiro. Como este se recusara, ela acusou-o de tentar estuprá-la. E se repete mais uma vez o motivo Putifar (v.).

De qualquer forma, antes de morrer, Míρtilo amaldiçoou a Pélops e sua descendência, o que irá continuar o fatalismo que pesava sobre o "guénos" de Tântalo (v.) e de seus consanguíneos, conforme se expôs em *Mitologia Grega*, Vol. I, p. 76-82. Hermes, no entanto, transformou seu filho Míρtilo na Constelação do Auriga.

MIRTO.

Μυρτώ (Myrtố), *Mirto*, é um derivado de μύρτος (mýrtos), "mirto, ramo de mirto" (v. Míρtilo).

Entre outras heroínas, Mirto é o nome de uma filha de Menécio, irmã, por conseguinte, de Pátroclo (v.). De sua união com Héracles nasceu Eucleia (v. Macária). Mirto consagrou-se a Ártemis e, em consequência, morreu virgem. Foi, por isso mesmo, associada à irmã de Apolo em muitos santuários da Beócia e da Lócrida.

MÍSCELO *(III, 55)*.

Μύσκελος (Mýskelos), *Míscelo*, é um derivado de μύσκλοι (mýskloi), "cambaios". Uma glosa de Cirilo é bem clara a esse respeito: μύσκελος ὁ στραβόπους (mýskelos: ho strabópus), "míscelo, o cambaio". *DELG*, p. 725. Aliás, além de cambaio, ele era também corcunda.

Herói aqueu, originário de Ripes, Míscelo quis fundar uma colônia no sul da Itália. O Oráculo de Delfos ordenou-lhe erguer na Magna Grécia a cidade de Crotona. O jovem aqueu, todavia, tendo lá chegado e encontrando a cidade de Síbaris, perguntou a Apolo se era necessário fundar mais uma cidade na mesma região. A Pítia respondeu-lhe: "Míscelo corcunda, se agires contra a vontade do deus, tua colheita será de lágrimas; aceita o que te é oferecido no momento".

Obediente, o herói fundou Crotona.

Ovídio, no entanto (*Met.*, 15,12-59), relata que Héracles, ao retornar com o rebanho de Gerião, hospedou-se na Magna Grécia, na casa de Cróton, que o tratou com a máxima cortesia. Como forma de agradecimento, o herói prometeu mandar erguer-lhe futuramente uma cidade com o nome de Crotona.

Ao chegar à Hélade, o filho de Alcmena apareceu em sonhos ao "argivo" Míscelo e solicitou-lhe a fundação de uma colônia no sul da Itália.

Mas Argos, à época, proibira toda e qualquer emigração e Míscelo acabou por esquecer-se do sonho. O filho de Alcmena, irritado, voltou em sonhos não mais a pedir-lhe que se dirigisse para a Magna Grécia, mas o ameaçou com terríveis castigos, se não cumprisse de imediato suas ordens. Tentando com a fuga burlar as leis da cidade, Míscelo foi preso e levado ao tribunal. Os juízes, por unanimidade, depositaram na urna o temível sinal de condenação à morte: seixos pretos. Míscelo apelou para Héracles e todas as pedras, miraculosamente, de pretas transformaram-se em brancas e o herói foi absolvido. Partiu imediatamente para a Itália e fundou Crotona em honra de Cróton.

MISENO.

Μισηνός (Misēnós), *Miseno*, não possui etimologia definida até o momento.

Companheiro de Ulisses, emprestou seu nome ao cabo homônimo na Campânia. Uma versão inteiramente diversa aponta-o como amigo e companheiro de Heitor. Após a morte do baluarte de Ílion, Miseno se ligou a Eneias e o acompanhou em suas longas viagens e aventuras. Era o trombeta da frota comandada pelo filho de Afrodite. Julgando-se um trombeteiro superior a qualquer um dos imortais, Tritão, mestre consumado na arte, lançou-o ao mar, onde pereceu afogado. Foi recolhido e sepultado num local da Costa da Campânia, que lhe herdou o nome. Virgílio, na *Eneida*, fala do descomedimento (6,162sqq.) e do sepultamento de Miseno (6, 232sqq.).

MISTÉRIOS DE ELÊUSIS *(I, 33, 243, 283, 289-290, 292-298, 299[190], 300, 302-303, 312, 340)*.

Μυστήριον (mystḗrion), *mistério*, significa, etimologicamente, "coisa secreta", "ação de calar a boca", uma vez que μυστήριον (mystḗrion) provém do verbo μύειν (mýein), "fechar, se fechar, calar a boca", daí μύστης (mýstēs), "o que se fecha, o que guarda segredo, o iniciado", μυστικός (mystikós), "crue concerne aos mistérios, que penetra os mistérios, místico" e μυσταγωγός (mystagōgós), μούστης (mystēs), "iniciado" e do verbo ἄγειν (águein), "conduzir, sacerdote encarregado de iniciar nos mistérios, mistagogo" (v. *Mitologia Grega*, Vol. I, p. 293sqq.).

Os *Mistérios de Elêusis* não foram os únicos a existir na Hélade. Mas Deméter era a mais venerada e a mais popular das deusas gregas, diz com razão Mircea Eliade, e a mais antiga também. De certa forma, a deusa de Elêusis prolonga o culto das Grandes Mães do

Neolítico, e, por isso mesmo, outros grandes mistérios lhe eram consagrados, como os da Arcádia e da Messênia, sem excluir sua participação nos de Flia, na Ática. Além destes, dedicados à Grande Mãe de Elêusis, havia os famosos Mistérios dos Cabiros na Samotrácia e, em Atenas, a partir do século V a.C., os Mistérios do deus tracofrígio Sabázio, considerado como o primeiro culto de origem oriental a penetrar e ter bastante aceitação no Ocidente.

Dentre todos esses mistérios, todavia, os universalmente famosos foram os *Mistérios de Elêusis* e isso, em boa parte, se deve ao apoio decisivo que lhes deu Atenas. Um apoio, por certo, muito inteligente e bem de acordo com a atmosfera política que a cidade de Atená sempre defendeu. Na medida em que os *Mistérios de Elêusis* não formavam uma seita, nem tampouco uma associação secreta, como os Mistérios da época helenística, os Iniciados, ao retornarem a seus lares, continuavam tranquilamente a participar, e até com mais empenho e desenvoltura religiosa, dos cultos públicos. Só após a morte é que eles passavam novamente (como durante as cerimônias em Elêusis) a formar um grupo à parte, inteiramente separados dos não iniciados, como nos mostra, entre outros, Aristófanes na comédia *As Rãs*. É claro que Dioniso e Deméter, por motivos de ordem política e social, conforme explicamos em *Mitologia Grega*, Vol. II, p. 123sqq., ficaram por longos séculos confinados no campo, mas, a partir de Pisístrato e logo depois, com a democracia, os *Mistérios de Elêusis* podem ser considerados como uma complementação da religião olímpica e dos cultos públicos, sem nenhuma oposição às instituições religiosas da *pólis*. E foi certamente a atmosfera política de Atenas que deu aos *Mistérios de Elêusis* um caráter incrivelmente democrático para a época. Do governante ao escravo, da mãe de família à prostituta, do ancião à criança, todos podiam ser Iniciados, desde que falassem grego, para que pudessem compreender e repetir certas fórmulas secretas; não tivessem as mãos manchadas por crime de sangue e nem fossem réus de impureza sacrílega. A isto acrescentava-se, bem de acordo com q valor ritualístico que se atribuía à palavra, o interdito aos φωνὴν ἀσύνετοι (phōnēn asýnetoi), "os deficientes de linguagem", quer dizer, os que, por qualquer problema, não conseguissem pronunciar corretamente as fórmulas rituais.

Consoante a tradição, os primeiros habitantes e colonizadores de Elêusis, localidade que fica a pouco mais de vinte quilômetros do centro de Atenas, foram trácios. Recentes escavações arqueológicas permitem afirmar que Elêusis deve ter sido colonizada entre 1580 e 1500 a.C., mas o primeiro santuário, composto de uma câmara com duas colunas internas que sustentavam o teto, foi construído no século XV a.C. e, nesse mesmo século, se inauguraram os Mistérios. Foram vinte séculos de glória. Nos fins do século IV p.C., Teodósio, o Grande (346-395 p.C.), fechou por decreto e destruiu a picareta os templos pagãos. Era o fim do paganismo, no papel, porque, sobre as ruínas de seus templos, Zeus, Deméter e Dioniso ainda reinaram por muito tempo.

Foi, sem dúvida, a união política de Elêusis com Atenas, no último quartel do século VII a.C., que proporcionou a seu culto todo o esplendor e majestade, que perduraram por dois mil anos. Os Mistérios se tornaram, desde então, uma festa religiosa oficial do Estado ateniense, que lhes confiou a organização e a direção ao Arconte-Rei e a um colega seu, um *epimelētés*, isto é, um intendente especialmente designado para esse mister.

A esses se juntavam mais dois delegados, eleitos pelo povo. Os verdadeiros dignitários e oficiantes do culto, porém, pertenciam a três antiquíssimas famílias sacerdotais de Elêusis: os *Eumólpidas*, os *Querices* e os *Filidas*. Os Eumólpidas tinham a preeminência, porque pretendiam descender de Eumolpo (v.) que, etimologicamente, significa "o que canta bem e harmoniosamente", o que modula corretamente as palavras rituais e as encantações. Dos Eumólpidas saía, escolhido pela sorte, mas cujo cargo era vitalício, o sacerdote principal dos Mistérios, o *Hierofante*, etimologicamente "o que mostra, o que patenteia o sagrado".

Em termos religiosos, era o sacerdote que explicava os mistérios sagrados e conferia o grau iniciático. Designado entre os Querices pelo mesmo método que o Hierofante, o *Daduco*, que significa "o portador de tocha", o segundo em dignidade, tinha a função sagrada de carregar os dois fachos de Deméter. Também da mesma família e escolhido de maneira semelhante, o *Hieroquérix*, o Arauto Sagrado, anunciava os Mistérios. Na família dos Filidas era escolhida vitaliciamente a Sacerdotisa de Deméter, igual ou ainda maior em dignidade que o Hierofante e que com o mesmo celebrava o rito do *hieròs gámos*, o casamento sagrado.

As grandes cerimônias de Elêusis tinham como prólogo os *Pequenos Mistérios*, que se realizavam uma vez por ano, de 19 a 21 do mês Antestérion (fins de fevereiro e começo de março), em Agra, subúrbio de Atenas, localizado na margem esquerda do Rio Ilisso. Os ritos dos Pequenos Mistérios, que se celebravam no templo de Deméter e Core, compreendiam, segundo se crê, jejuns, purificações e sacrifícios, orientados pelo mistagogo. Acredita-se que nessa *mýesis*, uma espécie de pré-iniciação, alguns aspectos do mitologema de Deméter e Perséfone fossem mimados, reatualizados e ritualizados. Seis meses depois, no mês Boedrômion (mais ou menos 15 de setembro a 15 de outubro), realizavam-se com os prelúdios em Atenas e a parte principal em Elêusis, os Grandes Mistérios, para os que houvessem cumprido em Agra os ritos preliminares. Somente no Santuário de Elêusis é que se podia obter a iniciação em primeiro e segundo graus. O primeiro grau denominava-se τελετή (teletḗ), vocábulo cuja origem é o verbo τελεῖν (teleîn), "executar, realizar, cumprir", donde *teleté* vem a ser "cumprimento, realização". A maioria, acredita-se, parava no primeiro grau. O segundo, o grau completo, supremo, acessível tão somente aos já iniciados há um ano, chamava-se 'εποπτεία (epopteía), do verbo 'εποπτεύειν (epopteúein), "observar, contemplar", donde *epopteía* seria a visão suprema, a revelação completa. Poucos conseguiram atingir esse grau.

O prelúdio dos Grandes Mistérios ainda se passava no Eleusínion, o templo de Deméter e Core em Atenas. No dia 13 de Boedrômion, os Efebos (jovens de 16 a 18 anos) partiam para Elêusis e de lá traziam, no dia 14, sobre um carro, cuidadosamente guardados em pequenos cestos, os *hierá*, os objetos sagrados, que a sacerdotisa de Atená recolhia e guardava temporariamente no Eleusínion. No dia 15, os Iniciados se reuniam e, após as instruções do mistagogo, o *hieroquérix*, o arauto sagrado, relembrava as interdições que impediam a iniciação. O dia 16 era consagrado à lustração geral: ao grito repetido do *mistagogo*, ἄ λαδε, μύσται (hálade, mýstai), "ao mar, os iniciados", todos corriam a purificar-se nas águas salgadas de Posídon. Cada um mergulhava, segurando um leitão que era, logo após, imolado às Duas Deusas como oferenda propiciatória. É importante lembrar que tal sacrifício visava, antes do mais, à fecundidade, porquanto a palavra grega χοῖρος (khoîros) significa tanto porco quanto *órgão genital feminino*. Nos dias 17 e 18 havia uma interrupção nos ritos preliminares, pelo menos desde o século V a.C., porque, nessas datas, se celebrava a grande festa de Asclépio. O dia 19 assinalava o término das cerimônias públicas: ao alvorecer, uma enorme procissão partia de Atenas. Iniciados, neófitos e um grande público acompanhavam as sacerdotisas que reconduziam a Elêusis os *hierá*, os objetos sagrados, trazidos pelos efebos no dia 14.

Encabeçando a alegre e barulhenta procissão, ia um carro com a estátua de Iaco, com seu respectivo sacerdote, entre exclamações entusiastas de 'Ἴακχε, ὦ 'Ἴακχε (Íakkhe, ô Íakkhe), "Iaco, ó Iaco!" Personificando misticamente a Baco, Iaco é o avatar eleusínio de Dioniso, aquele que, em *As Rãs*, os iniciados convidam a dirigir seus coros, o companheiro e o guia que conduz até Deméter, aquele que perfaz e ajuda a perfazer a longa caminhada de aproximadamente vinte quilômetros. Estrabão (66 a.C.-24 p.C.) chama-o *daímōn* da deusa e o cabeça dos Mistérios. Ao cair da tarde, a procissão atravessava uma *ponte*, γέφυρα (guéphyra), sobre o Rio Cefiso, e alguns mascarados diziam os piores insultos contra as autoridades, contra pessoas importantes de Atenas e contra os próprios Iniciados. Tais injúrias na *ponte* denominavam-se γεφυρισμοί (guephyrismoí). Já, à noite, empunhando archotes, os *mýstai* atingiam Elêusis. É bem possível que consumissem uma parte da noite dançando e cantando em homenagem às Duas Deusas. O dia 20 era consagrado a rigoroso jejum e a sacrifícios, mas o que se passava no interior do recinto sagrado e no τελεστήριον (telestêrion), local do santuário, onde se consumavam os mistérios, quase nada se conhece. Sabe-se, apenas, que a *teletê*,

a iniciação em primeiro grau, que ocupava o dia 21, comportava possivelmente três elementos: δρώμενα (drómena), λεγόμενα (legómena) e δεικνύμενα (deiknýmena). O primeiro, *drómena*, era uma *ação*, talvez uma encenação do mitologema das deusas: de archotes em punho, os Iniciados mimavam a busca de Core por Deméter. Há uma passagem muito significativa conservada por Estobeu (450-500 p.C.), na qual se diz que as experiências por que passam as almas, logo após a morte, se comparam às provações dos Iniciados nos Grandes Mistérios. De princípio, a alma erra nas trevas e é presa de inúmeros terrores. Repentinamente, porém, é atingida pelo impacto de uma luz extraordinariamente bela e descortina sítios maravilhosos, ouve vozes melodiosas e assiste a danças cadenciadas. Aliás, tudo bem parecido com o Bardo Thödol...

O Iniciado com uma coroa sobre a fronte junta-se aos homens puros e justos e contempla os não iniciados mergulhados na lama e nas trevas, apegados às próprias misérias pelo medo da morte e suspeita da felicidade que os aguarda na outra vida! Nos *drómena*, na ação mimética da busca desesperada da filha por Deméter, os Iniciados, segundo se crê, tinham igualmente uma caminhada pelas trevas com encontro de fantasmas aterradores e monstros, mas subitamente descia sobre eles um facho de luz e vastas campinas se abriam ante seus olhos.

Comentando esse fato, o grande conhecedor da história das religiões antigas, Mircea Eliade, argumenta que esse "iluminismo" e essas planícies inundadas de luz são reflexos tardios de "concepções órficas" e reforça seu ponto de vista, citando o *Fédon*, 69c, onde Platão afirma que as punições dos culpados no Hades e a imagem da campina procedem de Orfeu, "que se inspirara nos costumes funerários egípcios". Vai mais longe o Autor de *Mito e Realidade*, mostrando que, se nas escavações que se fizeram no Santuário de Deméter e no Telestérion, não se encontraram câmaras subterrâneas, é sinal de que os Iniciados não desciam ritualmente ao Hades. Na nota de rodapé, no entanto, como que em dúvida, o autor explica que "isso não exclui a presença do simbolismo infernal", porque, se não havia "câmaras subterrâneas, existia o Plutónion, isto é, uma gruta de Plutão, que assinalava a entrada para o outro mundo".

Dada a autoridade do romeno Mircea Eliade, esperamos que o juízo por ele emitido não seja definitivo. É que, se a citação conservada por Estobeu, que, em última análise, procede de Temístio (século IV p.C.), é realmente tardia, embora Platão (430-348 a.C.) já fale da "campina de Orfeu", é bom deixar claro que os Mistérios de Elêusis não se mantiveram imunes a influências, no decurso de dois mil anos, e que a presença do Órfico-Dionisismo é fato consumado no Santuário de Deméter, ao menos a partir do século VI a.C., o que não é tão tardio assim! De outro lado, para se *descer à outra vida e da mesma retornar* não há necessidade, em iniciação, de câmaras subterrâneas materiais. Afinal, a escada de Jacó estava armada apenas com degraus oníricos... E havia o Plutónion!

O segundo aspecto diz respeito aos *legómena*, a saber, determinadas fórmulas litúrgicas e palavras reservadas aos Iniciados, fórmulas e palavras que eles certamente repetiriam, daí a necessidade de saber grego.

Não se pode e nem se deve interpretar *legómena* como um ensinamento catequético, doutrinal, mas antes como o despertar de certos sentimentos e a criação de um certo estado anímico. A este respeito, Aristóteles nos deixou um fragmento precioso (*Rose*, fr. 15): τοὺς τελουμένους οὐ μαθεῖν τι δεῖ ἀλλὰ παθεῖν καὶ διατεθῆναι (tùs teluménus u matheîn ti deî, allà patheîn kal diatethênai): "não é necessário que aqueles que se iniciam aprendam algo, mas que experimentem e criem certas disposições internas".

O terceiro e último componente da *teleté* são os *deiknýmena*, vocábulo que só se pode traduzir por "ação de mostrar ou o que é mostrado". Trata-se, segundo se crê, de uma contemplação por parte dos Iniciados, dos *hierá*, dos objetos sagrados. O hierofante penetrava no Telestêrion e de lá trazia os *hierá*, envoltos num nimbo de luz e que eram mostrados aos *mýstai*. Dentre esses objetos sagrados destacava-se, conforme se relata, um *ksóanon*, uma pequena estátua de Deméter, confeccionada de madeira, e ricamente ornamentada. Mas existe ainda uma passagem muito discutida de São Clemente de Alexandria (século III p.C.), que possivelmente se referia aos *deiknýmena*. Eis o texto, que está em *Protréptico*, II, 21, 2: "fiz jejum, bebi o cíceon, tomei o cesto e, depois de havê-lo manuseado, coloquei-o dentro do cestinho; em seguida, pegando novamente o cestinho, recoloquei-o no cesto". Esta referência de São Clemente de Alexandria tem recebido inúmeras interpretações. Vamos sintetizá-las e reduzi-las a seis. O cestinho conteria a réplica de uma *kteís*, de uma vulva: tocando-a, o Iniciado acreditava renascer como filho de Deméter. Esse tirar do cesto para o cestinho e vice-versa simbolizariam a união sexual do Iniciado com a deusa: o *mýstes* unia-se a Deméter, tocando a *kteís* com seu órgão genital. O objeto sagrado guardado na cesta seria um falo: apertando-o contra o peito, o *mýstes* unia-se à deusa e se tornava seu filho. Para outros, o cestinho conteria um falo e o cesto uma vulva: ao manuseá-los, o Iniciado consumava sua união com as deusas. Tanto o cesto quanto o cestinho guardariam uma serpente, uma romã e bolos em forma de falo e vulva, como representações supremas da fecundidade. Manuseando-os, provocava-se a fertilidade. Qual a correta? Talvez a melhor resposta seria dizer que se trata de uma excelente exegese histórico-religiosa, digna das tertúlias dos frades de Bizâncio!

Uma interpretação mais moderna, independentemente dos *hierá* tão cuidadosamente guardados nos cestos, é que eles seriam objeto de uma apresentação, de mostra (deiknýmena) e não de manipulação. Finalmente, o dia 22 era consagrado à *epopteía*, à visão suprema, à consumação dos Mistérios. A grande cerimônia se iniciava com o *hieròs gámos*, o casamento sagrado, material ou simbolicamente consumado pelo hierofante e a sacerdotisa de Deméter. Astério, bispo que viveu no século V p.C., nos deixou uma informação valiosa a esse respeito. Astério volta a falar de uma câmara subterrânea mergulhada nas trevas, onde, após se apagarem as tochas, se consumava o *hieròs gámos* entre o hierofante e a sacerdotisa e acrescenta que "uma enorme multidão acreditava que sua salvação dependia daquilo que os dois faziam nas trevas". É claro que, sendo os Mistérios de Elêusis solidários de uma mística agrícola, a sacralidade da atividade sexual simbolizava a fecundidade.

Talvez fosse após esse *hieròs gámos* que os Iniciados, olhando para o céu, diziam em altas vozes: "chova" e, olhando para a terra, exclamavam: "conceba". A mensagem da fertilidade é tão clara, que dispensa comentários.

Seria ainda como extensão e consequência do consórcio sagrado, que, segundo Santo Hipólito (século II-III p.C.), em sua obra monumental *Philosophúmena* ou *Omnium haereseum refutatio* (V, 38-41), "durante a noite, no meio de um clarão deslumbrante, que comemora os solenes e inefáveis Mistérios, o hierofante gritava: a venerável Brimo gerou Brimos, o menino sagrado; a Poderosa gerou o Poderoso".

Embora Brimo e Brimos sejam certamente vocábulos de origem trácia, Brimo, no caso em pauta, designaria Perséfone, e Brimos, o Iniciado. Kerényi opina que a proclamação do hierofante significa que a deusa da morte gerou um filho no fogo. Esse filho "nascido" ou "renascido" em meio às chamas dos archotes, que iluminavam o Telestêrion, seria o *mýstes*, após sua morte iniciática.

Fechando os Grandes Mistérios, em meio a um mar de luz de milhares de archotes, que davam ao Santuário de Deméter uma imagem antecipada das campinas celestes, se efetuava a *epopteía* propriamente dita, a grande visão. O hierofante apresentava à multidão como que embevecida e extática, mergulhada em profundo silêncio, uma *espiga de trigo*. Este talvez seja o símbolo da grande mensagem eleusínia, símbolo que se fundamenta no liame entre o seio materno e as entranhas profundas da Terra-Mãe. A significação religiosa da espiga de trigo reside certamente no sentimento natural de uma harmonia entre a existência humana e a vida vegetal, ambas submetidas a vicissitudes semelhantes: *a terra que sozinha tudo gera, nutre e novamente tudo recebe de volta*, diz Ésquilo na *Oréstia*, 127sq. Morrendo no seio da terra, os grãos de trigo, por sua própria dissolução, configuram uma promessa de novas espigas. O trigo, como qualquer cereal, tem uma morte fértil, como diz Kerényi.

Talvez se pudesse fazer um cotejo com as palavras de Cristo a respeito desse mesmo grão de trigo: *Amen, amen dico uobis, nisi granum frumenti cadens in terram mortuum fuerit, ipsum solum manet: siautem mortuum fuerit, multum fructum adfert* (Jo 12,24): "em verdade, em verdade, vos digo que, se o grão de trigo, que cai na terra, não morrer, fica infecundo; mas, se morrer, produz muito fruto". A mesma ideia é repetida por São Paulo, 1Cor 15,36.

Ao terminar uma síntese como esta sobre os Mistérios de Elêusis, fica-se, melancolicamente, num grande vazio. Muita história e estória; mitologia abundante; uma pletora de nomes e de etimologias; citações e mais citações; hipóteses e só hipóteses. Sobre o *rito*, grande mistério. O verbo *mýein*, fonte de *mystérion*, significa "calar a boca" e também "fechar os olhos": o grande segredo foi certamente sepultado no silêncio e nas trevas de cada Iniciado.

Talvez a razão esteja com Plutarco: "O segredo por si só aumenta o valor daquilo que se aprende".

MNÊMON.

Μνήμων (Mnḗmōn), *Mnêmon*, é derivado do verbo μιμνήσκειν (mimnḗskein), "fazer-se lembrar, fazer pensar, lembrar-se de", donde significar o antropônimo "o que se lembra de, o que reflete, o conselheiro". O radical de todo o sistema é **mnā-*, que pertence à importantíssima raiz **men-* de μέμονα (mémona), latim *memĭni*, "eu me lembro". O sânscrito possui o aoristo sigmático *amnāsiṣuḥ*, "eles mencionaram", *DELG*, p. 685.

Não podendo impedir que Aquiles partisse para a Guerra de Troia, Tétis deu-lhe por companheiro e conselheiro a Mnêmon, para lembrar-lhe sempre o perigo de um acidente previsto pelo Oráculo de Delfos. Se Aquiles, porventura, assassinasse um filho de Apolo, morreria na Guerra de Troia. Ignorava-se, no entanto, quem era este filho do deus de Delfos. Mnêmon estava encarregado de lembrar sempre ao herói que não matasse a quem quer que fosse, sem primeiro verificar se não se tratava de um filho do deus dos oráculos.

Quando os aqueus chegaram à Ilha de Tênedos, Aquiles matou a Tenes, filho de Apolo. A partir daí o destino do herói estava selado: pereceria em Troia. Para vingar-se de Mnêmon, o filho de Tétis o liquidou mais cedo com um golpe de lança.

MNEMÓSINA *(I, 154, 159, 162, 196, 202, 343; II, 23).*

Μνημοσύνη (Mnēmosýnē), *Mnemósina*, é um derivado do verbo μιμνήσκειν (mimnḗskein), "fazer-se lembrar, fazer pensar, lembrar-se de" (v. Mnêmon), donde significar o vocábulo "a personificação da Memória".

Filha de Úrano e Geia, pertence ao grupo das Titânidas. Zeus uniu-se a ela durante nove noites consecutivas e foi pai, após um ano, das nove Musas (v.).

Existia uma fonte denominada Μνημοσύνη (Mnēmosýnē), "fonte da Memória" junto ao Oráculo de Trofônio (v. Lete).

MNESTEU.

Μνησθεύς (Mnēstheús), *Mnesteu*, é um derivado do verbo μιμνήσκειν (mimnḗskein), "fazer-se lembrar, fazer pensar, lembrar-se de" (v. Mnêmon), donde "o que se lembra de".

Mnesteu é um troiano que escapou com Eneias das ruínas de Troia. Tomou parte nos jogos fúnebres em memória de Anquises, mandados celebrar por Eneias na Sicília e classificou-se em segundo lugar na corrida de barcos. Tornou-se, após a vitória troiana sobre os indígenas da Ausônia (Itália), o epônimo da *gens memmia*, isto é, da família dos Mêmio. Por um cruzamento etimológico de caráter popular entre o grego e o latim, *memmia* (gens) passou a significar "a que ficou como lembrança, como recordação, como descendente de Mnesteu" (Virgílio, *En.*, 5,114sqq.).

MOIRA *(I, 101, 106, 109, 111, 135, 140-142, 146, 154, 158, 161-162, 201-202, 212, 225, 229-232, 343, 348; II, 33, 65, 132-133, 157; III, 104, 130-131, 249[187],274, 301).*

Moira, em grego Μοῖρα (Moîra), que provém do verbo μείρεσθαι (meíresthai), *obter* ou *ter em partilha*, *obter por sorte*, *repartir*, donde *Moira* é a *parte*, o *lote*, o *quinhão*, aquilo que a cada um coube por sorte, o *destino*. Associada a Moira tem-se, como seu sinônimo, nos poemas homéricos, a voz árcado-cipriota *Aisa*, em grego Αἶσα (Aîsa), da mesma família etimológica do verbo αἰσυμνᾶν (aisymnân), *reinar sobre*, *ter o comando de*. O grego homérico tem a forma οἶτος (oîtos), *sorte*, *destino*. Uma aproximação com o osco *aeteis*, *parte*, não é de todo desprezível. De qualquer forma, não se possui ainda uma etimologia segura para *Aîsa*, que significa, como *Moîra*, *lote*, *quinhão*, *a parte que toca a cada um*. Nota-se, de saída, o gênero feminino de ambos os vocábulos, o que remete à ideia de *fiar*, ocupação própria da mulher e das *Moiras* ou *Queres*. De outro lado, Moira e Aisa aparecem no singular e só uma vez na *Ilíada*, XXIV, 49, a primeira surge no plural, o que mais tarde, diga-se logo, se repetirá muitas vezes. O destino só tardiamente foi personificado e, em consequência, *Moira e Aisa* não foram antropomorfizadas: pairam soberanas acima dos deuses e dos homens, sem terem sido elevadas à categoria de divindades distintas. A Moira, o destino cego, em tese, é fixo, imutável, não podendo ser alterado nem pelos próprios deuses. Há, no entanto, os que fazem sérias restrições a esta assertiva, sobretudo em relação a Zeus. A discussão do problema pode ser vista e analisada no Vol. I, p. 141sqq. de nossa *Mitologia Grega*.

As *Moiras* são a personificação do destino individual, da "parcela" que toca a cada um. Originariamente, cada ser humano tinha a sua *moira*, "sua parte, seu quinhão", de vida, de felicidade, de desventura. Personificada, *Moira* se tornou uma divindade muito semelhante às *Queres* (v.), sem, todavia, participar do caráter violento, demoníaco e sanguinário de suas irmãs, uma vez que, na *Teogonia* de Hesíodo, Nix é também mãe das Moiras. Impessoal e inflexível, a Moira é a projeção de uma *lei* que nem mesmo Zeus pode transgredir, sem colocar em perigo a ordem do cosmo.

A pouco e pouco se desenvolveu a ideia de uma Moira universal, senhora inconteste do destino de todos os homens. Essa Moira, sobretudo após as epopeias homéricas, se projetou em três Moiras, que poderíamos chamar de *Queres*: Moira predetermina; as *Queres*, como sua projeção, fiam o tempo de vida que já foi prefixado e *Tânatos* (v.), a Morte, comparece, não como *agente*, mas como *executora*.

Essas três *Queres*, Cloto, Láquesis e Átropos, possuem funções específicas, de acordo com a etimologia de cada uma delas: CLOTO, em grego Κλωθώ (Klōthố), do verbo κλώθειν (klốthein), *fiar*, é a fiandeira por excelência. Segura o fuso e vai puxando o fio da vida; LÁQUESIS, em grego, Λάχεσις (Lákhesis), do verbo λαγχάνειν (lankhánein), em sentido lato, *sortear*, é a que enrola o fio da vida e sorteia o nome de quem deve perecer; ÁTROPOS, em grego Ἄτροπος, de α (*a*, alfa privativo), *não*, e do v. τρέπειν (trépein), *voltar*, é a que *não volta atrás*, a inflexível. Sua função é cortar o fio da vida.

Como se observa, a ideia da vida e da morte é inerente à função *de fiar*. Nos dois poemas homéricos o *fio* da vida simboliza o destino humano. Aquiles, como todos os mortais, está sujeito ao sorteio de Láquesis: o filho de Tétis e Peleu *deverá sofrer tudo aquilo que Aisa fiou para ele*, como traduzimos e mostramos igualmente em *Mitologia Grega*, Vol. I, p. 141sq. O astuto Ulisses, que tantas vezes brincou de esconder com Tânatos, não escapará:

Depois, quando lá (a Ítaca) chegar, sofrerá o que o destino e as graves fiandeiras lhe fiaram em seu nascimento,
quando a mãe o deu à luz *(Odiss.*, VII, 196-198).

Diga-se, de passagem, que a junção, já bem mais tardia, das *Moiras* e das *Queres*, com Τύχη (Týkhē), *Tique* (v.), a Sorte, o Acaso, configura, a nosso ver, não apenas uma "noção vizinha", mas uma perda de identidade da própria Moira.

Em Roma, as *Parcas* foram paulatinamente se identificando com as Moiras, tendo assimilado todos os atributos das deusas gregas da morte. De início, porém, as coisas eram, possivelmente, diferentes: as *Parcas*, ao que tudo indica, presidiam sobretudo aos nascimentos, conforme, aliás, a etimologia da palavra. Com efeito, *Parca* provém do verbo *parěre* "parir, dar à luz". Como no mito grego, eram três: *Nona*, *Decima* e *Morta*. A primeira presidia ao nascimento; a segunda, ao casamento, e a terceira, à morte. Acrescente-se de passagem, que *Morta* tem a mesma raiz que *Moira*, possivelmente com influência de *mors*, morte.

Tão grande foi, porém, a influência das *Moiras* sobre as *Parcas*, que estas acabaram no mito latino tomando de empréstimo os três nomes gregos, com suas respectivas funções. Nona, Decima e Morta passaram a ser apenas uma reminiscência, meros "nomes particulares".

MÓLI *(II, 194, 194[97], 195; III, 305-307).*

O grego μῶλυ (môly), *móli*, é um empréstimo de origem desconhecida, tanto quanto a planta mágica que possui este nome. Teofrasto (séc. IV-III a.C.), *H.P.* 9,15, 17, descreve com o nome de *môly* um alho da Arcádia, que deve ser o *allium nigrum*, mas a identificação é fortuita, *DELG*, p. 729sq. A etimologia popular aproxima o nome da planta do verbo μωλύειν (mōlýein), "embotar, relachar, enfraquecer, esgotar", isto é, *móli* é o antídoto que torna ineficazes os venenos. Na realidade não se pode fazer de *móli* uma ideia exata, porque ela não expressa nome de planta alguma concreta: trata-se de expressão poética e geral para designar um contraveneno, um φάρμακον ἐσθλόν (phármakon esthlón), um antídoto eficaz contra magas e bruxas. Mais precisamente: *móli* faz parte da botânica mítica e poética de Homero. A força atribuída a esse antídoto eficaz encontra-se no relato homérico, *Odiss.*, 135sqq., em que Ulisses, usando os efeitos terapêuticos da planta, venceu a magia de Circe, que transformara alguns de seus nautas em "animais semelhantes a porcos".

Relata-nos a *Odisseia* no canto e versos supracitados que, tendo chegado à Ilha de Circe, Ulisses enviou vinte e três nautas para explorarem o local. Tendo eles descoberto o palácio deslumbrante da maga, esta os recebeu cordialmente; fê-los sentar-se e preparou-lhes uma poção. Depois, tocando-os com uma varinha, transformou-os em animais semelhantes a porcos (*Odiss.*, X, 239-240). Ciente do que acontecera, o herói pôs-se imediatamente a caminho em busca dos companheiros. Quando já se aproximava do palácio, apareceu-lhe Hermes, sob a forma de belo adolescente, e ensinou-lhe o segredo para escapar a Circe: deu-lhe a planta *môly*, que deveria ser colocada na poção envenenada que lhe daria a bruxa. Penetrando no palácio, a feiticeira ofereceu-lhe de imediato a bebida e, tocando-a com a varinha, acrescentou:

Vai agora deitar com os outros companheiros na pocilga (Odiss., X, 320).

Grande foi a sua surpresa, ao ver que o filtro não surtira efeito. Empunhando a espada, como aconselhara Hermes, o herói exigiu a devolução de seus nautas e acabou ainda usufruindo, por um ano, da hospitalidade e do amor de Circe. Desde a Antiguidade Clássica, passando pela Idade Média, essa planta de raízes negras e flores brancas, se para os gregos era uma dádiva dos deuses, um contraveneno poderoso, para os cristãos se transformou num antídoto contra o demônio. Na *Antologia Palatina*, 15,12, um pequeno poema medieval, talvez da autoria de Léon le Sage (886-912) patenteia a cristianização da planta de Hermes:

> *Desaparece, sombria caverna de Circe. Para mim, nascido do céu, seria uma vergonha alimentar-me com tuas glandes, como um animal! Peço a Deus, pelo contrário, que me dê a flor que cura as almas, móli, a boa medicina contra os maus pensamentos.*

Dentro da perspectiva cristã, Ulisses converte-se no homem eterno, a meio caminho entre a luminosidade celestial de Hermes e o sortilégio da diabólica Circe. O herói cristão encontra-se entre o céu e o inferno. A salvação lhe vem por esta planta que "cura as almas", planta que ele recebe das mãos do mensageiro dos deuses e que, em si mesma, é um símbolo sensível do que se manifesta psiquicamente: sua raiz é negra, mas sua eflorescência é branca. É pelas virtudes desta flor que o homem se liberta dos tentáculos das potências tenebrosas, nas quais também plantou suas raízes, porque, sendo igualmente uma criatura celeste, ele, com sua eflorescência, com seu eu espiritual, se abre para o alto, "puro e branco como o leite". Mas, e este é o ponto decisivo na simbólica do mito, nada disso lhe é possível a não ser com o auxílio que vem de Deus, simbolizado na força transformadora de Hermes. Acrescente-se, por fim, que para os gregos as plantas com bulbo, como a cebola, eram tidas por embruxadas e detentoras de virtudes terapêuticas muito poderosas.

MOLIÔNIDES *(III, 62)*.

Μολιονίδαι (Molionídai), *Moliônides* Μολίονες (Molíones), *Molíones*, já aparece no micênico sob a forma *moriwo*. Hesíquio glosa: Μολίονε μαχητά (*Molíone:* makhētaí), "os Molíones: belicosos". Partindo daí, talvez se possa fazer uma aproximação com μῶλος (môlos), "esforço, batalha, luta", latim *moles*, "massa, volume, peso, dificuldade", *DELG*, p. 709.

Os moliônides, Êurito e Ctéato, são dois irmãos gêmeos, que nasceram dos amores de Posídon e de Molíone, filha de Molo (daí seu epíteto, indicativo de patronímico), mas cujo pai "humano" foi Actor (v.), irmão de Augias (v.), rei da Élida. Teriam nascido de um ovo de prata, semelhante àquele que deu origem aos Dioscuros Castor e Pólux.

Algumas tradições consideram-nos como um ser monstruoso com duas cabeças sobre um tronco único, mas na *Ilíada*, II, 615sqq; XI, 709-725, aparecem como dois heróis de altura descomunal e de uma força sobre-humana.

Quando das lutas entre Neleu e os epeios, o jovem Nestor os teria liquidado, não fora a intervenção de Posídon, que os salvou, encobrindo-os com uma nuvem.

Augias convocou os moliônides, seus sobrinhos, para combater a Héracles em sua primeira expedição contra a Élida. Ctéato e Êurito conseguiram repelir o ataque do herói e feriram gravemente a seu irmão Íficles. Mais tarde, porém, quando da celebração dos terceiros Jogos Ístmicos, Héracles os matou numa emboscada, segundo se comentou em *Mitologia Grega*, Vol. III, p. 62.

Os moliônides casaram-se com duas filhas de Dexâmeno, Teronice e Teréfone, de que nasceram respectivamente Anfímaco e Tálpio, que comandaram, segundo a *Ilíada*, II, 615-621, o contingente dos epeios na Guerra de Troia.

MOLO *(III, 55)*.

Μόλος (Mólos), *Molo*, consoante Carnoy, *DEMG*, p. 301, talvez provenha de μέλας (mélas), "preto, negro, escuro".

Cretense, filho bastardo de Deucalião, Molo é o pai de Mérion, amigo e companheiro de Idomeneu. À época de Plutarco, celebrava-se em Creta uma festa em que se fazia desfilar um boneco decapitado com o nome de Molo. Tratava-se, segundo diziam, do pai de Mérion, que tentou violentar uma ninfa. O cadáver de Molo foi encontrado sem cabeça e era este o rito que se comemorava.

MOLORCO *(I, 255)*.

Μόλορχος (Mólorkhos), *Molorco*, segundo Carnoy, *DEMG*, p. 130, talvez seja um composto de μέλας (mélas), "escuro" e de ὄρχας (órkhas), "sebe, tapume", donde o antropônimo poderia significar "recinto sombrio" ou o que habita "uma escura choupana".

Pastor, que residia perto de Nemeia, foi o primeiro a hospedar, em seu modesto tugúrio, ao herói Héracles, que chegou a Nemeia para matar o leão que devastava a cidade e os bosques vizinhos. Molorco foi também o primeiro dos mortais a tributar honras divinas ao filho de Alcmena.

MOLOSSO.

Μολοσσός (Molossós), ático Μολοττός (Molottós), *Molosso*, é o nome, segundo Chantraine, *DELG*, p. 709, de um povo do Epiro. Para Carnoy, *DEMG*, p. 131, é possível que o vocábulo se relacione com μύλλος (mýllos), "preto, escuro", que deve pertencer à mesma família etimológica que μέλας (mélas), "escuro". Diga-se, de passagem, que o adjetivo μολοσσικός (molossikós) designa "cão de pastor". Em nossa língua, "molosso" é uma espécie de cão de fila. Molosso seria, pois, "o bravo, o valente como o cão de fila".

Destruída Ílion, as mulheres troianas foram divididas entre os heróis aqueus, que sobreviveram à luta sangrenta de dez anos. Andrômaca (v.), viúva de Heitor, foi constrangida a se unir ao filho de Aquiles, Pirro ou Neoptólemo, que lhe assassinara inclusive o filho único Astíanax, ainda uma criança. O herói, neto de Tétis, levou-a para o Epiro, onde reinava e com ela foi pai de três varões: Molosso, Píelo e Pérgamo.

Eurípides, na tragédia *Andrômaca*, alterou substancialmente alguns dados da versão inicial. Nascido em Ftia, onde fora residir o filho de Aquiles, Molosso foi exposto secretamente pela mãe. A criança, todavia, sobreviveu e quando de uma viagem a Delfos, Neoptólemo o reconheceu e recolheu. A filha de Menelau e Helena, no entanto, Hermíona, que se casara com o herói e permanecera estéril, passou a perseguir Andrômaca e Molosso. A viúva de Heitor escondeu o menino no templo de Tétis, mas Hermíona o descobriu e quando estava prestes a eliminar a Andrômaca e o filho, Peleu, pai de Aquiles, interveio e salvou a ambos. Após o assassinato de Neoptólemo em Delfos por Orestes (v.), Tétis, vendo em Molosso o único descendente da raça de Éaco, ordenou a Andrômaca que fosse residir no Epiro em companhia do menino. Foi exatamente lá que Andrômaca se casou com Heleno, irmão de Heitor. Molosso sucedeu-lhe mais tarde no trono do Epiro e deu o nome de molossos aos habitantes de seu reino.

MOLPÁDIA.

Μολπαδία (Molpadía), *Molpádia*, provém certamente do verbo denominativo μολπάζειν (molpádzein), "cantar, dançar", que é, por sua vez, uma forma alternada de μέλπειν (mélpein), com o mesmo sentido. A raiz indo-europeia é *mel-, μελ-π- (mel-p-), hitita *mald-*, "recitar", donde significar o antropônimo "a que canta e dança", *DELG*, p. 683-684.

Molpádia é uma das Amazonas, que marcharam contra a Ática, para vingar o rapto de sua colega Antíope por Teseu. Na peleja, Antíope, que se apaixonara por seu raptor, lutou ao lado deste contra suas irmãs, mais foi morta por uma flecha de Molpádia. O rei de Atenas, por sua vez, a liquidou com um golpe de lança.

MÓLPIS.

Μόλπις (Mólpis), *Mólpis*, é certamente uma forma alternada de *Molpos*, cuja origem é o verbo denominativo μολπάζειν (molpádzein) ou μέλπειν (mélpein), "cantar e dançar", donde "o que canta e dança" (v. Molpádia).

Nobre da Élida, ofereceu-se como vítima expiatória aos deuses para debelar uma grande fome que assolava toda a região. Face a tão grande heroísmo, Mólpis era cultuado como um deus.

MOLPO.

Μόλπος (Mólpos), *Molpo*, provém do verbo denominativo μολπάζειν (molpádzein), "cantar e dançar", que é, por sua vez, uma forma alternada de μέλπειν (mélpein), com o mesmo sentido (v. Molpádia), donde "o músico, cantor e dançarino".

Molpo é um célebre flautista da Ilha de Tênedos, que prestara falso testemunho contra o inocente Tenes, acusado pela madrasta Filônome de tentar violentá-la. Em Tênedos, por isso mesmo, os flautistas não tinham acesso ao templo que fora consagrado a Tenes (v. Cicno).

Uma outra versão dá ao flautista o nome de Eumolpo.

MOMO *(I, 154-155, 225, 228)*.

Μῶμος (Mômos), *Momo*, não possui ainda etimologia definida.

Costuma-se aproximar o vocábulo, com certa insegurança, do verbo μωκᾶν (mōkân) ou μωκᾶσθαι (mōkâsthai), "ridicularizar, chasquear, zombar, escarnecer" e de μῶκος (môkos), "escarnecedor, zombeteiro, trocista", *DELG*, p. 730-731; Frisk, *GEW*, s.u.

De qualquer forma, na *Odisseia*, II, 86, o vocábulo aparece como "crítica escarnecedora e labéu desonroso".

Personificação do sarcasmo, Momo em Hesíodo, *Teogonia*, 214, é filha de Nix, a Noite, e irmã das Hespérides (v.), segundo se expôs em *Mitologia Grega*, Vol. I, p. 154.

Face aos queixumes da Mãe-Terra, vergada e exaurida pela insana multiplicação dos homens, o senhor do Olimpo resolveu agir e arquitetou um expediente que diminuísse a população do Cosmo e minorasse as fadigas da Grande Mãe. Zeus ideou um choque armado, a *Guerra de Tebas*, mas como esta não surtisse os efeitos desejados, excogitou nova estratégia: faria perecer num vasto aluvião o maior número possível de criaturas humanas. Foi então que Momo lhe aconselhou um plano mais seguro. O pai dos deuses e dos homens daria a mão da nereida Tétis a um herói, daí nascendo Aquiles, o mais violento dos heróis, e Zeus engendraria uma filha, Helena, para suscitar a discórdia entre a Ásia e a Europa e provocar a Guerra de Troia. Tantos seriam os mortos em dez anos de luta, que forçosamente o desejado equilíbrio demográfico haveria de se restabelecer. Helena seria o pretexto para deflagrar o conflito e Aquiles agiria (v. *Helena, o eterno feminino*. Petrópolis: Vozes, 1989, p. 68sq.).

MOPSO *(I, 328, II, 88; III, 28, 48-49, 64, 178)*.

Μόψος (Mópsos), *Mopso*, já aparece no micênico sob a forma *moqoso*. Se a glosa de hesíquio está correta, κηλὶς ἡ ἐν τοῖς ἱματίοις Κύπριοι (kēlìs he en toîs himatíois: Kýprioi), "os que se cobrem com mantos escuros como os cipriotas", Mopso siginificaria "o de vestes negras", cor aliás preferida pelos adivinhos, intérpretes da Terra e da Noite, *DELG*, p. 717.

Há vários heróis com este nome, mas dois se notabilizaram como adivinhos.

O primeiro é um lápita, filho de Âmpix e Clóris. Participou da expedição dos Argonautas e, como adivinho, substituiu no decorrer da mesma ao profeta oficial dos heróis da nau Argo, Ídmon (v.), que falecera entre os mariandinos.

Aparece ainda nos jogos fúnebres em honra de Pélias e na caçada de Cálidon. Faleceu na Líbia, picado por uma serpente, no curso da expedição dos Argonautas. É o herói epônimo de Mópsion, na Tessália. Os mitógrafos, por vezes, o confundem absurdamente com o seu homônimo, por ser este também um inspirado do deus de Delfos.

O segundo Mopso, que nada tem a ver com o primeiro, é filho de Manto (v.), e, por conseguinte, um neto de Tirésias, o maior de todos os profetas.

A identidade de seu pai é discutida pelos insaciáveis mitógrafos. Ora aparece como filho de Apolo, que, em tese, é sempre o pai de todos os adivinhos, ora do argivo Rácio, que seria tão somente seu pai humano.

Saindo do Oráculo de Delfos, aonde fora se aperfeiçoar na arte divinatória, Manto se encontrou com Rácio, que, por ordem de Apolo, a tomou por esposa. O casal ter-se-ia dirigido para Claros. Relata uma variante que a filha de Tirésias viajara sozinha, por ordem do senhor de Delfos, mas, raptada no trajeto por piratas cretenses, foi levada à presença de seu chefe, Rácio, que, unindo-se a ela, se tornou pai de Mopso. Atribui-se ao adivinho a fundação da cidade de Cólofon. Tendo se consagrado como profeta de Apolo em Claros, entrou em séria competição com outro *mántis* famoso, Calcas, que estava retornando de Troia. Facilmente o filho de Manto o venceu e Calcas (v.), mordido pelo despeito e envergonhado, se matou. Os companheiros de Calcas dispersaram-se pela Panfília, Cilícia e Síria, mas Anfíloco (v.) permaneceu ao lado de Mopso e ambos fundaram a cidade de Maios.

Séria controvérsia os separou mais tarde e acabaram se matando em combate singular (v. Anfíloco).

MORFEU.

O vocábulo grego Μορφεύς (Morpheús), *Morfeu*, ao menos em etimologia popular, sempre foi considerado como um derivado de μορφή (morphḗ), *forma, aparência*. É que sendo um dos mil filhos de *Hipno*, o *Sono*, Morfeu tinha a capacidade de tomar a *forma* de seres humanos e mostrar-se aos mortais adormecidos durante seus sonhos. Carnoy, *DEMG*, p. 132, opina que, em se tratando de deus noturno e espectral, μορφεύς (morpheús) estaria aparentado com μόρφνος (mórphnos), "obscuro, trevoso", cuja raiz seria *mer, "escurecer, tisnar".

Como a maioria das divindades do *sono* e do *sonho*, Morfeu era alado e possuía extrema facilidade para se fazer passar por um ser humano. Voava em absoluto silêncio e atingia num instante as extremidades da terra.

Esvoaçando sobre qualquer ser humano ou pousando-lhe sobre a cabeça, podia fazê-lo adormecer instantaneamente ou provocar sonhos nos já adormecidos.

MORGES.

Μόργης (Mórguēs), *Morges*, não possui etimologia definida até o momento, embora Carnoy, *DEMG.*, p. 132, o aproxime do indo-europeu *morĝā, "povo, gente da fronteira; alemão *Mark*, "província limítrofe, região fronteiriça": latim *margo*, "margem, fronteira".

Já envelhecido e alquebrado, Ítalo entregou seu reino, que se estendia entre Tarento e Pesto, com o nome de "Itália", ao jovem Morges. Os habitantes passaram a chamar-se, desde então, morgetes. Certo dia, um exilado de Roma, chamado Síquelo, se aproximou de Morges e este, certamente inspirado por alguma divindade, deu-lhe uma parte do reino, recebendo seus ocupantes o nome de sículos.

Morges foi o fundador de várias cidades na Itália do Sul, entre as quais Morgâncion.

Foi pai de Síris (v.), que se casou com Métabo ou Metaponto (v.), sendo mais tarde repudiada e morta.

MÓRIA.

Μορία (Moría), *Mória*, "oliveira sagrada nos santuários ou na Academia em Atenas", é um derivado de μόρος, μόριον (móros, mórion) "parte da árvore que cabia à deusa Atená". Talvez se trate de um termo de substrato com o sentido de oliveira, que se pode aproximar do topônimo lício Μύρα (Mýra), "cidade das oliveiras", donde o antropônimo significar "a protetora das oliveiras".

Jovem lídia, Mória é personagem de um mito curioso, semelhante à ressurreição de Glauco, filho de Minos. Certo dia, em que seu irmão Tilo passeava pelas margens do Rio Hermo, foi picado por uma serpente e teve morte instantânea. Mória, que viu a cena de longe, chamou em seu auxílio o gigante Damasseno (v.). Este, de força prodigiosa, arrancou uma árvore, possivelmente uma oliveira, e esmagou a serpente ou dragão, segundo outras fontes. Viu-se então a serpente fêmea deslizar rapidamente por um bosque vizinho e trazer na boca uma erva que foi colocada nas narinas do cadáver do macho e este, de imediato, reanimado, fugiu com a fêmea.

Mória, segundo o exemplo da serpente, recolheu a mesma erva e, usando de idêntico processo que o réptil, ressuscitou a seu irmão Tilo.

Esta erva milagrosa tem o nome de βαλίς (balís), "bális" ou βουβάλιον (bubálion), que, segundo Dioscórides (séc. I p.C.), 4,150, é o *cucŭmis siluestris*, "o pepino silvestre", como anota Jacques André, *Lexique des Termes de Botanique en Latin*, Paris, Klincksieck, 1956, p. 50.

MORMO.

Em grego Μορμώ (Mormṓ) é certamente uma onomatopeia do tipo μορμύρειν (mormýrein) no sentido de "murmurar, resmungar".

Forma reduplicada, *Mormó* pode se aproximar etimologicamente do latim *formīdo* que estaria por *mormīdo, com o sentido concreto de *espantalho*.

Com efeito, *Mormo*, no mito, é um bicho-papão, que ameaçava constantemente as crianças: mordia e por vezes as tornava coxas. Era não raro identificado com *Lâmia* ou com *Gelo* (v.).

MORMÓLICE *(I, 247)*.

Em grego Μορμολύκη (Mormolýkē), *Mormólice*, é um composto de Μορμώ (Mormṓ), *Mormo* e uma forma μυκη (lýkē), uma espécie de feminino de λύκος (lýkos), *lobo*, donde *Mormólice* seria a *Loba-Mormo*, gênio infernal com que se assustavam as crianças. Considerada no mito como ama de Aqueronte, rio do Hades, fica patente que, na crença popular, *Mormólice* estava ligada ao mundo dos mortos e dos fantasmas.

(MOTIVO) PUTIFAR *(III, 38³⁰, 38-39, 77⁶²)*.

Putifar, hebraico *pōtīfar*, é geralmente interpretado como transcrição do egípcio *p3 – dy – p3 – r*, cujo significado é "aquele que o sol deu". *DEB*, p. 1.241.

Embora não pertença como relato ao mito grego, "o motivo Putifar" é muito usado pelos mitólogos atuais e pode ser definido como acusação infundada de adultério, tramada por uma mulher com a qual o injustamente acusado, e, às mais das vezes, punido, se recusou a ter relações sexuais.

O motivo Putifar surge, pela primeira vez, num contexto mais profano no conto novelesco egípcio, *Os dois irmãos*, isto é, a história lindíssima do herói Anpu e Bata e, um pouco mais tarde, em contexto religioso, num conhecido relato bíblico e de maneira frequente no mito grego.

Com efeito, em *Gênesis* 39,7-20, José, por inteireza de caráter e temor de Deus, se recusou, embora tentado por todos os meios, a ceder às pretensões amorosas da esposa de Putifar, general do exército egípcio e eunuco do Faraó. Vendo-se desprezada, a esposa do poderoso eunuco acusou falsamente o inocente José de tentar seduzi-la. O general egípcio "irou-se em extremo e lançou José no cárcere".

Na mitologia heroica da Grécia, como em outras culturas anteriores, o *motivo Putifar* é amplamente difundido. É, entre outros, o sucedido com Tenes (v.), que se recusou a prevaricar com Filônome, segunda esposa de seu pai Cicno; de Hipólito, que igualmente repeliu sua madrasta Fedra; de Peleu, que rechaçou as pretensões indecorosas de Astidamia; de Belerofonte, que resistiu à paixão louca de Anteia ou Estenebeia, esposa de seu hospedeiro Preto, e de vários outros.

MOTONE.

Μοθώνη (Mothṓnē), *Motone* ou Μεθώνη (Methṓnē), é possivelmente, um derivado de μέθυ (méthy), "vinho".

Diga-se de passagem, que ἀμέθυστος (améthystos) é "o que não embriaga" ou "o que não está bêbado". O neutro ἀμέθυστον (améthyston) ou o feminino ἀμέθυστος (améthystos) significam "remédio contra a embriaguez".

Quanto à pedra *ametista* (forma devida à influência do gênero feminino do vocábulo greco-latino, pois o vernáculo é *ametisto*) provém do feminino ἀμέθυστος (améthystos), de α- (a-) privativo "não" e o verbo μεθύειν (methýein), "embriagar-se". É assim chamada por sua coloração vinácea.

Acreditava-se que a ametista, deitada no vinho, preservava da embriaguez. Μέθυ (Méthy) é um antigo apelativo indo-europeu para designar "o mel e o hidro-mel": sânscrito *mádhu-*, "doce"; avéstico *madu*, "vinho extraído do bagaço da uva". Curioso é que, por causa do hidromel, já conhecido dos indo-europeus, o vocábulo tenha passado a designar o vinho e a embriaguez por ele provocada.

Filha de Eneu, segundo um mito da Messênia, Motone deu seu nome à cidade homônima, a qual, na epopeia homérica, era denominada "Pédaso vitífera" (*Il.*, IX, 152 e 294).

Após a Guerra de Troia, Diomedes (v.) levou seu avô Eneu para Messênia. Unindo-se a uma mulher da região, foi pai de Metone. Em honra da filha trocou por Metone o antigo nome da cidade de Pédaso.

MÚNICO.

Μούνιχος (Múnikhos), *Múnico*, segundo Carnoy, *DEMG*, p. 133, seria um duplo reduzido de μῶνυξ (mônyks), que, no caso, remontaria a *σμ-ῶνυξ (*sm-ônyks), isto é, um composto no primeiro termo com vocalismo zero *sem > εἷς (heîs), "um só" e ὄνυξ (ónyks), "unha, corno", donde "o de um só corno", *DELG*, p. 731.

Há dois heróis com este nome. O primeiro teria sido um rei de Atenas, filho de Panteucles. Foi o herói epônimo de um dos portos militares do Pireu, denominado Muníquia. Deu acolhida aos mínios, que haviam sido expulsos da Beócia por invasores trácios. Ofereceu-lhes como local de exílio os arredores do porto a que os banidos, por gratidão, deram o nome de seu benfeitor.

O segundo é um herói da Ilíria. Filho de Drias, sucedeu ao pai como rei dos molossos (v.). Excelente adivinho e homem justo, foi premiado pelos deuses com ótimos filhos. Casado com Lelante, foi pai de Alcandro, detentor igualmente de dons divinatórios, Megaletor, Fileu, e de uma jovem, Hiperipe. Querida dos deuses por sua piedade, a família de Múnico foi, no entanto, vítima de uma terrível desventura.

Uma noite, bandidos bem-armados invadiram-lhes a cidade. Não podendo oferecer-lhes resistência, os malfeitores apossaram-se da residência do soberano, incendiaram-na e lançaram toda a família do alto das torres, que guarneciam o palácio. Zeus não permitiu, todavia, que pessoas tão justas e piedosas morressem de maneira tão absurda e trágica e as transformou em pássaros. Hiperipe, que caiu na água, foi metamorfoseada em mergulhão; Múnico, em falcão; Lelante, em cotovia; Alcandro, em cambaxirra; Megaletor e Fileu, em pardais.

MÚNITO.

Μούνιτος (Múnitos), *Múnito*, segundo Carnoy, *DEMG*, p. 133, talvez seja um derivado de μόνος (mónos), "só, único", porque, embora filho de uma troiana, escapou ao saque de Troia.

Múnito era filho dos amores clandestinos de Laódice, "a mais bela das filhas de Príamo" (*Il.*, III, 124) e do filho de Teseu, Ácamas, que viera como embaixador a Ílion, para reclamar pacificamente Helena, antes de se iniciar a guerra. Tão logo nasceu o menino, Laódice o confiou a Etra, avó de Ácamas. Após a queda de Troia, Múnito foi entregue ao pai, mas pereceu muito jovem, picado por uma serpente, durante uma caçada na Tessália.

MUSAS *(I, 106, 124, 159, 161-162, 202-203, 240, 343; II, 39, 86, 89, 96, 99, 109, 130, 138, 141; III, 35²⁸, 37, 60, 78⁶²).*

Μοῦσα (Mûsa), *Musa*. Segundo Chantraine, *DELG*, p. 716, a significação original da palavra é de tal maneira maldefinida, que permite levantar várias hipóteses etimológicas para tentar explicá-la. Dentre estas vamos apontar duas bastante discutíveis e uma, ao menos, plausível. A derivação em -α conduz a *μοντ-να ou *μονϑ—yα (*mont-ya ou *month-ya). Em *μοντ--να (*mont-ya) a aproximação com μέμονα (mémona), "eu desejo", da raiz *men, a presença do τ é inexplicável e a forma é morfologicamente difícil. A hipótese de Lasso de la Vega, *Emerita*, 22, 1954, p. 66sqq., partindo da mesma raiz *men, chega à forma *μον-σα (*mon-sa), mas, além de o sufixo -σα (-sa) ser mal-atestado, o grupo -νσ- (-ns-) antigo postula a queda do σ (s). Partindo-se de *μονϑ-να (*month-ya), o que permite uma aproximação com μανϑάνειν (manthánein), "aprender" e com a mesma raiz *men, talvez se pudesse chegar a μοῦσα (mûsa), "a que deseja instruir ou a que fixa o espírito sobre uma ideia ou sobre uma arte". Acrescenta-se que à mesma família etimológica de *musa* pertencem *música* (o que concerne às musas) e *museu* (templo das *musas*, local onde elas residem ou onde alguém se adestra nas artes.)

As musas são filhas de Zeus e *Mnemósina*, em grego Μνημοσύνη (Mnēmosýnē), que se prende ao verbo μιμνήσκειν (mimnḗskein), "lembrar-se de", donde Mnemósina é a personificação da memória.

Após a derrota dos Titãs, os deuses pediram a Zeus que criasse divindades capazes de cantar condignamente a vitória dos Olímpicos. Zeus partilhou o leito de Mnemósina durante nove noites consecutivas e, no tempo devido, nasceram as nove Musas. Existem outras tradições e variantes que fazem delas filhas de Harmonia (v.) ou de Úrano e Geia, mas essas genealogias remetem direta ou indiretamente a concepções filosóficas sobre a primazia da *música* no universo. As musas são apenas as cantoras divinas, cujos coros e hinos alegram o coração dos Imortais, já que sua função era presidir ao pensamento sob todas as suas formas: sabedoria, eloquência, persuasão, história, matemática, astronomia. Para Hesíodo (*Teog.*, 80-103) são as Musas que acompanham os reis e ditam-lhes palavras de persuasão, capazes de serenar as querelas e restabelecer a paz entre os homens. Do mesmo modo, acrescenta o poeta de Ascra, é suficiente que um cantor, um servidor das Musas celebre as façanhas dos homens do passado ou os deuses felizes, para que se esqueçam as inquietações e ninguém mais se lembre de seus sofrimentos. Havia dois grupos principais de Musas: as da Trácia e as da Beócia. As primeiras, vizinhas do Monte Olimpo, eram as *Piérides* (v.); as segundas, as da Beócia, habitavam o Monte Hélicon e estavam mais ligadas a Apolo, que lhes dirigia os cantos em torno da fonte de Hipocrene, cujas águas favoreciam a inspiração poética. Embora em Hesíodo já apareçam as nove Musas, seus nomes e funções variam muito, até que, na época clássica, seu número, nomes e atributos se fixaram: *Calíope*, preside à poesia épica; *Clio*, à história; *Érato*, à lírica coral; *Euterpe*, à música; *Melpômene*, à tragédia; *Polímnia*, à retórica; *Talia*, à comédia; *Terpsícore*, à dança; *Urânia*, à astronomia.

MUSEU *(II, 156⁷¹, 162).*

Μουσαῖος (Musaîos), *Museu*, "é o que se refere às Musas, o que por elas é inspirado" (v. Musas).

Filho de Antifemo ou de Eumolpo (cujo nome já significa excelente cantor) e de Selene, o inspirado das Musas teria sido criado pelas ninfas. Segundo a tradição mais comum, sobretudo na Ática, Museu é o amigo inseparável, o discípulo, o contemporâneo, o mestre ou ainda o filho de Orfeu. Na realidade, os dois heróis parecem formar, por vezes, uma só pessoa com nomes diferentes.

Grande músico, era capaz até mesmo de curar os enfermos com sua arte consumada. Adivinho renomado, atribui-se-lhe, por vezes, a introdução na Ática dos Mistérios de Elêusis. Teria sido igualmente o criador do verso hexâmetro datílico. Discípulo aplicado de Lino (v.), o inventor do ritmo e da melodia, é tido como autor de uma série de poemas de inspiração mística.

NÁIADES (I, 85, 213-215).

Ναιάδες (Naiádes), jônico Νηϊάδες (Nēïádes), *Náiades*, provém do verbo νᾶν (nân), "escorrer, correr", cujo presente νάω (náō) pressupõe *ναϜνω ou *ναϜω (*nawyō) ou (*nawō), sânscrito *snauti*, "ele deixa correr ou ele secreta", donde Náiades são "as divindades das fontes e dos ribeiros".

Ninfas (v.) do elemento líquido, são elas seres femininos, dotadas de grande longevidade, mas são mortais (v. *Mitologia Grega*, Vol. I, p. 213sqq.).

Como as Hamadríadas, que fazem "corpo com a árvore" e nela estão incorporadas, as Náiades encarnam a divindade das fontes, riachos e ribeiros em que habitam. Normalmente as nascentes e cursos de água possuem uma só, mas, por vezes, são muitas e, neste caso, todas se consideram irmãs e com os mesmos direitos.

É quase impossível estabelecer-lhes uma genealogia, porquanto esta se apresenta com muitas variações, consoante os autores e os mitos locais. Se Homero, *Ilíada*, XX, 7-9, dá-lhes como pai a Zeus, outros consideram-nas filhas de Oceano ou do deus-rio onde residem. As filhas do deus-rio Asopo são Náiades. Toda fonte ou curso de água possui uma delas como protetora e com um mito próprio. É o caso, entre outros, de Aretusa (v. Alfeu), que fazia parte do cortejo de Ártemis. Após uma fatigante caçada, a ninfa da Acaia banhava-se nas águas frescas e cristalinas de uma fonte, quando ouviu uma voz. Era o Rio Alfeu, que, repelido por Ártemis, tentava conquistar-lhe a servidora. Aretusa fugiu, mas o rio a perseguia implacavelmente. A náiade apelou para Ártemis, que a envolveu primeiramente numa nuvem e depois a transformou em fonte. Para evitar que as águas de Alfeu se misturassem às de Aretusa, a mãe Terra se entreabriu para que as águas da fonte, ali penetrando, pudessem evitar o encontro indesejável. Orientada por Ártemis em seu percurso subterrâneo, Aretusa chegou a Siracusa, instalando-se na Ilha de Ortígia, consagrada à irmã de Apolo. Outras versões atestam que mesmo assim o apaixonado Alfeu conseguiu misturar suas águas às da fonte de Ortígia.

Tais relatos são recentes e quase todos remontam à época alexandrina (320-30 a.C.). Se, de um lado, pretendem explicar o esquema clássico da perseguição--metamorfose-posse, de outro, como no mito em pauta, buscam justificar duas fontes homônimas: uma localizada na Élida, outra na Sicília.

As Náiades possuíam, não raro, o poder de curar. Certas águas passavam por milagrosas, graças a determinadas ninfas. Banhar-se nelas, porém, se não fosse por ordem expressa de um deus, era um sacrilégio, que podia provocar doenças incuráveis ou até mesmo a própria morte do recalcitrante. Outro risco em que se poderia incorrer com a violação da sacralidade das águas habitadas pelas Náiades era "ser tomado pelas ninfas" e enlouquecer. Quem as visse tornava-se νυμφόληπτος (nymphólēptos), isto é, "possuído pelas ninfas", entrando em delírio. Os latinos usavam para caracterizar esse estado o adjetivo *lymphatĭcus*.

Muitas ninfas se uniram a imortais e mortais e foram mães de grandes heróis. Assim Etolo, Lélex, Ébalo, Icário, Erictônio e Tieste, entre outros, nasceram de ninfas.

NANA.

Νάννα (Nánna), *Nana*, é um derivado de νέννος (nénnos), "tio materno", donde "tia materna". Trata-se de um vocábulo com geminação expressiva. Diga-se de passagem, como o demonstrou Benveniste, *Le Vocabulaire des Institutions Indo-Européennes*, 1, p. 225-231, que o tio e o avô maternos exercem importância fundamental na família antiga. Fora do grego tem-se o sânscrito *nanā*, "mãe, mãezinha"; persa *nana*, "mãe"; russo *njánja*, "ama"; latim *nonna*, "ama", *DELG*, p.744.

Nana é a filha do deus-rio Sangário no mito frígio de Átis (v.). Recolheu em seu seio o fruto mágico que a engravidou e a tornou fecunda (v. Agdístis e Átis).

NÂNACO.

Νάννακος (Nánnakos), *Nânaco*, segundo Carnoy, *DEMG*, p. 135, poderia significar, em frígio, "o que entoa lamentações".

Rei antiguíssimo da Frígia, viveu antes do dilúvio de Deucalião. Prevendo a catástrofe, organizou preces públicas para afastar o perigo iminente, motivado pela cólera dos deuses. Essas súplicas eram acompanhadas de lágrimas e lamentações. Claro está que nem as famosas "lágrimas de Nânaco" puderam evitar o cataclismo universal. Uma variante atesta que o rei viveu trezentos anos e, segundo um oráculo, tão logo falecesse, seu povo pereceria. Os frígios lamentaram-lhe a morte ruidosamente, mas sua dor e seus lamentos não conseguiram conter as águas do dilúvio que a todos afogou.

NANAS.

Νάννας (Nánnas), *Nanas*, é uma espécie de masculino de Nana (v.) e significaria o "tio materno". Carnoy, todavia, o deriva do etrusco *nan-*, "errar", donde "o errante".

Filho de Teutâmides, rei dos pelasgos da Tessália, Nanas descende de Pelasgo (v.), através de Frastor e Amintor, respectivamente seu bisavô e avô. Foi durante seu reinado, bem anterior à Guerra de Troia, que os pelasgos, expulsos da Tessália pelos gregos, atravessaram o Adriático e rumaram para a Itália. Tomaram a cidade de Cortona e lá se radicaram com o nome de tirrenos (etruscos). Heródoto, no entanto, 1, 57, distigue estes tirrenos que emigraram para a Itália dos etruscos vindos, segundo o historiador, da Ásia Menor.

NANOS (III, 325).

Νάνος (Nános), *Nonos*, diferente de νᾶνος (nânos), "anão", é, segundo Carnoy, *DEMG*, p. 135, um derivado do etrusco *nan*-, "errar", donde "o errante" (v. Nanas).

Há duas personagens com este nome. A primeira designa um rei indígena de Massília, atual Marselha, cuja filha se casou com Euxeno, chefe dos imigrantes fócios.

A segunda é um epíteto de Ulisses (v.). Este, no curso de suas viagens, penetrou na Itália, estabelecendo-se na Tirrênia, nos domínios etruscos, onde fundou trinta cidades. Com o apelido de Nanos, "o errante", lutou denodadamente contra os nativos para consolidar seu reino. Teria falecido em idade provecta na cidade etrusca de Gortina, identificada, na Itália, com Cortona.

NAOS.

Ναός (Naós), *Naos*, é a forma dórica e tessália do ático νεώς (neós), eólio ναῦς (naûs), "templo". As diversas formas dialetais convergem para o protótipo *νασϝος (*naswos), cujo radical νασ- (nas-) é a base de *naós*, propriamente "a habitação do deus", *DELG*, p. 734.

Bisneto do rei de Elêusis Eumolpo, Naos introduziu na Arcádia, por ordem do Oráculo de Delfos, o culto de Deméter, tendo-lhe construído "um templo". Tradições outras, porém, sobretudo arcádias, afiançam que os mistérios de Deméter foram lá instituídos pela própria deusa. Naos teria apenas mandado "construir-lhe o templo", originando-se daí o nome do herói.

NARCISO (I, 44[31], 220, 281; II, 14, 80, 173-186, 189, 204, 213; III, 35[29], 156).

Νάρκισσος (Nárkissos), *Narciso*, deve ser um empréstimo, como indica o sufixo -ισσος (-issos). Uma aproximação com νάρκη (nárkē), "entorpecimento, embotamento" é devida à etimologia popular, por causa do efeito calmante do narciso, *DEMG*, p. 736.

O mito do mais belo dos jovens da Hélade é diversamente relatado, segundo os autores e as regiões. É que o local mais ou menos exato do nascimento de um deus e seu mito sem muitas variantes dependem de ser o povo mais ou menos sedentário. Os migrantes dão-lhe tantos locais de nascimento e rotulam o mito com tantas variantes quantos os territórios percorridos.

Conforme se mostrou em *Mitologia Grega*, Vol. II, p. 174sqq., Narciso era filho do deus-rio Cefiso e da ninfa Liríope. Foi uma gravidez penosa e indesejável, porque a ninfa jamais amara ao deus-rio, mas um parto jubiloso e ao mesmo tempo de apreensão. Não era concebível um menino tão belo. Na cultura grega, de modo particular, beleza mortal fora do comum sempre assustava. É que esta facilmente arrasta o ser humano para a *hýbris*, o descomedimento. Nêmesis, a justiça distributiva e, por isso mesmo, a vingadora da injustiça praticada, estava sempre atenta para punir os culpados.

Uma beleza assim nunca vista realmente conturbava o espírito de Liríope. Quantos anos viveria o mais belo dos mortais? O temor levou a mãe preocupada a consultar o mais célebre dos adivinhos da Grécia, o velho cego Tirésias. O ancião não se fez de rogado e respondeu que o jovem "poderia viver muito, se não se visse": *si non se uiderit*, "se ele não se vir", conforme relata Ovídio em suas *Metamorfoses*, 3,339sqq.

O menino cresceu e as paixões das ninfas e das moças da Hélade se multiplicaram por ele, mas Narciso permaneceu gélido, distante e indiferente a todas. Até que chegou a vez do amor incontrolável de Eco (v.), que o perseguia por toda parte. Repelida friamente pelo filho de Liríope, a jovem se fechou numa imensa solidão. Por fim deixou de se alimentar e definhou, transformando-se num rochedo, capaz apenas de repetir os derradeiros sons do que se diz. As demais ninfas, furiosas com a insensibilidade de Narciso, pediram vingança a Nêmesis, que prontamente o condenou *a amar um amor impossível*.

Era verão e o jovem Narciso, após uma caçada, se aproximou sedento de uma límpida fonte para mitigar a sede. Debruçou-se sobre o espelho imaculado das águas e *viu-se*. Viu a própria *imago* (imagem), a própria *umbra* (sombra) e não mais pôde sair dali. Apaixonara-se pelo próprio reflexo. Nêmesis cumprira a maldição e Tirésias a profecia: o mais belo dos efebos morreu, vendo-se.

Procuraram-lhe o corpo: havia apenas uma delicada flor amarela, cujo centro estava circundado por pétalas brancas. Era o narciso.

Acerca da "paixão" e morte do filho do deus-rio Cefiso, Pausânias apresenta uma variante. O lindíssimo jovem tinha uma irmã gêmea, parecidíssima com ele e a quem muito amava. Com a morte prematura da mesma, Narciso ficou inconsolável e refugiou-se, na solidão. *Vendo-se* na fonte de Téspias, na Beócia, acreditou *estar vendo* a irmã, e não mais conseguiu afastar-se dali; definhou e morreu.

No Hades, ele ainda tenta *ver-se* ou *vê-la*, nas águas escuras do Rio Estige.

A versão tebana do mito é bem diferente.

Residindo na cidade de Téspias, na Beócia, não muito distante do Monte Hélicon, Narciso era de uma beleza incomparável, mas repelia desdenhosamente a quantos dele se enamorassem. Ora, tendo-se por ele apaixonado o jovem Amínias, também este foi rechaçado agressivamente, a ponto de receber como presente do filho de Liríope um punhal. Amínias compreendeu a mensagem e se matou com a arma, mas, antes de expirar, invocou contra o objeto de seu amor as maldições dos deuses, sobretudo de Afrodite.

Um dia de muito calor, Narciso aproximou-se de uma fonte e viu-se no espelho das águas. Apaixonou-se de tal maneira pela própria imagem, que acabou se suicidando. Os téspios, para homenagear a força e o poder irreversível do Amor, ergueram junto à fonte uma estátua a Eros e passaram a tributar-lhe um culto. Do sangue de Narciso, que se espalhou pela relva, brotou uma flor, o narciso, a que mais tarde se deu o nome de *narcissus poeticus* e *narcissus serotinus*.

NÁUPLIO (*I, 325; III, 293²²⁵, 295²²⁶, 301, 333*).

Ναύπλιος (Naúplios), *Náuplio*, segundo Carnoy, *DEMG*, p. 135, é um composto de ναῦς (naûs), "nau, navio, barco" e do verbo πλεῖν (pleîn), "navegar, sulcar", donde "o grande navegador, o que sulca muitos mares". A origem do primeiro elemento do composto é o indo-europeu **nāus*, sânscrito *nāuh*, persa antigo *nav*, armênio *naw*, latim *nauis*, todos com o mesmo sentido de "nau, barco". Quanto ao verbo πλεῖν (pleîn), o presente temático πλέ(F)ω (plé(w)ō) corresponde ao sânscrito *plávate*, "flutuar, nadar", a que se acrescenta, embora com sentido "um pouco diferente", o latim *pluit*, "chove", que pressupõe **plouit* < **pleuit*, uma vez que, em grego, o sentido de "navegar" resulta de um desenvolvimento posterior. O verbo significa originariamente "estar na água, ser inundado, flutuar", *DELG*, p. 915-916.

Há dois heróis com este nome, os quais, não raro, se confundem.

O primeiro, ancestral do segundo, é filho de Posídon e de Amimone (v.), filha de Dânao. Este primeiro Náuplio é tido como fundador da cidade de Náuplia. Foi pai de Damastor, avô de Díctis (v.), de Polidectes, bem como de Preto, avô de Náubolo, que, por sua vez, foi o bisavô do segundo Náuplio.

O segundo herói homônimo é bem mais conhecido e muito mais importante que o primeiro. Participou da expedição em busca do velo de ouro e foi o piloto da nau Argo, após a morte de Tífis (v. Argonautas).

Alguns mitógrafos fazem-no pai de Palamedes, mas Apolodoro (*Biblioteca Histórica*, 2, 1, 5, 7, 4; 3, 2, 2) identifica este último como filho do primeiro Náuplio, o que provoca "absurdos cronológicos". É que as aventuras de Palamedes e as célebres vinganças de Náuplio, o navegador, se passam à época da Guerra de Troia e se estendem até o retorno dos heróis aqueus. Para tanto, os incansáveis mitógrafos esticaram a vida de Náuplio, como se fora o Matusalém do mito grego. É muito provável que, por isso mesmo, tenham distinguido duas personagens homônimas, separadas por cinco gerações.

Náuplio, identificado ou não com o seu homônimo muito mais velho, é o pai de Palamedes, cuja mãe, ora é Hesíona, ora Clímene, e cujos irmãos chamavam-se Éax e Nausimedonte.

Navegador por excelência, Náuplio esteve mais de uma vez a serviço de reis e tiranos, quando estes desejavam livrar-se de parentes que lhes haviam caído em desgraça. Foi assim que Áleo, rei de Tégea, lhe entregou a filha Auge (v.), grávida de Héracles, para que ele a lançasse no mar. Na viagem para Náuplia, porém, a princesa deu à luz um menino, Télefo. Compadecido de Auge e do recém-nascido, o grande navegador vendeu-a a um mercador de escravos, que os levou para a Mísia (v. Télefo).

Fato quase idêntico aconteceu com Catreu (v.), rei da Ilha de Creta. Advertido pelo Oráculo de Delfos de que seria assassinado por um dos filhos, o soberano cretense procurou livrar-se deles. Altêmenes e a filha Apemósina, por temor ao pai, fugiram e as outras filhas Aérope e Clímene foram confiadas a Náuplio, a fim de que as vendesse como escravas. Há uma variante: as duas princesas teriam sido entregues ao navegador porque se haviam unido a escravos no palácio real.

O pai de Palamedes, no entanto, salvou a ambas. Deu Aérope (outros dizem que foi Plístene) em casamento a Atreu (v.) e ele próprio se uniu a Clímene.

Como seu filho Palamedes, que fazia parte da armada aqueia, à qual sempre fora de grande utilidade, houvesse sido injustamente caluniado e lapidado pelos gregos com a conivência de Agamêmnon e de outros heróis, Náuplio tudo fez para vingar-lhe a inocência. De saída, maquinou para que as esposas dos principais chefes aqueus se ligassem a amantes, sob a falsa alegação de que eles iriam abandoná-las por outras mulheres, às quais já estavam unidos em Troia. Seu estratagema surtiu efeito com Clitemnestra, esposa de Agamêmnon; Meda, mulher de Idomeneu; Egialeia, consorte de Diomedes, e outras ainda. Somente fracassou com Penélope, a fidelíssima esposa de Ulisses. Não satisfeito, conseguiu, por meio de falsos sinais, que o principal comboio helênico, que regressava de Troia, se despedaçasse contra os rochedos do Cabo Cafareu, ao sul da Ilha de Eubeia. Foi nesse grande desastre e naufrágio que pereceu, entre muitos outros, o valente Ájax (v.), filho de Oileu.

Conta-se que o vingador de Palamedes perecera por uma traição análoga a que armara contra os heróis aqueus, que retornavam ao lar, mas não se conhecem os pormenores.

Uma versão diferente relata que, na tentativa frustrada de lançar Penélope nos braços de um dos pretendentes, fora ludibriado pela fiel ama Euricleia. Esta mentiu-lhe, afirmando que um de seus filhos havia morrido. Desesperado, Náuplio se apunhalou.

NAUSÍCAA (*I, 129, 134; III, 313*).

Ναυσικάα (Nausikáa), *Nausícaa*, é um composto de ναῦς (naûs), "nau, navio" (v. Náuplio) e de um segundo elemento obscuro até o momento. De qualquer forma, poder-se-ia dar ao antropônimo o sentido de "aquela que se ocupa com a navegação ou ajuda os navegantes", *DELG*, p. 135-136.

Filha de Alcínoo, rei dos feaces, e da cautelosa rainha Arete, foi de Nausícaa que se serviu Atená, para que Ulisses fosse acolhido pelo casal real e tivesse garantido, por fim, seu retorno a Ítaca.

Por inspiração da deusa de olhos garços, a princesa dirigiu-se a um rio para lavar seu enxoval de casamento. Após o trabalho, começou a jogar com suas companheiras. Despertado pela algazarra, o náufrago Ulisses (v.) pede a Nausícaa que o ajude. Esta envia-lhe comida e roupa, pois o rei de Ítaca estava nu. É que o herói, retido havia sete anos na Ilha de Ogígia pela ninfa Calipso, foi afinal liberado por esta, em obediência à vontade dos deuses. Sonhando com o retorno a Ítaca, Ulisses desfraldou as velas de seu frágil batel, mas Posídon guardava ainda no peito e na lembrança as injúrias feitas a seu filho, o Ciclope Polifemo (v.), e descarregou sua raiva e rancor sobre a jangada do herói, que se salvou sobre uma prancha da mesma e conseguiu pisar terra firme. Derreado de fadiga, recolheu-se a um bosque e Palas Atená derramou-lhe sobre os olhos o doce sono. Foi desse sono reparador que o despertou a gritaria das amigas da princesa da Ilha de Esquéria.

Após indicar-lhe o caminho que levava ao palácio real, a filha de Alcínoo retornou para junto dos pais. Aí terminaria sua missão, inspirada em sonhos, na noite anterior, por Atená, mas no fundo de seu coração ficara gravada a imagem do herói, que ela tanto desejaria por marido. O próprio Alcínoo estava disposto a conceder-lhe a mão da filha, mas Ulisses já era casado em Ítaca e seu único desejo era rever sua esposa Penélope, o filho Telêmaco, que deixara muito novinho, ao partir para a Guerra de Troia, e as terras de Ítaca, sua ilha inesquecível.

A presença mansa, o amor recatado e a cordialidade de Nausícaa estão registrados na *Odisseia*, *VI*, *passim*; VII, 1sqq; VIII, 461sqq. Ao rever Ulisses, já no palácio paterno, deixa escapar em sua saudação uma pontinha de amor e de saudades antecipadas (*Odiss.*, VIII, 459-462):

Salve, estrangeiro, quando um dia regressares à tua pátria,
lembra-te de mim, a quem deves primeiro o teres conservado a vida.

Os mitógrafos, que não medem o tempo, afiançam que mais tarde Telêmaco se casou com Nausícaa e dela tivera um filho, Persépolis.

NAUSÍTOO *(III, 160, 289, 306, 312).*

Ναυσίθοος (Nausíthoos), *Nausítoo*, é um composto de ναῦς (naûs), "nau, navio, nave" (v. Náuplio) e do adjetivo θοός (thoós), "rápido, vivo", do verbo θεῖν (theîn), "correr, avançar rapidamente", donde "o navegante rápido". O presente temático θέ(F)ω (thé(w)o) corresponde ao sânscrito na voz média *dhavate*, "correr, fluir", *DELG*, p. 433.

Existem três heróis principais com este nome.

O primeiro era filho de Posídon e Peribeia, filha de Eurimedonte (v.), que reinava sobre os Gigantes. Nausítoo era o rei dos feaces, quando estes ainda não habitavam a Ilha de Corfu, mas a Hiperia (*Odiss.*, VI, 4-6). Expulsos pelos Ciclopes, os feaces, sob o comando de seu soberano, emigraram para a Ilha de Esquéria (Corfu), como relata a *Odisseia*, VI, 7-8. Nausítoo é o pai de Alcínoo e de Rexenor e, através deste, o avô de Arete, esposa de Alcínoo.

O segundo herói homônimo foi o piloto que conduziu para Creta a Teseu e seus treze companheiros e companheiras que deveriam servir de pasto ao Minotauro. Quando seu timoneiro faleceu, o já então rei de Atenas mandou erguer-lhe um altar.

O terceiro Nausítoo é um dos filhos de Ulisses com Calipso. O segundo chamava-se Nausínoo. Uma tradição, no entanto, aponta Nausítoo como filho de Ulisses e Circe e, neste caso, seu irmão se chamava Telégono.

NAUTES.

Ναύτης (Naútēs), *Nautes*, é um derivado de ναῦς (naûs), "nau, navio, barco" (v. Náuplio) e, portanto, "o marinheiro, o companheiro de navegação".

Ancião troiano, acompanhou Eneias em suas aventuras em busca da Itália, onde se ergueria a nova Troia. Tendo chegado à Sicília, Nautes aconselhou a Eneias a não permanecer na ilha, mas continuar a viagem em busca do Lácio, segundo narra a *Eneida*, 5,704-718. Conta-se que foi Nautes quem recebeu de Diomedes o Paládio (v.), que, por vontade e ordem do oráculo, o herói aqueu fora obrigado a devolver aos troianos de Eneias.

A *gens Nautia* romana pretendia descender de Nautes, responsável pela recuperação do Paládio de Ílion.

NAXOS *(I, 234, 326; II, 115[39],139; III, 163-164).*

Νάξος (Náksos), *Naxos*, donde Νάξιος (Náksios), "pedra de Naxos para afiar, amolar, aguçar". Ναξία (naksía) em grego moderno significa "esmeril".

Herói epônimo da ilha homônima, Naxos tem origem controvertida. Trata-se, segundo alguns, de um cario, filho de Pólemon, que, duas gerações antes de Teseu, se instalou na ilha a que deu seu nome. Esta chamava-se, até então, Dia. Passa, em outra versão, por filho de Endímion e Selene. Alguns mitógrafos, porém, sobretudo cretenses, fazem-no filho de Apolo e de Acacális (v.).

NEDA.

Νέδα (Néda), *Neda*. Diversos nomes de rios como Νέδων (Nédōn), Νέστος (Néstos, de *Néd-to), seriam de origem ilíria. Neda significaria "fonte". O sânscrito possui *nadī*, "rio", *nádati*, "ele murmura" (como o rio); alemão antigo *Nette*, *Netze*, "rio". Em micênico *neda-wata* é antropônimo.

Tão logo Zeus veio à luz nas montanhas da Arcádia, Reia quis se purificar e lavar o menino, mas não havia água no local. O leito dos rios estava seco e não corria uma única fonte. Aflita, a deusa feriu a terra com seu cetro e invocou Geia. De imediato brotou uma nascente de águas cristalinas e abundantes no mesmo lugar onde mais tarde se ergueria a cidade de Lepríon. Reia deu à fonte o nome de Neda em honra da filha mais velha de Oceano, após Estige e Fílira.

Uma tradição devida a Cícero, aliás num texto suspeito (*De Nat. Deor.*, 3, 54), faz da ninfa arcádia Neda a mãe das quatro Musas mais antigas: Telxínoe, Aete ou Ode, Arque e Mélete, as quais ela tivera de Zeus.

NEFÁLION *(III, 105).*

Νηφαλίων (Nēphalíōn), *Nefálion*, é um derivado do verbo νήφειν (néphein), "estar sóbrio", por oposição a estar embriagado e, por extensão, "sóbrio, prudente". Uma aproximação com o armênio *nawti*, "sóbrio", é plausível. Νηφαλιεύς (Nēphalieús), é um epíteto de Apolo por oposição a Dioniso, *DELG*, p. 753, Frisk, *GEW*, s.u.

Filho de Minos com a ninfa Pária, Nefálion imigrou para a Ilha de Paros com seus irmãos Eurimedonte (v.), Crises e Filolau, bem como com seus sobrinhos Alceu e Estênelo, filhos de Androgeu.

Quando de seu "nono trabalho", a busca do Cinturão da rainha Hipólita, Héracles passou pela Ilha de Paros e teve dois de seus companheiros assassinados pelos filhos de Minos. O herói vingou, de imediato, seus amigos: matou os quatro filhos do rei de Creta e ameaçou exterminar com todos os habitantes da ilha. Estes enviaram-lhe uma embaixada, implorando-lhe que escolhesse dois cidadãos quaisquer em substituição a seus companheiros assassinados.

Héracles aceitou-lhes a proposta e tomou consigo Alceu e Estênelo, filhos de Androgeu e, portanto, netos de Minos.

NÉFELE *(III, 177).*

Νεφέλη (Nephélē), *Néfele*, "nuvem" e seu principal derivado νέφης (néphos), "névoa", remontam ao indo-europeu. *Nephélē* possui vários correspondentes no indo-europeu ocidental: latim *nĕbulă*, "nevoeiro", norueguês antigo *njōl*, "trevas", alemão *nebul*, "nevoeiro", anglo-saxão *nifol*, com o mesmo sentido.

Há várias heroínas com este nome, mas a principal é a primeira esposa do Rei Átamas, a mãe de Frixo e Hele. Átamas, por tê-la repudiado, para unir-se a Ino, criou um encadeamento de fatos trágicos (v. Átamas e Ino).

Tomada em seu sentido próprio de *Nuvem*, designa a "Nuvem mágica", sob a forma de um *eídolon*, que retratava exatamente a deusa Hera.

Zeus confeccionou essa "Hera-Nuvem" para enganar o ingrato Ixíon (v.), que lhe perseguia a esposa. Unindo-se a essa "Nuvem", o lascivo e intemperante herói foi pai dos Centauros (v.).

Aristófanes, em sua extraordinária comédia *As Nuvens*, faz das mesmas uma personagem mítica, dando-lhes por pai a Oceano e por residência ora os cimos do Olimpo, ora os Jardins das Hespérides ou ainda as nascentes longínquas do Nilo, na região dos etíopes.

No mito de Céfalo (v.) em lugar da "Brisa", é muitas vezes Néfele, a "Nuvem", a invocada pelo desditoso caçador, fato que provocará o engano fatal e a morte trágica da ciumenta Prócris (v.).

NELEU *(I, 80, 324; III, 22, 31,120-121, 204).*

Νηλεύς (Nēleús), *Neleu*, procede do verbo νεῖσθαι (neîsthai), "vir, voltar, retornar", cujo presente νέομαι (néomai) aparece em jônico sob a forma νεῦμαι (neûmai). O jônico Νείλεως (Neíleōs) e Νηλεύς (Nēleús), Neleu, é, pois, "o que retorna auspiciosamente" ou "conduz vitoriosamente seu exército". O presente radical temático tem por base *νέσομαι (*nésomai), comprovado por νόστος (nóstos), "retorno". O sentido primitivo é de "retorno feliz, de saúde, de salvação". O gótico tem *gá-nisan*, "estar curado, salvo"; anglo-saxão *genesan*, "escapar, sobreviver"; antigo alemão *nerian*, "salvar, curar"; sânscrito *násate*, "aproximar-se, unir-se"; *Nāsatyā* é um dual para expressar *os Aśvins*, "os dois salvadores", *DELG*, p. 744-745.

Filho de Posídon e de Tiro, o herói descende de Salmoneu e, por conseguinte, de Éolo. Neleu é irmão gêmeo de Pélias e irmão uterino dos filhos de Tiro e Creteu, Esão, Feres e Amitáon.

Tão logo nasceram, os gêmeos Neleu e Pélias foram expostos por Tiro, mas Posídon fê-los alimentar por uma égua. Uma versão antiga atesta que um dos gêmeos foi vítima de um coice do animal, que o alimentava, e possuía um sinal no rosto. Recebeu, por isso mesmo, dos vendedores de cavalo, que o haviam recolhido juntamente com o irmão, o nome *de Pélias*, pois que em grego πελιός, -ά, -όν (peliós, -á, -ón), é "plúmbeo, lívido"; o outro irmão foi chamado Neleu.

Quando atingiram a efebia, foram em busca da mãe. Encontraram-na casada com Creteu ou Salmoneu, mas perseguida e humilhada pela sogra Sidero.

Os gêmeos tentaram liquidá-la e, apesar de Sidero ter-se refugiado no templo de Hera, Pélias violou o santuário e a matou.

Mais tarde, fato comum entre os gêmeos, os irmãos entraram em luta pela disputa do poder. Neleu foi exilado e fundou na Messênia a cidade de Pilos.

Uniu-se a Clóris e foi pai de uma menina, Pero, e de doze varões: Tauro, Astério, Pílaon, Dímaco, Euríbio, Epílao, Frásio, Eurímenes, Evágoras, Alastor, Nestor e Periclímeno.

Como Neleu se recusara a purificar a Héracles do assassinato de Ífito, o herói investiu contra Pilos. Na luta, pereceram todos os filhos de Neleu, exceto Nestor, que estava ausente ou porque insistiu para que o pai purificasse o filho de Alcmena. O rei de Pilos, segundo uma versão, pereceu na peleja, mas, consoante alguns mitógrafos, teria fugido para Corinto, onde faleceu muito idoso. A respeito de outras guerras em que se empenhou Neleu, particularmente contra os epeios, v. Nestor e Moliônides.

Existe um segundo herói homônimo, descendente do primeiro, e filho do rei de Atenas, Codro. Neleu, chefiando os jônicos, aos quais se ajuntaram os messênios, expulsos de sua terra natal pela invasão dos Heraclidas, teria fundado Mileto, na Ásia Menor.

NÊMESIS *(I, 112-113, 154-155, 225, 232; II, 132-133, 175; III, 330).*

Νέμεσις (Némesis), *Nêmesis*, provém do verbo νέμειν (némein), cujo sentido primeiro é "atribuir, repartir segundo o costume ou a conveniência" daí "ter a sua parte, sua porção de comida, fazer pastar, habitar o que lhe coube". A raiz dos inúmeros derivados do verbo em pauta é **nem-*, com alternância **nom-*, "distribuir", que aparece no gótico *nimam*, alemão, *nehmen*, "tomar, receber legalmente". Nêmesis é, pois, "a justiça distributiva" e, por conseguinte, "a punidora da injustiça praticada", *DELG*, p. 743-744.

Filha de Nix, a Noite, Nêmesis é simultaneamente uma abstração e uma divindade.

Desejada ardentemente por Zeus, a deusa, para fugir-lhe à tenaz perseguição, percorreu o mundo inteiro, até que, cansada, se metamorfoseou em gansa. O deus se transformou em cisne e a ela se uniu. Como efeito dessa conjunção, Nêmesis pôs um ovo, que foi escondido num bosque sagrado. Encontrado por um pastor, o ovo foi entregue a Leda, que o guardou num cesto. No tempo devido, nasceram os imortais Pólux e Helena. Nêmesis, como abstração, é uma síntese do espírito helênico. Ela simboliza, como as Erínias, a justiça primitiva dos deuses contra todos aqueles que teimam em ultrapassar o *métron*, a medida de cada um, com o descomedimento. Sua função essencial é, pois, restabelecer o equilíbrio, quando a justiça deixa de ser equânime, em consequência da ὕβρις (hýbris), de um "excesso", de uma "insolência" praticada.

Todo descomedimento põe em perigo a estabilidade do cosmo, a ordem do mundo. Foi assim, para não citar tantos outros exemplos, que Creso, orgulhoso com sua fortuna incalculável e seu poder sem limites, foi arrastado por Nêmesis para o sangrento confronto com Ciro e provocou a ruína do próprio império. Xerxes, intumescido pela vaidade e arrogância, a ponto de chicotear o mar, foi igualmente presa de Nêmesis, como bem o mostrou Ésquilo em sua tragédia *Os Persas, passim*, sofrendo humilhante derrota para os gregos, comandados por Temístocles.

Em Ramnunte, não longe de Maratona, na costa do estreito que separa a Ática de Elêusis, havia um famoso santuário consagrado a Nêmesis. Sua estátua fora talhada por Fídias de um bloco de mármore de Paros, trazido pelos persas. Ironicamente, os comandados de Dario e dez anos depois os de seu filho Xerxes destinavam-no a ser uma colunata gigantesca, um troféu sobre o qual colocariam os despojos dos helenos vencidos, após a tomada de Atenas. Esqueceram-se certamente os invasores de que Atenas era guardada por Palas Atená, a deusa de olhos garços, e de que Nêmesis era grega.

NEOPTÓLEMO *(I, 92, 109; III, 36, 43, 62, 65, 86, 288, 298, 300-301, 325).*

Νεοππόλεμος (Neoptólemos), *Neoptólemo*, é um composto do adjetivo νέος, -α, -ον (néos, -a, -on) "novo, jovem" e de **πτόλεμος (*ptólemos) por πόλεμος (pólemos), "combate, guerra", donde significar o antropônimo "o jovem guerreiro". O adjetivo νέος (néos) tem por base νέϝος (néwos), como demonstra o micênico *newo*; sânscrito *nava-*; avéstico *nava-*; eslavo antigo *novŭ*; hitita *newa*; latim *nouus*, com passagem de *eu >ou*, "novo". No tocante a πόλεμος (pólemos), "combate, guerra", é um derivado do verbo πελεμίζειν (pelemídzein) "agitar, sacudir, abalar, brandir a lança, combater". Em *ptólemos* por *pólemos* a inicial *pt-* por *p-*, que aparece no micênico (Ευρυπτόλεμος = gen. eurupotoremojo); no grego homérico, nos derivados, como Πτολεμαῖος (Ptolemaîos), "Ptolomeu" e compostos, ainda não está bem-explicada, como é o caso de πτόλις (ptólis) por πόλις (pólis). De qualquer forma, admite-se que a origem do verbo supracitado e de seus derivados é o neutro **πέλεμα (*pélema), germânico **felma*, atestado em compostos, gótico *us-fil-ma*, "assustado, aterrorizado", a par de *us-filmei*. "medo, terror", *DELG*, p. 875-876, *GEW*, s.u.

Filho de Aquiles e de Deidamia, filha de Licomedes, rei da Ilha de Ciros, Neoptólemo foi concebido à época em que Aquiles, travestido de moça, foi escondido por sua mãe Tétis entre as filhas do rei de Ciros. A finalidade (v. Aquiles) era evitar que o herói participasse da Guerra de Troia, para não falecer jovem, embora glorioso.

Como Aquiles tivesse cabelos ruivos ou porque estivesse disfarçado numa linda jovem recebeu a alcunha de Πύρρα (Pýrrha), "Ruiva" e, por isso mesmo, Neoptólemo possuía o epíteto de Πύρρος (Pýrrhos), "Ruivo". Assim é que, no mito, o "jovem guerreiro" é chamado Pirro ou Neoptólemo.

Nascido após a partida do pai para Troia, o menino foi criado e educado pelo avô materno. Com a morte de Aquiles e a captura do adivinho troiano Heleno, os aqueus ficaram sabendo que Ílion jamais seria tomada sem o concurso de Neoptólemo e a posse do arco e das flechas de Héracles, que estavam em poder de Filoctetes (v.), relegado pelos gregos na Ilha de Lemnos, por causa de uma ferida infecta e, até o momento, incurável.

Ulisses, Fênix e Diomedes foram então encarregados, numa primeira etapa, de buscar o filho de Aquiles. Licomedes se opôs à partida do neto, ainda muito jovem, talvez com uns dezessete a dezoito anos, segundo a cronologia mítica das duas tentativas dos aqueus de chegar a Troia e dos nove a dez anos em que se prolongava a guerra. Fiel, porém, à tradição paterna, o filho de Aquiles seguiu de bom grado os embaixadores aqueus. Na ida para Troia, os acompanhou até a Ilha de Lemnos, onde se encontrava Filoctetes, ferido fisicamente e profundamente magoado e irritado com Agamêmnon, que, a conselho do próprio Ulisses, o abandonara sozinho numa ilha distante (v. Filoctetes). Foi um esforço ingente por parte de Neoptólemo, Fênix e Ulisses para convencê-lo (inclusive com a promessa de que seria curado em Troia), a participar da guerra, que já ceifara tantas vidas.

Sófocles, em sua belíssima tragédia *Filoctetes*, *passim*, nos dá um retrato "literário" das dificuldades enfrentadas pelos emissários aqueus e sobretudo nos mostra um painel de nítido contraste entre a solércia inescrupulosa de Ulisses e a inteireza de caráter do jovem Pirro, ainda não contaminado pelas mazelas da vida.

Em Troia, os aqueus recobraram o ânimo de imediato, vendo em Neoptólemo o novo Aquiles e o jovem herói, na realidade, não os decepcionou, praticando prodígios de bravura, como narra Ulisses a Aquiles, quando da evocação aos mortos (*Odiss.*, XI, 505-537). Matou ao destemido Eurípilo e, feliz com sua gesta, inventou a dança guerreira, que se perpetuou com seu nome, πυρρίχη (pyrríkhē), a *pírrica*. Figura entre os bravos que ocuparam o bojo do cavalo de madeira e decidiram a sorte da guerra. Nos combates decisivos, matou a Élaso e Astínoo e feriu Corebo e Agenor. Lançou do alto da torre de Ílion a Astíanax, filho de Andrômaca. Aquiles matara a Heitor, Pirro esmaga-lhe o filho. Para honrar a memória do pai, sacrificou-lhe sobre o túmulo a jovem e bela Políxena, filha de Príamo e Hécuba (v. *Hécuba*, de Eurípides). Coube-lhe como presa de guerra a viúva de Heitor, Andrômaca (v.).

Até aqui o mito de Pirro é relatado por todos de maneira mais ou menos idêntica, mas, a partir do retorno de Troia, as variantes se multiplicam e não raro se contradizem.

A tradição homérica é simples e linear: Pirro teve um regresso feliz e, chegando a Esparta, se casou com a filha de Menelau e Helena, Hermíona, e foi residir nas terras de seu avô Peleu e pai Aquiles, na Ftiótida, onde reinou sobre os heroicos mirmidões (*Odiss.*, IV, 1-9).

A partir do relato dos Νόστοι (Nóstoi), dos *Retornos*, todavia, como já se frisou, as tradições se avolumam.

Segundo os mitógrafos, o filho de Aquiles, de volta à Hélade, teria escapado da sorte, nem sempre auspiciosa, dos demais aqueus, mercê da intervenção de sua avó divina Tétis, que o aconselhou a regressar por terra, evitando, desse modo, as ciladas do mar e as perigosas maquinações de Náuplio (v.).

Foi assim que, orientado por Tétis, o jovem herói atravessou a Trácia, onde se encontrou com Ulisses e de lá chegou ao Epiro, região que mais tarde passou a chamar-se "Terra dos Molossos" (v. Molosso). Num comentário à *Eneida*, 3,294-297, feito pelo gramático latino Sérgio Mauro Honorato, baseado em tradições diferentes, relata-se que a ideia de regressar por terra não foi de Tétis, mas do adivinho troiano Heleno, que acompanhou voluntariamente a Pirro. Daí a amizade de ambos a ponto de, antes de falecer, o filho de Aquiles lhe haver confiado Andrômaca, pedindo-lhe que a desposasse.

Para explicar que Neoptólemo permaneceu no Epiro e não ocupou, como de direito, a Ftiótida, imaginou-se que Peleu, na ausência de Aquiles, perdera seu reino para Acasto (v.). No Epiro são muitas também as versões acerca do neto de Tétis. O herói teria raptado uma neta de Héracles, Leonassa, e com ela tivera oito filhos, que se tornaram os ancestrais dos epirotas. Conta-se ainda que, ao desembarcar na Tessália, vindo de Troia, queimou seus barcos a conselho de Tétis e foi instalar-se no Epiro, porque lá viu realizada uma predição de Heleno. Este, de fato, lhe havia sugerido fixar-se num local onde as casas tivessem alicerces de ferro, muros de madeira e tetos de pano. Ora, no Epiro, as pobres cabanas dos indígenas preenchiam essas condições, porquanto eram construídas sobre estacas com ponta de ferro, as paredes eram sustentadas por troncos e a cobertura era de pano.

Neoptólemo, segundo se viu, era casado com Hermíona, mas esta permaneceu estéril, ao passo que, com Andrômaca, sua cativa, o herói possuía três filhos, Molosso, Píelo e Pérgamo. Enciumada com a fecundidade de uma simples concubina do marido, a filha de Helena chamou secretamente a Orestes, seu ex-noivo (v. Orestes) e pediu-lhe que a vingasse de tão grande afronta. O filho de Agamêmnon atendeu-lhe os rogos e assassinou Pirro em Ftia ou no Epiro. Os trágicos, porém, adotaram outra versão bem mais complexa. Neoptólemo fora a Delfos consultar a Pítia a respeito da esterilidade da esposa ou para consagrar ao deus dos oráculos uma parte dos espólios que lhe couberam após a destruição de Ílion ou ainda para saber do deus por que odiava tanto a Aquiles, a ponto de direcionar a flecha com que Páris o matara. Orestes, que o seguira, aproveitou a oportunidade para assassiná-lo. Dois motivos guiaram-lhe o punhal homicida: a solicitação de Hermíona e uma amadurecida ofensa pessoal, porque Menelau, que lhe prometera a mão da filha, acabou por casá-la com Neoptólemo, a pedido deste último, segundo se dizia.

De qualquer forma, estando ambos em Delfos, Orestes provocou um tumulto e matou o rival. Uma variante libera Orestes de qualquer violência. No Oráculo de Delfos, os sacerdotes, segundo um costume muito antigo, comiam quase todas as carnes das vítimas sacrificadas, deixando muito pouco para o sacrificante. Pirro se insurgiu contra esse velho hábito e quis impedir que os servidores de Apolo devorassem as carnes do animal que acabava de ser ofertado ao deus. Em nome e defesa do respeito devido aos privilégios da casta sacerdotal, um deles, Maquereu, o assassinou com um só golpe de cutelo. Segundo uma outra versão, o neto de Tétis foi morto por ordem da própria Pitonisa, para satisfazer a um desejo de Apolo, que se dispusera a perseguir até o fim a descendência de Aquiles. Neoptólemo foi sepultado sob o umbral do templo de Delfos e a ele se atribuíam honras divinas.

NEREIDAS *(I, 106, 155, 213-215, 234, 323; II, 21; III, 313[246]).*

Νηρηΐδες (Nērēídes), *Nereidas*, é um derivado de Νηρεύς (Nēreús), *Nereu* (v.) com sufixo -ιδ- (-id-), ampliado em -ιδης- (-idēs-), que expressa a descendência, donde significar o patronímico "as filhas de Nereu".

Divindades marinhas, as Nereidas são filhas de Nereu e de Dóris e, por conseguinte, netas de Oceano. Personificam as ondas infinitas do mar. Normalmente são cinquenta, mas a imaginação fértil dos mitógrafos e a fantasia dos poetas ampliam-lhes constantemente o número para cem. Deixando de lado os quatro catálogos que as citam, eis aquelas que maior interesse oferecem no mito: Agave, Anfínome, Anfítoe, Anfitrite, Autônoe, Calipso, Ceto, Clímene, Dexâmene, Dione, Dóris, Dinâmene, Érato, Eudora, Eunice, Evágora, Galateia, Oritia, Psâmate, Talia, Temisto e Tétis. Dentre todas as citadas as que tiveram presença marcante em relatos míticos são Tétis, mãe de Aquiles; Anfitrite, mulher de Posídon; Agave (v.), Galateia e Oritia, que passa igualmente por filha de Erecteu (v.), rei de Atenas.

Os poetas imaginam as Nereidas no fundo do mar, sentadas em tronos de ouro ou mostrando sua linda cabeleira à tona das águas, enquanto nadam entre os tritões e os delfins. Sua vida é tecer, fiar e cantar.

Surgem, as mais das vezes, no mito como espectadoras e acompanhantes e não como atrizes. Foi assim que choraram com Tétis, sua irmã, a morte de Pátroclo e a de Aquiles. Presenciaram a liberação de Andrômeda por Perseu e ensinaram a Héracles como arrancar de Proteu o itinerário que levaria o herói ao Jardim das Hespérides.

NEREU *(I, 106, 155, 213, 233-234; II, 21; III, 115, 263).*

Νηρεύς (Nēreús), *Nereu*, é cognominado "o velho do mar", ἅλιος γέρων (hálios guérōn) ou Πρωτεύς (Prōteús), "Proteu, o mais antigo, o primeiro", mas o nome é posterior a Νηρνΐδες (Nērēídes), "Nereidas", conforme Chantraine, *DELG*, p.751. Frisk, *GEW*, s.u.

aproxima-o do lituano *nérti*, "mergulhar" e, com vogal longa, lituano *nérōvé*, "ondina, náiade". O antropônimo significa, pois, "o que vive nas águas do mar".

Nereu, "o velho do mar" por excelência, é filho de Pontos e de Geia e tem por irmãos a Taumas, Fórcis, Ceto e Euríbia, segundo se mostrou em *Mitologia Grega*, Vol. I, p.155. Mais antigo que Posídon, pois antecedeu a geração dos Olímpicos, o velho deus marinho está entre as forças elementares do mundo. Como a maioria das divindades do mar tem o poder de metamorfosear-se em animais e nos mais estranhos seres. Essa capacidade de transformação ajudou-o durante algum tempo, quando Héracles (v.) quis forçá-lo (e acabou conseguindo) a dizer-lhe como poderia chegar à região das Hespérides.

Trata-se de uma divindade pacífica e benfazeja. É representado na iconografia com longas barbas brancas, cavalgando um tritão e armado de tridente.

NERITES.

Νηρίτης (Nērítēs), *Nerites*, grafado, as mais das vezes νηρείτης (nēreítēs), significa "molusco, marisco" e a aproximação com Νηρεύς (Nēreús), Nereu, é devida à etimologia popular. A origem do vocábulo em grego é obscura, *DELG*, p. 752.

Filho de Nereu e de Dóris, era um jovem de extraordinária beleza, que muito impressionara a Afrodite, enquanto esta vivia no mar. Quando a deusa do amor escalou definitivamente o Olimpo, resolveu levá-lo em sua companhia, dando-lhe inclusive um par de asas. Nerites recusou a oferta, e Afrodite, de imediato, tirou-lhe as asas, deu-as a Eros e transformou o ingrato filho de Nereu em molusco, a fim de que vivesse agarrado às pedras e não mais pudesse movimentar-se.

Uma variante assinala que, amado por Posídon, seguia o amante com uma rapidez incrível. Hélio (o Sol), enciumado com a velocidade com que Nerites percorria as ondas, metamorfoseou-o em molusco.

NESSO *(III, 123-124, 128).*

Νέσσος (Néssos), *Nesso*, segundo Carnoy, *DEMG*, p. 137, poderia originar-se da raiz *neḱ, "morrer", através de *neḱ-ios, "cadáver", já que o corpo do Centauro, lançado por Héracles no Rio Eveno, lhe poluíra as águas.

Como os demais Centauros, Nesso era filho de Ixíon e de Néfele, a "Nuvem".

Participou da luta de seus irmãos contra Héracles (v.), que estava hospedado na casa do pacífico Folo (v.), que, apesar de Centauro, era de uma outra genealogia. Derrotados e perseguidos pelo herói, os filhos de Ixíon tomaram direções várias, tendo Nesso se refugiado junto ao Rio Eveno, onde passou a exercer o ofício de barqueiro.

Após o assassinato involuntário do copeiro Êunomo, Héracles deixou Cálidon com sua esposa Dejanira e com o filho Hilo, ainda muito novinho, e dirigiu-se para Tráquis, tendo para tanto que atravessar o Rio Eveno. Apresentando-se o herói com a família, primeiramente o lascivo Centauro o conduziu para a outra margem (ou, segundo uma versão diferente, o filho de Alcmena atravessara o rio a nado) e, em seguida, voltou para buscar Dejanira. No meio do trajeto, como se recordasse da derrota que sofrerá e da perseguição de que fora vítima, tentou, para vingar-se, violentar a esposa do herói, que, desesperada, gritou por socorro. Héracles aguardou tranquilamente que o barqueiro alcançasse terra firme e varou-lhe o coração com uma de suas flechas envenenadas com o sangue da Hidra de Lerna.

Nesso, já expirando, entregou a Dejanira sua túnica manchada com o sangue venenoso da Hidra. Explicou-lhe que a indumentária seria para ela um precioso talismã, um filtro poderoso, com a força e a virtude de restituir-lhe o esposo, se porventura este, algum dia, tentasse abandoná-la.

Mais tarde, após a vitória sobre Êurito (v.), como o herói desejasse erguer um altar a seu pai Zeus, mandou seu companheiro Licas (v.) pedir à esposa que lhe enviasse uma túnica ainda não usada, como era de praxe em consagrações e sacrifícios solenes.

Admoestada pelo indiscreto servidor do marido de que este certamente a esqueceria, por estar apaixonado por Íole (v.), filha de Êurito, Dejanira lembrou-se do "filtro amoroso", ensinado e deixado por Nesso e mandou ao esposo a túnica envenenada. Ao vesti-la, a peçonha infiltrou-se-lhe no corpo. Tentou arrancá-la, mas a indumentária fatídica se achava de tal modo aderente às suas carnes, que estas lhe saíam aos pedaços. Alucinado de dor, escalou o Monte Eta e lançou-se sobre uma fogueira perecendo carbonizado (v. Héracles).

NESTOR *(I, 67, 88, 110, 117, 124-126, 128-129; III, 26, 120-121, 204).*

Νέστωρ (Néstōr), *Nestor*, é um derivado do verbo νεῖσθαι (neîsthai), "vir, voltar, retornar" (v. Neleu), donde significar o antropônimo "o que retorna auspiciosamente" ou "conduz vitoriosamente seu exército".

Filho caçula de Neleu e Clóris, foi o único sobrevivente da família, após a luta com Héracles (v. Neleu). Viveu até uma idade muito avançada, talvez três gerações, por dom de Apolo. Sua mãe Clóris, por sinal, filha de Níobe, foi igualmente a única que ficou da família, uma vez que o deus de Delfos e sua irmã Ártemis haviam-lhe assassinado a flechadas todos os irmãos e irmãs (v. Níobe). Para compensar tanto sangue derramado, Apolo concedeu ao herói uma longevidade extraordinária.

Rei de Pilos, Nestor aparece na *Ilíada*, I, 247sqq.; II, 76sqq.; 336-368; 432-440; 591sqq; IV, 292sqq; VI, 66sqq; VII, 123sqq; VIII, 80-159 e em outros passos, bem como na *Odisseia*, III, 101sqq., como símbolo do guerreiro intimorato, apesar da idade, mas sobretudo do conselheiro prudente.

O motivo por que Nestor foi o único dos filhos de Neleu a escapar das flechas de Héracles, tem duas versões: ou o jovem estava ausente porque fora levado para Gerênia, na Messênia, para aí ser educado, ou porque somente ele se recusara a participar com o pai e seus outros onze irmãos da tentativa de se apoderar do rebanho de Gerião, que Héracles trazia com grande dificuldade para Micenas.

Para premiar-lhe a honestidade, o herói deu-lhe o reino de Messênia, cuja capital era Pilos.

Destemido e amigo de seus concidadãos, empenhou-se, na juventude, em lutas contínuas e sangrentas contra os epeios, que várias vezes lhe invadiram o reino para pilhar e matar. No curso de um desses combates, quase liquidou os moliônides (v.), Êurito e Ctéato, que acabaram sendo salvos por Posídon, seu pai, que os envolveu numa nuvem. Atribuía-se-lhe igualmente a morte do cruel gigante Ereutálion, na Arcádia, que, o desafiara para um combate singular.

Participou da luta cruenta dos lápitas contra os Centauros; da caçada de Cálidon e, em versões mais tardias, da expedição dos Argonautas.

Tão incrível longevidade permitiu-lhe desempenhar missões de grande relevância na Guerra de Troia. Raptada Helena, Nestor acompanhou a Menelau pela Grécia inteira com o objetivo de reunir os heróis para o grande cometimento.

Ele próprio, acompanhado de seus dois filhos, Antíloco e Trasimedes, seguiu para Tróada com um contingente de noventa naus (*Il.*, II, 591-602).

Antes de se iniciar propriamente a guerra, participou com Aquiles da conquista da Ilha de Tênedos e recebeu como prêmio, por sua bravura, a filha de Arsínoo, Hecamede. Quando da célebre disputa entre Agamêmnon e o filho de Tétis, o rei de Pilos tudo fez para apaziguar os ânimos e manter a concórdia entre os chefes aqueus, embora nem sempre o tivesse conseguido.

Os poemas épicos, cujos relatos são posteriores à *Ilíada*, mostram o heroísmo do velho Nestor, que ousou defrontar-se com o gigantesco Mêmnon. Foi salvo pelo filho Antíloco, que acabou se sacrificando pelo pai. Aquiles será o vingador do jovem Antíloco, matando a Mêmnon.

Com a queda de Íllion, Nestor, como *auis rara*, teve um retorno feliz a Pilos, onde continuou a reinar. Sua esposa Eurídice, filha de Clímeno, segundo a *Odisseia*, ou Anaxíbia, filha de Cratieu, consoante Apolodoro, o aguardava, fiel como Penélope.

Telêmaco (*Odiss.*, III, 102-329), quando saiu de Ítaca, à procura do pai, visitou-lhe o reino, ouviu-lhe longos relatos e recebeu do prudente Nestor sábios conselhos (*Odiss.*, III, 357sqq.).

Nenhuma tradição acerca de sua morte nos foi conservada. Sabe-se apenas que o túmulo do herói ficava em Pilos e que, com Eurídice ou Anaxíbia, fora pai de nove filhos, sete homens e duas mulheres: Perseu, Estrático, Areto, Équefron, Pisístrato, Antíloco, Trasimedes, Pisídice e Policasta.

NICEIA.

Νικαία (Nikaía), *Niceia*, é o feminino do adjetivo νικαῖος, -α, -ον (nikaîos, -a, -on), "vitorioso, vitoriosa", derivado de νίκη (níkē), "vitória", cuja etimologia em grego é desconhecida. Frisk, *GEW*, s.u. Donde Niceia é "a vitoriosa".

Náiade, filha do Rio Sangário e de Cibele, Niceia era rebelde ao amor, dedicando-se tão somente à caça. Cortejada pelo pastor frígio Hino, a filha de Cibele o repeliu asperamente. Como o enamorado insistisse, a jovem o matou a flechadas. Indignado, Eros incutiu em Dioniso uma paixão incontrolável pela lindíssima caçadora, que a viu nua, enquanto se banhava.

Rechaçado também e ameaçado de ter o mesmo destino que Hino, o deus transformou em vinho as águas da nascente em que a filha de Cibele se dessedentava. Bêbada, tornou-se presa fácil de Dioniso. Dessa união nasceu uma filha, Télete. Niceia quis enforcar-se, mas o amante, aos poucos e com muita ternura, fê-la apreciar os dons de Afrodite e deu-lhe, ao menos, mais um filho, Sátiro.

Quando retornou da Índia, o deus mandou construir em honra da antiga caçadora a cidade de Niceia.

NICÔMACO *(III, 50)*.

Νικόμαχος (Nikómakhos), *Nicômaco*, é um composto do radical de νικη (níkē), "vitória" (v. Niceia) e de -μαχος (-makhos), que procede do verbo μάχεσθαι (mákhesthai), "combater, lutar", donde "o vitorioso nos combates". Μάχομαι (mákhomai), "eu luto, eu combato", é um presente radical temático. Uma aproximação com um suposto povo iraniano *ha-mazan- "guerreiro", donde proviria Ἀμαζών (Amadzṓn), "Amazona", talvez seja possível, *DELG*, p. 673-674.

Filho de Macáon, Nicômano é um neto de Asclépio. Sua mãe chamava-se Anticleia, filha de Díocles. Com a morte deste último, Nicômaco e seu irmão Górgaso subiram ao trono de Feres, cidade da Messênia. Mais tarde, Ístmio, filho de Glauco, ergueu-lhes um santuário como a dois heróis médicos.

NICÓSTRATA.

Νικοστράτη (Nikostrátē), *Nicóstrata*, é um feminino de Nicóstrato (v.) e, como ele, um composto de νίκη (níkē), "vitória" e de στρατός (stratós), cujo sentido inicial é de "tropas instaladas, exército acampado" e daí "exército ou armada". O significado do antropônimo é de "a vencedora dos exércitos" (v. Nicóstrato).

Nicóstrata é, na Hélade, o nome da mãe de Evandro, que ela tivera de sua união com Hermes.

Em Roma, ela chamava-se Carmenta, que possivelmente provém de *carmen*, "fórmula ritmada, fórmula mágica, poema". Nicóstrata, por vezes, aparece no mito como filha ou esposa de Hermes.

NICÓSTRATO *(I, 78; II, 22)*.

Νικόστρατος (Nikóstratos), *Nicóstrato*, é um composto do radical de νίκη (níkē), "vitória" e de στρατός (stratós), cujo sentido primeiro é de "tropas instaladas, exército acampado" e daí "exército ou armada", donde significar o antropônimo "o vencedor dos exércitos". O vocábulo *stratós* possui um correspondente exato no sânscrito *strtá*, "extenso, que ocupa um largo espaço" (no campo de batalha), a par de *á-strta*, "ilimitado, invencível".

Nicóstrato é o filho de Menelau e Helena. Dadas as afirmações de Homero de que os reis de Esparta só possuíam uma filha, Hermíona, admite-se, para debelar a dificuldade, que o herói nasceu após o retorno de Troia. Outros mitógrafos acham que Nicóstrato era filho de Menelau com uma escrava e, neste caso, um irmão de Megapentes (v. Menelau, Helena, Megapentes).

NICTEU *(III, 236-236[174])*.

Νυκτεύς (Nykteús), *Nicteu*, é derivado de νύξ, νυκτός (nýks, nyktós), "noite", donde significar o antropônimo "o noturno, sombrio, perigoso, vingativo". A raiz da palavra designativa de νύξ (nýks), "noite" aparece na maioria das línguas indo-europeias, normalmente com o vocalismo *o*: latim *nox*, "noite"; irlandês *in-nocht*, "esta noite"; gótico *nahts*, "noite"; sânscrito *nák*, "noite". Existe ainda um tema em *i*, como o genitivo plural latino *noctium*, "das noites"; sânscrito *nákti-*; lituano *naktis*, "da noite", *DELG*, p. 759-760, Frisk, *GEW*, s.u.

Nome de vários heróis, entre os quais indubitavelmente o mais célebre é o pai da infortunada Antíope (v.). Considerado, as mais das vezes, como irmão de Lico (v.) e filho de Hirieu e Clônia, ele é, por conseguinte, um descendente de Posídon e das Plêiades. Os mitógrafos, todavia, confundem dois heróis com o nome de Lico (v.). O primeiro seria filho de Posídon e de Celeno; o segundo, de Hirieu e Clônia. Assim sendo, Nicteu passa a ser filho de Posídon e de Celeno. Existe ainda uma outra versão inteiramente diversa da anterior. Lico e Nicteu seriam filhos de Ctônio, um dos *Spartoí* (v. Cadmo), isto é, dos nascidos dos dentes do dragão morto por Cadmo. Segundo esta variante, os dois irmãos teriam fugido de Eubeia (uma cidade beócia), porque haviam assassinado Flégias (v.). Instalaram-se em Tebas e tornaram-se amigos do Rei Penteu (v.), tendo até mesmo sido regentes durante a menoridade de Lábdaco e Laio (v.). Com a fuga de Antíope para Sicione, onde reinava Epopeu, Nicteu se matou e pediu a Lico que o vingasse.

Uma variante de Pausâncias afirma que Nicteu pereceu lutando contra o rei de Sicione, Epopeu, que lhe raptara a filha Antíope. Nesta versão, Epopeu, gravemente ferido, morreu logo depois.

NICTÍMENE.

Νυκτιμένη (Nyktiménē), *Nictímene*, é um derivado de Nicteu (v.) e significa, portanto, "a noturna".

Filha do rei de Lesbos, Epopeu, ou de um monarca da Etiópia, chamado Nicteu, Nictímene praticou voluntariamente incesto com o próprio pai ou foi constrangida a fazê-lo.

Envergonhada, refugiou-se nas florestas. Atená, compadecida da jovem princesa, transformou-a em coruja. Tal fato explica que esta ave foge à luz e só aparece à noite, para evitar olhares indiscretos.

NICTIMO.

Νύκτιμος (Nýktīmos), *Nictimo*, ao que parece, é um composto de νύξ, νυκτος (nýks, nyktós), "noite" (v. Nicteu) e de uma forma -τιμος (-tīmos), que aparece em outros antropônimos e é um derivado de τιμή (timḗ), "honra, consideração, estima". Quanto à etimologia em grego, é bastante acentuar que *timḗ* pertence à mesma família etimológica que o verbo τίειν (tíein) "estimar o valor de um objeto, avaliar, honrar". O correspondente mais importante é o sânscrito *cā́yati*, "ele respeita", *cāyú*, "respeitoso". Nictimo seria, pois, "o que honra, respeita a noite, as trevas", *DELG*, p. 1.119-1.120 e 1.123; Frisk, *GEW*, s.u.

Dentre os filhos de Licáon (v.), Nictimo foi o único a escapar, graças à intervenção de Geia, da terrível vingança de Zeus. Foi o sucessor de Licáon no trono da Arcádia. Durante seu governo o mundo foi coberto pelas águas do dilúvio (v. Deucalião). Arcas (v.), mais tarde, o substituiu como soberano dos árcades.

NILEU *(III, 55).*

Νειλεύς (Neileús), *Nileu*, é um derivado de Νεῖλος (Neîlos), *Nilo*, deus-rio do Egito, cuja etimologia é muito discutida. M. Guérios, *DENS*, p. 133, dá-lhe por fonte o egípcio *Nîl* "(rio) azul", remete ao sânscrito *nila*, "azul" e chama a atenção para o português *anil*, do árabe *anil*, com o mesmo sentido (v. Nilo). Donde o antropônimo significaria "o de coloração azul".

Consoante Diodoro Sículo, 1,19; 63, Nileu era um rei que governou o Egito e deu seu nome ao Rio Nilo, denominado anteriormente Egito. Foi, na realidade, o povo egípcio, que, agradecido pelo trabalho de irrigação empreendido por seu rei, resolveu mudar o nome do rio para Nilo.

O relato de Diodoro, tentando reduzir o mito à "história", é de cunho francamente evemerista.

NILO *(I, 156, 197, 259-260, 326; II, 110, 240; III, 73).*

Νεῖλος (Neîlos), *Nilo*. Mansur Guérios, *DENS*, p. 133, dá-lhe por étimo o egípcio Nîl "(rio) azul"; remete ao sânscrito *nila*, "azul" e chama a atenção para o português *anil*, do árabe *anil*, com o mesmo sentido.

Na tradição helênica, Nilo era um rei que fertilizou o Egito, canalizando o *Nîl* por meio de diques. Muito cedo, porém, Nîl passou a fazer parte do mitologema de Io (v.), a jovem sacerdotisa de Argos, consagrada à deusa Hera, e que Zeus amou, fazendo-a mãe de Épafo. É a esta mesma Io, que, apesar de metamorfoseada em vaca, a colérica esposa de Zeus perseguiu implacavelmente, lançando contra ela um tavão, que só a deixou em paz quando Io transpôs o *Bósforo* (travessia da vaca) e ganhou o Egito. Lá, *tocada* por Zeus, deu à luz a Épafo (v. Io). *Épafo*, em grego Ἔπαφος (Épaphos) era derivado pelos mitógrafos e pelos trágicos (Ésquilo, *As Suplicantes*, 17 e 45, *Prometeu acorrentado*, 849sqq.) de ἐπαφή (epaphḗ), "toque", do verbo Ἐπαφᾶν (epaphân), "tocar". Trata-se, ao que parece, de etimologia popular, *DELG*, p. 356. Épafo desposou Mênfis, filha do Rio Nilo. Dessa união nasceu Líbia, mãe da raça de Agenor (v.) e Belo (v.).

NINFA *(I, 175, 192, 212, 214-215, 220, 234, 238, 265, 281, 290, 332, 332[219]; II, 120, 123; III, 87, 179).*

A etimologia de νύμφη (nýmphē) *Ninfa*, é obscura. Tem-se procurado cotejar *nýmphe* com o verbo latino *nubĕre*, "casar", em se tratando da mulher, o que postularia o indo-europeu **sneubh*, "pedir em casamento", Pokorny, 978. Meringer, *Wörter und Sáchen*, 5,1913,167sq., evoca igualmente o latim *nubĕre*, atribuindo-lhe o sentido de "cobrir-se com um véu", como fazem as nubentes. Seja como for, a nasal *de nýmphē* permanece inexplicável. Seria meramente expressiva? *DELG*, p. 758sq.

Νύνφη (Nýmphē) significa, de um lado, *moça, jovem em idade de se casar, jovem casada*, de outro, *divindade menor*, que tem por *habitat* particularmente o campo, junto às fontes. Com o nome genérico de *ninfas* são chamadas as divindades femininas secundárias da mitologia, vale dizer, divindades que não habitam o Olimpo. Essencialmente ligadas à *terra* e à *água*, simbolizam a própria força geradora daquela. Levando-se em consideração a teoria de Johann Jakob Bachofen em *Das Mutterrecht* (*O matriarcado*), as ninfas seriam reminiscências da era matrilinear, cuja divindade primordial era a Terra-Mãe, enquanto a mulher seria a figura religiosa central. Nesse caso, as ninfas, divindades secundárias, poderiam ser consideradas uma extensão da própria energia telúrica, a saber, divindades menores que representam Geia, a grande Terra-Mãe em sua união com a água, elemento úmido e fecundante. Tudo leva a crer que sim, pois, da união desses dois elementos, *terra e água*, surge a força geradora que preside à reprodução e à fecundidade da natureza tanto animal quanto vegetal. Desse modo, as ninfas são a própria Geia em suas múltiplas facetas, enquanto matriz de todos os seres e coisas, enquanto *grande deusa*, cujas energias nunca se esgotam. Por tudo isso só podiam ser divindades femininas da eterna juventude. E se é verdade que as ninfas não são imortais, vivem tanto quanto *uma palmeira*, ou seja, "cerca de dez mil anos" e jamais envelhecem! Decodificando, teremos a própria natureza que não é imortal, uma vez que morre e renasce, num eterno ressurgir, portanto uma força canalizada para uma eterna juventude. Enquanto hipóstases da Terra-Mãe, as ninfas eram benfazejas e tudo propiciavam aos homens e à natureza. Tinham o dom de profetizar, de curar e de nutrir. Como representantes de Geia, não se limitavam aos campos, aos mares e rios, mas abrangiam a terra como um todo, com seus vales, montanhas e grutas. Resumindo, pode-se enquadrar as ninfas em aquáticas e telúricas: da união de Oceano e Tétis, nasceram as *Oceânidas*, ninfas dos mares; Nereu, o velho do mar, uniu-se a Dóris e foram pais das *Nereidas*, ninfas igualmente dos mares; os Rios, unindo-se a elementos vários, geraram as *Potâmidas*, ninfas dos rios, *Náiades*, ninfas dos ribeiros e riachos, *Creneias e Pegeias*, ninfas das fontes e nascentes, *Limneidas*, ninfas dos lagos e lagoas. As ninfas telúricas propriamente ditas são as *Napeias*, que habitavam vales e selvas; as *Oréadas*, ninfas das montanhas e colinas; as *Dríadas* e *Hamadríadas*, ninfas das árvores em geral, mas especificamente do "carvalho" (árvore consagrada a Zeus). Há uma distinção entre *Dríadas* e *Hamadríadas*: as primeiras, *Dríadas*, em grego δρυάς, -άδος (dryás, -ádos), "carvalho", são aquelas cujo tempo de vida depende da vida do carvalho e as segundas, as *Hamadríadas*, em grego ἁμαδρυάς, -άδος (hamadryás, -ádos), palavra composta de ἁμα- (háma-), "ao mesmo tempo" e δρυάς, -άδος (dryás, -ádos), "carvalho", são as que fazem corpo com o carvalho, isto é, estão incorporadas a esta árvore, nascem com ela. Em síntese, temos os seguintes tipos de *ninfas*:

Oceânidas – ninfas do alto-mar

Nereidas – ninfas dos mares internos

Potâmidas – ninfas dos rios

Náiades – ninfas dos ribeiros e riachos

Creneias – ninfas das fontes

Pegeias – ninfas das nascentes

Limneidas – ninfas dos lagos e lagoas

Napeias – ninfas dos vales e selvas

Oréadas – ninfas das montanhas e colinas

Dríadas e *Hamadríadas* – ninfas das árvores e sobretudo dos carvalhos.

Simbolicamente, no desenvolvimento da personalidade, as ninfas representam uma expressão de aspectos femininos do inconsciente. Divindades ligadas ao nascimento, suscitam a veneração, de mistura com um certo temor: raptam crianças e podem perturbar o espírito de quem as vê. Sua hora perigosa é o meio-dia, momento da hierofania das ninfas. Quem as vir, tornar-se-á presa de um *entusiasmo ninfoléptico*. É aconselhável, por isso mesmo, não se aproximar, ao meio-dia, de fontes, nascentes e da sombra de determinadas árvores... Belas, graciosas e sempre jovens, foram amadas por muitos deuses, como Zeus, Apolo, Dioniso, Hermes. Quando se apaixonavam por um mortal, raptavam-no, como aconteceu com Hilas; fundiam-se com ele, como Sálmacis com Hermafrodito ou se autodestruíam, como Eco por amor a Narciso. Um tipo muito especial de ninfas, são as chamadas *Melíades* ou mais apropriadamente as μελιηγενεῖς (meliēgueneîs), as que nasceram da μελία (melía), isto é, do *freixo*. Etimologicamente, diga-se de passagem, que a origem de *melía* é obscura. Talvez se pudesse fazer uma aproximação com o lituano *smélùs*, "de tom acinzentado", cor realmente apropriada ao freixo. Segundo o relato de Hesíodo, Úrano foi mutilado por Crono. Pois bem, do sangue de Úrano que caiu sobre Geia nasceram, "no decurso dos anos", os Gigantes, as Erínias e as *Ninfas dos Freixos*, isto é, "Ninfas belicosas", uma vez que o *freixo* é símbolo da durabilidade e firmeza. Em memória do nascimento sangrento dessas ninfas, o cabo das lanças era confeccionado de freixo, "que se levanta para o céu como lanças". No mito escandinavo, o freixo, que traduz a poderosa solidez, era símbolo da imortalidade e o traço de união entre os três níveis cósmicos. Eis por que o freixo *Yggdrasil* era a árvore da vida: o universo se desdobra à sombra de seus galhos imensos e todos os seres vivos aí se abrigam. Quando das grandes catástrofes cósmicas, em que o mundo se destruía, para que surgisse um outro, a árvore sagrada permanecia de pé, imóvel, impávida, invencível. Nem as chamas, nem as geleiras, nem as trevas poderiam destruí-la. A árvore da vida era o último refúgio dos que escaparam ao cataclismo e aqui permaneceram para repovoar o mundo. *Yggdrasil* configura a perenidade da vida, que nada poderá arruinar.

Na Antiguidade Clássica, o freixo possuía um grande poder mágico, além de funcionar como poderoso antídoto contra todos os venenos, desde que se misturassem suas folhas ao vinho.

NINO.

Νίνος (Nínos), *Nino*, é vocábulo sem etimologia. Talvez se trate de uma transcrição do assírio *ninua* ou *nina*, que seria a base de Nínive, mas o sentido é desconhecido.

Filho de Belo ou de Crono, uma vez que Belo, o deus Bel, foi identificado com o deus grego Crono, à época helenística, Nino é o fundador mítico de Nínive e do Império Babilônico. Inventor da arte militar, foi o primeiro a organizar e reunir grandes exércitos. Aliado a Arieu, rei da Arábia, conquistou a Ásia inteira, exceto a Índia. Bactriana ofereceu-lhe resistência e seria difícil tomá-la, não fora a astúcia de Semíramis, esposa de um seu vizir, chamado Ones.

Morto Nino, a ardilosa Semíramis sucedeu-lhe no trono do grande Império Babilônico.

Para Heródoto, porém, *Hist.*, 1,7, Nino é um descendente de Héracles. Era um neto de Alceu, que por sua vez era filho do herói máximo com a Rainha Ônfale (v.). A genealogia do historiador grego é uma tentativa de racionalização do mito.

NÍOBE *(I, 78, 80, 282[181]; II, 58, 64,105; III, 38, 61, 237).*

Νιόβη (Nióbē), *Níobe*, não possui etimologia definida até o momento. Carnoy aventa a hipótese de um composto frígio ou pelásgico *ubh+ni*, "curvar-se, escorrendo", já que a heroína foi metamorfoseada num "rochedo donde escorriam lágrimas intermináveis", *DEMG*, p. 438.

Há duas heroínas distintas com este nome, mas sempre houve, no mito, uma tendência a confundi-las.

A primeira delas é uma argiva, filha de Foroneu e da ninfa Teledice ou Cerdo. Níobe, filha do primeiro ser humano, é a primeira mulher mortal. A ela se uniu Zeus e foi pai de Argos e Pelasgo.

A segunda, filha de Tântalo, é irmã de Pélops. Casou-se com Anfião e foi mãe de sete filhos e sete filhas. Os sete homens chamavam-se Sípilo, Eupínito, Ismeno, Damasícton, Agenor, Fédimo e Tântalo; as sete mulheres denominavam-se Etodeia ou Neera, Cleodoxa, Astíoque, Ftia, Pelopia, Asticrácia e Ogígia. Observe-se que na tradição homérica este número é reduzido para doze; em Hesíodo sobe para vinte, mas Herodoro de Heracleia nomeia apenas cinco.

Orgulhosa de sua prole, a imprudente filha de Tântalo dizia-se superior a Leto, que só tivera dois: Apolo e Ártemis. Irritada e humilhada, a mãe dos gêmeos pediu-lhes que a vingassem. Com suas flechas certeiras, Apolo matou os meninos, e Ártemis, as meninas. Uma variante afiança que dos catorze se salvaram dois, um menino e uma menina. Esta, todavia, aterrorizada com o massacre dos irmãos, se tornou tão pálida, que foi chamada Clóris, a "verde".

Mais tarde Clóris desposou Neleu (v.). Na versão homérica, *Ilíada*, XXIV, 602-617, onde se relata todo o mito da infeliz esposa de Anfião, seus filhos ficaram insepultos durante nove dias e só foram enterrados no décimo pelos próprios deuses.

A infeliz mãe, desesperada de dor e em prantos, refugiou-se no Monte Sípilo, reino de seu pai Tântalo, onde os imortais a transformaram num rochedo, que, no entanto, continua a derramar lágrimas. Do rochedo de Níobe, por isso mesmo, corre uma fonte.

Uma versão, talvez mais recente, conta diversamente a morte dos numerosos filhos de Níobe. Esta era filha não de Tântalo, mas de Assáon, que a fizera casar-se com um assírio chamado Filoto, com quem tivera vinte filhos.

Morto Filoto numa caçada, Assáon apaixonou-se pela própria filha. Repelido energicamente por esta, o monstro convidou os vinte netos para um banquete e incendiou o palácio, perecendo todos carbonizados. Cheio de remorsos, Assáon se matou. Níobe, inconsolável, foi transformada em rochedo ou se lançou do alto de um penhasco.

NIQUE *(I, 156-157; II, 21-29).*

Νίκη (Níkē), *Nique*, "vitória", não possui etimologia em grego (v. Niceia).

Personificação da Vitória, Nique é filha do Titã Palas e de Estige, consoante Hesíodo, pertencendo destarte à primeira geração divina, anterior aos deuses olímpicos. É iconograficamente representada com asas e dotada de incrível velocidade.

Tradições mais recentes, todavia, fazem-na uma companheira de Palas Atená.

Criada por Palante, herói epônimo do Monte Palatino, em Roma, foi-lhe dedicado um templo na colina homônima. Este mito procede do sincretismo greco-latino, facilitado pela aproximação entre Atená e Nique, de um lado, e, de outro, entre Palas, epíteto da deusa ateniense, nome igualmente do pai de Nique, e o herói latino Palante.

Na realidade, Nique é, em Atenas, um epíteto de Atená.

NIREU.

Νιρεύς (Nireús), *Nireu*, não possui etimologia segura até o momento. Carnoy, *DEMG*, p. 138, tenta fazer uma aproximação com o indo-europeu *$nī$-ro, a par do sânscrito *nī-lo*, "azul", proveniente da raiz *nei>ni*, "brilhar", donde o antigo irlandês *nīam*, "beleza", persa antigo *narba*, "belo", latim *nitĭdus*, "brilhante". Neste caso, Nireu significaria "o belo".

Filho de Cáropo e da ninfa Aglaia, reinava na Ilha de Sime. Considerado um dos mais belos dos homens, era pretendente à mão de Helena. Figura no Catálogo das Naus (*Il.*, II, 671-675) e comandava tão somente três barcos. Por ocasião da luta entre Aquiles e Télefo, quando da primeira e frustrada expedição contra Ílion (v. Aquiles), Nireu matou a esposa de Télefo, Híera, que combatia ao lado do marido. Nas batalhas diante de Troia, Nireu foi morto por Eurípilo, filho de Télefo. Uma versão diferente mostra-o ao lado de Toas, regressando à pátria após a destruição de Ílion. Um segundo herói homônimo é um jovem da Catânia, na Sicília.

Desesperado por causa de um amor não correspondido, lançou-se do alto do rochedo de Lêucade, mas foi salvo miraculosamente por pescadores. Juntamente com ele foi retirado do mar na mesma rede um cofre de ouro. O esperto Nireu reclamou com veemência o ouro, mas Apolo apareceu-lhe em sonhos e aconselhou-o a contentar-se com a vida e que deixasse de reclamar o que não lhe pertencia.

NISA *(I, 193; II, 115³⁹, 120, 123, 182, 195).*

Νῦσα (Nŷsa), *Nisa*, como se mostrou em Dioniso (v.), talvez seja o segundo elemento componente do nome do deus e possivelmente significa "filho" em trácio, pois "no Monte Nisa" cresceu o filho de Sêmele e de Zeus.

Nisa é uma das ninfas que ajudaram a criar Dioniso no Monte Nisa.

Em algumas versões a ninfa aparece como filha de Euristeu. Nisa e suas irmãs, a pedido de Dioniso, foram rejuvenescidas por Medeia (v.).

1 – NISO *(III, 150, 207).*

Νῖσος (Nisos), *Niso*, segundo Carnoy, *DEMG*, p. 138, talvez pudesse ser aproximado da raiz *neid- "correr, escoar", como outros hidrônimos provenientes do mesmo radical. O antropônimo, neste caso, significaria "o que corre".

Há dois heróis com este nome. O primeiro Niso é um dos quatro filhos de Pandíon II, rei de Atenas. Nasceu em Mégara, onde estava exilado seu pai, expulso do trono pelos filhos de Mécion.

Morto Pandíon, os filhos se congregaram e retomaram a Ática, cabendo a Niso o reino de Mégara.

O herói seria pai de Ifínoe, que se casou com Megareu, filho de Posídon, mas em outra versão a filha do rei de Mégara chamar-se-ia Cila, que traiu o pai por estar apaixonada por Minos (v.), quando este, após tomar Mégara, marchou contra Atenas.

Um segundo herói com este nome é um companheiro de Eneias, que se tornou célebre pela amizade com Euríalo. A afeição de Niso pelo colega era tão grande, que nos jogos fúnebres em honra de Anquises, tudo fez para assegurar a vitória do amigo inseparável (*Eneida*, 5, 315-338).

Na luta contra os rútulos, comandados por Turno, Niso e Euríalo, resolvem, numa operação noturna, muito arriscada, fazer o reconhecimento do campo inimigo. Mataram a Ramnes, mas, quando retornavam, foram perseguidos por cavaleiros rútulos e esconderam-se em moitas cerradas, mas separadamente. Pressentindo a ameaça que pesava sobre Euríalo, Niso deixa o esconderijo e morre, tentando vingar o amigo, que perecera lutando. O longo episódio de Niso e Euríalo, que deve ter sido uma criação de Virgílio, seu afeto e pederastia são relatados prolixamente na *Eneida*, 9, 176-449.

2 – NISO *(III, 150, 207).*

Νῦσος (Nŷsos), *Niso*, é uma espécie de masculino de Nisa (v.), donde "filho" (do deus do céu) em trácio (v. Dioniso). Ao que parece, o antropônimo não possui relação etimológica alguma com νῦαος (nŷsos), "coxo". Diga-se de passagem, que este *Niso* é inteiramente diverso do anterior, do ponto de vista mítico. A simplificação ortográfica é o que os tornou homógrafos.

Niso teria sido "o pai" que criou Dioniso, herdando-lhe uma parte do nome.

Ao partir para Índia, o deus entregou-lhe o governo de Tebas. Quando retornou, Niso se recusou a devolver-lhe a cidade. Não desejando entrar em luta aberta com seu antigo benfeitor, aguardou pacientemente o momento oportuno. Três anos depois, as pazes pareciam feitas entre Dioniso e o rei usurpador. Aproveitando-se dessas tréguas, o deus solicitou-lhe permissão para celebrar as festas trienais por ele próprio instituídas em Tebas. Niso o consentiu. O filho de Sêmele travestiu seus soldados de Bacantes e "estas" facilmente se apoderaram da cidade. Prenderam o tirano e devolveram o poder ao filho de Sêmele.

NIX *(I, 153-154, 158, 177, 187, 190-191, 227-229, 232-233, 237, 239; II, 157; III, 130).*

Νύξ (Nýks), *Nix* (v. Nicteu). Nix é a personificação e a deusa da noite.

Filha de Caos, na *Teogonia* de Hesíodo, como se mostrou em *Mitologia Grega*, Vol. I, p. 153-154, gerou sozinha Éter e Hêmera (Dia) e logo depois uma série de abstrações, entre as quais Moro (Sorte), as Queres (v.), Hipno (v.), Oniro (v.), Momo (v.), Fílote (Ternura), Gueras (Velhice), Éris (v.) e Hespérides (v.). Habita o Extremo Oeste, além da região de Atlas. Enquanto seu irmão Érebo (v.) personaliza as trevas subterrâneas, inferiores, Nix personifica as trevas superiores, de cima. Percorre o céu, coberta com um manto sombrio, sobre um carro veloz, puxado por quatro cavalos negros e está sempre acompanhada das Queres.

Símbolo do inconsciente, é no sono da noite que aquele se libera.

NOTO *(I, 156-157; II, 20).*

Νότος (Nótos), *Noto*, tem o aspecto de um nome de ação com vocalismo *o*. A forma reduzida *nət aparece no latim *natare*, "nadar", que deve ser um derivado do adjetivo *natos, e no armênio *nay*, "úmido, líquido". Noto é pois "o vento do sudoeste, portador da umidade", *DELG*, p. 757-758.

Deus do vento sul, quente e carregado de umidade, Noto é filho de Eos (Aurora) e de Cetreu. Diferentemente de Bóreas e Zéfiro, Noto não aparece em mito algum.

O

OAXES.

'Οάξης (Oáksēs), *Oaxes*, segundo Carnoy, *DEMG*, p. 140, talvez provenha da raiz **weg*, "ser úmido", donde significar o hidrônimo "a umidade".

Herói cretense, Oaxes é filho da ninfa Anquíale e epônimo da cidade de Oaxo na Ilha de Minos. Virgílio, na primeira *Écloga*, 1,66, fala de Oaxes como rio da Costa Setentrional de Creta ou quiçá o tenha confundido com o Rio Oxo.

OAXO.

῎Οαξος (Óaksos), *Oaxo*, tem a mesma etimologia hipotética de Oaxes, isto é, seria o "úmido".

Filho de Acacális (v.), é, por conseguinte, neto de Minos. Confunde-se, por vezes, com Oaxes e, por isso, é considerado como fundador da cidade homônima.

OCEANO *(I, 155, 196-198, 204, 213, 229, 241, 259-260, 265, 280, 326-327, 339; II, 19, 85³⁰, 157, 240; III, 109, 125, 130, 222-223, 225, 308).*

'Ωκεανός (Ōkeănós), *Oceano*, deve ser um empréstimo, uma vez que os indo-europeus não tinham noção de "um rio original e universal", nem tampouco possuíam uma palavra para designar "mar". Tal fato não excluiria uma etimologia grega, que explicasse *Oceano*, mas esta etimologia não existe até o momento, apesar do florilégio de hipóteses, como se pode ver em Frisk, *GEW*, s.u. É possível que, dentre as conjeturas apresentadas na tentativa de explicar o vocábulo, a mais original seja a de Carnoy, *DEMG*, p. 143. Partindo de variantes dialetais como 'Ωγηνός (Ōguēnós), o filólogo belga chega à conclusão de que os pelasgos tomaram por empréstimo aos sumérios o termo *Oginos*, adaptando-o à sua língua. Desse modo se teria, "em pelasgo", um prefixo **ō*, seguido de um derivado em **-ano*, precedido de um radical **κεν-* (*keu-), cuja correspondência seria o indo-europeu **geu*, "rodear, circular, voltar, contornar", donde "Oceano seria o rio-serpente que circula o globo terrestre", representando seu homônimo oriental sumério.

Nas concepções primitivas helênicas, Oceano era concebido como um imenso rio-serpente, que cercava e envolvia a terra, estendendo-se de norte a sul e de leste a oeste, demarcando as fronteiras extremas do globo terráqueo. Tal conceito ajuda de muito a explicar a topografia de algumas gestas de Héracles, deslocando-se de um ponto cardeal a outro por mar, bem como a localização dos Jardins das Hespérides, das Górgonas e de outros pontos geográficos imaginários. No mito grego, Oceano é, pois, a personificação da água que rodeia o mundo. É representado como um rio, o *Rio-Oceano*, que corre em torno da esfera achatada da terra, como diz Ésquilo em *Prometeu acorrentado*, 138-140: *Oceano, cujo curso, sem jamais dormir, gira ao redor da Terra imensa*. Quando mais tarde os conhecimentos geográficos se tornaram mais precisos, o "rio imenso" passou a designar o Oceano Atlântico, o limite ocidental do mundo antigo.

Filho de Úrano e Geia, é o mais velho dos Titãs, mas, extremamente "conciliador", como se pode observar no supracitado *Prometeu acorrentado* de Ésquilo, jamais se indispôs com Zeus.

Unido à sua irmã Tétis, símbolo do poder e da fecundidade feminina do mar, foi pai, segundo Hesíodo, na *Teogonia*, 337-370, de mais de três mil rios e de igual número de filhas, chamadas as Oceânidas, embora o poeta mencione apenas quarenta e uma. Dentre os rios, Hesíodo cita particularmente o Nilo, Alfeu, Erídano, Estrímon, Meandro, Istro, Fásis, Reso, Aqueloo, Nesso, Ródio, Haliácmon, Heptáporo, Granico, Esepo, Símoïs, Peneu, Hermo, Caíco, Sangário, Ládon, Partênio, Eveno, Ardesco e Escamandro.

As Oceânidas personificam os riachos, as fontes e as nascentes. Unidas a deuses e, por vezes, a simples mortais, são responsáveis por numerosa descendência. Dentre elas, as mais importantes no mito são: Estige, Admeta, Iante, Electra, Dóris, Urânia, Hipo, Clímene, Calírroe, Idíia, Pasítoe, Dione, Toe, Polidora, Perseis, Ianira, Acasta, Menesto, Europa, Métis, Eurínome, Telesto, Ásia, Calipso, Eudora e Ocírroe.

Observe-se, todavia, que estes nomes citados são os de Hesíodo, porque muitos deles se alteraram e passaram a figurar em catálogos diversos com funções diferentes, em dependência do estro e da fantasia de poetas e mitógrafos.

Do ponto de vista simbólico, Oceano, em razão mesmo de sua vastidão, aparentemente sem limites, é a imagem da indistinção e da indeterminação primordial.

OCÍRROE.

'Ωκυρρόη (Okyrróe), *Ocírroe*, é um composto do adjetivo ὠκύς (okýs), "vivo, rápido" e do substantivo ῥοή (rhoé), "corrente, correnteza", do verbo ῥεῖν (rheîn), "escorrer, correr", donde "a que escoa rápido", por ser o nome de uma das filhas de Oceano. Quanto ao adjetivo ὠκύς (okýs) pressupõe o indo-europeu **ōkú-s*, sânscrito *āsú-*, avéstico *āsu*, todos com o sentido de "rápido". A raiz é **ak-*, "agudo", que aparece também no latim *acupedius*, "ágil" e *accipiter* < **acu-peter*, "de voo rápido", falcão. No tocante ao presente ῥέω (rhéo) "eu corro", de **srew-*, há, entre outros, o correspondente sânscrito *srávati*, "ele corre", russo *óstrov*, "ilha" (cercada de água corrente), *DELG*, p. 971 e 1300.

Ocírroe é o nome de várias ninfas ou de divindades relacionadas com as fontes e as águas. A oceânida Ocírroe uniu-se a Hélio e foi mãe de Fásis. Este, tendo surpreendido a mãe com um amante, a matou. Meio enlouquecido pelo remorso, precipitou-se nas águas do Rio Arcturo, que, desde então, passou a denominar-se Fásis.

Uma segunda heroína homônima é uma ninfa da Ilha de Samos, filha da também ninfa Quésias e do Rio Ímbraso. Um dia em que a ninfa foi a Mileto, Apolo se encantou por ela e quis raptá-la. Ocírroe, assustada, recorreu a Pômpilo, um marinheiro amigo de seu pai e pediu-lhe que a levasse de volta a Samos. Quando, porém, chegaram à ilha, lá estava Apolo. O deus, após transformar o navio de Pômpilo em rochedo e o piloto em peixe, fugiu com Ocírroe.

A terceira personagem com nome idêntico é a filha de Quirão e da ninfa Cáriclo. O nome da heroína se deve ao local onde nasceu. Com efeito, Cáriclo a deu à luz junto a um riacho de águas rápidas. Recebeu, tão logo veio ao mundo, o dom divinatório, mas começou a usá-lo sem discernimento, revelando a seu pai e ao pequeno Asclépio a história secreta dos deuses. Estes castigaram-na, transformando-a em cavalo, com o nome de Hipo.

OCNO (II, 244, 244¹³⁶).

Ὄκνος (Óknos), *Ocno*, é uma personificação de ὄκνος (óknos), cujo sentido primeiro é "hesitação, timidez, medo" e, em sentido translato, "lentidão, preguiça, indolência", donde Ocno é "o indolente". Benveniste aproxima o antropônimo grego do hitita *ikniyant* – "tolhido, paralítico", *DELG*, p. 790.

Ocno teria chegado a esse estado de indolência absoluta por desânimo. Era um homem honesto e laborioso, mas tudo quanto conseguia com seu penoso trabalho de camponês a mulher o consumia prodigamente. Desse modo, a personagem passou a personificar *a inércia e o sensualismo*, como se mostrou e se comentou em *Mitologia Grega*, Vol. II, p. 244.

No mito em geral, Ocno é apresentado *trançando* uma *corda* que um *burro* devora. No mito de *Eros e Psique*, analisado em *Mitologia Grega*, Vol. II, p. 209-251, o antigo camponês já está no Hades, onde arrasta, num vaivém ininterrupto, um burro que transporta *achas*, que vão caindo na medida em que o asno se movimenta. É inútil pegá-las, porque, quando o animal reinicia a caminhada, elas voltam a cair. O castigo do camponês, portanto, como o das Danaides (v.), que tentam encher um barril sem fundo, é um eterno recomeçar. Ocno foi condenado a semelhante suplício por sua extrema indolência e exasperada sensualidade, uma vez que tanto o *trançar* como a *corda* e o *burro*, que a devora, são símbolos fálicos, mas inúteis e falhos, no caso em pauta: o burro é estéril, a acha *cai* e a corda *é roída*. O paralelo com o mito das Danaides é significativo: estas, que mataram os maridos, despejam água, detentora de grande energia sexual, num barril, num "útero" sem fundo. Johann Jakob Bachofen, no ensaio *Versuch über die Gräbersymbolik der Alten* (Ensaio sobre o simbolismo dos túmulos na Antiguidade), ao decodificar Ocno, limitou-se a fazê-lo em relação ao ato de *trançar* e a alguns outros pormenores, mas deixou de lado a presença tão importante do "burriqueiro coxo", como é chamado Ocno, no mito de Eros e Psiqué. O estudioso suíço apresenta-nos duas personagens diferentes: a primeira é o penitente do Hades e a segunda, certamente por ter, após a reencarnação, se iniciado nos Mistérios de Elêusis, o Ocno redimido. Isto explica as duas gravuras principais, bem contrastantes, estampando Ocno no Columbário da Porta Latina, em Roma, objeto do estudo de Bachofen.

Propércio, *Elegias*, 4,3, 21, alude ao castigo de Ocno no Hades.

OFELTES (III, 45, 45³⁴, 45, 64).

Ὀφέλτης (Ophéltēs), *Ofeltes*, provém do verbo ὀφέλλειν (ophéllein), "crescer, aumentar, fazer prosperar", donde "aquele que favorece o crescimento ou traz prosperidade". O antropônimo já se encontra no micênico sob a forma *opeta*. É possível uma aproximação com o armênio *awel em *aweli* e o verbo *y-awel*, "ajuntar, aumentar", *DELG*, p. 841-842.

Quanto ao mito do menino *Ofeltes*, vejam-se Anfiarau e Sete contra Tebas.

OFÍON.

Ὀφίων (Ophíōn), *Ofíon*, ao que tudo faz crer, éum derivado de ὄφις (óphis), "serpente", donde "aquele que tem a forma de serpente".

Vocábulo antigo, *óphis* deve corresponder ao sânscrito *áhi-*, avéstico *aži*, "serpente". O nome da serpente, réptil ctônio e símbolo da renovação, foi tabuizado e aparece, por isso mesmo, sob formas diversas. É bem possível, destarte, que ὄφις (óphis) seja da mesma família etimológica que ἔχις (ékhis) e ἔγχελυς (énkhelys) e o latim *anguis*, "serpente", *DELG*, p. 842.

Numa tradição, possivelmente órfica, Ofíon e sua companheira Eurínome, filha de Oceano (v.), comandaram os Titãs antes de Crono e Reia. Crono, todavia, se apossou do poder e lançou Ofíon e Eurínome no Tártaro.

Uma segunda personagem homônima é um dos Gigantes que lutaram contra Zeus. O pai dos deuses e dos homens o massacrou, lançando sobre ele uma montanha, que recebeu o nome de Ofíônion.

ÓGIGO.

Ὤγυγος (Ṓguygos), *Ógigo*, talvez provenha de Ὠγυγίη (Ōguyguíē), Ogígia, a ilha da ninfa Calipso, mas semelhante derivação é possivelmente uma invenção dos gramáticos. Não se conhece a etimologia do vocábulo.

Há três heróis com este nome, mas o principal é o primeiro, um "autóctone" que reinou na Beócia em data muito afastada. Alguns mitógrafos dizem-no filho de Beoto, herói epônimo da Beócia ou ainda teria como pais o deus Posídon e Alistra. Reinava sobre os ectenes, os primeiros habitantes do país, bem antes do dilúvio de Deucalião. Uma das sete portas de Tebas herdou-lhe o nome. Várias de suas filhas se tornaram heroínas epônimas de aldeias tebanas: Alalcomênia, Áulis, Telxineia. Diz-se que durante seu governo teria havido um primeiro dilúvio, mas que atingiu tão somente a Beócia.

Este Ógigo, segundo uma versão antiga, teria sido o pai de Cadmo e Fênix.

Uma segunda personagem homônima seria o pai do herói Elêusis.

Um terceiro Ógigo era o nome atribuído por tradições obscuras ao rei dos Titãs, vencidos por Zeus.

OILEU.

Oἰλεύς (Oileús), *Oileu*, tem por base Fιλεύς (Wileús), micênico *owiro*, e significaria "o moreno" ou "o de cabelos escuros", *DELG*, p. 783.

Oileu era filho de Hodédoco e Laônome. Rei dos lócrios, tornou-se famoso particularmente por ter sido pai de Ájax Oileu (v.). Oileu participou da expedição dos Argonautas e foi ferido no ombro por uma pena acerada de uma das aves do Lago de Estinfalo. Além de pai de Ájax, que tivera de sua legítima esposa Eriópis, o herói unira-se também a uma concubina chamada Rena, segundo a *Ilíada*, II, 726-728, e com ela foi pai do bastardo Médon. Atribuía-se-lhe ainda uma terceira mulher, Alcímaque, irmã de Télamon (v.).

OLIMBRO.

Ὄλυμβρος (Ólymbros), *Olimbro*, segundo Carnoy, *DEMG*, p. 144, estaria relacionado com Ὄλυμπος (Ólympos), *Olimpo* (v. Jogos e Olimpo) e significaria "montanha", em pelasgo.

Numa tradição independente da *Teogonia* de Hesíodo, possivelmente oriental, Olimbro é um dos filhos de Úrano e Geia. Seus irmãos, nessa genealogia, são Ádano, Óstaso, Sando, Crono, Jápeto e Reia. Como se observa, uma fusão do mito oriental com o ocidental.

1 – OLIMPO *(I, 69, 72-73, 80, 112, 121, 123-124, 128, 132, 136-139, 141, 149, 159, 162, 168, 213, 215, 240, 276, 280, 283, 290, 292, 294, 311-312, 314, 332, 335-336, 338, 343, 346; III, 13, 24, 34, 56, 66, 88, 91, 114, 128, 131, 132[146], 164, 212, 217, 224, 226, 328, 330, 337, 343[204], 344, 348).*

Ὄλυμπος (Ólympos), *Olimpo*, o Monte "Olimpo", talvez seja um termo de substrato, que significaria "montanha" em pelásgico, *DELG*, p. 795; *GEW*, s.u.

Na Hélade era grande o número de montes com este nome. Assim é que existia um "Olimpo" na Mísia, na Cilícia, na Élida, na Arcádia e o mais célebre deles ficava entre a Tessália e a Macedônia. Desde os poemas homéricos, o Olimpo é a residência oficial dos imortais, sobretudo o domínio de Zeus. Foi no monte sagrado, nos confins da Macedônia com a Tessália, que o pai dos deuses e dos homens (v. Balança) pesou os destinos de Heitor e Aquiles. Foi dos píncaros do Olimpo que o mesmo deus lançou seu filho Hefesto (v.), que ousara intervir em favor de Hera (v.).

Aos poucos, no entanto, Olimpo deixou de ser uma montanha, para se tornar uma abstração e converter-se em mansão celeste, onde habitavam os imortais.

2 – OLIMPO.

Ὄλυμπος (Ólympos), *Olimpo*, enquanto antropônimo, tem a mesma etimologia que 1 – Olimpo (v.).

Há vários heróis com o nome de Olimpo. O primeiro deles é filho de Crés, epônimo da Ilha de Creta, a quem o deus Crono entregou Zeus para que o herói cuidasse e educasse o futuro senhor do mundo. Olimpo, todavia, sugeriu mais tarde aos Gigantes que destronassem a Zeus. O pai dos deuses e dos homens o fulminou, mas, arrependendo-se depois, deu seu próprio nome ao túmulo de Olimpo, em Creta.

O segundo Olimpo é o primeiro marido de Cibele, a qual se casou em segundas núpcias com Iásion (v.). Trata-se, ao que parece, de uma interpretação evemerista do mito de Cibele, que residia no Monte Olimpo da Mísia.

O terceiro herói homônimo é um célebre flautista, considerado pai e, com mais frequência, filho de Mársias e seu mais famoso discípulo. Quando Apolo escorchou a Mársias (v.), Olimpo o chorou e homenageou ao som da flauta.

OLINTO.

Ὄλυνθος (Ólynthos), *Olinto*, é uma personificação de ὄλυνθος, "fruto da figueira selvagem". Trata-se, segundo Chantraine, *DELG*, p. 796, de um termo técnico de substrato, como se pode observar pelo sufixo -*nthos*.

Herói epônimo da cidade macedônia homônima, Olinto era filho do Rei Estrímon e tinha como irmãos Brangas e Reso. Morto no curso de uma caçada por um leão, foi enterrado por Brangas no local onde pereceu.

Segundo uma variante, Olinto era filho de Héracles e da ninfa Bolbe.

ÔNFALE *(I, 175[129]; III, 36, 123, 125[93], 125-127, 132, 138-139, 142-144, 146-147, 153).*

Ὀμφάλη (Omphálē), *Ônfale*, é uma espécie de feminino de ὀμφαλός (omphalós), "umbigo", que possui um correspondente exato no latim *umbilicus*, proveniente de *umbilus < *ombh-alos = ὀμφαλός; antigo irlandês *imbliu*. Com outro radical há correspondências nítidas com o sânscrito *nābhi*, "umbigo" e também "eixo"; alemão antigo *naba*, "eixo", *nabalo*, "umbigo". Donde, Ônfale é "o umbigo", isto é, aquela que possui "um belo umbigo", já que este possui, na mulher, um caráter erótico. Ônfale é, pois, "o umbigo feminino".

Acerca do umbigo (v. Ônfalo), seu sentido genital, suas "espécies", tabus e simbolismo, fez-se um longo comentário e análise em *Mitologia Grega*, Vol. III, p. 135-147.

Com o assassinato de Ífito (v.), Héracles, por decisão do Oráculo de Delfos, deveria vender-se como escravo e servir a seu senhor por três anos; a quantia apurada com a transação seria entregue à família da vítima da loucura do herói. Comprou-o a Rainha Ônfale por três talentos de ouro.

A respeito da nova senhora de Héracles, existem duas versões. Originariamente, o mito de Ônfale parece localizar-se na Grécia, mais precisamente no Epiro, onde ela aparece como epônimo da cidade de Onfálion. Muito cedo, porém, o mito foi transferido para a Lídia, onde se revestiu da opulenta e pitoresca indumentária oriental, ampla e sofregamente explorada pelos poetas e artistas da época helenística. Com o aproveitamento igualmente de um nome próprio grego, a lindíssima e sensual Ônfale passou a ser filha de Iárdano, rei da Lídia. Segundo outra versão, a princesa seria filha ou viúva do Rei Tmolo, que lhe deixara o reino. Sabedora das gestas de seu escravo, impôs-lhe, basicamente, quatro tarefas, que consistiam em limpar-lhe o reino de malfeitores e de monstros.

A primeira delas foi dirigida contra os *Cercopes*, Euríbates e Frinondas, dois facínoras que empestavam a Lídia. Héracles os prendeu. Soltos mais tarde, voltaram ao crime e foram transformados em macacos por Zeus.

A segunda consistia em libertar o país do cruel vinhateiro Sileu. O herói o matou. O terceiro trabalho tinha por alvo a Litierses, denominado o ceifeiro maldito. Héracles o liquidou, cortando-lhe a cabeça. A quarta façanha, por fim, era libertar a Lídia dos itoneus, que constantemente saqueavam o reino. O filho de Alcmena moveu-lhes guerra sangrenta. Apoderou-se de Itona, a cidade que lhes servia de refúgio, e, após destruí-la, trouxe todos os sobreviventes como escravos (v. Héracles).

Face a tanta coragem, pasma com gestas e vitórias tão contundentes, Ônfale mandou investigar as origens do herói. Tomando conhecimento de que era filho de Zeus, de imediato o libertou e se uniu a ele, tendo-lhe dado um filho, Lâmon, ou segundo outros, dois, Áqueles ou Agelau e Tirseno. A partir daí, terminaram na Lídia os trabalhos do filho de Alcmena. Todo o tempo restante do exílio, agora doce escravatura, ele o passou nos banquetes e na luxúria. Apaixonada pelo maior de todos os heróis, Ônfale se divertia, revestida da pele do leão de Neméia, brandindo a pesada clava de seu amante, enquanto este, indumentado com os longos e luxuosos vestidos orientais da rainha, fiava o linho a seus pés. O resgate do *animus* e da *anima* mais uma vez se evidenciava (v. Andrógino).

Mas essa modalidade de exílio, ao menos para os heróis, costuma terminar rapidamente e, por isso mesmo, o amante de Ônfale preparou-se para retornar à Hélade e reiniciar seus trabalhos e sofrimentos até a apoteose final.

ÔNFALO (UMBIGO).

'Ομφαλός (Omphalós), *Ônfalo*, "umbigo" (v. Ônfale).

Acerca do *umbigo*, seu sentido genital, suas "espécies", tabus, simbolismo e até mesmo iconografia, fez-se um longo comentário e análise em *Mitologia Grega*, Vol. III, p. 135-147.

Dada, porém, a importância do assunto, apresentar-se-á apenas uma síntese do que lá se discutiu amplamente.

A respeito do ὀμφαλός (omphalós), do *umbigo* como *centro do mundo*, como canal de comunicação entre os três níveis, celeste, telúrico e ctônio, já se falou em *Mitologia Grega*, Vol. II, p. 59-60. Igualmente na p. 94 do mesmo volume se voltou a mencionar o ὀμφαλὸς τῆς γῆς (omphalòs tês guês), o umbigo como centro de Delfos, vale dizer, como *centro do mundo*, demarcado por vontade de Zeus. Em ambos os capítulos supracitados, a relação de ὀμφαλός (omphalós) com o sexo ficou bem-atestada. Ainda na p. 59sqq., se aludiu à importância do *umbigo* como *centro*, pelo fato de o muito santo ter criado o mundo como se fora um *embrião* e este crescer a partir do *omphalós*, só se desenvolvendo e espalhando-se depois. Chamamos a atenção, por isso mesmo, para determinadas estatuetas africanas, nas quais a dimensão dada ao umbigo é bem mais importante do que a atribuída ao membro viril, uma vez que é daquele *centro* que provém a vida. Na p. 94sq., fomos mais explícito, procurando relacionar etimologicamente Δελφοί (Delphoí), *Delfos*, sede do Oráculo de Apolo, com δελφύς (delphýs), *matriz*, *útero*, cavidade misteriosa aonde descia a Pitonisa, para tocar o *omphalós*, a "pedra", o umbigo sagrado, que marcava o centro da terra, antes de responder às perguntas dos consulentes. Dizíamos, então, que esse *omphalós* estava carregado de "sentido genital", uma vez que a descida ao útero de Delfos, à "cavidade", onde profetizava a Pítia, e o fato de a mesma tocar o *omphalós*, ali representado por uma pedra, símbolo fálico, configuravam, de per si, uma "união física" da sacerdotisa com Apolo.

Opina Gutierre Tibón, *El Ombligo como centro erótico*, México, Fondo de Cultura Econômica, 1984, p. 11sqq., que o *Cântico dos Cânticos*, arbitrariamente atribuído a Salomão, rei de Israel e Judá (cerca de 970-930 a.C.), seja o primeiro monumento literário em que se exalta metaforicamente o umbigo feminino como símbolo de beleza: o *omphalós* merecedor de tão grande encômio é o de Sulamita. Eis o texto bíblico:

> Que verás tu na Sulamita senão coros de dança
> dum acampamento?
> Quão belos são os teus pés
> no calçado que trazes, ó filha do príncipe!
> As juntas de teus músculos são como colares,
> fabricados por mão de mestre. Teu umbigo é uma taça feita ao torno,
> que nunca está desprovida de licores (Ct 7,1-2).

De qualquer forma, seja qual for a interpretação que se dê ao texto, o *umbigo*, no caso, é apresentado como índice de atração sexual. Não foi, aliás, por escrúpulo de "protesto", mas por injustificada pudicícia, que Martinho Lutero não aceitou a tradução do original hebraico *shorer* por "umbigo" e o transformou em "regaço": *Dein Schoss ist wie ein runder Becher, dem nimmer Getranke mangelt*, isto é, "teu regaço é uma taça redonda em que nunca faltam bebidas".

Se o *omphalós* de Sulamita é como *uma taça feita ao torno*, redonda e profunda, é porque o "umbigo perfeito", comenta Tibón, "deveria ser aneliforme, côncavo, fundo", embora os hebreus, por proibição da Lei, não tenham deixado nenhuma representação do mesmo.

A carência de reprodução iconográfica do umbigo entre os árabes pelo mesmo veto legal que incidia sobre os hebreus não desanimou, no entanto, o infatigável pesquisador mexicano, que, após descobrir que *México*, em náuatle, significa *no umbigo da Lua*, não mais parou com suas buscas onfálicas...

Da cultura hebraica, Tibón se aventura pela vastidão do texto do riquíssimo patrimônio literário oriental das *Mil e Uma Noites* e da *ars amandi* das sete partes do *Kâma Sûtra*, segundo Mallinaga de Vâtsyâyana. Nas primeiras são destacados dois textos em que se exalta eroticamente o *omphalós*: *Seu pescoço recorda o do antílope e seus seios, duas romãs [...] Seu umbigo poderia conter vários gramas de unguento de benjoim.* Um pouco mais abaixo diz Sherazade: *Seu umbigo poderia conter certa quantidade de almíscar, o mais suave dos aromas* (VIII, 33). E consoante Tibón, que cita o Dr. Woo Chan Cheng, o uso do almíscar no umbigo feminino funciona como afrodisíaco olfativo para o homem.

No Kâma Sûtra se encontram três passagens que aguçam nossa atenção para o erotismo umbilical. A primeira se acha no capítulo sobre os beijos, onde se afirma que na Índia Oriental os amantes beijam as mulheres *também no cotovelo, nos braços e no umbigo*; a segunda referência está no capítulo sobre a arte das carícias, onde se ensina que se deve marcar com as unhas o corpo da amada *no umbigo, nas pequenas cavidades que se formam em redor das nádegas ou então nas virilhas*. O terceiro passo será citado mais adiante.

Para não sair tão depressa da cultura asiática, o autor mexicano apresenta e descreve a estátua da deusa de Bali, *Rati*, Grande Mãe protetora da fertilidade. *Rati*, "a delícia erótica", é representada com o braço direito segurando os seios, estilizados à maneira de dois falos monstruosos e com a esquerda sustém o ventre prenhe, coroado por um *omphalós* saliente, com dois orifícios, que se assemelham a dois dentes caninos contrapostos. Os olhos semicerrados e o sorriso da deusa, com a boca semiaberta e retorcida para a esquerda, expressam simultaneamente a voluptuosidade e a dor de um parto iminente e contínuo.

Se os gregos visualizavam o belo como *splendor ordinis*, como *mesótes*, como busca do meio-termo, tudo fizeram em sua arte inimitável para "estabelecer as proporções precisas da beleza". E, por isso mesmo, vendo no *omphalós* uma interseção, um balizamento, o limite entre a excitação e o prazer, o grande escultor ateniense Praxíteles, nascido em 390 a.C., insistiu em que o *umbigo* deveria estar exatamente entre os seios e o sexo. Sua Afrodite, denominada *Afrodite de Cnido*, a primeira estátua feminina inteiramente despida no mundo grego, e que ainda é possível "imaginar", graças a uma cópia romana, apresenta um *omphalós* perfeito, redondo e profundo, como o da própria Ônfale, cuja estátua lindíssima, por sinal, em companhia de Héracles, se encontra no Museu Nacional de Nápoles. Nesse conjunto artístico Héracles-Ônfale, ela com a pele do Leão de Neméia sobre os ombros e com a clava do herói na mão direita, ele indumentado com o leve e vaporoso traje feminino da rainha, segurando o fuso com a mão direita, é possível ver em Ônfale, personificação do próprio *omphalós*, uma submissão de Héracles ao princípio feminino, uma vez que à cicatriz onfálica poder-se-ia dar um enfoque de dependência inconsciente pré-natal mãe-filho. De outro lado, sendo *andrógino* o umbigo, "nele se fundem os dois sexos, que readquirem no *centro* do corpo sua unidade originária", como nos mostra Platão no *Banquete*, 190-191.

C. Gustav Jung viu na sizígia Héracles-Ônfale a integração *animus-anima*: "O mito de Héracles apresenta todos os aspectos característicos de um processo de individuação: as viagens em direção aos quatro pontos cardeais, quatro filhos, submissão ao princípio feminino, ou seja, a Ônfale, que simboliza o inconsciente".

Aperfeição umbilical, todavia, diga-se de passagem, não está apenas na Índia, na Judeia ou na Grécia, pois o *omphalós* redondo e profundo já se encontra na arte neossumeriana, como atesta a chamada *deusa alada* do Museu do Louvre, dos inícios do segundo milenário a.C.

O *umbigo*, que para Platão é a marca indelével da separação do andrógino primordial (*Banquete*, 190-191), e é por isso que "cada uma das metades pôs-se a buscar a outra", na ânsia de completar-se pelo *centro*, tem conotação bem diversa no homem e na mulher. Tibón sintetiza bem a causa dessa "disparidade": "O umbigo muda de essência, de caráter, quando pertence ao sexo feminino. Como demonstramos nas páginas precedentes, ele é parte do atrativo do corpo da mulher, imprescindível adorno do ventre. Assim como as aréolas masculinas são neutras, meras decorações do tórax, igualmente o é o umbigo viril. A ambivalência mítica do umbigo converge para o âmbito puramente feminino: é um apelo erótico a mais".

Mas não se trata apenas de um apelo erótico a mais, pois que existe também uma "convergência ideal de umbigo e útero", como aliás assinala com precisão o já tantas vezes citado Gutierre Tibón. Quando Ártemis, a pedido de seu irmão gêmeo Apolo, matou a Corônis, que estava grávida de Asclépio, fato por nós comentado em *Mitologia Grega*, Vol. II, p. 90, o deus da medicina veio ao mundo mediante uma incisão, a partir do *omphalós*, no ventre da amante do ciumento deus de Delfos. Uma gravura anônima do século XVII, estampada por Tibón e intitulada *Aesculapii ortus*, "Nascimento de Esculápio", mostra-nos Asclépio saindo do *umbigo* de Corônis como se fosse do próprio *útero* da desditosa princesa.

"A crença infantil, comenta o autor, de que as crianças saem do orifício umbilical obedece a um simbolismo arquetípico: a identidade do *omphalós* e do *útero* como *centro da vida*". E citando a Erich Neumann, para quem este simbolismo engloba inconscientemente o da natureza feminina da *Terra*, mãe por antonomásia, o autor conclui sabiamente, ao dizer que, se a Mãe-Terra pare, cada manhã, o Sol, cada noite, a Lua e as estrelas, as plantas e os alimentos, ela é a mãe universal. "O *umbigo*, centro que nutriu o ser humano, em sua existência pré-natal, equivale, pois, ao útero, não apenas da mulher, mas também antropocosmicamente ao do universo".

Até mesmo de um ponto de vista linguístico, a identificação *umbigo-útero* pode ser abonada em várias culturas, como no sânscrito *nábhila*, que tanto pode significar cavidade quanto vulva; Cuzco, "umbigo", esclarece Tibón, "en quechua actual equivale a vagina" e *Delphoí*, "Delfos", relacionado etimologicamente com *delphys*, é o grande *centro umbilical* do mundo, exatamente por ser o útero da Terra...

ONIRO *(I, 124, 134; II, 92; III, 26, 28, 41, 47-50).*

Sonho em grego diz-se ὄναρ (ónar), ὄνειρος (óneiros) e ὕπαρ (hýpar), havendo, claro está, diferença entre os dois grupos, *ónar-óneiros* e *hýpar*. Vejamos primeiramente o problema etimológico. Consoante Chantraine, *ónar* e seu derivado *óneiros* remontam indubitavelmente ao indo-europeu, mas não se conhece uma raiz que possa explicá-los com clareza. O que de mais próximo existe são duas formas mais ou menos correspondentes em armênio e albanês, respectivamente *anurj* e *âdërrë* ou *ëndërrë*, sonho. Quanto a ὕπαρ (hýpar), Frisk julga que este velho termo indo-europeu pertence à mesma família etimológica de *hýpnos* (v.), *sono*, com alternância de sufixo (*DELG*, p. 802 e 1157). No que tange ao sentido, é necessário levar em conta que existia em grego uma distinção entre *hýpar*, "sonho premonitório, sonho verdadeiro", e *ónar*, "sonho enganador", como se pode ver em dois passos da *Odisseia*: XIX, 547 e XX, 90. Mas o primeiro acabou sendo suplantado pelo segundo e, na língua corrente, *ónar* assimilou os dois sentidos: o de *sonho enganador* e de *sonho*. Entre *ónar* e *Óneiros* não existe oposição, mas uma simples ampliação de sentido: *ónar* é o *sonho*, sobretudo *enganador ou* "a imagem que aparece em sonhos" e *Óneiros* é o *Sonho* personificado (*Il.*, II, 6sqq. e 56) ou o nume, a divindade que penetra no homem, enquanto dorme e depois se retira (*Odiss.*, XI, 222; XIV, 495; XIX, 568) e, em seguida, *sonho* em geral, pouco importa se *falso* (como se existisse "sonho falso") ou verdadeiro. *Oniro*, forma que preferimos a *Sonho*, não é propriamente uma inovação ou neologismo, uma vez que figura como primeiro elemento em muitos compostos em nossa língua, como *oniromancia, onírico, onirocricia, onirologia* e outros. Não se trata de um deus, mas de um δαίμων (daímon), um intermediário, que não age de moto-próprio, mas como enviado dos deuses. Foi, desse modo, que *Oniro*, a mando de Zeus (*Il.*, II, 8-34), enganou ao Rei Agamêmnon, como οὖλος Ὄνειρος (ûlos Óneiros), isto é, como um *Sonho falso*, a fim de que o atreu preparasse as tropas para assaltar a cidadela sagrada de Ílion. Tendo havido forte dissenção entre os deuses olímpicos, afirmava mentirosamente Oniro, a deusa Hera os convencera de que Troia deveria cair nas mãos dos helenos... Para transmitir a Agamêmnon essa falsa mensagem de Zeus, Oniro travestiu-se de Nestor, pois era sob forma hierofânica que uma divindade, embora menor, se manifestava aos mortais. Oniro, por ser uma abstração, não possui um mito próprio, mas sempre ligado a Hipno (v.) e a Morfeu (v.), desfrutava do maior prestígio entre os deuses e os homens. Atuava dia e noite, mas nem sempre, "como é natural num sonho" (e hoje sabemos por quê), suas mensagens eram claras. Em Epidauro (v.) Oniro agia como mensageiro do herói-deus da medicina Asclépio (v.). No grande santuário do filho de Apolo os pacientes deitavam-se e dormiam – era o que se denominava ἐγκοίμησις (enkoímesis), ação de deitar-se – e o *Sonho* "vinha trazer-lhes Asclépio". Este *tocava*, em sonhos, as partes afetadas dos doentes e transmitia-lhes determinadas mensagens. Estas, isto é, os "sonhos" eram interpretados pelos sacerdotes, que, em seguida, "aviavam a receita". Era o que se denominava mântica por incubação (v.). Clitemnestra, na trilogia de Ésquilo, *Oréstia* teve um *hýpar*, um sonho premonitório terrível! Após assassinar, com auxílio do amante Egisto, a Agamêmnon, seu legítimo esposo, não mais conseguia dormir em paz. *Oniro* tomara-a de assalto, por mandato do patriarcal Apolo. Este irá comandar a vingança da morte do rei, enviando Orestes, que assassinará a própria mãe Clitemnestra e Egisto. O Corifeu relata o *ónar* a Orestes. A rainha de Micenas sonhou que dera à luz uma serpente e, ao dar-lhe o seio, um coágulo de sangue se misturou ao leite. Orestes prontamente interpretou o prodígio: ele era a serpente que outrora lhe sugara o seio, mas que em breve lhe derramaria o sangue (*Coéforas*, 523-550).

Uma breve incursão pela filosofia mostrará também a tentativa que os pensadores gregos fizeram para explicar a natureza do sonho. Já em Homero os sonhos se consideravam tanto como realidades objetivas, não muito diferentes em qualidade da experiência da vigília, quanto como manifestações de uma experiência interior, cujos aspectos em parte se diluem em simbolismo, conforme se pode aquilatar por duas passagens homéricas, entre outras. Os textos falam com mais clareza. Na *Ilíada*, trata-se da perseguição de Aquiles a Heitor, sem que o primeiro lograsse alcançar o segundo e este, por sua vez, não conseguisse fugir:

*Assim como acontece no sonho, quando o
perseguidor não consegue alcançar o fugitivo,
nem este tampouco logra evadir-se, nem aquele
atingi-lo, assim não pode Aquiles alcançar a
Heitor, nem este é capaz de fugir-lhe* (*Il.*, XXII, 199-201).

O segundo texto é um sonho relatado por Penélope a Ulisses, antes de saber que o mendigo que hospedava era seu próprio esposo disfarçado:

*Tenho no palácio duas dezenas de gansos, que
comem o trigo, retirando-o da água,
agradável espetáculo para meus olhos. Mas, eis
que desceu do monte uma grande águia
de bico recurvo e a todos matou, quebrando-lhes
os pescoços. Mortos, ficaram amontoados no
palácio. A águia, porém, retornou ao éter divino.
Pus-me no sonho a gemer e chorar. As mulheres
aqueias, de belas tranças,
reuniram-se em torno de mim, que lamentava a
morte dos gansos. A águia, todavia, retornando,
pousou na trave mais alta e com voz humana
procurou acalmar-me, dizendo: tranquiliza-te,
Penélope, filha do ínclito Icário, não foi um sonho
falso, mas a antecipação de um sonho verdadeiro.
Os pretendentes são os gansos; eu era a águia,
agora retorno como teu marido,
que dará a todos os pretendentes uma morte cruel*
(*Odiss.*, XIX, 536-550).

De consequência bem mais especulativa, como demonstrou F.E. Peters, *TEFG*, p. 172sqq., foi a distinção encontrada em Homero (*Odiss.*, XIX, 560sqq.) e bem mais tarde repetida por Virgílio (*En.*, 6, 893-898) entre os sonhos que nos chegam através da *porta de marfim*, que são nada mais que "ilusão bruxuleante e fantasia" (uma vez que, por "refletir" a imagem, o marfim é falso) e os que nos vêm através da *porta de chifre* (que é opaco e não reflete), que são presságios de coisas futuras. Não há dúvida de que os gregos, desde uma época muito recuada, tentaram separar *ónar* (o sonho falso) de *hýpar* (sonho verdadeiro) com a atuação constante dos *oniromantes*, dos intérpretes de sonhos, como já está na *Ilíada*, V, 148 (v. Mântica). Macróbio, escritor e gramático latino dos fins do século III p.C., em seu comentário ao *Somnium Scipionis* (Sonho de Cipião) de Cícero, dividiu os sonhos pressagos em simbólicos, visionários e oraculares, aos quais se acrescentou o sonho de trato direto com um deus ou com um *daimon*. Tentativas para provocar tais sonhos estavam muitas vezes ligadas à *enkoímēsis*, à incubação, destinada a provocar curas médicas, segundo se mostrou linhas atrás. Consoante F.E. Peters, já por nós citado, o sonho entrou na filosofia com Heráclito "que o trata como um voltar-se para dentro subjetivo". Demócrito tenta explicá-lo pela penetração nos sentidos de imagens materiais, *eídola*, que se destacam dos corpos e, pelo ar, vêm impressionar o órgão sensitivo. Dessas imagens o homem derivou suas noções dos deuses e dos *daímones*, que, por vezes, são portadores de mensagens funestas. "Platão acredita na natureza profética (e divinamente inspirada) dos sonhos, e no *Timeu* 71a-72b oferece uma curiosa explicação fisiológica de como eles funcionam. Têm sua origem no fígado, que é o instrumento ou meio pelo qual a parte racional (loguistikón) da alma comunica os seus pensamentos, agora transformados em imagens visuais, à faculdade apetitiva (epithymētikón). É a presença dessas imagens no fígado que dá origem aos sonhos e ao mesmo tempo explica a prática da adivinhação (mantikḗ) pela observação do fígado dos animais". A primeira opinião de Aristóteles sobre os sonhos está muito próxima da de Demócrito e Epicuro: no *De Philosophia* (Acerca da Filosofia), frag. 10, embora esteja nesta altura a trilhar um caminho afastado da teoria do *eidos* (ideia) de Platão, Aristóteles aceita ainda a dicotomia *sôma-psykhḗ* (corpo-alma), fenômeno que pode ser experimentado nos sonhos, como já havia sido assinalado por Píndaro. Para o filósofo peripatético é exatamente essa experiência da alma nos sonhos que convence o homem da existência dos deuses. "Mais tarde elaborou uma explicação dos sonhos totalmente fisiológica e nega, de maneira categórica, sua origem divina, embora admitindo ainda a sua natureza ocasionalmente profética". De qualquer forma, tanto na literatura quanto na filosofia a origem divina dos sonhos, ou de pelo menos os verdadeiros, estava por demais arraigada no pensamento grego, para ser teoricamente extirpada. Basta que se leia a obra Τὰ Ὀνειροκριτικά (Tà Oneirokritiká) ou, como é mais conhecida, *Onirocriticon libri V*, "Cinco livros sobre a interpretação dos sonhos", de Artemidoro de Éfeso (séc. II p.C.), para se ter uma ideia do apego popular à origem divina dos sonhos. Seria de todo inútil tentar narrar outros sonhos ou pesquisar as múltiplas tentativas que fizeram os pensadores gregos para explicá-los. É que, se de um lado *Oniro* somente seria elucidado a partir de Freud e Jung, de outro, catalogá-los e analisá-los à maneira dos helenos seria compor uma volumosa antologia, uma vez que a literatura grega é um viveiro onírico. A importância que a cultura grega deu aos sonhos, no entanto, é, de certa forma, uma antecipação do que Jung denominou *inconsciente pessoal* e *inconsciente coletivo*, uma vez que estes funcionam nos sonhos como válvula de escape, equilíbrio psíquico e uma salutar compensação. O Dr. Walter Boechat, psiquiatra e analista junguiano, resumiu magistralmente os efeitos provocados pelo "higiênico" Oniro (Revista *Pais e Filhos*, Rio de Janeiro, abril de 1988, ano 20, n. 8, p. 16). Vale a pena repetir, se bem que sumariamente, alguns conceitos emitidos pelo psiquiatra em pauta. "Hoje sabemos", afirma o Dr. Walter Boechat, "que o sonho é uma necessidade básica do ser humano, que garante, inclusive, sua saúde mental. É algo tão fundamental para nosso equilíbrio psíquico como o alimento para a sobrevivência do corpo". Mais adiante assevera: "O sonho também atua, equilibrando os dois lados da mente: o consciente e o inconsciente. E é lá, no inconsciente, que toda e qualquer emoção ou sensação vivenciada por nós desde a concepção vai sendo cuidadosamente armazenada, mesmo que não tenhamos dado conta disto. Portanto, não é por acaso que o sonho vem carregado de emoção e que acordamos mais alegres ou mais tristes sem sabermos exatamente por quê, uma vez que nem sempre nos lembramos do que sonhamos. Também não é por acaso que temos sonhos ao ar livre, se passamos o dia inteiro em lugares fechados. Ou que sonhamos com fases felizes da vida, quando a realidade está ficando insuportável. Nada mais é do que o inconsciente compensando o consciente". E arremata: "Foi Jung, discípulo de Freud, quem descobriu que determinados símbolos, que constantemente aparecem em sonhos, são, na verdade, patrimônio da raça humana. Passados geneticamente de geração para geração, estes símbolos povoam sonhos tanto de habitantes do Alasca quanto da África Central. Do Japão à Noruega. São símbolos relacionados com as chamadas vivências básicas do ser humano. Algo relacionado com o instinto de sobrevivência". Mas será que só os adultos sonham? Não. O sonho é bem mais "criança" do que se supõe. O feto sonha? Os perinatologistas, isto é, os especialistas em vida intrauterina, descartam qualquer possibilidade de dúvidas: o feto sonha e talvez sonhe desde o momento da concepção...

Os gregos certamente se espantariam com tamanha "audácia científica". Para eles os adultos sonhavam e pelo menos até Homero, Oniro possuía uma única origem, como diz Aquiles na *Ilíada*, 1,63: καὶ γὰρ τ' ὄναρ'εκ Διός'εστιν (kaì gàr t'ónar ek Diós estin), *o sonho é também uma mensagem de Zeus*.

ÓPUS.

'Οποῦς (Opûs), *Ópus*, deriva de ὀπός (hopós), sem que se possa explicar a psilose. *Hopós* é "o suco de uma planta", principalmente "o suco ácido do figo para fazer coagular o leite".'Οποῦς (Opûs) é contração de 'Οπόεις (Opóeis), cidade da Lócrida, talvez "rica em suco". Do indo-europeu *sok^wos deduz-se o grego ὀπός (hopós), o lituano no plural *sakaī*, o antigo prussiano *sackis*, o antigo eslavo *sokŭ*, "suco". O latim *sūcus*, "suco", deve pertencer à mesma família etimológica, embora com estrutura diferente, mercê do ditongo *eu* ou *ou*. Ópus é, pois, "o rico em suco", *DELG*, p. 810; Frisk, *GEW*, s.u.

Herói epônimo dos lócrios de Opunte, é filho de Locro e de Protogenia, filha de Deucalião e Pirra.

Uma outra versão faz do herói um filho de Zeus com a filha de um outro Ópus, rei da Élida. Neste caso o rebento do pai dos deuses e dos homens teria tomado o nome do avô. Como Locro, nesta variante, não tivesse filhos, Zeus confiou-lhe o pequeno Ópus, que foi adotado e criado como filho de Locro e Protogenia.

ÓQUIMO.

Ὄχιμος (Ókhimos), *Óquimo*, é vocábulo sem etimologia até o momento.

De Hélio e da ninfa Rodo nasceram sete filhos: Mácar, Áctis, Cândalo, Tríopas, Óquimo, Cércafo e Tênages. Como os quatro primeiros houvessem assassinado seu irmão caçula Tênages e fugido, Óquimo e Cércafo permaneceram na Ilha de Rodes. Por ser o mais velho, Óquimo assumiu o poder. De sua união com a ninfa Hegetória nasceu Cidipe, que se casou mais tarde com o tio Cércafo, que acabou substituindo o irmão no trono da ilha.

Uma variante atesta que Óquimo prometera a mão de Cidipe a um nobre chamado Ocrídion. Mas, como este tivesse enviado um arauto para conduzir-lhe a noiva, Cércafo, apaixonado pela sobrinha, raptou-a e com ela fugiu para local desconhecido. Regressou a Rodes bem mais tarde, na velhice de Óquimo e, feitas com ele as pazes, assumiu as rédeas do governo. Tal fato explica por que os ródios proibiam os arautos de penetrar no santuário do herói Ocrídion.

ORESTES *(I, 78, 85-86, 89-92, 94-95, 102, 209; II, 22, 30, 86, 94-95; III, 43, 52, 54, 64, 70, 295, 295[226], 329[157], 331, 334-335, 337-342, 347, 352-353).*

'Ορέστης (Oréstēs), *Orestes*, provém de ὄρος (óros), "montanha", donde "o montanhês", pelo fato de o filho de Agamêmnon ter sido criado por Estrófio, que habitava o sopé do Monte Parnasso. Frisk, *GEW*, s.u. admite que ὄρος (óros), "elevação, montanha", seja um deverbal de ὄρνυμαι (órnymai), ὀτέσθαι (orésthai), "elevar-se". Talvez se possa fazer um cotejo com o sânscrito ṛṣva-, "alto".

Filho caçula de Agamêmnon e Clitemnestra, o mito de Orestes, bem como o de sua irmã Ifianassa ou Ifigênia, evoluíram muito e se enriqueceram com episódios dramáticos, graças sobretudo aos trágicos. Nas epopeias homéricas os traços principais do mitologema já estão fixados e o herói já é, por exemplo, apresentado como o vingador do pai, embora o bardo de Quios pareça ignorar o assassinato de Clitemnestra. Só com

Ésquilo, na grandiosa trilogia *Oréstia*, é que o filho do atrida se torna uma personagem de alto coturno.

A histórica mítica do caçula dos reis de Micenas se inicia após a primeira e frustrada expedição dos aqueus contra a cidadela de Ílion. Adiante-se logo que essa primeira tentativa dos gregos de atingir Troia foi um fracasso. As naus dos bravos argivos, dispersadas por uma tempestade, chegaram à Mísia, que, confundida com Troia, foi atacada pelos invasores. O rei local, Télefo, lutou com bravura contra os aqueus, mas acabou sendo gravemente atingido por Aquiles. Como o oráculo declarasse que o soberano só poderia ser curado pela espada que o atingiu, o rei aguardou pacientemente que os helenos se reunissem de novo em Áulis e para lá se dirigiu. Ora, em Áulis estavam também Clitemnestra (v.), Ifigênia e Orestes. É que a esposa de Agamêmnon viera até onde estava estacionada a armada a chamado do esposo, que mentira à rainha, dizendo-lhe que Ifigênia, que na verdade seria sacrificada a Ártemis, deveria se casar com Aquiles, antes da partida da frota para a Tróada.

Tão logo chegou a Áulis, o rei da Mísia foi preso como espião, mas astutamente conseguiu tomar como refém o pequenino Orestes e ameaçou matá-lo, caso não fosse libertado imediatamente e ouvido pelo conselho dos reis aqueus. Para salvar o filho, o poderoso senhor de Micenas foi obrigado a atender as exigências de Télefo, que afinal foi curado pela ferrugem da espada de Aquiles e ainda ajudou os helenos a encontrar o itinerário correto que os levaria à fortaleza de Príamo.

Com o sacrifício de Ifigênia, Clitemnestra (v.), que já odiava o marido, regressou a Micenas e se tornou amante de Egisto, primo e inimigo mortal de Agamêmnon. Essa união punha em perigo a vida de Orestes, que, pela lei do "guénos", como se mostrou em *Mitologia Grega*, Vol. I, p. 77-78, seria o único que poderia vingar a morte do pai, se este, porventura, fosse morto pelos novos senhores de Micenas, que, na realidade, já o planejavam. Egisto, que dominara a alquebrada rainha, teria sem dúvida eliminado o menino, não fora a pronta intervenção de Electra, que o enviou clandestinamente para a Fócida, onde foi criado como filho, em Cirra, na corte de Estrófio, casado com Anaxíbia, irmã de Agamêmnon.

Existem versões diferentes acerca do esconderijo do caçula dos reis de Micenas. O menino teria sido salvo e enviado para longe por sua ama ou seu preceptor ou ainda por um velho e fiel servidor da família. De qualquer forma, o casal só possuía um filho, Pílades, que se tornou por toda a vida o amigo fraterno do herdeiro do trono de Micenas.

Com o covarde assassinato de Agamêmnon, em seu retorno de Ílion, por Egisto ou Clitemnestra ou mais provavelmente por ambos, Orestes, já então moço, recebeu ordens de Apolo para que se dirigisse a Micenas e matasse a própria mãe e o amante dela, Egisto. Na *Electra* de Sófocles é a própria Electra, que se manteve em contato com o irmão, que lhe pede para vingar o pai. Com a anuência de Apolo, o herói, acompanhado de Pílades, encaminhou-se para o túmulo de Agamêmnon, onde lhe consagrou uma mecha de seu cabelo. Electra, que viera igualmente fazer uma libação à alma do pai, reconheceu o irmão através desse sinal e oferenda. Esta modalidade de reconhecimento, usada por Ésquilo na *Oréstia*, é substituída com mais verossimilhança por um ancião na *Electra* de Eurípides, e em Sófocles, na tragédia homônima, por um anel, que pertencera a Agamêmnon e que Orestes mostra à irmã.

Para levar a bom termo a vindita, Orestes, com o respaldo de Pílades e empurrado pelo ódio de Electra à mãe e ao padrasto, emprega o conhecido estratagema mítico em que o "morto" anuncia a própria morte. Apresenta-se disfarçado à rainha como um estrangeiro vindo da Fócida e encarregado por Estrófio não só de anunciar a morte de Orestes, mas também de perguntar-lhe se as cinzas do falecido deveriam ser transportadas para Argos ou permanecer em Cirra. Clitemnestra, livre do medo de ver seus crimes punidos pela inexorável lei do "guénos", rejubila-se numa irônica tristeza com a morte do filho.

Mandado informar de imediato pela esposa, Egisto, que estava no campo, acorre pressuroso ao palácio para se inteirar de tão auspicioso acontecimento. Foi o primeiro a tombar sob os golpes de Orestes.

Ouvindo o grito de Egisto, ao cair morto, a rainha retorna do interior do palácio e encontra o filho de espada na mão. A morte de Clitemnestra foi realmente dramática. Suas súplicas abalaram o ânimo de Orestes. Tratava-se, no entanto, de uma ordem de Apolo. Empurravam-lhe o punhal, além do mais, o olhar imperativo de Electra, bem como as palavras encorajadoras de Pílades. Em Eurípides, o caçula do atrida mata a Egisto, quando este estava no jardim, prestes a oferecer um sacrifício às Ninfas. No momento em que ia ser degolada, as palavras finais da sofrida rainha de Micenas são uma terrível ameaça ao filho:

Clitemnestra – *Vê bem. Cuidado com as cadelas furiosas de uma mãe.*

(Ésquilo, *Coéf*, 924)

Essas "cadelas furiosas", isto é, as Erínias (v.), miticamente as vingadoras do sangue parental derramado, sintetizam o próprio *eídolon* da mãe assassinada, que atua sobre o matricida de forma compulsivamente arrasadora.

Matando a própria mãe, o herói é imediatamente "envolvido" pelas Erínias (Aleto, Tisífone e Megera) que só ele vê. Picado pelo aguilhão das "cadelas", dirige-se como um louco para junto do *omphalós*, o umbigo sagrado do Oráculo de Delfos, a fim de ser purificado por Apolo. Apesar da atuação do deus, o assassino não conseguiu libertar-se das "cadelas". Apolo tomou, por isso mesmo, a única providência cabível: instituiu um julgamento ultrapatriarcal para o matricida, cujo crime seria apreciado pelo *Areópago*, o augusto tribunal ateniense. Seus advogados seriam o próprio deus de Delfos e Atená, a que nasceu sem mãe, das meninges de Zeus.

Há uma variante: quem forçou o julgamento do filho de Agamêmnon pelo Areópago não teriam sido as Erínias, através de Apolo, mas Tíndaro, pai de Clitemnestra ou ainda Erígone, filha da rainha com Egisto. Como alguns argumentaram que, a essa época, Tíndaro já havia falecido, os imaginosos mitógrafos substituíram-no por um sobrinho, Períleo, filho de Icário, irmão de Tíndaro.

As Erínias pressionaram ameaçadoramente os doze íntegros magistrados atenienses que julgavam a primeira causa no Areópago e talvez por isso mesmo os votos terminaram empatados. Atená, a patrilinear, não se perturbou. Ela teria a palavra e o voto final. Num discurso tipicamente "falocrático", em que se posiciona a favor do homem e "sem levar em consideração a morte de uma mulher, que assassinou o esposo, guardião de seu lar" (Ésquilo, *Eum.*, 734-741) votou a favor do réu. Agradecido, o filho de Agamêmnon ergueu um altar no Areópago à deusa de olhos garços, cujo voto de *Minerva* (nome de Atená em latim) o salvou.

Foi para lembrar a dolorosa permanência de Orestes por alguns dias em Atenas que se instituiu nas Antestérias (v.) o denominado *Dia dos Cântaros*. É que o rei da cidade, Demofonte ou Pandíon II, se aborreceu seriamente com a presença de Orestes. Por causa do miasma que havia contraído como matricida, não desejava que ele participasse das Antestérias em honra de Dioniso e nem tampouco que penetrasse no templo do deus, como era de praxe durante a festa. Não querendo, de outro lado, insultá-lo (ou talvez por temor a Atená) tomou uma providência conciliadora: mandou fechar o templo e servir em mesas ao ar livre cântaros de vinho aos participantes das solenidades. Tal fato deu origem à festa dos "Cântaros" nas solenidades supracitadas.

Quanto ao local e desfecho do processo de Orestes há uma variante. O matricida teria sido julgado em Argos e fora, por unanimidade, condenado à morte, ficando-lhe apenas o direito de escolher como desejava deixar esta vida. Outros dizem que o julgamento se realizou em Micenas e Orestes teria sido condenado tão somente ao exílio.

De qualquer forma, livre exteriormente das Erínias, quitado da pena, mas não da culpa, o herói, atormentado por suas "erínias internas", pediu orientação a Apolo acerca do que lhe caberia fazer a seguir. A Pítia respondeu-lhe que, para libertar-se da "opressão interna" do *eídolon* de Clitemnestra, deveria dirigir-se à Táurida, na Ásia Menor. Lá, teria que descobrir e apossar-se da estátua de Ártemis, cuja guardiã era Ifigênia, sua irmã, que fora arrebatada no momento de ser imolada por Agamêmnon em Áulis e se tornara sacerdotisa da irmã de Apolo. Acompanhado de Pílades, Orestes chegou a seu destino, mas foram ambos aprisionados pelo Rei Toas, que costumava sacrificar estrangeiros à deusa Ártemis. Algemados, foram levados a Ifigênia, sacerdotisa do templo e encarregada de imolar os adventícios. Interrogados pela irmã e prima, esta viu logo de quem se tratava. Orestes contou-lhe por que motivo viera à Táurida e qual a ordem que recebera de Apolo. Disposta a facilitar o roubo da estátua da deusa, a filha de Agamêmnon planejou fugir com seu irmão e seu primo Pílades. Para tanto, persuadiu o Rei Toas de que não se poderia sacrificar o estrangeiro, que fugira da pátria por ter assassinado a própria mãe, sem primeiro purificá-lo, bem como a estátua de Ártemis, nas águas do mar. O rei deu crédito à sacerdotisa, que se dirigiu para a praia com Orestes, Pílades e a estátua da irmã de Apolo. Sob o pretexto de que os ritos eram secretos, distanciou-se dos guardas e fugiu com os dois e o ícone no barco do irmão. Posídon, todavia, fez que a nau retornasse às costas da Táurida e Toas estava prestes a apossar-se do navio, quando Atená lhe surgiu pela frente e fê-lo desistir da perseguição.

O derradeiro episódio do longo e sofrido mitologema do vingador de Agamêmnon refere-se à sua permanência na Argólida e a seu casamento.

Desde muito jovem Orestes era noivo de Hermíona, filha de Menelau e Helena, mas durante a Guerra de Troia, o inseguro Menelau prometera a jovem a Neoptólemo, filho de Aquiles. No regresso da Táurida, Orestes foi para junto de Hermíona, enquanto o esposo se encontrava em Delfos. Raptou a filha de Menelau e, em seguida, matou-lhe o marido. Conta-se que o homicído fora praticado em Delfos, a conselho da própria Hermíona. Para tanto, o jovem atrida provocou um tumulto durante o qual lhe foi muito fácil liquidar o rival. Com a filha de Helena, Orestes foi pai de Tisâmeno. Reinou em Argos, como sucessor de Cilárabes, que falecera sem filhos e depois em Esparta, em lugar de Menelau.

Como uma grande peste começasse a devastar-lhe o reino, Orestes mandou consultar o Oráculo de Delfos. Apolo respondeu que o flagelo não cessaria, enquanto não fossem reconstruídas as cidades arruinadas no decurso da Guerra de Troia e não se prestasse a seus respectivos deuses o culto de que haviam sido privados. De imediato, o rei da Argólida e da Lacônia enviou colonos para a Ásia Menor com o objetivo de satisfazer à vontade do deus de Delfos. Reerguidas as cidades e reintroduzido o culto a seus deuses, a prosperidade voltou ao Peloponeso.

Orestes faleceu aos noventa anos, após setenta de reinado. Em seu túmulo, em Tégea, tributavam-se-lhe honras divinas.

ORESTEU.

Ὀρεσθεύς (Orestheús), *Oresteu*, talvez como *Orestes* (v.) proceda de ὄρος (óros), "montanha", donde "o que habita a montanha".

Rei da Etólia, Oresteu era filho de Deucalião e seus irmãos se chamavam Prônoo e Maratônio. Uma de suas cadelas tendo parido um pequeno galho, o herói o plantou e eis que, meses depois, brotou do solo uma videira carregada de uvas. Face a semelhante prodígio, Oresteu chamou a seu filho, nascido logo em seguida, de Fítio, do verbo φύειν (phýein), "fazer brotar, crescer". Fítio foi o pai de Eneu (v.).

ORFEU *(I, 243, 300, 313²⁰⁸, 315; II, 10, 66, 86-87, 141-144, 144⁶¹, 147-151, 153-155, 156⁷¹, 157, 161-162, 166, 168-171, 211; III, 48, 64, 178-179, 179¹⁴⁷, 184, 194, 302²³¹).*

Ὀργεύς (Orpheús), *Orfeu*, não possui, até o momento, etimologia comprovada. A hipótese de uma derivação de *orbho-, *ὀρφο- (*orpho-), "privado de" (e Orfeu o foi de Eurídice) é apenas uma hipótese, bastante influenciada pela existência de ὀρφανός (orphanós), cujo sentido primeiro é "desprovido de, privado de, órfão", como o latim *orbus*, que também remonta a *orbho-, "privado de". Diga-se de passagem, que o português *órfão* provém de *orphănu(m)*, ac. de *orphănus*, mera transliteração do grego ὀρφανός (orphanós). Talvez, como acentua Chantraine, *DELG*, p. 829, "Orfeu" seja um nome mítico pré-helênico.

Trata-se de uma personagem lendária, possivelmente de origem trácia. Era filho de Calíope, a mais importante das nove Musas e do Rei Eagro. Este, por motivos político-religiosos, como severa depois, é frequentemente substituído por Apolo. De qualquer forma, Orfeu sempre esteve vinculado ao mundo da música e da poesia: poeta, músico e cantor célebre, foi o verdadeiro criador da "teologia" pagã. Tangia a lira e a cítara, sendo que passava por ser o inventor desta última ou, ao menos, quem lhe aumentou o número de cordas, de sete para nove, numa homenagem às Nove Musas. Sua maestria na cítara e a suavidade de sua voz eram tais, que os animais selvagens o seguiam, as árvores inclinavam suas copadas para ouvi-lo e os homens mais coléricos sentiam-se penetrados de ternura e de bondade.

O que importa é que Orfeu é um herói muito antigo, pois já o encontramos na expedição dos Argonautas. Sua existência era tão real para o povo, que, em Anfissa, na Lócrida, se lhe venerava a cabeça como verdadeira relíquia. Educador da humanidade, conduziu os trácios da selvageria para a civilização. Iniciado nos "mistérios", completou sua formação religiosa e filosófica viajando pelo mundo. De retorno do Egito, divulgou na Hélade a ideia da *expiação das faltas e dos crimes*, bem como os cultos de Dioniso e os mistérios órficos, prometendo, desde logo, a imortalidade a quem neles se iniciasse.

Ao regressar da expedição dos Argonautas, casou-se com a ninfa Eurídice, a quem amava profundamente, considerando-a como *dimidium animae eius*, como se ela fora a *metade de sua alma*. Acontece que um dia (o poeta latino do século I a.C. Públio Virgílio Marão nos dá, no canto 4, 453-527, de seu maravilhoso poema *As Geórgicas*, a versão mais rica e mais bela do mitologema) o apicultor Aristeu tentou violar a esposa do cantor da Trácia. Eurídice, ao fugir de seu perseguidor, pisou numa serpente, que a picou, causando-lhe a morte. Inconformado com a perda da esposa, o grande vate resolveu descer às trevas do Hades, para trazê-la de volta.

Orfeu, com sua cítara e sua voz divina, encantou de tal forma o mundo ctônio, que até mesmo a roda de Exíon parou de girar, o rochedo de Sísifo deixou de oscilar, Tântalo esqueceu a fome e a sede e as Danaides descansaram de sua faina eterna de encher tonéis sem fundo. Comovidos com tamanha prova de amor, Plutão e Perséfone concordaram em devolver-lhe a esposa. Impuseram-lhe, todavia, uma condição extremamente difícil: ele seguiria à frente e ela lhe acompanharia os passos, mas, enquanto caminhassem pelas trevas infernais, ouvisse o que ouvisse, pensasse o que pensasse, Orfeu não *poderia olhar para trás*, enquanto o casal não transpusesse os limites do império das sombras. O poeta aceitou a imposição e estava quase alcançando a *luz*, quando uma terrível dúvida lhe assaltou o espírito: e se não estivesse atrás dele a sua amada? E se os deuses do Hades o tivessem enganado? Mordido pela impaciência, pela incerteza, pela saudade, pela "carência" e por invencível *póthos*, pelo desejo grande da presença de uma ausência, o cantor olhou *para trás*, transgredindo a ordem dos soberanos das trevas. Ao voltar-se, viu Eurídice, que se esvaiu para sempre numa sombra, "morrendo pela segunda vez..." Ainda tentou regressar, mas o barqueiro Caronte não mais o permitiu.

Inconsolável e sem poder esquecer a esposa, fiel a seu amor, Orfeu passou a repelir todas as mulheres da Trácia. As *Mênades* (v.), ultrajadas por sua fidelidade à memória da esposa, fizeram-no em pedaços. Há muitas variantes acerca da morte violenta do filho de Eagro. Vamos destacar duas delas. Conta-se que Orfeu, ao retornar do Hades, instituiu mistérios inteiramente vedados às mulheres. Os homens se reuniam com ele em uma casa fechada, deixando suas armas à porta. Uma noite, elas, enfurecidas, apoderaram-se dessas armas e mataram Orfeu e seus seguidores. Outra variante nos informa que, tendo servido de árbitro na querela entre Afrodite e Perséfone na disputa por Adônis, Calíope teria decidido que o lindíssimo filho de Mirra permaneceria uma parte do ano com uma e uma parte com outra. Magoada e irritada com a decisão, Afrodite, não podendo vingar-se de Calíope, vingou-se no filho. Inspirou às mulheres trácias uma paixão tão violenta e incontrolável, que cada uma queria o inexcedível cantor só para si, o que as levou a esquartejá-lo e lançar-lhe os restos e a cabeça no Rio Hebro. Ao rolar da cabeça pelo rio abaixo, seus lábios chamavam por Eurídice e o nome da amada era repetido pelo eco nas duas margens do rio.

Punindo esse crime abominável das mulheres trácias, os deuses devastaram-lhe o país com uma grande peste. Consultado o oráculo sobre como acalmar a ira divina, foi dito que o flagelo só se extinguiria quando se encontrasse a cabeça do vate e lhe fossem prestadas as devidas honras fúnebres. Após longas buscas, um pescador finalmente a encontrou na embocadura do Rio Meles, na Jônia, em perfeito estado de conservação e ali mesmo foi erguido um templo em honra de Orfeu, cuja entrada era proibida às mulheres. A cabeça sagrada do cantor passou a servir de oráculo. Se a *lira* do poeta, a qual, após longos incidentes, foi parar na Ilha de Lesbos, berço principal da poesia *lírica* da Hélade, a psique do cantor foi elevada aos Campos Elísios, aqui no caso sinônimo de Ilha dos Bem-Aventurados ou do próprio Olimpo, onde, revestido de longas vestes brancas, Orfeu canta para os imortais.

Exposto resumidamente o mitologema, pois as variantes são inúmeras, vamos tentar fazer-lhe alguns comentários, abordando os aspectos que nos parecem mais importantes, deixando para a terceira e última parte uma visão sobre o *Orfismo* (v.).

Orfeu desceu à mansão do Hades e poderia ter trazido a esposa de volta, se não tivesse olhado *para trás*. A catábase de Orfeu é a do tipo tradicional, xamânico: o iniciado morre aparentemente e na contemplação do além, "encontrando-se", torna-se detentor do saber e dos mistérios, nos quais procurará orientar seus seguidores, para que, preparando-se adequadamente nesta vida, "se encontrem" na outra.

Na realidade, o grande desencontro de Orfeu no Hades foi o de ter olhado *para trás*, de ter voltado ao passado, de ter-se apegado à matéria, simbolizada por Eurídice. Um órfico autêntico, segundo se verá mais adiante, jamais "retorna". Desapega-se, por completo, do viscoso do concreto e parte para não mais regressar. Certamente o citaredo da Trácia ainda não estava preparado para a junção harmônica e definitiva com sua *anima* Eurídice. Seu despedaçamento pelas Mênades, supremo rito iniciático, o comprova. Como Héracles, que, apesar de tantos ritos iniciáticos e até mesmo uma catábase ao mundo das sombras, somente escalou o luminoso Olimpo após uma morte violenta numa fogueira no Monte Eta, Orfeu olhou *para trás*, transgredindo o tabu das *direções*. Estas, bem como os lados e os pontos cardeais, possuíam, nas culturas antigas, um simbolismo muito rico.

O "matriarcado" sempre deu nítida preferência à *esquerda*: esta pertence à feminilidade passiva; *a direita*, à atividade masculina, já que a força está normalmente na mão direita e foi, através da força, da opressão, que a *direita*, o homem, execrou a *esquerda*, a mulher. O tabu dos canhotos sempre foi um fato consumado. Diga-se, aliás, de passagem, que um dos muitos epítetos do Diabo é *Canhoto*. A superioridade da esquerda estava, por isso mesmo, ligada ao "matriarcado", entre outros motivos porque é a *noite* (oeste) que dá nascimento ao *dia*, lançando o sol de seu bojo, parindo-o diariamente. Daí, a cronologia entre os primitivos ser regulada pela noite, pela *Lua*; daí também o hábito, desde tempos imemoriais, da escolha da noite para travar batalha, para fazer reuniões, para proceder a julgamentos, para realizar determinados cultos, como os *Mistérios de Elêusis* e o solene autojulgamento dos reis da Atlântida...

Observe-se que entre Grécia e Roma a designação de esquerda diverge profundamente. Em latim, direita é *dextera* ou *dextra*, que talvez, ao menos do ponto de vista da etimologia popular, pode se aproximar de *decet*, "o que é conveniente" e esquerda é *sinistra*, de mau presságio, funesto, "sinistro"; em grego, direita é δεξιά (deksiá) que, como se observa, tem a mesma raiz que o latim *dextra* e significa "de bom augúrio, favorável" e esquerda é ἀριστερά (aristerá), etimologicamente a "excelente, a ótima", uma vez que *aristerá* se prende ao superlativo ἄριστος (áristos), "o melhor, o mais nobre, o ótimo". Trata-se evidentemente de um eufemismo que a inteligência grega engendrou para amortecer o impacto da esquerda, da *sinistra*. Os pontos cardeais atestam igualmente não apenas a dicotomia "matriarcado-patriarcado", mas também o azar e a sorte, o perigo e a segurança. Talvez, partindo-se do inglês, as coisas fiquem mais claras: *West*, "oeste", cf. *wespero*, é a tarde, a boca da noite, como em grego ἑσπέρα (hespéra), "tarde", em latim uespĕra, "tarde" e em português véspera, vespertino... Oeste é onde "morre" o sol e começa a noite, donde em latim *occĭdens*, o que morre, "ocidente"; é o lado nobre do "matriarcado" e nefasto para o "patriarcado", porque é a *esquerda*. *North*, "norte", cf. *ner*, "debaixo", isto é, à esquerda do nascimento do sol. É também um dos lados propícios ao "matriarcado". Daí *Ner-eu, Ner*-eidas, divindades da água, vinculadas ao feminino. *East*, "leste", cf. *awes*, ideia de "brilhar", em grego ἠώς (ēṓs), "aurora"; em latim existe o adjetivo, já da época da decadência, *ostrus, -a, -um*, "vermelho", que está ligado a *oriens*, "o que nasce", o sol nascente. Aliás, púrpura em latim se diz *ostrum*. Leste, a direita, é o lado nobre do "patriarcado". *South*, "sul", cf. *sawel, swen*, "à direita do nascimento do sol", é igualmente um dos lados do masculino.

É assim que olhar para a *frente* é desvendar o futuro e possibilitar a revelação; para a *direita* é descobrir o bem, o progresso; para a *esquerda* é o encontro do mal, do caos, das trevas; para *trás* é o regresso ao passado, às *hamartíai*, às faltas, aos erros, é a renúncia ao espírito e à verdade.

Em *Gênesis* 19,17.26, uma das recomendações que os dois anjos de Javé, enviados para destruir Sodoma e Gomorra, fizeram a Lot foi que, abandonando Sodoma com a família, não olhasse *para trás: salua animam tuam, noli respicere post tergum* – "salva tua vida, não olhes *para trás"*, mas a mulher do patriarca olhou *para trás* e foi transformada numa coluna de sal. Acerca desse episódio do Antigo Testamento há uma excelente interpretação estruturalista do Dr. D. Alan Aycok que, *lato sensu*, chega à mesma conclusão que aventamos para a desobediência de Orfeu. A mulher de Lot foi transformada em estátua de *sal* (símbolo, entre outros, de *purificação, esterilidade e contrato social*, e os três significados poderiam ser aplicados a Lot e sua família), por seu apego a uma cidade condenada à ruína, por causa de seus pecados; quer dizer, a esposa de Lot, olhando para trás, "voltou ao passado" e sofreu, com isso, as consequências de sua desobediência a Javé.

Na *Odisseia*, X, 528, Ulisses, seguindo o conselho da feiticeira Circe, dirigiu-se ao país dos mortos para consultar Tirésias. Segundo a recomendação da temível maga, o esposo de Penélope deveria fazer um sacrifício aos habitantes do Hades, ficando de costas para o mesmo e, portanto, sem olhar para trás, já que o mundo dos mortos se localizava no oeste, no ocidente.

No *Édipo em Colono* de Sófocles, 490, o Corifeu, após ensinar ao alquebrado Édipo como fazer um sacrifício às Eumênides, acrescenta: ἔπειτ' ἀφέρπειν ἄστροφος (épeit' aphérpein ástrophos), "retira-te, em seguida, sem olhar para trás".

Nas *Coéforas*, 91-99, segunda tragédia da trilogia *Oréstia*, de Ésquilo, Electra pergunta ao coro como deverá fazer libações sobre o túmulo de seu pai Agamêmnon, assassinado pela esposa Clitemnestra:

Electra (dirigindo-se ao Coro):
Não sei o que dizer, ao derramar esta oferenda no túmulo de meu pai. Será que devo empregar a fórmula ritual: "que recompense os que lhe enviam esta homenagem"! Retribuindo-a com dádiva digna de seus crimes? Ou silenciosa, de modo ultrajoso – pois foi assim que morreu meu pai – espalharei estas libações no solo que as beberá e ir-me-ei, depois de atirar este vaso, sem olhar para trás, como quem arroja um objeto lustral depois do uso?...

Igualmente, na *Écloga*, 8,101-103, Virgílio emprega, numa fórmula de encantamento, o mesmo processo. A pastora Amarílis lançará cinzas em água corrente, para trazer de volta ao campo seu amado pastor Dáfnis:

Fer cineres, Amarylli, foras, riuoque fluenti transque caput iace, nec respexeris. His ego Daphnim adgrediar; nihil ille de os, nil carmina curat.

– Traze para fora as cinzas, Amarílis, e lança-as por cima da cabeça, em água corrente, mas *não olhes para trás.*
Com isso pretendo atrair Dáfnis, que não mais se preocupa nem com os deuses, nem com os encantamentos.

Na magia imitativa por contágio são inúmeros os métodos empregados para a transferência de males e doenças. Essa permuta, nas culturas primitivas (e até hoje), pode ser feita através de pedras, troncos de árvores, frutos, ramos, flocos de algodão, peças do vestuário. Basta friccionar a parte de que se sofre num desses objetos e levá-lo inteiro ou fragmentado, em "determinadas horas" do dia ou da noite (meio-dia, crepúsculo, meia-noite) para junto de uma árvore, reentrância de pedra, encruzilhada, e aí abandoná-lo: a transferência está feita, desde que, em se retirando, *não se olhe para trás.*

A Orfeu, buscando Eurídice, à mulher de Lot, fugindo da cidade maldita, ou a nossos feiticeiros, fazendo seus despachos, a recomendação é sempre a mesma: *não olhar para trás*. A exigência feita a Orfeu pelo soberano dos mortos é parte integrante de outros interditos que, nas culturas primitivas, pesavam sobre vários tipos de atividade. O trabalhador, ao traçar o primeiro sulco na terra, para depositar a semente, deveria permanecer em absoluto silêncio, como as mulheres que dispunham o fio da teia para fazer o tecido, como os encarregados de abrir uma sepultura e como aqueles que acompanhavam um cortejo fúnebre. Iniciado o trabalho, não se podia interrompê-lo e tampouco olhar para trás. Forças invisíveis estavam presentes e podiam agastar-se com uma palavra dita irrefletidamente ou mesmo irritar-se perigosamente por terem sido vistas às escondidas.

Orfeu foi o homem que violou o interdito e ousou olhar o invisível. Olhando para trás e, por causa disso, perdendo Eurídice, o citaredo, ao regressar, não mais pôde tanger sua lira e sua voz divina não mais se ouviu. Perdendo Eurídice, o poeta da Trácia perdeu-se também, como indivíduo, como músico e como cantor. É que a *harmonia* se partiu. Atente-se para a etimologia deste vocábulo: em grego ἁρμονία (harmonia) significa precisamente "junção das partes". Orfeu des-completou-se, des-individuou-se. A segunda parte do *sýmbolon* se fora. O encaixe, a harmonia agora somente será possível, se houver um "retorno perfeito".

Ao regressar do Hades, como já se viu, Orfeu foi despedaçado pelas Mênades e sua cabeça lançada no Rio Hebro, tendo sido, mais tarde, encontrada por um pescador.

A cerimônia do despedaçamento simbólico do neófito ou mesmo iniciado, sempre relembrado no *diasparagmós* grego, quando se fazia em pedaços um animal, para recordar o "renascimento" de Dioniso, é um rito bem-atestado em muitas culturas e sua finalidade última é fazer o neófito ou o iniciado renascer numa forma superior de existência. Assim o foi, entre outros, com Osíris, Dioniso e Orfeu.

Quanto à *cabeça* ou *crânio*, é bom deixar bem claro que essa parte nobre do corpo possuía em quase todas as culturas uma importância extraordinária. A cabeça de um inimigo morto, mormente se fosse um rei, um chefe, um general ou mesmo um simples combatente que se tivesse destacado pela coragem, era oferecida como presa de honra ao chefe tribal, ao rei ou ao guerreiro que houvesse praticado a façanha de eliminar o inimigo. Sede do pensamento e, por conseguinte, do comando supremo, o crânio é o mais importante dos quatro centros (os outros três estão situados na base do esterno, no umbigo e no sexo) em que, consoante

Chevalier e Gheerbrant, os bambara sintetizam sua representação macrocósmica do homem. Homólogo, em muitas culturas, da abóbada celeste, o Rig-Veda considera esta última como formada pelo crânio do ser primordial. O culto do crânio, no entanto, acrescentam os supracitados autores, não se restringe a cabeças humanas. Entre os grandes caçadores de épocas primitivas, troféus animais desempenhavam um papel ritual relevante, porque estavam relacionados simultaneamente com a afirmação da superioridade humana, atestada em suas aldeias pela presença do crânio de um grande javali, e com a preocupação pela conservação da vida, uma vez que, como vértice do esqueleto, o crânio se constitui no que há de imperecível no corpo humano, isto é, a *alma*. Quem se apropria de um crânio, apodera-se igualmente de sua energia vital, de seu mana.

O historiador latino Tito Lívio (59 a.C.-17 p.C.), em sua *História Romana*, 23,24, conta que, em 216 a.C., tendo os gauleses cisalpinos destruído o exército do cônsul romano Postúmio levaram em triunfo os despojos e a cabeça do magistrado: *Seu crânio*, diz o historiador, *ornamentado com um círculo de ouro, servia-lhes de vaso sagrado na oferenda de libações, por ocasião das festas. Os pontífices e os sacerdotes do templo usavam-no como taça e, aos olhos dos gauleses, a presa foi tão importante quanto a vitória.*

Ponto culminante do esqueleto, com sua forma de cúpula e sua função de centro espiritual, o crânio é muitas vezes denominado o céu do corpo humano. Considerado como sede da força vital, do mana do corpo e do espírito, quanto maior o número de crânios reunidos, maior a energia que dos mesmos se desprende, o que explica os montes de crânios encontrados nas escavações.

Símbolo da morte física, o crânio é análogo da putrefação alquímica, como o túmulo o é do atanor: o homem novo sai do crisol, onde o homem velho se destrói, para transformar-se (v. VITRIOL).

Jung nos dá uma síntese admirável da eficácia da cabeça: "O culto do crânio é um procedimento espalhado por toda parte. Na Melanésia e na Polinésia são principalmente os crânios dos ancestrais que estabelecem a relação com os espíritos ou servem de paládios, como acontece, por exemplo, com a cabeça de Osíris, no Egito. O crânio desempenha também papel considerável entre as relíquias dos santos. [...] A cabeça, e partes dela (como o cérebro), são usadas como alimento de eficácia mágica ou como meio de aumentar a fertilidade dos campos.

É de particular importância para a tradição alquímica o fato de que na Grécia também se conhecia a cabeça oracular. Eliano, por exemplo, nos relata que Cleômenes de Esparta guardava a cabeça de seu amigo Arcônidas numa panela contendo mel e a consultava como oráculo. O mesmo se dizia da cabeça de Orfeu. Onians nos lembra muito acertadamente que a $\psi\upsilon\chi\acute{\eta}$ (psykhe), cuja sede era a cabeça, corresponde ao "inconsciente" moderno, e isto naquele estágio em que a consciência era localizada com o $\vartheta\upsilon\mu\acute{o}\varsigma$ (thymós) e o $\varphi\rho\acute{e}\nu\varepsilon\varsigma$ (phrénes) dentro do peito ou na região do coração. Por isso é que a expressão de Píndaro, designando a alma como $\alpha\grave{\iota}\tilde{\omega}\nu o\varsigma\ \tilde{\varepsilon}\delta\omega\lambda o\nu$ (aiônos eídōlon), imagem do *éon*, é sumamente significativa, pois o inconsciente não produz apenas oráculos, como também sempre representa o microcosmo".

Eis aí por que os deuses somente suspenderam o terrível flagelo que devastava a Trácia, depois que foi encontrada a cabeça de Orfeu e se lhe prestaram as devidas honras fúnebres. Dotado de mana inesgotável, o crânio do vate e cantor tornou-se paládio poderoso e oráculo indiscutível.

Tem razão Mircea Eliade, ao afirmar que "parece impossível escrever sobre Orfeu e o Orfismo sem irritar certa categoria de estudiosos: quer os céticos e os 'racionalistas', que minimizam a importância do orfismo na história da espiritualidade grega, quer os admiradores e os 'entusiastas', que nele veem um movimento de enorme alcance". Falar de Orfismo é, no fundo, descontentar a gregos e troianos. Apesar dos pesares, vamos nós também entrar na guerra...

Na realidade, o Orfismo é um movimento religioso complexo, em cujo bojo, ao menos a partir dos séculos VI-V a.C., se pode detectar uma série de influências (dionisíacas principalmente, pitagóricas, apolíneas e certamente orientais), mas que, ao mesmo tempo, sob múltiplos aspectos, se coloca numa postura francamente hostil a muitos postulados dos movimentos também religiosos supracitados. Embora de maneira sintética, porque voltaremos obrigatoriamente ao assunto mais a frente, vamos esquematizar as linhas básicas de oposição entre Orfeu e os princípios religiosos preconizados por Dioniso, Apolo e Pitágoras. Se bem que o profeta da Trácia se considere um sacerdote de Dioniso e uma espécie de propagador de suas ideias básicas, de modo particular no que se refere ao aspecto orgiástico, bem como ao êxtase e ao entusiasmo, quer dizer, à posse do divino, o Orfismo se opõe ao Dionisismo, não apenas pela rejeição total do *diasparagmós* e da *omofagia*, porquanto os órficos eram vegetarianos, mas sobretudo pela concepção "nova" da outra vida, pois, ainda que a religião dionisíaca tente expressar a unidade paradoxal da vida e da morte, não existem na mesma referências precisas à esperança escatológica, *enquanto a essência do Orfismo é exatamente a soteriologia*. Acrescente-se a tudo isto que, enquanto o êxtase dionisíaco se manifestava de modo *coletivo*, o órfico era, por princípio, *individual* (v. Escatologia).

Curioso é que Orfeu era conhecido como "o fiel por excelência a Apolo" e até mesmo, numa variante do mito, passava por filho de Apolo e de Calíope. Sua lira teria sido um presente paterno e a grande importância que os órficos atribuíam à *kátharsis*, à purificação, se devia ao deus de Delfos, uma vez que esta é uma técnica especificamente apolínea. A bem da verdade, somente a última afirmação é exata: os órficos realmente se apossaram da *kátharsis* apolínea, ampliando-a, no entanto, aperfeiçoando-a e sobretudo "purificando-a" de suas conotações políticas. No tocante "à fidelidade e à filiação" de Orfeu, ambas expressam a investida dos sacerdotes de Delfos de se "apossarem" também de Orfeu, como, em grande parte, já o haviam feito com Dioniso, "apolinizando-o" e levando-o para o Olimpo. A catequese apolínea, todavia, não surtiu efeito com o filho de Calíope, porque nada mais antagônico que Orfeu e Apolo. Este, "exegeta nacional", comandou a religião estatal com mão de ferro, freando qualquer inovação com base no *métron* traduzido no *conhece-te a ti mesmo e no em nada em demasia*! Uma quase liturgia sem fé, a religião da *pólis* se resumia, em última análise, num festival sócio-político-religioso. Que prometia Apolo para o *post mortem*? Quais as exigências éticas e morais da religião oficial? Que se celebrassem condigna e solenemente as festas religiosas... E depois? Talvez a resposta tenha sido dada bem mais tarde por Quinto Horácio Flaco: *puluis et umbra sumus*, somos pó e sombra! *Pó* e *sombra*, nada além da triste escatologia homérica, que a religião estatal, opressora e despótica, teimava em manter sob a égide de Apolo.

E até mesmo a *kátharsis* apolínea visava primariamente à purificação do homicídio, ao passo que os órficos purificavam-se nesta e na outra vida com vistas a libertar-se do ciclo das existências. A religião apolínea era o bem-viver; a órfica, o bem morrer. Fundamentando-se numa singular antropologia, numa inovadora teogonia e em novíssima escatologia, o Orfismo aprendeu a reservar as lágrimas para os que nasciam e o sorriso para os que morriam...

Entre o *Pitagoricismo* e o *Orfismo*, do ponto de vista religioso, há, efetivamente, semelhanças muito grandes: o dualismo corpo-alma; a crença na imortalidade da mesma e na metempsicose; punição no Hades e glorificação final da psique no Elísion; vegetarismo, ascetismo e a importância das purificações. Todas essas semelhanças levaram muitos a considerar erradamente o Orfismo como mero apêndice do Pitagoricismo, mas tantas analogias não provam, como acentua Mircea Eliade, "a inexistência do Orfismo como movimento autônomo". É muito possível, isto sim, que certos escritos religiosos órficos sejam de cunho, inspiração ou até mesmo obra de pitagóricos, mas não teria sentido pensar ou defender que a antropologia, a teogonia, a escatologia e os rituais órficos procedam de Pitágoras ou de seus discípulos. Os dois movimentos certamente se desenvolveram paralela e independentemente.

Mas, se existem tantas semelhanças entre ambos, as diferenças são também acentuadas, sobretudo no que tange ao social, à política, ao *modus uiuendi* e ao aspecto cultural. Os pitagóricos organizavam-se em seitas fechadas, de tipo esotérico. Movimento religioso de elite, talvez não fosse impertinente lembrar a obrigatoriedade pitagórica do *silêncio* e da abdicação, por parte de seus seguidores, da própria razão em favor da autoridade do mestre. Consideravam a sentença de seu fundador como a última palavra, uma espécie "de aresto inapelável e expressão indiscutível da verdade". Depois do αὐτὸς ἔφη (autòs éphē), *ipse dixit*, "ele falou", não havia mais o que discutir.

De outro lado, os pitagóricos eram homens cultos e dedicavam-se a um sistema de "educação completa": complementavam suas normas éticas, morais e ascéticas com o estudo em profundidade da música, da matemática e da astronomia, embora todas essas disciplinas e normas visassem, em última análise, a uma ordem mística.

Mircea Eliade sintetiza essa ciência pitagórica de finalidade religiosa: "Entretanto, o grande mérito de Pitágoras foi ter assentado as bases de uma 'ciência total', de estrutura holística, na qual o conhecimento científico estava integrado num conjunto de princípios éticos, metafísicos e religiosos, acompanhado de diversas 'técnicas do corpo'. Em suma, o conhecimento tinha uma função ao mesmo tempo gnosiológica, existencial e soteriológica. É a 'ciência total', do tipo tradicional, que se pode reconhecer tanto no pensamento de Platão como entre os humanistas do Renascimento italiano, em Paracelso ou nos alquimistas do século XVI".

O Pitagoricismo estava, ademais disso, voltado para a política. É verdade que "sábios pitagóricos" detiveram o poder, durante algum tempo, em várias cidades do sul da Itália, a *Magna Graecia*.

O Orfismo, ao contrário do Pitagoricismo, era um movimento religioso aberto, de cunho democrático, ao menos na época clássica, e, embora contasse em seu grêmio com elementos da elite, jamais se imiscuiu em política e tampouco se fechou em conventículos de tipo esotérico. Se bem que o *Papiro Derveni*, datado do século IV a.C., e descoberto em 1962, perto da cidade de Derveni, na Tessalônica, dê a entender que, em época remota, já que o papiro é um comentário de um texto órfico arcaico, os seguidores de Orfeu se reuniam ou se fechavam em verdadeiras comunidades, não se pode, no período histórico, afirmar a existência de seitas órficas, no sentido de "conventos" em que se trancassem. Talvez o Orfismo fosse mais uma "escola", uma comunidade, com seus mestres, que explicavam as doutrinas e orientavam os discípulos e iniciados na leitura da vasta literatura religiosa que o movimento possuía. Claro está que, com exceção do *Papiro Derveni* e das *lamelas*, de que se falará mais abaixo, os textos órficos de caráter "literário" que chegaram até nós são poucos e alguns de época bem recente, mas é necessário distinguir "a data da redação de um documento com a idade de seu conteúdo" e alguns dos escritos órficos pertencem inegavelmente a épocas bem tardias: uns pela data da redação, outros pelo conteúdo.

Feito esse ligeiro balanço das convergências e divergências entre dionisismo, apolinismo, orfismo e pitagoricismo, faremos no verbete *Orfismo* um balanço das datas de Orfeu, da Antiguidade do Orfismo e de algumas possíveis influências sobre ele exercidas pelo Oriente.

ORFISMO *(I, 295, 315; II, 141-143, 150-158, 160-163, 165, 166⁸², 167-170; III, 131).*

Orfismo é vocábulo formado à base de Orfeu (v.).

Se Orfeu é uma figura integralmente lendária, o Orfismo é rigorosamente histórico. Enquanto Homero e Hesíodo iam dando forma poética às concepções religiosas do povo, havia na Hélade, desde o século VI a.C., ao menos, uma escola de poetas místicos que se autodenominavam *órficos*, e à doutrina que professavam davam-lhe o nome de *Orfismo*. Seu patrono e mestre era Orfeu. Organizavam-se, ao que tudo indica, em comunidades, para ouvir a "doutrina", efetuar as iniciações e celebrar seu grande deus, o primeiro Dioniso, denominado Zagreu (v.). Abstendo-se de comer *carne e ovos* (princípios da vida), praticando a ascese (devoção, meditação, mortificação) e uma *catarse* rigorosa (purificação do corpo e sobretudo da vontade, por meio de cantos, hinos, litanias), defendendo a *metempsicose* (a transmigração das almas) e negando os postulados básicos da religião estatal, o Orfismo provocou sérias dúvidas e até transformações no *espírito da religião oficial* e popular da Grécia. Quando se disse que Orfeu era um herói muito antigo, não se estava exagerando. Se bem que o nome do poeta e cantor surja pela vez primeira no século VI a.C., mencionado pelo poeta Íbico, de Régio, Frg. 10A, Bergk: Ὀνομακλυτὸς Ὀρφήν (Onomaklytòs Orphḗn), "Orfeu de nome ilustre", e ainda no mesmo século, o citaredo tenha seu nome, sob a forma Ορφας (Orphas), gravado numa métopa do tesouro dos sicionios em Delfos, seus adeptos o consideravam anterior a Homero. Pouco importa que o profeta de Zagreu tenha "vivido" antes ou depois do poeta da *Ilíada*. Se seus seguidores assim o proclamavam, é porque acreditavam no fato ou porque desejavam enfatizar e também aumentar-lhe a autoridade, fazendo-o ancestral do próprio símbolo da religião oficial, e salientar a importância de sua mensagem religiosa, cujo conteúdo contrasta radicalmente com a religião olímpica. Uma coisa, porém, é inegável: certos traços da "biografia" de Orfeu e o conteúdo de sua mensagem possuem inegavelmente um caráter arcaizante e o que se conhece de uns e de outro bastaria para localizar o esposo de Eurídice bem antes de Homero.

Como os xamãs, Orfeu é curandeiro, músico e profeta; tem poderes de encantar e dominar os animais selvagens; através de uma catábase do tipo xamânico desce ao Hades à procura de Eurídice; é despedaçado pelas Mênades e sua cabeça se conserva intacta, passando a servir de oráculo; e, mais que tudo, é sempre apresentado como fundador de iniciações e de mistérios. Mais ainda: embora se conheçam apenas "os atos preliminares" dos mistérios e das iniciações tidas como fundadas por Orfeu, como o vegetarismo, a ascese, a catarse, os ἱεροί λόγοι (hieroì lógoi), ou seja, "os livros sagrados" que continham a instrução religiosa e particularmente as posições teológicas cifradas na antropogonia, na teogonia, na escatologia e na metempsicose, duas conclusões se impõem: primeiro, se bem que se desconheçam a origem e a pré-história de Orfeu e do Orfismo, ambos estão muito longe da tradição homérica e da herança mediterrânea; segundo, as características xamânticas de sua biografia e o conteúdo de sua mensagem, que se contrapõem por inteiro à mentalidade grega do século VI a.C., e à religião olímpica de Apolo, postulam para Orfeu e para o Orfismo uma época bem arcaica.

R. Pettazzoni defende, se não a origem, pelo menos uma influência marcante da Trácia sobre o Orfismo: "Quaisquer que sejam suas mais remotas origens, um fato não se discute: o Orfismo se alimentou, desde cedo, de uma seiva religiosa proveniente da Trácia, e esta, por ter mantido o orgiasmo em sua espontaneidade natural, continuará a nutri-lo, graças às relações mais estreitas que, a partir do século VI a.C., Atenas começou a manter com o mundo bárbaro do Norte".

Não há dúvida de que não se podem negar certas influências tracodionisíacas e sobretudo orientais sobre todo o Orfismo, mas alguns de seus ângulos, de modo especial a escatologia, parecem remontar a "uma herança comum imemorial, resultado de especulações milenares sobre os êxtases, as visões e os arrebatamentos, as aventuras oníricas e as viagens imaginárias, herança, por certo, diferentemente valorizada pelas diversas tradições". No fundo, um arquétipo.

Na Grécia, o mais notável representante do Orfismo e da poesia órfica foi o hábil versificador e imitador medíocre de Homero e Hesíodo, o célebre Onomácrito (séc. VI a.C.), sobre quem dizia Aristóteles, Frg. 7 Rose, que "a doutrina era de Orfeu, mas a expressão métrica pertencia a Onomácrito".

Antes de passarmos aos três pontos altos da doutrina órfica, vamos estampar, a título de conclusão de quanto se disse até agora, a admirável síntese do sábio e seguro professor sueco, Martin P. Nilsson, acerca do Orfismo e de sua significação religiosa: "O Orfismo é o compêndio e, ao mesmo tempo, o coroamento dos agitados e complexos movimentos religiosos da época arcaica: a constituição de uma cosmogonia em sentido especulativo, com o encaixe de uma antropogonia que, antes do mais, pretende explicar a dupla natureza do homem, composta de bem e de mal; o ritualismo nas cerimônias e na vida; o misticismo na doutrina e no culto; a elaboração de ideias acerca de uma vida no além, plástica e concreta, bem como a transformação do inferno em um lugar de castigo por influxo da exigência de reparação, segundo a ideia antiga de que a vida no outro mundo é uma repetição da existência sobre a terra. Tudo isto se pode constatar em outras partes, ao menos em esboço, mas a grandeza do Orfismo reside em ter combinado o todo numa estrutura harmônica. Sua realização genial foi situar o indivíduo e sua relação com a culpa e com a reparação da mesma no próprio âmago da religião. Desde o início, o Orfismo se apresentou como uma religião de minorias seletas e, por isso mesmo, muitos se sentiram repelidos por seus ritos primitivos e pela grotesca e fantástica indumentária mitológica de suas ideias. A evolução seguiu depois outro caminho: o ar claro e fresco do grande auge nacional, que se seguiu à vitória sobre os persas, dissipou as trevas e fez que se tornasse vitoriosa a tendência do espírito grego para a claridade e beleza sensível. O Orfismo mergulhou, então, como seita desprezada, nos estratos inferiores da população, onde continuou a vicejar até que os tempos novamente se transformassem e viesse abaixo a supremacia do espírito grego após meio milênio. Foi, então, que, mais 'uma vez, saiu à tona e contribuiu para a derradeira crise religiosa da Antiguidade".

Os três pontos altos do Orfismo e sua mais séria contribuição para a religiosidade grega foram a *cosmogonia*, a *antropogonia* e a *escatologia*. Três inovações que hão de abalar os nervos da intocável religião olímpica.

A *cosmogonia* órfica que, sob alguns aspectos, segue o modelo da de Hesíodo, já por nós exaustivamente exposta em *Mitologia Grega*, Vol. I, p. 183-329, introduz novo motivo, aliás de caráter arcaico, já que se repete em várias culturas: o cosmo surgiu de um ovo. Mas não existe apenas este paradigma, pois são três as tradições cosmogônicas transmitidas pelo Orfismo. A primeira delas está nas chamadas Rapsódias *Órficas*: *Crono*, o tempo, gera no *Éter*, por ele criado juntamente com o *Caos*, o *Ovo* primordial, onde tem origem o primeiro dos deuses, *Eros*, também chamado Fanes, deus-criador, andrógino. Daí por diante a sequência é a mencionada por Hesíodo, ao menos até Zeus. Fanes (Eros) é, pois, o princípio da criação, que gerou os outros deuses. Zeus, no entanto, engoliu a Fanes e toda a geração anterior, criando um novo mundo. Observe-se que o tema da absorção é um fato comum em várias culturas. Crono devorava os filhos e o próprio Zeus engoliu sua esposa Métis, antes do nascimento de Atená. O gesto de Zeus, no caso em pauta, é significativo na cosmogonia órfica: de um lado, patenteia a tentativa de fazer de um deus *cosmocrata*, isto é, de uma divindade, que conquistou o governo do mundo pela força, um deus-*criador*, de outro, reflete uma séria indagação filosófica do século VI a.C., pois, como é sabido, o pensamento filosófico e religioso desta época preocupou-se muito com o problema do *Um* e do *Múltiplo*. Guthrie sintetiza bem essa indagação. Os espíritos religiosos do século VI a.C. se perguntavam com certa ansiedade: "Qual a relação existente entre cada indivíduo e o deus a que se sente aparentado? Como se pode realizar a unidade potencial implícita tanto no homem quanto no deus"? Por outra: "Qual a relação existente entre a realidade múltipla do mundo em que vivemos e a substância única e original de onde tudo procede"? O ato prepotente de Zeus, por conseguinte, engolindo a Fanes e a todos os seres, simboliza a tentativa de explicar a criação de um universo múltiplo a partir da unidade.

O mito de Fanes, apesar dos retoques, tem uma estrutura arcaica e reflete certas analogias com a cosmogonia oriental, principalmente com a egípcio-fenícia. Como esta versão teogônica órfica é a mais conhecida e, talvez, a mais importante na história do Orfismo, vamos esquematizá-la:

CRONO ← Éter / Úrano / Caos / Geia → OVO [ou túnica alvinitente ou nuvem] → Eros (Fanes) ← Zeus

A segunda tradição cosmogônica órfica é difusa e admite várias alternativas. Em resumo, reduz-se ao seguinte: *Nix* (Noite) gerou *Úrano* (Céu) e *Geia* (Terra), o primeiro casal primordial, donde procede, como em Hesíodo, o restante da criação; ou *Oceano*, de que emergiu *Crono* (Tempo), que, mais tarde, gerou *Éter* e *Caos*; ou ainda *Monas* (UM) que gerou *Éris* (Discórdia), que, por sua vez, separou *Geia* de *Oceano* (Águas) e de *Úrano* (Céu).

A terceira e última tentativa órfica de explicar a origem do mundo foi recentemente revelada pelo já citado *Papiro Derveni*, em que tudo está centrado em Zeus. Um verso de "Orfeu" (col. 13,12) afirma categoricamente que "Zeus é o começo, o meio e o fim de todas as coisas".

Para Orfeu, *Moîra* (Destino) é o próprio *pensamento* de Zeus (col. 15,5-7): "Quando os homens dizem: *Moîra* teceu, entendem que o pensamento de Zeus estipulou o que é e o que será, bem como o que deixará de ser". *Oceano* (col. 18,7-11) não é mais que uma hipóstase de Zeus, tanto quanto *Geia* (*Deméter*), *Reia* e *Hera* não passam de nomes diferentes de uma única deusa, quer dizer, de uma *Grande Mãe*.

Para explicar o ato criador do pai dos deuses e dos homens, o texto afirma, sem mencionar a parceira, que Zeus fez amor "no ar", literalmente, "no alto, por cima", nascendo então o mundo. A unidade da existência (col. 15,1-3) é igualmente proclamada: "o *lógos* do mundo é idêntico ao *lógos* de Zeus", donde se pode concluir com Heráclito (Frg. B 32) que o nome que designa o "mundo" é "Zeus".

Como se pode observar, a cosmogonia órfica, particularmente a revelada pelo *Papiro Derveni*, caminhou a passos largos para uma tendência monista.

Em conclusão: tomada em conjunto, a teogonia órfica possui elementos provenientes da *Teogonia* de Hesíodo, que influenciou quase todo o pensamento mitológico posterior respeitante ao assunto. É assim que a *Noite* e o *Caos* tiveram importância considerável nos contextos órficos. Estes elementos circularam por meio de variantes arcaicas e tardias e acabaram sendo engastadas num complexo mitológico órfico e individual. Outras facetas da cosmogonia órfica, como o *Tempo* (Khrónos) e o *Ovo*, dão mostras de que se conheciam pormenores do culto e da iconografia orientais. O *Tem-*

po, particularmente, trai sua proveniência oriental nos relatos órficos pela forma concreta com que se apresenta: uma serpente alada e policéfala. Tais monstros multidivididos são orientalizantes nas suas características, principalmente de origem semítica, e começam a surgir na arte grega por volta do século VIII a.C.

A *antropologia*, ou melhor, a *antropogonia* órfica, tem como consequência o crime dos Titãs contra Zagreu, o primeiro Dioniso (v.). Segundo se mostrou, após raptarem Zagreu, por ordem de Hera, os Titãs fizeram-no em pedaços, cozinharam-lhe as carnes num caldeirão e as devoraram. Zeus, irritado, fulminou-os, transformando-os em cinzas e destas nasceram os homens, o que explica que o ser humano participa simultaneamente da natureza titânica (o *mal*) e da natureza divina (o *bem*), já que as cinzas dos Titãs, por terem devorado a Dioniso-Zagreu, continham igualmente o corpo do menino Dioniso.

O mito do nascimento do homem, a *antropogonia*, é muito mais importante no Orfismo do que a Cosmogonia. Platão (*Leis*, 3,701B) refere-se à antropogonia órfica, ao dizer que todos aqueles que não querem obedecer à autoridade constituída, aos pais e aos deuses, patenteiam sua *natureza titânica*, herança do mal. Mas cada ser humano, diz o filósofo ateniense, carrega dentro de si uma *faísca de eternidade, uma chispa do divino*, uma parcela de Dioniso, ou seja, *uma alma imortal*, sinônimo do bem. Em outra passagem (*Crátilo*, 400C), alude à doutrina, segundo a qual o corpo é uma sepultura da alma durante a vida e acrescenta que os órficos chamam assim ao corpo, porque a alma está encerrada nele como num cárcere, até que pague as penas pelas culpas cometidas. A *psiqué* é a parte divina do homem; o corpo, sua prisão.

Apagava-se, destarte, no mapa religioso órfico, a tradicional concepção homérica que considerava o corpo como o *homem mesmo* e a alma como uma sombra pálida e abúlica, segundo se mostrou em *Mitologia Grega*, Vol. I, p. 144-146. Uma passagem importante de Píndaro (Frg. 131 Bergk) permite-nos compreender melhor como foi possível essa mutação completa de valores. O corpo, diz o poeta tebano, segue a poderosa morte; a alma, porém, que procede apenas dos deuses, permanece. A alma, acrescenta, dorme, enquanto nossos membros estão em movimento, mas aquele que a faz dormir mostra-lhe em sonhos o futuro. Desse modo, se os sonhos são enviados pelos deuses e a alma é divina, é preciso libertá-la do cárcere do corpo, para que possa participar do divino, dos sonhos.

O homem, pois, tendo saído das cinzas dos Titãs, carrega, desde suas origens, um elemento do *mal*, ao mesmo tempo que um elemento divino, do *bem*. Em suma, uma natureza divina original e uma falta original e, a um só tempo, um dualismo e um conflito interior radical. Nos intervalos do êxtase e do entusiasmo, o dualismo parece desaparecer, o divino predomina e libera o homem de suas angústias. Essa bem-aventurança, todavia, passada a embriaguez do êxtase e do entusiasmo, se evapora na triste realidade do dia a dia. É bem verdade que a morte põe termo às tribulações, mas, pela doutrina órfica da *metempsicose*, de que se falará logo a seguir, o elemento divino terá obrigatoriamente que se "re-unir" a seu antagonista titânico, para recomeçar nova existência sob uma outra forma, que pode ser até mesmo a de um animal. Assim, em um ciclo, cujo término se ignora, cada existência é uma morte, cada corpo é um túmulo. Tem-se aí a célebre doutrina do $\sigma\tilde{\omega}\mu\alpha$-$\sigma\tilde{\eta}\mu\alpha$ (sôma-sêma), do corpo (soma) como cárcere (sêma) da alma. Assim, em punição de um crime primordial, a alma é encerrada no corpo tal como no túmulo. A existência, aqui neste mundo, assemelha-se antes à morte e a morte pode se constituir no começo de uma verdadeira vida. Esta verdadeira vida, que é a *libertação final da alma* do cárcere do corpo, quer dizer, a posse do "paraíso", sobre cuja localização se falará também, não é automática, uma vez que, "numa só existência e numa só morte", dificilmente se conseguem quitar a falta original e as cometidas aqui e lá. Talvez, e assim mesmo o fato é passível de discussão, só os "grandes iniciados órficos" conseguiriam desvincular-se da "estranha túnica da carne", para usar da expressão do órfico, filósofo e poeta Empédocles (Frg. B.155 e 126), após uma só existência. A alma é julgada e, consoante suas faltas e méritos, depois de uma permanência no além, retorna ao cárcere de novo corpo humano, animal ou, até mesmo, pode mergulhar num vegetal.

Sendo o Orfismo, no entanto, uma doutrina essencialmente soteriológica, oferece a seus seguidores meios eficazes para que essa liberação se faça de um modo mais rápido possível, com os menores sofrimentos possíveis, porquanto as maiores dores neste vale de lágrimas são tão somente um pálido reflexo dos tormentos no além...

Para um sério preparo com vistas a libertar-se do ciclo das existências, o Orfismo, além da parte iniciática, mística e ritualística, que nos escapa, dava uma ênfase particular à instrução religiosa, através dos "hieroì lógoi", "dos livros sagrados", bem como obrigava seus adeptos à prática do ascetismo, do vegetarianismo e de rigorosa catarse.

Mortificações austeras, como jejuns, abstenção de carne e de ovos, ou, por vezes, de qualquer alimento, castidade no casamento ou até mesmo castidade absoluta, como a do jovem vegetariano Hipólito na tragédia euripidiana que tem o nome do herói consagrado à deusa virgem Ártemis, meditação, cânticos, austeridade no vestir e no falar são alguns dos tópicos que compõem o verdadeiro catálogo do ascetismo órfico. Vegetarianos, os órficos não apenas se abstinham de carne, mas também eram proibidos de sacrificar qualquer animal, o que, sem dúvida, suscitava escândalo e indignação, por isso que o sacrifício animal e o banquete sacrificial eram precisamente os ritos mais característicos da religião grega. O fundamento de tal proibição há de ser buscado primeiramente na doutrina da metempsicose, uma vez que todo animal podia ser a encarnação de uma alma, de um elemento dionisíaco e divino e, por isso, virtualmente sagrado. Além do mais, poderia estar animado pela psiqué de um parente, até muito próximo... De outro lado, abstendo-se de carne e dos sacrifícios cruentos, obrigatórios no culto oficial, os seguidores do profeta da Trácia estavam, sem dúvida, contestando a religião oficial do Estado e proclamando sua renúncia às coisas deste mundo, onde se consideravam estrangeiros e hóspedes temporários.

Com o sacrifício cruento em Mecone, assunto de que se tratou em *Mitologia Grega*, Vol. I, p. 167, Prometeu, tendo abatido um boi e reservado astutamente para os deuses os ossos cobertos de gordura e para os homens as carnes, desencadeou a cólera de Zeus. Profundamente irritado com o logro do primeiro sacrifício que os mortais faziam aos deuses por meio de Prometeu, o senhor do Olimpo privou aqueles do fogo e pôs termo ao estado paradisíaco, quando os homens viviam em perfeita harmonia com os imortais. Ora, com sua recusa em comer carne, decisão de não participar de sacrifícios cruentos e prática do vegetarianismo, os órficos visavam também, de algum modo, a purgar a falta ancestral e recuperar a felicidade perdida.

Não bastam, no entanto, ascetismo e vegetarianismo para libertar a alma do cárcere da matéria. Se a salvação era obtida sobretudo através da iniciação, quer dizer, de revelações de cunho cósmico e teosófico, a *catarse*, a purificação desempenhava um papel decisivo em todo o processo soteriológico do Orfismo. É bem verdade que nas ὄργια (órguia), nos orgiasmos dionisíacos, provocados pelo êxtase e entusiasmo, se realizava uma comunhão entre o divino e o humano, mas essa união era efêmera e "obtida pelo aviltamento da consciência". Os órficos aceitaram o processo dionisíaco e dele não só arrancaram uma conclusão óbvia, a *imortalidade*, donde a *divindade* da alma, mas ainda o enriqueceram com a κάθαρσις (kátharsis), a *catarse*, que, embora de origem apolínea, foi empregada em outro sentido pelos seguidores de Orfeu. Ainda que se desconheça a técnica purificatória órfica, além do vegetarianismo, abluções, banhos, jejuns, purificação da vontade por meio de exame de consciência, de cantos, hinos, litanias e, sobretudo, a participação nos ritos iniciáticos, pode-se ter uma ideia do esforço que faziam os órficos no seu afã catártico, através de uma citação cáustica de Platão, que logo se transcreverá. Observe-se, todavia, que nem todos esses vergastados pelo filósofo são adeptos de Orfeu. Ao lado de homens sérios, verdadeiros purificadores órficos, ascetas e adivinhos, aos quais o filósofo Teofrasto (cerca de 372-287 a.C.) dá o nome de Ὀρφεοτελεσταί (Orpheotelestaí), "iniciadores nos mistérios órficos", pululavam, desde o século VI a.C., os embusteiros, charlatães vulgares, taumaturgos e curandeiros. Usando o nome de Orfeu, conseguiam, as mais das vezes, embair a ignorância e a boa-fé de suas vítimas. Fenômeno, seja dito de passagem, que se repete em todas as épocas, sobretudo nas chamadas religiões populares. Foi exatamente contra esses impostores que o autor do *Fédon* deixou em sua *República*, 364b-365a, uma página mordaz, que, de certa forma, nos ajuda a compreender um pouco mais a técnica purificatória do Orfismo: "[...] sacrificantes mendigos, adivinhos, que assediam as portas dos ricos, persuadem-nos de que obtiveram dos deuses, por meio de sacrifícios e encantamentos, o poder de perdoar-lhes as injustiças que puderam cometer, ou que foram cometidas pelos seus antepassados [...]. Para justificar os ritos, produzem uma multidão de livros, compostos por Museu e por Orfeu, filhos da Lua e das Musas. Com base nessas autoridades, persuadem não só indivíduos, mas também Estados, de que há para os vivos e os mortos absolvições e purificações [...]; e essas iniciações, pois é assim que lhes chamam, nos livram dos tormentos dos infernos".

O terceiro e último ato do drama gigantesco da existência e da morte é precisamente a sorte que aguardava a alma no além e o caminho perigoso que a conduzia até lá e a trazia de volta ao mundo dos vivos, para recomeçar uma nova tragédia. Estamos nos domínios da *Escatologia* (v.).

Entre algumas obras apócrifas atribuídas a Hesíodo há uma *Catábase de Teseu e Pirítoo* ao Hades. O Ulisses homérico já descera igualmente até a periferia da outra vida. Pois bem, a catábase homérica e hesiódica se enriqueceu com uma terceira, órfica, dessa feita, a Κατάβασις εἰς Ἅιδον (Katábasis eis Haídu), "a Descida ao Hades". Pouco interessa a autoria desse poema, o que importa é salientar que a *escatologia* é o ponto capital do Orfismo. Com a mântica, a escatologia representa um segundo elemento decisivo nas novas tendências religiosas do século VI a.C. Como Orfeu foi um dos raros mortais a descer em vida à região das trevas, é muito natural que seus seguidores construíssem, dentro dos novos padrões religiosos órficos, uma nova escatologia, reestruturando inclusive toda a topografia do além.

Se em Homero o Hades é um imenso abismo, onde, após a morte, todas as almas são lançadas, sem prêmio nem castigo, e para todo o sempre, segundo comentamos em *Mitologia Grega*, Vol. I, p. 140-146, e se em Hesíodo, conforme está no mesmo Vol. I, p. 179, já existe uma nítida mudança escatológica, se não na topografia infernal, mas no destino de algumas almas privilegiadas, o Orfismo fixará normas topográficas definidas e reestruturará tudo quanto diz respeito ao destino último das almas.

No tocante à topografia, o Hades foi dividido, orficamente, em três regiões distintas: a parte mais profunda, abissal e trevosa, denomina-se *Tártaro*; a medial, *Érebo*, e a mais alta e nobre, *Elísion* ou Ἠλύσια πεδία (Elýsia pedía), os *Campos Elísios*. Ao que tudo indica, os dois primeiros eram destinados aos tormentos que se infligiam às almas, que lá embaixo purgavam suas penas, havendo, parece, uma clara gradação nos suplícios aplicados: os do Tártaro eram muito mais violentos e cruéis que os do Érebo. Os Campos Elísios seriam destinados aos que, havendo passado pelos horrores dos dois outros compartimentos, aguardavam o retorno. Isto significa que a estada no Hades era impermanente para todos. Duas observações se impõem: será que também os órficos desciam ao Hades e estavam sujeitos aos castigos e à metempsicose ou à ensomatose e, em segundo lugar, depois de quitadas todas as penas, onde estaria localizado o "paraíso"? Quanto às almas dos órficos, houve sempre uma certa hesitação a respeito de também elas passarem pelo processo da transmigração ou reencarnação. Talvez, pelo próprio exame das fontes órficas que se possuem, se possa afirmar que o problema estaria na dependência de ser ou não um iniciado perfeito (o que seria muito difícil) nos Mistérios de Orfeu... No que diz respeito à localização do "paraíso", existem, igualmente, algumas hesitações e contradições, mas, depois dos ensinamentos de Pitágoras, de algumas descobertas astronômicas e das especulações cosmológicas dos filósofos Leucipo e Demócrito, respectivamente dos fins do século VI e fins do V a.C., se chegou à conclusão de que a Terra era uma esfera e, em consequência, o Hades subterrâneo e a localização da Ilha dos Bem-aventurados no Extremo Ocidente deixaram "cientificamente" de ter sentido. O próprio Pitágoras, numa sentença, afirma que a "Ilha dos Bem-Aventurados eram o Sol e a Lua", ainda que a própria catábase do grande místico e matemático, porque também ele teria visitado o reino dos mortos, pressupunha um Hades localizado nas entranhas da Terra. A ideia de se colocar o "céu" lá no alto, na Lua, no Éter, no Sol ou nas Estrelas, tinha sua lógica, uma vez que, ao menos desde o século V a.C., se considerava que a substância da alma era aparentada com o Éter ou com a substância das estrelas. A localização homérica do Hades nas entranhas da Terra, entretanto, era tradicional e forte demais para que o povo lhe alterasse a geografia...

Feita esta ligeira introdução ao velho e novo Hades, vamos finalmente acompanhar "um órfico" até lá embaixo e observar o que lhe acontece. Nossa primeira fonte será Platão, que, desprezando a tradição mitológica clássica e "estatal", fundamentada em Homero e Hesíodo, organizou uma mitologia da alma, com base na doutrina órfico-pitagórica e em certas fontes orientais.

A segunda serão as importantíssimas *lamelas*, pequenas lâminas ou placas de ouro, descobertas na Itália Meridional e na Ilha de Creta, segundo se comentou em *Mitologia Grega*, Vol. II, p. 164.

Essas lamelas foram encontradas em túmulos órficos, nas cidades de Túrio e Petélia, na *Magna Graecia*, e datam dos séculos IV e III a.C., bem como em Eleuterna, na Ilha de Creta, séculos II-I a.C., e possivelmente em Roma, século II p.C.

Apesar das diferenças de época e de procedência, as fórmulas nelas gravadas têm, com diferenças mínimas, conteúdo idêntico. É quase certo que procedem de um mesmo texto poético, que deveria ser familiar a todos os órficos, como uma espécie de norma de sua dogmática escatológica, o que os distinguia do comum dos homens e traduzia sua fé na salvação da alma. A obsessão dos iniciados órficos pela salvação os teria levado a depositar nos túmulos de seus mortos não o texto inteiro, mas ao menos fragmentos escolhidos, certas mensagens e preceitos que lhes pareciam mais importantes do cânon escatológico. Tais fórmulas serviam-lhe certamente de bússola, de "guia para sair à luz", como o impropriamente chamado *Livro dos Mortos* dos antigos egípcios, como o *Bardo Thödol* tibetano e o *Livro Maia dos Mortos*.

Voltemos, porém, à "viagem" órfica.

O ritual "separatista" se iniciava pelo sepultamento: um órfico não se podia inumar com indumentária de lã, porque não se deviam sacrificar os animais. Realizada a cerimônia fúnebre, com simplicidade e alegria, afinal "as lágrimas se reservavam no Orfismo para os nascimentos", a alma iniciava seu longo e perigoso itinerário em busca do "seio de Perséfone". No *Fédon* (108a) e no *Górgias* (524a) de Platão se diz que o caminho não é um só nem simples, porque vários são os desvios e muitos os obstáculos: "A mim, todavia, quer me parecer que ele não é simples, nem um só, pois, se houvesse uma só rota para se ir ao Hades, não era necessária a existência de guias, já que ninguém poderia errar a direção. Mas é evidente que esse caminho contém muitas encruzilhadas e voltas: a prova disso são os cultos e costumes religiosos que temos" (*Fédon*, 108a). A *República* (614b) deixa claro que os justos tomam a entrada da direita, enquanto os maus são enviados para a esquerda. As lamelas contêm indicações análogas: "Sejas bem-vindo, tu que caminhas pela estrada da direita em direção às campinas sagradas e ao bosque de Perséfone". A alma é bem-orientada em seu trajeto: "À esquerda da mansão do Hades, depararás com uma fonte a cujo lado se ergue um cipreste branco. Não te aproximes muito dessa fonte. Encontrarás, a seguir, outra fonte: a água fresca jorra da fonte da Memória e lá existem guardas de sentinela. Dize-lhes: sou filho de Geia e de Úrano estrelado, bem o sabeis. Estou, todavia, sedento e sinto que vou morrer. Dai-me, rapidamente, da água fresca que jorra da fonte da Memória. Os guardas prontamente te darão água da fonte sagrada e, em seguida, reinarás entre os outros heróis". As almas que se dirigiam ao Hades bebiam das águas do Rio Lete, a fim de esquecer suas existências terrenas. Os órficos, todavia, na esperança de escapar da reencarnação, evitavam o Lete e buscavam a fonte da Memória. Uma das lamelas deixa claro esse fato: "Saltei do ciclo dos pesados sofrimentos e das dores e lancei-me com pé ligeiro em direção à coroa almejada. Encontrei refúgio no seio da Senhora, a rainha do Hades". Perséfone responde-lhe: "Ó feliz e bem-aventurado! Eras homem e te tornaste deus". No início da lamela há uma passagem significativa. Dirigindo-se aos deuses ctônios, diz o iniciado: "Venho de uma comunidade de puros, ó pura senhora do Hades, Eucles, Eubuleu e vós outros, deuses ctônios. Orgulho-me de pertencer à vossa raça bem-aventurada".

A sede da alma, comum a tantas culturas, configura não apenas *refrigério*, pelo longo caminhar da mesma em direção à outra vida, mas sobretudo simboliza a ressurreição, no sentido da passagem definitiva para um mundo melhor. Nós conhecemos bem esta sede de água fresca, da água viva, através dos escritos neo-testamentários de países de cultura grega (Jo 7,37; Ap 22,17). Evitando beber das águas do Rio Lete, o rio do esquecimento, penhor de reencarnações, a alma estava apressando e forçando sua entrada definitiva no "seio de Perséfone". Mas, se a alma tiver que regressar a novo corpo, terá forçosamente que tomar das águas do Rio Lete, para apagar as lembranças do além. Se para os gregos "os mortos são aqueles que perderam a memória", o esquecimento para os órficos não mais configura a morte, mas o retorno à vida. Desse modo, na doutrina de Orfeu, o Rio Lete passou a ter parte de suas funções prejudicadas. Bebendo na fonte da Memória, a alma órfica desejava apenas lembrar-se da bem-aventurança. O encontro de uma árvore, no caso o *cipreste* branco, símbolo da luz e da pureza, junto a uma fonte, a fonte da Memória, é uma imagem comum do *Paraíso*, em muitas culturas primitivas. Na Mesopotâmia, o rei, representante dos deuses na Terra, vivera junto aos imortais, num jardim fabuloso, onde se localizavam a Árvore da Vida e a Água da Vida. Seria conveniente não nos esquecermos de que em grego, παράδεισος (parádeisos), fonte primeira de paraíso, significava também jardim. E, ao que consta, o *Jardim do Éden* estava cheio de árvores e de fontes... Esse Jardim do Éden (Gn 13,10; Jl 2,3), simbolizava o máximo de felicidade e era equiparado ao *Jardim de Deus* (Is 51,3; Ez 31,8-9). Semelhante Jardim concretiza os ideais da futura restauração (Ez 36,35), da felicidade escatológica, que era considerada como um retorno à bem-aventurança perdida dos tempos primordiais. Passemos, agora, a acompanhar outra alma, que talvez tenha tomado a entrada da esquerda ou tenha vindo muito "carregada" do mundo dos vivos. Os sofrimentos que pesavam sobre aqueles que haviam partido desta vida com muitas faltas são vivamente desenhados por Platão, por uma passagem de Aristófanes, pelo neoplatônico Plotino e até mesmo pela arte figurada. "Mergulhados no lodaçal imundo, ser-lhes-á infligido um suplício apropriado à sua poluição moral" (*República*, I, 363d; *Fédon*, 69c); "esvair-se-ão em inúteis esforços para encher um barril sem fundo ou para carregar água numa peneira" (*Górgias*, 493b; *República*, 363e); "como porcos agrada-lhes chafurdar na imundície" (*Enéadas*, 1,6,6). Aristófanes, num passo da comédia *As Rãs* 145sqq., descreve, pelos lábios de Héracles, o que aguarda certos criminosos na outra vida: "Verás, depois, um lodaçal imundo e submersos nele todos os que faltaram ao dever da hospitalidade [...]; os que espancaram a própria mãe; os que esbofetearam o próprio pai ou proferiram um falso juramento". Um exemplo famoso dos tormentos aplicados no Hades é a pintura do inferno com que o grande artista do século V a.C., Polignoto, decorou a Λέσχη (Léskhē), "galera, pórtico", de Delfos: nela se via, entre outras coisas, um parricida estrangulado pelo próprio pai; um ladrão sacrílego sendo obrigado a beber veneno e Eurínomo (uma espécie de "demônio", segundo Pausânias, metade negro e metade azul, como um moscardo) está sentado num abutre, mostrando seus dentes enormes em sarcástica gargalhada e roendo "as carnes dos ossos" dos mortos.

Todos esses criminosos e sacrílegos estavam condenados a passar por penosas metempsicoses. Diga-se, logo, que é, até o momento, muito difícil detectar a origem e a fonte de tal crença. Na Grécia, o primeiro a sustentá-la e, possivelmente, a defendê-la foi o mitógrafo e teogonista Ferecides de Siros (séc. VI a.C.), que não deve ser confundido com seus homônimos, o genealogista Ferecides de Atenas (séc. V a.C.) e Ferecides de Leros, posterior e muito menos famoso que os dois anteriores. Apoiando-se em crenças orientais, o mitógrafo de Siros afirmava que a alma era imortal e que retornava sucessivamente à Terra para reencarnar-se. No século de Ferecides, somente na Índia a crença na metempsicose estava claramente definida. É bem verdade que os egípcios consideravam, desde tempos imemoriais, a alma imortal e suscetível de assumir formas várias de animais vários, mas não se encontra na terra dos faraós uma teoria geral da metempsicose. Caso contrário, por que e para que a mumificação? De qualquer forma, as teorias de Ferecides não surtiram muito efeito no mundo grego. Os verdadeiros defensores, divulgadores e sistematizadores da "ensomatose" e da metempsicose foram o Orfismo, Pitágoras e seus discípulos, e o filósofo Empédocles. A alma, pois, não quite com suas culpas, regressava para reencarnar-se. O homem comum percorria o ciclo reencarnatório *dez vezes* e o intervalo entre um e outro renascimento era de *mil anos*, cifras que, no caso em pauta, são meros símbolos, que expressam não *quantidades*, mas sim *ideias e qualidades*, o que, aliás, se constitui na essência do número.

Finda a breve ou longa jornada, a alma podia finalmente dizer, como está gravado em uma das lamelas: "Sofri o castigo que mereciam minhas ações injustas [...]. Venho, agora, como suplicante, para junto da resplandecente Perséfone, para que, em sua complacência, me envie para a mansão dos bem-aventurados". A deusa acolhe o suplicante justificado com benevolência: "Bem-vindo sejas, ó tu, que sofreste o que nunca havias sofrido anteriormente [...]. Bem-vindo, bem-vindo sejas tu! Segue pela estrada da direita, em direção às campinas sagradas e aos bosques de Perséfone."

Um fragmento da tragédia euripidiana *Os Cretenses* (Frg. 472), atesta a presença na Ilha de Minos, terra das iniciações, da religião de Zagreu e, portanto, do Orfismo. O poeta nos apresenta um coro de adeptos de

Zagreu, numa palavra, de iniciados órficos, que "erra na noite" e se alegra "por haver abandonado os repastos cruentos": "Absolutamente puro em minha indumentária branca, fugi da geração dos mortais; evito os sepulcros e me abstenho de alimentos animais; santificado, recebi o nome de *bákkhos*". Este nome, que é, ao mesmo tempo, o nome do deus, exprime a comunhão mística com a divindade, isto é, o núcleo e a essência da fé órfica. *Bákkhos*, Baco é, como se sabe, um dos nomes de Dioniso, que era, exatamente, sob seu aspecto orgiástico, a divindade mais importante dos órficos. Nome esotérico e sagrado, *bákkhos*, "baco", servirá para distinguir o verdadeiro místico, o verdadeiro órfico, o órfico que conseguiu libertar-se de uma vez dos liames do cárcere do corpo.

O Orfismo tudo fez para impor-se ao espírito grego. De saída, tentou romper com um princípio básico da religião estatal, a secular maldição familiar, segundo a qual, como já se comentou em *Mitologia Grega*, Vol. I, p.76-81, cada membro do γένος (guénos) era corresponsável e herdeiro das *hamartíai*, das faltas cometidas por qualquer um de seus membros. Os órficos solucionaram o problema de modo original: a culpa é sempre de responsabilidade individual e por ela (e foi a primeira vez que a ideia surgiu na Grécia) se paga aqui; quem não conseguir purgar-se nesta vida, pagará por suas faltas no além e nas outras reencarnações, até a catarse final. Mas, diante do citaredo trácio erguia-se a *pólis* com sua religião tradicional, com suas criações artísticas de beleza inexcedível e, mais que tudo, com seu sacerdote e poeta divino, Homero. É bem verdade que, desde o início, o Orfismo pediu socorro às Musas e Orfeu tentou modelar-se sobre a personagem do criador da epopeia, tornando-se também, em suas *rapsódias* e *hinos*, poeta e cantor, mas a distância entre Homero e Orfeu é aquela mesma estabelecida por Hesíodo entre o Olimpo e o Tártaro... E mais uma vez a Ásia curvou-se diante da Hélade! Foi, não há dúvida, mais uma vitória da cultura que da religião, mas, com isso, o Orfismo jamais passaria, na Grécia, de uma "seita", de uma confraria. Foi uma pena!

Na expressão feliz de Joseph Holzner, é difícil precisar em seus pormenores em que consiste a missão da Grécia na história da salvação e qual foi a influência providencial dos Mistérios. Talvez essa missão se encontre menos em minúcias precisas do que no todo da *mentalidade helênica*. K. Prümm não se equivocou ao afirmar que "a história do desenvolvimento espiritual da humanidade, apesar de seus saltos e tropeços, apesar de sua descontinuidade, segue um plano estabelecido por Deus". No fundo deste plano existe um projeto de salvação. O Cardeal Newman, na história do desenvolvimento da doutrina cristã, insiste no papel providencial dos Mistérios: "As transformações na história são, as mais das vezes, preparadas e facilitadas por uma disposição providencial, pela presença de certas correntes do pensamento e sentimentos humanos, que apontam o rumo da futura transformação [...] Foi isto exatamente o que aconteceu com o cristianismo, como exigia sua alta transcendência. O cristianismo chegou, anunciado, acompanhado e preparado por uma multidão de sombras, impotentes e monstruosas, como são todas as sombras..." Os que acreditam seriamente na vontade salvífica universal de Deus devem admitir que o Senhor não podia permanecer indiferente aos inúmeros esforços, muitas vezes sinceros, desses gregos que foram educados nos Mistérios. Os gregos, realmente, não tiveram os deuses que mereciam. Esse povo extraordinário teve sede de amor e submeteu-se, por isso mesmo, às exigências arbitrárias de seus deuses. Foi, no entanto, enganado e traído por eles. Desse modo, do ponto de vista religioso, a era helênica terminou profundamente decepcionada. A Antiguidade, já em seu declínio, retratou sua própria alma no mito gracioso e profundo de *Eros e Psiqué*. A *Psiqué* grega, que buscou por todos os caminhos, no céu, na terra e nos infernos, o único alimento que podia satisfazer sua fome de amor, o amor divino.

Mais um pouco, e as sombras, de que fala o Cardeal Newman, haveriam de dissipar-se com os raios do Novo Sol, que brilharia intensamente também no céu azul da Hélade. No Olimpo, Psiqué celebrará suas núpcias com Eros.

Repetindo, mais uma vez, o pensamento lúcido de Jean Daniélou, S.J., segundo quem uma coisa é a revelação e outra o modo como esta revelação foi transmitida pelos escritores sacros, haurida, em grande parte, nas civilizações antigas (e particularmente na grega, acrescentaríamos) é que se pode avaliar bem os significantes com que o Orfismo contribuiu para a formação do cristianismo nascente.

O mito grego ornamentou simbolicamente Orfeu com o nimbo da santidade. Nas pinturas das catacumbas romanas ele aparece sob a figura de citaredo e de cantor do amor divino. Nos mosaicos do mausoléu de Gala Placídia, em Ravena, é representado como Bom-Pastor. Uma antiga cena de crucificação chega mesmo a chamar Cristo de "Orfeu báquico".

A alma grega, realmente, não podia suportar a ruptura entre o mundo dos homens e o mundo dos deuses, um mundo que entrega o homem à morte e proclama a imortalidade dos deuses. Eis por que tanto se lutou na Grécia órfico-pitagórico-platônica pela imortalidade da alma. É que, existindo no homem aquele elemento divino, aquela faísca de eternidade, de que tanto se falou, é preciso libertá-la, constituindo-se essa liberação no tema central dos mistérios gregos. Não há dúvida de que a gnose é filha bastarda da Antiguidade Helênica: a alma, como diz Berdiaev, deve forçosamente retornar à sua pátria eterna.

Além da óbvia influência sobre Píndaro e sobretudo, juntamente com o Pitagoricismo, sobre a gigantesca síntese platônica da nova "mitologia da alma", o Orfismo chegou até os primeiros séculos da Era Cristã ainda com muita vitalidade. Em seguida, foi-se apagando lentamente, mas Orfeu, mesmo independente do Orfismo, teve sua figura reinterpretada "pelos teólogos judaicos e cristãos, pelos hermetistas, pelos filósofos do Renascimento, pelos poetas, desde Poliziano até Pope, e desde Novalis até Rilke e Pierre Emmanuel". Também nós, de língua portuguesa, tivemos a nossa reinterpretação do mito de Orfeu e Eurídice: trata-se da tragédia de Vinícius de Moraes, *Orfeu da Conceição*.

ORÍON *(I, 221, 269, 325; II, 66, 191⁹⁴; III, 54, 56-58).*

Ὠρίων (Ōríōn), *Oríon*, segundo Carnoy, *DEMG*, p. 146, talvez se pudesse explicar pela anteposição do prefixo Ō- à raiz do verbo ὀρίνειν (orínein) "tanger diante de si, caçar, excitar", "uma vez que Oríon é o grande caçador do céu, que empurra diante de si outras estrelas, designadas com nomes de animais".

Filho de Posídon ou Hirieu e de Euríale, Oríon é um caçador gigante. Alguns mitógrafos dizem ser ele filho de Geia como quase todos os Gigantes. Recebeu de Posídon o dom de andar sobre as ondas. Extremamente bonito e de uma força e vigor prodigiosos, se casou primeiramente com Side, tão linda e orgulhosa de sua beleza, que ousou competir com Hera. A deusa a lançou no Tártaro.

Chamado a Quios certamente por Enópion, que o encarregou de livrar a ilha dos animais ferozes que a devastavam, o gigante acabou se apaixonando por Mérope, filha do senhor de Quios. Enópion, todavia, negou-lhe a mão da filha. A partir desse ponto há duas versões. Furioso, Oríon se embriagou e tentou violentar a princesa ou foi propositadamente embriagado pelo rei. Como quer que seja, este, aproveitando-se do sono do filho de Posídon, o cegou. Apesar de desorientado, Oríon dirigiu-se às forjas de Hefesto e lá colocou sobre os ombros o grande ferreiro Cedálion (v.) e pediu que lhe voltasse o rosto para o sol nascente, o que bastou para que ficasse imediatamente curado. Recuperada a visão, dirigiu-se rapidamente para Quios, a fim de vingar-se de Enópion, mas Posídon lhe havia construído uma câmara subterrânea, onde o rei se escondeu.

Impressionada com a beleza de Oríon, Eos (v.) o raptou e levou para a Ilha de Delos. A paixão de Eos durou pouco, porque Ártemis lhe matou o amante a flechadas. A causa da ira da irmã de Apolo é diversamente relatada pelos mitógrafos. O gigante a teria imprudentemente desafiado para um concurso de lançamento do disco e, derrotado, foi assassinado, ou porque o filho de Posídon tentara violentar-lhe uma das companheiras inseparáveis, a virgem hiperbórea Ópis (v.). A versão mais comum, porém, é a de que Oríon tentara estuprar a própria deusa. Ártemis lançou contra ele um escorpião que lhe picou mortalmente o calcanhar. Por este benefício prestado, o escorpião foi transformado em constelação, merecendo Oríon, por ser filho de Posídon, destino análogo. Isto explica por que a constelação de Oríon vive fugindo da de Escorpião.

Na *Ilíada*, XVIII, 485-488, ao descrever o escudo de Aquiles, Homero, referindo-se às estrelas, "que coroam o céu", diz que Oríon é a única que não se banha no Oceano.

ORITIA *(III, 150).*

Ὠρείθυια (Ōreíthyia), *Oritia*, segundo Carnoy, *DEMG*, p. 146, trata-se de um derivado pelásgico com o prefixo Ō + *weit, "rodopiar, arrebatar".

Há duas personagens com este nome. Uma é filha de Erecteu, rei de Atenas. Foi raptada pelo vento Bóreas (v.). A outra é filha de Cécrops. Casada com Mácedon, foi mãe de Europo, epônimo da cidade homônima da Macedônia.

ÓRNITO *(III, 208).*

Ὄρνυτος (Órnytos), *Órnito*, não possui etimologia confiável até o momento. A hipótese interrogativa de Carnoy, *DEMG*, p. 147, que propõe um derivado de *er-nu, *or-nu, "combate", donde "o combatente", é pouco provável.

Existem dois heróis com este nome. O primeiro, também chamado Têutis, é um arcádio que desejou participar da Guerra de Troia com um contingente de arcádios da cidade de Têutis. Como houvesse uma grande calmaria em Áulis (v. Agamêmnon), o herói quis retornar com suas naus, mas Atená, disfarçada em Melas, filho de Óps, pediu-lhe que permanecesse com a frota aqueia, porque os ventos voltariam a soprar.

Órnito, irritado com a solicitação de Melas-Atená, feriu a deusa na coxa e voltou com seus navios. A deusa Atená apareceu-lhe em sonhos com a coxa ferida e de imediato uma grande peste assolou a cidade de Têutis e o próprio herói ficou seriamente enfermo. Consultado o Oráculo de Dodona, este aconselhou, para debelar o flagelo e a doença de Órnito, que se erguesse uma estátua da deusa Atená com um ferimento na coxa, mas coberto com uma atadura de púrpura.

Um segundo herói homônimo é filho de Sísifo, que lutou ao lado dos lócrios de Opunte pela conquista de Dafnunte e fundou no local um reino, que legou a seu filho Foco, epônimo dos fócios. Em seguida, em companhia de seu segundo filho Toas, retirou-se para Corinto.

ORONTE.

Ὀρόντης (Oróntēs), *Oronte*, sem dúvida alguma está relacionado com ὀρόντιον (oróntion), "planta que serve de remédio contra a icterícia", *DELG*, p. 825. O antropônimo, talvez um hipocorístico, seria "o que cura a icterícia". Carnoy, todavia, *DEMG*, p. 147, o deriva do indo-europeu *erwent-, avéstico *arvant-*, "rápido".

O nome Oronte está ligado a dois heróis de mitos distintos que deram seu nome ao rio homônimo na Síria.

O primeiro deles é um hindu, filho de Dídnaso. Quando Dioniso invadiu a Índia, o herói assumiu o comando das tropas do Rei Deríades. Apesar de seu porte gigantesco e destemor, foi ferido pelo deus do vinho e, envergonhado, se matou. Seu corpo foi arrastado pelas águas de um rio, que, a partir de então, passou a chamar-se Oronte.

À época romana, quando se desviou o curso do Oronte, para canalizar-lhe o antigo leito, encontrou-se um sarcófago com um esqueleto descomunal. Interrogado o Oráculo de Claros, este declarou tratar-se dos restos mortais de Oronte.

Oronte é o nome de um deus-rio, filho de Oceano (v.) e Tétis. Apaixonado pela ninfa Melibeia, uma das Oceânidas, transbordou, inundando todas as planícies que estavam à sua margem. Héracles, porém, fê-lo conter-se e voltar a seu curso normal.

ORTÓPOLIS.

Ὀρθόπολις (Orthópolis), *Ortópolis*, é um composto do adjetivo ὀρθός,-ή,-όν (orthós, -é, -ón), "em pé, direito, reto, aprumado", daí "verídico, honesto, correto" e de πόλις (pólis), "fortaleza, cidadela, estado, cidade", donde "o que dirige corretamente o estado". O adjetivo *orthós* pressupõe *Fορϑfός (*worthwós), sânscrito *urdhvá*, "ereto, alto". Quanto à πόλις (pólis) e à variante gráfica ainda inexplicável πτόλις (ptólis), têm por correspondente o sânscrito *pūr*, ac. *puram*, lituano *pilìs*, "cidadela, estado, cidade".

Ortópolis era filho de Plemneu, rei de Sicione. O soberano, todavia, não lograva criar um só filho. Faleciam, tão logo vinham à luz. Compadecida com o infortúnio do rei, Deméter, travestida de estrangeira, veio a Sicione e após levantar a maldição que pesava sob o último recém-nascido, conseguiu salvá-lo. Ortópolis foi o nome do protegido da deusa de Elêusis. Foi ele pai de Crisorte, que, unida a Apolo, gerou Corono.

ORTRO *(I, 155-156, 241-242; II, 21; III, 98, 109, 130, 210).*

Ὄρθρος (Órthros), *Ortro*, segundo Chantraine, *DELG*, p. 819, caracteriza-se morfologicamente pelo morfema $dh > \vartheta$ (th) e pelo sufixo *r*, que se alterna com *n*, o que permite uma aproximação com o eslavo antigo *ranŭ*, "pela manhã", uma vez que *órthros* significa precisamente "alvorada, momento que precede ao amanhecer". É bem possível que o vocábulo seja aparentado com *Fορϑός > ὀρθός (*worthós > orthós), como quer Frisk, *GEW*, s.u., como se fora "o crescimento do dia", o que permite uma aproximação com o sânscrito *várdhati*, "ele faz brotar" e com o latim *orīri*, "elevar-se, nascer", *ortus*, "nascimento" que se empregam em relação aos astros. Assim sendo, *Ortro*, o cão, é "o que está vigilante, alerta ao nascer do dia".

Ortro, de várias cabeças e corpo de serpente, era o cão que ajudava a guardar o rebanho de Gerião. Héracles, para se apossar do grande armento, teve que defrontar-se com o monstro e o matou.

Filho de Tifão e Équidna, era irmão de Cérbero. Ortro uniu-se à própria mãe e foi pai da Esfinge de Tebas. O simbolismo desses monstros foi comentado em *Mitologia Grega*, Vol. I, p. 242-254.

OTO *(I, 325; II, 66; III, 54).*

Ὦτος (Ôtos), *Oto*, "ave noturna, mocho, com dois penachos sob forma de orelhas", ou seja, uma espécie de "demônio noturno" como o era seu irmão Efialtes (v.). Talvez se possa relacionar o vocábulo com οὖς, ὠτός (ûs, ōtós), "orelha", daí "asa" de um cântaro. O antropônimo significaria, pois, "ave noturna e demoníaca com orelhas".

Quanto ao mito, vejam-se Alóadas e Efialtes.

OTREU *(I, 220).*

Ὀτρεύς (Otreús), *Otreu*, é possivelmente uma redução de Ὀτρυντεύς (Otrynteús), do verbo ὀτρύνειν (otrýnein), "excitar, apressar", donde "o que se apressa, o que se empenha com zelo". Pode-se fazer uma aproximação do verbo em pauta com o sânscrito *tvárate*, "apressar-se", *turáti*, "ele se apressa", antigo alemão *dweran*, "voltar rapidamente".

Filho de Dimas, Otreu era rei da Frígia, como aparece na *Ilíada*, III, 185-187. Lutou certa feita ao lado de Príamo contra as Amazonas. Foi disfarçada na filha de Otreu, hipoteticamente raptada por Hermes, que Afrodite se uniu a Anquises (v.).

ÓXILO *(I, 102; III, 56, 59-60).*

Ὄξυλος (Óksylos), *Óxilo*, é derivado por Carnoy, *DEMG*, p. 148, do adjetivo ὀξύς (oksýs), "agudo, penetrante", que se emprega sobretudo como epíteto do sol. Óxilo seria o herói com "três olhos", donde "o que tudo vê". Talvez se possa, etimologicamente, fazer uma aproximação com o latim *acus*, "agulha".

Há três heróis com este nome. O primeiro é filho de Ares e Protogenia, neto de Cálidon e, por conseguinte, bisneto de Etolo, epônimo dos etólios.

O segundo, filho de Hêmon, neto de Toas, é igualmente um descendente longínquo de Etolo. Na genealogia de Apolodoro, o herói é filho de Andrêmon e Gorge, irmã de Dejanira. Neste caso, Óxilo seria aparentado com os Heraclidas, por ser primo de Hilo, filho de Héracles e Dejanira. É muito provável que os dois Óxilo citados, o filho de Ares e Protogenia e o de Hêmon ou Andrêmon, sejam uma só e mesma personagem, descendente de Etolo e de Endímion.

A este herói prende-se o mito do retorno dos descendentes de Etolo à Élida. É que Etolo, originário da Élida, no Peloponeso, onde reinava, teve que exilar-se, após matar o tirano Ápis. Tendo iniciado uma penosa peregrinação através da Hélade (*Odiss.*, XIV, 379sq.), chegou finalmente ao norte do Golfo de Corinto, onde foi muito bem-acolhido por Doro, Laódoco e Polipetes, filhos de Ftia e de Apolo. Violando, todavia, a lei sagrada da hospitalidade, os matou e, expulsos os Curetes (v.), apossou-se do governo, dando à região o nome de Etólia.

Óxilo, tendo morto acidentalmente a seu irmão Térmio, ao lançar um disco, teve igualmente que deixar a terra natal e refugiou-se na Élida. Terminado o prazo de um ano fixado para o exílio, o herói pôs-se a caminho, com a intenção de regressar à Etólia.

Acontece que, nesse ínterim, os Heraclidas, segundo as predições do Oráculo de Delfos, aguardavam o aparecimento de um "guia de três olhos", que pudesse conduzi-los à tão esperada volta ao Peloponeso. Eis que de repente surgiu no acampamento do heraclida Têmeno "um ser de três olhos": um caolho montado num cavalo. Esse caolho era Óxilo, que se dispôs a guiá-los, desde que tivesse de volta o reino da Élida, que pertencera a seus ancestrais.

Após retumbante vitória, quando os Heraclidas começaram a dividir os territórios conquistados, Óxilo se apresentou nas fronteiras da Élida com seus etólios. Do outro lado da fronteira, todavia, esperava-o o Rei Eleio, com seus soldados, prontos para a batalha. Como o número de infantes de ambos os lados fosse igual, decidiu-se resolver a contenda por um combate singular. Pelos eleios lutaria o grande arqueiro Dégmeno e pelos etólios o imbatível fundibulário Pirecmes. A vitória coube a estes últimos e Óxilo recuperou, na Élida, o trono de seu ancestral Endímion. O novo rei permitiu aos colonos que permanecessem em suas terras, mas instalou igualmente nas mesmas camponeses etólios. Manteve todos os cultos e governou com brandura e sabedoria. Recuperou e embelezou a cidade de Élis. Protegeu os aqueus, perseguidos pelos invasores Heraclidas. Restabeleceu os Jogos Olímpicos, há muito tempo abandonados (v. Jogos).

Óxilo se casou com Piéria e foi pai de Etolo, o jovem, e de Leias, que lhe sucedeu no trono.

Óxilo morreu jovem e não podendo, segundo o oráculo, ser sepultado nem dentro nem fora da cidade, colocaram-lhe os restos mortais sob uma das portas da mesma, por onde passava a via sagrada, que conduzia aos grandes templos.

Um terceiro herói homônimo é o filho de Orio que, unindo-se à sua própria irmã Hamádrias, foi pai das Hamadríadas (v.), as ninfas que nascem incorporadas a determinadas árvores. Suas filhas chamaram-se, por isso mesmo, Cária (nogueira), Bálano (castanheiro), Crania (corniso), Moreia (amoreira), Égiro (álamo), Ptélea (olmeiro), Âmpelo (videira) e Sice (figueira).

OXÍNIO.

Ὀξύνιος (Oksýnios), *Oxínio*, ao que parece, é um derivado do verbo ὀξύνειν (oksýnein), "tornar pontiagudo, aguçar, excitar", daí "excitar à luta, provocar", donde significar o antropônimo "o provocador". O verbo é derivado do adjetivo ὀξύς (oksýs), "agudo, penetrante" (v. Óxilo).

Numa versão tardia, devida ao mitógrafo Cônon (séc. I a.C.), Oxínio e Escamandro eram filhos de Heitor. Estando iminente a queda de Troia, Príamo os enviou para a Lídia. Tão logo a cidadela foi destruída, Eneias refugiou-se no maciço do Monte Ida e lá estabeleceu um novo reino. Os dois filhos de Heitor, todavia, regressaram de seu esconderijo na Lídia e exigiram que o filho de Afrodite lhes entregasse as rédeas do poder, por serem os parentes mais próximos de Príamo. Eneias concordou e fez-se ao mar em busca da Itália.

OXINTES.

Ὀξύντης (Oksýntēs), *Oxintes*, origina-se do adjetivo ὀξύς (oksýs), "pontiagudo, penetrante", através do verbo ὀξύνειν (oksýnein) "tornar pontiagudo, aguçar, excitar, provocar", donde o sentido do antropônimo de "provocador" (v. Óxilo).

Filho de Demofonte (v.), Oxintes era um rei de Atenas, da estirpe de Teseu. Foi pai de Afidas e Timetes. Afidas, o mais velho, sucedeu-lhe no poder, mas não reinou por muito tempo, porque foi destronado e morto pelo irmão.

P

PÃ *(I, 249^162, 250-251, 282^181, 366; II, 70^21, 192, 202, 237-238; III, 327).*

Πάν (Pán) não possui ainda etimologia convincente. Divindade essencialmente da Arcádia, talvez possa ter-se originado de um tema pré-helênico, possivelmente um duplo de *Παιάων/Παιήων (*Paiáōn/Paiéōn), *Peéon*, nome de uma divindade e também "o grito" com que era invocada, transformando-se, em seguida, no nome de um deus médico e depois epíteto de Apolo como deus da medicina, *DELG*, p. 855. Outras hipóteses podem ser vistas em Frisk, *GEW*, s.u. Πάν (Pán).

Desconhecido dos poemas homéricos, mereceu, todavia, um *Hino Homérico*, *Hino a Pã* (os chamados *Hinos Homéricos*, como é sabido, não pertencem a Homero), que o celebra e exalta. Consoante o *hino*, Pã é filho de Hermes e de Dríope, filha única de Driops, epônimo dos dríopes, tidos como uns dos primeiros habitantes da Hélade. Horrorizada com a monstruosidade do filho, Dríope o rejeitou, mas Hermes o envolveu num couro de cabra e levou-o para o Olimpo, colocando-o junto a Zeus. Os outros deuses, ao verem a criança, se alegraram muito, sobretudo Dioniso, que mais tarde o engajou em seu cortejo. Os imortais deram-lhe o nome de *Pã* pelo júbilo que provocou em *todos*, daí a etimologia popular que confundiu Πάν (Pán) com πᾶν (pã), *tudo*. Semelhante etimologia será retomada posteriormente pelos mitógrafos e filósofos que verão nesse deus menor a encarnação do Universo, o *Todo*. Pã foi tão popular, que muitas outras filiações lhe são atribuídas. Uma das mais curiosas é a que denigre a tão festejada fidelidade de Penélope. Na longa ausência de Ulisses, sua esposa teria sido amada por Hermes e deu à luz Pã. Uma versão mais ousada relata que Penélope foi amada por *todos* os pretendentes e o produto de tantas uniões seria Pã, *o todo*. Uma tradição bem mais tardia insiste em que Ulisses, posto a par dos múltiplos adultérios de Penélope, a teria banido. Exilada primeiramente em Esparta, seguiu depois para Mantineia, onde, unindo-se a Hermes, foi mãe de Pã. Não para, todavia, por aqui o catálogo de pais do deus dos pastores. Pã seria filho de Zeus e Híbris ou de Zeus e Calisto, tornando-se, nesta última variante, irmão gêmeo de Arcas, herói epônimo da Arcádia. Por vezes, o deus pastor é filho de Éter e da ninfa Ênoe; de Crono e Reia; de Urano e Geia ou simplesmente de um pastor, chamado Crátis, e de uma cabra... Pã não possui propriamente um mito. Sua função, que aliás muito lhe agradava, era ser o deus dos pastores e dos rebanhos, e, como tal, apesar de ser uma divindade da Arcádia, seu culto se expandiu por toda a Hélade e até mesmo para fora do mundo grego. Turbulento e jovial, era em parte zoomorfo e em parte humano: seu corpo era peludo e, em vez de pés, possuía cascos de bode e chifres. Dotado de agilidade prodigiosa, percorria grutas, vales e bosques em perseguição às ninfas. Quando não as encontrava, satisfazia sua inesgotável energia sexual com jovens ou se masturbava. Seus atributos mais constantes eram a flauta, um cajado de pastor e uma coroa trançada com folhas de pinheiro. Amou particularmente a deusa Selene (v.) e Eco (v.) cuja conquista só foi possível com a oferta à bela ninfa de um rebanho de bois brancos. Um mito relatado por Plutarco afiança que, à época do Imperador Augusto, um navegante solitário ouviu em pleno mar vozes misteriosas que anunciavam "a morte do Grande Pã". Os deuses deram-lhe o nome de *Pã*. Tal epíteto, consoante J. Chevalier e A. Gheerbrant, *DIS*, p. 724sq., significa que os imortais do Olimpo assim o chamaram não apenas porque se identificavam com ele sob múltiplos aspectos, mas também porque o novo deus encarnava uma tendência inerente ao universo como um todo. Deus do *Todo* traduz a energia genésica deste *Todo* ou do *Todo* da vida. Seus aparecimentos súbitos provocavam o *pânico*, o terror que se derrama pela natureza e impregna todos os seres, ao se pressentir a presença de uma divindade que perturba o espírito e enlouquece os sentidos. Despido dessa sensualidade primária irrefreável, o deus personificará mais tarde o *Grande Todo*, o Todo de cada ser. Filósofos neoplatônicos e cristãos farão dele a síntese do paganismo. A morte do Grande Pã pode ser interpretada como o fim dos deuses antigos. Os lamentos do mar prenunciavam o alvorecer de uma nova era que aterrorizava o mundo greco-latino. A morte de Pã configura o fim das velhas instituições. Curiosa evolução de um símbolo que evoluiu de um descomedimento sexual para uma nova ordem social, cuja agonia leva ao desespero, porque também ela perdeu sua energia vital.

PACTOLO.

Πακτωλός (Paktōlós), *Pactolo*, é palavra sem etimologia conhecida.

Filho de Zeus e de Leucoteia, o herói é deus do rio homônimo na Ásia Menor. Pai de Eurianassa, é, através dela, o avô de Pélops. Durante a celebração dos mistérios de Afrodite, Pactolo deflorou, sem o querer, a sua própria irmã Demódice. Quando se conscientizou do grave delito, lançou-se nas águas do rio Crisórroas, isto é, Χρυσορρόας (Khrysorrhóas), o rio de águas "auríferas", que recebeu, desde então, o nome de Pactolo (v. Midas).

PAFOS.

Πάφος (Páphos), *Pafos*, segundo Carnoy, *DEMG*, p. 152, talvez proceda da raiz **bap*, **bab*, "enfunar, engrossar", daí "a (ilha) cheia de outeiros".

Segundo as versões mais antigas, Pafos é uma ninfa da ilha homônima. Unida a Apolo, foi mãe de Cíniras (v.). Há, no entanto, uma tradição que faz de Pafos um herói, filho de Céfalo e de Eos (Aurora), fundador da cidade homônima na ilha de Chipre e pai de Cíniras.

PALÁDIO *(II, 25-26; III, 299).*

Παλλάδιον (Palládion), *Paládio*, segundo Carnoy, *DEMG*, p. 150; *DELG*, p. 853, proviria de Παλλάς, -άδος (Pallás, -ádos), "Palas", epíteto de Atená (v.), mas *Pallás* é, por sua vez, um derivado de παλλακη (pallakḗ), cujo sentido inicial é "de escrava muito jovem", que se reservava para o senhor (*Odiss.*, XIV, 203), daí "concubina" por oposição à esposa legítima (Il., IX, 452). *Paládio* é, pois, uma estátua, da "jovem Palas". Observe-se que o atemático πάλλαξ ou πάλληξ (pállaks) ou (pállēks) pode designar tanto "a jovem" quanto "o jovem". O latim *paelex* ou *pelex*, sem geminadas, que é a melhor grafia, e cujo sentido é de "concubina" ou de "homem prostituído", deve ser um empréstimo ao grego por intermédio do etrusco, *DIELL*, p. 474.

Stricto sensu, Paládio é uma estátua divina, dotada de propriedades mágicas, que representava a deusa Palas Atená. Após as epopeias cíclicas, em que a estátua miraculosa está ligada ao destino de Troia, o Paládio se enriqueceu com elementos novos, convertendo-se num mito com variantes e versões extremamentes complexas.

Homero o desconhece. Na *Ilíada* só se menciona uma estátua cultual da deusa, honrada em Ílion, mas sentada, enquanto o Paládio é uma estátua de tamanho menor, mas de pé, com a rigidez de um ξόανον (ksóanon), *xóanon*, isto é, de um ídolo arcaico de madeira. Seja como for, o importante é ser o Paládio extremamente apotropaico. Possuía a virtude de garantir a integridade da *pólis* que o possuísse e cultuasse. Assim, o de Troia a preservou incólume durante dez anos. Desse modo, toda e qualquer cidade de certa importância se vangloriava de possuir o precioso *xóanon* sobre cuja origem miraculosa se teciam as mais incríveis histórias. Multiplicaram-se, assim, as estatuetas miraculosas de Palas e, em consequência, os mitos que tentavam explicar-lhes a procedência.

Até mesmo sobre o aparecimento do primeiro Paládio há muitas divergências entre os mitógrafos. Todos estão de acordo a respeito de sua origem divina, mas as circunstâncias variam muito. Segundo Apolodoro, *Bibl. Hist.*, 3,12,3, o de Troia teria caído do Olimpo. É que Atená, tão logo saiu das meninges de Zeus, foi entregue aos cuidados do deus Tritão, pai de uma jovem chamada Palas, que se tornou grande amiga da deusa. Um dia em que ambas se exercitavam nas artes da guerra houve uma séria desinteligência entre elas. No momento em que Palas ia ferir a Atená, Zeus interveio e colocou sua égide diante da filha de Tritão, que, assustada, não pôde esquivar-se do golpe de Atená e caiu mortalmente ferida. Reconhecendo-se culpada e para honrar a amiga, a própria Atená fabricou uma estátua com feições idênticas às de Palas, revestiu-a com a égide, causa do medo e da morte da amiga, e colocou-a junto a Zeus, tributando-lhe as honras de uma divindade. A estátua permaneceu no Olimpo até o dia em que o pai dos deuses e dos homens tentou violentar Electra (v.), que se refugiou junto ao Paládio como asilo invulnerável. O deus, todavia, no seu *furor eroticus*, lançou a estátua do alto do Olimpo e se apossou de Electra. O ícone de Palas caiu na Tróada, sobre a mesma colina onde outrora tombara a terrível Ate (v.).

Era o momento em que Ilo (v.) fundava a cidade, que receberia seu nome, Ílion, e mais tarde Troia. Um dia pela manhã, o herói encontrou o Paládio, com cerca de dois a três côvados de altura, com os pés juntos, tendo na mão direita uma lança e na esquerda uma roca e um fuso, símbolos da guerra (o herói) e da paz do lar (a mulher).

Vendo no *xóanon* um sinal da aprovação dos deuses pela fundação da fortaleza, o rei construiu o grande templo de Atená, onde o guardou cuidadosamente.

Relata uma outra versão que a estatueta sagrada entrou pelo teto do templo ainda em construção e sozinha ocupou ritualmente seu lugar.

Segundo uma tradição dórica, a estátua teria sido confeccionada com o osso da espádua de Pélops e furtada de Esparta por Páris, quando do rapto de Helena. Um relato mais tardio afiança que Trós, ancestral da raça troiana, a teria recebido secretamente de um bruxo chamado Ásio, em cuja honra todo o continente recebeu o nome de Ásia.

Acerca do destino do Paládio, as versões igualmente diferem muito. Conta-se, por exemplo, que Dárdano (v.) o teria levado da Arcádia para a Samotrácia e oferecido a seu sogro Teucro, que o entronizou como guardião da cidadela de Troia. Relata-se também que os troianos haviam esculpido um segundo Paládio exatamente idêntico ao primeiro para enganar os ladrões ou inimigos que desejassem retirar a proteção de Troia. O verdadeiro foi escondido no tesouro do templo e a cópia no santuário do mesmo.

A respeito dessa pluralidade de estátuas se formou uma série de relatos. Desde as epopeias cíclicas conta-se que o filho de Príamo, Heleno (v.), aprisionado por Ulisses no Monte Ida, predisse que Troia, segundo a decisão da Moira, jamais seria tomada, entre outras condições, enquanto lá permanecesse a estatueta de Palas. Ulisses (v.), por isso mesmo, penetrou à noite na cidadela em companhia de Diomedes. Este se teria apossado do *xóanon* com a cobertura do rei de Ítaca, que entrara em Ílion disfarçado em mendigo (v. Ulisses). Reconhecido por Helena, conseguiu, com a cumplicidade da mesma, levar o Paládio. Retirou-se ileso, matando ainda as sentinelas que vigiavam a entrada da fortaleza.

Numa variante mais tardia o papel heroico no furto do ícone coube a Diomedes: fazendo dos ombros do companheiro uma escada, transpôs a muralha de

Troia e apoderou-se do objeto sagrado. No retorno aos acampamentos aqueus, Ulisses tentou arrebatar-lhe o troféu para reclamar sozinho os méritos da façanha. Para tanto, colocou-se atrás do colega e quase o matou. Mas, como era lua cheia, Diomedes divisou no solo a sombra da arma que Ulisses erguera para o golpe fatal. Voltando-se rapidamente, já com sua espada desembainhada, desafiou-o para o combate. Como este se recusasse, feriu-o com o lado da espada e obrigou-o a caminhar à frente.

Uma versão diferente conta que os dois heróis penetraram na cidade pelo esgoto.

Uma outra relata que a troiana Teano, com a anuência ou por ordem de seu marido Antenor, amigo dos aqueus, e que sempre se manifestou contra o rapto de Helena, entregou espontaneamente aos helenos o ícone apotropaico.

Tradições bem mais tardias ainda acrescentam que o verdadeiro Paládio permanecera em Troia e que, salvo por Eneias do incêndio da cidade, foi guardado no Monte Ida e, em seguida, levado para a Itália pelo filho de Anquises. Depositado mais tarde no templo das Vestais, em Roma, passou a ser o guardião da *Urbs*, cujo destino estava ligado à permanência ali do precioso talismã, que volta a aparecer mais uma vez no mito de Cassandra. A filha de Príamo, na iminência de ser raptada por Ájax Oileu, abraçou o Paládio, mas o aqueu, que sempre se opôs aos deuses, derrubou a estátua, agarrou-se à jovem e a levou para o acampamento heleno juntamente com o ícone de Palas. Com este ato impensado Ájax cometeu dois sacrilégios: violentou uma suplicante e manchou um objeto que só poderia ser tocado pelas mãos puras das sacerdotisas. Atená, por isso mesmo, o castigou severamente mais tarde (v. Ájax Oileu). Através de semelhante relato pode-se concluir que o verdadeiro Paládio teria permanecido em Troia até o fim. Aquele que Diomedes furtou seria o falso. De qualquer forma, tanto Cassandra quanto a estátua verdadeira, arrebatadas por Ájax, acabaram nas mãos de Agamêmnon.

No que tange ao destino ulterior do disputado troféu (nas versões em que não fora levado para a Itália por Eneias), há duas hipóteses: ou ele permaneceu com Diomedes (v.), que, ao retornar de Troia, se exilara na Magna Grécia e o entregara depois a Eneias, estabelecido no Lácio, ou ficou como espólio de Agamêmnon. Este o teria transportado para Argos, confirmando assim o orgulho dos argivos, que se diziam detentores da verdadeira estátua divina. Também os atenienses reivindicam-no, afirmando que o filho de Teseu, Demofonte (v.), que participara da Guerra de Troia, o recebera como presente de Diomedes. Sabedor de que Agamêmnon o reclamava, o herói ateniense o confiou a Búziges, que cuidadosamente o levara para Atenas.

Temendo o poderoso senhor de Micenas, Demofonte mandou confeccionar uma réplica perfeita da estátua e colocou-a em sua tenda. Destruída a cidadela de Ílion, Agamêmnon, à frente de inúmeros heróis e soldados, procurou o filho de Teseu e pressionou-o para que lhe entregasse o ícone. O ateniense, para dar a impressão de que realmente o possuía, discutiu longamente com o chefe supremo dos aqueus, mas astutamente se deu por vencido e entregou-lhe a réplica que mandara fabricar.

Uma derradeira versão explica que Diomedes, ao voltar da Troada, ancorou suas naus no porto ateniense de Falero. Não sabendo aonde havia chegado, praticou com seus marinheiros vários atos de vandalismo e de hostilidade. Demofonte, então rei de Atenas, correu em defesa de seus cidadãos. Ignorando, igualmente, contra quem lutava, matou muitos companheiros de Diomedes e apossou-se do ícone de Palas.

Ao retornar a Atenas, seu cavalo derrubou e pisoteou um ateniense, que teve morte instantânea. Por causa desse homicídio involuntário, o rei foi julgado, como era de praxe, por um tribunal singular, que recebeu o nome de *Tribunal do Paládio*, que passou a reunir-se sempre que se apreciavam casos idênticos.

PALAMEDES *(I, 89; III, 69, 293, 293[225], 295[226], 333).*

Παλαμήδης (Palamḗdēs), *Palamedes*, é, segundo Carnoy, *DEMG*, p. 149, proveniente do composto παλαμο- (palamo-) por παλάμη (palámē), "palma da mão" ou a própria "mão" como instrumento de ação: "empunha, pega, larga", daí, por metonímia, "força, habilidade, astúcia", e do verbo μήδεσθαι (médesthai), "arquitetar um projeto, preparar, ter em mente" (v. Medeia), donde o antropônimo significar "o arquiteto de astúcias, o muito habilidoso".

Palamedes é um dos três filhos de Náuplio (v.) e Clímene. Seus dois outros irmãos eram Éax e Nausimedonte.

Educado pelo Centauro Quirão, participou da Guerra de Troia desde seus preparativos, acompanhando a Menelau (v.) e Ulisses na primeira embaixada a Troia, com o objetivo de resolver pacificamente o rapto de Helena. Teria sido até mesmo portador de uma carta de Clitemnestra à irmã, pedindo-lhe que regressasse a Esparta, a fim de evitar derramamento de sangue. Quando da segunda embaixada, que partiu da ilha de Tênedos, com os aqueus já às portas de Troia, o filho de Náuplio se juntou mais uma vez a Menelau, Ulisses, Diomedes e Ácamas, para tentar novamente convencer Páris a devolver Helena a seu legítimo esposo. Toda essa dedicação a Menelau, de quem era primo, há de provocar-lhe a morte.

Quando os antigos pretendentes à mão de Helena se preparavam para seguir para Ílion, Ulisses, embora autor intelectual do famoso juramento que os ligava a Menelau, procurou de todas as maneiras fugir ao compromisso assumido (v. Ulisses e Tíndaro). Não por falta de coragem, mas por amor à esposa e ao filho recém-nascido. Quando lhe faltaram argumentos, fingiu-se louco.

Em companhia de Menelau, o astuto e inventivo Palamedes seguiu para Ítaca. Lá encontraram o esposo de Penélope, o qual havia atrelado um burro e um boi a uma charrua e abria sulcos em que semeava sal. Outros dizem que tentava arar as areias do mar. Palamedes, todavia, não se deixou enganar com o embuste e colocou o pequenino Telêmaco diante das rodas da charrua. O herói deteve os animais a tempo de salvar o menino. Desmascarado, o rei de Ítaca dedicou-se inteiro à causa dos atridas, mas nunca perdoou ao filho de Náuplio e no decurso da Guerra de Troia vingou-se cruel e covardemente do mais engenhoso e inteligente dos heróis da Hélade.

Relatam alguns mitógrafos que este participou igualmente da procura de Aquiles (v.), que fora travestido de donzela e escondido por Tétis entre as filhas do Rei Licomedes, na Ilha de Ciros. Teria sido ainda enviado como arauto por Menelau às cortes dos reis Enópion, em Quios, e de Cíniras, em Chipre. Descobriu também que a jovem Epípole de Caristo, filha de Traquíon, se havia disfarçado em homem para participar da Guerra de Troia. Revelada a fraude, a valente Epípole foi apedrejada.

Prestou sobretudo inúmeros serviços à armada grega, encorajando os soldados aterrorizados por presságios desfavoráveis, entre os quais um eclipse do sol. Tentou ainda afastar uma peste que se dizia iminente, com a presença, nos acampamentos gregos, de um lobo, saído das montanhas do Ida. Para debelar a fome, que rondava o exército grego, fez vir as filhas de Enópion, que, durante um certo tempo, arrancaram da terra a alimentação necessária aos soldados.

Ulisses, todavia, não se esquecera do aviltamento que lhe impusera o astuto Palamedes. Tendo aprisionado um troiano, obrigou-o, sob ameaça, a escrever uma carta e apresentá-la como se fora de Príamo. Dizia-se na missiva que o filho de Náuplio se oferecera ao rei de Troia para trair os helenos, desde que recebesse uma polpuda recompensa. Subornou, depois, um escravo do herói, para que colocasse grande quantidade de ouro sob o leito do acusado. Em seguida fez que a carta chegasse às mãos de Agamêmnon. Este, temperamental e impulsivo, entregou a vítima inocente aos aqueus, que o lapidaram ou, segundo uma outra versão, Ulisses e Diomedes convenceram-no a descer num poço e cobriram-no rapidamente com pedras e terra, esmagando o companheiro.

A Antiguidade honrou a memória de Palamedes, atribuindo-lhe a invenção dos caracteres do alfabeto ou ao menos de alguns deles. Para criar o Y, inspirou-se, conta-se, no voo dos grous. Diz-se que criou os números e a onomástica; difundiu o uso da moeda; calculou a duração dos meses consoante a trajetória dos astros e descobriu o jogo de damas e dados.

Seu pai Náuplio (v.) tudo fez para vingar-lhe a inocência: maquinou para que as esposas dos principais chefes aqueus se ligassem a amantes e, por meio de falsos sinais, conseguiu que o principal comboio grego, que regressava de Ílion, se despedaçasse contra os rochedos nas vizinhanças do Cabo Cafareu, ao sul da Ilha de Eubeia.

PALÂNTIDAS (III, 150,152,158-159).

Παλλάντιδαι (Palλántidai), Palântidas, é um derivado de πάλλας, -αντος (pállas, -antos), "moço, jovem", que, com outro sufixo, é da mesma família etimológica que Παλλάς, -άδος (Pallás, -ádos), "Palas", pois que ambos procedem de παλλακή (pallakḗ), "escrava muito jovem" que se reservava para o senhor, "concubina" (v. Paládio). Παλλάντιδαι (Palλántidai) é, pois, formado de πάλλας, -αντος (pállas, -antos), "jovem, moço", e como antropônimo "Palas ou Palante" e do sufixo -ιδ- (-id-), ampliado em -ιδης (-idēs), que expressa o patronímico, donde Palântidas são os filhos de Palas ou Palante.

Palântidas, os cinquenta filhos de Palas ou Palante, são netos de Pandíon, sobrinhos do rei de Atenas Egeu e, portanto, primos de Teseu.

Como julgassem que Egeu não tivesse filhos, pois que desconheciam a existência de Teseu (v.), que estava sendo educado em Trezena pelo avô Piteu, os filhos de Palas esperavam apenas a morte do tio Egeu, para dividir o poder sobre a Ática e sua capital Atenas. O jovem Teseu, no entanto, tendo chegado à corte paterna, vindo de Trezena, foi reconhecido pelo pai e proclamado seu sucessor, apesar das artimanhas de Medeia (v.). Os palântidas, de imediato, se opuseram a esse reconhecimento e contestaram com veemência o direito de sucessão outorgado a Teseu. Como este, logo depois, fora proclamado rei, os filhos de Palas entraram em luta aberta contra ele, tentando eliminá-lo. Foram, todavia, vencidos e mortos.

Para expiar tanto sangue parental derramado, Teseu, acompanhado da esposa Fedra, passou um ano exilado em Trezena. Relatam outras versões que, julgado por um tribunal, o herói ateniense foi absolvido, porque lutara em defesa da vida e de seus direitos.

1 – PALAS (I, 73, 348; II, 25, 29, 30-31; III, 151, 159, 174, 188, 298, 300, 313, 320).

Παλλάς, -άδος (Pallás, -ádos), Palas, é um epíteto de Atená (v. Paládio e Palântidas).

Normalmente Palas é um epíteto ritual de Atená, Palas Atená, mas existe, em versões mais tardias, uma jovem chamada Palas, filha do deus Tritão. Atená, entregue por Zeus aos cuidados do deus do Lago Tritônis, foi educada em companhia de Palas. Um dia em que ambas se exercitavam nas artes bélicas houve sério desentendimento entre elas e, por causa da intervenção de Zeus, Atená acabou por assassinar a amiga (v. Paládio). Para honrar-lhe a memória, a filha de Zeus confeccionou o Paládio (v.), uma estátua com feições idênticas às de Palas.

2 – PALAS (I, 211; II, 21, 24; III, 150).

Πάλλας, -αντος (Pállas, -antos), *Palas* ou *Palante*, significa etimologicamente "o jovem" e é da mesma família etimológica que Παλλάς, -άδος (Pallás, -ádos), *Palas* (v. Paládio e Palântidas).

Como nome masculino, Palas designa um Titã, um gigante e três heróis.

O Titã Palas é filho de Crio e Euríbia e irmão de Astreu e Perses.

Segundo a *Teogonia* hesiódica, 383-385, Palas uniu-se a Estige e foi pai de Zelo (a Emulação), Nique (a Vitória), Bia (a Violência) e Crato (o Poder). Outras versões fazem-no pai de Eos (a Aurora), que mais comumente é considerada como filha dos Titãs Hiperíon e Teia.

Palas é igualmente um dos filhos de Licáon, rei da Arcádia. Epônimo da cidade arcádia de Palanteu, o herói desempenha um certo papel no mito das origens de Roma, uma vez que é considerado como avô de Evandro, que, vindo de Palanteu, fundou uma cidade homônima no Monte Palatino e que foi englobada na Roma de Rômulo, como atesta Virgílio na *Eneida*, 8,51-54.

Segundo Dionísio de Halicarnasso (séc. I a.C.) *Antiguidades Romanas*, 1,68sqq., Palas deu sua filha Crise em casamento a Dárdano, fundador da dinastia troiana. Logo depois enviou ao genro algumas divindades arcádias, entre as quais o *Paládio* (v.) que teve grande importância nos relatos míticos pós-homéricos da Guerra de Troia.

Desse modo, antes mesmo da chegada de Eneias e a fundação de Roma, já havia uma certa ligação entre a futura capital do mundo e Ílion, uma vez que o herói epônimo do Palatino (v. Palas, filho de Evandro) tinha laços de parentesco com a primeira rainha de Troia.

Na *Eneida*, 8,102sqq., Virgílio introduz um terceiro herói com o nome de Palas ou Palante, filho de Evandro e epônimo do Palatino. Lutando ao lado de Eneias contra Turno, pereceu às mãos do herói da Itália e rei dos rútulos. Uma tradição diferente afiança que Palas sepultara o pai no Palatino, o que contradiz a versão virgiliana, que o faz morrer antes de Evandro. Aliás, o filho de Evandro é, por vezes, confundido com seu sobrinho, Palas ou Palante, que nascera da união de Héracles com Dina ou Launa, filha de Evandro. Este último herói, de fato, morreu jovem e deu seu nome ao Monte Palatino. Daí talvez a confusão ou fusão virgiliana.

Um quarto herói homônimo é um gigante da Ática, que, segundo alguns mitógrafos, era pai de Atená. Despótico e libidinoso, tentou violentar a própria filha. Atená o matou e, após escorchá-lo, cobriu-se com a pele paterna. Como o gigante usasse asas, a deusa as colocou nos próprios pés.

O quinto Palas é o filho caçula de Pandíon. Este, com seus cinquenta filhos, os palântidas (v.), se revoltou contra Teseu, considerado como usurpador do reino da Ática. O filho de Egeu matou-o juntamente com os filhos.

PALÊMON (II, 48; III, 115, 146, 313[246]).

Παλαίμων (Palaímōn), *Palêmon*, provém do verbo παλαίειν (palaíein), "lutar". Em se tratando de um termo técnico, a etimologia grega da palavra não é clara. Talvez se pudesse fazer uma aproximação entre seu derivado πάλη (pálē), "luta" e o verbo πάλλειν (pállein), "agitar, sacudir", *DELG*, p. 851. O antropônimo significa, pois, "o lutador".

Há três heróis com este nome. O primeiro é um filho de Héracles e recebeu o nome de Palêmon em virtude e memória de uma luta célebre travada por seu pai. O segundo, conforme o catálogo de Apolodoro, é um dos Argonautas (v.). Filho de Etolo, outros dizem que de Hefesto, deve igualmente seu nome à bravura paterna.

O mais célebre no mito, porém, é um dos filhos de Átamas (v.) e Ino (v.). Através de sua mãe, irmã de Sêmele, o herói é primo de Dioniso. Chamava-se, a princípio, Melicertes, mas, após o suicídio de Ino, que arrastou o filho consigo na morte, este se tornou o deus marinho Palêmon e aquela recebeu o nome de Leucoteia. Ambos se converteram no mito em protetores dos marinheiros e dos náufragos, sobretudo durante as grandes tempestades (v. Ulisses).

Segundo uma versão antiga, Ino lançou-se ao mar com o filho ou com o cadáver do mesmo (v. Leucoteia) de um penhasco perto de Mégara. Enquanto o corpo da desditosa esposa de Átamas foi recolhido e sepultado pelas filhas de Cléson, filho de Lélex (v.), os restos mortais de Melicertes foram levados por um delfim até o istmo de Corinto. Sísifo mandou sepultá-lo e ergueu-lhe um altar junto a um pinheiro, tributando-lhe honras divinas. Mudou o nome do filho de Átamas para Palêmon, porque o herói se tornou o protetor dos atletas e dos Jogos ístmicos (v. Jogos), que se celebravam de quatro em quatro anos, em Corinto.

PALENE (I, 211; III, 36).

Παλλήνη (Pallḗnē), *Palene*, enquanto epônima da península homônima na Trácia, talvez possa se aproximar da raiz *bel-*, *pel-*, "pântano, paul", *DEMG*, p. 150.

Síton, filho de Ares ou de Posídon, e rei do Querseneso da Trácia, era casado com Anquíroe ou Anquínoe. Tinha duas filhas: Palene e Retia. Dotada de uma beleza extraordinária, Palene era assediada por um grande número de pretendentes. Como não desejasse que a filha se casasse, Síton obrigava os candidatos a lutarem com ele e invariavelmente os eliminava. Quando percebeu que suas forças a pouco e pouco o abandonavam, prometeu a mão da filha ao vencedor numa corrida de carros. Dois heróis se apresentaram de imediato: Drias e Clito. Acontece, porém, que, apaixonada por Clito e preocupada com a sorte de seu grande amor, Palene caiu num profundo mutismo, sem revelar o motivo de tamanha prostração e tristeza. Seu preceptor, no entanto, conseguiu desvendar o mistério e subornou o cocheiro de Drias para que, no momento da disputa, retirasse a cavilha que prendia a roda do carro do pretendente, (v. Pélops e Hipodamia).

Como sucedeu com Enômao, Drias pereceu despedaçado. Síton, porém, tomou conhecimento do ardil e resolveu punir a filha com a morte. Mandou erguer uma grande pira funerária e, após colocar sobre ela o corpo de Drias, ordenou à filha que se deitasse ao lado do cadáver. Afrodite, todavia, interveio, ou pessoalmente ou sob a forma de uma chuva abundante que apagou as labaredas que já começavam a crepitar na fogueira.

Os cidadãos de Quersoneso, vendo no fenômeno um sinal claro da vontade divina, obtiveram o perdão para Palene, que se casou solenemente com Clito. A jovem esposa deu seu nome à península homônima no Quersoneso da Trácia.

Uma segunda Palene é uma das filhas de Alcioneu (v.), as quais foram metamorfoseadas em pássaros.

PALESTRA.

Παλαίστρα (Palaístra), *Palestra*, procede como Palêmon (v.) do verbo παλαίειν (palaíein), "lutar", donde "a que luta, a lutadora".

Palestra, personificação da *Luta* e, por extensão, "ginásio", local onde se exercita para a luta e também "escola", onde se adestram as faculdades intelectuais, onde se dialoga e se "palestra" também...

Filha do rei da Arcádia Córico (v.) ou do cefalênio Pândoco, etimologicamente "o hospitaleiro, o acolhedor", epíteto certamente irônico, Palestra se tornara amante de Hermes. Pândoco habitava junto a uma encruzilhada e convidava os que por lá passavam para hospedar-se em sua casa. No dia seguinte os desafiava para uma luta e sempre os matava. Certa feita, Hermes passou pelo trívio fatal e, como os demais, foi atraído pelo assassino. Palestra se antecipou e contou ao deus a crueldade paterna, solicitando-lhe que, para não "morrer", matasse primeiro. Em homenagem à amante, Hermes deu aos "ginásios" o nome de "palestra".

PALICOS.

Παλικοί (Palīkoí), *Palicos*, segundo Carnoy, *DEMG*, p. 149, talvez proviria da raiz **pel-*, donde o sânscrito *palik-nī*, "cinza", grego πελιτνός (pelitnós), πελιός (peliós), "cinzento, lívido", latim *pallidus*, "pálido", por serem os Palicos divindades de "terras sulfúreas" da Sicília.

Filhos de Zeus e de Talia ou de Hefesto e Etna, os Palicos são deuses gêmeos originários da Sicília.

Grávida de Zeus, e por temor à deusa Hera, Talia escondeu-se no seio da terra, onde nasceram seus filhos, que, por isso mesmo, receberam, em etimologia popular, o nome de "os que nasceram de novo", em grego πάλιν (pálin), "novamente".

"Os gêmeos" eram cultuados junto ao Lago de Náftia, de origem vulcânica, de que emanava um jato de água quente, em forma de abóbada, que retombava no seio do Lago, sem que uma só gota se perdesse. O odor de enxofre era tão forte, que matava os pássaros que sobrevoassem a região e qualquer ser humano morria em três dias, se se aproximasse das águas de Náftia, segundo a crença.

Era pelos temidos Palicos que os sicilianos faziam seus mais solenes juramentos. Quando alguém afirmava ou negava algo de muito grave, invocando os gêmeos, escrevia a mensagem sobre uma tabuleta e lançava-a no Lago: se aquela flutuasse, estava configurada a verdade; se submergisse, evidenciava-se o perjúrio. Neste último caso, o mentiroso era punido com a cegueira.

PANACEIA *(II, 90; III, 50).*

Πανάκεια (Panákeia), *Panaceia*, é um composto do adjetivo πᾶς, πᾶσα, πᾶν (pâs, pâsa, pân), "todo" e de ἄκος (ákos), "remédio", donde "a que cura todas as doenças" através das plantas. No que se refere a ἄκος (ákos), "remédio", tem ele por raiz a forma **yēk*, "curar", que se pode aproximar do irlandês *hīcc*, "cura".

Panaceia é a deusa que personifica a cura universal, graças às plantas. Filha de Asclépio e de Lampécia, tinha duas irmãs, Iaso e Higia, e dois irmãos médicos, Macáon e Podalírio (v. Asclépio).

PÂNCRATIS.

Παγκράτις (Pankrátis), *Pâncratis*, é antropônimo de formação recente. É um composto do adjetivo πᾶς, πᾶσα, πᾶν (pâs, pâsa, pân), "todo" e de κράτος (krátos), "força, poder, vitória", donde "a todo-poderosa" (por sua beleza?). No que diz respeito a κράτος (krátos), pode-se fazer uma aproximação com o sânscrito *krátu-*, "força, inteligênica, vontade"; avéstico *xratu*, "inteligência, vontade"; anglo-saxão *craeft*, com o mesmo sentido.

Filha de Aloeu e Ifimedia, a heroína é irmã das alóadas Oto e Efialtes. Certa feita, quando a lindíssima Pâncratis e sua mãe Ifimedia celebravam o culto de Dioniso, foram raptadas por Célis e Cassâmeno, dois trácios estabelecidos na Ilha de Naxos, onde não havia mulheres. Os dois principais chefes trácios, Sícelo e Hegétoro, fascinados pela beleza da jovem, lutaram até a morte pela posse da mesma. Pâncratis foi entregue, por isso mesmo, ao rei dos trácios em Naxos, o poderoso Agassâmeno.

Os alóadas organizaram uma expedição punitiva contra Naxos e Pâncratis foi libertada, mas faleceu pouco depois.

PÂNDARES.

Πανδαρής (Pandarês), *Pândares*, é derivado por Carnoy, *DEMG*, p. 151, de um elemento *pand-* "curvado", como aparece no latim *pandus*, "curvo, arqueado".

PÂNDARO

Os mitos um tanto ou quanto obscuros de Pândares parecem originários de Creta e da Ásia Menor e cujo testemunho mais antigo são duas passagens da *Odisseia*, XX, 66-78 e XIX, 518-523. O primeiro mito, certamente de origem cretense, refere-se à infância de Zeus. Temendo que seu esposo Crono lhe devorasse o filho caçula, Reia escondeu-o numa caverna da ilha de Creta, onde foi alimentado por uma cabra e guardado por um cão de ouro. Vencidos os Titãs e destronado Crono, a cabra foi transformada em constelação e o cão mágico passou a vigiar o santuário de Zeus na Ilha de Minos. Pândares, filho de Mérops, usando de astúcia, furtou o precioso animal e o levou para o Monte Sípilo, na Lídia, confiando-o a Tântalo. Mais tarde, como reclamasse o cão, Tântalo jurou solenemente jamais tê-lo recebido. Zeus puniu a ambos: o ladrão foi transformado em rochedo e o perjuro sepultado nas entranhas do Monte Sípilo. Existe uma variante: o animal mágico fora confiado a Tântalo, mas coube a Hermes o ter vindo reclamá-lo. O mais astuto dos heróis negou, sob juramento, sequer tê-lo visto, mas o deus acabou por encontrar o cão e Zeus castigou o culpado como na versão supracitada. Sabedor do que sucedera a Tântalo, Pândares fugiu com a esposa Harmótoe e as filhas. Refugiou-se primeiramente em Atenas e depois velejou para a Sicília. Zeus, que não lhe perdoara o furto do cão de ouro, matou-o juntamente com a esposa. As filhas do casal foram arrebatadas pelas Harpias. É exatamente a propósito do destino das filhas de Pândares que a *Odisseia* se refere ao mito. É que Penélope, desesperada com a longa ausência de Ulisses, desejava uma morte rápida como a tiveram as filhas de Pândares e de Harmótoe. Após o fim trágico dos pais, as jovens Camiro e Clícia ou Cleótera e Mérope ou ainda Cleótera, Mérope e Aédon entraram em pânico, por se julgar abandonadas de todos. Os deuses compadeceram-se delas e resolveram tomá-las sob sua proteção: Afrodite se encarregou de alimentá-las adequadamente; Hera outorgou-lhes sabedoria e beleza; Ártemis lhes deu elegância e Atená adestrou-as nas artes manuais. Sentindo-as preparadas para a vida, Afrodite escalou o Olimpo e pediu a Zeus que lhes desse maridos condignos. Foi nesse breve interlúdio que as Harpias se precipitaram sobre as jovens, arrebataram-nas e entregaram-nas como escravas às Erínias nas profundezas do Hades.

Acrescente-se que o nome de Aédon estabelece uma ligação do Pândares que aparece na *Odisseia* com o mito milésio de Aédon (Andorinha) e Quelídon (Rouxinol), filhas de personagem homônima.

Este Pândares, de apetite insaciável, recebera de Deméter o dom de jamais passar mal, fosse qual fosse a quantidade de alimentos que ingerisse.

PÂNDARO *(I, 110, 125; III, 297).*

Πάνδαρος (Pándaros), *Pândaro*, talvez seja um composto do adjetivo πᾶς, πᾶσα, πᾶν (pâs, pâsa, pân), "todo" e do verbo δέρειν (dérein), "escorchar, esfolar" e, por extensão, "castigar duramente, maltratar, ferir", donde Pândaro seria "o que fere impiedosamente". Carnoy, no entanto, *DEMG*, p. 151, prefere relacioná-lo com *pand*, "curvado, arqueado" (v. Pândares).

Filho de um ancião chamado Licáon, Pândaro, de Zeleia, é o chefe de um contingente lício, que veio em auxílio de Príamo, durante a Guerra de Troia. Habilíssimo arqueiro, graças aos ensinamentos de Apolo, preferiu, por avareza, combater a pé, dispensando carro e cavalos, não obstante os conselhos paternos.

Durante as tréguas entre aqueus e troianos e logo após o combate singular entre Páris e Menelau, quando ainda se discutia o resultado da luta, Atená, disfarçada em Laódoco, o incita a lançar uma seta contra Menelau. Com isto as tréguas são rompidas e a guerra recomeça (*Il.*, IV, 85-445).

Pândaro, reiniciada a carnificina, luta contra Diomedes, mas é mortalmente ferido (*Il.*, V, 289-295). Sua morte foi considerada como punição por ter perjurado, rompendo as tréguas e ferindo a Menelau.

Virgílio, *Eneida*, 5,495-497, atribui-lhe um irmão, Eurítion, arqueiro também notável.

PANDÍON *(II, 30, 41; III, 150, 236).*

Πανδίων (Pandíōn), *Pandíon*, é derivado por Carnoy, *DEMG*, p. 151, de πᾶς, πᾶσα, πᾶν (pâs, pâsa, pân), "todo" e de δῖος, δῖα, δῖον (dîos, dîa, dîon), "divino, brilhante", donde "o muito brilhante, o muito divino". Δῖος (dîos) já parece no micênico, gen. *diwijojo* (nome de um mês), *diujo, diwija, diuja,* "divino, divina". A raiz do adjetivo é **dei-*, base do nome de Zeus, deus do céu e da luz. A forma grega δῖος (dîos) teria por base διϝ-yος (diw-yos), comprovada pelo micênico *diujo, diwija*; o sânscrito, a par de *divá*, "celeste", latim *dius*, "do céu, divino", possui ainda *div(i)ya-*.

Existem três heróis com este nome, dois dos quais são reis ligados à dinastia de Erictônio de Atenas.

O primeiro deles é filho de Erictônio (v.) e da náiade Praxítea. Unindo-se a Zeuxipe, sua tia, foi pai de dois heróis, Erecteu e Butes, e de duas heroínas, Procne e Filomela. Atribui-se-lhe ainda um filho bastardo, Eneu, epônimo da tribo ática homônima, mas que não possui relação alguma com o Rei Eneu (v.) de Cálidon.

Pandíon, de certa forma, foi o responsável pela desdita de suas filhas, Filomela (v.) e Procne. Estando em guerra contra os tebanos de Lábdaco, obteve a aliança do rei trácio Tereu, dando-lhe em troca a filha Procne em casamento. Conta-se que morreu de desgosto, ao ter conhecimento da desgraça que se abateu sobre as filhas por causa da lascívia do cruel rei trácio.

Com o falecimento de Pandíon, o poder em Atenas foi dividido entre os dois filhos: Erecteu assumiu o cetro, e Butes, o poder sacerdotal.

O segundo rei da cidade de Palas Atená com o mesmo nome era bisneto do precedente. Era filho de

Cécrops II, filho de Erecteu e de Praxítea, e de Metiadusa, filha de Eupálamo. Tornou-se o oitavo rei da Ática. Foi durante seu reinado que Orestes chegou a Atenas para ser julgado pelo assassinato de Clitemnestra e, para não permitir que o matricida, conforme era de praxe nas Antestérias (v. Dioniso), penetrasse no templo, Pandíon II instituiu a Festa dos Cântaros (v. Orestes). Este episódio é, por vezes, deslocado para o reino de Demofonte, o que está "cronologicamente" mais correto, uma vez que este participou da Guerra de Troia e era apenas um pouco mais jovem que Agamêmnon, por cuja causa Orestes assassinou a própria mãe.

Foi ainda à época do governo de Demofonte que Zeus raptou Europa e Cadmo percorreu toda a Hélade à procura da irmã.

Banido do trono de Atenas por seus primos, filhos de Mécion, Pandíon II refugiou-se em Mégara, na corte de Pilas, que lhe deu a filha Pília em casamento. Obrigado, por seu turno, a exilar-se, o Rei Pilas deixou o trono de Mégara nas mãos de Pandíon, que, segundo algumas versões, se casara com Pília antes de ser expulso de Atenas pelos filhos de Mécion. Pandíon II teve com Pília quatro filhos: Egeu, Palas, Niso e Lico.

Um terceiro Pandíon era um dos filhos de Fineu e Cleópatra. Juntamente com seu irmão Plexipo foi caluniado pela madrasta e cegado por seu pai Fineu (v.).

PÂNDOCO.

Πάνδοκος (Pándokos), *Pândoco*, é um composto de πᾶς, πᾶσα, πᾶν (pâs, pâsa, pân), "todo" e do verbo δέχεσθαι (dékhesthai), "receber, recolher", donde "o que recebe a todos, o acolhedor". Quanto ao verbo δέχεσθαι (dékhesthai), presente do indicativo δέχομαι (dékhomai), significa em princípio "conformar-se com, adaptar-se", e, por extensão, "receber, aguardar, acolher". O latim tem o conjunto *decet*, "convém", *decus*, "decência, decoro, honra", *dignus*, "conveniente, digno"; o sânscrito possui *dáşti*, "ele presta homenagem, honra", e *daśasyáti*, "ele procura agradar, serve, honra".

Pândoco, "o acolhedor", é o pai de Palestra. O "acolhedor" atraía os passantes, hospedava-os e depois os eliminava. Foi assassinado por Hermes, amante de Palestra (v.).

PANDORA *(I, 164-167, 170, 177-178, 182, 309; II, 19, 45, 55, 218).*

Πανδώρα (Pandṓra), *Pandora*, é um composto de πᾶς, πᾶσα, πᾶν (pâs, pâsa, pân), "todo" e de δῶρον (dôron), "dom", donde "a detentora de todos os dons". Observe-se que δῶρον (dôron) é um derivado do verbo διδόναι (didónai), "doar, dar, ofertar", cuja raiz *deϑ-, *do- está representada em quase todas as línguas indo-europeias, cujo sentido inicial é "tomar": hitita *dā-*, "tomar"; indo-iraniano *ā-dā-*, "receber"; sânscrito *dádāti*, "ele dá"; osco *didest*, ela dará; latim *datus*, dado...

Hesíodo, na *Teogonia*, 570-584, descreve minuciosamente a criação da *primeira mulher*, "mal tão belo", na expressão do poeta.

Hefesto, a pedido de Zeus, que desejava castigar os homens por causa dos "crimes" de Prometeu (v.), modelou-a em argila e, em seguida, *animou-a*, deu-lhe alma, vida. Para torná-la irresistível, teve o deus coxo a preciosa cooperação de muitos de seus irmãos imortais. Atená ensinou-lhe a arte da tecelagem, adornou-a com a mais bela indumentária e ofereceu-lhe seu próprio cinto; Afrodite deu-lhe a beleza e insuflou-lhe o desejo indomável, que atormenta os membros e os sentidos; Hermes encheu-lhe o coração de artimanhas, impudência, astúcia, ardis, fingimento e cinismo; as Cárites e a augusta Persuasão embelezaram-na com lindíssimos colares de ouro e as Horas coroaram-na de flores primaveris. Por fim, o astuto deus Hermes interveio mais uma vez, concedeu-lhe o dom da palavra e chamou-a *Pandora* como se fora *um presente de todos* os deuses. Um presente funesto para punir os homens aos quais Prometeu concedera o fogo, furtado do céu.

Nos *Trabalhos e Dias*, 83-89, Hesíodo volta a relatar que Zeus, satisfeito com a cilada que armara contra os mortais, enviou Hermes com o "presente" a Epimeteu, *o que aprende e vê depois*. Este se esquecera da recomendação de seu irmão Prometeu, *o que vê antes*, de jamais receber um presente de Zeus, se desejasse livrar os homens de uma desgraça. Epimeteu, porém, aceitou-a e, só quando o infortúnio o atingiu, foi que ele compreendeu.

A raça humana vivia tranquila, ao abrigo do mal, da fadiga e das doenças, mas quando Pandora, por curiosidade feminina, abriu a jarra de larga tampa, que trouxera do Olimpo, como presente de núpcias a Epimeteu, dela evolaram todas as calamidades que até hoje atormentam os homens.

Só a teimosa *esperança* permaneceu presa junto às bordas da jarra, porque Pandora recolocara a tampa *rapidamente, por designio de Zeus, detentor da égide, que amontoa as nuvens*.

É assim que, silenciosamente, porque Zeus lhes negou o dom da palavra, as calamidades e misérias, dia e noite, visitam os mortais.

Segundo uma variante, a jarra estava repleta não de males, mas de bens. Ao abri-la irrefletidamente, no entanto, Pandora deixou que eles escapassem e retornassem à mansão dos deuses. A esperança, porém, ficou conosco.

A respeito de Pandora, filha de Erecteu, v. Jacíntidas.

PANDORO.

Πάνδωρος (Pándorōs), *Pandoro*, é como se fosse um masculino de Pandora: trata-se, pois, de um composto de πᾶς, πᾶσα, πᾶν (pâs, pâsa, pân) "todo" e de δῶρον (dôron), "dom", que, como se viu em Pandora, é um derivado do verbo διδόναι (didónai), "doar, dar, ofertar", donde significar o antropônimo "o que outorga todos os dons".

Filho de Erecteu e de Praxítea, Pandoro é considerado como fundador da cidade de Cálcis na Eubeia.

PÂNDROSO *(II, 29)*.

Πάνδροσος (Pándrosos), *Pândroso*, é um composto de πᾶς, πᾶσα, πᾶν (pâs, pâsa, pân), "todo" e de δρόσος (drósos), "orvalho, rocio, umidade", donde "a cheia de umidade ou totalmente úmida", ou como sua irmã Herse (v.), "a personificação do rocio, do orvalho".

Aglauro, ou Agraulo, Pândroso, Herse, às quais por vezes se acrescenta Fenice, são filhas dos reis de Atenas, Cécrops e Aglauro, sendo esta última filha do herói epônimo da Ática, Acteu.

Atená confiou às três ou quatro irmãs o recém-nascido Erictônio (v.), escondido num cofre. Apesar da proibição, as indiscretas princesas abriram-no, mas fugiram apavoradas, porque no interior do mesmo havia uma criança, que era uma serpente da cintura para baixo. Como punição, as cecrópidas enlouqueceram e precipitaram-se do alto do rochedo da Acrópole.

Pândroso é considerada a primeira mulher que aprendeu com Atená a arte de fiar. Tributava-se-lhe um culto na Acrópole, onde a jovem princesa presidia a determinados mistérios.

PANFILO *(III, 122)*.

Πάμφυλκος (Pámphÿlos), *Panfilo*, é um composto do adjetivo πᾶς, πᾶσα, πᾶν (pâs, pâsa, pân), "todo" e de φῦλον (phylon), "raça, tribo", donde "o que preside a uma tribo inteiramente reunida". Quanto a φῦλον (phÿlon) ou φυλή, "tribo, raça" provém da mesma raiz *bhew-∂-/*bhu-∂, cujo sentido inicial é "o de desenvolver-se como um grupo."

Panfilo é um dos filhos de Egímio e um dos epônimos das tribos dórias, no caso a dos "panfílios". O herói lutou ao lado dos Heraclidas contra o Rei Tisâmeno. Casou-se, após a vitória, com Orsóbia, filha de Deifonte.

PANFO.

Πάμφος (Pámphos), *Panfo*, "o brilhante, o resplandecente", talvez esteja de alguma forma relacionado com o verbo παμφαίνειν (pamphaínein), "brilhar, resplandecer, reluzir".

Como o lendário Museu, Panfo é um velho poeta dos tempos míticos, que teria composto vários hinos de caráter religioso para os atenienses. Entre esses hinos sobressaem, consoante Pausânias, os dedicados a Deméter, Posídon, Ártemis, Eros e Cárites.

PANGEU.

Παγγαῖος (Pangaîos), *Pangeu*, é um composto de πᾶς, πᾶσα, πᾶν (pâs, pâsa, pân), "todo" e de γαῖα (gaía), "terra", donde "o cheio de terra" ou "coberto inteiramente de terra". Para a etimologia de γαῖα (gaîa), v. Geia.

Filho de Ares e de Critobula, Pangeu é um herói da Trácia. Tendo violentado involuntariamente a própria filha, matou-se, num gesto de desespero, sobre uma montanha, que, em sua memória, passou a chamar-se Pangeu.

PÂNIDES.

Πανίδης (Panídēs), *Pânides*, é um composto de πᾶς, πᾶσα, πᾶν (pâs, pâsa, pân), "todo" e de uma forma sufixal -ιδης (-idēs), proveniente do infinitivo aoristo segundo ἰδεῖν (ideîn), "ver, saber" do verbo ὁρᾶν (horân) "ver" (v. Epopeu), donde significar o antropônimo "o que tudo vê ou sabe".

Rei de Cálcis, na Eubeia, era irmão do também monarca Anfídamas. Nos jogos fúnebres em memória deste último, Homero e Hesíodo disputaram o prêmio de melhor poeta. Pânides elegeu Hesíodo, cuja poesia é mais útil aos homens, porque celebra a terra e os trabalhos agrícolas, enquanto Homero se preocupa apenas com a guerra. O público se revoltou e não aceitou o veredicto do rei, concedendo o prêmio ao cantor de Aquiles e de Ulisses.

A partir de então, qualquer julgamento, desprovido de bom-senso ou que encerre flagrante injustiça, é denominado "Julgamento de Pânides", que, ironicamente, "tudo via e sabia".

PANOPEU.

Πανοπεύς (Panopeús), *Panopeu*, é um composto de πᾶς, πᾶσα, πᾶν (pâs, pâsa, pân), "todo" e de ὄπωπα (ópōpa), proveniente do radical οπ- (op-), que significa "ver", sendo da mesma família etimológica que o verbo ὁρᾶν (horân), "ver" (v. Epopeu e Pânides), donde significar o antropônimo "o que vê amplamente".

Herói epônimo da cidade homônima na Fócida oriental, Panopeu é filho de Foco e de Astéria, estando assim ligado à família de Éaco e de Deucalião. Irmão gêmeo de Criso (v.), os dois se odiavam mortalmente, pois, segundo o mito, vinham brigando desde o seio materno.

Acompanhou Anfitrião na luta contra os táfios e jurou por Ares e Atená que nada aceitaria do espólio da guerra, caso saísse da mesma vencedor e com vida. Tendo, porém, cometido perjúrio, foi castigado na pessoa de seu filho Epeu (v.), que, tendo participado da Guerra de Troia, não foi um bom guerreiro, fato que ele próprio confessa (*Il.*, XXIII, 670), o que era sumamente humilhante para um herói. Limitou-se, na refrega, a construir o célebre cavalo de madeira.

Na tragédia de Sófocles *Electra* (44-46 e 670) com o nome de Fanoteu, o herói aparece como amigo e aliado de Clitemnestra e de Egisto, enquanto Pílades, seu parente, era o companheiro inseparável de Orestes, que matou a própria mãe e Egisto, amante da mesma.

Desse modo, até nos seus descendentes se prolongou o ódio dos gêmeos Criso, avô de Orestes, e Panopeu.

PÂNTOO.

Πάνθοος (Pánthoos), *Pântoo*, é um composto de πᾶς, πᾶσα, πᾶν (pâs, pâsa, pân), "todo" e de θοός (thoós), "brilhante", donde "o muito brilhante", por ser um príncipe e sacerdote de Apolo, *DELG*, p. 433. Θοός (thoós), "brilhante", é um derivado do verbo θεῖν (thein), "brilhar".

Pântoo surge na *Ilíada*, III, 146, como um dos anciãos do conselho de Príamo. Casado com Frôntis, foi pai de três filhos: Hiperenor, Euforbo e Polídamas, que lutaram bravamente contra os aqueus.

Conta-se que Pântoo era originário de Delfos e consagrado, como sacerdote, ao culto de Apolo.

Quando Héracles (v.) se apossou de Ílion, Príamo mandou consultar o Oráculo de Delfos. Os deputados troianos trouxeram consigo a Pântoo para que fossem duráveis as relações com a cidade dos oráculos. Uma variante, porém, atesta que um dos mensageiros troianos, filho de Antenor, se apaixonou pelo servidor de Apolo e o trouxe à força para Ílion. Príamo, para não irritar os habitantes de Delfos e compensar a Pântoo, fê-lo sacerdote de Apolo em Troia e membro de seu conselho.

Pântoo pereceu quando da queda e incêndio de Ílion.

PÁRALO.

Πάραλος (Páralos), *Páralo*, é um composto de παρά (pará), "perto de, ao lado de, junto de" (v. Parébio) e de ἅλς, ἁλός (háls, halós), *"mar"*, donde "o que vive junto ao mar". No tocante a *háls*, trata-se de um termo antigo para designar "sal", como o latim *sal*, irlandês antigo *sail-*, antigo eslavo *solĭ* (v. Hália), *DELG*, p. 65.

Herói ateniense, Páralo é tido como inventor dos navios de guerra. É, por isso mesmo, que, em sua honra, a trirreme oficial de Atenas era denominada *Parália*.

PARÉBIO.

Παραίβιος (Paraíbios), *Parébio*, é certamente um composto de παραί (paraí), "ao lado de" e de βίος (bíos), "vida", donde "o que vive à margem", dado a má conduta inicial do herói. Παραί (paraí) por παρά (pará), é uma forma épica, que aparece em antropônimos, como Παραιβάτας (Paraibátas), *Parébata*, mas o iota final é obscuro. A raiz indo-europeia é **pr*, gótico *faúr*, "ao longo de", armênio *aṙ*, "junto de", latim **per-ṇ*, em *peren-die*, "depois de amanhã". Quanto βίος (bíos), que expressa não "o fato de viver", mas "a maneira de viver, o meio de viver, os recursos que o garantem", tem por base a raiz indo-europeia **gʷiy-ō-*, sânscrito *gáya*, "vida".

Parébio habitava uma região do Bósforo da Trácia, junto ao reino de Fineu. Como o riquíssimo pai do herói, apesar das súplicas das Hamadríadas (v.), abatera-lhes o pinheiro a que elas ligavam a própria vida, as ninfas castigaram-no bem como ao filho, lançando-os em extrema pobreza. Parébio recorreu ao mântico e cego Rei Fineu, que o aconselhou a fazer sacrifícios expiatórios "às ninfas das árvores" para levantar a maldição, que lhe incidira sobre toda a família. Erguido o altar, e desagravadas as Hamadríadas, a prosperidade voltou à família de Parébio, que permaneceu para sempre um fiel servidor de Fineu.

PÁRIS (*I, 14, 86, 89-90, 107-111, 113, 125, 216, 222-223, 264, 282; II, 21, 25, 195; III, 22-23, 43, 52, 56[45], 58, 65, 77, 116, 134, 287[219], 288, 292, 296-297, 299, 301[229], 331, 341*).

Πάρις (Páris), *Páris*, segundo Carnoy, *DEMG*, p. 152, significaria "combatente", uma vez que os nomes trácios com a terminação -πορις (-poris) têm o sentido de "aquele que fere". A procedência seria a raiz indo-europeia **per*, "ferir", sânscrito *prtanā*, "combate". No tocante ao "epíteto" do herói troiano, *Alexandre*, o grego Ἀλέξανδρος (Aléksandros) deixa dúvidas quanto à etimologia. De início, como pondera Chantraine, *DELG*, p. 88, é preciso saber se se trata de um termo grego transcrito no hitita *Alakšanduš* ou se é um vocábulo asiático ao qual se teria dado uma forma grega. Acrescente-se que os vocábulos em -ανδρος (-andros) são frequentes no domínio oriental. Como quer que seja, se Ἀλέξανδρος (Aléksandros), *Alexandre*, é nome grego, como uma transposição semântica de *Páris*, é um composto do verbo ἀλέξειν (aléksein), "defender, repelir" (v. Alcimedonte, Alcméon) e ἀνήρ, ἀνδρός (anḗr, andrós), "homem viril, herói", donde "o que defende os homens" (v. Andrômaca).

Páris, também chamado Alexandre, era o filho caçula do rei de Troia Príamo e de Hécuba. Esta, nos últimos dias de gravidez, sonhou que estava dando à luz uma tocha que incendiaria Ílion. Príamo consultou a seu filho bastardo Ésaco, que tivera com Arisbe, e que era inspirado por Apolo, e obteve como resposta que o nascituro seria a ruína da capital da Tróada. O mântico sugeriu que se matasse a criança tão logo viesse ao mundo, mas Hécuba o entregou ao pastor Agesilau para que o expusesse no monte Ida. O pastor assim o fez, mas, regressando cinco dias depois, encontrou uma ursa amamentando o menino. Impressionado, Agesilau o recolheu e se encarregou de criá-lo ou, segundo outras fontes, o confiou aos pastores do Ida para que o fizessem. Páris cresceu forte e belo, tornando-se um pastor destemido, que defendia o rebanho contra os ladrões e os animais selvagens, recebendo, por isso mesmo, o epíteto de *Alexandre*, isto é, "o protetor dos homens" e, numa interpretação mais popular e mítica, "o que protege" o rebanho ou "o homem protegido", por não ter perecido, quando exposto.

Conforme uma variante, quando o mântico bastardo anunciou que Hécuba daria à luz um archote, que incendiaria Troia, Príamo astutamente interpretou a seu modo a mensagem divina. Mandou matar sua irmã Cila (v. 2 Cila) e o recém-nascido filho desta, Munipo. Timetes, esposo de Cila, jamais perdoou ao cunhado e foi um dos primeiros a ajudar a introduzir em Ílion o fatal cavalo de madeira.

Certo dia, os servidores de Príamo foram buscar no rebanho que Alexandre guardava um touro pelo qual o pastor nutria particular afeição. Inconformado com o fato de que o animal seria o prêmio do vencedor nos Jogos Fúnebres em memória do filho de Príamo, isto é, em honra do próprio Páris, que os pais reputavam morto, o valente zagal seguiu os escravos do rei, resolvido a concorrer com os demais atletas e recuperar seu animal favorito. Alexandre, de fato, participou das provas e venceu-as todas, competindo com seus próprios irmãos, que não sabiam quem era ele. Deífobo, um deles, inconformado com ser vencido por um simples pastor, tentou matá-lo, mas o campeão refugiou-se no altar de Zeus. Sua irmã, porém, a profetisa Cassandra, o reconheceu e Príamo, feliz por ter reencontrado o filho, acolheu-o e deu-lhe o lugar a que fazia jus no palácio real.

Pois bem, foi a este Páris, quando ainda era pastor no Monte Ida, que Zeus enviou Hermes com as três deusas, Hera, Atená e Afrodite, que disputavam, com sua beleza, a maçã de ouro que a provocante Éris, a Discórdia, deixou cair entre os deuses, por ocasião do banquete de núpcias de Tétis e Peleu. Ao ver as divindades, o pastor teve medo e quis fugir, mas Hermes o persuadiu a funcionar como árbitro do magno concurso, em nome da vontade de Zeus.

As três imortais expuseram então seus argumentos e defenderam sua própria causa e candidatura, prometendo cada uma sua proteção e dons particulares, se por ele declarada vitoriosa. Hera assegurou-lhe, se fosse a eleita, o império da Ásia; Atená ofereceu-lhe a sabedoria e a vitória em todos os combates; Afrodite garantiu-lhe o amor da mulher mais bela do mundo: Helena, esposa de Menelau, rainha de Esparta. Alexandre decidiu que a mais bela das três era Afrodite.

Até o dia desse julgamento fatídico, que provocará a Guerra de Troia, o filho de Príamo amava uma ninfa do Ida, chamada Enone. Conhecedora do futuro e hábil curandeira, ambos dons de Apolo, tudo fez para que o lindíssimo pastor não a abandonasse. Ao ver que suas previsões e súplicas eram inúteis, disse-lhe, na despedida, que, se fosse algum dia ferido, voltasse ou mandasse chamá-la, pois somente ela poderia curá-lo.

Da cidadela de Ílion, em companhia de Eneias, partiu Alexandre para Esparta em busca de Helena. Heleno e Cassandra, filhos de Príamo, e ambos dotados de poder divinatório, previram o desfecho trágico da aventura, mas ninguém lhes deu crédito.

No Peloponeso, Páris e Eneias foram acolhidos pelos Dioscuros, Castor e Pólux, irmãos de Helena, que os conduziram ao palácio real.

Menelau os recebeu dentro das normas da sagrada hospitalidade e lhes apresentou Helena. Dias depois, tendo sido chamado a Creta para assistir aos funerais de seu padrasto Catreu, Menelau entregou os hóspedes à solicitude de Helena. Bem mais rápido do que se esperava, a rainha foi conquistada por Páris: era jovem, belo, cercava-o o fausto oriental e tinha a ajuda indispensável de Afrodite. Helena, apaixonada, reuniu todos os tesouros que pôde e fugiu com Alexandre, levando várias escravas, inclusive a cativa Etra, mãe de Teseu, mas deixando em Esparta sua filha Hermíona, de apenas nove anos. De regresso a Troia, o casal foi bem acolhido por Príamo e toda a família real, não obstante as terríveis profecias de Cassandra.

Sabedor do "rapto" da esposa, por intermédio de Íris, mensageira dos imortais, o rei voltou apressadamente ao Peloponeso e, para tentar resolver pacificamente o grave problema, velejou em companhia de Ulisses para Ílion. Os embaixadores reclamaram Helena e os tesouros carregados pelo casal. Páris não só se recusou a devolver a rainha de Esparta, mas ainda sublevou os troianos contra Menelau, cuja vida foi salva pelo prudente Antenor, conselheiro do velho Príamo. Com a recusa de Páris e sua traição ao rei de Esparta, a guerra se tornou inevitável.

Reunidos todos os reis e heróis, que haviam prestado a Tíndaro juramento de solidariedade, por ocasião do casamento de Helena (v.), os aqueus, sob o comando de Agamêmnon, partiram contra Troia.

Durante os dez anos de luta Páris se mostrou um pusilânime. Na *Ilíada*, III, 30-42, no primeiro encontro com Menelau, o outrora arrojado pastor, cheio de medo, sentiu conturbar-se-lhe o peito e rapidamente se escondeu no meio dos troianos.

Heitor, envergonhado, increpou-lhe duramente a covardia, *Il.*, III, 39-42:

– *Páris funesto, de belíssimas feições, conquistador de mulheres, enganador, antes jamais tivesses nascido. Melhor fora tivesses morrido solteiro. Gostaria que tal houvesse acontecido. Isto seria muito mais útil do que nos servires de escárnio e de opróbrio diante dos outros.*

No combate singular com Menelau, no mesmo canto do poema, foi contundentemente derrotado por este e só não foi morto porque Afrodite o envolveu numa densa nuvem e o levou para o quarto da amante espartana.

Aliás, a própria Helena, desgastada com a pusilanimidade de seu "raptor", enfrenta com arrogância a impulsiva Afrodite, que acabara de salvar-lhe o amante e o trouxera para o leito perfumado do casal.

Convidada pela deusa a vir deitar-se com ele, a rainha de Esparta responde-lhe entre irônica e irritada:

– *Vai deitar com ele. Abandona a companhia dos deuses, deixa de escalar o Olimpo. Aprende a te atormentar por causa dele, vela por ele, até que o mesmo te faça sua esposa ou talvez sua escrava! Não, eu não irei... (Il.,* III, 406-410).

Um pouco mais adiante, no Canto VI, 349-353 do mesmo poema, Helena já não suporta mais a companhia de um anti-herói em plena guerra e se desabafava com o magnânimo Heitor, o bravo condutor dos troianos:

– *Se os deuses, todavia, nos reservaram estes horrores, por que, ao menos, não sou mulher de um homem destemido, capaz de sentir a repulsa e as múltiplas injúrias dos homens? Páris, no entanto, não tem persistência alguma e jamais a terá. E creio que, em breve, ele verá as consequências...*

Todo esse desgaste emotivo e arrependimento de Helena em ter deixado o lar e provocado uma guerra sangrenta foram por nós minuciosamente comentados e analisados em livro recente: *Helena, o eterno feminino*. Petrópolis, Editora Vozes, 1990, p. 75sqq.

Foi com palavras duras que Heitor conseguiu arrancar o irmão do quarto de Helena e levá-lo para o combate nas planícies de Troia. Ainda bem que Páris, dessa feita, conseguiu praticar algumas gestas: matou a Menéstio e feriu a Diomedes, Macáon e Eurípilo. Participou do ataque ao acampamento aqueu e matou Euquenor e Dêioco. A última façanha de Alexandre, aliás sem mérito guerreiro algum e que não aparece na *Ilíada*, foi a morte de Aquiles.

Quando o maior dos heróis aqueus, após matar a Mêmnon, forçou o recuo dos troianos até suas próprias muralhas, Páris lançou-lhe uma flecha. Esta, guiada em seu curso por Apolo, feriu mortalmente o filho de Tétis no único local em que era vulnerável: o calcanhar.

Segundo outra versão, foi o próprio Apolo, que, travestido do amante de Helena, matara o herói com sua flecha certeira.

Bem mais tarde, quando tomou corpo e se popularizou a variante mítica do grande amor de Aquiles pela filha de Príamo, Políxena, a morte do filho de Peleu passou a ser relatada de maneira diversa.

Quando do resgate do corpo de Heitor, contam alguns mitógrafos, Aquiles, tendo visto a Políxena, se teria apaixonado por ela de tal maneira, que prometeu a Príamo trair os gregos, se o rei lhe desse a filha em casamento. O velho e alquebrado soberano concordou de imediato e marcou-se um encontro no templo de Apolo Timbreu para os juramentos de praxe. Aquiles compareceu desarmado e Páris, escondido atrás da estátua do deus, o matou. E assim, dizia-se, confirmava-se a profecia de Heitor que, agonizante, afirmara que Aquiles seria morto por Páris e Apolo.

O raptor de Helena, porém, estava igualmente com seus dias contados. Ferido mortalmente por uma flecha de Filoctetes, buscou como um desesperado o auxílio de Enone (v.), a ninfa que ele abandonara no Monte Ida, pois somente ela poderia salvá-lo. Enone, a princípio, se recusou a atendê-lo, ainda amargurada com a ingratidão e infidelidade de Páris.

Quando, por fim, resolveu socorrê-lo, era tarde demais. Alexandre falecera sob o olhar frio e desdenhoso de Helena.

PARNASSO *(I, 333; II, 84, 95-96, 99, 117; III, 122, 292).*

Παρνα(σ)σός (Parna(s)sós), *Parnasso*, como outros topônimos, provém certamente de um substrato. É bem possível que se trate de um vocábulo anatólio *em-ssa*, considerado como de origem luvita, como *Parnašša*, que deve ser um derivado de *parna-*, "casa", termo comum ao luvita e ao hitita. Existe, além do mais, no centro da Anatólia, uma cidade (montanhosa) chamada Πάρνασσος (Párnassos), Parnasso. Parnasso significaria "a casa na montanha" ou o próprio "monte", *DELG*, p. 858.

Filho de Posídon e da ninfa Cleodora, Parnasso é o herói epônimo do monte homônimo, consagrado a Apolo. Outras fontes fazem-no, porém, filho do mortal Cleompompo. O herói teria sido o fundador do antigo Oráculo consagrado a Píton ou a Geia, ocupado depois por Apolo.

Atribui-se-lhe ainda a eonomancia, isto é, a adivinhação pelo voo das aves.

PARRÁSIO.

Παρράσιος (Parrhásios), *Parrásio*, segundo Carnoy, *DEMG*, p. 153, talvez possua a mesma origem etimológica que *Paros*, "ilha arredondada", que proviria da raiz *(s)per*, "voltar, virar, voltear", donde o grego σπείρα (speíra), "girante, espiral". O nome estaria ligado à cidade de *Parrásia*, de "forma arredondada", fundada pelo herói.

Filho de Licáon ou de Zeus, Parrásio é o pai de Arcas, herói epônimo da Arcádia. Atribui-se a ele a fundação da cidade de Parrásia, na Arcádia.

Plutarco, todavia, dá ao herói uma outra genealogia. Os gêmeos Parrásio e Licasto seriam filhos de Ares e da ninfa Filônome, filha de Nictimo e de Arcádia. Temendo a cólera paterna, a ninfa expôs os gêmeos no Monte Erimanto. Recolhidos pelo pastor Tílifo, foram por ele criados como filhos. Mais tarde Parrásio e Licasto se apossaram da Arcádia.

PÁRTENO.

Παρθένος (Parthénos), *Párteno*, é "a jovem, a virgem" (v. Partênope e Partenopeu).

Párteno é o nome de duas heroínas. A primeira, que possuía duas irmãs, Reo e Molpádia, era filha de Estáfilo (v.) e Crisótemis.

Estáfilo confiou a Molpádia, mas sobretudo a Párteno, a guarda de seu vinho, líquido precioso que acabava de ser oferecido aos homens por Dioniso. As duas jovens, porém, adormeceram, e os porcos penetraram na adega e destruíram as ânforas em terracota, onde se conservava o licor de Baco. Despertadas pelo barulho dos vasos de cerâmica que se partiam, as jovens, temendo o castigo paterno, fugiram e lançaram-se ao mar do alto de um penhasco.

Apolo, que lhes apreciava a piedade e sobretudo porque amava a Párteno, amparou-as na queda e as levou para a cidade de Quersoneso. Párteno, logo depois, seguiu, orientada pelo deus de Delfos, para Bubasto, onde recebeu honras divinas, e Molpádia, para Cástabo, onde foi glorificada com o nome de Hemítea.

A segunda heroína homônima possui uma genealogia complicada, mas, de qualquer forma, Párteno foi transformada na Constelação da Virgem.

A versão talvez mais antiga afirma que seus pais eram Apolo e Crisótemis. Tendo falecido jovem, foi metamorfoseada em constelação pelo deus dos oráculos. Uma tradição diferente afiança ser "a virgem" filha de Zeus e de Têmis. Foi identificada com Δίκη (Díkē), Dique, a Justiça, que teria vivido na terra à época da idade de ouro. Esta tradição é abonada por Virgílio na quarta *Écloga*, 6-7, em que o poeta vê no retorno da Constelação da Virgem o prenúncio de uma época de justiça, de paz e abundância (v. Astreia).

Variantes bem mais tardias fazem-na filha de Astreu e Hêmera (v.) ou de Icário ou por fim de Deméter ou Téspia, filha do deus-rio Asopo e heroína epônima de Téspias, na Beócia.

PARTÊNOPE *(III, 146, 310-310²⁴²).*

Παρθενόπη (Parthenópē). *Partênope*, em função de seu próprio mito, está ligada ao substantivo comum παρθένος (parthénos), "moça, jovem, virgem", por oposição à γυνή (guynḗ), *mulher*. Esta última, após Homero, passou a designar *a mulher casada*, contrapondo-se, por sua vez, à ἑταίρα (hetaíra), *companheira, concubina*, Chantraine, *DELG*, p. 242. Diga-se de passagem que não se conhece a etimologia grega de παρθένος (parthénos), como também a do latim *uirgo*, "virgem".

Existem duas versões muito breves de seu mito. Na primeira, Partênope é uma das Sereias (v.), que se lançou ao mar com suas irmãs, por terem sido vencidas pela artimanha de Ulisses (v.), que lhes ouviu o canto perigoso e arrebatador, sem se ter deixado dominar pelas mesmas. O corpo de Partênope foi dar nas costas de *Nápoles*, onde se lhe ergueu um túmulo, recebendo a cidade o nome de Παρθενόπεια (Parthenópeia), *Partenopia*, que foi, na realidade, o antigo nome de Nápoles, topônimo, aliás, que se alterna com *Partênope*. A segunda versão nos conta que Partênope era uma jovem belíssima, originária da Frígia e que se apaixonou perdidamente por seu conterrâneo, o jovem Metíoco. Não querendo romper, todavia, o voto de castidade que fizera, resolveu punir-se: cortou os cabelos e se exilou na Campânia, consagrando-se a Dioniso. Ofendida, a deusa do amor, Afrodite, transformou-a em Sereia (v.).

PARTENOPEU *(III, 166, 258).*

Παρθενοπαῖς (Parthenopaîos), *Partenopeu*, é como se fora o masculino de Partênope (v.). Trata-se de um derivado de παρθένος (parthénos), "jovem, moça, virgem", donde "o jovem, o casto". *Parthénos* contrapõe-se a γυνή (guynḗ), que, após Homero, passou a designar "a mulher casada", diferente de ἑταίρα (hetaíra), "hetera, companheira, concubina", *DELG*, p. 242. Não se conhece a etimologia grega de *parthénos*. Em indo-europeu, aliás, não havia palavra que designasse "virgem", Frisk, *GEW*, s.u.

Partenopeu é considerado ora como arcádio, ora como argivo. Na primeira versão o herói seria filho de Atalante e de Meléagro (v.) ou de Melânion; na segunda, seus pais seriam Tálao e Lisímaque, sendo, por conseguinte, irmão de Adrasto. Exposto num monte juntamente com Télefo, logrou salvar-se acompanhando mais tarde seu companheiro de infortúnio até a Mísia. Consoante Higino, o herói participou da expedição contra Idas (v.). Na Mísia se casou com a ninfa Clímene e foi pai de Tlesímenes.

Segundo a etimologia popular seu nome se explicaria ou pelo fato de Atalante (v.) haver permanecido virgem por muitos anos ou porque fora exposto no Monte Partênion, um derivado de *parthénos*, "jovem, virgem".

Apesar dos conselhos de sua mãe Atalante, que previa para o filho morte violenta, o belo e destemido Partenopeu integrou a expedição dos Sete contra Tebas (v.). Na ida para a cidade de Édipo, o herói participou da instituição dos Jogos Nemeus (v. Jogos) em honra do menino Ofeltes – Arquêmoro (v.), morto por uma serpente, e foi o vencedor na modalidade de arremesso da flecha.

Como predissera sua mãe Atalante, Partenopeu, na tentativa dos Sete de invadir Tebas, foi morto por Periclímeno, filho de Posídon, ou por Asfódico ou ainda por Anfídico. Segundo o poeta latino P. Papínio Estácio, o herói pereceu às mãos do valente Drias, filho de Oríon.

Foi pai de Prômaco ou Tlesímenes ou ainda Estratólao, que participou vitoriosamente da expedição dos Epígonos (v.), os vingadores dos Sete contra Tebas.

PASÍFAE *(I, 61-64, 325; II, 20, 85³⁰; III, 48, 48³⁸, 159-161, 168-169, 183, 222).*

Πασιφάη (Pasipháē) *Pasífae*, é um composto de πᾶς, πᾶσα, πᾶν (pâs, pâsa, pân) "todo" e de uma forma participial feminina φάεσσα (pháessa), derivada do aoristo temático φάε (pháe), "a que brilha". O grupo φάε, φάος, φῶς (pháe, pháos, phôs), que expressa a ideia de "luz", origina-se da raiz φαϝ – (-phaw), "brilhar", donde o sânscrito *bhă-ti*, "ele ilumina" e *bhā-ti*, "luz", *DELG*, p. 1168sqq. Assim, *Pasífae* "é a que ilumina a todos", por se tratar de uma personificação da lua cheia. Seu relacionamento com o "touro" confirma a interpretação, uma vez que, no caso em pauta, o touro representa o crescente lunar, *DEMG*, p. 154.

Pasífae é filha do deus-sol Hélio e de Perseis. Seus irmãos tornaram-se célebres no mito: Circe, a maga; Eetes, rei da Cólquida e pai de Medeia, além de Perses, que destronou a seu irmão Eetes, mas que foi recolocado no trono por Medeia, quando esta retornou à Cólquida. O drama de Pasífae foi provocado por uma falta grave de seu esposo, o Rei Minos de Creta. Este, na disputa com seus irmãos Sarpédon (v.) e Radamanto (v.) pelo domínio da ilha, alegou que de direito Creta lhe pertencia por vontade dos deuses e, para prová-lo, afirmou que os imortais lhe concederiam o que bem desejasse. Um dia, quando sacrificava a Posídon, solicitou ao deus que fizesse sair do mar um touro, prometendo oferecer-lhe em holocausto o animal. O deus atendeu-lhe o pedido, o que valeu ao rei de Cnossos o poder sobre a ilha inteira, sem contestação por parte de seus irmãos. Minos, todavia, dada a beleza da rês e desejando conservar-lhe a raça, enviou-o para junto de seu rebanho. Posídon, irritado, enfureceu o animal, o mesmo que Héracles, às ordens de Euristeu, levou para a Grécia e que mais tarde foi morto por Teseu. A ira divina, todavia, não parou por aí. Para vingar-se mais ainda do rei perjuro, fez que Pasífae concebesse uma paixão fatal e irresistível pelo animal. Sem saber como entregar-se ao touro, recorreu às artes de Dédalo, que fabricou uma novilha de bronze tão perfeita, que logrou enganar a rês. Colocando-se dentro do simulacro, conseguiu satisfazer à sua paixão alucinada. Dessa união nasceu o Minotauro (v.). A ajuda a Pasífae fez que o rei lançasse Dédalo (v.) e Ícaro (v.) no Labirinto, de onde aliás conseguiu evadir-se com o filho. Há uma variante: conta-se que a paixão anormal de Pasífae pelo touro se devia a Afrodite, cujo culto era menosprezado pela esposa de Minos ou ainda que a deusa do amor vingava em Pasífae a Hélio, que contara a Hefesto seus amores clandestinos com Ares. O mito apresenta um retrato pouco lisonjeiro de Pasífae: ciumentíssima e com poderes mágicos tão grandes quanto os de sua irmã Circe e de sua sobrinha Medeia, lançou contra o marido uma terrível maldição. Exceto ela, toda e qualquer outra mulher, que tentasse unir-se a Minos, morria devorada por um batalhão de serpentes que saíam por todos os poros do rei... Foi necessária a intervenção de Prócris (v.), hábil em enganar o marido, para que o rei de Creta se livrasse de "suas próprias serpentes" e conseguisse amar um pouco mais além da maga Pasífae...

PÁTROCLO *(I, 80⁶², 88, 117, 126-127, 133, 138, 141, 145, 316; III, 43, 46, 51, 61, 63, 146, 211¹⁵⁸).*

Πάτροκλος (Pátroklos), *Pátroclo*, é um composto de πατήρ (patḗr), "pai, chefe de família, ancestral", sob a forma πατρο- (patro-) e de κλέος (kléos), "renome, reputação, glória", donde significar o antropônimo "o célebre por seus ancestrais" ou "o de antepassados ilustres". Quanto a πατήρ (patḗr), v. Cleópatra, é bastante assinalar que o vocábulo possui, como herança indo-europeia, um valor social e religioso, como na expressão em que Zeus é dito πατὴρ ἀνδρῶν τε θεῶν τε (patḗr andrôn te theôn te), "pai dos deuses e dos homens". Formado com base no radical que é fonte do hipocorístico πάππα (páppa), "papai", *patḗr* se encontra em quase todas as línguas indo-europeias: sânscrito e avéstico *pitár*, latim *pater*, osco *patir*, gótico *fadar*, alemão antigo *fater*, tocaria no *pācar* e *pācer*, todos com o sentido de "pai". Com respeito a κλέος (kléos), "boato que circula, reputação, renome, glória", trata-se de um nome antigo que se encontra no sânscrito sob a forma *śrávas-*, "glória", avéstico *śravah*, eslavo antigo *slovo*, ambos com sentido de "palavra".

O herói era filho de Menécio e de Estênele, filha de Acasto ou de Periópis, filha de Feres, ou ainda de Polimela, filha de Peleu, o que faria de Pátroclo um sobrinho de Aquiles (v.). De qualquer forma, o parentesco entre os dois grandes e fraternos amigos está evidenciado pelo fato de Menécio ser filho de Egina e esta, através de Peleu e Éaco, ser a bisavó de Aquiles.

Lócrio de Opunte, Pátroclo foi obrigado a exilar-se na corte de Peleu, na Tessália, por ter assassinado, num acesso de cólera, durante um "jogo de ossinhos", a um seu companheiro de divertimentos infantis, chamado Clitônimo ou Clisônimo. Muito menino ainda, ligou-se por forte e infrangível amizade ao filho de Peleu, Aquiles, seu parente e coetâneo.

Segundo uma tradição, o herói estava entre os pretendentes de Helena, mas não era necessário estar ligado a Menelau pelo "juramento de Tíndaro" (v.), para participar da Guerra de Troia e assim o filho de Menécio seguiu com Aquiles para a Tróada.

Quando da primeira e frustrada tentativa de chegar a Ílion, Pátroclo estava ao lado do filho de Tétis e com ele desembarcou na Mísia que os aqueus julgaram erradamente ser a Tróada. Na luta contra Télefo e seus aguerridos companheiros, ajudou a Diomedes a salvar o cadáver de Tersandro. Ferido por uma flecha, foi curado por Aquiles.

São muitas as gestas do herói lócrio tanto na *Ilíada* quanto nos *poemas cíclicos*, isto é, epopeias que se seguiram à *Ilíada* e à *Odisseia*. Relata-se que foi ele quem vendeu em Lemnos o filho de Príamo Licáon (v.), aprisionado por Aquiles, que, por sinal, o matou posteriormente, porquanto o troiano logrou retornar à luta contra os aqueus. Participou também da tomada de Linerso, de onde o filho de Peleu trouxe como escrava a lindíssima Briseida. Ainda em companhia do amigo inseparável invadiu a ilha de Ciros, onde ambos fizeram uma grande pilhagem. Depois escalaram o monte Ida e furtaram uma parte do rebanho de Eneias.

Foi ele quem entregou Briseida aos arautos de Agamêmnon, num momento doloroso para Aquiles. Esteve ao lado do amigo, quando o rei de Micenas, vendo-se batido de todos os lados pelos troianos, enviou-lhe uma embaixada, tentando fazê-lo voltar às fileiras dos aqueus. Pátroclo manteve-se impassível e concordou inteiramente com a negativa firme e decidida do herói.

Face, porém, à audácia dos comandados de Heitor, que chegaram até mesmo junto às naus helênicas e ameaçavam incendiá-las, o pelida permitiu que o amigo íntimo se revestisse de suas armas. A missão do filho de Menécio, todavia, segundo recomendações de Aquiles, era tão somente repelir e afugentar os troianos. Pátroclo, no entanto, após eliminar sucessivamente vinte e seis inimigos e ainda Cébrion, o auriga de Heitor, foi além dos limites. Ultrapassou o *métron*, a medida possível do mortal, tentando mesmo escalar as muralhas de Ílion. Heitor, com a indispensável ajuda de Apolo, o matou e tomou-lhe inclusive as armas divinas do pelida.

Em torno do cadáver do filho de Menécio se travou um sangrento combate, porquanto a glória máxima para um herói (e humilhação suprema para o vencido) era apossar-se do corpo do inimigo, sobretudo se este fosse alguém de renome. A finalidade era deixá-lo insepulto, com graves consequências para a psique do morto (v. Escatologia). Nesta luta terrível destacou-se Menelau, pondo em jogo a própria vida.

A morte de Pátroclo, porém, selou o destino de Heitor. Avisado do triste acontecimento pelo jovem Antíloco, seu camarada mais querido depois de Pátroclo, Aquiles com um ronco sinistro e, apesar da dor e das lágrimas, partiu desarmado para o local onde a luta era mais acirrada. Com um grito, que abalou as muralhas de Ílion, pôs em fuga os troianos. Com novas armas fabricadas por Hefesto, o herói, após receber de Agamêmnon todas as satisfações devidas à sua *timé* ofendida, inclusive Briseida, despejou-se como um furacão pela planície troiana. Após uma dramática perseguição, conseguiu seu objetivo: matar Heitor e insultar-lhe o cadáver de todas as maneiras possíveis. Só então é que mandou erguer a pira funerária de Pátroclo, em cuja memória sacrificou doze jovens troianos que aprisionara para esse festim macabro. Organizou, em seguida, em honra do maior amigo, solenes jogos fúnebres de que participaram todos os heróis aqueus. Erigiu-lhe depois, no local da pira funerária, um túmulo suntuoso.

Mais tarde, após a morte de Aquiles, suas cinzas foram reunidas às do filho de Menécio.

Relata uma tradição que, juntamente com Aquiles, Pátroclo, Antíloco e Ájax Telamônio foram transferidos para a Ilha dos Bem-Aventurados ou Ilha Branca, na foz do Danúbio, onde continuam divertindo-se com suas armas e participando de um eterno banquete.

PÁTRON.

Πάτρων (Pátrōn), *Pátron*, segundo Carnoy, *DEMG*, p. 154, é uma forma abreviada de um nome composto como Pátroclo (v.). O antropônimo proviria, no caso, de πατήρ (patḗr), sob a forma πατρο- (patro-), "pai".

Há dois heróis com este nome. O primeiro é um acarnano, que se juntou a Eneias, quando o herói troiano peregrinava em direção à Itália. Participou da corrida dos jogos fúnebres em memória de Anquises, segundo relata Virgílio na *Eneida*, 5, 293-339. Fixou-se depois na Sicília, onde fundou a cidade de Alôncion.

O segundo é um companheiro do Rei Evandro (v.). Pátron seguiu o herói arcádio, quando este emigrou da Hélade para o Lácio. Como Pátron acolhia com extrema benevolência as classes mais humildes, seu nome foi dado, por etimologia popular, à instituição romana do *Patronatus*, "Patronato".

PEÃ *(I, 71, 312; III, 50[40])*.

Παιάν (Paián), *Peã*, é uma espécie de redução da forma ΠαιάFων (Paiáwōn), como atesta o dativo micênico *pajawone*. Não se conhece a etimologia deste vocábulo, originariamente empregado como apelativo de uma divindade, embora Schwyzer, *IF* 30, 1912, 445, procure relacioná-lo com o verbo παίειν (paíein), "ferir", porque Apolo "com um golpe mágico curava as doenças". Pisani, *Rend. Acc. Lincei*, 6, 5, 1929, 208, opta pelo verbo παύειν (paúein), "acalmar, suprimir, fazer cessar" as enfermidades. Na realidade, segundo Chantraine, *DELG*, p. 847, é bem possível que o teônimo seja um termo de substrato ou empréstimo.

Peã, na Época Clássica, é simplesmente um epíteto ritual de Apolo, enquanto deus que prodigaliza a cura ou ainda um hino de agradecimento sobretudo à mesma divindade pela saúde obtida. Em termos de literatura, diga-se de passagem, o Peã é um canto lírico, um hino dedicado primeiramente aos deuses e, em particular, a Apolo. Depois um canto entoado antes ou após a vitória nos combates. Com o correr do tempo, passou a celebrar até os heróis e simples mortais, confundindo-se com o encômio. Seu grande representante na literatura clássica é Píndaro.

Em Homero, todavia, Peã, Péon ou Peéon (v.) é um deus-médico independente, que, usando certas plantas mágicas, curou os ferimentos de Hades (*Il.*, V, 401-402) e os de Ares (*Il.*, V, 900-901).

A pouco e pouco, no entanto, foi absorvido por Apolo (v.) e suplantado amplamente por Asclépio (v.).

PÉGASO *(I, 155-156, 239-241, 244, 324-325; III, 56, 85, 210-212, 214-217, 265, 280).*

Πήγασσος (Pégasos), *Pégaso*, segundo Chantraine, *DELG*, p. 824, apresenta-se sob uma forma comparável à de apelativos, como πέτασος (pétasos), "chapéu de abas largas" e à de hipocorísticos, como Δάμασος (Dámasos), Dâmaso, herói troiano e lembra ainda o nome de um dos cavalos de Aquiles, Πήδασος (Pédasos). A etimologia que deriva *Pégasos* de πηγή (pēgḗ), "fonte", pelo fato de Pégaso ter feito nascer a fonte de *Hipocrene* (fonte do cavalo), ferindo violentamente o monte Hélicon com uma patada, é de cunho popular. Talvez o nome do famoso cavalo prenda-se a πηγός (pēgós), "forte, sólido". Carnoy, *DEMG*, p. 155, com seu "arrojo etimológico", parte de hipótese bem diversa: deriva *Pégaso* de πηγή (pēgḗ), fonte, cuja raiz seria o indo-europeu *bagha, "regato", forma plena de *bagh-, o que explicaria o alemão *Bach*, "riacho, ribeiro".

Pégaso passa por ser filho de Posídon e de Medusa, ou da própria terra, fecundada pelo sangue da Górgona (v.). Conta-se que Perseu, a mando do tirano Polidectes (v. Acrísio), ao cortar a cabeça de Medusa, grávida de Posídon, teve uma grande surpresa: do pescoço ensanguentado do monstro nasceram o gigante Crisaor e o cavalo alado Pégaso, ou, segundo uma variante, conforme se viu, este teria nascido de Geia, "a terra", fecundada pelo sangue da Górgona. Após relevantes serviços prestados a Perseu, o ginete divino voou para o Olimpo, onde se colocou a serviço de Zeus. A respeito da maneira como Pégaso desceu para ajudar a Belerofonte (v.), as tradições variam: Atená ou Posídon o teriam levado ao herói ou este, por inspiração de Atená, o encontrara junto à fonte de Pirene. Foi graças ao ginete alado que Belerofonte pôde executar duas das grandes tarefas que lhe impusera Ióbates: matar Quimera (v.) e derrotar as Amazonas. Após a morte do herói, Pégaso retornou para junto dos deuses. No grande concurso de cantos entre as Piérides (v.) e as Musas, o monte Hélicon (v.), sede do certame, se envaideceu e se enfunou tanto de prazer, que ameaçou atingir o Olimpo. Posídon ordenou a Pégaso que desse uma patada no monte, a fim de que ele voltasse às dimensões normais e guardasse "seus limites". Hélicon obedeceu, mas, no local atingido por Pégaso, brotou uma fonte, *Hipocrene*, a Fonte do Cavalo, imortalizada em nossa língua pelo gênio de Camões (*Lusíadas*, 1,4). Pégaso, cavalo alado, está sempre relacionado com a *água*, daí sua etimologia popular, como proveniente de pēgḗ, fonte. Filho de Posídon e de Medusa, teria nascido junto *às fontes do Oceano*. Belerofonte o encontrou bebendo *na fonte de Pirene*. Com uma só patada fez brotar *Hipocrene, a fonte do cavalo*. Está, outrossim, ligado às tempestades, por isso que é "o portador do trovão e do raio por conta do prudente Zeus". Pégaso é, por conseguinte, *uma fonte alada*: fecundidade e elevação. O simples cavalo figura tradicionalmente a impetuosidade dos desejos. Quando o ser humano faz corpo com o cavalo, torna-se um monstro, como o *Centauro* (v.), identificando-se com os instintos animalescos. O cavalo alado, ao revés, simboliza a imaginação criadora sublimada e sua elevação real. Com efeito, foi cavalgando Pégaso que Belerofonte matou a Quimera. Temos aí, pois, os dois sentidos da fonte e das asas: a fecundidade e a criatividade espiritual. É que, como dizia o poeta latino, *alis graue nil*, para os que têm ideal, as dificuldades não pesam tanto... Não é em vão que Pégaso se tornou o símbolo da inspiração poética.

PEIAS.

Ποίας (Poías), *Peias*, segundo Carnoy, *DEMG*, p. 167, talvez seja um derivado de ποιμην (poimḗn), "pastor", donde significar o antropônimo "o chefe".

Peias já aparece na *Odisseia*, III, 190, como pai do "famoso Filoctetes". Filho de Táumaco ou Fílaco, Peias se casou com Metone e foi pai de Filoctetes, o que lhe valeu certo renome. Atribui-se a ele o ter eliminado o gigante Talos, guardião da ilha de Creta, mas tal proeza é quase sempre creditada a Medeia. Participou da expedição dos Argonautas, mas sem nenhum brilho.

Peias era sobretudo um arqueiro. Acompanhou a Héracles em suas derradeiras gestas e talvez, por isso mesmo, alguns mitógrafos afirmam ter sido ele quem acendeu a pira funerária do herói, recebendo como recompensa as flechas do filho de Alcmena. Tradições mais antigas, porém, atribuem tal gesto a seu filho Filoctetes (v.).

PELASGO *(I, 280).*

Πελασγός (Pelasgós), *Pelasgo*, consoante Chantraine, *DELG*, p. 874, não possui etimologia até o momento. O plural Πελασγοί (Pelasgoí), "pelasgos", povos antigos que teriam ocupado a Grécia e o Egeu antes dos helenos, procederia, segundo Kretschmer, *Glotta*, 1,1909, 16sqq., de *Πελασγκοι (*Pelagskoi), "habitantes de uma região plana", como se o vocábulo fosse um derivado de πέλαγος (pélagos), "mar, mar alto, grande extensão de água". Semelhante hipótese não é aceitável nem quanto ao sentido nem quanto à forma.

Pelasgo é o nome de vários heróis, epônimos dos pelasgos, que teriam ocupado o Peloponeso e a Tessália.

No mito arcádio, Pelasgo possui duas genealogias distintas. Em uma delas é filho de Zeus e de Níobe. Unido à Oceânida Melibeia ou à ninfa Cilene ou ainda a Dejanira foi pai de Licáon, cujos cinquenta filhos foram os epônimos da maioria das cidades arcádias, e de uma filha, Calisto. Dos amores desta última com Zeus nasceu Arcas, epônimo da Arcádia. Uma segunda versão relata que Pelasgo, tendo nascido da terra, foi o primeiro homem a habitar a Arcádia e reinar sobre a mesma. Inventou o uso das casas e ensinou como distinguir uma planta útil de uma outra daninha. Nesta versão o herói foi igualmente pai de Licáon (v.).

No relato de Pausânias Pelasgo é argivo, filho de Tríopas e Sósis, e irmão de Íaso e de Agenor, um descendente, embora longínquo, de Zeus e de Foroneu. Acolheu hospitaleiramente a Deméter quando esta andava à procura de Perséfone, e ergueu-lhe um templo denominado "Deméter Pelásgis". Foi pai de Larissa, que deu seu nome à cidadela de Argos.

No mito tessálio, Pelasgo não é o pai de Larissa, mas o filho desta com Posídon. Seus irmãos chamavam-se Aqueu e Ftio. Com eles deixou sua terra natal, o Peloponeso, e ocupou a Tessália, que se denominava, até então, Hemônia. Após expulsar os selvagens, que habitavam a região, dividiu-a em três partes, cabendo a cada irmão um pequeno reino que passou a ter o nome de seu ocupante. Formaram-se assim a Ftiótida, a Acaia e a Pelasgiótis. Cinco gerações mais tarde os descendentes dos três pioneiros foram expulsos pelos Curetes e lélegos. Uma parte desses "pelasgos" emigrou para a Itália.

PELEU *(I, 83, 106-107, 124, 126, 142, 231, 234, 324; II, 90, 90³¹; III, 22, 26, 37-39, 47, 52, 61, 64, 86, 86⁷⁵, 189).*

Πηλεύς (Pēleús), *Peleu*, é derivado por Carnoy, *DEMG*, p. 156, de πηλός (pēlós), "argila, lama, lodo", uma vez que a união amorosa do herói com Tétis se realizou nos sopés do monte Pélion, "o lamacento, lodoso". A etimologia aventada por Carnoy deve ser de origem popular.

Éaco (v.) e Endeis eram pais de Peleu e Télamon, mas da união do mesmo Éaco com a nereida Psâmate nasceu Foco (v.). Alguns mitógrafos, todavia, asseveram que Peleu era filho único do casal supracitado e que Télamon, filho de Acteu e de Glauce, era apenas amigo íntimo do pai de Aquiles.

Enciumados com a perícia de Foco em todas as competições ginásticas de que sempre se saía vencedor, ou ainda por instigação de Endeis, seus irmãos resolveram eliminá-lo. Tirou-se a sorte, para se saber qual dos dois o mataria. Télamon foi o escolhido pela Tique (v.) e lançou um disco na cabeça de Foco, prostrando-o sem vida.

Algumas tradições relatam que a morte do filho de Psâmate fora acidental ou que o principal responsável pela mesma teria sido Peleu. Apesar de terem sepultado o cadáver num bosque, Éaco tomou conhecimento do crime e os expulsou para bem longe da Ilha de Egina, onde reinava. Télamon refugiou-se na Ilha de Salamina e Peleu exilou-se em Ftia, Tessália, na corte do Rei Eurítion, que, após purificá-lo, deu-lhe não apenas a filha Antígona em casamento, mas também um terço do reino. Desse enlace nasceu Polidora, que mais tarde se uniu a Boros e foi mãe de Perieres (v.).

Psâmate vingou a morte de Foco, enviando um lobo que dizimou o rebanho de Peleu. A pedido de Tétis, no entanto, Psâmate transformou a fera em pedra.

Participou com Eurítion da caçada de Cálidon, mas, por infelicidade, o matou, sem o querer.

Novamente exilado, o herói, dessa feita, abrigou-se em Iolco, na corte do filho de Pélias, Acasto. Lá, algo de muito sério lhe aconteceu, a ponto de ameaçar-lhe seriamente a vida.

Astidamia, mulher de Acasto, apaixonou-se pelo herói de Egina, mas, contrariada em suas pretensões, enviou uma mensagem à então esposa do exilado, Antígona, anunciando-lhe que o marido em breve se casaria com Estérope, filha de Acasto. Não satisfeita, apelou para o *Motivo Putifar* (v.): mentiu ao marido, afirmando que Peleu tentara seduzi-la.

Não ousando matar um hóspede, que por sinal havia purificado, o rei convidou-o para uma caçada no monte Pélion e lá o abandonou, enquanto o companheiro dormia, dominado pela fadiga. Para ter certeza de que ele não escaparia com vida, escondeu-lhe a espada sob um monte de estéreo. De fato o herói teria perecido, porque, ao despertar, estava cercado pelos ferozes Centauros. O sábio Quirão, todavia, percebendo-lhes a manobra, emprestou a seu antigo discípulo sua própria espada. Os monstros, com a violenta reação de sua quase vítima, retiraram-se apressadamente.

Uma tradição muito repetida é de que a espada fora enviada ao discípulo do pacífico Quirão por Hefesto, fato que teria apressado a fuga dos Centauros.

Do Monte Pélion retornou diretamente a Ftia e, unindo-se a Jasão, Castor e Pólux, invadiu Iolco. Matou não somente a Acasto, mas também Astidamia, cujo corpo foi dividido em pedaços, que foram espalhados estrategicamente pela cidade, para que o exército vitorioso desfilasse entre as postas ensanguentadas da rainha.

Teria sido após essas gestas que o rei de Ftia se casou com Tétis.

Filha de Nereu e Dóris, Tétis era a mais bela das nereidas. Zeus e Posídon porfiavam em ganhar-lhe as afeições, mas um oráculo revelou que o filho nascido da união de qualquer um deles com a nereida seria mais poderoso que seu respectivo pai. Outros mitógrafos atribuem o oráculo a Prometeu, que havia predito que o filho de Zeus e Tétis se tornaria o senhor do mundo, após destronar o pai. Tradições diferentes relatam que a própria nereida se recusara a unir-se ao senhor do Olimpo por gratidão a Hera, que a havia criado. De qualquer forma, os dois deuses desistiram de seu intento e, para afastar qualquer ameaça, apressaram-se em conseguir para ela um marido mortal. O astuto Centauro Quirão, sem perda de tempo, começou a orientar Peleu no sentido de conquistar a filha imortal de Nereu.

Apesar das sucessivas metamorfoses de Tétis, o que é próprio das divindades marinhas, em água, fogo, vento, árvore, pássaro, tigre, leão, serpente e, por fim, em verga, o herói sempre aconselhado por Quirão, a segurou firmemente e a deusa, embora contra a vontade, deu-se por vencida.

Às bodas solenes de Tétis e Peleu, no Monte Pélion, compareceram todos os deuses, exceto Éris (v.), a Discórdia. As Musas cantaram o epitalâmio e todos os imortais ofereceram presentes aos noivos. Entre os mais apreciados e notáveis destacavam-se uma lança de carvalho, dádiva de Quirão, e a lembrança de Posídon, dois cavalos, um deles imortal, Xanto e Bálio, os mesmos que, na Guerra de Troia, serão atrelados ao carro do bravo Aquiles.

Essas núpcias célebres foram muito mais tarde recordadas e recompostas em hexâmetros pelo grande poeta latino Caio Valério Catulo (87-54 a.C.), no belíssimo poema LXIV.

O casamento do filho de Éaco com a nereida foi um fracasso. Já haviam tido seis filhos, mas, na ânsia de imortalizá-los, Tétis sempre acabava por matá-los. Assim foi, até que Peleu lhe tomou das mãos o sétimo, o caçula Aquiles, no momento em que a deusa, desejando igualmente torná-lo imortal, segurando-o pelo calcanhar direito, o temperava no fogo. Outra versão relata que a filha de Nereu, prendendo-lhe o mesmo calcanhar, o mergulhava nas perigosas águas do rio infernal Estige, que possuíam o dom de tornar invulnerável tudo que nelas fosse introduzido. Na realidade, Aquiles era invulnerável, menos no local por onde a mãe o segurou.

Tétis, inconformada com a atitude do marido, a quem, aliás, não amava, o abandonou para sempre. Embora deixando com o pai o filho caçula, jamais o abandonou. Protegeu-o por todos os meios a seu alcance, como se pode observar através da *Ilíada*. A *Moîra*, todavia, tem os seus desígnios e Aquiles perecerá muito jovem, exatamente pelo calcanhar não temperado pelo fogo ou não banhado pelas águas do Rio Estige.

Bem mais tarde, já idoso, após a morte de Aquiles em Troia, Peleu foi atacado pelos filhos de Pélias, Arcandro e Arquíteles. Expulso de seu reino de Ftia, fugiu para a Ilha de Cós, onde se encontrou com o neto Neoptólemo. Acolhido generosamente por um descendente de Abas, Mólon, findou em paz os seus dias. Uma versão diferente, seguida por Eurípides na tragédia *Andrômaca*, relata que o herói sobreviveu a Neoptólemo e interveio em defesa de Andrômaca (v.), ameaçada de morte por Hermíona.

O mitógrafo Díctis de Creta, autor de uma espécie de "Diário da Guerra de Troia", traduzido para o latim por Quinto Septímio com o título de *Dictyis Cretensis Ephemeris Belli Troiani*, "Diário da Guerra de Troia de Díctis de Creta", altera a versão anterior. Na obra de Díctis, Neoptólemo, antes de ser assassinado por Orestes (v.), libertou seu avô Peleu, prisioneiro dos filhos de Acasto.

Além da caçada de Cálidon, Peleu participou, embora de maneira bastante medíocre, de algumas outras aventuras heroicas, como da expedição dos Argonautas e da luta de Héracles contra Troia e as Amazonas. Competiu nos jogos fúnebres em honra de Pélias, mas foi vencido na luta pela destemida Atalante (v.).

PÉLIAS *(I, 324; II, 119; III, 22, 24, 46, 114, 175[144], 176, 178, 186-187, 193, 196-197, 202, 204, 209).*

Consoante Carnoy, *DEMG*, p. 156, Pélias é um derivado de πελιός (peliós), "lívido, pálido, grisalho", donde "o idoso". *Peliós* é uma variante gráfica de πελιδνός (pelidnós), cuja raiz é *pel-/*pol-, atestado no sânscrito *páliknī*, "grisalho".

Posídon, transformando-se no deus-rio Enipeu, uniu-se a Tiro (v.) e foi pai dos gêmeos Pélias e Neleu, cujo pai "humano" passou a ser Creteu. Pélias teve como irmãos por parte de Tiro, que se casou com Creteu, a Esão, pai de Jasão, Feres e Amitáon.

Tiro, tão logo nasceram os meninos, mandou expô-los num monte. Pelo local passavam mercadores, conduzindo uma tropa de cavalos e éguas. Um dos animais deu um coice no rosto de um dos gêmeos expostos, provocando-lhe uma mancha arroxeada, em grego πελιόν (pelión), passando o menino a chamar-se Pélias (o que denota a etimologia popular), enquanto o irmão recebeu o nome de Neleu.

Uma outra versão relata que os filhos de Tiro foram alimentados por uma égua, animal consagrado a Posídon. Recolhidos por um pastor, foram mais tarde reconhecidos pela mãe, graças ao cofre de madeira em que haviam sido expostos. Mais tarde libertaram Tiro da madrasta Sidero que a maltratava. Quando os gêmeos chegaram à corte de Salmoneu, sua segunda esposa, Sidero, madrasta de Tiro, refugiou-se no altar de Hera, mas Pélias a perseguiu e matou, cometendo grave sacrilégio, além de, em seguida, continuar a tratar a rainha dos deuses com profundo desprezo. Hera jamais lhe perdoou tão sérias ofensas e há de vingar-se violentamente mais tarde do filho de Posídon.

Pélias e Neleu disputaram o poder sobre a Tessália. Vencido, o segundo refugiou-se em Pilos, na Messênia. Pélias, senhor e rei de Iolco, antes governada por Esão, se casou com Anaxíbia, filha de Bias ou com Filômaque, filha de Anfíon. Foi pai de Acasto e de quatro filhas: Pisídice, Pelopia, Hipótoe e Alceste.

Filho de Esão e Polímede ou Alcímene, Jasão, muito menino ainda, sofreu as amarguras do exílio. É que seu pai, legítimo herdeiro do trono de Iolco, fora destronado e condenado à morte por seu irmão consanguíneo, o usurpador Pélias. Narra uma outra versão (e são muitas) que Esão, já idoso, confiara o trono ao irmão até que Jasão atingisse a maioridade. Educado pelo Centauro Quirão, o herdeiro do trono de Iolco, já com vinte anos, deixou o mestre e retornou à cidade natal. Sua indumentária era estranha: coberto com uma pele de pantera, levava uma lança em cada mão e tinha apenas o pé direito calçado com uma sandália. O rei, que no momento se preparava para oferecer um sacrifício a seu pai divino Posídon, o viu e, embora não o tivesse reconhecido, ficou temeroso, porque se lembrou de um oráculo segundo o qual "deveria desconfiar do homem que tivesse apenas uma sandália".

Jasão permaneceu cinco dias com o pai e no sexto apresentou-se ao tio e reclamou o trono. Pélias concordou em devolvê-lo, desde que o sobrinho trouxesse da Cólquida o Velocino de Ouro (v. Jasão e Argonautas).

Segundo outras versões, quando Jasão, calçado com uma única sandália, o procurou, o rei mandou que ele se aproximasse e perguntou-lhe que castigo inflingiria, se fosse rei, à pessoa que o ameaçasse. O herói respondeu que o mandaria conquistar o Velocino de Ouro. O soberano, feliz com a resposta, despachou-o para tão arriscado empreendimento, pois era ele próprio quem punha em risco a vida do monarca.

Alguns mitógrafos julgam que a conquista do precioso tosão fora sugerida a Jasão por Hera que, profundamente irritada com Pélias, pelos motivos supracitados, queria encontrar um meio de trazer da Cólquida a terrível Medeia, a fim de que a mágica o matasse.

Seja qual for o móvel da expedição, convocados príncipes e heróis, o pretendente ao trono de Iolco velejou para a Cólquida na nau Argo.

Julgando-se para sempre livre do sobrinho, dados os riscos da empresa, Pélias resolveu eliminar Esão. Este pediu ao rei para escolher seu próprio gênero de morte e envenenou-se com o sangue de um boi. Alcímede, a mãe de Jasão, desesperada, enforcou-se, após amaldiçoar o rei criminoso. Ainda não satisfeito, o soberano mandou matar a Prômaco, ainda um menino, filho de Esão e Alcímede.

Quatro meses depois, Jasão, vitorioso e trazendo Medeia como esposa, retornou a Iolco com o Velocino de Ouro. Embora ardendo em desejos de vingar tantos crimes cometidos contra sua família, conteve-se. Percebendo que o tio não lhe devolveria o trono, retirou-se para Corinto e passou a arquitetar com Medeia um estratagema para eliminar o cruel Pélias.

Por amor ao marido tão humilhado, Medeia partiu sozinha de Corinto e, chegando secretamente a Iolco, convenceu as filhas do usurpador e homicida, menos a Alceste, ainda muito jovem, de que poderiam facilmente rejuvenescer o pai, já avançado em anos. Bastaria que o fizessem em pedaços e o deitassem a ferver num caldeirão de bronze em meio a uma composição mágica, cujo segredo somente ela conhecia. Para comprovar sua arte, a princesa da Cólquida tomou um velho cordeiro (outros afirmam que foi Esão) e, usando do processo acima descrito, transformou-o num cordeirinho ou o velho pai de Jasão num Esão jovem e robusto.

As pelíades, isto é, as filhas de Pélias, sem hesitar, despedaçaram o pai e cozinharam-lhe os membros, conforme a receita de Medeia. Como Pélias não ressuscitasse, transidas de horror, fugiram para a Arcádia.

Hera, Jasão e sua família estavam vingados.

Alceste, que, por ser muito jovem ou por piedade filial, não participara da morte do pai, juntou-se a seu irmão Acasto e, após recolherem os restos mortais de Pélias e sepultá-los, organizaram jogos fúnebres soleníssimos em memória do rei de Iolco.

Higino, nas Fábulas 12,13,24 e 273, conservou os nomes dos competidores e vencedores nesse famoso certame. Entre eles, os mais célebres foram Héracles, os Boréadas Calais e Zetes, os Dioscuros Castor e Pólux, Meléagro, Cicno, Belerofonte, Eurítion, Orfeu, Lino e Atalante, vencedora de Peleu na luta.

Jasão e Medeia foram execrados por Acasto e proibidos de retornar a Iolco, o que, na realidade, não aconteceu a Jasão (v.).

PELOPIA *(I, 78, 85, 89; III, 22, 59, 114, 204, 333).*

Πελόπεια (Pelópeia), *Pelopia*, segundo Carnoy, *DEMG*, p. 156, possui a mesma fonte etimológica que Pélias (v.), isto é, provém de πελιός (peliós), "lívido, pálido, grisalho". No caso em pauta talvez se deva interpretar o antropônimo como "a de tez pálida".

Há duas heroínas com este nome. A primeira é filha de Tieste. Violentada pelo próprio pai, que assim agirá para vingar-se de seu irmão Atreu, foi mãe de Egisto (v.). Vivia em Sicione, na corte do Rei Tesproto. Segundo uma versão, ainda grávida de Egisto, se casou com o tio Atreu. Foi por intermédio de Pelopia e Egisto, que, na realidade, Tieste acabou se vingando e matando Atreu.

Em *Mitologia Grega*, Vol. I, p. 84-85, expôs-se todo o drama sangrento que resultou do ódio implacável entre Atreu e Tieste (v. Atreu, Tieste e Egisto).

A segunda heroína homônima é uma das filhas de Pélias (v.) e Anaxíbia. Após fugir de Iolco, com a morte trágica do pai, uniu-se ao deus Ares e foi mãe de Cicno (v.), violento e sanguinário.

PÉLOPS *(I, 78-84, 245, 324; III, 36, 45[34], 47, 54, 60-61, 63, 65, 86, 96, 155, 218[162], 236-237, 256, 287, 317).*

Πέλοψ (Pélops), *Pélops*, segundo Carnoy, *DEMG*, p. 156, o antropônimo possui a mesma origem etimológica que Pélias e Pelopia (v.), quer dizer, provém de πελιός (peliós), "lívido, pálido, grisalho" e significaria "o de tez pálida".

Filho de Tântalo, o nome de sua mãe varia muito de acordo com as versões: ora ela se chama Eurianassa, Euristanassa ou Euritemiste, que seria filha do deus-rio asiático Pactolo ou do troiano Xanto.

Após a guerra movida por Ilo (v.) contra Tântalo, a quem acusava de responsável pelo rapto de Ganimedes, Pélops deixou a Ásia Menor, onde nascera, e refugiou-se na Hélade. Ainda muito jovem, o herói fora vítima da crueldade paterna. Desejando saber se os deuses eram realmente oniscientes, Tântalo sacrificou a Pélops e ofereceu-o como iguaria aos imortais. Estes reconheceram, todavia, o que lhes era servido, exceto Deméter, que, fora de si, pelo rapto de Core, comeu uma espádua do jovem. Os deuses, porém, reconstituíram-no e fizeram-no voltar à vida. Em lugar da espádua, que havia sido consumida pela mãe de Perséfone, fabricou-se uma outra de marfim. Uma variante atesta que Tântalo matara o filho por piedade e em último recurso, porque não havia outra vítima que pudesse ser oferecida aos senhores do Olimpo para fazerem cessar uma peste que lhe devastava o reino.

Logo após a ressurreição, Posídon, impressionado com a beleza de Pélops, o arrebatou e fê-lo seu escanção. A permanência do efebo no Olimpo, todavia, foi curta, porquanto Tântalo, num gesto de ousadia inédita, coagiu o filho a furtar néctar e ambrosia dos deuses e trazê-los para os mortais. De qualquer forma, o herói sempre mereceu a proteção de Posídon.

Uma vez na Hélade, Pélops, sabedor de que Enômao, rei de Pisa, na *Elida*, só daria a filha Hipodamia em casamento a quem o vencesse numa corrida de carros, aceitou o desafio, como tantos jovens já o haviam feito e perecido, porque o sanguinário senhor da Élida sempre triunfava e eliminava os concorrentes. Com a ajuda da lindíssima Hipodamia e do cocheiro Mírtilo, que traiu o soberano, serrando-lhe o eixo do carro, o filho de Tântalo derrotou a Enômao, que pereceu despedaçado na magna disputa. Para silenciar a cumplicidade de Mírtilo, o matou, lançando-lhe o cadáver no mar (v. Enômao, Hipodamia e Mírtilo).

Do enlace criminoso de Pélops com Hipodamia nasceram muitos filhos, que hão de pagar pelas faltas graves, as *hamartíai*, de seu avô e de seu pai. Os mitógrafos estão de comum acordo apenas com os nomes de três: Atreu, Tieste e Plístene. Crisipo, mais tarde raptado por Laio (v.), e Piteu, seriam filhos de Pélops e de uma ninfa chamada Axíoque.

Entre as filhas as mais citadas e conhecidas no mito são Astidamia, mãe, em algumas versões, de Anfitrião, e Hipótoe, que, unida a Posídon, gerou Táfio, herói epônimo da ilha de Tafos.

Foi em memória de Enômao que Pélops organizou os célebres Jogos Olímpicos (v. Jogos). Como houvessem com o tempo caído no esquecimento, Héracles os ressuscitou em honra de seu fundador, mas alguns mitógrafos jamais perderam de vista que as competições olímpicas haviam nascido em homenagem ao antigo rei de Pisa.

Quando o adivinho Heleno, filho de Príamo, foi aprisionado pelos aqueus, lhes revelou que, entre outras condições para a queda de Troia, seria necessária a presença no campo de batalha dos restos mortais de Pélops. Os helenos, de imediato, mandaram transportar-lhe os ossos de Pisa para a Tróada.

No retorno, após a destruição de Ílion, os ossos do herói desapareceram num naufrágio, mas foram reencontrados mais tarde por pescadores.

Há um segundo Pélops, sem importância no mito, tido por filho de Agamêmnon e Cassandra (v.).

PENE.

Ποινή (Poinḗ), *Pene*, etimologicamente é "o preço do sangue" (*Il.*, XIV, 483) e daí "a vingança pelo crime cometido, o castigo". Proveniente da raiz *q^wei, está presente no avéstico *kaēnā*, "vingança, reparação", lituano *káina*, "preço". O latim *poena* é empréstimo ao grego dório ποινά (poiná), *DELG*, p. 925.

Personificação da "vingança e do castigo", Pene é, não raro, identificada com as Erínias. No mito latino tardio *Poena*, Pene, é a mãe das *Furiae* ou *Dirae*, "Fúrias", que habitam o mundo infernal. No mito grego, Pene aparece como um monstro enviado por Apolo para vingar a morte de Psâmate (v.).

PENÉLEO.

Πηνέλεως (Pēnéleōs), *Penéleo*, é, possivelmente, um derivado de πηνέλοψ (pēnélops), que é uma espécie de "pato ou ganso selvagem" (v. Penélope). Afinal -οψ (-ops), é comum em nomes de animais e sobretudo de aves (*DELG*, p. 897). O antropônimo significaria, pois, "o bravo, o selvagem".

Herói beócio, filho de Hipálcimo ou Hipalmo, Penéleo foi um dos pretendentes à mão de Helena. Figura, por vezes, entre os Argonautas, mas todo o seu destemor foi atestado por Homero. Está presente *na Ilíada*, II, 494-510, passo em que, acompanhado por outros heróis, ajudou a comandar um contingente de cinquenta naus com seis mil guerreiros. Matou em luta feroz a Ilioneu e Lícon (*Il.*, XIV, 486-505; XVI, 335-341).

Ferido por Polídamas, foi morto por Eurípilo, segundo poemas posteriores a Homero. Muito pranteado pelos aqueus, mereceu as honras de um sepulcro particular, pois que, em geral, os heróis ocupavam um túmulo comum. Tradições posteriores afirmam que o herói beócio figurava entre os chefes que ocupavam o bojo do cavalo de madeira.

PENÉLOPE *(I, 100, 127-128, 130-131; II, 13, 146; III, 38, 54, 59, 124, 128, 289, 292, 295, 301, 303, 309, 312, 314-315, 315[247], 316-321, 324-327, 333, 347).*

Πηνελόπη (Pēnelópē), *Penélope*, possui as variantes gráficas Πηνελόπεια (Pēnelópeia), forma épica, e Πανελόπα (Pānelópā). O antropônimo é um derivado de πηνέλοψ (pēnélops), "pato ou ganso selvagem". Em grego antigo, os nomes de pássaro designam comumente nomes de mulheres. A final -οψ (-ops) encontra-se com frequência em nomes de animais e sobretudo de aves, *DELG*, p. 897.

Filha de Icário e da ninfa Peribeia, Penélope é sobrinha de Tíndaro e, em consequência, prima de Castor, Pólux, Clitemnestra e Helena.

PENÉLOPE

O pai da heroína, originário de Esparta ou Amiclas, foi expulso da terra natal por seu irmão consanguíneo, o violento Hipocoonte. Refugiou-se na Etólia, na corte do Rei Téstio, onde se casou com Peribeia e foi pai de Toas, Damasipo, Imêusimo, Aletes, Períleo e Penélope. Há uma variante: Icário (v.) teria se casado na Acarcânia, com Policasta, filha de Ligeu, tendo sido pai de Penélope, Alizeu e Leucádio.

Como eram muitos os pretendentes à mão de Penélope, o príncipe, agora já novamente em Esparta, prometeu-a àquele que fosse o vencedor numa corrida de carros. Ulisses facilmente deixou para trás seus competidores e obteve a mão da princesa. Relata uma outra versão que o casamento do herói de Ítaca com a filha de Icário foi um gesto de gratidão de Tíndaro para com Ulisses. É que, sendo muito numerosos os pretendentes à mão de Helena, prima de Penélope, como já se mencionou, o astuto filho de Laerte sugeriu a Tíndaro que os ligasse por dois juramentos: respeitar a decisão de Helena quanto à escolha do noivo, ajudando-o a conservá-la e, se o eleito fosse, de alguma forma, atacado ou gravemente ofendido, os demais deveriam socorrê-lo. Agradecido por conselho tão sábio, o pai de Helena conseguiu-lhe junto a Icário a mão de Penélope.

Uma variante tardia e confusa atesta que o pai da heroína chamava-se Icádio, um nobre de Corfu, que acabou por confundir-se com Icário. Trata-se de uma tradição local, destituída de qualquer fundamento, pois Ulisses possuía em Esparta um santuário, erguido como recordação das origens espartanas de sua esposa. É que as mulheres lacônias eram consideradas, à Época Clássica, exceto por alguns trágicos, e Eurípides serve de modelo, como a personificação de todas as virtudes conjugais.

Pressionado pelo sogro a permanecer em Esparta, Ulisses se esquivou cortesmente. Como aquele insistisse, o rei de Ítaca pediu à jovem esposa que escolhesse entre o pai e o marido. Penélope nada respondeu, mas, tendo enrubescido, cobriu o rosto com um véu. Icário compreendeu a preferência da filha e mandou erguer um santuário à deusa Αἰδώς (Aidós), isto é, ao Pudor.

Quando Menelau (v.) percorreu a Hélade inteira, convocando os antigos pretendentes de Helena, para que cumprissem o juramento feito perante Tíndaro e seguissem com ele para Troia, Ulisses (v.) fingiu-se louco. Não lhe faltava coragem, mas não desejava, no momento, afastar-se da esposa, que acabava de lhe dar um filho, Telêmaco.

Desmascarado pelo solerte Palamedes (v.), seguiu para Ílion, deixando a esposa, o filho recém-nascido e seu palácio aos cuidados de seu velho amigo Mentor. Anticleia, mãe do herói, consumida pela tristeza e saudades do filho, faleceu logo depois e o pai, Laerte, retirou-se para o campo.

Penélope ficou sozinha, administrando os bens do marido. Como a ausência de Ulisses se prolongasse e todos julgassem que ele havia perecido na guerra, cento e oito pretendentes passaram a cortejar-lhe a esposa. A princípio fizeram-no com certa gentileza, mas à medida em que a rainha mais e mais os evitava, invadiram o palácio real e passaram a dilapidar os bens do herói em banquetes diários. Para ganhar tempo, a fiel esposa do rei de Ítaca usou de astúcia: prometeu-lhes que escolheria um deles tão logo terminasse de tecer a mortalha de Laerte, mas, à noite, desfazia o que havia confeccionado durante o dia. Uma escrava, porém, a denunciou e a pressão dos pretendentes se tornou insuportável.

Foi nesse ínterim que Ulisses, após longos sofrimentos em terra e no mar, voltou a Ítaca e disfarçado em mendigo não se deixou reconhecer pela rainha e esposa. Apenas o filho Telêmaco (v.) e um pouco mais tarde o porcariço Eumeu sabiam que o herói havia retornado. Após muitas humilhações sofridas em seu próprio palácio por parte dos orgulhosos pretendentes, que lhe devoravam a fazenda, é que o rei de Ítaca, com a célebre prova do arco, inspirada a Penélope pela deusa Atená, matou-os a todos bem como a vários de seus próprios servos mancomunados com eles.

Vencidas as hesitações, Penélope finalmente reconheceu que o mendigo, agora remoçado pela varinha mágica de Atená, era o esposo tão ansiosamente esperado que regressara ao lar.

Já que a luta cruenta findara de madrugada, a deusa de olhos garços, para que o casal pudesse matar as saudades de vinte anos de ausência, prolongou a noite, detendo em pleno oceano a Aurora indiscreta de dedos cor-de-rosa.

Uma variante, que não consta na *Odisseia*, relata que Náuplio (v.), para vingar a morte de Palamedes, difundira o falso boato de que Ulisses perecera na Guerra de Troia. Inconsolável, a mãe do herói, Anticleia, se matara e Penélope se teria lançado ao mar, mas foi salva pelas aves, o que, diga-se de passagem, lhe atesta a etimologia.

Penélope é retratada na *Odisseia* como símbolo perfeito da fidelidade conjugal. Lealdade absoluta ao herói, ausente durante vinte anos. Dentre quantas tiveram seus maridos empenhados na Guerra de Troia, foi das únicas que não sucumbiu "aos demônios da ausência" unindo-se a amantes, como acentua com muita propriedade Pierre Grimal, *DIMG*, p. 356.

Tradições locais, todavia, e sem dúvida tardias, julgam que a rainha de Ítaca, aparece muito idealizada e retocada no poema homérico.

Conta-se até mesmo que ela se teria entregue a cada um dos pretendentes, tornando-se Anfínomo o seu preferido. Dessas uniões teria nascido o deus Pã. Ulisses, informado dos adultérios da esposa, a teria punido com a morte. Uma outra versão afirma que a rainha foi exilada, refugiando-se primeiro em Esparta e depois em Mantineia, onde faleceu e foi homenageada com um túmulo suntuoso.

Episódios posteriores ao retorno de Ulisses afiançam que o herói tivera um segundo filho com Penélope, chamado Ptoliportes ou Ptoliporto.

Segundo uma outra tradição, para expiar o massacre dos pretendentes, o rei deixou por algum tempo sua ilha de Ítaca e partiu para o país dos tesprotos, no Epiro.

Ao retornar, foi morto pelo filho que tivera com Circe, Telégono, a quem, aliás, não conhecia (v. Ulisses e Telégono).

O filho de Circe, em seguida, acompanhado por Telêmaco, levou Penélope para a Ilha de Eeia e acabou casando-se com ela. Telêmaco, por sua vez, se uniu a Circe.

Relata-se que a mágica levou o filho e a nora para a ilha dos Bem-Aventurados. É bem possível que lá igualmente esteja Ulisses em companhia de Circe e de Telêmaco...

PENEU *(II, 87; III, 102-103).*

Πηνειός (Pēneiós), *Peneu*, é derivado por Carnoy, *DEMG*, p. 156, de uma forma alongada do indo-europeu **pen-* "pântano, paul" e o relaciona com o sânscrito *paňka*, "lama, lodo", donde "o pantanoso, lamacento".

Deus-rio da Tessália, Peneu é considerado filho de Oceano e Tétis. Da raça tessália dos lápitas, casou-se com Creúsa ou Fílira, segundo outros, e foi pai de Estilbe, Hipseu e Andreu. Uma antiga tradição atribui-lhe ainda como filhas Ífis, que, unida a Éolo, foi mãe de Salmoneu, bem como Menipe, esposa de Pelasgo. Versões tardias fazem-no pai de Dafne, amada por Apolo (v.) e de Cirene, mãe do célebre Aristeu (v.).

PENIA *(I, 187).*

Πενία (Penía), *Penia*, provém do verbo πένεσϑαι (pénesthai), "afligir-se, trabalhar por necessidade, esforçar-se, ocupar-se com" e, no grego posterior, "estar em dificuldade, ser pobre". A etimologia do vocábulo em grego é duvidosa, Frisk, *GEW*, s.u.

Penia é a personificação da Pobreza. Aparece miticamente pela vez primeira em Platão, *Banquete*, 203bsqq. Segundo a narrativa de Diotima a Sócrates, após o banquete em comemoração do nascimento de Afrodite, Poros, embriagado de néctar, adormeceu nos jardins de Zeus. Penia, em sua miséria, desejou ter um filho de Poros. Deitou-se a seu lado e concebeu Eros (v.), que é, por isso mesmo, carente, por ser filho de Penia, mas, ao mesmo tempo, é bravo, audaz e astuto, pois encontra sempre uma saída, dons de seu pai Poros (v.), etimologicamente "passagem, saída, expediente".

PENTESILEIA *(III, 297[228]).*

Πενϑεσίλεια (Penthesíleia), *Pentesileia*, é um composto do verbo πάσχειν (páskhein), cujo sentido inicial é "ter uma sensação ou impressão", daí "experimentar uma dor, afligir-se, sofrer", e de λαός (laós) ou λεώς (leós), "povo", donde "a que sofre por seu povo".

Filha do deus Ares e de Otrere, foi mãe de Caístro, epônimo do rio homônimo, na Ásia Menor. Seu neto chamava-se Éfeso, fundador da cidade que lhe recebeu o nome.

Com a morte de Heitor, Pentesileia seguiu para Ílion para lutar ao lado dos troianos contra os aqueus. Segundo uma tradição, a presença da temível guerreira em Troia se deveu ao exílio obrigatório, em função de um homicídio involuntário.

Destemida e arrojada, praticou prodígios de bravura no campo de batalha, mas terminou por ser atingida no seio direito por Aquiles. A rainha ficou tão bela na morte, que o herói de Ftia se comoveu até as lágrimas. O incorrigível e cáustico Tersites (v.) ridicularizou-lhe a ternura e ameaçou furar à ponta de lança os olhos da Amazona. Aquiles, num acesso de raiva e descontrole (fenômeno comum aos heróis), matou-o a socos, tendo depois que purificar-se na Ilha de Lesbos.

PENTEU *(II, 43,116-117; III, 64, 234, 236, 259).*

Πενϑεύς (Pentheús), *Penteu*, provém do verbo πάσχειν (páskhein), cujo sentido inicial é "ter uma sensação ou impressão", daí "experimentar uma dor, afligir-se, sofrer", donde significar o antropônimo "o sofredor". A etimologia da palavra em grego é discutida e obscura, Frisk, *GEW*, p. 862.

Filho de Equíon, um dos *Spartoí* (Semeados), isto é, dos que nasceram dos dentes do dragão morto por Cadmo (v.), e de Agave (v.), filha deste último, Penteu foi o sucessor de Cadmo no trono de Tebas. Segundo outras versões, porém, o filho de Agave chegou ao poder através da força e da violência, apossando-se de Tebas, que era governada por seu tio Polidoro. Existem ainda os que afirmam simplesmente que o herói jamais reinou em Tebas. Nos trágicos impôs-se a primeira versão.

O mito de Penteu está ligado a uma das facetas do ciclo de Dioniso, particularmente ao de suas terríveis punições, como está manifesto na tragédia de Eurípides, *As Bacantes*, passim.

Dioniso (v.) nasceu em Tebas, dos amores de Zeus e da princesa beócia Sêmele, uma das filhas de Cadmo e de Harmonia, o que o faz primo de Penteu.

No retorno de sua triunfal viagem à Ásia, o deus, atravessando a Trácia, chegou à terra natal. Sua passagem por Tebas visava não apenas a implantar seu próprio culto, mas a punir as irmãs de Sêmele, particularmente Agave, que puseram em dúvida a gravidez divina da amante de Zeus e procuraram ridicularizá-la. Seu primeiro ato foi lançar as mulheres tebanas na loucura báquica, a *mania* sagrada, transformando-as em verdadeiras Mênades. Possuídas do deus, escalaram o Monte Citerão e começaram a celebrar os mistérios de Baco. Penteu opôs-se de imediato à difusão das orgias de Dioniso (v.) em Tebas e, apesar dos conselhos e advertências de Cadmo e Tirésias, mandou acorrentá-lo e lançou-o no cárcere, como charlatão e impostor. O deus, no entanto, que se apresentara em Tebas sob a forma de um belo jovem, facilmente se livrou das correntes e da prisão. Ferindo igualmente o rei com a loucura sagrada, convidou-o a escalar o monte para contemplar o espetáculo orgiástico das Mênades tebanas.

Penteu, com hábitos femininos, escondeu-se no alto de um pinheiro para escapar à fúria desenfreada das mulheres em delírio e ter uma visão mais ampla do gigantesco espetáculo. As "Mênades", entretanto, perceberam a presença estranha e, arrancando o pinheiro, lançaram o rei ao solo e despedaçaram-no. Agave cortou-lhe a cabeça e, espetando-a num tirso, voltou triunfalmente à cidade, julgando tratar-se da cabeça de um leão. Chamada à razão por Cadmo, a princesa compreendeu tratar-se da cabeça do próprio filho. Como uma alucinada, fugiu de Tebas e refugiou-se na Ilíria (v. Agave).

PÊNTILO.

Πένθιλος (Pénthilos), *Pêntilo*, talvez proceda igualmente do verbo πάσχειν (páskhein), que significa, de início, "ter uma sensação ou impressão", daí "experimentar uma dor, afligir-se, sofrer", donde "o sofredor" (v. Penteu).

Pêntilo é o filho incestuoso de Erígone (v.), filha de Egisto e Clitemnestra, com Orestes. Foi pai de Damásio e Équelas ou Equélao, fundadores de colônias na Ilha de Lesbos e na costa da Ásia Menor. Pêntilo fundou em Lesbos a cidade de Pêntile.

PENTO.

Πένθος (Pénthos), *Pento*, é um derivado do verbo πάσχειν (páskhein), cujo sentido inicial é "ter uma sensação ou impressão", daí "experimentar uma dor, afligir-se, sofrer" (v. Penteu). Pento é "a personificação da própria dor e aflição pungente."

Conta-se que Zeus reuniu os gênios e a cada um concedeu uma atribuição própria, mas Pento chegou atrasado, quando todos os dons já haviam sido distribuídos pelo senhor do Olimpo. Nada mais restando para oferecer-lhe, o pai dos deuses e dos homens confiou-lhe a tarefa de presidir aos funerais, ao luto e às lágrimas.

Assim como os outros gênios favorecem e protegem os homens que lhes rendem as honras devidas, Pento comparece a todos os funerais e abre as fontes das lágrimas e das dores para os que lhe prestam homenagem.

Para mantê-lo afastado e não sofrer em demasia perante o inevitável, o método mais simples é não invocá-lo.

PÉON (II, 86; III, 50[40]).

Παιών (Paión), *Péon* ou Παιήων (Paiḗōn), *Peéon*, é, além do deus-médico supracitado (v. Peã), o nome de dois heróis.

O primeiro, filho de Endímion e irmão, por conseguinte, de Etolo, Epeu e Eurídice, ou segundo Higino (*Ast. Poét.*, 2, 20), filho de Posídon e de Hete, é o epônimo dos peônios.

O segundo, filho de Antíloco, e neto de Nestor, foi expulso do Peloponeso com os filhos, quando do retorno dos Heraclidas. Juntando-se aos primos, filhos de Neleu, emigrou para a Ática. Dele procede a família ateniense dos peônidas.

PEPARETO (III, 164).

Πεπάρηθος (Pepárēthos), *Pepareto*, segundo Carnoy, *DEMG*, p. 157, deve ser aproximado etimologicamente de *Paros*, ilha "de forma arredondada", cuja raiz seria *(s)per*, "voltear, contornar", donde significar o antropônimo "ilha redonda".

Pepareto, Toas, Estáfilo e Enópion são os quatro filhos de Ariadne com Dioniso. Pepareto é o herói epônimo da ilha homônima, no Mar Egeu.

PÉRATO.

Πέρατος (Pératos), *Pérato*, não possui etimologia conhecida.

Calquínia, filha do rei de Sicione Leucipo, uniu-se a Posídon e foi mãe de Pérato. Como Leucipo não tivesse filho homem, deixou o reino para o neto, que se distinguiu pela prudência e espírito de justiça. Foi pai de Plemneu (v.), que o substituiu no trono de Sicione.

PÉRDIX.

Πέρδιξ (Pérdiks), *Pérdix*, provém do verbo πέρδεσθαι (pérdesthai), "emitir um ruído, estalar, traquear", o que possivelmente traduz o ruído feito pela ave ao voar. O sânscrito possui *párdate*, "traquear", antigo alemão *ferzan*, russo *perdéti*, com o mesmo sentido. Com base no radical **pezd-*, existe no latim *pedĕre*, "expelir ares, traquear".

Pérdix, "Perdiz", é o nome de duas personagens. A primeira é uma irmã de Dédalo, filhos ambos de Eupálamo. Mãe da segunda personagem homônima, enforcou-se, ao ter conhecimento da morte do filho.

A segunda personagem homônima é um filho da heroína precedente, sobrinho de Dédalo. Habilidoso como o tio, de quem fora discípulo, Pérdix, por suas invenções, despertou os ciúmes de Dédalo, que o lançou do alto da Acrópole de Atenas e enterrou-lhe secretamente o cadáver. Descoberto o crime, o grande artista foi julgado pelo Areópago e condenado ao exílio (v. Dédalo).

Entre outras invenções atribuídas a Pérdix estão a da serra, inspirada na queixada de uma serpente, e a do torno.

Em muitas versões o sobrinho de Dédalo chama-se Talos ou Calos. O nome da ave lhe foi atribuído pela metamorfose do mesmo em perdiz.

Tal gesto de piedade teria sido obra de Atená no momento em que o tio invejoso e mesquinho lançara Talos do alto da Acrópole.

A ave Pérdix teria assistido, por isso mesmo, com grande alegria, volitando para lá e para cá, à morte de Ícaro, provocada igualmente por uma queda (v. Ícaro).

PÉRGAMO.

Πέργαμος (Pérgamos), *Pérgamo*, segundo Chantraine, *DELG*, p. 958, procede certamente de πύργος (pyrgos), "torre, fortificação", alemão *Burg*, gótico *bourgs*, "torre, castelo". Πέργαμος (Pérgamos), *Pérgamo*, é "a cidadela, a fortaleza", como Troia ou Pérgamo na Mísia. O alemão tem *Berg*, "monte, montanha", cuja raiz seria o indo-europeu *bergh-, "cidade fortificada". Diga-se de passagem que de περγαμηνός (pergamēnós), "de Pérgamo", nos veio "pergaminho", isto é, pele preparada em Pérgamo, na Mísia.

Filho caçula de Neoptólemo e Andrômaca, Pérgamo emigrou para a Ásia em companhia da mãe. Matou num duelo ao Rei Ario, apossando-se da cidade de Teutrânia, à qual deu seu nome.

Numa outra versão, o herói teria vindo à Ásia para lutar ao lado de Girno, atacado pelos vizinhos. Filho de Eurípilo, e, por conseguinte, neto de Téfelo, Girno, para homenagear o filho de Neoptólemo, deu o nome de Pérgamo a uma das cidades da Mísia.

Observe-se que Troia se chamava igualmente Pérgamo, mas no mito em pauta não se trata de explicar esta denominação de Ílion, mas a da cidade helenística de Pérgamo, capital do reino do general de Alexandre Magno, Átalo, e de seus descendentes, os atálidas.

PERIBEIA *(III, 160, 244, 257, 289, 326)*.

Περίβοια (Períboia), *Peribeia*, segundo Carnoy, *DEMG*, p. 157, significa "a grandemente estrepitosa, barulhenta", já que o antropônimo é um composto de πέρι (péri) ou περί (perí), que exprime a ideia de "envolver, rodear completamente, circundar por todos os lados" e de βοή (boé), "grito, clamor". Quanto *a péri* ou *perí* tem um correspondente exato no sânscrito *pári*, avéstico *pairi*, "sobrepondo-se, ultrapassando, envolvendo"; latim *per*, "através de, por cima, por"; alemão antigo *ver*-, "além de". No tocante a *boé*, de que derivaria o denominativo βοᾶν (boân), "gritar, clamar em altas vozes", ou, ao revés, *boé* seria um pós-verbal, há um correspondente etimológico no sânscrito *jóguve*, "proclamar"; no lituano *gaũsti*, "ulular", e no eslavo antigo *guvorŭ*, "barulho, ruído".

Existem seis heroínas principais com este nome. Uma náiade, esposa de Icário, e com a qual o príncipe espartano teve vários filhos, entre os quais Penélope (v.). A segunda é a filha caçula do Rei Eurimedonte. Unida a Posídon, Peribeia foi mãe de Nausítoo, o primeiro rei dos feaces. A terceira é uma jovem da Lócrida, pátria de Ájax Oileu (v.), que ofendera gravemente a Palas Atená. Para apaziguar a cólera da deusa, os lócrios ou locros, após sortearem duas jovens virgens, que, por vontade do destino, foram Peribeia e Cleópatra, as primeiras, enviaram-nas para Ílion, onde se tornaram escravas da vingativa filha de Zeus. Não podiam aproximar-se da estátua da deusa. Usavam apenas uma túnica grosseira e trabalhavam duramente, varrendo e lavando o santuário. Estavam proibidas, sob pena de morte, de sair do templo. O envio de duas jovens lócrias para semelhante serviço durou mil anos.

A quarta heroína é a esposa de Pólibo, rei de Corinto. O casal recolheu ou recebeu de um pastor o recém-nascido Édipo e o criou.

A quinta, filha de Alcátoo, rei de Mégara, é a esposa de Télamon e mãe de Ájax, o grande. Antes de se casar com Télamon, seguiu em companhia de Teseu e de mais doze jovens, seis de cada sexo, como tributo enviado a Minos por Egeu (v. Teseu e Minos). O rei de Creta apaixonou-se por ela e teria se apoderado da mesma, não fora a pronta e enérgica intervenção de Teseu.

Existe, por fim, no ciclo mítico de Tebas, uma Peribeia, filha de Hipônoo. A heroína se casou com Eneu e foi mãe de Tideu, mas acerca desse enlace as tradições variam muito. Segundo alguns mitógrafos, Eneu a teria obtido como parte do espólio, após o saque de Óleno, cidade da Acaia. Outros asseveram que a jovem fora seduzida por Hipóstrato, filho de Amarinceu, e que este a teria enviado a Eneu, a fim de que a matasse. Em vez de eliminá-la, o rei se casou com ela. Uma derradeira versão atesta que foi o próprio Eneu quem a seduziu. Ciente do fato, Hipônoo obrigou-o a desposá-la.

PERICLÍMENO *(III, 120, 178)*.

Περικλύμενος (Periklýmenos), *Periclímeno*, é formado por πέρι (péri) ou περί (perí), que exprime a ideia de "envolver, rodear completamente, circundar por todos os lados" (v. Peribeia) e por κλέος (kléos), "boato que circula, reputação, renome, glória" (v. Clímene), donde significar o antropônimo "o muito famoso, o muito célebre".

São dois os heróis com este nome. O primeiro, pertencente ao ciclo tebano, é filho de Posídon e de Clóris, filha de Tirésias. Foi um dos defensores da cidade de Édipo, por ocasião da investida dos Sete contra Tebas (v.). Com um bloco de pedra, lançado do alto das muralhas da cidade, matou ao bravo Partenopeu. Postos em fuga os inimigos, Periclímeno perseguiu a Anfiarau e o teria liquidado, se Zeus, com seus raios, não o tivesse salvo, abrindo o solo para que o tragasse.

O segundo é um filho de Neleu. O herói recebeu de seu avô Posídon, pai de Neleu, o dom da metamorfose. Quando Héracles avançou contra Pilos, Periclímeno se transformou em abelha, mas Atená advertiu do perigo o filho de Alcmena, que o eliminou. Outras versões atestam que a metamorfose do filho de Neleu foi em águia, que Héracles facilmente traspassou com suas flechas certeiras.

PERIERES *(III, 205).*

Περιήρης (Periḗrēs), *Perieres*, segundo Carnoy, *DEMG*, p. 157, significa "o que navegou em torno" (do Peloponeso). O antropônimo, no caso, seria formado por πέρι (péri) ou περί (perí), que, entre outros sentidos (v. Peribeia) possui o de "em torno de" e por -ήρης (-ḗrēs), que aparece em nomes compostos, jornando-se um simples sufixo, mas que tem por base ἐρέτης (erétēs), "remador", ἐρέσσειν (eréssein), "movimentar com remos, remar".

A genealogia do herói da Messênia, no Peloponeso, é bastante complexa. A tradição mais comum aponta-lhe como pai o neto de Deucalião, Éolo. Dele descendem, portanto, os eólios da Messênia, onde, aliás, reinava.

Casou-se com a filha de Perseu, Gorgófone, e foi pai de Afareu e Leucipo, aos quais os mitógrafos costumam acrescentar Tíndaro e Icário, tornando-se o herói, neste caso, o ancestral comum dos tindáridas Pólux, Castor, Helena e Clitemnestra; das leucípides (v.) Febe e Hilera, bem como de Penélope, Linceu e Idas.

Uma versão tipicamente espartana faz de Perieres o filho único de Cinortas, dando-lhe por ancestral não a Deucalião, mas Lacedêmon (v.), o que o faria descender de Zeus. Para conciliar as duas genealogias, alguns autores substituem Perieres por Ébalo (v.).

Um segundo Perieres é um jovem de origem tebana, auriga de Meneceu. Violento e sanguinário, o cocheiro real assassinou em Onquesto, na Beócia, a Clímeno, rei dos mínios, tendo provocado uma luta cruenta entre estes últimos e os tebanos. Vencedores, os mínios impuseram aos derrotados um pesado tributo, que só terá fim, bem mais tarde, com a intervenção de Héracles (v.).

PERIERGO.

Περίεργος (Períergos), *Periergo*, é certamente um composto de πέρι (péri) ou περί (perí), que exprime a ideia de "envolver, rodear completamente, circundar por todos os lados", e de Fέργον (wérgon),'ἔργον (érgon), "trabalho, obra", donde significar o antropônimo "o que muito trabalha, o incansável". Existe no avéstico a forma *varðzem*, um correspondente exato de Fέργον (wérgon), alemão antigo *werc*, "trabalho". No micênico aparece a forma *tokosowoko*, isto é, δαμιοργός (damiorgós), demiurgo (v.), cujo sentido inicial é "o artesão, o especialista", ou seja, "o que trabalha para a comunidade".

Periergo é filho de Tríopas e irmão de Forbas (v.). Após a morte do pai, o herói emigrou da Tessália com seus companheiros e fixou-se na Ilha de Rodes.

PERIFAS.

Περίφας (Períphas), *Perifas*, segundo Carnoy, *DEMG*, p. 158, talvez proceda de περιφαίνειν (periphaínein), "que se manifesta em torno de, que brilha ao redor de", donde "o muito brilhante".

Há dois heróis com este nome. O primeiro é um lápita, que, tendo-se casado com Astiagia, foi pai de oito filhos, entre os quais Amitáon, avô de Ixíon.

O segundo é um antiquíssimo rei da Ática, que se notabilizou por sua justiça e respeito aos deuses, sobretudo a Apolo. O povo, que o venerava como a um deus, ergueu-lhe um templo com o nome de Zeus. Profundamente irritado com o sacrilégio, o senhor do Olimpo, não fora a intervenção de Apolo, o teria fulminado com toda a família. Para não deixá-lo impune, todavia, fez-lhe uma visita e o transformou em águia, enquanto a esposa foi metamorfoseada numa espécie de falcão. Para compensar-lhe a piedade, Apolo, outros dizem que Zeus, fê-lo rei de todas as aves e o associou a seu culto divino.

PERIFETES *(II, 48; III, 153-154, 154[128], 164-165).*

Περιφήτης (Periphḗtēs), *Perifetes*, é formado de περί (perí), "envolver completamente, circundar, em torno de" (v. Peribeia) e de -φήτης (-phḗtēs), do verbo φάναι (phánai), "dizer, declarar, pretender, afirmar", donde "o que muito fala", ou, segundo Carnoy, *DEMG*, p. 158, "o muito célebre", o que talvez seja um hipocorístico.

Filho de Hefesto e de Anticleia, Perifetes era, como Sínis (v. Perigune), um dos salteadores morto por Teseu no trajeto de Trezena para Atenas. Coxo, o bandido apoiava-se numa muleta ou clava de bronze com que atacava os peregrinos que se dirigiam a Epidauro. Teseu, a pedido de Apolo, o liquidou, e fez da clava uma arma terrível na luta contra tantos outros malfeitores que encontraria pela vida.

PERIGUNE *(III, 154).*

Περιγούνη (Perigúnē), *Perigune*, segundo Carnoy, *DEMG*, p. 158, talvez signifique "a que habita as montanhas", como se fora um composto de περί (perí), "em torno de" e de γουνός (gunós), "píncaro arredondado, colina".

Perigune é filha de Sínis (v.), gigante perigoso e cruel. Com músculos de aço vergava um pinheiro até o solo e obrigava os que lhe caíam nas mãos a mantê-lo neste estado. Vencidos pela retração violenta da árvore, os infelizes eram lançados a grande distância, caindo despedaçados.

Teseu, na rota de Trezena para Atenas, o enfrentou vitoriosamente, submetendo-o à mesma prova com que o monstro liquidava suas vítimas.

Sínis era o pai de Perigune e, enquanto o herói ateniense lutava com "o arqueador de pinheiros", como lhe chama Aristófanes, *Rãs*, 966, a jovem, assustada, escondeu-se numa plantação de aspargos. Unindo-se depois a Teseu, foi mãe de Melanipo. Mais tarde, o herói deu-a em casamento a Dioneu, filho de Êurito.

PERIMELE *(I, 261; III, 192, 205).*

Περιμήλη (Perimélē), *Perimele*, é certamente um composto de περί (perí), que, além de significar "em torno de", exprime a ideia de "envolver completamente, circundar" (v. Peribeia) e de μῆλον (mêlon), "rebanho miúdo", sobretudo de cabras e ovelhas, donde o antropônimo significaria "a que se rodeia de muitos rebanhos, a rica em rebanhos". A base etimológica de *mêlon*, segundo Frisk, *GEW*, s.u., seria *(s)mēl- (s)mōl-*, presente no irlandês *mil*, "pequeno animal"; germânico *mala*, "vaca"; armênio *mal*, "carneiro". Admitindo-se com Frisk o *(s)* inicial, podem-se justificar certos adjetivos no germânico com o sentido de "pequeno, franzino", como o gótico *smals* e o antigo alemão *smal*.

Existem três heroínas com este nome. A primeira é filha de Admeto e Alceste, e, por conseguinte, irmã de Eumelo (v.). Unida a Argos, filho de Frixo, foi mãe de Magnes. A segunda, sem importância no mito, é uma filha de Amitáon e mãe de Ixíon (v.). A terceira heroína homônima é filha de Hipódamas. Segundo Ovídio, *Metamorfoses*, 8,590-610, Perimele foi amada pelo rio Aqueloo. Descobrindo que a filha se entregara ao deus-rio, Hipódamas, indignado, lançou-a ao mar. Aqueloo, todavia, conseguiu que Posídon a transformasse em ilha e a imortalizasse.

PERÍSTERA.

Περιστερά (Perísterá), *Perístera*, significa "pomba". Chantraine, *DELG*, p. 887, parece aceitar a hipótese de Schwyzer e Benveniste, que afiançam ser περιστερά (peristerá) uma dissimilação de *πελιστέρα (*pelistéra), que, por sua vez, proviria de πελιός (peliós), πελειάς (peleiás), isto é, "lívido, plúmbeo, de plumagem cinzenta" e do sufixo -τερος (-teros), como se pode observar no persa *kabōtar*, "(pombo) azul", onde se vê o mesmo sufixo. *Perístera* é, pois, "a de plumagem cinzenta".

Perístera era uma ninfa do cortejo de Afrodite. Um dia a deusa do amor resolveu competir com seu filho Eros na colheita de rosas. Vendo que a deusa estava em desvantagem, a ninfa resolveu ajudá-la e levou-a à vitória sobre o filho. Eros, irritado, transformou Perístera em pomba. A deusa do amor, para compensar-lhe a fidelidade, tornou-a sua ave predileta.

PERO *(III, 111, 204).*

Πηρώ (Pērṓ), *Pero*, possivelmente se origina de πηρός (pērós), "mutilado", donde o antropônimo significaria "a mutilada", o que denotaria um hipocorístico.

Filha de Neleu e de Clóris, a heroína era de extraordinária beleza. Muitos eram, por isso mesmo, os pretendentes, mas Neleu, que não desejava casá-la com ninguém, exigiu como dote o rebanho de Íficlo. Bias, apaixonado pela jovem, conseguiu, com a indispensável ajuda de seu irmão Melampo (v.), apoderar-se de todo o armento de Íficlo e obteve a mão de Pero. Desta união nasceram vários filhos, entre os quais Perialces, Ario e Alfesibeia ou ainda Tálao, Ario e Leódoco. O grande amor de Bias, no entanto, não durou até o fim: por motivos de ordem política, repudiou Pero e se casou com uma filha de Preto, rei de Argos.

Homero, na *Odiss.*, XI, 287-297, relata o mito de Pero com outros pormenores.

PERSE ou PERSEIS *(II, 20, 85[30]).*

Πέρση ου Περσηΐς (Pérsē ou Persēḯs), *Perse ou Perseïs*, talvez seja um antropônimo da mesma família etimológica que Περσεύς (Perseús), Perseu (v.) e, se a hipótese for correta, ou Perse significa "a destruidora de cidades" ou se trata de um nome pré-helênico da terra.

Filha de Oceano e Tétis, Perse ou Perseis se uniu a Hélio e foi mãe de Eetes, rei da Cólquida, Perses, Circe e Pasífae, esposa de Minos.

PERSÉFONE *(I, 59, 65-66, 72-73, 79, 113, 159, 188, 218-219, 283, 285-287, 289-290, 292-294, 295[188], 298, 302-305, 307, 312, 340, 343, 348; II, 10-11, 19, 32, 32[4], 117, 119, 135, 142-143, 165-166, 168, 173, 181, 194, 217-218, 221, 231[121], 243-249; III, 52, 58, 112-113, 169-170, 179[147], 308, 310, 324, 343[265], 344-346, 348, 351, 354-355).*

Περσεφόνη (Persephónē), *Perséfone*, apresenta-se, na realidade, em grego, com várias outras formas gráficas. Estas mostram a dificuldade que os helenos tiveram em adaptar em sua língua o nome da deusa, que é certamente empréstimo a um substrato, uma vez que todas as hipóteses etimológicas apresentadas não convencem. As formas mais comuns atestadas são: Φερσεφόνα (Phersephóna), Πηριφόνα (Pēriphóna), Πηρεφόνεια (Pērephóneia), Φερσεπόνη (Phersepónē), Περσέφασσα (Perséphassa), Περσέφασσα (Phersephassa), além de outras... Carnoy, *DEMG*, p. 159, parece inclinar-se a admitir com Pokorny que se trata de um composto da raiz παρ- (par-) e de -φόνη (-phónē) como variante de -θενος (-thenos), donde Περσεφόνη (Persephónē), Perséfone, seria uma espécie de derivado de παρθένος (parthénos) e significaria a "Virgem".

Como se mostrou em *Mitologia Grega*, Vol. I, p. 289sqq., o mito das "duas deusas", isto é, Deméter e Perséfone, é resultante de uma longa elaboração: de Homero a Pausânias multiplicaram-se as variantes. Vamos tentar reuni-las e apresentar o mito da rainha do Hades de maneira bem simples e direta, uma vez que o mesmo já foi amplamente estudado e analisado na obra supracitada.

Filha de Zeus e de Deméter ou, segundo uma versão mais recente, de Zeus e de Estige (v.), Core (v.) ou Perséfone crescia feliz entre as ninfas em companhia de Ártemis e de Atená, quando um dia seu tio Hades, que a desejava, a raptou com o beneplácito e auxílio de Zeus. O local varia muito de acordo com as tradições: o mais "acertado" seria dizer que foi na pradaria de Ena, na Sicília, embora o *Hino Homérico a Deméter* fale vagamente da planície de Misa, nome de cunho mítico, inteiramente desprovido de sentido geográfico.

Core, distraída, colhia flores, e Zeus, para atraí-la, colocou um narciso ou um lírio às bordas de um abismo. Ao aproximar-se da flor, a terra se abriu, Hades ou Plutão (v.) apareceu e a conduziu para as entranhas do mundo ctônio.

Desde então começou para Deméter (v.) a dolorosa tarefa de procurar a filha, levando-a a percorrer o mundo inteiro com um archote aceso em cada uma das mãos. Após buscas intensas, a deusa foi cientificada da verdade por Hélio (o Sol), que tudo vê. Profundamente irritada com Hades e Zeus, Deméter decidiu não mais retornar ao Olimpo, mas permanecer na terra, abdicando de suas funções divinas (de deusa da vegetação), até que lhe devolvessem a filha. Em vão o pai dos deuses e dos homens lhe mandou mensageiros, pedindo que regressasse ao convívio dos imortais. A deusa respondeu com firmeza que não voltaria ao Olimpo e nem tampouco permitiria que a vegetação crescesse, enquanto Core não lhe fosse entregue. Como a ordem do mundo estivesse em perigo, Zeus solicitou a Plutão que devolvesse Perséfone. O rei dos infernos curvou-se à vontade soberana do irmão, mas habilmente fez que a esposa colocasse na boca uma semente de romã, símbolo da fertilidade, e obrigou-a a engoli-la, o que a impedia de deixar a *outra vida* (v. Ascálafo). Como se mostrou em *Mitologia Grega*, Vol. I, p. 304-307, a alimentação tem força decisiva de fixação, sobretudo quando se ingere algo na outra vida. Finalmente se chegou a um consenso: Perséfone passaria quatro meses com o esposo no Hades e oito com a mãe no Olimpo e na terra, ou seis com cada um deles.

Reencontrada a filha, a deusa da vegetação voltou para junto dos deuses e a terra cobriu-se instantaneamente de verde. Antes de seu regresso, porém, ensinou ao rei de Elêusis, Céleo, e ao filho deste, Triptólemo, bem como a Díocles e Eumolpo, os grandes mistérios, "os belos ritos, os ritos augustos que é impossível transgredir, penetrar ou divulgar: o respeito pelas deusas é tão forte, que embarga a voz" (*Hh. D.*, 476-479).

A catábase (a descida) e a anábase (a subida, o retorno) de Perséfone provocaram a instituição dos célebres Mistérios de Elêusis (v.).

A esposa de Plutão ou Hades aparece ainda no mito de Héracles (v.), Teseu (v.) e Pirítoo, mas sobretudo no de Orfeu (v.) e no Orfismo (v.).

Relata-se ainda que Perséfone, guardiã do lindíssimo Adônis (v.), a pedido de Afrodite, se apaixonou por ele, devendo este dividir o tempo entre o Hades e a Terra.

PERSÉPOLIS.

Περσέπολις (Persépolis), *Persépolis*, é um composto do verbo πέρθειν (pérthein), "destruir, devastar" e de πόλις (pólis), "cidade", donde "destruidor de cidades". A estrutura do verbo πέρθειν (pérthein) e de seus derivados é a do tipo indo-europeu, mas a etimologia é desconhecida, *DELG*, p. 886. Quanto a πόλις (pólis), cujo sentido primeiro é de "cidadela, fortaleza", corresponde ao sânscrito *pūr*, ac.*pūram*, báltico *pilìs*, com o mesmo significado.

Em algumas versões, Persépolis é filho de Ulisses e da princesa Nausícaa, filha de Alcínoo, mas em outras tradições o herói é filho de Telêmaco (v.) e Policasta, filha de Nestor.

PERSES *(I, 147, 156-157, 163-164, 166, 180; II, 19-21, 85[30]; III, 88, 157[134], 189, 193, 222).*

Πέρσης (Pérsēs), *Perses*, como Perseu (v.), era relacionado etimologicamente pelos lexicógrafos antigos com o verbo πέρθειν (pérthein), "destruir, devastar", e, neste caso, significaria "o devastador". Talvez se trate de um termo de substrato, com o sentido de "a terra".

Filho do Titã Crio e Euríbia, era irmão de Palas e Astreu. Casou-se com Astéria, filha dos Titãs Ceos e Febe. Foi pai de vários filhos, entre os quais Hécate (v.). Numa outra versão, Perses é filho de Hélio (o Sol) e de Perseis, tendo como irmãos o rei da Cólquida Eetes, a maga Circe e Pasífae. Reinou em Táurida até que, transferindo-se para a Cólquida, destronou a seu irmão Eetes. Foi assassinado por Medo, filho de Medeia. Esta o instigou a matar o usurpador, porque desejava repor o pai no trono.

Numa tradição mais recente, Perses é irmão de Eetes, mas pai de Hécate, que nascera de uma concubina. Unida ao tio Eetes, Hécate foi mãe de Circe e Medeia (v.).

PERSEU *(I, 82-84, 155-156, 205, 237-240, 311, 343; II, 24, 31-32, 116, 195, 206; III, 22-23, 42, 52, 60, 70, 73, 76-78, 80-83, 86, 87[76], 88-90, 91[77], 172, 217-218, 247, 255, 263, 272-273, 278, 289).*

Περσεύς (Perseús), *Perseu*, segundo Chantraine, *DELG*, p. 889, era aproximado etimologicamente pelos lexicógrafos antigos do verbo πέρθειν (pérthein), "devastar, destruir". A hipótese mais provável é de que o antropônimo seja ou o hipocorístico do composto *Περσίπολις (*Persípolis) ou Περσέπολις (Persépolis), "o destruidor de cidades", ou um termo de substrato, um nome pré-helênico, que significaria simplesmente "a terra".

Herói argólico, o filho de Zeus e Dânae possui uma genealogia famosa, figurando, de resto, como um dos ancestrais diretos de Héracles.

Reduzindo ao mínimo necessário o mito de sua extensa e nobre linhagem, vamos ver que tudo começou no Egito. Com efeito, de Zeus e Io nasceu Épafo, cuja filha Líbia, unida a Posídon, engendrou os gêmeos Agenor e Belo. Enquanto o primeiro reinou na Síria, o segundo permaneceu no Egito. Do enlace sagrado do Rei Belo com Anquínoe, filha do Rio Nilo, nasceram os gêmeos Egito e Dânao. Temendo o irmão, pois que gêmeos, sobretudo quando do mesmo sexo, entram normalmente em conflito, Dânao fugiu para a Argólida, onde reinava Gelanor, levando as cinquenta filhas que tivera de várias mulheres. Conta-se que, ao chegar ao palácio real, Gelanor lhe cedeu pacificamente o poder. Uma variante, todavia, narra que se travou entre os dois um longo torneio retórico e que, logo após o mesmo, ocorreu um prodígio: surgiu da floresta vizinha um lobo, que, precipitando-se sobre o rebanho de Gelanor, matou instantaneamente o touro. O povo viu nisto a indicação do forasteiro para rei. Dânao, então, fundou Argos, onde, aliás, mais tarde se localizou seu túmulo, e mandou erguer um santuário a Apolo Lício, ou seja, Apolo deus-Lobo.

Os cinquenta sobrinhos de Dânao, no entanto, inconformados com a fuga das primas, pediram ao rei de Argos que esquecesse a inimizade com Egito e, para selar o pacto de paz, pediram-nas em casamento. O rei concordou, mas deu a cada uma das filhas um punhal, recomendando-lhes que matassem os maridos na primeira noite de núpcias. Todas as Danaides cumpriram a ordem paterna, menos Hipermnestra, que fugiu com seu noivo Linceu.

Este, mais tarde, vingou-se, matando o sogro e as quarenta e nove cunhadas, as *Danaides*, que foram condenadas no Hades a encher de água, eternamente, um tonei sem fundo.

De Linceu e Hipermnestra nasceu Abas, que, casado com Aglaia, foi pai dos gêmeos Acrísio e Preto, nos quais se reviveu o ódio que mantiveram um contra o outro seus avós Dânao e Egito. Contava-se mesmo que a luta entre Acrísio e Preto se iniciara no ventre materno. Depois, quando moços, travaram uma guerra violenta pela posse do trono de Argos. Desse magno certame saiu vencedor Acrísio, que expulsou o irmão da Argólida, tendo-se este refugiado na Lícia, onde se casou com Antia, que os trágicos denominavam Estenebeia, filha do rei local Ióbates. Este, à frente de um exército lício, invadiu a Argólida, apossando-se de Tirinto, que foi fortificada com muralhas gigantescas, erguidas pelos Ciclopes. Os gêmeos, por fim, chegaram a um acordo: Acrísio reinaria em Argos e Preto em Tirinto, ficando, desse modo, a Argólida dividida em dois reinos.

Tendo desposado Eurídice, filha de Lacedêmon, herói epônimo da Lacedemônia, cuja capital era Esparta, o rei de Argos teve uma filha, Dânae, mas, desejando um filho, consultou o Oráculo. Este limitou-se a responder-lhe que Dânae teria um filho que o mataria. De Preto e Estenebeia nasceram as célebres Prétidas, Lisipe, Ifianassa, Ifínoe e um homem, Megapentes.

Temendo que o Oráculo se cumprisse, Acrísio mandou construir uma câmara de bronze subterrânea e lá encerrou a filha, em companhia da ama.

Zeus, todavia, o fecundador por excelência, penetrou na inviolável câmara de Dânae por uma fenda nela existente e, sob a forma de *chuva de ouro*, engravidou a princesa, que se tornou mãe de Perseu. Durante algum tempo, o menino pôde, com a cumplicidade da ama, ser conservado secretamente, mas, no dia em que o rei teve conhecimento da existência do neto, não acreditou que o mesmo fosse filho de Zeus, atribuindo-lhe o nascimento a alguma ação criminosa de seu irmão e eterno rival Preto. Após ordenar a execução da ama, encerrou mãe e filho num cofre de madeira e ordenou fossem lançados ao mar. A pequena arca, arrastada pelas ondas, foi dar à ilha de Sérifo, uma das Cíclades, onde reinava o tirano Polidectes. Um irmão do rei, de nome Díctis, etimologicamente a *rede*, pessoa muito humilde, os "pescou" e conduziu para sua casa modesta na ilha, encarregando-se de sustentá-los. Perseu tornou-se rapidamente um jovem esbelto, alto e destemido, segundo convém a um "herói". Polidectes, apaixonado por Dânae, nada podia fazer, uma vez que o jovem príncipe mantinha guarda cerrada em torno da mãe e o rei não queria ou não ousava apossar-se dela pela violência.

Certa feita, Polidectes convidou um grande número de amigos, inclusive Perseu, para um jantar e no curso do mesmo perguntou qual o presente que os amigos desejavam oferecer-lhe. Todos responderam que um cavalo era o único presente digno de um rei. Perseu, no entanto, respondeu que, se Polidectes o desejasse, ele lhe traria a cabeça de Medusa. Na manhã seguinte, todos os príncipes ofereceram um cavalo ao tirano, menos o filho de Dânae, que nada ofertou. O rei, que há muito suspirava por Dânae e, vendo em Perseu um obstáculo, ordenou-lhe que fosse buscar a cabeça da Górgona, sem o que ele lhe violentaria a mãe. Este é o grande momento da *separação* e da *iniciação*: o herói afasta-se do *respaldo materno* e vai mergulhar em grandes aventuras, em busca de sua libertação dos "poderes inconscientes maternos".

Feita esta ligeira observação, agora podemos partir com Perseu para suas gestas iniciáticas, que o habilitarão à conquista da *donzela* e esta à *posse do reino*, uma vez que uma coisa está estreitamente vinculada à outra.

Como já se assinalou na *Introdução ao Mito dos Heróis* (*Mitologia Grega*, Vol. III, p. 15-71), o herói, ao partir para seus longos e difíceis trabalhos, é assessorado por uma ou mais divindades, já que o mesmo, por sua origem sobre-humana, o que lhe conferia a *timé* e a *areté*, facilmente se deixava dominar pela *hýbris*, tornando-se presa fácil do descomedimento.

Para evitar ou ao menos refrear os "desmandos heroicos" e sobretudo para dar-lhe respaldo na execução de tarefas impossíveis todo herói conta com o auxílio divino. Perseu terá por coadjutores celestes a Hermes e Atená, que lhe fornecerão os meios necessários para que leve a bom termo a promessa imprudente feita a Polidectes. Conforme o conselho dessas divindades, o filho de Dânae deveria procurar primeiro as Fórcidas, isto é, as três filhas de Fórcis, divindade marinha da primeira geração divina. Esses três monstros denominavam-se também *Greias*, quer dizer, as "Velhas", as quais, aliás, já haviam nascido velhas. Chamavam-se Enio, Pefredo e Dino, que possuíam em comum apenas um olho e um dente. O caminho para chegar até elas não era fácil, pois habitavam o extremo ocidente, no país da noite, onde jamais chegava um só raio de sol. Mas era imprescindível que Perseu *descesse* ao país das sombras eternas, porquanto somente as Greias conheciam a rota que levava ao esconderijo das Górgonas e tinham exatamente a incumbência de barrá-la a quem quer que fosse. Mais importante ainda: eram as únicas a saber onde se escondiam determinadas ninfas, que guardavam certos objetos indispensáveis ao herói no cumprimento de sua missão.

Ajudado por Hermes, o deus que não se perde na "noite" e no caminho, e pela inteligência de Atená, que espanca as trevas, Perseu logrou chegar à habitação das Greias, que, por disporem de um só olho, montavam guarda em turno, estando duas sempre dormindo. O herói se colocou atrás da que, no momento, estava de vigília e, num gesto rápido, arrebatou-lhe o único olho, prometendo devolvê-lo, caso a Greia lhe informasse como chegar às misteriosas ninfas. Estas, sem a menor resistência ou dificuldade, entregaram-lhe o que, segundo um oráculo, era indispensável para matar a Górgona: sandálias com asas, uma espécie de alforje denominado *quíbisis*, para guardar a cabeça de Medusa, e o capacete de Hades, que tornava invisível a quem o usasse. Além do mais, o próprio Hermes lhe deu uma afiada espada de aço e Atená emprestou-lhe seu escudo de bronze, polido como um espelho. Com essa verdadeira panóplia o herói dirigiu-se imediatamente para o esconderijo das Górgonas, tendo-as encontrado em sono profundo. Eram três as impropriamente denominadas Górgonas, uma vez que só a primeira, *Medusa*, é, de fato, górgona, enquanto as outras duas, *Esteno* e *Euríale*, só *lato sensu* é que podem ser assim denominadas. Estes três monstros tinham a cabeça aureolada de serpentes venenosas, presas de javali, mãos de bronze e asas de ouro e petrificavam a quem as olhassem. Não podendo, por isso mesmo, fixar Medusa, Perseu pairou acima das três Górgonas adormecidas, graças às sandálias aladas; refletiu o rosto de Medusa no polido escudo de Atená e, com a espada que lhe deu Hermes, decapitou-a. Do pescoço ensanguentado do monstro

nasceram o cavalo Pégaso e o gigante Crisaor, filhos de Posídon, que foi o único deus a se aproximar das Górgonas e ainda manter um comércio amoroso com Medusa. Posteriormente a cabeça do monstro foi colocada, conforme se comentou em *Mitologia Grega*, Vol. I, p. 239, no escudo de Atená e assim a deusa petrificava a quantos inimigos ousassem olhar para ela.

Medusa simboliza a imagem deformada daquele que a contempla, uma autoimagem que petrifica pelo horror, ao invés de esclarecer de maneira equânime e sadia.

Voltemos, no entanto, ao futuro rei de Tirinto. Tendo colocado a cabeça da Górgona no alforje, o herói partiu. Ésteno e Euríale saíram-lhe em perseguição, mas inutilmente, porquanto o capacete de Plutão o tornava invisível.

Partindo do *ocidente*, dessa verdadeira catábase, Perseu dirigiu-se para o *oriente*, e chegou à Etiópia, onde encontrou o país assolado por um flagelo. É que Cassiopeia, esposa do rei local, Cefeu, pretendia ser mais bela que todas as nereidas ou que a própria deusa Hera, segundo outras versões. Estas, inconformadas e enciumadas com a presunção da rainha, solicitaram a Posídon que as vingassem de tão grande afronta. O deus do mar enviou contra o reino de Cefeu um monstro marinho que o devastava por inteiro. Consultado o oráculo de Amon, este declarou que a Etiópia só se livraria de tão grande calamidade se Andrômeda fosse agrilhoada a um rochedo, à beira-mar, como vítima expiatória ao monstro, que a devoraria. Pressionado pelo povo, o rei consentiu em que a filha fosse exposta, como Psiqué, às "núpcias da morte".

Foi nesse momento que chegou o herói argivo. Vendo a jovem exposta ao monstro, Perseu, como acontecera, em outras circunstâncias, a Eros em relação a Psiqué, se apaixonou por Andrômeda, e prometeu ao rei que a salvaria, caso este lhe desse a filha em casamento. Concluído o pacto, o herói, usando suas armas mágicas, libertou a noiva e a devolveu aos pais, aguardando as prometidas núpcias. Estas, no entanto, ofereciam certas dificuldades, porque Andrômeda já havia sido prometida em casamento a seu tio Fineu, irmão de Cefeu, que planejou com seus amigos eliminar o herói. Descoberta a conspiração, Perseu mostrou a cabeça de Medusa a Fineu e a seus cúmplices, transformando-os a todos em estátuas de pedra. Há uma variante que mostra o herói em luta não contra Fineu, mas contra Agenor, irmão gêmeo de Belo. É que Agenor, instigado por Cefeu e Cassiopeia, que se haviam arrependido de prometer a filha em casamento ao vencedor das Górgonas, avançou contra este com duzentos homens em armas. Perseu, após matar vários inimigos, já cansado de lutar, petrificou os demais com a cabeça de Medusa, inclusive o casal real.

Acompanhado, pois, da esposa Andrômeda, o herói retornou à ilha de Sérifo, onde novos problemas o aguardavam. Em sua ausência, Polidectes tentara violentar-lhe a mãe, sendo preciso que ela e Díctis, a quem o tirano igualmente perseguia, se refugiassem junto aos altares dos deuses, considerados e respeitados como locais invioláveis.

O herói, sabedor de que o rei se encontrava no palácio com seus amigos, penetrou salão a dentro e transformou Polidectes e toda a corte em estátuas de pedra. Tomando as rédeas do poder, entregou o trono a Díctis, o humilde pescador que o criara. Devolveu as sandálias aladas, o alforje e o capacete de Plutão a Hermes, a fim de que este os restituísse às suas legítimas guardiãs, as ninfas. A cabeça de Medusa, Atená a espetou no centro de seu escudo. A terrível cabeça de Medusa se tornou tão importante, que acabou até mesmo se transformando em amuleto mágico para afugentar certas doenças, como aparece numa pintura de Perseu, segurando a cabeça do monstro, com a seguinte inscrição: φυ (γε) ποδάγρα Περσεύς σε διώκι (phý (gue) podágra Perséus se dióki) – "vai embora, podagra, Perseu te persegue".

Deixando para trás o reino de Díctis, o herói, em companhia de Andrômeda e Dânae, dirige-se para Argos, sua pátria, uma vez que desejava conhecer seu avô Acrísio. Este, sabedor das intenções do neto, e temendo o cumprimento do Oráculo, fugiu para Larissa, onde reinava Tentâmides. Ora, Acrísio assistia, como simples espectador, aos jogos fúnebres que o rei de Larissa mandava celebrar em memória do pai. Perseu, como convém a um herói, participava dos *agônes*, e lançou o disco com tanta infelicidade, ou, por outra, com o endereço certo fornecido há tantos anos atrás pelo Oráculo, que o mesmo vitimou Acrísio. Cheio de dor com a morte do avô, cuja identidade lhe era desconhecida, Perseu prestou-lhe as devidas honras fúnebres, fazendo-o sepultar fora de Larissa. Não ousando, por tristeza e contrição, dirigir-se a Argos, para reclamar o trono que, de direito, lhe pertencia, foi para Tirinto, onde reinava seu primo Megapentes, filho de Preto, e com ele trocou de reino. Assim, Megapentes tornou-se rei de Argos e Perseu reinou em Tirinto.

Uma variante obscura do mito narra a violenta oposição feita por Perseu a Dioniso que, com suas Mênades, tentava introduzir seu culto orgiástico em Argos. O herói perseguiu ao deus do êxtase e do entusiasmo e o afogou no Lago de Lerna. Havia sido assim que Dioniso terminara sua vida terrestre e, escalando o Olimpo, se reconciliara com a deusa Hera.

À época romana, o mito do filho de Dânae foi deslocado para a Itália. A arca que transportava mãe e filho não teria chegado à ilha de Séfiro, mas às costas do Lácio. Recolhidos por pescadores, foram levados à corte do Rei Pilumno. Este desposou Dânae e com ela fundou a cidade de Árdea, antiga capital dos rútulos, situada no Lácio, perto do mar Tirreno, como está em Virgílio, *Eneida*, 7, 411sq. Turno, rei dos rútulos, o grande adversário de Eneias, descendia desse enlace, pois que Pilumno era avô do herói itálico, ainda consoante a *Eneida*, 9,3sq.

De Perseu e Andrômeda nasceram os seguintes filhos: Perses, Alceu, Estênelo, Hélio (que é preciso não confundir com Hélio, deus-Sol), Mestor, Eléctrion e Gorgófone.

PEUCÉCIO.

Πευκέτιος (Peukétios), *Peucécio*, segundo Carnoy, *DEMG*, p. 159, talvez se origine do indo-europeu **peuk*, "picar, furar" e poderia estar relacionado com πευκέδανος (peukédanos), "que fere", nome de uma planta umbelífera.

Filho de Licáon, acompanhou seu irmão Enotro (v.), que, descontente com a parte que lhe coube na divisão do Peloponeso, emigrou para a Itália. Enotro deu nome aos enótrios e Peucécio aos peucécios, na Apúlia.

Consoante os mitógrafos, os dois emigrantes nasceram dezessete gerações antes da Guerra de Troia.

PÍASO.

Πίσος *(Píasos)*, *Píaso*, segundo Carnoy, *DEMG*, p. 164, procederia do verbo πίνειν (pínein), "beber" e significaria "o bêbado".

Rei da Tessália, Píaso violentou a própria filha Larissa. Para vingar-se de tão grande afronta, a jovem princesa aguardou o momento em que o pai se debruçava sobre um tonel cheio de vinho e o empurrou no líquido. Píaso morreu afogado.

PICÓLOO.

Πικόλοος (Pikóloos), *Picóloo*, é antropônimo sem etimologia conhecida.

Num mito tardio, Picóloo surge como um dos Gigantes que lutaram contra Zeus. Vencidos aqueles, o violento filho de Geia e do sangue de *Urano* (v. Gigantes), fugiu para a ilha de Eeia e tentou expulsar de lá a maga Circe. Hélio, contudo, tomou a defesa da filha e matou o invasor. De seu sangue nasceu a planta móli (v.), de floração branca, cor de Hélio, e de raízes negras, como negro era o sangue de Picóloo.

PIÉRIDES *(I, 164, 203, 240)*.

Πιερίδες (Pierídes), *Piérides*, são as filhas de Πίερος (Píeros), *Píero*, epônimo da Piéria, na Trácia, bem perto do Monte Olimpo. Não se conhece a etimologia desse conjunto *Píero/Piéria/Piérides*, embora Carnoy, *DEMG*, p. 164, insiste em derivar *Piérides* de *Piéria*, qualificada como local de *terras férteis*, em grego πίειρα (píeira), fem. de πίων (píōh), "gordo, pingue", com a variante πιαρός (piarós), com o mesmo sentido. *Piérides* seriam, portanto, *as que se intumescem* (de vaidade).

As *Piérides* eram nove irmãs (Colimba, Iinx (v.) Cêncris, Cissa, Clóris, Acalântis, Nessa, Pipo e Dracôntis), filhas de Píero e Evipe. Hábeis cantoras, escalaram o Monte Hélicon (v. Pégaso) e desafiaram as Musas (v.). Vencidas, foram transformadas em pássaros, mais precisamente, consoante Ovídio (*Met.*, 5,302), em *pegas*. Em memória do triunfo sobre as filhas de Píero (v.), as Musas da Trácia passaram a ser chamadas *Piérides*, sobretudo pelos poetas latinos. Pausânias afirma que Piérides são sinônimos de Musas, embora os filhos, como Orfeu, atribuídos a estas últimas, o são das Piérides, uma vez que as Musas (v.) mantiveram para sempre a virgindade.

PÍERO.

Πίρος (Píeros), *Píero*, bem como *Piéria* e *Piérides* não possuem etimologia segura, se bem que Carnoy, *DEMG*, p. 164, faça *Piéria* provir de πίειρα (píeira), fem. de πίων (píon), "gordo, pingue", donde *Piéria* seria "a terra fértil", *Píero*, "o que fertiliza", e *Piérides* (v.) "as que se intumescem" (de vaidade).

Há duas personagens com este nome. A primeira é Píero, epônimo da Piéria, região da Macedônia. Casado com Evipe, foi pai das nove Piérides. Introduziu, segundo os mitógrafos, o culto das Musas em seu país. Em algumas variantes do mito, Píero é tido como pai do músico e poeta Lino (v.) ou ainda de Eagro (v.), tornando-se, neste último caso, avô de Orfeu. Um segundo Píero é filho de Magnes e Melibeia. Tendo Clio, musa da história, ridicularizado o amor de Afrodite por Adônis, a deusa fê-la apaixonar-se perdidamente por Píero. Não suportando o assédio de Eros, Clio teve que renunciar a prometida virgindade, tornando-se mãe de Jacinto. É conveniente salientar, no entanto, que Jacinto (v.) possui outras genealogias.

PIGMALIÃO.

Πυγμαλίων (Pygmalíon), *Pigmalião*, segundo Carnoy, *DEMG*, p. 175, talvez provenha de uma forma popular de πυγμάχος (pygmákhos) e significaria "o que combate com os punhos, o pugilista". Consoante Chantraine, *DELG*, p. 955, o antropônimo poderia ser uma adaptação grega de um nome fenício e funcionaria como hipocorístico, "o baixinho, o anão".

Existem duas personagens com este nome, ambas de origem oriental.

A primeira, filho de Muto, é um rei de Tiro, na Fenícia. Irmão de Elissa ou Dido, assassinou-lhe o marido Siqueu. Para escapar da crueldade e cobiça do irmão, Dido conseguiu fugir para o norte da África, onde fundou Cartago. O episódio da morte de Siqueu, da fuga de Elissa e fundação da grande cidade africana é narrada por Virgílio, *Eneida*, 1, 340-368. A segunda é um rei de Chipre. Escultor renomado, se apaixonou por uma de suas estátuas de mármore, chamada Galateia. Louco de desejo por ela, suplicou a Afrodite que lhe concedesse uma esposa semelhante à sua obra de arte. Ao regressar ao palácio real, percebeu que a estátua fora animada pela deusa do amor. Pigmalião uniu-se a Galateia e foi pai de uma filha, Pafos, de que nasceu o infortunado Cíniras (v.). O relato do amor incontrolável de Pigmalião pela estátua-Galateia está em Ovídio, *Metamorfoses*, 10, 243-297.

PIGMEUS *(III, 115)*.

Πυγμαῖοι (Pygmaîoi), *Pigmeus*, provém de πυγμή (pygmḗ), "punho" e também "medida de cumprimento de dezoito polegadas", donde "anão". O radical πυγ- (pyg-) possui correspondentes claros apenas no latim *pug-il*, "pugilista", *pug-nus*, "punho", donde *pugnāre*, "lutar", *pugna*, "luta, combate". O advérbio πὺξ (pýks), "com o punho", da mesma família etimológica que πυγνή (pygmḗ), "punho", e seus derivados gregos ou latinos prendem-se ao radical atestado no verbo latino *pungĕre*, "picar, ferir", perfeito *pupŭgi*, "piquei, feri", uma vez que o punho fechado é o instrumento com que se fere.

Na *Ilíada*, III, 1-7, Homero, num símile belíssimo, compara o avanço dos troianos contra os aqueus com um bando de grous ou cegonhas que investem contra os pigmeus, trazendo-lhes a desgraça e o extermínio.

Seres de estatura diminuta, os pigmeus habitavam o sul do Egito, a Lídia ou uma região mal determinada na Índia.

O fato mais importante no mito desses anões é a guerra que lhes moveram as cegonhas ou os grous. A origem dessas lutas se deve a uma vingança da rainha dos deuses. É que nasceram entre os pigmeus uma anã lindíssima, chamada Ênoe, que, certamente, por ser tão bela, nutria um profundo desprezo pelos deuses, sobretudo por Ártemis e Hera. Casada com o pigmeu Nicodamas, foi mãe de Mopso. Todos os pigmeus, felizes com o acontecimento, ofereceram presentes riquíssimos ao casal e ao menino. A deusa Hera, todavia, que não esquecera a arrogância e a impiedade de Ênoe, transformou-a em cegonha. Desesperada com a perda do filho Mopso, a infeliz mãe tudo fez para arrebatá-lo e levá-lo para junto de sua nova família alada. Repelida pelos pigmeus, eclodiu uma luta sem tréguas entre estes e as cegonhas. Hera alimentou esta guerra, que jamais teve um desfecho. Bastava chegar o inverno, como escreve Homero, *Il.*, III, 4-7, para que as cegonhas, em revoada, voltassem ao ataque contra os eternos inimigos (v. Gérana).

Os pigmeus ilustram a arte egípcia, aparecendo sobre mosaicos e nas pinturas, sempre em luta contra aves e animais diversos, particularmente os crocodilos.

Com sua deformidade e inépcia rejubilam-se em imitar burlescamente as atividades humanas, caracterizando-se nessa paródia pela enormidade de seus órgãos sexuais.

PÍLADES *(I, 91-92, 94-95; III, 338-339)*.

Πυλάδης (Pyládēs), *Pílades*, segundo Carnoy, *DEMG*, p. 176, talvez provenha de πύλαι (pýlai), "desfiladeiros", como Ορέστης (Oréstēs), *Orestes* (v.), que está relacionado etimologicamente com "montanha", pelo fato de ambos terem sido criados por Estrófio, no sopé do Monte Parnasso.

Filho de Estrófio e Anaxíbia, irmã de Agamêmnon, Pílades é, portanto, primo de Orestes, seu amigo inseparável, como Pátroclo o foi de Aquiles. Diga-se de passagem que, através de seu pai Estrófio, o herói é aparentado com Foco, Éaco e Zeus.

Quando do regresso de Agamêmnon (v.) a Micenas e de seu assassinato por Egisto e Clitemnestra, Orestes escapou do massacre graças à sua irmã Electra (v.), que o enviou clandestinamente para a Fócida, onde foi criado como filho na corte de Estrófio, cunhado de Agamêmnon e pai de Pílades, conforme já se mencionou. Explica-se, desse modo, a lendária amizade que uniu para sempre os dois primos. O mito do herói da Fócida, no entanto, só ganhou desenvoltura a partir dos trágicos, sobretudo da *Oréstia* de Ésquilo.

Foi com o respaldo e o encorajamento do primo que Orestes matou a Egisto (v.) e a própria mãe Clitemnestra. Conta-se ainda que Pílades lutou corajosamente contra os filhos de Náuplio, que tentaram socorrer Egisto.

Quando Orestes (v.), para libertar-se de suas "erínias internas", recebeu de Apolo a delicada missão de trazer da Táurida a estátua de Ártemis, foi que se patenteou o devotamento, a coragem e a amizade de Pílades pelo primo. No fecho das gestas de Orestes, o filho de Estrófio se casou com a prima Electra e foi pai de Médon e Estrófio II.

PILAS.

Πύλας (Pýlas), *Pilas*, ao que parece, é formado com base em πύλη (pýlē), "porta" e sobretudo no plural πύλαι (pýlai), "portas da cidade". Pilas seria, no caso, "o defensor das portas da cidade" (v. Pilêmenes).

Rei de Mégara, Pilas é filho de Cléson e neto, por conseguinte, de Lélex (v.). Pai da jovem Pília, deu-a em casamento a Pandíon (v.), sucessor de Cécrops no trono de Atenas. Pandíon emigrara para Mégara, quando de uma sedição na Ática, provocada pelos filhos de Mécion (v.). Tendo Pilas, no entanto, assassinado a seu tio Bias, entregou o reino a Pandíon e se exilou no Peloponeso. À frente de um grupo de lélegos fundou a cidade de Pilos na Messênia. Destronado mais tarde por Neleu, fundou uma nova Pilos na Élida.

PILÊMENES.

Πυλαιμένης (Pylaiménēs), *Pilêmenes*, é formado de πύλη (pýlē), "porta" e sobretudo no plural πύλαι (pýlai), "portas da cidade", e do verbo μένειν (ménein), "permanecer, manter-se firme, resistir", donde significa o antropônimo "o defensor das portas da cidade ou da própria cidade". Para a etimologia grega de *ménein* v. Mêmnon. Quanto a πύλη (pýlē), Frisk, *GEW*, s.u., julga tratar-se de um empréstimo ao vocabulário técnico da construção.

Na *Ilíada*, II,851-855, Homero chama ao paflagônio Pilêmenes de herói "de peito veloso" (sinal de bravura); no canto V, 576-579, o poeta narra-lhe a morte. Trata-se, na realidade, de um aliado dos troianos.

Seu filho Harpálion, que também lutava em defesa de Ílion, foi eliminado por Mérion (*Il.*, XIII, 643-657). Embora assassinado no canto V, 576-579, Pilêmenes no já citado canto XIII, 658-659, participa dos funerais do filho Harpálion, o que demonstra não ter sido a *Ilíada* composta na ordem por que a lemos.

PILENOR.

Πυλήνωρ (Pyléhor), *Pilenor*, não possui etimologia conhecida.

Na luta entre os Centauros e Héracles, quando este era hóspede de Folo (v.), Pilenor foi ferido por uma das flechas do herói envenenadas com o sangue da Hidra de Lerna. O Centauro, alucinado de dor, correu para o regato Anigro, onde lavou a cicatriz. A partir de então as águas desse ribeiro eram consideradas como detentoras de propriedades maléficas e de um odor insuportável.

PILEU.

Πύλαιος (Pýlaios), *Pileu*, é um derivado de πύλη (pýlē), "porta", e sobretudo no plural πύλαι (pýlai), "portas da cidade" (v. Pilêmenes) e significa "o que está junto à porta" (da cidade para defendê-la).

Na *Ilíada*, II, 840-843, Pileu e seu irmão Hipótoo, filhos de Leto, aparecem como comandantes de um contingente de pelasgos, provenientes de Larissa. Lutaram ao lado dos aqueus contra os troianos.

PÍLIA *(III,150)*.

Πυλία (Pylía), *Pília*, ao que tudo indica, procede como Πύλας (Pýlas) de πύλη (pýlē), "porta", donde "a guardiã das portas" (v. Pilas).

Filha do rei de Mégara, Pilas (v.), foi dada em casamento a Pandíon, banido de Atenas pelos filhos de Mécion (v. Pandíon).

PÍLIO.

Πύλιος (Pýlios), *Pílio*, é um derivado de πύλη (pýlē), "porta", e sobretudo no plural πύλαι (pýlai), "portas da cidade" (v. Pilêmenes), donde Pílio é "o defensor das portas da cidade", *DELG*, p. 953-954.

Em versões mais recentes, Pílio é um filho de Hefesto. Foi ele quem teria curado o ferimento de Filoctetes (v.), quando este foi abandonado na ilha de Lemnos. Em compensação, o herói fez de Pílio um excelente arqueiro.

PINDO.

Πίνδος (Píndos), *Pindo*, segundo Carnoy, *DEMG*, p. 165, significaria "branco", e cuja origem seria o indo-europeu *ƙwei, *ƙweid, "ser branco". Filho de Mácedon, era, por conseguinte, neto de Licáon.

Exímio caçador, o herói viu-se frente a frente, certo dia, com monstruosa serpente. Não tendo sido atacado pelo réptil, Pindo dava-lhe, de quando em quando, uma parte do produto da caça, estabelecendo-se com isto entre o homem e o animal uma real amizade. Os três irmãos de Pindo, no entanto, invejosos com o sucesso do caçador, assassinaram-no covardemente. A serpente, após matar os três, montou guarda ao cadáver do herói até que seus parentes lhe rendessem as merecidas honras fúnebres.

PÍRAMO.

Πύραμος (Pýramos), *Píramo*, não possui, até o momento, etimologia conhecida.

Existem duas versões para o amor trágico de Píramo e Tisbe. Na primeira, e é certamente a mais antiga, relata-se que o casal se amava profundamente, mas, face à oposição de ambas as famílias, encontrava-se às escondidas. Grávida e temendo a cólera paterna, a desditosa heroína se enforcou. Píramo, desesperado, apunhalou-se sobre o cadáver da amante. Os deuses, compadecidos, transformaram-nos em dois cursos de água. Píramo tornou-se o rio cilício homônimo e Tisbe uma fonte, cujas águas se misturavam às do Rio Píramo.

Ovídio, nas *Metamorfoses*, 4,55-166, apresenta uma segunda versão do mito. Num longo relato, e como é próprio de seu estilo pródigo e ardente, transformou a paixão de Píramo e Tisbe numa pequena, mas violenta tragédia de amor. Para o poeta da *Arte de Amar*, que certamente se inspirou em fontes mais recentes, Píramo e Tisbe eram dois jovens da Babilônia, que se amavam intensamente, mas cujo casamento se tornara impossível, face à resistência e à vigilância de suas respectivas famílias. Conseguiam ver-se apenas através de uma fenda existente no muro que lhes separava as residências. Certa feita, não mais suportando tamanha repressão, resolveram encontrar-se durante a noite, fora da cidade, junto ao túmulo de Nino (v.), onde havia uma amoreira, que crescia perto de uma fonte. Tisbe chegou primeiro, mas eis que surge repentinamente uma leoa já habituada a beber da água da fonte ali existente. Assustada, a jovem fugiu, mas deixou cair o lenço que lhe enfeitava o pescoço. A leoa, com os dentes ainda ensanguentados do último animal com que se alimentara, transformou o adorno em pedaços. Píramo chegou logo depois e, vendo o lenço da amada transformado em tiras sangrentas, julgou que ela havia sido devorada por um animal selvagem. Fora de si, o jovem se apunhalou. Tisbe, após algum tempo, retornou e, vendo o cadáver do namorado, arrancou-lhe a arma do peito e com ela se matou.

Os frutos da amoreira, até então brancos, tornaram-se vermelhos com tanto sangue derramado.

Cremados os corpos, as cinzas dos amantes foram reunidas numa só urna:

Quod que rogis superest, una requiescit in urna.
(Ov. *Met.*, 4,166)

– E o que restou da pira funerária descansa numa só urna.

PIRECMES.

Πυραίχμης (Pyraíkhmēs), *Pirecmes*, parece originar-se de um composto de πῦρ (pŷr), "fogo" e de ἀιχμή (aikhmḗ), originariamente "ponta" e em sentido translato *dardo*, donde o que usa "um dardo com ponta ígnea". Trata-se, evidentemente, apenas de uma hipótese. A respeito de πῦρ (pyr) e ἀιχμή (aikhmḗ), v. *DELG*, p. 41 e 956-957.

Existem três heróis com este nome. O primeiro, como está na *Ilíada*, II, 848-850, é, juntamente com Asteropeu, filho do deus-Rio Áxio, o chefe de um contingente da Peônia, que veio lutar ao lado dos troianos. Pirecmes matou o conselheiro ou escudeiro de Pátroclo, mas acabou sendo eliminado por Diomedes ou pelo próprio Pátroclo, segundo Homero (*Il.*, XVI, 284-292). O segundo é o nome de um célebre fundibulário, que assegurou a vitória de Óxilo (v.) sobre os eleios. Pirecmes venceu ao grande arqueiro Dégmeno, decidindo a luta em favor de seu rei. O terceiro é um rei da Eubeia, que atacou a Beócia. Héracles, embora muito jovem, o derrotou. Prendeu-o, em seguida, a quatro cavalos e o esquartejou. A morte violenta de Pirecmes teve por cenário as margens de um riacho desde então chamado Heráclio, o ribeiro de Héracles. Relata-se que todas as vezes em que os cavalos bebiam das águas de Heráclio ouviam-se prolongados relinchos como se fossem os gemidos da vítima do filho de Alcmena.

PÍREN *(III, 209)*.

Πειρήν (Peirḗn), *Píren*, segundo Chantraine, *DELG*, p. 871, *peiren* seria o nome de "um peixe" ou ainda de "um espeto" para assá-lo.

Existem dois heróis com este nome. O primeiro é filho do rei de Corinto Glauco e irmão de Belerofonte (v.). Tendo este último assassinado, sem o querer, a Píren, foi obrigado a deixar Corinto e exilar-se em Tirinto, na corte do Rei Preto, que o purificou. O segundo, filho de Argos e Evadne, é, segundo algumas versões, o pai de Io (v.), que foi amada por Zeus. Tradições diferentes chamam-no Piras e, neste caso, Io seria filha de Écbaso, irmão do herói.

1 – PIRENE *(I, 240-247, 260; II, 40; III, 104, 209, 209[157], 210)*.

Πειρήνη (Peirḗnē), *Pirene*, segundo Carnoy, *DEMG*, p. 155, procederia da raiz *bher-j*, "borbulhar, donde "a borbulhante".

Pirene é uma célebre fonte de Corinto, mas cuja origem é explicada diversamente pelo mito. Numa primeira versão, a heroína era uma das filhas do deus-rio Asopo. Unindo-se a Posídon, foi mãe de Leques e Quêncrias, heróis epônimos dos dois portos da grande cidade marítima do Istmo. Mas como Ártemis, acidentalmente, matara a Quêncrias, Pirene chorou tanto, que suas lágrimas formaram a fonte de seu nome. Existe uma variante: a fonte de Pirene teria sido um presente de Asopo a Sísifo, como recompensa de um grande benefício que este lhe prestara, conforme se comentou em *Mitologia Grega*, Vol. I, p. 226. É que Sísifo revelara a Asopo a identidade do raptor de sua filha Egina, sequestrada por Zeus.

Foi junto à fonte de Pirene, segundo alguns mitógrafos, que Belerofonte encontrara o cavalo alado Pégaso.

2 – PIRENE.

Πυρήνη (Pyrḗnē), *Pirene* (que é preciso não confundir com Πειρήνη (Peirḗnē), 1 – *Pirene* (v.), nome de uma fonte de Corinto), é relacionado interrogativamente por Carnoy, *DEMG*, p. 176, com πῦρ (pŷr), "fogo" ou com πυρός (pyrós), "trigo". A aproximação etimológica com qualquer dos dois termos aventados pelo filólogo belga é pouco provável.

Filha de Bébrix, rei, à época de Héracles, da Gália Narbonense, Pirene foi violentada pelo herói, quando este atravessou a região em busca do rebanho de Gerião. Tendo dado à luz uma serpente, a princesa, aterrorizada, fugiu para as montanhas, onde foi morta por animais selvagens. Quando Héracles retornou de sua expedição, tendo-lhe encontrado os restos mortais, tributou-lhes as devidas honras fúnebres. Em homenagem a Pirene o filho de Alcmena deu à montanha vizinha o nome de Pireneus.

Pirene é igualmente o nome da mãe de Cicno (v.), bandido e salteador, morto por Héracles.

PIRENEU.

Πυρηνεύς (Pyrēneús), *Pireneu*, como Pirene (v.) não possui ainda etimologia confiável.

Rei de Dáulis, Pireneu convidou as Musas que se dirigiam ao Monte Hélicon para que se abrigassem em seu palácio durante uma violenta tempestade. Num gesto impensado, o rei tentou violentá-las. As deusas fugiram voando e Pireneu resolveu persegui-las pelo ar, lançando-se do alto de uma torre. Precipitando-se no solo, morreu despedaçado. O episódio do cruel rei de Dáulis, cidade da qual se apossara pela força, é relatado por Ovídio nas *Metamorfoses*, 5,273-293.

PIRGO.

Πυργώ (Pyrgṓ), *Pirgo*, é um derivado de πύργος (pýrgos), "torre", sobretudo de uma fortificação, donde "local fortificado". Kretschmer, *Glot.*, 22,1934, 100sq., julga que o vocábulo procede do germânico por intermédio de uma língua balcânica, dada a semelhança evidente com o alemão *Burg*, gótico *baurgs*, "torre, castelo, cidade". *Pyrgó* pode igualmente aproximar-se de Πέργαμος (Pérgamos), *Pérgamo*, que corresponderia ao alemão *Berg*, "monte, montanha", cuja raiz indo-europeia é **bhergh*. Outros opinam que se trata de um empréstimo a uma língua indo-europeia da Ásia Menor, evocando o hitita *parku-*, "alto", *parkeššar*, "altura", *DELG*, p. 958.

Há duas personagens míticas com este nome. A primeira é o nome da esposa de Alcátoo, rei de Mégara, que a abandonou para unir-se a Evecme, filha de Megareu. O túmulo de Pirgo era mostrado em Mégara ao lado do de Alcátoo e da filha deste, Ifínoe. A segunda é a ama dos filhos de Príamo. Já muito idosa, quando da destruição de Troia, acompanhou Eneias em sua longa viagem em direção à Itália. Foi ela, segundo Virgílio, *En.*, 5,645-663, quem, à instigação de Íris, aconselhou as mulheres troianas a incendiarem os navios troianos durante os jogos fúnebres em memória de Anquises, na Sicília.

PÍRIAS.

Πυρίας (Pyrías), *Pírias*, talvez seja uma forma derivada de πυρία (pyría), "pesca com fachos", de πῦρ (pŷr), "fogo".

Barqueiro da Ilha de Ítaca, Pírias, compadecido de um ancião capturado pelos piratas, atravessou-o gratuitamente de um lado da ilha para outro. O velho carregava ânforas, cheias aparentemente de pez. Essas ânforas mais tarde ficaram em poder de Pírias, que, ao abri-las, encontrou sob o pez uma grande quantidade de joias e dinheiro. Num gesto de gratidão, o barqueiro sacrificou um boi a seu benfeitor desconhecido, que certamente era uma forma hierofânica de algum deus. Nasceu desse agradecimento de Pírias um provérbio muito repetido: "Pírias foi o único que sacrificou um boi a seu benfeitor", o que patenteia a ingratidão dos que são beneficiados.

PIRIFLEGETONTE *(l, 266, 318)*.

Πυριγλεγέθων (Pyriphleguéthōn), *Piriflegetonte*, é um composto de πῦρ πυρός (pŷr, pyrós), "fogo, chama" e do verbo φλεγέθειν (phleguéthein), "brilhar, inflamar", donde "(o rio) de chamas ardentes". Flegetonte (v.) é uma forma reduzida e mais usada pelos poetas latinos. Quanto a πῦρ (pŷr), "fogo, chama", a etimologia grega ainda não está bem-estabelecida, v. Frisk, *GEW*, s.u. O verbo φλέγειν (phléguein), "brilhar, inflamar", é um presente radical cuja base é **bhleg-*, tema da raiz **bhl-*, "brilhar", antigo alemão *blecchan, blecken*, "fazer aparecer, tornar visível", latim antigo *fulgĕre*, presente *fulgo*, "brilhar" e depois *fulgēre*, presente *fulgeo*, com o mesmo sentido, e com outro tratamento de !, *flagrāre*, "arder, estar em chamas" e *flamma*, "chama". No indo-iraniano, aparecem, entre outras, as formas no védico *bhárgas*, "brilho, esplendor" e no sânscrito *bhrajate*, "brilhar", avéstico *bra-zaiti*, "ele brilha", *DELG*, p. 1209-1210.

Piriflegetonte, um dos rios do Hades, já aparece na *Odisseia*, X, 513, ao lado do Aqueronte, Cocito e Estige (v. Escatologia). Fora do mundo ctônio Piriflegetonte não possui um mito próprio.

PIRÍTOO *(I, 113, 311-312; II, 244; III, 58, 113, 169, 169[140], 170-172).*

O nome próprio Πειρίθοος (Peiríthoos), *Pirítoo*, já é atestado no grego micênico sob a forma *peritowo*, o que pressupõe, consoante Chantraine, *DELG*, p. 886, um primeiro elemento περί (perí), como indicativo de "superioridade". A segunda parte do composto, θοός (thoós), "rápido", provém do verbo θεῖν (theîn), "correr, precipitar-se". Donde, Πειρίθοος (Peiríthoos), *Pirítoo*, poderia significar o que "avança rápido em defesa de".

Filho de Zeus e Dia ou, segundo outros, de Ixíon e da mesma Dia, Pirítoo é um herói lápita da Tessália (v. Centauros e Lápitas), cujas aventuras e gestas foram progressivamente integradas no mito de Teseu. Na caçada ao javali de Cálidon, o jovem herói figura apenas como um dos caçadores, o que para o mito é significativo: sua presença, longe do lar, simboliza "o desligamento, a partida do herói", despertando a seu uróboro iniciático. Desde a *Ilíada*, 1,262sqq., no entanto, já o encontramos em companhia do herói ateniense Teseu na luta contra os Centauros que pretendiam raptar e violentar-lhe a jovem esposa Hipodamia, no próprio dia das núpcias. A amizade fraternal entre os dois heróis se explica pela emulação de Pirítoo: tendo ouvido ruidosos comentários acerca das façanhas de Teseu, o lápita quis pô-lo à prova. No momento, porém, de atacá-lo, ficou tão impressionado com o porte majestoso do herói da Ática, que renunciou à justa e declarou-se seu escravo. Teseu, generosamente, lhe concedeu sua amizade para sempre. Com a morte de Hipodamia, Pirítoo passou a compartilhar mais de perto das proezas de Teseu. Duas das aventuras mais sérias dessa dupla famosa foram o rapto de Helena e a catábase ao Hades, no intuito de raptar também a Perséfone. Os dois episódios, aparentemente grotescos, traduzem ritos muito importantes: o rapto de mulheres, sejam elas deusas ou heroínas, fato comum no mito, configura, conforme se comentou em *Mitologia Grega*, Vol. I, p. 144, não só um rito iniciático, mas igualmente o ritual da vegetação. Chegados a seu termo os trabalhos agrícolas, é necessário "transferir a matriz", a Grande Mãe, para receber a nova porção de "sementes", que hão de germinar para a colheita seguinte. A catábase ao Hades, também assinalada em *Mitologia Grega*, Vol. III, p. 114, simboliza a *anagnórisis*, o autoconhecimento, "a queima" do que resta do homem velho, para que possa eclodir o homem novo. Voltando ao rapto e à catábase,

é bom enfatizar que os dois heróis, por serem filhos respectivamente de Posídon e Zeus, resolveram que só se casariam dali em diante com filhas do pai dos deuses e dos homens e, por isso, resolveram raptar Helena e Perséfone, ambas, por sinal, ligadas à vegetação. A primeira seria esposa de Teseu e a segunda, de Pirítoo. A versão mais conhecida do rapto de Helena é aquela em que se narra a ida dos dois amigos a Esparta, quando então se apoderaram, à força de Helena, quando esta participava de uma dança ritual no templo de Ártemis Órtia. Os irmãos da menina, Castor e Pólux, saíram-lhes ao encalço, mas detiveram-se em Tegeia.

Uma vez em segurança, os raptores, esquecendo-se da deliberação anteriormente tomada, tiraram a sorte para saber quem ficaria com a princesa espartana, comprometendo-se o vencedor a ajudar o outro no rapto de Perséfone. A sorte favoreceu o herói ateniense, mas, como Helena fosse ainda impúbere, Teseu a levou secretamente para Afidna, demo da Ática, e colocou-a sob a proteção de sua mãe Etra. Diga-se de passagem que logo depois, com a ausência de Teseu, Helena será libertada por Castor e Pólux e Etra será conduzida a Esparta como prisioneira. Julgando em segurança a filha de Zeus com Leda, os dois heróis desceram ao Hades. Muito bem recebidos por Plutão, Teseu e Pirítoo foram, todavia, vítimas de sua temeridade. Convidados pelo rei dos mortos a participar de um banquete, não mais puderam levantar-se de suas cadeiras. Héracles, quando desceu ao Hades, para buscar o cão Cérbero, tentou libertá-los, mas os deuses somente permitiram que o filho de Alcmena "arrancasse" Teseu de seu assento para que pudesse retornar à luz. Pirítoo, pelos antecedentes de seu "guénos" e por seus próprios descomedimentos, há de permanecer para sempre sentado na *Cadeira do Esquecimento*. Conta-se que, no esforço feito para se soltar da cadeira, Teseu deixou na mesma uma parcela de seu traseiro, o que explicaria terem os atenienses cadeiras e nádegas tão pouco carnudas e salientes... O erro fatal dos dois heróis foi o terem se sentado e comido no mundo dos mortos. Como se mostrou em *Mitologia Grega*, Vol. I, p. 305 e Vol. II, p. 244-245, se o *comer* configura fixação, o *sentar-se* implica intimidade e permanência.

PIRRA *(I, 109; III, 36, 294).*

Πύρρα (Pýrra), *Pirra*, provém do adjetivo feminino πυρρά (pyrrá), masculino e neutro, πυρρός, πυρρόν (pyrrós, pyrrón), "vermelho forte". A base é πυρ, πῦρος (pŷr, pŷros), "fogo, chama", donde significar o antropônimo "a ruiva" (v. Piriflegetonte).

Filha de Epimeteu e Pandora, Pirra se casou com Deucalião, filho de Prometeu. Após o dilúvio Pirra tornou-se a mãe do "novo gênero humano".

Deucalião (v.) e Pirra viviam tranquilos na Ftiótida, quando Zeus resolveu afogar a humanidade num grande dilúvio universal. Poupou tão somente o casal, considerado justo e respeitador dos deuses. A arca em que se salvaram deixou-os nos píncaros do Monte Parnasso e ambos participaram da criação de novos seres humanos: as pedras lançadas para trás por Pirra transformaram-se em mulheres e as de Deucalião em homens.

Pirra é igualmente o epíteto que recebeu Aquiles (v.), quando Tétis, na tentativa de subtraí-lo à Guerra de Troia, o travestiu de mulher e o colocou entre as filhas do rei Licomedes, na Ilha de Ciros. Surgiu daí a alcunha do filho de Aquiles, Neoptólemo, denominado igualmente Pirro (v.).

PÍRRICO.

Πύρριχος (Pýrrhikhos), *Pírrico*, é um derivado de πυρρός, -ά, -όν (pyrrós, -á, -ón), "vermelho forte", πῦρ (pŷr), "fogo, chama", pelo fato de a dança, por ele inventada, ser executada também com archotes.

Um dos Curetes (v.) da ilha de Creta ou herói espartano, Pírrico é tido em algumas tradições como o criador da *pírrica*, uma dança eminentemente guerreira, executada com armas, isto é, lança, escudo e também archotes.

Outros mitógrafos, todavia, ligam a *pírrica* a Pirro (v.), alcunha do filho de Aquiles.

PIRRO *(I, 110; III, 36)*.

Πύρρος (Pýrrhos), *Pirro*, provém do adjetivo πυρρός, -ά, -όν (pyrrhós, -á, -ón), "vermelho forte, cuja base é πῦρ (pŷr), "fogo", donde significar o antropônimo "o ruivo" (v. Pirra).

Filho de Aquiles e de Deidamia, filha de Licomedes, Neoptólemo (v.) recebeu o epíteto de Pirro, isto é, "o ruivo", ou porque seu pai tivesse cabelos ruivos ou porque estivesse disfarçado, na ilha de Ciros, numa linda jovem com o nome de Pirra, "a ruiva". Acham outros que a alcunha se deve ao fato de ser também Neoptólemo muito louro ou muito tímido, tornando-se-lhe as faces com frequência ruborizadas.

Pirro era tido como epônimo da cidade de Pírrico na Lacônia e inventor da dança guerreira *pírrica* (v. Pírrico).

PISÍDICE *(III, 204-205)*.

Πεισιδίη (Peisidíke), *Pisídice*, é um composto do verbo πείθεσθαι (peíthesthai), "estar persuadido, obedecer, ter confiança" e de δίκη (díkē), "justiça", donde "a que confia na justiça". A base etimologia do verbo é **bheid*, "confiar, presente no *latim fidĕre*, "fiar em, confiar", albanês *bē*, "juramento", eslavo antigo *běda*, "opressão, constrangimento". Quanto a δίκη (díkē), cujo sentido primeiro é "direção, linha demarcada", expressa em sentido técnico, "justiça". Numa acepção mais ampla, δίκη (díkē) significa igualmente "maneira, uso, julgamento". A forma latina *dicis causa* (em que *dicis* corresponde a díkē), "por causa da fórmula, se-gundo o rito" e o sânscrito *diś*, "direção, região do céu, modo, maneira", podem ter sido criados independentemente, *DELG*, p. 284.

Há várias heroínas com este nome. A mais importante no mito é uma filha do rei de Metimna, na ilha de Lesbos.

Quando Aquiles sitiou a cidade, a princesa, vendo-o do alto das muralhas, apaixonou-se por ele e prometeu entregar-lhe a fortaleza em troca do casamento. O filho de Tétis fingiu aceitar a oferta e Pisídice abriu-lhe as portas de Metimna. Terminada a luta, que foi rápida, Aquiles mandou lapidar a heroína. Um herói, como já se acentuou no mito de Anfitrião e de outras personagens, não admite traição.

Existe um relato muito semelhante a respeito de uma heroína homônima da cidade de Monênia, na Tróada. No momento em que o filho de Tétis se preparava para invadi-la, Pisídice lançou-lhe um bilhete, anunciando que os sitiados iam capitular por falta de água. Monênia, desse modo, foi tomada sem luta. Ignora-se, todavia, o que aconteceu a Pisídice.

Há duas outras heroínas homônimas que têm grande importância na genealogia mítica. Uma delas é filha de Éolo e Enárete e a outra, que foi mãe de Argeno, é uma das filhas de Nestor e Anaxíbia.

PISÍSTRATO *(I, 129)*.

Πεισίστρατος (Peisístratos), *Pisístrato*, é um composto do elemento Πεισι-(Peisí-) do verbo πείθεσθαι (peíthesthai), "estar persuadido de, obedecer, ter confiança" da raiz **bheid*, "confiar" (v. Pisídice) e de στρα—τός (stratós), "exército acampado, exército", donde "o que impõe obediência ao exército, o que o comanda". Quanto a στρατός (stratós), "exército acampado", distinto de στίχες (stíkhes), "exército em linha de batalha", tem um correspondente exato no sânscrito *strtá*, "estendido, espalhado" ao lado de *á-strta*, "que não se pode espalhar, invencível"; antigo irlandês *sreth*, "monte, pilha, montão", latim *strues*, *DELG*, p. 1061-1062; Frisk, *Nachträge*, 181.

Caçula dos filhos de Nestor, uniu-se a Telêmaco (v.), quando este, à procura do pai, seguiu de Pilos para Esparta, conforme está na *Odisseia*, III, 36-51, 399-485; XV, 3-5.

Conta-se que o tirano de Atenas, Pisístrato, que era parente do filho de Nestor, herdou-lhe o nome.

PISO.

Πῖσος (Pîsos), *Piso*, está relacionado com πῖδαξ (pîdaks), "fonte" e seu derivado, o verbo πιδύειν (pidýein), "esguichar", donde "o borbulhante".

O primeiro herói com este nome é um filho de Perieres. Casou-se com a arcádia Olímpia e deu seu nome à cidade de Pisa, na Élida. Os habitantes de Pisa, na

Itália, em algumas versões mais recentes, diziam-se igualmente descendentes de um certo Piso, rei dos celtas e filho de Apolo Hiperbóreo.

Também Afareu possuía um filho homônimo, mas que, as mais das vezes, aparece sob a forma Πεῖσος (Peîsos), Piso.

PÍTANE.

Πιτάνη (Pitánē), *Pitane*; segundo Carnoy, *DEMG*, p. 165, provém do indo-europeu **pitu-*, que significaria "rio ou descendente de um rio".

Filha do deus-rio Eurotas, uniu-se a Posídon e foi mãe de Evadne. Tão logo nasceu, a menina foi exposta e recolhida por Épito.

Segundo uma variante, a criança teria sido entregue secretamente a seu benfeitor, que a criou. Pítane é a heroína epônima da cidade homônima no Peloponeso. Uma segunda personagem com nome idêntico teria sido uma Amazona, que fundou na Mísia a cidade de Pítane, além de Cime e Priene, respectivamente na Calcídica e na Jônia.

1 – PITEU *(III, 151-152,155)*.

Πιτθεύς (Pittheús), *Piteu*, segundo Carnoy, *DEMG*, p. 165, talvez provenha do verbo πείθειν (peíthein), "persuadir, convencer, aconselhar", donde "o conselheiro".

Filho de Pélops e Hipodamia, era irmão de Tieste, Atreu e Trézen. Com a morte deste último, Piteu assumiu o cetro da cidade de Trezena, onde construiu o mais antigo templo grego, dedicado a Apolo Teário, isto é, que protege espectadores e viajantes.

Sábio consumado, grande orador e excelente adivinho, foi ele quem decifrou o oráculo transmitido a Egeu (v.), quando este, vindo de Delfos, passou por Trezena, para consultar o inspirado de Apolo. Percebendo perfeitamente a mensagem da Pítia, o rei embriagou o hóspede e consulente e mandou levá-lo para o leito. Colocou junto dele sua filha Etra, que acabou, naquela mesma noite, ficando grávida de Teseu (v.), que foi criado e educado pelo avô, tornando-se, mais tarde, rei de Atenas, mas com direitos também assegurados sobre Trezena.

Piteu encarregou-se igualmente da educação de Hipólito, filho de Teseu com a Amazona Hipólita (v.).

2 – PITEU.

Πυθαεύς (Pythaeús), *Piteu* (que é preciso não confundir com *Pittheús*, 1 – Piteu (v.), avô de Teseu) é derivado de Πυθώ (Pythō), *Pito*, antigo nome de Delfos. A etimologia em grego é desconhecida (v. Pítia).

Além do epíteto de Apolo na ilha de Lindos, em Corinto e Esparta, Piteu é considerado um filho do deus citado. Teria vindo de Delfos para Argos, para fundar um templo em honra de Apolo Pítico.

PÍTIA ou PITONISA *(I, 102, 104; II, 88, 94-100; III, 48-49, 96, 125, 136, 143, 151, 177, 241-245, 257, 273-274, 341).*

Πυθώ (Pythṓ), *Pito*, é um nome antigo da região da Fócida, onde ficava situada *Delfos* e, em seguida, o nome da cidade que se tornou célebre pelo Oráculo de Apolo. Variante Πυθών, com o mesmo sentido, é Πυθών (Pythṓn), *Píton*. Forma paralela é Πύθων (Pýthōn), *Píton*, serpente monstruosa morta por Apolo no monte Parnasso, perto de Delfos. Derivado dos vocábulos citados é o nome Πυθία (Pythía), *Pítia*, sacerdotisa que transmitia em Delfos os oráculos de Apolo. A variante grega Πυθώνισσα (Pythṓnissa), donde o decalque latino *Pythoníssa*, *Pitonissa* e, mais comumente, *Pitonisa*, é uma forma tardia, que remonta à tradução do Antigo Testamento para o grego e à Vulgata, como está atestado em 1Cr 10,13. *Pythṓ* ou *Pythṓn* é um topônimo sem etimologia até o momento. A aproximação com o verbo πύθεσθαι (pýthesthai), "corromper-se, decompor-se", porque a serpente Píton teria apodrecido no local onde foi morta por Apolo ou com o verbo πυθάνεσθαι (pythánesthai), "aprender, informar-se, interrogar" é fantasiosa e de origem popular, *DELG*, p. 952 e 954.

Vingando-se da serpente monstruosa ou dragão Píton (v.), que lhe perseguira a mãe Leto durante a gravidez, Apolo o matou a flechadas. Tirou-lhe a pele e com ela cobriu a trípode de bronze sobre que se sentava sua sacerdotisa e intérprete, denominada, por isso mesmo, *Pítia* ou *Pitonisa*. Esta, possivelmente em estado de êxtase e entusiasmo (v. Mântica), mas *possuída* de Apolo, respondia às consultas que lhe eram formuladas. De início, havia apenas uma Pítia, normalmente, ao que parece, uma jovem camponesa de Delfos, escolhida pelos sacerdotes de Apolo. Mais tarde, a intérprete do deus deveria ter ao menos cinquenta anos. Quando o Oráculo atingiu o apogeu, entre os séculos VI e V a.C., havia três sacerdotisas e, à época da decadência do mesmo, no século II p.C., voltou a funcionar apenas uma. Antes de qualquer consulta, segundo algumas fontes autorizadas, ao menos no que concerne ao indispensável, havia um ritual tanto para os consulentes como para a sacerdotisa. Aqueles, após pagarem uma taxa, que não era igual para todos, e se purificarem com água da fonte Castália, ofereciam um sacrifício cruento a Febo: em geral imolava-se um bode ou uma cabra. Originariamente as consultas se faziam uma vez por ano, no dia *sete do mês Bísio* (v. Apolo), aniversário do senhor de Delfos. Com o aumento da clientela, aquelas passaram a ser feitas no dia sete de cada mês, exceto no inverno, quando o deus estava em repouso no país dos Hiperbóreos. Se o sacrifício oferecido fosse favorável, quer dizer, se o animal, cabra ou bode, antes de ser imolado, uma vez aspergido com água fria, começasse a tremer, o dia era fasto. Neste caso, a Pítia, ricamente indumentada e após purificar-se com água da mesma fonte Castália, dirigia-se para o Templo de Apolo, seguida dos sacerdotes e dos consulentes. Realizadas as fumigações de praxe com folhas de loureiro, árvore sagrada de Apolo, e com farinha de cevada no "fogo eterno do deus Pítio", a profetisa descia para o *ádyton*, "o inacessível, o sacrossanto", isto é, uma pequena sala localizada sob a cela do templo, enquanto os sacerdotes, os *mánteis*, os *profetas* ficavam numa saleta ao lado, de onde formulavam em altas vozes as suas perguntas. A Pítia, após beber água da fonte Cassótis, que, diziam, corria no *ádyton*, sentava-se na trípode e tocava no *omphalós* (v.), no "umbigo", centro da terra, ali representado por uma pedra. Em seguida, mastigando folhas de loureiro, respirava as exalações (pneúmata), que proviriam de uma fenda aberta no solo, o que, diga-se logo, jamais foi detectado em Delfos; entrava em êxtase e entusiasmo, "possuída" de Apolo, e balbuciava palavras entrecortadas, que eram recolhidas pelos sacerdotes. Essas palavras "incoerentes" eram redigidas, sob forma de resposta, em verso hexâmetro e mais tarde também em prosa e oferecidas aos consulentes. O sentido, as mais das vezes equívoco, era normalmente interpretado por exegetas *ad hoc*. De qualquer forma, "Os Oráculos" traduziam a vontade todo-poderosa de Delfos, uma vez que Apolo foi para todo o mundo grego o árbitro e o garante da ortodoxia, o *exegeta nacional*, como diria Platão. Os oráculos délficos são conhecidos por textos literários, particularmente do historiador Heródoto (séc. V a.C.) e por inscrições. Algumas respostas da Pitonisa de Lóxias, sobretudo as mais antigas, redigidas em hexâmetros datíflicos, ficaram célebres por causa de seu sentido obscuro e ambíguo, conforme se expôs em *Mitologia Grega*, Vol. II, p. 98.

No que se refere aos propalados *vapores* que embriagavam a Pítia no *ádyton* e ao *êxtase e entusiasmo* da mesma, é mister, ao menos, ventilar o assunto e estabelecer sumariamente o *status quaestionis*. As tão comentadas exalações que, emanando do solo, no Parnasso, inebriavam pastores, cabras e, mais tarde, a Pítia, fazendo com que os primeiros, tomados de entusiasmo, começassem a profetizar e os animais entrassem numa grande excitação, nenhum índice geológico, até o momento, as comprovou.

Acerca do *êxtase* e do *entusiasmo* da sacerdotisa, os quais seriam de origem dionisíaca, muito se tem discutido. Há os que simplesmente os negam, como o sábio Mircea Eliade, que se apoia em Plutarco e numa assertiva de Platão. Para Plutarco (*Pítia*, 7,397) "O deus contenta-se em colocar na Pítia as visões e a luz que iluminam o futuro: nisto consiste o entusiasmo". O historiador grego esqueceu-se apenas de comentar "como essas visões e essa luz eram colocadas na profetisa" Não poderiam ser pelo êxtase e pelo entusiasmo? Com respeito a Platão, comenta Eliade (*História das crenças e das ideias religiosas*, p. 104sq.): "Tem-se falado do delírio pítico, mas nada indica os transes histéricos ou possessões do tipo dionisíaco". Platão compara o delírio da Pítia à inspiração poética devida às Musas e ao arrebatamento amoroso de Afrodite. Esta opinião do filósofo ateniense colidirá, todavia, com outras do mesmo autor. Com efeito, para os gregos a *mania*, a loucura sagrada, alicerçada no êxtase e no entusiasmo, era inseparável de Dioniso. Eurípides, nas *Bacantes*, pelos lábios de Tirésias, afirma que *Baco e sua mania fazem prever o futuro (Bac., 300sq.)*.

A dificuldade maior é explicar a presença de Dioniso em Delfos. Uma presença tão marcante, que, no inverno, quando Apolo se retirava para o país dos Hiperbóreos, o deus do ditirambo reinava soberano no Parnasso, sem, todavia, se imiscuir pessoalmente no Oráculo. Há os que argumentam que Baco deve ter precedido ao filho de Leto em Delfos e, nesse caso, a Pítia seria uma *mênade apolinizada*, o que justificaria o êxtase e o entusiasmo na mesma, uma vez que é impossível se negar o "parentesco" da *mania* com a *mântica*. Tal fato, porém, não implica que o êxtase e o entusiasmo obrigatoriamente deságuem em processo mântico: as Mênades ou Bacantes, embora possuídas da *mania* báquica, não eram profetisas! Outros opinam que a sizígia de dois deuses antagônicos como Apolo e Dioniso traduziria uma das características básicas do apolinismo: a conciliação e a harmonização dos diversos cultos e ritos helênicos.

PITIREU.

Πιτυρεύς (Pityreús), *Pitireu*, consoante Chantraine, *DELG*, p. 907, é um derivado de πίτυρα (pítyra), "farelo de trigo, fardo de grãos"; talvez se trate de um hipocorístico e o antropônimo poderia significar "o portador de grãos ou farelo de trigo nas cerimônias rituais". Quanto à etimologia do vocábulo grego, Schwyzer, *Griechische Grammatik*, I, 258, opina que talvez se trate de uma dissimilação de *πυτύρον (*pytýron), podendo-se, no caso, aproximá-lo do latim *pūtus*, "puro", sânscrito *pávate*, "purificar", alemão antigo *fowen*, "joeirar".

Descendente de Íon, Pitireu reinava em Epidauro, quando do retorno dos Heraclidas. Pacificamente cedeu o trono a Deifonte e retirou-se para Atenas com seus companheiros. O filho do herói, Procles, preferiu seguir roteiro diferente e levou uma colônia de jônios de Epidauro para a ilha de Samos.

PÍTIS.

Πίτυς (Pítys), *Pítis*, está etimologicamente relacionado com o latim *pinus*, "pinheiro", albanês *pishë*, "pinheiro, tocha", *DELG*, p. 908. Pítis significa, pois, "o pinheiro".

Amada pelo deus Pã, a ninfa Pítis, para fugir-lhe à implacável perseguição, pediu aos deuses que a transformassem em pinheiro. O deus apaixonado passou a coroar-se com folhas dessa árvore.

Uma variante atesta que eram dois os apaixonados pela ninfa: Bóreas e Pã. Pítis preferiu o segundo. Enciumado, Bóreas lançou-a do alto de um penhasco. Compadecida, a Terra acolheu-a em seu seio e transformou-a em pinheiro. A alma de Pítis emite longos gemidos, quando Bóreas com seu sopro lhe acaricia as folhas, mas prazerosamente oferece suas folhas e ramos para que Pã ornamente com eles a fronte.

PITO.

Πειθώ (Peithố), *Pito*, provém do verbo πείθειν (peíthein) ou mais precisamente do médio passivo πείθεσθαι (peíthesthai), "persuadir, ser persuadido, ter confiança, convencer, obedecer". A raiz do verbo grego é *bheidh, cujo correspondente latino é o verbo *fidĕre*, "fiar-se em, ter confiança, confiar", daí os apelativos de sentido jurídico, "a palavra dada, promessa solene, juramento"; *fidus*, "digno de fé, leal", *foedus*, "tratado de aliança, pacto", *DELG*, p. 869. Pito é, pois, a "Persuasão".

Persuasão divinizada, Pito figura no cortejo de divindades secundárias, que acompanham Afrodite. É, por vezes, considerada como filha de Ate, "a cegueira da razão". Outras variantes, porém, oriundas da reflexão sobre Pito, apontam-na como filha de Prometeu e irmã de Tique (v.), "a Sorte, o Acaso" e de Eunômia, "a Boa Ordem".

Hesíodo, na *Teogonia*, 349, aponta uma Pito entre as filhas de Oceano e Tétis. A Oceânida hesiódica, "que ajuda a alimentar a juventude dos homens", se casou com Argos (v.).

Existe na Arcádia uma heroína homônima, que se uniu a Foroneu (v.) e foi mãe de Egialeu e de Ápis.

PÍTON *(I, 104; II, 58-59, 64, 84, 86, 94-97, 176; III, 45, 45³⁴, 49)*.

Πύθων (Pýthōn), *Píton*, é, como se comentou no verbete *Pítia* (v.), palavra sem etimologia, até o momento.

Píton era a guardiã do Oráculo pré-apolíneo de Geia. Ao que parece, era a princípio uma δράκαινα (drákaina), um dragão fêmea, nascido da própria *Geia*, Terra, e que possuía igualmente o epíteto de *Delfine*. Embora se ignore a etimologia de *Delfos*, os gregos sempre a relacionaram com δελφύς (delphýs), *útero*, a cavidade misteriosa para onde descia primeiramente *Píton* ou *Delfine*, e depois a Pítia, para responder às perguntas dos consulentes. Tendo *Píton* movido tenaz perseguição a Leto, quando grávida de Apolo e Ártemis, certamente por instigação de Hera, Apolo, tão logo veio à luz, resolveu vingar os sofrimentos de sua mãe. Escalou o Parnasso em companhia de Ártemis e transpassou a flechadas a Píton. Tirou-lhe a pele e com ela cobriu a trípode sobre a qual se sentaria a Pítia. Para perpetuar a memória do triunfo de Febo Apolo sobre *Píton* e para se ter o dragão *in bono animo*, "sem mágoas e sem rancores" (e é este um dos sentidos dos *jogos fúnebres*), celebravam-se em Delfos, lá nas alturas do Parnasso, de quatro em quatro anos, os *Jogos Píticos*.

PLÁTANO.

Πλάτανος (Plátanos), *Plátano*, é uma forma posterior a πλατάνιστος (platánistos), já presente na *Ilíada*, II, 307, 310. Para Frisk, *platánistos* talvez seja um empréstimo, que, influenciado por πλατύς (platýs), "amplo, largo", passou a significar árvore "de folhas largas ou de casca lisa", *GEW*, s.u. A forma secundária *plátanos*, "plátano", apresenta um sufixo que, por vezes, se encontra em nomes de plantas. O latim possui *platanus*, "plátano", simples empréstimo ao grego.

Irmã dos Alóadas (v.) Oto e Efialtes, foi transformada em plátano, após o trágico desaparecimento dos irmãos, fulminados por Zeus ou mortos por artimanha de Ártemis (v.).

PLÊIADES *(II, 191,191⁹⁴)*.

Πλειάδες (Pleiádes), *Plêiades*, em Homero, Hesíodo e Safo a variante gráfica Πληιάδες (Plēiádes) é consequência de alongamento métrico. A forma Πελειάδες (Peleiádes) sofreu influência de πέλεια (péleia), "pomba", por terem sido as Plêiades transformadas em "pombas", para fugirem do caçador Oríon (v.). A etimologia do vocábulo ainda não é muito clara. A aproximação com o iraniano, persa *parvin*, *pērūne*, avéstico *paoiryaēinyas*, nome de uma "constelação", oferece dificuldade em determinados pormenores. O grego Πλειάδες (Pleiádes) pode ter sido influenciado pelo verbo πλεῖν (pleîn), "navegar", uma vez que o surgir e o desaparecer das Plêiades têm um significado preciso para os navegantes, *DELG*, p. 913.

Filhas do gigante Atlas e de Plêione, as Plêiades são sete irmãs divinizadas, as sete estrelas da constelação denominada Plêiades.

Chamavam-se Taígeta, Electra, Alcíone, Astérope, Celeno, Maia e Mérope. Uma variante seguida por Calímaco (310-240 a.C.), num poema de que nos resta apenas um fragmento, as Plêiades eram filhas de uma rainha das Amazonas e às quais se devia a instituição dos coros de dança e das festas noturnas. No poeta de Cirene, mas que viveu em Alexandria, chamavam-se elas Cocimo, Gláucia, Prótis, Partênia, Maia, Estoníquia e Lâmpado. A estas se acrescentam, por vezes, Calipso e Dione.

Todas as Plêiades se uniram a deuses, com exceção de Mérope. Esta, por ter-se casado com Sísifo, ficou tão envergonhada, que a estrela, que lhe é consagrada, tornou-se a menos brilhante da Constelação.

Somente Posídon uniu-se a duas delas: com Alcíone foi pai de Híperes e Antas, fundadores da cidade, que mais tarde se denominaria Trezena, e com Celeno teve Nicteu.

Certo dia, quando, em companhia da mãe, visitavam a Beócia, as Plêiades se encontraram com Oríon (v.). Apaixonado por elas o gigantesco caçador as perseguiu durante cinco anos. Já exaustas, foram transformadas em pombas. Compadecido da sorte das filhas de Atlas, Zeus as metamorfoseou em estrelas, formando a Constelação das Plêiades. Uma versão diferente atribui-lhes a metamorfose à tristeza profunda que delas se apossou, quando o pai dos deuses e dos homens condenou Atlas a suportar em seus ombros a abóbada celeste. Relata-se também que as Plêiades e suas cinco irmãs, as Híades (v.), foram transformadas em estrelas após se terem suicidado, inconsoláveis com a morte de seu irmão Hias, picado por uma serpente.

Quando Ílion foi tomada pelos aqueus, a plêiade Electra, de que descendia a família real de Troia, deixou em sinal de desespero a companhia das irmãs e foi transformada em cometa.

PLÊIONE *(II, 191[94])*.

Πληϊόνη (Plēïónē), *Plêione*, tem a mesma formação etimológica que Plêiades (v.).

Filha de Oceano e Tétis, foi mãe das Plêiades (v.) e, segundo alguns mitógrafos, também das Híades (v.) e de um filho, Hias (v.).

Apaixonado por Plêione e suas filhas, o caçador Oríon, belo, mas violento, perseguiu-as durante cinco anos através da Beócia. Zeus, por fim, a transformou em estrela juntamente com as filhas.

PLEMNEU.

Πλημναῖος (Plēmnaîos), *Plemneu*, segundo Carnoy, *DEMG*, p. 166, talvez provenha de πλήμνη (plémnē), "cubo de roda" ou, conforme Hesíquio, de πλῆμυνος (plêmnos), "antigo".

Filho de Pérato, Plemneu é um dos antigos reis de Sicione, consoante Pausânias. Foi pai de Ortópolis (v.), o único filho que sobreviveu da família. Plemneu introduziu em Sicione o culto de Deméter e ergueu-lhe um templo.

PLÊURON.

Πλευρών (Pleurṓn), *Plêuron*, "costa, flanco", é o nome de uma cidade costeira da Etólia. Πλευρών (Pleurṓn) e o adjetivo πλευρώνιος (pleurṓnios) já aparecem no micênico *pereuronade* (para a costa) e o étnico *pereuronijo*, "costeiro". A etimologia não é clara. O vocábulo talvez tenha base πλεϝ-ρο (plew-ro), de *ολε-ϝαρ (*ple-war) e pertenceria à vasta família etimológica de **pel*, "estender, alargar", *DELG*, p. 915.

Filho de Etolo e Prônoe, o herói é irmão de Cálidon. Epônimo da cidade etólia de Plêuron, casou-se com Xantipa, filha de Doro, consagrando destarte para sempre o parentesco entre etólios e dórios. Foi pai de quatro filhos: Agenor, Estérope, Estratonice e Laofonte.

Uma variante atribui-lhe apenas dois filhos, Cures e Cálidon.

Como bisavô de Leda, Plêuron possuía um santuário em Esparta.

PLEXIPO *(III, 150)*.

Πλήξιππος (Pléksippos), *Plexipo*, é um composto do verbo πλήσσειν (pléssein), "ferir, bater, chicotear" εἵππος (híppos), "cavalo", donde "o que chicoteia o cavalo, o cavaleiro". O verbo *plessein* tem por base **pla-q-*, lituano *plakù*, *plókis*, "ferir, bater, corrigir", latim *plectĕre*, "punir", *DELG*, p. 917. Quanto a ἵοοπς (híppos), "cavalo", v. Hipe.

Há três heróis com este nome. O primeiro é um irmão de Alteia, tio, por conseguinte, de Meléagro (v.). Este o matou na caçada de Cálidon, fato que acabará provocando igualmente a morte trágica do assassino. O segundo é um dos filhos de Fineu (v.) e Cleópatra. Foi cegado pelo próprio pai. O terceiro Plexipo é um dos filhos de Córico (v.), que foi escorchado por Zeus.

PLÍSTENE *(I, 78)*.

Πλεισθένης (Pleisthénēs), *Plístene*, é composto de uma forma *πλεῖς (*pleîs), "mais numeroso, muito mais" e de σθένος (sthénos), "força", donde significar o antropônimo "o bem mais forte, o muito forte". Na realidade, a forma *pleîs está ligada etimologicamente a πλείων (pleíōn), "muito mais", comparativo de πολύς (polýs), "muito". Veja-se o latim *plerusque*, *plerique*, "a maior parte, o maior número, muitos". Todo o conjunto, porém, está relacionado com o verbo πιμπλάναι (pimplánai), "encher". No tocante a σθένος (sthénos), "força, poder", é um termo arcaico sem etimologia definida, *DELG*, p. 913-914 e 1000; Frisk, *GEW*, s.u. σθένος (sthénos).

Plístene está presente tanto na genealogia dos atridas quanto na dos pelópidas, mas são muitas as variantes, de sorte que a origem do herói varia de versão para versão. Nas tradições mais antigas ele aparece como filho de Pélops e Hipodamia e, por conseguinte, irmão de Atreu e Tieste. Uma variante, no entanto, o faz descender de Pélops e de outra mulher que não Hipodamia.

Em tradições posteriores, Plístene surge como filho de Cleola e de Atreu, quando este se estabeleceu em Macisto, na Trifília (v. Dias), embora Aérope (v.) figure, às vezes, como mãe ou até mesmo esposa do herói.

Os trágicos mostraram-lhe uma genealogia um pouco diferente: Atreu seria o pai de Plístene e este de Agamêmnon e Menelau. Morto jovem, por ser de saúde muito frágil, Plístene entregou os filhos (aos quais se acrescenta uma filha, Anaxíbia) a Atreu para que os criasse e educasse. É por isso que os dois heróis da

PLUTÃO

Guerra de Troia são chamados atridas (v. *Mitologia Grega*, Vol. I, p. 78).

Na *Fábula 86*, Higino relata uma outra versão, que é certamente tardia: Plístene seria filho de Tieste e irmão de Tântalo. Atreu os matou, para vingar-se do irmão Tieste. Na *Fábula 88*, o mesmo mitólogo apresenta uma tradição diferente: Plístene era filho de Atreu, mas fora criado por Tieste, que julgava tratar-se de um filho seu. Desejando vingar-se de Atreu, ordenou ao filho que o assassinasse. Na luta que se travou Atreu matou a Plístene, percebendo já demasiadamente tarde que derramara o sangue do próprio filho.

PLUTÃO *(I, 73, 200, 204, 226, 241, 243, 285, 290, 300, 304, 307, 311-313, 316, 334, 348; II, 32⁴, 90, 115, 118, 135, 142, 171, 181, 218, 244, 246-247; III, 82, 87, 109, 112-113, 171, 259, 310, 324, 345-346).*

Πλούτων (Plútōn), *Plutão*, com uma desinência inédita é mera alteração de πλοῦτος (Plûtos), Pluto (v.), o qual, como já se mostrará, provém do radical do verbo πλεῖν (pleîn) com o sentido de "flutuar", daí "expandir-se, inundar", empregado a princípio para designar uma "colheita abundante", uma vez que Pluto é o dispensador dos produtos da terra. Pluto está relacionado etimologicamente com πολύς (polýs), "muito" e com o verbo πιμπλάναι (pimplánai), "encher", latim *plere*, "encher"; *plenus*, "cheio".

Plutão é um duplo eufemístico e cultural de Hades, o deus dos mortos, que designa tanto "os infernos" quanto seu rei.

Plutão é "o rico" não apenas com referência a seus hóspedes inumeráveis, mas também às riquezas inexauríveis das entranhas da terra (v. Hades).

No sincretismo greco-latino Pluto foi assimilado ao deus agrário latino *Dis Pater*, em que *Dis* é uma forma contrata de *diues*, "rico", donde *Dis Pater* é "o pai da riqueza".

PLUTO *(I, 159, 285, 312; II, 135).*

Para Chantraine, *DELG*, p. 918, Πλοῦτος (Plûtos) provém do radical do verbo πλεῖν (pleîn) com o sentido de *flutuar*, daí *expandir-se, inundar*, a princípio empregado para designar uma *colheita abundante*, uma vez que Pluto é o dispensador dos produtos da terra. Não há dúvida, todavia, de que Πλοῦτος (Plûtos) esteja relacionado etimologicamente com πολύς (polýs), "muito, numeroso", πίμπλημι (pímplēmi), "eu encho", lat. *plere*, "encher"; *plenus*, "cheio". *Pluto* é a personificação da *riqueza*, em grego πλοῦτος (plûtos), daí *plutocracia*, o poder do dinheiro.

Pluto, no *Catálogo dos Heróis* de Hesíodo (*Teog.*, 969-970), é filho de Iásion e Deméter, "a terra cultivada e fecunda". Nascido em Creta, o deus fazia parte do séquito de Deméter e Perséfone, sob a forma de um jovem ou de um menino robusto, que transportava uma cornucópia. Mais tarde, afastando-se do grupo *das duas deusas*, tornou-se o deus da riqueza e foi exatamente com o título de *Plûtos* que mereceu uma comédia (talvez a última) do grande cômico Aristófanes (séc. V a.C.). O deus da riqueza é concebido como cego, porque favorece tanto os justos quanto os injustos. Consoante Aristófanes, foi o próprio Zeus quem o cegou, para impedi-lo de atender apenas aos bons e forçá-lo a socorrer igualmente os maus.

Se, na realidade, o deus da abundância foi eclipsado no *Hh. a Deméter*, uma estreita relação sempre existiu, desde tempos imemoriais, entre os cultos agrários e a religião dos mortos e foi, desse modo, que o *rico em trigo*, Πλοῦτος (Plûtos), *Pluto*, acabou por confundir-se com outro rico, o *rico em hóspedes*, πολυδέγμων (polydégmōn), que se comprimem no Hades. Pois bem, esse *rico em trigo*, esse *deus da riqueza*, com uma desinência inédita, se transmutou, sob o vocábulo Πλούτων (Plútōn), *Plutão*, num duplo eufemístico e cultural de Ἅιδης (Hádēs), *Hades*, que designa tanto o reino dos mortos quanto seu rei, *Plutão*.

No que tange à ligação entre o culto do campo e o Hades, o fenômeno é facilmente explicável: se os mortos, cujo rei é Plutão, habitam as entranhas da Terra-Mãe (Deméter) e se as sementes, cuja projeção é Pluto, germinam no seio desta mesma Terra, os mortos são guardiães das sementes. Deles sempre dependerá a safra, sob a égide de *Pluto-Plutão*.

PODALÍRIO *(II, 90; III, 50-51, 288).*

Ποδαλείριος (Podaleírios), *Podalírio*, é composto do acusativo de relação Πόδα- (Póda-) de πούς, ποδός (pús, podós), "pé" e de λείριον (leírion), "lírio", donde significar o antropônimo "o que tem pés de lírio". Quanto a *pús, podós*, "pé", trata-se de um vocábulo antigo que se encontra em muitas línguas indo-europeias: no armênio *otkʻ*, "pés"; no germânico, norueguês *fotr*, "pé"; anglo-saxão *fēt*, "pés"; latim *pes, pedis*, "pé"; no sânscrito *pát*, ac. *pádam*, gen. *padáḥ*, "pé"; hitita *pada*, "pé" (v. Melampo), *DELG*, p. 933. *Leírion*, "lírio", é empréstimo a uma língua do Mediterrâneo oriental.

Filho do deus-médico Asclépio e de Epíone ou Lampécia, era irmão de outro médico famoso, Macáon (v.). Pretendentes ambos à mão de Helena, participaram com brilhantismo da Guerra de Troia, não apenas como médicos, mas também como combatentes. Podalírio era o que se poderia denominar hodiernamente um clínico geral, enquanto Macáon se celebrizou mais como cirurgião.

Foi Podalírio quem tratou dos sérios ferimentos sofridos por Epeu e Acamas nos jogos fúnebres em memória de Aquiles, mas sua ação mais célebre foi a ajuda que prestou a seu irmão Macáon na cura da grave e repugnante ferida de Filoctetes (v.). Com a morte de Macáon às mãos da Amazona Pentesileia ou, segundo outros, de Eurípilo, o grande clínico e combatente procurou a todo preço vingar o irmão e parece que o conseguiu.

Terminada a guerra, Podalírio, em companhia de Calcas, Anfíloco, Leonteu e Polipetes, seguiu por terra até Cólofon. Morto Calcas (v.), o herói retornou à Hélade com a finalidade de saber do Oráculo de Delfos o destino que deveria tomar. A Pítia respondeu-lhe que "escolhesse uma região tal que, se o céu lhe caísse ao redor, ele nada tivesse a temer". O filho de Asclépio compreendeu imediatamente que o único local em tais condições era o Quersoneso da Cária, cercado de montanhas por todos os lados.

Acerca da ida do herói para a Cária existe uma variante: lançado por uma tempestade nas costas do Quersoneso, Podalírio foi salvo por um pastor de cabras e levado à corte do rei local, Dameto, que o cumulou de atenções. Como Sirna (v.), a filha do soberano, estivesse muito mal, já em agonia, após cair do teto do palácio, o grande médico logrou salvá-la. Como recompensa foi agraciado com a mão da jovem e recebeu ainda uma península, onde fundou a cidade de Sirno, em homenagem à esposa.

Na Itália, certamente do Sul, quer dizer, na Magna Grécia, existiam dois santuários, um nos sopés do Monte Dríon, consagrado a Podalírio e o outro nos píncaros da montanha homônima, dedicado a Calcas, mandado construir pelo filho de Asclépio. Todo aquele que sacrificasse a Podalírio ou a Calcas um carneiro negro e dormisse sobre a pele do mesmo teria sonhos proféticos, que resultavam no conhecimento de fatos futuros ou em curas miraculosas.

PODARCES *(Il, 119).*

Ποδάρκης (Podárkēs), *Podarces*, é um composto de πούς, ποδός (pús, podós), "pé" (v. Podalírio), e de um tema -ἀρκής (-arkḗs), do verbo ἀρκεῖν (arkeîn), "proteger, socorrer", donde "aquele que se vale dos pés, o de pés ligeiros", como emprega Homero em relação a Aquiles, *Il.*, XVIII, 181. O verbo *arkeîn* pode ser aproximado do latim *arcēre*, "conter, manter, afastar", e de *arx, arcis*, "lugar fortificado, refúgio, proteção".

Tendo Héracles tomado a cidadela de Troia, matou todos os filhos de Laomedonte (v.), exceto Podarces, ainda muito jovem, e sua irmã, a princesa Hesíona, que o herói obrigou a se casar com Telamón (v.). Num gesto de generosidade, pôs à disposição da jovem esposa o escravo que a mesma desejasse. Hesíona escolheu Podarces. Como Héracles argumentasse que aquele deveria primeiro tornar-se escravo e, em seguida, ser comprado por ela, a princesa retirou o véu com que se casara e o ofereceu como resgate do irmão.

Tal fato explica a mudança do nome de *Podarces* para *Príamo*, o futuro rei de Troia, nome que miticamente significaria "o comprado, o resgatado" (v. Príamo).

O segundo herói homônimo é um filho de Íficlo que seguiu com seu irmão Protesilau para a Guerra de Troia. Após a morte deste último, assumiu o comando do contingente tessálio de Fílace. Matou em combate a Amazona Clônia, mas pereceu às mãos da brava Pentesileia. Os aqueus ergueram-lhe um túmulo em separado e concederam-lhe honras singulares.

PODARGE.

Ποδάργη (Podárguē), *Podarge*, é um composto de πούς, ποδός (pús, podós), "pé" (v. Podalírio) e do feminino do adjetivo αργός, -ή, -όν, (argós, -ḗ, -ón), "branco cintilante, rápido, ágil", donde significar o vocábulo "a de pés rápidos", v. Argos e Argo.

Podarge, já em Homero, *Il.*, XVI, 150, é o nome de uma das Harpias (v.). Unida ao deus-vento Zéfiro, foi mãe dos cavalos Xanto e Bálio, os corcéis de Aquiles. Algumas tradições afiançam ter sido ela igualmente a mãe dos cavalos dos Dioscuros ou de Diomedes, chamados Flógeo e Hárpago.

PODES.

Ποδῆς (Podês), *Podes*, talvez seja uma abreviatura de Πόδαργος (Pódargos), *Podargo*, o cavalo de Heitor, *DEMG*, p. 167, v. Podarge.

Podes é um herói troiano, amigo íntimo de Heitor. Foi morto por Menelau quando da luta em torno do cadáver de Pátroclo, *Il.*, XVII, 575-581.

POEMANDRO.

Ποίμανδρος (Poímandros), *Poemandro*, é um composto de ποιμής (poimḗn), "pastor, chefe", e de ἀνήρ, ἀνδρός (anēr, andrós), "homem viril, herói", donde significar o antropônimo "o chefe dos pastores, o que comanda os povos". Para a etimologia grega de *anḗr, andrós* v. Agenor e Alexandre. Quanto a ποιμήν (poimḗn), "pastor", o vocábulo já se encontra no micênico *pome*, com o dativo *pomere*, genitivo *pomeno* e o adjetivo derivado *pominijo*. O báltico possui a forma *piemuō*, "jovem pastor", sânscrito *pāyú-*, avéstico *pāyu-*, "guardião". Uma aproximação com o latim *pascĕre*, "nutrir, alimentar, pastar", daí *pastor, ōris*, "pastor", é plausível.

Filho de Queresilau e de Estratonice, Poemandro é um herói beócio. Casou-se com Tanagra, filha do deus-rio Asopo ou de Éolo. Fundou, já como rei, a cidade de Poemândria a que deu mais tarde o nome da esposa. Como os habitantes de Tanagra se recusassem a participar da Guerra de Troia, Aquiles avançou contra a Beócia, sequestrou Estratonice e matou o neto de Poemandro. Este conseguiu escapar e começou a fortificar Poemândria, que, até o momento, não possuía muralhas. Logo nos inícios dos trabalhos, porém, o pedreiro Polícrito insultou o rei, que, fora de si, pegou uma enorme pedra e lançou-a contra o insolente, mas, tendo errado o alvo, atingiu mortalmente o próprio filho Leucipo. Após tão grave desventura, o rei foi obrigado a abandonar a Beócia, mas, como esta estivesse cercada pelos inimigos, o monarca teve que pedir permissão a Aquiles. O filho de Tétis o consentiu e enviou-o para Caleis, onde reinava Elefenor, que purificou o assassino do próprio filho. Grato a Aquiles, Poemandro mandou construir-lhe um santuário em Tanagra.

PÓLIBO *(III, 23, 242[180]-243, 246, 257, 267, 271).*

Πόλυβος (Pólybos), *Pólibo*, segundo Carnoy, *DEMG*, p. 168, talvez provenha de um composto *πολυβφος (*polybphos), "o rico em bois", isto é, "rico". A admitir tal formação, o primeiro elemento do antropônimo seria πολύ- (polý-), "muito, abundante, rico", e o segundo βoFo- (bowo-), "boi, rebanho", o que dificilmente explicaria *Pólybos*.

Em princípio, Pólibo é o nome de um rei de Tebas de "cem portas" no Egito, o qual acolheu Menelau e Helena, quando do tumultuado regresso do casal de Troia para Esparta. Na Hélade, Pólibo é um rei de Sicione, o qual passava por ser filho de Hermes e de Ctonofila e possuía em suas veias o sangue das casas reais de Argos e dos Erectidas de Atenas. Foi pai de Lisianassa ou Lisímaca, que, em se casando com Tálao, rei de Argos, foi mãe, entre outros heróis, de Adrasto e Prónax. Após o assassinato de Tálao (v. Adrasto) por Anfiarau (v.), Adrasto se refugiou na corte de Pólibo, que, morrendo sem herdeiro homem, legou-lhe o trono. Um terceiro herói com o nome de Pólibo é o rei de Corinto, que recebeu a Édipo (v.) recém-nascido e o criou como filho.

POLIBOTES *(I, 212).*

Πολυβώτης (Polybótēs), *Polibotes*, é um composto de πολύς (polýs), "muito, numeroso" (v. Polímnia) e de uma forma -βότο (-bóto) que se alterna com -βωτο (-bōto) e, assim, a par de πολύβοτος (polýbotos) tem-se πολύβωτος (polýbōtos), "que fornece uma boa pastagem, bem-nutrido". A forma primeira é o verbo βόσκειν (bóskein), "nutrir, fazer pastar", donde significar o antropônimo "o que nutre bem o seu rebanho" ou "o rico em rebanhos", *DELG*, p. 186. Segundo outros, o nome do Gigante poderia ser interpretado como "o bem-nutrido, o forte". O verbo grego em pauta está claramente relacionado com o lituano *gúotas*, "rebanho".

Polibotes foi um dos Gigantes que lutaram contra os deuses. Perseguido sem tréguas por Posídon até a ilha de Cós, o deus, já impaciente, arrancou um pedaço da ilha e massacrou o inimigo. Formou-se, desse modo, a ilhota de Nisiro.

POLICÁON.

Πολυκάων (Polykáōn), *Policáon*, é um composto de πολύς (polýs), muito, numeroso" (v. Polímnia) e de um segundo elemento ainda obscuro, como em Nausícaa (v.), mas talvez se pudesse interpretar o antropônimo como "aquele que muito se preocupa", Carnoy, *DEMG*, p. 168.

Filho caçula de Lélex (v.) e Perideia, Policáon se casou com Messena, filha de Tríopas. Não sendo o herdeiro paterno, resolveu, a conselho da esposa, fundar um reino em outra parte. Acompanhado de argivos e de lacedemônios, ergueu a cidade de Andânia e colonizou uma parte do Peloponeso a que deu o nome de Messênia em homenagem à mulher.

É preciso distinguir no mito este Policáon de seu homônimo, que se uniu a Evecme, filha de Hilo e Íole.

POLICASTA.

Πολυκάστη (Polykástē), *Policasta*, é, ao que parece, um composto de πολύς (polýs), "muito, numeroso" (v. Polímnia) e do verbo καίειν (kaíein), queimar, brilhar", donde "a que brilha intensamente". No tocante ao verbo em pauta, a raiz seria o indo-europeu *qeu, "queimar, brilhar".

Há duas heroínas com este nome. A primeira é filha de Nestor. A princesa, como era de praxe, quando se tratava de hóspedes ilustres, preparou o banho para Telêmaco, quando este visitou Pilos (*Odiss.*, III, 464-467). Em tradições posteriores, o filho de Ulisses se uniu a Policasta, que lhe deu um filho chamado Persépolis. A segunda Policasta é a esposa de Icário e mãe de Penélope. Numa variante muito seguida por sinal, em vez de Policasta, aparece Peribeia como mulher de Icário. Policasta, neste caso, seria uma filha de Ligeu (v. Icário).

POLÍCRITA.

Πολυκρίτη (Polykrítē), *Polícrita*, é um composto de πολύς (polýs), "muito, numeroso" (v. Polímnia) e do verbo κρίνειν (krínein), "separar, escolher, decidir, julgar", donde, como o antropônimo é formado com base no adjetivo verbal κριτός (kritós), "escolhido, excelente", deve ser interpretado como "a apreciada por muitos" ou "a muito estimada". O sufixo nasal de κρίνω(krínō) que supõe *κριν-yo (*krin-yo) relaciona-se com o latim *cerno* de *crino, "eu separo, passo pelo crivo, vejo, escolho, decido" e o adjetivo verbal κριτός (kritós) corresponde exatamente ao latim *certus*, "decidido, fixado", *DELG*, p. 585.

Polícrita era uma heroína de Naxos, que, por sua solércia e coragem, se tornou digna de um culto. É que, durante uma luta sangrenta entre os habitantes de Naxos e os de Mileto, aliados dos eritreus da Jônia, a jovem caiu prisioneira do comandante destes últimos, Diogneto. Apaixonado pela cativa, o general deixou-se dominar inteiramente por ela. Irmã de Pólicles, chefe dos náxios, conseguiu enviar-lhe dentro de um bolo uma mensagem em que o advertia do estratagema que planejara. É que Polícrita conseguira do amante que franqueasse a praça forte por ele comandada aos soldados de Pólicles. Os náxios prevenidos por seu chefe penetraram no campo dos eritreus e os massacraram, obtendo uma paz grandemente vantajosa.

De retorno à Ilha de Naxos, a heroína recebeu tantos presentes e tantas coroas que pereceu sufocada à entrada de sua cidade natal. Foi sepultada no mesmo local em que morreu. Diogneto, a pedido da amante, teria escapado da chacina durante o ataque dos soldados de Pólicles, mas uma outra versão afiança que ele perdeu a vida lutando e fora enterrado ao lado de Polícrita.

POLÍCRITO.

Πολύκριτος (Polýkritos), *Polícrito*, é a forma masculina de Polícrita (v.), donde um composto de πολύς (polýs) "muito, numeroso" (v. Polímnia), e do adjetivo verbal κριτός (kritós), "escolhido, eleito, estimado", do verbo κρίνειν (krínein), "separar, escolher, decidir, julgar" (v. Polícrita), daí significar o antropônimo "o estimado por muitos", ou "o muito estimado". Talvez se trate de um hipocorístico, dado o sentido do mito dessa estranha personagem.

Herói da Etólia, foi eleito chefe da confederação de seu país, casando-se após com uma jovem da Lócrida. O noivo, no entanto, faleceu subitamente após o quarto dia de suas núpcias. Nove meses depois a viúva deu à luz um hermafrodito (v.). Horrorizada, a mãe expôs a criança na praça pública onde, reunido o povo, se chegou à conclusão de que se tratava de uma maldição divina. A mãe e o "monstro" deveriam ser conduzidos para fora da cidade e queimados vivos. Foi nesse instante que surgiu o *eídolon* (v.), "o corpo astral", de Polícrito, coberto com manto negro, e pediu que lhe entregassem o filho. Acrescentou que era preciso agir com rapidez, porque Plutão (v.) lhe concedera poucos momentos de lucidez para que pudesse retornar à luz, uma vez que a psique na outra vida torna-se abúlica (v. Escatologia). Face à hesitação do povo, Polícrato voltou a insistir e, como não se chegasse logo a uma conclusão, o *eídolon* pegou a criança e a devorou, deixando-lhe apenas a cabeça. Em seguida, desapareceu.

Os etólios aterrorizados resolveram enviar uma embaixada a Delfos, solicitando a Apolo como deveriam proceder para conjurar tamanho prodígio. Antes que os mensageiros iniciassem a viagem, a cabeça do hermafrodito começou a profetizar e proibiu se consultasse a Pítia. Predisse que haveria uma guerra sangrenta e pediu que não lhe sepultassem a cabeça, mas a colocassem num local ensolarado.

POLÍCTOR.

Πολύκτωρ (Polýktōr), *Políctor*, é derivado de πολύς (polýs), "muito, numeroso" (v. Polímnia) e de κτέρας (ktéras), "presente, dom", sob a forma do sufixo -κτωρ (-ktōr), donde significar o antropônimo "o que oferece muitos presentes" ou "o que proporciona muitos dons". A etimologia de *ktéras* é desconhecida, *DELG*, p. 591.

Políctor, Ítaco (v.) e Nérito eram filhos de Ptérela e Anfímedes, descendentes portanto de Zeus. Em companhia de seus dois irmãos emigrou de Corfu ou Cefalênia para Ítaca, onde ajudou a fundar a cidade homônima. Aos filhos de Ptérela deviam os habitantes da "terra de Ulisses" a consagração de uma fonte sagrada. Homero, na *Odisseia*, XVIII, 204-207, fala a respeito da límpida fonte dos três irmãos.

POLÍDAMAS.

Πολυδάμας (Polydámas), *Polídamas*, é composto de πολύς (polýs), "muito, numeroso" (v. Polímnia) e do verbo δαμνάναι (damnánai) ou de seu derivado δαμάζειν (damádzein), "dominar, sujeitar, submeter", donde significar o antropônimo "o que domina a muitos, o poderoso", *DELG*, p. 250-251. Para a etimologia grega de δαμάζειν (damádzein) v. Damastes.

Filho de Pântoo e Frôntis ou Pronome, Polídamas é um herói troiano que figura em muitos passos da *Ilíada*, como nos cantos XII, 60sqq.; XIII, 725sqq.; XVII, 600; XVIII, 249sqq.

Nasceu na mesma noite em que Heitor, e ao valor deste último no combate equivalia a eficiência daquele nos conselhos, na estratégia militar e no bom-senso. Foi ele quem sugeriu o ataque ao muro do acampamento aqueu; convenceu Heitor a reunir os chefes troianos e, após a derrota, a se congregarem todos em Ílion. Com a morte de Heitor, tudo fez para que se devolvesse Helena a Menelau. Soube também ser bravo no campo de batalha: matou a Mecisto, a Oto e feriu a Penéleo.

Polídamas foi pai de um filho chamado Leócrito.

POLIDAMNA.

Πολύδαμνα (Polýdamna), *Polidamna*, é um composto de πολύς (polýs), "muito, numeroso" (v. Polímnia) e do verbo δαμνάναι (damnánai) ou de seu derivado δαμάζειν (damádzein), "dominar, sujeitar, submeter", donde "a que domina a muitos, a muito poderosa" (v. Polídamas).

Polidamna, que aparece na *Odisseia*, IV, 228, é a esposa do rei egípcio Ton ou Tônis. Para proteger Helena, que estava no país dos faraós, das investidas do esposo ou por ciúmes, enviou-a para a ilha de Faros. Forneceu-lhe, porém, uma erva maravilhosa, que a protegeria das inúmeras serpentes que infestavam a ilha. Tal erva, por causa de Helena, teria recebido o nome de ἐλεένιον (helénion). Vejam-se nossos comentários das duas estadas da esposa de Menelau no Egito em *Helena, o eterno feminino*. Petrópolis, Vozes, 1989, p. 114.

POLIDECTES *(III, 23, 76, 78)*.

Πολυδέκτης (Polydéktēs), *Polidectes*, é um composto de πολύς (polýs), "muito, numeroso" (v. Polímnia), e do verbo δέχεσθαι (dékhesthai), "receber, acolher", donde "o que acolhe a muitos", que é igualmente um epíteto de Hades (v.) ou Plutão (v.), "o que recebe muitas almas, o rico em sementes". Para a etimologia do verbo grego v. Pândoco.

Filho de Magnes e de uma náiade ou, segundo outros mitógrafos, de Perístene, neto de Náuplio, e de Andrótea, Polidectes estabeleceu-se com seu irmão Díctis na Ilha de Sérifo, onde passou a reinar como um déspota.

Quando Acrísio lançou ao mar o cofre com sua filha Dânae (v.) e o recém-nascido Perseu (v.), a pequena arca, arrastada pelas ondas, foi dar à Ilha de Sérifo. Díctis os "pescou" e conduziu mãe e filho para sua casa modesta na ilha, encarregando-se de sustentá-los.

Apaixonado por Dânae, tão logo Perseu atingiu a efebia, Polidectes procurou afastá-lo da corte e mandou-o buscar a cabeça de Medusa (v.), sob o pretexto de oferecê-la como presente de núpcias a Hipodamia, filha de Enômao. Na ausência de Perseu, tentou violentar-lhe a mãe, que juntamente com Díctis, também perseguido pelo tirano de Sérifo, se refugiou nos altares dos deuses, considerados e respeitados como locais invioláveis.

A par do que se passara em sua ausência, e sabedor de que o rei se encontrava reunido no palácio com seus amigos, Perseu penetrou salão a dentro, empunhando a cabeça de Medusa, e transformou Polidectes e toda a corte em estátuas de pedra.

Uma versão tardia e absurda, transmitida por Higino, relata que Perseu matou acidentalmente a seu avô Acrísio durante os jogos fúnebres em honra de Polidectes. Na realidade, como se mostrou no mito de Perseu (v.), a morte de Acrísio se dará mais tarde e em circunstâncias diferentes.

POLIDORA.

Πολυδώρα (Polydṓra), *Polidora*, é um composto de πολυς (polýs), "muito, numeroso" (v. Polímnia) e de δῶρον (dôron), "presente, donativo, dom", donde "a que custou muitos presentes" ou "a que traz, proporciona muitos dons". Para a etimologia grega de δῶρον (dôron) v. Pandora.

Há várias heroínas com este nome. A principal dentre elas, todavia, é a filha de Peleu com Antígona, filha de Eurítion (v. Peleu). Unida ao deus-rio Esperquio, Polidora foi mãe de Menéstio. Em seguida, a filha de Peleu se casou com Borós, que passou a ser "o pai humano" de Menéstio.

Existe uma variante em que a heroína é filha de Polimela e não de Antígona. Uma outra versão mais tardia afirma que Polidora não era filha, mas esposa de Peleu.

POLIDORO *(I, 159; II, 42; III, 233[173], 234-236, 301[229]).*

Πολύδωρος (Polýdōros), *Polidoro*, é composto de πολύς (polýs), "muito, numeroso" (v. Polímnia) e de δῶρον (dôron), "presente, donativo, dom", donde "o que custou muitos presentes" ou "o que traz, proporciona muitos dons" (v. Polidora). Para a etimologia grega de δῶρον (dôron) v. Pandora.

Existem dois heróis principais com este nome. O primeiro é filho de Cadmo (v.), o fundador de Tebas, e de Harmonia. Unindo-se a Nicteis, Polidoro foi pai de Lábdaco, avô de Édipo.

Já idosos, Cadmo e Harmonia abandonaram a capital da Beócia e partiram para a Ilíria. Sendo Polidoro o único filho varão do casal, teria ele herdado o trono de Tebas. Uma variante, no entanto, atesta que Cadmo deixara as rédeas do governo nas mãos de seu neto Penteu (v.), filho de Agave. Nestas condições o herói teria seguido para a Ilíria com os pais. Há uma tradição conciliatória: Polidoro assumira realmente o poder, mas fora deposto pelo sobrinho Penteu, após a partida de Cadmo.

O segundo herói é o filho caçula de Príamo, a cujo respeito e destino há várias tradições. A mãe de Polidoro não teria sido Hécuba, mas Laótoe. Por ser ainda muito jovem, o rei de Troia o afastou do campo de batalha. Confiante na rapidez de seus pés, todavia, o príncipe troiano ousou medir-se com Aquiles. O filho de Peleu o matou e arrancou-lhe a couraça de prata, a qual, mais tarde, após a morte de Aquiles, foi oferecida a Agamêmnon por Tétis. É esta a versão apresentada por Homero (*Il.*, XX, 407-418; XXI, 88sqq.; XXII, 46sqq.).

Os trágicos e os poetas alexandrinos, todavia, fazem do herói um filho legítimo de Príamo com Hécuba e alteram-lhe consideravelmente o mito.

Percebendo que a queda de Ílion era iminente e tendo perdido na guerra quase todos os filhos, Príamo enviou o jovem Polidoro com grande parcela do tesouro da cidade para a corte de seu genro, Polimnestor, rei do Quersoneso da Trácia. Com a ruína e incêndio de Troia e morte de seu rei, o cruel Polimnestor, não tendo mais a quem temer ou sob pressão dos aqueus, matou friamente a Polidoro, lançou-lhe o cadáver nas ondas do mar e apossou-se da gigantesca fortuna dos priâmidas. O corpo da vítima, porém, foi devolvido pelas vagas às praias da Tróada, no momento em que Hécuba, que coubera por sorte a Ulisses na partilha dos escravos troianos, embarcava em direção a Ítaca. Tendo reconhecido o corpo do filho, a alquebrada rainha decidiu vingar-se com a anuência ou a omissão premeditada de Agamêmnon (segundo a versão da *Hécuba* de Eurípides, em que ela é escrava do rei de Micenas e não de Ulisses). Com auxílio de suas antigas servas, matou os filhos de Polimnestor e vazou-lhe os olhos (v. Hécuba). Com a permissão do mesmo Agamêmnon o corpo do caçula dos priâmidas foi sepultado ao lado do de Políxena (v.), também filha de Hécuba, e sacrificada na mesma ocasião ao *eídolon* de Aquiles.

Uma tradição, possivelmente antiga, atesta que, no decurso da Guerra de Troia, Ajax Telamônio teria invadido o Quersoneso da Trácia e devastado, numa operação de pilhagem, o reino de Polimnestor. Para livrar-se dos aqueus, o rei teria entregue Polidoro a Ajax. Este o levou para Troia como um refém precioso e tentou trocá-lo por Helena. Com a recusa dos troianos, o filho de Príamo foi lapidado diante das muralhas de Ílion e o cadáver entregue a Hécuba.

Uma variante devida aos trágicos afiança que o príncipe troiano não foi assassinado por Polimnestor, que realmente desejava fazê-lo, mas, ludibriado pela esposa Ilíone, filha de Príamo, matou a Dêipilo (v.), seu próprio filho, em vez de Polidoro. Este mais tarde se vingou, por intermédio da irmã, do cunhado e rei da Trácia.

Virgílio, na *Eneida*, 3,24-68, segue uma outra versão do mito. Polimnestor assassinara o cunhado e o sepultou, sem os devidos rituais, junto às costas da Trácia. Quando Eneias, em sua longa viagem em direção à Itália, passou pela região, resolveu fundar ali uma cidade. Seguindo o rito, ergueu uma ara, a fim de oferecer primeiro um sacrifício aos deuses. Quando, para ornamentar o altar, cortava ramos e folhas das árvores, que cresceram sobre o túmulo de Polidoro, gotas de sangue gotejaram dos galhos decepados e uma voz se fez ouvir. Eneias encontrava-se exatamente sobre a sepultura da vítima de Polimnestor e as árvores ali existentes eram os dardos, agora verdejantes, que lhe haviam tirado a vida. Em seguida, a voz de Polidoro contou a Eneias como o rei da Trácia, ao ter conhecimento da destruição de Troia, deixando-se arrastar pela cobiça e "pela maldita fome do ouro", o matara impiedosamente. Aconselhado a abandonar aquelas paragens malditas, o filho de Afrodite prestou as devidas honras fúnebres a seu concidadão:

> *Prestamos a Polidoro as honras fúnebres e amontoamos terra sobre seu túmulo. A seus manes erguemos altares, ornamentando-os com fitas azuis e o funéreo cipreste. As mulheres troianas, segundo o rito, postaram-se em torno do sepulcro com os cabelos desgrenhados. Sobre ele derramamos taças espumantes de leite quente e sangue das vítimas. Encerramos ali a alma errante e em altas vozes lhe dissemos o derradeiro adeus.*

POLÍFATES.

Πολυφάτης (Polyphátēs), *Polífates*, é um composto de πολύς (polýs), "muito, numeroso" (v. Polímnia) e de -φάτης (-phátēs), do verbo φάναι (phănai), "dizer, declarar, predizer", donde "o que muito anuncia o prediz", porque se trata de um adivinho. Em grego φήμη (phéme), dórico φάμα (phắma), significa tanto "boato que circula, reputação, fama" quanto "presságio". O presente radical atemático φαμί (phamí), jônio-ático φημί (phēmí), "brilho, esclareço, declaro, digo, explico", tem por base a alternância *bheə-, *bhə e *bhen, o que permite uma aproximação evidente do armênio, latim, germânico e eslavo com o grego. Assim, o armênio *bay* é "palavra, expressão" e *ban* é "palavra, discurso". O latim possui, além de *fāma*, que corresponde exatamente ao dórico φάμα (phắma), "boato que circula, reputação, fama", *fari*, "falar", *fabula*, "narrativa, conto" e *fatēri*, "confessar, proclamar, ratificar"; anglo-saxão *boen*, "súplica, prece"; eslavo antigo *bon*, com o mesmo sentido, *DELG*, p. 1195-1196.

Melampo, ainda muito jovem, hospedou-se na corte do rei e adivinho Polífates. Durante um sacrifício, os servidores do monarca mataram uma serpente perto do altar. Polífates encarregou o hóspede de enterrá-la ou cremá-la, segundo outros. Ao fazê-lo, Melampo observou que se tratava de uma serpente fêmea, cheia de filhotes. O jovem hóspede resolveu criá-los. Já crescidos, os répteis, como recompensa, lamberam-lhe os ouvidos e a língua, transmitindo-lhe o dom divinatório (v. Melampo).

POLIFEMO *(I, 128-129, 204-206, 325; II, 54, 178, 180, 291, 302-303, 303[233], 304, 304[234], 312, 325).*

Πολύφημος (Polýphēmos), *Polifemo*, é um composto de πολύς (polýs), "muito, numeroso" (v. Polímnia) e do verbo φάναι (phănai), "dizer, declarar, predizer" (v. Polífates), donde "o muito comentado, o muito célebre", o que dá a impressão de um eufemismo.

Há duas personagens com este nome. O primeiro, de que fala Homero (*Il.*, I, 264), é um herói lápita, filho de Élato e Hipe, mas cujo "pai divino" era Posídon. É irmão do célebre Ceneu (v.). Casou-se com Laônome, que, em versões tardias, é apontada como irmã de Héracles. Polifemo participou da luta dos lápitas e centauros bem como da expedição dos Argonautas, mas permaneceu na Mísia, onde fundou a cidade de Cio. Pereceu, lutando contra os cálibes.

Muito mais famoso que o primeiro é o Polifemo, cuja história, selvageria, castigo e predições são descritos por Homero na *Odisseia*, IX, 106-547. Filho de Posídon e da ninfa Toosa, Polifemo é um gigante com um olho só no meio da testa, monstruoso e antropófago (v. Ciclope). Exercendo a função de pastor, habitava uma ilha em companhia de outros Ciclopes. Residia numa caverna, isolado de seus companheiros e vivia do produto de seu rebanho. Conhecia o uso do fogo, mas preferia devorar a carne crua.

Após longa viagem pelo mar, Ulisses chegou, sem o saber, à ilha dos Ciclopes. Tomou doze de seus nautas e começou a percorrê-la. Quando descansava numa gruta, cheia de cestos de queijos e de ovelhas, e aguardava o morador, para receber as dádivas da hospitalidade, foi aprisionado pelo Ciclope. Este já havia devorado seis de seus companheiros, quando o herói, usando, como sempre, de astúcia, serviu por três vezes ao monstro um vinho forte e delicioso, que recebera de presente de Marão (v.). Durante a noite, enquanto Polifemo, sob o efeito da bebida, dormia profundamente, Ulisses e os seis nautas restantes incandesceram um pedaço de um tronco de oliveira, já de antemão aguçado, e cravaram-no, usando de todas as suas forças, no olho único do monstro. Sem poder contar com o socorro de seus irmãos, que o consideraram louco, por gritar que *Ninguém* o havia cegado (este foi realmente o nome com que o solerte Ulisses se apresentara ao Ciclope), o gigante, louco de dor e de ódio, postou-se à saída da gruta, para que nenhum dos gregos pudesse escapar. Pela manhã, quando o rebanho de Polifemo se dirigia às pastagens, o sagaz herói aqueu engendrou novo estratagema. Amarrou seus nautas sob o ventre dos lanosos carneiros e ele próprio escondeu-se embaixo do maior e mais belo deles e assim conseguiu burlar a vigilância do filho de Posídon e escapar da caverna fatídica. Livre do perigo e já a boa distância, o rei de Ítaca lhe revelou seu verdadeiro nome. Polifemo então se recordou de uma profecia, segundo a qual seria cegado por Ulisses, que ele, no entanto, esperava ser um herói alto e bonito e não baixo e feio.

Por duas vezes, o Ciclope, arrancando blocos de pedras, lançou-os contra os navios gregos, mas certamente Atená, a deusa de olhos garços, protetora incontestê do esposo de Penélope, protegeu-lhe as naus e a vida.

A partir desse momento, a cólera de Posídon, para vingar o cegamento de Polifemo, não mais deixará em paz o astuto paladino aqueu, até que o mesmo chegue, e sozinho, à sua ilha de Ítaca.

Tomando como ponto de partida esse episódio da *Odisseia*, Eurípides compôs o belíssimo drama satírico *O Ciclope* (o único que chegou completo até nós), que traduzimos e publicamos em 1988 pela Editora Espaço e Tempo.

No tradicionalmente chamado período helenístico (320-30 a.C.), estranhamente o bronco Ciclope Polifemo andou se perdendo de amores por uma nereida. Já em Filóxeno de Citera (439-380 a.C.), o monstro deu início a seus primeiros suspiros de amor, num ditirambo, pela filha de Nereu, mas é no *Idílio XI* do grande poeta Teócrito (cerca de 275 a.C.) que realmente Polifemo extravasa sua paixão incontida pela alva Galateia (v.). Repelido por esta, o amante, em Teócrito, consola-se, dedicando-se às artes das Musas, mas no mito o apaixonado retornou a seus instintos brutais. Um dia em que Galateia repousava na praia com a cabeça apoiada no tórax de seu bem-amado Ácis, filho de Pã, Polifemo, num acesso de ódio e ciúme, lançou sobre ele um pesado fragmento de rochedo e o esmagou. A nereida metamorfoseou o amante num rio e nele se banhava diariamente.

Alguns mitógrafos atribuem aos amores de Polifemo e Galateia três filhos: Galas, Celto e Ilírio, heróis epônimos respectivamente dos gálatas, celtas e ilírios.

POLIFIDES.

Πολυφείδης (Polypheídēs), *Polifides*, é um composto de πολύς (polýs), "muito, numeroso" (v. Polí-

mnia) e do verbo φείδεσθαι (pheídesthai), "poupar, economizar", donde "o muito econômico". Quanto à etimologia de φείδεσθαι (pheídesthai), "poupar", a base é *bhei-d-*, o que permite uma aproximação com o gótico *beitan*, "morder, anglo-saxão *bitan*, com o mesmo sentido; sânscrito *bhinádmi*, "eu reparto, divido", latim *findĕre*, "fender, abrir, separar", *DELG*, p. 1.185.

Há dois heróis com este nome. O primeiro é um adivinho, filho de Mântio, um descendente portanto de Melampo (v.). Foi o próprio Apolo quem lhe outorgou o dom divinatório. Tendo brigado com o pai, retirou-se para Hiperásia, na Acaia. Polifides foi pai do casal Teoclímeno e Harmônide. O segundo herói homônimo é o vigésimo quarto rei de Sicione, que recebeu ainda menino a Agamêmnon e Menelau, arrancados clandestinamente da fúria de Tieste. Polifides os confiou, por seu turno, a Eneu, rei da Etólia. Se o rei de Sicione vivia ainda à época da queda de Troia, é, necessário atribuir-lhe uma extraordinária longevidade.

POLIFONTE.

Πολυφόντη (Polyphóntē), *Polifonte*, é um composto de πολύς (polýs), "muito, numeroso" (v. Polímnia) e de -φόντης (-phóntēs), "assassino, matador", proveniente do verbo θείνειν (theínein), "ferir, matar", cujo aoristo é ἔπεφνον (épephnon), com influência de φόνος (phónos), "assassínio, morte" (v. Belerofonte), donde "a que matou a muitos", epíteto que lhe foi conferido em função dos filhos, dois monstros devoradores de seres humanos, segundo se verá no mito.

Da união da filha de Ares, Trassa, com Hipónoo nasceu Polifonte. Desdenhando os dons de Afrodite, a heroína consagrou-se à deusa virgem Ártemis. Afrodite, que não admitia qualquer repulsa ao amor (v. Hipólito), inspirou-lhe uma paixão louca por um urso. Para castigá-la pela perda da virgindade, Ártemis lançou contra ela todos os animais ferozes da montanha em que vivia. Aterrorizada, Polifonte refugiou-se na casa paterna e alguns meses depois deu à luz dois robustos meninos. Chamavam-se Ágrio e Ório, vale dizer, o Selvagem e o Montanhês.

Quando atingiram a efebia, já eram muito altos, violentos e de uma força prodigiosa. Qualquer estranho que encontrassem arrastavam-no para sua casa e o devoravam. Zeus, horrorizado com tamanha ferocidade, enviou-lhes Hermes para que os punisse. O deus psicopompo pensou em decepar-lhes as mãos e os pés, mas Ares, bisavô dos dois monstros, livrou-os do castigo e operou uma metamorfose geral na família, transformando em aves não só a eles, mas também a neta Polifonte e a ama que cuidara dos meninos. Polifonte tornou-se um pássaro noturno, Ório, um gavião e Ágrio, um abutre, aves todas de presságio sinistro. A criada, por ser inocente, foi convertida em picanço, ave benéfica aos homens, sobretudo de bom agouro para os caçadores.

POLIFONTES.

Πολυφόντης (Polyphóntēs), *Polifontes*, é a forma masculina de Polifonte. Trata-se, portanto, de um composto de πολύς (polýs), "muito, numeroso" (v. Polímnia) e de -φόντης (-phóntēs), "assassino, matador", donde "o que fez perecer a muitos". Para a etimologia do termo grego -*phóntes* v. Belerofonte.

Existem dois heróis com este nome. O primeiro é filho de Autófono. Polifontes comandou cinquenta tebanos encarregados de armar uma cilada contra o bravo Tideu, quando da expedição dos Sete contra Tebas (v.). Tideu os eliminou a todos. O segundo é um heraclida, que assassinou covardemente a Cresfonte (v.), para se apoderar de seu reino e esposa Mérope. Épito, filho da vítima, eliminou mais tarde o usurpador e libertou a mãe da verdadeira escravidão conjugal a que fora submetida (v. Mérope).

POLÍGONO.

Πολύγονος (Polýgonos), *Polígono*, é um composto de πολύς (polýs), "muito, numeroso" (v. Polímnia) e de -γόνος (-gónos), do v. γίγνεσθαι (guígnesthai), "nascer, produzir, tornar-se", donde "o de natureza múltipla, o de múltiplas facetas". Para a etimologia de γίγνεσθαι (guígnesthai) v. Ifigênia.

Polígono e Telégono são filhos de Proteu (o deus marinho que tem o dom de "se transformar") e de Torone. Eram dois facínoras violentos e de uma força descomunal. Desafiavam para a luta os estrangeiros que passavam pelo reino de seu pai (v. Proteu) e fatalmente os eliminavam. Foram ambos mortos por Héracles.

POLIÍDO *(II, 176-177)*.

Πολύειδος (Polýeidos), *Poliído*, é um composto de πολύς (polýs), "muito, numeroso" (v. Polímnia) e de εἶδος (eîdos), "aspecto, forma", mas a raiz *weid exprime ideia de "ver" e, no perfeito οἶδα (oîda), a de "saber", donde o antropônimo pode ser interpretado como "aquele que muito sabe" ou "que muito vê". (F)εἶδος ((w)eîdos), que exprime a "aparência", encontra um correspondente morfológico muito nítido no sânscrito *vedas-*, "posse, aquisição"; eslavo antigo *vidŭ*, "forma"; lituano *véidas*, "rosto, fisionomia", *DELG*, p. 316-317.

Poliído é um famoso adivinho de Corinto, descendente de um outro ainda mais célebre, Melampo. Com efeito, o herói é filho de Cérano, bisneto do anterior. Casado com Euridamia, neta de Augias, o adivinho foi pai de Euquenor e Clito, que participaram da expedição dos Epígonos (v.) e, vitoriosos, acompanharam Agamêmnon na Guerra de Troia.

O pai, mais de uma vez, preveniu Euquenor (v.) do destino que o aguardava: ser vitimado por grave doença no lar ou perecer violentamente, se fosse lutar em Ílion ao lado dos aqueus. Como um herói sempre prefere um fim sangrento a uma existência inglória, Euquenor seguiu para Troia com os atridas e foi morto por uma flecha de Páris (*Il.*, XIII, 663-672).

Uma variante, atribuída aos mitólogos de Mégara, acentua que Poliído, passando pela cidade, purificou a Alcátoo (v.), que assassinara o próprio filho Calípolis, e ergueu um templo a Dioniso.

Foi o adivinho quem aconselhou a Belerofonte procurar o cavalo Pégaso na fonte de Pirene e fez igualmente com que Ífito, filho de Êurito, se reunisse a Héracles em Tirinto.

Libertou da loucura provocada por Ártemis o rei da Mísia, Teutras (v.), mas sua façanha mais gloriosa foi a ressurreição de Glauco (v.), filho de Minos.

Existe um segundo Poliído, herói troiano, filho do adivinho Eurídamas. Diomedes o matou juntamente com o irmão Abas.

POLIMEDE *(III, 175, 175[144])*.

Πολυμήδη (Polymḗdē), *Polimede*, é um composto de πολύς (polýs), "muito, numeroso" (v. Polímnia) e do verbo μήδεσθαι (médesthai), "arquitetar um projeto, ter em mente uma ideia, planejar", donde "a que é hábil em planejar, a astuta". Para a etimologia do verbo em pauta v. Medeia.

Polimede era filha de Autólico e esposa de Esão, mãe, por conseguinte, de Jasão. Quando Pélias condenou-lhe à morte o marido, Polimede, após amaldiçoar o rei de Iolco (v. Pélias), se enforcou. Pélias, que julgava impossível o retorno de Jasão que fora buscar o Velocino de Ouro na Cólquida, mandou assassinar a Prômaco, ainda uma criança, filho caçula de Esão. Alguns mitógrafos afirmam que a esposa de Esão era Alcímede, filha de Fílaco, e não Polimede.

POLIMELA.

Πολυμήλα (Polymḗla), *Polimela*, é um composto de πολύς (polýs), "muito, numeroso" (v. Polímnia) e de 2 μῆλον (2 mêlon), "rebanho", donde "a que possui muitos rebanhos, a rica em rebanhos". O vocábulo 2 μῆλον (2 mêlon) designa o rebanho miúdo (cabras, ovelhas), sobretudo no plural μῆλα (mêla). Corresponde exatamente ao irlandês *mil*; galês *mil*, "pequeno animal"; germânico *mala*, "vaca"; armênio *mal*, "rebanho", *DELG*, p. 695; Frisk, *GEW*, s.u.

Existem três heroínas com este nome. A primeira é filha de Filas. Unida a Hermes, foi mãe de Eudoro (v.). Mais tarde se casou com Équecles, descendente de Actor (v.). A segunda é filha de Éolo, que se tornou amante de Ulisses durante o tempo em que o herói permaneceu na corte do rei dos ventos. Percebendo a tristeza da filha, após a partida do esposo de Penélope, Éolo quis puni-la, mas Diores, irmão de Polimela, estava apaixonado por ela, e o pai permitiu-lhe desposá-la. Na família do rei dos ventos o casamento entre irmãos era um hábito antigo. A terceira era uma das filhas de

Actor, a qual se casara com Peleu, antes das núpcias solenes do pai de Aquiles com Tétis. Em algumas versões, Polimela é filha e não a primeira esposa de Peleu.

POLIMNESTOR *(II, 177; III, 301²²⁹).*

Πολυμνήστωρ (Polymnḗstōr), *Polimnestor*, é um composto πολύς (polýs), "muito, numeroso" e de um elemento -μνηστωρ (-mnēstōr), do verbo μιμνήσκειν (mimnḗskein), "lembrar-se de, pensar em, meditar, arquitetar um projeto", donde "o que arquiteta muitos planos, o que muito pensa". Para a etimologia do verbo em pauta v. Mnêmon.

Polimnestor, rei da Trácia, era casado com Ilíone, filha de Príamo. Tendo recebido em sua corte a Polidoro, seu cunhado, com grande parte dos tesouros de Ílion, assassinou covardemente o jovem príncipe, para se apossar do ouro, tão logo Troia caiu nas mãos dos aqueus. Foi mais tarde vingado por Hécuba, esposa de Príamo e mãe de Ilíone e Polidoro.

Acerca das inúmeras versões e variantes deste mito, v. Dêipilo, Hécuba e Polidoro.

POLÍMNIA *(I, 203).*

Πολύμνια (Polýmnia), *Polímnia*, é vocábulo composto de πολύς (polýs), "muito, numeroso" e de ὕμνος (hýmnos), "canto, hino, poema", principalmente em honra dos deuses, donde Polímnia é a "rica em hinos" ou "a que os inspira em abundância". Πολύς (polýs), "muito, numeroso", é formado à base da raiz *plē- do verbo πιμπλάναι (pimplánai), "encher" (v. Plutão). O latim tem *plere*, "encher", sánscrito *purú-*, "muito, numeroso". Ὕμνος (hýmnos), *hino*, que possui, ao que parece, uma coloração religiosa, não tem, em grego, etimologia clara. Talvez se pudesse aproximá-lo de 1 ὑμήν (1 hymḗn), "hímen, membrana, pele fina", daí "laço, união", e hino seria um "canto coletivo", *DELG*, p. 1.156.

Filha de Zeus e Mnemósina (v.), Polímnia é uma das nove Musas (v.). A ela é atribuída a invenção da lira e até mesmo da agricultura e, neste caso, a musa em pauta seria mãe de Triptólemo, fruto de sua união com um filho do deus Ares, chamado Céleo ou Quimárroo.

Como acontece com suas irmãs, são muitas as atribuições de Polímnia: ora aparece como inspiradora e protetora da dança, ora da geometria, e não raro da história e da retórica.

Uma variante de cunho tardio mostra-a unida a Eagro, de quem tivera Orfeu, embora no mito a mãe do cantor da Trácia seja tradicionalmente Calíope. Platão chega mesmo a fazê-la mãe de Eros (v.).

POLIMNO.

Πόλυμνος (Pólymnos), *Polimno*, é um composto de πολύς (polýs), "muito, numeroso (v. Polímnia) e de ὕμνος (hýmnos), "canto, hino, poema", sobretudo em honra dos deuses, donde "o que entoa muitos hinos aos deuses". Para a etimologia de ὕμνος (hýmnos) v. Polímnia. Desejando arrancar do fundo do Hades o *eídolon* de sua mãe Sêmele, Dioniso resolveu descer à outra vida. Para tanto procurou se informar do itinerário com um pobre camponês chamado Polimno ou Prosimno.

Este se prontificou a ajudá-lo, mas pediu ao deus que o socorresse em sua miséria. O filho de Sêmele prometeu compensá-lo tão logo voltasse do mundo dos mortos. Ao regressar, porém, Polimno já havia falecido. O deus, para cumprir a palavra empenhada, esculpiu um galho de figueira sob a forma de um falo e plantou-o na sepultura de Polimno, para apaziguar-lhe a psique.

Não se trata, como afirma Pierre Grimal, *DIMG*, p. 385, de "um mito obsceno para explicar a função do falo na religião dionisíaca", mas do poder de fertilização inerente ao mesmo. Este, plantado sobre um sepulcro, traduz a própria psique, semente encravada no seio da terra, para germinar novos frutos (v. Dioniso).

POLINICE *(I, 84; II, 81; III, 22, 46, 61, 166, 234, 254, 264, 269-270, 270²¹²).*

Πολυνείκης (Polyneíkēs), *Polinice*, é um composto de πολύς (polýs), "muito, numeroso" (v. Polímnia), e de νεῖκος (neîkos), "disputa, discórdia, litígio, batalha", donde "o grande querelante, o que provocou muitas discórdias e lutas". Segundo Chantraine, *DELG*, p. 740, a etimologia de *neîkos* é incerta. Talvez se possa fazer uma aproximação com o lituano *ap-*, *su-nikti*, "atacar a qualquer um, *nàiks*, "violento".

Polinice, Etéocles, Antígona e Ismene são os filhos de Édipo e Eurigania (v.), a segunda esposa do filho de Laio, ou de Jocasta, na tradição seguida pelos trágicos. Polinice ora aparece como mais velho ora como mais moço que Etéocles. A disputa dos dois pelo reino de Tebas e a morte trágica de ambos um às mãos do outro se devem a três maldições paternas que pesavam sobre eles.

Com efeito, com o suicídio de Jocasta, Édipo, embora cego, "continuou a reinar sobre os Cadmeus", segundo atesta Homero, *Odisseia*, XI, 275sq. Os dois príncipes, todavia, impuseram-lhe todas as espécies de humilhações. Apesar do veto do Oráculo, Polinice, para ridicularizar o pai e fazer-lhe lembrar-se de suas origens e "dos crimes praticados", ofereceu-lhe a mesa de prata e o copo de ouro de Laio. Édipo amaldiçoou tanto a Polinice quanto a Etéocles, predizendo que eles jamais viveriam em paz, nem sequer após a morte. Em outra ocasião, os dois irmãos, no decurso de um sacrifício, enviaram ao pai o osso da coxa da vítima. Novo anátema do rei de Tebas, dessa feita mais grave: vaticinou que eles se matariam reciprocamente. Ainda não satisfeitos, os herdeiros do trono tebano lançaram o pai cego num cárcere escuro e pela terceira vez Édipo os execrou e implorou contra eles a *deusa da maldição* 'Apá (Ará) e prognosticou que os dois filhos disputariam o poder de armas nas mãos.

Por fim, expulso de Tebas por Creonte, Édipo, que mais uma vez amaldiçoou os príncipes que não o defenderam da prepotência de Creonte, foi guiado por Antígona até Colono, em Atenas, onde desapareceu no bosque sagrado das Eumênides.

A princípio tudo parecia correr bem em Tebas. Senhores do reino, os irmãos decidiram governar alternadamente: cada um ocuparia o trono por um ano. Etéocles, todavia, uma vez no poder, se recusou a entregá-lo ao irmão. Banido da cidade, Polinice chegou a Argos, levando consigo o colar e o manto de Harmonia, sua ancestral divina. Dirigiu-se imediatamente à corte do Rei Adrasto, ao mesmo tempo em que Tideu, fugitivo do reino de Cálidon. O rei acolheu a ambos, deu-lhes as filhas em casamento, Árgia a Polinice e Dípila a Tideu, prometendo, além do mais, ajudar o filho de Édipo a reconquistar o trono de Tebas. Foi assim que teve início a famosa expedição dos *Sete Contra Tebas* (v.), retomada por Ésquilo na tragédia homônima.

O adivinho Anfiarau, que tomaria parte, embora a contragosto, na expedição, opôs-se à mesma, predizendo-lhe o fracasso. Mas, como o adivinho (v. Anfiarau) estivesse ligado por um juramento que o obrigava a aceitar todas as decisões da esposa Erifila (v.), irmã de Adrasto, Polinice a subornou com o colar de Harmonia e Erifila persuadiu o marido a lutar contra Etéocles. Na marcha para Tebas, os *Sete* passaram por Nemeia e Polinice foi o vencedor na luta dos jogos fúnebres em memória do menino Ofeltes-Arquêmoro (v.). Tais jogos deram origem aos Jogos Neméios ou Nemeus (v. Jogos).

No sangrento combate que se travou diante das sete portas de Tebas, Etéocles e Polinice pereceram um às mãos do outro, segundo a maldição de Édipo.

Acerca da tentativa do sepultamento de Polinice, expressamente proibido por Creonte (v. Antígona).

POLIPETES *(III, 289, 325)*.

Πολυποίτης (Polypoítēs), *Polipetes*. Do ponto de vista etimológico, segundo Carnoy, *DEMG*, p. 169, Polipetes é um nome composto, formado de πολυ- (polý-), "muito, em grande número" e da raiz **poi*, "proteger, guardar", significando o antropônimo "o que tem muitas pessoas sob sua guarda". A etimologia parece ousada e sem grande consistência.

O mito distingue principalmente duas personagens com este nome. A primeira seria filho de Ulisses e da rainha dos tesprotos, Calídice. Após a morte desta e o retorno do esposo de Penélope a Ítaca, Polipetes assumiu o poder. Bem mais importante é o lápita Polipetes, filho de Pirítoo (v.) e de Hipodamia. Com a morte prematura de sua mãe e a ausência de seu pai, que se ligara ao ciclo das gestas de Teseu, Polipetes passou a reinar na Tessália. Foi um dos pretendentes à mão de Helena e como tal participou da Guerra de Troia, como aliado dos atridas. Levou para Ílion um contingente de quarenta naus e lutou bravamente nas planícies de Troia (*Il.*, VI, 29); tomou parte nos jogos fúnebres em memória de Pátroclo (*Il.*, XXIII, 844sqq.) e no arrojado estratagema do cavalo de madeira. Terminada a guerra, regressou por terra até Cólofon, em companhia do amigo inseparável, Leonteu, e do adivinho Calcas.

POLIPORTES *(III, 325)*.

Πολιπόρϑης (Póliporthēs), *Poliportes*, ou melhor, Πτολιπόρϑης (Ptolipórthēs), *Ptoliportes*, já aparece em Ésquilo, *Agam.*, 472, com o sentido de "destruidor de cidades". Trata-se, com efeito, de um composto de πτόλις (ptólis) que é um duplo de πόλις (pólis), "fortaleza, cidadela, cidade" (v. Persépolis) e do verbo πέρϑειν (pérthein), "destruir, devastar". Para a etimologia do verbo grego v. Persépolis.

Poliportes ou Ptoliportes, segundo algumas versões tardias, é o segundo filho de Penélope e de Ulisses (v.). Concebido, quando do retorno do herói a Ítaca, nasceu na ausência do pai, que se achava exilado entre os tesprotos por causa da morte dos pretendentes.

POLITES *(II, 301[229])*.

Πολίτης (Polítēs), *Polites*, é um derivado de πόλις (pólis), "cidade", donde "membro da cidade, homem livre, concidadão". Para a etimologia da palavra grega v. Persépolis.

O herói é personagem de certa projeção na *Ilíada*, XIII, 533sqq.; XV, 339; XXIV, 250. Um dos filhos de Príamo e de Hécuba, socorreu a seu irmão Troilo (v.), atacado por Aquiles, que por pouco o eliminava. Participou dos sangrentos combates em torno das naus aqueias e salvou igualmente a seu irmão Deífobo, ferido por Mérion. Com exceção de Heleno, Polites foi o último dos filhos de Príamo a perecer na Guerra. Foi morto por Neoptólemo, junto ao altar do palácio real, na presença do alquebrado rei de Troia.

Virgílio, na *Eneida*, 5,563-566, menciona um filho de Polites, Príamo, que participou dos jogos fúnebres em memória de Anquises. A esse Príamo a tradição fazia remontar a fundação da antiga cidade de Politório, no Lácio.

Um segundo herói homônimo era um companheiro muito estimado por Ulisses, *Odiss.*, X., 224-228. Foi metamorfoseado em um animal semelhante a porco pela maga Circe (v. Eutimo).

POLÍXENA *(I, 88; III, 189, 300-301, 301[229])*.

Πολυξένη (Polykséne), *Políxena*, é um composto de πολύς (polýs), "muito, numeroso" (v. Polímnia) e de ξένη (ksénē) fem. de ξένος (ksénos), "hóspede, hospedeiro, estrangeiro", donde "a muito hospitaleira". Do ponto de vista etimológico, talvez se possa fazer uma aproximação de ksénos com o gótico gasts, "hóspede", eslavo antigo gostĭ e o latim hostis, cujo sentido primeiro é "estrangeiro, hóspede, forasteiro", tendo depois evoluído para o de "inimigo público", por oposição a inimīcus, "inimigo particular", DELG, p. 764-765; Frisk, GEW, s.u.

Políxena é, segundo algumas fontes, a filha caçula de Príamo e Hécuba. Não é mencionada por Homero e só aparece nos poetas posteriores, sobretudo em Eurípides (Troianas, 618sqq.; Hécuba, 40sqq.; 178sqq.; 220sqq.).

A caçula dos priâmidas, em várias tradições posteriores à Ilíada e à Odisseia, está ligada ao mito de Aquiles, mas são muitas as versões acerca do encontro de ambos. Relata-se que a princesa troiana estava junto a uma fonte, onde Troilo, seu irmão, dava de beber aos cavalos. Chegou Aquiles, que já o perseguia por algum tempo, e o matou. A jovem escapou, mas o herói ficou muito impressionado com a beleza da troiana. À época helenística se criou uma variante: Príamo teria vindo à tenda de Aquiles reclamar o cadáver de Heitor e levara em sua companhia Andrômaca e Políxena. Surdo às súplicas do rei de Troia e da viúva de Heitor, o herói aqueu deixou-se dobrar pelas lágrimas da linda princesa de Troia. Foi nesse encontro que Aquiles, para obter a mão de Políxena, teria prometido regressar imediatamente à pátria ou trair os aqueus. Príamo aceitou as condições propostas e, para selar o pacto, se marcou um encontro no templo de Apolo Timbreu, aonde o herói deveria comparecer desarmado. Páris se aproveitou de circunstância tão favorável e, escondido atrás da estátua do deus, teria eliminado o filho de Tétis com uma flecha certeira.

Nos Cantos Cíprios, a filha de Príamo é ferida mortalmente por Ulisses e Diomedes na tomada e incêndio de Ílion. O filho de Aquiles, Neoptólemo, a teria sepultado condignamente. Bem mais tarde, porém, sobretudo na tragédia euripidiana, surge uma versão diferente. Por instigação de Ulisses, a caçula de Príamo teria sido imolada pelos chefes gregos ou por Neoptólemo sobre o túmulo de Aquiles. Tal sacrifício teria por escopo proporcionar um bom retorno às naus aqueias, como o de Ifigênia o fora para que a frota grega obtivesse ventos favoráveis e chegasse a Troia.

Uma variante, no entanto, atesta que Aquiles, que amara Políxena em vida, apareceu em sonhos ao filho e exigiu o sacrifício da filha de Hécuba. Na tragédia de Eurípides, Hécuba, 346-378, a jovem é arrancada dos braços da rainha por Ulisses, aliás com anuência da própria vítima, que preferia a morte à escravidão, e degolada por Neoptólemo sobre o túmulo paterno.

POLÍXENO (III, 204).

Πολύξενος (Polýksenos), Políxeno, é um composto de πολύς (polýs), "muito, numeroso" (v. Polímnia), e de ξένος (ksénos), "hóspede, hospedeiro, estrangeiro", donde "o muito hospitaleiro". Para a etimologia de ksénos v. Políxena.

Existem três heróis com este nome. O primeiro é filho de Agástenes e, por conseguinte, neto de Augias. Pretendente à mão de Helena, participou da Guerra de Troia, comandando um grupo de epeios (Il. II, 623-624). Retornando de Ílion, Políxeno se casou e deu ao filho único o nome de Anfímaco, o mesmo de um companheiro seu que perecera na guerra.

Relata uma versão tardia que, após a morte dos pretendentes, Ulisses se hospedara na casa de Políxeno, de quem recebera como presente uma cratera, um vaso precioso, onde estavam estampadas as histórias de Trofônio, Agamedes e Augias (v. Agamedes).

O segundo é o nome de um dos filhos de Jasão e Medeia. O terceiro herói homônimo é o soberano da Élida, em cujo reino os táfios esconderam os rebanhos furtados de Eléctrion (v. Anfitrião).

PÓLIXO.

Πολυξώ (Polyksố), Pólixo, é uma forma abreviada de Políxena (v.), sendo assim um composto de πολύς (polýs), "muito, numeroso" (v. Polímnia), e de ξένος (ksénos), "hóspede, hospedeiro, estrangeiro", donde "a muito hospitaleira". Para a etimologia de ksénos v. Políxena.

Há três heroínas com este nome. A primeira é a mulher de Nicteu (v.) e mãe de Antíope (v.).

A segunda é a ama de Hipsípila (v.), que aconselhou a princesa da ilha de Lemnos a receber os Argonautas (v.).

A terceira e mais célebre dentre suas homônimas era a esposa do filho de Héracles, Tlepólemo, rei de uma parte da Ilha de Rodes, e que pereceu na Guerra de Troia. Para celebrar a memória do esposo, a rainha organizou jogos fúnebres dos quais só poderiam participar meninos. O vencedor receberia uma coroa de álamo branco, símbolo da dor e das lágrimas. É que Pólixo, saudosa do marido, jamais perdoou a Helena, causa da Guerra de Troia, a morte de Tlepólemo. Embora inconsolável, sempre alimentou a esperança de vingar-se da rainha de Esparta. E não teve que esperar muito, ainda que houvesse fracassado na primeira tentativa.

Conta-se que, em seu regresso do Egito em companhia da esposa, Menelau resolveu fazer escala na ilha de Rodes. Tomando conhecimento de tão auspiciosa notícia, Pólixo reuniu no porto da ilha uma verdadeira multidão de seus subordinados, armados de tochas e pedras. Informado das reais intenções da rainha, o atrida tentou evitar a ilha, mas os ventos arrastaram-lhe a nau em direção à mesma. Menelau, astutamente, escondeu Helena no navio e travestiu de Helena a mais bela de suas servas. Uma vez em terra, a multidão em fúria massacrou a falsa rainha de Esparta, permitindo então ao atrida reiniciar sua viagem.

Existe uma variante a respeito da vingança da esposa de Tlepólemo. Uma versão tardia atesta que, com a morte de Menelau, seus dois filhos Nicóstrato e Megapentes resolveram punir "a mãe e madrasta" por seus inúmeros adultérios. Helena fugiu para a ilha de Rodes e refugiou-se na casa de Pólixo. A rainha fingiu recebê-la hospitaleiramente, a fim de ganhar tempo para a tão desejada vingança. Após exercitar bem três escravas, disfarçou-as em Erínias e ordenou-lhes apavorar e castigar fisicamente a rainha de Esparta, enquanto esta estivesse no banho. O plano foi tão bem-executado, que a hóspede, enlouquecida, se enforcou.

PÓLTIS.

Πόλτυς (Póltys), *Póltis*, é antropônimo sem etimologia conhecida.

Filho de Posídon, era irmão de um Sarpédon, distinto do herói homônimo, irmão de Minos. Póltis reinava na Trácia e acolheu hospitaleiramente a Héracles, quando este regressava da vitoriosa excursão contra as Amazonas. Sarpédon, que se opusera ao herói, foi morto na praia.

Conta-se que, durante a Guerra de Troia, Príamo enviara embaixadores ao rei da Trácia com muitos presentes, solicitando-lhe que ajudasse Ílion na luta contra os aqueus. Póltis respondeu que marcharia contra os helenos, desde que Páris, em troca de duas belas mulheres, lhe entregasse Helena. Face à exigência tão descabida, os troianos desistiram da cooperação militar do rei da Trácia.

PÓLUX *(I, 85, 108, 112-113, 343; II, 23, 80, 90; III, 22, 40, 44, 46, 58, 170, 178, 180, 330).*

Póllux (Pollux), *Pólux*, seria uma forma acessória do nominativo *Pollūces*, proveniente do grego Πολυδεύκης (Polydeúkēs), talvez com um intermediário etrusco. Quanto a Πολυδεύκης (Polydeúkēs), *Polideuce*, o antropônimo não possui etimologia segura, uma vez que ainda não se pôde estabelecer com exatidão o sentido de δευκής (deukḗs). Seria "o inesperado"?

A manutenção da forma Pólux em vez de Polideuce se deve à tradição e ao uso. Pólux é um dos Dioscuros, irmão de Castor. Para o mito v. Dioscuros.

PONTOS *(I, 154-155, 183, 191, 193, 233-235, 237, 339).*

Πόντος (Póntos), *Pontos*, é "o mar", por vezes "o alto-mar", diferente de πέλαγος (pélagos), em princípio "via de acesso, de passagem, não raro difícil". *Póntos* entra numa vasta família etimológica de formas variadas e sentidos diversos. Assim, o sânscrito possui *pánthāḥ*, avéstico *paθ-a*, "caminho que oferece dificuldade, travessia", prussiano antigo *pintis*, "caminho", latim *pons, pontis*, "ponte, passarela", *DELG*, p. 927-928.

Filho de Geia e de Éter, Pontos, a "Onda", a "Vaga", uniu-se à própria mãe e foi pai de Nereu, Taumas, Fôrcis, Ceto e Euríbia. Por vezes se lhe atribui igualmente a paternidade de Briaréu e dos quatro telquines, os primitivos habitantes da ilha de Rodes, Acteu, Megalésio, Ôrmeno e Lico.

Personificado, Pontos passou a figurar como representação masculina do mar. Não possuindo um mito próprio, aparece apenas nas genealogias teogônicas e cosmogônicas.

PORFÍRIO *(I, 154, 211-212, 282; II, 198).*

Πορφυρίων (Porphyríōn), *Porfírio* ou *Porfirion*, etimologicamente deriva de πορφύρα (porphýra), "marisco, molusco de que se extrai a púrpura". É o *murex trunculus*, donde "o avermelhado, purpúreo". Mas, por uma confusão secundária e não etimológica com o verbo πορφύρειν (porphýrein), "agitar-se, ferver, inflamar-se", e, por extensão, "ficar de espírito agitado, tornar-se inflamado, ficar vermelho", o antropônimo era sentido como "o impetuoso, turbulento, agitado", *DELG*, p. 930. Quanto a πορφύρα (porphýra), é bem possível que o vocábulo tenha designado primeiro o molusco e depois a tintura. Trata-se de empréstimo a uma língua do Oriente Próximo. O latim *purpŭra*, "púrpura", donde o alemão *Purpur*, o francês *pourpre*, é um empréstimo antigo ao grego.

Porfírio é um Gigante que nasceu do sangue de Úrano, mutilado por Crono (v.). Aliado a seus irmãos, levantou-se contra os deuses, após ter sido Crono destronado por Zeus. Apolo o teria liquidado com suas flechas certeiras. Uma variante, porém, afiança que o Gigante se havia apaixonado por Hera e tentado violentá-la. Zeus, com o auxílio de Héracles, o matou e lançou-lhe o *eídolon* nas profundezas do Hades.

POROS *(I, 187).*

Πόρος (Póros), *Poros*, tem por base a raiz **per*, que aparece no verbo πείρειν (peírein), "furar, atravessar", donde "ponte, travessia, abertura, poro". Ao presente πείρω (peírō) corresponde o antigo eslavo *na-perjo*, "eu furo, atravesso"; ao aoristo ἔπειρα (épeira), o subjuntivo aoristo do sânscrito *párṣati*, "que ele faça passar", associado ao presente reduplicado *piparti*, "ele atravessa, passa", *DELG*, p. 871.

Poros, o *Expediente*, é filho de *Métis*. Não possui um mito próprio, além daquele simbólico relatado por Platão no *Banquete*, 203bsqq., pelos lábios de Diotima. Quando se celebrava o nascimento de Afrodite, Poros se embriagou de néctar e adormeceu nos jardins de Zeus. Penia (v.), em sua miséria, desejou ter um filho com ele. Deitou-se a seu lado e concebeu Eros (v.).

PORTÁON.

Πορθάων (Porthaōn), *Portáon*, segundo Carnoy, *DEMG*, p. 170, proviria de uma forma *πορθή (*porthế), "destruição", derivado do verbo πέρθειν (pérthein), "devastar, destruir" (v. Perseu), donde significar o antropônimo "o destruidor" (de cidades).

Filho de Agenor e Epicasta, reinou em Plêuron e Cálidon. De sua união com Êurite nasceram Eneu, Ágrio, Alcátoo, Melas, Leucopeu e Estérope. Portáon, que, por vezes, se confunde com Porteu (v.), é o ancestral de Meléagro (v.).

PORTEU.

Πορθεύς (Portheús), *Porteu*, como Portáon (v.), é um derivado do verbo πέρθειν (pérthein), "devastar, arruinar, destruir", donde "o destruidor" (de cidades). Para a etimologia de πέρθειν (pérthein) v. Perseu.

Porteu é o pai de Equíon, o primeiro herói aqueu a sair do cavalo de madeira em Ílion. Ao saltar do bojo do monstro, Equíon caiu e, envergonhado, se matou.

POSÍDON *(I, 50, 61, 71, 80-81, 106, 109, 126-130, 137, 159, 200-201, 204-206, 212, 217, 222, 233-234, 238-241, 261, 275-276, 284, 297[189], 298, 311, 321-328, 334, 338; II, 19, 21, 26, 34[5], 35, 41, 87, 124, 126, 231[121]; III, 22, 36, 45, 70, 73, 75, 77[61], 115, 120-121, 126, 149-156, 160-162, 165-167, 170, 173, 176-178, 180, 185-186, 198, 204, 207-208, 209[157], 210, 211[158], 214, 263, 302, 302[232], 304, 311[245], 312-314, 325, 333, 343[204], 347).*

Ποσειδῶν (Poseidôn), épico Ποσειδάων (Poseidáōn), jônico Ποσειδάν (Poseidán), arcádio Ποσοιδάν (Posoidán), beócio Ποτειδάων (Poteidáōn), eólio Ποτοιδάν (Potoidán). Partindo-se de Ποτειδάων (Poteidáōn), é possível, segundo Kretschmer, *Glotta*, 1, 1909, 27sqq., 382sqq., ver no teônimo uma justaposição do vocativo *Πότει (*Pótei), v. πόσις (pósis), "senhor, esposo", e de Δᾶς (Dâs), nome antigo da "terra", v. δᾶ (dâ) e Δημήτηρ (Dēmétēr), donde Posídon seria "o mestre, o senhor, o esposo da terra", *DELG*, p. 931; *GEW*, s.u.

Posídon, o deus-cavalo, reinou primeiro sobre as águas do mundo ctônio, mas, após a vitória de Zeus sobre os Titãs e a divisão do governo do mundo entre alguns deuses olímpicos, "o mestre e esposo da terra" passou a ser o senhor do mar. Filho de Crono (v.) e Reia, ora se apresenta como mais velho, ora como mais jovem que o futuro pai dos deuses e dos homens. Nas tradições mais antigas, Zeus é o caçula, pois que foi ele quem obrigou Crono a devolver os filhos que havia engolido. A pouco e pouco, todavia, com o desenvolvimento do direito da primogenitura, Zeus, senhor do mundo, passou a ser considerado como o mais velho dos filhos de Crono e Reia. Segundo uma versão antiga, o deus do mar foi criado pelos Telquines (v.) e por Cefira, irmã de Oceano. Apaixonado por Hália, irmã de seus educadores e amigos, o deus teve com ela seis filhos homens e uma filha, chamada Rodos, nome que foi dado à Ilha de Rodes, onde residiam os Telquines.

Desde a *Ilíada*, Posídon é apresentado como o senhor do mar, assim como seu irmão Hades comanda o mundo dos mortos e Zeus domina o Olimpo (o céu) e a terra. Com seu tridente o deus não apenas domina ou encrespa as ondas, provoca borrascas, sacode os rochedos, mas também faz brotar nascentes, o que dá a impressão de que, exceto os rios, ele tem o governo das águas correntes, fontes, nascentes e ribeiros.

Embora tenha lutado valentemente contra os Titãs e "fechado sobre eles as portas de bronze do Tártaro", o soberano dos mares nem sempre foi muito dócil à superioridade e autoridade de seu irmão Zeus. Tal independência explica o ter participado com Hera e Atená de uma conspiração para destronar o senhor do Olimpo. Não fora a presença de Briaréu (v.), chamado às pressas por Tétis, a intentona teria surtido efeito. Como castigo, Posídon foi obrigado a servir durante um ano ao rei de Troia, Laomedonte. Ali, juntamente com Apolo e o mortal Êaco, participou ativamente da construção da muralha de Ílion. Finda a penosa tarefa, Laomedonte se recusou a pagar o salário combinado. O deus em fúria suscitou contra a região da Tróada um terrível monstro marinho e na Guerra de Troia colocou-se ao lado dos aqueus, exceção feita a certas vinganças pessoais contra Ulisses (por quem nunca teve grande simpatia, v. *Odisseia*, passim) e Ajax da Lócrida. Disfarçado no adivinho Calcas, o deus encoraja os dois Ajax, exorta Teucro e Idomeneu e acaba tomando parte pessoalmente no combate, mas se retirou da refrega, sem discutir, quando Zeus assim o decidiu. Se salvou Eneias de morte certa às mãos de Aquiles, talvez semelhante atitude se explique porque o herói troiano não estava ligado à família de Laomedonte, mas a Trós, através de Anquises, Cápis e Assáraco ou ainda porque desejasse angariar um sorriso agradecido de Afrodite.

Casou com Anfitrite (v.), que foi mãe do "imenso Tríton, divindade terrível, que habita com sua mãe e seu ilustre pai um palácio de ouro nas profundezas das águas marinhas" (*Teog.*, 930-933). Reina em seu império líquido, à maneira de um "Zeus marinho", tendo por cetro e por arma o *tridente* que os poetas dizem ser tão terrível quanto o raio. Seu palácio "faiscante de ouro e indestrutível" (*Il.*, XIII, 22) ficava nas entranhas de Egas, cidade da Acaia, onde se localizava um de seus principais santuários. Percorria as ondas sobre uma carruagem arrastada por seres monstruosos, meio cavalos, meio serpentes. Seu cortejo era formado por peixes, delfins e criaturas marinhas de todas as espécies, desde Nereidas até gênios diversos como Proteu e Glauco. Eis aí as facetas mais conhecidas do deus do mar, desde Homero. Subsistem, todavia, na própria epopeia vestígios de um Posídon mais antigo e bem diferente, revelado por epítetos frequentes e curiosamente sinônimos, como ἐνοσίχθων (enosíkhthōn), σεισίχθων (seisíkhthōn) e ἐννοσίγαιος (ennosígaios), isto é, "sacudidor da terra", o que corresponde a uma ação *de baixo para cima*, vale dizer, a uma atividade exercida do seio da terra por uma divindade subterrânea. Posídon, com efeito, foi um antigo deus ctônio antes de tornar-se um deus do mar.

Em suma, estes três epítetos mostram que originariamente o deus foi uma divindade ativa que fazia a terra oscilar, quer se tratasse da seiva vital e de abalos sísmicos, quer se tratasse de todas as águas que escapavam do seio da terra-mãe. Com os epítetos de φυτάλμιος (phytálmios) e φίκιος (phíkios), isto é, "o que faz nascer e que produz algas", o deus aparece como o protetor da vegetação marinha e terrestre, sendo esta última alimentada pelas águas doces, tidas como emanação do mesmo. Com o epíteto de *phytálmios*, "o que faz nascer", estava associado a Deméter e Dioniso e no mito da Arcádia era considerado como esposo de Deméter-Geia, a matriz da vegetação. Essencialmente *ctônio*, o que não significa *infernal*, eis aí o Posídon dos primeiros invasores gregos, que não conhecendo e não possuindo um termo próprio para designar *mar*, não poderiam ter trazido consigo *um deus do mar* (v. *Mitologia Grega*, Vol. I, p. 333). Trouxeram realmente um "outro deus", o Posídon ctônio, senhor das águas subterrâneas, em seguida das águas "terrestres", nascentes, fontes, lagos, ribeiros, e só depois senhor do mar.

Deus, a princípio, das águas doces e deus-cavalo, recebeu ele o duplo privilégio de domador de cavalos e salvador de navios. É, portanto, à natureza primitivamente ctônia de Posídon que se devem atribuir no mito e no culto seus vínculos frequentes com o cavalo, que, como o touro, que lhe é também associado, é um símbolo das forças subterrâneas, além de ser o cavalo, por sua familiaridade com as trevas, um guia seguro, um excelente animal psicopompo, como se pode observar nos túmulos de outras culturas, como a etrusca, em que o cavalo aparece como condutor das almas para a outra vida. O nome do cavalo, ίππος (híppos), está ligado à denominação de fontes como *Aganipe* e *Hipocrene*. Numa versão tessália, o deus foi pai de Esquífio, o primeiro cavalo, que ele teve de Geia. Na Arcádia, foi pai de Aríon, o cavalo de "crinas azuis", que ele gerou, transformando-se em garanhão, para conquistar Deméter, metamorfoseada em égua (v. Deméter). Segundo uma tradição ateniense, na disputa com Atená pela posse da Ática, Posídon teria feito sair da terra um cavalo e não uma fonte.

O irmão de Zeus é, por excelência, o presenteador de cavalos alados e até dotados de palavras e de inteligência: Pégaso, o cavalo alado, foi doado a Belerofonte; "os inteligentes" Xanto e Bálio foram presenteados a Peleu. Alguns heróis, que passam por filhos seus, Hipótoon, Neleu e Pélias, foram aleitados por éguas. A ligação entre Posídon e o cavalo é tão estreita, que este pôde substituir o próprio deus, como no episódio da fraude de Antíloco contra Menelau na *Ilíada*, XXIII, 579-585. Não menor é sua ligação com o touro, sua vítima predileta, que lhe era sacrificado no altar ou lançado vivo no mar (*Il.*, XI, 728; XX, 403; *Odiss.*, 1,125 e III, 178). Na tragédia de Eurípides, *Hipólito Porta-Coroa*, o touro surge, dessa feita, sob um aspecto monstruoso, para destruir o inocente Hipólito a pedido de Teseu, filho de Posídon-Egeu. Foi igualmente o deus do mar o responsável pela paixão louca de Pasífae pelo lindíssimo touro de Creta, para punir o Rei Minos (v.), que não cumprira a promessa de sacrificar-lhe o animal.

Além da esposa legítima Anfitrite, o deus das águas teve muitos amores, todos fecundos. Mas, enquanto os filhos de Zeus eram heróis benfeitores da humanidade, os de seu irmão, em sua maioria, se apresentam no mito como gigantes terríveis, disformes e violentos. Com Toosa gerou o monstruoso ciclope Polifemo; Com Medusa, o gigante Crisaor e o cavalo Pégaso; com Deméter, o cavalo Aríon e uma filha, cujo nome só era conhecido pelos iniciados nos Mistérios de Elêusis (v.); com Amimone, uma das cinquenta filhas de Dânao, o vingativo Náuplio; com Ifimedia, os alóadas, isto é, os gigantes Oto e Efialtes. Além destes, foram filhos seus Cércion e Cirão, grandes salteadores, eliminados por Teseu (v.); o rei dos lestrigões, Lamo, cruel e antropófago; o caçador maldito, Oríon; com Hália, princesa da Ilha de Rodes, gerou seis filhos, que cometeram tantos excessos, que Afrodite os enlouqueceu. Como tentassem violentar a própria mãe, Posídon os escondeu no seio da terra, para não serem massacrados.

Quando os homens se organizaram em cidades, os deuses resolveram escolher uma ou várias dentre elas, onde seriam particularmente honrados. Acontecia, frequentemente, que dois ou três imortais escolhiam a mesma, o que provocava sérios conflitos, que eram submetidos à arbitragem de seus pares ou ao juízo de simples mortais. Nesses julgamentos Posídon quase sempre teve suas pretensões vencidas. Assim é que perdeu para Hélio, já um deus secundário, a cidade de Corinto, por decisão de Briaréu. Desejou reinar em Egina, mas foi suplantado por Zeus. Em Naxos foi derrotado por Dioniso; em Delfos o foi por Apolo; em Trezena, por Atená. A disputa maior, todavia, foi pela proteção de Atenas e de Argos. Desejando ardentemente Atenas, foi logo se apossando da cidade. Para mostrar sua força, fez brotar da terra, com um golpe de tridente, uma fonte ou um *mar*, outros dizem que um *cavalo*. Atená, tendo convocado o rei da cidade, Cécrops, tomou-o por testemunha de sua ação: plantou simplesmente um pé de oliveira, símbolo da paz e da fecundidade. A magna querela foi arbitrada por Cécrops e Crânao, ou, segundo uma variante, pelos próprios deuses. Decidiu-se em favor de Atená. O deus, irritado, inundou a planície de Elêusis, fertilíssima em oliveiras. Em Argos, disputada igualmente pela deusa Hera, o árbitro foi Foroneu, o primeiro a reunir os homens em cidades. Argos foi entregue a Hera. Posídon, em sua cólera, amaldiçoou a Argólida e secou-lhe todas as nascentes. Só mais tarde, graças à sua paixão por uma das Danaides, Amimone, é que a maldição foi suspensa e os mananciais reapareceram.

Talvez, por compensação, foi-lhe concedida, sem disputa e arbitragens, uma ilha longínqua, mas paradisíaca: a *Atlântida* (v.).

POTOS *(II, 142)*.

Etimologicamente, Πόϑος (Póthos), *Potos*, provém, ao que parece, do indo-europeu *φόϑος (*phóthos), isto é, *guhodho-s*, "desejo, saudade", de que se origina o verbo ποϑεῖν (poteîn), "desejar algo ausente e distante".

Esse algo ausente e distante, no entanto, pode ser um morto muito amado, donde πόϑος (póthos) não é apenas o romântico desejo da presença de uma ausência, porquanto Πόϑος (Póthos), como "deus", expressa e provoca os queixumes, as lágrimas e as lamentações pela partida de um ente querido. Como terceiro irmão dos gêmeos Ἔρως (Éros, v.), Eros e Ἵμερος (Hímeros), *Hímeros*, o desejo apaixonadamente incontrolável, o que inspira atração e provoca as lágrimas, Potos figura também nos braços de Afrodite, sua mãe. Unidos, os três *Erotes* (amores) podem voar sobre as ondas do pélago para levar presentes de amor, normalmente por inspiração de Afrodite.

Via de regra, Potos é um dorido sentimento de nostalgia noturna por um ausente: o amante que velejou para além-mar, o morto saudoso que partiu para o Hades. De outro lado, essa dor aguda da ausência pode até mesmo provocar a morte: Anticleia (*Odiss.*, XI, 202-203) morreu de *póthos* de seu filho Ulisses:

(ἀλλά με σός τε πόϑος σά τε μήδεα, φαίδιμ᾽ Ὀδυσσεῦ,

σή τ᾽ ἀγανοφροσύνη μελιηδέα ϑυμὸν ἀπηύρα.

(allá me sós te *póthos* sá te médea, phaídim' Odysseû, sé t'aganophrosýnē meliēdéa thymòn apēúra)

– *Tiraram-me, porém, a doce vida saudades tuas, preocupações a teu respeito,*
preclaro Ulisses, e minha ternura para contigo.

Potos outrossim pode atuar por magia e necromancia: a esposa de Protesilau (v.), Laodamia, filha de Acasto, recém-casada, quando o marido partiu para Troia, sentia por ele um *póthos* tão violento, que mandou confeccionar-lhe uma estátua e dormia abraçada com a mesma. Tal expediente com Potos lhe trouxe de volta o marido ao mundo dos vivos, embora por alguns poucos momentos.

Se em Homero atuam com mais eficiência sobre os mortais Tânatos e Hipno, se em Hesíodo o grande dominador dos "membros" é Eros, para os poetas líricos Arquíloco de Paros (primeira metade do séc. VIII a.C.) e Álcman de Sardes (meados do séc. VII a.C.) o imbatível λυσιμελής (lysimelés), o mais possante "desmembrador" é Potos. Este "deus" pode até mesmo bloquear o Sono, porque centra o pensamento do vivo sobre o morto, como aconteceu com Aquiles (*Il.*, XXIV, 3sqq.):

– *Aquiles, no entanto, chorava, lembrando-se do companheiro dileto. Virava-se de um lado para outro, não se deixando vencer pelo Sono que a todos domina: sentia saudades* (ποϑέων) *do vigor e do espírito destemido de Pátroclo.*

Na mesma *Ilíada*, V, 413sqq., Apolo ameaça e adverte que Egialeia, a esposa do feroz Diomedes, que nem os deuses respeita, poderá despertar um dia os seus servidores, com o lamento fúnebre em seus lábios, *em póthos por seu marido morto*, ποϑέουσα πόσιν (pothéusa pósin). É que *póthos* constitui-se num dos elementos primordiais nas lamentações pelos mortos com poderes para evocar, durante o sono, os *eídola* dos que desceram ao Hades. Até mesmo Baco (numa ironia causticante de Aristófanes, *As Rãs*, 66) tem *póthos* de Eurípides e pretende arrancá-lo do mundo dos mortos (v. Escatologia).

PRAX.

Πράξ (Práks), *Práx*, segundo Carnoy, *DEMG*, p. 171, proviria do verbo πράσσειν (prássein), "ir até o fim, atravessar, executar", donde significar o antropônimo "o que executa, o que vai até o fim".

Descendente, em terceira geração, de Pérgamo, filho de Neoptólemo (v.), o herói veio da Ilíria para o Peloponeso e emprestou seu nome à região denominada Πρασιαί (Prasiaí), "Prásias". Em memória de seu ancestral Aquiles, pai de Neoptólemo, consagrou-lhe, na Lacônia, um santuário na rota que liga Esparta à Arcádia.

PRAXÍTEA *(II, 30; III, 150)*.

Πραξιϑέα (Praksithéa), *Praxítea*, parece um composto de πρᾶξις (prâksis), "ação", do verbo πράσσειν (prássein), "ir até o fim, atravessar, executar" e de ϑεά (theá), "deusa", donde "a que age como uma deusa" ou "cujas ações se assemelham às de uma deusa". Quanto ao verbo πράσσειν (prássein), ático πράττειν (práttein), a base é πρα- (prã-), que expressa a ideia de "agir". No que se refere a ϑεά (theá), feminino de ϑεός (theós), "deus", não se possui ainda etimologia definida. A aproximação deste último com o sânscrito *devá* e o latim *deus* é considerada modernamente como impossível. Talvez partindo-se da raiz *dhē, do verbo τιϑέναι (tithénai), "pôr, estabelecer como estável", o vocábulo "deus" seria etimologicamente "um cipo, estela", *DELG*, p. 429-430; Frisk, *GEW*, s.u.

São várias as heroínas do mito ático com este nome, que, as mais das vezes, se confundem.

A primeira delas é a mulher de Erecteu, rei de Atenas. Ora aparece como filha do deus-rio Cefiso, ora de Diogenia, filha do rio citado, e, neste caso, o pai da heroína seria Frásimo. Praxítea é para os atenienses o modelo do patriotismo, porque consentiu que as filhas fossem imoladas para a vitória de Atenas sobre seus inimigos, segundo predissera o Oráculo de Delfos.

A segunda é o nome de uma ninfa, esposa de Erictônio, igualmente rei de Atenas, e pai de Pandíon. A terceira é um epíteto de Metanira, mulher de Céleo, rei de Elêusis, e pai de Demofonte e Triptólemo. Alguns mitólogos fazem de Praxítea tão somente a ama de Demofonte.

PRÉSBON.

Πρέσβων (Présbōn), *Présbon*, provavelmente é derivado de πρέσβυς (présbys), que raramente significa "um homem idoso", mas um "ancestral, uma pessoa importante, veneranda". Do ponto de vista etimológico, *présbys* é considerado como um composto arcaico de πρές (prés), "à frente de, diante de, anteriormente" e de -βυς (-bys) da raiz *g^wa/*g^wu, "ir, caminhar", donde "o que caminha à frente de, o mais notável", como aparece no védico *vanar-gú*, "que vai à floresta"; sânscrito *purogavá*, "chefe". Em síntese, Présbon é "o ancestral", *DELG*, p. 936-937.

Présbon, em algumas versões relativas ao casamento de Frixo (v.), nasceu da legítima união deste com Iofassa, filha de Eetes, rei da Cólquida.

Casando-se com Búzige, filha de Lico, foi pai de Clímeno. Morto Frixo, Présbon veio a Orcômeno reclamar o trono de seu avô Átamas. É que, antes de falecer, este o confiara a seus sobrinhos, netos de Sísifo, por julgar que sua descendência masculina estava extinta. Haliarto e Corono, os netos de Sísifo, entregaram-lhe pacificamente o trono e fundaram as cidades de Haliarto e Coroneia.

Présbon é o avô de Ergino, com o qual terminou em Orcômeno a linhagem real de Átamas.

PRÉTIDAS *(III, 75)*.

Προιτίδες (Proitídes), *Prétidas*, como *Proîtos*, Preto (v.), de que derivam, não têm etimologia segura até o momento (v. Preto).

Prétidas são as três filhas do Rei Preto e de Estenebeia. Por se terem julgado mais belas que Hera, ou porque lhe desdenhassem o templo, julgando-o inferior em riqueza ao palácio real ou ainda porque houvessem furtado o ouro, que ornamentava o peplo da deusa, para uso próprio, foram enlouquecidas pela esposa de Zeus. Eram três as Prétidas: Lisipe, Ifianassa e Ifinoe. Acreditando-se transformadas em novilhas erravam pelas campinas e não havia quem pudesse convencê-las a retornar à corte de Tirinto. Tal comportamento, muito semelhante ao das Bacantes, levou alguns mitógrafos a atribuir-lhes a ἄνοια (ánoia), a loucura, a um castigo de Dioniso, por se terem elas negado a abraçar-lhe o culto. O adivinho Melampo ofereceu seus préstimos ao rei, comprometendo-se a curá-las mediante a entrega de um terço do território de que se compunha o reino de Corinto. O soberano achou o preço muito elevado, mas como a loucura das filhas se intensificasse, Preto resolveu aceitar a proposta do adivinho-médico Melampo. Este, porém, fez nova exigência: queria um terço do reino para si e outro terço para seu irmão Bias. Temendo pela sorte das filhas, que haviam ampliado sua correria louca por todo o Peloponeso, o rei, embora a contragosto, concordou com o alto preço da cura exigido pelo adivinho. Melampo, tomando consigo o mais vigoroso dos efebos de Argos, partiu para as montanhas e campinas em perseguição às Prétidas. Com gritos e danças frenéticas procurou atraí-las. Uma delas, Ifínoe, morreu de cansaço, mas as duas outras foram purificadas com ervas mágicas que o adivinho misturou às águas de uma fonte onde "as novilhas" costumavam matar a sede. Curadas, foram dadas em casamento a Melampo e a Bias, ficando o território de Tirinto fracionado em três pequenos reinos (v. Preto).

PRETO *(I ,205; III, 51, 74-76, 87, 209-211, 214)*.

Προῖτος (Proîtos), *Preto*, consoante Carnoy, *DEMG*, p. 175, talvez provenha de um composto, formado por πρό (pró), "antes" e da raiz do verbo ἰέναι (iénai), "ir", donde Preto seria "aquele que esteve à frente". Na realidade, o verbo ἰέναι (iénai), cujo presente é εἶμι (eîmi), "eu vou", possui uma forma nominal οἶτος (oîtos), mas com sentido de "destino", normalmente fatídico. A etimologia apontada por Carnoy, embora hipotética, é assim mesmo muito pouco provável.

Linceu foi o único que escapou do morticínio perpetrado pelas Danaides (v.) na primeira noite da lua de mel, em que assassinaram seus primos e maridos. Desse massacre conjugal, em que pereceram *quarenta e nove* filhos de Egito, sobrou o supracitado Linceu, porquanto sua mulher Hipermnestra, filha de Dânao e irmã das *quarenta e nove Danaides*, por ele se teria apaixonado. De Linceu e Hipermnestra nasceu Abas, que, casado com Aglaia, foi pai dos gêmeos Preto e Acrísio, nos quais se reviveu o ódio ancestral que mantiveram um contra o outro seus avôs, os irmãos Dânao e Egito. Após uma luta cruenta, Acrísio (v.) se apossou de toda a Argólida e Preto buscou asilo na Lícia junto ao ReiIóbates, que lhe deu em casamento a filha Anteia ou Estenebeia como lhe chamavam os trágicos. Para vingar a honra ofendida do genro, Íóbates marchou contra Acrísio. Venceu-o e impôs-lhe a divisão da Argólida: Preto reinaria em Tirinto e o irmão em Argos. Jamais, no entanto, houve paz entre os dois, sobretudo depois que Preto foi acusado de ter violentado a própria sobrinha Dânae, encerrada numa câmara de bronze, e ter-se tornado pai de Perseu (v. Acrísio). Foi por essa época que chegou à corte do rei de Tirinto, pedindo para ser purificado, o herói Belerofonte (v.), que havia cometido um φόνος ἀκούσιος (phónos akúsios), um homicídio involuntário, assassinando o próprio irmão. Foi durante sua permanência na corte de Tirinto que aconteceu algo de muito grave ao herói exilado. A esposa do rei, Estenebeia, se apaixonou perdidamente pelo hóspede. Repelida por este, acusou-o falsamente de tentar violentá-la. Tal era o *furor eroticus*, "a paixão furiosa" da rainha, como a classificou Homero (*Il.*, VI, 160sqq.), que chegou mesmo a ameaçar Preto, caso o rei não matasse o sedutor. Embora enfurecido com o hóspede, o soberano teve escrúpulo em eliminar aquele a quem havia purificado. Enviou-o a seu sogro Ióbates com uma missiva em que solicitava desse morte ao portador. Não desejando violar a sagrada hospitalidade e também porque já havia sentado à mesa para comer com ele, o que estabelecia para os antigos uma profunda identidade, submeteu-o às já conhecidas tarefas, cuja finalidade é a purificação e a consequente individuação do efebo. Para não manchar as próprias mãos e, ao mesmo tempo, desejando cumprir a mensagem do genro, Ióbates ordenou a Belerofonte uma série de tarefas dificílimas, entre elas a morte do monstro Quimera (v.). Executadas heroicamente todas as empreitadas, Ióbates reconheceu que seu hóspede era de origem divina e por certo inocente. Mostrou-lhe a carta de Preto e solicitou-lhe permanecesse em seu reino, dando-lhe para tanto a filha Filônoe em casamento e, ao morrer, deixou-lhe o trono da Lícia. Um herói, quando caluniado ou injustamente punido, jamais deixa de vingar-se, pois que a represália faz parte de sua *timé*, de sua honra aviltada. Cavalgando Pégaso, Belerofonte dirigiu-se a Corinto. Preto procurou ganhar tempo e furtou o cavalo alado, a fim de que Estenebeia pudesse fugir. A rainha cavalgou pouco tempo, porque Pégaso a lançou fora do arnês, atirando-a ao mar. Uma variante conta que a rainha, ciente do retorno do herói, se fez matar. Com Filônoe, Belerofonte foi pai de três filhos, Isandro, Hipóloco e Laodamia. Esta, unindo-se a Zeus, foi mãe do grande Sarpédon (v.). Por sua vez, Preto foi pai das célebres Prétidas (v.), Lisipe, Ifianassa, Ifínoe e um filho, Megapentes. Essas Prétidas foram enlouquecidas por Hera ou Dioniso e curadas por Melampo. Em cumprimento de uma promessa pela sanidade das filhas, Preto dividiu seu reino em três: governou uma parte, com sede em Tirinto, e entregou as outras duas aos irmãos Melampo e Bias. Deste último descenderá Adrasto (v.), o condutor dos Sete Chefes (v.) contra Tebas. Com a morte de Preto, o reino de Tirinto ficou para Megapentes, que o trocou com Perseu (v.) pelo de Argos. Ovídio, *Metamorfoses*, 5, 236-241, nos legou uma versão aberrante do fim do Rei Preto. Tendo este atacado a seu irmão Acrísio, sitiou-o na cidadela de Argos. Perseu veio em socorro do avô e transformou Preto em estátua de pedra, usando para tanto a cabeça de Medusa. Viu-se como Belerofonte rechaçou as pretensões indecorosas de Estenebeia e, por vingança, foi falsamente acusado pela mesma de tentar seduzi-la. Esse tema, comum no mito dos heróis, aparece pela vez primeira, ao que tudo indica, no Egito, segundo se comentou *em Mitologia Grega*, Vol. III, p. 38sq. Por força de um episódio do Antigo Testamento, *Gênesis* 39,7-20, a respeito da inteireza, caráter e temor de Deus por parte de José, "tentado" pela esposa de Putifar, deu-se ao assunto o nome de *motivo Putifar*, que se pode definir como acusação infundada de adultério, tramada por uma mulher, com a qual o injustamente acusado e, quase sempre punido, se recusou a ter relações sexuais. Na mitologia heroica da Hélade, como em muitas outras culturas anteriores, *o motivo Putifar* é amplamente difundido.

PRÊUGENES.

Πευγένκς (Preuguénēs), *Prêugenes*, parece formado, segundo Carnoy, *DEMG*, p. 171, de πραΰς (prãús, prēús) e a forma abreviada πρευ- (preu-), "doce, agradável, amável, sem violência" e de -γενής (-guenḗs), do verbo γίγνεσϑαι (guígnesthai), "nascer", donde significar o antropônimo "o de caráter ou temperamento amável". Não se conhece em grego a etimologia de πραΰς (praús). Quanto ao verbo γίγνεσϑαι (guígnesthai) v. Ifigênia.

Prêugenes, filho de Agenor, é um aqueu originário do Vale do Eurotas, no Peloponeso. Foi pai de Patreu e de Astérion. Com a chegada dos dórios, o herói, em companhia dos dois filhos, retirou-se para a Acaia, onde fundou uma cidade a que deu o nome de Patras. Prêugenes e seu filho Patreu receberam, mais tarde, em sua nova cidade, honras de heróis.

PRÍAMO *(I, 87-88, 98, 107-109, 111, 116, 125, 127, 135, 137, 282; II, 87, 193; III, 62, 119^{92}, 287^{219}, 293^{225}, 296, 299-301, 302^{231}, 331).*

Πρίαμος (Príamos), *Príamo*, segundo Carnoy, *DEMG*, p. 171, proviria da raiz **prei, *pri*, como se poderia ver pelo latim *prior*, "anterior", *pri(s)mos > primus*, "o primeiro, o chefe, o guia". Chantraine, porém, *DELG*, p. 937, bem mais prudente, relaciona-o com o verbo πριαμόεσϑαι (priamóesthai), "ter a cabeça raspada, estar calvo", donde Príamo significaria "o calvo". Uma aproximação com o micênico *pirijameja*, antropônimo no dativo, seria plausível. A final -αμος (-amos) encontra-se em termos de empréstimo.

Príamo é o filho mais jovem de Laomedonte. O nome da mãe do herói varia segundo as tradições. A *Ilíada* não a menciona, mas os mitógrafos posteriores dão-lhe ora o nome de Estrimo, filha do deus-rio Escamandro, ora de Plácia ou Leucipe. O herói se celebrizou por ser o rei de Troia, aliás já bastante idoso, quando eclodiu a guerra, que ensanguentou a Ásia, por causa do rapto de Helena (v.).

A *Ilíada* nos esclarece muito pouco acerca de Príamo antes do cerco de Ílion. Sabe-se tão somente de sua aliança com o rei frígio Otreu na luta contra as Amazonas, às margens do Rio Sangário. Versões mais tardias é que nos revelam o principal episódio em que esteve envolvido o futuro monarca, ainda muito jovem. Quando Héracles (v.) invadiu Troia para vingar-se de Laomedonte, o herói, após liquidá-lo, matou-lhe todos os filhos homens, exceto Podarces, por ser ainda um menino. Casou Hesíona, filha do rei derrotado, com Telamón, como recompensa por sua bravura. Num gesto de cortesia e como presente de núpcias pôs à disposição da princesa o escravo que ela desejasse. A noiva escolheu seu irmão Podarces e como Héracles argumentasse que aquele deveria primeiro tornar-se escravo e, em seguida, ser comprado por ela, Hesíona retirou o véu com que se casara e ofereceu-o como resgate do menino. Este fato explicaria a mudança de nome de *Podarces para Príamo*, epíteto que "míticamente" significaria "o comprado, o resgatado".

O filho de Alcmena, antes de retornar à Hélade, confiou ao caçula de Laomedonte o governo de Troia, cujos domínios foram se ampliando por toda a Tróada e pelas ilhas da costa asiática, graças à diplomacia e ao pulso firme do novo senhor de Ílion.

Príamo se casou com Arisbe, filha de Mérops, e foi pai de Ésaco (v.), que se tornou um grande oniromante. Logo, porém, abandonou a primeira esposa, entregando-a a Hirteu e uniu-se a Hécuba (v.), que lhe deu catorze filhos: Heitor, Páris, Deífobo, Heleno, Pâmon, Polites, Ântifo, Hipônoo, Polidoro, Troilo, que às vezes é tido como filho de Apolo, Creúsa, Laódice, Políxena e Cassandra. Com várias concubinas o rei teve ainda outros quarenta e três: Melanipo, Gorgítion, Filemon, Hipótoo, Glauco, Agatão, Quersídamas, Evágoras, Hipódamas, Mestor, Atas, Dóriclo, Licáon, Dríops, Bias, Crómio, Astígono, Telestas, Evandro, Cébrion, Mílio, Arquêmaco, Laódoco, Équefron, Idomeneu, Hiperíon, Ascânio, Demócoon, Areto, Deiopites, Clônio, Équemo, Hipérco, Egeoneu, Lisítoo, Polimédon, Ântifon, Dios, Áxion, Medusa, Medesicasta, Lisímaca e Aristodema. Ao todo cinquenta e oito filhos, cinquenta heróis e oito heroínas.

A atuação de Príamo é extremamente discreta na *Ilíada*. Não podendo, por força da idade, tomar parte na luta, preside tão somente ao conselho dos anciãos e dos heróis troianos que lutavam em defesa de Ílion. Nem sempre, porém, prevalecia sua opinião. A última palavra pertencia normalmente a Heitor.

Em relação a Helena, conforme se mostrou em *Helena, o eterno feminino*, Petrópolis, Vozes, 1989, p. 88, o idoso e venerando rei de Troia é extremamente afável e cortês. Atribui-lhe o rapto e a catástrofe que se abateu sobre a cidade e o povo troiano aos deuses e à Moira.

O traço marcante do provecto monarca é a πίστις (pístis), "a piedade", vocábulo que provém do verbo πείθεσθαι (peíthesthai), cujo sentido primeiro é "obedecer, ter confiança": Príamo curva-se à vontade dos deuses e, por isso mesmo, Zeus o tem em grande conta. Nos momentos mais difíceis da guerra bastava sua presença para reacender os ânimos e apagar as chamas do desespero. Segundo a tradição, exceto Heleno e Cassandra, levados como escravos pelos aqueus, e o caçula Polidoro (v.), assassinado por Polimnestor no Quersoneso da Trácia, viu perecerem na guerra todos os outros filhos.

Quando Aquiles em seu ódio desmedido continuava a insultar o cadáver de Heitor, o velho e alquebrado soberano atravessou o acampamento dos helenos e foi beijar a mão que lhe prostrara o filho, para recuperar (e assim mesmo em troca de imenso resgate) os restos mortais do baluarte de Ílion.

Epopeias e relatos posteriores à *Ilíada* descrevem dramaticamente a morte do rei de Troia. Quando percebeu que os aqueus lhe penetravam palácio adentro, quis se revestir de suas armas para defender os poucos que restavam de sua família. Hécuba não o permitiu e levou-o para os fundos da mansão, onde havia um altar coroado de loureiros e ambos se puseram sob a proteção dos deuses. Neoptólemo, no entanto, inconformado com a morte de seu pai Aquiles, eliminou diante dos olhos estarrecidos do casal a Polites, que buscava igualmente asilo no mesmo local consagrado a Apolo. Em seguida, violando as leis sagradas, arrastou o próprio rei de sob a ara consagrada ao deus de Delfos e o degolou. Uma variante, porém, afirma que o velho monarca foi levado a força até o túmulo de Aquiles e lá decapitado pelo mesmo Neoptólemo. Príamo teria ficado insepulto.

PRIAPISMO.

Πριαρισμός (Priapismós), *Priapismo*, é um derivado de Πρίαρος (Príapos), Priapo (v.).

Diferentemente de satiriase (v.), o priapismo se caracteriza pela ereção desmesurada, persistente e dolorosa do pênis, mas não funcional, isto é, sem nenhum desejo sexual. Donde impotência e esterilidade.

O priapismo, como a satiriase, é uma *pathologia sexualis*, resultante de um castigo, segundo o mito.

Pégaso, embaixador e missionário de Dioniso, partiu de Elêuteras, cidade fronteiriça da Ática, levando para Atenas, em seus braços, a estátua do deus do vinho. Repelido brutalmente pelos habitantes da pólis de Palas Atená, Pégaso retornou à sua cidade natal. O deus, encolerizado, puniu os homens atenienses com a epidemia do priapismo.

Consultado o Oráculo de Delfos, este respondeu que o mal só teria cobro se se prestassem ao filho de Sêmele as honras e culto a que fazia jus. De imediato, os atenienses se puseram a fabricar "falos" e organizaram com eles e com a estátua de Baco, anteriormente rechaçada, uma grande procissão, de Elêuteras a Atenas. Apaziguado o deus, o flagelo cessou.

Para que a terrível enfermidade, no entanto, não mais se repetisse, e como agradecimento ao senhor do falo, fazia-se, em Atenas, anualmente, por ocasião das Grandes Dionísias (v. Dioniso), entre março e abril, a grande procissão das *Falofórias*.

Etimologicamente, Φαλληφόρια (Phallēphória), *Falofórias*, é um composto de φαλλός (phallós), "falo",

PRIAPO

fascinum erectum, representação material do pênis, que talvez se relacione com a raiz **bhel-*, "inchar, intumescer" e do verbo φέρειν (phérein), "levar, transportar, conduzir", donde Falofórias eram as procissões religiosas em que se conduziam um ou vários falos. Φέρειν (phérein) tem como base o tema **bher-*, "levar", sânscrito *bhárati*, "ele leva", avéstico *baraiti*, "ele transporta", latim *ferre*, "levar, suportar".

Em síntese, Falofórias não eram apenas "o transporte do falo", símbolo das pazes feitas com Dioniso, mas traduziam igualmente a fecundação e um antídoto contra a impotência, carreada pelo priapismo.

PRIAPO *(I, 217, 221, 309[201]).*

Πρίαπος (Príāpos), *Priapo*, não possui ainda etimologia definida em grego. Trata-se de um deus fálico, o protetor dos jardins, proveniente, segundo se crê, do norte da Ásia Menor, que se teria identificado com Πρίαπος (Príāpos), Priapo, cidade da Propôntida, *DELG*, p. 937-938.

De uma união esporádica de Afrodite e Dioniso nasceu Priapo, a grande divindade da cidade asiática de Lâmpsaco. Deus itifálico, tinha por função guardar as videiras e os jardins. Seu atributo essencial era "desviar" o mau-olhado e proteger as colheitas contra os sortilégios dos que desejavam destruí-las. Senhor de amplos poderes apotropraicos, sempre foi considerado como um excelente exemplo de *magia simpática*, tanto "homeopática", pela lei da similaridade, quanto pela de "contágio", pela lei do contato, em defesa dos vinhedos, pomares e jardins, em cuja entrada figurasse sua estátua.

Como protetor da fecundidade, era presença obrigatória no cortejo de Dioniso, quando não por sua semelhança com os Sátiros e Sileno. Como este último, aliás, o senhor de Lâmpsaco era frequentemente representado em companhia de um asno. Tal fato se deve a uma aventura do deus. Durante uma festa de Dioniso, Priapo se encontrou com a ninfa Lótis (v.). Apaixonou-se por ela e não mais a deixou em paz, apesar das recusas e fugas constantes da ninfa. Certa noite, enquanto ela dormia junto às Mênades, o filho de Dioniso tentou violentá-la e estava a ponto de consegui-lo, quando o asno de Sileno pôs-se a zurrar com tanta força, que despertou o acampamento inteiro. Lótis escapou dos braços do deus, que, em meio às gargalhadas das Mênades, ficou extremamente envergonhado. A partir daí, o asno jamais o abandonou.

Uma versão um pouco diferente desloca a peripécia para Roma, onde Lótis é substituída por Vesta. Quando a deusa das lareiras estava prestes a ser possuída pelo guardião dos jardins, um asno começou a zurrar e a despertou. Conscientizando-se do perigo, Vesta fugiu. Para apaziguar o *furor eroticus* do filho de Afrodite, sacrificou-lhe um asno e nas festas da protetora das lareiras o animal era coroado de flores.

Existe, aliás, uma variante importante acerca da filiação e da deformidade do deus. Tão logo Afrodite nasceu, Zeus se apaixonou por ela e a possuiu numa longa noite de amor. Hera, enciumada com a gravidez da deusa oriental e temendo que, se dela nascesse um filho com a beleza da mãe e o poder do pai, ele certamente poria em perigo a estabilidade dos imortais, deu um soco no ventre da rival. O resultado foi que Priapo nasceu com um membro viril enorme, embora não funcional, o que fazia dele um impotente (v. Priapismo). Com medo de que seu filho e ela própria fossem ridicularizados pelos outros deuses, abandonou-o numa alta montanha, onde foi encontrado e criado por pastores, o que lhe explica o caráter rústico.

Pausânias, numa versão tardia, aproxima Priapo do mito de Osíris. O deus de Lâmpsaco seria a deificação operada por Ísis da virilidade de seu irmão e esposo. O escritor grego, além do mais, assimila Priapo a Hermafrodito (v.), o que, do ponto de vista mítico, é um absurdo.

PRÍLIS.

Πρύλις (Prýlis), *Prílis*, enquanto substantivo comum designa uma dança dos Curetes, que a executavam armados. Da mesma família etimológica é πρυλέες (prylées), "guerreiros com capacete e couraça, que combatiam a pé". Talvez o antropônimo signifique "o hoplita que dança" ou que entrechoca as armas ao ritmo da dança. Quanto à origem, talvez se trate de um termo egeu, *DELG*, p. 943.

Filho de Hermes e da ninfa Issa, Prílis é um adivinho de Lesbos. Quando os aqueus passaram pela ilha na ida para Troia, o *mántis*, subornado pelos presentes de Palamedes, revelou a Agamêmnon que Ílion só poderia ser tomada por um cavalo de madeira.

PROCLES.

Προκλῆς (Proklês), *Procles*, é formado pela partícula intensiva προ- (pro-) e κλέος (kléos), "renome, reputação, glória", donde "aquele cuja glória é preponderante", *DEMG*, p. 172.

Procles e Eurístenes são gêmeos, filhos do heraclida Aristodemo e Argia. Os gêmeos casaram-se respectivamente com Látria e Anaxandra, filhas do heraclida Tersandro, rei de Cleonas. Da união de Procles e Anaxandra nasceu um filho, Soos, que foi pai de Êuripon e ancestral de Licurgo, o grande legislador de Esparta.

PROCNE *(II, 41; III, 150, 236).*

Πρόκνη (Próknē), *Procne*, é aproximado por alguns filólogos de περκνός (perknós), cujo sentido original é "ter manchas negras, ser pintado", porque Procne fora transformada em rouxinol ou andorinha e, significaria, assim, "a pintada, manchada". A etimologia, no entanto, é contestada, v. *DELG*, p. 887.

As irmãs Procne e Filomela eram filhas de Pandíon, rei de Atenas. Para o mito trágico de ambas v. Filomela.

PRÓCRIS *(I, 319; III, 59, 61, 150).*

Πρόκρις (Prókris), *Prócris*. Carnoy, *DEMG*, p. 172, aventa a possibilidade de Πρόκρις ser uma forma abreviada de *Προκριτή (Prokritḗ), que aliás já o seria de προκριτική (prokritikḗ), adjetivo procedente do verbo προκρίνειν (prokrínein) "julgar preferível, escolher", donde *Prócris* seria a "escolhida, a preferida", pelo fato de a heroína ter sido disputada por vários pretendentes. A hipótese é pouco provável.

Prócris pertencia à família real de Atenas, quer como filha de Erecteu, rei da cidade de Palas Atená, quer como filha de Cécrops, segundo uma variante. Casada com Céfalo traiu-o com Ptéleon, que a presenteara com uma coroa de ouro. Temendo a vingança do esposo, fugiu para a Ilha de Creta, onde Minos, ferido pela "maldição de Pasífae" (v.), em vão tentou unir-se a ela. Ciumentíssima e dotada de poderes mágicos, Pasífae lançara contra o marido terrível maldição: exceto ela, toda e qualquer outra mulher, que tentasse uma relação íntima com o rei, morreria devorada por um batalhão de serpentes que lhe escapavam por todos os poros. Prócris libertou-o desse encantamento, fazendo-o mastigar uma erva mágica que recebera de Circe. Minos, como recompensa, ofereceu-lhe um dardo que jamais errava o alvo e um cão de que nenhuma caça poderia escapar, quando perseguida por ele. Prevendo a ira e a vingança da maga Pasífae, retornou a Atenas e se reconciliou com o marido, mas por pouco tempo. Céfalo, desconfiado, fazendo-se passar por um outro, tentou conquistá-la com presentes valiosíssimos. Ela resistiu a princípio, mas, à força de tantas promessas e apaixonados protestos de amor, acabou cedendo. O marido deu-se então a conhecer. Prócris olhou-o perplexa e, sem dizer palavra, abandonou a casa e foi viver sozinha nas montanhas. Recuperando o bom-senso e compreendendo o triste papel que desempenhara, procurou a mulher por toda a parte, até que a encontrou numa alta montanha. Mais uma vez os esposos se recongraçaram e durante alguns anos viveram felizes. Certo dia, porém, foram à caça, como acontecia tantas vezes. Prócris oferecera a Céfalo "o dardo certeiro" que lhe dera Minos. Ao chegarem a um bosque, separaram-se em busca da presa. Céfalo, olhando atentamente à sua volta, divisou algo a mexer-se no interior do arvoredo e, pensando tratar-se de um animal, disparou o dardo. Acertou em cheio no alvo: era Prócris, que morreu instantaneamente.

PROCRUSTO *(III, 156).*

Προκρούστης (Prokrústēs), *Procrusto*, provém de πρό (pró), "antes, de antemão" e de uma forma κρούστης (krústēs), derivada do verbo κρούειν (krúein), "bater, ferir, mutilar", vale dizer, *Procrusto* é "o que fere ou mutila previamente suas vítimas", para alongá-las ou encurtá-las, *DELG*, p. 588. Etimologicamente, o verbo *krúein*, "ferir, bater" prende-se à raiz indo-europeia *qrous, atestada pelo eslavo antigo sŭkrušõ, -šiti, "ferir, bater, aniquilar". Do vocalismo zero indo-europeu *qrus tem-se o eslavo antigo krŭcha e o russo *krochá*, "pedaço, fragmento". Na realidade, *Procrusto* é um epíteto do sanguinário *Damastes* ou *Polipêmon*. O primeiro, Δαμάστης (Damástēs), provém do verbo δαμάζειν (damádzein), "dominar pela violência, subjugar" e o segundo, Πολυπήμων (Polypēmōn) é um composto de πολύ- (polý-) "muito" e πῆμα (pḗma), "sofrimento, dor", donde *Polipêmon* é "o que provoca sofrimentos".

Procrusto, "aquele que estica ou reduz", era um assaltante cruel que vivia na rota que ligava Mégara a Atenas. O criminoso assassino usava de uma técnica singular com suas vítimas: deitava-as em um dos dois leitos de ferro que possuía, cortando os pés dos que ultrapassavam a cama pequena ou distendia violentamente as pernas dos que não preenchiam o comprimento do leito maior. Teseu, o herói ateniense, o matou, aplicando-lhe suplício idêntico àquele que o bandido usava com suas vítimas.

PRÔMACO *(III, 204).*

Πρόμαχος (Prómakhos), *Prômaco*, é formado de πρό- (pró-), "antes, em defesa de, por antecipação" e do verbo μάχεσθαι (mákhesthai), "combater, lutar", donde "o que está pronto para o combate ou o que luta na primeira fila". Quanto a πρό (pró), advérbio, partícula intensiva e preposição, é atestado na maioria das línguas indo-europeias com o sentido de "antes de, diante de, em defesa de, de preferência": sânscrito *prá*, avéstico e persa antigo *fra*, latim *pro*, osco e umbro *pru*, gótico *fra-*, lituano *pra-*, russo *pro*. Μάχεσθαι (mákhesthai) não possui ainda etimologia definida em grego. A aproximação com o suposto iraniano *hamazan, "Amazona", não foi comprovada. V. Macáon, *DELG*, p. 673-674.

Prômaco e Leucócamas são dois jovens cretenses envolvidos numa aventura amorosa. Segundo uma tradição já bem tardia, Prômaco amava a Leucócamas, que o submetia constantemente a uma série de provas. Nada satisfazia, contudo, à crueldade do amado que acabou por impor ao amante uma tarefa dificílima: tratava-se de obter determinado capacete. Prômaco, após conseguir o objeto exigido pelo amado, oferece-o, na presença de Leucócamas, a um outro jovem mais compreensivo. Sentindo-se profundamente ofendido e envergonhado, Leucócamas se matou.

Um segundo herói com o mesmo nome é o filho de Esão e de Alcímede ou Perimele, assassinado, ainda menino, por Pélias.

PROMETEU *(I, 106, 157-158, 164, 166-167, 168[118], 170, 177, 198, 201, 242, 309; II, 10, 19, 28, 47, 55-56, 90[31], 161, 195; III, 11, 17, 24, 37, 115, 263).*

Προμηθεύς (Promētheús), *Prometeu*, é formado de προ' (pró), antes de, por antecipação" (v. Prômaco) e de *μῆϑος (*mêthos), "ver, observar, pensar, saber", com acréscimo do sufixo -ευς (-eús), que é frequente nos antropônimos. De qualquer forma, *Promētheús* é um derivado de προμηϑής (promēthḗs), "previdente, precavido", donde "o que vê, percebe ou pensa antes". É bem possível que *μῆϑος (*mêthos) esteja ligado à família etimológica do verbo μανϑάνειν (manthánein), cujo infinitivo aoristo segundo é μαϑεῖν (matheîn), "aprender praticamente, aprender por experiência, aprender a conhecer", v. o antitético Epimeteu, *DELG*, p. 940.

Um dentre os quatro filhos de Jápeto e Clímene ou Ásia, Prometeu pertence, como seus três irmãos, Epimeteu, Atlas e Menécio, à raça dos Titãs, sendo, em consequência, primo do senhor do Olimpo. Casado com Celeno ou Clímene, foi pai de Deucalião, Lico e Quimareu, aos quais se acrescentam por vezes Etneu, Helen e Tebe.

Segundo uma tradição, que, aliás, não consta da *Teogonia* de Hesíodo, o filho de Jápeto passa por haver criado os primeiros seres humanos do limo da terra. Bem antes da retumbante "vitória de Zeus" sobre os Titãs e outros monstros aliados a eles, Prometeu já era um benfeitor da humanidade. Essa filantropia, por sinal, lhe custou muito caro. Foi pelos homens que ele enganou a Zeus (v.) por duas vezes. Numa primeira, em Mecone (nome antigo de Sicione, cidade da Acaia), quando lá "se resolvia a querela dos deuses e dos homens mortais" (*Teog.*, 535-536). Essa disputa certamente se devia à desconfiança dos deuses em relação aos homens, protegidos pelo filho de um dos Titãs, derrotados pelos imortais.

Pois bem, foi em Mecone que o deus filantropo, desejando ludibriar o pai dos deuses e dos homens em benefício dos mortais, dividiu um boi enorme em duas porções: a primeira continha as carnes e as entranhas, cobertas pelo couro do animal; a segunda, apenas os ossos, disfarçados com a gordura branca do mesmo. O senhor do Olimpo escolheria uma delas e a outra seria oferecida aos homens. O grande deus optou pela segunda e, vendo-se burlado, "a cólera encheu sua alma, enquanto o ódio lhe subia ao coração". O terrível castigo não se fez esperar: Zeus privou o homem do fogo, quer dizer, simbolicamente do *nûs*, da inteligência, tornando a humanidade *anóetos*, isto é, imbecilizou-a:

Zeus te ocultou a vida no dia em que, com a alma em fúria, se viu ludibriado por Prometeu de pensamentos velhacos. Desde então ele preparou para os homens tristes cuidados, privando-os do fogo (Trab., 47-50).

Novamente o benfeitor dos homens entrou em ação: roubou uma centelha do fogo celeste, privilégio de Zeus, ocultou-a na haste de uma férula e a trouxe à terra, "reanimando" os mortais. O Olímpico resolveu punir com mais vigor ainda a humanidade e seu protetor. Contra os homens imaginou perdê-los para sempre por meio de uma mulher, a irresistível Pandora (v.), e contra o segundo a punição foi terrível. Consoante a *Teogonia* (521-534), Prometeu foi acorrentado com grilhões inextricáveis no meio de uma coluna e tinha o fígado roído durante o dia por uma águia, filha de Équidna e Tifão. Para desespero do "acorrentado" o órgão se recompunha à noite. Zeus jurou pelas águas do Rio Estige (v.) que jamais libertaria o primo daquela prisão fatal.

Héracles, no entanto, um pouco mais tarde, matou a águia e libertou o deus filantropo, com anuência do próprio Zeus, que desejava se ampliasse por toda a terra a glória de seu filho e,

a despeito de seu ódio, Zeus renunciou ao ressentimento contra Prometeu, que entrara em luta contra os desígnios do impetuoso filho de Crono (Teog., 533-534).

Como o deus supremo, entretanto, havia jurado pelo Rio Estige, obrigou o primo astuto a carregar para sempre uma argola, confeccionada com os grilhões de aço, e preso a ela um fragmento da coluna a que havia sido acorrentado. Desse modo, um "arco de aço" continuava a prendê-lo simbolicamente à coluna a que fora agrilhoado. Com semelhante estratagema o senhor do Olimpo reafirmava sua autoridade e se libertava do perjúrio.

Eis aí com os pormenores indispensáveis *o mito canônico de Prometeu* na concepção hesiódica. Para se ter uma ideia concreta de como *a arte* amplia, enriquece e transfigura o mito, seria necessária a leitura da gigantesca tragédia de Ésquilo, *Prometeu acorrentado*, em que o mitologema é apresentado de maneira muito mais ampla e poética.

Segundo uma versão, logo após a libertação do filho de Jápeto, o Centauro Quirão (v.) foi atingido acidentalmente por uma flecha envenenada de Héracles. O médico e mestre dos heróis aplicou unguentos sobre a ferida, mas esta era incurável. Recolhido em sua gruta, o grande Centauro desejou morrer, mas nem isto conseguiu, por ser imortal. Por fim, Prometeu, que nascera mortal, cedeu-lhe seu direito à morte, passando como deus a fazer jus ao culto público.

Dotado de dons divinatórios, Prometeu ensinou a Héracles como, através de Atlas, poderia apossar-se dos pomos de ouro guardados no Jardim das Hespérides (v. Héracles). Advertiu igualmente a seu filho Deucalião como salvar-se do dilúvio universal com que Zeus desejava aniquilar a humanidade, a qual o mesmo Deucalião (v.) e Pirra souberam renovar.

PROMETO.

Πρόμηθος (Prómēthos), *Prometo*, é formado, como Prometeu (v.), de πρό (pró), "antes de, por antecipação" e de *μῆθος (*mêthos), "ver, observar, pensar, saber", vocábulo da mesma família etimológica que προμηθής (promēthḗs), "previdente", e possivelmente que o verbo μανθάνειν (manthánein), "aprender praticamente, aprender por experiência, aprender a conhecer", donde significar o antropônimo "o previdente, o precavido".

Filho de Codro, rei de Cólofon, Prometo matou acidentalmente a seu irmão Demasícton. Obrigado a exilar-se, faleceu na Ilha de Naxos. Suas cinzas foram transportadas para Cólofon por seus sobrinhos, filhos do irmão assassinado.

PROMNE.

Πρόμνη (Prómnē), *Promne*, provém, talvez, de πρό (pró), "antes de, por antecipação" (v. Prômaco) e do verbo μνᾶσθαι (mnâsthai), "pensar em, ocupar-se com", donde "a que muito se preocupa, a que se antecipa", *DEMG*, p. 173.

Esposa do arcádio Búfago, recolheu e cuidou com toda a diligência do irmão de Héracles, Íficles, gravemente ferido pelos moliônides, quando da luta do filho de Zeus contra Augias (v.).

PRÔNAX.

Πρῶναξ (Prônaks), *Prônax*, é formado de πρό (pró), "antes de, por antecipação" (v. Prômaco) é de ἄναξ (ánaks), "senhor, mestre, protetor, salvador", cuja etimologia se desconhece em grego. Trata-se, possivelmente, de um termo religioso, tomado como empréstimo, Frisk, *GEW*, s.u. (v. Astíanax). O sentido do antropônimo talvez seja "o primeiro entre os senhores ou os príncipes".

Prônax, Adrasto e a célebre Erifila (v.) são filhos de Tálao. Prônax foi pai de Anfítea, que se casou com Adrasto (v.), e de Licurgo, pai, por sua vez, de Ofeltes-Arquêmoro (v.). Segundo uma versão antiga, o herói foi assassinado por seu primo Anfiarau (v.), durante uma sedição em Argos. Consoante alguns mitógrafos, os Jogos Nemeus ou Nemeios (v. Jogos) foram instituídos em memória de Prônax (v. Ofeltes-Arquêmoro).

PRONO.

Πρῶνος (Prônos), *Prono*, segundo Carnoy, *DEMG*, p. 173, é um derivado de πρών, πρῶνος (prṓn, prônos), "ponta de terra, cabo, promontório, altura". O vocábulo tem por base *πρώϜων (*prṓwōn) e está ligado a πρό (pró), "antes, por antecipação, à frente de", provindo este último de *pṛ, sânscrito *pur-va*, "o primeiro", donde significar o antropônimo "o chefe, o primeiro, o que está à frente de".

Prono é o pai de um tirano da Ilha de Cefalênia ou Cefalônia, o qual violentava as filhas antes de as mesmas se casarem. Tal atitude repugnante durou até o dia em que Nestor, pretendente à mão de uma delas, matou o pai incestuoso. Travestido de mulher, conseguiu chegar até o leito do tirano e o apunhalou, assumindo o governo da ilha.

PROPÉTIDAS.

Προποιτίδες (Propoitídes), *Propétidas*, não possui etimologia definida. Carnoy, *DEMG*, p. 174, pergunta se não se poderia pensar num derivado de *ποι-τι (*poi-ti), que seria um duplo de τίσις (tísis), "pagamento, remuneração".

As Propétidas eram jovens originárias de Amatonte, na Ilha de Chipre, que ousaram negar a divindade de Afrodite. A deusa do amor as castigou com um furor erótico de tal intensidade, que elas foram as primeiras mulheres a se prostituírem. Não satisfeita, Afrodite as transformou em estátuas de pedra.

PRÓPODAS.

Προπόδας (Propódas), *Própodas*, é formado de πρό (pró), "antes, à frente de, por antecipação" (v. Prômaco) e πούς, ποδός (pús, podós), "pé", donde "o que marcha à frente, guia, comandante", *DEMG*, p. 174.

Filho de Damofonte e, portanto, um descendente de Sísifo, Própodas era rei de Corinto. Foi sob o governo de seus filhos, Dóridas e Jântidas, que os dórios, chefiados por Aletes, chegaram à região do Istmo.

PRÓQUITE.

Προχύτη (Prokhýtē), *Próquite*, através de προχύτης (prokhýtēs), "urna para libações", seria um derivado do verbo προχεῖν (prokheîn), "derramar, entornar, espargir", donde "a que é banhada", *DEMG*, p. 172. Quanto ao verbo προ-χεῖν (prokheîn), cujo presente προχέω (prokhéo), "derramar, entornar, deixar cair", pressupõe *χεϜω (*khewō), e tem por raiz a forma *ghew-, que significa "derramamento contínuo de um líquido que se espalha abundantemente"; a forma ampliada *gheu-d está representada no latim *fundere*, "derramar, espalhar"; gótico *giutan*, alemão *giessen*, "derramar", *DELG*, p. 1.255-1.256.

Próquite era uma troiana consanguínea de Eneias. Tendo falecido na costa de Nápoles, foi sepultada na ilha a que emprestou seu nome.

PROSIMNA.

Πρόσυμνα (Prósymna), *Prosimna*, segundo Carnoy, *DEMG*, p. 174, talvez seja formado de πρός (prós), "junto de, ao lado de" e de *υδ-να (*yd-na), "água, onda", latim *unda*, donde significar o epônimo "afluente".

Prosimna, Acreia e Eubeia eram filhas de Astérion, deus-rio da Argólida. As três foram amas de Hera, mas, por sua maior dedicação, Prosimna mereceu tornar-se epônimo da cidade homônima.

PROTESILAU *(III, 44, 48)*.

Πρωτεσίλαος (Prōtesílaos), *Protesilau*, é um composto de πρῶτος (prôtos), "o primeiro, o que está à frente de, o comandante" e de λαός (laós), "povo" (por oposição aos chefes), v. Leito. Significa, pois, o antropônimo "o que comanda ou o primeiro entre o povo". Apesar da dificuldade em se explicar o radial de *prô-tos*, a aproxição feita por Frisk, *GEW*, s.u., com o lituano *pìr-mas*, sânscrito *púr-va*, avéstico *paur-va*, "primeiro", é de todo verossímil.

Protesilau e Podarces são filhos de Íficlo e Astíoque, descendentes portanto, através de Mínias, rei de Orcômeno, do deus Posídon. Uma versão tardia faz de Protesilau um dos filhos de Actor e não de Íficlo, de que seria somente primo.

Pretendente à mão de Helena, participou da Guerra de Troia, comandando um contingente de quarenta naus (*Il.*, II, 695-698), oriundo principalmente de Fílaca, na Tessália, sua terra natal.

Para cumprir o oráculo, o filho de Íficlo foi o primeiro a pisar solo troiano e, por isso mesmo, o primeiro a tombar sob os golpes de Heitor. Tal fato aconteceu logo após seu casamento com Laodamia, sem que os sacrifícios rituais tivessem sido ainda inteiramente cumpridos, o que teria provocado a morte prematura do herói.

Inconsolável com o desaparecimento do esposo, Laodamia (v.) pediu aos deuses que o devolvessem à vida por três horas apenas. Os imortais atenderam-lhe a súplica e, chegado o momento do retorno do marido ao Hades, a jovem viúva suicidou-se nos braços de seu amor inesquecível.

Conta-se que Protesilau exerceu papel importante quando da primeira e fracassada tentativa dos aqueus de encontrar o caminho que os levaria a Troia. Tendo desembarcado, por engano, na Mísia, tiveram pela frente a resistência de Télefo, rei local. Foi o herói tessálio quem arrancou o escudo do soberano da Mísia, permitindo a Aquiles feri-lo gravemente e liquidar a batalha.

PROTEU *(I, 234-235, 323; III, 272)*.

Πρωτεύς (Prōteús), *Proteu*, costuma ser relacionado com πρῶτος (prôtos), "primeiro, o que ocupa a primeira fileira, o que está à frente de", mas tal etimologia tem sido contestada. É bem possível que se trate de um nome egípcio, *DELG*, p. 945.

Na *Odisseia*, IV, 349sqq., Proteu aparece como um deus marinho, encarregado de guardar os rebanhos de focas e de outros animais pertencentes a Posídon. Seu *habitat* predileto é junto à Ilha de Faros, não muito distante da foz do Rio Nilo. Dotado de poder divinatório, procurava a todo custo fugir aos importunos consulentes, metamorfoseando-se sucessivamente em quaisquer animais e até mesmo em elementos como água e o fogo. Num momento difícil para Menelau (v.), quando buscava o caminho de retorno a Esparta, apareceu-lhe a divindade marinha Idoteia (v.), filha do mesmo Proteu, e aconselhou-o a procurar e consultar-lhe o pai. Apesar das múltiplas metamorfoses do poderoso deus do mar em leão, serpente, pantera, javali, água e árvore, o esposo de Helena logrou segurá-lo e Proteu sugeriu-lhe que retomasse o caminho do Peloponeso.

O poeta latino P. Virgílio Marão, no episódio de Aristeu (*Geórg.*, 4, 387-414), segue esta variante, alterando apenas o local, onde uma grande calmaria retivera o rei espartano: em lugar de Faros aparece a Península de Palene, na Calcídica.

A partir de Heródoto (*Hist.*, 2,113-115), no entanto, Proteu não é mais o mântico deus do mar, mas um rei do Egito. Era contemporâneo do senhor de Esparta e reinava em Mênfis, quando lá chegaram Páris e Helena, lançados por uma grande tempestade que os obrigou a buscar hospitalidade na corte do rei egípcio. Acusado por seus próprios servidores de haver injuriado a Menelau, raptando-lhe a esposa e muitos tesouros, o honrado Proteu reteve Helena em Mênfis, para devolvê-la oportunamente a seu legítimo esposo. A Páris foram concedidos três dias para que deixasse o país, sob pena de ser considerado inimigo público. Desse modo, o filho de Príamo chegou sozinho a Ílion. Apesar das advertências dos troianos, afirmando aos aqueus que Helena não estava em Troia, nem tampouco os tesouros furtados em Esparta, fez-se uma guerra de dez anos por uma mulher que jamais pisara terras da Ásia.

Este ângulo do mito foi retomado e consideravelmente alterado por Eurípides em sua tragédia *Helena*, passim, de que fizemos uma análise em *Helena, o eterno feminino*. Petrópolis, Vozes, 1989, p. 104-109.

Hera, a protetora dos amores legítimos, ferida em sua majestade com o julgamento de Páris (v.), fez que este levasse para Troia não a verdadeira Helena, mas seu εἴδωλον (eídōlon), "seu corpo astral", um simulacro agente e pensante com quem viveu apaixonado durante os dez sangrentos anos da luta em Tróada. A verdadeira Helena fora conduzida por Hermes à Ilha de Faros, onde reinava o honrado Proteu, sob cuja proteção passou a viver. Relata uma variante que foi o próprio monarca, com suas artes mágicas, quem ludibriou a Páris, fazendo-o conduzir para a Ásia "um simulacro" da rainha espartana.

Morto o rei de Faros, subiu ao trono seu filho Teoclímeno, que passou a assediar Helena. A filha de Zeus e Leda buscou refúgio no túmulo de Proteu, onde acabou por encontrar-se com Menelau, que uma tempestade fizera aportar no Egito.

Cônon (*Narr.*, 8,32) conta que Proteu, perseguido pelo tirano Busíris (mais tarde morto por Héracles), deixou o Egito e seguiu com os filhos de Fênix à procura de Europa (v.), raptada por Zeus. Como a princesa não fosse encontrada, estabeleceu-se em Palene, na Calcídica, onde se casou com Crisônoe, filha do Rei Clito. Ajudado pelo sogro, conquistou toda a região habitada pelos bisaltos, bárbaros e belicosos.

Da união com Crisônoe nasceram-lhe dois filhos, Polígono e Telégono, muito diferentes do pai: violentos e cruéis, assassinavam todos os estrangeiros que chegassem ao reino de Proteu. Héracles os eliminou.

PROTOGENIA *(III, 205).*

Πρωτογένεια (Prōtoguéneia), *Protogenia*, é um composto de πρῶτος (prôtos), "primeiro, o que ocupa a primeira fila, o que está à frente de" e da raiz **genò*, que aparece com tema em *s*, γένος (guénos), "raça, família", cuja representação verbal é γίγνεσθαι (guígnesthai), "nascer" (v. Ifigênia), donde significar o antropônimo "a que nasceu primeiro", epíteto de Geia, a Terra, e de diversas heroínas ou de suas irmãs mais velhas, notadamente desta filha de Deucalião, "a primeira a nascer" após o dilúvio.

São três as principais heroínas com este nome. A primeira é a filha mais velha de Deucalião e Pirra. Unida a Zeus, foi mãe de Étlio e Ópus. A segunda é o epíteto de uma das Jacíntidas (v.). A terceira é filha de Cálidon e Eólia. De sua união com Ares nasceu Óxilo (v.).

PRÓTOO.

Πρόθοος (Próthoos), *Prótoo*, é formado de πρό (pró), "antes de, por antecipação, em defesa de" (v. Prômaco) e do verbo θεῖν (theîn), "correr, ir à frente de, ser rápido" (v. Pirítoo), donde "o que vai à frente de, o comandante". Quanto ao verbo θεῖν (theîn), o presente temático θέ-(F)ω (thé-wō), corresponde ao sânscrito *dhavate*, "correr, fluir, mover-se", *dhávati*, "ele corre, movimenta-se".

Existem dois heróis principais com este nome. O primeiro é um filho de Ágrio (v.). O segundo, filho de Tenténdron, comandou um contingente de magnésios com quarenta naus, provindos de diversas regiões da Tessália (*Il.*, II, 756-759).

Quando do retorno de Troia, o herói pereceu no naufrágio do Cabo Cafareu. A maioria de seus comandados conseguiu salvar-se e chegou a Creta, navegando de lá para Magnésia do Meandro, na Ásia Menor, onde se radicou.

PSÂMATE *(I, 155, 234-235; III, 59).*

Ψαμάθη (Psamáthē), *Psâmate*, "a arenosa", é uma forma analógica de ἄμαθος (ámathos), "areia", por cruzamento com ψάμμος (psámmos), com idêntico significado. Quanto a ἄμαθος (ámathos), "areia, poeira", pode ser aproximado do antigo alemão *sampt*, donde com assimilação *md > nd*, *Sand*, "areia", tendo-se, mesmo assim, que admitir uma dissimilação da aspiração de **haμαθος* (**hamathos).

São duas as heroínas com este nome. A primeira é uma nereida, que, unida a Éaco, foi mãe de Foco. Como a princípio não desejasse submeter-se aos desejos de seu enamorado, metamorfoseou-se, como toda divindade marinha, em vários seres. Sua derradeira transformação foi em *foca*, mas nada impediu que o mais piedoso dos gregos e futuro juiz do Hades (v. Éaco) dela se apoderasse. Como os dois filhos do primeiro matrimônio de Éaco, Télamon e Peleu, por inveja de Foco, que os excedia nas disputas atléticas, o tivessem assassinado, Psâmate enviou contra seus rebanhos um lobo monstruoso. Mais tarde a nereida abandonou Éaco e se casou com Proteu (v.), rei do Egito.

A segunda heroína homônima é uma argiva, filha de Crotopo, pertencente à família de Forbas e Tríopas. Unida a Apolo, foi mãe de Lino. Por temor ao pai, expôs o menino. Sabedor mais tarde da aventura amorosa da filha e da existência de Lino, Crotopo mandou sepultar viva a desventurada Psâmate. Para castigá-lo, por atitude tão violenta, Apolo enviou contra a Argólida um monstro chamado Pene (v.).

PSILO.

Ψύλλος (Psýllos), *Psilo*, que é uma alcunha, provém de ψύλλα (psýlla), "espécie de aranha venenosa que pula", como a define Aristóteles (*HA.*, 622b 31). Psýllos especializou-se no sentido de "pulga". Ψυλ- (Psyl-), segundo Chantraine, *DELG*, p. 1.294, faz parte de um grupo de formas etimologicamente aparentadas, mas, por força de metáteses e acidentes diversos, torna-se difícil estabelecer uma raiz única, fato aliás comum, diga-se de passagem, em se tratando de um termo popular e familiar. Como quer que seja, a forma **plus-* está atestada no armênio *lu* e no sánscrito plúṣi; **pusl-* aparece no latim *pulex*, "pulga".

Filho de Anfitemis e de uma ninfa, Psilo era rei de uma parte da Cirenaica, na África. Seus subordinados, os Psilos, eram considerados os mais célebres encantadores de serpentes da Antiguidade.

Segundo um relato de Nono, *Dionisíacas*, 13,381sqq., Psilo, acompanhado por seu filho Catégono, resolveu imprudentemente organizar uma expedição contra o Vento Sul, que lhe havia destruído todas as colheitas. Ao aproximar-se, porém, da Ilha de Eolo (v.), uma tempestade sepultou-lhe no fundo do mar todas as naus.

PSIQUÉ *(I, 14, 16, 144-146, 190; II, 169, 175, 183, 195, 209-250; III, 13, 83, 112, 306).*

O grego ψυχή (psykhḗ) aparece como deverbal do verbo 2ψύχειν (psýkhein), "soprar, emitir um sopro".

O verbo 2ψύχω (psýkhō), "eu sopro, deixo escapar o ar" tem provavelmente como origem a forma não sufixada *ψύω (*psýō), que representa a raiz *bhes-, "soprar", atestada no sánscrito bhas-trā, "fole", védico á-psu, "sem sopro, sem força". É mister, todavia, não confundir 2ψύχω (psýkhō), "eu sopro" com 1ψύχω (psýkhō), ou a forma secundária ψύγω (psýgō), "eu esfrio, refresco, eu me refresco", daí o grande número de derivados deste último, entre os quais ψυχρός (psykhrós), "glacial, frio, fresco", ψῦχος (psŷkhos), "frio, frescura, friagem, inverno", *DELG*, p. 1.294.

É extremamente difícil determinar com exatidão o conceito de *psiqué* na Grécia Antiga, sobretudo na literatura, uma vez que os próprios gregos tatearam muito em busca de uma fórmula, de um consenso que lhes permitisse um ajuizamento da psique separada do corpo. Na realidade, os herdeiros de Homero sentiram grande dificuldade e até mesmo uma certa repulsa em conceber a dicotomia σῶμα (sôma), corpo -ψυχή (psykhḗ), *psiqué*. Isto explica certamente, a nosso ver, a "criação" do εἴδωλον (eídōlon), um corpo insubstancial, mas que, de certa forma, continuava o *todo* na outra vida. Somente nas religiões de mistérios, *Mistérios de Elêusis*, *Orfismo*, *Pitagorismo*, que tiveram mais tarde ampla repercussão em Platão, "embora o pensamento religioso do mestre da Academia mantenha relações difíceis de precisar com suas ideias filosóficas", como acentua Victor Goldschmidt (*La Religión de Platón*, Paris, PUF, 1970, p. 13) é que se postulou a dicotomia corpo-alma. Esta era a condição *sine qua non* para se justificarem as παλιγγενεσίαι (palinguenesíai), "os renascimentos", cifrados na *ensomátōsis* (v.) e na *metempsýkhōsis*, (v.), isto é, na ensomatose e na metempsicose, respectivamente, reencarnação num corpo humano e transmigração da alma para um outro corpo, humano, animal e até mesmo para um vegetal.

Em termos genéricos, a *psiqué* é, pois, "o sopro, a respiração, o hálito, a força vital, a vida", sentida como *sopro*, daí "alma do ser vivo, sede de seus pensamentos, emoções e desejos", donde "o próprio ser, a individualidade pessoal, a pessoa, a parte imaterial e imortal do ser".

Em Homero, a psique, separada do corpo, era concebida como um sopro mais ou menos material (eídolon) que habitava o Hades e aparecia sob forma de algo frágil, volátil, comparado a uma fumaça, uma espécie de σκιά (skiá), sombra, *Il.*, *XXIII*, 100sqq.:

Tendo Aquiles assim falado a Pátroclo, estendeu-lhe ternamente os braços, mas nada conseguiu tocar: a psiqué do amigo, como uma fumaça, desceu ao mundo subterrâneo, emitindo um pequeno grito.

É em função mesma desses gritinhos frágeis e repetidos que, na *Odisseia*, *XXIV*, 6sqq., a psiqué é comparada a morcegos, que esvoaçam chiando triste e agudamente.

Se é difícil determinar com exatidão o conceito de psiqué na Grécia Antiga, mais árduo se torna ainda acompanhar-lhe a evolução, através do longo itinerário percorrido pelo *sopro vital*. Sem entrar em hipóteses, algumas sedutoras, outras descabidas, vamos tentar acompanhar-lhe os passos vacilantes desde a Idade de Bronze, cerca de 1950-1580 a.C., até os fins do período clássico, adentrando um pouco pela época helenística, 320-30 a.C. Como nossa meta é o *mito*, deixaremos para uma apreciação final, como fecho apenas, a conclusão de Aristóteles acerca do conceito de *psiqué*.

Os helenos, já em épocas muito afastadas, faziam uma distinção bastante nítida entre σῶμα (sôma), "corpo" e ψυχή (psykhḗ), "alma", entre a carne que se enterrava e se decompunha e o hálito-sopro, psique que, meio inconscientemente, descia para uma outra forma de vida. Esta catábase, porém, não era o fim do sopro vital. A psiqué podia ser "ativada", desde que se lhe "guardasse a memória", por meio do culto, de sacrifícios e de invocações (v. Êidolon).

À medida, no entanto, em que ao menos certos mortos foram considerados como grandes vultos do passado, esta porção de sopro, a psiqué, se tornou curiosamente substancial. Mas, como na Hélade, a dicotomia corpo-alma varou séculos para aclimatar-se, tanto na literatura quanto nas exéquias (v.), nas solenes cerimônias fúnebres, pode-se perfeitamente detectar entre os gregos primitivos o sentimento de que existia um interesse mais profundo pelo corpo do que pela alma. É que, para eles, o *sôma* era visualizado como se fora um duplo: um permanecia no túmulo, onde conservava certos poderes peculiares; o outro, sob a forma de *eídolon*, descia à região dos mortos. Com Héracles, conforme relata a *Odisseia*, *XI*, 601sqq., acontece algo de muito estranho: Ulisses vê nas sombras do Hades o *eídolon* do grande herói, mas *ele próprio*, αὐτός (autós) está no Olimpo em companhia de Hebe, com que se casara *post mortem*, após subida triunfal ao mundo dos deuses... E essa duplicidade do *todo* era tão arraigada, que o *eídolon* podia ser castigado "fisicamente" por faltas cometidas nesta vida. Assim, Tântalo sofre o suplício da sede e da fome, apetites naturalmente alheios à psiqué; Títio tem o fígado roído por serpentes ou por águias e Sísifo exaspera-se, rolando uma pedra montanha acima.

Não há dúvidas de que nos encontramos diante de elementos permanentes de uma visão e de contos populares que vão de encontro às distinções teóricas entre corpo e alma, mas são conceitos e símbolos que persistiram através dos séculos. Na pintura de Polignoto (séc. V a.C.) os mortos são medicados ou envenenados e, nas visões apocalípticas gregas mais tardias, os *eídola* têm a língua cortada, são flagelados, enforcados, mergulhados em lodaçais imundos, como em pleno século V a.C. nos mostra Aristófanes em *As Rãs*, 145sqq.

Tais enfoques acentuam uma antiga intuição de que o corpo, mesmo após a morte, possuía uma existência real e de que, se esta continuava no Hades, haveria de ser, de certa forma, física. Tal concepção explica por que uma larga parcela da poesia e da arte grega, que trata da morte, centra-se, como é natural, no sepultamento e nos γόοι (góoi), nas "lamentações". Na *Ilíada* se lutava por vezes mais heroicamente para salvar o corpo de um herói morto do que contra um adversário vivo: a conservação do *sôma* e um digno sepultamento das cinzas e dos ossos dos heróis são as maiores homenagens que se lhes podem tributar *em função desta e da outra vida*. Um corpo despedaçado, mutilado ou devorado pelos cães e aves de rapina terá um *eídolon* incompleto e truncado, se é que o teria. Atribuindo-se tanta importância ao físico, é normal que a psiqué se apresente na Hélade arcaica com um perfil bastante pobre, hesitante e enfraquecido.

Não obstante o pouco prestígio atribuído à alma, já se encontram na Hélade, desde a Idade do Bronze, ao que tudo indica, imagens da psiqué sob forma de *alma-ave* ou de *borboleta*, sobretudo a *mariposa*, denominada φάλαινα (phálaina), a nossa *falena*, o que trai nítida influência egípcia. Diga-se de passagem de caminho, que borboleta, hodiernamente, continua sendo chamada ψυχάρι (psykhári), um diminutivo de ψυχή (psykhế).

Tal averiguação, todavia, não lhe aumentou o crédito. Tendo desaparecido da arte figurada e da literatura por longos séculos, a alma-ave retornou no século VII a.C. e é bem possível que o silêncio artístico não lhe tenha feito perder o conceito de uma frágil lanterna do corpo. A partir do século V a.C. houve um verdadeiro entrelaçamento de figuras, confundindo-se *psiqué*, *eídolon* e σκία (skiá), *umbra*, "sombra", "enriquecidas" ademais com a efigie do ὄναρ (ónar) ou ὄψις (ópsis), o *sonho* (v.), mas a psiqué grega habitual continuou incapaz de um sentimento espiritual. Não sofria de angústia mental ou de privação do amor dos deuses; lamentava, isto sim, a ausência do corpo e, de maneira insistente e repetitiva, a carência da luz do sol. Permanecia para sempre tranquila no Hades como *eídolon*, caso seu antigo senhor tivesse entrado no mito ou na história; caso contrário, era esquecida e abandonada, se o mesmo se desvanecera na memória dos homens. Trata-se, como se expressa Hesíodo a respeito dos Heróis da Idade do Bronze, dos chamados *mortos anônimos*, segundo comentamos longamente em *Mitologia Grega*, Vol. I, cap. VIII, p. 169-182.

A permanência da psiqué no mundo dos mortos não é sinônimo exato de imortalidade. É claro que o *eídolon* é acessível a qualquer poeta ou necromante que deseje interpelá-lo. Muitas almas, porém, mercê da indiferença dos vivos, perderam sua individualidade e nas iconografias são vistas em bando, esvoaçando anonimamente para saudar os mortos recém-chegados.

Ao abandonar o corpo, a psiqué era seriamente prejudicada em suas faculdades de inteligência, memória e fala, mas as conservava em estado de latência: se corretamente estimuladas pelos vivos, o *eídolon* podia, ao menos temporariamente, recuperá-las e manter um diálogo com os que ainda contemplavam a luz do sol.

É significativo, diga-se de passagem, que os gregos jamais dispuseram de uma palavra para a morte irreversível: não se morre, "cobre-se de trevas", e é este o sentido de ϑανατος (thánatos), Tânatos, conforme demonstramos na redação deste verbete. Existe, sempre, por isso mesmo, a esperança de que se acenda o piloto interior da inteligência, que jamais abandona por completo a psiqué. Esta, já se disse, é memória e inteligência latentes. É mister incitá-las convenientemente, para que a luzinha verde volte a piscar e, em circunstâncias especiais, ela pode ser invocada pelas aflições dos vivos, pelo amor, pela saudade, pela magia e pela poesia, que é "uma arte de magos". A lembrança e o *póthos* permanentes dos que ficaram fortalecem a memória dos que se foram. A psiqué assemelha-se à Bela Adormecida: detentora de inteligência e memória latentes, pode ser sacudida pelo estímulo dos vivos, para acordar e recordar.

Para os gregos, não cabe a menor dúvida, a psiqué era real e não uma ficção. Quando alguém falece, deixa de responder aos estímulos normais. Os olhos não mais veem, mas não se fecham como no sono; a temperatura do corpo cai; a carne torna-se fria e pálida; os membros ficam inertes e o pulso não lateja mais. É claro que um elemento ativador, hálito ou força de concentração, inteligência e sentimentos desapareceram. A psiqué deixou o corpo.

Os helenos que jamais colocaram na balança (v.) a alma, mas as *Queres* (v.) e os *eídola* (v.), nunca poderiam imaginar que esse elemento minúsculo, denominado ψυχή (psyké), sopro, hálito, imagem, fosse um dia pesado pela ciência moderna. Segundo noticiou o *Boston Globe*, de 19 de dezembro de 1972, o médico sueco, à época em Dusseldorf, Dr. Nils-Olof Jacobson, relata em seu livro *Life after Death* uma experiência inédita. Tendo resolvido quantificar a *psiqué*, o pesquisador sueco colocou o leito de pacientes moribundos sobre balanças extremamente sensíveis e o resultado foi surpreendente: "tão logo faleciam e a alma deixava o corpo, o fiel da balança baixava vinte e um gramas".

Os sucessores de Homero teriam vibrado com tal precisão científica, embora o Dr. Nils-Olof não tenha informado se algo como um sopro ou fumaça teria escapado do corpo, ao ser abandonado pela alma. Vamos estampar a notícia do jornal norte-americano e fazer votos para que a pesquisa chegue a conclusões ainda mais exatas... "Swedish physician Nils-Olof Jacobson claims that a human soul weighs 21 grams, or about 3/4 of an ounce. In a book published yesterday in Dusseldorf, he describes how he placed the death-beds of terminal patients on extremely sensitive scales. As they died and their souls left their bodies, the needle dropped 21 grams, he says in *Life After Death*".

A crença na imortalidade da alma separada do corpo foi aos poucos se tornando tão enraizada, que nos fins do século V e inícios do IV a.C., época já inteiramente dominada pela doutrina órfico-pitagórica e pelo platonismo, a Νερομαντεία (Nekromanteía), a *Necromancia*, isto é, a consulta às almas, com o fito de predizer o futuro, se converteu numa autêntica indústria. Charlatães, denominados Ψυχαγωγοί (Psykhagōgoí), os Psicagogos, quer dizer, "os que atraem as almas", transformaram-se em autênticos guias espirituais. Servindo-se, como sempre, da dor, do desespero, da saudade das pessoas pela perda de seus entes queridos, mas sobretudo da boa-fé, da crendice e da curiosidade mórbida de outras, aperfeiçoaram de tal sorte seus métodos, que fizeram deles um espetáculo macabro, mas, por isso mesmo, verossímil.

Já no século V a.C., Aristóteles, o cômico inexcedível, na peça *As Rãs*, 1553sqq., para ridicularizar Sócrates, uma de suas vítimas prediletas, fez do grande filósofo um Psicagogo. O mestre ateniense exerceria suas funções perto de um lago, na região dos Esquiápodes, vale dizer, Pés de Sombra, na Líbia, onde residia um povo fabuloso, com pés tão grandes, que era possível recolher-se à sombra dos mesmos!

Foi no século IV a.C., todavia, que a psicagogia, a arte mágica de evocar as almas, chegou a seu apogeu. Luciano de Samósata (séc. II p.C.) teria bem mais tarde farto material para sua ironia ferina, ao compor o engraçadíssimo opúsculo Νεκυομαντεία (Nekyomanteía), *Nequiomancia* ou *Necromancia*. Todo aquele que sentisse *pótos* (v.), uma saudade irreversível por alguém que falecera ou quisesse consultar as almas e dialogar com elas dispunha de meios eficazes para fazê-lo, desde que pudesse ou quisesse pagar aos mais famosos Psicagogos uma quantia elevada.

Ao que parece, o centro mais procurado era o do Epiro. Partindo dali, no Mar Jônico, o barco dos consulentes (já previamente adestrados), após ultrapassar a Rocha Branca, o célebre Penhasco de Lêucade, penetrava nas águas do Rio Aqueronte, atingindo, através de um lago, as imediações do recinto fortificado do Hades. Era o momento em que todos se preparavam com purificações, hinos e ingestão de ervas narcóticas para as grandes visões. Numa completa escuridão, com o aroma e sob o pálido reflexo do enxofre ardente, surgiam os *eídola*, os espectros dos mortos, graças a uma espécie de elevador aberto sobre rodas. O consulente, cujos sentidos e intelecto já estavam alterados pelo latirismo e predisposições psicológicas, podia então dialogar com seus mortos, matar saudades e saber do futuro...

Esse tipo de magia (v.) fraudenta, cujos *eídola* eram representados por seres vivos, continuou por longos séculos na Hélade e perdura até hoje, do Oriente ao Ocidente, com uma nova indumentária, novos "atores" e técnicas bem mais apuradas... Quão diferente dos tempos primitivos essa psiqué mentirosa, deformada e mântica do século IV a.C.!

E o que teriam pensado os gregos, que se empenharam durante séculos em busca de uma conceituação da alma? Provocando-lhes repulsa uma dicotomia corpo-alma, acabaram inteligentemente por transformar o corpo num *duplo*. Tudo fizeram para mantê-lo como "um todo", ao menos aparentemente: o *eídolon* tornara-se-lhes um *alter-ego*.

Imortal, ao menos enquanto fosse lembrada e cultuada, a morte era vida em outra dimensão, embora a imortalidade em si sempre se tivesse constituído numa questão árdua e penosa. Dependia da época e das ideias nela vigentes. Mas, entre a dolosa psicagogia do século IV a.C. e a imortalidade relativa, a distância é muito grande.

Na realidade, os helenos tinham consciência de como a imortalidade era um estado difícil. A língua grega, por isso mesmo, a define negativamente: ἀ-θανασία (a-thanasía), a "não morte", a *imortalidade* (que também em latim e em nossa língua comporta a negação: *in-mortalitas* > *immortalitas*), donde os deuses são ἀ-θάνατοι (a-thánatoi), "não sujeitos às trevas" e ἄ-μβροτοι (a-mbrotoi), "não mortais", possivelmente *carentes de sangue* ou não *comestíveis*! A carência de sangue dos deuses e o fato de "não serem comestíveis", se bem que significativos para o mito, talvez se devam a uma confusão etimológica: é que, em grego, a par de βροτός (brōtós), "mortal", existem βρωτός (brōtós), "comestível", que procede do verbo βιβρώσκειν (bibrṓskein), "devorar, comer" e βρότος (brotos), propriamente "o sangue que escorre de uma ferida", *DELG*, p. 175 e 198. Os imortais possuem ἴχωρ (íkhōr), "icor", uma espécie de linfa de sangue, o *sérum*. Etimologicamente, os βροτοί (brotoí), os "mortais", estão destinados a ser devorados ou ao menos estão cheios de sangue delicioso e nutritivo, βρότος (brótos). Os imortais, ἄμβροτοι (ámbrotoi) são "incomestíveis" pela carência de sangue e de alma ou ao menos estão isentos dos ciclos da natureza.

Os deuses gregos conquistaram a bem-aventurança e a imortalidade através de perigos e lutas. Sua comida, a ἀμβροσία (ambrosía), *ambrosia*, "a que mantém a imortalidade", sua bebida, o νέκταρ (néktar), *néctar*, "que a reforça", e o prazer perpétuo foram alcançados mediante a vulnerabilidade e o trânsito de uma situação incerta para uma outra estável.

A respeito da alimentação divina, diga-se de passagem, existe um princípio geral de que se é aquilo que se come. Calipso, a ninfa imortal, separava cuidadosamente o seu néctar e ambrosia (já que Ulisses recusara a imortalidade) e mandava servir ao rei de Ítaca alimentos próprios de seres imortais. Obrigar um homem a alimentar-se de iguarias divinas, sem o consentimento do mesmo, seria provocar-lhe a morte.

A frequente descrição homérica dos deuses como αἰὲν ἐόντες (aièn eóntes), "os que sempre são" aplica-se tão somente ao futuro, já que todos tiveram um início. Possuíam princípio, sem um fim previsível. Lutaram para nascer e em sua infância passavam não raro por momentos de perigo: podiam ser "devorados" por um outro imortal (sem que fossem digeridos), mutilados, lançados do Olimpo e afastados da comunidade divina. Já que suas vidas se expressavam com simples figuras biológicas, compartilhavam com os mortais das normas conhecidas da vida familiar no mito e nas narrativas populares. Experimentavam, desse modo, a debilidade de uma criança mortal ao nascer e a primeira relação com os pais, com todas as suas consequências. Em síntese, os deuses gregos eram biografáveis.

Os imortais, tudo faz crer, não tinham psiqué, uma vez que, para repetir Dodds, "a única função atestada da psiqué em relação ao homem é a de abandoná-los" e se os deuses, por definição, não podem morrer ou perder a psiqué é sinal de que não a possuem ou não precisam dela. É evidente que essa carência de alma colocaria teoricamente os deuses na mesma categoria das crianças, dos escravos, dos animais e dos objetos inanimados. A maioria dos gregos não levaria a teoria tão longe. As crianças, escravos e animais não aparecem normalmente no Hades, porque não têm esperança real alguma de existência futura no reino dos mortos. Em certo sentido, existem apenas marginalmente, destituídas da categoria de seres. É conveniente acrescentar que o Hades, representado como um vasto compartimento, como um nível ctônio, é um reino peculiarmente seleto, aristocrático e helênico. O poeta não se pergunta onde estão ou para onde foram os "bárbaros", mortos na Guerra de Troia. Onde estariam Heitor, Príamo, Antenor, Sarpédon, Mêmnon, Pentesileia? Qual o destino dos Centauros ou de monstros como Gerião e a Hidra de Lerna? Em teoria é correto supor que os "bárbaros" e os monstros mortos, como as crianças, os escravos e animais, careciam de psiqué e, portanto, de vida futura. Em se tratando de herói, a psiqué é a imagem persistente desse paladino recordado e cultuado pela comunidade helênica. Seu túmulo ou a lápide funerária marca-lhe a presença permanente. Troianos, bárbaros, Amazonas e monstros, intrusos e inimigos aqui em cima, sê-lo-iam igualmente lá embaixo. Abrem-se, por vezes, exceções: quando o mundo dos mortos deixa de ser controlado por Plutão e os poetas assumem-lhe o comando, Hades aparece lotado daqueles que os inspirados das Musas desejam "entrevistar" para iluminarem os temas de seus poemas e completarem a visão dos mortos ausentes, chorados pela comunidade grega.

Foi assim que, no século V a.C., em razão do pitoresco e da adesão da tragédia ao ciclo troiano e a gestas recentes, se descobriu que alguns "bárbaros" haviam invadido o aristocrático Hades helênico. Desse modo, Dario, na tragédia *Os Persas* de Ésquilo, sairá de seu túmulo em pleno Teatro de Dioniso, em Atenas, para dar uma grande lição de comedimento aos espectadores gregos. Polignoto, no seu panorama dos mortos míticos, incluiu entre os músicos legendários o frígio Mársias bem como os heróis bárbaros Heitor, Páris, Sarpédon, Pentesileia e Mêmnon, porque o ciclo épico os havia incluído decisivamente no centro do combate heróico e do mito grego.

Até agora nos esforçamos por analisar a *psiqué*, sem desvinculá-la inteiramente do *sôma*, do corpo, seguindo a opinião vigente entre os gregos, que, desde a Idade do Bronze, sempre consideraram o ser humano como um *todo*. Para explicarem a psiqué, engendraram a solução do *eídolon*, como um duplo daquele que continuava, de certa forma, a viver no seio da Grande Mãe. Cultuado e lembrado, o *todo* continuava aqui e lá: na terra e no Hades.

Mas nem todos os helenos submeteram-se à *communis opinio*. Formaram-se, desde pelo menos o século VII a.C., verdadeiros núcleos de resistência à religião oficial com o incremento que a pouco e pouco foram tendo, entre outras correntes menores, a pujança e a popularidade do *Orfismo* e do *Pitagorismo*, cujas teorias irão desaguar no oceano caudaloso do mundo das *Ideias* de Platão. Essas "ilhas" que brotaram dentro do continente religioso helênico, férteis em promessas de uma vida feliz para a alma, lutaram muito para impor-se, mas acabaram por exercer uma grande influência no espírito grego, acarretando ademais profundas alterações na geografia do mundo do além, como se viu em *Escatologia* (v.).

O Orfismo é um movimento religioso complexo, em cujo bojo, ao menos a partir do século VI-V a.C., se pode detectar uma série de influências (dionisíacas principalmente, pitagóricas, apolíneas e certamente orientais), mas que, ao mesmo tempo, sob múltiplos aspectos, se coloca numa postura francamente hostil a muitos postulados dos movimentos também religiosos supracitados, segundo se expôs no Vol. II, p. 150sqq., de *Mitologia Grega*.

O que mais importa, porém, aqui no caso, é que o Orfismo postulava a dicotomia absoluta σῶμα (sôma) -ψυχή (psykhê), corpo-alma, daí o interesse atribuído pelos adeptos de Orfeu à *antropogonia*. Esta é uma consequência do crime dos Titãs contra Zagreu, o primeiro Dioniso. Conforme se mostrou em *Mitologia Grega*, Vol. II, p. 117-118, os Titãs, após raptarem Zagreu, por ordem de Hera, fizeram-no em pedaços, cozinharam-lhe as carnes e as devoraram. Zeus, irritado, os fulminou, transformando-os em cinzas, e destas nasceram os homens, o que explica que o ser humano participa simultaneamente da natureza titânica (o *mal*) e da natureza divina (o *bem*), já que as cinzas dos Titãs, por terem estes devorado a Dioniso-Zagreu, continham igualmente o corpo de Dioniso. Platão (*Leis*, 3, 701B), comentando a antropogonia órfica, afirma que todos aqueles que não querem obedecer à autoridade constituída, aos pais e aos deuses patenteiam *sua natureza titânica*, herança do mal. Mas cada ser humano, prossegue o filósofo ateniense, carrega dentro de si *uma faísca de eternidade, uma chispa do divino, uma parcela de Dioniso, ou seja, uma alma imortal*, sinônimo do bem. Em outra passagem (*Crátilo*, 400C), alude à doutrina, segundo a qual o corpo é sepultura da alma durante a vida e acrescenta que os órficos chamam assim ao corpo porque a alma está encerrada nele como num cárcere, até que pague as penas pelas culpas cometidas. A *psiqué* é a parte divina do homem; o corpo, sua prisão. Píndaro (séc. VI-V a.C.), o maior lírico da Hélade, permite-nos compreender melhor como foi possível essa mutação completa de valores. O corpo, diz o poeta tebano, segue a poderosa morte; a alma, porém, que procede apenas dos deuses, permanece imortal. Esta, acrescenta, dorme, enquanto nossos membros estão em movimento, mas aquele (o divino) que a faz dormir, mostra-lhe em sonhos o futuro. Desse modo, se os sonhos são enviados pelos deuses e a alma é divina, é preciso libertá-la do cárcere do corpo, para que possa participar do divino, dos sonhos (Frag. 131 Bergk).

Apagava-se, destarte, no mapa religioso órfico, não apenas a velha concepção homérica que considerava o corpo como o *homem mesmo* e a alma como uma sombra pálida e abúlica, que descia para sempre ao Hades, sem prêmio nem castigo, mas sobretudo o conceito do *corpo-eídolon*, que varou séculos, segundo comentamos linhas atrás. Buscando manter o homem com um *todo*, mesmo após a morte, os gregos criaram, aliás inteligentemente, um duplo para o corpo: este continuava de alguma forma a viver no seio da terra e o *eídolon* o perpetuava no mundo do além, sujeito a castigos físicos não só, mas, se acionado pelo culto e pelos sacrifícios, poderia comunicar-se com os vivos. O Orfismo aboliu completamente o *todo* com a dicotomia corpo-alma, cuja explicação se fundamenta na origem do próprio homem. Este, tendo saído das cinzas dos Titãs, carrega, desde suas origens, um elemento do *mal* ao mesmo tempo que um componente divino, o *bem*. Em suma, uma natureza divina original e uma "falta original" e, a um só tempo, um dualismo e um conflito interior radical. Nos intervalos do êxtase e do entusiasmo, carreados por Dioniso, o dualismo parece desaparecer: o divino predomina e libera o homem de suas angústias. Essa bem-aventurança, todavia, é efêmera: passada a embriaguez do êxtase e do entusiasmo, evapora-se na triste realidade do dia a dia. É bem verdade que a morte põe termo às tribulações, mas, pela doutrina órfica da reencarnação ou *ensomatose*, isto é, da reassunção pela alma de um novo "corpo humano" e da *metempsicose*, a saber, a transmigração da alma para um outro corpo, humano, animal ou até para um vegetal, o elemento divino terá obrigatoriamente que se "re-unir" a seu antagonista titânico (o corpo), para recomeçar nova existência sob uma outra forma, que pode ser até mesmo a de um animal. Assim, em um ciclo, cujo término se ignora, cada existência é uma morte, cada corpo é um túmulo. Tem-se aí a célebre doutrina do corpo-cárcere. Assim, em punição de um crime primordial, a alma é encerrada no corpo tal como num túmulo. A existência, aqui neste mundo assemelha-se antes à morte, mas esta *pode* constituir-se no começo de uma verdadeira vida, que consiste na *libertação final da alma* do cárcere do corpo, quer dizer, a posse do "paraíso" órfico. Este se localizaria "lá no alto", na Lua, no Éter, no Sol ou nas Estrelas, o que não deixava de ter sua lógica, já que, ao menos a partir do século V a.C., se considerava que a substância da psiqué era aparentada com a do Éter ou das Estrelas. A escalada para o "paraíso" não é contudo automática, uma vez que, "numa só existência e numa só morte", dificilmente se conseguiam quitar a falta original e as cometidas aqui e *lá*, ou seja, em algum lugar, quiçá no Hades. Talvez, e assim mesmo o fato é passível de discussão, só os grandes iniciados órficos conseguiriam desvincular-se da "estranha túnica da carne", para usar da expressão do órfico, poeta e filósofo Empédocles (Frag. B, 155-156), após uma só existência. A alma era julgada e, consoante suas faltas e méritos, depois de uma permanência no além, retornava ao cárcere de um novo corpo, humano, animal ou até mesmo poderia penetrar num vegetal e recomeçar tudo novamente.

Sendo o Orfismo, no entanto, um sistema religioso essencialmente soteriológico, oferecia a seus adeptos meios eficazes para que a libertação da "túnica da carne" se fizesse de um modo mais rápido possível, com os menores sofrimentos possíveis, porquanto, segundo os "dogmas órficos", as maiores dores neste vale de lágrimas eram tão somente um pálido reflexo dos tormentos no além. Platão os sintetiza dramaticamente entre outros passos, na *República*, 1, 363d; *Fédon*, 69c; *Górgias*, 439b. Para um sério preparo com vistas à libertação do ciclo das existências, o Orfismo, além da parte iniciática, mística e ritualística, que nos escapa, dava uma ênfase particular à instrução religiosa através dos *hieroì lógoi*, de seus "livros sagrados", bem como obrigava seus adeptos à prática do ascetismo, do vegetarianismo e de rigorosa catarse. Mortificações austeras, como jejuns, abstenção de carne e de ovos, castidade no casamento ou até mesmo castidade absoluta, meditação, cânticos, austeridade no vestir e no falar são alguns tópicos de que se compõe o catálogo do ascetismo dos seguidores de Orfeu. Vegetarianos, não só se abstinham da carne, mas também estavam proibidos de sacrificar qualquer animal, o que, sem dúvida, suscitava escândalo e indignação, uma vez que o sacrifício sangrento e o banquete sacrifical eram precisamente os ritos mais característicos da religião oficial grega. O fundamento de tal interdição há de ser buscado primeiramente na doutrina da metempsicose, já que todo animal poderia ser a encarnação de uma alma. Além do mais, o animal poderia abrigar a psiqué de um parente, até mesmo próximo...

De outro lado, abstendo-se de carne e de sacrifícios cruentos, obrigatórios no culto oficial, os seguidores do profeta da Trácia estavam, sem dúvida, contestando a religião oficial do Estado e proclamando sua renúncia às coisas deste mundo, onde se consideravam estrangeiros e hóspedes temporários. Não é inutilmente que todo verdadeiro órfico aprendeu a reservar suas lágrimas para os que nasciam e um sorriso feliz para os que morriam.

O Pitagorismo, alicerçado não nos ensinamentos de Orfeu, que certamente jamais existiu, mas de uma personagem histórica, o filósofo Pitágoras (séc. VI a.C.), foi igualmente um movimento também religioso de caráter soteriológico. Entre o *Pitagorismo* e o *Orfismo*, sob este aspecto, há, efetivamente, *mutatis mutandis*, semelhanças muito acentuadas. Fim último da existência e felicidade suprema do sábio é a semelhança com a divindade. Não é em vão que um órfico, após sua libertação, chamava-se Βάκχος (Bákkhos), Baco, "um deus", como diz Perséfone a um órfico liberado do ciclo reencarnatório. Meio eficaz de atingi-la para os pitagóricos é a prática da virtude, harmonia resultante da subordinação da parte inferior à superior de nossa natureza. No intuito de alcançar esse equilíbrio harmônico, entregavam-se ao rigores das práticas ascéticas. Viviam vida comum, no celibato, praticavam o silêncio como norma, abstinham-se de certos alimentos e faziam rigoroso exame de consciência. Mais que tudo isto, pregavam o imperioso dualismo corpo-alma, a necessidade absoluta da metempsicose, a punição no Hades e, para os que conseguissem a catarse total, a glorificação da psiqué no *Elísion*, algo assim como a Ilha dos Bem-Aventurados. Tantas semelhanças levaram muitos a considerar o Orfismo como mero apêndice do Pitagorismo, mas tantas analogias, como acentua Mircea Eliade, não provam "a inexistência do Orfismo como movimento autônomo". Os dois sistemas certamente se desenvolveram paralela e independentemente. E se as diferenças entre ambos, particularmente no que tange à cultura dos pitagóricos e seu engajamento político, eram muito grandes, algo os unia indissoluvelmente: a dicotomia corpo-alma e a necessidade de catarse rigorosa, para, através dos ciclos reencarnatórios, libertar a psiqué das amarras do corpo.

Quanto ao número de reencarnações indispensáveis para se atingir finalmente o *Elísion*, os pitagóricos pregavam que o homem comum (desde que um dia aderisse às normas do mestre) percorria o ciclo reencarnatório *dez vezes* e o intervalo entre um e outro renascimento era de *mil anos*, cifras que, no caso em pauta, são meros símbolos, que expressam não *quantidade*, mas *ideias* e *qualidades*, o que, aliás, se constitui na essência do número.

Platão foi o grande caudatário, sob o enfoque mítico-religioso da teoria dicotômica *sôma-psykhé* dos órficos e pitagóricos, mas o que estes construíram como tapera, o filósofo ateniense soergueu como luxuoso edifício, mercê de sua genialidade, estro poético e com o brilho incomparável e elegância inimitável de seu estilo.

Sócrates, assinala Leonel Franca, *Noções de História de Filosofia*, Rio de Janeiro, Agir, 1952,13. ed., p. 49sqq., já havia mostrado no conceito o verdadeiro objetivo da ciência. Seu discípulo Platão (séc. V-IV a.C.) aprofundou-lhe a teoria e procurou determinar a relação entre conceito e realidade, construindo sobre este problema o ponto de partida de seu edifício filosófico. A ciência é objetiva e, desse modo, ao conhecimento certo deve corresponder a realidade. Ora, se, de um lado, os nossos conceitos são universais, necessários, imutáveis e eternos, no dizer de Sócrates, de outro, tudo no mundo é individual, contingente e transitório, como quer Heráclito. Deve, pois, existir, além do fenomenal, um outro mundo de realidades, objetivamente dotadas dos mesmos atributos dos conceitos subjetivos que as representam. Tais realidades, na nomenclatura de Platão, denominam-se Ἰδέαι (Idéai), *Ideias*. Estas não são, no sentido do filósofo da Academia, representações intelectuais, formas abstratas do pensamento. Ao revés, são realidades objetivas, modelos e arquétipos eternos de que as coisas visíveis são cópias imperfeitas e transitórias. Todas as ideias existem num mundo à parte, *o mundo dos inteligíveis*, ὁ τόπος νοητός (ho tópos noētós), situado na esfera celeste. Pois bem, dessas *Ideias* ou *Formas* é que provêm nossas almas imortais. Preexistindo ao corpo, "túmulo que arrastamos conosco como o caracol arrasta a concha que o envolve" (*Fedro* 250c), a ele se uniram violentamente em punição de algum delito cometido, aliás não explicitado. Observe-se, neste particular, a repetição do tema órfico-pitagórico: "o corpo é o túmulo da alma", cuja síntese é o σῶμα -σῆμα (sôma-sêma), "corpo-túmulo" (*Crátilo*, 400c; *Fédon* 62b). Essa dívida de Platão à teoria órfico-pitagórica acerca da psiqué "é nitidamente acentuada nos primeiros diálogos" (*Cármides*, 156d, 157a; *Fédon*, 70c; *Mênon*, 81a), segundo nos informa acertadamente F.E. Peters, *Termos Filosóficos Gregos*. Tradução de Beatriz Rodrigues Barbosa, Lisboa, Fundação Calouste Gulbenkian, 2. ed., 1983, p. 202sq. Nesses diálogos a psiqué aparece como se fora uma unidade imortal, sujeita a um renascimento cíclico num corpo que é a fonte de todos os seus males. Daí a necessidade da *catarse*, da purificação, para que, liberta da matéria, a alma possa retornar a seu mundo primeiro, o *Mundo das Ideias*. Associada a este complexo de juízos está a teoria da ἀνάμνησις (anámnēsis), da anamnese, vale dizer, da reminiscência. É que, em virtude da união da alma com a matéria, aquela passa a ter dois tipos de conhecimento: o dos fenômenos ou sensível, provável e conjectural, e o das ideias ou racional, certo e científico. Entre um e outro a relação é meramente extrínseca, servindo a percepção dos fenômenos apenas de ocasião para despertar ou evocar a lembrança das ideias contempladas na vida anterior. O verdadeiro conhecimento é, pois, reminiscência: *scire est reminisci*, saber é recordar. No próprio *Fédon*, todavia, a anamnese resvala repentinamente para o nível da ἐπιστήμη (epistḗmē), de "conhecimento verdadeiro" e aquilo que é recordado não são minúcias de uma outra vida, mas um conhecimento das Εἴδη (Eídē), das Formas, das Ideias. A psiqué é a faculdade na qual conhecemos as Formas (*Fédon*, 65a, 67b) e isto porque a alma procede das mesmas, caracterizando-se, por isso mesmo, como imaterial, imortal e invisível. De maneira gradual, porém, o filósofo da Academia altera os aspectos mais radicais da diferença entre corpo e alma. Sob muitos ângulos tal fato implica um regresso às categorias tradicionais pelo fato de reconhecer que várias funções somáticas pertencem igualmente à psiqué, a qual no *Fédon*, se esforça para operar somente na esfera noética e separada dos sentidos. Esta acomodação é realizada pela tripartição da alma (*República*, 4, 435 e 444 e): τὸ λογιστικόν (tò loguistikón), a *racional*, localizada na cabeça; τὸ θυμοειδές (tò thymoeidés), a *irascível*, a *dotada de espírito*, alojada no peito e τὸ ἐπιθυμητικόν (tò epithymētikón), a *apetitiva*, com sede nas entranhas.

Como as funções da psiqué são ampliadas a partir da *República*, a alma *racional* se reveste das características da psiqué unitária do *Fédon*. É divina, criada pelo demiurgo (v.) e reside na cabeça. Teve uma visão pré-natal das Ideias e está sujeita à παλιγγενεσία (palinguenesía), isto é, à ensomatose ou metempsicose. É, além do mais, imortal, enquanto as duas outras, a *irascível* e a *apetitiva* são mortais e criadas por deuses inferiores.

Seja como for, a grande missão do homem nesta vida é a busca infatigável da catarse dialética, quer dizer, dos diferentes processos intelectuais e morais pelos quais o espírito humano pode elevar-se das coisas corpóreas e efêmeras ao conhecimento do mundo superior e invisível das Ideias. Se o corpo arrasta a alma para baixo, é necessário encontrar a alavanca da verdade para empurrá-la para cima, para seu mundo de origem, o *Mundo das Ideias*.

É verdade que toda queda, como foi a da psiqué no corpo, grava o futuro, mas, com raras exceções, não pode comprometê-lo irremediavelmente. Uma vez sofrido seu castigo, a alma sempre pode refazer-se, visto que a eternidade do tempo lhe é oferecida para assimilar-se à verdade. Várias palingenesias, no entanto, são necessárias, porque as almas não se emendam a não ser no curso de inúmeras existências. Estas, porém, após uma série de renascimentos podem ser negadas aos "irrecuperáveis", que, no além, não são mais admitidos a reencarnar-se, mas servirão de exemplo a delinquentes, cuja recuperação continua possível (*Górgias*, 525 c; *República*, 10, 619 d5; *Leis*, 9, 862 d-c). É que o castigo a que estão sujeitos esses "recuperáveis" apresenta a maldade à psiqué como um espelho e provoca-lhes a reflexão e a correção.

Mas, se existe um inferno platônico "no além", onde estaria o paraíso? Talvez na Via Láctea, certamente na Ilha dos Bem-Aventurados (*Górgias*, 526 c), locais mais ou menos utópicos, que traduzem para a psiqué o retorno à contemplação do *Belo* e do *Bom*.

Plotino (205-270 p.C.), filósofo de origem egípcia, mas de língua grega, foi de longe o mais brilhante dos *neoplatônicos* e o que mais se aferrou à dicotomia corpo-alma, envergonhando-se ele próprio de seu invólucro carnal. Sua obra consta de cinquenta e quatro dissertações, agrupadas por seu discípulo Porfírio em *seis* séries de *nove* e, por isso, intituladas Ἐννεάδες (Enneádes), *Enéadas*, cujo sistema místico é o desenvolvimento de um panteísmo de emanação. Diga-se logo que *emanação* é palavra formada à base do verbo latino *emanāre*, "manar, provir, originar-se de"; em grego dir-se-ia ἀπόρροια (apórrhoia), "ação de escorrer, de provir de".

Como doutrina, a emanação para Plotino pode sintetizar-se da seguinte maneira: acima de todos os seres eleva-se o *Uno*, Ἡ Μονάς (He Monás), "a Grande Mônada, a Unidade Absoluta", ser supremo e incognoscível (sem inteligência nem vontade, já que estes atributos implicam a dualidade de sujeito e objeto), unidade simplicíssima e suficientíssima, plenamente identificada consigo mesma na contemplação e amor de si mesma. Do *Uno* não se pode dizer o que ele é, apenas que é *uno* e bom, o que o leva a "emanar-se", a expandir-se para fora de si. Desse *Uno*, por emanação, degradação e dissemelhança provém a Inteligência, Λόγος (Lógos), Νοῦς (Nûs), que contém em si todas as coisas, o mundo dos inteligíveis. Da *Inteligência*, como princípio dinâmico, emana a *Alma do Mundo*, caracterizada pela tendência essencial a realizar as ideias eternas no mundo sensível. Como emanações hierárquicas do *Uno*, *Inteligência* e *Alma do Mundo* constituem com ele a trindade neoplatônica. Da *Alma do Mundo* originam-se as almas individuais ou forças plásticas que geram a matéria e a elas se unem, constituindo os seres corpóreos e sensíveis. É, pois, a matéria a derradeira emanação em que se esgota o *Uno*, a essência suprema.

É desse vínculo com a matéria que é necessário libertar a psiqué, e Plotino clama por essa liberação, pois que a alma se tornou prisioneira do cárcere do corpo: "As almas dos homens, vendo suas imagens no espelho de Dioniso, como se fossem elas próprias, entraram neste domínio (da matéria), dando um salto para baixo do Supremo" (*Enéad.*, 4,2:12). E mais adiante ensina como desvincular-se da matéria: "após sua queda, a alma foi *capturada*, ela está *agrilhoada*... Está, como se diz, num túmulo e numa caverna, mas, voltando-se para a reflexão, ela se liberta de seus liames" (*Enéad.*, 4,8,4) e arremata: "a marcha para a inteligência é, para a alma, a libertação de seus nós" (*Enéad.*, 4,8,1). Faz-se mister, por conseguinte, o "retorno" da psiqué a seu *habitat* verdadeiro. Trata-se de algo penoso, mas é preciso realizá-lo. Como fazê-lo? Plotino fala por nós. Ao processo objetivo de degradação do *Uno* em emanações sucessivas corresponde um processo subjetivo de reintegração dos seres na Grande Mônada, na unidade absoluta. Nessa "reabsorção" a psiqué passa por três estágios ou caminhadas: κάθαρσις (kátharsis), *catarse*, purificação, através da qual se desliga de tudo o que é sensível e se "re-liga" à *Alma do Mundo*; διαλεκτική (dialektikḗ), *dialética* (diálogo), pela qual se eleva à contemplação das ideias e se "re-une" à Inteligência; ἔκστασις (ékstasis), *êxtase*, contemplação, em função da qual a psiqué se despoja do sentimento da própria personalidade para abismar-se inconscientemente na Unidade Suprema. Toda a finalidade da doutrina é, como se vê, a "reunião" extática, o retorno místico da alma à Grande Mônada: nisto consiste a felicidade suprema do homem, o seu paraíso.

Como nosso estudo é do *mito*, não caberia aqui um estudo evolutivo do conceito de psiqué na filosofia grega. Se abordamos, embora de passagem, a visão de Pitágoras, Platão e Plotino, o fizemos tão somente de um ponto de vista da psiqué como fenômeno religioso. Gostaríamos, todavia, de encerrar este longo verbete, mostrando, se bem que sumariamente, como o gênio de Homero foi complementado pelo de Aristóteles. Quando Platão afirma na *República*, 10,606 e, que Homero foi o *educador da Grécia*, τὴν Ἑλλάδα πεπαίδευκεν (tèn Helláda pepaídeuken), não laborou em equívoco. O pensamento grego deu voltas e contravoltas, mas sempre buscou as sementes no poeta maior, pouco importa se foi para plantá-las em terreno fértil ou lançá-las entre os espinheiros.

Repetir-se-á, pois, brevemente, o conceito homérico de psiqué, de modo particular no que se refere ao *movimento* e encaixar-se-á depois a definição aristotélica. Ver-se-á que o autor da *Ilíada* e da *Odisseia*, compostas provavelmente entre os séculos IX e VIII a.C., não estava tão distante do século IV a.C. Analisando-se com certo cuidado o conceito homérico de psiqué, conclui-se que a conexão entre a vida e o movimento por um lado e a consciência por um outro já estão bastante claros no poeta, que estampa duas entidades diferentes para explicar a vida e a consciência. Com efeito, para o cantor de Aquiles existe a psiqué, "o sopro, a respiração de vida", que, após a morte, torna-se εἴδωλον (eídōlon), um corpo astral individualizado e continua a viver no Hades, de uma forma atenuada, após escapar pela boca do herói moribundo. Esta ligação com a cabeça, aliás, é significativa: pode ser o início da teoria posterior que localizou a sede da psiqué no cérebro. Em contraste há o θυμός (thymós), "o espírito", que reside no diafragma, φρένες (phrénes), por onde o ser humano pensa e sente. A psiqué homérica estava, além do mais, intimamente ligada ao movimento, uma vez que sua partida transformava o agregado de membros, que era o corpo do herói, num σῶμα (sôma), vale dizer, num cadáver inerte. Igualmente *thymós*, o espírito, participa do movimento num sentido posteriormente explorado por Aristóteles: são os impulsos do *thymós* que impelem o herói à atividade. Vejamos agora o estagirita. Para Aristóteles a psiqué se identifica como κίνησις (kínēsis), princípio do movimento e αἴσθησις (aísthesis), princípio da percepção. Assim sendo, a *psiqué* para ele é um princípio motor, não no sentido mecanicista de Demócrito ou como ele compreendeu as afirmações de Platão e Xenocrates, mas como a causa final. Ela move pelo pensamento e desejo, mas não é automovida a não ser acidentalmente, visto que o que move os outros não tem necessidade de estar em movimento em si próprio.

PSÓFIS.

Ψῶφις (Psôphis), *Psófis*, epônima da cidade homônima na Arcádia, talvez, segundo Carnoy, *DEMG*, p. 175, provenha de *ψῶφος (*psôphos), que seria uma variante de ψῆος (psêphos), "seixo", e o vocábulo significaria "(a cidade) dos seixos".

Psófis é o nome do herói ou heroína epônimo de uma cidade homônima da Arcádia. Ora o antropônimo aparece como um filho de Licáon, ora como descendente de Nictimo ou ainda como filha de Xanto. A mais célebre no mito, porém, é a filha do rei dos sículos, Érix (v.). Quando Héracles passou pela Sicília, uniu-se a Psófis e a entregou grávida a seu amigo Licortas, que vivia em Fegeu. Lá, a filha de Érix deu à luz dois filhos, Équefron e Prômaco, que fundaram em honra de sua mãe a cidade de Psófis.

PTÉRELA *(III, 91[77], 91-92, 111).*

Πτερέλαος (Pterélaos), *Ptérela*, provém do verbo πτεροῦν (pterûn), "munir-se de asas, ser alado", donde "excitar, movimentar, empurrar" e de λαός (laós), "povo", donde "o que excita seu povo ou suas tropas", já que *laós*, sobretudo no plural, significa igualmente "soldados, tropas", *DELG*, p. 619 e 947-948. Quanto ao verbo πτεροῦν (pterûn), trata-se de um derivado de πτερόν (pterón), "tudo que serve para voar", daí "penas, asas". Etimologicamente, *pterón* é da mesma família que πτέσθαι (ptésthai), "voar". A diversidade de formas nas línguas indo-europeias prende-se à alternância *pet/pt- e a uma sufixão em *r* ou *n*. Com a dupla sufixação tem-se o hitita *pattar*, gen. *paddanaš*, "asa". Com a sufixação em *r* e a raiz pt- documenta-se, além do grego πτερόν (pterón), "asa", o armênio *t'er*, "lado, flanco"; com a raiz *pet aparecem o sânscrito *patra*, "asa, pena" e o latim *acci-piter*, "falcão", isto é, "o que voa com rapidez". Com o sufixo em *n* pode-se ver o sânscrito *patan-g-a* e o latim *penna*, de *petna, "pena". No que tange a λαός (laós), "povo", e no plural "cidadãos, soldados", v. Leito.

Há três versões para a genealogia de Ptérela, mas em qualquer uma delas o herói é um descendente de Perseu (v.). A primeira lhe dá como pai a Táfio, um neto, por conseguinte, de Posídon a Hipótoe. A segunda atesta que Ptérela era filho e não um simples neto de Posídon e Hipótoe e pai de Táfio e Teléboa. A terceira, ao que parece, mais tardia, faz de Teléboa o pai do herói.

Ptérela, que reinava na Ilha de Tafos, celebrizou-se no mito pela guerra contra Anfitrião (v.), exilado em Tebas, e pela traição de sua própria filha Cometo (v).

Durante o governo de Eléctrion, em Micenas, os filhos dePtérela foram reclamar aquele reino, ao qual diziam ter direito, uma vez que ali reinara um seu bisavô, Mestor, irmão de Eléctrion. Este repeliu indignado as pretensões dos príncipes, que, como vingança, lhe roubaram os rebanhos. Desafiados pelos filhos do senhor de Micenas para um combate singular, houve grande morticínio, tendo escapado apenas dois contendores, um de cada lado.

Foi por amor de sua esposa Alcmena, filha de Eléctrion, que Anfitrião empreendeu a guerra contra Tafos, cujo objetivo principal era vingar a morte de seus cunhados. Havia, no entanto, um oráculo segundo o qual, em vida do Rei Ptérela, a ilha jamais poderia ser tomada. É que a existência do soberano estava ligada a um fio de cabelo de ouro que Posídon lhe implantara na cabeça. Aconteceu, porém, que Cometo, filha de Ptérela, se apaixonara por Anfitrião e, enquanto o pai dormia, arrancou-lhe o fio de cabelo mágico, provocando assim a derrota e morte do rei, seguidas da ruína de Tafos.

Para não incentivar traidores, Anfitrião, após destruir os inimigos, repeliu as pretensões amorosas da princesa e mandou matá-la.

PTOLIPORTO.

Πτολίπορθος (Ptolíporthos), *Ptoliporto*, é formado por πτόλις (ptólis), duplo de πόλις (pólis), "cidade" e do verbo πέρθειν (pérthein), "destruir, pilhar, saquear", donde significar o antropônimo "o destruidor de cidades". Para a etimologia grega de *ptólis* e do verbo *pérthein* v. Persépolis.

Ptoliporto é, em princípio, um epíteto de grandes heróis como Ájax, Aquiles e sobretudo Ulisses nos poemas homéricos, conforme se pode ver, entre os outros passos, na *Ilíada*, II, 278. Designou mais tarde o filho de Telêmaco e Nausícaa. Tal nome teria sido dado ao menino pelo próprio Ulisses.

Q

QUELÍDON.

Χελιδών (Khelīdṓn), *Quelídon*, "andorinha", segundo Chantraine, *DELG*, p. 1.252-1.253, não possui etimologia bem-definida. Uma aproximação entre o grego *khelīdṓn* e o latim *hirundo*, "andorinha", levaria a admitir empréstimos independentes a uma língua não identificada. Partindo-se de κίχλη (kíkhlē), "tordo", com apoio na raiz **ghel-*, "gritar", alemão *Nachti-gall*, "rouxinol", talvez se pudesse ao menos estabelecer uma hipótese etimológica.

Para o mito de Quelídon v. Aédon.

QUELONE.

Χελώνη (Khelṓnē), *Quelone*, possivelmente, está relacionado com o indo-europeu **ghelu-* "tartaruga", resultante do paralelismo entre o grego χέλυς (khélys) "tartaruga" e o eslavo **zĕlū-*. O grego Χελώνη (Khelṓnē) pode igualmente proceder de um paralelismo entre **ghel-ou-nā* e χελύν(ν)ᾰ (khelýn(n)ā), de **ghel-ū-nā*, *DELG*, p. 1.253; Brugmann, *Grundriss*, 2² 1, 210.

Quelone era uma jovem que residia numa casa à beira de um rio e, ao que parece, nutria uma paixão secreta por Zeus. Quando das núpcias deste com Hera, o mensageiro Hermes foi encarregado de convidar deuses, homens e até certos animais para o *hieròs gámos* dos futuros senhores do Olimpo. Agastada, a jovem não compareceu. Notando-lhe a ausência, Hermes desceu novamente à terra e lançou-a no rio com casa e tudo. Quelone foi transformada em tartaruga, condenada a transportar para sempre "sua casa", a carapaça, e a chegar com muita dificuldade aonde quer.

QUERES *(I, 154-155, 225, 229-231, 246, 341, 348; II, 54, 135, 244; III, 104, 130, 258)*.

Quere, em grego Κήρ (Kḗr) e mais frequentemente no plural *Queres*, em grego Κῆρες (Kêres), não possui ainda uma etimologia confiável. Carnoy acena com a raiz **ker*, que significaria genericamente *devastar* e faz uma aproximação com os verbos κηραίνειν (kēraínein) e κεραΐζειν (kěraídzein), *destruir, arruinar* e mesmo com o latim *caries*, caruncho, podridão, *cárie*, "que destrói os dentes".

Quanto à origem, já que possivelmente a palavra *Quere* não é grega, pode tratar-se de um empréstimo. Os micênicos teriam importado as *Queres* e elaborado mais tarde para as mesmas o tipo iconográfico com que normalmente se apresentam: cobertas com uma indumentária negra, são aladas e possuem garras aduncas. Agem como a força e a ação de Tânatos. Bem mais personificadas e ameaçadoras que esta, golpeiam facilmente um herói, lançam-no por terra e o dominam. Não há quem possa resistir-lhes, porque *valem por dez mil homens*! Com as vestes salpicadas de sangue, arrastam o cadáver pelo calcanhar. Dotadas de enormes fauces, são o equivalente poético dos depredadores de cadáveres nos campos de batalha: cães, aves de rapina, Esfinges, Sereias, Harpias... Irmãs de Tânatos e de Hipno são visualizadas como espectros e fantasmas. Pátroclo, suplicando a Aquiles que o sepulte o mais rapidamente possível, diz algo de muito sinistro acerca desses monstros devoradores, *Il.*, XXIII, 78sqq.:

> *pois que a abominável Quere,
> a que me obteve por sorte ao nascer, abriu as fauces para devorar-me.*

Os versos de Homero deixam claro que as Queres são agentes da morte. Trata-se de divindades das trevas que abrem suas fauces medonhas para engolir os mortos, como o terrível στόμιον (stómion), a pavorosa *garganta* do inferno platônico, que rugia, quando uma psiqué impura tentava escapar.

É muito difícil determinar com exatidão o conceito de *Queres*, no mito grego. De Homero a Platão, se de um lado esse conceito evoluiu muito, de outro, essas filhas de Nix, desde a *Ilíada*, já possuíam uma certa tendência em confundir-se ora com a *Moîra*, o Destino Cego, ora com as Erínias, as vingadoras do sangue derramado. Como depredavam e bebiam o sangue dos mortos, aparecem normalmente, por isso mesmo, nas cenas de lutas e nos momentos de grande violência.

Sua função, todavia, não se restringe ao papel de Valquírias dos campos de batalha. Já na *Ilíada* surgem como aglutinadas, "destinadas" a cada ser humano, personificando-lhe não só o gênero e a "época" da morte, mas também o tipo devida que a cada um é predeterminado. Nesse sentido talvez se pudesse afirmar que as *Queres* são emanações da própria *Moîra*, as executoras do que foi por esta prefixado. Assim, Aquiles "pôde" escolher entre duas *Queres*: uma lhe proporcionaria na pátria uma vida longa e tranquila, mas inglória; outra, a que ele escolheu, lhe daria um renome imperecível, mas cujo preço era a morte prematura.

São igualmente as Queres de Aquiles e de Heitor (como se mostrará no verbete *Querostasia* e *Psicostasia*) que Zeus pesou na balança, para saber qual dos" dois deveria perecer no combate final diante das muralhas de Ílion. Como o prato da balança de Heitor se inclinasse em direção ao Hades, Apolo, de imediato, abandonou seu preferido à *Quere* que lhe coubera.

Hesíodo, na *Teogonia*, ora fala de *uma* Quere, irmã de Tânatos e Hipno, ora de *várias* Queres, irmãs das "Moiras". O fato certamente se explica pelo caráter popular e vago da concepção de *Quere*, que tanto se apresenta como divindade única, quanto como um poder imanente ao indivíduo. É assim que, na *Ilíada*, uma *Quere* é atribuída aos aqueus, outra aos troianos.

O que se pode concluir é que a noção de *Quere* podia ter um valor coletivo.

Na Época Clássica as Queres converteram-se em reminiscências literárias e foram confundidas com as Moiras e as Erínias, pelo caráter ctônio e selvagem destas últimas.

Platão considerava-as como gênios malévolos, semelhantes às Harpias. Por fim, a tradição popular acabou por identificá-las com as almas maléficas dos mortos, que se devem apaziguar com determinados sacrifícios, como acontece no terceiro e último dia dos solenes festejos dionisíacos das *Antestérias* (v.).

QUEROSTASIA E PSICOSTASIA.

Querostasia é um neologismo, provindo de Κήρ, Κηρός (Kếr, Kērós), deusa ou gênio da morte, donde as *Queres* (v.), e στάσις (stásis), "ação de pesar", daí o composto *querostasia* é, *stricto sensu*, a pesagem do destino. *Psicostasia*, em grego ψυχοστασία (psykhostasía), é a pesagem da alma.

Há, na realidade, em termos religiosos, uma distinção um tanto ou quanto sutil entre os dois vocábulos. Zeus, na *Ilíada*, XXII, 208sqq., tomando uma *balança* (v.) com as *Queres nos pratos* pesa os destinos de Heitor e Aquiles e, como o prato de Heitor se inclinou para o Hades, estava selado o destino do herói troiano:

– *Mas quando* (na perseguição de Aquiles a Heitor) *após quatro voltas haviam chegado junto às fontes, então Zeus tomou a áurea balança, pôs sobre os pratos duas Queres da dolorosa morte, a de Aquiles e a de Heitor, domador de cavalos. Segurando-a, equilibrou-a pelo meio: inclinou-se, por seu peso, em direção ao Hades, o dia fatal de Heitor.*

Em duas outras circunstâncias, na mesma *Ilíada*, VIII, 69sqq. e XVI, 658, Zeus consultou novamente os pratos da balança, mas, dessa feita, para alterar por duas vezes a sorte da batalha.

Como se pode observar, *querostasia* visaria mais precisamente à pesagem do destino e *psicostasia* seria uma confirmação sobrenatural do inevitável e nessas circunstâncias figuram nos pratos da balança não as *Queres*, mas pequenos *eídola* (projeções de corpo inteiro ou em miniatura dos mortos) "mais substanciais" que a psiqué, conforme nos mostra um lécito ático dos inícios do século V a.C., em que Hermes pesa dois *eídola* de soldados em luta, cujos escudos e lanças se podem ver nos extremos do vaso em questão. Hermes lhes está pesando os *eídola* que representam a contenda entre Aquiles e o rei etíope Mêmnon, descrita na *Etiópida*, poema épico em cinco cantos de Arctino de Mileto (séc. VIII a.C.), que se propõe continuar a *Ilíada*, partindo do derradeiro episódio em que Homero a deixou, isto é, a morte de Heitor. O prato da balança à direita inclinou-se para o Hades, sinal evidente da morte de Mêmnon (v.). Numa cratera ática dos inícios do século V a.C. o combate entre os dois heróis está bem-configurado. A psicostasia na arte arcaica e clássica helênica, a julgar pelo que chegou até nós, se reduz na prática à luta entre os filhos de Tétis e de Aurora. A cratera assinala o momento em que a superioridade física de Aquiles é evidente. Os dois contendores estão respaldados por suas mães divinas. Mas, se é Hermes que no lécito anterior equilibra a balança e se os dois heróis têm a assistência de suas respectivas mães, isto não quer dizer que os três imortais possam intervir na decisão do inevitável, traçado pelo destino. A presença do deus psicopompo justifica-se por tratar-se da morte de um dos filhos de uma divindade. Os dois heróis, que são filhos respectivamente da deusa do mar Tétis e de Aurora, estão pondo à prova sua destreza, coragem e habilidade e não as qualidades e faculdades superiores que herdaram de suas mães divinas. Estas apreciam o combate singular em virtude de seus casamentos mítico-morganáticos com seres mortais. De outro lado, *Eos* (v.), Aurora, como se viu, simboliza o fecho da morte de um homem, e o mar, traduzido em Tétis, é um modo de alcançá-lo e oferece com as Nereidas o coro fúnebre mais antigo do mito grego. Em Ésquilo, na primeira tragédia de que se compõe a Oréstia, *Agamêmnon*, quem leva as balanças para o campo de batalha é *Ares*, deus da guerra e ávido de sangue. Na expressão poética de Ésquilo

– *Ares, o cambista da morte, ergue no campo de batalha suas balanças e de Ílion envia aos amigos, em vez de heróis, cinzas pesadas de lágrimas, cinzas com que facilmente ele enche as urnas funerárias.*

(*Agam.*, 437-444).

Diga-se de passagem que a *psicostasia* grega é uma influência patente do Egito, embora no país dos faraós a pesagem das almas fosse um sinal externo do julgamento já realizado em função dos atos e deveres em vida de um indivíduo.

QUIMERA (I, 242, 244-245; II, 21; III, 209, 212, 214-218, 279, 282).

A etimologia de Χίμαιρα (Khímaira), *Quimera*, ainda não está muito clara. A relação etimológica entre χίμαρος (khímaros), "cabrito", e χίμαιρα (khímaira), "cabritinha de um ano, nascida no inverno anterior", é defendida por Frisk, *GEW*, s.u., que julga ser *khímaros* uma inovação a partir de *khímaira*. Chantraine, *DELG*, p. 1200sq., opina que *khímaros* pode ser uma formação antiga, quiçá indo-europeia, e *khímaira* lhe teria servido de feminino.

O sentido mais comum dado a *Quimera*, no mito, é de um monstro, filha de Tifão (v.) e de Équidna. São muitas as formas por que se apresenta Quimera, mas a fusão de cabra com o leão é uma constante. Trata-se, pois, de um monstro híbrido, com cabeça de leão, corpo de cabra e cauda de serpente e, segundo outros, de três cabeças: uma de leão, a segunda de cabra e a terceira de serpente e que lançava chamas pelas narinas. Criada por Amisódaro, rei da Cária, vivia em Patera, devastando a região e sobretudo devorando os rebanhos. Cavalgando Pégaso (v.), ginete voador, Belerofonte, de um só golpe, cortou as cabeças de Quimera.

Aproveitando tão somente uma parcela da análise de Paul Diel (*Le Symbolisme dans la Mythologie Grecque*, Paris: Payot, 1952, p. 88sqq.), fica bem claro que a luta do herói Belerofonte é contra um monstro cruel, a Quimera, cujo nome já define bem essa figura mítica. Seria impossível compreender com mais clareza, como acentua Diel, que o perigo maior a combater por parte do homem e que o mito externa sob a forma de um monstro casualmente encontrado é, na realidade, o inimigo quimérico, algo muito sério que ameaça toda a nossa vida: a imaginação e a fantasia descontroladas, o perigo monstruoso que todo homem possui dentro de si mesmo. É mais do que evidente que "Quimera" e "imaginação perversa" são sinônimos. O fato de que, neste mito, o herói deve pelejar contra o monstro quimérico, imagem transparente da deformação psíquica, evidencia com nitidez uma verdade: os inimigos combatidos pelos heróis míticos são os monstros que povoam o inconsciente.

QUIMEREU *(II, 19)*.

Χιμαιρεύς (Khimaireús), *Quimereu*, é um derivado de χίμαιρα (khímaira), "cabritinha de um ano, nascida no inverno anterior" e "Quimera", monstro, filha de Tifão e Équidna. Para a etimologia, v. Quimera.

Quimereu era um dos filhos de Prometeu e Celeno, filha de Atlas, e tinha por irmão mais chegado a Lico. Ambos pereceram e foram sepultados em Troia, mas bem antes da guerra entre os aqueus eos habitantes de Ílion. Como uma grande epidemia assolasse a Lacedemônia, consultou-se o Oráculo de Delfos. Apolo respondeu que a peste não cessaria, enquanto um nobre espartano não fosse a Troia e oferecesse um sacrifício sobre o túmulo dos filhos de Prometeu. Menelau, por isso mesmo, empreendeu a longa viagem e em Ílion foi hóspede de Páris, o que estabeleceu um vínculo de amizade entre ambos, facilitando mais tarde a hospedagem concedida ao príncipe troiano pelo rei de Esparta.

QUÍONE *(I, 297¹⁸⁹; III, 150, 289)*.

Χιόνη (Khiónē), *Quíone*, procede da mesma família etimológica que χεῖμα (kheîma), "mau tempo, frio, inverno, tempestade", χειμών (kheimṓn), com o mesmo sentido, e χιών (khiṓn), "neve, água gelada". O grupo, segundo Chantraine, *DELG*, p. 1.250-1.251, é bem representado no indo-europeu através dos temas **ghe-m*, **ghy-em*, sânscrito *hēman*, locativo singular, "no inverno"; *hemantáh*, "inverno"; latim *hibernus*, "inverno". A personagem é assim denominada por ser filha do vento Bóreas, "o glacial".

Existem, na realidade, quatro heroínas com este nome. A primeira é filha do deus do vento Bóreas e de Oritia. Amante de Posídon, foi mãe de Eumolpo (v.), por ela lançado ao mar, mas salvo pelo pai. A segunda era filha da Oceânida Calírroe e do Rio Nilo. Violentada por um camponês, foi por ordem de Zeus arrebatada por Hermes e colocada entre as nuvens. Tal fato explica por que a *neve*, χιών (khiṓn), é inimiga dos agricultores. A terceira era filha do Rei Dedálion (v.). Foi amada por Apolo e Hermes, tornando-se mãe de Autólico e Filâmon. A quarta Quíone é a mãe do deus Priapo (v.), segundo uma variante.

QUIRÃO *(I, 106; II, 19, 90, 90³¹; III, 24, 26, 31, 46, 51, 56, 70, 118, 175-176, 186, 196)*.

Χείρων (Kheírōn), *Quirão*, procede talvez, como χείρ (kheír), *mão*, de uma raiz indo-europeia **ghers*, como está atestado no hitita *keššar*, "mão", *DELG*, p. 1.252. Outros, como Carnoy, *DEMG*, p. 39, opinam que *Kheírōn* seja uma forma abreviada de χειρουργός (kheirurgós), "o que trabalha, o que age com as mãos", *cirurgião*, pois que este Centauro foi, antes do mais, um grande médico, que sabia muito bem compreender seus pacientes, por ser um *médico ferido*.

Há duas versões para a concepção de Quirão. Crono amava a oceânida (v.) Filira, mas, temendo a cólera e os ciúmes de sua esposa Reia, uniu-se àquela sob a forma de cavalo. Outra versão nos dá conta de que, envergonhada, Filira se metamorfoseou em égua, o que não impediu que Crono-cavalo a possuísse. Qualquer das duas versões explica a forma de Centauro de Quirão, metade homem, metade cavalo. De toda forma, Quirão pertence à mesma família divina que Zeus e os demais deuses olímpicos. Era imortal e nenhuma relação de parentesco possuía com os selvagens e violentos Centauros (v.). Vivia numa gruta do Monte Pélion em companhia da mãe, que muito o ajudou na difícil tarefa de educador dos grandes heróis, como Asclépio, Peleu, Aquiles, Jasão e muitos outros. Pacífico, prudente e sábio, transmitia a seus discípulos conhecimentos relativos à música, à arte da guerra e da caça, à ética e à medicina, como se mostrou *em Mitologia Grega*, Vol. III, p. 26sq. *O mais justo dos centauros*, na expressão de Homero, *Il.*, XI, 832, foi, todavia, vítima da fatalidade. Quando Héracles perseguia ao centauro Élato, este se refugiou na gruta do grande mestre dos heróis. A flecha envenenada que varou o coração de Élato atingiu acidentalmente também a Quirão. Este aplicou unguentos sobre a ferida, que era, porém, incurável. Recolhido à sua gruta, o *médico ferido* desejou morrer, mas nem isto conseguiu, por ser imortal. Por fim, Prometeu, que nascera mortal, cedeu-lhe seu direito à morte e o benfazejo Centauro pôde então descansar. Conta-se que Quirão subiu ao céu sob a forma da constelação do *Sagitário*, uma vez *que flecha* (e ele foi ferido por uma), em latim *sagitta*, a que se assimila o *Sagitário*, estabelece a síntese dinâmica do homem, voando através do conhecimento para a transformação de ser animal em ser espiritual.

R

RÁCIO.

'Ράκιος (Rhákios), *Rácio*, é antropônimo sem etimologia até o momento.

Cretense, filho de Lebes, Rácio emigrou para Cólofon, onde encontrou a filha de Tirésias, Manto, que, por ordem de Apolo, deixara Tebas, quando a cidade foi tomada pelos Epígonos (v.). Unido a Manto, o herói da ilha de Minos foi pai do adivinho Mopso e de Panfília, heroína epônima da região homônima.

RADAMANTO *(I, 61, 66, 318, 343; II, 23, 34; III, 22, 94, 211[158]).*

'Ραδάμανθυς (Rhadámanthys), transliterado para o latim sob as formas *Rhadamanthus* e *Rhadamanthos, Radamanto,* é certamente um termo de substrato, dada a final -νθ- (-nth-), *DELG*, p. 964.

Heróis cretenses, Radamanto, Minos e Sarpédon são filhos de Zeus e de Europa. Mais tarde o pai dos deuses e dos homens fez que sua amante Europa se casasse com o rei de Creta Astérion, que, não tendo filhos, adotou os três príncipes cretenses. Uma variante local, no entanto, estabelece uma outra genealogia para o herói, que seria filho de Hefesto (v.) e, por conseguinte, neto de Talos e bisneto de Crés, epônimo de Creta.

Famoso por sua equidade e sabedoria, é tido como o organizador da constituição minoica, que teria servido de modelo para as demais cidades gregas. Após a morte, Radamanto, seus irmãos Minos e Éaco, também filhos de Zeus, foram promovidos a juízes dos mortos (v. Escatologia).

Uma versão, por certo mais recente, afirma que o futuro árbitro do Hades teria fugido de Creta e se estabelecera na Beócia, onde se casou com Alcmena, viúva de Anfitrião.

A *Odisseia*, VII, 317-324, alude a uma estranha viagem de Radamanto à Ilha de Eubeia, aonde o teriam levado os feaces, a fim de que se entrevistasse com Títio, o gigante fulminado por Zeus.

A tradição atribui-lhe dois filhos: Górtis, herói epônimo da cidade cretense de Gortina, e Éritro, fundador de Éritras na Beócia.

RAROS *(I, 286).*

'Ρᾶρος (Rhâros), *Raros*, segundo Carnoy, *DEMG*, p. 177, talvez provenha de uma forma *arə*, "trabalhar".

Em algumas tradições, Raros é filho de Crânao. Unido a uma filha de Anfíction, foi pai ou avô de Triptólemo (v. Cércion). Em outras versões o herói é pai de Céleo, que normalmente é apontado como filho de Elêusis (v.).

Raros acollheu Deméter, quando esta percorria a terra inteira em busca de Core ou Perséfone. Como recompensa a deusa da vegetação ensinou-lhe a arte de plantar e colher o trigo. Raros emprestou seu nome à "Planície de Raros",'Ράριον πεδίον (Rhárion pedíon), local sagrado, perto de Elêusis, onde pela primeira vez se cultivou o trigo.

REBIS *(II, 205, 205[107]; III, 40).*

Embora não se trate de divindade nem tampouco de termo grego, como é, em parte, o caso *móli* (v.), *Rebis* está estreitamente vinculada à alquimia hermética, merecendo, por isso, ser mencionada e explicada no *Dicionário*.

Etimologicamente, o termo *Rebis* é uma combinação de duas palavras latinas: *res bina*, isto é, "formada de duas coisas", ou, mais precisamente, "feita de dois".

Trata-se, na realidade, do ponto de vista histórico-religioso, de uma figura estampada por Basile Valentin em seu *Traité de l'Azoth*, publicado em 1659, quer dizer, *Tratado do Azoto* ou da "suposta matéria primária dos metais".

Rebis é o símbolo do andrógino (v.). Os alquimistas denominam *Rebis* a primeira decocção do "espírito mineral" misturado a seu próprio corpo, uma vez que é feito de duas coisas, do masculino e do feminino, isto é, do dissolvente e do corpo solúvel, embora se trate, no fundo, da *mesma coisa* e de *matéria idêntica*. Deu-se também o nome de *Rebis* à matéria da obra transformada em *albedo*, "no branco", porque então aquela é um mercúrio animado de seu enxofre e estes dois elementos, provenientes de uma mesma raiz, constituem um todo homogêneo, assimilando-se, destarte, ao andrógino, *DIS*, p. 802-803.

RECO.

'Ροῖκος (Rhoîkos), *Reco*, provém, com o vocalismo *o*, de ῥικνός (rhiknós), "encurvado, encarquilhado". Uma aproximação com o antropônimo micênico no genitivo *worokojo* é possível. Trata-se de um termo popular aplicado a determinados "desvios" e enfermidades: lituano *ráisas*, "coxo"; antigo alemão *wreeg*, "obstinado, teimoso"; médio inglês *wrāh*, "louco"; médio alemão *wrich*, "torto", *DELG*, p. 974.

Existem um herói e um Centauro com este nome. O primeiro é personagem de uma história de amor semelhante à de Arcas e Crisopelia (v.) e à de Dáfnis.

Um velho carvalho, residência obrigatória de Hamadríadas (v.), estava para cair, pondo em risco a vida das ninfas a ele incorporadas. Reco, vendo o perigo, mandou escorá-lo, salvando a existência de divindades tão encantadoras. Agradecidas, as Hamadríadas se prontificaram a dar-lhe o que ele desejasse. Reco pediu-lhes amor. As ninfas concordaram, desde que o amante lhes fosse absolutamente fiel. A mensageira entre elas e o herói seria uma abelha. Certa feita, enquanto Reco se divertia, jogando xadrez, o inseto veio trazer-lhe um recado, mas foi tão mal recebido, que a abelha aferroou-lhe os olhos e o cegou. O castigo do amante se deveu certamente a alguma infidelidade praticada. O cenário dessa aventura amorosa é colocado pelos mitógrafos quase sempre na Assíria ou mais precisamente em Nínive.

Reco é igualmente o nome de um dos Centauros, morto por Atalante (v.).

REIA *(I, 54, 58, 58[45], 65, 71-72, 154, 157, 196, 198-201, 204, 275, 280, 290, 332-333, 348; II, 19, 157).*

Ῥέα (Rhéa), *Reia*, segundo Carnoy, *DEMG*, p. 178, talvez seja um epíteto da "terra", "a ampla, a larga", o que postularia uma forma *wreiϑ>Fρεῖα (wreîa), masc. εὐρύς (eurýs), "largo, amplo".

Trata-se, evidentemente, de uma Grande Mãe cretense, que, por força do sincretismo creto-micênico, decaiu de posto, transformando-se não apenas na esposa de Crono (v.), mas em "atriz de um drama mitológico", cuja encenação se iniciou com a fuga da deusa para a ilha de Creta e o estratagema da pedra.

Uma das titânidas, filha de Urano e Geia, uniu-se ao irmão Crono e foi mãe, segundo a *Teogonia* de Hesíodo, de seis filhos: Héstia, Deméter, Hera, Hades, Posídon e Zeus. Instruído por um presságio de Urano e Geia, Crono devorava todos os filhos, tão logo nasciam, porque sabia que um deles o destronaria. Grávida de Zeus, a deusa fugiu para a Ilha de Creta e lá, secretamente, no monte Ida ou Dicta, deu à luz o caçula. Envolvendo em panos de linho uma pedra, deu-a ao marido, como se fosse criança, e o deus, de imediato, a engoliu. Mais tarde, Crono (v.) foi obrigado a devolver todos os filhos à luz. Estes, comandados por Zeus, destronaram o pai.

Na época romana (30 a.C.-527 p.C.) e, portanto, bem tardiamente, Reia, antiga divindade da vegetação, acabou fundindo-se com a divindade oriental Cibele (v.), "a mãe dos deuses".

REO.

Ῥοινω (Rhoíō), *Reo*, é uma forma artificial refeita sobre ῥοῖα (rhoîa), "corrente, fluxo", do verbo ῥεῖν (rheîn), "correr, escorrer, fluir", donde significar o antropônimo "o curso de água, a corrente". O verbo em pauta, com alternâncias vocálicas bem-definidas, possui correspondências em várias línguas indo-europeias. Ao presente ῥέω (rhéō) de *srew- corresponde o sânscrito *srávati*, "ele corre", e ao nome de ação ῥόος (rhóos), o sânscrito *srava-* "escoamento"; eslavo antigo *o-strovŭ*, russo *óstrov*, "ilha" (a cercada de água); com o sufixo *-mon*, o nome do rio trácio Στρυμών (Strȳmṓn), "Estrímon", entre muitas outras.

Filha de Estáfilo (v.), "o cacho de uva", Reo é irmã de Hernítea. Quando Lirco (v.), ao retornar de Delfos, passou por Bibasto, hospedou-se na corte de Estáfilo. As duas princesas disputaram a preferência do herói, mas a escolhida foi Hemítea, por vontade paterna. Amada por Zeus, Reo, um pouco mais tarde, ficou grávida. Não acreditando Estáfilo que a aventura amorosa da filha tivesse sido com um deus, colocou-a dentro de um cofre e lançou-o nas águas do mar. A arca foi levada pelas ondas até a ilha de Eubeia ou Delos, conforme outras fontes. Lá, veio ao mundo Ânio (v.), que, segundo uma variante, era filho de Apolo e Reá, "a Romã".

A heroína se casou, em seguida, com Zarex, filho de Caristo, e foi mãe de dois ou de cinco filhos.

Uma versão isolada e tardia faz de Reo uma concubina de Esão e mãe de Jasão.

RESO *(I, 126; II, 193; III, 22, 43, 50, 63, 298).*

Ῥῆσος (Rhêsos), *Reso*, não possui etimologia segura até o momento. A hipótese de Carnoy, *DEMG*, p. 178, relacionando-o com o latim *rex* e o sânscrito *rajan*, "rei", é pouco provável.

Na *Ilíada*, X, 433-441, Reso aparece como filho de Ioneu, mas em tradições posteriores seus pais são o deus-rio Estrímon e a musa Clio ou ainda Terpsícore, Euterpe ou Calíope.

Herói trácio, Reso chegou a Troia no décimo ano da guerra para ajudar Príamo na luta contra os aqueus. Seus cavalos brancos como a neve e velozes como o vento ficaram famosos. O paladino trácio participou da refrega um só dia, mas fez assim mesmo uma devastação nas fileiras aqueias.

Numa sortida noturna, com o objetivo de espionar o acampamento troiano, Diomedes e Ulisses, no denominado episódio da *Dolonia* (*Il.*, X, 454-459), obtêm dupla vitória. Dólon, contra-espião troiano, foi capturado pelos heróis gregos. Após revelar tudo quanto os dois desejavam saber, Diomedes, apesar das súplicas do prisioneiro, cortou-lhe impiedosamente a cabeça. Guiados pelas informações obtidas, penetraram no acampamento inimigo e surpreenderam dormindo o herói trácio. Mataram-no e levaram-lhe os rapidíssimos corcéis (*Il.*, X, 494-514). Conta-se, numa versão dramatizada do episódio, bem posterior a Homero, que a audaciosa expedição dos dois bravos aqueus fora inspirada pelas deusas Hera e Palas Atená. É que um oráculo predissera que, se Reso e seus cavalos brancos bebessem das águas do Rio Escamandro, o rei trácio seria invencível.

O tema da morte desse herói foi retomado no século IV a.C. na tragédia *Reso*, que, durante longo tempo, foi erradamente incluída entre as peças de Eurípides.

Cônon, *Narr.*, 4, atribui a Reso dois irmãos, Brangas (v.) e Olinto (v.).

RETO.

Ῥοῖτος (Rhoîtos), *Reto*, parece uma forma analógica tardia de ῥοίτης (rhoítēs), "vinho de romã", normalmente seguida de οἶνος (oînos), "vinho de ou com perfume de romã". A base é ῥοά (rhoá), "romã" ou "romãzeira". *Rhoá* pode estar relacionado com o verbo ῥεῖν (rheîn), "correr, escorrer", dado o suco abundante dessa fruta, *DELG*, p. 976.

Surgem no mito quatro personagens com este nome. A primeira é um dos Gigantes que lutaram contra os deuses. Foi morto por Dioniso, o deus do vinho. A segunda é um Centauro que participou da luta entre os Lápitas e os Centauros que, embriagados, provocaram uma grande carnificina, quando das núpcias de Pirítoo e Hipodamia.

Virgílio, nas *Geórgicas*, 2,455-457, deve ter laborado em equívoco, ao afirmar que o Centauro fora morto por Dioniso. O grande poeta deve tê-lo confundido com o Gigante homônimo.

A terceira é um dos sequazes de Fineu que tudo fez para impedir o casamento de Andrômeda com Perseu. O herói o liquidou.

Existe ainda um Reto, que foi pai de Anquêmolo.

RÍCIA.

Ῥυτία (Rhytía), *Rícia*. Carnoy, *DEMG*, p. 179, pergunta se o antropônimo não poderia ter por fonte a cidade cretense de Ῥυτίον (Rhytíon), derivada de ῥυτός (rhytós), "banhada pela água".

Consoante uma tradição bem antiga, Rícia, unida a Apolo, foi mãe dos nove Coribantes da Samotrácia. A genealogia, no entanto, dos Coribantes (v.) e sobretudo dos Curetes (v.) é bastante complexa.

RODE *(II, 19-20)*.

Ῥόδη (Rhódē), *Rode*, "a rosa", é um derivado de ῥόδον (rhódon), "rosa". *Fρόδον (*wrdon), ῥόδον (rhódon), como demonstra o micênico, provém de uma língua oriental, provavelmente do iraniano *wrda, donde o persa *gul* e o armênio *vard*. O latim *rosa* está relacionado etimologicamente com ῥόδον (rhódon), mas é de difícil explicação, v. Ernout-Meillet, *DIELL*, p. 577.

Filha de Posídon e Anfitrite, e irmã de Tritão, segundo uma tradição, Rode uniu-se ao deus Hélio, o Sol. Conforme outra versão, a heroína é uma das filhas do deus-rio Asopo, mas esposa do mesmo Hélio (v. Rodos).

RÓDOPE *(III, 302[231])*.

Ῥοδόπη (Rhodópē), *Ródope*, talvez como *Rode* (v.) proceda de ῥόδον (rhódon), "rosa", *DELG*, p. 977.

Jovem de Éfeso, Ródope consagrara-se a Ártemis, comprometendo-se, como era de hábito em tais circunstâncias, a manter-se virgem. A irmã de Apolo escolheu-a imediatamente como sua companheira de caça. Afrodite, irritada com a promessa feita a Ártemis pela lindíssima efésia, fê-la apaixonar-se loucamente pelo cruel e inacessível caçador Eutinico. Logo num primeiro encontro a parceira da filha de Leto entregou-se ao namorado. Ártemis, que não perdoava o rompimento de compromisso tão sério, transformou-a numa fonte chamada Estige, cujas águas corriam na mesma gruta em que a jovem perdera a virgindade. Esta fonte passou a servir de prova para quantas juravam ser e permanecer virgens, ao ligar-se à deusa dos animais. Escreviam o juramento de praxe sobre uma tabuleta e, após pendurá-la no pescoço, desciam à fonte. A água normalmente chegava-lhes até o joelho, mas, se estivessem perjurando, subia-lhes rapidamente até o queixo e cobria a tabuleta. As que estivessem mentindo eram mortas de imediato pelas flechas certeiras da deusa.

RODÓPIS.

Ῥοδῶπις (Rhodôpis), *Rodópis*, é palavra recente em grego, formada pela junção de ῥόδον (rhódon), "rosa" e de -ῶπις (-ôpis), do verbo ὄπωπα (ópōpa), "ver, ter aparência de", donde "a que se parece com uma rosa". A raiz do verbo em pauta é *oqʷ-, latim *ocŭlus*, "olho, visão", sânscrito īkṣate, "ver", v. Frisk, *GEW*, s.u.

Jovem egípcia de beleza singular, teve um dia, quando se banhava, uma de suas sandálias raptada por uma águia, que a deixou cair aos pés de Psamético, rei de Mênfis. O faraó, encantado com a delicadeza do calçado, ordenou que se procurasse pelo Egito inteiro a mulher que o usara. Descoberta, Rodópis foi desposada pelo monarca.

Uma tradição afiança que, na realidade, o nome da heroína era Dórica. Tratava-se de uma grega que chegou ao Egito vinda da Trácia em companhia de Caraxo, irmão da poetisa Safo.

RODOS *(I, 325)*.

Ῥόδος (Rhódos), *Rodos*, é um derivado de ῥόδον (rhódon), *rosa*, para designar Rodes, "a ilha das rosas" (v. Rode).

Confundida comumente pelos mitógrafos com Rode (v.), Rodos é filha de Afrodite, sem que se lhe mencione o pai, ou de Posídon e Hália (v.).

Esposa de Hélio, o Sol, e epônimo da ilha de Rodes, foi mãe dos Helíadas e das Helíades (v.), isto é, dos filhos e das filhas de Hélio. Um deles, Cércafo, reinou em Rodes após a morte de seu irmão primogênito Óquimo. Com o desaparecimento de Cércafo, seus filhos dividiram a ilha em pequenos reinos.

RÓPALO.

Ῥόπαλος (Rhópalos), *Rópalo*, é uma forma masculinizada do neutro ῥόπαλον (rhópalon), "bastão, clava". A base é o verbo ῥέπειν (rhépein), "inclinar (sobretudo o prato da balança), prevalecer, abater", donde significar o antropônimo "a clava", por ser neto de Héracles, que fazia uso principalmente do *rhópalon*. A etimologia grega do verbo é discutida, v. *DELG*, p. 970; Frisk, *GEW*, s.u.

Filho de Festo e, por conseguinte, neto de Héracles, Rópalo reinou em Sicione após Zeucipo, que sucedeu a Festo, quando este, por causa de um oráculo, se exilou na Ilha de Creta. O herói, todavia, foi obrigado a entregar o trono aos micênicos, que, sob o comando de Agamêmnon, invadiram Sicione.

Uma versão mais tardia faz de Rópalo filho de Héracles e pai de Festo.

ROXANA.

Ῥωξάνη (Rhōksánē), *Roxana*, segundo Guérios, *DENS*, p. 154, significa em bactriano "lua, luz, claridade".

Filha de Córdias, Roxana foi estuprada por Medo, filho de Artaxerxes. Com medo de ser punido, o jovem príncipe se lançou nas águas turbulentas do Rio Xarandas, que passou a chamar-se Medo, até que, por fim, se denominou Eufrates.

S

SABÁZIO *(I, 295, 295[188]; II, 118).*

Σαβάζιος (Sabádzios), *Sabázio*, é aproximado pela etimologia popular de σαβακός (sabakós), que, entre outros sentidos, possui o de "efeminado". Na realidade, o deus frígio Sabázio não possui, até o momento, etimologia definida, *DELG*, p. 983.

Trata-se de um deus frígio, cujo culto possuía como Baco (v.) um caráter orgiástico. Assimilado tardiamente a Dioniso no mundo grego, é considerado como um *Dioniso mais velho*, filho de Zeus e Perséfone. Atribuía-se-lhe a iniciativa de domesticar os bois e era assim que se explicavam os cornos que lhe adornavam as estátuas. Zeus se teria unido a Perséfone sob a forma de serpente, que era, por isso mesmo, o animal sagrado do deus e desempenhava, tudo leva a crer, um papel importante em seus mistérios. Dos amores do próprio Sabázio, sob forma de réptil, com uma de suas sacerdotisas, na Ásia Menor, teriam nascido filhos com traços acentuados de serpente.

Não pertencendo ao panteão helênico propriamente dito, o deus não tem um ciclo mítico pessoal, pelo menos exotérico. É bem possível que nos mistérios, que se celebravam em sua honra, o mito de Sabázio fosse de alguma forma revelado.

SABE.

Σάββη (Sábbē), *Sabe*, segundo Carnoy, *DEMG*, p. 179, talvez seja um vocábulo semítico ou eventualmente um empréstimo ao anatólio e que teria por base o indo-europeu **swap*, "pensar, saber".

Filha de Beroso e Erimante, Sabe era o nome, segundo Pausânias, da Sibila da Babilônia, mas cuja origem era hebraica.

SÁGARIS.

Σάγαρις (Ságaris), *Ságaris*, segundo Chantraine, *DELG*, p. 983, é "a machadinha", arma de combate, utilizada pelos citas e persas. A etimologia grega é desconhecida. Talvez se trate de um empréstimo.

Existem dois heróis com este nome. O primeiro é um filho de Ájax da Lócrida e fundador da cidade de Síbaris na Itália Meridional. O segundo, também denominado Sángaris, era filho do Rei Midas ou de Mígdon com Alexírroe. Como não prestasse o culto devido à grande mãe Cibele, a deusa o enlouqueceu, precipitando-se ele no Rio Xeróbates, que passou, desde então, a chamar-se Sangário.

SAGARÍTIS.

Σαγαρῖτις (Sagarítis), *Sagarítis*, procede, ao que parece, de Ságaris (v.) e significa "machadinha".

Sagarítis é uma Hamadríada, cujo mito é relatado por Ovídio nos *Fastos*, 4, 229sqq. Átis, unido a Cibele, prometeu-lhe castidade matrimonial absoluta, mas, não resistindo aos encantos e apelos de Sagarítis, passou a viver com ela. Exasperada, a Grande Mãe oriental cortou a árvore a que estava ligada a ninfa dríada, matando-a em consequência. Não satisfeita, enlouqueceu Átis, que, tomado do furor de Cibele, se emasculou, tornando-se submisso e dócil servidor da deusa.

SALAMBO.

Σαλαμβώ (Salambṓ), *Salambo*, segundo Carnoy, *DEMG*, p. 180, provém do fenício *salambacal*, "imagem de Baal".

Trata-se do nome babilônico de Afrodite (Astarté), quando ela entoa lamentações em memória de seu bem-amado Adônis (v.).

SÁLAMIS.

Σαλαμίς (Salamís), *Salamis*, segundo Carnoy, *DEMG*, p. 180, é um derivado do indo-europeu **swol-mo-* "murmúrio, burburinho", que é a fonte de vários hidrônimos como *Soulme, Zwalm*, na Bélgica, *Somain* no norte da França, *Sormonne* (<Sulmona), ainda na França.

Uma dentre as numerosas filhas do Rio Asopo, Sálamis foi raptada por Posídon. Dessa união nasceu um filho, Cicreu, numa ilha que a partir de então recebeu o nome de Salamina, localizada na costa da Ática.

SALMOMEU *(III, 64).*

Σαλμωνεύς (Salmōneús), *Salmoneu*, segundo Carnoy, *DEMG*, p. 181, tem a mesma base etimológica que Sálamis (v.), isto é, o indo-europeu **swol-mo*, **swel*, "burburinho, murmúrio, transbordamento".

Filho de Éolo e Enárete, Salmoneu é, por conseguinte, um descendente de Deucalião e Pirra. Da Tessália, sua terra natal, o herói, seguido de vários companheiros, emigrou para a Élida, onde fundou a cidade de Salmona. Casou-se em primeiras núpcias com Alcídice, filha de Áleo, e foi pai de Tiro. Desta heroína e de Salmoneu fala a *Odisseia*, XI, 235-237. Com o falecimento da primeira esposa, o filho de Éolo se uniu à ciumenta Sidero (v.), que maltratou tanto a Tiro, que mais tarde a cruel madrasta foi assassinada pelos dois filhos da vítima.

Extremamente orgulhoso e descomedido, Salmoneu achou que poderia imitar ou ser um novo Zeus entre os mortais. Para tanto, mandou construir uma pista pavimentada de bronze e num carro com rodas de cobre ou ferro fazia-se transportar, arrastando correntes atrás de si. Tal expediente visava a reproduzir o ribombar do trovão. Para configurar o relâmpago, lançava tochas acesas à esquerda e à direita de seu veículo "divino".

Zeus, irritado com tamanha impiedade, fulminou o rei, sua família, o povo e a própria cidade de Salmona.

Virgílio, na *Eneida*, 6,585-594, fala da arrogância insana de Salmoneu e seu "terrível castigo" no Tártaro.

SÂMON.

Σάμων (Sámōn), *Sâmon*, para Carnoy, *DEMG*, p. 181, seria um derivado de σάμος (sámos), "colina rochosa".

Filho de Hermes e da ninfa Rene, Sâmon é o herói epônimo da Ilha de Samotrácia. Em companhia de Dárdano emigrou da Arcádia para Samotrácia. Dárdano prosseguiu em direção à Tróada, enquanto Sâmon permaneceu na ilha, dando-lhe seu nome.

Há um segundo herói homônimo, de origem cretense, v. Dada.

SANAPE.

Σανάπη (Sanāpḗ), *Sanape*, é um empréstimo, ao menos no mito, a um falar da Paflagônia e significa "bêbada".

Quando Héracles foi buscar o Cinturão de Hipólita e, por instigação de Hera, acabou por lutar contra as Amazonas, uma delas, que escapara ao massacre, fugiu para a Paflagônia. Casando-se com o rei local, a Amazona revelou um lado desconhecido até então: o gosto imoderado pelo vinho, recebendo, por isso mesmo, o epíteto de *Sanápe*, "a bêbada". Este nome, alterado para Σινώπη (Sinṓpē), *Sinope*, passou a designar a cidade onde reinava seu marido.

SANGÁRIO.

Σαγγάριος (Sangários), *Sangário*, proviria, como Sagarítis (v.), de σάγαρις (ságaris), "machadinha", *DEMG*, p. 181.

Deus do rio homônimo na Ásia Menor, é tido como filho de Oceano e Tétis, como está em Hesíodo, *Teogonia*, 344.

Unido a Métope, à ninfa Êunoe ou ainda à náiade Evágora, foi pai de Hécuba, esposa de Príamo, e do frígio Alfeu. Tendo ensinado a Atená a arte de tocar flauta, Alfeu tentou, um dia, violentá-la. Zeus, de imediato, o fulminou.

O mito mais importante, porém, que envolve Sangário é o que se refere à sua filha Nana e ao nascimento de Átis (v. Agdístis, Átis e Nana).

SÁON.

Σάων (Sáōn), *Sáon*, segundo Carnoy, *DEMG*, p. 181, talvez pudesse relacionar-se com σάος (sáos), "intacto, sólido, bem-conservado, são".

Como uma grande seca devastasse a Beócia, Sáon consultou o Oráculo de Delfos. A Pítia ordenou-lhe dirigir-se a Lebadia para interrogar Trofônio. Tendo chegado a seu destino, porém, ficou surpreso, porque ninguém sabia onde se localizava tal oráculo. Tendo visto, no entanto, um enxame de abelhas, seguiu-o e acabou penetrando numa gruta profunda. Ali realmente encontrou Trofônio, que lhe deu todas as informações necessárias de como debelar o flagelo e pediu a Sáon que o honrasse com a instituição de um oráculo e de um culto.

SARDO.

Σαρδώ (Sardṓ), *Sardo*, segundo Carnoy, *DEMG*, p. 181, talvez pudesse se aproximar do indo-europeu **kwar-dh*, "ser forte", donde "fortaleza". Para Chantraine, todavia, *DELG*, p. 988, o antropônimo provém de σάρδιον (sárdion), "designação de pedras preciosas", particularmente a "cornalina e a sardônica". As formas latinas *sarda, sardius*, "da sardenha", *sardinus lapis*, "pedra de Sardes" e *sardonyx*, "sardônica", são empréstimos ao grego. Sardo significa, pois, etimologicamente, "pedra preciosa de Sardes".

Sardo era esposa de Tirreno, que emigrou da Ásia Menor para a Itália Meridional. A heroína, que já havia emprestado seu nome à cidade lídia de Sardes, deu-o igualmente à Ilha de Sardenha.

Uma segunda personagem homônima é filha de Estênelo. Segundo uma variante, foi ela quem se tornou epônima da cidade de Sardes.

SARDOS.

Σάρδος (Sárdos), *Sardos*, está evidentemente relacionado com Σαρδώ (Sardṓ), "Sardo" (v.), derivado de σάρδιον (sárdion), "designação de pedras preciosas", donde Sardos seria igualmente "a pedra preciosa".

Filho de Máceris, nome líbio e egípcio de Héracles, Sardos, comandando um grupo de líbios, desembarcou na ilha até então denominada Ienoúsa e que passou a chamar-se Sardenha.

SÁRON.

Σάρων (Sárōn), *Sáron*, como substantivo comum existe em grego com o sentido de "aberto, abertura", donde a glosa de Hesíquio τὸ γυναικεῖον αἰδοῖον (tò-guynaikeîon aidoîon), "órgão genital feminino", mas se lhe desconhece a etimologia, *DELG*, p. 989.

Rei mítico de Trezena, foi o sucessor de Altepo.

Ergueu à beira-mar um templo tão magnífico a Ártemis, que o Golfo de Trezena passou a denominar-se Golfo de Febe.

Grande caçador, perseguiu certa feita uma corça, que se lançou ao mar. Sáron foi-lhe ao encalço, mas pereceu afogado. Seu corpo foi encontrado junto ao templo de Ártemis, que ele mandara construir. A partir de então o golfo de Febe recebeu o nome de Golfo Sarônico.

SARPÉDON *(I, 61, 141, 145, 343; II, 23, 34; III, 22, 48, 208, 211, 211[158]).*

Σαρπηδών (Sarpēdṓn), *Sarpédon*, não possui etimologia segura. Carnoy, *DEMG*, p. 182, apresenta algumas hipóteses, que vamos resumir, uma vez que nenhuma delas é convincente. Segundo o filólogo de Louvain, é possível que se trate de um nome lício, cuja raiz seria o indo-europeu **serw-*, "servir, proteger", ou ainda o mesmo indo-europeu com a raiz **serp*, "cortar com uma arma curva".

O mito de Sarpédon é bastante complexo, dada a existência de mais de um herói com este nome e a tentativa de se colocarem as personagens numa "ordem cronológica" para se explicar com mais clareza o mitologema, segundo se comentou em *Mitologia Grega*, Vol. III, p. 211, nota 158. O primeiro Sarpédon é um herói do ciclo mítico cretense, que aparece, por vezes isoladamente, mas como um gigante, filho de Posídon e assassinado por Héracles na Trácia. Com mais frequência, porém, o herói Sarpédon surge no mito como um dos filhos de Europa (v.) e Zeus. Foi criado por Astérion, que, tendo se casado com a ex-amante do pai dos deuses e dos homens, assumiu a "paternidade" sobre os três filhos do casal: Minos, Radamanto e Sarpédon. Mais tarde, Sarpédon entrou em litígio com Minos, quer fosse pelo trono de Creta quer pela disputa do amor do jovem Mileto pelo qual ambos estavam apaixonados. A vitória foi de Minos, porquanto Sarpédon, tendo deixado Creta, certamente acompanhado pela mãe, emigrou para a Ásia Menor, onde fundou Mileto e reinou. Não raro se atribui a fundação da cidade ao próprio jovem Mileto, que para lá teria fugido em companhia do amante, que teria sido preferido a Minos.

O mais conhecido dos Sarpédon, todavia, é o que aparece na *Ilíada*, II, 876sq.; VI, 198sqq.; XVI, 433sqq., comandante de um contingente lício, que lutava a favor dos troianos. Este herói é para Homero filho de Zeus e de Laodamia, filha de Belerofonte. O Sarpédon homérico desempenhou papel importante na Guerra de Troia, particularmente no ataque aos acampamentos aqueus e à muralha levantada por estes para proteger os navios. Embora a contragosto de Zeus, que ameaçou até mesmo subtraí-lo aos desígnios da Moira (*Il.*, XVI, 440-457), o herói lício foi morto por Pátroclo. Para distinguir o Sarpédon cretense daquele que participou da Guerra de Troia, Diodoro Sículo construiu uma nova genealogia: Sarpédon, o cretense, filho de Zeus e Europa, emigrou para a Lícia. Um filho seu, chamado Evandro, casou-se com uma filha de Belerofonte, Deidamia ou Laodamia; deste enlace nasceu o segundo Sarpédon, neto do primeiro e que lutou em Troia.

SATÍRIA.

Σατυρία (Satyría), *Satíria*, é um derivado tardio de Σάτυρος (Sátyros), "Sátiro" (v.), mais usado no plural, cuja etimologia é desconhecida. Trata-se, possivelmente, de um empréstimo, *DELG*, p. 990.

Filha do rei cretense Minos, foi amada por Posídon. Dessa união nasceu Taras, herói epônimo da cidade de Tarento. Satíria deu seu nome ao cabo Satírion, vizinho da cidade. Alguns mitógrafos fazem-na mãe de Ítalo (v.).

SATIRIASE.

Σατυρίασις (Satyríāsis), *satiriase* (e não satiríase, uma vez que a vogal da penúltima sílaba é longa), e diferente de priapismo (v.), provém do verbo σατυριᾶν (satyriân), "ser itifálico como os Sátiros" e este de Σάτυρος (Sátyros), *Sátiro* (v.), cuja etimologia ainda se desconhece. Talvez se trate de um empréstimo ao ilírio. As diversas hipóteses foram minuciosamente reunidas por Frisk, *GEW*, s.u.

Satiriase é uma *pathologia sexualis*, uma "patologia sexual", como lhe chamavam os antigos, que consiste em ter o membro viril sempre em ereção numa superexcitação mórbida. Nesse estado o homem realiza o prazer sexual por si mesmo, mas com uma ejaculação tão forte e constante, que o leva ao esgotamento e à morte.

Essa patologia sexual se deveu a um castigo. Icário (v.), segundo uma das versões mais difundidas, era um ateniense, camponês da Ática. Foi o primeiro ser humano a receber uma cepa como presente de Dioniso e logo na primeira e abundante colheita da uva e fabrico do vinho novo convidou seus colegas para degustarem o licor de Baco. O vinho puro provocou logo a embriaguez geral e lançou os amigos do anfitrião em sono profundo. Os retardatários, julgando que Icário os havia envenenado, espancaram-no até a morte. Profundamente irritado, Dioniso se lhes apresentou sob a forma de um jovem lindíssimo e despertou neles um desejo irresistível de violentá-lo. Fê-los a todos itifálicos e, após excitá-los até o paroxismo, desapareceu. Dominados por uma pulsão erótica incontrolável, esgotavam-se em seu esforço espermático e pereciam num verdadeiro *furor eroticus*.

Consultado o Oráculo de Delfos, Apolo aconselhou que se fabricassem em terracota estatuetas itifálicas que substituíssem a quantos tivessem sido atingidos pela *manía*, pela loucura sexual dionisíaca. Oferecidos os falos, o deus fez cessar a epidemia erótica.

SÁTIROS *(I, 211, 221; II, 120, 123,128[51], 129-130, 134, 139, 192[95]).*

Σάτυρος (Sátyros), *Sátiro*, é empregado sobretudo no plural, Σάτυροι (sátyroi), *Sátiros*. Este ser mítico, ligado ao culto de Dioniso e cujo sentido exato é desconhecido, deve ser um empréstimo, talvez ao trácio ou ao ilírio. A etimologia não pôde ainda ser definida com precisão. Para as várias hipóteses e combinações levantadas por Frisk, veja-se *GEW*, s.u.

Carnoy, *DEMG*, p. 182, tenta fazer uma combinação etimológica meio esdrúxula. Partindo do princípio de que a palavra *Sátyros* é um composto, propõe como primeiro elemento σα- (sa-), cujo correspondente seria o indo-europeu **tēwa*, que exprime a ideia geral de "inchar, distender" e exemplifica com a palavra grega σάϑη (sáthē), "pênis"; a segunda parte do composto -τυρο (-tyro) seria uma reduplicação intensiva, significando *Sátiro*, o que tem o pênis em ereção, isto é, um ser itifálico.

Os Sátiros, não raro cognominados Silenos (v.), são divindades menores da natureza, que acabaram por integrar-se no barulhento e lascivo cortejo de Dioniso. Seres híbridos, eram representados ora como homens-cavalos, ora como homens-bodes. Em ambas as representações, porém, duas características os marcaram para sempre: uma cauda longa, semelhante à de um cavalo, e o membro de proporções anormais sempre em ereção. Viviam normalmente nos campos e bosques, bebendo em companhia de Dioniso e perseguindo continuamente as Ménades (v.) e Ninfas, vítimas prediletas de sua energia sexual inesgotável. A pouco e pouco, entretanto, a iconografia começou a exibi-los de maneira bem menos animalesca; são quase totalmente antropomorfizados, restando-lhes, apenas, como vestígio de sua origem, a cauda equina e, com frequência, o pênis em ereção. Quando Dioniso foi raptado pelos piratas etruscos, os Sátiros saíram à procura de seu amo e protetor, mas acabaram prisioneiros do Ciclope Polifemo. Durante anos serviram como escravos ao monstruoso filho de Posídon, até que foram libertados por Ulisses. A esse respeito o poeta trágico Eurípides escreveu *O Ciclope*, um delicioso *drama satírico* (o único de toda a literatura grega que nos chegou inteiro) e que traduzimos e entregamos à Editora Vozes para uma segunda edição, conforme já se mencionou (v. Empusa e Sileno).

SAURO.

Σαῦρος (Saûros), *Sauro*, "o lagarto", é uma forma bastante rara de σαῦρα (saûra), "lagarto, salamandra", cuja etimologia em grego se desconhece, *DELG*, p. 991.

Salteador perigoso da Élida, foi eliminado por Héracles. No local de seu túmulo se ergueu um santuário ao filho de Alcmena.

SELENE *(I, 156-157, 201, 211, 348; II, 19-20, 64, 69, 70, 70[21], 71, 75, 85[30]; III, 34, 48[38], 98, 222).*

Σελήνη (Seléne), *Selene*, lua, é derivado de σέλας (sélas), "brilho, clarão", com sufixo *-nā*, "brilho, claridade, luz", assim como *luna*, "lua", provém de *lux*, luz, *Selénē* é um substituto de μήνη (ménē), "lua", nome antigo do "mês", fato que certamente se deve a um tabu linguístico, uma vez que a *lua*, astro noturno, estava ligado a um mundo perigoso e maléfico, como atesta o verbo σεληνιάζειν (selēniádzein), "ser ferido pela *lua*, tornar-se lunático, isto é, *epiléptico*, convertendo-se, desse modo, em adivinho ou feiticeiro". Com esta substituição, diga-se de passagem, μήν (mḗn) se tornou disponível para designar *mês*, como aconteceu em latim com *mensis* (mês) e *luna* (lua). Observe-se, de outro lado, que Selene-Lua, nome da "luz noturna", opondo-se a Hélio-Sol, acabou por tornar-se feminino em diversas línguas indo-europeias, *DELG*, p. 995.

A crença nos poderes maléficos de *Selene* é atestada com muita clareza em duas passagens importantes de Mt 4,24 e 17,15. Na primeira, diz o texto: "E espalhou-se a sua fama (de Jesus) por toda a Síria e trouxeram-lhe todos os que tinham algum mal, possuídos de vários achaques e dores, os possessos, os *lunáticos* (σεληνιαζουενους- selēniadzoménus), os paralíticos e curava-os". O segundo passo é mais dramático: "Tendo ido para junto do povo, aproximou-se dele um homem que se lançou de joelhos diante dele, dizendo: Senhor, tem piedade de meu filho, porque é *lunático* e sofre muito" (ὅτι σεληνιάζεται- hóti selēniádzetai).

Filha de Hiperíon ou do Titã Palas ou ainda de Hélio, e de Teia, Selene é a personificação da Lua. Jovem e irresistivelmente bela, percorria o céu, à noite, num carro de prata, tirado por dois rápidos corcéis. Símbolo da fertilidade, a resplandecente deusa da noite se notabilizou pela multiplicidade de seus amores. De Zeus teve uma filha, Pandia, a totalmente divina. Na Arcádia uniu-se a Pã (v.), que a presenteou com um rebanho de bois inteiramente brancos. Seu amante mais célebre, todavia, foi o jovem e formoso Endímion (v.). A pedido de Selene, Zeus prometeu ao pastor atender-lhe de imediato a um desejo, por mais difícil que fosse. Endímion suplicou ao pai dos deuses e dos homens que lhe desse um sono eterno, para que pudesse permanecer jovem para sempre. Maravilhosamente belo, permanecia adormecido na encosta de uma montanha, no Peloponeso ou na Cária, não muito distante de Mileto. Noite após noite, Selene vinha visitá-lo e cobria-o de beijos. Uma variante relata que este sono mágico foi obra da própria deusa noturna. Adormeceu-o, cantando, a fim de que pudesse encontrá-lo e acariciá-lo sempre que desejasse. Dessa paixão alucinada nasceram cinquenta filhas. Acerca do simbolismo, dos préstimos e perigos que cercam a deusa-Lua Selene e de sua estreita ligação com Ártemis e Hécate (v. Ártemis).

SELINO.

Σέλινος (Sélīnos), *Selino*, talvez seja um derivado tardio de σέλινον (sélinon), "aipo", planta essencialmente apotropaica, que se cultivava à entrada dos jardins. No micênico já aparece a forma *serino*. Trata-se de um termo de substrato ou empréstimo, *DELG*, p. 995.

Filho de Posídon, Selino foi rei de Egíalo, nome antigo da Acaia. Ameaçado por Íon, que se preparava para fazer-lhe guerra, Selino deu-lhe em casamento sua filha única Hélice. De qualquer forma, com a morte do filho de Posídon, o reino passou para as mãos de Íon (v.).

SÊMACO.

Σήμαχος (Sḗmakhos), *Sêmaco*, não possui etimologia conhecida.

Ancestral da família ateniense dos semáquidas, suas filhas acolheram generosamente a Dioniso. Como recompensa o deus fê-las suas sacerdotisas, confiando-lhes a responsabilidade de seu culto.

SEMEADOS *(II, 42; III, 235).*

Σπαρτοί (Spartoí), *Semeados*, é um vocábulo que os antigos (e os modernos) fazem proceder do verbo σπείρειν (speírein), "semear", mas, como já se comentou no verbete Esparta (v.), a fonte mais segura talvez seja o nome da planta σπάρτος (spártos), σπάρτον (spárton), "corda, cordame, cabo", isto é, nomes de plantas utilizadas para trançar "cordas, cestos", donde "junco-bravo", *spartium junceum*, DELG, p. 1.033.

Semeados são os heróis que nasceram dos dentes do Dragão de Ares, *semeados* por Cadmo (v.). Morto o terrível Dragão, Cadmo, a conselho de Atená, semeou-lhe os dentes. Logo surgiram da terra homens armados e ameaçadores a que se deu o nome de Σπαρτοί (Spartoí), "Os Semeados". Cadmo atirou pedras no meio deles e os guerreiros, ignorando quem os provocara, acusaram-se mutuamente e se mataram. Sobreviveram apenas cinco: Equíon, Udeu, Ctônio, Hiperenor e Peloro. Cadmo aceitou-lhes a colaboração e com eles construiu a Cadmeia, isto é, a cidade de Tebas.

SÊMELE *(I, 159, 162, 281, 309, 342-343; II, 42, 63, 114, 116-117, 119, 121, 123-127, 138, 238; III, 235, 344).*

Σεμέλη (Semélē), *Sêmele*, é aproximada da fórmula neofrígia δεως ζεμελως κε (deōs dzemelōs ke), "aos deuses do céu e da terra", o que significaria ser o antropônimo "uma deusa" traco-frígia "da terra". Trata-se, portanto, de um empréstimo, DELG, p. 996.

Filha de Cadmo e de Harmonia na tradição tebana, a heroína foi amada por Zeus e concebeu Dioniso (v.).

Ao ter conhecimento das relações amorosas de Sêmele com o esposo, Hera, a protetora dos amores legítimos, resolveu eliminar a rival. Transformando-se na ama da princesa tebana, aconselhou-a a pedir ao amante que se lhe apresentasse em todo o seu esplendor. O deus ponderou a Sêmele que semelhante pedido lhe seria funesto, já que um mortal não tem estrutura para suportar a *epifania* de uma divindade imortal. Mas como havia jurado pelas águas do Rio Estige (v.) jamais contrariar-lhe os desejos, Zeus se lhe apresentou com seus raios e trovões. O palácio se incendiou e a desditosa princesa morreu carbonizada. O feto, o futuro Dioniso, foi salvo por um gesto dramático do pai dos deuses e dos homens. Ino e Agave, enciumadas com a predileção de Zeus, difundiram o boato de que Sêmele tivera uma aventura amorosa com um mortal qualquer e que Zeus a castigara pela pretensão de ter ficado grávida de um deus. Dioniso, um pouco mais tarde, retornou a Tebas para punir tragicamente as caluniadoras e particularmente a Agave (v.) e seu filho Penteu (v. *Bacantes* de Eurípides).

Uma vez reconhecido como um dos imortais, Dioniso desceu ao Hades e de lá arrancou o *eídolon* de sua mãe. "Ressuscitada", Sêmele escalou o Olimpo, onde recebeu o nome de Tione (v.), isto é, "a furiosa, a bacante".

Uma variante lacônia do mito afirma que o nascimento de Dioniso foi normal, mas que Cadmo teria colocado mãe e filho num cofre, que foi lançado ao mar. As ondas arrastaram-no até as costas da Lacedemônia, onde Sêmele chegou morta. Dioniso foi recolhido e criado no Peloponeso.

SEMÍRAMIS *(I, 89; III, 77).*

Σεμίραμις (Semíramis), *Semíramis*, consoante Guérios, DENS, p. 158, proviria do assírio *Shemiram*, "pomba", ou *Sammuramat*, "amante das pombas". Uma outra forma citada por Nascentes, DIEP, T. II, p. 279, é *Sammuramit*, mas com o mesmo sentido.

O mito da bela Semíramis, rainha da Babilônia, é relatado meio romanticamente sobretudo por Diodoro Sículo (séc. I a.C.) em sua obra histórico-mítica *Biblioteca Histórica*, 2, 4sqq.

Dérceto era uma deusa que vivia num lago perto de Áscalon, na Síria. Possuía um lindo rosto de mulher, mas o restante do corpo era de serpente. Afrodite, que não a estimava, fê-la apaixonar-se por um jovem sírio chamado Caístro (v.). Desses amores nasceu uma menina. A mãe, envergonhada, após matar o amante e expor a recém-nascida, escondeu-se nas profundezas de seu lago. Furtando leite e queijo das vizinhanças do local, onde a criança fora exposta, pombas salvaram-lhe miraculosamente a vida. Os pegureiros acabaram por encontrar a menina, que era por sinal de extraordinária beleza, e entregaram-na a seu chefe. Dele a filha de Dérceto recebeu o nome de Semíramis, "a amante ou a amada das pombas".

Ones, conselheiro real, encarregado de inspecionar os apriscos, viu Semíramis, já adolescente, e ficou encantado com a beleza da jovem. Levou-a consigo e com ela se casou em Nínive. Dessa união nasceram dois filhos: Hiápate e Hidaspe. Semíramis era dotada de um bom-senso tão agudo, que todos os seus conselhos e sugestões ao marido levaram-no a alcançar bom êxito em todos os seus empreendimentos.

A essa época, o rei da Babilônia Nino, tendo reunido um grande exército, marchou contra Bactriana na Pérsia. O primeiro combate não lhe foi favorável, mas, graças à esmagadora superioridade numérica de suas tropas, conseguiu aos poucos impor-se ao inimigo e sitiar-lhe a capital Bactras. Ones, saudoso da mulher, mandou buscá-la. Semíramis, com seu fino tato de observação, viu logo que a tática empregada por Nino estava errada: em lugar de atacar a cidade, o exército real provocava lutas e escaramuças nas planícies vizinhas à capital.

Tomando sob seu comando um punhado de soldados destemidos, treinados para lutar em montanhas, escalou os penhascos que circundavam Bactras e surpreendeu os defensores, atacando-os pela retaguarda. Surpresos e aterrorizados com a presença inesperada dos babilônios, os sitiados se renderam. Admirado com a habilidade, coragem e sobretudo com a beleza da esposa de Ones, Nino propôs-lhe a filha Sosana em casamento, para que ele pudesse desposar Semíramis. O conselheiro real não aceitou a permuta, mas, como o rei ameaçasse arrancar-lhe os olhos, Ones, desesperado, se enforcou. Nino se uniu a Semíramis, que dele teve um filho, Nínias. Morto o rei, a esposa subiu ao trono.

Após construir um mausoléu suntuoso a Nino, perto de Nínive, resolveu fundar a cavaleiro do Rio Eufrates uma cidade monumental, cujo perímetro era de sessenta e seis quilômetros. Com muros de cem metros de altura, o conjunto urbano possuía trezentas torres para a defesa. Em cada extremidade da fortaleza se edificou um castelo fortificado para residência da rainha. Os dois palácios possuíam uma comunicação subterrânea, que passava sob o rio. Foi exatamente na fortaleza ocidental que a soberana mandou erguer os famosos jardins suspensos. Uma tradição diferente, no entanto, atribui os célebres jardins suspensos da Babilônia a uma rainha assíria, mas originária da Pérsia, que pedira ao marido o soerguimento dos mesmos nos moldes de tantos parques existentes em sua terra natal. Esses jardins, afirma Diodoro, eram formados por terraços quadrados superpostos, como se fossem arquibancadas de um anfiteatro. Cada um deles possuía por suporte galerias abobadadas, construídas com pedras de cantaria, cobertas com espessa lâmina de chumbo. Sobre elas se colocava a terra vegetal. No interior das galerias havia tantos alojamentos reais quantos os pórticos que se abriam sobre os terraços. Um sistema de máquinas hidráulicas trazia do Eufrates a água necessária para a rega das plantas.

Muitas outras cidades foram construídas pela rainha ao longo dos rios Eufrates e Tigre.

Consolidado o poder, e desejando ampliar o império, Semíramis, à frente de um grande exército, partiu em direção à Média e, por onde passava, mandava construir parques monumentais, como o do sopé do Monte Bagistan. Em Ecbátana inaugurou várias fontes. Em suma, seu itinerário foi marcado por inesquecíveis obras de arte.

Percorrida quase toda a Ásia, dirigiu-se ao Egito para consultar o oráculo de Amon. Perguntando-lhe quando morreria, o deus lhe respondeu que a rainha deixaria esta vida, quando seu filho Nínias conspirasse contra ela. Conquistada a Etiópia, Semíramis, já cansada, regressou à Babilônia. Foi apenas uma pequena pausa, pois logo depois resolveu conquistar a Índia, logrando mesmo transpor o Rio Indo. Ferida em combate e derrotada, a impávida soberana da Babilônia, sem ser molestada pelo inimigo, retornou à pátria. Logo depois Nínias, aliado aos eunucos do palácio, conspirou contra ela. Lembrando-se da previsão do oráculo de Amon, a rainha entregou-lhe o poder e desapareceu.

Dizia-se que foi metamorfoseada em pomba, e, escalando o céu, foi divinizada.

SEREIAS *(I, 130, 242, 246, 246[157]-248, 250-252, 260, 309; II, 212; III, 258, 309-311, 328).*

Sereia, em grego Σειρήν (Seirḗn), não possui, até o momento, uma etimologia convincente. Segundo Carnoy, talvez o elemento primeiro seja o indo-europeu **twer*, "encadear", presente na palavra grega σειρά (seirá), *liame, corda, laço, armadilha*, donde *Sereia* seria aquela que *encadeia, atrai* os homens, sobretudo no mar.

As Sereias eram filhas do Rio Aqueloo e de Melpômene ou de Estérope, ou ainda numa variante mais recente, nasceram do sangue de Aqueloo, ferido por Héracles, na disputa por Dejanira, segundo se narrou em *Mitologia Grega*, Vol. I, p. 26sq. A princípio duas, *Partênope* e *Ligia*, os mitógrafos ampliaram-lhes o número para três, com acréscimo de *Leucósia*, as quais eram também denominadas Pisínoe, Agláope, Telxiépia e, por fim, quatro: Teles, Redne, Molpe e Telxíope.

Consoante o mito, as Sereias eram jovens belíssimas, que participavam do séquito de Core-Perséfone. Quando Plutão raptou esta última, elas suplicaram insistentemente aos deuses que lhes concedessem asas para procurá-la na terra, no céu e no mar. Deméter, irritada por não terem impedido o rapto da filha, transformou-as em almas-pássaros. Uma variante relata que Afrodite lhes tirou a esfuziante beleza e as metamorfoseou pelo fato de as mesmas desprezarem os prazeres do amor. Esta variante explica, de certa forma, uma dentre outras características das filhas do Rio Aqueloo: com a cabeça e o tronco de mulher, mas em forma de pássaro e também de *peixe* da cintura para baixo, eram frígidas por serem peixes. Desejavam o prazer, mas, não podendo usufruí-lo, *atraíam e prendiam os homens para devorá-los*, o que, aliás, está de acordo, ao menos semanticamente, com a etimologia proposta por Carnoy. Aliciantes, atraentes, mas perigosas, habitavam a ilha florida de Antemoessa. Vaidosas, quando não surgiam marinheiros costeando-lhes a ilha, apareciam solitárias, experimentando um colar ou contemplando-se ao espelho. Eram hábeis músicas e cantoras: Partênope dedilhava a lira; Leucósia cantava e Ligia tocava flauta.

Diga-se, aliás, de passagem, que os seres encantatórios insulares possuem, no mito, vozes maravilhosas. Circe e Calipso cantavam harmoniosamente, quando teciam:

> Circe, ao som de sua voz maviosa, movendo-se no grande tear, tecia uma teia imortal, fina, graciosa, esplêndida, como as que as deusas tecem (*Odiss.* X, 221-223).

As Hespérides *são dotadas de vozes agudas e claras* (*Teog.*, 275).

As Sereias *encantam com sua voz aguda e nítida* (*Odiss.* XII, 44) e conseguem até mesmo *enfeitiçar os ventos* (Hesíodo, frag. 28).

A maioria dos gregos considerava-as como uma *Seelenvogel*, uma alma-pássaro que, aliás, já está atestada no mundo egeu, bem antes dos inícios da época micênica (séc. XVI-XV a.C.) e as associava aos pássaros que pousavam nas embarcações da época geométrica (séc. X-VIII a.C.), certamente com intenções nada pacíficas. Torna-se difícil, por isso mesmo, distingui-las das Harpias, embora estas atuem as mais das vezes isoladamente e aquelas em dupla. A Harpia, além do mais, é menos musical e aprecia mais os jovens mortos que os vivos. Quando mais tarde as Sereias surgiram na arte iconográfica com os pés palmitiformes e as Harpias conservaram suas garras, afastaram-se ambas de seu modelo comum de origem, a ave ou *alma-ba* egípcia, tornando-se, assim, ainda mais temíveis. É que, primitivamente, as Sereias nada possuíam de ameaçador: sua função era "alimentar" os mortos. Diferentemente das Harpias, que se preocupavam mais com o cadáver, aquelas estimulavam a inteligência que permanecia latente na *psiqué* (v.). Penetrando no cadáver sob forma de ave, como a *alma-ba* egípcia, retemperavam-lhe as energias.

Essas cantoras da ilha de Antemoessa, no entanto, evoluíram muito, de Homero aos fins da Época Clássica (inícios do séc. IV a.C.): de "energizantes" dos mortos tornaram-se *Giftmädchen*, quer dizer, "donzelas devoradoras".

Numa representação pictórica antiga do século VI a.C., que procura traduzir a cena descrita na *Odisseia*, XII, 184-189, quando tentam "encantar" Ulisses e seus nautas, as Sereias aparecem tranquilas e atraentes. Aparentemente pacíficas, dão-se apenas ao trabalho de contemplar outras aves, "suas servidoras", uma delas talvez um abutre carniceiro, símbolo das ameaças físicas que se seguem ao canto enganador das "donzelas devoradoras".

Ninguém, todavia, particularmente Ulisses, admoestado por Circe, ignorava que as Sereias eram perigosas. Entre as flores de sua ilha encontra-se *um grande monte de ossos de homens em putrefação, cujas peles vão desaparecendo* (*Odiss.*, XII, 45-46). Esses "homens putrefatos" derivam do mesmo jogo de palavras gregas empregadas em relação a Píton, *o dragão putrefato* de Delfos (*Hh a Apolo*, 363-369). São ossos dos ἀνδρῶν πυθομένων (andrôn pythoménōn), *homens que foram fazer perguntas*. O tipo de pergunta, cuja resposta tão avidamente buscavam, relacionava-se com o conhecimento de si mesmos, de suas gestas e de quão famosos se tornaram em vida, preocupação muito natural daqueles que esperam perpetuar, após a morte, a memória de suas façanhas. E é precisamente isto que as Sereias acenam a Ulisses:

> Aproxima-te daqui, preclaro Ulisses, glória ilustre dos aqueus.
> Detém a nau, para escutares nossa voz. Jamais alguém passou por aqui
> em escura nave, sem ouvir a voz melíflua que sai de nossas bocas.
> Só partiu após se haver deleitado com ela e de ficar sabendo muitas coisas.
> Em verdade conhecemos tudo quanto, por vontade dos deuses,
> aqueus e troianos sofreram na vasta Troia, bem como
> o que acontece na terra fecunda (*Odiss.*, XII, 184-191).

Existe neste convite falaz uma relação perfeita entre impostura, lisonja e tentação. Esta última visa a que o herói tome conhecimento de sua própria reputação última antes de morrer, projetando-lhe as gestas em Troia como se se tratasse de um εἴδωλον (eídolon), ávido de conhecer o que se comentava acerca de seus feitos passados. Neste sentido, as Sereias agem como necromantes. Mas o consulente desse Νεκρομαντεῖον (Nekromanteîon), dessa "busca de adivinhação por invocação aos mortos", transgredia uma lei básica: primeiro a morte, o renome depois... Fazer-se ao mar a fim de *saber* mais do que se *sabe* é um delicado eufemismo para traduzir a morte. A poesia, a música e a reputação que as Sereias ofereciam, em circunstâncias arriscadas, àqueles que ainda viam a luz do sol sintonizam perfeitamente na alegoria grega com a função de lamento fúnebre (v. Exéquias).

Com efeito, lá pelos fins do século V a.C., as donzelas de Antemoessa propriamente suplantaram, sobre as lápides funerárias, as efígies tradicionais das Esfinges, Harpias e leões, pelo fato de possuírem o dom da música e a faculdade de tocar flauta, elementos indispensáveis no acompanhamento dos γόοι (góoi), isto é, dos rituais das lamentações pelos mortos. É assim que as vemos sobre os túmulos como verdadeiras "musas dos infernos", invocadas, por exemplo, num *párodo* da tragédia *Helena* de Eurípides:

> Vinde, Sereias, jovens aladas, virgens filhas da Terra,
> vinde acorrer a meus lamentos. Ao som da flauta ou da siringe,
> vinde acompanhar com lágrimas os meus prantos funéreos,
> com aflição as minhas penas, com trenos os meus cantares (*Hel.*, 169-173).

Passaram, desde então, a ser as jovens cantoras, sem filhos, profissionais das lamentações fúnebres, com atitudes aliás mais controladas que Aquiles e seus Mirmidões que, nas exéquias de Pátroclo, entoaram um longo treno, quando *Tétis lhes provocou o desejo do pranto* (*Il.*, XXIII, 14).

Esta função das Sereias acabou por perpetuar-se na literatura greco-latina. Ainda no mito de *Eros e Psiqué*, por nós exposto exaustivamente em *Mitologia Grega*, Vol. II, cap. VIII, p. 209-251, as derradeiras palavras de advertência de Eros à sua amada Psiqué acerca das irmãs desta última, que ameaçavam destruir-lhes a felicidade, aludem ao *góos*, à lamentação entoada pelas cantoras da morte: *deixa-as uivar do cume do rochedo, como as Sereias, com sua voz fúnebre*.

Simbolicamente, sob influência da religião egípcia, que representava a alma dos mortos (*ba*) sob a forma de um pássaro com cabeça humana, a Sereia era considerada como a alma do morto que não completou seu destino, transmutando-se, por isso mesmo, numa *Seelenvogel*, uma alma-pássaro, num vampiro opressor.

Embora as especulações escatológicas pós-clássicas tenham-nas transformado em divindades da outra vida, que encantavam com sua música e voz os eleitos da Ilha dos Bem-Aventurados, e é sob este aspecto que se pode também interpretar sua presença sobre alguns sarcófagos, a tradição foi mais forte: as Sereias traduzem a sedução mortal. Como se originam de elementos indeterminados do *ar* (pássaros) ou do *mar* (peixes), configuram criações do inconsciente, sonhos alucinantes e aterradores em que se projetam as pulsões obscuras e primitivas do ser humano. Foi mister que Ulisses, por essa razão, se agarrasse à dura realidade do mastro, que é o centro do navio e o eixo vital do espírito, para escapar das ilusões da paixão e da sedução das Sereias, que cantam para encantar.

SETE CONTRA TEBAS *(I, 176; 111, 241-242, 258, 270, 270[212], 272[215])*.

Ἑπτὰ ἐπὶ Θήβας (Heptá epì Thḗbas), *Os Sete contra Tebas*, é o título de uma tragédia de Ésquilo, a última de que se compunha a trilogia ligada *Laio*, *Édipo* e *Os Sete contra Tebas*, sendo esta a única que chegou até nós, uma vez que não só se perderam as duas primeiras, mas também o drama satírico a *Esfinge* que, com elas, formava uma tetralogia. O nome da peça acabou se impondo como uma espécie de síntese do mito de *Etéocles* e *Polinice*. Etimologicamente, ἑπτά (heptá), nome do número *sete*, já de per si, *síntese da sacralidade*, como se mostrou em *Mitologia Grega*, Vol. II, p. 104sqq., tem por correspondente em sânscrito *saptá*, latim *septem*, armênio *ewt'n*, em gótico *sibun*, tendo todos por base o indo-europeu *septm̥, sete. A respeito de ἐπί (epí) já se falou no verbete Epígonos (v.). O topônimo Θῆβαι (Thêbai), *Tebas*, não possui etimologia. Frisk, *GEW*, s.u., levanta várias hipóteses e Palmer, *Interpretation*, 457, arrisca derivar o topônimo do micênico *teqaja*: Θηβαία (Thēbaía), o que, parece, não convence. O ousado Carnoy, *DEMG*, p. 198, dá-lhe por étimo o pelásgico *thēbā*, que proviria de *tēwā*, "ser volumoso, forte", mercê das colinas fortificadas que cercavam a capital da Beócia. Para reforçar sua hipótese, o filólogo belga cita Varrão, *Res Rusticae*, 3, 1, 6, em que aparece *teba*, com o sentido de colina e o nome de um monte, *Taburnus mons*, na região de Samnium. Quanto a Ἐτεοκλῆς (Eteoklês), *Etéocles*, e a forma homérica e micênica Ἐτεοκλήειος (Eteoklḗeios), originada esta última de *etewkereweijo*, provêm de um composto ἐτεός (eteós), "verdadeiro, autêntico, e de κλέος (kléos), "rumor que se espalha, reputação, glória, renome". Donde *Etéocles* significa uma "glória autêntica". Πολυνείκης (Polyneíkēs) é também um composto de πολύς (polýs), "muito, abundante", cujos correspondentes se podem ver no sânscrito *purú*- e no gótico *filu*, "muito, numeroso" e de νεῖκος (neîkos), "disputa, discórdia", donde *Polinice* é o "grande querelante".

Com o suicídio de Jocasta, Édipo, embora cego, "continuou a reinar sobre os Cadmeus", como atesta Homero, *Odisseia*, 275sq. Os filhos homens, no entanto, Etéocles e Polinice, impuseram-lhe todas as espécies de humilhação. Apesar do veto do oráculo, Polinice, para ridicularizar o pai e fazer-lhe lembrar-se de suas origens e "dos crimes praticados", ofereceu-lhe a mesa de prata e o copo de ouro de Laio. Édipo amaldiçoou tanto a Polinice quanto a Etéocles, predizendo que eles jamais viveriam em paz, nem sequer na morte. Em outra ocasião, os dois irmãos, no decurso de um sacrifício, enviaram ao pai o osso da coxa da vítima. Novo anátema de Édipo, dessa feita mais grave: vaticinou que eles se matariam reciprocamente. Não satisfeitos, os herdeiros do trono de Tebas lançaram o pai num cárcere escuro e pela terceira vez o humilhado rei de Tebas implorou contra os filhos a *deusa da maldição* Ἀρά (Ará) e prognosticou que eles disputariam o poder de armas nas mãos. Por fim, expulso de Tebas por Creonte, Édipo foi guiado por Antígona até Colono, em Atenas, onde desapareceu no bosque sagrado das Eumênides. A princípio, tudo parecia correr bem em Tebas. Senhores do reino, decidiram governar alternadamente: cada um ocuparia o trono por um ano. Etéocles, todavia, uma vez no poder, se recusou a entregá-lo ao irmão. Expulso de Tebas, Polinice chegou a Argos, levando consigo o colar e o manto de Harmonia, sua ancestral divina. Dirigiu-se imediatamente à corte do Rei Adrasto, ao mesmo tempo em que Tideu, fugitivo do reino de Cálidon. O rei de Argos acolheu os dois heróis, deu-lhes as filhas em casamento, Árgia a Polinice e Dípila a Tideu, prometendo, além do mais, ajudar o filho de Édipo a reconquistar o trono de Tebas. Foi assim que teve início a expedição dos *Sete contra Tebas*. Sob o comando de Adrasto marcharam contra a capital da Beócia outros seis grandes heróis: Polinice, Tideu, Anfiarau (v.), embora a contragosto, Capaneu,

Partenopeu e Mecisteu. Diante das sete portas de Tebas se travaram sete justas sangrentas, de que escapou tão somente Adrasto. Etéocles e Polinice, como predissera Édipo, morreram lutando um contra o outro.

Ésquilo, em sua tragédia supracitada, narra os fatos sob ótica estética, e, portanto, de maneira bastante diferente. O mito, em sua essência, continua o mesmo, mas a obra de arte, mesmo alicerçada no mito, possui exigências intrínsecas e obedece a ditames estéticos. É mister, por isso mesmo, no estudo do mito, não rezar apenas pela cartilha das Musas! Estudar o mito dos *Sete contra Tebas* tão somente através da belíssima tragédia esquiliana é simplesmente um *absurdo mitológico*... Os *Sete* da fracassada expedição comandada por Adrasto serão vingados dez anos depois pelos seus descendentes diretos, os *Epígonos* (v.).

SETEIA.

Σεταία (Setaía), *Seteia*, é vocábulo sem etimologia até o momento.

Lícofron, de Cálcis, na Eubeia, mas que viveu em Alexandria, lá pelo século III a.C., nos deixou em sua obscura e prolixa tragédia *Alexandra* (epíteto de Cassandra), 1.075sqq., a narrativa mítica de Seteia.

A jovem era uma das cativas troianas, que, no curso da viagem para a Hélade, foram lançadas por uma borrasca nas costas da Itália Meridional, onde mais tarde se ergueria a cidade de Síbaris. Seteia convenceu suas colegas de escravidão a incendiarem os navios aqueus, para que, uma vez na Grécia, não fossem submetidas aos caprichos das esposas de seus senhores. Os helenos puniram-na exemplarmente, crucificando-a. O local do suplício da troiana recebeu o nome de Setéion. Curioso é que mito idêntico era relatado acerca de duas outras troianas, Astíoque e Medesicasta, filhas de Laomedonte.

SEVÉCORO.

Σευήχορος (Seuékhoros), *Sevécoro*, é vocábulo sem etimologia até o momento.

Rei mítico da Babilônia, foi ameaçado por um oráculo de perder o reino para um filho de sua filha. O monarca, de imediato, mandou trancá-la numa torre de bronze, o que não a impediu de ficar grávida. Os guardas, temendo a ira de Sevécoro, lançaram o recém-nascido do alto da torre, mas uma águia amparou-lhe á queda e o salvou. Transportado em seguida para um pomar, foi ali criado pelo jardineiro, que lhe deu o nome de Gílgamo, ou seja, o herói Gilgamex, futuro rei da Babilônia.

SÍBARIS.

Σύβαρις (Sýbaris), *Síbaris*, não possui etimologia segura até o momento. Carnoy, *DEMG*, p. 190, aventa a hipótese de uma derivação da raiz indo-europeia **keubh*, "brilhante, claro", o que não convence, v. *GEW*, s.u.

Há três personagens com este nome. A primeira designa um monstro feminino, também chamado Lâmia (v.). No local, onde Síbaris foi morta, brotou uma nascente que lhe recebeu o nome. Foi esta, aliás, a denominação dada pelos lócrios à cidade por eles fundada na Itália Meridional. Síbaris ficou célebre pela luxúria, voluptuosidade e indolência de seus habitantes.

A segunda personagem homônima é um companheiro de Eneias, um troiano, morto por Turno, rei dos rútulos (*En.*, 12, 362-364). A terceira é um frígio, pai de Ália, que se uniu a um monstro no bosque sagrado de Ártemis. Desse conúbio nasceram os *ofiógenes*, isto é, "os filhos da serpente", que habitavam a região de Párion, no Helesponto. Curavam as mordidelas de serpentes por meio de encantamentos. Conta-se que o ancestral dos ofiógenes era uma serpente que se transformara em homem.

SIBILA *(I, 210, 319; III, 24)*.

O vocábulo Σίβυλλα (Síbylla), *Sibila*, não possui até o momento uma etimologia segura. Carnoy, *DEMG*, p. 183-184, opina, de acordo com o mitólogo Gruppe, que talvez se trate de palavra oriental com o sentido geral *do que é apresado por um deus*. Não seria igualmente absurdo, consoante o filólogo supracitado, admitir-se como base etimológica de Σίβυλλα (Síbylla) o anatólio K̂eibh- "estar agitado", sânscrito *çibhra*, "exuberante" ou ainda a raiz indo-europeia **sweip*, "oscilar", alusão aos transes da Sibila. Neste caso, -υλλα (-ylla) seria um sufixo diminutivo. Aceitando-se tal hipótese, *Sibila* significaria "aquela que se agita, possuída por um deus". Chantraine, *DELG*, p. 1.001, mais prudente, dá como desconhecida a etimologia da palavra.

Seja qual for a origem etimológica do vocábulo, o fato é que *Sibila* tornou-se sinônimo de *Pitonisa*, sem a projeção desta última, graças ao renome do Oráculo de Delfos. *Sibila* é, pois, o nome de uma sacerdotisa encarregada de transmitir os oráculos de Febo Apolo. O mundo antigo, todavia, em função de muitas variantes do mito, conheceu várias Sibilas. Segundo algumas tradições, a primeira foi uma jovem com o nome de *Sibila*, filha do troiano Dárdano e de Neso, filha de Teucro, o primeiro rei da Tróada. Respaldada por Apolo (v.), deus eminentemente troiano, *Sibila* adquiriu tal reputação como *mântica*, que todas as demais profetisas adotaram-lhe o nome.

Reza uma variante que, cronologicamente, a primeira Sibila não foi a de Tróada, mas a da Líbia, filha de Zeus e de Lâmia e que o nome de Sibila lhe fora dado pelos líbios. A terceira foi a célebre Herófila, originária de Marpesso, na Tróada. Era filha de uma ninfa e de um pastor do Monte Ida, chamado Teodoro. Como nascera antes da Guerra de Troia, predisse que Ílion seria destruída pela falta de uma mulher de Esparta (Helena).

Em Delos teria existido um hino composto por ela em honra de Apolo, onde a mesma se dizia *esposa legítima* e *filha* do deus.

Heróﬁla passou a maior parte de sua vida na Ilha de Samos, mas proferiu oráculos também em Claros, cidade da Jônia, na Ilha de Delos e em Delfos. Levava sempre consigo uma *pedra* (símbolo fálico de sua possessão física e mental por Apolo) e era sentada sobre a mesma que profetizava. Faleceu na Tróada, mas a pedra sagrada foi transportada para Delfos.

A quarta e mais célebre das Sibilas helênicas (exceção feita à Pitonisa de Delfos) foi a de Éritras, na Lídia. Seu pai chamar-se-ia Teodoro e a mãe era uma ninfa, o que nos conduz a uma espécie de fusão com o nome dos pais de Heróﬁla. Nasceu numa gruta (ponto de partida do rito iniciático) do Monte Córico e, tão logo veio ao mundo, cresceu subitamente e começou a profetizar em versos. Contra sua vontade, foi consagrada a Apolo, que, segundo ela, a mataria com uma flecha. Viveu, consoante o mito, novecentos e noventa anos.

Conforme uma tradição muito difundida, a Sibila de Éritras foi a mesma Sibila de Cumas, cidade grega da Campânia, sul da Itália. Esta Sibila, que desempenhou um papel tão importante no mito latino, era conhecida com os nomes de Amalteia, Demóﬁla e até mesmo Heróﬁla.

Seus oráculos eram proferidos numa gruta e Virgílio, na *Eneida*, 6,45-53 e 77-97 nos traça um retrato de corpo inteiro da Sibila de Cumas, quando "o furor sagrado" de Apolo se apossa da mesma.

Concedeu-lhe o senhor de Delfos o dom de viver tantos anos quantos os grãos de areia que ela pudesse reunir em suas mãos, desde que não mais regressasse à sua cidade natal. Os eritrenses, no entanto, tendo-lhe enviado uma carta, selaram-na, inadvertidamente, com terra de Éritras: ao ver a terra de sua pátria, a Sibila morreu. Relata-se igualmente que tendo solicitado uma longa vida a Apolo, que a amava, e que prometera atender-lhe a primeira súplica formulada, esqueceu-se de pedir-lhe uma juventude imperecível. O deus se prontificou a concedê-la também, mas em troca da virgindade de sua sacerdotisa. Recusando-se a entregar-se ao deus, envelheceu de tal maneira, que se tornou como um pássaro ressequido. Ficou tão parecida com uma cigarra, que foi colocada numa espécie de gaiola e suspensa no templo de Apolo, em Cumas. À pergunta das crianças: "Sibila, que desejas?", ela sempre respondia, cansada de viver: "Eu quero morrer".

Segundo o mito latino, a Sibila de Cumas foi a Roma, no reinado de Tarquínio, o Soberbo, e tentou vender-lhe nove coleções de oráculos. Como o rei achasse o preço muito elevado, a cada recusa do soberano a sacerdotisa queimava três coleções. Por fim, Tarquínio resolveu pagar a quantia estipulada para a terceira e última e a depositou no templo de Júpiter Capitolino. Durante toda época republicana e até mesmo durante o reinado de Augusto, os *Livros Sibilinos* exerceram grande influência sobre a religião romana e eram consultados sobretudo nos momentos de calamidade pública, de algum acontecimento extraordinário e nas prescrições religiosas, como introdução de um novo culto, sacrifícios expiatórios e em muitos outros atos religiosos.

No canto sexto da *Eneida*, Virgílio coloca a Sibila de Cumas como guia de Eneias em sua descida à outra vida.

De um ponto de vista simbólico, a *Sibila* ou a *Pítia* traduz, consoante J. Chevalier e A. Gheerbrant, *DIS*, p. 882, a elevação do ser humano a uma condição transnatural que lhe permite comunicar-se com o divino e transmitir-lhe as mensagens. Trata-se do possuído (em êxtase e entusiasmo), o profeta, o eco dos oráculos, o instrumento da revelação. As Sibilas, Pítias e Profetisas, desde a mais alta Antiguidade, foram consideradas como depositárias da revelação primordial.

SÍCANO.

Σικανός (Sikanós), *Sícano*, cuja etimologia se desconhece, é filho de Briaréu (v.) e irmão de Etna.

Considerado epônimo dos sícanos, povo que ocupava uma parte da Sicília, ali se casou e foi pai de Ciclope, Antífates e Polifemo.

SICEU.

Συκεύς (Sykeús), *Siceu*, deve ser uma formação recente de σῦκον (sŷkon), "figo". Etimologicamente deve ser empréstimo a uma língua mediterrânea ou da Ásia Menor, como o latim *ficus*, "figo", *DELG*, p. 1.068-1.069.

Segundo uma versão tardia, Siceu foi um dos Titãs. Conseguiu salvar sua mãe Geia, perseguida por Zeus, fazendo nascer uma figueira sob cujos ramos a abrigou. Para os antigos a figueira era um excelente para-raios.

SICINO.

Σίκιννος (Síkinnos), *Sicino*, como inventor da σίκιννις (síkinnis), *sicine*, costuma ser aproximado do verbo κηκίειν (kēkíein), "escorrer ao longo do corpo, expandir para fora de, jorrar, agitar-se", e, neste caso, o antropônimo significaria "o agitado, excitado". Talvez se trate de um empréstimo ao frígio, *DELG*, p. 1.003.

Cretense ou simplesmente um bárbaro, Sicino é tido como inventor da dança agitada dos Sátiros, seguida de saltos e cambalhotas, denominada *sicine*. Também a ninfa frigia Sicínis, companheira de Cibele, é considerada a inventora desse tipo de dança.

SÍCION.

Σικυών (Sikyṓn), *Sícion*, é um derivado de σικύα (sikýa), "cabaça, porongo", donde significar o antropônimo "campo de cabaças ou aboboreiras". Trata-se de um nome de vegetal (*Lagenaria uulgaris*), certamente um empréstimo, *DELG*, p. 1.003.

Tradições várias explicam a genealogia do herói, que ora aparece como filho de Mécion e neto de Erecteu, rei de Atenas e, neste caso, teria como irmão a Dédalo, ora como filho de Máraton e irmão de Corinto.

Sícion é o segundo fundador epônimo da cidade de Sicione, no Peloponeso. Construída por Egialeu, rei "autóctone", seus descendentes mantiveram-se no poder em linha direta até Laomedonte (v.). Este, após dar a Sícion a filha Zeuxipe em casamento, uniu-se a ele contra os argivos Arcandro e Arquíteles.

Dos amores de Sícion e Zeuxipe nasceu Ctonofila.

SIDE.

Σίδη (Sídē), *Side*, "romãzeira", e nome igualmente de uma planta aquática, uma espécie de nenúfar, deve ser um empréstimo, *DELG*, p. 1.002.

Há várias heroínas com este nome. A primeira é a esposa de Belo, mãe, por conseguinte, de Egito e Dânao. Observe-se que mais comumente a mulher de Belo é chamada Anquínoe. Side teria dado seu nome à cidade de Sídon, na Fenícia. A segunda é uma das filhas de Dânao, epônimo da pequena cidade de Side, ao norte do Cabo Maleu, no Peloponeso. A terceira é de origem asiática. Trata-se de uma filha do destemido Tauro e esposa de Cimolo. É a heroína epônima da cidade de Side, na Panfília. A quarta é uma esposa de Oríon. Tendo ousado competir em beleza com Hera, a deusa a lançou nas trevas do Tártaro. A quinta heroína era uma jovem de extraordinária beleza. Para fugir das investidas paternas, suicidou-se sobre o túmulo da própria mãe. De seu sangue os deuses fizeram nascer uma romãzeira. O pai foi transformado em milhafre: este pássaro, segundo o mito, jamais pousa nos galhos desta arvoreta.

SIDERO.

Σιδηρώ (Sidērṓ), *Sidero*, é um derivado tardio de σίδηρος (sídēros), "ferro, objeto de ferro", donde significar o antropônimo, *lato sensu*, "a que possui entranhas de ferro, a cruel". A etimologia do vocábulo em grego é desconhecida. O ferro não era, ao que parece, conhecido pelos indo-europeus e não existia, por isso mesmo, vocábulo para designá-lo. Deve tratar-se, todavia, de um empréstimo antigo. Em Homero, o ferro é um metal raro e precioso. O metal comum é o bronze, e todo metal antigo relativo à metalurgia provém de χαλκός (khalkós), "cobre", *DELG*, p. 1.002-1.003.

Sidero é a segunda esposa de Salmoneu e, portanto, a madrasta de Tiro. Cruel, repressora e vingativa, atormentou quanto lhe foi possível a vida da enteada. Mais tarde, os dois primeiros filhos de Tiro, Pélias e Neleu, mesmo desrespeitando o santuário de Hera, onde Sidero se escondera, mataram-na impiedosamente. Existe uma tradição que atribui o homicídio tão somente a Pélias.

SILENO *(I, 221)*.

Σιληνός (Sīlēnós), *Sileno*, tem etimologia desconhecida. Talvez se trate de uma palavra trácia, Frisk, *GEW*, s.u. Carnoy, *DEMG*, p. 184, julga que realmente *Silenós* é um termo trácio, cuja origem é ζίλαι (dzílai), "vinho", aparentado com o grego χάλις (khális), "vinho puro", servindo a todos de base o indo-europeu *ĝhēlā*, "vinho". Trata-se de mera hipótese.

Em princípio, *Sileno* e, mais comumente no plural, *Silenos* é um nome genérico para designar os *Sátiros* envelhecidos. Em Eurípides, segundo mostramos no estudo e tradução que fizemos do *Ciclope* do autor citado em *Teatro Grego-Eurípides e Aristófanes*, Rio de Janeiro, Ed. Espaço e Tempo, 1987, p. 37-68, o bêbado inveterado *Sileno* aparece como pai dos Sátiros. E é sob esse enfoque que "o pai dos *Sátiros*" é tido como o educador de Dioniso. As tradições acerca de sua genealogia são assaz diversificadas, mas aquelas que mais se repetem apresentam-no como filho de Pã ou de Hermes com uma ninfa dos freixos (v.) ou, segundo outras variantes, o educador de Dioniso teria nascido do sangue de Úrano, quando da mutilação deste por Crono. Dotado de grande saber, só o revelava, no entanto, sob coação e foi, dessa maneira, que o Rei Midas o obrigou a transmitir-lhe importantes ensinamentos. Igualmente Virgílio (séc. I a.C.), na sexta *Écloga*, 13-26, relata como os pastores Crômis e Mnasilo, após amarrá-lo, obrigaram Sileno a cantar. Com uma ninfa dos freixos foi pai do pacífico centauro Folo, que morreu ao ferir-se acidentalmente com uma flecha envenenada de Héracles (v. Centauros).

Sileno era extremamente feio e deformado: aparece na literatura e na iconografia sob forma itifálica, teriomorfa, parcialmente equina, ventre proeminente, nariz achatado, lábios grossos. Anda, as mais vezes, montado num burro sobre o qual se equilibra com grande dificuldade, por estar sempre bêbado.

SILEU *(III, 57, 126)*.

Συλεύς (Syleús), *Sileu*, deve ser um derivado tardio do verbo συλᾶν (sylân), "apoderar-se de, pilhar, despojar", donde "o saqueador, o despojador". A etimologia em grego é obscura. Discute-se até mesmo se o verbo συλᾶν (sylân) é um denominativo de σύλη, σῦλον (sýlē, sŷlon), "espólio", Frisk, *GEW*, s.u.

Uma das tarefas impostas a Héracles por Ônfale (v.), rainha da Lídia, era libertar o reino do cruel Sileu, filho de Posídon. O bandido era um vinhateiro, que obrigava os transeuntes a trabalhar de sol a sol em suas videiras e, como recompensa, os matava. Héracles colocou-se a seu serviço, mas, em vez de capinar e adubar as videiras, arrancou-as e se entregou a todos os excessos. Terminada a faina, matou a Sileu com um golpe de enxada.

Eliminado o filho de Posídon, o herói se hospedou na casa de Diceu, o Justo, cujo caráter correspondia ao significado de seu nome. Este criara e educara uma sobrinha muito bonita, filha de Sileu. Enfeitiçado pela beleza da moça, Héracles uniu-se a ela. Tendo-se ausentado por algum tempo, a jovem esposa, não suportando as saudades do marido e julgando que ele não mais voltaria, morreu de amor.

Regressando, o herói, desesperado, quis atirar-se a qualquer custo na pira funerária da mulher, sendo necessário um esforço sobre-humano para dissuadi-lo de tão tresloucado gesto.

Segundo uma versão tardia, Héracles, para quitar o preço do sangue de Ífito, fora vendido a Sileu e não a Ônfale.

SILO.

Σίλλος (Síllos), *Silo*, significa, em princípio, "poema satírico em hexâmetros", mas o sentido original é mais amplo, "insulto, invectiva", donde significar o antropônimo "gracejador, zombeteiro, trocista". A etimologia popular aproximou σίλλος (síllos) de ἰλλός (illós), "vesgo, zarolho" ou ainda "calvo" no composto ἀνάσιλλος (anásillos), mas a ideia de "mofa, troça, zombaria" é essencial. Trata-se de um termo de caráter popular com geminação expressiva, cuja etimologia é desconhecida, *DELG*, p. 1004.

Filho de Trasimedes, Silo é um neto de Nestor. Foi pai de Alcméon. Quando da invasão do Peloponeso pelos Heraclidas, o herói fugiu para a Ática, onde seu filho se tornou o ancestral da família eupátrida ateniense dos alcmeônidas. É necessário, porém, distinguir este Alcméon de seu homônimo, bem mais famoso, o filho de Anfiarau (v.).

SIME.

Σύμη (Sýmē), *Sime*, é derivado por Carnoy, *DEMG*, p. 191, de κῦμα (kŷma), "onda, vaga", o que não parece muito convincente.

Filha de Ialisso (v.) e de Dótis, Sime foi raptada por Glauco, que, tendo se apoderado da Ilha de Metapôntis ou Egle, entre Rodes e a Península de Cnido, deu-lhe o nome da esposa.

Unindo-se a Posídon, a heroína foi mãe de Ctônio.

SÍMOÏS *(I, 156, 264).*

Σιμόεις (Simóeïs), *Símoïs*. Apesar de algumas tentativas de aproximá-lo de σιμός (simós), "nariz chato, esborrachado", sinal de lascívia para os antigos, a etimologia de Símoïs continua obscura, *DELG*, p. 1.004-1.005, Frisk, *GEW*, s.u.

Filho de Oceano e Tétis, Símois é um rio da planície troiana (*Il.*, V, 773-777). Quando Aquiles encheu o Rio Escamandro de cadáveres, "o rio divino" pediu a cooperação de Símoïs para repelir o pelida (*Il.*, XXI, 305-323).

De Símoïs nasceram duas filhas: Astíoque, que se casou com Erictônio e foi mãe de Trós, e Hieromneme, que, unindo-se a Assáraco, deu à luz Cápis.

SÍNIS *(III, 45, 154).*

Σίνις (Sínis), *Sínis*, é um derivado do verbo σίνεσθαι (sínesthai), "pilhar, devastar, destruir, arruinar", donde significar o antropônimo "o arrebatador, o raptor". A etimologia em grego é obscura, *DELG*, p. 1.006.

Filho de Posídon, Sínis é um gigante de uma força prodigiosa, que atacava e matava os transeuntes ao longo do Istmo de Corinto.

Teseu (v.), na rota de Trezena para Atenas, se defrontou com o monstro. O filho de Posídon liquidava suas vítimas de maneira original. Com músculos de aço, o gigante vergava o tronco de um pinheiro até o solo e obrigava os que lhe caíam nas mãos a mantê-lo nesse estado. Vencidos pela retração violenta da árvore, os infelizes eram lançados a grande distância, caindo despedaçados. Não raro, Sínis vergava duas árvores de uma só vez e amarrava a cabeça do condenado à copa de uma delas e os pés à outra, fazendo que a vítima se dilacerasse.

Submetido à primeira prova, Teseu, de moto próprio, vergou o pinheiro com tanta força, que lhe quebrou o tronco; depois subjugou Sínis, amarrou-o e o submeteu à segunda prova, despedaçando-o no ar. Em honra do *arqueador de pinheiros*, como lhe chama Aristófanes (*As Rãs*, 966), Teseu, segundo uma variante, teria instituído os *Jogos Ístmicos* (v. Jogos), considerados como os *agônes* fúnebres do filho de Posídon.

Sínis era pai de uma filha, Perigune (v.). Enquanto o herói ateniense lutava com o "arqueador de pinheiros", a jovem, assustada, escondeu-se numa plantação de aspargos. Unindo-se depois a Teseu, foi mãe de Melanipo. Este foi pai de Ioxo, cujos descendentes cultuavam os aspargos, porque a eles seu ancestral devia a existência (v. *Mitologia Grega*, Vol. III, p. 154).

SÍNON.

Σίνων (Sínōn), *Sínon*, possivelmente é um derivado do verbo σίνεσθαι (sínesthai), "pilhar, devastar, destruir, arruinar", donde "o que provoca a ruína, a destruição de" (v. Sínis).

Segundo uma tradição, Sínon é filho de Ésimo, irmão de Anticleia, mãe de Ulisses. Desse modo os dois heróis são primos consanguíneos, herdeiros, de outro lado, da consumada astúcia de seu avô materno, Autólico (v.).

Aquiles já descera ao Hades, mas Ílion continuava inexpugnável. Era o décimo ano da cruenta Guerra de Troia. Para evitar mais derramamento de sangue aqueu, Ulisses, inspirado por Atená, imaginou o genial estratagema do cavalo de madeira, que foi, de imediato, construído por Epeu (v.). A descrição, embora sumária, do "monstro de madeira" e da mais arguta cilada grega já aparece na *Odisseia*, VIII, 493-520 pelos lábios do aedo Demódoco, mas foi sete séculos depois comoventemente ampliada e enriquecida por Públio Virgílio Marão em sua *Eneida*, 2, 13-267. Não conseguindo, em nove anos de luta, apossar-se de Troia pela força, os aqueus imaginaram, com respaldo e proteção de Atená, destruí-la pela astúcia. O hábil Epeu construiu um gigantesco cavalo de madeira, em cujo bojo penetraram com todas as suas armas os mais aguerridos heróis gregos sob o comando de Ulisses.

Era mister, no entanto, persuadir os troianos a arrastarem o cavalo para dentro de sua fortaleza. A primeira providência era fingir uma retirada. Os aqueus, após incendiarem as tendas, embarcaram secretamente em suas naus e esconderam-se atrás da Ilha de Tênedos. O "monstro", pejado de heróis, permaneceu na planície, à beira-mar, onde estavam os acampamentos helenos. O astuto Sínon, encarregado de convencer os inimigos a levarem a *machina fatalis*, "a máquina fatal", para Ílion, permaneceu em terra. Preso logo depois por pastores troianos, foi conduzido acorrentado à presença de Príamo. Grande foi a controvérsia entre os vassalos do rei de Troia acerca de Sínon: a maioria o considerava traidor e espião e pedia-lhe a morte. O esposo de Hécuba, todavia, resolveu interrogá-lo. Usando de uma retórica que faria inveja aos sofistas, o neto solerte de Autólico conta-lhe uma longa e convincente história. Dizia-se vítima de perseguição e calúnia contra ele maquinadas por Ulisses e, por isso, fugiu para não ser oferecido em holocausto aos deuses. Afirma ser um consanguíneo de Palamedes (v.), assassinado covardemente pelo rei de Ítaca, e que estava destinado a sofrer a mesma sorte. Calcas, conivente com o pérfido Ulisses, afirmou que os deuses estavam profundamente irritados e exigiam um sacrifício humano. Ele, Sínon, foi o designado. Já se aproximava o momento em que deveria ser degolado, quando logrou fugir e esconder-se num pântano, à espera de que as naus aqueias se retirassem. Foi desse modo que os pastores o encontraram e prenderam. Interrogado acerca do cavalo gigantesco que fora deixado na praia pelos helenos, respondeu tratar-se de uma oferta compensatória a Palas Atená como expiação do sacrilégio perpetrado pelo mesmo Ulisses, por ter furtado o Paládio da cidadela troiana. Aterrorizados por contínuos e terríveis prodígios, consultaram a Calcas. O adivinho lhes revelou que a deusa exigia como reparação que se lhe prestasse um culto sob a forma de cavalo destinado a substituir a estátua roubada de Ílion. Em vez de fabricarem um cavalo de dimensões comuns, os aqueus construíram um outro de tamanho descomunal, para que os troianos não pudessem introduzi-lo em sua fortaleza sem que para tanto fossem obrigados a destruir uma parte dos muros. É que Calcas predissera ser vontade dos deuses que os troianos tivessem supremacia sobre os aqueus, se prestassem um culto ao cavalo em sua cidadela.

O embuste oratório de Sínon convenceu os troianos, que ficaram ainda mais persuadidos com a veracidade de suas palavras presenciando o acontecido com seu sacerdote Laocoonte (v.), que se opunha à entrada do monstro na fortaleza. Por ordem de Príamo, Sínon é libertado e abre-se uma brecha na muralha para se introduzir a máquina fatal na cidade. Tão logo anoiteceu, o astuto espião abriu os flancos do cavalo para a saída dos heróis. Da torre mais alta da fortaleza fez sinal com um facho aceso aos navios gregos escondidos em Tênedos. Rapidamente os nautas se reuniram aos heróis já libertados do bojo do cavalo de madeira e massacraram os troianos dormindo ou inermes, pois festejavam a retirada dos gregos e, em consequência, a vitória de Troia.

Existem muitas variantes acerca dessa gesta do primo de Ulisses. Relata Quinto de Esmirna (séc. IV p.C.) em seu poema épico em catorze cantos, denominado *Pós-Homéricas*, 12, 243sqq., que Sínon, levado à presença de Príamo, se recusou a falar e somente revelou o "pretenso segredo" acerca do cavalo de madeira depois que lhe cortaram o nariz e as orelhas. Sínon, em lugar de um caviloso espião, como é retratado por Virgílio, se converte, desse modo, num tipo especial de herói-mártir em defesa dos interesses da pátria.

SINOPE *(III, 48)*.

Σινώπη (Sinṓpē), *Sinope*, é interpretada interrogativamente por Carnoy, *DEMG*, p. 185, como "a cidade lamacenta, lodosa".

Filha do deus-rio Asopo, Sinope é a heroína epônima da cidade homônima da costa asiática do Ponto Euxino. Raptada por Apolo, foi levada para a Ásia Menor. Desta união nasceu Siro, epônimo dos sírios. Uma versão diferente faz da mãe de Siro uma filha de Ares e Egina.

Existe uma variante segundo a qual Zeus se apaixonara por Sinope e prometeu conceder-lhe o que a jovem desejasse. A filha de Asopo pediu ao deus poupar-lhe a virgindade. Embora a contragosto Zeus cumpriu o juramento e fê-la habitar em Sinope. Um pouco mais tarde ela usou da mesma estratégia com Apolo e o deus-rio Hális. E assim não concedeu a nenhum mortal o que ela negara aos deuses.

SIPRETE *(III, 36)*.

Σιπροίτης (Siproítēs), *Siprete*, não possui etimologia segura. Carnoy, *DEMG*, p. 185, tenta explicar o antropônimo partindo de duas hipóteses: ou como derivado da raiz de οιπαλός (sipalós) e, neste caso, o nome significaria "feio, vilão" ou vendo-se em *si-* uma forma dialetal de ϑεο- (theo-), "deus", e Siprete seria "o que avança em demasia em direção aos deuses" ou "o que não os respeita".

Siprete era um jovem cretense, que, durante uma caçada, viu Ártemis banhando-se nua numa fonte. A deusa, profundamente irritada, o transformou em mulher.

Essas metamorfoses de sexo e seu simbolismo foram explicados em *Mitologia Grega*, Vol. III, p. 35-41.

SÍQUELO.

Σικελός (Sikelós), *Síquelo*, é vocábulo ainda sem etimologia. Considerado por alguns mitógrafos como filho de Ítalo ou de Posídon, o herói, consoante Dionísio de Halicarnasso, era originário de Roma, de onde foi expulso. Refugiou-se na corte de Morges, que havia sucedido a Ítalo. Síquelo recebeu de seu benfeitor uma parte do reino, cujos habitantes passaram a denominar-se sículos. Estes emigraram da Itália Meridional para a Sicília, onde se apoderaram das terras dos sícanos, que ocupavam a parte ocidental da ilha.

SÍRINX.

Σῦριγξ (Sŷrinks), *Sírinx*, "flauta, charamela, flauta campestre, flauta de Pã". A hipótese de um empréstimo mediterrâneo ou oriental é plausível e, neste caso, o armênio *sring* o seria igualmente. É possível também uma derivação de *σῦπος (*sŷros), que teria origem indo-europeia, *DELG*, p. 1.071.

Hamadríada da Arcádia (v. Ninfa), Sírinx foi um dos grandes amores de Pã. O deus a perseguiu com tanta insistência, que não tendo mais como defender-se, a ninfa transformou-se num caniço, às margens do Rio Ládon. Como o vento fazia gemer os caniços, Pã cortou alguns deles de tamanho diferente e, unindo-os com cera, fez um instrumento musical a que deu o nome de sua amada.

Relata a tradição que perto de Éfeso havia uma gruta, onde o deus depositou a primeira flauta. Com o tempo esta caverna passou a ser o local de atestado de virgindade. A jovem, que se dissesse virgem, passava a residir temporariamente na gruta. Se o fosse, ouviam-se sons maravilhosos provindos lá de dentro. A porta se abria sozinha e a moça surgia coroada com folhas de pinheiro. Caso contrário, gritos fúnebres enchiam a caverna e, dias depois, aberta a porta, a perjura havia desaparecido.

SÍRIS.

Σῖρις (Sîris), *Síris*, segundo Carnoy, *DEMG*, p. 185, proviria da raiz *sēi-*, "correr, escoar", donde o sánscrito *sīrā*, "rio, ribeira".

Epônimo da cidade homônima no Golfo de Tarento, Síris ora é tida como filha do antigo rei da Itália Morges, ora como esposa do Rei Metaponto (v.) e, no caso, ela seria uma das Nereidas. O rei a teria abandonado para casar-se com uma filha de Éolo, Arne. Esta mandou que seus dois filhos Beoto e Éolo II a matassem.

SIRNA.

Σύρνα (Sýrna), *Sirna*, é vocábulo sem etimologia até o momento.

Filha do rei da Cária, Dameto, Sirna caíra do telhado do palácio e já estava agonizante, quando lá chegou o grande médico Podalírio, que lhe fez uma sangria nos dois braços e a salvou.

Reconhecido, Dameto deu-lhe a jovem em casamento e uma cidade na Península da Cária, que recebeu o nome de Sirno, derivado do da heroína.

SIRO.

Σύρος (Sýros), *Siro*, é vocábulo sem etimologia até o momento.

Filho de Sinope (v.) e de Apolo, neto portanto do deus-rio Asopo, ou segundo uma outra versão, filho de Agenor e Telefassa, e irmão de Cadmo, Fênix e Cílix, Siro é o epônimo dos sírios. Atribui-se ao herói a invenção da aritmética e a introdução no mundo da doutrina da metempsicose.

SÍSIFO *(I, 266, 294[187], 313[208]; II, 142, 191[94]; III, 59, 62, 66, 205, 207-208, 209[157], 290-291).*

Σίσυφος (Sísyphos), *Sísifo*, semanticamente poderia ser relacionado com σοφός (sophós), "sábio, instruído, inteligente, hábil", mas seria extremamente difícil explicar a presença do υ (y) e a sílaba inicial. Tratar-se-ia de uma reduplicação? Talvez o antropônimo seja um vocábulo de substrato, o que seria confirmado pela alternância ε/ι (e/i) atestada em σέσυφος (sésyphos), *DELG*, p. 1.006; *GEW*, s.u.

Sísifo, o mais astuto e inescrupuloso dos mortais, é filho de Éolo e portanto da raça de Deucalião. Autêntico fundador de Corinto, que até então se chamava Éfira, é, por vezes, considerado como sucessor do Rei Corinto e seu vingador ou ainda sucessor de Medeia, de quem recebera o poder, quando esta foi obrigada a deixar a cidade (v. Medeia). O mito de Sísifo divide-se em vários episódios, refletindo cada um deles um ardil deste incorrigível embusteiro, que a *Ilíada*, VI, 152-155, chama de κέρδιτος ἀνδρῶν (kérditos andrôn), "o mais solerte dos mortais".

Autólico, o maior larápio mítico da Antiguidade e que fora instruído por Hermes na arte do perjúrio e do furto (*Odiss.*, XIX, 392sqq.), havia roubado o rebanho do rei de Corinto. Sísifo, sem perda de tempo, conhecendo bem "o colega", fez-lhe uma visita e identificou logo os bois que lhe haviam sido furtados, porque gravara o próprio nome sob o casco de cada um. Achegada do rei de Corinto coincidiu com a véspera do casamento de Anticleia, filha de Autólico, com o herói Laerte. Durante a noite o esperto hóspede conseguiu um meio de tornar-se amante da noiva, que ficou grávida de Ulisses. Uma variante assegura que Autólico, desejando ter um neto com a astúcia de Sísifo, facilitou o encontro entre ambos.

Quando Zeus raptou Egina, filha do deus-rio Asopo, passou por Corinto e foi visto por Sísifo, que, em troca de uma fonte concedida pelo deus-rio, revelou-lhe a identidade do raptor. O pai dos deuses e dos homens imediatamente enviou-lhe Tânatos, mas o astuto rei de Corinto enleou a Morte de tal maneira, que conseguiu encadeá-la. Como não morresse mais ninguém e o rico e sombrio reino do Hades estivesse empobrecendo, a uma queixa de Plutão, Zeus interveio e libertou Tânatos, cuja primeira vítima foi exatamente Sísifo. O solerte filho de Éolo todavia, antes de morrer, pediu à mulher que não lhe prestasse as devidas honras fúnebres. Chegando ao Hades sem o "revestimento" ritual, isto é, sem a conformação de um *eídolon* (v.), Plutão perguntou-lhe o motivo de tamanho sacrilégio. O rei culpou a esposa de impiedade e, à força de súplicas, conseguiu permissão para voltar rapidamente, a fim de castigar severamente a companheira.

Uma vez em seu reino, Sísifo não mais se preocupou em cumprir a palavra empenhada e deixou-se ficar, vivendo até idade avançada. Um dia, porém, Tânatos veio buscá-lo em definitivo e os deuses o castigaram impiedosamente, condenando-o a rolar um bloco de pedra montanha acima. Mal chegando ao cume, o bloco rola montanha abaixo, puxado por seu próprio peso. Sísifo recomeça a tarefa, que há de durar para sempre, como está na *Odisseia*, XI, 593-600.

Higino, resumindo por certo alguma tragédia perdida, relata diferentemente o castigo do rei de Corinto. Como odiasse a seu irmão Salmoneu (v.), solicitou ao Oráculo de Delfos como poderia eliminar "o inimigo". Apolo respondeu que ele encontraria vingadores se conseguisse ter filhos com a sobrinha Tiro, filha de Salmoneu. Sísifo tornou-se amante da sobrinha e deu-lhe gêmeos. Tiro, tomando conhecimento do presságio da Pítia, eliminou os filhos ainda muito meninos. Ignora-se, infelizmente, o que fez o rei de Corinto, porque o restante da narrativa também desapareceu. No fecho do resumo, Sísifo já está no Hades pronto para iniciar o castigo interminável "por causa da sua impiedade".

Algumas tradições atribuem ao rei de Corinto a fundação dos Jogos ístmicos (v. Jogos) em honra de seu sobrinho Melicertes (v.). Sísifo era casado com Mérope, a única das Plêiades (v.) que se uniu a um mortal. Dentre seus descendentes os mais célebres no mito são Glauco e Belerofonte (v.).

SÍTON *(III, 36)*.

Σίθων (Síthōn), *Síton*, segundo Carnoy, *DEMG*, p. 185, talvez seja um derivado de **ghito-*, "lança", donde "o combatente, o lutador".

Rei da Trácia, é o epônimo da Península da Sitônia, a mais central das três penínsulas do Quersoneso da Trácia. Era filho de Ares ou de Posídon com a ninfa Ossa, epônimo da montanha vizinha da Sitônia. Casado com Anquínoe ou Anquíroe, filha do Rio Nilo, foi pai de Reteia e Palene (v.). Uma variante de Nono, *Dionisíacas*, 48,183sqq., afiança que Dioniso, apaixonado por Palene, matou-lhe o pai com um golpe de tirso, antes de unir-se a ela. Ovídio, nas *Metamorfoses*, 4, 279-280, sem esclarecer o motivo, diz que Síton se tornou andrógino, ora homem, ora mulher:

Nec loquor ut quondam, naturae iure nouato,
Ambiguus fuerit modo uir, modo femina Sithon.

– Nem direi como outrora, por uma inovação das leis naturais,
Síton obteve um sexo ambíguo: ora era homem, ora mulher.

SÓFAX.

Σόφαξ (Sóphaks), *Sófax*, segundo a hipótese interrogativa de Carnoy, *DEMG*, p. 187, talvez pudesse originar-se de σοφός (sophós), "sábio, instruído, inteligente, hábil".

Após a morte do bandido Anteu (v.), Héracles se uniu à esposa do gigante, chamada Tinge. Desse conúbio nasceu Sófax, fundador da cidade de Tíngis, depois Tânger, em honra de sua mãe. Sófax teve um filho, Diodoro, que ampliou muito o império herdado do pai e fundou a dinastia dos reis da Mauritânia.

SÓLIMO.

Σόλυμος (Sólymos), *Sólimo*, segundo Carnoy, *DEMG*, p. 187, proviria da raiz **swel*, "enfunar, engrossar, borbulhar", donde "o borbulhante" (v. Sóloïs).

Filho de Zeus, ou talvez de Ares, segundo outros mitógrafos, o herói é epônimo dos Sólimos, na Ásia Menor.

SÓLOÏS.

Σολόεις (Solóeïs), *Sóloïs*, é aproximado por Carnoy, *DEMG*, p. 187, da raiz **swel*, "enfunar, engrossar, borbulhar", donde "o borbulhante".

Quando Teseu organizou a expedição contra as Amazonas, levou em sua companhia três jovens atenienses: Êuneo, Tólas e Sóloïs. Como trouxesse, no retorno, a amazona Antíope, Sóloïs, apaixonado por ela, confidenciou seu amor a um amigo, que, de imediato, o relatou a Antíope. Repelido em suas pretensões, desesperado e envergonhado, Sóloïs se lançou num rio e morreu afogado, durante uma escala da nau ateniense. Inconsolável com a morte do amigo, Teseu se lembrou de um oráculo, sob a forma de ordem da Pítia, segundo o qual, quando o rei de Atenas tivesse um grande dissabor em terra estrangeira, fundasse ali uma cidade, onde deixaria alguns de seus companheiros. Para cumprir as determinações do Oráculo, Teseu fundou na Bitínia a cidade de Pitópolis, em honra de Apolo Pítio. Ao rio que cortava a cidade chamou-lhe Sóloïs, em honra do companheiro morto. Antes de partir, deixou em Pitópolis, além de Êuneo e Tóloas, irmãos do falecido, o ateniense Hermo.

SÓPATRO.

Σώπατρος (Sṓpatros), *Sópatro*, é um composto de σῶς (sôs), "intacto, bem-conservado, são e salvo, seguro" e de πατήρ (patḗr), "pai, chefe de família" donde "o que comanda com segurança sua família". Quanto a σῶς (sós), a forma inicial é σαFo (sawo-), que aparece no sânscrito *távasvant-*, *taváḥ*, *turá-*, "forte", *tavīti*, "ele é forte", avéstico *tav-*, "estar em estado de", *DELG*, p. 1.084-1.085. Com respeito a πατήρ (patḗr), "pai", v. Pátroclo.

Sópatro era um estrangeiro que vivia em Atenas e possuía uma pequena extensão de terra. Aos deuses oferecia ele frutas e legumes, pois ainda não se conheciam os sacrifícios sangrentos. Certa feita, quando homenageava os imortais, surgiu um touro e comeu quanto se havia colocado no altar. Furioso, Sótrapo pegou uma machadinha e matou o animal. Arrependido, todavia, e julgando o próprio ato como impiedade, exilou-se voluntariamente na Ilha de Creta. Após a partida do herói, no entanto, a Ática foi assolada por uma grande peste. Interrogados, os deuses responderam que somente o exilado poderia indicar-lhes o remédio para debelar o flagelo. Era preciso que, no curso de uma festa, o animal despedaçado ressuscitasse e que o sacrificador fosse punido.

Os embaixadores de Atenas, após descobrirem o exilado em Creta, perguntaram-lhe quais os ritos que deveriam ser cumpridos para apaziguar os imortais. Roído de escrúpulos, Sópatro habilmente se dispôs a dar sua colaboração, desde que Atenas lhe concedesse o direito de cidadania. Os embaixadores concordaram e, como o esperto estrangeiro queria dividir com todos "o seu crime", de bom grado os acompanhou.

Convocada uma reunião geral de todos os atenienses, Sópatro mandou buscar um touro semelhante ao que havia sido morto. Moças trouxeram-lhe a água com a qual foi purificado um facão, afiado por outros atenienses que não ele. Abateu, em seguida, o animal, que foi despedaçado e escorchado por todos. Depois se dividiu a carne da rês entre os presentes. Encheu-se o couro com ferro e o simulacro foi atrelado a uma charrua. Estava ressuscitado o touro. Finalmente se criou um tribunal para julgar "o culpado". O veredicto foi simples: o verdadeiro responsável era o machado, que foi condenado e jogado ao mar.

"Ressuscitado o animal e condenado o réu", os deuses se deram por satisfeitos e a fome terminou em toda a Ática.

Esta modalidade de rito se perpetuou em Atenas e era celebrada pelos descendentes do herói, chamados sopátridas.

SÓSTENES.

Σωσθένης (Sōsthénēs), *Sóstenes*, é um composto de σῶς (sôs), "intacto, bem-conservado, são e salvo, seguro" (v. Sópatro) e de σθένης (-sthénes), de σθένος (sthénos), "força física, força, poder", donde "o dotado de grande força, o poderoso". Com respeito a σθένος (sthénos) não se lhe conhece a etimologia em grego, *DELG*, p. 1.000; Frisk, *GEW*, s.u.

Quando os Argonautas (v.), sob o comando de Jasão, saíram de Cízico em direção ao Bósforo, foram impedidos por Amico de atravessar o estreito. Refugiaram-se, por isso mesmo, numa pequena enseada, onde, à noite, lhes apareceu um homem alado, de estatura descomunal, que predisse uma vitória sobre Âmico. Cheios de coragem, os comandados de Jasão avançaram e derrotaram o inimigo. Ergueram, como sinal de agradecimento, um santuário ao gênio tutelar que os orientara e honraram-no com o nome de Sóstenes.

T

TÁFIO.

Τάφιος (Táphios), *Táfio*, é um derivado de τάφος (táphos, us), "estupor, entorpecimento", cuja origem é o aoristo temático, atestado apenas no particípio ταφών (taphṓn), que, por sua vez, provém de θάμβος (thámbos), "entorpecimento". Táfio significa, pois, "o que provoca admiração, pasmo", *DELG*, p. 421-422.

Filho de Posídon e Hipótoe, Táfio é um descendente de Perseu. Foi pai de Ptérela, vencido e morto por Anfitrião (v.). Táfio é o herói epônimo da Ilha de Tafos.

TAÍGETA *(II, 191[94])*.

Ταϋγέτη (Taÿguétē), *Taígeta*, etimologicamente é inexplicável. Talvez o primeiro elemento do antropônimo seja ταῦς (taŷs), "forte, grande", *DEMG*, p. 193.

Filha de Atlas e de Plêione, Taígeta é uma das Plêiades. Embora a contragosto, só após desmaiar é que se uniu a Zeus. Quando recuperou os sentidos, envergonhada, se refugiou no Monte Taígeto, na Lacônia, onde deu à luz Lacedêmon.

Para libertá-la da procura incessante de Zeus, Ártemis transformou-a em corça. Quando recuperou a forma humana, Taígeta, agradecida à deusa, consagrou-lhe "a corça de cornos de ouro", a mesma que Héracles perseguiu e capturou por ordem de Euristeu (v. Héracles).

TÁLAO.

Ταλοαός (Talaós), *Tálao*, procede do aoristo sigmático ταλάσσαι (talássai), "tomar sobre si, suportar", donde *talaós* é "o infeliz", como epíteto de Βροτοί (brotoí), "mortais" (Arist. *Aves*, 687). V. Atalante.

Filho de Bias (v.) e Pero, Tálao se notabilizou no mito por ser pai de Adrasto. Reinou na parte de Argos que coube a seu pai, quando da divisão do reino argivo por Preto (v.).

Casou-se com Lisímaca, filha do Rei Abas ou, segundo outras versões, com Lisianassa, filha de Pólibo, rei de Sicione.

Tálao participou da expedição dos Argonautas.

TALIA *(I, 158, 203; II, 87)*.

Θαλία (Thalía), *Talia*, provém do verbo θάλλειν (thállein), "brotar, estar florido, verdejar, cobrir-se de flores", donde significar o antropônimo "a abundância, a alegria, a graça, a juventude". Como acentua Frisk, *GEW*, s.u., encontram-se correspondentes nítidos do verbo *thállein*, no albanês *dal*, "surgir, brotar", do indo-europeu **dhal-no*, e no armênio, no adjetivo *dalar*, "verde, fresco".

O nome Talia, que, segundo se viu, está relacionado com a vegetação, é o epíteto de várias divindades, mas sobretudo de uma Musa, uma Cárite (Graça) e de uma Nereida.

Com a função de Musa, se bem que a princípio não exercesse algo bem-definido, passou na época clássica a presidir à comédia e à poesia lírica. Unida a Apolo, segundo algumas versões, foi mãe dos Coribantes, tendo sido também uma das amantes de Dáfnis (v.).

Como uma das Cárites (Graças), Talia é filha de Zeus e Eurínome. Preside, como suas irmãs (v. Cárites), à vegetação.

Homero, na *Ilíada*, XVIII, 39, menciona Talia como uma das Nereidas, filha de Nereu e de Dóris.

TALOS *(I, 62, 175; II, 34; III, 185, 273)*.

O nome próprio Τάλως (Tálōs), *Talos*, não possui, até o momento, etimologia confiável. Carnoy, sem muita convicção, tenta aproximá-lo de τάλως (tálōs) que, segundo Hesíquio, significaria *sol*, em Creta. Tratar-se-ia, no caso, de um derivado pré-grego de **dhel*, "brilhar"? *DEMG*, p. 191.

Talos, personagem do mito cretense, tem uma origem complicada. Passa, em princípio, por ser filho de *Crés*, herói epônimo da Ilha de Creta. De Talos teria nascido o deus do fogo Hefesto, pai de Radamanto. A versão mais seguida, porém, é aquela que faz do guardião da Ilha de Ariadne uma criação de Hefesto, que o teria oferecido a Minos, ou ainda um presente de Zeus à sua bem-amada Europa. Talos era uma espécie de "robô de bronze", cuja função se resumia em guardar dia e noite o reino de Minos: três vezes por dia ele circulava pela ilha e impedia a quem quer que fosse de entrar ou sair da mesma, sem a permissão do rei. Foi para escapar-lhe que Dédalo e Ícaro fugiram pelo ar. Suas armas prediletas eram pedras enormes que ele lançava a grande distância. Quando seus petardos não surtiam o efeito desejado, o monstro avançava sobre seus oponentes, queimando-os vivos. Como Aquiles, o gigante era invulnerável, exceto na parte inferior da perna, onde se encontrava uma pequena veia, fechada por uma cavilha. Quando pela ilha passaram os Argonautas, de retorno da Cólquida, Talos quis impedir-lhes o desembarque. Medeia, porém, com seus sortilégios, conseguiu dilacerar a veia e o gigante pereceu.

Símbolo típico, o pé configura a alma: seu estado e sua sorte. A invulnerabilidade condicional compara o caminhar do homem pela vida com sua atitude psíquica. É o caso de Aquiles, cujo pé traduzia-lhe a vulnerabilidade da psiqué: a propensão do herói à cólera provocou-lhe, por fim, a ruína. Toda a força e violência de Talos se concentravam numa pequena veia: dilacerada por Medeia, o monstro foi destruído.

Existe, no mito, uma segunda personagem homônima do guardião cretense. Talos era um jovem ateniense, sobrinho e discípulo do genial Dédalo, que, observando-lhe o talento, deixou-se dominar pela inveja. No dia em que Talos, inspirando-se na queixada de uma serpente, criou a serra, Dédalo o lançou do alto da Acrópole. A morte do jovem artista provocou o exílio de Dédalo na Ilha de Creta, onde se tornou o arquiteto favorito de Minos.

TÁLPIO.

Θάλπιος (Thálpios), *Tálpio*, provém do verbo θάλπειν (thálpein), "aquecer, reanimar, reconfortar", donde significar o antropônimo "o que reanima, encoraja". Etimologicamente, é bem possível que o verbo em pauta esteja relacionado com θαλυκρός (thalykrós), "quente, aquecido, abrasado", *DELG*, p. 421.

Tálpio e Anfímaco são filhos respectivamente dos moliônides (v.) Êurito e Ctéato. Segundo a *Ilíada*, II, 615-624, esses descendentes de Actor eram os comandantes dos epeus na expedição aqueia contra Ílion. Tálpio, que era filho de Êurito, como já se acentuou, e de Teréfone, filha de Dexâmeno (v.), não possui um mito próprio. Seguiu para Troia por ter sido um dos pretendentes à mão de Helena. Foi um dos escolhidos pelos aqueus para penetrar na fortaleza de Ílion no bojo do cavalo de madeira.

TALTÍBIO *(III, 294)*.

Ταλθύβιος (Talthýbios), *Taltíbio*, é interpretado por Carnoy, *DEMG*, p. 192, como θαλτυ-βιος (*thaltybios) e significaria "o que está na flor da idade, cheio de vigor".

Arauto de Agamêmnon, Taltíbio tinha como colega a Euríbates. Na Guerra de Troia exerceu algumas missões de relevo. Na *Ilíada*, II, 320-348, foi encarregado, juntamente com Euríbates, de buscar Briseida à tenda de Aquiles, episódio comentado por Ovídio nas *Heroides*, 3,9-12. Quando Menelau foi ferido em combate, "o arauto divino", como lhe chama Homero (*Il.*, IV, 192-197), foi enviado por Agamêmnon à procura do grande médico Macáon. Uma versão, talvez mais recente, atesta ter sido ele quem trouxe de Micenas para Áulis a jovem Ifigênia para ser sacrificada a Ártemis.

Foi ele quem serviu de árbitro, para que, já caída a noite, Ájax e Heitor interrompessem o terrível combate singular (*Il.*, VII, 274-282).

Acompanhou Ulisses à corte de Cíniras (v.), na Ilha de Chipre, com a finalidade de empenhá-lo na luta contra os troianos.

Em Esparta havia um santuário consagrado a Taltíbio, considerado como protetor do direito que assegura a livre circulação dos embaixadores.

TÂMIRIS ou TÂMIRAS *(III, 60)*.

Θάμυρις (Thámyris) ou Θαμύρας (Thamýras), *Tâmiris* ou *Tâmiras*, é o nome de um músico e poeta de grande nomeada no mito. A forma inicial para se explicar a etimologia ou ao menos a formação do antropônimo *Tâmiris* ou *Tâmiras* é o advérbio θαμά (thamá), "em grande número, muitas vezes, frequentemente". Com base neste advérbio se formou o adjetivo θαμινός (thaminós), "frequente, numeroso, concentrado". A par do advérbio *thamá* existia um adjetivo *θαμύς (*thamýs), atestado no plural θαμέες (thamées), "numerosos, compactos, frequentes". Traço do tema em υ (y) aparece na onomástica, como em Θαμυκλῆς (Thamyklês), *Tâmicles*, "o cheio de glória" e Θάμυρις (Thámyris), *Tâmiris*, talvez "o que concentraria em si inúmeros dons ou qualidades".

Tâmiris é filho do grande músico Filâmon e da ninfa Argíope ou de uma das musas, Érato ou Melpômene. Trata-se de um dos grandes músicos e poetas míticos da Antiguidade. Aele se atribuem muitas inovações musicais, como a criação do modo dório e vários poemas: uma Teogonia, uma Cosmogonia e uma Titanomaquia. Discípulo de Lino (v.), tornou-se um hábil cantor e um mestre na arte de tanger a lira, a ponto de ser o mestre de Homero. Conta-nos este, *Il.* II, 594sqq., que, tendo tentado rivalizar em música e canto com as Musas – e exigia como prêmio, se vencesse, unir-se a cada uma delas – irritadas, as cantoras divinas o cegaram e privaram de toda e qualquer aptidão musical e poética. Desesperado, Tâmiris jogou sua lira, agora inútil, no Rio *Bálira*, palavra composta do verbo βάλλειν (bállein), "lançar" e λύρα (lýra), "lira", quer dizer, rio onde "se arremessou a lira". Uma variante de Apolodoro, 1,6, relata que a cólera das Musas com a *hýbris* do vate da Trácia foi um pouco mais longe: além da cegueira, tornaram-no πηρός (pērón), isto é, impotente, o que justifica ter sido ele, na opinião do autor citado, "o primeiro de todos a amar o masculino". Como Laio (v.) foi acusado igualmente de introduzir a pederastia na Hélade, procurou-se, no mito, conciliar as duas tradições: Laio teria sido o primeiro homossexual ativo e Tâmiris, o passivo.

TÂNAIS *(III, 192)*.

Τάναϊς (Tánaïs), *Tânais*, é derivado por Carnoy, *DEMG*, p. 192, do indo-europeu *danu, "rio".

Deus-rio, filho de Oceano e Tétis, Tânais é o nome antigo do Rio Don. Uma versão recente aponta-o como um jovem herói, filho de Beroso e da Amazona Lisipe. Tânais cultuava entre os deuses apenas a Ares e detestava mulheres. Afrodite, para puni-lo, fê-lo apaixonar-se pela própria mãe. Desesperado, o herói lançou-se no Rio Amazônio que, desde então, passou a denominar-se Tânais.

TÂNATOS *(I, 154-155, 225-228, 230, 348).*

Na *Teogonia* de Hesíodo, Nix, por partenogênese, gerou entre outros filhos a *Tânatos*, a Morte.

Do ponto de vista etimológico, Θάνατος (Thánatos), *Tânatos*, que é do gênero masculino em grego, tem como raiz o indo-europeu **dhwen*, "dissipar-se, extinguir-se, tornar-se sombra", donde *dhvān-tá*, "escuridão", conforme atesta Hjalmar Frisk, *GEW*, p. 653. O sentido de "morrer" é talvez uma inovação do grego, inovação, aliás, meio equívoca. *Morrer*, no caso, significa *ocultar-se*, ser como sombra, uma vez que na Hélade o "morto" tornava-se *eídolon* (v.), um como que retrato em sombras, um corpo insubstancial, uma projeção por vezes do corpo inteiro do extinto.

Como Hades ou Plutão, o soberano do reino dos mortos, Tânatos nunca foi *um agente da morte* e neste sentido ambos jamais foram cultuados. *A Morte* sempre atuou por procuração... Tânatos é uma cessação, uma descontinuidade, uma inversão da vida, não *um inimigo físico*. É tão somente uma fonte de angústia em companhia de outras abstrações, que não foram antropomorfizadas, *como Moira*, o destino cego, *Aisa*, o destino fatal (sinônimo em Homero de Moira), *Potmos*, lei do destino e as *Queres*, as quais funcionam como a força e a ação da *Morte*. Em Homero, Tânatos não é uma figura inteiramente desenvolvida. Surge personificada uma só vez, precisamente na *Ilíada*, XVI, 671sqq., quando, ajudada por seu irmão gêmeo Hipno, o Sono, retira do campo de batalha em Troia o corpo ensanguentado de Sarpédon. Quase nunca antropomorfizada, apresenta-se sob forma de nuvem escura, de uma bruma que se derrama sobre os olhos e a cabeça do moribundo. É um véu negro que se interpõe entre o homem e a luz: um Hades em miniatura. Aliás, os gregos não dispuseram de uma palavra para a morte irreversível: morrer é cobrir-se de trevas. Na prática, τò τέλος θανάτοιο (tò télos thanátoio), *o fim trazido pela morte* chegava docemente, ajudando o agonizante, ao menos na poesia grega... Fechava-lhe os olhos e destendia-lhe os membros, como se fora um ato de amor. Diga-se de passagem, que a Morte e o Amor são dois aspectos de um mesmo poder, como no mito de Helena e de Perséfone.

Por não ser um agente da morte, Tânatos encontra-se nos poemas homéricos com mais frequência em *genitivo*, para qualificar forças definidoras do fecho da vida, como Moira e Quere, segundo se pode constatar, entre outros, nos seguintes passos: *Il.*, II, 302, 834; VIII, 70; IX, 411; XI, 332; XIII, 602; XIV, 207; XVI, 687; XXII, 210, 326; *Odiss.*, II, 100; III, 238; XIX, 145; XXIV, 135...

Se já em Hesíodo (*Teog.*, 764), a *Morte* possui *em seu peito um coração de ferro e uma alma de bronze*, só a partir dos fins do século VI e inícios do século V a.C. é que a iconografia e a personalidade de Tânatos e de Hipno se fixaram com mais nitidez. Na tragédia grega, surge como personagem pela vez primeira na obra de Frínico (séc. VI a.C.), mas só se afirmou na tragédia de Eurípides, *Alceste*, em que atua como condutora do cadáver da esposa de Admeto e mesmo assim foi vencida por Héracles, que traz novamente à vida a rainha de Feres. De qualquer forma, jamais surgiu no mito como "determinante do fim da vida".

Do ponto de vista simbólico, Tânatos é o aspecto perecível e destruidor da vida. Divindade que introduz as almas nos mundos desconhecidos das trevas dos Infernos ou nas luzes do Paraíso, patenteia sua ambivalência, relacionando-se, de alguma forma, com os ritos de passagem. *Revelação* e *Introdução*, toda e qualquer iniciação passa por uma fase da morte, antes que as portas se abram para uma vida nova. Neste sentido, Tânatos contém um valor psicológico: extirpa as forças negativas e regressivas, ao mesmo tempo em que libera e desperta as energias espirituais. Filha da *Noite* e irmã de *Hipno*, o Sono, possui como sua mãe e irmão o poder de regenerar. Não há dúvida de que em todos os níveis da vida humana coexistem a *morte* e a *vida*, ou seja, uma tensão entre forças contrárias, mas Tânatos pode ser a condição de ultrapassagem de um nível para um outro nível superior. Libertadora dos sofrimentos e preocupações, a Morte não é um fim em si; ela pode nos abrir as portas para o reino do espírito, para a vida verdadeira: *mors ianua uitae*, a morte é a porta da vida.

TÂNTALO *(I, 78-81, 85; II, 142; III, 60, 63, 66, 86, 218, 218[162], 227, 229, 236-237).*

Τάνταλος (Tántalos), *Tântalo* talvez não seja vocábulo grego, mas para tentar explicá-lo como tal há que se partir de uma forma reduplicada **ταλ-ταλ-ος* (*taltal-os), havendo uma dissimilação em Τάνταλος (Tántalos). Neste caso, o antropônimo estaria relacionado etimologicamente com ταλα- (tala-) em ταλα-εργός (tala-ergós), ταλάσσαι (talássai), "tomar sobre si, suportar", e significaria "o que suporta" (o céu), como Atlas, embora, no mito em pauta, o herói "segure, suporte um penhasco". Curioso é que Platão, no *Crátilo*, 395e, dá-lhe como fonte ταλάντατος (talántatos), "o mais provado", *DELG*, p. 1.091, o que, do ponto de vista semântico e simbólico, explica bem "o suplício de Tântalo".

Filho de Zeus e de Plutó, Tântalo reinava na Frígia ou na Lídia, sobre o Monte Sípilo. Extremamente rico e querido dos deuses, era até mesmo admitido em seus festins. Casou-se com Dione, uma das filhas de Atlas, mas outras versões dão-lhe por esposa Eurianassa, filha do deus-rio Pactolo, ou Clítia, filha de Anfídamas ou ainda Estérope, uma das Plêiades. Foi pai de filhos ilustres no mito, como Pélops e Níobe, aos quais se acrescentam, por vezes, Bróteas, Dáscilo e alguns outros. Dele procedem, através de Pélops, os "tantálidas" Atreu, Tieste, Agamêmnon e Menelau, tendo estes dois últimos igualmente o epíteto de atridas.

Muitos foram os desmandos do filho de Zeus: uns considerados de pouca importância, em se tratando de

"Tântalo", outros de suma gravidade. Começou por perjurar, recusando-se a devolver a Hermes o cão de Zeus, animal que lhe fora confiado por Pandaréu (v.). Irritado, o pai dos deuses e dos homens o prendeu sob a massa do Monte Sípilo. Libertado, o herói, segundo algumas versões, raptou Ganimedes, filho de Ilo (v.), fundador e primeiro rei de Ílion ou Troia. O monarca, embora idoso, marchou contra o raptor e seu filho Pélops, que, vencidos, fugiram da Ásia Menor.

O grande castigo, no entanto, imposto por Zeus a Tântalo, já relatado na *Odisseia*, XI, 582-592, foi sua condenação eterna às trevas do Tártaro, acrescida do suplício da fome e da sede. Os mitógrafos, todavia, jamais estiveram de acordo acerca das causas dessa *catábase* irreversível do rei de Sípilo.

Conta-se que, por duas vezes, o herói traíra a amizade e a confiança dos imortais: numa delas revelara aos homens os segredos divinos e em outra oportunidade roubou o néctar e a ambrosia no Olimpo para oferecê-los a seus amigos mortais. A terceira *hamartía*, terrível e medonha, é que lhe teria valido a permanência para sempre nas trevas do Hades. Desejando saber se os olímpicos eram mesmo oniscientes, sacrificou o próprio filho Pélops e ofereceu-o aos imortais como saborosa iguaria. Os deuses reconheceram, todavia, o que lhes era servido, exceto Deméter, que fora de si pelo rapto da filha Perséfone, comeu uma espádua de Pélops. Os senhores do Olimpo, porém, reconstituíram-no e fizeram-no voltar à vida. Este último crime é que teria decidido Zeus a lançar o filho para sempre no Tártaro, condenando-o ao suplício da sede e da fome.

Mergulhado até o pescoço em água límpida e fresca, quando ele tenta beber, o líquido começa a baixar rapidamente e se lhe escoa por entre os dedos. Árvores repletas de frutos saborosos pendem sobre sua cabeça; faminto, o herói estende as mãos crispadas para apanhá-los, mas os ramos bruscamente se erguem. Há uma variante de grande valor simbólico e quiçá etimológico: o rei da Frígia estaria condenado a manter-se em equilíbrio, segurando uma pedra gigantesca, colocada sobre sua cabeça ou, segundo outros, a permanecer firme sobre um penhasco sempre prestes a cair ao menor movimento do filho de Plutó.

O tema mítico de Tântalo, na luta interior, contra a vã exaltação, traduz a *elevação* e a *queda*. Seu suplício corre paralelo com suas faltas graves: o objeto de seu desejo, a água, os frutos, a liberdade, tudo está diante de seus olhos e infinitamente distante da *posse*. No fundo, o rei de Sípilo é o símbolo do desejo incessante e incontido, sempre insaciável, porque está na natureza do ser humano o viver sempre insatisfeito. Quanto mais se avança em direção ao objeto que se almeja, mais este se distancia e a busca recomeça. É que a felicidade, como diz o poeta Vicente de Carvalho (1866-1924), existe sim, mas "nunca a pomos onde nós estamos".

Um segundo Tântalo é filho de Tieste ou de Bróteas, ambos filhos do senhor de Sípilo. Há duas versões a seu respeito: ou teria sido assassinado por Atreu, que odiava a Tieste (v.), e servido ao pai num banquete ou esse Tântalo II fora o primeiro marido de Clitemnestra, morto traiçoeiramente por Agamêmnon (v.), que desejava, e o conseguiu, apossar-se da filha de Tíndaro.

Um terceiro herói homônimo é filho de Anfião e Níobe.

TARAS.

Τάρας, αντος (Táras, -antos), *Taras*, latim *Tarentum*, Tarento, é o nome de uma cidade na Magna Grécia, de um rio que circula através da mesma e do deus desse rio. Consoante Kretschmer, *Glotta*, 14, 1925, p. 87; 30, 1940, p. 104, a cidade é assim denominada por causa do rio homônimo. Observe-se que o sufixo -αντ- (-ant-) aparece com certa frequênca na toponímia.

Filho de Posídon e da ninfa Sátira ou Satíria, que é tida por vezes como filha de Minos, Taras é o herói epônimo de Tarento, na Itália Meridional.

Segundo uma outra versão, fundador da grande cidade grega foi o espartano Falanto (v.).

TARAXIPO.

Ταράξιππος (Taráksippos), *Taraxipo*, é um composto do verbo ταράσσειν (tarássein), "agitar, perturbar, confundir, assustar" e de ἵππος (híppos), "cavalo", donde significar o antropônimo o "Assusta-Cavalos". Quanto ao verbo ταράσσειν (tarássein) a etimologia é obscura em grego. No que se refere a ἵππος (híppos) v. Hipe.

Taraxipo é um demônio que vivia no hipódromo de Olímpia e assustava os cavalos quando, nas disputas hípicas ou corridas de carros, os animais contornavam uma curva onde havia um altar.

São muitas as versões acerca do Espanta-Cavalos. Relatam alguns que se tratava da alma penada de Ísqueno (v.), que se oferecera como vítima expiatória para debelar uma grande fome, ou de Olênio, um auriga célebre de Olímpia ou ainda de Dámeon, filho de Flio, que participara ao lado de Héracles da luta contra Augias. Cavaleiro e cavalo foram mortos por Ctéato e enterrados na grande curva do estádio. Outros contam que Taraxipo era a alma de Alcátoo, morto por Enômao (v.) na disputa pela mão de Hipodamia. Uma outra versão assevera que o Espanta-Cavalos era um "filtro", recebido por Pélops de um egípcio. O filho de Tântalo ali o enterrara para espantar os cavalos de Enômao e ganhar a mão da mesma Hipodamia. Uma variante assegura que o próprio Pélops fora ali sepultado e espantava os cavalos como outrora o fizera com a parelha que conduziu à morte o cruel e sanguinário Enômao.

Uma corrente de cunho mais evemerista sustenta que o túmulo de Ísqueno era a meta, o ponto final nas corridas de carros realizadas em Olímpia e que ao lado do sepulcro crescera um loureiro, cujos ramos, agitando-se à chegada dos cavalos, os espantava.

Existe no mito um segundo Taraxipo no hipódromo de Corinto. Era a alma penada do filho de Sísifo, Glauco, morto e devorado pelos próprios cavalos.

TÁRTARO *(I, 79, 135, 153, 158, 185-187, 190-191, 200, 204, 206, 210-211, 275, 282, 313-315, 318-320, 322, 332, 334-335, 338; II, 40, 163, 169; III, 66, 141).*

Τάρταρος (Tártaros), *Tártaro*, abismo insondável, que se encontra sob a terra, não possui etimologia em grego. Trata-se possivelmente de um empréstimo oriental, *DELG*, p. 1.095.

Na *Teogonia* de Hesíodo, 116-132, Tártaro, personificado pelo poeta, é, ao lado de Caos, Geia e Eros, um dos elementos primordiais do cosmo. Unindo-se a Geia, foi pai dos monstros Tifão e Équidna, aos quais se acrescentam por vezes a Águia de Zeus e Tânatos, o Gênio da Morte.

Nos poemas homéricos e na *Teogonia*, o Tártaro é o local mais profundo das entranhas da terra, localizado muito abaixo do próprio Hades, isto é, dos próprios Infernos. Na *Ilíada*, VIII, 5-29, Zeus reúne a assembleia dos deuses e num discurso tipicamente falocrático ameaça lançar "no Tártaro escuro a voragem profunda de soleira de bronze e portas de ferro" qualquer dos imortais que se atrevesse a lutar ao lado dos aqueus ou dos troianos. E acrescenta que a distância que separa o Hades do Tártaro é a mesma que existe entre Geia e Úrano, quer dizer, entre a Terra e o Céu.

Era nesta vasta e horrenda prisão que as diferentes gerações divinas lançavam seus inimigos. Os primeiros a visitá-la foram os Ciclopes Arges, Estérope e Brontes, que lá foram aprisionados por Úrano. Após a vitória de Crono sobre o pai, os Ciclopes foram libertados, a pedido de Geia, mas por pouco tempo. Crono, que os temia, mandou-os de volta às trevas, em companhia, dessa feita, dos Hecatonquiros, de onde só foram arrancados em definitivo por Zeus, que a eles se aliou na luta contra os Titãs, chefiados por Crono, e contra os terríveis Gigantes. Derrotados por Zeus foi a vez de os Titãs descerem ao mais tenebroso dos cárceres e tiveram por guardiões seus inimigos figadais, os Hecatonquiros Coto, Gias (Gies) ou Giges e Egéon ou Briaréu.

Local temido pelos próprios deuses, Zeus se aproveitava do fato para frear-lhes qualquer oposição ou simples ameaça a seu poder. Quando Apolo com suas flechas certeiras matou os Ciclopes, o pai dos deuses e dos homens ameaçou lançá-lo no Tártaro. De imediato, Leto suplicou ao antigo amante que poupasse o filho comum e Zeus fez que Apolo fosse exilado por um ano e servisse como pastor ao Rei Admeto.

Mais tarde, quando o mundo ctônio foi dividido em três compartimentos, *Campos Elísios*, onde ficavam por algum tempo os que pouco tinham a purgar; *Érebo*, residência também temporária dos que muito tinham a pagar e sofrer, o *Tártaro* se converteu no local de suplício permanente e eterno dos grandes criminosos mortais e imortais. Lá se encontram Ixíon, Tântalo, Sísifo, Salmoneu, os Alóadas, os Titãs e tantos outros... (v. Escatologia).

TASOS.

Θάσος (Thásos), *Tasos*, talvez provenha, consoante Carnoy, *DEMG*, p. 198, do indo-europeu **tak*, "correr, escorrer", daí "costa, praia, ilha".

De origem fenícia, ora Tasos é filho de Agenor e irmão de Cadmo, ora aparece no mito como filho de Cílix ou Fênix.

Acompanhou Telefassa, Cadmo e seus outros irmãos na busca de Europa (v.), raptada por Zeus. Não sendo possível encontrá-la, o herói fixou-se na ilha a que deu seu nome.

TAUMAS *(I, 155, 233-235).*

Θαύμας (Thaúmas), *Taumas*, provém de θαῦμα (thaûma), "maravilha, objeto de admiração, de pasmo, de surpresa", donde Taumas é "o que provoca pasmo, admiração". A base é o indo-europeu **dha-ō- > θαυ-* (thau-) "admirável, surpreendente", *DELG*, p. 425.

Como filho de Pontos (o mar) e de Geia e irmão de Nereu, Fórcis, Ceto e Euríbia, Taumas integra as divindades marinhas primordiais. Unido a Electra, filha de Oceano, foi pai das Harpias e de Íris.

TAURO.

Ταῦρος (Taûros), *Tauro*, vocábulo tipicamente pastoril, é empregado para designar o macho do rebanho. O α (a) do radical é possivelmente popular. Fora do grego há correspondentes exatos no latim *taurus*; osco, ac. sing. ταυροµ (taurom); umbro *turuf*; lituano *taūras* e russo *tur*, "búfalo". No micênico já aparece a forma *touro*, *DELG*, p. 1.097.

Os evemeristas dão o nome de *Tauro* a três pretensos jovens de origem cretense que explicariam racionalmente os mitos do rapto de Europa e da morte do Minotauro.

O primeiro deles seria um príncipe de Cnossos, que comandou uma expedição contra a cidade fenícia de Tiro e de lá trouxera entre os prisioneiros a filha do rei, Europa. Tauro fundara a cidade de Gortina e fora pai de Minos.

Quanto ao Minotauro, não se trataria de animal ou monstro, mas de um jovem chefe militar cruel e despótico, que comandava as tropas de Minos com o nome de Tauro.

Os catorze jovens enviados anualmente por Atenas não seriam devorados por um Minotauro que não existia, mas eram oferecidos como prêmio ao vencedor nos jogos fúnebres em honra de Androgeu (v.). O primeiro campeão desses jogos teria sido precisamente este Tauro, general de Minos. Tratava tão mal os jovens atenienses em seu poder, que Teseu decidiu organizar uma expedição contra a Ilha de Creta. Minos, que desejava livrar-se de seu general, que além de causar-lhe problemas, ainda tentava conquistar-lhe a esposa Pasífae, facilitou a empresa de Teseu e ainda lhe deu espontaneamente a filha Ariadne em casamento.

Um terceiro herói homônimo era um jovem de grande beleza pelo qual se apaixonara Pasífae. A rainha se aproveitou de um grave problema de ordem sexual do marido (v. Minos e Prócris) e se entregou a Tauro, de quem ficou grávida.

Minos, embora soubesse que o nascituro não era seu filho, mas não desejando usar de violência, tão logo a criança veio à luz, mandou expô-la numa alta montanha. Por se parecer muito com o pai, o menino recebeu o nome de Minotauro, que, ao atingir a adolescência, mostrou-se violento e se recusava peremptoriamente a obedecer aos pastores a quem fora entregue. Acossado pelo rei, que passou a temê-lo, o jovem refugiou-se numa gruta profunda, de onde facilmente repelia a quantos o perseguissem. O povo, impressionado com tanta bravura, passou a enviar-lhe cabras e ovelhas para que se alimentasse e o próprio rei encaminhava-lhe os grandes criminosos para que ele os matasse.

Quando Teseu chegou a Creta, Minos o enviou para a gruta fatídica (substituta do Labirinto), mas Ariadne deu-lhe um punhal e o herói ateniense conseguiu liquidar Minotauro.

A "história" de Tauro talvez seja um dos melhores exemplos conhecidos da racionalização evemerista do mito na Hélade.

TEANIRA.

Θεάνειρα (Theáneira), *Teanira*, talvez seja uma forma feminina de Θεάνωρ (Theánōr), "homem divino", formado de ϑεός (theós), "deus, divino" e ἀνήρ, ἀνδρός (anḗr, andrós), "homem viril, herói". Teanira seria "a heroína, a mulher divina".

Quando Héracles se apossou de Troia, fez da troiana Teanira uma de suas cativas. Entregue a Télamon como recompensa, o senhor de Salamina uniu-se a ela. Embora grávida, a heroína conseguiu fugir para Mileto, onde foi muito bem-recebida pelo Rei Aríon, que a desposou, criando-lhe o filho, que nasceu logo depois. Esta criança será o destemido Trambelo (v.), que foi morto por Aquiles.

TEANO.

Θεανώ (Theanṓ), *Teano*, talvez se pudesse interpretar como proveniente de ϑέαινα (théaina), "a divina", forma que já aparece em Homero, em lugar de ϑεά (theá), "deusa", *DEMG*, p. 198.

Entre as várias heroínas com este nome, duas se destacam. A primeira é uma filha do rei da Trácia Cisseu e de Teleclia. Casada com o troiano Antenor, foi mãe de muitos filhos: Ifídamas, Arquéloco, Ácamas, Glauco, Eurímaco, Helicáon e Polídamas. Criou igualmente, com o mesmo carinho devotado aos filhos, um bastardo de Antenor, chamado Pedeu, segundo narra a *Ilíada*, V, 70-71. Quando exercia as funções de sacerdotisa de Atená, em Troia, recebeu cortesmente em sua casa a Menelau e Ulisses, que foram a Ílion em busca de uma solução pacífica para o rapto de Helena. Por isso mesmo, quando a fortaleza de Príamo foi destruída, a casa de Antenor e sua família foram poupadas. Assim, acompanhada pelo marido, deixou tranquilamente a Tróada e emigrou para a Ilíria. Algumas tradições posteriores relatam que Teano, com a cumplicidade de Antenor, traiu Ílion, entregando aos aqueus o Paládio que protegia a fortaleza (v. Antenor).

A segunda heroína homônima é a esposa de Metaponto, rei de Icária. Ameaçada de repúdio por não ter filhos, procurou os pastores do reino e pediu-lhes que lhe conseguissem uma criança recém-nascida, a fim de que pudesse fazê-la passar por sua. Os pastores entregaram-lhe dois meninos gêmeos, que eram, na realidade, filhos de Posídon e Melanipe, mas logo depois a rainha ficou grávida e deu à luz igualmente a gêmeos. Dada a afeição de Metaponto pelos meninos adotados, Teano, enciumada, tão logo os filhos legítimos cresceram, pediu-lhes que eliminassem "os estrangeiros". Tendo estes, no entanto, sobrevivido, relataram toda a verdade ao rei, que, de imediato, repudiou ou matou Teano e se casou com Melanipe.

TEBE (III, 205).

Θήβη (Thḗbē), *Tebe*, o antropônimo, bem como o topônimo Θῆβαι (Thêbai), *Tebas*, não possuem etimologia segura até o momento, apesar das várias hipóteses de Frisk, *GEW*, s.u. A tentativa de Carnoy, *DEMG*, p. 198, de fazer provir o vocábulo de *tēw-ā, "ser volumoso, forte", para designar "colinas fortificadas", não convence.

Tebe é o nome de algumas heroínas epônimas de cidades denominadas Tebas.

Os habitantes de Tebas, capital da Beócia, afirmavam que sua cidade possuía como heroína epônima a Tebe, filha de Prometeu e Clímene ou de Zeus e Iódama, uma descendente de Deucalião. Uma variante atribuía a designação da capital à filha caçula do deus-rio Asopo e de Metope.

Tebe da Cilícia vangloriava-se de ter como heroína epônima a Tebe, filha do pelasgo Ádramis, que prometera a mão da filha a quem o vencesse na corrida. Héracles aceitou o desafio. Venceu-o e se uniu a Tebe. Para comemorar tão grande acontecimento, fundou uma cidade a que deu o nome da esposa. Esta mesma heroína é apontada por vezes como filha de Cílix, donde uma descendente de Cadmo.

Epônima da Tebas egípcia é igualmente Tebe, filha do Rio Nilo.

TECMESSA.

Τέκμησσα (Tékmēssa), *Tecmessa*, é explicada por Carnoy, *DEMG*, p. 193, como vocábulo oriundo de *tekmṇ-wṇtja*, donde o grego τεκμάεσσα (tekmáessa), "a que está marcada", predestinada?

Filha do rei frígio Teleutas, foi aprisionada e levada como escrava por Ájax Telamônio, quando este invadiu e saqueou a cidade que servia de capital ao reino de Teleutas.

O herói uniu-se a ela e foi pai de um menino, Eurísaces. Em sua grandiosa tragédia *Ájax, passim*, Sófocles traça com tintas de ternura e fidelidade um retrato impressionante dessa esposa-escrava.

Ovídio, muitos séculos depois do poeta de *Édipo Rei*, ainda evoca na *Ars Amatoria*, "Arte de amar", 3, 317-324, a figura de Tecmessa, que apesar de tantas amarguras, ainda teve forças para chamar a Ájax de *Lux mea*, "minha vida".

Ignora-se qual tenha sido o destino de Tecmessa, após o suicídio do amante (v. Ájax).

TÉCTAFO.

Τέκταφος (Téktaphos), *Téctafo*, é interpretado interrogativamente por Carnoy, *DEMG*, p. 194, como uma espécie de composto de *ték-to*, provindo de τεκνον (ték-non), "criança, filho, filha" e da raiz do verbo φύειν (phýein), "desenvolver-se, viver, nutrir", donde "o que é alimentado pela própria filha".

Nono, nas *Dionisíacas*, 26, 101sqq., relata o mito desse príncipe indiano. Aprisionado por Deríades, foi lançado num calabouço subterrâneo sem ar e sem luz, condenado a morrer de fome. Os guardas impediam-lhe qualquer comunicação com o exterior. A filha do prisioneiro, Eéria, que havia dado à luz, implorou aos guardas que lhe permitissem entrar na prisão para confortar o pai e levar-lhe um derradeiro adeus. Uma vez no interior da caverna, deu-lhe para matar a fome o leite de seu seio.

Deríades, a par de gesto tão nobre e piedoso, libertou o inimigo.

TÉCTAMO *(III, 205)*.

Τέκταμος (Téktamos), *Téctamo*, ancestral dos dórios de Creta, talvez se origine do indo-europeu **teuta-*, "povo, comunidade", já que o antropônimo poderia aparecer sob a forma *Têutamo, DEMG*, p. 193.

Filho de Doro, o herói descende de Hélen e de Deucalião. Segundo Diodoro Sículo, *Biblioteca histórica*, 4,60; 5,80, Téctamo, à frente de um grupo de pelasgos e eólios, invadiu a Ilha de Creta. Após dominá-la, se casou com a filha de Creteu e foi pai de Astério.

Téctamo é o representante do componente dório na população cretense.

TEGEATES.

Τεγεάτης (Tegueátēs), *Tegeates*, segundo Carnoy, *DEMG*, p. 193, talvez se trate de um derivado de τέγος (tégos) "teto, cobertura, casa", do verbo στέγειν (stéguein), "abrigar, cobrir, proteger".

Tegeates é um dos filhos do herói arcádio Licáon e fundador da cidade de Tégea. Casado com uma das filhas de Atlas, Mera, foi pai, dentre outros, de Cefro e Lêimon. Uma tradição arcádia atribui-lhe ainda como filhos os heróis Cídon, Arquédio, Górtis e Catreu, os quais, tendo emigrado para Creta, fundaram na Ilha de Minos as cidades de Cidônia, Gortina e Catre. Diga-se, de passagem, que os mitógrafos cretenses jamais aceitaram semelhante tradição.

TEGÍRIO *(I, 297[189])*.

Τεγύριος (Teguýrios), *Tegírio*, não possui etimologia, até o momento.

Rei da Trácia, Tegírio acolheu Eumolpo e seu filho Ísmaro, quando ambos foram banidos da Etiópia. Tegírio deu uma de suas filhas em casamento a Ísmaro, mas acabou sendo traído por Eumolpo, com o qual, aliás, mais tarde, fez as pazes, deixando-lhe o reino da Trácia (v. Eumolpo).

TEIA *(I, 156-157, 196, 200-201; II, 19-20, 70[21], 85[30]; III, 125-126, 221)*.

Θεία (Theía), *Teia*, é o feminino personificado do adjetivo θεῖος (theîos), "divino, de natureza divina", donde significar o antropônimo "a divina". O adjetivo em pauta é um derivado de θεός (theós). "deus", para cuja etimologia v. Praxítea.

Filha de Úrano e Geia, Teia é uma das Titânidas, pertencendo portanto à primeira geração divina, anterior aos deuses olímpicos.

Não possui um mito próprio, mas a importância da deusa é que, casada com Hiperíon, foi mãe de Hélio (Sol), Eos (Aurora) e Selene (Lua), divindades de grande relevância no mito.

TEIAS *(I, 218)*.

Θείας (Theías), *Teias*, é antropônimo sem etimologia até o momento.

Filho do rei babilônico Belo, Teias se casou com a ninfa Oritia e foi pai de Mirra ou Esmirna. Por ter desejado competir em beleza com Afrodite, Mirra foi terrivelmente punida. A deusa do amor fê-la conceber uma paixão incestuosa e irresistível pelo pai. Com auxílio de sua aia Hipólita conseguiu enganar a Teias unindo-se a ele durante doze noites consecutivas. No derradeiro encontro o rei descobriu o engodo e perseguiu a filha com a intenção de matá-la. Mirra colocou-se sob a proteção dos deuses, que a transformaram na árvore que tem seu nome. Meses depois a casca da árvore se abriu e nasceu Adônis (v.).

TEIÓDAMAS *(III, 122)*.

Θειοδάμας (Theiodámas), *Teiódamas*, é um composto de θεῖος (theîos), "divino, que concerne aos deuses" e do verbo δαμνάναι (damnánai) ou de seu derivado δαμάζειν (damádzein), "dominar, sujeitar, submeter", donde "o que se julga mais forte que os deuses", v. Polídamas.

Quando Héracles (v.) atravessou o território dos dríopes em companhia de Dejanira e de Hilo, o menino teve fome. O herói, tendo visto o rei local Teiódamas preparando-se para arar a terra com uma junta de bois, solicitou-lhe comida para Hilo. Face à recusa do violento soberano dos dríopes, o filho de Alcmena desatrelou um dos bois e comeu-o inteiro com a esposa e o menino. Teiódamas correu à cidade e retornou com uma pequena tropa. Apesar da disparidade numérica, Héracles, com o auxílio de Dejanira, que foi ferida em combate, conseguiu convencer os dríopes a matar-lhes o rei.

TÉLAMON *(I, 234; III, 43, 61, 64, 86, 86[75], 119-120, 299-300).*

Τελαμών (Telamṓn), *Télamon*, provém do substantivo comum τελαμών (telamṓn), "o que serve para carregar algo", donde "boldrié, correia a tiracolo, à qual se prende a espada ou outra arma", daí, por extensão, "o que suporta, o que sofre, o tolerante". Para a etimologia grega do antropônimo v. Atalante.

Télamon foi um bravo, mas seu maior galardão se deveu a ter sido pai do grande Ájax, o Ájax Telamônio. A genealogia do herói é controvertida. A mais antiga afiança ser ele filho de Acteu e Glauce, filha do rei de Salamina Cicreu. A descendência mais conhecida, todavia, é a que faz de Télamon um filho de Éaco, rei de Egina, e de Endeis (neta de Cicreu) e irmão de Peleu e Alcímaca, que se casou com Ájax Oileu, estabelecendo-se destarte um parentesco entre os dois grandes heróis homônimos.

Além de Endeis, Éaco uniu-se igualmente a Psâmate, que lhe deu um filho, Foco. Enciumados com a perícia do irmão consanguíneo em todas as competições atléticas, de que sempre se saía vencedor, ou ainda por instigação de Endeis, Peleu (v.) e Télamon (ou apenas este último) resolveram eliminá-lo. Éaco exilou a ambos. Peleu refugiou-se na Tessália e Télamon em Salamina, de onde tentou regressar a Egina, sua terra natal, mas o pai jamais o permitiu.

Em Salamina, o herói acabou se casando com Glauce, filha do rei local, Cicreu, que, morrendo sem deixar filho homem, legou-lhe o trono.

Com o falecimento prematuro da esposa, Télamon se uniu a Peribeia ou Eribeia, filha de Alcátoo. Foi desse conúbio que nasceu Ájax.

O filho de Éaco esteve presente em três grandes gestas heroicas. Antes de ser expulso de Egina, participou da caçada de Cálidon e da expedição dos Argonautas. Na veloz nau Argo remava ao lado de Héracles, que muito o estimava. Protestou violentamente, porque, quando da escala na Bitínia, Héracles tendo-se afastado para providenciar outro remo e se demorou à procura de Hilas, os Argonautas (v.) resolveram partir sem esperá-lo. O episódio mais célebre da biografia heroica de Télamon, porém, foi o de ter acompanhado o filho de Alcmena, quando este resolveu vingar-se do Rei Laomedonte (v.) e tomar Troia. O herói de Salamina foi o primeiro a penetrar em Ílion, o que provocou a cólera de Héracles (v.): salvou-o uma habilíssima resposta. Tomada a cidade de Ílion, o herói máximo deu-lhe em casamento Hesíona, filha do monarca troiano. Desse enlace veio ao mundo Teucro. Uma variante afiança que a parte recebida por ele do espólio de Troia não foi Hesíona, mas uma cativa chamada Teanira, que, apesar de ter ficado logo grávida, fugiu para Mileto. Acolhida pelo Rei Aríon, deu à luz Estrambelo ou Trambelo (v.), que, mais tarde, foi morto por Aquiles.

Télamon ainda vivia, quando terminou a Guerra de Troia, de que participaram brilhantemente seus dois filhos, Ájax e Teucro. Tendo este regressado sozinho, porque Ájax se matara, o idoso rei de Salamina o expulsou da ilha.

O mito não esclarece, a não ser de maneira muito confusa, como Télamon findou seus dias.

TELÉBOAS.

Τηλεβόας (Tēlebóas), *Teléboas*, procede de τῆλε (têle), "longe, longe de, à distância" e de βοή (boé), "grito, clamor", donde o verbo βοᾶν (boân), "gritar, chamar em voz alta". Teléboas é, pois, "o que grita ao longe" ou "aquele cujo grito se ouve ao longe". Com respeito a τῆλε (têle) talvez se origine da raiz *k^{w}el, "distante", o que permite uma aproximação com o sânscrito *caramá-* "extremo", e pressupõe uma labio-velar inicial, confirmada pelos antropônimos micênicos *qeradirijo, qeregotao, DELG*, p. 1.113-1.114. O verbo βοᾶν (boân) poderia ser um denominativo de βοή (boé), sânscrito *jóguve*, "proclamar"; antigo eslavo *gaûsti*, "ulular". Talvez, como argumento Chantraine, *DELG*, p. 183, fosse mais simples relacionar *boân* com um tema com *b-* inicial de valor imitativo.

Teléboas, ora filho, ora pai de Ptérela, é o herói epônimo do povo homônimo. Senhores da pequena Ilha de Tafos, os teléboas conseguiram apoderar-se de Lêucade.

TELECLIA.

Τηλέκλεια (Tēlékleia), *Teleclia*, é um composto de τῆλε (têle), "longe, ao longe, à distância' (v. Teléboas) e de κλέος (kléos), "boato que circula, reputação, glória" (v. Etéocles), donde "aquela cuja glória se estende ao longe".

Segundo uma tradição, sobretudo a partir de Eurípides (v. Hécuba), Teleclia era filha de Ilo e esposa de Cisseu, portanto mãe de Hécuba.

TELÉDAMO *(I, 88)*.

Τηλέδαμος (Tēlédamos), *Telédamo*, é um composto de τῆλε (têle), "longe, ao longe, à distância" (v. Teléboas) e do verbo δαμνέναι (damnénai), "dominar, submeter", ou de seu derivado δαμάζειν (damádzein), "domar, vencer, subjugar", donde "o que domina ao longe". Para a etimologia grega de δαμάζειν (damádzein), v. Damastes.

Existem dois heróis com este nome. O primeiro designa um filho atribuído aos amores de Ulisses e Calipso, possivelmente idêntico a Telégono.

O segundo é um dos gêmeos nascidos da união de Agamêmnon e sua cativa Cassandra. Foi assassinado, ainda menino, com o irmão, e sepultado em Micenas.

TELEFASSA *(II, 34, 34⁵, 42; III, 235)*.

Τηλέφασσα (Tēléphassa), *Telefassa*, é um composto de τῆλε (têle), "longe, de longe, à distância" (v. Telégono) e de φάε (pháe), "brilho, claridade, luz" (v. Faetonte), donde "a que brilha ao longe, a que surge ao longe".

Esposa de Agenor, Telefassa é a mãe de Cadmo, Cílix, Fênix e Europa. Quando do rapto de Europa (v.) por Zeus, Agenor ordenou aos filhos que a procurassem por todos os quadrantes da terra e que não regressassem sem ela. Telefassa acompanhou-os nessa busca inútil. Esgotada, faleceu na Trácia, onde foi sepultada por Cadmo.

TÉLEFO *(I, 89-90; II, 89; III, 51, 56, 59, 77-78, 146, 295, 295²²⁶, 331, 333-334)*.

Τήλεφος (Télephos), *Télefo*, é igualmente um composto de τῆλε (têle), "longe, ao longe, à distância" (v. Telégono) e de φάε (pháe), "brilho, claridade, luz" (v. Faetonte), donde "o que brilha ao longe, o famoso".

Filho de Héracles e de Auge, Télefo foi, dentre os numerosos filhos do herói, o que mais assimilou as características paternas. Acerca de seu nascimento, há duas versões distintas: uma remonta à tradição épica e a outra à tragédia, figurando como personagem em Ésquilo, Sófocles e Eurípides.

Segundo a primeira, Auge (v.), filha de Áleo, rei de Tégea, na Arcádia, ficou grávida de Héracles. Advertido por um oráculo de que se Auge tivesse um filho, este mataria os tios e destronaria o avô, Áleo, tão logo nasceu Télefo, mandou colocar mãe e filho num cofre e lançou-o ao mar. A arca, arrastada pelas ondas, chegou às praias da Mísia. Uma variante atesta que Auge e Télefo foram entregues a Náuplio (v.) que deveria afogá-los. O grande navegante, porém, vendeu-os a um mercador de escravos, que os levou para a Mísia, onde foram comprados pelo Rei Teutras, em cuja corte foi criado Télefo. A segunda versão separa mãe e filho. Áleo confiou a filha grávida a Náuplio, para que ele a abandonasse no mar. Na viagem para Náuplia, a princesa deu à luz um menino. Náuplio, em lugar de lançá-la nas ondas, vendeu-a a um mercador de escravos. Conduzida para a Mísia, foi comprada pelo Rei Teutras (v.).

Quanto a Télefo, foi ele exposto no Monte Partênion, onde uma corça passou a aleitá-lo, até ser recolhido por pastores do Rei Córito, os quais lhe entregaram o menino. O rei criou-o e educou como filho, dando-lhe, segundo os mitógrafos, o nome de *Télefo*, que, na etimologia à base "de certa sonoridade", estaria relacionado com ἔλαφος (élaphos), "cervo, corça", quando, na realidade, conforme se mostrou, a etimologia do antropônimo é completamente diversa da ventilada pelos antigos.

Ao atingir a efebia, o filho de Héracles matou, sem o querer, dois de seus tios, irmãos de Auge, Hipótoo e Pereu, cumprindo assim uma parte do antigo oráculo. Expulso da Arcárdia, mas desejando saber onde se encontrava sua mãe, Télefo consultou o Oráculo de Delfos. A Pítia ordenou-lhe dirigir-se à Mísia, mas que guardasse absoluto silêncio durante toda a viagem até que o Rei Teutras o purificasse do assassinato dos tios, que possivelmente se constituiria no tema da tragédia perdida de Sófocles, *Os Aléadas*. Um episódio trágico, que talvez figurasse numa outra tragédia desaparecida do mesmo poeta, *Os Mísios*, marca o encontro e reconhecimento entre mãe e filho.

Como Télefo, após a purificação ordenada por Apolo, permanecesse por alguns dias na Mísia, foi solicitado por Teutras para socorrê-lo na luta contra o argonauta Idas, que se esforçava por destroná-lo. Em caso de vitória, o rei lhe daria como recompensa a mão de Auge, considerada como sua filha adotiva, desde que chegara ao reino asiático. Ajudado por Partenopeu, seu companheiro de viagem, Télefo obteve fácil vitória sobre Idas e cumprindo a palavra empenhada, Teutras apressou o casamento. Fiel à memória de Héracles, Auge penetrou na câmara nupcial com uma espada, decidida a matar o esposo. Uma serpente monstruosa se interpôs entre mãe e filho, que, por vontade e inspiração divina, se reconheceram. Evitados o incesto e o crime, os dois regressaram à Arcádia.

Segundo uma variante, uma vez reconhecido por Auge, Télefo permaneceu na Ásia, porque, tendo-se casado com Argíope, filha de Teutras, herdou-lhe o reino. Foi logo no início de seu governo que aconteceu, por engano, a invasão da Mísia pelos helenos e o grave ferimento do rei por Aquiles. Quando da primeira e malograda expedição grega contra Ílion, a armada, dispersada pela tempestade, chegou à Mísia. Pensando tratar-se da Frígia, os aqueus atacaram o país. Alguns autores sustentam que a invasão foi planejada: visava destruir o poderio dos mísios, a fim de que não pudessem ajudar os troianos. Como quer que seja, Télefo, à frente dos seus, enfrentou corajosamente os inimigos, matando a vários dentre eles, inclusive Tersandro, filho de Polinice, que tentou medir-se com ele. Quando, porém, avistou Aquiles, fugiu aterrorizado, mas tendo tropeçado numa cepa, caiu e foi gravemente ferido na coxa pelo filho de Tétis. Acrescentam alguns mitógrafos que a queda do rei foi provocada por Dioniso, por não sentir-se bastante honrado pelos mísios.

Percebendo o engano, os gregos, desorientados, retornaram à Hélade. Como um oráculo declarasse que Télefo só poderia ser curado "pela espada que o feriu", o soberano aguardou com paciência que os aqueus se reunissem novamente em Áulis e para lá se dirigiu, coberto de andrajos, como se fora um mendigo. Prometeu aos helenos ensinar-lhes o itinerário correto que os levaria à Tróada, desde que "o filho de Tétis o curasse com sua espada". Ulisses, que decifrara a mensagem da Pítia, mandou que Aquiles colocasse sobre o ferimento a ferrugem da espada e a cura se operou instantaneamente. Conta uma variante que, preso como espião, Télefo, orientado por Clitemnestra, inconsolável com o sacrifício de Ifigênia, tomou como refém o pequenino Orestes. Com a criança nos braços, ameaçou matá-la, caso Agamêmnon não o mandasse libertar e convocasse o conselho para ouvi-lo. O poderoso rei de Micenas foi obrigado a satisfazer todas as pretensões de Télefo, que afinal foi curado pela ferrugem da espada do pelida.

Cumprindo o que prometera, o rei da Mísia guiou os aqueus até a Tróada, mas se absteve de participar da guerra. Aliás, havia prometido aos helenos que nem os ajudaria nem tampouco auxiliaria a Príamo.

Acontece, no entanto, que após a morte do rei, Astíoque, sua segunda esposa, e irmã de Príamo, deixou-se subornar e convenceu o filho Eurípilo (v.) a chefiar um contingente de mísios para lutarem contra os aqueus, segundo consta na *Ilíada*, II, 734-737, onde o herói, que aliás foi morto por Neoptólemo, aparece como filho de Evêmon.

Através de Tárcon e Tirseno ou Tirreno, filhos que tivera com uma terceira esposa ou concubina, Híera (v.), segundo Lícofron (séc. III a.C.), em sua tragédia *Alexandra*, Télefo está relacionado com a realeza mítica etrusca. Até mesmo Roma teria por heroína epônimo uma filha homônima do rei da Mísia, a qual se teria casado com Eneias.

TELÉGONO *(I, 82-83, 160; II, 20; III, 247, 283).*

Τηλέγονος (Telégonos), *Telégono*, é um composto de τῆλε (tele), "longe, ao longe, à distância" (v. Telé- boas) e de uma forma -γόνος (-gónos) do verbo γίγνεσθαι (gígnesthai), "vir ao mundo, nascer" (v. Ifigênia), donde significar o antropônimo "o que nasceu ao longe".

Filho de Ulisses e Circe ou, segundo uma versão mais recente, de Ulisses e Calipso, o herói não aparece na *Odisseia*, mas nos *Poemas Cíclicos*, isto é, poemas épicos antigos que, as mais das vezes, dão continuidade à *Ilíada* e à *Odisseia* ou a gestas nelas esboçadas. Telégono, particularmente, é objeto de um poema inteiro, *A Telegonia* de Êugamon de Cirene (séc. VI a.C.).

Após a partida de Ulisses da Ilha de Eeia, Circe criou e educou carinhosamente o filho que tivera com o herói. Atingida a adolescência e tendo sabido quem era realmente seu pai, Telégono desejou conhecê-lo e partiu à procura de Ulisses. Desembarcou em Ítaca e começou a devastar os rebanhos que encontrava. Apesar de já muito idoso e alquebrado, o esposo de Penélope saiu em socorro dos pastores, mas foi morto pelo filho. Quando este tomou conhecimento da identidade de sua vítima, chorou amargamente e, acompanhado de Penélope e Telêmaco, transportou-lhe o corpo para Eeia. Lá, certamente, com suas magias, Circe fez que Telégono desposasse Penélope e enviou o casal para a Ilha dos Bem-Aventurados.

Desdobramentos romanescos afiançam que desse enlace nasceu Ítalo, herói epônimo da Itália. Atribuía-se também a Telégono a fundação de Túsculo e até de Preneste.

TELÊMACO *(I, 112, 127-131; III, 289-290, 292-293, 314-316, 318, 320, 322, 325-326).*

Τηλέμαχος (Telémakhos), *Telêmaco*, é formado por Τῆλε (tele), "longe, ao longe, à distância" (v. Teléboas) e do verbo μάχεσθαι (mákhesthai), "lutar, combater" (v. Macáon), donde "o que está distante do combate" ou "cujo pai combate ao longe", mas a existência de um hipotético adjetivo *τηλέμαχος (*telémakhos) faz que se possa traduzir e interpretar o antropônimo como "o que combate ao longe", *DELG*, p. 1.113.

Filho único de Ulisses e Penélope, consoante a *Odisseia*, Telêmaco, nascido poucos dias antes do início da Guerra de Troia, não conhecia o pai. O mito do herdeiro da Ilha de Ítaca está, de início, relatado nos quatro primeiros cantos do poema homérico supracitado, o que se convencionou chamar com bastante impropriedade de *Telemaquia*. O herói, todavia, volta a aparecer a partir do canto décimo quinto e, ao lado de Ulisses, que retornara à pátria, toma parte ativa na preparação e massacre dos pretendentes.

Os engenhosos mitógrafos, porém, organizaram uma verdadeira antologia de gestas de Telêmaco, anteriores e posteriores ao poema homérico.

O príncipe de Ítaca, como se mencionou, estava ainda muito novinho, quando os atridas Agamêmnon e Menelau resolveram convocar todos os reis aqueus para vingar o rapto de Helena por Páris (v.). Menelau (v.), valendo-se do juramento dos antigos pretendentes à mão de Helena, exigia de todos o cumprimento da solene promessa.

Embora autor intelectual do famoso juramento, Ulisses (v.), não por covardia, mas por amor à esposa e ao filho recém-nascido, procurou de todas as maneiras fugir do compromisso assumido. Quando lhe faltaram argumentos, fingiu-se louco. Em companhia do primo, o astuto e inventivo Palamedes, Menelau navegou para Ítaca. Lá encontraram Ulisses, que havia atrelado um burro e um boi a uma charrua e abria sulcos nas areias da praia, onde semeava sal.

Palamedes, todavia, não se deixou enganar com o embuste e colocou o pequenino Telêmaco diante das rodas do arado. Desmascarado, o herói dedicou-se inteiro à causa dos atridas, jamais porém perdoou a Palamedes (v.) e no decurso da Guerra de Troia vingou-se impiedosamente do mais inteligente dos heróis da Hélade.

Ao partir para Ílion, Ulisses deixou o filho aos cuidados de Mentor, um amigo fiel da família. Relata uma variante que ainda menino, o primogênito de Ítaca caíra no mar, mas foi salvo por delfins, o que explicaria a imagem de um cetáceo no escudo do esposo de Penélope. Aos dezessete anos, percebendo que os pretendentes, após uma longa ausência de Ulisses, assediavam cada vez mais sua mãe e sobretudo dilapidavam os bens da família real, tentou afastá-los. Atená, entretanto, agiu rapidamente, porquanto os pretendentes, por julgarem que o jovem príncipe era o grande obstáculo à decisão da rainha na escolha de um deles, tramavam eliminá-lo. Foi assim que, por conselho da deusa de olhos garços, Telêmaco partiu para a corte de Nestor, em Pilos, e depois para junto de Menelau e Helena, em busca de notícias do pai.

Em Pilos, se não conseguiu informação alguma acerca de Ulisses, teve, ao menos, segundo uma versão, um romance de amor com Policasta, filha de Nestor. Na corte de Esparta soube por Menelau o que Proteu lhe revelara: o rei de Ítaca era prisioneiro da ninfa Calipso na longínqua Ilha de Ogígia.

No retorno à pátria, o filho de Penélope se encontrou, no tugúrio do fidelíssimo porcariço Eumeu, com o pai, que voltara à terra natal, mas estava disfarçado em mendigo. Após se dar a conhecer ao filho, ambos planejam o massacre dos pretendentes, episódio em que o jovem príncipe, embora inexperiente, se mostrou digno da herança heroica do astuto rei de Ítaca.

Indo muito além da Odisseia, os mitógrafos acrescentaram ao currículo de *Telêmaco* episódios vários, alguns devidos a tradições bem mais recentes.

Na *Telegonia* de Êugamon de Cirene (séc. VI a.C.), relata-se que após a morte de Ulisses por Telégono (v.), este se casara com Penélope e Telêmaco se unira a Circe. Deste último enlace teria nascido Latino (v.) ou ainda Rome, epônimo de Roma. Mais tarde Telêmaco teria assassinado a esposa (v. Cassífone).

Conta-se também que, pressionado pelos pais dos pretendentes assassinados, Ulisses teria convocado a Neoptólemo (v.), para servir de árbitro entre ele e os revoltados aristocratas da ilha. O filho de Aquiles teria condenado o herói de Ítaca ao exílio perpétuo, assumindo Telêmaco as rédeas do governo.

Inversamente, existe uma tradição certamente muito tardia, segundo a qual o herói teria sido advertido por um oráculo para que desconfiasse do filho. Ulisses, de imediato, exilou Telêmaco na ilha dos feaces. A Pítia, no entanto, referia-se ao filho que tivera com Circe, Telégono, por quem na realidade o herói foi assassinado acidentalmente, o que proporcionou o retorno do filho de Penélope ao trono de Ítaca.

Segundo algumas fontes recentes, o jovem rei teria sido morto pelas Sereias, que desejavam assim vingar-se de Ulisses.

Personagem sem grande projeção em Homero, talvez por atuar distante do cenário da guerra, o mito de Telêmaco ficou à mercê de variantes e de relatos até mesmo bizarros dos mitólogos. É assim que o encontro do herói com Policasta, em Pilos, transmutou-se logo num absurdo romance de amor, cujo resultado foi o nascimento de dois filhos, Persépolis e o próprio Homero. A curta permanência do príncipe na ilha dos feaces provocara nova união amorosa: dessa feita com Nausícaa, que se tornou mãe de Persépolis ou Ptoliporto. Até o orador ateniense Andócides (séc. V a.C.) se dizia um longínquo descendente do casal. Talvez, por isso mesmo, o filho único de Ulisses e Penélope se tenha convertido mais numa figura literária que mítica.

Sua piedade e respeito sobretudo por Palas Atená e seu destemor, não raro um pouco ingênuos, transformaram-no, nos inícios do nosso século XVIII, em herói-padrão no célebre romance didático de Fénelon. O escritor francês esticou tanto a *Telemaquia*, que dois anos após a morte do autor (1715), *LesAventures de Télémaque*, esta "abondance fleurie", foi dividida em vinte e quatro livros. Não há dúvida, *As Aventuras de Telêmaco*, de Fénelon, são a réplica moderna, *mutatis mutandis*, da *Ciropedia* de Xenofonte.

TÉLEMO.

Τήλεμος (Télemos), *Télemo*, provém certamente de τῆλε (tële), "longe, de longe, à distância" (v. Telégono), isto é, "o que prevê com grande antecipação".

Consoante a *Odisseia*, IX, 507-512, Télemo era um adivinho famoso que vivia entre os Ciclopes e predissera, com longa antecedência, que Polifemo seria cegado por Ulisses.

TELFUSA.

Τέλφουσα (Télphusa), *Telfusa*, é derivado por Carnoy, *DEMG*, p. 195, do indo-europeu **dhelb-*, "cavar, abrir fendas", donde o significado do antropônimo de "aquela que escava, abre uma cavidade".

Telfusa é a ninfa de uma fonte localizada junto de um penhasco, na Beócia, entre as cidades de Haliarto e Alalcômenes.

Quando Apolo retornou da região dos Hiperbóreos, se encantou com a beleza e o clima do lugar, e fez projetos de instalar ali o seu santuário. A ninfa, porém, percebendo que a presença do deus fatalmente lhe roubaria todo o prestígio, aconselhou ao filho de Zeus e Leto que erguesse o templo planejado em Delfos. Como Apolo, para instalar-se no Monte Parnasso, fora obrigado a lutar contra a serpente ou dragão Píton, considerou a sugestão de Telfusa como uma afronta e refinada astúcia. Para puni-la, escondeu as águas da fonte sob a rocha e ergueu no local um altar a si próprio.

TELQUINES.

Τελχῖνες (Telkhînes), *Telquines*. É bem possível que o nome desses pequenos demônios, que habitavam outrora a Ilha de Rodes, se origine do verbo θέλγειν (thélguein), "encantar, transformar ou paralisar por meio de sortilégios", donde "magos, encantadores". A hipótese de aproximação etimológica com o verbo em pauta é reforçada pelo fato de Hesíquio haver grafado Θελγῖνες (Thelguînes). De qualquer forma, o fato é discutível. A etimologia grega de θέλγειν (thélguein) é desconhecida, *DELG*, p. 427; *GEW*, s.u.

Filhos de Pontos, o Mar, e de Geia, segundo algumas tradições, "os demônios de olhar terrível", como eram chamados, habitavam a Ilha de Rodes. Possuíam uma irmã, Hália (v.), que se uniu a Posídon e foi mãe de seis filhos e uma filha, Rodos, epônimo da ilha supracitada. Como os Curetes cuidaram de Zeus, os Telquines, a pedido de Reia, participaram ativamente com Cáfira (v.) da criação e educação de Posídon.

Artistas, foram os primeiros a esculpir estátuas dos deuses, mas sua grande técnica era a magia. Tomavam a forma que lhes aprouvesse e tinham o poder de provocar a chuva, fazer cair a neve e o granizo. Eram, no entanto, extremamente ciosos de sua arte e a ninguém revelavam seus segredos.

Pressentindo a catástrofe do dilúvio universal, abandonaram sua terra natal e dispersaram-se pelo mundo. Um deles, Lico (v.), fugiu para a Lícia, onde construiu um templo para difundir o culto de Apolo Lício.

Os Telquines eram imaginados como seres anfíbios: da cintura para baixo tinham a forma de peixe e o restante do corpo possuía características humanas, mas seus olhos faiscavam e provocavam sortilégios e malefícios.

Maus e perversos, resolveram encharcar com as águas do Rio Estige a Ilha de Rodes para torná-la estéril (v. Macelo) o que provocou a cólera dos deuses. Apolo os traspassou com suas flechas ou, segundo outros, Zeus os fulminou e lançou nas profundezas do mar.

TÉLQUIS.

Τελχίς (Telkhís), *Télquis*, talvez, como Telquines (v.), provenha do verbo θέλγειν (thélguein), "encantar, transformar ou paralisar por meio de sortilégios", donde "o mago, o encantador".

Consoante Pausânias, *Itinerário*, 2,5,6, Télquis, filho de Europa e pai de Ápis, foi um dos reis de Sicione. Na tradição argiva, porém, transmitida por Apolodoro, *Biblioteca histórica*, 2,1,1, Télquis e Télxion foram dois heróis que libertaram o Peloponeso do sanguinário tirano Ápis.

TÉLXION.

Θελξίων (Thelksíon), *Télxion*, talvez, segundo Carnoy, *DEMG*, p. 198, se possa aproximar etimologicamente de Telquines (v.), como derivado do verbo θέλγειν (thélguein), "encantar, transformar ou paralisar por meio de encantamentos", donde significar hipoteticamente o antropônimo "o mago, o encantador".

Quinto rei de Sicione, Télxion é um descendente de Egialeu (v. Sícion). Um segundo herói homônimo, outros acham que se trata do próprio rei de Sicione, é um dos assassinos do tirano sanguinário Ápis (v.).

TÊMENO *(I, 101-102, 280; III, 61)*.

Τήμενος (Têmenos), *Têmeno*, não possui etimologia segura. Após discutir algumas hipóteses, Carnoy, *DEMG*, p. 195, parece inclinar-se para uma origem anatólia do antropônimo, que significaria "habitação, sítio, local", donde "o que busca um local para residir".

Há três heróis principais com este nome. O primeiro era filho de Pelasgo, originário de Estinfalo, no Peloponeso. Foi ele, segundo uma versão, quem criou e educou a deusa Hera. Em honra da protetora dos amores legítimos ergueu três santuários: o primeiro a Hera Menina; o segundo, após o casamento com Zeus, a Hera Núbil, e o terceiro, quando a deusa se separou temporariamente do esposo, a Hera Viúva.

O segundo teria sido um dos filhos de Fegeu. Com a ajuda de seu irmão Áxion, Têmeno teria assassinado a Alcméon. A versão devida a Pausânias parece recente, porque os dois filhos de Fegeu são normalmente chamados Prônoo e Agenor, que, aliás, aparecem também como filhos do próprio Alcméon (v.).

O mais célebre no mito dentre estes heróis homônimos é um heraclida, filho de Aristômaco, bisneto de Hilo, que é, como se sabe, filho de Héracles e Dejanira. Numa tradição um pouco diferente, o herói aparece como neto de Hilo e, portanto, filho de Cleodeu, que na versão anterior é seu avô.

A Têmeno e a seu irmão Cresfonte coube a pesada tarefa de reconquistar o Peloponeso (v. Heraclidas). Este, consolidada a vitória, foi dividido em três reinos: Argólida, Lacônia e Messênia. Têmeno, usando de astúcia, fez que o bravo Ergieu, descendente de Diomedes, se apossasse do Paládio (v.), que defendia Argos. Desguarnecida a cidadela de sua proteção mágica, tornou-se presa fácil de Têmeno, que a transformou na capital da Argólida, reino que lhe coube por sorte. O rei, tendo dado a mão de sua filha Hirneto ao heraclida Deifonte, provocou descontentamento geral entre os filhos, que resolveram matá-lo, enquanto se banhava sozinho num rio próximo de Argos.

Têmeno, porém, apesar de muito ferido, não morreu logo. Teve ainda tempo e forças para deserdar os filhos criminosos e entregar o reino a Deifonte.

TÊMIS *(I, 106, 154, 158, 162, 184, 196, 201-202, 229, 232, 280, 343; II, 23, 27, 33; III, 114).*

Θέμις (Thémis), *Têmis*, já aparece no micênico sob a forma *temi*, que em Cnossos, talvez possa ser traduzido por "tributo" ou quiçá "limite". Etimologicamente, o teônimo procede do verbo τιθέναι (tithénai), da raiz *dhē, "pôr, colocar, estabelecer como norma", donde Têmis expressa "o que é estabelecido como a regra, a lei divina ou moral, a justiça, o direito divino" (em latim *fas*), por oposição a *νόμος* (nómos), "lei humana" (em latim *lex* ou *ius*) e a δίκη (díkē), "maneira de ser ou de agir", donde "hábito, o costume, a regra, a lei, a justiça" (em latim *consuetudo*). Em síntese, Têmis é "a deusa das leis eternas, da justiça emanada dos deuses", *DELG*, p. 427-428; *GEW*, s.u.

Filha de Úrano e Geia, Têmis é uma das Titânidas. Enquanto deusa da justiça divina, figura como segunda esposa de Zeus, após Métis (v.). Com o pai dos deuses e dos homens foi mãe das Horas (v.) e das três Moiras personificadas, Cloto, Láquesis e Átropos, bem como das ninfas do Rio Erídano (Pó), as quais ensinaram a Héracles o caminho que levava ao jardim das Hespérides. Uma variante que se encontra apenas na tragédia de Ésquilo, *Prometeu Acorrentado*, 18; 209-211 e 873-874, faz da deusa da justiça divina mãe de Prometeu.

Como personificação da justiça ou Lei Eterna, aconselhou a Zeus, na luta contra os Gigantes, a cobrir o escudo, que passou a denominar-se Égide, com a pele da cabra Amalteia.

Atribui-se também a ela a ideia da Guerra de Troia, a fim de se equilibrar a densidade demográfica da terra.

Apesar de ser uma Titânida, foi admitida entre os imortais do Olimpo. Era honrada e respeitada não só por sua ligação com Zeus, mas pelos inúmeros serviços prestados aos deuses, no que se refere a leis, ritos e oráculos. Titular antiga do oráculo pítico, foi ela segundo uma tradição quem ensinou a Apolo as técnicas da mântica. Consta ainda que foi Têmis quem revelou a Zeus e a Posídon que não se unissem à nereida Tétis, porque, se isto acontecesse, esta daria à luz um filho mais poderoso que o pai. Advertiu também a Atlas que um filho de Zeus, no caso Héracles, arrancaria os pomos de ouro do jardim das Hespérides.

Na *Teogonia*, 901-905, de Zeus e Têmis nasceram somente as Horas e as Moiras. Uma versão mais recente, porém, que se encontra, entre outros, em Arato, Higino e sobretudo em Ovídio, *Met.*, 1, 150, 159, 534, faz igualmente de Zeus e Têmis os pais da Virgem Astreia (v.).

TEMISTO *(III, 61).*

Θεμιστώ (Themistṓ), *Temisto*, consoante Carnoy, *DEMG*, p. 198, seria uma variante de Têmis (v.) e significaria, por isso mesmo, "a defensora ou a que pratica a justiça".

Filha de Hipseu e Creúsa, neta, portanto, do deus-rio Peneu, Temisto se casou com Átamas (v.) e foi mãe de quatro filhos: Lêucon, Erítrio, Esqueneu e Ptóos, ou, conforme uma variante, apenas de dois, Orcômeno e Esfíngio. Segundo uma versão de Eurípides, Temisto que planejara matar Learco e Melicertes, os dois filhos que Átamas tivera com a segunda esposa Ino, acabou, por astúcia desta última, eliminando dois filhos seus. Estes não estariam entre os quatro primeiros, mas seriam os dois últimos citados, isto é, Orcômeno e Esfíngio. Tomando conhecimento do trágico equívoco, Temisto se enforcou (v. Átamas e Leucoteia).

TÊMON.

Τέμων (Témōn), *Têmon*, segundo Carnoy, *DEMG.*, p. 195, proviria do verbo τέμνειν (témnein), "cortar", pois o antropônimo designaria uma personagem que desempenhava, num mito etiológico, a função de cortar a primeira posta de carne da vítima que era sacrificada a Apolo pelos enianos da Tessália.

Expulsos pelos lápitas de Pelasgiótis, na Tessália, os enianos vagaram pela Hélade inteira, até que resolveram fixar-se às margens do Rio Ínaco, na Acarnânia, mas tiveram pela frente a resistência dos ínacos e dos aqueus. É que um oráculo havia anunciado aos primeiros, bem como aos invasores, que a posse "de uma parte da terra" de qualquer região significaria o domínio total da mesma. Para contornar o grave problema, Têmon, nobre eniano, disfarçado em mendigo, dirigiu-se à corte de Hipéroco, rei dos ínacos, homem violento e sacrílego. Desprezando a lei sagrada da hospitalidade, em lugar de pão, o rei ofereceu ao mendicante, por ironia, um punhado de terra. Têmon colocou-a num alforje e, sob a proteção de Apolo, a quem prometeu uma hecatombe, logrou escapar de Hipéroco, que, advertido pelos anciãos acerca do antigo oráculo, mandou procurar por toda parte o falso mendigo, a fim de matá-lo.

Um pouco mais tarde se travou uma justa entre o rei dos enianos, Fêmio, e Hipéroco, que foi liquidado pelo adversário com uma pedrada. Com isto os enianos se apossaram do reino dos ínacos. Em memória desta gesta gloriosa e do respaldo de Apolo, os enianos instituíram um culto especial às pedras e nos sacrifícios em agradecimento ao deus de Delfos ofereciam aos descendentes de Têmon uma posta escolhida da vítima, que passou a denominar-se "a carne do mendigo".

TÊNERO.

Τήνερος (Têheros), *Tênero* segundo Carnoy, *DEMG*, p. 196, talvez se origine do indo-enropeu *dē(i)no*, "claro", donde significar o antropônimo "o brilhante, o iluminado".

Filho de Apolo e da ninfa Mélia, Tênero era um rei de Tebas. Tinha um irmão chamado Ismeno, epônimo do rio homônimo.

O herói era sacerdote de Apolo Ptoo, de quem recebeu o dom da adivinhação, tornando-se um *mántis* célebre.

TENES *(III, 22, 38-39, 77, 77[61])*.

Τένης (Ténēs), *Tenes*, poderia, segundo Carnoy, *DEMG*, p. 196, provir do indo-europeu *dhen*, "estender-se, ampliar-se", daí o sânscrito *dhanu*, "praia, borda", uma vez que se trata de um epônimo da Ilha de Tênedos. O antropônimo significaria "o senhor de uma ampla extensão de terra".

Filho de Cicno (v.), rei de Colonas, cidade vizinha de Troia, ou segundo outros, de Apolo e Procleia, possuía uma irmã chamada Hemítea. Com o falecimento da primeira esposa, Cicno se uniu a Filônome que, face à recusa de Tenes em prevaricar com ela, acusou-o falsamente junto ao marido de tentar violentá-la (v. Motivo Putifar).

Acreditando na mulher, o rei prendeu os filhos do primeiro matrimônio num cofre e lançou-o ao mar. O casal, todavia, certamente protegido por seu avô Posídon, chegou são e salvo à Ilha de Lêucofris, que por causa de Tenes, que foi proclamado rei da ilha, passou a chamar-se Tênedos.

Mais tarde, inteirado da verdade, Cicno mandou enterrar viva a esposa e dirigiu-se apressadamente para Tênedos, na tentativa de reconciliar-se com o filho. Este, irredutível, cortou as amarras que prendiam o barco paterno à praia e fê-lo retornar a Colonas.

Quando os aqueus velejavam para a Tróada, passaram pela Ilha de Tênedos e o rei tentou impedir-lhes o desembarque, atirando contra eles uma chuva de pedras, mas acabou sendo morto por Aquiles. Uma variante atesta que Cicno, que obtivera o perdão do filho, pereceu lutando a seu lado.

Segundo uma outra versão, Tenes morreu em defesa de sua irmã Hemítea, que fugia às investidas amorosas de Aquiles. Foi sepultado no mesmo local em que mais tarde se lhe ergueu um templo, cuja entrada era vedada aos flautistas, porque Eumolpo dera respaldo às acusações mentirosas de Filônome contra o enteado (v. Cicno).

No mito pós-homérico de Aquiles, a morte de Tenes constitui um dos numerosos episódios ligados ao destino trágico do herói aqueu. Tétis o advertiu do perigo de matar um filho de Apolo. Se o fizesse, pereceria violentamente em Troia. Aquiles (v.), sem o saber, assassinou a Tenes.

TEOCLÍMENO *(III, 48)*.

Θεοκλύμενος (Theoklýmenos), *Teoclímeno*, é um composto de θεός (theós) "deus" e do verbo κλύειν (klýein), "atender, ouvir", donde "o que ouve ou é ouvido pelos deuses; o que interpreta a mensagem divina, o adivinho". Quanto à etimologia grega de θεός (theós), "deus", v. Praxítea e do verbo κλύειν (klýein), v. Clímene.

Filho do mântico Polifides (v.), descendente portanto de Melampo (v.), Teoclímeno é também adivinho. Na *Odisseia*, XV, 222-286, narra-se a longa história da peregrinação desse inspirado de Apolo. Originário de Argos, Teoclímeno cometeu um crime em sua terra natal e foi obrigado a exilar-se. Refugiou-se em Pilos, onde se encontrou com Telêmaco (v.), que andava à procura do pai e com ele seguiu para Ítaca. Ao desembarcar na ilha, o adivinho interpretou como de bom augúrio o voo de um falcão que passou à direita de Telêmaco, dizendo-lhe que a família de Ulisses seria sempre a mais poderosa de Ítaca (*Odiss.*, XV, 508-534). Em seguida, predisse a Penélope que seu esposo já estava na terra natal (*Odiss.*, XVII, 151-161) e anunciou aos pretendentes em cores muito vivas a ruína que em breve se abateria sobre todos eles (*Odiss.*, XX, 350-370).

Um segundo herói homônimo é filho de Proteu (v.) e Psâmate. Teoclímeno aparece na tragédia de Eurípides *Helena*, *passim*, como sucessor de Proteu no reino do Baixo Egito. Cruel e despótico, era além do mais inimigo figadal dos helenos: sacrificava impiedosamente a quantos lhe caíssem às mãos. Helena (v.) que, por vontade da deusa Hera fora levada para a corte de Proteu, viu-se, repentinamente, com a morte deste último presa fácil do libidinoso Teoclímeno, que passou a assediá-la.

A heroína, todavia, tendo-se encontrado com Menelau, que chegara ao Egito, vindo de Troia, conseguiu, com o respaldo de Teônoe (v.), irmã do tirano, ludibriar o monarca e escapar com o esposo.

Vendo-se enganado, Teoclímeno só desistiu de matar a irmã, acusada de cúmplice dos fugitivos, e suspender a perseguição aos reis espartanos pela intervenção dos Dioscuros Castor e Pólux, irmãos de Helena (v. *Helena, o eterno feminino*, Petrópolis, Editora Vozes, 1989).

TEÓFANE.

Θεοφάνη (Theophánē), *Teófane*, é formado por θεός (theós), "deus" (v. Praxítea) e pelo verbo φαίνειν (phaínein), "fazer brilhar, aparecer, surgir", donde significar o antropônimo "a que surge como uma deusa". Quanto ao verbo em pauta, aparece ele ora com radical φαν (phan-) ora com a alternância φᾱ-/φᾰ (phā-/phă-), cuja fonte é o indo-europeu *bh(e)*, "brilhar, iluminar, explicar, esclarecer, falar", presente no sânscrito *bhā́ti*, "ele ilumina", no próprio grego φημί (phēmí), "eu manifesto, digo", latim *fari*, " falar, predizer", *DELG*, p. 1.172.

Filha do rei trácio Bisaltes, Teófane era de uma beleza tão singular, que muitos nobres porfiavam em desposá-la. Posídon, no entanto, se antecipou e, após raptá-la, levou-a para Ilha de Crumissa, aliás desconhecida e que deve ser uma corruptela.

Os pretendentes, inconformados, saíram em busca da princesa e acabaram por descobrir-lhe o paradeiro. O deus do mar transformou-a em ovelha de rara beleza e se metamorfoseou em carneiro, fazendo o mesmo com todos os habitantes da ilha. Os príncipes trácios, encontrando apenas ovelhas e carneiros em Crumissa, passaram a alimentar-se dos mesmos. Antes que fosse tarde em demasia e a belíssima Teófane corresse o risco de ser sacrificada, o deus do mar transformou os pretendentes em lobos. Uniu-se, em seguida, à ovelha Teófane e fê-la mãe do *carneiro de velo de ouro*, que levará Frixo até a Cólquida (v. Argonautas).

TEÔNOE.

Θεονόη (Theonóē), *Teônoe*, é um composto de ϑεός (theós), "deus" (v. Praxítea) e de uma forma νόη (nóē), de νόος (nóos), contrato νοῦς (nûs), "inteligência, espírito", donde significar o antropônimo "a que possui uma inteligência esclarecida pelos deuses". Quanto à etimologia grega de νόος (nóos), ainda não se chegou a um acordo, apesar das hipóteses de Frisk, *GEW*, s.u.

Há duas heroínas com este nome. A primeira é filha de Proteu (v.) e irmã, por conseguinte, do violento e cruel Teoclímeno (v.). Na tragédia de Eurípides *Helena*, *passim*, Teônoe desempenha papel importante como conselheira e sobretudo cúmplice de Helena (v.), porquanto sua ascendência divina lhe conferia poderes divinatórios. Foi ela quem ajudou a rainha de Esparta a escapar do Egito e, por isso mesmo, seria fatalmente morta pelo truculento Teoclímeno, não fora a intervenção dos Dioscuros Castor e Pólux, que acalmaram a ira do rei egípcio, conforme se mostrou em *Helena, o eterno feminino*, Petrópolis, Vozes, 1989, p. 104-106.

Uma tradição mais recente conta que a ajuda de Teônoe ao casal espartano se deveu em parte ao fato de a mesma ter-se apaixonado por Canopo (v.), piloto de Menelau.

A segunda heroína homônima é personagem de uma aventura romanesca relatada por Higino, na Fábula 190, que reflete certamente alguma tragédia perdida. Trata-se de uma filha de Testor (v.), irmã, por conseguinte, do adivinho Calcas e de Leucipe.

Um dia, em que a bela Teônoe se divertia na praia, foi raptada por piratas e vendida a Ícaro, rei da Cária, que fez da lindíssima jovem uma de suas concubinas. Testor, sacerdote de Apolo, partiu, de imediato, à procura da filha, mas naufragou exatamente nas costas do reino de Ícaro, que transformou também em escravo o servidor do deus de Delfos. Apolo, consultado por Leucipe, ordenou que a mesma saísse em busca do pai e da irmã. Tendo rapado a cabeça, apresentou-se na corte do soberano da Cária travestida de sacerdote.

Teônoe não a reconheceu e, tomando-a por um homem, apaixonou-se por ela. Repelida em suas pretensões, a concubina real ordenou que um dos escravos do palácio, Testor, que igualmente não fora identificado, se encarregasse de matá-la. O sacerdote de Apolo penetrou na prisão, onde estava a filha, mas, não a reconhecendo de pronto, pôs-se a lamentar em altas vozes seu triste destino: além de haver perdido a Teônoe e Leucipe, ainda se via na contingência de praticar um homicídio. Desesperado, voltou a espada contra o próprio peito. Leucipe, que percebera logo de quem se tratava, arrancou-lhe o gládio das mãos e dirigiu-se ao palácio para matar a Teônoe. Esta, vendo-se perdida, começou a invocar a Testor, o que provocou um reconhecimento geral entre as filhas e o pai.

Ícaro, vendo em tantas coincidências a vontade divina, cumulou-os de presentes e os enviou de volta à terra natal.

TERAMBO.

Τέραμβος (Térambos), *Terambo*. Como existe na grafia uma hesitação entre Τέραμβος (Térambos) e κεράμβος ou κεράμβυξ (kerámbos e kerámbyks), espécie de "escaravelho com um chifre comprido, também denominado veado voador", talvez se trate de uma deformação por tabu e o antropônimo significaria "cervo voador".

Filho de Posídon e da ninfa oréada Idoteia, Terambo era pastor no Monte Ótris, onde vivia. Dotado de uma voz maravilhosa, era hábil flautista e precedeu a todos os mortais que cantavam, fazendo-se acompanhar da lira. Cercado pelas ninfas e admirado pelo deus Pã, o jovem e talentoso filho de Posídon deixou-se dominar pelo orgulho. Tendo-lhe Pã admoestado que o próximo inverno seria por demais rigoroso no Monte Ótris e que seria mais seguro tanger o rebanho para a planície, o pastor, insolente e vaidoso, não apenas fez ouvidos moucos ao aviso do deus, mas ainda se pôs a ironizar as ninfas. Não satisfeito em dizer serem elas descendentes do deus-rio Esperquio e não filhas de Zeus, como pretendiam, inventou um romance de amor entre uma delas, Diópatra, e Posídon. Contava ele que o deus, enamorado da ninfa, transformou as demais em raízes e logo depois em álamos. Satisfeita a paixão, o imortal deu-lhes novamente a forma primitiva.

As ninfas aguardaram pacientemente a chegada do rigoroso inverno anunciado por Pã. Quando perceberam que o arrogante cantor havia perdido todo o seu rebanho, vingaram-se dele, transformando-o em κεράμβυξ (kerámbyks), em "veado voador", coleóptero que se alimenta da casca das árvores (v. Cerambo).

TERAS.

Θήρας (Théras), *Teras*, não possui etimologia conhecida. A hipótese de Carnoy, *DEMG*, p. 199, fazendo provir o antropônimo do indo-europeu **dhērā*, "corrente, onda", sânscrito *dhārā*, parece muito pouco provável.

Herói epônimo da Ilha de Tera. Terás é da família de Cadmo e descende da quinta geração de Édipo.

O pai do herói, Autésion, se radicou em Esparta, onde sua filha caçula Argia se casou com o heraclida Aristodemo e foi mãe de dois meninos, Procles e Eurístenes.

Tendo o heraclida falecido muito cedo, Teras passou a ser o tutor dos príncipes e assumiu o governo como regente. Tão logo os sobrinhos alcançaram a maioridade, o orgulhoso Teras, para não submeter-se a eles, deixou Esparta. Com três navios, lotados de mínios, que, expulsos de Lemnos, se haviam estabelecido na Lacedemônia, velejou em direção à ilha que até então se chamava Καλλίστη (Kallístē), a Belíssima. A escolha desta ilha se deveu ao fato de ter sido ela outrora colonizada pelos fenícios, companheiros de Cadmo, antepassado do herói.

Tão logo se apossou de *Kallístē*, mudou-lhe o nome para Tera.

TEREU *(I, 41, III, 150, 236)*.

Τηρεύς (Tēreús), *Tereu*, segundo Carnoy, *DEMG*, p. 196, talvez provenha do verbo τηρεῖν (tēreîn),"vigiar, observar, cuidar de", donde significar o antropônimo "o vigilante".

Tereu, filho de Ares e rei da Trácia, é o herói do mito de Procne e Filomela (v.).

TÉRMERO.

Τέρμερος (Térmeros), *Térmero*, nome de um bandido e pirata assassinado por Héracles, donde τερμέριον κακόν (termérion kakón) ou simplesmente τερμέριον (termérion), "o que prejudica a si mesmo", *DELG*, p. 1.107.

Herói epônimo da cidade de Térmera, na Cária, Térmero era um pirata lélego que não só assolava as costas da Lícia e da Cária, mas também a Ilha de Cós. Trata-se, ao que parece, de um malfeitor idêntico de que fala Plutarco, que matava os viajantes a cabeçadas, até ser liquidado por Héracles.

TERO.

Θηρώ (Thērṓ), *Tero*, segundo Carnoy, *DEMG*, p. 199, talvez proceda de θήρ, θηρός (thḗr, thērós), "animal selvagem", donde o antropônimo significaria "a caçadora", uma vez que o verbo θηρᾶν (therân), derivado de θήρ (thḗr), tem o sentido de "caçar". Se a hipótese é correta, seria conveniente acrescentar que θήρ (thḗr) remonta ao indo-europeu **ghwēr-*, donde a forma secundária latina *fĕrus, fĕra*, "selvagem, animal selvagem", *DELG*, p. 436.

Tero é uma descendente da terceira geração de Íficles, irmão gêmeo de Héracles. Unida a Apolo, foi mãe de Quéron, herói epônimo da cidade de Queroneia, na Beócia.

TERPSÍCORE *(I, 203)*.

Τερψιχόρα (Terpsikhóra), *Terpsícore*, é um composto do verbo τέρπεσθαι (térpesthai), cujo sentido inicial é "obter satisfação plena do desejo", daí "ter prazer em, divertir-se, alegrar-se" e de χορός (khorós), "dança, coro", donde significar o antropônimo "a que se rejubila nos coros". O verbo *térpesthai*, "alegrar-se, rejubilar-se", possui, entre outros, o correspondente sânscrito *tarpati*, "ele se alegra, tem prazer em". Quanto a *khorós*, "dança, coro", tem sua etimologia discutida em Frisk., *GEW*, s.u.

Filha de Zeus e Mnemósina, Terpsícore é uma das nove Musas e sua função básica é presidir à dança, ao menos a partir da época clássica (séc. V a.C.). De sua união com o Rio Aqueloo teriam nascido as Sereias (v.). Surge ainda no mito como mãe de Lino (v.), de Reso e de outras personagens.

Suas atribuições, porém, pelo menos no princípio, são as mesmas que as de suas irmãs (v. Musas).

TERSANDRO *(III, 208)*.

Θέρσανδρος (Thérsandros), *Tersandro*, é um composto θέρσος (thérsos), forma eólia de θάρ-σος (thársos), correlato de θρασύς (thrasýs), "corajoso, audacioso" e de ἀνήρ, ἀνδρός (anḗr, andrós), "homem viril, destemido", donde "o homem, o herói intimorato". Quanto a ἀνήρ (anḗr), o alfa inicial, que não é claro, talvez seja uma prótese ou alternância, o qual se encontra também no armênio *ayr*, "guerreiro". O tema aparece no sânscrito *nār-(nar-)*, itálico *nēr*, genitivo plural osco *nerum*, e no nome próprio *Nero*, "o viril". Quanto a θέρσος (thérsos), "corajoso, viril", que aparece sob a forma θάρσος (thársos), por influência de θαρσύς (tharsýs), possui um correspondente no sânscrito *dhársa-*. O adjetivo θρασύς (thrasýs) pode ser cotejado com o sânscrito *dhṛṣú-*, "audacioso", *DELG*, p. 424.

São dois os heróis com este nome. O primeiro é filho de Sísifo e Mérope. Foi pai de Haliarto e Corono, epônimos respectivamente das cidades beócias de Haliarto e Coroneia.

O segundo, bem mais importante no mito, é filho de Polinice e Argia, descendente portanto de Édipo e Adrasto. Participou da vingadora expedição dos Epígonos (v.) contra Tebas. Foi ele quem subornou Erifila (v.) com o manto de Harmonia, a fim de que a mesma convencesse o próprio filho Alcméon a participar da luta.

Após a grande vitória, Tersandro passou a governar Tebas e teve o bom-senso de trazer de volta à cidade todos os habitantes que se haviam dispersado durante o saque da fortaleza dos cadmeus. Casou-se com Demonassa, filha de Anfiarau (v.), e foi pai do herói Tisâmeno (v.).

Participou da primeira e fracassada expedição dos aqueus contra Ílion, mas pereceu às mãos de Télefo, quando do desembarque na Mísia. Diomedes, seu amigo, fez-lhe suntuosos funerais.

Virgílio, *Eneida*, 2, 260-264, seguindo uma outra versão, apresenta o herói como participante da Guerra de Troia, figurando inclusive entre os grandes paladinos que lotaram o bojo do cavalo de madeira.

TERSITES (*I, 181; III, 55, 297, 297[228]*).

Θερσίτης (Thersítēs), *Tersites*, é um derivado da forma eólia θέρσος (thérsos), "corajoso, destemido" (v. Tersandro), mas o epíteto é empregado no caso em pauta por antífrase e ironia.

Tersites e seus irmãos Onquesto, Prótoo, Celeutor, Licopeu e Melanipo são filhos de Ágrio. Trata-se, portanto, de um herói eólio. Em companhia dos irmãos expulsou do trono de Cálidon o tio Eneu (v.), quando este, já muito idoso, não podia defender-se.

Homero, na *Ilíada*, II, 212-244, nos fornece um retrato de corpo inteiro de Tersites, o mais feio, covarde e atrevido dos helenos que lutaram em Troia. Era coxo, de pernas tortas, corcunda e calvo. Inimigo figadal dos reis aqueus, sobretudo dos atridas, não lhes poupava críticas, justas ou injustas. Quando Agamêmnon, para testar seus comandados, sugeriu levantar o cerco de Ílion, Tersites não só acolheu prontamente a proposta, mas ainda, numa arenga violenta e cáustica contra o atrida, por pouco não disseminou a sedição e a desordem no acampamento heleno. Ulisses, que procurava reanimar os chefes e os soldados, tendo-o ouvido, após responder-lhe ao discurso, surrou-o violentamente com seu cetro de ouro, batendo-lhe nos ombros e na corcunda, até esguichar o sangue. Tersites, apavorado, sentou-se e começou a chorar. A soldadesca explodiu em gargalhadas, o que muito serviu para desarmar os ânimos e aliviar a tensão.

Relata-se igualmente, o que não consta da *Ilíada*, que o mais feio dos gregos, na caçada ao javali de Cálidon, fugiu espavorido, tão logo viu a fera.

Contam os poemas cíclicos que o filho de Ágrio pereceu em Troia em consequência de sua perversidade. É que tendo caído sob os golpes de Aquiles a linda rainha das Amazonas, Pentesileia, esta ficou tão bela na morte, que o herói de Ftia se comoveu até as lágrimas. Tersites ridicularizou-lhe a ternura e ameaçou furar à ponta de lança os olhos da morta. Aquiles, num acesso de raiva, matou-o a murros, tendo depois que purificar-se na Ilha de Lesbos.

TESEU (*I, 55-56, 1-62, 64, 82-83, 101, 108, 113, 122, 311-313[208], 325; II, 22, 28, 48, 102, 131[53], 139, 244; III, 22-23, 27, 27[18], 28, 31, 37-38, 42, 44-45, 52, 52[41], 58, 61, 64, 70, 104-105, 113, 129, 131, 149, 149[125], 150-154, 154[128], 155-157, 157[134], 158-160, 162-168, 170-174, 183, 194, 196[140], 198, 214, 217*).

Θησεύς (Thēseús), *Teseu*, que já aparece no micênico, não possui etimologia conhecida, *DELG*, p. 463. Carnoy, *DEMG*, p. 199, aventa a hipótese de uma formação pelásgica, partindo de *teu> *tewes> *te(u)s-o> *thēso, "o forte" donde Teseu seria "o forte por excelência". A hipótese não é comprovada.

Quanto à genealogia do herói ateniense, é bastante verificar o quadro que a seguir estampamos, para se concluir que o êmulo de Héracles possui em suas veias o sangue divino de três deuses: descende longinquamente de Zeus, está "bem mais próximo" de Hefesto e é filho de Posídon.

A árvore genealógica, embora um pouco podada, mostra com mais clareza os dois últimos parentescos do fundador mítico da democracia ateniense.

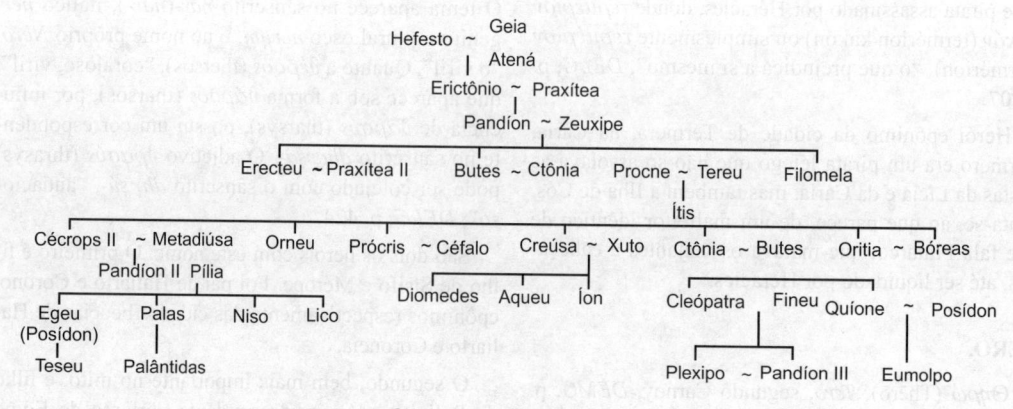

```
                    Hefesto ~ Geia
                            |
                          Atená
                    Erictônio ~ Praxítea
                       Pandíon ~ Zeuxipe
        ┌──────────────────┬──────────────────┬──────────┐
   Erecteu ~ Praxítea II   Butes ~ Ctônia   Procne ~ Tereu   Filomela
                                               |
                                              Ítis
   ┌────────┬──────┐        ┌──────┬──────┐    ┌──────┬──────┐
Cécrops II ~ Metadiúsa  Orneu  Prócris ~ Céfalo  Creúsa ~ Xuto  Ctônia ~ Butes  Oritia ~ Bóreas
        Pandíon II ~ Pília
   ┌────┬──────┬──────┐        ┌────────┬──────┐    ┌──────┬──────┐
  Egeu  Palas  Niso  Lico    Diomedes  Aqueu  Íon   Cleópatra  Fineu  Quíone ~ Posídon
 (Posídon)                                              |
  Teseu  Palântidas                              Plexipo ~ Pandíon III  Eumolpo
```

Obs.: ~ = casamento

Herói essencialmente de Atenas, Teseu é o Héracles da Ática. Tendo vivido, consoante os mitógrafos, uma geração antes da Guerra de Troia, dois de seus filhos, Demofonte e Ácamas, participaram da mesma. Bem mais jovem que o filho de Alcmena, foi-lhe, no entanto, associado em duas grandes expedições coletivas: a busca do Velocino de Ouro e a guerra contra as Amazonas. Como todo herói, "o filho de Posídon" teve uma origem deveras complicada. Segundo o mito, Egeu, rei de Atenas, não conseguindo ter um filho com várias esposas sucessivas, dirigiu-se a Delfos para consultar Apolo. A Pítia respondeu-lhe com um oráculo tipicamente "Lóxias" (v. Apolo), proibindo-lhe "desatar a boca do odre antes de chegar a Atenas". Não tendo conseguido decifrar o enigma, Egeu decidiu passar por Trezena, cidade de Argólida, onde reinava o sábio Pitéu. Foi no decorrer do percurso Delfos-Trezena que o rei de Atenas aportou em Corinto, exatamente no momento em que Medeia, no relato de Eurípides, *Medeia*, 663sqq., já decidida a matar Creonte, a Princesa Creúsa e os próprios filhos, mas sem saber para onde fugir, resolveu tomar a decisão tremenda. É que tendo recebido do rei de Atenas a promessa de asilo, em troca de "fazê-lo gerar uma descendência, por meio de determinados filtros", a desventurada esposa de Jasão encontrou, afinal, a saída tão ansiosamente esperada.

Egeu haveria de lamentar, um pouco mais tarde, como se verá, o asilo inviolável prometido à mágica da Cólquida!

De Corinto o rei de Atenas navegou diretamente para Trezena. Pitéu, após ouvir a recomendação da Pítia, compreendeu-lhe, de imediato, a mensagem. Embriagou o hóspede e, mandando levá-lo para o leito, pôs junto dele sua filha Etra. Acontece, todavia, que na mesma noite em que passara ao lado do rei de Atenas, a princesa tivera um sonho: aparecera-lhe Atená, ordenando-lhe que fosse a uma ilha bem próxima do palácio real, a fim de oferecer-lhe um sacrifício. Ali lhe surgiu pela frente o deus Posídon, que fez dela sua mulher. Nesse encontro, nas horas caladas da noite, Etra ficou grávida de Teseu, que o rei de Atenas sempre pensou tratar-se de um filho seu.

Temendo seus sobrinhos, os palântidas, que lhe disputavam a sucessão, o rei, após o nascimento de Teseu, se preparou para retornar a Atenas, deixando o filho aos cuidados do avô, o sábio Pitéu, e de um grande pedagogo, Cônidas, ao qual os atenienses, à época histórica, sacrificavam um carneiro, às vésperas das Θησεῖα (Thēseîa), festas solenes em honra de Teseu. Antes de partir, entretanto, escondeu ritualmente, sob enorme rochedo, sua espada e sandálias, recomendando a Etra que, tão logo o menino alcançasse a adolescência, se fosse suficientemente forte para erguer a rocha, retirasse os objetos escondidos e o procurasse em Atenas. Na realidade, tão logo atingiu a adolescência, após oferecer, segundo o costume, parte de seu cabelo a Apolo, em Delfos, o jovem foi informado por Etra do segredo de seu nascimento e do esconderijo das sandálias e da espada paterna. Sem dificuldade alguma, como Artur ou Sigmund, que arrancaram sua *Nothung*, a (espada) "necessária", de uma pedra ou de uma árvore, o herói ateniense ergueu a rocha e retirou os objetos "necessários" para as provas que iriam começar.

Aconselhado pela mãe e pelo avô a dirigir-se a Atenas por mar, Teseu preferiu a rota terrestre, ao longo do Istmo de Corinto, infestado de bandidos, uma vez que, com o exílio de Héracles na Lídia, junto a Ônfale, salteadores e facínoras até então camuflados, haviam retomado suas atividades... Competia, pois, ao herói ático reiniciar a luta para "libertar-se" e libertar a Grécia de tantos monstros.

O primeiro grande encontro foi com Perifetes, um malfeitor cruel, filho de Hefesto e Anticleia. Coxo, apoiava-se numa muleta ou clava de bronze com que atacava os peregrinos que se dirigiam a Epidauro. Teseu o matou e fez da clava uma arma terrível na eliminação de tantos outros bandidos que encontraria pela vida.

O segundo encontro vitorioso do filho de Etra foi com o perigoso e cruel gigante Sínis que, com músculos de aço, vergava o tronco de um pinheiro até o solo e obrigava os que lhe caíam nas mãos a mantê-lo neste estado. Vencido pela retração violenta da árvore, os infelizes eram lançados a grande distância, caindo despedaçados. Não raro, Sínis vergava duas árvores de uma só vez e amarrava a cabeça do condenado à copa de uma delas e os pés à outra, fazendo a vítima dilacerar-se.

Submetido à primeira prova, Teseu vergou o pinheiro com tanta força, que lhe quebrou o tronco; depois subjugou Sínis, amarrou-o e o submeteu à segunda prova, despedaçando-o no ar.

Em honra do arqueador de pinheiros, como lhe chama Aristófanes, *As Rãs*, 966, que era igualmente filho de Posídon, Teseu teria instituído os *Jogos Ístmicos*, considerados como os *agônes* fúnebres de Sínis.

Acrescente-se que essa personagem tinha uma filha, chamada Perigune (v.), que se escondera numa plantação de aspargo, enquanto seu pai lutava com Teseu. Unindo-se, depois, ao herói ateniense, foi mãe de Melanipo, que, por sua vez, foi pai de Ioxo, cujos descendentes tinham devoção particular pelos aspargos, aos quais, afinal das contas, deviam o fato de "ter nascido".

Prosseguindo em sua caminhada, o jovem herói enfrentou a monstruosa e antropófaga Porca de Crômion, filha de Tifão e Équidna e que se chamava Feia, nome de uma velha bruxa que a criara e alimentava. O filho de Egeu a eliminou com um golpe de espada.

Consoante Chevalier e Gheerbrant, a *Porca* é o símbolo da fecundidade e da abundância, rivalizando, sob esse aspecto, com a vaca. Divindade selênica, a *Porca* é a mãe de todos os astros, que ela devora e devolve alternadamente, se são diurnos, ou noturnos, para permitir-lhes viajar pela abóbada celeste. Desse modo, engole as estrelas, ao aproximar-se a aurora e as pare novamente ao crepúsculo, agindo de maneira inversa com seu filho, o Sol. Vítima predileta de Deméter, a *Porca* simboliza o princípio feminino, reduzido à sua única prerrogativa de reprodução.

No caso em pauta, a Porca de Crômion configura o princípio feminino devorador.

Tendo chegado às Rochas Cirônicas, Teseu enfrentou o assassino e perverso Cirão. Filho de Pélops ou Posídon segundo alguns mitógrafos, instalou-se estrategicamente à beira-mar, nas terras de Mégara, nos denominados Rochedos Cirônicos, por onde passava a estrada, ladeando a costa; obrigava os transeuntes a lavarem-lhe os pés e depois os precipitava no mar, onde eram devorados por monstruosa tartaruga.

Teseu, em vez de lavar-lhe os pés, o enfrentou vitoriosamente e jogou-lhe o cadáver nas ondas, para ser devorado pela tartaruga-gigante.

Existe uma variante, segundo a qual Cirão era filho não de Pélops ou Posídon, mas de Caneto e Heníoque, filha de Piteu. Nesse caso, Cirão e Teseu eram primos. Supunha-se, por isso mesmo, que, para expiar esse crime, Teseu fundara, não em honra de Sínis, mas em memória do primo, os *Jogos Ístmicos* (v. Jogos).

A quinta e arriscada tarefa de Teseu foi a luta com o sanguinário Damastes ou Polipêmon, apelidado *Procrusto*, isto é, "aquele que estica". O criminoso assassino usava de uma "técnica" singular com suas vítimas: deitava-as em um dos dois leitos de ferro que possuía, cortando os pés dos que ultrapassavam a cama pequena ou distendia violentamente as pernas dos que não preenchiam o comprimento do leito maior. O herói ático deu-lhe combate e o matou, preparando-se para a sexta vitória contra o herói eleusino Cércion, filho de Posídon ou de Hefesto e de uma filha de Anfíction. O gigante de Elêusis obrigava os transeuntes a lutarem com ele e, dotado de força gigantesca, sempre os vencia e matava. Teseu o enfrentou: levantou-o no ar e, lançando-o violentamente no solo, o esmagou. Cércion é apenas mais um primo liquidado por Teseu, mas Procrusto merece um ligeiro comentário: reduzindo suas vítimas às dimensões que desejava, o "monstro" simboliza "a banalização, a redução da alma a uma certa medida convencional". Trata-se, no fundo, como assevera, com propriedade, Chevalier e Gheerbrant, da perversão do ideal em conformismo. Procrusto configura a tirania ética e intelectual exercida por pessoas que não toleram e nem aceitam as ações e os julgamentos alheios, a não ser para concordar. Temos, assim, nessa personagem sanguinária, a imagem do poder absoluto, quer se trate de um homem, de um partido ou de um regime político.

Vencida a primeira etapa, derrotados os monstros que a ele se opuseram, do Istmo de Corinto a Elêusis, o herói chegou aos arredores de Atenas. Com tanto sangue parental derramado, Teseu dirigiu-se para as margens do Rio Cefiso, o pai de Narciso, onde foi purificado pelos Fitálidas, os ilustres descendentes de um herói epônimo ateniense, Fítalo. Coberto com uma luxuosa túnica branca e com os cabelos cuidadosamente penteados (indumentado femininamente), o filho de Etra foi posto em ridículo por uns pedreiros que trabalhavam no templo de Apolo Delfínio. Sem dizer palavra, Teseu ergueu um carro de bois e atirou-o contra os operários.

Feito isto, penetrou incógnito na sede de seu futuro reino, mas, apesar de não se ter identificado, precedia-o uma grande reputação de destruidor de monstros, pelo que o rei temeu por sua segurança, pois que Atenas vivia dias confusos e difíceis. Medeia, que se exilara na cidade, com o fito de dar a Egeu uma "bela descendência", fizera uso de filtros diferentes: casara-se com o rei e propriamente se apossara das rédeas do governo.

Percebendo logo de quem se tratava, a mágica da Cólquida, sem dar conhecimento a Egeu de quanto sabia, mas, pelo contrário, procurando alimentar-lhe o medo com uma rede de intrigas em torno do recém-chegado, facilmente o convenceu a eliminar o "perigoso estrangeiro", durante um banquete que lhe seria oferecido. Com pleno assentimento do marido, Medeia preparou uma taça de veneno e colocou-a no lugar reservado ao hóspede. Teseu, que ignorava a perfídia da madrasta, mas querendo dar-se a conhecer de uma vez ao pai, puxou da *espada*, como se fosse para cortar a carne, e foi, de imediato, reconhecido por Egeu. Este entornou o veneno preparado pela esposa, abraçou o filho diante de todos os convivas e proclamou-o seu sucessor.

Quanto a Medeia, após ser repudiada publicamente, mais uma vez foi execrada e exilada, dessa feita, para a Cólquida.

Existe uma variante, certamente devida aos trágicos, no que se refere ao reconhecimento de Teseu pelo pai. Conta-se que, antes de tentar o envenenamento do enteado, Medeia o mandou capturar o touro gigantesco que assolava a planície de Maratona e que não era outro senão o célebre touro de Creta, objeto do sétimo Trabalho de Héracles.

Apesar da ferocidade do animal, que lançava chamas pelas narinas, o herói o capturou e, trazendo-o peado para Atenas, ofereceu-o em sacrifício a Apolo Delfínio. Ao puxar a espada para cortar os pelos da fronte do animal, como estipulavam os ritos de consagração, foi reconhecido pelo pai.

Foi durante a caçada desse touro que se passou a história de *Hécale*, assunto de um poema homônimo de Calímaco de Cirene (310-240 a.C.).

Hécale era uma anciã, que habitava o campo e teve a honra de hospedar o herói na noite que precedeu a caçada ao touro de Maratona. Havia prometido oferecer um sacrifício a Zeus, se Teseu regressasse vitorioso de tão arrojada empresa. Ao retornar, tendo-a encontrado morta, o filho de Egeu instituiu em sua honra um culto a Zeus Hecalésio.

Se bem que marcado, aliás como todo herói, pela *hýbris* e por um índice normal de enfraquecimento, Teseu, com a captura e morte do touro de Maratona, provará dentro em breve a todos os seus súditos que a força que subsiste nele resulta de sua *timé* e *areté*, vale dizer, de sua ascendência divina. Com o espírito bem-armado e a alma protegida, o filho de Posídon soube e saberá, graças à inocência de sua juventude, ultrapassar todas as barreiras que ameaçavam barrar-lhe a caminhada para o "trágico e para a glória". Uma vez reconhecido pelo pai e já compartilhando do poder, teve logo conhecimento da conspiração tramada pelos primos e, de imediato (o herói nasceu para o movimento e para as grandes e perigosas tarefas), se apresentou para a luta. Os palântidas, que eram cinquenta, inconformados com a impossibilidade de sucederem a Egeu no trono de Atenas, resolveram eliminar Teseu. Dividiram suas forças, como bons estrategistas, em dois grupos: um atacou a cidade abertamente e o outro se emboscou, procurando surpreender pela retaguarda. O plano dos conspiradores foi, todavia, revelado por seu próprio arauto, Leos, e Teseu modificou sua tática: massacrou o contingente inimigo emboscado e investiu contra os demais, que se dispersaram e foram mortos. Relata-se que, para expiar o sangue derramado de seus primos, o herói se exilou, passando um ano em Trezena. Esta é a versão seguida por Eurípides em sua tragédia, belíssima por sinal, *Hipólito Porta-Coroa*. Mas, como o poeta ateniense acrescenta que Teseu levara em sua companhia a Hipólito, o filho do primeiro matrimônio com Antíope, uma das Amazonas, já falecida, bem como a segunda esposa, Fedra, que se apaixonara pelo enteado, dando origem à tragédia, segue-se que a "cronologia" foi inteiramente modificada por Eurípides. Com efeito, colocar a expedição contra as Amazonas antes do massacre dos palântidas é contrariar toda uma tradição mítica. Em todo o caso, como diz Horácio, *Epist.* 2,3, 9-10:

Pictoribus atque poetis
quidlibet audendi semperfuit aequa potestas.

– Os pintores e os poetas sempre gozaram do direito de usar quaisquer liberdades...

Foi por "essa época" que Teseu se viu no dever de enfrentar novo e sério problema. Com a morte de Androgeu, filho de Pasífae e Minos, rei de Creta, morte essa atribuída indiretamente a Egeu – que, invejoso das vitórias do herói cretense nos jogos que mandara celebrar em Atenas, o enviara para combater o touro da Maratona – eclodiu uma guerra sangrenta entre Creta e Atenas. A morte de Androgeu se deveria, narra uma variante, não a Egeu, mas aos próprios atletas atenienses, que, ressentidos com tantas vitórias do filho de Minos, mataram-no. Haveria, por outro lado, um motivo político, pois que Androgeu teria sido assassinado por suas ligações com os palântidas.

De qualquer forma, Minos, com poderosa esquadra, após apossar-se de Mégara, marchou contra a cidade de Palas Atená. Como a guerra se prolongasse e uma peste (pedido de Minos a Zeus) assolasse Atenas, o rei de Creta concordou em retirar-se, desde que, anualmente, lhe fossem enviados sete moços e sete moças, que seriam lançados no Labirinto, para servirem de pasto ao Minotauro. Teseu se prontificou a seguir para Creta com as outras treze vítimas, porque, sendo já a terceira vez que se ia pagar o tributo ao rei cretense, os atenienses começavam a irritar-se contra Egeu.

Relata-se ainda que Minos escolhia pessoalmente os quatorze jovens e dentre eles selecionou o futuro rei de Atenas, afirmando que, uma vez lançados inermes no Labirinto, se conseguissem matar o Minotauro, poderiam regressar livremente à sua pátria.

O herói da Ática partiu com um barco ateniense, cujo piloto, Nausítoo, era da Ilha de Salamina, uma vez que Menestes, neto de Ciro, rei desta ilha, contava-se entre os jovens exigidos por Minos. Entre eles estava também Eribeia, ou Peribeia, filha de Alcátoo, rei de Mégara.

Uma variante insiste que Minos viera pessoalmente buscar o tributo anual e na travessia para Creta se apaixonara por Peribeia, que chamou Teseu em seu auxílio. Este desafiou ao rei de Cnossos, dizendo-lhe ser tão nobre quanto ele, embora Minos fosse filho de Zeus. Para provar a *areté* do príncipe ateniense, o rei de Creta lançou no mar um anel e ordenou ao desafiante fosse buscá-lo. Teseu mergulhou imediatamente e foi recebido no palácio de Posídon, que lhe devolveu o anel. Mais tarde, Teseu se casou com Peribeia, que se celebrizou muito tempo depois como mulher de Télamon, pai de Ájax, personagem famosa da *Ilíada* e da tragédia homônima de Sófocles.

À partida, Egeu entregou ao filho dois jogos de vela para o navio, um preto, outro branco, recomendando-lhe que, se porventura regressasse vitorioso, içasse as velas brancas; se o navio voltasse com as pretas, era sinal de que todos haviam perecido.

Uma vez em Creta, Teseu e os treze jovens foram, de imediato, encerrados no Labirinto, uma complicada edificação construída por Dédalo, com tantas voltas e ziguezagues, corredores e caminhos retorcidos, que, quem ali penetrasse, jamais encontraria a saída.

O amor, porém, torna todo impossível possível! Ariadne, talvez a mais bela das filhas de Minos, se apaixonara pelo herói ateniense. Para que pudesse, uma vez no intricado covil do Minotauro, encontrar o caminho de volta, dera-lhe um novelo de fios, que ele ia desenrolando, à medida em que penetrava no Labirinto. Conta uma outra versão que o presente salvador da princesa minoica fora não um novelo, mas uma coroa luminosa, que Dioniso lhe oferecera como presente de núpcias. Uma terceira variante atesta que a coroa luminosa, que orientou e guiou Teseu nas trevas, lhe havia sido dada por Afrodite, quando o herói desceu ao palácio de Anfitrite para buscar o anel de Minos. Talvez a junção fio e coroa luminosa, "fio condutor e luz", seja realmente o farol ideal para espancar trevas interiores!

Ariadne condicionou seu auxílio a Teseu: livre do Labirinto, ele a desposaria e levaria para Atenas.

Derrotado e morto o Minotauro, o herói escapou das trevas com todos os companheiros e, após inutilizar os navios cretenses, para dificultar qualquer perseguição, velejou de retorno à Grécia, levando consigo Ariadne. O navio fez escala na Ilha de Naxos. Na manhã seguinte, Ariadne, quando acordou, estava só. Longe, no horizonte, o navio de velas pretas desaparecia: Teseu a havia abandonado. Esta é a versão mais conhecida e seguida inclusive por Ovídio, nas *Heroides*, 10,3-6:

Quae legis, ex Mo, Theseu, tibi litore mitto,
unde tuam sine me uela tulere ratem;
in quo me somnusque meus maleprodidit, et tu,
perfacinus somnis insidiate meis.

– O que lês, Teseu, envio-te daquela praia,
donde, sem mim, as velas levaram teu barco;
onde o sono perverso me traiu,
de que perversamente tu te aproveitaste.

Há variantes: uns afirmam que Teseu abandonou a filha de Minos porque amava outra mulher, Egle, filha de Panopleu. Outros acham que o herói foi forçado a deixá-la em Naxos, porque Dioniso se apaixonara por ela ou até mesmo a teria raptado durante a noite e, após desposá-la, a teria levado para o Olimpo. Como presente de núpcias o deus lhe teria dado um diadema de ouro, cinzelado por Hefesto. Tal diadema foi, mais tarde, transformado em constelação. Com Dioniso, Ariadne teria tido quatro filhos: Toas, Estáfilo, Enópion e Pepareto.

De Naxos Teseu navegou para a Ilha de Delos, onde fez escala, a fim de consagrar no templo uma estátua de Afrodite com que Ariadne o havia presenteado. Ali ele e seus companheiros executaram uma dança circular de evoluções complicadas, representando as sinuosidades do Labirinto. Tal rito subsistiu na Ilha de Apolo por muito tempo, ao menos até a época clássica.

Triste com a perda de Ariadne, ou castigado por havê-la abandonado, ao aproximar-se das costas da Ática o herói se esqueceu de trocar as velas negras de seu navio, sinal de luto, pelas brancas, sinal de vitória.

Egeu, que ansiosamente aguardava na praia a chegada do barco, ao ver as velas negras, julgou que o filho houvesse perecido em Creta e lançou-se nas ondas do mar, que recebeu seu nome.

Relata-se ainda que o rei esperava o filho no alto da Acrópole, exatamente no local onde se ergue o templo de Vitória Áptera. Ao ver de longe o navio com as velas negras, precipitou-se do penhasco e morreu.

Após a morte de Egeu, Teseu assumiu o poder na Ática. Realizou o célebre συνοικισμός (synoikismós), *sinecismo*, isto é, reuniu em uma só pólis os habitantes até então disseminados pelo campo. Atenas tornou-se a capital do Estado. Mandou construir o Pritaneu e a *Bulé*, o Senado. Promulgou leis; adotou o uso da moeda; instituiu a grande festa para *Panateneias*, símbolo da unidade política da Ática. Dividiu os cidadãos em três classes: eupátridas, artesãos e camponeses. Instaurou, miticamente, em suas linhas gerais, a democracia. Conquistou a cidade de Mégara e anexou-a ao estado recém-criado; na fronteira entre a Ática e o Peloponeso mandou erigir marcos para separar o território jônico do dórico e reorganizou em Corinto os Jogos Ístmicos, em honra de seu "pai" Posídon.

Executadas essas tarefas políticas, o rei de Atenas retomou sua vida "heroica". Como Etéocles houvesse expulso de Tebas a seu irmão Polinice, este, casando-se com Argia, filha de Adrasto, rei de Argos, conseguiu organizar sob o comando do sogro a célebre expedição dos *Sete Chefes* (Adrasto, Anfiarau, Capaneu, Hipómedon, Partenopeu, Tideu e Polinice). A expedição foi um desastre: somente escapou Adrasto, que se pôs sob a proteção de Teseu. Este, que já havia acolhido como exilado a Édipo, como nos mostra Sófocles no *Édipo em Colono*, marchou contra Tebas e, tomando à força os cadáveres de seis chefes, deu-lhes condigna sepultura em Elêusis.

A tradição insiste numa guerra entre os habitantes da Ática e as Amazonas, que lhes teriam invadido o país. As origens da luta diferem de um mitógrafo para outro. Segundo uns, tendo-se engajado na expedição de Héracles (v.) contra as Amazonas, Teseu recebera, como prêmio de suas proezas, a Amazona Antíope, com a qual tivera um filho, Hipólito. Segundo outros, Teseu viajara sozinho ao país dessas temíveis guerreiras e tendo convidado" a bela Antíope para visitar o navio, tão logo a teve a bordo, navegou a toda a vela de volta à pátria. Para vingar o rapto de sua irmã, as Amazonas invadiram a Ática. A batalha decisiva foi travada nos sopés da Acrópole e, apesar da vantagem inicial, as guerreiras não resistiram e foram vencidas por Teseu, que acabou perdendo a esposa Antíope. Esta, por amor, lutava ao lado do marido contra as próprias irmãs. Para comemorar a vitória de seu herói, os atenienses celebravam, na época clássica, as festas denominadas *Boedrômias*.

Existe ainda uma outra variante. A invasão de Atenas pelas Amazonas não se deveu ao rapto de Antíope, mas ao abandono desta por Teseu, que a repudiara, para se casar com a irmã de Ariadne, Fedra. A própria Antíope comandara a expedição e tentara, à base da força, penetrar na sala do festim, no dia mesmo do novo casamento do rei de Atenas. Como fora repelida e morta, as Amazonas se retiraram da Ática.

De qualquer forma, o casamento de Teseu com Fedra, que lhe deu dois filhos, Ácamas e Demofonte, foi uma fatalidade. Hipólito, filho de Antíope e Teseu, segundo já se assinalou, consagrara-se a Ártemis, a deusa virgem, irritando profundamente a Afrodite. Sentindo-se desprezada, a deusa do amor fez que Fedra concebesse pelo enteado uma paixão irresistível. Repudiada violentamente por Hipólito, e temendo que este a denunciasse a Teseu, rasgou as próprias vestes e quebrou a porta da câmara nupcial, simulando uma tentativa de violação por parte do enteado. Louco de raiva, mas não querendo matar o próprio filho, o rei apelou para "seu pai" Posídon, que prometera atender-lhe três pedidos.

O deus, quando Hipólito passava com sua carruagem à beira-mar, em Trezena, enviou das ondas um monstro, que lhe espantou os cavalos, derrubando o príncipe. Este, ao cair, prendeu os pés nas rédeas e, arrastado na carreira pelos animais, se esfacelou contra os rochedos. Presa de remorsos, Fedra se enforcou. Existe uma variante, segundo a qual Asclépio, a pedido de Ártemis, ressuscitara Hipólito, que foi transportado para o santuário de "Diana", em Arícia, na Itália. Ali, o filho de Teseu fundiu-se com o deus local, Vírbio, conforme se pode ver em Ovídio, *Metamorfoses*, 15, 544.

Eurípides compôs duas peças acerca da paixão de Fedra por Hipólito. Na primeira, *Hipólito*, da qual possuímos apenas cerca de cinquenta versos, a rainha de Atenas, num verdadeiro rito do "Motivo Putifar", entrega-se inteiramente à sua paixão desenfreada, declarando-a ela própria ao enteado. Repelida por este, caluniou-o perante Teseu, como se disse linhas atrás, e só se enforcou após a morte trágica de seu grande amor. Na segunda versão, *Hipólito Porta-Coroa*, uma das tragédias mais bem-elaboradas por Eurípides, do ponto de vista literário e psicológico, Fedra confidencia à ama sua paixão fatal e esta, sem que a rainha o desejasse, ou lhe pedisse "explicitamente", a relata a Hipólito, sob juramento. Envergonhada com a recusa do jovem príncipe e temendo que este tudo revelasse ao pai, enforca-se, mas deixa um bilhete ao marido, em que mentirosamente acusa Hipólito de tentar seduzi-la. A imprudente maldição de Teseu provoca a terrível desdita do filho, acima descrita, mas a verdade dos fatos é revelada por Ártemis ao inconformado pai. Com o filho agonizante nos braços, Teseu tem ao menos o consolo do perdão de Hipólito e a promessa de que este há de receber honras perpétuas em Trezena! As jovens, antes do casamento, lhe ofertarão seus cabelos e "o amor de Fedra jamais cairá no esquecimento!" De fato, esse grande amor foi muitas vezes invocado, sobretudo na *Phaedra* de Lúcio Aneu Sêneca e na *Phèdre* de Jean Racine...

Seja como for, o que se evidencia no mito transmutado em tragédia por Eurípides é a superlativação do "*páthos*, da paixão".

Alguns episódios da maturidade de Teseu estão intimamente ligados à sua grande estima pelo herói lápita Pirítoo (v.). Conta-se que essa fraterna amizade entre o lápita e o ateniense se deveu à emulação de Pirítoo. Tendo ouvido ruidosos comentários acerca das façanhas de Teseu, o lápita quis pô-lo à prova. No momento, porém, de atacá-lo, ficou tão impressionado com o porte majestoso e a figura do herói da Ática, que renunciou à justa e declarou-se seu escravo. Teseu, generosamente, lhe concedeu sua amizade para sempre.

Com a morte de sua esposa Hipodamia, Pirítoo passou a compartilhar mais de perto das proezas de Teseu. Duas das aventuras mais sérias dessa dupla famosa no mito foram o rapto de Helena e a catábase ao Hades, no intuito de raptar também a Perséfone. Os dois episódios, aparentemente grotescos, traduzem ritos muito significativos. O rapto de mulheres, sejam elas deusas ou heroínas, fato comum na mitologia, configura não só um rito iniciático, mas também o importante ritual da vegetação: chegados a seu termo os trabalhos agrícolas, é necessário "transferir a matriz", a grande Mãe, para receber a nova porção de "sementes", que hão de germinar para a colheita seguinte. A *catábase* ao Hades simboliza a *anagnórisis*, o autoconhecimento, a "queima" do que resta do homem velho, para que possa eclodir o homem novo.

Voltando ao rapto e à catábase, é bom assinalar que os dois heróis, por serem filhos de dois grandes deuses, Posídon e Zeus, resolveram que só se casariam dali em diante com filhas do pai dos deuses e dos homens e, para tanto, resolveram raptar Helena e Perséfone. Á primeira seria esposa de Teseu e a segunda, de Pirítoo. Tudo começou, portanto, com o rapto de Helena. O herói estava "à época" com cinquenta anos e Helena nem sequer era núbil. Assustados com a desproporção da idade de ambos, os mitógrafos narraram diversamente esse rapto famoso. Não teriam sido Teseu e Pirítoo os raptores, mas Idas e Linceu, que confiaram Helena a Teseu, ou ainda o próprio pai da jovem espartana, Tíndaro, que, temendo que Helena fosse sequestrada por um dos filhos de Hipocoonte, entregara a filha à proteção do herói ateniense.

A versão mais conhecida é aquela em que se narra a ida dos heróis a Esparta, quando então se apoderaram à força de Helena, que executava uma dança ritual no templo de Ártemis Órtia. Os irmãos da menina, Castor e Pólux, saíram-lhes ao encalço, mas detiveram-se em Tegeia. Uma vez em segurança, Teseu e Pirítoo tiraram a sorte para ver quem ficaria com a princesa espartana, comprometendo-se o vencedor a ajudar o outro no rapto de Perséfone. A sorte favoreceu o herói ateniense, mas como Helena fosse ainda impúbere, Teseu a levou secretamente para Afidna, demo da Ática, e colocou-a sob a proteção de sua mãe Etra. Isto feito, desceram ao Hades para conquistar Perséfone.

Durante a prolongada ausência do rei ateniense, Castor e Pólux, à frente de um grande exército, invadiram a Ática. Começaram por reclamar pacificamente a irmã, mas como os atenienses lhes assegurassem que lhe desconheciam o destino, tomaram uma atitude hostil. Foi então que um certo Academo lhes revelou o lugar onde Teseu a retinha prisioneira. Eis o motivo por que, quando das invasões da Ática, os espartanos sempre pouparam a Academia, o jardim onde ficava o túmulo de Academo. Imediatamente os dois heróis de

Esparta invadiram Afidna, recuperaram a irmã e levaram Etra como escrava. Antes de abandonar a Ática, colocaram no trono de Atenas um bisneto de Erecteu, chamado Menesteu, que liderava os descontentes, particularmente os nobres, irritados com as reformas de seu soberano, sobretudo com a democracia.

Muito bem-recebidos por Plutão, Teseu e Pirítoo, foram, todavia, vítimas de sua temeridade. Convidados pelo rei do Hades a participar de um banquete, não mais puderam levantar-se de suas cadeiras. Héracles, quando desceu aos Infernos, tentou libertá-los, mas os deuses somente permitiram que o filho de Alcmena "arrancasse" Teseu de seu assento, para que pudesse retornar à luz. Pirítoo há de permanecer para sempre sentado na *Cadeira do Esquecimento*. Conta-se que, no esforço feito para se soltar da cadeira, Teseu deixou na mesma parcela de seu traseiro, o que explicaria terem os atenienses cadeiras e nádegas tão pouco carnudas e salientes...

O erro fatal dos dois heróis foi o terem se sentado e comido no mundo dos mortos. Como se mostrou em *Mitologia Grega*, Vol. I, p. 305, e no Vol. II, p. 244-245, se o *comer* configura fixação, o sentar-se implica intimidade e permanência. As duas atitudes simbolizam, pois, uma inadvertência desastrosa cometida pelo lápita e pelo ateniense.

Deveras grotesca é a interpretação evemerista dessa catábase, relatada por Pausânias. Segundo tal variante, Teseu e Pirítoo, em vez de terem descido ao Hades, haviam realizado uma simples viagem ao Epiro, à corte do Rei Hedoneu, cujo nome teria sido confundido com o de Hades... Por "coincidência", a esposa do rei do Epiro chamava-se Perséfone e a filha do casal, Core. Um cão feroz guardava-lhe o palácio: seu nome era Cérbero! Os heróis apresentaram-se a Hedoneu e pediram-lhe a mão de Core, acrescentando que se casaria com ela aquele que vencesse ao cão Cérbero. Na realidade, o que desejavam, uma vez adquirida a confiança do rei, era raptar-lhe a esposa e filha. Percebendo-lhes as intenções, o soberano mandou metê-los na prisão. Pirítoo, por ser considerado mais desavergonhado e cínico, foi lançado a Cérbero, que o devorou de uma só bocada. Teseu continuou preso. Certo dia, tendo Héracles, grande amigo de Hedoneu, passado pelo Epiro, solicitou ao rei a liberdade de Teseu, que, de imediato, foi solto e regressou a Atenas...

Retornando da *outra vida*, o herói encontrou Atenas dilacerada por lutas internas e pelas facções políticas. Entristecido com seus concidadãos e sem mais vigor para lutar, desistiu de reassumir as rédeas do poder.

É precisamente sob esse aspecto que se tem que concordar com Paul Diel: onde estão a *timé* e a *areté* do filho de Posídon? Esgotaram-se no triste abandono de Ariadne e no trágico acidente de Fedra ou dissolveram-se nas trevas do Hades? A *catábase* teria deixado de ser uma escalada para a luz? Assim parece, realmente. Após o abandono criminoso de Ariadne e o funesto casamento com Fedra, Teseu, cego pela calúnia e pelo medo de perder o trono, torna-se tão tirânico, que faz perecer seu próprio filho. Repete-se o sacrifício monstruoso, outrora praticado por Minos contra os atenienses. Tentando extingui-lo, o herói acaba por renová-lo. É a derrocada irremediável.

Desistindo, pois, de lutar, o rei de Atenas, após enviar secretamente seus filhos para Eubeia, onde reinava Elefenor, amaldiçoou Atenas e retirou-se para a Ilha de Ciros. O rei local, Licomedes, aliás parente do herói, temendo que Teseu reivindicasse a posse da ilha, onde possuía muitos bens, levou-o ao cume de um penhasco, à beira-mar, sob o pretexto de mostrar-lhe o panorama da ilha e o precipitou, pelas costas, no abismo.

A morte trágica de Teseu, como é de praxe no mundo heroico, talvez configure o *regressus ad uterum* do filho de Etra, que, a essas alturas, como escrava de Helena, fora levada para Troia. Lançado do píncaro de um rochedo ao *mar*, domínio de seu pai Posídon, o herói teve sua catarse final.

Curiosamente, a morte traiçoeira de seu rei não provocou da parte dos atenienses nenhuma reação...

Menesteu, como desejavam os Dioscuros, continuou a reinar em Atenas. Os dois filhos do herói, Ácamas e Demofonte, participaram da Guerra de Troia como simples combatentes. Com a morte de Menesteu, regressaram a Atenas e retomaram o trono, que de direito lhes pertencia.

Um herói só é, as mais das vezes, condignamente reconhecido após a morte, quando se torna *daímon*, um verdadeiro *héros*, um intermediário entre os imortais e os homens.

O rei de Atenas, mais cedo do que se esperava, mostrou a seus ingratos concidadãos que continuava a ser herói. Durante a batalha de Maratona, em 480 a.C., contra os persas invasores, os hoplitas atenienses perceberam que um herói, de porte gigantesco, combatia à sua frente. Era o *eídolon* de Teseu que, mais uma vez, defendia sua Atenas. Após as Guerras Greco-Pérsicas, o Oráculo de Delfos ordenou aos atenienses que recolhessem as cinzas do herói e lhes dessem sepultura no interior da Pólis. Tão honrosa tarefa coube ao grande general de Atenas, Címon. Este, tendo conquistado a Ilha de Ciros, viu uma águia que, pousada sobre um montículo, rasgava a terra com suas unhas aduncas. O general compreendeu bem a significação do prodígio. Mandou escavar o túmulo e encontrou a ossada de um homem de altura gigantesca e junto da mesma uma lança de bronze e uma espada. Essas relíquias foram solenemente transportadas para Atenas e, em meio a grandes festas, se lhes deu sepultura condigna.

Seu túmulo magnífico, na cidade de Palas Atená, tornou-se abrigo inviolável dos escravos fugitivos e dos oprimidos. É que Teseu, em vida, fora o campeão da democracia, o refúgio e o baluarte dos injustiçados.

Em conclusão, muitos dos episódios descritos da saga de Teseu são provas iniciáticas: a penetração no labirinto e sua luta com o Minotauro são um tema exemplar das iniciações heroicas. Sua união com Ariadne, hipóstase de Afrodite, é, na realidade, uma hierogamia. A catábase ao Hades é o exemplar típico de um *regressus*. Tomadas em bloco, as gestas do décimo rei de Atenas são transposições de um ritual arcaico que marcava o retorno dos efebos à cidade, após as provas iniciáticas a que eram submetidos no campo, nas montanhas ou nas florestas.

TÉSPIO *(III, 94-95, 146)*.

Θέσπιος (Théspios), *Téspio*, ao que tudo indica, provém de θέσπις (théspis), forma abreviada de θεσπέσιος (thespésios), "inspirado pelos deuses". Θεσπέσιος (Thespésios) é derivado de *θεσ-οπ-ετος (*thes-sp-etos), composto de θες- (*thes-), "deus" e do adjetivo verbal *σπετός (*spetós), cf. o verbo ἐννέπειν (ennépein), "fazer conhecer", donde" o inspirado por um deus", *DELG*, p. 432.

Filho de Erecteu, rei da Ática, Téspio emigrou para a Beócia, onde se tornou herói epônimo e rei de Téspias. Foi no reino de Téspio que Héracles, aos dezoito anos, iniciou suas gestas gloriosas, matando o leão do Monte Citerão, transferindo-se para tanto, temporariamente, para Téspias. A caçada à fera durou cinquenta dias, porque, quando o sol se punha, o herói voltava para dormir no palácio. Acontece, porém, que o rei, pai de cinquenta filhas, desejando que cada uma tivesse um filho de Héracles, entregava-lhe uma por noite e foi assim que, durante cinquenta dias, o herói fecundou as cinquenta tespíades, de que nasceram cinquenta e dois filhos, porque a mais velha e a caçula tiveram gêmeos. Algumas tradições relatam que o filho de Alcmena possuiu todas as jovens em sete noites ou até mesmo numa só, segundo outros.

A maioria desses filhos foi levada para a Sardenha por Iolau, a pedido de Héracles. Dois deles regressaram a Tebas e sete ficaram em Téspias. Os que se estabeleceram como colonos na Sardenha, como os heróis da idade de ouro de Hesíodo, não morreram, mas caíram num sono profundo e eterno, evitando assim a corrupção no túmulo ou as chamas na pira funerária.

Téspio, que sempre permaneceu amigo de Héracles, foi quem o purificou depois que o herói, enlouquecido por Hera, matou os filhos que tivera com Mégara.

TESPROTO.

Θεσπρωτός (Thesprōtós), *Tesproto*, segundo Carnoy, *DEMG*, p. 200, é um composto de *θες (*thes-), "deus" e de πρωτός (prōtós), proveniente da forma verbal πέπρωται (péprōtai), "marcado pelo destino", donde o significado do antropônimo de "o destinado pelos deuses".

Um dos cinquenta filhos de Licáon, Tesproto deixou a Arcádia e se radicou no Epiro, numa faixa de terra que recebeu o nome de região dos tesprotos. Numa das variantes do mito, Tieste (v.), expulso de Micenas, se refugiara na corte de Tesproto.

TÉSSALO *(III, 120, 146, 186, 192)*.

Θεσσαλός (Thessalós), *Téssalo*, segundo Carnoy, *DEMG*, p. 200, seria formado por *θες- (*thes-), "deus" e por uma forma *sel, raiz do verbo grego *ἵλημι (*hílēmi), "sou propício, favorável" por σί-σλη-μι (*sí-slē-mi), donde significar o antropônimo "o favorecido pelos deuses".

Téssalo é o herói epônimo da Tessália, mas a identidade da personagem possui ao menos três variantes.

O primeiro rei com este nome seria originário da terra dos tesprotos, no Epiro. Teria conquistado a Tessália e estabelecido ali o seu reino. Este Téssalo era filho de Graíco, a quem se atribui, por vezes, a fundação de Tessalônica.

O segundo herói homônimo é filho de Héracles e de Calcíope ou de Astíoque e, neste caso, seria irmão de Tleptólemo. Rei da Ilha de Cós, enviou seus dois filhos, Fidipo e Ântifo para a Guerra de Troia. Após a queda de Ílion, os dois heróis dirigiram-se para uma região da Hélade a que deram o nome de Tessália, em homenagem a seu pai Téssalo.

Um terceiro herói com o mesmo nome é filho de Jasão e Medeia. Tendo escapado da fúria materna, fugiu de Corinto para Iolco. Morto Acasto, filho de Pélias, Téssalo assumiu o poder. Teria sido ele quem deu à região o nome de Tessália.

TÉSTIO.

Θέστιος (Théstios), *Téstio*, segundo Carnoy, *DEMG*, p. 200, talvez seja uma variante de *Téspio* (v.) e, neste caso, significaria "o inspirado pelos deuses".

Filho de Ares e Demonice, Téstio, herói etólio, é neto de Agenor. Rei da cidade de Plêuron, nome de seu bisavô, era casado com Eurítemis, Deidamia ou Laofonte. Foi pai de algumas personagens famosas no mito, entre as quais Alteia, mãe de Meléagro, Leda, Hipermnestra e os denominados testíadas, filhos de Téstio, e tios de Meléagro, mortos por este na caçada de Cálidon, a saber, Íficlo, Evipo, Plexipo e Eurípilo.

Diga-se de passagem que Hipermnestra é por vezes identificada com sua homônima, filha de Téspio, uma vez que este último e Téstio frequentemente se confundem no mito.

TESTOR.

Θέστωρ (Théstōr), *Testor*, provém do tema do infinitivo aoristo θεσσάσθαι (thessásthai), "pedir, suplicar, implorar", donde significar o antropônimo "o suplicante". A base etimológica é o indo-europeu *gʷhedh-, "suplicar", *DELG*, p. 432.

Filho de Apolo e de Laótoe, Testor foi pai do adivinho Calcas e de Leucipe e Teônoe. Sacerdote do deus de Delfos, o herói foi personagem, juntamente com as filhas, de uma aventura romanesca que nos foi conservada por Higino (v. Teônoe).

1 – TÉTIS *(I, 154, 156, 196-197, 203-205, 213, 259-260, 280; II, 19, 85³⁰, 89, 115; III, 184, 222, 224).*

Τηθύς (Tēthýs), *Tétis* (que é preciso não confundir com a nereida homônima, mercê de nossa simplificação ortográfica), talvez, segundo Carnoy, *DEMG*, p. 196-197, se relacione com indo-europeu **tēta*, "mãe", já que a água em geral é concebida como a "mãe universal".

Filha de Úrano e Geia, é a mais jovem das Titânidas (v. *Mitologia Grega*, Vol. I, p. 154). Uma das divindades primordiais das teogonias helênicas, Tétis é o símbolo do poder e da fecundidade feminina do mar. Casada com seu irmão Oceano, foi mãe de mais de três mil rios, bem como das quarenta e uma Oceânidas, personificação dos riachos, fontes e nascentes.

Criou a deusa Hera que lhe havia sido confiada por Reia, quando da luta entre Zeus e Crono. Em testemunho de gratidão, a esposa de Zeus, mais tarde, reconciliou-a com o esposo, uma vez que o casal se havia desentendido. A residência desta fecunda Oceânida ficava nas extremidades do Ocidente, além da região das Hespérides, onde, a cada tarde, o sol se deita.

2 – TÉTIS *(I, 87, 106-107, 109-110, 125-126, 135, 138, 155, 160, 201, 228, 231, 234, 264, 282, 322; II, 19, 89, 115, 119; III, 22, 36-37, 47, 51, 56, 70, 129, 225, 293-295, 295²²⁶, 299, 333-334).*

Θέτις (Thétis), *Tétis* (que é necessário não confundir com a titânida homônima, mercê de nossa simplificação ortográfica), talvez, segundo Carnoy, *DEMG*, p. 200, se relacione com o indo-europeu **tétī*, grego τατᾶ (tatã) e τατί (tatí), sânscrito *tatá*, russo *táta*, "mãe, mãezinha", mas a hipótese é controvertida.

A mais bela das nereidas, divindade imortal, era filha do Velho do Mar, Nereu, e de Dóris. A tradição obscura e recente, que lhe dá por pai o Centauro Quirão, raramente aparece no mito. Criada e educada pela deusa Hera, como esta o foi pela titânida 1 – Tétis (v.), a filha de Nereu sempre manteve uma grande afeição pela rainha dos deuses, o que lhe explica alguns episódios no mito. Foi ela quem recolheu Hefesto (v.), quando este foi lançado do alto do Olimpo, por intervir em defesa de Hera, que tivera grave altercação com Zeus. Durante a travessia das Simplégades, a pedido de Hera, Tétis pilotou a nau Argo (v. Argonautas). Por fim, para não trair a amizade para com a mãe de Hefesto, recusou com firmeza as investidas amorosas de Zeus. Este último episódio, todavia, é interpretado diversamente. Segundo a tradição mais seguida, Zeus e Posídon porfiavam em conquistar a mais bela das filhas de Nereu, mas um oráculo de Têmis revelou que se viesse a nascer um filho dos amores da nereida com um dos dois, ele seria mais poderoso que o pai. De imediato, os conquistadores desistiram de seu intento e apressaram-se em conseguir para ela um marido mortal. Outros mitógrafos atribuem o oráculo a Prometeu, que havia predito que o filho de Zeus e Tétis se tornaria o senhor do mundo, após destronar o pai. O Centauro Quirão, sem perda de tempo, começou a orientar seu discípulo Peleu no sentido de conquistar a filha imortal de Nereu. Apesar de todas as sucessivas metamorfoses de Tétis, o que é próprio das divindades do mar, em fogo, água, vento, árvore, pássaro, tigre, leão, serpente e, por fim, em *verga*, símbolo fálico, Peleu, bem-adestrado pelo Centauro, a segurou firmemente e a deusa, embora a contragosto, deu-se por vencida.

Às bodas solenes de Tétis e Peleu (rememoradas bem mais tarde pelo grande vate latino Caio Valério Catulo, no poema LXIV, *Bodas de Tétis e Peleu*), no Monte Pélion, compareceram todos os imortais, exceto Éris, a Discórdia, autora do pomo da discórdia. As Musas cantaram o epitalâmio e todos os deuses ofereceram presentes aos noivos. Entre os mais apreciados estavam uma lança de carvalho, dádiva de Quirão, e a lembrança de Posídon, dois cavalos imortais, Bálio e Xanto, os mesmos que, na Guerra de Troia, serão atrelados ao carro do filho de Peleu, o intimorato pelida.

Acerca do nascimento de Aquiles, o caçula dos sete filhos do casal, e dos esforços da nereida para imortalizá-lo, v. Aquiles. Essas tentativas, aliás, provocarão a ruptura do casamento de Tétis e Peleu, a quem, na realidade, a filha de Nereu não amava.

Embora deixando com o pai o filho caçula, jamais se esquivou de ajudá-lo e protegê-lo por todos os meios a seu alcance, como se pode ver através de toda a *Ilíada*. Quando o herói completou nove anos, Tétis tomou conhecimento da profecia do adivinho Calcas, segundo a qual Troia não poderia ser tomada sem o concurso de Aquiles. Sabedora igualmente de que o fim de Ílion coincidiria com a morte do filho, procurou escondê-lo da *Moîra*. Para tanto, vestiu-o com hábitos femininos e levou-o para a corte do Rei Licomedes, na Ilha de Ciros, onde o herói passou a viver disfarçado no meio das filhas do soberano, com o nome de *Pitra*, isto é, a *ruiva*, por ser o menino muito louro. Aquiles, no entanto, um pouco mais tarde, descoberto por Ulisses, teve que cumprir seu destino e seguiu para Troia. Novamente a mãe estremosa deu-lhe, além do conselheiro Fênix, um companheiro permanente, para impedir que o herói cometesse qualquer falta que o levasse à morte prematura (v. Tenes). Proíbe-lhe terminantemente pisar por primeiro o solo troiano, porque, quem o fizesse, estava fadado a ser o primeiro a perecer. Dá-lhe armas divinas e, após a morte de Pátroclo, pede a Hefesto que lhe fabrique outras, porque as primeiras haviam sido tomadas por Heitor. Consola-o em todos os momentos difíceis e pede-lhe por tudo que não elimine a Heitor, porque se isto acontecesse ele próprio morreria logo depois.

A *Moîra*, todavia, não falha, e Aquiles que preferiu perecer jovem e cheio de glória a desaparecer idoso e no anonimato, acabou por ser assassinado antes da queda de Ílion.

Com a morte do filho, Tétis dedicou-se ao neto, Neoptólemo (v.). Aconselhou-o sobretudo a não regressar à Hélade com os demais aqueus, mas a permanecer alguns dias na Ilha de Tênedos, advertência que lhe salvará a vida (v. Molosso).

TEUCRO *(I, 322; III, 86).*

Τεῦκρος (Teûkros), *Teucro*, está certamente relacionado com τεύθριον (teúthrion), "ruiva, garança", que deve ter sido deformado pela etimologia popular em τεύκριον (teúkrion), "garancina", *Teucrium flauum*, por influência do nome do herói Τεῦκρος (Teûkros), *Teucro*, cuja etimologia grega se desconhece, *DELG*, p. 1.110; Frisk, *GEW*, s.u. τευθίς (teuthís).

Há dois heróis com este nome, ambos relacionados com o ciclo troiano, mas separados por seis gerações.

O primeiro é filho do deus-rio Escamandro e de uma ninfa do Monte Ida, chamada Ideia. Tradições outras, porém, afirmam que Teucro e seu pai Escamandro são emigrantes. Teriam vindo do Monte Ida cretense para a Tróada. Ao partirem de sua terra natal consultaram o oráculo que lhes ordenou estabelecerem-se num local onde fossem atacados "por filhos do solo". Certa noite, ao acamparem na Tróada, suas armas, escudos e cordas dos arcos foram roídos por ratos. Compreenderam ser aquele o local indicado pelo oráculo e ergueram ali um templo a Apolo Esminteu, isto é,"Apolo destruidor de ratos", uma vez que σμίνθος (smínthos) é "rato" (v. Apolo).

Os atenienses afirmavam que o herói era da Ática, de onde emigrou para a Tróada. Seja qual for a origem do filho de Escamandro, Teucro é o ancestral da família real de Ílion. Acolheu a Dárdano e deu-lhe a filha Batiia ou Arisbe em casamento. Deste enlace nasceu Erictônio, pai de Trós (v.), herói epônimo de Troia.

O segundo herói homônimo é filho de Télamon (v.) e de Hesíona, filha de Laomedonte e irmã de Príamo (v.). Trata-se, pois, de um irmão consanguíneo de Ájax Telamônio, mas que, por parte de sua mãe, descende da família real de Troia.

Embora sobrinho de Príamo, participou ao lado do irmão, como grego de nascimento, da luta dos aqueus contra os troianos. Mais jovem que Ájax, é considerado na *Ilíada* como o melhor dos arqueiros helenos e com sua arma predileta realiza prodígios de bravura *(Il.*, XII, 370sqq.), eliminando sucessivamente a Orsíloco, Ôrmeno, Ofelestes, Deitor, Crômio, Licofonte, Amopáon, Melanipo, Gorgítion e Arqueptólemo. Fere a Glauco, mas é ferido por Heitor. Salvo pelo irmão, volta à luta e, no curso de outros combates, elimina Ímbrio, Prótoon, Perifetes e Clito e quase liquida Heitor.

Nos poemas que se seguiram à *Ilíada* são-lhe atribuídas outras gestas memoráveis. Quando do suicídio de seu irmão Ájax, Teucro estava longe, participando de uma expedição de pirataria na Mísia. Retorna ainda a tempo de salvar, com auxílio de Ulisses, o cadáver de Ájax, a quem os atridas Menelau e Agamêmnon desejavam privar da sepultura e dos ritos fúnebres (Sófocles, *Ájax*, 977sqq.).

Desesperado o herói tenta o suicídio, mas é salvo pelos amigos.

Teucro é mencionado entre os que ocuparam o bojo do cavalo de madeira.

O retorno do grande herói a Salamina, sua terra natal, não foi feliz. Na longa viagem a nau de Teucro se separou da de seu sobrinho Eurísaces, filho de Ájax e Tecmessa, o que desagradou profundamente a Télamon, que aliás acusou igualmente o filho não apenas de haver abandonado o irmão, sendo portanto responsável pelo suicídio do mesmo, mas também de não haver tentado vingá-lo.

Banido de Salamina, o herói tentou se desculpar das acusações paternas, fazendo um longo discurso do alto de sua nau, na baía ática de Freátis. Para rememorar esse útimo apelo de Teucro, todo exilado, antes de deixar a pátria, arengava nesse mesmo local.

Não conseguindo o perdão, o filho de Télamon velejou para a Síria, onde foi bem-recebido pelo Rei Belo, a quem ajudou a conquistar Chipre. Tendo recebido o governo da ilha, o herói fundou aí a nova Salamina, denominada Salamina de Chipre, cuja parte da população foi formada por prisioneiros troianos que faziam parte do espólio do herói.

Casou-se com Eune, filha do Rei Cipro, epônimo da ilha. Dessa união nasceu Astéria. Consoante uma outra versão, o filho de Télamon se instalara pacificamente em Chipre, onde desposou Eune, filha de Cíniras. Foi pai de vários filhos, entre os quais Ájax, o jovem, fundador da cidade de Ólbia, na Cilicia.

Segundo alguns mitógrafos, o exilado de Salamina morreu em Chipre, mas, conforme outras versões, ele tentou retornar à terra natal. Ao se aproximar de Salamina soube que o pai havia sido expulso da ilha e que estava em Egina. Dirigiu-se para lá e, fazendo-se reconhecer por Télamon, o repôs no trono.

Uma tradição mais recente relata que Teucro só navegou para Salamina quando se inteirou da morte do pai, mas Eurísaces não lhe permitiu sequer o desembarque. Magoado e entristecido, o grande arqueiro da Guerra de Troia tomou o caminho da Espanha, onde fundou a futura Cartagena.

TÊUTAMO.

Τεύταμος (Teútamos), *Têutamo*, já aparece em Homero *(Il.*, II, 843) como patronímico, sob a forma Τευταμίδης (Teutamídes), "filho ou descendente de Têutamo". O antropônimo, segundo Chantraine, *DELG*, p. 1.111, possui o mesmo sufixo que *Príamos* e é considerado como nome de origem ilíria. Tais antropônimos, isolados em grego, provêm, segundo parece, de um elemento bem-atestado em outras línguas indo-europeias ocidentais, como o gótico *piuda*, vêneto, *teuta*, osco *touto*, báltico *tautà*, todos com o sentido de "cidade, povo, nação". Consoante Pokorny, *IEW*, p. 1.084sq., a raiz indo-europeia seria **teutā*. Têutamo seria, pois, "o que domina muitos povos".

Rei da Assíria, era o vigésimo sucessor de Nínias, também chamado Táutanes. Reinando à época da Guerra de Troia, Príamo fez com ele aliança e Têutamo enviou-lhe um grande contingente de dez mil etíopes; dez mil habitantes de Susa e duzentos carros de guerra, sob o comando do grande herói Mêmnon (v.), filho de Eos (Aurora) e de Titono.

TÊUTARO.

Τεύταρος (Teútaros), *Têutaro*, talvez seja, como Têutamo (v.), um derivado de **teuta*, "povo, raça, nação", *DEMG*, p. 197.

Têutaro era um cita e exercia, em Tebas, a função de pastor de Anfitrião. Foi ele quem ensinou ao jovem Héracles o manejo do arco. O discípulo o aprendeu tão bem, que Têutaro lhe deu de presente seu próprio arco e flechas (v. Héracles).

TEUTRAS *(III, 295[226])*.

Τεύθρας (Teúthras), *Teutras*, como Teucro, possivelmente está relacionado com τεύθριον (teúthrion), "ruiva, garança". Tovar, *Münch. St.* 10, 1957, 77-83, lembra uma base **τευθρα-* (**teuthra-*), presente no micênico *teutarakoro* = **τευθραγρος* (= **teuthragros*), "colecionador de plantas corantes", *DELG*, p. 1.110.

Existem dois heróis principais com este nome. O primeiro é um rei da Mísia, que desempenha papel importante no mito de Télefo (v.). Filho de Lisipe, o herói era senhor de um vasto reino na foz do Rio Caíco. Tendo morto um javali, que lhe implorou compaixão com voz humana e se refugiara no templo de Ártemis Ortósia, a deusa o puniu severamente. Após enlouquecê-lo, cobriu-lhe o corpo com uma espécie de lepra. A muito custo, Lisipe, com o auxílio de Poliído, adivinho de Corinto, conseguiu debelar a cólera da vingativa Ártemis, e o soberano recobrou a saúde. A montanha, onde o rei encontrou o javali, passou a chamar-se Teutrânia.

Quando Auge, mãe de Télefo (v.), foi vendida por Náuplio (v.) a mercadores de escravos, Teutras a comprou. Segundo algumas versões, o rei a desposou e adotou Télefo como filho; consoante outros autores, Auge foi tratada como filha na corte da Mísia. De qualquer forma, como Teutras faleceu sem deixar descendentes, Télefo assumiu as rédeas do governo.

Um segundo herói homônimo, mencionado na *Ilíada*, V, 705, é um aqueu de grande coragem, morto por Heitor na Guerra de Troia.

TIDEU *(III, 54, 59, 61, 166)*.

Τυδεύς (Tydeús), *Tideu*, é interpretado por Carnoy, *DEMG*, p. 204, como proveniente do indo-europeu **dhudh* dissimilado em **dudh*, "sacudir, brandir", donde "o que sacode o escudo", talvez porque na *Ilíada*, V, 126, o herói é chamado σακέσπαλος (sakéspalos), "o que sacode o escudo". Outra etimologia proposta é aproximá-lo do radical **tud*, latim *tundĕre*, "bater repetidas vezes com instrumento contundente, malhar em", donde "o que fere profundo". Nenhuma das duas hipóteses é convincente.

O nascimento de Tideu é bastante complicado. Segundo a tradição mais seguida, o herói etólio nascera dos amores clandestinos de Eneu com a filha de Hipônoo, Peribeia. Esta, por ter sido seduzida pelo pai de Tideu, foi abandonada entre os porcariços até que as núpcias se realizassem. Foi entre estes humildes servidores do reino que o herói cresceu. Outros mitógrafos vão mais longe: por ordem de Zeus, Eneu se unira à sua própria filha Gorge e desse incesto nascera Tideu.

Ultrapassada a efebia, o filho de Peribeia cometeu um ou vários homicídios. Segundo algumas fontes, assassinara seu tio Alcátoo, ou seu próprio irmão Olênias, mas, conforme outras versões, o jovem etólio matara de uma só vez os oito filhos de Melas, os quais haviam conspirado contra Eneu. Os autores fornecem os nomes das vítimas: Feneu, Euríalo, Hiperlau, Antíoco, Eumedes, Estérnops, Xantipo e Estenelau.

Exilado de Cálidon, o herói, após errar pela Hélade, chegou à corte de Adrasto no mesmo dia em que Polinice, também banido de Tebas. Após purificar Tideu e prometer aos dois exilados que os faria retornar à terra natal, deu-lhes as filhas em casamento, seguindo a orientação de um antigo oráculo. Polinice desposou a mais velha, Argia, e Tideu, a mais jovem, Dípila. Dando início ao prometido, Adrasto organizou a expedição dos *Sete Chefes*, cujo objetivo era repor Polinice no trono de Tebas. Da grande marcha sobre a capital da Beócia participava obviamente o filho de Eneu. No episódio de Ofeltes – Arquêmoro (v. Anfirau), sufocado por uma serpente na presença dos Sete, Tideu colocou-se destemidamente ao lado de Hipsípila (v.) contra o Rei Licurgo. Apaziguados os ânimos com a intervenção de Anfiarau e Adrasto, celebraram-se jogos fúnebres em memória de Arquêmoro, em que o herói de Cálidon sagrou-se campeão na luta do cesto. Enviado como embaixador a Tebas, Etéocles não quis ouvi-lo. Para mostrar a superioridade dos *Sete*, Tideu desafiou para um combate singular a cada um dos paladinos beócios e os eliminou. Ao retirar-se da cidade, os tebanos armaram-lhe uma cilada com cinquenta homens. Com o respaldo de Atená, ele enviou a todos, com exceção de Méon (v.), para as sombras do Hades. Homero, na *Ilíada*, IV, 372-398, narra essa embaixada e as gestas gloriosas do herói de Cálidon.

Uma versão, sem dúvida recente, atesta a crueldade do protegido de Atená. Como Ismene, irmã de Etéocles (v. Édipo), tivesse marcado um encontro fora da cidade com Teoclímeno, a quem amava, Tideu, por instigação da deusa da inteligência, os espreitou e surpreendeu. Teoclímeno logrou fugir, mas Ismene, apesar das súplicas, foi impiedosamente assassinada.

No combate decisivo diante das sete portas da capital dos cadmeus, teve como adversário o bravo Melanipo. Apesar de mortalmente ferido, Tideu conseguiu matar o inimigo. Anfiarau, um dos *Sete*, e que culpava também o herói de haver cooperado para organizar uma expedição que ele sabia fadada ao fracasso, cortou a cabeça de Melanipo e entregou-a ao companheiro agonizante. O gesto de Anfiarau foi uma cilada. De um lado, conhecia bem a ferocidade do filho de Eneu; de outro, sabia, como adivinho, que Atená se preparava para conseguir de Zeus a imortalidade para ele.

Embora morrendo, o herói, cheio de ódio, a abriu e devorou-lhe os miolos. A deusa, horrorizada com esta cena de canibalismo, retirou-se do campo de batalha e desistiu da ideia de levá-lo para junto dos deuses.

O cadáver de Tideu foi sepultado por Méon, em agradecimento por ter sido poupado por ele. Uma outra versão atesta que foi Teseu quem salvou os corpos dos bravos que tombaram diante de Tebas. O de Tideu teria sido sepultado em Elêusis.

De Tideu e Dípila nasceu o indomável Diomedes (v.).

TIESTE *(I, 78, 84-85, 89-90; III, 29, 52, 330, 333-334).*

Θυέστης (Thyéstēs), *Tieste*, provém do verbo θύειν (thýein), cujo sentido geral é "oferecer aos deuses um sacrifício por combustão principalmente de alimentos ou primícias e, em seguida, um sacrifício sangrento ou não, daí *sacrificar*". Em sentido mais estrito, o verbo designa "o cheiro, o vapor, o fumo que se exala do sacrifício". Tieste, que já se encontra no micênico sob a forma *Tuweta*, significa "o que maneja o almofariz, o pilão, onde se trituravam substâncias odoríferas", que eram oferecidas aos deuses durante os sacrifícios. A base etimológica é o radical **dhw-i*, donde o latim *suf-fio, -ire*, "fazer fumigações, defumar com vapores"; de outro lado, com o sufixo em **-m*, tem-se o grego **θυμός* (*thymós), "vapor, sopro", latim *fiimus*, "fumo, fumaça", sânscrito *dhūmá-*, com o mesmo significado. O sentido original do verbo θύειν (thýein), como se patenteia em diversas línguas indo-europeias, era "fumigar, lançar vapores". A conotação religiosa é uma inovação do grego, *DELG*, p. 448-449.

De Pélops (v.) e Hipodamia nasceram, entre outros, os gêmeos Tieste e Atreu. O mito destes dois filhos do amaldiçoado Pélops (v.) é um tecido sangrento de ódio e vingança de um contra o outro. Os trágicos sobretudo exaltaram até o paroxismo esse rancor mortal entre os gêmeos (v. Atreu). Por instigação de Hipodamia, Tieste e Atreu assassinaram seu irmão consanguíneo Crisipo e fugiram para a corte de Estênelo ou, segundo outros, de Euristeu, em Micenas. Morto o rei, sem deixar descendente, os micênicos, dando crédito a um oráculo, resolveram entregar o poder a um deles. Por desígnio de Zeus, Atreu se tornou o novo senhor da cidade. Como Aérope, esposa do rei, se tornara amante do cunhado, Atreu resolveu vingar-se e serviu ao irmão num banquete as carnes de três filhos (Áglao, Calíleon e Orcômeno) ou de dois (Tântalo II e Plístene) que este tivera com uma concubina. Após o repasto sangrento, mostrou-lhe as cabeças e os braços das crianças. Aterrorizado, Tieste refugiou-se na corte do Rei Tesproto e de lá partiu para Sicione, onde estava sua filha Pelopia. Como um oráculo lhe houvesse predito que só poderia vingar-se de Atreu se tivesse um filho com a própria filha, Tieste a estuprou e desse incesto nasceu Egisto. Este, após muitas peripécias, matou ao tio e entregou ao pai o reino de Micenas (v. Atreu).

TIFÃO *(I, 155, 158, 229, 242, 335-336, 338; II, 21, 46, 194; III, 98, 109, 114, 154, 210, 273, 311[244]).*

Τυφῶν (Typhôn), *Tifão*, alterna-se com Τυφωεύς (Typhōeús), *Il.*, II, 782s.q.; Hes. *Teogonia*, 821, 869 e com Τυφώς (Typhṓs), Pínd. *Píticas*, 1, 16. Trata-se, ao que tudo faz crer, de uma divindade pré-helênica ou tomada de empréstimo à Ásia Menor. Enquanto *Typhôn* designa um monstro, nascido de Geia ou de Hera, e pai dos ventos, segundo Hesíodo, *Teog.*, 869sqq., *typhós*, como apelativo, designa a tempestade, a borrasca. *Tifão* não possui etimologia segura. A aproximação com o verbo τύφεσθαι (týphesthai), "lançar fumaça, lançar vapores, ser reduzido a cinzas" resulta de etimologia popular, *DELG*, p. 1.147sq.; Carnoy, *DEMG*, p. 205, defende a hipótese de que *Typhôn* tem como origem o indo-europeu **dheubh*, "gerar obscuridade, nevoeiro e fumaça". Poder-se-ia, neste caso, aproximá-lo do grego τυφλός (typhlós), "cego", que aparece no antigo irlandês *dub*, "negro" e no alemão *taub*, "surdo", uma vez que Tifão é uma espécie de síntese da violência, cegueira e surdez de todas as forças primordiais. Quanto à nossa palavra *tufão*, nada tem a ver com *Typhôn*, Tifão.

Deixando de lado certas variantes que fazem de Tifão filho de Crono e Hera ou apenas desta útima, fiquemos com a hesiódica que lhe dá como pais Tártaro e Geia. Tifão era um meio-termo entre um ser humano e um monstro terrível e medonho. Em altura e força excedia a todos os outros filhos e descendentes de Geia. Era mais alto que os píncaros das montanhas e sua cabeça tocava as estrelas. Quando abria os braços, uma das mãos tocava o Oriente e a outra o Ocidente e em vez de dedos possuía cem cabeças de dragões. Da cintura para baixo tinha o corpo recamado de víboras. Era alado e seus olhos lançavam línguas de fogo. Quando os deuses viram tão horrenda criatura encaminhar-se para o Olimpo, fugiram espavoridos para o Egito, escondendo-se no deserto, tendo cada um tomado uma forma animal: Apolo metamorfoseou-se em milhafre; Hera, em vaca; Hermes, em Íbis; Ares, em peixe; Dioniso, em bode; Hefesto, em boi. Zeus e sua filha Atená foram os únicos que se opuseram ao monstro. O vencedor de Crono lançou contra Tifão um raio, perseguiu-o e o feriu com uma foice de sílex. O gigantesco filho de Geia e Tártaro fugiu para o Monte Cásio, onde se travou um combate corpo a corpo. Facilmente o gigante desarmou a Zeus e com a foice cortou-lhe os tendões dos braços e dos pés. Colocou-o inerme e indefeso sobre os ombros e, transportando o refém para a Cilícia, aprisionou-o na gruta Corícia. Escondeu-lhe os tendões numa pele de urso e os pôs sob a guarda do dragão-fêmea Delfine. Mas o deus Pã, com seus gritos que causavam *pânico*, e Hermes, com sua astúcia costumeira, assustaram Delfine e apossaram-se dos tendões do pai dos deuses e dos homens. Este recuperou, de imediato, suas forças e, escalando o céu num carro tirado por cavalos alados, recomeçou a luta, lançando contra o inimigo uma chuva de raios. O monstro refugiou-se no Monte Nisa, onde as *Moîras* lhe ofereceram "frutos efêmeros", prometendo-lhe que aqueles lhe fariam recuperar as forças: na realidade, elas o estavam condenando a uma morte próxima. Tifão atingiu o Monte *Hêmon*, na Trácia, e agarrando montanhas, lançava-as contra o deus. Este, interpondo-lhes seus raios, as arremetia contra o adversário, ferindo-o profundamente. As torrentes de sangue que corriam do corpo de Tifão deram nome ao Monte *Hêmon*, uma vez que, em grego, sangue se diz αἷμα (haîma). O filho de Geia fugiu para a Sicília, mas Zeus o esmagou, lançando sobre ele o Monte Etna, que até hoje vomita suas chamas, traindo lá embaixo a presença do gigante: essas chamas provêm dos raios com que o novo soberano do Olimpo o abateu.

Tifão é a derradeira tentativa de uma divindade primordial, Geia, para impedir a consecução da obra cosmogônica e a instauração de uma nova ordem. Tendo esmagado o derradeiro inimigo, Zeus estava "preparado" para pôr cobro às violentas sucessões das dinastias divinas e assumir, em definitivo, o governo do universo. É precisamente a respeito dessa última vitória que se deseja dizer uma palavra. Como se viu, Tifão mutilou a Zeus e o conduziu para a gruta Corícia. Se a caverna, já o sabemos, figura os mitos de origem, de renascimento e iniciação, como um real *regressus ad uterum*, um simbólico morrer para se renascer outro, a mutilação de Zeus tem uma conotação mais profunda. Para se compreender bem a mutilação é mister fazer uma dicotomia, uma distinção entre mutilação de ordem social e mutilação ritual. Se entre os celtas o Rei Nuada não mais pôde reinar por ter perdido um braço na batalha e o deus Mider é ameaçado de perder o reino, porque acidentalmente ficou cego de um olho, trata-se, em ambos os casos, de um aspecto apenas social do problema. O sentido ritual da mutilação é bem outro. Para se penetrar nesse símbolo é bom relembrar que a ordem da "cidade " é *par*: o homem se põe de pé, apoiando-se em suas *duas pernas*, trabalha com seus *dois braços*, olha a realidade com seus *dois olhos*. Ao contrário da ordem humana ou *diurna*, que é par, a ordem oculta, *noturna*, transcendental é *um*, é *ímpar*. O disforme e o mutilado têm em comum o fato de estarem à margem da sociedade humana ou *diurna*, uma vez que neles a paridade foi prejudicada. *Numero deus impari gaudet*, o número ímpar agrada ao deus, diz o provérbio, mas *an odd number* significa também em inglês um "tipo estranho, tipo incomum", e a expressão francesa *il a commit un impair* significa que alguém "cometeu uma inconveniência, fez asneira", transgredindo, por leve que seja, a ordem humana. O criminoso "comete uma terrível inconveniência", transgredindo gravemente a ordem social; o herói se "singulariza perigosamente". Ambos realçam o sagrado e só se distinguem pela orientação vetorial do herói: *sagrado-esquerdo* e *sagrado-direito*. O vidente, como Tirésias, é *cego*; o gênio da eloquência é*gago*... a mutilação tem pois dois lados, revestindo-se também da *complexio oppositorum*, possuindo, assim valor iniciático e contrainiciático. No Egito, visando-se a uma intenção mágica de defesa, os animais perigosos, como leões, crocodilos, escorpiões e serpentes eram muitas vezes representados sobre os muros dos templos por hieróglifos mutilados. Os animais apareciam cortados em dois, amputados, desfigurados, de modo a serem reduzidos à impotência. A mutilação de Zeus é partícipe do "sagrado-direito": visa, em última análise, a prepará-lo para ser *Um*, para ser o rei, para ser *ímpar*, para ser o soberano, para ser o senhor. Van Gennep, no capítulo VI de *Os Ritos de Passagem*, tem páginas luminosas sobre o rito da mutilação, cuja finalidade maior não é apenas a purificação, mas uma transformação visível para todos da personalidade de um indivíduo. "Com estas práticas retira-se o indivíduo mutilado da humanidade comum mediante um rito de separação, que, automaticamente, o agrega a um grupo determinado". Zeus, que vai ser rei, o senhor, o pai dos deuses e dos homens, purifica-se na *gruta* e, *mutilado*, separa-se em definitivo de *seu meio*, para colocar-se *acima dele*. As lutas de Zeus contra os *Titãs* (Titanomaquia), contra os *Gigantes* (Gigantomaquia), episódio, aliás, desconhecido por Homero e Hesíodo, mas abandonado por Píndaro (*Nemeias*, 1, 67), e contra o monstruoso Tifão, essas lutas, repetimos, contra forças primordiais desmedidas, cegas e violentas, simbolizam também uma espécie de reorganização do universo, cabendo a Zeus o papel de um "re-criador" do mundo. E apesar de jamais ter sido um deus criador, mas sim conquistador, o grande deus olímpico torna-se, com suas vitórias, o chefe incontestado dos deuses e dos homens, e o senhor absoluto do universo. Seus inúmeros templos e santuários atestam seu poder e seu caráter pan-helênico. O deus indo-europeu da luz, vencendo o Caos, as trevas, a violência e a irracionalidade, vai além de um deus do céu imenso, convertendo-se, na feliz expressão de Homero (II, I, 544) em πατὴρ ἀνδρῶν τε θεῶντε (patḗr andrôn te theônte), *o pai dos deuses e dos homens*.

TÍFIS *(III, 178, 181).*

Τῖφυς (Tîphys), *Tífis*, não possui etimologia segura. A hipótese de Carnoy, *DEMG*, p. 202, aproximando o vocábulo de τῖφος (tîphos), "lama, lodo, local pantanoso", não é consistente.

Beócio de Sifas, Tífis era filho de Hágnias. Foi o primeiro piloto da nau Argo que singrou os mares, em busca do Velo de Ouro. Instruído por Atená, era conhecedor profundo do curso dos astros e dos ventos, tornando-se o mais célebre timoneiro mítico da Antiguidade.

Tífis não chegou à Cólquida, pois faleceu entre os mariandino, no reino de Lico (v. Argonautas), sendo, de imediato, substituído por Ergino (v.), filho de Posídon.

TIIA.

Θυῖα (Thyîa), *Tiia*, é derivado do verbo 1-θύειν (1-thýein), "saltar, pular, lançar-se com impetuosidade, enfurecer"; do mesmo verbo procede igualmente Θυιάδες ou Θυιάδες (Thyiádes ou Thyádes), "as Furiosas", isto é, "as Tíades ou Bacantes", companheiras inseparáveis de Dioniso ou Baco. É bem possível que a raiz seja **dhu*, que se encontra no sânscrito *dhunóti*, "ele agita, sacode com violência", *DELG*, p. 448.

Filha do deus-rio Cefiso ou do herói Castálio, Tiia é uma ninfa de Delfos. Unida a Apolo, foi mãe de Delfos, herói epônimo da cidade sagrada do deus dos oráculos. Consoante uma tradição local, a heroína teria sido a primeira a celebrar o culto de Baco nas faldas do Monte Parnasso. Para recordar tal fato, as Bacantes passaram a chamar-se também Tíades.

Atesta uma variante que Tiia era filha de Deucalião. De seus amores com Zeus teriam nascido Magnes e Mácedon, heróis epônimos respectivamente da Magnésia e da Macedônia.

TIMALCO.

Τίμαλκος (Tímalkos), *Timalco*, é antropônimo sem etimologia até o momento.

Filho mais velho do Rei Megareu, uniu-se aos Dioscuros Castor e Pólux, quando estes passaram por Mégara à procura de Helena, raptada por Teseu. Participou da tomada de Afidna, mas foi ferido e morto pelo rei de Atenas.

TIMANDRA.

Τιμάνδρα (Timándra), *Timandra*, é um feminino de Timandro. O antropônimo é formado por τιμή (timḗ), "consideração, honra", e por **-ανδρα* (*andra), feminino de -ανδρος (-andros), de ἀνήρ, ἀνδρός (anḗr, andrós), "homem viril, corajoso", donde Timandra é "a que honra ou valoriza o homem" ou "seu marido"? Quanto a τιμή (timḗ), trata-se de um derivado do verbo τίειν (tíein), "estimar, valorizar, honrar". Fora do grego cita-se o sânscrito *cā́yati*, "ele respeita", *cāyú-*, "respeitoso", *DELG*, p. 1.123. Frisk, *GEW*, s.u. discute várias hipóteses etimológicas. A respeito de ἀνήρ, ἀνδρός (anḗr, andrós), v. Alexandre.

Uma das filhas de Tíndaro e Leda, a heroína se casou com Équemo e foi mãe de Evandro. Tendo irritado Afrodite, não lhe oferecendo os sacrifícios rituais antes do matrimônio, a deusa do amor a enlouqueceu. Fora de si, Timandra deixou-se raptar por Fileu (v.), que a levou para Dulíquio, ilha do Mar Jônico.

TIMETES.

Θυμοίτης (Thymoítēs), *Timetes*, ao que tudo indica, é um derivado de θυμός (thymós), "alma, coração", enquanto princípio vital, daí "ardor, coragem", donde significar o antropônimo "o ardoroso, o destemido". É bem possível que θυμός (thymós) se relacione etimologicamente com o verbo 1-θύειν (1-thýein), "arremessar-se com furor" (v. Tiia), *DELG*, p. 445-446.

Na *Ilíada*, III, 146, o herói é apresentado como um ancião e conselheiro de Príamo, de quem era irmão, por ser igualmente filho de Laomedonte. A tradição mais comum, todavia, aponta-o como esposo de Cila (v.), donde cunhado e não irmão do rei de Troia.

Tendo Príamo interpretado a seu modo um oráculo, mandou matar a própria irmã Cila. Timetes jamais perdoou ao cunhado atitude tão covarde e foi um dos primeiros a introduzir em Ílion o cavalo de madeira.

TÍNDARO *(I, 85-86, 109, 112; III, 121, 170, 292, 326, 330-331, 333-334, 336, 341).*

Τυνδάρεος (Tyndáreos), *Tíndaro*, não possui etimologia conhecida, apesar das hipóteses arrojadas de Maresch, *Glotta*, 14, 1925, 298sqq., e de Kretschmer, *Glotta*, 30, 1943, p. 87, que consideram o antropônimo bem como a inscrição dórica Τινδαρίδαι (Tindarídai), "os tintáridas", isto é, Castor e Pólux, como nomes proto-indo-europeus, *DELG*, p. 1.145. Para Carnoy, *DEMG*, p. 204, Tíndaro, pai dos Dioscuros Castor e Pólux, e portanto identificado com Zeus, poderia originar-se da raiz **tud*, latim *tundĕre*, "ferir, bater repetidas vezes com instrumento contundente", já que Zeus "troveja" (*ton-ĭtrus*, trovão) e "fere" com seus raios. Esta última hipótese parece tão somente um arranjo de cunho popular.

Herói lacedemônio, Tíndaro possui uma genealogia complicada. Seus pais teriam sido Ébalo e a ninfa náiade Bácia ou a filha de Perseu Gorgófone ou, segundo outros, Perieres ou Cinortas e a mesma Gorgófone (v.).

Seus irmãos ou apenas consanguíneos, conforme as diversas versões, são Icário, Afareu, Hipocoonte, Leucipe e Arene.

Casado com Leda, quando do exílio em Cálidon, foi pai dos Dioscuros Castor e Pólux, Helena, Clitemnestra, Timandra e Filônoe, embora Pólux e Helena, "imortais", sejam considerados como nascidos da semente de Zeus.

Expulsos do Peloponeso pelo violento Hipocoonte e seus filhos, os hipocoôntidas, Tíndaro e Icário refugiaram-se na corte do Rei Téstio em Cálidon ou Plêuron, segundo outras fontes.

Quando Héracles venceu a Hipocoonte e seus filhos, Tíndaro retornou a Esparta, mas Icário permaneceu na Acarnânia. Segundo outra versão, uma vez no governo de Esparta, Icário se aliou ao derrotado Hipocoonte e ambos tramaram o exílio de Tíndaro que fugiu para Pelene, na Acaia, ou para a corte de seu irmão consanguíneo Afareu na Messênia.

Uma variante, porém, atesta que ambos voltaram a Esparta e Icário, tendo-se casado com a náiade Peribeia, teve cinco filhos: Toas, Damasipo, Imêusimo, Aletes, Períleo e uma filha, Penélope.

Com a morte de Atreu (v.), a ama de Agamêmnon e Menelau entregou-os ainda meninos a Polifides, rei de Sicione. Este os confiou a Eneu, rei de Cálidon. Quando Tíndaro retornou da corte de Eneu para Esparta, trouxe-os consigo e os educou em seu palácio. Foi assim que os atridas conheceram Helena e Clitemnestra e com elas se casaram, se bem que as versões a este respeito sejam várias e diferentes, segundo os autores.

Com relação às dificuldades enfrentadas por Tíndaro por causa da beleza de Helena e do grande número de pretendentes, v. Helena e Icário.

Após a apoteose, embora alternada, de Castor e Pólux (v. Dioscuros), Tíndaro entregou o reino de Esparta a Menelau. Ainda vivia, quando Páris raptou Helena e foi ele quem, no decurso da Guerra de Troia, casou sua neta Hermíona (v.), filha de Menelau e Helena, com Orestes.

Uma tradição mais recente relata que o pai dos Dioscuros sobreviveu à tragédia de Micenas, com a morte de Agamêmnon e Clitemnestra. O velho monarca compareceu ao julgamento de Orestes (v.) e o acusou perante o Areópago, ou em Argos, diante de um tribunal popular.

Tíndaro teria sido ressuscitado por Asclépio e era cultuado como herói em Esparta.

TINGE.

Τύγγη (Tínguē), *Tinge*, não possui etimologia conhecida.

Tinge era casada com o gigante Anteu (v.). Héracles, após matá-lo, se uniu à heroína, que lhe deu o filho Sófax, fundador da cidade de Tíngis, depois Tânger.

TIONE *(II, 123)*.

Θυώνη (Thyṓné), *Tione*, é derivado do verbo 1-θύειν (1-thýein), "lançar-se com furor", donde significar o teônimo "a furiosa, a bacante" (v. Tiia), por ter sido a mãe de Baco.

Tione é considerada tradicionalmente como um epíteto de Sêmele divinizada. Os mitógrafos procuram explicar essa mudança de nomes de duas maneiras: ou se trata da mãe de um outro Dioniso ou, como é mais natural, Sêmele seria a denominação mortal da princesa tebana e Tione o nome divino da mesma. A segunda hipótese é mais lógica, uma vez que Dioniso desceu ao Hades e de lá arrancou sua mãe Sêmele, proporcionando-lhe a apoteose e colocando-a entre as divindades do Olimpo (v. Dioniso).

É necessário lembrar que Sêmele (v.) é uma antiga deusa-mãe "decaída" como Helena e, portanto, não estava sujeita à lei da morte.

TIQUE *(I, 232)*.

Em grego, Τύχη (Týkhē), *Tique*, do verbo τυγχάνειν (tynkhánein) "alcançar por acaso, conseguir por sorte", significa, etimologicamente, o *acaso*, a *sorte*, o *fado bom ou mau*. O elemento primeiro que nos oferece o sentido geral da palavra parece que é a raiz indo-europeia **deugh*, "sair-se bem, alcançar bom êxito" (v. Tíquio). Para que se possa fazer uma ideia mais precisa da evolução de *Moîra* para *Tique*, voltemos um pouco aos conceitos já emitidos a respeito da primeira. Os gregos habituaram-se a curvar a espinha diante da *Moîra*, "da parte que toca a cada um", do inevitável, do demarcado por *aquela* que está acima de todos os deuses. Μοῖρα (Moîra) do verbo grego μείρεσθαι (meíresthai), "obter em partilha", é o destino cego, ao qual os próprios deuses estão sujeitos e de que são apenas instrumentos. Eis o motivo por que Μοῖρα (Moira) jamais foi antropomorfizada; jamais foi estatuada; jamais foi invocada; jamais foi cultuada. Invocá-la, fazer-lhe sacrifícios, para quê? Μοῖρα (Moîra) era o prefixado desde todo o sempre. Representada, não raro, por um τάλαντον (tálanton), quer dizer, por uma *balança* (v.), como já se explicou, o prato de cada um subia ou inclinava-se no momento exato. Curioso é lembrar ou relembrar que se foi o feminino, precisamente *Psiqué*, quem nos abriu as portas dos Campos Elísios, casando-se com Eros, é também um outro feminino, a Μοῖρα (Moîra) quem nos fecha as portas desta vida.

Os gregos souberam pensar e pesar bem as coisas: a vida e a morte estão nas mãos da mulher! A cultura helênica, no entanto, também evoluiu. Vergastada em todos os quadrantes pelo pensamento racionalista, Μοῖρα (Moîra) não desapareceu: recolheu-se às Religiões dos Mistérios e permitiu que outra "feminista" lhe ocupasse o posto. Surgiu, destarte, no mundo grego, mormente a partir do século IV a.C., a temível Τύχη (Týkhē). Esta palavra, já o dissemos, provém do verbo τυγχάνειν (tynkhánein), que significa, *stricto sensu*, "atingir o alvo". Donde Τύχη (Týkhē) poderia talvez ser traduzida por aquilo que o homem consegue, alcança, realiza por decisão dos deuses. Como se pode observar, o nível fatalístico baixou de grau. Agora, já se pode ao menos sonhar com a esperança, com os olhinhos verdes de Pandora. Algo, quem sabe, poderá ser alcançado! É só não errar o alvo! E a esperança sabe não apenas que *espera*, mas sobretudo *o que espera*.

Tique não possui mito. Representada por vezes como cega, esconde sob esta máscara um feixe de símbolos: meia providência, meia casualidade, à qual estamos subordinados o cosmo e todos nós, a nossa Tique passa a funcionar de acordo com a nossa conduta! Já é uma fresta de luz que se abre. Mas o grego é criativo. Se a "fortuna" (vocábulo evidentemente ambíguo e desejamos aplicá-lo com seu duplo valor semântico), se a "fortuna", repetimos, é, por vezes, cega, por que então não substituir Τύχη (Týkhē) por "uma cegueira permanente", que expresse o sentido duplo de "fortuna": sorte e azar? Foi precisamente o que fizeram os gregos, criando um deus cego, Πλοῦτος (Plûtos), *Pluto* (v.), que traduz a ideia de riqueza (plutocracia) e de sorte e azar, tudo sempre na dependência de nosso *modus uiuendi*, de nossa maneira de caminhar neste vale de lágrimas.

TÍQUIO.

Τυχίος (Tykhíos), *Tíquio*, é um derivado do verbo τυγχάνειν (tynkhánein), "encontrar por acaso, obter por sorte, encontrar, deparar-se casualmente, acontecer", donde Tíquio "é o favorecido pela sorte". A aproximação etimológica do verbo em pauta com τεύχειν (teúkhein), "fazer, preparar, modelar" é comumente aceita. O verbo *tynkhánein* exprime um processo cujo termo se tem em vista, daí o sentido de "esperar, contar com, encontrar", *DELG*, p. 1.142-1.143.

O beócio Tíquio foi um correeiro célebre. Coube a ele a honra e a glória de haver confeccionado o escudo de couro de Ájax Telamônio. Talvez, por isso mesmo, tenha ficado como símbolo de perfeição em sua arte.

Homero, na *Ilíada*, VII, 219-223, ao falar do escudo de Ájax, coberto com sete couros de bois, possuindo uma oitava camada de bronze, chama a Tíquio de "o mais hábil dos correeiros".

TIRÉSIAS *(I, 86, 130, 281, 313[208], 337; II, 88-89, 146, 175-180; III, 35-36, 48, 56, 92-93, 265-266, 282, 284, 308, 320, 324-325).*

Τειρεσίας (Teiresías), *Tirésias*, é um derivado do neutro τέρας (téras), "sinal enviado pelos deuses, prodígio", donde significar o antropônimo "o que interpreta os sinais" enviados pelos deuses, donde "adivinho, profeta". A raiz indo-europeia é certamente *$q^w\bar{e}r$-or*, como se observa em πέλωρ (pélōr) e τέωρ (télōr), "prodígio, monstro", como substituição de -ωρ (-ōr) por -ας (-as), *DELG*, p. 1.105-1.106.

Filho de Everes e da ninfa Cáriclo (v.), o herói pertencia, através de seu pai, à primitiva nobreza tebana, isto é, descendia dos Σπαρτοί (Spartoí), vale dizer, dos Semeados (v.).

Adivinho famoso, corresponde, na vida religiosa, ao papel e importância exercidos por Calcas (v.) na vida militar. Este fazia parte do ciclo troiano, aquele do tebano.

Acerca da cegueira e dos dons divinatórios de Tirésias há basicamente duas explicações. Na fase da puberdade, o filho de Everes viu sua mãe em companhia de Atená banhando-se nuas na fonte de Hipocrene. A deusa, de imediato, o cegou. Cáriclo reclamou de tamanha crueldade e a filha de Zeus, para consolar sua acompanhante, concedeu a Tirésias dons maravilhosos. Deu-lhe, de saída, um bordão mágico, que o guiava como se tivesse olhos. Purificou-lhe, em seguida, os ouvidos, para que pudesse compreender e interpretar o canto dos pássaros.

Assim se explica, em uma das versões, o poder mântico do herói tebano. Prometeu-lhe, por fim, que após a morte, ele conservaria intactas não apenas suas faculdades intelectuais, mas também seus dons divinatórios.

A tradição mais seguida, todavia, relata os fatos de maneira inteiramente diversa. A *manteía* (poder divinatório) do profeta tebano era consequência de um castigo e de uma compensação. Ao atingir, na adolescência, a época de sua *dokimasía*, a saber, das "provas" de caráter iniciático por que passava todo jovem, ao ingressar na *efebia* e, em seguida, participar da vida da *pólis*, Tirésias escalou o Monte Citerão e viu duas serpentes que se acoplavam num ato de amor. O iniciando as separou ou, segundo outras fontes, matou a serpente fêmea. O resultado foi, aparentemente, desastroso: o adolescente tornou-se mulher. Sete anos mais tarde, já tendo ultrapassado a efebia, subiu o mesmo Citerão e, encontrando cena idêntica, repetiu a intervenção anterior, matando dessa vez, a serpente macho, e recuperou seu sexo masculino. O mântico era, portanto, alguém que possuía experiência dos dois sexos. Semelhante aventura, na realidade, o tornou célebre.

Certa feita, no Olimpo, Zeus, que se consolidara no poder e se tornara *deus otiosus*, discutia acaloradamente com sua esposa Hera. O objeto da polêmica era deveras sério e complexo. Girava em torno do amor. "Quem teria maior prazer num ato de amor, o homem ou a mulher"? Para arbitrar a questão, foi chamado aquele que já participara de ambos os sexos. Questionado pelo casal divino, Tirésias respondeu, sem hesitar, que, se um ato de amor pudesse ser fracionado em dez parcelas, a mulher teria nove e o homem apenas uma. Hera, furiosa, o cegou, porque ele havia revelado o grande segredo feminino e sobretudo porque, no fundo, Tirésias estava decretando a superioridade do homem, causa eficiente dos nove décimos do prazer feminino. Hera compreendeu perfeitamente a resposta patriarcal do tebano; ao dar-lhe "a vitória", *nove décimos de prazer*, estava, na realidade, traçando um perfil da superioridade masculina, da potência de Zeus, simbolizando todos os homens, únicos capazes de proporcionar tanto prazer à mulher.

Para compensar-lhe a cegueira, Zeus, agradecido, concedeu-lhe dons divinatórios extraordinários; o privilégio de viver sete gerações humanas e guardar, após a morte, as faculdades intelectuais.

No mito tebano se atribuem ao grande *mántis* algumas profecias muito importantes. Revelou a Anfitrião a identidade daquele que, aproveitando-se da ausência do general (v. Anfitrião), dormira com Alcmena e a fizera mãe de Héracles (v.); insultado por Édipo, desvendou-lhe todo o passado (v. Édipo) criminoso e aconselhou Creonte a expulsá-lo de Tebas, para livrar a cidade de máculas tão sérias; quando da expedição dos *Sete contra Tebas* (v.), predisse que a cidade seria poupada, se Meneceu, filho de Creonte, fosse sacrificado para apaziguar a cólera do deus Ares.

Quando os Epígonos (v.), para vingar a derrota dos *Sete*, marcharam contra Tebas, profetizou que a cidade seria poupada, se os tebanos concluíssem um armistício com os inimigos e deixassem secretamente a capital durante a noite, o que evitaria um massacre geral. Na tragédia de Eurípides, as *Bacantes*, 266-321, procurou convencer Penteu a que não se opusesse, como se fora um louco, à introdução do culto dionisíaco na Beócia.

Prevê que Narciso (v.) teria uma longa vida *se não se visse* e revela o destino da ninfa Eco, que, por causa do filho de Liríope, se transformara num rochedo.

Mesmo após a morte, o maior dos adivinhos gregos continuou a profetizar. Foi a conselho de Circe (*Odiss.*, X, 488-495) que Ulisses (v.) foi à região dos cimérios para consultar o *mántis*, cujas faculdades intelectuais se mantiveram intactas, bem como a capacidade divinatória, segundo a promessa de Zeus.

Na mesma *Odisseia*, XI, 90-137, o adivinho tebano, evocado por Ulisses, prediz o longo caminho de sofrimentos que o herói ainda teria pela frente e dá-lhe informações preciosas de como deveria agir para afinal chegar a Ítaca.

Tirésias foi pai de Manto, também profetisa, que, por sua vez, teve um filho, Mopso, igualmente inspirado por Apolo.

A morte do velho adivinho se deveu à invasão de Tebas pelos Epígonos. Tendo seguido seus concidadãos no doloroso êxodo, parou, sedento, junto à fonte Telfusa, cujas águas frígidas em demasia lhe provocaram a morte. Segundo uma variante, Tirésias permaneceu na capital com a filha Manto. Presos pelos invasores, foram enviados para Delfos, a fim de se consagrarem a Apolo, seu deus protetor. Fatigado pela longa caminhada, o ancião faleceu antes de chegar a seu destino.

1 – TIRO *(III, 22, 175[144], 176, 191, 204, 235).*

Τυρώ (Tyrố), *Tiro*, é derivado por Carnoy, *DEMG*, p. 205, aliás com certa cautela, da raiz indo-europeia *teu*, "intumescer-se", ampliada em *turo-, "forte".

Filha de Salmoneu e Alcídice, Tiro foi criada por seu tio Creteu. Apaixonada pelo deus-rio Enipeu, todos os dias dirigia-se às margens do mesmo para chorar por seu grande amor.

Posídon, tomando a forma de Enipeu, uniu-se a ela e fê-la mãe dos gêmeos Pélias e Neleu, que foram criados secretamente. Com o falecimento de Alcídice, Salmoneu se casou em segundas núpcias com a ciumenta Sidero, que passou a maltratar a enteada.

Uma vez crescidos, Pélias e Neleu mataram a cruel esposa do avô. Tiro acabou se casando com Creteu e foi mãe de três filhos: Esão, Feres e Amitáon.

Ainda acerca de Tiro chegou até nós um relato mítico bastante mutilado, registrado por Higino (*Fáb.*, 60; 239; 254).

Os irmãos Salmoneu e Sísifo se odiavam e um oráculo predisse que este último só poderia vingar-se do irmão, se tivesse um filho com a sobrinha. O astuto Sísifo uniu-se a ela e foi pai de gêmeos. Sabedora do triste destino que aguardava os filhos, Tiro os eliminou.

Este incesto, somado a tantos outros crimes de Sísifo (v.), foi também responsável pelo terrível suplício que padece o herói nas trevas do Hades.

2 – TIRO.

Τύρος (Týros), *Tiro* (em virtude da simplificação ortográfica), ao que parece, significa "a rochosa", *DEB*, p. 1.509. A forma grega seria mera adaptação do fenício *Zor* ou do hebraico *sor*: "rocha", pelo fato de a cidade se localizar numa ilha rochosa.

Ninfa fenícia, foi amada por Héracles. Conta-se que certa feita um cão comera um molusco (murex) e dela se aproximara com o focinho colorido. Admirando a cor purpúrea, a ninfa disse ao herói que deixaria de amá-lo se ele não lhe desse uma indumentária da mesma cor. Héracles pôs-se a procurar e descobriu a tintura purpurina que se extraía do molusco. Semelhante achado se tornou o grande negócio da cidade de Tiro.

TIRRENO ou TIRSENO *(III, 127, 146).*

Τυρρηνός (Tyrrhēnós), *Tirreno* ou Τυρσηνός (Tyrsēnós), *Tirseno*, possivelmente está relacionado com τύρσις (týrsis), "torre, fortificação, cidade fortificada". Assim *týrsis* proviria do lídio Τύρρα/Τύρσα (Týrrha/Týrsa), fonte de *Tyrsēnós*, plural Τυρσηνοί (Tyrsēnoí) e de *Tursci>Tursci (= Etrusci), "etruscos". A raiz seria o indo-europeu *dhergh-, "firme, sólido", *DELG*, p. 1.147. O antropônimo significaria então "o forte".

Herói epônimo dos tirrenos ou tirsenos, isto é, dos etruscos, era filho de Átis e Calítea ou, segundo outra versão, de Télefo e Híera ou ainda de Héracles e Ônfale (v.) e seria o inventor da trombeta. Seus irmãos chamavam-se Tárcon e Lido, este último epônimo dos lídios.

Terminada a Guerra de Troia, Tirreno se exilou, talvez por causa da fome que grassava na Lídia. Radicou-se na Itália Central e foi o ancestral dos tirrenos ou etruscos.

TISÂMENO *(I, 92, 102; II, 22)*.

Τισάμενος (Tisámenos), *Tisâmeno*, é um derivado do verbo τίνειν (tínein), "pagar", daí "castigar, punir, vingar-se", sânscrito *cáyate* "punir, vingar"; o avéstico tem uma forma verbal *kay-* e com reduplicação *cikay-* "punir", donde significar o antropônimo "o vingador", *DELG*, p. 1.120-1.121.

Existem dois heróis com este nome. O primeiro é filho de Orestes e Hermíona.

Com a morte de Menelau, Orestes assumiu o poder em Esparta, sucedendo-lhe, em seguida, Tisâmeno, que foi morto na invasão do Peloponeso pelos Heraclidas (v.). Relata uma variante que, embora vencido pelos descendentes de Héracles, obteve deles a permissão de retirar-se incólume com seus filhos e concidadãos. O herói dirigiu-se para o norte do Peloponeso e solicitou asilo aos jônios. Estes, temendo-lhe a bravura e as artimanhas, se negaram a recebê-lo. Tisâmeno, inconformado, moveu-lhes guerra cruenta e, se bem que tenha perecido na batalha, seus companheiros conseguiram brilhante vitória e sitiaram a cidade de Hélice, onde se haviam refugiado os vencidos. Os jônios, para evitar o massacre, solicitaram permissão para deixar o Peloponeso e refugiaram-se em Atenas.

Os filhos de Tisâmeno, após fazer-lhe solenes funerais, radicaram-se no antigo reino jônico, dando-lhe o nome de Acaia. Eram cinco os herdeiros do filho de Orestes: Cometes, Daímenes, Espárton, Télis e Leontômenes. O mais velho reinou na Acaia por algum tempo e depois se retirou para a Ásia Menor, onde fundou uma colônia.

O segundo herói homônimo é um descendente de Édipo e tinha como pais a Demonassa e Tersandro. Como este fora morto por Télefo (v.) na malograda primeira expedição aqueia contra Ílion, Tisâmeno desejava a todo custo puni-lo. Quando se organizou, porém, a segunda expedição, o herói era ainda muito jovem, de sorte que o comando do contingente de Tebas coube a Penéleo, que vingou a morte de Tersandro, eliminando a Eurípilo, filho de Télefo.

Atingida a idade legal, Tisâmeno ocupou o trono de Tebas.

Seu filho Autésion, que deveria suceder-lhe no governo, foi, no entanto, exilado, refugiando-se no Peloponeso, junto aos Heraclidas.

Ocupou o sólio tebano o jovem Damasícton, neto de Penéleo.

TISÍFONE *(I, 154, 207, 210, 348; II, 135)*.

Τισιφόνη (Tisiphónē), *Tisífone*, procede do verbo τίνειν (tínein), "punir, vingar, castigar" (v. Tisâmeno) e de -φόνη (-phónē), de φόνος (phónos), "assassínio, morte" e este do aoristo segundo ἔπεφνον (épephnon) do verbo θείνειν (theínein), "ferir, matar" (v. Belerofonte), donde significar o teônimo "a vingadora dos assassínios" (v. Erínias).

Uma das três Erínias, Tisífone não possui um mito próprio, a não ser uma versão recente e obscura que a faz amante do jovem Citéron, que ela própria matou com a picadela de uma das serpentes que lhe envolviam a cabeleira.

Numa tragédia perdida de Eurípides, denominada *Alcméon*, este, enlouquecido pelos deuses, uniu-se à filha de Tirésias, Manto, e com ela teve um casal de filhos, Anfíloco e Tisífone. As crianças foram confiadas ao rei de Corinto, Creonte. A jovem, porém, era de tal beleza, que a esposa do soberano, enciumada, exigiu que a mesma fosse vendida como escrava (v. Alcméon).

TITÂNIDAS *(I, 195-196, 201, 203)*.

Τιτανίδες (Titanídes), *Titânidas* (v. Titãs) são as seis irmãs dos Titãs, filhas igualmente de Úrano e Geia: Teia, Reia, Têmis, Mnemósina, Febe e Tétis. Unidas aos irmãos foram mães de muitas outras divindades, algumas de pouca projeção no mito.

Na *Titanomaquia*, isto é, na luta dos Titãs contra os futuros deuses olímpicos, comandados por Zeus, não participaram da refrega, ao menos diretamente.

TITÃS *(167, 174, 186, 195-196, 198, 203-204, 206, 211-212, 280, 311, 322, 332, 332[219], 334, 336, 338-339; II, 85[30], 117-119, 137, 158; III, 221-222)*.

Τιτᾶνες (Titânes), *Titãs*, raramente no singular Τιτάν, -ᾶνος (Titán, -ânos), *Titã*, não possui etimologia definida. Hesíodo (*Teog.*, 207-210) aproxima o vocábulo de τιταίνοντας (titaínontas), "os que estendem" em demasia os braços, donde, em etimologia popular, seriam eles "os vingadores". A hipótese mais plausível é a de Nehring, *Glotta*, 14,1925, p. 167sqq., que opina ser *Titán* "um deus solar" e que os Titãs teriam vindo da Ásia Menor, *DELG*, p. 1.122.

Titãs são o nome genérico dos seis filhos de Úrano e Geia: Oceano, Ceos, Crio, Hiperíon, Jápeto e Crono. Pertencem à primitiva geração divina, e do caçula Crono sairão os primeiros deuses olímpicos. Unidos às suas próprias irmãs, as Titânidas (v.), geraram uma pletora de divindades menores e, por vezes, secundárias.

Após a mutilação de Úrano por Crono, os Titãs se apossaram do governo do mundo. Um domínio que, na realidade, não durou por muito tempo. Dada a crueldade de Crono (v.), que devorava os filhos tão logo nasciam, o caçula Zeus, após libertar os irmãos, iniciou a *Titanomaquia*, isto é, a luta contra os Titãs, que, exceto Oceano, empreenderam uma longa batalha defensiva contra os futuros deuses olímpicos. Com ajuda dos irmãos, sobretudo Posídon, Plutão e Hera; dos filhos Apolo e Atená, e particularmente dos Hecatonquiros (v.) e dos Ciclopes (v.), vítimas da prepotência de Crono; de Prometeu, embora filho de Jápeto, bem como de Estige (v.), a primogênita das Oceânidas, Zeus conseguiu derrotar ao pai e tios, lançando-os nas trevas do Tártaro.

TÍTIO *(II, 58, 59[17], 64; III, 59)*.

Τιτυός (Tityós), *Títio*, conforme opina Carnoy, *DEMG*, p. 202sq., seria uma reduplicação da raiz indo-europeia **teu*, com o sentido de "ser túmido, grosso, forte", o que não parece muito provável. A etimologia explicaria "o físico" do gigante, não o nome.

Títio é um gigante, filho de Zeus e de Élara. Temendo os ciúmes de Hera, o deus escondeu a amante nas entranhas da terra. Foi lá que nasceu Títio. Dele se serviu Hera para perseguir Leto, inspirando no gigante um violento desejo de possuí-la. Tendo mesmo tentado violentá-la, foi fulminado por Zeus ou, segundo uma variante, foi liquidado a flechadas pelos gêmeos de Leto, Apolo e Ártemis. Ao tombar no solo, seu corpanzil ocupou nove jeiras de terra. Lançado no Tártaro, foi condenado a ter o fígado roído por duas serpentes ou duas águias, mas o órgão renasce conforme as fases da lua. Virgílio na *Eneida*, 6,595sqq., comenta o suplício de Títio no Tártaro, substituindo apenas as serpentes ou águias por um abutre faminto:

– Via-se igualmente Títio, filho da Terra, mãe universal.

Seu corpo estende-se por nove jeiras; um abutre cruel, de curvo bico, rói-lhe o fígado imortal e as entranhas, que renascem para o castigo; rasga-as para comer; habita-lhe dentro do peito, não permitindo repouso às fibras que renascem.

TITONO *(I, 159; II, 20; III, 115)*.

Τιθωνός (Tithōnós), *Titono*, é considerado como um derivado de Τιτᾶνες (Titânes), *Titãs* (v.), e talvez seja denominação de "uma divindade solar", originária da Ásia Menor (v. Titãs).

Deixando de lado a genealogia absurda que faz do herói um filho de Eos (Aurora) e do ateniense Céfalo, Titono é tradicionalmente considerado um troiano, filho de Laomedonte e Estrimo, filha do deus-rio Escamandro. Trata-se, por conseguinte, do irmão mais velho de Príamo.

Jovem de extraordinária beleza, foi raptado por Eos (Aurora), que lhe deu dois filhos; Emátion e Mêmnon (v. Eos).

Apaixonada pelo marido, suplicou a Zeus que o tornasse imortal, mas se esqueceu de pedir para o mesmo a juventude eterna. Desse modo, Titono envelheceu de tal maneira, que perdeu a aparência de homem, sendo por fim transformado numa cigarra dessecada.

A *Ilíada*, XX, 230-238, estampa os ilustres antepassados de Titono.

TLEPÓLEMO *(III, 44)*.

Τληπόλεμος (Tlēpólemos), *Tlepólemo*, é formado pelo radical τλη- (tlē-), do verbo ταλάσσαι (talássai), "suportar, ser corajoso" e de πόλεμος (pólemos), "guerra", donde "o que suporta ou enfrenta a guerra com destemor". Quanto à etimologia grega de ταλάσσαι (talássai), "suportar", observe-se que a raiz é **telə*, que se encontra, além do grego, no irlandês *tlenaki* e no latim *tollere*, "levantar, elevar, suportar". No que tange a πόλεμος (pólemos), é o vocábulo um derivado do verbo πελεμίζειν (pelemídzein), "agitar, sacudir, repelir com força, lutar". A base etimológica é o neutro **πελεμα* (*pelema), que corresponderia ao germânico **felma*, atestado, por exemplo, no composto gótico *us-fil-ma*, "assustado, aterrorizado" e no armênio *alm-uk*, "agitação", *DELG*, p. 875-876 e 1.088-1.089.

No decurso de uma expedição contra Cálidon, Héracles, tendo-se apossado da cidade de Éfira, uniu-se a Astíoque, filha do rei dos tesprotos Filas, e desses amores nasceu Tlepólemo.

Após a morte do herói máximo no Monte Eta, os Heraclidas (v.) fracassaram nas várias tentativas de retornar ao Peloponeso. Enquanto seus companheiros e consaguíneos, depois de cada derrota, se reorganizavam na Ática, Tlepólemo e seu tio Licímnio (v.) irmão por parte de pai de Alcmena, bem como os filhos deste último, refugiaram-se temporariamente em Argos.

Acontece que, durante uma acalorada discussão, Licímnio foi assassinado pelo filho de Héracles com um golpe de bastão. Outros afiançam que a pancada foi acidental, porque havia sido dirigida contra um escravo ou um boi. Neste caso, a arma do crime teria sido um pesado ramo de oliveira.

Homero, que fala com bastante simpatia de Tlepólemo *(Il.,* II, 653-670) narra o episódio sem apontar-lhe as causas.

Temendo os filhos e netos de Héracles, exilou-se em companhia da esposa Polixo na Ilha de Rodes, onde fundou três cidades: Lindo, Iáliso e Camiro.

Pretendente à mão de Helena, partiu para Troia no comando de nove naus pejadas "de ródios valentes", como diz Homero *(Il.*, II, 653-654), deixando a esposa como regente do reino de Rodes. Tendo o marido perecido em Ílion, às mãos de Mêmnon, Polixo (v.), não podendo punir este último, vingou-se de Helena, considerada culpada pela morte de tantos heróis aqueus.

Terminada a guerra, os companheiros de Tlepólemo, após uma escala em Creta, fixaram-se "nas ilhas da Ibéria", provavelmente junto ao mar Cáspio, entre a Cólquida e a Albânia.

TMOLO *(II, 89; III, 125).*

Τμῶλος (Tmôlos), *Tmolo*, segundo Carnoy, *DEMG*, p. 203, proviria de **tumo-*, derivado de **teu-*, "inchar, enfunar, ser volumoso" e coteja com o latim *tumere*, "estar intumescido" e *tumulus*, "montículo de terra, altura, elevação de terreno".

Tmolo é o nome de um monte da Lídia, bem como do marido de Ônfale, morto prematuramente.

Bem mais importante no mito é um filho homônimo de Ares e de Teógone, que era rei da Lídia. Tmolo, tendo violentado Árripe, uma companheira de Ártemis, a deusa lançou contra ele um touro enfurecido, que o despedaçou. Seu filho Teoclímeno o sepultou na montanha, que passou a chamar-se Tmolo.

TOAS *(I, 92, 212; II, 208, 289, 299, 325).*

Θόας (Thóas), *Toas*, provém do verbo ϑεῖν (theîn), "correr, precipitar-se, desenvolver-se", donde significar o antropônimo "o rápido". Ao radical ϑεϝ- (thew-) corresponde o sânscrito *dhavate*, "correr".

Existem cinco heróis principais com este nome. O primeiro é considerado ora como filho de Dioniso e Ariadne, ora de Teseu com a mesma princesa. Neste caso, Toas possuía dois irmãos: Enópion e Estáfilo.

Segundo a tradição, Toas nasceu na Ilha de Lemnos, onde se casou com Mirina, heroína epônima da cidade homônima que servia de sede ao governo. Desta união nasceu Hipsípila (v.).

Como as mulheres de Lemnos se negaram a prestar culto a Afrodite, a deusa as puniu severamente, fazendo que os esposos as abandonassem. Para vingar-se, elas mataram todos os homens da ilha e fundaram uma verdadeira república de mulheres, que durou até que os Argonautas, passando por Lemnos, lhes dessem filhos.

O único a escapar desse androcídio geral foi Toas. Para salvar o pai, Hipsípila o travestiu de mulher e o escondeu no templo de Dioniso. Na manhã seguinte ao massacre, a heroína colocou o Rei Toas num carro ritual, desta feita disfarçado no deus do vinho e o conduziu até o mar, sob a alegação de que o filho de Sêmele deveria ser purificado de tanto sangue derramado na noite anterior. O soberano fugiu numa velha embarcação e logrou chegar à Táurida. Uma variante relata que o antigo rei de Mirina alcançou a Ilha de Sícino, que se chamava até então Ênoe, ou a Ilha de Quios, onde reinava seu irmão Enópion.

Quando as lemníades descobriram o engodo de Hipsípila, venderam-na como escrava.

Um segundo herói homônimo é neto do anterior e irmão gêmeo de Êuneo, filhos dos amores de Jasão com Hipsípila.

Os gêmeos libertaram a mãe, que havia sido vendida como escrava ao Rei Licurgo. Eurípides compôs a esse respeito a tragédia *Hipsípila*, hoje perdida. Os poucos fragmentos existentes não permitem recompor o papel desempenhado por Toas na peça.

O terceiro Toas, que é, por vezes, identificado com o herói homônimo de Lemnos, o filho de Dioniso e Ariadne, reinava na Táurida, após fugir do massacre das lemníades. Foi durante seu governo que Ifigênia (v.) foi levada para a Ásia e se tornou sacerdotisa de Ártemis.

Segundo o hábito, a filha de Agamêmnon deveria sacrificar à deusa todos os estrangeiros que chegassem à região. Um dia, quando já se encaminhavam para o altar dois adventícios, Ifigênia os reconheceu como seu irmão Orestes e seu primo Pílades, que Apolo enviara ao reino de Toas, com a missão de buscar a estátua de Ártemis. Em vez de sacrificá-los, a sacerdotisa, usando de um estratagema, fugiu da Ásia e com eles retornou à Hélade. O Rei Toas os perseguiu, mas Atená lhe surgiu pela frente e fê-lo deixar em paz seus protegidos (v. Orestes).

Um quarto herói homônimo é mencionado por Homero, *Il*, 638-644. Trata-se de um filho de Andrêmon e Gorge, irmã de Meléagro. Tinha sob seu comando, na expedição contra Troia, quarenta naus vindas da Etólia. Tomou parte ativa nos combates e figurava entre os bravos que ocuparam o bojo do cavalo de madeira.

No retorno de Troia se fixou em Brútio, na Itália Meridional ou, segundo outros, regressou à Etólia. Foi no seu reino que se refugiou Ulisses, quando expulso de Ítaca por Neoptólemo. A amizade entre ambos datava da luta na Tróada, porque foi Toas quem tornou o rei de Ítaca irreconhecível, quando este resolveu realizar uma operação de espionagem no interior da cidade de Ílion.

O quinto herói homônimo, filho de Ornícion, é um dos netos de Sísifo, rei de Corinto. Enquanto seu irmão Foco emigrou e se tornou herói epônimo da Fócida, Toas permaneceu em Corinto e sucedeu a seu pai Andrêmon no governo da grande cidade do Istmo.

O filho de Toas, Demofonte, com a morte do pai, ocupou o trono até a chegada dos Heraclidas, segundo a tradição coríntia.

O derradeiro Toas é filho de Icário, irmão portanto de Penélope.

TON OU TÔNIS.

Θών (Thṓn), *Ton*, é antropônimo sem etimologia até o momento.

Rei do Egito, quando Helena e Menelau, vindos de Troia, lá chegaram, Ton ou Tônis passou a assediar a princesa espartana durante uma breve ausência do rei de Esparta. Este, ao regressar, matou o libidinoso faraó. Uma outra versão atesta que o senhor da Lacônia, tendo partido para a Etiópia, confiou a Tônis a esposa, mas Polidamna, mulher deste último, percebendo as intenções do marido, enviou-a para a Ilha de Faros, fornecendo-lhe, porém, uma erva maravilhosa que a protegeria das inúmeras serpentes que infestavam a ilha. Tal erva, por causa de Helena, teria recebido o nome de ἐλένιον (helénion), "helênion", que é o nome da ênula.

TOOSA (I, 205, 325).

Θόωσα (Thóōsa), *Toosa*, é um derivado do verbo θεῖν (theîn), "correr, precipitar-se, desenvolver-se" (v. Toas), donde significar o antropônimo "a rápida", *DELG*, p. 433.

Na *Odisseia*, I,70-73, Toosa aparece como filha de Fórcis. Unida a Posídon, numa gruta profunda, foi mãe do disforme Ciclope Polifemo (v.).

TOXEU (III, 61).

Τοξεύς (Tokseús), *Toxeu*, é um derivado de τόξον (tókson), "arco", que aparece mais frequentemente no plural τόξα (tóksa), "o arco e as flechas", donde significar o antropônimo "o arqueiro". Trata-se, segundo Chantraine, *DELG*, p. 1.124-1.125, de um empréstimo ao iraniano ou ao cita, o que parece comprovado pelo persa *takhš*, "arco".

Há dois heróis com este nome. O primeiro é um filho de Êurito, rei da Ecália. Foi morto por Héracles (v.) juntamente com os irmãos. O segundo é um filho de Alteia e Eneu, rei de Cálidon. Eneu o matou, porque Toxeu ousou, como Remo, pular sobre o sulco que demarcava os limites sagrados da cidade.

TRACE.

Θράκη (Thrákē), *Trace*, é um derivado de Θράξ, -κός (Thráks, -kós), "Trácia, trácio" e significa um pequeno peixe, "a trácia". A etimologia em grego é desconhecida, *DELG*, p. 439.

Filha de Oceano e Parténope, e irmã, portanto, de Europa, Trace é a heroína epônima da Trácia. Como as demais mulheres de seu país, Trace foi uma extraordinária feiticeira.

TRAMBELO

Τράμβηλος (Trámbēlos), *Trambelo*, não possui etimologia conhecida.

Filho do herói grego Télamon e da cativa troiana Teanira (v.) Trambelo nasceu, e foi criado em Mileto pelo Rei Aríon, para cuja corte fugira sua mãe, quando ainda estava grávida.

Apaixonado pela jovem Apríate, o filho de Teanira a matou, após tentar inutilmente raptá-la. Os deuses o castigaram logo depois. Quando Aquiles, numa de suas expedições de pilhagem, invadiu Mileto, Trambelo enfrentou-o e foi morto. O herói aqueu, no entanto admirando-lhe a coragem e vindo a saber que era filho de Télamon, donde um parente seu, mandou erguer-lhe um túmulo à beira-mar.

TRASIMEDES.

Θρασυμήδης (Trasymédēs), *Trasimedes*, é formado pelo adjetivo θρασύς (thrasýs), "corajoso, audacioso, destemido" que é um correlato de θάρσος (thársos), cuja forma eólia é θέρσος (thérsos) (v. Tersandro) e da forma -μήδης (-médēs) do verbo μήδεσθαι (mé desthai), "arquitetar um plano, planejar" (v. Medeia), donde significar o antropônimo "o de projetos audaciosos", *DELG*, p. 693.

Filho de Nestor e irmão de Antíloco, Trasimedes os acompanhou na Guerra de Troia. A *Ilíada*, IX, 80-81, o qualifica de "o grande nestórida, o herói Trasimede". Comandava um contingente de quinze naus e participou de vários combates diante de Ílion. Lutou valentemente contra Mêmnon pelo cadáver de seu irmão Antíloco e figura entre os bravos que ocuparam o bojo do cavalo de madeira.

Retornou são e salvo a Pilos, onde acolheu a Telêmaco (*Odiss.*, III, 36-39).

Foi pai de Silo e avô de Alcméon, que nada tem a ver com o filho homônimo de Anfiarau.

TRÉZEN.

Τροιζήν (Troidzén), *Trézen*, que se alterna, nas inscrições, segundo Carnoy, *DEMG*, p. 204, com a forma dórica τροζάν (trodzán), podendo assim derivar do indo-europeu *dhereg*, "ser forte", significaria "a fortaleza".

Herói epônimo da cidade de Trezena, no Golfo Sarônico, Trézen, na tradição local, é filho de Pélops e Hipodamia, pais igualmente de Piteu.

Quando o Rei Écio governava a futura Trezena, Piteu e Trézen emigraram para lá e os três reinaram pacificamente. Trézen foi pai de Anafl isto e Espeto, que, por sua vez, emigraram para a Ática.

No mito de Dimetes (v.) aparece um segundo herói com o nome de Trézen.

TRIAS.

Θριαί ou Θρῖαι (Thriaí ou Thrîai), *Trias*, não possui etimologia conhecida, embora os antigos tenham correlacionado o vocábulo com θρίαμβος (thríambos), "hino em honra de Dioniso" e que teria alguma aproximação com o número τρεῖς (treîs), "três" ou com θρῖα (thrîa), "folhas da figueira", hipóteses que talvez devam ser descartadas, *DELG*, p. 440.

Filhas de Zeus, Trias são três irmãs dotadas de dons divinatórios e que residiam no Monte Parnasso. Teriam criado o deus Apolo a quem ensinaram a cleromancia, isto é, a arte de adivinhar ou profetizar por meios de dados ou de seixos.

Como gostassem muito de mel, este lhes era oferecido em abundância pelos consulentes.

TRICA.

Τρίκκη (Tríkkē), *Trica*, não possui etimologia conhecida.

Filha do deus-rio Peneu e mulher do Rei Hipseu, Trica é a heroína epônima da cidade homônima na Tessália.

Trica ficou famosa na Antiguidade pelo culto tributado a Asclépio.

Macáon e Podalírio, filhos do grande médico de Epidauro, de lá vieram para a Guerra de Troia, comandando trinta naus (*Il.*, II, 729-733).

TRÍOPAS.

Τριόπας (Triópas), *Tríopas*, é formado de τρεῖς (treîs), "três" sob a forma τρι- (tri-) e ὄπωπα (ópa), acusativo singular de ὄψ (ōps), "aspecto, vista, olho", que se prende ao verbo ὄπωπα (ópōpa), "ver", para cuja etimologia v. Rodópis, donde significar o antropônimo "o de três aspectos ou de tríplice visão". Quanto a τρεῖς (treîs), *três*, a raiz é *ter-*, no sentido de "ir além, ultrapassar": "três", na realidade, ultrapassa "dois", dual que significa um par. Τρεῖς (treîs) corresponde ao sânscrito *trāyah*, latim *tres*, gótico *preis*, DELG, p. 1.131; Frisk, GEW, s.u.

A genealogia de Tríopas é sumamente complicada, porque o herói ora aparece como tessálio ora como argivo. Assim os nomes de seus pais variam muito: filho de Hélio e Cânace, de Posídon e da mesma Cânace ou de Lápites e Orsínome ou ainda de Forbas e Eubeia. O nome do herói surge finalmente como filho de Hélio e Rodo (v. Helíadas).

O único fato importante no mito de Tríopas é ter sido ele o fundador da cidade de Cnido, na Cária

TRIPTÓLEMO *(I, 74, 285-286, 291-292, 303; III, 28, 52).*

Τριπτόλεμος (Triptólemos), *Triptólemo*, segundo Chantraine, DELG, p. 1.138, não possui etimologia bem-definida. Duas hipóteses são ainda discutidas: a de Kretschmer, *Glotta*, 12,1921, p. 51sqq., que vê no antropônimo um composto de τρι (-tri), "três" (v. Tríopas) e de π(τ)όλεμος (p(t)ólemos), do verbo πελεμίζειν (pelemídzein), "agitar, sacudir, lutar, esforçar-se" (v. Tlepólemo), donde "o que muito se esforça"; Nilsson, *Archiv für Religionswissenschaft*, 32,1935, p. 84sqq., opina que Triptólemo foi aproximado, por etimologia popular, de τρίπολος (trípolos), campo "revolvido três vezes".

Herói de Elêusis por excelência, como se comentou em *Mitologia Grega*, Vol. I, p. 291-292, Triptólemo está estreitamente vinculado ao mito de Deméter. Na versão primitiva, o herói é apenas rei de Elêusis, mas em seguida começou a figurar como filho de Céleo e Metanira e, por conseguinte, irmão de Demofonte. Tradições mais recentes fazem-no ainda filho de Disaules e Baubo (v.) ou ainda do herói Elêusis.

Para compensar a hospitalidade recebida na corte de Céleo, Deméter, após manifestar-se como deusa, deu a Triptólemo um carro puxado por dragões alados e encarregou-o de difundir pelo mundo inteiro a cultura do trigo. A missão do herói eleusino nem sempre foi fácil e alguns se opuseram com veemência ao gesto de bondade da grande deusa. Cárnabon, rei dos getas, chegou mesmo a matar um dos dragões, para que "o grão divino" não fosse plantado em seus domínios, mas Deméter o substituiu de imediato por outro.

Em Patras, na Acaia, o audacioso Anteias, enquanto Triptólemo dormia, atrelou os dragões ao carro divino e resolveu ele próprio revolver a terra e plantar o trigo. A deusa, irritada com o sacrilégio (a tarefa cabia a iniciados) fê-lo cair do veículo e morrer. Eumelo e Triptólemo construíram em sua honra a cidade de Anteia.

Atribui-se ao enviado da deusa dos Mistérios de Elêusis a instituição das *Tesmofórias*, isto é, festas celebradas pelas mulheres atenienses, com vistas "à fecundidade do seio materno e à fertilidade da terra", conforme se expôs em *Mitologia Grega*, Vol. I, p. 287-288.

Acerca da iniciativa de Deméter de imortalizar Demofonte, o filho caçula de Céleo e Metanira, há uma variante que afirma ter sido Triptólemo o escolhido para a malograda tentativa da senhora dos Mistérios de Elêusis.

Uma versão certamente tardia e absurda promove "o mensageiro de Deméter" a juiz dos mortos no Hades, onde aparece ao lado de Minos, Éaco e Radamanto.

TRITÃO *(I, 234, 322; II, 19; III, 55, 185).*

Τρίτων (Trítōn), *Tritão*, e, por vezes, no plural Τρίτωνες (Trítōnes), *Tritões*, não possui etimologia ainda definida. O teônimo está claramente vinculado ao nome de sua mãe Ἀμφιτρίτη (Amphitrítē), *Anfitrite*, em que ἀμφι- (amphi-) é devido à etimologia popular, v. Τριτογένεια (Tritoguéneia), DELG, p. 1.138. A hipótese de Carnoy, DEMG, p. 203, carece de fundamentação mais sólida: consoante o filólogo belga, *Tritão* procederia do indo-europeu *trito-* "mar", que se encontra no irlandês *triath*, "mar", em *Amphi-tritē*, em *Tritōnis*, lago da Líbia e na glosa de Hesíquio: τριτώ = ῥεῦμα (tritṓ = rheûma), "corrente".

Filho de Posídon e Anfitrite, Tritão é irmão de Rode (v.). Trata-se, *stricto sensu*, de um deus marinho como Glauco, Fórcis e Nereu. Tem por domínio o mar inteiro, embora apareça, em relatos tardios, como senhor do lago Tritônis na Líbia. Nesta variante o deus seria pai de Palas, companheira de divertimentos de Atená, e por esta assassinada acidentalmente, bem como da lindíssima Triteia, de cujos amores com o deus Ares nasceu Melanipo.

No mito dos Argonautas (v.), Tritão aparece sob a forma de Eurípilo (v.), um seu avatar, quando os companheiros de Jasão chegaram ao "Lago Tritão", e após oferecera Eufemo (v.) um pedaço de terra compacta e mágica, revelou aos nautas de Argo a rota que os conduziria ao Mediterrâneo.

O deus marinho figura ainda num mito beócio de Tanagra. Quando de uma festa de Dioniso, as mulheres se banhavam nuas num lago, Tritão as atacou ou quis violentá-las. Dioniso, chamado aos gritos por suas adoradoras, afugentou o intruso.

Relata uma tradição que o deus começou a furtar o rebanho que bebia das águas de seu lago, perto de Tanagra, levando os pastores ao desespero. Um deles colocou um cântaro de vinho à beira do lago. Atraído pelo odor do néctar de Baco, Tritão bebeu o líquido de uma só vez e dormiu profundamente, o que permitiu aos pastores matá-lo a golpes de machado. Tal variante procura explicar, à maneira evemerista, a vitória de Dioniso sobre o filho de Posídon.

Homem até a metade do corpo e peixe da cintura para baixo, Tritão designa no plural, Tritões, vários seres divinos que faziam parte do cortejo de Posídon. Aparecem normalmente soprando numa trompa confeccionada de conchas marinhas.

TROFÔNIO *(II, 176; III, 44, 66, 111)*.

Τροφώνιος (Trophṓnios), *Trofônio*, segundo Carnoy, *DEMG*, p. 204, talvez se relacione com o verbo τρέφειν (tréphein), "alimentar", pelo fato de ter sido "aleitado por Deméter".

Filho de Apolo e de Epicasta e, por conseguinte, enteado de Agamedes (v.), ou segundo outros, um dos filhos de Ergino (v.), Trofônio foi aleitado por Deméter. Herói famoso de Lebadia, na Beócia, possuía em sua terra natal um oráculo célebre.

Trabalhando em dupla com o padrasto Agamedes, os dois se converteram nos arquitetos de maior nomeada da Grécia mítica, com exceção de Dédalo, que estava exilado na Ilha de Creta. A eles se atribuem famosos edifícios que ornamentaram a Hélade. Além do templo de Apolo, em Delfos; da câmara nupcial de Alcmena, em Tebas; do templo de Posídon, na Arcádia e do tesouro de Augias, em Élis, construíram o tesouro de Hirieu, rei de Híria, na Beócia. No acabamento deste último, Agamedes e Trofônio dispuseram tão habilmente uma das pedras, que lhes era fácil retirá-la e apoderar-se, à noite, do que desejassem do tesouro real. Hirieu, a par dos fatos, aconselhou-se com Dédalo, que armou contra os colegas uma cilada de tal ordem engenhosa, que os dois larápios não mais puderam sair do edifício-templo por eles edificado. Trofônio cortou a cabeça do padrasto, para que ele não revelasse o nome de seu cúmplice, mas a terra se abriu e tragou o filho de Apolo. Num bosque de Lebadia, na Beócia, havia uma caverna e uma estela com o nome de Agamedes e lá funcionava o Oráculo de Trofônio.

Existe uma outra versão acerca do desaparecimento dos dois arquitetos. Convidados por Apolo para construção do Oráculo de Delfos, exigiram do deus, terminada a obra, uma quantia bem elevada. O filho de Zeus prometeu saldá-la em oito dias e os aconselhou que nesse ínterim se divertissem à vontade. Findo o prazo estipulado, os arquitetos morreram suavemente. Era esta a maior e melhor recompensa que os deuses poderiam oferecer ao homem.

TROILO *(III, 62, 301[229])*.

Τρωΐλος (Trōḯlos), *Troilo*, segundo Carnoy, *DEMG*, p. 204, é um diminutivo de Τρώς (Trōs), *Trós* (v.), "o troiano", donde "o forte jovem troiano".

Caçula dos filhos de Príamo e Hécuba, o príncipe troiano é por vezes considerado como filho de Apolo com a esposa de Príamo.

Segundo um oráculo, Troia jamais seria tomada se o herói completasse vinte anos, mas Aquiles o matou logo após a chegada dos aqueus à Tróada. As causas da morte prematura do caçula da família real de Troia variam de autor para autor. Conforme a tradição mais antiga, o jovem herói foi morto pelo filho de Tétis, quando levava os cavalos a beber, numa tarde de verão, não distante das portas Ceias. Com efeito, a *Ilíada*, XXIV, 257, chama-o de "o auriga pugnaz". Outros, porém, afirmam que, uma vez preso, foi sacrificado pelo implacável filho de Peleu. Uma variante, no entanto, relata que Aquiles o viu junto à fonte, dando de beber aos cavalos e por ele se apaixonou. Troilo fugiu e se refugiou no templo de Apolo Timbreu. Após tentar em vão fazê-lo deixar o refúgio sagrado, o herói aqueu, num acesso de raiva, penetrou no santuário e o assassinou. Mais um motivo para Apolo odiar a Aquiles.

TRÓQUILO.

Τροχίλος (Trokhílos), *Tróquilo*, é um derivado do verbo τρέχειν (trékhein), "correr", donde significar o antropônimo "o que corre" em carros, "o auriga, o cocheiro". O presente τρέχω (trékhō), "eu corro", de *dhregh-, não possui correspondentes em indo-europeu. Em compensação, o nome da "roda" τροχός (trokhós), relaciona-se claramente com o irlandês antigo *droch*, *DELG*, p. 1.136.

Herói de Argos, filho de Io, Tróquilo era considerado o inventor do carro, sobretudo do veículo sagrado utilizado no culto de Hera argiva.

Perseguido por Agenor, refugiou-se na Ática, onde se casou com uma jovem de Elêusis, que lhe deu dois filhos: Eubuleu e Triptólemo (v.).

Após a morte foi transportado para o céu, onde formou a constelação do Cocheiro.

TRÓS *(I, 322; II, 217).*

Τρώς (Trős), *Trós*, segundo Carnoy, *DEMG*, p. 204, talvez se relacione com a raiz indo-europeia **treu*, "ser próspero, feliz, forte", donde significar o antropônimo, "o poderoso".

Filho de Erictônio, neto por conseguinte de Dárdano, e de Astíoque, filha do deus-rio Símoïs, Trós é o herói epônimo da raça troiana e da Tróada. Casado com Calírroe, filha do deus-rio Escamandro, foi pai de Cleópatra, Ilo, Assáraco e Ganimedes. Na *Ilíada*, XX, 230-240 se faz minucioso relato da estirpe de Trós.

U

UCÁLEGON.

Οὐκαλέγων (Ukalégōn), *Ucálegon*, é antropônimo sem etimologia definida até o momento.

Na *Ilíada*, III, 146-152, Ucálegon aparece ao lado de Príamo, junto às portas Ceias, como participante do conselho dos anciãos de Troia. Na *Eneida*, 2,310-312, o incêndio, que destruiu Ílion, e fez ruir a casa de Deífobo, se alastrou e "consumiu também a de Ucálegon": *iam proximus ardet Ucalegon.*

Numa tradição recente Ucálegon aparece como tebano, pai da Esfinge.

ULISSES *(I, 82-83, 87-88, 100, 108, 110-112, 112^{76}, 115-116, 125, 127-131, 134, 137, 144, 146, 160, 204-206, 231, 242, 247-249, 322; II, 13, 20, 25, 32, 54, 146, 162, 194-195; III, 32, 36, 38, 43, 45-48, 51, 54, 54^{43}, 56, 58-59, 62, 64, 66, 124, 128, 131-132, 175^{144}, 185, 192, 208, 221, 237^{175}, 248, 269, 287, 287^{219}, 288, 289, 290, 290^{221}, 291-293, 293^{225}, 294-295, 295^{226}, 296-297, 297^{225}, 298-301, 301^{229}, 302, 302^{230}, 303, 303^{233}, 304, 304^{234}, 305-309, 311-328, 332-333, 336, 347).*

Ὀδυσσεύς (Odysseús), *Odisseu*, possui algumas variantes gráficas com λ (1) por δ (d): Ὀλυσσεύς (Ōlysseús), Ὀλυσεύς (Olyseús), Ὀλυττεύς (Olytteús), Ὠλυσσεύς (Olysseús), Οὐλιξεύς (Ulikseús) e Οὐλίξης (Ulíksēs), de que provém o empréstimo latino *Ulixes*, fonte de nosso *Ulisses*. A etimologia do herói de Ítaca é desconhecida, apesar das várias e sedutoras hipóteses de Frisk, *GEW*, s.u. A etimologia popular abonada sobretudo na *Odisseia*, XIX, 403-412, e atribuída a Autólico, avô de Ulisses, dá ao antropônimo o significado de "filho do ódio", como se o antropônimo proviesse do verbo ὀδύσσεσθαι (odýssesthai), "zangar-se, estar irritado contra alguém". As variantes gráficas apontadas sugerem, todavia, um empréstimo a um substrato anatólio ou egeu, sobretudo porque, na Linear A, o *l* tem, ao que parece, um som aproximado de *d*, *DELG*, p. 776.

A Guerra de Troia não se fechou com *os funerais de Heitor, domador de cavalos (Il.,* XXIV, 804). Após a morte do grande herói de Ílion por Aquiles, a luta ainda se arrastou miticamente por mais um ano. Ainda havia muito sangue para correr e muitas lágrimas para se derramarem.

Para se conquistar em definitivo a rica fortaleza da Ásia Menor, três entre outras providências eram urgentes: obter os ossos de Pélops, talismã indispensável à vitória; arrancar das entranhas da cidadela o *Paládio* e convencer Filoctetes a reintegrar-se aos aqueus, porque, sem as flechas de Héracles, que estavam em poder daquele, Troia jamais poderia ser tomada, consoante as predições de Heleno. Segundo se falou em *Mitologia Grega*, Vol. III, p. 52sqq., os heróis, contrariamente ao costume geral, são sepultados no interior da pólis, para santificá-la e defendê-la. Apossar-se de seus ossos é debilitar e desguarnecer a cidade. Quanto ao *Paládion*, era uma estatueta de Atená, que, durante dez anos, apesar da inimizade da deusa pela cidade de Troia, a defendeu das investidas dos gregos. Foi, pois, necessário que Ulisses e Diomedes a subtraíssem, com a cumplicidade do silêncio de Helena, que os vira penetrar na fortaleza. Filoctetes, o grande herói da Tessália e herdeiro das flechas de Héracles, fora abandonado na Ilha de Lemnos, a conselho de Ulisses, por ter sido vítima de uma ferida aparentemente incurável, provocada pela mordidela de uma serpente na Ilha de Tênedos, conforme se mostrou em *Mitologia Grega*, Vol. I, p. 87. O herói estava profundamente magoado com os helenos e foi tarefa muito difícil levá-lo de volta aos combates contra a cidade de Heitor. A missão, no relato da tragédia *Filoctetes* de Sófocles, foi confiada a Ulisses e Neoptólemo, filho de Aquiles, que, com o auxílio do *deus ex machina* Héracles, conseguiram convencê-lo a prestar seus serviços novamente ao exército aqueu. Em outras versões, Ulisses e Diomedes apoderaram-se de suas armas pela astúcia e, desse modo, inerme, o herói foi obrigado a acompanhá-los. Conta-se ainda que se apelou para seu patriotismo e dever, prometendo-se-lhe, ao mesmo tempo que, uma vez em Troia, seria curado da repugnante ferida pelos filhos de Asclépio, Macáon e Podalírio, o que, de resto, aconteceu.

Nessas alturas, Aquiles, já fora morto por uma flecha de Páris, aliás guiada por Apolo, e o raptor de Helena, logo depois, ferido mortalmente, desceu à mansão de Hades para explicar lá embaixo por que fora tão pouco herói na Guerra de Troia...

Satisfeitas todas as condições, os aqueus se prepararam para conquistar e destruir a grande Ílion. Com o fito de evitar derramamento de sangue heleno, Ulisses, inspirado por Atená, imaginou o genial estratagema do cavalo de madeira, introduzido na cidade, "pejado de guerreiros, que saquearam Troia". Trata-se do gigantesco *Cavalo de Troia*, cuja descrição sumária nos dá Homero (*Odiss.*, VIII, 493-520), mais tarde comoventemente ampliada por Públio Virgílio Marão, em sua *Eneida*, 2,13-267. Era o décimo ano da sangrenta Guerra de Troia. Destruída e incendiada a opulenta cidadela de Ílion, os heróis gregos se aprestaram para o longo e difícil regresso a seus respectivos reinos. Entre eles estava o solerte Ulisses.

Como todo herói, o rei de Ítaca teve um nascimento meio complicado. Desde a *Odisseia* a genealogia de Odisseu é mais ou menos constante: é filho de Laerte e de Anticleia, mas as variantes alteraram-lhe sobremodo os antepassados mais distantes. É assim que, do lado paterno, seu avô, desde a *Odisseia*, chamava-se Arcísio, que era filho de Zeus e de Euriodia. Do lado materno o herói tinha por avô Autólico, donde seu bisavô era nada mais nada menos que Hermes.

Se bem que desconhecida dos poemas homéricos, existe uma tradição segundo a qual Anticleia já estava grávida de Sísifo, quando se casou com Laerte. Ulisses nasceu na Ilha de Ítaca, sobre o Monte Nérito, um dia em que sua mãe fora ali surpreendida por um grande temporal. Semelhante anedota deu ensejo a um trocadilho sobre o *nome* Ὀδυσσεύς (Odysseús), cuja interpretação estaria contida na fase grega Κατὰ τὴν ὁδὸν ὕσεν ὁ Ζεύς (katà tēn hodòn hýsen ho Dzeús), ou seja, "Zeus chovia sobre o caminho", o que impediu Anticleia de descer o Monte Nérito. A *Odisseia*, XIX, 406-409, no entanto, cria outra etimologia para o pai de Telêmaco: o próprio Autólico, que fora a Ítaca visitar a filha e o genro e lá encontrara o neto recém-nascido, "por ter-se irritado ὀδυσσάμενος (odyssámenos) com muitos homens e mulheres que encontrara pela terra fecunda", aconselhou aos pais que dessem ao menino o nome de Ὀδυσσεύς (Odysseús), uma vez que o epíteto lembra de fato o verbo ὀδύσσομαι (odýssomai), "eu me irrito, eu me zango". Na realidade, ainda não se conhece com precisão a etimologia de *Odysseús*, conforme se mostrou linhas acima.

Filho de Sísifo, o mais astuto e atrevido dos mortais, neto de Autólico, o maior e mais sabido dos ladrões e ainda bisneto de Hermes, o deus também dos ardis e trapaças, o *trickster* por excelência, Ulisses só poderia ser mesmo, ao lado da inteligência exuberante, da coragem e da determinação, um herói πολύμητις (polýmētis), "cheio de malícia e de habilidade" e um πολύτροπος (polýtropos), "um solerte e manhoso" em grau superlativo.

Educado, como tantos outros nobres, pelo centauro Quirão, ainda muito jovem o herói de Ítaca deu início às suas aventuras. Durante uma curta permanência na corte de seu avô Autólico participou de uma caçada no Monte Parnasso e foi ferido por um javali. A cicatriz, pouco acima do joelho, produzida pela mordidela da fera, se tornou indelével e servirá como sinal de reconhecimento, quando o egrégio neto de Autólico regressar a Ítaca (*Odiss.*, XIX, 392sqq.). Pausânias relata com precisão que a luta entre o herói e o javali, com o consequente ferimento daquele, se passara exatamente no local em que se construiu o Ginásio de Delfos, igualmente no Monte Parnasso.

A mando de Laerte, Ulisses dirigiu-se a Mecenas, para reclamar uma parte do rebanho de seu pai, que lhe havia sido furtada. Na corte do Rei Orsíloco, tendo-se encontrado com Ífito, filho de Êurito e herdeiro do famoso arco paterno, os dois heróis resolveram, como penhor de amizade, trocar de armas. O futuro rei de Ítaca presenteou Ífito com sua espada e lança e este deu a Ulisses o arco divino com que o esposo de Penélope matará mais tarde os soberbos pretendentes.

Completada a δοκιμασία (dokimasía), as primeiras provas iniciáticas, traduzidas na morte do *javali*, símbolo da aquisição do poder espiritual, e na obtenção do arco, imagem do poder real e da iniciação dos cavaleiros, Ulisses recebeu de seu pai Laerte – que se recolheu, certamente por inaptidão ao poder – o reino de Ítaca, com todas as suas riquezas, consistentes sobretudo em rebanhos.

O rei, obrigatoriamente, no entanto, se completa no casamento. Cortejou, por isso mesmo, em primeiro lugar, a Helena, filha de Tíndaro: mas, percebendo que o número de pretendentes era excessivo, voltou-se para a prima da futura esposa de Menelau, Penélope, filha de Icário. Esta união lhe traria tantas vantagens (Ulisses sempre foi um homem prático) quantas lhe proporcionaria a união com Helena. A mão de Penélope foi conseguida ou por gratidão de Tíndaro, como se verá em seguida, ou, como é mais provável, por uma vitória obtida pelo herói numa corrida de carros instituída por seu futuro sogro entre os pretendentes da filha. De qualquer forma, o pai de Helena sempre foi muito grato a Ulisses por um conselho que este lhe dera. Como o número de pretendentes à mão da princesa fosse muito grande, o rei de Ítaca sugeriu a Tíndado que os ligasse por dois juramentos: respeitar a decisão de Helena, quanto à escolha do noivo, ajudando-o a conservá-la; e se o eleito fosse, de alguma forma, atacado ou gravemente ofendido, os demais deveriam socorrê-lo.

Pressionada pelo pai a permanecer em Esparta com o marido, Penélope, dando provas de seu amor conjugal, preferiu, como era desejo de Ulisses, seguir com ele para Ítaca. Diga-se aliás, de passagem, que, apesar de Esparta ter sido considerada sobretudo à época clássica como a cidade das mulheres virtuosas e corretas e de Penélope, através da *Odisseia*, ser apontada como símbolo da fidelidade conjugal, existem outras versões, como veremos, que a acusam formalmente de haver traído o marido tanto antes quanto após o retorno do mesmo. Seja como for, do casamento com o rei de Ítaca, Penélope foi mãe de Telêmaco. Este ainda estava muito novinho, quando chegou ao mundo grego a triste notícia de que Páris raptara Helena e de que Menelau, valendo-se do juramento dos antigos pretendentes à mão de sua esposa, exigia de todos o cumprimento da solene promessa, para que pudesse vingar-se do príncipe troiano.

Embora autor intelectual do famoso juramento, o rei de Ítaca, não por falta de coragem, mas por amor à esposa e ao filho, procurou de todas as maneiras fugir ao compromisso assumido. Quando lhe faltaram argumentos, fingiu-se louco. Em companhia de seu primo, o astuto e inventivo Palamedes, Menelau dirigiu-se a Ítaca. Lá encontraram Ulisses, que havia atrelado um burro e um boi a uma charrua e abria sulcos nos quais semeava sal. Outros dizem que tentava arar as areias do mar. Palamedes, todavia, não se deixou enganar com o embuste e colocou o pequenino Telêmaco diante das rodas do arado. Ulisses deteve os animais a tempo de salvar o menino. Desmascarado, o herói dedicou-se inteiro à causa dos atridas, mas nunca perdoou a Palamedes e no decurso da Guerra de Troia vingou-se cruel e covardemente do mais inteligente dos heróis da Hélade.

Acompanhado de Miisco, que Laerte lhe dera como conselheiro, e com a missão de velar sobre o filho em Troia, Ulisses se engajou na armada aqueia. De saída, acompanhou Menelau a Delfos para consultar o oráculo e, logo depois, em companhia do mesmo Menelau e de Palamedes, participou da primeira embaixada a Troia com o fito de resolver pacificamente o incidente do rapto de Helena. Em seguida foi em busca de Aquiles, que sua mãe Tétis havia escondido, mas cuja presença e participação na guerra, segundo o adivinho Calcas, eram indispensáveis para a tomada de Ílion.

Tétis, sabedora do triste destino que aguardava seu filho, levou-o secretamente para a corte de Licomedes, na Ilha de Ciros, onde o herói passou a viver como linda donzela "ruiva" no meio das filhas do rei, com o nome falso de *Pirra*, já que o herói tinha os cabelos louro-avermelhados. Disfarçado em mercador, o astuto Ulisses conseguiu penetrar no gineceu do palácio de Licomedes. As moças logo se interessaram pelos tecidos e adornos, mas *Pirra*, a "ruiva", tendo voltado sua atenção exclusivamente para as armas, Ulisses pôde com facilidade identificá-lo e conduzi-lo para a armada aqueia. Conta uma outra versão que o filho de Tétis se deu a conhecer porque se emocionou, ouvindo os sons bélicos de uma trombeta.

Ainda como embaixador, o rei de Ítaca foi enviado juntamente com Taltíbio, arauto de Agamêmnon, à corte de Chipre, onde reinava Cíniras, que após o incesto involuntário com sua filha Mirra, fora exilado de Biblos e se tornara o primeiro rei da grande ilha grega do Mar Egeu, onde introduziu, aliás, o culto de Afrodite. Cíniras prometeu enviar cinquenta naus equipadas contra os troianos, mas, usando de um estratagema, mandou apenas uma.

Reunidos finalmente os reis helenos, a armada velejou rumo à Tróada, mas, não conhecendo bem a rota, a grande frota, sob o comando de Agamêmnon, abordou na Mísia, Ásia Menor e, dispersados por grande tempestade, os chefes aqueus regressaram a seus respectivos reinos. Somente oito anos mais tarde congregaram-se novamente em Áulis, porto da Beócia. O mar, no entanto, permanecia inacessível aos audazes navegantes, por causa de prolongada calmaria. Consultado, o adivinho Calcas explicou que o fenômeno se devia à cólera de Ártemis, porque Agamêmnon, matando uma corça, afirmara que nem a deusa o faria melhor do que ele. A ultrapassagem do *métron* por parte do rei de Micenas era grave e, para suspender a calmaria, Ártemis exigia, na palavra do adivinho, o sacrifício da filha primogênita do rei, Ifigênia. Foi nesse triste episódio, maravilhosamente repensado por Eurípides em sua tragédia *Ifigênia em Áulis*, que Ulisses continuou a mostrar sua inigualável astúcia e capacidade de liderança.

Agamêmnon, a conselho de seu irmão Menelau e de Ulisses, enviara à esposa Clitemnestra, em Micenas, uma mensagem mentirosa, solicitando-lhe que conduzisse Ifigênia a Áulis, a fim de casá-la com o herói Aquiles. Mas, logo depois, horrorizado com a ideia de sacrificar a própria filha, tentou mandar uma segunda missiva, cancelando a primeira. Menelau, todavia, interceptou-a e Clitemnestra, acompanhada por Ifigênia e o pequenino Orestes, chega ao acampamento aqueu. O solerte rei de Ítaca, percebendo as vacilações de Agamêmnon e os escrúpulos de Menelau no tocante ao cumprimento do oráculo, excitou os chefes e a soldadesca aqueia contra os atridas, que se viram compelidos a sacrificar a jovem inocente. Não fora a pronta intervenção de Ártemis, que substituiu Ifigênia por uma corça, fato comum no *mito do sacrifício do primogênito*, Agamêmnon, Menelau e Ulisses teriam agravado ainda mais sua *hýbris*, já bastante intumescida. Ainda bem que, no mundo antigo, se levavam em conta os atos e não as intenções!

Uma derradeira intervenção da argúcia e bom-senso do herói, antes da carnificina de Troia, pode ser detectada na correta interpretação do oráculo relativo à cura de Télefo (v.) por Aquiles. O esposo de Penélope demonstrou com precisão absoluta que o restabelecimento da saúde do rei de Mísia teria que ser operado "pela lança e não pelo filho de Tétis". Este colocou um pouco da ferrugem de sua arma predileta sobre o ferimento de Télefo, que imediatamente o teve cicatrizado.

Consoante o *Catálogo das Naus* (*Il.*, II, 637) Ulisses levou a Troia doze navios lotados com heróis, soldados e marujos provenientes das Ilhas de Cefalênia, os magnânimos cefalênios; de Ítaca, de Nérito, de Egílipe, de Zacinto e de Same.

Considerado por todos como um dos grandes heróis, sempre participou do conselho dos chefes que sitiaram Ílion. Na rota para Troia aceitou o desafio do rei de Lesbos, Filomelides, e o matou na luta. Esse episódio, recordado pela *Odisseia*, IV, 343sq., foi reinterpretado posteriormente como um verdadeiro assassinato cometido por Ulisses e seu parceiro inseparável em tais casos, o violento Diomedes. Em Lemnos, durante um banquete dos chefes aqueus, ainda segundo a *Odisseia*, Ulisses e Aquiles discutiram asperamente: o primeiro elogiava a prudência e o segundo exaltava a bravura. Agamêmnon, a quem Apolo havia predito que os aqueus se apossariam de Troia, quando reinasse a discórdia entre os chefes helenos, viu no episódio o presságio de uma rápida vitória. Os mitógrafos posteriores deturparam o fato e atribuíram a querela a Agamêmnon e Aquiles, primeiro sintoma da grave contenda entre estes dois heróis, o que se constituirá no assunto da *Ilíada*. Foi ainda em Lemnos ou uma ilhota vizinha, chamada Crises, que, a conselho de Ulisses, os chefes aqueus resolveram abandonar Filoctetes.

Um outro acontecimento desconhecido pelos poemas homéricos é a denominada segunda missão de paz a Troia: tendo a frota grega chegado à Ilha de Tênedos, bem em frente à fortaleza de Príamo, Menelau e Ulisses dirigiram-se novamente a Ílion na tentativa de resolver o grave problema do rapto de Helena de maneira pacífica e honrosa. Dessa feita, porém, foram muito malrecebidos, porque Páris e seus partidários não só recusaram quaisquer propostas de paz, mas ainda, por intermédio de seu amigo Antímaco, o raptor de Helena tentou amotinar o povo para que matasse a Menelau e certamente também a Ulisses. Salvou-os o prudente Antenor, conselheiro de Príamo e amigo de alguns chefes aqueus. Com isto a guerra se tornou inevitável. Foi ainda por sugestão do pacifista Antenor que se tentou obter a decisão acerca da permanência em Troia de Helena e dos tesouros roubados à corte de Menelau ou de seu retorno a Esparta por meio de um combate singular entre Páris e Menelau. Mas como nos mostra a *Ilíada*, III, 347sqq., no momento em que o atrida estava para liquidar o inimigo, Afrodite o envolveu numa nuvem e o levou de volta para o tálamo perfumado de Helena! Pândaro, aliado dos troianos, rompe sacrilegamente as tréguas e lança uma seta contra Menelau. Recomeçou a sangrenta seara de Ares, que haveria de se prolongar por dez anos. Pois bem, por todo esse tempo o heroísmo e a astúcia de Ulisses brilharam intensamente. Durante todo o cerco de Ílion o rei de Ítaca mostrou extraordinário bom-senso, destemor, audácia, inteligência prática e criatividade. Convocavam-no para toda e qualquer missão que demandasse, além de coragem, sagacidade, prudência e habilidade oratória. Πολυμήχανος (polyméchanos), "industrioso, fértil em recursos", é o epíteto honroso, que lhe outorga Atená logo no canto segundo: *Il.*, II, 173. É assim que sua solércia e atividade diplomática se desdobram desde os primeiros cantos do poema. Foi o comandante da nau que conduzia uma hecatombe a Apolo e levava a bela Criseida de volta a seu pai Crises; organizou o combate singular entre Páris e Menelau; na assembleia dos soldados reduziu Tersites (v.) ao silêncio e, com um discurso inflamado, revelando um grande presságio, persuadiu os aqueus a permanecerem na Tróada, quando o desânimo já se apossara de quase todos eles (*Il.*, II, 284-332).

Participou igualmente, acompanhado de Fênix e Ájax, da embaixada junto a Aquiles, para que este, uma vez desagravado por Agamêmnon, voltasse ao combate (*Il.*, IX, 163-170), o que, ainda dessa feita, não aconteceu, apesar do belo e convincente discurso do rei de Ítaca (*Il.*, IX, 225-306). Em parte, através da *Odisseia*, e sobretudo de poetas posteriores, ficamos sabendo de outras missões importantes do mais astuto dos helenos. Como a guerra se prolongasse além do esperado, Ulisses, em companhia de Menelau, dirigiu-se à corte de Ânio, rei e sarcedote de Delos, como atesta Virgílio na *Eneida*, 3,80. Esse Ânio, filho de Apolo e de Reá, a "Romã", era pai de três filhas: Elaís, Espermo e Eno, cujos nomes lembram, respectivamente, óleo, trigo e vinho. Como houvessem recebido de seu ancestral Dioniso o poder de fazer surgir do solo estes três produtos indispensáveis, os chefes aqueus, dado o prolongamento da guerra, mandaram buscá-las. De bom grado as filhas do rei de Delos acompanharam os embaixadores gregos, mas, já cansadas de uma tarefa incessante, fugiram. Perseguidas pelos aqueus, pediram proteção a Dioniso, que as metamorfoseou em pombas. Por isso mesmo, na Ilha de Delos, era proibido matar pombas. Além da já citada incumbência de trazer Filoctetes de volta às fileiras aqueias, Ulisses, juntamente com Fênix ou Diomedes, foi encarregado de trazer da Ilha de Ciros a Neoptólemo, filho de Aquiles e de Deidamia, segundo se comentou em *Mitologia Grega*, Vol. I, p. 109sq., e cuja presença, após a morte de Aquiles, era também imprescindível para a queda de *Ílion* segundo vaticinara Heleno. Os feitos do rei de Ítaca durante a Guerra de Troia não se reduzem, todavia, a embaixadas. Audacioso, destemido e sobretudo caviloso, o herói arriscou muitas vezes a vida em defesa da honra ofendida da família grega. Numa sortida noturna e perigosa, ele e Diomedes, no chamado episódio da *Dolonia* (*Il*, X, 454-459), obtêm dupla vitória. Dólon, espião troiano, é aprisionado pelos dois heróis aqueus. Após revelar tudo quanto os dois desejavam saber, Diomedes, impiedosamente, apesar das súplicas de Dólon, cortou-lhe a cabeça. Guiados pelas informações do troiano, penetraram no acampamento inimigo e surpreenderam dormindo o herói trácio Reso, que viera em auxílio dos troianos no décimo ano da guerra. Mataram-no e levaram-lhe os brancos corcéis, rápidos como o vento (*Il.*, X, 494-514). Conta-se que a audaciosa expedição dos dois bravos aqueus contra Reso fora inspirada pelas deusas Hera e Palas Atená, pois um oráculo predissera que, se Reso e seus cavalos bebessem da água do Rio Escamandro, o herói trácio seria invencível. O tema da morte desse herói foi retomado no século IV a.C. na tragédia *Reso*, que durante longo tempo foi erradamente incluída entre as peças de Eurípides.

Desejando penetrar como espião em Ílion, para não ser reconhecido, fez-se chicotear até o sangue por Toas, filho de Andrêmon e chefe de um contingente etólio, consoante o *Catálogo das Naus*. Ensanguentado e coberto de andrajos, apresentou-se em Troia como trânsfuga. Conseguiu furtivamente chegar até Helena, que, após a morte de Páris, estava casada com Deífobo e a teria convencido a trair os troianos. Relata-se igualmente (o que certamente faz parte do romanesco) que Helena teria denunciado a Hécuba, rainha de Troia, a presença de Ulisses, mas este, com suas lágrimas, suas manhas e palavras artificiosas, teria convencido a esposa de Príamo a prometer que guardaria segredo a seu respeito. Desse modo foi-lhe possível retirar-se ileso, matando antes as sentinelas que vigiavam a entrada da fortaleza.

Quando da morte de Aquiles e da outorga de suas armas *ao mais valente dos aqueus*, *Ajax Télamon*, o grande Ájax, o mais forte e destemido dos gregos, depois do filho de Tétis, disputou-as com Ulisses nos jogos fúnebres em memória do pelida. Face ao embaraço de Agamêmnon, que não sabia a qual dos dois premiar,

Nestor, certamente por instigação de Ulisses, aconselhou que fossem interrogados os prisioneiros troianos; e estes, por unanimidade, afirmaram que o rei de Ítaca fora o que mais danos causara a Troia. Inconformado com a derrota, aliás injusta, e ferido em sua *timé*, Ájax, num acesso de loucura, massacrou um pacífico rebanho de carneiros, pois acreditava estar matando os gregos, que lhe negaram as armas do pelida. Voltando a si, compreendeu ter praticado atos de demência e, envergonhado, mergulhou a própria espada na garganta. Outra versão talvez mais antiga, atesta que após a queda de Ílion, Ájax pediu a morte de Helena como pena de seu adultério. Tal proposta provocou a ira dos atridas. Ulisses, com sua solércia, salvou a princesa e conseguiu que a mesma fosse devolvida a Menelau. Logo após este acontecimento, o destemido Ájax solicitou, como parte dos despojos, que lhe fosse entregue o Paládio, a pequena estátua de Atená, dotada de propriedades mágicas. Por instigação, mais uma vez, de Ulisses, os atridas não lhe atenderam o pedido. O filho de Télamon fez-lhes, então, graves ameaças. Assustados, Agamêmnon e Menelau cercaram-se de guardas, mas, no dia seguinte, pela manhã, Ájax foi encontrado morto, varado com a própria espada. Sófocles, em sua tragédia *Ájax*, sem inocentar Ulisses, procura desviar o infortúnio da personagem para sua *hýbris*, seu descomedimento intolerável, sobretudo em relação a Atená, que pune o filho de Télamon com a loucura. Dessa maneira, a grande deusa estaria prestando homenagem a seu protegido Ulisses. Este, porém, porta-se com mais dignidade que a deusa da inteligência. Quando esta, para mostrar a extensão da desgraça de Ájax e o poder dos deuses, pergunta a Ulisses se, porventura, conhecia um herói mais judicioso e valente, a resposta do filho de Laerte não se fez esperar:

> Não, não conheço nenhum e, embora seja meu inimigo,
> lamento seu infortúnio. Esmaga-o terrível fatalidade.
> Em seu destino entrevejo meu próprio destino.
> Todos quantos vivemos, nada mais somos
> que farrapos de ilusão e sombras vãs.
> (*Ájax*, 121-126)

Que se julgue neste passo de Sófocles a Ulisses, o mortal, e a imortalidade de Palas Atená! Na realidade, "os deuses gregos não são bons, nem justos; são belos!"

O maior cometimento de Ulisses na Guerra de Troia foi, sem dúvida, o já referido e genial estratagema do *Cavalo de Troia*, objeto das descrições de Homero (*Odiss.*, VIII, 493-520) e Públio Virgílio Marão (*Eneida*, 2,13-267).

Não se esgotam aqui, todavia, as gestas e a crueldade do sagaz Ulisses. Foi o primeiro a sair da *machina fatalis*, a fim de acompanhar Menelau, que apressadamente se dirigiu à casa de Deífobo, para se apossar de Helena; e, segundo uma versão, o rei de Ítaca impediu o atrida de assassinar ali mesmo sua linda esposa. Conforme outra variante, Ulisses salvou-a da morte certa: escondeu-a e esperou que a cólera dos helenos se mitigasse, evitando que a rainha de Esparta fosse lapidada, como desejavam alguns chefes e a soldadesca. Foi um dos responsáveis diretos pela morte do filho de Heitor e Andrômaca, o pequenino Astíanax, que, no saque de Troia, foi lançado de uma torre. Por instigação de Ulisses, a filha caçula de Príamo e Hécuba, Políxena, foi sacrificada sobre o túmulo de Aquiles por seu filho Neoptólemo ou pelos comandantes gregos. Tal sacrifício, complementar do de Ifigênia, teria por finalidade proporcionar ventos favoráveis para o retorno das naus aqueias a seus respectivos reinos. Consoante outra versão, Aquiles, que amara Políxena em vida, apareceu em sonhos ao filho e exigiu o sacrifício da filha de Príamo. Na tragédia de Eurípides, *Hécuba*, Políxena, arrancada dos braços da rainha por Ulisses, aliás com anuência da própria vítima, que preferia a morte à escravidão (*Hécuba*, 346-378), é degolada por Neoptólemo sobre o túmulo paterno.

Anda fumegavam as cinzas de Troia, quando os reis aqueus, que haviam sobrevivido aos fios da *Moira*, aprestaram-se para o νόστος (nóstos), o longo "retorno" ao lar. Uns eram aguardados com sofreguidão, com lágrimas de júbilo e com muita saudade; outros, pela instigação vingativa de Náuplio ou pelos próprios acontecimentos que precederam ou que se seguiram à guerra, eram esperados com ódio e com as lâminas afiadas de machadinhas homicidas. Penélope e sua prima Clitemnestra são o termômetro da polaridade desse imenso πόθος (póthos), desse insofrido "desejo da presença de uma ausência". Dada a controvérsia entre os dois atridas a respeito do momento propício para o regresso, Menelau, apressado e desejoso de afastar Ílion de sua memória, partiu primeiro com sua Helena e com o velho e sábio Nestor (*Odiss.*, III, 141-145). As naus de Ulisses singraram na esteira branca e salgada dos navios dos dois heróis aqueus. Na Ilha de Tênedos, porém, como se malquistasse com ambos, retornou à Tróada e se reuniu a Agamêmnon, que lá permanecera por mais uns dias, a fim de conciliar com presentes as boas graças da sensível deusa Atená. Quando Agamêmnon desfraldou suas velas, o prudente Ulisses o seguiu, mas uma grande borrasca os separou e o filho de Laerte abordou na Trácia, na região dos *Cícones*. Penetrando em uma de suas cidades, Ísmaro, o herói e seus marujos, numa incursão digna de piratas, pilharam e passaram-lhe os habitantes a fio de espada. Somente pouparam a um sacerdote de Apolo, Marão, que, além de muitos presentes, deu ao rei de Ítaca doze ânforas de um vinho delicioso, doce e forte. Com este precioso licor de Baco será embriagado o monstruoso ciclope Polifemo. Num contra-ataque rápido os cícones investiram-se contra os gregos, que perderam vários companheiros. Novamente no bojo macio de Posídon, os aqueus singraram para o sul e dois dias depois avistaram o Cabo Maleia, mas um vento extremamente violento, vindo do norte, lançou-os ao largo da Ilha de *Citera* e durante nove dias erraram no mar piscoso, até que, no décimo, chegaram ao país dos lotófogos, que se alimentavam de flores (*Odiss.*, IX, 82-84). Três marujos aqueus provaram do *loto*, "o fruto saboroso, mágico e amnéstico", que lhes tirou qualquer desejo de regressar à pátria:

E aquele que saboreava o doce fruto do loto,
não mais queria trazer notícias nem voltar,
mas preferia permanecer ali entre os lotófagos,
comendo loto, esquecido do regresso.
(*Odiss.*, IX, 94-97)

A custo o herói conseguiu trazê-los de volta e prendê-los no navio. Dali partiram de coração triste, e chegaram à terra dos Ciclopes, tradicionalmente identificada com a Sicília:

Dali continuamos viagem, de coração triste,
e chegamos à terra dos soberbos Ciclopes,
infensos às leis, que, confiados nos deuses
imortais, não plantam, nem lavram, mas tudo
lhes nasce sem semear nem lavrar.
(*Odiss.*, IX, 105-109)

Deixando a maioria de seus companheiros numa ilhota, o experimentado rei de Ítaca, com apenas alguns deles, embicou sua nau para uma terra vizinha. Escolheu doze entre os melhores e resolveu explorar a região desconhecida, levando um odre cheio do vinho de Marão. Penetrou numa "elevada gruta, à sombra de loureiros", redil de gordos rebanhos, e lá aguardou, para receber de quem quer que habitasse a caverna os dons da hospitalidade. Só à tardinha chegou o ciclope Polifemo:

Era um monstro horrendo, em nada semelhante
a um homem que come pão, mas antes a um pico
alcandorado de altos montes, que aparece isolado
dos outros.
(*Odiss.*, IX, 190-192)

Polifemo já havia devorado seis de seus marujos, quando Ulisses, usando de sua costumeira solércia, embebedou-o com o vinho forte de Marão e vazou-lhe o olho único que possuía no meio da fronte. Sem poder contar com o auxílio de seus irmãos, que o consideravam louco, por gritar que *Ninguém* o havia cegado (foi este realmente o nome com que o astuto esposo de Penélope se apresentara ao gigante), o monstro, louco de dor e de ódio, postou-se à saída da gruta, para que nenhum dos aqueus pudesse fugir. O sagaz Ulisses, todavia, engendrou novo estratagema e, sob o ventre dos lanosos carneiros, conseguiu escapar com seus companheiros restantes do antropófago filho de Posídon. Salvos do bronco Polifemo, os helenos navegaram em direção ao reino do senhor dos Ventos, a Ilha *Eólia*, possivelmente Lípari, na costa oeste da Itália Meridional.

Éolo acolheu-os com toda a fidalguia e durante um mês os hospedou. Na partida, deu ao rei aqueu um odre que continha o curso dos ululantes ventos. Em liberdade ficara apenas o Zéfiro que, com seu hálito suave, fazia deslizar as naus no seio verde de Posídon. Durante nove dias as naus aqueias avançaram alimentadas pelas saudades de Ítaca. No décimo já se divisavam ao longe os lumes que faiscavam na terra natal. O herói, exausto, dormia. Julgando tratar-se de ouro, os nautas abriram o odre, o cárcere dos perigosos ventos... Imediatamente terrível lufada empurrou os frágeis batéis na direção contrária. Ulisses, que despertara sobressaltado, ainda teve ânimo para uma reflexão profunda:

Mas eu que despertara, refletia em meu
irrepreensível espírito se devia morrer,
lançando-me nas ondas ou se permaneceria em
silêncio e continuaria entre os vivos. Resolvi sofrer
e ir vivendo...
(*Odiss.*, X, 49-53)

E voltou à Ilha de Éolo. De lá expulso como amaldiçoado dos deuses, Ulisses retornou às ondas do mar e chegou no sétimo dia a Lamos, cidade da Lestrigônia, terra dos gigantes e antropófagos *Lestrigões*, povos que habitavam (o assunto é muito discutido) a região de Fórmias, ao sul do Lácio, ou o porto siciliano de Leontinos. Tribos de canibais, sob a ordem de seu rei, o gigante e antropófago Antífates, precipitaram-se sobre os enviados do herói de Ítaca, devorando logo um deles. Arremessando, em seguida, blocos de pedra sobre a frota ancorada em seu porto, destruíram todas as naus, menos a de Ulisses, que ficara mais distante. Agora, com um único navio e sua equipagem, o herói fugiu precipitadamente para o alto-mar e navegou em direção à Ilha de *Eeia*, cuja localização é totalmente impossível: identificá-la com Malta ou com uma ilha situada na entrada do Mar Adriático é contribuir para enriquecer a fantástica geografia mítica de Homero. Relata-nos o poeta (*Odiss.*, X, 135sqq.) que, tendo chegado a esta ilha fabulosa, residência da feiticeira Circe, filha de Hélio e Perseida e irmã do valente Eetes, Ulisses enviou vinte e três de seus nautas para explorarem o lugar. Tendo eles chegado ao palácio deslumbrante da maga, esta os recebeu cordialmente; fê-los sentar-se e preparou-lhes uma poção. Depois, tocando-os com uma varinha mágica, transformou-os em animais "semelhantes a porcos". Escapou do encantamento apenas Euríloco que, prudentemente, não penetrara no palácio da bruxa. Sabedor do triste acontecimento, o herói pôs-se imediatamente a caminho em busca de seus nautas. Quando já se aproximava do palácio, apareceu-lhe Hermes, sob a forma de belo adolescente, e ensinou-lhe o segredo para escapar de Circe: deu-lhe a planta mágica *móli* (v.) que deveria ser colocada na beberagem venenosa que lhe seria apresentada. Penetrando no palácio, a bruxa ofereceu-lhe logo a bebida e tocou-o com a varinha. Assim, quando a feiticeira lhe disse toda confiante:

> *Vai agora deitar com os outros companheiros na pocilga,*
>
> (*Odiss.*, X, 320)

grande foi sua surpresa, ao ver que a magia não surtira efeito. De espada em punho, como lhe aconselhara Hermes, o herói exigiu a devolução dos companheiros e acabou ainda usufruindo por um ano da hospitalidade e do amor da mágica. Diga-se logo que desses amores, conforme a tradição nascerão Telégono e Nausítoo. Afinal, após um ano de ociosidade, Ulisses partiu. Não em direção a Ítaca, mas à outra vida, ao mundo ctônio. Todo grande herói não pode completar o Uróboro (v.) sem uma κατάβασις (katábasis), sem uma descida "real" ou simbólica ao mundo das sombras. Foi a conselho de Circe que Ulisses, para ter o restante de seu itinerário e o fecho de sua própria vida traçados pele adivinho cego Tirésias, navegou para os confins do Oceano:

> *Ali está a terra e a cidade dos Cimérios,*
> *cobertas pela bruma e pelas nuvens:*
> *jamais recebem um único raio do sol brilhante.*
>
> (*Odiss.*, XI, 14-16)

A catábase do rei de Ítaca foi "simbólica". Ele não desceu à outra vida, ao Hades. Deixando a nau junto aos bosques consagrados a Perséfone e, portanto, à beira-mar, andou um pouco para abrir um fosso e fazer sobre ele as libações e os sacrifícios rituais ordenados pela maga. Tão logo o sangue das vítimas negras penetrou no fosso, "os corpos astrais, os *eídola* abúlicos" (exceto o *eídolon* de Tirésias que talvez guardasse lá embaixo seu *nóos*, seu "espírito perfeito"), recompostos temporariamente, vieram à tona:

> *... o sangue negro corria e logo as almas dos mortos, subindo do Hades, se ajuntaram.*
>
> (*Odiss.*, XI, 36-37)

Se *subiram do Hades* significa que Ulisses lá não desceu!

O herói pôde, assim, ver e dialogar com muitas "sombras", particularmente com Tirésias, que lhe vaticinou um longo e penoso caminho de volta e uma morte tranquila, longe do mar e em idade avançada... No retorno, ainda uma pequena permanência na Ilha de Eeia e, após ouvir atento e aterrorizado as informações precisas de Circe acerca das *Sereias* (v.), dos monstros *Cila* e *Caribdes* e da proibição de se comerem as vacas e ovelhas de Hélio na Ilha *Trinácria*, o esposo de Penélope partiu para novas aventuras, que vão arrastá-lo na direção do oeste. Seu primeiro encontro seria com os perigosos rochedos das *Sereias*, cuja localização é extremamente difícil. Existem realmente três rochedos ao longo das costas italianas, na Baía de Salerno. Segundo se diz, encontraram-se ossadas humanas em grutas existentes no interior desses penhascos, mas é preciso não esquecer que exatamente o maior deles, Briganti, foi durante os séculos XIII e XIV uma sólida base de piratas... É preferível, por isso mesmo, localizá-los, miticamente, no Mediterrâneo Ocidental, não muito distante de Sorrento! Circe preveniu bem o herói de que as Sereias antropófagas tentariam encantá-lo com sua voz maviosa e irresistível: atirá-lo-iam nos recifes, despedaçando-lhe a nau e devorariam todos os seus ocupantes. Para evitar a tentação e a morte, ele e seus companheiros deveriam tapar os ouvidos com cera. Se, todavia, o herói desejasse ouvir-lhes o canto perigoso, teria que ordenar a seus nautas que o amarrassem ao mastro do navio e, em hipótese alguma, o libertassem das cordas. Quando a nau ligeira se aproximou do sítio fatídico, diz Homero, a ponto de se ouvir um grito, as Sereias iniciaram seu cântico funesto e seu convite falaz:

> *Aproxima-te daqui, preclaro Ulisses, glória ilustre dos aqueus!*
> *Detém a nau para escutares nossa voz. Jamais alguém passou por aqui, em escura nave, sem que primeiro ouvisse a voz meliflua que sai de nossas bocas.*
> *Somente partiu após se haver deleitado com ela e de ficar sabendo muitas coisas. Em verdade sabemos tudo...*
>
> (*Odiss.*, XII, 184-189)

Vencida a sedução das Sereias, os aqueus remaram a toda velocidade para escapar de dois escolhos mortais, *Cila* e *Caribdes*. A localização dos temíveis penhascos em que se escondiam os dois monstros é tradicionalmente defendida como o estreito de Messina, situado entre a Itália e a Sicília. Outros, porém, como Estrabão, acham que a difícil passagem é o estreito de Gibraltar, por contar "com uma quantidade de turbilhões verdadeiramente perigosos". Seja como for, os formidáveis recifes, que ladeavam um dos estreitos, camuflavam as devoradoras *Cila* e *Caribdes*: quem escapasse de uma, fatalmente seria tragado pela outra. A conselho de Circe, para não perecer com todos os seus companheiros, o herói preferiu passar mais próximo de Cila. Mesmo assim, perdeu seis de seus melhores nautas. De coração triste, o herói navegou em direção à Ilha de Hélio Hiperíon, identificada miticamente com Trinácria, isto é, com a Sicília, onde, por força dos ventos, permaneceu um mês inteiro. Acabada a provisão, os insensatos marinheiros, apesar do juramento feito, sacrificaram as melhores vacas do deus. Quando novamente a nau aqueia voltou às ondas do mar, Zeus, a pedido de Hélio, levantou uma imensa procela e terríveis vagalhões, que, de mistura com os raios celestes, sepultaram a nave e toda a tripulação no seio de Posídon. Apenas Ulisses, que não participara dos sacrílegos banquetes, escapou à ira do pai dos deuses e dos homens. Agarrando-se à quilha, que apressadamente amarrara ao mastro da nave, o rei de Ítaca deixou-se levar pelos ventos...

> *Partindo dali errei por nove dias; na décima noite os deuses conduziram-me para a Ilha de Ogígia, onde mora Calipso, de linda cabeleira...*
>
> (*Odiss.*, XII, 447-449)

A Ilha de Ogígia, como quase todas as paragens oníricas da *Odisseia*, tem sido imaginada quer na região de Ceuta, na costa marroquina, em frente a Gibraltar, quer na Ilha da Madeira. Apaixonada pelo herói, a deusa o reteve por dez anos; por oito, segundo alguns autores; por cinco, consoante outros ou apenas por um... De seus amores teriam nascido dois filhos: Nausítoo (que também figura como filho do herói e Circe) e Nausínoo. Por fim, penalizado com as saudades de Ulisses, Zeus atendeu às súplicas de Atená, a protetora incontestes e bússola do peregrino de Ítaca, e enviou Hermes à ninfa imortal, para que permitisse a partida do esposo de Penélope. Embora lamentasse sua imortalidade, pois desejava morrer de saudades de seu amado, Calipso pôs-lhe à disposição o material necessário para o fabrico de pequena embarcação. No quinto dia, quando a Aurora de dedos cor-de-rosa começou a brincar de esconder no horizonte, Ulisses desfraldou as velas. Estamos novamente em pleno mar, guiados pela luz dos olhos garços de Atená. Posídon, no entanto, guardava no peito e na lembrança as injúrias feitas a seu filho, o Ciclope Polifemo, e descarregou sua raiva e rancor sobre a frágil jangada do herói:

Assim dizendo, Posídon reuniu as nuvens, empunhou o tridente e sacudiu o mar. Transformou todos os ventos em procelas
e, envolvendo em nuvens a terra e o mar, fez descer a noite do céu.

(*Odiss.*, V, 291-294)

Sobre uma prancha da jangada, mas segurando contra o peito um talismã precioso, o véu, que, em meio à borrasca, lhe emprestara Ino Leucoteia (v.), o náufrago vagou três dias sobre a crista das ondas. Lutou com todas as forças até que, nadando até a foz de um rio, conseguiu pisar terra firme. Derreado de fadiga, recolheu-se a um bosque e Palas Atená derramou-lhe sobre os olhos o doce sono... Havia chegado à ilha dos feaces, uma como que ilha de sonhos, uma espécie de Atlântida de Platão. Chamavam-na Esquéria, mais tarde identificada com Corfu.

Por inspiração de Atená, a princesa Nausícaa, filha dos reis de Esquéria, Alcínoo e Arete, dirige-se ao rio para lavar seu enxoval de casamento. Após o serviço, começou a jogar com suas companheiras. Despertado pela algazarra, o herói pede a Nausícaa que o ajude. Esta envia-lhe comida e roupa, pois o rei de Ítaca estava nu, e convida-o a visitar o palácio real. Os feaces, que eram como os Ciclopes, aparentados com os deuses, levavam uma vida luxuosa e tranquila e, por isso mesmo, Alcínoo ofereceu ao herói uma hospitalidade digna de um rei.

Durante um lauto banquete em honra do hóspede, o aedo cego Demódoco, por solicitação do próprio rei de Ítaca, cantou, ao som da lira, o mais audacioso estratagema da Guerra de Troia, o ardil do cavalo de madeira, o que emocionou profundamente o mais astuto dos aqueus. Vendo-lhe as lágrimas, Alcínoo pediu-lhe que narrasse suas aventuras e desditas. Com o famoso e convicto Εἴμ' Ὀδυσσεύς (Eím' Odysseús), *eu sou Ulisses*, o herói desfilou para o rei e seus comensais o longo rosário de suas gestas gloriosas, andanças e sofrimentos na terra e no mar, desde Ílion até a Ilha de Esquéria. No dia seguinte, o magnânimo soberano de Esquéria fez com que seu ilustre hóspede, que recusou polidamente tornar-se seu genro, subisse carregado de presentes, para uma das naus mágicas dos feaces:

Ela corria com tanta segurança e firmeza,
que, nem mesmo o falcão, a mais ligeira das aves,
poderia segui-la.

(*Odiss.*, XIII, 86-87)

Com tal velocidade, os marujos de Alcínoo em uma noite alcançaram Ítaca, aonde o saudoso Ulisses chegou dormindo. Colocaram-no na praia com todos os presentes, que habilmente esconderam junto ao tronco de uma oliveira.

Posídon, todavia, estava vigilante, e, tão logo a nau ligeira dos feaces, em seu retorno, se aproximava de Esquéria, transformou-a num rochedo, para cumprir velha predição.

Aproveitemos o sono do herói e vejamos, nestes seus vintes anos de ausência, o que aconteceu e ainda acontecia na amada Ítaca, *bem visível ao longe, onde se ergue o arborizado e esplêndido Monte Nérito* (*Odiss.*, IX, 21-22). Quando Ulisses partiu para Troia, seu pai Laerte, presumivelmente ainda forte e válido, já não mais reinava. Com o falecimento da esposa Anticleia, consumida pelas saudades do filho, agora já alquebrado e amargurado com os desmandos dos pretendentes à mão de Penélope, passou a viver no campo, entre os servos e, numa estranha espécie de autopunição, a cobrir-se com andrajos, a dormir na cinza junto ao fogo, no inverno, e sobre as folhas no verão. Telêmaco, em grego Τηλέμαχος (Tēlémakhos), "o que combate, o que atinge à distância", foi, na versão homérica, o único filho de Ulisses com Penélope. Ainda muito criança, quando o pai partiu para a guerra, ficou aos cuidados de Mentor, grande amigo do herói. Todos os episódios relativos à sua meninice e começos da adolescência se encontram nos quatro primeiros cantos da *Odisseia* e suas maquinações e luta ao lado do pai contra os soberbos candidatos à mão de Penélope se estendem do canto XV ao XXIV.

Aos dezessete anos, percebendo que os pretendentes assediavam cada vez mais sua mãe e sobretudo dilapidavam impiedosamente os bens do rei ausente, tentou afastá-los. Atená, no entanto, agiu rapidamente, porquanto os pretendentes, por julgarem que o jovem príncipe era o grande obstáculo à decisão da rainha na escolha de um deles, tramavam eliminá-lo. Foi assim que, por conselho da deusa de olhos garços, Telêmaco partiu para a corte de Nestor, em Pilos, e depois para junto de Menelau e Helena, em busca de notícias do pai.

Deixemo-lo, por enquanto, na corte do fulvo Menelau e retornemos a Ítaca. Após tantos anos de ausência, todos julgavam que o filho de Laerte não mais existia. Cento e oito pretendentes, nobres não apenas de Ítaca, mas oriundos igualmente de ilhas vizinhas, Same, Dulíquio, Zacinto, todas possessões de Ulisses, disputavam a mão de Penélope. A princípio, de simples cortejadores da esposa do herói passaram a senhores de seu palácio e de sua fazenda. Arrogantes, autoritários, violentos e pródigos com os bens alheios, banqueteavam-se diariamente na corte do rei de Ítaca, exigindo o que de melhor houvesse em seu rebanho e em sua adega. Os subordinados do palácio, fiéis a Ulisses, eram humilhados e quase todas as servas foram reduzidas a concubinas.

Penélope aparece, na realidade, bastante retocada na *Odisseia*. Tradições locais e posteriores nos fornecem da esposa de Ulisses um retrato muito diferente do que nos é apresentado no poema homérico. Neste ela desponta como o símbolo perfeito da fidelidade conjugal. Fidelidade absoluta ao herói, ausente durante vinte anos. Dentre quantas tiveram seus maridos empenhados na Guerra de Troia foi das únicas que não sucumbiu "aos demônios da ausência", como diz expressivamente Pierre Grimal. Forçada pelos pretendentes a escolher entre eles um novo marido, resistiu o quanto pôde, adiando sucessivamente a indesejada eleição. Quando não lhe foi mais possível tergiversar, arquitetou um estratagema, que ficou famoso: prometeu que escolheria um deles para marido, tão logo acabasse de tecer a mortalha de seu sogro Laerte, mas todas as noites desfazia o que fizera durante o dia. O logro durou três anos, mas, denunciada por algumas de suas servas, começou a defender-se com outros ardis...

Ulisses despertou de seu longo sono e Atená postou-se a seu lado. Disfarçado por ela em andrajoso e feio mendigo, o herói encaminhou-se para a choupana do mais fiel de seus servos, o porcariço Eumeu. Era preciso, por prudência, sem se dar a conhecer, ficar a par de quanto se passava em seu palácio. Telêmaco, guiado pela bússola da deusa de olhos garços, também está de volta. Pai e filho se encontram e se reconhecem na tapera do porcariço. Iniciam-se os planos para o extermínio dos pretendentes. Se a fidelidade de Eumeu agradou tanto ao herói, não menos havia de emocioná-lo uma outra, de feição bem diversa e inesperada. Trata-se do cão Argos:

E um cão, que estava deitado, erguendo a cabeça, eriçou as orelhas: era Argos que o paciente Ulisses havia criado antes de ir para a sagrada Ílion [...]. Abandonado na ausência de seu senhor, rolava diante do portal sobre os estrumes das mulas e dos bois.
Ali estava deitado Argos, comido das carraças.
Vendo aproximar-se Ulisses, agitou a cauda e baixou a cabeça.
Faltaram-lhe forças para chegar até onde estava o seu senhor.
Este, voltando a cabeça, chorou...

(*Odiss.*, XVII, 291-304)

Argos estava morto. Matou-o a saudade. A recepção dos humildes, Eumeu e Argos, contrastou profundamente com a grosseria com que o orgulhoso Antínoo, o mais violento dos pretendentes, recebeu no palácio de Ulisses ao mendigo Ulisses. Insultado e obrigado a lutar com o mendigo Iro para divertimento de todos, o herói teria sofrido novos vexames, não fora a intervenção segura de Telêmaco e a hospitalidade de Penélope, que o acolheu e com ele manteve um longo diálogo, temperado de fidelidade e de saudades de Ulisses. O zelo da hospitalidade da rainha, todavia, quase pôs a perder o plano minuciosamente traçado por Ulisses e Telêmaco. A velha e fidelíssima ama do herói, Euricleia, ao lavar-lhe os pés, por ordem de Penélope, reconheceu-o por uma cicatriz na perna:

Esta cicatriz, pois, reconheceu-a a anciã, tão logo o tocou e apalpou com a palma da mão e, largando-lhe o pé, a perna bateu na bacia: o bronze cantou e inclinando-se a bacia, a água entornou-se...

(*Odiss.*, XIX, 467-470).

Imposto silêncio à velha ama, Ulisses, depois de banhado e ungido, retomou o diálogo com a sensata Penélope.

Aproximava-se, porém, a hora da vingança. Atená, a de olhos garços, inspirou à rainha de Ítaca a ideia de apresentar aos pretendentes o *arco* de seu esposo para celebração do certame que daria início ao morticínio.

Ouçamos a proposta de casamento de Penélope:

Escutai-me, ilustres pretendentes [...] não podeis apresentar outro pretexto, a não ser o desejo de me tomar por esposa. Ânimo, pois, pretendentes: o prêmio do combate está à vista! Apresentarei o grande arco do divino Ulisses e aquele que, tomando-o nas mãos, conseguir armá-lo mais facilmente, e fizer passar uma flecha pelo orifício dos doze machados, a este eu seguirei...

(*Odiss.*, XXI, 68-77)

A conquista da esposa por parte de um herói jamais é gratuita. Como se mostrou *em Mitologia Grega*, Vol. III, p. 37sqq., o "pretendente" deve superar grandes obstáculos e arriscar a própria vida, até mesmo para reaver sua *metade perdida*. Admeto, Pélops, Jasão, Menelau, Héracles e tantos outros são exemplos vivos de "pretendentes" que empenharam a própria alma na conquista de um grande amor.

Chegou, pois, o momento culminante da *prova do arco*, que testaria o mérito dos candidatos à mão de Penélope.

O orgulhoso Antínoo comanda o certame:

Levantai-vos em ordem, companheiros, da esquerda para a direita.

(*Odiss.*, XXI, 141).

Todos tentaram em vão... A insolência e a altivez dos soberbos pretendentes foram quebradas pelo arco de Ulisses: nenhum deles conseguiu, ao menos, retesá-lo. O arco obedeceria e se curvaria (e veremos por quê) apenas à vontade de seu senhor. Pela insistência de Penélope e a firmeza das palavras de Telêmaco, embora exasperados, os pretendentes se viram compelidos a permitir que o mendigo Ulisses experimentasse o inflexível arco:

[...] o astuto Ulisses, contudo, apenas tomou e inspecionou em todos os sentidos o grande arco, armou-o sem dificuldade alguma.
[...] Dos pretendentes, porém, se apossou uma grande mágoa e mudaram de cor...

(*Odiss.*, XXI, 404-412).

O filho de Laerte disparou o dardo, que não errou nenhum dos machados, desde o orifício do primeiro. Despojando-se dos andrajos, despiu-se também o herói do homem do mar. Tem-se agora novamente o homem na guerra: começou o extermínio dos pretendentes. Antínoo foi o primeiro:

A flecha atravessou-lhe a garganta delicada e saiu pela nuca. Ferido de morte, ele tombou de costas e a taça caiu-lhe das mãos.

(*Odiss.*, XXII, 15-18).

E a negra morte desceu sobre os olhos de um a um dos príncipes de Ítaca e das demais possessões de Ulisses. Dos servos foram poupados tão somente quatro. Doze escravas imprudentes que, na longa ausência do senhor, envergonharam-lhe o palácio, foram enforcadas. Ao paciente Ulisses faltava ainda uma prova. Penélope ainda resistia. O velho marinheiro, agora remoçado graças a um toque mágico de Atená, conhecia, somente ele e a esposa, alguns sinais desconhecidos dos outros mortais. Era a prova do reconhecimento do leito conjugal. Penélope é incisiva:

[...] se realmente este é Ulisses que retorna ao lar, nós nos reconheceremos com mais facilidade que ninguém.

(*Odiss.*, XXIII, 107-109)

De fato era Ulisses. O rei de Ítaca descreveu minuciosamente o leito conjugal, que ele próprio fizera e adornara. O grande sinal era o pé da cama, construído com um tronco de *oliveira*, que, na Grécia, era "símbolo da força, da fecundidade, da recompensa, da paz". Na tradição judaico-cristã a imagem da paz está configurada pela pomba que traz a Noé, no fim do dilúvio, um *ramo de oliveira*. Na linguagem medieval converteu-se também em tradução do ouro e do amor. Escreve Angelus Silesius: "se me for dado contemplar em sua porta um tronco dourado de *oliveira*, chamar-te-ei imediatamente casa de Deus". *Axis mundi*, eixo do mundo, árvore ancestral na tradição islâmica, a oliveira reflete o homem universal, o Profeta. Associado à luz, o azeite doce alimenta os candeeiros. Assim é que, no isoterismo ismaelita, a oliveira no cimo do Sinai espelha o Imã, convertendo-se simultaneamente no *axis mundi*, no Homem Universal e na fonte da luz.

E realmente era Ulisses...

[...] e a Penélope, no mesmo instante, desfaleceram os joelhos e o coração amante, reconhecendo os sinais que Ulisses dera sem hesitar. Correu direta para ele com as lágrimas nos olhos e lançou os braços em torno de seu pescoço...

(*Odiss.*, XXIII, 205-208)

Talvez fosse prudente acrescentar que não mais estamos em pleno mar, mas em plena madrugada, no palácio de Ulisses, em Ítaca... E como uma só madrugada é muito pouco para matar saudades de vinte anos de ausência, Atená, a deusa de olhos garços, antes a ameaça da aproximação pouco discreta da Aurora de dedos cor-de-rosa, deteve-a em pleno oceano e simplesmente prolongou a noite...

Grande maioria dos habitantes de Ítaca levantou-se em armas para vingar seus filhos e parentes. O herói, seu filho Telêmaco, Laerte e mais uns poucos, capitaneados por Atená, enfrentaram os vingadores. A carnificina teria sido grande, não fora a intervenção da própria deusa:

Filho de Laerte, da estirpe de Zeus,
Ulisses fecundo em recursos, suspende o combate
[...].
Assim falou Atená e ele obedeceu de coração alegre.
Depois, entre as duas partes, foi celebrado
um pacto solene para os tempos futuros,
obra de Palas Atená, filha de Zeus, portador da égide

(*Odiss.*, XXIV, 542-547)

Ulisses e Penélope, como tudo neste vale de lágrimas, *não* foram felizes para sempre! É verdade que o adivinho Tirésias prognosticara um fim tranquilo e bem distante do mar para o rei de Ítaca; é igualmente exato que também na *Odisseia* tudo acaba na doce paz imposta por Palas Atená, mas estes dois enfoques não são os únicos. A épica, sobretudo, por sua própria estrutura, conduz o herói para um desfecho feliz. Homero, na *Odisseia*, fechou genialmente a longa *nostalgia*, peregrinações e lutas de seu protagonista com um hino ao amor, à fidelidade de Penélope e com um eloquente tratado de paz, mas o mito continua em outras variantes e tradições para além da epopeia. Retrata outro estado de coisas e prossegue pelos misteriosos labirintos da vida.

Antes, porém, de retomar a caminhada com o grande herói, um ligeiro comentário a respeito de três sinais muito significativos que lhe marcam a identidade.

Se, de um lado, o astuto e destemido personagem da *Odisseia* pode ser considerado como hábil marinheiro, ancestral dos nautas errantes dos mares do Ocidente, e suas gestas como um autêntico périplo iniciático, de outro, Ulisses é, em grau superlativo, *o herói do mito do retorno do esposo*, após prolongada e acidentada ausência. Um homem partiu para uma longa viagem... A esposa lhe permanecerá fiel e, após alguns incidentes, o reconhecerá. Eis que o marido retorna envelhecido, disfarçado, pouco importa. Embora com variações de uma versão à outra, três sinais lhe garantem e atestam a identidade. Vejamos a versão homérica: apenas o marido é capaz de armar o arco que possuía; somente ele sabe, em comum com a esposa, como foi construído o leito conjugal; enfim, o marido tem uma cicatriz de que unicamente a mulher tem conhecimento. Pois bem, o poeta grego utilizou os três sinais em três cenas de grande poder dramático, invertendo-lhes, todavia, a ordem, alterando o conteúdo, variando as circunstâncias. Apenas o sinal relativo ao leito nupcial foi empregado para reconhecimento do esposo. Os outros dois o foram, conforme já se viu, para outras finalidades. O primeiro destes é a *cicatriz* resultante da mordidela de um *javali*. A cicatriz é como se fora uma "minimutilação", o que em termos xamânicos, colocava seu portador bem próximo do sagrado e dos próprios deuses. Talvez nenhum herói homérico tenha sido tão bafejado pela amizade divina quanto Ulisses. Bastaria citar o respaldo e a proteção que lhe deram Hermes e Atená para se concluir que o rei de Ítaca era um valido dos imortais. Além do mais, a cicatriz se originou da mordidela de um *javali*, cujo simbolismo é antiquíssimo, segundo se mostrou em *Mitologia Grega*, Vol. II, p. 65-66. O mito desse animal faz parte da tradição hiperbórea, onde o mesmo configura o poder espiritual, o que, de resto, estabelece uma união mais sólida entre o esposo de Penélope e os deuses. O sinal que aparece em segundo lugar na *Odisseia* é "o poder de armar o arco", que, há vinte anos, dormia empoeirado e silencioso na câmara mais recôndita do palácio real de Ítaca. Após as tentativas frustradas de cento e oito pretendentes, o único que conseguiu retesá-lo foi Ulisses. A explicação é simples. Certas armas possuem um *mana*, uma *energia* poderosa que lhe advêm de sua origem. Além do mais, as coisas têm nome: "o nome é a essência da coisa, do objeto denominado. Sua exclusão extingue a coisa. Nada pode existir sem nome, porque o nome é a forma e a substância vital. No plano utilitário as coisas só existem pelo nome". Conhecer o nome de alguém ou da coisa é dispor da pessoa ou da coisa. Aí está a segunda parte da explicação. Somente o herói conhecia o *nome* de seu arco e, por isso mesmo, pôde conversar com ele e facilmente armá-lo. O terceiro sinal recai sobre o segredo da construção do leito conjugal. O grande mistério consistia, já se mencionou, num tronco de *oliveira*, árvore sagrada, configuração da fecundidade, que servia de suporte ao leito conjugal, cuja simbologia é uma real *complexio oppositorum*, uma reunião dos opostos... Para Chevalier e Gheerbrant o leito traduz "a restauração no sono e no amor, mas funciona igualmente como o local da morte. Leito do nascimento, leito conjugal e leito de morte são objeto de um cuidado todo especial e de uma espécie de veneração por ser o centro sagrado da vida em seu estágio fundamental". Consagrado aos Gênios ancestrais, recebia, por isso mesmo, em Roma, o nome de *lectus genialis*, "leito nupcial". Partícipe da dupla significação da vida, o leito comunica e absorve a vida. Em várias culturas primitivas colocavam-se sob o leito os grãos da sementeira e sobre o mesmo a mortalha. Configurando o elo entre união sexual e o trabalho agrícola, o homem funciona em relação ao mesmo como o gênio da água, o dispensador da chuva, e a mulher como o receptáculo do sêmen caído do céu. No *Antigo Testamento* a conjugação entre leito nupcial, símbolo da vida, e leito de morte é bem-atestada: *Rubem, meu primogênito, tu, a minha fortaleza, e o princípio da minha dor, o primeiro nos dons, o maior no império, tu te derramaste como a água, não crescerás, porque subiste ao leito de teu pai e profanaste o seu tálamo* (Gn 49,3-4). Também Jacó, em seu leito de agonia, a fim de falar aos filhos, sentou-se e colocou os pés para fora do leito e tendo-se novamente deitado, expirou (Gn 49,32). Reconhecendo seu leito conjugal, o rei de Ítaca se reencontra com o Gênio de seus ancestrais e continua a desempenhar a função sagrada da fecundação.

Na realidade, Ulisses e Penélope *não* foram felizes para sempre. Desvinculando os reis de Ítaca da idealização épica, vamos retomar-lhes a trajetória mítica. Consoante uma velha tradição, para expiar o massacre dos pretendentes, Ulisses, após um sacrifício a Plutão, Perséfone e Tirésias, partiu a pé e chegou ao país dos tesprotos, no Epiro. Ali, como lhe recomendara Tirésias, sacrificou a Posídon, a fim de apaziguar-lhe a cólera pelo cegamento de Polifemo. Acontece que a rainha da Tesprótida, Calídice, apaixonada pelo herói, ofereceu-lhe metade de seu reino. Da união "temporária" do esposo de Penélope com a rainha do Epiro nasceu Polipetes. Algum tempo depois, com a morte de Calídice, deixou o reino a Polipetes e retornou a Ítaca, para os braços de Penélope, que dele tivera um segundo filho, Poliportes. Existe uma variante, segundo a qual o herói, acusado veementemente pelos pais dos pretendentes, submeteu o caso à decisão de Neoptólemo, que, cobiçando-lhe as possessões, condenou-o ao exílio. Refugiando-se na Etólia, na corte do Rei Toas, desposou-lhe a filha e faleceu em idade avançada, o que confirmaria a predição de Tirésias (*Odiss.*, XI, 134-136). Esses banimentos que se seguem a um derramamento de sangue são fatos comuns e bem-atestados no mito dos heróis. Visam, em última análise, a purificá-los de suas mazelas e de suas permanentes ultrapassagens do *métron*. A parte romanesca que, via de regra, se agrega ao mitologema, pertence ao mundo da fantasia, à criatividade dos mitógrafos antigos e, não raro, a tradições locais. Afinal, ter tido um herói do porte de Ulisses como rei, ancestral ou simplesmente como hóspede ou exilado, falava alto demais, para que se deixasse de formar um autêntico novelo de variantes e tradições locais. Uma delas, muito curiosa por sinal, nos conduz até a Itália em companhia do senhor de Ítaca. Este, no curso de suas longas viagens, ter-se-ia encontrado com o troiano Eneias que, sob a proteção de Afrodite, sua mãe, buscava erguer a Nova Troia, a futura pátria dos Césares. Reconciliaram-se os dois e Ulisses penetrou também na Itália, estabelecendo-se na Tirrênia, nos domínios etruscos, onde fundou trinta cidades. Com o epíteto de *Nanos*, que significaria *Errante* em língua etrusca, lutou denodadamente contra os nativos para consolidar seu reino. Teria falecido em idade provecta na cidade etrusca de Gortina, identificada na Itália com Cortona. A morte do herói, em sua terra natal, ter-se-ia devido a um engano fatal. É que, tendo sabido por Circe quem era seu pai, Telégono partiu à procura de Ulisses. Desembarcou em Ítaca e começou a devastar os rebanhos que encontrava. O velho e alquebrado herói saiu em socorro dos pastores, mas foi morto pelo filho.

Quando este tomou conhecimento da identidade de sua vítima, chorou amargamente e, acompanhado de Penélope e Telêmaco, transportou-lhe o corpo para a ilha de sua mãe Circe. Lá, certamente, com suas magias, a senhora da Ilha de Eeia fez que Telégono desposasse Penélope e, ela própria, Circe, se casou com Telêmaco... Afora esses desdobramentos, aliás bem pouco românticos, o que se deseja acentuar é não apenas a substituição do *velho rei*, impotente e destituído de seus poderes mágicos, pelo *jovem soberano*, cheio de vida e de energia, mas ainda a morte violenta do herói. A respeito da morte violenta da maioria dos heróis, é conveniente enfatizar mais uma vez que, se o herói, por sua própria essência, tem um nascimento difícil e complicado; se sua existência neste mundo é um desfile de viagens perigosas, de lutas, de sofrimentos, de desajuste, de incontinência e de descomedimentos, o derradeiro ato de seu drama, a morte violenta, se constitui no ápice de sua prova final. Mas é exatamente esse desfecho trágico que lhe outorga o título de *herói*, transformando-o no verdadeiro "protetor" de sua cidade e de seus concidadãos. É verdade que só se conhece oficialmente um santuário de Ulisses em Esparta, mas se a mágica Circe, segundo uma tradição, colocou Penélope e Telégono na Ilha dos Bem-Aventurados, é bem possível que lá igualmente esteja Ulisses, certamente em companhia da maga de Eeia...

Para encerrar este verbete, uma palavra sobre Penélope (v.). De acordo com as melhores referências, a rainha de Ítaca era filha de Icário e da náiade Peribeia. Seu casamento com o protagonista da *Odisseia* oscila entre duas tradições. A primeira delas se reporta à influência de Tíndaro, tio de Penélope, o qual desejando recompensar Ulisses por seus hábeis conselhos por ocasião da disputa da mão de Helena, fê-lo desposar a filha de Icário, seu irmão. Outra versão é a de que Penélope fora o prêmio outorgado ao herói por ter sido ele o vencedor numa corrida de carros. O amor da rainha de Ítaca pelo esposo, como já se viu, manifestou-se muito cedo: quando coagida a escolher entre residir junto ao pai em Esparta, uma vez que o casamento matrilocal era de praxe, e seguir o marido, preferiu partir para a longínqua Ilha de Ítaca. Tão grande e decantada foi a fidelidade da princesa espartana ao esposo ausente por vinte anos, que, se ela mereceu a mais rica adjetivação feminina de Homero, e se de seus lábios saíram as mais duras palavras que os pretendentes poderiam ouvir de uma mulher (*Odiss.*, XXI, 31sqq.), ele, em função dessa mesma lealdade, tornou-se digno de um santuário em Esparta, famosa pela honradez de suas mulheres. A partir de Homero, a fidelidade de Penélope se converteu num símbolo universal, perpetuado pelo mito e sobretudo pela literatura. Públio Ovídio Nasão dedicou a primeira carta de amor de suas célebres *Heroides* à fidelidade da rainha de Ítaca. Após manifestar a solidão, as saudades que a consumiam e uma pontinha de ciúmes, escreveu o que muito deve ter inflado a vaidade masculina de Ulisses: seria dele para sempre!

...*tua sum, tua dicar oportet;*
Penélope coniux semper Ulixis ero.
(*Her.*, 1,83-84)

– Sou tua e faço questão de ser chamada tua.
Penélope será sempre a esposa de Ulisses.

Essa imagem de Penélope, contudo, está longe de corresponder a muitas tradições pós-homéricas. Na longa ausência do esposo, a rainha teria praticado adultério com todos os pretendentes e um deles seria pai do deus Pã. Outros mitógrafos julgam que Pã seria filho dos amores da esposa de Ulisses com o deus Hermes. Uma versão mais tardia insiste em que Ulisses, tendo sido posto a par da infidelidade da mulher, a teria banido. Exilada primeiramente em Esparta, seguiu depois para Mantineia, onde morreu e onde se lhe ergueu um belo túmulo. Uma variante atesta que o herói a matara para puni-la do adultério com o pretendente Anfínomo, pelo qual, mesmo na *Odisseia*, Penépole mostra acentuada preferência.

Curioso no mito é que não se discute *a fidelidade de Ulisses*! O número dos filhos adulterinos do herói era tão grande, que os genealogistas, à época de M. Pórcio Catão, confeccionaram com eles títulos de nobreza para todas as cidades latinas da Itália... Possivelmente, àquela época, *illo tempore*, adultério era do gênero feminino!

ÚRANO *(I, 153, 157, 162, 174-175, 185, 187, 191-192, 195-196, 198-200, 203-204, 206, 210, 214, 216, 225, 233, 275, 332, 334, 339, 342-343, 348; II, 19, 24, 35, 48, 157, 165, 221, III, 350).*

Οὐρανός (Urănós), dório Ὠρανός (Ōrănós), lésbio Ὤρανος (Ōrănos), *Úrano*, "abóbada do céu, céu, firmamento". Descartada a antiga etimologia, que aproximava *Uranós* de *Varuna*, e que tanto seduziu ao sábio Dumézil, procura-se hodiernamente, como o faz Frisk, *GEW*, s.u., aproximá-lo de *Fορσανός (*worsanós), derivado de uma forma *Fορσο (*worso-), que corresponderia ao sânscrito *varṣá-*, "chuva". Frisk sugere que οὐρανός (uranós) poderá provir de um radical verbal, sânscrito *várṣati*, "chove". Donde Úrano significar "aquele que proporciona a chuva, o que fecunda (Geia)". Há os que opinam, porém, que Úrano pode ser um empréstimo, *DELG*, p. 839.

Filho de Geia na *Teogonia* de Hesíodo (v. *Mitologia Grega*, Vol. I, p. 153sq.) e, em outros poemas, de Éter e certamente de Hêmera (personificação feminina do dia), na teogonia órfica Úrano e Geia são filhos de Nix, a Noite.

Personificação do céu, enquanto elemento fecundador de Geia (a Terra), Úrano era imaginado como um hemisfério, a abóbada celeste, que *cobria* por inteiro a Geia, concebida como esférica, mas achatada.

Com Úrano a deusa-mãe Terra teve os seis Titãs (v.), as seis Titânidas (v.), os três Ciclopes (v.) e os três Hecatonquiros (v.).

Tão logo nasciam os filhos, porém, Úrano devolvia-os ao seio materno, temendo certamente ser destronado por um deles. Geia, já curvada com tanto peso ou sentindo-se esgotada com o abraço sem tréguas do esposo, pediu aos filhos que a libertassem da opressão e da fecundidade inesgotável do marido. Todos se recusaram, exceto Crono, o caçula dos Titãs. Entregou-lhe Geia uma foice (instrumento sagrado que corta as sementes, e *semente* em *grego* é *spérma*, "esperma") e quando o céu, "ávido de amor", se deitou, à noite, sobre a esposa, Crono cortou-lhe os testículos. O sangue do ferimento do deus caiu sobre a Terra, concebendo esta, no tempo devido, as Erínias, os Gigantes e as Ninfas Mélias ou Melíades. Os testículos, lançados ao mar, formaram uma "espumarada", de que nasceu Afrodite (v.).

Com a façanha de Crono, Úrano *separou-se* de Geia e, impotente, tornou-se *deus otiosus*, "deus ocioso" (v. Mitologia Grega, Vol. I, p. 199-200).

O local em que se emboscou o caçula, para operar a mutilação do pai, é diversamente situado no Cabo Drépanon, que recebeu este nome da foice, em grego δρέπανον (drépanon), ou em Corfu, tornando-se a ilha a própria foice, que lançada ao mar, se enraizou nele (e os feaces teriam nascido do sangue do deus) ou na Sicília, que, fecundada pelo sangue de Úrano, se tornou extremamente fértil.

Uma interpretação inteiramente diferente do mito do deus do céu foi conservada por Diodoro Sículo (séc. I d.C.), *Biblioteca histórica*, 3,57sqq; Úrano teria sido o primeiro rei dos atlantes (v. Atlântida), povo justo e respeitador dos deuses, cujo *habitat* seriam as margens do Oceano (v.). O "deus" os civilizou e iniciou nas artes. Hábil astrônomo, Úrano inventou o primeiro calendário, segundo os movimentos dos astros, prevendo destarte os principais acontecimentos que deveriam ocorrer no mundo. Ao morrer, foram-lhe concedidas honras divinas e acabou por ser identificado com o próprio Céu. Na versão de Diodoro, Úrano foi pai de quarenta e cinco filhos, sendo dezoito de Titãs (que mais tarde se chamou Geia). A ela devem os filhos o nome genérico de Titãs. As filhas do civilizador dos atlantes chamavam-se Basileia (a rainha), mais tarde cognominada Cibele, e Reia, denominada Pandora. Basileia, que era de grande beleza, sucedeu ao pai no trono, e, unindo-se a seu irmão Hiperíon, foi mãe de Hélio (Sol) e de Selene (Lua). Como filhos de Úrano, ainda são mencionados por Diodoro, Crono e Atlas.

Segundo Platão (*Timeu*, 40e), Oceano e Tétis eram igualmente filhos de Úrano.

Toda essa complexidade e variantes genealógicas se devem, antes do mais, a interpretações simbólicas de cosmogonias eruditas. Com isto Úrano não tem um papel definido no mito grego. Hesíodo fala apenas de duas profecias atribuídas em conjunto a Úrano e Geia. A primeira diz respeito a Crono: o deus seria vencido e destronado por um dos filhos. A segunda é a advertência feita a Zeus acerca do filho que ele teria de Métis. Foi por isso que o futuro pai dos deuses e dos homens engoliu Métis (v.), que estava grávida de Atená (v.).

URÓBORO (*II, 201, 201[105]; III, 271, 307-308, 328*).

Οὐραβόρος (Urabóros), *Uróboro*, por assimilação, é um composto de οὐρά (urá), "cauda" e de -βορος (-boros), do verbo βιβρώσκειν (bibróskein), "comer, devorar", donde "o (a) que devora a própria cauda". Trata-se de um vocábulo grego tardio. Quanto a οὐρά (urá), "cauda", que provém de *ορσά (*orsá), deve ser aproximado de ὄρρος (órrhos), "uropígio". No antigo irlandês aparece *err*, "cauda". Βιβρώσκειν (bibróskein) tem por base a raiz indo-europeia *g^wer-, "tragar, devorar", sânscrito *giráti*, "ele devora", latim *uorare*, "devorar", *DELG*, p. 175 e 838.

Embora não se relacione com nenhuma divindade grega, *Uróboro* é um símbolo muito forte no mito. Sob este aspecto, *Uróboro* – a serpente que devora a própria cauda – configura a manifestação e a reabsorção cíclica. É a união sexual em si mesma, é a *serpens se ipsum impregnans*, "a serpente que se autofecunda", a autofecundadora permanente, como demonstra a cauda mergulhada em sua própria boca. Traduz, simbolicamente, a perpétua transformação da morte em vida e vice-versa, já que as presas do réptil injetam veneno – *phármakon*, remédio e veneno – em seu próprio corpo.

Jung, *Psicologia da religião ocidental e oriental*, Petrópolis, Vozes, 1980, p. 241, afirma ser o Uróboro a *serpens mercurialis* (serpente mercurial) dos autores latinos: é pai, mãe, filho e filha, irmão e irmã, desde "os primeiros tempos até o final da alquimia". E acrescenta: "O Uróboro (corrigimos a grafia errada e absurda de *Ouroboros*) é o gerador de si mesmo, o seu próprio sacrificante e o seu próprio instrumento sacrifical, pois é um símbolo da água que mata e que faz viver". Vale dizer, é o sujeito e o objeto do sacrifício. Para usar da expressão de Bachelard, *Uróboro* é a dialética material da vida e da morte, a morte que brota da vida e a vida que brota da morte.

V

V.I.T.R.I.O.L. *(II, 202, 205[107]).*

Por estar diretamente ligado ao hermetismo (v. Hermes) e à alquimia, relacionada com Hermes Trismegisto, o "acróstico" em pauta merece um comentário. O conjunto das iniciais condensa, de maneira muito clara, um ângulo da doutrina dos alquimistas: *V*isita *I*nteriora *T*errae *R*ectificando *I*nuenies *O*ccultum *L*apidem, quer dizer, "desce às entranhas da terra e, purificando-te, encontrarás a pedra oculta".

O *occultus lapis*, "a pedra oculta", a pedra filosofal, que renasce das cinzas, será o *homo nouus*, "o homem novo", a Fênix, a rosa. Sendo o universo formado de quatro elementos, *ar, água, terra e fogo*, sob o aspecto de quatro estados, *gasoso, líquido, sólido* e *sutil*, "a pedra" que representa a unificação dos quatro, através do isolamento da energia, represada nestes mesmos elementos, é, por conseguinte, a *quintessência*, simbolizada pelo número *cinco* ou pela *Rosa*, que possui cinco pétalas.

Da *complexio oppositorum*, da "união dos contrários" sairá a energia vital, *a pedra*. Já que os metais procedem dessa união, com graus diferentes de maturação, é necessário recriar a matéria-prima, a fim de fazê-la amadurecer até se obter um *occultus lapis*, a pedra oculta. A *matéria* irá passar por uma *experiência dramática*, análoga às paixões de determinados deuses dos mistérios greco-orientais: *sofrimentos, morte,* e *ressurreição*. O *opus magnum*, "a grande operação" ou o *opus philosophicum*, "a operação filosófica" fará com que a matéria sofra, morra e ressuscite como se fora o drama místico do deus (paixão, morte e ressurreição), o qual se vê projetado nos mistérios. Os minerais padecem, morrem e renascem em uma outra forma, isto é, transmutados. Realizada pelo *opus magnum*, essa conversão, que visa simbolicamente à pedra filosofal, faz a matéria passar por quatro fases (segundo outros por cinco), que são designadas segundo as cores que tomam os ingredientes na operação: *nigredo* (preto), *albedo* (branco), *citrinitas* (amarelo), *erubedo* (vermelho), que traduz o sangue, a vida.

Após alguns ritos preliminares, como a construção do fogão adequado, do atanor (vaso especial) e de todos os ingredientes e instrumentos que irão servir às manipulações, dava-se início à operação: recriar a matéria-prima. Os contrários são encerrados no atanor ou vaso filosófico. Estes contrários são o *princípio enxofre*, masculino, cujo símbolo é um rei vestido de vermelho, e o *princípio mercúrio*, feminino, configurado por uma rainha vestida de branco. Desse matrimônio filosófico nascerá a matéria-prima. Esta, a seguir, é submetida ao cozimento, passando por uma série de operações dentro do *ovo*. As várias etapas e transformações são representadas sucessivamente pelas cores preta, branca, amarela e vermelha.

O nigredo, "o preto", é a regressão ao estado fluido da matéria: a putrefação, a morte do alquimista. Como escreve o cabalista Paracelso (1493-1541), "aquele que deseja penetrar no Reino de Deus deve entrar primeiramente com seu corpo em sua mãe e ali morrer". A "mãe", no caso, é a *primeira matéria, a massa confusa, o caos, o abismo*. O *albedo*, "o branco", é o mercúrio, a iluminação, uma vez que a pedra branca transforma todos os metais em prata. A *citrinitas* é o amarelo e o *rubedo*, o sangue, a Vida, a união dos opostos, a coexistência pacífica dos contrários. É a plenitude do ser, a sublimação, o calor, a luz. Todas as operações podem ser sintetizadas na fórmula *solue et coagula*, isto é, "purifica e integra".

Projetando sobre a matéria a função iniciática do sofrimento e graças às operações alquímicas assimiladas aos tormentos e dores, à morte e ressurreição do iniciado, opera-se a transmutação, pois "a substância" converte-se em *Ouro*. Sendo este o símbolo da eternidade, essa metamorfose alquímica é o grau máximo de perfeição da matéria e, para o alquimista, corresponde ao término de sua iniciação, conforme se expôs em *Mitologia Grega*, Vol. II, p. 199sqq.

Simbolicamente, "a descida ao seio da terra" é um catábase do homem para dentro de si mesmo, na busca do encontro e da reconstrução catártica. O ouro é a pedra oculta de cada um. Descobrindo-o, opera-se a individuação.

Z

ZACINTO *(III, 296, 315).*

Ζάκυνθος (Dzákynthos), *Zacinto*, é derivado por Carnoy, *DEMG*, p. 208, embora com certas reservas, do indo-europeu **ĝhwōkw*, que significaria "emitir clarões", uma vez que se trata de uma ilha vulcânica.

Filho de Dárdano e de Batiia ou Arisbe, ou um herói arcádio proveniente da cidade de Psófis, Zacinto é o epônimo da ilha vulcânica homônima no Mar Jônio.

Possessão de Ulisses, de Zacinto saíram heróis e marujos que ajudaram a lotar as doze naus que o rei de Ítaca conduziu para Troia (*Il.*, II, 631-637).

ZAGREU *(I, 309; II, 114-115, 117-120, 153-154, 158, 168).*

Ζαγρεύς (Dzagreús), *Zagreu*, é, ao que parece, uma divindade ctônia, identificada mais tarde com Dioniso. Apesar dos esforços de Nilsson, *Geschichte der griechischen Religion*, 1,686, e de Guthrie, *Orpheus*, 113, para se demonstrar a origem cretense do teônimo, Zagreu deve ser um empréstimo oriental. Corrobora esta hipótese a existência na Ásia Menor de uma montanha com o nome de Ζάγρος (Dzágros), cujo parentesco etimológico com Zagreu parece claro. A análise de Wilamowitz, *Der Glaube der Hellenen*, 1,250, que decompõe o vocábulo em **δι-αγρεύς* (*di-agreús) > ζ-αγρεύς (dz-agreús), "o caçador perfeito ou o grande caçador", é de origem popular. Semelhante etimologia já era admitida pelos antigos, *DELG*, p. 396.

Zagreu é um dos epítetos pelos quais é chamado o deus do êxtase e do entusiasmo, sobretudo, segundo consta, na Ásia Menor e na Ilha de Creta. É possível que o deus oriental, por força de analogias de seu culto com o de Dioniso, com este se tenha confundido em época difícil de se precisar. Tendo-se convertido num dos nomes de Baco místico e por ter permanecido religiosamente mais fiel ao Dioniso arcaico do antigo mundo insular, jamais se assimilou de todo ao "segundo Dioniso", filho de Zeus e Sêmele (v.).

Consoante o sincretismo órfico-dionisíaco, dos amores de Zeus e Perséfone nasceu o primeiro Dioniso, mais comumente denominado Zagreu. Preferido pelo pai dos deuses e dos homens para sucedê-lo no governo do mundo, teve pela frente a decisão contrária da Moira.

Para proteger o filho dos ciúmes de sua esposa Hera, Zeus confiou-o aos cuidados e vigilância de Apolo e dos Curetes (v.), que o esconderam nas florestas do Monte Parnasso. Hera, mesmo assim, descobriu o paradeiro do menino divino e encarregou os Titãs (v.) de raptá-lo e matá-lo. Com o *rosto polvilhado de gesso* (símbolo de rito de iniciação e de rito de morte), a fim de não se darem a conhecer, os Titãs atraíram o pequenino Zagreu com brinquedos místicos (ossinhos, pião, carrapeta, argolas, chocalhos e espelho). De posse do filho de Perséfone, os enviados de Hera fizeram-no em pedaços, cozinharam-lhe as carnes num caldeirão e o devoraram. Zeus fulminou-os e de suas cinzas nasceram os homens, o que explica no ser humano os dois lados: o bem e o mal. A nossa parte titânica é a matriz do mal, mas, como os raptores haviam devorado o deus, a este se deve o que existe de bom em cada um de nós (v. Dioniso).

Zagreu, contudo, voltou à vida. Atená, outros afirmam que Deméter, salvou-lhe o coração, que ainda palpitava. Engolindo-o, a princesa tebana Sêmele tornou-se grávida do segundo Dioniso. O mito possui muitas variantes, principalmente aquela segundo a qual fora Zeus quem engolira o coração do filho, antes de fecundar Sêmele.

Zagreu é, pois, "historicamente", um deus órfico e seu mito se ampliou e desenvolveu em função da teologia e dos mistérios de Orfeu. Talvez, e é a hipótese de Nilsson, deva-se ao orfismo a identificação do filho de Zeus e Perséfone com Dioniso. É mister, no entanto, enfatizar que Zagreu, de início, era um deus ctônio. Ésquilo, Frag. 5,228 Nauck, chama-o de "Zeus subterrâneo", atribuindo-lhe funções idênticas às de Plutão ou Hades (v.).

ZELO *(I, 156-157; II, 21).*

Ζῆλος (Dzêlos), *Zelo*, está relacionado etimologicamente com o verbo ζητεῖν (dzētein), "buscar, procurar, investigar", cuja raiz é ζᾶ/ζη (dzā-/dzē-), "pesquisar, buscar com sofreguidão", donde Zelo é o ardor, a emulação, a rivalidade, o zelo", e, nos *Septuaginta*, "o ciúme". Em Hesíodo, *Trabalhos e Dias*, 195, *dzêlos* é associado a φϑόνος (phthónos) com o sentido de "inveja". Personificado, Zelo, na *Teogonia*, 383-385, é a "Emulação".

Filho de Palas e Estige, era irmão de Nique (Vitória), Crato (Poder) e Bia (Violência), mas não possui um mito próprio.

ZETO *(I, 84; III, 61, 236, 236[174], 237).*

Ζῆϑος (Dzêthos), *Zeto*, cuja etimologia se desconhece, é filho de Zeus e Antíope, e irmão gêmeo de Anfíon ou Anfião (v.).

Grávida de Zeus, Antíope, filha do tebano Nicteu, temendo a ira paterna, refugiou-se em Sicione, na corte do Rei Epopeu. Inconformado e sobretudo envergonhado com a conduta da filha, Nicteu, matou-se, após encarregar Lico, seu irmão caçula, de vingá-lo. Lico, regente de Tebas, marchou contra Sicione, matou a Epopeu e trouxe Antíope de volta à capital da Beócia. Foi no percurso de Sicione a Tebas, precisamente em Elêuteras, que nasceram os meninos. O Rei Lico mandou expô-los numa elevada montanha, mas os pastores locais os recolheram e criaram. Em Tebas, Antíope foi acorrentada e tratada como escrava por Dirce, esposa do rei. Mais tarde, por intervenção de Zeus (v. Anfion), mãe e filhos se reencontraram e estes assassinaram a Lico e Dirce, apossando-se do poder na Beócia.

Os gêmeos possuíam temperamento oposto, como de hábito. Zeto era violento e empregava o tempo em lutas e trabalhos pesados; Anfíon era sensível e dedicava-se à música. Durante seu reinado em Tebas resolveram murar a cidade. Zeto transportava enormes pedras nos ombros e Anfíon, ao som da lira, as arrastava e encaixava-as no lugar exato. Na *Odisseia*, XI, 260-265, Ulisses, na evocação aos mortos, fala de Antíope e dos gêmeos valentes "que fundaram Tebas de sete portas e cingiram-na de muralhas".

ZEUS (I, 16, 32, 47-48, 54, 60-65, 69, 71-73, 79, 81, 85-87, 104, 106-109, 112, 112[76], 113, 119, 122-130, 132, 134-139, 141-143, 149, 151[109], 157-159, 161-164, 166-168, 171, 172[124], 173-174, 176, 179-181, 184, 186-188, 192-193, 196-200, 202-204, 206, 211-212, 214-215, 218, 221-224, 228-230, 232-233, 235, 237, 240-241, 255, 259, 263-264, 275-276, 279-280, 280[180], 281-282, 282[181], 283, 285, 290, 292-293, 295[188], 297, 297[189], 304, 311-312, 322, 325-326, 329, 331-332, 332[218], 332[219], 332[220], 333-340, 342-344, 346, 348; II, 10,19, 22-25, 27-31, 33-34, 34[5], 39-40, 44-46, 48-49, 55, 57-58, 59[17], 63, 66, 70[21], 83, 86-87, 89-90, 94, 100, 109-110, 115, 117-124, 131, 156-158, 161, 175-178, 181, 191, 191[94], 192-195, 215,217, 219, 221, 231[121], 234, 236[127],238, 240-241, 249; III, 22, 34-35, 38, 44, 47, 48[38], 49, 60, 64-66, 73, 75-76, 80, 89-93, 95, 99, 106, 110-112, 114-117, 119, 121, 123, 125-128, 130-131, 135, 149, 151, 158-160, 169[140], 170, 177, 184, 193, 205, 208, 209[157], 211, 211[158], 212, 217-218, 222-224, 226, 230, 236[174], 237, 258-259, 265, 270, 273, 290, 311[245], 312-313[246], 320, 330-331, 336-337, 340, 343[264], 344, 347-348, 350.

Ζεύς (Dzeús), no beócio e no lacônio Δεύς (Deús), Zeus, genitivo Διός (Diós), de *Zeus*, é o nome de um antigo deus indo-europeu "do céu e da luz". A raiz indo-europeia é *dei*, "brilhar", atestada no sânscrito *di-de-ti*, "ele surge" e no grego δέατο (déato), "aparecia, manifestava-se, saía à luz", cujo tema é *dey-ə*, comprovado pelo adjetivo δῆλος (dêlos) "visível, claro, brilhante". A flexão Ζεύς (Dzeús), Διός (Diós) pressupõe dois radicais: o primeiro é *dy-eu, *dy-ēu, fonte de Ζεύς (Dzeús) e do acusativo Ζῆν (Dzên) a que corresponde o sânscrito *dyauḥ*; acrescente-se ainda que o acusativo Ζῆν (Dzên), que provém de *dyē(u)m*, encontra-se representado no sânscrito-védico *dyám* e no latim *diem*; o segundo radical é *deiw- > deiuos > dei(u)os > deus* e com alternância *diw-*, conforme se vê no genitivo Διϝός (Diwós), Διός (Diós), *DELG*, p. 399; Frisk, *GEW*, s.u. A respeito do *latim Juppiter*, *Iouis*, "Júpiter, de Júpiter", v. Ernout-Meillet, *DIELL*, p. 329. Zeus é, pois, "a luz, o céu claro, o brilho".

Alguns dos epítetos do grande deus indo-europeu atestam ser ele uma divindade típica da atmosfera: *ómbrios*, *hyétios* (chuvoso); *úrios* (o que envia ventos favoráveis); *astrapaîos* (o que lança raios); *brontaîos* (o que troveja). Neste sentido diz Teócrito que "Zeus ora está sereno, ora desce sob a forma de chuva". Homero, num só verso, (*Il*, XV, 192), sintetiza-lhe o caráter celeste:

Zeus obteve por sorte o vasto céu com sua claridade e suas nuvens.

Da *hierogamia*, isto é, das núpcias sagradas de Crono e Reia nasceram Héstia, Deméter, Hera, Hades, Posídon e Zeus, que destronará o pai após uma luta violenta contra os Titãs (v.). Vencidos igualmente os Gigantes e o monstruoso Tifão, o senhor da luz se apossará do governo do mundo.

Antes, porém, de penetrarmos no mito do filho caçula de Reia e sua conquista definitiva do Olimpo, voltemos brevemente a Crono (v.), para que se possa colocar uma certa ordem didática no mito. Como se mostrou em *Mitologia Grega*, Vol. I, p. 198sq., depois que mutilou o pai e se tornou senhor do mundo, Crono converteu-se num tirano pior que Úrano (v.). Não se contentou em lançar no Tártaro a seus irmãos, os Ciclopes e os Hecatonquiros, porque os temia, mas, após a admoestação de Úrano e Geia de que seria destronado por um dos filhos, passou a engoli-los, tão logo nasciam. Escapou tão somente o caçula, Zeus: grávida deste último, Reia refugiou-se na Ilha de Creta, no Monte Dicta, ou Ida, segundo outros, e lá, secretamente, deu à luz o futuro pai dos deuses e dos homens, que foi, logo depois, escondido por Geia nas profundezas de um antro inacessível, nos flancos do Monte Egéon. Em seguida, Reia, envolvendo em panos de linho uma pedra, ofereceu-a ao marido e este, de imediato, a engoliu. No antro do Monte Egéon, Zeus foi entregue aos cuidados dos Curetes e das Ninfas. Sua ama-de-leite foi "a ninfa", ou, mais canonicamente, "a cabra" Amalteia (v.). Quando, mais tarde, a cabra sagrada morreu, o jovem deus a colocou no número das constelações. De sua pele, que era invulnerável, Zeus fez a *égide*, cujos efeitos extraordinários experimentou na luta contra os Titãs (v. Amalteia).

Atingida a idade adulta, o futuro senhor do Olimpo iniciou uma longa e terrível refrega contra o pai. Tendo-se aconselhado com Métis, a Prudência, esta lhe deu uma droga maravilhosa, graças à qual Crono foi obrigado a vomitar os filhos que havia engolido. Apoiando-se nos irmãos e irmãs, devolvidos à luz pelo pai, Zeus, para se apossar do governo do mundo, iniciou um duro combate contra ele e seus tios, os Titãs. Não se pode, todavia, entrar na descrição da gigantesca peleja divina, sem se dar uma ideia mais precisa do nascimento e da infância do filho de Reia. Zeus veio ao mundo na matrilinear Ilha de Creta e, de imediato, foi levado por Geia para um antro profundo e inacessível.

Trata-se, claro está, em primeiro lugar, de uma encenação mítico-ritual cretense, centrada no menino divino, que se torna filho e amante de uma Grande Deusa. Depois, seu esconderijo temporário numa gruta e o culto minoico de *Zeus Idaîos*, isto é, Zeus do Ida, celebrado numa caverna do monte homônimo tem características muito nítidas de uma iniciação nos Mistérios. Não é em vão, além do mais, que se localizou, mais tarde, o túmulo do pai dos deuses e dos homens na Ilha de Creta, fato que mostra a assimilação iniciática de Zeus aos deuses dos Mistérios, que morrem e ressuscitam.

Conta-se ainda que o entrechocar das armas de bronze dos Curetes abafava o choro do recém-nascido, o que traduz uma projeção mítica de grupos de jovens que celebravam a dança armada, uma das formas da *dokimasía*, do rito iniciático grego. A dança desses demônios, e Zeus é cognominado "o maior dos Curetes", é um conhecido rito de fertilidade.

A maior e a mais significativa das experiências do deus maior dos helenos foi ter sido amamentado pela cabra Amalteia e, como o simbolismo da cabra é muito rico, vamos aproveitar a ocasião para fazer um ligeiro comentário a respeito do mesmo. Na Índia, já que a palavra que a designa significa igualmente *não nascido*, a cabra é símbolo da substância primordial não manifestada. Ela é a mãe do mundo, é *Prakriti* e as três cores, que lhe são atribuídas, o vermelho, o branco e o negro, correspondem aos três *guna*, isto é, às três qualidades primordiais, respectivamente *sattva*, *rajas* e *tamas*. Em algumas partes da China, a *cabra* está intimamente ligada ao deus do raio e a cabeça do animal sacrificado lhe servia de martelo, figurando, pois, a cabra um elemento da atividade celeste em benefício da terra e, mais precisamente, da agricultura. Na mitologia germânica a cabra Heidrun pasta as folhas do freixo Yggdrasil e seu leite alimenta os guerreiros de Odin. Entre os gregos, a *cabra* simboliza o raio. A estrela da Cabra na constelação do *cocheiro* anuncia a tempestade e a chuva, assim como a *cabra Amalteia*, nutriz de Zeus. Aliás, a associação da cabra com a *hierofania*, com a manifestação de um deus, é muito antiga. Segundo Diodoro Sículo, foram cabras, quando pastavam no Monte Parnasso, que despertaram a atenção para uns vapores, que, saindo das entranhas da terra, punham as mesmas num verdadeiro estado de vertigem. Os habitantes do local compreenderam logo que essas exalações eram uma manifestação do divino e ali fundaram o Oráculo de Delfos (v.). Javé se manifestou a Moisés no Monte Sinai em meio a raios e trovões. Como recordação dessa hierofania, a cobertura do tabernáculo era confeccionada com fios entrelaçados de pelos de cabra. Romanos e sírios, quando invocavam seus deuses, para testemunhar sua união com o divino, usavam, por vezes, uma indumentária denominada *cilicium*, cilício em português, confeccionada de pelos de cabra. Para os cristãos, o uso do cilício tem, no fundo, o mesmo sentido: a mortificação da carne pela penitência e a liberação da alma que se entrega inteiramente a Deus. Os Órficos comparavam a alma iniciada a um *cabritinho caído no leite*, isto é, que vive da alimentação dos neófitos para ter acesso à imortalidade. O bode designa muitas vezes Dioniso em transe místico, símbolo de um recém-nascido para uma vida divina. Nas "orgias" dionisíacas, as Bacantes cobriam-se com peles de cabritos degolados. Em todas as tradições, a *cabra* aparece como símbolo da nutriz e da "iniciadora", tanto em sentido físico quanto místico dos termos. O fato é que o deus dos raios e dos trovões se preparou iniciaticamente para assumir o governo do mundo.

A luta de Zeus e seus irmãos contra os Titãs, comandados por Crono, durou dez anos. Por fim, venceu o futuro grande deus olímpico e os Titãs foram expulsos do Céu e lançados no Tártaro. Para obter tão retumbante vitória, Zeus, a conselho de Geia, libertou do Tártaro os Ciclopes e os Hecatonquiros (v.), que lá haviam sido lançados por Crono. Agradecidos, os Ciclopes deram a Zeus o raio e o trovão; a Hades ofereceram um capacete mágico, que tornava invisível a quem o usasse e a Posídon presentearam-no com o tridente, capaz de abalar a terrra e o mar.

Terminada a refrega, os três grandes deuses receberam por sorteio seus respectivos domínios: Zeus obteve o Céu; Posídon, o mar; Hades ou Plutão, o mundo subterrâneo ou Hades ficando, porém, Zeus com a supremacia no Universo.

Geia, todavia, ficou profundamente irritada contra os Olímpicos por lhe terem lançado os filhos, os Titãs, no Tártaro, e excitou contra os vencedores os terríveis Gigantes, nascidos do sangue de Úrano. Derrotados estes últimos, uma derradeira prova, a mais árdua de todas, aguardava a Zeus e a seus irmãos e aliados. Geia, num extremo esforço, uniu-se a Tártaro, e gerou o mais horrendo e temível dos monstros, Tifão ou Tifeu (v.), que é uma espécie de síntese da violência, cegueira e surdez de todas as forças primordiais. Deixando de lado certas variantes, que fazem do medonho Tifão um filho de Hera e Crono ou apenas de Hera, fiquemos com a hesiódica acima citada, que lhe dá como pais a Tártaro e Geia. Tifão era um meio-termo entre um ser humano e um monstro terrível e hediondo. Em altura e força excedia a todos os outros filhos e descendentes de Geia. Era mais alto que as montanhas e sua cabeça tocava as estrelas. Quando abria os braços, uma das mãos tocava o Oriente e a outra o Ocidente e em lugar de dedos possuía cem cabeças de dragões. Hesíodo (*Teog.*, 824sqq.) ainda é mais preciso:

De suas espáduas emergiam cem cabeças de serpentes, de um pavoroso dragão, dardejando línguas enegrecidas; de seus olhos, sob as sobrancelhas, se desprendiam clarões de fogo...

Da cintura para baixo tinha o corpo recamado de víboras. Era alado e seus olhos lançavam línguas de fogo. Quando os deuses viram tão horripilante criatura encaminhar-se para o Olimpo, fugiram espavoridos para o Egito, escondendo-se no deserto, tendo cada um tomado uma forma: Apolo metamorfoseou-se em milhafre; Hera, em vaca; Hermes, em Íbis; Ares, em peixe; Dioniso, em bode; Hefesto, em boi. Zeus e sua filha Atená foram os únicos a resistir ao monstro. O vencedor de Crono lançou contra Tifão um raio, o perseguiu e feriu com uma foice de sílex. O gigantesco filho de Geia e Tártaro fugiu para o Monte Cásio, nos confins do Egito com a Arábia Petreia, onde se travou um combate corpo a corpo. Facilmente Tifão desarmou a Zeus e com a foice cortou-lhe os tendões dos braços e dos pés e, colocando-o inerme e indefeso sobre os ombros, levou-o para a Cilícia e o aprisionou na gruta Corícia. Escondeu os tendões do deus numa pele de urso e os pôs sob a guarda do dragão-fêmea Delfine. Mas o deus Pã, com seus gritos que causavam *pânico*, e Hermes, com sua astúcia costumeira, assustaram Delfine e apossaram-se dos tendões do pai dos deuses e dos homens. Este recuperou, de imediato, suas forças, e, escalando o Céu num carro tirado por cavalos alados, recomeçou a luta, lançando contra o inimigo uma chuva de raios. O monstro refugiou-se no Monte Nisa, onde as *Moîras* lhe ofereceram "frutos efêmeros", prometendo-lhe que aqueles lhe fariam recuperar as forças: na realidade, elas o estavam condenando a uma morte próxima. Tifão atingiu o Monte *Hêmon*, na Trácia, e agarrando montanhas, lançava-as contra o deus. Este, interpondo-lhe seus raios, as arremetia contra o adversário, ferindo-o profundamente. As torrentes de sangue que corriam do corpo de Tifão deram nome ao Monte *Hêmon*, uma vez que, em grego, sangue se diz αἷμα (haîma). O filho de Geia fugiu para a Sicília, mas Zeus o esmagou, lançando sobre ele o Monte Etna, que até hoje vomita suas chamas, traindo lá embaixo a presença do gigante: essas labaredas provêm dos raios com que o novo soberano do Olimpo abateu o adversário.

Já se acentuou o caráter da *dokimasía*, das provas iniciáticas de Zeus infante, colocado num antro profundo, cercado pelos Curetes e amamentado pela cabra Amalteia. Até aqui Zeus se "preparava" para as grandes lutas que iria travar. Depois vieram as provas definitivas nos embates contra os Titãs e os Gigantes. Também estas Zeus as superou. Faltava a última. A mais difícil e penosa de todas: levar de vencida o colossal Tifão, derradeira tentativa de uma divindade primordial, Geia, para impedir a consecução da obra cosmogônica e a instauração de uma nova ordem. Tendo esmagado o último inimigo, Zeus estava "preparado" para pôr cobro às violentas sucessões das dinastias divinas e assumir, em definitivo, o governo do universo.

É precisamente a respeito dessa última vitória que se deseja dizer uma palavra. Como se viu, Tifão mutilou a Zeus e o conduziu para a gruta Corícia. Se a caverna, já o sabemos, figura os mitos de origem, de renascimento e iniciação, como um real *regressus ad uterum*, um simbólico morrer para se renascer outro, a mutilação tem uma conotação mais profunda. Para compreendê-la bem, é mister fazer uma dicotomia, uma distinção entre mutilação de ordem social e mutilação ritual. Se entre os celtas o Rei Nuada não mais pôde reinar por ter perdido um braço na batalha e o deus Mider é ameaçado de perder o reino, porque acidentalmente ficou cego de um olho, trata-se, em ambos os casos, de um aspecto apenas social do problema. O sentido ritual da mutilação é bem outro. Para se penetrar neste símbolo é bom relembrar que a ordem da "cidade" é *par*: o homem se põe de pé, apoiando-se em suas *duas pernas*, trabalha com seus *dois braços*, olha a realidade com seus *dois olhos*. Ao contrário da ordem humana ou *diurna*, que é par, a ordem oculta, *noturna*, transcendental é *um*, é ímpar. O disforme e o mutilado têm em comum o fato de estarem à margem da sociedade humana ou *diurna*, uma vez que neles a paridade foi prejudicada. *Numero deus impari gaudet*, o número ímpar agrada ao deus, diz o provérbio, mas *an odd number* significa também "um tipo estranho, um tipo incomum", e a expressão francesa *il a commit un impair* significa que alguém "cometeu uma inconveniência, fez asneira", transgredindo, por leve que seja, a ordem humana. O criminoso "comete uma terrível inconveniência", transgredindo gravemente a ordem social; o herói se "singulariza perigosamente". Ambos realçam o sagrado e só se distinguem pela orientação vetorial do herói: *sagrado-esquerdo* e *sagrado-direito*. O *vidente*, como Tirésias, *é cego*; o gênio da eloquência é *gago*... a mutilação tem, pois, dois lados, revestindo-se também da *complexio oppositorum*, possuindo, assim, valor iniciático e contrainiciático. No Egito, visando-se a uma intenção mágica de defesa, os animais perigosos, como leões, crocodilos e serpentes eram muitas vezes representados sobre os muros dos templos por hieróglifos mutilados. Os animais apareciam cortados em dois, amputados, desfigurados, de modo a serem reduzidos à impotência. A mutilação de Zeus é partícipe do "sagrado-direito": visa, em última análise, a prepará-lo para ser o rei, para ser *ímpar*, para ser o soberano, para ser o senhor. Van Gennep, no capítulo VI de *Os ritos de passagem*, tem páginas luminosas sobre o rito de mutilação, cuja finalidade maior não é apenas a purificação, mas uma transformação visível para todos da personalidade de um indivíduo. "Com estas práticas retira-se o indivíduo mutilado da humanidade comum mediante um rito de separação, que, automaticamente, o agrega a um grupo determinado". Zeus, que vai ser rei, o senhor, o pai dos deuses e dos homens, purifica-se na gruta e, *mutilado*, separa-se em definitivo de *seu meio*, para colocar-se *acima dele*.

As lutas de Zeus contra os *Titãs* (Titanomaquia), contra os Gigantes (Gigantomaquia), episódio, aliás, desconhecido por Homero e Hesíodo, mas abandonado por Píndaro (*Nemeias*, 1, 67), e contra o medonho Tifão, essas lutas, repetimos, contra forças primordiais desmedidas, cegas e violentas, simbolizam também uma espécie de reorganização do Universo, cabendo a Zeus o papel de um "recriador" do mundo. E apesar de jamais ter sido um deus criador, mas sim conquistador, o grande deus olímpico torna-se, com suas vitórias, o chefe inconteste dos deuses e dos homens, e o senhor absoluto do Universo. Seus inúmeros templos e santuários atestam seu poder e seu caráter pan-helênico. O deus indo-europeu da luz, vencendo o Caos, as trevas, a violência e a irracionalidade, vai além de um deus do céu imenso, convertendo-se, na feliz expressão de Homero (*Il*., 1,544) em πατὴρ ἀνδρῶντε θεῶντε (patèr andrônte theônte), *o pai dos deuses e dos homens*. E foi com este título que o novo senhor do Universo, tendo reunido os imortais nos píncaros do Olimpo, ordenou-lhes de não participarem dos combates que se travavam em Ílion entre gregos e troianos. O teor do discurso é forte e duro, como convém a um deus consciente de seu poder e que fala a deuses insubordinados e recalcitrantes. Após ameaçá-los de espancamento, ou pior ainda, de lançá-los no Tártaro brumoso, conclui em tom desafiante (*Il*., VIII, 19-27):

> *Suspendei até o céu uma corrente de ouro,*
> *e, em seguida, todos, deuses e deusas, pendurai-*
> *vos à outra extremidade: não podereis arrastar*
> *do céu à terra a Zeus, o senhor supremo, por mais*
> *que vos esforceis. Se eu, porém, de minha parte,*
> *desejasse puxar ao mesmo tempo a terra inteira*
> *e o mar, eu os traria, bem como a vós, para junto*
> *de mim.*
> *Depois, ataria a corrente a um pico do Olimpo,*
> *e tudo ficaria flutuando no ar. E assim saberíeis*
> *até que ponto sou mais forte do que os deuses e os*
> *homens.*

O religiosíssimo Ésquilo, num fragmento de uma de suas muitas tragédias perdidas, vai além de Homero na proclamação da soberania de Zeus:

> *Zeus é o éter, Zeus é a terra, Zeus é o céu.*
> *Sim, Zeus é tudo quanto está acima de tudo.*

(Fr. 70, Nauck)

E era realmente assim que os gregos o compreendiam: um grande deus de quem dependiam o céu, a terra, a *polis*, a família e até a mântica. Alguns outros de seus epítetos comprovam sua grandeza e soberania: senhor dos fenômenos atmosféricos, dele depende a fertilidade do solo, daí seu epíteto de *khthónios*; protetor do lar e símbolo da abundância, ele é *ktésios*; defensor da *polis*, da família e da lei, é invocado como *polieús*; deus também da purificação, denomina-se *kathársios* e deus ainda da mântica, em Dodona (v.), no Epiro, onde seu oráculo funcionava à base do farfalhar dos ramos de um carvalho gigante, árvore que lhe era consagrada.

É conveniente, no entanto, deixar claro que o triunfo de Zeus, embora patenteie a vitória da ordem sobre o Caos, como pensava Hesíodo, não redundou na eliminação pura e simples das divindades primordiais. Algumas delas, se bem que desempenhando papel secundário, permaneceram integradas no novo governo do mundo e cada uma, a seu modo, continuou a contribuir para a economia e a ordem do Universo. Até mesmo a manutenção de Zeus no poder, ele a deve, em parte, à admoestação de Geia e Úrano, que lhe predisseram o nascimento de um filho ou neto, que o destronaria. Foi necessário, para tanto, que engolisse sua primeira esposa, Métis. *Nix*, a Noite, uma das mais primordiais das divindades continuou a ser particularmente respeitada e o próprio Zeus evitava irritá-la. A ela o deus ficou devendo seus primeiros rudimentos de *cosmologia*, quando perguntou à deusa das trevas como firmar seu "soberbo império sobre os imortais" e como organizar o Cosmo, de modo que "se tivesse um só todo com partes distintas". As *Erínias* continuaram a desempenhar seu papel de vingadoras do sangue parental derramado; *Pontos*, o mar infecundo, permaneceu rolando suas ondas em torno da terra; *Estige*, que ajudou a Zeus na luta contra os Titãs, foi transformada não apenas em rio do Hades, mas na "água sagrada" pela qual juravam os deuses; *Hécate*, a deusa dos sortilégios, teve seus privilégios ampliados por Zeus; *Oceano* há de tornar-se uma divindade importante e um aliado incondicional do novo soberano. Em síntese, o novo senhor, alijados os inimigos irrecuperáveis, ao menos temporariamente, buscou harmonizar o Cosmo, pondo um fim definitivo à violenta sucessão das dinastias divinas. Até mesmo as divindades pré-helênicas, através de um vasto sincretismo, conforme se procurou apontar em *Mitologia Grega*, Vol. I, p. 70sqq, tiveram funções e algumas muito importantes na nova ordem do mundo. O exemplo começou pelo próprio Zeus, que, apesar de ser um deus indo-europeu, "nasceu" em Creta; lá teve seus primeiros ritos iniciáticos e lá "morreu"! A marca minoica permaneceu inclusive na época clássica: a arte figurada nos mostra uma estátua de um Zeus jovem e imberbe, o jovem deus dos mistérios do Monte Ida, o deus da fertilidade, o Zeus ctônio. Atená, a importantíssima Atená, deusa da vegetação, transmutou-se na filha querida das meninges de Zeus. Perséfone tornou-se, além de filha da Grande Mãe Deméter, sua companheira inseparável nos Mistérios de Elêusis. Poder-se-ia ampliar a lista, mas o que se deseja ressaltar é que uma sábia política religiosa, em que certamente teve papel de relevância o dedo de Delfos com sua moderação e indiscutível patriarcalismo, fez que deusas locais pré-helênicas, algumas divindades primordiais e certos cultos arcaicos se integrassem no novo sistema religioso olímpico, dando à religião grega seu caráter específico e sua extensão pan-helênica sob a égide de Zeus.

Tão logo o pai dos deuses e dos homens sentiu consolidados o seu poder e domínio sobre o Universo, libertou seu pai Crono da prisão subterrânea onde o trancafiara e fê-lo rei da Ilha dos Bem-Aventurados, nos confins do Ocidente. Ali reinou Crono sobre muitos heróis que, mercê de Zeus, não conheceram a morte. Esse destino privilegiado é, de certa forma, uma escatologia: os heróis não morrem, mas passam a viver paradisiacamente na Ilha dos Bem-Aventurados. Trata-se de uma espécie de recuperação da *idade de ouro*, sob o reinado de Crono, ao menos na religião órfica (v. Orfismo).

Acerca dos casamentos e das ligações amorosas de Zeus é necessário proceder com cautela e método. Vai-se, primeiramente, dar uma ideia do simbolismo desses "amores"; em seguida far-se-á menção dos casamentos e ligações do deus, deixando-se para verbetes apropriados os mitos relativos a cada união. Zeus é, antes do mais, um deus da "fertilidade", é *ómbrios* e *hyétios*, é chuvoso. É deus dos fenômenos atmosféricos, como já se disse, por isso que dele depende a fecundidade da terra, enquanto *khthónios*. É o protetor da família e da *pólis*, daí seu epíteto de *polieús*. Essa característica primeira de Zeus explica várias de suas ligações com deusas de estrutura ctônia, como Europa, Sêmele, Deméter e outras. Trata-se de uniões que refletem claramente hierogamias de um deus, senhor dos fenômenos celestes, com divindades telúricas. De outro lado, é necessário levar em conta que a significação profunda de "tantos casamentos e aventuras amorosas" obedece antes do mais a um critério religioso (a fertilização da *terra* por um deus *celeste*), e, depois, a um sentido político: unindo-se a certas deusas locais pré-helênicas, Zeus consuma a unificação e o sincretismo que hão de fazer da religião grega um calidoscópio de crenças, cujo chefe e guardião é o próprio Zeus.

Já enumeramos em *Mitologia Grega*, Vol. I, p. 158sq., os casamentos e as uniões de Zeus com deusas e "mortais". Essas hierogamias são as catalogadas por Hesíodo (*Teog.*, 886-944). A lista, no entanto, foi bastante ampliada após o poeta da Beócia. Vamos, pois, repetir o quadro com os necessários acréscimos, sobretudo com aqueles que têm maior interesse para o mito:

Zeus e Métis foram pais de *Atená*
Zeus e Têmis geraram as *Horas e as Moiras*
Zeus e Eurínome geraram as *Cárites*
Zeus e Deméter geraram *Core ou Perséfone*
Zeus e Mnemósina geraram as *Musas*
Zeus e Leto geraram *Apolo e Ártemis*
Zeus com sua "legítima" esposa Hera gerou *Hebe*, *Ares*, *Ilítia* (e *Hefesto*? (v.)
Zeus e Maia geraram *Hermes*
Zeus e Sêmele geraram *Dioniso*
Zeus e Alcmena geraram *Héracles*
Zeus e Dânae geraram *Perseu*
Zeus e Europa geraram *Minos, Sarpédon e Radamanto*
Zeus e Io geraram *Épafo*
Zeus e Leda geraram *Pólux e Helena* (v. Helena e Leda).

Eis aí os principais amores do senhor do Olimpo. Observe-se que as "sete" primeiras ligações de Zeus o foram com deusas e as "sete" outras são consideradas como simples uniões ou amores passageiros com *mortais*. O que na realidade acontece é que a maioria dessas mortais eram antigas imortais, que, por um motivo ou outro, sobretudo em razão de sincretismos, tiveram seus cultos absorvidos por deusas mais importantes e foram rebaixadas ao posto de heroínas, de princesas ou de simples mortais.

A relação da "força fecundante" do filho caçula de Crono poderia ser bem ampliada, porque a maioria absoluta das regiões gregas se vangloriava de ter possuído um herói epônimo nascido dos amores do grande deus. O mesmo se diga das grandes famílias lendárias que sempre apontavam um seu ancentral como filho de Zeus.

Mas, que representa, afinal, esse deus tão importante para os gregos, dentro de um enfoque atual? Após o governo de Úrano e Crono, Zeus simboliza o reino do espírito. Embora não seja um deus criador, ele é o organizador do mundo exterior e interior. Dele depende a regularidade das leis físicas, sociais e morais. Consoante Mircea Eliade, Zeus é o arquétipo do chefe de família patrilinear. Deus da luz, do céu luminoso, é o pai dos deuses e dos homens. Enquanto deus do relâmpago, configura o espírito, a inteligência iluminada, a intuição outorgada pelo divino, a fonte da verdade. Como deus do raio, simboliza a cólera celeste, a punição, o castigo, a autoridade ultrajada, a fonte da justiça. A figura de Zeus, após ultrapassar a imagem de um deus olímpico autoritário e fecundador, sempre às voltas com amantes mortais e imortais, até tornar-se um deus único e universal, percorreu um longo caminho, iluminado pela crítica filosófica e pela evolução lenta, mas constante da purificação do sentimento religioso. A concepção de Zeus como Providência única só atingiu seu ápice com os Estoicos, entre os séculos IV e III a.C., quando então o filho de Crono surge como símbolo de um "deus único", encarnando o Cosmo, concebido como um vasto organismo animado por uma força única. É indispensável, todavia, deixar bem patente que os Estoicos concebiam o mundo como um vasto organismo, animado por uma força única e exclusiva, Deus, também denominado Fogo, Pneuma, Razão, Alma do Mundo... Mas entre Deus e a matéria a diferença é meramente acidental, como de substância menos sutil a mais sutil. A evolução desse *Teocosmo*, desse deus-mundo, é necessariamente fatalista, pois que obedece a um rigoroso determinismo. Desse modo, aos imprevistos do acaso e ao governo da Providência Divina se substitui a mais absoluta fatalidade. As teorias cosmológicas dos Estoicos estão, na realidade, fundamentadas no panteísmo, fatalismo e materialismo. O belíssimo *Hino a Zeus*, do filósofo estoico Cleantes (séc. III a.C.), marca o ponto culminante da ascensão do deus olímpico no espírito dos gregos de sua época e estampa bem claramente o que se acabou de dizer.

Os "modernos", todavia, denunciaram em determinadas atitudes do poderoso pai dos deuses e dos homens o que se convencionou chamar de *Complexo de Zeus*. Trata-se de uma tendência a monopolizar a autoridade e a destruir nos outros toda e qualquer manifestação de autonomia, por mais racional e promissora que seja. Descobrem-se nesses complexos as raízes de um manifesto sentimento de inferioridade intelectual e moral, com evidente necessidade de uma compensação social, através de exibições de autoritarismo. O temor de que sua autocracia, sua dignidade e seus direitos não fossem devidamente acatados e respeitados tornaram Zeus extremamente sensível e sujeito a explosões coléricas, não raro calculadas. Para Hesíodo, no entanto, Zeus simboliza o termo de um ciclo de trevas e o início de uma era de luz. Partindo do Caos, da desordem primordial para a Justiça cifrada em Zeus, o poeta sonha com um mundo novo, onde haveriam de reinar a disciplina, a justiça e a paz.

ZEUXIPE *(III, 150)*.

Ζευξίππη (Dzeuksíppē), *Zeuxipe*, é um antropônimo formado por ζευξι- (dzeuksi-), do verbo ζευγνύναι (dzeugnýnai), "atrelar ao jugo, prender solidamente" e por ἵππος (híppos), "cavalo" (v. Hipe), donde "a que atrela os cavalos". Quanto ao verbo ζευγνύναι (dzeugnýnai), está presente no sânscrito *yunák-ti*, "ele atrela", latim *iungĕre*, "jungir, unir aos pares". O derivado ζυγόν (dzygón), "jugo, parelha", que é um antigo termo técnico indo-europeu, aparece com o mesmo sentido no sânscrito *yugá*, hitita *iugan*, latim *iugum*, *DELG*, p. 398; Frisk, *GEW*, s.u.

Há três heroínas com este nome. A primeira, filha de Erictônio e Praxítea, casou-se com o rei de Atenas Pandíon e foi mãe de Erecteu, Butes, Procne e Filomela. A segunda é filha de Lamedonte (v.), rei de Sicione. Tendo-se unido a Sícion, foi mãe de Ctonofila. A terceira heroína homônima é filha do violento e cruel Hipocoonte (v.), morto por Héracles. O tirano deu-a em casamento a Antífates, filho de Melampo. Desse enlace nasceram Ecles e Anfalces.

Bibliografia Básica

A bibliografia geral sobre mito está amplamente registrada em nossos três volumes de *Mitologia Grega*. Como o *Dicionário Mítico-Etimológico* é um complemento daqueles, estampamos aqui apenas obras que só excepcionalmente já se encontram mencionados na supracitada bibliografia. Trata-se de livros de aquisição recente ou cujo conteúdo muito se ajusta aos moldes do *Dicionário*.

ANDRÉ, Jacques. *Les noms d'oiseaux en latin*. Paris: Klincksieck, 1967.

BENVENISTE, Émile. *Titres et Noms Propres en Iranien Ancien*. Paris: Klincksieck, 1966.

_____. *Noms d'agent et noms d'action en indo-européen*. Paris: Klincksieck, 1948.

_____. *Origines de la formation des noms en indo-européen*. Paris: Klincksieck, 1935.

BOLEN, Shinoda Jean. *Gods in Everyman* – A new psychology of men's lives and loves. San Francisco: Harper and Row, 1989.

BRANDÃO, Junito de Souza. *Helena, o eterno feminino*. Petrópolis: Vozes, 1989.

BUFFIERE, F. *Eros adolescent* – La pédérastie dans la Grèce antique. Paris: Les Belles Lettres, 1980.

BURKERT, Walter. *Griechische Religion der archaischen und klassischen Epoche*. Stuttgart: W. Kohlhammer, 1977.

CHADWICK, J. & BAUMBACH, L. "The Mycenaean Greek Vocabulary". *Glotta,* 41, 1963, p. 157-271.

CHANTRAINE, Pierre. *Études sur le vocabulaire grec*. Paris: Klincksieck, 1956.

_____. *Grammaire Homérique*. Paris: Klincksieck, 1948.

_____. *La formation des noms en grec ancien*. Paris: Klincksieck, 1933.

CLADER, L. *Helen*: The Evolution from Divine to Heroic in Greek Epic. Harvard: Harvard University Press, 1973.

COOK, Arthur Bernard. *Zeus, a study in ancient religion*. Cambridge: Cambridge University Press, 1940.

DAUZAT, Albert. *Les Noms de Personnes*. Paris: Delagrave, 1950.

D'EAUBONNE, Françoise. *Les Femmes avant le patriarcat*. Paris: Payot, 1977.

DELCOURT, Marie. *Hermaphrodite* – Mythes et rites de la Bisexualité dans l'Antiquité Classique. Paris: PUF, 1958.

_____. *Héphaistos ou la Légende du Magicien*. Paris: Les Belles Lettres, 1957.

DÉTIENNE, Marcel. *L'Écriture d'Orphée*. Paris: Gallimard, 1989.

DEVEREUX, Georges. *Femme et Mythe*. Paris: Flammarion, 1982.

_____. *Tragédie et Poésie Grecques*. Paris: Flammarion, 1975.

DUMÉZIL, Georges. *Mythe et épopée*. 3 vols. Paris: Gallimard, 1977-1979.

ELIADE, Mircea. *Méphistophélès et l'Androgyne*. Paris: Gallimard, 1962.

_____. *Mythes, rêves et mystères*. Paris: Gallimard, 1957.

FARNELL, Lewis Richard. *Greek Hero Cults and the Idea of Immortality*. Oxford: The Clarendon Press, 1921.

FAURE, Paul. *Ulysse le Crétois*. Paris: A. Fayard, 1980.

FESTUGIERE, A.J. *La révélation d'Hermès Trismégiste*. 4 vols. Paris: Les Belles Lettres, 1982.

FLACELIERE, Robert. *L'Amour en Grèce*. Paris: Hachette, 1960.

FLACELIERE, Robert & DUGAS, Charles. *Thésée*: Images et Récits. Paris: Boccard, 1958.

FRIEDRICH, Paul. *The Meaning of Afrodite*. Chicago: The University of Chicago Press, 1978.

GABRIEL, J. LEROUX. *Les Premières Civilisations de la Méditerranée*. Paris: PUF, 1983.

GRAVES, Robert. *Los Mitos Griegos*. 2 vols. Madri: Alianza Editorial, 1985 [Tradução de Luis Echávari].

GREENE, Liz. *The Astrology of Fate*. Londres: Unwin Paperbacks, 1985.

HARRISON, Jane. *Prolegomena to the Study of Greek Religion*. Cambridge: Cambridge University Press, 1903.

HAUDRY, Jean. *La religion cosmique des Indo-Européens*. Paris: Les Belles Lettres, 1987.

_____. "Héra et les héros". *Études Indo-Européennes,* 12, mai/1985, p. 1-51.

HILLMAN, James. *Anima* – An Anatomy of a Personified Notion. Princeton: Princeton University Press: Routledge and Kegan Paul, 1985.

_____. *O Mito da Análise*. São Paulo: Paz e Terra, 1984 [Tradução de Norma Telles].

KERÉNYI, Karl. *Zeus and Hera, Archetypal image of father, husband and wife*. Princeton: Princeton University Press, 1975.

KIRK, G.S. *Myth* – Its meaning and functions in Ancient and other cultures. Londres: Cambridge University Press, 1985.

LAPLANCHE, J. *Problématiques II* – Castration-Symbolisations. Paris: PUF, 1980.

LÉVI-STRAUSS, Claude. *Myth and Meaning*. Toronto: University of Toronto Press, 1978.

LORAUX, Nicole. *Façons tragiques de tuer une femme*. Paris: Hachette, 1985.

NAGY, Gregory. "Phaeton, Sappho's Phaon and the white Rock of Leukas". *Harvard Studies in Classical Philology,* 77, 1973, p. 137-177.

NICHOLS, Sallie. *Jung and Tarot* – An Archetypal Journey. York Beach: Samuel Weiser, 1980.

NILSSON, Martin P. *Geschichte der griechischen Religion*. 2 vols. Munique: Beck, 1955-1961.

SAKELARIOU, Michel. *Peuples préhélleniques d'origine indo-européenne*. Atenas: Ekdotike Athenon, 1977.

SECHAN, Louis & LÉVÊQUE, Pierre. *Les grandes divinités de la Grèce*. Paris: Mouton, 1970.

SIMONDON, Michele. *La Memóire et L'Oubli*. Paris: Les Belles Lettres, 1982.

SISSA, Giulia & DÉTIENNE, Marcel. *La Vie Quotidienne des Dieux Grecs*. Paris: Hachette, 1989.

VERMEULE, Emily. *Aspects of Death in Early Greek Art and Poetry*. Berkeley: University of California Press, 1979.

VERNANT, Jean-Pierre. *L'individu, la mort, l'amour*. Paris: Gallimard, 1989.

_____. *Mythe et pensee chez les Grecs*. Paris: Éditions La Decouverte, 1988.

_____. *La Mort dans le Yeux* – Figures de l'Autre en Grèce ancienne: Artémis, Gorgô. Paris: Hachette, 1985.

VERNANT, Jean-Pierre & VIDAL-NAQUET, Pierre. *Oedipe et ses Mythes*. Paris: Éditions Complexe, 1988.

WEIL, Pierre. *A neurose do Paraíso Perdido*. Rio de Janeiro: Espaço e Tempo, 1987.

Índice onomástico

Observação: Aparecem em grifo não só as palavras ou expressões latinas, mas também as gregas transliteradas para os caracteres latinos. O mesmo ocorre com os nomes de obras gregas e latinas.

Abantes 17

Abas 17, 20, 112, 195, 335, 347, 389s., 405, 495, 505, 525, 533, 579

Abdera 171

Ábidos 326, 376

Acacális 17, 109, 117, 131, 260, 423s., 442, 453

Acacésion 17

Ácaco 17

Academia 17, 228

Academo 17, 91, 160, 294, 595

Acaia 123, 125, 170, 210, 265s., 299, 345, 358, 370, 393, 407, 439, 494, 501, 524, 530, 534, 538, 561, 604, 607, 611

Acalântis 17s., 507

Acamântidas 18

Ácamas 17s., 138, 167, 195, 240, 261, 339, 374, 418, 438, 480, 518, 579, 591, 596

Acântis 18

Acanto 18

Acarnane 18, 39, 113, 200

Acarnânia 18, 65, 118, 344, 380, 498, 586, 604

Acasto 19, 74, 150, 236, 246, 364, 373, 401, 414, 445, 491, 494-496, 532, 597

Acates 19

Acésidas 160

Áceso 84, 205

Acestes 150, 190

Acidusa 277

Ácis 269, 524

Ácmon 144

Acôncio 19, 325

Acôncion 19

Acontes 383

Acorrentado, Prometeu 102, 220, 279, 326, 356

Acreia 540

Acrísio 17, 20, 157s., 170, 200, 234, 243, 357, 369s., 389, 403, 493, 505, 507, 522, 533s.

Acrocorinto 106

Acrópole 33, 43, 62, 72, 91s., 104, 150, 160, 209, 281, 289, 326, 358, 409, 486, 575, 594

Acte 121

Actéon 21, 79-81, 99, 411

Acteu 33, 121, 131, 361, 486, 494, 529, 581

Áctis 298s., 460

Actor 21, 96, 154, 192, 235, 246, 266, 359, 413, 427, 434, 525s., 540, 575

Acusilau 108

Adamastor 130

Ádano 455

Adão 311

Ádies 388

Admeta 21, 308, 453

Admeto 21s., 36, 62, 74, 77, 98, 241, 259, 308, 323, 373, 409, 503, 576, 578, 622

Adônis 22s., 26s., 41, 48, 72, 104, 113, 134, 203, 210, 233, 411, 426s., 463, 504, 508, 558, 581

Adônis, Jardins de 23, 27

Adramis 579

Adrâmita 278

Adrasteia 23, 346

Adrasto 17, 23s., 39, 50s., 57, 78, 103, 128, 150, 171, 191, 205, 209, 238, 338s., 343, 354, 373, 387, 400, 407, 490, 520, 527, 534, 539, 565s., 574, 590, 594, 600

Adrias 368

Adriático 76, 111, 209

Adriático, mar 368, 439, 619

Aédon 24, 139, 361, 484, 551

Aelo 104, 194, 284

Aérope 24s., 30, 95, 120, 414, 441, 517, 601

Aéropo 206, 271

Aete 443

Áeton 362

Afareu 177, 181, 257, 277, 346s., 381, 385, 389, 409, 502, 514, 604

Afidas 71, 152, 234, 477

Afidna 142, 176, 294, 512

África 76, 109, 137, 153, 240

África do Norte 95

Afrodísias de Corinto 28, 330

Afrodite 22s., 25-29, 31, 33, 40s., 45, 47, 50, 53, 62, 67, 69, 72s., 75s., 78, 80, 84, 88, 91, 96, 107, 109, 113, 117, 134s., 139, 144, 153, 156, 163, 165, 170, 172, 190-192, 194, 197-199, 201, 203, 208, 210, 212s., 215, 238s., 248, 256s., 270, 272, 274s., 281-283, 287s., 294-299, 302, 311, 318, 320s., 324, 326, 330, 333, 338-340s., 352, 373s., 388, 399, 401, 411s., 414-416, 425, 427s., 441, 446, 448, 463, 476-478, 483-485, 488-491, 499, 503s., 508, 515s., 523s., 529-532, 536, 539, 556, 558, 562s., 580, 593s., 597, 603, 609, 616s., 625s.

Afrodite de Cnido 457

Afrodite de Pafos 373

Afrodite Pandemia 25, 28

Afrodite Urânia 25

Afrodite, Hino Homérico a 26

Afrodite-Ctesila 325

Afrodite-Kakia 318

Afrodito 47

Ágacles 204

Agamedes 29, 126, 208, 237, 340, 528, 612

Agamedmon 29

Agamêmnon 24s., 29-31, 34s., 45, 53, 68-71, 73, 80s., 95, 99, 105, 110, 119, 141, 151s., 162, 167, 170s., 180, 192s., 195, 197, 210, 218, 222, 231, 238, 244, 251, 262, 275, 291s., 296, 317, 349-351, 354, 374, 377, 403, 414-416, 441, 445, 447, 458, 460-462, 465, 475, 480s., 485, 488, 492, 497, 509, 517, 522, 524s., 536, 557, 575-577, 582s., 590, 599, 604, 609, 616-618

Agamêmnon 119, 141

Aganipe 531

Ágano 297

Agapenor 18, 31, 373

Agassâmeno 352, 483

Agástenes 528

Agatão 535

Agatirno 202

Agatirso 138

Agave 31, 109, 174-176, 182, 207, 446, 499s., 522, 562

Agdístis 32, 93, 129, 439, 559

Agdos 32

Agelau 237, 315, 456

Agéleo 199

Agenor 18, 31s., 39, 50, 102, 109, 117, 120, 133, 154, 158, 182, 195, 199, 247, 257s., 267, 282, 344, 383, 445, 449, 451, 494, 505s., 517, 530, 534, 571, 578, 582, 585, 597, 612

Agesilau 287, 487

Agila 198

Ágis 52

Aglaia 17, 20, 117, 244, 288, 451, 505, 533

Áglao 95, 601

Agláope 563

Aglauro 33, 72, 92, 121, 127, 208, 212, 326, 486

Agni 83

Agnis 252

Agônes 96, 307

Ágora 289

Agra (cidade) 429

Agraulo 33

Agreu 161

Agrigento 142, 425

Ágrio 123, 171, 199, 274, 474, 524, 530, 541, 590

Agriônias 387

Ágron 33

Água da Vida 226

Águia 203, 271

Águia de Zeus 578

Ahriman 48, 248

Aîsa 218, 432, 576

Ájax 31, 33-35, 69s., 97, 162s., 188, 245, 291, 296, 317, 412, 441, 455, 480, 550, 575, 580s., 593, 599, 605, 617s.

Ájax da Lócrida 132, 530, 558

Ájax Oileu 97, 119, 139, 402, 455, 480, 501, 581

Ájax Telamônio 18, 34, 70, 111, 275, 386, 406, 492, 522, 580s., 599, 605, 617

Ájax, Grande 33s.

Álabe, Rio 41

Alalcômenes 35, 137, 301, 585

Alalcomeneu 35

Alalcomênia (cidade) 455

Alastor 140, 444

Alba Longa 42, 199

Albion 42

Albis 41

Albo, Aulo Postúmio 177

Alburnus 42

Alcandro 437

Alcanor 349

Alcátoe 423s.

Alcátoo 36, 39, 113, 197, 199s., 337, 387, 404, 501, 511, 525, 530, 577, 581, 593, 600

Alceste 22, 36, 259, 308, 364, 401, 495s.

Alceste 22, 218, 241, 251, 259, 317, 576

Alceu 38, 46, 52, 217, 235, 244, 303, 308, 390, 443, 451

Alcibíades 245

Alcídamas 325

Alcidamia 106

Alcides 303s., 307s., 310

Alcídice 200, 558, 606

Alcímaca 581

Alcimaque 455

Alcímede 140, 214, 258s., 495s., 525, 537

Alcimedonte 181, 487

Alcímene 357, 363, 495

Alcímenes 101

Alcínoe 36, 235

Alcínoo 37, 76, 154, 167, 256, 332, 366, 401, 442, 504, 621

Alcíone 37, 95, 123, 201, 235, 340, 384, 399, 408, 516

Alcioneu 37s., 274, 483

Alciônidas 38

Alcipe 33, 72, 281, 400

Alcítoe 423

Álcman 532

Alcmena 22, 29, 38-40, 52s., 61, 72, 96, 118, 122-127, 130, 138, 162, 170, 181, 195, 202, 209, 212, 215, 235, 244s., 247, 262, 266, 270, 273, 285, 301, 303-307, 309, 311s., 314-317, 319, 326, 329, 332, 341, 349, 353, 374s., 384s., 389s., 403s., 406, 428, 434, 444, 447, 456, 493, 502, 510-512, 535, 550, 554, 561, 581, 591, 596s., 606, 612, 634

Alcméon 18, 24, 31, 36, 39s., 50s., 65, 109, 113s., 148, 171, 199, 205, 209, 211, 257, 283, 301, 339, 373, 487, 569, 585, 590, 607, 610

Álcon 40, 208, 255

Alébion 40, 388

Alector 266, 352, 377, 396, 403

Aléctrion 26, 40, 72, 270, 299, 377

Áleo 95, 122, 210, 387, 441, 558, 582

Alésia 269

Aletes 40, 193, 260, 344, 498, 539, 604

Aletes 195

Aleto 55, 210s., 461

Alexandra 119

Alexandra 119, 190

Alexandre 30, 67, 161, 263, 287, 314, 318s., 415s., 487-489, 519, 603

Alexandre Magno 65s., 79, 236, 276, 289

Alexandria 115, 256

Alexandria, Fílon de 47

Alexanor 393

Alexírroe 558

Aléxis 28, 330, 410

Alfesibeia 39-41, 257, 402, 423, 503

Alfesibeu 103, 156

Alfeu, Deus-rio 41

Alfeu, Rio 96, 307, 343, 439, 453, 559

Álgos 212

Ália 566

Aliácmon 453

Álibas 248

Alífero 383

Alistra 455

Alizeu 344, 380, 498

Alízia 380

Alóadas 41, 72, 80, 190, 324, 355, 476, 516, 578

Áloe 206

Aloeu 41, 351, 483

Alôion 41

Alôncion 497

Álope 41

Alopeco 52

Alos 89, 138

Alpes 42

Alpo 42

Alteia 42, 80, 162, 350, 376, 408s., 517, 610

Altêmenes 25, 120, 441

Altepo 559

Alteu 335

Alva, Estrelas d' 37, 327

Amaleu 24, 361

Amalteia 42s., 65, 155, 411, 567, 586, 630-632

Amância 195

Amarílis 465

Amarinceu 501

Amatonte 539

Amazona Antíope 257, 338, 594

Amazona Clônia 519

Amazona Hipólita 514

Amazona Lisipe 575

Amazonas 21, 43s., 70, 72, 75, 80, 94, 101, 233, 235, 263, 265, 308, 312, 325s., 338, 374, 386, 406, 423, 435, 476, 493, 495, 516, 529, 534, 545, 559, 572, 590s., 593s.

Amazônio 575

Ambrácia 148, 255, 406

Ambrosia 328, 355

Amenófis 412

Âmice 44

Amiclas (cidade) 29, 115, 134, 294, 498

Amiclas 62, 71, 134, 156, 181, 233, 363, 369, 410

Âmico 44, 74, 177, 386, 573

Amimone 44, 159, 441, 531

Amimone, Fonte 306, 329

Amínias 440

Amintor 97, 148, 258, 313, 439

Amisódaro 101, 553

Amitáon 17, 23, 103, 112, 150, 214, 259, 405, 443, 495, 502s., 606

Amon 65, 330, 506, 563

Amon, Oráculo de 50, 120

Amopáon 599

Âmpelo 44s., 477

Âmplix 435

Anábase 81

Anadiômene 25

Ánafe 412

Anaflisto 610

Ananque 45

Ánassa 378

Anatólia (cidade) 489

Anatólia 93, 128s., 489

Anaxágoras 45, 403

Anaxandra 536

Anaxárete 45, 352

Anaxíbia 19, 36, 103, 152, 170, 238, 447s., 461, 495s., 509, 513, 517

Anaxo 303

Anceu 409

Âncias 136

Ancion 362

Ancior 383

Ancuro 45

Ândocles 202

Andrêmon 171, 179, 199, 276, 378, 476, 609, 617

Andreu 150, 375, 382, 499

Ândroclo 46

Andrôdamas 265

Androgeu 46, 132, 170, 191, 235, 244, 363, 424s., 443, 579, 593

Andrógino 46-48, 269, 321, 352, 456

Andrômaca 34, 49, 68, 87, 105, 189, 198, 252, 279, 291s., 298, 397, 434s., 445, 487, 495, 501, 528, 618

Andrômaca 416, 435, 495

Andrômeda 20, 38, 49, 120, 123, 195, 203, 235, 264, 277, 299, 303, 359, 446, 506s., 556

Andropompo 407

Andros, Ilha de 259

Andrótea 522

Anfalces 635

Anfíanax 234

Anfião 51, 112, 152, 183, 324, 370s., 385, 391, 451

Anfiarau 18, 23s., 39, 50s., 74, 79, 100, 109, 111, 181, 205, 209, 243, 283, 335, 340, 352, 366, 387, 398, 407, 409, 454, 501, 520, 527, 539, 565, 569, 590, 599, 600s., 610

Anficles 52

Anfíctião 209, 357, 391, 406

Anfictiões 329

Anfiction 51, 143, 148, 293, 362, 554

Anfictionia 51, 64, 126

Anfídamas 106, 122, 235, 486, 576

Anfídamas de Opunte 139

Anfíloco 39, 45, 50s., 111, 205, 209, 398, 436, 519, 607

Anfínome 284, 378, 446

Anfímaco 434, 528, 575

Anfímedes 361, 521

Anfínomo 131

Anfíon 24, 51s., 59, 86, 177, 206, 341, 344, 353, 360, 495, 629s.

Anfípolis, Traria de 168, 261

Anfissa 393

Anfisso 179

Anfístenes 52

Anfítea 172, 330, 539

Anfiteia 387

Anfítemis 17, 109, 122

Anfítoe 446

Anfitrião 38, 52s., 112, 122s., 144, 149, 195, 208, 245s., 299, 303-305, 314, 339, 341, 349, 375, 384, 390, 404, 486, 497, 513, 549, 574, 600, 606

Anfitrite 53, 78, 126, 132, 178, 241, 446, 530s., 556, 593, 611

Anfótero 18, 39, 113

Aniceto 149, 404

Ânio 53, 555, 617

Anobret 349

Anquêmolo 556

Anquíale 131, 453

Anquíalo 291

Ânquimo 131

Anquínoe 478, 482, 505, 568

Anquíroe 482

Anquises 26s., 53s., 115, 150, 190, 197s., 249, 273, 354, 367, 434, 476, 480, 492, 511, 527, 530

Anquítioe 108, 158, 193

Antágoras 312

Antas 516

Antédon 184, 276

Anteia 20, 54, 101, 234, 357, 391, 437, 533, 611

Anteis 363

Ântemo, Rio 309

Antemoessa 563s.

Antenor 18, 54, 219, 275, 298, 339, 350, 372, 415, 480, 487s., 545, 579, 617

Antestérias 54-56, 462, 485, 552, 604

Antestérion 54s.

Anteu 57, 192, 272, 311, 357, 572

Antianira 207, 212

Antíbia 235

Anticleia 57, 97, 154, 370, 393, 448, 498, 502, 532, 569, 572, 591, 614s., 621

Antíclia 357

Ântifas 372

Antífates 181, 379, 405, 567, 619, 635

Antifátia 152, 238

Antifemo 370, 438

Ântifo 259, 287, 312, 427, 535, 597

Antígona 19, 57s., 149, 162, 186, 188, 236, 238, 243, 246, 250, 300, 360, 365, 375, 418, 494, 522, 526s., 565

Antígona 57s., 152, 163, 182, 188, 214, 300, 360

Antíloco 58, 70, 112, 412, 415s., 447s., 492, 500, 531, 610

Antímaco 161, 415, 617

Antínoe 59

Antínoo 59, 206, 244, 370, 622s.

Antíoco 59, 260, 390, 600

Antíope 51, 59, 86, 177, 183, 206, 265, 371s., 385, 408, 435, 448s., 528, 572, 593s., 629s.

Antíope, Amazona 43, 257, 308, 338, 594

Antíoque 246

Antioquia 44

Antipe 135, 205

Anto 18

Antuco 137

Anúbis 394

Apatúria, Atená 90

Apatúrias 59, 90, 289

Apeles 25, 152

Apemósina 25, 120, 441

Ápia 60

Ápis 60, 239, 476, 516, 585

Apisáon 245

Apolo 17-23, 25, 27, 29-31, 36-39, 41, 43, 46s., 50-53, 58, 60-64, 68-70, 72, 74, 79-82, 84s., 87s., 92, 98-100, 103-105, 108-111, 113s., 117-120, 125, 129-132, 134s., 137, 140-148, 150-152, 154-158, 160, 162-164, 172s., 175, 178-180, 183s., 187, 190s., 193, 195, 197, 199, 201, 203, 206, 209-211, 222, 227, 233, 237, 239, 241, 245s., 248s., 255, 257, 260-262, 264-266, 269s., 273-275, 280, 285s., 290-292, 297-299, 301, 303, 305, 307, 313s., 316, 319, 323, 326s., 333s., 339, 341-346, 351-355, 359s., 362s., 366, 371-375, 377-381, 385-387, 389s., 393-395, 397-400, 404, 406-411, 415s., 422-425, 428, 432, 436, 438, 442s., 446s., 450-452, 454, 456, 458, 461-463, 466-468, 475-478, 484, 487-490, 492, 497, 499, 502, 514-516, 521, 524, 530-532, 535, 541, 554-556, 560, 566s., 570-572, 574, 578, 582, 585-589, 591, 598s., 602s., 606, 608s., 611s., 614, 616-618, 629, 632, 634

Apolo Cárnio 64s., 118

Apolo Délfico 64

Apolo Delfínio 64, 308, 592

Apolo deus-lobo 158

Apolo dos Ratos 151

Apolo Esminteu 151, 599

Apolo Hiperbóreo 334

Apolo Ismênio 64

Apolo Jacinto 363

Apolo Lício 64, 119, 137, 158s., 385, 505, 585

Apolo, *Licógenes* 60, 380

Apolo Pítico 514, 573

Apolo Pítio 64, 283, 573

Apolo Ptoo 587

Apolo Ptóos 64

Apolo Teário 514

Apolo Timbreu 70, 119, 159, 297, 372, 489, 528, 612

Apolo, Febo 61, 77, 299, 516, 566

Apolo, Ilha de 64

Apolo, Oráculo de 62, 163, 189

Apolo, Oráculo Oriental de 105

Apolo, Templo de 62s., 515

Apolodoro 60, 74, 88, 130, 181s., 186, 232, 236, 265, 287, 305, 344, 364, 369, 441, 476, 479, 482

Apolodoro, Vida de 231

Apologia 168

Apolônia 195

Apolônio de Rodes 37, 73s., 77

Apríate 65, 610

Apsirto 65, 75s., 137, 189, 347, 400

Áptero 241

Apuleio, Lúcio 173, 324

Apúlia 201, 425

Áqueles 315, 456

Aqueloo 178, 293

Aqueloo, Deus-rio 112s., 236

Aqueloo, Rio 18, 39, 43, 62, 65, 120, 162, 170, 199, 234, 310, 314, 503, 563, 589

Aquêmenes 66

Aquemênides 66

Aqueronte, Rio 66, 84, 143, 217, 223, 310, 437, 512, 544

Aqueu 62, 150, 268, 358, 370, 375, 494, 590

Aquileida 71

Aquiles 19, 21, 30s., 34s., 43, 49, 58, 65-71, 88, 90, 92, 97, 99, 105, 110-113, 117, 124, 130, 139, 141, 144, 148, 151, 157, 159, 161, 171, 173, 177s., 180, 189, 194, 197, 203s., 215, 218s., 222, 233, 236, 240, 242, 245, 251s., 258s., 261s., 265, 279, 284s., 288s., 291s., 294s., 297s., 300, 302, 316-318, 325, 348, 351s., 360, 366, 372, 376, 381, 383, 386, 393, 402, 408, 410, 412-418, 421s., 427, 432-435, 444-447, 451, 455, 459-462, 475, 481, 486, 489, 491-495, 499, 509, 513, 518-520, 522, 526-528, 530, 532, 535, 540, 542, 549-553, 565, 569s., 574s., 579, 581, 583s., 587, 590, 598s., 610, 612, 614, 616-618

Aquínoe 102

Arábia 94, 120, 193, 311

Árabo 120

Aracne 71, 91, 255

Arafênides, Halas 82

Arcádia 17-19, 24, 29, 31, 41, 54, 59, 71, 73, 77, 79, 81, 88, 95s., 106, 116, 121s., 125, 131, 133, 135, 140, 142, 144, 146, 152, 157, 159, 164, 177, 180, 194, 198s., 205-207, 210, 234, 236s., 249, 257, 264, 266, 268, 275, 281, 300, 306s., 311, 313, 319, 323, 344, 349, 357

Arcádia (cidade) 383s., 387, 401, 409, 413, 419, 429, 433, 440, 443, 447, 449, 455, 478s., 482s., 489, 493, 496, 516, 531s., 559, 561, 582, 597, 612

Arcádia, Centauros da 331

Arcádia, Fonte de 236

Arcádia, Hamadriada da 571

Arcandro 495

Arcanjo do Julgamento 99

Arcas 29, 71, 114, 142, 152s., 194, 207, 344, 376, 384, 387, 396, 413, 449, 478, 489, 493, 554

Arcesilau 377, 406

Arcísio 122, 614

Arco-íris 359

Arcônidas 466

Arconte Rei 55, 429

Arcturo 71, 256

Arcturus, Boieiro 71

Árdalo 289

Árdeas 136

Ardesco 453

Ardor 102

Arene 181, 346, 604

Areópago 63, 72, 91, 122, 168, 210, 281, 462, 500, 604

Ares 23, 25-28, 31, 33s., 40-43, 72s., 76, 88-90, 101, 105, 108s., 112s., 123, 130, 149, 165, 171, 175, 179s., 182s., 185, 194, 197-200, 207, 212s., 221, 232, 236s., 249, 264s., 268, 270, 274, 281-283, 285, 288-291, 299, 308, 311, 313, 317, 324, 338, 342, 346, 355, 357, 362, 364, 371, 383-386, 399s., 404, 406-409, 476, 482, 486, 489, 491s., 496, 499, 524, 526, 541, 552, 570, 572, 575, 589, 597, 602, 606, 609, 612, 617, 632, 634

Ares, Colina de 92

Ares, Dragão de 183, 233, 371, 562

Arestor 74, 77

Areté 37, 76, 167, 256, 318, 401, 442, 621

Arete 401, 442

Areté-Ataná 318

Aretino de Mileto (poeta) 98, 412, 552

Arétira 265

Arétire 424

Areto 427, 448, 535

Aretusa 17, 41, 310, 327, 439

Árgalo 134

Argene, Ártemis 73

Argeno 73, 513

Arges 129, 272, 334, 578

Árgia 24, 57, 79, 527, 536, 565, 589, 594, 600

Argino 73

Árgio 126

Argio 337, 385

Argíope 260, 575, 582

Árgira 73

Argiva, Hera 21

Argo 436, 581

Argo (nau) 19, 73-77, 91, 104, 115, 137, 177, 189, 208s., 212, 240, 242, 276, 302, 331, 346

Argólida 20, 23s., 44s., 51, 77, 95, 128, 151, 158s., 193, 223, 245s., 265, 306, 308, 319, 325, 329, 334s., 338, 355, 366, 375, 390, 405, 462, 505, 531, 533, 540s., 585s., 591

Argonautas 19, 21s., 28, 37, 40, 44, 65, 73-77, 84, 96s., 103s., 107-109, 122s., 136-140, 142, 147, 167, 177, 189, 207-209, 212, 214, 234s., 238, 240, 242s., 245, 247, 255s., 264s., 268, 276, 284, 331, 340, 342, 346, 348, 350, 352, 357, 363s., 373-375, 382, 385s., 389, 395, 399-401, 409, 414, 435s., 441, 447, 455, 463, 482, 493, 495, 497, 523, 528, 574, 581, 598, 603, 609, 612

Argonautas 77

Argonáutica 77

Argonáuticas 37, 73, 76

Argos 17, 20-22, 25, 30, 35, 38s., 44, 50-52, 57, 64, 68, 77-79, 103, 115, 141, 145, 149-151, 157s., 161, 171, 176, 191, 209, 235, 238, 240, 245s., 266, 273, 276, 281, 291, 296, 303-306, 308, 331, 355-357

Argos (Argólida) 51, 78s.

Argos (Argonauta) 60, 74, 77

Argos (cão de Ulisses) 77, 622

Argos (cidade) 375-377, 385-391, 403, 405, 409-411, 480, 494, 503, 505, 507, 514, 520, 531, 533s., 565, 574, 586s., 594, 608, 612

Argos (De Cem-Olhos) 207, 302, 324, 330, 356, 461s.

Argos (Etólia) 51

Argos (Filho de Calcíope) 77, 111, 138

Argos (Filho de Níobe) 77

Argos (Pai de Forbas) 266

Argos (Pai de Íaso) 344, 360

Argos (personagem) 369, 451, 494, 503, 505, 516, 565, 594, 622

Argos (Trisneto de Níobe) 77

Ária, Ilha de 77

Ariadne 43, 78, 125, 152, 160, 167, 176, 191, 201, 233s., 257, 259, 276, 336, 340, 345, 381, 424, 426, 574, 579, 593s., 596, 609

Arícia 338, 595

Áries 99

Arieu 450

Arímnion 266

Ario 103, 501, 503

Aríon 24, 78, 164, 327, 531, 579, 581, 610

Arisbas 331

Arisbe 214, 354, 487, 535, 599, 629

Aristeu 21, 62, 79, 100, 137, 243, 394, 499, 540

Aristipo 240, 318

Aristodema 535

Aristodemo 79, 150, 206, 404, 536

Aristófanes 46, 56, 129, 143, 145s., 169, 196, 216s., 223, 226, 316, 318, 321, 342, 359

649

Aristófanes (comediógrafo) 371, 443, 473, 503, 518, 532, 542, 569, 591

Aristômaco 79, 150, 200, 319, 339, 585

Aristômenes 398

Aristóteles 45, 55, 82, 100, 132, 136, 178, 215, 230, 293, 328, 336

Arizelo 284

Arne 181, 202, 365

Ároe 193

Arque 443

Arquébates 383

Arquédio 580

Arquelau 79

Arquéloco 579

Arquêmoro 79, 243, 490, 527, 535, 539, 600

Arqueptólemo 599

Árquias 411

Arquiíloco de Paros 532

Arquíloco 51

Arquíteles 242, 314, 495

Arréforas 91

Árripe 609

Árron 140

Arsínoe 39, 114, 257, 381

Arsínoo 285, 447

Arsipe 423s.

Artaxerxes 557

Artemidoro de Éfeso (oniromante) 459

Artêmique 140

Ártemis - Lua 82

Ártemis 19-23, 26-28, 30, 33, 35, 41-43, 52, 60, 65, 68, 72, 76, 79-84, 87s., 95s., 105s., 111s., 114, 116s., 125, 140-144, 146, 148, 152, 156, 160, 165, 183, 189, 195, 199, 203, 210, 213, 238, 245, 255, 257, 265, 267, 270, 274, 285s., 290, 297, 301, 306s., 325, 330, 333s., 338s., 351, 360, 371, 373, 377, 379, 391, 401s., 408s., 410, 414, 417, 439, 447, 451, 458, 461s., 470, 475, 484, 486, 504, 508s., 511s., 516, 524s., 556, 559, 561, 566, 571, 574s., 594s., 600, 608, 616, 634

Ártemis Argene 73

Ártemis Caríatis 116, 172

Ártemis Cnagia 142

Ártemis Colênis 143

Ártemis da Rede 105

Ártemis de Éfeso 64

Ártemis de Gortina 105

Ártemis Dictina 81, 105

Ártemis Estrangulada 144

Ártemis Euclia 414

Ártemis Muníquia 81

Ártemis Órtia 52, 81, 595

Ártemis Potâmia 81

Ártemis, Hino A 81, 306

Ártemis-Diana 81

Artemísion, Monte 307

Artíbia 235

Árvore da Ciência 311

Árvore da Vida 226, 311

As Aves 143, 217

As Bacantes 56, 369, 499, 562

As Danaides 158

As Fenícias 413

As Geórgicas 243

As Mênades 463

As Nuvens 443

As Rãs 56, 146, 196, 216s., 223, 226, 342, 473, 532, 542, 544, 569, 591

As Suplicantes 158, 193, 335, 449

As Vespas 145, 321, 371

Ásbeto 233

Ascáfalo 310

Ascálabo 84

Ascálafo 66, 84

Áscalon 562

Ascânio 150, 198s., 535

Asclepíades 85

Asclépio 46s., 62, 72, 84-86, 108, 115, 129, 147, 157, 205, 262, 265, 270, 276, 281, 313, 331, 334, 338, 343s., 360, 372, 381, 398, 448, 454, 458, 483, 492, 518, 553, 595, 604, 611, 614

Asclépio, Santuário de 85

Ascra 212, 219, 222, 286

Asfódico 490

Ásia (filha de Oceano) 363, 453

Ásia 26, 81, 86, 205, 227, 233, 276, 311, 344, 347, 351, 356

Ásia Menor 30, 64, 67, 89, 103, 105, 108s., 111, 128, 133, 152, 173, 214, 233s., 247, 351

Asiática, Grécia 164

Ásina 233

Ásine 369

Ásio 479

Asopo 86, 137, 293

Asopo, Deus-rio 144, 192, 200, 244, 285, 360

Asopo, Rio 127, 131, 293, 363, 370, 439, 490, 511, 519, 556, 558, 570s., 579

Áspalis 86

Assáon 86, 451

Assáraco 113, 115, 354, 530, 569, 613

Assíria 555, 600

Ástaco 407

Astarté 25, 48, 330, 396

Astéria 60, 86s., 125, 152, 252, 265, 347, 486, 504, 599

Astério 74, 424, 444, 580

Astérion 87, 138, 247, 301, 355, 375, 424, 534, 554, 560

Astérion, rio 540

Asterodia 152

Astérope 129, 516

Asteropeu 510

Asteropia 87

Astiafaleia 139

Astiagia 502

Astíanax 49, 87, 214, 291, 378, 434, 445, 539, 618

Asticrácia 451

Astidamia 19, 52, 236, 303, 313, 337, 378, 390, 437, 494, 497

Astigites 86

Astígono 535

Astimedusa 87, 183, 371

Astínome 113, 151

Astínoo 445

Astíoco 202

Astíoque 245, 260, 342, 350, 451, 540, 566, 569, 583, 597, 608, 613

Astipaleia 135, 245, 366

Astrábaco 52

Astreia 379, 490, 586

Astreia, Virgem 87

Astreu 104, 202, 247, 301, 482, 490, 504

Astros 202

Atalanta 80

Atalante 42, 88, 125, 140, 234, 331, 339, 344, 404, 409, 413, 490, 495s., 555, 574

Átalo 501

Atamância 89

Átamas 77, 88s., 138, 167, 174, 201, 234, 249, 267, 278, 281, 293, 301, 324, 376, 382s., 394, 401, 410, 443, 482, 533, 586

Átamas Coroado 89

Atas 535

Ate 89s., 354, 397, 479

Ate da Frígia, Colina 354

Atená 33-37, 51, 60, 63, 67, 69-74, 76, 80, 84, 90-93, 95, 101, 106, 109, 111, 113, 117, 119, 121-123, 130, 139, 147, 158s., 161, 165, 168, 174s., 182, 190s., 201, 204, 208, 211, 239, 241, 255, 278, 280s., 283, 287-289, 292, 296s., 302, 304s., 307, 310s., 313, 316-318, 324, 326, 342, 345, 348, 357, 360, 362, 373, 380, 399, 404, 407, 415, 422, 427, 429s., 442, 451, 462, 469, 531, 559, 562, 570, 579, 591, 600, 602s., 605, 608, 612, 617s., 621s., 623, 626, 629, 632s.

Atená Apatúria 90

Atená de Lindo 159

Atená Higiia 90s.

Atená Itônia 265, 357, 362

Atená Minoica 77

Atená Nike 90

Atená Nique 91

Atená Obreira 91

Atená Poliás 90-92, 104, 289

Atená Prómakhos 92

Atená Soberana 90

Atená Trombeta 291

Atená, Cidade de 64

Atená, Melas 475

Atená, Palas 20, 33, 35, 39, 51, 54, 90, 92, 121, 136, 145, 168, 176, 194, 196, 198, 208, 245, 274, 283, 319, 354, 377, 402, 425, 442, 444, 479, 481, 484, 501, 535, 537, 555, 570, 584, 593, 596, 617s., 621, 623

Atenas 17s., 20, 24, 28s., 33s., 39s., 43, 46, 51, 54-56, 60, 64, 72, 78, 80s., 90-93, 104, 106, 110s., 121s., 125s., 136s., 143-145, 147-150, 155, 167s., 173-176, 183, 188-191, 196, 207-210, 212, 239-241, 245s., 257, 261, 263s., 281, 301, 316, 319-321, 325s., 329, 333, 338, 344s., 355, 358, 363, 369, 378, 385, 394, 400, 402, 407, 409, 425s., 429s., 435, 437, 442, 444, 446, 451, 461, 468, 475, 477, 480s., 484, 487, 500, 514s., 520, 527, 531s., 535s., 565, 568s., 573, 578, 591-597, 607, 635

Atenas, Cerâmico de 91

Atenas, Constituição de 55

Atenas, Fericides de 226

Atenas, Hefestias de 289

Ateneu 56, 186, 199

Ates 32

Ática 18, 33s., 42s., 46, 51, 57, 81s., 84, 91s., 121, 126, 132, 136, 143, 148, 153-155, 175s., 189, 191, 206-208, 240, 245s., 252, 264, 266, 282, 285, 289, 294s., 308, 319, 329, 332, 351, 358, 363, 369, 386, 435, 452, 502, 531, 558

Ática, Salamina de 134

Átis 32, 48, 92s., 129, 148, 208, 388, 397, 439, 558s., 607

Atlântida 93s., 256

Atlas 86, 93-95, 113, 123, 140, 146, 159, 172, 194, 205, 220, 236, 245, 283, 310s., 327s., 344, 363, 383, 396, 413, 517, 538, 553, 574, 576, 580

Atlas, Monte 327

Átamas 382

Atreu 25s., 30s., 36, 95, 141, 152, 170, 192s., 337, 414, 416, 441, 496s., 514, 576s., 601, 604

Atridas 95

Átroclo 171

Átropos 218, 586

Auge 95s., 147, 441, 582

Augias 21, 74, 95s., 106, 112, 170, 260, 266, 307, 349

Augias (cidade) 366, 434, 525, 528, 539, 612

Augias da Élida 29

Augias, Estábulos de 307, 312, 378

Augusto 27, 65, 197s.

Áulis 30, 35, 68, 73, 81, 110, 134, 141, 171, 297, 351

Áulis (cidade) 455, 461, 475, 575, 616

Aulis, Ifigênia em 71, 81, 349, 351

Aulo Gélio 318

Aulo Postúmio Albo 177

Aura 96, 342

Aurélio Clemente Prudêncio 324

Aurora 58, 96, 104, 122, 142, 146, 231, 247, 254, 267, 293, 299-301, 311, 316, 334, 413, 498, 552, 600, 623

Áuson 96, 113, 202, 380, 390

Ausônia 87, 96, 113, 128, 154, 210, 361, 380

Autésion 79, 509, 607

Autófono 525

Autóleon 97

Autólico 97, 160, 214, 237, 246, 260, 265, 314, 363, 370, 398, 525, 553, 570, 572, 614s.

Autólio 57

Autólite 202

Automedonte 97, 200

Automedusa 303-305, 349, 357

Autônoe 21, 32, 79, 174, 446

Autônoo 18, 234, 259

Auxésia 97

Auxo 341

Avalon, Ilha de 102

Aventino 249

Aventuras de Telêmaco 584

Averno 218, 222

Aves do Lago de Estínfalo 230, 307

Áxeno, Riacho 112

Axiero 108

Axio, rio 510

Áxion 257, 535

Axíoque 95, 152

Axioquersa 108

Axioquerso 108

Axirto 65

Axo 268

Axurtas 241

Azan 71, 207

Azane 125, 142, 311

Azeu 140

Azuis, Rochedos 75

Baal 48, 102

Babilônia 83, 140, 267, 330, 558, 562s.

Bábis 98, 400

Bacantes 32, 56, 89, 175, 183, 342, 369, 387, 413, 424, 515, 533, 603

Bacantes 56, 175, 413, 499, 515, 606

Bácia 344, 603

Baco 98, 124, 131, 173, 175, 196, 210, 227, 234, 266, 311, 340, 342, 387, 393, 398, 430, 490, 499, 532, 535, 558, 560, 603s., 612, 618, 629

Bactras 563

Bactriana 412, 450, 562

Baias 98

Baio 98

Baixo Egito 114

Balança 98s.

Bálano 477

Balbo, Caio Valério F. Setino 77

Baleia, Constelação da 128

Bálio 67, 99, 284, 495, 519, 531, 598

Banquete 25, 46-48, 85, 168, 213, 246, 305, 321s., 333, 499, 529

Báquis 135

Basileia 626

Basília 99

Basílinna 55s.

Básilis 135

Basos 32, 109

Batalha de Salamina 81

Bátalo 100

Batia 337

Batiia 94, 159, 354, 427, 599, 629

Bato 100, 240, 268

Báton 100

Baubo 100, 240, 342s., 611

Báucis 100

Bébrix 511

Bel 102

Bel, deus 450

Bélero 101

Belerofonte 43, 101s., 132, 161, 234s., 239, 275, 338, 356s., 381, 437, 493, 496, 510, 525, 531, 533, 553, 572, 607

Beleza 25, 288

Belo 32, 50, 102, 109, 133, 158, 193, 371, 383, 449s., 505s., 580, 599

Bélona 200

Bem-Aventurados, Ilha dos 38, 58, 69s., 97, 102, 222, 225, 228s., 240, 296, 306s., 327, 351, 385, 403, 414, 417, 464, 472, 492, 499, 547s., 565, 633

Bentesícima 241

Beócia (cidade) 370, 376, 398, 404, 490, 502, 517, 522, 554, 579, 589

Beócia 29s., 36, 50s., 57, 61, 64, 67, 73, 76s., 89, 106, 109, 122, 135, 137, 143, 147, 149, 174s., 183, 202, 207, 220, 234, 238, 242, 252, 264s., 267, 276, 282, 284, 319, 331, 336, 342, 351, 357, 360

Beoto 202, 362, 406, 571

Beroso 558, 575

Betis, Rio 309

Bia 102, 236, 629

Biana 102

Bias 23s., 45, 103, 377, 405, 503, 509, 533, 535, 574

Bibasto 555

Bíblia 71, 215

Biblioteca 186, 232

Biblioteca Histórica 94, 401, 562, 580, 585, 626

Bíblis 103, 121, 349, 400, 423

Biblos 103, 134, 204, 396, 616

Bícias 349

Bíon 23, 27

Bisaltes 588

Bísio 60

Bissa 33

Bitínia 44, 74, 104, 177, 351, 399, 426, 573, 581

Bizâncio 103, 127, 300

Bizas 103, 127, 300

Boa Deusa 93

Boa Mãe 129

Boatos Falsos 255

Bodas de Tétis e Peleu 598

Boieiro 259

Boieiro Arcturus 71

Bois de Gerião 269, 273

Bolbe 455

Bona Déa 93

Bona Mater 129

Boréadas 103, 139, 285

Boréadas Calais 496

Bóreas 62, 103s., 106, 121, 134, 202s., 208, 214, 217, 264, 284, 300, 333, 363, 380, 452, 475, 516, 553

Bóreas, Montanha de 121

Bormo 104

Borós 494, 522

Bósforo 74, 204, 356, 449, 487, 573

Boston 543

Bótia 425

Botres 104, 241

Branca, Ilha 70, 97, 102, 295, 297, 351, 381, 492

Brancos 101, 104, 126, 233

Brangas 105, 237, 455, 555

Brânquidas 101, 105

Brauron 82, 351

Brauron, Santuário de 81

Brésia 134

Briaréu 190, 239, 272, 274, 286, 529-531, 567, 578

Brimos 431

Brisa 443

Briseida 30, 68s., 105, 151, 218, 492, 575

Briseu 105, 152

Brite 105

Britomártis 105s., 117, 170

Britomártis-Dictina 121

Brontes 129, 272, 578

Bronze, idade de 543

Bróteas 576s.

Brútio 361, 609

Brútoto 198

Bucólion 55, 383

Búcolo 106, 242

Búdion 204

Búfago 106, 539

Búlis 192

Bumolco 423

Búnico 297

Buno 106, 206

Bura 299

Busca do Cão Cérbero 310

Busíris 106, 267, 311, 327, 350, 541

Butes 76, 106s., 147, 155, 207, 212, 338, 484

Butroto 298

Búzige 208, 533

Búziges 106, 480

Caanto 108

Cabírides 108

Cabiro 108

Cabiros 180s., 110, 159, 361

Cabiros, Mistérios dos 74, 118

Cabo Cafareu 441, 481, 541

Cabo Lacínio 369

Cabo Mália 125, 266, 312, 392

Cabo Satírion 560

Cabo Tênaro 310

Caco 309

Cacus 249

Cadis 273

Cadmeus 182, 186, 231, 526

Cadmilo 108

Cadmo 23, 26, 31s., 72, 75, 79, 88, 109s., 133, 182s., 186, 194, 205, 207, 232s., 258, 267, 282s., 301, 328, 349, 353, 369-371, 383, 385, 400, 407, 412, 455, 485, 499s., 522, 562, 571, 578, 582, 589

Cafauro 109

Cáfene 110

Cafetro 110

Cáfias 116, 144

Cáfira 110

Caíco 453

Caíco, rio 426, 600

Caio Valério Catulo (poeta) 495, 598

Caio Valério F. Setino Balbo 77

Caíque 94

Caíra 110

Caístro 499, 562

Caístro, rio 499

Calábria 309, 361, 365

Calais 74, 104, 139, 264, 284, 300

Cálais, Boréadas 496

Cálamo 110

Calauria 271, 356

Calca 111

Calcas 30, 51, 62, 68s., 111, 141, 263, 297, 345, 348, 351, 378, 381, 386, 398, 415, 436, 519, 527, 530, 570, 588, 598, 616

Calcas de Síris 111

Calcídica 260, 514, 540

Calcínia 381

Calcíope 76, 89, 111s., 138, 189, 191, 267, 408, 597

Calciopeia 312

Cálcis 86, 144, 155

Cálcis (cidade) 17, 112, 119, 144, 190, 335, 365, 486

Cálcis, Lícofron de 119, 566

Calcódon 17, 112, 168, 195, 358

Calcomedusa 370

Cálcon 17, 112

Calcos 112

Caleno 194

Cálice 130, 197, 202

Calícrates 92

Calídice 112, 527, 624

Calídno 112

Cálidon 19, 21-23, 36, 39, 42, 65, 80, 84, 88, 112, 122, 124, 130, 162, 171, 177, 179, 199, 234, 239, 242, 246, 260s., 276, 313s., 332, 346, 373, 386, 389, 407s., 446s., 476, 484, 495, 517, 527, 530, 541, 565, 581, 590, 597, 600s., 604, 608, 610

Cálidon, Javali de 349, 512, 590

Cálidon, Montanha de 112

Calíleon 95, 601

Calímaco 64, 204, 240, 250, 306, 397, 516

Calímaco de Cirene 81, 282, 285, 592

Calíope 62, 112, 180, 332, 342, 389, 438, 463, 466, 526, 555

Calípolis 36, 113, 525

Calipso 96, 113, 244, 324, 442, 446, 453s., 564, 582, 621

Calipso, gruta de 113

Calírroe 18, 39, 113s., 151, 207s., 273, 354, 386, 388, 397, 400, 613

Calírroe, Fonte 65

Calisto 71, 80s., 114, 302, 384, 478, 493

Calítea 388, 607

Calos 501

Calquias 289

Calquínia 500

Calva, Vênus 47

Cambes 114

Cambles 114, 344

Camblites 343

Camicos 142

Camila 198, 284

Camilo 341

Camineia 164

Camiro 126, 266, 298

Camiro (cidade) 608

Campânia 98, 115, 181, 289, 490, 567

Campe 114

Campos de Flegra 129

Campos Elísios 54, 109, 207, 211, 224, 381, 417, 464, 471, 578

Canaã 330

Cânace 114s., 201, 206, 393, 611

Cândalo 298s., 460

Caneto 17, 136, 383, 592

Canobo 114, 296

Canopo 114s., 296

Cântaros 485

Cântico dos Cânticos 307, 312

Canto 109

Cantos Cíprios 26, 30, 293, 528

Cão Argos 622

Cão Cérbero 101, 118, 123, 126, 162, 206, 217s., 223, 280, 306, 310, 314, 316, 404, 476, 596

Cão de Gerião 207

Cão, Grande 134

Cáon 115

Caônia 115, 135, 177, 205, 298

Caos 47, 91, 115, 207, 213, 272, 452, 469, 578, 603, 633, 635

Capaneu 24, 85, 115, 205, 235, 248, 352, 565, 594

Cápis 53, 115, 190, 197, 354, 372, 530, 569

Capitólio 341

Capri 181

Capri, Ilha de 181

Cápua 116

Car 267

Caracteres 320

Caraxo 556

Cárbano 108

Cárcabo 116

Cárcino 116

Cardis 140

Cária 27, 47, 101, 103, 105s., 109s., 116, 157, 172, 197, 212, 269, 298, 320, 331, 345, 349, 369, 386, 423, 425, 477, 519, 553, 561, 571, 589, 611

Cária, Quersoneso da 411, 519

Cárias 116

Cariátides 81, 116, 145

Caríatis, Ártemis 116, 172

Caribdes 76, 116, 132, 198, 272, 302, 620

Caribeia 373

Cáriclo 6, 117, 131, 454, 605

Cáridas 250

Cárido 136

Cárila 117

Cáris 289

Caristo 313, 555

Caristo, Epípole de 481

Cárites 46, 109, 117, 244, 283, 333, 341, 379, 574, 634

Carmanor 117, 153, 281

Carme 105, 117

Carmenta 249

Cárnabon 118, 611

Carnio 118

Carnio, Apolo 64s., 118

Carno 118

Caroneu 118

Caronte 118,1 25, 143, 217, 223, 463

Cáropo 180, 451

Cárops 118

Cárpato, Ilha de 259

Carpo 110, 341

Carro do Sol 254

Cartagena (cidade) 599

Cartago (cidade) 102, 198, 508

Cárteron 383

Casino 321

Cásio 632

Cásio, monte 632

Casos 44, 355

Casos, Ilha de 259

Cáspio 609

Cassâmeno 351, 483

Cassâmenos 41

Cassandra 31, 34, 62, 118s., 142, 145, 180, 287, 297s., 357, 416, 480, 488, 497, 535, 582

Cassífone 119, 584

Cassíope 120

Cassiopeia 49s., 117, 123, 129, 133, 240, 359, 506

Cassótis 515

Cástabo 490

Castália 62, 120

Castália, Fonte 65, 514s.

Castálio 120, 603

Castor 17, 19, 30, 74, 108, 120, 141, 160, 176s., 206, 240, 244, 257, 266, 284, 293s., 304, 346s., 351, 364, 377, 381, 409, 414, 434, 488, 494, 496s., 502, 512, 529, 587s., 595, 604

Catálogo das Naus 29

Catânia 451

Catégono 541

Catos 290

Catre (cidade) 580

Catreu 120, 170, 180, 294, 414s., 424, 488

Catulo 71

Catulo, Caio Valério (poeta) 495, 598

Cáucaso 43, 121, 189, 311

Cáucon 121, 378, 383

Caucônes 121

Caulon 121, 139

Caulônia 121, 139

Cauno 103, 121, 331, 349, 390, 400, 423

Cavaleiros 169

Cavalo de Troia 348

Cavalo, Crono- 553

Cébren 201

Cébrion 535

Cecrópia 121

Cécrops 32, 72, 91, 121, 144, 148, 155, 160, 208, 212, 238, 326, 400, 475, 486, 509, 531, 537

Cécrops II 485

Cedálion 121, 475

Cédaso 336

Cefalênia 122, 521

Cefalênia, Ilha de 98, 266, 370, 390, 539, 616

Cefálion 122

Céfalo 122, 140, 144, 146, 254, 299, 326, 370, 390, 443, 479, 537

Cefeu 25, 49s., 59, 74, 102, 120, 122, 236, 264, 313, 336, 344, 359, 409, 506

Cefira 530

Cefiso 355

Cefiso, Rio 73, 165, 407, 430, 440, 532, 592, 603

Cefro 377, 580

Ceias 69, 87, 292, 374, 612

Ceifeiro Maldito 315

Cêix 37-39, 123, 160, 162, 246, 314, 319, 332

Célbidas 123

Celene 95

Celeno 103, 123, 164, 159, 245, 284, 328, 385, 387, 407, 448, 516, 538

Céleo 100, 123, 153, 165-167, 343, 504, 526, 533, 611

Celeste 25

Celeste, Zeus 87

Celeutor 123s., 386

Célis 352, 483

Célmis 124

Celtina 124

Celto 124, 269, 524

Cem-Olhos, Argos de 356

Cencreia 23, 27

Cêncris 507

Ceneu 74, 124, 375, 378, 523

Cénis 124

Centauras 125

Centauro 194, 237, 246, 258, 312, 314, 316, 362, 364, 493s., 495, 538, 545, 553s., 556

Centauro Cílaro 532

Centauro Nesso 125, 162, 314, 316, 358, 384

Centauro Quirão 19, 21, 67s., 79, 84, 117, 124s., 137, 153, 157, 194, 214, 258, 261s., 312, 333, 360, 363s., 406, 410, 454, 480, 494s., 538, 553, 598, 615

Centauros 19, 88, 124s., 132, 148, 219, 242, 255, 266, 302, 311, 338, 362, 375, 443, 446s., 494, 509, 512, 545, 553, 555s.

Centauros da Arcádia 331

Ceos 255s., 272, 379, 607

Ceos, Ilha de 19, 79, 135

Ceos, Simonides de 253

Cerâmbix 125

Cerambo 125, 589

Cerâmico 17, 125, 289, 378

Cerâmico de Atenas 91

Céramo 128

Cérano 17, 128, 142, 276, 348

Cérbero, Cão 101, 118, 123, 126, 162, 207, 217s., 223, 280, 306, 310, 314, 317

Cércafo 126, 298s., 342, 460, 556

Cércion 29, 41, 51, 126, 531, 554, 592

Cercira 126

Cercísera 386

Cercopes 127, 315, 405

Cerdo 267, 451

Cerdsera 359

Cerébia 127

Ceressa 103, 127

Cereu 127

Cerices 127

Cerines 161

Cerínia 306

Cérix 127

Cerne 94, 426

Certe 357

César 27, 198

Césares 625

Cestrino 298

Cetes 127

Ceto 77, 127, 207, 266, 272, 277, 327, 370, 446, 529, 578

Cetreu 452

Céu 48, 87, 174, 272, 359

Ceuta 113, 309

Cízico 573

Chefes, Sete 204, 339s., 352, 373, 387, 400, 534, 594, 600

China 99

Chipre 18, 23, 25-27, 31, 45, 47, 88, 106, 261, 267, 311, 313, 352

Chipre, Ilha de 134s., 168, 170, 179, 186, 295, 373, 389, 411, 426s., 479s., 539, 575, 599, 616

Chipre, Salamina de 134

Cíane 128, 202, 390, 423

Ciânea 121

Ciâneas, Rochas 75, 302

Cianeia 103, 400

Cianipo 45, 128

Cias 242

Cíaso 261

Cíato 242

Cibele 32, 47, 74, 88, 92s., 99, 128s., 145s., 150, 155, 159, 175, 194, 248, 271, 273, 276, 330, 339, 399, 448, 455, 555, 558, 567, 626

Cibele, Lua 330

Cíbie 391

Cícero 40, 443

Cícero, Marco Túlio 143

Cícladas 34, 241

Cíclicas, Epopeias 287

Cíclicas, Poemas 53

Ciclope 398, 505, 523s., 567, 578, 608, 618, 621, 626, 630s.

Ciclope 57, 129, 269, 568

Ciclope Polifemo 42, 66, 256, 398, 442, 523s., 531, 561, 567, 610, 618s., 621

Ciclopes 20, 22, 42, 62, 66, 85, 114, 118, 129s., 153, 190, 218, 236, 256, 269, 272, 280, 289, 334

Ciclopes, ilha dos 523

Cicno 68, 72, 123, 130, 261, 300, 310, 357, 435, 437, 496, 511, 587

Cícon 131

Cícones 131

Cicreu 117, 131, 581

Cidade de Atená 64

Cidade dos Salgueiros 99

Cidades 79, 170

Cidades, Ilhas 20, 48

Cidipe 19, 126, 298, 460

Cidno 131, 138

Cídon 17, 131, 241

Cidônia 131, 140, 580

Ciência, Árvore da 311

Cila 46, 76, 116s., 131-133, 137, 198, 266, 276, 302, 452, 603, 620

Cilabras 132

Cilaceu 132

Cilarabes 45

Cílaro 132

Cílaro, Centauro 332

Cilas 133, 230

Cilene 133, 146, 194, 201, 323s., 383, 493

Cilene, Monte 95, 133, 165, 396

Cilícia 33, 51, 109, 133, 163, 207, 282, 436, 579, 602, 632

Cílix 32, 133, 182, 282, 571, 578

Cilíxe 109

Cime 152, 514

Cimérios 133, 216, 335

Cimíndis 336

Cimolo 568

Címon 245, 596

Cimopoleia 190

Címoton 180

Cincreu 136

Cineto 383

Cínips, Rio 279

Cíniras 23, 27, 134, 233, 411, 426, 478, 481, 575, 599, 616

Cinortas 134, 181, 502, 603

Cinosargo, Héracles 172

Cinosura 134

Cinosuro 337

Cinturão de Hipólita 308, 338, 559

Cio (cidade) 523

Cione 239

Cios 74, 331

Ciparissa 134

Ciparissas 135

Ciparisso 62, 112, 135, 424

Cipreste 134

Ciprestes 135

Cíprios, Cantos 26, 30, 293

Cipris 135

Cipro 599

Cípselo 135, 150, 205, 369

Ciquiro 135, 205

Cirão 135-137, 180, 366, 592

Cirão de Mégara 137

Circe 76s., 96, 112s., 116, 120, 131, 136s., 154, 189, 196, 216, 219, 243, 276, 286, 299, 324, 361, 364, 400, 424, 433, 442, 465, 491, 499, 503s., 507, 527, 537, 564, 583s., 606, 619-621

Circe, Ilha de 198, 282, 433

Cirenaica 240, 541

Cirenaica, costa da 392

Cirene (cidade da Libia) 79, 100, 118, 137, 240, 245, 267s., 339

Cirene (filha do rei dos lápitas) 79

Cirene (mãe de ídmon e de Euristeu) 347, 355

Cirene (ninfa) 21, 61, 137, 245, 369

Cirene 382, 499, 584

Cirene, Calímaco de (poeta) 592

Cirene, Calúnaco de 81

Cirfis, Monte 38

Círio 191

Cirno 328

Ciro 137, 444

Ciron 137

Cirônicas, Rochas 136, 592

Cirônicos, Rochedos 136, 319

Ciropedia 81, 584

Ciros 352, 386, 415, 444, 596

Ciros, Ilha de 67s., 97, 110, 168, 171, 360, 444, 481, 492, 513, 596, 598, 616s.

Cirra 461

Cisne, Zeus- 30, 140

Cispelo 135

Cissa 507

Cisseu 135, 274, 287, 350, 579, 582

Citas 138

Citéion Monte 80

Citera 26, 198, 239

Citera, Filóxeno de 269, 524

Citera, ilha de 386, 392, 619

Citerão 21, 32, 52, 137s., 304

Citerão, Monte 53, 126, 174, 184, 188s., 208, 385, 404, 410, 499, 597, 605

Citereia 25, 259

Citéron 607

Cites 138

Cítia 43, 103, 138, 266, 279, 356, 389

Citissor 111

Citissoro 89, 138

Cito 332

Ciunte 81

Cízico 18, 74, 138, 140, 237

Claros 64, 326, 398, 436, 476, 567

Claros, Oráculo de 37, 62, 64, 476

Cleão 338, 371

Cleitor 383

Cleobeia 57, 260, 267, 407

Cleobleia 301

Cleobula 258

Cléoco 423

Cleodeu 319, 585

Cleodora 489

Cleodoxa 451

Cleola 170, 517

Cleomantis 143

Cleomedes 138, 366

Cleomene 147

Cleômenes 466

Cleompompo 489

Cleonas 536

Cleópatra 104, 113, 139, 264, 346s., 354, 399, 408s., 491, 501, 517, 613

Cleóstrato 139

Cleotera 139s.

Cleótera 484

Clepsidra 361

Cleso 377

Cléson 377, 482, 509

Clesônimo 139

Cleta 233

Clete 139s.

Clíaro 271

Clícia 258, 376

Clício 246, 288, 343, 352

Clímene 18, 25, 88, 94, 120, 139, 169, 180, 205, 220, 254, 298s., 344, 363, 413, 424, 427, 441, 446, 453, 490, 538, 579, 587

Clímeno 140, 199, 208, 234, 284, 404, 447, 502, 533

Clínis 140, 385

Clio 180, 333, 363, 438, 508, 555

Clisitera 140, 348, 382

Clisônimo 491

Clístenes 407

Clite 74, 121, 138, 140

Clitemnestra 30s., 68, 73, 119, 140-142, 152, 167, 176, 180, 193, 195, 206, 210s., 249, 251, 266, 293s., 296, 350s., 374, 376s., 404, 414, 460-462, 465, 480, 485, 487, 497, 500, 502, 509, 577, 583, 604, 616, 618

Clítia 142, 383, 576

Clito 93, 126, 142, 482s., 525, 541, 599

Clitônimo 491

Clitor 142

Clônia 340, 448

Clônia, amazona 519

Clônio 535

Clóris 410, 435, 447, 451, 501, 503, 507

Cloto 218, 433

Cnageu 142

Cnagia, Ártemis 142

Cnido 212, 266, 342, 569, 611

Cnido, Afrodite de 457

Cnóssia 414

Cnossos 144, 160, 165, 345, 348

Cnossos (palácio) 491, 578, 593

Cócalo 142, 160s., 425

Cócalo, ilha de 425

Cocheiro, constelação do 613

Cocimo 516

Cocito 66, 217, 223

Cocito, Rio 143, 512

Cocles 129

Codro 40, 46, 110, 143, 407, 444, 539

Coéforas 192, 210s., 217, 273, 459, 465

Coero 153

Coerônidas 153

Colênis, Ártemis 143

Coleno 143

Colimba 507

Colina Ate da Frígia 354

Colina de Ares 92

Colina do Erro 90

Colito 172

Cólofon 24, 62, 71, 111, 527, 539

Cólofon (cidade) 436, 519, 539, 554

Colonas 130, 587

Colono 57, 78, 106, 149, 242, 527, 565

Colontas 155

Cólquida 19, 21, 28, 37, 73, 75-77, 89, 106, 111, 136, 138, 189, 191, 206s., 214, 256, 264, 281, 293, 299, 347, 364, 382, 386, 400-402, 409, 491, 496, 503s., 533, 574, 588, 591s., 609

Colunas de Héracles 93, 309

Comatas 143s.

Combe 144, 155

Cometes 144, 192, 235, 607

Cometo 38, 52, 131, 144, 245, 303, 549

Concórdia 341

Condilca 145

Condiléatis 144

Cônidas 591

Cônon 50, 111

Constelação da Baleia 128

Constelação da Virgem 87, 490

Constelação do Cocheiro 613

Constelação do Dragão 134

Constelação do Sagitário 334

Constituição de Atenas 55

Construtores 129

Continental, Grécia 81, 164, 319, 334

Cóon 350

Copaide, Lago 64, 73

Copreu 144, 246, 305, 353

Corão 71

Córax 206, 371

Corça de Gerínia 306

Corcira 86

Corcira, Ilha de 70, 76, 127, 256, 369, 395, 411

Córdias 557

Core 66, 84, 91, 100, 108, 118, 123, 128, 135, 145, 151, 155, 164s., 168, 194, 240, 264, 280, 319, 341, 429s., 497, 504, 554, 563, 596, 634

Corebo 145, 367

Coreso 114

Coreso (cidade) 394, 445

Córeton 383

Corfu 37, 76, 127, 256, 361, 395, 401, 442, 498, 521, 626

Coribantes 61, 108, 129, 145s., 155, 271, 330, 344, 347, 556, 574

Coribantes da Eubeia 144

Coribantes da Samotrácia 556

Coribas 344, 346

Corícia 602

Corícia (ninfa) 387

Corícia, gruta 163, 602, 632

Córico 146, 483, 517

Córico, Monte 567

Corifeu 211

Corino 146

Corinto 19, 28, 36, 38-40, 65, 77, 101s., 106, 135, 146, 148, 150, 184s., 187, 189, 191s., 200, 206, 239, 241s., 245, 264, 275s., 281, 330, 337, 339, 357, 366, 369, 401s., 410s., 427, 475, 477, 482, 496, 501, 510s., 514, 520, 525, 531, 533, 568, 571, 591s., 594, 597, 600, 607, 609

Corinto, Afrodísias de 300

Corinto, Golfo de 179, 374

Corinto, Istmo de 308, 319, 360, 569

Corinto, Monte de 178

Córito 146s., 201, 297

Cornucópia 127

Coro 175, 223

Coroneia 533, 589

Corônides 147

Corônis 61, 72, 80, 84, 106, 147, 328, 360s., 381, 458

Corono 147, 192, 281, 313, 371, 375, 378, 476, 533, 589

Corpus Hermeticum 47

Cortona 159, 439s., 625

Coruja 147

Cós 33, 151, 298

Cós, Ilha de 111, 205, 238, 241, 245, 259, 274, 312, 325, 520, 589, 597

Cosmo 280

Costa da Cirenaica 392

Cótis 388, 397

Coto 190, 272, 274, 578

Cotogias 286

Cotone 196

Cótropo 145

Cragaleu 148

Crânae 148

Crânao 51, 121, 148, 208, 531, 554

Cranecme 148

Crania 477

Craníon 28, 330

Crânon 148

Crantor 148

Crateis 132

Cratera, Porto da 167

Cratieu 447

Crátilo 25, 576

Crátis 478

Crato 102, 482, 629

Cratos 236

Credulidade 255

Creneias 450

Creonte 28, 38-40, 52, 58, 148-150, 185-188, 208, 232, 238, 243, 246, 251, 275, 300, 303s., 339, 349, 354, 364s., 373, 402, 413, 527, 565, 591, 606s.

Creontíades 149, 404

Crés 149, 455, 554

Cresfonte 79, 135, 150, 206, 419, 525, 585

Cresmo 404

Creso 444

Creta 17, 42, 46, 64, 76, 78, 87, 90, 93, 105, 117, 120, 128, 132, 137, 140, 142, 155, 160, 165, 191, 201, 233, 235, 241, 244, 257, 259s., 261, 276, 299, 301, 305, 328, 343, 345-348, 350

Creta, Ilha de 29, 34, 100, 104s., 124, 137, 140, 142, 144, 149, 153, 155, 160, 165, 170, 198s., 225, 247, 264, 278, 284, 294, 382, 414s., 416, 423-426, 434, 442s., 453, 455, 472, 484, 488, 491, 493, 513, 518, 537, 541, 554s., 557, 573-575, 579s., 593, 609, 612, 629s.

Creta, Labirinto de 248

Creta, Touro de 308

Cretea 281

Creteis 19, 150

Cretênia 120

Creteu 140, 150, 167, 181, 201, 214, 259, 443, 495, 606

Cretinéon (cidade) 382

Creton 197

Creúsa (ninfa) 237, 375

Creúsa 28, 62, 122, 148, 150, 198, 208, 237, 275, 287, 339, 354, 358s., 364, 401s., 419, 499, 535, 586, 590s.

Críaso 77, 407

Criasso 109s.

Criasso, Nova 110

Crimeia 81

Crimiso, Deus-rio 150, 190

Crínis 151

Crio 272, 482, 607

Crio, titã 504

Crióforo 323

Crisa 151s., 238, 265

Crisa, Ilha de 262

Crisamis 151

Crisântis 151

Crisaor 113, 151, 207, 273, 277, 309, 493, 506, 531

Crise 151, 282, 347

Criseida 31, 68, 105, 141, 151s., 351, 617

Criselefantina, Párthenos 92

Crises 31, 68, 105, 151, 244, 265, 282, 308, 351, 424, 443

Crises 351

Crisino 150

Crisipe 268

Crisipo 30, 95, 152, 183s., 186, 232, 337, 371, 497, 601

Criso 87, 152, 265, 486

Crisócoas 271

Crisogenia 265

Crisógone 282

Crisônoe 541

Crisopelia 152, 554

Crisópolis 351

Crisórroas 478

Crisorte 476

Crisótemis 30, 117, 141, 152, 234, 260, 300, 350, 490

Crissa 61

Cristo 40, 215, 270, 290

Criteis 152

Critias 288

Critias 93s.

Critobula 486

Críton 270

Croco 153

Crócon 153

Croconidas 153

Crocos 153

Crômia 362

Crómio 535, 599

Crômion 257

Crômion, porca de 591s.

Crômis 568

Cromo 155

Crônio 332

Crono 25, 37, 42, 99, 114s., 121, 129, 134, 149, 153, 164, 190, 210, 218, 220, 244, 261, 272, 274, 280, 286, 299, 301, 327, 335, 341, 349, 368, 410, 450, 454s., 469, 478, 484, 529s., 538, 553, 555, 568, 578, 598, 601, 607s., 626, 630s., 633s.

Crono-cavalo 553

Crótalo 200

Croto 154

Cróton 154, 256, 369, 428

Crotona 96, 139, 146, 154, 256, 263, 369

Crotona, Leônimo de 295

Crotopo 154, 235, 389, 541

Crotopo (cidade) 389

Crumissa 588

Ctéato 21, 96, 154, 307, 366, 434, 447, 575, 577

Ctesila 325

Ctesio 241

Ctesipo 260, 313, 319

Ctímene 154, 243, 260, 370

Ctônia 106, 154s., 208, 385

Ctônia, Deméter 155

Ctônio 109, 182, 369, 385, 448, 562, 569

Ctonofila 265, 520, 568, 635

Cumas 123, 133, 161, 198, 345, 567

Cumas, Sibila de 211, 276, 566s.

Cures 517

Curetes 18, 42, 80, 108, 129, 139, 145, 155, 160, 173, 204, 239, 271, 275, 286, 301, 330, 356, 369, 374, 408s., 513, 556, 629s., 632

Dada 156

Dafne 19, 62, 156, 370, 381, 499

Dáfnis 156, 315, 391, 465, 554, 574

Daímenes 607

Dama 157

Damasco 157

Damasco, Nicolau de 185

Damasícton 451, 607

Damásio 500

Damasipo 344, 498

Dâmaso 493

Damasseno 157, 436

Damastes 157, 521, 582, 592

Damastor 441

Dámeon 577

Dameto 157, 519, 571

Dameto (cidade) 571

Dâmia 97

Dâmiso 67, 157

Damneu 144

Damofonte 539

Dâmon 394

Dânae 20, 157s., 170, 243, 277, 505-507, 522, 634

Danaides 20, 44, 102, 112, 158s., 163, 193, 223, 334, 454, 463, 505, 531, 533

Danaides 335

Danais 155

Dânao 17, 20, 44, 102, 123, 158s., 179, 193, 235, 273, 334s., 378, 388-390, 427, 505, 533, 568

Danúbio, Rio 70, 76, 158, 283, 297, 381, 492

Dardânia 146, 160

Dárdano 18, 108, 139, 146, 159, 194, 197, 246, 283, 326, 344, 347, 354, 479, 566, 599, 613, 629

Dares 159, 347

Dario 28, 206, 219, 222, 324, 329s., 444, 545

Dáscilo 385, 576

Dátilos 159s.

Dáulis 72, 135, 184, 187, 263, 371, 511

Dauna 249

Dáunio 343

Dauno 171, 192, 343

De Architectura 116

De Isid et Osiride 173s.

De Magia 324

Dea, Bona 93

Decelia 160

Décelo 160

Decerto 110

Decima 433

Décimo Júnio Juvenal 86, 176

Dédalas 174

Dedálion 160, 553

Dédalo 29, 142, 160s., 343, 357, 400, 425, 491, 500, 568, 574s., 593, 612

Defradas 56

Dégmeno 510

Dêicoon 149, 404

Deidamia 67s., 386, 444, 513, 597, 617

Deífobe 276

Deífobo 69, 161, 287, 292, 295-298, 348, 416, 488, 527, 535, 614, 617

Deifonte 161, 341, 486, 515, 586

Dêimaco 275

Deimos 26, 72, 265

Dêion 87, 122, 201, 246, 259, 370

Deiope 241

Deiopites 535

Dêipila 171

Dêipilo 161s., 523

Deira 196

Dejanira 42, 65, 80, 125, 162s., 170, 192, 199, 242, 276, 310, 313s., 317, 319, 332, 358, 375, 384, 394, 408s., 446, 476, 493, 581, 585

Délfico, Apolo 64

Delfine 61s., 63, 163, 516, 602, 632

Delfínio, Apolo 64, 308, 592

Delfis 353

Delfos 18, 22, 29, 37, 49, 51, 60-65, 68, 72, 101, 104, 117s., 120, 135, 143, 150, 156, 163, 172s., 177, 184s., 187, 189, 191, 195, 209, 226, 233, 239, 244, 257, 259, 266, 298s., 314, 319, 323, 325s., 328s., 333, 335, 339, 343s., 351, 359, 366, 371, 387, 398, 404, 407, 414, 432, 435s., 445, 447, 456, 458, 461s., 468, 473, 490, 514-516, 521, 531, 535, 555, 564, 567, 586, 591, 598, 603, 606, 612, 616, 633

Delfos, Ilha de 212

Delfos, Oráculo de 20, 24, 34, 40, 46, 49, 60, 63s., 72, 79, 88s., 96s., 109-111, 118, 120, 122, 130s., 143-145, 149, 157, 162, 184, 187, 195, 205, 208s., 246, 255s., 265, 267, 277, 305, 310, 319, 325, 328, 338, 343, 353, 356, 365, 370s., 376-378, 391, 393, 407, 411, 415, 425, 432, 436, 440s., 446, 456, 461, 477, 487, 519, 533, 535, 553, 559s., 566, 572, 582, 596, 612, 631

Delfos, Santuário de 18, 62, 64, 72, 260, 310

Delíades 101

Delos, Ilha de 19, 53, 60s., 64, 80, 87, 201, 203, 286, 326, 334, 380, 411, 475, 555, 567, 594, 617

Delos, Oráculo de 64

Demarco 265

Demasícton 539

Demeier 124

Deméter 55, 66, 78, 84, 91, 97, 100, 108, 118, 123, 131, 135, 145, 148, 151, 153s., 164-167, 173s., 183, 194, 196, 212, 236, 239-241, 249, 260, 263s., 266, 272s., 280s., 310, 313, 316, 320, 330, 342-344, 389, 404, 428-430, 440, 476, 486, 490, 494, 497, 504, 517s., 530s., 563, 577, 592, 611s., 629s., 633

Deméter Ctônia 155

Deméter de Olímpia 164

Deméter, Hino Homérico a 355

Demifonte 166

Demiurgo 167

Dêmoclo 233

Demócoon 535

Demócrito 225, 230, 459, 472

Demódice 167, 478

Demódoco 167, 193, 570, 621

Demófila 567

Demofonte 18, 123, 165-168, 173, 176, 195, 240, 261, 316, 355, 462, 477, 485, 533, 591, 594, 609, 611

Demonassa 209, 262, 590, 607

Demonice 249, 399, 597

Demônio 168

Demóstenes 100, 173, 365

Dendritis 169

Dérceto 562

Dercino 40, 280, 309

Deríades 476, 580

Descrição da Grécia 231

Detas 169, 394

Deucalião 51, 88, 122, 126, 140, 152, 164, 169s., 178, 199, 201, 205, 257, 259, 265, 267, 293, 324, 328, 348, 350, 358, 362s., 370, 385, 391, 393, 407, 424, 434, 439, 449, 460, 463, 486, 502, 513, 538, 541, 558, 571, 579s., 603

Deus Bel 450

Deus do Sono 197

Deus, jardim de 473

Deusa, Boa 93

Deusa-Terra 33

Deuses, Jardim dos 213

Deus-Lobo 158

Deus-lobo, Apolo 505

Deus-rio Alfeu 41

Deus-rio Aqueloo 112s., 162, 236

Deus-rio Asopo 144, 172, 192, 200, 244, 285, 360

Deus-rio Crimiso 150, 190

Deus-rio Eagro 113

Deus-rio Escamandro 113, 156, 215, 237, 347

Deus-rio Estrímon 105

Deus-rio Ládon 156

Deus-rio Meandro 110

Deus-rio Nilo 113

Deus-rio Peneu 156

Deus-rio Sébeto 181

Deus-Tot 325

Deuteronômio 148

Dexâmene 446

Dexâmeno 125, 170, 246, 312, 434, 575

Dexicreonte 170

Dexítea 394

Dexíteia 424

Dia 124, 172, 179, 300, 362, 512

Diácono, Paulo 271

Diálogo dos Mortos 216, 223

Diana 65, 338, 595

Diana, Ártemis- 81

Dias 170, 337, 517

Dias, Trabalhos e 96, 133, 186, 212, 220, 222, 318

Diceu 315, 569

Dicta 555

Dicta, Monte 42, 153, 170, 272, 299, 630

Dictina 105

Dictina, Ártemis 81, 105

Dictina, Britomártis 80

Díctis 20, 127, 158, 170, 396, 441, 495, 505s., 522

Dídimos 64, 105

Dídimos, Oráculo de 64

Dídnaso 476

Dido 102, 188, 198, 255, 353, 508

Diel 307

Díleon 265

Dímaco 444

Dimanes 192

Dimas 192, 287, 313, 347, 375, 476

Dimetes 170, 610

Dina 482

Dinâmene 446

Díndimon, Monte 74

Dine 249

Dino 171, 278, 308, 506

Díocles 166, 448, 504

Diodoro 45, 86, 138, 186, 313

668

Diodoro Sículo (historiador) 32, 94, 321, 374, 384s., 400, 449, 562s., 572, 580, 626

Diógenes 216

Diogneto 521

Diomeda 87, 122, 259

Diomedes 18, 29, 39, 62, 72s., 90, 97, 113, 124, 128, 144, 150, 168, 171s., 178, 180, 191, 197, 199, 205, 235, 237, 241s., 262s., 275s., 291s., 296, 308, 316, 353, 363, 386s., 407, 415s., 441, 445, 479-481, 484, 489, 491, 510, 519, 525, 528, 532, 555, 586, 590, 601, 614, 617

Diomedes Trácio 72

Diomedes, Éguas de 308

Díomo 172

Díon 116, 172, 386

Dione 25, 172, 213, 328, 362, 446, 453, 576

Dioneia 25

Dioneu 172, 259, 362, 503

Dionisíacas 19, 42, 109, 234, 387, 398, 541, 572, 580

Dionísias 535

Dionisio 19

Dionísio de Halicarnasso 190, 384, 388, 571

Dioniso 27s., 32, 41s., 44s., 47s., 51, 53-57, 59, 62, 64-66, 78-80, 84, 89, 91, 96, 98, 106, 114, 116-119, 125, 147, 152, 155, 157, 162, 169, 172-176, 183, 185, 199, 201, 203, 207, 209, 218, 223, 227, 229, 233s., 240, 246, 248, 265s., 268, 276, 279, 281, 288, 302, 311, 323s., 328, 333, 340-342, 352, 360, 369, 371, 376, 382, 386-388, 390s., 393s., 398s., 402, 405, 407, 410, 422s., 427, 429, 443, 448, 450, 452, 462, 465s., 533-536, 554s., 556, 558, 560-562, 568, 583, 593s., 602, 604, 609, 612, 617, 629, 631s., 634

Dioniso Zagreu 468, 473s., 545

Dioniso, Santuário de 54

Dioniso, Teatro de 329

Dioniso-Tigre 41

Diópatra 588

Diores 525

Dios 535

Dioscuros 17, 30 108, 120, 141s., 160, 167, 176s., 206, 244, 249, 266, 284, 293s., 319, 346, 351, 364, 377, 381, 389, 399, 409, 414, 434, 488, 496, 519, 529, 587s., 596, 604

Diotima 25, 168, 213, 499, 529

Diotimo 246, 305

Dioxipe 298s.

Dípila 24, 527, 565, 601

Dipnosofistas 56, 186, 199

Dique 341

Dirce 51, 59, 177, 265, 360, 385, 630

Dirce, Fonte 65

Dírraco 368

Dirráquio 368

Disaules 100, 240, 611

Disciplina 341

Discórdia 24, 67, 72, 157, 263, 266, 287

Discórdia, Pomo da 67, 311, 318

Discurso Injusto Das Nuvens 318

Discurso Justo 318

Dnieper, Rio 158

Dniester, Rio 158

Dodona 73, 177s., 293, 334, 390, 395s., 633

Dodona, Oráculo de 40, 114, 269, 356, 361, 475

Dólio 178, 370, 406

Dólon 171, 178, 555, 617

Dolonia 178

Dólops 372, 416

Don, Rio 158, 575

Dórcia 350

Dória 178

Dórica 556

Dóriclo 535

Dóridas 539

Dorieu 212, 309, 378

Doripe 53

Dóris 66, 140, 178, 446, 450, 453, 574, 598

Doro 87, 178, 192, 201, 239, 293, 313, 358, 374s., 477, 580

Doso 165

Dótis 264, 342, 385, 569

Drácon 211

Dracôntis 507

Dragão de Ares 233, 562

Dragão Píton 514, 516

Dragão, Constelação do 134

Drépano 198

Drépanon 626

Dríada 349

Dríadas 450

Drias 36, 179, 261, 387, 409, 482, 490

Drímaco 179

Drio, Monte 352

Dríon, Monte 519

Dríope 179, 478

Dríopes 162

Dríops 148, 179, 535

Dulíquio, Ilha de 260, 404, 603, 622

Éaco 34, 67, 98, 117, 131, 136, 180, 192, 217, 223, 238, 265, 374, 409, 425, 486, 491, 494s., 509, 530, 541, 554, 581, 611

Eagro 118, 180, 399, 463, 508, 526

Eagro, Deus-rio 113

Éax 31, 140, 180, 326, 441, 480

Ébalo 134, 180s., 277, 336, 344, 363, 381, 439, 502, 603

Ecália 123, 162, 246, 304, 314, 352, 358, 385, 406, 610

Écbaso 77, 510

Ecfas 183, 371

Écio 610

Ecles 39, 50, 181, 312, 409, 635

Écloga 154, 269, 465, 490, 568

Écloga IV 87

Ecmágoras 181

Eco 181, 333, 343, 353, 440, 450, 478, 606

Éden, Jardim do 226, 473

Édipo 23, 32, 51, 57, 87, 109, 137, 149, 182-189, 204, 230-232, 238, 243, 252, 300, 339, 360, 365, 370s., 375, 410, 413, 490, 501, 520, 522, 526s., 565s., 589, 601, 606s.

Édipo em Colono 149, 182, 187, 189, 365, 465, 594

Édipo Rei 57, 73, 98, 149, 175, 182-188, 232, 365, 580

Édipo, Monte de 32

Edoneu 280

Eécion 49, 68, 105, 135, 151, 189, 291s., 369, 383

Eeia, Ilha de 76, 136s., 198, 361, 499, 507, 619

Eéria 580

Eetes 19, 28, 37, 75, 77, 89, 96, 106s., 112s., 136, 138, 189, 206, 256, 267, 272, 286, 293, 299, 339, 347, 364, 400s., 409, 491, 503s., 533, 619

Éfeso 24, 43, 46, 81, 110, 233, 410, 499, 556

Éfeso, Artemidoro de (oniromante) 459

Éfeso, Ártemis 65

Éfeso, Heraclito de 64

Efialtes 41, 72, 190, 231, 274, 352, 355, 476, 483, 516, 531

Éfira 148, 260, 275, 354, 571, 608

Egas 530

Ege 79

Egéon 190s., 286, 383, 578, 630

Egeoneu 535

Egesta 150, 190

Egestes 190, 196

Egeu 46, 92, 112, 189, 190-192, 239, 285, 385, 402, 481, 485, 501, 514, 531, 591, 593

Egeu, Mar 160, 281, 284, 345, 425, 482, 500, 531, 592, 594, 616

Egialeia 144, 171, 191, 235, 441, 532

Egialeu 24, 39, 128, 171, 192, 205, 267, 355, 371, 373, 409, 516, 585

Egíalo 121, 358, 390, 561

Egímio 147, 192, 313, 332, 375, 486

Egina 86, 180, 192, 285, 413, 491, 494, 531, 570, 572, 581

Egina (cidade) 599

Egina, Ilha de 77, 180, 265

Egípio 192

Égiro 477

Egisto 30s., 40, 95, 141s., 167, 192s., 195, 210, 238, 244, 414, 458, 461s., 487, 496, 500, 509, 601

Egito 17, 20, 32, 60, 83, 93s., 98, 102, 106, 109, 112, 114, 120, 127, 133s., 158, 175, 193, 196, 204, 207, 231, 235, 248, 252, 256, 258, 267, 295s., 298, 302, 311, 327, 330, 334, 349, 356, 366, 388, 426, 449, 505, 528, 533, 568, 587

Egito, Baixo 114

Egle 78, 205, 310, 327, 372, 569

Egleis 363

Ególio 123

Éguas de Diomedes 308

Éia 189

Eidolon 193

El, Deus 248

Elafebólia 80

Elafebólion 60

Elafieia 80

Elaís 617

Elais 53

Élara 424, 608

Élaso 445

Elateia 194

Élato 71, 124s., 141, 152, 194, 206, 237, 312, 523

Élato de Larissa 194

Elba 41

Electra 30, 40, 79, 95, 141s., 146, 159, 194s., 238, 283s., 286, 350, 359, 374, 403, 453, 461, 465, 479, 509, 516s., 578

Electra 152, 162, 194, 349, 351, 461, 487

Eléctrion 112, 168, 195

Elefenor 112, 168, 195, 286, 520, 596

Eleia (cidade) 367

Eleio 477

Éleon 258, 275

Eleonte 166

Eleusinia 313

Elêusis 21, 41, 84, 100, 118, 121, 123, 126s., 131, 136s., 150, 153, 155, 164s., 167, 195, 208, 219, 240s., 280s., 332, 342s., 355, 358

Elêusis (cidade) 389, 476, 504, 533, 554, 592, 601, 612

Elêusis, Mistérios de 126s., 129, 164-166, 223, 310, 342, 428-432, 438, 454, 464, 504, 531, 611, 633

Elêusis, Plutão de 164

Elêusis, Santuário de 164

Eleuter 376

Elêuteras 51, 59, 535, 629

Eleuterna 225

Eleutero (cidade) 376

Elid 204

Élida 21, 36, 41, 81, 96, 144, 152, 155s., 160, 170, 196s., 200, 204, 210, 266, 285, 307, 311, 319, 337s., 344, 353s., 497

Élida (cidade) 378, 391, 394, 427, 434s., 439, 455, 460, 477, 497, 509, 513, 561

Élida, Augias da 29

Elieu 242

Élimo 190, 196

Élimos 309

Elio 96

Éliro 260

Élis 80, 96, 112, 196, 200, 239, 280, 307, 612

Elísios, Campos 54, 109, 211, 381, 417, 464, 471, 578

Elissa 198, 508

Elpenor 196

Emátion 194, 202, 311, 608

Empédocles (poeta) 168, 226, 470, 473, 546

Empusa 196, 371, 561

Empusas 231

Ena 151, 165, 280, 504

Ênalo 233

Enárete 114, 150, 201, 513, 558

Enaróforo 196

Encélado 90, 255, 274

Endeis 67, 117, 131, 136, 180, 265, 494, 581

Endímion 140, 178, 196s., 204, 239, 335, 349, 442, 500, 561

Enéadas 473, 548

Eneias 19, 26s., 49, 53, 66, 68s., 115, 118s., 150, 159, 161, 181, 188, 190, 197s., 211, 238s., 242, 249, 251, 255, 273, 284, 294, 298, 304, 309, 348, 353s., 367, 380s., 415, 428, 432, 442, 452, 477, 480, 482, 488, 492, 523, 530, 539, 566, 583

Eneida 19, 27, 49, 53, 66, 68, 115, 129, 150, 161, 181, 188, 190, 197s., 211, 236, 242, 255, 264, 266, 273, 284, 298, 304, 309, 332, 349, 353, 367, 373, 388, 398, 428, 442, 445, 482, 484, 492, 508, 523, 559, 567, 570, 590, 608, 614, 617s.

Enete 138

Eneto 146

Eneu 23, 39, 42, 65, 79-81, 88, 124, 138, 162, 170s., 199, 234s., 237, 242, 276, 314, 373, 386, 407-409, 437, 463, 484, 501, 530, 590, 600s., 604, 610

Eniálio 200

Enieu 352

Enio 72s., 200, 278, 506

Enipeu, rio 200, 495, 606

Enlil 247

Eno, Rio 53, 204, 617

Enoclo 200

Ênoe 171, 358, 407, 508, 609

Enômao 18, 30, 112, 133, 148, 156, 200s., 235, 285, 291, 335, 337s., 366, 381, 399, 427, 483, 497, 522, 577

Enone 147, 201, 488s.

Enone, Ilha 180, 192

Énope 404

Enópion 78, 121, 201, 234, 475, 481, 500, 594, 609

Enorque 169

Enotro 201, 384

Enteia 190

Enuwarija 200

Eólia, ilha 112, 201s., 541, 619

Eólida 111

Eólio, Mar 202

Éolo 33, 37, 88, 114, 122, 128, 134, 150, 178, 201s., 259, 268, 293, 333, 340, 358s., 363, 365, 379, 390, 393, 406, 427, 443, 499, 502, 513, 519, 525, 541, 558, 571, 619

Eono 122, 202, 313, 336, 344, 384

Eos 28, 58, 70, 96, 104, 122, 142, 202s., 204, 247, 254, 299, 301, 311, 334, 412, 452, 475, 479, 482, 552, 580, 608

Eósforo 237

Épafo 32, 109, 120, 133, 155, 158, 203, 301, 356, 383, 385, 449, 505, 634

Epaminondas 336

Epeu 197, 204, 239, 378, 518, 570

Epicasta 29, 112, 182-184, 188, 243, 365, 371, 530, 612

Epicuro (filósofo) 459

Epidauro 77, 84-86, 111, 162, 205, 265, 270, 277, 368, 458, 515, 591, 611

Epidauro, Ico de 139

Epidauro, Museu de 85

Epidauro, templo de 591

Epigeu 204

Epígonos 24, 39, 50s., 115, 171, 191, 204, 209, 235, 242, 339, 373, 398, 400, 407, 490, 525, 554, 565s., 590, 606

Epílao 444

Epimedes 160

Epimélides 205

Epimeteu 86, 94, 140, 169, 205, 220, 363, 413, 485, 512, 538

Epíone 84, 205, 518

Epípole de Caristo 481

Epiro 18, 39, 49, 64-66, 115, 135, 148, 177, 195, 198, 205-207, 249, 260, 298, 314, 332, 375, 406, 434, 445, 456, 499, 596s., 624, 633

Epístrofo 233, 352

Epítidas 206

Épito 135, 142, 205, 248, 343, 514, 521

Epopeias Cíclicas 287

Epopeu 51, 59, 106, 146, 206s., 371, 399, 449

Equélao 500

Équecles 525

Equedemo 399

Équefron 448, 535

Équelas 233, 500

Équemo 206, 319, 332, 376, 535, 603

Équemo de Tégea 249

Équetlo 206

Équeto 206s.

Équidna 77, 101, 113, 126, 132, 138, 151, 207, 230, 257, 266, 272, 306, 309s., 327, 329, 370, 476, 538, 552s., 578, 591

Equínades, Ilhas 65, 104, 284, 339, 404

Equíon 32, 109, 135, 182s., 205, 207, 212, 247, 499, 530, 562

Era 301

Erásia 285

Érato 71, 207, 408, 438, 446, 575

Érebo 47, 115, 207, 211, 224, 236, 300, 452, 471, 578

Erecteu 17, 40, 62, 91, 103s., 106, 122, 137, 150, 155, 207-209, 241, 289, 328, 356, 358, 363, 400, 446, 475, 484s., 532, 537, 568, 596s., 635

Erectidas 520

Eresícton 148

Erétria 406

Ereutálion 447

Ergino 53, 74s., 140, 149, 208, 246, 304, 313, 349, 365, 375, 533, 603, 612

Erícia 273

Ericina 212

Erictônio 33, 91s., 104, 207s., 288, 326, 354s., 439, 484, 486, 569, 599, 613, 635

Erídano, Rio 76, 99, 209, 254, 298, 311, 453, 586

Erides 222

Érifas 399

Erifila 23s., 39, 51, 109, 181, 209, 243, 283, 352, 527, 590

Erígone 193, 210, 344, 462, 500

Erilo 249

Erimante 558

Erimanto 23, 27, 210, 384, 489

Erimanto, Javali de 124, 265, 306, 311

Erimanto, Monte 125, 311

Erínia 72, 212

Erínia Tisífone 355

Erínias 39, 51, 63, 92, 104, 138s., 168s., 182, 186, 195, 210-212, 217s., 230, 256, 266, 272, 284, 297, 351, 371, 397, 408, 444, 450, 461s., 484, 497, 529, 552, 607, 626, 633

Eriópis 53, 455

Éris 24, 67, 72, 157, 212, 266, 287, 379, 414, 452, 469, 488, 495

Erisícton 33, 121, 212, 266

Eristeu 246

Eritarses 233

Eritia 310, 327

Eritia, Ilha de 273, 308s.

Erito 212

Éritras 382, 554, 567

Éritras, Sibila de 567

Erítrio 89, 382, 586

Érix 190, 212, 309

Érix, Monte 28, 330

Erixímaco 85

Eródio 18

Eros 18s., 50, 61, 70, 73, 75, 115, 117, 120, 129, 156, 168, 192, 201, 203, 212s., 231, 238, 256, 269-272, 274, 320, 324, 330, 333, 338s., 359, 441, 446, 454, 469, 474, 486, 503, 506, 508, 526, 529, 532, 565, 578, 604

Erotes 532

Eróticas 381

Erro, Colina do 89

Ésaco 214, 287, 487

Esão 97, 150, 214, 340, 363s., 401, 443, 495, 525, 555, 606

Escamândrio 87, 214, 291

Escamandro, Deus-rio 113, 156, 214, 237, 347

Escamandro, Rio 69, 87, 159, 171, 202, 204, 275, 285, 288, 354, 453, 555, 569, 599, 608, 613, 617

Escamandródice 130

Escárfia 384

Escopas 49

Esepo 412, 453

Esfera, Ilha 230

Esfero 191, 230, 239

Esfinge 149, 185-187, 189, 196, 199, 207, 214, 230, 232, 300, 371, 476, 551, 614

Esfinge de Tebas 306

Esfinges 203

Esfíngio 89

Ésfiro 393

Ésile 328

Ésimo 569

Esmárago 232

Esmérdio 232s., 381

Esmicro 104, 233

Esminteu 233

Esminteu, Apolo 151, 599

Esmíntion 351

Esmirna 22, 26, 233, 427, 580

Esmirna, Quinto de (poeta) 570

Esmirra 134, 153

Esparta 25, 30, 45, 64, 72, 81, 97, 118-120, 134, 146, 176, 181, 201s., 233, 240, 243, 255s., 293-297, 301, 313, 320s., 325s., 336, 344s., 353, 369, 376s., 380s., 385, 403, 409, 414-417, 462, 466, 479s., 488, 498, 505, 514, 517, 520, 528, 536, 540, 553, 566, 575, 584, 588s., 595, 604, 607, 609, 615, 617s., 625

Esparta (filha do rio Eurotas) 369

Espárton 607

Esparteu 332

Esparto 157

Espermo 53, 617

Esperquio 233, 588

674

Esperquio, Rio 67, 179, 522

Espeto 610

Espórades, Ilhas 77

Esquédio 233s., 352

Ésquelis 41

Esqueneu 18s., 88s., 140, 234, 586

Esqueno 234

Esquéria 37, 621

Esquéria, Ilha de 256, 442

Esquiápodes 234

Esquífio 234

Esquílis 329

Ésquilo 47, 59, 61, 72, 92, 102, 119, 136, 141, 158, 163, 182s., 189, 192, 210s., 217, 219s., 222, 231, 238, 247, 273, 279, 299, 316, 324, 326, 329, 335, 349, 356, 368, 387, 431, 444, 449, 453, 458, 461s., 465, 509, 527, 538, 552, 566, 582, 586, 629

Ésquines 100, 173

Esquíron 116

Estábulos de Augias 307, 311, 378

Estácio, Públio Papíneo (poeta) 71, 490

Estáfilo 53, 78, 152, 199, 201, 210, 234, 300, 390, 490, 500, 555, 594, 609

Estenebeia 102

Estenebeia 20, 54, 101s., 234s., 357, 505, 533s.

Estênelas 235

Estenelau 600

Estênele 414, 491

Estênelo 38s., 45s., 52, 87, 95, 115, 183, 192, 204, 235, 244s., 273, 303s., 308, 352, 371, 443, 601

Esteniclero 149

Ésteno 278, 506

Estentor 235

Estérnops 600

Estérope 19, 122, 124, 129, 199s., 235s., 245, 272, 337, 396, 494, 517, 530, 563, 576, 578

Estesícoro (poeta) 97, 131, 291, 295, 378, 417

Estésio 132

Estige, Rio 67, 102, 143, 165, 174, 217, 223, 236, 254, 310, 355, 394, 440, 443, 451, 453, 482, 495, 504, 512, 538, 556, 562, 585, 608, 629, 633

Estilbe 97, 150, 236, 499

Estínfales 370

Estinfálidas 237

Estinfalo 29, 180, 237, 307, 383, 585

Estinfalo, Lago 230, 307, 455

Estônios 47

Estoníquia 516

Estrabão 131, 190, 286, 358

Estrácio 140, 448

Estrambelo 581

Estrangulada, Ártemis 144

Estratólao 490

Estratonice 181, 246, 517, 519

Estrela d'Alva 37, 327

Éstrige 237

Estrimo 203, 237

Estrímon 237, 374, 453, 455, 534, 555, 608

Estrímon, Deus-rio 105, 300

Estrímon, Rio 237, 309, 555

Estro 237

Estrófades, Ilha de 284

Estrófila 360

Estrófio 79, 152, 195, 214, 238, 460s., 509

Estrófio II 403, 509

Estrombo 103, 127

Estronguila, Ilha 201

Eta, Monte 102, 162, 178s., 199, 260, 262, 316s., 319, 357s., 384, 394, 447, 464, 608

Etálides 74, 238

Etearco 267s.

Etêmea 238

Eteobutades 106

Etéocles 24, 39, 50, 57s., 87, 135, 149, 163, 186, 188, 204, 209, 238s., 243, 265, 282, 338, 340, 352, 359, 365, 375, 413, 526, 565, 582, 594, 600

Éter 115, 222, 238, 297, 299, 452, 469, 472, 478, 529, 546

Etéria 298s.

Étias 239

Etila 239

Etíolas 414

Etiópia 49s., 120, 123, 202, 234, 241, 258, 279, 296, 359, 506

Etiópida 98

Etlio 197, 202, 391, 541

Etna 289, 483, 567

Etna, Monte 26, 40, 129, 239, 602, 632

Etneu 289

Etodeia 451

Etólia 33, 51, 59, 65, 80, 112, 131, 155, 171, 179, 199, 236, 239, 244, 249, 261

Etólia (cidade) 374, 378, 387, 463, 477, 498, 521, 524, 609, 624

Etolo 60, 112, 154, 197, 199, 204, 239, 349, 374, 391, 439, 476s., 482, 500, 517

Éton 299

Etra 18, 112, 167, 176, 191, 230, 239s., 255, 258, 294, 328, 415, 488, 512, 514, 591, 596

Étron 372

Etrúria 198, 282, 309

Eubeia 17, 30, 53, 112, 119, 127, 138, 143s., 155, 179, 196, 246, 266, 301, 313, 333, 356, 386, 404, 406, 486, 510, 540, 555, 596, 611

Eubeia, Coribantes da 144

Eubeia, Ilha de 77, 365, 394, 441, 481, 486, 554-555, 566

Eubuleu 100, 226, 240, 378, 473, 612

Eubulo 28, 117, 330

Eucles 226, 473

Euclia 414

Euclia, Ártemis 414

Eudímion 199

Eudora 328, 446, 453

Eudoro 240, 260, 525

Eufeme 154

Eufemo 38, 100, 240, 245, 375, 382, 612

Euforbo 240, 487

Eufórion 240, 297

Eufrates (cidade) 557

Eufrates, Rio 240s., 563

Eufrosina 117, 244

Êugamon 583s.

Eulimene 241

Eumedes 178, 600

Eumelo 22, 33, 36, 104, 241, 503, 611

Eumênides 188, 211, 266, 465, 527, 565

Eumênides 210

Eumetes 383

Eumeu 59, 77, 241, 260, 498, 584, 622

Eumolpo 127, 130, 150, 155, 166, 208, 241, 304, 355, 358, 363, 435, 438, 440, 504, 553, 587

Eune 134, 599

Êuneo 242, 340, 572s.

Eunice 446

Êunoe 287, 559

Eunômia 341, 516

Eunômo 123, 162, 242, 314, 332, 446

Eunosta 242

Eunosto 106, 242

Euópis 170

Eupálamo 208, 400, 485, 500

Eupínito 451

Eupites 370

Eupolemia 238

Euquenor 242, 525

Euríale 128, 203, 278, 475, 506

Euríalo 39, 204, 242, 249, 400, 452, 600

Eurianassa 183, 371, 478, 496, 576

Euribates 31, 127, 315, 456, 575

Euribato 38

Euríbia 128, 266, 272, 446, 482, 504, 578

Euríbio 319, 444

Euricleia 57, 183, 242, 371, 441, 622

Euridamas 359, 422, 525

Euridamia 260, 525

Eurídice 20, 58, 78s., 140, 149, 157, 197, 209, 233, 243, 300, 324, 340, 354, 369, 374, 387, 408, 447s., 463-465, 468, 475, 500, 505

Eurígane 243

Eurigania 238, 243, 365, 371, 375

Eurilite 189

Euríloco 131, 136, 200, 243, 370, 619

Eurímaco 200, 243, 407, 579

Eurimede 100, 199, 408

Eurimedon 134

Eurimedonte 244, 308, 424, 442s., 501

Eurimedusa 427

Eurímenes 444

Eurimo 244

Eurínome 86, 101, 117, 244, 288, 375, 453s., 574, 634

Eurinomo 226, 244, 396, 473

Euriodia 614

Eurípides 22, 28, 31s., 39, 57, 70s., 77, 81, 87-89, 95, 102, 110, 114, 129, 161, 163, 182-186, 188, 194, 202, 217s., 222, 232, 241, 251, 257, 259, 262, 267, 287, 296, 300, 308, 316s., 323, 338, 340s., 349, 351, 364, 377, 383, 385, 401s., 413, 415-417, 435, 445, 461, 495, 499, 515, 524, 528, 531, 555, 561s., 564, 568, 576, 582, 587s., 591, 593, 595, 606s., 609, 617s.

Eurípila 196

Eurípile 239

Eurípilo 112, 123, 137, 144, 240, 244, 279, 312, 409, 445, 451, 489, 497, 501, 518, 583, 597, 607, 612

Euripo, Rio 112

Êuripon 536

Eurísaques 245

Euristanassa 496

Euristenes 79, 536, 589

Euristeu 21, 38, 43, 90, 95s., 101, 126, 144, 168, 171, 235, 245, 273, 280, 304-311, 313, 317, 319, 332, 349, 352s., 355, 357s., 381, 385, 394, 424, 452, 574, 601

Êurite 236, 281, 530

Eurítemis 335, 376, 597

Eurítia 349

Eurítio 269

Eurítion 19, 125, 170, 246, 273, 309, 311s., 359, 409, 484, 494, 496, 522

Êurito 21, 74, 97, 103, 154, 162, 176, 207, 247, 274, 304, 307, 314s., 349, 352, 358, 384, 406, 423, 434, 447, 503, 525, 610, 615

Eurítoe 200, 337

Euritos 96

Europa 32, 87, 109, 118, 133, 158, 177, 182, 240, 247s., 258, 282s., 373, 384, 412, 424, 435, 453, 485, 554, 560, 574, 578, 582, 585, 610, 634

Europo 475

Eurotas 233, 343

Eurotas, rio 369, 377, 423, 514, 534

Êusoro 138

Euterpe 438, 555

Eutimo 248, 366, 527

Eutimo de Locros 248

Eutinico 556

Euxântio 394, 424

Euxeno 440

Euxino, Ponto 43, 75s., 295, 300, 342, 381, 570

Eva 311

Evadne 62, 77, 115, 206, 235, 237, 248, 343, 352, 514

Evágoras 444, 446, 535, 559

Evandro 159, 198, 248s., 309, 482, 492, 535, 603

Evantes 234, 398

Evarete 200, 337

Evecme 36, 404, 511, 520

Evêmon 245, 383, 583

Eveno 62, 249, 346

Eveno, Rio 125, 162, 314, 399, 446, 453

Evenor 93

Everes 237, 605

Evipe 242, 249, 507

Evipo 404, 409, 597

Exéquias 249, 342

Exíon 463

Fábula 47, 184, 355, 385, 496, 518

Fábulas 347

Faetonte 122s., 140, 202, 254, 298s.

Faetusa 427

Fagro 411

Falante 254s., 350

Falanto 577

Fálanx 255

Falces 162, 255, 369

Faleco 255

Falero 40, 90, 167, 255, 375

Falsa Alegria 255

Falsos Boatos 255

Fama 255, 272

Fanes 469

Fano 320

Fanoteu 487

Fáon 255

Faraó 158, 231

Fárax 128

Farnace 134

Faros 296

Faros, Ilha de 256, 296, 416, 521, 540, 610

Fasélis 132, 370

Fásis 189, 256, 453

Fásis, Rio 75

Fasítea 378

Fassos 383

Fastos 88, 237

Fauno 249, 396

Feaces 154, 256

Feaces, Ilha dos 401, 584

Featonte 130

Féaux 127

Féax 256

Febe 81, 125, 177, 256, 272, 298s., 346, 377, 379, 381, 408, 502, 607

Febe, Golfo de 559

Febe-Lua 256

Febo 61, 64, 81, 256

Febo Apolo 61, 77, 299, 516, 566

Fédimo 451

Fédon 225, 228s., 471-473, 546-548

Fedra 18, 28, 43, 162s., 167, 188, 203, 257, 293, 338, 424, 437, 594-596

Fedra 338

Fegeia 257

Fegeu 18, 31, 39, 113, 257, 267, 409, 585

Feia 257, 591

Feio 328

Felicidade 318

Fêmio 152

Femônoe 257

Feneu 349, 600

Fenícia 50, 103, 120, 134, 182, 258, 282, 295, 349, 359

Fenícia (cidade) 508

Fenícias 182, 184-186, 232

Fênix 32, 35, 50, 67, 70, 109, 117, 120, 133, 182, 186, 258, 282, 383, 445, 455, 571, 578, 617, 628

Feno 343, 371

Fenôdamas 190

Fere 599

Ferebeia 258

Ferecides de Atenas 226

Ferecides de Leros 226

Ferecides de Siros 108, 226

Ferecides de Siros (mitógrafo) 473

Féreclo 259, 283

Fereia 259

Ferêmon 202

Feres 21s., 36, 62, 102, 150, 214, 259, 308, 354, 401, 414, 443, 448, 491, 495, 576, 606

Feres (cidade) 409

Fereu 199

Fésile 328

Festa 485

Festo 259, 269s., 343, 348, 352, 557

Festo (cidade) 424

Fíalo 181

Fidalia 103

Fídias 91s.

Fidipo 259, 312, 597

Figália 244

Fílaca 540

Fílace 259, 350, 405, 519

Filácides 260

Fílaco 103, 140, 214, 259s., 350, 363, 377, 405, 424, 493, 525

Filâmon 152, 160, 260, 553, 575

Filandro 260

Filas 59, 240, 260, 339, 525, 608

Filécio 260

Filecme 57

Filêmon 100, 535

Fileu 96, 245, 260s., 307, 438, 603

Fílio 130, 261

Filipe da Macedônia 283

Fílira 67, 153, 261, 375, 491, 553

Fílira, rio 443

Fílis 18, 167, 261

Filóbia 18

Filoctetes 30, 35, 110, 161, 171, 190, 201, 261s., 298, 316, 416, 445, 489, 493, 509, 614, 616

Filoctetes 317, 445

Filoctetes, Sófocles 261

Filódice 381

Filolau 244, 262, 308, 424, 443

Filômaque 495

Filomela 21, 72, 106, 183, 207, 263, 369s., 484, 537, 589, 635

Filomelides 263, 616

Filomelo 263

Fílon de Alexandria 47

Filônis 260, 301

Filônoe 102, 141, 255, 293, 339, 357, 534, 604

Filônome 130, 384, 435, 489, 587

Filóstrato 231

Fílote 452

Fílotes 263

Filoto 86

Filóxeno de Citera 269, 524

Fineu 50, 74s., 102-104, 120, 139, 263, 284, 347, 349, 383, 399, 485, 487, 506, 517, 556

Fíquion, Monte 185, 189

Fisco 391

Físio 383

Fitálidas 264

Fítalo 264

Fites 267

Fítio 463

Fix 101, 185, 207, 230-232, 264

Flaco, Quinto Horácio 64, 114, 146, 308, 371, 467, 593

Flávio Teodósio 325

Flegetonte, rio 511

Flégias 72, 85, 147, 264, 266, 274, 282, 360, 362, 385, 448

Flégon 300

Flegra 37, 274, 312

Flegra, Campos de 129

Flia 424, 429

Flias 265

Flio 577

Fliunte 265

Flógeo 284, 519

Flógio 265

Fóbio 57, 267

Fobos 26, 265

Focária 384

Fócida 17, 52, 59, 72, 78, 81, 109, 134, 152, 163, 182, 187, 237, 263, 265s., 316, 352, 359

Fócida (cidade) 461, 486, 509, 514, 609

Fócio 321, 375

Foco 21, 51, 87, 152, 180, 237, 246, 265, 475, 486, 494, 509, 541, 581, 609

Folo 124s., 265s., 311, 331, 446, 509

Fôloe 106, 124s., 265, 311

Fôloe, Monte 105

Fome 266

Fonte Amimône 306, 329

Fonte Calírroe 65

Fonte Castália 65, 514

Fonte da Arcádia 236

Fonte da Memória 225

Fonte de Hipocrene 117

Fonte de Midas 422

Fonte de Ortígia 439

Fonte de Salmacis 320

Fonte Dirce 65

Fonte Pirene 65, 102

Forbas 21, 65, 96, 132, 184, 235, 239, 266, 353, 375, 407, 502, 541

Fórcidas 266, 506

Fórcis 77, 128, 132, 207, 266, 272, 277, 327, 370, 446, 529, 610s.

Fórmias 136, 372, 379, 619

Fórmion 266

Foroneu 59, 155, 257, 267, 273, 286, 331, 355, 390, 409, 451, 494, 516, 531

Fósforo 267, 327

Frásimo 532

Frásio 106, 267, 311, 444

Frastor 365, 375, 439

Frátrio, Zeus 289

Freátis 599

Freixos, Ninfas dos 272, 450

Frene 384

Frígia 27, 32, 45, 53, 63, 93, 100, 110, 128s., 144s., 155s., 159, 175, 269s., 276, 287, 301, 324, 333, 347, 349, 354, 391, 397, 399, 422, 439, 476, 490, 576s., 583

Frígio 267

Frinondas 127, 314, 456

Frixo 21, 73, 88s., 111, 138, 167, 189, 264, 267, 278, 281, 293

Frixo (cidade) 376, 382s., 394, 401, 408, 443, 503, 533, 588

Fronime 100, 267s.

Frontão 71

Frontis 111, 138, 416, 487, 521

Frurarquidas 336

Ftia 19, 67, 69, 79, 139, 178, 239, 246, 258, 268, 292s., 374, 435, 445, 451, 477, 494, 499

Ftio 268, 375, 383, 494

Ftiótida 106, 178, 268, 402, 445, 494, 512

Ftono 268

Fúrias 210, 497

Gaeta 136, 198

Gaio 181

Galácia 269

Galas 269

Galata 269

Galateia 129, 269, 446, 508, 524

Galeotes 269

Gália 309

Galíntia 269s., 341

Galo 270s.

Galos 129, 145, 270s., 330

Ganges 271, 356

Ganimedes 53, 113, 203, 245, 271, 285, 308, 326, 354, 374, 424, 496, 577, 613

Gansa, Leda- 30, 141

Garamante 17

Gargáfia 126

Gárganon, Monte 111

Garmatone 271

Gavanes 271

Geia 33, 37, 42, 46s., 55s., 61-64, 66, 77s., 90, 115s., 125, 128s., 135-137, 150, 153, 156s., 164, 172, 177, 190, 194, 207, 210, 212, 217-219, 225, 230, 236, 239, 255s., 266, 271-274, 280, 286, 301, 310s., 327, 334, 351, 356, 363, 370, 384, 397, 432, 438, 446, 449s., 453, 455, 469, 472, 475, 478, 486, 489, 493, 507, 516, 529, 531, 541, 555, 567, 578, 580, 586, 598, 601s., 607, 626, 630-632

Geia, Oráculo de 61, 63, 129, 163

Gelanor 158, 235, 273, 505

Gélio, Aulo 318

Gelo 273, 437

Gelono 138

Gênesis 82s., 359

Genetor 383

Geneu 194

Gengis-Khan 83

Gênoo 378

Geórgicas 137, 210, 463, 556

Geramante 109

Gérana 273, 508

Gerênia (cidade) 447

Gerião 40, 113, 116, 124, 126, 151, 154, 169, 212, 219, 237, 246, 273, 309, 313, 316, 357, 369, 375, 380, 388, 447, 476, 545

Gerião, Bois 269, 309

Gerião, Cão de 207

Gerião, Rebanho de 309

Gerínia, Corça de 306

Germânia 290

Getas 118

Gias 190, 273s., 360, 578

Gibraltar, Rochedo de 113, 309

Gies 274, 578

Gigantes 37, 66, 90, 176, 190, 236, 243, 246, 272, 274, 280, 302, 309, 313, 317, 341, 450, 454, 475, 507, 520, 556, 578, 602, 630-632

Gigantomaquia 190

Giges 190, 272, 274, 286, 578

Gilgamo 566

Girno 501

Gírton 275

Glauce 28, 131, 148, 150, 275, 364, 401s., 494, 581

Gláucia 275, 516

Glauco 54, 84, 100s., 132, 136, 155, 170, 206, 275s., 282, 329, 338, 376, 398, 424, 427, 436, 448, 510, 525, 535, 572, 579, 599, 611

Gleno 319, 404

Glifio 276

Glisas 265

Glissas 205, 373

Golfo de Corinto 178, 374

Golfo de Febe 559

Golfo de Tarento 111

Golfo Sarônico 559

Górdias 276

Górdion 276

Górgaso 448

Gorge 162, 171, 199, 276, 408, 476, 600, 609

Górgias 225, 472s., 548

Górgira 66

Gorgítion 535, 599

Gorgo 278

Gorgófone 181, 277, 381, 389, 502, 603

Gorgófono 277

Górgona 453, 493, 505s.

Górgonas 43, 50, 92, 94, 128, 151, 170, 277s.

Górgopis 278

Górgopis, Lago 276

Gortina 247, 348, 440, 554, 578, 580

Gortina, Artemis de 105

Górtis 237, 554

Graças 117, 288, 335

Graíco 597

Grande Ájax 33s.

Grande Cão 134

Grande Mãe 25, 32, 48, 50, 57, 65, 74, 80s., 90-93, 99, 128s., 146, 159, 174, 189

Grande Ursa 134

Granico 278, 453

Grátion 79, 273

Grécia 27, 29, 59, 64s., 74s., 78, 81, 98s., 123, 128, 138, 146, 173, 176s., 189, 192, 203, 224, 226, 231s., 246, 248s., 252, 255, 283, 293, 298, 301, 303, 309, 314, 319-322, 327, 333, 343, 353

Grécia Asiática 164

Grécia Continental 164

Grécia, Magna 53, 164

Greias 266, 278, 506

Grifo 278

Griníon 279

Grino 244, 279

Gruta Corícia 602, 632

Gruta de Calipso 113

Gueras 452

Guerra de Troia 90, 97, 99, 110s., 115, 125, 128, 130, 132, 134, 140, 144, 146s., 157, 159, 167s., 171, 177, 180, 188, 195, 204, 212, 214, 219, 233, 240-242, 245, 248, 256, 258-262, 275, 279, 284, 287, 293s., 296, 300, 312, 325-327, 342, 348, 354, 360

Guerra do Peloponeso 320

Guerra Púnica 129

Guneu 279, 375

Hades 41, 52, 69, 84, 98, 102, 108, 113, 118, 123, 126, 129, 133, 143, 147, 153, 158, 162-166, 175-177, 180, 182, 186, 188, 190, 196-198, 206s., 216-227, 230-232, 236, 238, 240, 243, 250-252, 265, 270, 272-274, 278, 280s., 284, 292-294, 304s., 308-310, 316s., 323, 329, 338, 342, 357, 373, 381, 386, 389, 404, 412, 426, 430, 463-465, 467s., 471-473, 492, 504, 506, 512, 518, 522, 526, 529s., 532, 540-547, 552, 562, 570, 572, 576-578, 595-597, 601, 604, 606, 611, 614, 620, 629-631, 633

Hades, Jardim do 310

Hades, Rio do 236, 437

Hádine 378

Hágnias 603

Hagno 281

Halas Arafênides 81

Halcione 276

Hália 281, 383, 530s.

Haliácmon 281, 355, 453

Haliarto 281, 398, 533, 585, 589

Hálias 281

Halicarnasso 55, 320

Halicarnasso, Dionísio de 190, 384, 388, 571

Halifero 383

Halimede 157

Halirrótio 72, 281

Hális, Rio 570

Halmo 282

Hálmones 282

Halos 89

Hals, Torre de 282

Hamádria 116

Hamadríada da Arcádia 571

Hamadríadas 116, 179, 282, 450, 477, 487, 554

Harmonia 18, 24, 26, 31, 36, 39, 42, 50, 108, 113, 174, 183, 194, 205, 209, 283, 344, 352s., 438, 499, 522, 527, 562, 590

Harmônide 524

Harmônides 259, 283

Harmótoe 484

Harmotõe 24, 139

Hárpago 285, 519

Harpaleu 383

Harpálice 140, 283s.

Harpálico 283s., 383

Harpálion 284, 509

Hárpaso 140

Harpe 140

Harpia Podarge 99

Harpias 74, 100, 103s., 123, 194, 203, 214, 231s., 264s., 271, 273, 284, 484, 551s., 564, 578

Harpina 200, 285

Hebe 216, 285, 313, 316, 358, 634

Hebro 300

Hebro, rio 463, 465

Hécale 285

Hecalésio 285

Hecalésio, Zeus 592

Hecálio, Zeus 285

Hecamede 285, 447

Hécate 81-83, 86, 132, 136, 165, 189, 196, 259s., 274, 285s., 330, 351, 400, 504, 561, 633

Hecátero 286

Hecatonquiros 42, 114, 153, 190, 218, 272, 274, 286, 578, 608, 626, 630s.

Hecergo 286

Hécuba 31, 118, 132, 150, 161, 214, 286s., 291s., 296, 298, 353, 487, 522, 526-528, 535, 559, 570, 582, 614, 617s.

Hedoneu 596

Hefestia 289

Hefestias 289

Hefestias de Atenas 289

Hefesto 22, 25s., 33, 39s., 47, 67, 69, 72, 75, 78, 90-92, 108s., 121, 129, 153, 207s., 215, 239, 244, 262, 270, 274, 282, 287-289, 292, 299, 302, 306s., 400s., 423, 455, 475, 482s., 485, 492, 494, 502, 509, 554, 574, 590s., 598, 602, 632, 634

Hegéleo 291, 408

Hegetória 298

Hegetória, Ilha de 460

Hegétoro 351, 483

Heitor 31, 33s., 49, 58, 69s., 87, 98, 125, 159, 161, 178, 188, 197s., 203s., 214, 219, 234, 251s., 275, 287, 291s., 295, 298, 348, 386, 415, 422, 434, 445, 455, 459, 477, 489, 492, 499, 519, 521, 528, 535, 540, 545, 551s., 575, 598s., 600, 614, 618

Hélade 18s., 29-31, 34, 38, 48-52, 57, 59s., 63s., 72, 77, 81, 84, 88s., 98, 115, 120, 129, 138, 151-154, 156, 158, 163, 166, 172s., 176s., 178-181, 183, 189, 198s., 207, 210, 212, 214s., 219, 223, 227, 231, 235, 237, 239, 244, 249, 253, 257-259, 262, 264, 267, 275, 293s., 298, 305, 307-309, 320, 322, 330, 333, 344, 351, 353, 355s., 364, 366-368, 371, 385, 398, 401, 410, 428, 440, 445, 455, 463s., 474, 477s., 481, 485, 496, 498, 520, 534s., 542-544, 546, 566, 575, 579, 583, 599s., 609, 612

Helas 268

Hele 88s., 167, 267, 278, 292s., 376, 382s., 443

Hele, Mar de 88, 293, 382

Hélen 140, 178, 201s., 268, 293, 333, 406, 580

Helena 17s., 25, 28, 30s., 35, 51, 54, 69s., 78, 90, 97, 111, 113s., 119s., 141, 147, 160s., 167s., 171, 176s., 195s., 201, 206, 213, 233, 235, 240, 249, 256, 259, 262, 266, 275, 283, 287, 293-298, 302, 325s., 342, 345, 347s., 351, 374, 376-378, 381, 404, 414-417, 435, 445, 447s., 451, 462, 479s., 488s., 497s., 502, 512, 518, 520s., 523, 527-529, 534s., 540, 566, 575, 579, 584, 587s., 595s., 604, 608s., 614, 616-618, 634

Heleno 49, 110s., 115, 118s., 198, 262s., 287, 291, 295, 297s., 435, 445, 479, 488, 497, 527, 535, 614

Helenos 177

Helesponto 74, 88, 267, 293, 376, 382, 412, 566

Helíadas 140

Helíades 254, 256, 298s., 372, 393, 408, 611

Helicáon 298, 374, 421, 579

Helicarnasso 57

Hélice 134, 299, 358, 562

Hélicon 41, 138, 440, 493, 507

Hélicon, Monte 117, 154, 336, 511

Hélie 298

Hélio 21, 26, 40, 43, 46, 61, 78, 81, 96, 99, 113, 126, 136, 140, 142, 148s., 154, 165, 189, 202, 243, 245, 254, 256, 270, 274, 298s., 307, 309, 334, 337, 342, 364, 372, 383, 393, 400, 402, 411, 424, 446, 460, 491, 503s., 507, 531, 556, 561, 580, 611, 619s., 626

Hélio Hipérion 113

Heliópolis 258

Hélix 383

Helo 299

Heloro 360

Hêmera 115, 239, 299s., 452, 490, 626

Hemícines 300

Hemítea 130, 234, 300, 390, 490, 555, 587

Hemo 103, 300

Hêmon 58, 149, 185s., 232, 243, 300, 383, 476, 602, 632

Hemônia 300, 494

Heníoque 136, 592

Heos 274, 301, 311

Heósforo 37, 97, 123, 160, 260, 267, 301

Heptáporo 453

Hera 21, 24, 29, 36-38, 41, 43s., 47, 50, 53, 58, 60-62, 67, 72, 76s., 89, 106, 108, 114, 116, 120s., 124, 137, 139, 152s., 155, 171, 174-176, 183, 186, 189s., 201, 204, 224, 232, 235, 238, 240, 244-246, 267, 270-274, 280, 285, 287s., 295, 297, 300-304, 306-310, 312s., 316-319, 327s., 335-337, 341, 349, 353-356, 359, 362, 364, 369-371, 377, 379s., 382, 387, 390, 395, 399, 401, 404, 411, 416, 443, 449, 455, 458, 469, 475, 488, 494-496, 507s., 516, 529, 531, 533s., 536, 540, 551, 555, 559, 562, 568, 585, 587, 597s., 601, 605, 608, 612, 617, 629-632, 634

Hera Argiva 21

Hera Lacínia 369

Hera Teleia 174

Heracleia 423, 425

Héracles 21s., 28, 30, 34, 36, 38, 40, 43s., 47, 53, 57, 59, 61, 65, 68, 72-74, 78-80, 84, 89, 92, 95-97, 101s., 104, 106, 111s., 116, 118, 122-127, 130-132, 138, 140, 145, 147-149, 151, 154, 156, 160-162, 169-172, 180s., 183, 190-192, 194, 198s., 202, 207-210, 215s., 218, 226, 235-237, 240-242, 244-247, 249, 259-263, 265s., 269s., 272-275, 278, 280, 284s., 288, 290, 296, 298, 301-319, 324, 326s., 329, 331s., 335s., 338s., 341, 343-346, 349s., 352-354, 357-359, 365s., 369s., 372, 374-376, 378, 380s., 383-386, 391, 394, 398s., 403-409, 411, 414, 423-428, 434, 441, 443-447, 451, 453, 455-457, 464, 473, 476, 482, 487, 491, 493, 495-497, 502, 504s., 509, 511, 519, 525, 528s., 534s., 538s., 541, 553, 557, 559-561, 568s., 572, 574, 576, 579, 581s., 586, 589-592, 594, 596s., 600, 604, 606-608, 610, 614, 622, 634s.

Héracles Cinosargo 172

Héracles do Ida 140

Héracles, Coluna de 93, 309

Heraclidas 110, 135, 143s., 149, 168, 192, 206, 255, 319, 325, 332, 339, 357s., 385, 388, 394, 407s., 444, 476s., 486, 500, 515, 585, 607s.

Heráclio 510

Heráclito 173, 228, 459, 469, 547

Heráclito de Éfeso 64

Hera-Nuvem 443

Hercina 319s.

Hércules 302

Hércules furioso 403

Hércules Victor 47

Hereu 383s.

Hermafrodito 25, 27, 46s., 269, 320, 322, 325s., 450, 521, 536

Hermes 17, 27, 33, 39, 41, 51, 53, 55, 62s., 67, 71s., 74, 77, 89, 95, 97-100, 104, 106, 108, 113, 120, 122, 127, 131, 133, 136, 143, 146, 150, 156-158, 160, 163, 169, 179, 196, 203-205, 207, 212-214, 217, 220, 236, 238, 240, 247, 249, 260, 264, 267, 274, 277s., 284, 287, 295, 304s., 310, 320-326, 330, 338, 340, 355s., 359s., 370, 382, 394, 396, 410, 427, 433s., 448, 450, 476, 478, 483-485, 488, 506, 520, 524, 536, 540, 551-553, 568, 571, 577, 602, 614s., 619-621, 625, 628, 632, 634

Hermes Trismegisto 47, 325

Hermeticum, Corpus 47

Hermíona 154, 195, 294, 297, 325, 403, 414s., 435, 445, 448, 462, 488, 495, 604, 607

Hermítea 152, 555

Hermo 325, 331, 453

Hermócares 325

Hero 325s.

Heródica 135

Heródoto 32, 66, 95s., 108, 117, 164, 172, 182s., 258, 272, 275, 295, 334

Heródoto (historiador) 367, 371, 388, 451, 540

Herófila 326

Heroides 19, 77s., 114, 201, 256, 259, 276, 282, 373, 380, 406, 575, 594, 625

Herse 33, 92, 121, 202, 208, 326, 486

Hésia 153

Hesíodo 22, 25, 47, 96, 115, 126, 129, 131, 133, 137, 164, 168, 178, 186, 207, 210-212,

217-225, 227, 236, 239, 263, 266, 272, 280, 286-288, 301, 316, 318, 326, 336, 343, 355, 358, 361, 400s., 410, 435, 438, 450-453, 455, 468s., 471s., 474, 485s., 516, 518, 538, 551, 555, 559, 564, 576, 578, 602, 626, 631-635

Hesíona 190, 308, 312, 326, 354, 374, 441, 519, 535, 581, 599

Hesíquio 44, 53, 103, 105, 109, 120, 142, 145, 190, 274, 391, 559

Hesperaretusa 310, 327

Hespéria 150, 181, 192, 198, 204, 256, 327

Hespérides 72, 95, 106, 266, 273, 277, 310, 316, 327, 435, 446, 452s., 564, 586, 598

Hespérides, Jardim das 55, 57, 88, 128, 207, 209, 301, 310s., 334, 357, 370, 443, 446, 538

Hésperis 95, 327

Héspero 95, 327

Héstia 80, 272, 280, 327, 630

Hêudono, Rio 369

Hia 328

Híades 95, 328, 517

Hiágnis 399

Híamo 328, 387, 407

Hiâmpolis 81

Hiápate 562

Hias 95, 328, 517

Híbris 328, 478

Hicetáon 372

Hidaspe 562

Hidne 329

Hidra 116, 306

Hidra de Lerna 101, 125s., 162, 207, 219, 262, 266, 306s., 314, 316, 329, 357s., 384, 447, 509, 545

Híera 329s., 451, 583, 607

Híerax 330

Hierodulas 330

Hieromneme 569

Hieto 331

Higia 85, 483

Higiia 331, 344

Higiia, Atená 90s.

Higino 31, 88, 150, 166, 184, 236, 267, 347, 356, 385, 387, 496, 500, 518, 522, 572, 586, 588, 598, 606

Hilas 74, 103, 123, 331, 450, 581

Hilébia 331, 390

Hileis 192

Hilera 177, 257, 381, 502

Hilera, Leucípides 346

Hileu 88, 125, 331, 409

Hilo 125, 162, 192, 206, 313-316, 319, 332, 358, 375, 385, 394, 411, 447, 476, 520, 581, 585

Hilônome 132, 332

Himália 332

Himera 295

Hímero 233, 333, 369, 532

Hino 333

Hino a Ártemis 82, 306

Hino a Delos 282

Hino a Héracles 316

Hino a Pã 478

Hino a Zeus 634

Hino Homérico a Afrodite 26

Hino Homérico a Deméter 355, 504, 518

Hinos 474

Hinos Homéricos 478

Hipálcimo 497

Hipalmo 337, 497

Hípaso 22, 123, 337, 424

Hipe 333, 406, 523, 577

Hiperásia 524

Hiperbóreas, Virgens 64

Hiperbóreos 60, 79, 95, 140, 300, 307, 333, 380, 515, 585

Hiperbóreo, Apolo 514

Hipérco 535

Hiperenor 109, 182, 416, 562

Híperes 516

Hiperfas 243, 371

Hiperia 442

Hiperíon 99, 202, 272, 299, 334, 535, 561, 580, 607, 620, 626

Hiperíon, Hélio 113

Hiperíon, titã 482

Hiperipe 437

Hiperlau 600

Hipermnestra 17, 20, 50, 158, 181, 193, 335, 376, 388-390, 505, 533, 597

Hipermnestra ou Hipermestra 334

Hipéroco 235, 334s., 586

Hiperonor 487

Hipéroque 334

Hipno 197, 203, 214, 217, 270, 312, 335s., 356, 371, 412, 452, 458, 551, 576

Hipo 336, 453

Hipocoonte 122, 181, 196, 202, 313, 336, 344s., 376, 380, 498, 595, 604

Hipócrates 55, 82, 84, 163, 397

Hipocrene 336, 438, 493, 531, 605

Hipocrene, Fonte de 117

Hipódamas 65, 503, 535

Hipodamia 18, 30, 53, 94, 105, 112, 124, 133, 151s., 170, 197, 200, 258, 293, 337s., 346, 386, 373, 399, 408, 427, 483, 497, 512, 514, 517, 522, 527, 556, 577, 595, 601, 610

Hipólita 19, 21s., 26s., 43s., 125, 150, 244, 255s., 338

Hipólita, amazona 406, 443, 514, 559

Hipólita, Cinturão de 338

Hipólito 28, 80, 84, 115, 188, 257, 274, 324, 336, 338, 386, 437, 470, 514, 524, 531, 593-595

Hipólito Porta-Coroa 28, 257, 338, 531, 593, 595

Hipóloco 102, 275, 338, 534

Hipómedon 594

Hipomedonte 339

Hipômenes 88, 339, 377, 404

Hipônome 365

Hipônoo 115, 199, 287, 501, 524, 535, 600

Hipóstrato 190, 199

Hípotas 265

Hípotes 40, 118, 190, 260, 319, 339, 402

Hipótoe 339, 390, 495, 497, 549, 574

Hipótoo 200, 206, 509, 535, 582

Hipótoon 41

Hipotoôntidas 41

Hipsenor 245

Hipseu 79, 89, 136s., 150, 375, 383, 499, 586, 611

Hipsicreonte 339s.

Hipsípila 24, 50, 242, 340, 387, 528, 600, 609

Hipsipilo 372

Híria 29, 340, 385, 612

Hirieu 29, 340, 385, 448, 475, 612

Hírmine 21, 96

Hirneto 161, 340, 586

Hirteu 535

Hispânia Bética 309

Hispéria 198

História 164

História Natural 321, 336

Hístoris 341

Histos 134

Hodédoco 455

Hodites 319

Homem-Lua 83

Homérico, Hino 318

Homero 18, 25, 29, 31, 34, 36, 41, 45, 53, 56, 58, 64, 66, 68-71, 77, 87, 90, 96, 98s., 101, 105, 111-113, 129s., 133, 135s., 146, 152, 164s., 167s., 170, 172, 180, 182, 186, 195, 197, 202, 215-219, 227, 230, 236s., 241s., 247, 251, 254, 257, 269, 272, 275, 280, 286-289, 291, 295, 299, 301, 324, 327s., 336, 346, 349, 351, 355, 361, 365s., 371, 374, 377, 379, 385, 403, 407s., 412, 433, 459s., 468, 471s., 474s., 478s., 486, 490, 492, 497, 503, 508, 510, 521-523, 526, 528, 530, 532, 534, 542, 549, 551-553, 555, 560, 564s., 568, 575s., 584, 590, 601s., 605, 608s., 614, 620, 623, 625, 630, 632

Homoloeu 341

Homoneia 341

Hopládamo 341

Hoples 112, 191

Hopleu 383

Horácio 27, 128s.

Horário, Quinto Flaco 64, 114, 146, 308, 371, 375, 467, 593

Horas 25, 78, 110, 137, 285, 301, 341, 355, 586, 634

Hórkos 212

Horos 383

Horus 94, 426

Íaco 100, 342, 430

Ialébion 40, 169, 309

Iálemo 113, 342

Iáliso 126, 298

Iáliso (cidade) 608

Ialisso 342, 350, 569

Iálmeno 342

Íama 252

Iambe 100, 165, 342

Iâmidas 62

Íamo 62, 206, 248, 343

Ianira 453

Ianisco 259, 343, 371

Iante 343, 352, 453

Iápige 343

Iápix 343s.

Iárdanas 344

Iárdano 314, 343s., 456

Iaseu 265

Iásio 88, 344

Iásion 108, 146, 159, 164, 194, 263, 283, 286, 455

Íaso 84, 88, 140, 160, 205, 267, 344, 355s., 360, 372, 387, 483, 494

Íbico 214

Íbis 154, 632

Icádio 343s.

Icária 202, 579

Icário 122, 209, 256, 277, 294, 313, 334-336, 380s., 439, 462, 498, 501s., 520, 560, 604, 609, 615, 625

Icário, Ilha de 345

Ícaro 142, 160, 254, 329, 345, 491, 501, 588

Ícaro, Mar de 345

Icmálio 345s.

Ico de Epidauro 139

Ictino 92

Ictiocentauros 346

Ida 111, 198, 271, 287, 298, 346, 384

Ida, Héracles do 140

Ida, Monte 26-29, 42, 53, 67s., 90, 113, 119, 123, 134, 146, 149, 153, 159-161, 197, 287, 295,

297, 301, 320, 324, 326, 335, 347, 354, 425, 477, 479, 481, 487, 489, 482, 566, 630, 633

Idade do Bronze 543

Idas 62, 74, 139, 160, 177, 181, 249, 346s., 381, 389, 408, 490, 502, 595

Ideia 159, 215, 264, 347, 349, 354, 399, 599

Ideu 144, 297, 347

Idíia, Oceânida 347, 400, 453

Idila 189

Idílio 269, 353

Ídmon 17, 71, 74s., 346s., 385, 436

Idômene 17, 102, 259, 405

Idomeneu 140, 197, 295, 348s., 382, 434, 441, 530, 535

Idoteia 103, 121, 348, 416, 423, 540, 588

Ienoúsa, Ilha 559

Iera 349

Ieud 349

Ifianassa 30, 141, 349s., 460, 505, 533

Ifianira 181, 403, 405

Ifício 259

Íficles 38, 52, 96, 105, 122, 195, 246, 275, 284, 303-305, 307, 313, 336, 341, 349s., 357, 359, 375, 404, 409, 539, 589

Íficlo 140, 348, 350, 374, 381, 405, 409, 503, 519, 540, 597

Ifídamas 106, 350, 579

Ifigênia 30, 35, 68, 70, 80s., 110, 141, 151, 171, 195, 294, 297, 349-351, 381, 417, 460s., 525, 534, 541, 583, 609, 616

Ifigênia em Áulis 71, 81, 349, 351, 415, 462, 616

Ifigênia em Táurida 349, 401

Ifigênia em Tauris 81

Ifimedia 41, 351, 483

Ifímedon 319

Ifínoe 151, 311, 400, 405, 452, 511, 533

Ífis 45, 235, 248, 343, 352

Ífito 61, 234s., 246s., 313s., 352, 358, 444, 456, 525, 569, 615

Iinx 507

Ilha Branca 70, 97, 102, 295s., 351, 381, 492

Ilha da Reveleção 77

Ilha de Andros 259

Ilha de Apolo 64

Ilha de Ária 77

Ilha de Avalon 102

Ilha de Capri 181

Ilha de Cárpato 259

Ilha de Casos 259

Ilha de Cefalênia 98, 370, 539

Ilha de Ceos 19, 79, 135

Ilha de Chipre 134s., 168, 170, 179, 186, 295, 373, 389, 411, 426s., 479, 481, 539, 575, 599, 616

Ilha de Circe 198, 282, 433

Ilha de Ciros 68, 97, 110, 167, 171, 360, 444, 481, 492, 513, 596, 598, 616s.

Ilha de Citera 386, 392, 619

Ilha de Cócalo 425

Ilha de Corcira 76, 127, 256, 369, 395, 411

Ilha de Cós 111, 205, 238, 241, 245, 274, 312, 325, 520, 589, 597

Ilha de Creta 29, 100, 104s., 124, 137, 140, 142s., 149, 153, 155, 160, 165, 170, 225, 247, 256, 264, 272, 284, 294, 382, 414-416, 423-426, 434, 442s., 453, 455, 472, 484, 488, 491, 493, 513, 518, 531, 537, 541, 554s., 557, 573-575, 579s., 593s., 609, 612, 629s.

Ilha de Crisa 262

Ilha de Delfos 212

Ilha de Delos 19, 53, 60s., 64, 212, 334, 380, 411, 475, 555, 567, 594, 617

Ilha de Dulíquio 260, 622

Ilha de Eeia 76, 136, 198, 361, 619

Ilha de Egina 77, 180, 265

Ilha de Enone 180

Ilha de Erítia 273, 308s.

Ilha de Esquéria 256, 442

Ilha de Estrófades 284

Ilha de Eubeia 77, 365, 394, 441, 481, 554s., 566

Ilha de Faros 256, 296, 416, 521, 540, 610

Ilha de Hegetória 460

Ilha de Icário 345

Ilha de Ítaca 59, 90, 336, 361, 370, 392, 398, 406, 442, 447, 479, 481, 498, 511, 524, 527, 583s., 606, 609, 615-621, 623-625

Ilha de Lemnos 26, 28, 30, 74, 100, 108, 171, 242, 262, 288s., 335, 340, 383, 403, 445, 491, 509, 589, 609, 614, 616

Ilha de Leros 408

Ilha de Lesbos 70, 233, 255, 273, 360, 372, 375, 379, 393, 416, 449, 499s., 513, 536, 590, 616

Ilha de Leucádia 64, 344

Ilha de Lêucofris 130

Ilha de Leucósia 382

Ilha de Lindos 389, 514

Ilha de Melos 102, 109, 240, 417

Ilha de Metapôntis 569

Ilha de Minos 77, 87, 102, 149, 159, 226, 267, 416, 453, 473, 484, 554

Ilha de Naxos 17, 41, 53, 78, 106, 176, 276, 351s., 381, 483, 521, 531, 539, 594

Ilha de Nisiro 274

Ilha de Ogígia 113, 243, 256, 324, 442, 454, 584, 621

Ilha de Ortígia 379

Ilha de Otrono 195

Ilha de Paros 46, 235, 244, 262, 308, 443

Ilha de Quios 129, 179, 201, 609

Ilha de Rodes 110, 126, 159, 169, 266, 281, 297s., 300, 332, 342, 383, 385, 389, 394, 403, 502, 528-531, 556, 569, 585

Ilha de Safo 360

Ilha de Salamina 131, 256

Ilha de Same 622

Ilha de Samos 37, 46, 227, 345, 354, 378, 400, 423, 454, 515

Ilha de Samotrácia 74

Ilha de Sardenha 357, 559, 597

Ilha de Sérifo 127, 170, 505s., 522

Ilha de Sicilia 151, 274

Ilha de Sime 451

Ilha de Síria 241

Ilha de Tafos 38, 52, 122, 144, 299, 303, 497, 549, 574, 581

Ilha de Tasos 173, 235, 366, 578

Ilha de Tênedos 30, 68, 130, 262, 285, 296, 300, 416, 432, 435, 447, 570, 587, 599, 614, 616

Ilha de Tenos 103

Ilha de Tera 100, 240, 268, 412, 589

Ilha de Trinácria 372, 620

Ilha de Tule 99

Ilha de Zacinto 622

Ilha do Minotauro 170

Ilha dos Bem-Aventurados 38, 58, 69s., 97, 102, 222, 225, 227s., 240, 295, 306, 327, 351, 385, 403, 414, 417, 464, 472, 492, 499, 547s., 565, 633

Ilha dos Ciclopes 523

Ilha dos feaces 401, 584

Ilha dos Macacos 315

Ilha Eólia 541, 619

Ilha Ienoúsa 559

Ilha Trinácria 299

Ilhas Cíclades 20, 48

Ilhas de Cós 259

Ilhas de Nisiro 259

Ilhas Equinades 65, 103, 284, 339, 404

Ilhas Espórades 77

Ilhas Estrófades 284

Ilhas Licades 384

Ilhas Lipari 128, 289

Ilhas Shetland 99

Ilhota de Nisiro 520

Ilíada 18, 24-27, 30-34, 41, 49, 53s., 57-61, 66-72, 80, 84, 87, 90s., 94, 98, 101, 105, 110, 112, 115, 124, 131, 135, 145-147, 151, 160, 163, 170-172, 175, 177s., 182, 186, 194, 197-199, 204, 210, 215-219, 221, 234s., 240-242, 251s., 254, 258-262, 264, 276, 279, 285, 288, 291-293, 295, 298, 304, 316, 323, 335s., 340, 342, 346, 348-355, 365, 374s., 383-385, 387, 393, 403, 408, 412, 414, 416, 439, 447, 455, 459s., 468, 475s., 479, 487-489, 491, 495, 497, 508s., 512, 527s., 530-532, 534s., 543, 550s., 553, 555, 560, 571, 575s., 578s., 583, 590, 593, 598-601, 603-605, 608, 610, 612, 617

Ílion 18s., 26s., 30s., 33-37, 49, 54, 62, 67-69, 87, 90, 105, 110s., 119, 132, 139, 144, 159, 162, 167, 169, 180, 191s., 197s., 204, 214, 235, 239s., 242, 245, 262, 271, 275, 287, 291s., 295, 298, 302, 309, 312, 325s., 348, 354, 373s., 377, 404, 407, 415s., 423, 428, 445, 447, 458, 461, 479-481, 487s., 492, 497-499, 501, 517, 526, 528-530, 535s., 540, 553, 566, 570, 575, 577, 581, 583s., 590, 597-599, 607, 609s., 614, 616s., 633

Ilíone 161, 353, 526

Ilioneu 353, 497

Ilíria 32, 100, 109, 271, 283, 311, 332, 353, 368, 437, 500, 532, 579

Ilírio 109, 269, 353, 524

Ilisso, Rio 104, 143, 264, 429

Ilítia 38, 60, 157, 212, 245, 269, 285, 290, 304, 334, 341, 353, 380, 634

Ilítias 353

Ílito 353

Ilo 89, 113, 116, 158, 354, 374, 479, 496, 582, 613

Ímbraso 354

Ímbraso, Rio 454

Imbros 108, 383

Imêusimo 344, 498

Imortalidade 354

Ínaco 60, 96, 257, 267, 281, 331, 355s., 381, 390, 409, 586

Ínaco, Rio 586

Índia 79, 83, 120, 157, 172, 175, 226, 234, 271, 279, 330, 355

Indo 271, 356

Indo, Rio 563

Indra 252, 290

Ineu 396

Inferno 53, 280, 335

Infortúnios Amorosos 381

Ino 32, 88s., 109, 174, 183, 267, 277, 301, 328, 356, 377, 382s., 398, 410, 443, 482, 586, 621

Inveja 268

Io 32, 103, 109, 133, 155, 158, 203, 302, 324, 330s., 344, 353, 355-357, 368, 383, 390, 449, 505, 510, 612, 634

Io, Vaca 77

Ióbate 234

Ióbates 20, 43, 101, 356, 493, 533

Íobes 357

Iódama 357, 362, 579

Iofassa 138, 533

Iolau 39, 96, 260, 275, 303-306, 329, 349, 357

Iolco 19, 22, 36, 76s., 148, 150, 177, 189, 214, 236, 339, 363s., 401, 409, 494-496

Íole 162, 246, 313-316, 319, 332, 352, 358, 384, 447, 520

Íon 62, 161, 299, 352, 358, 368, 515, 561

Ionia 37

Íope 50, 359

Ios 153

Ioxo 359, 569, 591

Irbo 52

Irene 341

Íris 103, 194, 212, 236, 284, 294, 359, 380, 415, 426, 511, 578

Iro 59, 206, 268, 359, 372, 406

Isaías 82, 102, 267

Isandro 102, 534

Ishtar-Astarté 22, 26

Isilo 147

Ísis 83, 94, 271, 330, 352, 356, 396

Ísis-Neit 83

Islândia 99

Ismário 339

Ísmaro 131, 241, 398

Ismene 57, 149, 153, 186, 238, 243, 359, 365, 375, 526, 601

Ismênio 61, 409

Ismênio, Apolo 64

Ismeno 86, 360, 409, 451, 587

Ismeno, Rio 51

Ísqueno 360

Ísqueno, túmulo de 577

Isquépolis 36

Ísquia 127, 315

Ísquis 84, 147, 360

Issa 360, 386, 536

Istar 83, 330

Ister, Rio 76

Istmíades 360

Ístmicos, Jogos 136, 307, 383, 410, 434, 482, 572

Ístmio 206

Ístmo de Corinto 308, 318, 360, 569

Ístria 307

Istro 360s., 453

Ítaca 35-37, 67, 77, 90, 96, 112s., 130, 136, 202, 241-243, 249s., 256, 262, 266, 287, 298, 345s., 352, 361

Ítaca, Ilha de 59, 90, 336, 361, 370, 392, 398, 403, 406, 442, 447, 479, 481, 498s., 511, 524, 527, 583s., 606, 609, 615-621, 623-625

Ítaco 361

Itália 54, 66, 87, 96, 111, 113, 115s., 121s., 128, 133, 136, 143, 146, 151, 154, 159, 171, 176, 181, 192, 194, 198, 202, 204, 209, 222, 225s., 234, 248s., 256, 262, 274, 295, 298, 309, 321, 338, 343s., 348, 361

Itálica 256

Ítalo 201, 380, 560, 571

Ítilo 24, 361

Ítis 24, 72, 178, 263, 265, 361

Itomas, Zeus 361

Itome 361, 393

Itomnia 361

Ítona 315, 456

Itone 384

Itônia, Atená 265, 357, 361

Itono 51, 195, 357, 362, 406

Itono (cidade) 130

Iucta, Monte 425

Iulo 150, 198

Iulus 27

Ixíon 72, 124, 172, 216, 233, 265s., 274, 302, 361, 409, 443, 446, 502s., 512, 578

Jacíntias 255

Jacíntidas 363, 485, 541

Jacíntio 363

Jacinto 62, 134, 255, 363, 508

Jacinto, Apolo 363

Jântidas 539

Jápeto 86, 94, 106, 131, 140, 205, 220, 272, 363, 413, 455, 538, 607s.

Jardim das Hespérides 55s., 88, 128, 207, 209, 301, 310s., 334, 357, 370, 443, 446, 538

Jardim de Deus 473

Jardim do Éden 226, 473

Jardim do Hades 310

Jardim dos Deuses 213

Jardins de Adônis 23, 27

Jasão 19, 28, 37, 65, 73-77, 97, 101, 103, 116, 121, 136, 138, 148, 150, 177, 189, 214, 242, 247, 256, 259, 261, 275, 296, 339s., 350, 354, 363s., 395, 400s., 409, 424, 494-496, 525, 528, 553, 555, 573, 597, 622

Javali de Cálidon 349, 512, 590

Javali de Erimanto 124, 265, 306, 311

Jerusalém 307

Jerusalém, Templo de 330

Jocasta 57s., 88, 149, 162, 183-189, 238, 242s., 300, 359, 365, 371, 375, 526, 565

Jocasto 202, 365

Jogos 343

Jogos Ístmicos 136, 307, 572

Jogos Nemeus 24, 50

Jogos Olímpicos 28, 64, 96, 139, 160, 202, 307, 338, 341, 353, 357, 497

Jogos Píticos 64

Jogos Seculares 64

Jogos Troianos 53

Jônia 358, 464, 514, 520

Jônico, Mar 256, 544, 603

Jônio, Mar 98, 309, 356, 368, 629

Jônios 62, 358

Josias 330

Jovem, Minos 346

Juízes 82

Julgamento, Arcanjo do 99

Júlios 27

Juno 304

Júpiter 290, 630

Justiça 98, 341

Justo 315

Juvenal, Décimo Júnio 86, 176

Juventude 285

Kakía 318

Kakía, Afrodite 318

Khan, Gengis- 83

Kubaba 128

Labdácidas 24

Lábdaco 109, 182s., 263, 369-371, 385, 448, 522

Labirinto 46, 78, 160, 491, 579, 593s.

Labirinto de Creta 247

Labranda 47

Labrando 369

Lacedêmon 20, 134, 157, 181, 233, 243, 333, 344, 369, 502, 505, 574

Lacedemônia 20, 29, 100, 122, 150, 156, 176, 206, 283, 296, 332, 358, 369, 376s., 420, 553, 562, 589

Lacéstades 255, 369

Lacínia, Hera 369

Lacínio 369

Lacínio, Cabo 369

Lácio 132, 136, 249, 273, 309, 370

Lacônia 79, 81, 116, 142s., 172, 198, 202, 239, 299, 310, 319, 332, 336, 370, 376, 380, 403, 415, 417, 420, 462, 513, 532, 574, 585, 610

Láctea, Via 229, 304

693

Ládon 86, 128, 249, 370, 453

Ládon, Deus-rio 156

Ládon, Rio 307, 571

Laerte 57, 97, 122, 154, 241, 352, 370, 404, 572, 614s., 618, 621-623

Lafístio, Zeus 267

Lagária 204

Lago Copaide 64, 73

Lago de Estinfalo 230, 307, 455

Lago de Lerna 507

Lago de Náftia 483

Lago Gorgópis 276

Lago Regilo 177

Lago Tritônio 90

Lago Tritônis 76, 122, 481, 612

Laio 24, 57, 123, 149, 152, 182-189, 232, 243, 300, 337, 365, 369-371, 385, 398, 448, 497, 526, 565, 575

Lamedonte 371, 635

Lâmia 38, 132, 196, 371s., 437, 566

Lâmias 231

Lamo 372

Lâmon 315, 456

Lamos 379

Lamos (cidade) 619

Lâmpado 516

Lampécia 372, 483, 518

Lâmpeto 372

Lampo 372

Lâmpon 171, 308

Lamponeia 372

Lampro 269

Lâmpsaco 27, 175

Lâmpsaque 372

Laóbia 427

Laocoonte 119, 198, 372

Laódamas 24, 39, 205, 238, 291, 373

Laodamia 102, 373, 532, 534, 540, 560

Laódice 18, 30, 141, 194, 240, 287, 334, 350, 373, 390, 438, 535

Laódoco 103, 178, 239, 334s., 374, 477, 484, 535

Laofonte 517, 597

Laógoras 313

Laógore 134

Laomedonte 62, 95, 130, 132, 181, 190, 203, 237, 239, 275, 309, 312, 326, 330, 343, 354, 370, 372, 374, 381, 402, 412, 519, 530, 534s., 566, 568, 581, 599, 603, 608, 635

Laônito 365, 374

Laônome 240, 375, 390, 455, 523

Laótoe 348, 383, 522, 598

Lápato 370

Lapécia 298s.

Lápita 21, 237

Lápitas 65, 246, 302, 313, 331s., 338, 375, 512, 556

Lápites 266, 393, 611

Láquesis 218, 317, 433, 586

Largo da Sicilia 390

Larino 375

Larissa 375

Larissa (Cidade) 20, 158, 344, 409, 494, 507, 509

Larissa (Ninfa) 268

Larissa, Élato de 194

Lás 376

Lásio 200

Latino 96, 113, 136

Látramis 234

Látria 536

Latusa 370

Launa 482

Lavínia 198

Leagro 376

Leandro 326, 376

Leanira 71

Leão de Nemeia 35, 101, 118, 126, 207, 306, 310, 315, 457

Learco 88s., 174, 267, 293, 376, 382, 586

Lebadia 29, 320, 376, 379, 559, 612

Lebéado 376

Lebeia 272

Lebes 554

Leda 30, 120, 141, 176s., 249, 293s., 335, 376s., 379, 444, 517, 540, 597, 603s., 634

Leda-Gansa 30, 141

Leias 477

Lêimon 377, 580

Leimone 377

Leis 163, 470

Leito 195, 377, 414, 540

Lelante 438

Lelanto 96

Lélex 181, 377, 383, 423, 439, 482, 509, 520

Lemníades 74, 240, 242, 340, 387

Lemnos 108, 121, 150, 201, 242

Lemnos, Ilha de 26, 28, 30, 74, 100, 108, 171, 242, 262, 288s., 335, 340, 383, 403, 445, 492, 509, 589

Lemnos, Vulcão de 289

Lénaion 55

Lénaion, Santuário do 55

Leo 377s.

Leócrito 521

Leódoco 503

Léon 106, 242, 383

Leonassa 445

Leônimo de Crotona 295

Leonteu 111, 147, 375, 378, 527

Leôntico 378

Leôntida 378

Leontinos 379

Leontófono 378

Leontômenes 607

Leôntrofon 249

Leos 593

Lepetimno 372

Lepreu 378

Lepríon (cidade) 443

Leques 511

Lerna 44, 116, 151, 158, 218, 223, 260, 306, 356

Lerna, Hidra de 101, 125s., 162, 207, 219, 262, 266, 306s., 314, 316, 329, 357s., 384, 447, 509, 545

Lerna, Ilha de 262

Lerna, Lago de 507

Lerna, Pântano de 329

Lerno 116

Leros, Ferecides de 226

Leros, Ilha de 408

Lesbos 65, 206, 256, 263, 298

Lesbos, Ilha de 70, 233, 256, 273, 360, 372, 375, 379, 393, 416, 449, 499s., 513, 536, 590, 616

Lesques de Mitilene 412

Lestrigões 136, 372, 379

Lestrigônia 379, 619

Lete 225, 379, 432

Lete, Rio 472

Leteia 379

Leto 60-65, 80, 125, 140, 147, 151, 156, 241, 256s., 270, 286, 301, 333s., 354, 377, 379s., 385, 408, 410, 451, 509, 514-516, 556, 578, 585, 608, 634

Leto, Santuário de 269

Lêucade 64, 198, 256, 380, 581

Lêucade, penhasco (rochedo) de 451s., 544

Leucádia (cidade) 377, 380

Leucádia, Ilha de 64, 344

Leucádio 344, 380-383, 498

Lêucane 356

Leucária 380

Lêucaspis 380

Lêucatas 380

Leuce 381

Leucipe 93, 203, 237, 269, 374, 381, 423s., 534, 588, 598, 604

Leucípides 257, 376s., 381, 389

Leucípides Hilera 347

Leucipo 156, 177, 225, 233, 245, 257, 269, 277, 347, 381s., 500, 502, 519

Leucipo (filho de Enômao) 381

Leucipo (filho de Xântio) 381

Leucipo (filósofo) 472

Leucipo (pai das Leucípides) 381

Leucipo (pai de Calcínia) 381

Leucipo (pai de Esmérdio) 381

Leuco 140, 348, 350, 382

Leucócamas 537

Leucófanes 240, 382

Leucófrine 382

Lêucofris 130, 587

Lêucofris, Ilha de 130

Lêucon 89, 382, 586

Lêucone 128

Leucopeu 199, 530

Leucósia 382, 563

Leucósia, Ilha de 382

Leucoteia 89, 109, 183, 233, 281, 377, 382s., 411, 478, 482, 586, 621

Leucótoe 142, 383

Levítico 83

Liber Pater 210

Líbia 32, 102, 109, 120, 133, 158, 204, 356, 363, 371, 377, 383, 418, 449

Líbia (cidade) 17, 44, 57, 79, 90, 94, 100, 109, 113s., 137, 158, 193, 198, 245, 247, 279, 309, 311, 328, 353, 386, 426, 436, 544, 566, 612

Licades 384

Licades, Ilhas 384

Licáon 17, 54, 71s., 114, 121, 133, 142, 159, 179, 201, 242, 245, 264, 268, 284, 300, 343, 376, 383s., 385, 394, 410, 413, 449, 482, 484, 489, 491, 493, 510, 535, 580, 597

Licarto 241

Licas 315s., 358, 384, 447

Licasto 346, 348, 384, 489

Liceto 148

Liceu 281

Liceu, Monte 306

Lícia 344

Lícia (cidade) 20, 60, 101s., 111, 121, 130, 132s., 234, 241, 248, 275, 284, 320, 335, 344, 357, 344, 380, 385, 505, 533s., 560, 585, 589

Licímnio 202, 384, 608

Licínio 154

Lício 140, 383-385

Lício, Apolo 64, 119, 137, 158s., 385, 505, 585

Lício, Zeus 71, 384

Lico 51, 59, 75, 113, 123, 172, 177, 182s., 191, 206, 265, 340, 346, 348, 369s., 385s., 404, 415, 423, 427, 448, 485, 529, 533, 538, 553, 603, 609

Licofonte 599

Lícofron 190, 386, 566

Lícofron de Cálcis 119

Licógenes, Apolo 60, 380

Licomedes 67s., 110, 360, 386, 415, 444s., 481, 513, 596, 598, 616

Lícon 497

Licopeu 386

Licoreu 328

Licoria 387

Licormas 249

Lícoro 328

Licoterses 32

Lícto 348

Licurgo 50, 84, 88, 94, 106, 115, 118, 122, 140, 175s., 206, 242s., 259, 261, 336, 340, 344, 353, 387s., 409, 413, 426, 536, 539, 609

Lídia 27, 43, 63, 71, 110, 114, 127, 153, 274, 314s., 332, 343, 353, 388, 422, 456, 477, 484, 508, 567s., 591, 607, 609

Lido 388, 607

Ligdo 352

Ligeu 344, 498, 520

Ligia 563

Lígis 40, 388

Líguiron 67

Ligúria 40, 130, 169, 309

Liléon, Monte 388

Lileu 388

Lilibau 76

Limneidas 450

Lince 389

Linceu 17, 20, 74, 158s., 177, 181, 193, 334s., 346s., 370, 381, 388-390, 409, 502, 505, 533, 595

Linco 389

Lindo (cidade) 608

Lindo, Atená de 159

Lindos 126, 298

Lindos, Ilha de 389, 514

Linerso (cidade) 492

Lino 53, 62, 113, 145, 154, 180, 304, 342, 383, 389, 438, 496, 508, 541, 575, 589

Lípara 202, 390

Lipareu 289

Lípari 201s.

Lípari, Ilhas 128, 289

Líparo 96, 128, 390

Lipéfila 260, 339, 357, 390

Lirceia 17

Lircia (cidade) 390

Lirco 17, 267, 331, 388-390, 555

Liríope 181, 440, 606

Lirneso 197

Lirnesso 68, 105, 197

Lisianassa 106, 204, 356, 520, 574

Lisídice 337, 339, 390

Lisímaca 17, 400, 520, 535, 574

Lisímaque 490

Lisipe 103, 122, 349, 390, 505, 533s., 600

Lisipe, amazona 575

Lisítoo 535

Liteia 363

Litierses 156, 315, 391, 456

Lívio 321, 344

Lívio, Tito (poeta) 413, 466

Livro dos Mortos 65, 225, 472

Lobo-Deus 158

Lócrida 21, 33s., 319, 359, 391, 393, 463, 501, 521, 558

Lócrida, Ájax da 132, 530, 558

Lócrio de Opunte 491

Locro 256, 391, 460

Locros (cidade) 366

Locros, Eutimo de 121, 248

Loki 48

Longa, Alba 42, 199

Lot 464s.

Lótis 179, 391, 536

Lotófagos 391

Lóxias 515, 591

Lóxias, Pitonisa de 515

Lua 46, 60s., 82-84, 87, 99, 129, 182, 225, 248, 299, 306, 330

Lua Ártemis 82

Lua Cibele 330

Lua-Febe 257

Lua, Homem 83

Lua Negra 82

Lua, Pássaro 83

Lua, Selene 197

Lucânia 42

Luciano 223

Luciano de Samósata 216, 252, 270

Lúcifer 267, 327

Lúcio Aneu Sêneca 338, 364, 403, 595

Lúcio Apuleio 173

Lucrécia 397

Lupercais 249

Macabeus 330

Macacos, Ilha dos 315

Macala 263

Macáon 84, 262, 343s., 372, 393, 448, 483, 489, 518, 537, 575, 583, 611, 614

Mácar 298s., 379, 393, 460

Macareu 105, 114, 202, 298s., 360, 379, 383, 393

Macária 319, 394

Maçãs de Ouro 311

Macedno 383

Mácedon 394, 475, 603

Macedônia 17, 37, 54, 79, 116, 198, 239, 272, 281, 286, 311, 394, 475, 508, 603

Macedônia, Filipe da 283

Macelo 394, 585

Macereu 394

Macisto 394, 400, 517

Mácris 394, 401

Mãe, Boa 129

Mãe, Grande 26, 32, 48, 51, 57, 66, 74, 80s., 90-93, 99, 128s., 146, 159, 174, 189

Mãe, Terra- 18, 33, 48, 55, 63, 93, 164, 174

Magapentes 405

Magna Grécia 54, 164

Magna Mater 129

Magnes 77, 100, 127, 201, 394, 396, 503, 508, 522, 603

Magnésia 124, 201, 382, 541, 603

Magno, Alexandre 65s., 79, 236, 276, 289

Maia 63, 71, 77, 95, 323s., 338, 396, 516, 634

Maião, Públio Vergilio 27, 49, 54, 66, 68, 79, 87

Maior, Ursa 99, 114, 299, 302

Malanteia 328

Malaque 240

Malcandro 396

Maldito, Ceifeiro 315

Maleia 276, 416, 618

Maleu 568

Mália 266, 424

Mália, Cabo 312, 392

Malos 51, 147

Manassés 330

Mândilas 396

Mandrágora 396s.

Mandrólito 382

Mândron 372

Manes 388, 397

Mântica 61

Mantineia 59, 206, 498, 625

Mantineu 384

Mantínoo 383

Mântio 405, 524

Manto 39, 51, 62, 148, 181, 398, 405, 436, 554, 606s.

Mântua 199, 398

Maquereu 446

Mar 280, 282

Mar Adriático 368, 439, 619

Mar das Sereias 76

Mar de Hele 89, 293, 382

Mar de Ícaro 345

Mar de Mirto 428

Mar Egeu 161, 281, 284, 345, 425, 500, 531, 591, 594, 616

Mar Eólio 202

Mar Jônico 256

Mar Jônio 98, 309, 368, 629

Mar Mastusiano 167

Mar Mediterrâneo 76, 93

Mar Negro 75, 133

Mar, velho do 598

Marão 131, 398

Márato 399

Máraton 146, 206, 399, 568

Máraton, Rio 369

Maratona 46, 81, 206, 294, 308, 319, 358, 394, 399, 444, 592s., 596

Maratona, Touro de 285

Maratônio 463

Marco Túlio Cícero 143

Marco Vitrúvio Polião 116

Marinho, Zeus 530s.

Mármax 399

Marpessa 62, 249, 346, 381, 399, 408

Marpesso 326, 566

Mársias 63, 98, 134, 180, 399s., 422

Marte 290

Mastusiano, Mar 167

Mastúsio 166

Mater, Bona 129

Mater, Magna 129

Mauritânia 57, 572

Mausolo 356

Meandro 103, 400, 423, 453, 541

Meandro, Deus-rio 110

Mecenas 615

Mécion 136, 208, 400, 452, 485, 509, 568

Mecisteu 24, 205, 242, 383, 400, 407, 566

Mecisto 521

Mecistófano 149, 404

Mécon 400

Mecone 220, 471, 538

Meda 140, 348, 441

Medeia 19, 28, 36s., 59, 65, 70, 75-77, 88, 104, 136s., 146, 148, 150, 163, 173, 189, 191, 203, 214, 256, 259, 275, 286, 328, 339, 347s., 354, 364s., 381, 400-402, 424, 452, 480s., 491, 493, 496, 525, 528, 571, 574, 591s., 597

Medeia 28, 77, 163, 364, 591

Medeio 401s.

Medesicasta 535, 566

Média 384, 563

Mediterrâneo, Mar 76, 93, 113, 128, 178, 231, 296, 309

Medo 41, 72, 191, 241, 265s., 504, 557

Médon 79, 143, 195, 402, 509

Medusa 20, 50, 84, 87, 92, 95, 113, 122, 151, 157s., 162, 170, 195, 235, 264, 277s., 309s., 493, 505-507, 522, 531, 534s.

Megalésio 529

Megaletor 437

Meganira 153

Megapentes 20, 45, 169, 234, 294, 297, 403, 414, 448, 529, 534

Mégara 24, 36, 46, 101, 110, 117, 126, 132, 136, 145, 149, 191, 206, 208, 246, 267, 305, 349, 351, 357, 377, 385, 403s., 410, 452, 482, 485, 501, 509, 511, 525, 537, 592-594, 597

Mégara, Cirão de 137

Megareu 36, 149, 276, 339, 404, 452, 511

Megárida 154

Megera 55, 210s., 461

Meges 260, 404

Mekhât 99

Melampígio 127

Melampigo 315, 404s.

Melampo 17, 23s., 45, 100, 103, 126, 142, 176, 181, 245, 273, 348-350, 390, 405, 503, 523-525, 533s., 587, 635

Melâmpodes 193

Melâncio 260, 405-407

Melancrera 406

Melanégis 407

Melaneis 406

Melaneu 246, 406, 427

Melânion 88, 331, 339, 387, 490

Melanipe 199, 202, 257, 308, 338, 362, 376, 406, 408, 579

Melanipe 202

Melanipe a Filósofa 406

Melanipe Acorrentada 406

Melanipo 50, 123, 144, 359, 386, 400, 406, 503, 535, 569, 591, 599, 601, 612

Melântio 245

Melanto 143, 164, 372, 406s.

Melas 111, 138, 199, 385, 530, 600

Melas Atená 475

Meleágridas 408

Meléagro 19, 42, 80, 88, 139, 162, 199, 276, 310, 314, 346, 373, 376, 389, 408s., 490, 496, 517, 597, 609

Melena 164, 407

Melênis 328, 407

Meles 408s.

Meles, Rio 152s., 464

Melesígene 153

Mélete 443

Mélia 108, 267, 282, 355s., 360, 409s., 587

Melíade 125, 266

Melíades 410, 450

Melíades, ninfas 626

Mélias, Ninfas 272, 626

Melibeia 383, 403, 410s., 476, 493, 508

Melibeu 410

Melicertes 88s., 174, 267, 293, 376, 382, 410, 482, 572, 586

Melissa 411

Melisseu 144, 328, 346, 411

Melisso 411

Mélite 332, 411, 414

Meliteia 86, 411

Meliteu 86, 411

Mélito 409

Melos 411s.

Melos, Ilhas de 102, 109, 240, 417

Melpômene 65, 412, 438, 563, 575

Memblíaro 412

Mémero 401

Mêmio 432

Mêmnon 58, 70, 98, 203, 219, 412, 414, 447, 489, 545, 552, 608, 610

Memnônides 412

Memoráveis 318

Memória, Fonte da 225s.

Memórias 318

Mênades 42, 56, 131, 156, 175, 387, 391, 413, 465, 499, 515, 536, 561

Mênalo 88, 100, 383s., 413

Mênalo, monte 391

Menebrontes 149, 404

Meneceu 149, 183, 208, 365, 413, 502, 600

Menécio 21, 86, 94, 140, 192, 205, 220, 273, 363, 413, 491s., 538

Menelau 18, 25, 29-31, 35, 53s., 58, 68, 70, 95, 115, 120, 141, 161, 169s., 193, 195, 214, 240, 256, 262, 275s., 292, 294-298, 302, 325, 336, 348, 351, 377, 385, 403, 413-417, 435, 445, 447s., 462, 480, 484, 488, 491, 498, 517, 519s., 521, 524, 528, 531, 540s., 553, 576, 579, 584, 587, 599, 604, 607, 609, 615-617, 622,

Menestes 593

Menesteu 167, 176, 398, 413, 596

Menéstio 489, 522

Menesto 408, 453

Menéstrato 139

Menetes 309s.

Mênfis 32, 108, 193, 204, 356, 449, 540, 556

Menino, Zeus- 369

Menipe 147, 499

Mênon 160

Menor, Ásia 64, 67, 89, 103, 108s., 111, 128

Menor, Ursa 99, 299

Mentes 131

Mentor 319, 498, 621

Méon 152s., 300, 601

Mera 209, 377

Mercúrio 324s.

Mérion 126, 348, 434, 527

Meríone 18

Meríones 283s.

Mérmero 259, 354, 401

Mermno 200

Mérope 95, 135, 139, 150, 184s., 187, 201, 206, 208, 298s., 339, 404, 484, 516, 572, 589

Méropis 33

Mérops 33, 138, 140, 484, 535

Mesopotâmia 226, 248, 330

Messápia 205

Messena 62, 247, 314, 346, 352s., 377, 409, 520

Messene 266

Messênia 24, 150, 206, 246, 255, 319, 346s., 361, 381, 385, 405-407, 429, 437, 443, 448, 495, 502, 509, 520, 585, 604

Messênia, Pilos da 143

Messina, Estreito de 116, 131s.

Mestor 52, 339, 386, 390, 535, 550

Meta 111, 191

Métabo 436

Metamorfoses 33, 37, 47, 71, 87, 115, 121, 125, 154, 161, 169, 179, 254, 320, 324, 338, 345s., 352, 360, 379, 423, 503, 508, 510s., 534, 572, 586, 595

Metanira 100, 123, 164-167, 196, 343, 533, 611

Metapôntis, Ilha de 569

Metaponto 202, 204, 436, 571, 579

Metarme 134

Metiadusa 485

Metimna 379, 393, 513

Metíoco 490

Metíon 191

Metíoque 147

Métis 90, 153, 301, 453, 469, 529, 586, 626, 630, 633s.

Metone 262, 493

Metone (cidade) 403, 437

Metope 86, 127, 360, 370, 559, 579

Mezêncio 198

Micenas 24s., 29-31, 38, 45, 52, 68-70, 73, 77, 95, 105, 110s., 119, 130, 141s., 145, 151s., 167, 171, 192s., 194s., 199, 244-246, 277, 303, 305, 307-310, 319, 351, 356, 394, 403, 414-416, 461s., 492, 509, 522, 550, 575, 581, 583, 597, 601, 616

Mícilo 271

Miconos 34

Midas 32, 46, 63, 276, 315, 391, 400, 422

Midas, fonte de 422

Mideia 245

Mider 602

Mídias 422

Mieno 423

Migdon 145, 386, 423, 588

Miguel, São 99

Miisco 616

Milas 423

Milcíades 245

Miles 377, 423

Mileto 17, 24, 57, 64, 103-105, 110, 121, 143, 197, 233, 267, 327, 339s., 348s., 423, 579, 610

Mileto (cidade) 423, 444, 454, 520, 560, 581, 610

Mileto (pai de Bíblis) 103

Mileto, Arctino de 98, 412, 552

Mileto, Pandareu de 24

Mílio 535

Mimas 144, 202, 274, 423

Minerva, voto de 211, 462

Mines 105

Miníades 413, 424

Mínias 88, 135, 140, 331, 344, 424, 540

Minoica, Atená 77

Minos 17, 25, 46, 78, 84, 87, 98, 103, 105, 120, 132, 136, 142s., 149, 155, 160, 170, 180, 191, 217, 223, 235, 244, 247, 257, 263, 276, 308, 338, 343, 345, 348, 361, 363, 384, 404, 423-425, 436, 443, 452, 491, 501, 503, 525, 529, 531, 537, 560, 574s., 577s., 580, 593, 611, 634

Minos, Ilha de 76, 87, 102, 149, 159, 226, 247, 268, 416, 453, 473, 484, 554

Minos, o Jovem 346

Minotauro 34, 46, 64, 78, 136s., 160, 191, 247, 257, 259, 345, 424-426, 442, 491, 578s., 593, 597

Minotauro, Ilha do 170

Minte 426

Mírice 426

Mirina 94, 111, 150, 340, 426, 609

Mírmex 427

Mirmidões 565

Mírmidon 21, 427

Mirra 23, 26s., 134, 233, 426s., 580

Mirrino 143

Mirso 427

Mírtilo 200, 337, 427, 497

Mirto 414

Mirto, mar de 428

Misa (cidade) 504

Míscelo 428

Miseno 428

Mísia 30, 35, 49, 68, 74, 95s., 104, 140, 151, 189, 259, 263, 278s., 291, 300, 329, 331, 346s., 361, 441, 455, 490s., 501, 514, 523, 525, 540, 582s., 590, 600, 616

Mísios 95

Misme 84

Mistérios da Samotrácia 108

Mistérios de Elêusis 126s., 129, 164s., 223, 310, 342, 428-432, 438, 454, 464, 504, 531, 611, 633

Mistérios dos Cabiros 74, 344

Mitilene 393

Mitilene, Lesques de 412

Mitridates 178

Miunte 267

Mnasilo 568

Mnêmon 432, 526

Mnemósina 207, 272, 432, 438, 589, 607, 634

Mnesímaca 125, 170, 246, 312

Mnestes 291

Mnesteu 432

Mnestra 212

Moira 22, 34, 36, 67, 69, 75, 80, 98, 123, 159, 173, 218, 292, 308, 317, 319, 356, 381, 412, 432, 469, 495, 535, 551, 576, 586, 598, 602, 604, 618, 629, 632, 634

Móli 507

Molíon 246

Molíone 154, 434

Moliônides 21, 154, 237, 434, 444

Molo 348, 434

Mólon 495

Molorco 434

Molosso 49, 298, 445, 599

Molpádia 234, 435, 490

Molpe 563

Mólpis 435

Molpo 435

Moluro 331

Momo 435, 452

Mônada 548

Monênia 513

Montanha de Bóreas 121

Montanha de Cálidon 112

Monte Artemísion 307

Monte Atlas 327

Monte Cásio 632

Monte Cilene 95, 133, 165, 396

Monte Cirfis 38

Monte Citerão 53, 126, 174, 184s., 187, 189, 208, 385, 404, 410, 499, 597, 605

Monte Córico 567

Monte de Édipo 32

Monte Dicta 42, 153, 272, 299, 630

Monte Dihdimon 74

Monte Drio 352

Monte Dríon 519

Monte Egéon 630

Monte Erimanto 125, 312

Monte Érix 28, 330

Monte Eta 102, 162, 178s., 260, 262, 316, 319, 357, 384, 394, 447, 464, 608

Monte Etna 26, 40, 130, 289, 602, 632

Monte Fíquion 185, 189

Monte Fóloe 106

Monte Gárganon 111

Monte Hélicon 117, 154, 336s., 511

Monte Ida 26-29, 42, 53s., 67s., 90, 113, 119, 123, 134, 149, 153, 159, 161, 197, 287, 296s., 301, 320, 324, 326, 335s., 347, 354, 425, 477, 479, 481, 487, 489, 492, 555, 566, 630, 633

Monte Iucta 425

Monte Liceu 306

Monte Liléon 388

Monte Mênalo 391

Monte Nérito 615

Monte Nisa 174s., 324, 328, 387, 452, 602, 632

Monte Olimpo 171, 178, 308, 438

Monte Ossa 41, 178, 375

Monte Ótris 234, 259

Monte Palatino 65, 451, 482

Monte Pangeu 387

Monte Parnasso 61, 63s., 112, 164, 344, 387, 391, 460, 489, 509, 513, 515, 585, 603, 615, 629

Monte Partênion 490

Monte Pélion 19, 41, 67, 73, 124, 261, 313, 333, 364, 375, 406, 410, 494s., 553

Monte Pindo 375

Monte Ródope 387

Monte Sípilo 451, 484

Monte Taígeto 313

Monte Teumesso 122

Monte Tmolo 63

Montes 272

Montes Péloros 42

Mópsion 436

Mopso 51, 62, 74, 94, 111, 273, 375, 398, 426, 435s., 508, 554

Moreia 477

Morfeu 458

Morgâncion 436

Morges 436, 571

Mória 157, 436

Mormo 196, 436s.

Mormólices 231

Moro 452

Morráfio 414

Morta 433

Morte 36, 97, 308, 335

Mortos, Diálogo dos 223

Mortos, Livro dos 65, 225

Mosco 247

Mosiclo 289

Munipo 132

Muníquia, Ártemis 81

Múnito 18, 240, 374, 438

Musas 17, 63s., 67, 70, 79, 109, 113, 138, 153s., 167, 207, 227, 260, 269, 333, 336s., 400, 412, 432, 438, 443, 463, 471, 508, 515, 524, 526, 545, 566, 575, 589, 598, 634

Museu 242

Museu de Epidauro 85

Muto 508

Náftia 483

Náftia, lago de 483

Náiades 243, 439, 448, 450

Naiusinoo 113

Nana 32, 93, 439, 559

Nânaco 439

Nanas 439

Nanos 440

Naos 440

Napeias 450

Nápoles 127, 129, 181, 315, 490, 539

Narciso 27, 181, 302, 320, 333, 440s., 606

Nasão, Públio Ovídio 20, 33, 37, 47, 71, 77s., 154, 161, 201, 340, 345

Natural, História 321

Nau Argo 19, 73-77, 91, 103s., 115, 137, 177, 189, 208, 364, 285, 400s., 441, 496, 598, 612

Náubolo 352, 371, 441

Náucrates 160

Naupacto 60, 79, 118, 319

Náuplia 96, 441

Náuplio 25, 44, 95s., 140s., 180, 192, 326, 348, 414, 441s., 445, 480s., 498, 509, 522, 531, 582, 600

Naus, Catálogo das 29

Nausícaa 37, 441s., 504, 550, 584, 621

Nausimedon 140, 326

Nausimedonte 180, 441, 480

Nausítoo 37, 113, 136s., 442, 501, 620s.

Nautes 442

Naxos 176, 201, 233, 239, 339s., 381, 442

Naxos, Ilha de 17, 41, 53, 78, 106, 176, 234, 276, 352, 381, 483, 520s., 531, 539, 594

Nebrófono 340

Néctar 355

Neda 281, 361

Neera 95, 189, 339s., 372, 387, 451

Nefálion 244, 308, 424, 443

Néfele 88s., 167, 267s., 293, 376, 382, 401, 443, 446

Nefrônio 340

Negra, Lua 82

Negro, Mar 75, 133

Neit, Ísis- 84

Neleu 96, 103, 110, 143, 150, 200, 312s., 405, 407, 434, 443s., 447, 449, 451, 495, 500, 502s., 509, 531, 568, 606

Nemânus 396

Nemeia 24, 50, 242s., 259, 306, 340, 366, 434

Nemeia, Leão de 35, 101, 126, 207, 306, 310, 315, 457

Nemeias 304, 317, 632

Nemeios 539

Nêmesis 23, 263, 294, 377, 440, 444

Nemeus 366, 400, 527, 539

Nemeus, Jogos 50

Néofron 192

Neoptólemo 35, 49, 67, 70, 97, 105, 115, 180, 245, 258, 262, 279, 283, 297s., 325, 378, 386, 394, 434, 444s., 462, 495, 501, 513, 527s., 535, 583s., 599, 609, 617s., 624

Nereidas 178, 275, 349, 446, 450, 530, 571, 574

Nereu 53, 66s., 128, 140, 209, 265s., 269, 272, 311, 446, 494, 524, 529, 574, 578, 598, 611

Nerites 446

Nérito 361

Nérito, monte 615

Neso 326

Nessa 507

Nesso, Centauro 125, 162, 314-316, 358, 384, 446

Nesso, rio 453

Nestor 31, 35, 58, 67-69, 112, 140, 204, 285, 292, 313, 412, 415s., 434, 444, 447, 458, 500, 504, 513, 520, 539, 569, 584, 618, 621

Neupacto 339

Niceia 325, 333, 448

Niceia, Partênio de (poeta) 381

Nícia 397

Nicipe 87, 235, 245, 337

Nicodamas 508

Nicolau de Damasco 185

Nicômaco 448

Nicóstrata 249

Nicóstrato 169, 294, 297, 414, 448, 529

Nicteis 183, 369, 522

Nicteu 51, 59, 114, 182s., 265, 340, 369, 371, 385, 448s., 516, 629

Nictímene 449

Nictimo 376, 383s., 449, 489

Nike, Atená 90s.

Nilo 204, 271, 356

Nilo, Deus-rio 113

Nilo, Rio 32, 93, 102, 115, 158, 193, 296, 449, 453, 505, 540, 553, 572, 580

Ninfa 243, 302, 361

Ninfas 70, 174s., 278, 282, 286, 327s., 449, 461, 561

Ninfas dos Freixos 272, 450

Ninfas Melíades 626

Ninfas Mélias 272, 626

Ninfeu 109s.

Nínias 563, 600

Nínive 555, 562

Nino 450, 510, 562

Níobe 24, 52, 77, 80, 86, 172, 183, 267, 286, 341, 353, 360s., 447, 451, 493, 576

Nióbidas 410

Nique 102, 236, 451, 482, 629

Nique, Atená 91

Nireu 329, 451s.

Nisa 100

Nisa (cidade) 404

Nisa (ninfa) 452

Nisa, Monte 174s., 324, 328, 387, 452, 602, 632

Nisiro, Ilhas de 259, 274, 520

Niso 46, 101, 117, 132, 136, 191, 242s., 385, 452, 485

Nix 47, 115, 207, 212s., 217, 236, 239, 300, 317, 327, 335s., 435, 444, 452, 469, 551, 576, 626, 633

Nócion 111

Noite 47, 263, 317, 327, 335s.

Nômia 156

Nona 433

Nonácris 236

Nono (poeta) 541, 572

Norte, Vento 103s.

Noto 104, 202, 452

Nova Criasso 109s.

Nova Troia 181

Nove Rotas 261

Nuvem, Hera- 443

Nuvens 316

Nuvens, Discurso Injusto das 318

Oaxes 453

Oaxo (cidade) 453

Oaxo 453

Obreira, Atená 91

Oceânida 328, 347

Oceânida Idiia 400, 453

Oceânidas 172, 326, 343, 450, 453, 476, 493, 598, 608

Oceano 53, 65, 86, 93s., 108, 110, 113, 117, 127, 133, 136s., 140, 151, 172, 178, 194, 203, 209, 233, 236, 244, 272, 281, 294, 299, 301, 309, 315, 317, 326, 355, 360s., 363, 381, 383, 400, 409, 443, 446, 453, 469, 475s., 499, 503, 516s., 530, 559, 569, 575, 578, 598, 607, 610, 626, 633

Oceano, Rio 137

O Ciclope 524, 561

Ocípite 104, 194, 284

Ocírroe 256, 354, 453s.

Ocírroe (filha da ninfa Quésias) 454

Ocírroe (filha de Quirão) 454

Ocírroe (mãe de Fasis) 454

Ócito 279

Oclaso 413

Ocna 106, 242

Ocno 454

Ocrídion 460

Ode 443

Odes 146

Odisseia 24, 31s., 37, 57, 59, 64-66, 70s., 76-78, 90, 96-98, 112s., 116s., 126, 129, 131s., 133, 136, 139, 141, 164, 167, 172, 175, 177s., 182-188, 198, 200-202, 206, 210, 216s., 219, 231, 237, 239, 243s., 246, 251, 254, 256, 263, 269, 282, 299, 314, 323, 328, 348, 350, 352, 354, 359, 361, 365s., 370, 372, 375, 377, 379, 383, 391, 403, 406s., 412, 414, 416, 433, 435, 442, 445, 447, 459, 465, 477, 484, 491, 493, 498, 503, 512s., 521, 523s., 526-532, 542, 554, 558, 564, 570-572, 577, 583s., 587, 606, 610, 614-616, 618s., 621, 623-625, 630

Odrises 103

Ofeltes 24, 50, 79, 340, 454, 490, 527, 539, 599s.

Ófion 244, 454

Ofiônion 454

Ófis 59

Ogígia 451

Ogígia, Ilha de 113, 243, 256, 324, 442, 454, 584, 620

Ógigo 112, 258, 357, 454

Ógigo (pai de Cadmo e Fênix) 455

Ógigo (pai de Elêusis) 455

Ógigo (rei dos titãs) 455

Ohrmadz 48

Oileu 33, 35, 441, 455

Oileu, Ájax 97, 119, 139, 402, 455, 480, 501, 581

Ólbia 357, 599

Ólen 334

Olênias 600

Óleno 125, 170, 199, 244, 246, 266, 312, 501

Olimbro 455

Olímpia 62, 64, 80s., 135, 140, 153, 204, 231, 239, 248, 286, 337s., 341, 343, 360, 367, 577

Olímpia, Deméter de 164

Olímpicas 96, 186, 303, 307

Olímpicos 280, 284, 299

Olímpicos, Jogos 28, 64, 96, 139s., 160, 202, 307, 338, 341, 353, 357, 497

Olimpo 39, 41, 47, 60, 71-73, 78, 89s., 94, 102, 114, 123, 130, 133, 137, 141, 153, 156, 165s., 174-176, 180, 190, 194, 203-205, 216s., 220s., 227, 244, 254, 267, 270, 272, 274, 280, 285, 288s., 291s., 299, 301s., 311, 316s., 324, 327, 333, 336, 341, 347, 354, 357, 380, 384, 399, 424, 435, 443, 446, 449, 455, 464, 467, 471, 474, 479, 489, 493s., 497, 500, 502, 504, 507, 530, 538, 551, 562, 577, 598, 602, 604, 630, 632-634

Olimpo, Monte 171, 178, 308, 438

Olinto 18, 105, 237, 455, 555

Ólizon (cidade) 403

Omádio 56

Omeste 56

Omódamo 233

Onco 78

Ones 451, 563

Ônfale 47, 127, 156, 247, 314s., 317, 332, 343, 353, 372, 388, 391, 408, 451, 455-457, 568s., 591, 607

Onfálion 314, 456

Ônfalo 456

Oniro 217, 356, 397s., 452, 458s.

Onquesto 36, 123, 171, 208, 386, 404, 502

Ópis 286, 334, 475

Óps 475

Opunte 460, 475

Opunte, Anfídamas de 139

Opunte, lócrios de 475

Opunte, Pélops de 200

Ópus 391, 460, 541

Óquemo 106, 242

Óquimo 126, 298s., 460, 556

Oráculo 202, 241, 245, 326, 331

Oráculo de Amon 50, 120

Oráculo de Apolo 62, 163s., 189

Oráculo de Claros 37, 62, 64, 476

Oráculo de Delfos 20, 24, 29, 34, 46, 60s., 63s., 72, 79, 88s., 96s., 109-111, 118, 120, 122, 130s., 143-145, 149, 157, 162, 183-185, 187, 195, 205, 208s., 246, 255-257, 265, 267, 270, 305, 311, 319, 325, 328, 338, 343, 353, 356, 365, 370s., 376-378, 391, 393, 407, 411, 415, 425, 432, 436, 440s., 446, 456, 461, 477, 487, 533, 535, 553, 559s., 566, 572, 582, 596, 612, 631

Oráculo de Delos 64

Oráculo de Dídimos 64

Oráculo de Dodona 40, 114, 269, 361, 475

Oráculo de Geia 61, 63, 129, 163

Oráculo de Têmis 61, 66

Oráculo Oriental de Apolo 105

Oráculos de Dodona 356

Orcômeno 21, 29, 53, 77, 88s., 95, 135, 140, 147, 149, 185, 208, 246, 264s., 267, 281s., 293, 304s., 313, 331, 342, 344, 349, 365, 382-384, 387, 403, 424, 533, 586, 601

Ordes 151

Oréada 293

Oréadas 450

Orésbio 291

Orestes 30s., 39s., 45, 52, 63, 68, 92, 115, 141s., 152, 168, 180, 193, 195, 210, 238, 291, 298, 319, 325, 350s., 394, 403, 417, 435, 445, 458, 460-462, 485, 487, 500, 509, 604, 607, 609

Orestes 195, 296

Oresteu 462s.

Oréstia 119, 142, 210s., 349, 431, 458, 461, 465, 509, 552

Orfe 172

Orfene 66

Orfeu 62, 74, 76, 79, 107s., 113, 118, 126, 131, 180, 223-227, 243, 378, 389, 398, 413, 430, 438, 463-475, 496, 504, 508, 526, 629, 631

Órfico-Pitagóricos 318

Órficos 153, 216

Orígenes 311

Ório 116, 477, 524

Oríon 28, 80, 121, 147, 201, 203, 299, 340, 475, 490, 516, 531, 568

Orista 199

Oritia 103s., 106, 139, 208, 300, 446, 553, 580

Ormadz 248

Ormênio 131

Ôrmeno 529, 599

Orminion 313

Orneu 208

Ornícion 282, 609

Órnis 237

Órnito 131, 265, 475

Oronte (filho de Dídnaso) 476

Oronte (filho de Oceano) 476

Oronte, rio 476

Oropo 51

Orsédice 134

Orseis 88, 178, 267, 293

Orsíloco 197, 314, 352, 599, 615

Orsínome 266, 611

Orsóbia 486

Orteia 363

Órtia 512

Órtia, Ártemis 52, 81, 294, 595

Ortígia 87, 379

Ortígia, fonte de 439

Ortígia, Ilha de 41, 60, 379

Ortígio 140

Ortópolis 476, 517

Ortro 101, 126, 207, 273, 306, 309, 317, 476

Os Aléadas 582

Os Cretenses 226, 473

Os Mísios 582

O Sonho 270

Os Persas 219, 222, 324, 329, 444, 545

Os Sete contra Tebas 72, 184, 188s., 565

Osíris 83, 99, 106, 115, 173, 248, 311, 394, 396, 465s., 536

Ossa (ninfa) 572

Ossa, Monte 41, 178, 375, 572

Óstaso 455

Otaviano 27

Oto 41, 72, 80, 351s., 355, 476, 483, 516, 521, 531

Otreis (ninfa) 411

Otrere 338, 499

Otreu 53, 386

Otrioneu 119

Ótris 86, 125, 588

Ótris, Monte 234, 259

Otrono, Ilha de 195

Ouro, Pomo de 209, 310s., 357

Ouro, Velocino de 19, 73, 75, 91, 136, 207, 214, 265, 331, 348, 364, 400s., 441, 496, 588, 591, 603

Ovídio 19, 33, 37, 47, 71, 77s., 87, 89, 93, 114s., 121, 125, 154, 169, 179, 214, 237, 254, 255s., 259, 266, 320, 324, 334s., 338, 345, 352, 360, 373, 379s., 393, 406, 423, 428, 508, 510s., 534, 572, 575, 580, 586, 594s.

Ovídio, Públio Nasão 20, 33, 37, 47, 71, 77s., 154, 161, 201, 340, 345

Oxeu 404

Oxialces 356

Óxilo 116, 179, 319, 476s., 541

Óxilo (filho de Ares) 476

Óxilo (filho de Hêmon) 476

Óximo 291

Oxínio 477

Oxínio, rio 477

Oxíporo 134

Oxo, rio 453

Pã 42, 71, 77, 114, 154, 156, 163, 179, 181, 207, 249, 269, 323, 341, 343, 353, 356, 399, 478, 498, 516, 524, 561, 568, 571, 588, 602, 625, 632

Pacífico 553

Pactolo 478, 496, 576

Pactolo, rio 478, 496, 576

Padíon 209

Paflagônia 235, 284, 399, 559

Pafos (cidade) 31, 134, 373, 478, 508

Pafos, Afrodite de 373

Paládio 35, 90, 159, 168, 194, 296s., 354, 479s., 481s., 570, 579, 586, 614, 618

Palamedes 18, 31, 96, 140s., 146, 180, 192, 326, 348, 382, 415, 441, 480s., 498, 536, 570, 584, 615s.

Palante 198, 249, 451, 481

Palanteu 198, 249, 482

Palântidas 481s.

Palas 102, 159, 191, 236, 274, 383, 385

Palas Atená 20, 33, 35s., 39, 51, 54, 90-92, 121, 136, 145, 168, 176, 194, 196, 198, 208, 245, 274, 283, 319, 354, 377, 402, 425, 442, 444, 479, 481, 484, 501, 535, 537, 555, 570, 584, 593, 596, 617s., 621, 623

Palas, titã 451, 482, 504, 561, 629

Palatino 129, 198, 249

Palatino, Monte 65, 451, 482

Palêmon 89, 289, 311, 382, 410, 482

Palêmon (filho de Átamas) 482

Palêmon (filho de Etolo) 482

Palêmon (filho de Heracles) 482

Palene 37, 54, 142, 157, 239, 274, 329, 482s., 540s., 572

Palestina 247

Palestino 237

Palestra 146, 483, 485

Palicos 239, 483

Pâmon 287, 535

Panaceia 84, 205, 372, 483

Panâmoro 369

Panateneias 92, 208s.

Pâncratis 41, 351s., 483

Pandáreo 139

Pândares 483s.

Pandaréu 24, 577

Pandaréu de Mileto 24

Pândaro 349, 378, 415, 484, 617

Pandêmia, Afrodite 25s., 28s.

Pandíon 72, 92, 106, 122, 136, 139, 183, 191, 207, 263s., 344, 361, 452, 482, 484s., 509, 533, 537, 635

Pandíon (filho de Cécrops II) 485

Pandíon (filho de Erictónio) 484

Pandíon I 369

Pandíon II 385s., 400, 452, 462, 485

Pândoco 483, 485, 522

Pandora 169, 205, 208, 220, 222, 288, 363, 485, 512, 522, 538, 605, 626

Pandoro 208, 485s.

Pândroso 33, 92, 121, 209, 326, 486

Panegírias 64

Panfília 436, 554, 568

Panfílios 192

Pânfilo 192, 313, 375, 486

Panfo 486

Pangeu 486

Pangeu, monte 387

Pânides 486

Pânope 266

Panopeu 87, 152, 204, 265, 486s.

Panopleu 78, 594

Panópolis 42, 387

Pântano de Lerna 329

Panteucles 437

Pântoo 487, 521

Papiro de Paris 324

Paraíso 94, 226

Paraíso de Osíris 325

Páralo 487

Parcas 433

Parébio 487

Pária 244, 263, 308

Pária (ninfa) 424, 443

Párias 263

Pário 263

Párion 566

Páris 18, 26, 28, 30, 54, 58, 67, 70, 90, 97, 111, 113, 119, 130, 132, 146, 160s., 169, 201, 212, 214s., 240, 242, 245, 259, 262s., 275, 283, 287, 292, 294-298, 302, 311, 318, 324s., 347, 381, 385, 414-416, 479s., 484, 487-489, 525, 528, 535, 540, 545, 553, 584, 614s., 617

Parmênides 45

Parnasso, Monte 61, 63s., 112, 135, 152, 164, 173, 179, 265, 313, 343s., 387, 391, 460, 489, 509, 513, 515, 585, 603, 515, 629

Paros 108, 244, 444

Paros, Arquíloco de 532

Paros, Ilha de 46, 235, 244, 263, 308, 443

Parrásia (cidade) 489

Parrásio 384, 489

Partênia 131, 399, 516

Partênio 336, 453

Partênio de Niceia (poeta) 381

Partênion 88, 146, 582

Partênion, monte 490

Párteno 234, 490

Partenón 91s.

Parténope 237, 490, 563, 610

Partenopeu 24, 88, 205, 231, 490, 566, 594

Párthenos Criselefantina 92

Pasífae 46, 75, 78, 120, 160, 170, 189, 257, 276, 345, 398, 424s., 491, 503s., 531, 537, 593

Pasítea 335

Pasítoe 453

Pássaro-Lua 83

Pátara 344

Patera 101

Patera (cidade) 553

Patêrnio 131

Patras 81, 144, 245, 534, 611

Patreu 534

Pátrocles 404

Patrocleu 149

Pátroclo 21, 31, 34, 58, 67-71, 105, 139, 159, 192, 194, 197, 203s., 217, 219, 240-242, 245, 249, 252s., 258-260, 275, 292, 348, 352, 366, 376, 413-416, 422, 446, 491s., 509s., 519, 527, 560

Pátron 492

Paulo Diácono 271

Pausânias 22, 25, 32, 45, 100, 135, 137, 165, 181s., 226, 231, 236, 239, 244, 257, 273, 297, 313, 323, 337, 339, 352, 383, 406, 417, 440, 486, 494, 503, 517, 536, 558, 585, 596

Pavor 265

Paz 341

Peã 217, 280, 492

Peante 262

Pédaso 437

Pedeu 404, 579

Pédias 148

Pefredo 278, 506

Pega 181

Pégasas 73

Pégaso 101s., 151, 235, 277, 377, 493, 506s., 525, 531, 553

Pegeias 450

Peias 262s., 493

Pelagon 86

Pelarge 361

Pelasgiótis 494, 586

Pelasgo 133, 148, 163, 267s., 300s., 344, 355, 375, 383s., 410, 439, 493s., 499, 585

Pelene 345, 604

Peleu 19, 21, 67-70, 88, 99, 105, 110, 136, 139, 148, 180, 204, 212, 233, 236, 246, 258, 265, 283, 292, 359, 364, 409s., 414, 427, 437, 445, 489, 491, 494-496, 522, 526, 531, 541, 553, 581, 598, 612

Pélia 411

Pelíades 401

Pélias 19, 22, 36, 59, 74, 101, 103s., 130, 148, 150, 173, 189, 200, 214, 275, 311, 339, 350, 357, 364, 378, 401, 409, 443, 494-496, 525, 531, 568, 597, 606

Pélion, Monte 19, 41, 67, 73, 124, 261, 313, 333, 364, 375, 406, 410, 494s., 553

Pelopia 30, 95, 130, 192s., 311, 451, 495s., 601

Pelópidas 95

Peloponeso 17, 24, 41, 60, 71, 77, 79, 81, 100, 104, 118, 121, 125, 135, 143, 150s., 155, 161, 171, 178s., 181, 192s., 197, 199, 201s., 206s., 223, 237, 239, 246s., 265, 267, 277, 284, 294, 305, 307, 319, 332, 339, 344s., 346

Peloponeso, Guerra do 320

Peloponeso, monte do 363, 376s., 383, 385, 408s., 462, 476s., 488, 493, 500, 502, 509, 532s., 540, 561s., 568, 585, 594, 607

Pélops 30s., 36, 52, 95, 119, 133, 136, 145, 152, 170, 172, 180, 183, 200, 230, 235-237, 245s., 266, 297, 305, 337-339, 357, 366, 371, 390, 427s., 451, 478s., 483, 496s., 514, 517, 576s., 610, 614, 622

Pélops de Opunte 200

Peloro 109, 182, 562

Peloros, Montes 42

Penates 181, 198

Penates na Itália 198

Pene 497, 541

Penéleo 353, 497, 521, 607

Penélope 37, 59, 112s., 117, 171, 178, 242, 244, 246, 249, 282, 294, 296, 314, 316, 344-346, 359, 361, 370, 376, 380, 403, 406s., 442, 447, 459, 465, 478, 481, 497-499, 501s., 524-527, 583s., 604, 609, 615s., 620-625

Peneu 237, 293, 307

Peneu, Deus-rio 156

Peneu, Rio 61, 79, 96, 137, 150, 375, 453, 499, 586, 611

Penhasco (rochedo) de Lêucade 451, 544

Penia 499, 529

Penía 213

Pentesileia 43, 70, 110, 112, 139, 219, 499, 519, 545, 590

Penteu 32, 109, 175, 205, 207, 232, 369, 385, 388, 413, 448, 499s., 522, 562, 606

Pêntile (cidade) 500

Pêntilo 210, 233, 500

Pento 500

Péon 197, 204, 239, 492, 500

Peoneu 160

Peônia 510

Pepareto 78, 234, 500, 594

Pequenos Tratados 336

Pérato 381, 500, 517

Perdicas 272

Pérdix 500s.

Pereu 582

Pérgamo 49, 108, 279, 378, 434, 501, 532

Perialce 103

Periandro 135

Peribeia 34, 96, 139, 184s., 199, 344, 424, 442, 497s., 501s., 581, 593, 600, 625

Peribeia (filha de Alcátoo) 501

Peribeia (filha de Eurimedonte) 501

Peribeia (filha de Hipônoo) 501

Peribeia (jovem da Lócrida) 501

Peribeia (náiade) 501

Péricles 188

Periclímene 22

Periclímeno 74, 312s., 444, 490, 501s.

Perieres 134, 201, 277, 344, 381, 406, 427, 494, 502, 513, 603

Periergo 266, 502

Perifas 199, 375, 427, 502

Perifetes 145, 289, 502, 591, 599

Perigune 359, 407, 502s., 569, 591

Períleo 344, 462, 498, 604

Perimede 201, 384

Perimedes 319

Perimele 503, 537

Perimele, Ilha 65

Periópis 259, 414, 491

Perístera 503

Pero 86, 103, 405, 503

Persas 217

Perse 503

Perséfone 22s., 26s., 36, 55, 84, 97, 108, 113, 118, 123, 147s., 151, 164-167, 173, 176, 213, 225s., 235s., 238, 240, 243, 253, 280, 286, 294, 310, 323, 342-344, 426, 463, 472s., 497, 503s., 512, 554, 558, 563, 576s., 595, 624, 629, 633s.

Perseida 189, 619

Perseis 113, 136, 189, 201, 299, 453, 491, 503

Persépolis 442, 504, 520, 527, 550, 584

Perses 87, 123, 136, 189, 299, 402, 482, 503s.

Perseu 17, 20s., 38, 50, 52, 89, 92, 95, 120, 123, 127, 130, 157s., 170, 195, 235, 245, 264, 266, 277s., 280s., 296, 299, 303, 324, 334, 339, 352, 403, 448, 493, 502, 504-507, 522, 530, 533s., 549, 556, 574, 603, 634

Persidas 95

Pessinunte 32, 129

Pesto 436

Petélia 225, 263, 472

Petreia 632

Petrônio 142, 237

Peucécio 201, 343, 383s., 507

Píaso 507

Picóloo 507

Píelo 49, 434

Piéria 267, 477

Piéria (cidade) 507s.

Piérides 17, 336, 493, 507s.

Píeris 403

Píero 17, 180, 363, 396, 507s.

Pigmalião 134, 508

Pigmeus 311, 508

Pílades 79, 152, 180, 238, 351, 403, 461s., 487, 508s., 609

Pílaon 444

Pilas 136, 191, 485, 509

Pilêmenes 284, 509

Pilenor 509

Píleo 140

Pileu 509

Pília 191, 386, 509

Pílio 262, 509

Pilon 246, 443s., 447, 495, 502, 513, 584, 610

Pilos 45, 143, 172, 313, 323, 520, 621

Pilos (cidade) 407, 447s., 509, 520, 584

Pilos da Messênia 143

Pilumno 507

Pimpleia 156, 315, 391

Píndaro (poeta) 28, 31, 96, 124, 130, 137, 182, 186s., 217, 245, 253, 303-305, 307, 317, 329s., 362, 367, 470, 474, 492, 632

Pindo 178, 510

Pindo, monte 375

Pipo 507

Píramo 510

Piras 77, 510

Pirecmes 510

Píren 101, 356, 510

Pirene 72, 86, 101, 171, 192, 308, 493, 510s., 525

Pirene, Fonte 65

Pireneu 511

Pireu 81

Pirgo 511

Pírias 511

Piriflegetonte 66, 217, 223, 264

Piriflegetonte, Rio 511s.

Pirítoo 124, 132, 240, 246, 255, 280, 294, 332, 338, 362, 375, 378, 409, 415, 471, 504, 512, 527, 541, 595s.

Pírois 299

Píroo 354

Pirra 51, 67s., 88, 169s., 178, 199, 201, 205, 267, 293, 350, 360, 386, 460, 512s., 541, 558, 598

Pírrico 513

Pirro 67s., 97, 386, 434, 445s., 513

Pisa 197

Pisa (cidade) 200, 204, 285, 337, 381, 427, 497, 513

Pisandro 188, 260, 416

Pisandro, Resumo de 232

Pisídice 21, 73, 201, 382, 427, 448, 495, 513

Pisístrato 64, 448, 513

Piso 181, 239, 346, 513

Pitágoras 225-230, 240, 270s., 334, 466s., 472s., 549

Pitagóricos, Órfico- 318

Pítane 248, 343, 514

Píteas 99

Pitecusas 127

Pites 164

Piteu 136, 191, 239, 337, 481, 514, 591s., 610

Pítia 20, 34, 46, 61-63, 88, 119, 144s., 154, 177, 184s., 191, 239, 241, 246, 267, 305, 314, 319, 326, 343, 359, 395, 397, 407, 415, 425, 456, 514-516, 521, 559, 567, 572s., 582, 584, 591

Píticas 124, 137, 329, 355, 362

Píticos, Jogos 64

Pítio, Apolo 64, 283

Pitireu 515

Pítis 164, 515s.

Pitiusa 372

Pito 164, 267, 516

Píton 60-64, 80, 117, 163s., 272, 333

Pitón, dragão 489, 514, 516, 585

Pitonisa 61, 63s., 163, 255, 314, 398, 456, 514s., 566

Pitonisa de Lóxias 514

Pitópolis 325, 573

Plácia 237, 374, 534

Planície de Raros 554

Plátano 516

Platão 17, 25, 45-48, 61, 85, 93s., 98, 158, 160, 163, 167s., 180, 194, 213, 216, 225, 228, 230, 246, 256, 305, 321s., 333, 367, 379, 383, 459, 470-473, 499, 515, 529, 545s., 549, 551s., 576, 621, 626

Plateia 86, 137, 174

Plateias 137, 184

Plêiade 323

Plêiades 95, 123, 194, 236, 328, 333, 516s., 572, 574, 576

Plêione 113, 123, 194, 236, 328, 396, 516s., 574

Plemneu 476, 500, 517

Plêuron 130, 199, 236, 239, 261, 517, 530, 604

Plexipo 139, 146, 264, 409, 485, 517, 597

Plínio, o Velho 321

Plístene 30, 95, 170, 337, 414, 441, 497, 517s.

Plístenes 25

Plotino 101, 194, 217s., 226, 229s., 395, 473, 548

Plutão 53, 55, 66, 70, 84, 123, 126, 128s., 151, 153, 164s., 173, 176, 180, 185, 194, 217-219, 223, 232, 236, 240, 243, 250, 252, 272s., 280s., 294, 310, 320, 381, 426, 430, 463, 504, 506s., 518, 521s., 545, 563, 572, 576, 596, 608, 624, 629, 631

Plutão de Elêusis 164

Plutarco 82-84, 147, 173s., 330, 387, 434, 478, 489, 515, 589

Pluto 55, 164, 263, 280, 344, 518

Plutó 576s.

Pó, Rio 54, 76, 99

Pobreza 266

Podalírio 84, 111, 157, 262, 343s., 372, 483, 518s., 611, 614

Podarces 237, 326, 350, 354, 374, 519, 540

Podarge 519

Podarge, Harpia 99

Podargo 171, 308

Poder 102

Podes 519

Poemândria 519

Poemandro 519

Poemas Cíclicos 53, 491, 583

Poente 310

Polemócrates 393

Pólemon 442

Polião, Marco Vitrúvio 116

Poliás, Atená 90-92, 104, 289

Polibeia 181

Pólibo 23, 36, 184s., 187-189, 501, 520, 574

Políbotes 274, 520

Policáon 377, 423, 520

Policasta 344, 448, 498, 504, 520, 584

Pólicles 521

Policleto, o Jovem 85

Pólico 383

Polícrita 520s.

Polictor 361, 521

Polídamas 298, 487, 497, 521, 579, 581

Polidamna 296, 610

Polidectes 20, 127, 157s., 170, 277, 396, 441, 493, 505-507, 521s.

Polideuce 529

Polidora 179, 234, 453, 494, 522

Polidoro 35, 109, 149, 162, 183, 287, 301, 339, 353, 369, 404, 499, 522s., 526, 535

Polífates 523

Polifemo 42, 66, 74, 129-131, 202, 269, 331

Polifemo (argonauta) 375, 523

Polifemo, ciclope 398, 442, 523s., 531, 561, 567, 610, 618s., 621

Polifides 524, 587, 604

Polifonte 206, 524s.

Polígono 525

Polignoto (artista plástico - pintor) 150, 216s., 226, 244, 542

Poliído 242, 260, 276, 398, 525, 600

Polimede 97, 214, 363, 525

Polimédon 535

Polimela 240, 414, 491, 522, 525s.

Polimnesto 100, 268

Polimnestor 35, 162, 195, 287s., 353, 522s., 526, 535

Polímnia 180, 438, 521s., 525s.

Polimno 526

Polinice 23s., 39, 50, 57s., 87, 149, 163, 186, 188, 204s., 209, 238, 243, 250s., 300, 339, 352, 360, 365, 375, 413, 526s., 565s., 583, 589, 594, 600

Polipêmon 157, 592

Polipetes 111s., 178, 239, 374s., 378, 477, 527, 624

Poliportes 527

Politecno 24

Polites 248, 287, 527, 535

Politório 527

Políxena 31, 70, 222, 287, 445, 489, 522, 527s., 535, 618

Políxeno 528

Pólixo 297, 328, 403, 528s., 608

Póltis 529

Pólux 17, 19, 30, 44, 74, 108, 141, 160, 176s., 195, 206, 240, 244, 257, 266, 284, 293s., 346s., 351, 364, 377, 381, 386, 409, 414, 434,

444, 488, 494, 496s., 502, 512, 529, 587s., 595, 603s., 634

Pomo da Discórdia 67, 311, 318

Pomo de Ouro 209, 310s., 357

Pompeia 333

Pompeu, Festo Sexto 271

Pômpilo 454

Pónos 212

Ponto Euxino 43, 75s., 295, 300, 342, 381, 570

Pontos 128, 194, 266, 272, 446, 529, 578, 633

Porca de Crômion 591

Porce 373

Porfírios 302, 529, 548

Poros 213, 499, 529

Porsena 129

Porta-Coroa, Hipólito 28, 257, 338

Pórtaon 236, 373, 529s.

Porteu 383, 530

Porto da Cratera 167

Posídon 17, 26, 28s., 34, 37, 40-42, 44, 50, 52s., 57s., 62, 65-69, 72-75, 77-79, 86, 89, 91, 93s., 96, 99, 101-103, 106, 109s., 112-117, 120s., 123s., 126s., 129-133, 136-138, 143, 147, 150s., 153, 158-160, 164, 169s., 178, 180, 190s., 193, 196-198, 200, 202s., 206-208, 212, 214, 217, 234, 239-241, 245, 248s., 256s., 265, 267s., 272, 274-278, 280-282, 294, 296, 305, 308s., 311, 313, 315, 326s., 330, 335-340, 343, 345s., 348, 351, 355, 359, 364, 366, 371s., 374s., 380s., 385, 394, 404, 407, 416, 424s., 427, 434, 441-443, 446-448, 452, 455, 475, 482, 486, 489-491, 493, 495-497, 500-502, 506, 511s., 520, 523s., 529-531, 540, 549s., 553, 555s., 558, 560-562, 568s., 571s., 574, 577, 585, 587s., 590-596, 598, 606, 608, 610-612, 619-621, 624, 630s.

Potâmia, Ártemis 81

Potâmidas 450

Potneu 361

Pótnias 371

Potos 532

Prax 532

Praxítea 92, 150, 167, 208, 400, 484-486, 532, 580, 635

Preneste 583

Présbon 140, 281, 533

Prétidas 45, 103, 176, 234, 390, 403, 405, 505, 533s.

Preto 17, 20, 23s., 45, 101-103, 130, 176, 234s., 270, 349, 357, 389-391, 403, 405, 437, 441, 505, 533s., 574

Prêugenes 534

Príamo 18, 30s., 35, 54, 58, 62, 68-70, 97, 111, 119, 130-132, 145, 150, 161s., 171, 178, 190, 196, 198, 201, 214, 219, 237, 239s., 242, 245, 248, 262s., 287, 291s., 295-298, 300-302, 312, 323, 327, 347, 353s., 374, 381, 383, 412, 414, 438, 445, 461, 476, 479-481, 487-489, 491, 497, 511, 519, 522s., 526-528, 534s., 545, 559, 570, 579, 583, 599, 603, 608, 612, 614, 616-618

Priapo 26-28, 391, 535s., 553

Priene 514

Prílis 536

Primneu 144

Pritaneu 138, 340

Probalinto 358

Procleia 130, 587

Procles 79, 515, 536, 589

Procne 72, 106, 179, 183, 207, 263, 361, 369s., 484, 536s., 589, 635

Prócris 208, 424, 443, 491, 537

Procrusto 157, 537, 592

Pródico 318

Prômaco 39, 205, 496, 525, 537-539

Prómakhos, Atená 92

Promedonte 339

Prometeu 67, 86, 91, 94, 102, 140, 169, 205, 207, 220, 222, 244, 289s., 293, 311, 324, 326, 356, 361, 363, 385, 413-415, 485, 494, 512, 516, 538, 553, 579, 608

Prometeu Acorrentado 102, 220, 279, 326, 356, 368, 449, 453

Prometias 289

Prometo 539

Promne 106, 539

Prónax 520, 539

Prono 539

Prônoe 112, 121, 199, 239, 405, 517

Prônoo 18, 31, 39, 257

Propétidas 539

Própodas 539

Propôntida 138, 202

Próquite 539

Próscia 127, 315

Prosimna 539s.

Prosimno 526

Prospiciens, Vênus 45

Protágoras 289

Protesilau 19, 239, 350, 373, 398, 519, 532, 540

Proteu 53, 79, 106, 108, 115, 295, 348s., 416, 525, 540s., 584, 587s.

Prótis 516

Protogenia 112, 155, 208, 293, 363, 460, 476, 541

Protônoe 100

Prótoo 123, 383, 386, 541

Prótoon 599

Prudêncio, Aurélio Clemente 324

Psâmate 145, 154, 265, 389, 494, 497, 541, 587

Psilo 541

Psilos 541

Psiqué 50, 120, 310, 324, 454, 470, 506, 526, 541s., 565, 604

Psófis 18, 39, 210, 629

Ptá 193

Ptélea 477

Ptérela 38, 52, 122, 144, 149, 299, 303, 339, 361, 521, 549s., 581

Ptoliportes 499, 527

Ptoliporto 499, 550, 584

Ptolomeu 256

Ptôo 382

Ptoo, Apolo 587

Ptóos 61, 89

Ptóos, Apolo 64, 586

Públio Ovídio Nasão 20, 33, 37, 47, 71, 77s., 154, 161, 201, 340, 345

Públio Papíneo Estácio (poeta) 71, 490

Públio Virgílio Marão (poeta) 27, 49, 54, 66, 68, 79, 87s., 154, 156, 161, 243, 367, 373, 389, 398, 410, 416, 432, 452s., 459, 465, 482, 484, 490, 492, 508, 511, 523, 527, 556, 559, 570, 590, 608, 617-619

Pudor 345

Púnica, Guerra 129

Quelídon 24, 484, 551

Quelone 551

Quêncrias 511

Queres 22, 36, 42, 55, 58, 67, 72, 98, 172, 218, 230s., 259, 270, 274, 276, 308, 317, 371, 432, 452, 551s., 576

Queresilau 519

Querices 127, 242

Quérix 242

Quéron 260, 589

Queroneia 174, 260, 281, 357, 410, 589

Quersíbio 149, 404

Quersídamas 535

Quersoneso 35, 166, 287, 298, 300, 483, 490, 519, 535

Quersoneso da Trácia 142, 482s., 522s.

Quimareu 385, 538

Quimárroo 526

Quimera 101, 207, 239, 306, 493, 534, 552s.

Quimereu 553

Quinto de Esmirna (poeta) 570

Quinto Horácio Flaco (poeta) 65, 115, 146, 309, 371, 375, 467, 593

Quíone 97, 104, 113, 139, 160, 208, 241s., 260, 553

Quios, Ilha de 129, 179, 201, 460, 475, 481, 609

Quirão, Centauro 19, 21, 67s., 79, 84, 117, 124s., 137, 153, 157, 194, 258, 261s., 312, 333, 360, 363s., 406, 410, 454, 480, 494s., 538, 553, 598, 615

Rácio 436, 554

Radamanto 39, 87, 98, 180, 218, 223, 247, 304, 424s., 491, 554, 574, 611, 634

Rainha Hipólita 443

Ramnes 452

Ramnunte 294, 444

Rapsódias 469, 474

Raros (cidade) 554

Raros, planície de 554

Rãs 359

Ratos, Apolo dos 151

Réa 53, 555, 617

Rebanho de Gerião 309

Rebis 46, 554

Reco 88, 125, 554s.

Rede, Ártemis de 105

Redne 563

Regilo, Lago 177

Régio 309, 365

Rei, Arconte 55, 429

Rei, Édipo 57, 73, 98, 149, 175, 182-188, 232

Reia 42, 99, 108, 110, 123s., 129, 159, 164s., 168, 244, 261, 272, 280s., 301, 327, 341, 346, 368, 374, 454s., 469, 478, 530, 555, 598, 607, 626, 630

Rena 455

Reo 152, 234, 390, 555

República 168, 225, 228, 471-473, 548

Reso 171, 178, 237, 453, 455, 555, 589, 617

Reso 323, 555

Resumo de Pisandro 232

Reteia 572

Reto 556

Retórica 328

Revelação, Ilha da 77

Rexenor 111, 191, 442

Riacho Áxeno 112

Rícia 556

Rícion 348

Rio Álabe 41

Rio Alfeu 96, 307, 343, 439, 453, 559

Rio Ântemo 309

Rio Aqueloo 18, 39, 43, 62, 65, 120, 170, 199, 234, 310, 314, 453, 503, 563, 589

Rio Aqueronte 66, 84, 143, 217, 223, 310, 437, 512, 544

Rio Asopo 127, 131, 293, 363, 370, 439, 490, 511, 519, 556, 558, 570-572, 579

Rio Astérion 540

Rio Áxio 510

Rio Bétis 309

Rio Caíco 426, 600

Rio Caístro 499

Rio Cefiso 73, 165, 407, 430, 440, 532, 603

Rio Cínips 279

Rio Cocito 143, 512

Rio Danúbio 70, 76, 158, 381, 492

Rio Dnieper 158

Rio Dniester 158

Rio do Hades 236, 437

Rio do Medo 241

Rio Don 158, 575

Rio Enipeu 495, 606

Rio Eno 204

Rio Escamandro 69, 87, 159, 171, 203s., 275, 285, 288, 354, 453, 477, 534, 555, 569, 599, 608, 613, 617

Rio Esperquio 67, 179, 522

Rio Estige 67, 102, 143, 165, 174, 217, 223, 236, 254, 310, 355, 394, 440, 443, 451, 453, 482, 495, 504, 512, 538, 556, 562, 585, 608, 629, 633

Rio Estrímon 309, 555

Rio Estrímon, Deus- 105

Rio Eufrates 241, 563

Rio Eurídano 76

Rio Euripo 112

Rio Eurotas 369, 377, 423, 514, 534

Rio Eveno 125, 162, 314, 399, 446s., 453

Rio Fásis 75

Rio Filira 443

Rio Flegetonte 511

Rio Hális 570

Rio Hebro 463, 465

Rio Hêudono 369

Rio Ilisso 104, 143, 264, 429

Rio Ímbraso 454

Rio Ínaco 586

Rio Indo 563

Rio Ismeno 51

Rio Íster 76

Rio Ládon 307, 571

Rio Lete 472s.

Rio Máraton 369

Rio Meles 152s., 464

Rio Nesso 453

Rio Nilo 32, 93, 102, 115, 158, 193, 296, 449, 453, 505, 540, 553, 572, 580

Rio Oceano 137

Rio Oronte 475s.

Rio Oxínio 477

Rio Oxo 453

Rio Pactolo 478, 496, 576

Rio Peneu 61s., 79, 96, 137, 150, 375, 453, 499, 586, 611

Rio Píramo 510

Rio Piriflegetonte 511s.

Rio Pó 54, 76, 99

Rio Ródano 76

Rio Sangário 32, 93, 96, 423, 439, 448, 453, 534, 559

Rio Sarno 181

Rio Símoïs 613

Rio Tênero 587

Rio Tibre 129

Rio Tigre 563

Rio Veda 247

Rio Xanto 69, 385

Rio Xarandas 557

Rochas Azuis 302

Rochas Ciâneas 302

Rochas Cirônicas 136, 592

Rochedo (penhasco) de Lêucade 451, 544

Rochedo de Gibraltar 309

Rochedos Azuis 111

Rochedos Cirônicos 136, 319

Rode 126, 342, 556

Rodes 33, 120, 350

Rodes, Apolônio de 37, 73s., 77

Rodes, Ilha de 110, 126, 159, 169, 266, 281, 297s., 301, 332, 342, 383, 385, 389, 403, 502, 528-531, 556, 569, 585, 608

Ródia 112

Ródio 180

Rodo (ninfa) 393, 460

Ródope 131, 300, 556

Ródope, monte 387

Rodópis 556

Rodos 299, 530, 556

Roído 573

Roma 54, 65, 93, 129, 176-178, 197-200, 210, 225, 248s., 309, 325, 330, 341

Romo 115, 136, 380

Rômulo 176, 199, 249, 290

Rópalo 259, 557

Rotas, Nove 261

Roxana 557

Rudra 247

Sabactes 233

Sabázio 173, 558

Sabe 558

Sabina 321

Safo 22, 163, 217, 256, 556

Safo, Ilha de 360

Ságaris 271, 558

Sagaritis 93

Sagitária 81

Sagitário, Constelação do 334

Sagrada, Terra 99

Saís 93

Salambo 558

Salamina 34s., 45s., 117, 137, 245, 352

Salamina da Ática 134

Salamina de Chipre 134

Salamina, Batalha de 81

Salamina, Ilha de 131, 256, 409, 494, 558, 579, 581, 599

Salamino 44

Sálamis 131, 136, 558

Salento 348

Salgueiros, Cidade dos 99

Sálmacis 27, 320, 322

Sálmacis, fonte de 320

Salmona (cidade) 558s.

Salmoneu 200s., 443, 499, 558, 568, 572, 578, 606

Same 616

Same, ilha de 622

Sâmon 156, 559

Samos 21, 170, 326

Samos, Ilha de 36, 46, 227, 345, 354, 400, 423, 454, 515

Samósata, Luciano de 216, 252, 270s.

Samotrácia 108, 146, 159, 194, 283, 344, 347, 479, 559

Samotrácia, coribantes da 556

Samotrácia, Ilha de 74, 194, 198, 283, 559

Samotrácia, Mistérios da 108

Sândaco 134

Sando 455

Sangário, Rio 93, 96, 271, 423, 439, 448, 453, 534, 559

Santuário de Asclépio 85

Santuário de Bráuron 81s.

Santuário de Delfos 18, 62, 64, 72, 260, 310

Santuário de Dioniso 54s.

Santuário de Elêusis 164

Santuário de Leto 269

Santuário do Lénaion 55

Santuários 309

São Miguel 99

Saoco 144

Sáon 559

Saósis 396

Sarápis 60

Sardenha 76, 357s.

Sardenha, Ilha de 357, 559, 597

Sardes (cidade) 532, 559

Sardo 559

Sarno, Rio 181

Sáron 559

Sarônico, golfo 559

Sarpédon 87, 102, 133, 204, 218s., 247s., 275, 335, 373, 398, 423s., 491, 529, 534, 545, 554, 560, 576, 634

Sátira 560

Sátira (ninfa) 577

Sátiras 375

Satíria 361

Satíria (ninfa) 577

Satíricon 142, 237

Satírion, cabo 560

Sátiro 44, 59, 77, 181

Sátiros 28, 42, 55, 174s., 274, 286, 536, 560s.

Saturno 87, 99, 153s.

Saúde 344

Sauro 561

Sebétis 181

Sebeto, Deus-rio 181

Seculares, Jogos 65

Sedição 255

Segesta 150, 190s.

Selemno 73

Selene 46, 82s., 99, 197, 202, 274, 299, 306, 330, 334, 388, 442, 478, 561, 580, 626

Selino 299, 358, 561

Selos 177

Sêmaco 576

Semeados 562

Sêmele 21, 31s., 89, 109, 172-176, 183, 218, 301s., 382, 387, 393, 399, 410, 452, 482, 499, 526, 562, 604, 609, 634

Semicães 300

Semíramis 110, 562s.

Sêmnones 290

Senado 321

Sêneca, Lúcio Aneu 47, 338, 364, 403, 595

Senhora 225

Sereias 65, 74, 107, 113, 196, 207, 212, 230-232, 236, 284, 371, 403, 490, 551, 563-565, 589, 620

Sereias, Mar das 76

Sérifo 158

Sérifo, Ilha de 127, 170, 505s., 522

Sérifos 20

Sestos 326

Sete Chefes 204s., 339s., 352

Sete contra Tebas 361, 407, 490, 501, 525

Sete Contra Tebas 182, 221, 231, 238, 283, 366, 413, 527, 565s., 606

Seteia 566

Sevécoro 566

Sexto Pompeu Festo 271

Shetland, Ilhas 99

Síbaris 38, 566

Síbaris (cidade) 38, 428, 558, 566

Sibila 119, 198, 397, 406, 558, 566s.

Sibila de Cumas 211, 276, 567

Sibila de Éritras 567

Sibila de Troia 119

Sibilas 177, 326, 566s.

Sícano 567

Sice 477

Sícelo 352, 483

Sicília 26, 28, 41, 54, 76, 90, 107, 116, 130s., 142, 150, 153, 156, 164s., 190s., 195s., 198, 212, 239, 269, 280, 295, 301, 309, 330, 343, 357, 451, 483, 492, 504, 511, 567, 571

Sicília, Ilha de 151, 274

Sicília, largo da 390

Sicilianos 129

Sicínis 567

Sicino 567

Sícion 371, 399s., 567s.

Sicione 23, 51, 59s., 106, 112, 146, 184, 192s., 206, 255, 259, 265, 343, 371, 385, 399s., 407, 476, 500, 517, 524, 557, 568, 574, 585, 604

Sicione Turímaco (cidade) 381

Sículo, Diodoro 32, 94, 321, 374, 384s., 400s., 449, 562s., 572, 580, 626

Side 568

Sidero 443, 568

Sidique 108

Sídon 102, 109, 133, 182, 247, 258, 295, 302, 568

Sigeu 259

Sileno 125, 234, 266, 391, 398s., 536, 561, 568

Silenos 28, 561

Sileu 315, 456, 568s.

Silo 127, 315, 569

Sime 342, 569

Sime, Ilha de 451

Simeta 353

Símois 285, 569

Símoïs, rio 215, 453, 569, 613

Simônides de Ceos 253

Simplégades 75, 240

Sin 84, 330

Sindrômades 75

Sínis 136, 257, 359, 366, 407, 502s., 569, 591

Sínon 569s.

Sinope 265, 570s.

Sinopo 131

Sípilo 86, 451, 576s.

Sípilo, monte 451, 484

Siprete 570s.

Síquelo 571

Siracusa 41, 128, 301, 411

Síria 22, 26s., 94, 102, 122, 157s., 175, 203, 302, 412, 599

Síria, Ilha de 241

Sírinx 571

Siris 111, 202, 571

Siris, Calcas de 111

Sírius 79

Sirna 157, 519, 571

Sirno (cidade) 571

Siro 571

Siros 226

Siros, Ferecides de (mitógrafo) 108, 226, 473

Sirtes 76

Sísifo 40, 57, 86, 97, 101, 146, 192, 201, 216, 223, 265, 275, 281s., 370, 376, 410, 463, 475, 516, 533, 539, 542, 571s., 578, 589, 606, 609, 615

Síton 142, 168, 261, 483, 572

Sitônia 572

Soberana, Atená 90

Socleu 383

Soco 144

Socos 155

Sócrates 25, 45, 64, 228, 270, 318, 499

Sófax 57, 572, 604

Sofista 194

Sofistas 317s.

Sófocles 35, 54, 57, 89, 95, 98, 149, 152, 162s., 175, 182-185, 187s., 195, 232, 243, 250, 262, 289, 300, 314, 316s., 329, 349, 351, 360, 365, 445, 461, 465, 487, 580, 582, 599, 618

Sófocles Filoctetes 262

Sol 26, 40, 42, 46, 60s., 64, 82, 87, 99, 136, 189, 225, 231, 254, 258, 298s., 309, 334, 342

Sol, Carro do 254

Sol, Taça do 309

Sólax 41

Sólimo 572

Sóloïs 572s.

Sólon 60, 93, 145, 211, 231, 251

Sono 214, 335s.

Sono, Deus do 197

Soos 536

Sópatro 573

Sorrento 202

Sósis 494

Sostenes 573

Suda 231

Sulmona 93

Súnio 416

Suplicantes 163

Susa (cidade) 412

Taça do Sol 311

Tácito 290

Táfio 339, 497, 549, 574

Tafos 38

Tafos, Ilha de 38, 52, 122, 144, 299, 303, 497, 549s., 574, 581

Taígeta 95, 369, 516

Taígeto 81, 376

Taígeto, Monte 313

Tálao 103, 150, 209, 400, 490, 503, 520, 539, 574

Tálaos 17, 23, 50

Talia 62, 117, 156, 239, 244, 438, 446, 483

Talo 341

Talos 76s., 149, 160, 201, 247, 345, 348, 382, 501, 554, 574s.

Tálpio 434, 575

Taltíbio 31, 134, 575

Tâmiras 575

Tâmiris 260, 363, 578

Tammas 88

Tammuz 22, 26

Tânages 299

Tanagra 86, 106, 202, 242, 519s., 612

Tânais 575

Tânatos 22, 203, 214, 218, 232, 335s., 551, 572, 576, 578

Tânger (cidade) 57, 572, 604

Tanit 48

Tântalo 30, 52, 141, 172, 183, 216, 233, 271, 337, 354, 371, 385, 414, 451, 484, 496s., 518, 542, 576-578

Tântalo (filho de Anfião) 577

Tântalo (filho de Tieste) 577

Taras 560, 577

Taraxipo 577s.

Tárcon 329, 583, 607

Tarento 255, 343, 436, 560, 577

Tarento, Golfo de 111, 369, 571

Tarquínio 567

Tarso 131

Tártaro 42, 72, 77, 94, 114s., 129, 153s., 190, 207, 211, 213, 218, 225, 227, 244, 265, 272-274, 286, 299, 302, 362s., 389, 471s., 475, 530, 559, 568, 577s., 601s., 608, 630-633

Tartesso 309

Tasos 33, 133, 578

Tasos, Ilha de 172, 235, 366, 578

Táumaco 493

Taumáquia (cidade) 403

Taumas 128, 194, 266, 272, 284, 359, 446, 529, 578

Táurida 52, 152, 195, 297, 351, 401, 417, 462, 509, 609

Taúrida, Ifigênia em 349

Táuris 81

Táuris, Ifigênia em 81

Tauro 94, 444, 568, 578s.

Taurófago 56

Taurópolis 234

Táutanes 600

Teanira 579, 581, 610

Teano 579

Teanol 02, 275, 350

Teário, Apolo 514

Teatro de Dioniso 329

Tebas 23s., 26, 29, 31s., 38s., 46, 49-53, 57-59, 61, 64s., 68, 72, 87s., 108s., 112, 115, 122, 124, 140, 149, 151s., 160, 171, 175, 177, 183-189, 192, 204-209, 232, 238, 243, 246, 263, 265, 275, 278, 291, 293, 300, 303-305, 320, 329, 332, 339-341, 349, 352s., 366, 369-371, 373, 383-387, 391, 398, 400, 402-404, 407-409, 412s., 412s., 435, 448, 452, 476, 490, 499-501, 520, 522, 525-527, 534, 549s., 562, 565s., 579s., 587, 590, 597, 600s., 606s., 612, 629s.

Tebas, Esfinge de 306

Tebas, Sete contra 184, 188, 221

Tebe 133, 204, 278, 356s., 579s.

Tecmessa 35, 245, 580, 599

Téctafo 580

Téctamo 87, 580

Tégea 95, 122, 131, 146, 206, 236, 319, 462, 580, 582

Tegéates 120, 131, 377, 580

Tegeia 294, 373, 512

Tegeu 18, 31

Tegírio 241, 580

Teia 127, 202, 272, 299, 315, 334, 405, 482, 561, 580s., 607

Teias 22s., 26s., 233, 580s.

Teiódamas 313, 331, 581

Télamon 33-35, 65, 131, 136, 180, 245, 265, 312, 326s., 374, 409, 441, 455, 494, 501, 519, 535, 541, 579, 581, 593, 599, 610

Telamônio, Ájax 18, 33s., 70, 111, 275, 386, 406, 492, 522, 580s., 599, 605, 617s.

Telauge 301

Teléboas 377, 383, 581, 549, 583

Teleclia 287, 579, 582

Telédamo 31, 119, 582

Telédice 60, 267, 451

Telefassa 32, 109, 133, 182, 247, 282, 571, 578, 582

Télefo 35, 62, 68, 95s., 135, 141, 146, 245, 259, 300, 329, 346, 361, 441, 451, 461, 490, 582s., 590, 600, 607, 616

Telégono 119, 136, 204, 361, 442, 499, 525, 541, 583s., 620, 625

Teleia, Hera 174

Telêmaco 59, 119s., 237, 345, 403, 442, 447, 481, 498s., 504, 513, 520, 550, 583s., 587, 610, 615, 621-626

Télemo 584

Teles 563

Telestas 535

Telesto 453

Telestor 423

Télete 448

Teletusa 352

Teleu 140

Teleutas 35, 245, 580

Telfusa 584s.

Télis 607

Telmisso 269

Télon 181

Telos 261

Telpusa 164, 249

Telquines 110, 281, 385, 394, 530, 585

Télquis 60, 585

Telxiépia 563

Telxineia 455

Telxínoe 443

Télxion 60, 585

Telxíope 563

Temênides 341

Têmeno 150, 255, 271, 301, 319

Têmenos 79, 161, 257, 339-341, 369, 376, 477, 585s.

Têmesa 234, 248

Têmis 61, 87, 91, 99, 123, 169, 209, 249, 256, 272, 301, 311, 327, 341, 586, 598, 607, 634

Têmis, Oráculo de 61, 66

Temiscira 43, 308

Temísion 268

Têmis-Momo 294

Temiste 53, 115, 354

Temisto 88s., 234, 269, 382s., 446, 586

Temístocles 444

Temistônoe 123

Têmon 586s.

Tempe 61-63

Templo das Vestais 480

Templo de Apolo 63, 515

Templo de Epidauro 591

Templo de Jerusalém 330

Tempsa 234

Tênages 298, 411

Tênaro 223, 409

Tênaro, Cabo 310

Tênedos, Ilha de 30, 68, 130, 262, 285, 296, 300, 416, 432, 435, 447, 570, 587, 599, 614, 616

Tênero 218, 587

Tenes 68, 130, 300, 435, 437, 587

Tenos, Ilha de 104

Tentâmides 20, 158

Tenténdron 541

Teoclímeno 51, 244, 360, 416, 524, 540, 587s., 601, 609

Teócrito 130, 269, 284, 353, 524, 630

Teodoro 326, 566

Teodósio, Flávio (poeta) 325, 429

Teófane 587s.

Teofrasto 320, 339, 433, 471

Teógenes 366

Teógnis 98, 328

Teógone 609

Teogonia 25s., 47, 210, 212, 220, 236, 263, 266, 272, 336, 343, 355, 358, 361, 400s., 410, 435, 452, 455, 482, 485, 516, 518, 538, 551, 555, 559, 575-579, 586, 629, 631, 634

Teônoe 115, 345, 381, 416, 587s., 598

Téope 378

Teoros 64

Tera 33, 589

Tera, Ilha de 105, 240, 268, 412, 589

Terambo 588

Terão 301

Terapne 423

Teras 589

Teréfone 434, 575

Tereu 72, 179, 183, 361, 369s., 589

Tereu, Trácia da 263

Teridae 403

Terímaco 149, 404

Terina 237

Térmera 589

Térmero 589

Térmio 477

Termodonte 75

Termópilas 51, 316

Ternura 263

Tero 260, 589

Teronice 434

Terpsícore 205, 389, 438, 555, 589

Terra 46, 48, 57, 60, 63s., 129, 164s., 174, 189, 208s., 225, 272s., 300, 359

Terra Sagrada 99

Terra, Deusa 33

Terra-Mãe 18, 33, 48, 55, 63, 93, 164, 174

Terror 72, 255, 265

Tersandro 24, 39, 205, 209, 281s., 536, 583, 589s., 607, 610

Tersanor 142

Tersites 43, 70, 123s., 171, 499, 590, 617

Teseu 17s., 24, 28, 34, 42s., 64, 78, 80, 84, 91, 111, 115, 124, 126, 136s., 143, 149, 160, 167s., 170, 176, 188s., 191, 195-197, 201, 206, 230, 233s., 239s., 255-259, 261, 264, 266, 276, 280, 289, 294, 296s., 308-310, 316s., 319, 325, 331, 336, 338, 345, 351, 359, 366, 374, 381, 386, 394, 402, 404, 407, 409, 415, 424, 426, 435, 438, 442, 471, 477, 481s., 488, 491, 501-503, 512, 514, 527, 537, 569, 572s., 579, 590-596, 601, 609

Tesmofórias 240

Téspia 490

Téspias 139, 440, 490, 597

Téspio 53, 181, 208, 304, 335, 352, 357, 597

Tesprótida 624

Tesproto 383, 496, 597

Tesprotos 112

Tessália 21s., 36, 41, 61, 67, 73s., 85s., 89, 106, 124s., 137s., 148, 150, 162, 169, 178s., 192, 197, 200, 202, 204, 234, 237, 244, 246, 258s., 261, 263-266, 268, 275, 279, 293, 300, 308, 312, 314, 316, 319, 323-325, 343, 350, 358, 362s., 396, 405, 409, 411, 436, 438, 445, 491, 493-495, 499, 502, 512, 540s., 558, 581, 586, 597, 614

Téssalo 111, 259, 300, 312, 597

Tessalônica (cidade) 597

Téstio 42, 112, 335, 344, 350, 376, 381, 409, 498, 597, 604

Testor 110, 345, 348, 381, 588

Tétis (Nereida) 31, 34s., 49, 58, 66-70, 99, 105, 110, 139, 141, 148, 171, 173, 175, 178, 190

Tétis (Titâmida) 113

Tétis (Titânica) 130, 136, 140, 172

Tétis (Titânida) 62, 65s., 86

Tétis 76, 194, 197, 209, 212, 214s., 233, 236, 244, 252, 258, 265, 272, 275, 281, 283, 288, 291s., 295, 297-299, 301s., 316, 328, 348, 355, 360s., 363, 381, 383, 386s., 400, 408, 412, 432, 434s., 444-447, 476, 491, 494s., 499, 503, 513, 517, 520, 522, 526, 528, 552, 559, 565, 569, 575, 583, 586, 598s., 607, 612, 616, 626

Tetrápole 358

Teucro 35, 45, 134, 159, 215, 245, 292, 326, 347, 479, 530, 566, 581, 599

Teumesso, Monte 122, 149

Teutâmides 439

Têutamo 599

Têutaro 304, 600

Têutis 475

Teutrânia (cidade) 501

Teutrânio 35

Teutras 95s., 291, 346, 525, 582, 600

Thólos 85

Tíades 603

Tibre, Rio 41, 129, 198, 249

Tibúrtis 249

Tideu 23s., 50s., 171, 191s., 205, 238, 276, 360, 387, 407, 501, 527, 565, 594, 600s.

Tieste 25, 30, 36, 95, 141, 152, 169s., 192s., 337, 414, 439, 496s., 514, 517s., 576s., 597, 601

Tifão 42, 47, 101, 109, 126, 132, 163, 207, 217, 230, 247, 257, 272, 274, 280, 306, 309, 324, 327, 329, 370, 476, 538, 552, 578, 601s., 630-632

Tifeu 272, 631

Tífis 74s., 208, 385, 441, 603

Tífon 289

Tigre 41

Tigre, Dioniso- 41

Tigre, rio 563

Tiia 164, 603

Tílifo 489

Tilo 157, 436

Timágoras 409

Timalco 404

Timandra 141, 192, 206, 249, 260, 294, 376, 404, 603s.

Timbreu 372

Timbreu, Apolo 70, 119, 159, 297, 489, 528

Timetes 132, 407, 477, 603

Timeu 93, 167

Tíndaro 30, 115, 122, 134, 141s., 176s., 181, 197, 202, 206, 249, 257, 266, 277, 293s., 296, 313, 325, 336, 344s., 376s., 380s., 414s., 462, 480, 488, 491, 497s., 502, 577, 595, 603s., 615, 625

Tinge 57, 572, 604

Tíngis 57, 572, 604

Tione 175, 562, 604

Tique 494, 604s.

Tíquio 605

Tirésias 38s., 47, 51s., 57, 62, 112, 117, 133, 148s., 187, 205, 216, 276, 302-304, 341, 398, 413, 436, 440, 465, 500s., 515, 554, 602, 605s., 620, 623s., 632

Tireu 80, 199, 408

Tíria 130

Tirimas 242, 249

Tirinto 20, 39, 50, 95, 101s., 130, 234s., 245-247, 314, 353, 357, 403-405, 505s., 510, 525, 533s.

Tiro 32, 102, 109, 133, 150, 181s., 200, 214, 247, 258s., 364, 443, 495, 508, 558, 568, 572, 578, 606

Tirrano 152

Tirrênia (cidade) 440, 625

Tirreno 388, 559, 606s.

Tirseno 291, 315, 329, 456, 606

Tisâmeno 319, 325, 462, 486, 590, 607

Tisbe 510

Tisífone 39s., 55, 138, 210s., 461, 607

Tisífone, Erínia 355

Tísoa 281

Titã Crio 504

Titã Hiperíon 482

Titã Palas 451, 482, 561

Titanas 383

Titânes 608

Titânidas 256, 272, 432, 580, 586, 598, 607, 626

Titãs 43, 56, 94s., 99, 104, 114, 125, 129, 140, 153, 173, 190, 202, 205, 217s., 224, 244, 272, 274, 280, 285s., 299, 301, 332, 334, 342, 363, 438, 453-455, 470, 482, 530, 538, 545, 561, 567, 578, 607s., 626, 629-633

Titeia 99

Títias 104

Títio 80, 216, 240, 424, 542, 608

Títios 104

Tito Lívio (historiador) 344, 413, 466

Titono 203, 311, 412, 600, 608

Tlepólemo 160, 260, 263, 385, 528s., 597, 608s.

Tlesímenes 490

Tmolo 315, 422, 456, 609

Toas (cidade) 78, 150, 152, 199, 234, 274, 276, 296, 340, 344, 351, 354, 378, 416, 475s., 498, 500, 594, 609, 617, 624

Toe 453

Tóloas 572s.

Tomos 76

Ton 296, 521, 609

Tônis 296, 521, 609s.

Toosa (ninfa) 374, 523, 610

Tórnax 106

Torone 525

Torre de Hals 282

Tot, Deus 325

Touro 160, 247s.

Touro de Creta 308

Touro de Maratona 285

Touro-Zeus 182

Toxeu 199, 246

Toxóclito 149, 404

Trabalhos e Dias 96, 133, 186, 212, 220, 222, 318, 485

Trabalhos, doze 246, 301-303, 305, 311s., 317-319, 349

Trace 610

Trácia 18, 26, 28, 33, 35, 41, 43, 54, 72-75, 98, 103s., 109, 116, 118, 131, 134, 138, 162, 166-168, 171s., 175, 182s., 198, 202, 204, 208, 237-239, 241-243, 261, 264, 274, 283s., 287, 298, 300, 308s., 340, 353, 361, 363, 369, 387, 463-465, 486s., 507s., 523, 526, 529, 546, 556, 572, 575, 579-582, 589, 618

Trácia de Anfípolis 261

Trácia, Quersoneso da 142, 482s., 522s., 535

Trácia Tereu 263

Trácio, Diomedes 72

Tragásia 103

Trágaso 130

Trambelo 65, 327, 581, 610

Traquínias 162, 314, 316s., 329

Traquíon 481

Tráquis 38s., 123, 125, 162, 242, 314, 316, 319, 385, 447

Trasilo 422

Trasimedes 447s., 569, 610

Tratados, pequenos 336

Treco 291

Três Virgens 275

Trézen (cidade) 170, 337, 514, 610

Trezena (cidade) 97, 111, 126, 136, 191, 230, 239, 257, 276, 310, 337s., 481, 502, 514, 516, 531, 559, 569, 591, 593, 595, 610

Trias 610

Tribalo 127, 315

Trica 85, 611

Tricorinto 358

Tricorono 200

Trifilia 378, 394, 517

Trifilo 426

Trimalquião 237

Trinácria, Ilha 299, 372, 620

Tríopas 116, 212, 266, 298, 344, 351, 375, 377, 411, 460, 494, 502, 520, 541, 641

Triptólemo 71, 100, 118, 123, 153, 164-167, 196, 240-242, 272, 389, 504, 526, 533, 554, 611s.

Trismegisto, Hermes 47, 304, 325

Tritão 53, 76, 123, 240, 245, 428, 479, 530, 556, 611s.

Triteia 123, 407, 612

Triton 53

Tritônio, Lago 90

Tritônis 240, 245

Tritônis, Lago 76, 109, 122, 481, 612

Tritopatreu 240

Tróada (cidade) 18, 27, 31, 53s., 62, 68, 113, 116, 133, 146s., 151, 156, 160s., 168, 171, 194s., 197, 215, 233, 275, 287, 295, 300, 309, 325s., 330, 348, 361, 372, 374, 487, 491, 497, 513, 522, 530, 535, 566s., 579, 583, 587, 599, 613, 616

Trofônio 29, 208, 320, 340, 379, 432, 528, 559, 612

Troia (cidade) 18s., 26, 28, 30s., 34s., 43, 45, 49, 51, 53s., 57s., 62, 67-70, 72, 77, 87, 90, 95, 97, 105, 110, 113, 115, 119, 130-132, 139, 141, 145, 150, 152, 159, 161, 167s., 171, 180s., 190-195, 197s., 201, 203s., 210, 214s., 234-237, 239s., 242, 245, 259, 261-263, 275s., 278s., 283-285, 287s., 291s., 295s., 298, 301s., 308, 325-327, 329, 335, 339, 347, 349s., 352-354, 357, 370, 372-378, 381-383, 386, 392, 404, 412, 414-416, 423s., 432, 434-436, 438s., 441s., 444s., 447s., 458, 461s., 475, 477, 479-481, 484s., 487-489, 491s., 495, 497-499, 501, 511, 513, 517-520, 522s., 525-530, 534s., 540, 545, 553, 555, 560, 564, 570, 575, 577, 579, 581, 583s., 587, 590s., 596, 598-600, 603s., 607, 609-612, 614-618, 621s., 629

Troia, Cavalo de 348

Troia, Guerra de 90, 97, 99, 110-112, 115, 126, 128, 130, 132, 134, 140, 144, 146s., 157, 159, 167-169, 171, 177, 180, 189, 195, 204, 212, 214, 219, 233s., 240-242, 245, 248, 256, 258-262, 275, 279, 284, 287, 294, 296s., 300, 312, 325s., 339, 342, 348, 354, 360

Troia, Nova 181

Troia, Sibila de 119

Troianas 528

Troianos, Jogos 54

Troilo 287, 528, 535, 612

Trombeta, Atená 291

Trônio 414

Tróquilo 240, 612

Trós 54, 113, 116, 271, 354, 479, 530, 569, 599, 613

Tucídides 54, 245

Tuisco 48

Tuisto 48

Tule, Ilha de 99

Tumba de Xanto 284

Túmulo de Ísqueno 577

Turímaco, Sicione (cidade) 381

Túrio 143, 225, 472

Turno 181, 198s., 249, 452, 566

Túsculo 583

Tzetzes 357, 383

Ucálegon 614

Udeu 109, 182, 562

Ulisses 18, 30s., 35-37, 42, 53s., 57, 59, 66-71, 77s., 87, 90, 92, 96-98, 111-113, 116, 119, 122, 131, 133s., 136, 159, 161, 167s., 171, 177s., 180, 188, 196, 198, 202, 207, 214, 216-219, 231, 237, 241-244, 246-251, 256, 258, 260, 262s., 275, 282, 287s., 291, 294-299, 314, 316s., 324, 336, 345, 351-354, 359, 361, 363, 370, 372, 376, 378s., 383, 386, 392, 398, 403-407, 415s., 428, 433, 441s., 445, 459, 465, 478-481, 484, 486, 488, 490, 498s., 504, 520-522, 527, 530, 532, 550, 555, 564s., 569s., 572, 575, 579, 583s., 587, 590, 599, 606, 609, 614-625, 629s.

Universo 280

Urânia 389, 438, 453

Urânia, Afrodite 25, 62, 191, 333

Urânios 129

Úrano 25, 37, 42, 47, 90, 99, 112, 115, 125, 129, 153s., 172, 190, 210s., 213, 225, 236, 239, 244, 248, 256, 274, 286, 290, 334, 363, 410, 432, 438, 450, 453, 455, 469, 472, 478, 507, 529, 555, 568, 578, 580, 586, 598, 607, 625s., 630s., 634

Uróboro 626s.

Ursa 71

Ursa Maior 99, 114, 299, 302

Ursa Menor 99, 299

Ursa, Grande 134

Vaca Io 77

Valquírias 43, 551

Vari 252

Varuna 252, 290

Veda, Rig 247

Velcano 270

Velhas 266, 278

Velhice 263, 266

Velho do Mar 598

Velho, Plínio 321

Velocino de Ouro 19, 73, 75, 91, 136, 207, 214, 265, 331, 348, 364, 382, 400s., 441, 496, 588, 591, 603

Vento Norte 104

Vênus 54, 150, 211, 248, 267

Venus Calva 47

Venus Prospiciens 45

Verdade 98

Virgílio 19, 115, 137, 150, 162, 181, 188, 190, 197, 201, 210, 236, 242, 255, 266, 269, 273, 276, 284, 298, 304, 335, 349

Virgílio, Públio Marão 27, 49, 54, 66, 68, 79, 87, 154, 156, 161, 367, 373, 389, 398, 410, 416, 432, 452s., 459, 465, 482, 484, 490, 492, 508, 511, 523, 527, 556, 559, 570, 590, 608, 617-619

Vesta 177, 327s., 536

Vestais 328

Vestais, templo das 480

Via Láctea 229, 304

Victor, Hercules 47

Vida de Apolodoro 231

Vida, Água da 226

Vida, Árvore da 226

Viena 103

Vinhateiras 53

Violências 470

Vírbio 338

Virgem Astreia 87

Virgem, Constelação da 87, 490

Virgens Hiperbóreas 64

Virgens, Três 275

Vitória 102

Voto de Minerva 211

Vulcano 396

Vulcão de Lemnos 289

Xante 393

Xântias 196

Xântio 381s.

Xantipo 600

Xanto 36, 67, 99, 143, 171, 215, 241, 284, 308

Xanto (cavalo) 495, 519, 531, 598

Xanto (rei) 407

Xanto (troiano) 496

Xanto, Rio 69, 385

Xanto, Tumba de 284

Xarandas, rio 557

Xenócrates 230

Xenodamo 414

Xenódice 424

Xenofonte 28, 81, 318, 331, 397, 584

Xerxes 28, 329s., 444

Xuto 62, 122, 150, 201s., 265, 293, 358s.

Yang 99

Yin 99

Zacinto 159, 198, 354, 616, 629

Zacinto, ilha de 622

Zagreu 173s., 223, 226s., 342, 470, 629

Zagreu, Dioniso 468, 473s., 545

Zarex 555

Zéfiro 25, 62, 99, 104, 110, 135, 202s., 271, 284, 341, 359, 363, 452

Zelia 116

Zelo 102, 629

Zelos 236

Zervan 48

Zetes 74s., 103s., 264, 284s., 300, 496

Zeto 24, 51s., 59, 86, 112, 139, 152, 177, 183, 206, 361, 370s., 385, 391, 630

Zeucipo 557

Zeus 18, 20-39, 41-44, 46s., 50-54, 59-67, 69-72, 76s., 79, 84-92, 94-96, 98, 100, 102-106, 108s., 112-118, 120-124, 127, 129s., 133-135, 137-139, 141s., 145s., 149-151, 153-160, 163-167, 169, 171-178, 180, 182s., 187, 189s., 192, 194-201, 203-213, 215-218, 220-222, 231, 236, 239-241, 243-247, 254, 256, 258s., 262, 264s., 267, 270-272, 274, 279-288, 290, 292-305, 309-317, 322-324, 326-328, 330-333, 335-337, 340-342, 344, 346s., 349s., 352-363, 366s., 369, 371, 373-377, 379s., 382, 384-388, 390s., 394, 396-398, 404, 411-413, 416s., 423-425, 427, 429, 432, 435, 438s., 443s., 447, 449s.,452-456, 458, 460-462, 469-471, 478s., 481-485, 488s., 491, 493s., 499-512, 517s., 521, 524-526, 529-531, 533-536, 538-541, 545, 551-555, 558-562, 566s., 570-572, 574, 576-578, 585s., 588-590, 592s., 598, 600-608, 610, 612, 614, 620s., 626, 629-635

Zeus Celeste 87

Zeus Frátrio 289

Zeus Hecalésio 592

Zeus Hecálio 285

Zeus Itomas 361

Zeus Lafístio 267

Zeus Lício 71, 384

Zeus Marinho 531

Zeus, águia de 578

Zeus-Cisne 30, 141

Zeus-menino 369

Zeus-Touro 182

Zeuxipe 106, 207, 371, 374, 484, 568, 635

Zodíaco 247

Índice Analítico

Observação: Aparecem em grifo não só as palavras ou expressões latinas, mas também as gregas transliteradas para os caracteres latinos.

A

Ablução Catártica 158
- - cf. tb. Banho Purificador; Insatisfação

Abundância 574, 591
- - **cf. tb. Fecundidade; Feminilidade Devoradora; Porca; Reprodução**
- A. da terra 87, 154
- - cf. tb. Fertilidade; Sementes; Vegetação
- Corno da A.
- - cf. tb. Chifre Lunar; Cornucópia; Touro
- **deus da A.** 518
- - **cf. tb. Culto Agrário**

Adivinhação 17s., 30, 39, 50-52, 68, 75, 103, 104-106, 111, 117, 126, 133, 137, 147, 187s., 194, 211, 216, 260, 262-264, 276, 285, 297s., 303, 323, 339, 346, 351, 385, 395-398, 405, 407, 416, 427, 435-438, 440, 445, 459, 471, 489, 497, 514, 525, 527, 530, 533, 536, 564, 587s., 598, 600, 606, 611, 616, 623
- - **cf. tb. Arte Divinatória; Cleromancia; Delírio Sagrado; Dom Divinatório; Dom Profético; Entusiasmo; Eonomancia; Êxtase; Inspiração; Inspiração Poética; Loucura Sagrada; Magia; Magia Passiva; Mania; *Manteía;* Mântica; Mântica Ctônia; Mântica Dinâmica; Mântica Intuitiva; Mântica por Incubação; *Mantiké; Mántis;* Manto; Mediunidade; Mensagem Divina; Noite (trevas da); Oráculo; Oráculo de Delfos; Pitonisa; Poder Divinatório; Poeta; Poietés; Profecia; Sonho; Teurgia**
- A. ctônia 154s.
- - cf. tb. Carne de Coruja; Dons Divinatórios; Dons Proféticos; *Manteía;*.Mântica; *Mántis;*. Oniromancia; Profecia

Adolescência 173, 371
- - cf. tb. Idade Infantil

Adultério 25, 35, 38, 40, 52s., 57, 95, 144, 270, 288, 296, 299, 303-305, 331, 382, 437, 478, 498, 618
- - **cf. tb. Fidelidade; Motivo Putifar;** Traição

Ádyton 515
- - **cf. tb. Oráculo de Delfos**

Agni 83
- - cf. tb. Deus do Fogo; Menstruação; Sangue da Mulher

Agônes 366s., 507
- - **cf. tb. Jogos Fúnebres**
- **A. fúnebres** 366, 569, 591
- - **cf. tb. Jogos Ístmicos**

Agonia 519, 601

Água 96, 449, 493, 505, 540, 598
- - cf. tb. Fogo; *Pegue*; Purificação; **Terra**
- **A. da Vida** 473
- - **cf. tb. Árvore da Vida**

Águia 147
- - cf. tb. Conhecimento Intuitivo; Coruja; Sol

Aisa *(Aîsa)* 218, 432s., 576
- - cf. tb. Destino; **Morte**; Moira; *Oitos;* **Quere(s); Sorte;** Tânatos

Aístesis (Aísthesis) 230, 549
- - cf. tb. *Kínesis*; Psiqué

Aléctrion (Alektryon) 270, 299
- - cf. tb. Aléctrion *(Alectryon)*; Cão; Cavalo; Galo; Rito Fúnebre; Túmulo

Alma 29, 215, 219, 224, 227s., 372, 395, 430, 446, 459, 470-473, 485, 542-548, 565, 574, 622
- - **cf. tb. Catábase; Corpo (cárcere do);** *Daímon; Eídola; Eídolon;* **Energia Vital; Eternidade; Hades; Imortalidade; Memória (fonte da); Morte; Orfismo;** *Phisis;* **Psiqué; Reencarnação; Sangue (carência de); Soma; Sombra; Psiqué (vulnerabilidade da)**
- A. ave 215
- - cf. tb. *Phálaina;* Psiqué
- **A.- ave** 543
- - **cf. tb. Borboleta; Mariposa;** *Phálaina;* **Psiqué**
- **A.- ba egípcia** 564
- - **cf. tb. Energia**
- **A. divina** 470
- A. do mundo 548, 634
- - cf. tb. Almas Individuais; Inteligência; **Fogo; Pneuma; Razão;** Uno
- A. dos mortos 230, 372, 565, 620
- - **cf. tb. Alma pássaro;** *Eídolon;* **Espectro Noturno; Mundo Ctônico; Mundo das Sombras; Sangue Negro; Vampiro Opressor**
- **A. espiritual** 395
- - **cf. tb. Pensamento**
- **A. imortal** 470, 545
- - **cf. tb. Eternidade**
- A.-pássaro 185, 252, 563, 565
- - **cf. tb. Alma dos Mortos;** Alma Penada; Enigma; Psique; Incubo; *Símbolon;* **Vampiro Opressor**
- A. penada 185, 200, 230s., 273, 577
- - cf. tb. Alma-pássaro; Corpo; Demônio Opressor; Entelequia; Enigma; Esfinge; Incubo; **Morte;** Pesadelo; Psiqué; *Sema; Soma; Símbolon*
- **carência de A.** 544
- - **cf. tb. Psiqué**
- Destino da A. 98, 471
- - cf. tb. Balança Fúnebre; **Ensomatose; Metempsicose; Reencarnação**
- divindade da A. 224
- **imortalidade da A.** 473s.
- - **cf. tb. Orfismo**
- **julgamento da A.** 546
- **libertação da A.** 631
- morte da A. 216, 366
- - **cf. tb. Banquete Fúnebre;** *Eídolon;* **Escatologia; Exéquias; Jogos Fúnebres;** Lamentações Fúnebres; Memória do Morto;

Psiqué; Rito Fúnebre; **Sepultamento**
- - **pesagem da A.** 552
- - **cf. tb. Destino; Psicostasia; Querostasia**
- Purificação da A. 86, 96
- **redução da A.** 592
- - **cf. tb. Monstro**
- salvação da A. 225, 472
- - **cf. tb. Escatologia**
- sede da A. 226, 473
- **sepultura da A.** 470
- - **cf. tb. Corpo**
- transmigração da A. 225, 227, 468, 472, 542
- - cf. tb. Ensomatose; Reencarnação; Metempsicose

Almas
- A. individuais 229
- - cf. tb. Alma do Mundo; Inteligência; Uno

Alquimia 325, 554
- - cf. tb. Hermetismo; **Rebis**

Amazonismo 43s.
- - cf. tb. Assassinato de Homens; Demetrismo; Ginecrocacia; Heterismo; Império Feminino; Matriarcado; Patriarcado; Repúdio da Feminilidade; Virilidade

Ambivalência 20s.

Ambrosia 165, 167, 236, 302, 316, 327, 355, 497, 544, 577
- - cf. tb. Imortalidade; Manjar; Néctar

Ámbrotoi 544
- - **cf. tb.** *Athánatoi*

Amor 213, 232
- **A. conjugal** 615
- - **cf. tb. Fidelidade Conjugal**
- **A. divino** 474
- A etéreo 25
- A. criminoso 184, 186
- - cf. tb. *Dýnamis*
- A. extraconjugal 26
- **A. incontrolável** 508
- A. oriental 27
- A. selvagem 29
- A. universal 28
- A. urânico 25

Anábase 173, 504
- - cf. tb. *Anagnórisis;* Catábase; Rito Iniciático

Anábasis 23
- - cf. tb. *Katábasis*

Anagnórisis 188, 310, 512, 595
- - cf. tb. Anábase; Cegueira; **Hades (catábase ao)**

Anamnese 228, 547
- - **cf. tb. Catarse; Ideias;** Mundo das Ideias

Ananque 45
- - cf. tb. Coação; Necessidade; Parentesco

Ándres 102
- - cf. tb. *Thnetoí*

Androcídio 158, 609
- - **cf. tb. Travestismo**
- A. coletivo 20

Androginia 46-48, 84, 175, 269, 276, 315, 320-322, 330, 333, 352, 456s., 554, 572
- - **cf. tb. Rebis; Umbigo**
- A. simbólica 47
- - cf. tb. Anima; Animus; Autogenia; Bissexualismo; Esterilidade; Fecundação; Feminilidade; Hermafroditismo; Homossexualismo; Lua; Masculinidade; Monogenia; Sexualidade; Raio da Lua; Rebis; Travestismo; Umbigo

Andrós 322, 519, 589, 603
- - cf. tb. *Anér*; *Ántropos*; **Virilidade**

Anêmona 23, 26s.

Anér 316s., 322, 519, 589, 603
- - cf. tb. *Andrós*; *Ántropos*; *Homo-Humus*;
Virilidade

Angústia 21, 119

Anima 48, 213, 223, 314, 322, 456s., 464
- - cf. tb. Androginia; Animus; Autogenia; Bissexualidade; *Coniunctio Oppositorum;* Monogenia; Sexualidade; Travestismo

Animismo 395
- - **cf. tb. Magia**

Animus 48, 213, 223, 322, 456s.
- - cf. tb. Androginia; Anima; Autogenia; Bixessualidade; *Coniunctio Oppositorum*; Monogenia; Sexualidade; Travestismo

Anjo da guarda 168
- - cf. tb. *Daímon*

Anóetos 538
- - **cf. tb. Inteligência**

Ánoia 175, 211, 246, 305, 317, 387s., 533
- - cf. tb. Entusiasmo; Êxtase; Loucura;
Loucura Sagrada; *Lýssa*; *Manía*

Ánthropos 316
- - cf. tb. *Anér*; *Homo-Humus*

Antropofagia 129, 160, 171, 191, 269, 307s., 345, 372, 379, 426, 523, 531, 619
- - **cf. tb. Minotauro; Canibalismo**

Antropogonia
- **A. órfica** 468-470, 545
- - **cf. tb. Cosmogonia Órfica; Escatologia**

Antropomorfização 83, 168
- - cf. tb. Lua Crescente; Lua Minguante

Ántropos 317, 329
- - cf. tb. *Anér*; *Homo-Humus*

Ar 168
- - cf. tb. *Daímon*; Deuses Olímpicos; Éter

Aranha *(Aracne)* 71
- -cf. tb. Aranha; Fragilidade

Arauto Sagrado 429
- - **cf. tb. Mistérios de Elêusis**

Arco de Triunfo 85

Areté 70, 102, 105, 163, 175, 217s., 227, 316-318, 506, 593, 596
- - cf. tb. Dignidade; Excelência; *Kakía*; Time;
Hýbris

Arte Divinatória 79, 436
- - **cf. tb. Adivinhação;** Medicina Divinatória;
Oráculo de Delfos; Profecia

Árvore
- **A. da vida** 473
- - **cf. tb. Água da Vida**
- **A. sagrada** 515

Assassinato 23s., 30, 60, 114, 120, 127, 152, 158, 161s., 178, 180, 183, 187, 190, 192s., 195, 199s., 204, 206, 208-210, 234, 237, 244, 246s., 249, 257, 263, 265, 277, 284, 297s., 301, 311s., 315, 319, 339, 350, 353s., 369, 377, 385-389, 391, 393s., 402-404, 406, 408-411, 414, 419, 421s., 426, 434s., 441, 443-456, 458-462, 475, 481-483, 485, 491, 495, 501, 504, 509s., 517s., 520, 523, 525, 533s., 537, 539, 541, 558-560, 577, 582, 584s., 592, 599-601, 607, 616, 616

- - cf. tb. **Homicídio; Vingança**
- A. de homens 43
- - cf. tb. Amazonismo; Homicídio; Repúdio da Feminilidade; Heterismo

Atar 26, 40, 288s., 291
- - cf. tb. Desatar; Desligar; Ligar

Atavio 163
- - cf. tb. Corda; Feminilidade; Falo

Ateísmo 168
- - cf. tb. *Daímon*

Athanasía 544
- - **cf. tb. Imortalidade**

Athánatoi 544
- - cf. tb. *Ámbrotoi*

Atos 99
- - cf. tb. Balança

Autoctonia 63
- - cf. tb. Dragão

Autogenia 48
- - cf. tb. Androginia; Anima; Animus; Bissexualidade; Monogenia; Sexualidade; Travestismo

Ave 92
- A. da noite 147
- - cf. tb. Ave Noturna; Coruja; Lua
- A. das trevas 147
- - cf. tb. Inspiração; *Noctua*; Lua, raio da
- **A. demoníaca** 476
- A. noturna 41, 147, 476
- - cf. tb. Ave da Noite; Coruja; Lua
- alma-A. 215s.
- - cf. tb. Culto Olímpico; Culto Urânico

Azar 464
- - **cf. tb. Sorte**

B

Balança 69, 98s., 412, 455, 551s., 604
- - **cf. tb. Destino; Psicostasia; Querostasia; Tálanton**
- B. celeste 99
- - cf. tb. Atos; Balança de Jade; *Bilanx*; Borboleta; Eídola, pesagem dos; Eixo do Mundo; Equilíbrio; Igualdade; Justiça Divina; Justiça Humana; Libra; Luz; Medida; Meio Invariável, símbolo do; Obrigação; *Phálaina*; Prudência; Psicostasia; Psiqué; *Psykhé*;

Querostasia; *Tálanta*; Talento; *Tálanton*; Trevas; Ursa Maior; Ursa Menor
- B. da moira 69
- B. da justiça 98
- B. de Jade 99
- - cf. tb. Balança Celeste; Eixo do Mundo; Meio Invariável, símbolo do; Ursa Maior; Ursa Menor
- B. fúnebre 98
- - cf. tb. Alma, destino da

Banho
- B. de orvalho 82
- - cf. tb. Fertilidade; Magia Amorosa
- B. purificador 158
- - cf. tb. Ablução Catártica; Insatisfação
- **B. ritual** 387
- - **cf. tb. Orgia Báquica; Purificação**

Banquete Fúnebre 366
- - **cf. tb. Eídolon; Escatologia; Exéquias; Jogos Fúnebres; Lamentações Fúnebres; Memória do Morto; Morte da Alma; Psiqué; Sepultamento**

Batismo
- B. de sangue 93, 248
- - cf. tb. Cerimônia de Iniciação; Rito Iniciático; Sacrifício; Tauróbolo
- B. mítico 173

Bebida Sagrada 209
- - cf. tb. Culto de Dioniso; Culto Orgiástico; Embriaguez; Entusiasmo; Êxtase

Bicho-Papão 372, 437
- - **cf. tb. Espantalho; Espectro Noturno; Vampiro**

Bilanx 98
- - cf. tb. Balança; Libra; *Tálanta*; *Tálanton*

Bissexualidade 47s., 321
- - cf. tb. Androginia; *Anima*; *Animus*; Autogenia; Feminilidade; Homossexualismo; Masculinidade; Monogenia; Sexualidade; Travestismo

Bode 176
- - cf. tb. Culto Orgiástico; Touro

Bondade 173
- - cf. tb. Nascimento dos Homens

Borboleta 98, 543
- - **cf. tb. Alma-ave;** Balança; **Mariposa;** *Phálaina*; Psiqué; *Psykhé*

Bordado 91
- - cf. tb. Fiação; Tecelagem; Trabalhos Femininos

Bruxaria 397, 433, 591
- - **cf. tb. Feitiçaria; Magia; Mandraca**

C

Cabala 175

Caçada 93
- - C. ritual; 93 cf. tb. cf. tb. Tauróbolo; Touro; Sacrifício

Câmara Nupcial 595, 612
- -cf. tb. Casamento

Campos Elísios 417, 471
- - **cf. tb. Érebo; Tártaro**

Canibalismo 51, 95, 407, 601
- - **cf. tb. Antropofogia; Musas**

Canto
- C. divino 167
- C. do cisne 130
- - cf. tb. Morte; Touro
- C. Fúnebre 250, 342
- - cf. tb. *Iálemos;* Exéquias
- C. Nupcial 342
- - cf. tb. Himeneu

Cão 270
- - cf. tb. *Alektrýon;* Cavalo

Caos 115
- - cf. tb. Vazio Primordial

Caráter Erótico 230

Carência 213
- - cf. tb. Demônio; Energia; Eros; Plenitude

Carne
- C. animal 81
- - cf. tb. Omofagia
- C. de coruja 147
- - cf. tb. Adivinhação; Clarividência; Coruja; *Manteía*

Carneiro 66, 95, 312, 337, 588
- C. voador 167, 267
- - cf. tb. Chifre Solar; Sacrifício; **Velocino de Ouro;** Velo de Ouro

Carnificina 90
- - cf. tb. Sede de Sangue

Casamento 22, 25, 36, 86, 108, 150, 158, 163, 170, 183, 193, 195, 199, 201, 238, 246, 249, 269, 312, 314, 316, 332-334, 352, 357s., 371, 376, 383, 388, 390, 400, 404s., 409s., 421, 424, 427, 433, 441, 462, 470, 482, 484s., 488s., 494, 497, 503s., 506, 509, 513, 521, 525, 533s., 539s., 546, 561, 568, 571s., 579s., 582, 590, 594, 596, 598, 600, 604, 621
- - **cf. tb. Câmara Nupcial; Castidade; Desejo; Festa Nupcial; Gravidez; Hímen; Incesto; Juramento; Núpcias; Traição; Virgindade**
- C. sagrado
- - cf. tb. *Hieròs Gamos*
- C. divino 301
- - cf. tb. Gêmeos; Gracejo Ritual; *Hieròs Gamos;* Hímen; Himeneu; Lua de mel; Núpcias; Núpcias Sangrentas; Rapto; Suicídio; *Tèlos Ho Gamos*
- C. sagrado 21, 72, 84, 310, 322, 429, 431
- - cf. tb. *Hieròs Gámos*

Castidade 421, 470
- - **cf. tb. Casamento; Gravidez**
- violação da C. 114

Castigo 379, 394, 420, 427, 497, 572
- - **cf. tb. Cólera Divina; Incesto; Punição; Vingança**
- C. divino 373, 424s.
- - **cf. tb. Punição; Sacrifício**
- C. físico 546
- - **cf. tb. Sacrifício**
- C. paterno 490
- - **cf. tb. Cólera Paterna**

Catábase 23, 173, 216s., 225, 250, 310, 314, 357, 364, 468, 471s., 504, 506, 512, 542, 577, 595, 620, 628
- - cf. tb. **Alma;** Anábase; **Catarse;** *Eídolon; Kathábasis;* Morte Ritual; Morte Simbólica; Mundo dos Mortos; Rito Iniciático; **Seio da Terra;** Sepultamento; **Uróboro Iniciático;** Viagem Subterrânea
- **C. ao Hades** 595, 597
- - cf. tb. *Anagnórisis*; **Rito Arcaico**

Cataclismo 439, 450
- - **cf. tb. Freixo; Yggdrasil**

Catarse 56, 86, 101, 119, 143, 223s., 228s., 346, 387, 415, 468, 470s., 546-548, 628
- - **cf. tb. Anamnese; Catábase;** Espiritualização; Humanização do Pensamento; **Ideias;** Invóculo Carnal, sujeição do; *Kathársis*; Mântica; Provas Iniciáticas;

Purificação; Religiões de Mistérios
- C. final 474, 596
- - cf. tb. Morte Trágica; *Uterum (regressus ad)*

Cauchemar
- - cf. tb. Demônio Opressor Cavalo 270
- C. alado 102
- - cf. tb. *Alektryon*; Cão; Desnivelamento; Imaginação Criativa; Metamorfose

Cegueira 28, 188, 264, 354, 483, 524, 526, 605, 624, 631
- C. da razão 28
- - cf. tb. Adivinhação; *Anagnórisis*; Dons Divinatórios; *Manteía*; *Mántis*

Centauro 125, 493s., 509, 553
-- cf. tb. Concupiscência; **Desejo (impetuosidade do); Instinto Animalesco;** Instinto Selvagem; Natureza Humana
- **C. Quirão** 494

Centro do Mundo 63
- - cf. tb. *Omphalós*; Umbigo

Cerimônia
- C. cultual 85
- - cf. tb. C. cultural
- C. cultural
-- cf. tb. Cerimônia Cultual
- C. de iniciação 146, 248
- - cf. tb. Batismo de Sangue; Rito de Purificação
- C. fúnebre 225, 250-252
- - cf. tb. Lamentações Fúnebres; Rito Fúnebre; Sepultamento

Cesariana
- C. umbilical 147
- - cf. tb. Seio Materno

Céu 215, 359, 474, 578
- - cf. tb. Escatologia Individual; **Hades;** Inferno; Purgatório; Terra

Chifre 42s., 65s.
- C. de ouro 307
- - cf. tb. Corça de Cerínia; Liberação Interior; Pés de Bronze
- C. lunar 66
- - cf. tb. Abundância; Corno da Abundância; Cornucópia; Touro
- C. solar 66
- - cf. tb. Carneiro

Chuva 92, 248
- C. de ouro 20, 157, 302
- - cf. tb. Fecundação; Lua; Touro

Cinco Idades 169, 220
- - cf. tb. Degradação da Humanidade; Dilúvio Universal; Idade de Bronze; Idade de Ouro; Idade de Prata; Purificação da Terra

Cinco Raças 153, 220
- - cf. tb. Cinco Idades; Idade de Ferro; Idade de Ouro; Idade dos Heróis

Cinzas 173
- - cf. tb. Pó de Gesso; Rito Arcaico de Iniciação

Círculo Urobórico 189
- - cf. tb. Mandala

Cisne 302
- canto do C. 130
- - cf. tb. Morte; Touro

Ciúme 33, 41, 363, 371, 379, 384s., 445s., 500, 516, 521, 536, 581, 607s., 625
- - **cf. tb. Inveja; Ódio; Paixão**

Clarividência 147, 376
- - cf. tb. Adivinhação; Carne de Coruja; Coruja; *Manteía*

Cleromancia 397s., 611
- - **cf. tb. Adivinhação; Eonomancia; Hepatoscopia; Mântica Intuitiva;** *Oneirokrítes; Oneiropólos;* **Piromancia; Quiromancia**

Coação 45
- - cf. tb. Ananque; Necessidade; Parentesco

Cocção 173
- - cf. tb. Rito do Desmembramento

Coincidência dos Opostos *(Coincidentia Oppositorum)* 75
- - cf. tb. *Coniunctio Oppositorum;* 26, 47s., 282, 322
Conjunção dos Opostos; Harmonia; Identidade dos Opostos

Cólera 27, 380
- C. divina 23, 27s., 30, 34, 68, 79, 89, 111, 114, 138s., 151, 159s., 179s., 204, 245, 261, 280, 288, 302, 321, 355, 360, 371, 377, 379, 397, 411, 449, 464, 531, 585, 600, 606, 634
- - **cf. tb. Castigo;** Vingança Divina

- **C. paterna** 384, 489s., 510
- - **cf. tb. Castigo Paterno**

Coletivo 30
- - cf. tb. Individual

Comnunio 85
- - cf. tb. Comunhão; *Consortium;* Metúsia

Competição
- C. com o divino 102
- - cf. tb. Godfather; Loucura

Complexio Oppositorum 213, 602, 624, 628, 632
- - cf. tb. União dos Opostos; **Leito Conjugal**

Complexo Místico-ritual 173

Compulsão Sexual 203

Comunhão 85
- - cf. tb. Metúsia; *Comnunio; Consortium*

Concupiscência 125
- - cf. tb. Centauro

Conhecimento
- C. do futuro 111
- C. intuitivo 147
- - cf. tb. Águia
- C. racional 147
- - cf. tb. Coruja

Conjugação dos Opostos *(Coniunctio Oppositorum)* 26, 223, 282, 322
- - cf. tb. Anima; Animus; *Coincidentia Oppositorum;* Conjunção dos Opostos; Harmonia; Identidade dos Opostos

Conjunção
- C. dos opostos 322
- - cf. tb. *Coincidentia Oppositorum; Coniunctio Oppositorum;* Conjugação dos opostos; Identidade dos Opostos
- C. sagrada 294

Consciência 98
- C. emocional 169
- - cf. tb. *Daímon;* Diafragma; Peito; *Thymós*
- C. individual 21, 188
- - cf. tb. Coração

Consortium 85
- - cf. tb. *Comnunio;* Comunhão; Metúsia
Contradição
- C. não resolvida 21

Coração 98
- -cf. tb. Consciência

Corça de Cerínia 306s.
- - cf. tb. Chifre de Ouro; Liberação Interior; Pés de Bronze

Corda 163
- - cf. tb. Atavio; Falo; Feminilidade

Corno 248
- C. da abundância 42, 280
- - cf. tb. Chifre Lunar; Cornucópia; Touro
- C. de ouro 306s.
- - cf. tb. Corça de Cerínia; Touro

Cornucópia 42s.
- - cf. tb. Chifre; Corno da Abundância; Touro

Corpo 227s., 366, 395, 459, 470, 542s., 545-549
- - cf. tb. Alma; *Eídola; Eídolon;* **Espírito;** *Kínesis; Phrénes; Phisis;* Psiqué; *Sema;* **Sepultura da Alma;** *Soma;* **Sombra;** *Thymós;* Túmulo
- cárcere do C. 474, 546, 548
- - **cf. tb. Alma; Psiqué**
- C. astral 416, 521, 549
- - cf. tb. *Eídolon;* Espectro; Psiqué; Sombra; *Umbra*
- **C. insubstancial** 576
- - **cf. tb. Morte; Sombra; Tânatos**

Cortejo Fúnebre 45, 251, 295

Cortejo
- **C. de Afrodite** 503
- **C. de Baco** 422
- - **cf. tb. Mistérios Dionisíacos**
- **C. Fúnebre** 465
- - **cf. tb. Orfismo**

Coruja 84, 147s.
- - cf. tb. Adivinhação; Águia; Ave da Noite; Ave das Trevas; Ave Noturna; Carne de Coruja; Clarividência; Conhecimento Racional; Inspiração; Lua; *Manteía; Noctua;* Raio da Lua

Cosmo 396, 435, 444, 578, 633
- - **cf. tb. Destino; Magia Ativa; Olimpo; Ordem do Mundo**

Cosmogonia
- **C. órfica** 468-470
- - **cf. tb. Antropogonia Órfica; Escatologia**

Cosmologia 633
- - cf. tb. Cosmo; Ordem do Mundo

Credibilidade 119

Crespundia 173

Crime 496
- - cf. tb. Homicídio

Crime
- C. de morte 40
- C. de sangue 72
- - cf. tb. Homicídio

Cristo 270
- - cf. tb. Galo; Luz; Ressurreição

Culpa
- - cf. tb. Pena

Culto 211
- C. agonístico 366s.
- C. agrário 164, 518
- - cf. tb. **Abundância (deus da);** Espiga; Grão de Trigo; Grão de Vida; Imortalidade; **Mortos (religião dos);** Religião dos Mortos; Seio da Terra; Semente
- C. de Atená 362
- C. ctônio 92
- - cf. tb. Culto Olímpico; Culto Urânico; Serpente
- C. da grande mãe 159
- **C. das Musas** 507s.
- **C. de Apolo** 487
- C. de Deméter 153
- C. de Dioniso 183, 207, 369, 371, 483, 606
- - cf. tb. Culto Dionisíaco
- C. dionisíaco 175
- - cf. tb. Culto de Dioniso
- **C. divino** 502
- **C. do campo** 518
- - **cf. tb. Hades**
- **C. do crânio** 465s.
- - **cf. tb. VITRIOL**
- C. dos Cabiros 361
- **C. familiar** 403
- **C. helênico** 515
- -**cf. tb. Rito Helênico**
- **C. heroico** 366
- - **cf. tb. Jogos Pan-Helênicos**
- C. olímpico 92
- - cf. tb. Culto Urânico
- C. orgiástico 93, 146, 175s., 271, 424, 507
- - cf. tb. Bode; Delírio Sagrado; **Entusiasmo; Êxtase; Loucura;** Morte; Ressurreição; Rito

de Purificação; Touro
- C. urânico 215s.

Cura Universal 483

Curandeirismo 396, 468
- - **cf. tb. Feitiçaria**

D

Daímon 168s., 397, 458s., 596
- - **cf. tb. Alma;** Ateísmo; *Eídolon;* **Imortalidade; Oniro; Sonho; Sono**
- D. epictônio 168
- - cf. tb. Anjo da Guarda; Daímon Hipoctônio; Herói; Idade de Ouro; Idade de Prata
- D. *Epikhthónios* 222
- - cf. tb. *Daímon Hypokhthónios*
- D. hipoctônio 168
- - cf. tb. Daímon epictônio; Idade de Prata; Idade de Ouro
- D. *Hypokhthónios* 222
- - cf. tb. Anjo da guarda; Ar; Ateísmo; Consciência Emocional; *Daímon Epikhthónios*; Demônio; Demônio, bom; Demônio, mau; Destino; Deuses Olímpicos; Diafragma; Divindade; Éter; *Eudaimonía*; *Kakoidaimonía*; Nascimento; Neopitagoricismo; Neoplatonismo; Peito; Psiqué; Satanás; Semideus; *Theîon*; *Thymós*

Daímones
- D. *Epikhthónnios* 221
- - cf. tb. Idade de Ouro
- D. *Hypokhthónios*
- - cf. tb. Idade de Bronze

Daimónion 333
- - cf. tb. Demônio

Dança
- D. armada 155
- **D. guerreira** 513
- **D. pírrica** 513
- - **cf. tb. Dança Guerreira**
- **D. ritual** 512, 595

Danças
- D. circulares 145s.
- - cf. tb. Delírio Sagrado

Defloração 125

Deformação 28, 553
- D. banal 96

- - cf. tb. Estrumeira
- D. da psiqué 86
- - cf. tb. Espiritualidade; Purificação da Alma
- **D. psíquica** 553
- **- - cf. tb. Fantasia Descontrolada; Imaginação Descontrolada; Imaginação Perversa; Quimera**

Deformidade 28

Degradação
- D. da Humanidade
- - cf. tb Cinco Idades; Dilúvio Universal; Idade de Bronze; Idade de Ouro; Idade de Prata; Purificação da Terra

Deiknýmena 430s.
- **- cf. tb. Drómena; Legómena; Mistérios de Elêusis;** *Teleté*

Delírio 32, 175, 413, 439, 500, 515
- **- cf. tb. Loucura;** *Lymphaticus***; Mania; Possesão**
- **D. coletivo** 413
- **- cf. tb. Orgia**
- **D. pítico** 515
- **- cf. tb. Profecia**
- D. profético 119
- D. sagrado 146, 271, 397, 413
- **- cf. tb. Adivinhação;** Culto Orgiástico; Danças Circulares; Desfalecimento; **Dom Profético;** Embriaguez; Entusiasmo; Êxtase; **Inspiração; Loucura Sagrada;** *Mania; Manteía;* **Mântica; Mântica Ctônia; Mântica Dinâmica; Mântica Intuitiva; Mântica por Incubação;** *Mantiké; Mántis;* **Oráculo; Profecia**

Démesure 71, 85, 211, 345
- - cf. tb. *Hamartíai; Hýbris;* Métron, ultrapassagem do

Demetrismo 44
- - cf. tb. Amazonismo; Ginecrocacia; Heterismo; Império Feminino; Matriarcado; Patriarcado

Demônio 433, 473, 630s.
- bom D. 168
- - cf. tb. *Daímon;* Destino; Divindade; *Eudaimonía; Kakoidaimonía;* Mau Demônio; Satanás; Semideus
- D. alado 118
- - cf. tb. Demônio da Morte
- **D. da ausência** 622
- **- cf. tb. Fidelidade Conjugal**

- D. da morte 118
- - cf. tb. Demônio Alado
- D. opressor 196, 230
- - cf. tb. Alma penada; Bom Demônio; Carência; *Cauchemar; Daímon; Daimónion;* Destino; Divindade; Energia; Energia Divina; Eros; *Eudaimonía;* Grupo Iniático; Incubo; *Kakoidaimonía;* Laços Benéficos; Laços Mágicos; Lúcifer; Mau Demônio; Pesadelo; Plenitude; Satanás; Semideus; *Theîon*
- D. popular 73
- mau D. 168
- - cf. tb. Bom Demônio; *Daímon;* Divindade; Destino; *Eudaimonía; Kakoidaimonía;* Semideus; Satanás
- pequeno D. 108
- - cf. tb. Gnomo

Depravação Sexual 362
- - cf. tb. Sedução; Sexualidade

Desatar 26, 40, 288-291
- - cf. tb. Atar; Desligar; Ligar

Descendência 30, 39
- - cf. tb. *Guénos;* Laços Sanguíneos

Descida
- D. ritual 64
- - cf. tb. Útero

Descomedimento 41, 49, 102, 124, 211, 244, 254, 274, 300, 345, 379, 427s., 440, 444, 506, 618
- - cf. tb. *Démesure; Hýbris;* Maldição; *Métron;* Métron, ultrapassagem do
- **D. sexual** 478

Desejo 172, 274, 307, 390s., 413, 422, 508, 532
- **- - cf. tb. Casamento;** *Póthos*
- D. de sobrevivência 258
- - cf. tb. Desejo de Ressurreição
- D. de ressurreição 258
- - cf. tb. Desejo de Sobrevivência
- D. dos Sentidos 28
- - cf. tb. Prazer
- D. erótico 203
- D. insaciável 207
- D. incontrolável 208, 213
- harmonia do D. 61
- D. perverso 307
- - cf. tb. Espírito, ofuscação do
- **D. sexual** 535
- **- - cf. tb. Priaprismo**
- **impetuosidade do D.** 493
- **- - cf. tb. Centauro**

Desfalecimento 175
- - cf. tb. Delírio; Embriaguez; Demônio; *Daímon*; Entusiasmo; Êxtase

Desgraça 72
- - cf. tb. Infortúnio

Desligar 289-291, 323, 338
- - cf. tb. Atar; Desligar; Ligar; Rito Iniciático

Desnivelamento 102
- - cf. tb. Cavalo Alado; Imaginação Criativa

Destino 69, 99, 168, 188, 198, 215, 218s., 292, 295, 303, 396, 412, 432s., 469s., 479s., 491, 501, 518s., 522, 552, 580, 597, 606
- - **cf. tb. Aisa; Alma (pesagem da); Balança; Cosmo; Moira; Morte;** *Oitos;* **Pensamento; Quere(s); Sorte**
- D. cego 98, 432, 551, 576
- - cf. tb. Moira; **Morte; Tânatos**
- D. da alma 98
- - cf. tb. Balança Fúnebre
- D. da Psiqué 220s.
- D. do homem 166
- - cf. tb. *Aîsa; Daímon*; Demônio; Demônio, bom; Demônio, mau; Divindade; *Eudaimonía; Kakoidaimonía*; Moira; Morte; Morte Simbólica; Mundo Divino; Mundo dos Mortos; Satanás; Semideus; Tânatos; Vida, duração da
- **D. humano** 433
- - **cf. tb. Morte; Tânatos**
- lei do D. 576
- - **cf. tb. Morte; Tânatos; Vida (fecho da)**

Desvirilização 93

Deus
- D. do fogo 83
- - cf. tb. Agni; Menstruação; Sangue da Mulher
- D. dos nós 26

Deusa Noturna 561
- - **cf. tb. Sono Mágico**

Deuses Olímpicos 168
- - cf. tb. *Daímon*; Neopitagoricismo; Neoplatonismo

Dia 380
- - **cf. tb. Noite**

Diafragma 280
- - cf. tb. Consciência Emocional; Peito; *Thymós*

Diamastígosis 81
- - cf. tb. Rito da Flagelação

Diasparagmós 56, 81, 465s.
- - cf. tb. Hierofania; Omofagia; Rito do Despedaçamento; Rito do Dilaceramento

Diferença 21

Dignidade 163
- - cf. tb. Areté; Excelência; *Kakía*; Timé

Dilúvio 170
- D. universal 169s.
- - cf. tb. Cinco Idades; Idade de Bronze; Purificação da Terra

Dimorfismo
- D. sexual 49
- - cf. tb. Androginia

Direito Divino 586
- - **cf. tb. Lei Humana**

Discurso Sagrado 164
- - cf. tb. *Hieròs Lógos*

Distância
- domínio da D. 63
- - cf. tb. Liberação

Divindade 168
- - cf. tb. *Daímon*; Demônio; Demônio, bom; Demônio, mau; Destino; *Eudaimonía; Kakoidaimonía*; Satanás; Semideus

Dokimasía 155, 320s., 605, 615, 631s.
- - cf. tb. Rito de Fertilidade; Rito Iniciático

Dolonia 171

Dom
- **D. divinatório** 398, 437, 454, 524, 605
- - **cf. tb. Adivinhação;** *Mántis*
- **D. profético** 397
- - **cf. tb. Adivinhação; Delírio Sagrado; Entusiasmo; Êxtase; Inspiração; Loucura Sagrada;** *Mania; Manteía;* **Mântica; Mântica Ctônia; Mântica Dinâmica; Mântica Intuitiva; Mântica por Incubação;** *Mantiké; Mántis;* **Oráculo; Profecia**

Dons
- D. Divinatórios 24, 62, 264, 269, 276, 287
- - cf. tb. Adivinhação; Cegueira; Dons Proféticos; *Manteía;* Profecia
- D. Proféticos 50s., 209, 287
- - cf. tb. Adivinhação; Dons Divinatórios

Doze Trabalhos 246, 302s., 305, 312, 318
- - cf. tb. Provas Iniciáticas

Dragão 63, 65, 83
- - cf. tb. Autoctonia; Jogos Fúnebres; Lua Cheia

Drómena 430
- - **cf. tb. *Deiknýmena; Legómena;* Mistérios de Elêusis; *Teleté***

Duração da vida 99
- - cf. tb. Destino

Dýnamis 213
- - cf. tb. Amor Criminoso

E

Ego 213
- - cf. tb. Eros

Eídola 203, 216, 222, 231, 310, 417, 459, 532, 542, 544, 552, 620
- - **cf. tb. Alma; Corpo; Escatologia; Espectro do Morto; Mortos (mundo dos)**
- pesagem dos E. 98
- - cf. tb. Balança; Catábase; Corpo Astral; *Eídolon*; Hades; Hipno; Libações Sangrentas; *Mántis*; Metamorfose; Morte; Prazer Erótico; Psiqué; *Psykhé*; Queres; Sangue; Soma; Sombra; Umbra

Eídolon 98, 150, 193s., 215-217, 219, 222s., 230, 235, 250, 252, 295, 336, 344, 354s., 362, 365, 416, 443, 461s., 521s., 526, 540, 542s., 545s., 549, 562, 572, 576, 596, 620
- - **cf. tb. *Aísthesis*; Alma dos Mortos; Balança; Banquete Fúnebre; Catábase; Corpo Astral; Corpo Insubstancial; *Daímon*; *Eídola*; Escatologia; Espectro; Espírito; Exéquias;** Hades; Hipno; **Jogos Fúnebres; *Kínesis*; Lamentações Fúnebres;** Libações Sangrentas; *Mántis*; **Memória do Morto;** Metamorfose; Morte; **Morte (agente da); Morte da Alma; Mortos (alma dos);** *Nóos*; Psiqué; **Psiqué Abúlica;** *Psykhé*; Queres; Prazer Erótico; Sangue; **Sepultamento;** *Skiá*; *Sôma*; Sombra; Soma; **Tânatos;** Umbra

Eixo do Mundo 99
- - cf. tb. Balança Celeste; Balança de Jade; Meio Invariável, símbolo do; Ursa Maior; Ursa Menor

Ejaculação 32, 125
- - cf. tb. Esperma

Ekphorá 232
- - cf. tb. Procissão Fúnebre

Elemento Divino 94
- - cf. tb. Elemento Humano; Paraíso

Elemento Humano 94
- - cf. tb. Elemento Divino; Paraíso

Emascular 32

Embriaguez 175, 209, 371, 387, 390, 398, 437, 443, 475, 499, 514, 529, 618
- - **cf. tb. Licor de Baco; Loucura**
- E. da loucura 57
- - cf. tb. Bebida Sagrada; Delírio; Desfalecimento; Entusiasmo; Êxtase; Orgia

Embrião 456
- - **cf. tb. *Omphalós***

Enaguísmata 85
- - cf. tb. Sacrifício

Encantamento 585
- - **cf. tb. Magia**

Enérgeia 27, 306
- - cf. tb. Energia

Energia 27, 52, 67, 213, 273, 318, 396, 564, 624
- - **cf. tb. Alma-ba Egípcia; Mana;** *Enérgeia*
- E. circulante 270
- - cf. tb. Mana
- E. divina 290
- - cf. tb. Demônio
- E. erótica 27
- **E. genésica** 478
- E. latente 290
- - cf. tb. Carência; Demônio; *Enérgeia*; Eros; Plenitude; Seio da Terra
- **E. sexual** 454, 478, 561
- - **cf. tb. Masturbação; Útero**
- E. telúrica 273, 449
- - **cf. tb. Fecundidade; Reprodução**
- E. universal 290
- - cf. tb. Mana
- E. vital 82, 466, 478, 628
- - **cf. tb. Alma;** Fertilidade

Enforcamento 45, 209, 216, 365, 382s., 386, 406s., 409, 411, 448, 496, 500, 510, 525, 528, 595

Enigma 185s., 199, 232
- - cf. tb. Alma-pássaro; Alma penada; Incubo; Pesadelo; *Sýmbolon*

Enkoímesis 85, 398, 458s.
- - cf. tb. Hierofania; **Incubação; Mântica Ctônia; Mântica por Incubação; Oniro;** Sonho; **Sono**

Ensomatose *(Ensomátosis)* 225-229, 472, 542, 546, 548
- - **cf. tb. Alma (destino da);** Alma, transmigração da; Metempsicose *(Metempsýkhosis)*; **Mumificação;** Reencarnação

Entelequia 215
- - cf. tb. Alma

Entusiasmo 19, 55-57, 64, 89, 119, 174-176, 183, 186, 224, 232, 388, 397s., 412s., 450, 466, 470, 507, 514s., 546, 567
- - cf. tb. *Anoia*; **Culto Orgiástico;** Delírio; **Delírio Sagrado;** Desfalecimento; Embriaguez; Entusiasmo; Êxtase; **Inspiração;** Interior da Terra; Interior do Homem; *Khóes*; Loucura Sagrada; *Manía*; MânticaCtônia; Mântica Dinâmica; Mântica por Incubação; Mântica por Inspiração; *Mántis*; **Manto;** Orgia; **Orgia Báquica;** *Órguia*; **Poeta;** *Poietés*; Possessão Divina; **Profecia**
- E. ninfoléptico 450
- - **cf. tb. Ninfas**

Envenenamento 496, 592
- - **cf. tb. Morte**

Eonomancia 110, 397s., 489
- - **cf. tb. Adivinhação; Cleromancia; Hepatoscopia;** Mântica; **Mântica Intuitiva;** *Oneirokrítes*; *Oneiropólos*; **Oniromancia; Piromancia; Quiromancia**

Epicédio 252
- - cf. tb. *Góos*; Lamentações Fúnebres; Tálemo; Trenó

Epifania 174

Epinício 367
- - **cf. tb. Jogos Olímpicos; Hino Triunfal**

Epítetos Rituais 286

Epopteía 431
- - **cf. tb. Mistérios**

Équidna 207
- - cf. tb. Prostituta Apocalíptica

Equilíbrio 98s.
- - cf. tb. Balança; Medida; Lei Universal; Psicostasia Egípcia; Prudência

Érebo 452, 471, 578
- - **cf. tb. Campos Elísios; Mundo Ctônio; Tártaro**

Erínias 461s., 551, 607
- - **cf. tb. Harpias; Sangue Parental; Vingança**
- **E. internas** 462, 509

Eros 50, 82, 213s., 453, 532, 565, 584, 604
- - cf. tb. Amor; Carência; Demônio; Ego; Energia; Hipno; Logos; Lua; Plenitude; Pótos; Psiqué; Razão; Sono; Tânatos

Erotismo 203, 271

Erro 89s.
- - cf. tb. Razão

Escatologia 133, 217, 221, 224, 249, 365, 425, 466, 468s., 471s., 492, 521, 532, 545, 554
- - **cf. tb. Alma (salvação da); Antropogonia Órfica; Banquete Fúnebre; Cosmogonia;** *Eídola*; *Eídolon*; **Exéquias; Jogos Fúnebres; Lamentações Fúnebres; Memória do Morto; Morte da Alma; Mortos (juiz dos); Mortos (mundo dos); Orfismo; Pira Funerária; Pitagoricismo; Psiqué; Psiqué do Morto; Sepultamento**
- E. coletiva
- - cf. tb. Escatologia Individual; Escatologia Universal; Juízo Final; *Parusía*; Ressurreição
- E. hesiódica 221
- - cf. tb. Escatologia Coletiva; Escatologia Individual
- E. intermediária 215
- - cf. tb. Escatologia Coletiva; Escatologia Hesiódica; Escatologia Individual; Escatologia Universal
- E. individual 215, 221
- - cf. tb. Céu; Escatologia Coletiva; Escatologia Universal; Inferno; Purgatório
- E. universal 221
- - cf. tb. Destino da Alma; Destino da Psique; Escatologia Coletiva; Escatologia Individual; Escatologia Intermediária; Escatologia Universal; Exéquias; Idade de ouro;. Honra Fúnebre; Rito de Morte; Sepultamento

Escravas Sagradas 84
- - cf. tb. Hierodulas; Prostitutas Sagradas

Esfinge 413, 551, 614
- - **cf. tb. Harpia; Sereia**

Esfinge 230, 232
- - cf. tb. Alma Penada; Feminilidade Pervertida; Incubo; Morte, jogo da; Pesadelo; Tânatos

Espantalho 437
- - cf. tb. Bicho-papão

Espectro 286, 372, 416
- - cf. tb. Corpo Astral; *Eídolon*; Fantasma; Íncubo-papão; Monstro
- E. do morto 544
- - cf. tb. *Eídola*
- E. noturno 372
- - cf. tb. Alma dos Mortos; Bicho-papão; Vampiro

Espelho 173
- - cf. tb. Rito Iniciático

Esperança 220

Esperma 25, 125, 314
- - cf. tb. Ejaculação; *Sperma*

Espiga 164
- - cf. tb. Culto Agrário; Grão de Trigo; Grão de Vida; Imortalidade; Religião dos Mortos; Seio da Terra; Semente

Espírito 366, 548s., 576
- - cf. tb. Corpo; *Eídolon*; Morte; Psiqué; *Thymós*
- E. humano 548
- - cf. tb. Ideias
- E. mineral 554
- - cf. tb. Rebis
- E. perfeito 620
- - cf. tb. *Nóos*
- E. subterrâneo 108
- - cf. tb. Demônio, pequeno; Gnomo;
- E. viril; Morte pelo Pescoço; Repressão Masculina; Sexualidade Feminina
- ofuscação do E. 307
- - Desejo Perverso

Espiritualidade 86, 278
- - cf. tb. Deformação da Psiqué; Purificação da Alma; Sociabilidade; Sexualidade

Espiritualidade Grega 466
- - cf. tb. Orfismo
- E. obstruída 424
- -cf. tb. Morcego

Espiritualização 86, 92
- - cf. tb. Humanização; Catarse

Esquecimento 379, 473
- - cf. tb. Orfismo; Mundo Ctônio
- cadeira do E. 512, 596
- - cf. tb. Mortos (mundo dos)

Estabilidade
- -E. dos imortais 28

Estábulos de Augias 96
- - cf. tb. Inconsciente

Esterilidade 39, 175, 180, 322, 325, 379, 387, 390, 394-397, 402, 415, 434s., 445, 454, 465, 535s., 585
- - cf. tb. Falo; Fecundidade; Fertilidade; Gravidez; Priaprismo; Seio da Terra
- E. da terra 172, 280
- - cf. tb. Androginia; Hermafroditismo

Estrumeira 96
- - cf. tb. Deformação Banal

Estupro 24, 125, 337

Éter 168
- - cf. tb. Ar; Deuses Olímpicos; *Daímon*

Eternidade 76, 288
- - cf. tb. Limo da Terra

Eternidade 545
- - cf. tb. Alma Imortal; Imortalidade

Eudaimonía 168
- - cf. tb. *Daímon*; Demônio; Demônio, bom; Demônio, mau; Destino; Divindade; *Kakoidaimonía*; Satanás; Semideus

Excelência 77, 163
- - cf. tb. Areté; Dignidade; *Kakía*; Timé

Exéquias 216, 249, 308, 342, 366, 564s.
- - cf. tb. Banquete Fúnebre; Canto Fúnebre; *Eídolon*; Escatologia; Honra Fúnebre; *Iálemos*; Jogos Fúnebres; Lamentações Fúnebres; Memória do Morto; Morte da Alma; Psique; Rito de Morte; Sacrifício; Sepultamento; Túmulo

Exposição 17, 41s., 50, 410, 423, 521

Êxtase 19, 27, 32, 55s., 64, 89, 119, 174-176, 183, 186, 224, 229, 232, 388, 397s., 413, 466, 470s., 507, 514s., 546, 567
- - cf. tb. Adivinhação; *Anoia*; Culto Orgiástico; Delírio; Delírio Sagrado; Desfalecimento; Entusiasmo; Interior da Terra; Interior do Homem; *Khóes*; Loucura Sagrada; *Lyssa*; Manía; Mântica Ctônia; Mântica Dinâmica; Mântica por Incubação; Mântica por Inspiração; *Mántis*; Manto; Orgia; Orgia Báquica; *Órguia*; Poeta; *Poietés*; Possessão Divina; Profecia

F

Falo 92, 163, 371, 431, 454, 456s., 535s., 566s., 578, 598
- - cf. tb. Atavio; Corda (símbolo fálico); **Esterilidade; Falofórias; Fecundação;** Fecundidade; Feminilidade; Fertilidade; **Pênis;** Serpente; **Umbigo; Vulva**

Falofórias 535
- - cf. tb. Falo; Priaprismo

Fantasia 459
- - cf. tb. Sonho
- F. descontrolada 553
- - cf. tb. Deformação Psíquica; Imaginação Descontrolada; Imaginação Perversa; Quimera

Fantasma(s) 185, 286, 335, 437
- - cf. tb. Espectro; Incubo; Íncubo-papão; Monstro; **Mundo dos Mortos**

Fatalidade 30, 45, 114, 125
- - cf. tb. Necessidade

Fecundação 20, 55, 66, 82s., 91s., 174, 176, 207, 505, 518, 531, 536, 624, 626
- - cf. tb. Chuva; **Falo;** Fertilização; Germinação; Gravidez; **Leito Nupcial;** Lua, raio da; Masculinidade; Neve; **Sedução;** Sêmem; Semente; **Terra Cultivada;** Touro
- F. da terra 634

Fecundidade 24s., 28, 48, 55s., 66, 92s., 121, 128, 222, 248, 273, 287, 301s., 311, 323, 361, 422, 426, 430s., 439, 445, 450, 493, 591, 611, 634
- - cf. tb. Abundância; Energia Telúrica; Esterilidade; Feminilidade Devoradora; Gravidez; *Hyétios*; Porca; Reprodução; Sangue da Górgona; Seio; Seio Materno; Sêmem; União Sexual
- F. da natureza 450
- - cf. tb. Reprodução
- F. da terra 302
- F. do solo 221
- F. feminina 81, 453, 598
- - cf. tb. Corno da Abundância; Chifre; *Diasparagmós*; Fertilidade; Hierofania; Idade de Ouro; Lírio; Morte; Oliveira; Omofagia; **Poder;** Rito do Dilaceramento; Romã; Seio da Mulher; Serpente; Sperma; Touro

Feitiçaria 395-397, 401, 433, 564, 569, 610, 619
- - cf. tb. Bruxaria; Curandeirismo; Magia; Mandraca; Sereia

Feminilidade 46-48, 82, 163, 232, 307, 317, 464, 560s., 592, 604-606
- - cf. tb. Lua; Masculinidade; Psique; Reprodução
- F. devoradora 592
- - cf. tb. Abundância; Fecundidade; Porca
- F. normal 44
- F. pervertida 232
- - cf. tb. Androginia; Atavio; Bissexualidade; Esfinge; Germinação; Homossexualismo; Umbigo; Lua; Masculinidade; Sereia; Sensualidade

Fertilidade 48, 55, 81-83, 87, 90, 92, 108, 214, 397, 449, 457, 466, 504, 526, 531, 611, 634
- F. da terra
- - cf. tb. Seio Materno
- F. do solo 91, 218
- - cf. tb. Abundância da Terra; Energia Vital; **Esterilidade;** Falo; Fecundidade; Fertilização; **Germinação;** *Ómbrios*; Orvalho, banho de; Riqueza; Semente; *Sperma*; Serpente; **Terra (seio da); Umbigo;** Vegetação

Fertilização 25, 82, 84, 92
- F. da mulher 84
- - cf. tb. Fertilização da Terra
- F. da terra 84, 248, 504, 611
- - cf. tb. Fertilização da Mulher; Touro; Fecundação

Festa Nupcial 410
- - cf. tb. Casamento; Núpcias

Fiação 91
- - cf. tb. Bordado; Tecelagem; Trabalhos Femininos

Fidelidade 38, 88, 463, 466, 468, 615, 622, 625
- - cf. tb. Adultério
- F. conjugal 615, 622
- - cf. tb. Amor Conjugal; Demônio da Ausência

Fio Condutor 78, 160
- - cf. tb. Labirinto; Luz

Flagelação 52, 217
- - cf. tb. Rito Iniciático

Flor 93
- - cf. tb. Ressurreição; Túmulo; Semente; Seio da Terra

Fogo 67, 289, 316, 431, 515, 538, 540, 574, 598, 621, 634
- - cf. tb. Água; Alma do Mundo; Morte Iniciática; *Mýstes*; Pneuma; Razão
- domínio do F. 289
- - cf. tb. Imortalidade; Invulnerabilidade; *Lampadedromía*
- F. eterno 515
- - cf. tb. Pitanisa
- passagem pelo F. 173
- - cf. tb. Iniciação Xamântica

Foice 153, 272, 570
- - cf. tb. Semente

Forças Obscuras 57
- - cf. tb. Liberação

Fragilidade 71
- - cf. tb. *Aracne*; Aranha

Freixo 450
- - cf. tb. Yggdrasil; Cataclismo

Funerais 216s.
- - cf. tb. Rito Sagrado

Fúria
- F. divina 90
- - cf. tb. Cólera Divina

Furor Eroticus
- - cf. tb. Paixão Furiosa

Furor
- - *F. eroticus* 41, 194, 256, 356, 479, 534, 536, 539, 560

Futuro
- conhecimento do F. 111
- - cf. tb. Sonho

G

Galo 270s.
- - cf. tb. *Alektrýon*; Cristo; Influência Maligna; Lua; Luz; Sol; Sacrifício; Ressurreição

Gêmeos 20s., 177, 183, 202, 239, 247, 260, 265, 286, 342, 349, 357, 379s., 440, 451, 458, 516, 609
- - cf. tb. Gravidez; Mundo (centro do); Umbigo
- G. antagônicos 47
- - cf. tb. Casamento

- G. expostos 495
- - cf. tb. Exposição

Germinação 82, 512, 526
- - cf. tb. Fecundação; Feminilidade; **Fertilidade; Seio da Terra;** Semente

Gesto Ritual 93

Gigantes 274
- - cf. tb. Heroísmo Humano

Ginecocacia 44
- - cf. tb. Amazonismo; Demetrismo; Heterismo; Imperialismo Feminino; Matriarcado; Patriarcado

Gnomo 108
- - cf. tb. Demônio, pequeno; Espírito Subterrâneo

Gnôthis s'auton 64, 257
- - cf. tb. *Meden Àgan*

Godfather 102, 141, 303
- - cf. tb. Competição com o Divino; Loucura

Góoi 543, 564
- - cf. tb. Lamentações

Góos 250-252
- - cf. tb. Lamentações Fúnebres; Epicédio; Trenó; Tálemo

Governo do Mundo 173, 190

Gracejo Ritual 332
- - cf. tb. Casamento; Himeneu; Hímen; Núpcias

Grande Mônada 548s.
- - cf. tb. Psiqué

Grão de Trigo 164s.
- - cf. tb. Culto Agrário; Espiga; Grão de Vida; Imortalidade; Religião dos Mortos; Seio da Terra; Semente

Grão de Vida 164
- - cf. tb. Culto Agrário; Espiga; Grão de Trigo; Imortalidade; Religião dos Mortos; Seio da Terra; Semente

Gravidez 27, 32, 83s., 95, 114, 141, 153, 155, 157, 174, 275, 352, 360, 379, 385, 391, 421, 423, 439-441, 483, 487, 493, 496, 499, 505, 510, 514-516, 536, 555, 562, 579, 581s., 591, 614, 629s.

- - cf. tb. **Casamento; Castidade; Esterilidade;** Fecundação; **Fecundidade;** Lua Crescente; Lua, raio da; **Seio da Terra**

Grupo Iniciático 155
- - cf. tb. Demônio

Guénos 29s., 39, 134, 211, 227, 337, 350, 414, 422, 428, 461s., 474, 481, 497, 512, 541
- - cf. tb. **Descendência;** *Hamartíai;* **Maldição; Maldição Familiar; Sangue (consanguinidade)**
- alma do G. 211
- - cf. tb. Descendência; *Hamartíai;* Laços Consanguíneos; Maldição Familiar; Sangue Parental

Gueras 452
- - cf. tb. **Queres**

Guyné 322
- - cf. tb. Mulher

H

Hades 113, 280, 310, 381, 412, 417, 430, 454, 463, 468, 471-473, 484, 504, 512, 518, 526, 530, 540s., 543, 545, 547, 551s., 572, 578, 595s., 606, 631
- - cf. tb. **Alma; Céu; Culto do Campo;** *Eídola*; *Eídolon*; Inferno; **Jogos Ístmicos; Morte; Mortos (mundo dos);** Mundo Ctônio; Mundo dos Mortos; Mundo Subterrâneo; **Nível Ctônio;** Seio das Trevas; **Sombra; Tânatos;** Terra; **Trevas; Trevas Infernais**
- catábase ao H. 595
- - cf. tb. *Anagnórisis*
- mansão do H. 464, 472
- sombras do H. 601

Haíma 602, 632
- - cf. tb. **Sangue**

Hamartía(I) 29s., 79, 85, 183, 211, 227, 371, 414, 464, 474, 497, 577
- - cf. tb. *Démesure*; *Guénos*; *Hamartíai*; *Hýbris*; Maldição Familiar; *Miasma*; **Sangue (consanguinidade)**

Harmonia 278, 282s.
- H. divina 85
- - cf. tb. Ordem Divina
- H. imitativa 100
- - cf. tb. *Coincidentia Oppositorum*; *Coniunctio Oppositorum*; Conjunção dos Opostos; Deformação da Psiqué

Harpia(s) 551, 564, 578
- - cf. tb. **Erínias; Esfinge; Sereia**

Heliotrópio 142
- - cf. tb. Sol

Hepatoscopia 343, 397s.
- - cf. tb. **Eonomancia; Mântica Intuitiva;** *Oneirokrítes*; *Oneiropólos*; **Oniromancia;** Ornitomancia; **Piromancia**

Hermafroditismo 46s., 269, 315, 320-322, 325, 333, 521, 536
- - cf. tb. **Maldição Divina; Priaprismo**
- H. simbólico 321
- - cf. tb. Androginia; Bissexualidade; Esterilidade; Impotência; Rebis; Sexualidade; Sizígia

Hermetismo 325
- - cf. tb. Alquimia

Herói 102
- - cf. tb. *Daímon*

Heroísmo
- H. humano 274
- - cf. tb. Gigantes

Heterismo 44
- - cf. tb. Amazonismo; Demetrismo; Ginecocracia; Império Feminino; Matriarcado; Patriarcardo

Hierá 431
- - cf. tb. **Telestérion; Hierofante**

Hierodulas 28, 84, 330s.
- - cf. tb. Escravas Sagradas; Prostitutas Sagradas

Hierofania 56, 85, 92, 161, 248, 450, 458, 511, 631
- - cf. tb. **Inspiração Divina; Oráculo de Delfos;** *Diasparagmós*; *Enkoímesis*; Fecundidade; Omofagia; Rito do Dilaceramento; Sonho
- H. das ninfas 450
- - cf. tb. **Entusiasmo Ninfoléptico; Ninfas**

Hierofante 431
- - cf. tb. **Telestérion**

Hierogamia 55, 164, 630
- - cf. tb. *Hieròs Gamos*; **Núpcias Sagradas**

Hieroì Lógoi 468, 470, 546
- - cf. tb. **Orfismo**

Hièros Gámos 55, 72, 78, 84, 137, 174, 310, 322, 330, 429, 431, 551
- - cf. tb. Casamento Sagrado; Hierogamia

Hièros Lógos 164
- - cf. tb. Discurso Sagrado

Hímen 82, 327, 526
- - cf. tb. Casamento; Fertilização; Gracejo Ritual; Himeneu; Núpcias; **Núpcias Solenes;** Reprodução

Himeneu 19, 332s., 342
- - cf. tb. Canto Nupcial; Casamento; Gracejo Ritual; Hímen; Núpcias

Hino Triunfal 367
- -cf. tb. Epinício; Jogos

Hipno 214, 270, 335s., 371, 412, 436, 452, 458, 532, 551, 576
- - cf. tb. Amor; *Eídolon*; Eros; Liberação; Morte; **Morte (agente da); Oniro;** Psiqué; **Sonho;** Sono; Tânatos; **Vampiro**

Hipospadia 321
- - cf. tb. Hermafroditismo

Homicídio 23s., 72, 126, 210s., 304, 319, 462, 467, 496, 568, 589
- - **cf. tb. Assassinato; Crime**
- H. involuntário 38, 480, 533
- - cf. tb. Assassinato; Crime de Sangue; **Paládio (tribunal do)**

Homo-Humus 288, 329
- - cf. tb. *Ántropos*; Eternidade; Limo da Terra

Homossexualidade 363, 371, 575
- - **cf. tb. Pederastia**

Homossexualismo 47
- - cf. tb. Bissexualidade; Masculinidade; Feminilidade

Honra
- H. divina 100, 105, 124, 132, 161, 248, 316, 360
- - cf. tb. Excelência
- H. fúnebre 123, 377, 416, 464, 507, 510s., 523
- - cf. tb. Escatologia; Exéquias; Rito de Morte; Sepultamento
- H. pessoal 67, 70, 163

Honras Divinas 372, 390, 434, 446, 462, 482, 490, 626
- - **cf. tb. Sepultamento**

Honras Fúnebres
- - **cf. tb. Jogos Fúnebres; Sepultamento**

Horas 586
- - **cf. tb. Moira**

Humanidade
- degradação da H. 220
- - cf. tb. Cinco Idades

Humanização
- H. do pensamento 86
- - cf. tb. Catarse; Espiritualização

Hýbris 41, 49, 53, 71, 115, 120, 123s., 152, 171s., 183, 190, 211, 220-222, 254, 274, 312, 317, 328s., 345, 362, 387, 440, 444, 506, 593, 618
- - **cf. tb.** *Areté***;** *Démesure*; Descomedimento; *Hamartíai*; Métron, ultrapassagem do; Demônio, pequeno; *Timé***;** Vingança Divina

Hyétios 634
- - **cf. tb. Fecundidade;** *Ómbrios*

Hýmen 333
- - cf. tb. Hímen

Hýpar 458s.
- - **cf. tb. Ónar; Sonho Premonitório**

Hýpnos 458
- - **cf. tb. Hipno; Sono**

I

Iálemos 250, 342
- - cf. tb. Canto Fúnebre; Exéquias

Idade
- I. de bronze 169, 215, 221s.
- - cf. tb. Cinco Idades; Cinco Raças; *Daímones Hypokhthónios;* Dilúvio Universal; Escatologia; Idade de Ferro; Idade de Ouro; Idade de Prata; Idades dos Heróis; Purificação da Terra
- Idade infantil 173
- - cf. tb. Adolescência
- I. de ferro 220
- - cf. tb. Cinco Idades; Cinco Raças; Escatologia; Fecundidade da Terra; Idade de Bronze; Idade de Ouro; Idade de Prata; Seio da Mulher
- I. Ouro 133, 153s., 168s., 221s., 346
- - cf. tb. Cinco Idades; Cinco Raças; Daímon Epietônio; Daímon Hipoctônio; *Daímones Epikhthoníos;* Escatologia; Fecundidade

- I. de prata 168, 221
- - cf. tb. Cinco Idades; Cinco Raças; Daímon Epietônio; Escatologia; Idade de Bronze; Idade de Ferro; Idade dos Heróis; Idade de Ouro
- I. dos Heróis 220
- - cf. tb. Cinco Idades; Cinco Raças; Escatologia; Idade de Bronze; Idade de Ferro; Idade de Ouro; Idade de Prata

Ideias 547s.
- - **cf. tb. Espírito Humano; Realidades (mundo das)**

Identidade
- I. dos Opostos 26, 322
- - cf. tb. *Coincidentia Oppositorum*; Conjunção dos opostos
- I. paterna 254

Igualdade
- - cf. tb. Balança

Iluminação 92
- - cf. tb. Sol

Imagem 440s.
- - **cf. tb. Imago; Narcisismo; Sombra**

Imagem da Vida 96
- - cf. tb. Vida Corrente

Imobilização 182

Imaginação
- I. criativa 102
- - cf. tb. Cavalo Alado
- **I. descontrolada** 553
- - **cf. tb. Quimera**
- **I. perversa** 553
- - **cf. tb. Deformação Psíquica; Fantasia Descontrolada; Imaginação Descontrolada; Quimera**

Imago 440
- - cf. tb. Imagem; Sombra

Imortalidade 32, 51, 70, 113, 123, 142, 147, 157, 164, 166s., 173-176, 203, 217, 224, 227, 236, 246, 274s., 285, 302, 304s., 310s., 316s., 323, 329, 331, 340, 345, 355, 360, 377, 379, 381, 383, 399, 407, 412, 414, 419s., 424, 428, 438s., 444, 450s., 455, 463, 467, 471, 474, 478, 485, 488, 493-495, 497, 503s., 531, 536-538, 540, 543-546, 611, 618, 621, 633
- - **cf. tb. Alma; Ambrósia;** *Athanasía;* **Daímon; Eternidade; Nascimento; Néctar; Ninfa; Olimpo; Psiqué; Ressurreição; Sepultamento**
- I. alternada 177
- **I. da alma** 473s.
- - **cf. tb. Orfismo**
- I. do homem 75
- - cf. tb. Alma; Psiqué
- indumentária da I. 305
- - cf. tb. Ambrósia; Culto Agrário; Espiga; Fogo; Grão de Trigo; Grão de Vida; Manjar; Natureza Divina; Néctar; Psique; Rejuvenecimento; Seio da Terra; Semente; Tânatos

Imortalização 166, 195
- - cf. tb. Mistérios de Elêusis

Império
- I. dos mortos 126
- I. feminino 44
- - cf. tb. Amaronismo; Demetrismo; Ginecrocacia; Matriarcado; Patriarcado

Impotência 200, 260, 535s.
- - **cf. tb. Priaprismo**
- I. sexual 321, 350
- - cf. tb. Hermafroditismo; Sexualidade

Incesto 23, 27, 95, 128, 149, 187, 192, 243, 393, 427, 449, 539, 600s., 616
- - **cf. tb. Casamento; Castigo**

Inconsciente 96, 452, 460
- - cf. tb. Estábulos de Augias; **Oniro; Sonho**

Incubação 459
- - **cf. tb.** *Enkoímesis*
- *Manteia* por I. 63
- - cf. tb. *Manteía* por Inspiração

Íncubo 185s., 195s., 230, 371
- - **cf. tb. Monstro**
- I. papão 186, 232
- - cf. tb. Alma penada; Demônio Opressor; Esfinge; Fantasma; Pesadelo

Indiferença
- I. coletiva 21

Indumentária Efeminada 47, 91, 128, 271
- - cf. tb. Travestismo; Vestes Efeminadas

Indumentária Masculina 269

Inferno 54, 207, 215, 280, 474, 518, 564
- - **cf. tb. Céu; Rito dos Mortos; Terra**

- I. interior 126
- - cf. tb. Céu; Escatologia Individual; Hades; Morte, terror da; Mundo Subterrâneo; Purgatório;. Seio das Trevas

Infidelidade 100

Inflação Anímica 56

Influência
- I. Demoníaca 173
- - cf. tb. Influência Maligna; Poder Apotropaico
- I. Maligna 173, 270
- - cf. tb. Galo; Influência Demoníaca; Poder Apotropaico

Infortúnio 72
- - cf. tb. Desgraça

Iniciação
- cerimônia de I. 173
- I. xamântica 173
- - cf. tb. Fogo, passagem pelo; Rito Iniciático; *Teleté*

Iniciado(s) 429-432, 505
- - **cf. tb. Mãe (separação da);** *Mýstar; Mýstes*

Insatisfação 158
- - cf. tb. Ablução Catártica; Banho Purificador

Inspiração 147, 171, 377, 397, 401, 405s., 412s., 417, 436, 442, 467, 487, 493, 524, 526, 532, 555, 587s.
- - **cf. tb. Adivinhação; Delírio Sagrado; Dom Profético; Entusiasmo; Êxtase; Loucura Sagrada;** *Mania; Manteía;* **Mântica; Mântica Ctônia; Mântica Dinâmica; Mântica Intuitiva; Mântica por Incubação;** *Mantiké; Mántis;* **Oráculo; Poder Divinatório; Profecia; Sonho; Trevas da Noite**
- I. divina 582
- - **cf. tb. Oráculo**
- I. mística 438
- I. poética 438, 493, 515
- - **cf. tb. Adivinhação**
- I. profética 119
- - cf. tb. Ave das Trevas; Coruja; Lua, raio da; *Noctua*
- *Manteía* por I. 63
- - cf. tb. *Manteía* por Incubação

Instinto 29, 493, 524
- - cf. tb. Centauro
- I. selvagem 125
- - cf. tb. Cavalo Alado

Inteligência 229, 538, 548s., 564
- - cf. tb. Alma do Mundo, Almas Individuais; *Anóetos; Nus;* Uno

Interior
- I. da terra 64
- - cf. tb. Entusiasmo; Êxtase; Interior do Homem; Mântica Ctônia; Mântica por Incubação; Mântica por Inspiração
- I. do homem 64
- - cf. tb. Entusiasmo; Êxtase; Interior da Terra; Mântica Ctônia; Mântica por Incubação; Mântica por Inspiração

Inveja 371
- - **cf. tb. Ciúme; Ódio**

Invóculo Carnal 316
- sujeição do I. C. 101
- - cf. tb. Catarse; Provas Iniciáticas

Invulnerabilidade 37, 65s., 124, 130, 306
- - cf. tb. Fogo, passagem pelo

J

Javali 22, 26s., 46, 306, 615
- - **cf. tb. Poder Espiritual**

Jogos 365-368
- J. fúnebres 355-367, 409, 415s., 418, 432, 436, 452, 485s., 488, 492s., 495s., 506s., 511, 516, 518, 522, 527s., 579, 600, 617
- - **cf. tb. Agônes; Banquete Fúnebre;** *Eídolon;* **Escatologia; Exéquias; Honras Fúnebres; Lamentações Fúnebres; Memória do Morto; Morte; Morte da Alma; Pira Funerária; Psique; Sepultamento**
- J. Ístmicos 366, 383, 410, 482, 569, 572, 591s.
- - **cf. tb. Agônes Fúnebres; Hades; Jogos Fúnebres; Memória do Morto; Morte**
- J. Nemeios 366
- - **cf. tb. Jogos Fúnebres**
- J. olímpicos 366-368, 497
- - **cf. tb. Jogos Fúnebres**
- J. Pan-helênicos 366
- - **cf. tb. Culto Heroico; Jogos Fúnebres**
- J. Píticos 366, 516
- - **cf. tb. Jogos Fúnebres**

Jogos Fúnebres 24, 50, 53s., 58, 63, 70, 104, 130, 161, 171, 204, 273, 275, 287, 360
- - cf. tb. Autoctonia; Dragão; Lua Cheia; Rito Funeral

Juízo Final 215
- - cf. tb. Escatologia Coletiva; Escatologia Universal; *Parusía*; Ressurreição

Julgamento 94, 98s.
- J. das Almas 180
- - cf. tb. Destino Cego; Moira

Julgamento da Alma 546
- - cf. tb. Orfismo; Psiqué; Reencarnação

Juramento 488
- - cf. tb. Casamento

Justiça 63, 87, 98
- J. Divina 99
- - cf. tb. Balança; Justiça Humana
- J. dos tribunais 64
- - cf. tb. Lei do Talião; Sangue Pessoal
- J. humana 99
- - cf. tb. Balança; Equilíbrio; Justiça Divina; Medida; *Pena de Ma'at*; Prudência; Verdade

Justiça Divina 586
- - cf. tb. Lei Eterna

K

Kakía 318
- - cf. tb. Arete; Dignidade; Excelência; Timé

Kakoidaimonía 168
- - cf. tb. *Daímon*; Demônio; Demônio, bom; Demônio, mau; Destino; Divindade; *Eudaimonía*; Satanás; Semideus

Katábasis 23, 27, 471
- - cf. tb. *Anábasis*; **Catábase**

Katapontismós 64
- - cf. tb. Lançamento ao Mar; Rito Ancestral

Kathársis 56, 63, 466
- - cf. tb. Catarse; Entusiasmo; Êxtase; Liberdade; Loucura Sagrada; *Mania;* Orgia; Purificação

Kenotáphion 251
- - cf. tb. Sepulcro Vazio

Khóes 55
- - cf. tb. Êxtase; Entusiasmo; Procissão

Khyroi 55
- - cf. tb. Mundo Ctônio

Kínesis 230, 549
- - cf. tb. *Aísthesis*; Psique; ***Sôma***

Kósmos 395
- - cf. tb. *Logos*; Cosmo; Teocosmo; Universo

Kteís 431
- - cf. tb. *Mýstes*; Vulva

L

Labirinto 46, 78, 85, 143, 160, 191, 247, 424-426, 491, 579, 593s., 597, 623
- monstro do L. 78
- - cf. tb. Fio Condutor; Luz; Minotauro; Serpente; Trevas Interior

Laços
- L Benéficos 290
- - cf. tb. Demônio; Laços Mágicos
- L. Consanguíneos 59s., 211
- - cf. tb. Descendência; Guénos; Laços Sanguíneos; Sangue Parental
- L. Mágicos 290
- - cf. tb. Demônio; Laços Benéficos
- L. Sanguíneos 30, 39
- - cf. tb. Descendência; Guénos; Laços Consanguíneos; Sangue Parental

Lágrimas 439, 451, 532, 614
- - cf. tb. Lamentações

Lama 430
- - cf. tb. Trevas

Lamentações 216, 251s., 412, 439, 532, 543, 558
- - cf. tb. *Góoi*; Lágrimas
- L. aos deuses 180
- L. fúnebres 58, 70, 74, 126, 203, 250-253, 366, 564s.
- - cf. tb. Banquete Fúnebre; Canto Fúnebre; Cerimônia Fúnebre; *Eídolon*; Epicédio; **Escatologia; Exéquias;** *Góos*; **Jogos Fúnebres;** Memória do Morto; **Morte da Alma; Necromancia; Psiqué; Sepultamento;** Tálema; Treno
- L. de harpálice 283s.
- - cf. tb. *Góos*; Sepultamento
- L. rituais 27

Lampadromía 289
- - cf. tb. Fogo; Rito de Renovação do Fogo

Lançamento ao Mar 64
- - cf. tb. *Katapontismós*; Rito Ancestral

Lápide Funerária 545
- - **cf. tb. Túmulo**

Leão 22

Legómena 430s.
- - **cf. tb. *Deiknýmena*; *Drómena*; Mistérios de Elêusis;** *Teleté*

Lei
- L da morte 58
- L. divina 311
- **L. eterna** 586
- - **cf. tb. Justiça Divina**
- **L. humana** 586
- - **cf. tb. Direito Divino**
- L do talião 64
- - cf. tb. Equilíbrio; Justiça; Justiça dos Tribunais; Ordem; Sangue Pessoal
- L. sagrada 139, 381, 477
- - **cf. tb. Violação**
- L. universal 99

Leito nupcial 301

Leito
- **L. conjugal** 624
- - **cf. tb. *Complexio Oppositorum***
- **L. nupcial** 624
- - **cf. tb. Fecundação**
- - **Libações** 461, 465
- oferenda de L. 466
- **L. sangrentas** 417
- - **cf. tb. *Eídola***

Libações Sangrentas 310
- - cf. tb. *Eídola*

Liberação 56, 63, 176, 336
- L. interior 307
- - cf. tb. Corça de Cerínia; Forças Obscuras; Hipno

Liberdade 56
- - cf. tb. Entusiasmo; Êxtase; *Kathársis*; Loucura Sagrada; *Manía*; Orgia; Purificação

Libido 207, 213

Libra 98
- - cf. tb. Balança; Bilanx; *Tálanta*; *Tálanton*

Licor de Baco 398
- - **cf. tb. Embriaguez**

Ligar 289-291, 323, 338
- - cf. tb. Atar; Desatar; Desligar; Rito Iniciático

Limo da Terra 288
- - cf. tb. Ántropos; Eternidade; *Homo-Humus*
- Linha matrilinear 44
- - cf. tb. Matriarcado

Linha Patrilinear 44, 49
- - cf. tb. Matriarcado; Patriarcado

Lírio 99
- - cf. tb. Fecundidade; Romã

Lógos 29, 82, 213, 318, 325, 395, 469
- - cf. tb. Amor; Eros; *Kósmos*; Razão; Sol

Loucura 24, 32s., 35s., 52, 57, 86, 89, 93, 96, 102s., 106, 135, 139, 147, 150, 156, 165, 176, 183, 201, 208s., 211s., 214, 246, 267, 302, 305, 349, 356-358, 364, 371, 376s., 382s., 390, 397, 401, 403s., 410, 412s., 415, 420, 424, 437, 439, 454, 456, 481, 485, 525, 528, 531, 533s., 600, 617s.
- - **cf. tb. *Ánoia*; Culto Orgiástico; Delírio; Embriaguez;** *Lymphaticus*; **Magia; *Manía***
- embriaguez da L. 57
- - cf. tb. Orgia
- epidemia de L. 114
- L. de amor 28, 132
- - cf. tb. Anoia; Competição com o Divino; Demência; *Godfather*; Mania; Suicídio
- **L. assassina** 364
- **L. báquica** 499
- - **cf. tb. Orgia;** *Manía*
- L. coletiva 405
- L. de amor 603
- L. dos sentidos 478
- L. sagrada 56, 387s., 397s., 413, 500
- - **cf. tb. Adivinhação;** *Ánoia*; **Delírio Sagrado; Dom Profético;** Entusiasmo; Êxtase; **Inspiração;** *Kathársis*; Liberdade; **Loucura Báquica;** *Mania*; **Manteia; Mântica; Mântica Ctônia; Mântica Dinâmica; Mântica Intuitiva; Mântica por Incubação;** *Mantiké*; **Mántis; Oráculo;** Orgia; *Orguía;* Possessão Divina; **Profecia;** Purificação
- **L. sexual dionisíaca** 560
- - **cf. tb. Patologia Sexual**

Lua 491, 561
- - **cf. tb. Feminilidade; Touro**
- L. cheia 82s., 425

- - cf. tb. Lua Crescente; Lua Minguante; Lua Negra; Lua Nova; **Minotauro**
- L. cornuda 83
- - cf. tb. Vaca;Touro
- L. crescente 82s., 247, 286
- - cf. tb. Antropormorfização; Gravidez; Lua Cornuda; Lua Cheia; Lua Minguante; Lua Nova; Lua Negra; Menstruação; Touro
- L. de mel 158, 373
- - cf. tb. Casamento; Hímen; Himeneu; Núpcias Sangrentas
- L. minguante 82s., 286
- - cf. tb. Androginia; Antropomorfização; Ave da noite; Ave Noturna; Chuva; Coruja; Eros; Galo; Feminilidade; Lua Cornuda; Lua Cheia; Lua Nova; Lua Negra; Menstruação; Touro
- L. Negra 82
- - cf. tb. Lua Cornuda; Lua Cheia; Lua Crescente; Lua Minguante; Lua Nova
- L. Nova 82, 286
- - cf. tb. Lua Cornuda; Lua Cheia; Lua Crescente; Lua Minguante
- proteção da L. 82
- - cf. tb. Semente
- raio da L. 147
- - cf. tb. Ave das Trevas; Coruja; Inspiração

Lúcifer 267
- - cf. tb. Demônio

Luz 99, 270, 324
- - cf. tb. Balança; Cristo; Galo; Ressurreição; Trevas

Lymphaticus 439
- - cf. tb. Delírio; Loucura

Lyssa 317
- - cf. tb. *Ánoia*

M

Maçã de Ouro 294, 297, 299, 302, 310, 316, 318
- - cf. tb. Pomo da Discórdia; Pomo de Ouro

Mãe
- M. universal 598
- separação da M. 505
- - cf. tb. Iniciado(s); *Mýstai*; *Mýstes*

Magia 289s., 334, 395-397, 433, 527, 532s., 537, 540, 583, 585, 591, 602, 617-620, 624s.
- - cf. tb. Adivinhação; Animismo; Bruxaria; Cosmo; Encantamento; Feitiçaria; Loucura; Mandraca; *Manteia*; Mântica; Mediunidade; Necromancia; Oráculo; Pitonisa; Profecia; Sonho; Teurgia
- M. amorosa 82
- - cf. tb. Fertilidade; Orvalho, banho de
- **M. ativa** 396
- - cf. tb. Cosmo
- **M. imitativa** 465
- **M. passiva** 396
- - cf. tb. Adivinhação
- M. simpática 28, 301

Maldade 173
- - cf. tb. Nascimento dos Homens

Maldição 243, 370, 379, 399, 408s., 411, 428, 441, 476, 487, 491, 496, 525-527, 531, 537, 601
- - cf. tb. *Guénos*; Sacrifício Expiatório
- **deusa da M.** 565
- **M. divina** 521
- - cf. tb. Hermafroditismo
- M. familiar 30, 227, 474
- -cf. tb. Descomedimento; *Guénos*; *Hamartíai*
- M. paterna 95

Mana 188, 270, 290, 396, 624
- - cf. tb. Energia; Energia Circulante; Energia Universal

Mandala 189
- - cf. tb. Círculo Urobórico

Mandraca 397
- - cf. tb. **Bruxaria; Feitiçaria; Magia**

Manía 51, 56, 387, 397s., 412s., 499, 560
- - cf. tb. **Adivinhação;** *Ánoia*; **Delírio; Delírio Sagrado; Dom Profético;** Entusiasmo; Êxtase; **Inspiração;** Liberdade; **Loucura; Loucura Báquica;** Loucura Sagrada; *Manteia*; Mântica; Mântica Ctônia; Mântica Dinâmica; Mântica Intuitiva; Mântica por Incubação; *Mantiké*; *Mántis*; Oráculo; Orgia; Possessão Divina; Purificação; **Profecia;** Ruptura das Inibições
- **M. báquica** 515

Manjar 302
- - cf. tb. Ambrosia; Imortalidade; Néctar

Manteía 50, 62, 247, 264, 395, 397s., 540, 587, 605
- - cf. tb. Adivinhação; Cegueira; **Delírio Sagrado; Dom Profético;** Dons Divinatórios; **Entusiasmo; Êxtase; Inspiração;** Loucura Sagrada; Magia; *Mania*; Mântica; Mântica Ctônia; Mântica Dinâmica; Mântica Intuitiva; Mântica por Incubação; *Mantiké*;

Mántis; Mediunidade; Oráculo; Pitonisa;
Poeta; *Poietés*; Profecia; Sonho; Teurgia
- M. por inspiração 63
- - cf. tb. *Manteía* por Incubação
- M. por incubação 63
- - cf. tb. Adivinhação; Carne de Coruja;
Clarividência; Coruja; Dom Divinatório;
Manteía por Inspiração; *Mántis*; Profecia

Mântica *(Mantiké)* 74, 110, 117, 119, 153, 272,
395, 397s., 459, 488, 514, 566, 633
- - **cf. tb. Advinhação; Delírio Sagrado;
Dom Profético; Entusiasmo; Êxtase;
Inspiração; Loucura Sagrada; Magia;
Manía; *Manteia*; Mântica *(Mantiké)*;
Mântica Ctônia; Mântica Dinâmica;
Mântica Intuitiva; Mântica por Incubação;
Mántis; Oráculo; Profecia**
- M. ctônia 64, 397s.
- - **cf. tb. Adivinhação;** Catarse; **Delírio
Sagrado; Dom Profético;** *Enkoímesis*;
Entusiasmo; Eonomancia; **Êxtase;** Interior
da Terra; Interior do Homem; **Inspiração;
Loucura Sagrada;** *Manteía*; Mântica por
Incubação; Mântica por Inspiração; *Mantiké*;
Mántis; Oniro; Oráculo; Profecia; Sonho;
Sono; Voo das Aves
- M. dinâmica 397
- - **cf. tb. Adivinhação; Delírio Sagrado;
Dom Profético; Entusiasmo; Êxtase;
Inspiração; Loucura Sagrada;** *Manía*;
Manteia; *Mantiké*; *Mántis*; Oniro; Oráculo;
Profecia; Sono;
- M. intuitiva 397s.
- - **cf. tb. Adivinhação;** Cleromancia; **Delírio
Sagrado; Dom Profético; Entusiasmo;**
Eonomancia; **Êxtase;** Hepatoscopia;
Inspiração; Loucura Sagrada; *Manía*;
Manteia; *Mantiké*; *Mántis*; *Oneirokrítes*;
Oneiropólos; Oniromancia; Oráculo;
Piromancia; Profecia; Quiromancia;
- M. por incubação 397s., 458s.
- - **cf. tb. Adivinhação; Delírio Sagrado;
Dom Profético;** *Enkoímesis*; Entusiasmo;
Êxtase; **Inspiração;** Interior da Terra;
Interior de Homem; **Loucura Sagrada;**
Manía; *Manteia*; Mântica Ctônia, Mântica
por Inspiração; *Mantiké*; Oniro; Oráculo;
Profecia; Sonho; Sono
- M. por inspiração
- - cf. tb. Entusiasmo; Êxtase; Interior da
Terra; Interior do Homem; Mântica Ctônia;
Mântica por Incubação

Mántis 62, 68, 109, 111, 151, 177, 187, 214,
238, 267, 348, 397s., 405, 436, 536, 606
- - cf. tb. Adivinhação; Cegueira; **Delírio
Sagrado; Dom Divinatório; Dom Profético;**
Eídolon; **Entusiasmo; Êxtase; Inspiração;
Loucura Sagrada;** *Mania*; *Manteía;*
Mântica; Mântica Ctônia; Mântica Dinâmica;
Mântica Intuitiva; Mântica por Incubação;
Mantiké; **Manto;** Oniromancia; **Oráculo;
Poeta;** *Poietés*; Profecia; Umbra

Manto 398
- - **cf. tb. Adivinhação; Delírio Sagrado;
Entusiasmo; Êxtase;** *Mania*; **Mântica;**
Mántis; **Profecia**

Mariposa 543
- - cf. tb. Alma-ave; *Phálaina*; Psiqué

Masculinidade 46s., 82, 464
- - cf. tb. Androginia; Bissexualidade;
Fecundação; Feminilidade; Homossexualismo;
Sol; Umbigo

Masturbação 478
- - **cf. tb. Energia Sexual**

Matriarcado 44, 49, 63, 464
- - cf. tb. Amazonismo; Demetrismo;
Feminilidade
Ginecrocacia; Heterismo; Império Feminino;
Linha Matrilinear; Patriarcado

Matricídio 195

Maturação 332

Meden Ágan 64
- - cf. tb. *Gnothi s'auton*

Medicina Divinatória 79
- - cf. tb. Arte Divinatória

Medida 98
- -cf. tb. Balança; Equilíbrio; Prudência

Mediunidade 395
- - **cf. tb. Adivinhação; Magia;** *Manteia*;
**Oráculo; Pitonisa; Profecia; Sonho;
Teurgia**

Medo 21

Medusa 277s.
- Meio Invariável
- símbolo do M. I. 99
- - cf. tb. Balança Celeste; Balança de Jade;
Eixo do Mundo; Ursa Maior; Ursa Menor

Memória 438, 496
- fonte da M. 432, 472s.
- - cf. tb. **Alma;** *Mnemosýne*
- **M. do Morto** 365s., 383
- - cf. tb. **Banquete Fúnebre;** *Eídolon;* **Escatologia; Exéquias; Jogos Fúnebres; Jogos Ístmicos; Lamentações Fúnebres; Morte da Alma; Psique; Sepultamento**

Memória do Morto 216, 253
- - cf. tb. Alma, morte da; Lamentações Fúnebres

Menadismo 413
- - cf. tb. **Orgiasmo**

Mensagem
- **M. divina** 488, 587
- - cf. tb. **Adivinhação; Mântica**

Menstruação 82s.
- - cf. tb. Agni; Lua; Lua Cheia; Sangue da Mulher

Metamorfose 23, 27, 41, 65, 81, 84, 88s., 112-114, 116, 123, 127, 131s., 137, 156, 172, 176, 179s., 192, 194, 196, 205, 209, 247, 261, 263, 265, 269s., 273, 278, 284, 294, 208-300, 302, 313, 328, 352s., 377, 379, 384s., 391, 412, 419s., 424, 426, 438s., 444, 446s., 449, 451, 483, 490, 494, 501s., 517, 525, 527, 531, 540, 564, 598, 602, 617, 632
- - cf. tb. Cavalo Alado; *Eídolon;* Psiqué

Metánoia 85
- - cf. tb. Transformação de Sentimentos

Metempsicose *(Metempsýkhosis)* 223s., 226-229, 271, 468, 470-473, 542, 546-548, 571
- - cf. tb. Alma **(destino da);** (transmigração da); Ensomatose *(Ensomátosis);* **Mumificação; Orfismo;** Reencarnação

Métron 37, 56, 444, 466, 492, 616, 624
- - cf. tb. **Descomedimento;** *Hýbris*
- ultrapassagem do M. 71, 100, 102, 197, 209, 254
- - cf. tb. *Démesure;* Descomedimento; *Hybris*

Metúsia 85
- - cf. tb. *Comnunio;* Comunhão; *Consortium*

Míasma 29, 55, 63, 211, 250s., 371, 411
- - cf. tb. *Hamartía(i);* Nódoa Maléfica;

Minotauro 46, 247, 424s., 491, 578s., 593
- - cf. tb. **Antropofagia;** Labirinto; **Lua Cheia;** Touro

Mistérios 431s.
- - cf. tb. *Epopteía*
- **grandes M.** 429, 432
- **iniciação nos M.** 631
- M. de Elêusis 127, 164, 166, 223, 240, 242, 280s., 342, 366, 428-432, 438, 464, 504, 540, 542, 611
- - cf. tb. Imortalização; **Orfismo; Pitagoricismo;** Purificação; Ritual
- M. de Dioniso 173
- M. de Orfeu 225
- M. dionisíaco(s) 176, 422
- - cf. tb. **Cortejo de Baco**
- **M. dos cabiros** 429
- **M. Órficos** 463
- - cf. tb. **Orfismo**
- **pequenos M.** 429
- M. orgiástico 176
- - cf. tb. Mistérios de Dioniso; Entusiasmo; Êxtase

Mnêma 253
- - cf. tb. Sêma

Mnemosýne 432
- - cf. tb. **Fonte da Memória**

Moira 22, 34s., 67, 75, 98, 218, 319, 357, 381, 408, 412, 432s., 495, 551s., 560, 576, 586, 598s., 602, 604, 618
- - cf. tb. **Aisa; Destino; Destino Cego; Destino (lei do); Horas; Morte; Morte (agente da);** *Oitos;* **Parcas; Quere(s); Sorte; Tânatos; Tique; Vida (fecho da)**
- balança da M.
- - cf. tb. *Aîsa;* Destino Cego; Julgamento; Tânatos
- **M. universal** 433
- - cf. tb. **Morte; Tânatos**

Monogenia 48
- - cf. tb. Androginia; Anima; Animus; Autogenia; Bissexualidade; Sexualidade; Travestismo

Monstro 286, 371, 552s., 592, 620
- - cf. tb. **Alma (redução da); Incubo; Quimera; Vampiro**
- M. do labirinto 78
- - cf. tb. Espectro; Fantasma; Trevas Interior

Morcego 424
- - cf. tb. **Espiritualidade Obstruída**

Morte 23, 26, 35s., 62, 76, 93, 95, 130, 173, 218s., 308, 335s., 355, 366, 379, 385, 389,

409, 413, 428, 430-433, 440s., 450, 453, 458, 466, 473, 482s., 495s., 501, 506, 517-519, 521, 526, 551, 560-562, 575-578, 593, 596, 599s., 604, 606, 610, 612, 614s., 626-628, 632
- - cf. tb. Aisa; Alma; Alma-penada; Corpo Insubstancial; Destino; Destino Cego; Destino Humano; Destino (lei do); *Eídolon*; Envenenamento; Espírito; Hades; Hipno; Jogos Fúnebres; Jogos Ístmicos; Moira; Mundo Ctônio; Mundo das Sombras; Mutilação; Nascimento; Orfismo; Parcas; Queres; Renascimento; Ressurreição; Sombra; Sono; Tânatos; Trevas; Vida (fecho da)
- agente da M. 576
- - cf. tb. *Eídolon*; Hipno; Moira; Queres; Sono; Tânatos; Vida (fecho da)
- anonimato da M. 221
- crime de M. 63
- - cf. tb. Assassinato; Homicídio
- jogo da M. 232
- - cf. tb. Esfinge; Tânatos
- **M. da alma** 366
- - cf. tb. Banquete Fúnebre; *Eídolon*; Escatologia; Exéquias; Jogos Fúnebres; Lamentações Fúnebres; Memória do Morto; Psique; Sepultamento
- **M. fértil** 431
- - **cf. tb. Trigo**
- **M. iniciática** 431
- - **cf. tb. Fogo;** *Mýstes*
- M. pelo pescoço 163
- - cf. tb. Repressão Masculina; Sexualidade Feminina; Espírito viril
- M. prematura 27, 389, 440, 551, 612
- M. ritual 93, 173
- - cf. tb. Ressurreição; Rito Iniciático; Seio da Terra; Semente
- M . simbólica 166
- - cf. tb. Destino do Homem; Mundo Divino; Mundo dos Mortos; Ressurreição da Semente; Rito Iniciático
- **M. trágica** 517, 526, 596
- - **cf. tb. Catarse Final;** *Uterum (regressus ad)*
- - **núpcias da M.** 506
- - **cf. tb. Psiqué**
- Núpcias da M. 351
- - cf. tb. Cisne, canto do; Culto Orgiástico; Destino; *Eídolon*; Fecundidade; Hipno; Morte Ritual; Sacrifício; Sono; Tânatos; *Thánatos*; Violência
- pena de M. 24, 95, 140, 149
- terror da M. 126
- - cf. tb. Inferno Interior

Morto Anônimo 251
- - cf. tb. Lamentações Fúnebres; Rito Fúnebre

Morto(s) 372, 381, 425, 437, 465, 512, 518, 526, 530, 532, 544s., 554, 564s., 596, 620
- Alma dos M. 372, 375, 620
- - **cf. tb. Alma; Alma-pássaro;** *Eídolon*; **Espectro Noturno; Mundo Ctônio; Mundo das Sombras; Sangue Negro; Vampiro Opressor**
- Espectro do M. 544
- - cf. tb. *Eídola*
- Invocação aos M. 564
- - **cf. tb. Lamentações Fúnebres; Necromancia**
- Juiz dos M. 425, 554
- - **cf. tb. Escatologia**
- Mundo dos M. 381, 437, 465, 512, 526, 530, 532, 545, 596
- - **cf. tb.** *Eídola;* **Escatologia; Esquecimento; Fantasmas; Hades; Mundo Ctônio**
- Religião dos M. 518
- - **cf. tb. Culto Agrário**

Motivo Putifar 19, 257, 337, 423, 428, 437, 494, 534
- - **cf. tb. Adultério**
- - cf. tb. Sedução
- - **cf. tb. Sexualidade**

Mulher 222, 322
- M. viril 163, 232
- - cf. tb. *Guyné*; Terra

Mumificação 473
- - **cf. tb. Ensomatose; Metempsicose; Reencarnação**

Mundo
- centro do M. 380
- - **cf. tb. Umbigo**
- criador do M. 167
- - cf. tb. Ordenador do Mundo
- governo do M. 630
- - **cf. tb. Cosmogonia**
- M. ctônio 55, 143, 164, 218, 252, 280, 310, 379, 418, 463, 504, 512, 530, 578, 620
- - **cf. tb. Alma dos Mortos; Érebo; Esquecimento;** Hades; *Khýtroi*; **Morte; Mortos (alma dos);** Mundo dos Mortos; **Tártaro; Uróboro**
- M. das Ideias 228s.
- - cf. tb. Anamnese

- M. das sombras 379, 620
- - cf. tb. Alma dos Mortos; Morte; Mortos (alma dos); Uróboro
- M. divino 166
- - cf. tb. Destino do Homem; Morte Simbólica; Mundo dos Mortos
- M. dos deuses 474
- - cf. tb. Alma (imortalidade da)
- - cf. tb. Orfismo
- M. dos homens 471, 474
- - cf. tb. Alma (imortalidade da); Orfismo
- M. dos Mortos 133, 166s., 176, 219, 243, 310, 381, 437, 465, 471, 526, 530, 532, 545
- - cf. tb. Catábase; Destino do Homem; *Eídola;* Escatologia; Esquecimento; Fantasmas; Hades; Morte Simbólica; Mundo Ctônio; Mundo Divino
- M. profano 307
- - cf. tb. Mundo Sagrado
- M. sagrado 307
- - cf. tb. Mundo Profano
- M. subterrâneo 207, 280, 631
- - cf. tb. Hades; Inferno; Seio das Trevas
- ordem do M. 633
- - cf. tb. Cosmo
- ordenador do M. 167
- - cf. tb. Criador do Mundo
- origem do M. 469s.
- - cf. tb. Cosmogonia Órfica

Música
- M. ritual 46

Mutilação 25, 38, 146, 190, 207, 210, 272, 289, 410, 450, 503, 529, 602, 607, 624, 630-632
- - cf. tb. Impotência; Morte; Purificação; Sangue de Urano
- M. ritual 602, 632
- - cf. tb. Número Ímpar/Par

Mýstai 430s.
- - cf. tb. Mistérios de Elêusis

Mýstes 428, 431
- - cf. tb. Fogo; *Kteís;* Mistérios de Elêusis; Morte Iniciática

N

Narcisismo 320, 440
- - cf. tb. Imagem; *Imago*

Nascimento 168, 377, 433, 529, 559, 574, 582
- N. dos homens 173

- - cf. tb. Bondade; Daímon; Imortalidade; Maldade; Morte

Natureza
- N. ctônia 531
- N. divina 85, 123, 224, 470, 545, 580
- - cf. tb. Imortalidade; Natureza Humana; Natureza Titânica
- N. espiritual 126
- N. humana 85, 125, 469
- - cf. tb. Cavalo Alado; Instinto Selvagem; Natureza Divina
- N. titânica 224, 470, 545
- - cf. tb. Natureza Divina

Necessidade 45
- N. mecânica 45
- - cf. tb. Ananque; Coação; Fatalidade

Necromancia 159, 194, 532, 543s., 564
- - cf. tb. Magia; Mortos (invocação aos); Nequiomancia; Psicagogia; *Psykhagogoí*

Néctar 236, 266, 285s., 316, 355, 399, 499, 529, 544, 577, 612
- - cf. tb. Ambrósia; Imortalidade; Manjar

Neopitagoricismo 168
- - cf. tb. Daímon; Deuses Olímpicos; Neoplatonismo

Neoplatonismo 168, 215
- - cf. tb. Daímon; Deuses Olímpicos; Neopitagoricismo; Platonismo; Religiões de Mistérios

Nequiomancia 544
- - cf. tb. Necromancia

Neve 92
- - cf. tb. Fecundação; Ouro; Pureza

Ninfa 449, 454, 463, 489, 503, 532, 620
- - cf. tb. Imortalidade

Ninfas 439, 449s., 487
- - cf. tb. Entusiasmo Ninfoléptico
- N. aquáticas 450
- N. telúricas 450

Nível
- N. celeste 286, 289, 456
- - cf. tb. Nível Infernal; Nível Telúrico
- N. Ctônio 217, 456, 545
- - cf. tb. Nível Olímpico; Nível Telúrico
- N. infernal 286
- - cf. tb. Nível Celeste; Nível Ctônio; Nível Telúrico

- N. olímpico 217
- - cf. tb. Nível Telúrico; Nível Ctônio
- N. telúrico 217, 286, 289, 323, 456
- - cf. tb. Nível Celeste; Nível Ctônio; Nível Infernal; Nível Olímpico

Nix 452
- - cf. tb. Noite

Noctua 147
- - cf. tb. Ave das Trevas; Inspiração; Lua, raio da

Nódoa
- N. maléfica 63
- - cf. tb. *Míasma*

Noite 380, 405, 435, 448, 452
- - cf. tb. Dia; Nix
- trevas da N. 405
- - cf. tb. Adivinhação; Inspiração; Poder Divinatório; Profecia

Nónymoi 222
- - cf. tb. Idade de Bronze

Nóos 620
- - cf. tb. *Eídolon*; Espírito Perfeito

Nós
- deus dos N. 26

Número Ímpar/Par 602, 632
- - cf. tb. Mutilação Ritual

Núpcias 19, 22, 30, 50, 56, 78, 83, 88, 103, 109, 124s., 156, 158, 162, 170, 172, 183, 212, 220, 261, 267, 269, 283, 312-314, 332s., 337s., 344, 371, 382, 403, 410, 427, 455, 485, 521s., 535, 551, 558, 600, 606
- - cf. tb. Casamento; Festa Nupcial; Sedução
- banquete de N. 488
- cerimônia nupcial 401
- justas N. 301
- noite de
- - cf. tb. Núpcias Sangrentas
- **N. célebres** 495
- N. da morte 50, 120, 506
- - cf. tb. Casamento; Psiqué
- N. da paz 23, 209
- **N. sagradas** 630
- - cf. tb. Hierogamia
- N. sangrentas 159, 388
- - cf. tb. Casamento
- noite de N. 159, 388, 505
- - cf. tb. Casamento

- N. solenes 141, 526
- - cf. tb. Casamento; Hímen
- ritual das N. 332s.
- - cf. tb. Casamento; Hímen; Himeneu; Gracejo Ritual; Noite de N.; Núpcias da paz; Rito Iniciático; Sedução

Nûs 538
- - cf. tb. Inteligência

O

Óbolo 217
- O. de Caronte 223
- pagamento de um O. 118
- - cf. tb. Demônio Alado; Demônio da Morte

Obrigação 99
- - cf. tb. Balança

Ódio 371
- - cf. tb. Ciúme; Inveja

Oîtos 432
- - cf. tb. Aisa; Destino; Moira; Quere(s); Sorte

Olhar para trás 464s.
- - cf. tb. Orfismo; Passado (volta ao)

Olimpo 435, 455, 464, 478, 504, 602
- - cf. tb. Cosmo; Imortalidade

Oliveira 121
- - cf. tb. Fecundidade

Ómbrios 634
- - cf. tb. Fertilidade; *Hyétios*

Omofagia 56, 81, 466
- - cf. tb. *Diasparagmós*

Omofagia *(Omophagia)* 56
- - cf. tb. Carne Animal; *Diasparagmós*; Hierofania; Rito do Despedaçamento; Rito do Dilaceramento; *Omophagia*; Sangue Animal

Omphalós 456-458, 461, 515
- - cf. tb. *Ádyton*; Centro do Mundo; **Embrião; Ônfalo; Terra (centro da);** Umbigo; Útero

Ónar 458s.
- - cf. tb. *Hýpar*; Sonho Enganador

Oneirokrítes 398
- - cf. tb. Cleromancia; Eonomancia; Hepatoscopia; Mântica Intuitiva;

Oneirópólos; Oniromancia; Piromancia; Quiromancia

Oneirópólos 398
- - cf. tb. Cleromancia; Eonomancia; Hepatoscopia; Mântica Intuitiva; *Oneirokrítes;* Oniromancia; Piromancia; Quiromancia

Ônfalo 456
- - cf. tb. *Omphalós*; Umbigo

Oniro 397s., 452, 458, 460, 620
- - cf. tb. *Daímon*; *Enkoímesis*; Hipno; Mântica Ctônia; Mântica Dinâmica; Mântica por Incubação; Sonho; Sono

Oniromancia 214, 398, 450, 535
- - cf. tb. Adivinhação; Cleromancia; Eonomancia; Hepastocopia; Mântica Intuitiva; *Mántis*; *Oneirokrítes*; *Oneirópólos*; Quiromancia; Sonho

Oráculo 395, 397, 406, 432, 442, 459, 466, 494, 496, 500, 514s., 540, 550, 559, 567, 573, 582, 584, 586, 591, 599-601, 612, 616s.
- - cf. tb. Adivinhação; Delírio Sagrado; Dom Profético; Entusiasmo; Êxtase; Inspiração Divina; Loucura Sagrada; Magia; Mania; *Manteia*; Mântica; Mântica Ctônia; Mântica Dinâmica; Mântica Intuitiva; Mântica por Incubação; *Mantiké*; *Mántis*; Mediunidade; Pitonisa; Profecia; Sonho; Teurgia
- O. de Delfos (ver este Verbete no Índice Onomástico)
- - cf. tb. Adivinhação; Arte Divinatória; Profecia

Ordem 301s.
- O. divina 85
- - cf. tb. Equilíbrio; Harmonia divina; Justiça; Lei Universal

Ordem do Mundo 633
- - cf. tb. Cosmo; Cosmologia

Orfismo 218, 223s., 226-228, 286, 317, 379, 464, 466-475, 504, 540, 545-547, 634
- - cf. tb. Alma; Escatologia; Espiritualidade Grega; Idade de Ouro; Metempsicose; Mistérios de Elêusis; Morte; Olhar para Trás; Passado (volta ao); Pitagoricismo; Purificação; Seitas Órficas; Soteriologia; Vegetarianismo

Orgia 56s., 174, 224, 413, 499
- - cf. tb. Delírio Coletivo; Entusiasmo; Êxtase; Loucura Báquica; Loucura Sagrada; *Mania; Órguia*; Possessão Divina
- O. Báquica 174, 388
- - cf. tb. Banho Ritual; Entusiasmo; Êxtase; Liberdade; Loucura, embriaguez da; Loucura Sagrada; *Mania;* Purificação; Ruptura das Inibições; *Teleia*

Orgiasmo(s) 413, 468
- - cf. tb. Menadismo
- O. dionisíacos 471
- - cf. tb. *Órguia*

Órguia 413, 471
- - cf. tb. Entusiasmo; Êxtase; Loucura Sagrada; *Mania*; Orgia; Orgiasmos Dionisíacos; Possessão Divina

Origem Divina 168
- - cf. tb. Psiqué; *Theîon*

Ornitomancia 343
- - cf. tb. Hepatoscopia

Orvalho
- banho de O. 82
- - cf. tb. Fertilidade; Magia Amorosa

Ouro 92
- - cf. tb. Neve; Riqueza

P

Paixão 33, 70s., 363, 416, 588, 593, 595
- - cf. tb. Ciúme; *Páthos*
- P. anormal 491
- P. fatal 491, 593
- - cf. tb. Rito do Motivo Putifar
- P. furiosa 534
- - cf. tb. *Furor Eroticus*
- P. incestuosa 22
- - cf. tb. *Páthos*
- P. irresistível 594
- P. louca 524, 531, 556
- P. secreta 551

Paládio
- tribunal do P. 480
- - cf. tb. Homicídio Involuntário

Paraíso 94
- - cf. tb. Elemento Divino; Elemento Humano

Parcas 433
- - cf. tb. **Moira; Morte**

Parentesco 45
- -cf. tb. *Ananque*; Coação

Partenogênese 37

Parusía 215
- - cf. tb. Escatologia Coletiva; Escatologia Universal; Juízo Final; Ressurreição

Passado
- volta ao P. 464s.
- - cf. tb. **Orfismo; Olhar para trás**

Pássaro Noturno 284, 524
- - cf. tb. Coruja; **Presságio Sinistro**

Pathologia Sexualis 560
- - cf. tb. **Patologia Sexual**

Páthos 70, 595
- - cf. tb. Paixão

Patologia Sexual 560
- - cf. tb. **Loucura Sexual Dionisíaca;** *Pathologia Sexualis*; **Priaprismo; Virilidade; Satiriase**

Patriarcado 44, 49
- - cf. tb. Amazonismo; Demetrismo; Ginecrocacia; Heterismo; Império Feminino; Linha Patrilinear; Matriarcado

Pecado 166

Pederastia 363, 371, 575
- - cf. tb. **Homossexualidade**

Pegué 493
- - cf. tb. **Água**

Peito 169
- - cf. tb. Consciência Emocional; *Daímon*; Diafragma; *Thymós*

Pena 211
- P. de morte
- - cf. tb. Culpa

Pena de Ma'at 98
- - cf. tb. Justiça; Verdade

Pênis 535s.
- - cf. tb. **Falo**

Pensamento 395, 469
- - cf. tb. **Alma Espiritual; Destino**

Peregrinação 39

Perfeição
- P. espiritual 64
- - cf. tb. Pensamento; Visão Divinatória
- P. iniciática 309

Perversão
- P. da alegria 29
- - cf. tb. Perversão sexual
- P. sexual 29
- - cf. tb. Perversão da Alegria

Pés de Bronze 306s.
- - cf. tb. Corça de Cerínia; Liberação Interior

Pés Inchados 184, 188

Pesadelo 185, 196, 230
- - cf. tb. Alma-pássaro; Alma penada; Enigma; Esfinge; Íncubo; *Sýmbolon*

Phálaina 98, 215, 543
- - cf. tb. Alma-Ave; Balança; Borboleta; **Mariposa;** Psiqué;. *Psykhé*

Phármakon 218, 290, 626
- - cf. tb. **Serpente**

Pherénes 216, 219, 230
- - cf. tb. *Thymós*

Phrénes 466, 549
- - cf. tb. *Aísthesis*; Psiqué; *Soma; Thymós*

Phýsis 395
- - cf. tb. **Alma; Corpo**

Pinturas Fúnebres 252

Pira Funerária 492s., 569, 597
- - cf. tb. **Escatologia; Jogos Fúnebres; Sono Eterno; Sono Profundo**

Piromancia 397s.
- - cf. tb. **Cleromancia; Eonomancia; Hepatoscopia; Mântica Intuitiva;** *Oneirokrítes; Oneiropólos;* **Oniromancia; Quiromancia**

Pitagoricismo 218, 228, 318, 463, 474, 540, 545, 547
- - cf. tb. **Escatologia; Mistérios de Elêusis;** Orfismo

Pitonisa 395, 514s.
- - cf. tb. **Adivinhação; Fogo Eterno; Magia;** *Manteia;* **Mediunidade; Oráculo; Profecia; Teurgia**

Platonismo 215
- - cf. tb. Religiões de Mistérios; Neoplatonismo

Plenitude 213
- - cf. tb. Carência; Demônio; Energia; Eros

Pneuma 285, 634
- - **cf. tb. Alma do Mundo; Fogo; Razão;** Sopro do Espírito

Pó de Gesso 173
- - cf. tb. Cinzas; Rito Arcaico de Iniciação

Poder 453
- - **cf. tb. Fecundidade Feminina**
- P. apotropaico 27, 173
- - cf. tb. Influência Demoníaca; Influência Maligna
- P. divinatório 172, 405, 488
- - **cf. tb. Adivinhação; Inspiração; Noite (trevas da); Profecia**
- P. espiritual 306, 615
- - **cf. tb. Javali;** Poder Temporal
- P. temporal 306, 308
- - cf. tb. Poder Espiritual

Poeta 397, 474
- - **cf. tb. Adivinhação; Entusiasmo; Êxtase; Loucura Sagrada;** *Mania; Manteia; Mántis; Poietés*

Poietés 397
- - **cf. tb. Adivinhação; Entusiasmo; Êxtase; Loucura Sagrada;** *Manía; Manteia; Mántis;* Poeta

Pomba 75, 240
- - cf. tb. Pureza; Simplicidade

Pomo da Discórdia 294, 297, 318
- - cf. tb. Maçã de Ouro; Pomo de Ouro

Pomo de Ouro 302, 310s., 317
- - cf. tb. Maçã de Ouro; Pomo da Discórdia

Porca 591
- - **cf. tb. Abundância; Fecundidade; Feminilidade Devoradora; Reprodução**

Possessão 515
- - **cf. tb. Delírio**
- P. divina 56, 413
- - cf. tb. Entusiasmo; Êxtase; Loucura Sagrada; *Manía;* Orgia; *Órguia*
- P. física 567
- P. mental 567

Potência Sexual 304
- - cf. tb. *Eídola;* Sangue; Sexualidade

Pótos *(Póthos)* 214, 463, 532, 543, 618
- - **cf. tb. Desejo**
- - cf. tb. Psiqué

Prazer
- P. dos sentidos 29
- P. erótico 231

Presságio 110

Presságio Sinistro 524
- - **cf. tb. Pássaro Noturno**

Préstitos Fúnebres 232
- - cf. tb. Lamentações Fúnebres; Rito Fúnebre

Priaprismo 535s., 560
- - **cf. tb. Desejo Sexual; Esterilidade; Falofórias; Hermafroditismo; Patologia Sexual; Satiríase**

Primavera 62
- P. mediterrânea

Procissão 55
- P. fúnebre 252
- - cf. tb. *Ekphorá; Khóes*
- P. nupcial 137
- P. ritual 28, 38, 330

Profecia 62, 111, 119, 127, 134, 207, 297, 386, 395, 397s., 405s., 416s., 435, 440, 450, 459, 466, 468, 471, 488s., 515s., 521, 524, 598, 605s., 610s., 623
- - cf. tb. Advinhação; **Cleromancia; Delírio Pítico; Delírio Sagrado;** Dom Divinatório; **Dom Profético; Entusiasmo; Êxtase; Inspiração; Loucura Sagrada; Magia;** *Mania; Manteía;* **Mântica; Mântica Ctônia; Mântica Dinâmica; Mântica Intuitiva; Mântica por Incubação;** *Mantiké; Mántis;* **Manto; Mediunidade; Noite (trevas da); Oráculo; Oráculo de Delfos; Piatonisa; Poder Divinatório; Sonho; Teurgia**

Prostituta Apocalíptica 207
- - cf. tb. Équidna; Dons Divinatórios

Prostitutas Sagradas 28, 84, 330
- - cf. tb. Escravas Sagradas; Hierodulas

Provas Iniciáticas 101, 200, 232, 257, 303
- - cf. tb. Catarse; Doze Trabalhos; Invóculo Carnal, sujeição do; Rito Iniciático

Prudência 98
- - cf. tb. Balança; Equilíbrio; Medida

Psicagogia 544
- - cf. tb. Necromancia

Psicagogo 544
- - cf. tb. Necromancia

Psicostasia 98s., 551s.
- - cf. tb. **Alma (pesagem da); Balança; Querostasia**
- P. egípcia 98s.
- - cf. tb. Balança; Equilíbrio

Psiqué 50, 75, 98, 163, 168, 193s., 214-216, 218s., 222, 224, 227s., 230, 250, 252, 305, 310, 365, 453, 459, 466, 470, 506, 521, 526, 541-543, 545-549, 564s., 604
- - cf. tb. *Aísthesis;* **Alma; Alma-ave; Alma (carência da); Banquete Fúnebre; Borboleta; Corpo; Corpo Astral; Corpo (cárcere do);** *Eídolon;* **Eros; Escatologia; Espírito; Exéquias; Feminilidade; Imortalidade; Jogos Fúnebres;** *Kínesis;* **Lamentações Fúnebres; Lápide Funerária; Mariposa; Memória do Morto; Morte da Alma; Morte (núpcias da);** *Phálaina; Phrénes; Psykhé;* **Sepultamento;** *Soma; Thymós;* **Túmulo;** *Umbra*
- deformação da P. 278
- - cf. tb. *Aístesis;* Alma; Alma-Pássaro; Balança; Borboleta; *Daímon; Eídolon;* Eros; Espiritualidade; Harmonia; Hipno; Imortalidade do Homem; *Kínesis;* Metamorfose; Núpcias da Morte; Origem Divina; *Phálaina; Psykhé;* Sociabilidade; Sexualidade; Sono; Suicídio; Tânatos
- destino da P. 249s.
- - cf. tb. Escatologia; Honra Fúnebre; Rito de Morte; Sepultamento
- liberação da P. 203
- **P. abúlica** 521
- - cf. tb. *Eídolon*
- P. alada 215
- - cf. tb. Alma-ave; Phálaina
- **P. do morto** 492
- - cf. tb. **Escatologia**
- **vulnerabilidade da P.** 574
- - cf. tb. **Alma**
- viagem da P. 217

Psykhagogoí 544
- - cf. tb. **Necromancia; Psicagogo**

Psykhé 98, 215, 217, 228, 459, 466, 541s.
- - cf. tb. Alma; Balança; Borboleta; Corpo; *Eidolon; Phálaina;* Psiqué; Soma; *Thymós*

Puberdade 352

Punição 373, 393, 528, 585, 607
- - cf. tb. **Castigo; Castigo Divino; Sacrifício**

Pureza 75, 92
- - cf. tb. Neve; Pomba

Purgatório 215
- - cf. tb. Céu; Escatologia Individual; Inferno

Purificação 22, 56, 60s., 63, 70, 79, 96, 101, 107, 119, 149, 163, 211, 224, 228s., 242, 246, 251, 286, 305, 313, 317, 362, 387, 405, 411, 415, 429s., 443s., 459, 461s., 465-468, 471, 494, 514s., 520, 525, 533s., 547, 572, 592, 600, 602, 605, 628, 632s.
- - cf. tb. **Banho Ritual; Catarse;** *Kátharsis;* **Mutilação; Orgia Báquica; Rito de Mutilação; Rito de Separação; Rito Iniciático; Sacrifício; Sacrifício Sangrento**
- P. da alma 86, 96
- - cf. tb. Água; Catarse; Entusiasmo; Êxtase; Espiritualidade; *Kathársis;* Liberdade; Loucura Sagrada; *Mania;* Mântica; Orgia; Rito Iniciático
- P. da terra 169
- - cf. tb. Cinco Idades; Idade de Bronze; Dilúvio Universal
- P. do morto 251
- - cf. tb. Catarse; Mistérios de Elêusis; Orfismo
- **P. órfica** 470s.
- - cf. tb. **Orfismo**

Q

Quere(s) 98, 203, 432s., 452, 543, 551s., 576
- - cf. tb. **Aisa; Gueras; Destino; Moira; Morte; Morte (agente da);** *Oîtos;* **Sorte**
- pesagem das Q. 98
- - cf. tb. Balança; *Eídolon;* Querostasia

Querostasia 98, 551s.
- - cf. tb. **Alma (pesagem da);** Balança; **Psicostasia;** Queres, pesagem das

Quimera 552s.
- - cf. tb. **Deformação Psíquica; Fantasia Descontrolada; Imaginação Descontrolada; Imaginação Perversa; Monstro**

Quiromancia 397s.
- - cf. tb. **Cleromancia; Eonomancia; Hepatoscopia; Mântica Intuitiva;** *Oneirokrítes; Oneiropólos;* **Oniromancia; Piromancia**

R

Raça de Ouro 133
- - cf. tb. Escatologia; Idade de Ouro

Raio da Lua 82s.
- - cf. tb. Androginismo; Fecundação; Gravidez

Rapto 32, 43, 50, 54, 86, 106, 108, 125, 147, 151s., 160, 162, 164, 167, 173, 177, 179, 182, 192, 194, 203, 210, 242, 256, 263, 271, 284, 294s., 346s., 351, 354, 374, 385, 391, 399, 412, 414s., 424, 435, 445, 447, 450, 454, 460, 462, 475s., 479s., 483-485, 488s., 496s., 511s., 534, 540s., 569s., 576s., 579, 582, 594s., 603, 608, 614, 616s.
- R. de mulheres 595
- - cf. tb. Rito Iniciático
- R. erótico 203
- - cf. tb. Casamento

Razão 37, 89, 92, 634
- - cf. tb. Alma do Mundo; Erro; Fogo; Pneuma

Realidades 547s.
- Mundo das R.
- - cf. tb. Catarse; Ideias

Rebis *(Rebis)* 46, 554
- - cf. tb. Alquimia; Androginia; Espírito Mineral; Hermafroditismo

Reencarnação 225s., 227, 342, 454, 471-474, 546s.
- - cf. tb. Alma; Alma (destino da); Alma, transmigração da; Ensomatose; Metempsicose; Mumificação; Religiões de Mistérios; Ressurreição; Rito do Esquecimento

Rejuvenecimento 173
- - cf. tb. Imortalidade

Religião Dionisíaca 118

Religião dos Mortos 164
- - cf. tb. Culto Agrário; Espiga; Grão de Trigo; Grão de Vida; Imortalidade; Semente; Seio da Terra

Religiões de Mistérios 143, 215, 223, 305, 342
- - cf. tb. Catarse; Neoplatonismo; Platonismo; Reencarnação

Renascimento 450
- - cf. tb. Morte

Renovação
- símbolo da R. 454
- - cf. tb. Réptil Ctônio; Serpente

Repressão
- R. masculina 163
- - cf. tb. Espírito Viril; Morte pelo Pescoço; Sexualidade Feminina

Reprodução 82, 450, 592
- - cf. tb. Abundância; Energia Telúrica; Fecundidade da Natureza; Feminilidade; Fertilidade; Hímen; Porca

Réptil Ctônio 454
- - cf. tb. Serpente; Símbolo da Renovação

Repúdio da Feminilidade 44
- - cf. tb. Amazonismo; Assassinato de Homens; Virilidade

Respiração
- ciência da R. 127
- - cf. tb. Flor; Galo

Ressurreição 93, 215, 226, 270, 276, 401, 436, 497, 525, 604, 628
- R. da semente 166
- - cf. tb. Cristo; Culto Orgiástico; Escatologia Coletiva; Escatologia Universal; Flor; Galo; Imortalidade; Juízo Final; Luz; Morte; Morte Simbólica; Morte Ritual; *Parusía*; Reencarnação; Túmulo

Reunião Sagrada 93

Riqueza 92, 108
- - cf. tb. Fertilidade; Ouro

Rito 586, 597
- R. ancestral 64
- - cf. tb. *Katapontimós*; Lançamento ao Mar
- R. arcaico 597
- - cf. tb. Catábase ao Hades
- R. arcaico de iniciação 173
- - cf. tb. Cinzas; Pó de Gesso
- R. catártico 63
- - cf. tb. Rito da Purificação; Rito Iniciático
- R. da flagelação 81
- - cf. tb. *Diamástigosis*
- R. da purificação 52
- - cf. tb. Culto Orgiástico; Fertilidade; *Dokmasía*; Rito Catártico; Rito Iniciático
- R. da vegetação 52, 512, 595
- R. das lamentações 564s.
- R. das oscillas 210
- R. de castração 93

-- cf. tb. Núpcias; Rito da Purificação
- R. de fertilidade 155, 631
- - cf. tb. *Dokimasía*; Rito Iniciático
- R. de incorporação 52
- - cf. tb. Rito Iniciático
- R. de morte 249, 629
- - cf. tb. Destino da Psiqué; Escatologia; Exéquias; Honras Fúnebres; Sepultamento
- **R. de mutilação** 632
- - **cf. tb. Purificação**
- R. de passagem 270
- - cf. tb. Vestes Femininas
- R. de purificação
- - cf. tb. Batismo de Sangue; Rito Iniciático; Sacrifício; Tauróbolo
- R. de renovação do fogo 289
- - cf. tb. *Lampadromía*
- **R. de separação** 505, 602, 631s.
- - **cf. tb. Purificação**
- R. dionisíaco 173s.
- - cf. tb. Rito Iniciático
- R. do desmembramento 173s.
- - cf. tb. Cocção
- R. do despedaçamento 81
- - cf. tb. *Diasparagmós*; Omofagia; Rito do Dilaceramento
- R. do dilaceramento 56
- - cf. tb. *Diasparagmós*; Espelho; Hierofania; Omofagia; Rito da Purificação
- **R. do esquecimento** 473
- - **cf. tb. Reencarnação**
- **R. do motivo putifar** 595
- - **cf. tb. Paixão Fatal; Sedução**
- **R. dos Mortos** 564
- - **cf. tb. Inferno**
- R. fúnebre 250s., 292
- - cf. tb. Cerimônia Fúnebre; Jogos Fúnebres; Morte da Alma
- **R. helênico** 515
- - **cf. tb. Culto Helênico**
- R. iniciático 52, 60, 103, 109, 155, 165, 173-176, 183, 248, 273, 282, 296, 306, 310, 323, 364, 464, 471, 512, 567, 595, 629-632
- - cf. tb. Anábase; Batismo de sangue; Catábase; Desligar; *Dokmasía*; Ligar; **Purificação; Rapto de Mulheres;** Rito Catártico; Rito de Incorporação; Rito de Purificação; **Sacrifício; Uróboro Iniciático**
- R. Invocatório 226
- R. Mágico 290
- R. Sagrado
- - cf. tb. Rito Fúnebre
- R. Simbólico da vegetação 23, 26
- - cf. tb. Rito Fúnebre

Ritual 127
- - cf. tb. Caçada R.; Mistérios de Elêusis

Romã 302
- - cf. tb. Fecundidade; Lírio

Ruptura
- R. das inibições 56
- - cf. tb. *Mania*; Orgia; Transfiguração

S

Sacrifício 19, 21s., 24s., 35s., 38, 55, 59, 63, 70, 79-81, 85, 88s., 93, 95, 97, 106s., 109s., 113s., 118, 141, 144, 147s., 154, 160, 171s., 176, 179, 189-193, 216, 220s., 239-241, 245-248, 269s., 281, 285s., 297s., 308, 321, 323, 333, 337, 340, 348, 351, 363s., 372, 377s., 386-389, 393, 399-401, 407s., 411, 413, 415-419, 424s., 427, 429s., 445-447, 461s., 465, 470s., 491, 495, 497, 511, 514, 519, 522s., 528, 531, 536, 542, 546, 575, 586s., 591-593, 596, 604, 606, 609, 612, 618, 625-627, 631
- - **cf. tb. Castigo Divino; Castigo Físico; *Drómena*; Punição; Purificação; Rito Iniciático; *Teleté*; Touro**
- altar do S. 311
- **mito do S.** 616
- - **cf. tb. Sangue (gotas de)**
- **S. expiatório** 487
- - **cf. tb. Maldição**
- **S. ritual** 540, 603, 620
- **S. sangrento** 546, 572
- - **cf. tb. Purificação**
- S. solene 315, 384, 447
- - cf. tb. Banho de Sangue; Batismo de Sangue; Caçada Ritual; Carneiro; *Enaguísmata*; Exéquias; Lua; Núpcias Solenes; Tauróbolo

Sacrilégio 144, 149, 393, 439, 495, 502, 611, 620s.
- **S. paterno** 376

Sangue 27, 32, 37s., 125, 231, 262, 265, 272, 274, 284, 292, 447, 458s., 544, 570, 590, 602, 609, 617
- - **cf. tb. *Haîma; Sérum***
- banho de S. 141
- - cf. tb. Sacrifício
- batismo de S. 93
- - cf. tb. Tauróbolo
- **carência de S.** 544
- - **cf. tb. Alma**

- consanguinidade 414, 428, 461s., 474, 481, 497, 540
- - cf. tb. *Guénos; Hamartíai*
- crime de S. 72s.
- - cf. tb. Homicídio
- **derramamento de S.** 614
- gotas de S. 523
- - cf. tb. Sacrifício
- S. da Górgona 493
- - cf. tb. Fecundidade
- S. da Hidra 509
- S. da mulher 83
- - cf. tb. Agni; Deus do Fogo; Menstruação
- S. de boi 496
- S. de Hidra 306s., 314, 316, 329
- S. de Narciso 440s.
- S. de Urano 410, 507, 529, 631
- - cf. tb. Mutilação
- S. derramado 593
- S. divino 337, 427
- - cf. tb. *Eídola*; Prazer Erótico; *Sperma*; Semente
- S. do animal 81
- - cf. tb. Omofagia
- S. dos mortos 551
- sede de S. 90
- - cf. tb. Carnificina
- S. negro 620
- - cf. tb. Alma dos Mortos
- S. parental 38, 461
- - cf. tb. Descendência; **Erínias;** Guénos; Laços Sanguíneos
- S. pessoal 64
- - cf. tb. justiça dos Tribunais; Lei do Talião

Satanás 168
- - cf. tb. *Daímon*; Demônio; Demônio, bom; Demônio, mau; Destino; Divindade; *Eudaimonía; Kakoidaimonía*; Semideus

Satiriase 560
- - cf. tb. Patologia Sexual; Priaprismo

Sede
- S. de sangue 90
- - cf. tb. Carnificina

Sedução 206s., 257, 284, 337, 362, 406, 427, 494, 501, 534, 595, 600, 626
- - cf. tb. Fecundação; Motivo Putifar; Núpcias; Rito do Motivo Putifar; Virgindade
- - S. feminina 163
- - cf. tb. Depravação Sexual; Motivo Putifar; Núpcias; Sereia; Sexualidade; Zona Erógena

Seio 32, 41, 51, 87, 195, 322s., 439, 457s., 516, 518s.
- - cf. tb. Fecundidade; Sexualidade; Ventre
- S. da grande mãe 189, 545
- - cf. tb. Seio da Terra; Seio de Geia
- S. da mulher 222
- - cf. tb. Fecundidade; Idade de Ferro; *Sperma*
- S. da terra 93, 129, 154, 164, 250, 300
- - cf. tb. Abundância da Terra; **Catábase;** Culto Agrário; Energia Latente; Espiga; **Esterilidade; Fertilidade;** Flor; **Germinação;** Grão de Trigo; Grão de Vida; **Gravidez;** Imortalidade; Morte Ritual; Religião dos Mortos; Seio da Grande Mãe; Seio de Geia; Seio de Perséfone; Semente; Tânatos; Túmulo
- **S. da terra** 387, 432, 483, 526, 531, 628
- S. das trevas 280
- - cf. tb. Hades; Inferno
- S. de Geia 230
- - cf. tb. Seio da Grande Mãe; Seio da Terra
- S. de Perséfone 225s., 472
- - cf. tb. Abundância da Terra; Grão de Trigo; Grão de Vida
- S. divino 304
- S. esquerdo 43
- - cf. tb. Amazonas
- S. materno 147, 152s., 189, 431, 486, 611
- - cf. tb. Cesariana Umbilical
- - cf. tb. Fecundidade; Fertilidade da Terra
- S. nu 53
- **S. verde de Posídon** 619

Seitas Místicas 176
- - cf. tb. Tradição Dionisíaca

Seitas Órficas 467
- - cf. tb. Orfismo

Sêma 224, 228, 251s., 470, 547
- - cf. tb. Alma; Corpo; *Mnêma*; Sôma

Sêmem 18, 32, 91, 207, 233, 248, 260, 426
- - cf. tb. Fecundação; **Fecundidade;** Semente

Semente 55, 82s., 93, 109, 153, 164, 176, 230s., 248, 272, 282s., 332, 512, 522, 604, 619, 626
- - cf. tb. Abundância da Terra; Culto Agrário; Espiga; Fecundação; Fertilidade; Foice; Flor; Germinação; Grão de Vida; Grão de Trigo; Imortalidade; Lua, proteção da; Morte Ritual; Religião dos Mortos; Sangue; Seio da Terra; Sêmem; *Sperma*

Semideus 168
- - cf. tb. *Daímon*; Demônio; Demônio, bom; Demônio, mau; Destino; Divindade; *Eudaimonía*; *Kakoidaimonía;* Satanás

Sensualidade 232
- - cf. tb. Feminilidade

Sentimentos
- transformação de S. 85
- - cf. tb. *Metánoia*

Sepulcro Vazio 251
- - cf. tb. *Kenotáphion*

Sepultamento 217, 249-252, 347, 365, 428, 446, 472, 477, 484, 494, 496, 507, 521-523, 526-528, 541, 553, 594, 599, 609, 614
- - **cf. tb. Alma (morte da); Banquete Fúnebre;** Catábase; Cerimônia Fúnebre; Destino da Psique; *Eídolon;*. Escatologia; Exéquias; **Honras Divinas;** Honra(s) Fúnebre(s); **Imortalidade; Jogos Fúnebres;** Lamentações Fúnebres; **Memória do Morto; Psiqué**

Sepultura
- S. da alma 470
- - **cf. tb. Corpo**

Sereia(s) 196, 207, 232, 284, 490, 551, 563-565, 584, 589, 620
- - **cf. tb. Esfinge; Feitiçaria;** Feminilidade; **Harpia;** Sedução

Serpente 33, 85, 92, 119, 150, 176, 179s., 196, 209, 214, 274, 276s., 296, 306, 310, 343, 436, 454, 598, 626
- - cf. tb. Advinhação Ctônia; Culto Ctônio; Falo; Fecundidade; Fertilidade; Labirinto; *Phármakon;* **Renovação (símbolo da); Réptil Ctônio; Uróboro**

Sérum 544
- - **cf. tb. Sangue**

Sexualidade 48, 269, 278, 304, 320, 350, 362, 437, 457, 465, 534
- S. feminina 163
- - cf. tb. Androginia; Anima; Animus; Autogenia; Bissexualidade; Deformação da Psiqué; Depravação Sexual; Espírito Viril; Espiritualidade; Impotência Sexual; Monogenia; Morte pelo Pescoço; **Motivo Putifar;** Potência Sexual; Repressão Masculina; **Seio;** Sociabilidade; Travestismo; **Umbigo**

Simbiose 322

Simplicidade 75
- - cf. tb. Pomba

Sizígia 114, 271, 322
- - cf. tb. Hermafroditismo

Skiá 215s., 542
- - cf. tb. *Eídolon*; Sombra

Sociabilidade 278
- - cf. tb. Deformação da Psique; Espiritualidade; Sexualidade

Sol 82, 92, 142, 147
- - cf. tb. Adivinhação; Águia; Conhecimento Racional; Galo; Heliotrópio; Iluminação; Logos; Lua; Masculinidade

Sôma 216s., 224, 227, 230, 456, 470, 542, 545, 547, 549
- - cf. tb. Alma; Corpo; Eídolon; *Psykhé* (**Psiqué**); *Sêma*

Sombra 215s., 440, 463, 470, 506, 542s., 576
- - **cf. tb. Alma; Corpo Insubstancial;** *Eídolon*; **Hades; Morte (agente da);** *Skiá*; **Tânatos;** *Umbra*; **Vida (fecho da)**

Sonho 32, 85, 111, 395, 398, 436, 442, 452, 458-460, 470, 487s., 545, 591
- - **cf. tb. Adivinhação;** Conhecimento do Futuro; *Daímon;* Enkoímesis; **Fantasia;** Hierofania; **Hipno; Inspiração; Magia; Mántica Ctônia; Mântica por Incubação;** *Manteia*; **Mediunidade; Morte; Oniro; Oniromancia; Oráculo; Profecia; Sono**
- S. divino 459
- S. enganador 458s.
- - cf. tb. *Onar*
- S. premonitório 458s.
- - cf. tb. *Hýpar*
- S. profético 519
- S. verdadeiro 459

Sono 214, 270, 335s., 379, 397s., 422, 436, 452, 458, 576, 621
- - **cf. tb.** *Daímon; Enkoímesis;* Eros; Hipno; *Hýpnos;* **Mântica Ctônia; Mântica Dinâmica; Mântica por Incubação;** Morte; **Morte (agente da); Oniro;** Pótos; Psiqué; **Sonho;** Sono; **Tânatos;**
- S. da noite 452
- - **cf. tb. Trevas**
- S. eterno 597
- - **cf. tb. Pira Funerária**

- S. mágico 561
- - cf. tb. Deusa Noturna
- S. profundo 597
- - cf. tb. Pira Funerária

Sopro
- S. divino 288
- S. do espírito 285
- - cf. tb. *Pneuma*

Sorte 432, 464
- - cf. tb. Aisa; Azar; Destino; Moira; *Oitos;* Quere(s)

Soteriologia 466
- - cf. tb. Orfismo

Spérma 55, 222, 231, 314, 626
- - cf. tb. Esperma; Fecundidade; Fertilidade; Sangue; Seio da Mulher; Semente

Stómion 63
- - cf. tb. Vagina

Suicídio 28, 86, 111, 128, 147, 162s., 188, 236, 243, 281, 358, 364s., 371, 373, 393, 411s., 418, 441, 482, 517, 526, 529, 540, 566, 580, 599
- - cf. tb. Casamento; Loucura; Psiqué

Súplica 567

Sýmbolon 185
- - cf. tb. Alma-pássaro; Alma penada; Enigma; Íncubo

T

Tabu
- T. social 55
- - cf. tb. Tabu Sexual
- T. sexual 55
- - cf. tb. Tabu Social

Tálanta 98
- - cf. tb. Balança; *Bilanx*; Libra; *Tálanton*

Tálanton 98s., 604
- - cf. tb. Balança
- - cf. tb. *Bilanx*
- - cf. tb. Libra
- - cf. tb. *Tálanta*

Tálemo 252
- - cf. tb. Epicédio; *Góos*; Lamentações Fúnebres; Treno

Talento 98
- - cf. tb. Balança; *Bilanx*; Libra; *Tálanta*;

Tálanton 22, 29, 203, 214, 218, 232, 250, 335s., 355, 412, 433, 532, 543, 551, 576

Tânatos
- - cf. tb. *Aîsa*; **Corpo Insubstancial; Destino Cego (lei do);** *Eídolon;* Eros; Esfinge; **Hades;** Hipno; *Hýpnos;* Imortalidade; Jogo da Morte; Moira; Morte; **Morte (agente da);** Psiqué; **Queres;** Seio da Terra; **Sombra;** Sono; *Thânatos*; **Vida (fecho da)**

Tártaro 471s., 577s., 601, 608, 631
- - cf. tb. **Campos Elísios; Érebo; Mundo Ctônio**

Tauróbolo 93, 248
- - cf. tb. Batismo de Sangue; Caçada Ritual; Sacrifício; Touro

Tecelagem 91
- - cf. tb. Bordado; Fiação; Trabalhos Femininos

Teleia 174
- - cf. tb. Orgia

Telestérion 431
- - cf. tb. **Hierofante**

Teleté 173, 429-431
- - cf. tb. Cerimônia de Iniciação; ***Deiknýmena; Drómena; Legómena;* Mistérios de Elêusis; Sacrifício**

Tèlos ho Gámos 108
- - cf. tb. Casamento

Teocosmo 395
- - cf. tb. *Kósmos***; Universo**

Terceiro Pé 185

Terra 222, 359, 435, 449, 472, 474, 516, 578
- - cf. tb. **Água;** Céu; **Hades; Inferno;** Mulher; **Útero**
- centro da T. 456
- - cf. tb. **Umbigo Sagrado**
- centro da T. 515
- - cf. tb. *Omphalós*
- centro da T. 515
- - cf. tb. **Umbigo**
- seio da T. 526
- - cf. tb. **Fertilidade; Germinação**
- seio da T. 531
- T. cultivada 518
- - cf. tb. **Fecundação**

Teurgia 395
- - **cf. tb. Adivinhação; Magia;** *Manteia;* **Mediunidade; Oráculo; Profecia**

Thânatos 308, 317, 355
- - cf. tb. Imortalidade; Morte; Tânatos

Theîon 168
- - cf. tb. *Daímon*; Demônio; Origem Divina

Thnétoi 102
- - cf. tb. Andres

Thymós 169, 216, 219, 230, 466, 549
- -cf. tb. Consciência Emocional; *Daímon*; Diafragma; **Espírito;** *Nóos*; Peito; *Phrénes*; **Psiqué** *(Psykhé)*

Timé 31, 35, 67, 69s., 102, 105, 163, 175, 217-219, 314, 316, 347, 492, 506, 534, 593, 596, 618
- - cf. tb. Arete; Dignidade; Excelência; Honra Pessoal; *Kakía;* **Hýbris**
- - cf. tb. Timé

Tique 604s.
- - **cf. tb. Moira**

Touro 65s., 83, 93, 176, 247s., 273, 302, 425s., 491
- - cf. tb. Abundância; Bode; Caçada Ritual; Chifre Lunar; Chuva; Cisne; Corno; Culto Orgiástico; Fecundação; Fertilização da Terra; **Lua;** Lua Cornuda; Lua Crescente; Minotauro; **Sacrifício;** Tauróbolo; Vaca
- homem-T. 425
- - **cf. tb. Lua Cheia; Minotauro**

Trabalhos Femininos 91
- - cf. tb. Bordado; Fiação; Tecelagem

Tradição Dionisíaca 176
- - cf. tb. Seitas Místicas

Traição 40, 95, 100, 112, 144, 365, 406, 513
- - cf. tb. Adultério; **Casamento**

Transfiguração 56
- - cf. tb. Ruptura das Inibições

Travestismo 33, 38, 47s., 52, 156, 269, 271, 276, 303, 312s., 322, 352, 381, 444, 458, 476, 481, 489, 513, 539, 609
- - **cf. tb. Androcídio**
- **T. feminino** 386
- T. intersexual 322
- - cf. tb. Androginia; Anima; Animus; Autogenia; Bissexualidade; Indumentária Efeminada; Monogenia; Sexualidade

Treno 252s.
- - cf. tb. Epicédio; *Góos;* Lamentações Fúnebres; Tálemo

Trevas 99, 324s., 430, 452
- - **cf. tb. Hades; Lama; Morte; Sono da Noite**
- **T. inferiores** 452
- **T. infernais** 463
- - **cf. tb. Hades**
- T. interior 78
- - cf. tb. Balança; Labirinto; Luz; Monstro do Labirinto
- **T. subterrâneas** 452
- **T. superiores** 452

Tribunal
- T. do Hades 223

Trigo 431s.
- - **cf. tb. Morte Fértil**

Túmulo 93, 228, 270, 308, 545, 618
- - cf. tb. *Alektrýon*; Corpo; Exéquias; Flor; **Lápide Funerária; Psiqué;** Ressurreição; Seio da Terra

Týrannos 187s.

U

Umbigo 47, 63, 455-458, 461, 465, 515
- - cf. tb. Androginia; Bissexualidade; Centro do Mundo; **Falo;** Feminilidade; **Fertilidade;** Homossexualismo; Masculinidade; **Mundo (centro do);** *Omphalós*; **Ônfalo; Sexualidade; Terra (centro da); Útero;** Vagina; Vida; Virilidade
- **U. feminino** 457
- **U. perfeito** 457
- **U. sagrado** 457, 461
- - **cf. tb. Terra (centro da)**
- **U. viril** 458

Umbra 150, 440, 543
- - cf. tb. *Eídolon*; *Mántis*; **Psiqué; Sombra**

União dos Opostos 213
- - cf. tb. *Complexio Oppositorum*

União
- **U. dos opostos** 602s., 624, 628, 632
- - **cf. tb.** *Complexio Oppositorum*
- **U. sexual** 431
- - **cf. tb. Fecundidade**

Universo 395
- - cf. tb. *Kósmos*; *Logos*; Teocosmo

Uno 229, 548
- - cf. tb. Alma do Mundo; Almas Individuais; Inteligência

Uróboro 620, 626s.
- - cf. tb. Mundo Ctônio; Mundo das Sombras; Serpente
- U. iniciático 512
- - cf. tb. Catábase; Rito Iniciático

Ursa Maior 99
- - cf. tb. Balança Celeste; Balança de Jade; Eixo do Mundo; Meio Invariável, símbolo do; Ursa Menor

Ursa Menor 99
- - cf. tb. Balança Celeste; Balança de Jade; Eixo do Mundo; Meio Invariável, símbolo do; Ursa Maior

Útero 64, 420, 454, 458, 516
- - cf. tb. Descida Ritual; Energia Sexual; *Omphalós*; Terra; Umbigo
- U. da terra 458

Uterum
- *regressus ad U.* 596
- - cf. tb. Catarse Final; Morte Trágica

V

Vaca 83
- - cf. tb. Lua cornuda; Touro

Vagina 63, 458
- - cf. tb. *Stómion*; Umbigo

Vampiro 371s.
- - cf. tb. Bicho-papão; Hipno; Monstro
- V. opressor 565
- - cf. tb. Alma dos Mortos; Alma-pássaro

Vazio
- V. primordial 115
- - cf. tb. Caos

Vegetação 22s., 28, 154, 165
- ritos simbólicos da V. 26
- -cf. tb. Abundância da Terra; Seio da Terra; Sementes

Vegetarianismo 468, 470s.
- - cf. tb. Orfismo

Velo de Ouro 21, 25, 30, 95, 167, 189, 267s.
- - cf. tb. Argonautas; Carneiro Voador; Velocino de Ouro

Velocino de Ouro 21s., 28, 73, 75, 91, 137, 189, 207, 272, 331, 348, 400s., 441, 496, 525, 588
- - cf. tb. Argonautas; Carneiro; Carneiro Voador; Velo de Ouro

Ventre 457
- - cf. tb. Seio
- V. prenho 457

Ventre Materno 175

Verdade 98
- - cf. tb. Justiça; *Pena de Ma'at*

Vestes Efeminadas 91
- - cf. tb. Rito de Passagem

Viagem
- V. da Psiqué 217
- V. subterrânea 310
- - cf. tb. Anábase; Catábase

Vida 456, 576
- - cf. tb. Umbigo
- fecho da V. 576
- - cf. tb. Destino Cego; Hipno; Destino (lei do); Moira; Morte; Morte (agente da); Sono; Tânatos

Vida
- V. Corrente 23, 27, 96
- duração da V. 166
- - cf. tb. Imagem da Vida

Vingança 188, 211, 412, 419, 462, 497s., 508, 537, 551, 590, 607
- - cf. tb. Assassinato; Castigo; Erínias
- desejo de V. 496
- V. divina 33, 80, 114, 120
- - cf. tb. Cólera Divina; *Hýbris*

Violação 381
- - cf. tb. Lei Sagrada

Violência 95
- V. paterna 241
- - cf. tb. Morte

Virgindade 114, 302, 331, 377, 388, 501, 508, 524, 556, 570
- - cf. tb. Casamento; Sedução

Virilidade 27, 43s., 163, 232, 405, 456, 487, 536, 560, 589
- - cf. tb. *Andrós*; *Anér*; Mulher Viril; **Patologia Sexual**; Repúdio da Feminilidade; **Umbigo**

Visão Divinatória 64
- - cf. tb. Pensamento; Perfeição Espiritual

Viscosidade 63
- - cf. tb. Domínio da Distância

Vitriol 628
- - **cf. tb. Culto do Crânio**

Voo das Aves 119
- - cf. tb. Mulher Viril; Mântica por Intuição

Vulnerabilidade 70

Vulva 431
- - cf. tb. Falo; *Kteís*

Y

Yang 213
- - cf. tb. *Yin*

Yin 213
- - cf. tb. *Yang*

Yggdrasil 450
- - **cf. tb. Cataclismo; Freixo**

Z

Zona Erógena 163
- - cf. tb. Sedução Feminina

Conecte-se conosco:

f facebook.com/editoravozes

⌾ @editoravozes

𝕏 @editora_vozes

▶ youtube.com/editoravozes

☏ +55 24 2233-9033

www.vozes.com.br

Conheça nossas lojas:
www.livrariavozes.com.br

Belo Horizonte – Brasília – Campinas – Cuiabá – Curitiba
Fortaleza – Juiz de Fora – Petrópolis – Recife – São Paulo

EDITORA VOZES — VOZES NOBILIS — Vozes de Bolso — Vozes Acadêmica

EDITORA VOZES LTDA.
Rua Frei Luís, 100 – Centro – Cep 25689-900 – Petrópolis, RJ
Tel.: (24) 2233-9000 – E-mail: vendas@vozes.com.br